आर० गुप्ता® कृत

पॉपुलर मास्टर गाइड

नेशनल टेस्टिंग एजेंसी (NTA)

UGC-NET/JRF

Junior Research Fellowship & Assistant Professor Eligibility Exam

समाजशास्त्र

प्रश्न पत्र-II

लेखक:

रामजी लाल यादव

एवं

RPH संपादक मंडल

2027
EDITION

रमेश पब्लिशिंग हाउस, नई दिल्ली

इस परीक्षा हेतु उपयोगी पुस्तक

UGC NET/JRF

समाजशास्त्र

Paper-II

पिछले प्रश्न-पत्र (जून 2012 से जनवरी 2026)

Book Code : R-2699 ● Price : ₹ 540 ● ISBN : 978-93-5477-966-4

प्रकाशक

ओ॰पी॰ गुप्ता, **रमेश पब्लिशिंग हाउस**

प्रशासनिक कार्यालय

12-H, न्यू दरियागंज रोड, ऑफिसर्स मेस के सामने,

नई दिल्ली-110002 ✆ 23275224, 23245124

E-mail: info@rameshpublishinghouse.com

For Online Shopping: www.rameshpublishinghouse.com

विक्रय केन्द्र

- बालाजी मार्किट, नई सड़क, दिल्ली-110006 ✆ 23282525 📱 9354373464
- 4457, नई सड़क, दिल्ली-110006

Book Code: R-534

ISBN: 978-93-87604-87-2

मूल्यः ₹ 820

मुद्रकः गिरिराज प्रिन्टर्स, दिल्ली

अनुक्रमणिका

UNIT–2

UNIT–3

UNIT–4

UNIT–5

पिछले प्रश्न-पत्र

National Testing Agency (NTA)

UGC-NET जूनियर रिसर्च फैलोशिप तथा सहायक प्राध्यापक पात्रता परीक्षा

समाजशास्त्र, जनवरी-2026

(Exam held on 02-01-2026)

प्रश्न-पत्र-II

1. यह कथन निम्नलिखित में से किसका है? ''शहर लोगों, वस्तुओं और घटनाओं का एक संदलन (crush) है''।

1. मैनुअल केस्टेल्स
2. मेक केंजे
3. जॉर्ज सिम्मेल
4. एन. ससेन

2. पिअरे बोर्दयु द्वारा निम्नलिखित प्रकाशनों के क्रम की पहचान कीजिए :

A. दि लॉजिक ऑफ प्रैक्टिस

B. एन इन्वीटेशन टू रिफलैक्सिव सोशयोलॉजी

C. आउटलाइन ऑफ ए थ्योरी आफ प्रैक्टिस

D. मैस्कूलिन डोमिनेशन

नीचे दिए गए विकल्पों में से **सही** उत्तर चुनें :

1. C, A, B, D
2. A, C, B, D
3. A, B, C, D
4. D, A, C, B

3. नीचे दो कथन दिये गए हैं : एक अभिकथन (A) के रूप में लिखित है तो दूसरा उसके कारण (R) के रूप में :

अभिकथन (A) : एंथनी गिडेंस का तर्क है कि आधुनिकता एक गतिशील घटना नहीं है।

कारण (R) : आधुनिकता का जगरनॉट समाज में परिवर्तनों की गति को बढ़ा देगा।

उपरोक्त कथन के आलोक में, नीचे दिए गए विकल्पों में से **सबसे उपयुक्त** उत्तर का चयन कीजिए:

1. (A) और (R) दोनों सही हैं और (R), (A) की सही व्याख्या है।
2. (A) और (R) दोनों सही हैं और (R), (A) की सही व्याख्या नहीं है।
3. (A) सही है लेकिन (R) सही नहीं है।
4. (A) सही नहीं है लेकिन (R) सही है।

4. स्वतंत्रता के पश्चात गठित कौन-सी समिति ने बिचौलियों की समाप्ति सहित व्यापक कृषि सुधार उपायों की सिफारिश की थी?

1. बलवंत राय मेहता समिति
2. कुमारप्पा समिति
3. कोठारी समिति
4. एस.एस. स्वामीनाथन समिति

5. हर्बर्ट ब्लूमर के अनुसार, कालक्रम में, सामाजिक आन्दोलन की अवस्थाओं में निम्नलिखित शामिल हैं :

A. जन-आवेश

B. संस्थानीकरण

C. सामाजिक विक्षुब्धता

D. उच्चतर स्तर के समन्वय वाला औपचारिक संगठन

नीचे दिए गए विकल्पों में से **सही** उत्तर चुनें :

1. A, D, B, C
2. C, A, D, B
3. B, C, A, D
4. D, C, A, B

6. नीचे दो कथन दिये गए हैं : एक अभिकथन (A) के रूप में लिखित है तो दूसरा उसके कारण (R) के रूप में :

अभिकथन (A) : परिवार का विखंडन भारतीय सामाजिक संरचना में अब भी एक प्रमुख राजनैतिक परिघटना बना हुआ है।

कारण (R) : आई.पी. देसाई ने महुवा में संयुक्तता के भावुकता मानदंड के संबंध में नाभिकीय और संयुक्त परिवारों की संरचना का अध्ययन किया।

उपरोक्त कथन के आलोक में, नीचे दिए गए विकल्पों में से **सबसे उपयुक्त** उत्तर का चयन कीजिए:

1. (A) और (R) दोनों सही हैं और (R), (A) की सही व्याख्या है।
2. (A) और (R) दोनों सही हैं और (R), (A) की सही व्याख्या नहीं है।
3. (A) सही है लेकिन (R) सही नहीं है।
4. (A) सही नहीं है लेकिन (R) सही है।

7. यह किसका कथन है कि ''शक्ति सामाजिक अन्योन्यक्रिया के सभी स्तरों पर, सभी सामाजिक संस्थाओं में और सभी लोगों के माध्यम से प्रचालन करती है''?

1. मिशेल फूको
2. मैक्स वेबर
3. कार्ल मार्क्स
4. पिअरे बोर्दयु

8. सूची-I को सूची-II से सुमेलित करें :

सूची-I (विद्वान)	**सूची-II (परिप्रेक्ष्य)**
A. जी.एस. घुर्ये	I. सभ्यतात्मक परिप्रेक्ष्य
B. डी.पी. मुखर्जी	II. उपाश्रित परिप्रेक्ष्य
C. एन.के. बोस	III. मार्क्सवादी परिप्रेक्ष्य
D. डेविड हार्डिमेन	IV. इंडोलॉजिकल परिप्रेक्ष्य

नीचे दिए गए विकल्पों में से **सही** उत्तर चुनें :

1. A-I, B-II, C-III, D-IV
2. A-IV, B-III, C-I, D-II
3. A-III, B-IV, C-II, D-I
4. A-II, B-I, C-IV, D-III

9. निम्नलिखित में से किसने समाजशास्त्र और अन्य सामाजिक विज्ञानों के दार्शनिक मूल आधारों के बारे में व्यवस्थित विवरण दिया और विषयों के संकीर्ण खाँचों में ज्ञान का कोष्ठीकरण नहीं करने की वकालत की?

1. राधा कमल मुखर्जी
2. इरावती कर्वे
3. रामा कृष्ण मुखर्जी
4. पी.सी. जोशी

10. ''पृथ्वी गृह को स्वयं एक जीवित संरचना के रूप में देखा जाना चाहिए, जिसके भीतर मानव और प्रत्येक अन्य प्रजातियाँ को महत्वपूर्ण भूमिका अदा करनी है,'' यह .... कहलाता है।

1. क्योटो प्रोटोकॉल
2. ग्रीनहाउस प्रभाव
3. कॉर्बन फुटप्रिंट
4. गाइया परिकल्पना

11. गुड और हैट (1952) द्वारा अपने कार्य ''मेथड्स इन सोशल रिसर्च'' में सुझाए गए क्रम में निम्नलिखित को व्यवस्थित करें :

A. विषय पर साहित्य का अध्ययन
B. समस्या का विश्लेषण
C. अवधारणात्मक पुनर्निर्धारण के चरणों को औपचारिक रूप देना
D. परिकल्पना का विकास
E. अध्ययन की जा रही घटना से संपर्क

नीचे दिए गए विकल्पों में से **सही** उत्तर चुनें :

1. B, C, D, E, A
2. C, D, A, B, E
3. A, B, C, D, E
4. E, C, A, B, D

12. सूची-I को सूची-II से सुमेलित करें :

सूची-I (विद्वान)	**सूची-II (अध्ययन क्षेत्र/समुदाय)**
A. एलन बील्स	I. बिसिपारा
B. एल ड्यूमॉ	II. नामहल्ली, मैसूर
C. एफ.जी. बैले	III. कुम्बापेट्टई, तंजौर
D. कैथलीन गॉफ	IV. प्रामलाई कल्लार

नीचे दिए गए विकल्पों में से **सही** उत्तर चुनें :

1. A-IV, B-II, C-I, D-III
2. A-II, B-II, C-I, D-IV
3. A-II, B-IV, C-I, D-III
4. A-III, B-II, C-IV, D-I

13. सूची-I को सूची-II से सुमेलित करें :

सूची-I (विचारक)	सूची-II (अवधारणाएँ)
A. एमिल दुर्खीम	I. अलगाव
B. कार्ल मार्क्स	II. यांत्रिक और जैविक एकजुटता
C. मैक्ब वेबर	III. सामाजिक व्यवस्था
D. टैल्कॉट पार्सन्स	IV. नौकरशाही

नीचे दिए गए विकल्पों में से **सही** उत्तर चुनें :
1. A-IV, B-II, C-I, D-III
2. A-IV, B-II, C-III, D-I
3. A-I, B-IV, C-III, D-II
4. A-III, B-II, C-I, D-IV

14. नीचे दो कथन दिये गए हैं : एक अभिकथन (A) के रूप में लिखित है तो दूसरा उसके कारण (R) के रूप में :

अभिकथन (A) : 'संवृद्धि का तर्कशास्त्र' संसार का एक आशावादी दर्शन लगता है जो दर्शाता है कि लोगों ने अधिक उत्पादक प्रोद्योगिकी का निर्माण करके अपने जीवन में सुधार किया है।

कारण (R) : पर्यावरणविद् इसका विरोधी तर्क देते हैं कि संवृद्धि की सीमाएं (लिमिट्स आफ ग्रोथ) होनी चाहिए ताकि पर्यावरणीय निपात से बचा जा सके।

उपरोक्त कथन के आलोक में, नीचे दिए गए विकल्पों में से **सबसे उपयुक्त** उत्तर का चयन कीजिए:
1. (A) और (R) दोनों सही हैं और (R), (A) की सही व्याख्या है।
2. (A) और (R) दोनों सही हैं और (R), (A) की सही व्याख्या नहीं है।
3. (A) सही है लेकिन (R) सही नहीं है।
4. (A) सही नहीं है लेकिन (R) सही है।

15. नीचे दो कथन दिये गए हैं : एक अभिकथन (A) के रूप में लिखित है तो दूसरा उसके कारण (R) के रूप में :

अभिकथन (A) : वृहत्तर समजातीयता के संबंध में ए.आर. देसाई का कथन, "ग्रामीण परिवार, शहरी परिवार की तुलना में कहीं अधिक सजातीय, स्थिर, एकीकृत और आंतरिक रूप से कार्य करता है।"

कारण (R) : ग्रामीण परिवार के सदस्यों को जोड़ने वाले संबंध, उदाहरणार्थ पति और पत्नी, माता-पिता और बच्चे, शहरी परिवार के मुकाबले अधिक मजबूत होते हैं और लम्बे समय तक चलते हैं।

उपरोक्त कथन के आलोक में, नीचे दिए गए विकल्पों में से **सबसे उपयुक्त** उत्तर का चयन कीजिए:
1. (A) और (R) दोनों सही हैं और (R), (A) की सही व्याख्या है।
2. (A) और (R) दोनों सही हैं और (R), (A) की सही व्याख्या नहीं है।
3. (A) सही है लेकिन (R) सही नहीं है।
4. (A) सही नहीं है लेकिन (R) सही है।

16. परिवार और विवाह से संबंधित निम्नलिखित अधिनियमों को कालानुक्रमिक क्रम में व्यवस्थित करें :
1. हिंदू अल्पसंख्यक एवं संरक्षक अधिनियम
2. पारसी विवाह एवं तलाक अधिनियम
3. हिंदू विवाह अधिनियम
4. विशेष विवाह अधिनियम

17. एंथोनी गिडेंस द्वारा बताए गए अनुसार, निम्नलिखित में से कौन-सा आधुनिकता से संबंधित नहीं है?

1. दूरीकरण 2. असंलग्नता
3. निराशावाद 4. चिंतनशीलता

18. भारतीय ग्रामीण सामाजिक संरचना में, संयुक्त परिवार .... के रूप में कार्य करता है।

A. उच्च वर्ग
B. वर्ग संगठनों का प्रबंधक
C. शहरी इकोलॉजी का प्रबंधक
D. आर्थिक और सामाजिक सांस्कृतिक क्षेत्रों की इकाई
E. राजनीतिक और धार्मिक क्षेत्रों की इकाई

नीचे दिए गए विकल्पों में से **सही** उत्तर चुनें :

1. केवल A और B 2. केवल B और C
3. केवल C और D 4. केवल D और E

19. एस. सी दुबे द्वारा भारत में परंपराओं के छह प्रकारों में से, निम्नलिखित में से किस पर चर्चा नहीं की गई?

A. शास्त्रीय B. उग्रवाद
C. उभरता राष्ट्रवाद D. प्राच्य
E. क्षेत्रीय

नीचे दिए गए विकल्पों में से **सही** उत्तर चुनें :

1. केवल A और C
2. केवल A और E
3. केवल C और E
4. केवल B और D

20. सूची-I को सूची-II से सुमेलित करें :

सूची-I (पुस्तक का नाम)	सूची-II (लेखक)
A. दि गिफ्ट : दि फॉर्म एंड रीजन फॉर एक्सचेंज इन आर्काइक सोसाइटीज	I. सी.एम. हान
B. दि ग्रेट ट्रांसफार्मेशन: दि पॉलीटिकल एंड इकोनॉमिक ओरीजिन्स ऑफ आवर टाइम	II. बारबरा हैरिस ह्वाइट
C. प्रापर्टी रिलेशन्स : रीन्युइंग दि एन्थ्रोपोलॉजिकल ट्रेडिशन	III. एम. मॉस
D. इंडिया वर्किंग : ऐसेज ऑन सोसाइटी एंड इकोनॉमी	IV. कार्ल पॉलिआनि

नीचे दिए गए विकल्पों में से **सही** उत्तर चुनें :

1. A-III, B-IV, C-II, D-I
2. A-I, B-II, C-IV, D-III
3. A-III, B-IV, C-I, D-II
4. A-IV, B-II, C-III, D-I

21. किसने यह तर्क दिया कि महिलाओं का अधीनीकरण औद्योगिकीकरण के दौरान निजी सम्पत्ति के उद्भव के साथ-साथ आरंभ हुआ?

1. फ्रेडरिक एंजेल्स
2. कार्ल मार्क्स
3. जुर्गेन हैबरमास
4. हर्बर्ट मार्क्यूस

22. निम्नलिखित में से किसने 'द्विभाजित चेतना' (bifurcated consciousness) की संकल्पना प्रतिपादित की?

1. जुडिथ बटलर
2. पेट्रिसिया हिल कोतिंस
3. डोरोथी ई. स्मिथ
4. जेस्सी बर्नार्ड

23. निम्नलिखित में से कौन भौतिक और अभौतिक सामाजिक तथ्यों का उल्लेख करता है?

1. टैल्कॉट पार्सन्स
2. रॉबर्ट के. मर्टन
3. मैक्स वेबर
4. एमिल दुर्खीम

24. सूची-I को सूची-II से सुमेलित करें :

सूची-I (लेखक)	सूची-II (कृतियाँ)
A. पॉल राबिन्सन	I. दि सैक्युअल लाईफ ऑफ सेवेजेज
B. ब्रोनिस्लॉ मेलिनाउस्की	II. दि हिस्ट्री ऑफ सैक्सुअलिटी
C. मिशेल फूको	III. थ्री ऐसेज ऑन दि थ्योरी आफ सैक्युआलिटी
D. सिगमंड फ्रायड	IV. दि मार्डनाइजेशन ऑफ सैक्स

नीचे दिए गए विकल्पों में से **सही** उत्तर चुनें :

1. A-III, B-II, C-IV, D-I
2. A-III, B-I, C-II, D-IV
3. A-III, B-II, C-I, D-IV
4. A-IV, B-I, C-II, D-III

25. किर्क और मिलर (1986) के अनुसार, यह निर्दिष्ट करने का एक प्रयास कि कोई पद्धति विशेष किस सीमा तक निरंतर समान माप या परिणाम दर्शा सकती है; .... विश्वसनीयता कहलाती है।

1. एककालिक
2. कालक्रमिक
3. अव्यावहारिक
4. कालसूचक

26. निम्नलिखित में से किसने 1940 में पूर्वी संयुक्त राज्य अमरीका के एक प्रमुख शहर में एक स्ट्रीट गैंग का क्लासिक नृजातीय अध्ययन किया है?

1. ई. वुल्फ
2. एच. ब्लूमर
3. विलियम एफ वाइट
4. बी. मेलिनाउस्की

27. हीगल और मार्क्स द्वारा वर्णि इतिहास का द्वंद्वात्मक विकास .... दर्शाता है।

1. समाज में धर्म और राजनीतिक का विकास
2. पक्ष, प्रतिपक्ष और संपक्ष के तीन चरण
3. सूक्ष्म से वृहत विश्व धर्म की ओर अंतरण
4. सिद्धांत और व्यवहार के बीच समस्याओं की जटिलता

28. 'बस्तियों (ghettos)' एवं 'शहरी सम्पन्नता' के संदर्भ में स्थानों में कमी स्थानों की सम्पन्नता में परिवर्तित हो रही है। यह प्रक्रिया .... कहलाती है।

1. संकुलन
2. ग्रामनगरीकरण
3. भद्रीकरण
4. ग्रामीणीकरण

29. दुर्खीम के अनुसार "यदि अपराध अवश्यम्भावी है, तो दंड का कार्य क्या है"?
1. कानून तोड़ना।
2. समाज से अपराध हटाना।
3. संतों के एक समाज का सृजन करना।
4. सामूहिक संवेदनाओं का अनुरक्षण करना।

30. ईमाइल दुर्खीम के अनुसार धर्म का सबसे प्रारंभिक रूप क्या है?
1. टोटमवाद 2. जीववाद
3. सप्रणवाद 4. कन्फ्यूसियसवाद

31. निम्नलिखित में से कौन-सा पहलु बी.आर. अम्बेडकर के बारे में सही है?
1. वह वर्ण सुधार करना चाहते थे।
2. उन्होंने वर्ण व्यवस्था की निंदा की और जाति का उच्छेदन करना चाहते थे।
3. उन्होंने वर्ण व्यवस्था की प्रशंसा की।
4. वह वर्ण व्यवस्था के प्रति उदासीन थे।

32. घनिष्ठता के रुपांतरण के मुद्दे के संबंध में, लॉरेंस स्टोन (1980) ने निम्नानुसार आरोही क्रम में परिवार के चरण बद्ध मॉडल की चर्चा करी :
A. घरेलू निजता की काफी अधिकता के साथ घनिष्ठ भावनात्मक जुड़ाव
B. परिवार एक खुले सिरे वाला, निम्नतर, गैर भावुक था
C. वैवाहिक और माता-पिता के प्रेम सहित संक्रमणकालीन रूप
D. उपभोग के लिए तैयार भावपरक व्यक्तिवाद

नीचे दिए गए विकल्पों में से **सही** उत्तर चुनें :
1. B, C, A, D 2. D, B, C, A
3. A, B, D, C 4. C, B, A, D

33. ईमाइल दुर्खीम का पहला प्रोफेसर का पद .... विषय के प्रोफेसर का था।
1. शिक्षा शास्त्र 2. अर्थशास्त्र
3. जीव विज्ञान 4. भौतिकी विज्ञान

34. "आधुनिकता के जगरनॉट" पर किसने कहा है?
1. कार्ल मैनहीम 2. जुर्गेन हैबरमास
3. एंथोनी गिडेन्स 4. जी.एच. मीड

35. डब्ल्यू जी. समनर के अनुसार, यह लोक पद्धतियाँ **सही** जीवन के दर्शन और कल्याण की जीवन नीति का **रूप** ले लेती हैं तब वह .... बन जाती है।
1. कानून 2. प्रथाएं
3. रूढ़ियाँ 4. मूल्य

36. भारत में कुटुम्ब संरचना के संबंध में पी.एम. कोलेंडा द्वारा कुटुम्ब प्रकारों के कौन-कौन से वर्गीकरण **पर** चर्चा की गई है?
A. उप-मूल कुटुम्ब
B. अनुपूरित स्वशाखीय संबंध
C. अनुपूरित उप-मूल कुटुम्ब
D. अनुपूरित स्वशाखीय संयुक्त कुटुम्ब
E. भिन्नशाखीय मूल कुटुम्ब

नीचे दिए गए विकल्पों में से **सही** उत्तर चुनें :
1. केवल A, B और C 2. केवल A, C और D
3. केवल B, D और E 4. केवल B, C और E

37. निम्नलिखित परिप्रेक्ष्यों को समाजशास्त्रीय साहित्य में उनके उद्गम की दृष्टि से कालक्रमानुसार व्यवस्थित कीजिए :
A. उत्तर-आधुनिकतावाद
B. उत्तर-संरचनावाद
C. अंतःक्रियावाद
D. मार्क्सवाद

नीचे दिए गए विकल्पों में से **सही** उत्तर चुनें :
1. D, C, B, A 2. A, D, B, C
3. B, C, D, A 4. C, B, D, A

38. एक समष्टि (Universe) में प्रत्येक इकाई के चयन की सम सम्भाव्यता का अर्थ है .... ।
1. यादृच्छिक प्रतिचयन 2. सुविधाजनक प्रतिचयन
3. सोद्देश्य प्रतिचयन 4. दोहरा प्रतिचयन

39. भारत में हुए निम्नलिखित पर्यावरणीय आन्दोलनों को कालक्रमानुसार लगाइये :
A. बिश्नोई आन्दोलन
B. चिपको आन्दोलन
C. दि साइलेंट वैली आन्दोलन
D. नर्मदा बचाओ आन्दोलन

नीचे दिए गए विकल्पों में से **सही** उत्तर चुनें :

1. B, C, D, A
2. A, B, C, D
3. C, D, A, B
4. D, A, B, C

40. ''ओरिएंटेलिज्म : वेस्टर्न कान्सेप्शन आफ दि ओरिएंट'' पुस्तक का लेखक कौन है?

1. मिशेल फूको
2. मैनुअल कास्टेल्स
3. एडवार्ड सैड
4. पिअरे बोर्दयु

41. नीचे दो कथन दिये गए हैं : एक अभिकथन (A) के रूप में लिखित है तो दूसरा उसके कारण (R) के रूप में :

अभिकथन (A) : पारिस्थितिकीय रूप से संपोषणीय संस्कृति एक ऐसी जीवन पद्धति है जो भावी पीढ़ियों की पर्यावरण धरोहर को खतरे में डाले बिना वर्तमान पीढ़ी की जरूरतों को पूरा करती है।

कारण (R) : जोखिम समाज एक ऐसा समाज है जिसमें प्रोद्योगिकी और वैश्वीकरण के कारण विभिन्न मात्रा में जोखिम होते हैं।

उपरोक्त कथन के आलोक में, नीचे दिए गए विकल्पों में से **सबसे उपयुक्त** उत्तर का चयन कीजिए:

1. (A) और (R) दोनों सही हैं और (R), (A) की सही व्याख्या है।
2. (A) और (R) दोनों सही हैं और (R), (A) की सही व्याख्या नहीं है।
3. (A) सही है लेकिन (R) सही नहीं है।
4. (A) सही नहीं है लेकिन (R) सही है।

42. विशिष्ट प्रकार के कौशल और ज्ञान को प्रदान करने की औपचारिक प्रक्रिया, जो सामान्यतः पूर्व-निर्धारित पाठ्यक्रम के माध्यम से विशेष संस्थानों में आयोजित की जाती है, वह है ....।

1. संस्कृति-ग्रहण
2. संस्कृतिकरण
3. स्कूली शिक्षा
4. अभिविन्यास

43. नीचे दो कथन दिये गए हैं : एक अभिकथन (A) के रूप में लिखित है तो दूसरा उसके कारण (R) के रूप में :

अभिकथन (A) : उद्योग के क्षेत्रों में संघर्ष समाज के अन्य क्षेत्रों को प्रभावित नहीं करते हैं, वे सीमित रहते हैं।

कारण (R) : डेहरेनड्राफ के अनुसार, संघर्ष न केवल विनियमित किया जाता है बल्कि विलगित भी किया जाता है।

उपरोक्त कथन के आलोक में, नीचे दिए गए विकल्पों में से **सबसे उपयुक्त** उत्तर का चयन कीजिए:

1. (A) और (R) दोनों सही हैं और (R), (A) की सही व्याख्या है।
2. (A) और (R) दोनों सही हैं और (R), (A) की सही व्याख्या नहीं है।
3. (A) सही है लेकिन (R) सही नहीं है।
4. (A) सही नहीं है लेकिन (R) सही है।

44. सूची-I को सूची-II से सुमेलित करें :

सूची-I (अवधारणा)	**सूची-II (विद्वान)**
A. ट्रस्ट एण्ड पावर	I. हर्बर्ट मार्क्यूज
B. दि कल्चर इंडस्ट्री	II. पिअरे बोर्दयु
C. वन-डाइमेंशनल सोसाइटी	III. निकोलस लुहमान
D. हेबिटस	IV. थियोडर एडोर्नो

नीचे दिए गए विकल्पों में से **सही** उत्तर चुनें :

1. A-III, B-IV, C-I, D-II
2. A-IV, B-I, C-II, D-III
3. A-I, B-IV, C-III, D-II
4. A-II, B-III, C-IV, D-I

45. निम्नलिखित में से किसने 'गुणात्मक तुलनात्मक विश्लेषण (क्यूसीए)' शब्दों पर चर्चा की?

1. चार्ल्स रेगिन (दि कम्पेरेटिव मेथड, 1987)
2. मैक्स वेबर (क्रिटिक ऑफ स्टेम्लर, 1977)
3. ए.आर. निस्बेत (सोशियोलाजी एज एन आर्ट फार्म, 1976)
4. एफ.डब्ल्यू. टेलर (साइंटिफिक मैनेजमेंट, 1964)

46. 'तादात्मय राजनीति (Identity Politics)' सामाजिक आंदोलनों के निम्नलिखित में से कौन-से सिद्धांत से संबंधित हैं?

1. उद्विकासीय सिद्धांत
2. नया सामाजिक आंदोलन सिद्धांत
3. मार्क्सवादी सिद्धांत
4. प्रकार्यात्मक सिद्धांत

47. निम्नलिखित में से कौन-से शब्द-पद एंथोनी गिडेन्स से संबंधित है?

A. स्ववियोजन (सिक्वेस्ट्रेशन)
B. आधुनिकता का जगरनॉट

C. आधुनिकता की रिफ्लेक्सिविटी

D. औद्योगिक श्रमिकों के मध्य अलगाव (एलीनेशन)

नीचे दिए गए विकल्पों में से **सही** उत्तर चुनें :

1. केवल A, B, C
2. केवल B, C, D
3. केवल A, B, D
4. केवल A, C, D

48. पार्सोनियन ढांचे में, भूमिका परिभाषा का निम्नलिखित संयोजनों में से कौन-सा/से प्रवृत्ति चर सही हैं :

A. स्व-उन्मुखन बनाम प्रभावी तटस्थता

B. सार्वभौमवाद बनाम उपलब्धि

C. विशिष्टता बनाम विसरणता

D. उपलब्धि बनाम आरोपण

E. प्रभाविता बनाम परम्परागत तटस्थता

1. केवल A और B
2. केवल B और D
3. केवल C और D
4. केवल A और E

49. सूची-I को सूची-II से सुमेलित करें :

सूची-I (लेखक)	**सूची-II (कार्य)**
A. जेड. बाउमन	I. दि विस्परिंग विदिन
B. डी. बराश	II. सोसाइटी एज सिम्बोलिक इंटरेक्शन
C. यू. बेक	III. लिक्विड माडर्निटी
D. एच. ब्लूमर	IV. रिस्क सोसाइटी : टुवार्ड्स ए न्यू माडर्निटी

नीचे दिए गए विकल्पों में से **सही** उत्तर चुनें :

1. A-III, B-I, C-IV, D-II
2. A-I, B-IV, C-II, D-III
3. A-IV, B-II, C-III, D-I
4. A-II, B-III, C-I, D-IV

50. जी.एस. घुर्ये ने निम्नलिखित पुस्तकें लिखी। उनके प्रकाशन के सही कालक्रम की पहचान कीजिए :

A. इण्डियन साधुस

B. आई एण्ड अदर एक्सप्लोरेशन्स

C. कास्ट एंड रेस इन इंडिया

D. गाड्स एंड मैन

नीचे दिए गए विकल्पों में से **सही** उत्तर चुनें :

1. C, A, D, B
2. D, C, A, B
3. B, D, A, C
4. D, A, B, C

51. प्रत्येक समाज के ऐसे नियम होते हैं, जिन्हें वह 'कानून' कहता है और अन्य जिन्हें वह 'प्रथा' कहता है, जिन्हें ब्रोनिसलॉ मेलिनाउस्की (1926) ने इस प्रकार बताया है ....।

1. ट्रेट, ट्रेडिशन और टोटम
2. कोड, कोर्ट और कांस्टेबल
3. पुलिस, पैरोल और प्रीजन
4. चर्च, चार्टर और चीफ

52. मानव सामाजिक संसार पर लागू होने के अनुसार, कॉम्टीयन के प्रत्यक्षवाद का प्रतिफल क्या है?

1. सामाजिक जीवन के अध्ययन के लिए गैर-इंद्रियानुभवादी मॉडल का काफी अधिक अनुपालन।
2. अनुक्रमिक अवस्थाओं के सिद्धांत जिसके माध्यम से ज्ञान की प्रत्येक शाखा को गुजरना होगा।
3. मानवीय और सामाजिक विज्ञानों में प्राकृतिक वैज्ञानिक पद्धतियों की अनुपयुक्तता।
4. ऐसा सतही ज्ञान जो सामाजिक नेटवर्किंग में सर्वसम्मति का आधार बनेगा।

53. निम्नलिखित आपदाओं को कालक्रमानुसार लगाइये :

A. ग्रेट जापान सुनामी और भूकंप

B. हैती भूकंप

C. यू.एस. मैक्सिको की खाड़ी को प्रभावित करने वाला कैटरिना तूफान

D. दक्षिण एशियाई तटीय सुनामी

नीचे दिए गए विकल्पों में से **सही** उत्तर चुनें :

1. A, C, D, B
2. B, A, D, C
3. C, D, A, B
4. D, C, B, A

54. एम.एन. श्रीनिवास द्वारा, निम्नलिखित प्रकाशनों के क्रम की पहचान कीजिए :

A. रिलीजन एंड सोसाइटी अमंग दि कुर्ग्स आफ साउथ इंडिया

B. कास्ट इन माडर्न इंडिया एंड अदर ऐसेज

C. 'दि केस आफ दि पॉटर एंड दि प्रीस्ट'

D. सोशल चेंज इन माडर्न इंडिया

नीचे दिए गए विकल्पों में से **सही** उत्तर चुनें :

1. C, A, B, D
2. A, B, C, D
3. A, C, B, D
4. D, C, B, A

55. 'दि डेथ आफ क्लास (1996)' पुस्तक के लेखक कौन हैं?

1. डेविड ली और ब्रायन टर्नर
2. एल.ई. कोहेन और एम. फेल्सन
3. जेन पाकुल्स्की और मैल्कम वाटर्स
4. जे. क्लार्क और पी. विलिस

56. भारतीय परिदृश्य में सामाजिक जराविज्ञान .... के रूप में जीर्णन से संबंधित है।

A. जीवन चक्र में वैयक्तिक स्थिति का एक पहलू
B. एक समकालिक आर्थिक स्थिति नहीं
C. पीढ़ी की सदस्यता के अनुसार स्तरीकरण के गतिशील घटक
D. वैचारिक स्थिति उपकरण से संबंधित आकस्मिक प्रक्रिया नहीं होना

नीचे दिए गए विकल्पों में से **सही** उत्तर चुनें :

1. केवल A और B   2. केवल A और C
3. केवल A और D   4. केवल B और D

57. सूची-I को सूची-II से सुमेलित करें :

सूची-I (परिप्रेक्ष्य)	सूची-II (विचारक)
A. प्रकार्यवादी परिप्रेक्ष्य	I. इर्विंग गॉफमैन
B. संघर्ष परिप्रेक्ष्य	II. आर.के मर्टन
C. अंतःक्रियावादी परिप्रेक्ष्य	III. लेविस कोजर
D. संरचनावादी परिप्रेक्ष्य	IV. सी. लेवी स्ट्रॉस

नीचे दिए गए विकल्पों में से **सही** उत्तर चुनें :

1. A-II, B-III, C-I, D-IV
2. A-III, B-IV, C-I, D-II
3. A-IV, B-III, C-II, D-I
4. A-I, B-III, C-II, D-IV

58. .... का अर्थ समाज में लोगों की स्थिति निर्धारित करने वाले लाभ और हानि की अतिव्यापी और परस्पर निर्भर प्रणाली है।

1. अंतरानुभागीयता   2. ट्रांस राष्ट्रीयता
3. स्तरीकरण   4. विभेदीकरण

59. ''पशु तत्काल अपने जीवन के क्रियाकलाप से एकरूप हो जाता है, ... मनुष्य अपने जीवन क्रियाकलाप को ही अपनी इच्छा और अपनी चेतना की वस्तु बना देता है'' यह किसका कथन है?

1. ईमाइल दुर्खीम   2. मैक्स वेबर
3. कार्ल मार्क्स   4. इर्विंग गॉफमैन

60. नीचे दो कथन दिये गए हैं : एक अभिकथन (A) के रूप में लिखित है तो दूसरा उसके कारण (R) के रूप में :

अभिकथन (A) : मार्क्स ने तर्क दिया कि पूँजीवाद एक अंतर्निहित रूप से अस्थिर प्रणाली है।

कारण (R) : पूँजीवादी प्रणाली के आंतरिक विरोधाभास वृद्धिशील रूप से प्रखरः हो जाएंगे।

उपरोक्त कथन के आलोक में, नीचे दिए गए विकल्पों में से **सबसे उपयुक्त** उत्तर का चयन कीजिए:

1. (A) और (R) दोनों सही हैं और (R), (A) की सही व्याख्या है।
2. (A) और (R) दोनों सही हैं और (R), (A) की सही व्याख्या नहीं है।
3. (A) सही है लेकिन (R) सही नहीं है।
4. (A) सही नहीं है लेकिन (R) सही है।

61. डायस्पोरा (प्रसार) विश्व भर में लोगों के बिखराव के रूप में .... को दर्शाता है।

A. समान नृजाति समूह के सदस्यों के साथ एकात्मक का अभाव
B. देश-त्यागी समुदायों का उद्‌भव
C. वृहत्तर सांस्कृतिक संकटता
D. विदेशी क्षेत्रों से पूर्ण असंबद्धता

नीचे दिए गए विकल्पों में से **सही** उत्तर चुनें :

1. केवल A और B   2. केवल B और C
3. केवल C और D   4. केवल A और D

62. सूची-I को सूची-II से सुमेलित करें :

सूची-I (लेखक)	सूची-II (कृति)
A. जुडिथ बटलर	I. दि फेमिनाइन मिस्टिक
B. एस. फायरस्टोन	II. आईंट ए वूमन? ब्लैक वूमन एंड फेमिनिज्म
C. बेल हुक्स	III. जेंडर ट्रबल : फेमिनिज्म एंड दि सबवर्जन आफ आइडेंटिटी

D. बेट्टी फ्रीडेन IV. दि डायलेक्टिक आफ सेक्स: दि केस फॉर फेमिनिस्ट रिवोल्यूशन

नीचे दिए गए विकल्पों में से **सही** उत्तर चुनें :

1. A-III, B-IV, C-II, D-I
2. A-I, B-II, C-III, D-IV
3. A-IV, B-I, C-II, D-III
4. A-III, B-II, C-I, D-IV

63. ''प्रिमिटिव क्लासीफिकेशन (1903) नामक कार्य में ईमाइल दुर्खीम एवं .... ने माना, ''संस्कृति केवल तभी संभव होती है जब मानव वस्तुओं के बीच अंतर करने और उन्हें वर्गीकृत करने में सक्षम हो जाते हैं''।

1. मार्सल मॉस 2. गेरल हैंडेल
3. डोमिनिक स्टिर्नाटी 4. क्रिस्टोफर जैंक्स

64. भारत में सामाजिक परिवर्तन और विकास के सिद्धांत के संबंध में जी. मिर्डल की स्थिति निम्नलिखित में से कौन-सी सही हैं?

A. संवृद्धि की सार्वभौमिक अवस्था
B. संचयी परिवर्तन
C. पारम्परिक संवृद्धि
D. चक्रीय कार्य-कारण भाव

नीचे दिए गए विकल्पों में से **सही** उत्तर चुनें :

1. केवल A और C 2. केवल B और D
3. केवल A और D 4. केवल C और D

65. नीचे दो कथन दिये गए हैं : एक अभिकथन (A) के रूप में लिखित है तो दूसरा उसके कारण (R) के रूप में :

अभिकथन (A) : मिशेल फूको के अनुसार, शक्ति और ज्ञान एक-दूसरे से सावयवी रूप से संबंधित हैं।

कारण (R) : शक्ति का स्रोत आवश्यक रूप से ज्ञान से उत्पन्न नहीं होता है।

उपरोक्त कथन के आलोक में, नीचे दिए गए विकल्पों में से **सबसे उपयुक्त** उत्तर का चयन कीजिए:

1. (A) और (R) दोनों सही हैं और (R), (A) की सही व्याख्या है।
2. (A) और (R) दोनों सही हैं और (R), (A) की सही व्याख्या नहीं है।
3. (A) सही है लेकिन (R) सही नहीं है।
4. (A) सही नहीं है लेकिन (R) सही है।

66. सूची-I को सूची-II से सुमेलित करें :

सूची-I (अवधारणाएं)	**सूची-II (प्रतिपादक)**
A. दूरस्थ निकटता	I. जी.एच. मीड
B. सामाजिक जियोमेट्री	II. जे. रोसैनो
C. हाव-भाव का वार्तालाप (कन्वरजेशन ऑफ जेस्चर्स)	III. टालकोट पारसंस
D. आवश्यकता-प्रवृत्तियाँ	IV. जार्ज सिमेल

नीचे दिए गए विकल्पों में से **सही** उत्तर चुनें :

1. A-II, B-IV, C-I, D-III
2. A-IV, B-I, C-III, D-II
3. A-II, B-III, C-I, D-IV
4. A-III, B-II, C-IV, D-I

67. मार्क्सवादी ढांचे में निम्नलिखित अवधारणाओं को कालक्रमानुसार लगाइये :

A. वर्ग (क्लास)
B. स्वयं में वर्ग (क्लास इन इटसेल्फ)
C. स्वयं के लिए वर्ग (क्लास फॉर इटसेल्फ)
D. वर्ग संघर्ष

नीचे दिए गए विकल्पों में से **सही** उत्तर चुनें :

1. B, C, D, A 2. C, D, A, B
3. A, B, C, D 4. D, A, B, C

68. ईमाइल दुर्खीम के अनुसार, निम्नलिखित में से किन की वृद्धि होने से समाज में श्रम विभाजन का वर्धन होता है?

A. भौतिक सघनता B. नैतिक सघनता
C. मात्रा D. उपभोक्तावाद

नीचे दिए गए विकल्पों में से **सही** उत्तर चुनें :

1. केवल A, B और D
2. केवल A, B और C
3. केवल A, C और D
4. केवल B, C और D

69. सूची-I को सूची-II से सुमेलित करें :

सूची-I (विद्वान)	सूची-II (सिद्धांत)
A. आर.ई. पॉर्क और ई. बर्गेस	I. सामाजिक क्षेत्र विश्लेषण
B. होमर होय्ट	II. बहु केन्द्रित माडल
C. आर.जे. जानस्टन	III. सेक्टर सिद्धांत
D. सी.हैरिस और ई. उल्मैन	IV. संकेन्द्री अंचल सिद्धांत

नीचे दिए गए विकल्पों में से **सही** उत्तर चुनें :
1. A-IV, B-III, C-I, D-II
2. A-IV, B-II, C-III, D-I
3. A-I, B-III, C-IV, D-II
4. A-III, B-II, C-IV, D-I

70. निम्नलिखित आंदोलनों को उनके घटित होने के क्रम में लगाइये :

A. मोपला विद्रोह B. नक्सलबाड़ी आंदोलन
C. नील (इंडिगो) विद्रोह D. तेभागा आन्दोलन

नीचे दिए गए विकल्पों में से **सही** उत्तर चुनें :
1. A, B, C, D 2. D, C, A, B
3. C, A, D, B 4. C, D, A, B

71. ''नगर संबंध न केवल विशिष्ट और निर्वैयक्तिक होते हैं, बल्कि वे स्वार्थ पर आधारित होते हैं'', यह किसका कथन है?
1. लूई विर्थ 2. एम.एस.ए. राव
3. एम. डेविस 4. आर.ई. पार्क

72. कार्ल मार्क्स के संदर्भ में, निम्नलिखित में से कौन-सा अलगाव का एक घटक नहीं है?
1. उत्पादन से अलगाव
2. नातेदारी से अलगाव
3. मानवता से अलगाव
4. साथी कामगारों से अलगाव

73. मिशेल फूको के अनुसार एक संरचना जो सत्ता में किसी व्यक्ति को लोगों के एक समूह का पूर्ण अवलोकन करने की संभावना प्रदान करती है, ... कहलाती है।
1. टेलीकास्ट टावर 2. पैनाप्टिकॉन
3. मीनारेट 4. लाइट हाउस

74. किसका कथन है कि ''मैंने कभी भी अपनी स्कूलिंग को अपनी शिक्षा के मार्ग में नहीं आने दिया।''
1. जैक्स दरिदा 2. मिशेल फूको
3. ईवान इलिच 4. मार्क ट्वेन

75. भेद का नारीवादी सिद्धांत जो महिलाओं के सकारात्मक पहलुओं की प्रशंसा करता है, ... कहलाता है।
1. सांस्कृतिक नारीवाद 2. उग्र नारीवाद
3. उदार नारीवाद 4. समाजवादी नारीवाद

76. नीचे दो कथन दिये गए हैं : एक अभिकथन (A) के रूप में लिखित है तो दूसरा उसके कारण (R) के रूप में :

अभिकथन (A) : अशक्तता और बाधिकता का समाजशास्त्र कलंक और क्षतांकन के अध्ययन से संबंधित है।

कारण (R) : अशक्तता आन्दोलन अशक्तता के एक ऐसे सामाजिक मॉडल के सृजन पर आधारित रहा है जो चिकित्सा मॉडल के लिए एक प्रत्यक्ष चुनौती है।

उपरोक्त कथन के आलोक में, नीचे दिए गए विकल्पों में से **सबसे उपयुक्त** उत्तर का चयन कीजिएः
1. (A) और (R) दोनों सही हैं और (R), (A) की सही व्याख्या है।
2. (A) और (R) दोनों सही हैं और (R), (A) की सही व्याख्या नहीं है।
3. (A) सही है लेकिन (R) सही नहीं है।
4. (A) सही नहीं है लेकिन (R) सही है।

77. 'माइंड, सेल्फ एंड सोसाइटी' के कार्य से कौन जुड़ा है?
1. जुर्गेन हैबरमास 2. एंथोनी गिडेंस
3. जॉर्ज हर्बर्ट मीड 4. मिशेल फूको

78. सूची-I को सूची-II से सुमेलित करें :

सूची-I (लेखक)	सूची-II (कृतियाँ)
A. इर्विंग गॉफमैन	I. दि थ्योरी ऑफ कम्युनिकेटिव एक्शन
B. मिशेल फूको	II. सोशल थ्योरी एंड सोशल स्ट्रक्चर
C. जुर्गेन हैबरमास	III. प्रेजेन्टेशन ऑफ सेल्फ इन एवरीडे लाईफ
D. आर.के. मर्टन	IV. डिसिप्लिन एंड पनिश

C. इकॉनामी एंड सोसाइटी
D. दि प्रोटेस्टेंट एथिक एण्ड दि स्पीरिट ऑफ कैपिटलिज्म

नीचे दिए गए विकल्पों में से **सही** उत्तर चुनें :

1. D, B, C, A
2. A, D, B, C
3. A, B, D, C
4. C, A, D, B

87. निम्नलिखित विपदाओं को कालक्रमानुसार लगाइये :

A. मैक्सिको की खाड़ी में बी.पी. आयल विस्फोट
B. टोरी केन्यन आयल स्लिक
C. चेर्नोबिल नाभिकीय विस्फोट
D. यूनियन कार्बाइड पेस्टिसाइड विस्फोट, भोपाल

नीचे दिए गए विकल्पों में से **सही** उत्तर चुनें :

1. A, C, B, D
2. D, A, C, B
3. B, D, C, A
4. A, B, D, C

88. नीचे दो कथन दिये गए हैं : एक अभिकथन (A) के रूप में लिखित है तो दूसरा उसके कारण (R) के रूप में :

अभिकथन (A) : पीटर ब्लाउ इस बात पर जोर देते हैं कि नैतिक मानक के बजाय आत्महित आदान-प्रदान की आवश्यक शर्त है।

कारण (R) : पीटर ब्लाउ 'सामाजिक आदान-प्रदान' शब्द को स्वैच्छिक अन्योन्य क्रिया तक सीमित करने को वरीयता देते हैं और इस प्रकार अंतरात्मा की माँग के परिणामस्वरूप होने वाले कार्यों को इससे बाहर रखते हैं।

उपरोक्त कथन के आलोक में, नीचे दिए गए विकल्पों में से **सबसे उपयुक्त** उत्तर का चयन कीजिए:

1. (A) और (R) दोनों सही हैं और (R), (A) की सही व्याख्या है।
2. (A) और (R) दोनों सही हैं और (R), (A) की सही व्याख्या नहीं है।
3. (A) सही है लेकिन (R) सही नहीं है।
4. (A) सही नहीं है लेकिन (R) सही है।

89. सूची-I को सूची-II से सुमेलित करें :

सूची-I (लेखक)	**सूची-II (कृतियाँ)**
A. अर्जुन अप्पादुरई	I. दि क्लैश आफ सिविलाइजेशंस एंड दि रीमेकिंग आफ वर्ल्ड आर्डर
B. बेंजामिन बार्बर	II. रीथिंकिंग सोशयोलॉजी-ए क्रिटिक कंटेम्पोरेरी थ्योरी
C. सैमुअल पी. हंटिंग्टन	III. माडर्निटी एट लार्ज : कल्चरल डाइमेंशन आफ ग्लोबलाइजेशन
D. इर्विंग जीटलिन	IV. जिहाद वर्सेस मैकवर्ल्ड

नीचे दिए गए विकल्पों में से **सही** उत्तर चुनें :

1. A-III, B-IV, C-I, D-II
2. A-IV, B-I, C-II, D-III
3. A-III, B-II, C-I, D-IV
4. A-II, B-III, C-IV, D-I

90. वह स्थिति, जिसमें अल्पावधिक लाभ प्राप्त करते समय पर्यावरण से हमारे संबंध पर दीर्घकालिक गहरा, नकारात्मक प्रभाव पड़ता है, ... कहलाता है।

1. पर्यावरणीय प्रजातिवाद
2. पर्यावरणीय घाटा
3. पारिस्थितिकीय फुटप्रिंट
4. कॉर्बन फुटप्रिंट

निर्देश : (प्र.सं. 91-95) : *निम्नलिखित गद्यांश को ध्यानपूर्वक पढ़िये और प्रश्नों के उत्तर दीजिये :*

आधुनिक प्रौद्योगिकी की आलोचना की गई है क्योंकि यह इस धारणा पर आधारित है कि प्रकृति मनुष्य की संसाधनों की बढ़ती हुई आवश्यकताओं की पूर्ति का एक अनंत स्रोत और उसके अपशिष्ट का एक असीमित गर्त है। आधुनिक प्रौद्योगिकियाँ स्पष्टतया स्वयं को 'इस ग्रह के सभी संसाधनों–मानवीय और प्राकृतिक–का प्रबंधन करने की पूरी और भारी भरकम जिम्मेदारी' से संबंधित नहीं करती हैं।

इस गैर-जिम्मेदार व्यवहार के प्रभाव प्रकृति के अच्छे ढ़ंग से समायोजित पारिस्थितिकीय संतुलनों में प्रदूषण, संसाधनों के अंधाधुंध प्रयोग, विभिन्न प्रजातियों की विलुप्ति या लगभग विलुप्ति (उदाहरणार्थ ब्लू व्हेल) वनों के नष्ट होने आदि के माध्यम से व्यवधान पहले ही सुस्पष्ट हो रहे हैं। प्रश्न केवल पारिस्थितिक तंत्र में स्थिरता के अंतर्भूत मूल्यों का नहीं है बल्कि उन उत्पन्न होने वाले अपरिहार्य जोखिमों का है जिन्हें आधुनिक प्रौद्योगिकी अपने साथ लाती है। ये जोखिम इस तथ्य से उत्पन्न होते हैं कि इन प्रौद्योगिकियों के प्रभाव निरपवाद

नीचे दिए गए विकल्पों में से **सही** उत्तर चुनें :
1. A-II, B-III, C-I, D-IV
2. A-IV, B-I, C-III, D-II
3. A-III, B-IV, C-I, D-II
4. A-I, B-III, C-IV, D-II

79. मीडिया के क्षेत्र में निम्नलिखित कृतियों को कालक्रम में व्यवस्थित कीजिए :

A. आर. जेनकिन–कन्वर्जन्स कल्चर : वेयर ओल्ड एंड न्यू मीडिया कोलाइड
B. एस. कोहेन–दि सोशल मेन्युफेक्चर आफ न्यूज : डेवियांस, सोशल प्रॉब्लम्स एंड दि मास मीडिया
C. आर.एल. कीबल एंड जे. मायर–दि फोन हेकिंग स्कैंडल : जर्नलिज्म आन ट्रायल
D. बी.ए. मैकेबल एंड जी.एम. मार्टिन–स्कूल वायलेंस, दि मीडिया एंड क्रिमिनल जस्टिस रेस्पांसेस

नीचे दिए गए विकल्पों में से **सही** उत्तर चुनें :
1. A, B, C, D
2. D, C, B, A
3. B, D, A, C
4. C, A, D, B

80. इर्विंग गॉफमैन निम्नलिखित में से किन पुस्तकों के लेखक हैं?

A. प्रेजेन्टेशन आफ सेल्फ इन एवरीडे लाइफ
B. सेंट्रल प्रॉब्लम्स इन सोशल थ्योरी : एक्शन, स्ट्रक्चर एंड कंट्राडिक्शन इन सोशल एनेलिसिस
C. स्ट्रेटेजिक इंटरेक्शन
D. एनकाउंटर्स : टू स्टडीज इन दि सोशयोलॉजी ऑफ इंटरेक्शन

नीचे दिए गए विकल्पों में से **सही** उत्तर चुनें :
1. केवल A, C, D
2. केवल B, C, D
3. केवल A, B, C
4. केवल A, B, D

81. निम्न में से किसने शक्ति को "ऐसी संभाव्यता जिसमें किसी सामाजिक संबंध में एक कर्ता द्वारा, प्रतिरोध के बावजूद, अपनी स्वयं की इच्छा को, उस सम्भाव्यता के आधारित होने के मूल पर विचार किए बिना, लागू करने की स्थिति" के रूप में परिभाषित किया है?
1. टालकॉट पार्सन्स
2. मैक्स वेबर
3. ईमाइल दुर्खीम
4. आर.के. मर्टन

82. मैक्स वेबर के विचार के अनुसार निम्न में से कौन-सा नौकरशाही से संबंधित नहीं है?
1. तार्किकता
2. संवेग
3. प्रशिक्षण
4. आदेश श्रृंखला

83. भूमि सुधार कानूनों को न्यायिक समीक्षा से संरक्षित करने के लिए किस संविधान संशोधन द्वारा नौवीं अनुसूची को जोड़ा गया?
1. 42वाँ संशोधन
2. पहला संशोधन
3. 44वाँ संशोधन
4. 73वाँ संशोधन

84. सूची-I को सूची-II से सुमेलित करें :

सूची-I (योगदान)	**सूची-II (विद्वान)**
A. द्विध्रुवीय मॉडल	I. मैकिम मैरियट
B. बहुध्रुवीय मॉडल	II. एल.पी. विद्यार्थी
C. सार्वभौमीकरण और संकीर्णता	III. वाई. सिंह
D. पवित्रता का जटिल भाव	IV. एस.सी. दुबे

नीचे दिए गए विकल्पों में से **सही** उत्तर चुनें :
1. A-III, B-IV, C-I, D-II
2. A-IV, B-I, C-II, D-III
3. A-I, B-II, C-III, D-IV
4. A-II, B-III, C-IV, D-I

85. सूची-I को सूची-II से सुमेलित करें :

सूची-I (अवधारणाएँ)	**सूची-II (विचारक)**
A. गतिशील घनत्व	I. मैक्स वेबर
B. झूठी चेतना	II. जॉर्ज सिमेल
C. सारभूत तर्कसंगतता	III. एमिल दुर्खीम
D. सहसंबद्धता	IV. कार्ल मार्क्स

नीचे दिए गए विकल्पों में से **सही** उत्तर चुनें :
1. A-III, B-IV, C-I, D-II
2. A-IV, B-I, C-II, D-III
3. A-I, B-II, C-III, D-IV
4. A-II, B-III, C-IV, D-I

86. कालक्रमानुसार निम्नलिखित प्रकाशनों के क्रम की पहचान कीजिए :

A. दि डिवीजन ऑफ लेबर इन सोसाइटी
B. दि एलेमेंट्री फार्मस ऑफ रिलीजियस लाइफ

8. A. **जी.एस. घुर्ये — IV. इंडोलॉजिकल परिप्रेक्ष्य :** घुर्ये ने भारतीय समाज के अध्ययन में संस्कृत ग्रंथों और परंपराओं का उपयोग किया, जो इंडोलॉजिकल दृष्टिकोण का प्रमुख आधार है।

B. **डी.पी. मुखर्जी — III. मार्क्सवादी परिप्रेक्ष्य :** डी.पी. मुखर्जी ने भारतीय समाज को ऐतिहासिक भौतिकवाद और वर्ग संबंधों के संदर्भ में समझने का प्रयास किया, जिससे उनका दृष्टिकोण मार्क्सवादी माना जाता है।

C. **एन.के. बोस — I. सभ्यतात्मक परिप्रेक्ष्य :** एन.के. बोस ने भारतीय समाज को उसकी सभ्यतात्मक निरंतरता और सांस्कृतिक एकता के संदर्भ में देखा।

D. **डेविड हार्डिमेन — II. उपाश्रित परिप्रेक्ष्य :** हार्डिमेन उपाश्रित अध्ययन (Subaltern Studies) के प्रमुख विद्वान हैं, जिन्होंने हाशिये पर स्थित समूहों के दृष्टिकोण से इतिहास और समाज का विश्लेषण किया।

9. राधा कमल मुखर्जी ने समाजशास्त्र और अन्य सामाजिक विज्ञानों के दार्शनिक आधारों का व्यवस्थित अध्ययन प्रस्तुत किया। उन्होंने ज्ञान को संकीर्ण विषयगत सीमाओं में बाँटने का विरोध किया और अंतःविषय (interdisciplinary) दृष्टिकोण का समर्थन किया। उनके अनुसार समाज को समझने के लिए विभिन्न सामाजिक विज्ञानों के बीच समन्वय आवश्यक है, जिससे व्यापक और समग्र दृष्टिकोण विकसित किया जा सके।

10. गाइया परिकल्पना (Gaia Hypothesis) के अनुसार पृथ्वी को एक जीवित और स्व-नियंत्रित प्रणाली के रूप में देखा जाता है, जिसमें सभी जीव और भौतिक तत्त्व परस्पर जुड़े होते हैं। यह विचार जेम्स लवलॉक द्वारा प्रस्तुत किया गया था, जिसमें कहा गया कि पृथ्वी का जैवमंडल, वायुमंडल, जलमंडल आदि मिलकर एक जीवित प्रणाली की तरह कार्य करते हैं और जीवन को बनाए रखने में सहायक होते हैं।

11. गुड और हैट (1952) ने अपनी पुस्तक "Methods in Social Research" में शोध प्रक्रिया को एक तार्किक और व्यवस्थित क्रम में प्रस्तुत किया है। सबसे पहले शोधकर्ता विषय से संबंधित उपलब्ध साहित्य का अध्ययन करता है, जिससे पूर्व ज्ञान, सिद्धांतों और शोध की दिशा का आधार तैयार होता है। इसके बाद समस्या का विश्लेषण किया जाता है, जिससे शोध के प्रमुख आयाम स्पष्ट होते हैं। तीसरे चरण में अवधारणाओं को स्पष्ट करते हुए उन्हें औपचारिक रूप दिया जाता है, ताकि अध्ययन के चरों (variables) और उनके संबंधों को सही ढंग से समझा जा सके। इसके पश्चात परिकल्पना का विकास किया जाता है, जो परीक्षण योग्य कथन के रूप में कार्य करती है और अनुसंधान को दिशा प्रदान करती है। अंत में शोधकर्ता वास्तविक सामाजिक घटना के संपर्क में आकर अनुभवजन्य तथ्यों का संकलन करता है, जिससे परिकल्पना की पुष्टि या खंडन किया जा सके।

12. A. **एलन बील्स — II. नामहल्ली, मैसूर :** एलन बील्स ने दक्षिण भारत के मैसूर क्षेत्र के नामहल्ली गाँव का विस्तृत अध्ययन किया और ग्रामीण सामाजिक संरचना का विश्लेषण किया।

B. **एल ड्यूमॉ — IV. प्रामलाई कल्लार :** लुई ड्यूमॉ ने दक्षिण भारत के प्रामलाई कल्लार समुदाय पर कार्य किया और जाति तथा शुद्धता-अशुद्धता की अवधारणाओं का अध्ययन किया।

C. **एफ.जी. बैले — I. बिसिपारा :** बैले ने ओडिशा के बिसिपारा गाँव में सत्ता, नेतृत्व और सामाजिक संरचना का अध्ययन किया।

D. **कैथलीन गॉफ — III. कुम्बापेट्टई, तंजौर :** कैथलीन गॉफ ने तंजौर क्षेत्र के कुम्बापेट्टई में ग्रामीण जीवन और सामाजिक संबंधों का अध्ययन किया।

13. A. **एमिल दुर्खीम — II. यांत्रिक और जैविक एकजुटता :** दुर्खीम ने समाज में एकजुटता के दो प्रकार बताए–यांत्रिक (पारंपरिक समाज, समानता पर आधारित) और जैविक (आधुनिक समाज, श्रम-विभाजन पर आधारित)। यह उनकी प्रमुख अवधारणा है जो सामाजिक एकता को समझाती है।

B. **कार्ल मार्क्स — I. अलगाव :** मार्क्स के अनुसार पूंजीवादी व्यवस्था में श्रमिक अपने श्रम, उत्पाद, सहकर्मियों और स्वयं से अलग हो जाता है। इस स्थिति को "अलगाव" कहा जाता है, जो उनके सिद्धांत का मुख्य तत्व है।

C. **मैक्स वेबर — IV. नौकरशाही :** वेबर ने आधुनिक समाज में प्रशासनिक संगठन को समझाने के लिए नौकरशाही की अवधारणा दी, जिसमें नियम, पदानुक्रम और तर्कसंगतता प्रमुख होती है।

D. **टैल्कॉट पार्सन्स — III. सामाजिक व्यवस्था :** पार्सन्स ने समाज को एक संगठित "सामाजिक व्यवस्था" के रूप में देखा, जिसमें विभिन्न संस्थाएँ और भूमिकाएँ संतुलन और स्थिरता बनाए रखती हैं।

14. अभिकथन (A) में "संवृद्धि का तर्कशास्त्र" (logic of growth) को एक आशावादी दृष्टिकोण के रूप में प्रस्तुत

व्याख्यात्मक उत्तर

1. जॉर्ज सिम्मेल ने शहरी जीवन की प्रकृति को समझाते हुए शहर को एक ऐसे स्थान के रूप में वर्णित किया जहाँ विभिन्न प्रकार के लोग, वस्तुएँ और घटनाएँ अत्यधिक घनत्व में एकत्रित होते हैं। उन्होंने शहर को "crush of people, things and events" कहा, जिससे यह स्पष्ट होता है कि नगरीय जीवन में विविधता, तीव्रता और निरंतर संपर्क की स्थिति बनी रहती है। सिम्मेल के अनुसार, इस प्रकार का संकेंद्रण व्यक्ति के अनुभव, मानसिकता और सामाजिक संबंधों को गहराई से प्रभावित करता है, जिससे ''ब्लाजे एटीट्यूड'' जैसी प्रवृत्तियाँ विकसित होती हैं।

2. C. **आउटलाइन ऑफ ए थ्योरी आफ प्रैक्टिस (1972)**: यह बोर्दयु की प्रारम्भिक प्रमुख कृति है जिसमें उन्होंने habitus, field और practice के सिद्धांतों की नींव रखी। इसमें संरचना और एजेंसी के संबंध को समझाने का प्रयास किया गया।

A. **दि लॉजिक ऑफ प्रैक्टिस (1980):** इस कृति में उन्होंने अपने पूर्व सिद्धांतों को और विकसित किया तथा सामाजिक व्यवहार की अंतर्निहित तार्किकता को स्पष्ट किया।

B. **एन इन्वीटेशन टू रिफलैक्सिव सोशयोलॉजी (1992):** इसमें बोर्दयु और वाक्वां ने समाजशास्त्र में आत्म-परावर्तन (reflexivity) की आवश्यकता पर बल दिया।

D. **मैस्कूलिन डोमिनेशन (1998):** यह उनकी बाद की कृति है जिसमें उन्होंने पितृसत्तात्मक संरचनाओं और लैंगिक असमानता का विश्लेषण किया।

3. एंथोनी गिडेंस के अनुसार आधुनिकता एक अत्यंत गतिशील और परिवर्तनशील प्रक्रिया है, इसलिए यह कथन कि आधुनिकता गतिशील नहीं है, गलत है। गिडेंस ने ''जगरनॉट'' (Juggernaut) की संकल्पना दी, जिसके अनुसार आधुनिकता एक अनियंत्रित और तीव्र गति से चलने वाली शक्ति है जो समाज में परिवर्तन की गति को बहुत तेज कर देती है। इसलिए कारण (R) सही है, क्योंकि यह आधुनिकता की गतिशीलता और परिवर्तनशीलता को दर्शाता है, जबकि अभिकथन (A) इसके विपरीत होने के कारण गलत है।

4. स्वतंत्रता के बाद भारत में कृषि सुधारों के लिए विभिन्न समितियाँ गठित की गईं। कुमारप्पा समिति (Congress Agrarian Reforms Committee, 1949) ने बिचौलियों (जमींदारों) की समाप्ति, भूमिसुधार, भूमि का पुनर्वितरण तथा किसानों को अधिकार देने जैसे व्यापक उपायों की सिफारिश की। इसका उद्देश्य कृषि संरचना को अधिक न्यायसंगत बनाना और ग्रामीण अर्थव्यवस्था को सुदृढ़ करना था।

5. C. **सामाजिक विक्षुब्धता :** ब्लूमर के अनुसार सामाजिक आंदोलन की शुरुआत असंतोष और असंतुलन की स्थिति से होती है, जब लोग वर्तमान व्यवस्था से असंतुष्ट होते हैं।

A. **जन-आवेश :** इसके बाद लोगों में भावनात्मक उभार और सामूहिक उत्साह विकसित होता है, जिससे आंदोलन को गति मिलती है।

D. **उच्चतर स्तर के समन्वय वाला औपचारिक संगठन :** इस चरण में आंदोलन संगठित रूप लेता है, नेतृत्व विकसित होता है और कार्यनीतियाँ बनाई जाती हैं।

B. **संस्थानीकरण :** अंततः आंदोलन स्थायी रूप ले लेता है और संस्थाओं में बदल जाता है, जहाँ उसके उद्देश्य औपचारिक ढंग से स्थापित हो जाते हैं।

6. अभिकथन (A) में कहा गया है कि परिवार का विखंडन भारतीय सामाजिक संरचना में एक प्रमुख ''राजनैतिक'' परिघटना है, जो तथ्यात्मक रूप से सही नहीं है, क्योंकि परिवार का विखंडन मुख्यतः सामाजिक-आर्थिक परिवर्तन, औद्योगीकरण, शहरीकरण और गतिशीलता से जुड़ा सामाजिक परिवर्तन है, न कि प्रमुख रूप से राजनीतिक परिघटना। दूसरी ओर कारण (R) सही है क्योंकि आई.पी. देसाई ने महुवा (गुजरात) में संयुक्त और नाभिकीय परिवारों का अध्ययन करते हुए ''भावनात्मक संयुक्तता'' (emotional integration) के मानदंड को प्रस्तुत किया, जिसमें उन्होंने दिखाया कि संरचनात्मक रूप से अलग होने के बावजूद भावनात्मक संबंध बने रह सकते हैं।

7. मिशेल फूको के अनुसार शक्ति केवल किसी एक संस्था या व्यक्ति के पास केंद्रित नहीं होती, बल्कि यह समाज के हर स्तर पर फैली होती है। उन्होंने शक्ति को सर्वव्यापी (ubiquitous) बताया जो सामाजिक संबंधों, संस्थाओं और व्यवहारों के माध्यम से निरंतर संचालित होती है। फूको के अनुसार शक्ति केवल दमनकारी नहीं होती बल्कि यह ज्ञान, अनुशासन और सामाजिक संरचनाओं को निर्मित भी करती है, इसलिए यह समाज की हर अंतःक्रिया में मौजूद रहती है।

किया गया है, जो मानता है कि तकनीकी प्रगति से मानव जीवन में सुधार हुआ है। यह कथन सही है। कारण (R) भी सही है क्योंकि पर्यावरणविद् ''limits to growth'' की अवधारणा प्रस्तुत करते हैं, जिसमें कहा गया है कि असीमित विकास पर्यावरणीय संकट उत्पन्न कर सकता है। लेकिन (R), (A) की व्याख्या नहीं करता बल्कि एक विरोधी दृष्टिकोण प्रस्तुत करता है।

15. ए.आर. देसाई के अनुसार ग्रामीण परिवार अधिक समजातीय, स्थिर और एकीकृत होता है क्योंकि उसमें संबंध अधिक घनिष्ठ और दीर्घकालिक होते हैं। ग्रामीण क्षेत्रों में सामाजिक संबंधों की घनिष्ठता, पारिवारिक सहयोग और पारंपरिक मूल्यों की निरंतरता अधिक होती है। कारण (R) इस तथ्य को स्पष्ट करता है कि ग्रामीण परिवार में पति-पत्नी, माता-पिता और बच्चों के बीच संबंध अधिक मजबूत और स्थायी होते हैं, जिससे परिवार की एकता और स्थिरता बनी रहती है। इसलिए (R), (A) की उचित व्याख्या करता है।

16. (2) पारसी विवाह एवं तलाक अधिनियम (1936) सबसे पहले आता है, क्योंकि यह औपनिवेशिक काल में पारसी समुदाय के विवाह-तलाक से जुड़े निजी कानून को संहिताबद्ध करता है और 1930 के दशक में लागू हुआ।

(4) विशेष विवाह अधिनियम (1954) स्वतंत्र भारत के आरम्भिक वर्षों में बना, ताकि धर्म-निरपेक्ष/अंतरधार्मिक विवाह तथा नागरिक विवाह का वैधानिक ढांचा दिया जा सके, इसलिए यह 1950 के दशक के मध्य में आता है।

(3) हिंदू विवाह अधिनियम (1955) हिंदू विधि संहिताकरण के अंतर्गत विवाह से जुड़े नियमों (विवाह की शर्तें, वैधता, तलाक आदि) को आधुनिक रूप में स्थापित करता है, इसलिए 1954 के बाद आता है।

(1) हिंदू अल्पसंख्यक एवं संरक्षक अधिनियम (1956) हिंदू विधि संहिताकरण की अगली कड़ी में अल्पसंख्यक व संरक्षकता/अभिभावकत्व के नियम तय करता है, इसलिए 1955 के बाद आता है।

17. एंथोनी गिडेंस के अनुसार आधुनिकता की प्रमुख विशेषताएँ समय-स्थान का ''दूरीकरण'' (time-space distanciation) और सामाजिक संबंधों का ''असंलग्न/विस्थापित'' होना (disembedding) तथा ज्ञान-प्रथाओं की ''चिंतनशीलता'' (reflexivity) हैं। आधुनिक समाज अपने संस्थानों और ज्ञान-आधारित प्रणालियों के माध्यम से स्वयं पर लगातार पुनर्विचार करता है, और संबंध स्थानीय सीमाओं से निकलकर व्यापक प्रणालियों में जुड़ते हैं। ''निराशावाद'' आधुनिकता का कोई मूल संरचनात्मक/सैद्धान्तिक घटक नहीं माना जाता; यह अधिकतर आधुनिक जीवन के अनुभवों/भाव-स्थितियों का संभावित परिणाम हो सकता है, पर गिडेंस की आधुनिकता-परिभाषा की केंद्रीय विशेषता नहीं है।

18. D. (आर्थिक और सामाजिक सांस्कृतिक क्षेत्रों की इकाई) : ग्रामीण समाज में संयुक्त परिवार उत्पादन-उपभोग, श्रम-विभाजन, संपत्ति/भूमि के उपयोग, और पारिवारिक आय-व्यय के साझा प्रबंधन की मूल इकाई की तरह काम करता है। साथ ही समाजीकरण, परंपरा-पालन, रिश्तेदारी के दायित्व, और सांस्कृतिक आचरण (रीति-रिवाज, संस्कार) को टिकाए रखने में भी यह केंद्रीय भूमिका निभाता है।

E. (राजनीतिक और धार्मिक क्षेत्रों की इकाई) : ग्रामीण संदर्भ में संयुक्त परिवार अक्सर निर्णय-निर्माण, बाहरी संस्थाओं/समुदाय के साथ प्रतिनिधित्व, तथा सत्ता-संबंधों (जैसे पंचायत/स्थानीय प्रभाव) में एक संगठित इकाई के रूप में दिखाई देता है। घरेलू पूजा-पाठ, कुल/वंश-आधारित अनुष्ठान, संस्कारों का आयोजन और धार्मिक दायित्वों का निर्वहन भी प्रायः परिवार-इकाई के रूप में ही संचालित होता है।

19. B. (उग्रवाद): एस. सी. दुबे द्वारा ''परंपराओं'' के प्रकारों की चर्चा सामान्यतः समाज में विद्यमान परंपरा-स्रोतों/प्रवाहों और उनके स्तरों/रूपों पर केन्द्रित रहती है; ''उग्रवाद'' विचारधारा/राजनीतिक प्रवृत्ति हो सकती है, पर इसे परंपरा का स्वतंत्र प्रकार बताकर दुबे की वर्गीकरण-श्रेणी में रखना उपयुक्त नहीं बैठता। इसलिए यह उनके छह प्रकारों वाली चर्चा में शामिल मानी नहीं जाती।

D. (प्राच्य): ''प्राच्य'' एक व्यापक सभ्यतागत/भू-धारणा है, न कि भारतीय समाज के भीतर परंपरा के विशिष्ट प्रकारों का वैचारिक वर्ग। दुबे का वर्गीकरण समाज के अंदरूनी परंपरा-स्तरों/क्षेत्रीय-स्थानीय-शास्त्रीय आदि प्रवाहों से जुड़ता है; इस दृष्टि से ''प्राच्य'' को उनके परंपरा-प्रकारों में नहीं गिना जाता।

20. A-III : यह कृति आदिम/आर्काइक समाजों में ''उपहार-विनिमय'' की सामाजिक बाध्यता, पारस्परिकता और नैतिक-सांस्थानिक आधार को समझाती है; इसी विषय के क्लासिक नृविज्ञानात्मक विश्लेषण के लिए यह युगांतकारी मानी जाती है।

B-IV: यह पुस्तक अर्थव्यवस्था के बाजार-केंद्रित रूप में "परिवर्तन" को इतिहास-राजनीति के संदर्भ में रखकर बताती है और आधुनिक काल की राजनीतिक-आर्थिक उत्पत्तियों की व्याख्या करती है; इसी कारण यह उस लेखक-कृति के रूप में पहचानी जाती है।

C-I: यह संपत्ति/प्रॉपर्टी और स्वामित्व-संबंधों के नृविज्ञान को नए सिरे से स्थापित करने वाली बहसों को समेटती है और "प्रॉपर्टी रिलेशन्स" की परंपरा को पुनर्जीवित करती है; इसलिए इसका लेखक-सुमेलन इसी विकल्प के अनुसार बैठता है।

D-II: यह भारत के समाज और अर्थव्यवस्था पर निबंधों का संकलन है, जिसमें श्रम, असमानता, आजीविका, संस्थाएँ और विकास-प्रक्रियाएँ जैसे विषयों पर विश्लेषण मिलते हैं; इसी प्रकृति के संपादित/लेखकीय कार्य के कारण यह सुमेलन सही ठहरता है।

21. फ्रेडरिक एंजेल्स ने अपनी प्रसिद्ध कृति "The Origin of the Family, Private Property and the State" में यह तर्क दिया कि महिलाओं का अधीनकरण निजी संपत्ति के उद्भव के साथ शुरू हुआ। उन्होंने बताया कि प्रारंभिक सामुदायिक समाज में स्त्रियों की स्थिति अपेक्षाकृत समान थी, लेकिन जैसे ही निजी संपत्ति और उत्तराधिकार की व्यवस्था विकसित हुई, पुरुषों ने संपत्ति पर नियंत्रण बनाए रखने के लिए पितृसत्तात्मक परिवार को स्थापित किया। इससे महिलाओं की स्थिति कमजोर हुई और उनका सामाजिक व आर्थिक अधीनकरण प्रारंभ हुआ। औद्योगिकीकरण ने इस प्रक्रिया को और मजबूत किया क्योंकि उत्पादन और संपत्ति पर पुरुषों का नियंत्रण बढ़ गया।

22. डोरोथी ई. स्मिथ ने "bifurcated consciousness" (द्विभाजित चेतना) की अवधारणा प्रस्तुत की। उन्होंने बताया कि महिलाओं का अनुभव दो स्तरों पर विभाजित होता है— एक, उनका वास्तविक जीवन अनुभव (everyday lived experience) और दूसरा, पुरुष-प्रधान संस्थागत ज्ञान या आधिकारिक दृष्टिकोण। महिलाएँ अपने दैनिक जीवन को एक तरह से अनुभव करती हैं, लेकिन समाज में मान्य ज्ञान और संरचनाएँ पुरुष दृष्टिकोण से निर्मित होती हैं, जिससे उनकी चेतना दो भागों में बँट जाती है। यह अवधारणा नारीवादी समाजशास्त्र में महत्वपूर्ण मानी जाती है।

23. एमिल दुर्खीम ने सामाजिक तथ्यों (social facts) को भौतिक (material) और अभौतिक (non-material) रूपों में वर्गीकृत किया। भौतिक सामाजिक तथ्य वे हैं जिन्हें देखा और मापा जा सकता है, जैसे कानून, संस्थाएँ, जनसंख्या घनत्व आदि। अभौतिक सामाजिक तथ्य वे हैं जो अमूर्त होते हैं, जैसे नैतिकता, मूल्य, विश्वास और सामूहिक चेतना। दुर्खीम ने समाज को समझने के लिए इन दोनों प्रकार के सामाजिक तथ्यों का विश्लेषण आवश्यक बताया और इन्हें समाजशास्त्र का मुख्य विषय माना।

24. A-IV: (पॉल रॉबिन्सन - The Modernization of Sex): पॉल रॉबिन्सन ने आधुनिक समाज में यौन व्यवहार और उसके परिवर्तन का अध्ययन किया, जिसे इस कृति में प्रस्तुत किया गया है।

B-I: (ब्रोनिस्ला मालिनोव्स्की - The Sexual Life of Savages): मालिनोव्स्की ने ट्रोब्रिआंड द्वीपों के समाज में यौन जीवन का नृविज्ञानात्मक अध्ययन किया और यह पुस्तक उसी पर आधारित है।

C-II: (मिशेल फूको - The History of Sexuality): फूको ने सत्ता, ज्ञान और यौनता के संबंध को ऐतिहासिक दृष्टिकोण से समझाया, जो उनकी इस प्रसिद्ध कृति में व्यक्त होता है।

D-III: (सिगमंड फ्रायड - Three Essays on the Theory of Sexuality): फ्रायड ने मनोविश्लेषण के आधार पर यौन प्रवृत्तियों और मानव विकास का विश्लेषण किया, जो इस पुस्तक में मिलता है।

25. किर्क और मिलर (1986) के अनुसार विश्वसनीयता (reliability) का अर्थ है कि कोई मापन पद्धति समय के साथ एक जैसे परिणाम देती है या नहीं। जब किसी विधि को अलग-अलग समय पर लागू करने पर समान या लगभग समान परिणाम प्राप्त होते हैं, तो उसे कालक्रमिक (temporal) विश्वसनीयता कहा जाता है। यह इस बात को दर्शाता है कि मापन स्थिर और भरोसेमंद है तथा समय के प्रभाव से उसमें अनावश्यक परिवर्तन नहीं होता।

26. 1940 के दशक में शहरी समाजशास्त्र में स्ट्रीट गैंग के अध्ययन के लिए विलियम एफ. वाइट का कार्य अत्यंत प्रसिद्ध है। उनकी कृति "Street Corner Society" (1943) बोस्टन के एक इतालवी-अमेरिकी पड़ोस में किए गए नृजातीय (ethnographic) अध्ययन पर आधारित थी। इस अध्ययन में उन्होंने गैंग संरचना, सामाजिक संबंधों, नेतृत्व, और शहरी निम्न वर्ग के जीवन को प्रत्यक्ष अवलोकन के माध्यम से समझाया। यह अध्ययन सहभागी अवलोकन (participant observation) की विधि का उत्कृष्ट उदाहरण माना जाता है और शहरी समाजशास्त्र में क्लासिक कृति के रूप में स्थापित है।

27. हीगल और मार्क्स दोनों ने इतिहास को द्वंद्वात्मक प्रक्रिया के रूप में समझाया। इस प्रक्रिया में विकास विरोधी शक्तियों के संघर्ष से होता है। इसे सामान्यतः तीन चरणों में समझाया जाता है–पक्ष (thesis), प्रतिपक्ष (antithesis) और संपक्ष (synthesis)। हीगल ने इसे विचारों के स्तर पर समझाया, जबकि मार्क्स ने इसे भौतिक परिस्थितियों और वर्ग संघर्ष के आधार पर व्याख्यायित किया। इस प्रकार इतिहास का विकास निरंतर विरोधों और उनके समाधान की प्रक्रिया के रूप में देखा जाता है।

28. जब किसी शहरी क्षेत्र, विशेषकर गरीब बस्तियों या 'गेट्टो' में धीरे-धीरे सम्पन्न वर्ग के लोग बसने लगते हैं, तो उस क्षेत्र का सामाजिक-आर्थिक स्वरूप बदलने लगता है। इस प्रक्रिया में पुराने निवासियों का विस्थापन होता है और क्षेत्र अधिक समृद्ध, महँगा और विकसित हो जाता है। इस परिवर्तन को ''भद्रीकरण'' (gentrification) कहा जाता है। इसमें स्थानों की कमी धीरे-धीरे उच्च वर्ग की सम्पन्नता में परिवर्तित होती है और शहरी संरचना में परिवर्तन आता है।

29. दुर्खीम के अनुसार अपराध समाज का सामान्य और अवश्यंभावी हिस्सा है, इसलिए इसे पूरी तरह समाप्त नहीं किया जा सकता। दंड का मुख्य उद्देश्य अपराध को पूरी तरह खत्म करना नहीं, बल्कि समाज की सामूहिक चेतना (collective conscience) को बनाए रखना होता है। जब कोई व्यक्ति कानून तोड़ता है, तो दंड के माध्यम से समाज अपने नैतिक मूल्यों और नियमों की पुनः पुष्टि करता है। इस प्रकार दंड सामाजिक एकता और व्यवस्था को बनाए रखने का साधन है।

30. दुर्खीम ने अपनी कृति ''The Elementary Forms of Religious Life'' में धर्म के सबसे प्रारंभिक रूप के रूप में टोटमवाद (Totemism) को माना। उन्होंने ऑस्ट्रेलियाई आदिवासी समाजों के अध्ययन के आधार पर बताया कि टोटमवाद में किसी पशु, पौधे या वस्तु को पवित्र मानकर उसकी पूजा की जाती है। दुर्खीम के अनुसार यह केवल धार्मिक विश्वास नहीं, बल्कि समाज की सामूहिक चेतना का प्रतीक है। इस प्रकार टोटमवाद धर्म के प्रारंभिक और सबसे सरल रूप का प्रतिनिधित्व करता है।

31. डॉ. बी.आर. अम्बेडकर ने भारतीय समाज में प्रचलित वर्ण और जाति व्यवस्था को सामाजिक असमानता और अन्याय का प्रमुख कारण माना। अपनी प्रसिद्ध रचना ''Annihilation of Caste'' में उन्होंने जाति-व्यवस्था को पूरी तरह समाप्त करने की वकालत की। उनका मानना था कि वर्ण व्यवस्था जन्म आधारित विभाजन को वैधता देती है और इससे सामाजिक गतिशीलता तथा समानता बाधित होती है। इसलिए उन्होंने केवल सुधार नहीं बल्कि संपूर्ण उच्छेदन का समर्थन किया, जिससे एक समानतावादी समाज की स्थापना हो सके।

32. **B. (परिवार एक खुले सिरे वाला, निम्नतर, गैर भावुक था):** प्रारंभिक चरण में परिवार का स्वरूप अपेक्षाकृत खुला और गैर-भावनात्मक था, जिसमें आर्थिक और सामाजिक आवश्यकताएँ प्रमुख थीं। निजी भावनात्मक जुड़ाव कम था और पारिवारिक संबंध अधिक औपचारिक थे।

C. (वैवाहिक और माता-पिता के प्रेम सहित संक्रमणकालीन रूप): इसके बाद एक संक्रमणकालीन अवस्था आती है जिसमें पति-पत्नी और माता-पिता के बीच भावनात्मक संबंध विकसित होने लगते हैं, लेकिन यह अभी पूर्ण रूप से निजी या गहन नहीं होते।

A. (घरेलू निजता की काफी अधिकता के साथ घनिष्ठ भावनात्मक जुड़ाव): आधुनिक चरण में परिवार अधिक निजी हो जाता है और उसमें भावनात्मक निकटता, प्रेम और व्यक्तिगत संबंधों का महत्व बढ़ जाता है।

D. (उपभोग के लिए तैयार भावपरक व्यक्तिवाद): सबसे नवीन चरण में परिवार उपभोग और व्यक्तिवाद से जुड़ जाता है, जहाँ व्यक्तिगत संतुष्टि और भावनात्मक पूर्ति को अधिक महत्व दिया जाता है।

33. एमिल दुर्खीम को 1887 में बोर्डो विश्वविद्यालय में शिक्षा शास्त्र (Pedagogy) के प्रोफेसर के रूप में नियुक्त किया गया था। यह उनका पहला औपचारिक प्रोफेसर पद था। बाद में उन्होंने इसी पद के माध्यम से समाजशास्त्र को एक स्वतंत्र विषय के रूप में विकसित करने में महत्वपूर्ण योगदान दिया। धीरे-धीरे उनके कार्यों ने समाजशास्त्र को एक वैज्ञानिक विशेष के रूप में स्थापित किया, लेकिन उनका प्रारंभिक पद शिक्षा शास्त्र से संबंधित था।

34. ''आधुनिकता का जगरनॉट'' (Juggernaut of Modernity) की अवधारणा एंथोनी गिडेन्स ने दी थी। उन्होंने आधुनिकता को एक शक्तिशाली और अनियंत्रित रथ के रूप में वर्णित किया, जो तेजी से आगे बढ़ता है और जिसे पूरी तरह नियंत्रित करना कठिन होता है। यह आधुनिक समाज के गतिशील, जोखिमपूर्ण और परिवर्तनशील स्वरूप को दर्शाता है, जहाँ तकनीकी और सामाजिक परिवर्तन लगातार नए अवसर और संकट दोनों उत्पन्न करते हैं।

35. डब्ल्यू. जी. समनर के अनुसार लोक पद्धतियाँ (folkways) जब समाज में अत्यधिक महत्व प्राप्त कर लेती हैं और

सही जीवन के आदर्श तथा कल्याण की नीति के रूप में स्वीकार की जाने लगती हैं, तब वे ''रूढ़ियाँ'' (mores) बन जाती हैं। रूढ़ियाँ सामाजिक जीवन में नैतिक बाध्यता का रूप ले लेती हैं और उनका उल्लंघन समाज में गंभीर प्रतिक्रिया उत्पन्न करता है। इस प्रकार, वे केवल व्यवहार के सामान्य तरीके नहीं रहते, बल्कि नैतिक मानदंड बन जाते हैं।

36. A. **(उप-मूल कुटुम्ब):** पी.एम. कोलेंडा ने भारतीय परिवार संरचना को समझाने के लिए उप-मूल (sub-nuclear) परिवार का उल्लेख किया, जिसमें पति-पत्नी या सीमित सदस्यों का छोटा परिवार होता है। यह मूल परिवार का एक संक्षिप्त रूप है।

C. **(अनुपूरित उप-मूल कुटुम्ब):** यह वह प्रकार है जिसमें उप-मूल परिवार के साथ कुछ अतिरिक्त सदस्य (जैसे रिश्तेदार) जुड़े होते हैं, जिससे यह थोड़ा विस्तृत रूप ले लेता है। यह कोलेंडा के वर्गीकरण में महत्वपूर्ण है।

D. **(अनुपूरित स्वशाखीय संयुक्त कुटुम्ब):** इसमें एक ही वंश/शाखा के कई सदस्य एक साथ रहते हैं और उसमें अतिरिक्त सदस्य भी जुड़े होते हैं। यह संयुक्त परिवार का विस्तृत रूप है, जिसे कोलेंडा ने अपने विश्लेषण में शामिल किया।

37. D. **(मार्क्सवाद):** 19वीं शताब्दी में कार्ल मार्क्स द्वारा विकसित यह दृष्टिकोण समाज के आर्थिक आधार और वर्ग संघर्ष पर केंद्रित है, इसलिए यह सबसे पहले आता है।

C. **(अंतःक्रियावाद):** 20वीं शताब्दी के प्रारंभ में जॉर्ज हर्बर्ट मीड और हर्बर्ट ब्लूमर द्वारा विकसित, यह सूक्ष्म स्तर पर सामाजिक अंतःक्रियाओं को समझने पर केंद्रित है।

B. **(उत्तर-संरचनावाद):** 20वीं शताब्दी के मध्य में विकसित, यह संरचनावाद की आलोचना के रूप में उभरा और भाषा, शक्ति और ज्ञान की नई व्याख्या प्रस्तुत करता है।

A. **(उत्तर-आधुनिकतावाद):** यह सबसे बाद में उभरा और आधुनिकता तथा सार्वभौमिक सत्य के विचारों की आलोचना करता है, इसलिए इसे अंतिम स्थान पर रखा जाता है।

38. समष्टि (universe) में प्रत्येक इकाई के चुने जाने की समान संभावना होना ''यादृच्छिक प्रतिचयन'' (random sampling) का मूल सिद्धांत है। इसमें चयन किसी पूर्वाग्रह या व्यक्तिगत निर्णय पर आधारित नहीं होता, बल्कि प्रत्येक इकाई के चयन की संभावना बराबर होती है। इससे नमूना अधिक प्रतिनिधिक (representative) बनता है और निष्कर्ष अधिक विश्वसनीय होते हैं।

39. A. **(बिश्नोई आन्दोलन):** यह 18वीं शताब्दी (1730) में राजस्थान में हुआ, जिसमें अमृता देवी और अन्य लोगों ने पेड़ों की रक्षा के लिए अपने प्राण न्योछावर किए। यह सबसे प्रारंभिक पर्यावरणीय आन्दोलन है।

B. **(चिपको आन्दोलन):** 1970 के दशक में उत्तराखंड में शुरू हुआ, जिसमें ग्रामीणों ने पेड़ों को कटने से बचाने के लिए उन्हें गले लगाया। यह आधुनिक भारत का महत्वपूर्ण पर्यावरण आन्दोलन है।

C. **(साइलेंट वैली आन्दोलन):** 1970-80 के दशक में केरल में चला, जिसका उद्देश्य साइलेंट वैली के जंगलों को बांध परियोजना से बचाना था।

D. **(नर्मदा बचाओ आन्दोलन):** 1980 के दशक के अंत में शुरू हुआ, जो बड़े बांधों के खिलाफ और विस्थापन के मुद्दों पर केंद्रित था, इसलिए यह सबसे बाद में आता है।

40. "Orientalism: Western Conceptions of the Orient" पुस्तक के लेखक एडवर्ड सईद हैं। इस पुस्तक में उन्होंने पश्चिमी समाजों द्वारा पूर्व (Orient) के चित्रण और उसके ज्ञान-निर्माण की आलोचना की। उन्होंने बताया कि कैसे पश्चिम ने पूर्व को एक विशेष तरीके से प्रस्तुत किया, जिससे सत्ता और प्रभुत्व को बनाए रखने में मदद मिली। यह पुस्तक उत्तर-औपनिवेशिक अध्ययन में अत्यंत महत्वपूर्ण मानी जाती है।

41. अभिकथन में पारिस्थितिकीय रूप से संपोषणीय संस्कृति की परिभाषा दी गई है, जो वर्तमान आवश्यकताओं को पूरा करते हुए भविष्य की पीढ़ियों के संसाधनों को सुरक्षित रखने पर आधारित है; यह ब्रंटलैंड आयोग के सतत विकास के सिद्धांत से मेल खाती है, इसलिए सही है। कारण में ''जोखिम समाज'' की अवधारणा (उलरिख बेक) का उल्लेख है, जिसमें तकनीकी विकास और वैश्वीकरण से उत्पन्न जोखिमों की बात होती है; यह भी सही है। परंतु यह कथन पारिस्थितिकीय संपोषणीयता की व्याख्या नहीं करता, बल्कि एक अलग सिद्धांत को दर्शाता है, इसलिए दोनों सही हैं लेकिन कारण, अभिकथन की व्याख्या नहीं करता।

42. विशिष्ट कौशल और ज्ञान प्रदान करने की औपचारिक प्रक्रिया, जो पूर्व-निर्धारित पाठ्यक्रम के माध्यम से विद्यालयों या संस्थानों में संचालित होती है, उसे ''स्कूली शिक्षा'' (schooling) कहा जाता है। इसमें संरचित पाठ्यक्रम, निर्धारित समय-सारणी, प्रशिक्षित शिक्षक और संस्थागत

व्यवस्था शामिल होती है। यह अनौपचारिक सामाजीकरण से भिन्न है क्योंकि इसमें औपचारिक ढांचा और प्रमाणन (certification) का प्रावधान होता है, जिससे व्यक्ति विशेष कौशल और ज्ञान प्राप्त करता है।

43. डेहरेनडॉर्फ के "संघर्ष सिद्धांत" में यह प्रमुख बात है कि आधुनिक/औद्योगिक समाज में संघर्ष सर्वत्र होते हुए भी उन्हें संस्थागत रूप से विनियमित (regulated) किया जा सकता है, ताकि वे अराजक या विध्वंसक न बनें। इसी के साथ वह यह भी कहते हैं कि संघर्षों को विलगित/अलग-थलग (isolated) करके उनके फैलाव को सीमित किया जा सकता है, यानी किसी विशेष क्षेत्र (जैसे उद्योग) के संघर्ष को ऐसे चैनलों और नियमों के भीतर रखा जाए कि वह समाज के अन्य क्षेत्रों में व्यापक अस्थिरता पैदा न करे। इसलिए अभिकथन (A) का "संघर्ष सीमित रहते हैं" वाला विचार, कारण (R) के "regulated और isolated" तर्क से ही समझाया जाता है; इसीलिए दोनों सही हैं और (R), (A) की व्याख्या करता है।

44. **A-III (ट्रस्ट एंड पावर - निकोलस लुहमान):** लुहमान ने सामाजिक प्रणालियों में विश्वास (trust) और शक्ति (power) को जटिलता को कम करने वाले माध्यम के रूप में विश्लेषित किया।

B-IV (दि कल्चर इंडस्ट्री - थियोडर एडोर्नो): एडोर्नो और होर्खाइमर ने संस्कृति उद्योग की अवधारणा प्रस्तुत की, जिसमें जनसंचार माध्यमों द्वारा संस्कृति के व्यावसायीकरण की आलोचना की गई।

C-I (वन-डाइमेंशनल सोसाइटी - हर्बर्ट मार्क्यूज): मार्क्यूज ने आधुनिक औद्योगिक समाज को "एक-आयामी" बताया, जहाँ आलोचनात्मक सोच सीमित हो जाती है।

D-II (हेबिटस - पियरे बोरदुयु): बोरदुयु ने 'हेबिटस' की अवधारणा दी, जो व्यक्तियों के व्यवहार और प्रवृत्तियों को आकार देने वाली आंतरिक संरचना को दर्शाती है।

45. गुणात्मक तुलनात्मक विश्लेषण (Qualitative Comparative Analysis – QCA) की अवधारणा चार्ल्स रेगिन ने अपनी पुस्तक "The Comparative Method" (1987) में प्रस्तुत की। यह पद्धति गुणात्मक और मात्रात्मक दोनों दृष्टिकोणों का संयोजन करती है और विशेष रूप से छोटे नमूनों (small-N studies) के तुलनात्मक विश्लेषण में उपयोगी होती है। इसमें कारणात्मक जटिलता को समझने के लिए सेट-थ्योरी आधारित विधियों का उपयोग किया जाता है।

46. तादात्मय राजनीति (Identity Politics) उन आंदोलनों से जुड़ी होती है जो वर्ग के बजाय पहचान (जैसे जाति, लिंग, नस्ल, लैंगिकता आदि) के आधार पर संगठित होते हैं। नया सामाजिक आंदोलन सिद्धांत (New Social Movement Theory) इसी प्रकार के आंदोलनों की व्याख्या करता है, जहाँ सांस्कृतिक, प्रतीकात्मक और पहचान-आधारित मुद्दों को प्रमुखता दी जाती है। यह पारंपरिक वर्ग-संघर्ष आधारित मार्क्सवादी दृष्टिकोण से अलग है और उत्तर-औद्योगिक समाज में उभरते आंदोलनों को समझाता है।

47. **A. (स्ववियोजन/Sequestration):** एंथोनी गिडेन्स ने आधुनिकता में जीवन के कुछ पहलुओं के अलगाव (sequestration of experience) की बात की, जहाँ मृत्यु, पागलपन जैसे अनुभव संस्थागत रूप से अलग कर दिए जाते हैं।

B. (आधुनिकता का जगरनॉट): गिडेन्स ने आधुनिकता को एक शक्तिशाली, अनियंत्रित रथ (juggernaut) के रूप में वर्णित किया, जो तेजी से आगे बढ़ता है और जोखिम उत्पन्न करता है।

C. (आधुनिकता की रिफ्लेक्सिविटी): गिडेन्स के अनुसार आधुनिक समाज में ज्ञान और सामाजिक प्रथाएँ लगातार पुनर्विचार (reflexivity) के अधीन रहती हैं।

D. (अलगाव/Alienation): यह मुख्यतः कार्ल मार्क्स की अवधारणा है, न कि गिडेन्स की, इसलिए इसे शामिल नहीं किया जाता।

48. **C. (विशिष्टता बनाम विसरणता):** यह पार्सन्स के पैटर्न वेरिएबल्स का एक महत्वपूर्ण युग्म है, जिसमें भूमिका का दायरा सीमित (specific) या व्यापक (diffuse) हो सकता है।

D. (उपलब्धि बनाम आरोपण): यह भी एक मूल युग्म है, जिसमें व्यक्ति की स्थिति उपलब्धियों (achievement) या जन्म-आधारित गुणों (ascription) पर आधारित होती है।

अन्य विकल्पों में दिए गए संयोजन पार्सन्स के मानक पैटर्न वेरिएबल्स के सही युग्म नहीं हैं, क्योंकि उनमें अवधारणाओं का मिश्रण या गलत संयोजन है।

49. **A-III (जेड. बाउमन - Liquid Modernity):** बाउमन ने आधुनिकता की तरलता और अस्थिरता का विश्लेषण किया।

B-I (डी. बराश - The Whispering Within): बराश का कार्य जैविक और सामाजिक व्यवहार के अंतर्संबंधों पर केंद्रित है।

C-IV (यू. बेक - Risk Society): उलरिख बेक ने आधुनिक समाज को जोखिम-प्रधान बताया।

D-II ;एच. ब्लूमर - Society as Symbolic Interaction): ब्लूमर ने प्रतीकात्मक्र अंतःक्रियावाद की अवधारणा को विकसित किया।

50. C. (Caste and Race in India): 1932 में प्रकाशित यह घुर्ये की प्रारंभिक और प्रसिद्ध कृति है, जो भारतीय जाति व्यवस्था का विश्लेषण करती है।

A. (Indian Sadhus): 1953 में प्रकाशित, जिसमें साधु परंपरा का अध्ययन किया गया।

D. (Gods and Men): 1962 के आसपास प्रकाशित, जिसमें धर्म और समाज के संबंधों का विश्लेषण है।

B. (I and Other Explorations): यह उनकी बाद की कृतियों में से है, इसलिए कालक्रम में सबसे अंत में आता है।

51. ब्रोनिस्लाव मेलिनाउस्की ने अपने कार्य "Crime and Custom in Savage Society" (1926) में बताया कि आदिम समाजों में भी नियमों का एक संगठित ढांचा होता है, जिसे आधुनिक समाज की तरह औपचारिक संस्थाओं के रूप में न देखकर सामाजिक दायित्वों और पारस्परिक संबंधों के रूप में समझना चाहिए। उन्होंने "code, court and constable" की अभिव्यक्ति के माध्यम से यह स्पष्ट किया कि कानून केवल लिखित नियम (code) ही नहीं होता, बल्कि उसके पालन और नियंत्रण के लिए न्यायिक (court) और प्रवर्तन (constable) तंत्र भी आवश्यक होते हैं। इससे कानून और प्रथा के बीच भेद स्पष्ट होता है।

52. ऑगस्ट कॉम्ट के प्रत्यक्षवाद (positivism) का मुख्य परिणाम "तीन अवस्थाओं का नियम" (Law of Three Stages) है, जिसमें ज्ञान का विकास धार्मिक (theological), दार्शनिक (metaphysical) और वैज्ञानिक (positive) चरणों से होकर गुजरता है। कॉम्ट का मानना था कि मानव ज्ञान और समाज दोनों इस क्रमिक विकास का अनुसरण करते हैं। इस सिद्धांत के अनुसार प्रत्येक विज्ञान शाखा को भी इन चरणों से गुजरना पड़ता है, जिससे अंततः वैज्ञानिक पद्धति का प्रभुत्व स्थापित होता है।

53. D. (दक्षिण एशियाई तटीय सुनामी - 2004): यह 26 दिसम्बर 2004 को हिन्द महासागर क्षेत्र में आई थी और भारत, श्रीलंका, इंडोनेशिया सहित अनेक देशों को प्रभावित किया। यह सूची में सबसे पहले घटित घटना है।

C. (कैटरिना तूफान - 2005): यह अगस्त 2005 में अमेरिका के मैक्सिको की खाड़ी क्षेत्र, विशेषकर न्यू ऑरलियन्स में आया। यह 2004 की सुनामी के बाद की घटना है।

B. (हैती भूकंप - 2010): यह 12 जनवरी 2010 को आया और हैती में भारी जन-धन की हानि हुई। इसलिए यह 2005 के बाद आता है।

A. (ग्रेट जापान भूकंप और सुनामी - 2011): यह 11 मार्च 2011 को आया, जिसे तोहोकू भूकंप भी कहा जाता है। यह सूची की सबसे नवीन घटना है।

इस प्रकार सही कालक्रम 2004 → 2005 → 2010 → 2011 है, जो विकल्प 4 से पूर्णतः मेल खाता है।

54. A. (Religion and Society among the Coorgs of South India - 1952): यह एम.एन. श्रीनिवास की प्रारंभिक और महत्वपूर्ण कृति है।

C. ('The Case of the Potter and the Priest' - 1950s): यह उनके मध्यकालीन लेखों में आता है, जिसमें सामाजिक संबंधों का विश्लेषण है।

B. (Caste in Modern India and Other Essays - 1962): इसमें उन्होंने आधुनिक भारत में जाति के परिवर्तन का अध्ययन किया।

D. (Social Change in Modern India - 1966): यह उनकी बाद की कृति है, जिसमें संस्कृतिकरण और पश्चिमीकरण जैसे सिद्धांतों की चर्चा है।

55. *"The Death of Class" (1996)* पुस्तक जेन पाकुल्स्की और मैल्कम वाटर्स द्वारा लिखी गई है। इसमें उन्होंने यह तर्क दिया कि उत्तर-औद्योगिक समाज में वर्ग (class) की पारंपरिक अवधारणा का महत्व कम हो गया है और पहचान, जीवन-शैली तथा सांस्कृतिक कारक अधिक महत्वपूर्ण हो गए हैं। यह पुस्तक वर्ग-आधारित विश्लेषण की सीमाओं की आलोचना करती है और आधुनिक समाज में सामाजिक विभाजन के नए रूपों को समझाने का प्रयास करती है।

56. A. (जीवन चक्र में वैयक्तिक स्थिति का एक पहलू): सामाजिक जराविज्ञान (social gerontology) में वृद्धावस्था को जीवन चक्र के एक महत्वपूर्ण चरण के रूप में देखा जाता है, जिसमें व्यक्ति की सामाजिक स्थिति, भूमिकाएँ और पहचान बदलती हैं; इसलिए यह कथन सही है।

C. (पीढ़ी की सदस्यता के अनुसार स्तरीकरण के गतिशील घटक): भारतीय संदर्भ में उम्र-आधारित स्तरीकरण (age stratification) सामाजिक संरचना का हिस्सा है, जहाँ विभिन्न पीढ़ियों की भूमिकाएँ और स्थान बदलते रहते हैं; इसलिए यह भी सही है।

57. **A-II (प्रकार्यवादी - आर.के. मर्टन):** मर्टन ने कार्यात्मक विश्लेषण को विकसित किया और प्रकट/अप्रकट कार्यों की अवधारणा दी।

B-III (संघर्ष - लेविस कोजर): कोजर ने संघर्ष को सामाजिक परिवर्तन और एकीकरण का साधन बताया।

C-I (अंतःक्रियावादी - इर्विंग गॉफमैन): गॉफमैन ने प्रतीकात्मक अंतःक्रियावाद के अंतर्गत दैनिक जीवन की प्रस्तुति का विश्लेषण किया।

D-IV (संरचनावादी - लेवी-स्ट्रॉस): उन्होंने संरचनावाद के माध्यम से सांस्कृतिक संरचनाओं का अध्ययन किया।

58. अंतरानुभागीयता (intersectionality) का अर्थ है कि समाज में व्यक्तियों की स्थिति विभिन्न पहचान (जैसे जाति, वर्ग, लिंग) के परस्पर संबंधों से निर्धारित होती है। यह लाभ और हानि की ऐसी प्रणाली है, जो एक-दूसरे से जुड़ी और परस्पर निर्भर होती है, जिससे सामाजिक असमानता का जटिल स्वरूप बनता है।

59. यह कथन कार्ल मार्क्स का है, जिसमें उन्होंने मनुष्य और पशु के बीच अंतर स्पष्ट किया। मार्क्स के अनुसार मनुष्य अपनी गतिविधियों को चेतन रूप से नियंत्रित करता है और अपने श्रम को उद्देश्यपूर्ण बनाता है, जबकि पशु स्वाभाविक प्रवृत्तियों के अनुसार कार्य करता है। यह विचार उनके श्रम और मानव चेतना के सिद्धांत से संबंधित है, जहाँ मनुष्य अपनी गतिविधि को आत्म-सजगता के साथ संचालित करता है।

60. मार्क्स ने पूँजीवाद को एक अंतर्निहित रूप से अस्थिर प्रणाली माना क्योंकि इसमें वर्ग संघर्ष और आर्थिक संकट की प्रवृत्ति निहित होती है। पूँजीवादी प्रणाली के भीतर श्रम और पूँजी के बीच विरोधाभास लगातार बढ़ते हैं, जिससे असमानता और संकट उत्पन्न होते हैं। ये आंतरिक विरोधाभास समय के साथ अधिक तीव्र होते जाते हैं और अंततः प्रणाली को अस्थिर बनाते हैं। इसलिए कारण, अभिकथन की सही व्याख्या करता है।

61. **B. (देश-त्यागी समुदायों का उद्भव):** डायस्पोरा का मूल अर्थ ही है कि लोग अपने मूल देश से बाहर जाकर विभिन्न स्थानों पर बस जाते हैं और वहाँ समुदायों का निर्माण करते हैं; इसलिए यह इसका प्रमुख तत्व है।

C. (वृहत्तर सांस्कृतिक संकटता): डायस्पोरा की स्थिति में लोग अनेक सांस्कृतिक संदर्भों के बीच रहते हैं, जिससे सांस्कृतिक पहचान का संकट या बहुसांस्कृतिक अनुभव उत्पन्न होता है; यह भी डायस्पोरा की विशेषता है।

62. **A-III (जुडिथ बटलर - Gender Trouble):** बटलर ने जेंडर को सामाजिक निर्माण और प्रदर्शन के रूप में व्याख्यायित किया।

B-IV (एस. फायरस्टोन - The Dialectic of Sex): फायरस्टोन ने नारीवादी दृष्टिकोण से जैविक और सामाजिक असमानता का विश्लेषण किया।

C-II (बेल हुक्स - Ain't I a Woman?): इसमें नस्ल और लिंग के अंतर्संबंध पर चर्चा की गई है।

D-I (बेट्टी फ्रीडेन - The Feminine Mystique): इसमें गृहिणी जीवन की सीमाओं और महिलाओं की स्थिति का विश्लेषण किया गया।

63. *Primitive Classification* (1903) नामक कृति एमिल दुर्खीम और मार्सेल मॉस द्वारा लिखी गई थी। इसमें उन्होंने बताया कि मानव समाज में वर्गीकरण की क्षमता ही संस्कृति के विकास का आधार है। वस्तुओं, विचारों और अनुभवों को वर्गीकृत करने की क्षमता के बिना कोई संगठित सांस्कृतिक व्यवस्था संभव नहीं है।

64. **B. (संचयी परिवर्तन):** जी. मिर्डल ने सामाजिक परिवर्तन को संचयी (cumulative) प्रक्रिया माना, जिसमें परिवर्तन एक-दूसरे को प्रभावित करते हैं और समय के साथ बढ़ते जाते हैं।

D. (चक्रीय कार्य-कारण भाव): उन्होंने "circular cumulative causation" की अवधारणा दी, जिसमें सामाजिक-आर्थिक कारक एक-दूसरे को निरंतर प्रभावित करते हैं और असमानताओं को बढ़ा सकते हैं।

65. मिशेल फूको के अनुसार शक्ति और ज्ञान परस्पर गहरे रूप से जुड़े होते हैं; ज्ञान शक्ति को उत्पन्न करता है और शक्ति ज्ञान का निर्माण करती है। यह संबंध सावयवी (organic) है, इसलिए अभिकथन सही है। कारण में कहा गया है कि शक्ति का स्रोत आवश्यक रूप से ज्ञान से उत्पन्न नहीं होता, जो फूको के विचार के विपरीत है क्योंकि उनके अनुसार शक्ति और ज्ञान अविभाज्य हैं; इसलिए कारण गलत है।

66. **A. (दूरस्थ निकटता - जे. रोसैनो):** जेम्स रोसैनो ने वैश्वीकरण के संदर्भ में "distant proximities" की अवधारणा दी, जिसमें दूरस्थ स्थानों के बीच निकटता बढ़ने की बात कही गई है।

B. (सामाजिक जियोमेट्री - जॉर्ज सिमेल): सिमेल ने सामाजिक दूरी, आकार और संबंधों के पैटर्न को "सामाजिक ज्यामिति" के रूप में समझाया, जिससे सामाजिक संरचना की व्याख्या होती है।

C. (हाव-भाव का वार्तालाप - जी.एच. मीड): मीड ने प्रतीकात्मक अंतःक्रियावाद में "conversation of gestures" की अवधारणा दी, जो सामाजिक संप्रेषण का आधार है।

D. (आवश्यकता-प्रवृत्तियाँ - टालकोट पार्सन्स): पार्सन्स ने व्यक्तित्व और सामाजिक प्रणाली के संदर्भ में need-dispositions की अवधारणा दी।

67. A. (वर्ग): सबसे पहले समाज में वर्ग (class) का अस्तित्व होता है, जो उत्पादन संबंधों पर आधारित होता है।

B (स्वयं में वर्ग): जब लोग अपने समान आर्थिक हितों के कारण एक वर्ग के रूप में वस्तुगत स्थिति साझा करते हैं, लेकिन उन्हें इसका बोध नहीं होता, तो वह "class in itself" होता है।

C (स्वयं के लिए वर्ग): जब वर्ग के सदस्य अपने हितों और स्थिति के प्रति जागरूक हो जाते हैं और संगठित होते हैं, तो वह "class for itself" बनता है।

D (वर्ग संघर्ष): इसके बाद वर्गों के बीच संघर्ष उत्पन्न होता है, जो सामाजिक परिवर्तन का कारण बनता है।

68. A. (भौतिक सघनता): जनसंख्या की भौतिक घनत्व में वृद्धि से लोगों के बीच संपर्क बढ़ता है, जिससे श्रम विभाजन विकसित होता है।

B. (नैतिक सघनता): सामाजिक संपर्क और अंतःक्रिया की तीव्रता बढ़ने से समाज में परस्पर निर्भरता बढ़ती है, जो श्रम विभाजन को प्रोत्साहित करती है।

C. (मात्रा): जनसंख्या के आकार (volume) में वृद्धि भी श्रम विभाजन के विकास का एक प्रमुख कारण है।

69. A-IV (पार्क और बर्गेस - संकेन्द्री अंचल सिद्धांत): शहरों के विकास को केंद्र से बाहर की ओर वृत्ताकार क्षेत्रों में समझाया।

B-III (होमर होय्ट - सेक्टर सिद्धांत): शहरों का विकास विभिन्न क्षेत्रों (sectors) में होता है, जो परिवहन मार्गों के अनुसार फैलते हैं।

C-I (आर.जे. जानस्टन - सामाजिक क्षेत्र विश्लेषण): उन्होंने शहरी संरचना को सामाजिक विशेषताओं के आधार पर समझाया।

D-II (हैरिस और उल्मैन - बहु केन्द्रित मॉडल): शहर कई केंद्रों (multiple nuclei) के आसपास विकसित होते हैं।

70. C. (नील विद्रोह - 1859-60): यह ब्रिटिश काल में किसानों द्वारा नील की जबरन खेती के खिलाफ पहला प्रमुख आंदोलन था।

A. (मोपला विद्रोह - 1921): यह केरल में किसानों और मुस्लिम समुदाय द्वारा ब्रिटिश और जमींदारों के खिलाफ किया गया विद्रोह था।

D. (तेभागा आंदोलन - 1946-47): बंगाल में किसानों द्वारा फसल के बंटवारे में हिस्सेदारी बढ़ाने के लिए यह आंदोलन चला।

B. (नक्सलबाड़ी आंदोलन - 1967): यह पश्चिम बंगाल में शुरू हुआ एक उग्र वामपंथी आंदोलन था, जो सबसे बाद में हुआ।

71. लूई विर्थ ने अपने प्रसिद्ध निबंध "Urbanism as a Way of Life" में नगर जीवन की विशेषताओं को स्पष्ट करते हुए कहा कि शहरी संबंध प्रायः विशिष्ट (segmental), निर्वैयक्तिक (impersonal) और स्वार्थ-आधारित (utilitarian) होते हैं। बड़े आकार, घनत्व और विषमता के कारण शहरों में व्यक्तिगत निकटता कम हो जाती है और संबंध औपचारिक तथा उद्देश्यपूर्ण बन जाते हैं। इस प्रकार यह कथन विर्थ के शहरी समाजशास्त्र के विश्लेषण से पूर्णतः मेल खाता है।

72. कार्ल मार्क्स ने अलगाव (alienation) के चार प्रमुख रू बताए–(*i*) उत्पाद से अलगाव, (*ii*) उत्पादन प्रक्रिया से अलगाव, (*iii*) अपनी मानव क्षमता या 'species-being' से अलगाव, और (*iv*) अन्य श्रमिकों से अलगाव। "नातेदारी से अलगाव" मार्क्स के सिद्धांत का हिस्सा नहीं है, क्योंकि उनका विश्लेषण मुख्यतः आर्थिक उत्पादन संबंधों और श्रम की स्थिति पर केंद्रित था, न कि पारिवारिक/नातेदारी संरचना पर।

73. मिशेल फूको ने "Panopticon" की अवधारणा जेरेमी बेंथम से लेते हुए आधुनिक सत्ता और निगरानी की व्याख्या की। यह एक ऐसी संरचना है जिसमें एक केंद्रीय स्थान से सभी व्यक्तियों पर निरंतर निगरानी रखी जा सकती है, जबकि निगरानी में रहने वाले यह नहीं जानते कि उन्हें कब देखा जा रहा है। इससे अनुशासन और आत्म-नियंत्रण विकसित होता है, जो आधुनिक समाज की सत्ता-प्रणाली का प्रमुख लक्षण है।

74. "I have never let my schooling interfere with my education" यह प्रसिद्ध कथन अमेरिकी लेखक मार्क ट्वेन का है। इस कथन का अर्थ है कि औपचारिक शिक्षा (schooling) और वास्तविक सीखने (education) में अंतर होता है। व्यक्ति केवल विद्यालयी शिक्षा से ही नहीं बल्कि अनुभव, जीवन और आत्म-अध्ययन से भी ज्ञान प्राप्त करता है।

75. सांस्कृतिक नारीवाद (Cultural Feminism) महिलाओं के विशेष गुणों जैसे सहानुभूति, सहयोग, देखभाल और नैतिक संवेदनशीलता को सकारात्मक रूप में देखता है। यह सिद्धांत मानता है कि महिलाओं के ये गुण समाज को बेहतर बना सकते हैं और इन्हें कमतर नहीं आँका जाना चाहिए। इसलिए यह महिलाओं की विशिष्टता और सकारात्मकता की प्रशंसा करता है, जो इसे अन्य नारीवादी दृष्टिकोणों से अलग बनाता है।

76. अशक्तता और बाधिकता का समाजशास्त्र मुख्यतः कलंक (stigma) और सामाजिक लेबलिंग के अध्ययन से जुड़ा होता है, जैसा कि गॉफमैन के कार्यों में भी देखा जाता है; इसलिए अभिकथन सही है। कारण में बताया गया है कि अशक्तता आन्दोलन ने चिकित्सा मॉडल के स्थान पर सामाजिक मॉडल को विकसित किया, जिसमें अशक्तता को केवल जैविक समस्या न मानकर सामाजिक संरचनाओं और बाधाओं से जोड़ा जाता है; यह भी सही है। परंतु यह कारण सीधे अभिकथन की व्याख्या नहीं करता, क्योंकि कलंक-अध्ययन और सामाजिक मॉडल अलग विश्लेषणात्मक आयाम हैं।

77. "*Mind, Self and Society*" जॉर्ज हर्बर्ट मीड की प्रसिद्ध कृति है, जो प्रतीकात्मक अंतःक्रियावाद का आधार प्रदान करती है। इसमें उन्होंने 'self' के विकास, सामाजिक अंतःक्रिया और प्रतीकों के माध्यम से व्यक्तित्व के निर्माण को समझाया।

78. **A-III (गॉफमैन - The Presentation of Self in Everyday Life):** दैनिक जीवन में व्यक्ति की भूमिका-प्रस्तुति का विश्लेषण।

B-IV (फूको - Discipline and Punish): शक्ति, अनुशासन और निगरानी की व्याख्या।

C-I (हेबरमास - The Theory of Communicative Action): संचार और तर्कसंगतता का सिद्धांत।

D-II (मर्टन - Social Theory and Social Structure): कार्यात्मक विश्लेषण और समाजशास्त्रीय सिद्धांत।

79. **B. (The Social Manufacture of News & 1970s):** मीडिया और सामाजिक समस्याओं के निर्माण का प्रारंभिक अध्ययन।

D. (School Violence, the Media... - 1990s): मीडिया और अपराध के संबंध पर अध्ययन, जो बाद में आया।

A. (Convergence Culture - 2006): पुराने और नए मीडिया के समन्वय पर आधुनिक विश्लेषण।

C. (Phone Hacking Scandal - 2012): पत्रकारिता से जुड़ा नवीनतम अध्ययन, इसलिए अंत में आता है।

80. **A. (The Presentation of Self in Everyday Life):** गॉफमैन की प्रमुख कृति, जिसमें सामाजिक अंतःक्रिया को नाटकीय दृष्टिकोण से समझाया गया है।

C. (Strategic Interaction): इसमें उन्होंने सामाजिक अंतःक्रियाओं में रणनीतियों और व्यवहार का विश्लेषण किया।

D. (Encounters): इसमें दैनिक जीवन की अंतःक्रियाओं और उनके पैटर्न का अध्ययन है।

B. गिडेन्स की कृति है, इसलिए गॉफमैन से संबंधित नहीं है।

81. मैक्स वेबर ने शक्ति (Power) को इस रूप में परिभाषित किया कि किसी सामाजिक संबंध में एक कर्ता अपनी इच्छा को, चाहे विरोध ही क्यों न हो, लागू करने की संभावना रखता है। वेबर के अनुसार शक्ति का आधार क्या है यह आवश्यक नहीं, बल्कि यह महत्वपूर्ण है कि व्यक्ति अपनी इच्छा को लागू कर सके। यह परिभाषा उनकी प्रसिद्ध कृति Economy and Society में दी गई है और आधुनिक सत्ता-विचार में अत्यंत महत्वपूर्ण मानी जाती है।

82. मैक्स वेबर की नौकरशाही की अवधारणा तार्किकता (rationality), औपचारिक नियमों, प्रशिक्षण और स्पष्ट आदेश-शृंखला (hierarchy) पर आधारित होती है। इसमें व्यक्तिगत भावनाओं या संवेगों (emotions) के लिए स्थान नहीं होता, क्योंकि नौकरशाही का कार्य निरपेक्षता और वस्तुनिष्ठता पर आधारित होता है। इसलिए संवेग नौकरशाही की विशेषता नहीं है।

83. भारतीय संविधान में नौवीं अनुसूची (Ninth Schedule) को 1951 में पहले संविधान संशोधन द्वारा जोड़ा गया था। इसका उद्देश्य भूमि सुधार कानूनों को न्यायिक समीक्षा से बचाना था, ताकि सामाजिक-आर्थिक न्याय के कार्यक्रमों को लागू करने में बाधा न आए।

84. **A-III (द्विध्रुवीय मॉडल - वाई. सिंह):** योगेन्द्र सिंह ने भारतीय समाज के परिवर्तन को समझाने के लिए द्विध्रुवीय मॉडल प्रस्तुत किया, जिसमें परंपरा और आधुनिकता के बीच संबंधों का विश्लेषण किया गया।

B-IV (बहुध्रुवीय मॉडल - एस.सी. दुबे): दुबे ने सामाजिक परिवर्तन को बहुआयामी और बहुध्रुवीय प्रक्रिया के रूप में समझाया।

C-I (सार्वभौमीकरण और संकीर्णता - मैकिम मैरियट): मैरियट ने universalization और parochialization की अवधारणाएँ दीं।

D-II (पवित्रता का जटिल भाव - एल.पी. विद्यार्थी): विद्यार्थी ने 'sacred complex' की अवधारणा प्रस्तुत की।

85. A-III (गतिशील घनत्व - एमिल दुर्खीम): दुर्खीम ने श्रम विभाजन के विकास में गतिशील घनत्व (dynamic density) की भूमिका बताई।

B-IV (झूठी चेतना - कार्ल मार्क्स): मार्क्स ने शासक वर्ग के विचारों के प्रभाव को 'false consciousness' कहा।

C-I (सारभूत तर्कसंगतता - मैक्स वेबर): वेबर ने substantive rationality की अवधारणा दी।

D-II (सहसंबद्धता - जॉर्ज सिमेल): सिमेल ने सामाजिक संबंधों की पारस्परिकता और सहसंबद्धता का विश्लेषण किया।

86. A. (The Division of Labour in Society – 1893): यह दुर्खीम की प्रारंभिक कृति है, जिसमें सामाजिक एकता और श्रम विभाजन का विश्लेषण किया गया।

D. (The Protestant Ethic and the Spirit of Capitalism – 1904-05): वेबर की यह कृति आधुनिक पूंजीवाद के उद्भव को धार्मिक मूल्यों से जोड़ती है, इसलिए यह 1893 के बाद आती है।

B. (The Elementary Forms of Religious Life – 1912): दुर्खीम की यह बाद की कृति है, जिसमें धर्म के सामाजिक स्वरूप का अध्ययन किया गया है।

C. (Economy and Society – 1922): वेबर की यह कृति उनके निधन के बाद प्रकाशित हुई, इसलिए यह सबसे अंत में आती है।

87. B. (Torrey Canyon Oil Spill – 1967): यह इंग्लैंड के तट के पास हुआ और यह सूची में सबसे पहले आता है।

D. (भोपाल गैस त्रासदी – 1984): यूनियन कार्बाइड फैक्ट्री में गैस रिसाव हुआ, जो इसके बाद आता है।

C. (चेर्नोबिल विस्फोट – 1986): यह यूक्रेन में हुआ परमाणु हादसा है, जो 1984 के बाद हुआ।

A (BP Oil Spill – 2010): यह मैक्सिको की खाड़ी में हुआ और सूची की सबसे नवीन घटना है।

88. पीटर ब्लाउ के सामाजिक आदान-प्रदान सिद्धांत के अनुसार सामाजिक संबंधों का आधार नैतिकता नहीं बल्कि आत्महित (self-interest) होता है। व्यक्ति अपने लाभ को ध्यान में रखते हुए दूसरों के साथ आदान-प्रदान करता है। कारण में कहा गया है कि ब्लाउ सामाजिक आदान-प्रदान को स्वैच्छिक अंतःक्रिया तक सीमित करते हैं और नैतिक बाध्यता से प्रेरित कार्यों को इसमें शामिल नहीं करते। यह इस बात को स्पष्ट करता है कि आदान-प्रदान का आधार आत्महित है, इसलिए कारण अभिकथन की सही व्याख्या करता है।

89. A-III (अर्जुन अप्पादुरई - Modernity at Large): वैश्वीकरण के सांस्कृतिक आयामों का विश्लेषण।

B-IV (बेंजामिन बार्बर - Jihad vs McWorld): वैश्विक संस्कृति और राजनीति के टकराव पर आधारित।

C-I (सैमुअल हंटिंग्टन - Clash of Civilizations): सभ्यताओं के संघर्ष का सिद्धांत।

D-II (इर्विंग गिटलिन - Rethinking Sociology): समकालीन समाजशास्त्रीय सिद्धांत की आलोचना।

90. जब मनुष्य अल्पकालिक लाभ के लिए प्राकृतिक संसाधनों का अत्यधिक दोहन करता है और इससे पर्यावरण पर दीर्घकालिक नकारात्मक प्रभाव पड़ता है, तो इसे ''पर्यावरणीय घाटा'' (environmental deficit) कहा जाता है। इसमें वर्तमान विकास के लिए भविष्य के संसाधनों का ह्रास होता है, जिससे पारिस्थितिक संतुलन बिगड़ता है और स्थायी विकास बाधित होता है।

91. गद्यांश में स्पष्ट रूप से यह कहा गया है कि समस्या केवल पारिस्थितिक संतुलन के मूल्य की नहीं है, बल्कि उन जोखिमों की है जो आधुनिक प्रौद्योगिकी अपने साथ लाती है। इन जोखिमों को ''अपरिहार्य'' बताया गया है, क्योंकि तकनीकी विकास के साथ वे स्वाभाविक रूप से उत्पन्न होते हैं और पूरी तरह नियंत्रित या पूर्वानुमेय नहीं होते। इसलिए मुख्य मुद्दा आधुनिक प्रौद्योगिकी द्वारा उत्पन्न अपरिहार्य जोखिमों से संबंधित है।

92. गद्यांश में पारिस्थितिकीय संतुलन में व्यवधान के रूप में प्रदूषण, संसाधनों का अंधाधुंध उपयोग, प्रजातियों का विलुप्त होना और वनों का नष्ट होना बताया गया है। ''वनों का परिरक्षण'' (conservation) व्यवधान नहीं बल्कि संरक्षण का संकेत है, इसलिए यह उस सूची में शामिल नहीं है।

93. गद्यांश में कहा गया है कि आधुनिक प्रौद्योगिकियाँ ''इस ग्रह के सभी संसाधनों—मानवीय और प्राकृतिक—का प्रबंधन करने की पूरी जिम्मेदारी'' से स्वयं को नहीं जोड़ती हैं यही उनकी मुख्य आलोचना है कि वे अपने प्रभावों और जिम्मेदारियों को समग्र रूप से स्वीकार नहीं करतीं।

94. गद्यांश में संचयी जोखिम का उदाहरण स्पष्ट रूप से ''परमाणु अपशिष्ट का एकत्रित होना'' दिया गया है। संचयी जोखिम वे होते हैं जो समय के साथ धीरे-धीरे बढ़ते हैं और उनका प्रभाव एकत्रित होकर अधिक गंभीर हो जाता है।

95. गद्यांश में कहा गया है कि कुछ जोखिम संचयी होते हैं जबकि कुछ ''असतत'' (discontinuous) होते हैं, और जेनेटिक इंजीनियरी दुर्घटनाओं को असतत जोखिम का उदाहरण बताया गया है। इसका अर्थ है कि ये अचानक घटित होने वाली घटनाएँ होती हैं, जो निरंतर संचय के रूप में नहीं होतीं बल्कि एक समय पर उत्पन्न होती हैं।

96. गद्यांश में स्पष्ट किया गया है कि समाजशास्त्रीय अनुसंधान का आधार सहभागी अवलोकन, जनगणना, सर्वेक्षण, प्रश्नावली और साक्षात्कार जैसे प्रत्यक्ष अवलोकन पर आधारित होता है। ये सभी तकनीकें सामाजिक परिघटनाओं के सीधे अध्ययन से जुड़ी हैं। जबकि विषय-वस्तु विश्लेषण (content analysis) प्रायः दस्तावेजों, पाठ या मीडिया सामग्री के विश्लेषण से संबंधित होता है, न कि प्रत्यक्ष सामाजिक अवलोकन से; इसलिए यह प्रत्यक्ष अवलोकन की तकनीक नहीं है।

97. गद्यांश में बताया गया है कि सहभागी अवलोकन, सर्वेक्षण आदि प्रत्यक्ष अवलोकन की विधियाँ अपेक्षाकृत कम समयावधि में की जाती हैं। इसके विपरीत, ऐतिहासिक सामग्री का उपयोग लम्बी समयावधि के अध्ययन के लिए किया जाता है। इसलिए ऐतिहासिक सामग्री वह नहीं है जो अल्प समयावधि में प्रत्यक्ष अवलोकन के अंतर्गत आती हो।

98. गद्यांश में स्पष्ट रूप से कहा गया है कि समाजशास्त्र का आधार ऐसे अनुसंधान पर है जिसमें सामाजिक परिघटनाओं का प्रत्यक्ष अवलोकन शामिल होता है। विभिन्न तकनीकों जैसे सर्वेक्षण, साक्षात्कार आदि इसी प्रत्यक्ष अवलोकन के अंतर्गत आते हैं। इसलिए समाजशास्त्र का मूल आधार प्रत्यक्ष अवलोकन है।

99. गद्यांश में यह स्पष्ट किया गया है कि लम्बी समयावधि के दौरान सामाजिक संरचना का अध्ययन करने के लिए ऐतिहासिक सामग्री का प्रयोग ''अपरिहार्य'' है। इससे समाज के दीर्घकालिक परिवर्तनों और संरचनात्मक निरंतरताओं को समझा जा सकता है।

100. गद्यांश में बताया गया है कि अपेक्षाकृत कम-लम्बी समयावधि (जैसे जीवन चक्र) के अध्ययन के लिए समाजशास्त्री जीवन-चरित सामग्री और लोगों के अपने अतीत के विवरण का उपयोग करते हैं। इसलिए जीवन-चरित सामग्री को इसी प्रकार की समयावधि से जोड़ा जाता है।

YOUR SPACE

पिछले प्रश्न–पत्र

National Testing Agency (NTA)

UGC-NET जूनियर रिसर्च फैलोशिप तथा सहायक प्राध्यापक पात्रता परीक्षा

समाजशास्त्र, जून-2025

(Exam held on 29-06-2025)

प्रश्न–पत्र-II

1. सांख्यिकीय बोध में एक अनभिनत प्रतिदर्श के चयन के लिए हमें यह सुनिश्चित करने की आवश्यकता होती है कि प्रत्येक इकाई की चयन की सम्भावना/प्रायिकता ______ और ______ हो।

1. बराबर और स्वतंत्र
2. गारंटीकृत और वस्तुनिष्ठ
3. बराबर और विश्वसनीय
4. परिमेय और बराबर

2. जब एक उपसंस्कृति, स्पष्ट और सुविचारित रूप से बृहत्तर संस्कृति के कुछ निश्चित पक्षों का विरोध करती है, तो यह ______ के रूप में जानी जाती है।

1. प्रतिसंस्कृति
2. आत्मसात्करण
3. सांस्कृतिक द्वंद्व (संघर्ष)
4. सांस्कृतिक प्रघात

3. 'ज्ञान जो, मनुष्य, संवेदी अनुभवों से अर्जित करता है', के लिए शब्द क्या है?

1. तत्वमीमांसा   2. बुद्धिवाद
3. अनुभववाद   4. वर्णन

4. वह शब्द क्या है जो कि यह परिभाषित करता है कि लोग उनके जैसी पसन्द वाले लोगों से ही आर्षित होना चाहेंगे?

1. लोग जिन्हें आप जानते हो
2. समानुरागिता (होमोफिली)
3. ऑनलाइन समुदाय
4. प्रौद्योगिकीय नियतत्ववाद

5. डेटा के विश्लेषण के समय पर एक अनुक्रिया को समनुदिष्ट किया जाने वाला संख्यात्मक मान ______ कहलाता है।

1. कूट   2. कूटबद्ध करना
3. चर   4. केस दृश्य

6. जहाँ लोग एक दीर्घकालिक साथी संबंध में होते हैं और वे एवं अन्य लोग उन्हें एक युगल की तरह मानते हैं परन्तु वे अधिकांश समय पृथक् रहते हैं, ______ के रूप में संदर्भित होता है।

1. आत्मीय और पारिवारिक संबंध
2. आत्मीयताएँ और संबंध
3. सह पृथक् वास संबंध
4. मिश्रित प्रजाति परिवार संबंध

7. कार्यप्रणाली और वैधता और न्यायसंगत मत और विचार के बीच भेद के संदर्भ में ज्ञान का सिद्धांत ______ के रूप में जाना जाता है।

1. कार्यप्रणाली विज्ञान
2. ज्ञानमीमांसा
3. नृजातिकार्य प्रणाली विज्ञान
4. अनुभववाद

8. आप उस कामगार को क्या कहते हैं जिसके काम में दूसरों को वस्तुओं, सेवाओं और सांस्कृतिक उत्पादों के उपभोग के लिए प्रोत्साहित करना सम्मिलित है?

1. सांस्कृतिक पुनर्जनन कर्मक
2. गिग कामगार
3. सांस्कृतिक मध्यवर्तक
4. प्रबंधक

9. 'मान लीजिए कि एक क्लर्क वास्तविकता से अधिक व्यस्त दिखने का प्रयास करता है जब कि उसका सुपरवाइजर (पर्यवेक्षक) उसे देख रहा है।' इर्विंग गॉफमैन ने इस व्यवहार का किस दृष्टि से अध्ययन किया होता?

1. मनोवैज्ञानिक 2. अन्योन्यक्रियावादी
3. प्रकार्यवादी 4. द्वंद्व (संघर्ष)

10. किसने धर्म को 'पवित्र चीजों के संदर्भ में विश्वासों और प्रथाओं के एकीकृत तंत्र के रूप में' परिभाषित किया?

1. कार्ल मार्क्स 2. मैक्स वेबर
3. एमाइल दुर्खीम 4. जॉर्ज सिमेल

11. किस प्रकार के शोध में एक समुदाय के निवासियों की सामाजिक व आर्थिक विशेषताओं का अध्ययन होता है?

1. अन्वेषणात्मक शोध 2. वर्णनात्मक शोध
3. सहसंबंधात्मक शोध 4. प्रयोगात्मक शोध

12. निम्नलिखित में से किसने 'द इण्डियन सोशियोलॉजिस्ट' शीर्षक की मासिक आवधिक पत्रिका का सम्पादन किया?

1. जी.एस. घुर्ये 2. इरावती कर्वे
3. डी.पी. मुखर्जी 4. श्यामाजी कृष्णवर्मा

13. किसने यह तर्क दिया कि श्रम का घरेलू विभाजन औद्योगिक पूँजीवाद के अवतरण से पूर्व विद्यमान था परन्तु पूँजीवाद ने श्रम के सार्वजनिक-निजी विभाजन को भी पुनर्बलित किया जो कि इस चरण के दौरान बढ़ गया था?

1. एन्टोनियो ग्राम्शी 2. फ्रेडरिक एंगल्स
3. एमाइल दुर्खीम 4. मैक्स वेबर

14. किस भारतीय समाजशास्त्री ने सामाजिक विज्ञान के यूरोप-केन्द्रित स्वरूप की समालोचना की और देशज सामाजिक विज्ञान के लिए तर्क किया तथा अपने तर्कों को सार्वभौमिक मानववाद पर आधारित किया?

1. ए.आर. देसाई 2. आर.के. मुखर्जी
3. डी.पी. मुखर्जी 4. डी.एन. मजूमदार

15. सामाजिक शोध में आधारित सिद्धांत/उपागम को सर्वप्रथम निम्नलिखित के द्वारा विकसित किया गया:

1. डेन्जिन और लिंकन
2. क्लिफर्ड गीयर्ट्ज और मार्कस जी.ई.
3. बार्नी ग्लेसर और एनसेलम स्ट्रॉस
4. फील्डिंग एन.जी. और ली आर.एन.

16. शब्द 'सिम्बॉलिक इन्टरैक्शनिज्म' को सर्वप्रथम निम्नलिखित समाजज्ञानी द्वारा रचा गया था:

1. जॉर्ज हर्बर्ट मीड 2. हर्बर्ट ब्लूमर
3. चार्ल्स हॉर्टन कूले 4. एडमण्ड हसर्ल

17. किसके अनुसार पूँजीवाद केवल शारीरिक श्रम बल्कि संवेगात्मक श्रम को भी बलपूर्वक लेता है और विशेष रूप से यह आतिथ्य/मेजबानी क्षेत्र में होता है?

1. जूडिथ बटलर 2. बेटी फ्रीडन
3. आर्ली होश्चाइल्ड 4. ऐन ओकली

18. प्रकार्यवाद के सैद्धांतिक प्रतिमान ने इस विचार को स्थिर किया कि सामाजिक संसक्ति, क्रम और स्थायित्व को बनाए रखना निम्नलिखित पर निर्भर करता है:

1. वैचारिक आनति 2. नैतिक मतैक्य
3. विधिक विमर्श 4. लोकतान्त्रिक आचार

19. संकेतों और प्रतीकों का अध्ययन कहलाता है:

1. शास्त्रार्थ मीमांसा 2. संकेतविज्ञान
3. ज्ञानात्मक 4. अर्थ विज्ञान

20. नृजाति क्रियाविधि विज्ञान में हैरोल्ड गारफिन्केल द्वारा प्रस्तुत एक प्रयोगात्मक विधि है जो कि प्रतिदिन के जीवन के नित्यकर्मों को अस्तव्यस्त कर देती है और आदर्शक क्रम पर भी प्रश्नचिह्न लगाती है ______ के रूप में भी कहलाती है।

1. बाह्यीकरण 2. गोपन/प्रच्छादन
3. भंग 4. मंचन

21. निम्नलिखित में से किस जनजाति में भ्रातृक बहुपतिप्रथा थी?

1. इरुला 2. भील
3. संथाल 4. तोडा

22. एमाइल दुर्खीम ने अपनी किस रचना/कृति में श्रेणी/गिल्ड समाजवाद का पक्षसमर्थन किया है?

1. द डिवीजन ऑफ लेबर इन सोसाइटी
2. प्रोफेशनल एथिक्स एण्ड सिविक मोरल्स
3. द रूल्स ऑफ सोशियोलॉजिकल मेथड
4. एलीमेन्ट्री फॉर्म्स ऑफ रिलीजियस लाईफ

23. निम्नलिखित में से किसने संस्कृति और सभ्यता में अंतर किया?

1. अल्फ्रेड वेबर 2. एमाइल दुर्खीम
3. मार्सेल मॉस 4. क्लाउड-लेवी स्ट्रॉस

24. किसने सामाजिक संरचना को 'वास्तविक संरचना' और 'सामान्य संरचना' के रूप में वर्गीकृत किया?

1. एमाइल दुर्खीम 2. क्लाउड-लेवी स्ट्रॉस
3. रैडक्लिफ ब्राउन 4. एस.एफ. नाडेल

25. प्रकार्यात्मक विश्लेषण में किसने बोध तंत्र स्तरों और भिन्न एवं बहुतंत्र की संकल्पना को प्रस्तुत किया?

1. टैल्कॉट पार्सन्स 2. रॉबर्ट मर्टन
3. ब्रोनिस्लॉ मैलिनोव्स्की 4. मैरियन.जे. लेवी

26. निम्नलिखित में से कौन-सी अवधारणा नृजातिक्रियाविधि विज्ञान से संबद्ध नहीं है?

1. अर्थ की निर्देशकता
2. प्रतिवर्ती क्रियाएँ
3. परिप्रेक्ष्यों की अन्योन्यता/पारस्परिकता
4. अतितृप्त (पूर्वाग्रह) अभिवृत्ति

27. निम्नलिखित में से कौन-सा एन्थनी गिडेंस के 'आधुनिकता के सिद्धांत' से संबद्ध नहीं है?

1. डिस्टैन्शिएसन (दूरस्थीकरण)
2. जीवन जगत का उपस्थीकरण
3. व्याधान
4. प्रत्यावर्तिता

28. *'अनडिस्टॉर्टेड कम्यूनिकेशन'* की संकल्पना संबद्ध है:

1. मैनुएल कैसेल्स से 2. पियरे बोर्ड्यू से
3. जर्गेन हैबरमास से 4. कार्ल मैनहीम से

29. 'मार्क्सोलॉजी' शब्द _______ द्वारा गढ़ा (रचा) गया था।

1. आर.के. मुखर्जी 2. डी.एन. मजूमदार
3. ए.आर. देसाई 4. डी.पी. मुखर्जी

30. पुस्तक 'कल्चरल चेंज इन इण्डिया : आइडेंटिटी एण्ड ग्लोबलाइजेशन' _______ द्वारा लिखित है।

1. अर्जुन अप्पादुरई 2. योगेन्द्र सिंह
3. दीपांकर गुप्ता 4. सतीश देशपाण्डे

31. निम्नलिखित में से कौन-सा सामाजिक शोध में त्रिभुजन (ट्राइएंगुलेशन) का एक प्रकार नहीं है?

1. डेटा त्रिभुजन
2. अन्वेषक त्रिभुजन
3. प्रतिदर्शग्रहण त्रिभुजन
4. प्रणालीवैज्ञानिक त्रिभुजन

32. हैबरमास का "वैधता संकट (लेजिटिमेसी क्राइसिस)" यह तर्क करता है कि:

1. राज्य अर्थव्यवस्था से उत्तरोत्तर पीछे हटता है।
2. राज्य राजनैतिक मुद्दों का 'तकनीकी समस्याओं' में अंतरण चाहता है।
3. राज्य राजनैतिक मुद्दों का 'वितकनीकीकृत' करना चाहता है।
4. राज्य 'तकनीकी चैतन्य' का असली रूप दिखाता है।

33. अल्फ्रेड शुट्ज का समाजवैज्ञानिक सैद्धांतीकरण में योगदान उनकी निम्नलिखित के सम्मिश्रण की योग्यता में निहित है:

1. द्वंद्वात्मक भौतिकवाद के साथ हसर्ल का परिघटनाविज्ञान
2. वेबर के व्हर्स्टेन के साथ मीड का अन्योन्यक्रियावाद
3. वेबर के क्रिया सिद्धांत के साथ हसर्ल का परिघटनाविज्ञान
4. दुर्खीम के समाजविज्ञानवाद के साथ हसर्ल का परिघटनाविज्ञान

34. निम्नलिखित में से किस समाजवैज्ञानिक ने नेटवर्क और प्रवाहों के विचार पर अपना सिद्धांत विकसित किया?

1. फ्रैंक वेब्स्टर 2. पियरे बोर्ड्यू
3. मैनुएल कॅस्टेल्स 4. क्लिफर्ड गीयर्ट्ज

35. समाजशास्त्र में 'रोल-हैण्डीकैप' शब्द किसने प्रस्तावित किया?

1. टैल्कॉट पार्संस 2. एच.डी. किर्क
3. टी.आर. सारबिन 4. टी.एम. न्यूकॉम्ब

36. एक विस्तृत शहरी क्षेत्र जिसमें अनेक नगर और उनके चारों ओर के उपनगर होते हैं, सबसे अच्छे तरीके से निम्नलिखित के रूप में परिभाषित होता है।

1. मेगासिटी 2. मेगारीजन
3. अर्बन कॉरिडोर 4. मेगालोपोलिस

37. वीमेन इन डेवलपमेन्ट (डब्ल्यूआईडी) निम्नलिखित में से किस सैद्धांतिक उपागम से संबद्ध है?

1. उत्तर-स्त्रीवाद
2. स्त्रीवादी राजनैतिक पारिस्थितिकी
3. उदारवादी आधुनिकता का सिद्धांत
4. आमूल स्त्रीवाद

38. यह खोज, कि क्लोरो फ्लोरो कार्बन (सीएफसी) ओजोन कणों को नष्ट कर सकती हैं और पृथ्वी की सुरक्षाकारी ओजोन परत के लिए खतरा हो सकती हैं, प्रकाशित की गई थी:

1. श्लेनबर्ग और गुल्ड द्वारा
2. रैचेल कार्सन द्वारा
3. डॉनेला एच मीडोस द्वारा
4. शेरवुड रोलैण्ड और मारियो मोलीना द्वारा

39. नई धार्मिक आंदोलनें (एनआरएम) अपनी वृद्धि के लिए ऋणी हैं।

1. मुख्य धारा के धर्मों के पुनरुत्थान के
2. बढ़ती आर्थिक असमानताओं के
3. बढ़ते धर्मनिरपेक्षीकरण के
4. बढ़ते सूचना और ज्ञान के

40. वे तरीके जिनमें वर्ग, लिंग और नृजातीयता के विभाजन सामाजिक असमानता के जटिल स्वरूपों की उत्पत्ति के लिए संयुक्त होते हैं, निम्नलिखित शब्द द्वारा सबसे अच्छे से परिभाषित होते हैं।

1. सामाजिक बहिष्करण 2. गहरी असमानता
3. अन्तर्विभाजन 4. अन्तरानुभागनीयता

41. मीडिया के आदर्शक सिद्धांतों के विकास को कालानुक्रम में व्यवस्थित करें।

A. सामाजिक उत्तरदायित्व का सिद्धांत
B. उदारवादी सिद्धांत
C. सत्तावादी सिद्धांत
D. सोवियत साम्यवादी सिद्धांत
E. डेवलपमेन्ट मीडिया का सिद्धांत

नीचे दिए गए विकल्पों में से **सही उत्तर** का चयन कीजिए:

1. E, A, B, C, D 2. C, A, B, D, E
3. B, A, C, E, D 4. C, B, A, D, E

42. संवैधानिक अधिनियमों के संशोधनों को कालानुक्रम में व्यवस्थित करें:

A. शिक्षा का अधिकार
B. आर्थिक रूप से पिछड़े वर्ग दस प्रतिशत आरक्षण
C. पंचायती राज संस्थानों को संवैधानिक दर्जा
D. राष्ट्रीय पिछड़ा वर्ग आयोग को संवैधानिक दर्जा
E. राष्ट्रीय अनुसूचित जाति और जनजाति आयोगों का द्विभाजन

नीचे दिए गए विकल्पों में से **सही उत्तर** का चयन कीजिए:

1. A, B, C, D, E 2. B, C, E, D, A
3. C, A, B, D, E 4. C, A, E, D, B

43. ट्रोचिम और डॉनेली के अनुसार गुणात्मक शोध के आकलन के लिए वैकल्पिक मापदण्ड का कालानुक्रम क्या है?

A. पुष्टियोग्यता B. विश्वसनीयता
C. निर्भरता D. स्थानान्तरणीयता

नीचे दिए गए विकल्पों में से **सही उत्तर** का चयन कीजिए:

1. A, B, C, D 2. B, A, D, C
3. B, A, C, D 4. B, D, C, A

44. सामाजिक सिद्धांत के अवयवों या निर्माण इकाइयों को कालानुक्रम में व्यवस्थित करें:

A. कथन B. प्रारूप

C. अवधारणाएँ D. चर

नीचे दिए गए विकल्पों में से **सही उत्तर** का चयन कीजिए:

1. A, B, C, D 2. B, A, D, C
3. C, D, A, B 4. C, D, B, A

45. निम्नलिखित मीडिया-ऑडिएंस अध्ययन मॉडल समय के साथ उदय हुए। सबसे पहले से सबसे बाद का सही कालानुक्रम ज्ञात करें।

A. इन्टरप्रिटेटिव मॉडल

B. ग्रैटीफिकेशन मॉडल

C. हाइपररियलिटी मॉडल

D. हाइपोडर्मिक मॉडल

नीचे दिए गए विकल्पों में से **सही उत्तर** का चयन कीजिए:

1. B, A, C, D 2. A, C, B, D
3. D, A, B, C 4. D, B, A, C

46. 19वीं शताब्दी के बॉम्बे में, अभिजात्य अंग्रेजी शिक्षित साहित्यविदों ने निम्नलिखित सिविल सोसाइटी संस्थानों का उद्घाटन किया। उन्हें पहले से बाद के कालानुक्रम में व्यवस्थित करें:

A. जियोग्रॉफिकल सोसाइटी ऑफ बॉम्बे

B. एन्थ्रोपोलॉजिकल सोसाइटी ऑफ बॉम्बे

C. रॉयल एशियाटिक सोसाइटी ऑफ ग्रेट ब्रिटेन एण्ड आयरलैण्ड की बॉम्बे शाखा

D. लिटरेरी सोसाइटी ऑफ बॉम्बे

नीचे दिए गए विकल्पों में से **सही उत्तर** का चयन कीजिए:

1. D, C, B, A 2. C, A, D, B
3. D, C, A, B 4. B, A, C, D

47. ए.आर. देसाई के कुछ चुनिन्दा शोध नीचे दिए गए हैं। उन्हें पहले से बाद के कालानुक्रम में व्यवस्थित करें:

A. रूरल सोशियोलॉजी इन इण्डिया

B. स्टेट एण्ड सोसाइटी इन इण्डिया

C. ए प्रोफाइल ऑफ इण्डियन स्लम्स

D. सोशियल बैकग्राउण्ड ऑफ इण्डियन नेशनलिज्म

नीचे दिए गए विकल्पों में से **सही उत्तर** का चयन कीजिए:

1. A, C, D, B 2. A, D, C, B
3. C, D, A, B 4. D, A, B, C

48. 'आत्म' के विकास की प्रावस्थाओं को उपयुक्त क्रम में व्यवस्थित करें:

A खेलों में लगाना

B. सामान्यीकृत अन्य का अभिज्ञान

C. अनुकरण में लगाना

D. क्रीड़ा में लगाना

नीचे दिए गए विकल्पों में से **सही उत्तर** का चयन कीजिए:

1. D, C, B, A 2. C, D, A, B
3. A, B, C, D 4. B, A, C, D

49. औपनिवेशिक भारत के दौरान कृषक आंदोलनों को कालानुक्रम में व्यवस्थित करें:

A. बारदोली सत्याग्रह

B. नील उगाने वालों का आंदोलन

C. संथाल विद्रोह

D. मोपला विद्रोह

E. चम्पारण आंदोलन

नीचे दिए गए विकल्पों में से **सही उत्तर** का चयन कीजिए:

1. C, B, E, D, A 2. E, B, C, A, D
3. B, C, D, E, A 4. A, C, B, E, D

50. औपनिवेशिक भारत के पर्यावरणीय आंदोलनों को कालानुक्रम में व्यवस्थित करें:

A. साइलेन्ट वैली आंदोलन

B. चिपको आंदोलन

C. नर्मदा बचाओ आंदोलन

D. एपिको आंदोलन

E. चिल्का बचाओ आंदोलन

नीचे दिए गए विकल्पों में से **सही उत्तर** का चयन कीजिए:

1. A, C, D, E, B   2. B, D, C, E, A
3. E, C, A, D, B   4. B, A, D, C, E

51. जर्गेन हैबरमास के निम्नलिखित कार्यों को कालानुक्रम में व्यवस्थित करें:

A. लेजिटिमेशन क्राइसिस
B. नॉलेज एण्ड इन्टरेस्ट
C थ्योरी ऑफ कम्यूनिकेटिव एक्शन
D. कम्यूनिकेशन एण्ड इंवॉल्यूशन ऑफ सोसाइटी

नीचे दिए गए विकल्पों में से **सही उत्तर** का चयन कीजिए:

1. B, C, D, A   2. D, A, B, C
3. B, A, D, C   4. C, D, A, B

52. निम्नलिखित को कालानुक्रम में व्यवस्थित करें:

A. क्योटो प्रोटोकॉल
B. कोपेनहेगेन समिट
C. रिओ अर्थ समिट
D. यूनाईटेड नेशन्स एन्वायर्नमेन्ट प्रोग्राम

नीचे दिए गए विकल्पों में से **सही उत्तर** का चयन कीजिए:

1. D, A, C, B   2. C, D, A, B
3. D, C, A, B   4. C, A, D, B

53. पियरे बोर्ड्यू की निम्नलिखित कृतियों को कालानुक्रम में व्यवस्थित करें:

A. ऐन इन्विटेशन टू रिफ्लक्सिव सोशियोलॉजी
B. द लॉजिक ऑफ प्रैक्ट्सि
C. डिस्टिंक्शन : ए सोशल क्रिटीक ऑफ द जजमेन्ट ऑफ टेस्ट
D. मैस्कुलिन डॉमिनेशन
E. लैंग्वेज एण्ड सिम्बॉलिक पॉवर

नीचे दिए गए विकल्पों में से **सही उत्तर** का चयन कीजिए:

1. B, C, A, E, D   2. C, B, E, A, D
3. B, A, D, E, C   4. C, B, D, A, E

54. अधोलिखित राजनैतिक और आर्थिक घटनाएँ हैं जो भारत के राजनैतिक इतिहास में घटित हुई है। इन्हें पहले से अंतिम के कालानुक्रम में व्यवस्थित करें:

A. हरित क्रांति
B. बैंकों का राष्ट्रीयकरण
C. व्यापार और प्रशुल्कों पर सामान्य समझौता
D. सामुदायिक विकास कार्यक्रम
E. राष्ट्रीय आपातकाल

नीचे दिए गए विकल्पों में से **सही उत्तर** का चयन कीजिए:

1. B, A, C, D, E   2. A, C, E, D, B
3. D, A, B, E, C   4. D, B, A, C, E

55. अधोलिखित किसानों हेतु भारत सरकार द्वारा प्रारम्भ की गई योजनाएँ हैं। इन्हें सबसे पहले से बाद के अनुक्रम में व्यवस्थित करें:

A. प्रधानमंत्री मत्स्य सम्पदा योजना (मात्स्यिकी)
B. पी.एम. किसान कार्ड योजना
C. मृदा स्वास्थ्य कार्ड योजना
D. एग्रीकल्चरल क्रेडिट (किसान क्रेडिट कार्ड)
E. परम्परागत कृषि विकास योजना (जैविक कृषि को प्रोत्साहन)

नीचे दिए गए विकल्पों में से **सही उत्तर** का चयन कीजिए:

1. A, E, C, B, D   2. C, A, D, B, E
3. D, C, A, B, E   4. D, C, E, B, A

56. प्रत्यावर्ती विवाद समाधान की प्रक्रिया में मुख्यतः निम्नलिखित सम्मिलित होते हैं:

A. विवाचन   B. दोषसिद्धि
C. सुलह   D. सांत्वना
E. मध्यस्थता

नीचे दिए गए विकल्पों में से **सही उत्तर** का चयन कीजिए:

1. केवल A, B, E   2. केवल C, D, E
3. केवल B, C, E   4. केवल A, C, E

57. प्राक्कल्पना के परीक्षण में मुख्यतः _____ सम्मिलित हैं:

A. अपने अभिग्रह का सूत्रीकरण करें
B. आवश्यक डेटा को एकत्र करें
C. अभिग्रह के विषय में निष्कर्ष के आहरण के लिए डेटा का विश्लेषण करें

D. प्रथम वैकल्पिक प्राक्कल्पना का परीक्षण करें

E. शून्य (निराकरणीय) प्राक्कल्पना का परीक्षण करें

नीचे दिए गए विकल्पों में से **सही उत्तर** का चयन कीजिए:

1. केवल A, B, C, D
2. केवल B, C, D, E
3. केवल A, B, C
4. केवल C, D, E

58. निम्नलिखित में से कौन-से कथन 'फोर्डवाद' की विशेषताएँ हैं?

A. मानकीकृत कार्य नित्यक्रमों को अपनाना

B. कामगारों के जन-समूहों और नौकरशाहीकृत संगठनों का परिणामस्वरूप उदय

C. विकेन्द्रीकृत सामूहिक मोलतोल केन्द्रीकृत मोलतोल को प्रतिस्थापित करता है।

D. असेम्बली लाइन जैसी अनम्य प्रौद्योगिकियों का प्रयोग

E. कामगार अधिक भिन्न हो जाते हैं क्योंकि लोगों को अधिक विभेदित वस्तुएँ, जीवनशैलियाँ और सांस्कृतिक निर्गतों की आवश्यकता होती है।

नीचे दिए गए विकल्पों में से **सही उत्तर** का चयन कीजिए:

1. केवल A, B और C
2. केवल A, B और D
3. केवल A, C और D
4. केवल A, B और E

59. निम्नलिखित में से कौन जी.एस. घुर्ये के डॉक्टोरल छात्र थे?

A. ए.के. सरन

B. ए.आर. देसाई

C. टी.एन. मदन

D. एम.एन. श्रीनिवास

E. डी.एन. मजूमदार

नीचे दिए गए विकल्पों में से **सही उत्तर** का चयन कीजिए:

1. केवल A, B और E
2. केवल B, C और E
3. केवल D और E
4. केवल B और D

60. औपनिवेशिक भारत से करारबद्ध कामगार बागानी पर काम करने के लिए दुनिया भर में निम्नलिखित उपनिवेशों में पुनःस्थानित किए गए।

A. सूरीनाम

B. कोलम्बिया

C. फिजी

D. मॉरीशस

E. न्यू गिनी

नीचे दिए गए विकल्पों में से **सही उत्तर** का चयन कीजिए:

1. केवल A, B और E
2. केवल A, C और D
3. केवल A, D और E
4. केवल A, B और C

61. निम्नलिखित में कौन-सी विवाह संबंधी प्रथाएँ पारिवारिक सम्पत्ति और वंशागत अधिकारों को सुनिश्चित करने और उनकी सुरक्षा करने के लिए प्राथमिकता प्राप्त हैं?

A. देवर अधिकार (Levirate practice)

B. व्याजप्रसूति/कुवाद (Couvade practice)

C. भ्रातक बहुपत्नीप्रथा (Fraternal Polygynandry)

D. स्वसृक प्रथा (Sororal practice)

E. पोटलाश प्रथा (Potlatch practice)

नीचे दिए गए विकल्पों में से **सही उत्तर** का चयन कीजिए:

1. केवल A, C और D
2. केवल A, B और E
3. केवल A, B और D
4. केवल A, B और C

62. सैद्धांतिक प्रतिचयन का प्रयोग किया जाता है जब,

A. आधार समष्टि का विस्तार पूर्वज्ञात नहीं होता है।

B. आधार समष्टि के गुणधर्म पूर्वज्ञात नहीं होते हैं।

C. प्रतिदर्श आमाप पूर्वज्ञात नहीं होता है।

D. प्रत्येक चरण में मापदण्ड को परिभाषित करने के साथ प्रतिचयन अवयवों का बारम्बार आहरण।

E. प्रतिचयन पूरा हो जाता है जब सभी प्रतिदर्शों का अध्ययन हो चुका है।

नीचे दिए गए विकल्पों में से **सही उत्तर** का चयन कीजिए:

1. केवल A, B, C, D
2. केवल B, C, D, E
3. केवल A, C, D, E
4. केवल A, B, D, E

63. निम्नलिखित में से कौन-से शोध में सिद्धांत की भूमिका के विषय में सत्य हैं?

A. यह शोध को अभिविन्यास उपलब्ध कराता है।

B. सिद्धांत उसका सारकरण नहीं करता है जो कि अध्ययन के उद्देश्य के विषय में पहले से ही ज्ञात है।

C. सिद्धांत ज्ञान में अन्तरालों को निर्दिष्ट करता है।

D. सिद्धांत तथ्यों की प्रागुक्ति करता है।

E. सिद्धांत डेटा का संप्रत्ययीकरण और वर्गीकरण करता है।

नीचे दिए गए विकल्पों में से **सही उत्तर** का चयन कीजिए:

1. केवल A, B, D, E
2. केवल A, C, D, E
3. केवल B, C, D, E
4. केवल A, B, C, E

64. निम्नलिखित में से कौन-से उलरिच बेक के जोखिम के सिद्धांत के विषय में सत्य नहीं हैं?

A. बेक आधुनिकता और इसके अनुवर्ती जोखिमों की खुली आलोचना करते हैं।

B. बेक का शोधग्रंथ तर्क करता है कि पश्चिमी देश औद्योगिक या वर्ग समाज से आगे बढ़ चुके हैं।

C. उन्होंने कहा कि भूख श्रेणीय है, कुहासा लोकतंत्रीय है।

D. बेक ने यह निष्कर्ष निकाला कि आधुनिकता के पास उन समस्याओं का समाधान करने की क्षमता नहीं है जिन्हें यह उत्पन्न करती है।

E. बेक के अनुसार, जोखिम साधारण लोगों के लिए बड़े तौर पर अदृश्य होता है।

नीचे दिए गए विकल्पों में से **सही उत्तर** का चयन कीजिए:

1. केवल A, B, C, D
2. केवल A, C, D, E
3. केवल A, B, C, E
4. केवल A, B, D, E

65. निम्नलिखित में से कौन-से लेवी-स्ट्रॉस के विनिमय के सिद्धांत के विषय में सत्य हैं?

A. विनिमय को वृहत्तर सामाजिक संरचना के एकीकरण के लिए इसके कार्यों के संबंध में देखा जाना चाहिए।

B. लेवी-स्ट्रॉस विनिमय की मनोवैज्ञानिक व्याख्याओं को अस्वीकृत करते हैं।

C. उन्होंने इस उपयोगितावादी अभिग्रह का समर्थन किया कि विनिमय के प्रथम सिद्धांत प्रकृति में वित्तीय होते हैं।

D. विनिमय को केवल व्यक्तिगत प्रयोजनों के अर्थों में नहीं समझा जा सकता है।

E. विनिमय संबंधों में प्रत्येक व्यक्ति के लिए एक लागत होती है जो समाज संबधों से जुड़ी होती है।

नीचे दिए गए विकल्पों में से **सही उत्तर** का चयन कीजिए:

1. केवल A, B, C, D
2. केवल A, B, D, E
3. केवल A, C, D, E
4. केवल B, C, D, E

66. फर्डिनांड डी सस्यूर के अनुसार भाषायी संकेत के दो परिभाषी विशेषक कौन-से हैं?

A. स्वेच्छाचारिता
B. अन्तर/भेद
C. संकेतक
D. रैखिकता
E. संकेतित

नीचे दिए गए विकल्पों में से **सही उत्तर** का चयन कीजिए:

1. केवल A और B
2. केवल A और D
3. केवल C और E
4. केवल B और D

67. विभिन्न परिप्रेक्ष्यों के दृष्टिकोण के माध्यम से सामाजिक स्तरीकरण के उद्देश्य को पहचानिए।

A. सामाजिक स्थितियों की भर्ती को सुगम बनाना (प्रकार्यात्मक)

B. शोषण को सुगम बनाना (संघर्ष)

C. लोगों की जीवनशैलियों को प्रभावित करना (अन्योन्यक्रियावादी)

D. सबसे तन्दुरुस्त का उत्तरजीविता के लिए (उत्क्रांतीवादी)

E. सामाजिक संतुष्टि (सामान्य)

नीचे दिए गए विकल्पों में से **सही उत्तर** का चयन कीजिए:

1. केवल A, B, C
2. केवल A, B, C, D
3. केवल A, C, D, E
4. केवल B, C, D

68. मैक्स वेबर ने शब्द 'वर्ग' का उपयोग उन लोगों को संदर्भित करने के लिए किया जिनमें समान स्तर की/के हैं:

A. शिक्षा
B. आय
C. स्तर/दर्जा
D. तकनीकी कौशल
E. सम्पदा

नीचे दिए गए विकल्पों में से **सही उत्तर** का चयन कीजिए:

1. केवल B, C और D
2. केवल B, C और E
3. केवल A, B और C
4. केवल C, D और E

69. किसी भी राजनैतिक तंत्र में शक्ति के तीन आधारभूत स्रोतों को पहचानें:

A. प्रतिष्ठा
B. वर्ग
C. बल
D. प्रभाव
E. प्राधिकार

नीचे दिए गए विकल्पों में से **सही उत्तर** का चयन कीजिए:

1. केवल A, B, D
2. केवल B, C, E
3. केवल C, D, E
4. केवल A, C, E

70. इवान इलिच ने यह तर्क किया कि आधुनिक चिकित्सकीय व्यवहारों/पद्धतियों ने औषधिजनन के कारण अधिक हानि पहुँचाई है। वह तीन निम्नलिखित प्रकार के औषधिजनन की अवधारणा देते हैं।

A. नैदानिक औषधिजनन

B. सांस्कृतिक औषधिजनन

C. चिकित्सकीय-विधिक औषधिजनन

D. सामाजिक औषधिजनन

E. तत्वमीमांसीय औषधिजनन

नीचे दिए गए विकल्पों में से **सही उत्तर** का चयन कीजिए:

1. केवल A, B, C
2. केवल A, C, D
3. केवल A, B, D
4. केवल A, C, E

71. ''फॉर्म्स ऑफ कैपिटल'' में पियरे बोर्ड्यू के अनुसार, सांस्कृतिक पूँजी इन रूपों के माध्यम से या इनमें अभिव्यक्त होती है।

A. संस्थाकृत
B. अन्तर्भूत/निविष्ट
C. प्रतीकीकृत
D. वास्तविकीकृत
E. नेटवर्क

नीचे दिए गए विकल्पों में से **सही उत्तर** का चयन कीजिए:

1. केवल A, B और D
2. केवल A, C और D
3. केवल B, C और E
4. केवल C, D और E

72. रैडक्लिफ ब्राउन ने अपना फील्डवर्क निम्नलिखित भौगोलिक स्थानों पर किया।

A. अण्डमान और निकोबार द्वीप समूह

B. इण्डोनेशिया

C. ऑस्ट्रेलिया

D. मेक्सिको

E. मलेशिया

नीचे दिए गए विकल्पों में से **सही उत्तर** का चयन कीजिए:

1. केवल B, C और D
2. केवल A और C
3. केवल B और E
4. केवल C, D और E

73. निम्नलिखित में से कौन-से वक्तव्य (कथन) मैक्लुहान की मीडिया की समझ से सम्बद्ध हैं?

A. प्रिंटेड प्रेस सम्पूर्ण सहभागिता की माँग करता है जैसा कि टेलीफोन में नहीं होता।

B. प्रिंट व्यक्ति की प्रौद्योगिकी है।

C. सिनेमा भावशून्य माध्यम है।

D. टेलीविजन भावशून्य माध्यम है।

E. माध्यम संदेश है।

नीचे दिए गए विकल्पों में से **सही उत्तर** का चयन कीजिए:

1. केवल B, D, E 2. केवल A, D, E
3. केवल B, C, D 4. केवल C, D, E

74. डेविड हेल्ड और उनके सहयोगियों ने वैश्वीकरण के विषय में तर्कों को किन तीन वृहत् शाखाओं में विभाजित किया?

A. हाइपोग्लोबलाइजर्स (अधिवैश्वीकारक)

B. हाइपरग्लोबलाइजर्स (अतिवैश्वीकारक)

C. स्केप्टिक्स (संशयवादी)

D. हाइब्रिडग्लोबलाइजर्स (संकरवैश्वीकारक)

E. ट्रांसफॉर्मेशनलिस्ट्स (रचनांतरणवादी)

नीचे दिए गए विकल्पों में से **सही उत्तर** का चयन कीजिए:

1. केवल A, B, E
2. केवल B, C, E
3. केवल A, B, D
4. केवल B, D, E

75. 'साइंटिफिक थ्योरी ऑफ कल्चर एण्ड अदर एसेज' में मैलिनोव्स्की निम्नलिखित में से किन्हें 'मूल आवश्यकताओं के रूप में सूचीबद्ध करते हैं?

A. उपापचय B. दैहिक सुख

C. स्वच्छता D. संचलन

E. शरण

नीचे दिए गए विकल्पों में से **सही उत्तर** का चयन कीजिए:

1. केवल A, B, E 2. केवल B, C, D
3. केवल A, B, D 4. केवल B, C, E

76. सूची-I से सूची-II का मिलान कीजिए:

सूची-I (विद्वान)	सूची-II (अवधारणाएँ)
A. अल्फ्रेड शूट्ज	I. विसंबंधन/स्वत्वान्तरण
B. पियरे बोर्ड्यू	II. जीवन जगत (लाईफ वर्ल्ड)
C. अगस्ट कॉम्टे	III. पॉजिटिविज्म (प्रत्यक्षवाद)
D. कार्ल मार्क्स	IV. सांस्कृतिक पूँजी (कल्चरल कैपिटल)

नीचे दिए गए विकल्पों में से **सही उत्तर** का चयन कीजिए:

1. A-II, B-IV, C-III, D-I
2. A-I, B-III, C-II, D-IV
3. A-II, B-III, C-IV, D-I
4. A-II, B-I, C-IV, D-III

77. सूची-I से सूची-II का मिलान कीजिए:

सूची-I	सूची-II
A. रोनाल्ड वार्थेस	I. कल्चरल डॉक्सा
B. पियरे बोर्ड्यू	II. द लाँग रिवॉल्यूशन
C. एन्टोनियो ग्राम्शी	III. माइथोलॉजीज
D. रेमण्ड विलियम्स	IV. हेजेमनी

नीचे दिए गए विकल्पों में से **सही उत्तर** का चयन कीजिए:

1. A-II, B-I, C-III, D-IV
2. A-IV, B-III, C-I, D-II
3. A-III, B-IV, C-I, D-II
4. A-III, B-I, C-IV, D-II

78. सूची-I से सूची-II का मिलान कीजिए:

सूची-I (विद्वान)	सूची-II (अवधारणा/योगदान)
A. जॉर्ज पीटर मर्डोक	I. द बेसिक एण्ड इर्रिड्यूसिबल फंक्शन्स ऑफ फैमिली
B. टैल्कॉट पार्संस	II. द यूनिवर्सल फंक्शन ऑफ फैमिली
C. एडमण्ड लीच	III. द पॉलिटिक्स ऑफ फैमिली
D. आर.डी. लाइंग	IV. ए रनवे वर्ल्ड

नीचे दिए गए विकल्पों में से **सही उत्तर** का चयन कीजिए:

1. A-I, B-II, C-IV, D-III
2. A-III, B-II, C-I, D-IV
3. A-II, B-I, C-IV, D-III
4. A-II, B-III, C-IV, D-I

79. सूची-I से सूची-II का मिलान कीजिए:

सूची-I (विद्वान)	सूची-II (योगदान)
A. मैक्स मुलर	I. हिस्ट्री ऑफ धर्मशास्त्र
B. मॉर्गन लेविस एच	II. द एलीमेन्ट्री फॉर्म्स ऑफ रिलीजियस लाइफ
C. काने पी.वी.	III. ओरिजिन एण्ड ग्रोथ ऑफ रिलीजन
D. एमाइल दुर्खीम	IV. एन्शिएन्ट सोसाइटी

नीचे दिए गए विकल्पों में से **सही उत्तर** का चयन कीजिए:

1. A-II, B-III, C-IV, D-I
2. A-III, B-IV, C-I, D-II
3. A-III, B-IV, C-II, D-I
4. A-IV, B-II, C-I, D-III

80. सूची-I से सूची-II का मिलान कीजिए:

सूची-I	सूची-II
A. जिग्मंट बौमेन	I. द कॉन्सीक्वेन्सेस ऑफ मॉडर्निटी
B. एन्थनी गिडंस	II. द लिटिल कम्युनिटी
C. रॉबर्ट निस्बेट	III. कल्चर ऐज प्रैक्सिस
D. रॉबर्ट रेडफील्ड	IV. द सोशियोलॉजिकल ट्रेडीशन

नीचे दिए गए विकल्पों में से **सही उत्तर** का चयन कीजिए:

1. A-III, B-I, C-IV, D-II
2. A-IV, B-I, C-III, D-II
3 A-IV, B-III, C-II, D-I
4. A-II, B-I, C-IV, D-III

81. सूची-I से सूची-II का मिलान कीजिए:

सूची-I (अन्तरिक्ष एजेंसी/ कार्यक्रम)	सूची-II (प्रारम्भ वर्ष)
A. इण्डियन नेशनल कमिटी फॉर स्पेस रिसर्च	I. 1969
B. इण्डियन स्पेश रिसर्च ऑर्गनाइजेशन	II. 2023
C. डिपार्टमेंट ऑफ स्पेस	III. 1962
D. चंद्रयान-3	IV. 1972

नीचे दिए गए विकल्पों में से **सही उत्तर** का चयन कीजिए:

1. A-II, B-III, C-I, D-IV
2. A-III, B-II, C-IV, D-I
3. A-III, B-I, C-IV, D-II
4. A-IV, B-I, C-II, D-III

82. सूची-I से सूची-II का मिलान कीजिए:

सूची-I	सूची-II
A. रिस्क सोसाइटी	I. एन्थनी गिडेन्स
B. साइलेंट स्प्रिंग	II. पाउल एहर्लिच
C. द पॉलिटिक्स ऑफ क्लाइमेंट चेंज	III. रैचेल कार्सन
D. द पॉपुलेशन बॉम्ब	IV. उलरिच बेक

नीचे दिए गए विकल्पों में से **सही उत्तर** का चयन कीजिए:

1. A-I, B-II, C-IV, D-III
2. A-IV, B-I, C-III, D-II
3. A-I, B-III, C-II, D-IV
4. A-IV, B-III, C-I, D-II

83. सूची-I से सूची-II का मिलान कीजिए:

सूची-I	सूची-II
A. द फिलॉसोफिकल डिस्कोर्स ऑफ मॉडर्निटी	I. अर्जुन अप्पादुरई
B. फॉर्मेशन्स ऑफ मॉडर्निटी	II. जर्गेन हैबरमास
C. द कॉन्सीक्वेन्सेस ऑफ मॉडर्निटी	III. स्टुअर्ट हाल
D. मॉडर्निटी ऐट लार्ज : कल्चरल डाइमेन्शंस ऑफ ग्लोबलाइजेशन	IV. एंथनी गिडेंस

नीचे दिए गए विकल्पों में से **सही उत्तर** का चयन कीजिए:

1. A-III, B-II, C-I, D-IV
2. A-II, B-IV, C-I, D-III
3. A-III, B-IV, C-II, D-I
4. A-II, B-III, C-IV, D-I

84. सूची-I में दिये गये संप्रत्ययों का सूची-II में उनके समाजविज्ञानियों के साथ मिलान करें:

सूची-I	सूची-II
A. पॉवर, अथॉरिटी एण्ड लेजिटिमेसी	I. जी.एच. मीड
B. डायड एण्ड ट्रायड	II. विल्फ्रेडो परेटो
C. लॉजिको-एक्सपेरीमेन्टल सोशियोलाजी	III. मैक्स वेबर
D. माइण्ड, सेल्फ एण्ड सोसाइटी	IV. जॉर्ज सिमेल

नीचे दिए गए विकल्पों में से **सही उत्तर** का चयन कीजिए:

1. A-IV, B-III, C-I, D-II
2. A-II, B-I, C-IV, D-III
3. A-III, B-IV, C-II, D-I
4. A-II, B-IV, C-III, D-I

85. सूची-I से सूची-II का मिलान कीजिए:

सूची-I	सूची-II
A. ऑर्गेनिक एनालॉजी	I. अगस्ट काम्टे
B. सिस्टम इन इक्विलिब्रियम	II. हर्बर्ट स्पेन्सर
C. कॉन्सेन्सस यूनिवर्सेलिस	III. एमाइल दुर्खीम
D. कॉजल-फंक्शनल एनालिसिस	IV. विल्फ्रेडो परेटो

नीचे दिए गए विकल्पों में से **सही उत्तर** का चयन कीजिए:

1. A-IV, B-III, C-II, D-I
2. A-III, B-I, C-II, D-IV
3. A-I, B-III, C-II, D-IV
4. A-II, B-IV, C-I, D-III

86. सूची-I से सूची-II का मिलान कीजिए:

सूची-I	सूची-II
A. चमत्कारी, वैचारिक और संगठनात्मक	I. पार्थ मुखर्जी
B. संचयी, वैकल्पिक और रूपान्तरकारी	II. एम.एस.ए. राव
C विप्लव, विद्रोह, सुधार और क्रांति	III. टी.के. ओमन
D. सुधारवादी, रचनांतरणकारी और क्रांतिकारी आंदोलन	IV. घनश्याम साह

नीचे दिए गए विकल्पों में से **सही उत्तर** का चयन कीजिए:

1. A-II, B-III, C-I, D-IV
2. A-III, B-I, C-IV, D-II
3. A-I, B-II, C-III, D-IV
4. A-IV, B-II, C-I, D-III

87. सूची-I में दिये गये संप्रत्ययों का सूची-II में उनके समाजविज्ञानियों के साथ मिलान करें:

सूची-I	सूची-II
A. कम्पीटिंग फंक्शन्स ऑफ एन्वायर्नमेन्ट	I. एलन श्नेबर्ग
B. POET मॉडल	II. मोल और स्पारगारेन
C. इकोलॉजिकल मॉडर्नाइजेशन	III. ओ.डी. डंकन
D. सोसाइटल एन्वायर्नमेन्टल डायालेक्टिक	IV. डब्ल्यू. कैटोन और आर. डनलप

नीचे दिए गए विकल्पों में से **सही उत्तर** का चयन कीजिए:

1. A-III, B-II, C-I, D-IV
2. A-II, B-IV, C-III, D-I
3. A-IV, B-III, C-II, D-I
4. A-III, B-I, C-II, D-IV

88. सूची-I से सूची-II का मिलान कीजिए:

सूची-I	सूची-II
A. एम.एस.ए. राव	I. सर्वोदय और ग्रामदान आंदोलन
B. टी.के. ओमन	II. शिव सेना आंदोलन
C. दीपांकर गुप्ता	III. एस.एन.डी.पी. आंदोलन
D. पी.एन. मुखर्जी	IV. नक्सलबाड़ी आंदोलन

नीचे दिए गए विकल्पों में से **सही उत्तर** का चयन कीजिए:

1. A-III, B-I, C-II, D-IV
2. A-II, B-IV, C-I, D-III
3. A-IV, B-II, C-III, D-I
4. A-I, B-III, C-IV, D-II

89. सूची-I से सूची-II का मिलान कीजिए:

सूची-I	**सूची-II**
A. द सोशियोलॉजिस्ट एण्ड सोशल चेंज इन इण्डिया टुडे	I. डी.पी. मुखर्जी
B. कास्ट एण्ड कम्यूनिकेशन इन ऐन इण्डियन विलेज	II. राम कृष्ण मुखर्जी
C. डाइवर्सिटीज	III. राधा कमल मुखर्जी
D. सोशियोलॉजी ऑफ इण्डियन सोशियोलॉजी	IV. डी.एन. मजूमदार

नीचे दिए गए विकल्पों में से **सही उत्तर** का चयन कीजिए:

1. A-I, B-II, C-III, D-IV
2. A-II, B-I, C-IV, D-III
3. A-III, B-IV, C-I, D-II
4. A-IV, B-III, C-II, D-I

90. सूची-I से सूची-II का मिलान कीजिए:

सूची-I	**सूची-II**
A. द वैल्यू प्रोपोजीशन	I. जेम्स कोलमैन
B. सिम्पैथेटिक इन्ट्रोस्पेक्शन	II. पियरे बोर्देऊ
C. होमो सोशियोलॉजिकस	III. जॉर्ज होमन्स
D. प्रैक्टिस	IV. चार्ल्स कूले

नीचे दिए गए विकल्पों में से **सही उत्तर** का चयन कीजिए:

1. A-IV, B-I, C-II, D-III
2. A-II, B-III, C-IV, D-I
3. A-III, B-IV, C-I, D-II
4. A-I, B-II, C-IV, D-III

निर्देश (प्रश्न संख्या 91 से 95 तक): *निम्नलिखित अनुच्छेद को पढ़ें और प्रश्नों के उत्तर दीजिए।*

''आधुनिकता जोखिम की संस्कृति है। इससे मेरा आशय यह नहीं है कि सामाजिक जीवन पहले की तुलना में अब अधिक जोखिम भरा है; अधिकांश लोगों के लिए ऐसा नहीं। वस्तुतः जोखिम की अवधारणा इसके प्रति मूल बन जाती है कि सामान्य अभिनेता और तकनीकी विशेषज्ञ सामाजिक दुनिया को किस प्रकार व्यवस्थित करते हैं। आधुनिकता जीवन के कुछ निश्चित क्षेत्रों और रीतियों से जोखिम को पूरी तरह से कम कर देती है, फिर भी उसी समय पर पूर्व के कालों में बड़े पैमाने पर या पूरी तरह से अज्ञात जोखिम के मापदण्डों को प्रस्तुत करती है। आधुनिकता अत्यधिक शक्ति का एक रनवे इंजन है जिसे हम मनुष्य सामूहिक रूप से एक हद तक चला सकते हैं परन्तु जो हमारे नियंत्रण से बाहर हो जाने के खतरे से युक्त है और खुद को टुकड़ों में चीर सकता है। यह जगरनॉट (भारी वाहन) उनको कुचल देता है जो इसका प्रतिरोध करते हैं और जबकि यह कुछ समयों पर स्थायी मार्ग पर जाता प्रतीत होता है, परन्तु ऐसे भी समय होते हैं जब यह अनिश्चित रूप से उन दिशाओं की ओर रूख बदल लेता है जिन्हें हम पहले से नहीं जान सकते। इसकी सवारी किसी भी तरीके से सम्पूर्ण रूप से अहर्षकारी या अलाभकरी नहीं होती है; यह प्रायः आनन्दकारी और आशापूर्ण पूर्वज्ञान से भरी रहती है। परन्तु जितना लम्बे समय के लिए आधुनिकता के संस्थान बने रहते हैं, हम कभी भी इस यात्रा के मार्ग अथवा गति पर पूर्ण नियंत्रण में असफल रहेंगे बदले में, हम कभी भी पूरी तरह से सुरक्षित महसूस करने में सक्षम नहीं होंगे क्योंकि जिस क्षेत्र भर में यह व्याप्त है वह बड़े/ऊँचे परिणामों के जोखिम से युक्त है।''

91. लेखक के लिए आधुनिकता है ______

1. जोखिम की संस्कृति
2. स्थैतिक
3. नकारात्मक
4. वृत्तीय

92. आमजन और विशेषज्ञों के सामाजिक दुनिया को व्यवस्थित करने के लिए क्या अनिवार्य हो गया है?

1. प्रौद्योगिकी
2. विशेषज्ञता
3. जोखिम का विचार
4. लाभ

93. आधुनिकता अनिश्चित है क्योंकि यह:

A. जीवन के कुछ निश्चित क्षेत्रों और रीतियों से जोखिम को पूरी तरह से कम कर देती है, फिर भी बड़े पैमाने पर जोखिम के मापदण्डों को प्रस्तुत करती है।

B. यह पूर्व के कालों में पूरी तरह से अज्ञात थी।

C. आधुनिकता अत्यधिक शक्ति का एक रनवे इंजन है जिसे हम एक हद तक चला सकते हैं परन्तु इसके हमारे नियंत्रण से बाहर जाने का खतरा है।

D. यह सवारी/यात्रा पूरी तरह से अहर्षकारी या आलाभकारी नहीं है।

E. परन्तु, जितना लम्बे समय के लिए आधुनिकता के संस्थान बने रहते हैं, हम इस यात्रा के मार्ग अथवा गति को पूर्णतः नियंत्रित कर सकते हैं।

नीचे दिए गए विकल्पों में से **सही उत्तर** का चयन कीजिए:

1. केवल A, C, D, E
2. केवल A, B, C, D
3. केवल A, B, D, E
4. केवल B, C, D, E

94. आधुनिकता कहलाती है:

1. शाश्वत
2. जगरनॉट (भारी वाहन)
3. स्थैतिक
4. निश्चितता की यात्रा

95. आधुनिकता की यात्रा है:

1. पूरी तरह से हर्षकारी
2. पूरी तरह से अहर्षकारी
3. यह किसी भी तरीके से अहर्षकारी अथवा अलाभकारी नहीं है
4. संपूर्णतः नियंत्रणात्मकता

निर्देश (प्रश्न संख्या 96 से 100 तक): *निम्नलिखित अनुच्छेद को पढ़ें और प्रश्नों के उत्तर दीजिए।*

" 1867 में एक दिन, लैपकोर्ट के गाँव के एक युवा को ... एक छोटी बच्ची से कुछ दुलार मिले, यह उसने पहले भी किया था और उसे गाँव के छोकरों द्वारा यह करते हुए देखा गया... इसलिए गाँव के प्रमुख के सामने लड़की के परिवार ने उसकी ओर अँगुली उठाई, प्रमुख द्वारा सशस्त्र पुलिस को रिपोर्ट किया गया, सशस्त्र पुलिस द्वारा न्यायाधीश तक ले जाया गया। जिसने उस पर अभियोग लगाया और पहले उसे एक डॉक्टर के पास भेजा, और उसके बाद दो अन्य विशेषज्ञों के पास जिन्होंने न केवल उनकी रिपोर्ट लिखी बल्कि उसे प्रकाशित भी किया। इस कहानी के विषय में महत्वपूर्ण बात क्या है? इस सब की नीचता, यह तथ्य कि गाँव के कामुक जीवन में इसका रोज घटित होना, ये अनहमन्य ग्रामीण आनन्द, एक निश्चित समय से न केबल सामूहिक असहिष्णुता बल्कि विधिक कार्यवाही, चिकित्सकीय हस्तक्षेप, सावधानीपूर्ण नैदानिक परीक्षण और एक सम्पूर्ण सैद्धान्तिक विस्तरण की वस्तु बन सकता था। ध्यान देने की बात ये है कि कपाल को मापने, आननास्थि संरचना के अध्ययन, और वह मान्य व्यक्ति, जो उस क्षण तक ग्रामीण जीवन का अभिन्न भाग था, के शरीर में सम्भव अपहासन का निरीक्षण करने में वे इतने मग्न हो गए कि उन्होंने उससे बुलवाया, उससे उसके विचारों, झुकावों, आदतों, संवेदनों और मतों के बारे में प्रश्न किया और फिर उसे अपराध मुक्त घोषित करके उन्होंने उसे औषधि और ज्ञान की एक वस्तु जो कि मेयरविल के अस्पताल में अपने जीवन के अन्त तक मरिबद्ध या और विस्तृत विश्लेषण के माध्यम से अधिगम जगत को ज्ञात हुआ।"

96. यह गद्यांश निम्नलिखित विद्वान के सैद्धान्तिक संप्रत्ययीकरण का अन्वेषण करता है:

1. एंथनी गिडेन्स
2. जिग्मंट बौमेन
3. मिशेल फूको
4. पियरे बोर्ड्यू

97. विद्वान के अनुसार यह घटना दर्शाती है कि समाज निम्नलिखित में से किन पक्षों पर अधिक केंद्रित था?

A. जैव-राजनीति
B. ज्ञान और शक्ति
C. नौकरशाही
D. कामुकता

नीचे दिए गए विकल्पों में से **सही उत्तर** का चयन कीजिए:

1. केवल A, B और C
2. केवल A, C और D
3. केवल B, C और D
4. केवल A, B और D

98. 'और फिर इसे अपराधमुक्त घोषित करके उन्होंने उसे औषधि और ज्ञान की एक विशुद्ध वस्तु बनाने का निर्णय लिया'। इस गद्यांश में यह कथन निम्नलिखित में किसे संदर्भित करता है?

A. शरीर का विषयीकरण

B. शरीर का चिकित्सकीकरण

C. शरीर का राजनीतिकरण

D. शरीर का विविषयीकरण

नीचे दिए गए विकल्पों में से **सही उत्तर** का चयन कीजिए:

1. केवल A, B और C
2. केवल A, C और D
3. केवल A, B और D
4. केवल A और B

99. इस गद्यांश के माध्यम से विद्वान क्या निहितार्थ संकेत करना चाहता है?

A. सत्य की निरपेक्षता

B. जनता का टकटकी लगाकर देखना

C. सामान्य और अपसामान्य

D. सत्य का शासन

नीचे दिए गए विकल्पों में से **सही उत्तर** का चयन कीजिए:

1. केवल A, B और C
2. केवल A, B और D
3. केवल B, C और D
4. केवल C, B और D

100. गद्यांश यह सुझाता है कि आधुनिकता नीचे दिए गए कुछ निश्चित लक्षणों से निरुपित होती है।

A. कामुकता नियंत्रण

B. विज्ञान एवं प्रौद्योगिकी

C. स्व-पुलिसिंग

D. स्वीकारोक्ति

नीचे दिए गए विकल्पों में से **सही उत्तर** का चयन कीजिए:

1. केवल A, B और C
2. केवल B, C और D
3. केवल A, C और D
4. केवल A, B और D

उत्तरमाला

1	**2**	**3**	**4**	**5**	**6**	**7**	**8**	**9**	**10**
1	1	3	2	1	3	2	3	2	3
11	**12**	**13**	**14**	**15**	**16**	**17**	**18**	**19**	**20**
2	4	2	2	3	2	3	2	2	3
21	**22**	**23**	**24**	**25**	**26**	**27**	**28**	**29**	**30**
4	2	1	3	2	4	2	3	4	2
31	**32**	**33**	**34**	**35**	**36**	**37**	**38**	**39**	**40**
3	2	3	3	2	4	3	4	3	4
41	**42**	**43**	**44**	**45**	**46**	**47**	**48**	**49**	**50**
4	4	4	3	4	3	4	2	1	4
51	**52**	**53**	**54**	**55**	**56**	**57**	**58**	**59**	**60**
3	3	2	3	4	4	3	2	4	2
61	**62**	**63**	**64**	**65**	**66**	**67**	**68**	**69**	**70**
1	1	2	*	2	2	1	2	3	3
71	**72**	**73**	**74**	**75**	**76**	**77**	**78**	**79**	**80**
1	2	1	2	3	1	4	3	2	1
81	**82**	**83**	**84**	**85**	**86**	**87**	**88**	**89**	**90**
3	4	4	3	4	2	3	1	3	3
91	**92**	**93**	**94**	**95**	**96**	**97**	**98**	**99**	**100**
1	3	2	2	3	3	4	4	3	4

व्याख्यात्मक उत्तर

1. अनभिनत प्रतिदर्श (Unbiased Sample) सांख्यिकीय अनुसंधान का एक मूलभूत सिद्धांत है। इसमें यह सुनिश्चित किया जाता है कि अध्ययन में शामिल होने वाली सभी इकाइयों (units) को चुने जाने का समान अवसर मिले। यदि किसी इकाई की चयन प्रायिकता अधिक या कम हो तो परिणाम पक्षपाती (biased) हो सकते हैं। इसके साथ ही चयन स्वतंत्र होना चाहिए, अर्थात् एक इकाई के चुने जाने से दूसरी की प्रायिकता प्रभावित नहीं होनी चाहिए। समान और स्वतंत्र चयन से ही निष्कर्ष विश्वसनीय और वैज्ञानिक रूप से वैध बनते हैं। यही कारण है कि ये दोनों शर्तें सर्वोत्तम नमूना चयन के लिए आवश्यक मानी जाती हैं।

2. उपसंस्कृतियाँ समाज के भीतर विशिष्ट समूहों द्वारा निर्मित सांस्कृतिक ढाँचे होते हैं। जब कोई उपसंस्कृति जानबूझकर मुख्यधारा संस्कृति के मूल्यों, मानदंडों और व्यवहारों का विरोध करती है, तो उसे प्रतिसंस्कृति (Counterculture) कहा जाता है। यह विरोध स्पष्ट, सुविचारित और संगठित रूप में होता है। प्रतिसंस्कृति सामाजिक परिवर्तन को प्रोत्साहित कर सकती है क्योंकि यह प्रमुख सांस्कृतिक धारणाओं को चुनौती देती है। इसके उदाहरणों में हिप्पी आंदोलन, नारीवादी आंदोलन आदि शामिल हैं। इस प्रकार प्रतिसंस्कृति समाज में वैकल्पिक सोच और जीवन शैली का मार्ग खोलती है।

3. मनुष्य के द्वारा संवेदनात्मक अनुभवों—जैसे दृष्टि, श्रवण, स्वाद, गंध, स्पर्श—से प्राप्त ज्ञान को अनुभववाद (Empiricism) कहा जाता है। यह दर्शन इस बात पर आधारित है कि ज्ञान अनुभवों से उत्पन्न होता है, न कि केवल तर्क या जन्मजात विचारों से। वैज्ञानिक पद्धति भी अनुभववाद पर आधारित है क्योंकि यह अवलोकन और प्रमाण पर निर्भर करती है। अनुभववादी यह मानते हैं कि वास्तविकता को समझने का सबसे विश्वसनीय तरीका अनुभवजन्य डेटा है। इसलिए अनुभववाद ज्ञान के व्यावहारिक और परीक्षण योग्य स्वरूप पर बल देता है।

4. सामाजिक संबंधों में लोगों की यह प्रवृत्ति होती है कि वह उन्हीं व्यक्तियों से जुड़ना पसंद करते हैं जिनकी पसंद, रुचियाँ, पृष्ठभूमि या सोच उनसे मिलती-जुलती हो। इस प्रवृत्ति को समानुरागिता (Homophily) कहा जाता है। यह सामाजिक नेटवर्क और समूह निर्माण का एक महत्वपूर्ण सिद्धांत है। समानुरागिता के कारण लोग एक-दूसरे पर अधिक भरोसा करते हैं और संवाद अधिक सहज होता है। यह सामाजिक मंडलियों, ऑनलाइन समुदायों और मित्रता के पैटर्न को भी प्रभावित करता है। हालांकि, अत्यधिक समानुरागिता विविधता को सीमित भी कर सकती है।

5. डेटा विश्लेषण में जब किसी अनुक्रिया (response) या श्रेणी (category) को संख्यात्मक रूप दिया जाता है, तो इस प्रक्रिया में उपयोग किया जाने वाला मान कूट (Code) कहलाता है। कोडिंग का उद्देश्य गैर-संख्यात्मक या गुणात्मक डेटा को संख्यात्मक रूप में बदलना है ताकि उसका सांख्यिकीय विश्लेषण करना संभव हो सके। उदाहरण के लिए, "हाँ" को 1 और "नहीं" को 0 देना। कोडिंग डेटा को संगठित, तुलना योग्य और कंप्यूटर-संगत बनाने में सहायक होती है। यह शोध में डेटा की स्पष्टता और दक्षता बढ़ाती है।

6. जब दो व्यक्ति एक दीर्घकालिक प्रेम या साथी संबंध में होते हैं लेकिन वे एक ही घर में साथ नहीं रहते, तो ऐसे संबंध को सह पृथक् वास संबंध (Living Apart Together – LAT) कहा जाता है। इस प्रकार के संबंध में दोनों साझेदार एक-दूसरे को अपना साथी मानते हैं और समाज भी उन्हें एक युगल के रूप में पहचानता है। फिर भी, वे अपनी स्वतंत्र जीवनशैली बनाए रखते हैं और अलग-अलग घरों में रहते हैं। यह व्यवस्था व्यक्तिगत स्वतंत्रता, करियर या पारिवारिक जिम्मेदारियों जैसे कारणों से चुनी जाती है। ऐसे संबंध आधुनिक समाजों में बढ़ते हुए दिखाई देते हैं।

7. ज्ञान का वह सिद्धांत जो यह समझने का प्रयास करता है कि हम क्या जान सकते हैं, कैसे जान सकते हैं और किसी मत की वैधता या न्यायसंगतता कैसे निर्धारित होती है, उसे ज्ञानमीमांसा (Epistemology) कहा जाता है। यह दर्शनशास्त्र की वह शाखा है जो ज्ञान के स्रोत, प्रकृति और सीमा पर विचार करती है। इसमें विश्वास, सत्य और प्रमाण के संबंधों का अध्ययन शामिल है। ज्ञानमीमांसक यह समझने का प्रयास करते हैं कि कौन-सी प्रक्रियाएँ सही ज्ञान उत्पन्न करती हैं। यह विज्ञान, तर्क और मानवीय समझ को आधार प्रदान करती है।

8. वह कामगार जिसका काम लोगों को वस्तुओं, सेवाओं या सांस्कृतिक उत्पादों के उपभोग के लिए प्रेरित करना होता है, उसे सांस्कृतिक मध्यवर्तक (Cultural Intermediary)

कहा जाता है। यह कामगार उत्पादों को आकर्षक रूप में प्रस्तुत करने, ब्रांड छवि बनाने और उपभोक्ताओं की पसंद को प्रभावित करने में महत्वपूर्ण भूमिका निभाता है। इनमें विज्ञापन एजेंट, फैशन विशेषज्ञ, मार्केटिंग प्रोफेशनल, सोशल मीडिया इन्फ्लुएंसर आदि शामिल हो सकते हैं। ऐसे कामगार आधुनिक उपभोक्ता संस्कृति में अत्यंत प्रभावशाली होते हैं। वे उपभोक्ताओं और उत्पाद जगत के बीच सेतु का कार्य करते हैं।

9. क्लर्क का अपने सुपरवाइजर के सामने वास्तविकता से अधिक व्यस्त दिखने का प्रयास गोफमैन के अन्योन्यक्रियावादी (Interactionist) दृष्टिकोण से समझा जा सकता है। इर्विंग गोफमैन ने सामाजिक जीवन को एक नाटकीय मंच के रूप में देखा, जहाँ लोग अपने "प्रदर्शन" के माध्यम से दूसरों पर प्रभाव डालते हैं। सुपरवाइजर के सामने अधिक व्यस्त दिखना "इंप्रेशन मैनेजमेंट" का उदाहरण है। यह सामने वाले पर एक विशिष्ट छवि बनाने का प्रयास है। गोफमैन का सिद्धांत बताता है कि लोग सामाजिक स्थितियों के अनुसार अपनी भूमिकाएँ बदलते रहते हैं।

10. धर्म की परिभाषा को वैज्ञानिक रूप से समझने में एमाइल दुर्खीम का योगदान अत्यंत महत्वपूर्ण है। उन्होंने धर्म को "पवित्र चीजों के संदर्भ में विश्वासों और प्रथाओं के एकीकृत तंत्र" के रूप में परिभाषित किया। दुर्खीम ने धर्म को सामाजिक एकता और सामूहिक चेतना को मजबूत करने वाला संस्थान माना। उनका मानना था कि धर्म केवल आध्यात्मिक व्यवस्था नहीं, बल्कि सामाजिक व्यवस्था का मूल घटक है। उन्होंने यह भी दिखाया कि धार्मिक प्रथाएँ समुदायों को एकजुट करती हैं।

11. वह शोध जिसमें किसी समुदाय की सामाजिक और आर्थिक विशेषताओं का व्यवस्थित अध्ययन किया जाता है, उसे वर्णनात्मक शोध (Descriptive Research) कहा जाता है। इस शोध का उद्देश्य किसी सामाजिक समूह या समुदाय का विस्तृत चित्र प्रस्तुत करना होता है। इसमें जनसांख्यिकी, आय, शिक्षा, व्यवसाय, सामाजिक संरचना, पारिवारिक रूपरेखाएँ इत्यादि का विश्लेषण शामिल होता है। वर्णनात्मक शोध आमतौर पर सर्वेक्षण, जनगणना और अवलोकन जैसी विधियों पर आधारित होता है। यह शोध सामाजिक योजनाओं, नीतियों और विकास कार्यों के लिए महत्वपूर्ण आधार प्रदान करता है।

12. 'द इंडियन सोशियोलॉजिस्ट' शीर्षक मासिक आवधिक पत्रिका का संपादन श्यामाजी कृष्णवर्मा द्वारा किया गया था। यह पत्रिका भारतीय राष्ट्रवाद के इतिहास में अत्यंत महत्वपूर्ण मानी जाती है। लंदन में प्रकाशित इस पत्रिका ने भारतीय स्वतंत्रता आंदोलन के विचारों को वैश्विक स्तर पर पहुँचाने में योगदान दिया। कृष्णवर्मा इसके माध्यम से ब्रिटिश उपनिवेशवाद की आलोचना और भारत की स्वतंत्रता की आवश्यकता पर जोर देते थे। यह पत्रिका भारतीय समाज और राजनीति के विषय में प्रखर वैचारिक चर्चाओं का मंच भी थी।

13. श्रम के घरेलू विभाजन और पूँजीवाद के संबंध में यह तर्क फ्रेडरिक एंगल्स ने प्रस्तुत किया था। एंगल्स ने कहा कि घरेलू क्षेत्र में कार्य-विभाजन औद्योगिक पूँजीवाद से पहले भी मौजूद था, लेकिन पूँजीवाद ने इसे और गहरा किया। उन्होंने यह भी बताया कि पूँजीवादी व्यवस्था ने सार्वजनिक (पुरुषों का उत्पादन क्षेत्र) और निजी (महिलाओं का घरेलू क्षेत्र) विभाजन को मजबूती दी। इस प्रक्रिया ने लैंगिक असमानता को संरचनात्मक रूप प्रदान किया। एंगल्स के विश्लेषण में परिवार, अर्थव्यवस्था और वर्ग संबंधों के बीच गहरा संबंध दिखाई देता है।

14. भारतीय समाजशास्त्र में यूरोपीय-केंद्रित (Eurocentric) सामाजिक विज्ञान की सबसे महत्वपूर्ण आलोचना राधाकमल मुखर्जी (R.K. Mukerjee) द्वारा की गई। उनका तर्क था कि यूरोपीय मॉडलों से भारतीय समाज की विशिष्टताओं और विविधताओं को पूरी तरह नहीं समझा जा सकता। उन्होंने देशज या स्वदेशी सामाजिक विज्ञान की आवश्यकता को रेखांकित किया, ताकि भारतीय जीवन, संस्कृति, मूल्य और सामाजिक संरचना पर आधारित ज्ञान का निर्माण हो सके। मुखर्जी ने अपने विचारों को "सार्वभौमिक मानववाद (Universal Humanism)" की अवधारणा पर स्थापित किया। यह अवधारणा भौतिक और आध्यात्मिक दोनों मूल्यों के संतुलन पर जोर देती है। उनके अनुसार, समाजशास्त्र को मानव कल्याण, नैतिकता और सांस्कृतिक परंपराओं को साथ लेकर चलना चाहिए।

15. सामाजिक शोध में आधारित सिद्धांत (Grounded Theory) या उपागम को सर्वप्रथम बार्नी ग्लेसर और एनसेलम स्ट्रॉस द्वारा विकसित किया गया। यह उपागम डेटा से सिद्धांत उत्पन्न करने पर केंद्रित है, न कि पूर्व-निर्धारित सिद्धांत को सत्यापित करने पर। 1967 में प्रकाशित उनकी पुस्तक "*The Discovery of Grounded Theory*" ने गुणात्मक

शोध में एक नई दिशा स्थापित की। इस पद्धति में डेटा संग्रह और विश्लेषण साथ-साथ चलता है, जिससे सिद्धांत जमीन (ground) से उभरता है। यह दृष्टिकोण आज सामाजिक शोध, नर्सिंग, शिक्षा और प्रबंधन में व्यापक रूप से उपयोग किया जाता है।

16. 'सिंबॉलिक इंटरैक्शनिज्म' (Symbolic Interactionism) शब्द का प्रयोग सर्वप्रथम हर्बर्ट ब्लूमर ने किया था। यद्यपि इसका दार्शनिक आधार जॉर्ज हर्बर्ट मीड के कार्यों पर टिका हुआ है, लेकिन "Symbolic Interactionism" शब्द का औपचारिक उपयोग और सैद्धांतिक रूपरेखा ब्लूमर ने विकसित की। ब्लूमर ने कहा कि मनुष्य प्रतीकों, संकेतों और अर्थों के माध्यम से आपसी क्रिया-कलाप करता है। उनके अनुसार मानव व्यवहार स्थितियों के अर्थों पर आधारित होता है, न कि केवल बाहरी कारकों पर। इस सिद्धांत का महत्त्व सामाजिक मनोविज्ञान और सूक्ष्म समाजशास्त्र में अत्यधिक है।

17. पूँजीवाद के विश्लेषण में आर्ली होश्चाइल्ड (Arlie Hochschild) का योगदान अत्यंत महत्वपूर्ण है। उन्होंने यह तर्क दिया कि पूँजीवाद केवल श्रमिकों के शारीरिक श्रम को नहीं, बल्कि उनके संवेगात्मक श्रम (Emotional Labour) को भी लेता है। यह विशेष रूप से आतिथ्य, विमान परिचारक, ग्राहक सेवा जैसे क्षेत्रों में स्पष्ट दिखता है, जहाँ कर्मचारियों को भावनाओं का "प्रबंधन" करना पड़ता है–जैसे मुस्कुराना, शांत रहना, सहानुभूति दिखाना। होश्चाइल्ड के अनुसार यह संवेगात्मक श्रम भी पूँजीवादी शोषण का हिस्सा बन जाता है। उन्होंने इस पर अपने प्रसिद्ध ग्रंथ *The Managed Heart* में विस्तार से चर्चा की।

18. प्रकार्यवादी (Functionalist) प्रतिमान समाज को एक जैविक तंत्र के रूप में देखता है, जहाँ प्रत्येक संस्था और संरचना समाज की स्थिरता बनाए रखने में भूमिका निभाती है। इस दृष्टिकोण के अनुसार सामाजिक एकता, क्रम और स्थायित्व को बनाए रखने के लिए नैतिक मतैक्य (Moral Consensus) आवश्यक है। यह मतैक्य साझा मूल्यों, नियमों और विश्वासों पर आधारित होता है। यदि समाज के लोग एक समान नैतिक ढाँचा साझा करते हैं, तो सामाजिक व्यवस्था सुचारू रूप से चलती है। एमाइल दुर्खीम ने विशेष रूप से नैतिक सहमति को सामाजिक एकजुटता का आधार माना।

19. संकेतों, प्रतीकों और उनके अर्थों के अध्ययन को संकेतविज्ञान (Semiotics) कहा जाता है। यह भाषा, संचार, संस्कृति और मानव व्यवहार में प्रयुक्त प्रतीकों के कार्य और संरचना को समझने का प्रयास करता है। संकेतविज्ञान यह विश्लेषण करता है कि लोग प्रतीकों के माध्यम से कैसे अर्थ का निर्माण और व्याख्या करते हैं। इसके प्रमुख विचारकों में फर्डिनेंड डी सॉसूर और चार्ल्स सैंडर्स पियर्स शामिल हैं। यह अध्ययन मीडिया, साहित्य, संस्कृति और सामाजिक सिद्धांत में व्यापक रूप से उपयोग किया जाता है।

20. हैरोल्ड गारफिंकल की नृजाति क्रियाविधि विज्ञान (Ethnomethodology) में एक प्रसिद्ध प्रयोगात्मक विधि है जिसे "भंग प्रयोग" (Breaching Experiments) कहा जाता है। इसमें साधारण सामाजिक नियमों और नित्यकर्मों को जानबूझकर तोड़ा या बाधित किया जाता है ताकि यह देखा जा सके कि लोग सामाजिक व्यवस्था को बनाए रखने के लिए कैसे प्रतिक्रिया करते हैं। इन प्रयोगों का उद्देश्य समाज के "अनकहे" नियमों को उजागर करना है। गारफिंकल ने दिखाया कि हमारी दैनिक सामाजिक दुनिया कितनी नाजुक और नियम-आधारित होती है। भंग प्रयोग सामाजिक मानदंडों की गहराई को समझने का एक प्रभावी माध्यम है।

21. भारतीय जनजातीय समाजों में विवाह के विभिन्न स्वरूप देखने को मिलते हैं। इनमें से तोडा जनजाति अपनी विशिष्ट विवाह प्रथा–भ्रातृक बहुपतित्व (Fraternal Polyandry) – के लिए प्रसिद्ध रही है। इस प्रथा में एक महिला का विवाह एक ही परिवार के कई भाइयों से होता है। यह व्यवस्था संसाधनों के संरक्षण, भूमि के विभाजन को रोकने और सामाजिक एकता को बनाए रखने से जुड़ी थी। तोडा जनजाति दक्षिण भारत के नीलगिरी क्षेत्र में निवास करती है और इनकी सांस्कृतिक परंपराएँ अत्यंत विशिष्ट हैं। समय के साथ यह प्रथा काफी कम हो गई है, किंतु ऐतिहासिक रूप से यह इनके विवाह ढांचे का महत्वपूर्ण हिस्सा रही है।

22. एमाइल दुर्खीम ने श्रेणी/गिल्ड समाजवाद (Corporatism या Guild Socialism) का समर्थन मुख्यतः अपनी रचना "प्रोफेशनल एथिक्स एंड सिविक मोरल्स" में किया है। इस कृति में उन्होंने आधुनिक औद्योगिक समाज में नैतिकता और सामाजिक एकता को पुनर्स्थापित करने के लिए पेशागत समूहों (occupational groups) की भूमिका पर जोर दिया। दुर्खीम का मानना था कि श्रेणी-संगठनों से व्यक्ति और

राज्य के बीच संतुलन बनता है, जिससे सा... और नैतिकता मजबूत होती है। यह विचार उ... सामाजिक सिद्धांत–विशेषतः श्रम विभाजन और सा... एकजुटता–से जुड़ा हुआ है।

23. संस्कृति (Culture) और सभ्यता (Civilization) के बीच अंतर को स्पष्ट रूप से प्रस्तुत करने वाले समाजशास्त्री अल्फ्रेड वेबर थे। उन्होंने तर्क किया कि संस्कृति रचनात्मकता, कला, विचारों और मूल्य प्रणालियों पर आधारित होती है, जबकि सभ्यता तकनीक, संगठन और संस्थागत ढाँचों से संबंधित है। संस्कृति को वे आत्मगत (subjective) और सभ्यता को वस्तुगत (objective) प्रक्रिया मानते थे। अल्फ्रेड वेबर का दृष्टिकोण सांस्कृतिक विकास और सामाजिक परिवर्तन को समझने में महत्वपूर्ण योगदान देता है। इससे यह स्पष्ट होता है कि समाज केवल भौतिक प्रगति से नहीं, बल्कि सांस्कृतिक गहराई से भी विकसित होता है।

24. सामाजिक संरचना के विश्लेषण में रैडक्लिफ-ब्राउन (Radcliffe-Brown) का योगदान अत्यंत महत्वपूर्ण है। उन्होंने सामाजिक संरचना को दो भागों में वर्गीकृत किया–'वास्तविक संरचना' (Actual Structure) और 'सामान्य संरचना' (General Structure या Structural Form)। वास्तविक संरचना उन अनुभवजन्य संबंधों को दर्शाती है जो समुदाय के व्यक्तियों के बीच वास्तव में देखे जाते हैं, और ये समय व परिस्थितियों के अनुसार बदल सकते हैं। इसके विपरीत सामान्य संरचना एक अमूर्त पैटर्न है जिसे वास्तविक संरचना का आदर्शीकृत मॉडल कहा जा सकता है। यह संरचनात्मक रूप तुलनात्मक समाजशास्त्र और सैद्धांतिक विश्लेषण के लिए अत्यंत उपयोगी होता है। रैडक्लिफ-ब्राउन का यह विभाजन सामाजिक संरचना को वैज्ञानिक ढंग से समझने में आधारभूत माना जाता है।

25. प्रकार्यात्मक विश्लेषण में बोध तंत्र (Cognitive Levels), भिन्न (Differentiation) और बहुतंत्र (Multifinality) की अवधारणाएँ रॉबर्ट मर्टन (Robert K. Merton) द्वारा प्रस्तुत की गई थीं। मर्टन ने पार्संस की विशुद्ध प्रकार्यवादी परिकल्पना को संशोधित करते हुए इसे अधिक यथार्थवादी और अनुभवजन्य बनाया। उन्होंने समझाया कि एक ही सामाजिक संरचना विभिन्न प्रकार के परिणाम उत्पन्न कर सकती है (बहुतंत्रता), और सामाजिक क्रियाएँ कई स्तरों पर अर्थ ग्रहण करती हैं। मर्टन की यह अवधारणाएँ समाज में विविध परिणामों और जटिल सामाजिक प्रक्रियाओं को समझने में अत्यंत सहायक हैं।

...dology) का मुख्य ...जीवन में किस ... बनाए

(Indexicality), ... परिप्रेक्ष्यों की अन्योन्यता/पारस्परिकता (Reciprocity of Perspectives) शामिल हैं। ये सभी अवधारणाएँ बताती हैं कि सामाजिक क्रियाएँ संदर्भ-निर्भर, पारस्परिक और अर्थ-उत्पादक होती हैं। लेकिन अतितृप्त (पूर्वाग्रह) अभिवृत्ति (Saturated/Pretentious Attitude) नृजातिक्रियाविधि विज्ञान से संबंधित नहीं है। यह अवधारणा इस दृष्टिकोण की केंद्रीय चिंताओं में नहीं आती।

27. एन्थनी गिडेंस का ''आधुनिकता का सिद्धांत'' मुख्यतः चार मूल अवधारणाओं पर आधारित है: डिस्टैन्शिएशन (Distanciation), प्रत्यावर्तिता (Reflexivity), व्याधान (Disembedding Mechanisms) और विश्वास तंत्र (Trust Systems)। गिडेंस का कार्य यह समझाता है कि आधुनिकता कैसे समय और स्थान के संबंधों को बदल देती है और सामाजिक क्रियाओं को अधिक वैश्विक बनाती है। लेकिन जीवन जगत का उपस्थीकरण (Colonization of the lifeworld) हैबरमास के सिद्धांत से संबद्ध है, न कि गिडेंस के आधुनिकता सिद्धांत से। इसलिए यह अवधारणा गिडेंस के सिद्धांत से संबंधित नहीं है।

28. 'अनडिस्टॉर्टेड कम्युनिकेशन' (Undistorted Communication) की अवधारणा प्रसिद्ध जर्मन दार्शनिक और समाज सिद्धांतकार जर्गेन हैबरमास (Jürgen Habermas) से संबद्ध है। उन्होंने बताया कि आदर्श संचार वह होता है जो बिना किसी दमन, विकृति, शक्ति असमानता या वैचारिक प्रभाव के स्वतंत्र रूप से हो सके। यह उनकी संचार क्रिया सिद्धांत (Theory of Communicative Action) का प्रमुख तत्व है। हैबरमास का मानना है कि युक्तिसंगत संवाद के माध्यम से समाज में आपसी समझ, सहमति और लोकतांत्रिक प्रक्रियाएँ बेहतर विकसित हो सकती हैं।

29. 'मार्क्सोलॉजी' (Marxology) शब्द सर्वप्रथम डी.पी. मुखर्जी (धुर्जटी प्रसाद मुखर्जी) द्वारा गढ़ा गया था। उन्होंने भारतीय समाजशास्त्र में मार्क्स के सिद्धांतों को केवल यांत्रिक रूप में नहीं अपनाया, बल्कि भारतीय सांस्कृतिक संदर्भों के अनुरूप एक गहन व्याख्या प्रस्तुत की। डी.पी. मुखर्जी ने

...स्तविकताओं, इतिहास ...की आवश्यकता पर बल दिया। ...न मार्क्सवाद केवल वर्ग-संघर्ष की अवधारणा ...था, बल्कि एक सृजनात्मक वैचारिक उपकरण था, जिसे भारत की जटिलताओं को समझने के लिए पुनर्व्याख्यायित करना आवश्यक था। इसी संदर्भ में उन्होंने 'मार्क्सोलॉजी' शब्द का प्रयोग किया, जो मार्क्सवाद के सम्यक्, संदर्भित और सांस्कृतिक विश्लेषण को दर्शाता है।

30. 'Cultural Change in India: Identity and Globalization' पुस्तक के लेखक योगेंद्र सिंह हैं, जो भारत के प्रमुख समाजशास्त्री और सांस्कृतिक परिवर्तन के सिद्धांतकार माने जाते हैं। इस पुस्तक में उन्होंने भारतीय समाज में वैश्वीकरण के प्रभावों, सांस्कृतिक पहचान, परंपरा और आधुनिकता के अंतर्संबंध का विश्लेषण किया है। योगेंद्र सिंह का कार्य यह दर्शाता है कि भारतीय संस्कृति वैश्विक संपर्कों के बावजूद अपनी विशिष्ट विशेषताओं को संरक्षित रखते हुए नए रूपों में विकसित होती रहती है। यह पुस्तक भारतीय समाज में परिवर्तन की प्रकृति को समझने के लिए अत्यंत महत्वपूर्ण मानी जाती है।

31. सामाजिक शोध में त्रिभुजन (Triangulation) का उपयोग शोध की विश्वसनीयता और वैधता बढ़ाने के लिए किया जाता है। इसके सामान्य प्रकार हैं—डेटा त्रिभुजन, जिसमें विभिन्न स्रोतों से डेटा लिया जाता है; अन्वेषक त्रिभुजन, जिसमें कई शोधकर्ता विश्लेषण में भाग लेते हैं; और प्रणालीवैज्ञानिक (Methodological) त्रिभुजन, जिसमें विभिन्न विधियों का संयोजन किया जाता है। लेकिन प्रतिदर्शग्रहण त्रिभुजन (Sampling Triangulation) नाम का कोई मानक प्रकार सामाजिक अनुसंधान में मान्य नहीं है। इसलिए यह विकल्प त्रिभुजन से संबंधित नहीं है।

32. जर्गेन हैबरमास का "वैधता संकट (Legitimacy Crisis)" सिद्धांत यह समझाता है कि आधुनिक पूँजीवादी राज्य अपनी वैधता बनाए रखने में चार प्रकार के संकटों का सामना करता है—आर्थिक, तर्कसंगतता, वैधता और प्रेरणा संकट। वैधता संकट विशेष रूप से तब उत्पन्न होता है जब राज्य राजनीतिक निर्णयों को 'तकनीकी समस्याओं' में परिवर्तित कर देता है, ताकि व्यापक लोकतांत्रिक बहस से बच सके। इसका अर्थ यह है कि राजनीतिक मुद्दों को तकनीकी भाषा में बदलकर जनता की भागीदारी को सीमित कर दिया जाता है। हैबरमास के अनुसार इससे राज्य की वैधता कमजोर होने लगती है, क्योंकि सत्ता जनता से दूर हो जाती है।

33. अल्फ्रेड शुट्ज (Alfred Schutz) का समाजशास्त्रीय योगदान इस बात में निहित है कि उन्होंने मैक्स वेबर के क्रिया सिद्धांत (Theory of Action) को हसर्ल के परिघटनाविज्ञान (Phenomenology) के साथ सफलतापूर्वक संयोजित किया। शुट्ज ने यह स्पष्ट किया कि सामाजिक क्रिया को समझने के लिए व्यक्तियों के आत्मगत अर्थ, इरादों और अनुभवों को समझना आवश्यक है, जो परिघटनाविज्ञान की मूल अवधारणा है। इस प्रकार उन्होंने वेबर के अर्थग्रहण (Verstehen) को एक दार्शनिक आधार प्रदान किया। शुट्ज के इस सम्मिश्रण ने व्याख्यात्मक समाजशास्त्र और नृजातिक्रियाविधि विज्ञान की नींव रखने में महत्वपूर्ण भूमिका निभाई।

34. आधुनिक समाजशास्त्र में नेटवर्क, सूचना प्रवाह और वैश्विक संरचनाओं के विश्लेषण को नए स्तर पर ले जाने वाले प्रमुख विचारक मैनुएल कॅस्टेल्स हैं। उन्होंने "नेटवर्क सोसाइटी" (Network Society) का सिद्धांत विकसित किया, जिसमें वैश्विक पूँजी, तकनीक और संचार प्रणालियाँ नेटवर्क रूप में संगठित होती हैं। कॅस्टेल्स के अनुसार समकालीन समाज का वास्तविक ढाँचा प्रवाहों (flows)—सूचना, पूँजी, शक्ति, छवियाँ—से निर्मित होता है। उनकी प्रसिद्ध त्रयी The Information Age इस सिद्धांत का आधार है। यह दृष्टिकोण डिजिटल युग और वैश्वीकरण को समझने के लिए अत्यंत महत्वपूर्ण माना जाता है।

35. 'रोल—हैण्डीकैप' (Role-Handicap) शब्द समाजशास्त्र में एच.डी. किर्क (H.D. Kirk) ने प्रस्तावित किया था। उन्होंने इस अवधारणा का उपयोग विशेषकर विकलांग व्यक्तियों के सामाजिक अनुभवों को समझने हेतु किया। उनके अनुसार सामाजिक भूमिकाओं की संरचना कुछ व्यक्तियों—विशेषकर दिव्यांगता वाले लोगों—के लिए बाधाएँ उत्पन्न करती हैं। इस प्रकार वे भूमिकाएँ उनके लिए 'हैण्डीकैप' बन जाती हैं, न कि उनकी व्यक्तिगत क्षमता। यह अवधारणा सामाजिक संरचना की आलोचना प्रस्तुत करती है और बताती है कि विकलांगता केवल जैविक नहीं, बल्कि सामाजिक निर्मिति भी है।

36. एक विस्तृत शहरी क्षेत्र जिसमें कई शहर, कस्बे और उनसे जुड़े विशाल उपनगर शामिल होते हैं, उसे सर्वश्रेष्ठ रूप से मेगालोपोलिस (Megalopolis) कहा जाता है। यह एक अत्यधिक विस्तृत शहरी पट्टी होती है, जहाँ कई बड़े शहर आपस में लगातार जुड़े होते हैं। मेगालोपोलिस का उदाहरण

अमेरिका का ''बॉस्वॉश कॉरिडोर'' (Bostonn-Washington) या भारत में उभरता ''दिल्ली–एनसीआर'' क्षेत्र हो सकता है। इसमें जनसंख्या घनत्व, आर्थिक गतिविधियाँ और परिवहन नेटवर्क अत्यधिक विकसित होते हैं। यह आधुनिक शहरीकरण का एक विशिष्ट और महत्वपूर्ण रूप माना जाता है।

37. वीमेन इन डेवलपमेंट (WID) दृष्टिकोण 1970 के दशक में उभरा, और यह उदारवादी आधुनिकता के सिद्धांत (Liberal Modernization Theory) से संबद्ध है। इस दृष्टिकोण का उद्देश्य महिलाओं को विकास की मुख्यधारा में शामिल करना था, यह मानते हुए कि शिक्षा, रोजगार और संसाधनों तक पहुँच बढ़ाकर महिलाओं की स्थिति सुधारी जा सकती है। इसमें सामाजिक संरचना को बदलने की बजाय महिलाओं की भागीदारी बढ़ाने पर जोर दिया गया। WID की आलोचना के बाद GAD (Gender and Development) दृष्टिकोण विकसित हुआ। इसके बावजूद WID विकास अध्ययन में एक महत्वपूर्ण ऐतिहासिक चरण है।

38. क्लोरोफ्लोरोकार्बन (CFCs) द्वारा ओजोन परत को क्षति पहुँचाने की खोज आधुनिक पर्यावरण विज्ञान में एक मील का पत्थर मानी जाती है। यह महत्वपूर्ण शोध शेरवुड रोलैण्ड और मारियो मोलीना द्वारा किया गया था। 1974 में उन्होंने वैज्ञानिक समुदाय को चेतावनी दी कि CFCs वातावरण में जाकर क्लोरीन परमाणु छोड़ते हैं, जो ओजोन अणुओं को तोड़कर पृथ्वी की सुरक्षात्मक ओजोन परत को नष्ट कर सकते हैं। उनकी खोज के कारण बाद में अंतरराष्ट्रीय स्तर पर मॉन्ट्रियल प्रोटोकॉल जैसी नीतियाँ बनीं, जिसने CFCs के उत्पादन और उपयोग को सीमित किया। इस योगदान के लिए उन्हें 1995 में रसायन विज्ञान का नोबेल पुरस्कार भी मिला।

39. नई धार्मिक आंदोलनों (NRMs) का उदय और वृद्धि कई सामाजिक कारणों से जुड़ा है, किंतु शोध से यह स्पष्ट है कि वे विशेष रूप से बढ़ते धर्मनिरपेक्षीकरण (Increasing Secularization) के कारण उभरे। जैसे-जैसे पारंपरिक धर्म अपना प्रभाव खोते हैं और समाज अधिक तर्कशील, वैज्ञानिक और व्यक्तिगत बनता है, लोग नए आध्यात्मिक अर्थों और पहचान की तलाश करने लगते हैं। इसी रिक्तता को भरने के लिए नए धार्मिक आंदोलन विकसित होते हैं। यह प्रक्रिया आधुनिकता, शहरीकरण, और व्यक्तिवाद के साथ भी जुड़ी हुई है। इसलिए NRMs को धर्मनिरपेक्षता की प्रतिक्रिया या विकल्प के रूप में देखा जाता है।

40. वर्ग, लिंग और नृजातीयता जैसे सामाजिक विभाजन जब आपस में मिलकर जटिल असमानताएँ उत्पन्न करते हैं, तो इसे अंतरानुभागनीयता (Intersectionality) कहा जाता है। यह अवधारणा बताती है कि किसी व्यक्ति का अनुभव केवल एक ही पहचान–जैसे वर्ग या जाति–से निर्धारित नहीं होता, बल्कि कई पहचानों के मेल से प्रभावित होता है। उदाहरण के लिए, एक दलित महिला का अनुभव एक दलित पुरुष या उच्च जाति की महिला से भिन्न होता है। यह शब्द किम्बर्ले क्रेंशॉ द्वारा लोकप्रिय बनाया गया और आधुनिक समाजशास्त्र एवं नारीवादी सिद्धांत में केंद्रीय भूमिका निभाता है।

41. मीडिया सिद्धांतों का विकास इतिहास के साथ क्रमिक रूप से हुआ।

1. **सत्तावादी सिद्धांत (C)** सबसे पहले विकसित हुआ, जहाँ राज्य मीडिया पर नियंत्रण रखता था।
2. इसके बाद **उदारवादी सिद्धांत (B)** आया, जिसमें प्रेस की स्वतंत्रता और मुक्त बाजार पर जोर था।
3. फिर **सामाजिक उत्तरदायित्व सिद्धांत (A)** विकसित हुआ, जिसमें मीडिया की सामाजिक जिम्मेदारी महत्वपूर्ण मानी गई।
4. इसके पश्चात **सोवियत साम्यवादी सिद्धांत (D)** सामने आया, जो राज्य-नियंत्रित वैचारिक मॉडल था।
5. अंत में विकासशील देशों की परिस्थितियों के लिए **डेवलपमेंट मीडिया सिद्धांत (E)** विकसित हुआ।

42. संवैधानिक संशोधनों का कालानुक्रमिक क्रम इस प्रकार है–

1. **C – पंचायती राज संस्थानों को संवैधानिक दर्जा (1992)** – 73वाँ व 74वाँ संशोधन।
2. **A – शिक्षा का अधिकार (2002)** – 86वाँ संशोधन, शिक्षा को मौलिक अधिकार बनाया।
3. **E – SC/ST आयोग का द्विभाजन (2003)** – 89वाँ संशोधन द्वारा अलग SC और ST आयोग बने।
4. **D – राष्ट्रीय पिछड़ा वर्ग आयोग को संवैधानिक दर्जा (2018)** – 102वाँ संशोधन।
5. **B – आर्थिक रूप से पिछड़े वर्ग को 10% आरक्षण (2019)** – 103वाँ संशोधन।

43. ट्रोचिम और डॉनेली ने गुणात्मक शोध की गुणवत्ता मापने के लिए वे ही वैकल्पिक मापदंड अपनाए जिन्हें लिंकन और गूबा ने प्रतिपादित किया था। इन मापदंडों का क्रम इस प्रकार समझा जाता है–

1. **विश्वसनीयता (Credibility – B):** यह मात्रात्मक शोध में आंतरिक वैधता (Internal Validity) के समकक्ष है।
2. **स्थानान्तरणीयता (Transferability – D):** यह बाह्य वैधता/सामान्यीकरण (External Validity) के अनुरूप है।
3. **निर्भरता (Dependability – C):** यह मात्रात्मक शोध की विश्वसनीयता (Reliability) से समानांतर है।
4. **पुष्टियोग्यता (Confirmability – A):** यह वस्तुनिष्ठता (Objectivity) के समानांतर है।

इन चारों का कालानुक्रमिक क्रम B → D → C → A निर्धारित किया गया है।

44. सामाजिक सिद्धांत के निर्माण में विभिन्न अवयव क्रमिक रूप से एक संरचना बनाते हैं।

1. **अवधारणाएँ (C – Concepts)** सबसे पहले आती हैं क्योंकि ये सामाजिक घटनाओं के मूल अर्थ प्रदान करती हैं।
2. इसके बाद **चर (D – Variables)** आते हैं, जो अवधारणाओं को मापने योग्य रूप देते हैं।
3. फिर **कथन (A – Statements)** आते हैं, जो चर के बीच संबंध व्यक्त करते हैं।
4. अंत में **प्रारूप (B – Propositions)** आते हैं, जो इन कथनों को तर्कसंगत सिद्धांतों में व्यवस्थित करते हैं।

45. मीडिया-ऑडियंस अध्ययन मॉडल समय के साथ विशिष्ट क्रम में विकसित हुए।

1. **हाइपोडर्मिक मॉडल (D)** सबसे पहले आया (1920–30 के दशक), जिसे "मैजिक बुलेट" मॉडल भी कहा जाता है। इसमें माना गया कि मीडिया दर्शकों पर सीधे, शक्तिशाली और समान प्रभाव डालता है।
2. इसके बाद **ग्रैटीफिकेशन मॉडल (B)** 1940–50 के दशक में उभरा, जहाँ दर्शक को सक्रिय और अपनी आवश्यकताओं के अनुसार मीडिया चुनने वाला माना गया।
3. फिर **इंटरप्रिटेटिव मॉडल (A)** आया, जिसमें दर्शक मीडिया संदेशों का अर्थ स्वयं निर्मित करते हैं—यह 1970 के बाद प्रमुख हुआ।
4. सबसे बाद में **हाइपररियलिटी मॉडल (C)** (बॉद्रिलार्ड का सिद्धांत) आया, जो बताता है कि मीडिया वास्तविकता और आभासीता के बीच की रेखा को धुंधला कर देता है।

46. 19वीं शताब्दी के बंबई में अंग्रेजी—शिक्षित अभिजात्यों द्वारा स्थापित सिविल सोसाइटी संस्थाओं का कालानुक्रम इस प्रकार है—

1. **लिटरेरी सोसाइटी ऑफ बॉम्बे (D)** – स्थापित वर्ष 1804; बंबई में आधुनिक बौद्धिक गतिविधियों की शुरुआत इससे हुई।
2. **रॉयल एशियाटिक सोसाइटी की बॉम्बे शाखा (C)** – 1820 में स्थापित; एशियाई अध्ययन को बढ़ावा देने के लिए जानी जाती है।
3. **जियोग्राफिकल सोसाइटी ऑफ बॉम्बे (A)** – 1873 में स्थापित; भौगोलिक व अन्वेषण अध्ययन को बढ़ावा दिया।
4. **एंथ्रोपोलॉजिकल सोसाइटी ऑफ बॉम्बे (B)** – 1886 में स्थापित; मानवशास्त्रीय शोध का महत्त्वपूर्ण केंद्र बनी।

47. ए.आर. देसाई की प्रमुख कृतियों का प्रकाशन क्रम इस प्रकार रहा—

1. **Social Background of Indian Nationalism (D)** – प्रकाशित 1948; यह उनकी सबसे प्रसिद्ध प्रारंभिक कृति है, जिसमें भारतीय राष्ट्रवाद के समाजशास्त्रीय आधार का विश्लेषण है।
2. **Rural Sociology in India (A)** – प्रकाशित 1959; इसमें भारतीय ग्रामीण संरचना, वर्ग संबंध और परिवर्तनों का अध्ययन है।
3. **State and Society in India (B)** – प्रकाशित 1975; यह राज्य, राजनीतिक संरचना और समाज के बीच संबंधों पर केंद्रित कृति है।
4. **A Profile of Indian Slums (C)** – 1980 के दशक में प्रकाशित, शहरी निर्धनता और स्लम जीवन पर आधारित शोध।

इस प्रकार सबसे पुराने से नवीनतम का क्रम D → A → B → C बनता है।

48. जॉर्ज हर्बर्ट मीड के अनुसार "आत्म" (Self) का विकास चरणबद्ध रूप में होता है।

1. सबसे पहले **अनुकरण का चरण (C – Imitation Stage)** आता है, जिसमें बच्चा बिना समझ के दूसरों की नकल करता है।

2. इसके बाद **क्रीड़ा का चरण (D – Play Stage)** आता है, जिसमें बच्चा भूमिका निभाना शुरू करता है, जैसे डॉक्टर-मरीज खेलना।
3. फिर **खेलों का चरण (A – Game Stage)** आता है, जिसमें बच्चा नियमों, भूमिकाओं और कई व्यक्तियों के दृष्टिकोण को एक साथ समझने लगता है।
4. अंत में **सामान्यीकृत अन्य का अभिज्ञान (B – Generalized Other)** विकसित होता है, जिसमें व्यक्ति समाज के व्यापक मानदंडों और अपेक्षाओं को समझने लगता है।

इसका सही क्रम है: C → D → A → B.

49. औपनिवेशिक भारत के कृषक आंदोलनों का क्रम इस प्रकार विकसित हुआ।

1. सबसे पहले **संथाल विद्रोह (C) 1855-56** में हुआ, जो आदिवासी किसानों का संगठित प्रतिरोध था।
2. इसके बाद **नील उगाने वालों का आंदोलन (B) 1859-60** में हुआ, जहाँ किसानों ने जबरन नील खेती का विरोध किया।
3. फिर **चम्पारण आंदोलन (E) 1917** में हुआ, जिसमें गांधीजी ने नील किसानों के पक्ष में सत्याग्रह किया।
4. इसके बाद **मोपला विद्रोह (D) 1921** में मालाबार क्षेत्र में जमींदारी-धार्मिक उत्पीड़न के विरुद्ध हुआ।
5. सबसे अंत में **बारदोली सत्याग्रह (A) 1928** में हुआ, जिसका नेतृत्व सरदार पटेल ने किया।

50. भारतीय पर्यावरणीय आंदोलनों का सही कालानुक्रम इस प्रकार है।

1. सबसे पहले **चिपको आंदोलन (B) 1973** में उत्तराखंड में शुरू हुआ, जहाँ स्थानीय महिलाओं ने पेड़ों को काटने से बचाने के लिए उन्हें पकड़ लिया।
2. इसी वर्ष **साइलेन्ट वैली आंदोलन (A)** केरल में आरंभ हुआ, जिसका उद्देश्य जलविद्युत परियोजना से सदाबहार वनों को बचाना था।
3. इसके बाद **एपिको आंदोलन (D) 1983** में कर्नाटक में शुरू हुआ, जो चिपको से प्रेरित था और वनों की कटाई के विरोध में था।
4. फिर **नर्मदा बचाओ आंदोलन (C) 1985** में आरंभ हुआ, जो नर्मदा नदी पर बड़े बाँधों के खिलाफ नागरिक आंदोलन था।
5. सबसे बाद में **चिल्का बचाओ आंदोलन (E) 1992-93** में शुरू हुआ, जिसमें मछुआरों ने चिल्का झील में झींगा खेती परियोजना का विरोध किया।

51. जर्गेन हैबरमास के प्रमुख कार्यों का सही कालानुक्रम इस प्रकार है।

1. सबसे पहले **Knowledge and Human Interests (B) 1968** में प्रकाशित हुआ, जिसमें ज्ञान और मानवीय हितों के संबंध का सिद्धांत प्रस्तुत किया गया।
2. इसके बाद **Legitimation Crisis (A) 1973** में आया, जिसमें पूँजीवादी राज्य की वैधता संबंधी समस्याओं पर विश्लेषण किया गया।
3. फिर **Communication and the Evolution of Society (D) 1976** में प्रकाशित हुआ, जो संचार और सामाजिक विकास के संबंध की व्याख्या करता है।
4. सबसे अंत में **The Theory of Communicative Action (C) 1981** में प्रकाशित हुआ, जो हैबरमास का सबसे व्यापक और प्रसिद्ध सिद्धांत है।

52. अंतरराष्ट्रीय पर्यावरणीय पहल और सम्मेलनों का सही कालानुक्रम इस प्रकार है।

1. सबसे पहले **United Nations Environment Programme (D) 1972** में स्थापित हुआ, जिसने वैश्विक पर्यावरण नीति की नींव रखी।
2. इसके बाद **Rio Earth Summit (C) 1992** में आयोजित हुई, जिसने सतत विकास एजेंडा प्रस्तुत किया।
3. फिर **Kyoto Protocol (A) 1997** में स्वीकार किया गया, जो जलवायु परिवर्तन पर बाध्यकारी उत्सर्जन कटौती का समझौता था।
4. अंत में **Copenhagen Summit (B) 2009** में हुआ, जो पोस्ट-क्योटो जलवायु ढाँचे पर केंद्रित था।

53. पियरे बोर्ड्यू की कृतियों का सही कालानुक्रम इस प्रकार है।

1. सबसे पहले **Distinction (C) 1979** में प्रकाशित हुई, जो संस्कृति, वर्ग और स्वाद पर उनकी प्रसिद्ध समाजशास्त्रीय व्याख्या है।
2. इसके बाद **The Logic of Practice (B) 1980** में आई, जिसमें उन्होंने habitus और field की अवधारणाओं को और स्पष्ट किया।

3. फिर **Language and Symbolic Power (E) 1982** में सामने आई, जो भाषा और शक्ति संरचनाओं का महत्वपूर्ण विश्लेषण है।
4. उसके बाद **An Invitation to Reflexive Sociology (A) 1992** में प्रकाशित हुई, जिसमें उन्होंने शोधकर्ता की आत्म-चिंतनशील भूमिका को रेखांकित किया।
5. सबसे अंत में **Masculine Domination (D) 1998** में प्रकाशित हुई, जो लैंगिक सत्ता संरचनाओं पर उनकी महत्वपूर्ण कृति है।

54. भारत के राजनैतिक-आर्थिक घटनाक्रम का सही कालानुक्रम इस प्रकार है।

1. सबसे पहले **सामुदायिक विकास कार्यक्रम (D) 1952** में शुरू हुआ, जिसने ग्रामीण विकास के लिए आधार तैयार किया।
2. इसके बाद **हरित क्रांति (A) 1960** के दशक में कृषि उत्पादन बढ़ाने हेतु लागू की गई।
3. फिर **बैंकों का राष्ट्रीयकरण (B) 1969** में हुआ, जिससे वित्तीय क्षेत्र में व्यापक परिवर्तन आया।
4. इसके पश्चात **राष्ट्रीय आपातकाल (E) 1975-77** के दौरान घोषित हुआ, जिसने भारत की राजनीति को गहराई से प्रभावित किया।
5. सबसे अंत में **GATT–General Agreement on Tariffs and Trade (C)** से भारत की सक्रिय सहभागिता **1980-90** के दौर में उभरकर आई, जो बाद में WTO तक पहुँची।

55. भारत में किसानों के लिए प्रारम्भ की गई योजनाओं का सही कालानुक्रम इस प्रकार है–

1. **D – Agricultural Credit (Kisan Credit Card) : 1998** में शुरू हुई, किसानों को सरल और त्वरित ऋण उपलब्ध कराने के लिए।
2. **C – Soil Health Card Scheme (मृदा स्वास्थ्य कार्ड योजना) : 2015** में शुरू, ताकि किसान अपनी मिट्टी की गुणवत्ता का वैज्ञानिक विश्लेषण करा सकें।
3. **E – Paramparagat Krishi Vikas Yojana (परम्परागत कृषि विकास योजना) : 2015** में ही शुरू, जैविक खेती को बढ़ावा देने के उद्देश्य से।
4. **B – PM Kisan Samman Nidhi (पी.एम. किसान योजना) : 2019** में प्रारम्भ, किसानों को प्रत्यक्ष लाभ अंतरण हेतु।
5. **A – Pradhan Mantri Matsya Sampada Yojana (मत्स्यिकी) : 2020** में शुरू, मछली पालन और जलीय कृषि के संवर्धन हेतु।

56. प्रत्यावर्ती विवाद समाधान (Alternative Dispute Resolution – ADR) में वे प्रक्रियाएँ शामिल होती हैं जो अदालत के बाहर विवाद का निपटारा करती हैं।

A. विवाचन (Arbitration) : इसमें तृतीय पक्ष (arbitrator) का निर्णय बाध्यकारी होता है। यह ADR की मुख्य और औपचारिक विधि है।

B. दोषसिद्धि (Conviction) : यह न्यायालय की आपराधिक प्रक्रिया का भाग है, इसलिए ADR का हिस्सा नहीं है।

C. सुलह (Conciliation) : एक संरचित प्रक्रिया जिसमें तृतीय पक्ष पक्षकारों को समझौता कराने में मदद करता है। यह ADR की मानक पद्धति है।

D. सांत्वना (Counselling) : यह विवाद समाधान की औपचारिक विधि नहीं है, बल्कि सहायक/अतिरिक्त प्रक्रिया मानी जाती है।

E. मध्यस्थता (Mediation) : इसमें निष्पक्ष मध्यस्थ दोनों पक्षों को सहमति पर पहुँचने में सहायता करता है। यह ADR की एक महत्वपूर्ण पद्धति है।

ADR की मुख्य प्रक्रियाएँ – A (विवाचन), C (सुलह), E (मध्यस्थता) हैं।

57. प्राक्कल्पना परीक्षण (Hypothesis Testing) वैज्ञानिक शोध का एक मुख्य चरण है, जिसमें अभिग्रह को वास्तविक डेटा के आधार पर जाँचा जाता है।

A. अपने अभिग्रह का सूत्रीकरण करें : परीक्षण की शुरुआत स्पष्ट और परीक्षणयोग्य अभिग्रह (Hypothesis) तैयार करने से होती है।

B. आवश्यक डेटा को एकत्र करें : अभिग्रह की जाँच हेतु उचित और प्रासंगिक डेटा एकत्रित किया जाता है।

C. अभिग्रह के विषय में निष्कर्ष के आहरण के लिए डेटा का विश्लेषण करें : सांख्यिकीय तकनीकों से डेटा का विश्लेषण कर यह तय किया जाता है कि अभिग्रह समर्थित है या नहीं।

D. प्रथम वैकल्पिक प्राक्कल्पना का परीक्षण करें : यह सांख्यिकीय प्रक्रिया का एक घटक है, परंतु "मुख्य चरण" नहीं माना जाता।

E. शून्य (निराकरणीय) प्राक्कल्पना का परीक्षण करें : यह भी तकनीकी परीक्षण प्रक्रिया का हिस्सा है, लेकिन प्रश्न में मांगे गए ''मुख्य'' चरणों में शामिल नहीं है।

प्राक्कल्पना परीक्षण के मुख्य चरण– A, B, C ही माने जाते हैं।

58. 'फोर्डवाद' (Fordism) एक औद्योगिक उत्पादन मॉडल है जो बड़े पैमाने पर मानकीकृत उत्पादन की विशेषताओं पर आधारित है।

A. मानकीकृत कार्य नित्यक्रम : फोर्डवाद का मूल तत्व, जिसमें श्रम को दोहरावपूर्ण, एकसमान और अत्यधिक संगठित रूप में बाँटा जाता है।

B. कामगारों के जन-समूहों और नौकरशाहीकृत संगठनों का उदय : बड़े पैमाने के उत्पादन और कड़े प्रबंधन ढाँचे के कारण फोर्डवाद की प्रमुख विशेषता।

C. विकेन्द्रीकृत सामूहिक मोलतोल : यह उत्तर-फोर्डवादी (post-Fordist) विशेषता है, फोर्डवाद की नहीं।

D. असेम्बली लाइन जैसी अनम्य प्रौद्योगिकियाँ : फोर्डवाद का प्रमुख तकनीकी आधार, जिसने गति और उत्पादन दक्षता बढ़ाई।

E. कामगार अधिक भिन्न हो जाते हैं (विविध जीवनशैलियाँ) : यह भी उत्तर-फोर्डवादी विशेषता है, फोर्डवाद की नहीं।

फोर्डवाद की सही विशेषताएँ– A, B और D हैं।

59. जी.एस. घुर्ये भारतीय समाजशास्त्र के अग्रदूत थे और बंबई विश्वविद्यालय में उन्होंने कई महत्वपूर्ण समाजशास्त्रियों को मार्गदर्शन दिया।

A. ए.के. सरन – घुर्ये के डॉक्टोरल छात्र नहीं थे; वे बाद में सामाजिक दर्शन (social philosophy) से जुड़े।

B. ए.आर. देसाई – घुर्ये के प्रमुख डॉक्टोरल छात्र थे। उन्होंने भारत में मार्क्सवादी समाजशास्त्र की नींव रखी तथा "Social Background of Indian Nationalism" जैसी महत्वपूर्ण कृति लिखी।

C. टी.एन. मदन – घुर्ये के छात्र नहीं थे; उनका संबंध दिल्ली स्कूल ऑफ इकोनॉमिक्स से रहा।

D. एम.एन. श्रीनिवास – घुर्ये के सबसे प्रतिष्ठित डॉक्टोरल छात्रों में से एक थे। "Sanskritization" और "Dominant Caste" जैसी अवधारणाओं के लिए विश्वप्रसिद्ध हुए।

E. डी.एन. मजूमदार – घुर्ये के छात्र नहीं थे; वे स्वतंत्र रूप से लखनऊ स्कूल और भारतीय नृविज्ञान परंपरा से जुड़े थे।

इस प्रकार घुर्ये के वास्तविक डॉक्टोरल छात्र केवल B (ए.आर. देसाई) और D (एम.एन. श्रीनिवास) थे।

60. औपनिवेशिक भारत से करारबद्ध (indentured) कामगारों को 19वीं-20वीं सदी में विश्व के विभिन्न उपनिवेशों में बागानी मजदूरों के रूप में भेजा गया।

A. सूरीनाम : भारतीय indentured laborers का एक प्रमुख गंतव्य था।

B. कोलम्बिया : यहाँ भारतीय करारबद्ध मजदूर नहीं भेजे गए थे।

C. फिजी : भारतीय indentured मजदूरों का सबसे बड़ा प्रवास केंद्रों में से एक।

D. मॉरीशस : भारतीय मजदूरों का अत्यधिक महत्वपूर्ण और प्रारम्भिक गंतव्य।

E. न्यू गिनी : यहाँ भारतीय indentured मजदूर नहीं भेजे गए थे।

इस प्रकार जिन उपनिवेशों में भारतीय करारबद्ध मजदूर भेजे गए– A (सूरीनाम), C (फिजी), D (मॉरीशस)।

61. वे विवाह संबंधी प्रथाएँ जो पारिवारिक संपत्ति और वंशागत अधिकारों की सुरक्षा सुनिश्चित करने में महत्वपूर्ण भूमिका निभाती हैं, वे मुख्यतः वे होती हैं जो विवाह संबंधों को परिवार के भीतर बनाए रखती हैं और संपत्ति के बिखराव को रोकती हैं।

A. देवर अधिकार (Levirate practice) : इस प्रथा में विधवा अपने मृत पति के भाई से विवाह करती है। इससे मृत पति की संपत्ति परिवार और उसी वंश में सुरक्षित रहती है। यह प्रथा उत्तराधिकार और बच्चों के पालन-पोषण की निरंतरता बनाए रखने में सहायक है।

C. भ्रातक बहुपत्नीप्रथा (Fraternal Polyandry) : इस प्रथा में एक महिला कई भाइयों से विवाह करती है (विशेषकर हिमालयी क्षेत्रों में)। इससे कृषि भूमि और पारिवारिक संपत्ति का विभाजन रुक जाता है और परिवार की आर्थिक स्थिरता बनी रहती है। भूमि-सुरक्षा के लिए यह सबसे प्रभावी विवाह प्रणाली मानी जाती है।

D. **स्वसृक प्रथा (Sororal practice) :** इस प्रथा में एक विधुर अपनी मृत पत्नी की बहन से विवाह करता है। इससे पारिवारिक संबंध संरक्षित रहते हैं और संपत्ति तथा बच्चों की देखभाल एक ही परिवार/वंश में बनी रहती है, जिससे अधिकारों की निरंतरता सुनिश्चित होती है।

B. **कुवाद (Couvade practice) :** विवाह या संपत्ति सुरक्षा से संबंधित नहीं है।

E. **पोटलाश (Potlatch) :** उपहार-प्रतिस्पर्धा की सांस्कृतिक प्रथा है, संपत्ति-रक्षण से कोई संबंध नहीं।

इस प्रकार, पारिवारिक संपत्ति और वंश सुनिश्चित करने में सहायक प्रथाएँ– A, C और D हैं।

62. सैद्धांतिक प्रतिचयन (Theoretical Sampling) Grounded Theory शोध की एक केंद्रीय तकनीक है। इसमें प्रतिचयन पूर्वनिर्धारित नहीं होता, बल्कि डेटा के विश्लेषण के साथ-साथ उभरती अवधारणाओं के आधार पर आगे का प्रतिचयन तय किया जाता है।

A. **आधार समष्टि का विस्तार पूर्वज्ञात नहीं होता है।**

यह सही है। grounded theory में शोधकर्ता को यह पहले से नहीं पता होता कि सिद्धांत किस दिशा में आगे बढ़ेगा, इसलिए समष्टि (population) की सीमाएँ शुरू में निश्चित नहीं होतीं।

B. **आधार समष्टि के गुणधर्म पूर्वज्ञात नहीं होते हैं।**

यह भी सही है। शोध की दिशा डेटा से विकसित होती है, इसलिए यह पहले से तय नहीं होता कि किस प्रकार के लोग या स्थितियाँ प्रतिचयन में आएँगी।

C. **प्रतिदर्श आमाप (sample size) पूर्वज्ञात नहीं होता है।**

यह सैद्धांतिक प्रतिचयन की सबसे महत्वपूर्ण विशेषताओं में से एक है। नमूने का आकार केवल तब तक बढ़ता है जब तक "सैद्धांतिक संतृप्ति" (theoretical saturation) प्राप्त न हो जाए।

D. **प्रत्येक चरण में मापदण्ड को परिभाषित करने के साथ प्रतिचयन अवयवों का बारम्बार आहरण।**

यह बिल्कुल grounded theory प्रक्रिया का मूल सिद्धांत है – डेटा संग्रह और विश्लेषण समानांतर होते हैं और जैसे-जैसे नई अवधारणाएँ उभरती हैं, प्रतिचयन मानदंड बदलते जाते हैं।

E. **प्रतिचयन पूरा हो जाता है जब सभी प्रतिदर्शों का अध्ययन हो चुका है।**

यह सही नहीं है। सैद्धांतिक प्रतिचयन में प्रक्रिया तब समाप्त होती है जब सैद्धांतिक संतृप्ति प्राप्त हो जाती है, न कि तब जब "सभी प्रतिदर्शों का अध्ययन" पूरा हो जाए।

इस प्रकार, सैद्धांतिक प्रतिचयन के सही तत्व– A, B, C और D हैं।

63. शोध में सिद्धांत (Theory) कई महत्वपूर्ण भूमिकाएँ निभाता है–यह शोध को दिशा देता है, अवधारणाओं को स्पष्ट करता है, और नए ज्ञान के निर्माण में सहायता करता है।

A. **यह शोध को अभिविन्यास उपलब्ध कराता है।**

यह सत्य है। सिद्धांत शोध को दिशा और ढाँचा प्रदान करता है ताकि शोधकर्ता स्पष्ट उद्देश्य के साथ आगे बढ़ सके।

B. **सिद्धांत उसका सारकरण नहीं करता है जो पहले से ज्ञात है।**

यह कथन गलत है–सिद्धांत ज्ञात तथ्यों को व्यवस्थित और सारगर्भित करता है। इसलिए यह विकल्प सत्य नहीं माना जा सकता।

C. **सिद्धांत ज्ञान में अंतरालों को निर्दिष्ट करता है।**

यह सत्य है। सिद्धांत यह स्पष्ट करता है कि किन क्षेत्रों में और किस प्रकार के शोध की आवश्यकता है।

D. **सिद्धांत तथ्यों की प्रागुक्ति करता है।**

यह भी सत्य है। सिद्धांत भविष्य के अवलोकनों और निष्कर्षों के बारे में अनुमान लगाने में सक्षम होता है।

E. **सिद्धांत डेटा का संप्रत्ययीकरण और वर्गीकरण करता है।**

यह भी सही है। सिद्धांत डेटा को वैचारिक रूप देता है और उसे सुगठित श्रेणियों में व्यवस्थित करता है।

इस प्रकार, सिद्धांत की भूमिकाओं से संबंधित सत्य कथन– A, C, D, E हैं।

64. उलरिच बेक के जोखिम समाज सिद्धांत के अनुसार दिए गए पाँचों कथन वास्तव में सत्य हैं।

A. बेक आधुनिकता की आलोचना करते हैं। (✓)

B. वे कहते हैं कि समाज औद्योगिक संरचना से आगे "जोखिम समाज" की ओर बढ़ गया है। (✓)

C. ''भूख श्रेणीय है, कुहासा लोकतांत्रिक है'' – यह कथन उलरिच बेक का ही है। (✓)

D. आधुनिकता अपने द्वारा पैदा किए गए जोखिमों का समाधान नहीं कर सकती – यह उनका मुख्य निष्कर्ष है। (✓)

E. जोखिम सामान्य लोगों के लिए अदृश्य होते हैं और वैज्ञानिक विशेषज्ञता पर निर्भर होते हैं। (✓)

अतः पाँचों कथन सही हैं, इसलिए दिए गए विकल्पों (1-4) में से कोई भी सही नहीं है।

65. लेवी-स्ट्रॉस का विनिमय सिद्धांत संरचनावादी दृष्टिकोण पर आधारित है, जिसमें विनिमय को सामाजिक संरचना और संबंधों को बनाए रखने वाली केंद्रीय प्रक्रिया माना जाता है।

A. विनिमय को सामाजिक संरचना के एकीकरण के रूप में देखना

यह सही है। लेवी-स्ट्रॉस विवाह-आधारित विनिमय को विभिन्न समूहों के बीच गठबंधन, पारस्परिक दायित्व और सामाजिक एकता बनाए रखने का माध्यम मानते हैं।

B. मनोवैज्ञानिक व्याख्याओं का अस्वीकार

यह भी सत्य है। लेवी-स्ट्रॉस ने स्पष्ट किया कि विनिमय व्यक्तिगत मानसिक प्रेरणाओं का परिणाम नहीं, बल्कि संरचना-आधारित नियमों और सामूहिक तंत्रों द्वारा संचालित होता है।

C. विनिमय वित्तीय या उपयोगितावादी सिद्धांतों पर आधारित है

यह गलत है। वे विनिमय को आर्थिक लाभ की दृष्टि से नहीं, बल्कि सांकेतिक (symbolic) और सामाजिक दायित्वों की प्रक्रिया के रूप में समझते हैं।

D. विनिमय को केवल व्यक्तिगत प्रयोजनों में नहीं समझा जा सकता

यह सत्य है। विनिमय एक सामूहिक सामाजिक तथ्य है, जो व्यक्तियों से परे जाकर संपूर्ण सामाजिक व्यवस्था को आकार देता है।

E. विनिमय में ''लागत'' होती है जो सामाजिक संबंधों से जुड़ी होती है

यह कथन भी सत्य है – यहाँ ''लागत'' का अर्थ आर्थिक नहीं, बल्कि सामाजिक जिम्मेदारियों, दायित्वों और आदान-प्रदान के नियमों से है, जो समूहों के बीच संबंध बनाए रखने में मदद करती है।

इस प्रकार सत्य कथन– A, B, D, E हैं।

66. फर्डिनांड डी सस्यूर के अनुसार भाषायी संकेत (Linguistic Sign) दो मुख्य विशेषताओं से परिभाषित होता है:

A. स्वेच्छाचारिता (Arbitrariness) – संकेतक (sound-image) और संकेतित (concept) के बीच संबंध प्राकृतिक नहीं, बल्कि मनमाना होता है। यह उनकी मुख्य अवधारणा है।

B. अन्तर/भेद (Difference) – भाषा अर्थ को भेदों के माध्यम से पैदा करती है। परंतु यह संकेत की ''परिभाषी विशेषता'' नहीं, बल्कि व्यापक भाषा-तंत्र की विशेषता है।

C. संकेतक (Signifier) – यह संकेत का एक अंग है, लेकिन ''दो परिभाषी विशेषताओं'' में शामिल नहीं।

D. रैखिकता (Linearity) – संकेतक ध्वनियों की रैखिक शृंखला में प्रकट होता है; यह सस्यूर की परिभाषा में दूसरी मुख्य विशेषता है।

E. संकेतित (Signified) – यह भी संकेत का एक अंग है, लेकिन ''दो परिभाषी विशेषक'' नहीं।

सस्यूर के अनुसार संकेत की दो परिभाषी विशेषताएँ– स्वेच्छाचारिता (A) और रैखिकता (D) हैं।

67. विभिन्न समाजशास्त्रीय परिप्रेक्ष्यों के अनुसार सामाजिक स्तरीकरण अलग-अलग उद्देश्यों की पूर्ति करता है।

A. सामाजिक स्थितियों की भर्ती को सुगम बनाना (प्रकार्यात्मक) : यह सही है। डेविस और मूर के अनुसार, स्तरीकरण समाज में आवश्यक और महत्वपूर्ण पदों पर योग्य व्यक्तियों की भर्ती सुनिश्चित करता है।

B. शोषण को सुगम बनाना (संघर्ष) : यह भी सही है। मार्क्सवादी दृष्टिकोण के अनुसार स्तरीकरण शोषण, प्रभुत्व और संसाधनों के असमान नियंत्रण को बनाए रखने का साधन है।

C. लोगों की जीवनशैलियों को प्रभावित करना (अन्योन्यक्रियावादी): यह भी सत्य है। अन्योन्यक्रियावादी दृष्टिकोण देखता है कि सामाजिक स्थिति कैसे व्यक्ति की पहचान, व्यवहार और जीवनशैली को आकार देती है।

D. सबसे तन्दुरुस्त का उत्तरजीवन (उत्क्रांतीवादी) : यह विकल्प स्तरीकरण के उद्देश्य का मान्य सैद्धांतिक आधार नहीं माना जाता, और मुख्य परिप्रेक्ष्यों में सम्मिलित नहीं है।

E. सामाजिक संतुष्टि : यह एक सामान्य कथन है, न कि किसी विशिष्ट परिप्रेक्ष्य द्वारा परिभाषित उद्देश्य।

इस प्रकार, सही उद्देश्यों का समूह– A, B, C है।

68. मैक्स वेबर ने "class" को उन लोगों के समूह के रूप में परिभाषित किया जिनकी market situation (बाजार में अवसरों और जीवन-अवसरों) में समानता होती है।

A. शिक्षा : वेबर शिक्षा को ज्यादा "status" (प्रतिष्ठा-समूह) से जोड़ते हैं, न कि सीधा class की परिभाषा से।

B. आय (Income) : आय बाजार-अवसरों और जीवन-अवसरों को सीधे दर्शाती है, इसलिए यह class से स्पष्ट रूप से जुड़ी है।

C. स्तर/दर्जा (Status) : सैद्धांतिक रूप से वेबर class (आर्थिक), status (प्रतिष्ठा), party (शक्ति) – तीनों को अलग रखते हैं; पर कई पाठ्य-संदर्भों व परीक्षा-प्रश्नों में status को class से जुड़ी हुई सामाजिक प्रतिष्ठा के रूप में भी ले लिया जाता है।

D. तकनीकी कौशल (Technical skill) : कौशल व्यक्ति की market situation पर असर डालता है, इसलिए अवधारणात्मक रूप से class से जुड़ा है; लेकिन प्रायः standard विकल्पों में इसे अलग नहीं लिया जाता।

E. सम्पदा (Wealth/Property) : संपत्ति class का केंद्रीय घटक है – जिनके पास समान प्रकार की संपत्ति/आर्थिक संसाधन होते हैं, वे समान वर्ग स्थिति में आते हैं।

परीक्षा-उन्मुख दृष्टि से, वेबर के 'class' को यहाँ आय (B), स्तर/दर्जा (C) और सम्पदा (E) के संयोजन से जोड़ा गया है।

69. किसी भी राजनीतिक तंत्र में शक्ति (Power) के मूल स्रोत वे होते हैं जिनके माध्यम से व्यक्ति या समूह दूसरों के व्यवहार को नियंत्रित या प्रभावित कर सकता है।

A. प्रतिष्ठा (Prestige) : प्रतिष्ठा सामाजिक सम्मान का स्रोत है, पर यह राजनीतिक शक्ति का प्राथमिक स्रोत नहीं माना जाता।

B. वर्ग (Class) : वर्ग आर्थिक संसाधनों और सामाजिक स्थिति से संबंधित है, लेकिन राजनीतिक शक्ति का प्रत्यक्ष आधार नहीं।

C. बल (Force) : यह शक्ति का एक महत्वपूर्ण आधार है – राज्य बल प्रयोग (coercion) के माध्यम से नियंत्रण स्थापित करता है।

D. प्रभाव (Influence) : यह वह क्षमता है जिसके माध्यम से व्यक्ति बिना बल या प्राधिकार के दूसरों के निर्णयों को प्रभावित कर सकता है। यह शक्ति का प्रमुख स्रोत माना जाता है।

E. प्राधिकार (Authority) : यह वैध या वैधानिक शक्ति है – राजनीतिक प्रणाली का सबसे महत्वपूर्ण आधार।

इस प्रकार राजनीतिक शक्ति के तीन मूल स्रोत– C (बल), D (प्रभाव), E (प्राधिकार) हैं।

70. इवान इलिच ने Medical Nemesis में तर्क दिया कि आधुनिक चिकित्सा प्रणालियाँ स्वयं–अपने हस्तक्षेपों, नियंत्रण और सांस्कृतिक प्रभावों के कारण–हानि उत्पन्न करती हैं। इसे उन्होंने औषधिजनन (Iatrogenesis) कहा, जिसके तीन प्रमुख रूप हैं:

A. नैदानिक औषधिजनन (Clinical Iatrogenesis) : यह सीधे चिकित्सा हस्तक्षेपों से होने वाली शारीरिक हानि है – जैसे दवाओं के दुष्प्रभाव, गलत सर्जरी, अस्पताल संक्रमण आदि। यह औषधिजनन का सबसे प्रत्यक्ष रूप है।

B. सांस्कृतिक औषधिजनन (Cultural Iatrogenesis) : यह चिकित्सा संस्कृति द्वारा पारंपरिक ज्ञान, व्यक्तिगत क्षमता और सामाजिक रूप से स्वीकृत बीमारियों/दर्द से निपटने के तरीकों को कमजोर कर देना है। लोग स्वास्थ्य के सभी पहलुओं के लिए चिकित्सकों पर निर्भर हो जाते हैं।

C. चिकित्सकीय-विधिक औषधिजनन : यह इलिच की मूल तीन-स्तरीय वर्गीकरण में शामिल नहीं है; यह उनके ढाँचे का औपचारिक हिस्सा नहीं माना जाता।

D. सामाजिक औषधिजनन (Social Iatrogenesis) : यह आधुनिक चिकित्सा द्वारा जीवन के सामान्य पहलुओं (जैसे जन्म, वृद्धावस्था, मृत्यु) का चिकित्साकरण करके व्यक्तिगत स्वतंत्रता को घटाने का रूप है। चिकित्सा संस्थान सामाजिक नियंत्रण और निर्भरता बढ़ाकर समाज को ''बीमार'' बनाते हैं।

E. तत्वमीमांसीय औषधिजनन : यह इलिच के मॉडल का हिस्सा नहीं है।

इस प्रकार इलिच के तीन वास्तविक औषधिजनन– A (नैदानिक), B (सांस्कृतिक) और D (सामाजिक) हैं।

71. पियरे बोर्दियू ने अपनी रचना "Forms of Capital" में सांस्कृतिक पूँजी (Cultural Capital) के तीन प्रमुख रूप बताए:

A. संस्थाकृत (Institutionalized) : यह सही है। यह सांस्कृतिक पूँजी वह रूप है जिसमें शिक्षा-प्रमाणपत्र, डिग्री और योग्यता जैसी संस्थागत मान्यताएँ शामिल होती हैं।

B. अंतर्भूत/निविष्ट (Embodied) : यह भी सही है। यह सांस्कृतिक पूँजी का वह रूप है जो व्यक्ति के भीतर–आदतों, कौशलों, भाषा-प्रवीणता, सौंदर्य-बोध आदि–के रूप में "निविष्ट" होती है।

C. प्रतीकीकृत (Symbolic) : यह सीधे "cultural capital" का रूप नहीं है, बल्कि symbolic capital एक अलग प्रकार की पूँजी है; इसे सांस्कृतिक पूँजी के रूप में वर्गीकृत नहीं किया गया है।

D. वास्तविकीकृत (Objectified) : यह सही है। इसमें किताबें, कला, संगीत उपकरण, पेंटिंग आदि जैसे सांस्कृतिक वस्तुएँ आती हैं, जिन्हें स्वामित्व रखा जा सकता है।

E. नेटवर्क : यह social capital का हिस्सा है, cultural capital का नहीं।

इस प्रकार सांस्कृतिक पूँजी के सही रूप– A, B, D हैं।

72. ए.आर. रैडक्लिफ-ब्राउन संरचनात्मक-प्रकार्यात्मक स्कूल के प्रमुख नृविज्ञानी थे, और उनका फील्डवर्क मुख्यतः ओशिनिया और एशिया के कुछ भागों में केंद्रित था।

A. अंडमान और निकोबार द्वीप समूह : यह सही है – उन्होंने अंडमान द्वीपों में विस्तृत फील्डवर्क किया।

B. इंडोनेशिया : यह सही नहीं है – रैडक्लिफ-ब्राउन ने यहाँ फील्डवर्क नहीं किया।

C. ऑस्ट्रेलिया : यह सही है – उन्होंने पश्चिमी ऑस्ट्रेलिया की विभिन्न आदिवासी समुदायों पर फील्डवर्क किया।

D. मेक्सिको : यह सही नहीं है – उन्होंने मेक्सिको में फील्डवर्क नहीं किया।

E. मलेशिया : यह भी सही नहीं है।

इस प्रकार रैडक्लिफ-ब्राउन के फील्डवर्क स्थान– A और C हैं।

73. मार्शल मैक्लुहान (McLuhan) मीडिया सिद्धांत में "medium is the message" तथा मीडिया की संवेदनीयता (hot vs. cool media) के लिए प्रसिद्ध हैं।

A. प्रिंटेड प्रेस पूर्ण सहभागिता की माँग करता है जैसा कि टेलीफोन में नहीं होता।

यह सही नहीं है। मैक्लुहान के अनुसार प्रिंट एक hot medium है – यह अधिक सूचना प्रदान करता है और कम सहभागिता की आवश्यकता होती है। जबकि टेलीफोन एक cool medium है, जो अधिक सहभागिता चाहता है।

B. प्रिंट व्यक्ति की प्रौद्योगिकी है।

यह सत्य है। मैक्लुहान ने कहा कि प्रिंट संस्कृति व्यक्तिवाद (individualism) को बढ़ाती है क्योंकि यह रैखिक, निजी और एकल-इकाई संचार पर आधारित है।

C. सिनेमा भावशून्य माध्यम है।

यह गलत है। मैक्लुहान के अनुसार फिल्म (cinema) एक hot medium है – यह उच्च दृष्टि-सम्पन्नता प्रदान करता है और दर्शक को अधिक भावात्मक रूप से संलग्न करता है।

D. टेलीविजन भावशून्य माध्यम है।

यह सही है। टेलीविजन एक cool medium है, जिसमें कम सूचना घनत्व होता है और दर्शक द्वारा अधिक व्याख्या व भागीदारी की आवश्यकता होती है – इसलिए इसे "low definition" माध्यम भी कहते हैं।

E. माध्यम ही संदेश है (The medium is the message)

।

यह मैक्लुहान का सबसे प्रसिद्ध कथन है। इसका अर्थ है कि संचार का माध्यम ही समाज पर वास्तविक प्रभाव डालता है, न कि केवल संदेश की सामग्री।

इस प्रकार सही कथन– B, D, E।

74. डेविड हेल्ड (David Held) और उनके सह-लेखकों ने वैश्वीकरण (Globalization) के विमर्श को तीन मुख्य विचारधारात्मक समूहों में वर्गीकृत किया।

A. हाइपोग्लोबलाइजर्स (Hypo-globalizers) : यह श्रेणी Held की वर्गीकरण सूची में नहीं आती।

B. हाइपरग्लोबलाइजर्स (Hyper-globalizers) : यह सही है। ये मानते हैं कि वैश्वीकरण विश्व अर्थव्यवस्था और राष्ट्र-राज्य को गहराई से बदल रहा है।

C. स्केप्टिक्स (Skeptics) : यह भी सही है। ये दावा करते हैं कि वैश्वीकरण नया नहीं है और इसकी शक्ति अतिरंजित है; राष्ट्र-राज्य अभी भी मजबूत है।

D. हाइब्रिडग्लोबलाइजर्स : यह श्रेणी Held के मॉडल में नहीं है।

E. ट्रांसफॉर्मेशनलिस्ट्स (Transformationalists) : यह सही है। इनके अनुसार वैश्वीकरण न तो अत्यधिक शक्तिशाली है न अतिरंजित; बल्कि यह जटिल और बहु-दिशात्मक परिवर्तन की प्रक्रिया है।

इस प्रकार सही तीन समूह– B, C, E हैं।

75. ब्रोनिस्लाव मैलिनोव्स्की ने 'A Scientific Theory of Culture and Other Essays' में मूल मानव आवश्यकताओं (Basic Needs) की सूची दी है, जिन पर संस्कृति की संस्थाएँ आधारित होती हैं।

A. उपापचय (Metabolism) : यह एक मूल जैविक आवश्यकता है – भोजन और पोषण। मैलिनोव्स्की इसे स्पष्ट रूप से मूल आवश्यकता के रूप में सूचीबद्ध करते हैं।

B. दैहिक सुख (Bodily comfort) : यह भी मूल आवश्यकता है – शारीरिक सुरक्षा, विश्रांति, तापमान संतुलन आदि।

C. स्वच्छता (Hygiene) : यह मैलिनोव्स्की की मूल आवश्यकताओं की सूची में नहीं है; यह बाद की सांस्कृतिक संस्थाओं से जुड़ी है।

D. संचलन (Movement) : यह भी मूल आवश्यकताओं में शामिल है – मनुष्य को गतिशीलता और सुरक्षित आवागमन की आवश्यकता होती है।

E. शरण (Shelter) : यह भी मूल आवश्यकता है, परंतु यहाँ यह विकल्पों के संयोजन में नहीं दिया गया।

मैलिनोव्स्की के अनुसार मूल आवश्यकताएँ– A (उपापचय), B (दैहिक सुख), D (संचलन) हैं।

76. सूची-I के विद्वानों और सूची-II की अवधारणाओं का मिलान इस प्रकार है:

A. अल्फ्रेड शुट्ज → II. जीवन-जगत (Life-world)

शुट्ज ने Husserl की Life-world अवधारणा को समाजशास्त्र में विकसित किया।

B. पियरे बोर्ड्यू → IV. सांस्कृतिक पूँजी (Cultural Capital)

बोर्ड्यू ने सांस्कृतिक पूँजी, सामाजिक पूँजी, हैबिटस आदि की अवधारणाएँ विकसित कीं।

C. अगस्ट कॉम्टे → III. प्रत्यक्षवाद (Positivism)

कॉम्टे प्रत्यक्षवाद के जनक माने जाते हैं।

D. कार्ल मार्क्स → I. विसंबंधन/स्वत्वान्तरण (Alienation)

मार्क्स ने श्रम-विसंबंधन और पूँजीवादी अलगाव की अवधारणा प्रस्तुत की।

इस प्रकार सही संयोजन– A-II, B-IV, C-III, D-I।

77. सूची-I के विद्वानों और सूची-II की अवधारणाओं का सही मिलान:

A. रोनाल्ड बार्थेस → III. Mythologies (माइथोलॉजीज)

बार्थेस की प्रसिद्ध पुस्तक Mythologies संस्कृति में छिपे अर्थों और मिथकों का विश्लेषण करती है।

B. पियरे बोर्ड्यू → I. Cultural Doxa (कल्चरल डॉक्सा)

बोर्ड्यू ने doxa की अवधारणा दी, जो समाज में स्वाभाविक मानी जाने वाली मान्यताओं को दर्शाती है।

C. एंटोनियो ग्राम्शी → IV. Hegemony (हेजेमनी)

ग्राम्शी सांस्कृतिक प्रभुत्व/हेजेमनी के सिद्धांत के लिए प्रसिद्ध हैं।

D. रेमंड विलियम्स → II. The Long Revolution (द लॉन्ग रिवॉल्यूशन)

रेमंड विलियम्स की प्रमुख पुस्तकों में से एक The Long Revolution है।

सही संयोजन– A-III, B-I, C-IV, D-II।

78. सूची-I के विद्वानों और सूची-II की अवधारणाओं का सही मिलान:

A. जॉर्ज पीटर मर्डोक → II. The Universal Function of Family

मर्डोक ने परिवार को एक सार्वभौमिक संस्था बताया और इसके सार्वभौमिक कार्यों को परिभाषित किया।

B. टैल्कॉट पार्संस → I. The Basic and Irreducible Functions of Family

पार्संस ने परिवार की दो आवश्यक भूमिकाएँ बताईं– socialization और stabilization of adult personalities।

C. एडमंड लीच → IV. A Runaway World

लीच ने "Runaway World" में आधुनिक समाज में तेजी से परिवर्तनों की चर्चा की।

D. आर.डी. लायंग → III. The Politics of Family

लायंग ने परिवार के भीतर शक्ति संरचना और मानसिक स्वास्थ्य के संबंध को समझाते हुए यह पुस्तक लिखी।

सही संयोजन– A-II, B-I, C-IV, D-III।

79. सूची-I (विद्वान) और सूची-II (योगदान) का सही मिलानः

A. मैक्स मुलर → III. Origin and Growth of Religion

मैक्स मुलर तुलनात्मक धर्म अध्ययन के प्रमुख विद्वान थे, जिन्होंने धर्म की उत्पत्ति और विकास पर व्यापक कार्य किया।

B. मॉर्गन लुईस एच. → IV. Ancient Society

एल.एच. मॉर्गन की पुस्तक Ancient Society मानव सभ्यता, रिश्तेदारी और सामाजिक विकास का एक क्लासिक अध्ययन है।

C. काने P.V. → I. History of Dharmashastra

P.V. Kane की History of Dharmashastra भारतीय धर्म, कानून और परंपरा पर सबसे विस्तृत ग्रंथों में से एक है।

D. इमाइल दुर्खीम → II. The Elementary Forms of Religious Life

दुर्खीम की यह पुस्तक धर्म की समाजशास्त्रीय समझ का आधार है, जिसमें उन्होंने टोटेमवाद का अध्ययन किया।

सही मिलान– A-III, B-IV, C-I, D-II।

80. सूची-I (विद्वान) और सूची-II (अवधारणा/योगदान) का सही मिलानः

A. जिग्मुंट बौमन → III. Culture as Praxis

बौमन ने संस्कृति को एक सक्रिय सामाजिक प्रक्रिया के रूप में समझाया, जिसे Culture as Praxis में प्रस्तुत किया गया।

B. एंथनी गिडेन्स → I. The Consequences of Modernity

गिडेन्स ने आधुनिकता, समय-स्थान दूरीकरण, और संरचनाकरण सिद्धांत पर अपने कार्य में यह पुस्तक लिखी।

C. रॉबर्ट निस्बेट → IV. The Sociological Tradition

निस्बेट ने समाजशास्त्र की बौद्धिक जड़ों और परंपराओं पर यह महत्वपूर्ण ग्रंथ लिखा।

D. रॉबर्ट रेडफील्ड → II. The Little Community

रेडफील्ड का ग्रामीण समुदायों पर अध्ययन The Little Community के नाम से जाना जाता है।

सही मिलान– A-III, B-I, C-IV, D-II।

81. सूची-I और सूची-II का मिलानः

A. Indian National Committee for Space Research (INCOSPAR) → 1962 (III)

भारत की प्रारंभिक अंतरिक्ष अनुसंधान समिति, जिसकी स्थापना 1962 में विक्रम साराभाई के नेतृत्व में की गई थी।

B. Indian Space Research Organisation (ISRO) → 1969 (I)

ISRO का गठन 1969 में हुआ–यह भारत की मुख्य अंतरिक्ष एजेंसी है।

C. Department of Space (DoS) → 1972 (IV)

भारत सरकार ने 1972 में DoS की स्थापना की, जिसके तहत ISRO भी आता है।

D. Chandrayaan-3 → 2023 (II)

चंद्रयान-3 भारत का तीसरा चंद्र मिशन है, जिसे 2023 में लॉन्च किया गया और भारत चंद्रमा के दक्षिणी ध्रुव पर उतरने वाला पहला देश बना।

सही अनुक्रमः A-III, B-I, C-IV, D-II।

82. सूची-I और सूची-II का मिलानः

A. Risk Society (रिस्क सोसाइटी) → Ulrich Beck (IV)

उलरिच बेक ने "Risk Society" में आधुनिकता द्वारा उत्पन्न वैश्विक जोखिमों को समझाया।

B. Silent Spring (साइलेंट स्प्रिंग) → Rachel Carson (III)

रैचेल कार्सन की 1962 की यह पुस्तक पर्यावरणीय आंदोलन की जननी मानी जाती है–विशेषकर कीटनाशकों के दुष्प्रभावों पर।

C. The Politics of Climate Change (द पॉलिटिक्स ऑफ क्लाइमेट चेंज) → Anthony Giddens (I)

एंथनी गिडेन्स की यह पुस्तक जलवायु परिवर्तन की राजनीति और नीति-निर्माण की बहस पर केंद्रित है।

D. The Population Bomb (द पॉपुलेशन बॉम्ब) → Paul Ehrlich (II)

पॉल एर्लिच ने 1968 में जनसंख्या विस्फोट के खतरों पर यह प्रसिद्ध पुस्तक लिखी।

सही मिलानः A-IV, B-III, C-I, D-II।

83. सूची-I और सूची-II का मिलानः

A. The Philosophical Discourse of Modernity → Jürgen Habermas (II)

हैबरमास ने आधुनिकता, तर्कसंगतता और आलोचनात्मक सिद्धांत पर यह महत्वपूर्ण कृति लिखी।

B. Formations of Modernity → Stuart Hall (III)

स्टुअर्ट हॉल का यह कार्य आधुनिकता और सांस्कृतिक अध्ययन के क्षेत्र में एक प्रमुख ग्रंथ है।

C. The Consequences of Modernity → Anthony Giddens (IV)

गिडेंस ने आधुनिकता के प्रभावों, समय-स्थान दूरीकरण और सामाजिक परिवर्तन का विश्लेषण किया।

D. Modernity at Large: Cultural Dimensions of Globalization → Arjun Appadurai (I)

यह पुस्तक वैश्वीकरण की सांस्कृतिक गतिशीलताओं और "scapes" की अवधारणा पर आधारित है।

सही मिलानः A-II, B-III, C-IV, D-I।

84. सूची-I और सूची-II का मिलानः

A. Power, Authority and Legitimacy (शक्ति, प्राधिकार और वैधता) → Max Weber (III)

वेबर ने वैध प्राधिकार के प्रकार—परंपरागत, करिश्माई और कानूनी-तर्कसंगत—की व्याख्या की।

B. Dyad and Triad (द्वयक और त्रयक) → Georg Simmel (IV)

सिमेल ने सामाजिक समूहों की मूल संरचनाओं पर यह प्रसिद्ध अवधारणा दी।

C. Logico-experimental Sociology (तार्किक-प्रयोगात्मक समाजशास्त्र) → Vilfredo Pareto (II)

परेटो ने समाजशास्त्र में वैज्ञानिक और तार्किक विधि के प्रयोग पर जोर दिया।

D. Mind, Self and Society (मन, आत्म और समाज) → G.H. Mead (I)

मीड़ ने प्रतीकात्मक अंतःक्रियावाद (Symbolic Interactionism) के आधारभूत सिद्धांत दिए।

सही मिलानः A-III, B-IV, C-II, D-I।

85. सूची-I और सूची-II का सही मिलानः

A. Organic Analogy (आर्गेनिक/जैविक उपमा) → Herbert Spencer (II)

स्पेन्सर ने समाज की तुलना एक जीवित जैविक शरीर से की—जहाँ विभिन्न सामाजिक संस्थाएँ शरीर के अंगों की तरह कार्य करती हैं और एक-दूसरे पर निर्भर रहती हैं।

B. System in Equilibrium (संतुलन में प्रणाली) → Vilfredo Pareto (IV)

परेटो ने समाज को एक गतिशील संतुलन में रहने वाली प्रणाली के रूप में समझाया—जहाँ सामाजिक परिवर्तन के बावजूद व्यवस्था संतुलन की ओर लौटती है।

C. Consensus Universalis (सार्वभौमिक सहमति) → Auguste Comte (I)

कॉम्टे ने सामाजिक व्यवस्था और स्थिरता के लिए सार्वभौमिक सहमति को अनिवार्य तत्व बताया। सामाजिक एकता इसी सामूहिक सहमति पर आधारित है।

D. Causal-Functional Analysis (कारण-प्रकार्यात्मक विश्लेषण) → Émile Durkheim (III)

दुर्खीम ने सामाजिक तथ्यों को दो दृष्टियों से समझने की बात की—

1. उनका कारण (Cause)
2. समाज में उनका कार्य (Function)

इसीलिए यह विश्लेषण उनके कार्य से जुड़ा हुआ है।

सही मिलानः A-II, B-IV, C-I, D-III।

86. सूची-I और सूची-II का सही मिलानः

A. चमत्कारी, वैचारिक और संगठनात्मक आंदोलन → T.K. Oommen (III)

टी.के. ओमन ने सामाजिक आंदोलनों का वर्गीकरण नेतृत्व शैली के आधार पर किया— करिश्माई (charismatic), वैचारिक (ideological) और संगठनात्मक (organizational)।

B. संचयी, वैकल्पिक और रूपांतरकारी आंदोलन → Partha Mukerji (I)

पार्थ मुखर्जी ने सामाजिक आंदोलनों को परिवर्तन की दिशा और तीव्रता के आधार पर— संचयी (cumulative), वैकल्पिक (alternative), और रूपांतरणकारी (transformative) में वर्गीकृत किया।

C. विप्लव, विद्रोह, सुधार और क्रांति → Ghanshyam Shah (IV)

घनश्याम शाह ने इन चार प्रकार के सामाजिक-राजनीतिक आंदोलनों का विस्तार से विश्लेषण किया। जो जन-आंदोलनों की प्रकृति और तीव्रता को दर्शाते हैं।

D. सुधारवादी, रचनांतरणकारी और क्रांतिकारी आंदोलन → M.S.A. Rao (II)

एम.एस.ए. राव ने आंदोलनों को परिवर्तन की डिग्री के आधार पर– सुधारवादी (reformist), परिवर्तनकारी (transformatory), और क्रांतिकारी (revolutionary) के रूप में वर्गीकृत किया।

सही मिलानः A-III, B-I, C-IV, D-II।

87. सूची-I और सूची-II का सही मिलानः

A. Competing Functions of Environment (पर्यावरण के प्रतिस्पर्धी कार्य) → W. Catton & R. Dunlap (IV)

कैटोन और डनलप ने पर्यावरण के तीन आधारभूत कार्य– संसाधन प्रदाता, कचरा ग्रहणकर्ता, और निवास स्थान को प्रतिस्पर्धात्मक भूमिकाओं के रूप में समझाया।

B. POET Model (Population-Organization-Environment-Technology) → O.D. Duncan (III)

डंकन का POET मॉडल मानव-पारिस्थितिक अध्ययन की आधारभूत रूपरेखा है जो बताता है कि समाज-पर्यावरण संबंध इन चार तत्वों से नियंत्रित होते हैं।

C. Ecological Modernization (पारिस्थितिक आधुनिकीकरण) → Moll & Spaargaren (II)

मोल और स्पारगारेन ने यह सिद्धांत दिया कि तकनीकी नवाचार और नीति सुधार आधुनिक समाज में पर्यावरणीय संकटों को कम कर सकते हैं।

D. Societal-Environmental Dialectic (समाज-पर्यावरण द्वंद्वात्मकता) → Allan Schnaiberg (I)

श्नेबर्ग ने "Treadmill of Production" सिद्धांत के माध्यम से पूँजीवादी उत्पादन प्रणाली और पर्यावरणीय क्षरण के द्वंद्वात्मक संबंध को समझाया।

सही मिलानः A-IV, B-III, C-II, D-I।

88. सूची-I और सूची-II का मिलानः

A. M.S.A. Rao → SNDP Movement (III)

एम.एस.ए. राव ने दक्षिण भारत के सामाजिक आंदोलनों में एस.एन.डी.पी. (Sree Narayana Dharma Paripalana) आंदोलन पर महत्वपूर्ण कार्य किया।

B. T.K. Oommen → Sarvodaya & Gramdan Movement (I)

टी.के. ओमन गांधीवादी आंदोलनों–विशेषकर सर्वोदय और ग्रामदान–पर अपने विश्लेषण के लिए प्रसिद्ध हैं।

C. Dipankar Gupta → Shiv Sena Movement (II)

दीपांकर गुप्ता ने शहरी राजनीति और पहचान आधारित आंदोलनों पर अध्ययन किया, जिनमें शिवसेना आंदोलन शामिल है।

D. P.N. Mukerji → Naxalbari Movement (IV)

पी.एन. मुखर्जी ने वर्ग संघर्ष और नक्सली आंदोलनों का गहन अध्ययन किया।

सही मिलानः A-III, B-I, C-II, D-IV।

89. सूची-I और सूची-II का सही मिलान – संशोधित उत्तर

A. The Sociologist and Social Change in India Today → Radhakamal Mukerji (III)

राधाकमल मुखर्जी ने भारतीय समाज में सामाजिक परिवर्तन, मानवतावाद और भारतीय समाजशास्त्र की दिशा पर व्यापक लेखन किया। यह पुस्तक उनकी इसी बौद्धिक परंपरा का हिस्सा है।

B. Caste and Communication in an Indian Village → D.N. Majumdar (IV)

डी.एन. मजूमदार ने भारतीय ग्रामीण समाज, जाति व्यवस्था और लोकसंचार (communication patterns) पर यह महत्वपूर्ण अध्ययन किया।

C. Diversities → D.P. Mukerji (I)

डी.पी. मुखर्जी भारतीय संस्कृति, परंपरा और सामाजिक विविधताओं को ऐतिहासिक-सांस्कृतिक दृष्टिकोण से समझाने के लिए जाने जाते हैं। "Diversities" इस विमर्श का प्रमुख योगदान है।

D. Sociology of Indian Sociology → Ramkrishna Mukerji (II)

रामकृष्ण मुखर्जी ने भारतीय समाजशास्त्र की विकास यात्रा, उसके बौद्धिक आधार, और समाजशास्त्रीय परंपराओं का विश्लेषण इस पुस्तक में किया।

सही मिलानः A-III, B-IV, C-I, D-II।

90. सूची-I और सूची-II का मिलानः

A. The Value Proposition (मूल्य प्रतिपादन) → George Homans (III)

होमन्स ने विनिमय सिद्धांत में 'value proposition' दिया– यदि कोई क्रिया मूल्यवान मानी जाती है, तो व्यक्ति उसे पुनः करने का प्रयास करेगा।

B. Sympathetic Introspection (सहानुभूतिपूर्ण अंतर्दृष्टि) → Charles Cooley (IV)

कूली ने समाज को समझने के लिए "sympathetic introspection" यानी सहानुभूतिपूर्ण आत्म-अवलोकन का उपयोग किया।

C. Homo Sociologicus (समाजशास्त्रीय मानव) → James Coleman (I)

जेम्स कोलमैन ने तर्कसंगत सामाजिक अभिनेता की अवधारणा और "homo sociologicus" को व्यवहारिक विकल्पों के संदर्भ में समझाया।

D. Practice (प्रेक्टिस) → Pierre Bourdieu (II)

बोर्द्यू ने 'प्रेक्टिस' को habitus, पिमसक और capital के परस्पर संबंध से उत्पन्न सामाजिक क्रिया के रूप में समझाया।

सही मिलानः A-III, B-IV, C-I, D-II।

91. अनुच्छेद की पहली पंक्ति स्पष्ट रूप से कहती है– ''आधुनिकता जोखिम की संस्कृति है।''

इसका अर्थ है कि आधुनिकता का केंद्रीय तत्व जोखिम की गणना, प्रबंधन और अनुभव है। आधुनिकता पूरी तरह जोखिम-आधारित ढांचे में काम करती है।

92. अनुच्छेद बताता है कि आधुनिकता में लोग–
चाहे वे साधारण नागरिक हों या तकनीकी विशेषज्ञ,
–सामाजिक दुनिया को जोखिम के विचार के आधार पर संगठित करते हैं।

इसका अर्थ है कि आधुनिक समाज में जोखिम विश्लेषण जीवन और निर्णयों का मुख्य आधार बन गया है।

93. आधुनिकता क्यों अनिश्चित है?

कथनों का विश्लेषणः

A. सही – यह पुराने जोखिम कम करती है, पर नए और बड़े जोखिम पैदा करती है।

B. सही – कई जोखिम पूर्व आधुनिक काल में बिल्कुल अज्ञात थे।

C. सही – आधुनिकता "runaway engine" की तरह है, जो कभी भी नियंत्रण से बाहर हो सकती है।

D. सही – इसकी यात्रा न पूरी तरह सुखद है न पूरी तरह दुखद, जो अनिश्चितता दर्शाता है।

E. गलत – अनुच्छेद कहता है कि हम पूर्ण नियंत्रण नहीं कर सकते; विकल्प में विपरीत कहा है।

इसलिए सही विकल्प वह है जिसमें A, B, C और D हों।

94. अनुच्छेद में आधुनिकता को ''जगरनॉट'' कहा गया है– एक विशाल, शक्तिशाली, अनियंत्रित वाहन की तरह, जो तेज गति से चलता है और मार्ग बदल सकता है।

यह उपमा आधुनिकता की शक्ति और अनिश्चितता दोनों को दर्शाती है।

95. अनुच्छेद में कहा गया है कि आधुनिकता की यात्रा– ''किसी भी तरह से पूरी तरह अहर्षकारी या अलाभकारी नहीं होती''

बल्कि इसमें आनंद, आशा और अनिश्चितता का मिश्रण होता है।

इसका मतलब है कि यात्रा पूरी तरह सुखद या दुखद नहीं, बल्कि मिश्रित है।

96. यह गद्यांश उस प्रक्रिया को वर्णित करता है जहाँ एक साधारण गाँव की घटना को – विधिक, चिकित्सकीय, नैदानिक और ज्ञान-सत्ता (knowledge-power) की मशीनरी द्वारा – अपराध, शरीर और कामुकता के वैज्ञानिक परीक्षण में बदल दिया जाता है।

पूरा विवरण ''शरीर, अपराध, शक्ति, ज्ञान, चिकित्सकीय परीक्षण'' के सूत्र से जुड़ा हुआ है।

यह विश्लेषण शैली मिशेल फूको (Michel Foucault) की है, जिनका काम जैव-राजनीति, चिकित्सा-शक्ति और sexuality discourses से संबंधित है।

97. गद्यांश इस बात को दिखाता है कि साधारण ग्रामीण व्यवहार को–

चिकित्सा, कानून, विशेषज्ञ ज्ञान, और शक्ति-संरचना – के माध्यम से नियंत्रित और परिभाषित किया जाने लगा।

फूको के सिद्धांतों के अनुसार यह तीन मुख्य पक्षों पर केंद्रित हैः

A. जैव-राजनीति – शरीर का प्रबंधन, नियंत्रण और विश्लेषण

B. ज्ञान और शक्ति – विशेषज्ञों द्वारा ''सत्य'' का निर्माण

D. कामुकता – ग्रामीण कामुक व्यवहार को चिकित्सा और कानून का विषय बनाना

C (नौकरशाही) संदर्भ का गौण पक्ष है, पर मुख्य विश्लेषण फूको के ट्रायड पर आधारित है: biopolitics + power-knowledge + sexuality।

98. गद्यांश का वाक्य – "अपराधमुक्त घोषित करके उन्होंने उसे औषधि और ज्ञान की वस्तु बना दिया" – फूको के अनुसार दो प्रक्रियाओं को दर्शाता है:

A. शरीर का विषयीकरण (Subjectification) – व्यक्ति को "विषय" के रूप में तैयार करना, जिस पर ज्ञान लागू किया जाता है।

B. शरीर का चिकित्सकीकरण (Medicalization) – सामान्य व्यवहार को चिकित्सा-ज्ञान के अंतर्गत बीमारी या नैदानिक जाँच के रूप में बदल देना।

C (राजनीतिकरण) और D (विविषयीकरण) यहाँ लागू नहीं होते।

99. गद्यांश यह दर्शाता है कि आधुनिक समाज में:

B. जनता का टकटकी लगाकर देखना (gzae) – फूको का "medical gzae"

C. सामान्य और अपसामान्य – साधारण व्यवहार को 'असामान्यता' घोषित करने की प्रक्रिया

D. सत्य का शासन (regime of truth) – विशेषज्ञों द्वारा निर्मित 'वैध सत्य' जो व्यक्ति को परिभाषित करता है

A (सत्य की निरपेक्षता) फूको के दृष्टिकोण के विरुद्ध है, क्योंकि वे "सत्य को सत्ता द्वारा निर्मित" मानते हैं।

100. गद्यांश आधुनिकता की उन प्रक्रियाओं को दिखाता है जिन पर फूको जोर देते हैं:

A. कामुकता नियंत्रण – sexual behaviour को विनियमित करना

B. विज्ञान एवं प्रौद्योगिकी – शरीर का मापन, परीक्षण, विशेषज्ञ रिपोर्ट

D. स्वीकारोक्ति (Confession) – व्यक्ति से उसके विचार, इच्छाएँ, झुकाव पूछना (Foucault's confessional practices)

C (self-policing) यहाँ प्रत्यक्ष रूप से नहीं दिखता।

YOUR SPACE

पिछले प्रश्न-पत्र

National Testing Agency (NTA)

UGC-NET जूनियर रिसर्च फैलोशिप तथा सहायक प्राध्यापक पात्रता परीक्षा

समाजशास्त्र, जनवरी-2025

(Exam held on 16-01-2025)

प्रश्न-पत्र-II

1. सामाजिक शोध में परिकल्पना निर्माण में क्या-क्या कठिनाइयाँ होती हैं?

A. स्पष्ट सैद्धांतिक फ्रेमवर्क का अभाव

B. सैद्धांतिक फ्रेमवर्क का उपयोग करने की क्षमता का अभाव

C. उपलब्ध शोध तकनीकों की जानकारी प्राप्त करने में विफलता

D. शीर्षक के निर्माण में पूर्वाग्रह

E. प्रतिदर्शों के चयन में लैंगिक पक्षपात

नीचे दिए गए विकल्पों में से **सही** उत्तर का चयन कीजिए :

1. केवल B, C, D 2. केवल A, C, D
3. केवल A, B, C 4. केवल C, D, E

2. निम्नलिखित में से किसने समाजशास्त्रीय सिद्धांत में रंगमंच के रूपक का उपयोग किया था?

1. हैरोल्ड गारफिन्केल 2. इर्विंग गॉफमेन
3. अल्फ्रेड शुट्ज 4. पीटर बर्जर

3. निम्नलिखित में से कौन-सा गलत कथन है?

1. जेन्डर एक सामाजिक-सांस्कृतिक एवं मानव निर्मित अवधारणा है।
2. जेन्डर पुरुषत्व और स्त्रीत्व के गुणों, प्रतिमानों, भूमिकाओं एवं उत्तरदायित्वों को संदर्भित करता है।
3. जेन्डर एक चर (परिवर्तनशील) है।
4. जेन्डर को परिवर्तित नहीं किया जा सकता।

4. ग्लोबल सिटी में सस्किआ सासेन द्वारा बताए गए लक्षणों का समूह बनाइए :

A. वे वैश्विक अर्थव्यवस्था के लिए कमांड पोस्ट के रूप में विकसित हुए हैं।

B. वे वित्तीय और विशिष्ट सेवा फर्मों के लिए प्रमुख स्थान हैं।

C. वे उत्पादन और नवाचार के स्थल हैं।

D. वे ऐसे बाजार हैं जिनमें वित्तीय और सेवा उद्योगों के उत्पाद हैं।

E. वे सापेक्ष रूप से मानव अधिवासों के बड़े रूप हैं।

नीचे दिए गए विकल्पों में से **सही** उत्तर का चयन कीजिए :

1. केवल A, B, D, C
2. केवल A, B, C, D
3. केवल A, C, D, E
4. केवल A, C, B, E

5. मर्टन का भूमिका सिद्धांत प्रतिबिम्बित करता है :

A. उपभोक्तावाद

B. भूमिकाएँ नकारात्मक अपेक्षाओं और कर्तव्यों का समुच्चय है।

C. कर्ता अपेक्षाओं को आन्तरिकृत करता है।
D. लैंगिक भूमिका
E. ध्यानाकर्षी उपभोग

नीचे दिए गए विकल्पों में से **सही** उत्तर का चयन कीजिए :

1. केवल A और B
2. केवल A और E
3. केवल B और C
4. केवल C और E

6. शैक्षिक प्राप्ति के प्रभावक कारकों के समूह बताइए :

A. भोज्य आदत
B. सामाजिक वर्ग
C. व्यक्ति की लम्बाई
D. विद्यालय की गुणवत्ता का स्तर
E. जेंडर

नीचे दिए गए विकल्पों में से **सही** उत्तर का चयन कीजिए :

1. केवल B, D, E
2. केवल A, E, C
3. केवल C, A, E
4. केवल B, D, C

7. सूची-I के साथ सूची-II का मिलान कीजिए :

सूची-I	**सूची-II**
A. उदार नारीवाद	I. फ्रेडरिक एंजलेस
B. समाजवादी और मार्क्सवादी नारीवाद	II. शुलामिथ फायरस्टोन
C. उग्र नारीवाद	III. बेल हुक्स
D. अश्वेत नारीवाद	IV. जॉन स्टुअर्ट मिल

नीचे दिए गए विकल्पों में से **सही** उत्तर का चयन कीजिए :

1. A-I, B-II, C-IV, D-III
2. A-II, B-III, C-I, D-IV
3. A-IV, B-I, C-II, D-III
4. A-I, B-II, C-III, D-IV

8. सूची-I के साथ सूची-II का मिलान कीजिए :

सूची-I	**सूची-II**
A. सजातीय	I. जो विवाह द्वारा किसी व्यक्ति से संबंधित है।
B. वंशागत	II. यह नातेदारी समूह के एक पहलू को इंगित करता है।
C. पार्श्विक	III. यह नातेदारी समूह की एक रेखा को संदर्भित करता है।
D. वैवाहिक	IV. सभी व्यक्ति, जो किसी व्यक्ति के साथ रक्त-संबंध से संबंधित हैं।

नीचे दिए गए विकल्पों में से **सही** उत्तर का चयन कीजिए :

1. A-III, B-IV, C-I, D-II
2. A-IV, B-III, C-II, D-I
3. A-II, B-I, C-IV, D-III
4. A-I, B-II, C-IV, D-III

9. सूची-I के साथ सूची-II का मिलान कीजिए :

सूची-I	**सूची-II**
A. संरचनावाद	I. इरविंग गॉफमैन
B. नारीवाद	II. ईमाइल दुर्खीम
C. प्रकार्यवाद	III. जुलिएट मिशेल
D. प्रतीकात्मक अन्तर्क्रियावाद	IV. लेवी स्ट्रॉस

नीचे दिए गए विकल्पों में से **सही** उत्तर का चयन कीजिए :

1. A-I, B-II, C-III, D-IV
2. A-II, B-IV, C-I, D-III
3. A-III, B-II, C-I, D-IV
4. A-IV, B-III, C-II, D-I

10. योगेन्द्र सिंह के अनुसार निम्नलिखित में से कौन कानून का कार्य नहीं है?

1. परिवर्तन के एक सूचक के रूप में
2. पविर्तन के प्रवर्तक के रूप में
3. परिवर्तन के एक समाकलक के रूप में
4. परिवर्तन के एक विरोधी के रूप में

11. सामाजिक विश्व में सामूहिक चेतना का एक महत्वपूर्ण स्थान है। यह निम्नलिखित को इंगित करती है :

A. लोगों के विश्वासों और भावनाओं की समग्रता
B. स्वतंत्र, निश्चित और सांस्कृतिक व्यवस्था
C. लोगों के विश्वासों और भावनाओं की वैयक्तिकता
D. स्वतंत्र, अनिश्चित और सांस्कृतिक व्यवस्था
E. स्वहित की प्राथमिकता

नीचे दिए गए विकल्पों में से **सही** उत्तर का चयन कीजिए :

1. केवल A और C 2. केवल B और C
3. केवल C और D 4. केवल A और B

12. साइबर क्राइम निम्नलिखित में से कौन-से कानून के अन्तर्गत कानून का उल्लंघन माना जाता है?

A. 66 A B. 66 B
C. 66 C D. 66 D
E. 66 E

नीचे दिए गए विकल्पों में से **सही** उत्तर का चयन कीजिए :

1. केवल A, B, C, D
2. केवल B, C, D, E
3. केवल C, D, E, A
4. केवल A, B, E, D

13. मैक्सवेबर के अनुसार, आदर्श प्रकारों के लक्षण निम्न हो सकते हैं :

A. अनुभवाश्रित उपकरण
B. आनुभविक शोध करने में सहायक उपकरण
C. सामाजिक विश्व के किसी विशेष पहलू को समझने में सहायक
D. विश्लेषणात्मक निर्माण
E. समाज वैज्ञानिक की सनक और कल्पना के उत्पाद हैं।

नीचे दिए गए विकल्पों में से **सही** उत्तर का चयन कीजिए :

1. केवल B, A, E, D
2. केवल E, B, D, C
3. केवल B, A, D, E
4. केवल D, B, A, C

14. निम्नलिखित में से किसने सुझाव दिया था कि एक व्याख्या वह है, जो सामान्य ज्ञान से भिन्न हो जाती है?

1. टालकॉट पार्सन्स 2. ईमाइल दुर्खीम
3. रॉबर्ट के. मर्टन 4. मैक्स वेबर

15. फूको की पुस्तकों के प्रकाशनों को कालक्रमिक क्रम में लिखिए :

A. आर्कियोलॉजी ऑफ नॉलेज एंड डिस्कोर्स ऑन लैंग्वेज
B. मैडनस एंड सिविलाइजेशन
C. दी ऑर्डर ऑफ थिंग्स : एन आर्कियोलॉजी ऑफ ह्यूमन साइंस
D. दी बर्थ ऑफ दी क्लीनिक : एन आर्कियोलॉजी ऑफ मेडिकल परसेप्शन
E. डिसिप्लीन एंड पनिश : दी बर्थ ऑफ दी प्रिजन

नीचे दिए गए विकल्पों में से **सही** उत्तर का चयन कीजिए :

1. B, E, C, D, A
2. A, C, E, B, D
3. B, D, C, A, E
4. A, D, B, E, C

16. निम्नलिखित में से किसने इस विचार को अस्वीकृत किया कि समाजशास्त्रियों को वैयक्तिक मनोविज्ञान का अध्ययन करना चाहिए?

1. टालकॉट पार्सन्स 2. मैक्स वेबर
3. ईमाइल दुर्खीम 4. विल्फ्रेडो पैरेटो

17. एक एकल समुदाय के रूप में मानव विश्व का विश्लेषण करने की दिशा में राष्ट्र-राज्य आधारित चिंतन के परे परिवर्तन को किस नाम से जाना जाता है?

1. कॉस्मोपॉलिटैनिज्म (सर्वदेशीयता)
2. नगरवाद
3. उदारवाद
4. नव-उदारवाद

18. निम्नलिखित में से किसमें सामाजिक शोध में नैतिक सिद्धांतों को सम्मिलित नहीं किया जाता है?

1. सहमति 2. निजता
3. छल 4. संज्ञान

19. विद्वानों ने नारीवाद पद्धति के बारे में टिप्पणी की हैं :

A. मारग्रेट मीड B. सैंड्रा हार्डिंग
C. कैरोल गिलीगन D. हैडी आई. हार्टमैन
E. डी. हार्वे

नीचे दिए गए विकल्पों में से **सही** उत्तर का चयन कीजिए :

1. केवल B, C और D
2. केवल A, B और D
3. केवल E, C और A
4. केवल C, D और E

20. उत्तरदाता से पूछे जाने वाले प्रश्नों के प्रकारों के तार्किक अनुक्रम को व्यवस्थित कीजिए :

A. रुचि जगाते हुए साक्षात्कार में लाना।

B. ऐसी मदों के क्रम में चलना जो सरल से जटिल हो।

C. व्यक्तिगत सूचना के लिए अचानक और शीघ्र अनुरोध

D. किसी पश्च या अग्र-गमत के बिना फ्रेम का सुगम अंतरण

E. स्पष्ट करने का अवसर दिए बिना शर्मिन्दा करनेवाला

नीचे दिए गए विकल्पों में से **सही** उत्तर का चयन कीजिए :

1. A, B, C, D, E
2. A, C, B, E, D
3. A, B, C, E, D
4. A, D, E, C, B

21. किसने "नियो-ट्राइब्स" शब्द को व्यक्तियों के छोटे समूहों के रूप में प्रतिपादित किया जो कि स्वैच्छिक रूप से साझा संगीत रुचियों, वैचारिकी, उपभोक्ता वरीयता एवं अन्य के आधार पर एक साथ बंध जाते हैं?

1. मार्टिन्यू
2. मारक्यूज
3. मार्शल
4. माफेसोली

22. सूची-I के साथ सूची-II का मिलान कीजिए :

सूची-I	सूची-II
A. रॉबर्ट के. मर्टन	I. मार्क्सवाद
B. फ्रेड डेविस	II. लोकविधि शास्त्र
C. डॉन एच. जिमरमैन	III. प्रतीकात्मक अन्तर्क्रियावाद
D. कार्ल मार्क्स	IV. प्रकार्यवाद

नीचे दिए गए विकल्पों में से **सही** उत्तर का चयन कीजिए :

1. A-III, B-II, C-I, D-IV
2. A-II, B-I, C-IV, D-III
3. A-I, B-III, C-IV, D-II
4. A-IV, B-III, C-II, D-I

23. निम्नलिखित में से कौन समाजवैज्ञानिक शोध अभिकल्प (डिजाइन) हैं?

A. यादृच्छिक द्वि-समूह प्रारूप

B. चार समूह प्रारूप

C. अर्द्ध-प्रायोगिक प्रारूप

D. समय-शृंखला प्रारूप

E. पार्श्व प्रारूप

नीचे दिए गए विकल्पों में से **सही** उत्तर का चयन कीजिए :

1. केवल A, B, C, D
2. केवल A, C, D, E
3. केवल C, A, E, B
4. केवल A, B, D, E

24. भारत में परिवर्तन की सांस्कृतिक प्रक्रिया को लघु और बृहत परम्पराओं की सहायता से स्पष्ट किया गया है। प्रत्येक परम्परा का अपना सामाजिक संगठन होता है और विषयों, विचारों या प्रतीकों का एक निरंतर प्रवाह होता है। यह प्रक्रिया किसके माध्यम से शुरू होती है?

1. भौतिक और अभौतिक कारक
2. साम्प्रदायिक और धर्म निरपेक्ष कारक
3. नियत विकासीय (ऑर्थोजेनेटिक) और विषम जातीय (हेटरोजेनेटिक) कारक
4. आनुभविक और सैद्धांतिक कारक

25. भारत में जाति संबंधी सामाजिक अध्ययनों को कालक्रमानुसार लगाइए :

A. कास्ट इन कंटेम्पोरेरी इंडिया

B. कास्ट एंड क्लास इन इंडिया

C. कास्ट इन माडर्न इंडिया एंड अदर ऐसेज

D. होमो हायरारकीकस्

E. कास्ट, क्लास एंड पावर

नीचे दिए गए विकल्पों में से **सही** उत्तर का चयन कीजिए :

1. A, B, C, D, E
2. B, E, D, C, A
3. E, D, B, A, C
4. C, A, D, B, E

26. निम्नलिखित को उस क्रम में लगाइए जिसमें दंड प्रणाली अपराध से निपटती है?

A. निवारण
B. पुनर्वास
C. पुनःस्थापन
D. अक्षम बनाना
E. प्रतिकार

नीचे दिए गए विकल्पों में से **सही** उत्तर का चयन कीजिए :

1. B, C, A, E, D
2. A, B, C, D, E
3. A, B, C, E, D
4. B, A, C, D, E

27. किसने अपने अध्ययन के आधार पर सामाजिक आन्दोलन का—करिश्माई, संगठनात्मक और विचारात्मक, त्रि-स्तरीय वर्गीकरण किया?

1. पी.एन. मुखर्जी
2. घनश्याम शाह
3. डी.एन. धनाग्रे
4. टी.के. ओमेन

28. निम्नलिखित में से कौन पुस्तक 'सोसायटी इन अमेरिका' का लेखक है?

1. जैन एडम्स
2. हैरियट मार्टिनियू
3. नैन्सी फ्रेजर
4. तिथि भट्टाचार्य

29. निम्नलिखित में से कौन 'कल्चर एंड इम्पीरियलिज्म' पुस्तक का लेखक है?

1. गायत्री स्पिवाक
2. एडवर्ड सैद
3. पैट्रिशिया हिल कॉलिन्स
4. जुडिथ बटलर

30. सूची-I के साथ सूची-II का मिलान कीजिए :

सूची-I	सूची-II
A. आर. कार्सटेन	I. मैजिक, साइंस एवं रिलीजन
B. आर.ए. लोवी	II. प्रीमिटीव रिलीजन
C. बी. मैलिनोव्स्की	III. दी थ्रेशहोल्ड ऑफ रिलीजन
D. आर.आर. मैरेट	IV. दी ओरिजिन्स ऑफ रिलीजन

नीचे दिए गए विकल्पों में से **सही** उत्तर का चयन कीजिए :

1. A-II, B-I, C-IV, D-III
2. A-IV, B-II, C-I, D-III
3. A-I, B-II, C-IV, D-III
4. A-III, B-IV, C-II, D-I

31. सूची-I के साथ सूची-II का मिलान कीजिए :

सूची-I	सूची-II
A. सामाजिक संस्था	I. लोगों का समूह जो विशिष्ट उद्देश्य या सीमित संख्या में उद्देश्यों के लिए एकजुट हुआ है।
B. भीड़	II. व्यक्तियों का एकत्रण जो एक मान्य संरचना के अंतर्गत एक-दूसरे से अन्तर्क्रिया में हो।
C. सामाजिक समूह	III. व्यक्तियों और समूहों के बीच संबंध को शासित करने वाली प्रक्रिया के स्थायी और स्वीकार्य रूप
D. समिति	IV. अस्थिरता और अव्यवस्था जैसी विशेषताओं वाली अनियंत्रित भीड़

नीचे दिए गए विकल्पों में से **सही** उत्तर का चयन कीजिए :

1. A-IV, B-II, C-I, D-III
2. A-I, B-II, C-IV, D-III
3. A-III, B-IV, C-II, D-I
4. A-II, B-I, C-III, D-IV

32. निम्नलिखित में से किसने यह तर्क दिया है कि, "जेन्डर कुछ ऐसा है, जोकि 'क्रिया' या 'निष्पादित' किया जाता है, इसके बाद, यह कुछ ऐसा भी है, जिसे तब 'अनिष्पादित' नहीं किया जा सकता, जब इसका एक समूह द्वारा अन्य समूह पर शक्ति का प्रयोग करने के लिए उपयोग किया जाता है।"

1. जुडिथ बटलर
2. के. डब्ल्यू. क्रेन्शॉ
3. साइमन डी. बुवा
4. मार्था नुसबॉम

33. निम्नलिखित में से कौन-सा संस्कृति का एक घटक नहीं है?

1. प्रतीक
2. भाषा
3. मूल्य और विश्वास
4. सांस्कृतिक संघर्ष

34. डब्ल्यू. आई. थॉमस के 'फोर विशेज़' द्वारा की गई पुनर्मूल्यांकन की भ्रांति के उदाहरण निम्नलिखित में से कौन-से हैं?

A. नई स्थिति का अनुभव करना
B. अन्य की मान्यता को सुरक्षित करना
C. परिकल्पनात्मक सहभागिता
D. सुरक्षा के भाव को बनाए रखना
E. अन्य से प्रत्युत्तर प्राप्त करना

नीचे दिए गए विकल्पों में से **सही** उत्तर का चयन कीजिए :

1. केवल A, B, D, E
2. केवल A, B, C, D
3. केवल B, C, D, E
4. केवल A, C, D, E

35. मार्क्सवादी परिप्रेक्ष्य के अनुसार शिक्षा का मुख्य कार्य क्या है?

1. श्रम शक्ति का पुनरोत्पादन
2. व्यक्ति की पूर्ण क्षमता को विकसित करना
3. समाज में एकजुटता और एकीकरण करना
4. समाज में असमानता को समाप्त करना

36. सूची-I के साथ सूची-II का मिलान कीजिए :

सूची-I	सूची-II
A. कोन्याक नागा	I. किचुकी
B. अंगामी नागा	II. बान
C. ओरांव	III. घोटुल
D. गोंड	IV. धुमकुरिया

नीचे दिए गए विकल्पों में से **सही** उत्तर का चयन कीजिए :

1. A-II, B-I, C-IV, D-III
2. A-I, B-II, C-III, D-IV
3. A-IV, B-III, C-II, D-I
4. A-III, B-IV, C-I, D-II

37. भारत में निम्नलिखित पिछड़ा वर्ग के आन्दोलन को कालक्रमानुसार लगाइए :

A. स्वाभिमान आन्दोलन
B. सत्यशोधक समाज
C. महार आन्दोलन
D. द्रविड़ आन्दोलन
E. एस.एन.डी.पी. आन्दोलन

नीचे दिए गए विकल्पों में से **सही** उत्तर का चयन कीजिए :

1. C, B, E, A, D
2. A, D, B, C, E
3. B, E, D, C, A
4. E, D, A, C, B

38. जाति, वर्ग, जेन्डर और नृजातीयता के विभाजनों को मिलाकर सामाजिक असमानता के जटिल स्वरूपों का निर्माण होता है। यह कथन किसके विचार से निकटतम है?

1. आर. डब्ल्यू. कॉनेल
2. के. डब्ल्यू. क्रेन्शॉ
3. मैनुअल कैशल्स
4. माइकल फूको

39. जे. हेबरमास ने ज्ञान के तीन मूलभूत प्रकारों पर जोर दिया जो मानव तर्कबुद्धि के सम्पूर्ण प्रसार-क्षेत्र को सम्मिलित कर लेते हैं। ज्ञान के ये तीन मूल प्रकार क्या हैं?

A. आनुभविक-विश्लेषिक ज्ञान

B. वांछित ज्ञान

C. शास्त्रार्थमीमांसा - ऐतिहासिक ज्ञान

D. आलोचनात्मक ज्ञान

E. आनुभविक - सैद्धांतिक ज्ञान

नीचे दिए गए विकल्पों में से **सही** उत्तर का चयन कीजिए :

1. केवल A, C और D
2. केवल B, A और C
3. केवल B, C, D और E
4. केवल A, B, C और D

40. निम्नलिखित में से किसने जोर देकर कहा था कि मनुष्य और क्षेत्र पृथक नहीं हैं, बल्कि अंतर-निर्भर इकाइयां, प्लास्टिक, प्रवाही और वृद्धिकारी हैं।

1. राधाकमल मुकर्जी
2. डी.पी. मुकर्जी
3. ए.के. सरण
4. डी.एन. मजूमदार

41. एन्थोनी गिड्डेन्स के अनुसार, नए आर्थिक समाजशास्त्र की केन्द्रीय संकल्पना, जो समाजशास्त्रियों के लिए आर्थिक मुद्दों को समाजशास्त्रीय पदों में पुनःसूत्रीकृत करना सुगम बनाती है, वह कहलाती है :

1. परिवार पूंजीवाद
2. सामाजिक अन्तःस्थापन
3. प्रबंधकीय पूंजीवाद
4. कल्याणकारी पूंजीवाद

42. वह पारिभाषिक शब्द कौन-सा है, जो उन व्यक्तियों की लैंगिक पहचान और निष्पादन का द्योतक है, जिनको जन्म के समय पुरुषत्व और स्त्रीत्व के प्रबल मानकों के अनुसार निर्दिष्ट किया गया है?

1. ट्रांसजेन्डर
2. बाईजेन्डर
3. सिसजेन्डर
4. जेनोजेन्डर

43. एंथोनी गिड्डेन्स ने वर्तमान जगत में हो रहे परिवर्तन को समझने के लिए सैद्धान्तिक दृष्टिकोण को किसके आधार पर विकसित किया?

A. सामाजिक प्रतिबिंबन

B. प्रथागत कारणों पर बल

C. उत्तराधुनिक स्थितियाँ

D. महान आख्यान का अन्त

E. गतिमान विश्व

नीचे दिए गए विकल्पों में से **सही** उत्तर का चयन कीजिए :

1. केवल D और E
2. केवल C और A
3. केवल A और E
4. केवल A और D

44. सूची-I के साथ सूची-II का मिलान कीजिए :

सूची-I	**सूची-II**
A. अनुच्छेद 51(g)	I. कूड़े का संग्रहण और निस्तारण (नई दिल्ली नगर निगम)
B. अनुच्छेद 48(A) के साथ पठित अनुच्छेद 21	II. प्रदूषण मुक्त जल
C. सुभाष कुमार बनाम बिहार सरकार	III. प्राकृतिक पर्यावरण की रक्षा और सुधार
D. एम.सी. मेहता बनाम भारत सरकार	IV. वाहनों को सी.एन.जी. से चलाने का बदलाव

नीचे दिए गए विकल्पों में से **सही** उत्तर का चयन कीजिए :

1. A-I, B-II, C-III, D-IV
2. A-II, B-I, C-III, D-IV
3. A-IV, B-I, C-II, D-III
4. A-III, B-I, C-II, D-IV

45. ई-गवर्नेंस के मॉडल क्या हैं?

A. ब्रॉडकास्टिंग मॉडल

B. क्रिटिकल फ्लो मॉडल

C. लॉबिंग मॉडल

D. तीसरा चरण

E. छठा चरण

नीचे दिए गए विकल्पों में से **सही** उत्तर का चयन कीजिए :

1. केवल B, C, D
2. केवल C, D, E
3. केवल A, B, C
4. केवल B, D, E

46. भारत के ग्राम अध्ययनों को कालक्रमानुसार व्यवस्थित कीजिए :

A. नीलगिरी पहाड़ियों में कोटा गाँव
B. ओडिशा की पहाड़ियों में बिसिपारा और बोलस्कोपा गाँव
C. मद्रास राज्य के तंजावुर में कुम्बापेट्टाओ गाँव
D. पूर्वी उत्तर प्रदेश का सेनापुर गाँव
E. उत्तर प्रदेश का किशनगढ़ी गाँव

नीचे दिए गए विकल्पों में से **सही** उत्तर का चयन कीजिए :

1. C, B, A, E, D
2. E, D, B, A, C
3. B, C, D, E, A
4. A, B, E, C, D

47. निम्नलिखित में से किसने 'रनवे वर्ल्ड' की अवधारणा का प्रतिपादन किया था?

1. अर्जुन अप्पादुराई
2. एंथोनी गिडेन्स
3. सास्किया सैजिन
4. मैनुअल कैशल्स

48. सम्प्रेषणात्मक शक्ति के साथ-साथ भौतिक वर्ग संघर्षों का उपयोग पूंजीवाद को हटाने का केन्द्र-बिन्दु रहा है। इस कथन से कौन संबंधित है?

1. कार्ल मार्क्स
2. ए. ग्राम्शी
3. डी. हार्वे
4. आर. मिलिबैंड

49. मीडिया के इतिहास को कालक्रमानुसार लगाइए :

A. पहला स्थायी सिनेमा
B. पहली बार 'दि टाइम्स' का प्रकाशन
C. पहला यू.एस.ए. रेडियो स्टेशन
D. मोबाइल फोन का तेजी से विस्तार
E. यूनाइटेड किंगडम में पहली स्थानीय ब्रिटिश ब्रॉडकास्टिंग कंपनी

नीचे दिए गए विकल्पों में से **सही** उत्तर का चयन कीजिए :

1. A, B, C, D, E
2. A, B, C, E, D
3. B, A, C, E, D
4. B, A, C, D, E

50. सूची-I के साथ सूची-II का मिलान कीजिए :

सूची-I	सूची-II
A. ट्रांस-सेक्सुअल पुरुष	I. एक पुरुष जो महिला बन जाता है।
B. ट्रांस-सेक्सुअल महिला	II. एक महिला जो नियमित रूप से पुरुष की तरह कपड़े पहनती है।
C. ट्रांसवेस्टाइट महिला	III. एक पुरुष जो नियमित रूप से महिला की तरह कपड़े पहनता है।
D. ट्रांसवेस्टाइट पुरुष	IV. एक महिला जो पुरुष बन जाती है।

नीचे दिए गए विकल्पों में से **सही** उत्तर का चयन कीजिए :

1. A-III, B-II, C-IV, D-I
2. A-II, B-III, C-I, D-IV
3. A-IV, B-I, C-II, D-III
4. A-I, B-II, C-IV, D-III

51. डॉ. अम्बेडकर द्वारा प्रदत्त सैद्धांतिक और दार्शनिक अंतर्दृष्टि में शामिल हैं :

A. व्यक्ति के स्थान के साथ हिन्दू सामाजिक व्यवस्था
B. जातियों का विनाश
C. अंतर-जातीय विवाह की प्रथा को प्रोत्साहित करना
D. एक ही जाति के पुजारी होने की प्रथा को स्वीकार करना
E. हिन्दुओं के पवित्र ग्रंथों की वैधता को स्वीकार करना

नीचे दिए गए विकल्पों में से **सही** उत्तर का चयन कीजिए :

1. केवल B, D, E
2. केवल B, C, A
3. केवल B, C, D
4. केवल B, A, E

52. ऐसे सही तर्कों का समूह बनाइए जो धर्म की तार्किक चयन के सिद्धांत को स्पष्ट करता हो :

A. इसकी उत्पत्ति अमेरिका में हुई।
B. यह तर्क कि स्त्री की अधीनता ईश्वर की इच्छा है।

C. यह माना जाता है कि अधिकांश लोग स्वतः ही धार्मिक होते हैं।
D. धर्म मानव के संघर्ष के सत्य से दूर करता है।
E. यह तर्क दिया जाता है कि धर्म में विश्वास के पीछे तार्किक कारण हैं।

नीचे दिए गए विकल्पों में से **सही** उत्तर का चयन कीजिए :

1. केवल E, B, C 2. केवल A, C, E
3. केवल B, A, E 4. केवल B, E, C

53. अन्तर्क्रिया के क्षेत्र में निम्नलिखित में से कौन-सा गोफमेन के अन्तर्क्रिया के सूत्र से संबंधित नहीं है?

1. कर्ता गोपनीय प्रसन्नता को छिपाना चाह सकता है।
2. पात्र उन त्रुटियों को छुपाना चाह सकता है जो प्रदर्शन की तैयारी करते समय और त्रुटियों को सही करने के लिए किए गए उपायों को छिपाना चाह सकता है।
3. पात्र केवल अंतिम निर्माण को दर्शाना आवश्यक समझेगा और उसके निर्माण की प्रक्रिया को छिपाना चाहता है।
4. गोफमेन ने समूह के अंदर उच्च सत्यनिष्ठा को पल्लवित करने के लिए विभिन्न नाटकीय विश्लेषण संबंधी सत्यनिष्ठा के विभिन्न रूपों को सुझाया है।

54. 'गोत्र का ईश्वर कोई नहीं बल्कि गोत्र स्वयं हो सकता है।' इस वाक्य से निम्नलिखित में से कौन सम्बद्ध हैं?

1. जे.जी. फ्रेजर 2. ई. दुर्खीम
3. डब्ल्यू. आर. स्मिथ 4. आर.एच. लोवी

55. निम्नलिखित में से किसने प्रसिद्ध नुएर समाज का अध्ययन किया?

1. रॉबिन फॉक्स 2. इवांस-प्रिचर्ड
3. जी.पी. मर्डोक 4. लूसी मैयर

56. नव सामाजिक आन्दोलन सिद्धान्त की विशेषताएं क्या-क्या हैं?

A. गैर-वर्ग स्वरूप की प्रमुखता
B. अस्मिता एवं स्वायत्तता पर केन्द्रण
C. राज्य की शक्ति हथियाने पर केन्द्रण
D. जमीनी स्तर की राजनीति पर केन्द्रण
E. गैर-स्तरीकृत स्वरूप

नीचे दिए गए विकल्पों में से **सही** उत्तर का चयन कीजिए :

1. केवल A, C और D
2. केवल A, B, D और E
3. केवल B, C, D और E
4. केवल C, D, A और B

57. कार्यप्रणाली-अभिविन्यास-पोस्टफैक्टम-सामान्यीकरण अनुक्रमण किसके द्वारा दिया गया था?

1. रॉबर्ट मर्टन 2. टैल्कॉट पार्सन्स
3. मैक्स वेबर 4. जॉर्ज सी. होमन्स

58. भारत में निम्नलिखित जनजातीय विद्रोहों को कालक्रमानुसार लगाइए :

A. बिरसा मुंडा विद्रोह
B. संथाल विद्रोह
C. मुंडा विद्रोह
D. बाबा तिलका माझी विद्रोह
E. ताना भगत विद्रोह

नीचे दिए गए विकल्पों में से **सही** उत्तर का चयन कीजिए :

1. B, E, D, C, A
2. A, C, B, D, E
3. D, B, A, C, E
4. E, A, C, B, D

59. कार्ल मार्क्स के अनुसार पूंजीवाद की प्राथमिक विशेषता क्या है?

1. लालच का मनोवैज्ञानिक लक्षण
2. सामूहिक हित पर जोर
3. लाभ की अथक खोज
4. पूंजीपति ईमानदार और उदार लोग होते हैं

60. निम्नलिखित में से किसने संयुक्त परिवार को "उन लोगों के एक समूह के रूप में परिभाषित किया, जो सामान्यतः एक छत तले रहते हैं, जो एक रसोई में तैयार किए भोजन का सेवन करते हैं, जो साझे में सम्पत्ति के स्वामी हैं, जो साझे में पारिवारिक पूजा-अर्चना

करते हैं और सगोत्रता के आधार पर एक-दूसरे से संबंधित हैं।"

1. इरावती कर्वे
2. के.एम कपाड़िया
3. ए.एम. शाह
4. आई.पी. देसाई

61. शहरी जीवन के निम्नलिखित पैटर्न को कालानुक्रमिक क्रम में व्यवस्थित करें।

A. शुरुआती शहरों का विकास
B. औद्योगिक शहरों का उदय
C. मेगा शहरों की विस्फोटक वृद्धि
D. वैश्विक शहरों का हालिया उदय
E. अंतहीन शहर

नीचे दिए गए विकल्पों में से **सही** उत्तर का चयन कीजिए :

1. A, B, C, D, E
2. A, C, B, D, E
3. A, D, B, E, C
4. A, B, E, D, C

62. निम्नलिखित में से किसका 19वीं सदी के सामाजिक-धार्मिक सुधार आंदोलनों पर प्रभाव नहीं है?

1. बहुसंख्यक में राष्ट्रीय जागरण का सृजन
2. हिन्दुत्व का एक सहनशील और विवेकशील धर्म के रूप में पुनःस्थापना
3. जाति व्यवस्था के वंशानुगत लक्षण और कठोरता पर प्रहार
4. वृद्धजनों की सामाजिक प्रस्थिति का सुधार

63. सूची-I के साथ सूची-II का मिलान कीजिए :

सूची-I	सूची-II
A. दिव्यांगजनों का अध्ययन	I. जी.एस. घूरिये
B. अधीनस्थ अध्ययन	II. अनीता घई
C. नातेदारी अध्ययन	III. पार्थ चटर्जी
D. जाति अध्ययन	IV. ए.सी. मेयर

नीचे दिए गए विकल्पों में से **सही** उत्तर का चयन कीजिए :

1. A-IV, B-III, C-I, D-II
2. A-II, B-III, C-IV, D-I
3. A-III, B-II, C-IV, D-I
4. A-I, B-II, C-III, D-IV

64. सूची-I के साथ सूची-II का मिलान कीजिए :

सूची-I	सूची-II
A. कार्ल मार्क्स	I. द एलीमेंटरी फॉर्म्स ऑफ रिलीजियस लाइफ
B. मैक्स वेबर	II. कोर्स डि फिलोसॉफी पॉजीटिव
C. ईमाइल दुर्खीम	III. द प्रोटेस्टेन्ट इथिक्स एंड स्पिरीट ऑफ कैपिटलिज्म
D. ऑगस्ते काम्ते	IV. द इकोनॉमिक एंड फिलॉसिफिक मैनुस्क्रिप्ट ऑफ 1844

नीचे दिए गए विकल्पों में से **सही** उत्तर का चयन कीजिए :

1. A-I, B-IV, C-III, D-II
2. A-IV, B-III, C-I, D-II
3. A-III, B-I, C-II, D-IV
4. A-II, B-I, C-IV, D-III

65. निम्नलिखित सामाजिक कानूनों को कालक्रमानुसार लगाइए :

A. घरेलू हिंसा अधिनियम
B. हिन्दू विवाह अधिनियम
C. सम्पत्ति का अधिकार अधिनियम
D. विशेष विवाह अधिनियम
E. हिन्दू उत्तराधिकार अधिनियम

नीचे दिए गए विकल्पों में से **सही** उत्तर का चयन कीजिए :

1. D, B, E, C, A
2. D, E, C, A, B
3. B, C, A, D, E
4. B, E, C, A, D

66. सूची-I के साथ सूची-II का मिलान कीजिए :

सूची-I	सूची-II
A. दलित आन्दोलन	I. बिरसा मुंडा
B. पिछड़ा वर्ग आन्दोलन	II. जी.बी. पंत
C. जनजातीय आन्दोलन	III. शर्मिला रेगे
D. महिला आन्दोलन	IV. ज्योतिबा फुले

नीचे दिए गए विकल्पों में से **सही** उत्तर का चयन कीजिए :

1. A-IV, B-II, C-III, D-I
2. A-III, B-IV, C-II, D-I
3. A-IV, B-II, C-I, D-III
4. A-I, B-II, C-IV, D-III

67. कौन तर्क देता है कि आधुनिकता एक 'अधूरी परियोजना' है। इसे इतिहास के कूड़ेदान में डालने के बजाय, हमें इसे आगे बढ़ाना चाहिए, अधिक लोकतंत्र, अधिक स्वतंत्रता और अधिक तर्कसंगत नीतियों के लिए प्रयास करना चाहिए?

1. एडवर्ड सईद
2. जुर्गन हेबरमास
3. मैनुअल कैस्टेल्स
4. एंथनी गिडेंस

68. मैक्स वेबर निम्नलिखित में से किसके माध्यम से वस्तुनिष्ठता को देखते हैं?

1. नृजातिकेंद्रवाद
2. तार्किकीकरण
3. सार्वभौमिकीकरण
4. क्षेत्रीयकरण

69. राधाकमल मुकर्जी के अनुसार सीमाकरण का एक आध्यात्मिक आयाम है। वह कैसे इस प्रघटना को स्पष्ट करते हैं?

A. मनुष्य क्रमिक रूप से अनुभवातीत ऊँचाइयों को पार कर रहे हैं।

B. लोग एकता, पूर्णता, अनुभवातीत की खोज करते हैं।

C. लोगों की शारीरिक और भौतिक स्थितियों में गहन भागीदारी।

D. मनुष्य बॉयोजेनिक और अस्तित्वात्मक स्तरों की बाधाओं पर पार पा रहे हैं।

E. लोगों की कला और मिथक में गहन भागीदारी।

नीचे दिए गए विकल्पों में से **सही** उत्तर का चयन कीजिए :

1. केवल C, B, A, D
2. केवल A, B, C, D
3. केवल A, D, B, E
4. केवल A, C, D, E

70. किसने यह तर्क दिया है कि उनके अध्ययन के आधार पर प्रवासी ग्रामीण सर्वदेशीयता के प्रतिनिधि हैं?

1. बी.एस. बावीस्कर एवं अन्य
2. एस.एस. जोधका एवं अन्य
3. आर. भगत और अन्य
4. जेन ब्रेमेन एवं अन्य

71. निम्नलिखित में से कौन-सा सिद्धान्त यह सुझाव देता है कि संरचना और कार्य आवश्यक रूप से एक-दूसरे से संबंधित हैं और प्रतिकूल नहीं है?

1. संरचनावाद
2. संरचनात्मक-प्रकार्यवाद
3. संरचना (स्ट्रक्चरेशन)
4. उत्तर-संरचनावाद

72. प्रजनन की आवश्यकताओं से मुक्त मानव की लैंगिकता (सेक्सुअलिटी) और वैयक्तिक विकल्पों द्वारा ढालना को क्या कहा जाता है?

1. लैंगिकता
2. प्लास्टिक लैंगिकता
3. विषमलैंगिकता
4. समलैंगिकता

73. सूची-I के साथ सूची-II का मिलान कीजिए :

सूची-I	सूची-II
A. शक्ति	I. इसका आशय है कि किस सीमा तक कोई व्यक्ति या समूह अपनी इच्छा को दूसरों पर थोप सकता है।
B. प्रतिष्ठा	II. अनुष्ठान की शुद्धता के अनुसार वर्गीकृत सामाजिक समूह
C. सम्पत्ति	III. आदर या सम्मान की मात्रा से संबंधित
D. जाति	IV. भौतिक सम्पदाओं से संबंधित

नीचे दिए गए विकल्पों में से **सही** उत्तर का चयन कीजिए :

1. A-I, B-II, C-IV, D-III
2. A-II, B-III, C-IV, D-I
3. A-I, B-III, C-IV, D-II
4. A-IV, B-III, C-II, D-I

74. निम्नलिखित में से किसके द्वारा पहली बार 'सामाजिक-जीवविज्ञान' को विकसित किया गया था?

1. ई.ओ. विल्सन
2. डेविड बाराश
3. डार्विन
4. जॉर्ज पीटर मर्डोक

75. निम्नलिखित में से कौन पारंपरिक समाजों या सभ्यता के लक्षण हैं?

A. आकार में बहुत वृहद्, कई लाख तक संख्या हो सकती है।
B. कुछ नगर विद्यमान होते हैं जिनमें व्यापार और विनिर्माण संकेन्द्रित होता है।
C. मुख्यतः उद्योग पर आधारित
D. मुख्यतः कृषि पर आधारित
E. किसी राजा या सम्राट के अधीन एक विशिष्ट सरकार तंत्र

नीचे दिए गए विकल्पों में से **सही** उत्तर का चयन कीजिए :

1. केवल A, B, D, E
2. केवल A, C, D, E
3. केवल B, C, D, E
4. A, B, C, D, E

76. निम्नलिखित में से किसको अर्जित प्रस्थिति के रूप में वर्गीकृत किया जाएगा?

1. लिंग
2. आयु
3. जाति
4. वैवाहिक प्रस्थिति

77. किसने शहर को 'परजीवी' (आर्थिक विकास के प्रभाव को कम करनेवाला) और ज़ननकारी (परिवर्तन के केन्द्र के रूप में कार्य करता है और आर्थिक विकास को प्रेरित करता है) के रूप में विभेदीकृत किया?

1. पार्क और बर्गेस
2. ए.जी. फ्रैंक
3. होसलिट्ज
4. आर.के. मुकर्जी

78. रोगों की प्रवृत्ति और उनके होने की आवृत्ति को कालक्रमानुसार लगाइए :

A. महामारी
B. क्षय रोग
C. हृदय रोग
D. अल्जाइमर
E. कैंसर

नीचे दिए गए विकल्पों में से **सही** उत्तर का चयन कीजिए :

1. A, B, E, C, D
2. A, B, C, D, E
3. A, B, D, E, C
4. A, B, C, E, D

79. गैर-परंपरागत राजनैतिक क्रिया किन निम्न विशेषताओं को प्रदर्शित करती है?

A. जन आन्दोलन
B. हिंसा
C. सामूहिक प्रयास
D. साझा लक्ष्य
E. परम्परागत लक्ष्य

नीचे दिए गए विकल्पों में से **सही** उत्तर का चयन कीजिए :

1. केवल A, C, D, E
2. केवल B, C, D, E
3. केवल C, A, D, B
4. केवल A, B, C, E

80. सूची-I के साथ सूची-II का मिलान कीजिए :

सूची-I	सूची-II
A. शून्य परिकल्पना	I. वह परिकल्पना जो दो चरों के बीच संबंध की दिशा का पूर्वानुमान लगाती है
B. वैकल्पिक परिकल्पना	II. ऐसा कथन जिसमें दो चरों के बीच कोई संबंध न हो
C. दिशात्मक परिकल्पना	III. परिकल्पना जो दो चरों के बीच संबंध का अनुमान लगाती है, तथापि संबंध की प्रकृति या दिशा निर्धारित नहीं होती
D. गैर-दिशात्मक परिकल्पना	IV. वह कथन जिसमें चरों के बीच कोई सांख्यिकीय संबंध हो

नीचे दिए गए विकल्पों में से **सही** उत्तर का चयन कीजिए :

1. A-I, B-II, C-IV, D-III
2. A-IV, B-III, C-I, D-II
3. A-II, B-IV, C-I, D-III
4. A-III, B-I, C-IV, D-II

81. कल्पित समुदाय किसको संदर्भित करते हैं?

1. सामाजिक रूप से संरचित एक समुदाय, जिसकी उन लोगों द्वारा कल्पना की जाती है, जो अपने आपको उस समूह के अंग के रूप में महसूस करते हैं।
2. व्यक्तियों की एक श्रेणी, जो जैविक रूप से संचारित उन गुणों को साझा करती है, जिनके द्वारा समाज के सदस्यों को सामाजिक रूप से महत्वपूर्ण माना जाता है।
3. व्यक्तियों का एक समूह, जो समाज में सामान्य वर्ग की प्रस्थिति को साझा करता है।
4. समाज में सामान्य सामाजिक प्रस्थिति को साझा करनेवाला व्यक्तियों का एक समूह।

82. नागरिक समाज की मूलभूत मान्यताएँ क्या हैं?

A. नागरिक समाज का शिष्टाचार
B. नागरिक समाज और राज्य के बीच पृथकता
C. नागरिक समाज और बाजार के बीच अंतर्भूत संबंध
D. नागरिक समाज और पारम्परिक मौलिक निष्ठाओं के बीच अंतर्भूत संबंध
E. नागरिक समाज और लोकतंत्र के बीच अंतर्भूत संबंध

नीचे दिए गए विकल्पों में से **सही** उत्तर का चयन कीजिए :

1. केवल A, B, E　　2. केवल B, C, D
3. केवल C, D, E　　4. केवल D, E, A

83. मानव सम्प्रेषण के विकास की निम्नलिखित अवस्थाओं को क्रम से लगाइए :

A. संकेत युग　　B. इलेक्ट्रॉनिक युग
C. मुद्रण युग　　D. लेखन युग
E. सूचना युग

नीचे दिए गए विकल्पों में से **सही** उत्तर का चयन कीजिए :

1. A, D, B, E, C
2. A, D, C, B, E
3. A, B, E, D, C
4. A, B, D, E, C

84. शोध में जनगणना पद्धति निदर्श की गणना की .... प्रतिशत होती है।

1. 25 प्रतिशत　　2. 50 प्रतिशत
3. 75 प्रतिशत　　4. 100 प्रतिशत

85. नील जे. स्मेलसर ने एक सामाजिक आन्दोलन के उभरने के लिए कौन-से छह मूल्य वर्धित तत्वों का प्रतिपादन किया?

A. ढांचागत दबाव
B. ढांचागत अनुकूलता
C. सामान्यीकृत विश्वास और प्रवाही कारक
D. कार्य की एकजुटता
E. करिश्माई नेतृत्व

नीचे दिए गए विकल्पों में से **सही** उत्तर का चयन कीजिए :

1. केवल E, C, B, A
2. केवल D, B, A, C
3. केवल A, B, D, E
4. केवल B, C, D, E

86. निम्नलिखित में से कौन पर-संस्कृतिकरण से संबंधित व्याख्यापरक अवधारणाओं के एक निकाय के विकास की दिशा में संबद्ध नहीं है?

1. आर. लिन्टन　　2. आर. रेडफील्ड
3. एम. जे. हर्स्कोविट्ज　　4. बी. मैलिनोस्की

87. निम्नलिखित भारतीय कानूनों को कालक्रम के अनुसार व्यवस्थित कीजिए।

A. ओरियन्टल गैस कम्पनी अधिनियम
B. भारतीय पेट्रोलियम अधिनियम
C. परमाणु ऊर्जा अधिनियम
D. मोटर वाहन अधिनियम
E. कारखाना अधिनियम

नीचे दिए गए विकल्पों में से **सही** उत्तर का चयन कीजिए :

1. A, B, E, D, C
2. A, B, D, E, C
3. A, B, D, C, E
4. B, A, D, C, E

88. कार्ल मार्क्स वस्तुकरण (ऑब्जेक्टीफिकेशन) की प्रक्रिया में जुटे रहे जिसका अर्थ है :

A. मानव खाद्य पदार्थ, कपड़े और आश्रय जैसी वस्तुओं का उत्पादन/निर्माण करता है।

B. यह भौतिकवादी उन्मुखीकरण को पुनःपुष्ट करता है।

C. यह वास्तविक कर्ताओं (एक्टर्स) के वास्तविक विश्व में उनकी रुचि को पुनःपुष्ट करता है।

D. यह पुनःपुष्ट करता है कि कला और संस्कृति से आनंद सामाजिक विश्व में महत्वपूर्ण है।

E. इसे सच्चे कार्यक्षेत्र के रूप में माना जाता है, जिसमें लोग अपनी मानव क्षमताओं को अभिव्यक्त करते हैं।

नीचे दिए गए विकल्पों में से **सही** उत्तर का चयन कीजिए :

1. केवल B, C, D, E
2. केवल A, C, D, E
3. केवल A, B, C, E
4. केवल A, B, C, D

89. निम्नलिखित में से किस दृष्टिकोण द्वारा सामाजिक परिवर्तन को नहीं समझा जा सकता है?

1. आदर्शात्मक
2. मूल्य-प्रतिमान
3. संज्ञानात्मक संरचना
4. ठहराव (सोजोर्न)

90. सूची-I के साथ सूची-II का मिलान कीजिए :

सूची-I	सूची-II
A. एम.एन. श्रीनिवास	I. कास्ट एंड किनशिप इन सेंट्रल इंडिया
B. ई.के गफ	II. दि हिन्दू फैमिली इन इट्स अर्बन सेटिंग
C. ए.सी. मायर	III. रिलीजन एंड सोसाइटी अमंग दि कुर्ग्स ऑफ साउथ इंडिया
D. एडी. रॉस	IV. चेंजिंग किनशिप यूजेज इन दि सेटिंग ऑफ पॉलिटिकल एंड इकोनॉमिक चेंज अमंग दि नायर्स ऑफ मालाबार

नीचे दिए गए विकल्पों में से **सही** उत्तर का चयन कीजिए :

1. A-III, B-IV, C-I, D-II
2. A-I, B-II, C-IV, D-III
3. A-II, B-I, C-III, D-IV
4. A-III, B-IV, C-II, D-I

निर्देश (प्रश्न संख्या 91 से 95 तक): *निम्नलिखित गद्यांश को पढ़ें और प्रश्नों के उत्तर दीजिए।*

वैश्वीकरण एक संयोजन प्रक्रिया है। यह समाज में विकासों की एक श्रृंखला के सम्मिलन का परिणाम है जोकि गुणात्मक रूप से नवीन आगमन है। इसमें सम्मिलित हैं : विज्ञान और प्रौद्योगिकी के संचार में तत्कालीन क्रांति, वित्त, पूंजी एवं बाजार में उच्च वर्गीय गतिशीलता, सामाजिक गतिशीलता में वृद्धि, कार्मिक का प्रवजन और वैश्विक डायस्पोरा का अभ्युदय। इससे सम्बद्ध योगदानदारी प्रक्रियाएँ हैं : मीडिया अनावृत्ति के माध्यम से विविध समूहों में सांस्कृतिक क्रियाकलापों का तीव्रीकरण, अवकाश के समय में बढ़ी हुई गतिविधियाँ, पर्यटन में वृद्धि, मनोरंजन की बुनियादी सुविधाएँ और सांस्कृतिक उत्पादों, कार्मिकों एवं शैलियों का विपणन। एक खण्डीय उपागम में, विश्लेषकों ने पृथक घटनाक्रमों के रूप में 'वित्तीय या पूँजीगत वैश्वीकरण', 'दूरसंचार' या 'मीडिया वैश्वीकरण' और 'सांस्कृतिक वैश्वीकरण' का अध्ययन किया है तथा इसके बाद एक के प्रभाव के अवलोकन का प्रयास किया है। उदाहरणार्थ 'वित्तीय या पूंजीगत' वैश्वीकरण का अन्य खण्डों पर प्रभाव जैसे 'मीडिया', 'संचार' अथवा 'संस्कृति'। यह खण्ड हैं जैसे 'मीडिया', 'संचार' अथवा 'संस्कृति'। इस उपागम की दो कमजोरियां हैं : प्रथमतः, यह अवशिष्ट सामाजिक संरचनात्मक यथार्थों की भूमिकाओं को विस्तारित करने में एवं उन तरीकों, जिसमें वे वैश्वीकरण के इन तीनों आयामों में से किसी एक यथा-पूंजी, संचार या संस्कृति से अन्तर्क्रिया करते हैं, में विफल रहते हैं। परिणामतः इस प्रकार का विवेचन यह स्पष्ट करने में अक्षम रहता है कि क्यों कुछ समाजों, समुदायों या समूहों द्वारा वैश्वीकरण का प्रतिरोध एवं इसकी संस्थाओं एवं वैचारिकी को अस्वीकार किया जाता है जबकि अन्य इसे स्वीकार करते हैं एवं इसकी आगमन का उत्सव मनाते हैं। एक नए समाज के अभ्युदय में अर्थव्यवस्था, राजतंत्र और संस्कृति के एक मूल संरचनात्मक रूपांतरण तथा

एक पूंजीवादी या एक उत्तरपूंजीवादी सामाजिक व्यवस्था के व्यवस्थापरक विशेषताओं के परे जाने की क्षमता है। इसका प्रकटीकरण अन्ततः एक नए सामाजिक व्यवस्था के जन्म में योगदान करता है।

91. वैश्वीकरण की प्रक्रिया के खंडीय उपागम में क्या-क्या सम्मिलित हैं?

A. सांस्कृतिक वैश्वीकरण
B. मीडिया का वैश्वीकरण
C. पूंजी का वैश्वीकरण
D. राजनीतिक वैश्वीकरण
E. पर्यावरणीय वैश्वीकरण

नीचे दिए गए विकल्पों में से **सही** उत्तर का चयन कीजिए :

1. केवल A और B
2. केवल A, B और C
3. केवल A और C
4. केवल C और D

92. निम्नलिखित में से कौन-सी वैश्वीकरण के खंडीय उपागम की एक कमजोरी नहीं है?

1. वैश्वीकरण को अस्वीकार करना
2. पूंजी का मीडिया और संस्कृति पर प्रभाव
3. अवशिष्ट संरचनात्मक वास्तविकताओं की भूमिका
4. वैश्वीकरण की ऐतिहासिकता

93. निम्नलिखित में से कौन-सा भारत में वैश्वीकरण की प्रक्रिया का परिणाम नहीं है?

1. विलासितापूर्ण गतिविधियों में वृद्धि।
2. सांस्कृतिक उत्पादों का विपणन।
3. सामाजिक मूल्यों में वृद्धि।
4. मनोरंजन की बुनियादी सुविधाएं।

94. एक नए समाज का अभ्युदय किनके संरचनात्मक रूपांतरण पर आधारित है?

A. अर्थव्यवस्था और राजव्यवस्था
B. संस्कृति और अर्थव्यवस्था
C. संस्कृति और राजव्यवस्था
D. अर्थव्यवस्था, राजव्यवस्था और संस्कृति
E. उत्तर-पूंजीवादी आर्थिक व्यवस्था, राजव्यवस्था और संस्कृति के परे

नीचे दिए गए विकल्पों में से **सही** उत्तर का चयन कीजिए :

1. केवल A और B
2. केवल A और C
3. केवल D और E
4. केवल E

95. निम्नलिखित में से कौन-सा वैश्वीकरण की प्रक्रिया का एक परिणाम नहीं है?

1. एक वैश्विक डायस्पोरा का अभ्युदय
2. नृजातिकेन्द्रवाद
3. वित्त के संचलन का उच्च वेग
4. संचार की उन्नत प्रौद्योगिकी

निर्देश (प्रश्न संख्या 96 से 100 तक): *निम्नलिखित गद्यांश को पढ़ें और प्रश्नों के उत्तर दीजिए।*

तीसरे विश्व में ग्रामीण नियोजन के बारे में मोटे तौर पर दो भिन्न उपागम हैं : सुधार उपागम, जिसका उद्देश्य निवर्तमान कृषक उत्पादन प्रणाली में कृषि विकास को प्रोत्साहित करना है और रूपांतरण उपागम, जो कृषकीय एवं सामाजिक संगठन के नए रूपों की स्थापना का प्रयास करता है, और यह प्रचालन, उत्पादन तकनीकों तथा सामाजिक कानूनी संरचना के पैमाने के अर्थ में मौजूदा प्रणाली से आमूल-चूल विच्छेद करता है। सुधार उपागम ब्रिटिश औपनिवेशिक सरकार द्वारा अफ्रीका, भारत और अन्य जगहों पर अपनाई विकास संबंधी नीतियों की विशेष रूप से विशेषता थी। औपनिवेशिक शासन के अंतर्गत विस्तार कार्य प्रायः मृदा अपरदन को रोकने या कतिपय फसलों की खेती को बढ़ावा देने के लिए विभिन्न प्रशासनिक अध्यादेशों के प्रवर्तन के साथ किए जाते थे। इसलिए, उत्पादन के लिए सामान्य उत्प्रेरकों को 'दृढ़ता से अनुनय' करने के साथ जोड़ा गया था। अनुपालन न करने के मामलों के बारे में अदालती कार्रवाई के लिए प्राधिकारियों को सूचना दी गई थी। विभिन्न सरकारों ने राज्य की उन एजेंसियों या कोऑपरेटिव सोसायटीज के जरिए इन फसलों के विपणन को बढ़ावा दिया, जिनमें अपनी उपज की बिक्री के लिए मूल रूप से लघु किसान सम्मिलित था। इस प्रकार, औपनिवेशक सरकार वितरण के साथ-साथ उत्पादन से संबंधित एक आधारभूत संरचना को विकसित करने के प्रति इच्छुक थीं।

96. औपनिवेशिक काल में मृदा क्षरण को कैसे रोका गया था?

1. सरकारी विभागों द्वारा सरकारी परियोजना प्रारम्भ करना
2. क्षेत्र के स्वयंसेवी संगठनों द्वारा
3. प्रशासनिक आदेशों के प्रवर्तन द्वारा
4. कृषकों को अपील करने के द्वारा

97. विकास के बारे में रूपांतरण उपागम किस तरीके से सुधार उपागम से भिन्न था?

1. इसने निरंतर अनुनय के सिद्धांत पर बल दिया था।
2. यह कृषकीय और सामाजिक संगठनों के नए रूपों की स्थापना का प्रयास करता है।
3. इसकी कृषि की मौजूदा प्रणाली को जारी रखने में रुचि थी।
4. यह कृषि क्षेत्र में लघु पैमाने पर प्रचलित होता है।

98. औपनिवेशिक काल में सुधार उपागम का क्या उद्देश्य था?

1. किसानों को गैर-कृषकीय पेशे अपनाने के लिए प्रोत्साहित करना।
2. किसानों को कतिपय विशिष्ट फसलों को उगाने के लिए प्रोत्साहित करना।
3. किसानों को नकदी फसलों के किसी प्रकार को उगाने के लिए प्रोत्साहित करना।
4. किसानों को केवल देशज फसलें उगाने के लिए प्रोत्साहित करना।

99. निम्नलिखित में से किसने सुधार की रणनीति क्रियान्वित की थी?

1. फ्रांसीसी सरकार
2. ब्रिटिश सरकार
3. स्पेन की सरकार
4. अमेरिकी सरकार

100. औपनिवेशिक शासन के दौरान किसके जरिए विस्तार कार्य किया गया था?

1. अवपीड़क शक्ति
2. कृषकों को दी गई स्वतंत्रता
3. निरंतर अनुनय
4. कृषकीय गतिविधियों के संगठन में आमूल-चूल परिवर्तन

व्याख्यात्मक उत्तर

1. (3): सामाजिक शोध में परिकल्पना निर्माण में निम्नलिखित कठिनाइयाँ होती हैं :

A. स्पष्ट सैद्धांतिक फ्रेमवर्क का अभाव : सामाजिक शोध में परिकल्पना निर्माण के लिए एक सुस्पष्ट सैद्धांतिक ढांचा आवश्यक होता है। यदि शोधकर्ता के पास उपयुक्त सिद्धांत नहीं होता है, तो वह सही दिशा में परिकल्पना नहीं बना सकता।

B. सैद्धांतिक फ्रेमवर्क का उपयोग करने की क्षमता का अभाव : कई बार शोधकर्ताओं के पास सैद्धांतिक ढाँचा तो होता है, लेकिन वे उसे व्यावहारिक शोध में कैसे लागू करें, यह समझ नहीं पाते, जिससे परिकल्पना निर्माण में कठिनाई आती है।

C. उपलब्ध शोध तकनीकों की जानकारी प्राप्त करने में विफलता : आधुनिक शोध विधियों और तकनीकों की जानकारी का अभाव शोध की गुणवत्ता और सटीकता को प्रभावित करता है। सही तकनीकों के बिना परिकल्पना को सटीक रूप से परखा नहीं जा सकता।

D और E विकल्प नहीं चुने गए : शीर्षक निर्माण में पूर्वाग्रह और प्रतिदर्शों के चयन में लैंगिक पक्षपात मुख्यतः परिकल्पना निर्माण से कम और शोध निष्पादन से अधिक संबंधित समस्याएँ हैं।

2. (2): इर्विंग गॉफमेन ने समाजशास्त्रीय सिद्धांत में रंगमंचीय रूपक (Dramaturgical Approach) का उपयोग किया। इन्होंने अपनी प्रसिद्ध कृति *The Presentation of Self in Everyday Life* (1959) में सामाजिक अंतःक्रियाओं को मंचन की प्रक्रिया के रूप में व्याख्यायित किया। इनके अनुसार, व्यक्ति सामाजिक जीवन में 'अभिनेता' होते हैं, जो विभिन्न 'मंचों' (front stage और back stage) पर 'भूमिकाएँ' निभाते हैं। यह रूपक दर्शाता है कि लोग सामाजिक अपेक्षाओं और मानदंडों के अनुरूप अपने आचरण को प्रस्तुत करते हैं, ठीक उसी प्रकार जैसे रंगमंच पर कलाकार दर्शकों के सामने प्रदर्शन करते हैं। गॉफमेन का यह दृष्टिकोण प्रतीकात्मक अन्तरक्रिया (symbolic interactionism) पर आधारित है।

3. (4): जेन्डर को परिवर्तित नहीं किया जा सकता। यह कथन गलत है। Gender एक सामाजिक, सांस्कृतिक और मानव निर्मित अवधारणा है, जो पुरुषत्व और स्त्रीत्व से संबंधित सामाजिक भूमिकाओं, मानदंडों व अपेक्षाओं को दर्शाता है। आधुनिक समाज में gender identity परिवर्तनशील मानी जाती है और व्यक्ति अपनी पहचान को सामाजिक और कानूनी रूप से परिवर्तित कर सकते हैं। उदाहरण : वर्ष 2024 तक दुनिया के 40 से अधिक देशों में लिंग पहचान में परिवर्तन को कानूनी मान्यता दी गई है। विश्व स्वास्थ्य संगठन (WHO) और संयुक्त राष्ट्र (UN) ने भी gender को लचीली और व्यक्तिगत पहचान के रूप में मान्यता दी है। इसलिए 'जेन्डर को परिवर्तित नहीं किया जा सकता' कहना वैज्ञानिक व सामाजिक दृष्टि से गलत है।

4. (1, 2): सस्किआ सासेन (Saskia Sassen) ने अपनी प्रसिद्ध पुस्तक The Global City : New York, London, Tokyo (1991) में 'ग्लोबल सिटी' की अवधारणा प्रस्तुत की। उनके अनुसार ग्लोबल सिटी के मुख्य लक्षण निम्नलिखित हैं :

A. वे वैश्विक अर्थव्यवस्था के लिए कमांड पोस्ट के रूप में विकसित हुए हैं : ग्लोबल सिटीज अंतरराष्ट्रीय वित्त, व्यापार और अर्थव्यवस्था के संचालन केंद्र होते हैं। उदाहरण : न्यूयॉर्क, लंदन।

B. वे वित्तीय और विशिष्ट सेवा फर्मों के लिए प्रमुख स्थान हैं : बड़ी वित्तीय कंपनियाँ, कानूनी संस्थान, विज्ञापन एजेंसियाँ और प्रबंधन परामर्श कंपनियाँ इन शहरों में केंद्रित होती हैं।

C. वे उत्पादन और नवाचार के स्थल हैं : खासकर वित्तीय उत्पादों और सूचना आधारित सेवाओं में नवाचार और उच्च स्तरीय उत्पादन होते हैं।

D. वे ऐसे बाजार हैं जिनमें वित्तीय और सेवा उद्योगों के उत्पाद हैं : ग्लोबल सिटी न केवल उत्पादन का स्थान है बल्कि यह वैश्विक सेवाओं और वित्तीय उत्पादों के उपभोग व वितरण का भी मुख्य केंद्र है।

E विकल्प शामिल नहीं है : 'वे सापेक्ष रूप से मानव अधिवासों के बड़े रूप हैं' कहना सामान्य नगरीकरण (urbanization) का लक्षण है, न कि सासेन द्वारा परिभाषित ग्लोबल सिटी का विशेष लक्षण।

5. (3): रॉबर्ट के. मर्टन का भूमिका सिद्धांत यह बताता है कि समाज में प्रत्येक व्यक्ति विशिष्ट भूमिकाएं निभाता है जो अपेक्षाओं और जिम्मेदारियों से जुड़ी होती हैं।

B. भूमिकाएँ नकारात्मक अपेक्षाओं और कर्तव्यों का समुच्चय हैं : मर्टन ने यह दर्शाया कि एक ही व्यक्ति को कई भूमिकाएं निभानी पड़ती हैं, जिससे कभी-कभी भूमिका तनाव (role strain) और टकराव (role conflict) उत्पन्न होता है।

C. कर्ता अपेक्षाओं को आन्तरिकृत करता है : सामाजिक भूमिकाएं समाज द्वारा निर्धारित होती हैं और व्यक्ति उन्हें स्वीकार कर अपने व्यवहार में उतारता है। यह सामाजिक नियंत्रण और अनुशासन की प्रक्रिया है।

A, D, E विकल्प गलत हैं : उपभोक्तावाद, लैंगिक भूमिका और ध्यानाकर्षी उपभोग मर्टन के भूमिका सिद्धांत के प्रत्यक्ष घटक नहीं हैं।

6. (1): शैक्षिक प्राप्ति (educational attainment) विभिन्न सामाजिक और व्यक्तिगत कारकों से प्रभावित होती है।

B. सामाजिक वर्ग : ऊंचे सामाजिक वर्गों के बच्चों को शिक्षा में अधिक संसाधन, बेहतर विद्यालय और शैक्षिक समर्थन प्राप्त होता है।

D. विद्यालय की गुणवत्ता का स्तर : विद्यालय का बुनियादी ढांचा, शिक्षक गुणवत्ता, पाठ्यक्रम की उपयुक्तता आदि सीधे विद्यार्थी की उपलब्धि को प्रभावित करते हैं।

E. जेंडर : लैंगिक भेदभाव, सामाजिक अपेक्षाएं और अवसरों में असमानता शैक्षिक उपलब्धि में अंतर पैदा करती हैं।

A और C विकल्प गलत हैं : भोज्य आदत और व्यक्ति की लम्बाई का शैक्षिक उपलब्धि से कोई प्रत्यक्ष संबंध नहीं है।

7. (3): नारीवाद के विभिन्न प्रकारों और उनके प्रमुख चिंतकों का मिलान निम्न प्रकार है।

A. उदार नारीवाद – IV. जॉन स्टुअर्ट मिल : मिल ने *The Subjection of Women* (1869) में स्त्रियों के अधिकारों और समानता की वकालत की।

B. समाजवादी और मार्क्सवादी नारीवाद – I. फ्रेडरिक एंजलेस : एंजलेस ने *The Origin of the Family, Private Property and the State* (1884) में लैंगिक उत्पीड़न की जड़ें आर्थिक संरचनाओं में बताई।

C. उग्र नारीवाद – II. शुलामिथ फायरस्टोन : *The Dialectic of Sex* (1970) में उन्होंने पुरुष प्रभुत्व और पितृसत्ता के उन्मूलन की मांग की।

D. अश्वेत नारीवाद – III. बेल हुक्स : उन्होंने नस्ल, लिंग और वर्ग के परस्पर संबंधों पर विशेष बल दिया।

8. (2): नातृत्व (kinship) अध्ययन में सूची-I और सूची-II का विस्तृत मिलान निम्न प्रकार से किया जाता है :

A. सजातीय – IV. सभी व्यक्ति, जो किसी व्यक्ति के साथ रक्त-संबंध से संबंधित हैं : सजातीय (Consanguine) संबंध रक्त आधारित होते हैं। इसमें माता-पिता, भाई-बहन, दादा-दादी, चाचा-चाची आदि आते हैं। ये रिश्ते जैविक या वंशानुगत होते हैं और परिवार तथा वंश की निरंतरता को बनाए रखने में महत्वपूर्ण भूमिका निभाते हैं।

B. वंशागत – III. यह नातेदारी समूह की एक रेखा को संदर्भित करता है : वंश (Descent) या वंशावली एक विशेष रेखा (Lineage) को संदर्भित करती है, जिससे वंश परंपरा और उत्तराधिकार निर्धारित किया जाता है। वंश दो प्रकार का हो सकता है :

- *Patrilineal descent* (पितृवंशीय) : वंश का निर्धारण पिता की रेखा से।
- *Matrilineal descent* (मातृवंशीय) : वंश का निर्धारण माता की रेखा से।

यह रिश्तों और सामाजिक कर्तव्यों की संरचना का आधार बनता है।

C. पार्श्विक – II. यह नातेदारी समूह के एक पहलू को इंगित करता है : पार्श्विक (Collateral) संबंध मुख्य वंश रेखा से अलग, किनारे (side) वाले रिश्तों को कहते हैं, जैसे चाचा-भतीजा, मौसी-भांजा आदि। ये सीधे वंश रेखा (direct lineage) का हिस्सा नहीं होते परंतु परिवार की संरचना में महत्वपूर्ण भूमिका निभाते हैं।

D. वैवाहिक – I. जो विवाह द्वारा किसी व्यक्ति से संबंधित है : वैवाहिक (Affinal) संबंध विवाह के माध्यम से बनते हैं। उदाहरण के लिए, पति-पत्नी, ससुर-सास, बहू, दामाद आदि। ये जैविक नहीं बल्कि सामाजिक संबंध होते हैं, जो विवाह संस्था द्वारा स्थापित किए जाते हैं।

9. (4): समाजशास्त्र के विभिन्न दृष्टिकोणों और उनके प्रमुख विचारकों का मिलान निम्न प्रकार है।

A. संरचनावाद – IV. लेवी स्ट्रॉस : उन्होंने सामाजिक संरचनाओं और सांस्कृतिक प्रतीकों के अध्ययन में संरचनावाद को विकसित किया।

B. नारीवाद – III. जुलिएट मिशेल : उन्होंने स्त्री आंदोलन में मनोविश्लेषण और समाजशास्त्र के अंतर्संबंधों को उजागर किया।

C. प्रकार्यवाद – II. ईमाइल दुर्खीम : दुर्खीम ने सामाजिक तथ्यों को प्रकार्यात्मक दृष्टि से देखा और समाज में उनके कार्यों का विश्लेषण किया।

D. प्रतीकात्मक अन्तर्क्रियावाद – I. इरविंग गॉफमैन : गॉफमैन ने सामाजिक भूमिकाओं और प्रतीकों पर आधारित अंतःक्रिया का अध्ययन किया।

10. (4): योगेन्द्र सिंह ने स्पष्ट किया है कि कानून सामाजिक परिवर्तन के एक संकेतक, प्रवर्तक और समाकलक के रूप में कार्य कर सकता है, परन्तु यह कभी भी परिवर्तन का विरोधी नहीं होता।

- **परिवर्तन का सूचक :** कानून समाज में होने वाले परिवर्तनों को पहचानता है।
- **परिवर्तन का प्रवर्तक :** कानून नए सामाजिक मानदंड और व्यवस्थाएं लागू कर बदलाव लाता है।
- **परिवर्तन का समाकलक :** कानून विभिन्न सामाजिक समूहों व विचारों के बीच संतुलन स्थापित करता है।
- **विरोधी नहीं :** कानून का उद्देश्य स्थायित्व और व्यवस्था बनाए रखना है, न कि सामाजिक प्रगति को रोकना।

11. (4): सामूहिक चेतना (Collective Conscience) की अवधारणा का विकास ईमाइल दुर्खीम ने किया।

A. लोगों के विश्वासों और भावनाओं की समग्रता : दुर्खीम के अनुसार सामूहिक चेतना समाज के सदस्यों के साझा विश्वासों, मूल्यों, नैतिकताओं और भावनाओं का समुच्चय है जो सामाजिक व्यवस्था को स्थायित्व देता है।

B. स्वतंत्र, निश्चित और सांस्कृतिक व्यवस्था : सामूहिक चेतना समाज के लिए एक स्थिर और निश्चित ढांचा प्रदान करती है, जिससे व्यक्तियों के व्यवहार और सामाजिक मानदंडों का निर्धारण होता है।

C, D और E विकल्प गलत हैं : सामूहिक चेतना को व्यक्तिगत या अस्थिर और अनिश्चित व्यवस्था नहीं माना जाता, और न ही यह स्वहित पर आधारित होती है।

12. (1): भारत में सूचना प्रौद्योगिकी अधिनियम, 2000 (IT Act, 2000) की धारा 66 के तहत विभिन्न प्रकार के साइबर अपराधों को परिभाषित किया गया है।

- **66A:** आपत्तिजनक, असत्य या आक्रामक संदेशों को इलेक्ट्रॉनिक रूप से भेजना (हालाँकि 2015 में सुप्रीम कोर्ट ने इसे असंवैधानिक घोषित किया)।
- **66B:** चोरी या गलत तरीके से प्राप्त कंप्यूटर डिवाइस या संचार उपकरणों का उपयोग।
- **66C:** पहचान की चोरी, जैसे पासवर्ड या डिजिटल सिग्नेचर का अनुचित उपयोग।
- **66D:** धोखाधड़ी, जिसमें किसी व्यक्ति को इलेक्ट्रॉनिक माध्यम से ठगा जाता है।
- **66E:** इस सूची में शामिल नहीं है, यह निजता के उल्लंघन से संबंधित है।

13. (4): मैक्स वेबर के आदर्श प्रकार (Ideal Types) समाजशास्त्रीय विश्लेषण के एक महत्वपूर्ण उपकरण हैं।

D. विश्लेषणात्मक निर्माण : आदर्श प्रकार किसी भी सामाजिक घटना या संस्था का विश्लेषण करने के लिए एक मानसिक मॉडल है।

B. आनुभविक शोध करने में सहायक उपकरण : यह शोधकर्ता को वास्तविकता की जटिलता को व्यवस्थित करने और तुलना करने में सहायता करता है।

A. अनुभवाश्रित उपकरण : आदर्श प्रकार वास्तविक अनुभवों और सामाजिक तथ्यों से प्रेरित होते हैं, हालांकि वे पूर्णतः वास्तविक नहीं होते।

C. सामाजिक विश्व के किसी विशेष पहलू को समझने में सहायक : आदर्श प्रकार का उद्देश्य सामाजिक वास्तविकताओं को बेहतर समझना है।

E विकल्प गलत है : आदर्श प्रकार समाज वैज्ञानिक की सनक या कल्पना का उत्पाद नहीं है, बल्कि व्यवस्थित विश्लेषण का परिणाम है।

14. (4): मैक्स वेबर ने कहा था कि एक व्याख्या (explanation) वही मानी जाएगी जो साधारण (common sense) समझ से भिन्न और विश्लेषणात्मक दृष्टिकोण पर आधारित हो। वेबर ने समाजशास्त्रीय अध्ययन के लिए 'Verstehen' (समझने की विधि) पद्धति का विकास किया, जिससे व्यक्ति के व्यवहार और उद्देश्यों को संदर्भ में समझा जाता है। उनका दृष्टिकोण अनुभवजन्य तथ्यों की तुलना में गहरे सामाजिक संदर्भों और अर्थों की खोज पर आधारित था। इससे यह सुनिश्चित होता है कि समाजशास्त्रीय विश्लेषण केवल आम धारणाओं पर नहीं बल्कि वैज्ञानिक पद्धति और तर्क पर आधारित हो।

15. (3): माइकल फूको की पुस्तकों का कालक्रमिक क्रम निम्न प्रकार है :

B. Madness and Civilization (1961): पागलपन और मानसिक रोगियों के प्रति सामाजिक दृष्टिकोण का ऐतिहासिक अध्ययन।

D. The Birth of the Clinic (1963): चिकित्सा पद्धतियों और अस्पतालों के विकास का विश्लेषण।

C. The Order of Things (1966): मानव विज्ञान, जीव विज्ञान और भाषाविज्ञान के इतिहास की आलोचना।

A. The Archaeology of Knowledge (1969): ज्ञान और विमर्श के संरचनात्मक विश्लेषण की पद्धति।

E. Discipline and Punish (1975): दंड व्यवस्था और सामाजिक नियंत्रण के इतिहास का अध्ययन।

16. (3): दुर्खीम ने स्पष्ट रूप से यह विचार अस्वीकृत किया कि समाजशास्त्रियों को वैयक्तिक मनोविज्ञान का अध्ययन करना चाहिए। उन्होंने समाजशास्त्र को एक स्वतंत्र और विशिष्ट अनुशासन के रूप में स्थापित किया, जो 'सामाजिक तथ्यों' (social facts) के अध्ययन पर केंद्रित हो। दुर्खीम के अनुसार सामाजिक तथ्यों का अस्तित्व व्यक्ति से स्वतंत्र होता है और उन्हें समाजशास्त्रीय पद्धतियों से ही समझा जा सकता है। उदाहरण के लिए, अपनी पुस्तक *Le Suicide* (1897) में इन्होंने आत्महत्या जैसे व्यक्तिगत व्यवहार को भी सामाजिक कारणों से जोड़ा।

17. (1): कॉस्मोपॉलिटैनिज्म (सर्वदेशीयता) : यह वह विचारधारा है जो राष्ट्रीय सीमाओं से परे जाकर मानवता को एक वैश्विक समुदाय के रूप में देखती है। राष्ट्र-राज्य आधारित सोच (nation-state thinking) से परे जाकर 'विश्व नागरिकता' (global citizenship) की धारणा को बढ़ावा दिया जाता है। कॉस्मोपॉलिटैनिज्म मानता है कि प्रत्येक व्यक्ति का दायित्व केवल अपने देश तक सीमित नहीं बल्कि सम्पूर्ण मानवता के प्रति होता है। समकालीन वैश्वीकरण, प्रवास, मानव अधिकारों और अंतर्राष्ट्रीय कानूनों में इस विचारधारा का प्रभाव देखा जाता है।

18. (4): सामाजिक शोध में नैतिक सिद्धांतों में सहमति (consent), निजता (privacy), और छल (deception) जैसी अवधारणाएं शामिल होती हैं। संज्ञान (cognition) किसी व्यक्ति की बौद्धिक प्रक्रिया या सोचने-समझने की क्षमता को संदर्भित करता है, जो शोध नैतिकता का प्रत्यक्ष हिस्सा नहीं है। जबकि शोध में प्रतिभागियों की सोच और समझ को ध्यान में रखा जाता है, संज्ञान को एक नैतिक सिद्धांत के रूप में औपचारिक रूप से नहीं जोड़ा गया है।

19. (1): नारीवादी पद्धति (feminist methodology) पर जिन विद्वानों ने महत्वपूर्ण टिप्पणी की है वे हैं :

B. सैंड्रा हार्डिंग : इन्होंने feminist standpoint theory विकसित की, जिसमें महिलाओं के अनुभवों को ज्ञान उत्पादन का आधार माना गया।

C. कैरोल गिलीगन : इन्होंने महिलाओं के नैतिक विकास और सामाजिक संबंधों में महिलाओं की अनूठी आवाज को उजागर किया (In a Different Voice, 1982)।

D. हैडी आई. हार्टमैन : इन्होंने पितृसत्ता और पूंजीवाद के अंतर्संबंधों का विश्लेषण किया।

A और E विकल्प गलत हैं : मारग्रेट मीड मुख्यतः सांस्कृतिक मानवशास्त्र में कार्यरत रहीं हैं जबकि डी. हार्वे नारीवादी पद्धति में नहीं बल्कि मानव भूगोल और पूंजीवाद के आलोचक रहे हैं।

20. (3): उत्तरदाता से पूछे जाने वाले प्रश्नों के प्रकारों का तार्किक अनुक्रम इस प्रकार है :

A. रुचि जगाते हुए साक्षात्कार में लाना : सर्वे या साक्षात्कार की शुरुआत उत्तरदाता की रुचि बढ़ाने वाले आसान और सामान्य प्रश्नों से होती है।

B. ऐसी मदों के क्रम में चलना जो सरल से जटिल हो : उत्तरदाता की सहजता बनाए रखने हेतु पहले सरल प्रश्न पूछे जाते हैं और फिर धीरे-धीरे जटिल प्रश्नों की ओर बढ़ा जाता है।

C. व्यक्तिगत सूचना के लिए अचानक और शीघ्र अनुरोध : आवश्यक होने पर बीच में कुछ व्यक्तिगत जानकारी भी ली जाती है।

E. स्पष्ट करने का अवसर दिए बिना शर्मिन्दा करनेवाला : कभी-कभी उत्तरदाता से संवेदनशील प्रश्न पूछे जाते हैं, जिससे वह थोड़ी असहजता महसूस कर सकता है।

D. किसी पश्च या अग्र-गमत के बिना फ्रेम का सुगम अंतरण : अंत में विषय को किसी जटिल बदलाव के बिना सहजता से समाप्त किया जाता है।

21. (4): माइकल माफेसोली ने 'नियो-ट्राइब्स (neo-tribes)' की अवधारणा प्रस्तुत की। उन्होंने बताया कि आधुनिक समाज में व्यक्तियों के बीच बंधन पारंपरिक वर्गों, संस्थाओं या परिवारों की जगह छोटे, अस्थायी और स्वैच्छिक समूहों में होते हैं। ये समूह साझा संगीत, फैशन, उपभोक्ता वरीयता, जीवनशैली, या वैचारिक झुकाव जैसे कारकों के आधार पर बनते हैं। माफेसोली के अनुसार यह पोस्टमॉडर्न समाज की पहचान है, जहाँ स्थायी सामूहिक पहचान के स्थान पर अस्थायी और लचीली पहचानों का बोलबाला है।

22. (4): सूची-I और सूची-II का सही मिलान निम्न प्रकार है :

A. रॉबर्ट के. मर्टन – IV. प्रकार्यवाद : मर्टन ने प्रकार्यवाद (functionalism) का विस्तार करते हुए 'मैनिफेस्ट' और 'लेटेंट' कार्यों की अवधारणा दी।

B. फ्रेड डेविस – III. प्रतीकात्मक अन्तर्क्रियावाद : फ्रेड डेविस ने प्रतीकात्मक अन्तःक्रिया और सामाजिक व्यवहार पर अध्ययन किया।

C. डॉन एच. जिमरमैन – II. लोकविधि शास्त्र : जिमरमैन ने ethnomethodology (लोकविधि शास्त्र) पर कार्य किया, जो कि समाज में दिनचर्या की प्रक्रियाओं का अध्ययन है।

D. कार्ल मार्क्स – I. मार्क्सवाद : कार्ल मार्क्स ने पूंजीवाद, वर्ग संघर्ष और ऐतिहासिक भौतिकवाद की अवधारणाएं दीं।

23. (1): सामाजिक शोध अभिकल्प (designs) के अंतर्गत निम्न प्रारूप आते हैं :

A. यादृच्छिक द्वि-समूह प्रारूप (Random Two-Group Design): दो समूहों का यादृच्छिक चयन और एक पर हस्तक्षेप कर परिणामों की तुलना करना।

B. चार समूह प्रारूप (Four-Group Design): Campbell और Stanley द्वारा प्रस्तावित इस डिजाइन में दो नियंत्रण और दो प्रयोगात्मक समूह होते हैं, जो आंतरिक वैधता को बढ़ाते हैं।

C. अर्द्ध-प्रायोगिक प्रारूप (Quasi-Experimental Design): जब यादृच्छिक चयन संभव नहीं होता, तो यह डिजाइन प्रयोगात्मक और अवलोकनात्मक तकनीकों का उपयोग करता है।

D. समय-शृंखला प्रारूप (Time-Series Design): किसी घटना के प्रभाव का मूल्यांकन करने हेतु समय के विभिन्न बिंदुओं पर डेटा संग्रह करना।

E विकल्प गलत है : पार्श्व प्रारूप (Cross-sectional design) भी शोध का तरीका है, लेकिन इस विशेष उत्तर में शामिल नहीं किया गया।

24. (3): नियत विकासीय (ऑर्थोजेनेटिक) और विषम जातीय (हेटेरोजेनेटिक) कारक : इस प्रक्रिया को सबसे पहले M.N. Srinivas ने 'लघु और बृहत परंपराएँ' (Little and Great Traditions) के माध्यम से स्पष्ट किया।

नियत विकासीय (Orthogenetic factors) : समाज के भीतर ही उत्पन्न होने वाले परिवर्तन, जैसे धर्म, रीति-रिवाज, और संस्कारों में बदलाव।

विषम जातीय (Heterogenetic factors) : बाहरी संपर्क, उपनिवेशवाद, वैश्वीकरण और अन्य संस्कृतियों से प्रभाव। यह दृष्टिकोण भारत में सामाजिक-सांस्कृतिक परिवर्तन को समझने में अत्यंत प्रभावी रहा है।

25. (*): भारत में जाति संबंधी सामाजिक अध्ययनों का वास्तविक कालानुक्रमिक क्रम निम्न प्रकार है :

B. Caste and Class in India — G.S. Ghurye (1932)

C. Caste in Modern India and Other Essays — M.N. Srinivas (1962)

E. Caste, Class and Power — André Béteille (1965)

D. Homo Hierarchicus — Louis Dumont (1966)

A. Caste in Contemporary India — अंतिम अध्ययन, तिथि अपेक्षाकृत नई (1990 के दशक के बाद)

इस आधार पर प्रश्न में दिए गए विकल्पों में कोई भी क्रम पूरी तरह से सही नहीं है। अतः उत्तर 'NONE' होना चाहिए।

26. (*): दंड प्रणाली अपराध से निपटने में जो तार्किक क्रम अनुसरण करती है, वह प्रश्न में दिए गए विकल्पों में सही रूप में उपलब्ध नहीं है। वास्तविक क्रम निम्न प्रकार है :

A. निवारण (Prevention): अपराध की संभावना को कम करने के लिए नीतियां और उपाय किए जाते हैं, जैसे सामुदायिक जागरूकता, सामाजिक कार्यक्रम।

D. अक्षम बनाना (Incapacitation): अपराधी को समाज से अलग कर उसकी क्षमता को समाप्त करना, उदाहरणस्वरूप कारावास।

E. प्रतिकार (Retribution): अपराधी को उसके अपराध के लिए न्यायसंगत दंड देना।

B. पुनर्वास (Rehabilitation): अपराधी को समाज में पुनः शामिल करने हेतु सुधारात्मक कार्यक्रम, शिक्षा, काउंसलिंग आदि।

C. पुनःस्थापन (Restoration): पीड़ित व अपराधी के बीच संतुलन स्थापित करना, जैसे क्षतिपूर्ति या माफी प्रक्रिया।

अतः सही उत्तर विकल्पों में उपलब्ध नहीं है, इसलिए उत्तर 'NONE' होना चाहिए।

27. (4): टी.के. ओमेन ने सामाजिक आंदोलनों का त्रिस्तरीय वर्गीकरण प्रस्तुत किया।

- **करिश्माई (Charismatic movements):** नेतृत्व की व्यक्तिगत करिश्माई शक्ति पर आधारित होते हैं।
- **संगठनात्मक (Organizational movements):** आंदोलन की संरचना, रणनीति और सदस्यों के बीच समन्वय पर बल देते हैं।
- **विचारात्मक (Ideological movements):** स्पष्ट विचारधारा और उद्देश्यों पर आधारित होते हैं, जो सामाजिक परिवर्तन की मांग करते हैं।

टी.के. ओमेन ने भारत में सामाजिक आंदोलनों का व्यापक अध्ययन कर यह वर्गीकरण प्रस्तुत किया।

28. (2): *Society in America* (1837) पुस्तक हैरियट मार्टिनियू द्वारा लिखी गई थी। उन्हें 'First Woman Sociologist' कहा जाता है। इस पुस्तक में उन्होंने अमेरिका में लोकतंत्र, समानता, महिलाओं की स्थिति और दासता के मुद्दों का समाजशास्त्रीय विश्लेषण किया। मार्टिनियू ने व्यावहारिक समाजशास्त्र (practical sociology) का समर्थन किया, जिसमें सामाजिक वास्तविकताओं का अवलोकन और विश्लेषण शामिल है।

29. (2): *Culture and Imperialism* (1993) एडवर्ड सैद की प्रसिद्ध पुस्तक है। एडवर्ड सैद ने post-colonial theory की नींव रखी। इस पुस्तक में उन्होंने सांस्कृतिक उत्पादों (साहित्य, कला) और साम्राज्यवाद के बीच के संबंधों का विश्लेषण किया। उन्होंने यह दिखाया कि कैसे औपनिवेशिक शक्तियां सांस्कृतिक वर्चस्व के माध्यम से उपनिवेशों पर नियंत्रण बनाए रखती थीं।

30. (2): सूची-I और सूची-II का मिलान इस प्रकार है :

A. आर. कारस्टिन – IV. The Origins of Religion: उन्होंने धर्म की उत्पत्ति और विकास का अध्ययन किया।

B. आर.ए. लोवी – II. Primitive Religion: लोवी ने आदिम धर्म और उसकी सामाजिक भूमिकाओं पर कार्य किया।

C. बी. मैलिनोव्स्की – I. Magic, Science and Religion: उन्होंने त्रोब्रियांद द्वीपवासियों के बीच जादू, विज्ञान और धर्म की भूमिकाओं का विश्लेषण किया।

D. आर.आर. मैरेट – III. The Threshold of Religion: मैरेट ने धर्म के प्रारंभिक रूपों और उनके विकास की व्याख्या की।

31. (3): सूची-I और सूची-II का सही मिलान निम्न प्रकार से किया जाता है :

A. सामाजिक संस्था – III. व्यक्तियों और समूहों के बीच संबंध को शासित करने वाली प्रक्रिया के स्थायी और स्वीकार्य रूप : उदाहरण : परिवार, शिक्षा, धर्म जैसी संस्थाएं जो सामाजिक जीवन में अनुशासन और संरचना स्थापित करती हैं।

B. भीड़ – IV. अस्थिरता और अव्यवस्था जैसी विशेषताओं वाली अनियंत्रित भीड़ : भीड़ एक अस्थायी, अनियंत्रित और कभी-कभी उग्र समूह होती है, उदाहरण के लिए दंगे या सड़क प्रदर्शन।

C. सामाजिक समूह – II. व्यक्तियों का एकत्रण जो एक मान्य संरचना के अंतर्गत एक-दूसरे से अन्तर्क्रिया में हो : जैसे परिवार, कक्षा, कार्यस्थल आदि जहां लोग नियमित रूप से अंतःक्रिया करते हैं।

D. समिति – I. लोगों का समूह जो विशिष्ट उद्देश्य या सीमित संख्या में उद्देश्यों के लिए एकजुट हुआ है : जैसे स्कूल प्रबंधन समिति, नगर निगम समिति आदि।

32. (1): जुडिथ बटलर ने gender performativity (लिंग निष्पादन) की अवधारणा दी। इनके अनुसार, जेन्डर एक किया गया कार्य (act) है, जिसे बार-बार सामाजिक और सांस्कृतिक अपेक्षाओं के अनुरूप निभाया जाता है। इन्होंने कहा कि एक बार जब जेन्डर किसी समूह द्वारा सत्ता

और नियंत्रण के लिए उपयोग किया जाता है, तो इसे 'अनिष्पादित' (unperformed) नहीं किया जा सकता। इनकी प्रमुख पुस्तक *Gender Trouble* (1990) इस सिद्धांत का आधार है और यह समकालीन नारीवाद और क्वीयर थ्योरी में क्रांतिकारी मानी जाती है।

33. (4): संस्कृति के घटकों में प्रतीक (symbols), भाषा (language), मूल्य और विश्वास (values and beliefs) शामिल होते हैं। सांस्कृतिक संघर्ष (cultural conflict) कोई घटक नहीं है, बल्कि यह दो या अधिक संस्कृतियों या उप-संस्कृतियों के बीच असहमति या टकराव की स्थिति है। यह एक प्रक्रिया या स्थिति है, जो विभिन्न सांस्कृतिक मानदंडों, मूल्यों और विश्वासों के टकराव से उत्पन्न होती है।

34. (1): W.I. Thomas ने 'The Four Wishes' सिद्धांत दिया। पुनर्मूल्यांकन की भ्रांति (revaluation fallacy) से संबंधित उदाहरण निम्नलिखित हैं :

A. नई स्थिति का अनुभव करना : व्यक्ति नए अनुभव प्राप्त करने की इच्छा रखता है।

B. अन्य की मान्यता को सुरक्षित करना : सामाजिक स्वीकृति और सम्मान की चाह।

D. सुरक्षा के भाव को बनाए रखना : अस्थिरता और असुरक्षा से बचने की मानव प्रवृत्ति।

E. अन्य से प्रत्युत्तर प्राप्त करना : दूसरों से प्रतिक्रिया और उत्तर पाने की इच्छा।

C विकल्प (परिकल्पनात्मक सहभागिता) इस विशिष्ट सिद्धांत में शामिल नहीं है।

35. (1): मार्क्सवादी परिप्रेक्ष्य में शिक्षा का मुख्य उद्देश्य पूंजीवादी व्यवस्था के लिए आवश्यक labour power (श्रम शक्ति) का पुनरोत्पादन करना है। शिक्षा प्रणाली श्रमिकों को पूंजीवादी समाज में उनकी भूमिका निभाने के लिए आवश्यक कौशल, अनुशासन और विचारधारा सिखाती है।

लुई अल्थूसर ने इसे Ideological State Apparatus कहा, जो पूंजीवादी उत्पादन संबंधों को बनाए रखने में सहायक होता है। इस दृष्टिकोण में शिक्षा समाज में समानता या व्यक्तित्व विकास का प्राथमिक साधन नहीं बल्कि पूंजीवाद के हित में कार्य करने वाला एक उपकरण माना जाता है।

36. (1): सूची-I और सूची-II का सही मिलान निम्न प्रकार है :

A. कोन्याक नागा – II. बान : कोन्याक नागा समुदाय का पारंपरिक उत्सव और सांस्कृतिक समारोह बान कहलाता है।

B. अंगामी नागा – I. किचुकी : अंगामी नागा समुदाय का प्रमुख सामाजिक अनुष्ठान किचुकी है, जो फसल और प्रकृति से जुड़ा होता है।

C. ओरांव – IV. धुमकुरिया : ओरांव जनजाति की यह युवा छात्रावास प्रणाली है, जहां युवा सामाजिक व सांस्कृतिक प्रशिक्षण प्राप्त करते हैं।

D. गोंड – III. घोटुल : गोंड जनजाति की घोटुल प्रणाली युवा लड़के-लड़कियों के लिए सामूहिक प्रशिक्षण, सामाजिक शिक्षा और संस्कारों का केंद्र है।

37. (3): भारत में पिछड़ा वर्ग आंदोलन का सही कालानुक्रमिक क्रम निम्न प्रकार है :

B. सत्यशोधक समाज (1873) : ज्योतिबा फुले ने महाराष्ट्र में स्थापित किया, जातिवाद और ब्राह्मणवादी वर्चस्व के विरुद्ध।

E. एस.एन.डी.पी. आंदोलन (1903) : श्री नारायण गुरु द्वारा केरल में शुरू, जातिगत भेदभाव और सामाजिक सुधार का आंदोलन।

D. द्रविड़ आंदोलन (1925) : पेरियार ई.वी. रामास्वामी द्वारा तमिलनाडु में जाति और ब्राह्मण वर्चस्व के विरोध में शुरू किया गया।

C. महार आंदोलन (1927) : डॉ. बी.आर. अंबेडकर के नेतृत्व में महाराष्ट्र में अछूतों के अधिकारों के लिए।

A. स्वाभिमान आंदोलन (1980 के दशक) : कर्नाटक में अन्य पिछड़ा वर्ग (OBC) के अधिकारों और आरक्षण के लिए आंदोलन।

38. (2): किम्बर्ले डब्ल्यू. क्रेन्शॉ ने 'अंतर्सम्बद्धता (intersectionality)' का सिद्धांत दिया। इनके अनुसार जाति, वर्ग, लिंग, नृजातीयता आदि विभाजन व्यक्ति की सामाजिक असमानता को एक साथ प्रभावित करते हैं। उन्होंने दिखाया कि किस प्रकार विभिन्न प्रकार के भेदभाव और उत्पीड़न एक साथ कार्य करते हैं और पारंपरिक श्रेणियों से परे जाकर व्यक्ति की पहचान व अनुभवों को प्रभावित करते हैं। यह सिद्धांत विशेष रूप से समकालीन नारीवाद और सामाजिक न्याय आंदोलनों में महत्वपूर्ण माना जाता है।

39. (1): जे. हेबरमास ने ज्ञान के तीन मूलभूत प्रकार निर्धारित किए :

A. आनुभविक-विश्लेषिक ज्ञान (Empirical-Analytic Knowledge): वैज्ञानिक अध्ययन और तर्क पर आधारित ज्ञान।

C. शास्त्रार्थमीमांसा-ऐतिहासिक ज्ञान (Hermeneutic-Historical Knowledge): सामाजिक व सांस्कृतिक घटनाओं की व्याख्या और समझ के लिए।

D. **आलोचनात्मक ज्ञान (Critical Knowledge):** समाज में असमानता, उत्पीड़न और अन्याय को उजागर करने और बदलने के लिए।

B और E विकल्प गलत हैं, ये हेबरमास द्वारा प्रतिपादित मूल प्रकारों में नहीं आते।

40. (1): राधाकमल मुकर्जी ने मनुष्य और पर्यावरण (human ecology) के बीच गहरे अंतर्संबंधों पर बल दिया। इन्होंने कहा कि मनुष्य और क्षेत्र पृथक नहीं बल्कि परस्पर निर्भर, लचीली (plastic), प्रवाही (fluid), और वृद्धिशील (incremental) इकाइयाँ हैं। मुकर्जी ने पर्यावरणीय समाजशास्त्र (environmental sociology) की नींव रखने में अग्रणी भूमिका निभाई। इनके अनुसार मानव समाज प्राकृतिक परिवेश से अलग नहीं बल्कि उसी का अंग है और दोनों के बीच सतत अंतःक्रिया होती है।

41. (2): एंथनी गिडन्स ने नए आर्थिक समाजशास्त्र में social embeddedness (सामाजिक अन्तःस्थापन) की अवधारणा को केंद्रीय माना। इसके अनुसार, आर्थिक व्यवहार और संस्थाएं केवल आर्थिक तर्क से नहीं बल्कि सामाजिक संबंधों, मानदंडों और नेटवर्क से प्रभावित होती हैं। यह विचार मार्क ग्रेनोवेटर (Granovetter) की 'embeddedness theory' से प्रेरित है, जिसे गिडन्स ने व्यापक समाजशास्त्रीय परिप्रेक्ष्य में विकसित किया। सामाजिक अन्तःस्थापन समाजशास्त्रियों को आर्थिक मुद्दों को सामाजिक संरचनाओं और प्रक्रियाओं के संदर्भ में पुनः विश्लेषित करने की सुविधा प्रदान करता है।

42. (3): Cisgender (सिसजेन्डर) शब्द उन व्यक्तियों के लिए प्रयोग किया जाता है जिनकी लैंगिक पहचान और निष्पादन उनके जन्म के समय निर्दिष्ट लिंग के अनुरूप होती है। उदाहरण : यदि किसी व्यक्ति को जन्म के समय 'पुरुष' कहा गया और वे जीवनभर पुरुष के रूप में ही अपनी पहचान और भूमिका निभाते हैं, तो वे सिसजेन्डर कहलाते हैं। यह शब्द ट्रांसजेन्डर लोगों के अनुभवों को समझने और सामाजिक विश्लेषण में सटीकता लाने के लिए विकसित किया गया।

43. (3): एंथनी गिडन्स ने वर्तमान वैश्विक समाज में हो रहे परिवर्तनों को समझने के लिए social reflexivity (सामाजिक प्रतिबिंबन) और runaway world (गतिमान विश्व) की अवधारणाओं का विकास किया।

A. **सामाजिक प्रतिबिंबन :** सामाजिक क्रियाएं निरंतर विचार, पुनर्विचार और अनुकूलन की प्रक्रिया से गुजरती हैं।

E. **गतिमान विश्व :** वैश्वीकरण, प्रौद्योगिकी, और संचार क्रांति ने दुनिया को अत्यधिक गतिशील और अनिश्चित बना दिया है।

इन्होंने उत्तराधुनिकता (postmodernity) के स्थान पर 'high modernity' (उच्च आधुनिकता) की धारणा को महत्व दिया।

44. (4): सूची-I और सूची-II का मिलान निम्न प्रकार है :

A. **अनुच्छेद 51(g) – III. प्राकृतिक पर्यावरण की रक्षा और सुधार :** भारतीय नागरिकों का यह मौलिक कर्तव्य है।

B. **अनुच्छेद 48(A) (अनुच्छेद 21 के साथ पढ़ा गया)– I. कूड़े का संग्रहण और निस्तारण :** राज्य का दायित्व है कि वह पर्यावरण और वन्य जीवों की रक्षा करे।

C. **सुभाष कुमार बनाम बिहार सरकार – II. प्रदूषण मुक्त जल :** सुप्रीम कोर्ट ने जीवन के अधिकार (Right to Life) में स्वच्छ जल को भी शामिल किया।

D. **एम.सी. मेहता बनाम भारत सरकार – IV. वाहनों को सी.एन.जी. से चलाने का बदलाव :** दिल्ली में वायु प्रदूषण को कम करने के लिए सुप्रीम कोर्ट के ऐतिहासिक निर्णय।

45. (3): ई-गवर्नेंस के प्रमुख मॉडल इस प्रकार हैं :

A. **Broadcasting Model:** नागरिकों तक जानकारी पहुंचाने के लिए सरकारी सूचनाओं का प्रसार।

B. **Critical Flow Model:** महत्वपूर्ण सूचनाओं को लक्षित समूहों तक पहुंचाना, जैसे भ्रष्टाचार का खुलासा करना।

C. **Lobbying Model:** नागरिकों और संगठनों द्वारा नीति निर्माताओं पर प्रभाव डालने के लिए सूचना और संचार तकनीकों का उपयोग करना।

D और E विकल्प (तीसरा चरण, छठा चरण) ई-गवर्नेंस के मॉडल नहीं हैं बल्कि विकास के सामान्य चरण हो सकते हैं।

46. (2): भारत के प्रमुख ग्राम अध्ययन को उनके कालक्रम के अनुसार निम्न प्रकार से व्यवस्थित किया जाता है :

E. **उत्तर प्रदेश का किशनगढ़ी गाँव :** यह W.H. Wiser द्वारा 1930 में किया गया प्रारंभिक ग्राम अध्ययन था, जो भारतीय गांवों के सामाजिक संगठन पर केंद्रित था।

D. **पूर्वी उत्तर प्रदेश का सेनापुर गाँव :** M.N. Srinivas ने 1940 के दशक में इस गांव का अध्ययन किया और 'Dominant Caste' जैसी महत्वपूर्ण अवधारणा दी।

B. **ओडिशा की पहाड़ियों में बिसिपारा और बोलस्कोपा गाँव :** F.G. Bailey ने 1957 में इन जनजातीय गांवों का अध्ययन किया।

A. **नीलगिरी पहाड़ियों में कोटा गाँव :** David G. Mandelbaum ने 1960 में तमिलनाडु के इस गांव का अध्ययन किया।

C. मद्रास राज्य के तंजावुर में कुम्बापेट्टाओ गाँव : McKim Marriott ने 1961 में इस गांव का अध्ययन कर 'Universalization and Parochialization' की अवधारणा विकसित की।

47. (2): Anthony Giddens ने वैश्वीकरण, तकनीकी विकास और सामाजिक संस्थाओं में तेजी से हो रहे परिवर्तनों को 'Runaway World' की संकल्पना में प्रस्तुत किया। उनका तर्क था कि आधुनिक दुनिया 'high modernity' की स्थिति में पहुंच गई है, जहां सामाजिक, राजनीतिक और आर्थिक व्यवस्थाएं इतनी जटिल और गतिशील हो गई हैं कि उन्हें पूरी तरह नियंत्रित करना कठिन है। उन्होंने बढ़ती वैश्विक अनिश्चितता और जोखिम (risk society) पर भी विशेष बल दिया।

48. (2): Antonio Gramsci ने हेजेमनी (hegemony) और संस्कृति की शक्ति का विचार दिया। उन्होंने कहा कि केवल आर्थिक वर्ग संघर्ष (class struggle) ही नहीं बल्कि सांस्कृतिक और वैचारिक वर्चस्व (cultural and ideological hegemony) भी पूंजीवाद को बनाए रखने में सहायक है। ग्रैम्शी के अनुसार पूंजीवादी समाज में शासक वर्ग जनता की सहमति प्राप्त करने के लिए मीडिया, शिक्षा, धर्म आदि संस्थानों का प्रयोग करता है। उन्होंने यह भी कहा कि इस व्यवस्था को चुनौती देने के लिए विचारधारा और संस्कृति दोनों स्तर पर संघर्ष आवश्यक है।

49. (3): मीडिया के इतिहास में प्रमुख घटनाओं का कालक्रम इस प्रकार है :

B. पहली बार 'The Times' का प्रकाशन (1785) : यह विश्व का सबसे पुराना अंग्रेजी भाषा का अखबार है।

A. पहला स्थायी सिनेमा (1895) : Lumière brothers ने फ्रांस में पहली बार सिनेमा दिखाया।

C. पहला यू.एस.ए. रेडियो स्टेशन (KDKA, Pittsburgh) (1920): यह पहला सार्वजनिक रेडियो स्टेशन था।

E. यूनाइटेड किंगडम में पहली स्थानीय British Broad-casting Company (1922): BBC का प्रारंभ।

D. मोबाइल फोन का तेजी से विस्तार (1980 के दशक के बाद) : मोबाइल तकनीक ने वैश्विक संचार में क्रांति ला दी।

50. (3): सूची-I और सूची-II का सही मिलान निम्न प्रकार है :

A. ट्रांस-सेक्सुअल पुरुष – IV. एक महिला जो पुरुष बन जाती है : ट्रांस-सेक्सुअल पुरुष वे लोग हैं जिनका जन्म महिला के रूप में हुआ लेकिन वे पुरुष के रूप में पहचान बनाते हैं।

B. ट्रांस-सेक्सुअल महिला – I. एक पुरुष जो महिला बन जाता है : ट्रांस-सेक्सुअल महिला वे होती हैं जिनका जन्म पुरुष के रूप में हुआ लेकिन वे महिला के रूप में अपनी पहचान बनाते हैं।

C. ट्रांसवेस्टाइट महिला – II. एक महिला जो नियमित रूप से पुरुष की तरह कपड़े पहनती है : यह केवल पोशाक से जुड़ी पहचान है, न कि लिंग परिवर्तन।

D. ट्रांसवेस्टाइट पुरुष – III. एक पुरुष जो नियमित रूप से महिला की तरह कपड़े पहनता है : यह भी केवल पहनावे का चयन है, न कि जैविक लिंग परिवर्तन।

51. (2): डॉ. भीमराव अंबेडकर ने भारतीय समाज विशेषकर हिंदू सामाजिक व्यवस्था में जातिगत असमानता और भेदभाव पर गहरा चिंतन किया।

A. व्यक्ति के स्थान के साथ हिंदू सामाजिक व्यवस्था : इन्होंने वर्ण और जाति व्यवस्था की कठोर आलोचना की और इसे व्यक्तिगत स्वतंत्रता तथा समानता के विरुद्ध बताया।

B. जातियों का विनाश : डॉ. अंबेडकर ने अपने प्रसिद्ध व्याख्यान 'Annihilation of Caste' (1936) में जाति प्रथा को समाप्त करने का आह्वान किया।

C. अंतर-जातीय विवाह की प्रथा को प्रोत्साहित करना : इन्होंने कहा कि जाति व्यवस्था को तोड़ने का एक प्रभावी तरीका अंतर-जातीय विवाह है।

D और E विकल्प गलत हैं : डॉ. अंबेडकर ने जाति विशेष के पुजारियों की प्रथा या हिंदू धार्मिक ग्रंथों की वैधता को स्वीकार नहीं किया बल्कि उन्हें असमानता और भेदभाव का स्रोत बताया।

52. (2): धर्म के तार्किक चयन (rational choice of religion) सिद्धांत को स्पष्ट करने वाले तर्क निम्नलिखित हैं :

A. इसकी उत्पत्ति अमेरिका में हुई : Rational Choice Theory की जड़ें अमेरिका के समाजशास्त्रीय विश्लेषण में है।

C. यह माना जाता है कि अधिकांश लोग स्वतः ही धार्मिक होते हैं : यह मान्यता है कि धर्म मानव की एक स्वाभाविक प्रवृत्ति है।

E. यह तर्क दिया जाता है कि धर्म में विश्वास के पीछे तार्किक कारण हैं : इस दृष्टिकोण में मान्यता है कि लोग व्यक्तिगत लाभ, सुरक्षा, और सामाजिक सहयोग के लिए धार्मिक विश्वास अपनाते हैं।

B और D विकल्प गलत हैं : B धर्म की आलोचना में आता है, न कि तार्किक चयन सिद्धांत में। D धर्म की आलोचना करता है, जबकि तार्किक चयन सिद्धांत धर्म में विश्वास के कारणों की तर्कसंगत व्याख्या करता है।

53. (4): गोफमेन ने समूह के अंदर उच्च सत्यनिष्ठा को पल्लवित करने के लिए विभिन्न नाटकीय विश्लेषण संबंधी सत्यनिष्ठा के विभिन्न रूपों को सुझाया है।

Erving Goffman ने 'The Presentation of Self in Everyday Life' (1959) में प्रतीकात्मक अन्तर्क्रिया और नाटकीयता (dramaturgy) सिद्धांत दिया। इनके अनुसार लोग सामाजिक मंच (front stage) पर खुद को एक खास तरीके से प्रस्तुत करते हैं और backstage में वास्तविकता छिपी होती है।

1, 2 और 3 विकल्प Goffman के dramaturgical analysis से संबंधित हैं जबकि 4 विकल्प Goffman के मूल विचारों से नहीं जुड़ा है क्योंकि इन्होंने 'truthfulness forms' पर सीधे कोई स्पष्ट वर्गीकरण नहीं दिया।

54. (2): Émile Durkheim ने *The Elementary Forms of Religious Life* (1912) में कहा कि 'गोत्र का ईश्वर कोई और नहीं बल्कि गोत्र स्वयं हो सकता है।' इन्होंने ऑस्ट्रेलियाई आदिवासी समाजों का अध्ययन किया और निष्कर्ष निकाला कि धर्म की जड़ें सामूहिक चेतना में निहित हैं। इनके अनुसार, जब आदिवासी अपने गोत्र के प्रतीक (totem) की पूजा करते हैं, तो वे वास्तव में अपने ही सामाजिक समूह की सामूहिक शक्ति और एकता का सम्मान कर रहे होते हैं। इससे समाज और धर्म के बीच गहरे संबंध की पुष्टि होती है।

55. (2): E.E. Evans-Pritchard ने The Nuer (1940) नामक पुस्तक में सूडान के नुएर समाज का गहन नृवंशशास्त्रीय अध्ययन किया। इन्होंने नुएर समाज की राजनीतिक संरचना, गोत्र व्यवस्था, पशुपालन आधारित अर्थव्यवस्था और सामाजिक संबंधों का विश्लेषण किया। नुएर समाज को acephalous society (नेतृत्व विहीन समाज) के रूप में वर्णित किया गया, जहां औपचारिक राजनीतिक संस्थाओं का अभाव था। इनका काम सामाजिक नृविज्ञान (social anthropology) में मील का पत्थर माना जाता है।

56. (2): नव सामाजिक आन्दोलन (New Social Movement) सिद्धांत 1960 और 1970 के दशकों में उभरा, जो पारंपरिक वर्ग आधारित आंदोलनों से भिन्न है।

- **A. गैर-वर्ग स्वरूप की प्रमुखता :** इन आंदोलनों का मुख्य उद्देश्य केवल आर्थिक या वर्ग संघर्ष नहीं बल्कि सांस्कृतिक पहचान, पर्यावरण, मानवाधिकार आदि है।
- **B. अस्मिता एवं स्वायत्तता पर केन्द्रण :** लिंग, जाति, नृजातीयता, पर्यावरण आदि पर आधारित पहचानों को प्राथमिकता दी जाती है।
- **D. जमीनी स्तर की राजनीति पर केन्द्रण :** स्थानीय और सामुदायिक स्तर पर सक्रियता, जन सहभागिता और विकेन्द्रीकरण को बढ़ावा देना।
- **E. गैर-स्तरीकृत स्वरूप :** संगठनात्मक रूप से ये आंदोलन औपचारिक पदानुक्रम से मुक्त होते हैं, इनमें क्षैतिज संरचना होती है।

C विकल्प गलत है : ये आंदोलन राज्य की सत्ता हथियाने पर केंद्रित नहीं होते, बल्कि सामाजिक परिवर्तन और सांस्कृतिक प्रतिरोध पर आधारित होते हैं।

57. (1): Robert K. Merton ने Methodology-Orientation-Post Factum-Generalization (कार्यप्रणाली-अभिविन्यास-पोस्टफैक्टम-सामान्यीकरण अनुक्रम) का प्रतिपादन किया। इन्होंने यह सिद्धांत सामाजिक अनुसंधान में वैज्ञानिक पद्धति के महत्व को रेखांकित करने के लिए प्रस्तुत किया। इनके अनुसार अनुसंधान की प्रक्रिया में अनुसंधान प्रश्न और डिजाइन का निर्धारण (orientation), तथ्यों का संग्रह (post factum) और फिर उन तथ्यों के आधार पर सामान्यीकरण (generalization) किया जाता है। मर्टन की यह प्रक्रिया विशेषतः मध्य स्तर के सिद्धांतों (middle-range theories) के विकास में उपयोगी मानी जाती है।

58. (3): भारत में प्रमुख जनजातीय विद्रोहों का कालानुक्रमिक क्रम निम्न प्रकार है :

- **D. बाबा तिलका माझी विद्रोह (1784-85) :** बिहार में अंग्रेजों के खिलाफ पहला जनजातीय विद्रोह।
- **B. संथाल विद्रोह (1855-56) :** संथाल जनजाति ने झारखंड क्षेत्र में अंग्रेजों और जमींदारों के शोषण के खिलाफ आंदोलन किया।
- **A. बिरसा मुंडा विद्रोह (1899-1900) :** बिरसा मुंडा ने 'उलगुलान' (महान विद्रोह) का नेतृत्व किया।
- **C. मुंडा विद्रोह :** बिरसा मुंडा विद्रोह का ही हिस्सा माना जाता है, लेकिन स्थानीय स्तर पर कई उप-आंदोलन हुए।
- **E. ताना भगत विद्रोह (1914-1920) :** गांधीजी के विचारों से प्रभावित मुंडा समुदाय का अहिंसक आंदोलन।

59. (3): Karl Marx ने पूंजीवाद की प्राथमिक विशेषता को 'profit motive' यानी लाभ की निरंतर खोज बताया। उनके अनुसार पूंजीवादी व्यवस्था में पूंजीपति वर्ग (bourgeoisie) उत्पादन के साधनों का स्वामी होता है और मजदूर वर्ग (proletariat) के श्रम का शोषण करता है। पूंजीपति अपनी पूंजी में वृद्धि करने हेतु लगातार अधिकतम लाभ (maximum profit) प्राप्त करने का प्रयास करता है।

यह प्रक्रिया श्रमिकों के शोषण, असमानता और वर्ग संघर्ष को जन्म देती है, जो अंततः पूंजीवादी व्यवस्था के पतन का कारण बन सकती है।

60. (1): Irawati Karve ने संयुक्त परिवार की विशिष्ट परिभाषा दी। उनके अनुसार संयुक्त परिवार एक ऐसा समूह है जो आम तौर पर एक ही छत के नीचे रहता है, साझा रसोई का उपयोग करता है, संपत्ति का सामूहिक स्वामित्व रखता है, पारिवारिक पूजा करता है और सगोत्रता (common ancestry) के आधार पर एक-दूसरे से संबंधित होता है। इन्होंने यह अवधारणा अपने प्रसिद्ध अध्ययन Kinship Organization in India (1953) में प्रस्तुत की, जो भारतीय परिवारों की संरचना को समझने में अत्यंत प्रभावशाली रही है।

61. (1): शहरी जीवन के विकास की प्रक्रिया ऐतिहासिक दृष्टि से निम्नलिखित क्रम में देखी गई है :

A. शुरुआती शहरों का विकास : प्राचीन सभ्यताओं जैसे मेसोपोटामिया, मिस्र, सिंधु घाटी, और चीन की घाटी में लगभग 3500 ईसा पूर्व से शहरों का विकास हुआ। ये शहर मुख्यतः धार्मिक, प्रशासनिक, और व्यापारिक केंद्र थे।

B. औद्योगिक शहरों का उदय : 18वीं और 19वीं शताब्दी में औद्योगिक क्रांति (Industrial Revolution) के बाद यूरोप, अमेरिका आदि में नए औद्योगिक शहरों का तेजी से विकास हुआ। कारखानों और श्रमिकों के लिए आवासीय कॉलोनियां बनीं।

C. मेगा शहरों की विस्फोटक वृद्धि : 20वीं सदी विशेषकर द्वितीय विश्व युद्ध के बाद बड़े शहरों में जनसंख्या विस्फोट और अव्यवस्थित शहरीकरण देखने को मिला। टोक्यो, न्यूयॉर्क, मुंबई, शंघाई आदि इसके उदाहरण हैं।

D. वैश्विक शहरों का हालिया उदय : 20वीं सदी के उत्तरार्ध और 21वीं सदी में वैश्विक अर्थव्यवस्था, वित्त, व्यापार और संचार के कारण न्यूयॉर्क, लंदन, टोक्यो जैसे शहर 'ग्लोबल सिटी' (Saskia Sassen की अवधारणा) के रूप में विकसित हुए।

E. अंतहीन शहर : 21वीं सदी में निरंतर फैलाव (urban sprawl) और शहरी सीमाओं के लोप के कारण 'endless cities' (जैसे मेगालोपोलिस, टोक्यो-योकोहामा, बॉस्टन-वॉशिंगटन कॉरिडोर) की अवधारणा प्रचलित हुई।

62. (4): 19वीं सदी के सामाजिक-धार्मिक सुधार आंदोलनों का मुख्य उद्देश्य जाति व्यवस्था, महिलाओं की स्थिति, बाल विवाह, विधवा पुनर्विवाह, सती प्रथा जैसी बुराइयों को समाप्त करना था। A, B, C विकल्प सही हैं क्योंकि इन्होंने राष्ट्रीय चेतना, हिंदू धर्म की पुनर्परिभाषा और जातिगत असमानताओं पर चोट की। D विकल्प (वृद्धजनों की सामाजिक प्रस्थिति का सुधार) इन आंदोलनों का प्रत्यक्ष उद्देश्य नहीं था।

63. (2): सूची-I और सूची-II का सही मिलान :

A. दिव्यांगजनों का अध्ययन – II. अनीता घई : भारतीय संदर्भ में विकलांगता और नारीवादी दृष्टिकोण पर कार्य।

B. अधीनस्थ अध्ययन – III. पार्थ चटर्जी : उपनिवेश और भारतीय राष्ट्रवाद में अधीनता और प्रतिरोध पर शोध।

C. नातेदारी अध्ययन – IV. ए.सी. मेयर : भारतीय समाज में नातेदारी और सामाजिक संगठन का विश्लेषण।

D. जाति अध्ययन – I. जी.एस. घूरिये : भारतीय जाति व्यवस्था का समाजशास्त्रीय अध्ययन करने वाले प्रमुख विद्वान।

64. (2): प्रमुख समाजशास्त्रीय कृतियों का मिलान :

A. कार्ल मार्क्स – IV. The Economic and Philosophic Manuscripts of 1844: मजदूर और पूंजीपति वर्ग के संबंधों की आलोचना।

B. मैक्स वेबर – III. The Protestant Ethics and the Spirit of Capitalism: पूंजीवाद के उद्भव में प्रोटेस्टेंट नैतिकता की भूमिका।

C. ईमाइल दुर्खीम – I. The Elementary Forms of Religious Life: धर्म का समाजशास्त्रीय अध्ययन।

D. ऑगस्टे कॉम्टे – II. Course de Philosophie Positive: समाजशास्त्र को एक विज्ञान के रूप में स्थापित करने की आधारशिला।

65. (1): भारत के सामाजिक कानूनों का कालक्रम :

D. विशेष विवाह अधिनियम (1954) : अंतर-धार्मिक विवाहों को कानूनी मान्यता देना।

B. हिंदू विवाह अधिनियम (1955) : हिंदू विवाह को एक अनुबंधात्मक संस्था के रूप में परिभाषित करना।

E. हिंदू उत्तराधिकार अधिनियम (1956) : हिंदू महिलाओं को संपत्ति में अधिकार देना।

C. संपत्ति का अधिकार अधिनियम (1974) : महिलाओं को पैतृक संपत्ति में अधिकार।

A. घरेलू हिंसा अधिनियम (2005) : महिलाओं के खिलाफ घरेलू हिंसा की रोकथाम व संरक्षण हेतु कानून।

66. (3): सूची-I और सूची-II का सही मिलान इस प्रकार है :

A. दलित आंदोलन – IV. ज्योतिबा फुले : महाराष्ट्र में ज्योतिबा फुले ने 19वीं सदी में दलितों और स्त्रियों की

शिक्षा तथा सामाजिक समानता के लिए सत्यशोधक समाज की स्थापना की।

B. पिछड़ा वर्ग आंदोलन – II. जी.बी. पंत : उत्तर प्रदेश में पिछड़े वर्गों के सामाजिक और राजनीतिक अधिकारों की स्थापना हेतु योगदान।

C. जनजातीय आंदोलन – I. बिरसा मुंडा : 1899-1900 में छोटानागपुर क्षेत्र में बिरसा मुंडा ने आदिवासियों के पारंपरिक भूमि अधिकारों और सांस्कृतिक स्वतंत्रता के लिए 'उलगुलान' नामक विद्रोह का नेतृत्व किया।

D. महिला आंदोलन – III. शर्मिला रेगे : शर्मिला रेगे ने दलित नारीवाद और जाति तथा लिंग के अंतर्संबंधों पर महत्वपूर्ण शोध किया।

67. (2): जर्मन दार्शनिक और समाजशास्त्री Jürgen Habermas ने आधुनिकता को 'अधूरी परियोजना' (An Unfinished Project) कहा। इन्होंने यह तर्क दिया कि आधुनिकता की परियोजना को समाप्त करने के बजाय, इसे और आगे बढ़ाया जाना चाहिए ताकि समाज में अधिक लोकतंत्र, अधिक स्वतंत्रता और अधिक तर्कसंगत नीतियां स्थापित की जा सकें। हेबरमास का मानना था कि 'enlightenment project' के अधूरे पहलुओं को पूरा करना आज के वैश्विक समाज का लक्ष्य होना चाहिए।

68. (2): मैक्स वेबर ने वस्तुनिष्ठता (objectivity) की व्याख्या Rationalization (तार्किकीकरण) की प्रक्रिया के माध्यम से की। इनके अनुसार आधुनिक समाज में परंपरागत और करिश्माई अधिकारों की जगह कानूनी-तार्किक अधिकार (legal-rational authority) ने ले ली है। वेबर के अनुसार आधुनिक समाज, प्रशासन, न्याय, और अर्थव्यवस्था आदि क्षेत्रों में निर्णयों का आधार तर्क, नियम और प्रक्रिया हो गया है न कि व्यक्तिगत इच्छाएं या परंपराएं। यह प्रक्रिया पश्चिमी समाजों में विशेष रूप से औद्योगिक क्रांति के बाद विकसित हुई।

69. (3): राधाकमल मुकर्जी के अनुसार सीमाकरण (marginalization) का एक आध्यात्मिक आयाम भी होता है, जिसे इन्होंने इस प्रकार स्पष्ट किया :

A. मनुष्य क्रमिक रूप से अनुभवातीत ऊँचाइयों को पार कर रहे हैं : मानव समाज अपने अनुभवों और समझ के स्तर को लगातार ऊंचा कर रहा है।

D. मनुष्य बायोजेनिक और अस्तित्वात्मक स्तरों की बाधाओं पर पार पा रहे हैं : जैविक और अस्तित्व की सीमाओं को पार कर नई संभावनाएं विकसित करना।

B. लोग एकता, पूर्णता, अनुभवातीत की खोज करते हैं : मानव जाति का मुख्य ध्येय जीवन में पूर्णता और आध्यात्मिक एकता की प्राप्ति है।

E. लोगों की कला और मिथक में गहन भागीदारी : मानव समुदाय कला, साहित्य और मिथकीय कथाओं के माध्यम से अपनी पहचान और मूल्य को स्थापित करता है।

C विकल्प शामिल नहीं है : क्योंकि यह केवल भौतिक और शारीरिक स्तर पर केंद्रित है, जबकि राधाकमल मुकर्जी का ध्यान अधिक आध्यात्मिक व सांस्कृतिक स्तरों पर था।

70. (4): Jan Breman और अन्य विद्वानों ने प्रवासी ग्रामीणों पर अध्ययन करते हुए यह तर्क दिया कि वे 'representatives of cosmopolitanism' (सर्वदेशीयता के प्रतिनिधि) हैं। इनके अनुसार, भारत में श्रमिक प्रवास (labour migration) केवल आर्थिक प्रक्रिया नहीं है बल्कि यह सांस्कृतिक, सामाजिक और राजनीतिक आयामों से भी जुड़ा है। विशेष रूप से ग्रामीण क्षेत्रों से शहरी केंद्रों की ओर पलायन करने वाले मजदूर अपने जीवन में विभिन्न संस्कृतियों और समुदायों के साथ अंतःक्रिया करते हैं, जो उन्हें 'ग्रामीण सर्वदेशीयता' का प्रतीक बनाता है। यह अवधारणा भारत में असंगठित श्रमिक वर्ग और सामाजिक गतिशीलता की समझ में महत्वपूर्ण मानी जाती है।

71. (3): Anthony Giddens ने Structuration Theory प्रस्तुत की। इस सिद्धांत में कहा गया है कि संरचना (structure) और कर्म (agency) एक-दूसरे के विरोध में नहीं बल्कि परस्पर जुड़े हुए हैं। संरचना सामाजिक नियम, संसाधन और मान्यताओं का ऐसा ढांचा है, जो व्यक्ति के व्यवहार को दिशा देता है। व्यक्ति (agent) समाज की संरचना को पुनः निर्माण और परिवर्तन करने में सक्षम होता है। Giddens इसे 'Duality of Structure' कहते हैं, जहां संरचना व्यक्ति को प्रभावित करती है और व्यक्ति भी संरचना को प्रभावित करता है। उदाहरण : कोई कानूनी संस्था व्यक्ति पर नियम थोपती है, लेकिन व्यक्ति भी कानून बदलने या उसका पुनर्निर्माण करने का प्रयास कर सकता है। इस दृष्टिकोण ने संरचनावाद और क्रियावाद (structuralism vs agency) की बहस को संतुलित किया।

72. (2): Anthony Giddens ने 'plastic sexuality' शब्द का प्रयोग late modernity में लैंगिकता के बदलते रूप को दर्शाने के लिए किया। पारंपरिक समाजों में सेक्स का मुख्य उद्देश्य प्रजनन था। आधुनिक समाज में गर्भनिरोधक तकनीकों, महिला सशक्तिकरण, और सेक्स को व्यक्तिगत

आनंद व संबंधों की गुणवत्ता से जोड़ने के कारण यौन संबंधों की परिभाषा बदली। प्लास्टिक लैंगिकता का मतलब है ऐसी लैंगिकता जो निजी पसंद, इच्छा और सहमति पर आधारित है, न कि केवल जैविक या सामाजिक बंधनों पर। यह व्यक्तिगत स्वतंत्रता का भी प्रतीक है।

उदाहरण : विवाह संस्था से बाहर भी सहमति से बनाए गए रिश्ते, LGBTQ समुदाय की पहचान, आदि।

73. **(3):** Max Weber और अन्य समाजशास्त्रियों के विचारों के आधार पर सामाजिक स्तरीकरण की अवधारणाओं का मिलान :

A. **शक्ति – I:** शक्ति (Power) वह क्षमता है जिससे व्यक्ति या समूह अपनी इच्छा दूसरों पर थोप सकता है, चाहे अन्य व्यक्ति इसका विरोध करें।

B. **प्रतिष्ठा – III:** समाज में किसी व्यक्ति को प्राप्त सामाजिक सम्मान, जिसे 'status honour' भी कहते हैं।

C. **सम्पत्ति – IV:** व्यक्ति द्वारा अर्जित या प्राप्त की गई भौतिक और आर्थिक संपत्ति, जैसे भूमि, धन, व्यवसाय।

D. **जाति – II:** भारत में सामाजिक पदानुक्रम आधारित प्रणाली, जहां लोग अनुष्ठानिक शुद्धता और जन्म के आधार पर वर्गीकृत होते हैं।

74. **(1):** Edward O. Wilson को सामाजिक-जीवविज्ञान (Sociobiology) का जनक माना जाता है। 1975 में प्रकाशित पुस्तक "Sociobiology : The New Synthesis" में उन्होंने इस विचार को विकसित किया। इनका तर्क था कि सामाजिक व्यवहार जैसे सहयोग, प्रतिस्पर्धा, आक्रामकता, यौन व्यवहार आदि में जैविक और आनुवंशिक तत्व गहरे जुड़े हुए हैं। इन्होंने दिखाया कि जैविक विकास (Biological Evolution) कैसे सामाजिक व्यवहारों को आकार देता है। हालांकि समाजशास्त्रियों और मानवविज्ञानियों ने इसकी "Biological Determinism" की अवधारणा के लिए आलोचना की, फिर भी यह कार्य सामाजिक और जैविक विज्ञानों को जोड़ने में मील का पत्थर माना गया।

75. **(1):** पारंपरिक समाजों या सभ्यताओं की प्रमुख विशेषताएं :

A. **आकार में बहुत वृहद :** जैसे मिस्र, मेसोपोटामिया, सिंधु घाटी आदि सभ्यताएं लाखों की जनसंख्या वाली थीं।

B. **नगरों का अस्तित्व :** पारंपरिक समाजों में कुछ नगर व्यापार, विनिर्माण और प्रशासनिक गतिविधियों के केंद्र बने।

D. **मुख्यतः कृषि पर आधारित :** इन समाजों की अर्थव्यवस्था कृषि पर केंद्रित थी, उद्योग और मशीनें नगण्य थीं।

E. **किसी राजा या सम्राट का शासन :** राजतंत्र या साम्राज्य आधारित राजनीतिक ढांचे, जैसे मिस्र के फिरौन, चीन के सम्राट आदि।

C विकल्प गलत है : पारंपरिक समाज उद्योग पर आधारित नहीं थे; यह औद्योगिक क्रांति (18वीं-19वीं सदी) के बाद की विशेषता है।

76. **(4):** समाजशास्त्र में अर्जित प्रस्थिति (Achieved Status) वह होती है जो व्यक्ति अपने कार्य, प्रयास, या विकल्पों से प्राप्त करता है। वैवाहिक प्रस्थिति अर्जित मानी जाती है क्योंकि यह जन्म से निर्धारित नहीं होती, बल्कि व्यक्ति के जीवन में बाद में विवाह कर लेने या न करने के निर्णय से निर्धारित होती है। इसके विपरीत लिंग, आयु, जाति जैसी स्थितियां जन्म से ही निर्धारित होती हैं और इन्हें आरोपित प्रस्थिति (Ascribed Status) कहा जाता है।

उदाहरण : कोई व्यक्ति जन्म से महिला है (आरोपित) लेकिन जीवन में विवाह करने से उसकी वैवाहिक प्रस्थिति बदल जाती है (अर्जित)।

77. **(3):** Hoesslietz (कई स्रोतों में H. Hoeslietz भी लिखा जाता है) ने शहरों को दो प्रकारों में विभाजित किया :

- **Parasite City (परजीवी शहर) :** ऐसे शहर जो ग्रामीण क्षेत्रों का शोषण कर अपने संसाधनों की पूर्ति करते हैं और आर्थिक विकास में बाधा उत्पन्न करते हैं।
- **Generative City (जननकारी शहर) :** ऐसे शहर जो नवाचार, औद्योगिक विकास और आर्थिक वृद्धि के केंद्र होते हैं।

यह वर्गीकरण शहरीकरण और विकासशील देशों में शहरों की भूमिका को समझने के लिए किया गया।

उदाहरण : दिल्ली जैसे बड़े शहरों को जननकारी माना जा सकता है जबकि कुछ छोटे शहर केवल प्रशासनिक और कर संग्रहण के लिए बने, वे परजीवी हो सकते हैं।

78. **(4):**

A. **महामारी (Epidemics):** प्राचीन काल में प्लेग, चेचक जैसी महामारियां जो संक्रामक और घातक थीं।

B. **क्षय रोग (Tuberculosis):** 19वीं सदी और 20वीं सदी की शुरुआत में एक प्रमुख वैश्विक महामारी बनी।

C. **हृदय रोग (Heart Disease):** 20वीं सदी के मध्य में औद्योगिकीकरण और जीवनशैली में बदलाव के साथ तेजी से बढ़ा।

E. **कैंसर (Cancer):** 20वीं सदी के उत्तरार्ध में विभिन्न प्रकार के कैंसर तेजी से सामने आए।

D. अल्जाइमर (Alzheimer's Disease): अपेक्षाकृत आधुनिक समय में (20वीं सदी के अंतिम भाग और 21वीं सदी) उम्रदराज आबादी में तेजी से बढ़ी हुई बीमारी।

यह क्रम मानव इतिहास में बीमारियों के प्रकट होने और उनके प्रसार के कालक्रम को दर्शाता है।

79. (3): गैर-परंपरागत राजनैतिक क्रिया (Non-conventional political action) में वे कार्य शामिल होते हैं जो पारंपरिक संसदीय, कानूनी या चुनावी साधनों से अलग होते हैं।

A. जन आंदोलन (Mass Movements): सामाजिक परिवर्तन के लिए बड़े पैमाने पर संगठित प्रयास।

C. सामूहिक प्रयास (Collective Efforts): संगठनों, समूहों द्वारा सामूहिक क्रियाएं।

D. साझा लक्ष्य (Shared Goals): आंदोलन के सदस्यों के बीच समान उद्देश्य और मांगें।

B. हिंसा (Violence): कभी-कभी यह क्रिया विद्रोह या सशस्त्र संघर्ष के रूप में सामने आती है।

E विकल्प गलत है : क्योंकि गैर-परंपरागत आंदोलनों का मुख्य उद्देश्य पारंपरिक राजनीतिक लक्ष्य नहीं बल्कि वैकल्पिक, रचनात्मक और विरोधात्मक मार्गों से बदलाव लाना है।

80. (3): सूची-I और सूची-II का सही मिलान :

A. शून्य परिकल्पना (Null Hypothesis) – II: यह वह कथन है जिसमें कहा जाता है कि दो चर के बीच कोई संबंध नहीं है।

B. वैकल्पिक परिकल्पना (Alternative Hypothesis) – IV: यह दर्शाती है कि दो चर के बीच कोई सांख्यिकीय संबंध है।

C. दिशात्मक परिकल्पना (Directional Hypothesis) – I: इसमें अनुमान लगाया जाता है कि दो चर के बीच संबंध किस दिशा में होगा (जैसे A बढ़ेगा तो B भी बढ़ेगा)।

D. गैर-दिशात्मक परिकल्पना (Non-directional Hypothesis) – III: इसमें यह अनुमान लगाया जाता है कि दो चर के बीच संबंध है, परंतु संबंध की दिशा स्पष्ट नहीं होती।

यह वर्गीकरण वैज्ञानिक अनुसंधान पद्धति में परिकल्पना तैयार करने और उसे परीक्षण करने में उपयोगी होता है।

81. (1): सामाजिक रूप से संरचित एक समुदाय, जिसकी उन लोगों द्वारा कल्पना की जाती है, जो अपने आपको उस समूह के अंग के रूप में महसूस करते हैं। Benedict Anderson ने Imagined Communities (1983) नामक पुस्तक में इस अवधारणा को प्रतिपादित किया। इनके अनुसार राष्ट्र (nation) स्वयं एक कल्पित समुदाय है क्योंकि इसके सभी सदस्य एक-दूसरे को व्यक्तिगत रूप से नहीं जानते, फिर भी वे अपने को एक समुदाय का हिस्सा मानते हैं। यह भावना साझा इतिहास, संस्कृति, भाषा, मीडिया और राष्ट्रवाद के माध्यम से उत्पन्न होती है। उदाहरण : भारत में कोई व्यक्ति उत्तर भारत से और दूसरा व्यक्ति दक्षिण भारत से होते हुए भी खुद को एक भारतीय के रूप में देख सकता है। Anderson ने यह भी कहा कि आधुनिक राष्ट्र-राज्य की अवधारणा print capitalism और mass communication से विकसित हुई।

82. (1):

A. नागरिक समाज का शिष्टाचार : यह विचार है कि नागरिक समाज को एक नैतिक और व्यावहारिक शिष्टाचार के रूप में कार्य करना चाहिए, जिसमें सभी सदस्य एक-दूसरे का सम्मान करें।

B. नागरिक समाज और राज्य के बीच पृथकता : नागरिक समाज को स्वतंत्र और राज्य से अलग माना जाता है, जिससे यह एक 'third space' के रूप में कार्य करता है।

E. नागरिक समाज और लोकतंत्र के बीच अंतर्भूत संबंध : नागरिक समाज, लोकतंत्र के लिए आवश्यक है क्योंकि यह सरकार को जवाबदेह बनाने, जन-भागीदारी को बढ़ाने और नागरिक अधिकारों की रक्षा में भूमिका निभाता है।

C और D विकल्प : ये विकल्प भी नागरिक समाज से संबंधित हैं लेकिन मूलभूत मान्यताओं की श्रेणी में प्राथमिक रूप से नहीं आते।

83. (2): मानव संचार (Human Communication) का विकास कालक्रम में इस प्रकार हुआ :

A. संकेत युग (Sign Age): प्रारंभिक मानवों ने संकेत, इशारे और ध्वनि संकेतों से संवाद किया।

D. लेखन युग (Writing Age): लगभग 3000 ईसा पूर्व सुमेरियन, मिस्रवासियों आदि ने लेखन प्रणाली विकसित की।

C. मुद्रण युग (Printing Age): 15वीं शताब्दी में जोहान्स गुटेनबर्ग द्वारा छपाई तकनीक का विकास, जिससे विचारों का बड़े स्तर पर प्रसार संभव हुआ।

B. इलेक्ट्रॉनिक युग (Electronic Age): 19वीं-20वीं सदी में टेलीग्राफ, रेडियो, टेलीविजन आदि का आविष्कार हुआ।

E. सूचना युग (Information Age): late 20th और early 21st century में इंटरनेट, मोबाइल, सोशल मीडिया के जरिए वैश्विक संचार में क्रांति।

84. **(4):** जनगणना पद्धति (Census Method) में समूची जनसंख्या या पूरे समूह की गणना की जाती है, इसलिए इसमें निदर्श (sample) की गणना 100% होती है।

उदाहरण : भारत में हर 10 वर्ष में जनगणना होती है, जिसमें प्रत्येक व्यक्ति, परिवार, घर और अन्य सूचनाएं संकलित की जाती हैं। इसके विपरीत नमूना सर्वेक्षण (Sample Survey) में केवल कुछ लोगों का चयन किया जाता है और उसके आधार पर निष्कर्ष निकाले जाते हैं। जनगणना की प्रक्रिया अधिक महंगी और समय-साध्य होती है, लेकिन यह अधिक सटीक और व्यापक डेटा उपलब्ध कराती है।

85. **(2):** Neil J. Smelser ने अपनी प्रसिद्ध पुस्तक 'Theory of Collective Behaviour' (1962) में Value-Added Theory प्रस्तुत की, जिसमें उन्होंने सामाजिक आंदोलन (Social Movement) के उभरने के लिए छह प्रमुख तत्व बताए।

A. **ढांचागत दबाव (Structural Strain):** समाज में विद्यमान तनाव, असमानता या असंतोष जो आंदोलन की पृष्ठभूमि बनाता है।

B. **ढांचागत अनुकूलता (Structural Conduciveness):** आंदोलन के लिए अनुकूल परिस्थितियां, जैसे सामाजिक, राजनीतिक या कानूनी ढांचे में आंदोलन की संभावना।

C. **सामान्यीकृत विश्वास और प्रवाही कारक (Generalized Belief and Precipitating Factors):** आंदोलनकारियों में साझा विश्वास और किसी घटना (precipitating factor) का उत्पन्न होना जो आंदोलन शुरू करने में सहायक हो।

D. **कार्य की एकजुटता (Mobilization for Action):** आंदोलन में भाग लेने वालों का संगठनात्मक रूप से एकजुट होना और क्रियाशील बनना।

E. करिश्माई नेतृत्व विकल्प में है लेकिन Smelser ने इसे मुख्य तत्वों में शामिल नहीं किया। उन्होंने 'social control' को छठा तत्व बताया था, न कि 'charismatic leadership'।

इस मॉडल के अनुसार जब ये सभी कारक एक साथ मौजूद होते हैं तब ही सामाजिक आंदोलन उभरता है।

86. **(4):** पर-संस्कृतिकरण (Acculturation) वह प्रक्रिया है जिसमें एक संस्कृति दूसरी संस्कृति के संपर्क में आने पर परिवर्तन और अनुकूलन करती है। R. Linton, R. Redfield और M.J. Herskovits ने पर-संस्कृतिकरण के अध्ययन में प्रमुख योगदान दिया।

R. Redfield ने folk-urban continuum में इसका उल्लेख किया। Herskovits ने 'Acculturation : The Study of Culture Contact' (1938) नामक महत्वपूर्ण कृति लिखी। Linton ने संस्कृति के प्रसार और अनुकूलन को समझाने में योगदान दिया।

B. Malinowski मुख्यतः functionalism (कार्यात्मकता) के सिद्धांत के प्रवर्तक थे और पर-संस्कृतिकरण सिद्धांत में प्रत्यक्ष रूप से शामिल नहीं थे।

87. **(2):** भारतीय कानूनों का सही कालक्रम निम्नलिखित है :

A. **Oriental Gas Company Act, 1857:** यह भारत में ब्रिटिश काल में पारित पहला कानून था जो गैस आपूर्ति और वितरण को विनियमित करने हेतु बनाया गया।

B. **Indian Petroleum Act, 1934:** यह कानून भारत में पेट्रोलियम उत्पादों के भंडारण, परिवहन और सुरक्षा मानकों के लिए बनाया गया था।

D. **Motor Vehicles Act, 1939:** अक्सर इस प्रश्न में Motor Vehicles Act से तात्पर्य 1939 के मूल अधिनियम से लिया जाता है। यह अधिनियम भारत में वाहनों के पंजीकरण, लाइसेंसिंग, सड़क सुरक्षा, और ड्राइविंग नियमों के लिए बना था। (हालांकि 1988 में संशोधित अधिनियम लाया गया, किंतु मूल अधिनियम 1939 में ही अस्तित्व में आया था।)

E. **Factories Act, 1948:** इस अधिनियम का उद्देश्य फैक्ट्रियों में काम करने वाले मजदूरों के स्वास्थ्य, सुरक्षा और कल्याण की रक्षा करना है।

C. **Atomic Energy Act, 1962:** भारत सरकार द्वारा परमाणु ऊर्जा के अनुसंधान, उत्पादन और नियंत्रण हेतु पारित किया गया।

इस प्रकार, प्रश्न में दिया गया Option 2 (A, B, D, E, C) पूरी तरह से सही है।

88. **(3):** Karl Marx के objectification (वस्तुकरण) की प्रक्रिया का अर्थ है :

A. **मानव खाद्य पदार्थ, कपड़े और आश्रय जैसी वस्तुओं का उत्पादन/निर्माण करता है :** Marx के अनुसार उत्पादन में ही मनुष्य अपनी मानवता प्रकट करता है।

B. **यह भौतिकवादी उन्मुखीकरण को पुनःपुष्ट करता है :** Marx का दृष्टिकोण ऐतिहासिक भौतिकवाद (historical materialism) पर आधारित है।

C. **यह वास्तविक कर्ताओं के वास्तविक विश्व में उनकी रुचि को पुनःपुष्ट करता है :** श्रमिक उत्पादन प्रक्रिया में शामिल रहते हुए स्वयं को समाज में व्यक्त करते हैं।

E. इसे सच्चे कार्यक्षेत्र के रूप में माना जाता है : Marx के अनुसार उत्पादन श्रमिकों की क्षमताओं की सामाजिक अभिव्यक्ति का माध्यम है।

D विकल्प (कला और संस्कृति से आनंद) Marx के objectification के मूल विचार से सीधे संबद्ध नहीं है।

89. (4): सामाजिक परिवर्तन को समझाने वाले दृष्टिकोणों में Idealistic Approach, Value-Pattern Approach, और Cognitive Structure Approach प्रमुख हैं।

Sojourn (ठहराव) का अर्थ है अस्थायी ठहराव या प्रवास, जो सामाजिक परिवर्तन की प्रक्रिया को स्पष्ट करने का दृष्टिकोण नहीं है। इसलिए, यह एकमात्र विकल्प है जो सामाजिक परिवर्तन को नहीं समझा सकता।

90. (1): भारतीय समाज और परिवार व्यवस्था पर किए गए प्रमुख समाजशास्त्रीय अध्ययनों का सटीक मिलान :

A. M.N. Srinivas – III: Religion and Society among the Coorgs of South India: M.N. Srinivas का यह क्लासिक अध्ययन दक्षिण भारत के कूर्ग (Coorg) समुदाय पर है। इन्होंने इस अध्ययन में 'Dominant Caste' और 'Sanskritization' जैसे प्रमुख सिद्धांत प्रस्तुत किए। Coorg समाज में धर्म, अनुष्ठान और सामाजिक संगठन के संबंधों का गहरा विश्लेषण किया गया।

B. E.K. Gough – IV: Changing Kinship Usages in the Setting of Political and Economic Change among the Nayars of Malabar: Malabar (केरल) के Nayar समुदाय में नातेदारी और पारिवारिक संरचनाओं में राजनीतिक व आर्थिक बदलावों का अध्ययन। विशेष रूप से matrilineal kinship system (मातृवंशीय प्रणाली) का उल्लेख किया गया है।

C. A.C. Mayer – I: Caste and Kinship in Central India: मध्य भारत में जाति और नातेदारी की जटिलता का अध्ययन। Mayer ने ग्राम समाज में जाति समूहों की अंतःक्रिया, पारिवारिक संबंधों और जाति आधारित संरचनाओं का अध्ययन किया।

D. A.D. Ross – II: The Hindu Family in Its Urban Setting: A.D. Ross ने शहरी भारत में हिंदू परिवारों की संरचना, उनकी सामाजिक गतिशीलता, आधुनिकता के प्रभाव, और परिवार के विघटन व पुनर्गठन की प्रक्रियाओं का अध्ययन किया।

91. (2): खंडीय उपागम (fragmentary approach) के अंतर्गत गद्यांश में तीन प्रकार के वैश्वीकरण का उल्लेख किया गया है :

A. सांस्कृतिक वैश्वीकरण (Cultural Globalization): वैश्विक स्तर पर सांस्कृतिक गतिविधियों, फैशन, संगीत, कला और जीवनशैली का प्रसार।

B. मीडिया का वैश्वीकरण (Media Globalization): मीडिया तकनीकों और संचार माध्यमों (जैसे टीवी, इंटरनेट, सैटेलाइट) का अंतरराष्ट्रीय विस्तार।

C. पूंजी का वैश्वीकरण (Capital Globalization): विश्व स्तर पर वित्तीय पूंजी और बाजारों की गतिशीलता में वृद्धि।

D. राजनीतिक वैश्वीकरण और **E. पर्यावरणीय वैश्वीकरण** का गद्यांश में कोई उल्लेख नहीं है।

इसलिए, सही उत्तर केवल A, B और C हैं।

92. (4): गद्यांश में वैश्वीकरण के खडीय विश्लेषण की दो कमजोरियों का उल्लेख किया गया है :

3. अवशिष्ट सामाजिक संरचनात्मक वास्तविकताओं (Residual structural realities) की भूमिका को समझने में विफलता।
1. कुछ समाजों द्वारा वैश्वीकरण को अस्वीकार करना, जबकि अन्य द्वारा उसका स्वागत करना।

इसके अतिरिक्त,

2 (पूंजी का मीडिया और संस्कृति पर प्रभाव) सीधे गद्यांश में उल्लिखित हैं।

4 (वैश्वीकरण की ऐतिहासिकता) का कहीं उल्लेख नहीं किया गया है, इसलिए यह इस सूची में कमजोरी के रूप में शामिल नहीं है।

इसलिए सही उत्तर 4 है।

93. (3): भारत में वैश्वीकरण के निम्नलिखित प्रभाव गद्यांश में बताए गए हैं :

1. **विलासितापूर्ण गतिविधियों में वृद्धि :** Leisure activities जैसे पर्यटन, ब्रांडेड उत्पादों का उपभोग आदि।
2. **सांस्कृतिक उत्पादों का विपणन :** फिल्मों, संगीत, कला, और अन्य सांस्कृतिक वस्तुओं का वैश्विक स्तर पर व्यापार।
4. **मनोरंजन की बुनियादी सुविधाएं :** सिनेमाघर, मॉल, थीम पार्क, और डिजिटल मनोरंजन का विकास।
3. **सामाजिक मूल्यों में वृद्धि का कोई उल्लेख नहीं किया गया है।** सामाजिक मूल्य अपेक्षाकृत स्थायी होते हैं, और गद्यांश में अधिकतर भौतिक, आर्थिक व सांस्कृतिक प्रभावों का ही वर्णन है।

इसलिए, सही उत्तर 3 है।

94. (3): गद्यांश में स्पष्ट कहा गया है कि वैश्वीकरण के प्रभाव से एक नए समाज का उदय होता है, जो निम्नलिखित संरचनात्मक रूपांतरणों पर आधारित है :

D. अर्थव्यवस्था, राजव्यवस्था और संस्कृति : ये तीनों तत्व सामाजिक परिवर्तन की मूल धुरी हैं।

E. उत्तर-पूंजीवादी आर्थिक व्यवस्था, राजव्यवस्था और संस्कृति से परे जाने की क्षमता : नए समाज की विशेषता है कि वह पारंपरिक पूंजीवादी व्यवस्था से आगे निकलकर एक नई सामाजिक और आर्थिक व्यवस्था की ओर अग्रसर हो।

A, B, C विकल्प आंशिक हैं और सभी पहलुओं को शामिल नहीं करते।

इसलिए, सही उत्तर केवल D और E है।

95. (2): गद्यांश में वैश्वीकरण की प्रक्रिया के परिणामों में जिन तत्वों का स्पष्ट उल्लेख किया गया है, वे हैं :

1. **वैश्विक डायस्पोरा का अभ्युदय (Emergence of global diaspora):** वैश्वीकरण ने दुनिया के विभिन्न हिस्सों में लोगों के प्रवास और प्रवासी समुदायों के गठन को प्रोत्साहित किया है। उदाहरण : भारतीय, चीनी, अफ्रीकी, और अन्य प्रवासी समुदायों का दुनिया भर में फैलाव।

3. **वित्त का उच्च गति से संचलन (High velocity of capital movement):** वैश्विक वित्तीय बाजारों के उदारीकरण के परिणामस्वरूप पूंजी का अंतरराष्ट्रीय स्तर पर अत्यंत तेजी से स्थानांतरण संभव हो गया है।

4. **संचार प्रौद्योगिकी में उन्नति (Advanced communication technology):** इंटरनेट, मोबाइल फोन, सैटेलाइट और अन्य तकनीकों के विकास ने वैश्विक संचार क्रांति ला दी है।

2. **नृजातिकेन्द्रवाद (Ethnocentrism):** नृजातिकेन्द्रवाद का अर्थ है अपनी संस्कृति, जातीयता या समूह को सर्वोच्च मानना और अन्य संस्कृतियों को कमतर आंकना।

गद्यांश में इसका कहीं भी उल्लेख नहीं है और न ही यह वैश्वीकरण का प्रभाव माना गया है। बल्कि, वैश्वीकरण का मूल उद्देश्य विभिन्न संस्कृतियों, बाजारों और समुदायों को जोड़ना है, जबकि नृजातिकेन्द्रवाद विभाजन और संकीर्ण दृष्टिकोण को बढ़ावा देता है।

इसलिए, केवल 2 (नृजातिकेन्द्रवाद) ही ऐसा विकल्प है जो वैश्वीकरण की प्रक्रिया का परिणाम नहीं है।

96. (3): गद्यांश के अनुसार, औपनिवेशिक शासन के दौरान कृषि सुधार उपागम के अंतर्गत मृदा अपरदन (soil erosion) को रोकने के लिए प्रशासनिक आदेशों (administrative ordinances) का प्रवर्तन किया गया। प्रशासनिक तंत्र किसानों पर विशेष फसलों की खेती व मृदा संरक्षण के उपायों को लागू करने के लिए दबाव डालता था। आदेशों का पालन न करने पर अदालती कार्रवाई की चेतावनी भी दी जाती थी। इसलिए सही उत्तर प्रशासनिक आदेशों के प्रवर्तन द्वारा है।

97. (2): गद्यांश में बताया गया है कि रूपांतरण उपागम (Transformational Approach) मौजूदा कृषि व्यवस्था से पूरी तरह अलग नए कृषकीय व सामाजिक संगठनों (new forms of agrarian and social organization) की स्थापना करना चाहता है। यह मौजूदा प्रणाली में सुधार करने की बजाय production techniques, operations और social legal structures में आमूलचूल परिवर्तन का प्रयास करता है। इसके विपरीत, सुधार उपागम मौजूदा प्रणाली को थोड़ा सुधार कर जारी रखने पर केंद्रित था। इसलिए सही उत्तर 2 है।

98. (2): गद्यांश में सुधार उपागम के अंतर्गत उल्लेख है कि औपनिवेशिक सरकारें किसानों को कुछ विशिष्ट फसलों की खेती के लिए प्रेरित करती थीं। इसका उद्देश्य था औपनिवेशिक हितों की पूर्ति के लिए अनुकूल फसलें उगवाना, जैसे जूट, कपास आदि। यह प्रक्रिया अक्सर 'दृढ़ता से अनुनय (persistent persuasion)' के द्वारा होती थी। इसलिए सही उत्तर 2 है।

99. (2): गद्यांश में स्पष्ट कहा गया है कि ब्रिटिश औपनिवेशिक सरकार (British Colonial Government) ने अफ्रीका, भारत व अन्य देशों में सुधार उपागम को लागू किया। ब्रिटिश शासन ने कृषकों को विशिष्ट कृषि गतिविधियों के लिए प्रेरित करने और कृषि उत्पादन व विपणन के लिए संरचना बनाने का कार्य किया। इसलिए सही उत्तर 2 है।

100. (3): गद्यांश में स्पष्ट उल्लेख है कि औपनिवेशिक शासन के दौरान विस्तार कार्य (extension work) में 'persistent persuasion' (निरंतर अनुनय) का प्रमुख स्थान था। किसानों को नए कृषि तकनीकों व विशिष्ट फसलों की खेती के लिए लगातार समझाया व प्रेरित किया जाता था। यदि किसान पालन नहीं करते तो adjudication (अदालती कार्रवाई) का सहारा भी लिया जाता था।
इसलिए सही उत्तर 3 है।

UNIT-1

अध्याय 1

समाजशास्त्र की प्रकृति (Nature of Sociology)

समाजशास्त्र की परिभाषा (Definition of Sociology)

इक्कीसवीं सदी के प्रारंभ में आज संसार के समक्ष भविष्य के अनेक प्रश्न और प्रतिबद्धताएं हैं, जिनका बुनियादी सरोकार मानव समाज को और अधिक व्यापक-दायित्वपूर्ण, संवेदनशील और मनुष्य जाति के प्रति गहरी संबद्धता से परिपूर्ण करना है। हजारों परिवर्तनों की पृष्ठभूमि में अनेक सभ्यताओं का उत्थान और पतन इतिहास में दर्ज है। सारे संसार में अनेक प्रकार के परिवर्तन अनवरत हो रहे हैं। समाजशास्त्रियों ने अनेक गंभीर **अंतर्विरोधों,** तनावों, दबावों और सामाजिक विभाजनों को रेखांकित किया है। आधुनिक टेक्नालॉजी ने जिस प्रकार प्राकृतिक पर्यावरण पर दुष्प्रभाव छोड़ा है वह भी समाज और सभ्यता के भारी परिवर्तन का लक्षण है। फिर भी हम आज अपने भाग्य को नियंत्रित करने और अपने जीवन को बेहतर बनाने की संभावनाओं से परिपूर्ण हैं। यह सब प्राचीन पीढ़ियों के लिए अकल्पनीय था।

यह संसार किस प्रकार अस्तित्व में आया? हमारा जीवन हमारे पूर्वजों के जीवन से किस प्रकार भिन्न है और भविष्य में किस प्रकार के परिवर्तन होंगे? ये सभी प्रश्न मुख्य रूप से समाजशास्त्र से जुड़े हैं। वस्तुतः समाजशास्त्र इन प्रश्नों से संबद्ध अध्ययन का आधार क्षेत्र है।

समाजशास्त्र समाजों, समूहों और मनुष्य के सामाजिक जीवन का अध्ययन है। यह हमारे सामाजिक व्यवहारों से जुड़े मसलों पर अत्यधिक प्रभावशाली तरीके से विमर्श करता है। समाजशास्त्रीय अध्ययन अत्यधिक व्यापक क्षेत्रों तक विस्तृत होता है। इसका विस्तार विगत समाजों के विश्लेषण से लेकर नवीनतम वैश्विक सामाजिक प्रक्रियाओं की छानबीन तक फैला हुआ है।

समाजशास्त्र क्या है? इसकी परिभाषा देते हुए समाजशास्त्र के जनक ऑगस्ट कॉम्ट ने कहा है कि, ''यह एक विज्ञान है और यह मनुष्य की सभी परिघटनाओं का अध्ययन करता है। मनुष्य में बुद्धि होती है। इस बुद्धि के अनुसार ही वह काम करता है, घर बनाता है, परिवार, जाति, धर्म और समुदाय इत्यादि का निर्माण करता है। वह जीविकोपार्जन के लिए व्यवसाय करता है तथा अन्याय के विरुद्ध राजनीति में हिस्सेदार होता है। ये सारे व्यवहार उसकी बुद्धि के कारण होते हैं। ये सब बुद्धि का परिणाम हैं। समाजशास्त्र इन सभी कार्यों का अध्ययन करता है।'' इन सभी अध्ययनों में विशिष्ट सैद्धांतिक संदर्भ के कारण समाजशास्त्र बहुत महत्वपूर्ण माना जाता है।

अपनी प्रसिद्ध पुस्तक **पॉज़िटिव फिलासॉफी** (Positive Philosophy) में कोम्त ने लिखा है कि, ''सामाजिक भौतिकी अर्थात समाजशास्त्र से मेरा तात्पर्य उस विज्ञान से है जो सामाजिक परिघटनाओं का अध्ययन ठीक उसी तरह करता है जिस तरह प्राकृतिक घटनाओं का अध्ययन खगोलशास्त्र, भौतिकशास्त्र, रसायनशास्त्र और प्राणिशास्त्र में किया जाता है।'' उन्होंने यह भी कहा है कि समाजशास्त्र समाज का वैज्ञानिक अध्ययन करता है। यह विज्ञान सामाजिक परिघटनाओं का सैद्धांतिक अमूर्तिकरण करता है। यह विज्ञान यह जानने की कोशिश करता है कि यह समाज किन-किन नियमों के अंतर्गत बंदरों की अवस्था अथवा आदिम अवस्था से ऊपर उठकर सभ्य अवस्था में पहुँच गया।

कोम्त ने समाजशास्त्र को दो कोटियों में बांटा है। एक सामाजिक स्थैतिकी और दूसरी सामाजिक गतिशीलता। जिस तरह जीव विज्ञान का अध्ययन दो वर्गीकरणों—(1) शरीर रचना, तथा (2) शरीर विज्ञान के माध्यम से आसान हो जाता है ठीक उसी प्रकार समाजशास्त्र का अध्ययन सामाजिक स्थैतिकी और गतिशीलता के माध्यम से आसान हो जाता है।

सामाजिक स्थैतिकी के बारे में कोम्त का कथन है कि सामाजिक संरचना में बुनियादी रूप से परिवार होता है। परिवार ही व्यक्ति और समाज दोनों की संरचना में महत्वपूर्ण भूमिका निभाता

है। स्वतंत्र रूप से मनुष्य का कोई महत्व नहीं है। इसलिए समाज की सबसे छोटी इकाई व्यक्ति न होकर परिवार है। परिवार ही समाज की आधारशिला है। इसी के आस-पास समाज, अर्थव्यवस्था, धर्म, शिक्षा, व्यवसाय, जाति, वर्ग और राजनीति का अस्तित्व बनता और विकसित होता है। परिवार के कारण ही मनुष्य को सामाजिक बोध हो पाता है। परिवार के बाद उसकी नातेदारी, समुदाय और जाति होती है। इन सबको धर्म और भाषा एक सूत्र में बांधते हैं। मानव समाजों को जोड़ने में भाषा और धर्म की भूमिका को नजरअंदाज नहीं किया जा सकता है। भाषा के माध्यम से ही संस्कृति एक पीढ़ी से दूसरी पीढ़ी तक पहुंचती है। इन सारी चीजों को कोम्त ने स्थैतिक का अंग माना है।

गतिशीलता के बारे में कोम्त ने इसी पुस्तक में लिखा है, ''समाज के सभी अंग गतिशील होते हैं। समाज हमेशा सामान्य से जटिल बनता है और अपनी जटिलता में प्रगति और विकास को और आगे बढ़ाता है। कोम्त ने इस प्रकार समाजशास्त्र को प्रत्यक्षवादी विज्ञान का दर्जा दिया है।''

हालांकि कालांतर में समाजशास्त्र के विकास में लोगों ने कोम्त की भूमिका को कम करके आंका है लेकिन पिछले डेढ़ सौ वर्षों के दौरान हुई प्राय: सभी अवधारणात्मक संरचनाओं और सिद्धांतों में उन्हें ही समाजशास्त्र का जनक कहा जाता है।

समाजशास्त्र अन्य शास्त्रों की तुलना में एक नया शास्त्र है। इसमें अनेक शास्त्रों का समन्वय होता है। राजनीति शास्त्र, नागरिक शास्त्र, संस्कृति, साहित्य, भाषा, मानवशास्त्र इत्यादि के संयोग से समाजशास्त्र का निर्माण होता है। इसकी परिभाषा करते हुए एच.डब्ल्यू. आत्रेय ने कहा है कि, ''समाज का अध्ययन करने वाला विज्ञान समाज विज्ञान कहलाता है।'' जार्ज सिमेल के कथनानुसार, ''समाजशास्त्र मनुष्य के अंत: संबंधों के स्वरूपों का विज्ञान है।'' विचारकों ने समाजशास्त्र को समाज के किसी अंग के अध्ययन का विषय माना है और उसी के अनुसार समाजशास्त्र की परिभाषा देने की चेष्टा की है। लेकिन समाज को चूंकि एक निश्चित परिभाषा में नहीं बांधा जा सकता इसलिए समाजशास्त्र भी किसी निश्चित परिभाषा में नहीं बांधा जा सकता। कहना चाहिए जिस समाजशास्त्री का लक्ष्य समाज के जिस विशिष्ट रूप को देखना था उसी के अनुसार वह उसकी परिभाषा भी गढ़ता रहा है।

प्रसिद्ध लेखक और विचारक अंतोनियो ग्राम्शी ने अपने एक पत्र में लिखा है कि ''दुनिया के तमाम लोग जो समाज में काम करने, संघर्ष करने और अपने आपको बेहतर बनाने के लिए इकट्ठे हो गए हैं, उनके बारे में विचार करना किसी भी दूसरी चीज के मुकाबले तुम्हें अधिक खुशी देगा।'' यह पत्र उन्होंने जेल से अपने बेटे देलियो के नाम लिखा था।

तमाम सभ्यताओं और युगों के जिन दार्शनिकों, धर्मगुरुओं और कानूनविदों ने जो कुछ लिखा है उनमें बहुत कुछ ऐसा है जो आधुनिक समाजशास्त्र के लिए आज भी प्रासंगिक माना जाता है। कौटिल्य का अर्थशास्त्र और अरस्तू की पॉलिटिक्स आदि कृतियों में राजनीतिक व्यवस्था का विश्लेषण इस प्रकार किया गया है, कि वह आज भी समाजशास्त्रियों के लिए दिलचस्प है और उनकी प्रासंगिकता बनी हुई है। इसके बावजूद उन्नीसवीं शताब्दी में समाज-शास्त्र का स्वतंत्र विकास होना एक अलग और नया नाम भर भी ही नहीं बल्कि समाज के एक नए विज्ञान का अभ्युदय है। इसलिए जिन परिस्थितियों में इसका जन्म हुआ उन परिस्थितियों पर विचार करना और उन विशेषताओं को समझना अधिक मूल्यवान है जिनके कारण समाजशास्त्र शुरुआती सामाजिक चिंतन से अलग है।

समाजशास्त्र के उदय में बौद्धिक और सामाजिक दो परिस्थितियाँ प्रमुख कारण थीं। स्वभावत: ये आपस में जुड़ी हुई हैं और समाजशास्त्र के इतिहास पर प्रकाश डालने के लिए ये ही बुनियादी आधार हैं।

समाजशास्त्र के स्रोत (Sources of Sociology)

समाजशास्त्र के चार प्रमुख स्रोत हैं। चारों इसके विकास में अपनी विशिष्ट भूमिका निभाते हैं तथा सभी का स्वतंत्र और सम्मिलित रूप है। ये स्रोत इस प्रकार हैं—

1. राजनीतिक दर्शन
2. इतिहास दर्शन
3. जीवविज्ञान का विकास सिद्धांत
4. सामाजिक-राजनीतिक सुधार आंदोलन

राजनीतिक-सामाजिक सुधारों के आंदोलनों को जानने के लिए सामाजिक स्थितियों का सर्वेक्षण अनिवार्य है। शुरुआती दौर में इतिहास दर्शन और सामाजिक सर्वेक्षण विशेष रूप से महत्वपूर्ण थे। इनका उद्‌भव मनुष्य के बौद्धिक समाज में कुछ देर से हुआ। इसलिए इन दोनों को ही प्रमुख बौद्धिक प्रभाव के तौर पर स्वीकार किया गया। इस प्रकार समाजशास्त्र के निर्माण के बुनियादी स्रोत के तौर पर हम इन दोनों के बारे में विचार करेंगे।

1. इतिहास दर्शन—अनुमान की एक विशेष शाखा के तौर पर इतिहास दर्शन अठारहवीं सदी में सामने आया। इसके संस्थापकों में अबेद-सैं-पियर और जिआमबतिस्ताविको थे। प्रगति के जिस आम विचार को सूत्रबद्ध करने में इन्होंने मदद की, लोगों की इतिहास संबंधी धारणा को गहराई से प्रभावित किया और फ्रांस में मोंतेस्क्यू और वोल्तेयर, जर्मनी में हेर्डेर और अठारहवीं सदी के उत्तरार्द्ध के स्कॉटिश दार्शनिकों और इतिहासकारों के समूह फर्गूसन, मिलर, राबर्टसन इत्यादि के लेखन में यह बात दिखाई पड़ी। यह

नया ऐतिहासिक दृष्टिकोण दुगाल्ड स्टीवार्ट लिखित मेमायर ऑफ ऐडम स्मिथ के इस उद्धरण में साफ तौर पर दिखाई पड़ता है, जिस सामाजिक काल में हम रह रहे हैं, उसकी बौद्धिक उपलब्धियों, अभिमतों, आचारों और संस्थाओं की तुलना जब हम असभ्य जनजातियों के साथ करते हैं, तो इसे एक मजेदार घटना के रूप में देखने से नहीं चूकते कि कैसे अपरिष्कृत किस्म के पहले सीधे-सादे प्रयासों से क्रमशः कदम दर कदम आगे बढ़ते हुए इतने आश्चर्यजनक रूप से विनिर्मित और जटिल चीजों तक आ पहुंचे हैं। स्टीवार्ट और आगे कहता है कि इस प्रगति के कई चरणों के संबंध में कोई सूचना नहीं मिलती और इन खाली जगहों को मानव स्वभाव के ज्ञात सिद्धांतों पर आधारित अनुमान से भरना चाहिए। इस किस्म की दार्शनिक गवेषणा के लिए हमारी भाषा में कोई सही नाम नहीं है, इसलिए इसे सैद्धांतिक या अनुमानिक इतिहास कहने की छूट लूंगा। इस नाम का अर्थ बहुत कुछ मिस्टर ह्यूम द्वारा प्रयुक्त नेचुरल हिस्ट्री, और फ्रांसीसी इतिहासकार जिसे इस्टवार रंजौने कहते हैं उनके साथ मिलता-जुलता है।

उन्नीसवीं सदी के पूर्वार्द्ध में हीगेल और सेंट साइमन के लेखन के कारण इतिहास दर्शन एक प्रमुख बौद्धिक प्रभाव बन गया। इन दो चिंतकों का प्रभाव मार्क्स और कोम्त के लेखन पर और फिर आधुनिक समाजशास्त्र की कुछ महत्वपूर्ण प्रवृत्तियों पर पड़ा। समाजशास्त्र के लिए इतिहास दर्शन के योगदान को संक्षेप में कुछ इस तरह समझा जा सकता है कि दार्शनिक तौर पर ऐतिहासिक कालों और सामाजिक प्रारूपों की धारणाएं इससे आईं। दार्शनिक इतिहासकार ही समाज की नई धारणा के लिए जिम्मेदार हैं। जिनके मुताबिक समाज को राजनीतिक समाज या राज्य के अलावा भी समझा जाता है। वे तमाम किस्म की सामाजिक संस्थाओं पर विचार करते थे, और राज्य तथा जिसे वे 'नागरिक समाज' कहते थे, उसके बीच सावधानीपूर्वक फर्क करते थे। एडम फर्गूसन लिखित 'एस्से ऑन दि हिस्ट्री ऑफ सिविल सोसाइटीज़' (1767) संभवतः इस नजरिए का सर्वोत्तम उदाहरण है; लगता है इसके जर्मन अनुवाद से हीगेल के शुरुआती समाज संबंधी लेखन में उसका दृष्टिकोण प्रभावित रहा और इसी से उसने शब्दावली भी ग्रहण की। फर्गूसन ने इस लेख और बाद के अपने लेखन में समाज के चरित्र, जनसंख्या, परिवार और नातेदारी, पद की विशेषता, संपत्ति, सरकार, रीति-रिवाज, नैतिकता और कानून पर विचार किया है; अर्थात वह समाज को आपस में जुड़ी हुई संस्थाओं की एक व्यवस्था के बतौर समझता है। इसके अलावा वह समाजों के भिन्न-भिन्न प्रकार तय करता है, और सामाजिक विकास के अलग-अलग चरण निर्धारित करता है। इसी तरह की विशेषताएं उन सभी के कई लेखों में मिलती हैं जिन्हें मैंने दार्शनिक इतिहासकार कहा है; इस मामले में उन सबके बीच अद्‌भुत समानता है और वे मानव समाज के अध्ययन में लोगों की रुचि के क्षेत्र में एक दिशा परिवर्तन के द्योतक हैं। ये विशेषताएं फिर से उन्नीसवीं सदी में शुरुआती समाजशास्त्रियों, कोम्त, मार्क्स और स्पेंसर के लेखन में दिखाई पड़ती हैं।

सामाजिक सर्वेक्षण—आधुनिक समाजशास्त्र का दूसरा महत्वपूर्ण तत्व सामाजिक सर्वेक्षण है। इसके भी दो स्रोत हैं : एक तो यह बढ़ता हुए यानि कि प्राकृतिक विज्ञानों की पद्धति मानव समाज के अध्ययन में लागू किया जा सकता है और लागू करना चाहिए; साथ ही मानवीय परिघटनाओं फेनोमेना को वर्गीकृत किया जा सकता है और नापा जा सकता है। दूसरा गरीबी (सामाजिक समस्या) की चिंता। यह माना गया है कि औद्योगिक समाजों में गरीबी कोई प्राकृतिक परिघटना, कोई प्राकृतिक अथवा दैवी विपदा नहीं बल्कि मानवीय अज्ञान अथवा शोषण का नतीजा है। प्राकृतिक विज्ञानों की प्रतिष्ठा और सामाजिक सुधार के आंदोलन के संयुक्त प्रभाव से समाज के इस नए विज्ञान में सामाजिक सर्वेक्षण के लिए महत्वपूर्ण जगह बन गई। पश्चिमी-यूरोप के औद्योगिक समाजों में इसका विकास अच्छी तरह देखा जा सकता है, खासकर सर जान सिन्क्लेयर लिखित ''स्टैटिस्टिकल एकाउंट ऑफ स्कॉटलैंड'' (21 खंड, 1979) जैसे शुरूआती अध्ययनों में, कांजर से द्वारा 'मैथेमेटिक सोशियल' विकसित करने के प्रयासों में, केतले के 'फिजिक सोशियल' में तथा लप्ले लिखित 'लेजूव्रिये यूरोपियन' (1855, दूसरा संवर्धित संस्करण 1877-79) और बूथ लिखित 'लाइफ एंड लेबर ऑफ दि पीपुल इन लंदन' (1891-1903) जैसे परवर्ती अध्ययनों में यह दिखाई पड़ता है। सामाजिक सर्वेक्षण समाजशास्त्रीय गवेषणा की एक प्रमुख पद्धति रही है। ये बौद्धिक आंदोलन, इतिहास दर्शन और सामाजिक सर्वेक्षण पश्चिमी यूरोप में अठारहवीं और उन्नीसवीं सदी के सामाजिक हालात से अलग-अलग नहीं थे। इतिहास और सामाजिक विकास में यह नई रुचि सामाजिक परिवर्तन की तेजी और गहराई, तथा खोजी समुद्री यात्राओं के जरिए जो संस्कृतियों की भिन्नता लोगों की नजर में आई उनके कारण पैदा हुई थी। इतिहास दर्शन केवल चिंतन की उपज नहीं था, यह दो क्रांतियों, इंग्लैंड की औद्योगिक क्रांति और फ्रांस की राजनीतिक क्रांति का भी परिणाम था। उसी तरह, सामाजिक सर्वेक्षण भी सिर्फ मानव समाज पर प्रकृति विज्ञान की पद्धति को लागू करने की महत्वाकांक्षा से नहीं पैदा हुआ था। इसके बजाए यह सामाजिक बुराइयों के बारे में नई धारणा से उपजा, जो खुद औद्योगिक समाज की भौतिक संभावनाओं से प्रभावित था। गरीबी या किसी अन्य सामाजिक समस्या के सामाजिक सर्वेक्षण का तभी कोई मतलब है जब यह यकीन हो कि इस तरह की बुराईयों को कम करने या दूर करने के लिए कुछ

किया जा सकता है। मेरे ख्याल से लगातार बढ़ रही विराट उत्पादक शक्तियों के बीच व्यापक गरीबी की मौजूदगी के कारण लोगों के नजरिए में यह बदलाव आया होगा कि गरीबी कोई प्राकृतिक समस्या (या प्राकृतिक परिस्थिति) नहीं बल्कि एक सामाजिक समस्या है। जिसका अध्ययन करना चाहिए और जिसे दूर किया जाना चाहिए। यह बात कम से कम इस यकीन के पीछे एक महत्वपूर्ण कारण थी कि सामाजिक सुधार में सही ज्ञान का इस्तेमाल किया जा सकता है; और बाद में, यह कि जब मनुष्य ने अपने भौतिक पर्यावरण पर पूरी तरह से नियंत्रण स्थापित कर लिया है तो अब अपने सामाजिक पर्यावरण पर भी नियंत्रण स्थापित कर लेगा।

अब तक मैंने समाजशास्त्रीय चिंतन में उदारवादी और क्रांतिकारी तत्त्वों पर विचार किया है जो ज्ञानोदय, और फ्रांसीसी क्रांति से सीधे पैदा हुए थे। बहरहाल, हाल के लेखन में समाजशास्त्र में अनुदारवादी और रोमांटिक प्रतिक्रिया के चिंतकों, खासकर द बोनाल और द मेस्त्र, ने विचारों के स्तर पर जो योगदान किया, (क्योंकि इनका प्रभाव सेट-साइमन, कोन्त और द तोकविय पर पड़ा था) उसको ज्यादा प्रमुखता दी जा रही है। उदाहरण के लिए राबर्ट निजबर्ट सामाजिक चिंतन में उस बदलाव का संकेत करता है जिसके चलते समाजशास्त्र विश्लेषण परक बौद्धिकता के खिलाफ परंपरावाद की प्रतिक्रिया...के बतौर सामने आया। आगे अपने विचारों का सार वह कुछ इस प्रकार पेश करते हैं, "समाजशास्त्र का विरोधाभास... इस तथ्य में दिखाई पड़ता है कि हालांकि इसके उद्देश्य और इसके प्रमुख विचारकों के राजनीतिक और वैज्ञानिक मूल्य तो आधुनिकता की मुख्यधारा में पड़ते हैं लेकिन इसकी बुनियादी धारणाएं और इसका दिया हुआ परिप्रेक्ष्य सामान्यत: दार्शनिक अनुदारवाद के अधिक करीब है। समुदाय, प्राधिकार, परंपरा, पवित्रता : यही सब तो हमारे युग के प्रमुख अनुदारवादी पूर्वाग्रह है... ।" निजबेट के मुताबिक यही सब समाजशास्त्र के भी महत्वपूर्ण विचार एकक हैं। मार्क्यूज ने भी इसी तरह का तर्क प्रस्तुत किया है। वह कोम्त के समाजशास्त्रीय प्रत्यक्षवाद की अनुदारता को 'आलोचनात्मक विवेक' की हीगेल के सामाजिक सिद्धांत की आत्मा है, जो मार्क्सवादी चिंतन में पूरी तरह से अभिव्यक्त हुआ।

समाजशास्त्र पर अनुदारवादी चिंतकों के असर के बारे में कोई दो राय नहीं हो सकती। सेंट-साइमन इतिहास को संकटपूर्ण और सामंजस्यपूर्ण कालों में बांटते हैं, और उत्तर-क्रांतिकारी औद्योगिक समाज में लोगों को एकजुट रखने के लिए नए नैतिक सिद्धांत की वकालत करते हैं। इसमें साफतौर पर वही असर है और इसी से कोम्त की सामाजिक व्यवस्था, को पुनर्स्थापित करने की चिंता का भी रास्ता साफ होता है। लेकिन सेंट-साइमन वर्ग और संपत्ति संबंधी कुछ अन्य विचारों के भी स्रोत हैं। जिनसे एक-दूसरे किस्म का चिंतन पैदा हुआ, जो सेंट-साइमनवादी समाजवाद और बाद में कार्ल मार्क्स के विचारों में प्रतिफलित हुआ। समाजशास्त्रीय चिंतन में दो तरह की परम्पराएं हैं और इन्हें बनाने वाले विभिन्न तत्वों में सावधानीपूर्वक फर्क करना चाहिए।

समाजशास्त्र के जिस प्राक-इतिहास की रूपरेखा का कालखंड तकरीबन सौ सालों का कहा जा सकता है, तकरीबन 1750 से 1850 तक, या मांतेस्क्यू के दलेस्प्रि देल्वा के, प्रकाशन से लेकर कोम्त के लेखन और स्पेंसर तथा मार्क्स के शुरुआती लेखन तक। विज्ञान के रूप में समाजशास्त्र का निर्माण काल उन्नीसवीं सदी के उत्तरार्द्ध और बीसवीं सदी के पूर्वार्द्ध तक फैला हुआ है। समाजशास्त्र की पैदाइश के इस संक्षिप्त सर्वेक्षण से हम इसके कुछ शुरूआती लक्षणों को देख सकते हैं। इसका संबंध मनुष्य के समूचे सामाजिक जीवन और संपूर्ण मानव इतिहास से है। दूसरे, इतिहास दर्शन के प्रभाव इतिहास दर्शन के प्रभाव के चलते, और बाद में जीव विज्ञान के विकासवादी सिद्धांत के भी चलते, यह विकासवादी है, यानी सामाजिक विकास के मुख्य चरणों की पहचान करता है और उनकी व्याख्या करता है। तीसरे, इसे भी सामान्यत: प्राकृतिक विज्ञानों की तरह ही प्रत्यक्षवादी विज्ञान माना जाता है। अठारहवीं सदी में सामाजिक विज्ञानों को आमतौर पर भौतिक विज्ञान के ढांचे पर समझा जाता था। उन्नीसवीं सदी में इसे जीव विज्ञान की तर्ज पर ढाला गया जिससे साफ हो जाता है कि आमतौर पर समाज की धारणा किसी जीव की तरह की जाती है और सामाजिक विकास के सामान्य नियम सूत्रबद्ध करने की कोशिश की जाती है। चौथे, हालांकि समाजशास्त्र का दावा है कि यह सामान्य विज्ञान है इसके बावजूद यह अठारहवीं सदी की राजनीतिक और आर्थिक क्रांतियों से पैदा होने वाली सामाजिक समस्याओं पर विशेष रूप से ध्यान देता है; यह नए औद्योगिक समाज का विज्ञान है। अंतत:, इसका चरित्र वैज्ञानिक होने के साथ ही विचारधारात्मक है; इसकी शुरुआत में ही अनुदारवादी और क्रांतिकारी विचार आ घुसे, जिसके कारण परस्पर विरोधी सिद्धांत सामने आए, और विवाद उठ खड़े हुए जो आज तक जारी हैं।

शुरुआती समाजशास्त्रीय चिंतकों ने बढ़-चढ़कर जो दावे किए उनके कारण स्वाभाविक रूप से जो लोग ज्यादा संकीर्ण और विशेषीकृत क्षेत्रों में काम कर रहे थे उनके बीच इसका विरोध उठ खड़ा हुआ, वे लोग इतिहासकार थे, अर्थशास्त्री थे और राजनीतिकशास्त्री थे। इसमें संदेह है कि समाजशास्त्र आज भी शुरुआती महत्वाकांक्षाओं पर खरा उतर सका है। लेकिन हमें भिन्न-भिन्न दावों के बीच फर्क करना चाहिए, और फिर जो दावे इसके विषय क्षेत्र के बारे में किए गए और जो दावे इसकी खोजों के बारे में किए गए उनके बीच भी भेद करना चाहिए। आज कोई भी

यह यकीन नहीं करता कि कोम्त या स्पेंसर ने सामाजिक विकास के नियमों की खोज की (हालांकि कुछ लोग अब भी यकीन करते हैं कि मार्क्स ने की) लेकिन इसका यह मतलब नहीं कि कोम्त या स्पेंसर (या यकीन न करने वालों के तहत, मार्क्स) समाजशास्त्र के क्षेत्र के बारे में पूरी तरह गलत थे, या उन्होंने इसकी प्रगति में कोई महत्वपूर्ण योगदान नहीं किया। एक ऐसे समाजशास्त्र की जरूरत लगातार महसूस होती है जो संपूर्ण समाज या पूरे सामाजिक ढांचे पर विचार करे। बहरहाल, इससे यह समस्या पैदा होती है कि ऐसे सरगर्मी विज्ञान की खोज कैसे की जाए, और अन्य सामाजिक विज्ञानों से इसका क्या संबंध होगा।

समाजशास्त्र का विरोध शुरुआती दौर में इस अहसास के कारण पैदा हुआ कि इसका उद्देश्य अन्य सामाजिक विद्वानों के साथ समायोजन नहीं बल्कि उनका शोषण है। बाद के समाजशास्त्रियों के लेखन में इस तरह की प्रकट महत्वाकांक्षाओं को खारिज किया गया। उदाहरण के लिए हाबहाउस समाजशास्त्र को एक ऐसा विज्ञान समझता है जिसके घेरे में मनुष्य का समूचा सामाजिक जीवन आ जाता है; उसके मुताबिक यह एक और विशेष विज्ञान नहीं है और अन्य सामाजिक विज्ञानों के साथ इसका संबंध परस्पर आदान-प्रदान और परस्पर प्रेरणा का है।

सामान्य समाजशास्त्र न तो विशेषज्ञता की शुरुआत से पहले ही अपने आप में बंद हो चुका अलग-सा विज्ञान है, न ही यह सामाजिक विज्ञानों का ऐसा संश्लेषण मात्र है जो उनके निष्कर्षों को एक-दूसरे के सामने यांत्रिक रूप से रख देता हो। बजाए इसके यह ऐसा जीवंत सिद्धांत है जो समस्त सामाजिक सर्वेक्षण में व्याप्त है, उनको पोषित करता है और उनसे पोषण पाता है; गवेषणा की प्रेरणा देता है, निष्कर्षों में सामंजस्य बिठाता है, संपूर्ण के जीवन को अंशों में दिखलाता है और अंशों का अध्ययन करने के बाद संपूर्ण की पूरी समझदारी के लिए उनके पास लौट आता है।

हालांकि दुर्खीम समाजशास्त्र की स्वायत्तता पर जोर देने और जिस खास तरह की परिघटना से इसका संबंध है उन्हें चिह्नित करने के बारे में विशेष रूप से चिंतित था, फिर भी उसने समाजशास्त्र को विश्वकोशीय विज्ञान नहीं माना, न ही यह माना कि अन्य सामाजिक विज्ञानों से काटकर इसका अध्ययन किया जा सकता है। उसने भी हाबहाउस की तरह ही यह माना कि समाजशास्त्रीय दृष्टिकोण का प्रसार होगा, और इस तरह अलग-अलग सामाजिक विज्ञानों के भीतर बदलाव आएगा। वह तो बाद में जाकर उसने इस दिशा में सोचना शुरू किया कि एक सामान्य समाजशास्त्र का विकास संभव है, जिसमें खास-खास विज्ञानों के अपने विशेष क्षेत्रों में स्थापित नियमों के आधार पर अधिक सामान्य नियम शामिल होंगे। अपने सोशियोलोजीक के पहले खंड की अपनी संपादकीय भूमिका में दुर्खीम ने कहा, ''हमारी कोशिश अत्यंत सीमित विषयों में, और समाजशास्त्र के खास क्षेत्रों में अध्ययन को प्रोत्साहित करने की होगी। क्योंकि सामान्य समाजशास्त्र इन्हीं विशेष विज्ञानों का संश्लेषण होगा, क्योंकि इनके सबसे अधिक सामान्य निष्कर्षों की तुलना ही उसमें होगी, इसलिए जितना अधिक ये विशेष विज्ञान विकसित होंगे, उतना ही अधिक सामान्य समाजशास्त्र संभव होगा''।

इस बात को शायद ही कोई कह सके कि हाबहाउस और दुर्खीम ने जो छोटे-छोटे लक्ष्य सूत्रबद्ध किए थे वे भी इस तरह पूरे किए जा सके हैं कि उन्हें सामान्य स्वीकृति मिल जाए। इन दोनों चिंतकों में से दुर्खीम ने अन्य सामाजिक विज्ञानों द्वारा समाजशास्त्र का दृष्टिकोण पहुंचाने में अधिक सफलता पाई। भिन्न-भिन्न अनुशासनों में अनेक फ्रांसीसी विद्वान दुर्खीम के कार्यों से प्रभावित और प्रेरित हुए; कानून में (डेवी, लेवी, ब्रूल और द्यूग्यूई) अर्थशास्त्र में (एफ. सिमियां), नृतत्व शास्त्र में (मास), इतिहास में (मार्क ब्लाख, ग्राने), भाषा विज्ञान में (काहेन, मिलेट), उनमें से कुछेक मशहूर नाम है। दुर्खीम के विचार उसके अपने लेखन के जरिए तो फैले जिसकी स्थापना उसने 1898 में की थी। समाजशास्त्र की उसकी धारणा आने सोशियोलौजिक में साकार हुई। उसके हरेक अंक में एक-दो मौलिक लेख और समाजशास्त्रीय दृष्टिकोण से किए गए अनेक सर्वेक्षण शामिल रहते थे। ये सब सामाजिक गवेषणा के अनेक विशेष क्षेत्रों में हुए सालभर के लेखन से चुने जाते हैं। दुर्खीम ने इस व्यवस्था को यह कहकर सही ठहराया—मुझे लगता है कि विशेष विज्ञानों, यथा कानून, रीति-रिवाजों और धर्म का इतिहास, सामाजिक सांख्यिकी, अर्थशास्त्र इत्यादि, में जो शोध हो रहे हैं उनसे समाजशास्त्र को लगातार परिचित होते रहना चाहिए, क्योंकि यहीं पर वह सामग्री मिलती है जिसके आधार पर समाजशास्त्र को खड़ा करना होगा।

जैसा कि रेमा आरो ने कहा है, जर्मनी में समाजशास्त्र को पहले उसके विश्वकोशीय चरित्र के कारण खारिज कर दिया गया ओर सब जगहों की तरह यहां भी खासकर गेओगे जीम्मल के प्रभाव में समाजशास्त्र के क्षेत्र को परिभाषित करने और उसकी सीमा बांधने की कोशिश की गई, सामाजिक जीवन के रूपों का एक अमूर्त विज्ञान बनाया गया। जीम्मल ने समाज के विज्ञान की अपनी धारणा को इस तरह सूत्रबद्ध किया।

मुझे लगता है कि अगर समाज का कोई विशेष विज्ञान हो सकता है तो उसका आधार सिर्फ ये और कुल मिलाकर ये ही हो सकते हैं, वैज्ञानिक अमूर्तन के जरिए रूप और वस्तु के कारकों को अलग करना जबकि वास्तव में ये दोनों अखंड रूप से जुड़े हुए हैं; विश्लेषण के जरिए अंत:क्रिया या समाजीकरण के रूपों को उनकी सारवस्तु से जुदा करना (केवल जिनके कारण ही ये रूप सामाजिक

रूप बनते हैं); और इन रूपों को एक सुसंगत वैज्ञानिक दृष्टिकोण के तहत व्यवस्थित रूप से एकत्र करना।

लेकिन इन कोशिशों के साथ ही साथ विशेषकर मार्क्सवाद से प्रेरित होकर लोगों की रुचि ऐतिहासिक व्याख्या और संस्कृति के समाजशास्त्र में भी जागृत रही। ये विभिन्न रुचियां मैक्स वेबर के लेखन में एकजुट दिखाई पड़ती हैं। उसके लेखन में दुर्खीम की तरह ही उस समय मौजूद अनुशासनों, इतिहास, कानून, अर्थशास्त्र, राजनीतिशास्त्र, तुलनात्मक धर्म विज्ञान, के भीतर समाजशास्त्रीय दृष्टिकोण को प्रोत्साहित करने की चिंता हम देख सकते हैं।

समाजशास्त्र और दूसरे सामाजिक विज्ञान (Sociology and Other Social Sciences)

वैसे तो अब समाजशास्त्र सर्वश्लेषी विज्ञान होने का दावा नहीं करता लेकिन रूपरेखा होने का दावा जरूर करता है। इस बात पर विचार करना जरूरी है कि यह अन्य सामाजिक विज्ञानों और मनुष्य के सामाजिक जीवन से जुड़े हुए अन्य अनुशासनों से यह किस प्रकार संबद्ध है या इसे संबद्ध होना चाहिए। दो खास सामाजिक विज्ञानों—अर्थशास्त्र और राजनीतिशास्त्र के साथ इसके संबंधों, और अंततः इतिहास और दर्शनशास्त्र के साथ इसके संबंधों पर प्रकाश डाला गया है।

नृतत्वशास्त्र और समाजशास्त्र

अक्सर कहा जाता है कि समाजशास्त्र और सामाजिक नृतत्वशास्त्र दो एकदम भिन्न स्रोतों से पैदा हुए हैं, लेकिन अब वे व्यावहारिक रूप से अभिन्न हैं। इस वक्तव्य से किसी तथ्य की बजाय एक आकांक्षा ही पैदा होती है। इन दोनों अनुशासनों की धारणाओं, छानबीन और विश्लेषण की पद्धति और रुचियों की दिशा की परीक्षा करने पर जल्द ही ये साफ हो जाता है कि ये अब भी अलग-अलग ही हैं। फिर भी उनके संबधों के इतिहास को देखने पर पता चलता है कि शुरुआती दौर के घनिष्ठ जुड़ाव के बाद एक जमाना आया जब नृतत्वशास्त्र में सामान्यतः प्रकार्यवादी दृष्टिकोण अपनाया गया और समाजशास्त्र इतिहासोन्मुखी बना रहा और सामाजिक विकास की समस्याएं इसकी चिंता के केंद्र में रहीं। इधर हाल के वर्षों में इन दोनों अनुशासनों में एक नया मेल दिखाई दे रहा है। इनके भेद के दिनों में समाजशास्त्र और सामाजिक नृतत्वशास्त्र के बीच जो व्यापक अंतर पैदा हुआ उसे आसानी से इनके अध्ययन के विषयों में अंतर से जोड़ा जा सकता है। अध्ययन की जगह पर जाकर सर्वेक्षण जब बुनियादी जरूरत बन गया तो सामाजिक नृतत्वशास्त्री ऐसे छोटे समाजों का अध्ययन करने लगे जिनका चरित्र उनके अपने समाज से कांफी कुछ भिन्न हो। ये अपेक्षाकृत अपरिवर्तित होते थे और ऐतिहासिक दस्तावेजों का वहां अभाव होता था। इन तथ्यों के कारण ऐसी पद्धति का जन्म हुआ जिसमें ऐसे समाजों को एक सुगठित प्रकार्यगत इकाई के रूप में देखा जा सकता था। चूंकि नृतत्वशास्त्री बाहरी व्यक्ति होता था और इनके मूल्यों और प्रेरणाओं में किसी भी भांति शामिल नहीं था इसलिए इनका वर्णन और विश्लेषण नैतिक रूप से निष्पक्ष शब्दावली में हो सकता था और चूंकि वहां परिवर्तन बहुत कम होता था तथा पिछले परिवर्तनों के दस्तावेज नहीं होते थे इसलिए ऐतिहासिक दृष्टिकोण गैर-जरूरी और कमोवेश असंभव होता था। परिस्थितियां अब पूरी तरह से बदल गई हैं। इनमें से अनेक आदिम समाज पश्चिमी विचारों और तकनीक के प्रभाव से बदल रहे हैं। कबीलाई समाजों पर बड़े समूहों का प्रभुत्व शुरू हो चुका है और सामाजिक तथा राजनीतिक आंदोलन विकसित हो रहे हैं जिनके कारण सामाजिक नृतत्वशास्त्री को मूल्य संबंधी उन्हीं समस्याओं का सामना करना पड़ रहा है जिनका सामना समाजशास्त्री को अपने ही समाज का या एक ही सभ्यता के समाजों का अध्ययन करते वक्त करना पड़ता है। संक्षेप में हम देख सकते हैं कि अध्ययन का विषय अब ऐसे समाज हैं जो आर्थिक विकास और सामाजिक परिवर्तन की प्रक्रिया से गुजर रहे हैं और इसलिए समाजशास्त्री और सामाजिक नृतत्वशास्त्री दोनों के लिए समान विषय हो गए हैं। यह भी याद रखना चाहिए कि सामाजिक नृतत्वशास्त्री का अधिकार समझे जाने वाले आदिम समाज कमोवेश गायब हो चुके हैं। उसी तरह विकसित समाजों का अध्ययन करने के समाजशास्त्री के विशेषाधिकार को भी चुनौती मिलने लगी है। विकसित समाजों में भी नृतत्वशास्त्रीय अध्ययन बढ़ चले हैं। समाजशास्त्र और सामाजिक नृतत्वशास्त्र में अब भी शब्दावली, दृष्टिकोण और पद्धति का अंतर है लेकिन एक मेल दिखाई दे रहा है और उसे आगे बढ़ाने की इच्छा भी है। यह भी ध्यान रखना चाहिए कि समकालीन समाजों में एक तीसरी अत्यंत महत्वपूर्ण कोटि उन समाजों की है जो न तो आदिम हैं न ही औद्योगिक रूप से विकसित हैं। ऐसे समाजों में भारत को उदाहरण के तौर पर लिया जा सकता है जिसमें समाजशास्त्र और सामाजिक नृतत्वशास्त्र के बीच भेद का कोई खास अर्थ नहीं है। भारत में समाजशास्त्रीय शोधकार्य चाहे जाति व्यवस्था से जुड़ा हो, चाहे ग्रामीण समुदायों से या फिर औद्योगीकरण की प्रक्रिया और इसके प्रभावों से, इसे समाजशास्त्रियों और सामाजिक नृतत्वशास्त्रियों दोनों द्वारा चलाया जाता है और चलाया जाना चाहिए। हम मामले में इन दोनों अनुशासनों के बीच पारंपरिक विभाजन पर विजय पाने का एक वास्तविक अवसर है। यह सही है कि समाजशास्त्रियों और नृतत्वशास्त्रियों का वर्तमान

प्रशिक्षण कुछ हद तक इसके खिलाफ जाता है क्योंकि जिन पश्चिमी देशों में यह प्रशिक्षण प्राप्त होता है वहां यह विभाजन बरकरार है। लेकिन विकाशसील देशों में सामाजिक विज्ञानों के विकास और विदेशी शैक्षिक संस्थाओं पर कम होती निर्भरता से इन समाजों के लिए प्रासंगिक समस्याओं और शोधकार्यों के अर्थ में दोनों अनुशासनों की पद्धतियों और परिणामों में वास्तविक एकीकरण के अवसर पैदा होंगे।

समाजशास्त्र और मनोविज्ञान (Sociology and Psychology)

समाजशास्त्र और मनोविज्ञान के बीच संबंध और इन दोनों के प्रसंग में सामाजिक मनोविज्ञान की स्थिति की समस्या उलझी हुई है और उसका समाधान नहीं हुआ है। इसके बारे में दो अतिवादी विचार हैं जे.एच. मिल्स का विश्वास था कि किसी सामान्य सामाजिक विज्ञान को तब तक मजबूती से स्थापित नहीं माना जा सकता जब तक इसके आगमनात्मक तरीके से स्थापित सामान्यीकरण दिमाग के नियम भी तार्किक रूप से निगमित नहीं दिखलाए जा सकते। समाज में मनुष्यों के वही गुण धर्म है जो किसी एक मनुष्य की प्रकृति के नियमों से उत्पन्न होते हैं और उन्हीं के भीतर हल किए जा सकते हैं। दूसरी ओर दुर्खीम ने मनोविज्ञान और समाजशास्त्र के अध्ययन की परिघटनाओं में स्पष्ट विभाजन किया—''समाजशास्त्र सामाजिक तथ्यों का अध्ययन करता है जिनकी परिभाषा व्यक्तियों के दिमाग से बाहर की चीज है और उन पर बल प्रयोग करने वाली कार्यवाही के बतौर की जाती है; सामाजिक तथ्यों की व्याख्या किन्हीं मनोवैज्ञानिक तथ्यों के अर्थ में नहीं बल्कि अन्य सामाजिक तथ्यों के अर्थ में ही की जा सकती है। समाज व्यक्तियों का सरल समुच्चय नहीं है, उनके संगठन से बनी हुई यह व्यवस्था एक विशिष्ट यथार्थ होती है जिसकी अपनी विशेषताएं होती हैं। संक्षेप में मनोविज्ञान और समाजशास्त्र में वही अंतर है जो जीव विज्ञान और भौतिक-रासायनिक विज्ञान में होता है। परिणामस्वरूप जब भी किसी सामाजिक परिघटना की सीधी व्याख्या किसी मनोवैज्ञानिक परिघटना के जरिए की जाती है तब तुरंत समझ लेना चाहिए कि ऐसी व्याख्या वैध नहीं है।''

मिल और दुर्खीम के इन विरोधी विचारों से निर्मित पक्ष अब भी हैं लेकिन अधिकांश समाजशास्त्रियों ने अनेक मध्यवर्ती स्थितियां अपनाई हैं। गिंसबर्ग की तरह कुछ अन्य समाजशास्त्रियों का कहना है कि अनेक समाजशास्त्रीय सामान्यीकरण सामान्य मनोवैज्ञानिक नियमों से जोड़ने पर और मजबूती से स्थापित हो जाते हैं, लेकिन कुछ समाजशास्त्रीय नियम विशिष्ट भी हो सकते हैं। इसी तरह एस.एफ. नाडेल का कहना है कि सामाजिक गवेषणा से उत्पन्न कुछ समस्याएं विश्लेषण के निचले स्तरों—मनोविज्ञान, शरीर विज्ञान और जीव विज्ञान की ओर जाने से स्पष्ट हो सकती है। दिल्थी के प्रभाव में मैक्सवेबर सहित कई जर्मन समाजशास्त्रियों ने यह विचार व्यक्त किया कि जहाँ ठीक-ठीक समाजशास्त्रीय व्याख्या संभव है वहाँ भी समाजशास्त्रियों को अतिरिक्त संतोष प्राप्त होता है। अगर जिन सामाजिक गतिविधियों की वह कार्य-कारण व्याख्या करता है उनके अर्थ को समझने में वह सक्षम हो सके। इस समझ को सामान्य बोध का मनोविज्ञान कहकर पुकारा गया लेकिन दिल्थी या वेबर व्यापक अर्थों में वैज्ञानिक मनोविज्ञान के विकास के विरोधी नहीं थे बल्कि वेबर को तो फ्रायड के कुछ विचारों से सहानुभूति थी। फ्रायड के मनोविज्ञान में, सामाजिक जीवन में व्यक्तिगत और जैविकीय कारकों की भूमिका पर जोर देते हैं फिर भी यह माना गया है कि सामाजिक व्यवहार में अभिव्यक्त होने के पहले सहज आवेग अनेक तरह रूपांतरित हो जाते हैं और फ्रायडोत्तर स्कूल की कृतियों में व्यक्तिगत व्यवहार को बदलने में समाज के प्रभाव को और महत्तर भूमिका प्रदान की गई है। सामाजिक चरित्र की फ्रॉम की धारणा का आशय ही व्यक्तिगत मनोवैज्ञानिक विशेषताओं और किसी विशेष सामाजिक व्यवस्था की विशेषताओं को जोड़ना है।

इस व्यापक मान्यता के बावजूद कि समाजशास्त्रीय और मनोवैज्ञानिक व्याख्याएं एक-दूसरे की पूरक हो सकती हैं, व्यावहारिक रूप से इन दोनों अनुशासनों के घनिष्ठ संबंध नहीं हैं और सामाजिक मनोविज्ञान जिसे खासकर समाजशास्त्र के नजदीक होना चाहिए था उसकी जगह अब भी विवादग्रस्त है। यह कहना आसान है कि सामाजिक मनोविज्ञान सामान्य मनोविज्ञान का वह हिस्सा है जो सामाजिक परिघटनाओं के लिए खासकर प्रासंगिक है, या जो सामाजिक जीवन के मनोवैज्ञानिक पहलुओं का अध्ययन करता है। दरअसल पूरे मनोविज्ञान को ही कुछ हद तक सामाजिक माना जा सकता है क्योंकि तमाम मानसिक परिघटनाएं जिस सामाजिक संदर्भ में घटित होती हैं वह उन्हें कुछ हद तक प्रभावित करता है और सामाजिक मनोविज्ञान की सरहदों का मोटा रेखांकन भी एक मुश्किल काम हो जाता है। इसका मतलब है कि सामाजिक मनोविज्ञानी अधिकतर समाजशास्त्र के मुकाबले सामान्य मनोविज्ञान के साथ ज्यादा नजदीकी महसूस करते हैं, एक विशेष पद्धति से बंधे होते हैं और अक्सर उस सामाजिक वातावरण के ढांचागत गुणों की उपेक्षा कर जाते हैं जिसमें उनकी छानबीन की जाती है। टकराव और युद्ध के अध्ययन में समाजशास्त्रीय और मनोवैज्ञानिक व्याख्याएं कई बार एक-दूसरे के विरोध में रही हैं। सामाजिक स्तरीकरण के अध्ययनों में मनोवैज्ञानिक दृष्टिकोण वर्ग और स्थिति का एक खास तरह का वर्णन आत्मगत अर्थों में करता है जो वस्तुगत कारकों के अर्थ में समाजशास्त्रीय वर्णन के विपरीत है

और किसी सामाजिक संरचना में एक महत्वपूर्ण तत्व के मनोवैज्ञानिक पहलुओं की व्यवस्थित छानबीन से मुंह चुराता है। राजनीति के मनोविज्ञान से संबंधित लेखन तो राजनीतिक संरचना और व्यवहार संबंधी अत्यंत स्पष्ट तथ्यों से इतना दूर महसूस होता है कि उसका जिक्र करना भी बेकार है। गवेषणा के तकरीबन हरेक क्षेत्र में यह देखा जा सकता है कि समाजशास्त्र और मनोविज्ञान अधिकांशत: विमर्श के दो भिन्न संसार निर्मित करते हैं।

इन दोनों अनुशासनों के बीच घनिष्ठ संबंधों के पक्ष में अनेक घोषणाएं की गई हैं और इन्हें पास लाने के कुछ उपयोगी प्रयास भी हुए हैं। गर्थ और मिल्स की कृति इनमें सबसे महत्वपूर्ण है। लेखकों का कहना है कि सामाजिक मनोविज्ञानी विभिन्न तरह के समाजों में पुरुषों और स्त्रियों के आचरण और प्रेरणाओं का वर्णन और उनकी व्याख्या करने की कोशिश करता है। वह जानना चाहता है कि किसी व्यक्ति के बाहरी आचरण और आंतरिक जीवन दूसरों से किस तरह अंतर्क्रिया करते हैं। विभिन्न तरह के समाजों में जिस तरह के लोग आमतौर पर पाए जाते हैं उनका वर्णन वह करता है और उनके समाजों के साथ उनके अंतर्संबंधों की खोज के जरिए वह उनकी व्याख्या करता है। इस प्रकार सामाजिक मनोविज्ञान के अध्ययन का क्षेत्र व्यक्तिगत चरित्र और सामाजिक संरचना के बीच अंतर्क्रिया है और जैसा कि गर्थ और मिल्स कहते हैं इसे या तो जीव विज्ञान के नजरिए से देखा जा सकता है या समाजशास्त्र के नजरिए से। पिछले कुछ वर्षों में समस्या यह रही है कि किसी एक भी तरफ से आने वाले लोग दूसरी तरफ की घटनाओं और प्रक्रियाओं से बहुत हद तक अनजान रह जाते हैं। कहना चाहिए कि वे अकादमिक रूप से मान्यता प्राप्त शब्दावली और पद्धति की अपनी दुनिया में कैद रहे हैं। गर्थ ओर मिल्स ने यह दूरी पाटने की कोशिश की और भूमिका की धारणा का कुंजी की तरह इस्तेमाल किया। व्यक्ति और समाज दोनों की परिभाषाओं में ही ऐसा है—''सामाजिक भूमिका वैयक्तिक प्राणी और सामाजिक संरचना दोनों के बीच मिलन बिंदु है और इसका उपयोग इस सिद्धांत में केंद्रीय धारणा के बतौर किया जाता है जो चरित्र और सामाजिक संरचना का विश्लेषण समान शब्दों में करना संभव बनाता है।''

यह बात फ़ाम के विचारों के काफी करीब है जिनकी चर्चा ऊपर की गई है। और फ़ाम की तरह ही गर्थ और मिल्स व्यक्ति और समाज के बीच संबंध की बुनियादी समस्या को फिर से उठाते हैं। एक प्रबुद्ध अध्ययन में जिंसबर्ग ने पहले ही इस समस्या को उठाया। इसमें उन्होंने सामाजिक जीवन में सहज वृत्ति और तर्कबुद्धि का क्रमश: प्रभाव, सामूहिक मानस के सिद्धांतों और जनमत तथा संगठित सामूहिक व्यवहार की समस्याओं की जांच-परख की थी। बाद में सामाजिक मनोविज्ञान ने इस दिशा में अध्ययन को अधिकतर तिलांजलि दे दी और ऐसी सांख्यिकी और प्रयोगात्मक गवेषणाएं शुरू हुईं जिनका व्यक्ति अथवा व्यक्तियों के सरल समूह से दूर-दूर तक कोई नाता नहीं था और इसीलिए समाजशास्त्र के साथ इसका संपर्क टूट गया।

समाजशास्त्र और मनोविज्ञान के निकट संबंधों पर आपत्ति भी उठाई गई है जिस पर विचार कर लेना आवश्यक है। दुर्खीम समाजशास्त्र से मनोवैज्ञानिक व्याख्या को निकाल बाहर करना चाहता था। हालांकि उसने अक्सर इसका अप्रत्यक्ष रूप से सहारा लिया। हाल ही में रेडक्लिफ ब्राउन ने कहा कि सामाजशास्त्र और मनोविज्ञान दो एकदम भिन्न व्यवस्थाओं का अध्ययन करते हैं। एक सामाजिक व्यवस्था का तो दूसरा मानसिक व्यवस्था का और इसका दावा है कि व्याख्या के इन दो स्तरों को जोड़ा नहीं जा सकता। यह एक अतिवादी विचार लगता है। ऐसे समय तो इसे खासतौर से गंभीर नहीं माना जा सकता जबकि प्राकृतिक विज्ञान में भी अधिकांश उपयोगी शोधकार्य अन्य विज्ञानों के सीमांत पर हो रहा है। फिर भी हमें वास्तविक दिक्कतों को स्वीकार करना चाहिए। समाजशास्त्र और मनोविज्ञान व्यवहार के वैकल्पिक विवरण पेश करते हैं। यदि उन्हें एक-दूसरे के नजदीक लाना है तो उन दोनों के बीच के धारणात्मक और सैद्धांतिक संपर्क सूत्रों पर जितनी मेहनत से काम हुआ है उससे अधिक मेहनत की जरूरत है।

समाजशास्त्र और अर्थशास्त्र (Sociology and Economics)

अल्फ्रेड मार्शल ने 1885 में कैंब्रिज में एक उद्घाटन भाषण देते हुए कोम्त के एक सामान्य सामाजिक विज्ञान संबंधी विचार के संदर्भ में कहा, ''निस्संदेह अगर ऐसी कोई चीज होती है तो अर्थशास्त्र खुशी से उसकी छाया में शरण लेता। लेकिन ऐसी चीज है नहीं, न ही उसके पैदा होने के कोई लक्षण दिखाई दे रहे हैं। चुपचाप पड़े रहकर उसका इंतजार करना बेकार है। हमारे पास जो संसाधन हैं उन्हीं से जो हम कर सकते हैं हमें करना चाहिए।''

यह फैसला क्या आज भी सही होता? शायद नहीं। समाजशास्त्र मौजूद है; समाजशास्त्रियों ने आर्थिक परिघटनाओं के अध्ययन में योगदान किया है। दूसरी ओर आर्थिक विश्लेषण में दूसरी चीजें बराबर रहीं तो पदबंध इतनी बार दोहराया जाता है कि अर्थशास्त्री लोग ही उसकी बारंबारता से थक गए लगते हैं। उनमें से कई ने मानवीय व्यवहार के बारे में कुछेक सरल पूर्वमान्यताओं के आधार पर वर्णन का निगमन के पास जाने की कोशिश की है।

हाल ही की समाजशास्त्रीय आलोचनाओं और योगदानों को अनेक शीर्षकों में बांटा जा सकता है। सबसे पहले तो कुछ आलोचनात्मक अध्ययन यह दिखाने की कोशिश करते हैं कि

अर्थशास्त्र पूरी तरह स्वायत्त विज्ञान नहीं हो सकता। ए.लोव ने अपनी किताब **इकानामिक्स एंड सोशियोलॉजी** में शुद्ध अर्थशास्त्र के महत्व और सीमाओं की परीक्षा करता है और दो समाजशास्त्रीय सिद्धांतों की खोज करता है जो बाजार के शास्त्रीय नियमों में अंतर्निहित है, आर्थिक मनुष्य और उत्पादन के कारकों में प्रतिद्वंद्विता या गतिशीलता।

अर्थशास्त्र और समाजशास्त्र के बीच सहयोग के फलप्रद क्षेत्रों को भी रेखांकित करता है। इसी तरह का दृष्टिकोण एफ. सिमियां ने भी सूत्रबद्ध किया है। अपनी पुस्तक **सोशियोलॉजिक** में उन्होंने दुर्खीम का सहयोगी होने का दावा किया और जानबूझ कर आर्थिक समस्याओं के बारे में समाजशास्त्रीय दृष्टिकोण अपनाया। उनका तर्क है कि अर्थशास्त्र के पहले सिद्धांत परिकल्पनाएं हैं जिनकी जांच होनी चाहिए। उन्हें निगमनात्मक तर्क के लिए ऐसे शुरूआती बिंदु के बतौर नहीं ग्रहण करना चाहिए जो ऐसे निष्कर्षों की ओर ले जाएं जो कि मौलिक परिकल्पना की तरह ही निश्चित हों। सिमियां के अनुसार परिकल्पना की जांच का एकमात्र तरीका समाजशास्त्रीय खोजबीन है।

मैक्स वेबर का **विर्टशाफ्ट उंत गेशेलशाफ्ट** ऐसा शास्त्रीय प्रयास है जो आर्थिक सिद्धांत की कुछ धारणाओं को सामान्य समाजशास्त्रीय ढांचे के भीतर ले आता है। टालकट पारसंस और एन.जे. स्मेल्सर की एक ताजा रचना में वेबर की तरह ही लेकिन ज्यादा महत्वाकांक्षी ढंग से आर्थिक सिद्धांत को सामान्य समाजशास्त्रीय सिद्धांत का एक भाग दिखाने की कोशिश की गई है। इसी कोटि में हम उन रचनाओं को भी शामिल कर सकते हैं जिन्होंने समाजशास्त्रीय अर्थशास्त्र के सिद्धांतों को सूत्रबद्ध करने की कोशिश की है।

दूसरे नंबर पर हम ऐसे अनेक समाजशास्त्रीय अध्ययनों को रख सकते हैं जो सीधे-सीधे आर्थिक सिद्धांत की समस्याओं से जुड़े हुए हैं। सिमियां ने मजदूर और दाम के स्तरों में संबंध की अनुभव सिद्ध परीक्षा की और मजदूरी का एक समाजशास्त्रीय सिद्धांत प्रतिपादित किया। इसी क्षेत्र में बारबरा बुटन सबसे पहले मजदूरी के शास्त्रीय आर्थिक सिद्धांत की कमियों का विश्लेषण करती है और फिर ब्रिटेन के आंकड़ों के आधार पर मजदूरी और वेतन के विभेदकों के निर्धारक तत्वों की समाजशास्त्रीय विश्लेषण प्रस्तुत करती है। बारबरा बुटन की किताब **दि सोशल फाउंडेशन ऑफ वेज पालिसी** का मजदूर परवर्ती हिस्सा आधुनिक ब्रिटेन में मजदूरी संबंधी वार्ताओं का वास्तविक प्रक्रिया और तर्कों की परीक्षा करता है। आर्थिक सिद्धांत के विभिन्न पहलुओं के इसी तरह के अनेक समाजशास्त्रीय अध्ययन हुए हैं, जिनमें शायद सबसे अधिक मजेदार वे हैं जो फार्म के सिद्धांत से जुड़े हुए हैं।

तीसरे नंबर पर ऐसी समाजशास्त्रीय रचनाएं हैं जो आर्थिक व्यवस्था के सामान्य पहलुओं से संबंधित हैं। इस क्षेत्र में समाजशास्त्रीय साहित्य भरपूर है और समाजशास्त्रियों ने आर्थिक व्यवहार के उन पहलुओं की खोजबीन की है जिनकी अर्थशास्त्रियों ने उपेक्षा की है या जिन पर सरसरी नजर डाली है। जिन सामान्य अध्ययनों में आर्थिक व्यवस्था पर संपूर्णता में विचार किया गया है और जो समाजशास्त्रियों तथा समाजशास्त्रीय झुकाव वाले अर्थशास्त्रियों द्वारा किए गए हैं, उनमें मार्क्स या कैपिटल, जर्मन इतिहासवादी धारा का अधिकांश लेखन है। इसी क्षेत्र में कई अध्ययन हाल-फिलहाल भी हुए हैं। जिनमें से अधिकतर पूंजीवाद के परवर्ती विकास पर विचार करते हैं। लेकिन अनेक ऐसी कृतियां भी हैं जो आदिम किस्म की अर्थव्यवस्था सहित अन्य तरह की आर्थिक व्यवस्थाओं का अध्ययन करती हैं।

आर्थिक व्यवस्था के इन सामान्य अध्ययनों के अतिरिक्त समाजशास्त्रियों ने आर्थिक संगठन के कुछ विशेष पहलुओं के भी अध्ययन में योगदान किया है, मसलन संपत्ति संबंधी व्यवस्था, श्रम और पेशों का विभाजन और औद्योगिक संगठन। इनमें से कुछ योगदानों पर समाज की आर्थिक संस्थाओं से संबंधित बाद के एक अध्ययन में विचार किया जाएगा।

यह कहा जा सकता है कि समाजशास्त्र और अर्थशास्त्र अपने शुरूआती दिनों में घनिष्ठ रूप से जुड़े हुए थे। वे बाद में जर्मन इतिहासवादी अर्थशास्त्रियों की रचनाओं को छोड़कर बाकी अलग-अलग हो गए और हाल ही के वर्षों में फिर एक-दूसरे के करीब आए हैं। यह केवल समाजशास्त्र में विकास और आर्थिक अध्ययनों में इसके सीधे योगदान के चलते ही नहीं हुआ, बल्कि स्वयं अर्थशास्त्र में होने वाले परिवर्तनों के कारण भी ऐसा हुआ। इस संबंध में आधुनिक अर्थशास्त्र के दो विशेष पहलू हैं जिनका जिक्र जरूरी है। पहला, बाजार अर्थतंत्र के मुकाबले सकल राष्ट्रीय उत्पाद और राष्ट्रीय आय में लोगों की रुचि बढ़ी है जिसके कारण अर्थशास्त्री आर्थिक विकास को प्रभावित करने वाले सामाजिक कारकों की परीक्षा करने लगे हैं। यह परिवर्तन अविकसित इलाकों के आर्थिक विकास की समस्याओं से संबंधित एक हालिया कृति में स्पष्ट है जहां अर्थशास्त्री को या तो समाजशास्त्री के साथ सहयोग करना पड़ता है या खुद समाजशास्त्री बनना पड़ता है। दूसरा पहलू है आर्थिक परिघटनाओं के खेल में सिद्धांत का प्रयोग। इससे फर्मों के व्यवहार के बारे में ज्यादा वस्तुपरक अध्ययन सामने आए हैं, और उससे भी महत्वपूर्ण यह है कि एक तरह की सामाजिक गतिविधि के ऐसे प्रतिरूप बनाए गए हैं जिन्हें कई तरह की गतिविधियों पर लागू करने के लिए सामान्यीकृत किया जा सकता है। अगर इसे

आगे बढ़ाना है तो इसका अर्थ सामान्य समाजशास्त्रीय समस्याओं का एक ही धारणात्मक विन्यास के आधार पर विश्लेषण करने में सक्षम होना होगा। इस तरह आर्थिक और समाजशास्त्रीय सिद्धांत के कुछ हिस्सों को कम से कम एकीकृत होना होगा।

निस्संदेह ऐसी उपलब्धियां अभी तो काफी दूर हैं लेकिन आर्थिक प्रतिरूपों को समाजशास्त्र में प्रयोग करने के मामले में कुछेक मजेदार कोशिशें हुई हैं और दूसरी तरफ आर्थिक सिद्धांतों में आर्थिक व्यवहार के समाजशास्त्रीय विवरणों के इस्तेमाल की प्रवृत्ति भी बढ़ी है, खासकर आर्थिक विकास के सवालों को हल करने के मामले में।

समाजशास्त्र और राजनीतिशास्त्र
(Sociology and Political Science)

पारम्परिक राजनीतिशास्त्र के तीन मुख्य पहलू हैं : विवरणात्मक, व्यावहारिक और दार्शनिक। इस तरह के अधिकांश राजनीतिकशास्त्र में राजनीतिक सत्ता के प्रकारों के प्राथमिक वर्गीकरण से आगे बढ़कर सामान्यीकरण की कम ही कोशिशें दिखाई पड़ती है।

राजनीतिक अध्ययनों के क्षेत्र में समाजशास्त्र का प्रभाव यह पड़ा कि राजनीतिक व्यवस्था के औपचारिक पहलुओं पर अलग-अलग विचार करने की बजाय सामाजिक व्यवस्था के एक तत्व के बतौर राजनीतिक व्यवहार की ओर सीधे ध्यान गया और वैज्ञानिक सामान्यीकरण तथा व्याख्या की कोशिशें तेज हो गईं। समाजशास्त्र के विकास के शुरूआती दौर में ही बहुत हद तक मार्क्सवादियों के लेखन के जरिए यह प्रभाव महसूस किया जाने लगा क्योंकि मार्क्स के सिद्धांतों में राजनीतिक संस्थाएं और व्यवहार आर्थिक व्यवस्था और सामाजिक वर्गों से घनिष्ठ रूप से जुड़े हैं, और इनका विश्लेषण इस सामान्य सामाजिक संदर्भ में किया जाता है। मार्क्सवादी चिंतन के चलते ही उन्नीसवीं सदी के अंत में माइकेल्स, मैक्स वेबर और पैरेटो के राजनीतिक समाजशास्त्र का जन्म हुआ। यह प्रक्रिया राजनीतिक पार्टियों, अभिजन, मतदान संबंधी व्यवहार, नौकरशाही और राजनीतिक विचारधाराओं के बारे में आधुनिक अध्ययनों तक सीधे पहुंची।

एक और एकदम भिन्न समाजशास्त्रीय प्रभाव अमरीकी राजनीतिशास्त्र में व्यवहारवाद के विकास में देखा जा सकता है। मोटे तौर पर इसकी शुरूआत 1925 में अमेरिकन पॉलिटिक्स साइंस एसोसिएशन के चार्ल्स मेरियम के अध्यक्षीय भाषण से मानी जा सकती है। इसमें उन्होंने कहा—"किसी दिन हम औपचारिक दृष्टिकोण से भिन्न दृष्टिकोण अपनाएंगे और राजनीतिक व्यवहार को महत्व देना शुरू करेंगे।" इसके बाद से शिकागो विश्वविद्यालय में व्यवहारवादी दृष्टिकोण तेजी से विकसित हुआ और 1930 के दशक में यूरोपीय विद्वानों के आगमन से इसको बढ़ावा मिला जो माइकेल्स और वेबर से निकली हुई समाजशास्त्रीय दिशा अपने साथ ले आए थे लेकिन इसने यूरोप से एकदम भिन्न राह यहां पकड़ी, जो मार्क्सवादी विचारों से बहुत हद तक अप्रभावित था और इसका मुख्य उद्देश्य एक कठोर वैज्ञानिक अनुशासन का निर्माण था।

नए देशों के राजनीतिक विकास में जिस तरह की समस्याएं उठ खड़ी हुई हैं उनके कारण तत्संबंधी अध्ययनों में राजनीतिशास्त्रियों, समाजशास्त्रियों और अक्सर नृतत्वशास्त्रियों के काम एक दूसरे के नजदीक आए हैं किसी कृषक समाज में, आदिवासी समूहों से बने समाज में या जाति व्यवस्था में संगठित समाज में जो शक्तियां कार्यरत हैं और जो परिवर्तन हो रहे हैं वे अधिकांशत: राजनीतिशास्त्रियों के मुकाबले समाजशास्त्रियों और नृतत्वशास्त्रियों के ज्ञान के क्षेत्र में आते हैं और इस तरह के समाज में राजनीतिक प्रक्रियाओं का अध्ययन करने के लिए इन दूसरे अनुशासनों से भारी मात्रा में उधार की जरूरत पड़ती है।

अंतत: कुछ क्षेत्रों में शोधकार्य की निरंतरता बनी हुई है या उसका विस्तार हुआ है जिनका मैंने पहले ही जिक्र किया है वे हैं—राजनीतिक पार्टियां और दबाव समूह, वर्ग और राजनीति के बीच संबंध, अभिजन, सरकार और प्रशासन की प्रक्रियाएं। इन अध्ययनों का एक विशेष गुण यह है कि ये ज्यादा से ज्यादा तुलनात्मक आधार पर चलाए जा रहे हैं ताकि कम से कम उस विशेष तरह के समाज के दायरे में ही राजनीतिक संगठन और राजनीतिक कार्यवाही के बारे में कुछ सामान्य वक्तव्यों तक पहुंचा जा सके। राजनीतिशास्त्र में पिछले दशक में सिद्धांत और शोध की दिशा के चलते इस विषय को राजनीतिक समाजशास्त्र से अलग करना अधिकाधिक कठिन होता जा रहा है। व्यावहारिक दृष्टिकोण की कठोर आलोचना हुई है और बहुत हद तक उसे छोड़ भी दिया गया है लेकिन मार्क्सवाद से निकली हुई धारा सहित समाजशास्त्रीय चिंतन के दूसरे सामान्य ढांचों को अपनाया गया है और शोध के विषय अधिकाधिक समाजशास्त्रीय किस्म के होते जा रहे हैं। कुछ भेद शायद बने रहेंगे। राजनीतिशास्त्री अब भी सरकार की औपचारिक संरचना पर काफी ध्यान देते हैं जिसकी समाजशास्त्री कभी-कभी बेवजह उपेक्षा कर जाते हैं। राजनीतिक सिद्धांत को अब भी अनेक लोग दार्शनिक विचारों और समस्याओं के ज्यादा निकट पाते हैं लेकिन समाजशास्त्र का मामला भी कोई बहुत भिन्न नहीं है। हालांकि इसके दार्शनिक झुकाव को पूरी तरह मान्यता नहीं मिली है। सामान्य तौर पर हम कह सकते हैं कि अर्थशास्त्र के समानांतर राजनीतिशास्त्र में अनेक अत्यंत महत्वपूर्ण शोध के क्षेत्रों में समाजशास्त्र के साथ घुलाव-मिलाव की प्रवृत्ति रही है।

समाजशास्त्र और इतिहास
(Sociology and History)

इतिहासकार अक्सर वह सामग्री उपलब्ध कराता है जिसका उपयोग समाजशास्त्री करता है। तुलनात्मक पद्धति में अक्सर उन आंकड़ों की जरूरत पड़ती है जिन्हें केवल इतिहासकार उपलब्ध करा सकता है। यह सही है कि समाजशास्त्री को कभी-कभी खुद ही इतिहासकार बनना पड़ता है और जिस सूचना को प्राप्त करना पहले उपयोगी नहीं लगा था उसे इकट्ठा करना पड़ता है लेकिन वह हमेशा ऐसा नहीं कर सकता—समय उसे इसकी इजाजत नहीं देता।

दूसरे इतिहासकार भी समाजशास्त्र का उपयोग करते हैं। अभी हाल तक संभवत: दर्शनशास्त्र से इतिहासकार महत्वपूर्ण समस्याओं के बारे में सुराग लिया करता था और अनेक धारणाएं तथा सामान्य विचार भी, अब अधिकाधिक समाजशास्त्र से लिए जाने लगे हैं। हम देख सकते हैं कि आधुनिक इतिहास शास्त्र और आधुनिक समाजशास्त्र दोनों एक ही तरीके से इतिहास दर्शन से प्रभावित हुए हैं। इतिहास दर्शन ने ऐतिहासिक युगों की धारणा को स्थापित किया और इस तरह इतिहास लेखन को वे सैद्धांतिक विचार और चिंताएं विरासत में दी जो शुरूआती वृत्तांतमूलक इतिहासकारों, काल विवरणिका निर्माताओं और वार्षिक अभिलेख संग्रहकर्ताओं में सिरे से मौजूद नहीं थे। इसने आधुनिक समाजशास्त्र को समाज के ऐतिहासिक प्रकारों की धारणा और इस तरह समाजों के वर्गीकरण के प्राथमिक तत्व विरासत में दी। समकालीन इतिहास लेखन और समाजशास्त्र में मुझे लगता है कि संदर्भ का एक ही बुनियादी ढांचा-समाज के प्रकार-इस्तेमाल में लाया जाता है। इतिहास के क्षेत्र में जहां तक ऐतिहासिक और सामाजिक इतिहास का संबंध है—यह जुड़ाव साफ दिखाई पड़ता है।

सामाजिक इतिहास का अर्थ है—राज्यों, वर्गों, सामाजिक समूहों का उनके नाम का अध्ययन किए बिना इतिहास, जिन्हें अलग-अलग और एक-दूसरे पर निर्भर दोनों तरह की इकाइयों के बतौर देखा जाता है। केवल शब्दों के मामूली हेर-फेर से इसी से ऐतिहासिक समाजशास्त्र का भी विषय क्षेत्र परिभाषित किया जा सकता है। वर्तमान समय में अनेक देशों में समाजशास्त्रियों और इतिहासकारों के बीच सहयोग और एक-दूसरे के इलाके में दखलंदाजी के भी प्रमाण है। इंग्लैंड में एकदम हाल की कृतियां समाजशास्त्र और सामाजिक तथा आर्थिक इतिहास की एकता का संकेत करती हैं।

इतिहास लेखन और समाजशास्त्र किस प्रकार अलग है ? यह कहा जाता है कि इतिहासकार अनोखी घटनाओं का वर्णन करता है जबकि समाजशास्त्री सामान्यीकरण करता है। यह सही नहीं है। किसी भी गंभीर इतिहासकार की किताब में भरपूर सामान्यीकरण होते हैं और अनेक समाजशास्त्री अनोखी घटनाओं या घटनाक्रमों पर विचार करते रहे हैं। शायद हमें यह कहना चाहिए कि जहां इतिहासकार आमतौर पर एक विशेष घटनाक्रम की परीक्षा करता है वहीं समाजशास्त्री आमतौर पर एक सामान्यीकरण से शुरू करता है जिसे वह एक ही तरह के अनेक घटनाक्रमों की परीक्षा के जरिए जांचना चाहता है। संक्षेप में, अभिप्राय अलग-अलग होते हैं। लेकिन यह सीमित भेद भी पूरी तरह सही नहीं है। यह बहुत कुछ इतिहास लेखन के प्रकार और समाजशास्त्र के प्रकार पर निर्भर करता है।

इतिहासकारों और समाजशास्त्रियों के वास्तविक लेखन की जांच-परख के लिए हम इस भेद को जितना ही परिष्कृत करते जाएंगे यह साफ होता जाएगा कि इतिहास लेखन और समाजशास्त्र को साफ-साफ अलग नहीं किया जा सकता। वे एक ही विषय-वस्तु पर कभी भिन्न-भिन्न दृष्टिकोणों से और कभी एक ही दृष्टिकोण से विचार करते हैं। सामाजिक विज्ञानों के विकास के लिए यह सबसे महत्वपूर्ण है कि ये दोनों विषय घनिष्ठ रूप से जुड़ें और एक से दूसरा भारी मात्रा में उधार ले जैसी प्रवृत्ति उन दोनों में अधिकाधिक दिखाई दे रही है।

समाजशास्त्र और दर्शनशास्त्र
(Sociology and Philosophy)

मूलत: समाजशास्त्र बहुत हद तक एक दर्शनशास्त्रीय महत्वाकांक्षा के साथ पैदा हुआ था। इसका उद्देश्य था मानव इतिहास के क्रय का लेखा-जोखा लेना, यूरोपीय उन्नीसवीं सदी के सामाजिक संकट की व्याख्या करना और सामाजिक सिद्धांत प्रस्तुत करना जो सामाजिक नीति को निर्देशित करें। समाजशास्त्र के हाल के विकास में इन उद्देश्यों को बहुत हद तक छोड़ दिया गया है और कुछ लोग कहेंगे कि इसने उन्हें पूरी तरह से छोड़ दिया है। जो भी हो समाजशास्त्र और दर्शनशास्त्र कम से कम तीन मामलों में एक-दूसरे से जुड़े हुए हैं।

पहला विज्ञान के दर्शन की तरह समाजशास्त्र का भी दर्शन हो सकता है और है। इसका मतलब है कि समाजशास्त्र में प्रयुक्त पद्धतियों, धारणाओं और तर्कों की परीक्षा करना। प्राकृतिक विज्ञानों के मुकाबले समाजशास्त्र में यह दार्शनिक जांच-परख अधिक प्रचलित और जरूरी है क्योंकि समाजशास्त्रीय धारणाओं और तर्कों के साथ खास तरह की दिक्कत महसूस होती है।

दूसरे समाजशास्त्र और नैतिक तथा सामाजिक दर्शन में एक घनिष्ठ संबंध है। समाजशास्त्र की विषयवस्तु मनुष्य का सामाजिक व्यवहार है जो भावावेगों और रुचियों के साथ ही साथ मूल्यों से भी

निर्देशित होता है। इसलिए समाजशास्त्री मूल्यों और मानवीय मानकों का तथ्यों की तरह अध्ययन करता है। लेकिन उसका कुछ परिचय नैतिक और सामाजिक दर्शन में उनके अपने संदर्भ में मूल्यों पर हुई बहस से होना चाहिए। इससे भी महत्वपूर्ण है कि समाजशास्त्रों को तथ्य के प्रश्नों और मूल्य के प्रश्नों के बीच फर्क करना आना चाहिए और इनके लिए उचित बहस और विश्लेषण के तरीके के बीच भी फर्क होना चाहिए। फिर भी सामाजिक विज्ञानों में अक्सर यह देखा जाता है कि इन अलहदा सवालों और विमर्श के तरीकों में घालमेल हो जाता है। मूल्य के प्रश्नों को ऐसी दावेदारियों से निपटाने की कोशिश की जाती है जो तथ्य के मामले में उचित है और तथ्य के प्रश्नों पर बहस बहसकर्ताओं की विशेष मूल्यों या सामान्य दार्शनिक दृष्टिकोणों से प्रतिबद्धता के कारण अक्सर उलझ जाती है या निरर्थक हो जाती है। सामाजिक दर्शन में थोड़े प्रशिक्षण के बाद ही समाजशास्त्री अलग-अलग मुद्दों को पहचानने और उसके साथ ही उनके आपसी संबंध को देख पाने में समक्ष हो जाता है।

तीसरे यह भी कहा जा सकता है कि समाजशास्त्र सीधे दार्शनिक चिंतन की ओर ले जाता है। दुर्खीम ने अपने एक लेख में लिखा है कि, ''मेरा विश्वास है कि किसी अन्य विज्ञान के मुकाबले समाजशास्त्र दार्शनिक प्रश्नों के पुनरुत्थान में योगदान करेगा। समाजशास्त्रीय चिंतन प्राकृतिक रूप से विकास करके दार्शनिक चिंतन के रूप में सामने आने की बाध्य है।'' दुर्खीम के धर्म संबंधी अध्ययन में यह रूपांतरण इस रूप में दिखाई पड़ता है कि चिंतन की कोटियों और सामाजिक प्रभावों पर विचार करते-करते वह ज्ञान मीमांसा पर विचार करने तक पहुंच जाता है। अन्य समाजशास्त्रियों ने भी यही दृष्टिकोण अपनाया है और इसी तरह की समस्याओं पर विचार किया है। उदाहरण के लिए कार्ल मैनहाइम का ख्याल था कि ज्ञान के उसके समाजशास्त्र के ज्ञानशास्त्रीय निहितार्थ है और वस्तुत: उसने इन निहितार्थों की विस्तार से चर्चा की। दुर्खीम और मैनहाइम दोनों यह दावा करने लगते हैं कि समाजशास्त्र दर्शनशास्त्र में सीधे योगदान कर सकता है। लेकिन यह एक भूल है। ज्ञानमीमांसा ज्ञान के समाजशास्त्र का आधार है। इसके उलट सही नहीं है। समाजशास्त्र अन्य सामाजिक विज्ञानों के मुकाबले बहुत ज्यादा दार्शनिक समस्याओं को उठाता है। फलत: जो भी समाजशास्त्री अपने विषय के व्यापक पहलुओं पर थोड़ा भी विचार करता है वह उन दार्शनिक मुद्दों पर विचार करता ही है जो समाजशास्त्रीय चिंतन की पृष्ठभूमि में हमेशा मौजूद रहते हैं। मेरे विचार से समाजशास्त्रीय सिद्धांत या शोध को इससे कोई नुकसान नहीं होगा अगर समाजशास्त्री इस तरह की समस्याओं में रुचि ले और ऐसी दार्शनिक शिक्षा प्रभाव करना चाहे जिससे वह इन समस्याओं को हल कर सकें, क्योंकि समाजशास्त्रीय सिद्धांत की कमजोरियों का बड़ा हिस्सा दार्शनिक अनभिज्ञता से पैदा होता है ओर इसकी बहुतेरी तुच्छता मनुष्य के किसी भी अध्ययन में शामिल बड़े मुद्दों की अवहेलना से जन्म लेती है।

समाजशास्त्रीय शोध एकदम दरिद्र हो जाएगा अगर उसने दार्शनिक विश्वदृष्टियों और सामाजिक सिद्धांतों में सूत्रबद्ध सामाजिक जीवन की व्यापक समस्याओं की उपेक्षा की। सामाजिक शोध के क्षेत्र में शुरुआती मार्क्सवाद का उत्साहवर्धक और उत्प्रेरक चरित्र इस कारण नहीं बना कि वह केवल समाजशास्त्रीय सिद्धांत था बल्कि इसलिए बना कि वह एक दार्शनिक विश्वदृष्टि और एक क्रांतिकारी सिद्धांत था। बीट्रिस वेब ने अनेक बार स्पष्ट किया है कि सामाजिक आंदोलन में उनकी सक्रिय भागीदारी और सामाजिक सिद्धांत से उनकी प्रतिबद्धता से उनके सामाजिक शोध कार्य को लाभ हुआ है। टी.बी. बोटोमोर के शब्दों में ''अधिकांश यूरोपीय समाजशास्त्र की शक्ति ही यह रही है कि उसने समाज के विज्ञान को अपने आप में नाकाफी समझा और इसे समाज के दर्शन से घनिष्ठ रूप से जोड़ना जरूरी समझा, जहां से यह अपनी समस्याओं को सूत्रबद्ध करना शुरू करे और वैज्ञानिक गवेषणा से उत्पन्न नई समस्याओं की समझदारी के लिए भी इसी के पास लौट कर आए। समाजशास्त्रियों को अपनी सीमाओं को मानना चाहिए। वह सामाजिक संरचना की एक व्यापक धारणा ही प्रस्तुत कर सकता है जिसके संदर्भ में अन्य विशेष सामाजिक विज्ञान महत्वपूर्ण समस्याओं के समाधान की दिशा में अपनी छानबीन चला सकते हैं। वह सामाजिक परिवटनाओं के बीच संबंध की ओर ध्यान खींच सकता है और उस पर प्रकाश डाल सकता है जिसकी उपेक्षा विशेष विज्ञान कर जाते हैं।''

तुलनात्मक और ऐतिहासिक पद्धतियों का प्रयोग करके वह सामान्य नियमों की एक व्यवस्था का निर्माण भी कर सकता है। वह जैविकीय रूप से एक व्यक्ति और उसके सामाजिक अस्तित्व के बीच संबंध के महत्व और समस्याग्रस्त चरित्र पर प्रकाश डाल सकता है जिसकी उपेक्षा अन्य सामाजिक विज्ञान कर जाते हैं और वह मूल्यों के वैज्ञानिक और दार्शनिक अध्ययन के बीच भेद और संबंध स्पष्ट कर सकता है। यह सब कुछ एक सामान्य ढांचे के बतौर विशेषीकृत अध्ययनों के लिए अपरिहार्य है और विशेषज्ञ अधिकाधिक यह समझ भी पा रहे हैं। लेकिन जो लोग पूरी तरह सामान्य समाजशास्त्र की तार्किक समस्याओं मे ही उलझे हुए हैं उन्हें छोड़कर बाकी समाजशास्त्रियों को खुद ही विशेषज्ञ होना चाहिए। शोध के विशेष क्षेत्रों मसलन—कानून, धर्म, अर्थशास्त्र,

राजनीति इत्यादि में जितनी ही उनकी कुशलता बढ़ेगी उतना ही समाजशास्त्रीय दृष्टिकोण का प्रभाव बढ़ेगा और उनके अपने शोधों की गहराई और उनकी सटीकता भी उतनी ही बढ़ेगी। सामाजिक विज्ञानों के बीच एकता बढ़ते हुए सहयोग और पर-संसेचन के कारण लगातार निकट आती दिख रही है। लेकिन इसे सार्वभौमिक इतिहास के बतौर नहीं बल्कि बहुत करके पद्धतियों और धारणात्मक ढांचों की एकता के बतौर ग्रहण करना चाहिए।

विकसित समाजशास्त्रीय अवधारणाओं के अंतर्गत समाजशास्त्र के विभिन्न रूप

शिक्षा का समाजशास्त्र

समाजशास्त्र का विकास जीवन-जगत के प्रत्येक क्षेत्र तक हो चुका है। मानव जीवन से जुड़े सभी पक्षों पर अनेक प्रकार के अध्ययन और अनुसंधान हुए हैं। इनमें समाजशास्त्रीय अध्ययन भी हुए हैं। समाजशास्त्रीय अनुशासन के अंतर्गत आने वाले विषय लगातार विकसित हो रहे हैं।

शिक्षा की समाजशास्त्रीय दृष्टि के कारण समाजशास्त्री इसके उन पहलुओं पर भी गौर करने लगे हैं जो वांग्मय विमर्श से बाहर माने जाते थे। यद्यपि भारत में शिक्षा का समाजशास्त्रीय अध्ययन अभी व्यापक रूप नहीं ले पाया है तथापि कृष्ण कुमार जैसे शिक्षाशास्त्री ने ज्ञान की भूमिका, वर्चस्वशाली तथा उत्पीड़ित और सर्वहारा समाजों के अंतर्संबंध का गहरा विश्लेषण किया है जो वस्तुत: समाजशास्त्र का दायरा शिक्षा तक ले जाने में कारगर साबित हुआ है। अब अनेक भारतीय लेखकों द्वारा यह कार्य तेजी से आगे बढ़ाया जा रहा है। शिक्षा के समाजशास्त्र के अंतर्गत शिक्षा की औपचारिक संस्थाओं—स्कूल, कॉलेज, विश्वविद्यालय आदि के आंतरिक एवं बाह्य परिवेश का अध्ययन किया जाता है। आंतरिक परिवेश में शिक्षण-संस्थाओं की क्रियाशील शैक्षिक प्रक्रियाओं तथा बाह्य परिवेश में इन संस्थाओं का समाज के अन्य भागों जैसे अर्थतंत्र, राजतंत्र, धर्म, परिवार, नातेदारी आदि के संबंधों को सम्मिलित किया जाता है।

शिक्षा के समाजशास्त्र का विकास सर्वप्रथम 'शैक्षिक समाजशास्त्र' के रूप में पिछली शताब्दी के उत्तरार्द्ध में अमेरिकी शिक्षाशास्त्रियों द्वारा शिक्षण संस्थाओं की दैनिक जीवन की गंभीर समस्याओं के समाधान करने के उद्देश्य से हुआ है। अमेरिका में साठ-पैंसठ वर्षों तक ज्ञान की इस शाखा को पल्लवित करने में विशेष रूप से **जॉन ड्यूई, लेस्टर एफ. वार्ड, ए. स्माल, किनमैन, स्नेडन, पीटर्स स्मिथ, जोरबां, जार्ज पैनी** तथा **कुक** आदि ने महत्वपूर्ण भूमिका अदा की है। समाजशास्त्र के जनक माने जाने वाले कोम्त की भांति जार्ज पैनी को भी शैक्षिक समाजशास्त्र का जनक कहा जाता है। पैनी के शब्दों में, "**शैक्षिक समाजशास्त्र से तात्पर्य उस विज्ञान से है जो सामाजिक संस्थाओं, समूहों तथा सामाजिक प्रक्रियाओं का वर्णन एवं उनकी व्याख्या करता है।**"

सन 1947 तक शैक्षिक समाजशास्त्र के विषय-क्षेत्र तथा प्रकृति के संबंध में अस्पष्टता बनी रही। सन 1950 में **प्रो. स्टीवर्ड** ने अपने एक लेख में तीन विभिन्न अवधारणाओं जैसे 'शैक्षिक समाजशास्त्र', 'शिक्षा का समाजशास्त्र' और 'शिक्षा का समाजशास्त्रीय दृष्टिकोण' के बीच के भेद का स्पष्टीकरण करने का प्रयास किया। बाद में, 'शैक्षिक समाजशास्त्र' की अवधारणा के साथ जुड़ी हुई भ्रांतियों के कारण इस पद का पूर्णत: परित्याग कर दिया गया और इसके स्थान पर नए अर्थ एवं संदर्भ में 'शिक्षा के समाजशास्त्र' पद का प्रयोग करने वाले **नील ग्रॉस, ब्रुक ओवर, रॉबर्ट बेल्स, मार्टिन ट्रो, सी.एच. पेज** आदि अग्रणी विद्वानों ने उल्लेखनीय कार्य किया।

समाजशास्त्री किसी एक शिक्षा की व्यवस्था, एक विद्यालय अथवा एक कक्षा का अध्ययन भी सामाजिक संबंधों की एक आत्म-निर्भर इकाई के रूप में करते हैं तथा सामाजिक संगठन के सिद्धांतों का प्रयोग करते हुए इनका विश्लेषण करते हैं। आजकल समाजशास्त्रियों का झुकाव शिक्षा के कुछ विशिष्ट प्रकार्यों के अध्ययन की ओर है। समाजशास्त्रियों के अनुसार शिक्षा की प्रक्रिया का प्रमुख कार्य संस्कृति के संरक्षण, प्रसारण तथा नवोन्मेष के साथ इसका औपचारिक हस्तांतरण करना भी है। समाजशास्त्रियों द्वारा विद्यालय-संगठन, विद्यालयों तथा समाज के आपसी संबंधों विशेषत:—सामाजिक वर्ग, परिवार तथा समुदाय के संबंधों को लेकर अनेक अध्ययन किए गए हैं।

इन प्रविधियों के साथ शैक्षिक समाजशास्त्र में समाज का अध्ययन शिक्षा की दृष्टि से किया जाता था, अर्थात किस प्रकार शिक्षा समाज की प्रगति को प्रभावित करती है। जबकि इसके विपरीत शिक्षा के समाजशास्त्र में समाज को केन्द्र मान कर शिक्षा का अध्ययन, समाजीकरण तथा नियंत्रण की एक संस्था के रूप में किया जाता है। **प्रो. जोन्स** ने लिखा है कि, "शैक्षिक समाजशास्त्र की विषय-वस्तु शिक्षा के क्षेत्र से प्राप्त होती है जबकि शिक्षा के समाजशास्त्र को अपनी विषय-वस्तु समाजशास्त्र से मिलती है। शिक्षा के समाजशास्त्र का प्रमुख विषय शैक्षणिक घटनाओं और संस्थाओं का समाजशास्त्रीय परिप्रेक्ष्य में अध्ययन किया जाना है, वे अनिवार्यत: समाजशास्त्र की समस्याएं हैं न कि व्यावहारिक अध्ययन-अध्यापन की। भारत में शिक्षा के समाजशास्त्र के क्षेत्र में

उल्लेखनीय कार्य करने वाली **सुमा चिटनीस** के अनुसार, ''शिक्षा के समाजशास्त्र का संबंध औपचारिक शिक्षा का एक सामाजिक संस्था के रूप में विश्लेषण एवं अध्ययन करना है।'' वस्तुत: शिक्षा को प्रभावित करने वाले विविध सामाजिक, आर्थिक, राजनीतिक एवं सांस्कृतिक कारकों एवं निर्धारकों का वैज्ञानिक रूप में अध्ययन ही शिक्षा का समाजशास्त्र है।

विकास का समाजशास्त्र

समाजशास्त्र की एक महत्वपूर्ण शाखा के रूप में विकास का समाजशास्त्र हाल ही के वर्षों में तेजी से समाजशास्त्रीय अध्ययन का केन्द्र बनता गया है। उसका रूप विभिन्न लेखकों के लेखन में देखने को मिल रहा है। जब से विभिन्न देशों में (विशेषत: विकासशील देश) नियोजित आर्थिक परिवर्तन की प्रक्रिया प्रारंभ की गई, तब से यह जरूरत महसूस की गई कि इन परिवर्तनों के सामाजिक प्रभावों का मूल्यांकन किया जाए। विकासशील देशों के ऐसे समाज जो पूंजीवादी औद्योगीकरण की संक्रमण-प्रक्रिया से गुजर रहे हैं, उनके विश्लेषण हेतु सामाजिक सिद्धांतों का प्रयोग ही विकास का समाजशास्त्र है। विकास के समाजशास्त्र में वर्ग-संबंधों तथा कृषकों एवं नगरीय दरिद्र व्यक्तियों जैसे सामाजिक समूहों पर विकास के सामाजिक प्रभावों का विश्लेषण किया जाता है।

ग्रामीण समाजशास्त्र

ग्रामीण समाजशास्त्र का व्यवस्थित और वैज्ञानिक विकास 19वीं शताब्दी के मध्य से शुरू हुआ माना जाता है। वैसे इसका लिखित इतिहास ज्ञात नहीं और समाजशास्त्रियों का मानना है कि ग्रामीण समाज का इतिहास सभ्यता के विकास के आरंभिक इतिहास से जुड़ा हुआ है। फिर भी धर्मशास्त्रियों और प्राचीन विद्वानों की रचनाओं के माध्यम से ग्रामीण समाज तथा इससे संबद्ध विभिन्न व्यवस्थाओं का उल्लेख मिलता है। इन उल्लेखों के माध्यम से ही अनेक समाजशास्त्रियों ने अपनी अवधारणाओं का विकास किया। ग्रामीण सामाजिक संरचना, संबध, नातेदारी, ग्रामीण संस्कृति और कृषक समाज के अध्ययन में सभी उपादान काम में लाए गए।

ग्रामीण समाजशास्त्र ग्रामीण पर्यावरण में आवेष्ठित मानवीय संबंधों का अध्ययन करता है। इसके अंतर्गत ग्रामीण जनसंख्या, संगठन, संस्थाओं तथा ग्राम्य जगत की सामाजिक प्रक्रियाओं जैसे विषयों का अध्ययन किया जाता है। ग्रामीण समाजशास्त्र का प्रारंभ 19वीं शताब्दी में अमरीका में हुआ। उन दिनों अमरीकी ग्रामीण समाज में अनेक गंभीर समस्याएं पैदा हो गई थीं। भूमि पर कुछ वर्गों का आधिपत्य हो जाने से बहुत बड़ी संख्या में ग्रामीणों को भूमिहीन श्रमिकों के रूप में कार्य करना पड़ रहा था तथा कृषि उत्पादन में अधिक कमी के कारण खाद्यान्न संकट पैदा हो गया। लोग शहरों की ओर भागने लगे। तब राष्ट्रपति रूजवेल्ट ने ग्रामीण जीवन आयोग बनाया। यहीं से ग्रामीण समाजशास्त्र का प्रारंभ हुआ। आजकल ग्रामीण समाज पर औद्योगीकरण तथा नगरीकरण जैसी प्रक्रियाओं पर पड़ने वाले प्रभावों तथा उनसे उत्पन्न समस्याओं का भी इसमें अध्ययन किया जाने लगा है।

नगरीय समाजशास्त्र

समाजशास्त्र की एक शाखा, जिसमें विशेषत: नगरीय जीवन, संगठन, संस्थाओं और समस्याओं के साथ-साथ नगरीय जीवनशैली पर आधारित एवं उसके द्वारा विकसित सभ्यता के रूपों का अध्ययन किया जाता है, नगरीय समाजशास्त्र कहलाता है। नगरीय समाजशास्त्र आधुनिक नगरीकृत समाजों का विज्ञान है। शुरुआत में इसका दायरा नगर जीवन के विभिन्न रूपों पर पड़ने वाले पूंजीवाद के प्रभाव तथा नए परिवर्तनों तक सीमित था लेकिन अब यह जीवन, व्यवहार और संस्कृति में नित्य प्रति आने वाले परिवर्तनों पर भी अध्ययन को केंद्रित करता है।

उपभोग का समाजशास्त्र

बीसवीं शताब्दी के आठवें दशक के आसपास समाजशास्त्र की इस नवीन विशिष्ट शाखा का तीव्र गति से विकास हुआ है। इसका प्रमुख विषय विकसित पूंजीवादी देशों की भौतिक संस्कृति, विशेष रूप में जन संस्कृति के प्रसार को आंकना रहा है। हाल ही के वर्षों में इसने तब विद्वानों का ध्यान खींचा जब उपभोक्तावादी समाजों की भूमिका राजनीतिक तथा आर्थिक संरचना में बुनियादी परिवर्तनों के कारक के तौर पर उभरी। इस दशा में सभी प्रकार के मूल्य और मानदंड अपनी प्रासंगिकता खोने लगे तथा नई संस्कृति का तेजी से प्रसार होने लगा जिसे पापुलर कल्चर के रूप में अभिहित किया जाने लगा। **पेर ओटन्स** की 'उपभोग का समाजशास्त्र' (1988) नामक पुस्तक में इस विषय के कई भिन्न क्षेत्रों पर संकलित लेख इस विषय की विस्तृता पर प्रकाश डालते हैं। सामाजिक विषमता और राजनीतिक गठजोड़ जैसे विषय जो कभी नगरीय या औद्योगिक समाजशास्त्र के प्रमुख विषय माने जाते थे, उनका समावेश उपभोग के समाजशास्त्र में होने लगा है और ऐसा माना जाने लगा है कि इन विषयों ने राजनीतिक चिंतन में भारी क्रांति उत्पन्न की है। उन्नीसवीं शताब्दी का समाजशास्त्र अलगाव, नौकरशाही, सामाजिक वर्ग, श्रम-विभाजन और प्रारम्भिक औद्योगिक पूंजीवाद की विशेषताओं से भरा हुआ था जो उत्पादन को ही सामाजिक व्यवस्था या संघर्ष का आधार और इसके सामाजिक अर्थ का स्रोत मानता था, किन्तु अभी हाल ही की वृहत आधार पर उपभोग की पूंजीवादी घटना ने इन सभी को बदल दिया है। प्रमुख अमरीकी संस्था फोर्ड फाउंडेशन ने समाजशास्त्रीय विद्वानों का ध्यान पिछली शताब्दी के मध्य अपनी ओर खींचा। अन्तोनियो ग्राम्शी समेत अनेक विचारकों ने इस पर प्रचुर मात्रा में लिखा।

फोर्ड फाउंडेशन वस्तुत: एक ऐसी संस्था है जिसका लक्ष्य पूंजीवादी संस्कृति के विकास के द्वारा सभी आदर्शों को खोखला साबित करना माना जाता रहा है।

उपभोग के समाजशास्त्र के क्षेत्र में अवकाश, फैशन, विपणन, पर्यटन तथा हेरिटेज उद्योग जैसे विषयों पर शोध-अध्ययनों को अधिकाधिक प्रोत्साहित किया गया है। ऐसे विभिन्न प्रकार के अध्ययनों को बांधने वाला एक प्रमुख सूत्र यह रहा है कि उपभोग सामाजिक संबंधों को उसी रूप में आकार और अर्थ प्रदान करता है, जितना कि उत्पादन। **डेनियल मिलर** ने इस संबंध में लिखा है कि "उपभोग का समाजशास्त्र किसी वस्तु को अलगाव के एक प्रतीक और उसकी लागत कीमत से बदल कर एक ऐसी शिल्पकृति में बदल देता है जिसके कुछ विशिष्ट अर्थ होते हैं जिन्हें उनसे अलग नहीं किया जा सकता।"

शरीर का समाजशास्त्र

उत्तर आधुनिक विचारकों के लिए अध्ययन का बड़ा केंद्र जहां भाषा और संस्कृति रही है वहीं शरीर तथा उसकी गतियां भी उनके लिए केंद्रीय महत्व रखती थी। इसी प्रक्रिया में शरीर के समाजशास्त्र का जन्म हुआ जो कि समाजशास्त्र की अनेक विशिष्ट शाखाओं में से एक अत्यंत नवीन शाखा है जिसमें मानव का अध्ययन-विवेचन मूल्यों एवं मनोवृत्तियों से युक्त मात्र कर्ताओं की अपेक्षा शरीरयुक्त व्यक्तियों के रूप में किया जाता है। इसमें मानव शरीर और उसके विभिन्न अंगों से जुड़े हुए सांस्कृतिक अर्थों तथा उनके संचालन, नियंत्रण और प्रजनन का अध्ययन विशेषत: रुग्णता, कामुकता और बीमारी के संदर्भ में किया जाता है। समाजशास्त्र के इस विशेषीकरण पर मिशेल फूको के लेखन की छाप स्पष्ट रूप से देखी जा सकती है।

विपत्तियों का समाजशास्त्र

मनुष्य का जीवन आपदाओं से भरा हुआ है। दैहिक और भौतिक आपदाओं के अलावा बाढ़, भूकंप, भूस्खलन, भूचाल, समुद्री अंधड़ जैसी प्राकृतिक विपत्तियां समाजों में भीषण अस्त-व्यस्तता उत्पन्न कर देती हैं जिससे उत्पादन और वितरण व्यवस्थाएं नष्ट हो जाती हैं या चरमरा जाती है, तथा संसाधनों के लिए तीव्र प्रतिस्पर्धा और शरणार्थी समस्या उत्पन्न हो जाती है। मानव जनित विपत्तियों, जो वस्तुत: वर्गजनित विपत्तियां हैं और इनका खतरा संपूर्ण मानव सभ्यता पर बना रहता है। समाज वैज्ञानिक इनके सामाजिक और मनोवैज्ञानिक प्रभावों के अध्ययन में रुचि रखते हैं। सुप्रसिद्ध समाजशास्त्री **आर.के. मर्टन** ने बताया है कि विपत्तियों के स्थल समाजशास्त्रीय शोध एवं समाजशास्त्रीय सिद्धांत की रचना के लिए महत्वपूर्ण अवसर प्रदान करते हैं क्योंकि सामूहिक दबाव से उत्पन्न दशाएं सामाजिक प्रक्रियाओं को असामान्य लघु समय-काल में उत्पन्न होने के लिए बाध्य कर देती हैं और बहुधा निजी व्यवहार को सार्वजनिक बना देती है। अत: ऐसी क्रियाओं का अध्ययन किया जाना संभव हो जाता है। यहीं नहीं, विपत्ति-स्थलों के अध्ययन सामाजिक व्यवस्थाओं और प्रक्रियाओं के उन पक्षों को बहुधा उजागर करते हैं जिन पर सामान्यत: रोजमर्रा के जीवन पर ध्यान नहीं किया जाता है।

वृद्धावस्था का समाजशास्त्र

प्रत्येक मनुष्य प्राकृतिक रूप में उम्र की प्राय: तीन अवस्थाओं से गुजरता है। इसके अतिरिक्त भी अनेक अवस्थाएं अपरिहार्य रूप से जीवन में आती और जाती रहती है। वहां तक अभी समाजशास्त्री सीधे तौर पर अध्ययन नहीं कर रहे हैं। फिर भी इसकी शुरूआत हो चुकी है और छिटपुट रूप में अनेक अध्ययन प्रकाशित होने लगे हैं। वृद्धावस्था समाजशास्त्र वस्तुत: प्राकृतिक और सांस्कृतिक दो छोरों तक फैला हुआ है। बचपन और जवानी की तरह ही वृद्ध बनने की शारीरिक प्रक्रिया के अनेक सामाजिक एवं सांस्कृतिक आयाम हैं जो बहुधा जैविकीय अपरिहार्यता को भी प्रभावित करते हैं। आयु एक सांस्कृतिक कोटि है और इसका अर्थ और महत्ता ऐतिहासिक दृष्टि से और विभिन्न संस्कृतियों में, (समय और स्थान) दोनों में बदलते रहते हैं। अभी तक समाजशास्त्र में वृद्धावस्था कोई महत्व नहीं रखती थी, किन्तु पिछले कुछ वर्षों में 'लिंग' की भांति 'आयु' के आधार पर प्राकृतिक विभाजन को भी स्वीकारा जाने लगा है। इस कारण से समाजशास्त्र में गवेषणा की जिस नई शाखा का सूत्रपात हुआ है, उसे ही 'वृद्धावस्था का समाजशास्त्र' का नाम दिया गया है।

पश्चिमी विकसित समाजों में जनांनकीय परिवर्तनों जैसे जन्म और मृत्यु दर में कमी, आयु में बढ़ोतरी (दीर्घ आयु) तथा जनसंख्या में 65 वर्ष से ऊपर के लोगों के बड़े अनुपात में वृद्धि ने व्यक्तियों के प्रति नैतिक घबराहट के साथ-साथ उनकी राजनीतिक एवं उपभोक्ता के रूप में संभावनाओं में रुचि जाग्रत की है। 1901 से 2001 के दौरान एक दिलचस्प अध्ययन हुआ जिसमें ब्रिटेन में उम्र के औसत को देखा गया था। इन एक सौ बीस वर्षों में 80 वर्ष के वृद्धों की संख्या में तीस वर्ष के अंतराल पर 0.2 से 4.2 तक की वृद्धि हुई। स्त्रियों में यह 85.3 से 90.0 तक पहुंची। इस प्रकार वृद्धावस्था के सिलसिले में यह अध्ययन एक विशिष्ट समाजशास्त्रीय महत्व रखता है।

कला का समाजशास्त्र

साहित्य के समाजशास्त्र के विकास के साथ ही विधागत विवेचन की एक प्रक्रिया शुरु हुई जो प्राय: अमूर्त रूप से सभी भाषाओं की एक मान्य प्रविधि रही है। लेकिन कला में भाषा और

देश का दायरा अधिक महत्वपूर्ण नहीं था। यद्यपि इसमें परिवेश और समय की महत्ता पर अत्यधिक ध्यान दिया गया। इसीलिए कला का एक विशिष्ट समाजशास्त्र विकसित हुआ। यह समाजशास्त्र की वह शाखा है जो कलाकृतियों, कलाकारों तथा समाज के पारस्परिक प्रभावों के संदर्भ में कला का स्वरूप-निरूपण, वर्गीकरण, विवेचन-विश्लेषण करती है, कला का समाजशास्त्र कहलाती है। इसमें क्षेत्रीय, सामाजिक एवं आर्थिक पृष्ठभूमि में कला की शैली, स्वरूप एवं प्रतिमानों का व्यवस्थित ढंग से अध्ययन किया जाता है। एक कलाकार किस प्रकार अपनी कलाकृतियों से समाज को प्रभावित करता है तथा स्वयं किस प्रकार समाज से प्रभावित होकर कलाकृतियों का सृजन करता है, कला के समाजशास्त्र के अध्ययन का मुख्य विषय है।

आर्थिक समाजशास्त्र

समाजशास्त्र और अर्थशास्त्र के अंतर्संबंध पर व्यापक बातचीत हो चुकी है और इन दोनों विषयों की अन्योन्याश्रयता, पर विद्वानों ने बहुत कुछ लिखा है। टॉम. बी. बोटोमोर के अनुसार समाजशास्त्र और अर्थशास्त्र अपने शुरुआती दिनों में घनिष्ठ रूप से जुड़े हुए थे। कालांतर में अलग हुए और साल के वर्षों में पुन: करीब आए हैं। ऐसा अर्थशास्त्र में आए परिवर्तनों के कारण भी हुआ है। आर्थिक समाजशास्त्र का बुनियादी विकास रिकार्डो, स्मिथ और मार्क्स की रचनाओं से हुआ जो क्रमश: वेबर, मेलिमोवस्की से होते हुए कीन्स तक आया। आज अमर्त्य सेन जैसे अर्थशास्त्री भी गरीबी और विषमता जैसे विषयों पर लिखने लगे हैं जो वस्तुत: आर्थिक समाजशास्त्र का ही विकास है। आर्थिक जीवन का समाजशास्त्र, सामाजिक जीवन के आर्थिक और गैर-आर्थिक पक्षों के बीच के संबंधों का अध्ययन करता है, अर्थात कहां ये एक-दूसरे को पार कर जाती हैं और कहां ये एक-दूसरे को प्रभावित करती हैं। इसीलिए इस विषय को 'आर्थिक समाजशास्त्र' भी कहा गया है।

किसी समाज के सीमित उत्पादन संसाधनों एवं प्रयासों का कई प्रकार के वैकल्पिक उपयोगों के बीच किस प्रकार से आवंटन किया जाता है, यह अर्थशास्त्र के अध्ययन की मुख्य समस्या है। पारम्परिक अर्थशास्त्रीय सिद्धांत पद्धतिशास्त्रीय दृष्टि से व्यक्तिवादी दृष्टिकोण अपनाकर इस समस्या का समाधान करने का यत्न करता है, अर्थात् संसाधनों के आबंटन के प्रश्न का उत्तर अकेले अर्थशास्त्र में खोजने का यत्न करता है, किन्तु समाजशास्त्र की यह नवीन शाखा इसी प्रश्न के समाधान के लिए सामाजिक जीवन के अन्य पक्षों (गैर-आर्थिक) को भी बराबर का महत्व देती है और गैर-आर्थिक कारकों में भी इस प्रश्न के उत्तर को खोजती है। अत: सामाजिक जीवन के समाजशास्त्र का अध्येता एक अर्थशास्त्री की भांति किसी घटना का अध्ययन एकांगी दृष्टिकोण (आर्थिक) से नहीं करता, अपितु वह आर्थिक एवं गैर-आर्थिक दोनों दृष्टिकोणों के आधार पर घटना का अध्ययन करता है।

आर्थिक विचारकों, जैसे **एडम स्मिथ, कार्ल मार्क्स** और **जे.एम. कीन्स** आदि ने अर्थव्यवस्था और समाज के अन्य पक्षों के बीच संबंधों को अलग-अलग ढंग से प्रस्तुत किया है, किन्तु इन सभी ने सामाजिक जीवन के आर्थिक पक्ष को निर्धारणवादी महत्व प्रदान किया है। इसके विपरीत **दुर्खीम, मैक्स वेबर** और **मालिनोस्की** जैसे सामाजिक विचारकों ने बड़े व्यवस्थित ढंग से यह प्रदर्शित किया है कि किस प्रकार राजनीतिक, पारिवारिक और वैधानिक प्रभाव आर्थिक प्रक्रियाओं को निर्धारित करते हैं।

मद्यपान का समाजशास्त्र

तमाम समाजों में, चाहे आधुनिक हों, शहरी हों अथवा ग्रामीण हों, सभी में मद्यपान एक आम चलन के रूप में पाया जाता है। खुशी, दुख अथवा किसी उत्सव या आयोजन के समय एक अवसादक नशे के रूप में मद्यपान करना एक लोकप्रिय रिवाज रहा है। अनेक समाजों में अनेक धार्मिक और लौकिक उत्सवों तथा संस्कारों के अवसर पर मद्यपान करना न केवल अच्छा समझा जाता है, अपितु यह उत्सव या संस्कार का एक मुख्य कृत्य होता है। मद्यपान की प्रकृति और चलन स्वतंत्र रूप से समाजशास्त्रियों की नजर में तब आया जब संस्कृति के अध्ययन के दौरान उनको लगा कि मद्यपान न केवल संस्कृतियों की संरचना के परिणाम होते हैं बल्कि वे स्वयं एक अलग संस्कृति का निर्माण करते हैं। यद्यपि इस पर अनेक विद्वानों में मतभेद रहा है फिर भी यह एक समाज-शास्त्रीय शाखा के रूप में विकसित हुआ।

द्वितीय विश्वयुद्ध के बाद विकसित औद्योगिक समाजों में घर-परिवार के विलासी वस्तुओं के लिए उपलब्ध वित्तीय साधनों के बढ़ते हुए अनुपात के भाग के रूप में शराब के खर्चे में वृद्धि हुई है। घर में मद्यपान की प्रवृत्ति में भी बढ़ोतरी हुई है, फिर भी अभी यह पुरुषोचित व्यवहार ही अधिक माना जाता है। यह बात अलग है कि अब स्त्रियों में भी मद्यपान की प्रवृत्ति अधिकांशत: नव धनाढय विलासी वर्ग या निम्नतम कामगार वर्ग में ही अधिक है। तुलनात्मक दृष्टि से, मध्यम वर्ग इस प्रवृत्ति का शिकार अभी कम हुआ है।

मद्यपता या पियक्कड़पन एक प्रकार की बीमारी है जो सीमा से अधिक पीने की आदत के कारण उत्पन्न होती है। यह आनुवांशिक विकृतियों, मनौवैज्ञानिक समस्या और विघटित परिवारों को जन्म देती है। निस्देह, मद्यपान और इसके अत्यधिक उपभोग के कारण छोटे-मोटे और गंभीर अपराध (विशेष रूप में हिंसा और यातायात दुर्घटनाएं) होते हैं, कई स्वास्थ्य संबधी समस्याएं उत्पन्न होती हैं और कार्यस्थल पर चोट लगने का भय रहता है।

भोजन का समाजशास्त्र

भोजन एक ऐसा मामला है जिस पर समाजशास्त्र की नजर जाए बिना रुक नहीं सकती थी क्योंकि भोजन वास्तव में जीवन के सभी पहलुओं का तो नियंत्रक है ही सामाजिक संरचना में बुनियादी भूमिका निभाने वाला तत्व भी है। समाजशास्त्र का यह एक अत्यंत नया और अछूता क्षेत्र है जिसमें हाल के वर्षों में शोधकर्ताओं की रुचि उत्पन्न हुई है, यद्यपि कुछ सामाजिक मानवशास्त्रियों ने अवश्य भोजन से जुड़े अनुष्ठानों, संस्कारों व रिवाजों को अपने अध्ययन का विषय बनाया है। इस संबंध में सुप्रसिद्ध मानवशास्त्री **लेवी स्ट्रॉस** का अध्ययन 'द रॉ एंड द कुक्ड' (1970) विशेष उल्लेखनीय है। नृजातिशास्त्रियों ने विभिन्न समाजों में भोजन संबंधी निषेधों और निर्देशों का अध्ययन कर सांस्कृतिक भिन्नताओं पर प्रकाश डाला है। अभी हाल तक अनेक समाजशास्त्रियों द्वारा सामान्यत: भोजन के बनाने और उसके उपभोग को मात्र एक जैविकीय आवश्यकता की पूर्ति के रूप में देखा जाता था, किन्तु आजकल इन्हें भिन्न सामाजिक एवं सांस्कृतिक महत्ता प्रदान की जा रही है। अब भोजन संस्कृति, वर्ग संरचना और चरित्र के प्रमुख घटक के रूप में भी देखा जाने लगा है। एक ओर भोजन को व्यक्तिगत शारीरिक स्वास्थ्य के लिए अत्यधिक महत्वपूर्ण मानकर व्यक्ति के आहार (डाइट) से जुड़े व्यवहार का अध्ययन किया जाने लगा है। व्यक्तियों की खाने की आदतों से कई प्रकार के शारीरिक एवं मानसिक रोग होने की संभावना रहती है, यह तथ्य इस क्षेत्र में हुए कई अध्ययनों में उभर कर आया है। दूसरी ओर, घर में भोजन के बनाने और उपभोग को लेकर लिंग-आधारित श्रम-विभाजन और संसाधनों के वितरण के विषय भोजन के समाजशास्त्र के अन्य महत्वपूर्ण पक्ष हैं। यही नहीं, घर से बाहर, सार्वजनिक जगहों पर भोजन करने की बढ़ती हुई प्रवृत्ति के कारण एक ओर अवकाश में वृद्धि हो रही है, तो दूसरी ओर इस प्रवृत्ति ने नौकरी-पेशा स्त्री-पुरुषों के सामाजिक बंधनों को बनाए रखने में मदद की है। नारीवादी आंदोलनों के माध्यम से अनेक ऐसे तथ्य उभर कर आए हैं जो यह साबित करते हैं कि भोजन एक ऐसा विषय है जिसकी प्रक्रिया लिंगभेद और गुलामी तक जाती है। सारे संसार में स्त्री के कार्य में भोजन निर्माण को शाश्वतता इस बात का प्रतीक है।

किसी सांस्कृतिक समूह के रोजमर्रा के व्यवहार की बारीकियों के अध्ययन के लिए उस समूह के भोजन संबंधी निषेधों, निर्देशों और जनरीतियों का अध्ययन आवश्यक है। रोजमर्रा के जीवन के बारे में हम बहुत सी बातों को अत्यंत साधारण या सामान्य मानकर उनके अध्ययन की अवहेलना कर जाते हैं, किन्तु कई बार समाजशास्त्रियों की दृष्टि से ऐसी बातें महत्वपूर्ण होती हैं। अभी तक भोजन और भोजन की वस्तुओं को गरीबी या वंचन संबंधी अध्ययनों या कृषि और उद्योग के अध्ययनों में ही महत्व दिया जाता था, किन्तु अब भोजन के समाजशास्त्र के एक स्वतंत्र विषय में भोजन का अध्ययन एक नई दृष्टि से किया जाने लगा है। ऐसा प्रतीक होता है कि इस विषय में आने वाले वर्षों में गवेषणा की प्रवृत्ति का अधिकाधिक विकास होगा।

परिवार का समाजशास्त्र

प्रारंभिक समाजशास्त्रीय अध्ययनों का केंद्र परिवार और नातेदारी व्यवस्था रही है। परिवार के अध्ययन के माध्यम से ही सामाजिक व्यवस्था में होने वाले परिवर्तनों का आकलन किया गया। परिवार एक ऐसा समूह है जिसका एक सामान्य निवास होता है, आर्थिक सहयोग होता है और जिसमें प्रजनन क्रिया पाई जाती है। पारिवारिक जीवन में शारीरिक, सामाजिक और मनोवैज्ञानिक तत्व सम्मिलित हैं। यद्यपि परिवार आदिकाल से एक स्थिर इकाई है। फिर भी, कुछ लोग इसके भविष्य को लेकर चिंतित हैं और कहने लगे हैं कि धीरे-धीरे इसमें कमी आती जा रही है। कुछेक तो परिवार के अवसान का स्वागत करने के लिए आतुर दिखते हैं। ऐसे लोग इसे शोषणमूलक और दिवालिया संस्था कहते हैं।

इसके बावजूद परिवार के समाजशास्त्र की महत्ता बढ़ती जा रही है तथा इस क्षेत्र में पहले से अधिक शोध हो रहे हैं। इन शोधों के परिणामस्वरूप पुरातन सामाजिक व्यवस्थाओं के संबंध में बनी हमारी भ्रांतियों में सुधार हो रहा है तथा न केवल विभिन्न देशों की अपितु विभिन्न वर्गों, प्रजाति समूहों तथा प्रदेशों के पारिवारिक जीवन की भिन्नताओं के बारे में हमारी समझ में वृद्धि हो रही है। आजकल परिवार का अध्ययन कई दृष्टियों से किया जा रहा है। पारिवारिक जीवन और कार्य के बीच में सहसंबंध, वृहत सामाजिक एवं आर्थिक परिवर्तनों का पारिवारिक जीवन पर प्रभाव; विवाह से वृद्धावस्था तक, विभिन्न स्तरों में परिवार के स्वरूप में अंतर; विभिन्न प्रकार के परिवार के स्वरूपों, जैसे माता या पिता किसी एक के आधार पर बना परिवार या पुनर्रचित परिवार आदि विषय परिवार के समाजशास्त्र के अध्ययन के केन्द्र बनते जा रहे हैं।

परिवारों के ऐतिहासिक अध्ययनों ने पुरातन प्रकार के पारिवारिक जीवन संबंधी मिथकों और किंवदंतियों की कलई खोल दी है। उदाहरणार्थ, पहले यह माना जाता था कि नाभिक परिवारों का उद्भव औद्योगिकरण की प्रतिक्रिया स्वरूप हुआ जिन्होंने पूर्व विद्यमान वृहत् परिवारों (भारतीय संदर्भ में संयुक्त परिवारों) का स्थान ले लिया। किन्तु नवीनतम शोधों द्वारा यह विदित हुआ है कि अधिकांश पश्चिमी यूरोप में नाभिक परिवारों का जन्म पूंजीवाद की स्थापना के प्रारंभिक वर्षों में हुआ। यही नहीं, परिवार की यह अतिरंजित छवि कि पुरातन परिवार घनिष्टतायुक्त एवं स्थाई हुआ करते थे, गलत सिद्ध हुई है। इसी प्रकार, पारिवारिक भूमिका

संबंधी अध्ययनों ने भी कई मामलों में नई दृष्टि प्रदान की है। इस संबंध में **माइकेल यंग और पीटर विलमोट** का 'द सिमेट्रिकल फेमिली' नामक अध्ययन उल्लेखनीय है जिसमें घरेलू श्रम-विभाजन के संबंध में उत्पन्न समानता को दर्शाया गया है।

पिछले कुछ वर्षों में समकालीन परिवार की दशा तथा इसकी उत्तरजीविता की वांछनीयता के संबंध में अत्यंतिक पुनर्मूल्यांकन हुआ है। आलोचना की एक धारा के अनुसार, परिवार पूंजीवादी समाज का अवलम्ब है। दूसरी धारा के अनुसार, दाम्पत्यमूलक परिवार उत्पीड़क और दमनकारी है। आलोचना की तीसरी धारा हमें महिलावादी विचारों की पोषक लेखक-लेखिकाओं, जैसे **जैसी बर्नार्ड** तथा **अन्न ओकले** की कृतियों में देखने को मिलती है। इन लेखक-लेखिकाओं ने समकालीन परिवार में वर्तमान लैंगिक-भूमिका विभाजन की प्रकृति एवं परिणामों पर प्रकाश डाला है। बीसवीं शताब्दी में सियोन द बोडवार तथा जर्मेन ग्रीयेर जैसी लेखिकाओं ने स्त्री की भूमिका तथा उसकी जैविक संरचना पर नई तरह का काम किया। इनमें भी अधिक उग्रवादी विचार **माइकेल बैरेट और मेरी मिकतोष** की पुस्तक 'द एंटी सोश्यल फेमिली', (1982) में देखे जा सकते हैं जो परिवार को न केवल दमनकारी मानती है, अपितु इसे एक समाज विरोधी संस्था मानती है।

दैनिकता का समाजशास्त्र

दैनिक समाजशास्त्र वस्तुत: प्रघटनाशास्त्रीय उपागम है जिसके अंतर्गत मनुष्य जीवन के सूक्ष्म व्यवहारों का अध्ययन किया जाता है। इसीलिए अनेक लोगों ने इसे रोजमर्रा के समाजशास्त्र के रूप में देखना शुरू किया। ज्ञान की इन शाखाओं में गुणात्मक शोध-विधियों के द्वारा प्रतिदिन के जीवन-अनुभवों, जो राहगीरों के व्यवहार से लेकर निद्रा, टेलीफोन, कार्य-स्थल अनुभव, बातचीत और समय तक हो सकते हैं, की खोजबीन की जाती है। इस संबंध में **जैक डगलस** की '**अंडरस्टेंडिंग एवरिडे लाइफ**' **पेट्रिसिया ए. एडलर** द्वारा संपादित एवरी डे लाइफ सोसिआलॉजी, **एंड्रियू वेगर्ट** की 'सोसिआलॉजी ऑफ एवरी डे लाइफ, पुस्तकें विशेष उल्लेखनीय हैं। **एंड्रयू वेगर्ट** ने समाजशास्त्र की इस शाखा के चार परिप्रेक्ष्य बताए हैं, यथा **इर्विन गोफमेन** का अभिनयशास्त्र (ड्रामाटर्जी) जिसमें रंगमंचीय रूपक के प्रयोग द्वारा व्यक्तियों के प्रतिदिन के जीवन का विश्लेषण किया जाता है कि व्यक्ति किस प्रकार प्रतिदिन के जीवन में स्वयं को प्रदर्शित करते हैं; द्वितीय **हेराल्ड गारफिंकल** की **नृजाति** पद्धति (एथनोमेथडालॉजी) जिसमें उन विधियों को अध्ययन का केन्द्र बनाया जाता है जिनके द्वारा व्यक्ति अपने रोजमर्रा के जीवन को संगठित एवं समन्वित करते हैं; तृतीय **अल्फ्रेड शूज़, थॉमस लुकमान** तथा अन्य की घटनाशास्त्रीय विधि (फिनॉमिनोलॉजी) जो प्रतिदिन की चेतना के विश्लेषण एवं रचना का दार्शनिक आधार प्रस्तुत करती है; चतुर्थ, **हेनरी लेफबेर** का विवेचनात्मक सिद्धांत (क्रिटिकल थिअरी) जिसमें पूंजीवादी व्यवस्था में रहने वाले व्यक्तियों के प्रतिदिन के जीवन के दमनात्मक विरोधाभासों का अध्ययन किया जाता है। इस अंतिम परिप्रेक्ष्य में सूक्ष्म समाजशास्त्रीय संदर्भ-परिधि (फ्रेम ऑफ रेफरेंस) का प्रयोग नहीं किया जाता।

ज्ञान-विज्ञान का समाजशास्त्र

ज्ञान-विज्ञान एक ऐसा औजार है जिससे न केवल मनुष्य की मुक्ति संभव है बल्कि इसी के सहारे अनेक कौमों को गुलाम भी बनाया जा सकता है। औपनिवेशिक साम्राज्यवाद, नस्ल भेद, जाति-व्यवस्था और जजमानी व्यवस्था का जन्म और विकास इन्हीं प्रक्रियाओं के नकारात्मक और सकारात्मक योगदान से हुआ है। ज्ञान-विज्ञान के समाजशास्त्र का विकास भी इन बातों को मद्देनजर रखता है और यह ज्ञान अथवा चिंतन की उत्पत्ति कैसे होती है, इसके स्वरूप निर्धारण में समाज और संस्कृति की क्या भूमिका है, आदि विषयों पर गंभीर विमर्श करता है। समाजशास्त्र की यह शाखा ज्ञान अथवा चिंतन की प्रणालियों तथा सामाजिक-सांस्कृतिक कारकों के पारस्परिक संबंधों का अध्ययन करती है। ज्ञान का समाजशास्त्र इस मान्यता पर आधारित है कि सभी प्रकार का ज्ञान यथा धार्मिक, दार्शनिक, कानूनी, राजनीतिक आदि समाज की उपज है, अर्थात ज्ञान के उद्‌भव एवं विकास पर तत्कालीन सामाजिक-सांस्कृतिक कारकों का प्रभाव पड़ता है। विगत वर्षों में समाजशास्त्र के नए उपागम यथा '**मानवीय समाजशास्त्र**' का विकास इस बात की पुष्टि करता है कि ज्ञान का आधार समाज है।

ज्ञान के समाजशास्त्र की व्यवस्थित रूप में उत्पत्ति उन्नीसवीं शताब्दी में हुई, किन्तु इसका अस्पष्ट रूप पहले से ही किसी न किसी रूप में विद्यमान था। प्रसिद्ध दार्शनिक **बेकन** ने बहुत पहले ही यह लिखा था कि ''प्रकृति की भांति मानव मस्तिष्क पर लिंग, आयु, स्थान, स्वास्थ्य, बीमारी, सुन्दरता व कुरूपता आदि आंतरिक कारकों के साथ-साथ राज्य, कुलीनता, परिवार, धन, आवश्यकता, समृद्धि, पतन, पद, प्रतिष्ठा आदि बाह्य कारकों का भी प्रभाव पड़ता है। समाजशास्त्र की एक पृथक शाखा के रूप में आधुनिक ज्ञान के समाजशास्त्र की स्थापना सन 1920 में हुई। इसकी उत्पत्ति एवं विकास पर दो भिन्न प्रमुख बौद्धिक धाराओं—मार्क्स एवं दुर्खीम की स्पष्ट छाप देखी जा सकती है। **मार्क्स** के अनुसार, मानव का समस्त ज्ञान शोषित एवं शोषक वर्गों के विरोधी चेतन अथवा अचेतन हितों द्वारा विकृत होता है।''

फ्रांस में **ईमाइल दुर्खीम** ने ज्ञान की उत्पत्ति को एक अन्य दृष्टिकोण से देखने का यत्न किया है। दुर्खीम के अनुसार, 'हमारे बोध तथा अनुभव-क्रम के प्रमुख तत्व (स्थान, दिशा, समय,

कारणता, आदि) सामाजिक संरचना की उपज तथा उसके भाग हैं जो सामाजिक जीवन के जीवन्त रूप को बनाने तथा बनाए रखने में सहायता करते हैं।'

ज्ञान के समाजशास्त्र को पिछले वर्षों में ठोस आधार देने तथा उसे पल्लवित करने में **कार्ल मानहीम** की दो कृतियों—'आइडियोलॉजी एंड यूटोपिया' तथा 'एसेज ऑन द सोसियोलॉजी ऑफ नॉलेज' की प्रमुख भूमिका रही है। उन्होंने लिखा है कि, ''ज्ञान के समाजशास्त्र में ज्ञान एवं अस्तित्व के संबंधों का विश्लेषण किया जाता है।'' मानहीम का यह भी कहना है कि समस्त विचार जिसमें सत्य भी सम्मिलित है, सामाजिक-ऐतिहासिक परिस्थितियों द्वारा प्रभावित होते हैं। प्रत्येक ऐतिहासिक युग विशेष की अपनी विचार-शैली होती है क्योंकि विचार तथा सामाजिक संरचना के बीच एक सीधा संबंध होता है—एक व्यक्ति केवल अपनी मानसिक क्षमता के कारण ही विचारों को प्रस्तुत कर रहा है, यह सोचना गलत है। संभव है कि वह समूह द्वारा प्रभावित होकर सोचता और विचारों को प्रस्तुत करता है। मानहीम ने इस संबंध में एक महत्वपूर्ण प्रश्न उठाया है कि यदि ज्ञान समाज की उपज है। तो फिर वस्तुपरक ज्ञान किस प्रकार संभव है। यदि यह संभव नहीं है तो इसका तात्पर्य है कि हम शून्यवाद के घेरे में फंस गए हैं।

आवास का समाजशास्त्र

आवास के समाजशास्त्र की अवधारणा यद्यपि सामाजिक संरचना और व्यवस्था के साथ ही विकसित हुई तथापि यह इतिहास की ओर उन्मुख एक ऐसी समाजशास्त्रीय शाखा है जो मानव सभ्यता के विकास के विभिन्न चरणों में भौतिक रूपाकार के तौर पर आवासीय योजनाओं का अध्ययन करती है। उत्खननों के दौरान मिलने वाले पुरावशेषों के माध्यम से ही सभ्यताओं की उन्नति अथवा अवनति के बारे में सही तथ्य मालूम हो सकते थे। ऐसी प्रक्रिया में आवास के समाजशास्त्र की भूमिका बहुत महत्वपूर्ण है।

एक भौतिक शिल्पकृति के रूप में मकान की प्रकृति, इसका स्थानिक वितरण तथा इसके भोगाधिकार संबंधी शर्तें (भौतिक, कानूनी, वित्तीय) सामाजिक संरचनाओं और प्रक्रियाओं द्वारा प्रभावित होती हैं। ठीक इसके विपरीत, मकान की इन विशेषताओं के सामाजिक प्रभाव भी होते हैं। अत: मकान को दो रूपों, अर्थात् एक सामाजिक रचना के रूप में और दूसरे एक सामाजिक कारण के रूप में देखा जा सकता है। इन दोनों ही रूपों को लेकर अनेक प्रकार की समाजशास्त्रीय शोध हुए हैं। इस संबंध में पांच प्रमुख क्षेत्रों की गणना की जा सकती है। प्रथम, मकान के प्रारूप (डिजाइन) पर संस्कृति और सामाजिक विभाजनों (वर्ग, लिंग आदि) का प्रभाव; द्वितीय, सामाजिक संरचनाओं और प्रक्रियाओं द्वारा किस प्रकार निवासीय बस्तियों में सामाजिक समूहों का वितरण प्रभावित होता है; तृतीय, लघु स्तर पर सामाजिक अंतर्क्रिया का प्रतिमान, अर्थात व्यक्तिगत घरों के भीतर तथा उनके बीच के संबंधों को मकानों की भौतिक प्रकृति (बनावट) और मकानों के स्थानिक संबंध किस प्रकार प्रभावित करते हैं; चतुर्थ, विभिन्न प्रकार के समाजों (समाजवादी, पूंजीवादी, अविकसित, विकासशील) में मकानों की प्रबंध व्यवस्था का निर्धारण, विभिन्न संस्कृतियों एवं राष्ट्रों में इनके प्रतिमानों में भिन्नता; और अंतिम, सामाजिक वर्गों और सामाजिक एकता को बनाए रखने में मकानों की भूमिका, उदाहरणार्थ आवास और वर्ग, समुदाय, प्रस्थिति, लिंग, प्रजाति और उपभोग के स्वरूपों के बीच संबंध।

धर्म का समाजशास्त्र

समाजशास्त्र के विकास में धर्मशास्त्रों की भूमिका तथ्यों के प्रचुर भंडार के रूप में रही है। लेकिन आगे चलकर धर्म का एक अलग ही समाजशास्त्र विकसित हुआ।

धर्म और समाज के अंतर्पारस्परिक संबंधों के अध्ययन करने वाली समाजशास्त्र की शाखा को धर्म का समाजशास्त्र कहा जाता है। धार्मिक भावनाएं, विचार तथा संस्थाएं किस प्रकार सामाजिक शक्तियों, सामाजिक संगठन तथा सामाजिक संस्तरण को प्रभावित करती हैं तथा इनसे प्रभावित होती हैं, इन दोहरे संबंधों का अध्ययन ही धर्म का समाजशास्त्र कहलाता है। **प्रो. यिंगर** के अनुसार, 'धर्म का समाजशास्त्र उन तरीकों का वैज्ञानिक अध्ययन है जिसमें समाज, संस्कृति, व्यक्तित्व द्वारा धर्म को प्रभावित किया जाता है। साथ ही, इसमें उन विधियों का भी अध्ययन किया जाता है जिसमें धर्म के द्वारा समाज, संस्कृति और व्यक्तित्व प्रभावित होते हैं।'

धर्म का समाजशास्त्र धर्म में अंतर्निहित अलौकिक शक्ति का अध्ययन नहीं करता और न ही इसमें यह परखने का यत्न किया जाता है कि धार्मिक विचार सही है या गलत। वैज्ञानिक आधार पर इन दोनों ही तथ्यों की विवेचना संभव नहीं है। स्वयं अलौकिक शक्ति अदृश्य एवं काल्पनिक है, किन्तु इससे जुड़े विश्वास 'वास्तविक' हैं। धर्म के समाजशास्त्र में इन विश्वासों का अध्ययन किया जाता है। इन विश्वासों की अभिव्यक्ति किसी धर्म विशेष के मानने वाले व्यक्तियों के आचरण एवं व्यवहारों में होती है, जिनका निरीक्षण-परीक्षण संभव है। इसी प्रकार, धर्म के समाजशास्त्र का धर्म के दर्शन, जैसे हिंदू धर्म की कर्म एवं पुनर्जन्म की धारणा या धर्म के सारतत्व (ऍसन्स) से कोई प्रत्यक्ष सरोकार नहीं है। इसके विपरीत धर्म के समाजशास्त्र में धार्मिक व्यवहार को मनुष्य की एक लौकिक गतिविधि के रूप में अध्ययन किया जाता है।

अलौकिक शक्ति की अलौकिकताओं से पृथक कर के धर्म को वैज्ञानिक आधार देने का प्रयत्न हमें सर्वप्रथम **अगस्त कोम्त** की 'मानवता का धर्म' की अवधारणा में देखने को मिलता है।

कोम्त के विचारानुसार, 'सभी सामाजिक घटनाओं, जिसमें धर्म भी एक है, के कुछ अंतर्निहित नियम होते हैं। यदि इन नियमों को समझना है तो इन्हें आध्यात्मिक अथवा तात्विक आधारों पर नहीं, अपितु प्रत्यक्ष आधारों पर अर्थात् विज्ञान की विधियों द्वारा ही समझा-परखा जा सकता है'।

धर्म का समाजशास्त्र और धार्मिक समाजशास्त्र दोनों एक नहीं हैं। न हीं दोनों के उपागम एक हैं। धार्मिक समाजशास्त्र का प्रयोग रोमन कैथोलिक चर्च द्वारा औद्योगिक समाजों में मिशनरी कार्यों की प्रभावकता में सुधार लाने के लिए किया गया है। धर्म का समाजशास्त्र, इसके विपरीत, धार्मिक संस्थाओं, विश्वासों तथा कर्मकांडों के वैज्ञानिक अध्ययन पर अपने आप को केंद्रित करता है। धर्म के समाजशास्त्र में, धर्म को न केवल समाजशास्त्रीय परिप्रेक्ष्य में परिभाषित किया गया, अपितु इसे जादू (जिसमें इसी से मिलती-जुलती कुछ क्रियाएं की जाती हैं) से भी अलग किया गया। धर्म का समाजशास्त्र धर्म को रूढ़ियों, अंधविश्वासों तथा कुसंस्कारों का एक बंडल मात्र नहीं मानता है। इसमें इस विचार को भी लगभग त्याग दिया है कि धर्म, ईश्वर में विश्वासों का एक पिटारा मात्र है। इसके विपरीत, इसमें कर्मकांडों का अध्ययन उनकी पवित्रता के संदर्भ में किया जाता है।

धर्म के समाजशास्त्र में, मोटे रूप में, दो भिन्न परम्पराएं रही हैं, यथा **दुर्खीम** और **वेबर** की परम्परा। सामाजिक जीवन में धर्म की एक विशिष्ट भूमिका है, इसके कुछ सामाजिक प्रकार्य (फंक्शन) हैं। यह सामाजिक कारकों की उपज है। इस तथ्यों को सर्वप्रथम दुर्खीम ने ही अपनी कृतियों में प्रस्थापित करने का प्रयास किया। बाद में, इसी धारणा को विकसित करने में **रेडक्लिफ ब्राउन** तथा **ब्रानिस्ला मालिनोस्की** जैसे प्रतिष्ठित मानव वैज्ञानिकों ने अपना योगदान किया। जहां दुर्खीम ने सामान्य रूप में सामाजिक एकीकरण के संदर्भ में धर्म के सामाजिक प्रकार्यों पर बल दिया, वहां वेबर ने प्रमुखत: ईशशास्त्र (मृत्यु, दुख और अनिष्ठ) की आधारभूत नैतिक समस्याओं और मुक्ति-अभियान के तुलनात्मक अध्ययन तक अपने को सीमित रखा। वेबर ने अपने '**धर्म के समाजशास्त्र**' (1922) में विश्व संबंधी दो प्रमुख दृष्टिकोणों यथा रहस्यवाद और यतित्ववाद (तपश्चर्या) का विवेचन किया। वेबर की रुचि प्रमुखत: आर्थिक और भोगवादी क्रियाओं पर धर्म के प्रभाव को जानने में थी। इस संबंध में उसने कहा कि आंतरिक सांसारिक तपश्चर्या विश्व पर नैतिक नियंत्रण को लागू करने का एक सर्वाधिक महत्वपूर्ण प्रयास है। उसने अपने इस विषय की खोज को '**प्रोटेस्टेंट आचार और पूंजीवाद की आत्मा**' नामक पुस्तक में प्रस्तुत किया है। इस पुस्तक में उन्होंने विश्व के छ: प्रमुख धर्मों का अध्ययन कर धर्म के समाजशास्त्र को एक विशिष्ट दिशा प्रदान की।

कुछ समाजशास्त्रियों ने इस प्रकार के विचार भी व्यक्त किए हैं कि आधुनिक समाजों में नगरीकरण, सांस्कृतिक बहुलवाद तथा विश्व के बारे में बढ़ती हुई वैज्ञानिक समझ के प्रसार के कारण लौकिकीकरण (सेक्यूलराइजेशन) की प्रक्रिया के फलस्वरूप धर्म में गिरावट आई है। किन्तु इस विचारधारा का प्रतिकार करते हुए अनेक समाजशास्त्रियों ने कहा है कि धर्म के महत्व में कमी आने के विपरीत धर्म के रूप-स्वरूप में परिवर्तन हुआ है।

व्यवसाय का समाजशास्त्र

व्यवसाय का समाजशास्त्र पेशे, व्यवसाय अथवा रोजगार के विश्लेषण हेतु समाजशास्त्रीय सिद्धांतों का प्रयोग करता है। यह किसी समाज की व्यावसायिक संरचना, विशिष्ट व्यवसायों तथा समाज के अन्य पक्षों जैसे परिवार, जाति, अर्थव्यवस्था, शिक्षण व्यवस्था, राजनीतिक व्यवस्था, सामाजिक संस्तरण व्यवस्था के बीच संबंधों का भी अध्ययन करता है। प्राचीन समाज व्यवस्था में व्यावसायिक प्रणाली और श्रम विभाजन के रूपों का अध्ययन भी व्यवसाय के समाजशास्त्र के विकास में सहायक सिद्ध हुआ है।

व्यवसाय के समाजशास्त्र संबंधी साहित्य में यह विषय काफी केन्द्रीय महत्व का रहा है कि व्यक्ति का कार्य अथवा व्यवसाय उसके व्यवहार को किसी प्रकार और किस मात्रा में प्रभावित करता है। अत: व्यक्ति के व्यवसाय की जानकारी द्वारा उसकी मनोवृत्ति, जीवन-शैली और मूल्यों का पता लगाया जा सकता है। व्यक्ति के जीवन में जीवनयापन संबंधी उसका कार्य या व्यवसाय अत्यधिक महत्व रखता है। समाजशास्त्रियों ने व्यक्ति के व्यवहार को समझने के लिए उसके व्यवसाय अथवा कार्य को भी अपने अध्ययन का विषय बनाया है।

व्यावसायिक समाजशास्त्र के अध्ययन के प्रमुख विषय है : व्यवसाय का रूप, भर्ती का रूप तथा प्रशिक्षण, पारिश्रमिक की मात्रा तथा वितरण का रूप, भूमिका में निहित संघर्ष, व्यक्तित्व तथा व्यवसाय में संबंध, व्यवसाय के दौरान पारस्परिक संबंध, व्यवसाय के प्रति जनधारणा, व्यवसाय में सत्ता एवं सम्मान का वितरण आदि।

संगठन का समाजशास्त्र

समाजशास्त्र की मुख्य अवधारणाओं में संगठन एक प्रमुख घटक है। उन्नीसवीं शताब्दी में औद्योगिक समाजों के विकास ने कारखानों तथा राज्य जैसे अनेक वृहत स्तरीय संगठनों को जन्म दिया। कारखानों के उद्भव द्वारा ही **एफ.डब्ल्यू. टेलर** की 'वैज्ञानिक प्रबंध' की धारणा का जन्म हुआ और बाद में **मैक्स वेबर** ने इस आधार पर प्रशासन-तंत्र के आदर्श-प्रारूप को विकसित किया। इन दोनों ही सिद्धांतों का मूल उद्देश्य वृहत संगठनों की संरचनाओं का विवेचना करना था। इन दोनों ही सिद्धांतों में संगठनों/संस्थानों

की विवेचना संस्तरणात्मक संरचनाओं के रूप में की गई है जो कि किसी भी कार्य के प्रबंधकीय नियंत्रण के लिए आवश्यक होती है। सन 1930 और 1940 के बीच इस क्षेत्र में कई अन्य प्रकार के अध्ययन-अनुसंधान किए गए जिनमें **चेस्टर बर्नार्ड** का 'ह्यूमन रिलेशंस मूवमेंट' तथा **फिलिप सेल्ज़निक** का अतिप्रतिष्ठित *'टेनेशी वैली ऑथोरिटी'* अध्ययन विशेष उल्लेखनीय है। इन अध्ययनों ने संगठनों के विश्लेषण के द्वितीय क्षेत्र का सूत्रपात किया। इन अध्ययनों में संगठनों में होने वाली सामाजिक प्रक्रियाओं, विशेषत: ऐसे अनौपचारिक तथा अकार्यालयी सामाजिक संबंधों का अध्ययन किया गया जिनके कारण संगठन के लक्ष्यों के अवरुद्ध या नष्ट-भ्रष्ट हो जाने का खतरा बना रहता है। यही नहीं, ऐसे संगठनों का भी अध्ययन किया गया जिनका स्वरूप संस्तराणात्मक की अपेक्षा सहकारी होता है। आजकल अनेक प्रकार के संगठनों के समाजशास्त्रीय अध्ययन तथा उनके सिद्धांत उपलब्ध हैं। इन अध्ययनों को अग्रांकित चार मोटे वर्गों में विभाजित किया जा सकता है—संगठनों के प्रकारों का वर्णन/विश्लेषण करने वाले अध्ययन, सामाजिक प्रणालियों के रूप में संगठनों का अध्ययन, अनुभवजन्य संरचनाओं के रूप में संगठनों का अध्ययन और क्रिया की संरचनाओं के रूप में संगठनों का अध्ययन।

राजनीति का समाजशास्त्र

चूंकि राजनीतिशास्त्र और समाजशास्त्र में गहरी अन्योन्याश्रयता है इसलिए माना जाता है कि राजनीति का समाजशास्त्र सामान्य समाजशास्त्र का एक उपभाग है जिसमें राजनीतिक व्यवस्था तथा सामाजिक व्यवस्था के परस्पर संबंधों का अध्ययन किया जाता था, किन्तु वर्तमान राजनीतिक समाजशास्त्र के अध्ययन-क्षेत्र की विषय-वस्तु एवं क्षेत्र की व्यापकता के संदर्भ में राजनीति के समाजशास्त्र और राजनीतिक समाजशास्त्र में भेद करना अब कठिन है। आजकल राजनीति के समाजशास्त्र या राजनीतिक समाजशास्त्र प्रारंभ की भांति सामाजिक-संरचनात्मक परिवृत्यों (वेरिएबल्स) को स्वतंत्र तथा राजनीतिक-संरचनात्मक परिवृत्यों (वेरिएबल्स) को आश्रित मान कर अध्ययन नहीं किया जाता है, अपितु दोनों विज्ञानों के परिवृत्यों को समान महत्व दिया जाता है। यह एक ऐसी अन्तर्वैज्ञानीय वर्णशंकर ज्ञान की एक शाखा है जिसमें समाजशास्त्र और राजनीतिशास्त्र का सम्मिलन हो जाता है। दोनों के आपसी लेन-देन के फलस्वरूप राजनीतिक समाजशास्त्र की उत्पत्ति होती है। इस प्रकार, राजनीतिक समाजशास्त्र, राजनीति का समाजशास्त्र तो है ही, किन्तु यह इससे कुछ अधिक भी है।

साहित्य का समाजशास्त्र

कृति, कृतिकार और समाज के बीच होने वाली अंतर्क्रियाओं के परिणामस्वरूप निर्मित ऐसी संरचनाओं, जिनके आधार पर कोई कृति अपना स्वरूप ग्रहण करती है, उस वस्तुनिष्ठ अध्ययन करने वाली ज्ञान की शाखा को साहित्य का समाजशास्त्र कहा जाता है। यह अवधारणा शुरू में जॉर्ज लुकाच और रेमंड विलियम्स की रचनाओं से विकसित हुई। रेमंड विलियम्स तो साहित्य के समाजशास्त्र के सिद्धांतकार माने जाते हैं। साहित्य के समाजशास्त्र का लक्ष्य समाजशास्त्र के सिद्धांतों और संदर्भों के परिप्रेक्ष्य में साहित्य का अध्ययन करना है। साहित्य अपने व्यक्ति अथवा मूर्त रूप में एक रचना अथवा कृति है, किन्तु अव्यक्त रूप में कृति के पीछे कृतिकार का व्यक्तित्व और उसके व्यक्तित्व के पीछे उसका सामाजिक परिवेश रहता है, अत: साहित्य के-पूर्ण अध्ययन के लिए उसके सामाजिक पहलुओं तथा संदर्भों का अध्ययन आवश्यक है जो उसके अस्तित्व और महत्ता को प्रभावित करते हैं। साहित्यकार के कृतित्व का जिन रूपों में विकास होता है, तथा जिन दशाओं वह साहित्य की रचना करता है, वह साहित्यकार का सामाजिक परिवेश है। जिन सामाजिक संदर्भों को आधार बनाकर और जिन विशेष सामाजिक परिस्थितियों में साहित्यिक कृति का सृजन पूर्ण होता है, वह कृति का सामाजिक परिवेश है। स्वभावत: कृति और कृतिकार दोनों के सामाजिक परिवेश में घनिष्ठ संबंध होता है, किन्तु दोनों सदा-सर्वदा एक नहीं होते। कभी-कभी कृति की रचना-प्रक्रिया कुछ ऐसी परिस्थितियों से होकर गुजरती है जो कर्ता की सामान्य परिस्थितियों से भिन्न होती है। अत: साहित्य के समाजशास्त्र का लक्ष्य साहित्य एवं समाज के पारस्परिक संबंधों का अध्ययन करना है।

साहित्य के समाजशास्त्र की परंपरा वस्तुत: यूरोप में उन्नीसवीं सदी में प्रारंभ हो गई थी और वर्तमांन युग की लोकवादी विचारधाराओं, विशेषत: मार्क्स-दर्शन के प्रभाव से उसका निरंतर विकास होता रहा है।

छुट्टी का समाजशास्त्र

मूलत: संस्कृति के अध्ययनों से जुड़े और विकसित हुए अवकाश के समाजशास्त्र का विकास दो मुख्य धाराओं में हुआ है। प्रथम को 'स्वरूपात्मक (फार्मल)' उपागम और द्वितीय को 'ऐतिहासिक एवं सैद्धांतिक उपागम' के नामों से जाना जाता है। स्वरूपात्मक उपागम के अंतर्गत तीन प्रमुख समस्याओं का आनुभाविक अध्ययन किया जाता है। ये समस्याएं हैं—अवकाश के प्रतिमान किस प्रकार संपूर्ण जीवन-चक्र को बदलते रहते हैं? कार्य और अवकाश में क्या अंतर्संबंध है? तीसरे प्रकार के अध्ययन कुछ विशिष्ट प्रकार के अवकाशों जैसे सिनेमा जाने वाले, क्रिकेट या फुटबाल खेलने वालों या नृत्यगृहों में जाने वालों की संख्या को लेकर हुए हैं।

ऐतिहासिक/सैद्धांतिक उपागम के अंतर्गत ऐतिहासिक परिप्रेक्ष्य में अवकाश की बदलती हुई प्रकृति तथा सामाजिक परिवर्तन में

इसकी भिन्न भूमिकाओं जैसे विषयों को लेकर अध्ययन किए गए हैं। इस संबंध में दो परिप्रेक्ष्य विकसित हुए हैं, यथा प्रकार्यात्मक (फंक्शनल) और नवमार्क्सवादी। सन 1960 के दशक में अत्यधिक बहुचर्चित प्रकार्यवादी उपागम ने 'अवकाशोन्मुख समाज' की ओर अपरिहार्य कदम की बात की। **क्लार्क कैर** ने 'इंडस्ट्रियलिज्म एंड इंडस्ट्रियल मैन', पुस्तक में 'औद्योगीकरण के तर्क' के माध्यम से इस उपागम की प्रस्थापना की। इसके विपरीत, नव मार्क्सवादियों ने इसकी चर्चा 'अवकाश के अवश्यंभावी व्यापारीकरण' के रूप में की और कहा कि औद्योगीकरण ने अवकाश को एक बाज़ार की वस्तु बना दिया है।

इसी प्रकार, विवेचनात्मक (क्रिटिकल) सिद्धांत के फ्रेंकफुर्त संप्रदाय ने भी इसका अत्यंत निराशावादी चित्र खींचा है। उनके अनुसार, व्यापाराना जन आमोद-प्रमोद (सिनेमा, खेलकूद, दूरदर्शन, नाट्य प्रदर्शन आदि) ने एक प्रकार के 'संस्कृति उद्योग' (कल्चर इंडस्ट्री) को जन्म दिया है जो व्यक्तियों का शोषण करता है और संस्कृति की वैविध्यता को समाप्त करता है।

अवकाश और फुरसत के क्षणों के बारे में उपरोक्त चर्चाओं के बावजूद अभी इस क्षेत्र में विशेष कार्य नहीं हुआ है, किन्तु सन 1990 के प्रारंभ में अब कुछ लोगों की मीडिया, खेलकूद, उपभोक्तावाद जैसे विषयों में समाजशास्त्रीय रुचि का श्रीगणेश यह संकेत देता है कि आने वाले वर्षों में यह विषय भी समाजशास्त्रीय अन्वेषणों में पर्याप्त महत्व ग्रहण करेगा।

स्वास्थ्य का समाजशास्त्र

स्वास्थ्य एक संबद्ध मामला है जिसकी मानव सभ्यता के विकास में सर्वाधिक महत्वपूर्ण भूमिका है। यह सामाजिक विभाजन, वर्ग, प्रस्थिति, शक्ति आवंटन आदि मुद्दों की ओर भी सहज ही ध्यान ले जाता है। समाजशास्त्र की यह शाखा स्वास्थ्य एवं रुग्णता के सामाजिक आयामों का अध्ययन करती है। इसमें तीन प्रमुख विषयों का अध्ययन किया जाता है, प्रथम, स्वास्थ्य एवं रुग्णता संबधी वैचारीकरण; द्वितीय, उनके माप तथा सामाजिक वितरण का अध्ययन; तृतीय, स्वास्थ्य एवं रुग्णता के प्रतिमानों की व्याख्या। सर्वप्रथम इस क्षेत्र में स्वास्थ्य एवं रुग्णता से जुड़ी अवधारणाओं का स्पष्टीकरण सांस्कृतिक विभिन्नताओं के संदर्भ में किया जाता है। रुग्णता या बीमारी क्या है? इसकी व्याख्या अलग-अलग सांस्कृतिक समूह किस प्रकार करते हैं? ये विषय समाजशास्त्र की इस शाखा के अध्ययन के मुख्य विषय हैं। रुग्णता एवं स्वास्थ्य की माप के लिए सामान्यत: दो तरीकों—सरकारी आंकड़ों एवं सामुदायिक सर्वेक्षणों का प्रयोग किया जाता है। किन्तु इन दोनों ही विधियों की अपनी सीमाएं एवं कमजोरियां हैं। रुग्णता और स्वास्थ्य के प्रतिमान एक ही समाज में भिन्न समयों में और भिन्न समाजों में एक ही समय पर एक से नहीं होते। यही नहीं, इन प्रतिमानों में लिंग और आयु के आधार पर भी अंतर होता है। बालक और वृद्ध व्यक्तियों में बीमारी और मृत्यु की अधिक संभावना रहती है। इसी प्रकार कई समाजों में पुरुषों की अपेक्षा स्त्रियां अधिक जीवित रहती हैं। वास्तव में, स्वास्थ्य एवं रुग्णता के प्रतिमानों की व्याख्या करना सरल कार्य नहीं है।

संचार माध्यमों का समाजशास्त्र

संचार का तात्पर्य विचार को एक व्यक्ति से दूसरे व्यक्ति तक संप्रेषित करने, सूचनाओं मनोभावों को संप्रेषित करने से है। बाद में संचार माध्यमों के अंतर्गत एक स्थान से दूसरे स्थान तक आवागमन अथवा मार्ग को भी रखा जाने लगा। औद्योगिक क्रांति के बाद इस तरह के संचार माध्यमों में नहरों, रेलवे, जहाजों, कारों और विमानों का काफी विकास हुआ। आधुनिक युग में स्टीम प्रिंटिंग, इलैक्ट्रिक टेलीग्राफ, फोटोग्राफी, वायरलेस, फिल्म और टेलीविजन संचार माध्यम के रूप में उभरे हैं। संचार माध्यमों के समाजशास्त्र तौर पर मनुष्य के हितों से इसके संबंध और भूमिका को प्रमुख आधार माना गया है।

जन संचार की परिभाषा एक तरफा प्रक्रिया के रूप में की जाती है। अधिकांशत: मीडिया संगठन प्रशासनतंत्री (ब्यूरोक्रेटिक) और निगम के रूप में होते हैं। लगभग सभी जगह मीडिया तंत्र पर सरकार का नियंत्रण होता है और इस नियंत्रण की मात्रा अलग-अलग जगह पर भिन्न होती है, जैसे कहीं-कहीं पर नग्नता प्रदर्शन या धूम्रपान के प्रचार पर कड़ी पाबंदी होती है, कहीं नहीं। निरंकुशतावादी समाजों में जन संचार माध्यमों पर कड़ी सेन्सर व्यवस्था होती है।

हाल के वर्षों में विज्ञापनों के दुरुपयोग को लेकर गहरी चिंता जताई जाती रही है। बीते दिनों में कुछ बीमारियों के इलाज के विज्ञापनों के बारे में आचार संहिता बनाई गई थी। फिर भी इस संबंध में लोगों में चिंता बरकरार है। इस बारे में विज्ञापनदाताओं और उनके आलोचकों के बीच रह-रहकर प्रासंगिक तथ्यों और मूल्यों को लेकर विवाद होता रहता है।

आधुनिक समाजों में जन संचार के साधनों का मानसिक जीवन पर गहरा प्रभाव होता है, अत: यह विषय समाजशास्त्रियों के अध्ययन का रुचिकर विषय रहा है। सन 1930 के प्रारंभिक अध्ययनों में नवीन मीडिया प्रौद्योगिकी, विशेषत: रेडियो तथा टी.वी. में निहित सत्ता/शक्ति का अध्ययन करना रहा है। **एडोल्फ हिटलर** ने रेडियो का अपने अभियान के प्रचार के लिए सफलतापूर्वक प्रयोग कर मीडिया के दुरुपयोग के संभावित खतरों को उजागर किया था। बाद में, जन समाज (मॉस सोसाइटी) की अवधारणा के प्रादुर्भाव ने इस विचार को अधिक पुख्ता बना दिया कि विद्युत संचालित

मीडिया मस्तिष्क नियंत्रण की ओरवेलिअन स्थिति को उत्पन्न कर सकता है जिसमें एक छोटे से संप्रेषणकर्ता के अभिजनों द्वारा निश्चेष्ठ वृहत समाज पर प्रभुत्व किया जाता है।

हेरोल्ड लासवेल, पॉल लेज़ार्सफेड तथा अन्य समाज वैज्ञानिकों द्वारा इस क्षेत्र में किए गए अध्ययनों से पता चला है कि मीडिया का प्रभाव प्रत्यक्ष और शक्तिशाली होता है। किन्तु अधिक गहन अध्ययनों द्वारा यह प्रकट हुआ है कि दर्शक-श्रोताओं पर यह प्रभाव वर्ग, जाति, सामाजिक पृष्ठभूमि, मूल्य, विश्वास, संवेगात्मक स्थिति और यहां तक की दिन का कौन-सा समय जैसे कई कारकों पर निर्भर करता है। सन 1960 के बाद मीडिया शोध में भारी प्रगति हुई। अधिकांशतः इस क्षेत्र में गवेषणाएं टी.वी. पर अधिक केन्द्रित रही हैं, क्योंकि यह जन संचार का सर्वाधिक प्रभावशाली साधन है। इस संबंध में **डी.मैक्वेल** की **'मॉस कम्यूनिकेशन थिअॅरि'** (1983) नामक पुस्तक इस विषय के संबंध में एक सुंदर विहंगम दृष्टिकोण प्रस्तुत करती है। मीडिया के क्षेत्र में हुए अध्ययनों को चार क्षेत्रों में विभाजित किया जा सकता है। प्रथम, मीडिया विषय-वस्तु अध्ययन जो मीडिया उत्पादन की सांस्कृतिक गुणवत्ता या विशिष्ट झुकाव और प्रभाव से संबंधित होते हैं। उदाहरणार्थ, रूढ़िबद्ध धारणाओं का प्रदर्शन या हिंसा और समाज विरोधी व्यवहार को प्रोत्साहन देने वाले विशेषतः बच्चों के टी.वी. कार्यक्रमों का अध्ययन इसी के अंतर्गत किया जाता है। द्वितीय, मीडिया के स्वामित्व एवं नियंत्रण के प्रतिमानों तथा अधिकाधिक कार्यक्रमों के व्यापारीकरण के विषयों को लेकर किए गए अध्ययन। तृतीय, एक समन्वित जीवन और विचारदृष्टि को प्रोत्साहन देने वाले मीडिया के वैचारिक प्रभाव। चतुर्थ, प्रजातांत्रिक राजनीति पर विद्युतचालित मीडिया का प्रभाव, जैसे सामाजिक समस्याओं से जनता के ध्यान को हटाना या राजनीतिक अभियान में टी.वी. विज्ञापनों का प्रयोग आदि। इसके अतिरिक्त भी टी.वी. के अधिक मौलिक प्रभावों की चर्चा हुई है।

कानून का समाजशास्त्र

पूरी दुनिया में कानून का प्रश्न व्यवस्था की संरचना तथा उसके आधारों से जुड़ा रहा है। विगत शताब्दियों में होने वाले परिवर्तनों ने समाजशास्त्रीय अध्ययनों का ध्यान कानून की ओर भी खींचा। समाजशास्त्र की यह शाखा कानूनी एवं वैधानिक संस्थाओं का सामाजिक संदर्भ में अध्ययन करती है। **गुरविच** के अनुसार, 'समाजशास्त्र के एक अंग के रूप में कानून का समाजशास्त्र, कानून का अध्ययन एक प्रेक्षणीय तथ्य तथा वृहत सांस्कृतिक प्रतिमान को निर्मित करने वाली अनेक सामाजिक घटनाओं में से एक घटना मानकर करता है।' कानून का समाजशास्त्र कानून को एक सामाजिक संस्था के रूप में देखता है तथा सामाजिक जीवन पर उसके प्रभावों का विश्लेषण करता है। कानून का विकास अर्थात कानूनी अवधारणाओं में बढ़ती हुई तार्किकता तथा इसे प्रभावित करने वाली सामाजिक परिस्थितियां भी इसके अध्ययन के प्रमुख विषय है।

प्राकृतिक व्यवस्था के अंग के रूप में कानून के सैद्धांतिक आधार का अध्ययन करना भी समाजशास्त्रियों का महत्वपूर्ण विषय रहा है। कानून स्वयं एक सामाजिक घटना है। यह सामाजिक नियंत्रण का एक महत्वपूर्ण साधन है। इस दृष्टि से कानून का समाजशास्त्र समाज वैज्ञानिकों तथा कानून के व्यवसायियों, दोनों के आत्मज्ञान में महत्वपूर्ण योगदान करता है। आत्मज्ञान तथा नैतिक विकास दोनों घनिष्टतः संबंधित है। अतः समाजशास्त्र का इसमें अपना महत्वपूर्ण योगदान है।

कानून के समाजशास्त्र का विकास अमेरिका तथा ब्रिटेन की अपेक्षा यूरोप के अन्य देशों में अधिक हुआ है। इस संबंध में **एमाइल दुर्खीम** द्वारा प्रतिशोधात्मक (दमनकारी) तथा क्षतिपूरक कानून का दो वर्गों में किया गया विभाजन उल्लेखनीय है। दुर्खीम ने प्रतिशोधात्मक कानून को आदिम समाज के साथ तथा क्षतिपूरक कानून को आधुनिक औद्योगिक समाज के साथ जोड़ने का यत्न किया है। **मैक्स वेबर** ने समाज तथा कानून के पारस्परिक संबंधों के आधार पर सामाजिक व्यवस्थाओं का विश्लेषण किया है। दुर्खीम की भांति मार्क्स ने कानून का कोई प्रत्यक्ष व्यवस्थित अध्ययन नहीं किया, फिर भी समाज संबंधी उनकी विवेचनाओं में नियंत्रण के साधन के रूप में कानून का उल्लेख अवश्य मिलता है। **मैक्स वेबर** ने अवश्य अपनी पुस्तक **'अर्थव्यवस्था और समाज'** में कानून का सविस्तार वर्णन किया है। इसी प्रकार आस्ट्रेलिया के एक विद्वान **इरलिच** ने कानून के समाजशास्त्र में अपना योगदान किया है। इन सभी विद्वानों ने कानून तथा वैधानिक व्यवस्थाओं को समाज का एक अंग स्वीकार किया है। सभी इसे सामाजिक नियंत्रण का एक साधन मान कर इन्हें नैतिक व्यवस्था तथा समाज की प्रथाओं तथा विचारों से सहसंबंधित करते हैं। ब्रिटेन के कुछ मानवशास्त्रियों जैसे **मैक्स गल्कमेन** ने सरल समाजों की कानून तथा न्यायालय की व्यवस्था का अध्ययन कर सामाजिक व्यवस्था के अन्य पक्षों के साथ इनके संबंधों को मालूम किया है। अभी कुछ वर्षों पूर्व **आर. कोट्रेल** की पुस्तक **'द सोसिआलॉजी ऑफ लॉ'** (1984) ने पुनः समाजशास्त्रियों का ध्यान इस विषय की ओर आकर्षित किया है।

भारत में इस तरह के अध्ययन की अभी तक कोई स्वतंत्र परंपरा नहीं है क्योंकि कुछ मामलों को छोड़कर यहां सामाजिक उत्पीड़न और इसके प्रतिकार में जाति व्यवस्था की भूमिका को एक स्वाभाविक प्रक्रिया मान लिया गया है।

न्यायशास्त्र और कानून के समाजशास्त्र में अंतर है। न्यायशास्त्र में आदर्शात्मक प्रतिमानों तथा प्रतीकों की व्यवस्था का अध्ययन किया

जाता है, जबकि कानून के समाजशास्त्र में सभी समाजों तथा समूहों के अनुभवों को सम्मिलित किया जाता है। कानून का समाजशास्त्र एक वर्णनात्मक विज्ञान है जिसका मूल्यों के साथ कोई प्रत्यक्ष संबंध नहीं है। इसका संबंध मूल्यों के साथ केवल इतना-सा है कि इसमें मूल्यों की यथार्थता का परीक्षण किया जाता है। इसका न्यायशास्त्र से मात्र इतना संबंध है कि यह उसे एक वस्तुपरक तथ्यों के रूप में कच्ची सामग्री प्रदान करता है जिससे कि कानून या विधान तथा उसका प्रयोग भली-भांति हो सके। वकील, पंच, न्यायाधीश, अपचारी आदि की सामाजिक भूमिकाओं तथा इनका वृहत समाज के साथ संबंध कानून के समाजशास्त्र के प्रमुख विषय है।

निष्कर्ष

एक विषय के रूप में समाजशास्त्र ने मानव जीवन के ही क्षेत्र में अपनी मजबूत पैठ बना ली है। इसके बावजूद कि संसार के अनेक समाज अभी भी मुख्यधारा से कटे हुए हैं, सामाजिक अध्ययनों की ऐतिहासिकता से यह स्वयंसिद्ध है कि उनकी पैठ अधिकांशतः समाजों और समूहों, संस्कृतियों तक हो चुकी है। सामाजिक सिद्धांतों का उद्गम प्रागलिपि समाजों से ही माना जाता है जब पठन-पाठन की न कोई परम्परा थी और न ही साधन थे। लेकिन सामाजिक विचारकों का मानना है कि तब भी किस्सों, कथनों, पहेलियों इत्यादि के माध्यम से आदिम समाजों के रीति-रिवाज, रहन-सहन और संस्कारों का प्रसार किसी न किसी तरह पुरानी पीढ़ी से नयी पीढ़ी तक होता रहा। जिन सामाजिक मानवशास्त्रियों ने प्रागलिपि समाजों का अध्ययन किया उन्होंने पहले-पहल एक सामान्य अवधारणा के तहत इसे आगे बढ़ाया लेकिन यह भी क्रमशः विस्तृत होता रहा और शीघ्र ही विशेष क्षेत्रों में काम करने वाले अनेक विशेषज्ञ पैदा हुए। उन्होंने मुख्य धारा से कटे हुए समाजों का विशेष अध्ययन करके यह निष्कर्ष निकाला कि किस प्रकार ये समाज अपनी दुनिया को बाहरी दुनिया के सम्पर्क से विच्छिन्न करते अथवा जोड़ते हैं। सभ्यता के विकास का उन पर पड़ने वाले प्रभावों और उनके जीवन में होने वाले परिवर्तनों को अनेक समाजशास्त्रियों ने रेखांकित किया।

आधुनिक समाजशास्त्र का विकास उन्नीसवीं शताब्दी से माना जाता है। सामाजिक विज्ञानों की शृंखला में यह एक नवीनतम विषय है जिसकी एक अलग संस्कृति और स्वतंत्र इतिहास रहा है। प्रारंभ से लेकर आज तक इसके पहचान का संकट बना हुआ है। इस विषय में **पॉल एच.फर्फे** का अध्ययन बहुत दिलचस्प सिद्ध हुआ है। **फर्फे** ने समाजशास्त्र की 81 परिभाषाओं का अध्ययन करके उन्हें सात प्रमुख वर्गों में बांटा है। ये सभी परिभाषा समूह स्पष्टतः समाजशास्त्र के स्वरूप के बारे में आम सहमति के अभाव को प्रकट करते हैं। बीसवीं शताब्दी में समाजशास्त्रीय धारणा में परिपक्वता आने से इसके कलेवर, दृष्टिकोण तथा पद्धतियों के संबंध में थोड़ी बहुत एकमत्यता दिखने लगी है।

ऐतिहासिक दृष्टि से 'सोशियोलॉजी' शब्द की रचना पहले-पहल फ्रांसिसी विद्वान **आगस्त कोम्त** ने की। हालांकि इसके पहले भी भारतीय और पश्चिमी विचारधाराओं में समाज की प्रकति की खोजबीन होती रही है लेकिन उन्नीसवीं शताब्दी में औद्योगिक क्रांति और इसके परिणामस्वरूप राजनीतिक उथल-पुथल ने लोगों की समाज के अध्ययन में रुचि पैदा की। **कोम्त** का कहना है कि प्राकृतिक विज्ञानों की भांति मानव समाज का भी एक विज्ञान होना चाहिए जो मानव समाज का उसी प्रकार अध्ययन करे जिस प्रकार प्राकृतिक जगत की घटनाओं का अध्ययन किया जाता है।

एंथनी गिडेन्स ने लिखा है कि, "समाजशास्त्र का उद्भव पारम्परिक और आधुनिक समाजों के बीच हुए अत्यधिक सामाजिक रूपांतरण को समझने के एक प्रयास के रूप में हुआ है और यह परिवर्तन अभी भी चल रहा है और तेज गति पकड़ रहा है। अतः अब हमें इसे समझने का प्रयास अधिक महत्वपूर्ण हो जाता है।"

समाजशास्त्र अनेक सामाजिक विज्ञानों से अनेक रूपों में संबद्ध और स्वतंत्र रहा है। मानवशास्त्र, मनोविज्ञान, राजनीतिशास्त्र, अर्थशास्त्र, इतिहास और दर्शनशास्त्र इत्यादि विज्ञानों के साथ समाजशास्त्र की अन्योन्याश्रपता से समाजशास्त्र के अध्ययन और उसके विकास में बहुत मदद मिली। उनके विचारकों ने इनके अन्तर्संबंधों पर लिखा है।

सारांश

1. समाजशास्त्र मानव समाज, औद्योगीकरण, आधुनिकता के विशेष प्रभावों इत्यादि का व्यवस्थित अध्ययन करता है।

2. समाजशास्त्र मानव समाज में विगत दो या तीन शताब्दियों में आने वाले परिवर्तनों पर दृष्टिपात करता है। न केवल बड़े परिवर्तनों पर बल्कि अनेक छोटे-छोटे परिवर्तनों पर भी वह अपने अध्ययन को केंद्रित करता है। वह मानव जीवन और उसके निजी चरित्र में होने वाले बदलावों पर भी नजर रखता है। उदाहरण के लिए विवाहों और रोमांटिक प्रेम इत्यादि के संदर्भ में इसके अध्ययन को देखा जा सकता है।

3. समाजशास्त्रीय अनुसंधानों में मानव व्यवहारों के बाह्य और आंतरिक पक्षों के बीच के अंतरों और उनकी अभिन्नता पर जोर देना महत्वपूर्ण है।

4. **कोम्त** के अनुसार जिस तरह प्राकृतिक घटनाओं की गतिविधियों को समझने के लिए प्राकृतिक विज्ञान है ठीक उसी प्रकार सामाजिक घटनाओं को समझने के लिए भी समाजशास्त्र जैसा विज्ञान होना आवश्यक है।

5. वर्तमान समय में **मिशेल फूको** और **जुर्गेन हैबरयास**

बहुत महत्वपूर्ण समाजशास्त्रीय विचारक हैं। समाजशास्त्र के क्लासिक विचारकों के आगे उन्होंने समाजशास्त्र और उसकी अवधारणा और कार्य को बढ़ाया।

6. समाजशास्त्र के चार महत्वपूर्ण संस्थापक विचारकों में **आगस्त कोम्त**, **कार्ल मार्क्स**, **इमाइल दुर्खीम** और **मैक्स वेबर** माने जाते हैं। **कोम्त** और **मार्क्स** ने उन्नीसवीं शताब्दी के मध्य में काम किया और समाजशास्त्र के बुनियादी मुद्दों को विकसित किया। बाद में यह कार्य **दुर्खीम** और **वेबर** द्वारा सम्पन्न हुआ। ये मुद्दे समाजशास्त्र की प्रकृति और सामाजिक संसार पर आधुनिक समाज के विकास के प्रभावों से संबद्ध थे।

7. इसके संस्थापकों के अनुसार समाजशास्त्र एक विज्ञान है जो तार्किक ओर वस्तुगत तथ्यों की रोशनी में सिद्धांतों के विकास और अनुसंधानों की विधियों का व्यवस्थित समन्वय करता है।

8. समाजशास्त्र अनेक महत्वपूर्ण व्यावहारिक प्रयोगों वाला विषय है। यह अनेक रूपों में सामाजिक पुनरूत्थान और सामाजिक समीक्षा में योगदान करता है। सर्वप्रथम वह विद्यमान सामाजिक परिस्थितियों के बारे में धारणा विकसित करने और उन्हें नियंत्रित करने में सहायक होता है। दूसरे वह सांस्कृतिक मूल्यों के बारे में हमारे ज्ञान को विकसित करता है। तीसरे हम नीतिगत कार्यक्रमों के संबंध में इसकी सहायता में छानबीन कर सकते हैं तथा उसके साथ अपने रिश्ते को समझ सकते हैं। अन्तत: समाजशास्त्र समूहों और व्यक्तियों के बारे में हमारे ज्ञान को परिमार्जित करता है तथा उनकी जीवन स्थितियों के बारे में महत्वपूर्ण जानकारी प्रदान करता है।

पारिभाषिक शब्दावली

1. मानकशून्यता (Anomil)—इस शब्द का प्रयोग सर्वप्रथम दुर्खीम ने तब किया था जब उन्होंने सामाजिक सहभागिता के विभिन्न पक्षों पर प्रकाश डाला था। इसके अन्तर्गत **दुर्खीम** ने लिखा है कि ऐसी दशाएं जो मानव और सुख-समृद्धि के लिए आवश्यक मानी जाती है उनका अभाव ही मानक शून्यता और मर्यादाहीनता की स्थिति का परिचायक है।

संक्षेप में **एनोमी** मानकशून्यता की ऐसी स्थिति है जिसमें व्यक्ति के सामने व्यवहार के समाजोनुमोदित निर्देश बहुत कम उपलब्ध होते हैं। व्यक्ति यह निर्णय नहीं कर पाता कि वह क्या करे और क्या न करे।

2. पूंजीवाद (Capitalism)—पूंजीवाद एक अर्थव्यवस्था है जिसमें आर्थिक जीवन का अधिकांश भाग, उत्पादित वस्तुओं का स्वामित्व, विनियोजन, निजी तौर पर आर्थिक प्रतिस्पर्द्धा की प्रक्रिया तथा लाभ प्राप्ति की प्रकट इच्छा द्वारा सम्पन्न होता है **कार्ल मार्क्स** ने कहा है कि पूंजीवादी व्यवस्था, पूंजी की अवधारणा और उत्पादन के साधनों पर स्थामित्व तथा नियंत्रण के इर्द-गिर्द घूमती है।

3. इतिहास की भौतिकवादी धारणा (Materialist Conception of History)—इतिहास की भौतिकवादी अवधारणा कालानुक्रमिक वृत्तांत को महत्व नहीं देती। यह इतिहास के परिवर्तन को समाज की संरचना, भौतिक उत्पादन के तरीके, उत्पादन शक्तियों और उत्पादन संबंधों के संदर्भ में देखता है। भौतिक वस्तुओं के अतिरिक्त समाज में जो कुछ भी है जैसे साहित्य, कला, दर्शन, राजनीति इत्यादि—इन सब का निर्माण और इनका उद्‌गम उत्पादक शक्तियों, उत्पादन संबंधों और आर्थिक संरचना में निहित है।

4. सामाजिक सर्वेक्षण (Social Survey)—किसी विशेष भौगोलिक, सांस्कृतिक अथवा प्रशासनिक क्षेत्र में निवास करने वाले व्यक्तियों के सामाजिक जीवन से संबंधित तथ्यों का व्यवस्थित संकलन विधि को सामाजिक सर्वेक्षण कहते हैं। सामाजिक सर्वेक्षणों की शुरूआत 18वीं और 19वीं शताब्दी में ब्रिटेन में हुई। औद्योगिक क्रांति के परिणामस्वरूप उत्पन्न दशाओं जैसे मजदूर वर्ग के स्वास्थ्य, रहन-सहन की दशाओं, उनके आय-व्यय संबंधी आंकड़ों के अतिरिक्त सामाजिक समस्याओं जैसे अपराध, वेश्यावृत्ति, भिक्षावृत्ति बेरोजगारी आदि के समाधान को लेकर जो प्रारंभिक अध्ययन किए गए थे उन्हीं के लिए सामाजिक सर्वेक्षण शब्द का प्रयोग किया गया था।

5. सामाजिक मूल्य (Social Values)—किसी भी समाज में प्रचलित लक्ष्य, आदर्श अथवा ऐसे मापदंड जिनके द्वारा एक व्यक्ति वस्तुओं, घटनाओं अथवा व्यवहारों का मूल्यांकन करता है उन्हें सामाजिक मूल्य कहते हैं।

बहुविकल्पीय प्रश्न

1. समाज को एक संघ एक संगठन तथा औपचारिक संबंधों का योग किस समाजशास्त्री ने कहा है ?
   A. पारसंस B. कूले
   C. गिडेन्स D. स्यूटर

2. मानव मस्तिष्क एवं पशु मस्तिष्क में क्या भेद है ?
   A. केवल मात्रा का
   B. केवल प्रकार का
   C. मात्रा एवं प्रकार दोनों का

D. न मात्रा का न प्रकार का

3. समाजशास्त्र का जनक किसे कहा जाता है ?
A. ए. डब्लू. ग्रीन B. मैकाइवर
C. ऑगस्ट कोम्त D. एल. एफ. बाई

4. ''समाजशास्त्र सामाजिक संबंधों के स्वरूपों का अध्ययन'' यह कथन किसका है ?
A. गिन्सबर्ग B. वेबर
C. सिमेल D. दुर्खीम

5. भारत में समाजशास्त्र का विकास कब से माना जाता है ?
A. 1919 ई. B. 1925 ई.
C. 1930 ई. D. 1938 ई.

6. समाजशास्त्र का विकास किस देश में हुआ ?
A. फ्रांस B. जर्मनी
C. इंग्लैंड D. अमेरिका

7. समाजशास्त्र किसका विज्ञान है ?
A. मनुष्यों का B. व्यक्ति का
C. समाज का D. प्रथाओं का

8. समाजशास्त्र का संबंध किससे है
A. आर्थिक व राजनीतिक व्यवस्था से
B. व्यवहार की मौलिक क्रियाओं से
C. सामाजिक प्रक्रियाओं से
D. जाति और वर्ग की घटनाओं से

9. निम्नलिखित में सही कथन है—
A. समाजशास्त्र समाज के सांस्कृतिक पक्ष के बाह्य स्वरूप का अध्ययन है
B. समाजशास्त्र वैयक्तिक हितों का वैज्ञानिक अध्ययन है
C. समाजशास्त्र के स्वरूपात्मक सम्प्रदाय के मुख्य प्रतिपादक सोरोकिन हैं
D. कोम्त ने 1838 में समाजशास्त्र की नींव रखी

10. समाजशास्त्र के अध्ययन का केंद्र है—
A. आदिम मनुष्य
B. सामाजिक समूह
C. पूंजी प्राप्त करने वाला मनुष्य
D. व्यावहारिक सदस्य के रूप में मनुष्य

11. किसका कथन है कि ''समाजशास्त्र सामूहिक प्रतिनिधानों का अध्ययन है।''—
A. सोरोकिन B. दुर्खीम
C. किंग्सले डेविस D. लेस्टर वार्ड

12. किसने कहा है कि ''समाजशास्त्र को सामाजिक विज्ञानों की न तो गृहिणी और न दासी, बल्कि उनकी बहन के रूप में माना जाता है।''—
A. एच. एम. जॉनसन B. टॉम. बी. बोटोमोर
C. बार्न्स एंड बीकर D. किंग्सले डेविस

13. ''समाज एक अमूर्त शब्द है'' यह कथन किसका है ?
A. कूले B. पारसंस
C. र्‌यूटर D. गिडेन्स

14. समन्वयात्मक सम्प्रदाय से जुड़े हैं—
A. जॉर्ज सिमेल B. वॉन विज
C. वीरकांत D. दुर्खीम

15. ''समाजशास्त्र समाज का विज्ञान है'' किसका कथन है—
A. लेस्टरवार्ड B. किंग्सले डेविस
C. अर्नोल्ड एम. रोज D. दुर्खीम

16. मनुष्य और पशु समाज को एक-दूसरे से पृथक करने वाला प्रमुख कारक कौन-सा है ?
A. संस्थाएं B. आकार
C. संस्कृति D. प्रजनन शक्ति

17. समाजीकरण का प्रस्थान बिंदु है—
A. स्कूल से B. पड़ोस से
C. कुटुंब से D. सम्प्रदाय से

18. समाजशास्त्र शब्द की उद्‌भावना किसने दी ?
A. मैकाइवर B. दुर्खीम
C. कोम्त D. वेबर

19. निम्नलिखित में से सही कथन कौन-सा है ?
A. समाजशास्त्र एक सामान्य विज्ञान है जबकि राजनीतिशास्त्र एक विशेष विज्ञान है
B. समाजशास्त्र और अर्थशास्त्र समान दृष्टिकोण से समाज का अध्ययन करते हैं
C. मानवशास्त्र और समाजशास्त्र दोनों ही सामान्य विज्ञान हैं
D. उपरोक्त में से कोई नहीं है

20. व्यक्ति का समाजीकरण करने में निम्नांकित साधनों मे से कौन-सा साधन प्राथमिक है ?
A. राजनीतिक दल B. राज्य के कानून
C. व्यापारिक प्रतिष्ठान D. परिवार

21. 'कंटेम्परेरी सोशियोलॉजिकल थ्योरीज' के लेखक कौन हैं ?
A. सोरोकिन B. जॉर्ज सिमेल
C. मैक्सवेबर D. पार्संस

22. किसने कहा है कि ''सामाजिक विज्ञानों की वैज्ञानिक प्रकृति के विरूद्ध एक सबल तर्क यह दिया गया है कि यह विज्ञान प्राकृतिक नियम से मिलती-जुलती कोई चीज पैदा नहीं

कर पाए हैं।''

A. केरन्स B. बोटोमोर
C. कोम्त D. गिन्सबर्ग

23. समाजशास्त्र तथ्यों के संकलन के लिए निम्न में से किस पद्धति को काम में लाता है?

A. धर्म पद्धति B. समाजशास्त्रीय पद्धति
C. वैज्ञानिक पद्धति D. उपर्युक्त सभी पद्धतियां

24. निम्नलिखित में से गलत तथ्य हैं—

A. जब एक बार समुदाय निर्मित हो जाता है तब उसकी एक समान्य संस्कृति भी विकसित हो जाती है।
B. छोटे ग्रामीण समुदाय समझौते को प्रकृति वाले संबंधों पर आधारित होते हैं।
C. समुदाय आकार की दृष्टि से एक दूसरे से भिन्न होते हैं।
D. छोटे ग्रामीण समुदायों में एकता तथा समरूप संस्कृति प्रतिमान की मात्रा अधिक पायी जाती है।

25. भारत में समाजशास्त्र के विकास को निम्नलिखित में से कितने युगों में बांटा जा सकता है?

A. प्राचीन भारत में समाजशास्त्र का विकास
B. भारत में समाजशास्त्र का औपचारिक प्रतिस्थापन युग
C. स्वतंत्र भारत में समाजशास्त्र का व्यापक प्रसार युग
D. उपर्युक्त सभी सही हैं

26. 'डिक्शनरी ऑफ सोशियोलॉजी' के लेखक कौन हैं?

A. दुर्खीम B. रोज
C. फेयर चाइल्ड D. ग्रीन

27. ''समाज एक व्यवस्था है, जो व्यक्तियों को अपनी ओर आकर्षित करती है और उन्हें औपचारिक संबंधों में बांधती है जिनके द्वारा अन्य सदस्य भी आबद्ध रहते हैं?'' यह कथन किस समाजशास्त्री का है?

A. गिडेन्स B. ट्यूटर
C. पार्संस D. कूले

28. कोम्त ने समाजशास्त्र के लिए सर्वप्रथम कौन-सा शब्द प्रयुक्त किया?

A. सामाजिक भौतिकी B. भौतिक शास्त्र
C. मानवशास्त्र D. सामाजिक रसायनशास्त्र

29. भारत में समाजशास्त्र का अध्ययन सर्वप्रथम किस विश्वविद्यालय में प्रारंभ हुआ?

A. लखनऊ विश्वविद्यालय B. मुंबई विश्वविद्यालय
C. कोलकाता विश्वविद्यालय D. मैसूर विश्वविद्यालय

30. ''समाज उस व्यवस्था का नाम है जिसमें व्यक्ति के व्यवहार समाज के अनुकूल किए जाए जाते हैं?'' यह किस समाजशास्त्री ने कहा है?

A. नॉबिकोव B. हॉबहाउस
C. गिडेन्स D. मैकाइवर

31. ''समाजशास्त्र सामाजिक संबंधों का विषय है। संबंधों के इसी जाल को हम समाज कहते हैं।'' यह कथन किसका है?

A. जॉनसन
B. मैकाइवर और पेज
C. दुर्खीम
D. ऑगबन और निमकॉफ

32. ''समाजशास्त्र सामान्य सामाजिक दशाओं का अध्ययन है।'' यह कथन किसका है?

A. सोरोकिन B. दुर्खीम
C. जॉनसन D. गिडेन्स

33. 'What is Sociology' नामक पुस्तक के लेखक कौन हैं?

A. कोम्त B. फेयरचाइल्ड
C. गिन्सबर्ग D. दुर्खीम

34. ''ग्रामीण समाजशास्त्र'' की उत्पत्ति सर्वप्रथम किस देश में हुई?

A. फ्रांस B. इंग्लैंड
C. अमेरिका D. भारत

35. नगरीय जीवन का अध्ययन समाजशास्त्र की किस शाखा में किया जाता है?

A. सामाजिक समाजशास्त्र B. नगरीय समाजशास्त्र
C. औद्योगिक समाजशास्त्र D. मानवीय समाजशास्त्र

36. ''ग्रामीण समाजशास्त्र का मूल कार्य ग्रामीण समाज के विकास के नियमों को खोज निकालना है।'' यह कथन किसका है?

A. ए. आर. देसाई B. बर्गल
C. जेबी चितांबर D. डी. सैन्डरसन

37. ''नगरीय समाजशास्त्र नगरीय पर्यावरण में मनुष्यों तथा नगरीय समूहों के पारस्परिक संबंधों का अध्ययन है।'' यह किसका कथन है?

A. ऑर्नल्ड टॉयनबी B. डेहरेन्डॉर्फ
C. टी. लीन. स्मिथ D. लॉरी नेलसन

38. नगरीय समाजशास्त्र के विशेषज्ञ माने जाते हैं—

A. विक्टर एस. डिसूजा B. बी. आर. चौहान
C. एस. सी. दूबे D. ए. आर. देसाई

39. निम्नलिखित को सुमेलित कीजिए—

(क) अन्द सिटी 1. मैक्स वेबर

(ख) प्योर सोशियोलॉजी 2. लीस्टर वॉर्ड
(ग) जर्मन आइडियोलॉजी 3. मार्क्स एवं एंगेल्स
(घ) प्रिमिटिव कल्चर 4. टॉयलर

	क	ख	ग	घ
A.	2	3	4	1
B.	1	2	4	3
C.	2	4	1	3
D.	1	2	3	4

40. निम्नलिखित को सुमेलित कीजिए—
(क) शुक्राचार्य 1. अर्थशास्त्र
(ख) अबुल फजल 2. नीतिशास्त्र
(ग) चाणक्य 3. मनुस्मृति
(घ) मनु 4. आईने अकबरी

	क	ख	ग	घ
A.	2	3	4	1
B.	1	2	4	3
C.	2	4	1	3
D.	1	2	3	4

41. निम्नलिखित को सुमेलित कीजिए—
(क) एन इंडियन विलेज 1. राधा कमल मुखर्जी
(ख) कल्चर एंड सोसाइटी 2. श्यामाचरण दुबे
(ग) सोशल स्ट्रक्चर ऑफ वैल्यूज 3. ए. आर. देसाई
(घ) रुरल सोशियोलॉजी इन इंडिया 4. जी. एस. धुरिये

	क	ख	ग	घ
A.	1	2	3	4
B.	2	1	4	3
C.	2	4	1	3
D.	4	3	2	1

42. निम्नलिखित को सुमेलित कीजिए—
(क) गोरिल्ला 1. दक्षिण पूर्वी एशिया, स्याम और मलाया
(ख) औरांग उटांग 2. मध्य अफ्रीका, कैमरुन, कांगो
(ग) गिब्बन 3. बोर्नियो
(घ) चिम्पौजी 4. अफ्रीका

	क	ख	ग	घ
A.	1	2	3	4
B.	2	4	3	1
C.	2	1	3	4
D.	3	4	1	2

43. निम्नलिखित को सुमेलित कीजिए—
(क) एम. एस. गोरे 1. दिल्ली
(ख) ए. बेटली 2. श्री पुरम
(ग) एम. एमेस 3. जमशेदपुर
(घ) रेडिक्लिफ ब्राउन 4. अण्डमान द्वीप

	क	ख	ग	घ
A.	1	2	3	4
B.	4	3	2	1
C.	3	2	1	4
D.	2	1	4	3

44. कांस्य युग का काल लगभग है—
A. 50,000 ई. पू. से 4000 ई. पू.
B. 4000 ई. पू. से 3000 ई. पू.
C. 3000 ई. पू. से 2000 ई. पू.
D. 2000 ई. पू. से आधुनिक काल तक

45. छोटे किंतु सुडोल और तीक्षण माइको लिप्स का निर्माण प्रारंभ हुआ—
A. आदि पाषाण युग में B. पूर्व पाषाण युग में
C. नव पाषाण युग में D. सान्धकालीन पाषाण युग में

उत्तरमाला

1	2	3	4	5	6	7	8	9	10
C	A	C	C	A	A	C	C	D	B
11	**12**	**13**	**14**	**15**	**16**	**17**	**18**	**19**	**20**
B	C	C	D	A	C	C	C	A	D
21	**22**	**23**	**24**	**25**	**26**	**27**	**28**	**29**	**30**
A	B	C	B	D	C	A	A	B	D
31	**32**	**33**	**34**	**35**	**36**	**37**	**38**	**39**	**40**
B	A	D	C	B	A	D	A	C	C
41	**42**	**43**	**44**	**45**					
C	C	A	C	D					

अध्याय 2

प्रमुख अवधारणाएं (Basic Concepts)

समाजशास्त्रीय अध्ययन का आधारभूत अवयव समाज की विभिन्न संस्थाएं होती हैं। इन संस्थाओं और उनके कार्यों के अध्ययन से ही समाज की गतिविधि और उसके प्रकारों, चरित्र और भविष्य के बारे में निष्कर्ष निकाला जाता है।

समुदाय (Community)

व्यक्तियों के एक ऐसे संकलन अथवा संग्रह को समुदाय कहते हैं जिसके सदस्य अपनी दैनिक क्रियाओं के सम्पादन हेतु एक सामान्य भूभाग को सहयोगियों के रूप में प्रयोग करते हैं तथा जिनमें सामूहिक भावना प्रबल रूप से विद्यमान होती है। इस प्रकार समुदाय की दो प्रमुख विशेषताएं हैं—(1) विशिष्ट भौगोलिक क्षेत्र और (2) सामूहिक अथवा हम भावना। कुछ ऐसे समूह जिन्हें समुदाय की श्रेणी में रखा जाता है वे उपरोक्त विशेषताओं के अपवाद हैं। प्रारंभिक आखेटक तथा खाद्य संग्राहक समूहों का जीवन घुमक्कड़ी होता था। उनका कोई निश्चित भूभाग नहीं हुआ करता था फिर भी वे समुदाय की श्रेणी में रखे जाते हैं। किंतु समुदाय की अन्यत: विशेषता—हम भावना या एक दूसरे से जुड़े होने की परस्पर आश्रितता की भावना से ये समूह ओत प्रोत थे।

जर्मन समाजवादी **एफ. टॉनिज** ने समुदाय की अवधारणा में समान संस्कृति सहभागिक अनुभव तथा घनी अन्तर्निर्भरता पर आधारित लगाव की भावना तथा पारस्परिक प्रतिबद्धता को सम्मिलित किया है। **टॉनिज** के अनुसार समुदाय और समाज सामाजिक सहचारिता के विरोधाभासी रूप हैं। समुदाय में जहां संबंधों की घनिष्ठता और व्यक्तिगतता मिलती है, वहां समाज के संबंध अव्यक्तिगत और लगाव रहित होते हैं।

किंग्सेल डेविस ने समुदाय की संक्षिप्त परिभाषा देते हुए लिखा है— ''समुदाय सबसे छोटा वह क्षेत्रीय समूह है जिसके अन्तर्गत सामाजिक जीवन के सभी पहलू आ सकते हैं।'' इसके तीन प्रमुख आधार होते हैं—(1) व्यक्तियों का समूह, (2) क्षेत्रीय निश्चितता तथा (3) सम्पूर्ण सामाजिक जीवन का समावेश।

मैकाइवर और **पेज** ने समुदाय को परिभाषित करते हुए कहा है कि ''समुदाय सामाजिक जीवन का वह क्षेत्र है जिसे सामाजिक संबद्धता की मात्रा द्वारा पहचाना जा सकता है।'' **मैकाइवर** की परिभाषा से स्पष्ट होता है कि समुदाय की सर्वप्रमुख विशेषता उसका एक पृथक सामाजिक जीवन है। इस सामाजिक जीवन में सदस्य समान मनोवृतियों, व्यवहारों तथा सांस्कृतिक विशेषताओं के कारण एक दूसरे में संबद्ध रहते हैं। उनकी यही विशेषताएं उन्हें दूसरे समुदायों से पृथक करती हैं। उदाहरण के लिए पड़ोस, गांव तथा नगर तीन विभिन्न समुदाय हैं जिनके सामाजिक जीवन की विशेषताएं एक-दूसरे से पर्याप्त भिन्न होती हैं। इसी आधार पर **मैकाइवर** ने समुदाय को सामान्य जीवन का एक क्षेत्र भी कहा है। **गिन्सबर्ग** ने कहा है कि ''समुदाय का अर्थ सामाजिक प्राणियों के ऐसे समूह से समझना चाहिए जो सामान्य जीवन व्यतीत करता हो। इस सामान्य जीवन में हम उन सभी संबंधों को सम्मिलित करते हैं जो इसका निर्माण करते हैं अथवा इसके परिणामस्वरूप उत्पन्न होते हैं। **गिन्सबर्ग** ने सामान्य जीवन को समुदाय का सबसे आवश्यक तत्व माना है; क्योंकि सामान्य जीवन के कारण ही एक समुदाय के सदस्य आपस में समानता का अनुभव करते हैं और इसी के फलस्वरूप उनमें सामुदायिक भावना का विकास होता है।''

समुदाय के आधार (Basis of Community)

मैकाइवर और **पेज** ने समुदाय के निर्माण में दो आधारों को विशेष महत्व दिया है—(1) स्थानीयता तथा (2) सामुदायिक भावना।

स्थानीयता (Locality)—समुदाय का एक निश्चित क्षेत्र होता है। इसका स्थानीय क्षेत्र निश्चित होने के कारण इसके सदस्यों को एक-दूसरे के समीप रहने और विचारों का आदान-प्रदान करने के अवसर प्राप्त होते हैं। अब प्रश्न यह उठता है कि यदि स्थानीय क्षेत्र समुदाय का निश्चित आधार है तब आधुनिक नगरों अथवा गांवों को समुदाय किस प्रकार कहा जा सकता है। जबकि नगरों व गांवों की क्षेत्रीय सीमाओं में सदैव परिवर्तन होते रहते हैं।

इसके उत्तर में यह कहना आवश्यक होगा कि यह परिवर्तन स्थानीय क्षेत्र का विस्तार मात्र है। परिवहन का औद्योगीकरण की वर्तमान सुविधाओं के कारण यदि नगर की सीमाओं में परिवर्तन हो जाता है तो इससे समुदाय के आकार में वृद्धि समझना चाहिए। स्थानीय क्षेत्र का महत्व इस कारण बहुत अधिक है कि एक स्थान पर रहने वाले व्यक्ति स्वाभाविक रूप से ही अपने को एक दूसरे से संबंधित पाते हैं। सच तो यह है कि सभ्यता में कितना भी विकास हो जाए अथवा समुदाय के आकार में कितनी ही वृद्धि क्यों न हो जाए, लेकिन स्थानीय क्षेत्र की अनुपस्थिति में एक संगठित समुदाय की कल्पना किसी प्रकार भी नहीं की जा सकती।

सामुदायिक भावना (Community Sentiments)—समुदाय के निर्माण में स्थानीय क्षेत्र से अधिक महत्वपूर्ण तथ्य सामुदायिक भावना है। सामुदायिक भावना का अर्थ एक ऐसी भावना है जिसके द्वारा व्यक्ति किसी समूह के प्रति हम की अभिव्यक्ति करते हों तथा एक दूसरे के सुख-दुख में रुचि रखते हों। उनकी भलाई को अपनी अच्छाई-बुराई मानते हों और मानसिक रूप से स्वयं को उनके निकट समझते हों। एक समुदाय में समान मनोवृत्तियों, व्यवहारों व रुचियों के कारण सामुदायिक भावना को विकसित होने का अवसर मिलता है। सदस्यों में यह भावना होती है कि सभी व्यक्ति समान जीवन व्यतीत करते हैं और इस आधार पर हम सब एक हैं। स्थानीय क्षेत्र सामुदायिक भावना से कम महत्वपूर्ण है लेकिन सामुदायिक भावना का विकास बहुत कुछ स्थानीयता के द्वारा ही संभव होता है। उदाहरण के लिए हम सबसे पहले पड़ोस के सदस्य हैं। इसके पश्चात गांव के, फिर नगर के और सबसे बाद में राष्ट्र के। यदि विदेश में हमारी भेंट किसी भारतीय से हो तो हमारे अंदर तुरंत सामुदायिक भावना (राष्ट्र से संबंधित) जागृत हो जाती है। हमारी इच्छा उस व्यक्ति से सम्पर्क स्थापित करने की होती है। यदि हमको यह पता चले कि यह व्यक्ति हमारे नगर का ही है तो स्थानीय समीपता बढ़ जाने के कारण सामुदायिक भावना में वृद्धि हो जाती है। और यदि यह ज्ञात हो जाए कि वह व्यक्ति हमारे गांव का ही है तो बहुत अधिक समीपता हो जाने के कारण सामुदायिक भावना इतनी बढ़ जाएगी कि हम उसके लिए बड़े से बड़ा त्याग करने को भी तैयार हो जाएंगे। स्थानीय समीपता और दूरी के साथ घटने बढ़ने वाली इसी हम की भावना को सामुदायिक भावना कहा जाता है।

सामुदायिक भावना की अभिव्यक्ति तीनों रूपों में होती है (1) हम की अभिव्यक्ति, (2) दायित्व की भावना और (3) निर्भरता की भावना। हम की अभिव्यक्ति के द्वारा कुछ वस्तुओं, स्थानों अथवा व्यक्तियों को हम अपना मानते हैं और उनके साथ हमारा विशेष लगाव रहता है। दायित्व की भावना का तात्पर्य है कि एक समुदाय के सदस्य यह अनुमान करते हैं कि समुदाय के कार्यों में भाग लेना और दूसरे सदस्यों की सहायता करना उनका नैतिक कर्तव्य है। यह भावना धीरे-धीरे सदस्यों की आदत के रूप में बदल जाती है और इस प्रकार वे अचेतन रूप से समुदाय के कार्यों में योगदान देते रहते हैं। निर्भरता की भावना समुदाय की आवश्यक विशेषता है क्योंकि समुदाय में हम दूसरे व्यक्तियों पर निर्भर रहते हैं और अन्य सदस्यों की सहायता से अपनी विभिन्न आवश्यकताओं को पूरा करते हैं। यही स्थिति सामुदायिक भावना में वृद्धि करती है।

समुदाय के अन्य आधार (Others Basis of Community)—उपरोक्त मुख्य आधारों के अलावा भी कुछ अन्य विशेषताओं का उल्लेख किया जाता है जिनसे समुदाय की प्रकृति समझने में आसानी होती है। इसके अन्तर्गत चार विशेषताएं प्रमुख रूप से मानी जाती हैं।

1. नियमों का सामान्यता—गिन्सबर्ग ने समुदाय के सामान्य आधारों में इसे प्रमुख रूप से चिन्हित किया है। सभी सदस्यों के व्यवहार समान नियमों द्वारा नियंत्रित रखे जाते हैं। सामान्य नियमों से प्रमाणित होने में सदस्यों में समानता की भावना बनी रहती है और इसी आधार पर सहयोग की भावना में वृद्धि होती है।

2. स्वतः स्फूर्त विकास—समुदाय का विकास स्वयं होता है। कभी कुछ व्यक्ति किसी निश्चित समय पर अपने प्रयत्नों से समुदाय का निर्माण नहीं कर सकते। वास्तविकता यह है कि जब कुछ व्यक्ति एक स्थान पर आकर स्थायी रूप से बस जाते हैं तो उनमें अपनत्व की भावना का विकास होता है। ये अपने साथियों से हम की अभिव्यक्ति करने लगते हैं और इस प्रकार उनका जीवन सामान्य परिस्थितियों में बीतने लगता है । हम किसी समुदाय, जैसे गांव अथवा नगर की उत्पत्ति के बारे में कोई भी निश्चित दिन अथवा तारीख नही बतला सकते क्योंकि समुदाय का विकास स्वतः होता है। इच्छानुसार नहीं किया जा सकता है।

विशिष्ट नाम—लम्ले ने समुदाय के विशिष्ट नाम के महत्व का उल्लेख करते हुए कहा है कि ''एक गुलाब के फूल को हम किसी भी नाम से पुकारें, उसकी सुगन्ध उतनी ही मधुर रहेगी, लेकिन एक समुदाय के नाम में परिवर्तन कर दें तो हमारे लिए उसका रूप वह नहीं रह सकता जो पहले था।''

सामान्य जीवन—यह समुदाय की बहुत महत्वपूर्ण विशेषता है। इनमें सदस्यों का सामान्य जीवन व्यतीत होता है। एक समुदाय के सभी सदस्य अपने समुदाय के अंदर ही जीवनयापन, मनोरंजन, शिक्षा और सुरक्षा की आवश्यकताओं को पूरा कर लेते हैं। इस दृष्टिकोण से यदि एक छोटे से समूह में ही व्यक्ति की सभी आवश्यकताएं पूरी हो रही हों तो इस समूह को उसका समुदाय कहा जा सकता है।

कुछ उदाहरण—

पड़ोस—प्रारंभिक समाज में पड़ोस एक समुदाय होता था क्योंकि पड़ोस का स्थानीय क्षेत्र निश्चित होता था तथा इसके अन्तर्गत सामुदायिकता की भावना के द्वारा सभी व्यक्ति आपस में बंधे रहते थे, लेकिन वर्तमान औद्योगिक नगरों में हम पड़ोस को किसी भी प्रकार समुदाय नहीं कह सकते क्योंकि एक ही क्षेत्र के व्यक्ति एक दूसरे से परिचित तक नहीं होते जिसके परिणामस्वरूप उनमें किसी प्रकार की सामुदायिक भावना नहीं पायी जाती है। पड़ोस में नियमों की ऐसी कोई भी सामान्य व्यवस्था नहीं होती जिसके द्वारा सभी व्यक्ति एक नैतिक दायित्व के दृष्टिकोण से एक-दूसरे का ध्यान रखें। सभी व्यक्ति अपने ही हितों से संबंधित कार्य करते हैं। और इच्छानुसार अपना पड़ोस चुनने का प्रयास करते हैं। यह भी निर्विवाद नहीं है कि पड़ोस का विकास स्वत: होता है। क्योंकि वर्तमान समय में कुछ व्यक्ति मिलकर योजनाबद्ध रूप से नयी बस्तियों का निर्माण करते हैं और सामान्य जीवन का पड़ोस में अभाव पाया जाता है। पड़ोस से व्यक्ति की सभी आवश्यकताओं की न तो पूर्ति ही हो पाती है और न ही सभी का जीवन स्तर समान होता है। एक व्यक्ति अत्यधिक धनी हो सकता है और दूसरा बिल्कुल निर्धन। यद्यपि भारतीय ग्रामों में इस समय भी कुछ पड़ोस समुदाय के रूप में हैं लेकिन इनकी संख्या बहुत कम है। सामान्य रूप से आधुनिक विशेषताओं को ध्यान में रखते हुए पड़ोस को एक समुदाय नहीं कहा जा सकता।

बंदीगृह—बंदीगृह समुदाय है या नहीं इस पर भी व्यापक मतभेद है। समुदाय की दो प्राथमिक विशेषताएं बंदीगृह में पायी जाती हैं। (1) बंदीगृह का एक निश्चित भू-भाग होता है और (2) बंदीगृह में रहने वाले व्यक्तियों में कुछ सीमा तक सामुदायिक भावना भी पायी जाती है। इन्हीं आधारों पर **मैकाइवर ने** बंदीगृह को समुदाय मान लिया। भारत में अपराधी मानी जाने वाली जनजातियों को बस्ती से दूर बंदीगृह जैसे स्थानों पर रखा जाता था। ये जनजातियां प्राय: एक समुदाय के रूप में परिगणित थीं। गुजरात में छारा जनजाति ऐसी ही स्थिति में लंबे समय तक रही है। यदि हम स्वत: विकास को भी समुदाय का अनिवार्य लक्षण मान लें तो बंदीगृह को समुदाय नहीं कहा जा सकता क्योंकि इसका निर्माण योजनाबद्ध रूप से किया जाता है। वास्तविकता यह है कि समुदाय के सभी आधारों को यदि हम कसौटी मानकर चलेंगे तो संभवत: किसी समूह को समुदाय नहीं कहा जा सकेगा। इसलिए यह आवश्यक है कि हम स्थानीय क्षेत्र तथा सामुदायिक भावना को ही सबसे अधिक महत्वपूर्ण आधार मानें इस आधार पर **मैकाइवर** से सहमत होते हुए बंदीगृह को एक समुदाय कहना ही उचित और तर्कसंगत प्रतीत होता है।

जाति—जाति शब्द का प्रयोग साधारणतया समुदाय के अर्थ में ही किया जाता है लेकिन जाति में एक तत्व ही विद्यमान है अर्थात सामुदायिक भावना, जिसके आधार पर कोई व्यक्ति अपनी ही जाति के व्यक्ति का पक्ष लेता है और दूसरी जाति के व्यक्ति के विरुद्ध उसे संरक्षण देता है। लेकिन अन्य आधारों के अनुसार जाति को किसी प्रकार भी समुदाय नहीं कहा जा सकता। जाति का कोई निश्चित क्षेत्र नहीं होता और वह अनेक स्थानों पर फैली होती है। दूसरे जाति का निर्माण आवश्यकतानुसार किया गया है। इसके नियम भी विशुद्ध रूप में नहीं मिलते। वर्तमान समय में जाति के अन्तर्गत सामान्य जीवन की विशेषताएं भी देखने को नहीं मिलतीं। एक जाति के ही सदस्यों के जीवन स्तर में भी अत्यधिक भिन्नता देखने को मिलती है। इन आधारों पर जाति को किसी प्रकार एक समुदाय नहीं कहा जा सकता।

समुदाय एक तुलनात्मक शब्द है। इसका प्रयोग किसी स्थान अथवा समूह के लिए एकायक कर देना उचित नहीं है। समुदाय के आधारों को उस समूह पर लागू करने के पश्चात ही हम किसी निष्कर्ष पर पहुंच सकते हैं। इतना अवश्य है कि वर्तमान समय में समुदाय की धारणा धीरे-धीरे परिवर्तित होती जा रही है। कोई भी समूह न तो एक ही क्षेत्र से निश्चित रूप से संबंधित है और न ही उसमें सामुदायिक भावना ही पाई जाती है।

सामुदायिक विकास
(Community Developments)

सामुदायिक विकास की अवधारणा दो शब्दों—समुदाय और विकास से मिलकर हुई है। समुदाय शब्द का प्रयोग किसी भी ऐसे मानव समूह के लिए किया जाता है जो किसी एक भौगोलिक क्षेत्र में रहता हो। इस प्रकार इस शब्द का प्रयोग एक ऐसी प्रक्रिया अथवा स्थिति के लिए किया जाता है जिसमें व्यक्ति अथवा समूह अपनी अन्तर्निहित क्षमता, शक्ति एवं उपलब्ध साधनों का अधिकतम उपयोग करने में समर्थ हो। इस प्रकार समुदाय के सर्वांगीण विकास हेतु समुदाय की अंतर्निहित क्षमता, शक्ति तथा उपलब्ध साधनों द्वारा जो सामूहिक प्रयास किए जाते हैं उन्हें सामुदायिक विकास कहा जाता है। भारतीय संदर्भ में सामुदायिक विकास एक ऐसा कार्यक्रम है जिसमें किसी समुदाय के सदस्य अपनी आवश्यकताओं एवं समस्याओं का स्वयं निर्धारण कर सरकारी एवं गैर सरकारी सहायता लेते हुए उनके निदान एवं समाधान के लिए स्वयं प्रयत्नशील होते हैं। भारत में सामुदायिक विकास योजना के नाम से इस प्रकार के कार्यक्रम की शुरूआत सन 1925 में हुई थी।

सामुदायिक विकास की बुनियादी शक्ति उस समुदाय के लोगों की सहभागिता में निहित होती है। मैक्स वेबर के अनुसार

शक्ति का तात्पर्य किसी भी सामुदायिक क्रिया में व्यक्तियों द्वारा दूसरे व्यक्तियों के विरोध के बावजूद अपनी इच्छा को पूरी कर लेने की संभावना है। हालांकि इस परिभाषा पर भारी विवाद है। शक्ति से संबंधित अनेक प्रतिस्पर्द्धी सिद्धांत सामुदायिक शक्ति संबंधी वाद-विवाद से ग्रस्त हैं जो इस बात पर बल देते हैं कि स्थानीय प्रजातांत्रिक राजनीति में शक्ति का प्रयोग किनके द्वारा कैसे किया जाता है।

स्टीवन लुकास ने इसके बारे में एक अन्य दृष्टिकोण प्रस्तुत किया है। उनके अनुसार शक्ति का प्रयोग व्यक्तियों द्वारा शिकायतों को रखने के प्राथमिक स्तर पर ही रोकने के लिए किया जा सकता है। उन्होंने लिखा है कि व्यक्तियों के बोध, संज्ञानों, प्राथमिकताओं को इस प्रकार बना दिया जाता है कि वे विद्यमान व्यवस्था या दशा के लिए स्वयं को एक भागीदार समझने लगते हैं। इस प्रकार कुछ मुद्दे उठ ही नहीं पाते क्योंकि उनके लिए वे भी जिम्मेदार होते हैं।

एफ. हंटर के सुप्रसिद्ध ग्रंथ *'कम्युनिटी पावर स्ट्रक्चर'* में सामुदायिक (शक्ति) संबंधी विशेष उल्लेख है। इसमें शक्ति के संस्तरण सिद्धांत को प्रस्तुत किया गया है। यह सिद्धांत इस तथ्य पर बल देता है कि स्थानीय शक्ति का प्रयोग अभिजनों और श्रेष्ठिजनों द्वारा किया जाता है जिनकी अभिव्यक्ति जन नीतियों से संबंधित निजी और सार्वजनिक निर्णयों में देखी जा सकती है। कुछेक राजनीति वैज्ञानिकों ने इन संस्तरण सिद्धांतों की तीव्र आलोचना की है और कहा है कि उच्चवर्ग के अभिजन अपने हितों के लिए अधिकृत राजनेताओं और नागरिक नेताओं के माध्यम से शासन नहीं करते। उनका कहना है कि कि प्रतिनिधिक प्रजातंत्र के आगमन के पश्चात शक्ति, सत्ता अभिजनों से अब विभिन्न संगठित हित समूहों के हाथों में चली गई है।

संस्था (Institution)

जिन संगठनों के माध्यम से सामाजिक व्यवस्था में आवश्यकताओं की पूर्ति के लिए कुछ कार्य-प्रणालियां अथवा ढंग निर्धारित किए जाते हैं उन्हें संस्था कहते हैं। संस्था शब्द का प्रयोग कई रूप में किया गया है जैसे संगठन के रूप में, व्यवहार प्रतिमानों के रूप में तथा कार्यविधि एवं नियमाचारों की व्यवस्था के रूप में इत्यादि। अति सामान्य अर्थ में संस्था शब्द का प्रयोग सार्वजनिक अथवा अर्ध सार्वजनिक प्रकृति के किसी संगठन के लिए किया जाता है जिसका एक संचालक मंडल, भवन अथवा किसी प्रकार की भौतिक व्यवस्था होती है जिसकी रचना किन्हीं समाजोनुमोदित तथा प्राधिकृत लक्ष्यों की प्राप्ति हेतु होती है। इस परिभाषा के अनुसार, कॉलेज, विश्वविद्यालय, चिकित्सालय, अनाथालय, दानगृह इसी श्रेणी में आते हैं।

कुछ समाज वैज्ञानिकों की दृष्टि में संस्था अपेक्षाकृत स्थायी, जटिल, समन्वित एवं संगठित व्यवहार प्रतिमान हैं जिनके द्वारा सामाजिक नियंत्रण की स्थापना, मूलभूत सामाजिक आवश्यकताओं और इच्छाओं की तुष्टि तथा लक्ष्यों की पूर्ति की जाती है।

आधुनिक समाज वैज्ञानिकों ने वास्तविक व्यवहार प्रतिमानों की अपेक्षा आदर्श नियमों, मूल्यों एवं विधानों के समुच्चय को संस्था कहा है। इन समाज वैज्ञानिकों के मतानुसार संस्थाएं, व्यक्तियों एवं समूहों के बीच संबंधों को नियंत्रित करने वाले नियमाचारों तथा कार्यविधियों के स्थायी एवं स्वीकृत प्रतिमान हैं। इस अर्थ में एक संस्था एक प्रकार की प्रथा है जिसमें अनेक रीति-रिवाज, रूढ़ियां और व्यवहार के प्रतिमान होते हैं जो प्रमुख सामाजिक हितों की रक्षा करते हैं। परिवार, धर्म, राज्य, कानून आदि इसके कुछ उदाहरण हैं। अत: एक संस्था किसी भी समाज के सभी संरचनात्मक तत्वों का एक योग है जिसके द्वारा प्रमुख उद्देश्यों और क्रियाओं को संगठित किया जाता है और सामाजिक आवश्यकताओं (जैसे व्यवस्था, विश्वास और प्रजनन से संबंधित) की पूर्ति की जाती है।

स्पेन्सर के अनुसार ''संस्था वह अंग है जिसके माध्यम से समाज के कार्यों को कार्यान्वित किया जाता है।'' **समनर** ने अपनी प्रसिद्ध पुस्तक Folkways में संस्था को व्यापक रूप से स्पष्ट करके इसके महत्व की चर्चा की।

प्रत्येक समूह की अपनी कुछ विशेष आवश्यकताएं होती हैं जिनकी पूर्ति के लिए व्यक्ति समितियों में संगठित होते हैं। यह ध्यान रखने की बात है कि समितियां कभी भी अव्यवस्थित रूप से अपना कार्य नहीं करतीं। सुचारू रूप से कार्य करने के लिए आवश्यक है कि कुछ ऐसे नियम अथवा कार्यविधियां बनाई जाएं जिनका सभी सदस्य पालन करते हों। संक्षेप में इन्हीं नियमों अथवा स्थापित कार्यप्रणालियों को समाजशास्त्र में संस्था कहते हैं। नियम अथवा कार्यविधियों के अमूर्त होने के कारण संस्था भी अमूर्त होती है। एक उदाहरण के माध्यम से इसे समझा जा सकता है—परिवार व्यक्तियों का एक छोटा सा समूह होने के कारण एक समिति है लेकिन परिवार में प्रत्येक कार्य करने की एक रीति अथवा कुछ नियम होते हैं। विवाह, उत्तराधिकारी इत्यादि के नियम परिवार की संस्थाएं हैं।

संस्था की परिभाषा—संस्था को परिभाषित करते हुए **रॉस** ने कहा है कि ''सामाजिक संस्थाएं संगठित मानवीय संबंधों का समूह हैं जिनकी स्थापना अथवा स्वीकृति सामान्य इच्छा द्वारा की गई हो।'' इससे प्रतीत होता है कि संस्थाओं का निर्माण एक या दो

व्यक्तियों से नहीं होता बल्कि अनेक व्यक्ति जब मिलकर किसी कार्यविधि को स्वीकार करते हैं तब यही कार्यविधि संस्था में रूपांतरित हो जाती है।

बोगार्डस के अनुसार—''एक सामाजिक संस्था समाज की वह सरंचना है जिसको सुस्थापित कार्यविधियों द्वारा व्यक्तियों की आवश्यकताओं की पूर्ति के लिए संगठित किया जाता है।'' **बोगार्डस** ने संस्थाओं को ऐसी बहुत-सी कार्यविधियों का संग्रह माना है जिनका कार्य कुछ व्यक्तियों की सामान्य आवश्यकताओं की पूर्ति करना है।

मैकाइवर और **पेज** कहते हैं कि, ''संस्था कार्यप्रणाली के उन प्रतिष्ठित स्वरूपों अथवा स्थिति को कहा जाता है जो समूह की क्रियाओं की विशेषता स्पष्ट करती हो।''

गिलिन एंड गिलिन का कथन है कि, ''एक सामाजिक संस्था सांस्कृतिक प्रतिमानों का वह क्रियात्मक स्वरूप है जिसमें कुछ स्थायित्व होता है तथा जिनका कार्य सामाजिक आवश्यकताओं को संतुष्ट करना है।'' **गिलिन** ने तीन तत्वों को संस्था की बुनियादी आवश्यकता बताया है—(1) संस्था एक क्रियात्मक इकाई है। (2) वह तुलनात्मक रूप से अधिक स्थायी होती है और (3) संस्थाओं का निर्माण इसलिए होता है कि हम अपनी आवश्यकताओं की पूर्ति सरलतापूर्वक तथा मान्य तरीकों से कर सकें।

वर्तमान समय में सभी समाजशास्त्रियों ने संस्था शब्द का व्यापक विवेचन किया है। सामान्य रूप से इन सभी विचारकों को दो प्रमुख भागों में विभाजित किया जाता है—एक तरफ **गोल्डनर, हेमिल्टर, थीनो** और **बोगार्डस** का मत है कि संस्था का तात्पर्य केवल व्यवहार के स्वीकृत प्रतिमानों से है जबकि दूसरी तरफ **कूले, डेविस** और **समनर** के मत हैं जो संस्था को अनेक आदर्श नियमों की व्यवस्था मानते हैं। वैसे तो ये कथन बाह्य रूप से एक दूसरे से निम्न प्रतीत होते हैं लेकिन मानव-व्यवहार को नियंत्रित करने वाली उन सभी कार्यविधियों को हम संस्था कह सकते हैं जो समूह के आदर्श नियमों से निर्मित होकर एक निश्चित ढांचा प्राप्त कर लेती है। इस आधार पर **एंडरसन** का निष्कर्ष है कि, ''संस्थाएं कुछ आदर्श नियमों का संग्रह हैं जो हमारी सामाजिक क्रियाओं के प्रमुख पक्षों से संबद्ध होती हैं।''

परिषद् या समिति (Association)

परिषद् या समिति की परिभाषा करते हुए **गिन्सबर्ग** ने लिखा है कि, ''परिषद या समिति एक दूसरे से संबंधित उन सामाजिक प्राणियों का समूह है जो एक निश्चित लक्ष्य अथवा लक्ष्यों की पूर्ति के लिए एक सामान्य संगठन का निर्माण करते हैं।'' इस परिभाषा के दायरे में परिषद का अर्थ उन सामाजिक संगठनों से है जो सामाजिक हैं।

वस्तुत: परिषद किसी ऐसे समूह को कहते हैं जिसकी रचना सोद्देश्य की गई हो। इसका गठन हितों की तार्किक स्वीकृति के आधार पर होता है। समूहों की सदस्यता ऐच्छिक होती है। निश्चित उद्देश्य की पूर्ति के बाद परिषद प्राय: भंग कर दी जाती है।

बोगार्डस ने कहा है कि, ''साधारणतया किसी उद्देश्य को प्राप्त करने के लिए व्यक्तियों द्वारा मिलकर कार्य करने वाली समिति परिषद कहलाती है।''

कुछ व्यक्ति जब मिलकर अपने उद्देश्यों की पूर्ति के लिए किसी संगठन का निर्माण करते हैं तो उसे परिषद कहते हैं। परिषद के लिए आवश्यक होता है कि वह निर्धारित कार्य प्रणाली और नियमों के व्यवहार से वह लक्ष्य प्राप्त करे जिसके लिए वह गठित की गई है। **मैकाइवर** और **पेज** ने परिषद के बारे में अपने विचार व्यक्त करते हुए कहा है कि, ''परिषद वह समूह है जो किसी एक हित अथवा अनेक हितों की सामान्य पूर्ति के लिए गठित की गई हो।''

गिलिन एंड गिलिन के अनुसार, ''समिति व्यक्तियों का ऐसा समूह है जो उद्देश्य अथवा उद्देश्यों के लिए संगठित होता है तथा कुछ मान्यता प्राप्त अथवा स्वीकृत कार्य प्रणालियों और व्यवहारों द्वारा कार्य करता है।'' यदि व्यक्ति अपने उद्देश्यों की पूर्ति के लिए किसी संगठन का निर्माण करते हैं तो यह आवश्यक होगा कि वे उन्हीं कार्यप्रणालियों तथा व्यवहार के नियमों द्वारा अपने लक्ष्यों को प्राप्त करने के प्रयत्न करें जिनको समाज ने मान्यता प्रदान की है। इस प्रकार इस परिभाषा में नियमों की सामान्य व्यवस्था को भी समिति का आवश्यक आधार माना गया है।

समिति की विशेषताएं—समिति की अनेक विशेषताएं होती हैं। समिति की कार्य प्रणाली तथा उद्देश्यों की व्यापकता के अनुसार उसकी विशेषताओं का विस्तार होता है।

(क) सोद्देश्यता—प्रत्येक समिति की स्थापना कुछ निश्चित उद्देश्यों की पूर्ति के लिए की जाती है। कभी भी ऐसी स्थिति नहीं होती जब समिति की स्थापना पहले हो गई हो और उसके नियम बाद में बनाए गए हों। जब अनेक व्यक्ति सहयोग के आधार पर किसी उद्देश्य को पूरा करने के लिए संगठित होते हैं तब इसी संगठन को समिति कहा जाता है।

(ख) व्यक्तियों का संगठन—समिति व्यक्तियों का वह समूह है जो समान उद्देश्यों के आधार पर संगठित होता है। समाज से भिन्न समिति के निर्माण का पहला आधार व्यक्ति है जिसे हम देख सकते हैं, स्पर्श कर सकते हैं और उससे विचार-विमर्श कर सकते हैं।

स्वैच्छिक सदस्यता—समूह के सभी व्यक्तियों के उद्देश्य एक से नहीं होते। उनमें पर्याप्त भिन्नता पाई जाती है। इसलिए जिन व्यक्तियों के हित जिस समिति का सदस्य बनने से पूरा होता है वे उसी समिति के सदस्य बनते हैं। कभी-कभी ऐसा भी होता है कि व्यक्ति किसी उद्देश्य की प्राप्ति के लिए एक समिति का सदस्य हो जाए लेकिन कुछ समय पश्चात उस व्यक्ति के हित बदल जाएं अथवा समिति ही कुछ अन्य आधारों पर कार्य करने लगे तो ऐसी अवस्था में व्यक्ति भी उस समिति से अपनी सदस्यता समाप्त करके किसी दूसरी समिति का सदस्य हो सकता है। इस प्रकार समिति की सदस्यता अनिवार्य न होकर पूर्णतया स्वैच्छिक होती है। समितियों की सदस्यता ऐच्छिक होने के कारण व्यक्ति इनकी स्थापना तभी करते हैं जब अनेक माध्यम से उनके हितों की पूर्ति हो रही हो। इसके लिए अनेक व्यक्ति एक अथवा अनेक उद्देश्यों के आधार पर संगठित होते हैं। और उद्देश्य की सफलता के बारे में प्रत्येक पहलू से विचार-विमर्श करते हैं। यदि उद्देश्य व्यावहारिक प्रतीत होते हैं तभी सेमिति की स्थापना की जाती है।

नियमावली—प्रत्येक समिति नियमानुसार कार्य करती है। क्योंकि समिति की स्थापना निश्चित उद्देश्य की प्राप्ति के लिए की जाती है। इन उद्देश्यों को तभी पूरा किया जा सकता है जबकि सभी सदस्य कुछ नियमों के अनुसार कार्य करें। समिति के सदस्यों में एकरूपता लाने के लिए सभी को समान नियमों द्वारा कार्य करना आवश्यक होता है। यद्यपि समिति के नियम इनकी प्रकृति के अनुसार लिखित भी हो सकते हैं और अलिखित भी लेकिन सभी का पालन करने से समिति के उद्देश्यों को अधिक शीघ्रता से प्राप्त किया जा सकता है। इस दृष्टिकोण से समिति को एक औपचारिक संगठन कहा जा सकता है।

निश्चित संरचना—समिति के भीतर प्रत्येक सदस्य की स्थिति समान नहीं होती बल्कि कुछ निश्चित नियमों के द्वारा कुछ सदस्यों को विशेष अधिकार प्राप्त होते हैं जबकि कुछ सदस्यों की स्थिति बिल्कुल सामान्य होती है। **ब्रूम** ने इस विशेषता को समिति की औपचारिक संरचना कहकर संबोधित किया है। समिति की संरचना का इसके उद्देश्यों से विशेष संबंध होता है। संरचना में अनेक प्रकार के परिवर्तनों की संभावना होती है।

अस्थायित्व—समाज के विपरीत समितियां कभी भी स्थाई नहीं होतीं। प्रत्येक समिति का निर्माण कुछ विशेष आवश्यकताओं की पूर्ति के लिए होता है। जैसे ही इन आवश्यकताओं की पूर्ति हो जाती है, वह समिति भी भंग हो जाती है। यह हो सकता है कि कुछ समितियां आवश्यकता पूर्ति हो जाने पर भी समाप्त न हो लेकिन इसका तात्पर्य यह होता है कि एक आवश्यकता पूरी हो जाने पर भी समिति किसी दूसरी आवश्यकता पूर्ति को अपना उद्देश्य मान लेती है और इस प्रकार पुनः अपने अस्तित्व को बनाए रखती है।

समितियों के विभिन्न प्रकार—(1) व्यावसायिक समितियों में वे सभी समितियां आती हैं जिनका उद्देश्य अपने अधिकारी को अधिकतम लाभ पहुंचाना होता है। औद्योगिक प्रतिष्ठान, परिवहन एजेंसी तथा अन्य व्यावसायिक संघ इसी प्रकार की समितियां हैं। इन समितियों की सबसे बड़ी समस्या कार्यशीलता से संबद्ध है क्योंकि इसके बिना ये अपने उद्देश्य को पूरा नहीं कर सकतीं। (2) सेवा समितियों का उद्देश्य अपने सदस्यों को एक विशेष क्षेत्र में जनोपयोगी सेवाएं प्रदान करना होता है। कालेज, चिकित्सालय, कल्याण संगठन, कानूनी सलाहकार संघ तथा पुलिस आदि इसी प्रकार की समितियां हैं। ये सभी समितियां कार्य करने का एक विशेष स्तर बनाए रखती हैं (3) इस प्रकार की समिति का उद्देश्य अपने सदस्यों को अनेक प्रकार के लाभ प्रदान करना होता है। व्यावसायिक समितियां श्रमिक संघ, राजनीतिक दल, साहित्यिक संगठन, मनोरंजन समिति तथा धार्मिक समितियां इसी श्रेणी में आती हैं। इन समितियों पर सदस्यों का नियंत्रण अधिक रहता है और यह ध्यान रखा जाता है कि ये सदस्यों के लिए उपयोगी रूप में कार्य करती रहें। (4) इस प्रकार की समितियों का उद्देश्य सम्पूर्ण समुदाय के लिए वैसी सेवाएं प्रदान करना है जिनसे सामान्य कल्याण हो सके। सरकारी तथा गैर सरकारी सभी प्रकार के संगठन, सेना, स्वास्थ्य विभाग, पुस्तकालय और संग्रहालय आदि इसमें आते हैं। ये समितियां प्रजातांत्रिक रूप से कार्य करती हैं और सामान्यतः इनकी सदस्य संख्या में कोई निश्चितता जैसे गुण नहीं होता।

संस्कृति (Culture)

डॉ. मजूमदार के अनुसार, ''मनुष्य का जीवन ही उसकी संस्कृति है।'' वे कहते हैं कि संस्कृति सामाजिक और सौन्दर्य बौद्धिक श्रेष्ठता के लिए प्रयुक्त होती है। **हेगेल** और **कान्ट** ने शिष्टता और प्रबोधन को संस्कृति कहा है तो **जोसेफ पाइपर** ने लिखा है, ''संस्कृति समस्त संसार की प्राकृतिक वस्तुओं और मनुष्यों के उन उपहारों और गुणों, जो उसकी आवश्यकताओं के सबसे निकटवर्ती क्षेत्र से बाहर है, का सार है।'' प्रसिद्ध समाजशास्त्री **श्यामाचरण दुबे** मानते हैं कि ''सीखे हुए व्यवहार, प्रकार्यों की उस समग्रता को, जो किसी समूह को वैशिष्ट्य प्रदान करती है उसे संस्कृति की संज्ञा दी जा सकती है।'' अनेक कथनों के माध्यम से इस प्रकार संस्कृति को अनेक ढंग से परिभाषित किया गया है, जैसे ऐतिहासिक, दार्शनिक, साहित्यिक, मनोवैज्ञानिक तथा मानवशास्त्रीय

दृष्टिकोण, आदि से। साधारण अर्थों में, संस्कृति शब्द का प्रयोग 'सुसंस्कृत' अथवा 'संस्कार' के अर्थ में किया जाता है। साहित्यिक, दार्शनिक एवं ऐतिहासिक अर्थों में संस्कृति शब्द का प्रयोग शिक्षण-प्रशिक्षण से प्राप्त सामाजिक शिष्टता, बौद्धिक उत्कर्ष,नैतिकता, मधुरता तथा कुछ अन्य विशिष्ट लक्षणों को इंगित करने के लिए किया जाता है। इन सभी धाराणाओं में प्रत्यक्ष-परोक्ष रूप में मूल्यांकन अर्थात् अच्छे-बुरे का भाव निहित है। समाजविज्ञान एवं मानवशास्त्र में जीवन-विधियों का तुलनात्मक दृष्टि से मूल्यांकन नहीं किया जाता। इनमें अधिकांशत: जीवन के तथ्यों को मूल्य-विहीन संदर्भ में ग्रहण किया जाता है। इन विज्ञानों की वैज्ञानिक दृष्टि विशेष विकासों अथवा सुसंस्कार के अतिरिक्त सामान्य व्यवहार-प्रकारों को भी संस्कृति का अविभाज्य अंग मानती है। इस दृष्टि से प्रसिद्ध मानव शास्त्री **ई. बी. टायलर** की परिभाषा द्रष्टव्य है, ''संस्कृति वह जटिल सम्पूर्णता है जिसमें ज्ञान, विश्वास, कलाएं, नैतिकता विधि, प्रथाएं और वे सभी योग्यताएं एवं [illegible] सम्मिलित की जाती हैं जिन्हें समाज के एक सदस्य के रूप में मानव अर्जित करता है।''

संस्कृति हमारे रहन-सहन तथा सोचने-[illegible] की शैली में, हमारे प्रतिदिन की बातचीत में, कला, साहित्य, धर्म, मनोरंजन तथा अमोद-प्रमोद में हमारे स्वभाव की अभिव्यक्ति है। प्रत्येक समाज में कुछ न कुछ विचार और मान्यताएं होती हैं। हर समाज का रहन-सहन का ढंग भी इन विचारों पर निर्भर होता है। इन विचारों को भी संस्कृति के भाग के रूप में अभिहित किया गया है। इसके साथ ही सामाजिक व्यवहार किसी न किसी आदर्श द्वारा संचालित होते हैं। कहना चाहिए कि मनुष्य अच्छे या बुरे जिन कायदों को भी अपनाता है उसी के द्वारा उसका व्यवहार तय होता है। ये व्यवहार संस्कृति का निर्माण करते हैं।

संक्षेप में, संस्कृति उन सभी व्यवहार-प्रतिमानों के लिए प्रयुक्त किया जाने वाला एक सामूहिक शब्द है जो सामाजिक रूप में अर्जित तथा सामाजिक रूप से ही हस्तान्तरित किए जाते हैं। संस्कृति का संचरण औपचारिक अथवा अनौपचारिक सीखने अथवा प्रशिक्षण की प्रक्रियाओं द्वारा होता है।

सांस्कृतिक मान्यताएं (Culture Themes)

प्रत्येक समाज और समूह की निश्चित सांस्कृतिक मान्यताएं होती हैं। इन मान्यताओं का अध्ययन अनेक मानवशास्त्रियों और समाजविज्ञानियों ने किया है। **मोरिस ओपलर** ने संस्कृति के गठन के अध्ययन तथा विश्लेषण करने के संदर्भ में सांस्कृतिक मान्यता संबंधी इस अवधारणा को विकसित किया है। **ओपलर के अनुसार**, ''सांस्कृतिक मान्यताएं वे प्रेरक तत्व हैं जो किसी समाज में विभिन्न प्रकार के व्यवहारों के मूल में निहित रहती हैं। ये प्रेरक तत्व संस्कृति के विभिन्न पक्षों को एक सूत्र में पिरोने का कार्य करते हैं।'' इन प्रेरक तत्वों को ही **प्रो. ओपलर** ने मान्यताएं कहा है। ओपलर की यह अवधारणा, एक तरह से **रूथ बेनेडिक्ट** के सांस्कृतिक प्रतिमान की अवधारणा को दूसरे रूप में प्रस्तुत करती है, किंतु **यह बेनेडिक्ट** की संस्कृति की आत्मा संबंधी विचारों को स्वीकार नहीं करती। **बेनेडिक्ट** की भांति **प्रो. ओपलर** संस्कृति के दो प्रेरक कारक ही नहीं मानते। उनके अनुसार मनुष्य के व्यवहार को प्रभावित एवं संचालित करने वाले कई प्रेरक कारक हो सकते हैं। **ओपलर** ने 'अपाचे' लोगों के अपने अध्ययन में इस अवधारणा का प्रयोग कर यह बताने का यत्न किया कि प्रेरक कारकों की खोज का कार्य अध्ययनकर्त्ता की खोज पर छोड़ दिया जाना चाहिए।

सांस्कृतिक लक्षण

संस्कृति की सबसे छोटी ऐसी अभिज्ञेय एवं प्रकार्यात्मक इकाई को संस्कृति लक्षण अथवा विशेषक कहते हैं जिसके पुनर्विभाजन पर वह इकाई निरर्थक हो जाती है। सांस्कृतिक लक्षण दो प्रकार के होते हैं—(1)भौतिक तथा (2) अभौतिक। पंखा, घड़ी, टेबुल, कुर्सी, टाई आदि भौतिक सांस्कृतिक लक्षण हैं। अभौतिक लक्षणों में प्रथा, परम्परा, मंच और संस्कार इत्यादि होते हैं। प्रणाम अथवा नमस्ते हिन्दू संस्कृति के अभौतिक सांस्कृतिक लक्षण हैं।

भौतिक संस्कृति (Material Culture)

प्रत्येक समाज में अनेक अन्य बातों के साथ-साथ भौतिक पदार्थ होते हैं। **क्लार्क विस्लर** के अनुसार इन भौतिक तत्वों में भाषा; भौतिक गुण, जिनमें भोजन, आवागमन के साधन, मकान, हथियार, बर्तन तथा वस्त्रादि; कला, जिसमें नृत्य गायन वादन; धार्मिक और वैज्ञानिक ज्ञान, धार्मिक संस्कार, परिवार तथा समाज व्यवस्था, सम्पत्ति, संस्कार और युद्ध इत्यादि आते हैं। इस तरह संस्कृति का वह पक्ष जो भौतिक वस्तुओं अथवा शिल्प तथ्यों या ऐसी वस्तुओं से बना होता है जिन्हें अभौतिक संस्कृति कोई अर्थ अथवा प्रदान करती है, भौतिक अथवा पार्थिव संस्कृति कहलाती है। यह पक्ष मूर्त सांस्कृतिक लक्षण के रूप में अभिहित किया जाता है और संस्कृति का यह पक्ष प्राय: सभ्यता के नाम से जाना जाता है। मानव ने अपनी सुख-सुविधा और प्रकृति से अपनी आत्म-रक्षा करने के लिए जिन वस्तुओं का सृजन किया है, वे सभी संस्कृति के भौतिक पक्ष में सम्मिलित की जाती हैं।

अभौतिक संस्कृति (Non-material Culture)

वस्तुत: जब संस्कृति की बात आती है तो अधिकतर उसके

अमूर्त रूपों पर ही ध्यान जाता। इस कारण संस्कृति के वे पहलू जो मानव-व्यवहारों के प्रतिबिंबन करते हैं, सभ्यता के विकास के सूचक तत्वों के रूप में माने जाते हैं। भौतिक संस्कृति जहां जीवन स्तर में आए भौतिक बदलावों का द्योतक होती है वहीं अभौतिक संस्कृति उसके आत्मिक विकास की सूचना देती है । इसलिए सम्पूर्ण संस्कृति का वह भाग जो अमूर्त तथा भौतिक तत्व से रहित होता है, अभौतिक अथवा अपार्थिव संस्कृति कहलाता है। इसमें ज्ञान-विज्ञान, रीति-रिवाज, युक्तियां, परम्पराएं, आदतें आदि आती हैं। इसका जन्म भौतिक संस्कृति के पहले होता है। अभौतिक संस्कृति का नष्ट होना भौतिक संस्कृति की अपेक्षा अधिक हानिप्रद है। संस्कृति के भौतिक एवं अभौतिक पक्षों का उल्लेख **प्रो. विलियम ऑगबर्न** ने अपनी पुस्तक 'सोशल चेंज' में किया है।

ऐन्द्रियिक संस्कृति (Sensate Culture)

हाल के वर्षों में जिस पापुलर कल्चर की चर्चा तेज हुई है वह वस्तुत: ऐन्द्रिक संस्कृति की अभिव्यक्ति है। उसने जहां अनेक पुरानी मान्यताएं तोड़ दी हैं तो कई नई अवधारणाओं को भी जन्म दिया। **प्रो.सोरोकिन** के अनुसार संस्कृति का वह रूप ऐन्द्रिक कहलाता है जिसमें आत्मिक विकास की अपेक्षा इन्द्रियों की तृप्ति, सांसारिक सुख, विलासी जीवन पर अधिक बल दिया जाता है। संस्कृति का यह रूप मूर्त, भौतिक एवं स्थूल होता है। इस संस्कृति में विज्ञान, कला, धर्म, साहित्य, राजनीति आदि सभी का आधार भौतिकवादी होता है।

सांस्कृतिक सापेक्षता

संस्कृतियां अपनी-अपनी विशिष्ट परिस्थितियों के साथ अपने ढंग से समायोजन करती हैं। अत: किसी एक संस्कृति का मूल्यांकन किसी अन्य संस्कृति के मानदंडों के अनुसार नहीं किया जा सकता। यह स्थिति ही सांस्कृतिक सापेक्षता कहलाती है। अत: किसी व्यवहार का मूल्यांकन स्थान विशेष की संस्कृति के ताने-बाने तथा मूल्य व्यवस्था के परिप्रेक्ष्य को ध्यान में रखकर किया जाना चाहिए। एक संस्कृति दूसरे की दृष्टि में बुरी हो सकती है, किंतु जिस समुदाय की वह संस्कृति है उसके लिए वह हितकर है। अत: संस्कृति की श्रेष्ठता एक सापेक्षवादी दृष्टिकोण है।

सांस्कृतिक सापेक्षतावाद इस बात पर बल देता है कि अवधारणाएं सामाजिक रूप से निर्मित होती हैं। क्या अच्छा है, नैतिक रूप से क्या सही है, ज्ञान क्या है, यथार्थ क्या है, जैसी मौलिक धारणाओं के बारे में भी संस्कृतियों में भिन्नता होती है। **पीटर विंच** ने कहा है कि हमारा यथार्थता का भाव सामाजिक रूप से निर्मित है और यह एक समाज के विद्यमान ज्ञान पर आधारित होता है। अत: सापेक्षवादी प्रकार्यवाद, मार्क्सवाद या फ्रायडवादी मनोविश्लेषण जैसे महत् सिद्धांतों के तार्किक एवं सार्वभौमिक आधारों को अस्वीकारते हैं।

सांस्कृतिक बहुलवाद

आधुनिक विश्व में औद्योगीकरण और आधुनिकीकरण के विस्तार और विस्थापन ने अनेक सभ्यताओं का रूप बदल दिया है। इस प्रक्रिया में अनेक स्थानों, समुदायों और समूहों के लोग अपने मौलिक स्थानों को छोड़कर दूसरे स्थानों पर निवास करने लगे हैं। और जब किसी समाज में एकाधिक संस्कृतियों के लोग साथ-साथ रहते हैं तथा उनके इस प्रकार के सहअस्तित्व का समर्थन भी किया जाता है, तब यह स्थिति सांस्कृतिक बहुलवाद के नाम से जानी जाती है। भारत इसका अत्युत्तम उदाहरण है जहां विभिन्न मत-मतान्तर वाले समुदायों को भारतीय समाज की महत् परंपराओं में सहभागी रहते हुए अपनी-अपनी सांस्कृतिक परम्पराओं का पालन करने की स्वच्छंदता है।

संस्कृति के अन्य रूप

प्रतिरोधक संस्कृति—समकालीन विश्व में अनेक राष्ट्रीयताओं, बाजारों और सभ्यताओं के अंतर्विरोध तीव्र हुए हैं। ऐसे अंतर्विरोध संस्कृति के क्षेत्र में भी काम करते हैं। मुख्यधारा की संस्कृति वस्तुत: मुख्यधारा के वर्चस्व का प्रतीक मानी जा रही है। इसके उलट प्रतिरोधक संस्कृति उत्पीड़ित समाजों के प्रतीक के रूप में काम कर रही है। प्रतिरोधक संस्कृति एक प्रकार की उप संस्कृति है जो मुख्य संस्कृति, जिसका कि वह उपभाग है, के कुछ महत्वपूर्ण लक्षणों को अस्वीकार या उनका विरोध करती है। कभी-कभी समाज के कुछेक सदस्य अपनी संस्कृति के सामान्य मानदंडों, नैतिक मूल्यों, आदर्शों की अवहेलना या उल्लघंन करने लगते हैं, ऐसी स्थिति प्रतिरोधी संस्कृति को प्रकट करती है। प्रतिरोध संस्कृति अपनाने वाला समूह विरोधी तरीकों, विचारों व नियमों को सामान्य (मुख्य) संस्कृति से अधिक महत्व देता है। 1960 के दशक में अमेरिका में भौतिकतावाद, वियतनाम के युद्ध, सत्ता के प्रति भक्तिभाव, रूढ़िवादी जीवन-शैली जैसे मुख्यधारा संस्कृति के विरोध में उत्पन्न आंदोलनों को प्रतिरोधी संस्कृति का परिचायक कहा जा सकता है।

समन्वित अथवा आदर्श संस्कृति—सामाजिक-सांस्कृतिक परिवर्तन के संदर्भ में **प्रो.सोरोकिन** ने तीन प्रकार के संस्कृति-रूपों की परिकल्पना प्रस्तुत की है—ऐन्द्रियिक, भावनात्मक और आदर्शात्मक। उनके अनुसार आदर्शात्मक संस्कृति ऐन्द्रियिक एवं भावनात्मक दोनों संस्कृतियों के बीच की अवस्था है। यह संस्कृति भौतिक सुखों और आध्यात्मिक चिन्तन दोनों के समन्वय की स्थिति को प्रदर्शित करती है।

विचारणात्मक संस्कृति—संस्कृति की उत्पत्ति और विकास समाज की उत्पत्ति और विकास से अभिन्न रूप से जुड़ा हुआ है, इसलिए संस्कृति में विकास क्रम से जुड़ी मान्यताएं और रूढ़ियां बुनियादी तत्व के रूप में काम करती हैं। इनका विकास ही क्रमश: आध्यात्मिक संस्कृति के रूप में होता है अथवा इन मूल्यों पर अधिक बल दिया जाता है। ईश्वरीय एवं आध्यात्मिक चिंतन पर बल देने वाली संस्कृति को **प्रो. सोरोकिन** ने भावनात्मक या विचारणात्मक संस्कृति का नाम दिया है। संस्कृति का यह रूप भौतिक मूल्यों की अपेक्षा आध्यात्मिक मूल्यों को अधिक महत्व देता है। इसका संबंध आत्मा, भावना एवं ईश्वर से होता है, विवेक, तर्क तथा इंद्रियों से नहीं। इसमें वास्तविकता का बोध इंद्रियातीत, अभौतिक तथा एक अनवरत शक्ति के रूप में किया जाता है। इसमें भौतिक आवश्यकताओं पर आत्मानुशासन द्वारा अंकुश लगा कर उन्हें कम किया जाता है।

संस्कृति क्षेत्र—अनेक देश, राज्य और नगर ऐसे होते हैं जहां समान संस्कृतियां पाई जाती हैं। एशियाई देशों में अनेक देशों की संस्कृति अफ्रीकी अथवा लैटिन अमेरिका देशों की तरह होती है। संभव है बिल्कुल समानता वहां न हो फिर भी अनेक लक्षणों के कारण उनमें समानता हो। ऐसे क्षेत्र सामुदायिक विभिन्नता के बावजूद सांस्कृतिक एकता को महत्व देते हैं। इसलिए उस क्षेत्र को संस्कृति क्षेत्र कहा जाता है जिसमें समान संस्कृति पाई जाती है। **क्लार्क विज़लर** के शब्दों में, ''संस्कृति क्षेत्र एक भौगोलिक क्षेत्र है जिसमें समान संस्कृतियों वाले अनेक सापेक्षिक रूप से स्वतंत्र समुदाय रहते हैं।'' इस प्रकार के क्षेत्र की विशेषताओं के संदर्भ में यह कहा जा सकता है कि ऐसे क्षेत्र में किसी भी संस्कृति-तत्व का आसानी तथा शीघ्रता से प्रसार हो सकता है।

संस्कृति संकुल—किसी विशिष्ट संस्कृति के सारे लक्षण मिलकर जब एक बड़ी प्रक्रिया, परंपरा अथवा दायित्व को पूरा करते हैं तो इन सभी लक्षणों के समुच्चय को संस्कृति संकुल के रूप में अभिहित किया जाता है। यह समुच्चय संस्कृति के किसी एक प्रमुख तत्व के साथ इस प्रकार अर्थपूर्ण ढंग से गुंथा होता है कि वह एक अंर्तसंबंधित समष्टि को साकार बनाता है। कुण्डली मिलाना, बारात ले जाना, तोरण संस्कार, पाणिग्रहण संस्कार, यज्ञ, मंत्रोच्चारण आदि सांस्कृतिक लक्षण मिलकर हिंदू विवाह-संकुल की रचना करते हैं। इस प्रकार, किसी खेल से संबंधित वस्तुएं, नियमाचार, गणवेश, निर्णायकगण आदि मिलकर उस खेल के संकुल का निर्माण करते हैं, जैसे क्रिकेट कॉम्प्लेक्स, फुटबाल कॉम्प्लेक्स, हॉकी कॉम्पलेक्स। एक दृष्टि से, संस्कृति-संकुलों के अर्थपूर्ण योग से जिस आकृति की रचना होती है, उसे ही संस्कृति संकुल कहते हैं।

संस्कृति की आत्मा—प्रत्येक सभ्यता और उसके आधारभूत समाजों में एक मुख्य सांस्कृतिक रूझान पाया जाता है। उत्तर भारत में राम नायक के रूप में समादृत हैं तो रावण का तात्पर्य एक ऐसे खलनायक से होता है जो धर्म और अधर्म का विचार किए बिना अपने वर्चस्व को स्थापित करता है। यह मान्यता और इससे जुड़े व्यवहार संस्कृति की आत्मा कहलाते हैं। इन सभी व्यवहारों के बीच एक ऐसी संगति होती है जो एक विशिष्ट व्यवस्था को स्थिर रखतें हैं तथा परिचालित करते हैं। **रूथ बेनेडिक्ट** के अनुसार यह सुसंगति उस मुख्य प्रवृत्ति, धारा या रुझान से पैदा होती है जो प्रत्येक संस्कृति के सभी पक्षों में देखी जा सकती है। इस मुख्य प्रवृत्ति, अथवा धारा को **रूथ बेनेडिक्ट** ने 'संस्कृति की आत्मा' (जीनस) कहा है। संस्कृति की यह आत्मा ही संस्कृति का समाकलन या एकजुट कर उसे एक विशिष्ट रूप प्रदान करती है।

बेनेडिक्ट के अनुसार, संस्कृति की इस आत्मा के, जो संस्कृति के प्रतिमान को जीवन प्रदान करती है, दो प्रकार होते हैं: देवधर्मी (अपोलोनियन) एवं दानवधर्मी (डायोनीशियन)। प्राचीन ग्रीकवासी 'अपोलो' शब्द का प्रयोग अपने पूज्य व कृपालु सूर्य देवता के लिए तथा 'डायोनीसियन' शब्द राक्षसी वृत्ति वाले देवता के लिए करते थे। अपोलोनियन या देवधर्मी आत्मा शांति अथवा सतोगुणी संस्कृति की परिचायक है। जिस संस्कृति का समाकलन इस आत्मा पर आधारित होता है, उसके सभी पक्षों में इसका आभास होता है। इसके विपरीत, डायोनिसियस आत्मा अशांति, हिंसा एवं क्रूर प्रवृति या रजोगुणी-संस्कृति का प्रतिनिधित्व करती है। जिस संस्कृति के समाकलन का आधार डायोनिसियस रहा है, उसके सभी पक्षों में इसके लक्षणों को किसी न किसी रूप में देखा जा सकता है। **बेनेडिक्ट** ने इस संदर्भ में तीन उल्लेखनीय उदाहरण प्रस्तुत किए हैं। अमेरिका के उत्तर-पूर्वी तट के डोबू तथा क्वाक्विटल लोगों में डायोनिसियस तथा न्यू मेक्सिको के प्युबलों लोगों की संस्कृति में अपोलोनियन आत्मा के लक्षणों को उन्होंने मुख्य रूप में पाया।

संस्कृति संरूप—एक संस्कृति के प्रत्येक बड़े संभाग की अपनी जीवन शैली या प्रतिमान होता है। एक ही संस्कृति के अन्तर्गत ऐसी कई शैलियां या प्रतिमान हो सकते हैं। **रूथ बेनडिक्ट** का कथन है कि भिन्न प्रतिमान मिलकर एक ऐसा विशाल प्रतिमान बनाते हैं जिसमें एक संस्कृति के सारे व्यवहार और विचार समाहित होते हैं। इस प्रकार संस्कृति प्रतिमान ही किसी संस्कृति के जीवन का एक मात्र स्त्रोत होता है। इस विशाल अथवा परम प्रतिमान को ही संस्कृति-संरूप या समाकृति कहते हैं। इस संरूप में पेड़ के तने में शाखाओं के समाहित हो जाने की भांति संस्कृति के छोटे-छोटे प्रतिमान एकीभूत हो जाते हैं। संस्कृति का यह संरूप सम्पूर्ण संस्कृति

की जीवन-शैली का प्रतिनिधित्व करने वाला होता है। भिन्न-भिन्न प्रतिमानों से संस्कृति की जिस समाकृति की रचना होती है, वह संस्कृति में विद्यमान सभी तरह की विचारधाराओं का समन्वय होती है।

संस्कृति-संरूप की अवधारणा संस्कृति को एक समष्टि के रूप में देखती है जिसके अंग एक दूसरे से इस प्रकार गुंथे होते हैं कि एक भाग का परिवर्तन दूसरे भाग को प्रभावित किये बिना नहीं रहता। संरूप का निर्माण करने वाले सांस्कृतिक तत्व एक दूसरे से अनुप्राणित होते रहते हैं।

सांस्कृतिक प्रतिमान—रीति-रिवाज, धर्म, सामाजिक और राजनीतिक प्रतिमान कला, विज्ञान, नैतिकता, आचार-विचार और व्यवहार के समान ढंग और उनके साथ जुड़े हुए विवादों को सांस्कृतिक प्रतिमान कहते हैं। इस अर्थ में प्रत्येक समाज का अपना एक विशिष्ट संस्कृति-प्रतिमान होता है। विभिन्न समाजों में संस्कृति प्रतिमानों में भिन्नता का कारण संसाधनों, जलवायु के साथ-साथ परम्पराओं में भिन्नता है। विभिन्न समाज प्रमुख एवं पुनरावर्तक जीवन की समस्याओं का समाधान अलग-अलग रूप से विकसित करते हैं, इसीलिए उनके भिन्न संस्कृति-प्रतिमान होते हैं।

गेस्टाल्ट मनोविज्ञान तथा **मालिनोस्की** के 'संस्कृति-सिद्धांत' से प्रेरित होकर **रूथ बेनेडिक्ट** ने संस्कृति की अंतरंग संरचना के विश्लेषण के लिए संस्कृति-प्रतिमान की अवधारणा का प्रयोग किया। **बेनेडिक्ट** के अनुसार, संस्कृति का एकीकृत स्वरूप एक स्थायी अथवा अर्द्ध स्थायी जीवन-शैली को प्रकट करता है जिसकी रचना संस्कृति की अंतर्वस्तु, अर्थात् संस्कृति के लक्षणों एवं संकुलों के संयोजन से होती है। **बेनेडिक्ट** ने संस्कृति के लक्षणों एवं संकुलों द्वारा निर्मित इस विशिष्ट जीवन-शैली या जीवन-पद्धति को ही संस्कृति-प्रतिमान की संज्ञा दी है। **हर्स्कोवित्स** ने इसे संस्कृति लक्षणों का रूपांकन (डिजाइन) कहा है। प्रत्येक संस्कृति का अपना एक विशेष प्रतिमान होता है जो उसे अन्य संस्कृतियों से पृथक करता है।

'प्रतिमान' शब्द सामान्यत: मापने के पैमाने के अर्थ-बोध के रूप में प्रयोग किया जाता है जिसके द्वारा हम अपने व्यवहार अथवा अपनी सम्पूर्ण जीवन-शैली को माप कर उसे सही अथवा गलत ठहराते हैं। इस 'प्रतिमान' के द्वारा हम अपनी संस्कृति की हर बात का मूल्यांकन करते हैं। अत: संस्कृति-प्रतिमान संस्कृति के आदर्शों एवं लक्ष्यों की अभिव्यक्ति है।

सांस्कृतिक निर्धारणवाद—सांस्कृतिक निर्धारणवाद एक ऐसी अवधारणा है जिसके अनुसार यह माना जाता है कि सभी सामाजिक घटनाएं संस्कृति की उपज हैं। यह दृष्टिकोण इस बात पर बल देता है कि मानव का व्यक्तिगत तथा सांस्कृतिक व्यवहार दोनों ही मुख्यत: सांस्कृतिक कारकों से निर्धारित होता है। संस्कृति निर्धारणवादी संस्कृति की सत्ता को व्यक्तियों से स्वतंत्र मानने लगे हैं। सुप्रसिद्ध मानवशास्त्री **ई. वी. टायलर** के अनुसार व्यक्ति संस्कृति को समाज के एक सदस्य के रूप में प्राप्त करता है। किंतु अनेक संस्कृति निर्धारणवादी टायलर के इस मत से सहमत नहीं हैं। वे कहते हैं कि संस्कृति अन्य सभी वस्तुओं की रचयिता है किंतु उसकी स्वयं की रचना, विकास एवं संचालन के अपने नियम हैं। मानव-शरीरशास्त्र, मानव-मनोविज्ञान और मानव समाज ये तीनों ही संस्कृति की वास्तविकता की व्याख्या करने में असमर्थ हैं। इस दृष्टिकोण को प्रो. क्रोबर ने पराजैविक कहा है। वस्तुत: यह दृष्टिकोण पराजैविक ही नहीं परामानसिक और परासामाजिक भी है। **लेस्ली ह्वाइट** को समकालीन निर्धारणवादियों में प्रमुख स्थान प्राप्त है।

सांस्कृतिक पिछड़ापन—सामाजिक और राजनीतिक परिवर्तन के कारण संस्कृति का अभौतिक पक्ष संस्कृति के भौतिक पक्ष से पिछड़ जाता है। इन दोनों संस्कृतियों के बीच पैदा होने वाली इस पिछड़न को सांस्कृतिक विलम्बना अथवा सांस्कृतिक पिछड़ापन कहा जाता है। इस अवधारणा का प्रयोग पहले-पहल **ऑगबर्न** ने किया। उनकी प्रसिद्ध पुस्तक '**सोशल चेंज**' में इसका उल्लेख मिलता है। **ऑगबर्न** ने संस्कृति के दो पक्षों—भौतिक और अभौतिक की चर्चा की है। उनका कथन है कि संस्कृति के इन दोनों पक्षों में समान गति से परिवर्तन नहीं होता। संस्कृति के भौतिक पक्ष अर्थात् सभ्यता में अभौतिक पक्ष अर्थात मूल्यों, विश्वासों, आदतों, परंपराओं आदि की अपेक्षा तीव्र गति से परिवर्तन होता है जिसके परिणामस्वरूप संस्कृति का अभौतिक पक्ष पिछड़ जाता है।

ऑगबर्न ने कहा है कि जब हम विलम्बन शब्द का प्रयोग करते हैं तब इसका अभिप्राय किसी वस्तु के आगे बढ़ने में होने वाली देरी से होता है। इसलिए जब संस्कृति के दोनों संबंधित पक्षों में तनाव उत्पन्न होने के कारण उनमें असमान गति में परिवर्तन होता है; तब हम इसे उस अंग की विलंबना या पिछड़ापन कहते हैं जो धीमी गति से परिवर्तित हो रहा है। उसमें एक अंग दूसरे से पीछे रह जाता है। इस अवधारणा से यह पता चलता है कि समाज के तकनीकी विकास और उसकी नैतिक एवं कानूनी संस्थाओं में समान गति से परिवर्तन नहीं होता है। तकनीकी विकास में तीव्र गति से परिवर्तन होता है लिहाजा दोनों में एक अंतराल पैदा हो जाता है। इस पिछड़न और अंतराल के कारण कभी-कभी कुछ समाजों में सामाजिक संघर्ष और समस्याएं उत्पन्न हो जाती हैं।

मानदण्ड और मूल्य
(Norms and Values)

मानदण्ड प्रत्येक परिस्थिति में व्यक्ति को यह बताते हैं कि उसे किस प्रकार व्यवहार करना है। उसे क्या कार्य करना है और क्या नहीं करना है। दैनिक जीवन के अनेक व्यवहार जैसे किस प्रकार स्वागत करना है, स्वच्छता के क्या तरीके हैं, अध्यापकों तथा अभिभावक का सम्मान कैसे करें? यह सब प्रक्रियाएं कुछ समाजोनुमोदित नियमों और कायदों से ही पूरी की जाती हैं। इसलिए इनको मानदण्ड की संज्ञा दी जाती है। मानदण्ड किसी समाज के ऐसे नियमाचार हैं जो इस बात की व्याख्या करते हैं कि एक व्यक्ति के लिए एक स्थिति विशेष में क्या वांछनीय अथवा स्वीकृत व्यवहार है। दूसरे शब्दों में मानव व्यवहार को नियमित एवं नियंत्रित करने वाले निर्देशात्मक विधि-विधानों को मानदण्ड कहा जाता है। मानदण्ड किसी समाज विशेष में व्यक्तियों को किसी कार्य को सम्पादित करने के लिए एक निश्चित मार्ग का अनुसरण करने के लिए बाध्य करते हैं। रीति-रिवाज, प्रथाएं, रूढ़ियां, परिपाटियां, लोकाचार तथा कानून आदि मानदण्डों के ही विभिन्न रूप हैं। प्रत्येक मानदण्ड के साथ पुरस्कार और दण्ड के रूप में अनुज्ञा जुड़ी होती है। अनुज्ञा की कठोरता के आधार पर ही इनमें भेद किया जाता है। आजकल 'नार्म' शब्द का प्रयोग एक मूलभूत अवधारणा के रूप में इन सभी के लिए किया जाता है। किसी क्रिया अथवा व्यवहार को 'नार्म' या नार्मेटिव कहने का साधारण अर्थ यही है कि अमुक व्यवहार समुदाय की प्रत्याशाओं के अनुरूप हो।

सामाजिक मानदण्ड निर्णय को सरल बनाते हैं। प्रत्येक व्यक्ति अपने जीवन में कई प्रकार की परिस्थितियों से घिरा रहता है तथा प्रत्येक परिस्थिति में उसे एक विशेष प्रकार से व्यवहार करना आवश्यक होता है। यदि प्रत्येक परिस्थिति में व्यक्ति को यह निर्णय स्वयं लेना पड़े कि उसे किस प्रकार का व्यवहार करना है तो उसका जीवन भूल करने और भूल सुधार करने में ही समाप्त हो जाएगा। वह किसी भी प्रकार अपने साथियों की अपेक्षाओं को सन्तुष्ट नहीं कर सकेगा। **मैकाइवर** कहते हैं कि ऐसी स्थिति में भ्रम पैदा हो जाएंगे और स्थिति असहनीय हो जाएगी।

मानदण्ड सामाजिक व्यवस्था में मानव अस्तित्व के अभिन्न अंग बन चुके हैं। मनुष्य के साथ इनके इतने घनीभूत संबंध हैं कि कभी-कभी इनकी सत्ता का अनुभव किए बिना ही व्यक्ति इनके अनुसार व्यवहार करता है। मानदण्ड व्यक्तित्व का अंग बनकर व्यक्ति का पथ प्रदर्शन करते हैं तथा इस बारे में दूसरे व्यक्तियों के निर्णयों को निर्धारित करते हैं। सामाजिक मानदण्ड की अवहेलना से व्यक्ति को जन सामान्य की आलोचना का शिकार बनना पड़ता है और उसमें स्वयं भी हीनता की भावना, तनावपूर्ण उद्वेगों और दुष्कर्म की भावना का विकास होता है।

ऐसा नहीं है कि मानदण्ड ही व्यक्ति के जीवन में सब कुछ हैं अथवा प्रत्येक मानदण्ड का पालन अक्षरशः करना मनुष्य को आवश्यक है। वास्तव में इसके अपवाद हर जगह दिखाई पड़ते हैं। इसका अर्थ यह नहीं है कि मानदण्ड निरंकुश होते हैं। बल्कि उनमें इतना लचीलापन होता है कि परिमितिनुसार व्यक्ति इनमें संशोधन और परिवर्तन भी कर सकता है। **बीरस्टीड** ने लिखा है कि, ''समाज स्वयं एक व्यवस्था है जिसका अस्तित्व सामाजिक प्रतिमानों अथवा मानदण्डों से ही संभव हो पाता है। इस प्रकार सामाजिक मानदण्ड ही सामाजिक संगठन के वास्तविक आधार हैं।''

मूल्य

राबर्ट बीरस्टीड के अनुसार, ''जब किसी समाज में स्त्री पुरुष अपने ही ढंग के व्यक्तियों के साथ मिलते हैं, काम करते हैं या बात करते हैं तब मूल्य ही उनके क्रमबद्ध सामाजिक संसर्ग को संभव बनाते हैं।''

डॉ राधाकमल मुखर्जी ने कहा कि, ''मूल्य समाज द्वारा मान्यता प्राप्त वे इच्छाएं एवं लक्ष्य हैं जिनका अंतरीकरण समाजीकरण की प्रक्रिया होता है और व्यक्ति पर अधिमान्यताएं मानदण्ड एवं अभिलाषाएं बन जाती हैं।''

इस प्रकार यह पता चलता है कि मूल्य एक सामाजिक घटना होती है। मूल्यों को सामाजिक प्रक्रिया के द्वारा ही व्यक्ति ग्रहण करता है। किसी वस्तु की मानवीय आकांक्षा को पूरा करने की विश्वसनीय क्षमता अथवा किसी वस्तु का वह गुण जो एक व्यक्ति अथवा समूह में रुचि उत्पन्न करता है, वह उसके मूल्य का द्योतक है। मूल्य वे सांस्कृतिक अथवा व्यक्तिगत धारणाएं अथवा आदर्श हैं जिसके द्वारा वस्तुओं अथवा घटनाओं की एक दूसरे के साथ तुलना की जा सकती है, उन्हें स्वीकार अथवा अस्वीकार किया जा सकता है तथा सापेक्षिक रूप में यह देखा जा सकता है कि क्या वांछित अथवा अवांछित है, क्या अच्छा या बुरा है, क्या अधिक ठीक या कम ठीक है। मूल्य लक्ष्य और उद्देश्य हैं जिनके प्रति एक व्यक्ति अथवा सम्पूर्ण समाज के व्यवहार को निर्धारित किया जाता है। न्याय, स्वतंत्रता, देशभक्ति, अहिंसा, सत्ता, समानता आदि मूल्यों के कुछ उदाहरण हैं। मूल्यों का प्रयोग किसी भी घटना, अनुभव, वस्तु आदि के क्रय विन्यास के लिए किया जा सकता है।

मूल्य अमूर्त हैं और वे मनुष्य के मस्तिष्क में अवस्थित रहते हैं। लेकिन उसका यह भी मतलब नहीं कि यह एक जन्मजात प्रवृत्ति होती है। मूल्य हमें सामाजिक विरासत में मिलते है और

व्यक्तित्व में इसका समावेश समाजीकरण के दौरान होता है। इस अर्थ में मूल्य की प्राप्ति समाज तथा संस्कृति में हमें विरासत के रूप में प्राप्त होती है। संस्कृति कुछ आदर्शों तथा मानदण्डों को निर्धारित करती है। परिणामस्वरूप समाज में विभिन्न विषयों के संबंध में एक निश्चित धारणा पनप जाती है। उन्हीं के आधार पर सामाजिक मनोवृत्ति पनपती है।

मूल्य एक सामाजिक-सांस्कृतिक विरासत है और इसीलिए इसकी प्राप्ति हमें सामाजिक अंतर्क्रियाओं के दौरान सामाजिक-सांस्कृतिक संस्थाओं और समितियों से होती है। व्यक्ति ज्यों-ज्यों समाज और संस्कृति के विभिन्न अंगों के सम्पर्क में आता जाता है त्यों-त्यों उसके व्यक्तित्व में नए मूल्यों का समावेश होता जाता है। इस प्रकार मूल्यों की प्राप्ति कोई अलौकिक प्रक्रिया न होकर एक सामाजिक-सांस्कृतिक प्रक्रिया है।

सारांश

1. समाजशास्त्रीय अवधारणाओं के अंतर्गत समाज, समुदाय, संस्था, समूह, संस्कृति तथा मानदण्ड और मूल्यों का अध्ययन किया जाता है। इसके अध्ययन के पीछे मुख्य उद्देश्य इन संस्थाओं की संरचना, निर्माण और कार्यों का विशद विशलेषण करना है ताकि समाज में इनकी भूमिका तथा गतिविधि से समाज के प्रकारों, चरित्र और भविष्य के बारे में निष्कर्ष निकाला जा सके। ऐसी अवधारणा प्रकार्यात्मक ओर संघर्षात्मक दोनों ही प्रकार के समाजशास्त्रियों ने विकसित की है तथा दोनों के लक्ष्य अपनी-अपनी अध्ययन सरणियों को अधिक बेहतर बनाना है।

2. समुदाय मूलत: हम भावना तथा विशिष्ट भौगोलिक क्षेत्र में स्थिति की दो विशेषताएं रखते हैं। लेकिन आदिम समुदाय निश्चित भौगोलिक क्षेत्र की विशेषता से पूरी तरह बंधे नहीं थे।

3. **किंग्सले डेविस** के अनुसार, ''समुदाय सबसे छोटा वह क्षेत्रीय समूह है जिसके अन्तर्गत सामाजिक जीवन के सभी पहलू आ सकते हैं। इसके तीन प्रमुख आधार होते हैं—(1) व्यक्तियों का समूह (2) क्षेत्रीय निश्चितता और (3) सम्पूर्ण सामाजिक जीवन का समावेश।''

4. **मैक्स वेबर** के अनुसार, ''शक्ति से तात्पर्य किसी भी सामुदायिक क्रिया में व्यक्तियों द्वारा दूसरे व्यक्तियों के विरोध के बावजूद अपनी इच्छा पूरी कर लेने की संभावना से होता है।''

5. संस्था वह सामाजिक समूह है जिसके माध्यम से सामाजिक व्यवस्था में आवश्यकताओं की पूर्ति के लिए कुछ कार्य प्रणालियां अथवा ढंग निर्धारित किये जाते हैं।

6. **स्पेन्सर** के अनुसार, ''संस्थाएं वह अंग है जिसके माध्यम से समाज के कार्यों को कार्यान्वित किया जाता है।''

7. समिति व्यक्तियों का ऐसा समूह है जो उद्देश्यों के लिए संगठित होता है तथा कुछ मान्यता प्राप्त अथवा स्वीकृति कार्य प्रणालियों और व्यवहारों द्वारा कार्य करता है।

8. समितियां कई प्रकार की होती हैं जिनमें प्रमुखत: व्यावसायिक, सेवा समितियां, कल्याण समितियां और लाभ प्रदान करने वाली समितियां होती हैं।

9. संस्कृति उन सभी व्यवहार-प्रतिमानों के लिए प्रयुक्त किया जाने वाला एक सामूहिक शब्द है जो सामाजिक रूप से अर्जित तथा सामाजिक रूप से ही हस्तांतरित किए जाते हैं। संस्कृति का संचरण औपचारिक अथवा अनौपचारिक सीखने अथवा प्रशिक्षण की प्रक्रियाओं द्वारा होता है।

10. रोजमर्रा के जीवन की अनेक विशिष्ट स्थितियों में एक व्यक्ति को किस प्रकार का व्यवहार करना चाहिए इस प्रकार के समाजानुमोदित उत्तरों को मानदण्ड कहते हैं।

11. किसी वस्तु का वह गुण जो एक व्यक्ति अथवा समूह में रुचि पैदा करता है मूल्य कहलाता है।

पारिभाषिक शब्दावली

1. विसंस्कृतिकरण (Deculturation)—किसी समूह द्वारा अपनी संस्कृति को पूर्णत: खो देने को विसंस्कृतिकरण कहते हैं।

2. निसंस्कृतिकरण (Disculturation)—यह एक ऐसी प्रक्रिया है जिसमें व्यक्ति बाह्य जगत के रोजमर्रा के जीवन के कुछ तथ्यों को बचाए रखने में असमर्थ हो जाता है। **राबर्ट सोमर** ने अपराधशास्त्र के क्षेत्र में इस अवधारणा का प्रयोग किया।

3. नवसंस्कृतिकरण (Neo-Culturation)—नवीन संस्कृति तथ्यों को अपनाने और सीखने की प्रक्रिया नवसंस्कृतिकरण कहलाती है।

4. पारस्परिक संस्कृतिग्रहण (Trans Culturation)—जब दो संस्कृतियां आपस में सांस्कृतिक तत्वों का आदान-प्रदान करती हैं, तब इसे पारस्परिक संस्कृतिग्रहण कहते हैं।

बहुविकल्पीय प्रश्न

1. अभौतिक संस्कृति का भौतिक संस्कृति से पिछड़ जाना क्या कहलाता है?

A. सांस्कृतिक परिवर्तन B. सांस्कृतिक विलंबना

C. सांस्कृतिक संचरण D. सांस्कृतिक परिवर्द्धन

2. संस्कृति का निर्माण किससे होता है?

A. अमूर्त प्रतिमानों से B. मूर्त प्रतिमानों से

C. उक्त दोनों से D. किसी से नहीं

3. 'शिल्प तथ्य' हैं—
A. संस्कृति के अंग B. भौतिक संस्कृति
C. व्यवहार के अंग D. इनमें से कोई नहीं

4. समुदाय में निम्नलिखित विशेषताएं पाई जाती हैं—
A. समुदाय एक निश्चित भूभाग होता है।
B. समुदाय में सामुदायिक भूभाग होता है।
C. समुदाय समाज का एक भाग है।
D. उपर्युक्त सभी

5. समुदाय—
A. अनाश्रित संबंधों की एक व्यवस्था की तरह कार्य करता है।
B. समूहों का संग्रह है, जो एक स्थान में निवास करता है।
C. सामुदायिक भावना व्यक्त करता है।
D. अपने निवासियों के लिए प्राथमिक वस्तुएं उपलब्ध कराता है।

6. निम्नलिखित में से कौन संस्था का महत्व बताता है?
A. संस्कृति जीवन का वाहक है।
B. सांस्कृतिक अनुरूपता उत्पन्न करती है।
C. संस्थाएं मानवीय आवश्यकताओं की पूर्ति करती हैं।
D. उपरोक्त सभी

7. समुदाय होता है—
A. अमूर्त B. मूर्त
C. सामान्य D. असामान्य

8. "मूल्य एक धारणा है जो सांस्कृतिक या व्यक्तिगत हो सकता है जिसके द्वारा चीजों की तुलना एक-दूसरे के साथ की जाती है" किसका कथन है?
A. मैकाइवर B. चार्ल्स पेज
C. श्रीनिवासन D. एच. एम. जान्सन

9. सामाजिक प्रतिमान या मानदण्ड किसे कहते हैं?
A. व्यवहार के संस्थागत तरीकों को
B. व्यवहार के परिमाणात्मक तरीकों को
C. व्यवहार के सांस्कृतिक एवं संस्थागत तरीकों को
D. व्यवहार के निर्माणात्मक तरीकों को

10. आत्मसातकरण आवश्यक रूप से एक—
A. सामाजिक प्रक्रिया B. राजनीतिक प्रक्रिया
C. ऐतिहासिक प्रक्रिया D. मनोवैज्ञानिक प्रक्रिया

11. "मानव की आविष्कार शक्ति अत्यन्त सीमित होती है किंतु उनकी ग्रहण शक्ति प्राय: असीमित होती है।" यह विचार किससे संबंधित है?
A. नवाचार B. संस्कृति संक्रमण
C. प्रसारवाद D. नव विचारवाद

12. निम्नलिखित में से किसका अर्थ व्यक्तियों के उस समूह से है जो समाज के लगभग समान पदों को प्राप्त किए होते हैं?
A. Station का B. Stranum का
C. Stratum का D. Strmnum का

13. निम्नलिखित में से व्यक्ति किसके माध्यम से अपने व्यक्तित्व का विकास और समाज के मूल्यों को ग्रहण करता है?
A. समाज के माध्यम से B. समूह के माध्यम से
C. समुदाय के माध्यम से D. परिवार के माध्यम से

14. सामाजिक मूल्यों के आधार पर सामाजिक संरचना के रूप पाए जाते हैं—
(a) सार्वभौमिक प्रदत्त प्रतिमान
(b) सार्वभौमिक अर्जित प्रतिमान
(c) विशिष्ट प्रदत्त प्रतिमान
(d) मिश्रित अर्जित प्रतिमान
A. केवल *(a)* और *(b)*
B. *(a), (b), (c)* और *(d)* सभी
C. केवल *(d)*
D. केवल *(a), (b)* और *(c)*

15. निम्नलिखित को सुमेलित कीजिए—
(a) परिवारिक जीवन का उद्विकास — 1. बैकोफन तथा मोर्गन
(b) सार्वभौमीकरण — 2. मैकम मेरियट
(c) मुख्य प्रस्थिति — 3. ई. टी. हिलर
(d) नवाचार — 4. बर्नेट

	(a)	*(b)*	*(c)*	*(d)*
A.	1	2	3	4
B.	4	3	2	1
C.	1	3	2	4
D.	3	2	1	4

16. निम्नलिखित को सुमेलित कीजिए—
(क) संचार — 1. हरबर्ट हाइमैन
(ख) नैतिक समूह का सिद्धांत — 2. लुण्डबर्ग
(ग) संदर्भ समूह — 3. सी. राइट मिल्स
(घ) सत्ता अभिजन — 4. जॉन पियाजे

	(क)	(ख)	(ग)	(घ)
A.	4	3	2	1
B.	1	2	3	4
C.	2	4	1	3
D.	2	4	3	1

17. निम्नलिखित को सुमेलित कीजिए—

(क) नैतिक एवं जनरीति	1. ए. एल. क्रोबर
(ख) सोशल चेन्ज इन मॉडर्न इण्डिया	2. एम. एन. श्रीनिवास
(ग) द नेचर ऑफ कल्चर	3. फर्डिनेण्ड टॉनीज
(घ) ऑर्गनाइजेशन मेन	4 डब्ल्यू एच. ह्वाइट

	(क)	(ख)	(ग)	(घ)
A.	1	2	3	4
B.	3	2	1	4
C.	4	3	2	1
D.	3	4	2	1

18. भारतीय संस्कृति का आधार तत्व है—
A. अंग्रेजी भाषा B. अंग्रेजी साहित्य
C. आध्यात्मिकता D. भौतिकवाद

19. निम्नलिखित में सही कथन कौन सा है?
A. संस्कृति परिवर्तन सार्वभौमिक तत्व है।
B. संस्कृति परिवर्तन आदिम समाजों तक ही सीमित है।
C. संस्कृति परिवर्तन केवल विकसित समाजों तक है।
D. संस्कृति परिवर्तन एक भ्रम है।

20. निम्नलिखित में से संस्था का लक्षण नहीं है—
A. सामूहिक अधिमति B. अस्थाई प्रकृति
C. नियमों की संरचना D. सुपरिभाषित उद्देश्य

21. सांस्कृतिक का अध्ययन करने वाले पृथक विज्ञान को कहते हैं—
A. सांस्कृतिक समाजशास्त्र
B. सांस्कृतिक मानवशास्त्र
C. सांस्कृतिक शास्त्र
D. सांस्कृतिक इतिहास

22. किस विद्वान ने कहा है कि, ''संस्कृति हमारे नित्य प्रति के व्यवहार, कला, साहित्य, मनोरंजन और आनंद में पाए जाने वाले विचारों के ढंग में हमारी प्रकृति की अभिव्यक्ति है?''
A. ट्यूलर B. मैकाइवर और पेज
C. बीरस्टीड D. ह्वाइट

23. कौन-सी संस्कृति की विशेषता नहीं है?
A. हस्तांतरणशील B. सीखा हुआ व्यवहार
C. आदर्शात्मक D. अनिरंतरता

24. संस्कृति के भौतिक पक्ष को क्या कहते हैं?
A. संस्कृतिकरण B. सभ्यता
C. संस्कृतिकरण D. असंस्कृतिकरण

25. सांस्कृतिक लय का सिद्धांत किसने प्रतिपादित किया?
A. मोरिस ओपलर B. हैरी एम. जान्सन
C. टी. बी. बोटोमोर D. किंग्सेल डेविस

उत्तरमाला

1	2	3	4	5	6	7	8	9	10
B	A	D	D	C	D	B	D	C	A
11	**12**	**13**	**14**	**15**	**16**	**17**	**18**	**19**	**20**
C	C	D	B	A	C	B	C	A	B
21	**22**	**23**	**24**	**25**					
B	B	D	B	A					

अध्याय 3

सामाजिक संरचना
(Social Structure)

'संरचना' शब्द का प्रयोग साधारणत: किसी रचना की इकाई में अंगों तथा अवयवों के ऐसे प्रतिमानित संबंधों के लिए किया जाता है जो अपेक्षाकृत स्थिर एवं स्थायी होते हैं। अत: किसी वृहत रचना के विभिन्न भागों अथवा निर्णायक तत्वों के आपसी संबंधों में जो एक व्यवस्था अथवा संगठन होता है उसे संरचना कहते हैं। संरचना अंगों की एक व्यवस्थित क्रमबद्धता को प्रकट करती है जिसे अपरिवर्तनीय माना जाता है। यह अपेक्षाकृत स्वयं स्थायी होती है किन्तु इसके अंग परिवर्तनशील होते हैं। इस धारणा के अनुसार, एक वनस्पति शास्त्री किसी पत्ते की संरचना का वर्णन करते समय उसकी बनावट अथवा उसके विभिन्न अंगों के आपसी संबंधों की व्यवस्था में, एक रसायनशास्त्री किसी यौगिक की संरचना, उस यौगिक के तत्वों के संबंधों की व्यवस्था में तथा एक जीवशास्त्री मानव शरीर की संरचना को उसके अंगों, शिराओं, कोशों तथा धमनियों की व्यवस्था के रूप में करता है। एक समाज वैज्ञानिक मानव समाज की संरचना को उसके अंगों अर्थात् सामाजिक संस्थाओं, समूहों तथा व्याधियों की सामाजिक क्रियाओं, भूमिकाओं, प्रस्थितियों तथा आदर्शात्मक व्यवस्था के अपेक्षाकृत स्थायी संबंधों को खोजता है।

सामाजिक संरचना शब्द का प्रयोग **स्पेन्सर और दुर्खीम** की कृतियों से लेकर आधुनिक समाजशास्त्रीय साहित्य में प्रचुर मात्रा में हुआ है। सामान्यत: इसका प्रयोग समाजों को निर्मित करने वाली एक या अधिक विशेषताओं के संदर्भ में किया गया है। फलत: यह शब्द कहीं-कहीं व्यवस्था, संगठन, संकुल, प्रतिमान संरूप और यहां तक कि सम्पूर्ण समाज का पर्याय बन गया है। प्रसिद्ध समाजशास्त्री **पारसन्स** ने भी इसे परिभाषित करते हुए लिखा है कि यह एक ऐसा पद हैं जिसका प्रयोग परस्पर संबंधित संस्थाओं, संगठनों तथा सामाजिक प्रतिमानों की एक विशिष्ट व्यवस्था के साथ-साथ किसी समूह में प्रत्येक सदस्य द्वारा ग्रहण की गयी प्रस्थितियों तथा भूमिकाओं की विशिष्ट क्रमबद्धता के लिए किया जाता है।

किसी सामाजिक समूह की संरचना की बात करते हुए हमारा तात्पर्य उस समूह के आंतरिक संगठन के प्रतिमान अर्थात समूह के सदस्यों के बीच पाए जाने वाले सामाजिक संबंधों के सम्पूर्ण ताने-बाने से होता है। इन संबंधों में सामाजिक क्रिया, भूमिकाएं, प्रस्थितियां, संचार-माध्यम-व्यवस्था, श्रम विभाजन तथा आदर्शात्मक व्यवस्था को सम्मिलित किया जाता है। सामाजिक संबंधों का यह ताना-बाना समाज को उसका आधारभूत रूप प्रदान करता है तथा सामाजिक व्यवहार को सीमाबद्ध करता है। सामाजिक मानवशास्त्र में सामाजिक संरचना तथा सामाजिक प्रकार्य की अवधारणाओं में भेद किया गया है। सामाजिक संरचना को 'स्वरूप' के अर्थ में तथा सामाजिक प्रकार्य को सामाजिक संबंधों के प्रभाव के अर्थ में प्रयोग किया जाता है। 'संरचना' किसी व्यवस्था के स्थिर पक्ष को तथा 'प्रकार्य' उसके गत्यात्मक पक्ष को प्रतिबिंबित करता है।

सामाजिक संरचना के तात्पर्य—लेवी के अनुसार, "सामाजिक संरचना अथवा संगठन का तात्पर्य व्यक्तियों के विशिष्ट समूहीकरण से है। सामुदायिक जीवन विभिन्न कार्यों का सम्पादन करने की दृष्टि के निर्मित मानव समूहों के निर्माण से विकसित होता है।" **रेडक्लिफ ब्राउन** के शब्दों में "सामाजिक संरचना के तत्व मनुष्य हैं। स्वयं संरचना संस्थाओं के द्वारा परिभाषित और नियंत्रित संबंधों में बंधे व्यक्तियों की व्यवस्था है।" **मजुमदार और मदान** के कथनुसार, "सामाजिक संगठन का तात्पर्य एक समय विशेष में प्रचलित परस्पर संबंधित भूमिकाओं से है।"

तात्पर्य यह है कि सामाजिक संरचना समाज का वह बाह्य रूप है जो कि समाज विशेष का एक नाम विशेष में सामाजिक समितियों व संस्थाओं के एक निश्चित ढंग से व्यवस्थित हो जाने के फलस्वरूप प्राप्त होता है। सामाजिक संरचना की परिभाषा में इस बात पर बल दिया गया है कि स्वयं समाज की भांति सामाजिक संरचना की कोई स्थिर अवधारणा नहीं है। वह तो एक गतिशील अवधारणा है। इसका रूप या स्वरूप न तो प्रत्येक समाज में एक-

सा होता है और न ही प्रत्येक समय में अर्थात् समय-समय पर प्रत्येक समाज में सामाजिक संरचना में परिवर्तन हो सकता है और होता भी है। सौ वर्ष पूर्व भारतीय सामाजिक संरचना जिस प्रकार की थी, आज निश्चिय ही उस प्रकार की नहीं है। अत: स्पष्ट है कि सामाजिक संरचना समय तथा समाज के अनुसार अलग-अलग होती है।

पारसंस के अनुसार, ''सामाजिक संरचना परस्पर संबंधित संस्थाओं, एजेंसियों और सामाजिक प्रतिमानों तथा साथ ही समूह में प्रत्येक सदस्य द्वारा ग्रहण किए गए पदों तथा भूमिकाओं के विशिष्ट व्यवस्थित रूप को कहते हैं। **जॉनसन** का कथन हैं कि किसी भी चीज की संरचना उसके अंगों में पाये जाने वाले अपेक्षाकृत स्थायी अन्त:संबंधों को कहते हैं। चूंकि सामाजिक व्यवस्था लोगों की अन्त: संबंधित क्रियाओं से बनती है। इस कारण उसकी संरचना को इन क्रियाओं में पायी जाने वाली नियमितता की मात्रा या पुनरुत्पत्ति में ढूंढ़ा जाना चाहिए। **पार्थ** ने इस अवधारणा की कमी पर दृष्टिपात किया है कि सामाजिक संरचना और सामाजिक संगठन में कोई अंतर नहीं है। वह इन दोनों को समाज के दो पहलू समझता है और सामाजिक संगठन के अन्तर्गत वह समाज के परिवर्तनशील नियमों को रखता है तथा सामाजिक संरचना के अन्तर्गत स्थिर नियमों को।

नेडेल, गर्थ तथा मिल्स आदि समाजशास्त्रियों के अनुसार किसी समाज में व्यक्ति अपनी स्थिति या पदों के अनुसार जो कार्य करते हैं या भूमिकायें निभाते हैं उन कार्यों या भूमिकाओं की सम्पूर्ण व्यवस्था को सामाजिक संरचना कहते हैं। पारसंस ने अपनी परिभाषा में इस बात पर बल दिया है कि सामाजिक संरचना का निर्माण अनेक सामाजिक तथ्यों के द्वारा होता है। दूसरे शब्दों में एक सामाजिक संरचना के अनेक अंग होते हैं। और इन अंगों में आपस में इस प्रकार का संबंध होता है कि वे सब एक दूसरे से संबंधित रहते हुए समाज को एक विशिष्ट रूप प्रदान कर सकें। सामाजिक संस्थाएं, एजेंसियां, सामाजिक प्रतिमान तथा सदस्यों की प्रस्थिति तथा भूमिकाएं—ये सभी सामाजिक संरचना के ही अंग हैं। प्रत्येक समाज में ये सब सामाजिक इकाइयां एक निश्चित ढंग से व्यवस्थित रहती हैं। जिसके फलस्वरूप समाज का एक स्वरूप प्रकट होता है। उसी को सामाजिक संरचना करते हैं। प्रत्येक समाज में चूंकि यह व्यवस्थित रूप पृथक-पृथक होता है। इस कारण सामाजिक संरचना भी अलग-अलग ही होती है। उदाहरणार्थ—हिन्दू समाज में विवाह संस्था, जाति प्रथा, परम्परा, आदर्श, पिता की स्थिति तथा भूमिका, माता का परिवार में स्थान, पत्नी का कर्तव्य तथा परिवार में उसकी स्थिति तथा भूमिकाएं आदि एक विशेष प्रकार के संरचना तत्व हैं और वे एक दूसरे से संबधित भी हैं। जैसे विवाह संस्था जाति प्रथा के द्वारा प्रभावित होती है और जाति प्रथा समाज को विभिन्न समूहों की सामाजिक स्थिति तथा कार्यों को निर्धारित करने, संस्कारों का निदान देने आदि में महत्वपूर्ण नियंत्रण रखती है। ये सब कुछ संबंधित रूप से हिन्दू समाज को स्वरूप या व्यवस्थित रूप प्रदान करते हैं। पारसंस के अनुसार इसी को सामाजिक संरचना कहेंगे। पर इस संबंध में यह स्मरण रहे कि सामाजिक संरचना को एक विशिष्ट व्यवस्थित रूप देने के लिए अर्थात् सामाजिक संस्थाओं, एजेंसियों, प्रतिमानों, स्थितियों तथा भूमिकाओं को एक निश्चित ढंग से सजाने के लिए कोई योजना नहीं बनाई जाती है और न ही अधिक सचेत प्रयत्न करने की आवश्यकता होती है। सामाजिक संरचना का विकास तो सामाजिक अन्त: क्रियाओं के फलस्वरूप ही होता है। सामाजिक संरचना की किसी भी वैज्ञानिक विवेचन में इस बात का अवश्य ही ध्यान रखना चाहिए।

जॉनसन के अनुसार सामाजिक संरचना में अनेक अंग होते हैं। उन अंगों में पारस्परिक संबंध भी पाया जाता है। पर इस पारस्परिक संबंध की एक उल्लेखनीय विशेषता यह है कि यह संबंध अत्यधिक अस्थायी या अस्थिर नहीं होता है। उसमें कुछ उद्देश्यों की पूर्ति करना कदापि संभव न होगा। सामाजिक संरचना में अस्थिरता का तात्पर्य है सामाजिक व्यवस्था का टूट जाना। इसलिए सामाजिक संरचना में स्थिरता का होना अनिवार्य है। पर इस स्थिरता का अर्थ यह नहीं है कि सामाजिक संरचना में कभी कोई परिवर्तन होता ही नहीं है। सामाजिक संरचना भी परिवर्तनशील है। जैसे ही सामाजिक संरचना का निर्माण करने वाले अंगों में परिवर्तन हो जाता है वैसे ही सामाजिक संरचना भी बदल जाती है। सामाजिक संरचना समाज के सदस्यों की अन्त: संबंधित क्रियाओं का फल होती है। समाज के सदस्यों की अपनी सामान्य आवश्यताएं होती हैं और उन आवश्यकताओं की पूर्ति के लिए उन्हें अन्य व्यक्तियों से अपने को संबंधित रखते हुए क्रिया करनी पड़ती है और उन साधनों या तरीकों को खोज निकालना पड़ता है, जिनके द्वारा उनकी आवश्यकताएं पूरी हो सकें। मानवीय आवश्यकताओं की पूर्ति के इन्हीं साधनों को हम संस्था कहते हैं। उसी प्रकार धार्मिक व्यवहार, संस्कार, प्रथा, परम्परा, आदर्श, मूल्य भूमिका आदि में भी समाज के सदस्यों की अन्त: संबंधित क्रियाएं ही अभिव्यक्त होती हैं। दूसरी ओर इन सब संस्था, व्यवहार, संस्कार, भूमिका आदि के व्यवस्थित रूप को ही हम सामाजिक संरचना कहते हैं। संक्षेप में यह कहा जा सकता है कि ''सामाजिक संरचना अनेक सामाजिक समूहों, समितियों, संस्थाओं तथा व्यक्तियों द्वारा प्राप्त स्थितियों और कार्यों की क्रमबद्धता है।''

सामाजिक संरचना के तत्व

विभिन्न समाजशास्त्रियों ने सामाजिक संरचना में जिन तत्वों

का वर्गीकरण किया है उनको निम्नलिखित तीन भागों में विभाजित किया जा सकता है—

1. सामाजिक समूह

जैसे—परिवार, पड़ोस, समूह आदि प्राथमिक समूह, समुदाय जैसे ग्राम, टाउन, नगर सामाजिक वर्ग और जाति समितियाँ प्रजातीय समूह आदि।

2. अन्त संबंधित संस्थाएं

इसके अन्तर्गत आर्थिक, सामाजिक, राजनीतिक धार्मिक आदि संस्थाओं का समावेश होता है।

3. भूमिकाएं या व्यक्तियों की प्रस्थिति और कार्य

(i) **सामाजिक पद**—सामाजिक संरचना की सबसे छोटी इकाई पद होती है। पद के साथ-साथ सम्मान, सत्ता का भाव जुड़ा होता है। सामाजिक पद व्यक्ति को उसके माता-पिता के द्वारा भी प्राप्त होता हैं। इन्हें स्वयं व्यक्ति भी प्राप्त करता है।

(ii) **सामाजिक भूमिका**—सामाजिक भूमिका किसी व्यक्ति के उसकी परिस्थिति के अनुरूप आचरण करने की प्रत्याशा है। इसका संबंध व्यक्ति के कार्यों तथा दायित्वों से जुड़ा होता है। साथ ही यह भी जान लेना आवश्यक है कि व्यक्ति की एक ही भूमिका नहीं होती। जैसी-जैसी सामाजिक परिस्थितियाँ होती हैं वैसी-वैसी भूमिकाएं भी। कभी-कभी व्यक्ति अपनी भूमिका को निभाने में धर्म संकट में पड़ सकता है। ऐसी स्थिति में भूमिका में तनाव उत्पन्न हो जाता है।

सामाजिक संरचना की विशेषताएं

1. सामाजिक संरचना एक अमूर्त अवधारणा होती है क्योंकि इसका संबंध व्यवहारों से होता है।

2. इसमें व्यक्ति के आदर्श तथा वास्तविक व्यवहार दोनों ही सम्मिलित होते हैं।

3. सामाजिक संरचना एक गत्यात्मक तथ्य है। सामाजिक संरचना बदलती रहती है, जो भारत का सामाजिक ढांचा आज है वह 50 वर्ष पूर्व नहीं था।

4. इसका अध्ययन व्यक्ति के आपसी व्यवहारों तक ही निहित होता है।

5. किसी भी प्रघटना को सामाजिक प्रघटना की श्रेणी में रखने के लिए उसको सामाजिक संरचना की कसौटी पर कसा जा सकता है।

सामाजिक संरचना व सामाजिक प्रकार्य में संबंध

जैसा कि पहले ही उल्लेख किया जा चुका है कि सामाजिक संरचना व सामाजिक प्रकार्य में कोई संबंध है या नहीं-इस संबंध में विद्वानों में मतभेद है। कुछ विद्वानों का कहना है कि सामाजिक संरचना एक प्रतिमान या ढांचे को व्यक्त करती है और इसके अन्तर्गत प्रकार्य की धारणा सम्मिलित नहीं है। सामाजिक संरचना तो एक बाहरी रूप या स्वरूप है। इसलिए उसमें प्रकार्य का प्रश्न ही नहीं उठता। इस अर्थ में सामाजिक संरचना और सामाजिक प्रकार्य में कोई संबंध नहीं है। इसके विपरीत **हरबर्ट स्टेन्सर, लेवी** आदि का मत है कि सामाजिक प्रकार्य और सामाजिक संरचना एक दूसरे से घनिष्ठ रूप से संबंधित हैं। इन विद्वानों के अनुसार सामाजिक संरचना एक सामाजित संतुलन की स्थिति को व्यक्त करती है और वह संतुलन तब तक सम्भव नहीं है जब तक सामाजिक संरचना के विभिन्न अंग या इकाइयां अपने-अपने स्थान पर रहते हुए निश्चित कार्यों को न करते रहें।

1. अर्जित पद

अर्जित पद व्यक्ति की सामाजिक क्षेत्र की सफलता पर आधारित होता है। अर्जित पद की परिभाषा करते हुए **यंग और मैक** ने लिखा है 'अर्जित पद जन्म के आधार पर नहीं दिया जाता, बल्कि उनके लिए छोड़ दिया जाता है, जो समाज में सफलतापूर्वक प्रतियोगिता में समान होते हैं अर्थात् जिन पदों को व्यक्ति अपने व्यक्तिगत प्रयासों से प्राप्त करता है, उन्हें अर्जित पद कहते हैं।' आधुनिक युग में इसका अधिक महत्व है। यह व्यक्ति की योग्यता, कार्य-कुशलता, धन सम्मान राजनीतिक पद आदि के आधार पर अर्जित किया जाता है। अर्जित पद की प्रकृति परिवर्तनशील होती है।

2. निर्दिष्ट पद

यह वह पद होता है, जिसके निर्धारण में व्यक्ति की इच्छा या चुनाव का कोई स्थान नहीं होता, जैसे कैदी का पद।

प्रस्थिति निर्धारण के कारक

1. नातेदारी या पूर्वज—पूर्वजों के आधार पर भी व्यक्ति को पद प्रदान किया जाता है, जैसे राजा के परिवार के सदस्यों को पद दिया जाता है। इस प्रकार के पद प्रदत्त पद की श्रेणी में आते हैं।

2. सम्पत्ति (Wealth)—सम्पत्ति के आधार पर भी पद निर्धारित किया जाता है। इस प्रकार के पद अर्जित पद होते हैं।

3. व्यावसायिक योग्यता—व्यक्ति का समाज के लिए योग भी व्यक्ति के पद निर्धारण में महत्व रखता है। जैसे फौज का जनरल। इस प्रकार के पद अर्जित पद होते हैं।

4. धर्म में पद अर्जित होते हैं

5. प्रजातीय विशेषताएं भी पद निर्धारण में महत्व रखती हैं।

भूमिका

जिस प्रकार अधिकार और कर्तव्यों का घनिष्ठ संबंध होता है, उसी प्रकार पद और कार्य का भी घनिष्ठ संबंध होता है। कार्य के ऊपर दृष्टिपात करते हुए **एफ.जे.वार्ड** ने लिखा है कि कार्य एक आंशिक आचरण है। इस सम्बन्ध में **वीरस्टीड** ने लिखा है कि, ''एक कार्य वह प्रणाली है, जिसके द्वारा कोई व्यक्ति अपने संबंधित कर्तव्यों को पूरा करके उनसे संबंधित विशेष अधिकार प्राप्त करता हैं। **यंग तथा मैक** ने कार्य की बड़ी साधारण परिभाषा दी है। इनके विचार में पद का कार्यात्मक पहलू कार्य कहलाता है, किन्तु कार्य का आधार पद होता है या हम कह सकते हैं कार्यपद प्रगति का परिणाम होते हैं।

प्रस्थिति और भूमिका के सम्बन्ध

जिस प्रकार अधिकार और कर्तव्यों का घनिष्ठ संबंध होता है, और एक के अभाव में दूसरे की कल्पना नहीं की जा सकती, ठीक उसी प्रकार पद और कार्य का भी घनिष्ठ संबंध है। प्रत्येक पद या स्थान के साथ कार्य भाग भी निश्चित होता है। पिता के पद के साथ परिवार के सदस्यों की मांगों की पूर्ति का कार्य भाग या अध्यापक के साथ पढ़ने का कार्य अर्थात् एक की अनुपस्थिति में दूसरे की कल्पना नहीं की जा सकती है। वीरस्टीड ने इन दोनों के संबंधों को स्पष्ट करते हुए लिखा है कि कार्य पद का व्यावहारिक रूप है। पद में परिवर्तन आ जाता है, किन्तु आज पद प्राप्ति में कार्य पद महत्वपूर्ण है। **लिंटन** भी पद और कार्य भाग में अंतर बताते हुए कहता है कि कार्य भाग पद का सक्रिय रूप है। पद स्थिर स्थान होता है और कार्य भाग सक्रिय वस्तु। समाज में यदि व्यक्ति पद प्राप्ति के बाद उससे संबंधित कार्य नहीं करता है तो उसका पद छिन जाता है। समाज पद प्रदान करने के बाद व्यक्ति से उससे संबंधित कार्य की आशा करता है। हर समाज में पद के साथ सम्मान भी जुड़ा होता है किन्तु पद तथा सम्मान दोनों एक ही नहीं हैं। पद का अर्थ होता है व्यक्ति की स्थिति, जबकि सम्मान का अर्थ होता है, स्तरणीय स्तरण। एक ऊँचा पद वह कहलाता है, जिसमें व्यक्ति को ऊँचा सम्मान प्राप्त होता है। छोटे पद में नीचा सम्मान प्राप्त होता है। पद साथ ही साथ कार्य को जन्म देता है। एक व्यक्ति के अनेक पद होते हैं। व्यक्ति समाज में अनेक कार्य करता है। वह एक समय में एक या एक से अधिक कार्य भी कर सकता है। यह व्यक्ति की सामाजिक प्रस्थिति पर भी आधारित होता है कि किस प्रकार के कार्य करे?

पदों को दो श्रेणियों में बांटा जा सकता है—(1) आरोपित स्तरण तथा (2) अर्जित स्तरण। इन शब्दों का सर्वप्रथम **लिंटन** ने प्रयोग किया था। आरोपित स्तरण कहलाता है जो कि व्यक्ति को पैदाइश, जैवशास्त्रीय गुण, जैसे लिंग, आयु, जाति या सामाजिक स्थिति के आधार पर दिया जाता है या यह पद एक व्यक्ति को अपने पूर्वजों से परम्परागत प्राप्त होता है। भारतीय जाति व्यवस्था इसका उदाहरण है। इस प्रणाली में एक ब्राह्मण का आरोपित पद अन्य जातियों के सदस्यों से ऊँचा होता है। इस प्रकार पद का महत्व परम्परागत समाजों में अधिक पाया जाता है। अर्जित स्तरण को प्राप्त करने के लिए व्यक्ति को कुछ कठिनाइयाँ उठानी पड़ती हैं। समाज में अर्जित स्तरण के लिए प्रतियोगिता चलती है। इसके लिए विशेष प्रकार के कार्य करने पड़ते हैं अर्थात् अर्जित पद व्यक्ति को उसकी सफलता के आधार पर प्राप्त होता है। अर्जित पद की भावना के कारण ही व्यक्ति समाज में अधिक से अधिक कार्य करता है। इसके द्वारा समाज में व्यवस्था बनी रहती है और व्यक्ति भी अपने कार्यों के प्रति जागरूक रहता है।

प्रस्थिति और भूमिका के निर्धारक

1. यौन भेद—लिंग के आधार पर भी समाज में व्यक्ति का पद निश्चित किया जाता है। प्राय: यह प्रथा संसार के सभी समाजों में दिखाई पड़ती है। भारतीय समाज में स्त्री को पुरुष की अपेक्षा नीचा समझा जाता है। लिंग भेद के आधार पर भी श्रम विभाजन में नीचा कार्य करना होता है। दूसरी ओर मातृ वंशीय परिवारों में माता का स्थान पिता से ऊंचा समझा जाता है।

2. आयु भेद—पद निर्धारण करने में आयु का भी महत्वपूर्ण स्थान होता है। आयु के आधार पर पाँच भाग-शैशवास्था, बाल्यावस्था, युवावस्था, प्रौढ़ावस्था तथा वृद्धावस्था होते हैं। इन सभी अवस्थाओं में व्यक्ति के कार्य भी अलग-अलग होते हैं। ज्यों-ज्यों व्यक्ति की आयु बढ़ती जाती है, उसकी स्थिति में परिवर्तन होता रहता है। बड़ा होने पर छोटे व्यक्ति उसका सम्मान करते हैं।

3. नातेदारी—यौन-भेद आयु के अतिरिक्त व्यक्ति का पद नातेदारी व्यवस्था पर भी आधारित होता है। नातेदारी का अर्थ व्यक्ति के संबंधियों से होता है।

4. सम्पत्ति भेद—व्यक्ति की स्थिति निश्चित करने में व्यक्ति की सम्पत्ति का भी महत्वपूर्ण स्थान होता है। जो लोग अधिक धनी होते हैं, उन्हें समाज में अधिक सम्मान मिलता है।

5. अन्य आधार—उपरोक्त आधारों के अतिरिक्त भी पद निर्धारण में प्रजाति, व्यवसाय, राजनीतिक अधिकार, धर्म, शिक्षा, सुरक्षा, उपयोगिता, खेलकूद आदि अनेक कारक महत्वपूर्ण है।

आरोपित प्रस्थिति तथा अर्जित प्रस्थिति में अंतर

उपरोक्त परिभाषाओं एवं वर्णन के द्वारा दोनों की विशेषताएं स्पष्ट हो जाती हैं। आरोपित तथा अर्जित पद में काफी अन्तर होता

है। सर्वप्रथम आरोपित पद व्यक्ति को जन्म के आधार पर मिलता है। यदि एक लड़का राजा के यहां पैदा हो गया, तो उसका पद उसको उसके पूर्वजों द्वारा दिया गया है। वह जिस खानदान में पैदा हुआ उसकी प्रतिष्ठा आदि उसको प्राप्त हो गई। जबकि अर्जित पद पूर्णतया व्यक्ति के ऊपर आधारित होता है, यह जन्म पर आधारित न होकर कर्म पर आधारित होता है। आरोपित पद जन्म पर तथा अर्जित स्तरण कर्म पर आधारित होता है। आरोपित पद प्राप्ति के बाद व्यक्ति को कार्य करना पड़ता है। अर्जित पद प्राप्त करने हेतु व्यक्ति को पहले कुछ कार्य करना पड़ता है। यह भी कहा जा सकता है कि आरोपित पद प्राप्त होने पर कुछ कार्य करना पड़ता है। लेकिन अर्जित पद में इसका उल्टा होता है अर्थात् कार्य करने के बाद ही अर्जित स्तरण प्राप्त होता है, जैसे कोई व्यक्ति एक पिछड़े वर्ग का सदस्य है, किन्तु बाद में वह समाज सुधारक बन जाता है, जैसे कोई व्यक्ति एक पिछड़े वर्ग का सदस्य है, किन्तु बाद में वह समाज सुधारक बन जाता है। एक नेता का रूप धारण कर लेता है। यह नेतागिरी उसको उसके कार्यों के बदले प्राप्त हो पाई है। आरोपित पद संतान को तथा संतान की संतान आदि को भी प्राप्त होता रहता है, किन्तु अर्जित स्तरण व्यक्ति के जीवन तक ही रहता है। व्यक्ति की मृत्यु के साथ-साथ वह भी समाप्त हो जाता है। आरोपित पद काफी समय तक चलता है, जबकि अर्जित स्तरण व्यक्ति के जीवन भर चलता है। प्राय: आरोपित पद एक परिवार, जाति आदि के सदस्यों का एक सा होता है, किन्तु ऐसी बात अर्जित पद के संबंध में नहीं है। यह पद एक परिवार के सदस्यों का अलग-अलग हो सकता है। आरोपित पद समाज की रूढ़िवादी प्रथा पर आधारित होता है। वह प्राय: बदलता नहीं है, किन्तु अर्जित पद परिवर्तनशील समाज में अनेक आधारों पर निर्धारित होता है। व्यक्ति की योग्यता तथा अर्जित पद का घनिष्ठ संबंध होता है। किन्तु आरोपित पद तथा व्यक्ति की योग्यता का कोई संबंध नहीं होता है। यद्यपि आरोपित पद और अर्जित पद एक दूसरे के विरोधी हैं, किन्तु कार्य के आधार पर एक दूसरे के पूरक भी कहे जा सकते हैं।

भूमिका की अवधारणा

साधारण तौर पर कहा जा सकता है कि 'भूमिका' का तात्पर्य उन सभी कार्यों से है जिनको एक विशेष प्रस्थिति के अनुसार व्यक्ति से पूरा करने की आशा की जाती है। वास्तव में व्यक्ति की स्थिति के साथ भूमिकाएं जुड़ी होती हैं। ऐसा संभव नहीं कि व्यक्ति की प्रस्थिति पद हो और भूमिका न हो। जहाँ पद है वहाँ पर भूमिका भी अवश्य होगी। वास्तव में दोनों को एक ही सिक्के के दो पहलू कहा जा सकता है। इन दोनों में जितना सामंजस्य तथा संतुलन होगा। उतना ही सामाजिक अवस्था संतुलित होगी तथा व्यवस्थित रहेगी। विभिन्न विद्वानों ने इसकी विभिन्न परिभाषाएं प्रस्तुत की हैं-**सार्जेन्ट** के अनुसार, ''किसी व्यक्ति की भूमिका सामाजिक व्यवहार का ही एक प्रतिमान अथवा एक प्रकार है जिसे वह अपने समूह के सदस्यों की प्रत्याशाओं के अनुसार एक स्थिति में उचित समझता है।'' **लिंटन** का कथन है कि, ''भूमिका शब्द का प्रयोग किसी विशेष पद से संबंधित सांस्कृतिक प्रतिमान की समग्रता के लिए किया जाता है। इस प्रकार भूमिका में उन सभी प्रवृत्तियों, सामाजिक मूल्यों और व्यवहारों को सम्मिलित करते हैं जो किसी विशेष पद से सम्बन्धित व्यक्ति अथवा व्यक्तियों को समाज द्वारा प्रदत्त होते हैं।'' भूमिका वह कार्य है जिसे वह हर प्रस्थिति के लिए करता है। **के.डेविस** मानते हैं कि भूमिका किसी भी व्यक्ति द्वारा अपनी प्रस्थिति की आवश्यकताओं के अनुसार सम्पन्न किया जाने वाला कार्य है। संक्षेप में, समाज में स्वीकृत व्यवहार के तरीके की सम्पूर्णता को भूमिका कहा जाता है। उपरोक्त परिभाषाओं से स्पष्ट हो जाता है कि व्यक्ति अपनी प्रस्थितियों के अनुसार भूमिकाएं करता है। वास्तव में भूमिका दो प्रकार की होती है (1) वह भूमिका जो व्यक्ति को अपनी संस्कृति, जाति, समूह के मूल्यों, प्रवृत्तियों, रूढ़ियों और विश्वासों के अनुरूप होती है। इस प्रकार की भूमिका को प्रदत्त भूमिका भी कहते हैं तथा इस प्रकार की भूमिका सरल समाजों में पाई जाती है। दूसरी ओर अर्जित भूमिकाएं होती हैं। ये व्यक्ति को उसकी योग्यता, परिश्रम और कौशल से प्राप्त होती है। इस प्रकार की भूमिका औद्योगिक एवं नगरीय समाजों में या आधुनिक समाज में पाई जाती है।

सामाजिक भूमिका के तत्व

भूमिका के प्रमुख तत्व दो होते हैं।

1. प्रत्याशाएं—हर पद या प्रस्थिति इस बात को भली-भांति जानती है कि उससे किस आचरण की आशा अन्य संबंधित पदों के लोग कर रहे हैं।

2. बाह्य व्यवहार—हर भूमिका धारक को इस बात का ज्ञान होता है कि उससे अपनी भूमिका, दायित्व और कर्तव्यों को व्यवहार में अनुदिष्ट करना है।

सामाजिक भूमिका का महत्व

(क) सामाजिक संगठन की दृष्टि से हर भूमिका महत्वपूर्ण है। हर व्यक्ति को इस बात का ज्ञान होता है कि उसकी प्रस्थिति या पद के साथ किस प्रकार की भूमिका निभाना अनिवार्य है। समाज में संगठन उस समय तक पाया जाता है। जब तक व्यक्ति अपनी भूमिकाएं सुचारू रूप से निभाते हैं। भूमिका संगठन की प्रकार्यात्मक आवश्यकताओं की पूर्ति में सहायक होती है। यदि सदस्य निष्ठापूर्वक अपनी भूमिका निभाते रहते हैं तो संगठन ठीक रहता है।

(ख) प्रस्थिति और भूमिका व्यक्ति को संस्कृति विशेष के रंग में रंग देते हैं। स्थिति और कार्य में संस्कृति की छाप लगी होती है तथा इन दोनों का निर्धारण सांस्कृतिक मूल्यों द्वारा होता है। इस कारण व्यक्ति पर संस्कृति की पूर्ण छाप पड़ती है। सामाजिक भूमिकाएं मार्गदर्शन भी करती हैं।

(ग) स्थिति और भूमिकाओं का बच्चे के समाजीकरण में भी महत्वपूर्ण योगदान होता है। अपने से बड़ों की स्थिति और कार्य को देखकर अपना क्रम भी वैसा ही बना लेते हैं।

भूमिका पुंज (Role Set)

भूमिका पुंज की आवधारणा का विकास **आर.के. मर्टन** ने किया हैं। वे कहते हैं, ''भूमिका पुंज से मेरा तात्पर्य भूमिका संबंधों के उस ताने-बाने से है जिसमें एक व्यक्ति एक विशिष्ट सामाजिक प्रस्थिति को धारण करने के कारण बंधा होता है।'' एक विशिष्ट सामाजिक प्रस्थिति के साथ जुड़ी हुई भूमिकाओं का समुच्चय भूमिका पुंज कहलाता है। किसी भी सामाजिक प्रस्थिति में एक व्यक्ति अनेक सामाजिक संबंधों से घिरा होता है जो कि व्यक्तियों के लिए उस सामाजिक प्रस्थितियों में सर्वदा अथवा सामान्यत: आवश्यक होते हैं। **मर्टन** ने इसका उदाहरण विद्यालय के अध्यापक से दिया है। एक अध्यापक के रूप में एक व्यक्ति को कई व्यक्तियों के साथ कई भूमिकाओं का निर्वाह करना पड़ता है। उसे अपनी अध्यापक की प्रस्थिति में अध्यापन के साथ-साथ एक सामाजिक कार्यकर्ता, समाजीकरण के एक अभिकर्ता, एक नेता, एक निर्णायक तथा एक पथप्रदर्शक की भूमिका भी अदा करनी पड़ती है। अत: एक व्यक्ति की अध्यापक की प्रस्थिति में विभिन्न व्यक्तियों के साथ उसके विभिन्न दायित्वों से निर्मित सामाजिक संबंधों का ताना-बाना ही भूमिका-पुंज का द्योतक है। **मर्टन** ने भूमिका-पुंज को अधिक स्पष्ट करते हुए लिखा है कि 'भूमिका-पुंज शब्द का प्रयोग उन समस्त सामाजिक प्रस्थितियों के संकुल के लिए प्रयुक्त किया जा सकता है जिसके साथ कोई सामाजिक प्रस्थिति विशेष आबद्ध होती है। अथवा इसका प्रयोग उन समस्त व्यक्तियों की कुल-संख्या के लिए किया जा सकता है जो किसी सामाजिक प्रस्थिति के धारक के साथ उस पद के सन्दर्भ में सह संबद्ध सामाजिक प्रस्थितियों पर आसीन होकर अन्तर्क्रिया में भाग लेते हैं।'

प्रस्थिति पुंज (Status Set)

प्रो. मर्टन के अनुसार एक अकेले व्यक्ति द्वारा धारण की गई विभिन्न तथा विशिष्ट प्रस्थितियों के संकुल को प्रस्थिति-पुंज कहते हैं। एक व्यक्ति की अनेक प्रस्थितियों में से किसी एक में परिवर्तन होने पर सम्पूर्ण प्रस्थिति-पुंज में भी परिवर्तन हो जाता है। अत: एक प्रस्थिति-पुंज निर्दिष्ट समय में एक व्यक्ति की भिन्न प्रस्थितियों को प्रकट करता है। एक ही व्यक्ति कई सामाजिक पद धारण करता है—जैसे एक व्यक्ति एक डॉक्टर, एक पति, एक पिता, एक नागरिक, एक राजनीतिक दल का सदस्य, एक स्वयंसेवी संगठन में मंत्री आदि हो सकता है। कई पदों के इस संकुल को प्रस्थिति-पुंज या पद-पुंज कहा जाता है। एक व्यक्ति की कितनी प्रस्थितियां होती हैं यह इस बात पर निर्भर करता है कि वह जीवन के कितने क्षेत्रों में भाग लेता है। यदि एक व्यक्ति विवाह नहीं करता है तब उसके लिए पति और पिता की प्रस्थितियों को धारण करने का प्रश्न ही नहीं होता।

प्रत्येक प्रस्थिति पुंज में भिन्न प्रकार की कई प्रस्थितियां सम्मिलित होती हैं किंतु यह किसी निर्दिष्ट समय में सभी प्रस्थितियों या उनमें से अनेक प्रस्थितियों पर एक साथ ध्यान नहीं देते। किसी विशिष्ट सामाजिक स्थिति में कोई एक या कुछेक प्रस्थितियां ही वास्तव में सार्थक होती हैं और विद्यमान स्थिति को पहचान देती हैं। ये प्रकट प्रस्थितियाँ कहलाती हैं। इसके विपरीत प्रस्थिति-पुंज में किसी निर्दिष्ट समय पर जो प्रस्थिति या प्रस्थितियां पृष्ठभूमि में रहती हैं अर्थात् जो सार्थक नहीं रहतीं वे अप्रकट प्रस्थितियां कहलाती हैं। उदाहरणार्थ किसी पारिवारिक भोज के समय नातेदारी से संबंधित प्रस्थितियां जैसे माता-पिता, पुत्र-पुत्री, भाई-बहन, दादा-दादी और नाना-नानी आदि की ही प्रस्थितियां अधिक महत्व रखती हैं। उस समय प्रस्थिति पुंज में सम्मिलित अन्य प्रस्थितियां निष्क्रिय रहती हैं और सामान्यत: उस समय उनका कोई प्रभाव नहीं रहता है। पारिवारिक भोज के समय प्रिंसिपल के पद से जुड़े दायित्वों का नगण्य महत्व रहता है। इस प्रकार प्रिंसिपल या सचिव की प्रस्थितियां पारिवारिक भोज के समय अप्रकट प्रस्थितियां हैं।

प्रस्थिति क्रम (Status Seguenca)

आर.के. मर्टन के अनुसार, ''एक व्यक्ति द्वारा उत्तरोत्तर क्रम में धारण की गई प्रस्थितियों की शृंखला को प्रस्थिति क्रम कहते हैं। एक व्यक्ति अपने जीवन काल में एक के बाद एक अनेक प्रस्थितियां धारण करता चला जाता है। यह प्रक्रिया ही प्रस्थिति क्रम का द्योतक है। बालक, युवा, वृद्ध की प्रस्थितियां एक के बाद एक चलती रहती हैं। इसी प्रकार एक चिकित्सा का विद्यार्थी इन्टर्न, रेजिडेन्ट, रजिस्ट्रार तथा स्वतंत्र चिकित्सक की प्रस्थितियां उत्तरोत्तर ग्रहण करता है।''

भूमिका संघर्ष (Role Conflict)

जब दो या दो से अधिक भूमिकाओं के बीच असंगतता या अन्तर्विरोध की स्थिति बन जाती है तो इसे भूमिका संघर्ष कहते हैं। इसमें एक भूमिका के सम्पादन द्वारा दूसरी भूमिका में व्यवधान की स्थिति उत्पन्न होती है। यह भूमिका संघर्ष तब पैदा होता है जब व्यक्ति विभिन्न प्रस्थियों को धारण करने के कारण अपने जीवन विरोधी अथवा असंगत भूमिका प्रत्याशाओं का सामना करता है। वास्तव में एक व्यक्ति की बहुत सी भूमिकाओं के कारण भूमिका संघर्ष पैदा होता है।

भूमिका संघर्ष के कई रूप हैं। सेना में एक फील्ड कमांडर जब सैनिकों को किसी जोखिम भरी सैनिक कार्यवाही के लिए भेजने का आदेश देता है तब वह दो प्रकार के दायित्वों-अपने वरिष्ठ अधिकारियों के आदेशों के पालन का दायित्व और सैनिक दलों की रक्षा के दायित्व के बीच स्वयं को फंसा हुआ पाता है। इसी तरह एक शिक्षित महिला को मां तथा कामकाजी महिला के रूप में विरोधी दायित्वों का सामना करना पड़ता है। अध्यापिका के रूप में शिक्षण कार्य के प्रति पूर्ण निष्ठा, तो दूसरी मां के रूप में संतानों की सेवा-सुश्रुषा एवं पालन-पोषण की उससे आशा की जाती है।

ये दोनों ही उदाहरण दो प्रकार के भूमिका संघर्ष को प्रकट करते हैं। पहले उदाहरण में एक ही प्रस्थिति अर्थात् सैनिक कमांडर के साथ जुड़ी हुई दो भूमिकाएं—एक मातहत अधिकारी और एक कंमाडर का भूमिका संघर्ष है। भूमिका संघर्ष के इस रूप को 'भूमिका तनाव' कहा जाता है। इसके विपरीत, दूसरे उदाहरण में भूमिका-संघर्ष एक ही व्यक्ति द्वारा दो भिन्न प्रस्थितियों से जुड़े हुए भिन्न दायित्वों के बीच होता है। एक ही स्त्री की मां की प्रस्थिति और कामकाजी शिक्षिका की प्रस्थिति के साथ जुड़े हुए दायित्वों के बीच जो संघर्ष होता है उसे 'प्रस्थिति तनाव' कहा जाता है। संघर्ष की एक तीसरी स्थिति तब उत्पन्न हो सकती है जब किसी एक ही भूमिका के साथ जुड़ी हुई प्रत्याशाओं के बारे में व्यक्तियों में विवाद या असहमति हो। यह स्थिति तब उत्पन्न होती है जब किसी पद के साथ जुड़े दायित्व अस्पष्ट हों अथवा अत्यधिक कठिन या स्वीकार योग्य न हों। संक्षेप में किसी पद-प्रस्थिति अथवा अधिक पद प्रस्थितियों के साथ जुड़ी हुई भूमिकाओं से संबंधित प्रत्याशाओं के बीच होने वाले द्वंद्व, असहमति अथवा परस्पर विरोध को भूमिका-संघर्ष कहते हैं।

सारांश

1. सामाजिक संरचना का तात्पर्य उस समूह के आंतरिक संगठन के प्रतिमान अर्थात समूह के सदस्यों के बीच पाए जाने वाले सामाजिक संबंधों के सम्पूर्ण ताने-बाने से होता है।

2. **पारसंस** के अनुसार सामाजिक संरचना परस्पर संबंधित संस्थाओं, एजेंसियों और सामाजिक प्रतिमानों तथा साथ ही समूह में प्रत्येक सदस्य द्वारा ग्रहण किए गए पदों तथा भूमिकाओं के विशिष्ट व्यवस्थित रूप को कहते हैं।

3. सामाजिक संरचना में सबसे छोटी इकाई पद होती है। पद के साथ-साथ सम्मान, सत्ता व भाव जुड़े होते हैं। सामाजिक पद व्यक्ति को उसके माता-पिता द्वारा भी प्राप्त होते हैं तथा वह स्वयं भी इन्हें प्राप्त करता है।

4. अधिकार और कर्त्तव्यों के घनिष्ठ संबंध की ही तरह पद और कार्य का भी घनिष्ठ संबंध होता है।

5. भूमिका का तात्पर्य उन सभी कार्यों से है जिनको एक विशेष प्रस्थिति के अनुसार व्यक्ति से पूरा करने की आशा की जाती है।

6. एक विशिष्ट सामाजिक प्रस्थिति के साथ जुड़ी हुई भूमिकाओं का समुच्चय भूमिका-पुंज कहलाती है।

7. एक अकेले व्यक्ति द्वारा धारण की गई विभिन्न तथा विशिष्ट प्रस्थितियों के संकुल को प्रस्थिति-पुंज कहते हैं।

8. जब दो या दो से अधिक भूमिकाओं के बीच असंगत अथवा अन्तर्विरोध पैदा होने लगता है तो उस स्थिति को भूमिका संघर्ष कहते हैं।

पारिभाषिक शब्द

1. सामाजिक विक्षोभ (Social Unrest)—जब सामाजिक समूहों के संबंधों में किसी प्रकार की गड़बड़ी, अशांति अथवा अव्यवस्था पैदा हो जाती है तो उसे सामाजिक विक्षोभ कहते हैं।

2. रूढ़िवादी मूल्य (Obscurantist Values)—वे मूल्य जिनसे अन्वेषण, सुधार अथवा नये ज्ञान में कोई सहयोग मिलाने के बजाय अवरोध पैदा होने लगे, रूढ़िवादी मूल्य कहलाते हैं।

3. संरचनात्मक विसंगति (Structural Conflict)—एक ही ढांचे के दो विपरीत उप ढांचे का होना संरचनात्मक विसंगति है।

4. जन्मजात भूमिका (Abcribed Role)—जन्म के आधार पर प्राप्त भूमिका जन्मजात भूमिका कहलाती है।

बहुविकल्पीय प्रश्न

1. निम्न में से क्या प्रदत्त प्रस्थिति का आधार नहीं है?

A. प्रजातीय भिन्नता B. व्यापार की वैधता
C. जातिगत सदस्यता D. जैविकीय विश्वास

2. कौन सा कथन सही है?

A. प्रस्थिति और भूमिका स्थिर रहती है।
B. प्रस्थिति और भूमिका न स्थिर रहते हैं और न बदलते हैं।

C. प्रस्थिति एवं भूमिका में सदैव संघर्ष होता है।
D. प्रस्थिति और भूमिका सदैव बदलते रहते हैं।

3. सामाजिक मूल्यों के आधार पर सामाजिक संरचना के रूप इस प्रकार पाए जाते हैं।
1. सार्वभौमिक प्रदत्त प्रतिमान
2. सार्वभौमिक अर्जित प्रतिमान
3. विशिष्ट प्रदत्त प्रतिमान
4. मिश्रित अर्जित प्रतिमान

A. केवल 1 और 2 B. केवल 1, 2, 3 और 4
C. केवल 4 D. केवल 1, 2 और 3

4. प्रजाति कैसी अवधारणा है ?
A. धार्मिक B. जैविकीय
C. राजनैतिक D. नैतिक

5. निम्न कथनों में से कौन सा गलत कथन है ?
A. नस्लों का मिश्रण भ्रष्टता की ओर ले जाता है।
B. विकास के तराजू पर सभी नस्लें समान हैं।
C. विशुद्ध नस्ल की अवधारणा मिथ्या है।
D. नस्लों का मिश्रण सार्वभौमिक तत्व है।

6. मानव ने मिट्टी के बर्तन का अविष्कार क्यों किया ?
A. द्रव संचयन के लिए
B. तैयार उपकरण के संचयन हेतु
C. पशुओं या मांस संचित करने के लिए
D. हड्डियों के संचयन हेतु

7. निम्नलिखित में किसमें संघर्ष विद्यमान नहीं है ?
A. उपभोक्ताओं के विरोध ने वस्तुओं के दाम गिरा दिया।
B. ट्रेड यूनियन द्वारा कर्मचारियों से समय विरोध के लिए कार्य करने से मना करना।
C. ए और बी ने मकान का मसला अपने मध्य न सुलझा पाने के कारण अदालत को सुपुर्द कर दिया।
D. मेडिकल कालेज में प्रवेश लेने के लिए विद्यार्थियों के प्रयत्न।

8. सिन्धु घाटी की सबसे प्रभावशाली विशेषता क्या है ?
A. धार्मिक विश्वास B. वस्त्र
C. संगीत के उपकरण D. सिविल इंजीनियरिंग

9. किस विद्वान ने कहा था कि 'प्रस्थिति संस्थागत भूमिका है।'
A. सदरलैंड B. बीरस्टीड
C. विलियम गुडे D. फिचर

10. यद्यपि बहुत पहले से प्रस्थिति और भूमिका की अवधारणा साहित्य में प्रयुक्त हो रही है परन्तु वर्णन और विश्लेषण के उपयोगी उपादानों के रूप में इन अवधारणाओं के प्रयोग का श्रेय किसे है ?
A. मानवशास्त्री लिंटन B. मानवशास्त्री सार्जेन्ट
C. मानवशास्त्री इलियट D. मानवशास्त्री मैरिल

11. बीरस्टीड के अनुसार कौन सा सामाजिक आदर्श नहीं है ?
A. जनरीतियां B. रूढ़ियाँ
C. कानून D. संघर्ष

12. प्रदत प्रस्थिति का निर्धारण किसके आधार पर होता है ?
A. आर्थिक दशा
B. शैक्षणिक योग्यता
C. राजनीतिक सत्ता
D. सामाजिक एवं सांस्कृतिक मूल्य

13. प्रदत्त प्रस्थिति किस समाज को मान्यता प्रदान करती है ?
A. द्वितीयक समाज B. मुक्त समाज
C. बन्द समाज D. वृहद समाज

14. शिक्षा, सम्पत्ति, व्यक्तिगत योग्यता आदि किसके निर्धारण के आधार हैं ?
A. प्रदत्त प्रस्थिति B. अर्जित प्रस्थिति
C. आभार्य प्रस्थिति D. परम्परागत प्रस्थिति

15. निम्नलिखित में से कौन सी विज्ञप्ति सही है ? सही कूट चुनिए।
1. सामाजिक संरचना विभिन्न अंगों का संयोजन है।
2. सामाजिक संरचना अन्तर्वैयक्तिक संबंधों का जाल है।
3. सामाजिक संरचना ही समाज है।
4. सामाजिक संरचना सामाजिक संगठन है।

कूट :
A. 1 और 4 सही है। B. 2 और 4 सही है।
C. 3 और 5 सही है। D. 1 और 2 सही है।

16. किस समाजशास्त्री का कहना है कि 'व्यक्तियों के बीच परस्पर संबंध संरचना का अंग है।'
A. आर.के. मर्टन B. रेडक्लिफ ब्राउन
C. एस.एफ. नेडेल. D. मैलिनोव्स्की

17. निम्नलिखित को सुमेलित कीजिए।

(क)	ससुर-पुत्रवधू	1.	परिहास
(ख)	जीजा-साली	2.	परिहार
(ग)	मातुलेय	3.	मैलिनोव्स्की
(घ)	बंधुता बीज गणित	4.	मातृसत्तात्मक

	क	ख	ग	घ
A.	1	2	3	4
B.	2	1	4	3

C.	2	1	3	4
D.	4	3	2	1

18. निम्नलिखित को सुमेलित कीजिए-

(क) छोटा नागपुर — 1. मोठिया
(ख) उत्तर प्रदेश — 2. बस्तर
(ग) यूरिया — 3. गुरुंग
(घ) असम — 4. विरहोर

	क	ख	ग	घ
A.	1	2	3	4
B.	2	4	1	3
C.	4	1	2	3
D.	4	1	3	2

19. निम्नलिखित को सुमेलित कीजिए—

(क) मातुलेय प्रथा — 1. रोम
(ख) कूवेद प्रथा — 2. मातृसत्तात्मक
(ग) धर्म मानसिक विकास है — 3. खासी-टोडा
(घ) प्रतीकात्मक नगर — 4. फ्रायड

	क	ख	ग	घ
A.	1	2	3	4
B.	4	2	3	1
C.	2	3	4	1
D.	2	3	1	4

20. निम्नलिखित को सुमेलित कीजिए-

(क) बेवर और दहिया — 1. असम, त्रिपुरा, मिजोरम
(ख) पोडू — 2. उत्तरी उड़ीसा
(ग) झूम — 3. मध्यप्रदेश
(घ) कोमन या ब्रिगल — 4. आंध्र प्रदेश

	क	ख	ग	घ
A.	2	4	1	3
B.	1	2	3	4
C.	3	4	1	2
D.	3	4	2	1

उत्तरमाला

1	2	3	4	5	6	7	8	9	10
A	D	B	B	A	A	D	D	B	A
11	**12**	**13**	**14**	**15**	**16**	**17**	**18**	**19**	**20**
D	D	C	B	B	B	B	C	C	C

अध्याय 4

सामाजिक समूह (Social Groups)

मनुष्य का जीवन वास्तविक अर्थों में सामूहिक जीवन है। हममें से प्रत्येक व्यक्ति किसी न किसी समूह का सदस्य जरूर होता है। इसका कारण यह है कि आज के जटिल समाज में कोई भी व्यक्ति कुछ समूहों का सदस्य बने बिना अपनी आवश्यकताओं को पूरा नहीं कर सकता। विभिन्न क्षेत्रों में इन आवश्यकताओं को पूरा करने वाले समूहों की संख्या इतनी अधिक है कि सरलता से उनका अनुमान भी नहीं लगाया जा सकता। यह ध्यान रखना जरूरी है कि समूह शब्द किसी व्यवस्था का व्यंजक नहीं है। यह कुछ व्यक्तियों का संग्रह है और इनकी संख्या की सीमा होती है। समूह में शामिल अथवा उसमें जुड़े किसी व्यक्ति एक दूसरे से घनिष्ठता का अनुभव करते हैं। यह संमूह की सबसे महत्वपूर्ण विशेषता मानी जाती है। दूसरे समूहों से पृथकता बनाए रखने के लिए एक समूह कुछ विशेष प्रकार के प्रतीकों का विकास करता है इस बात के मद्देनजर कहा जा सकता है कि सामाजिक समूह एक प्रकार का संगठन है जिसके सदस्य एक दूसरे को जानते हैं और वैयक्तिक रूप से एक-दूसरे से अपनी एकरूपता स्थापित करते हैं जिसमें परिवार, भीड़, सामाजिक वर्ग, विभिन्न प्रजातियां, धार्मिक और व्यावसायिक वर्ग, विभिन्न शारीरिक अथवा मानसिक योग्यता के व्यक्ति आदि सम्मिलित किए जा सकते हैं।

समाजशास्त्रीय अध्ययन में सामाजिक समूहों का विशेष महत्व इसलिए है कि अपनी विभिन्न आवश्यकताओं को पूरा करने के लिए प्रत्येक व्यक्ति कुछ समूहों का सदस्य होता है। इसमें से प्रत्येक व्यक्ति एक परिवार, पड़ोस, मुहल्ले, गांव अथवा नगर का सदस्य है। व्यावसायिक आधार पर हममें से सभी मजदूर, क्लर्क, अध्यापक, लेखक, कलाकार, डॉक्टर, इंजिनियर अथवा व्यापार समूह के सदस्य हैं। आयु के आधार पर हम बच्चों, प्रौढ़ों अथवा बुजुर्गों के समूहों के सदस्य होते हैं। लिंग के आधार पर हम स्त्री अथवा पुरुष समूह के सदस्य होते हैं। इस प्रकार के समूहों का आधार व्यक्ति का निर्माण करते हैं। कोई भी व्यक्ति जो एक-सी पुस्तक पढ़ते हैं, समाचार पत्र खरीदते हैं, एक साल कक्षा में अध्ययन करते हैं अथवा एक धर्म में विश्वास करते हैं, एक समूह के सदस्य होंगे। एक झंडे को सलामी देने वाले, एक ही प्रजाति से अपनी उत्पत्ति बताने वाले और एक श्रेणी के आयकर देने वाले सभी व्यक्ति एक समूह के साथ कहे जाएंगे। अपराधी होंगे, व्यावसायिक, चित्रकार, संगीतकार, शिक्षक और कवि-सभी एक एक समूह का निर्माण करते हैं। प्रत्येक समूह के प्रति हमारी मनोवृत्तियां अलग-अलग होती हैं। कुछ समूहों को बिल्कुल अपना मानते हैं तो कुछ समूहों की सदस्यता कुछ विशेष उद्देश्य को पूरा करने के लिए ही ग्रहण करते हैं। इन समूहों की प्रकृति चाहे जैसी हो, प्रत्येक समूह व्यक्ति का समाजीकरण करता है तथा विभिन्न क्षेत्रों में व्यक्ति को अपने समाज के मूल्यों और उसके प्रति दूसरे लोगों की आशाओं से परिचित कराता है। सभी सामाजिक समूह व्यक्ति को सामाजिक क्रियाओं में भाग लेने की प्रेरणा देते हैं सफलता और असफलता से अभियोजन करना सिखाते हैं, पूर्वानुमान की क्षमता प्रदान करते हैं, व्यक्ति को जीवन के प्रति आशावादी बनाते हैं और व्यवहार-कुशलता का गुण प्रदान करते हैं।

इसी पर **सापिर** ने कहा है कि ''समूह का निर्माण केवल इस तथ्य पर आधारित है कि कोई न कोई विशेष स्वार्थ उस समूह के सदस्यों को एक सूत्र में बांधे रखता है।'' **मैकाइवर और पेज** का कथन है कि, ''समूह से हमारा तात्पर्य व्यक्तियों के किसी भी ऐसे संग्रह से है जो सामाजिक संबंधों के कारण एक दूसरे के समीप हों।'' सामाजिक संबंधों का आधार पारस्परिक जागरुकता और पारस्परिक सहयोग की भावना है। यह भावना सभी व्यक्तियों में समान प्रकृति की नहीं होती। यही कारण है कि कुछ व्यक्तियों से बनने वाले विभिन्न समूहों की प्रकृति भी एक दूसरे से भिन्न होती है।

अमरीकी समाजशास्त्री **स्माल** ने समूह को अधिक व्यापक आधार पर परिभाषित करते हुए कहा है कि ''समूह का अर्थ व्यक्तियों की किसी भी उस छोटी अथवा बड़ी इकाई से है जिनके बीच इस प्रकार के संबंध विद्यमान हों कि उन्हें एक संबद्ध इकाई के रूप में देखा जाने लगे।'' इस प्रकार समान स्थिति, व्यवसाय

अथवा आय के व्यक्तियों से ही समूह का निर्माण नहीं होता बल्कि समूह निर्माण के लिए इसके सदस्यों के बीच पारस्परिक क्रिया का होना भी आवश्यक है।

ऑगबर्न और निमकॉफ ने समूह के निर्माण के लिए उपर्युक्त दशाओं को महत्वपूर्ण मानते हुए कहा है कि जब कभी दो या दो से अधिक व्यक्ति एकत्रित होकर एक दूसरे पर प्रभाव डालते हैं, तब वे एक समूह का निर्माण करते हैं। इस प्रकार बहुत से व्यक्तियों का एक स्थान पर एकत्रित हो जाना ही समूह निर्माण के लिए काफी नहीं है। समूह का निर्माण तब तक नहीं हो सकता जब तक कि कुछ व्यक्ति अपनी क्रियाओं द्वारा एक दूसरे को प्रभावित न करें। **विलियम्स** ने पारस्परिक क्रियाओं पर महत्वपूर्ण बल देते हुए कहा है कि ''एक सामाजिक समूह मनुष्यों के उस निश्चित संग्रह को कहा जाता है जो पारस्परिक अन्त:क्रियाएं करते हैं और उस अन्तर्क्रिया की इकाई के रूप में ही दूसरों के द्वारा मान्य होते हैं।''

सैण्डरसन का कथन है कि ''समूह दो या दो से अधिक उन व्यक्तियों का संग्रह है जिनके बीच मनोवैज्ञानिक अन्तर्क्रियाओं के निश्चित प्रतिमान पाए जाते हैं।'' ये सामाजिक समूह अपने सदस्यों और अन्य व्यक्तियों के द्वारा एक सत्ता के रूप में मान्य होते हैं। क्योंकि ये सामूहिक व्यवहार के ही एक विशेष स्वरूप हैं। यह परिभाषा तीन विशेषताओं को स्पष्ट करती है—(1) समूह का निर्माण कुछ व्यक्तियों की मानसिक अन्तर्क्रियाओं द्वारा होता है, (2) समूह बहुत प्रभावशाली तत्व है और उसके सभी सदस्य इसे एक संज्ञा के रूप में देखते हैं, और (3) समूह सामूहिक व्यवहार का एक विशेष स्वरूप है।

समूह का निर्माण करने वाली अन्तर्क्रिया हमेशा अर्थपूर्ण होती है, क्योंकि इसी विशेषता से समूह को स्थायित्व मिलता है। अर्थपूर्ण अन्तर्क्रिया के कारण एक समूह के सदस्य आपस में एक दूसरे के द्वारा की जाने वाली क्रियाओं का एक विशेष अर्थ लगाते हैं। इससे कुछ मौखिक और मूर्त प्रतीकों का विकास होता है, तथा इन्हीं प्रतीकों के द्वारा एक समूह के सदस्य आपस में समानता की भावना को महसूस करते हैं। इस प्रकार हम इस निष्कर्ष पर पहुंचते हैं कि कुछ सामान्य स्वार्थों की पूर्ति के लिए जब कुछ व्यक्ति अर्थपूर्ण अन्तर्क्रियाओं द्वारा संबंधों की स्थापना करते हैं और एक दूसरे को प्रभावित करते हैं तो वे एक समूह का निर्माण करते हैं।

वर्गीकरण

सामाजिक समूहों की संख्या इतनी अधिक है कि सभी का उल्लेख करना भी बहुत मुश्किल है। एक ही आधार पर समूहों की संख्या सैंकड़ों हो सकती है। सुविधा के लिए विद्वानों ने विभिन्न आधार पर बने कुछ प्रमुख समूहों का उल्लेख किया है। यदि समूहों का सामान्य वर्गीकरण करें तो कार्यों के आधार पर इन्हें सांस्कृतिक, धार्मिक, आर्थिक, राजनीतिक सेवा समूहों में विभाजित किया जा सकता है। समूह की स्थिरता के आधार पर किसी समूह को स्थायी अथवा अस्थायी दो वर्गों में बांटा जा सकता है। यदि हम समूह के सदस्यों के पारस्परिक संबंधों को प्रधानता दें तो सभी समूहों को प्राथमिक तथा द्वितीयक दो श्रेणियों में विभाजित किया जा सकता है।

प्राथमिक समूह

इस अवधारणा का सर्वप्रथम प्रयोग **चार्ल्स कूले** ने 1909 में किया। **कूले** ने लिखा है कि ''प्राथमिक समूहों से मेरा तात्पर्य ऐसे समूहों से है जिनमें घनिष्ठ और आमने-सामने का संबंध तथा सहयोग पाया जाता है। ऐसे समूह अनेक अर्थों में प्राथमिक हैं किंतु मुख्यत: इस अर्थ में कि वे व्यक्ति के सामाजिक स्वभाव एवं आदर्शों के निर्माण में मूलभूत भूमिका अदा करते हैं।'' **कूले** ने इन विशेषताओं से युक्त सर्वाधिक महत्वपूर्ण तीन प्राथमिक समूह बताए हैं यथा परिवार, बालकों का क्रीड़ासमूह, तथा पड़ोस। प्राथमिक समूह अपेक्षाकृत स्थायी और आकार की दृष्टि से लघु होते हैं। मानसिक विशेषताओं के रूप में ऐसे समूह घनिष्ठता, अपनत्व तथा व्यक्तिगता की भावना से ओत-प्रोत होते हैं। **कूले** का कथन है कि मनोवैज्ञानिक रूप से घनिष्ठ संबंधों के फलस्वरूप सभी व्यक्तियों का अस्तित्व एक सामान्य सम्पूर्णता में इस प्रकार मिल जाता है कि अनेक उद्देश्यों की पूर्ति के लिए एक ही व्यक्ति के विचार और उद्देश्य सम्पूर्ण समूह का सामान्य जीवन और उद्देश्य बन जाता है। इस सम्पूर्णता की अभिव्यक्ति करने के लिए संभवत: सबसे सरल ढंग यह है कि इसे हम शब्द द्वारा संबोधित किया जाए। इस सम्पूर्णता में इस प्रकार की सहानुभूति और पारस्परिक एकरूपता की भावना पायी जाती है जिसके लिए हम एक स्वाभाविक अभिव्यक्ति है। प्राथमिक समूह के उपरोक्त विवेचन के आधार पर कुछ विद्वानों ने इन्हें आमने-सामने के संबंधों पर आधारित समूह तक कह दिया है। **फैरिस** का कहना है कि ''केवल आमने-सामने के संबंध समूह मनुष्यों के उस निर्वाचित संग्रह को कहा जाता है जो पारस्परिक अन्तर्क्रियाएं करते हैं और इस अन्तर्क्रिया की इकाई के रूप में ही दूसरों के द्वारा मान्य होते हैं।''

वास्तव में समूह की अनेक परिभाषाएं दी जा सकती हैं लेकिन सभी परिभाषाएं एक ही लक्ष्य की ओर संकेत करती हैं कि समूह कुछ व्यक्तियों का संग्रह है जो सामाजिक अन्तर्क्रियाओं द्वारा एक दूसरे को प्रभावित करते हैं तथा कुछ विशेष प्रतीकों के कारण एक दूसरे के द्वारा पहचाने जाते हैं।

सैंडरसन का कथन है कि समूह दो या दो से अधिक उन व्यक्तियों का संग्रह है जिनके बीच मनोवैज्ञानिक अन्तर्क्रियाओं के निश्चित प्रतिमान पाए जाते हैं। यह सामाजिक समूह अपने सदस्यों और अन्य व्यक्तियों के द्वारा एक सत्ता के रूप में मान्य होता है क्योंकि यह सामूहिक व्यवहार का ही विशेष रूप है।

लुंडबर्ग ने प्राथमिक समूह को परिभाषित करते हुए कहा है कि प्राथमिक समूह का तात्पर्य दो या दो से अधिक ऐसे व्यक्तियों से है जो घनिष्ठ सहभागी और वैयक्तिक ढंग से एक-दूसरे से व्यवहार करते हैं।

कूले ने शुरू में परिवार क्रीड़ा समूह और पड़ोस को प्राथमिक समूह के तौर पर चिन्हित किया था। जीवन के आंरभिक काल में परिवार व्यक्ति के लिए सबसे महत्वपूर्ण इकाई होती है जिसे **कूले** ने प्राथमिक समूह के अन्तर्गत शामिल किया है। परिवार में मां का स्नेह तथा अन्य सदस्यों का पारस्परिक सहयोग बच्चों में अनेक ऐसी विशेषताएं उत्पन्न करता है जो जीवन-भर उसके व्यक्तित्व को प्रभावित करती है। परिवार ही समाजीकरण का केंद्रीय स्थल है जहां बच्चा प्राथमिक शिक्षा प्राप्त करता है। परिवार के बाद दूसरा स्थान क्रीड़ा समूह का है। यह समूह सर्वव्यापी है और व्यक्तित्व के निर्माण में आधारभूत है। उसकी भावनाएँ, मनोवृत्तियां और विचार बहुत कुछ इन्हीं सदस्यों की संख्या और आकार का संबंध है, उपर्युक्त विशेषता के कारण ये बहुत छोटे होते हैं। **फेयर चाइल्ड** का विचार है कि सामान्यत: 3-4 से लेकर पचास साठ लोगों तक प्राथमिक समूहों की सदस्य संख्या होती है। ऐसे समूहों में विचार विनियम प्रत्यक्ष रूप से होता है। ऐसा नहीं कि प्राथमिक समूहों में कभी संघर्ष अथवा मतभेद की स्थिति नहीं होती। वास्तविकता यह है कि प्राथमिक समूहों में मतभेद या संघर्ष स्थायी नहीं होते। व्यक्तिगत अथवा सामूहिक रूप से इनका कोई न कोई हल शीघ्र ही निकाल लिया जाता है।

प्राथमिक समूहों की विशेषताएं—प्राथमिक समूहों की कुछ भौतिक और आंतरिक विशेषताएं होती हैं। कुछ समाजशास्त्रियों ने इन विशेषताओं को क्रमश: संरचनात्मक और मानसिक विशेषताएं कहा है।

संरचनामूलक—प्राथमिक समूहों की संरचनामूलक विशेषताओं से हमारा तात्पर्य उन विशेषताओं से है जो इन समूहों के ढांचे से संबंधित हैं। **कूले** ने आमने-सामने के प्रत्यक्ष संबंधों को सबसे अधिक महत्व दिया है लेकिन अनेक लोगों के विचार से केवल आमने-सामने के संबंधों को ही प्राथमिक समूहों का एकमात्र आधार मान लेना ठीक नहीं है। अनेक विद्वानों ने भौतिक अथवा संरचनामूलक विशेषताओं में उद्देश्यों की समानता पर सबसे अधिक बल दिया है।

(1) शारीरिक निकटता—शारीरिक निकटता हमेशा संबंधों को विकसित करती है। एक साथ रहने, खान-पान रखने, व्यवहार करने, कार्य करने यहां तक कि एक साथ रहकर विवाद करने से भी एक विशेष प्रकार ही अपनेपन की भावना का विकास होता है। प्राथमिक समूहों की यह महत्वपूर्ण विशेषता है कि इसके सदस्य सभी अच्छे बुरे अवसरों पर एक-दूसरे के निकट रहते हैं और इस निकटता के कारण उनमें सदैव घनिष्ठता बनी रहती है। यही विशेषता इनके संबंधों को को स्थायी बनाती है।

(2) छोटा आकार—प्राथमिक समूह आकार में प्राय: छोटे होते हैं। इसके पीछे माना जाता है कि समूह में सदस्यों की संख्या जितनी कम रहेगी, संबंधों के घनिष्ठता बनी रहने की संभावना भी उतनी ही अधिक हो जाती है। प्राथमिक समूह के लिए यह एक आवश्यक स्थिति है कि सभी सदस्य व्यक्तिगत रूप से एक दूसरे को जानें और अन्य व्यक्तियों द्वारा लिए गए निर्णयों में स्वयं भी प्रत्यक्ष रूप से भाग लें अथवा किसी निर्णय से पहले विचारों के आदान प्रदान में खुलकर हिस्सा बटाएं। सभा मंच से केवल एक ऐसा व्यक्ति भाषण देता है जो बहुत कम व्यक्तियों को जानता है अथवा उनसे प्रभावित होता है। इसलिए वे व्यक्ति कभी भी एक प्राथमिक समूह का निर्माण नहीं कर सकते हैं। **डेनिस** का कथन है कि ''प्राथमिक समूह को आकार में छोटा होना ही चाहिए क्योंकि यह असम्भव है कि एक ही समय में बहुत से व्यक्तियों में बुद्धिमत्तापूर्ण संबंध स्थापित किए जा सके।

(3) स्थिरता—**किंगसले डेविस** का कथन है कि ''समूह में जितनी अधिक स्थिरता होती है, अन्य बातें समान होने पर सदस्यों के संबंधों में भी उतनी अधिक घनिष्ठता उत्पन्न हो जाती है।'' इस प्रकार यह साबित होता है कि स्थिरता के अभाव में घनिष्ठता की संभावना नहीं की जा सकती। वास्तव में प्राथमिक समूहों का निर्माण जानबूझ कर नहीं होता इसलिए ये अधिक स्थायी प्रकृति के होते हैं। इनकी सदस्यता से अलग होना भी सरल नहीं होता। प्राथमिक समूहों के सदस्य एक-दूसरे से बार-बार मिलते हैं तथा बातचीत करते हुए लगातार घनिष्ठता का अनुभव करते हैं। कुछ समय बाद ये संबंध इतने गहरे और विश्वसनीय हो जाते हैं कि व्यक्ति और समूह का अस्तित्व एक-दूसरे में मिल जाता है।

चारित्रिक सामान्यता—प्राथमिक समूह प्रत्येक अर्थ में सामान्य चरित्र के हैं, चाहे उनके कार्य को देखा जाय अथवा उनके इतिहास को। उनके कभी भी कोई निश्चित अथवा योजनाबद्ध उद्देश्य नहीं होते। इन समूहों में व्यक्ति की प्रांरभिक आवश्यकताओं की पूर्ति होती है और इसलिए समूहों में प्रत्येक व्यक्ति कार्य को करना अपना नैतिक दायित्व मानता है। ऐसा केवल इसलिए है कि

प्राथमिक समूहों का जन्म स्वत: होता है। वे विकास की एक लंबी प्रक्रिया के द्वारा परिपक्वता प्राप्त करते हैं और सामूहिकता को अपना अंतिम लक्ष्य मानते हैं।

मानसिक विशेषताएं (Mental Characteristics)

हमेशा इस बात का ध्यान रखना चाहिए कि प्राथमिक समूहों की संरचना मूलक विशेषताएं केवल इनके भौतिक और बाह्य गुणों को ही स्पष्ट करती हैं। इसके परिणामस्वरूप समूहों में से कुछ विशेष प्रकार के संबंधों और मनोवृत्तियों का विकास होता है। इन्हीं गुणों को हम प्राथमिक समूह की मानसिक अथवा चरित्रगत विशेषताएं कहते हैं। इनको संक्षेप में निम्न प्रकार से समझा जा सकता है—

1. एकलक्ष्यता—प्राथमिक समूहों में अभिव्यक्ति और विचारों की स्वतंत्रता होती है। इसके कारण इसके सदस्यों के समान उद्देश्यों और हितों का विकास होता है। इसका अर्थ यह है कि प्राथमिक समूह में प्रत्येक सदस्य दूसरे के कल्याण को ध्यान में रखते हुए अपने लक्ष्यों को प्राप्त करने का प्रयत्न करता है। उदाहरणार्थ परिवार जैसे प्राथमिक समूह में मां अपने बच्चों की देखभाल में अपने निजी स्वास्थ्य की परवाह नहीं करती। इसका तात्पर्य यह है कि बच्चों का दुख-सुख स्वयं मां का दुख-सुख बन जाता है। खेल के साथी भी व्यक्तिवादिता को आश्रय न देकर सामान्य उद्देश्य को प्राथमिकता देते हैं। इस तरह प्राथमिक समूह में मैं की भावना का स्थान हम की भावना ले लेती है।

2. वैयक्तिक संबंध—प्राथमिक समूहों के संबंध वैयक्तिक होते हैं। इसका यह अर्थ है कि इसके सदस्य एक-दूसरे से किसी न किसी आर्थिक-सामाजिक प्रलोभन के आधार पर संबंधों की स्थापना नहीं करते बल्कि केवल एक व्यक्ति के रूप में ही एक-दूसरे से संबंधों की स्थापना की जाती है। ऐसे संबंध एक अर्थ में वैयक्तिक माने जाते हैं। क्योंकि इनमें कोई दिखावा या चातुर्य नहीं होता। इसीलिए प्राथमिक समूहों के सदस्य व्यक्तिगत गुणों और आर्थिक जीवन में एक-दूसरे से बहुत भिन्न होने के बाद भी एक दूसरे से घनिष्ठता का अनुभव करते हैं। ये वे संबंध हैं जिनका हस्तांतरण नहीं हो सकता। उदाहरण के लिए मित्र, प्रेमिका या पड़ोसी से स्थापित संबंध वैयक्तिक होते हैं क्योंकि उनको किसी अन्य व्यक्ति द्वारा हस्तांतरित नहीं किया जा सकता। ये संबंध आंतरिक हैं और केवल एक या कुछ व्यक्तियों के लिए ही होते हैं।

3. स्वयं साध्य संबंध—प्राथमिक समूहों का निर्माण करने वाले संबंध किसी उद्देश्य को प्राप्त करने के लिए साधन के रूप में नहीं होते बल्कि ये स्वयं साध्य होते हैं। इसका अर्थ है कि इन समूहों में किसी संबंध को स्थापित करने का कारण किसी स्वार्थ को पूरा करना नहीं होता बल्कि संबंध स्थापित का लेना ही सदस्यों का अंतिम उद्देश्य होता है। **किंग्सले डेविस** का कहना है कि, ''यह संबंध संविदा, आर्थिक लाभ अथवा राजनीतिक उद्देश्यों से प्रभावित नहीं होते बल्कि व्यक्तिगत, आध्यात्मिक, भावनात्मक तथा अपने आप में पूर्ण होते हैं।'' इन संबंधों की स्थापना जानबूझ कर योजनाबद्ध रूप से नहीं की जाती। ये स्वत: विकसित होते हैं। फिर भी यदा-कदा और आकस्मिक रूप से इनसे हमारे उद्देश्यों की पूर्ति हो जाती है। इसे इस उदाहरण द्वारा समझा जा सकता है—एक क्लब में किसी व्यक्ति से दूसरे व्यक्ति की मित्रता अनायास हो जाती है। उस समय हम मित्रता का कुछ उद्देश्य नहीं होता लेकिन कुछ समय पश्चात् इस मित्रता के परिणाम स्वरूप हमारे कुछ उद्देश्य भी पूरे हो जाते हैं। इस तरह प्राथमिक संबंध उद्देश्य पूर्ति के साधन न होकर स्वयं में साध्य होते हैं।

4. पूर्ण संबंध—प्राथमिक संबंधों में प्राय: संकीर्णता, औपचारिकता नहीं होती और वे अपने आप में पूर्ण होते हैं। व्यक्ति किसी विशेष लक्ष्य से प्रेरित होकर प्राथमिक समूह का सदस्य नहीं होता बल्कि इसके अन्तर्गत जीवन की सभी आवश्यकताएं पूरी की जा सकती हैं। प्राथमिक समूहों में किसी भी क्षेत्र में विशेषीकरण नहीं पाया जाता। प्राथमिक समूह में सदस्य एक-दूसरे के प्रति व्यक्तिगत रूप से जागरूक रहते हैं और साथ-साथ रहकर सभी उद्देश्यों को पूरा करते हैं। यह स्थिति सभी सदस्यों के सम्पूर्ण जीवन को प्रभावित करती है। उनके आर्थिक पक्ष को नहीं। इसका अर्थ यह है कि प्राथमिक समूह एक संयुक्तता की स्थिति है जिसमें वैज्ञानिक, प्रथागत, आर्थिक, तकनीकी और मनोरंजनात्मक आदि सभी प्रकार के संबंधों का समावेश होता है।

5. स्वत:स्फूर्त विकास—प्राथमिक संबंधों की विकास किसी बाहरी प्रलोभन अथवा बाहरी दबाव से नहीं होता बल्कि इनका विकास अपने आप स्वाभाविक रूप से होता है। एक परिवार में माता-पिता, भाई-बहन और इसी तरह पड़ोस के विभिन्न व्यक्तियों के पारस्परिक संबंध किसी बाहरी प्रभाव के फलस्वरूप विकसित नहीं होते बल्कि कुछ ऐसी भावनाओं में स्वयं विकसित होते हैं जिनके बारे में हम स्वयं निश्चित रूप से कुछ नहीं जानते।

6. प्राथमिक नियंत्रण—प्राथमिक समूहों की एक महत्वपूर्ण विशेषता उनकी प्राथमिक नियंत्रण शक्ति होती है। इसलिए इसे विशेष महत्व दिया जाता है। साधारण सी एक बात यह है कि राज्य के शक्तिशाली कानून व्यक्ति के जिन व्यवहारों को नियंत्रित करने में असफल रहते हैं। उनको परिवार के सदस्य आसानी से नियंत्रित कर लेते हैं। यह इस कारण भी है क्योंकि कि प्राथमिक संबंध नियंत्रण के क्षेत्र में भी प्राथमिक होते हैं। सहानुभूति और पारस्परिक

त्याग की धारणा इस नियंत्रण शक्ति को इतना प्रभावपूर्ण बना देती है कि उसको तोड़ना साधारण व्यक्ति के बूते के बाहर हो जाता है। व्यक्ति अचेतन रूप से प्राथमिक संबंधों से नियंत्रित होता है। यह भावना उसे सदैव सीमा से बाहर जाने से रोकती है। इसी भावना के कारण वह समझ पाता है कि उसके कार्य उसी को नहीं बल्कि उसके सम्पूर्ण समूह के जीवन को प्रभावित करते हैं।

प्राथमिक समूहों का महत्व
(Importance of Primary Groups)

प्राथमिक समूहों के उपर्युक्त विवेचन से यह नहीं मान लेना चाहिए कि इसमें व्यक्ति का कोई पृथक अस्तित्व नहीं होता। प्राथमिक समूहों में व्यक्ति अपना पूरा अधिकार और सत्ता चाहता है। दूसरे सदस्यों की सहानुभूति और त्याग के आदर्श ऐसी वैयक्तिक भावनाओं का समाजीकरण कर देते हैं। इसीलिए प्राथमिक समूहों में व्यक्ति महत्वाकांक्षी होने के बावजूद समूह के कल्याण को भूल नहीं पाता। अंतिम रूप से समूह का हित ही उसका हित होता हैं। **कूले** के अनुसार इस प्रकार के संबंध हमारे चारों ओर संसार में मानव स्वभाव की परिचायिकता है और ऐसा कोई भी कारण नहीं दिखता जिसके आधार पर कहीं भी अथवा कभी भी इसके विपरीत कुछ हो रहा हो।'' इसी कारण प्रारंभिक काल से ही प्राथमिक समूहों को ही सबसे महत्वपूर्ण इकाई माना गया है। प्राथमिक समूहों के महत्व को रेखांकित करते हुए **किम्बाल यंग** ने कहा है, ''प्राथमिक समूह मौलिक मानव संघों के प्रतिनिधि हैं।'' ये मनुष्य के जीवन जितना ही प्राचीन माने जाते हैं। ये सरलतम रूप में ऐसे प्राथमिक समुदायों का निर्माण करते हैं जो ऐतिहासिक रूप से मनुष्य की प्रमुख आवश्यकताओं को पूरा करने में सबसे महत्वपूर्ण इकाई हैं।

ब्रूम के अनुसार ''प्राथमिक समूह व्यक्ति और समाज के बीच की सबसे महत्वपूर्ण कड़ी हैं। प्राथमिक समूहों की सहायता से व्यक्ति को भावनात्मक सुरक्षा प्राप्त होती है। इन्हीं के माध्यम से व्यक्ति को भावनात्मक सुरक्षा प्राप्त होती है तथा वह अपने उच्चतर लक्ष्यों को प्राप्त कर पाता है।'' सवाल उठता है कि प्राथमिक समूहों से व्यक्ति को क्या मिलता है। उनका वस्तुगत स्वरूप क्या है। इसके जवाब में तीन महत्वपूर्ण बातों को रखा जा सकता है जिनसे व्यक्ति के जीवन में प्राथमिक समूहों का महत्व अच्छी तरह मालूम हो जाता है—(1) सामूहिक समूह व्यक्ति में यह भावना उत्पन्न करते हैं कि उसे वास्तव में कुछ व्यक्ति अपना समझते हैं। (2) प्राथमिक समूहों के बीच ही व्यक्ति को अपने वास्तविक व्यक्तित्व का ज्ञान होता है। औपचारिकता के इस युग में अन्य सभी समूहों में व्यक्ति की अनावश्यक प्रशंसा की जाती है भले ही इसमें सच्चाई न हो। कहने का तात्पर्य यह कि प्राथमिक समूह व्यक्ति को जहाँ वास्तविकता से परिचित कराते हैं वहीं अन्य समूह व्यक्ति को यथार्थवादी बनने की ओर प्रेरित करते हैं और (3) प्राथमिक समूह व्यक्ति की क्षमता और रुचि के अनुसार उसके लक्ष्यों का निर्धारण करते हैं और इस तरह उसे अधिकाधिक संरक्षण प्रदान करते हैं। इन कार्यों के कारण ही प्राथमिक समूहों का महत्व स्थायी बना हुआ है।

प्राथमिक समूह व्यक्तियों की मनोवृत्ति, आदतों और रुचियों को प्रभावित करने में भी महत्वपूर्ण सिद्ध हुए हैं। ये समूह उनमें आत्मसम्मान, सामाजिक दृढ़ता और नैतिकता की भावना विकसित करते हैं। इस तरह व्यक्ति का समाजीकरण करके उसे सामाजिक रूप से उपयोगी इकाई बनाते हैं। **कूले** ने इसीलिए प्राथमिक समूहों को मनुष्य का मानवीकरण करनेवाला एक शक्तिशाली एजेंट कहा है। इसका अर्थ यह है कि प्रत्येक मनुष्य में लालसा, लालच, सत्ता और प्रतिरोध जैसी प्रवृत्तियां पायी जाती हैं जिनका दमन करके ही मनुष्य को एक वास्तविक मानव बनाया जा सकता है। प्राथमिक समूह इन प्रवृत्तियों पर नियंत्रण रखते हैं और इनका मानवीकरण करते हैं। **कूले** का मानना है कि ''पाशविक-प्रेरणाओं का मानवीकरण करना ही प्राथमिक समूहों द्वारा की जाने वाली संभवत् सबसे बड़ी सबसे सेवा है।'' समाज की सम्पूर्ण संगठन, नैतिकता कानून और संस्थागत नियंत्रण व्यक्ति को इतना प्रभावित नहीं करते जितना कि प्राथमिक समूहों के सामान्य नियम व्यक्ति को नियंत्रित करते हैं।

प्राथमिक समूहों के कार्य (Functions of Primary Groups)

मेरिल ने कहा है कि प्राथमिक समूहों का महत्व इनके द्वारा किए जाने वाले काम के आधार पर अच्छी तरह जाने जा सकते हैं। इनके द्वारा किए जाने वाले कामों को हम निम्नलिखित रूप में देखते हैं—

(क) प्राथमिक समूह ऐसे संगठन बनाते हैं जिनसे व्यक्ति का सांस्कृतिक विकास होता है। इसका अर्थ यह है कि प्राथमिक समूहों द्वारा किए जाने वाले अधिकांश कार्यों से व्यक्ति का मनोरंजन होता है, उसकी ज्ञान क्षमता विकसित होती है तथा उसे सुखद अनुभूति होती है। मित्र मण्डली, पड़ोस, परिवार अथवा दबाव में होने वाले सभी कार्यों से इस तथ्य की पुष्टि होती है।

(ख) प्राथमिक समूह ऐसा वातावरण बनाते हैं जिसमें व्यक्ति अपने आप को सुरक्षित महसूस करता है। नैतिक और भावनात्मक सुरक्षा की आवश्यकता वर्तमान युग में व्यक्ति के लिए बहुत महत्वपूर्ण हो गई है। प्राथमिक समूह इस तरह के वातावरण से मनुष्य की रुचियों, आदतों एवं उम्मीदों को बनाए रखते हैं। विचारकों

का मानना है कि ये कार्य केवल प्राथमिक समूह ही कर सकते हैं। संभवत: यही कारण है कि विवाह करके परिवार जैसे प्राथमिक समूह में रहने वाले व्यक्ति अविवाहित व्यक्तियों की अपेक्षा अपने को मानसिक रूप से कहीं अधिक सुरक्षा महसूस करते हैं।

(ग) **मेरिल** ने कहा है कि ''प्राथमिक समूहों का एक महत्वपूर्ण कार्य मनुष्य के व्यक्तित्व का विकास करना है। प्राथमिक समूह व्यक्ति को अपनी प्रथाओं, परम्पराओं और व्यवहार के नियमों को सीखने की क्षमता प्रदान करते हैं और उसमें सहनशक्ति का विकास करते हैं। इस गुण के द्वारा ही व्यक्ति सामाजिक जीवन में अनुकूलन पाता है। कहा जा सकता है कि प्राथमिक समूह के द्वारा ही व्यक्ति विस्तृत जीवन में सफल होने की धारणा कर सकता है।''

(घ) प्राथमिक समूह अपने सदस्यों के बीच विचारों के संवहन की क्षमता भी प्रदान करते हैं। ऐसे लोग बहुत कम होते हैं जो दूसरों के सामने अपने विचार स्पष्ट कर सकें। इससे समाज अधिकांश व्यक्तियों के विचारों से वंचित रह जाता है। प्राथमिक समूहों में सभी सदस्य अपने विचारों को एक दूसरे तक पहुंचाते हैं। इस प्रकार एक ऐसी व्यवस्था का निर्माण होता है जिसमें व्यक्तियों की नयी मनोवृत्तियों को विकसित करने का अवसर मिलता है। प्राथमिक समूहों के इस कार्य के कारण संस्कृति को स्थिरता प्राप्त होती है।

प्राथमिक समूहों के अकार्य
(Dysfunctions of Priamry Groups)

भले ही प्राथमिक समूह व्यक्ति और समाज दोनों के लिए जरूरी होते हैं लेकिन वे हमेशा सभी प्रकार के संबंधों के लिए सकारात्मक नहीं होते हैं। **मेरिल** ने स्पष्ट कहा है कि ''प्राथमिक संबंधों के विकसित होने से कुछ अकार्य भी उत्पन्न होते हैं। आधुनिक समाज में अनेक संबंध व्यक्ति को अपना कर्तव्य पूरा करने से रोकते हैं। दूसरे शब्दों में कहा जा सकता है कि इनके कारण सामाजिक विकास में बाधा पहुंचती है।'' उदाहरण देते हुए **मेरिल** ने लिखा है कि ''प्राथमिक संबंधों के कारण एक पुलिसकर्मी अपने उस मित्र को उचित दण्ड नहीं दिला पाता जो कानून की अवहेलना करता है। इसी तरह एक न्यायाधीश अथवा अन्य प्रशासनिक अधिकारी अपने प्राथमिक संबंधों के कारण उन व्यक्तियों के विरुद्ध कोई दण्डात्मक कार्रवाई करने में कोताही बरतता है जिनसे वह प्राथमिक स्तर पर जुड़ा होता है। इस प्रकार प्राथमिक समूह जैसे लाभप्रद होते हैं वहीं उनसे अनेक बाधाएं भी उत्पन्न होती हैं। प्राथमिक समूहों के अकार्य के रूप में तीन बिंदुओं को देखा जा सकता है।

(क) प्राथमिक समूह व्यक्तित्व के विकास में सहायक होते हैं किंतु प्रत्येक व्यवहार के लिए तरह-तरह के निषेध लगाते हैं। इन निषेधों के कारण मनुष्य का विकास अवरुद्ध होता है। सामाजिक विचारकों ने इसके उदाहरण के लिए भारतीय परिवार को चिन्हित किया है। भारतीय परिवार में पिता द्वारा अपने बच्चों और पत्नी को किसी प्रकार के अधिकार न दिए जाने तथा बात-बात पर उनके व्यवहार पर अंकुश लगाने से उस पर आश्रित लोगों के स्वतंत्र व्यक्तित्व विकास में अवरोध पैदा होता है। भारतीय मध्यवर्ग में इस तरह की स्थितियाँ अधिक पायी जाती हैं। **ग्रीक** के कथनानुसार ''मध्यवर्ग के परिवार में मां आरंभ में तो अपने बच्चों को बहुत स्नेह देती है, लेकिन कुछ ही समय में सामाजिक निषेधों का ध्यान रखने पर जब वह बच्चों को दण्ड देना शुरू करती है तो इसी से निराशा और प्रतिशोध की भावना उत्पन्न हो जाती है।

(ख) प्राथमिक समूहों में किशोरों और बच्चों में अनुकरण भावना अधिक पायी जाती है। वे एक दूसरे के समान बनने के प्रयत्न करते हैं। यूं तो एक दूसरे के समान बनने की इच्छा से उनके व्यक्तित्व का विकास भी होता है लेकिन साथ ही उनमें कुछ दोष भी पैदा हो जाते हैं। उदाहरण के लिए बहुत से किशोर-बच्चे एक के साथ रहने से दूसरे बच्चों के अवगुण कुरुचियां जल्दी सीख लेते हैं। गाली-गलौज, मार-पीट अथवा बीड़ी इत्यादि पीना इस तरह के दोषों में सम्मिलित किए जाते हैं। इस तरह के दोष द्वितीयक समूह में कम पाए जाते हैं क्योंकि वहां औपचारिकताएं ज्यादा होती हैं। अनेक ऐसे उदाहरण देखने को मिलते हैं, जिनमें प्रारंभ से ही कुछ बच्चे परम्परागत कार्यों को छोड़कर नए और प्रगतिशील कार्य करना आरंभ कर देते हैं लेकिन उनके माता-पिता प्राथमिक संबंधों के कारण उनके ऐसे कार्यों पर रोक लगाते हैं। उन्हें लगता है कि उनका बच्चा पारिवारिक मूल्यों को तोड़ रहा है। इससे जाहिर होता है कि प्राथमिक समूहों में समानरूपता स्थापित करने की इच्छा के कारण व्यक्तित्व का वास्तविक विकास रुक जाता है।

(ग) प्राथमिक समूहों का एक बहुत बड़ा अकार्य सामाजिक परिवर्तन पर रोक लगाना है। आमतौर पर प्राथमिक समूह इसलिए महत्वपूर्ण माने जाते हैं कि इनके द्वारा संस्कृति की रक्षा होती है। लेकिन कुछ समय बाद ही प्राथमिक समूह इतने रूढ़िवादी हो जाते हैं कि वे किसी भी प्रकार के परिवर्तन की इजाजत नहीं देते। किसी व्यक्ति द्वारा परिवर्तन की कोशिश करने पर प्राथमिक समूह उसे दण्डित करते हैं। यह दण्ड शारीरिक, मानसिक चोटों अथवा सामाजिक बहिष्कार इत्यादि के रूप में देखने को मिलता है। इसके परिमामस्वरूप संस्कृति आगे की ओर विकसित न होकर प्रतिगामी होने लगती है। दूसरी ओर प्राथमिक समूह प्रचार के साधनों को मान्यता न देने के कारण प्रगतिशील दृष्टिकोण अपनाने से भी वंचित रह जाते हैं। इस प्रकार ये समूह व्यक्त्वि के विकास में सदैव लाभदायक ही नहीं बल्कि कभी-कभी हानिकारक भी बन जाते हैं।

द्वितीयक समूह (Secondary Groups)

रॉबर्ट बीरस्टीड ने कहा है कि "वे सभी समूह द्वितीयक हैं। जो प्राथमिक नहीं हैं। अनेक समाजविज्ञानियों ने द्वितीयक समूह के बारे में यही कहा है। **चार्ल्स कूले** के अनुसार द्वितीयक समूह प्राथमिक समूह के विपरीत विशेषताएं प्रदर्शित करते हैं। प्राथमिक समूहों की तुलना में द्वितीयक समूहों का आकार और क्षेत्र अधिक विस्तृत होता है। एक एक समूह की संख्या हजारों और कभी-कभी लाखों तक हो सकती है। ये किसी क्षेत्र तक ही सीमित नहीं होते बल्कि दूर-दूर तक फैले होते हैं। इसके परिणामस्वरूप सदस्यों के कार्य निकट सम्पर्क से प्रभावित न होकर संचार आदि के माध्यम द्वारा प्रभावित होते हैं। अनेक विचारकों ने प्राथमिक और द्वितीयक समूहों को समाज के दो विभिन्न छोर कहा है क्योंकि अपने कार्यों, स्थायित्व प्रभाव और विशेषताओं के क्षेत्रों में दोनों एक दूसरे के बिल्कुल विपरीत हैं। द्वितीयक समूहों में सदस्यों के बीच शारीरिक दूरी इतनी अधिक होती है कि सदस्य एक दूसरे को व्यक्तिगत रूप से या तो बहुत कम जानते हैं या बिल्कुल नहीं जानते। यही विशेषता द्वितीयक समूहों में द्वितीयक संबंधों को विकसित करती है। इससे जाहिर है कि द्वितीयक समूहों में घनिष्ठता का अभाव होने पर भी कार्य-क्षेत्र इतना विस्तृत होता है कि व्यक्ति प्रत्यक्ष रूप से भी अपने हितों को पूरा करने में सफल हो जाते हैं। किसी विचारक ने इस युग को द्वितीयक समूहों और द्वितीयक संबंधों का युग कहा है।

ऑगबर्न और निमकॉफ ने कहा है कि "द्वितीयक समूह वे हैं जो घनिष्ठता की कमी महसूस करते हैं। इसका तात्पर्य व्यक्तियों के उन समूहों से है जो द्वितीयक संबंधों द्वारा संगठित होते हैं। द्वितीयक संबंधों का अर्थ ऐसे सामाजिक संबंधों से है जो प्राथमिक नहीं हैं अथवा जो आकस्मिक और औपचारिक हैं।"

द्वितीयक समूह में सदस्यों के संबंध अवैयक्तिक और अप्रत्यक्ष इस अर्थ में होते हैं कि एक व्यक्ति किसी अन्य व्यक्ति का आदर इसलिए नहीं करता कि वह वास्तव में बड़ा सज्जन और दयालु है बल्कि इसलिए करता है कि वह व्यक्ति एक ऐसे पद पर आसीन है जिससे उसे लाभ पहुंच सकता है। द्वितीयक समूह में व्यक्ति अन्य सदस्यों से मिले बिना ही सम्पूर्ण समूह का नेता बन सकता है अथवा एक उच्च पद प्राप्त कर सकता है। **ऑगबर्न** द्वारा दिए गए एक उदाहरण को इस संदर्भ में देखा जा सकता है। एक स्त्री अपने विवाह के दस वर्ष बाद एक वैवाहिक सलाहकार के पास गई और उसके सामने अपनी समस्या रखी कि विवाह के दस वर्ष के बाद भी वह अपने पति को उससे अधिक नहीं जान सकी जितना कि विवाह के समय जानती थी। यह उदाहरण द्वितीयक समूहों के प्रभाव की चरम स्थिति है जिसमें पति-पत्नी के संबंध भी औपचारिक विशेषताओं से युक्त हैं। द्वितीयक समूहों में एक दूसरे की उपस्थिति के अभाव में भी संबंधों की स्थापना हो सकती है और ये अनेक वर्षों तक दिखावा मात्र बने रह सकते हैं।

द्वितीयक समूह की विशेषताएं (Characteristics of Secondary Groups)

(क) प्रत्येक द्वितीयक समूह किसी न किसी उद्देश्य की पूर्ति के लिए और सुनियोजित रूप से बनाए जाते हैं। इन समूहों द्वारा साधारण और विशेष दोनों प्रकार के उद्देश्यों की पूर्ति होती है।

(ख) द्वितीयक समूहों में सभी सदस्यों के बीच व्यक्तिगत सम्पर्क बहुत ही कम संभव हो पाते हैं।

(ग) द्वितीयक समूहों में शारीरिक निकटता बहुत कम और कभी-कभी बिल्कुल नहीं होती है।

(घ) आकार की दृष्टि से द्वितीयक समूह बहुत विस्तृत होते हैं।

(च) द्वितीयक समूह सामान्यतः कुछ विशेष स्वार्थों से ही संबंधित होते हैं इसलिए इनके सदस्य एक दूसरे के व्यक्तित्व को जानने के प्रति बिल्कुल भी जागरूक नहीं होते। यही स्थिति द्वितीयक समूहों को अस्थिर बना देती है।

(छ) द्वितीयक समूहों में प्रत्येक सदस्य के उत्तरदायित्व सीमित और संबंध अवैयक्तिक होते हैं।

(ज) ये समूह अप्रत्यक्ष संबंधों पर आधारित होते हैं जिनकी स्थापना, टेलीफोन, रेडियो और समाचार पत्र बहुत महत्वपूर्ण भूमिका निभाते हैं।

(झ) द्वितीयक समूहों का निर्माण सदस्यों की आवश्यकतानुसार होता है। जैसे-जैसे व्यक्ति की आवश्यकताओं में परिवर्तन होता है वैसे-वैसे द्वितीयक समूहों की प्रकृति में भी परिवर्तन होता है।

द्वितीयक समूहों का महत्व (Importance of Secondary Groups)

भले ही मानव सभ्यता के विकास में द्वितीयक समूहों की तुलना में प्राथमिक समूहों की भूमिका और महत्व अधिक रहा हो लेकिन आधुनिक युग में यह धारणा अप्रासंगिक होती जा रही है। वर्तमान समय में प्राथमिक समूहों में अनेक अकार्यों को पैदा किया है। जबकि द्वितीयक समूह वर्तमान समय की आवश्यकताओं के अनुकूल है। आज के युग में अगर व्यक्ति प्राथमिक समूहों के अंदर रहकर ही आर्थिक, राजनीतिक और सांस्कृतिक जीवन में सफलता प्राप्त करना चाहे तो यह लगभग असंभव होगा। विभिन्न क्षेत्रों में सफलता पाने और बदलती परिस्थितियों से अनुकूलन करने के लिए द्वितीयक समूहों का सदस्य बनना प्रत्येक व्यक्ति के लिए अनिवार्य हो गया है। व्यक्तित्व के विकास और अधिकार-

ग्रहण के क्षेत्र में द्वितीयक समूहों के महत्व को निम्नलिखित रूप से समझा जा सकता है।

(क) विशेषीकरण का महत्व—आधुनिक युग में श्रम-विभाजन एवं विशेषीकरण को सर्वाधिक महत्व दिया जाता है। आज विशेषीकरण की आवश्यकता केवल आर्थिक क्षेत्र में ही नहीं है बल्कि सामाजिक जीवन, ज्ञान और व्यवहार के क्षेत्र में भी यह आवश्यक है। विशेषीकरण की योग्यता व्यक्ति को द्वितीयक समाज से ही प्राप्त होती है। ऐसा इसलिए है क्योंकि द्वितीयक समूहों की प्रकृति अपने आप विशेषीकृत होती है। प्राथमिक समूह अपने किसी सदस्य के डॉक्टर, प्रोफेसर अथवा अभिनेता नहीं बना सकता। व्यक्ति को ऐसी स्थितियाँ केवल द्वितीयक समूह ही दे सकते हैं।

(ख) सामाजिक परिवर्तन में सहायक—कोई भी समाज बिना परिवर्तन के प्रगति नहीं कर सकता। प्राथमिक समूह सामाजिक परिवर्तन में बाधा उत्पन्न करते हैं लेकिन द्वितीयक समूह व्यक्ति को भविष्य के प्रति आशावान बना कर सामाजिक परिवर्तन के लिए प्रेरित करते हैं। आज हमारे समाज में प्रथाओं, परम्पराओं, रूढ़ियों और अन्धविश्वासों का प्रभाव यदि कम दिखाई पड़ता है तो इसका सबसे बड़ा कारण द्वितीयक समूहों के नये व्यवहार हैं। द्वितीयक समूहों की भूमिका स्वाभाविक और यांत्रिक रूप से परिवर्तनकारी ही होती है क्योंकि यहां प्राथमिक समूहों के जो मान-मूल्य द्वितीयक समूह के सदस्यों के विकास में अवरोध पैदा करते हैं उन्हें तोड़ना आवश्यक शर्त बन जाती है। प्रेम और अन्तर्जातीय विवाहों के उदाहरण इस सिलसिले में देखे जा सकते हैं। यद्यपि कभी-कभी द्वितीयक समूहों से उत्पन्न परिवर्तन हानिकारक भी हो सकता है द्वितीयक समूह खतरे उठाकर व्यवहारों को प्रगतिशील बनाने का प्रयत्न करते हैं।

(ग) जागरूकता—द्वितीयक समूहों का एक प्रमुख योगदान पिछड़े और रूढ़िवादी लोगों को जागरूक बनाना है। क्योंकि ये समूह परम्परा पर आधारित न होकर विवेक और तर्क को अधिक महत्व देते हैं। इसलिए इन समूहों में रहकर व्यक्ति का दृष्टिकोण अधिक तार्किक बन जाता है। आज द्वितीयक समूहों के प्रभाव से अनेक उपनिवेशवादी समाजों को अपनी दमनकारी नीति को छोड़ना पड़ा है। भारत में भी आज हम द्वितीयक समूहों में रहकर ही अपने अधिकारों के प्रति इतने सचेत हो सके हैं। अन्यथा प्राथमिक समूहों के सीमित दायरे में रहने से हम कभी गुलामी की जंजीरों को न तोड़ पाते। इसके अतिरिक्त स्त्रियों की वर्तमान उन्नति और श्रमिक वर्ग को प्राप्त होने वाले अधिकार भी द्वितीयक समूहों के कारण ही संभव हो सके हैं।

(घ) आवश्यकतापूर्ति—व्यक्ति की आवश्यकताओं की पूर्ति में भी द्वितीयक समूह की सर्वप्रमुख भूमिका है। इस भूमिका को निभाने में द्वितीयक समूहों का महत्व अस्वीकार नहीं किया जा सकता। वर्तमान युग की आवश्यकताएं अपनी प्रकृति में विविधता लिए हुए हैं। एक व्यक्ति को एक साथ अनेक क्षेत्रों में कार्य करना आवश्यक हो गया है। शिक्षा प्राप्त करने, नौकरी करने तथा सामाजिक राजनीतिक मुद्दों पर रुचि लेना आदि मनुष्य की प्रमुख आवश्यकताएं हैं। इन सभी आवश्यकताओं की पूर्ति केवल द्वितीयक समूह ही कर सकते हैं।

(च) श्रम का मूल्य—द्वितीयक समूहों ने श्रम को सर्वोच्च मूल्य बना दिया है। इससे सामाजिक प्रभावों में विशेष योगदान मिलता है। द्वितीयक समूह अकर्मण्यता का निषेध करते हैं। वे भविष्य के प्रति आशान्वित करके व्यक्ति के श्रम का वास्तविक पुरस्कार दिलाते हैं। इसीलिए व्यक्ति अधिक से अधिक काम करने के लिए प्रेरित होता है। उसका जीवन कर्मठ बनता है और उसमें जोखिम उठाने की क्षमता विकसित होती है। वास्तव में यदि व्यक्ति प्राथमिक संबंधों में ही उलझा रह जाय तो अपने मन की सीमित भावना के कारण वह विराट संसार के उदार चरित्र से वंचित ही रह जाता है। उदार चरित्र के कारण ही आज हम ज्ञान-विज्ञान तथा व्यवहार के उन अनुभवों को प्राप्त कर रहे हैं जो सम्पूर्ण विश्व द्वारा हमें सुलभ हैं।

(छ) सामाजिक नियंत्रण—व्यक्ति और समूह के व्यवहारों पर नियंत्रण रखने में भी द्वितीयक समूहों ने विशेष योगदान किया है। आधुनिक युग में एक ही स्थान पर अनेक धर्मों, जातियों, सम्प्रदायों और वर्गों के लोग साथ-साथ रहते हैं। उनकी भाषा, परम्पराएं और रुचियां पृथक-पृथक होती हैं। ऐसी स्थिति में केवल धर्म और प्रयासों के माध्यम से उनके व्यवहारों पर नियंत्रण नहीं किया जा सकता। सामाजिक नियंत्रण के औपचारिक साधनों-पुलिस, न्यायालय, कानून, सेना तथा अन्य प्रशासनिक संगठनों की आवश्यकता होती है। इससे प्रकट होता है कि सामाजिक नियंत्रण की स्थापना में द्वितीयक समूह का कितना महत्व है।

द्वितीयक समूह से पैदा होने वाली समस्याएं (Problems Arising Due to Secondary Group)

द्वितीयक समूह के द्वारा होने वाले लाभों की तरह उनसे अनेक प्रकार की हानियाँ भी होती हैं। इन हानियों और समस्याओं के बारे में विद्वानों की राय एक दूसरे से भिन्न प्रकार की है। अनेक विचारकों के अनुसार व्यक्ति को परम्पराओं और संकीर्णता से निकालने में द्वितीयक समूहों ने बहुत महत्वपूर्ण भूमिका निभाई है। इसके तहत अनेक विद्वान इन समूहों के बढ़ते प्रभाव से चिंतित भी है। उनके कथनानुसार इन समूहों ने ऐसी समस्याएं उत्पन्न कर दी हैं जो समाज के संगठन और सामाजिक सहयोग पर आघात पहुंचाती हैं। इन बातों को व्यावहारिक रूप से देखने पर स्पष्ट होता है कि व्यक्ति की सम्पूर्ण क्रियाएं दिखावे और निजी स्वार्थ से परिचालित

हैं। बड़े-बड़े औद्योगिक क्षेत्रों में हम जिन व्यक्तियों के साथ घंटों एक साथ रहकर कार्य करते हैं उनके नाम तक नहीं जानते हैं तो सहयोग करने का प्रश्न ही कहां पैदा होता है। पड़ोस को अभी तक प्राथमिक समूह माना जाता था लेकिन अब पड़ोस की प्राथमिक प्रकृति भी द्वितीयक समूहों ने हितवादी बना दी है। जो पड़ोसी हमारे स्वार्थ की पूर्ति करते हैं हम उन्हीं पड़ोसियों के बारे में जानते हैं। प्रत्यक्ष सम्पर्क के अभाव और व्यक्तिवादी मनोवृत्ति की वृद्धि से अपराधों में निरतंर वृद्धि हो रही है। परिवार धीरे-धीरे एक औपचारिक संगठन बनता जा रहा है कि परिवार जैसी महत्वपूर्ण संस्था में भी व्यक्ति अपने निजी हितों को प्रधानता देने लगे हैं। परिवारों का स्थायित्व आज विवाह-विच्छेद के अधिकारों और द्वितीयक समूहों के वातावरण में निरंतर दुर्बल पड़ता जा रहा है।

संगठन किसी भी समाज की आधारशिला होते हैं। यदि कुछ कारणों से ये संगठन शिथिल पड़ने लगें तो समाज की प्रगति के रुकने का खतरा पैदा हो जाता है। भारतीय समाज में नवीन सांस्कृतियों के मिश्रण और ब्रिटिश नीति के कारण सामाजिक संगठन नष्ट-सा हो गया था। औद्योगीकरण के कारण द्वितीयक संबंधों में इतनी वृद्धि हुई कि भारतीय समाज पश्चिमी दुनिया का अंधानुकरण करने लगा। शिक्षा, संस्कृति और धर्म तक के क्षेत्र में द्वितीयक संबंध विकसित हो रहे हैं और धीरे-धीरे हम अपने स्वार्थों के दायरे तक सीमित होते जा रहे हैं।

आभासी प्राथमिक समूह (Quasi Primary Groups)

आभासी प्राथमिक समूहों की व्याख्या करते हुए **कूले** ने कहा है कि ''इनको आभासी इसलिए कहा गया है कि ये समूह प्राथमिक समूहों के इतने निकट है कि इनसे प्राथमिक विशेषताओं का भी आभास मिलता है।'' लेकिन ये समूह पूर्णतया प्राथमिक समूहों के समान नहीं होते इसलिए इन्हें अर्द्धप्राथमिक समूह कहा जाता है। इन समूहों के सदस्यों की संख्या और संबंधों की घनिष्ठता के आधार पर ये प्राथमिक समूहों के बिल्कुल समान हैं जबकि संगठन और उद्देश्यों के आधार पर ये भिन्न प्रकृति रखते हैं। आभासी समूह का निर्माण जानबूझ कर घनिष्ठ और आमने-सामने के संबंधों के आधार पर किया जाता है। इस प्रकार इन के द्वारा कुछ विशेष उद्देश्यों की पूर्ति की जाती है लेकिन इनका संगठन बहुत हद तक कृत्रिम होता है। **कूले** के अनुसार-''ये घनिष्ट और आमने-सामने के संबंधों द्वारा संगठित वे समूह हैं जो अपनी संगठन संबंधी विशेषताओं और विशेष उद्देश्य के कारण सीमित आकार के होते हैं। इन समूहों के कुछ उदाहरण इस प्रकार हैं-जातीयसंघ, सामाजिक वर्ग, क्लब, स्काउट और ग्रामीण मनोरंजन केन्द्र आदि।

आभासी प्राथमिक समूह आकार में बहुत छोटे होते हैं। ये प्राथमिक समूह से कुछ बड़े और द्वितीयक समूह से छोटे होते हैं। प्राथमिक समूहों का निर्माण स्वत: होता है जबकि आभासी प्राथमिक समूह आवश्यकतानुसार निर्मित किए जाते हैं। ये प्राथमिक समूहों की तुलना में अस्थायी होते हैं। प्राथमिक समूह जहां हमारी सभी क्रियाओं को प्रभावित करते हैं वहीं आभासी प्राथमिक समूह कुछ विशेष प्रकार के उद्देश्यों और व्यवहारों के लिए बनाए जाते हैं।

प्राथमिक समूह सदस्यों में एकीकरण की भावना को सबसे अधिक महत्व देते हैं जबकि आभासी प्राथमिक समूह सदस्यों के बीच केवल उतने समय तक सहयोग बनाए रखने का प्रयत्न करते हैं जब तक कि सदस्य समूह में रहते हैं। इस प्रकार दोनों में मात्रा का भेद है।

सारांश

1. सामाजिक समूह दो प्रकार के होते हैं-(1) प्राथमिक समूह तथा (2) द्वितीयक समूह। तीसरे प्रकार के एक सामाजिक समूह को आभासी प्राथमिक समूह के रूप में चिन्हित किया जाता है। यह समूह प्राथमिक समूह से बड़े एवं द्वितीयक समूह से छोटे होते हैं।

2. प्राथमिक समूहों के अन्तर्गत परिवार, पड़ोस और क्रीड़ा-समूह आता है। इन समूहों के द्वारा व्यक्ति के प्राथमिक संबंधों तथा संस्कारों का विकास होता है। ये संरचनात्मक भूमिका निभाते हैं।

3. प्राथमिक समूहों की कई विशेषताएं होती हैं जैसे शारीरिक निकटता, छोटा आकार, स्थिरता, चारित्रिक सामान्यता, एक लक्ष्यता इत्यादि।

4. प्राथमिक समूहों का विकास स्वत:स्फूर्त होता है और इनमें संबंध पूर्णता तक पहुंचते हैं।

5. प्राथमिक समूह मनोरंजनात्मक, सुरक्षात्मक कार्यों के साथ व्यक्तित्व के विकास एवं विचारों के संवहन में बुनियादी सहयोग देते हैं।

6. प्राथमिक समूहों की अनेक हानियाँ भी होती हैं। यह व्यक्ति के उदार विकास में बाधा उत्पन्न करते हैं।

7. प्राथमिक समूहों के बिल्कुल विपरीत गुणों और विशेषताओं वाले समूह द्वितीयक समूह कहलाते हैं। इन समूहों में व्यक्ति के संबंध औपचारिक होते हैं।

8. ये व्यक्ति के व्यक्तित्व के विकास के साथ-साथ सामाजिक परिवर्तन में भी महत्वपूर्ण भूमिका निभाते हैं। ये समूह व्यक्ति की आवश्यकता में परिवर्तन के आधार पर स्वयं भी परिवर्तित होते हैं।

पारिभाषिक शब्दावली

1. समूह व्यवहार (Group behaviour)—समूह व्यवहार सदस्यों को अपने पारस्परिक रूप में सांमजस्य तथा अनुकूलन को कहते हैं जिससे समूह एक कार्यशील एकत्व अथवा इकाई के रूप में कार्य कर सके।

2. समूह मस्तिष्क (Group mind)—समूह के सदस्यों की अनुक्रिया के फलस्वरूप वैयक्तिक मस्तिष्क के सम्मिलन से जिस उच्चतर मस्तिष्क का जन्म होता है उसे समूह-मस्तिष्क कहते हैं। दुर्खीम की सामूहिक चेतना की धारणा समूह मस्तिष्क की धारणा से काफी अंश तक मिलती है।

3. वंशक्रम समूह (Group descent)—पूर्वजों और वंशजों से निर्मित समूह वंशक्रम समूह कहलाता है।

4. युग्मिक समूह (Group dyadic)—मिलन मानव प्राणियों का एक जोड़ा या युग्म जिसकी प्रकृति सामान्यत: साहचर्यात्मक नहीं होती युग्मिक समूह कहलाता है।

5. रक्तमूलक समूह (Consanguine Group)—जिन सामाजिक समूहों की रचना वास्तविक अथवा काल्पनिक रक्त संबंधों के आधार पर होती है वे रक्तमूलक समूह कहलाते हैं।

6. अन्त:समूह (In Group)—जिन समूहों के सदस्य आपस में आत्मीयता तथा अपनेपन की भावना का अनुभव करते हैं उन्हें अन्त:समूह के नाम से जाना जाता है।

7. समूह विवाह (Group Marriage)—पुरुषों का एक समूह स्त्रियों के एक समूह के साथ विवाह करता है। तो इसे समूह विवाह कहते हैं। इस प्रकार के विवाह में समूह के सभी पुरुष समूह की सभी स्त्रियों के समान रूप में पति माने जाते हैं।

8. समूह गतिकी (Group dynamics)—समूह गतिकी किसी समूह के एक भाग में उत्पन्न परिवर्तनों के फलस्वरूप सम्पूर्ण समूह में होनेवाले समापोजी परिवर्तनों के तरीकों का अध्ययन है। समूह गतिकी के अन्तर्गत मुख्यत: दो प्रकार के अध्ययन किए जाते हैं-प्रथम समूह की संख्या एवं क्रियाशीलता का तथा दूसरे एक समूह और दूसरे समूह के पारस्परिक संबंधों में होने वाले परिवर्तनों का अध्ययन।

बहुविकल्पीय प्रश्न

1. किसका कथन है कि ''सहयोगी वे समूह हैं जो एक ऐसे उद्देश्य की प्राप्ति की लिए मिलजुलकर कार्य करते हैं और जिसको सभी चाहते हैं।''

A. बर्गेस B. मोर्गन
C. लीच D. ग्रीन

2. निम्नलिखित में सही कथन क्या है?

A. समूह के सदस्यों की संख्या असीमित होती है।
B. समूह के सदस्यों की संख्या सीमित होती है।
C. समूह की अपेक्षा व्यक्ति में अधिक स्थायित्व होता है।
D. समूह एक अमूर्त धारणा है।

3. कौन सा उदाहरण द्वितीयक समूह का है—

A. वन विहार करने वाला समूह
B. कारखाने में उत्पादन कार्यक्षमता लाने वाली एक समिति
C. मरीज की सेवा करती परिचारिकाएं
D. सहकारी समिति

4. चार्ल्स कूले ने सर्वप्रथम किस पुस्तक में ''प्राथमिक समूह'' शब्द का प्रयोग किया था?

A. इन्ट्रोडक्ट्री सोशियोलाजी B. सोशियोलाजी
C. सामाजिक संगठन D. मानव समाज

5. द्वितीयक समूह में सदस्यता है—

A. अनिवार्य B. बाध्यकारी
C. ऐच्छिक D. उपर्युक्त में से कोई नहीं

6. व्यक्ति के सीखे हुए व्यवहार को क्या कहते हैं?

A. विज्ञान B. तकनीकी
C. सभ्यता D. संस्कृति

7. सामाजिक समूह का अच्छा उदाहरण है—

A. सड़क की भीड़ B. पाठशाला की कक्षा
C. गांव का मेला D. मंदिर का आयोजन

8. निम्नलिखित में से कौन-सा औपचारिक समूह है?

A. एक सामाजिक क्लब
B. स्थानीय स्तर पर एक राजनैतिक दल
C. एक व्यापारिक यूनियन
D. उपरोक्त तीनों

9. समाजशास्त्री **गिलिन एंड गिलिन** ने समूह के वर्गीकरण में किस परिवार और जाति को स्वीकार किया है?

A. क्षेत्रीय समूह B. अस्थायी समूह
C. रक्त संबंधी समूह D. सांस्कृतिक समूह

10. निम्नलिखित में कौन-सा कथन सही है—

A. द्वितीयक समूह के सदस्यों में परस्पर औपचारिक संबंध होते हैं।
B. द्वितीयक समूहों के सदस्यों में परस्पर अनौपचारिक संबध होते हैं।
C. द्वितीयक समूहों के सदस्यों में पारस्परिक कोई संबंध नहीं होते हैं।
D. कोई कथन सही नहीं है।

11. **कूले** के अनुसार प्राथमिक समूह की परिभाषा में क्या आवश्यक है—

A. एक दूसरे को प्रभावित करना

B. आमने-सामने का संबंध होना
C. सामाजिक संबंध
D. परस्पर अर्थपूर्ण उत्तेजना

12. जिन समूहों की प्रकृति अस्थायी होती है और जो उद्देश्य पूर्ति के उपरांत टूट जाते हैं, उन समूहों को क्या कहते हैं?
A. अनिश्चित संगठन वाले समूह
B. निश्चित संगठन
C. हितों के प्रति चेतन समूह
D. प्राथमिक समूह

13. समान आयु, लिंग, समूह और प्रजाति समाजशास्त्र की दृष्टि में क्या है?
A. शारीरिक विशेषता संबंधी समूह
B. रक्त संबंधी समूह
C. सांस्कृतिक समूह
D. क्षेत्रीय समूह

14. द्वितीयक समूहों में व्यक्ति की स्थिति एवं कार्यों का निर्धारण परिभाषा से होने के स्थान पर कर्त्तव्यों की संविदा द्वारा निश्चित किया जाता है। इन समूहों में प्राथमिक सदस्य के कार्यों एवं कर्त्तव्यों की निश्चित परिभाषा होती है और उसी के अनुसार प्रत्येक सदस्य कार्य करता है। इसलिए—
A. द्वितीयक समूह जटिल समाजों में सफलता पूर्वक कार्य कर सकते हैं।
B. द्वितीयक समूह आदिम समाजों में सफलतापूर्वक कार्य कर सकते हैं।
C. द्वितीयक समूह सभ्य समाजों में सफलतापूर्वक कार्य कर सकते हैं।
D. कोई कथन सही नहीं है।

15. जब दो या दो से अधिक व्यक्ति मिलकर एक सा ही कार्य अपने समान उद्देश्यों की पूर्ति के लिए करते हों तो उनमें आमने-सामने के संबंध होते हैं। इस प्रकार के सहयोग को कहा जाता है—
A. प्रत्यक्ष सहयोग B. अप्रत्यक्ष सहयोग
C. द्वितीयक सहयोग D. प्राथमिक सहयोग

16. प्राथमिक समूह तथा द्वितीयक समूह के रूप में सामाजिक समूहों का वर्गीकरण किसने किया?
A. गिडेन्स B. होमेन्स
C. कूले D. मैकाइवर और पेज

17. निम्नलिखित में कौन से वाक्य सत्य है—
A. परिवार और क्लब सामाजिक समूह के उदाहरण हैं।
B. प्राथमिक समूह के सदस्यों के संबंध वैयक्तिक होते हैं।
C. कूले ने प्राथमिक समूहों की व्याख्या अपनी पुस्तक Society में की है।
D. (A) एवं (B) दोनों वाक्य सत्य है।

18. प्राथमिक समूह की क्या विशेषताएं होती हैं?
A. सदस्यों में भावात्मक घनिष्ठता
B. समान आयु, समूह और लिंग के सदस्य
C. सदस्यों में समानता
D. आय साधनों में समानता

19. निम्नलिखित को सुमेलित कीजिए

(क) लोनली क्राउड	1. डेविड टीजमैन
(ख) अर्द्धप्राथमिक	2. कूले
(ग) सापेक्षिक प्रवंचन	3. मर्टन
(घ) ह्यूमन सोसाइटी	4. किंग्सले डेविस

	क	ख	ग	घ
A.	1	3	4	2
B.	1	2	3	4
C.	4	2	1	3
D.	2	4	3	1

20. निम्नलिखित को सुमेलित कीजिए—

(क) सोशल स्ट्रक्चर	1. ई नेडेल
(ख) स्ट्रक्चर ऑफ साइंस	2. बीरस्टीड
(ग) सोशल आर्डर	3. एम.एन. श्रीनिवास
(घ) ह्यूमन ग्रुप	4. जी.सी. होमेन्स

	क	ख	ग	घ
A.	3	1	2	4
B.	1	2	3	4
C.	4	3	2	1
D.	2	3	4	1

उत्तरमाला

1	2	3	4	5	6	7	8	9	10
D	A	D	C	C	D	B	C	C	A
11	**12**	**13**	**14**	**15**	**16**	**17**	**18**	**19**	**20**
B	A	A	A	A	D	D	A	B	A

अध्याय 5

सामाजिक संस्थाएं (Social Institutions)

सामाजिक संस्था की परिभाषा—सभ्यता के विकास के साथ-साथ मनुष्य की मौलिक आवश्यकताओं की पूर्ति के लिए कुछ ऐसे आधारों की अनिवार्यता बनने लगी जो व्यक्तिगत दायरे से विस्तृत होकर सामाजिक दायरे के अनुकूल हों। उनके जरिए सामाजिक आवश्यकताओं की पूर्ति में कठिनाइयां न हों। सामाजिक संस्थाओं के उदय के यही बुनियादी कारण हैं। सामाजिक संरचनाओं की अवधारणा के अन्तर्गत उन नियमों और नीतियों पर विशेष ध्यान रखा गया जिनसे समाज का ढांचागत विकास अनवरत होता रहे तथा उसमें अवरोध न पैदा हों। संक्षेप में सामाजिक संस्था की परिभाषा यह है—"जिन संस्थाओं के माध्यम से व्यापक सामाजिक हितों की पूर्ति में सुविधा होती है उन्हें सामाजिक संस्था कहते हैं। संस्था के सर्वमान्य नियमों के दायरे में लोग (individual) अपनी आवश्यकताओं की पूर्ति करते हैं।" उदाहरणार्थ विवाह एक सामाजिक संस्था है। समाज के भिन्न-भिन्न समूहों के लिए निर्धारित मानदण्डों के आधार पर विवाह संस्था का लाभ सभी को मिलता है। सामाजिक संस्थाओं के अनुशासन का पालन करना प्रत्येक व्यक्ति का दायित्व होता है। यदि लोग अपनी-अपनी आवश्यकताओं की पूर्ति के लिए मनमाना और अराजक तौर तरीका अपनाने लगेंगे तो न केवल सामाजिक ढांचा नष्ट हो जाएगा बल्कि सामाजिक संस्थाओं का भी अस्तित्व खतरे में पड़ जाएगा। जैसे विवाह नामक सामाजिक संस्था का विकास विभिन्न धार्मिक और सांस्कृतिक परिस्थितियों में हुआ और भिन्न-भिन्न धार्मिक और सांस्कृतिक परिवेश में इसके नियम व्यवहार में लाए जाते हैं। अधिकांश हिन्दू समाजों में एक पत्नित्व (एक विवाह) तथा एकपतित्व प्रथा है, लेकिन अनेक समाज ऐसे भी हैं जहां अनेक पत्नित्व और अनेक पतित्व प्रथा है। मुस्लिम, सिख, ईसाई, पारसी, जैन, यहूदी इत्यादि में भी अनेक प्रकार की प्रथाएं मिलती हैं। जो उनके विकास की आवश्यकताओं के मद्देनजर बनीं और विकसित हुईं। लेकिन यदि उन नियमों को तोड़कर लोग मनमाने तरीके से व्यवहार करेंगे तो इन सामाजिक संस्थाओं के अस्तित्व का संकट बढ़ जाएगा।

इन स्थितियों से बचने के लिए प्रायः समाज में दो तरीके काम में लाए जाते हैं। प्रथमतः समाज द्वारा अपने सदस्यों अथवा इकाइयों (Units) के कार्य-व्यवहार पर कुछ ऐसे प्रतिबंध लगाया जाता है जिससे वे सदस्य अथवा इकाइयां एक सीमा के अंतर्गत ही अपना काम करें तथा अपने उद्देश्यों की पूर्ति करें। दूसरे तरीके के अन्तर्गत सामाजिक कामों को पूरा करने का दायित्व भी अपने ऊपर ले लेता है। इसके लिए समाज यह उचित समझता है कि कुछ ऐसे साधनों और तरीकों को अपनाया जाए जो सभी के लिए हितकर हों तथा सभी के लिए मान्य हों। इसी दृष्टिकोण के अन्तर्गत समाज यह तय करता है कि अमुक आवश्यकता की पूर्ति के लिए अमुक प्रकार के साधन आवश्यक और अपरिहार्य हैं। समाज उन साधनों की आवश्यकताओं तथा परिस्थितियों के साथ-साथ उसकी वास्तविकताओं तथा मात्रा के बनने में भी आकलन करता है। इस प्रकार बहुत-सी सामाजिक आवश्यकताओं की पूर्ति के लिए समाज अपने दायित्व का रेखांकन डाला है। यह निश्चित हो जाने पर समाज के सदस्य अपनी आवश्यकताओं की पूर्ति के लिए साधनों, कार्य-विधियों, तरीकों तथा प्रणालियों को स्वीकारते तथा व्यवहार में लाते हैं। इस तरह प्रमुख माननीय जरूरतों की पूर्ति के लिए अनेक एकाधिकार स्वीकृत साधन कार्यविधियां, तरीके तथा प्रणालियां सामाजिक परम्परा में चल पड़ती है। इन स्वीकृत और स्थापित विधियों तथा कार्य प्रणालियों को सामाजिक संस्था कहते हैं।

"वस्तुतः सामाजिक संस्थाएं किसी समाज की सांस्कृतिक-सामाजिक व्यवस्था की इकाई के रूप में कार्य करती है और इसके पीछे समूह की अभिमति या स्वीकृति तथा पीढ़ी दर पीढ़ी की सामाजिक मान्यता होती है।"

सामाजिक संस्थाओं के प्रकार—सामाजिक संस्थाओं के अनेक प्रकार हैं जैसे (1) विवाह, (2) परिवार, (3) शिक्षा, (4) अर्थव्यवस्था (5) राजव्यवस्था, तथा (6) धर्म इत्यादि। इसका वर्गीकरण भी अनेक दृष्टियों से किया गया है। मसलन विवाह नामक संस्था सामान्य तौर पर संसार भर में प्रचलित है लेकिन

विभिन्न धर्मों और संस्कृतियों के आधार पर इनके कई स्तर और कोटियां पाई जाती हैं। हिन्दू विवाह के अन्तर्गत अन्तर्विवाह, बर्हिविवाह गोत्र बहिर्विवाह, सपिण्ड बहिर्विवाह, सहोदरण विवाह, अनुलोम विवाह, प्रतिलोम विवाह इत्यादि। इसी तरह मुस्लिम विवाहों में निकाह तथा युता विवाह जैसी कोटियां हैं। जनजातियों में भी अनेक प्रकार की विवाह पद्धतियां प्रचलित है। एक विवाह, बहु पत्नी विवाह तथा बहुपति विवाह आदि। विवाह की भी अनेक विधियां प्रचलित हैं। इस तरह से यह पता चलता है कि संस्थाओं के अनेक प्रकार हैं तथा सभी की अपनी-अपनी विशेषताएं होती है।

विवाह (Marriage)

विवाह एक सामाजिक संस्था हैं। यह समाज द्वारा स्वीकृत नियमों के अनुसार एक स्त्री-पुरुष की यौन आवश्यकताओं की पूर्ति करने तथा सन्तानोर्त्पत्ति का माध्यम है। विवाह से ही परिवार का विकास होता है। विवाह के संबंध में विद्वानों और विचारकों द्वारा अनेक प्रकार की परिभाषाएं दी गई हैं। **मजूमदार और मदान** (Majumdar and Madan) के अनुसार ''विवाह एक सामाजिक बन्धन अथवा धार्मिक संस्कार के रूप में स्पष्ट होने वाली वह संस्था है जो दो नियम लिंगी व्यक्तियों को यौन संबंध स्थापित करने तथा उन्हें एक दूसरे के साथ सामाजिक-आर्थिक संबंध स्थापित करने का अधिकार प्रदान करती है।'' **मजूमदार** के अनुसार विवाह की तीन मुख्य विशेषताएं हैं, (1) विवाह एक सांस्कृतिक संस्कार है तथा यह धार्मिक और कानूनी दोनों ही रूपों में वैद्य माना जाता है, (2) विवाह दो विपरीत लिंगी व्यक्तियों की यौन सन्तुष्टि को वैधता प्रदान करता है, (3) इस संस्था में आर्थिक तत्व भी मिले हुए है क्योंकि इसके द्वारा व्यक्ति के भरण-पोषण तथा सम्पत्ति के बारे में भी निर्धारण होता है।

इस संबंध में **हॉबेल** (Hoebel) का कथन है कि ''विवाह सामाजिक आदर्श नियमों की वह सम्पूर्णता है जो विवाहित दम्पत्ति के पारस्परिक संबंधों को उनके रक्त संबंधियों, उनकी संतानों तथा समान के प्रति स्षष्ट करती है तथा उन पर नियंत्रण रखती है।'' **हॉबेल** के अनुसार विवाह एक ऐसी संस्था है जिसका कार्य व्यक्ति को बहुत-से सामाजिक और नैतिक दायित्व को सौंपना है। उन्होंने स्पष्ट किया है कि विवाह एक सर्वव्यापी घटना है परन्तु इसका संबंध केवल एक नियम से है अर्थात विवाह कानूनी रूप से नहीं बल्कि नैतिक रूप से ही आवश्यक है। विवाह केवल दो व्यक्तियों का ही पारस्परिक संबंध नहीं है अपितु इससे अन्य व्यक्तियों की स्थिति पर भी प्रभाव पड़ता है।

वेस्टरमार्क (Westermark) का कथन है कि ''एक या अधिक पुरुषों का एक या अधिक स्त्रियों के साथ होने वाला वह संबंध विवाह कहकर परिभाषित किया जा सकता है जो प्रथा या कानून के द्वारा मान्य होता है और जिसमें विवाह से संबंधित दोनों पक्षों तथा उनसे उत्पन्न होने वाले बच्चों के अधिकारों और कर्त्तव्यों का समावेश होता है।'' **वेस्टरमार्क** ने यह भी कहा है कि विभिन्न समाजों में यह अधिकार और कर्त्तव्य भिन्न-भिन्न प्रकृति के हो सकते हैं। और इसलिए इन सब विशेषताओं को लेकर विवाह की एक व्यापक परिभाषा नहीं दी जा सकती।

उपरोक्त परिभाषाओं के आधार पर विवाह की प्रमुख विशेषताओं को इस प्रकार से रेखांकित किया जा सकता है—

(1) विवाह एक सामाजिक-सांस्कृतिक संस्था है।

(2) यह संस्था प्रमुख रूप से व्यक्ति को यौन संबंध का अधिकार देती है। साथ ही व्यक्ति से कुछ नियमों के पालन की आशा रखती है।

(3) विवाह संबंध का निर्धारण एक समूह विशेष की प्रथा अथवा कानून के द्वारा होता है।

(4) विवाह संस्था के माध्यम से ही सन्तानोपत्ति तथा परिवार का विकास वैध माना जाता है।

(5) विवाह के माध्यम से व्यक्ति की सामाजिक परिस्थिति का भी निर्धारण होता है। उदाहरणार्थ सामाजिक व्यवस्था में अवैध रूप से जन्मे बच्चों को उतना सम्मान नहीं मिलता जितना सामाजिक रूप से वैध सन्तानों को मिलता है।

(6) विभिन्न समाजों की सांस्कृतिक विशिष्टताओं में भिन्नता के कारण एक समाज में विवाह का रूप दूसरे समाज से भिन्न होता है।

(7) कुछ समाजों में विवाह का स्वरूप धार्मिक होता है जबकि कुछ में यह कानूनी होता है।

(8) सभी विवाहों की नैतिकता सामाजिक मान-मूल्यों के आधार पर होती हैं। संसार में अनेक ऐसी सांस्कृतियां हैं जहां विवाह एक समझौते (Contract) का नाम है। अनेक आदिवासी समुदायों में विवाह को आर्थिक संस्था के रूप में देखा जाता है।

विभिन्न परिभाषाओं तथा विशेषताओं के साथ ही अनेक आधुनिक और पाश्चात्य विज्ञानों ने विवाह से एक सुविधाजनक मैत्री की परिभाषा की है। उनके अनुसार यदि विवाह कतिपय परिस्थितियों में सुविधापूर्ण नहीं रह जाते हैं तो उन्हें तोड़ा भी जा सकता है। पश्चिमी समाज में यह एक साधारण नियम और मान्यता के तौर पर स्थापित हो चुका है। संसार भर के विवाह के संबंध में अनेक तरह की अवधारणाएं और मान्यताएं हैं। **हॉबर्ड** की मान्यता है कि ''विवाह यद्यपि एक सर्वव्यापी और अनिवार्य संस्था है लेकिन

प्रगतिशील समाजों में एक-पत्नी प्रथा ही विवाह का स्वाभाविक रूप है। विवाह के अन्य स्वरूप या तो पतन के सूचक हैं अथवा आदिमकाल की प्रवृत्ति के।'' इस प्रकार विवाह का आधुनिक तात्पर्य मानसिक, शारीरिक और सामाजिक-सांस्कृतिक आवश्यकताओं की पूर्ति में सहायक ऐसे साथी से है जिससे जीवन सुन्दर, सुखमय और विकासशील बना रहे।

विवाह के उद्देश्य (Objectives of Marriage) भले ही विभिन्न समाजों में विवाह के संबंध में अनेक अवधारणाएं हों तथा अनेक रूप पाए जाते हों लेकिन प्रत्येक समाज में विवाह संबंधों की आवश्यकता अनेक ऐसे उद्देश्यों के कारण होती है जो सभी समाजों के लिए महत्वपूर्ण होते हैं। संसार के महत्वपूर्ण विचारकों ने विवाह के उद्देश्यों पर व्यापक रूप से विचार किया है। माना जाता है कि प्रारंभिक काल में जीवनयापन की समस्या से उबरने के लिए मनुष्य को विवाह की आवश्यकता हुई क्योंकि आर्थिक कारणों से प्रत्येक मनुष्य को संतान की आवश्यकता पड़ती थी। संतान न केवल काम में मदद करती थी बल्कि माता-पिता के काम के योग्य न रहने पर उसके भरण-पोषण का जिम्मा भी निभाती थी। खेतों में काम करने के लिए अधिक पुरुषों और स्त्रियों की आवश्यकता होती थी। इसलिए तत्कालीन समाज में विवाह प्रेम और सहयोग पर निर्भर न होकर पूर्णतया व्यावहारिक संबंध थे। समाजशास्त्री **बोमैन** (Bowman) का कथन है कि विवाह का मूलभूत उद्देश्य यौन सन्तुष्टि, घर और बच्चों की इच्छा, मित्रता, सामाजिक स्थिति और सम्मान तथा आर्थिक सुरक्षा और संरक्षण हैं। पोपनों (Popenoe) के अनुसार विवाह में पांच प्रमुख तत्व हैं- यौन इच्छा, श्रम-विभाजन, घर और बच्चों की इच्छा, मित्रता और आर्थिक सुरक्षा। **बौमेन** ने विवाह का उद्देश्य यौन सन्तुष्टि नहीं माना है बल्कि वे कहते हैं कि यौन सन्तुष्टि विवाह का प्रतिफल है।

मजूमदार (Majumdar) के अनुसार, ''यद्यपि नियमित तथा सामाजिक मान्यता प्राप्त यौन सन्तुष्टि विवाह का मूल कारण है, फिर भी यह एक मात्र और अंतिम कारण नहीं है। उन्होंने सेमा नागाओं का उदाहरण देते हुए लिखा है कि सेमा नागाओं में एक बच्चा अपने पिता की विधवा से विवाह कर लेता है ताकि उसकी सम्पत्ति पर अधिकार कर सके। उनके जनजातीय रिवाजों के मुताबिक पुरुष की विधवा संपत्ति की अधिकारिणी होती है। बच्चे नहीं। उनके अनुसार विवाह का उद्देश्य यौन संतुष्टि, बच्चों का पालन-पोषण, संस्कृति का संक्रमण, आर्थिक आवश्यकताएं तथा सम्पत्ति का उत्तराधिकार है।

समाजशास्त्रियों ने विवाह के निम्नलिखित उद्देश्य बताए हैं –

(1) सभी समाजों में विवाह का प्राथमिक उद्देश्य परिवार का निर्माण करना है। परिवार विहीन व्यक्ति का जीवन व्यक्तिवादी, अकेला और अराजक माना जाता है। विवाह संस्था व्यक्ति को यह अधिकार प्रदान करती है कि वह सामाजिक नीति-रीति के अनुसार अपने जीवन को ऊँचा उठाए तथा उसकी अनवरतता में सहायक हों।

(2) यौन संबंधों को व्यवस्थित करने का सबसे अच्छा तरीका विवाह माना जाता है। यद्यपि हिन्दू विवाह को धार्मिक संस्कार माना जाता है फिर भी यौन संबंधों की व्यवस्था बनाए रखने में उसके महत्व को नकारा नहीं जा सकता। मनुष्य यदि अनियमित और अराजक तरीके से यौन इच्छा की पूर्ति करने लगे तो सामाजिक संघर्षों का अनुपात बढ़ जाएगा तथा अनैतिक संबंधों की वृद्धि से सामाजिक संगठन कमजोर पड़ जाएगा। विवाह संस्था का उद्देश्य इस समस्या से व्यक्ति और समाज की रक्षा करना है तथा उनके नियमों के मद्देनजर व्यक्ति को यौन संतुष्टि करने का अधिकार प्रदान करना है।

(3) बच्चों को जन्म देना तथा उनका पालन-पोषण करना भी विवाह का एक महत्वपूर्ण उद्देश्य है। इस प्रकार परिवार की परम्परा का सतत विकास होता रहता है। बच्चों के जन्म को वैधता मिलती है तथा उनका उचित पालन-पोषण होता रहता है। यदि विवाह न हो तो बच्चों के वास्तविक पिता के बारे में जानना कठिन हो जाए। ऐसी स्थिति में बच्चों के भरण-पोषण की जिम्मेदारी कोई भी पिता लेने को तैयार न होगा। इस तरह बच्चों के जन्म को वैध बनाना उनके पितृत्व का निर्धारण करना तथा उनके भरण-पोषण की समुचित व्यवस्था करना विवाह का एक प्रमुख उद्देश्य है।

(4) विवाह के कारण व्यक्ति की पारिवारिक परम्परा का विकास होता है तथा बहुत से दायित्वों के निर्वाह से उसमें नैतिक गुणों का विकास होता है। पारस्परिक त्याग, प्रेम और भाईचारे की भावना एवं सामाजिक कल्याण इत्यादि ऐसे अनेक गुण हैं जो विवाह संस्था के माध्यम में विकसित होते हैं।

(5) विवाह के कारण परिवार बनता है तथा व्यक्ति को अपने आदर्शों और मूल्यों को व्यावहारिक बनाने में सहयोग मिलता है। इस प्रकार विवाह का एक उद्देश्य यह भी है उससे परिवार तथा गृहस्थी का निर्माण करके व्यक्ति अपनी सांस्कृतिक विशेषताओं को स्थायी बनाने का अवसर पाता है। विवाह के द्वारा ही यह सम्भव है कि स्त्री-पुरुष अपनी संतानों को बचपन से ही ऐसे व्यवहार करना सिखाएं जो उनकी संस्कृति द्वारा मान्य हों। इस तरह सांस्कृतिक विशेषताएं वंश परम्परा के माध्यम से एक पीढ़ी से दूसरी पीढ़ी को हस्तांतरित होती रहती है। विवाह होने पर यह सम्भव नहीं हो सकता था।

(6) विवाह में अनेक धार्मिक तथा आर्थिक उद्देश्य भी

समाविष्ट होते हैं। भिन्न-भिन्न समाजों की आवश्यकताओं के मद्देनजर इनका महत्व कम अथवा अधिक हो सकता है। फिर भी प्रत्येक समाज में विवाह किसी न किसी प्रकार से कुछ धार्मिक अथवा आर्थिक आवश्यकताओं की पूर्ति अवश्य करता है। एक ओर विवाह सभी समाजों में व्यक्ति को कुछ विशेष आर्थिक अधिकार और सम्पत्ति की देखभाल का दायित्व सौंपता है तो दूसरी ओर परम्परा पर आधारित अनेक समाजों में विवाह धार्मिक उद्देश्यों की पूर्ति करता है।

इस प्रकार से यह स्पष्ट हो जाता है कि विवाह का एकमात्र उद्देश्य यौन सन्तुष्टि ही नहीं है बल्कि इसके व्यापक सामाजिक सरोकार भी हैं।

विवाह के प्रकार (Types of Marriage) संसार में अलग-अलग तरह के समाज पाए जाते हैं और प्रत्येक समाज की अपनी सांस्कृतिक विशेषताएं होती हैं। भिन्न भिन्न समाजों की सर्वथा भिन्न और मौलिक सांस्कृतियां होने के कारण उनमें प्रचलित विवाह भी भिन्न प्रकार के होते हैं। भिन्न-भिन्न समाजों में सांस्कृतिक भिन्नता के बावजूद सामान्यत: तीन बातों पर विशेष ध्यान दिया जाता है—(1) जीवनसाथी के चुनाव का ढंग, (2) पति और पत्नी की संख्या, (3) विवाह से संबंधित नियम। भिन्नताओं के कारण किसी समाज में एक पति अथवा पत्नी के मौजूद रहते हुए दूसरी शादी पर प्रतिबन्ध होता है तो कुछ समाजों में कई पतियों से विवाह करना वैध माना जाता है। बहुपत्नित्व को जहां कुछ समाजों में सम्मान की नजर से देखा जाता है तो अनेक में बहुपतित्व को महत्व प्राप्त है। कुछ समाजों में निकटस्थ रिश्तेदारों से विवाह अच्छा माना जाता है जबकि अनेक ऐसे समाज भी हैं जहां इस तरह के विवाह संबंधों पर कड़ा प्रतिबंध होता है। इससे यह पता चलता है कि अलग-अलग समूहों की अपनी-अपनी भौतिक संस्कृतियां होने के कारण विवाह संबंधी मान्यताएं और अवधारणाएं भी अलग-अलग हैं। इन भिन्नताओं के बावजूद किसी को नैतिक अथवा अनैतिक नहीं कहा जा सकता है। विभिन्न समाजों में प्रचलित विवाह के प्रकारों को निम्नलिखित रूप से समझा जा सकता है।

एकविवाह (Monogamy) एकविवाह उस विवाह को कहते हैं जिसमें कोई स्त्री अथवा पुरुष एक जीवन साथी के रहते दूसरे से विवाह नहीं कर सकता। यह विवाह का सर्वप्रचलित रूप है तथा अनेक सभ्य और पिछड़े समाजों में इसे सहज रूप से स्वीकार कर लिया गया है। एक विवाह के अन्तर्गत केवल एक ही विवाह करने की बाध्यता नहीं होती बल्कि स्त्री या पुरुष में से किसी एक की मृत्यु या विलगाव के बाद दूसरा विवाह किया जा सकता है। एक विवाह का अर्थ एक समय में एक ही पत्नी अथवा पति होता है। **वेस्टरमार्क** का इस संबंध में कहना है कि ''एकविवाह मनुष्यों की तो क्या अनेक उन्नत जातियों के पशुओं और पक्षियों की भी विशेषता है।'' **पिंडिगटन** के मुताबिक ''एकविवाह विवाह का वह रूप है जिसमें किसी एक समय कोई भी पुरुष एक से अधिक स्त्रियों से विवाह नहीं कर सकता।'' एकविवाह अनेक समाजों में एक मान्य परम्परा है। हिन्दू विवाह आमतौर पर एकविवाह होते हैं। मुसलमानों में शिया समुदाय के लोग एकविवाह को महत्व देते हैं। हांलाकि वे इसे अस्थाई रूप देने में संकोच करते हैं। विभिन्न जनजातियों में एकविवाह के प्रति लोकप्रियता बढ़ रही है। **बील्स और हॉइजर** (Beals and Hoijer) के कथनानुसार, ''जिन समाजों में कुछ सीमा तक बहुपत्नी अथवा बहुपति का प्रचलन है भी, वहां एकविवाह इसलिए अधिक लोकप्रिय होता जा रहा है कि अपने सीमित साधनों के कारण जनजातीय जीवन को अधिक संगठित बनाया जा सकता है।

एकविवाह के कारण (Causes for Monogamy) एक विवाह का एक बड़ा कारण सभी स्त्री-पुरुषों में ईर्ष्या भावना का होना बताया जाता है। अपनी पत्नियों अथवा पतियों का बंटवारा कोई भी पसन्द नहीं करता। संभवत: इसी प्रवृति के कारण एक विवाह का प्रचलन बढ़ा। सभ्यता के विकास और आधुनिकता के कारण भी एकविवाह का प्रचलन बढ़ता गया। कुछ समाजों को छोड़कर सामान्यत: सभी समाजों में स्त्री-पुरुष का अनुपात समान होता है। ऐसी स्थिति में एक व्यक्ति को केवल एक जीवन साथी चुनने की सुविधा मिल सकती है। पारिवारिक संघर्षों से दूर रहने के लिए भी लोगों ने एकविवाह को अधिक महत्व दिया। एक पति की अनेक पत्नियाँ अथवा एक पत्नी के अनेक पति होने से संघर्ष की संभावनाएं बढ़ जाती हैं तथा परिवार में कलह का वातावरण बना रहता है।

एकविवाह के पीछे आर्थिक संसाधनों की कमी भी है। इसके अतिरिक्त समाज के नियमों तथा वर्तमान कानून के कारण भी लोग एकविवाह को आवश्यक मानते हैं।

लाभ (Merits)

1. सभ्य समाज में एकविवाह सबसे महत्वपूर्ण प्रणाली है। इसमें स्त्री-पुरुष के संबंध न्यायपूर्ण, पारस्परिक सहयोग पूर्ण तथा सुरक्षित रहते हैं।

2. एकविवाह प्रणाली में पारिवारिक संघर्ष की संभावना नहीं रहती है तथा यह अधिक स्थायी एवं संगठित होता है।

3. एकविवाह से मानसिक स्थिरता की संभावना अधिक रहती है। क्योंकि एकविवाह से जीवन स्तर में सुधार होता है और आवश्यक साधनों तथा आवश्यकताओं की पूर्ति में सुविधा होती है।

4. एकविवाही परिवारों में संतानों की देखरेख, शिक्षा और अनुशासन का अच्छा प्रबंध होता है।

5. एकविवाह द्वारा समाज में स्त्रियों को उच्च सामाजिक हैसियत प्राप्त होती है।

6. यह एक प्रगतिशील परम्परा है।

हानि (Demerits)

1. अनेक विचारकों का मानना है कि एकविवाह के कारण समाज में अनैतिकता बढ़ने का खतरा होता है। एकविवाह के कारण व्यक्ति को संयमित एवं कठोर जीवन बिताना पड़ता है। जो सामान्य तौर पर एक कठिन प्रक्रिया है।

2. यह भी माना जाता है कि एकविवाह एकाधिकारी व्यवस्था की तरह है। इनमें स्त्रियों के शोषण की संभावना बढ़ जाती है।

3. यौन अपराधों की संख्या बढ़ जाती है।

बहुपत्नी विवाह (Polygamy)—सामान्यत: एक समय में एक से अधिक स्त्रियों से विवाह करने को बहुपत्नी विवाह कहा जाता है। कभी-कभी एक पत्नी के जीवित रहते हुए भी उसके नि:संतान होने के कारण पति दूसरी पत्नी से विवाह कर लेता है लेकिन साधारण समाज में यह प्रथा नहीं है बल्कि अपवाद के रूप में पाया जाता है। जबकि जनजातियों में बहुपत्नी विवाह प्रथा के रूप में पाया जाता है। वहां एक से अधिक पत्नियां रखना सामाजिक प्रतिष्ठा का कारण समझा जाता है। बहुपत्नी विवाह शर्त के अनुसार (Conditional) अथवा बिना शर्त के (unrestricted) दोनों प्रकार के होते हैं। प्रारंभिक हिन्दू समाज में भी बहुपत्नी प्रथा का प्रचलन था। मध्यकालीन राजाओं की भी कई पत्नियां होती थीं। 'अपस्तम्ब धर्मसूत्र' के अनुसार कोई व्यक्ति अपने प्रथम विवाह के दस वर्ष बाद पुन: विवाह कर सकता था यदि उसकी पत्नी बांझ हो तो वह तेरह या पंद्रह वर्ष बाद पुन: विवाह कर सकता था, यदि उसकी केवल पुत्रियां ही हों और वह पुत्र की कामना करता हो। **मनु** का कथन है कि 'पुरुष अपनी पत्नी को अधिकार से हटा सकता है यदि दस वर्ष तक वह बांझ हो, दस वर्ष बाद तब जब उसके द्वारा जन्म दिए गए बच्चे जीवित न रहते हों, ग्यारह वर्ष बाद तब यदि उसकी पत्नी ने केवल पुत्रियों को ही जन्म दिया हो और विवाह के तुरंत बाद तक यदि उसकी पत्नी झगड़ालू, विद्रोही या कठोर हो।' अधिकार से हटाने का तात्पर्य यहां दूसरी शादी से ही है।

प्राचीन भारतीय समाजों में बहुपत्नी विवाह को लेकर तरह-तरह के विचार पाए जाते हैं। महाभारत में एक जगह कहा गया है कि 'जो व्यक्ति अकारण ही दो बार विवाह करता है वह ऐसा प्राय: करता है जिसका कोई भी प्रायश्चित नहीं है। यद्यपि शांतनु, पांडु, अर्जुन, भीम, कृष्ण, विचित्रवीर्य इत्यादि की कई पत्नियों का उल्लेख मिलता है। के.एम. कपाड़िया के कथनानुसार 'भारत में वैदिक युग से लेकर 20वीं शताब्दी के पूवार्द्ध तक बहुपत्नी विवाह की प्रथा जारी रही है। मध्यकाल से उन्नीसवीं शताब्दी के दौरान अनेक पत्नियां रखना सामाजिक प्रतिष्ठा माना जाता था। अनेक राजा, महाराजा, जागीरदार, जमींदार, सूदखोर और व्यापारी तथा विलासी लोग अनेक स्त्रियों के साथ संबंध बनाते थे। सभ्य समाज में रखैलों और लौंड़ियों की परम्परा भी बहुत पुरानी है। राजस्थान के रनिवासों में गोलियां रखी जाती थीं जो राजमहल में सेविकाएं होती थीं लेकिन वस्तुत: वे नरेशों और राजाओं की उपपत्नियां होती थीं। आदिवासी समाजों में अभी भी अनेक ऐसे समाज हैं जहां बहुपत्नी विवाह की प्रथा का प्रचलन है। नागा, बैंगा, गोंड, लुशाई, हो, खस, टोडा इत्यादि जनजातियों में बहुपत्नी प्रथा का चलन है अनेक अफ्रीकी देशों में भी बहुपत्नी प्रथा पाई जाती है। पूर्वी अफ्रीका की बगण्डा (Baganda) जनजाति में राजा से लेकर साधारण व्यक्ति तक सभी को एक से अधिक पत्नियों को रखने का अधिकार है।

बहुपत्नी विवाह सभी समाजों में समान रूप से नहीं पाए जाते। कुछ संस्कृतियों के समाज के सभी सदस्यों को एक से अधिक पत्नियां रखने का अधिकार होता है तो कुछ में केवल विशेषधिकार प्राप्त लोगों को ही। सामान्यत: यह अधिकार उन्हीं लोगों को हासिल होता है जो धनाढ्य हों अथवा जिनकी सामाजिक स्थिति काफी सुदृढ़ हो। बहुपत्नी प्रथा के दो रूप पाए जाते हैं—(1) एकपक्षीय बहुपत्नी विवाह तथा (2) स्वतंत्र बहुपत्नी विवाह। पहली प्रथा के अनुसार एक पुरुष अनेक स्त्रियों से विवाह कर लेता है लेकिन उसकी सभी पत्नियां आपस में सगी बहनें होती हैं। दूसरी प्रथा के अनुसार एक पुरुष की अनेक पत्नियों के बीच किसी प्रकार का संबंध होना आवश्यक नहीं माना जाता।

बहुपत्नी विवाह का कारण (Cause of Polygamy)

1. बहुपत्नी विवाह का सर्वप्रमुख कारण किसी समाज में स्त्रियों की अपेक्षा पुरुषों के अनुपात में कमी होना है। **बील्स और हॉइजर** के इस सिलसिले में पूर्वी अफ्रीका का बगंडा जनजाति का उदाहरण दिया है। स्त्रियों की संख्या पुरुषों की संख्या की तीन गुणा होने के कारण बहुपत्नी विवाह एक अनिवार्य नियम की तरह हो गया है। इसके मद्देनजर भारतीय जनजातीय समाजों में अनुपात में यह भिन्नता नहीं पाई जाती।

2. इस प्रकार का दूसरा महत्वपूर्ण कारण कुछ समूहों में एक विशेष प्रकार के भोजन के कारण अधिक कामवासना का होना भी माना जाता है। अनेक जनजातियों में यह होता है। वहां स्त्रियों की संख्या कम होने पर आक्रमण और संघर्ष से स्त्रियों पर अधिकार कर लिया जाता है।

3. संतान न होने के कारण भी एक से अधिक पत्नियों से विवाह किया जाता है।

4. अनेक समाजों में एक से अधिक पत्नियां रखना प्रतिष्ठा माना जाता है।

5. कुछ समाजों में कन्या मूल्य (bride price) के कारण भी इस विवाह को प्रोत्साहन मिलता है।

6. अनेक मानव समूह ऐसे है जिसमें स्त्रियां जीविका कमाने में पुरुषों को सहायता करती है। इसके कारण पुरुष अनेक स्त्रियों से विवाह करते है।

लाभ (Merits)

1. बहुपत्नी विवाह से किसी समूह में अच्छे वंशानुक्रम की संतानों के जन्म की संभावना बढ़ जाती है। इसका कारण यह है कि बहुपत्नी विवाह करने वाले व्यक्ति साधारण तथा उच्चस्थिति के व्यक्ति होते हैं। स्वाभावत: उनकी संतानों के गुणी होने की आशा की जाती है।

2. एक परिवार में अधिक स्त्रियों के होने से बच्चों के पालन-पोषण में सरलता रहती है तथा परिवार में श्रम-विभाजन के द्वारा सभी दायित्वों को जल्दी ही पूरा कर लिया जाता है।

3. बहुपत्नी विवाह के कारण पुरुष को अनेक सहयोगी मिल जाते हैं जिससे उसे प्राकृतिक और आर्थिक संघर्षों में सरलता हो जाती है।

4. बहुपत्नी विवाह से पुरुष की नवीनता की इच्छा परिवार में ही संतुष्ट हो जाती है और इस प्रकार समूह में अनैतिकता नहीं फैलने पाती।

हानियां (Demerits)

1. बहुपत्नी विवाह के कारण स्त्रियों की सामाजिक स्थिति में गिरावट आती हैं और वे अपना स्वतंत्र व्यक्तित्व खो देती हैं।

2. परिवार में भी उन्हें महत्वपूर्ण स्थान नहीं मिल पाता वे केवल कामवासना शांत करने का साधन भर रह जाती हैं।

3. स्त्रियों को उचित अधिकार न मिलने से पारिवारिक कलह और अशांति बढ़ जाती है।

4. बहुपत्नी विवाह से परिवार का व्यय बढ़ जाता है।

5. इस प्रकार से परिवार के सदस्यों की संख्या में वृद्धि होती है और इस प्रकार जनसंख्या बढ़ती है। वर्तमान समय में बहुपत्नी विवाह की प्रथा पर कानूनी रोक लगा दी गई है। बंबई में 1946 में, मद्रास में 1949 तथा सौराष्ट्र में 1950 में इसको खत्म करने के लिए कानून बनाए गए। इस संबंध में 1955 में केंद्र सरकार ने हिन्दू विवाह अधिनियम पारित किया। साथ ही साथ स्त्री शिक्षा ने बहुपत्नी विवाह को काफी कम कर दिया है। पढ़ी-लिखी लड़कियां उस लड़के से विवाह करना नहीं चाहती जिसकी पहले से ही पत्नी हो। बहुपत्नी विवाह अब सामान्यत: जनजातिय और मुस्लिम समाजों में ही स्वीकृत रह गए हैं।

बहुपति विवाह (Polyandry)

बहुपतिविवाह के अन्तर्गत एक स्त्री कई पुरुषों से विवाह कर सकती है। इसमें एक साथ अथवा अलग-अलग अवसरों पर एक स्त्री अनेक पुरुषों के साथ संबंध रखती है। प्राचीन भारतीय समाज के साथ ही अनेक जनजातीय समाजों में इस तरह की प्रथा प्रचलन में थी। द्रोपदी के एक साथ पांच पति थे। कपाड़िया के अनुसार, ''बहु-पति विवाह वह संबंध है जिसमें स्त्री एक समय में एक से अधिक पतियों का चुनाव करती है अथवा जिसके द्वारा अनेक भाई एक स्त्री अथवा एक पत्नी का सम्मिलित रूप से उपयोग करते हैं।'' इस संबंध में **मिशेल** (Mitchell) का कथन है कि ''एक स्त्री द्वारा एक पति के जीवित होते हुए अन्य पुरुषों से भी विवाह करना अथवा एक समय पर दो या दो से अधिक पुरुषों से विवाह करने को हम बहुपति विवाह कहते हैं।''

भारत में सामान्यत- खस, टोडा, कोटा, कुटुंब और कुमुल जनजातियों में बहुपति विवाह आज भी पाया जाता है। दक्षिण भारत में नैयर जनजाति, मध्यभारत में उराँव तथा छोटा नागपुर में संकाल जनजाति में भी इस प्रथा का प्रचलन मिलता है। बहुपति विवाह की विशेषताएं निम्नलिखित हैं—

1. बहुपति विवाह के अन्तर्गत एक स्त्री एक समय में कई पुरुषों से विवाह संबंध स्थापित कर सकती है।

2. अधिकांश जनजातियों में स्त्री के पति आपस में भाई होते हैं लेकिन यह अपवाद भी हो सकता है।

3. मातृसत्तात्मक परिवारों में स्त्रियों को अनेक पति चुनने की स्वतंत्रता होती है। ऐसे परिवारों में कई पुरुष मिलकर एक ही स्त्री से विवाह करते हैं।

4. भातृबहु पति विवाह के अन्तर्गत यद्यपि सभी भाईयों का पत्नी पर अधिकार होता है लेकिन सबसे अधिक अधिकार बड़े भाई का होता है।

5. यदि स्त्री के पति भाई-भाई होते हैं तो उसे पति पति के घर आकर रहना होता है लेकिन यदि उसके पति आपस में कोई नहीं होते तो पतियों को पत्नी के इच्छानुसार पत्नी के घर आकर रहना पड़ता है।

6. इस प्रकार के विवाह में बच्चों के पितृत्व का निर्धारण जैविक आधार पर नहीं बल्कि वल्कि सामाजिक आधार पर होता है। इसका अर्थ यह है कि स्त्री के अनेक पतियों में से जो भी पति एक विशेष संस्कार को पूरा करता हैं। उसी को परिवार में जन्म लेने वाले नए बच्चे का पिता मान लिया जाता है। इसके फलस्वरूप बच्चे पर मां का सबसे अधिक अधिकार प्राप्त होता है।

बहुपतिविवाह मुख्य रूप से दो प्रकार का होता है—(1) भ्रातृ बहु विवाह [Fralernal Polyandry] तथा (2) अभ्रातृ बहुपति विवाह (Non Fralernal). दोनों ही प्रकार के विवाह भारत की कुछ जनजातियों में इस तरह के विवाह पाए जाते हैं।

1. यदि एक स्त्री के सभी पति आपस में भाई-भाई होते हैं तो इसे भ्रातृ बहुपति विवाह कहते हैं। **के.एम. कपाड़िया** के कथनानुसार वर्तमान भारत में भातृ बहुपति विवाह का स्पष्ट रूप केवल खस और टोडा जन जातियों में देखने को मिलता है। खस जनजाति में किसी स्त्री से बड़े भाई के विवाह करने पर उसके भाई भी उस स्त्री के पति हो जाते हैं। इनमें से किसी भाई को अपने लिए अलग पत्नी रखने का अधिकार नहीं है। यदि किसी भाई की उम्र कम होने के कारण युवावस्था में उसके लिए एक अलग पत्नी की आवश्यकता होती है तो भी बड़ा भाई ही कम उम्र की लड़की से विवाह करता है। विवाह के बाद उस लड़की को भी सभी भाईयों की पत्नी के रूप में रहना पड़ता है। जौनसार बाबर क्षेत्र की खस जनजाति में पत्नी पर बड़े भाई का ही अधिकार सबसे अधिक होता है। पत्नी किसी भी तरह उसके आदेश की अवहेलना नहीं कर सकती है। यदि पत्नी के कारण कोई संघर्ष होता है तो विवाह-विच्छेद की आज्ञा भी बड़ा भाई ही दे सकता है। सामान्य तौर पर इस जनजाति में प्रथम संतान पर बड़े भाई का अधिकार, दूसरी संतान पर उससे छोटे भाई का और इस प्रकार आगामी संतानों पर क्रमशः अन्य भाईयों को पितृत्व का अधिकार मिलता जाता है।

टोडा जनजाति में भी भातृ बहुपति विवाह प्रथा प्रचलन में है। नीलगिरि पर्वत के क्षेत्र में रहने वाली टोडा जनजाति में एक स्त्री का विवाह परिवार के सबसे बड़े भाई के साथ होता है और बाद में उसके सभी दूसरे सभी भाई स्त्री के पति हो जाते हैं। यदि किसी भाई का जन्म ऐसे विवाह के बाद हो तो भी उसे उस स्त्री का पति मान लिया जाता है। यदि कोई भाई परिवार को छोड़कर बाहर चला जाता है तो उसका उस स्त्री पर कोई अधिकार नहीं रह जाता है। इस विवाह से उत्पन्न संतानों का निर्धारण सांस्कृतिक रूप से होता है। पत्नी के गर्भवती होने पर इसका कोई एक पति 'पुरसुतपिमि संस्कार' पूरा करता है। इस संस्कार को पूरा करने वाला पति ही उस बच्चे का पिता माना जाता है। इस संस्कार में पति अपनी पत्नी को धनुष बाण देकर जन्मने वाले बच्चे का पिता बनने की घोषणा करता है। सामान्य तौर पर इस संस्कार के लिए सबसे पहले बड़े भाई को अधिकार मिलता है तथा क्रमशः अन्य भाईयों को।

2. अभातृ बहु-पतिविवाह के अन्तर्गत स्त्री के अनेक पतियों का आपस में भाई होना आवश्यक नहीं है। स्त्री किसी एक अथवा भिन्न क्षेत्र के पुरुषों का पति के रूप में चुनाव करती है तो इसे अभातृ-बहुपतिविवाह कहा जाता है। सामान्य तौर पर ऐसे विवाह उन समाजों में होते हैं जिनमें मातृसत्ता होती है अर्थात् जहां परिवार में स्त्री की सत्ता प्रधान होती है। परन्तु ऐसा हर जगह नहीं होता। अनेक पितृसत्ता के समाजों में भी अभातृबहुविवाह का प्रचलन है। ऐसे विवाह के बाद स्त्री या तो अपने अलग-अलग पतियों के साथ अलग-अलग समय पर जाकर रहती है अथवा उसके पति बारी-बारी से उसके घर में आकर रहते हैं। भारत में मलाबार के नायरों में इस प्रकार के विवाह का प्रचलन रहा है। लेकिन वर्तमान समय में उनमें भी इस विवाह के प्रति विरोध बढ़ता दिखाई देता है। इन कारणों से अब यह प्रथा तेजी से समाप्त होती जा रही है।

कारण (Cause)

बहुपति विवाह वाले समाजों के अध्ययन के उपरांत समाजशास्त्रियों ने इस प्रथा के निम्नलिखित कारण बताए हैं—

(1) पुरुषों के अनुपात में स्त्रियों की संख्या कम होना। (2) अनेक समूह इस प्रथा को इसलिए भी बनाए रखते हैं ताकि प्राकृतिक संघर्षों में अपने परिवार को छोटा बनाए रख सकें। (3) इससे सामूहिकता की भावना सुदृढ़ होती है। (4) कुछ समाजों में निर्धनता के कारण पत्नी मूल्य (Bride price) को लेने के पक्ष में होते हैं लेकिन प्रत्येक पुरुष पत्नी मूल्य देने में सक्षम नहीं होता इसलिए कई पुरुष मिलकर एक स्त्री का मूल्य चुकाते हैं और सामूहिक रूप से विवाह करते हैं। कई समाजों में पैतृक सम्पत्ति की विभाजित होने से बचाने के लिए भी बहुपतिविवाह का प्रचलन है। उत्तर प्रदेश के कुछ जाट परिवारों में भी यह रिवाज पाया जाता है।

लाभ (Merits)

1. निर्धन लोगों के सामने भूमि और पशुओं के विभाजन उनके लिए एक बड़ी समस्या होती है। इससे बचने के लिए अनेक भाई एक ही स्त्री से विवाह कर लेते हैं। इस प्रकार इस समस्या का समाधान हो जाता है।

2. इससे पारस्परिक संघर्षों में कमी आती है। ऐसे विवाह सामूहिकता की भावना को दृढ़ बनाने वाले माने जाते हैं।

3. बहुपतिविवाह के कारण परिवार को अधिक साधन सम्पन्न बनाता है। इस प्रथा से जनसंख्या नियंत्रण में मदद मिलती है। कई पुरुषों की अलग-अलग पत्नियां होने की तुलना में अनेक पुरुषों की एक पत्नी के कारण परिवार में सदस्यों की संख्या में कमी आती है।

4. बहुपति विवाह के कारण स्त्री सत्ता की प्रधानता होती है।

हानियाँ (Demerits)

बहुपति विवाह से अनेक प्रकार की हानियाँ होती हैं। (1) जैविक रूप से ऐसे विवाह से लड़कों का जन्म अधिक होता है और स्त्रियों-पुरुषों का अनुपात असमान बना रहता है। (2) कई पुरुषों

की पत्नी होने के कारण स्त्रियों का स्वास्थ्य प्रभावित होता है। वे कमजोर होती हैं तथा कमजोर संतानों को जन्म देती हैं। (3) समूह में अनैतिकता बढ़ जाती है। (4) पुरुषों के बीच संघर्ष की संभावना बढ़ जाती है।

बहुपति-विवाह की परम्परा अधिकतर जनजातियों में पाई जाती है। लेकिन आधुनिक भारत में जैसे-जैसे उनका सम्पर्क दूसरे समाजों से हो रहा है वैसे-वैसे उनमें भी इसके प्रति उदासीनता बढ़ती जा रही है। शिक्षा के प्रचार-प्रसार होने के कारण जनजातीय स्त्री-पुरुष बहुपति विवाह के दोषों को समझने लगे हैं। इन कारणों से अब बहुपति विवाह प्रथा में कमी आने लगी है। **वेस्टरमार्क** (Westermark) ने बहुपति विवाह के सन्दर्भ में कहा है कि, ''इस विवाह को विवाह कहना मुश्किल से ही ठीक होगा, जब विचार किया जाए कि वे कि वे चरित्रहीन और भगोड़े चरित्र के होते हैं क्योंकि पुरुष स्त्रियों के साथ कभी नहीं रहते तथा पिता के कर्तव्यों की सदैव अवहेलना होती रहती है।'' 1986 में मलाबार विवाह अधिनियम पारित किया गया जिससे नायरों में विवाह स्थायी रूप में स्थापित हुआ। यह अधिनियम तभी भंग किया जाता है जब नायरों की ओर से न्यायाधीश को कोई प्रार्थना पत्र दिया जाता है।

अन्तर्विवाह (Endogamy)

अन्तर्विवाह उस विवाह को कहते हैं जिसके अन्तर्गत व्यक्ति को अपने ही वर्ग तथा जाति में करने की अनिवार्यता होती है। उदाहरण के लिए ब्राह्मण को न केवल ब्राहाण में बल्कि उपजाति में विवाह करने की अनिवार्यता होती है। जैसे कान्यकुब्ज युवक को कान्यकुब्ज कन्या से, सरयूपारीय को सरयूपारीय कन्या से और मैथिल को मैथिल से इत्यादि। कायस्थों में भी उपजातियां होती हैं तथा उन्हें भी उपजाति में करना होता है। राजपूत चार उपजातियों में अन्तर्विवाह कर सकता है। सूर्यवंशी, चंद्रवंशी, नागवंशी और अग्निवंशी इत्यादि में। सूर्यवंशियों में भी तीन उपजातियां होती है गहलौत, कछावा व राठौर। गहलौत पुन: तीन बहिर्विवाही समूहों में बटें हैं। वह है सिसौदिया रानावत और शक्तावत। इसी तरह कछावा भी तीन बहिर्विवाह उप समूहों में विभाजित हैं जोधा, वीका और विन्दावत। इसी तरह चंद्रवंशी भी तीन अर्न्तविवाही समूहों में बंटे हैं यदु, तनवर और गौण जबकि नागवंशी केवल एक ही उपजाति में होते हैं जिसे परिहार कहते हैं। अग्निवंशी चार उपजातियों में विभाजित हैं—सोलंकी, पंवार, चौहान और परिहार। अन्तर्विवाह के नियमानुसार राजपूत वर न केवल राजपूत कन्या से बल्कि अपने ही अन्तर्विवाही समूह अथवा उपजाति में विवाह करता है। इसी तरह बनिया भी अपनी उप जाति ओसवाल, ढैय्या, पांचा, दस्सा बीस्सा में विभक्त है। ढैय्या के बहिर्विवाही समूह लूनिया और सिंघावत हैं। पांचा के कटारिया और कोठारी, दस्सा के ढक, भंडारी और मांडोत हैं। अन्तर्विवाह के अन्तर्गत इन बहिर्विवाही उप समूहों को छोड़ने के बाद भी जाति के अन्दर ही विवाह करने की अनिवार्यता होती है।

हिन्दू धर्म में स्पष्टत: अन्तविर्वाह स्वीकृत है खास कर ब्राह्मण और राजपूतों में यह नियम अधिक कढाई से माना जाता हैं। इसके साथ-साथ 34 जातियों के साथ विवाह सम्बन्ध कायम करने की परम्परा भी है वैश्यों और शूद्रों के बीच उपजाति की अनिवार्यता नहीं पायी जाती है। धर्म शास्त्रों के अनुसार प्रत्येक हिन्दू को अपने ही वर्ण और जाति में विवाह करने का निर्देश मिलता है वर्ण व्यवस्था की विद्यमानता के हजारों वर्षों में यह नियम परम्परा से चला आ रहा है। वैदिक और उत्तर वैदिक काल में अन्तर्विवाह का क्षेत्र काफी विस्तृत था। उस काल में ब्राह्मण, क्षत्रिय, वैश्य, सवर्ण माने जाते थे जबकि शूद्र अछूत और जाति बहिष्कृत होते थे। इस कारण से अन्तर्विवाह इन तीनों ही वर्णों के बीच से ही जीवन साथी के चुनाव को माना जाता था। कालान्तर में सूचीवर्ण पृथक होते गये और अन्तर्विवाह का क्षेत्र जाति और वर्णतम ही सिमट कर रह गया। भारत वर्ष में लगभग दो हजार दो सौ वर्ष पहले से वर्ण जाति वद्ध होने लगा और अर्न्तविवाह जाति तक ही सीमित हो गया।

मिस्त्र में अन्तर्विवाह के साक्ष्य पाये जाते हैं तथा ग्रीक में भी इस तरह का विवाह प्रचलन में था। पेरी की इन्का जनजाति में भाई बहिनों को छोड़ कर समीप के सम्बन्धियों से इसलिए विवाह कायम रखा जाता है ताकि रक्त शुद्धता बनी रहे। संसार के अनेक हिस्सों में अन्तर्विवाह की प्रथा प्रचलन में है और इसके बारे में तरह-तरह की अवधारणाएं पायी जाती हैं।

कारण (Cause)

भारत में अन्तविर्वाह को कई कारणों से प्रोत्साहन मिला। मध्यकाल में बाहर से अनेक प्रजातियां भारत में आयी और यही बस गई। उनके संक्रमण से अपने रक्त की शुद्धता को बनाये रखने के लिए अन्तर्विवाह के कठोर नियम बनाये गये। (2) जैन और बौध धर्म के प्रसार से कर्म का महत्व बढ़ गया और जाति का महत्व कम हो गया। लेकिन जब बौध धर्म का ह्रास हुआ तो ब्राह्मणों ने जाति के नियम और कठोर बना दिये तथा अन्तर्विवाह को अनिवार्य कर दिया। (3) भारत में मुसलमानों के आगमन के बाद धर्म परिवर्तन तथा हिन्दू स्त्रियों से मुसलमानों के विवाह की घटनाएं बढ़ गईं। इनसे बचने के लिए भी अन्तर्विवाह का नियम बनाया गया। (4) जन जातियों द्वारा अपनी पृथक संस्कृति को बनाये और बचाये रखने के लिए अन्तर्विवाह की परम्परा आवश्यक मानी गई। (5) अनेक जनजातियों में बाहरी संपर्कों से बचने तथा जादू टोनों आदि की रक्षा करने के लिए अन्तर्विवाह को ज्यादा

महत्व दिया गया। भाषा, स्थान और परिवेश की भिन्नता के कारण भी अन्तर्विवाह को प्रोत्साहन मिला।

वर्तमान समय में भारत की सभी जातियों में अन्तर्विवाह का प्रचलन है। हालांकि पश्चिमी संस्कृति एवं शिक्षा के प्रभाव से इसके पालन में वह कड़ाई नहीं रह गई है जो पहले थी। शिक्षा और औद्योगिकीकरण के परिणामस्वरूप लोगों का शहरों में आगमन तेजी से बढ़ा है। शहरी संस्कृति में प्रेम विवाहों के अवसर बढ़े हैं एवं जाति तथा धर्म में ही विवाह की रूढ़ियों में कमी आई है। 1872 में 'विशेष विवाह अधिनियम' (Special Marriage Act-1972) ने अन्तर्जातीय विवाहों पर से प्रतिबंध हटा दिया। स्वतंत्रता के पश्चात हिन्दू विवाह अधिनियम--1955 द्वारा अन्तर्विवाह के निषेध को समाप्त कर दिया गया तथा विवाह के मामले में दोनों पक्षों की सहमति को प्रमुखता दी गई। **के.एस. कपाड़िया** के कथनानुसार अब भी जाति की नैतिक शक्ति इतनी अधिक हैं कि केवल कानून द्वारा अन्तर्विवाह के नियमों को तोड़ जा सकेंगे, यह संदिग्ध है।

अन्तर्विवाह के लाभ (Merits)

(1) इससे वैवाहिक समायोजन असान हो जाता है। (2) यह विवाह जाति के व्यावसायिक रहस्यों को सुरक्षित बनाए रखता है। (3) जातीय एकता सुरक्षित रहती है। (4) यह विवाह जाति के सदस्यों और उसकी शक्ति को कम होने से रोकता है।

हानियाँ (Demerits)

(1) इससे अन्तर्विवाह तनाव में वृद्धि होती हैं तथा देश की एकता पर नकारात्मक प्रभाव पड़ता है। (2) वैवाहिक समायोजन की समस्या बढ़ती है। (3) वर और कन्या के चुनाव का क्षेत्र सीमित हो जाता है। (4) इससे बाल विवाह एवं दहेज जैसी समस्या पैदा हो जाती है।

बहिर्विवाह (Exogamy)

बहिर्विवाह विवाह का वह नियम है जिसके अन्तर्गत जीवन साथी के चुनाव के लिए तथा गोत्र, धर्म इत्यादि के दायरे को नहीं माना जाता है। बहिर्विवाह हिन्दुओं में एक अनिवार्य जाति विवाह पद्धति है। इसका आधार गोत्र, पिण्ड और प्रवर इत्यादि का धारणाएं हैं। बहिर्विवाह के संबंध में कई समूहों में इतने कठोर लगाए गए हैं कि इसका उल्लंघन दण्डनीय अपराध माना जाता हैं। सामान्यत: ये समूह पिण्ड और टोटम (Totem) से संबद्ध व्यक्तियों के वैवाहिक संबंधों की स्थापना गोत्र, प्रवर, पिण्ड और टोटम में करने के पक्षधर हैं। कुछ समाज गांव को भी बहिर्विवाह समूह के रूप में मानते हैं। **मैक्लेनन** (Maclenna) की पुस्तक 'Studies In Indian History' के अनुसार 'बहिर्विवाह का रिवाज प्रारंभिक काल में स्त्रियों की कमी के कारण प्रचलन में था।' योर्गन (L.H. Morgan) की पुस्तक 'Ancient Society' में यह उल्लेख है कि 'बहिर्विवाह कुल व गोत्र के भीतर यौन अनैतिकता को रोकने के उद्देश्य से किया गया।' **वेस्टरमार्क** (Westermark) का कहना है कि 'बहिर्विवाह की उत्पत्ति एक साथ पालन-पोषण किए गए व्यक्तियों के बीच यौन आकर्षण न होने के कारण हुई। क्योंकि आदिकाल में कुल-पिता परिवार की युवा लड़कियों को अपने लिए रखना चाहता था। उसकी ईर्ष्या के कारण युवकों को अपनी पत्नी ढूंढने के लिए परिवार से बाहर जाना पड़ा। जो बात पहले आवश्यकता के रूप में अनुभव की गई वही बाद में रिवाज बन गई।' दुर्खीम ने माना है कि 'बहिर्विवाह के लिए टोटम ही उत्तरदायी था। कुल रक्त को पवित्र माना जाता था और इस टोटम पवित्रता को बनाए रखने के लिए व्यक्ति को यौन उद्देश्य के लिए इसका निषेध करना पड़ा।'

वल्वलकर (Valvalkar) का इस संबंध में कथन है कि 'बहिर्विवाह निषेध माता-पिता, संतान तथा भाई-बहनों के बीच विवाह और मुक्त विवाह संबंधों को प्रतिबंधित करने के लिए बनाए गए थे। **पी.वी. काणे** (P.V. Kane) की पुस्तक Study of Dharma Shastra, (1930) में यह उल्लेख मिलता है कि 'अन्तर्विरोधी संबंध दो कारणों से निषिद्ध थे। एक तो निकटस्थ संबंधियों से विवाह के कारण उनकी कमियों का संतानों में संक्रमण तथा दूसरे गुप्त प्रेम के परिणामस्वरूप नैतिक पतन के भय से।'

ऊपर के उद्धरणों के माध्यम से बहिर्विवाह प्रथा के कुछ सामान्य कारण जरूर समझ में आते हैं परन्तु उसके वास्तविक कारणों पर ठीक से प्रकाश नहीं पड़ता। शायद इसीलिए (P.H. Prabhu) ने कहा है कि अपनी उत्पत्ति के समय से लेकर प्रत्येक युग में गोत्र, प्रवर, पिण्ड की धारणा से संबंधित बहिर्विवाह के नियमों में इतना अधिक परिवर्तन संशोधन और रूपांतरण हुआ है कि इनसे मौलिक अर्थों को समझना लगभग असंभव सा हो गया है। **डॉ राम आहुजा** के कथनानुसार ''हिन्दुओं में अनुसूचित जातियां ही टोटमवाद में विश्वास रखती हैं। दूसरे, प्रारंभिक समाज में लोग नैतिकता पर अधिक विचार नहीं करते थे। शायद इसीलिए अन्तर्विवाह की प्रथा थी लेकिन धीरे-धीरे बहिर्विवाह की परम्परा चल पड़ी। बहिर्विवाह सामान्यत: तीन प्रकार के होते हैं। (1) क्षेत्र बहिर्विवाह, (2) सपिण्ड और (3) प्रवर बहिर्विवाह। सपिण्ड बहिर्विवाह में भी सहोदरज विवाह एक प्रकार का विवाह माना गया है।

गोत्र बहिर्विवाह (Gotra Exogamy)

गोत्र से तात्पर्य उन व्यक्ति समूहों से लगाया जाता है जिसमें अपनी उत्पत्ति एक ही पूर्वज से होने तथा एक समान रक्त होने का

विश्वास होता है। ई.पू. 600 वर्ष तक इस प्रकार के विवाह पर किसी प्रकार का नियंत्रण न था। लेकिन आगे चलकर अपने ही गोत्र के साथ विवाह करने पर कठोर प्रतिबंध लगा दिया गया। **कपाड़िया** के अनुसार, ''वैदिक काल में गोत्र निषेध नहीं था उनके अनुसार आर्यों में स्वयंवर तथा गांधर्व दोनों प्रकार का विवाह प्रचलित था। ईरान में भी सगोत्र विवाह पर कोई प्रतिबन्ध नहीं था। मनु ने सगोत्र विवाह पर प्रतिबंध लगाया।

ऋग्वेद के अनुसार गोत्र शब्द का अर्थ गोशाला, गायों का समूह, किला और पहाड़ है। इसका एक अर्थ उन समूहों से भी लगाया जाता है जो लंबे समय से एक ही स्थान पर रहते थे और उनमें विवाह संबंध भी होते थे। इसी से एक स्थान पर रहने वाले एक व्यक्ति अथवा एक व्यक्ति समूह का अर्थ गोत्र लगाया जाने लगा। विद्वानों और समाजशास्त्रियों ने इस बात के ढेरों उदाहरण दिए हैं। जिनसे पता चलता है कि स्मृतियों की रचना के समय से पूर्व तक भारत में एक ही गोत्र के स्त्री-पुरुष के बीच विवाह संबंध होते थे। इससे यह भी स्पष्ट हो जाता है कि स्मृतिकारों ने ही पहले-पहल इस पर प्रतिबंध लगाए। **मनुस्मृति** के रचनाकार मनु ने स्वयं सगोत्र विवाह की आलोचना की और उस पर प्रतिबंध लगाए।

भारत में गोत्र निर्धारण पर भी वर्णव्यवस्था का प्रभाव पाया जाता है। विज्ञानेश्वर के अनुसार केवल ब्राह्मणों के ही गोत्र निश्चित और वास्तविक होते थे। क्षत्रियों और वैश्यों के गोत्र उनके कुल पुरोहित के नाम पर निर्धारित किए जाते थे। शूद्रों में किसी प्रकार से गोत्र की व्यवस्था नहीं की गई। इसके बावजूद भारत की सभी जातियां अपना-अपना संबंध किसी न किसी पूर्वज से निर्धारित करती हैं। वर्तमान समय मे भारतवर्ष में हजारों गोत्र हैं जबकि प्रारंभ में केवल आठ गोत्रों का ही विवरण मिलता है। गोत्र बहिर्विवाह एक ही गोत्र के सदस्यों के बीच विवाह का निषेध करता है। 1946 में हिन्दू विवाह निर्योग्यता निवारण अधिनियम (Hindu Marrige Disabilities Removal Act-1946) में गोत्र संबंधी प्रतिबंधों को हटा दिया गया। सामाजिक परिवेश और आधुनिक परिवर्तनों के कारण अब लोगों में इसको लेकर विशेष आग्रह नहीं दिखाई देता।

सपिण्ड बहिर्विवाह (Sapinda Exogamy)

हिन्दू समाज में सपिण्ड विवाह पर कठोर प्रतिबंध होता है। पिण्ड का दो अर्थ बताया जाता है। **मिताक्षरा** के अनुसार पिण्ड का अर्थ समान रक्त कण होता है। इसका तात्पर्य यह है कि जिन व्यक्तियों में एक समान पूर्वजों के रक्त सम्मिश्रिण है वे सपिण्ड हैं। **दायभाग** में इसका अर्थ चावल के वे गोले बताए गए हैं जो श्राद्ध के समय पितरों को अर्पित किए जाते हैं। इस तरह से एक ही व्यक्ति अथवा पूर्वज को पिण्ड अर्पित करते हैं। काले लोग आपस में सपिण्ड होते हैं। इसी कारण से उनके बीच वैवाहिक संबंध निषिद्ध किए गए। जिन भी व्यक्तियों में समान पूर्वजों का रक्त पाए जाने की संभावना की जाती है वे सपिण्ड होते हैं और उनके बीच विवाह संबंध वर्जित है। यही सपिण्ड बहिर्विवाह के नियम हैं। याज्ञवल्क्य ने माता की ओर से पांच तथा पिता की ओर से सात पीढ़ियों के बीच विवाह न करने का नियम बनाया। प्राचीन भारत में सपिन्ड विवाह पर अधिक नियंत्रण न था। अर्जुन द्वारा अपने मामा की लड़की सुभद्रा के साथ विवाह का जिक्र मिलता है। कृष्ण ने अपने मामा की लड़की रुक्मिणी से विवाह किया था। लेकिन स्मृतियों की रचना के बाद ऐसे विवाहों पर कठोर प्रतिबंध लगाए जाने लगे। गौतम ऋषि द्वारा पितृपक्ष की सात तथा मातृपक्ष की पांच पीढ़ियों के बीच विवाह को निषिद्ध किया गया है। वशिष्ठ ने पांच पीढ़ियों का निषेध किया है और मनु ने तीसरी पीढ़ी में विवाह की निंदा की लेकिन यह नहीं बताया कि साथी के चुनाव के लिए कितनी पीढ़ियों का निषेध करना चाहिए। आजकल इस तरह के विवाह की मान्यता है परन्तु इसके बारे में किसी प्रकार की कठोरता नहीं है।

प्रवर बहिर्विवाह (Pravara Exogamy)

प्रवर के संबंध में ये तथ्य मिलते हैं कि वैदिक काल में अग्नि प्रज्ज्वलित करते समय किसी प्रसिद्ध ऋषि अथवा पूर्वज का नाम लेकर अथवा उसका आवाहन करके यज्ञ का प्रारंभ किया जाता था। प्रवर का शाब्दिक अर्थ आह्वान करना ही होता है। यज्ञ के समय एक ऋषि या पूर्वज का नाम लेने वाले लोग क्रमशः अपने आपको एक ही वंश का सदस्य मानने लगे और इस कारण उनमें आपसी वैवाहिक संबंध अनैतिक माना जाने लगा। इसे ही प्रवर बहिर्विवाह कहा जाता है। प्रवर के अर्थ से यह स्पष्ट होता है कि एक प्रवर के मानने वाले लोगों में कोई वास्तविक अथवा रक्त संबंध नहीं होता था। वे मात्र एक धार्मिक और आध्यात्यिक भावना में बंधे होते हैं। इसीलिए इस नियम का पालन करते हैं। **काणे** का मानना है कि, 'तीसरी शताब्दी से प्रवर विवाह पर कठोर नियंत्रण लगा दिए गए और नवीं शताब्दी के बाद से तो प्रवर विवाह एक अक्षम्य अपराध माना जाने लगा।' वर्तमान समय में इस तरह की अवधारणाएं समाप्त हो चुकी हैं तथा अपवादस्वरूप ही इस पर ध्यान दिया जाता है।

टोटम बहिर्विवाह (Totem Exogamy)

टोटम का तात्पर्य किसी ऐसे पदार्थ से है जिससे लोग भावनात्मक जुड़ाव महसूस करते हैं। भारत में पशु-पक्षी, पेड़-

पौधे इत्यादि के साथ लगाव पाया जाता है। लेकिन यह लगाव सभ्य समाजों से अधिक आदिवासी समाजों में पाया जाता है। इसका कारण है कि आदिवासी जीवन का आधार पेड़-पौधों और पशु-पक्षियों पर ही निर्भर होता है। जनजातियों में ऐसे भावनात्मक लगाव के आधार पर यह धारणा प्रचलित है कि वे स्वयं भी इसी टोटम से जुड़े हुए हैं। मूलत: टोटम उत्पत्ति का ही सिद्धांत है। टोडा जनजाति में भैंस उनका टोटम है इसलिए भैंस को वे पवित्र पशु समझते हैं। टोटम में विश्वास करनेवाले सभी व्यक्ति आपस में एक आध्यात्मिक और अलौकिक संबंध मानते हैं इसलिए उनका आपस में विवाह संबंध नहीं होता। टोटम बहिर्विवाह मुख्यतया जनजातियों में ही विवाह का निषेध है।

बहिर्विवाह के कारण और उद्देश्य [Cuase and Motto of Exogamy]

(1) बहिर्विवाह जैविकीय रूप से एक उत्तम व्यवस्था मानी जाती है। इसके परिणामस्वरूप सुन्दर, स्वस्थ और बुद्धिमान संतानों के जन्म की संभावनाएं अधिक रहती हैं। (2) बहिर्विवाह के कारण अनेक प्रकार के समूह निकट आते हैं और एक सामुदायिक सांस्कृतिक विकास होता है। (3) बहिर्विवाह के समूह में नैतिकता बनी रहती हैं। रक्त संबंधियों के बीच विवाह से अनैतिकता की समस्या उत्पन्न हो जाती है। (4) **काणे** कहते हैं कि बहिर्विवाह के माध्यम से एक ही पीढ़ी को अपने दोषों को दूर करने का अवसर मिल जाता है। यदि रक्त संबंधियों में विवाह होने लगे तो एक पीढ़ी के दोष दूसरी पीढ़ी में संक्रमित होते रहेंगे। (5) **समनर** का कहना हैं कि अन्तर्विवाह रूढ़िवादी है जबकि बहिर्विवाह प्रगतिवाद है। इस तरह यह निष्कर्ष निकलता है कि अन्तविर्वाह कुछ विशेष स्वार्थों की पूर्ति करता है जबकि बहिर्विवाह समाज की वास्तविक जरूरतों के अनुरूप है।

सहोदरज विवाह (Causin Marriage)

चचेरे, ममेरे, फुफेर और मौसेरे भाई-बहनों में विवाह को सहोदरज विवाह कहते हैं। ये चार प्रकार के होते हैं। चचेरे और मौसरे समानान्तर सहोदरज (Parallel Cousin) कहलाते हैं तथा ममेरे और फुफेरे **विलिंग सहोदरज** (Cross Cousins) कहलाते हैं। प्राचीन भारत में **विलिंग सहोदरज** संतति विवाह का प्रचलन था। **मैकडोनेल** (Macdonell) और **कीथ** के मुताबिक समानान्तर सहोदरज संतति विवाह भी मान्य था। **कपाड़िया** का कथन है कि "वैदिक आर्य लोग समानान्तर सहोदरज विवाह नहीं मानते थे। इस प्रकार के अनेक उदाहरण मिलते हैं जिससे पता चलता है कि **विलिंग सहोदरज** विवाह ही मान्य था। अर्जुन, प्रद्युन्न, अभिमन्यु, सहदेव इत्यादि ने सहोदरज बहनों से विवाह किया। बौद्धयान ने नर्मदा पार क्षेत्र के सांस्कृतिक गुण के कारण **विलिंग सहोदरज** विवाह की अनुमति दी थी। **कपाड़िया** के अनुसार धर्मसूत्र के द्वारा पता चलता है कि जिन क्षेत्रों की सामाजिक दशाओं के कारण यह जरूरी था वहां इसकी मान्यताएं **रिचर्ड्स** (Richards) के अनुसार 'इस विवाह की व्यवस्था उत्तराधिकार के कारण हुआ। मातृसत्ताक समाजों में लड़कियां अपनी माता की सम्पत्ति की अधिकारी होती थीं और लड़के मामा के।' **रिवर्स और घुरिये** (Rivers and Ghurya) के मुताबिक **विलिंग सहोदरज** विवाह की उत्पत्ति दोहरे सामाजिक संगठन के कारण हुई। जनसंख्या के दो बहिर्विवाह समूह के द्विभाजन के कारण एक समूह के युवक को दूसरे समूह की युवती से विवाह करना अनिवार्य होता है। उन्होंने सौराष्ट्र के काठियावाड़ के दो बहिर्विवाह समूहों 'सखायत' और अैरतिया के विभाजन का उदाहरण देते हुए बताया है कि सखायत परिवार के लोग अपनी कन्या का विवाह अपने समूह में न करके दूसरे समूह में करते हैं। इसी प्रकार वे अपने लड़कों की शादियां भी दूसरे समूह की लड़कियों से करते हैं। यही परम्परा मध्यप्रदेश के बस्तर जिनमें पायी जाने वाली मेरिया गोण्ड जनजाति में भी पायी जाती है। वहां **विलिंग सहोदरज** विवाह में विश्वास पाया जाता है। यह जनजाति दो भागों में बंटी है। एक में 90 उपकुल तथा दूसरे में 60 उपकुल होते हैं। एक भाग के सभी उपकुल एक दूसरे को भाई-दादा कहते हैं। उनके बीच विवाह संबंध निषिद्ध है। दूसरे भाग के लोगों को मामा-भाई कहते हैं और उनके साथ विवाह संबंध स्थापित करते हैं।

इरावती कर्वे ने दक्षिण के नातेदारी संबंधों का उदाहरण देते हुए कहा हैं कि 'दक्षिण में नातेदारी समूह को और दृढ़ बनाने की दृष्टि से ही विवाह तय नहीं किया जाता था बल्कि यह विवाह उनके आपसी संबंधों को और भी मजबूत बना देता था जो पहले से ही निकट थे।

मनु ने इस प्रकार के विवाह की आलोचना करते हुए कहा है कि जो भी व्यक्ति अपनी बुआ, मौसी या मामा की पुत्री से विवाह करता है उसे प्रायश्चित करना पड़ेगा। बुद्धिमान व्यक्ति को इन तीनों में से किसी को भी अपनी पत्नी नहीं बनाना चाहिए क्योंकि वे निकट संबंधी हैं। जो ऐसा करता है वह पतित है।

लोकचार में इसके विरुद्ध कई तरह की धारणाएं बन गईं। उदाहरण के लिए (1) इससे परिवार के नैतिक पतन का खतरा है क्योंकि प्रांरभिक नातेदारों के बीच गुप्त संबंध बन जाएंगे। (2) जैविक रूप से कमजोर-संतानें होंगी क्योंकि माता-पिता के समान गुण सूत्र होंगे। (3) धार्मिक आदेशों के विरुद्ध होगा इसके पक्ष में भी घनिष्ठ तर्क दिए जा सकते हैं। (1) व्यक्ति की सम्पत्ति एक ही परिवार में

रहेगी। (2) भाई बहनों के बीच और प्रगाढ़ संबंध होंगे। (3) संयुक्त परिवारों के टूटने से सम्भ्राता एक ही घर में नहीं रहते हैं।

आधुनिक युग में इस तरह के प्रतिबंध आवश्यक नहीं रह गए हैं क्योंकि शहरीकरण और औद्योगिकरण के कारण बहिर्विवाह की संभावनाएं अधिक प्रबल हुई हैं। प्रेम विवाहों के अपवाद स्वरूप ऐसे विवाह अवश्य ही दिखते हैं।

अनुलोम विवाह (Hypergamy)

अनुलोम विवाह के अन्तर्गत उच्च वर्ण अथवा जाति के पुरुष का विवाह निम्न वर्ण अथवा जाति की स्त्री के साथ होता है। सामान्य तौर पर इसे इस प्रकार समझा जा सकता है-ब्राह्मण पुरुष का विवाह यदि क्षत्रिय अथवा वैश्य अथवा शूद्र स्त्री के साथ हो तो उसे अनुलोम विवाह कहा जाता है। इसी तरह क्षत्रिय पुरुष यदि वैश्य तथा शुद्र स्त्री से विवाह करता है और वैश्य पुरुष शुद्र स्त्री से विवाह करता है तो इसे अनुलोम विवाह कहते हैं। अनुलोम विवाह के अन्तर्गत ब्राह्मण को अपने से नीचे के तीन, क्षत्रिय को दो तथा वैश्य को अपने से नीचे के एक वर्ण शूद्र की स्त्री से विवाह करने का अधिकार होता है। प्राचीन भारत में समाज दो वर्णों में विभाजित था। (1) द्विज और (2) अन्त्यज। आर्य स्वयं को द्विज मानते थे और द्रविड़ों को अन्त्यज कहते थे। इसलिए आर्यों ने अन्त्यज स्त्री के साथ विवाह को अपना अधिकार मान लिया। कालांतर में जब चार वर्णों में समाज का विभाजन हुआ तब अपने से नीचे वर्णों में विवाह का अधिक भी वर्ण विभाजन के स्तर से तय हो गया। न केवल वर्णों के स्तर पर बल्कि जाति के स्तर पर भी अनुलोम विवाह प्रथा का प्रचलन है। डॉ. राम आहुजा ने उदाहरण दिया है कि 'खत्री चार अनुलोम विवाही समूहों में विभक्त हैं-ढाईघर, चारघर, बारहघर और बावनजाति। ढाई का समूह का लड़का न केवल ढाईघर समूह की लड़की से विवाह कर सकता है बल्कि अन्य किसी भी तीन निम्न समूहों चारघर, बारहघर और बावनजाति की कन्या से विवाह कर सकता है। लेकिन ढाईघर की लड़की को केवल ढाईघर में ही विवाह करना होता है। इसी प्रकार कन्नौज ब्राह्मण तीन समूहों में विभाजित हैं—(1) खट-कुल, (2) पंचधरी और (3) धाकरा। अनुलोम विवाही नियम के अनुसार खटकुल का लड़का पंचधरी और धाकरा समूह की कन्या से विवाह कर सकता है किन्तु धाकरा लड़का केवल धाकरा लड़की से ही विवाह कर सकता है।

अनुलोम विवाह को यद्यपि समाज में मान्यता प्राप्त थी लेकिन इसे सम्माननीय नहीं माना जाता था। शूद्र स्त्री के साथ यदि उच्च वर्ण के पुरुष का विवाह हो जाता था तो उसे स्वीकारने में तरह-तरह की अड़चने विद्यमान थीं। मनु द्वारा इस विवाह की निन्दा की गई है। वे इसे मूर्खतावश किया गया विवाह मानते हैं। माना जाता है कि ऐसे विवाह से ईश्वर भी चढ़ाई गई भेंट को नहीं स्वीकार करता। **कपाड़िया** का कथन है कि 'अनुलोम विवाह ने स्थायी रूप से वह सामाजिक संस्तरण स्थापित कर दिया जिसमें क्षत्रियों के ऊपर ब्राह्मणों का वर्चस्व स्थापित और मान्य हो गया। अनुलोम विवाह ने ब्राह्मणों की अन्तर्विवाही प्रवृत्ति को सहारा दिया जो उनके गंगा घाटी में निवास में अभिव्यक्त की गई।' आज के नए सामाजिक परिवेश तथा विधानों के द्वारा कुलीन विवाह के निषेध को पूरी तरह समाप्त कर दिया है। **कपाड़िया** कहते हैं कि 'हिन्दू समाज में जाति संरचना के लिए अनुलोम व प्रतिलोम विवाह का अधिक महत्व है अपेक्षाकृत हिन्दू विवाह के स्वरूप के।'

प्रतिलोम विवाह (Pratiloma Vivaha)—प्रतिलोम विवाह उस विवाह को कहते हैं जिसके अन्तर्गत उच्च वर्ण की स्त्री के साथ निम्नवर्ण के पुरुष का विवाह होता है। उदाहरण के तौर पर शूद्र पुरुष का विवाह यदि वैश्य, क्षत्रिय और ब्राह्मण स्त्री से हो तो उसे प्रतिलोम विवाह कहते हैं। इसी तरह यदि वैश्य पुरुष ब्राह्मण अथवा क्षत्रिय स्त्री और क्षत्रिय पुरुष ब्राह्मण स्त्री से विवाह करे तो इसे प्रतिलोम विवाह कहा जाता है। इसे प्रतिलोम विवाह इसलिए भी कहा जाता था क्योंकि यह सामाजिक रूप से अस्वीकार्य था तथा इसे अपराध माना जाता था। इससे सामाजिक वर्चस्व टूटता था। महाभारत में ययाति ने ब्राह्मण कन्या देवयानी से विवाह किया था। शास्त्रों और इतिहास में इसके अनेक साक्ष्य मिलते हैं। आजकल प्रतिलोम विवाह संबंधी नियम अप्रासंगिक हो गए हैं और अर्न्तजातीय विवाहों का महत्व बढ़ गया है।

विवाह संस्था का महत्व (Importance of Marriage Institute)—विवाह के सन्दर्भ में विचार करते हुए समाजशास्त्री **कूस** (Koos) ने कहा है कि ''विवाह एक विभाजन रेखा है जो कि जनक परिवार (Family of arientation) तथा जनन परिवार (Family of procreation) के बीच दोनों परिवारों में व्यक्ति की भूमिका के सन्दर्भ में खींची गई है। जनक परिवार में भूमिकाएं शैशव, बचपन तथा किशोरावस्था में बदलती रहती हैं तथा उनमें उत्तरदायित्व या दायित्व बोध नहीं होता, किंतु जनन परिवार में भूमिकाएं विवाह के बाद पति के रूप में, पिता के रूप में, धन अर्जन कर्ता के रूप में, पितामह के रूप में तथा अवकाश प्राप्त व्यक्ति विविध अपेक्षाओं और दायित्वों वाली होती है।'' प्राचीनकाल से आधुनिक काल के विकास में विवाह संस्था का बहुत महान योगदान है। विभिन्न समाजों में विवाह रूपों में भिन्नता के बावजूद विवाह संस्था का महत्व सार्वकालिक है। इसी महत्व के कारण यह सभी समाजों की अनिवार्य विशेषता है। संसार में जितने प्रकार की

पारिवारिक व्यवस्थाएं विद्यमान हैं उसका सबसे बड़ा आधार विवाह संस्था ही है। इस महत्व को रेखांकित करने वाले कुछ बिन्दु निम्नलिखित हैं :—

(1) पारिवारिक जीवन की व्यवस्था (System of family life)—पारिवारिक जीवन को व्यवस्थित करने में विवाह का सर्वप्रमुख योगदान है। प्राचीन काल में स्त्री पुरुष संबंधों को लेकर किसी प्रकार का प्रतिबंध नहीं था। इस तरह के संबंध पहले स्वच्छंद थे। इस संदर्भ में कई बातें भारतीय समाज में प्रचलित थीं जिनमें से एक यह भी थी कि प्राचीन काल में स्त्री पर किसी भी पुरुष का एकाधिकार नहीं था अर्थात तब Monogamy विवाह का प्रचलन नहीं था बल्कि स्वंच्छद रूप से स्त्री-पुरुष यौन संबंध स्थापित किए जाते थे। एक बार एक लड़का भूख से व्याकुल होकर अपनी मां से भोजन मांगने लगा। अभी वह भोजन दे भी नहीं पाई थी कि एक अन्य पुरुष ने उसे अपने साथ चलने पर मजबूर किया। बड़े होकर उस बालक ने एक विवाह प्रथा का सूत्रपांत किया। न केवल भारत में बल्कि संसार के प्राय: सभी देशों में स्त्री-पुरुष संबंध स्वच्छंद थे। **बैकोफन** (Bechofan) और **मार्गन** (L.H. Morgen) का कथन है कि आदिकाल में स्त्री-पुरुष के यौन संबंध, बिल्कुल अनियंत्रित थे। उस समय इस तरह का कोई भी नियम नहीं था। इससे सामाजिक संघर्ष का अधिकाधिक तीव्र तो थे ही, बच्चों के पितृत्व का निर्धारण करना भी कठिन था। इस पारिस्थितियों में विकास की अनवरत प्रक्रिया से विवाह संस्था की उत्पत्ति हुई। विवाह संस्था के आस्तित्व में आने के बाद ही व्यक्ति के पारस्परिक संबंधों की व्यवस्था विकसित हो पाई। विवाह के कारण ही परिवार का निर्माण संभव हो सका तथा विवाह के माध्यम से ही नातेदारी व्यवस्था के अन्तर्गत प्राथमिक समूहों का निर्माण हुआ।

(2) बच्चों को वैधता प्रदान करना—विवाह संस्था का दूसरा महत्व यह है कि वह बच्चों के जन्म को वैधता प्रदान करता है। विवाह न होने से बच्चे का पितृत्व निर्धारित करना असंभव होता है। इस तरह के बच्चों को सामाजिक रूप से सम्मान नहीं मिल पाता। इस प्रकार की परिस्थिति में समूह के नैतिक नियम कमजोर पड़ते हैं तथा सामाजिक संगठन के लिए खतरा पैदा हो जाता है। भारतीय संस्कृति में परिवार में पुत्र का जन्म विशेष महत्व रखता है। पूर्वजों का पिण्डदान करने का अधिकार उन्हीं वंशजों को प्राप्त होता है जिसका पितृत्व निर्धारण हो चुका हो। उसी पुत्र के द्वारा वंश की निरंतरता बनाए रखी जा सकती है। इसके साथ ही हिन्दू विवाह का एक लक्ष्य यह भी है कि जब तक व्यक्ति एक पुत्र नहीं पैदा कर लेता तब तक वह पितृऋण से मुक्त नहीं हो सकता। यद्यपि मुस्लिम विवाह में बहुपत्नी विवाह भी मान्य है तथापि वहां भी विवाह का महत्व बच्चों को जन्म देने तथा पालन-पोषण करना माना जाता है। जनजातियों के विवाह का भी प्रमुख महत्व इसी बात का माना जाता है। जनजातीय विवाह के पीछे यह धारणा होती है कि वैध बच्चों को जन्म मिले तथा उनका अच्छी तरह पालन पोषण होता रहे। यदि विवाह संस्था न होती तो इस बात का पता लगाना कठिन होता कि बच्चे का वास्तविक पिता कौन है। ऐसी स्थिति में बच्चे के पालन पोषण की जिम्मेदारी लेने के लिए कोई भी तैयार न होगा। जिन समाजों में धार्मिक विश्वास और पवित्रता की धारणा का महत्व अधिक होता है वहां बच्चों की वैधता उनकी सामाजिक स्थिति का महत्वपूर्ण आधार होती है। इस प्रकार विवाह संस्था का महत्व बच्चों के जन्म को वैध बनाना, उनके पितृत्व का निर्धारण करना तथा उनके पालन-पोषण की समुचित व्यवस्था करना है।

(3) सामाजिक संबंधों को सुदृढ़ बनाना—विवाह संस्था का एक प्रमुख महत्व सामाजिक संबंधों को सुदढ़ बनाना भी है। वैवाहिक संबंधों के कारण ही बच्चा दूसरे लोगों के साथ संबंध और एकरूपता स्थापित करता है। यह संस्था व्यक्ति को अपने रक्त संबंधियों, नातेदारों और दूसरे व्यक्तियों के बीच भेद करना सिखाती है। विवाह से संबंध रखने वाली नैतिकता के कारण ही व्यक्ति समाज में व्यवहृत उचित और अनुचित कार्यों की समझ विकसित करता है। जिन लोगों को वैवाहिक अनुष्ठान के अन्तर्गत ली गई शपथ तथा वायदे का पूरा संज्ञान और विश्वास होता है वे अनेक विपरीत परिस्थितियों में भी न केवल वैवाहिक संबंध के प्रति संवेदनशील रवैया अपनाए रखते हैं बल्कि अपने सामाजिक बोध को भी व्यावहारिक बनाए रखते हैं। विवाह संस्था के माध्यम से न केवल परिवार का निर्माण होता है बल्कि अनेक अस्थिर और कामाचार पूर्ण संबंधों से व्यक्ति और समाज की रक्षा भी होती है। **हॉबेल** (Hoebel) के अनुसार, 'विवाह का प्रमुख कार्य व्यक्तियों के संबंधों को उनके रक्त संबंधियों और नातेदारों के प्रति परिभाषित करना है तथा उन पर नियंत्रण करना है।' विवाह को सामाजिक व्यवस्था का सूक्ष्म रूप माना जाता है। इसका सन्तुलित रहना अनिवार्य होता है अन्यथा सभी कुछ विखरने का खतरा होता है। संतुलन के लिए समायोजन की आवश्यकता पर बल दिया गया है। यदि सामाजिक संबंध सुदृढ़ न होंगे तो समायोजन असंभव हो जाता है।

4. समाजीकरण—विवाह के माध्यम से ही व्यक्ति का समाजीकरण होता है। एक विशिष्ट समूह का व्यक्ति जब अपने से भिन्न स्थान, परम्परा, विचारधारा और रहन-सहन वाले व्यक्ति के बीच जाता है तो उनके बीच सामंजस्य बिठाने के लिए उसे अपनी

कुछ प्रवृतियों और व्यवहारों को छोड़ना तथा दूसरों की कुछ प्रवृतियों और व्यवहारों को अपनाना पड़ता है। व्यक्ति को विविध प्रकार के समाजों और लोगों के अनुरूप अपने को ढालना पड़ता है। आधुनिक युग में शहरीकरण तथा औद्योगीकरण भी इसके साधन बन गए हैं लेकिन प्रांरभिक काल में विवाह ही इसके प्रमुख साधन थे। अन्तर्जातीय, अन्तर्धार्मिक और अन्तर्प्रांतीय विवाहों के कारण व्यक्ति का समाजीकरण तीव्रता से हुआ है। साधारण तथा जातीय बहिर्विवाहों में भी दो अलग परिवारों के संस्कारों का सम्मिलन होता है। विवाह व्यक्ति को संकीर्णताओं से निकालकर विराट मानव समाज के साथ उसके संबंधों का आधार तैयार करता है। व्यक्ति के सामाजिक कर्तव्यों का विकास होता है तथा पारस्परिक कर्तव्य के प्रति निष्ठा भी होती है। इस प्रकार विवाह का संस्थात्मक महत्व व्यक्ति का समाजीकरण करना भी है।

(5) संस्कृति का संचार—विवाह संस्था के माध्यम से संस्कृतियां एक पीढ़ी दूसरी पीढ़ी को दाय में मिलती है। प्रत्येक समाज में विवाह का लक्ष्य परिवार अथवा गृहस्थी का निर्माण करके व्यक्ति को अपनी सांस्कृतिक विशेषताओं को स्थायी बनाने का अवसर प्रदान करना है। यह विवाह के ही माध्यम से संभव है कि पति-पत्नी अपनी संतानों को उनके बचपन से ही ऐसे व्यवहार सिखाएं जो उनकी संस्कृति द्वारा मान्य हों। सांस्कृतिक परम्पराएं और उनकी विशेषताएं पूर्व से बाद की पीढ़ियों में रूपांतरित होती रहती हैं। यदि विवाह न हो तो यह संभव न हो।

(6) यौन संबंधों की व्यवस्था—मनुष्य की यौन-इच्छा की पूर्ति विवाह की प्राथमिक शर्त है तथा उद्देश्य भी। इसलिए विवाह संस्था में उसका केंद्रीय महत्व है। यद्यपि विभिन्न विवाहों में इसका स्थान अलग-अलग तरह से रेखांकित किया गया है। हिन्दू विवाह के अन्तर्गत यौन संबंधों को सामाजिक नियमों में स्थापित करने का नियम है। लेकिन इसका अभिप्राय वासना अथवा व्याभिचार नहीं बल्कि पवित्र धार्मिक उद्देश्यों से लगाया जाता है। इसलिए हिन्दू धर्म में यौनेच्छा पूर्ति के लिए विशेष परिवेश की चर्चा की जाती है। वैसे वहां इसको सबसे बाद में गिना जाता है क्योंकि हिन्दू विवाह एक धार्मिक कर्तव्य माना जाता है। मुस्लिम विवाह में भी यौन इच्छा की पूर्ति को प्राथमिक स्थान प्राप्त है लेकिन बच्चों के पालन-पोषण की जिम्मेदारी भी इसके साथ जुड़ी हुई है।

जनजातीय विवाहों में यौन इच्छा को सर्वप्रथम स्थान प्राप्त है। जनजातियों में यह धारणा प्रचलित है कि यदि विवाह का उद्देश्य यौन इच्छा की पूर्ति करना नहीं होगा तो समाज में इसके बारे में अनियमितता बढ़ेगी तथा संघर्षों की मात्रा में वृद्धि होगी। यौन संबंध मानव की जैविक आवश्यकता है। विवाह के बिना इनकी पूर्ति नहीं की जा सकती। दूसरे विवाह के माध्यम से ही स्त्री-पुरुष के यौन संबंधों पर नियंत्रण भी रखा जा सकता है। हालांकि **बौमेन** का कथन है कि यौन संतुष्टि विवाह का उद्देश्य नहीं बल्कि प्रतिफल है। **मजुमदार** विवाह को यौन संतुष्टि को सामाजिक मान्यता दिलाने का माध्यम तो मानते हैं लेकिन उनकी नजर में यही एक मात्र कारण नहीं है।

(7) धार्मिक तथा आर्थिक कर्तव्यों की पूर्ति—सभी प्रकार के विवाहों के कुछ न कुछ धार्मिक और आर्थिक उद्देश्य भी होते हैं। यद्यपि अलग-अलग समूहों में इसके अलग-अलग स्तर हैं। हिन्दू विवाह एक धार्मिक संस्था माना जाता है। इसके अनेक कारण हैं। हिन्दू पुरुष विवाहित अथवा अविवाहित दशा में धार्मिक संस्कारों को निभा सकता है लेकिन हिन्दू स्त्री बिना विवाह के किसी भी धार्मिक संस्कार को पूरा करने की अधिकारिणी नहीं समझी जाती। विवाहों में अनेक तरह के आर्थिक कर्त्तव्य शामिल होते हैं। पत्नी के भरण-पोषण तथा बच्चों की देखभाल से संबद्ध कर्तव्य इसी श्रेणी में आते हैं। इस प्रकार विवाह संस्था का बहुआयामी महत्व है।

विवाह में नए परिवर्तन
(New Changes in Marriage System)

समाज में होने वाले नए-नए परिवर्तनों का प्रभाव विवाह पर भी पड़ा है। यद्यपि यह परिवर्तन विभिन्न समाजों पर कम अथवा अधिक है लेकिन इससे अप्रभावित रहना नामुमकिन है। इन्हीं प्रभावों के कारण विवाह संबंधी अवधारणाएं, मान्यताएं, प्रतिबंध और निषेध बदल चुके हैं। आदिम समाजों में विवाह संबंधी जो भी सिद्धांत और नैतिकताएं थीं वे आने वाले समाजों में बदल गईं और आने वाले समाजों के निर्णायक तत्वों का प्रभाव उन नियमों पर अधिक दृढ़ हो गया। औद्योगीकरण के प्रभाव से वे सामंती मूल्य और मर्यादाएं भी टूटीं जो विवाह संस्था पर लंबे समय से हावी रही थीं। प्रेम और विवाह के प्रति समाज के रवैये में मूलभूत परिवर्तन हुआ। समाजशास्त्रियों ने विवाह में होने वाले आधुनिक परिवर्तनों को तीन स्तरों पर रेखांकित किया है। (1) आधुनिक युग में विवाह रोमांटिक प्रेम के रूप में स्थापित हुआ। (2) शिक्षा और औद्योगीकरण के कारण उसमें मूलभूत परिवर्तन हुए तथा (3) सामाजिक अधिनियमों में क्रांतिकारी परिवर्तन होने के कारण व्यक्तियों को अपने विचारों में निरन्तर परिवर्तन की प्रेरणा मिली है।

आधुनिक युग में रोमांटिक प्रेम ने वैवाहिक संबंधों की स्थिरता को सर्वाधिक प्रभावित किया है। भारतीय समाज में वैवाहिक और पारिवारिक जीवन को प्रभावित करने में इसका योगदान है। रोमांस ने विवाह को सामाजिक बंधन की अवधारणा से बिल्कुल मुक्त कर दिया। इसके कारण स्त्री-पुरुष संबंध बहुत सुविधापूर्ण बन

गया। रोमांटिक प्रेम ने धर्म, जाति, स्थान, आयु तथा अन्य सभी प्रकार के प्रतिबंधों को अप्रासंगिक बनाने के साथ ही विवाह पूर्व स्त्री-पुरुष की निकटता को सुखी पारिवारिक जीवन का आधार साबित कर दिया। आधुनिक समाज में रोमांटिक प्रेम की भूमिका बहुत महत्वपूर्ण होती गई है। प्रेम ने निजी संवेदनाओं के प्रति अधिक जागरूक बनाया है तथा बाहरी रूप गुण की जगह आंतरिक भावना को अधिक महत्व दिया है। इस प्रकार प्रेम के कारण विवाह संस्था पर अभूतपूर्व प्रभाव पड़े।

शिक्षा और औद्योगीकरण के कारण भी विवाह संस्था गंभीर रूप से प्रभावित हुई है शिक्षा ने जीवन साथी के चुनाव में आमूल चूल परिवर्तन किया। पारम्परिक हिन्दू परिवारों में जहां वर अथवा कन्या के चयन में अभिभावकों की केंद्रीय भूमिका हुआ करती थी वहीं शिक्षा के कारण लड़की-लड़के की पसन्द का महत्व बढ़ गया। आज के समाज में विवाह पुरातन प्रणालियों के प्रति उतने आग्रही नहीं रह गए हैं। शिक्षा के कारण ही विवाह के प्रति जन्म-जन्मान्तर की आवधारणा का जगह सुविधापूर्ण संविदा (Contract) ने ले ली है। अब विवाह जीवन भर ढोने के लिए अभिशप्त नहीं होते बल्कि टकराव की संभावना बढ़ने पर संबंध विच्छेद की सुविधा दोनों ही पक्षों को मिलने लगी है। विवाह का धार्मिक पक्ष भी कमजोर पड़ता जा रहा है। अब उसकी जगह परिवार की आवश्यकताओं की पूर्ति ज्यादा प्रमुख बात हो गई है।

विवाह संबंधी कानून (Marriage Legislation)

आधुनिक युग में विवाह संबंधी अनेक कानून लागू हो गए हैं। स्वतंत्रता के पश्चात् भारतीय समाज के संरचना संबंधी अध्ययनों के बाद भारत की सामाजिक संस्थाओं संबंधी अनेक नियम और कानून बनाए गए। मार्च 1961 में संसद में असमान (Unequal) विवाह विधेयक पर विचार-विमर्श हुआ। उस समय एक सवाल के जवाब में तत्कालीन राष्ट्रपति डॉ. एस. राधाकृष्णन ने कहा है कि ''प्राचीन इतिहास आधुनिक समाज की समस्याओं का समाधान नहीं कर सकता।'' इससे पता चलता है कि उस समय भारत की सामाजिक समस्याओं के प्रति लोगों के दृष्टिकोण में व्यापक परिवर्तन हो रहा था। तबसे जनता की आवश्यकताओं को ध्यान में रखकर विवाह संबंधी अनेक कानून बनाए गए। जिनमें विवाह की उम्र का निर्धारण साथी के चुनाव संबंधी, पति-पत्नी की संख्या संबंधी, विवाह विच्छेद संबंधी, दहेज और पुनर्विवाह संबंधी कानून प्रमुख हैं। नीचे इन सभी पक्षों को ध्यान में रखकर बनाए जाने वाले कानूनों का विवरण है—

(1) बाल विवाह निग्रह अधिनियम, 1929 (The Child Marriage Restraint Act, 1929)—यह अधिनियम 1 अप्रैल 1930 को लागू किया गया। इसका उद्देश्य बाल विवाह को रोकना है। यदि 18 वर्ष से कम आयु के लड़के और 14 वर्ष से कम आयु की लड़की की शादी की जाती है तो इस अधिनियम के अन्तर्गत यह अपराध है। इसमें कई बार सुधार किए गए। एक बार लड़की की उम्र बढ़ा कर पंद्रह वर्ष की गई क्योंकि हिन्दू परिवारों में विवाह के तीन वर्ष बाद गौने की परम्परा थी। इस प्रकार लड़की ससुराल जाने के समय तक अठारह वर्ष की हो जाती थी लेकिन यह मात्र एक अवधारणा थी तथा विवाह और गौने के संदर्भ में अनेक स्थानों पर अनेक प्रकार की मान्यताएँ और व्यवहार थे। 1978 में इस अधिनियम में व्यापक सुधार किए गया और विवाह के लिए लड़के की आयु 21 वर्ष तथा लड़की की आयु 18 वर्ष निर्धारित की गई। साथ ही इसका उल्लंघन दण्डनीय अपराध घोषित कर दिया गया। इसके अन्तर्गत वर, माता, पिता, पण्डित इत्यादि को तीन माह का कारावास तथा 1000 रु. के जुर्माने का प्रावधान किया गया। इसमें किसी महिला को कारावास की सजा से मुक्त रखा गया तथा विवाह के एक वर्ष की अवधि के पश्चात् इस अपराध के लिए कोई भी कार्यवाही असरहीन मानी जाती थी।

(2) हिन्दू विवाह निर्योग्यता निवारक अधिनियम, 1946 (The Hindu Marriage Disabilities Removal Act, 1946)—इस अधिनियम के अन्तर्गत एक ही गोत्र और प्रवर के व्यक्तियों के बीच विवाह को वैध कर दिया गया था। हिन्दू विवाह अधिनियम 1955 के पारित होने के बाद यह नियम निरस्त हो गया।

(3) हिन्दू विवाह वैधता अधिनियम 1949 (The Hindu Marriage Validity Act, 1949)—हिन्दू समाज में 1940 तक प्रतिलोम विवाह को अवैध माना जाता था जबकि अनुलोम विवाह की मान्यता थी। इसके बावजूद इन दोनों प्रकार के विवाहों की वैधता की विरुद्ध न्यायिक निर्णय थे। 1949 के अधिनियम के माध्यम से उन सभी विवाहों को वैध घोषित कर दिया गया जो भिन्न जातियों, उपजातियों, धर्मों और विश्वासों के लोगों के बीच सम्पन्न हुए हों। हांलाकि हिन्दू और मुसलमान के बीच विवाह को वैध नहीं माना गया। 1955 के अधिनियम द्वारा यह नियम भी निरस्त कर दिया गया।

(4) हिन्दू विवाह अधिनियम 1955 (The Hindu Marriage Act, 1955)—हिन्दू विवाह अधिनियम 18 मई 1955 से लागू किया गया और जम्मू कश्मीर को छोड़कर बाकी समस्त भारत में यह अधिनियम लागू होता है। इस अधिनियम में हिन्दू शब्द में जैन, बौद्ध, सिख और अनुसूचित जातियां भी सम्मिलित हैं।

किन्हीं दो हिन्दुओं के बीच इस अधिनियम के अन्तर्गत निम्नलिखित शर्तें लागू की गई हैं (1) किसी भी पक्ष के पास

जीवित पति या पत्नी नहीं है। (2) कोई भी पक्ष पागल या मूर्ख नहीं है। (3) वर की आयु 18 वर्ष और वधू की आयु 15 वर्ष होनी चाहिए। लेकिन 1978 के संशोधन के अनुसार वर की आयु बढ़ाकर 21 वर्ष और वधू की आयु 18 वर्ष कर दी गई है। (4) दम्पतियों में से कोई भी निषिद्ध सम्बन्धों के स्तर के निकट का नहीं होना चाहिए जब तक कि रिवाज उन्हें विवाह की अनुमति न प्रदान कर दे। (5) दोनों में से कोई भी सपिण्ड नहीं होना चाहिए जब तक कि रिवाज अनुमति न प्रदान कर दे। (6) वधू 18 से कम और वर 21 वर्ष से कम आयु का हो तो उनके विवाह में उनके माता-पिता या संरक्षक की सहमति आवश्यक है। इस सहमति में पिता, माता, दादा, दादी, भाई, चाचा, नाना, नानी और मामा किसी का भी मान्य है।

विवाह विच्छेद व्यभिचार, धर्म परिवर्तन, अस्वस्थ मस्तिष्क, कोढ़, बीमारी, संन्यास, सात वर्ष तक परित्याग तथा न्यायिक पृथक्करण के बाद दो वर्ष तक संभोग न किया जाना इत्यादि आधारों पर हो सकता है तथा पत्नी भी तलाक के लिए प्रार्थना पत्र दे सकती है यदि उसका पति विवाह से पहले भी एक पत्नी रखता हो और वह बलात्कार या पशुता का दोषी हों।

सन् 1886 का संशोधन वर सहमति तथा असंगतता के आधार विवाह विच्छेद की अनुमति देता है। न्यायालय में विवाह विच्छेद के लिए प्रार्थना-पत्र तभी भेजा जा सकता है जब कि विवाह के तीन वर्ष पूरे हो चुके हों। 1986 के संशोधन के बाद वह यह अवधि दो वर्ष कर दी गई है। विवाह विच्छेदित पक्ष पुनर्विवाह नहीं कर सकते जब तक कि विच्छेद की डिग्री को एक वर्ष समाप्त न हो गया हो। अधिनियम में पृथक्करण के बाद गुजारा भत्ता तथा विच्छेद के बाद निर्वाह व्यय (alimony) का भी प्रावधान हैं। न केवल पत्नी बल्कि पति भी गुजारा भत्ता के लिए दावा कर सकता है।

(5) विशेष विवाह अधिनियम 1954 (The Special Marriage Act, 1954)—यह अधिनियम 1 अप्रैल 1755 को प्रभावी किया गया। इस अधिनियम के बाद 1822 का विशेष विवाह अधिनियम निरस्त हो गया। उन व्यक्तियों को, जो वर्तमान स्वरूपों का पालन नहीं करना चाहते थे, एक नया स्वरूप दिया गया। 1872 के अधिनियम के अन्तर्गत प्रावधान था कि जो व्यक्ति विवाह के इच्छुक होते थे उन्हें घोषणा करनी होती थी कि वे जैन, बौद्ध, सिख, मुस्लिम, पारसी, ईसाई या हिन्दू किसी भी धर्म को नहीं मानते हैं। 1923 में इस अधिनियम में संशोधन किया गया। जिसके अन्तर्गत जो विवाह का इच्छुक हो उसे ऐसी कोई भी घोषणा नहीं करनी होती थी। प्रत्येक पक्ष को केवल इतनी घोषणा करनी होती थी कि वह किस धर्म का अनुयायी था। इस प्रकार इस अधिनियम द्वारा अन्तर्जातीय विवाह को मान्यता प्राप्त हो गई।

(6) हिन्दू विधवा पुनर्विवाह अधिनियम 1856 (The Hindu Widows Remarriage Act, 1856)—**मनु** के अनुसार एक विधवा जो पुनर्विवाह करती है वह स्वयं को अपमानित करती है, अत: उसे अपने स्वामी के स्थान से बाहर निकल जाना चाहिए। 1856 के अधिनियम ने हिन्दू विधवाओं के विवाह में आने वाली सभी अड़चनों को दूर कर दिया। जनकल्याण तथा उच्च आदर्शों को प्रोत्साहन दिया। यह अधिनियम घोषित करता है कि ऐसी विधवा, जिसका पति उसके दूसरे विवाह के समय से ही स्वर्गवासी हो गया, का पुनर्विवाह हो सकता है। पुनर्विवाह करने वाली विधवा अल्पवयस्क है, उसके माता-पिता सगे सम्बन्धियों, भाई की सहमति आवश्यक है। सहमति के अभाव में किया गया कोई भी विवाह निष्प्रभावी होगा। अधिनियम विधवा को प्रथम पति की सम्पत्ति में से निर्वाह अधिकार प्राप्त करने से वंचित करता है।

(7) दहेज निषेध अधिनियम 1961 (The Dowry Prohibition Act, 1961)—यह अधिनियम 20 मई 1961 को लागू हुआ। इस आशय का विधेयक 27 अप्रैल 1939 को तत्कालीन विधिमन्त्री श्री ए.के. सेन द्वारा लोक सभा में प्रस्तुत किया गया था। यद्यपि सभा ने इस विधेयक को पारित कर दिया था। तब यह विधेयक संयुक्त प्रवर समिति (Joint selection committee) को सन्दर्भित (refer) किया गया। समिति की सिफारिशों पर लोक सभा व राज्य सभा की संयुक्त बैठक में बहस हुई तब यह पारित हो सका। यह अधिनियम मुसलमानों पर लागू नहीं होता। इसके उल्लंघन की दशा में 6 माह का कारावास अथवा 5000 रुपये का जुर्माना तक का विधान है।

परिवार (Family)

परिवार के संबंध में **मर्डोक** (Murdoch) की अवधारणा है कि परिवार एक ऐसा सामाजिक समूह है जिसका एक सामान्य निवास होता है, आर्थिक सहयोग होता है तथा जिसमें प्रजनन क्रिया पायी जाती है। सामाजशास्त्री **गेराल्ड लेसिले** (Geralad Leslie) के अनुसार 'परिवार दो भिन्न लिंगों के वयस्क लोगों का समूह है जो सामाजिक मान्यता प्राप्त यौन संबंध स्थापित करते हुए रहते हैं। उनके साथ ही उनके बच्चे अथवा गोद लिए हुए बच्चे भी होते हैं।' अनेक कार्यों का निष्पादन करते हुए परिवार प्रजनन (Reproductive) और जैविक (Biological) इकाई का वह समूह होता है जिसमें स्त्री व पुरुष को यौन संबंधों को स्थापित करने तथा संतान को जन्म देने की सामाजिक स्वीकृति मिली होती

है। परिवार के कार्यों और उसके सामाजिक महत्व को रेंखाकित करते हुए समाजशास्त्री **लुण्डबर्ग** (Lundberg) ने कहा है कि 'सामाजिक व्यवस्था में यदि पुनरुत्पादन (Reproduction) का कार्य रूक जाय, यदि बच्चों का पालन पोषण न किया जाय और इन्हें विचारों को आगामी पीढ़ी के लिए संचरित करना तथा एक दूसरे से सहयोग करना न सिखाया जाय तब संभवत समाज का अस्तित्व की समाप्त हो जाएगा।' इस प्रकार यह जाहिर है कि परिवार का दायित्व सामाजिक अस्तित्व की रक्षा करना है। परिवार के माध्यम से ही व्यक्ति की मौलिक आवश्यकताओं की पूर्ति संभव हो पाती है। ऐसा अन्य समूहों में होना कठिन है। **एण्डरसन** (Anderson) के मुताबिक 'परिवार का एक रूप वह है जिसमें हम जन्म लेते हैं (Family of Orientation) और दूसरा वह रूप है जिसमें वह बच्चों को जन्म देते हैं (Family of proreation). परिवार की सार्वभौमिकता का स्पष्टीकरण इसी बात से हो जाता है कि इसमें ऐसा कोई भी व्यक्ति नहीं है जो परिवार के इन दोनों रूपों में से किसी का भी सदस्य न हो।' आधुनिक दौर में मनुष्य ने सुविधाओं को ध्यान में रखते हुए तमाम वस्तुओं का अविष्कार कर लिया है जिनके कारण अनेक सामाजिक संस्थाओं ने अपनी प्रासंगिकता खो दी है परन्तु विवाह और परिवार का केंद्रीय महत्व अनवरत बना हुआ है।

अर्थ एवं परिभाषा (Marriage and Definition)

परिवार शब्द से तात्पर्य ऐसे लोगों के समूह से है जो आपस में सेवाभाव से रहते हैं। अंग्रेजी शब्द family जो लैटिन भाषा के Famalus शब्द से बना है उसका अर्थ भी सेवक होता है। विभिन्न समाजशास्त्रियों ने परिवार की भिन्न-भिन्न परिभाषा दी है। एक संस्था के रूप में परिवार का महत्व लगभग समान माना गया है लेकिन परिवार के आकार-प्रकार के बारे में भिन्न-भिन्न नजरिया है। **बर्गेस और लॉक** (Burgess and Locke) के कथनानुसार परिवार ऐसे व्यक्तियों का समूह है जो विवाह रक्त अथवा गोद लेने में संबंधों द्वारा संगठित हैं। एक छोटी-सी गृहस्थी का निर्माण करते हैं और पति-पत्नी, माता-पिता, पुत्र-पुत्री, भाई-बहन के रूप में एक दूसरे से अन्त:क्रियाएं करते हैं तथा एक सामान्य संस्कृति का निर्माण तथा देखरेख करते हैं। इस बारे में **मैकाइवर और पेज** (Mecliver and Page) के विचार हैं कि, 'परिवार ऐसा समूह है जो यौन-संबंधों पर आश्रित है तथा इतना छोटा और शक्तिशाली है कि संतान के जन्म और पालन-पोषण की व्यवस्था करने की क्षमता रखता है।' **मैकाइवर** की परिभाषा के अनुसार परिवार के लिए यौन संबंध ही एक प्रमुख तत्व है। लेकिन यह विचार जितना पश्चिमी समाज के अनुकूल उतना भारतीय पारिवारिक व्यवस्था के प्रति नहीं। **प्रभु** (P.H. Prabhu) का मत है कि 'दक्षिण भारत में नायर समुदाय के व्यक्ति तो यौन संबंधों को परिवार के कार्यों से बिल्कुल बाहर मानते हैं इससे स्पष्ट होता है कि यौन संबंध परिवार का एक उद्देश्य तो हो सकता है लेकिन सर्वप्रमुख और केंद्रीय नहीं।'

परिवार के संबंध में अनेक नृतत्व शास्त्रीय अध्ययनों से पता चला है कि आदिम समाजों में परिवार आर्थिक उद्देश्यों की पूर्ति के सबसे बड़े और केंद्रीय माध्यम थे। माता-पिता के बीच संबंध केवल इसी कारण नहीं होते हैं कि वे दोनों एक दूसरे से शादी के बंधन में बंधे होते हैं क्योंकि अनेक प्राचीन समाजों में विवाह पूर्व यौन-संबंधों को मान्यता दी जाती है और अनेक समाजों में निर्धारित संबंधियों के साथ कई अवसरों पर विवाह से पूर्व यौन-संबंधों की अनुमति होती है। **टॉम वी बोटोमोर** ने लेवी स्त्रॉत की किताब से एक उद्धरण दिया है—"लेवी स्त्रॉत ने अधिकांश आदिम समाजों में अविवाहित व्यक्तियों की तकलीफदेह हालत का जीवंत चित्रण किया है। वह मध्य ब्राजील के एक नौजवान की हालत के बारे में लिखता है—'एक झोपड़ी में कोने में घंटों दुबका रहने वाला उदास, देखभाल बगैर, दुबला-पतला और लगता है पूरी तरह विषादग्रस्त ... वह अकेले शिकार करने के लिए बाहर जाने के अलावा शायद ही कभी बाहर निकलता हो। आग को घेर कर जब पारिवारिक भोज होता है तो वह आमतौर पर भूखा ही रह जाता, अगर एक संबंधी उसकी ओर कभी-कभी थोड़ा भोजन सरका न देता जिसे वह चुपचाप खा लेता, मुझे लगा कि उसे कोई गंभीर बीमारी हो गई इसलिए मैंने पूछा कि उसके साथ गड़बड़ी क्या है तो मेरे संदेह पर लोग हंसे और मुझे बताया कि वह कुंआरा है।"

परिवार की विशेषताएं (Character of Family)

संसार भर के समाजों में परिवार का महत्व है। परिवार के सन्दर्भ में अलग-अलग दृष्टिकोण होने के बावजूद इसकी कुछ ऐसी विशेषताएं हैं जो सार्वभौमिक और सर्वमान्य हैं। **मैकाइवर और पेज** ने परिवार की आठ विशेषताओं का उल्लेख किया है जो निम्नवत हैं—

1. सर्वव्यापकता (Universality)—सभी संस्थाओं और समितियों में परिवार का स्थान बहुत महत्वपूर्ण तथा अधिक व्यापकता लिए हुए है। सभी प्रकार के सभ्य और आदिम समाजों में परिवार विद्यमान है तथा सामाजिक विकास के सभी स्तरों पर यह किसी न किसी रूप में अस्तित्व मान रहा है। आने वाले समय में इसके स्वरूप अथवा कार्यों में कितना भी बदलाव क्यों न हो जाय किंतु इसका महत्व कम नहीं होगा। परिवार की सार्वभौमिकता का पहला कारण मनुष्य की मूल आवश्यकताओं की पूर्ति करने में

इसकी भूमिका है। दूसरा प्रमुख कारण परिवार द्वारा किए जाने वाले सांस्कृतिक धार्मिक सामाजिक एवं मनोरंजन संबंधी कार्य हैं जो कि बुनियादी राज्य से लगभग सभी समाजों में परिवार के द्वारा पूरे किए जाते हैं।

2. भावनात्मक आधार (Emotional Basis)—भावनात्मक आधार परिवार की एक महत्वपूर्ण विशेषता है। इसके सदस्य आपस में मिल-जुल कर भावनात्मक आधार पर कार्य करते हैं। दाम्पत्य, मातृत्व और पितृत्व द्वारा मनुष्य को जीवन के विभिन्न चरणों में जो सुरक्षा एवं सहयोग मिलता है वह परिवार के द्वारा ही संभव है। परिवार के सदस्यों के बीच पारस्परिक त्याग की भावना एक ऐसी विशेषता है जो भावनात्मक आधार पर परिवार के सदस्यों को एक सूत्र में बांधे रखती है। इन विशेषताओं के कारण परिवार शांति और सद्भावना का केन्द्र बना रहता है। वास्तव में भावनात्मक आधार ही परिवार के लिए मजबूत आधार होता है।

3. रचनात्मक प्रभाव (Formative influence)—सामाजिक व्यवस्था में परिवार एक ऐसी इकाई है जहां यथार्थत: सभी की भूमिकाएं वास्तविक रूप से निर्धारित होती हैं। परिवार का प्रभाव दिखावा न होने के कारण ही की रचनात्मक है। इसकी क्रियात्मकता और उद्देश्य किसी व्यक्ति विशेष को लाभ पहुँचाने के बजाय सभी के हितों की समान रूप से सुरक्षा करना और उनके महत्व को समझना है। माता-पिता के व्यवहार का प्रभाव बच्चों पर स्थायी रूप से पड़ता है। इसलिए परिवार को प्राथमिक और केन्द्रीय व्यवहार विद्यालय के रूप में रेखांकित किया जाता है।

4. छोटा आकार (Limited Size)—परिवार की प्रमुख विशेषता उसका आकार होती है। समाज के सदस्यों की एक निश्चित संख्या ही एक परिवार बनाती है। प्राचीन परिवारों का आकार बड़ा होता था। लेकिन आधुनिक परिवार बहुत छोटे होते हैं। इसके बावजूद दोनों ही परिवारों की स्थापना उसके निकट सम्बन्धियों द्वारा ही होती है। औद्योगीकरण तथा आधुनिक युग में परिवार का आकार इतना छोटा होता गया कि उसमें पति-पत्नी तथा उनके अविवाहित बच्चों के अलावा और कोई भी सम्मिलित नहीं रहता।

5. सामाजिक ढांचे का केन्द्र (Centre of Social Structure)—परिवार सम्पूर्ण सामाजिक ढांचे में न केवल केन्द्रीय स्थान रखता है बल्कि वह सामाजिक ढांचे का केन्द्र भी है। जिस प्रकार सभी व्यक्तियों, वस्तुओं और स्थानों में केन्द्रीय भाग का विशेष महत्व होता है उसी प्रकार परिवार भी समाज का केंद्रीय भाग होता है। इस कारण इसका भी विशेष महत्व है। यदि परिवार का कोई सदस्य कोई नया कार्य करता है तो वह परिवार के हितों का सदैव ढांचे पर भी पड़े। इसी कारण अरस्तू ने समुदाय की परिभाषा करते हुए उसे परिवारों का संकल्प कहा था। इस का तात्पर्य यही था कि पारिवारिक संरचना समुदाय अथवा सामाजिक ढांचे का आधार है।

6. सदस्यों का असीमित दायित्व (Unlimited responsibility of the members)—परिवार के सदस्यों के उत्तरदायित्व पारिवारिक स्नेह के कारण बहुत अधिक होते हैं उसके बावजूद सभी सदस्य इसकी पूर्ति में कोताही नहीं करते। पारिवारिक सदस्यों के प्रयत्नों और उनकी निष्ठा से परिवार एक ऐसा मंच बन जाता है जहां किसी प्रकार का वैर-भाव, संघर्ष नहीं होने पाता वरन उनके स्थान पर पारिवारिक सहयोग और सहानुभूति का वातावरण बन जाता है। इसीलिए सामंजस्य पूर्ण परिवार को लोग स्वर्ग की उपाधि देते हैं। इस वातावरण के निर्माण में पारिवारिक सदस्यों का एक दूसरे के प्रति असीमित दायित्व का निर्वाह है। उत्तरदायित्व निर्वाह की यह भावना परिवार के अतिरिक्त अन्य सामाजिक संस्थाओं में नहीं दिखाई पड़ती। परिवार वह स्थान है जहां व्यक्ति व्यक्तिगत हितों को नजरदांज करके अपनी आवश्यकता और क्षमता से भी अधिक दायित्व पूरा करने को तैयार होता है।

7. सामाजिक संगठन का आधार (Base of Social Organisation)—समाज के निर्माण में परिवार की सबसे प्रमुख भूमिका होती है। पारिवारिक नियमों के कारण ही सामाजिक व्यवस्था का निर्माण संभव होता है। परिवार के नियम किसी एक क्षेत्र में व्यक्ति के जीवन को प्रभावित नहीं करते बल्कि पारस्परिक संबंधों. शिष्टाचार, व्यवहार, रीति-रिवाज, धर्म, शिक्षा और कर्तव्यबोध आदि सभी क्षेत्रों में परिवार के नियम ही निर्णायक भूमिका निभाते हैं, तथा मनुष्य के सामाजिक जीवन को नियमित बनाते हैं।

8. स्थायी तथा अस्थायी स्वभाव (Permanent and temporary nature)—परिवार एक समिति भी है और संस्था भी। **मैकाइवर** का यह कथन परिवार संस्था के सार्वभौमिक और सार्वकालिक महत्व को स्थापित करता है। एक समिति के रूप में परिवार पति-पत्नी-बच्चों तथा कुछ अन्य व्यक्तियों का समूह है। उसका यह रूप अस्थायी है क्योंकि विवाह-विच्छेद, मृत्यु, विवाह तथा नए शिशु के जन्म के कारण परिवार का आकार बदलता रहता है। लेकिन परिवार कुछ नियमों और कार्यप्रणालियों की व्यवस्था भी करता है। इस प्रकार वह एक संस्था के रूप में विद्यमान है। पति, पत्नी अथवा कुछ अन्य सदस्यों के न रहने पर भी परिवार के नियम सदैव बने रहते हैं। इन विशेषताओं के कारण परिवार का स्वभाव स्थायी और अस्थायी दोनों प्रकार का होता है।

परिवार के प्रकार (Types of the family)

समाजशास्त्रियों ने परिवार के तीन प्रकार बताए हैं। के.पी. चट्टोपाध्याय ने तीन प्रकार के परिवारों का निर्धारण किया है-(1) साधारण परिवार (Simple), जिसे केन्द्रीय परिवार भी कहा जाता है, (2) मिश्रित परिवार (Compound) तथा (3) संश्लिष्ट (Composite) परिवार।

लेकिन विभिन्न आधारों पर परिवार को कम से कम पांच श्रेणियों में बांटा गया है। ये पांच श्रेणियां निम्न प्रकार की हैं—(1) सदस्यों की संख्या के आधार पर तीन प्रकार के परिवार माने गए हैं-केंद्रीय परिवार, विवाह संबंधी परिवार और संयुक्त परिवार, (2) निवास के आधार पर भी तीन प्रकार के परिवार माने गए हैं-पितृ स्थानीय परिवार, मातृ स्थानीय परिवार तथा सेवा स्थानीय परिवार, (3) सत्ता तथा वंश परिवार, (4) विवाह के आधार पर तीन प्रकार के परिवार होते हैं—एक विवाही परिवार, बहुपति विवाही परिवार तथा बहुपत्नी विवाही परिवार और (3) सामाजिक परिस्थिति के आधार पर दो प्रकार के परिवार माने गए हैं-ग्रामीण परिवार तथा नगरीय परिवार। इतने विभाजनों के बावजूद एक संस्था के रूप में परिवार का महत्व सर्वव्यापी है। उनका मौलिक गुण भी सामान्य रूप से समान है। यदि परिवार को एक समूह के रूप में देखा जाय तो विभिन्न समाजों में उसका चरित्र अलग-अलग प्रकार का मिलता है। सभी के विचारों, मूल्यों, जीवन पद्धतियों तथा धार्मिक विश्वासों में अधिक भिन्नता पाई जाती है। अनेक परिवार आज भी आदिम स्वरूपों में पाए जाते हैं और अनेक परिवार समय के साथ प्रगति करते हुए भौतिक, संस्कृति और उपलब्धियों में बहुत आगे तक पहुंच गए हैं। पारिवारिक संगठन में भी अनेक प्रकार के बदलाव आए हैं। परिवार के वर्गीकरण के बावजूद यह नहीं कहा जा सकता है कि एक प्रकार की विशेषताएं केवल उसी प्रकार के परिवार में पाई जाती है। सदैव एक प्रकार के परिवार की विशेषताएं दूसरे प्रकार के परिवारों में प्रचुरता से पाई जाती है।

सदस्यों की संख्या के आधार पर तीन प्रकार पाए जाते हैं जिनमें केंद्रीय परिवार, विवाह संबंधी परिवार तथा संयुक्त परिवार हैं। उनका विवरण निम्न प्रकार से दिया जा सकता है—

1. साधारण परिवार (Simple family)—साधारण परिवार का आकार छोटा होता है। इसमें पति-पत्नी और उनके अविवाहित बच्चे सम्मिलित होते हैं। इसे केंद्रीय परिवार (Nuclear family) भी कहा जाता है। इसकी परिभाषा करते हुए **हैरिस** (Harris) ने लिखा है कि, ''एक केंद्रीय परिवार उन व्यक्तियों का छोटा समूह है जो जैविकीय भूमिका निभाने के अतिरिक्त एक दूसरे के प्रति संस्थागत सामाजिक दायित्वों को पूरा करते हैं तथा ऐसा करने के साथ ही उन विश्वासों और मूल्यों का पालन करते हैं जिनकी परिवार के अन्तर्गत करने की आशा की जाती है।'' ऐसे परिवार प्राथमिक और तात्कालिक परिवार भी कहे जाते हैं।

कभी-कभी बच्चे के जन्म के बाद जब जीवन साथी की मृत्यु हो जाती है और पुनर्विवाह के पश्चात् जब दूसरी पत्नी से बच्चे पैदा होते हैं तो उन्हें शामिल करने पर उस परिवार को साधारण परिवार नहीं कहा जा सकता क्योंकि यह बच्चों के दो प्रकार के समुच्चय (sets) की इकाई होती है। इस तरह की इकाई में दो साधारण परिवार हैं। **चट्टोपाध्याय** ने दोनों ही परिवारों को मिश्रित परिवारों में रखा है। इसे साधारण परिवार से इस अर्थ में भिन्न पाया है कि इसमें बच्चों के दो समुच्चय हैं। एक मृत साथी से और दूसरा उस जीवित साथी से जिससे पुनर्विवाह हुआ है। लेकिन बच्चों के दो समुदायों में मां या बाप समान है।

2. विवाह संबंधी परिवार (Conjugal family)—विवाह संबंधी परिवार उस परिवार को कहते हैं जिसमें रहने वाले सदस्यों का जन्म भिन्न-भिन्न परिवारों में हुआ है। इसमें पत्नी पक्ष के कुछ दूसरे व्यक्तियों को भी सम्मिलित कर लिया जाता है। यह परिवार केंद्रीय परिवार की अपेक्षा कुछ बड़ा होता है। साधारणतया ऐसे परिवार केवल उन्हीं समूहों में पाए जाते हैं जो विवाह को दो व्यक्तियों का समूह न मानकर दो परिवारों का संबंध मानते हैं। भारत की बहुत-सी जनजातियों में विवाह संबंधी परिवारों का प्रचलन है। इनमें **खरिया** (Kharia) जनजाति प्रमुख है। इसके अतिरिक्त अभी तक पासी और गौंड लोगों में भी ऐसें परिवार पाए जाते हैं। हांलाकि आधुनिक समाज में इस तरह के परिवारों की संख्या लगातार घटती जा रही है।

3. संयुक्त परिवार (Joint family)—संयुक्त परिवार के बारे में समाजशास्त्री **श्यामाचरण दुबे** का कहना है कि, ''यदि अनेक केंद्रीय परिवार एक साथ रहते हों, वे एक ही साथ एक स्थान पर भोजन करते हों, तथा एक ही आर्थिक इकाई के रूप में कार्य करते हों तब ऐसे सम्मिलित परिवार को ही संयुक्त परिवार कहा जा सकता है।'' इस संयुक्तता के संबंध में अनेक विद्वानों ने अलग-अलग व्याख्याएं दी हैं। **इरावती कर्वे** ने संयुक्तता के लिए सहनिवास (Co-residentility) को आवश्यक माना है। **कर्वे** के अनुसार प्राचीन भारत में परिवार निवास, सम्पत्ति और प्रकार्यों के आधार पर संयुक्त था। उन्होंने ऐसे परिवार को परम्परागत तथा संयुक्त परिवार कहा है। **कपाड़िया** का कथन है हमारा आदि परिवार केवल संयुक्त या पितृसत्तात्मक ही नहीं था। इसके साथ-साथ हमारे परिवार व्यक्तिश: भी होते थे। **एफ.जी. बेली** ने संयुक्त सम्पत्ति स्वामित्व को अधिक महत्व दिया है। **देसाई** नातेदारों के प्रति दायित्वों को पूरा करने को महत्व देते हैं। भले ही उनके

निवास अलग-अलग हों तथा सम्पत्ति में सहस्वामित्व न हों। दायित्व को पूरा करने का अर्थ है अपने को परिवार का सदस्य मानना, वित्तीय और अनेक प्रकार की सहायता देना तथा संयुक्त परिवार के नियमों को मानना। **इरावती कर्वे** ने पाश्चात्य परिवार की पांच विशेषताएं चिन्हित की हैं-सहनिवास, सहरसोई, सहसम्पत्ति, सह-पूजा और कोई नातेदारी संबंध।

भारत की पारस्परिक सामाजिक व्यवस्था में संयुक्त परिवार एक प्राचीन संगठन है। **कर्वे** ने रामायण तथा महाभारत काल के पारिवारिक संगठन का उल्लेख करते हुए जिन आधारों का हवाला दिया है वे ही आधार प्रायः सभी समाजशास्त्रियों ने रेखांकित किया है। **कर्वे** की परिभाषा का ही समर्थन अन्य समाजशास्त्रियों ने किया है—''एक ऐसे व्यक्तियों का समूह जो (व्यक्ति) आमतौर पर एक ही छत के नीचे रहते हैं, एक ही चूल्हे पर पका भोजन करते हैं, साझी सम्पत्ति रखते हैं, पविार की सहपूजा में भाग लेते हैं तथा एक दूसरे से एक विशेष प्रकार के नातेदारी संबंधों से जुड़े होते हैं।'' संयुक्त परिवार में बाबा, दादी, चाचा, चाची, ताऊ, ताई, चचेरे भाई-बहन तथा अपवाद स्वरूप बुआ भी एक साथ रहते हैं। लेकिन **आर. पी. देसाई** का कथन है कि ''सहनिवास और सहरसोई को संयुक्त परिवार की परिसीमा के लिए आवश्यक समझना ठीक नहीं है क्योंकि ऐसा करने से संयुक्त परिवार को सामाजिक संबंधों का समुच्चय एवं प्रकार्यात्मक इकाई नहीं माना जाएगा।'' वे कहते हैं एक घर के सदस्यों के बीच के आपसी संबंधों तथा अन्य घरों के सदस्यों के साथ संबंधों पर ही परिवार के प्रकार का निर्धारण किया जा सकता है। एकाकी परिवार को संयुक्त परिवार से अलग देखने के लिए संबंधों (Role Rolations) के अन्तर को एवं विभिन्न रिश्तेदारों के बीच व्यवहार के मानदंडीय प्रतिमान (normative pattern) को समझना पड़ेगा। जब दो एकाकी परिवार नातेदारी संबंधों के होने पर भी अलग-अलग रहते हों लेकिन एक ही व्यक्ति के अधिकार क्षेत्र में कार्य करते हों तो वह परिवार संयुक्त परिवार होगा। ऐसा परिवार 'प्रकार्यात्मक संयुक्त परिवार (functional joint family) कहा जाता है।

आर.के. मुखर्जी ने पांच प्रकार के संबंधों का निर्धारण करते हुए संयुक्त परिवार को परिभाषित किया है। ये पांच संबंध हैं— वैवाहिक (Conjugal), माता-पिता-पुत्र-पुत्री (Parental-filial), भाई-भाई, भाई-बहन, (Inter sibling), समरेखीय (Linieal), और विवाह मूलक (Affinal) इत्यादि। उनके मुताबिक ''संयुक्त परिवार वह है जिसके सदस्यों में उपरोक्त पहले तीन संबंधों में से एक या अधिक और या समरेखीय या विवाह मूलक या दोनों संबंध **पाए जाते हैं।''**

परम्परागत रूप से भारतीय परिवार संयुक्त परिवार कहे जाते हैं क्योंकि यहाँ सामूहिकता को सदैव सामाजिक जीवन का महत्वपूर्ण आधार माना जाता है। वर्तमान समय में औद्योगीकरण तथा शहरीकरण के कारण लोगों का पलायन गांव से तेजी से हो रहा है और संयुक्त परिवार टूट रहे हैं।

आवासीय आधार वाले परिवार (Family on Residential Basis)

आवास के आधार पर तीन प्रकार के परिवारों का निर्धारण किया गया है—

(1) पितृ स्थानीय परिवार (Patrilocal family)—जो व्यक्ति अपने माता-पिता के निवास-स्थान पर रहता है तो उसका परिवार पितृस्थानीय परिवार कहा जाता है। इस परिवार में सामाजिक नियमानुसार पत्नी को अपने पति के घर जाकर रहना होता है। भारत के अधिकांश हिन्दू परिवार पितृस्थानीय परिवार की श्रेणी में आते हैं। मुस्लिम, सिख और ईसाई परिवार भी मूलतः पितृस्थानीय परिवार माने जाते हैं। **एम.एन. श्रीनिवास** ने दक्षिण भारतीय कुर्गों का अध्ययन किया और इस निष्कर्ष पर पहुंचे कि **ओक्का** या पितृमूलक और पितृस्थानीय परिवार कुर्गों में बुनियादी समूह है। किसी कुर्ग के बारे में उसके **ओक्का** के बगैर, जिसका वह सदस्य है, कल्पना करना असंभव है। यह उसके जीवन को हरेक बिंदु पर प्रभावित करता है और बाहरी दुनिया के साथ उसके संबंधों को निर्धारित करता है। जो लोग किसी **ओक्का** से नहीं जुड़े होते उनका कोई सामाजिक अस्तित्व नहीं होता, और संबद्ध पक्षों पर बुजुर्ग हमेशा यह दबाव डालते रहते हैं कि विवाह के बाद पैदा होने वाली संतान पिता या माता के **ओक्का** की सदस्यता ग्रहण कर लें।

किसी **ओक्का** की सदस्यता जन्म से ही प्राप्त हो जाती है और बाहरी दुनिया किसी व्यक्ति को उसके **ओक्का** के जरिए ही पहचानती है। व्यक्ति की उसके **ओक्का** के साथ संबद्धता मृत्यु के बाद भी समाप्त नहीं होती, क्योंकि उसके बाद वह देवता बन चुके पूर्वजों (करनवा) के झुण्ड में शामिल हो जाता है जो उस **ओक्का** की देखरेख करते रहते हैंजिसके सदस्य वे जीवितावस्था में थे। पूर्वजों की पूजा होती है और भोजन पानी का चढ़ावा (भरनी) उन्हें कभी-कभी अर्पित किया जाता है।

किसी **ओक्का** के बच्चे सपिंडज पुरुषों के सभी लड़के, **ओक्का** के पशुओं को साथ चराते हैं, एक साथ पक्षियों का शिकार करते हैं और खेल खेलते हैं। जब वे बड़े हो जाते हैं तो वे सभी मिलकर **ओक्का** के मुखिया के निर्देशन में पैतृक सम्पत्ति की देखरेख करते हैं।

किसी **ओक्का** की सदस्यता बहुत हद तक जीवन साथी के चुनाव को निर्धारित कर देती है। सबसे पहले तो एक ही **ओक्का**

के सदस्यों के बीच वैवाहिक संबंध वर्जित होते हैं। जहां सपिंडजता **ओक्का** के बाहर तक चली जाती है, वहां यह निषेध उन सपिंडज संबंधों तक पहुंचता है जो **ओक्का** के सदस्य नहीं होते। फिर, बहनों के बच्चे भी आपस में विवाह नहीं कर सकते।

पहले किसी **ओक्का** की पैतृक, अचल स्थिति अविभाज्य मानी जाती थी। आमतौर पर यह सपिंडज पुरुषों की एक पीढ़ी से दूसरी पीढ़ी तक इस प्रक्रिया में बिना बंटवारे के चली आती थी। बहरहाल, बंटवारा होता था जब **ओक्का** के सभी वयस्क पुरुष ऐसा चाहें। लेकिन ऐसा बहुत कम होता था कम से कम यही बताया गया। बंटवारे की कठिनाई और नियोगात्मक संबंधों की वरीयता **ओक्का** की शक्ति बढ़ाते थे। एक **ओक्का** के सदस्य जन्म से मृत्यु तक एक ही साथ रहते थे।

2. मातृस्थानीय परिवार (Matrilocal Family)—इस तरह के परिवार में विवाह के बाद पति को अपनी पत्नी के घर में आकर रहना पड़ता है तथा बच्चों का पालन-पोषण भी वहीं करना पड़ता है। परिवारों का सामाजिक आधार मातृसत्तात्मक पारिवारिक संरचना है। भारत में मलाबार के नायरों में उस प्रकार के परिवार बहुतायत पाए जाते थे लेकिन वर्तमान समय में यह प्रचलन कम होता जा रहा है। खासी जनजाति तथा गारो जनजाति में भी इस प्रकार के विवाह प्रचलित थे तथा ऐसे परिवार बड़ी संख्या में पाए जाते थे।

3. सेवास्थानीय परिवार (Neo Local Family)—ऐसे परिवारों को जो बढ़ते हुए औद्योगीकरण तथा सामाजिक गतिशीलता के कारण अस्तित्व में आते हैं उन्हें सेवास्थानीय परिवार कहा जाता है। इसकी प्रमुख विशेषता है कि दम्पत्ति अपने कार्य स्थान के अनुरूप अपने आवास का निर्धारण करते हैं। अर्थात् न तो वे पति के माता-पिता के साथ रहते हैं और न ही पत्नी के माता-पिता के साथ। कभी-कभी ये परिवार में किसी घटना के कारण अपने माता-पिता के पास लौट आते हैं लेकिन ऐसा अक्सर नहीं होता। ये परिवार आधुनिक सभ्यता के परिणामस्वरूप प्रचलन में आए। वस्तुत: ये व्यक्ति की आर्थिक क्रियाओं के कारण विकसित हुए हैं। इन क्रियाओं में परिवर्तन के साथ-साथ परिवार का स्वरूप भी बदलता गया है। वर्तमान भारत में राजकीय तथा अन्य सार्वजनिक सेवाओं के कारण इस प्रकार के परिवारों की संख्या में भारी वृद्धि हुई है।

सत्ता एवं वंशनाम के आधार वाले परिवार—संसार भर में दो तरह की पारिवारिक संरचनाए पायी जाती है। जिन परिवारों की सत्ता स्त्री के हाथ में होती है उन्हें मातृसत्तात्मक परिवार कहा जाता है और जिन परिवारों में सत्ता पुरुष के हाथ में होती है उसे पितृसत्तात्मक परिवार कहते हैं। दोनों प्रकार के परिवारों की विशिष्टताएं विपरीत प्रकार की होती हैं लेकिन कार्य और उद्देश्य समान पाया जाता है।

1. मातृसत्तात्मक परिवार (Matriarchal Family)—**श्यामाचरण दुबे** का कहना है कि 'मातृसत्तात्मक परिवारों में पुरुष स्त्रियों की ओर से (On behalf of) सत्ता का उपयोग करता हैं।' इस प्रकार यह जाहिर है कि जिस प्रकार के परिवार में सामाजिक, धार्मिक और आर्थिक क्षेत्र में पुरुषों की अपेक्षा स्त्रियों की प्रधानता पायी जाती है उसे मातृसत्तात्मक परिवार कहा जाता है। इस परिवार की मुखिया कोई स्त्री होती है और उसी को पारिवारिक मामलों में निर्णय लेने का अधिकार होता है। परिवार में पुरुष सदस्यों का दायित्व उन नियमों और आदेशों का पालन करना होता है। मातृसत्तात्मक परिवारों में स्त्रियों का आपसी संबंध मां, पुत्री, बहन, मामा, भांजी के होते हैं। पुरुष इन स्त्रियों के भाई, पुत्र, नाती और भांजे लगते हैं। पुरुषों के बीच आपस में भाई, मामा, भांजे का संबंध होता है। ये सभी संबंध रक्त संबंध होते हैं। लेकिन इनमें पति और पत्नी के संबंध भी होते हैं। ऐसी स्थिति में परिवार में पति की भूमिका कार्यपालक की होती हैं तथा वंश परम्परा माता के नाम पर चलती है। भारत की जनजातियों के बीच ऐसे परिवार बहुतायत पाए जाते हैं। नायर, खासी तथा असम के पूर्वी हिस्सों में पायी जाने वाली जनजातियों में इस तरह के परिवार प्रचलन में हैं। उत्तर प्रदेश की थारु जनजाति में भी इस तरह के लक्षण पाए जाते हैं।

2. पितृसत्तात्मक परिवार (Patrirchal Family)—जिन परिवारों की सत्ता पुरुषों के हाथ में होती है उन्हें पितृसत्तात्मक परिवार कहते हैं। इस प्रकार के परिवार में परिवार की सत्ता पुरुष सदस्य के हाथ में होती है जिसे कर्ता कहा जाता है। ऐसे परिवारों में निर्णय लेने का अधिकार पुरुषों के हाथ में होता है। वंश परम्परा भी पिता के नाम पर चलती है। संसार भर में पितृसत्तात्मक परिवार पाए जाते हैं। अनेक जनजातियों में जहां मातृसत्तात्मक परिवारों का अस्तित्व था वहां भी धीरे-धीरे पितृसत्तात्मक परिवार व्यवस्था में वृद्धि होती जा रही है।

विवाह के आधार वाले परिवार—विवाह के आधार पर संसार भर के परिवार-व्यवस्था को तीन श्रेणियों में वर्गीकृत किया गया है। (1) एक विवाही परिवार, (2) बहुपति विवाही परिवार, तथा (3) बहुपत्नी विवाही परिवार आदि।

1. एकविवाही परिवार (Monogamous family)—जब कोई स्त्री अथवा पुरुष एक विवाह द्वारा अपने परिवार का निर्माण करते हैं तो उसे एक विवाही परिवार कहा जाता है। इस तरह के परिवार में पति,पत्नी तथा उनके अविवाहित बच्चे शामिल होते हैं। एक जीवन साथी के रहते हुए पति अथवा पत्नी सामान्यतया दूसरे पुरुष से विवाह संबंध नहीं स्थापित कर सकता कर सकता। एक

विवाही परिवार की महत्ता सारे संसार में है। इस विषय में **हार्वर्ड** का कथन है कि "विवाह यद्यपि एक सर्वव्यापी और अनिवार्य संस्था है लेकिन प्रगतिशील समाजों में एक पत्नी विवाह प्रथा ही विवाह का स्वाभाविक और आदर्श रूप है। विवाह के अन्य स्वरूप या तो पतन के सूचक हैं अथवा आदिमकाल की पुनरावृत्ति के।" आज सभी हिन्दू, मुस्लिम, सिख, ईसाई, जैन और बौद्ध परिवार इसी श्रेणी में आते हैं। भारत की अनेक जनजातियां भी सभ्यता के नजदीक आने पर एक विवाही परिवार को प्राथमिकता देती जा रही है।

2. बहुपति विवाही परिवार (Polyandrous Family)—भारत में अनेक प्रदेशों की जनजातियों के बीच इस श्रेणी का परिवार प्राचीन काल से ही पाया जाता था जिसमें एक स्त्री के साथ अनेक पुरुष परिवार का निर्माण करते हैं। इसमें भ्रातृ और अभ्रातृ दोनों ही प्रकार के बहुपति विवाही परिवार होते हैं। भारत में खास कोटा, टोजा, नायर, टिपान, कुटुम्ब और कम्मल आदि जनजातियों में आज भी इस प्रकार के परिवार पाए जाते हैं। लेकिन वर्तमान समय तथा आधुनिकता के प्रभाव में आकर जनजातियों के बीच भी ऐसे परिवार लुप्त होते जा रहे हैं।

3. बहुपत्नी विवाही परिवार (Polygymous Family)—जब एक पुरुष दो या अधिक स्त्रियों से विवाह संबंध स्थापित करता है और परिवार का निर्माण करता है तो ऐसे विवाह को बहुपत्नी विवाह के रूप में अभिहित किया जाता है। भारत में ऐसे परिवार बहुतायत से पाए जाते हैं। अनेक समाजों में बहुपत्नी विवाह समृद्धि और पौरुष का प्रतीक समझा जाता रहा है। मुसलमानों में अब भी बहुपत्नी विवाही परिवार पाए जाते हैं। सन् 1955 के पश्चात् हिन्दू, सिख, जैन और बौद्ध समाजों के लिए बहुपत्नी विवाह प्रथा पर रोक लगा दी गयी। भारत की अनेक जनजातियां अब भी बहुपत्नी विवाह प्रथा को अपनाए हुए हैं। नागा, बैंगा, गोंड लुशाई, खस और हो जनजातियों में बहुपत्नी विवाही परिवार पाए जाते हैं।

परिस्थिति के आधार वाले—परिवार की पारम्परिक संरचना में परिस्थितियों की बहुत बड़ी भूमिका होती है। इससे जाहिर है कि सामाजिक परिवेश जिस प्रकार का होगा परिवार का संगठन उससे गंभीर रूप में प्रभावित होगा। दूसरी ओर जिस प्रकार का पारिवारिक संगठन रहेगा उसका प्रभाव भी समाज पर पड़ता है। इस तरह परिवार और समाज एक दूसरे पर बहुत गहरा प्रभाव डालते हैं। परिस्थितियों के आधार पर परिवार दो प्रकार के मिलते हैं।

1. ग्रामीण परिवार (Rural Family)—भारत को ग्रामों का देश कहा जाता है। यहां 80% जनता गावों में निवास करती है तथा कृषि संबंधी कार्यों द्वारा जीवनयापन करती है। ग्रामीण परिवार की संरचना परम्परागत है। परम्परागत संस्कृति के कारण परिवार का केंद्रीय महत्व है। एक लंबे समय से ग्रामीण और शहरी संस्कृति में भिन्नता होने के कारण ग्रामीण और नगरीय परिवारों के स्वरूप में भी भिन्नता हो गई है। ग्रामीण जीवन की परिस्थितियां (Ecological Condition) तथा आवश्यकता नगरीय जीवन से भिन्न होने के कारण तथा गांवों के जीवन के भिन्न स्वरूप के कारण यहां आरंभिक काल से ही एक ऐसी परिवार प्रणाली को महत्व दिया जाता रहा है। जहां अनेक पीढ़ियों के सदस्य एक साथ रहते हैं तथा सम्पत्ति, निवास और निमंत्रण के भोज में सामूहिकता को सर्वाधिक महत्व देते हैं। **श्यामाचरण दुबे** का कहना है कि, "ग्रामीण परिवारों की प्रकृति में संयुक्त परिवारों तथा विस्तृत परिवारों की विशेषताओं का संयुक्त रूप से समावेश है।" विस्तृत परिवार की व्याख्या करते हुए **दुबे** ने कहा है कि "जब अनेक केंद्रक परिवार एक समय साथ रहते हों, उनमें निकट का नाता हो तथा वे एक आर्थिक इकाई के रूप में कार्य करते हों, तब ऐसे परिवार को एक विस्तृत अथवा संयुक्त परिवार कहा जा सकता है। स्पष्ट है कि यह परिवार केवल आजीविका उपार्जित करने वाले सदस्यों को ही महत्व नहीं देते बल्कि निराश्रित व्यक्तियों को सामाजिक सुरक्षा प्रदान करने का भी सर्वोत्तम माध्यम है।"

2. नगरीय परिवार (Urban Family)—भारत में औद्योगिक और नगरीकरण के विकास के साथ ही इनसे जुड़े लोगों की संख्या में वृद्धि हुई है। इस प्रकार बनने वाले परिवारों को नगरीय परिवार कहते हैं। **टी.बी. बोटोमोर** ने इनके पीछे आर्थिक परिवर्तनों को महत्वपूर्ण माना है। रोजगार विविधता, व्यक्तिवादी प्रवृत्ति के कारण एकलपरिवार, जो नगरीय परिवारों की खास विशेषता है, बढ़े। यह प्रवृत्ति सम्पत्ति कानूनों के परिवर्तन में भी अभिव्यक्त हो रही है। भारत में ब्रिटिश शासन की स्थापना के बाद हिन्दू लोग अधिकाधिक सम्पत्ति के वसीयती विवरण की शरण में जाने लगे, और 1870 का एक कानून अंग्रेजी कानून की तर्ज पर वसीयत को मान्यता देता है। बाद के कानूनों ने संयुक्त परिवार की कानूनी स्थिति में और सुधार किए। **गेन्स ऑफ लर्निंग एक्ट (1930)** परिवार के खर्चे पर प्राप्त शिक्षा के जरिए कमाई गई सम्पत्ति पर व्यक्ति को अधिकार प्रदान करता है, जब कि 'हिन्दू लॉ आफ इन हैरिटेंस (अमेंडमेंट) एक्ट (1929) ने मातृसम्पत्ति की वसीयत की अनुमति दे दी। 1956 का हिन्दू सक्सेशन एक्ट सम्पत्ति पर व्यक्तिगत अधिकारों की स्थापना में एक और आगे बढ़ा कदम है।" नगरीय परिवारों का आकार छोटा होता है। इनमें सामाजिक और सांस्कृतिक गतिशीलता पायी जाती है तथा इसके कर्ता को सर्वाधिकार सम्पन्न

नहीं समझा जाता और न ही परिवार की स्थिति के निर्धारण में आयु विशेष महत्व होता है।

इन विवेचनों से स्पष्ट होता है कि आधुनिक समाज विविधतावादी समाज है।

परिवार की उत्पत्ति का सिद्धांत (Theory of Origin of Family)

परिवार की उत्पत्ति संबंधी अनेक सिद्धांत समाजशास्त्रियों ने प्रतिपादित किया है। इस सभी सिद्धांतों को लेकर अनेक मतभेद भी हैं। इन सिद्धांतों के आधार भिन्न-भिन्न प्रकार के हैं तथा दूसरे सिद्धातों के आधार पहले सिद्धांत के आधार से सर्वथा भिन्न हो सकते हैं। सामान्यत: परिवार की उत्पत्ति की अवधारणा के अन्तर्गत माना जाता है कि परिवार व्यक्तियों का वह समूह होता है जो आपस में किसी न किसी रूप से नातेदारी से बंधे होते हैं। इसके वयस्क सदस्य बच्चों को जन्म देते हैं तथा उनका पालन-पोषण करते हैं। इस प्रकार यह निष्कर्ष निकलता है कि परिवार आदिम समाजों में नहीं बल्कि समूहों से विकसित हुआ जहाँ परिवार बच्चों को जन्म देने और उनकी परवरिश करने का दायित्व दो स्त्री-पुरुष को निभाना था। इसी प्रकार से विवाह संस्था का विकास हुआ। कालान्तर में विवाह संस्था के स्वरूप से परिवार व्यवस्था का निर्धारण तथा व्यावहारिक लक्ष्य तय हुआ। लेकिन सभी समाजशास्त्री इस बात को पूरी तरह सत्य नहीं मानते। क्योंकि परिवेश गत भिन्नता के कारण परिवार के विकास के कारक भी भिन्न रहे हैं। अभी तक पाँच प्रकार के सिद्धांत इस संबंध में माने गए हैं। इनमें प्राचीन सिद्धांत, यौन साम्यवाद का सिद्धांत, विकासवादी सिद्धांत, मातृसत्तात्मक सिद्धांत और एकविवाह का सिद्धांत प्रमुख है।

1. प्राचीन सिद्धांत (Classical Theory)—प्राचीन परिवार सिद्धांत का भौतिक आधार 'ग्रीक, रोमन और यहूदी समाज की संरचना है। इस सिद्धांत का प्रतिपादन करते हुए प्लेटो और अरस्तू ने कहा है कि ऐतिहासिक प्रमाणों से यह साबित होता है कि ग्रीक, यहूदी और रोमन समाजों में परिवार का प्राथमिक रूप पितृसत्तात्मक (Patriarchal) था। ऐसे परिवार का मुखिया पुरुष होता है जिसे कर्ता कहते हैं। कर्ता ही सभी नीतियों का निर्धारण करता है तथा उसकी प्रत्येक नीति को परिवार के हित में माना जाता है। सभी पारिवारिक सदस्यों का दायित्व इन नीतियों का पालन करना होता है। यदि किसी सदस्य ने अपने दायित्व निर्वाह में किसी प्रकार की लापरवाही, आनाकानी किया अथवा विद्रोह भावना का प्रदर्शन किया तो उन्हें दण्ड देने का अधिकार भी मुखिया अथवा कर्ता को सहज रूप से प्राप्त होता है। परिवार के किसी एक अथवा सभी सदस्यों अथवा समस्या पर कर्ता का निर्माण सबसे महत्वपूर्ण और अंतिम माना जाता है। स्त्रियां पूर्ण रूप से पुरुषों के अधिकार में थीं। पितृसत्तात्मक होने के कारण प्राय: पितृस्थानीय (Patrilocal) होते थे। विवाह के बाद स्त्रियों को अपने पति के घर में आकर रहने की अनिवार्यता थी। प्राचीन परिवार सिद्धांत के समर्थकों का विश्वास है कि पितृसत्तात्मक परिवार 18वीं शताब्दी तक विशुद्ध रूप से बने रहे हैं। लेकिन 19वीं शताब्दी से स्त्रियों की दशा में अनेक परिवर्तन हुए तथा उनकी सामाजिक और आर्थिक स्थिति में सुधार हुए। इस प्रक्रिया में परिवार में पिता की शक्ति कुछ कम हुई। **हेनरीमेन** ने भी इस सिद्धांत को स्वीकार किया है।

2. यौन साम्यवाद का सिद्धांत (Sex Communism Theory)—**एल.एच. मोर्गन** (L.H. Morgen), **लूबाक** (Lubock), **और फ्रेजर** (Frazer) इत्यादि ने परिवार की उत्पत्ति के संदर्भ में कहा है कि मानव समाज आरंभिक काल में पशुओं की तरह अनियमित था और उनमें यौन स्वतंत्रता पाई जाती थी। उनमें विवाह तथा परिवार की कोई अवधारणा नहीं थी। यौन संबंधों का दायरा एक समूह के अलावा दूसरे अथवा तीसरे समूह तक ही सीमित था। **मोर्गन** ने आदिवासी समुदाओं के अनेक रीति-रिवाजों तथा उत्सवों के उदाहरण से इस बात को स्पष्ट किया है। वे कहते हैं कि वर्तमान समय में भी अनेक आदिवासियों के समाज ऐसे हैं जहां सामाजिक उत्सवों के दौरान यौन संबंधों को स्थापित करने की स्वतंत्रता रहती है। स्त्री अथवा पुरुष अपने मनचाहे पुरुष अथवा स्त्री के साथ यौन संबंध स्थापित कर सकते हैं। अतिथ्य सत्कार के लिए भी स्त्रियों की भेंट चढ़ाई जाती है। प्राचीनकाल तथा मध्यकालीन भारत की अनेक जनजातियों में ऐसी मान्यताएं मिलती हैं जिनके अनुसार कन्या को विवाह पूर्व यौन संबंध स्थापित करने की स्वतंत्रता होती है। विवाह के पश्चात यह स्वतंत्रता पति तक ही सीमित हो जाती है। असम की कूकी जनजाति में विवाह के इच्छुक लड़के-लड़की एक-दूसरे को समझने के लिए साथ रहते हैं। उनमें यौन संबंधों की वर्जना कठोरता से नहीं लागू है। आस्ट्रेलिया और ट्रोविया द्वीप में यौन साम्यवाद के कारण बच्चे के पिता का निर्धारण नहीं हो पाता। **मोर्गन, लूबाक और फ्रेजर** ने स्पष्ट किया है कि परिवार का प्रारंभिक रूप यौन साम्यवाद पर आधारित था। इसी से विकसित होकर परिवार अपने आधुनिक स्वरूप तक पहुंचा।

3. विकासवादी सिद्धांत (Evolutionary Theory)—परिवार की उत्पत्ति संबंधी अवधारणा में विकासवादी सिद्धांत का विशिष्ट महत्व है। इस सिद्धांत के प्रमुख प्रतिपादक **बैकोफन (Bachofen)** हैं। आगे चलकर **लुईस मोर्गन** ने इसे अधिक व्यवस्थित किया। **टॉयलर** और **स्पेन्सर** को भी इस सिद्धांत का समर्थक माना जाता है।

बैकोफन ने परिवार की उत्पत्ति के संबंध में एक क्रमबद्ध विकास को चिन्हित किया है। उनका कहना है कि परिवार का विकास किसी संयोग अथवा समझौते के बजाय अनेक स्तरों पर स्वयं हुआ है। प्राथमिक स्तर पर आदिम समाजों का उल्लेख करते हुए उन्होंने कहा है कि उन समाजों (आदिम) में यौन संबंध बहुत ढीले थे। बच्चों का संबंध केवल मां से होता था। अक्सर पिता के संबंध में कोई विश्वसनीय जानकारी न थी। यह प्रारंभिक व्यवस्था थी जो यौन साम्यवाद के काफी करीब थी। दूसरे स्तर पर जीवन से संबंधित संघर्षों की मात्रा में बहुत वृद्धि हो जाने के कारण साधनों का बहुत अभाव हो गया था। जीविका प्राप्त करने में लड़कियों की योग्यता में कमी आ गई थी इसीलिए अनेक समाजों में उनके समाजों में उनके जन्म के तुरंत बाद ही उनकी हत्या कर दी जाती थी। इस प्रकार से पुरुषों के अनुपात में स्त्रियों की संख्या में काफी कमी आ गई और इसी क्रम में बहुपति विवाह की प्रथा प्रचलन में आई। तीसरे स्तर पर कृषि-व्यवस्था की प्रमुख भूमिका मानी जाती है जब खाद्यान्न की सुविधा के कारण आजीविका कमाना आसान हो गया। कृषि में स्त्रियों की भूमिका बहुत महत्वपूर्ण थी और पुरुष विलासी प्रवृत्ति के हो गए। इसके षरिणामस्वरूप बच्चों की संख्या में वृद्धि होने लगी। साथ ही साथ साधनों की वृद्धि होने में बहुपत्नी विवाह परिवार भी अस्तित्व में आए। अंतिम स्तर पर सभ्यता के विकास तथा नैतिक विचारों में वृद्धि होने के कारण एक विवाह परिवारों की संख्या में वृद्धि हुई। विकासवादी सिद्धांत के अनुसार इस चार चरणों से ही परिवार का विकास हुआ।

4. मातृसत्तात्मक सिद्धांत (Matriarchal Theory)—मातृसत्तात्मक सिद्धांत का प्रतिपादन करते हुए **राबर्ट ब्रिफाल्ट(R. Briffault)** ने अपनी प्रसिद्ध पुस्तक The Mother में लिखा है कि ''आरंभिक समय में बच्चे अपने पिता को भी नहीं जानते थे क्योंकि प्रत्येक क्षेत्र में उनका संबंध केवल माता से ही होता था'' इस आधार पर यह माना जा सकता है कि प्रारंभिक परिवार मातृसत्तात्मक ही होते थे। इस सिद्धांत के प्रतिपादकों में **बेकोफन** का भी नाम प्रमुखता से लिया जाता है। **बेकोफन** भी मातृसत्तात्मक परिवार के संबंध में लिखते हुए लिखा है कि ''बच्चों का विशेष संबंध केवल मां से होता था और अकसर पिता की जानकारी बिल्कुल ही नहीं होती थी।'' मातृसत्तात्मक परिवारों को आरंभिक परिवार माने जाने के पीछे एक तर्क यह भी है कि पितृसत्तात्मक परिवारों की व्यवस्था अपेक्षाकृत जटिल व्यवस्था है तथा वह क्रमिक विकास का परिणाम है जबकि मातृसत्तात्मक परिवार एक सरल और सहज पारिवारिक व्यवस्था है। **ब्रिफाल्ट** का कहना है कि पशु-परिवार जिससे मानव -समूह के जन्म की संभावना की जाती है, वह भी मातृसत्तात्मक है। इस तर्क के आधारभूत कारणों की चर्चा करते हुए **ब्रिफाल्ट** कहा है कि ''प्रारंभिक परिवार व्यवस्था में पुरुष सदस्य शिकार एवं भोजन की खोज में घने जंगलों में चले जाते थे जबकि स्त्रियां घर पर रहकर खेती का कार्य करती थीं तथा बच्चों का पालन-पोषण करती थीं। इन कार्यों के कारण पारिवारिक व्यवस्था की धुरी स्त्रियां बनती गईं और परिवार की सत्ता उनके हाथों में चली आई। इसी कारण स्त्रियों की सम्प्रभुता अधिक मजबूत हुई तथा मातृसत्तात्मक परिवारों का उदय हुआ।''

5. एकविवाही सिद्धांत (Monogamy Theory)—एक विवाही परिवार की उत्पत्तिका सिद्धांत प्रतिपादित करते हुए **वेस्टर मार्क** ने यौन-साम्यवाद, समूह विवाह अथवा बहुविवाह सिद्धांत का तीव्र विरोध किया है। **वेस्टर मार्क** के मुताबिक ''प्रारंभिक परिवार एक विवाही थे और आज भी उसी रूप में विद्यमान हैं।'' यद्यपि उन्होंने बहुविवाह परंपरा का अस्तित्व आदिम समाजों में होना स्वीकार किया है। **वेस्टर मार्क** ने अपनी खोजों में अनेक उच्च और निम्न समाजों और जनजातियों में एक विवाह का प्रचलन पाया है। इसी आधार पर उसने अपनी प्रसिद्ध पुस्तक The History of Human Marriage में लिखा है कि कामाचार अथवा समूह विवाह का प्रचलन सामाजिक नियमों का उल्लंघन मात्र था। इनका कभी भी स्थाई रूप नहीं था। **वेस्टर मार्क** ने चिंपाजी, गुरिल्ला, और एंग्उटान जैसे पशुओं में भी एक विवाह का प्रचलन पाया तथा इसकी उनके अस्तित्व के लिए आवश्यक माना। उदाहरण देते हुए उसने बताया कि और एंग्उटान सामान्यत: 8 से 12 वर्ष तक शैशवावस्था में रहता है। इस अवधि में उसे मादा और नर दोनों का संरक्षण मिलना आवश्यक होता है। यह संरक्षण एक विवाह की स्थिति में ही संभव है। चिड़ियों का उदाहरण देते हुए **वेस्टर मार्क** ने कहा है कि उनमें भी एक विवाह की पद्धति है। इस से स्पष्ट होता है कि पुरुष पर स्त्री तथा स्त्री पर पुरुष की एकाधिकारी भावना ही एक विवाह पद्धति का प्रधान कारण है। ऐसी स्थिति में यौन संबंधों में स्वतंत्रता का प्रश्न बेमानी है।

परिवार के विकास के संबंध में विद्वानों, विशेषज्ञों तथा समाजशास्त्रियों में अनेक मतभेद रहे हैं लेकिन परिवार के अस्तित्व को सभी ने स्वीकार किया है। मतभेद का आधार यह माना जाता है कि परिवार का प्रारंभिक स्वरूप क्या था और उसके विकास की कौन सी सरणि थी। विभिन्न परिस्थितियों और कालों तथा स्थानों में प्रारंभिक परिवार का रूप विभिन्न था। इसकी सबसे महत्वपूर्ण विशेषता व्यक्ति की प्राथमिक आवश्यकताओं की पूर्ति करना रहा है। यौन संबंधों की स्थापना, संतानोपति और जीविकोपार्जन इत्यादि

आवश्यकताओं की पूर्ति करने वाली संस्था के रूप में परिवार का सार्वभौमिक महत्व है।

परिवार के कार्य (Functions of Family)—परिवार की भूमिका के बारे में **एण्डरसन** का कथन है कि ''एक कार्यात्मक इकाई के रूप में परिवार इतनी महत्वपूर्ण संस्था है कि सभी समाज परिवार के माध्यम से ही अपनी मान्यता प्राप्त लक्ष्यों को प्राप्त करने का प्रयत्न करते हैं।'' इस प्रकार परिवार व्यक्ति तथा समाज दोनों के लिए सबसे महत्वपूर्ण इकाई है। परिवार का विकास मानव सभ्यता के विकास की सीढ़ी है। परिवार के कारण ही संस्कृतियों का विकास संभव हुआ तथा नए-नए आविष्कारों को करते हुए संसार आधुनिक आधुनिक युग में पहुंच गया। इसी के कारण मनुष्य में त्याग की भावना का प्रसार हुआ था। उसने अनेक नैतिक उपलब्धियों को प्राप्त किया। परिवार ही समाज की संरचना का बुनियादी आधार है। इसी से समाजीकरण का विकास होता है। परिवार अनेक प्रकार से अपने सदस्यों की आवश्यकताओं की पूर्ति करता है तथा उनके विकास में सर्वाधिक महत्वपूर्ण भूमिका निभाता है। **किंग्सले डेविस** का कहना कि ''परिवार के सभी कार्य इतने स्वतंत्र प्रकृति के होते हैं कि उन सभी कार्यों को अन्य संस्थाओं के द्वारा भी किया जा सकता है लेकिन परिवार के अतिरिक्त ऐसी कोई संस्था नहीं है जिसमें इन कार्यों को असीमित उत्तरदायित्व की भावना के साथ किया जाता हो।''

1. जैविकीय कार्य (Biological Functions)—परिवार पति-पत्नी और बच्चों का संगठन होता है जिसका सबसे महत्वपूर्ण कार्य संतति की निरंतरता बनाए रखना है। न केवल निरंतरता बल्कि पालन-पोषण की व्यवस्था करना भी परिवार का महत्वपूर्ण कार्य है। जैविकीय कार्यों का संबंध मानव की आंतरिक प्रवृत्तियों की संतुष्टि करने से है। परिवार के जैविकीय कार्यों में यौन-संबंधों के अवसर प्रदान करता है। यदि कोई व्यक्ति इसका उल्लंघन करता है तो उसके सामाजिक दंड की व्यवस्था करता है। परिवार के जैविकीय कार्यों में सन्तानोत्पत्ति की व्यवस्था करना दूसरा सबसे महत्वपूर्ण कार्य है। यदि ऐसा न हो तो समाज और सभ्यता का विकास रुक जाएगा। परिवार के अभाव में संतान का पालन-पोषण अव्यवस्थित हो जाएगा। अवैध संतानों की संख्या भी बढ़ेगी। **विलियम मुड** का कहना है कि परिवार ही बच्चों को वैधता प्रदान कर सकता है। परिवार का तीसरा महत्वपूर्ण कार्य पारिवारिक सदस्यों को शारीरिक सुरक्षा प्रदान करना है। बच्चे को जन्म देने से लेकर उसके पालन पोषण तथा एक सामाजिक प्राणी के रूप में उसके रूपांतरण तक का सारा दायित्व परिवार निभाता है। सदस्यों को दुर्घटना, बीमारी, बेकारी इत्यादि से सुरक्षित रखना, आयु और लिंग के अनुसार सुविधाएं देना तथा मानसिक सुरक्षा प्रदान करना परिवार का महत्वपूर्ण कार्य है।

2. सामाजिक कार्य (Social Functions)—परिवार का महत्वपूर्ण कार्य व्यक्ति का सामाजीकरण है। यह जैविकीय कार्यों की तुलना में कम महत्वपूर्ण नहीं है। **एण्डरसन** के अनुसार ''व्यक्ति की पाशविक प्रवृत्ति पर नियंत्रण रखना, सामाजिक सीख देना, आदतों का निर्माण करना, उत्तरदायित्वों को समझाना तथा व्यक्ति में स्वाभिमान का विकास करना परिवार का सामाजिक कार्य है।'' परिवार पद और कार्य प्रदान करने वाला प्रतिनिधि भी कहा जाता है। परिवार सभी सदस्यों के पारिवारिक दायित्व का निर्धारण करता है। एक सदस्य की बदनामी और अपमान से पूरा परिवार अपमानित माना जाता है। इसी तरह एक व्यक्ति का सम्मान पूरे परिवार का सम्मान माना जाता है। परिवार व्यक्तियों को सामाजिक नियंत्रण में रखता है। यदि परिवार के संस्कारों से बच्चे को वंचित रखा जाएगा तो वह अपने सामाजिक दायित्व के प्रति लापरवाह होगा। सामाजिक गुणों का मूल स्रोत परिवार ही है तथा इसी के कारण उसे सामाजिक जीवन का अमिट स्रोत कहा जाता है। दया, सहानुभूति, प्रेम, एकता, सद्भावना और भाईचारे की भावना का विकास करने में परिवार की केंद्रिय भूमिका होती है।

3. आर्थिक कार्य (Economical Functions)—परिवार आर्थिक क्रियाओं की धुरी भी माना जाता है। परिवार में उत्पादन, विनिमय से लेकर उपभोग तक सारी प्रक्रियाएं अपनी भूमिका निभाती हैं। आर्थिक कार्यों को कुछ विद्वानों ने जीवन यापन संबंधी कार्यों के रूप में अभिहित किया है। परिवार सदस्यों की आवश्यकतानुसार सुविधाएं प्रदान करता है। इस प्रकार वह कोई व्यक्तिवादी इकाई न होकर एक समाजवादी इकाई के रूप में प्रतिष्ठित होती है। परिवार श्रम विभाजन करता है तथा आप की व्यवस्था करता है। आदिम काल से ही यह परिवार का प्रमुख कार्य रहा है। पुरुषों और स्त्रियों की भूमिकाओं का निर्धारण केंद्र भी परिवार रहा है। आयु के आधार पर बच्चों, व्यस्कों तथा वृद्धों की भूमिका को तय करना तथा कौन अपने कार्यों को कुशलतापूर्वक कर रहा है इसका निर्धारण करना परिवार का कार्य रहा है। यहीं से उत्तराधिकार की भी व्यवस्था होती है। इससे संबद्ध नियमों का निर्माण भी परिवार ही करता है। सम्पत्ति का प्रबंध करने के लिए परिवार सभी सदस्यों के बीच इसका उचित विभाजन करता है जिससे संघर्ष की बजाय परस्पर सहयोग भावना का विकास होता है।

4. धार्मिक कार्य (Religious Functions)—मनुष्य के जीवन में धर्म की भूमिका जीवन भर बनी रहती है। इस भूमिका का संदर्भ भी परिवार ही बनाता है। प्रत्येक परिवार किसी न किसी

धर्म में विश्वास करता है। इसी से संबंधित मूल्यों, आदर्शों तथा आचरणों की सीख परिवार द्वारा अपनी आगामी पीढ़ियों को मिलती है। धर्म की पवित्रता परिवार की पवित्रता मानी जाती है। सभी परिवार इसी मान्यता के अंतर्गत अपने धार्मिक कार्यों को पूरा करते हैं। अनेक विद्वान यह मानते है कि धार्मिक कार्यों की सम्पूर्ण संरचना परिवार पर ही आधारित होती है। भारतीय परिवारों में धर्म एक अनिवार्य भावना है। इसी कारण भारतीय मनीषा विवाह को 'काम तुष्टि' का साधन न मानकर धर्म कार्य की पूर्ति मानती है। विवाह का धार्मिक महत्व इतना अधिक है कि जिस व्यक्ति ने शादी करके अपने परिवार का निर्माण नहीं किया और बच्चे को जन्म नहीं दिया वह पितृऋण से मुक्त नहीं माना जाता। पिण्ड दान, तर्पण इत्यादि के माध्यम से ही पैतृक आत्माओं की संतुष्टि संभव मानी जाती है और इन सभी में धर्म की भूमिका सर्वोपरि होती है। इन कर्तव्यों अथवा कर्मकाण्डों की पूर्ति किसी अन्य संस्था अथवा समूह के द्वारा पूरी नहीं हो सकती। परिवार के कारण ही जीवन में हर कदम पर धर्म एक अनिवार्य तत्व के रूप में मौजूद होता है।

5. सांस्कृतिक कार्य (Cultural Functions)—परिवार व्यक्ति को सामाजिक व्यवहारों की शिक्षा देता है। संस्कृति को समाज का सबसे बुनियादी आधार माना जाता है। क्योंकि इसी के माध्यम से लोगों की रुचियों और मनोवृत्तियों का विकास होता है तथा इन्हीं से सामाजिक जीवन को स्थायित्व मिलता है। समाज के सभी आदतों, नियमों, लोकाचारों, रिवाजों तथा परंपराओं का विकास संस्कृति के ही माध्यम से होता है। यदि परिवार लोगों को सांस्कृतिक रूप से विकसित न करे तो सामाजिक संगठन टूट जाएगा। परिवार के कारण की एक पीढ़ी से दूसरी पीढ़ी के बीच सांस्कृतिक संचरण (Cultural Transition) संभव है। परिवार अपने समय और समाज से जुड़े मूल्यों, आदर्शों, विश्वासों, नैतिकताओं का अर्थ स्पष्ट करके आगामी पीढ़ी को देता है। इस तरह परिवार सांस्कृतिक निरंतरता के लिए एक प्राकृतिक और सुविधाजनक साधन हैं।

इसके साथ ही परिवार सदस्यों के चरित्र निर्माण हेतु मनोरंजन का कार्य भी करता है। इसके मद्देनजर अच्छा साहित्य, अच्छी कला तथा अच्छे सिनेमा का चुनाव भी करता है। यदि इसमें किसी प्रकार की लापरवाही होगी तो परिवार के सदस्य गलत रूचियों के ही शिकार नहीं होंगे बल्कि उनमें कई तरह की दुष्प्रवृत्तियां भी पनपेंगी। धार्मिक उत्सव-समारोह भी परिवार के मनोरंजन के साधन हैं। अनेक लोग मनोरंजन को हल्के तरीके से ग्रहण करते हैं लेकिन यह एक महत्वपूर्ण सांस्कृतिक कार्य है।

6. राजनीतिक कार्य (Political Function)—परिवार के राजनीतिक कार्यों के संबंध में प्रसिद्ध चीनी विचारक **कन्फ्यूशियस** का मानना है कि, "मनुष्य सबसे पहले अपने परिवार का सदस्य है और फिर राज्य का। इस प्रकार राज्य का रूप परिवार पर ही आधारित होना चाहिए।" अनेक समाजशास्त्रियों ने परिवार को प्रशासनिक इकाई माना है। राज्य के ही समान परिवार भी भूमि, जनसंख्या, नियमों ओर परंपराओं की देखरेख करता है तथा इनके संतुलित कार्यान्वयन की समीक्षा भी करता है। परिवार जैसी स्थानीय इकाई में कर्ता की प्रभुसत्ता होती है। कर्ता ही सभी सदस्यों के व्यवहारों को नियंत्रित करता है। यदि कोई परिवार के बनाए अथवा निर्धारित नियमों की अवहेलना करता है तो उसे दंड देने की व्यवस्था भी कर्ता करता है। परिवार के मुख्य कामों में से एक काम ऐसे गुणों का विकास करना भी है जिससे व्यक्ति पारिवारिक तथा राजनीतिक अनुशासन को बनाए रख सके। वर्तमान समय में परिवार भी एक प्रकार की जनतांत्रिक प्रणाली में विश्वास करने लगा है जहां अनुशासन, समानता, स्वतंत्रता और बंधुत्व की भावना का विकास करके उन्हें सफल नागरिकों के रूप में विकसित करना एक महत्वपूर्ण दायित्व होता है।

परिवार में परिवर्तन (Changes in family)—परिवार व्यवस्था में समय के साथ अनेक परिवर्तन हुए तथा निरंतर जारी हैं। भारतीय समाज में एकल परिवारों की संख्या बढ़ती जा रही है तथा पारंपरिक संयुक्त परिवार टूट रहे हैं। **टॉम बी. बोटोमोर** के अनुसार "व्यक्तिगत एकल परिवार एक सार्वभौमिक परिघटना है।" उन्होंने **लोवी स्ट्रॉस** के हवाले से कहा है कि "इसको कोई नहीं देखता कि वैवाहिक संबंध स्थाई हैं या अस्थाई; बहु पत्नीत्व है या बहुपतित्व है या यौन उच्छृंखलता है; हमारे पारिवारिक घेरें में जो शामिल नहीं हैं ऐसे सदस्यों के जुड़ जाने से स्थिति जटिल हो जाती है या नहीं; इन सबसे अलग जो तथ्य है वह यह कि हर जगह पति, पत्नी और नाबालिग बच्चे मिलकर बाकी समुदाय से अलग एक इकाई का निर्माण करते हैं।" परिवार व्यवस्था में होने वाले परिवर्तन सभ्यता में परिवर्तन के सिर्फ कारण ही नहीं होते बल्कि उन परिवर्तनों के प्रतिबिंब भी होते हैं। विभिन्न स्तरों पर होने वाले परिवर्तनों को निम्नलिखित रूपों में समझा जा सकता है—

1. माता-पिता और बच्चों के संबंध (Relations Between Parents and Children)—इस तरह के परिवर्तनों को रेखांकित करते हुए समाजशास्त्री **एम. एस. गोरे** ने स्वयं द्वारा किए गए एक अध्ययन (1961) का हवाला दिया है। उन्होंने कुछ परिवारों से यह प्रश्न पूछा था कि उनके यहां बच्चों को स्कूल भेजने, व्यवसाय चुनने तथा बच्चों के लिए वर-वधू चुनने में किसका निर्णय सर्वोपरि माना जाता है। अधिकांश उत्तरदाताओं में बच्चों का कहना था कि वे निर्णय लेने में स्वतंत्र नहीं हैं। **गोरे** ने कहा है

कि परिवार के जिन सदस्यों के बारे में निर्णय लिया जाता है, उनमें से थोड़े से सदस्य निर्णय अपने हाथ में रखते हैं, चाहे वह निर्णय व्यवसाय से संबंधित हो चाहे शिक्षा या जीवन-साथी के चयन से संबंधित ही क्यों न हो। इसके बावजूद बच्चे अपनी समस्याओं पर अपने माता-पिता से बहस अवश्य करते हैं। **गोरे** ने एक सौ लोगों से बातचीत में पाया कि 64% बच्चे अपनी समस्याओं पर अपने माता-पिता से खुलकर बात करते थे, 11% बिल्कुल नहीं बात करते थे, तथा 19% बच्चे बातचीत तो करते थे लेकिन अन्तिम निर्णय परिवार के ऊपर छोड़ते थे। समाजशास्त्रियों ने माना कि परंपरागत परिवार में शक्ति और सत्ता के बीच विपरीत संबंध था। सत्ता पीढ़ी, लिंग, आयु पर आधारित थी। प्रायः सत्ता पुरानी पीढ़ी के वृद्ध पुरुष के हाथों में होती थी और कुलपिता वस्तुतः सर्वशक्तिशाली होता था। जब कि नए परिवारों में पिता का वर्चस्व कम हुआ। ऐसे परिवारों में समस्याओं का हल व्यक्तिगत आधार पर न होकर सभी के लिए और सभी के द्वारा होता है। एक तरह से कहा जा सकता है कि सत्ता का हस्तांतरण अब कुल पिता से बच्चों के पिता में होता जा रहा है और जो अपने बच्चों से हर मामले में, निर्णय लेने से पूर्व सलाह लेते हैं। **के. एम. कपाडिया** ने एक अध्ययन के दौरान हाई स्कूल के किशोर छात्रों में 58% भोजन के समय, अथवा अन्य किसी समय माता-पिता से स्वतंत्रतापूर्वक बातचीत करते थे अपनी समस्याओं पर खुलकर बातचीत करने में ग्रामीण बच्चों की अपेक्षा शहरी बच्चों की संख्या अधिक थी।

पति-पत्नी के संबंध (Relation Between Husband and Wife)—पति-पत्नी के संबंधों के बीच अनेक प्रकार के परिवर्तन रेखांकित किए गए हैं। पुराने परिवारों में पति-पत्नी के संबंध संस्थात्मक दृष्टि से कमजोर थे क्योंकि पत्नी के ऊपर अनेक प्रकार के बंधन और पारिवारिक मर्यादाएं लागू थीं। इससे पति-पत्नी के बीच घनिष्ठता का आधार कमजोर होता था। समय के साथ-साथ इसमें बदलाव आया। समकालीन भारतीय परिवार में पति की सत्तात्मक भूमिका में पत्नी को स्थानांतरित करके नहीं बल्कि उसके साथ सहभागिता में कुछ कमी आई है। पति-पत्नी के बीच अभिव्यक्तिमूलक भूमिका में वृद्धि हुई। पति की साधनमूलक भूमिका में पत्नी के साथ सहभागिता का समावेश हुआ है शहरी शिक्षित परिवारों में सहचारिता बढ़ी है जबकि ग्रामीण परिवार में ऐसा नहीं है। पति-पत्नी अब मिलकर पारिवारिक निर्णय लेते हैं। जीवन की जटिलताएं बढ़ने से स्त्रियों की भूमिका बढ़ी हैं।

विवाह रूपों में परिवर्तन (Change in marriage system)—परिवार की संरचना का मूलाधार विवाह होता है। आधुनिक परिवारों में एक विवाह की सामजिक वैधता सर्वस्वीकार्य है। नगरीय परिवार हों चाहे ग्रामीण, मुस्लिम, हिन्दू अथवा अन्यान्य जनजातीय परिवार सभी में एकविवाही परिवारों का परिचलन बढ़ा है क्योंकि बदलते समय के अनुसार आर्थिक दबाब बढ़े हैं ओर अनेक सदस्यों वाले परिवार के सामने जीवन निर्वाह का संकट बढ़े हैं। इसलिए ही एकल परिवार बढ़े हैं। इस संदर्भ में **टॉम बी बोटोमोर** ने लिखा है: एकल परिवार कुछ ऐसे अपरिहार्य प्रकार्यों का संपादन करता है जिन प्रकायों का संपादन करने में किसी अन्य सामाजिक समूह को कठिनाई होती है। **मरडाक** के अनुसार—एकल परिवार या उसके घटक के संबंधों में हम चार प्रकायों को एकल देखते हैं जो मनुष्य के सामाजिक जीवन की बुनियाद है।—यौन परक, आर्थिक प्रजनन और शैक्षिक **डेजिस किंग्सले** चार प्रमुख सामाजिक प्रकार्य चिन्हित करते हैं। प्रजनन देखरेख नियोजन और सामाजीकरण इनमें से पहले दो ओर चौथा सबसे महत्वपूर्ण है। क्योंकि किसी व्यावसायिक अवस्था या सामाजिक प्रदानु क्रम में किसी स्थिति तक पहुंचा देने के अर्थ में नियोजन सार भूमिका प्रकार्य नहीं है। यह कठोरता से स्तर बद्ध सामाजों में तो होता है। लेकिन आधुनिक ओद्योगिक समाजों में अनिवार्य नहीं है इस प्रकार विवाह के रूप में यह परिवर्तन परिवार व्यवस्था में बड़ा परिवर्तन है इसके अतिरिक्त देर से विवाह करने के प्रति बढ़ती हुई रूचि के कारण परिवार की परंपरा में टूट हुई है, और परिवार के सदस्यों में प्रगतिशील जीवन की विशेषताओं के प्रति आग्रह बढ़ा है।

स्थिरता में कमी—आधुनिक परिवार अब स्थायित्व को लेकर उतने अगृही नहीं रह गए हैं जितने पहले हुआ करते थे। अब इनमें व्यक्ति के सुखों और संतुष्टि के तुलना में परिवार के हित और प्रतिष्ठा की रूढ़िबद्धता कम हुई है, इसके पीछे शिक्षा की सबसे महत्वपूर्ण भूमिका है। शिक्षा के कारण पुरुष सदस्यों में जहां मन मुताबिक और आधुनिक समय के कसौटी पर खरी उतरने वाली पत्नी की मांग बढ़ी, वहीं स्त्रियों में भी समानता की भावना का विकास हुआ है। पहले गृहकार्यों की सभी जिम्मेदारी महिलाओं को निभानी पड़ती थी उन्हें अधिक से अधिक यौन सहयोगी का दर्जा दिया जाता था। लेकिन अब अधिकांश महिलाओं में इससे गहरा असंतोष है। इन्हीं करण से जहां अब तक पुरुष ही तलाक ले सकते थे और अब औरतों ने भी इसका लाभ उठाना शुरू किया है, इससे बेमेल विवाह तथा अन्य प्रकार की प्रवृतियों को गहरा झटका लगा है और पारस्परिक परिवार की स्थिरता में कमी आई है।

अन्य परिवर्तन (Other Changes)—परिवार के सदस्यों की निजी भावनाओं और आवश्यकताओं की अभिव्यक्ति के कारण परिवार के ढांचों में परिवर्तन हुआ है। विखण्डित परिवारों की संख्या में वृद्धि हुई है जिससे पुत्र अपने माता-पिता से अलग रहना

पसंद करते है, लेकिन उनके प्रति परंपरागत दायित्वों का निर्वाह करते रहते है पति-पत्नी एवम अन्य सदस्यों के बीच समान व्यवहार को अधिक महत्व दिया जाने लगा है। अब परिवार में कुल पिता या माता-पिता बच्चों पर अपनी सत्ता नहीं थोपते, बल्कि बच्चों को अपने साधनों ब लक्ष्यों के चुनाव की पूर्ण स्वतंत्रता प्रदान करते हैं। व्यक्ति की योग्यता को महत्व दिया जाने लगा है और नए परिवार में उसकी इच्छाओं को महत्वपूर्ण माना जाने लगा है।

परिवार का संस्थागत महत्व (Institutional Importance of The Family)—**एंडरसन** ने परिवार के संस्थात्मक महत्व के बारे में लिखा है। ''एक कार्यात्मक इकाई के रूप में परिवार इतनी महत्वपूर्ण संस्था है कि सभी समाज परिवार के माध्यम से ही अपने मान्यता प्राप्त लक्ष्यों को पूरा करते हैं। समाज का कोई और समूह धार्मिक और नैतिक नियमों से इतना प्रभावित नहीं रहा है जितना परिवार।''

परिवार का विकास इस बात का द्योतक है कि मनुष्य बर्बरता और असभ्यता को पार कर ऐसा सभ्य प्राणी बन सका है; जिसने ज्ञान और संस्कृति कि निर्माण और अनेकानेक आविष्कार करने की क्षमता है। परिवार के कारण ही वह अनुशासित रहा है तथा दूसरों के लिए त्याग की भावना से पूर्ण होता है परिवार ही सामूहिक जीवन की महत्ता को अभिव्यक्त करता है। **किंगसले डेविस** का कहना है कि ''परिवार के सभी कार्य इतने स्वतंत्र प्रकृति के होते हैं कि उन सभी कार्यों को अन्य संस्थाओं के द्वारा भी किया जा सकता है। लेकिन उनके अतिरिक्त ऐसी कोई संस्था नहीं है जिससे इन कार्यों को असीमित उत्तरदायित्व की भावना के साथ किया जाता हो।'' इस प्रकार परिवार का महत्व एक ऐसी संस्था के रूप में है जो न केवल व्यक्ति की मौलिक आवश्यकताओं की पूर्ति करता है बल्कि उनका समाजीकरण करके आगामी जीवन के लिए एक जिम्मेदार नागरिक के रूप में तैयार करता है। परिवार जिस तरह के संस्कार और मर्यादाएं अपने सदस्यों में प्रतिरोपित करता है वही उनकी जीवन दिशा तय करने वाले होते हैं तथा अनेक विपरीत परिस्थितियों में भी उनसे उबरने की शक्ति प्राप्त करते हैं। परिवार का यह दाय जैविक, भौतिक तथा सांसारिक सभी या किसी एक रूप में प्रत्येक सदस्य को मिलता है। इसलिए अनेक दर्शनिकों ने परिवार को प्राथमिक पाठशाला भी कहा है। वस्तुत: परिवार केवल समूहगत ढांचा ही नहीं ऐसा सांचा भी है जिसमें से भविष्य के नागरिक निकलते हैं।

आर्थिक संस्थाएं (Economical Institutions)—आर्थिक संस्थाओं की परिभाषा करते हुए **डेसिस** ने कहा है कि —''किसी भी समाज में चाहे वह सभ्य हो या असभ्य, सीमित वस्तुओं के वितरण का नियंत्रित करने वाले आधारभूत विचारों, आदर्शों, नियमों तथा पद को ही आर्थिक संस्थाएं कहते हैं। पद का अर्थ यहां पर उन आर्थिक अधिकारों से है जिनके अनुसार ही प्रत्येक व्यक्ति आर्थिक कल्याण करता है। इस प्रकार व्यक्ति के जीवन निर्वाह के आवश्यकताओं की पूर्ति और उत्पादित वस्तुओं का वितरण करने वाली संस्थाएं आर्थिक संस्थाएं कहलाती हैं। इन्ही के माध्यम से प्रत्येक समाज आवश्कतानुसार आर्थिक नियमों और सिद्धांतों की रचना करता है तथा उन्हें लागू करता है। आर्थिक संस्थाएं व्यक्ति की आर्थिक क्रियाओं और आर्थिक अधिकारों को नियमबद्ध और व्यवस्थित करती हैं।'' जोन्स (Jones) का कहना है कि— ''आर्थिक संस्थाएं विभिन्न प्रविधियों, विचारों तथा प्रथाओं की उस समग्रता को कहते हैं जो जीवन निर्वाह की आवश्यकता की संतुष्टि के लिए भौतिक पर्यावरण के अधिकतम उपयोग से संबंधित है...।'' इसका तात्पर्य है कि किसी विशिष्ट समय में समाज में इन तत्वों का रूप जैसा होगा आर्थिक संस्था का रूप भी उसी के अनुसार परिवर्तित होगा। **एन्डरसन** का कहना है कि— ''आर्थिक संस्थाएं वस्तुओं के उत्पाद और वितरण के माध्यम से समाज के अस्तित्व की रक्षा करते हैं। यह कार्य पूंजी, श्रम, भूमि, कच्चे माल तथा व्यवस्था संबंधी योग्यता के अधिकतम उपयोग के द्वारा संभव होता है।''

श्रम विभाजन (Division of Labour)—**दुर्खीम** की सुप्रसिद्ध कृतियों में से एक **श्रम विभाजन** उनका अध्ययन है। जिसमें उन्होंने श्रम विभाजन के सामाजिक प्रकार्य का विश्लेषण किया और दिखाना चाहा कि आधुनिक समाजों में आदिम समाजों के खिलाफ यह सामाजिक संबंधता या सामाजिक एकजुटता, यांत्रिक और आवयविक, को अलग करता है जिन्हें दो प्रकार के कानूनों के साथ जोड़ता है। इनको दमनात्मक और क्षतिपूर्तिपरक कहते हैं। किताब के परवर्ती हिस्से में **दुर्खीम** आधुनिक औद्योगिक समाजों में श्रम विभाजन के असामान्य रूपों का विवेचन करता है; अर्थात वह रूप जो सामाजिक संबंधता को बढ़ाने की बजाए नष्ट करते हैं। वे दो प्रमुख असामान्य रूपों की पहचान करते हैं (1) विसंगत और (2) जबरिया श्रम विभाजन । पहले से उसका तात्पर्य उसकी चरम विशिष्टीकरण की स्थिति है जिसमें व्यक्ति अपनी विशेषता के कारण अलगाव में पड़ जाता है; और विशेषकर ऐसी स्थिति जिसमें पूंजी और श्रम के बीच स्थाई विभाजन हो। **दुर्खीम** इसके सुधार के बतौर व्यावसायिक संगठनों और परिसंघों के जरिए पूंजी तथा श्रम के बीच बहस तथा वार्ताओं के लिए सांस्थानिक व्यवस्था के जरिए, नियमित और दीर्घकालीन संपर्कों को प्रोत्साहित करने का प्रस्ताव रखते हैं। दूसरे रूप में **दुर्खीम** का तात्पर्य ऐसी

स्थिति से है जिसमें व्यक्ति स्वतंत्र होकर व्यवसाय का चुनाव नहीं करता, बल्कि उसमें ज़बरदस्ती ढकेल दिया जाता है। वह व्यक्तियों की क्षमता और उन पर थोपी गई भूमिकाओं के बीच इस विसंगति को वर्ग टकराव का प्रमुख स्रोत मानते थे। उन्होंने सोचा कि आधुनिक समाज श्रम विभाजन के इन असामान्य रूपों से छुटकारा पा सकते हैं। अनेक औद्योगिक समाजों में पूंजी और श्रम के बीच के संबंध सलाह, वार्ता और मध्यस्थता की विस्तृत प्रक्रियाओं के जरिए संस्था बद्ध हो चुके हैं; और शिक्षा के विस्तार तथा व्यवसाय के चुनाव का क्षेत्र काफी व्यापक हो गया है। कुछ हद तक इसका प्रभाव वर्गीय टकरावों की तीव्रता में कमी दिखाई पड़ी है।

श्रम विभाजन के सामाजिक परिणाम की ऐसी ही चितांओं से ज्यादातर समकालीन समाजशास्त्रीय कार्य हुआ है। एक चीज़ जो पैदा हुई वह है पेशों का समाजशास्त्रीय अध्ययन, जो विशेषरूप से पेशा और सामाजिक हैसियत के बीच संबंध पर विचार करता है, साथ ही पेशों के भीतर प्रवेश की समस्याओं पर भी विचार करता है (और इस तरह **दुर्खीम** ने जिसका अध्ययन किया उनमें से एक मुद्दे पर थी)। इस पेशागत समाजशास्त्र ने खासकर प्रभावशाली और प्रतिष्ठाजनक पेशों, उदार पेशों के अध्ययन पर केंद्रित किया।

दूसरी चीज़ जो पैदा हुई वह है आधुनिक उद्योग में श्रम विभाजन का सूक्ष्म अध्ययन और इसके सामाजिक तथा मनोवैज्ञानिक परिणाम और निहितार्थ। हाल के एक अध्ययन में **जार्ज फ्रीडमान** ने आधुनिक श्रम विभाजन की परीक्षा की है, क्योंकि यह काम और आराम दोनों को प्रभावित करता है, और इस क्षेत्र में शोध का उत्तम विवरण पेश किया है। उसने श्रम विभाजन के सामाजिक प्रकार्यों से संबंधित **दुर्खीम** के सिद्धांत की आलोचनात्मक परीक्षा भी की, और एक लंबे सांख्यिकीय परिशिष्ट में अनेक औद्योगिक समाजों में विशेषज्ञता की सीमा और चरित्र से संबंधित आंकड़े पेश किए।

भारत में श्रम विभाजन विकसित औद्योगिक देशों की तरह व्यापक नहीं हुआ है, फिर भी औद्योगीकरण से उसी तरह की कठिनाइयां और समस्याएं पैदा हो रही हैं, और औद्योगिक क्षेत्रों में शोध की ज़रूरत है। बढ़ते हुए श्रम विभाजन के जाति व्यवस्था पर पड़ने वाले प्रभावों में विशेष रुचि पैदा हुई है। अतीत में जहां तकनीक में अनेक परिवर्तन घटित हुए वहीं अक्सर नई जातियां बन गईं। यह महत्वपूर्ण है कि नए औद्योगिक पेशों के मद्देनजर यह किस हद तक घटित हो रहा है, या इसके विपरीत जाति विभाजनों की जगह ट्रेड यूनियन और वर्ग विभाजन लेते जा रहे हैं। जाति विभाजनों के रहते हुए उदार पेशों में प्रवेश किस तरह हो रहा है, और नए रूपों में ये विभाजन किस हद तक बने हुए हैं। जाति व्यवस्था में संस्थाबद्ध श्रम विभाजन की एकताकारी भूमिका थी जिस पर **दुर्खीम** ने ज़ोर दिया। ग्रामीण अर्थव्यवस्था में **मध्ययुगीन गिल्ड** की तरह जाति व्यवस्था ने जरूरी प्रकार्यों (शिल्प कौशल के हस्तांतरण आदि के जरिए) के संपादन की गारंटी की, और जातियों के बीच सेवाओं के सीधे विनिमय (जजमानी व्यवस्था) के जरिए इन प्रकार्यों को संगठित किया। औद्योगिक और मुद्रा आधारित अर्थ तंत्र में श्रम विभाजन बहुत अधिक जटिल हो जाता है, और सेवाओं की अदला-बदली बाजार या केंद्रीय योजना या दोनों के सामंजस्य के जरिए की जाती है। इसके फलस्वरूप श्रम विभाजन के दृष्टिकोण से जाति का महत्व बहुत कम हो जाता है।

संपत्ति (Property)—मानव सभ्यता के विकास में संपत्ति सबसे महत्वपूर्ण संस्था रही है। संपत्ति का सम्बन्ध वितरण व्यवस्था से है, यह प्रत्येक समाज में केंद्रीय स्थान रखती है। **हाबहाउस** के शब्दों में—संपत्ति को वस्तुओं पर मनुष्य के नियंत्रण के अर्थ में समझना चाहिए, ऐसा नियंत्रण जिसे समाज की मान्यता प्राप्त हो और जो कमोबेश स्थाई और अनन्य हो। संपत्ति निजी (व्यक्तिगत या सामूहिक) अथवा साझी हो सकती है। संपत्ति कि विकास संबंधी अपने विवरण में **हाबहाउस** कहते हैं कि—"सभी समाजों में कुछ न कुछ निजी संपत्ति होती है, लेकिन अनेक आदिम समाजों में प्रमुख आर्थिक स्रोतों का स्वामित्व सामुदायिक था (मसलन शिकारगाह, चरागाह, गोचर भूमि) अधिक विकसित कृषि समाजों में निजी सवामित्व प्रमुख हो जाता है। लेकिन **हाबहाउस** संकेत करते हैं कि जनजातीय साझा स्वामित्व के खत्म हो जाने के बावजूद संयुक्त परिवार के लिए साझा स्वामित्व बना रह सकता है। आर एच लौबी ने संपत्ति के एक उत्तम संक्षिप्त विवरण में आदिम और सभ्य समाजों से तुलनात्मक सामग्री का भरपूर उपयोग करते हुए यही दृष्टिकोण प्रस्तुत किया है। सभी आदिम समाजों में गीत, नृत्य मिथक, अनुष्ठानिक वैभव, उपहार, हथियार, घरेलू औजार समेत व्यक्तिगत निजी संपत्ति होती थी। जहां तक उत्पादन के औजार का संबंध है शिकारियों और भोजन-संग्राहकों, जहां भूमि जनजातीय संपत्ति थी (सदैव सुपरिभाषित नहीं), तथा कृषकों और पशुचारकों में अंतर था। कृषकों में भूमि का व्यक्तिगत निजी स्वामित्व अवसर पाया जाता है, हालांकि कबीले या जनजाति के पास इसके प्रयोग या अलगाव संबंधी कुछ अधिकार रहे हो सकते हैं। पशुचारकों के मामले में ज़मीन पर सामुदायिक स्वामित्व हो सकता था लेकिन पशुओं पर नहीं; पशुओं पर स्वामित्व व्यक्तिगत संपत्ति के बांध को विकसित करता था।

संयुक्त परिवार में साझा संपत्ति अनेक समाजों में होती है। यूरोप में युगोस्लोवियाई जदुगा इसका एक सुपरिचित उदाहरण है,

लेकिन अन्य कृषक समाजों में भी संपत्ति का यह रूप था। इनमें से अधिकांश जगहों पर बीसवीं सदी की शुरुआत तक निजी स्वामित्व ने इसकी जगह ले ली। हिन्दू संयुक्त परिवार में वैदिक काल में संपत्ति संबंधी अधिकारों का स्वरूप पूरी तरह स्पष्ट नहीं है। **मैकडोनल** और **कीथ** का कहना है कि—''तमाम वैदिक लेखांश इस विचार को नकारते हैं कि परिवार के अन्य सदस्यों का इस पर केवल नैतिक दावा था जिसे पिता नकार भी सकता था। लेकिन **के एम कपाड़िया** का निष्कर्ष है कि वैदिक साहित्य में ऐसा कोई संकेत नहीं है कि पितृ-सत्तात्मक परिवार ही पारिवारिक संगठन का एकमात्र रूप था। उसी लेखक के मुताबिक बाद में संयुक्त परिवार के विघटन की प्रवृत्तियां प्रकट हुईं और व्यक्तिगत संपत्ति का दायरा बढ़ने लगा, लेकिन संयुक्त परिवार को मजबूत बनाने के लिए पुरानी पितृ-सत्तात्मक परंपरा का उपयोग किया गया। इस तरह का साझा पारिवारिक संपत्ति कमी नहीं थी, लेकिन बाद के दिनों में संपत्ति से अलग करने के परिवार के मुखिया के अधिकारों पर अंकुश लगाया गया।''

सम्पत्ति की विशेषताएं (Characteristic of Property)—संपत्ति का तात्पर्य सदैव किसी वस्तु से नहीं होता। संपत्ति मूर्त भी हो सकती है और अमूर्त भी। उदाहरण के लिए, मकान मेज-कुर्सी आदि संपत्ति के मूर्त स्वरूप को स्पष्ट करती है, जबकि एक फर्म द्वारा व्यापार में अर्जित की गई साख संपत्ति अमूर्त स्वरूप का उदाहरण है। कोई वस्तु केवल स्वयं में ही संपत्ति नहीं होती। संपत्ति का स्वामित्व से गहरा संबंध है। इसका तात्पर्य है कि जब किसी व्यक्ति को किसी भौतिक या अभौतिक पदार्थ को रखने का अधिकार होता है, तभी उस पदार्थ को सम्पत्ति कहा जा सकता है। स्वामित्व (Ownership) भी तब तक किसी वस्तु को सम्पत्ति नहीं बना सकता जब तक यह अधिकार वैधानिक और नैतिक न हो। यदि एक चोर किसी वस्तु की चोरी करके उसे अपने पास रख ले तो उस वस्तु पर चोर का स्वामित्व तो होगा लेकिन यह वस्तु उसकी संपति नहीं होगी क्योंकि यह अधिकार गैर-कानूनी और अनैतिक है। **डेविस** ने हस्तांतरणशीलता (Transferability) को संपत्ति की एक अनिवार्य विशेषता माना है। **डेविस** कहते हैं कि—यदि किसी भौतिक वस्तु का वैधानिक और नैतिक स्वामित्व अधिकार के आधार पर ही सम्पत्ति मान लिया जाय तो एक स्त्री का पति भी उसकी संपत्ति बन जाएगी। लेकिन वास्तव में किसी स्त्री का पति उसकी संपत्ति नहीं हो सकता क्योंकि वह स्त्री अपने पति को किसी दूसरी स्त्री को नहीं दे सकती। इसके विपरीत यदि व्यक्ति का एक कार पर वैधानिक स्वामित्व है तो वह उसकी संपत्ति होगी क्योंकि इस कार को किसी दूसरे व्यक्ति को बेचा या हस्तांतरण किया जा सकता है।

सम्पत्ति की एक विशेषता उसमें सीमितता का गुण है। केवल वही वस्तु संपत्ति हो सकती है जो सीमित मात्रा में हो। अनेक असीमित वस्तुएं जैसे नदी का पानी, हवा तथा धूप आदि संपत्ति नहीं हो सकती, इनका उपयोग कोई भी व्यक्ति अपनी इच्छानुसार कर सकता है। इस प्रकार असीमित वस्तुओं में स्वामित्व का अभाव होने के कारण वे संपत्ति नहीं होतीं। संपत्ति की धारणा के साथ ही उसका विनियम-मूल्य भी जुड़ा रहता है। जो वस्तु मात्रा में जितनी कम होती है, उसका विनिमय मूल्य उतना ही अधिक होता है। इस विनिमय मूल्य को संपत्ति का मूल्य कहते हैं।

संपत्ति के प्रकार (Types of Property)—संपत्ति तीन प्रकार की होती है। इसको तीन भागों में बांटा जा सकता है। जैसे व्यक्तिगत संपत्ति, सार्वजनिक संपत्ति, सामूहिक संपत्ति।

व्यक्तिगत संपत्ति (Private Property)—निजी संपत्ति का तात्पर्य किसी ऐसी वस्तु से है, जिस पर एक व्यक्ति का पूर्ण स्वामित्व का अधिकार होता है। जब एक व्यक्ति अथवा कुछ व्यक्तियों का समूह किसी वस्तु पर अपने स्वामित्व अधिकार का उपयोग पूर्णतया अपने स्वार्थ और लाभ के लिए करता है, तब इसे निजी संपत्ति कहा जाता है। एक व्यक्ति को अपनी निजी संपत्ति को रखने, बेचने अथवा उधार देने का कानूनी और नैतिक अधिकार होता है। कोई भी व्यक्ति इस संपत्ति के स्वामी की अनुमति के बिना इसका उपयोग नहीं कर सकता। इसी तरह से जैसे किसी का मकान, मोटर, ज़मीन-टेलीविजन पर उसका पूर्ण स्वामित्व है तो यह उसकी निजी संपत्ति होगी। कुछ विद्वानों की धारणा है कि निजी संपत्ति एक प्रेरणा है जो व्यक्ति को अधिक श्रम करने का प्रोत्साहन देती है। आर्थिक विकास के प्रत्येक स्तर पर निजी संपत्ति की धारणा सदैव विद्यमान रहने के कारण इसका समाज से कभी भी पूरी तरह से अस्तित्व ख़त्म नहीं होगा। उत्पादन में वृद्धि करने, रोज़गार बढ़ाने तथा सामाजिक व्यवस्था को प्रगतिशील बनाने के लिए निजी खत्म नहीं होगा। उत्पादन में वृद्धि करने, रोज़गार बढ़ाने तथा सामाजिक व्यवस्था को प्रगतिशील बनाने के लिए निजी संपत्ति का विद्यमान रहना आवश्यक है। लेकिन आज निजी संपत्ति की धारणा को अधिकाधिक समर्थन मिलता जा रहा है।

सार्वजनिक संपत्ति (Public Property)—सार्वजनिक संपत्ति का तात्पर्य, ''उन अधिकारों से है जो संपूर्ण समुदाय का है तथा इनको उन व्यक्तियों के द्वारा लागू किया जाता है जो समुदाय के प्रतिनिधि के रूप में कार्य करते हैं''। निजी और सार्वजनिक संपत्ति का भेद प्रमुख रूप से संपत्ति अधिकारों की अनन्यता से संबंधित है। दूसरे शब्दों में यह कहा जा सकता है कि निजी संपत्ति के अधिकार सदैव सीमित होते हैं क्योंकि इन अधिकारों का निर्धारण

स्वयं समुदाय अथवा राज्य द्वारा होता है। सार्वजनिक संपत्ति से संबंधित अधिकार तुलनात्मक रूप से अधिक पूर्ण होते हैं। क्योंकि समुदाय स्वयं एक सत्ता है तथा यह अपने अधिकारों का स्वरूप उसी प्रकार निर्धारित कर लेता है जैसी कि इसको आवश्यकता होती है। वास्तव में जब किसी संपत्ति पर अधिकार एक व्यक्ति का नहीं बल्कि कुछ नियमों के अंतर्गत समुदाय के सभी व्यक्तियों को उसके उपयोग का अधिकार होता है, तब इसे सार्वजनिक संपत्ति कहते हैं। उदाहरण के लिए हमारे समाज में रेलें, सड़कें, सरकारी कार्यालय तथा उद्यान, सरकार द्वारा संचालित उद्योग आदि सार्वज़निक संपत्ति हैं। संपत्ति के इस स्वरूप का सबसे बड़ा लाभ यही है कि इसका उपयेाग एक या दो व्यंक्तियों के स्वार्थ के लिए न होकर सामूहिक कल्याण के लिए होता है। यही कारण है कि वर्तमान युग के सभी समाजवादी देश सार्वजनिक संपत्ति को मानवीय समस्याओं का सर्वोत्तम हल मानते हैं।

सामूहिक संपत्ति (Collective Property)—सामूहिक संपत्ति पर न तो किसी एक व्यक्ति का अधिकार होता है और न ही इसका उपयोग समुदाय के सभी व्यक्तियों द्वारा किया जा सकता है। सामूहिक संपत्ति किसी वस्तु पर कुछ थोड़े से व्यक्तियों के पूर्ण तथा सहयोगी अधिकार को स्पष्ट करती है। संपत्ति के इस प्रकार का सबसे स्पष्ट रूप सामूहिक भू-अधिकार में देखने को मिलता है जहां भूमि के एक टुकड़े पर कुछ व्यक्तियों का सामूहिक अधिकार होता है लेकिन उनके अलावा अन्य व्यक्ति इस भूमि का उपयोग नहीं कर सकता। हिंदू संयुक्त परिवारों में सामूहिक संपत्ति का रूप बहुत प्राचीनकाल से ही विद्यमान रहा है, यद्यपि अधिकांश समाजों में संपति के इस स्वरूप का प्रचलन आज बहुत कम हो गया है।

संपत्ति के कुछ अन्य प्रकार (Some other types of Property)—संपत्ति अधिकार जिस वस्तु से संबंधित है उस वस्तु के स्वरूप के आधार पर संपत्ति को दृश्य तथा अदृश्य दो भागों में बांटा जा सकता है। दृश्य संपत्ति वह संपत्ति है जो भौतिक है अथवा जिसे बाह्य रूप से देखा जा सकता है । उदाहरण के लिए आभूषण मोटर, मकान तथा फर्नीचर आदि दृश्य संपत्ति हैं। और अदृश्य संपत्ति वह संपत्ति है जो किसी वस्तु के उपयोग संबंधित व्यक्ति के कानूनी अधिकार को स्पष्ट करती है अथवा किसी मामले में व्यक्ति के विशेषाधिकार से संबंधित है। जैसे पुस्तक पर किसी लेखक या प्रकाशक का कॉपीराइट अथवा फर्म की साख अदृश्य संपत्ति है जिसका उपयोग इसके स्वामी के अतिरिक्त दूसरा कोई व्यक्ति नहीं कर सकता। अदृश्य संपत्ति में भी हस्तांतरणशीलता का गुण दृश्य संपत्ति के समान ही होता है इसे भी दृश्य संपत्ति के समान बेचा जा सकता है।

चल तथा अचल संपति (Movable and Immovable Property)—संपत्ति की गतिशीलता (Mobility)के आधार पर इसे चल तथा अचल संपत्ति में विभाजित किया गया है। चल संपत्ति वह है जो एक स्थान से दूसरे स्थान पर उसी रूप में ले जाई जा सकती है। उदाहरण के लिए, फर्नीचर, आभूषण, बर्तन तथा मशीनें आदि चल संपत्ति हैं। और अचल संपत्ति वह है जो वस्तु जिस पर किसी व्यक्ति अथवा समुदाय का अधिकार तो होता है लेकिन उसे किसी दूसरे स्थान पर ले जाना संभव नहीं होता। इस प्रकार मकान तथा भूमि आदि अचल संपत्ति के उदाहरण है।

संपत्ति के अधिकारों की प्रकृति (The Nature of Property Rights)—**डेविस** के अनुसार कि, "कोई वस्तु संपत्ति है या नहीं, यह उस वस्तु के बाहरी स्वरूप पर निर्भर नहीं करती है बल्कि उस वस्तु के प्रति व्यक्ति के अधिकार की प्रकृति पर निर्भर करती है।" इसका अर्थ है कि एक आर्थिक संस्था के रूप मे संपत्ति की प्रकृति को समझने के लिए संपत्ति अधिकारों की प्रकृति को समझना अत्यधिक आवश्यक है। जैसे-एक स्त्री का अपने पति पर अन्य स्त्रियों की तुलना में एक विशेष अधिकार होता है। वह अपने पति को एक वैध शर्त के रूप में प्राप्त करती है, स्त्री के इस अधिकार की रक्षा कानून द्वारा मान्य भी हैं। उस स्त्री का पति उसे किसी विशेष शर्त के उल्लंघन के बिना मनमाने ढंग से छोड़ भी नहीं सकता। तब क्या एक स्त्री का पति उसकी संपत्ति है ? बिल्कुल नहीं, क्योंकि वह स्त्री अपने पति के प्रति उस तरह व्यवहार नहीं कर सकती जैसी कि एक संपत्ति के लिए किया जा सकता है। वह अपने पति को न तो बेच सकती है और न ही उपभोग के लिए किसी दूसरे व्यक्ति को सौंप सकती है। और साथ ही अपने पति के प्रति किसी स्त्री के दायित्व भी लिखित रूप में स्पष्ट नहीं होते हैं। इसके विपरीत एक मोटरकार किसी स्त्री की सम्पत्ति हो सकती है क्योंकि इस पर उसके अधिकार में उन सभी विशेषताओं का समावेश है जो पति के मामले में नहीं पायी जातीं। इस तरह से संपत्ति के अधिकार के इन लक्षणों के आधार पर यह स्पष्ट किया जा सकता है।

यदि एक व्यक्ति का किसी वस्तु पर कब्जा है अथवा वह उसका उपभोग कर रहा है तो यह आवश्यक नहीं है कि उस वस्तु पर उसका संपत्ति अधिकार भी हो। यह भी हो सकता है कि उपभोग में लायी जाने वाली वस्तु चुराकर लायी गयी हो, उसके वास्तविक स्वामी से किराए पर ली गयी हो, या उधार ली गयी हो। इससे स्पष्ट होता है कि संपत्ति-अधिकार का तात्पर्य केवल किसी वस्तु का उपभोग करना ही नहीं बल्कि उपभोग के साथ उसके वास्तविक और नैतिक स्वामित्व से भी है। संपत्ति अधिकार में एक शक्ति निहित रहती। दुर्लभ और मूल्यवान वस्तुएं मात्रा में सीमित

होती हैं। इस तरह जो व्यक्ति इन वस्तुओं की इच्छा रखने वाले होते हैं उन्हें दूसरे व्यक्तियों पर एक शक्ति प्राप्त हो जाती है। इससे स्पष्ट होता है कि जो वस्तु जितनी अधिक मात्रा में होती है, उसके संपत्ति-अधिकार में उतनी ही अधिक शक्ति निहित रहती है। जैसे यदि हमारे पास बहुत से सूट हैं तो इनका संपत्ति अधिकार महत्वपूर्ण नहीं होगा क्योंकि दूसरे लोग इनके बिना भी अपना कार्य चला सकते हैं लेकिन यदि हमारा यही अधिकार देश की सभी कपड़ा मिलों पर हो तो दूसरे सभी व्यक्तियों के लिए कपड़े की अनिवार्य आवश्यकता होने के कारण अवश्य ही हमें एक शक्ति प्राप्त हो जाएगी। इस प्रकार संपत्ति अधिकार में शक्ति-पहलू निहित होता है। उदाहरण के लिए, एक व्यापारिक फर्म का स्वामित्व व्यक्ति का संपत्ति का अधिकार है। यदि व्यापारी संविदा के अंतर्गत लिखित रूप से किसी विशेष कार्य को स्पष्ट न किया गया हो तो उसे पूरा करना व्यक्ति का दायित्व नहीं होगा। इससे यह निष्कर्ष निकलता है कि एक स्त्री को अपने पति पर प्राप्त अधिकार संपत्ति अधिकार क्यों नहीं है। जबकि विवाह के द्वारा पति-पत्नी को एक-दूसरे के प्रति ऐसे बहुत से दायित्वों को पूरा करना होता है जो लिखित नहीं होते बल्कि उन्हें केवल प्रथाओं और परम्पराओं के अनुसार पूरा करना होता है। इस प्रकार पति-पत्नी का पारस्परिक अधिकार केवल एक वैवाहिक अधिकार है, संपत्ति का अधिकार नहीं है।

अर्थव्यवस्था (Economy)

अर्थव्यवस्था क्या हैं? (What is the Economy?)

हमारे दैनिक जीवन में अर्थव्यवस्था शब्द का बहुतायत इस्तेमाल होता है। अखबारों में अर्थव्यवस्था पर अनेक टिप्पणियाँ होती हैं। ग्रामीण अर्थव्यवस्था, राष्ट्रीय अर्थव्यवस्था, भारतीय अर्थव्यवस्था, नगरीय अर्थव्यवस्था, अंतर्राष्ट्रीय अर्थव्यवस्था इत्यादि का उल्लेख आमतौर पर होता है। इसके साथ-ही साथ हम घरेलू अर्थव्यवस्था का उल्लेख आमतौर पर करते हैं। आखिरकार अर्थव्यवस्था किसे कहते हैं? मानवप्राणी तथा सामाजिक समूहों की भौतिक आवश्यकताओं की तुष्टि के लिए सीमित साधनों, तकनीकों तथा कार्यों का प्रकार संगठन एवं आबंटन किया जाता है, उसे अर्थव्यवस्था कहते हैं। अथवा "सीमित साधनों द्वारा असीमित भौतिक लक्ष्यों (आवश्यकताओं) की अधिकतम तुष्टि के संगठित प्रयासों को आर्थिक संगठन कहते हैं।"

एक अंग्रेज अर्थशास्त्री **विक्स्टीड** (Wickstead) ने एक बार कहा था कि कोई भी व्यक्ति न तो सन्त, न कवि, और न प्रेमी तब तक हो सकता है जब तक कि उसके पास कुछ खाने को न हों। राष्ट्र के विषय में भी यही कहा जा सकता है कि राजनैतिक विकास, सांस्कृतिक उपलब्धियों एवं परिवर्तनों और सामाजिक प्रगति केवल न्यूनतम जीवन स्तर प्राप्त करने से ही संभव है। इन सबका नियमन और नियोजन करने वाली व्यवस्था अर्थव्यवस्था कहलाती है।

पूंजीवाद (Capitalism)

आर्थिक जीवन के इतिहास में पूंजीवाद सबसे महत्वपूर्ण व्यवस्था है जो व्यक्तिगत संपत्ति की धारणा को महत्व देकर आर्थिक क्रियाओं को संगठित करती है। सामन्तवाद में आर्थिक क्रियाओं पर कुछ व्यक्तियों (सांमतों) का प्रत्यक्ष एकाधिकार होता है, लेकिन पूंजीवाद में एकाधिकार का वह रूप अप्रत्यक्ष होता है। पूंजीवाद आर्थिक स्वतंत्रता प्रतियोगिता और पूंजी संचय को ज्यादातर महत्व देता है। यह व्यवस्था इस सिद्धांत पर आधारित है कि व्यक्ति अपनी अच्छाई-बुराई को अच्छी तरह समझता है। और जब तक व्यक्ति की योग्यता और क्षमता को प्रदर्शित करने का अवसर नहीं मिलता तब तक वह इसे नहीं समझ सकता। इस व्यवस्था के अन्तर्गत काम करने वाली संस्थाएं तथा उनकी विशेषताएं इस प्रकार हैं—

निजी सम्पत्ति (Private Property)—निजी सम्पत्ति पूंजीवाद की सबसे महत्वपूर्ण संस्था है। इसके रूप में पशु, भूमि, द्रव्य, वस्तु एवं स्त्रियों तक को शामिल माना जाता है। इस पर निजी अधिकार को ही प्रधानता दी जाती है। किसी की भी व्यक्तिगत सम्पत्ति को राज्य छीन नहीं सकता। निजी सम्पत्ति व्यक्ति की योग्यता, प्रतिष्ठा और सम्मान का प्रतीक मानी जाती है। इसलिए पूंजीवाद में जिसके पास व्यक्तिगत सम्पत्ति नहीं होती वह आवारा और हीन समझा जाता है। व्यक्तिगत सम्पत्ति को संचय करने का अधिकार प्रत्येक व्यक्ति को होता है। इसकी मुख्यत: तीन विशेषताएं हैं—(1) इसमें हस्तांतरण की क्षमता होती है। (2) इसमें व्यक्ति को अधिकार होता है तथा (3) इसमें निहित शक्ति होती है। पूंजीवादी व्यवस्था में प्रत्येक व्यक्ति अपनी सम्पत्ति को किसी दूसरे व्यक्ति को हस्तांतरित कर सकता है। यह अधिकार उसे पैतृक रूप से प्राप्त होता है। पैतृक अथवा दाय सम्पत्ति प्राप्त करने वाला उसका उपयोग किसी भी प्रकार से करने के लिए स्वतंत्र होता है। सपत्ति के आधार का ही समाज में व्यक्ति की शक्ति का निर्धारण होता है। निजी सम्पत्ति स्वतंत्रतापूर्वक वैयक्तिक और सामाजिक जीवन को प्रभावित करती है।

प्रतियोगिता (Competition)—पूंजीवाद की दूसरी सबसे बड़ी विशेषता उसका प्रतियोगी अथवा प्रतिस्पर्द्धा होना है। प्रतियोगिता का उद्‌भव आर्थिक हितों की प्रधानता के गर्भ से हुआ है। प्रतिस्पर्द्धा की आवश्यकता के मूलभूत कारण नयी वस्तुओं के उचित मूल्य का निर्धारण और बाजार में उनके अधिक देर तक टिके रहना है।

लेकिन अनेक सामाजिक विचारकों ने इसे जनसाधारण के लिए कल्याणकारी न होकर असंतुलन पैदा करने वाली कहा है। वस्तुस्थिति यह है कि प्रतियोगिता के कारण पूंजीवाद एक ह्रासोन्मुख अर्थव्यवस्था है।

वर्ग संघर्ष (Class Struggle)—पूंजीवादी अर्थव्यवस्था मानव समाज को तीन वर्गों में विभाजित कर देती है। पूंजीपति वर्ग, मध्य वर्ग तथा सर्वहारा वर्ग। पूंजीपति वर्ग की सदस्य संख्या सबसे कम होती है। लेकिन इसके अधिकार सबसे अधिक होते हैं। मध्यवर्ग की स्थिति बीच की होती है। यह पूर्णयता पूंजीपति वर्ग की सेवा करता है। सारी मशीनरी के तकनीकी पक्षों पर यह कुशलता पूर्वक काम करता है। तीसरा वर्ग सर्वाधिक संख्या में होता है लेकिन उसके पास कोई अधिकार नहीं होता।

वर्गों की उत्पत्ति के साथ ही वर्ग संघर्ष भी शुरू हो गया। इतिहास बताता है सभी बैर-भावपूर्ण समाजों में वर्ग संघर्ष हुए हैं। **मार्क्स और एंजिल्स** ने **कम्युनिस्ट मेनीफेस्टो** में लिखा है—अब तक अविर्भूत सभी बैर-भाव पूर्ण समाजों का इतिहास वर्ग संघर्ष का इतिहास रहा है। स्वतंत्र मनुष्य और दास, प्रेट्रीशियन और प्लेवियन, सामन्त और भू-दास, शिल्प संघ का उस्ताद और कारीगर और मजदूर तथा कारीगर-संक्षेप में, शोषक और शोषित बराबर एक दूसरे का विरोध करते रहे हैं। कभी प्रत्यक्ष और कभी अप्रत्यक्ष रूप से लगातार एक दूसरे से लड़ते रहे हैं, इस लड़ाई का अन्त हर बार या तो पूरे समाज के क्रांतिकारी पुनर्गठन में या संघर्षरत दोनों ही वर्गों की बर्बादी में हुआ है।

तत्विक रूप से वर्ग संघर्ष का स्रोत वर्ग हितों का प्रतिरोध है। जो एक वर्ग का होता है वह दूसरे वर्ग का प्रतिरोध है। पूंजीवादी समाज में मजदूर और पूंजीपति के हित एक-दूसरे के विपरीत होते हैं। एक वर्ग के रूप में शोषण को बढ़ावा देने तथा पूंजीवादी प्रणाली को बनाये रखने और अपने आर्थिक और राजनैतिक प्रभुत्व को सुदृढ़ बनाने में मदद करता है। दूसरी ओर मजदूर वर्ग पूंजीवादी व्यवस्था में अपनी वस्तुगत स्थित के कारण शोषण का उन्मूलन करने, निजी स्वामित्व और उस पर आधारित सामाजिक उत्पीड़न का खात्मा करने तथा शोषणकारी राज्य को नष्ट करने में दिलचस्पी रखता है।

स्वतंत्र संविदा (Free Contract)—पूंजीवाद में संविदा एक विशेष संस्था के रूप में मानी जाती है। **जॉनसन** (Johnson) के शब्दों में यह एक प्रकार का समझौता है जिसमें किसी वस्तु अथवा सेवा के विनियम, कुछ शर्तों तथा व्यवहार के स्वीकृत प्रतिमानों का समावेश होता है।'' इससे पता चलता है कि संविदा में दो पक्षों के स्वार्थों के बीच एक संघर्ष की स्थिति बनी रहती है जो पक्ष अधिक सबल होता है वह कमजोर पक्ष को अपनी शर्तें मान लेने के लिए तैयार कर लेता है। उदाहरण के लिए मालिक और श्रमिक में मजदूरी के लिए समझौता तो होना अथवा विक्रेता और ग्राहक के बीच किसी विशेष समय के लिए वस्तु की कीमत का समझौता होना संविदा का उदाहरण है। पूंजीवाद में संविदा की संस्था इस अर्थ में स्वतंत्र होती है कि प्रत्येक व्यक्ति को कुछ नियमों के अन्दर रहते हुए किसी भी व्यक्ति से संविदा करने और उससे प्राप्त लाभ का उपयोग दूर करने का पूरा अधिकार है।

श्रम विभाजन (Division of labour)—हर समाज में यह आर्थिक संस्था विकसित या अविकसित रूप में पायी जाती है लेकिन पूंजीवादी व्यवस्था में इस व्यवस्था के रूप अत्यधिक विशेषीकृत होते हैं। ऐसे श्रम विभाजन में गति कम होती है। अर्थात व्यक्ति को एक बार जो आर्थिक स्थिति प्राप्त हो जाती है। उसमें कठिनता से ही कोई परिवर्तन किया जा सकता है। श्रम विभाजन की इस संस्था का उद्देश्य अधिकतम उत्पादन के द्वारा अधिक से अधिक लाभ प्राप्त करना होता है। जन सामान्य के कल्याण में वृद्धि करने से कोई सरोकार नहीं होता।

मजदूर संघों का निर्माण (Trade Union)—पूंजीवाद की एक महत्वपूर्ण विशेषता ऐसे मजदूर संघों का निर्माण करना है जो श्रमिकों के हितों की रक्षा करने के लिए बनाये जाते हैं। पूंजीपति धन के संचय को इतना महत्वपूर्ण समझने लगते हैं कि काम करने की दशा, काम के घंटे, मजदूरों की यात्रा और अन्य सुविधाओं का अपना दायित्व नहीं मानते जबकि श्रमिकों का आर्थिक स्तर इतना नीचा होता है कि वे स्वयं इन सुविधाओं को प्राप्त नहीं कर सकते। फलस्वरूप पूंजीपतियों से अधिक सुविधाएं प्राप्त करने के लिए श्रम-संगठनों का निर्माण होता है और इनके विरोध में पूंजीपति भी उसके संघों का निर्माण करते हैं। इस प्रकार नियोजित और संगठित संघर्ष पूंजीवाद की विशेषता बन जाता है।

बड़ी मात्रा में उत्पादन (Large Scale Production)—पूंजीवाद उत्पादन के समस्त लाभों को प्राप्त करने के लिए बड़ी मात्रा में उत्पादन को महत्व देता है। यह स्वाभाविक ही है कि बड़ी मात्रा का उत्पादन मशीनों द्वारा किया जाए। इसके फलस्वरूप कुछ समय तक तो अवश्य अधिक लाभ होते हैं लेकिन बाद में आवश्यकता से अधिक उत्पादन अथवा मांग का सही अनुमान न होने के कारण आवश्यकता से कम उत्पादन होना शुरू हो जाता हैं। इस प्रकार व्यापारिक उतार-चढ़ाव की समस्या पैदा होती है। इस तरह कुछ व्यक्तियों को अधिक लाभ और कुछ को अधिक हानि होती है।

वर्तमान समय में पूंजीवादी व्यवस्था के अंतर्गत बृहत कॉरपोरेशन तथा होल्डिंग कंपनियां इसकी प्रमुख संस्थाओं के रूप

में कार्य करती हैं। कॉरपोरेशन्स, जांइट स्टॉक कम्पनी का विकसित रूप होता है। इसमें बहुत से व्यक्ति किसी कम्पनी के साझेदार बन जाते हैं। और सभी हिस्सेदारों का इस कम्पनी में सीमित दायित्व होता है। छोटे-छोटे हिस्सों को मिलाकर एक बड़ी पूंजी का निर्माण होता है। इसी पूंजी की सहायता से आर्थिक क्रियाओं द्वारा अधिक लाभ प्राप्त किया जाता है। सम्पत्ति के उत्तराधिकार के समान ही यह हिस्सा भी सांझीदार की मृत्यु के बाद उसके उत्तराधिकारी को प्राप्त होता है। ऐसी व्यवस्था में अधिक से अधिक व्यक्ति अपनी पूंजी लगाने को तैयार हो जाते हैं क्योंकि सीमित दायित्व होने के कारण न तो अधिक हानि का डर रहता है और न ही सिक्योरिटी की। प्रत्येक व्यापारिक कॉरपोरेशन में योग्यता और व्यवहार-कुशल व्यक्तियों को अधिक से अधिक पुरस्कार देकर प्रबंध का कार्य सौंपा जाता है। और इस प्रकार प्रत्येक कॉरपोरेशन आर्थिक क्रियाओं पर अपना एकाधिकार स्थापित करने का प्रयत्न करता है। होल्डिंग कम्पनी कॉरपोरेशन का ही विकसित रूप है। ये कंपनियां अनेक कॉरपोरेशन के स्टॉकों का कुछ भाग अपने पास रखती हैं और इस प्रकार बाजार में नियंत्रण रखने का भी प्रयत्न करती हैं। आज इन होल्डिंग कंपनियों के महव में दिन-प्रतिदिन वृद्धि हो रही है। इस प्रकार पूंजीवाद वैयक्तिक संपत्ति को महत्व देकर कुछ व्यक्तियों के आर्थिक हितों के प्रति सदैव प्रयत्नशील रहता है।

समाजवाद (Socialism)—समाज वह आर्थिक व्यवस्था है जो शांति पूर्ण और संवैधानिक ढंग से व्यक्तिगत पूंजी को सार्वजनिक पूंजी में परिवतर्तित करके एक कल्याणकारी-राज्य की स्थापना करने का प्रयत्न करती है। जहां पूंजीवाद व्यक्तिगत स्वामित्व, नियंत्रण और अधिकार की धारणा पर आधारित है। समाज जनता के हित और जनता के स्वामित्व की धारणा को महत्व देता है। शुरू में **रार्बट ओवन और सेण्ट साइमन** आदि विचारकों ने समाज में कार्यान्वित करने का प्रयत्न किया था। लेकिन व्यावहारिक रूप से इसका आरंभ पूंजीवाद के शोषण और वर्ग संघर्ष की विरोधी प्रतिक्रिया के रूप में हुआ। समाजवादी विचारकों के कथन में पर्याप्त एकता होने के बाद भी इसको प्राप्त करने के साधनों में अधिक मतभेद पाया जाता रहा है। मजदूर संघवाद, शिल्प संघवाद, समूहवाद, साम्यवाद और अराजकतावाद आदि सभी को समाजवाद का ही अंग मान लिया था। समाजवाद के इस अस्पष्ट रूप को देखते हुए जाड (Joad) ने इसे एक टोपी कहा है जिसको सभी के द्वारा पहनने के कारण इसकी आकृति बिगड़ गयी है। वर्तमान समाज में समाजवाद पुन: वैज्ञानिक स्तर तक पहुंच गया है। आधुनिक युग में समाजवाद दो रूपों में देखने को मिलता है। सहकारी समाजवाद और राज्य समाजवाद।

सहकारी समाजवाद वह आर्थिक व्यवस्था है जिसके अंतर्गत उत्पादन के साधनों पर व्यक्तिगत स्वामित्व तो बना रहता है लेकिन ये व्यक्ति न तो संस्था में एक अथवा दो होते हैं और न ही ये पूंजीपतियों के समान कार्य से दूर रहकर समस्त लाभों को प्राप्त करते हैं। इस व्यवस्था के अंतर्गत कुछ व्यक्ति मिलकर सहकारिता के आधार पर कार्य करते हैं और इस प्रकार स्वयं ही मालिक और स्वयं ही श्रमिक होते हैं। सहकारी समाजवाद में सामूहिक संपत्ति, सहकारिता, नियंत्रित संविदा लोचपूर्ण, श्रम-विभाजन तथा घनिष्ठ आर्थिक संबंध कुछ प्रमुख आर्थिक संस्थाएं हैं। राज्य समाजवाद आर्थिक साधनों पर राज्य का स्वामित्व और संचालन का होना है। सभी महत्वपूर्ण उद्योगों जैसे-रेल, सड़क, यातायात, संचार, युद्ध सामग्री का उत्पादन, खानों की व्यवस्था, कृषि तथा निर्यात योग्य वस्तुओं आदि पर राज्य का स्वामित्व होता है। वह स्वामित्व एकाएक नहीं होता बल्कि अपने साधनों को दृष्टि में रखते हुए ही राज्य विभिन्न आर्थिक स्रोतों पर अपना अधिकार धीरे-धीरे करता है। इसका प्रमुख उद्‌देश्य विभिन्न वर्गों के बीच की असमानता को कम से कम करना है।

इस प्रकार समाजवाद का उद्देश्य उत्पादन और उपभोग की वस्तुओं पर नियंत्रण करना ही नहीं होता बल्कि कुल आय का समानता के आधार पर वितरण करने श्रम को शोषण से बचाना भी होता है। राज्य समाजवाद में सार्वजनिक संपत्ति, नियोजन, और समाज कल्याण सबसे महत्त्वपूर्ण संस्थाएं हैं जिनको प्रभावपूर्ण बनाए रखना ही राज्य का सबसे प्रमुख दायित्व होता है।

समाजवादी व्यवस्था आज समाज के कल्याण और प्रगति में अत्यधिक महत्वपूर्ण सिद्ध हुई है। इसके अंतर्गत सभी व्यक्तियों को आर्थिक, धार्मिक और राजनीतिक समानता प्राप्त हुई है और जाति, धर्म तथा लिंग के भेदभाव के बिना सभी को उन्नति के समान अवसर दिए जाते हैं। सामाजिक स्तरीकरण समाज की एक आवश्यक स्थिति है, इसलिए इस व्यवस्था के अंतर्गत भी आर्थिक असमानता व्यावहारिक रूप से संपत्ति के आधार पर किसी को छोटा अथवा बड़ा नहीं समझा जाता। सभी को सामाजिक सुरक्षा प्रदान की जाती है और सभी सामाजिक समस्याओं को राज्य की ओर से दूर करने का प्रयत्न किया जाता है।

साम्यवाद (Communism)

साम्यवाद एक ऐसी अर्थव्यवस्था है जिसका चरण समाजवादी अर्थव्यवस्था के बाद शुरू होता है। ऐसा माना जाता है कि आदिम समाजों में साम्यवाद विद्यमान था जो व्यक्तिगत सम्पत्ति का विकास होने के बाद नष्ट हो गया। आदिम साम्यवाद का उल्लेख **मार्क्स** की कृतियों में हुआ है। विचारकों ने इसे क्रांतिकारी समाजवाद के

नाम से अभिहित किया है। समाजवाद में शांतिपूर्ण उपायों से राज्य के अधिकारों में वृद्धि की जाती है लेकिन साम्यवाद इसके लिए रक्तरंजित क्रांति को आवश्यक मानता है। साम्यवादी समाजदर्शन के मुताबिक सम्पत्ति और राज्य के अधिकारों का उपयोग करने वाले वर्ग के लिए अपने अधिकारों को आसानी से छोड़ना संभव नहीं है। इसलिए अनेक लोगों ने इस सन्दर्भ में माना है कि लक्ष्य की प्राप्ति के लिए साम्यवाद किसी भी साधन को अनुचित नहीं मानता। इस व्यवस्था के अन्तर्गत उत्पादन के सभी साधनों पर किसी व्यक्ति का नहीं बल्कि राज्य का अधिकार होता है। जीविकोपार्जन के लिए सभी सदस्यों को काम करना आवश्यक है।

साम्यवाद के आलोचकों ने इसकी भूमिका को विवादास्पद माना है। सार्वजनिक नियंत्रण, सार्वजनिक स्वामित्व और प्रत्यक्ष श्रम साम्यवाद की आर्थिक संस्थाएं होती हैं। लेकिन अनेक विद्वानों ने इसे अर्थव्यवस्था मानने के बजाए विचारधारा के रूप में स्वीकार किया है। ऐसा इसलिए भी लोगों ने मान लिया क्योंकि इसको अभी तक किसी जगह (समाज में) लागू नहीं किया जा सका है। **मार्क्स** ने कहा है कि इस व्यवस्था में व्यक्ति का कोई स्थान नहीं है। सम्पूर्ण पूंजी, भूमि, श्रम और उद्योग राज्य के अधिकार में होता है। साम्यवाद में प्रतिस्पर्द्धा, वर्ग संघर्ष और संविदा की कोई जगह नहीं है। इसकी निम्न विशेषताएं उल्लेखनीय हैं—1. उन्नति के अवसरों की समानता, 2. व्यक्ति की तुलना में राज्य का महत्व, 3. श्रम की सार्वजनिक अनिवार्यता, 4. उत्पादन के साधनों पर राज्य का अधिकार।

इसका अन्तिम लक्ष्य सभी व्यक्तियों में पूर्णतः समानता की स्थापना है।

राजनैतिक संस्थाएं (Political Institutions)—वर्तमान युग में राजनैतिक संस्थाओं का जीवन से घनिष्ठ संबंध बनता जा रहा है। इसकी वजह है कि प्रत्येक समाज में शांति और व्यवस्था बनाए रखने के लिए नियंत्रण के कुछ साधन आवश्यक रूप से पाये जाते हैं। सामाजिक नियंत्रण के साधनों में आज राजनीतिक संस्थाएं सबसे महत्वपूर्ण एजेंसियां हैं। इनकी सहायता से सम्पत्ति और स्वतंत्रता की रक्षा की जाती है। और सभी व्यक्तियों को उनकी योग्यता के अनुसार कार्य दिया जाता है। राजनीतिक संगठन में राज्य का महत्व सबसे आधारभूत है, क्योंकि राज्य ही अपनी सेवाओं के द्वारा सदस्यों के उद्देश्यों की पूर्ति करता है और उसे एक सामाजिक प्राणी बनाने के लिए आवश्यक सुविधाएं प्रदान करता है। अपने संगठन में राज्य एक समिति है। लेकिन इसके द्वारा किए जाने वाले सर्वव्यापी कार्यों के आधार पर कुछ विद्वानों ने इसे एक संस्था मान लिया है। राजनीतिक संस्थाओं में दूसरा महत्वपूर्ण स्थान सरकार (government) का है क्योंकि इसी के माध्यम के नीतियों का निर्माण होता है तथा सामाजिक व्यवस्था को संतुलित बनाया जाता है।

राजनीतिक संस्थाओं के प्रकार (The Kinds of Political Institutions)

राजनीतिक संस्थाएं मुख्यतया दो प्रकार की होती हैं। (1) राज्य और (2) सरकार। इनके कामों के आधार पर इनकी सहयोगी संस्थाएं होती हैं।

(1) राज्य (State)—**मैक्सवेबर** (Maxweber) के अनुसार—'राज्य एक मानवीय समुदाय है जिसके एक निश्चित भू भाग में भौतिक बल के वैधानिक प्रयोग पर एकाधिकार होता है साथ ही जो इस अधिकार को सफलतापूर्वक लागू करता है।' उपरोक्त परिभाषा के आधार पर राज्य की प्रकृति को और अधिक स्पष्ट करने के लिए इसकी निम्नलिखित विशेषताओं का उल्लेख किया जा सकता है।

(1) राज्य का एक निश्चित भू-भाग होता है जिस पर राज्य का एकाधिकार होता है। निश्चित भू-भाग का अर्थ यह नहीं है कि राज्य की सीमाओं में परिवर्तन नहीं होना चाहिए बल्कि राज्य की जो क्षेत्रीय सीमाएँ होती हैं वे सुनिश्चित होती हैं।

(2) राज्य का स्वरूप स्थायी है। राज्य की भूमि घटने अथवा बढ़ने या जनसंख्या की विशेषताओं में परिवर्तन होने के बाद भी राज्य के अस्तित्व में कोई बाधा नहीं पड़ती। यदि दूसरे राज्य का किसी राज्य पर अधिकार भी हो जाय तो राज्य में कोई परिवर्तन नहीं होता है, केवल सरकार का परिवर्तन होता है।

(3) राज्य के संचालन अथवा शासन तंत्र के लिए एक सरकार होती है। इसका स्वरूप कैसा भी हो लेकिन प्रत्येक स्थिति में इसका विद्यमान होना आवश्यक है क्योंकि यह राज्य का संस्थात्मक पहलू है।

(4) राज्य एक अविभाज्य एकता है इसको न तो अनेक भागों में विभाजित किया जा सकता है, और न ही इसमें किसी तरह का परिवर्तन किया जा सकता है।

(5) सैद्धांतिक रूप से सभी राज्य समान होते हैं लेकिन व्यावहारिक क्षेत्र में सभी राज्यों को समान प्रतिष्ठा और अंतर्राष्ट्रीय सम्मान प्राप्त नहीं होता। इसका परिणाम यह होता है कि कुछ राज्य दूसरों की अपेक्षा अधिक शक्तिशाली और बड़े होते हैं।

(6) राज्य प्रभुतासम्पन्न (Sovereign) होता है। यदि नागरिक राज्य के आदेशों का पालन न करें अथवा कोई दूसरा राज्य उस पर आक्रमण करे, तब राज्य अपनी शक्ति का प्रयोग करके अपनी प्रभुसत्ता का परिचय देता है।

राज्य के अधिकार और कार्य (Powers and Functions of the State)—समाज की प्रांरभिक अवस्था में राज्य जैसा कोई संगठन नहीं था। इसके बाद विभिन्न समूहों के बीच संघर्षों और युद्धों की मात्रा में वृद्धि होने पर उन व्यक्तियों को समूह में विशेष स्थान दिया जाने लगा जिनके पास अधिक सम्पत्ति थी। ऐसे व्यक्ति को समूह का मुखिया कहा जाता था। यहीं से राजा की धारणा का विकास हुआ, और बाद में राजा के प्रभुत्व को जब एक निश्चित भू-भाग से संबंधित कर दिया गया तभी 'राज्य' जैसी व्यवस्था का जन्म हुआ। शुरूआती दौर में राज्य पूर्णतया शक्ति पर आधारित थे। उस समय राज्य का कार्य केवल अपने अधिकारों का प्रयोग करना था क्योंकि उस समय कर्त्तव्यों की कोई परिभाषा ही नहीं थी। यदि नागरिकों के प्रति राज्य का कुछ कर्त्तव्य था तो वह केवल बाहरी आक्रमणों से उनकी रक्षा करना था। राजा के अधिकार को ईश्वरीय माना जाता था।

आज प्रत्येक राज्य को कुछ सीमाओं के अन्दर रहकर ही कार्य करना पड़ता है। यद्यपि अधिनायक (dictatorial) और प्रजा तांत्रिक (democratic) राज्य के आदर्श पृथक-पृथक हैं लेकिन तो भी सभी राज्य निम्नलिखित सीमाओं के अन्दर रहकर ही अपने अधिकारों का प्रयोग करते हैं—

सीमाएं (Limitations) राज्य के अधिकारों की सर्वप्रथम सीमा नागरिकों के मौलिक अधिकार (Fundamental rights) हैं जिनकी अवहेलना करके कोई भी राज्य संगठित नहीं रह सकता। इसके अतिरिक्त दूसरी सीमा यह है कि राज्य केवल व्यक्तियों के बाहरी आचरणों पर ही नियंत्रण लगा सकता है। व्यक्तियों के विश्वास व भावनाओं को प्रभावित करने में राज्य के अधिकार बहुत कम प्रभावपूर्ण सिद्ध हुए हैं। राज्य की तीसरी सीमा समाज की प्रथाओं, परम्पराओं और मान्य विधियों के अनुसार ही अपने अधिकारों का प्रयोग करना है क्योंकि ऐसा न करने पर राजनीतिक क्रांति अथवा गंभीर असंतोष का भय उत्पन्न हो जाता है। अन्त में, राज्य केवल अपने भू-भाग में रहने वाले व्यक्तियों को ही नियंत्रित कर सकता है, क्योंकि अन्य राज्यों अथवा उसमें रहने वाले व्यक्तियों के जीवन में हस्तक्षेप करने से युद्ध की संभावना हो जाती है। वर्तमान समय में राज्य के अधिकार क्षेत्र की यह अंतर्राष्ट्रीय सीमा (Limitations) बन गई है। उपरोक्त सीमाओं को ध्यान में रखते हुए **मैकाइवर और पेज** ने राज्य के कार्यों को चार भागों में विभाजित किया है।

(क) कार्य जिनको केवल राज्य कर सकता है (Functions Peculiar to the State)—राज्य ही इस जटिल समाज में एक प्रभावपूर्ण व्यवस्था की स्थापना कर सकता है क्योंकि राज्य को ही कानून पालन करने के लिए बाध्य करने का अधिकार है। राज्य एक केन्द्रीय सत्ता है जो परिस्थिति के अनुसार नियमों में परिवर्तन करके व्यक्तियों को आवश्यक सुविधाएं प्रदान करती है और सभी को समान अवसर प्रदान करके सामाजिक व्यवस्था को बनाए रखती है। राज्य का मुख्य कार्य आंतरिक शांति की स्थापना करना भी है। कोई भी अन्य संस्था इस कार्य को पूरा नहीं कर सकती है। अकेले राज्य ही एक न्यूनतम जीवन स्तर का निर्धारण करके समाज को संगठित रख सकता है और राज्य ही बाहरी आक्रमण के विरुद्ध व्यक्तियों को सुरक्षा प्रदान कर सकता है।

(ख) कार्य, जिनके लिए राज्य अधिक उपयुक्त हैं (Functions for which the State is Well Adopted)—कुछ कार्य, इस प्रकार के हैं जिन्हें अन्य समितियों की अपेक्षा राज्य अधिक कुशलता से कर सकता है क्योंकि राज्य को अपेक्षाकृत कहीं अधिक साधन उपलब्ध हैं। इसमें प्राकृतिक शक्तियों का संरक्षण अर्थात जंगलों, मछलियों, खनिज पदार्थों और जलशक्ति आदि का अधिकतम उपयोग करना, व्यक्तिवादी शोषण से आर्थिक साधनों की रक्षा करना आदि कार्यों को शामिल किया जाता है। आधुनिक समय में औद्योगिक संरक्षण देना और श्रम अधिनियम बनाना जैसे महत्वपूर्ण कार्य राज्य के पास होता है। शिक्षा की व्यवस्था सदैव से ही राज्य का दायित्व रहा है क्योंकि यह आधारभूत होते हुए भी अन्य संगठनों द्वारा व्यवस्थित नहीं की जा सकती। इसके अतिरिक्त सार्वजनिक पार्कों, संग्रहालयों, खेलकूद के स्थानों और छुट्टियों की व्यवस्था करने में भी राज्य सबसे अधिक उपयुक्त संगठन है। समाज में बड़ी संस्थाएं और संघ भी इन कार्यों को आंशिक रूप से ही पूरा कर सकते हैं, जबकि राज्य विभागों की सहायता से इसको पूर्णता प्रदान कर सकता है।

(ग) कार्य, जिनके लिए राज्य कम उपयुक्त हैं। (Functions for which the State is Ill-Adopted)—इसमें हम उन कार्यों को सम्मिलित करते हैं जिनको राज्य की अपेक्षा अन्य एजेंसियां अधिक सफलतापूर्वक कर सकती है। राज्य के अंदर अनेक छोटे-बड़े समूह होते हैं और सभी समूहों के अपने कुछ विशेष स्वार्थ होते हैं। ये समूह सामान्यता अपने सांस्कृतिक और धार्मिक हितों के द्वारा एक-दूसरे से सम्बद्ध रहते हैं। राज्य सम्पूर्ण समुदाय से संबंधित होने के कारण किसी विशेष समूह के हितों का ध्यान नहीं रख सकता। यह कार्य अन्य संघों के द्वारा अधिक सरलतापूर्वक किया जा सकता है। इसके अलावा ऐच्छिक समितियां अपनी प्रकृति से इतनी लोचपूर्ण कार्यकुशल और जोखिम उठाने में इतनी-प्रवीण होती हैं कि राज्य इनके कार्यों से किसी प्रकार भी अपनी तुलना नहीं कर सकता।

(घ) कार्य, जिनको राज्य करने में असमर्थ है। (Functions which the State is Incapable of Performing)—इस श्रेणी में, उन कार्यों को सम्मिलित करते हैं जिनका संबंध व्यक्तियों की मनोवृत्तियों और नैतिकता से है। क्या राज्य व्यक्तियों की नैतिकता पर नियंत्रण लगा सकता है? नैतिकता से हमारा तात्पर्य सांस्कृतिक मूल्यों के अनुसार व्यवहार करने से है तो इस क्षेत्र में निश्चित रूप से राज्य का प्रभाव बहुत कम होगा। जब कभी राज्य ने धर्म और नैतिकता को नियंत्रित करने की कोशिश की, तब-तब उसे असफलता मिली। इतिहास इस बात का साक्षी है। प्रथाएँ स्वयं इतनी शक्तिशाली होती हैं कि उनके द्वारा कानूनों का निर्माण होता है। फिर राज्य के कानून इन प्रथाओं को किस प्रकार नियंत्रित कर सकते हैं? भारत में बाल-विवाह और पारिवारिक जीवन में होने वाले परिवर्तनों का वास्तविक कारण राज्य के अधिनियम नहीं, बल्कि विभिन्न सामाजिक संगठन हैं जिनके जागरुक प्रयत्नों से ही यह परिवर्तन हो सका है।

सरकार (Government)—सरकार समाज को व्यवस्थित करने वाली वह महत्वपूर्ण संस्था है जो अनेक नियमों द्वारा व्यक्तियों को कार्य करने का निर्देश देती है। और समाज को बाहरी आक्रमणों के विरूद्ध सुरक्षा प्रदान करती है। यह व्यक्तियों, समूहों, सामाजिक संगठनों और सभी सामाजिक संस्थाओं को नियंत्रित करके व्यवहार-प्रतिमानों का निर्धारण करती है और इस प्रकार समाज में एकरूपता की स्थिति पैदा होती है। अनेक समाजशास्त्री सरकार को एक संस्था न मानकर एक समिति के रूप में स्वीकार करते हैं। सरकार का निर्माण व्यक्तियों से अवश्य होता है लेकिन इससे अधिक महत्वपूर्ण बात यह है कि सरकार अपने आप में एक व्यवस्था है जो राज्य की एक महत्वपूर्ण एंजेसी के रूप में कार्य करती है। इसके अलावा प्रभुसत्ता नियम बद्धता और एक निश्चित कार्य प्रणाली से सम्बद्ध होने के कारण भी सरकार को एक प्रमुख राजनीतिक संस्था के रूप में ही देखना उचित होगा। राजनीति-शास्त्रियों और दार्शनिकों ने सरकार की उत्पत्ति को अनेक प्रकार से स्पष्ट किया है जिनमें से कुछ प्रमुख सिद्धांत इस प्रकार हैं- दैविक अधिकार, प्राकृतियों मूल प्रवृत्तियों से निर्मित, समझौते से निर्मित शक्ति और बुद्धि से निर्मित, नातेदारी व्यवस्था, श्रम विभाजन और विशेषीकरण।

दैविक अधिकार (Divine Right)—इसके अंतर्गत सरकार का अस्तित्व एक अलौकिक सत्ता के रूप में होती है। राजा अथवा सरकार ईश्वर के ही प्रतिनिधि हैं और उसके अधिकार ईश्वरीय अधिकार है ऐसा माना जाता था। 19वीं शताब्दी में जर्मनी के शासक **विलेहम** (Wilhelm) का तो यहां तक दावा था कि ईश्वरीय अधिकारों ने ही उसे सम्राट बनाया है। इस प्रकार प्राचीन जापान, रोम और भारत में भी राज्य के अधिकार दैविक समझे जाते थे।

प्राकृतिक मूल प्रवृत्तियों से निर्मित (Creation of Natural Instionects)—महान दार्शनिक **अरस्तू** ने इस धारणा को महत्व दिया। उनके अनुसार, 'मनुष्य स्वभाव से ही एक राजनीतिक प्राणी है, तथा राज्य और सरकार का निर्माण भी प्रकृति से हुआ है। और मनुष्य की एक आंतरिक प्रवृत्ति ने ही उसे सरकार की स्थापना करने की प्रेरणा दी है।' पर आधुनिक युग में इस सिद्धान्त को बिल्कुल भी प्रामाणिक नहीं माना जाता।

समझौते से निर्मित (Creation by Contact)—हॉब्स, लॉक और रूसो तीन प्रमुख दार्शनिकों ने सरकार की उत्पत्ति को एक सामान्य समझौते के आधार स्पष्ट किया है। इनके अनुसार अपने दैनिक जीवन में संघर्षो से छुटकारा पाने के लिए व्यक्तियों ने एक संगठन का निर्माण करके सभी प्रमुख अधिकार एक सत्ता को सौंप दिए। यही सत्ता बाद में सरकार के रूप में विकसित हुई।

शक्ति और बुद्धि से निर्मित (Creation by Might and Right)—सरकार के निर्माण में शक्ति का प्रमुख स्थान है। शक्तिशाली और बुद्धिमान व्यक्तियों ने निर्बल और मूर्ख व्यक्तियों पर अधिकार करके उन्हें अपनी इच्छा से अनुसरण करने को बाध्य किया। अपनी शक्ति को स्थायी रूप देने के लिए सभी शक्तिशाली व्यक्ति मिलकर एक हो गए और उन्हीं के संगठन ने सरकार का रूप धारण कर लिया। सरकार उन्हीं की बन गयी और निर्बल कमजोर होते चले गए।

नातेदारी व्यवस्था (Kinship System)—मैकाइवर ने परिवार और नातेदारी के आधार पर सरकार की उत्पत्ति को स्पष्ट किया है। इनके अनुसार, 'प्रभुता का प्राथमिक रूप परिवार के मुखिया की शक्ति के रूप में देखने को मिलता है। जनसंख्या की वृद्धि होने से जब समुदाय आकार में वृद्धि हुई और अनेक नवीन आर्थिक समस्याओं का जन्म हुआ, तब समान आधार पर ही सम्पूर्ण समुदाय के जीवन को व्यवस्थित करने के लिए परिवारों के मुखिया की प्रभुता की सरकार के रूप में बदल गई।

श्रम-विभाजन और विशेषीकरण (Division of Labour and Specialization)—आर्थिक दृष्टिकोण से इस सिद्धांत का प्रतिपादन हुआ कि श्रम विभाजन से प्राप्त होने वाले लाभों ने ही मनुष्य को अनेक सामाजिक समूहों में विभाजित होने की प्रेरणा प्रदान की। इस प्रेरणा से उन्होंने कुछ ऐसे संबंधों को स्थापित

किया। जिनके नियंत्रण में रहकर ही सभी व्यक्ति लाभ प्राप्त कर सकते थे। इसी तरह सामान्य लाभों को प्रदान करने के दृष्टिकोण से ही सरकार जैसी संस्था का निर्माण हो सका। इसके अलावा जिन व्यक्तियों में विशेष ज्ञान होने के कारण उनके पास अधिक संपत्ति थी, उन्होंने अपनी संपत्ति को सुरक्षित रखने के लिए सरकार को स्थायित्व प्रदान किया। एक संस्था के रूप में सरकार का विकास सांस्कृतिक विकास (Cultural Development) के फलस्वरूप हो सका है कि ''सरकार एक ऐसा तत्व है जो सामाजिक व्यवस्था की प्रकृत्ति अनेक अनुक्रियाओं (Responses) और आवश्यकताओं की जटिल व्यवस्था है। इस प्रकार व्यक्ति के पारस्परिक संबंधों के बीच सरकार की भावना निहित रहती है। इन संबंधों की प्रकृति में भिन्नता आ जाने से ही सरकार के रूप में भी परिवर्तन हो जाता है।'' इस कथन से यह स्पष्ट होता है कि सरकार प्रमुख रूप से व्यक्तियों से न बनकर व्यक्तियों के संबंधों को नियमित करने वाले कानूनों से बनती है।

सरकार के कार्य (Functions of the Government)—सरकार का कार्य बहुत विस्तृत है। उसे किसी निश्चित सीमा में बांधा नहीं जा सकता। **किंग्सले डेविस** ने सरकार के सभी कार्यों को दो भागों में विभक्त किया है। आंतरिक कार्य तथा बाह्य कार्य। एण्डरसन ने इसे तीन श्रेणियों में विभाजित किया है,-वैधानिक कार्य, कार्यपालिका संबंधी कार्य, न्यायिक कार्य। सरकार के कार्यों के अनुसार इसके संस्थात्मक स्वरूप को समझा जा सकता है।

वैधानिक कार्य (Legislative Functions)—सरकार का स्वरूप कैसा भी हो चाहे प्रजा तांत्रिक हो अथवा तानाशाही, प्रत्येक सरकार एक विशेष क्षेत्र में रहने वाले व्यक्तियों के लिए कानून बनाती है जिससे प्रत्येक व्यक्ति व्यवस्थित तरीके से, एक दूसरे से सम्बंध स्थापित कर सके। भारत जैसे देश के समाज में यह कार्य जनता द्वारा चुने हुए कुछ प्रतिनिधियों द्वारा होता है। यदि सभी व्यक्तियों को कानून बनाने को दे दिया जाय तो सरकार का अस्तित्व ही खतरे में पड़ जाएगा। सरकार जिस कानून को लागू करती है उसका पालन प्रत्येक व्यक्ति के लिए अनिवार्य होता है। इसकी अवहेलना करने पर दण्ड की एक निश्चित व्यवस्था के अनुसार व्यक्ति को दण्डित किया जाता है। सरकार केवल जनता के लिए ही कानून नहीं बनाती बल्कि सरकार के आदेशों को अधिकारियों पर भी लागू किया जाता है।

कार्यपालिका संबंधी कार्य (Executive Functions)—सरकार का यह कार्य सबसे अधिक महत्वपूर्ण है कि अपने द्वारा बनाए गए कानूनों को जनता में प्रभावपूर्ण ढंग से लागू करे। इस कार्य के लिए सरकारी अधिकारियों की एक सुनियोजित तंत्र की स्थापना की जाती है। जिसके अंतर्गत अलग-अलग प्रकृति के कानूनों को लागू करने का भार अलग-अलग अधिकारियों द्वारा होता है। सभी अधिकारी और कर्मचारी केन्द्रीय स्तर को लेकर राज्य स्तर तक इस प्रकार विभाजित करते हैं कि सभी स्थानों पर कानून को पूर्णतया व्यावहारिक रूप दिया जा सके। कानून द्वारा इन अधिकारियों को विस्तृत अधिकार प्रदान किए जाते हैं जिससे कानून विरोधी कार्य करनेवाले लोगों को यह सफलता लिए रोक सके। दंड दे सकें तथा आगे उन्हें गलतियां करने से रोकें। इन अधिकारियों को स्वयं दण्ड देने के अधिकार बहुत कम प्राप्त होते हैं। इनका प्रमुख कार्य अभियुक्त को न्यायालय में प्रस्तुत करके उसके कानून विरोधी कार्य को सिद्ध करना तथा न्यायालय से उसके अपराधी घोषित हो जाने पर जो भी दण्ड दिया गया हो, उसे लागू करना इनका मुख्य कार्य होता है। अगर अधिकारी-तंत्र अपने अधिकारों का उपयोग मनमाने रूप से करने लगता है तो इस लाल फीताशाही को रोकना भी सरकार का प्रमुख कार्य होता है।

न्यायिक कार्य (Judicial Functions)—सरकार का तीसरा महत्वपूर्ण कार्य कानून की व्याख्या करना और अपराधियों को दंडित करना है। समाज में कुछ व्यक्ति कानून की अवहेलना करते हैं अथवा अक्सर व्यक्तियों में अपनी पिछले अनुबंधों (contracts) के बारे में मतभेद हो जाती है। कभी-कभी व्यक्ति कानून का अर्थ अपने हित के अनुसार समझने की कोशिश करते हैं या किसी वास्तविक अपराधी की जगह पर किसी निर्दोष व्यक्ति को दण्ड दिलवाने की कोशिश करते हैं। इन सभी परिस्थितियों से समाज की रक्षा करने के लिए सरकार व्यक्तियों को न्याय प्रदान करती है, जिससे अपराधी व्यक्तियों से भले व्यक्तियों की रक्षा की जा सके, जिससे व्यक्तियों में कानून का पालन करने की प्रवृत्ति उत्पन्न हो सके। यह कार्य न्यायालयों (दीवानी तथा फौजदारी) के द्वारा होता है।

सरकार तथा राज्य (Government and State)—सरकार तथा राज्य की प्रकृति एक-दूसरे के इतने समान है कि स्वयं राजनीति-शास्त्र में भी इन दोनों के बीच कोई आधारभूत अंतर स्पष्ट नहीं किया जा सकता बल्कि दोनों को एक व्यवस्था के रूप में देखा जाता है। समाज शास्त्रीय दृष्टिकोण से सरकार तथा राज्य की प्रकृति एक-दूसरे से अलग है। निम्न प्रकार से समझा जा सकता है—

(1) राज्य प्राथमिक रूप से एक संस्था है। इसका निर्माण एक निश्चित भू-भाग में रहने वाले सभी व्यक्तियों के द्वारा होता है। सरकार राज्य की एक संख्या है। जिसके माध्यम से शासन-कार्य संचालित होता है। इस प्रकार सरकार का दूसरा नाम शासन-तंत्र भी है।

(2) सरकार की अपेक्षा राज्य अधिक विस्तृत होता है। सरकार केवल संविधान का प्रतिरूप है, अतः सरकार किसी ऐसे कार्य

कोई नहीं कर सकती जिसको करने का अधिकार उसे संविधान द्वारा न मिला हो, जबकि राज्य के अंतर्गत इसमें रहने वाले सभी व्यक्तियों का समावेश होता है।

(3) सरकार में परिवर्तन हो जाने पर राज्य के स्वरूप में परिवर्तन होना आवश्यक नहीं होता। उदाहरण के लिए हमारे देश में कांग्रेस के स्थान पर किसी अन्य दल के सत्तारूढ़ हो जाने पर सरकार बदल सकती है लेकिन राज्य का रूप फिर भी ऐसा ही रहेगा।

(4) राज्य एक साध्य है जबकि सरकार इस साध्य को प्राप्त करने के लिए एक साधन मात्र है।

(5) राज्य एक सर्वव्यापी और समानता पर आधारित तथ्य है क्योंकि सभी राज्यों की आधारभूत विशेषताएं एक-दूसरे के समान ही होती है। इसके विपरीत किन्हीं भी दो राज्यों की सरकारों में समानता देखने को नहीं मिलेगी। इनके उद्देश्यों नीतियों और कार्यविधियों में महत्वपूर्ण भिन्नता पायी जाती है। इस प्रकार सरकार की भिन्नता ही राज्य को एक विशेष चरित्र प्रदान करती है। आज के लोकतांत्रिक समाजवादी युग में ये संस्थाएं एक प्रमुख अभिकर्त्ता के रूप में स्वीकार की गई हैं। यही कारण है किसी सभ्यता में वृद्धि होने के साथ ही इन राजनीतिक संस्थाओं का सामाजिक महत्व निरंतर और नितांत हो गया है।

धर्म

धार्मिक संस्थाएँ (Relations Institutions)—धर्म के शुरूआती समाजशास्त्रीय अध्ययनों की तीन खास पद्धति वैज्ञानिक विशेषताएं हैं, वे हैं-विकासवादी, प्रत्यक्षवादी और मनोविज्ञानवादी। **कॉम्ट** के समाजशास्त्र की बुनियादी धारणा तथाकथित तीन चरणों का नियम है जिसके अंतर्गत मानव चिंतन ऐतिहासिक रूप से और अनिवार्यता धर्म वैज्ञानिक चरण (आदिम और शुरूआती समाज) अधिमूलवादी चरण (मध्ययुगीन समाज), और प्रत्यक्षवादी चरण (उन्नीसवीं सदी से शुरू आधुनिक समाज) से होकर गुजरा है। **कोंत** धर्म वैज्ञानिक चिंतन को एक बौद्धिक मूल मानते हैं। जिसे आधुनिक विज्ञान के उदय ने छिन्न-भिन्न कर दिया। वे धर्म वैज्ञानिक चरण में जड़ वस्तुओं को पूजा से एकेश्वरवाद की ओर देखते हैं, और वे धार्मिक विश्वास को मनोवैज्ञानिक अर्थों में शुरूआती मनुष्य की धारणाओं और चिंतन प्रक्रियाओं के संदर्भ से व्याख्या करते हैं। **कोंत** ने बाद में 'मानवता के धर्म' को प्रस्तुत किया और कुछ हद तक धर्म की सार्वभौमिक जरूरत माना, लेकिन वह अपनी बुनियादी धारणाओं के साथ बाद के अपने विचारों की संगति बिठाने में सफल नहीं हो सका। **डेविस** के अनुसार, 'धर्म मानव-समाज का ऐसा सर्वव्यापी, स्थायी और शाश्वत तत्व है जिसे समझे बिना समाज के रूप को बिल्कुल भी नहीं समझा जा सकता।' इसके पश्चात् भी धर्म की व्याख्या करना सबसे कठिन काम है क्योंकि वर्तमान विचारधाराओं और विभिन्न सम्प्रदायों में इतनी अधिक भिन्नता है कि धर्म के किसी भी विवेचन का बड़ी सरलता से विरोध किया जा सकता है। वैज्ञानिक विकास स्वयं धर्म के प्रभाव को बिल्कुल अस्वीकार कर देता है। वैज्ञानिक प्रगति के कारण कुछ व्यक्ति तो यहां तक मान बैठते हैं कि 'धर्म एक विनाशकारी शक्ति है जो मस्तिष्क को धोखा देती है, अज्ञान को बढ़ाती है और प्रगति के रास्ते में बाधाएं पैदा करती हैं' वास्तव में यह धारणा बिल्कुल उसी प्रकार एक भ्रान्ति है जिस प्रकार हम यह कह दें कि रासायनिक अन्वेषण। सामाजिक जीवन को संगठित बना सकते हैं अथवा लैसर किरणों के उपयोग से मनुष्य को मानसिक तनाव से छुटकारा दिलाया जा सकता है। हमें यह मानना पड़ेगा कि प्रत्येक मानव-संस्कृति में धर्म का अपना विशेष स्थान है जिसे आज तक कोई दूसरी संस्था स्थानापन्न नहीं कर सकी।

धर्म का अर्थ (Meaning of Religion)—धर्म की एक सर्वमान्य परिभाषा के अनुसार, 'धर्म कम या अधिक मात्रा में अधिप्राकृतिक तत्वों, शक्तियों, स्थानों और आत्माओं से संबंधित विश्वासों तथा आचरणों की एक संगठित व्यवस्था है।' इस परिभाषा से यह सवाल उठता है कि अधिप्राकृतिक तत्वों की इस व्याख्या का निर्माण प्रांरभ में किस तरह हुआ? जबकि वास्तविकता यह है कि आदिम मनुष्य का प्रारम्भ से भी अनेक तरह की विपत्तियों अथवा नयी-नयी परिस्थितियों से सामना होता रहा है। इनमें जन्म, मृत्यु, अकाल, वर्षा, तुफान महामारी, स्वप्न अथवा वनस्पति जीवन इत्यादि उसकी प्रमुख जिज्ञासाएं रही होगी। मनुष्य ही इतना जिज्ञासु और क्षमतावान प्राणी है जो इन परिस्थियों का कारण जानने की कोशिश करता है। कभी-कभी इसमें अपने को बिल्कुल असहाय और निर्बल प्राणी पाता है। फलस्वरूप मनुष्यों ने अनेक तांत्रिक विधियों के द्वारा या तो इन प्राकृतिक और अधिलौकिक शक्तियों को अपने वश में करने का प्रयत्न किया। अथवा उन्हें अपनी शक्ति से बाहर समझकर उनकी पूजा या आराधना में लग गया। **फ्रेजर** के अनुसार, 'धर्म से मेरा तात्पर्य मनुष्य से श्रेष्ठ उन शक्तियों की संतुष्टि अथवा आराधना से है जिनके बारे में व्यक्तियों का यह विश्वास हो कि वे प्रकृति और मानव जीवन को निमंत्रित करती है तथा उनको निर्देश देती है।' वास्तविकता यह है कि धर्म का सम्बन्ध केवल पूजा या आराधना से ही नहीं बल्कि धर्म में अनेक तरह के व्यवहारों का समावेश होता है। एक अन्य दार्शनिक **मैलीनॉस्की** का कथन है, 'धर्म क्रिया की एक विधि है और साथ ही विश्वासों

की एक व्यवस्था भी धर्म एक समाजशास्त्रीय तथ्य के साथ ही एक व्यक्तिगत अनुभव भी है।' इस परिभाषा से स्पष्ट होता है कि धर्म का तात्पर्य व्यवहारों और इनकी व्यवस्था से है। इसलिए इसको व्यक्तिगत अनुभव से बिल्कुल पृथक नहीं माना जा सकता।

धर्म संबंधी अध्ययन (The Study of Religion)— उन्नीसवीं सदी के अन्य सामाजिक सिद्धान्तकारों ने धर्म का अध्ययन इसी तरह किया। **मार्क्स** के अनुसार प्राकृतिक परिघटनाओं से प्रेरित भय और दुश्चिंता की वजह से धर्म पैदा हुआ है, और यह एक भ्रम है और अन्त में खत्म हो जाएगा। लेकिन उन्होंने एक नया कदम उठाया और कहा कि भिन्न किस्म के समाजों में धार्मिक सिद्धांत विचार धाराओं की तरह हो सकता है, अर्थात सामाजिक नियंत्रण में धर्म एक भूमिका निभा सकता है। **फ्रेजर** ने भी इस समस्या पर विकासवादी सिद्धान्त और प्रत्यक्षवादी या तर्कवादी दर्शन के दृष्टिकोण से विचार किया। उसने धर्म और जादू के बीच भेद किया, जहाँ जादू में प्राकृतिक प्रक्रियाओं पर मनुष्य की शक्ति की दावेदारी शामिल है (प्राकृतिक नियमों की मिथ्या व्यवस्था और आचरण का भ्रामक निर्देशक), वहीं धर्म 'मनुष्य से उच्चतर शक्तियों में विश्वास और उन्हें शांत या प्रसन्न करने की कोशिश की है। उन्होंने मनुष्य की बौद्धिक प्रगति को जादू के युग से धर्म के युग की ओर, और फिर विज्ञान के युग की ओर यात्रा माना। लेकिन सभ्य समाजों में भी अक्सर जादू और धर्म एक दूसरे में घुले-मिले रहते हैं और आधुनिक समाजों में भी जादू पर विश्वास की एक अंतर्धारा मौजूद रहती है।

धर्म के अध्ययन का एक वैकल्पिक दृष्टिकोण का पहले, **दुर्खीम** ने अपनी किताब **'लेफोर्मे जेलेमांतरे द ला विरलिजियस'** (1992) में सूत्रबद्ध किया, हालांकि इसे थोड़ा ढ़ीले-ढ़ाले ढंग से पहले **फुस्ते फूलांज** ने प्रस्तुत किया (जो एक समय दुर्खीम का शिक्षक रहा) दुर्खीम ने कहा कि सभी समाजों में पवित्र और 'लौकिक' चीजों के बीच अंतर किया जाता है। धर्म पवित्र चीजों से जुड़े हुए विश्वासों और कर्मकांडों की एक संगठित व्यवस्था है, अर्थात चीजें जो अलग हैं और जिन्हें करने की मनाही है- विश्वास और कर्मकांड जो चर्च नामक एक अखंड नैतिक समुदाय में अपने सभी मानने वालों को संगठित करते हैं। दुर्खीम के सिद्धांत में धर्म के संगठित पहलुओं पर जोर दिया। धार्मिक संस्कारों का प्रकार्य है समाज के व्यक्तिगत सदस्यों पर समाज की नैतिक बरतरी स्थापित करना और इस तरह समाज की एकजुटता बनाए रखना। किसी कुल का देवता स्वयं वह कुल होता है। दुर्खीम ने अपनी किताब के पहले हिस्से में अपने पहले के नेतृत्व-शक्तियों और समाजशास्त्रियों की इस आधार पर आलोचना की कि उनकी व्याख्याएं मनोवैज्ञानिक हैं। (व्यक्तिगत अनुभूतियों के अर्थों में) समाजशास्त्रीय नहीं हैं, और कि उन्होंने धर्म को भ्रम बना दिया जबकि उसकी नजर में मानव समाज में इतनी सार्वभौमिक और महत्वपूर्ण चीज भ्रामक ही बनाया, क्योंकि **जैसे लोवी** पूछता है : किन अर्थों में प्राकृतिक परिघटनाएं समाज के मुकाबले कम वास्तविक है।'

धर्म के प्रमुख घटक (Elements of Religion)—धर्म का निर्माण किन तत्वों से होता है? इन प्रश्न को कई विद्वानों ने अनेक प्रकार से स्पष्ट किया है। धर्म हालांकि एक जटिल तथ्य है जिसमें अनेक तरह के घटक का समावेश होता है, लेकिन अध्ययन की सरलता के लिए हम कुछ ऐसे आधारभूत तत्वों की विवेचना करते हैं जो संसार में सभी धर्मों में पाये जाते हैं।

(1) धार्मिक संस्तरण (Religious Hierachy)—धार्मिक क्रियाओं से संबंधित अधिकारों के अनुसार ही प्रत्येक धर्म में संस्तरण पाया जाता है। इस संस्तरण के अन्दर सर्वोच्च स्थान उन व्यक्तियों का होता है जिन्हें धार्मिक क्रियाओं को करने के विशेषाधिकार प्राप्त होते हैं अथवा जिन्हें सामान्य व्यक्तियों की अपेक्षा अधिक पवित्र समझा जाता है। वे व्यक्ति पुरोहित, पुजारी अथवा ओझा इत्यादि हो सकते हैं। दूसरा स्थान उन व्यक्तियों को प्राप्त होता है जो इन धार्मिक प्रतिनिधियों के आदेशों में अपनी निष्ठा रखते हैं तथा संयमपूर्ण जीवन व्यतीत करते हैं। धार्मिक संस्तरण में निम्नवत् स्थान उन व्यक्तियों का होता है जिन्हें पवित्र नहीं समझा जाता अथवा जिनका व्यवसाय अपवित्र होता है। ऐसे व्यक्तियों को कभी-कभी धार्मिक क्रियाएं करने तक अधिकार नहीं दिया जाता, जैसा कि भारत में अस्पृश्यता वर्ग की स्थिति स्पष्ट होता है।

उपरोक्त घटकों के आधार पर ही दुर्खीम ने धर्म को परिभाषित करते हुए कहा है, 'धर्म पवित्र वस्तुओं से संबंधित अनेक विश्वासों और व्यवहारों की ऐसी संगठित व्यवस्था है जो उन व्यक्तियों को एक नैतिक समुदाय की भावना में बांधती है जो उसी प्रकार के विश्वासों और व्यवहारों को अभिव्यक्त करते हैं।'

(2) धार्मिक व्यवहार (Religious Behaviour)—धर्म का एक अनिवार्य घटक कुछ धार्मिक क्रियाएं हैं। जिनके द्वारा मनुष्य अलौकिक शक्ति के प्रति अपने विश्वास को अभिव्यक्त करता है। यह धार्मिक क्रियाएं दो प्रकार की होती हैं-कुछ क्रियाओं का रूप सामान्य होता है जबकि दूसरी श्रेणी की क्रियाएं करने के लिए एक विशेष धार्मिक ज्ञान अथवा कुशलता की आवश्यकता होती है। मंदिरों, चर्चों और मस्जिदों में व्यक्ति द्वारा अपने पापों का वर्णन करना, ईश्वर की वन्दना करना, आत्मसंयम, शारीरिक कष्ट और कर्मकाण्डों के द्वारा जोर-जोर से ईश्वर की महानता का गान करना तथा दुर्गम स्थान पर जाकर अपने विश्वास को

प्रकट करना सामान्य धार्मिक क्रियाएं हैं, जिसमें सभी व्यक्ति शामिल हो सकते हैं। दूसरी श्रेणी की क्रियाओं में हम पुरोहितों, पादरियों तथा मुल्लाओं द्वारा की जाने वाली कुछ विशेष क्रियाओं को शामिल करते हैं। इन क्रियाओं को करने वाले व्यक्तियों से यह आशा की जाती है कि वे संयम, पवित्रता और त्याग का जीवन व्यतित करेंगे और अपने धर्म तथा इसके आदर्शों के प्रचार में सबसे अधिक पवित्र और सहनशील होने की आशा नहीं की जा सकती। इसलिए इन क्रियाओं को करने का अधिकार बहुत कम व्यक्तियों को ही प्राप्त होता है।

(3) अनुष्ठान अथवा कर्मकाण्ड (Rituals)—अनुष्ठान अथवा कर्मकाण्ड वे क्रियाएं हैं जिनके द्वारा अलौकिक शक्ति से संबंधित विश्वासों को प्रकट किया जाता है। यह अनुष्ठान सभी धर्मों में अवश्य पाए जाते हैं। **ब्रूम (Broom)** का कथन है; "धार्मिक अनुष्ठानों का तात्पर्य ऐसी स्वीकृत क्रियाओं से है जो स्वयं पवित्र होती हैं तथा साथ ही किसी पवित्र वस्तु को प्रतीकात्मक रूप से सपष्ट करती हैं।" उदाहरण के लिए हिंदू धर्म में व्रत कथाएं, विभिन्न संस्कार अथवा त्योहारों पर किये जाने वाले पूजन विभिन्न प्रकार के धार्मिक अनुष्ठान ही हैं। यह सभी अनुष्ठान समूह में एकीकरण की भावना पैदा करने और परंपराओं को स्थायी बनाए रखने का प्रयत्न करते हैं।

4. अलौकिक शक्ति में विश्वास (Belief in Super-natural)—विश्वास धर्म का सबसे अनिवार्य और आधारभूत घटक है, जिसके बिना धर्म किसी प्रकार भी प्रभावपूर्ण नहीं रह सकता चाहे कोई समाज आदिम हो अथवा सभ्य सभी समाजों में धर्म के अन्दर एक ऐसी शक्ति में विश्वास किया जाता है जो अलौकिक और दिव्य चरित्र की होती है। व्यक्तियों का यह विश्वास होता है कि यह शक्ति इतनी सर्वव्यापी और अधिमानवीय है कि इसी की इच्छा से हमें सफलता-असफलता, सुख-दुख अथवा हानि-लाभ, प्राप्त होता है। इन विश्वासों की अभिव्यक्ति कुछ समाजों में बहुदेवव्यवाद के रूप में देखने को मिलती है और कहीं निराकार ईश्वर की उपासना के रूप में। इसी आधार पर जॉनसन का कथन है कि एक अलौकिक शक्ति में विश्वास धर्म का सबसे प्रमुख तत्व है।

5. मिथक और प्रतीक (Symbols and Myths)—अनुष्ठानों को सरल और स्पष्ट रूप देने के लिए प्रत्येक धर्म में कुछ प्रतीक मिलते हैं। **पीयर्स** के अनुसार, "प्रतीक वह चिन्ह है जो अपने बाहरी अथवा स्थूल रूप से भिन्न किसी दूसरी वस्तु या भाव को व्यक्त करता है।" उदाहरण के लिए हिंदू धर्म में मूर्ति अलौकिक शक्ति का प्रतीक है, जो बाह्य रूप से साधारण प्रतीत होने पर भी अपने से बिलकुल भिन्न एक अलौकिक चरित्र के प्रति हमें केंद्रित करती है। प्रत्येक धर्म में इन प्रतीकों का अर्थ स्पष्ट करने के लिए कुछ पौराणिक गाथाएँ छोटी-छोटी कहानियों के रूप में मनुष्य और अलौकिक शक्ति के संबंध को स्पष्ट करती हैं। इन गाथाओं में ईश्वरीय शक्ति के द्वारा किए जाने वाले चमत्कारपूर्ण कार्यों को स्पष्ट किया जाता है तथा व्यक्ति को यह विश्वास दिलाया जाता है कि इन गाथाओं में विश्वास करके वह अलौकिक शक्ति का आशीर्वाद प्राप्त कर सकता है।

6. निषेध (Taboos)—प्रत्येक धर्म में कुछ निषेध अवश्य पाऐ जाते हैं। यह निषेघ हमारे व्यवहारों के नकारात्मक पक्ष को स्पष्ट करते हैं, अर्थात व्यक्ति को क्या-क्या नहीं करना चाहिए। इस दृष्टिकोण से अपवित्रता बेइमानी, दुराचरण, व्यभिचार, कपट, छल, तथा इन्द्रिय लोलुपता इत्यादि सभी धर्मों के प्रमुख निषेध हैं। इसके अलावा कुछ निषेध ऐसे होते हैं जो एक विशेष संस्कृति से संबंधित होते हैं, लेकिन इन्हें धार्मिक संस्थाओं द्वारा स्वीकृति प्रदान की जाती है। उदाहरण के लिए, हमारे समाज में प्रतिलोम विवाह और सपिण्ड बहिर्विवाह इत्यादि इसी प्रकार के निषेध हैं। प्रत्येक समाज कुछ विशेष प्रकार के भोजन को ग्रहण करने, यौनिक संबंध रखने, किसी विशेष स्थान पर जाने तथा कुछ विशेष समूहों के संपर्क स्थापित करने इत्यादि के संबंध में भी कुछ नियम पाये जाते हैं। इससे स्पष्ट होता है कि निषेध का संबंध पवित्रता तथा अपवित्रता की धारणा से है तथा यह प्रत्येक धर्म का एक प्रमुख तत्व है।

उत्पत्ति संबंधी सिद्धांत (Theory about the Origin)

विभिन्न मानवशास्त्रियों तथा सामाजिक विचारकों ने धर्म की उत्पत्ति समझाने के लिए भिन्न-भिन्न विचार किए हैं जिनमें पूर्णतया प्राकृतिक घटनाओं से लेकर सामाजिक विचारधाराएं तक शामिल हैं। धर्म की उत्पत्ति एक अतिप्राचीन घटना है। जिनका आदिम समाज की धटनाओं से संबंधित करके समझा जा सकता है। यही कारण है कि धर्म की उत्पत्ति के अधिकतर सिद्धांतों का प्रतिपादन मानवशास्त्रियों द्वारा ही हुआ है। **एडवर्ड, टायलर** ने सर्वप्रथम इस मत का प्रतिपादन किया कि धर्म की उत्पत्ति का मूल स्रोत पूर्वजों की आत्माओं में विश्वास करना है जनजातियों का विश्वास है कि मृत्यु के उपरांत भी आत्मा का अस्तित्व समास नहीं होता। यह आत्माएं किसी विशेष स्थान अथवा पदार्थ में प्रविष्ट होकर मानवीय क्रियाओं को संचालित करती है तथा साथ ही व्यक्ति की सफलता तथा असफलता को भी प्रभावित करती है। इस प्रकार इन आत्माओं को प्रसन्न रखने तथा इनके प्रति भय मिश्रित श्रद्धा को व्यक्त करने के रूप में ही आरंभिक धर्म की उत्पत्ति हुई। **एडर्व टायलर**

(Edward Tyler) ने इसे अनेक अनुभवों के आधार पर समझाने की कोशिश की है। जो जनजातियों के अपने दिन-प्रतिदिन के जीवन में अक्सर घटित होते रहते थे। ऐसे अनुभवों में मृत्यु, स्वप्न, परछाई प्रतिध्वनि इत्यादि का उदाहरण लिया जा सकता है। आदिम ने अपने आपको स्वप्न में स्वच्छंद विचरण करते हुए पाया अपने पूर्वजों के दर्शन किए, जंगल और पहाड़ों में अपनी ही आवाज की प्रतिध्वनि सुनी और अपने पीछे एक परछाई को भी अपने समान हिलते-डुलते पाया और एकाएक व्यक्ति को निर्जीव होते हुए भी देखा। यह सारी घटनाएं आदिम जाति के लिए रहस्य थी। ऐसी स्थिति से उसे यह विश्वास होने लगा कि उसके अतिरिक्त कोई चेतन शक्ति भी उसके चारों ओर विद्यमान है जो निराकर होते हुए भी शक्ति संपन्न है और उसके अच्छे-बुरे कार्यों पर दृष्टि रखती है। जनजातियों ने इस शक्ति को आत्मा का नाम दिया। उनका मानना था कि जब तक यह आत्मा शरीर में रहती है तो व्यक्ति सक्रिय रहता है और उसके निकल जाने से वह निर्जीव हो जाता है। इस विश्वास के बाद आदमी के सामने एक और कठिन रहस्य यह था कि नींद में होने पर व्यक्ति यद्यपि बिल्कुल निर्जीव होता है, लेकिन फिर भी उसकी मृत्यु क्यों नहीं होती? ऐसी कौन-सी शक्ति है जिसके निकल जाने पर व्यक्ति नींद आ जाती है, और जिसके लौट आने पर व्यक्ति पुन: चेतन स्थिति में आ जाता है।

इसके समाधान के रूप में व्यक्ति इस निष्कर्ष पर पहुंचे कि आत्माएं दो प्रकार की होती हैं। एक को उन्होंने शरीर आत्मा कहा और दूसरी को स्वतंत्र आत्मा उनका मानना था कि शरीर आत्मा एक बार निकल जाने पर पुन: लौटकर नहीं आती और परिणाम स्वरूप मनुष्य हमेशा के लिए निर्जीव हो जाता है। स्वतंत्र आत्मा शरीर से बार-बार निकलती है और पुन: शरीर में प्रवेश करती है। यह स्वतंत्र आत्मा जिस स्थान पर भी विचरण करती है उन सारी घटनाओं का धुंधला आभास शरीर को भी स्वप्न के रूप में होता रहता है। उन्हें यह विश्वास हो गया कि अदृश्य आत्माएं उनका अनिष्ट भी कर सकती है। **टायलर** के कथनानुसार —पितृआत्माओं से डरना और उनको प्रसन्न रखने के लिए उनकी पूजा व आराधना करना ही धर्म के उद्विकास का मौलिक स्रोत है। **टायलर** के इस सिद्धांत को अधिकतर विद्वानों ने मात्र कल्पना कहा। **बोआस** (Boas) के अनुसार, 'आदिम मनुष्य का मानसिक स्तर न तो बच्चों के समान होता है ओर न ही इतना विकसित कि वह आत्मा जैसी जटिल धारणा की व्याख्या कर पाता पितृआत्माओं की पूजा अथवा पूर्वज-पूजा केवल जनजातीय समाज की ही विशेषता है जबकि वास्तविकता यह है कि जनजातियों के अलावा सभ्य समाजों और विशेषकर हिंदु समाज में भी धर्म का यह रूप स्पष्ट देखने को मिलता है।' **टायलर** ने धर्म को केवल अलौकिक अतींद्रीय विश्वासों के आधार पर ही स्पष्ट कर दिया है जबकि धर्म प्रमुख रूप से एक सामाजिक तथ्य है। **टायलर** ने धर्म के इस समाजिक तथ्य की अत्यधिक अवहेलना की है।

प्रकतिवाद के सिद्धांत के प्रतिपादक या जन्मदाता **मैक्स मूलर (Max Muller)** हैं। मैक्स मूलर ने प्रत्येक जड़ व चेतन पदार्थ में एक जीवित सत्ता का विश्वास किया है। यहां पर प्रकृतिवाद की विचारधारा प्रकृति में जीवित सत्ता की धारणा से ही संबंधित है। आदिकालीन मानव का संपूर्ण जीवन प्रकृति के बीच ही व्यतीत होता था और प्रकृति के बीच ही उसे सभी प्रकार के अच्छे व बुरे अनुभव होते थे। एक ओर सूर्य और वर्षा उसको लाभ पहुंचाते थे और दूसरी ओर वही शक्तियां विनाशकारी बनकर उसके संपूर्ण श्रम को समाप्त कर देती थीं। इसके परिणाम स्वरूप व्यक्तियों इन प्राकृतिक शक्तियों के प्रति भय, आंतक तथा श्रद्धा की भावनाएं उत्पन्न हुई और उन्हें अभास हुआ कि कोई ऐसी अदृश्य शक्ति अवश्य है जो मनुष्य से कहीं अधिक शक्तिशाली है तथा शक्ति को अप्रत्यक्ष रूप से सदैव प्रभावित करती है। इसके आधार पर **मैक्स मूलर** ने कहा कि उन आदिमानवों ने विभिन्न प्राकृतिक शक्तियों जैसे सूर्य, चन्द्रमा, अग्नि, वायु, जल, तथा कुछ विशेष प्रकार के पेड़-पौधों के प्रति पूजा और आराधना द्वारा अपनी श्रद्धा प्रदर्शित करना आरंभ की, जिससे वे प्रकृति के दुष्परिणामों से बचकर उसकी शक्ति से लाभ उठा सके। उदाहरण के लिए, मिश्र में सबसे बड़ा देवता '21' अर्थात् सूर्य माना जाता है। आदिम व्यक्तियों ने इन प्राकृतिक पदार्थों को सजीव तथा क्रियाशील मान लिया जैसा कि साधारण रूप से कहे जाने वाले शब्दों से पता चलता है कि 'सूर्य उदय हो रहा है' या आंधी आ रही है इत्यादि। जब कि सच्चाई यह है कि न तो सूर्य उदय होता है और न ही आंधी आती है, बल्कि एक निश्चित स्थान पर पृथ्वी के पहुंचने पर ही शक्तियां उस स्थान को प्रभावित करती हैं। इस प्रकार यह निष्कर्ष निकलता है कि प्राकृतिक शक्तियों के प्रति श्रद्धा तथा भय-मिश्रित भावनाओं के कारण ही धर्म का विकास हुआ।

मैक्स मूलर के सिद्धांत की सबसे बड़ी कमी यह है कि प्राकृतिक शक्तियों के प्रति पूजा व आराधना के कारण धर्म जैसी महान शक्ति का विकास नहीं हो सकता । यह वास्तव में एक सामाजिक घटना के रूप में व्यक्त होनी चाहिए जिसका **मैक्स मूलर** के सिद्धांत में कोई महत्व नहीं है।

धर्म का समाजशास्त्रीय अध्ययन (Social Theory of Religion)—धर्म का समाजशास्त्रीय अध्ययन सामाजिक नृतत्वशास्त्र से अलग हुआ है। यह दृष्टिकोण अलग-अलग तरीकों

से **एल टी हाबहाउस़** और **मैक्स वेबर** की रचनाओं में अभिव्यक्त हुआ है। **हाबहाउस** का समाजशास्त्र कुल मिलाकर सामाजिक संस्थाओं पर बौद्धिक विकास के प्रभाव से जुड़ा हुआ है। इस सामान्य बौद्धिक विकास के अंतर्गत **हाबहाउस** नैतिक विचारों के विकास पर विशेष ध्यान देता है, इसलिए अपनी मुख्यकृति 'मोरल्स इन इवोल्यूशन' में धर्म पर विचार करते हुए वह मुख्य धर्मों और ईसाइयत के नैतिक नियमों पर ही पूरी तरह केंद्रित रहा है। इन नैतिक नियमों की सिद्धांतों के बतौर परीक्षा की गई और बहुत हद तक दार्शनिक ढंग से उनका विश्लेषण किया गया है। धार्मिक विश्वासों पर मैक्स वेबर के विचार कई महत्वपूर्ण मामलों में अलग है। यह किसी विकासवादी रूपरेखा पर आधारित नहीं है। दूसरे, यह धार्मिक नैतिकता के केवल एक बड़े पहलू से बहुत हद जुड़ा रहा है, अर्थात आर्थिक व्यवस्था के साथ उसका संबंध। **वेबर** इन संबंधों का आर्थिक व्यवहार पर प्रभाव, और आर्थिक व्यवस्था में समूहों की स्थिति तथा धार्मिक विश्वास कि किस्मों के बीच संबंध। तीसरे, वह धर्मशास्त्रियों द्वारा प्रस्तुत नैतिक सिद्धांतों पर कम विचार करते हैं, बल्कि दैनंदिन व्यवहार के निर्देशित करने वाले इन सिद्धांतों के लोकप्रिय रूप पर विचार करते हैं। वेबर की प्रसिद्ध रचना 'दि प्रोटेस्टैंट एथिक', 'दि स्पिरिट आफ कैपिटलिज्म' धर्म संबंधी उनके अध्ययनों का शुरुआती बिंदु हैं, और उनका लक्ष्य आधुनिक पूंजीवाद के उद्‌भव और विकास में काल्विनिस्ट नैतिकता द्वारा निभाई गई भूमिका को प्रदर्शित करना है। उसकी थीसिस को **रेभाआरो** ने अच्छी तरह सूत्र बद्ध किया है; काल्विनिस्ट चुने हुए लोगों में शामिल है और इसलिए अपने चुनाव के लक्षणों को लौकिक जीवन में देखना चाहते हैं और इसे वह अपने व्यवसाय की समृद्धि के रूप में देखते हैं। वह अपनी सफलता के परिणाम के रूप में अवकाश का आनन्द लेने या अय्याशी अथवा सुख को पाने में अपना धन खर्च करने की उसे इजाजत नहीं होती। इसलिए उसे अपना धन अपने ही व्यवसाय में दोबारा लगाना पड़ता है, और बचत करने की इस तापसी जिम्मेदारी के कारण पूंजी का निर्माण होता है। फिर, नियमित और बुद्धि संगत कार्य, सटीक लेखा जोखा जो किसी भी क्षण उसके व्यवसाय की सही हालत की जानकारी संभव बनाता है, और शांतिप्रिय व्यापार उसकी नैतिकता की भावना के मेल में है। क्योंकि काल्विनिस्ट अपना स्वामी स्वयं होता है, सहजात वृतियों और भावावेगों पर भरोसा नहीं करता, इसलिए स्वंतत्र होता है और केवल अपने आपमें विश्वास रखता है, पढ़ता है और अपनी गतिविधियों पर विचार करता है जैसा कि पूंजीपति को करना चाहिए लेकिन वेबर यह नहीं मानते थे कि विचार दुनिया पर शासन करते हैं, और उदाहरण के बतौर उन्होंने प्रोटेस्टैंट वाद का मामला प्रस्तुत किया जिससे यह समझने में मदद मिलती है कि इतिहास में विचार किस तरह काम करते हैं। प्रोटेस्टेंटों की धर्मशास्त्रीय और नैतिक धारणाएं अपने जन्मकाल से ही विभिन्न सामाजिक और राजनीतिक परिस्थितियों को प्रभावित रहीं, और फिर आर्थिक मामलात पर उनका कोई प्रत्यक्ष प्रभाव नहीं था। लेकिन विचारों का अपना ही तर्क होता है; और उन्होनें ऐसे परिणामों को जन्म दिया जिसका व्यावहारिक प्रभाव पड़ सकता था, इस तरह 'काल्विनवाद' के जड़ सूत्र जो एक विशेष समूह के व्यक्तियों की चेतना में स्थापित थे, उन्होंने जीवन के प्रति एक विशेष दृष्टिकोण और व्यवहार के एक विशेष रूप को जन्म दिया।

दुर्खीम और **मैक्स वेबर** के काम के बाद धर्म के समाजशास्त्रीय अध्ययन के क्षेत्र में बहुत कम सैद्धांतिक योगदान किए गए। सामाजिक नृतत्वशास्त्रियों ने अपना अध्ययन बहुत कुछ **दुर्खीम** के सिद्धांत पर आधारित रखा। समाजशास्त्र पर **वेबर** का प्रभाव प्रमुखतः बना रहा, और इसने गवेषणा के दो मुख्य किंतु अतः संबोधित रास्ते खोले; एक धार्मिक पंथो की विशेषताओं, सिद्धांतों और सामाजिक महत्व से जुड़ा रहा, और दूसरा धार्मिक सिद्धांतों तथा सामाजिक वर्गों के बीच संबंध की जांच-पड़ताल करता रहा। एक महत्वपूर्ण शुरुआती योगदान उसके दोस्त, **अर्न्स्ट टालश**, ने किया जिसकी किताब 'दि सोशल टीचिंग्स आफ दि क्रिश्चियन **चर्चेज**' ने विभिन्न क्रिश्चियन चर्चो और पंथों की सामाजिक नैतिकता का और भी विस्तृत विवरण देकर **वेबर** के लेखन की पूरकता प्रदान की। पंथीय आंदोलनों पर विवेचन के इसी क्षेत्र में **आर. निबुहर** की किताब 'दि सोशल सोर्सेंज आफ डिनामिनेशनलिज्म है।' हाल के दिनों में विशेष पंथों के विस्तृत अनुभव सिद्ध अध्ययन हुए हैं। ये अध्ययन जिस सामाजिक वातावरण में वे मौजूद हैं उसके साथ उनके संबंध और उनकी अंतः क्रिया के अर्थों में किए गए हैं। इन पंथों को समाजवादी राजनीतिक समूहों का अग्रइत मानकर भी ये अध्ययन हुए हैं, खासकर फ्रांस में **एच. देसरोश** का काम।

समकालीन भारत में धार्मिक विश्वास और अनुपालन के बारे में सटीक सूचना बहुत कम है। भारत में प्रधानता हिंदु हैं, हिंदु आबादी में तकरीबन 85% हैं, 10% मुसलमान हैं और बाकी इसाई, सिक्ख पारसी इत्यादि हैं। रुक-रुककर यहां धार्मिक टकराव होते रहते हैं, हिंदुओं और मुसलमानों के बीच तथा सिक्खों और हिंदुओं के बीच (हालांकि इस मामले में टकराव मुख्यता राजनीतिक है जिसका लक्ष्य अलग पंजाबी भाषी राज्य की स्थापना है) और जैसा कि मैंने पहले कहा हिंदूवाद ने हिंदू पुरातनपंथी पार्टियों और आंदोलनों को जन्म दिया है। जो भी हो, भारत सफलतापूर्वक एक धर्मनिरपेक्ष या बहुधर्मी राज्य के बतौर स्थापित है।

अतीतकाल में तमाम धार्मिक पंथ और सुधार आंदोलन हिंदूवाद की मुख्यधारा में बहुत हद तक फिर से पचा लिए गए। लेकिन अब घटित होने वाले सामाजिक और आर्थिक परिवर्तनों के मद्दे नजर यह मुश्किल लगता है कि ऐसा आत्मसातीकारण संभव होगा। चूंकि हिंदूवाद जाति व्यवस्था और संयुक्त परिवार से घनिष्ठ रूप से जुड़ा हुआ है इसलिए इन संस्थाओं में आने वाले परिवर्तनों से यह अवश्य प्रभावित होगा। और ये संस्थाएं अब आर्थिक विकास राजनीतिक निर्णयों संपत्ति संबंधी कानून में बदलाव जिसे व्यक्तिगत स्वामित्व बढ़ रहा है और नए सामाजिक सिद्धान्तों के प्रसार के कारण बदल रही हैं। राष्ट्रवादी और समाजवादी विचारों का भी प्रचुर प्रभाव होना चाहिए और इस क्षेत्र में की गई कोई भी खोजबीन अत्यंत रुचिकर रहेगी। सामान्यतः तो, विशेष क्षेत्रों में भी धार्मिक विश्वास और अनुपालन का अध्ययन करना अत्यंत मूल्यवान होगा, साथ ही खास सामाजिक कोटियों और समूहों, मसलन पुरुष और स्त्री, आयु समूहों, शैक्षिक कोटियों और सामाजिक संस्तरों के बीच विभेदों पर भी ध्यान देना होगा।

धर्म और नैतिकता: अंत संबंध और विशेषताएं—नैतिकता के सामाजिक अध्ययन शुरू में कुछ मामलों में धर्म के अध्ययन से मिलते जुलते थे। विशेषकर, ये विकासवादी और प्रत्यक्षवादी विचारों द्वारा निर्देशित रहे। विकासवादी प्रकृति के दो शास्त्रीय अध्ययन **एल. टी. हाबहाउस** का मोरल्स इन इवोल्यूशन और **ई. वेस्टरमार्क** का दि ऑरिजिन एंड डेवलमेंट आफ मोरल आइडियाज (1906) हैं। हालांकि नैतिक विचार के स्रोत और आधार की उनकी धारणाएं अलग-अलग हैं, फिर भी ये दोनों लेखक बहुत हद तक नैतिकता के विकास के विवरण के मामले में और खासकर इस निष्कर्ष के मामले में एकमत हैं कि मानव जाति का इतिहास नैतिक विकास को रेखांकित करता है। **हाबहाउस** यह बताने की कोशिश करते हैं कि नैतिक विचारों का विकास एक तर्क परक नैतिकता के आदर्श की ओर हुआ है, और नैतिकता के विकास तथा सामान्य सामाजिक विकास के बीच संगति स्थापित करने की कोशिश करता है। **वेस्टर मार्क** हालांकि विभिन्न समाजों (आदिम और सभ्य) के नैतिक नियमों में एकरूपता पर ज्यादा जोर देता है, फिर भी यह कहता है कि सामाजिक विकास की प्रक्रिया में नैतिक विचार ज्यादा बुद्धिपरक होते गए हैं और भविष्य में नैतिकता पर विवेक प्रभाव बढ़ते जाने की उम्मीद है। नैतिक नियमों के अध्ययन इस दृष्टिकोण की पहले तो आलोचना हुई और फिर परवर्ती समाजशास्त्रीय ने इसे छोड़ दिया। इस परिवर्तन के पीछे अनेक कारक रहें; सामान्यता विकासवादी दृष्टिकोण का परित्याग, सामाजिक प्रगति के बारे में संदेह, नैतिक निर्णयों के चरित्र के बारे में नए दार्शनिक दृष्टिकोण, और खासकर जिस तरह **हाबहाउस** ने समाजशास्त्र और सामाजिक दर्शन को जोड़ दिया था उसके महत्व के बारे में संदेह उनमें से कुछ हैं।

इन मुद्दों में से अंतिम मुद्दा फ्रांसीसी समाजशास्त्र में भी महत्वपूर्ण था, जहां **कोंत** के प्रभाव के चलते एक नियामक नैतिकता के विज्ञान के निर्माण की कोशिश की गई। **दुर्खीम** के समाजशास्त्र का यह एक महत्वपूर्ण पहलू था, जो पूरा का पूरा उन्नीसवीं सदी के अंत के फ्रांस की नैतिक ओर समाजिक समस्याओं से स्पष्टत: ग्रस्त था। इस प्रत्यक्षवादी प्रयास की संभवतः सबसे प्रभावी अभिव्यक्ति ल्यूसिएं लेवी-बूल की किताब **'ला मोराल एला सियाश दे मोर (1903)'** है। **दुर्खीम** और **लेवी-ब्रूल** दोनों का ही कहना था कि नैतिकता के विज्ञान से नैतिक नियमों का जन्म हो सकता है; **लेवी-ब्रूल** ने अभी-अभी जिसका जिक्र हुआ उसमें, और **दुर्खीम** ने मुख्य रूप से **'दि डिवीजन आफ लेबर इन सोसाइटी'** की भूमिका में तथा अपने लेख **'ला दे वर मिनाशियां द्यू के मॉराल'** में ऐसा माना।

समाजवैज्ञानिकों ने नैतिक विकास या प्रगति की सामान्य दिशा के बारे में भी सोचना छोड़ दिया है। इसका एक उल्लेखनीय अपवाद **मॉरिस गिंसबर्ग** है जिसने हाल के एक लेख में पहले तो उन सामाजिक वैज्ञानिकों की आलोचना की है जिन्हें नैतिक नियमों की विविधता और नैतिक सापेक्षता के बीच अनिवार्य संबंध मान लिया है और उन दार्शनिकों की भी आलोचना की है जो नैतिक निर्णयों को भावनात्मक और परिणामस्वरूप न तो सही न ही गलत मान बैठे हैं, और फिर वह स्तर की भिन्नता के अर्थों में नैतिक विभिन्नताओं को जांचने का प्रस्ताव रखता है बलपूर्वक वह कहता है कि नियमों की सार्वभौमिकता नियमों में साकार अनुभव की सीमा, अंतर्निहित सिद्धांतों की तार्किकता और आत्मालोचना की सीमा जैसी विशेषताओं के अर्थों में विभिन्न स्तर अलगाए जा सकते हैं। और कि निचले से ऊपरी स्तरों की ओर विकास भी देखा जा सकता है, हालांकि वह मानता है कि ऊपरी स्तर ही तय करता है कि वह ऊपरी है। गिंसबर्ग मानता है कि नैतिक नियमों की तुलना केवल अत्यंत सामान्य और अमूर्त नैतिक विचारों के ही अर्थों में की जा सकती है, और कि किसी विशेष समाज का वास्तविक 'नैतिक जीवन या जीवन पद्धति' अत्यधिक जटिल और बहुमुखी तत्वों से निर्मित हो सकती है। वस्तुतः, जब हम मूल्यों के ऐसे वास्तविक समुच्चय के रूष में नैतिक नियमों की परीक्षा करते हैं जो व्यवहार को नियंत्रित करते हैं तो फिर विकास के स्तर के अर्थों में कोई भी वर्गीकरण करना अत्यंत मुश्किल हो जाता है। और फिर जटिल समाजों की नैतिक व्यवस्थाओं में बहुमुखी तत्वों

की मौजूदगी प्रबल नैतिक विचारों की पहचान को संदिग्ध बना देती है। यह ज़रूर है कि कम से कम कुछ आधुनिक समाजों में नैतिकता के विकास की एक विशेषता हरेक समाज में नैतिक विश्वासों की बढ़ती हुई विविधता है।

धर्म का समाजशास्त्रीय महत्व (Sociological Importance of Religion)—धर्म के समाजशास्त्रीय महत्व के बारे में अनेक समाजशास्त्रीय ने अलग-अलग विचार किया है। इस संबंध में **लेवी** के कथनानुसार, ''धर्म जीवन के अंतिम लक्ष्यों से संबंधित क्रियाओं की संपूर्णता का नाम है।'' जबकि यथार्थ यह है कि बाहरी तौर पर हम सामाजिक, राजनीतिक अथवा आर्थिक लक्ष्यों को बहुत महत्वपूर्ण मानते हैं। लेकिन यह लक्ष्य अंतिम लक्ष्यों से अधिक महत्वपूर्ण नहीं है यद्यपि धर्म में न तो सरकार के समान कोई शक्ति होती है न ही आर्थिक संस्थाओं के समान यह वस्तुओं और सेवाओं का उत्पादन करने में सहाय हो सकता है और न इस संस्था के द्वारा व्यक्तियों के यौनिक संबंधों को निर्धारित किया जाता है लेकिन फिर भी सामाजिक जीवन में धर्म का महत्व सर्वव्यापी और शाश्वत है। धार्मिक संस्थाओं का कार्य व्यक्ति के जीवन में आकस्मिक विपतियों मृत्यु, दुख और तनाव जैसी महत्वपूर्ण समस्याओं का समाधान करने के क्षेत्र में निश्चय ही महत्वपूर्ण माना जाता है। उसका यह लक्ष्य अंतिम और सर्वव्यापी है, जिसको धार्मिक संस्थाओं के द्वारा पूरा किया जाता है। धर्म का महत्व इसी बात से स्पष्ट हो जाता है कि व्यक्ति की जिन जिज्ञासाओं का समाधान उच्च से उच्च वैज्ञानिक सिद्धांतों द्वारा नहीं हो सका है, धर्म उनका समाधान करता है। इस दृष्टिकोण से वैयक्तिक, सामाजिक और सार्वजनिक जीवन में धर्म के महत्व को निम्न प्रकार समझा जा सकता है।

जॉन्सन के कथनानुसार—'जीवन से निराश व्यक्ति सामाजिक नियमों की सबसे अधिक अवहेलना करता है। इस प्रकार धर्म एक मात्र ऐसी संस्था है जो व्यक्ति के सामने नैतिक मूल्यों के महत्व को बताती है। और साथ ही साथ यह भी बताती है कि दूसरे लोग उससे कैसे व्यवहारों की आशा करते हैं। इस प्रकार नैतिकता का बोध उसमें आत्मनियंत्रण की भावना उत्पन्न कर देता है। उदाहरण के लिए, भारतीय संस्कृति में अध्यात्मवाद, त्याग और सहिष्णुता कुछ प्रमुख नैतिक मूल्य हैं। जब किसी प्रियजन की मृत्यु होती है तब हम अपने ही' व्यवहारों का विश्लेषण करने लगते हैं। इतना ही नहीं, हम संसार को एक 'माया' और आत्मिक विकास को जीवन का प्रमुख सार मानने लगते हैं। ऐसी भावना बहुत सरलता से नैतिक मूल्यों को प्रोत्साहन देने लगती है ओर इस प्रकार समाज में नियंत्रण की स्थापना होती है।

डेविस के कथननुसार—'यदि हमारा लक्ष्य किसी विश्वास का प्रचार करना है तो राज-शक्ति उसे असफल बना सकती है, यदि हमारा लक्ष्य अपने देश को संसार का अगुआ बनाना है तो विनाशकारी युद्ध इस पर तुषारापात कर सकता है, यदि लक्ष्य प्रसिद्ध प्राप्त करना है तो एक छोटी सी असफलता ही हमें निराश कर सकती है। इस प्रकार सभी सांसारिक लक्ष्य तरह-तरह की निराशा को जन्म देकर व्यक्तित्व को विघटित कर सकते हैं। लेकिन कुछ लक्ष्य ऐसे भी हैं जिनको प्राप्त करने में असफलता की कोई भी गुंजाइश नहीं होती। यह लक्ष्य 'अधिदैविक लक्ष्य' है तथा यह सामाजिक जीवन में उत्पन्न निराशा को दूर करने का भी प्रयत्न करते हैं। इस प्रकार पवित्र वस्तुओं की विद्यमानता और पवित्र संस्कारों में भाग लेना व्यक्ति को सुख ही प्रदान नहीं करता है बल्कि उसके विश्वास को भी दृढ़ बनाता है।''

धर्म व्यक्ति को नैतिकतापूर्ण जीवन बिताकर समाज में सम्मान और प्रतिष्ठा हासिल कर सकता है। और विपत्तियों से बच सकता है। धर्म व्यक्ति के जीवन के महत्व के साथ धार्मिक संस्थाएं कि सहायता से उद्देश्य की प्राप्ति न होने पर व्यक्ति में निराशा नहीं होती, बल्कि वह इसे 'प्रभू की इच्छा' मान कर पुनः इस कार्य में दुगुने उत्साह के साथ काम में लग जाता है। सभी परिस्थितियों में धर्म पवित्र भावना द्वारा उसे मानसिक तनाव से बचाता है। धर्म परिवर्तन के प्रत्येक चरण में व्यक्ति जिसे अनुकूल करके उसके व्यक्तिव को संगठित बनाए रखता है। उदाहरण के लिए, एक व्यक्ति का बचपन, किशोरावस्था, और यौनिक परिपक्वता के बाद विवाहित हो जाता है, तो संतान पैदा होती है। उसके बाद वह विधुर होकर पुनः वृद्धावस्था तक पहुँच सकता है। धर्म इन सभी परिस्थितियों में अनेक संस्कारों के द्वारा उसके विचारों और व्यवहारों को समाज के अनुकूल बनाए रखता है। इस दृष्टिकोण से धर्म को अतीत, वर्तमान और भविष्य का एक सुन्दर समन्वय कहा जा सकता है।

मनुष्य अपने जीवन में अनेक प्रकार की अनिश्चितता, निर्बलता और अभाव को महसूस करता है। इस प्रकार उसका जीवन अनिश्चित होता है। इस स्थिति में वह केवल दूसरों को ही दुख अथवा मृत्यु के शिकंजे में नहीं देखता बल्कि वह सोचता है कि विपत्तियाँ उसके सामने कभी-भी और किसी भी क्षण आ सकती हैं व्यक्ति अपने आपको निर्बल महसूस करता है क्योंकि वह प्राकृतिक विपत्तियों को अपने वश में नहीं कर पाता। मनुष्य के जीवन में सुविधाओं के अभाव की समस्या भी निरंतर बनी रहती है। अमरीका और जर्मनी जैसे समृद्ध समाज भी इन विपत्तियों से सबको बचा नहीं सके हैं। हिप्पी-जीवन इस स्थिति का उत्कृष्ट प्रमाण है। धर्म एकमात्र ऐसी संस्था है जो व्यक्ति को अपनी परिस्थितयों के अनुकूल बनाने में सहायक सिद्ध होती है।

इसके अलावा धर्म के अनेक प्रमुख कार्य हैं। जैसे जीवन में तनाव को रोकना और एकीकरण की क्रिया को प्रोत्साहन देना आदि। एकीकरण से तात्पर्य यह है कि जो अनेक समूहों की भावनाओं और मनोवृत्तियों को एक-दूसरे के समीप लाकर संगठन की दशा उत्पन्न करती है। सबसे पहले व्यवहार के समान तरीकों को प्रोत्साहित करता है, जिससे विभिन्न समूहों के विचारों में समानता की भावना उत्पन्न हो। और इस प्रकार धर्म सामाजिक कल्याण से संबंध रखता है। व्यक्तिगत स्वार्थों को पूरा करने से कोई सरोकार नहीं होता। जब कभी ऐसा होता भी है तो धर्म समाज कल्याण को ही प्रमुख स्थान देकर सामाजिक एकीकरण में वृद्धि करता है। और इसके साथ-साथ धर्म सामाजिक मूल्यों के महत्व को स्पष्ट करके भी एकीकरण में वृद्धि करता है। **जॉन्सन** के शब्दों में, ''धर्म कभी भी एकीकरण करने वाली एकमात्र शक्ति नहीं है बल्कि यह अनेक साधनों में से एक है जो एकीकरण की प्रक्रिया में योगदान करता है।'' जबकि वास्तविकता यह है कि सामाजिक व्यवस्था में यदि प्रत्येक व्यक्ति अपने-अपने अधिकारों का दावा करने लगे तो सामाजिक संगठन के टूट जाने का डर पैदा हो जाता है, लेकिन धर्म एक ऐसी संस्था के रूप में है जो व्यक्ति को अपने कर्तव्यों के प्रति अधिक जागरूक बनाकर सामाजिक संगठन को स्थायी बनाने की प्रेरणा प्रदान करती रहती है।

धार्मिक संस्थाएं सामाजिक परिवर्तन पर नियंत्रण करके समाज को विघटित होने से बचाती हैं। सामाजिक परिवर्तन समाज में केवल बुराइयां ही नहीं पैदा करते, बल्कि लाभदायक भी सिद्ध होते हैं लेकिन इसके साथ ही परिवर्तन के परिणामस्वरूप समाज के विघटित होने का भय बना रहता है। धर्म इस आशंका से समाज की रक्षा करता है। धर्म एक ओर परिवर्तन को हतोत्साहित करता है तो दूसरी ओर लोगों में ऐसा आत्मविश्वास पैदा करता है जिससे धर्म की रूढ़ियों को दूर करके उसे समाज के लिए लाभदायक बनाता है। इससे पता चलता है कि धर्म हमेशा परिवर्तन का विरोधी नहीं बल्कि यह नैतिकता और कर्तव्य की भावना के द्वारा अनावश्यक परिवर्तन पर नियंत्रण बनाए रखता है।

सामाजिक नियंत्रण के अलावा धर्म लोगों को स्वस्थ मनोरंजन प्रदान करके उन्हें भावनात्मक सुरक्षा प्रदान करता है धार्मिक संस्थाएं यह कार्य अनेक उत्सवों पौराणिक गाथाओं, उपख्यानों, कर्मकाण्डों, और संस्कारों का विकास केवल इसलिए हुआ जिससे विनोदी प्रकृति और उसकी सामूहिकता की प्रवृत्ति के अभाव में मनुष्य का जीवन उसी प्रकार मंत्रवत और जड़ हो जाता है, जैसे वर्तमान युग में कंप्यूटर कार्य तो कर सकते हैं लेकिन मनुष्य और समाज को एक स्वस्थ जीवन नहीं प्रदान कर सकते। धार्मिक संस्थाएं मनुष्य में विनोद-प्रियता को प्रोत्साहन देकर उसे सच्चे अर्थों में एक 'मानव-प्राणी' (Human Being) अथवा नैतिक प्राणी बनाती हैं।

शिक्षा (Education)

महात्मा गांधी ने कहा है कि ''शिक्षा से मेरा अभिप्राय बच्चे के शरीर, मन और आत्मा में विद्यमान सर्वोत्तम गुणों का विकास करना है'' इसका मतलब यह है कि मनुष्य स्वयं एक बौद्धिक प्राणी है। शिक्षा का कार्य केवल इन बौद्धिक गुणों का विकास करना होता है साथ ही इसका उद्देश्य व्यक्ति को पर्यावरण के अनुकूल करने की क्षमता प्रदान करना है।

ब्राउन तथा **रासेक (Brown and Rowcek)** के अनुसार, ''शिक्षा अनुभव की वह संपूर्णता है जो किशोर और वयस्क दोनों की अभिवृत्तियों को प्रभावित करती है तथा उसके व्यवहारों का निर्धारण करती है।'' **ब्राउन** ने शिक्षा का तात्पर्य सभी प्रकार के सैद्धांतिक विचारों और व्यावहारिक अनुभव से बताया है। तथा इसको ग्रहण करने वाले व्यक्तियों की अभिवृत्तियों में सुधार करना है, साथ ही साथ शिक्षा व्यवहारों पर नियंत्रण रखने का सबसे प्रभावशाली माध्यम है। शिक्षाशास्त्री **रेमण्ड** के कथनानुसार, ''मनुष्य बचपन से प्रौढ़ावस्था तक अनेक तरीकों से अपने आपको भौतिक, सामाजिक और अध्यात्मिक पर्यावरण के अनुकूलन करना सीखता है।'' **थॉमसन (Thomson)** ने शिक्षा को व्यक्तिगत परिमार्जन की एक प्रक्रिया माना है कि ''शिक्षा बाहरी वातावरण के प्रभावों का एक समन्वित स्वरूप है जिसके द्वारा मनुष्य से आचार-विचार, आदतों तथा व्यवहारों में सुधार होता है अथवा जिसके द्वारा मनुष्य के उत्तम गुणों का विकास होता है।''

शिक्षा की परिभाषा (Definition of Education)— दुर्खीम ने शिक्षा को परिभाषित करते हुए कहा कि, ''शिक्षा ऐसी गतिविधि है जिसे पुरानी पीढ़ियाँ उन लोगों के साथ करती हैं जो सामाजिक जीवन के लिए अभी तैयार नहीं हुए होते हैं। इसका उद्देश्य है बच्चों में उन शारीरिक, बौद्धिक और नैतिक हालात को जगाना और विकसित करना जिसकी मांग कुल मिलाकर समाज और वह वातावरण जिसमें खासकर उनका रहना तय है, ये दोनों उनसे करते हैं। यह गतिविधि, नई पीढ़ियों का समाजीकरण, सभी समाजों में अनिवार्य रूप से होती है, लेकिन इसमें शामिल सामाजिक समूहों और संस्थाओं के लिहाजन, तथा इसकी अपनी विविधता और जटिलता के लिहाजन यह अनेक रूप अपनाती है।''

विभिन्न संदर्भों में शिक्षा—सबसे पहले, हम इस बात पर विचार करते हैं कि शिक्षा किस हद तक एक विशेषीकृत सामाजिक गतिविधि है। सरलतम समाजों में, जहां वैसे भी बहुत कम विशेषीकृत प्रकार्य होते हैं, एक अलग गतिविधि के बतौर संगठित नहीं होती;

यह उनकी रोजमर्रा की ज़िंदगी में भागीदारी के जरिए परिवार, नातेदार समूह और संपूर्ण समाज द्वारा प्रदान की जाती है। लेकिन सरलतम स्तर से ऊपर के अनेक आदिम समाजों में यौनारंभ के समय औपचारिक शिक्षा दी जाती है, समाज के एक प्रौढ़ सदस्य के बतौर दीक्षा के ठीक पहले लोवी यगान (टिएरा डेल फ्यूगो) समुदाय में शैक्षिक योजना का एक उदाहरण देता है: हरेक यगान नौसिखिए के दो गुरु होते हैं। शारीरिक रूप से हरेक लड़के या लड़की को कष्टसाध्य आत्म-नियंत्रण की शिक्षा दी जाती है। नैतिक शिक्षा के लिए ये नवदीक्षित एक साथ कबीले के किसी आदरणीय आदमी के भाषण सुनते हैं। इस सामूहिक शिक्षा के अलावा अगर कोई निकट संबंधी शिष्य के चरित्र में कोई कमी लक्षित करे और उसे सुधारने का कष्ट उठाना चाहे तो हरेक लड़के या लड़की को उससे शिक्षा ग्रहण करनी पड़ती है। अंतत: सचमुच की व्यावसायिक शिक्षा होती है। लड़कियों के प्रशिक्षण में तो पहले से ही सीखे हुए कौशल का पुनरावलोकन मात्र होता है।

बहरहाल, लड़के प्रौढ़ जीवन के लिहाजन आनेवाली जिम्मेदारियों में अपेक्षाकृत पिछड़े होते हैं ओर इसलिए उन्हें स्कूली शिक्षा की ज़रूरत पड़ती है।

भारत में शिक्षा का विकास—प्राचीन भारत में औपचारिक शिक्षा ब्राह्मणों द्वारा दी जाती थी। शिष्यत्व में पहला प्रवेश पांच वर्ष की आयु में होती थी। वह पहली बार वर्णमाला सीखने से अपनी शुरुआत करता था, और यह सभी उम्र के बालकों के लिए खुला था। फिर मुंडन संस्कार होता था, जिसके बाद सामान्यत: 8 वर्ष की आयु में ब्राह्मण, 11 वर्ष की आयु में क्षत्रिय, और 12 वर्ष की आयु में वैश्य बालक का छात्रावस्था में प्रवेश का संस्कार होता था। समूची शैक्षिक व्यवस्था ब्रह्मचर्य की इस प्राचीन व्यवस्था पर आधारित थी जिसमें शिक्षा या शस्ति के मुकाबले जीवन पर अधिक जोर दिया जाता था। यह छात्र और अध्यापक के बीच निरंतर व्यक्तिगत संपर्क पर आधारित थी, जो एक ही घर में रहते थे और आध्यात्मिक बंधन से एक साथ बंधे हुए थे। इस संस्कार के बाद छात्र एक नए जीवन में प्रवेश करता था जहां अध्यापक उसका पुन: सृजन करता था ओर उसे दोहरे अनुशासन—शारीरिक और नैतिक से होकर गुजरना पड़ता था।

यह शैक्षिक व्यवस्था आबादी की बहुत छोटी अल्प संख्या को ही सुलभ थी, और यह वंशानुगत पुजारी वर्ग द्वारा दी जाती थी। जिसकी मुख्य चिंता धार्मिक सिद्धांतों का संप्रेषण और इहलौकिक शिक्षा का तिरस्कार था। सदियों तक ब्राह्मण जाति शिक्षा का भंडार और हिंदू जीवन का निर्देशक बनी रही, पवित्र ग्रंथों पर चिंतन और उनका भाष्य करती रही और एक के बाद एक पीढ़ियों को धार्मिक संस्थाओं, टोली और विद्यालयों और चतुष्पाठियों के जरिए अपना अध्ययन प्रदान करती रही। तकनीकी कौशल मुख्यत: परिवार और पेशागत समूहों द्वारा अनौपचारिक और व्यावहारिक ढंग से किया जाता था। ऐसा मामला तो बहुत हद तक उन सभी समाजों के साथ था जहां आधुनिक विज्ञान और उद्योग का विकास नहीं हुआ था, लेकिन भारत में धार्मिक शिक्षा की प्रबलता पश्चिमी या मुस्लिम समाजों, अथवा चीन के भी मुकाबले बहुत ज्यादा थी।

शिक्षा का आधुनिक स्वरूप—बहरहाल, ऐसे विभाजन तमाम समाजों में मौजूद हैं। जहां कहीं सामाजिक स्तरीकरण की व्यवस्था है, वहां उससे मिलता-जुलता विभेद शिक्षा व्यवस्था में दिखाई पड़ेगा। कुछ आदिम समाजों में भी ऐसा है, उदाहरण के लिए, माओरी लोगों में सर्दियों के दौरान सामान्य लोगों के स्कूल चलते हैं, लेकिन कुछ पवित्र कालेज भी हैं जो केवल कुलीन तबकों, खासकर मुखिया लोगों के ज्येष्ठ पुत्रों के लिए खुले हैं। अधिकांश साक्षर समाजों में साक्षरता ऊपरी सामाजिक तबकों तक ही सीमित रही है। आधुनिक औद्योगिक समाजों ने पहली बार व्यापक साक्षरता हासिल की, लेकिन इसके जरिए वे विभिन्न सामाजिक स्तरों के बीच शैक्षिक विभाजन को दूर करने में सफल नहीं हो सके। विभिन्न सामाजिक समूहों के लिए अलग-अलग तरह के स्कूलों की मौजूदगी के कारण यह बना हुआ है, उदाहरण के लिए, उच्चवर्गों के बच्चों के लिए सुरक्षित अंग्रेजी 'पब्लिक स्कूल' या फिर उच्च शिक्षा के अवसरों का असमान वितरण भी इसे टिकाए हुए है।

अधिकांश पश्चिमी देशों में उच्चशिक्षा में पारंपरिक रूप से ग्रीस और रोम की शास्त्रीय भाषा और संस्कृति की शिक्षा शामिल है, और इसके कारण शिक्षित भद्रजन और बाकी समाज के बीच विभाजन मजबूत हुआ है। ऐसे सांस्कृतिक भेद बीसवीं सदी में भी क्षीण रूप में मौजूद हैं, साहित्यिक और वैज्ञानिक, दो संस्कृतियों के बीच टकराव के मूल में ये ही हैं, और कुछ समाजों में तकनीकी शिक्षा के विकास में बाधक बने हुए हैं। **लोवी** के अनुसार, 'ऐतिहासिक दुर्घटना के चलते मौखिक सुभाषित को विशेष दर्जा मिल गया, जबकि शारीरिक दक्षता और जिस चीज में भी उपयोगिता की गंध ही उन सबको सामाजिक पैमाने पर काफी नीचे रखा गया। कुलीनों और आम लोगों के बीच, बौद्धिकों के लिए शिक्षा और शारीरिक पेशों की शिक्षा के बीच इस व्यापक विभाजन के अलावा शैक्षिक सुविधाओं का एक और परिष्कृत अनुक्रम दिखाई पड़ता है। इस तरह कहा जा सकता है कि 1944 से पहले इंग्लैंड में शिक्षा व्यवस्था मौटे तौर पर मजदूर वर्ग के बच्चों को प्राथमिक शिक्षा मध्यवर्गीय बच्चों को माध्यमिक (ग्रामर स्कूल) शिक्षा तथा उच्च

और उच्च मध्यम वर्ग के बच्चों को पब्लिक स्कूल की (फीस वाले) शिक्षा उपलब्ध करा दी थी। इस विभेद को नष्ट किए बिना 1944 के **एजुकेशन ऐक्ट** ने इसमें सिर्फ सुधार किया; अब भी बहुत तक स्थिति यही है कि उच्च और उच्च मध्यम वर्ग के बच्चे मुख्यत: पब्लिक स्कूल में जाते हैं मध्य वर्ग के बच्चे माध्यमिक ग्रामर स्कूलों में और मजदूर वर्ग के बच्चे माध्यमिक मार्डन स्कूलों में जाते हैं। यह स्थिति धीरे-धीरे केवल सर्वश्लेषी स्कूलों के विकास से बदल रही है।'

शिक्षा के कार्य और महत्व—शिक्षा का कार्यभार समाज के एक खास तरह के वातावरण के लिए बच्चे को तैयार करना है (जैसा कि **दुर्खीम** ने परिभाषित किया) पारम्परिक तौर पर इसका अर्थ है सामाजिक पदानुक्रम में एक खास समूह की सदस्यता के लिए उसे तैयार करना। आधुनिक समतावादी नीतियों का अनुभव यह बतलाता है कि इस अभिलक्षण को खत्म करना बहुत कठिन है, कम से कम केवल इसलिए कि बौद्धिक और सामाजिक मानदंड अक्सर एक दूसरे के साथ घुले मिले होते है; ऊंची हैसियत के परिवारों के बच्चे सामान्यत: उन्हें मिलने वाली अनेक तरह की सुविधाओं के कारण उच्च शिक्षा के लिए ज्यादा योग्य होते हैं। यह हो सकता है कि भविष्य में अधिक समतावादी समाजों के सामाजिक समानता की खास बात नहीं रह जाएगी और ये कठिनाइयाँ हल हो जाएंगी। लेकिन यह ज्यादा संभव दिखाई देता है कि जब तक शैक्षिक चुनाव है तब तक समाज के भीतर विशेषाधिकार प्राप्त समूह हमेशा पैदा होते रहेंगे और केवल नीति तथा योजना के जरिए ही कुछ-कुछ समानता बनाए रखने में सफलता मिल सकती है।

दुर्खीम ने कहा शिक्षा किसी बच्चे को सम्पूर्ण समाज में उसके जीवन के लिए भी तैयार करती है। यह काम वह समाज की भाषा, उसके धर्म, नैतिकता और रिवाजों के जरिए साक्षी सामाजिक परंपरा का संप्रेषण करके करती है राष्ट्रीय मूल्यों को मन में स्थापित करना आधुनिक समाजों में खासकर प्रत्यक्ष है, और अध्यापकों की सामाजिक प्रतिष्ठा में लंबे दिनों से प्रतिविबिंत होता रहा है। फ्रांसीसी इंस्टीट्यूट (संस्थापक) को 1789 की क्रांति में यह पदनाम दिया गया (सेल्यूकि ऐसवी व्युला नाशियाँ) और तीसरे रिपब्लिक के तहत उसे उल्लेखनीय प्रतिष्ठा और महत्व प्राप्त हुआ। अमरीका में उन्नीसवीं सदी के अंत से स्कूली शिक्षिकाओं ने अप्रवासियों के बच्चों को शत-प्रतिशत अमरीकी बनाने में ऐसी भूमिका निभाई। वहां जो जीवन पद्धति सिखाई जाती है वह विभिन्न स्रोतों से पैदा हो सकती है। फ्रांस में तीसरे रिपब्लिक के तहत धर्मनिरपेक्ष नैतिकता की शिक्षा देने की कोशिश की गई (जिसमें **दुर्खीम** ने अपने लेखन के जरिए योगदान किया) लेकिन इसका मुख्य परिणाम राज्य के स्कूलों और कैथोलिक स्कूलों के बीच तथा साथ ही साथ उनसे पैदा होने वाली प्रौढ़ पीढ़ियों के बीच एक गहरे विभाजन और टकराव के रूप में निकला। ब्रिटेन में 1944 के एजुकेशन ऐक्ट के जरिए यह वैधानिक जिम्मेदारी थोप दी गई कि हरेक स्कूल में दिन सामूहिक प्रार्थना के साथ शुरू होगा और धार्मिक शिक्षा दी जाएगी, और आधिकारिक परिपत्रों तथा पैम्फलेटों में ब्रिटिश जीवन पद्धति की बुनियाद के रूप में ईसाई परंपरा पर जोर दिया गया। साम्यवादी समाजों में स्कूल अपने विद्यार्थियों में मार्क्सवाद के सामाजिक और राजनीतिक सिद्धांतों को बिठाते हैं। भारत में प्राथमिक शिक्षा की पूरी धारणा गांधी के सामाजिक दर्शन पर आधारित है जो स्वयं हिंदूवाद से प्रेरित है, और तकरीबन सभी शिक्षा से संबंधित सार्वजनिक विचारों में वर्तमान को शिक्षा की पारंपरिक हिंदू व्याख्या से जोड़ा जाता है।

इसी चलते नौजवानों में वृद्ध लोगों के लिए इज्जत कम हो गई है। माता-पिता का अपने बच्चों के ऊपर या शिक्षक का अपने शिष्यों पर जो स्वाभाविक अधिकार होता है उसे माना नहीं जा रहा है। धार्मिक और सामाजिक दंडों की अवहेलना व्याप्त हो गई है, और नैतिक शिथिलता बढ़ी है। लेकिन स्वतंत्रता प्राप्ति के बाद का अनुभव बताता है कि कुछ सामान्य प्रभाव भी कार्यरत है। हालांकि हिन्दूवाद और आधुनिक विज्ञान के बीच कोई सामान्य टकराव तो नहीं दिखाई देता, लेकिन विज्ञान पर आधारित औद्योगिक समाज की जीवन पद्धति और हिन्दूवाद के साथ घनिष्ठतापूर्वक जुड़ी हुई पारंपरिक जीवन पद्धति के बीच निश्चित ही टकराव हैं। हाल में भारत में शिक्षा संबंधी योजनाएं वस्तुत: बहुत हद तक शिक्षा के धर्मनिरपेक्ष पहलू पर जोर देने, आधुनिक ज्ञान के संप्रेषण, और नैतिक तथा धार्मिक शिक्षा की समस्याओं को एक तरफ ठेल देने के जरिए ब्रिटिश मिसाल की ही नकल कर रही हैं।

सामाजिक नियंत्रण की किस्म के रूप में शिक्षा—**हेल्वेशियस** ने अठारहवीं सदी में फ्रांस की शिक्षा का जिक्र करते हुए कहा कि लोग अनपढ़ तो पैदा होते हैं, लेकिन मूर्ख नहीं; उन्हें शिक्षा के जरिए मूर्ख बनाया जाता है। आधुनिक दृष्टिकोण यह नहीं है। ऐसे समाज अब भी हो सकते हैं जिनमें लोगों के दिमाग़ जड़ सूत्रवादी शिक्षा के जरिए मूर्खतापूर्ण बनाए जाते हों जो शिक्षा उन्हें राजनीतिक या धार्मिक सत्ता के दृष्टिकोण को बिना किसी आलोचना के स्वीकार करने का आदी बनाती हों, लेकिन औपचारिक शिक्षा का सामान्य चरित्र आधुनिक विज्ञान और तकनीक ने गहराई से बदल दिया है। आदिम और शुरुआती समाजों तथा आधुनिक

औद्योगिक समाजों के बीच सबसे बड़ा अंतर शायद यह है कि जहां आदिम समाज में शिक्षा की मुख्य चिंता एक जीवन पद्धति का संप्रेषण था, वहीं आधुनिक समाज में उपलब्ध ज्ञान की प्रचुरता, उत्पादन में विज्ञान के प्रयोग, और विस्तृत श्रम विभाजन के कारण औपचारिक शिक्षा केवल संपूर्णत: शिक्षा की प्रक्रिया में प्रभावी हो गई है, बल्कि अनुभव सिद्ध ज्ञान के संप्रेषण से बहुत हद तक जुड़ी हुई है। इस परिवर्तन के एक पहलू का संकेत इस कथन से मिलता है कि आधुनिक समाजों में शिक्षा की अंतर्वस्तु साहित्यिक कम वैज्ञानिक अधिक हो गई है। एक दूसरा बड़ा अंतर यह है कि शुरुआती समाजों में एक अपेक्षाकृत अपरिवर्तनीय जीवन पद्धति और ज्ञान के भंडार का संप्रेषण किया जाता था जबकि आधुनिक शिक्षा द्वारा संप्रेषित वैज्ञानिक ज्ञान में बदलते रहने की आशा होती है; और फिर, शिक्षा से यह आधा की जाती है कि वह स्थिर की बजाए बदलती हुई दुनिया के लिए व्यक्तियों को तैयार की।

इसी मामले में हम मान सकते हैं कि आधुनिक समाजों में औपचारिक शिक्षा स्वतंत्रतापूर्वक ऐसे विचारों और मूल्यों का संप्रेषण करती है जो व्यवहार के नियंत्रण में एक भूमिका निभाती है। **मोलिनोव्स्की** ने आदिम समाजों में इस विशेषता का भ्रूणावस्था में ठीक ही जिक्र किया था। जब उसने सामाजिक नियंत्रण में एक तत्व के बतौर 'हस्तशिल्प के नियमों' को शामिल किया था। आधुनिक विज्ञान और तकनीक न केवल अनंत रूप से अधिक जटिल हस्तशिल्प के नियमों के आधार हैं बल्कि प्रकृति और सामाजिक जीवन के प्रति उस सामान्य तार्किक दृष्टिकोण के भी आधार हैं जिसकी भूमिका का महत्व सामाजिक सहयोग को स्थापित करने और बनाए रखने में अधिकाधिक बढ़ रहा है। इसके अलावा पिछली तीन सदियों से वैज्ञानिक चिंतन धार्मिक और नैतिक सिद्धांतों द्वारा प्रस्तुत विचारों की आलोचना प्रत्यक्ष या अप्रत्यक्ष ढंग से करता आ रहा है और इसमें आने वाले परिवर्तनों के लिए बहुत हद तक जिम्मेदार है। आधुनिक विश्व का समूचा तार्किकीकरण, जिससे **मैक्सवेबर** बहुत ग्रस्त रहता था, विज्ञान के विकास से जुड़ा हुआ है। और इस विकास का मुख्य वाहक कम से कम पिछली सदी के दौरान शिक्षा व्यवस्था रही है, इसलिए हम वैधतापूर्वक सामाजिक नियंत्रण की एक किस्म के रूप में औपचारिक शिक्षा पर बात कर सकते हैं।

व्यापक अर्थों में शिक्षा, बचपन से लेकर प्रौढ़ावस्था तक सामाजिक नियंत्रण का एक महत्वपूर्ण साधन है, और इसका महत्व पिछले दो दशकों में विकासशील देशों में स्वरों पर शिक्षा के तीव्र विस्तार और औद्योगिक देशों में माध्यमिक और उच्च शिक्षा के उसी तरह तीव्र विकास के कारण बहुत बढ़ गया है शिक्षा के जरिए नई पीढ़ियां सामाजिक मानदंड और उनका उल्लंघन करने पर मिलने वाले दंड के बारे में जानती हैं, सामाजिक विभेदीकरण और स्तरीकरण की व्यवस्था में उन्हें उनके स्टेशन और उसके कर्तव्यों की भी शिक्षा दी जाती है। आधुनिक समाजों में, जहां औपचारिक शिक्षा की प्रधानता है और जहां पेशेवर शिक्षकों का एक महत्वपूर्ण समूह अस्तित्व में आ चुका है, वहां शिक्षा सामाजिक नियंत्रण का एक मुख्य प्रकार है (वैज्ञानिक ज्ञान के स्रोत के बतौर) जो नियंत्रण के अन्य रूपों के साथ होड़ करती और कभी-कभी टकराती है। यह टकराव, जैसा कि उत्तरी अमरीका और यूरोप का पिछले कुछ वर्षों का अनुभव बतलाता है, तब खासकर तीखा हो जा सकता है जब उच्च शिक्षा का प्रसार आबादी के बड़े हिस्से तक हो जाए; और सामाजिक मानदंडों में परिवर्तन और नवाचार का मुख्य स्रोत अधिकाधिक शिक्षा व्यवस्था होती जा सकती है।

वस्तुनिष्ठ प्रश्न

1. भारतवर्ष में **विवाह और परिवार** पुस्तक के लेखक कौन है?

A. के.एम. कपाड़िया B. एम.एन. श्रीनिवास

C. गिलिन एंड गिलिन D. इनमें से कोई नहीं

2. प्रतिलोम विवाह किनके बीच होता है?

A. उच्च वर्ग के पुरुष का निम्न वर्ग की स्त्री से

B. उच्च वर्ग के पुरुष का उच्च वर्ग की स्त्री से

C. निम्न वर्ग के पुरुष का उच्च वर्ग की स्त्री से

D. निम्न वर्ग के पुरुष का निम्न वर्ग की स्त्री से

3. समूह से बाहर विवाह को प्रतिबंधित करने वाले विवाह को क्या कहते हैं?

A. अन्तर्विवाह (Endogamy)

B. बहिर्विवाह (Exogamy)

C. बहुविवाह (Polygamy)

D. इनमें से कोई नहीं

4. Hindu social organisation पुस्तक के लेखक कौन हैं?

A. के.एस. कपाड़िया B. राजबली पांडेय

C. पी एच प्रभु D. सुन्दर सिंह

5. अन्तर्विवाह की प्रथा सबसे अधिक प्रचलित थी?

A. ब्राह्मणों में B. अनुसूचित जातियों में

C. जनजातियों में D. किसी में नहीं

6. शिक्षक, मां, पत्नी के पद के साथ संबंधित भूमिकाओं को क्या कहते हैं ?
A. बहु-भूमिकाएं (Multiple role)
B. भूमिका पुंज (Role sets)
C. भूमिका (Role)
D. भूमिका ग्रहण करना (Role taking)

7. वंशानुक्रम के नियम से अर्थ है—
A. सम्पत्ति हस्तान्तरण से संबंधित नियम
B. सदस्य व्यक्ति के रक्त-समूह निर्धारण से संबंधित नियम
C. वैवाहिक संबंधों से संबंधित नियम
D. भाई-बहनों की पहचान से संबंधित नियम

8. ''धर्म मानव की पाशविक एवं दैवीय प्रकृति के बीच की श्रृंखला है।'' पर निम्न में से किसकी व्याख्या है ?
A. श्री जी.बी. काणे B. के.एम. कपाड़िया
C. डॉ. राधाकृष्णन D. पणिक्कर

9. हिन्दू धर्म में तीन ग्रहण माने गए हैं — देव ऋण और ऋषि ऋण, तीसरा
A. मातृ ऋण B. पितृ ऋण
C. गुरु ऋण D. इनमें से कोई नहीं

10. प्राचीनतम विवाह संस्कार का वर्णन करने वाला ''विवाह सूक्त'' किसमें पाया जाता है ?
A. ऋग्वेद B. यजुर्वेद
C. सामवेद D. गृह्य सूत्र

11. एक समूह के रूप में 'उपकुल' (Tribe) किसके निकट है ?
A. संस्था के B. जाति के
C. समुदाय के D. गोत्र

12. संयुक्त परिवार की प्रकृति किस प्रकार की होती हैं ?
A. समाजवादी B. साम्यवादी
C. नाजीवादी D. पूंजीवादी

13. निम्नलिखित में से कौन विकासवादी सिद्धांत का समर्थक नहीं है ?
A. टायलर B. स्पेंसर
C. लुईस मॉर्गन D. निमकॉफ

14. दि फैमिली के लेखक कौन हैं ?
A. आगबर्न B. हैरिस
C. निमकॉफ D. इनमें से कोई नहीं

15. एक व्यक्ति के रक्त से संबंधित सभी रिश्तेदार जिसमें पितृ और मातृ दोनों पक्षों के संबंधी होते हैं, कहलाते हैं—
A. एकोदर बंधु B. सहोदर बंधु
C. पितृ बंधु D. मातृ बंधु

16. मातृपक्ष की ओर कितनी पीढ़ियों तक के सदस्यों में विवाह संबंध निषिद्ध है ?
A. 5 पीढ़ी तक B. 6 पीढ़ी तक
C. 7 पीढ़ी तक D. 8 पीढ़ी तक

17. हिन्दू, सिख, जैन और बौद्ध धर्म के अनुयायियों के लिए बहुपत्नी विवाह पर कब से रोक लगाई गई ?
A. 1954 से B. 1955 से
C. 1956 से D. 1957 से

18. निम्नलिखित में से कौन-सा कथन गलत है ?
A. अधिकांश जनजातियों में स्त्रियों का अनुपात अधिक होने के कारण बहु-पत्नी विवाह पाया जाता है।
B. बहुपत्नी विवाह करने वाले व्यक्ति उच्च या निम्न स्थिति के हो सकते है।
C. बहुपत्नी प्रथा के कारण किसी समूह में अच्छे वंशानुक्रम की संतानों के जन्म की संभावना बढ़ जाती है।
D. एक विवाह उत्तराधिकारी व्यवस्था के समान है और इनमें स्त्रियों के शोषण होने की संभावना बढ़ जाती है।

19. निम्न कथनों पर विचार कीजिए —
कथन (अ) : परिवार अब उपभोग की प्रमुख इकाई हो गया है।
कारण (ब) : परिवार उत्पादन की प्रमुख इकाई नहीं रह गया है।
A. अ, ब दोनों सही हैं, ब, अ की सही व्याख्या है।
B. अ, ब दोनों सही, अ, ब की सही व्याख्या नहीं है।
C. अ सही है, ब गलत है।
D. ब सही है, अ गलत है।

20. बाल विवाह के लिए कौन सा तत्व जिम्मेदार नहीं है ?
A. दहेज B. औद्योगिकीकरण
C. अनुलोम विवाह D. संयुक्त परिवार व्यवस्था

21. हिन्दू विधवा पुनर्विवाह अधिनियम किस वर्ष पारित हुआ ?
A. 1854 B. 1856
C. 1947 D. 1954

22. हिन्दू विवाह में कुछ वैधानिक प्रावधान हिन्दू विवाह अधिनियम-1955 द्वारा किए गए थे। सही उत्तरों का चयन करके कूट चिन्हित कीजिए—
1. अन्तर्जातीय विवाह
2. दहेज पर रोक
3. विधवा विवाह

4. एकविवाह का कठोर नियम
5. तलाक का अधिकार
6. वैवाहिक आयु में वृद्धि

कूट :

A. 1 और 2 B. 3 और 4
C. 4 और 5 D. 5 और 6

23. जिसने एक विवाह को सार्वभौमिक माना ?
A. बैचोलन B. विफाल्ट
C. टायलर D. वेस्टरपार्क

24. निम्नलिखित में से हिन्दू विवाह के किस प्रकार में वधू-मूल्य का भुगतान एक प्रथा के रूप में किया जाता हैं ?
A. आर्य B. गांधर्व
C. असुर D. देव

25. निम्नलिखित में से कौन हिन्दू-विवाह तथा पुरुषार्थ व्यवस्था दोनों में ही पाया जाता है ?
A. धर्म B. अर्थ
C. यज्ञ D. मोक्ष

26. निम्नलिखित में से कौन-सी विशेषता संयुक्त परिवार की नहीं है—
A. सामान्य सम्पत्ति
B. सामान्य रसोई
C. सीमित आकार
D. सदस्यों में निश्चित संस्तरण

27. 'परिवार लिंग संबंधों पर आधारित एक समूह के रूप में परिभाषित किया जा सकता है जो कि इतना छोटा और स्थायी होता है कि बच्चों का प्रजनन और पालन-पोषण समुचित रूप से कर सके।' यह कथन किसका है ?
A. मैकाइवर और पेज B. हेनरी मेन
C. डी.एन. मजुमदार D. मोर्गन

28. भारत में नातेदारी शब्द किससे संबंधित है ?
A. किसी जनजाति की सामाजिक संरचना से
B. किसी जनजाति के बहिर्विवाही वर्गों के विभाजन से
C. श्रम विभाजन की प्रकृति से
D. जनजातियों की विवाह संबंधी रीतियों से

29. पोटलैच (Potlach) वह आदिम प्रथा हैं जिसके द्वारा ...
A. लड़की का विवाह सम्पन्न किया जाता है।
B. वस्तुओं का विनियम किया जाता है।
C. जनजाति के मुखिया को सम्मानित किया जाता है।
D. सामाजिक प्रतिष्ठा के लिए सम्पत्ति का अपव्यय किया जाता है।

30. जाति में विवाह को कौन-सा विवाह कहते हैं ?
A. बहिर्विवाह (Exogamy)
B. अनुलोम विवाह (Hypergamy)
C. सगोत्र विवाह (Sagotra Marriage)
D. अन्तर्विवाह (Endogamy)

31. निम्नलिखित में से सही कथन कौन-सा है ?
A. निकट संबंधियों के साथ मैथुन अवरोध परिवार संरचना के निर्माण में सहयोग नहीं देते।
B. निकट संबंधियों के साथ मैथुन अवरोध एक समाज से दूसरे समाज तक प्राय: भिन्न नहीं है।
C. निकट संबंधियों के साथ मैथुन अवरोध परिवार की स्थिति के संबंध में भ्रम निर्यात करते हैं।
D. निकट संबंधियों के साथ मैथुन अवरोध परिवार में यौन-प्रतिद्वंद्विता पैदा करता है।

32. इनमें सही कथन क्या है ?
A. परिवार के सदस्यों की स्थिति प्रदत्त होती हैं।
B. परिवार के सदस्यों की स्थिति नहीं।
C. स्थिति अर्जित होती हैं।
D. इनमें से कोई नहीं।

33. एक पुरुष का एक स्त्री तथा उसकी बहनों के साथ विवाह को क्या कहते हैं ?
A. वेश्यावृत्ति B. हाइपर गेमी
C. सोरोलल बहुविवाह D. अनुलोम विवाह

34. मुसलमानों के अस्थायी विवाह को क्या कहते हैं ?
A. निकाह B. मेहर
C. जिहर D. मुताह

35. हिन्दू विवाह में वर और कन्या की उम्र होनी अनिवार्य है—
A. 20 व 18 वर्ष B. 18 व 15 वर्ष
C. 21 व 18 वर्ष D. 22 व 20 वर्ष

36. मुसलमान पति द्वारा एक ही तरह के समय में तीन बार तलाक करने को क्या कहते हैं ?
A. तलाक-ए-विवाह B. तलाक-ए-तहब्बीज
C. तलाक-ए-असन D. तलाक-उल-सुल

37. ख़ला क्या हैं ?
A. पत्नी द्वारा संबंध विच्छेद की मांग जिसके लिए पति की अनुमति आवश्यक है।
B. विवाह का एक प्रकार
C. तलाक और पुनर्विवाह के बीच की अवधि।
D. इनमें से कोई नहीं।

38. बहुपति विवाह का कारण है—
A. संयुक्त परिवार को मजबूत बनाने का विचार
B. पुरुष के अनुपात में स्त्रियों की कम संख्या
C. निर्धनता
D. उपर्युक्त सभी

39. हिन्दू परिवार सामान्यत: है—
A. एक विवाही परिवार B. बहुविवाही परिवार
C. केंद्रीय परिवार D. संयुक्त परिवार

40. मुस्लिम परिवार के संस्कार है ?
A. सतवां B. अफ्रीका
C. चिल्ला D. उपर्युक्त सभी

41. 'परिवार लगभग एक स्थायी समिति है जो पति पत्नी से निर्मित होता है, चाहे उनकी संतान हो अथवा नहीं।' कथन किसका है ?
A. आगबर्न और निमकॉफ B. वेस्टरमार्क
C. लुण्डबर्ग D. इनमें से किसी का नहीं

42. परिवार की महत्वपूर्ण विशेषता मनुष्य की प्राथमिक आवश्यकताओं की पूर्ति करना है। ये आवश्यकताएं हैं—
A. यौन-संबंध B. सन्तानोपत्ति
C. जीविकोपार्जन D. उपरोक्त सभी

43. कौन परिवार सबसे उत्तम माने जाते हैं ?
A. एक विवाह द्वारा संगठित B. द्विविवाह द्वारा संगठित
C. बहुविवाह द्वारा संगठित D. इनमें से कोई नहीं

44. आर्य विवाह कहते हैं—
A. जब कन्या का विवाह पुजारी के साथ कर दिया जाए।
B. लड़का लड़की अपनी इच्छा से विवाह करें।
C. लड़का लड़की को प्राप्त करने के पूर्व लड़की के पिता को गाय-बैल दे।
D. लड़की का पिता लड़के को दायित्व निभाने के लिए कहे और लड़की का विवाह कर दे।

45. 'आदि काल में स्त्री पुरुष के यौन संबंध अनियमित थे।' यह किसका कथन है।
A. कूले B. वेस्टर मार्क
C. जॉनसन D. बैकोफन

46. किस प्रकार का विवाह उत्तम माना जाता है जिसके परिणाम स्वरूप, सुंदर, स्वरूप और बुद्धिमान संतान की संभावना प्रबल रहती है ?
A. बहिर्विवाह
B. अन्तर्विवाह
C. एकपक्षीय बहुपत्नी विवाह
D. बहुपति विवाह

47. जैविकीय कार्यों का संबंध किससे है ?
A. मनुष्य की आंतरिक प्रवृत्तियों की सन्तुष्टि से
B. सन्तानोपत्ति की व्यवस्था करने से
C. असीमित उत्तरदायित्व की भावना से
D. इनमें किसी से नहीं

48. 'परिवार सन्तानोपत्ति की अवैधता की समस्या का समाधान करके बच्चों को वैधता प्रदान करता है।' किसका कथन है ?
A. अरस्तू B. फालसम
C. विलियन गुड D. प्रो. डेविस

49. जिस परिवार में व्यक्ति जन्म लेता है उसे कहते हैं—
A. शास्त्रीय परिवार B. जन्म परिवार
C. जनता का परिवार D. इनमें से कोई नहीं

50. अमेरिका में गोरे लोग नीग्रो से वैवाहिक संबंध नहीं स्थापित करते हैं क्योंकि वे—
A. नीग्रों को हेय समझते हैं
B. उनके धार्मिक संस्कार इसे नहीं मानते
C. दोनों प्रजातियां भिन्न हैं
D. इनमें से कोई नहीं

51. अपनी ही जाति में विवाह की अनुमति देने वाले विवाह को कहते हैं—
A. अन्तर्विवाह B. अन्तर्जातीय विवाह
C. बहिर्विवाह D. सपिण्ड विवाह

52. 'बहिर्विवाह का प्रचलन निकट संबंधियों से यौन संबंधों (Incest) को रोकने के लिए हुआ है।' यह कथन किसका हैं ?
A. दुर्खीम B. वेस्टरमार्क
C. मोर्गन D. कनिंघम

53. 'मनुष्य क्या पशु-पक्षी भी सदा से एकविवाही रहे हैं।' यह कथन किसका है ?
A. के.एम. कपाड़िया B. मैकाइवर
C. प्लेटो D. वेस्टरमार्क

54. हिन्दू जीवन पद्धति में सबसे महत्वपूर्ण माना जाता है—
A. ब्रह्मचर्य B. गृहस्थ जीवन
C. वानप्रस्थ D. संन्यास

55. 'भौतिकवादी संस्कृति में विवाह का उद्देश्य यौन संबंधों को कानूनी अधिकार देना तथा सन्तानों को वैधता प्रदान

करना है।' यह कथन किस परिवेश के उपयुक्त है?

A. पूर्वी समाज B. पश्चिमी समाज
C. उपरोक्त दोनों D. कोई नहीं

56. निम्न का सामंजस्य क्या है?

(क) ससुर पुत्रवधु (1) परिहास
(ख) जीजा साली (2) परिहार
(ग) मातुलेम (3) मैलिनोवस्की
(घ) बंधुता बीजगणित (4) मातृसत्तात्मक

	क	ख	ग	घ
A.	1	2	3	4
B.	2	1	4	3
C.	2	1	3	4
D.	4	3	2	1

57. निम्न में से कौन-सा तत्व परिवार की उत्पत्ति के लिए आवश्यक माना जाता है?

A. यौन लालसा
B. आर्थिक आवश्यकताएं
C. संतानोप्राप्ति की आवश्यकता
D. उपरोक्त सभी

58. बहुपति विवाह का मुख्य कारण है—

A. स्त्रियों की संख्या का पुरुष के बराबर होना।
B. स्त्रियों की संख्या का पुरुषों से अधिक होना।
C. स्त्रियों की संख्या का पुरुषों की संख्या से कम होना।
D. अत्यधिक निर्धनता।

59. हिन्दू विवाह के सन्दर्भ में निम्न कथन सत्य हैं—

A. यह एक मित्रतापूर्ण समझौता है।
B. यह एक संविदा है।
C. यह एक धार्मिक संस्कार है।
D. उपरोक्त सभी

60. 'संयुक्त परिवार भारत की आदि परम्परा है,' किसका कथन है।

A. मैक्समूलर B. मैकाइवर
C. क्लेपर D. पारसन्स

61. दायभाग भारत में कहां प्रचलन में है?

A. उत्तर प्रदेश B. पंजाब
C. हरियाणा D. बंगाल

62. पारस्परिक प्रेम और स्नेह से होने वाले विवाह को कहते हैं—

A. गांधर्व विवाह B. असुर विवाह
C. देव विवाह D. राक्षस विवाह

63. निम्न में से 'प्रवर' का अर्थ है—

A. गोत्र
B. दूसरा वर
C. श्रेष्ठ ब्राह्मण
D. समान ऋषियों और पूर्वजों के नाम उच्चारण करने वाले

64. मुस्लिम स्त्री से संबंधित नहीं है—

A. पर्दा प्रथा B. अशिक्षा
C. सामाजिक प्रतिबंध D. मुक्त संबंध

65. ईसाई विवाह-विच्छेद अधिनियम पारित हुआ—

A. 1869 B. 1959
C. 1883 D. 1909

66. मालाबार की नायर प्रजाति में कौन सा विवाह प्रचलित है?

A. एकविवाह
B. अभ्रातृक बहुपति विवाह
C. भ्रातृक बहुपति विवाह
D. इनमें से कोई नहीं

67. निम्न वर्ग के पुरुष और उच्च वर्ग की स्त्री के विवाह को क्या कहते हैं?

A. प्रतिलोम विवाह B. अनुलोम विवाह
C. गोत्र बहिर्विवाह D. प्रवर बहिर्विवाह

68. किस जनजाति में विवाह के समय होने वाली वर-परीक्षा को गोल गाधेड़ो (Gole Gadhedo) के रूप में जाना जाता है?

A. टोडा B. बिरहोर
C. हो D. भील

69. हिन्दू स्त्री के लिए 'सम्पत्ति उत्तराधिकार अधिनियम' किस सन् में पारित हुआ?

A. 1920 B. 1939
C. 1937 D. 1950

70. किस जनजाति में प्रक्षिप्त विवाह (Marriage by Intrusion) प्रचलन है?

A. औरांव B. बिरहोर
C. हो D. उपरोक्त सभी

71. किन समाजों में विवाह भिन्नतापूर्ण समझौता माना जाता है?

A. आदिम समाजों में B. भारतीय समाजों में
C. पश्चिमी समाजों में D. उपरोक्त सभी में

72. अनेक आदिम समूह में विवाह माना जाता है—

A. आर्थिक संस्था B. रोजगार का साधन

C. मनोरंजन का साधन D. इनमें से कोई नहीं

73. किसने एकविवाह को विवाह का प्रभावशाली प्रकार कहा है?
A. मैकाइवर B. सेमुअल जॉनसन
C. खीम D. हट्टन

74. हिन्दू परिवार का उद्देश्य किस पुरुषार्थ पाना है?
A. धर्म B. अर्थ
C. काम D. मोक्ष

75. रूरल स्टडीज पुस्तक के लेखक है—
A. बी.आर. चौहान B. जे मर्डोक
C. एस.सी. दुबे D. पी.बी. यंग

76. Principle of Sociology के लेखक कौन हैं?
A. मैक्स वेबर B. मास्टीन वेब्लन
C. हर्बट स्पेंसर D. चार्ल्स कूले

77. हिन्दू परिवार आधारित है—
A. पारिवारिक स्नेह पर B. व्यक्तिवादिता पर
C. आर्थिक स्वार्थ पर D. इनमें में किसी पर नहीं

78. भारतीय समाज में विवाह क्या है?
A. सांस्कृतिक बंधन B. सामाजिक बंधन
C. व्यावहारिक बंधन D. संविदात्मक बंधन

79. आदिवासी समाजों में विवाह का उद्देश्य क्या है?
A. दो व्यक्तियों के बीच में संबंध स्थापित करना
B. दो परिवारों के संबंध को दृढ़ बनाना
C. सन्तानोपत्ति की बढ़ोत्तरी करना
D. उपरोक्त में से कोई नहीं

80. इंका जनजाति कहां पायी जाती है?
A. चिली B. पेरू
C. सूरीनाम D. कोलंबिया

81. किस जनजीति में बहुपत्नी प्रथा प्रचलित नहीं है?
A. नगा B. खस
C. हो D. कुमार

82. एक ही पूर्वज के वंशज को क्या कहते हैं?
A. एक स्त्री स्वजन B. पितृ बंधु
C. समस्त्रीय बंधु D. इनमें से कोई नहीं

83. किसने परिवार के उद्विकास को पांच स्तरों पर विभाजित किया है?
A. टार्नी ने B. पारसन्स ने
C. डाल्टन ने D. भार्गव ने

84. वैदिक इण्डेक्स के अनुसार 'प्रवर' का अर्थ क्या है?
A. आह्वान करना B. यज्ञ करना
C. आहूत करना D. शीर्ष स्थान प्राप्त करना

85. निम्नलिखित का सही जोड़ मिलाइए—
(a) एसेज ऑन सोशल स्ट्रेटीफिकेशन (1) के.एल. शर्मा
(b) गोज एण्ड प्रवर इन वैदिक लिटरेचर (2) पी.बी. काणे
(c) कास्ट ओल्ड एंड न्यू (3) आंद्रे बेताई
(d) इण्डिया विलेज (4) एस.सी. हट्टन

	(a)	(b)	(c)	(c)
A.	2	4	1	3
B.	4	1	3	2
C.	1	2	4	3
D.	1	2	3	4

86. नीचे के तथ्यों को सुमेलित कीजिए—
(a) हिन्दू सोसायटी 1961 (1) दुर्खीम
(b) कास्ट, कलास एंड पावर (2) इरावती कर्वे
(c) सुसाइड (3) के.एम. कपाड़िया
(d) हिन्दू किनशिप (4) आंद्रे ताई

	(a)	(b)	(c)	(c)
A.	1	2	3	4
B.	4	3	2	1
C.	2	4	1	3
D.	3	1	4	2

87. मातृवंशीय समाज किस जनजाति में पाया जाता है?
A. बंगा B. गारो, खासी
C. गोण्ड D. भील

88. किस जनजाति में बहुपतित्व प्रथा पायी जाती है?
A. भूटिया B. टोडा
C. भील D. संथाल

89. 'घोटुल' का संबंध किस जनजाति से है?
A. नगा B. गोण्ड
C. कुकी D. टांडा

90. भ्रातृक बहुपति विवाह किस जनजाति में पाया जाता है?
A. खासी B. नायर
C. गोण्ड D. संथाल

उत्तरमाला

1	2	3	4	5	6	7	8	9	10
A	C	B	C	C	B	B	B	B	A
11	**12**	**13**	**14**	**15**	**16**	**17**	**18**	**19**	**20**
D	A	D	C	C	A	B	B	B	B
21	**22**	**23**	**24**	**25**	**26**	**27**	**28**	**29**	**30**
B	C	C	C	A	C	A	A	B	D
31	**32**	**33**	**34**	**35**	**36**	**37**	**38**	**39**	**40**
B	C	C	D	C	A	A	D	D	D
41	**42**	**43**	**44**	**45**	**46**	**47**	**48**	**49**	**50**
A	D	A	C	D	A	A	C	B	C
51	**52**	**53**	**54**	**55**	**56**	**57**	**58**	**59**	**60**
A	B	D	B	D	B	D	D	C	A
61	**62**	**63**	**64**	**65**	**66**	**67**	**68**	**69**	**70**
D	A	D	D	A	B	A	D	B	D
71	**72**	**73**	**74**	**75**	**76**	**77**	**78**	**79**	**80**
C	A	B	D	A	C	A	A	B	C
81	**82**	**83**	**84**	**85**	**86**	**87**	**88**	**89**	**90**
D	C	D	A	D	C	B	B	B	A

अध्याय 6

समाजीकरण
(Socialisation)

समाजीकरण एक सामाजिक मनोवैज्ञानिक प्रक्रिया है जिसके द्वारा हम समाज के सक्रिय सदस्य बनते हैं। इस प्रक्रिया में समाज के मानदंडों और मूल्यों के आन्तरीकरण के साथ-साथ अपनी सामाजिक भूमिकाओं को सम्पादन करना सीखना दोनों बातें सम्मिलित होती हैं। इसी प्रक्रिया के द्वारा 'स्व' का विकास होता है, अत: कुछेक समाजशास्त्रियों ने इसे 'स्व' के विकास की प्रक्रिया भी कहा है। इस प्रक्रिया में परिवार समुदाय और विद्यालय की विशेष भूमिका होती है। यह अविरल रूप से जीवनपर्यन्त चलने वाली प्रक्रिया है। उसमें सम्प्रेषण, संस्कृतिकरण तथा सीखने की सभी उन प्रक्रियाओं का समावेश होता है जिनके द्वारा एक मानवीय सावयव सामाजिक प्रकृति को ग्रहण कर सामाजिक जीवन में भाग लेने योग्य बनाता है।

मानव शिशु उस संसार में पाशविक प्रवृत्तियों एवं उद्वेगों को लेकर एक जैविकीय प्राणी के रूप में जन्म लेता है। इस अवस्था में उसमें सामाजिक गुणों का सर्वथा अभाव होता है। 'सामाजिक प्राणी' की संज्ञा से विभूषित किये जाने के लिये उसे सामाजिक गुणों को सीखना पड़ता है। अत: समाजीकरण सीखने की एक प्रक्रिया है जो जीवशास्त्रीय मानव को एक सामाजिक का रूपाकार प्रदान करती है। बाल्यावस्था, इस प्रक्रिया का सर्वाधिक महत्वपूर्ण एवं नाजुक काल है, जिसमें बालक समाज के उन मूल्यों, मनोवृत्तियों, निपुणताओं तथा भूमिकाओं का आंतरीकरण करता है जो उसके व्यक्तित्व को एक आकार प्रदान करती है तथा जिसके फलस्वरूप समाज के साथ-साथ उसका एकीकरण स्थापित हो पाता है। यह प्रारंभिक समाजीकरण ही बालक की सामाजिक पहचान और सामाजिक जीवन में उसके भावी योगदान की दिशा का निर्धारण करता है।

किम्बाल यंग के अनुसार—समाजीकरण का अर्थ उस प्रक्रिया से है जिसमें व्यक्ति सामाजिक सामाजिक एवं सांस्कृतिक संसार में प्रवेश करता है, जिससे वह समाज का और उसके विभिन्न समूहों का सदस्य बन जाता है और उसे उस समाज की मान्यताओं को स्वीकार करने के लिए प्रेरित करती है।

मनुष्य जैसे-जैसे बड़ा होता है, उसे सामाजिक सीख द्वारा व्यवहार करना सिखाया जाता है। उससे धीरे-धीरे वह जैविकीय प्राणी से सामाजिक प्राणी के रूप में परिवर्तित होने लगता है। व्यक्ति के व्यक्तित्व में हुए इस तरह के परिवर्तन की प्रक्रिया को 'समाजीकरण' कहा जाता है।

प्रत्येक संस्कृति में परिस्थितियों के साथ अनुकूलन स्थापित करने के लिए कुछ तरीके प्रचलित हैं, जो प्रथाओं, रूढ़ियों, संस्थाओं, परम्पराओं आदि के रूप में पीढ़ी दर पीढ़ी हस्तांतरित होते रहते हैं या हम यह भी कह सकते हैं कि प्रत्येक संस्कृति में आवश्यकताओं की संतुष्टि के एवं व्यवहारों विचारों तथा भावनाओं को व्यक्त करने के अपने कुछ ढंग होते हैं। हर उस व्यक्ति के लिए जो उस समाज में जन्म लेता है, यह आवश्यक हो जाता है कि वह उन तरीकों को सीखे, क्योंकि उनको सीखे बिना वह न तो अपनी आवश्यकता पूरी कर सकता है और न ही उस समाज के जीवन में सक्रिय रूप से भाग ले सकता है। व्यवहार के इन प्रचलित तरीकों को सीखे बिना वह समाज का न तो सदस्य ही बन पाता है और न ही उसे अन्य व्यक्तियों का सहयोग प्राप्त हो सकता है। समाज में प्रचलित व्यवहार के तरीकों को सीखने तथा ग्रहण करने को ही हम व्यक्ति का समाजीकरण कहते हैं।

प्रो. ग्रीन (A.W. Green) ने समाजीकरण की संक्षिप्त व्याख्या करते हुए लिखा है, "समाजीकरण एक ऐसी प्रक्रिया है जिसके द्वारा बच्चा सांस्कृतिक विशेषताओं, आत्म और व्यक्तित्व को प्राप्त करता है।" अर्थात "समाजीकरण वह प्रक्रिया है जिसके द्वारा बालक 'स्व' तथा व्यक्तित्व के साथ-साथ सांस्कृतिक तत्व भी प्राप्त करता है।"

"समाजीकरण उस सीखने को कहते हैं जो सीखने वाले को सामाजिक भूमिकाएं करने के योग्य बनाता है।"

(जॉनसन)

समाजीकरण का तात्पर्य उस प्रक्रिया से है जिसके द्वारा व्यक्ति किसी समूह के मानदंडों के अनुसार उसका क्रियाशील सदस्य

बनता है और उस समूह की कार्यविधियों तथा परम्पराओं का अनुसरण तथा सामाजिक परिस्थितियों के साथ अनुकूलन करते हुए अपने साथियों से यदि प्रशंसा नहीं तो कम से कम उनकी सहनशीलता अवश्य प्राप्त कर लेता है।''

(गिलिन तथा गिलिन)

Socialization .... will mean the processing of indycting the individual into the Social Cultural World of making him a participant member in society and its various groups and inducing him to accept the norms and values of that society."

समाजीकरण वह प्रक्रिया है जिसके द्वारा एक बालक मानव संस्कृति प्राप्त करता है और सामाजिक संरचना में प्रविष्ट होता है।''

(किंग्सले डेविस)

''समाजीकरण से तात्पर्य उस प्रक्रिया से है जिसमें व्यक्ति उस समाज का क्रियाशील प्राणी बन जाता है जिसमें कि वह पैदा हुआ है, अर्थात वह जिन रीतियों, प्रथाओं के अनुसार व्यवहार तथा कार्य करता है।''

(सैमुअल कीनिंग)

व्यक्ति द्वारा परम्परागत प्रतिमानों को अपनाने की प्रक्रिया को समाजीकरण कहते हैं।''

(अकोलकर)

समाजीकरण की प्रक्रियाएं

समाजीकरण की प्रक्रिया तभी शुरू हो जाती है जब व्यक्ति में वास्तविकता का बोध शुरू होता है।

वास्तविकता का बोध व्यक्ति के समाजीकरण का एक आवश्यक अंग है। जन्म से एक या दो वर्ष बाद बच्चा अनेक काल्पनिक बातों को त्यागकर वास्तविकता को समझना आरंभ कर देता है। आरंभ में तो वह काल्पनिक तथा सत्य तथ्यों में कोई भेद नहीं कर पाता। वह समझता है कि अन्य व्यक्ति तथा वस्तुएं वैसी हैं जैसा वह उन्हें चाहता है बच्चे को जो भी वस्तु अच्छी लगती है उसे ही वह प्राप्त करना चाहता है। वह उस प्रत्येक वस्तु पर अपना अधिकार समझता है जो उसे अच्छी लगती हैं। दो वर्ष की आयु तक पहुंचते-पहुंचते बच्चा समझने लगता है कि उसके अतिरिक्त अन्य व्यक्तियों के भी कुछ अधिकार हैं तथा वह उन सभी वस्तुओं को प्राप्त नहीं कर सकता जिनकी वह इच्छा करता है। शुरू में माता बच्चे को अनेक बातों से रोकती है। अपनी इच्छा पूरी न होने पर उसे निराशा तथा क्षोभ भी होता है, लेकिन धीरे-धीरे वह उन नियंत्रणों तथा निराशाओं का अभ्यस्त हो अपने उद्वेगों पर स्वयं नियंत्रण करना सीख जाता है। इस प्रकार वह एक आनंदपूर्ण काल्पनिक संसार से कठोर वास्तविक संसार में प्रवेश करता है। बच्चा अपनी आवश्यकताओं की संतुष्टि के लिए अपनी माता तथा परिवार के अन्य सदस्यों पर निर्भर होता है। उनका सहयोग प्राप्त करना आवश्यक होता है। उनका सहयोग वह उनके नियंत्रणों को स्वीकार करके ही प्राप्त कर सकता है। इस प्रकार धीरे-धीरे बच्चा सामाजिक व्यवहार के स्वीकृत प्रतिमानों का आदर करना सीखता है।

किम्बाल यंग के शब्दों में, ''व्यक्ति का 'स्व' उसकी अपने कार्यों एवं विचारों की तथा उनसे व्यक्तियों के संबंध की चेतना है।'' नवजात शिशु आरंभ में अपने तथा अन्य व्यक्तियों के कार्यों तथा विचारों में भेद नहीं कर पाता। कुछ मनोवैज्ञानिकों का तो यहां तक कहना है कि उस प्रारंभिक अवस्था में तो वह अपने हाथ पैर तथा अन्य व्यक्तियों के हाथ-पैरों में भी अंतर नहीं समझता। धीरे-धीरे अन्य व्यक्तियों के साथ अपने चारों ओर की वस्तुओं के साथ अन्तःक्रियाएं करने के फलस्वरूप ही वह अपने और पराये का भेद समझने के योग्य बनता है। उसकी इसी योग्यता को हम उसका 'स्व' कहते हैं।

समाजीकरण का दूसरा चरण भाषा के व्यवहार से शुरू होता है जब धीरे-धीरे बालक अपने संबंधों तथा आवश्यकताओं को जानना और अभिव्यक्ति करना शुरू करता है।

भाषा में केवल मौखिक तथा लिखित शब्दों को ही नहीं बल्कि शारीरिक मुद्राओं को भी सम्मिलित करते हैं, क्योंकि वे भी हमारे विचारों तथा भावों को दूसरे व्यक्तियों तक पहुंचाने का काम करता है। भाषा का व्यक्ति के समाजीकरण में विशेष स्थान है। समाजीकरण उसके तथा अन्य व्यक्तियों की बीच होने वाली अन्तः क्रियाओं के फलस्वरूप होता है। अन्तः क्रियाएं, भाषा के बिना संभव नहीं है। इसके अतिरिक्त भाषा बच्चे को अपने चारों ओर की परिस्थितियों को समझने में सहायता देती है। भाषा के माध्यम से ही वह अपने सांस्कृतिक मध्यमानों, विश्वासों, विचारों आदि का ज्ञान प्राप्त करता है।

अचेतन अनुकरण तथा प्रयत्न-भूल अनंत प्रक्रिया (Trial and error) द्वारा बच्चे अनेक क्रियायें सीख जाते हैं। पुरस्कार तथा दण्ड द्वारा ठीक क्रियायें स्थायी बनती हैं और गलत क्रियाओं का लोप हो जाता है। बच्चे के सामने अनेक 'नमूने' (Models) होते हैं। उनका वह अनुकरण करता है। आरम्भ में अपने माता-पिता, बहन-भाई आदि को नमूने तथा आदर्शों के रूप देखता है और इसलिए उनकी क्रियाओं का अनुकरण करने का प्रयत्न करता है। आगे चलकर स्कूल में अध्यापक या कोई विद्यार्थी उसका आदर्श बन जाता है। वह उसके कार्य का अनुकरण करता है। उम्र बढ़ने के साथ-साथ उसके ये आदर्श बदलते रहते हैं और नई-नई क्रियायें सीखता है।

विभिन्न कार्यों का अर्जन (Acquisition of Roles) व्यक्ति के समाजीकरण में कार्यों (Roles) का अर्जन भी विशेष महत्व

रखता है। बचपन से ही हमें उन कार्यं को सिखाया जाता है जिनकी समाज हमसे आशा करता है। भिन्न-भिन्न समूहों में हमारी भिन्न-भिन्न स्थितियां (Statuses) होती हैं जैसे घर में पिता की, दफ्तर में क्लर्क की, सामाजिक संस्था में चैयरमैन की, किसी क्लब के कप्तान आदि की। उन विभिन्न स्थितियों के अनुसार हमसे भिन्न-भिन्न प्रकार के व्यवहार की आशा की जाती है। समाजीकरण में उन विभिन्न प्रकार के कार्यों अथवा व्यवहार के प्रतिमानों का सीखना भी सम्मिलित है जिनकी समाज हमसे आशा करता है।

समाजीकरण के मनोवैज्ञानिक कारण (Psychological Factors of Socialization)

समाजीकरण की संपूर्ण प्रक्रिया निम्नलिखित कारकों के द्वारा होती है—

1. अनुकरण (Imitation)

हम दैनिक जीवन में प्राय: व्यक्तियों को एक दूसरे की नकल करते हुए देखते हैं। घर में बच्चा प्राय: माता-पिता तथा परिवार के अन्य सदस्यों के कार्यों की नकल करता है। लिखना-पढ़ना न जानते हुए भी वह अपने माता-पिता को समाचार-पत्र पढ़ते हुए देखकर स्वयं भी कागज लेकर पढ़ने की मुद्रा बनाकर बैठ जाता है अथवा चाक या कोयला लेकर उल्टी-सीधी रेखायें खींचकर लिखने का अभिनय करने लगता है। सिने-अभिनेताओं की पोशाक, मुद्राओं तथा बाल रखने के ढंगों की नकल कॉलिज के विद्यार्थी करने लगते है। कार्यों के अतिरिक्त हम उन व्यक्तियों के विश्वासों, विचारों आदि की भी नकल करते हैं। वास्तव में अनुकरण का अर्थ अन्य व्यक्तियों के कार्यों विचारों तथा गुणों को चेतन अथवा अचेतन रूप से नकल करना है।

आरंभ में बच्चा अपनी आवश्यकताओं की प्राप्ति के लिए पूर्ण रूप से अपनी माता पर निर्भर रहता है। वह धीरे-धीरे अनुभव करने लगता है कि यदि वह अपनी इच्छाओं को सतुंष्ट करना चाहता है तो उसे अपनी माता एवं परिवार के अन्य सदस्यों के समान ही अपने को भी बनाना पड़ेगा, इसलिए वह उनके व्यवहार का अनुकरण करने लगता है। आयु-वृद्धि के साथ-साथ उसे यह भी ज्ञान हो जाता है कि समाज से पृथक उसका कोई अस्तित्व नहीं है क्योंकि उसकी लगभग सभी आवश्यकताएं समाज में ही पूरी होती हैं। वह इसी कारण से सामाजिक प्रथाओं, मूल्यों, व्यवहार के ढंगों आदि का अनुकरण करके समाज के साथ अपना समीकरण (identification) करता है।

बच्चा अपने माता पिता व परिवार के सदस्यों की क्रियाओं का अनुकरण करके अनेक बातें सरलता से तथा स्वाभाविक रूप से सीख जाता है। माता-पिता उसके लिए आदर्श होते हैं। उनकी बात को वह अच्छा समझता है, इसलिए वह अनजाने में ही उनका अनुकरण करने लगता है। माता या पिता को पूजा करते देखकर वह भी वैसी ही मुद्रा बना कर बैठ जाता है तथा बिना समझे हुए ही अपने माता-पिता की क्रियाओं का अनुकरण करता है किन्तु इसका प्रभाव उसकी भावनाओं तथा मनोवृत्तियों पर पड़ता है। इसी कारण बड़ों को बच्चों के सामने अपने व्यवहार के संबंध में बहुत सतर्क रहना चाहिए।

बड़े होने पर बच्चे अपने अध्यापकों तथा उन सभी अन्य व्यक्तियों के कार्यों का अनुकरण करते हैं जिनको वे श्रेष्ठ तथा प्रशंसनीय समझते हैं।

बच्चों को प्रभावित करने वाली प्रक्रियाएँ

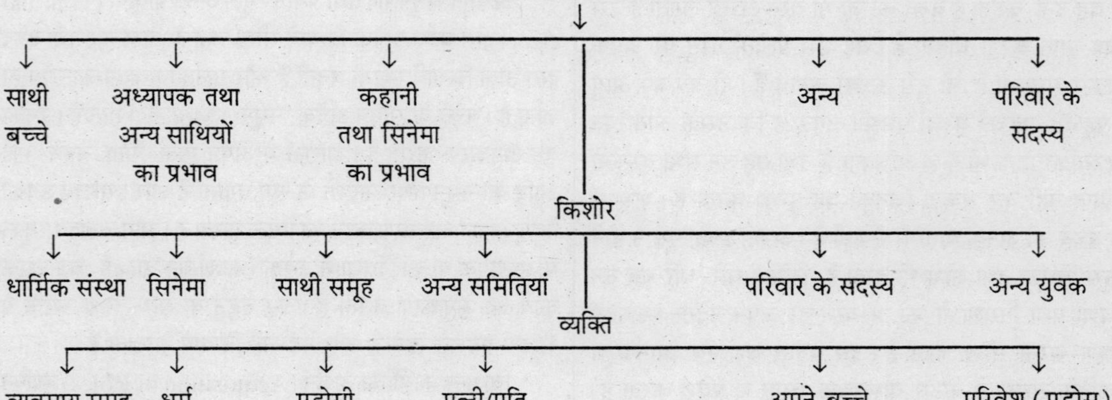

प्राय: ऐसा वे अचेतन रूप से ही करते हैं और सरलता तथा स्वाभाविक रूप से समाज की अनेक प्रथाओं, विचारधाराओं, मूल्यों तथा विश्वास को ग्रहण कर लेते हैं। यह तो हम सभी जानते हैं कि अनुकरण द्वारा बच्चे की अनुकरण करने की क्षमता पर ही मुख्य रूप से निर्भर होता है। जिस बच्चे में अनुकरण करने की क्षमता जितनी अधिक होगी उतनी ही शीघ्र तथा सरलता से वह विभिन्न सामाजिक तथा सांस्कृतिक तत्वों को ग्रहण करेगा। इस प्रकार अनुकरण व्यक्ति के समाजीकरण में सहायक होता है।

संकेत (Suggestions)

किम्बाल यंग (K. Young) के शब्दों में, संकेत शब्द, चित्र अथवा ऐसे ही किसी अन्य माध्यम द्वारा किया गया ऐसा प्रतीकात्मक संचार है जिसे बिना तर्क अथवा प्रमाण के स्वीकार कर लिया जाये।''

ऑलपोर्ट के शब्दों में, संकेत का अर्थ किसी विश्वास अथवा क्रिया के प्रस्ताव को बिना आत्म-निश्चय के स्वीकार कर लेना है।'' अर्थात् बिना स्वयं सोचे-विचारे बात को ग्रहण कर लेना तथा उस पर विश्वास करना संकेत कहलाता है। संकेत हमको केवल अन्य व्यक्तियों से ही नहीं, बाह्यभौतिक तथा आंतरिक दशाओं से भी प्राप्त होते हैं।

संकेत मानव जीवन का कोई विशेष तथा पृथक मनोवैज्ञानिक लक्षण नहीं है। इसमें अनेक मनोवैज्ञानिक तत्व इस प्रकार सम्मिलित रूप से कार्य करते हैं कि व्यक्ति अपनी तर्क शक्ति का प्रयोग नहीं कर पाता जिस कारण बिना सोचे-समझे किसी बात को स्वीकार करके उसके अनुसार कार्य करने लगता है।

संकेत का व्यक्ति के समाजीकरण में बहुत अधिक महत्व है। बच्चे अपने माता पिता, अध्यापकों आदि से अनेक संकेत ग्रहण करके समाज की अनेक बातों को स्वयं अनजाने में ही सीख जाते है। वास्तव में किसी बच्चे का बनना या बिगड़ना उन संकेतों पर निर्भर होता है जो वह अपने परिवार तथा स्कूल से प्राप्त करता है। अपने पर्यावरण में हमकों निरंतर संकेत मिलते रहते हैं। जो हमारे सामाजिक व्यवहार तथा विचारों को प्रभावित करत हैं। वास्तव में हमको जिन संकेतों का ज्ञान या उनकी चेतना नहीं होती। हम तो अचेतन रूप से ही उन्हें ग्रहण करते रहते हैं।

स्कूल में अध्यापकों की पोशाक, पढ़ने के कमरे मानचित्र आदर्श-कथन इत्यादि ऐसा वातावरण उत्पन्न कर देते हैं कि विद्यार्थियों की संकेत-ग्रहता बढ़ जाता है और वे आसानी से अनेक बातें ग्रहण कर लेते हैं। समाजीकरण में संकेत के महत्व के बारे में सिडिस (Sidis) ने लिखा है की, ... इसमें संदेह नहीं कि मनुष्य एक सामाजिक प्राणी है, परन्तु वह अपनी संकेत-ग्रहता के कारण ही सामाजिक है।

सहानुभूति (Sympathy)

समाजीकरण की प्रक्रिया में सहानुभूति का महत्वपूर्ण योगदान रहता हैं। **मैक्डूगल** (McDougall) ने सहानुभूति की परिभाषा करते हुए लिखा है, ''सहानुभूति का अर्थ किसी अन्य व्यक्ति अथवा जीव में किसी भावना की अभिव्यक्ति देखकर वैसी ही भावना अनुभव करना है।''

चार्ल्स कूले के अनुसार, सहानुभूति दूसरे स्थान पर अपने को समझने की तथा उस परिस्थिति में जैसा वह अनुभव करेगा, वैसा अनुभव करने की क्षमता है। किसी को हंसता हुआ देखकर हंसना, रोता देखकर रोना, क्रोधित अथवा भयभीत देखकर स्वयं भी क्रोधित अथवा भयभीत हो जाना, इत्यादि सहानुभूति के उदाहरण हैं।

व्यक्ति का समाजीकरण उसके तथा अन्य व्यक्तियों के मध्य होने वाली अन्त:क्रियाओं के परिणामस्वरूप होता है। अन्त:क्रियाओं के लिए व्यक्तियों के बीच विचारों तथा भावनाओं का संचार होना आवश्यक है। सहानुभूति व्यक्तियों में भावनाओं तथा विचारों के संचार का एक महत्वपूर्ण मनोवैज्ञानिक साधन है। सहानुभूति द्वारा व्यक्तियों के मध्य भावनाओं तथा विचारों का आदान-प्रदान अत्याधिक सरल हो जाता है।

समाजीकरण के प्रमुख साधन (Major Agencies of Socialization)

समाजीकरण एक प्रक्रिया है जो व्यक्ति के जन्म से लेकर उसकी मृत्यु तक चलती रहती है। इतनी लम्बी प्रक्रिया किसी एक साधन अथवा संस्था के द्वारा संचालित, निर्देशित तथा प्रभावित नहीं हो सकती बल्कि व्यक्ति के जीवन के विभिन्न स्तरों पर उसे अनेक समूह तथा संस्थाएं प्रभावित करती हैं। समाजीकरण के प्रमुख साधन निम्न प्रकार से हैं—

परिवार (Family) व्यक्ति के समाजीकरण में परिवार का विशेष महत्व है। वास्तव में परिवार में ही बच्चे का समाजीकरण आरम्भ होता है। दूसरे शब्दों में हम यह भी कह सकते हैं कि उसके चरित्र की नींव परिवार में ही पड़ती है। यहीं पर सबसे पहले अपनी माता तथा परिवार के सदस्यों के संपर्क में आकर उसके अंदर 'स्व' (Self) तथा वास्तविकता की चेतना उत्पन्न होती है। बच्चा सर्वप्रथम अपने परिवार में ही खाने-पीने, उठने-बैठने के तरीके, संयम, भले-बुरे की पहचान करना आदि सीखता है यहीं पर उसे यह सिखाया जाता है कि उसे किसके साथ कैसा व्यवहार करना है। भाषा का समाजीकरण तथा व्यक्तित्व के विकास में विशेष महत्व है बच्चा भाषा परिवार के सदस्यों से ही सीखता है।

क्रीड़ा-समूह (Play Groups)

क्रीड़ा समूह में मिलने वाला पर्यावरण परिवार से कुछ भिन्न होता है। बच्चे अपनी आयु के अन्य बच्चों के साथ खेलते हैं। कोई भी खेल खेलने वालों के पारस्परिक सहयोग के बिना नहीं चल सकता, अत: क्रीड़ा-समूह बच्चों में पारस्परिक सहयोग की प्रवृत्ति के विकास में महत्वपूर्ण योगदान करता है। बच्चे खेलते-खेलते एक दूसरे की आलोचना करने अथवा झगड़ने भी लगते हैं। यह सब उनके समाजीकरण में सहायक होता है। इन क्रीड़ा-समूहों में ही उन्हें सामाजिक व्यवहार का प्रारम्भिक ज्ञान प्राप्त होता है। अपने साथियों के साथ खेलने में बच्चों को अपनी स्थिति तथा भूमिका (Status and Roles) का ज्ञान तो होता ही है, यहीं उसे अपनी योग्यताओं तथा अयोग्यताओं, क्षमताओं तथा कमियों का भी अभास होता है। यह सब उसे अपने विषय में एक संतुलित दृष्टिकोण बनाने में सहायता देता है। जिन बच्चों को अपनी आयु के अन्य बच्चों के साथ खेलने का अवसर नहीं मिलता उनके अंदर एक संतुलित तथा स्वस्थ व्यक्तित्व का विकास नहीं हो पाता तथा उनके अंदर अनेक मानसिक व्याधियों के उत्पन्न हो जाने का भय रहता है।

शिक्षण संस्थाएं (Educational Institutions)

शिक्षण संस्थाओं का वास्तविक प्रभाव बच्चे के किशोरावस्था में प्रवेश करने के बाद से प्रारंभ होता है। बच्चा थोड़ा बड़ा होने पर परिवार से बाहर, थोड़े बड़े समूह के संपर्क में आता है। यद्यपि परिवार तथा क्रीड़ा-समूह में आरंभ होने वाली समाजीकरण की प्रक्रिया स्कूल में भी रहती है किन्तु स्कूल/कॉलेज में बच्चे की अन्त:क्रियाओं का क्षेत्र विस्तृत हो जाता है क्योंकि, वहां उसे विभिन्न धर्मों, जातियों, वर्गों तथा समुदायों के बच्चों के संपर्क में आने के अवसर मिलते हैं। इसके कारण उसके दृष्टिकोण का भी विस्तार होता है। स्कूल/कॉलेज के नियम, परम्पराएं, अनुशासन, दण्ड तथा पुरस्कार खेलकूद पढ़ाई लिखाई, विभिन्न विषयों का ज्ञान इत्यादि उसके समाजीकरण को सुदृढ़ तथा आधार प्रदान करते हैं। स्कूल में बच्चे को समाज में पारस्परिक व्यवहार के प्रचलित तथा स्वीकृत तरीकों की भी आदत पड़ जाती है। इन संस्थाओं द्वारा ही बच्चे में समालोचनात्मक ज्ञान की वृद्धि होती है।

पड़ोस (Neighbourhood)

व्यक्ति के समाजीकरण पर पड़ोस का भी गहरा प्रभाव पड़ता है। कोई भी व्यक्ति अपने आस पास रहने वाले लोगों के आचार विचार, मूल्यों विश्वासों मान्यताओं आदि की अवहेलना नहीं कर सकता। पड़ोस उसका ऐसा प्रत्यक्ष, सामाजिक पर्यावरण है जिसके साथ उसे निरन्तर अनुकूलन करना पड़ता है जिसके परिणामस्वरूप वह स्वीकृत सामाजिक व्यवहार के प्रतिमानों को ग्रहण करता है। वास्तविक रूप से पड़ोस परिवार और बाहरी समूहों के बीच की खाई को भरकर बच्चे को व्यवहार के नए ढंग सिखाता है।

जाति और वर्ग (Caste and Class)

अपनी जाति तथा अपने वर्ग का भी व्यक्ति के व्यवहार-प्रतिमानों, मनोवृतियों, विश्वासों, विचारों आदि पर गहरा प्रभाव पड़ता है। प्रत्येक जाति की कुछ अपनी अलग-अलग विशिष्ट मान्यताएं, रीति-रिवाज, रहन-सहन के तरीके आदि होते हैं जिन्हें उस जाति के सदस्य ग्रहण करते हैं क्योंकि उनकी उपेक्षा करना उनके लिए संभव नहीं होता। उसी प्रकार समाज में प्रत्येक वर्गों के कुछ अपने अलग रहन सहन के तरीके स्तर, व्यवहार के प्रतिमान आदि होते हैं। अपनी सामाजिक प्रतिष्ठा, आदर-सम्मान आदि के लिए उस वर्ग का प्रत्येक सदस्य उन्हीं के अनुसार रहने तथा व्यवहार करने का प्रयत्न करता है।

राजनीतिक संस्थाएं (Political Institutions)

आधुनिक समय में राज्य के कार्यों में इतनी अधिक वृद्धि हो गई है कि जीवन का कोई भी पक्ष या क्षेत्र उसके अधिकार तथा उत्तरदायित्व की परिधि से बाहर नहीं रह गया है। राज्य, विवाह, सम्पत्ति, उद्योग, व्यापार के जीवन को संचालित तथा नियंत्रित करने का अधिकार रखता है। स्वाभाविक है कि आधुनिक राज्य की इस सर्वांगीण सत्ता का प्रभाव लोगों के जीवन के प्रत्येक क्षेत्र पर पड़ेगा। इसके अतिरिक्त राजनीतिक संस्थाओं का स्वरूप भी नागरिकों की मनोवृत्तियों, विचारों, विश्वासों आदि को बहुत अधिक प्रभावित करता है। उदाहरणत: एक साम्यवादी राजनीतिक व्यवस्था में रहने वाले व्यक्तियों की मनोवृत्तियाँ, विचारधारायें इत्यादि उन व्यक्तियों की मनोवृत्तियों तथा विचार धाराओं से भिन्न होगी जो लोकतंत्रीय राजनीतिक प्रणाली के अंदर रह रहे हैं।

आर्थिक संस्थाएं (Economic Institutions)

आर्थिक संस्थाएं भी व्यक्तियों के व्यवहार-प्रतिमानों, मान्यताओं, तथा विचारधाराओं आदि को प्रभावित करती हैं। पूंजीपति आर्थिक व्यवस्था तीव्र प्रतिस्पर्धा तथा व्यक्तिवादी विचारधारा को प्रोत्साहित करती हैं, समाजवादी आर्थिक प्रणाली समष्टिवादी तथा सहयोगात्मक प्रवृत्तियों के विकास में सहायक होती है। विभिन्न व्यवस्थाएं भी व्यक्तियों के अंदर विशिष्ट प्रकार के व्यवहार-प्रतिमान, प्रवृत्तियां तथा दृष्टिकोण उत्पन्न करते हैं। हर व्यक्ति जीविका-उपार्जन के लिए कोई न कोई व्यवसाय करता है। उसका व्यवसाय

भी उसके व्यक्तित्व के विकास को प्रभावित करता है। प्रत्येक व्यवसाय के कुछ अपने नियम होते हैं। उदाहरणत: एक चिकित्सक से जिस प्रकार के व्यवहार की आशा की जाती है, एक वकील या इंजीनियर से उस प्रकार के व्यवहार की आशा समाज नहीं करता। प्रत्येक व्यक्ति अपने व्यवसाय के आदर्श मानों को किसी न किसी मात्रा में अवश्य ग्रहण करता है।

धार्मिक तथा सांस्कृतिक संस्थाएं (Religious & Cultural Institutions)

धर्म के दो पक्ष होते हैं—एक लौकिक तथा दूसरा पारलौकिक धर्म का पारलौकिक पक्ष व्यक्ति तथा ईश्वर-देवी देवता आदि पारलौकिक शक्तियों के पारस्परिक संबंधों के विषय में बताता है, जबकि उसके लौकिक पक्षों लोकाचार, सदाचार इत्यादि के विषय में व्यक्तियों के सामाजिक व्यवहार को निर्देशित करता है। व्यक्ति का समाजीकरण उसके धर्म के लौकिक पक्ष से भी बहुत अधिक प्रभावित होता है। प्रत्येक व्यक्ति अपने धर्म में बताए गए व्यवहार, रहन-सहन आदि संबंधी नियमों-विश्वासों को अनजाने में ही ग्रहण कर लेता है। धर्म के अतिरिक्त व्यक्ति के समाजीकरण को कला, साहित्य, भाषा इत्यादि तत्व भी प्रभावित करते हैं।

अन्य संस्थाएं (Other Institutions)

उपर्युक्त प्रकार की संस्थाओं के अतिरिक्त अन्य अनेक प्रकार की संस्थायें जैसे संगीत अकादमी, नाटक मंडली, क्लब व विवाह इत्यादि भी व्यक्ति के समाजीकरण को किसी न किसी मात्रा में अवश्य प्रभावित करती हैं। वास्तव में समाजीकरण की प्रक्रिया एक अत्यंत जटिल प्रक्रिया है जिसमें असंख्य प्रकार की संस्थाओं, समूहों आदि का योगदान रहता है।

इस प्रकार समाजीकरण की प्रक्रिया ही वह आधार है जिसके द्वारा मनुष्य अपने को एक विशेष संस्कृति के अनुकूल बनाता है और एक सामाजिक व्यक्तित्व ग्रहण करता है।

समाजीकरण की प्रक्रिया के विभिन्न स्तर (Different Stages of Socialization)

जॉनसन (H.M. Johnson) ने समाजीकरण की संपूर्ण प्रक्रिया को निम्नलिखित चार चरणों (Stages) या अवस्थाओं में विभाजित किया है।

मौखिक अवस्था (Oral Stage)

यह सबसे आरम्भ की अवस्था है जिसमें बच्चा भूख, प्यास इत्यादि अपनी मूल आवश्यकताओं की संतुष्टि के लिए पूर्ण रूप से अपनी माता पर निर्भर होता है। वह अवस्था लगभग दो वर्ष की आयु तक रहती है। इसमें बच्चा अपनी के साथ समरूपता स्थापित करने का प्रयत्न करता है, जिसके परिणामस्वरूप वह अपनी भूख-प्यास इत्यादि कुछ आधारभूत शारीरिक आवश्यकताओं पर नियंत्रण करना सीखता है। इस अवस्था में बच्चा पूर्णतया अपनी माता में ही लीन रहता है। धीरे-धीरे बच्चा जानता है कि हाथ बढ़ाने से लोग गोदी लेते हैं तथा रोने से दूध मिलता है। उस अवस्था में बच्चे में यह भावना उत्पन्न होती है कि उसमें और उसकी मां में कोई अंतर नहीं है।

शैशव अवस्था (Anal Stage)

यह अवस्था सामान्य रूप से दो वर्ष के बाद प्रारंभ हो जाती है। इस अवधि में बच्चा कुछ सीमा तक अपनी देखभाल तथा आवश्यकताओं की पूर्ति स्वयं करना सीखता है। उसे सिखाया जाता है कि अपनी देख-रेख में सक्रिय हो। शौच संबंधी सफाई तथा आग, गड्ढा, कीचड़ इत्यादि से बचना वह सीखता है। इस अवधि में पुरस्कार व दण्ड (Reward and punishment) की प्रक्रिया के द्वारा उसमें अच्छी आदतें डालने की कोशिश की जाती है। अच्छे काम करने पर उसकी प्रशंसा होती है-और गलत काम करने पर उसे डांट भी पड़ती है। इसके अतिरिक्त इस अवस्था में बच्चा जहाँ एक ओर अपनी माता से प्यार की इच्छा करता है वहाँ दूसरी ओर वह उसको प्यार देने भी लगता है। इस अवस्था में बच्चा अपने पारिवारिक मूल्यों को ग्रहण करना आरम्भ कर देता है और अपनी माता के अतिरिक्त परिवार के अन्य सदस्यों का भी उस पर प्रभाव पड़ना शुरू हो जाता है और सदस्य जिस प्रकार कार्य करते हैं वह भी उनको दोहराता है।

आत्मीकरण (Identification stage)

चार पांच वर्ष से 12-13 वर्ष की आयु तक यह अवस्था रहती है। इस अवधि में बच्चा अपनी तथा परिवार के अन्य सदस्यों की स्थितियों तथा भूमिकाओं (Statuses and Roles) से परिचित हो जाता है और उन्हीं के अनुसार व्यवहार करना सिखता है। इसके अतिरिक्त इस अवधि में बच्चे के अंदर चेतना का भी उदय होने लगता है। यद्यपि वह यौन-व्यवहार से परिचित नहीं होता। वह परिवार, स्कूल तथा अन्य समूहों के बीच अपने लिंग (Sex) के अनुरूप व्यवहार करना सीख जाता है। लड़के लकड़ों के अनुरूप तथा लड़कियां लड़कियों के अनुरूप व्यवहार के अलग-अलग प्रतिमान होते हैं। इस अवस्था में बच्चे अपने लिंग के लिए समाज में स्वीकृत तथा प्रचलित व्यवहार के अनुसार व्यवहार करने लगते हैं।

किशोरावस्था (Adolescence)

इस स्तर का आरंभ जीवन के पहले चरण से होता है। यह अवस्था 14-15 वर्ष की आयु से प्रारंभ होकर 20-21 वर्ष की आयु तक चलती है। इस अवधि में लड़के तथा लड़कियों में तीव्र गति से शारीरिक परिवर्तन होते हैं। जो उनकी मानसिक स्थिति को भी उद्वेलित कर देते हैं। यह अवस्था में बचपन तथा वयस्कता के बीच की अवस्था होने के कारण अत्यंत महत्वपूर्ण है। इस अवस्था में व्यक्ति के अंदर व्यक्तिगत स्वतंत्रता की तीव्र इच्छा उत्पन्न होती है, लेकिन इसके साथ ही वह सामाजिक मान्यताओं, मूल्यों और प्रचलित विश्वासों आदि के बंधनों से मुक्त भी नहीं हो सकता। उसके अंदर एक प्रकार की विद्रोह की भावना उत्पन्न होने लगती है। इसके साथ ही उसके अंदर तीव्र मानसिक संघर्ष की भी स्थिति प्राय: पैदा हो जाती है। इस संघर्ष से जूझते हुए वह आत्म-नियंत्रण करना तथा धीरे-धीरे सामाजिक मानदण्डों के अनुसार व्यवहार करना सीखता है। इस प्रकार किशोरावस्था समाजीकरण का वह स्तर है जिसमें सांस्कृतिक मूल्यों और व्यक्तिगत अनुभवों के द्वारा आत्मनियंत्रण की धारणा को बल मिलता है।

ऊपर हमने समाजीकरण की प्रक्रिया की चार प्रमुख अवस्थाओं का वर्णन किया है, लेकिन व्यक्ति के समाजीकरण की प्रक्रिया इन चार अवस्थाओं के बाद भी जीवन-पर्यन्त चलती रहती है। किशोरावस्था के बाद वह पति-पत्नी तथा समाज की अन्य भूमिकाएं ग्रहण करता है तथा उसके अनुरूप प्रचलित व्यवहार-प्रतिमानों को स्वीकार करता है। लेकिन किशोरावस्था के बाद चलने वाली समाजीकरण की प्रक्रिया अधिक जटिल नहीं होती। समाजीकरण की प्रक्रिया में किशोरावस्था तक की अवधि ही सबसे अधिक महत्वपूर्ण तथा जटिल होती है।

यही कारण है कि समाजीकरण की प्रक्रिया किशोरावस्था के बाद साधारणतया स्वत:चालित बन जाती है।

व्यक्ति का समाजीकरण करने में अनेक कारकों का योगदान होता हैं **डेविस** का मत है कि व्यक्ति दो विभिन्न प्रकार के संरक्षण की उपज है-आनुवंशिक तथा सामाजिक। माता-पिता के वाहकाणुओं, गुणसूत्रों एवं प्रजनन (Reproduction) की क्रिया द्वारा व्यक्ति को शरीर एवं शारीरिक क्षमताएं प्राप्त होती हैं। जीव विज्ञान की एक शाखा आनुवांशिकी मानव की इस जैविक विरासत का अध्ययन करती है। दूसरी ओर सामाजिक-सांस्कृतिक सीख तथा प्रतीकात्मक संवहन द्वारा व्यक्ति को सामाजिक विशेषताओं का संचरण होता है। यह कार्य विभिन्न प्राथमिक व द्वैतीयक संस्थाओं द्वारा किया जाता है। जैविकीय विशेषताएं ही व्यक्ति की सामाजिक-सांस्कृतिक पर्यावरण से अनुकूलन की क्षमता को तय करता है।

समाजीकरण के सिद्धांत

विभिन्न विद्वानों ने अपने सिद्धांत प्रतिपादित कर यह दर्शाने का प्रयास किया है कि व्यक्ति का समाजीकरण किस प्रकार होता है। आत्म के विकास एवं समाजीकरण से संबंधिक कुछ सिद्धांतों की व्याख्या विद्वानों ने निम्नांकित ढंग से की है—

कूले का सिद्धांत : अमेरीकन समाजशास्त्री **कूले** ने अपनी पुस्तक **Human Nature and the Social Order** में अपने समाजीकरण संबंधी सिद्धांत को प्रस्तुत किया है। उनका सिद्धांत 'आत्म दर्पण सिद्धांत' के नाम से भी जाना जाता है। **कूले** ने अपने सिद्धांत का प्रतिपादन व्यक्ति और समाज के संबंधों को स्पष्ट करने के संदर्भ में किया। उनका मत है कि व्यक्ति और समाज को एक-दूसरे से पृथक करने के बारे में वैज्ञानिक विवेचन नहीं किया जा सकता। समाज के संपर्क में आने पर ही व्यक्ति के 'आत्म' का विकास होता है। समाज के लोग उसके बारे में क्या कहते हैं, इसी आधार पर वह अपने बारे में अपनी धारणा बनाता है। जिस प्रकार से हम आईना देख कर यह ज्ञान करते हैं कि हम अमुक पोशाक पहनने पर कैसे लगते हैं, बाल ठीक प्रकार से संवारे हुए हैं या नहीं, मेकअप कैसा हुआ है आदि। इसी प्रकार से बालक भी समाज रूपी आईने में अपने आप को देखता है। समाज के लोग उसके बारे में क्या कहते हैं, इसी आधार पर वह अपने बारे में राय बनाता है। इस राय के आधार पर ही उनमें हीनता या श्रेष्ठता के भाव पैदा होते हैं। उदाहरण के लिए, जब परिवार के लोग, मित्र या अन्य लोग उसके बारे में यह कहते हैं कि वह बुद्धिमान है, लम्बा है शक्तिशाली है, आकर्षक है, या गन्दा है, मूर्ख है कमजोर है, ठिगना है, लड़ाकू है और क्रोधी है तो व्यक्ति भी अपने बारे में वैसा ही सोचने लगता है।

इस प्रकार अपने बारे में दूसरों की प्रतिक्रिया से भी व्यक्ति से 'स्व' का निर्माण होता है। इसलिए ही **कूले** इसे 'आत्म दर्पण दर्शन' कहते हैं। **हॉर्टन तथा हण्ट** का मत है कि **कूले** ने 'Looking Glass Self' शब्द **थेकरे** की 'वेनिटी फेयर' नामक कृति से लिया है। **थेकरे** कहते हैं, संसार एक दर्पण है जो व्यक्ति को उसका स्वयं का चेहरा प्रतिबिंबित करता है। आप भौहें चढ़ाइए तो इसमें आप चिड़चिड़े दिखाई देंगे, आप इसकी ओर तथा इसके साथ हंसिये तो यह आपका खुशमिजाज व कृपालु साथी होगा।

कूले ने 'आत्म-दर्पण दर्शन' प्रक्रिया के तीन चरणों का उल्लेख किया है—(*i*) व्यक्ति यह सोचता है कि दूसरे उसके बारे में क्या सोचते हैं, (*ii*) दूसरों के निर्णय के आधार पर वह स्वयं अपने बारे में क्या सोचता है, (*iii*) मैं अपने बारे में सोच कर अपने को कैसा मानता हूँ अर्थात् गर्व अनुभव करता हूँ या ग्लानि। इन

तीनों बातों को स्पष्ट करने के लिए **हॉर्टन व हण्ट** ने एक उदाहरण दिया है-मान लीजिए आप एक कमरे में प्रवेश करते हैं जहां कुछ व्यक्ति एक समूह में परस्पर बातें कर रहे हैं। आपके जाते ही वे बहाना बना कर वहाँ से चले जाते हैं और ऐसा कई बार होता है तो आपको अपने बारे में हीनता की भावना महसूस होगी। इसके विपरीत, आपके कमरे में प्रवेश करने पर सभी व्यक्ति आपको घेर लेते हैं और आपसे चर्चा करना चाहते हैं तो आपको गर्व महसूस होगा। इस प्रकार दूसरे व्यक्ति हमारे प्रति जिस प्रकार की प्रतिक्रिया करते हैं, हम अपने बारे में वैसी ही धारणा बनाते हैं। इसे हम एक अन्य उदाहरण द्वारा स्पष्ट कर सकते हैं। हम किसी स्त्री को बार-बार कहें कि तुम बहुत सुंदर हो तो वह अपने को सुंदर महसूस करने लगेगी और वैसा ही आचरण करने लगेगी। इसी प्रकार से स्त्री को बार-बार यह कहें कि तुम कुरूप हो तो उसमें वैसे ही विचार घर कर जाएंगे। इस प्रकार दूसरों के द्वारा व्यक्त प्रतिक्रिया के आधार पर ही व्यक्ति अपने को सुंदर-असुंदर, मिलनसार, झगड़ालू, मूर्ख-विद्वान तथा हीन व श्रेष्ठ समझने लगता है। बचपन में व्यक्ति अपने बारे में जिस प्रकार की धारणा ग्रहण कर लेता है वह जीवन भर बनी रहती है और बाद में बहुत प्रयत्न से ही परिवर्तित होती है।

किन्तु कई बार ऐसा भी होता है कि दूसरे हमारे बारे में जो राय बनाते हैं, उसे जिस रूप में हम सोचते हैं उसमें तथा वास्तव में दूसरों द्वारा हमारे प्रति बनायी गई धारणा में अंतर होता है। कई बार हम दूसरों द्वारा हमारे बारे में बनायी गयी राय को गलत समझ लेते हैं। अत: कभी-कभी 'स्व' निर्माण गलत धारणा पर भी निर्भर होता है। उदाहरण के लिए हमारा अपने मित्रों के प्रति अधिक स्नेह होता है, हमारे मित्र कभी हमारी प्रशंसा करते हैं तो हम यह सोचने लगते हैं कि हम प्रशंसनीय हैं जबकि वास्तविकता यह होती है कि हमारे मित्र हमें इतना योग्य नहीं समझते। इस प्रकार हमारे द्वारा अपने बारे में मित्रों की प्रशंसा के आधार पर बनाई गई धारणा त्रुटिपूर्ण है।

इस प्रकार **कूले** के अनुसार व्यक्ति दूसरों के संपर्क में होने से ही 'स्व' का निर्माण होता है जो कि समाजीकरण का प्रमुख आधार है। 'स्व' के निर्माण के आधार पर ही व्यक्ति अपना मूल्यांकन करता है, अपने को हीन या श्रेष्ठ समझता है और समाजीकरण की दिशा तय करता है। व्यक्ति समाज का ही प्रतिबिम्ब है। दूसरे व्यक्तियों के विचारों के एवं निर्णयों के आधार पर ही वह अपने विचारों, मनोभावों एवं आदतों को बनाता है अपना समाजीकरण करता है।

मीड का सिद्धांत

मीड एक दार्शनिक एवं समाज मनोवैज्ञानिक थे। उन्होंने समाजीकरण संबंधी अपने विचार 'Mind, self and society' नामक अपनी कृति में प्रकट किए हैं। एक दार्शनिक के रूप में वह जानना चाहते थे कि व्यक्ति और समाज में से पहले कौन आया?

मूल रूप में **कूले एवं मीड** में विचारों के कुछ समानता है किन्तु उमंग के विकास में **कूले** व्यक्ति व समाज के पारस्परिक संबंधों पर अधिक बल देते हैं, जबकि मीड व्यक्ति की तुलना में समाज को अधिक महत्व देते हैं।

मीड यह मानते हैं कि व्यक्ति ही समाज का निर्माता है जिसमें दिमाग और 'स्व' होता है। 'स्व' मौलिक रूप से एक सामाजिक संरचना है और यह सामाजिक अनुभवों के कारण ही पैदा होता है। 'स्व' के जन्म के बाद ही व्यक्ति सामाजिक अनुभव करता है। **मीड** ने उस प्रक्रिया का भी उल्लेख किया है जिसके द्वारा 'स्व' का विकास होता है और व्यक्ति अब दूसरों के विचारों को ग्रहण करता है। **मीड** समाजीकरण के आत्म चेतना (Self Consciousness) को आधार मानते हैं जिसका निर्माण सामाजिक अन्त:क्रिया के कारण होता है। **मीड** ने व्यक्ति के दो स्वरूपों का उल्लेख किया है-एक, जैविकीय व्यक्ति तथा दूसरा, सामाजिक रूप में आत्म-चेतन व्यक्ति जन्म के समय बच्चा एक जैविकीय व्यक्ति होता है जिसमें बुद्धि का अभाव होता है, अत: वह आंतरिक प्रेरणाओं से प्रेरित होकर ही क्रियाएँ करता है। धीरे-धीरे परिवार एवं अन्य समूहों के संपर्क के कारण बच्चे की यह समझ पैदा होने लगती है कि उससे लोग किस प्रकार का व्यवहार करने की अपेक्षा करते हैं और उनके व्यवहारों का अर्थ लगाया जाता है।

व्यक्ति में 'आत्म-चेतना' का विकास किस प्रकार से होता हैं, इसे स्पष्ट करने के लिए **मीड** ने 'मैं' (I) तथा 'मुझे' (me) शब्दों का प्रयोग किया है। इसलिए इस सिद्धांत की 'मैं' और 'मुझे' का सिद्धांत भी कहते हैं। मैं का अर्थ व्यक्ति द्वारा दूसरों के प्रति किए गए व्यवहार पर दूसरों की प्रक्रिया जिसे व्यक्ति आंतरीकृत करता है। 'मैं' और 'मुझे' में अन्त: क्रिया के कारण ही। 'स्व' का विकास होता है। प्रारंभ में ये दोनों धारणाएं एक-दूसरे से अलग होती हैं किन्तु परिवार व समाज के संपर्क के कारण उनमें समानता स्थापित होने लगती है और वे एक ही चीज के दो पहलू हो जाते हैं।

समाज के संपर्क के कारण बच्चा जो कुछ भी सीखता है उसे वह पुन: गुड़ियों के खेल के दौरान प्रकट करता है। चोर, डाकू व पुलिसमैन तथा माता-पिता व भाई-बहनों की भूमिका वह खेल के दौरान प्रकट करता है। आपस में बच्चे मम्मी पापा या चोर-पुलिस बनकर वैसी ही व्यवहार प्रकट करते हैं जैसा उन्होंने वास्तव में उन दोनों के व्यवहार करते देख सीखा है। अनुकरण संकेत एवं भाषा के माध्यम से बच्चा दूसरों के व्यवहारों को ग्रहण करता है और

उसमें विभिन्न प्रकार की भूमिकाएं निभाने की क्षमताएं पैदा हो जाती है। इसी स्थिति को **मीड** 'आत्म का विकास' कहते हैं। **मीड** के इस सिद्धांत को हम संक्षेप में इस प्रकार प्रकट कर सकते हैं— (1) समाजीकरण का अर्थ व्यक्ति का 'आत्म का समुचित विकास से है, (2) 'आत्म' का विकास दूसरे लोगों को 'सामान्यकृत व्यवहार' को अपने व्यवहार में समावेश करने से होता है, (3) 'आत्म' के विकास के बाद जैविकीय प्राणी से सामाजिक रूप से आत्म चेतन प्राणी के रूप में बदल जाता है, (4) व्यक्ति का समाजीकरण उसी मात्रा में होता है जिस मात्रा में उसके समाजिक व्यवहार उसके जैविकीय एवं संवेगात्मक व्यक्तित्व के प्रभाव को कम कर दें, (5) स्वयं तथा अन्य व्यक्तियों में भेद करने की चेतना पैदा होना ही आत्म का विकास है, और इसी आधार पर वह दूसरों के प्रति अपने व्यवहार को निश्चित करता है तरह-तरह की आदतें सीखता है अर्थात् अपना समाजीकरण करता है।

फ्रायड का सिद्धांत (Freud's Theory)

फ्रायड नामक मनौवैज्ञानिक ने समाजीकरण के अपने सिद्धान्त को मानसिक क्रियाओं के आधार पर समझाया है। वे यह मानते हैं कि मानव का समस्त व्यवहार 'लिबिडो' अर्थात् 'काम प्रवृत्तियों' से तय होता है। **फ्रायड** ने 'समाजीकृत आत्म' (Socialized self) की समाजशास्त्रियों की अवधारणा को चुनौती दी और कहा है कि मानव व्यवहार का तार्किक पक्ष वैसा है जैसा किसी समुद्र में हिमखण्ड (Iceberg) का बाहरी भाग होता है। जिस प्रकार हिमखण्ड का अधिकांश भाग पानी में रहता है। उसी प्रकार मानव व्यवहार का अधिकांश भाग अनदेखा व अचेतन शक्तियों द्वारा संचालित होता है। **फ्रायड** ने 'स्व' को 'इड' (id), अहम (Ego) और पराअहम (Super ego) आदि तीन भागों में बांटा। 'इड' (id) मानव की मूल प्रवृत्तियों प्रेरणाओं, समाजीकृत, इच्छाओं एवं स्वार्थों का योग है। इड के सामने नैतिक अनैतिक, अच्छे-बुरे का कोई प्रश्न नहीं होता है। वह पाशविक प्रवृत्ति के निकट है जो किसी न किसी प्रकार संतुष्टि चाहता है। अहम (Ego) स्व का चेतन एवं तार्किक पक्ष है जो व्यक्ति को सामाजिक परिस्थितियों के अनुकूल व्यवहार करने का निर्देश देता है और 'इड' पर नियंत्रण रखता है। 'अहम' भी 'इड' के समान नैतिक, अनैतिक, प्रेम व घृणा को अधिक महत्व तो नहीं देता फिर भी यह अधिक व्यावहारिक है क्योंकि यह 'इड' को परिस्थितियों के अनुकूल होने पर ही अपनी इच्छा-पूर्ति की स्वीकृति देता है। 'पराअहम' की अवधारणा को स्पष्ट कर सकता है। मान लीजिए कि एक व्यक्ति बहुत भूखा है और उसकी मिठाई खाने की इच्छा है। यह भूख 'इड' कहलाती है। 'अहम' कहेगा कि मिठाई खानी है और भूख शांत करनी है तो मेहनत करो, पैसा कमाओ या अगर परिस्थिति अनुकूल हो तो चोरी कर लो, चुपके से उठा कर खा लो। इस प्रकार 'अहम' '**इड**' व सामाजिक परिस्थितियों में सामंजस्य स्थापित करने का प्रयत्न करता है। किन्तु 'पराअहम' व्यक्ति को कहेगा, चोरी करना पाप है, अनैतिक है, सामाजिक मूल्यों के विपरीत है, अत: ऐसा मत करो। इस प्रकार 'पराअहम' विवेक और सामाजिक मूल्यों को प्रकट करता है। यही व्यक्ति के समाजीकरण का प्रमुख आधार है। 'इड' अहम और पराअहम को हम एक अन्य उदाहरण द्वारा भी समझ सकते हैं। 'इड' एक घोड़े के समान है जो किसी भी दिशा में भागना चाहता है। 'अहम' घोड़े पर बैठे सवार की तरह है जो उसे दिशा बताता है। 'पराअहम' सड़क पर खड़े ट्रैफिक इंस्पेक्टर की तरह है जो सवार के त्रुटि करने पर भी उसे सही दिशा बताता है। इस प्रकार 'पराअहम' 'इड' तथा 'अहम' दोनों पर नियंत्रण रखता है, और उन्हें समाज के मूल्यों के अनुरूप आचरण करने का निर्देश देता है। **फ्रायड** का मत है कि इड पराअहम की अवहेलना भी कर सकता है। ऐसी स्थिति में व्यक्ति समाज विरोधी कार्य कर बैठता है। इस प्रकार **फ्रायड** 'स्व' और समाज एक दूसरे के पूरक न मानकर परस्पर विरोधी मानता है। **फ्रायड** के अनुसार 'इड' व 'पराअहम' के पारस्परिक संघर्ष की प्रक्रिया से ही व्यक्ति का समाजीकरण होता है। बचपन में ही व्यक्ति जब सामाजिक व्यवहार से परिचित नहीं होता है तो 'इड' से प्रभावित होकर व्यवहार करता है। दूसरे लोगों के संपर्क में आने पर उसे इस बात का ज्ञान होता है कि अपनी आवश्यकता किस प्रकार पूरी की जानी चाहिए। यही अहम के विकास की स्थिति है। अन्य व्यक्तियों के संपर्क से ही वह सामाजिक मूल्यों एवं आदर्शों के परिचित होता है, वह यह जानने लगता है कि समाज किस प्रकार के व्यवहार को स्वीकार व अस्वीकार करता है, नैतिक ही अनैतिक समझता है। वह 'इड' और 'अहम' की बात को ठुकरा कर जितना 'पराअहम' के अनुसार आचरण करता है, उतना ही उसका समाजीकरण सफल माना जाता है।

दुर्खीम का सिद्धांत

दुर्खीम ने समाजीकरण संबंधी अपने विचार अपनी कृति 'Sociology and Philoshopy' में प्रकट किए हैं। इन्होंने समाजीकरण संबंधी अपने विचारों को सामूहिक प्रतिनिधित्व तथा सामूहिक चेतना के आधार पर प्रकट किया है। अत: इन दोनों अवधारणाओं को समझे बिना दुर्खीम के समाजीकरण के सिद्धांत को नहीं समझा जा सकता।

दुर्खीम के अनुसार, प्रत्येक समाज में कुछ विचार, धारणा एवं भावनाएं ऐसी होती हैं जिन्हें समाज के सभी सदस्य स्वीकार करते हैं क्योंकि ये सभी के द्वारा मान्य होती हैं, इसलिए ये सारे समूह का प्रतिनिधित्व करते हैं।

प्रारंभ में इनका संबंध व्यक्तिगत चेतना से होता है किन्तु सभी लोगों की पारस्परिक अन्त:क्रिया के कारण सामूहिक चेतना का निर्माण होता है जो सामूहिक प्रतिनिधियों को जन्म देती है। सामाजिक परम्पराएं, धर्म, रीति-रिवाज, प्रथाएं मूल्य एवं आदर्श सामूहिक प्रतिनिधान के उदाहरण हैं। उन सभी का निर्माण किसी व्यक्ति विशेष के द्वारा नहीं होता वरन् समूह अथवा समाज के सभी या अधिकांश लोगों के द्वारा होता है। अन्त:समूह के सभी लोग इनका पालन करते हैं, मानते हैं एवं उनके अनुसार आचरण करते हैं। सामूहिक प्रतिनिधानों का पालन करना व्यक्ति अपना दायित्व समझते हैं, इनके पीछे नैतिकता का दबाव होता है, समाज इन्हें मानने के लिए व्यक्तियों को बाध्य करता है। इनकी अवहेलना करने पर सामूहिक प्रतिक्रिया होती है, दण्ड की व्यवस्था की जाती है। इस प्रकार समाज के रीति रिवाजों, प्रथाओं, कानूनों, संस्थाओं धर्म एवं आदर्शों आदि को सामूहिक जीवन को द्योतक होने के कारण ही 'सामूहिक प्रतिनिधान' कहा गया है।

व्यक्ति इन सामाजिक प्रतिनिधानों को सीखता है, आत्मसात करता है और उनके अनुरूप आचरण करता है, इससे समाजीकरण होता है। दूसरे शब्दों में, व्यक्ति द्वारा सामाजिक प्रतिनिधानों को आन्तरीकरण करना ही समाजीकरण है। व्यक्ति ज्यों-ज्यों सामाजिक प्रतिमानों को आत्मसात करता जाता है त्यों-त्यों उसका समाजीकरण होता है।

स्व-संस्कृतिग्रहण (Enculturation)

स्व-संस्कृतिग्रहण की प्रक्रिया भी समाजीकरण का ही एक अंग है। समाजीकरण के द्वारा व्यक्ति किसी संस्कृति को ग्रहण करना सीखता है। इस अर्थ में यह एक तटस्थ प्रक्रिया है जो सीखने में जुड़ी हुई जबकि स्व-संस्कृतिग्रहण दोनों ही प्रक्रियाओं का संबंध मानव के सीखने से है, दोनों ही व्यक्ति को समाज का क्रियाशील सदस्य बनाती है, दोनों का संबंध व्यक्तित्व के विकास से है, दोनों ही प्रक्रियाएं बचपन से लेकर-मृत्यु-पर्यन्त चलती रहती है, दोनों ही जैविकीय मानव को सामाजिक मानव में बदलने वाली प्रक्रियाएं हैं किन्तु दोनों में भेद यह है कि समाजीकरण की प्रक्रिया सामान्य है तो स्व-संस्कृतिग्रहण की विशिष्ट। समाजीकरण में किसी भी संस्कृति को सीखा जाता है तो स्व-संस्कृतिग्रहण में व्यक्ति अपने ही समूह की संस्कृति को सीखता है।

स्व-संस्कृतिग्रहण को परिभाषित करते हुए **चार्ल्स विनिक** लिखते हैं, वह प्रक्रिया जिसके द्वारा एक मानव प्राणी अपनी संस्कृति को ग्रहण करता है तथा अपनी प्रस्थिति एवं भूमिका के प्रकार्यों को पूरा करना सीखता है, स्व-संस्कृतिग्रहण कहलाती है।

इस प्रकार **चार्ल्स विनिक** ने अपनी परिभाषा में व्यक्ति द्वारा अपनी संस्कृति को तथा समूह तथा समाज में विद्यमान विभिन्न प्रस्थितियों एवं भूमिकाओं के प्रकार्यों के निर्वाह को सीखने की प्रक्रिया के रूप में सीखने की प्रक्रिया के रूप में दर्शाया है।

हर्षकोबिट्स लिखते हैं कि सीखने के अनुभव का वह पक्ष जो कि मानव को अन्य प्राणियों के भिन्न करता है और जिन साधनों के द्वारा वह अपनी संस्कृति में निपुणता प्राप्त करता है स्व-संस्कृतिग्रहण कहा जाता है। उन्होंने अन्यत्र लिखा है, 'स्व'-संस्कृतिग्रहण की प्रक्रिया वह साधन है जिसके द्वारा एक व्यक्ति अपने संपूर्ण जीवन काल में अपने समूह की परम्पराओं को आत्मसात करता है तथा उनके अनुरूप प्रकार्य निभाता है।

हर्षकोविट्स ने अपनी परिभाषाओं में स्व-संस्कृतिग्रहण को ऐसी प्रक्रिया माना है जिसके द्वारा व्यक्ति अपनी परम्पराओं एवं संस्कृति को सीखता है, उसमें निपुणता प्राप्त करता है, उन्हीं के अनुरूप अपनी भूमिकाओं का निर्वाह करता है और यही प्रक्रिया उसे अन्य प्राणियों से भिन्न बनाती है।

सारांश में हम कह सकते हैं कि स्व-संस्कृतिग्रहण की प्रक्रिया भी सीखने की ही एक प्रक्रिया है जिसमें व्यक्ति अपने ही समूह की परम्पराओं, भूमिकाओं और संस्कृति को सीखता है तथा उनके अनुरूप आचरण करता है।

इस प्रकार से स्व-संस्कृतिग्रहण का संबंध

(1) सीखने की प्रक्रिया से है।

(2) इसमें व्यक्ति उस समूह की परम्पराओं, भूमिकाओं और संस्कृति को सीखता है जिसका वह सदस्य है।

(3) यह आजन्म प्रक्रिया है।

(4) इससे व्यक्ति अपने समूह का प्रकार्यात्मक सदस्य बनता है।

(5) इससे संस्कृति का हस्तांतरण एक पीढ़ी से दूसरी पीढ़ी का होता है।

(6) इससे व्यक्ति के आत्म (self) का विकास होता है।

स्व-संस्कृतिग्रहण प्रक्रिया चेतन और अचेतन दोनों रूप में हो सकती है अर्थात् संस्कृति के कुछ पक्षों को वह जान-बूझकर प्रयत्नपूर्वक सचेत रूप में सीख सकता है तो कुछ को अनजाने और दैनिक क्रिया में अपना सामंजस्य स्थापित करता है। प्रत्येक व्यक्ति को स्व-संस्कृतिग्रहण की प्रक्रिया से गुजरना होता है क्योंकि इसके अभाव में वह समाज का सक्रिय सदस्य नहीं बन सकता।

मानव के अन्य व्यवहारों की भांति स्व-संस्कृतिग्रहण की प्रक्रिया भी बड़ी जटिल है। यह दो स्तरों पर कार्य करती है-एक

जीवन के प्रारम्भिक वर्षों में तथा दूसरे जब व्यक्ति परिपक्वता प्राप्त कर लेता है।

बाल्यकाल अथवा जीवन के प्रारम्भिक वर्षों में बच्चा अपनी मूल सांस्कृतिक प्रतिमानों को मौखिक संकेतों के माध्यम से सीखता है जिससे आगे चलकर उसकी भाषा का निर्माण होता है, वह शिष्टाचार के स्वीकृत-प्रतिमानों को ग्रहण करता है, संस्थानों का अनुकरण करता है।

इसमें वह एक यंत्र की भांति होता है न कि एक खिलाड़ी या वादक। इस समय बालक खाने, पीने, सोने, उठने, बैठने, बोलने और व्यक्तिगत सफाई से संबंधित व्यवहारों को सीखता है जो कि व्यक्तिगत निर्माण में विशेष महत्व रखते हैं और बाद में जीवन की दृष्टि से भी महत्वपूर्ण होते हैं। बाल्यावस्था के बीतने पर भी यह सब भुला नहीं पाता है। स्व-संस्कृतिग्रहण की प्रक्रिया संस्कृति को स्थिरता प्रदान करती है। हम अपने सांस्कृतिक व्यावहारों को अचेतन रूप में ग्रहण करते हैं और उनके अभ्यस्त हो जाते हैं। ऐसा करने के लिए दण्ड और पुरस्कार, समाज की नैतिक संहिता और अनुकरण आदि की भी महत्वपूर्ण भूमिका होती है। व्यक्ति के बड़े होने के साथ-साथ यह प्रक्रिया इतनी स्वाभाविक और प्रभावशाली हो जाती है कि यह व्यक्ति के दैनिक व्यवहार का अंग बन जाती है। स्व-संस्कृतिग्रहण के अचेतन पक्ष को प्रकट करते हुए **हर्षकोविट्स** ने लिखा है कि इस प्रकार से स्व-संस्कृतिग्रहण वह प्रक्रिया है जिसमें अधिकांश व्यवहार चेतन विचारों से परे ही होते रहते हैं।

स्व-संस्कृतिग्रहण में अपनी संस्कृति को बिना उसमें संदेह प्रकट किए ही ग्रहण करते हैं उसी प्रकार से जैसे हम स्वचालित यंत्रों, बिजली, संगीत और कला को ग्रहण करते हैं।

स्व-संस्कृतिग्रहण की प्रक्रिया का दूसरा स्तर युवावस्था का है। बाल्यावस्था की स्व-संस्कृतिग्रहण की प्रक्रिया से यह कुछ भिन्न होती है। इस आयु में व्यक्ति किसी चीज को चेतन रूप में स्वीकार या अस्वीकार कर सकता है। स्वीकृत और अस्वीकृत की मात्रा व्यक्ति के बड़े होने के साथ-साथ बढ़ती जाती है। परिपक्वता प्राप्त करते करते व्यक्ति समाज द्वारा स्वीकृत व्यवहारों का इतना अभ्यस्त हो जाता है कि वह उन्हीं के अनुरूप आचरण करने लगता है। इस अवस्था में उसके सामने कई ऐसे अविष्कार और खोज तथा नये विचार जो उसके अपने समाज से बाहर की ओर से प्रसारित होकर पहुंचते हैं, उन्हें ग्रहण करने के लिए उससे अपने आपको पुनः तैयार करना पड़ता है। बाद के वर्षों की स्व-संस्कृति-ग्रहण की प्रक्रिया में व्यक्ति के सामने विकल्प भी होते हैं। उसे जो कुछ सिखाया जाता है उसे स्वीकार या अस्वीकार कर सकता है, किसी भी वस्तु के लिए तर्क-वितर्क तक सकता है और उनके गुणावगुण का मूल्यांकन कर सकता है।

स्व-संस्कृतिग्रहण की प्रक्रिया प्रारंभिक स्तर पर स्थिरता प्रदान करने वाले यंत्र के रूप में कार्य करती है। यह संस्कृति को निरंतरता और स्थिरता प्रदान करती है, इस रूप में यह संस्कृति में अनुदारवाद की पोषक है। किन्तु बाद के वर्षों में वह जब चेतन रूप से क्रियाशील होती है तो परिवर्तन की समस्या से अवगत कराती है, परिवर्तन के लिए द्वार खोलती है तथा नवीन विचारों और व्यवहारों से व्यक्ति को पुनः अभ्यस्त होने की स्वीकृति प्रदान करती है।

इस सबका अर्थ यह नहीं लगाया जाना चाहिए कि व्यक्ति इस संपूर्ण प्रक्रिया में एक निष्क्रिय तत्व है। बाल्यकाल में तो वह बात फिर भी लागू होती है क्योंकि व्यक्ति अपने समूह द्वारा स्वीकृत व्यवहारों से अनुकूलन करता सीखता है और उसे करने पर सुरक्षा के अवसर भी प्राप्त होते हैं तथा उल्लघंन करने पर असुरक्षा महसूस होती है। किन्तु बाद के वर्षों में वह निष्क्रिय न होकर सांस्कृतिक व्यवहारों को स्वीकार या अस्वीकार करने, नये परिवर्तनों को अपनाने में सक्रिय भूमिका निभाता है।

स्व-संस्कृतिग्रहण की प्रक्रिया में व्यक्ति उन व्यवहार प्रतिमानों को सीखता है जो उसके समूह द्वारा स्वीकृत होते हैं। वह इन्हें इस प्रकार से सीखता है कि उनके विचार, उसके मूल्य और क्रियाओं का समूह के अन्य सदस्यों से संघर्ष नहीं होता है। इसके परिणामस्वरूप समूह के जीवन में संस्थाओं की दृढ़ता बनी रहती है और लोग उनके अनुरूप अपना जीवन व्यतीत करते हैं। इस प्रक्रिया में व्यक्ति का निर्माण उसी रूप में किया जाता है जिस रूप में समूह के सदस्य चाहते हैं। यद्यपि इसमें पूर्ण सफलता कभी प्राप्त नहीं होती। कुछ लोग कम तो कुछ ज्यादा सांस्कृतिक व्यवहारों को सीखते हैं। फिर सदस्य इतना तो अवश्य सीख लेते हैं कि उन्हें दूसरे की संस्कृति में भिन्न रूप में पहचाना जा सके।

स्व-संस्कृतिग्रहण की प्रक्रिया व्यक्ति के व्यक्तित्व को भी प्रभावित करती है। वह व्यक्ति में व्यक्तित्व को भी प्रभावित करती है। वह व्यक्ति में आक्रमण, प्रतिस्पर्द्धा, युद्ध, विनम्रता, सामंजस्य, समझौता, राजनीति, कूटनीति आदि गुणों को विकसित करती है। यदि स्व-संस्कृतिग्रहण के द्वारा व्यक्ति संस्थानों से समायोजन करना सीखता है तो उसका जीवन सामान्य रूप से व्यतीत होता है। कुसमायोजन होने पर जीवन में कुण्ठाएं और निराशाएं उत्पन्न होती हैं, आंतरिक संघर्ष उत्पन्न होता है। यह प्रक्रिया हमें यह भी बताती है कि मनुष्य किसी भी संस्कृति का स्वामी बन सकता है, उसे सीख सकता है यदि उसे सीखने का अवसर प्राप्त हो।

पर-संस्कृतिग्रहण

पर-संस्कृतिग्रहण एक संगठनकारी प्रक्रिया है। पर-संस्कृतिग्रहण आत्मसात के ही अंग है। दो संस्कृतियां जब परस्पर संपर्क में आती हैं तो वे एक दूसरे को प्रभावित करती हैं। जब एक संस्कृति को मानने वाले लोगों द्वारा कुछ सांस्कृतिक तत्वों के स्थान पर बहुत सारे सांस्कृतिक तत्व अपना लिये जाते हैं तो उसे पर-संस्कृतिग्रहण कहते हैं।

पर-संस्कृतिग्रहण का अर्थ एवं परिभाषा

संस्कृतिकरण या पर-संस्कृतिग्रहण को परिभाषित करते हुए **डा. दुबे** लिखते हैं, ''दो संस्कृतियों के संपर्क की स्थिति में यदि एक संस्कृति दूसरी संस्कृति के तत्वों को अपनी इच्छा से या किसी दबाव में ग्रहण करे तो इस प्रक्रिया को हम पर-संस्कृतिग्रहण कहेंगे।''

मजूमदार एवं मदान के अनुसार, ''जब एक संस्कृति के प्रभाव के दूसरी संस्कृति की संपूर्ण जीवन पद्धति परिवर्तन-प्रक्रिया के दौर में होती है, तब इस प्रक्रिया को पर-संस्कृतिग्रहण कहा जाता है।''

गिलिन एवं गिलिन लिखते हैं, ''पर-संस्कृतिग्रहण से हमारा तात्पर्य उस प्रक्रिया से है जिसमें विभिन्न संस्कृतियों वाले समाज निकट एवं लम्बे सम्पर्क के कारण परिवर्तित होते हैं, किन्तु इसमें दोनों संस्कृतियों का पूर्ण मिश्रण नहीं होता है।''

सन् 1936 में **रेडफील्ड, लिटन और हर्षकोविट्स** ने पर-संस्कृतिग्रहण पर शोध के लिए मार्गदर्शन देने वाली एक परिषद् के स्मृति-पत्र में इसकी परिभाषा इस प्रकार से दी है-''पर-संस्कृतिग्रहण में उन घटनाओं का समावेश होता है, जो कि भिन्न संस्कृतियों वाले व्यक्तियों के समूह के निरंतर प्रत्यक्ष सम्पर्क में आने से होता है और जिनके परिणामस्वरूप उनमें से एक या दो समूहों के मौलिक सांस्कृतिक प्रतिमानों में परिवर्तन घटित होते हैं।''

पर-संस्कृतिग्रहण की उपर्युक्त परिभाषाओं से इसकी निम्नांकित विशेषताएं प्रकट होती है :

1. पर-संस्कृतिग्रहण के लिए दो संस्कृतियों में सांस्कृतिक तत्वों का परस्पर आदान-प्रदान होता है। इस प्रकार एक दो-तरफा प्रक्रिया (Two Way Process) है।

2. पर-संस्कृतिग्रहण के लिए दो संस्कृतियों का लम्बे समय तक प्रत्यक्ष एवं निरंतर संपर्क होना आवश्यक है।

3. पर-संस्कृतिग्रहण करने वाले समूह की जीवन विधि बदल जाती है या दोनों समूहों के मौलिक सांस्कृतिक प्रतिमानों में परिवर्तन आते हैं।

4. पर-संस्कृति ग्रहण स्वेच्छा या दबाव दोनों ही प्रकार से हो सकता है। जब शासक दल के दबाव के कारण पर-संस्कृतिग्रहण किया जाता है तो सांस्कृतिक तत्व अपनाने वाले समूह की इच्छा या अनिच्छा का प्रश्न ही पैदा नहीं होता। स्वेच्छा से पर-संस्कृतिग्रहण भी कई कारणों से किया जा सकता है, जैसे कई बार व्यक्ति नवीनता के लिए ही नये सांस्कृतिक तत्वों को अपनाता है, तो कभी सुविधा एवं लाभ के लिए। अपनी प्रतिष्ठा वृद्धि के लिए भी व्यक्ति कई बार पर-संस्कृतिग्रहण करता है।

5. पर-संस्कृतिग्रहण सांस्कृतिक सम्प्रेषण अर्थात् एक समूह से दूसरे समूह में संस्कृति हस्तांतरण की एक प्रक्रिया है।

6. पर-संस्कृतिग्रहण में सम्पर्क में आने वाली दोनों संस्कृतियों का सम्पूर्ण मिश्रण नहीं होता वरन् वे अपनी विशेषताएं बनाए रखती हैं।

इस तरह स्पष्ट है कि दो संस्कृतियां जब तक लम्बे समय तक एक-दूसरे के प्रत्यक्ष सम्पर्क में आती हैं तो उनमें कोई एक-दूसरी से या दोनों परस्पर दबाव या स्वेच्छा से सांस्कृतिक तत्वों का आदान-प्रदान कर सकती है।

संस्कृति हस्तांतरण की इस प्रक्रिया को पर-संस्कृतिग्रहण के नाम से जाना जाता है। पर-संस्कृतिग्रहण की प्रक्रिया के दौरान एक संस्कृति अपने सभी मूल तत्वों को नहीं खोती है किन्तु उसकी जीवन-विधि में परिवर्तन अवश्य आ जाता है।

पर-संस्कृतिग्रहण के लिए **गिलिन एवं गिलिन** ने तीन स्थितियों को आवश्यक माना है—(*i*) लोगों को निकट एवं निरंतर सम्पर्क में रहना चाहिए जिससे कि वे एक-दूसरे के सांस्कृतिक तत्वों से परिचित हो सकें। (*ii*) परदेस जाकर रहने वाला समूह भिन्न सांस्कृतिक समूह में जाकर रहता है। (*iii*) विजेता हारे हुए लोगों पर अपनी संस्कृति थोपता है। हालांकि आज के विकासशील समाज में ऐसी स्थितियों में काफी कमी आई है।

पर-संस्कृतिग्रहण की दशाएं (Conditions of Acculturation)

दो भिन्न सांस्कृतिक समूहों में सम्पर्क होने मात्र से ही पर-संस्कृतिग्रहण नहीं होता है, यद्यपि पर-संस्कृतिग्रहण की एक आवश्यक दशा है। इसके अतिरिक्त अन्य दशाएं भी आवश्यक हैं जो इस प्रकार है :

1. दोनों सांस्कृतिक समूहों में सम्पर्क हो और दोनों समूह एक-दूसरे को प्रेरणा दें।

2. संपर्क में आने वाले व्यक्तियों की सामाजिक स्थिति भी महत्वपूर्ण है क्योंकि व्यक्ति उन्हीं तत्वों का हस्तान्तरण कर सकता है जिससे वह परिचित हो। प्रत्येक व्यक्ति अपनी संस्कृति का प्रतिनिधित्व एक **सीमा तक** ही करता है। संपूर्ण संस्कृति का नहीं।

3. पर-संस्कृतिग्रहण में परिवर्तन की इच्छा (Desire for change) भी एक महत्वपूर्ण पक्ष है। परिवर्तन की इच्छा होने पर पर-संस्कृतिग्रहण शीघ्र एवं तीव्रगति से होगा। परिवर्तन के प्रति उदासीन होने पर पर-संस्कृतिग्रहण में बाधा उत्पन्न होती है।

4. पर-संस्कृतिग्रहण उन संस्कृतियों में अधिक एवं शीघ्र होगा जिसमें परस्पर समानता अधिक एवं अंतर कम होते हैं। दो संस्कृतियों के उद्देश्यों में समानता होने पर भी पर-संस्कृतिग्रहण के अधिक असर रहते हैं।

पर-संस्कृतिग्रहण के परिणाम (Results of Acculturation)

पर-संस्कृतिग्रहण के परिणामस्वरूप संस्कृतियों में परिवर्तन परिवर्द्धन एवं परिमार्जन होता है, संस्कृति का प्रसार होता है, एक संस्कृति दूसरी संस्कृति के तत्व ग्रहण कर लाभान्वित होती है, परस्पर सहयोग एवं भाईचारे की भावना में वृद्धि होती है। किन्तु पर-संस्कृतिग्रहण सदैव ही लाभप्रद नहीं होता वरन् अनेक बार तो अनियंत्रित रूप से दूसरी संस्कृति के तत्वों को अपनाना घातक भी सिद्ध होता है। दबाव से स्वीकार कराए गए सांस्कृतिक परिवर्तन भी विनाशकारी प्रभाव पैदा करते हैं और ऐसी स्थिति में विद्रोह की संभावना रहती है। पर-संस्कृति के प्रभावों का उल्लेख हम दो रूपों में कर सकते हैं—(*i*) व्यक्ति पर प्रभाव एवं (*ii*) संपर्क में आने वाली संस्कृतियों पर प्रभाव।

पर-संस्कृतिग्रहण के कारण व्यक्ति पर भी अनेक प्रभाव पड़ते हैं। व्यक्ति को नवीन संस्कृति से अनुकूलन करना पड़ता है। इस दौरान उसे मानसिक तनाव का सामना करना होता है। युवा व्यक्ति पहले ही किसी संस्कृति के अनुरूप ढल चुके होते हैं, अपने मूल्य एवं जीवन मूल्य तय कर चुके होते हैं। अत: नवीन संस्कृति से संपर्क उनके लिए मानसिक तनाव का कारण होता है। व्यक्ति अपनी परिचित भाषा, संस्कृति के संपर्क का खतरा मोल नहीं लेना चाहता किन्तु जो लोग नई संस्कृति से सफलतापूर्वक अनुकूलन कर लेते हैं, वे अपने सांस्कृतिक समूह में अन्य लोगों के नेता बन जाते हैं तथा प्रतिष्ठा भी प्राप्त कर लेते हैं।

पर-संस्कृतिग्रहण का संस्कृति पर भी प्रभाव पड़ता है दोनों संस्कृतियों में सांस्कृतिक तत्वों का आदान-प्रदान होता है तथा आगे चलकर सात्मीकरण भी हो जाता है। यदि संपर्क में आने वाली संस्कृतियों में भिन्नता अधिक है तो परस्पर कम सांस्कृतिक तत्व ही अपनाएं जाएंगे। यदि दूसरे सांस्कृतिक समूह में जाकर बसने वाला समूह छोटा है तो वह अपनी संस्कृति के तत्व अधिक खोयेगा और संपर्क में आने वाली संस्कृति से अधिक ग्रहण करेगा तथा बदले में उसे कम दे पाएगा। पर-संस्कृतिग्रहण में आश्रित समझी जाने वाली संस्कृति धीरे-धीरे नष्ट होने लगती है। यह स्थिति असम की नगा जनजाति की हो रही है। ईसाई मिशनरियों के संपर्क के कारण नगा संस्कृति पश्चिमीकृत हुई है।

संस्कृति के संवर्द्धन एवं विकास के लिए पर-संस्कृतिग्रहण करना अनिवार्य भी होता है किन्तु अनियन्त्रित पर-संस्कृतिग्रहण कई समस्याएं भी पैदा कर देता है और घातक भी हो सकता है। यदि अन्य संस्कृति से ग्रहण किए गए सांस्कृतिक तत्व अपनाने वाले समूह की संस्कृति के गठन और मूल्यों से मेल नहीं रखते हैं तो उनका प्रभाव हानिकारक होता है। बलपूर्वक स्वीकार कराए गए सांस्कृतिक तत्व विनाशकारी प्रभावों को पैदा कर संस्कृति की जीवन शक्ति को नष्ट कर सकते हैं।

पर-संस्कृतिग्रहण के प्रमुख आधार (कारण) (Basic of Acculturation)

पर-संस्कृतिग्रहण के लिए अन्य दशाएं आवश्यक है ही किन्तु सांस्कृतिक सम्पर्क और संस्कृति हस्तान्तरण इनके प्रमुख आधार हैं। अत: इनका यहां अलग से विस्तृत उल्लेख किया जा रहा है :

1. सांस्कृतिक संपर्क (Culture Contact)

सम्पर्क शब्द अंग्रेजी भाषा के '**काण्टेक्ट**' शब्द का हिन्दी रूपान्तरण है। '**काण्टेक्ट**' भी लैटिन भाषा के दो '**कॉन**' (Con) या '**कॅम**' (Com) और '**टेन्गो**' (Tengo) से मिलकर बना है। '**कॉन**' या कॅम का अर्थ साथ-साथ (Together) और '**टेन्गो**' का स्पर्श या छूने (Touch) से है। इस प्रकार '**काण्टेक्ट**' का अर्थ परस्पर स्पर्श करने या छूने से है। इसका तात्पर्य निकट सम्पर्क में आने से है। सांस्कृतिक क्षेत्र में सम्पर्क का अर्थ है दो या दो से अधिक संस्कृतियों का निकट संपर्क स्थापित होना। पर-संस्कृतिग्रहण के लिए यह आवश्यक है। इसके अभाव में पर-संस्कृतिग्रहण सम्भव ही नहीं है। यह सम्पर्क प्रत्यक्ष भी हो सकता है और अप्रत्यक्ष भी।

प्रत्यक्ष सम्पर्क में दो संस्कृतियों से सम्बन्धित व्यक्ति आमने-सामने मिलते हैं, एक-दूसरे से बातचीत करते हैं। इस स्थिति में वे एक दूसरे के रीति-रिवाजों, प्रथाओं, व्यवहारों, मूल्यों एवं भौतिक संस्कृति के तत्वों को ग्रहण करते हैं। इसके विपरीत अप्रत्यक्ष संपर्क में दोनों संस्कृतियों से सम्बन्धित व्यक्ति या समूह आमने-सामने नहीं होते। अप्रत्यक्ष संपर्क में एक तीसरा माध्यम भी होता है। पत्र, डाक, तार, टेलीफोन या संचार के किसी अन्य साधन द्वारा अथवा किसी मध्यस्थ व्यक्ति द्वारा भी सांस्कृतिक सम्पर्क हो सकता है। सांस्कृतिक संपर्क के दौरान परस्पर कुछ अपेक्षाएं या आशाएं की जाती है जिनकी पूर्ति होने पर पर-संस्कृति ग्रहण के अवसर

बढ़ जाते हैं। अप्रत्यक्ष संपर्क की अपेक्षा संपर्क में सांस्कृतिक आदान-प्रदान की सम्भावनाएं बहुत बढ़ जाती हैं।

सम्पर्क सकारात्मक व नकारात्मक भी हो सकता है। सकारात्मक सांस्कृतिक संपर्क वह है जिसमें दोनों संस्कृतियों में सहयोग, समझौता, एकीकरण या सात्मीकरण की प्रक्रिया प्रारम्भ हो जाती है। नकारात्मक संपर्क के परिणामस्वरूप दोनों संस्कृतियों में असहयोग, प्रतिस्पर्धा, विरोध एवं संघर्ष प्रारम्भ हो जाता है और कभी-कभी पर-संस्कृतिग्रहण की प्रक्रिया समाप्त भी हो जाती है।

सम्पर्क प्राथमिक और द्वैतीयक भी हो सकता है। प्राथमिक सांस्कृतिक संपर्क में दो सांस्कृतिक समूहों में आमने-सामने के निकट एवं घनिष्ठ संस्कृतियों के आदान-प्रदान को सरल एवं सहज बना देती है। द्वैतीयक सांस्कृतिक संपर्क में दो संस्कृतियों में अप्रत्यक्ष सम्पर्क पाया जाता है और दोनों सांस्कृतिक समूहों में घनिष्ठता एवं निकटता नहीं होती। वे किसी तीसरे, व्यक्ति, समूह या उपकरण (तार, पत्र, टेलिफोन, रेडियो आदि) के माध्यम से सम्पर्क में आते हैं। आज के युग में रहने वाले पत्र मित्र (Pen Friends) के बीच पाये जाने वाला संपर्क द्वैतीयक संपर्क ही है। इसके द्वारा भी वे परस्पर एक दूसरे की भाषा, लेखन शैली एवं संस्कृति से परिचित होते हैं और उन्हें ग्रहण करते हैं।

संस्कृति हस्तांतरण (Transmission of Culture)

पर-संस्कृतिग्रहण के लिए दो संस्कृतियों का संपर्क होना ही पर्याप्त नहीं है वरन यह भी आवश्यक है कि वे एक दूसरे को अपनी संस्कृति हस्तांतरित करें। यदि एक समूह अपनी संस्कृति को श्रेष्ठ मानकर दूसरे समूहों पर अपनी संस्कृति हस्तांतरण न करे या उसे इससे परिचित न कराए तो पर-संस्कृतिग्रहण अवरुद्ध हो जाता है। इसी प्रकार एक समूह दूसरे समूह पर अपनी संस्कृति को अपनाने पर रोक लगा दे, या ऐसा करने पर उसे दण्डित करे तब भी पर-संस्कृतिग्रहण रुक जाता है। उदाहरण के लिए, प्राचीन भारत में सामन्त, राजा-महाराजा और शाही परिवारों के लोग अपनी प्रथाओं, पहनावे, आभूषण आदि को अन्य लोगों द्वारा अपनाने से मना करते हैं। उच्च जातियों के व्यवहार प्रतिमान को निम्न जातियों द्वारा अपनाने का प्रतिबन्ध रहा है।

फलस्वरूप प्रत्येक जाति की एक विशिष्ट संस्कृति पनपी और उनके बहुत कम पर-संस्कृतिग्रहण हो पाया।

संस्कृति हस्तांतरण का घनिष्ठ संबंध संस्कृतिग्रहण से है। जब कोई समूह दूसरे की संस्कृति ग्रहण करने को तैयार न हो तो संस्कृति का हस्तान्तरण नहीं हो सकता। संस्कृतिग्रहण करने का कार्य कभी स्वेच्छा से तो कभी दबाव से भी हो सकता है। जब व्यक्ति में नवीनता की चाह होती है, पुरातन के प्रति असन्तोष, विरोध या उदासीनता होती है या स्वयं की संस्कृति अपेक्षाओं को पूरा नहीं करती है ऐसी स्थिति में पर-संस्कृतिग्रहण के अवसर बढ़ जाते हैं। कभी-कभी शासन या अधिकारियों की ओर से उनकी संस्कृति को ग्रहण करने के लिए दबाव डाला जाता है। कई मुस्लिम शासकों ने धर्म के प्रचार के लिए बल प्रयोग किया था। दबाव की स्थिति में नवीन संस्कृति को अपनाना अनिवार्य हो जाता है। कुछ तत्व केवल उनकी नवीनता के लिए स्वीकार किए जाते हैं, कुछ सुविधा के लिए और कुछ लाभ के लिए। ऐसे तत्व जिनमें लाभ की आशा हो सुविधापूर्वक अपनाए या सीखें जा सकें और जो व्यक्तिगत तथा सामूहिक आवश्यकताओं की पूर्ति में उपयोगी हों, शीघ्र ही अपना लिए जाते हैं। प्रतिष्ठा के लिए भी नवीन सांस्कृतिक तत्व ग्रहण किए जाते हैं।'' इस प्रकार संस्कृति हस्तांतरण संस्कृतिकरण पर निर्भर है एवं पर-संस्कृतिग्रहण सांस्कृतिक सम्पर्क एवं सांस्कृतिक हस्तांतरण पर।

लगभग सभी मानवशास्त्री जिनकी रुचि आदिम संस्कृतियों के अध्ययन में थी, यह जानना चाहते थे कि संस्कृति का उद्भव, विकास एवं संवर्द्धन किस प्रकार हुआ और वह किन-किन चरणों से गुजरी है। विश्व की सभी संस्कृतियां समान स्तरों से गुजरी हैं ? क्या उनके विकास एवं संवर्द्धन की प्रक्रिया एक सी रही है, तथा सांस्कृतिक विकास में किन कारकों का योगदान रहा है। इन प्रश्नों का उत्तर उद्‌विकासवादी एवं प्रसारवादी मानवशास्त्रियों ने अलग-अलग प्रकार से दिया है। उद्‌विकासवादियों का मत है कि सावयव (Organism) की भांति ही संस्कृतियों का उद्‌विकास हुआ है। यदि दो स्थानों पर समान सांस्कृतिक तत्व पाये जाते हैं तो इसका अर्थ है कि दोनों स्थानों पर उनका जन्म स्वतन्त्र रूप से हुआ। इसका कारण सभी मानव समान परिस्थितियों से सोचने एवं कार्य करते हैं।

दूसरी और प्रसारवादियों ने कहा है कि संस्कृति का विकास व संवर्द्धन सांस्कृतिक तत्वों के स्थान से दूसरे स्थान के प्रसार के कारण हुआ है। सांस्कृतिक प्रसार के लिए दो भिन्न समूहों का संपर्क तथा संस्कृतियों का हस्तांतरण आवश्यक है। संस्कृति की एक विशेषता यह है कि वह सीखी जा सकती है। अत: जब दो संस्कृतियां संपर्क में आती हैं और एक दूसरे को सांस्कृतिक तत्वों का हस्तांतरण करती हैं तो उनका प्रसार होता है। सांस्कृतिक का एक कारण यह भी है कि सामान्यत: व्यक्ति आराम पंसद है। साथ ही नवीन अविष्कार करने के बजाए अन्य संस्कृति के तत्वों को अपनाना सरल है। यातायात एवं संदेश साधनों की सुगम उपलब्धि भी सांस्कृतिक हस्तांतरण में सहायक है। किन्तु भौतिक दूरी, दलदल, नदी, पहाड़, रेगिस्तान, जंगल आदि सांस्कृतिक हस्तांतरण में बाधा उत्पन्न करते हैं।

सांस्कृतिक हस्तांतरण के संदर्भ में कुछ बातें महत्वपूर्ण हैं, जैसे सांस्कृतिक हस्तांतरण उन्हीं तत्वों का होता है जो तत्व अपनाने वाले समूह की संस्कृति से समानता रखते हों और उसके लिए लाभप्रद हों। सांस्कृतिक हस्तांतरण के दौरान सांस्कृतिक तत्वों के मूलस्वरूप में परिवर्तन आ जाता है क्योंकि ग्रहण करने वाला समूह अपनी आवश्यकता के अनुसार अनेक प्रकार के लचीलेपन को स्वीकारता है। यही कारण है कि वह अन्यान्य संस्कृतियों को स्वीकारते हुए समाजीकरण में योगदान करता है।

सारांश

1. समाजीकरण एक मनौवैज्ञानिक प्रक्रिया है जिसके अन्तर्गत हम अपनी सामाजिक भूमिकाओं का सम्पादन करना सीखते हैं।

2. मनुष्य जैसे-जैसे बड़ा होता है उसे सामाजिक सीख द्वारा व्यवहार करना सिखाया जाता है। इससे धीरे-धीरे वह जैविकीय प्राणी से सामाजिक प्राणी के रूप में परिवर्तित होता है।

3. **प्रो. ग्रीन** के अनुसार समाजीकरण एक ऐसी प्रक्रिया है जो बच्चे को सांस्कृतिक विशेषताओं-आत्म और व्यक्तित्व का बोध कराती है।

4. व्यक्ति के समाजीकरण में संकेत का बहुत महत्व होता है। बच्चे अपने माता-पिता, अध्यापकों आदि से संकेत ग्रहण करके ही अनेक बातों को सीखते हैं।

5. समाजीकरण के प्रमुख साधनों में परिवार, पड़ोस और क्रीड़ा समूह आते हैं।

6. स्व संस्कृति ग्रहण समाजीकरण की ही एक प्रक्रिया है। इस प्रक्रिया में व्यक्ति अपनी प्रस्थिति और भूमिका के प्रकार्यों को पूरा करना सीखता है।

पारिभाषिक शब्दावली

1. **पुनर्समाजीकरण**—समाजीकरण की प्रक्रिया में नए व्यवहार अपनाए जाने की प्रक्रिया को पुनर्समाजीकरण कहते हैं।

2. **मिलनसार**—सामूहिक जीवन में अधिक हिस्सा लेने वाले व्यक्ति को मिलनसार कहते हैं।

3. **सामाजिक विच्छेद**—जब कोई समूह पृथक-पृथक इकाइयों में बंटने के फलस्वरूप समान हितों की भावना से कट जाता है तो उस अवस्था को सामाजिक विच्छेदन कहते हैं।

4. **सामाजिक दूरी**—असमान सामाजिक स्तर वाले व्यक्तियों अथवा समूहों के बीच दूरी को सामाजिक दूरी कहते हैं।

5. **विसमाजीकरण**—सीखे हुए व्यवहारों, मूल्यों और आदर्शों को भुला देने की प्रक्रिया विसमाजीकरण कहलाती है।

बहुविकल्पीय प्रश्न

1. परिवर्तन की प्रक्रिया जिसमें प्रभु संस्कृति पहले विभक्त होती है, फिर अपनी खोई अविभाज्यता को प्राप्त करने के लिए प्रतिक्रिया करती है, कही जाती है—

A. पर-संस्कृति ग्रहण B. तन्मय संस्कृति ग्रहण
C. आत्मसातीकरण D. प्रति-संस्कृतिकरण

2. परिवर्तन की प्रक्रिया जिसमें समाज अपनी संस्कृति के कुछ भाग को खो देता है तथा वृहत्तर समाज के साथ अनुकूलन करता है, कही जाती है—

A. सात्मीकरण B. पर-संस्कृतिकरण
C. प्रति-संस्कृतिकरण D. संस्कृतिकरण

3. निम्नलिखित में से किसने सामाजिक परिवर्तन की प्रक्रिया को तीन प्रकार की सांस्कृतिक मानसिकताओं के बीच उतार-चढाव के रूप में वर्णित किया है—

A. स्पैंग्लर B. लुईस वर्थ
C. टायनबी D. सोरोकिन

4. ऐसा परिवार, जिसमें वृद्ध व्यक्ति, उसकी पत्नी, उसके पुत्र, उनकी पत्नियां और बच्चे रहते हों कहलाता है—

A. संयुक्त परिवार B. एकाकी परिवार
C. विस्तृत परिवार D. मिश्रित परिवार

5. सजातीय नातेदारी का अर्थ है—

A. समान पूर्वज
B. मुख्य समूह से निकली उपशाखाएं
C. समान पुरुष पूर्वज
D. इनमें से कोई नहीं

6. प्राथमिक समूह की क्या विशेषताएं हैं ?—

A. सदस्यों में भावात्मक घनिष्ठता
B. समान आयु, समूह और लिंग के सदस्य
C. सदस्यों में समानता
D. आय साधनों में समानता

7. सामाजिक गतिशीलता को 'समकक्ष' एवम् 'उदग्र' में विभाजित करने वाले विद्वान कौन हैं ?—

A. मर्टन B. सोरोकिन
C. स्पेन्सर D. दुर्खीम

8. ''एक सामाजिक वर्ग व्यक्तियों का समूह या विशेष श्रेणी है जिसकी समाज में एक विशिष्ट स्थिति होती है, यह विशिष्ट स्थिति ही अन्य समूहों से उनके संबंधों को निर्धारित करती

है।'' यह कथन किस विद्वान का है?

A. कार्ल मार्क्स का B. जिंसबर्ग
C. गोल्डनर का D. मैकाइवर तथा पेज का

9. विवाह या सांस्कृतिक समानता के कारण व्यक्ति जब एक-दूसरे के निकट संपर्क में रहने लगता है तो उनमें जन्म होता है–

A. आत्मसात की प्रक्रिया का
B. संगठन की प्रक्रिया का
C. सहनशीलता की प्रक्रिया का
D. अवसरों की समानता की प्रक्रिया का

10. निम्न दो कथनों पर विचार कीजिए

कथन (A) : परिवार एक प्राथमिक सामाजिक इकाई है

कथन (R) : परिवार अपने सदस्यों का संरक्षण करता है तथा उन्हें आर्थिक समर्थन प्रदान करता है।

निम्न में से कौन-सा सही है?

A. A और R दोनों सही हैं तथा R, A की सही व्याख्या है
B. A और R दोनों सही हैं परन्तु R, A की सही व्याख्या नहीं है
C. A सही है परन्तु R गलत है
D. A गलत है परन्तु R सही है

11. निम्नांकित पुस्तकों में से किसमें सी. सच. कूले ने ''प्राथमिक समूह'' की अवधारणा का उल्लेख किया है जो अभिलक्षित करती है घनिष्ठ, आमने सामने के सम्बंध?

A. कोई नहीं B. मानव समूह
C. मानव समूहों की प्रकृति D. सामाजिक संगठन

12. जिस विवाह में एक उच्च जाति की स्त्री निम्न जाति के पुरुष से विवाह करती है, उसे कहा जाता है—

A. बहिर्विवाह B. प्रतिलोम विवाह
C. अनुलोम विवाह D. अंतर्विवाह

13. सामाजिक परिवर्तन इनमें से किसमें नहीं आता है—

A. प्रगति B. नियंत्रण
C. उद्‌विकास D. उपरोक्त सभी

14. सामाजिक परिवर्तन निम्न में से कौन नहीं चाहता है

A. युवा वर्ग B. शिक्षित लोग
C. स्वार्थ समूह D. राजनीतिक लोग

15. सामाजिक परिवर्तन का परिचायक निम्न में से कौन नहीं है?

A. मंत्रिमंडल में परिवर्तन
B. शिक्षा में परिवर्तन
C. सामाजिक संबंधों में परिवर्तन
D. युवा वर्ग प्रशिक्षित होना

16. प्रत्येक स्थान पर समाज आर्थिक उत्पादन के क्रम में उपलब्ध मानव संसाधनों को जिन आधारों पर बांटते हैं वह हैं—

1. आयु 2. लिंग
3. शारीरिक क्षमताएं 4. औपचारिक योग्यताएं

नीचे दिये कूटों के आधार पर सही उत्तर का चयन कीजिए—

A. 1 B. 1 और 2
C. 1, 2, 3, 4 D. केवल 1 और 4

17. शिक्षा एवं निर्देशन के सम्बंध में कौन-सा कथन ठीक नहीं है?

A. शिक्षा का कार्य जीवन भर चलता रहता है जबकि निर्देशन का कार्य केवल उस समय तक चलता है जब तक बालक विद्यालय में रहता है।
B. शिक्षा का स्वरूप अत्यधिक विस्तृत है, निर्देशन शिक्षा का एक अंग है।
C. शिक्षा एवं निर्देशन में कोई अन्तर नहीं है, दोनों ही एक दूसरे के पर्याय हैं।
D. शिक्षा एक स्वाभाविक प्रक्रिया है जबकि निर्देशन कृत्रिम प्रक्रिया है।

18. सविधिक शिक्षा वह है जो—

A. जानबूझकर, विचारपूर्वक तथा क्रमबद्ध रूप से दी जाती है।
B. अनायास ही बालक प्राप्त कर लेता है।
C. केवल बालक से सम्बंधित होती है, अध्यापक का उसमें हाथ नहीं होता
D. एक विशेष समूह को दी जाती है।

19. बिना किसी उद्‌देश्य के तथा बिना समय तथा स्थान के जो शिक्षा व्यक्ति ग्रहण करता है उसे—

A. अप्रत्यक्ष शिक्षा कहते हैं।
B. वैयक्तिक शिक्षा कहते हैं।
C. अनौपचारिक शिक्षा कहते हैं।
D. औपचारिक शिक्षा कहते हैं।

20. निम्न कथनों में से कौन-सा कथन ठीक है?

A. शिक्षण निदानात्मक होता है।
B. शिक्षण उपचारात्मक होता है।
C. शिक्षण निदानात्मक भी होता है और उपचारात्मक भी
D. उपर्युक्त सभी कथन ठीक हैं।

21. पुस्तकालय तथा संग्रहालय शिक्षा की महत्वपूर्ण संस्थाएं हैं इन्हें क्या कहना उचित होगा?

A. औपचारिक संस्थाएं B. अनौपचारिक संस्थाएं

C. अतिरिक्त संस्था D. उपर्युक्त कोई भी नहीं

22. शिक्षा एक द्विमुखी प्रक्रिया है और

A. शिक्षक एवम् पाठ्य पुस्तक इसके दो अंग हैं।

B. शिक्षक एवम् शिक्षार्थी इसके दो अंग हैं।

C. शिक्षण संस्थान एवम् परिवेश इसके दो अंग हैं।

D. उद्देश्य एवम् प्रविधि इसके दो अंग हैं।

23. प्रदत्त प्रस्थिति किसको प्राप्त होती है ?

A. गोत्र B. शिक्षित

C. विरासत D. जाति

24. सामाजिक प्रक्रिया कौन सी है ?

A. संघर्ष B. जनरीति

C. कानून D. प्रथा

25. प्राथमिक समूह से कौन संबंधित है ?

A. चार्ल्स कूले B. मैकाइवर

C. आगबर्न D. दुर्खीम

26. परिवार निम्न में से कौन-सा कार्य नहीं करता है ?

A. सांस्कृतिक हस्तांतरण B. विघटन की स्थिति

C. सामूहिक उत्तरदायित्व D. उपरोक्त में कोई नहीं

27. जनरीति से किसका निर्माण होता है ?

A. संस्था B. समिति

C. समुदाय D. वर्ग

28. समुदाय की मुख्य बात क्या है ?

A. स्थानीयकरण B. फैलाव

C. व्यक्तिवाद D. वर्गवाद

29. निम्न में समाज की विशेषता नहीं है—

A. सांस्कृतिक एकता B. संघर्ष

C. प्रतिस्पर्धा D. व्यक्तिवाद

30. प्रजातिवाद, नृजाति केन्द्रवाद का स्वरूप है जो समूह की किस श्रेष्ठता के विश्वास पर आधारित है ?

A. सांस्कृतिक उद्विकास

B. प्रौद्योगिकीय विकास

C. जैविक अक्षय निधि

D. सामाजिक-आर्थिक विकास

उत्तरमाला

1	2	3	4	5	6	7	8	9	10
D	A	D	A	C	A	B	C	A	B
11	**12**	**13**	**14**	**15**	**16**	**17**	**18**	**19**	**20**
D	B	B	D	C	D	C	A	C	D
21	**22**	**23**	**24**	**25**	**26**	**27**	**28**	**29**	**30**
A	B	A	A	A	B	D	D	C	C

अध्याय 7

सामाजिक स्तरीकरण

(Social Stratification)

समाज का ऐसे वर्गों या स्तरों में विभाजन सामाजिक संरचना की सार्वभौमिक विशेषता है जो प्रतिष्ठा और शक्ति का पदानुक्रम बनाता है। इसने समूचे इतिहास के दौरान दार्शनिकों और सामाजिक सिद्धांतकारों का ध्यान आकृष्ट किया है। लेकिन आधुनिक सामाजिक विज्ञानों के विकास के बाद ही यह आलोचनात्मक अध्ययन और विश्लेषण का विषय बना। समाजशास्त्रियों ने आमतौर पर सामाजिक स्तरीकरण के चार मुख्य भेद अलगाए हैं—गुलामी, जागीरदारी, जाति प्रथा, और सामाजिक वर्ग तथा प्रस्थिति।

ऑगबर्न और **निमकॉफ** के अनुसार, ''स्तरीकरण उस प्रक्रिया को कहते हैं जिसके द्वारा व्यक्ति और समूह एक स्थाई स्थिति की क्रमबद्धता में विभाजित किए जाते हैं।''

गिसबर्ट का कथन है कि सामाजिक स्तरीकरण का अर्थ समाज को कुछ ऐसी स्थाई श्रेणियों तथा समूहों में बांटने की व्यवस्था है जिसके अन्तर्गत सभी समूह और वर्ग उच्चता और अधीनता के संबंधों द्वारा एक दूसरे से जुड़े रहते हैं।

सदरलैंड तथा **वुडवर्ड** के अनुसार ''स्तरीकरण केवल अंतर्क्रिया की अथवा विभेदीकरण की एक प्रक्रिया है जिसमें कुछ व्यक्तियों को दूसरे-व्यक्तियों की तुलना में उच्चस्थिति प्राप्त होती है।''

जॉनसन के मुताबिक ''स्तरीकरण एक ऐसी दशा या प्रक्रिया जिसके अन्तर्गत व्यक्तियों या समूहों को ऐसे विभिन्न स्तरों पर बांटा जाता है ताकि एक स्तर में एक ही तरह के लोग हों।''

मुरे का कथन है कि, ''सामाजिक स्तरीकरण समाज का वह क्षैतिज विभाजन है जिसमें पूरे समाज को कुछ 'उच्च' व 'निम्न' सामाजिक इकाइयों में बांटा जाता है।''

समाज का वर्गों अथवा स्तरों में विभाजन सामाजिक संरचना का सार्वभौमिक गुण कहा गया है तथा इसने आदिकाल से अब तक के दार्शनिकों तथा समाज सैद्धांतिकों का ध्यान आकर्षित किया है। हमारा इतिहास इस बात का गवाह है कि आखेट युग से ही यह संस्तरण पाया जाता रहा है। इस अवस्था में भी शक्तिशाली तथा निर्बल दो तरह के व्यक्ति थे। इसी तरह का विभाजन पशुपालन तथा कृषि अवस्था में भी चारवाहे तथा मालिक, श्रमिक तथा भूमिपति के रूप में पाया जाता है। अतः समाज के अन्तर्गत पद, हैसियत, शारीरिक क्षमता, बौद्धिक स्तर, जाति, लिंग, आयु, तथा शैक्षिक योग्यता आदि के आधार पर ऊंच-नीच का भेदभाव बहुत पहले से चला आ रहा है लेकिन इसका अध्ययन एवं विश्लेषण पहले इतनी सूक्ष्मता से नहीं किया गया जितना आधुनिक सामाजिक विज्ञानों के साथ किया जा रहा है। यह ऊंच-नीच का भेद आज के समाज वैज्ञानिकों के समक्ष चुनौती हो गई है। मनौवैज्ञानिक, समाजशास्त्री तथा राजनीतिक विचारक भी सभी समाजों के अन्तर्गत पाए जाने वाले पद प्रतिष्ठा तथा जाति आदि पर आधारित विषमताओं को समाप्त करने के लिए कटिबद्ध हैं। आज संसार का कोई भी समाज ऐसा नहीं है जहां सामाजिक स्तरीकरण न हो। यह अवश्य है कि अलग-अलग समाजों में इसका रूप अलग-अलग है। प्रत्येक समाज में स्तरीकरण के परिणामस्वरूप लोग उच्च, मध्य और निम्न वर्गों में बांटे जाते हैं तथा अपने जीवन के आर्थिक, राजनीतिक, सामाजिक तथा सांस्कृतिक पहलुओं को प्रभावित करते हैं। इस प्रकार हम देखते हैं कि असमानता के आधार पर समाज का स्तरीकरण विभिन्न समूहों में हो जाता है तथा समाज में इसके परिणामस्वरूप अनेक प्रकार की आर्थिक, धार्मिक तथा राजनीतिक समस्या उत्पन्न हो जाती है। इसी कारण आज विभिन्न समाजों में इस भेद-भाव को समाप्त करने के हर संभव प्रयास किए जा रहे हैं। सामाजिक स्तरीकरण वह प्रक्रिया है जिससे हमारा समाज विभिन्न स्तरों में विभाजित हो जाता है। अन्य शब्दों में समाज के अंतर्गत विभिन्न समूहों के कुछ स्तरों में विभक्त हो जाने की प्रक्रिया को सामाजिक स्तरीकरण कहते हैं। ऐसे संस्तरण के रूप प्रायः सभी समाजों में पाई जाते हैं। अंतर केवल इतना है कि इसके रूपों में काल-क्रमानुसर परिवर्त्तन होता रहता है।

सामाजिक स्तरीकरण के भेद

सामाजिक स्तरीकरण के चार भेद समाजशास्त्रियों द्वारा किए गए हैं—(1) परतंत्रता (2) जागीरदारी (3) जातिप्रथा और (4) सामाजिक वर्ग या हैसियत।

परतंत्रता—**एल टी हाबहाउस** गुलाम को इस तरह परिभाषित करता है। ऐसा आदमी जिसे कानून और रिवाज दूसरे आदमी की संपत्ति मानते हैं। जातिवादी मामलों में उसके कोई अधिकार नहीं होते, वह पूरी तरह चल संपत्ति होता है, कुछ मामलों में उसे कुछ सुरक्षा मिलती है, लेकिन किसी बैल या गधे को भी वही सुरक्षा मिल सकती है। वह जोड़ता है, अगर (गुलाम को) कुछ बराबर के अधिकार, मसलन विरासत की संपत्ति, प्राप्त है जिससे उसे (कुछ गड़बड़ी को छोड़कर) बेदखल नहीं किया जा सकता तो वह ....गुलाम नहीं रह जाता, भूदास हो जाता है। इस तरह गुलामी असमानता का अतिवादी उदाहरण है जिसमें व्यक्तियों के कुछ समूह पूरी तरह या तकरीबन पूरी तरह अधिकार विहीन होते हैं। छुट-पुट तौर पर यह कई समयों और जगहों पर मौजूद रही है, लेकिन गुलामी व्यवस्था के दो बड़े उदाहरण हैं, गुलामी पर आधारित पुरानी दुनिया के समान (खासकर ग्रीस और रोम), और अठारहवीं तथा उन्नीसवीं सदी में अमरीका के दक्षिणी राज्य। **एच.जे. नीबर** ने ऐसी व्यवस्था में गुलाम की सामाजिक स्थिति का उत्कृष्ट वर्णन किया है। 'सबसे पहले' हरेक गुलाम की स्थिति एक खास तरह की होती है।

किसी स्वतंत्र मनुष्य का जैसे कभी-कभी दूसरे पर अधिकार होता है उसके विपरीत गुलाम पर उसके मालिक का असीमित अधिकार होता है। कम से कप सिद्धांततः मालिक की सत्ता के स्वतंत्र उपयोग पर कोई भी बंधन गुलामी को कम कर देता है जो इसकी प्रकृति के विपरीत है। उसी तरह जैसे रोमन कानून में अपनी संपत्ति के साथ कोई मालिक वह सब कुछ कर सकता था जिसे करने से विशेष कानून उसे रोकते नहीं थे। इसलिए मालिक और गुलाम के बीच संबंध ठीक-ठीक तब व्यक्त होते हैं जब गुलाम को मालिक की जायदाद या संपत्ति कहा जाय। इन शब्दों से अकसर हमारा पाला पड़ता है। दूसरे, स्वतंत्र व्यक्तियों की तुलना में गुलाम की स्थिति नीची थी। गुलाम को कोई राजनीतिक अधिकार नहीं प्राप्त थे, वह न तो अपनी सरकार चुनता था, न सार्वजनिक परिषदों में भाग लेता था।

इसी के साथ एक दूसरा प्रभाव भी था जो गुलामी को खात्में की ओर ले गया। उसे हम प्राचीन विश्व में सबसे अच्छी तरह खोज सकते हैं। गुलाम के संपत्ति संबंधी अधिकारों के विषय के बतौर धारणा के, और गुलाम के अधिकारों के हकदार मानव प्राणी के बतौर धारणा के बीच हमेशा एक टकराव रहा। हम ग्रीस और रोम दोनों में ही कर्ज की गुलामी के विकास के साथ पाते हैं कि विदेशी गुलामों और समूह के भीतर पैदा हुए गुलामों के बीच फर्क किया जाने लगा। एंथेस में **सोलन** ने कर्ज की गुलामी को प्रतिबंधित कर दिया और अंततः रोम में स्तोइकों के प्रभाव में इसे ख़त्म कर दिया गया। **हाबहाउस** ने कहा कि कर्जदार गुलामों की पैदाइश ने स्वयं गुलामी की संस्था को कमजोर बनाने वाला प्रभाव पैदा किया क्योंकि जहां पकड़ा गया गुलाम कानून और नैतिकता की नजरों में एक दुश्मन और इसीलिए अधिकार विहीन बना रहा, वहीं कर्जदार या अपराधी चूंकि मूलतः समुदाय का ही सदस्य होता था इसलिए उसके मामले में मालिक के अधिकारों पर थोड़ी बंदिशें लगना स्वाभाविक था। प्राचीन विश्व में गुलामी में क्रमशः सुधार आता गया। दंड देने के मालिक के अधिकार पर लगातार बढ़ती बंदिशों से, गुलाम को व्यक्ति अधिकार (विवाह, संपत्ति के अधिग्रहण और विरासत) प्राप्त होने से, और दास मुक्ति के प्रावधान से। इस प्रावधान को रोमन साम्राज्य में ईसाई चर्च का समर्थन और प्रोत्साहन मिला और बाद में सामंती यूरोप में भी, कम से कम जहां कहीं ईसाई लोग इससे प्रभावित थे।

जागीरदारी—मध्ययुगीन यूरोप की सामंती जागीरों की तीन महत्वपूर्ण विशेषताएं थीं। पहले, वे कानून द्वारा परिभाषित थीं; हरेक जागीर की एक प्रस्थिति थी, इस अर्थ में कि अधिकारों और कर्तव्यों, विशेषाधिकारों और जिम्मेदारियों का एक कानूनी जाल उनके साथ जुड़ा था। जैसा कि कहा गया है, किसी आदमी की वास्तविक स्थिति को जानने के लिए सबसे पहले जरूरी है उस कानून को जानना जिसके तहत वह रहता है। बारहवीं सदी में जब भूदास प्रथा बढ़ोत्तरी पर थी और सामंती राज्य का कानूनी सिद्धांत पैदा हो रहा था तो अंग्रेज वकील **ग्लैनाविल** ने भूदासों की अक्षमताओं का निम्नवत उल्लेख किया था : न्याय के लिए राजा से अपील करने की अक्षमता, अपनी चल संपत्ति और सामानों पर अधिकार का अभाव और मेरखेट तथा हेरिओट नामक अर्थदंड देने की जिम्मेदारी। विभिन्न जागीरों के बीच का फर्क एक ही अपराध के लिए भिन्न-भिन्न दंडों में भी देखा जा सकता है।

दूसरे, जागीरें एक मोटे श्रम विभाजन का प्रतिनिधित्व करती थी और तत्कालीन साहित्य में उनके कुछ विशेष प्रकार्य माने जाते थे। कुलीनता सबकी रक्षा के लिए बनी है, पादरी सबके लिए प्रार्थना करते हैं, और साधारण लोग सबके लिए भोजन उपलब्ध कराते हैं।

तीसरे, सामंती जागीरें राजनीतिक समूह थीं। **स्टॅब्स** ने **कांस्टीच्यूशनल हिस्ट्री आफ इंगलैंड** में लिखी है कि जागीरों का समुच्चय...अनेक श्रेणियों, जागीरों या राजनीतिक सत्ता के धारक लोगों की अवस्थाओं का संगठित समूह था। इस अर्थ में भूदास कोई जागीर नहीं थे। शास्त्रीय सामंतवाद में केवल दो जागीरें थीं कुलीनता और पादरी। बारहवीं सदी में यूरोपीय सामंतवाद के पतन के साथ एक तीसरी जागीर का उदय हुआ, लेकिन वे भूदास अथवा कृषिदास नहीं बल्कि नागरिक थे जो सामंती समाज के भीतर ही

एक अलग समूह के बतौर एक लंबी अवधि तक बने रहे जब तक उन्होंने इसे बदल नहीं दिया या उखाड़ नहीं फेंका। सांमती जागीरों की व्यवस्था उससे कहीं अधिक जटिल और विविधतापूर्ण, तथा कम कठोर थी जितना इस संक्षिप्त विवरण में दिखाई पड़ती है। जागीरों के बीच भेद और सामंतवाद के राजनीतिक पहलू का सर्वोत्तम चित्रण **मार्क ब्लाख** की '**ला सोशियेते फेउदाल** (खण्ड II) **ले क्सास एल गूवरनमा दे जाम**' में मिलता है। समाज में अपनी स्थिति बदलने के लिए व्यक्ति को मिले अवसरों पर विचार **आर. डब्ल्यू साउदर्न** की **दि मेकिंग आफ दि मिडिल एजेज** (अध्याय II) तथा **ए. लेन फूल** की **आब्लिगेशंस आफ सोसाइटी इन दि ट्वेल्वथ एंड थर्टींथ सेंचुरी** में किया गया है।

कुछ आधुनिक इतिहासकार और समाजशास्त्री यूरोपीय सांमती समाजों और जिन्हें उसी किस्म का समाज माना जा सकता है, उनके बीच समानताओं की अधिक चर्चा करने लगे हैं। बारहवीं सदी के जापान की सामाजिक व्यवस्था को अक्सर सामंती कहकर वर्णन किया जाता है, उदाहरण के लिए **मार्क ब्लाक** और **आर. कूलर्बाम** की **फयुडलिज्म इन हिस्ट्री** में। भारत में सामंतवाद की मौजूदगी ज़्यादा विवादास्पद रही है। सबसे पहले यह मानना होगा कि यदि भारतीय इतिहास के किसी कालखंड में सामंती संबंध मौजूद थे तो भी ये निश्चय ही जातीय संबंधों के साथ-साथ और उनसे अंतर्ग्रंथित रूप में मौजूद थे। इसका अर्थ है कि बिना महत्वपूर्ण हेर-फेर के सामाजिक व्यवस्था का सांमती कहकर वर्णन नहीं किया जा सकता। दूसरे, मौर्य, गुप्त तथा मुगल साम्राज्य और इनके पतनकाल के सामंतवाद में यूरोपीय सामंतवाद की कुछ विशेषताओं का स्पष्ट अभाव था। भारतीय 'सामंतवाद' के सभी अध्येता मानते हैं कि इसका आधार जागीरदारी व्यवस्था, स्वतंत्र ग्रामीण कृषि थी। **के. एस. शेलवंकर** के शब्दों में, भारतीय सामंतवाद का चरित्र मौद्रिक और सैनिक था। यह जागीरदारी नहीं रहा। अनेक विद्वानों का यह भी मानना है कि भारत में राजसी सत्ता की धारणा पश्चिम से इतनी भिन्न रही कि यह सामंती व्यवस्था की स्थापना कर ही नहीं सकती थी। भारत में राजा सिद्धांततः जमीन के उप-मालिक नहीं नियुक्त कर सकता था क्योंकि सिद्धांततः वह स्वयं जमीन का सर्वोच्च स्वामी नहीं था। बिचौलियों को केवल जमीन के कुछ विशेष और व्यक्तिगत अधिकार अर्थात राजस्व वसूली का अधिकार, प्रदान कर सकता था। इस दृष्टिकोण को सार्वभौमिक मान्यता है, लेकिन कम से कम इस तथ्य पर भी सब सहमत हैं कि जब साम्राज्य पतन की ओर होते थे तो सामंती संबंध अक्सर मजबूती से पैदा हो जाते थे क्योंकि ऐसे समयों में राजस्व संग्रहकर्ता आसानी से भूमि सांपत्तिक अधिकार स्थापित कर सकते थे और राजनीतिक तथा न्यायिक प्रकार्यों पर कब्जा कर सकते थे।

इस समय जितनी ऐतिहासिक सामग्री उपलब्ध है वह जाति व्यवस्था का सापेक्षिक प्रभाव, सिंचाई के केंद्रीय प्रशासन का प्रभाव और सामंती किस्म के संबंधों के सामयिक उत्थान को निर्धारित करने के लिहाज से अपर्याप्त है। यह मुगलकाल के मामले में भी सच है। और प्राचीन भारत के लिए तो और भी सच है। प्राचीन काल के लिए तो ऐतिहासिक दस्तावेज अब शायद ही कभी उपलब्ध हो पाएंगे लेकिन सामाजिक इतिहासकारों द्वारा मुगलसत्ता की स्थापना से लेकर ब्रिटिश सत्ता के अभ्युदय तक के कालखंड में संपत्ति और राजनीतिक प्राधिकरण के संदर्भ में सामाजिक स्तरीकरण की प्रकृति पर रोशनी डालने के लिए बहुत कुछ किया जा सकता है।

जाति व्यवस्था—जाति-व्यवस्था का जो रूप भारत में पाया जाता है संसार के किसी भी अन्य समाज में दुर्लभ है। सारे संसार में श्रेणी समाज हैं जबकि भारत में जाति समाज है। जाति समाज का अभ्युदय वर्ण व्यवस्था से हुआ है और वर्ण व्यवस्था सिद्धांततः और वस्तुतः एक वितरण व्यवस्था है। इसीलिए **टाम. बी. बोटोमोर** सामाजिक स्तरीकरण की व्यवस्थाओं में भारतीय जाति व्यवस्था को अनूठी मानते हैं। वे कहते हैं कि ऐसा नहीं है कि स्तरीकरण की अन्य किस्मों से इसकी कोई तुलना ही नहीं हो सकती या जाति प्रथा जैसे तत्व कहीं और नहीं पाए जाते लेकिन यहां की तरह उसका रूप अन्यत्र दुर्लभ है। सबसे पहले, जाति में आर्थिक विभेद से स्पष्टतः जुड़े हुए कुछ सामान्य अभिलक्षण पाए जाते हैं। चाहे हम प्रभावी जाति समूहों पर विचार करें या फिर ब्राह्मण, क्षत्रिय, वैश्य, शूद्र के पारंपरिक चार वर्णों पर, यह बात साफ है।" **सेनार** ने एक अध्ययन में कहा कि, "वर्ण मूलतः कुछ मामलों में सामंती जागीरों से मिलते-जुलते हैं। उनका चरित्र जागीरों की तरह ही था, और बहुत हद तक ये भी समूहों की पदानुक्रमिक व्यवस्था लागू करते थे (पादरी, योद्धा और कुलीन, व्यापारी, भूदास), तथा उनके साथ यह तथ्य भी था कि ये पूरी तरह बंद समूह नहीं थे; व्यक्ति एक वर्ण से दूसरे में जा सकता था और आपसी विवाह संभव थे।"

लेकिन भारत में जाति व्यवस्था बंद समूहों का निर्माण और सुरक्षा करती है जो मूलतः अभिजात्य और सुविधा बनाए रखते हैं। पारंपरिक जाति व्यवस्था की बुनियादी इकाई जातियां हैं जो बाद में विकसित हुई और बढ़ते हुए श्रम विभाजन, जनजातियों के प्रवेश और कुछ हद तक धार्मिक नवीकरण जैसे कारकों के चलते इनकी संख्या बढ़ती रही। आधुनिक भारत में हरेक बड़े इलाके में तकरीबन 2500 जातियां हैं। भारत में कुल परिभाषित जातियों की संख्या दस हजार से ऊपर है। न केवल हिंदुओं बल्कि मुसलमान और सिक्खों में भी जाति व्यवस्था पाई जाती है। जाति-व्यवस्था में विचलनशीलता नहीं होती और इसी कारण यह जहां कुछ लोगों के लिए वरदान है तो अगणित लोगों के लिए अभिशाप है। जाति एक अंतर्विवाही

समूह है और व्यक्ति का प्रमुख संदर्भ समूह है। इसकी विशिष्ट जीवन पद्धति होती है जिसे रुढ़िगत प्रतिबंधों, और प्राचीनकाल में कानूनी प्रतिबंधों, के जरिए संरक्षित रखा जाता है। जातियों का आर्थिक महत्व स्पष्ट है। अधिकतर जातियां पेशा आधारित समूह होती हैं और पारंपरिक ग्रामीण अर्थतंत्र में बहुत हद तक जाति व्यवस्था वस्तुओं और सेवाओं की अदला-बदली की मशीनरी उपलब्ध कराती हैं।

दूसरी तरफ जाति के तत्व उन अन्य समाजों में भी देखे जा सकते हैं जहां खास-खास समूहों में कमोबेश कठोर अलगाव रहता है; अर्थात जाति की भूमिका विशाल संख्यक समाजों को सूक्ष्मातिसूक्ष्म पेशों के माध्यम से विच्छिन बनाना है। उदाहरण के लिए, 'दूषित' पेशों में लगे लोगों का अलगाव, या किसी विशेष नृजातीय समूह से जुड़े लोगों का अलगाव। लेकिन ऐसी विशेषताओं से जाति व्यवस्था नहीं बनती। भारत के हिंदुओं के अलावा जहां जाति व्यवस्था स्थापित हो सकी है उसके एकमात्र उदाहरण भारत के गैर हिंदू समूह या भारत से बाहर, खासकर श्रीलंका में, बसे हिंदू है। वैसे जाति शब्द का लैटिन शब्दार्थ उसमें नृजातीय विशेषता का आभास देता है लेकिन भारत में ठीक वैसा नहीं है। इसीलिए अनेक विद्वान इसे इसके मौलिक रूप में अर्थात उसके भारतीय स्वरूप में ही देखते हैं। **घुरिये** और **श्रीनिवासन** इत्यादि के अध्ययनों के अलावा **मेंडलबाम** के कार्यों में इसका उदाहरण मिलता है । इसलिए जाति से जुड़ी हुई समाजशास्त्रीय समस्या सामाजिक स्तरीकरण के इस विचित्र किस्म की मौजूदगी और स्थिरता की छानबीन करना है। इसकी व्याख्या दो तरह से की जा सकती है एक तो ऐतिहासिक घटनाओं के अर्थों में और दूसरे उस कारक या कारकों के अर्थ में जो भारतीय समाज में मौजूद हैं और बाकी कहीं नहीं हैं। ज्ञान की वर्तमान स्थिति में कोई भी ऐतिहासिक व्याख्या अनुमानाश्रित होने को बाध्य है और इसका प्रमुख महत्व यही हो सकता है कि यह और ऐतिहासिक शोधों को प्रेरित करे। अभी तक जो व्याख्याएं पेश की गई हैं उनमें सबसे अधिक विश्वसनीय **जे. एच. हट्टन** की व्याख्या लगती है। उनका कहना है कि विशिष्ट श्रेणीधारक भारत के मूल आर्य आक्रमणकारियों ने एक ऐसे समाज में सामाजिक स्तरीकरण के सिद्धांत का प्रवेश कराया जो पहले से ही भोजन संबंधी निषेधों के जरिए अलग-अलग जनजातीय समूहों में बंटा था आक्रमणकारियों ने इन निषेधों को अपनाया तथा मतबूती प्रदान की ताकि उनके और अधीनस्थ जनसमुदाय के बीच सामाजिक दूरी बनी रहे। इस तरह से स्तरीकृत अलग-अलग समूहों का सिद्धांत जड़ जमाने लगा। भोजन के जरिए अशुद्धि तथा बाद में छुआछूत के जरिए अशुद्धि के धार्मिक और जादुई सिद्धांत की शक्ल में इसे मजबूत अनुमोदन भी मिल गया।

जाति को दूसरी तरह से, भारतीय समाज की किसी खास विशेषता के अर्थों में, व्याख्यायित करने के लिए जाति और वर्ण में संबंध पर संक्षेप में विचार करना पड़ेगा। वर्ण व्यवस्था के अंतर्गत प्रत्येक वर्ण के लिए अलग-अलग व्यवसाय निर्धारित किया गया। ब्राह्मणों के लिए पठन पाठन, क्षत्रियों के लिए रक्षा, वैश्यों के लिए व्यापार तथा धन संग्रह और शूद्रों के लिए सेवा। इसे अनुलोम विवाह के नियम द्वारा अधिक कठोर बनाया गया। **घुरिये** के अनुसार प्रारंभ में आर्य और दास नामक केवल दो वर्ण थे। आर्यों ने द्रविड़ों को परिजित करके उन्हें दास बनाया था लेकिन धीरे-धीरे यह एक बंद और कठोर व्यवस्था में बदलती गई। वर्ण व्यवस्था जन्मसूत्र पर आधारित है। जाति के आधुनिक विद्यार्थियों ने वर्ण व्यवस्था के जादुई और धार्मिक विचारों की भूमिका पर जोर दिया है, जो प्राचीन धार्मिक साहित्य में वर्णित है। **एम. एन. श्रीनिवास** का मानना है कि, "कर्म, जो किसी हिंदू को यह सिखाता है कि वह किसी खास उपजाति में इसलिए पैदा हुआ है क्योंकि उसे वहीं पैदा होना था, और धर्म, अर्थात कर्तव्यों की संहिता (या जाति के नियम), संबंधी विचारों ने जाति व्यवस्था में अंतर्निहित पदानुक्रम की धारणा को मजबूत बनाने में बहुत भारी योगदान किया है।" उनका कहना है कि "अशुद्धि की धारणा 'जाति व्यवस्था की बुनियाद है' और हरेक किस्म का जातीय संबंध इसके जरिए नियंत्रित होता है।" **के. एम. पणिक्कर** ने जाति और वर्ण के बीच भेद किया और कहा कि, "हिंदू धर्म के भीतर जाति व्यवस्था का कोई आधार नहीं है, और यह पारंपरिक हिंदू कानून तथा भारतीय इतिहास में अधिकतर केंद्रीय राजनीतिक सत्ता के कमजोर रहने से पैदा हुई है। लेकिन हालांकि यह बात उन दूसरे कारकों की ओर ध्यान खींचती है जो जाति को टिकाए रखने में महत्वपूर्ण हो सकते हैं, फिर भी मुख्यत: यह हिंदूवाद की पुनर्व्याख्या की अपील है।" दरअसल जातियां और उप-जातियां सीधे वर्ण व्यवस्था से जुड़ी हुईं हैं जिनके बारे में **श्रीनिवास** कहते हैं कि "वह अखिल भारतीय स्तर पर संदर्भ का ऐसा ढांचा निर्मित करता है जिसमें किसी भी इलाके की अनगिनत उप-जातियां फिट हो सकती हैं, और साथ ही इससे मूल्यों और प्रतिष्ठा का आम तौर पर स्वीकृत मानदंड बनता है।" **पणिक्कर** धर्म और कानून के प्रभाव में भेद करते हुए कहते हैं, "वह टिकने योग्य नहीं है क्योंकि पारंपरिक हिंदू कानून धार्मिक विचारों से आप्लावित है। कर्म, धर्म, और शुद्धता संबंधी विचार धार्मिक और कानूनी दोनों चिंतनों में प्रमुखतापूर्वक पाए जाते हैं, और एक साथ मिलकर वे ऐसा सिद्धांत प्रस्तुत करते हैं जो निस्संदेह जाति व्यवस्था को टिकाए रखने वाले प्रमुख स्रोतों में से एक है।"

उपरोक्त कथनों के हवाले से यह निष्कर्ष निकलता है कि

जाति व्यवस्था के लिए सामाजिक स्तरीकरण के एक सामान्य सिद्धांत का, हिंदु धर्म की खास विशेषताओं का, और संभवत: भारतीय समाज की अनेकता तथा पारंपरिक अर्थतंत्र की मौजूदगी जैसे अन्य कारकों का भी संदर्भ ग्रहण करना पड़ेगा। इस व्याख्या की परीक्षा हाल के दिनों के दूरगामी आर्थिक और राजनीतिक परिवर्तनों का जाति व्यवस्था पर जो प्रभाव पड़ रहा है उसके अध्ययनों से की जा सकती है हालांकि इसमें थोड़ी दिक्कत आएगी। पिछले एक दो दशकों के अनुभव आधारित अध्ययनों ने मुख्यत: पारंपरिक जाति व्यवस्था के सटीक ज्ञान में योगदान किया है। तकरीबन ये सभी ग्रामीण इलाकों में किए गए हैं, जहां आर्थिक और राजनीतिक परिवर्तनों का असर सबसे कमजोर है; फिर भी अनेक अध्ययनों में महत्वपूर्ण दिखाई पड़ते हैं। संपत्ति और शिक्षा ऊंची जातियों के साथ-साथ निचली जातियों के लिए भी सुगम हो गए हैं—हालांकि शायद इसमें कोई बराबरी नहीं है। **एस. सी. दुबे** ने बताया है कि कैसे यह ग्रामीण समुदायों को प्रभावित कर रहा है; नीची जाति का सदस्य होने के बावजूद व्यक्ति को संपत्ति, शिक्षा, या व्यक्तिगत गुणों के चलते प्रतिष्ठा और शक्ति प्राप्त हो जाती है। लेकिन ये परिवर्तन बाहरी शक्ति द्वारा लाए गए हैं और पुरानी व्यवस्था के समक्ष कोई गंभीर चुनौती नहीं प्रस्तुत करते। **दुबे** ने कहा है कि, ... ''पारंपरिक व्यवस्था की पकड़ अब भी मजबूत है, और निचली जातियों के लोगों या साधारण पृष्ठभूमि वालों को काफी चतुराई और समझदारी से व्यवहार करना पड़ता है अगर वे समुदाय में अपना प्रभाव और महत्व बढ़ाना चाहते हैं।'' इसी तरह **एफ. जी. बेली** ने उड़ीसा के एक गांव के अध्ययन में दिखाया है कि अर्थतंत्र और राजनीति की 'बढ़ती हुई सीमाएं' कैसे परिवर्तन ला रही हैं। व्यापार और मौद्रिक अर्थतंत्र में विकास के साथ संपत्ति का मुख्य स्रोत भूमि नहीं रह गई है; नीची जातियां व्यापार के जरिए समृद्धि अर्जित करती हैं और फिर अपने धन का इस्तेमाल जमीन खरीदने और इस तरह प्रतिष्ठा और शक्ति अर्जित करने में करती हैं। **बेली** ने अपने अध्ययन के द्वारा उन कारणों का भी उल्लेख किया है जिनके प्रभाव से परंपरागत भू-स्वामी वर्ग की आर्थिक शक्ति आज गांवों में बहुत कम हो गई है। उनका कहना है कि पुराने जमींदारों ने अपनी भूमि का बड़ा भाग अन्य जातियों के व्यक्तियों को बेच दिया है जिसके फलस्वरूप गांवों में परंपरागत जातीय संस्तरण में महत्वपूर्ण परिवर्तन उत्पन्न हो गए हैं। इसके फलस्वरूप आज बड़े भू-स्वामियों के उच्च वर्ग में निम्न जातियों का समावेश हो गया है जबकि वर्ग व्यवस्था के दृष्टिकोण से अनेक उच्च जातियों के लोग निम्न वर्गों के सदस्य हो गये हैं। सरकार और प्रशासन के विस्तार से भी शक्ति संतुलन बदल रहा है; गांव में नीची जातियां अब असुरक्षित नहीं रहीं, क्योंकि वे गांव से बाहर सरकारी अधिकारियों और प्रशासनिक संस्थाओं से भी अपील कर सकती हैं। लेकिन **बेली** यह भी कहते हैं कि गांव में जाति अब भी मजबूत है, क्योंकि सामाजिक गतिशीलता को रोकने में यह अब भी प्रभावी है और अपने सांस्कृतिक पहलू में यह अब भी पारंपरिक पदानुक्रम को सुरक्षित रख हुए है।

गांवों के मुकाबले शहरी इलाकों में जाति संबंधी परिवर्तन अधिक होने की आशा है, क्योंकि वहां आर्थिक परिवर्तन तीव्र है, व्यक्ति की गुमनामी सामाजिक गतिशीलता में मदद करती है, और शहरों का बौद्धिक जीवन परिवर्तन के अधिक अनुकूल है । देश की राजनैतिक स्वतंत्रता के बाद औद्योगिक तथा नगरीकरण आदि कारकों के अतिरिक्त अन्य महत्वपूर्ण कारक, जिन्होंने जाति-व्यवस्था को प्रभावित किया है उनमें विभिन्न प्रांतों का विलय, विविध कानूनों का क्रियान्वयन, शिक्षा का विस्तार, सामाजिक-धार्मिक सुधार, पश्चिमीकरण, आधुनिक व्यवसायों का विकास, स्थानीय गतिशीलता तथा बाजार अर्थव्यवस्था आदि प्रमुख है। लेकिन शहरी और औद्योगिक इलाकों में जाति संबंधी अध्ययनों की कमी के कारण यह निर्धारित करना असंभव है कि किस हद तक नई गतिविधियों, संगठनों और विचारों—ट्रेड यूनियन, पेशेवर या राजनीतिक संगठनों और विचारधाराओं—ने जातीय संबद्धता को कमजोर किया है। जातीय भावना की प्रमुखता की थोड़ी सूचना बंबई राज्य के स्नातक शिक्षकों के संबंध में **के. एम. कपाड़िया** के एक अध्ययन से मिलती है। उनका कहना है कि जहां अंतर्जातीय विवाह के पक्ष में मत व्यक्त करने वाले अध्यापकों का अनुपात काफी ऊंचा था, वहीं अनेक अभिकरण जातीय भावना और सजातीय विवाह को बनाए रखने के लिए काम कर रहे थे। जाति आधारित संगठन और अनुदान आम तौर पर थे, और अनेक जातियों पत्रिकाएं छापती थीं तथा सामाजिक उत्सवों का आयोजन करती थीं। एक-तिहाई अध्यापक अपनी जाति की पत्रिका खरीदते थे और जातीय सामाजिक गतिविधियों में भाग लेना चाहते थे। **कपाड़िया** का निष्कर्ष है कि उस समूह में से 42% लोगों ने काफी तीव्र जातीय भावना का प्रदर्शन किया।

भारतीय समाज में जाति मजबूत हो रही है या कमजोर हो रही है, इस संबंध में अनिश्चय और असहमति का एक कारण शहरी अध्ययनों का अभाव भी है। अनेक समाजशास्त्रियों का कहना है कि शहरों में जातीय संगठनों का तेजी से विकास हुआ है। **एम. एन. श्रीनिवास** लिखते हैं : ''यह कहने में कोई हर्ज नहीं कि आधुनिक भारत में जातीय चेतना और संगठन बढ़े हैं। उदाहरण के लिए भारतीय शहरों में जातीय बैंकों, छात्रावासों, सहकारी संगठनों, अनुदानों, विवाह मंडपों, सम्मेलनों और पत्रिकाओं की प्रचुरता को देख लीजिए।'' राजनीति में जाति का प्रभाव विवादास्पद है, और

निश्चय ही इसमें एक एक इलाके से दूसरे इलाके में काफी अंतर है। इसमें कोई संदेह नहीं कि चुनाव संगठन और वोट संग्रह के अमिकरण के बतौर जातियां महत्वपूर्ण भूमिका अदा करती हैं, लेकिन अनुभवसिद्ध अध्ययन बताते हैं कि स्थानीय जातियां अक्सर राजनीतिक मुद्दों पर विभाजित होती हैं, और अनेक दूसरे कारक राजनीतिक संबद्धता को प्रभावित करते हैं। शिक्षा के क्षेत्र और पेशागत गतिशीलता के मामले में यह स्पष्ट है कि जाति का महत्व अब भी बना हुआ है। उच्चतर शिक्षा अब भी मुख्यत: ऊंची जातियों को ही सुलभ है।

दूसरी ओर कानून, राजनीतिक जनतंत्र और औद्योगीकरण जैसी बातों को जाति के प्रतिकूल माना जाता है, इनके प्रभावों के बारे में सामान्य बातें हुई हैं। खुलेआम जातीय भेदभाव निश्चय ही कम हुआ है और अछूतों की दशा में सुधार हुआ है लेकिन इसमें संदेह है कि उपरोक्त कारकों ने जातीय चेतना और संबद्धता को कमजोर किया है। यह कहा जा सकता है कि उन्हें ऐसा करने का समय अभी नहीं मिला है। औद्योगीकरण अभी इतना आगे नहीं बढ़ा है कि निर्णायक प्रभाव डाल सके। लेकिन औद्योगीकरण के प्रभावों के बारे में कोई निश्चित भविष्यवाणी नहीं की जा सकती और पश्चिमी देशों के साथ तुलना भ्रामक हो सकती है। यूरोपीय देशों में जब उन्नीसवीं सदी में औद्योगीकरण हुआ तो नया औद्योगिक मजदूर जाति या संयुक्त परिवार जैसे किसी संकीर्ण पारंपरिक बंधन में नहीं बंधा हुआ था, और इस मामले में आधुनिक किस्म के आर्थिक और राजनीतिक संगठनों के निर्माण में उन्हें कोई हिचक नहीं थी। मजदूर और उद्योगपति किसी पारंपरिक परिलौकिक धर्म से प्रभावित भी नहीं थे। ऊपर बताए गए सर्वेक्षण में **एम. एन. श्रीनिवास** ने ऐसे विषयों का उल्लेख किया है जिनकी छानबीन की जरूरत है जाति और वर्ग में अंत: संबंध, शैक्षिक सुविधाओं के उपयोग में जाति, वर्ग और ग्रामीण-शहरी रिहाइश का संबंध, नौकरशाही में जाति और वर्ग की भूमिका, विभिन्नता स्तरों पर ट्रेड यूनियनों और राजनीतिक जीवन में जाति की भूमिका, देश के भिन्न-भिन्न भागों में चुनिंदा जातियों का शहरीकरण, जाति और आर्थिक विकास के बीच संबंध, देश के विभिन्न भागों में दबंग जातियां, अधिक विवाह करने वाली जातियां, और उत्तर तथा दक्षिण भारत की जाति व्यवस्था में शुद्धि-अशुद्धि संबंधी विचारों की भूमिका आदि मामलों की नए सिरे से छानबीन जरूरी है।

जाति की ताकत और परिवर्तन की प्रवृत्तियों का अनेक तरह से मूल्यांकन किया गया है, हालांकि इनके साक्ष्य न तो प्रचुर हैं न ही स्पष्ट। लेकिन जातियों की मजबूती और व्यक्ति के अपनी जाति से जुड़ाव के बारे में जो कुछ भी कहा जाए, यह दावा जरूर किया जा सकता है कि पारंपरिक जाति व्यवस्था बहुत हद तक बदल चुकी है। इस व्यवस्था में प्रत्येक जाति के पास एक प्रदत्त स्थान था और पारंपरिक अर्थतंत्र तथा संस्कारों में वह दूसरी जातियों का सहयोग करती थी। प्राय: सभी जातियों के बीच हमेशा ही एक होड़ रहा करती थी और प्रतिष्ठा के पदानुक्रम में स्थिति का बदलाव भी चलता रहता था; लेकिन कोई सामान्यीकृत प्रतिद्वंद्विता नहीं थी। आधुनिक जातीय संगठनों का मसला एकदम अलग है। उनका अस्तित्व ही एक खुले हुए समाज में धन, शैक्षिक अवसरों, और सामाजिक प्रतिष्ठा में होड़ के लिए है। दरअसल, ये संगठन आधुनिक किस्म के हित समूह हैं; **टॉनीज** के अर्थों में ये 'संगठन' हैं जबकि पारंपरिक जातीय समूह 'समुदाय' थे। यह समझना कोई मुश्किल नहीं है कि ये सभी पारंपरिक जातियों के आधार पर खड़े हुए होंगे, लेकिन यह भी सही बात है कि ये स्वाभाविक रूप से जाति व्यवस्था के विरोधी हैं और देर-सबेर आधुनिक समाज के धर्मनिरपेक्ष समूहों—ट्रेड यूनियनों, पेशागत संगठनों और सामाजिक वर्गों—को या तो जन्म देंगे या उनमें समा जाएंगे।

सामाजिक वर्ग वास्तविक समूह हैं और वे बंद नहीं बल्कि अपेक्षाकृत खुले हुए हैं। उनका आधार असंदिग्ध रूप से आर्थिक है, लेकिन वे आर्थिक समूहों के अलावा भी बहुत कुछ हैं। वे सत्रहवीं सदी के बाद विकसित हुए औद्योगिक समाजों के विशिष्ट समूह हैं। सामाजिक वर्गों की संख्या को निश्चित करने या उनकी सदस्यता को परिभाषित करने की भी जब कोशिश की जाती है तो काफी दिक्कतें उठ खड़ी होती हैं। अधिकांश समाजशास्त्री संभवत: एक उच्च वर्ग, एक मजदूर वर्ग और एक मध्य वर्ग या मध्यम वर्गों की मौजूदगी को मानने के लिए सहमत हो जाएंगे। कुछ समाजों में एक चौथे वर्ग, किसान, की मौजूदगी को भी मान्यता दी जाती है।

आम तौर पर समाजशास्त्रियों के बीच मतभेद विभिन्न वर्गों में सुसंबद्धता, समाज में उनकी भूमिका, और उनके भविष्य के मुद्दों पर शुरू होता है। इन समस्याओं पर सामाजिक स्तरीकरण के कुछ सिद्धांतों पर चर्चा करते हुए विचार किया जाएगा। विभिन्न वर्गों, खासकर मध्य वर्ग, पर विस्तार से अध्ययन किया गया है। मजदूर वर्ग पर क्लासिकीय कृति **जी. ब्रीफेस** की **दि प्रोलेतेरिएत** है जो मार्क्सवादी परिभाषा से शुरू होती है और मजदूर वर्ग तथा सफेदपोश मध्यवर्ग के बीच स्पष्ट भेद करने के लिए इसे विस्तारित करती है। हाल के वर्षों में मजदूर वर्ग पर समृद्धि के प्रभाव को लेकर विवाद खड़ा होने से फ्रांस, ब्रिटेन, और अमरीका में अनेक अध्ययनों को प्रेरणा मिली। मध्य वर्ग के बारे में सामान्य अध्ययनों में **सी. राइट मिल्स** की **ह्वाइट कालर,** और **डेविड लाकवुड** की **दि ब्लैकोटेड वर्कर** (लंदन, 1658); शामिल हैं लेकिन मध्य

वर्ग के भीतर के खास समूहों, विशेष कर उदार पेशों से जुड़े हुए समूहों, के अनेक विवरण भी हैं। जो सूरते-हाल हैं उसमें उच्च वर्गों का अध्ययन करना आसान नहीं है, और इस क्षेत्र में समाजशास्त्रीय लेखन अभिजन संबंधी सैद्धांतिक और ऐतिहासिक अध्ययनों से लेकर संपत्ति के स्वामित्व, आय, शैक्षिक विशेषाधिकार इत्यादि संबंधी सांख्यिकीय सूचनाओं पर आधारित अध्ययनों तक फैला हुआ है।

औद्योगिक समाजों में सामाजिक वर्गों के साथ-साथ प्रस्थिति समूहों की मौजूदगी के कारण सामाजिक स्तरीकरण की तसवीर थोड़ी उलझी हुई है। **मैक्स वेबर** ने सबसे पहले इन दोनों के बीच परिश्रमपूर्वक विभाजन किया और इनके अंत:संबंधों की जांच-परख की। कुछ अति सरलीकरण करते हुए कहा जा सकता है कि ''वर्गों'' का स्तरीकरण वस्तुओं के उत्पादन और अधिग्रहण के साथ उनके संबंधों के मुताबिक किया जाता है; जबकि ''प्रस्थिति समूहों'' का स्तरीकरण वस्तुओं के उपभोग संबंधी उनके सिद्धांतों के मुताबिक किया जाता है। जो उनकी खास ''जीवन शैलियों'' में दिखाई पड़ते हैं। सामाजिक प्रस्थिति की धारणा का विश्लेषण हाल में अनेक लेखकों ने किया है। इस विषय पर लिखे एक लेख में **मार्शल** ने उन कारकों की परीक्षा की है जो प्रस्थिति में और साथ ही साथ विभिन्न तरह की प्रस्थितियों—व्यक्तिगत, पद संबंधी आदि—में फर्क पैदा करते हैं। एकदम हाल में उसने पूंजीवादी समाजों में सामाजिक स्तरीकरण में आए बदलावों पर विचार किया है, और कहा है कि ''वर्गीय संगठनों की जगह प्रस्थिति संगठनों की ओर झुकाव बढ़ा है।'' उसी शब्दों में कहें तो बहुबंधन युक्त लेकिन एकायामी समूहों से बहुआयामी किंतु व एकबंधनयुक्त समूहों की ओर झुकाव है।

प्रस्थिति समूहों के और खासकर पेशागत विभेद के अर्थों में, अनेक अनुभव आधारित अध्ययन हुए हैं। वस्तुत: सामाजिक स्तरीकरण और सामाजिक गतिशीलता के संबंध में हाल की गवेषणाएं बहुत हद तक पेशागत प्रतिष्ठा स्तरों के ही अर्थ में की गई हैं। हाल के वर्षों में समाजशास्त्र में सामाजिक प्रस्थिति और गतिशीलता पर और कई प्रभावों की ओर संकेत करता है। शोध की जरूरतें पेशागत स्तरों के उपयोग के पक्ष में हैं, क्योंकि ये शीघ्र प्रौजेक्टों के निर्माण और उनको लागू करने में मदद करते हैं। अमरीकी समाजशास्त्र की प्रमुखता भी एक महत्वपूर्ण कारण है। पश्चिमी औद्योगिक समाजों में वर्ग संगठन और विचारधारात्मक टकराव की कोई मजबूत परंपरा न होने के कारण अमरीका अद्वितीय है, और स्वभावत: वहां समाजशास्त्री सामाजिक स्तरीकरण के उन पहलुओं का विवेचन करते हैं जो अमरीकी समाज की विशेषता हैं, अर्थात प्रस्थिति और गतिशीलता। लेकिन अमरीकी समाज का यह अनूठापन हमेशा दिमाग में नहीं रहता इसीलिए कुछ लेखकों ने प्रस्थिति के साथ वर्ग का घालमेल कर दिया, और कुछ दूसरे लेखकों ने अमरीकी नमूने के ही अर्थों में सभी समाजों के सामाजिक स्तरीकरण का विश्लेषण करने की कोशिश की।

तीसरा प्रभाव पश्चिमी समाजों में होने वाले कुछ वास्तविक परिवर्तनों पर पड़ा। वर्गीय भेद और वर्गीय टकरावों में वास्तव में कमी आई है, हालांकि वे गायब नहीं हुए हैं। बहरहाल, परिवर्तन की इस प्रक्रिया को तभी स्पष्ट रूप से पकड़ा जा सकता है जब वर्ग और प्रस्थिति की परिघटना को पहले सावधानीपूर्वक अलगाया जाए और तब उनके अंत:संबंधों की परीक्षा की जाए। **टी. बी. बोटोमोर** ने इस पर कहा है कि, ''**मार्क्स** ने वर्ग व्यवस्था को जिस तरह देखा था उसे प्रतिष्ठा आधारित स्तरीकरण दो महत्वपूर्ण तरीकों से प्रभावित करता है : सबसे पहले, यह दो बड़े वर्गों के बीच कई प्रस्थिति समूहों का प्रवेश करा देता है जो वर्ग संरचना की ध्रुवांत स्थितियों के बीच की खाई पाट देते हैं; और दूसरे, कुल मिलाकर सामाजिक पदानुक्रम की वह एक पूरी तरह भिन्न धारणा पेश करता है, जिसके मुताबिक यह पदानुक्रम कमोबेश स्पष्टत: परिभाषित प्रस्थिति समूहों की निरंतरता के रूप में दिखाई पड़ता है। ये समूह केवल संपत्ति के स्वामित्व के जरिए नहीं बल्कि विविध कारकों द्वारा निर्धारित होते हैं, जिनका विशाल सामाजिक वर्गों के निर्माण और वर्गों के बीच बुनियादी टकराव की मौजूदगी के साथ कोई तालमेल नहीं बैठता।'' उनके कथनानुसार विभिन्न स्तरों के प्रस्थिति समूहों के बीच संबंध टकाराव का नहीं, बल्कि प्रतिस्पर्धा और होड़ का होता है। मध्यम वर्गों की संख्या में बढ़ोत्तरी, जिनका अनुपात समूची आबादी में बढ़ता जा रहा है। साथ प्रतिष्ठा स्तरों (या प्रस्थितियां) की निरंतरता के रूप में सामाजिक विचार पदानुक्रम का यह विचार जिसमें कोई तीखा विभाजन नहीं होता है। और इसीलिए बड़े सामाजिक समूहों के बीच टकराव की कोई स्पष्ट रेखा नहीं होती, सामाजिक चिंतन पर बहुत अधिक प्रभाव डाल रहा है। और इसके प्रसार ने वर्ग चेतना के विकास को रोकने में मदद की है।

समकालीन पश्चिमी पूंजीवादी समाजों में सामाजिक स्तरीकरण का विश्लेषण जटिल और मुश्किल है। उतनी ही या शायद उससे ज्यादा मुश्किलें सोवियत संघ और अन्य गणतंत्रों से बने दूसरे किस्म के आधुनिक औद्योगिक समाज का अध्ययन करने में आती है। चूंकि इन समाजों का कोई व्यवस्थित समाजशास्त्रीय अध्ययन नहीं हुआ है, इसलिए शुरुआती दिक्कत इन समाजों में आय के वितरण, शिक्षा के अवसर, लोगों के दृष्टिकोण और सामूहिक

भावनाओं के संबंध में आंकड़ों के अभाव में पैदा होती है। और फिर विचारधारात्मक युद्ध की आंच में सामाजिक यथार्थ काफी दब जाता है। जड़ मार्क्सवादियों का दावा है कि उत्पादन के साधनों पर व्यक्तिगत स्वामित्व के खात्में के साथ ही सोवियत किस्म के देशों में सामाजिक वर्ग या कम से कम वर्गों की पदानुक्रमिक व्यवस्था खत्म हो गई है। आलोचक भारी आर्थिक विषमता शैक्षिक विशेषताधिकार और अल्पसंख्यक कुलीनों के हाथ में राजनीतिक सत्ता का केंद्रीयकरण तथा अन्य विशेषताओं की ओर इशारा करते हैं जो एक साथ मिलकर सामाजिक स्तरीकरण की व्यवस्था को जन्म देते हैं। ज्यादातर सैद्धांतिक विवाद वर्ग सरंचना और राजनीतिक सत्ता के बीच संबंध को लेकर होता इस पर विचार किया जाएगा। इस विवाद से स्पष्टतौर पर यह बात सामने आती है कि मार्क्सवादी और गैर मार्क्सवादी लेखन में सामाजिक वर्ग की शास्त्रीय धारणा राजनीतिक सत्ता की धारणा से खासकर शासक वर्ग की धारणा से घनिष्ठतापूर्वक जुड़ी हुई है। बहरहाल इस जुड़ाव के चलते दो भिन्न-भिन्न चिंतन धाराएं पैदा हो सकती हैं। एक मार्क्सवादी जो—राजनैतिक सत्ता को आर्थिक सत्ता पर निर्भर बताती है, और दूसरी जो अर्थतंत्र और राजनीति को अंत: संबंधित व्यवस्थाएं मानती हैं और कहती हैं कि इनमें से हरेक समय-समय पर 'आधार' या अधिरचना हो सकती है।

इन समस्याओं के मद्देनजर सामाजिक स्तरीकरण के बारे में नए अध्ययन की जरूरत है। एक उपयोगी शुरुआती बिंदु राजनैतिक टकराव की परिघटना में मिल सकता है। ऐसे टकराव में शामिल सामाजिक समूह अभिजन या वर्ग हो सकते हैं। **पेरेटो** के समाजशास्त्र में कम से कम 'शासक अभिजन' संबंधी उसके मुख्य विवेचन में, 'वर्ग' और 'अभिजन' शब्द व्यवहारत: पर्यायवाची हैं; और दरअसल 'अभिजन के परिचालन' संबंधी अपने सिद्धांत के संदर्भ में **पेरेटो** वर्ग टकराव की धारणा को समाजशास्त्र के क्षेत्र में **मार्क्स** का सबसे महत्वपूर्ण योगदान मानता है। हाल के दिनों में समाजशास्त्री 'अभिजन' शब्द का इस्तेमाल छोटे ओर संगठित समूहों के लिए करते हैं जो पारंपरिक रूप से मान्य सामाजिक वर्गों से कमावेश जुड़े हो सकते हैं। **रेमो आरो** ने अभिजन ओर सामाजिक वर्गों के बीच संबंध का सर्वोत्तम अध्ययन प्रस्तुत किया है। वह आधुनिक समाजों में सामाजिक विभेदीकरण और राजनीतिक श्रेणीकरण के बीच संबंध के रूप में समस्या को सूत्रबद्ध करता है, और बताता है कि 'वर्गों के खात्मे' (उत्पादन के साधन पर व्यक्तिगत स्वामित्व के खात्मे के शास्त्रीय अर्थों में) से सामाजिक विभेदीकरण, अभिजन का निर्माण, राजनीतिक सत्ता की विषमता जैसी समस्याएं हल नहीं होंगी। दरअसल, पूंजीवादी समाजों में अभिजन और वर्गों में टकराव के कुछ फायदे हैं; क्योंकि इससे किसी खास अवसर पर शासकों की सत्ता पर कुछ बंदिशें लगती हैं।

हम इस संक्षिप्त अध्ययन को इस बात के साथ खत्म कर सकते हैं कि सामाजिक वर्ग की समस्याओं में उन्नीसवीं सदी की चिंताएं लोकतंत्र और राजनैतिक सत्ता की चिंताओं से घनिष्ठतापूर्वक जुड़ी हुई थी लेकिन जो उत्तर दिए गए वे दो तरह की समस्याओं के बीच साफ-साफ विभाजन नहीं कर सके। बीसवीं सदी में **मैक्स वेबर** के सिद्धांत में, लेकिन स्वंय घटनाओं से ज्यादा प्रभावित होकर, समाजशास्त्रियों ने सीधे राजनीतिक सत्ता का अध्ययन करने की कोशिश की, और उन तरीकों की जांच-परख की जिसके जरिए अभिजन समूह समर्थन जुटाते हैं, राजनीतिक संघर्ष चलाते हैं और सत्ता पाने में सफल या असफल होते हैं। इसके साथ ही शासक अभिजन की नियंत्रित या अनियंत्रित करने वाली स्थितियों पर भी विचार हुआ। ऐसे अध्ययनों में सामाजिक वर्ग परिस्थिति का केवल एक तत्व होता है; हालांकि महत्वपूर्ण तत्व इसके साथ ही सामाजिक विभेदीकरण और सामाजिक स्तरीकरण का दायरा बढ़ाया गया ताकि सामाजिक प्रस्थिति और सामाजिक गतिशीलता भी उसमें समा सके जो अधिकांशत: राजनीतिक सत्ता से केवल अप्रत्यक्ष रूप से जुड़े होते हैं, लेकिन अन्य मामलों में महत्वपूर्ण होते हैं।

सामाजिक स्तरीकरण के आधार

आयु—प्रत्येक समाज में व्यक्ति को कोई भी स्थिति प्रदान करते समय उसकी आयु का विशेष ध्यान रखा जाता है। आयु का संबंध मानसिक परिपक्वता तथा अनुभव से हुआ करता है। मनुष्य की आयु बढ़ने के साथ-साथ ही उसकी बुद्धि का विकास होता है एवं उसमें गंभीरता, जिम्मेदारी तथा आत्म-संयम आदि की भावना विकसित होती है। उसका अनुभव भी आयु बढ़ने के साथ-साथ बढ़ता है, अत: प्रत्येक समाज में महत्वपूर्ण पदों के लिए व्यक्ति की एक निश्चित आयु का होना आवश्यक होता है। जैसे कि हमारे देश में 35 वर्ष से कम आयु का व्यक्ति राष्ट्रपति नहीं हो सकता तथा वोट देने का अधिकार भी 18 वर्ष से कम आयु के लोगों को नहीं दिया जाता है। हमारे समाज में तो आयु का महत्व इतना अधिक है कि परिवार, व्यवसाय तथा संपूर्ण समूह में व्यक्ति की स्थिति उसकी आयु पर ही अधिक निर्भर होती है। अन्य समाजों की ओर भी यदि हम देखें तो पायेंगे कि किसी भी समाज में छोटे बच्चे की स्थिति यह कदापि नहीं है जो कि एक प्रौढ़ या वृद्ध व्यक्ति की होती है। इस प्रकार यह कहा जा सकता है कि बच्चों, युवकों, प्रौढ़ व्यक्तियों तथा वृद्धजनों की सामाजिक स्थिति तथा प्रतिष्ठा एक दूसरे से भिन्न है। अन्य शब्दों में यह कहा जा सकता है कि सामाजिक स्तरीकरण (आयु के आधार पर) के अंतर्गत सर्वोच्च

स्थान वृद्धजनों को तथा उसके बाद क्रमशः युवा, किशोर तथा शिशुओं की स्थिति होती है क्योंकि उनके अनुभव तथा उत्तरदायित्व एक-दूसरे से बिल्कुल भिन्न होते हैं।

रक्त संबंध—कौन सा व्यक्ति किस रक्त या खानदान का है इसका भी प्रभाव सामाजिक स्तरण पर पड़ता है। शादी-विवाह आदि के अवसरों पर इसका अत्यंत महत्व होता है। इसके अतिरिक्त अनेक देशों में ऊंची प्रस्थितियों पर व्यक्तियों की नियुक्ति करते समय उनके रक्त संबंध की जांच-पड़ताल शायद इसलिए की जाती है।

शारीरिक व बौद्धिक योग्यता—विज्ञान की प्रगति होने के साथ-साथ लोगों में यह भावना बढ़ती जा रही है कि सामाजिक स्थिति व्यक्तियों की शारीरिक तथा बौद्धिक योग्यता पर आधारित होनी चाहिए। यह स्थिति आज सभी समाजों में है, चाहे वहां की आर्थिक-व्यवस्था समाजवादी, साम्यवादी अथवा पूंजीवादी हो। शायद यही कारण है कि साम्यवादी समाज को 'वर्ग रहित समाज' कहा जाता है लेकिन वहां भी शारीरिक तथा बौद्धिक कुशलता के आधार पर एक स्पष्ट स्तरीकरण देखा जा सकता है।

धार्मिक आधार—धार्मिक संगठन के अंतर्गत भी स्तरीकरण होता है। इसका सर्वोत्तम उदाहरण ईसाई धार्मिक संगठन है। यह विश्व का एक अत्यंत ही संगठित धर्म है तथा इसलिए इस संगठन द्वारा अपनी धार्मिक व्यवस्था को बनाए रखने हेतु अपने धार्मिक अधिकारियों में एक संस्तरण विकसित कर लिया गया है जिसके कि सर्वोच्च शिखर पर महामान्य **पोप** का स्थान है। प्राचीन भारत में हिंदुओं में इसलिए पंडितों, पुरोहितों आदि को समाज में उच्च स्थान प्राप्त था। परंतु आज वैज्ञानिक जगत में धर्म का प्रभाव कम होने के कारण यह बात देखने में नहीं आती। केवल कुछ आदिम समाजों में ही आज भी धार्मिक ज्ञान को व्यक्ति को स्तर के निर्धारण का प्रमुख आधार माना जाता है।

प्रजाति या गोत्र—कुछ समाजों में स्तरीकरण का आधार प्रजातीय भावना पर आधारित है। **श्री पाल** तथा **वाल्टर** ने कहा है, ''एक प्रजाति मनुष्यों का एक बड़ा भाग है जिन्हें सापेक्ष रूप से स्पष्ट शारीरिक लक्षणों के आधार पर दूसरे मनुष्य से अलग किया जा सकता है।'' अर्थात कुछ निश्चित शारीरिक लक्षणों के आधार पर एक प्रजाति को दूसरी प्रजाति से अलग किया जा सकता है लेकिन शारीरिक लक्षणों में अच्छे बुरे या ऊंच-नीच का कोई औचित्य नहीं हो सकता, इस कारण इस आधार पर सामाजिक स्तरीकरण भी नहीं होना चाहिए। परंतु वास्तव में ऐसा होता नहीं तथा कुछ समाजों में स्तरीकरण का आधार ही यह प्रजातीय भावना है। यदि किसी प्रजाति के लोगों की संख्या अन्य लोगों की अपेक्षा अधिक होती है तो उन्हें अधिक सामाजिक प्रतिष्ठा प्राप्त होती है तथा वे लोग सामाजिक स्तरण में मुख्य भूमिका निभाते हैं। अमेरिका के समाज में इस प्रकार का स्तरीकरण देखा जा सकता है।

लिंग—कुछ समाजों के अंतर्गत लिंग भी सामाजिक स्तरीकरण का प्रमुख आधार है। समाज में किये जाने वाले कुछ कार्य ऐसे भी होते हैं कि स्त्रियां उन्हें कर नहीं सकतीं अथवा कुशलता के साथ नहीं कर सकतीं। स्वाभाविक है कि ऐसे कार्यों से संबंधित पद केवल पुरुषों को ही प्रदान किए जाने की संभावना अधिक रहती है। शारीरिक शक्ति की दृष्टि से स्त्रियां पुरुषों की अपेक्षा कमजोर होती हैं। इसके अतिरिक्त मातृत्व का कार्य-भार भी केवल वे ही उठा सकती हैं। इन्हीं कारणों में अनेक ऐसे कार्य हैं जो पुरुष कर सकते हैं उन्हें स्त्रियां नहीं कर सकती। **नीलगिरि** की **टोड़ा** जनजाति जो विशुद्ध रूप से पशुपालक है, स्त्रियों को मासिक धर्म आदि के कारण अपवित्र तथा अयोग्य मानती है; इस जनजाति की महिलायें पशुशालाओं तक के पास नहीं जा सकती हैं। कुछ समाज स्त्रियों को विशेष पद इस कारण नहीं देना चाहते क्योंकि वे स्त्रियों को पुरुषों से अकुशल समझते हैं जैसे कि अमेरिका में कोई भी महिला राष्ट्रपति-पद के लिए खड़ी नहीं हो सकती है। इसके विपरीत मातृवंशीय या मातृसत्तात्मक परिवारों वाले समाजों में स्त्रियों की स्थिति उच्च तथा पुरुषों की स्थिति निम्न होती है। **खिरिम** राज्य में शासक एवं मुख्य पुरोहित स्त्री ही हुआ करती है। **खासी** जनजाति के देवतागण भी स्त्रियां ही होती हैं। पुरुष अपनी संपूर्ण आय विवाह से पूर्व अपनी माता तथा विवाह के बाद अपनी पत्नी को देता है। धार्मिक क्रिया-कलापों में भी इनका (स्त्रियों का) प्रमुख स्थान होता है तथा बच्चों का परिचय मां के परिवार के अनुसार ही होता है। अतः लिंग भी समाज में स्तरीकरण का एक प्रमुख आधार है।

सम्पत्ति—आज के भौतिकवादी युग में भौतिक साधनों या संपत्ति पर अधिकार होने अथवा न होने के आधार पर भी समाज में ऊंच-नीच का स्तरीकरण होता है। यह कहना तनिक भी अनुचित न होगा कि जिन समाजों के अंतर्गत वर्गगत-स्तरीकरण का महत्व अधिक हुआ करता है, का सबसे अधिक महत्वपूर्ण आधार माना जाता है। आज व्यक्ति के धनवान होने के साथ उसकी सामाजिक स्थिति ऊंची तथा निर्धन होने के साथ-साथ नीची होती जाती है।

शिक्षा—आज व्यक्ति के पास धन या संपत्ति होने से ही उसको समाज में सर्वोच्च स्थिति मिल जाएगी, ऐसा नहीं है। क्योंकि आज धन व संपत्ति के साथ-साथ व्यक्ति की शिक्षा को भी दृष्टि में रखा जाता है तथा शिक्षितों को अशिक्षित लोगों की अपेक्षा अधिक मान और सम्मान प्रदान किया गया है।

सामाजिक स्तरीकरण के सिद्धांत—सामाजिक स्तरीकरण

का एक आम सिद्धांत सूत्रबद्ध करने की दो बड़ी कोशिशें हुई हैं, एक मार्क्सवादियों द्वारा और दूसरी प्रकार्यवादियों द्वारा। मार्क्सवादी सिद्धांत की मुख्य रूपरेखाएं प्रसिद्ध हैं, हालांकि मार्क्स ने या किसी परवर्त्ती मार्क्सवादी चिंतक ने उन्हें व्यवस्थित रूप से सूत्रबद्ध नहीं किया है। इस सिद्धांत में सामाजिक वर्ग उत्पादन के साधनों के साथ अपने संबंध (स्वामित्व या अस्वामित्व) से परिभाषित होते हैं और इसी के आधार पर यह दृष्टिकोण बनता है कि प्रत्येक समाज में दो प्रमुख विरोधी वर्ग होते हैं। विभिन्न समाजों में वर्गों की प्रकृति उत्पादन के साधनों पर निर्भर है जो पुनः तकनीक के स्तर पर निर्भर है। जैसा की **शूमपीटर** ने कहा है; मार्क्स की प्राथमिक रुचि वर्गों के विकास में थी। इसमें हम जोड़ सकते हैं कि सामाजिक और राजनीतिक परिवर्तन लाने में उनकी भूमिका में भी उसकी रुचि थी। उसके अपने अनुभव आधारित अध्ययन पूंजीवाद के उदय और पूंजीवाद की स्थापना, और उससे भी आगे पूंजीवादी समाज में वर्ग के बतौर मजदूरों के गठन और विकास से जुड़ा था। मार्क्स सबसे पहले मजदूर वर्ग को अपने आप में वर्ग के बतौर चिह्नित करता है अर्थात समान आर्थिक स्थिति में रहने वाले व्यक्तियों का समूह, और फिर यह दिखाने की कोशिश करता है कि कैसे ये अपने लिए वर्ग बन जाता है अर्थात कैसे इसके सदस्य अपने साझा हितों और राजनीतिक लक्ष्यों के प्रति सचेत होते हैं। **'पावर्टी आफ फिलासफी'** और **कैपिटल** में **मार्क्स** ने वर्ण चेतना के इस विकास के अनुकूल परिस्थितियों का वर्णन किया है, वे हैं उद्योगों का केन्द्रीकरण, संप्रेषण का विकास, पूंजीपति और मजदूर वर्ग के बीच बढ़ता हुआ आर्थिक और सामाजिक फासला, कुशल कारीगरों के पतन के फलस्वरूप मजदूरों में बढ़ती हुई एकरूपता इत्यादि।

मार्क्स इस बात को अच्छी तरह से जानता था कि सामाजिक विभेदीकरण दो प्रमुख वर्गों के अलावा अपने हितों के लिए टकराते अनेक अन्य वर्गों को जन्म देता है, लेकिन उसके सिद्धांतों के लिए दिक्कत पैदा करने वाली इस बात पर गंभीरतापूर्वक विचार नहीं किया। इस समस्या की उपेक्षा के कई कारण माने जा सकते हैं कि वह संपत्ति के साथ व्यक्ति के संबंधों को उसकी सामाजिक गतिविधि का प्रमुख निर्धारक मानता था, और उसके समकालीन सामाजिक और राजनीतिक टकरावों की वास्तविक प्रकृति ने इस दृष्टिकोण की पुष्टि की, कि वह दो विरोधी वस्तुओं के बीच अंतर्विरोध और शत्रुता के जरिए विकास की दार्शनिक धारणा (हीगेल से पैदा हुई) से बेवजह प्रभावित था, या कि वर्णविहीन समाज के आदर्श के प्रति उसकी राजनीतिक प्रतिबद्धता ने मौजूदा वर्ग व्यवस्था के उसके विश्लेषण को विकृत कर दिया। शायद इन सभी कारकों का कुछ न कुछ प्रभाव पड़ा, लेकिन पहला वाला सबसे महत्वपूर्ण लगता है। क्योंकि सामाजिक और राजनीतिक टकरावों को समझने के लिए **मार्क्स** के वर्ग सिद्धांत का अपार व्याख्यापरक महत्व था और अब भी है। सामाजिक वर्गों की उसकी धारणा को व्यक्तियों के विशेष समूह की प्रदत्त आर्थिक विशेषताओं का वर्णन करनेवाला नहीं मानना चाहिए। इसकी बजाय संपत्ति के मामले में व्यक्तियों की स्थिति वह आदान प्रदान करती है जिससे कुछेक, सामाजिक, खासकर राजनीतिक, गतिविधियों की संभावना के बारे में वक्तव्य दिए जा सके। इसी अर्थ में **मैक्स वेबर मार्क्स** की व्याख्या करता है और मार्क्सवादी सिद्धांत की आलोचना की दिशा का संकेत करता है, जब वह कहता है कि, कोई वर्ग अपने आपमें किसी समुदाय का निर्माण नहीं करता, बल्कि सामुदायिक गतिविधि से वर्ग स्थितियां पैदा होती हैं। जिस हद तक कोई वर्ग वास्तव में समुदाय बनता है उसे कई चीजें प्रभावित करती हैं, मसलन उसके सदस्य किस चीज से एकताबद्ध या विभाजित होते हैं, शामिल समाज का आम चरित्र क्या है, और अन्य सामाजिक समूहों तथा वर्गों से उसके संबंध कैसे हैं। **मार्क्स** ने पूंजीवादी समाज के भविष्य के विकास के बारे में कई खास भविष्यवाणियां की थी, और इन्हीं अर्थों में वह मजदूर वर्ग के बढ़ते हुए समुदाय की आशा करता था। कुछ भविष्यवाणियां गलत निकलीं और विकसित औद्योगिक समाजों का मजदूर वर्ग **मार्क्स** की आशा के अनुरूप नहीं विकसित हुआ। **मार्क्स** और मार्क्सवादियों की संभावित से वास्तविक समुदाय में संक्रमण की जल्दबाज मान्यता दरअसल सामाजिक वर्गों, और केवल सामाजिक वर्गों, के मामलों में मानी जानी चाहिए।

मार्क्सवादी सिद्धांत की एक सामान्य आलोचना यह है कि एक विशेष समय में पूंजीवादी समाज के सामाजिक और राजनीतिक टकरावों का विश्लेषण करने में यह अत्यंत प्रासंगिक और उपयोगी लगती है, लेकिन अन्य मामलों में इसकी उपयोगिता और प्रासंगिकता उतनी स्पष्ट नहीं है। फिर भी इस सिद्धांत को सार्वभौमिक रूप से वैध माना जाता है। जब इसे भारतीय जाति व्यवस्था जैसे सामाजिक स्तरीकरण के विशेष रूपों पर लागू किया जाता है तो इसके सामने कई दिक्कतें खड़ी हो जाती हैं, और अनेक अन्य मामलों में इस की व्याख्यात्मक शक्ति सामाजिक वर्ग को राजनीतिक गतिविधि का एक मात्र आधार मानने की जिद के कारण कम हो जाती है।

सामाजिक स्तरीकरण का प्रकार्यवादी सिद्धांत उन्हीं सामान्य प्रकार्यवादी मान्यताओं से शुरू होता है जिनकी चर्चा मैंने पहले की है। इसे संक्षेप में और स्पष्टतापूर्वक **किंग्सले डेविस** और **विल्बर्ट ई. मूर** के एक लेख में बताया गया है, जिन्होंने इसे निम्नवत प्रस्तुत किया है: इस मान्यता से शुरू करके कि, कोई भी समाज 'वर्गविहीन' या अस्तरीकृत नहीं होता, प्रकार्यवादी शब्दावली में उस सार्वभौमिक

आवश्यकता की व्याख्या करने की कोशिश की जाती है जिसके मुताबिक किसी भी सामाजिक स्तरीकरण मुख्य प्रकार्यात्मक जरूरत होती है। स्तरीकरण की सार्वभौमिक उपस्थिति की व्याख्या...उस जरूरत से होती है जो कोई भी समाज सामाजिक संरचना में व्यक्तियों को रखकर और प्रेरित करके पूरा करता है: ... इस तरह सामाजिक विषमता समाजों द्वारा अचेतन रूप से आविष्कृत उपकरण है जिसके जरिए वे इसकी गारंटी करते हैं कि सर्वाधिक महत्वपूर्ण पद सर्वाधिक योग्य व्यक्तियों द्वारा ईमानदारी से भरे जाएं। हम जहां प्रकार्यवादी व्याख्या की दिक्कतों को नजरअंदाज कर सकते हैं। इस सिद्धांत की कई खास आलोचनाएं हुई हैं। सबसे पहले यह मानता है कि स्तरीकरण सार्वभौमिक है, और इसका अर्थ है कि हरेक समाज में पदों की निश्चित व्यवस्था मौजूद थी, जो सही नहीं है। यह इस बात को भी मानकर चलता है कि सभी समाजों में हित समूहों के प्रभाव से स्वतंत्र सर्वाधिक महत्वपूर्ण पदों और सर्वाधिक योग्य व्यक्तियों को स्पष्टत: व्याख्यायित कर लिया गया है। फिर, यह भी दिखाई पड़ता है कि व्यक्तियों के श्रेणीकरण के बतौर इस सिद्धांत को ग्रहण किया गया, और यह सुपरिभाषित सामाजिक समूहों: प्रस्थिति समूहों, अभिजन और वर्गों की व्याख्या नहीं करता और फिर, यह सिद्धांत सामाजिक स्तरीकरण की विभिन्न किस्मों की मौजूदगी और एक से दूसरी किस्म में परिवर्तन की प्रक्रिया की व्याख्या नहीं करता, बस उसे मान लेता है। अंततः, यह स्तरीकरण की व्याख्या को स्थापित करने और बनाए रखने में सत्ता की भूमिका को पूरी तरह उपेक्षा कर देता है; और इस तरह सामाजिकस्तरीकरण और राजनीतिक टकराव के बीच संबंध के बारे में यह कुछ नहीं बता पाता।

मार्क्सवादी सिद्धांत में जहां उन्नीसवीं सदी के यूरोप के सामाजिक और राजनीतिक टकरावों का चरित्र अचूक ढंग से प्रतिबिंबित होता है, वही प्रकार्यवादी सिद्धांत उतनी ही स्पष्टता से अमरीका को सामाजिक स्थिति को प्रतिबिंबित करता है जहां कोई मजदूर वर्गीय राजनीतिक आंदोलन या मजदूरवर्गीय विचारधारा कभी स्थापित नहीं हो सकी, और जहां सामाजिक पदानुक्रम को बहुत हद तक ढीले-ढाले तौर पर संगठित प्रस्थिति समूहों की व्यवस्था के बतौर ग्रहण किया जाता है जिनकी सहायता व्यक्तिगत क्षमताओं से जुड़ी होती है। मार्क्सवादी सिद्धांत मजबूत सामाजिक भावना वाले बड़े और स्थिर समूहों के बीच टकराव पर जोर देता है; जबकि प्रकार्यवादी सिद्धांत व्यक्तिगत योग्यता और पुरस्कार पर आधारित सामाजिक स्तरीकरण की एकताधारी भूमिका पर जोर देता है। **दुर्खीम** के श्रम विभाजन के सिद्धांत में से अगर वे हेर-फेर निकाल दिए जाए जो उसने श्रम विभाजन के असामान्य रूपों पर विचार करते हुए सुझाए है तो प्रकार्यवादी सिद्धांत कई बिंदुओं पर उसी के समान होगा।

इन दोनों सिद्धांतों में से किसी में भी वह सार्वभौमिकता नहीं है जिसका ये दावा करते है। इससे संबंधित किसी सुसंगत सिद्धांत को तरह-तरह के स्तरीकरण को व्यवस्थाओं पर और गंभीरता से ध्यान देना होगा, सामाजिक स्तरीकरण की संपत्ति और श्रम विभाजन के साथ, लेकिन युद्ध और धर्म के साथ भी, घनिष्ठतापूर्वक संबंध व्युत्पन्न संस्था के बतौर मानना होगा, और सामाजिक स्तरीकरण राजनीतिक संस्थाओं और सांस्कृतिक परिघटनाओं के बीच संबंध का व्यवस्थित रूप से विवेचन करना होगा।

लिंग—विभिन्न लिंगियों के बीच संबंधों के सामाजिक पक्ष के संदर्भ में 'जेन्डर' एक ऐसी अवधारणा है जो जैवकीय यौन-भेद (सेक्स)से अलग की जाती है। पिछले कुछ वर्षों में सामाजिक विज्ञानों में लिंग के सामाजिक पक्षों की जैविकीय पक्ष से अलग कर 'जेन्डर' के रूप में उसे समझाने और अध्ययन करने की एक नई शुरुआत हुई है। (हम जेन्डर के लिए हिंदी में लिंग भेद और 'सेक्स' के लिए 'यौन भेद' शब्दों का प्रयोग करेंगे) **अन्न ओकले** (सेक्स, जेन्डर एण्ड सोसाइटी, 1972) जिन्हें समाजशास्त्र में 'सेक्स' शब्द को महत्व प्रदान करने का श्रेय प्राप्त है, के अनुसार 'सेक्स' का तात्पर्य पुरुषों एवं स्त्रियों के जैविकीय विभाजन से है तथा जेन्डर का अर्थ स्त्रीत्व एवं पुरुषत्व के रूप में समान्तर और सामाजिक रूप में असमान विभाजन से है। अत: जेन्डर की आवधारणा स्त्रियों और पुरुषों के बीच सामाजिक रूप में निर्मित भिन्नता के पहलुओं पर ध्यान आकर्षित करती है। किंतु आजकल जेन्डर का प्रयोग व्यक्तिगत पहचान और व्यक्तित्व को इंगित करने के लिए ही नहीं किया जाता, अपितु प्रतीकात्मक स्तर पर इसका प्रयोग सांस्कृतिक आदर्शों तथा पुरुषत्व एवं स्त्रीत्व संबंधी रूढ़िबद्ध धारणाओं तथा संरचनात्मक अर्थों में संस्थाओं और संगठनों में लैंगिक श्रम विभाजन के रूप में भी किया जाता है।

सन 1970 के आस पास लिंग भेद (जेन्डर) के अध्ययन में समाजशास्त्रीय और मनोवैज्ञानिक रूझान पैदा हुआ। अभी तक लिंग भेद को मात्र स्त्री एवं पुरुष में जैवकीय भिन्नता के रूप में ही देखा जाता था तथा पुरुषत्व और स्त्रीत्व के बारे में महत्वपूर्ण सांस्कृतिक विचार रूढ़िबद्धता से ग्रस्त थे जिनकी यथार्थता से बहुत दूरी थी। बाद में जो अध्ययन हुए उनके द्वारा यह प्रदर्शित करने का प्रयास किया गया कि लिंग भेद तथा स्त्रियों एवं पुरुषों की भूमिका संबंधी विचारों में भिन्न संस्कृति के कारण भारी अंतर है। संरचनात्मक स्तर पर घरेलू श्रम विभाजन संबंधी अध्ययनों ने भी स्त्री और पुरुष के बीच काम के वितरण में बड़ी असमानता प्रदर्शित की है।

विभिन्न समाजों में लैंगिक संबंधों के भिन्न रूप-स्वरूप हैं— ऐतिहासिक काल, प्रजातिक और जातीय समूहों, सामाजिक वर्ग और पीढ़ियों में। फिर भी पुरुषों और स्त्रियों के बीच अंतर के

मामले में सभी समाजों में समानता है, यद्यपि इस अंतर की प्रकृति में काफी सामाजिक भिन्नताएं हैं। लिंग भेद से संबंधित समान विशेषता हमें लिंग-असमानता में देखने को मिलती है और यह विशेषता लगभग एक सार्वभौमिक विशेषता है। सामाजिक जीवन के कई क्षेत्रों में लिंग भेद की रचना और अभिव्यक्ति की जाती है। यह संस्कृति विचारधारा और तार्किक धारणाओं तक ही सीमित नहीं है। घर में लैंगिक श्रम विभाजन से लेकर श्रम बाजार तक, राज्य की व्यवस्था में, काम (मैथुन) भावना में, हिंसा की रचना में और सामाजिक संगठन के कई पक्षों में लैंगिक संबंधों की रचना होती है।

लिंग भेद, विशेषत: नारीवाद के संबंध में अभी हाल में कई सिद्धांत उभरकर आए है जिनमें प्रमुख तीन हैं : आमूल परिवर्तनवादी (रेडिकल) नारीवाद, समाजवादी (मार्क्सवादी) नारीवाद और उदारवादी नारीवाद (देखिए-फेमिनिज्म)। इनके अतिरिक्त, कुछ अन्य सिद्धांत ये हैं, जैसे रूढ़िवाद (सामाजिक जीववादी), काली (अश्वेत) महिलाओं के विचार, उत्तर आधुनिकतावाद, द्वि-व्यवस्था सिद्धांत, आर्थिक महिलावाद, और भौतिकवादी महिलावाद।

वर्ग—आनुवंशिक विशेषताओं के अतिरिक्त किसी भी अन्य आधार पर एक दूसरे से विभक्त समूह को वर्ग कहते हैं। एक वर्ग कुछ सामान्य विशेषताएं यथा समान सामाजिक-आर्थिक प्रस्थिति, जीवन-शैली एवं स्तर आदि लिये हुए होता है। **कार्ल मार्क्स** ने आर्थिक उत्पादन की प्रक्रिया से जुड़े व्यक्तियों के पदों के संदर्भ में वर्ग को परिभाषित किया है। **मार्क्स** के अनुसार वर्ग समान विशेषताओं को लिए व्यक्तिओं का एक समूह मात्र नहीं है, अपितु इस समूह के सदस्यों में अपने वर्ग के संबंध में जागरूकता भी होनी चाहिए। इस जागरूकता को **मार्क्स** ने वर्ग चेतना का नाम दिया है। इसी वर्ग-चेतना के आधार पर **मार्क्स** ने उत्पादन-प्रणाली से जुड़े दो वर्गों-बुर्जुआ वर्ग और सर्वहारा वर्ग की कल्पना की है। अत: वर्ग चेतना तथा वर्ग-संगठन, मार्क्स के अनुसार, वर्ग के दो प्रमुख निर्णायक तत्व है।

मूलतः वर्ग चेतना की अवधारणा का प्रयोग मार्क्सवादी साहित्य में पूंजीवादी व्यवस्था के विकास की उस अवस्था को दर्शाने के लिए किया गया है जब सर्वहारा वर्ग दूसरे वर्ग अर्थात बुर्जुआ वर्ग के संदर्भ में अपनी स्थिति के संबंध में अत्यधिक सचेत हो जाता है। **कार्ल मार्क्स** ने वर्ग चेतना को एक ऐसी सामाजिक दशा के रूप में परिभाषित किया है; जिसने एक सामाजिक वर्ग के सदस्य (विशेषतया सर्वहारा वर्ग), एक वर्ग के रूप में अपनी दयनीय दशा के संबंध में जागरूक हो जाते हैं, अर्थात वे अपने आपको बुर्जुआ वर्ग से एक भिन्न वर्ग समझने लगते हैं। इस प्रकार की चेतना क्रांतिकारी आंदोलन के संगठन एवं प्रशिक्षण की एक प्रथम शर्त मानी जाती है। अभी हाल में **माइकेल मन्न** ने **मार्क्स** की अवधारणा का विस्तार करते हुए इसमें वर्ग-सदस्यता की जागरूकता के साथ पूंजीपतियों और कामगारों के बीच के विरोधी संबंधों को भी सम्मिलित किया है।

सामान्य अर्थ में इस अवधारणा का प्रयोग बहुधा किसी समूह के आत्मचेतना के भाव के लिए भी किया जाता है। इस अर्थ में किसी समूह के सदस्य समान उपभोग के पालन द्वारा एक प्रस्थिति-समूह के रूप में आत्म-पहचान स्थापित करते हैं। यह स्थिति वर्ग के आर्थिक आधार, सामाजिक सम्मान अथवा सांस्कृतिक विशेषताओं में से कोई भी हो सकती है। **मैकाइवर** तथा **पेज** ने सामाजिक वर्ग की परिभाषा, देते हुए लिखा है, ''एक सामाजिक वर्ग समुदाय का वह भाग है जो सामाजिक स्थिति के कारण दूसरे भागों से अलग नजर आता है।'' **गिन्सबर्ग** ने बड़े विस्तृत रूप में इस के भागों पर प्रकाश डाला है।''जो कि सामान्य वंश क्रम, समान व्यवसाय, धन एवं शिखर के कारण एक सा जीवन बिताते हैं और जो समान विचारों, व्यवसायों एवं व्यवहार का भंडार रखते हों और इनमें से कुछ या सबके कारण एक दूसरे से समानता के आधार पर मिलते हों और अपने को एक समूह का सदस्य समझते हों, चाहे इस बात की चेतना इनमें विभिन्न अंशों में पाई जाती हो।'' **जिल्टर** ने वर्ग के सदस्यों की एकात्मकता के आधार पर उत्तरदायित्व एवं शक्तियों पर प्रकाश डाला है—''एक सामाजिक वर्ग की परिभाषा व्यक्तियों की एक ऐसी श्रेणी से की जाती है जिनमें एक विशिष्ट संस्कृति में मान्य गुणों के सामान्य रूप से होने के कारण निश्चित विशेष सुविधाएं, दायित्व और शक्तियां होती हैं।'' इस प्रकार अलग संस्कृति व समाज में अलग-अलग रूप से व्यक्ति की एकता का महत्व है। **ऑगबर्न** का **निमकॉफ** ने कहा है कि, ''एक सामाजिक वर्ग उन व्यक्तियों का योग है जिनकी आवश्यक रूप से एक निश्चित सामाजिक स्थिति है।''

सामाजिक गतिशीलता—किसी समाज की सामाजिक स्तरीकरण की व्यवस्था में, सामान्यत: व्यक्तियों और कभी-कभी किसी संपूर्ण समूह की भिन्न पद-प्रस्थियों के बीच होने वाले संक्रमण। परिवर्तन को सामाजिक गतिशीलता कहते हैं। अत्यंत साधारण अर्थों में, आय के बढ़ने या घटने के कारण किसी व्यक्ति का एक वर्ग से दूसरे वर्ग में प्रवेश की स्थिति सामाजिक गतिशीलता को इंगित करती है। सामाजिक गतिशीलता सामाजिक अवकाश में पद-प्रस्थिति के परिवर्तन का संकेत देती है।

समाजशास्त्र में सामाजिक गतिशीलता के अध्ययन का एक लम्बा इतिहास रहा है। अर्द्ध उन्नीसवीं शताब्दी में कार्ल मार्क्स और **जॉन सटुअर्ट मिल** के प्रमुख योगदानों से लेकर प्रारंभिक बीसवीं शताब्दी में **विल्फ्रेड पेरेटो** (जिन्होंने अभिजन परिभ्रमण के सिद्धांत का प्रतिपादन किया था) और **पिट्रिम सोरोकिन** तक कई समाज

वैज्ञानिकों ने इसमें योगदान किया है। **सोरोकिन** ने अपनी भारी भरकम पुस्तक **'सोशियला मोबिलिटी'** (1927) में लिखा है कि प्रत्येक संस्तरित समाज में शीर्ष संचार की धाराएं उसी प्रकार विद्यमान रहती हैं जिस प्रकार शरीर में रक्त के संचार की धाराएं आवश्यक होती हैं। सामाजिक संस्तरण के प्रकार्यात्मक सिद्धांत की आधार शिला रखते हुए उन्होंने कहा कि ये सीढ़ियां या 'एलिवेटर्स' व्यवसायों में प्रतिभा के कुशल आवंटन के लिए आवश्यक हैं। बाद में संस्तारण को प्रकार्यत्मक सिद्धांत को **डेविस** एवं **मूर** के लेखनों द्वारा स्थाई आधार प्रदान किया गया।

सन् 1945 के आस पास सामाजिक गतिशीलता संबंधी शोध अध्ययनों के क्षेत्र में दो प्रमुख विरोधी धाराएं उभरकर आईं। एक धारा जिसके अनुसार सामाजिक पदक्रम (हाइरार्की) के संदर्भ में गतिशीलता का विवेचन किया गया, के समर्थक विद्वानों ने आय, शैक्षिक योग्यता और सामाजिक-आर्थिक योग्यता के आधार पर व्यक्तियों का कोटि विभाजन किया। दूसरी धारा के अनुसार गतिशीलता की वर्ग-संरचना के संदर्भ में विवेचना करते हुए विद्यमान श्रम बाजारों और उत्पादन इकाइयों द्वारा परिभाषित संबंधों के माध्यम से सामाजिक स्थितियों का जायजा लिया गया। सन् 1950 और 1960 के दशकों में पदक्रम परिप्रेक्ष्य (प्रथम धारा) छाया रहा।

इस परिप्रेक्ष्य के आधार पर अमेरिका में तथाकथित गतिशीलता अध्ययनों की प्रस्थिति अर्जन परम्परा का सूत्रपात हुआ। **पीटर ब्लॉ** एवं **ओटिश डंकन** का **'द अमेरिकन ऑक्यूपेशनल स्ट्रक्चर'** (1967) नामक अध्ययन इसी परिप्रेक्ष्य का एक प्रमुख उदाहरण है। बाद में 1970 और 1980 के दशकों में पदक्रम परिप्रेक्ष्य को चुनौती देते हुए वर्ग-विश्लेषणों की यूरोपीय परम्परा ने ढेर सारे अध्ययन किए। **जॉन गोतड्थ्रोप** ने इसी परिप्रेक्ष्य का अनुसरण करते हुए **'ऑक्सफोर्ड मोबिलिटी स्टडी'** प्रस्तुत की।

ऐसी गतिशीलता जो एक व्यक्ति को अपने ही व्यावसायिक जीवन में अनुभव होती है, अर्थात व्यक्ति के वर्तमान व्यवसाय या पद-स्थिति की तुलना उसके गत (पुराने) व्यवसाय या पद-स्थिति से की जाती है, इसे अंतरापीढ़ी गतिशीलता कहते हैं।

एक पीढ़ी से दूसरी पीढ़ी की सामाजिक प्रस्थिति में होने वाला यह परिवर्तन अंतर-पीढ़ी गतिशीलता का द्योतक है। ऊर्ध्वगामी अथवा अधोगामी गतिशीलता का अध्ययन करते समय सामान्यत: पुत्र की व्यावसायिक प्रस्थिति की तुलना उसके पिता की व्यवसायिक प्रस्थिति से की जाती है।

बहुविकल्पीय प्रश्न

1. निम्नलिखित में से कौन-सा सामाजिक स्तरीकरण का आधार है /नहीं है ?

A. प्रजाति B. व्यवसाय
C. जाति D. भाषा

2. निम्न में से भारतीय समाज में सामाजिक स्तरीकरण का प्रमुख आधार कौन सा है ?

A. जाति B. प्रजाति
C. वर्ग D. उपर्युक्त सभी

3. स्तरीकरण का आधार निम्न में से क्या है ?

A. असमानता B. समानता
C. ऊंचाई में अंतर D. शरीर का अंग

4. निम्नलिखित में से कौन-सा सामाजिक स्तरीकरण का आधार नहीं है ?

A. सम्प्रदाय B. समुदाय
C. दासता D. जाति व वर्ग

5. पश्चिमी समाजों में स्तरीकरण का आधार निम्न में से क्या है ?

A. जाति B. धन
C. वर्ग D. आयु

6. निम्नांकित में से स्तरीकरण का आधार क्या है ?

A. जन्म B. शिक्षा
C. संपत्ति D. उपर्युक्त सभी

7. निम्नांकित में से बंद स्तरीकरण का उदाहरण कौन-सा है ?

A. वर्ग B. सत्ता
C. जाति D. उपर्युक्त सभी

8. निम्न में से कौन-सी विशेषता सामाजिक विभेदीकरण नहीं है ?

A. सार्वभौमिकता B. तटस्थ अवधारणा
C. स्वत: विकसित D. श्रेणी-भेद

9. निम्नांकित में से आप खुले स्तरीकरण के अन्तर्गत किसे रखेंगे ?

A. वर्ग को B. जाति को
C. लिंग-भेद को D. धर्म को

10. निम्नांकित में से स्तरीकरण का सामाजिक-सांस्कृतिक आधार कौन सा है ?

A. संपत्ति B. व्यवसाय
C. आयु D. धर्म

11. निम्नांकित में से स्तरीकरण का सामाजिक-सांस्कृतिक

आधार कौन सा है ?

A. लिंग भेद B. धर्म

C. जन्म D. प्रजाति

12. आर्थिक आधार पर वर्ण को निम्नांकित में से किस विद्वान ने स्पष्ट किया ?

A. गोल्ड़ मेयर

B. चेयरमैन

C. कार्ल मार्क्स और मैक्सवेबर

D. उपर्युक्त सभी

13. निम्नांकित में से कौन सी जनजाति नहीं है ?

A. भील B. भोटिया

C. गुप्ता D. कादर

14. निम्नांकित में से वर्ग की विशेषता कौन सी है ?

A. समान प्रस्थिति B. ऊंच-नीच की भावना

C. वर्ग-चेतना D. उपर्युक्त सभी

15. गोल-गोधाड़ी विवाह की प्रथा निम्न में से किस जनजाति में प्रचलित है ?

A. भील B. नाग

C. हो D. खासी

16. जागीर प्रथा में निम्न में से कौन सा वर्ग प्रचलित है ?

A. पादरी B. सरदार

C. साधारण जन D. उपर्युक्त सभी

17. रिजले ने प्रजातियों का वर्गीकरण निम्न में से कितनी श्रेणियों में किया है ?

A. आठ B. चार

C. सात D. तीन

18. निम्नांकित में से कौन सी जनजाति है ?

A. ब्राह्मण B. भील

C. क्षत्रिय D. वैश्य

19. संस्कारात्मक हरण विवाह प्रथा निम्न में से किस में प्रचलित थी ?

A. खरिया B. बैगा

C. भील D. नागा

20. मैक्स वेबर के अनुसार सत्ता कितने प्रकार की होती है ?

A. सात B. तीन

C. पांच D. आठ

21. निम्नांकित में से कौन सी जाति नहीं है ?

A. मद्रासी B. जाटव

C. यादव D. गौड़

22. प्राथमिक नातेदारी या संबंधी निम्न में से कितने प्रकार के होते हैं ?

A. पंद्रह B. आठ

C. पचास D. साठ

23. निम्नलिखित में किस जनगणना के अनुसार मुसलमानों में भी 94 जातियां पाई जाती हैं ?

A. 1909 की B. 1910 की

C. 1911 की D. 1912 की

24. जाति निम्न में से किन तत्वों को सर्वाधिक महत्व देती है ?

A. विशुद्धता को

B. आनुवांशिकता को

C. सामाजिक विभाजन की एक नीति को

D. उपर्युक्त सभी को

25. ''स्त्रियों की हीन दशा का प्रमुख कारण जाति व्यवस्था है'' यह कथन—

A. सत्य है B. असत्य है

C. अस्पष्ट है D. न सत्य है न असत्य है

26. यूरोप में अनेक अल्पसंख्यक समूहों को किस शब्द से संबोधित किया जाता है ?

A. जाति B. वर्ग

C. संस्कार D. पिछड़ा

27. ''कास्ट क्लास एवं पावर'' नामक पुस्तक किसकी है ?

A. एन्द्रे बेटिले की B. रैडक्लिफ ब्राउन की

C. चार्ल्स कूले की D. इनमें से किसी की नहीं

28. ''जाति एक बंद वर्ग है'' निम्नलिखित में से किसके अनुसार ?

A. मैक्सवेयर B. टायलर

C. डा. रिवर्स D. इनमें से कोई नहीं

29. शब्दिक रूप से जाति शब्द की उत्पत्ति किस शब्द से मानी जाती है ?

A. ग्रीक B. रोमन

C. लैटिन D. उपर्युक्त सभी से

30. जाति व्यवस्था व्यक्ति को एक विशेष सामाजिक स्थिति प्रदान करती है ?

A. कर्म से B. धर्म से

C. जन्म से D. विवाह के बाद से

31. प्रत्येक जाति का एक निश्चित व्यवसाय होता है, और कोई भी अपना परंपरागत व्यवसाय—

A. छोड़ सकती है

B. संपरिवर्तित कर सकती है

C. नहीं छोड़ सकती है

D. विक्रय कर सकती है।

32. भारतीय जातियों में ब्राह्मण, क्षत्रिय, वैश्य और शूद्र में से वैश्य मुख्यत: संबंधित है—

A. व्यापार से B. पूजा-पाठ से
C. युद्ध इत्यादि से D. सेवा-सत्कार से

33. 'रेस एण्ड कल्चर ऑफ इण्डिया' नामक कृति किसकी है?

A. सत्यमित्र दूबे की B. लीस्टर वार्ड की
C. मिल्टन सिंगर की D. डा० मजूमदार

34. जाति व्यवस्था की विभाजन की नीति का परिणाम है—

A. अस्पृश्यता का जन्म B. वर्ग संघर्ष का जन्म
C. पारिवारिक विखण्डन D. इनमें से कोई नहीं

35. व्यक्तियों की कार्य कुशलता में कमी होने का कारण है—

A. भारतीय जाति व्यवस्था B. जातिगत नियंत्रण
C. उपर्युक्त दोनों D. हीन भावना

36. वर्ग निर्माण का सबसे प्रमुख आधार व्यक्ति की—

A. अर्थिक स्थिति है B. सामाजिक स्थिति है
C. राजनैतिक स्थिति है D. इनमें से कोई नहीं है

37. सामाजिक स्थितीकरण के दो प्रमुख आधार हैं—

A. जाति और धर्म B. वर्ग और सम्प्रदाय
C. जाति और धर्म D. प्रस्थिति और समूह

38. सामाजिक वर्ग को निम्नलिखित में से किस रूप में जाना जाता है?

A. सामाजिक समूह B. द्वितीयक समूह
C. श्रेणी D. औसत

39. स्तरीकरण के 4 स्वरूपों की चर्चा निम्नलिखित में से किस समाजशास्त्री ने की है?

A. टी.बी. बोटोमोर B. एच.एम. जान्सन
C. मैकाइवर D. हैरा लैक्बस

40. ''स्तरीकरण एक वैयक्तिक प्रक्रिया है जबकि विभेदीकरण 'अवैयक्तिक' उक्त मत है—''

A. ओल्सन B. वुडवर्ड
C. आगबर्न D. निमकॉफ

41. निम्नलिखित परिभाषा किस समाजशास्त्री की है? ''सामाजिक स्तरीकरण समाज का उन स्थाई समूहों अथवा श्रेणियों में विभाजन है जो कि आपस में श्रेष्ठता एवं अधीनता के संबंधों द्वारा संबद्ध होते हैं—''

A. मैकाइवर एवं पेज B. बीटस्टीड
C. गिसबर्ट D. रेमण्ड मूर

42. स्तरीकरण के संबंध में निम्न में से कौन सा सही नहीं है?

A. स्तरीकरण का संबंध उपयोगिता से है
B. स्तरीकरण वैयक्तिक प्रक्रिया है
C. स्तरीकरण की प्रक्रिया अधिक प्राचीन है
D. स्तरीकरण की प्रक्रिया आधुनिक है

43. निम्नलिखित परिभाषा किसकी है? ''स्तरीकरण केवल अंत:क्रिया अथवा विभेदीकरण की ही एक प्रक्रिया है, जिसमें कुछ व्यक्तियों को दूसरे व्यक्तियों की तुलना में उच्च स्थिति प्राप्त होती है''—

A. सदरलैण्ड एवं वुडवर्ड B. मर्टन
C. पारसन्स D. डेविसन

44. जब समाज को अनेक स्तरों या भागों में विभाजित कर दिया जाता है तो, उसे निम्न में से क्या कहते हैं?

A. सामाजिक स्तरीकरण B. विभेदीकरण
C. केवल स्तरीकरण D. उपर्युक्त सभी

45. निम्नांकित में से असत्य कथन कौन सा है?

A. विभेदीकरण एक तटस्थ अवधारणा है
B. स्तरीकरण में असमानता व्याप्त होती है
C. स्तरीकरण समाजवादी समाजों में नहीं पाया जाता
D. आदिम समाजों में भी आधुनिक समाजों की भांति ही स्तरीकरण की व्यवस्था पायी जाती है

46. सामान्यतया सामाजिकृत स्तरीकरण के दो प्रकारों का उल्लेख मिलता है, ये निम्न में से क्या है?

A. जन्मगत आयुगत, स्तरीकरण
B. जातिगत, वर्गगत, स्तरीकरण
C. शक्ति, संपत्ति, स्तरीकरण
D. उपर्युक्त कोई नहीं

47. सामाजिक स्तरीकरण का अभिप्राय समाज के निम्न आधारों का वर्गीकरण है—

A. जातियां B. आर्थिक दशाएं
C. शक्ति D. उपर्युक्त में से कोई नहीं

48. हिंदू जाति व्यवस्था निम्नलिखित में से किस स्थिति पर आधारित है, जिसमें संदेह करना स्वयं एक अधर्म है?

A. ब्राह्मणों की सर्वोच्च स्थिति पर
B. क्षत्रियों की सर्वोच्च स्थिति पर
C. वैश्य की सर्वोच्च स्थिति पर
D. इनमें से काई नहीं

49. यूरोपवासी निम्नलिखित में से किसे विशेष रूप से निम्न जाति का मानते हैं और, इसी कारण उनसे सामाजिक दूरियां बनाए रखते हैं?

A. जिप्सियों से B. यहूदियों से
C. उपर्युक्त दोनों से D. इनमें से कोई नहीं

50. ''जाति विषय पर लगभग पांच हजार प्रकाशन हो चुके हैं

और इस कारण जाति के संपूर्ण अध्ययन के लिए विशेषज्ञों की एक सेना आवश्यक होगी'' यह कथन किसका है?
A. टायलर का B. फ्रेजर का
C. फ्रायड का D. हट्टन का

51. जाति व्यवस्था के स्थायित्व का सर्वप्रथम कारण कौन था?
A. इसे सामाजिक कुरीतियों के साथ जोड़ दिया गया
B. इसे धार्मिक सिद्धांतों के कारण जोड़ दिया गया
C. इसे समाज के उन्नत वर्गों ने परिरक्षण दिया
D. उपर्युक्त में से कोई नहीं

52. एक व्यवसाय को छोड़कर दूसरे में जाने की प्रवृत्ति को कहते है—
A. व्यावसायिक गतिशीलता
B. व्यावसायिक स्थितिकरण
C. व्यावसायिक संक्रमण
D. व्यावसायिक निर्गमन

53. धार्मिक आधार पर अब ब्राह्मणों को पहले जैसा स्थान नहीं मिलता क्योंकि—
A. धर्म का रूढ़िवादी पक्ष निर्बल हो रहा है।
B. धार्मिक कट्टरता में कमी आई है।
C. ब्राह्मणों की दक्षता अस्थिर हो गई है।
D. इनमें से कोई नहीं

54. निम्नलिखित में से किसका तात्पर्य व्यक्तियों या समूह से है, जिनकी सामाजिक स्थिति लगभग समान स्तर होती है?
A. वर्ग का B. संप्रदाय का
C. समूह का D. समिति का

55. भारतीय संविधान अनुच्छेद 224 केवल जनजातियों से संबंधित है। इसका संबंध है—
A. लोक सभा में सीटों के आरक्षण से
B. सेवाओं और पदों में नियुक्ति से
C. राज्य विधान सभाओं में सीटों के आरक्षण से
D. अनुसूचित क्षेत्र की घोषणा से

56. जाति की उत्पत्ति का निम्नलिखित में से कौन सा सिद्धांत नहीं है?
A. भारतीय संस्कृति का सिद्धांत
B. व्यावसायिक सिद्धांत
C. राजनैतिक सिद्धांत
D. आर्थिक सिद्धांत

57. समाज में विभिन्न समूहों के उच्चता-निम्नता के विभाजन की प्रक्रिया को कहते हैं—
A. सामाजिक स्तरीकरण B. सामाजिक विभेदीकरण
C. सामाजिक उद्विकास D. सामाजिक विघटन

58. लैटिन शब्द 'CASTOS' का अर्थ निम्न में से किसके निकट है?
A. विशुद्धता B. आनुवंशिकता
C. उपर्युक्त दोनों के D. इनमें से कोई नहीं

59. जाति है एक—
A. वर्ग B. समुदाय
C. सामाजिक व्यवस्था D. कानून

60. निम्नलिखित में से कौन सा कथन सत्य है?
A. भारत सदैव से ही विभिन्न प्रजातियों और संप्रदायों का संगम स्थल रहा है
B. जाति व्यवस्था प्रत्येक व्यक्ति के लिए एक विशेष व्यवसाय का निर्धारण करती है।
C. सभी व्यक्ति अपने व्यवसाय को ईश्वर प्रदत्त समझकर उसी के द्वारा जीविका उपार्जित करना धर्म समझते हैं।
D. उपर्युक्त सभी कथन सत्य है।

61. स्तरीकरण का प्रभाव निम्न में से किस पर पड़ता है?
A. जीवन अवसर B. जीवन शैली
C. उपर्युक्त दोनों D. कोई नहीं

62. निम्न में से कौन सा कथन सत्य नहीं है—
A. नगरीकरण के कारण सामाजिक वर्गीकरण जटिल हो गया है।
B. यह समूहों के अंदर से समूह पर परस्पर संबंधों को सीमित कर देती है।
C. इसमें संबंध का आदान-प्रदान प्रतिबंधित हो जाता है।
D. इसमें व्यक्तिगत कार्यों को आवश्यक रूप से सीमित नहीं किया जाता है।

63. निम्न में से कौन सही है?
A. सामाजिक वर्गीकरण सघंर्ष का कारण है।
B. यह कुरूप शोषण का सामाजिक संरक्षण है।
C. यह व्यवहार में असामाजिक है।
D. यह लगातार परिवर्तनशील तत्व है, घटना है।

64. निम्न में से द्विज कौन है?
A. वह व्यक्ति जो ब्राह्मण के घर पैदा होता है।
B. वह व्यक्ति जो क्षत्रिय के घर पैदा होता है।
C. वह व्यक्ति जो वैश्य के घर पैदा होता है।
D. जिस व्यक्ति ने विद्यार्थी के रूप में जीवन प्रारंभ किया है और वह पाठ्यक्रम अनुसार अध्ययन कर चुका है।

65. निम्न में से कौन सा कथन सही है?
A. सामाजिक नियम तथा संस्थाएं उपयोगिता के परिणाम है।

B. जाति व्यवस्था का बचे रहना, जिंदा रहना, उसकी आंतरिक शक्ति का प्रतीक है।
C. संस्थाएं समाज के लिए होती हैं किंतु समाज संस्थाओं के लिए नहीं
D. उपर्युक्त सभी

66. निम्न में से कौन सा कथन सही नहीं है?
A. व्यक्ति एक जाति का चुनाव कर सकता है।
B. व्यक्ति जाति से बाहर नहीं जा सकता, लेकिन वर्ग के बाहर जा सकता है।
C. जातिवाद प्रजातंत्र की कार्य-प्रणाली में बाधक है।
D. जातिवाद सामान्य तौर पर सामाजिक गतिशीलता को रोकता है।

67. श्रम विभाजन निम्न में से किस पर आधारित है?
A. जाति-व्यवस्था पर B. जनजातीय व्यवस्था पर
C. श्रम पर D. समाज पर

68. निम्नांकित में से कौन सा कथन सही है?
A. सामाजिक स्तरीकरण विभेदीकरण की प्रक्रिया है।
B. सामाजिक स्तरीकरण सहयोगी प्रक्रिया है।
C. सामाजिक स्तरीकरण संगठनात्मक प्रक्रिया है।
D. उपर्युक्त में से कोई नहीं।

69. निम्न में से कौन सा कथन असत्य है?
A. वर्ग में गतिशीलता पाई जाती है।
B. वर्ग खुली व्यवस्था है।
C. वर्ग मुख्यत: पश्चिमों समाजों में पाया जाता है
D. वर्ग जन्म पर आधारित है।

70. जाति की उत्पत्ति का उल्लेख किस **वेद** के **पुरुषसूक्त** में किया गया है?
A. अथर्ववेद B. ऋग्वेद
C. यजुर्वेद D. सामवेद

71. निम्नांकित में से कौन सा काकेशायड से संबंधित नही है?
A. जार्डिक B. अल्पाइन
C. बुश मैन D. भूमध्य सागरीय

72. जागीर प्रथा यूरोप में निम्न में से किस युग में प्रचलित थी?
A. आदिम युग B. मध्य युग
C. औद्योगिक युग D. नवीन युग

73. जाति व्यवस्था निम्न में से क्या है?
A. सामाजिक संस्था B. धार्मिक संस्था
C. आर्थिक संस्था D. राजनैतिक संस्था

74. निम्नांकित में से कौन सा वर्ग व्यवस्था का अंग नहीं है?
A. ब्राह्मण B. क्षत्रिय
C. वैश्य D. भोटिया

75. निम्न में से कौन सी जनजाति है?
A. अग्रवाल B. शर्मा
C. नागा D. श्रीवास्तव

उत्तरमाला

1	2	3	4	5	6	7	8	9	10
D	A	A	B	C	D	D	D	A	C
11	**12**	**13**	**14**	**15**	**16**	**17**	**18**	**19**	**20**
B	C	C	D	A	D	C	B	A	B
21	**22**	**23**	**24**	**25**	**26**	**27**	**28**	**29**	**30**
A	B	C	C	A	A	A	D	C	C
31	**32**	**33**	**34**	**35**	**36**	**37**	**38**	**39**	**40**
C	A	D	A	C	A	A	C	A	A
41	**42**	**43**	**44**	**45**	**46**	**47**	**48**	**49**	**50**
C	C	A	A	C	B	D	A	C	B
51	**52**	**53**	**54**	**55**	**56**	**57**	**58**	**59**	**60**
B	A	A	C	D	D	A	C	C	D
61	**62**	**63**	**64**	**65**	**66**	**67**	**68**	**69**	**70**
C	D	D	D	D	A	A	B	D	B
71	**72**	**73**	**74**	**75**					
C	B	A	D	C					

अध्याय 8

सामाजिक परिवर्तन (Social Change)

सामाजिक परिवर्तन की परिभाषा करते हुए **किंग्सवे डेविस** ने लिखा है कि, ''सामाजिक परिवर्तन से हमारा तात्पर्य उन भिन्नताओं से है जो सामाजिक संगठन अर्थात समाज के ढांचे और कार्यों में उत्पन्न होती हैं।''

समाज का संगठन गतिशील होता है इसलिए उसमें अनेक प्रकार के परिवर्तन स्वत:स्फूर्त अथवा सुनियोजित रूप से होते रहते हैं। परिवर्तनशीलता के कारण ही संस्थाओं, प्रथाओं, समितियों इत्यादि के स्वरूपों एवं कार्यों में बदलाव आते रहते हैं। सभी प्रकार के छोटे-बड़े समाजों में यह नियम काम करता है। शहरी और औद्योगिक समाजों में यह प्रक्रिया अत्याधिक तीव्र होती है तथा इसकी पहचान भी सरलता से हो जाती है। इसकी तुलना में ग्रामीण अथवा आदिवासी समाजों में इसकी गति धीमी होती है। इसके बावजूद परिवर्तन प्रत्येक समाज की अवश्यंभावी प्रक्रिया है। **किंग्सले डेविस** के शब्दों में, ''व्यक्ति स्थिरता व सुरक्षा के प्रयत्न कर सकते हैं, समाज स्थायित्व के भ्रम को बढ़ावा दे सकते हैं, निश्चितता की खोज बिना रुके हुए जारी रह सकती है और अंनतता में विश्वास कायम रह सकता है, फिर भी यह सत्य बाकी रह जाता है कि समाज अन्य सभी वस्तुओं की भांति निरंतर और निश्चित रूप से बदलता रहता है।''

इसका तात्पर्य यह है कि प्रत्येक समाज में कुछ न कुछ मात्रा में असंतुलन सदैव बना रहता है। समाज में अधिकांश व्यक्ति या तो इस असंतुलन को दूर करने के लिए नई व्यवस्था के पक्ष में हो जाते है या वे परिवर्तन लाने वाले व्यक्ति का विरोध करते हैं। दोनों ही स्थिति में सामाजिक परिवर्तन को प्रोत्साहन मिलता है। इस परिवर्तन के सम्बन्ध में अन्य समाजशास्त्रियों ने भी बहुत लिखा है। **गिन्सबर्ग** के अनुसार, ''सामाजिक परिवर्तन से हमारा तात्पर्य सामाजिक ढांचे में परिवर्तन होना है, अर्थात समाज के आकार, इसके विभिन्न अंगों के बीच संतुलन अथवा समाज के संगठन में होने वाला परिवर्तन ही सामाजिक परिवर्तन है।'' **मैकाइवर** और **पेज** का कहना है—''समाजशास्त्री के नाते हमारा प्रत्यक्ष संबंध सामाजिक संबंधों से है, इसलिए इनमें होने वाले पविर्तन को हम सामाजिक परिवर्तन मानते हैं।''

जोन्स कहते हैं—''सामाजिक परिवर्तन वह शब्द है जो कि सामाजिक प्रकियाओं सामाजिक प्रतिमानों सामाजिक अंत:क्रियाओं अथवा सामाजिक संगठन के किसी पहलू में होने वाली भिन्न भिन्नताओं अथवा परिवर्तनों के लिए इस्तेमाल किया जाता है।''

जेन्सन के अनुसार—''सामाजिक परिवर्तन को व्यक्तियों के कार्य करने तथा विचार करने के तरीकों में आने वाले परिवर्तनों के रूप में परिभाषित किया जा सकता है।''

सामाजिक परिवर्तन और समाजशास्त्र (Social Change and Sociology)

अपने प्रारंभ से ही समाजशास्त्र सामाजिक परिवर्तनों से गहराई से जुड़ा रहा है। अठारहवीं और उन्नीसवीं शताब्दी के यूरोपीय समाज के तेज और हिंसक परिवर्तनों की व्याख्या करने में समाजशास्त्र ने अपनी भूमिका बहुत ही संतुलित तरीके से निभाई। स्काटिश इतिहासकार और दार्शनिक—**फर्गुसन मिलर** और **राबर्टसन,** फ्रांसीसी दार्शनिक—**बोल्तेयर, त्यूर्गो** और **कांडोर** से तथा जर्मन इतिहासकार और दार्शनिक—**हेंडेर** और **हीगेल** सभी ने इतिहास के सामान्य ढांचे के मातहत अपने युग की सामाजिक और राजनीतिक क्रांतियों की व्याख्या की। उनका अपने युग तथा परवर्ती युग के लेखकों पर गहरा प्रभाव रहा। यह प्रभाव प्राथमिक स्तर पर काम करने वाले समाजशास्त्रियों—**कॉम्ट, मार्क्स** और **स्पेंसर** आदि की रचनाओं में भी साफतौर से दिखाई पड़ता है। उन्नीसवीं शताब्दी तक समाजशास्त्र और नृतत्वशास्त्र में ऐतिहासिक अथवा विकासवादी दृष्टिकोण ही प्रभावी था। **मैक्स वेबर** ने सार्वभौमिक इतिहास का कोई सिद्धांत तो नहीं पेश किया लेकिन यह स्पष्ट है कि उनका तमाम समाजशास्त्रीय काम आधुनिक पश्चिमी पूंजीवाद की उत्पत्ति और महत्व की ऐतिहासिक चिंता तथा अधिक व्यापक स्तर पर सामाजिक जीवन के बढ़ते हुए तार्किकीकरण और मानव

स्वतंत्रता के लिए इसके निहितार्थों पर सोचने से प्रेरित हुआ था। दुर्खीम ने कॉम्ट के विकासवादी समाजशास्त्र को खारिज तो कर दिया लेकिन समाजों के वर्गीकरण की उसकी अपनी रूपरेखा भी विकासवादी रूपरेखा के ही अर्थों में ग्रहण की गई थी। उसकी पुस्तक **श्रम विभाजन** आदिम से लेकर आधुनिक समाजों तक विकास की प्रक्रिया से संबंधित है। **हॉबहाउस** तो कॉम्ट और स्पेंसर का तात्कालिक रूप से ऋणी हैं और उसका समूचा समाज-शास्त्र काम सामाजिक प्रगति की दार्शनिक धारणा से निर्देशित है।

बाद में चलकर भी अनेक समाजशास्त्री अपने पूर्ववर्ती विचारकों से इस मुद्दे पर प्रभावित रहे कि समाजशास्त्रीय सिद्धांतों में सामाजिक परिवर्तन की भूमिका प्राय: सभी ने स्वीकार की थी। वास्तविकता यह है कि समाजशास्त्रीय उपागमों के विकास के मुख्य प्रेरक सामाजिक परिवर्तन ही रहे हैं तथा इन्हीं के कारण नये विचारों का प्रवेश संभव हो पाया। जिन समाजशास्त्रियों ने इन परिवर्तनों के प्रति उदासीनता दिखाई वे अपने परवर्तियों की आलोचना के केंद्र बिन्दु बने।

उद्विकास (Evolution)

हरबर्ट स्पेंसर के अनुसार, ''उद्विकास पदार्थ का समन्वय व उससे संबंधित गति है जिसके दौरान पदार्थ एक अनिश्चित असम्बद्ध समानता से निश्चित सम्बद्ध भिन्नता में परिवर्तित हो जाता है।''

डार्विन ने उद्विकास का प्राणिशास्त्रीय सिद्धांत विकसित किया जिसके अन्तर्गत उन्होंने स्थापना दी कि प्राणियों में भौतिक साधनों की उपलब्धता की चाह ने उसे जटिल परिस्थितियों में विकसित होने का अवसर प्रदान किया। **डार्विन** के उद्विकास के प्राणिशास्त्रीय सिद्धांत को कुछ मानवशास्त्रियों ने समाज और संस्कृति के विकास के बारे में घटित किया। इनमें **स्पेन्सर, मार्गन, टायलर** आदि प्रमुख हैं। **स्पेन्सर** का कहना है कि, ''उद्विकास की प्रक्रिया केवल शरीर में ही देखने को नहीं मिलती वरन् समाज में भी देखी जा सकती है। सामाजिक जीवन के विभिन्न क्षेत्रों में सरलता से जटिलता की ओर विकसित होने की प्रवृत्ति पायी जाती है। आरंभ में सामाजिक जीवन सादा और सरल था और विभिन्न इकाइयां आपस में घुली-मिली थीं, परन्तु धीरे-धीरे ये इकाइयां अथवा विभाग अलग-अलग कार्य करते हुए (श्रम विभाजन और विशेषीकरण की प्रक्रिया द्वारा) एक-दूसरे से प्रकार्यात्मक संबंध के आधार पर संबंधित रहते हैं जैसा कि आधुनिक समाज में देखने को मिलता है।'' इस प्रकार स्पष्ट है कि **सामाजिक उद्विकास में सामाजिक परिवर्तन की एक निश्चित दिशा होती है।**

उद्विकास के चरण

उद्विकास की प्राय: तीन महत्वपूर्ण अवस्थाएं मानी गई हैं जिसमें आदिम मानव, संगठनात्मक विकास तथा सभ्यता का चरण प्रमुख है।

1. उद्विकास की इस अवस्था की शुरुआत प्रागैतिहासिक काल से मानी जाती है। पहली अवस्था में मानव जंगलों में घूमता-फिरता था और वह किसी भी प्रकार की संस्कृति का ज्ञान और व्यवहार नहीं रखता था। इस अवस्था को प्राथमिक चरण में शिकार और कच्चे मांस तक ही मनुष्य जा पाया था। यह जंगली जीवन की सबसे निम्न अवस्था थी। जंगली जीवन की मध्य अवस्था में शिकार को भूनकर खाया जाने लगा और सामूहिक जीवन का प्रारंभ तीर-कमान के आविष्कार से हुआ।

2. समाजों के निर्माण तथा आदिम युग से अधिक उन्नत उत्पादन पद्धति की इस अवस्था का आरंभ लिखने और पढ़ने की कला के साथ हुआ। इस अवस्था के मध्य उप-अवस्था में आर्थिक संगठन काफी विकसित हो गया। रोमन साम्राज्य इस अवस्था का ही परिचायक है। इस अवस्था की तीसरी उप-अवस्था उन्नीसवीं शताब्दी के मध्य भाग के बाद मानी जाती है। यह सभ्यता की सबसे उच्च अवस्था है। पूंजीवाद का विकास इस अवस्था की मुख्य देन है।

3. इस अवस्था में सबसे पहली उप-अवस्था की शुरुआत बर्तन बनाने की कला से प्रारंभ होती है। इसी अवस्था में संपत्ति की भावना का विकास हुआ। परिवार का उदय और विकास के बाद निजी सम्पत्ति और राज्य की अवधारणाएं मूर्त रूप लेने लगी थीं। बर्बरता की मध्य अवस्था में पशुपालन और पौधे उगाने की कला का प्रारंभ हुआ। बर्बरता की विकसित अथवा तीसरी उप-व्यवस्था में लोहा गलाने की कला और उससे विभिन्न वस्तुओं के बनाने का आविष्कार प्रारंभ हुआ। इस अवस्था में धातु युग के नाम से भी पुकारा जाता है।

आर्थिक जीवन में उद्विकास की अवस्थाएं

उद्विकास के सिद्धांतकारों ने आर्थिक जीवन में भी उद्विकास के सिद्धांत को लागू किया है और इनका मानना है कि मनुष्य का आर्थिक जीवन निम्नलिखित चार अवस्थाओं से होकर गुजरा है।

शिकार

आर्थिक जीवन की प्रारंभिक अवस्था शिकार से प्रारंभ हुई। इस अवस्था में मनुष्य पूर्णतया प्रकृति पर निर्भर था। इस अवस्था में वह शिकार करके, कन्दमूल फल इकट्ठे करके अपना पेट भरता था। मनुष्य को अपनी उदरपूर्ति के लिए इधर-उधर भटकना पड़ता था इसलिए यह अवस्था आर्थिक जीवन की अनिश्चित अवस्था थी।

पशुचारण

इस आर्थिक अवस्था में आते-आते मनुष्य ने यह अनुभव किया कि पशुओं का शिकार करने की बजाये उन्हें पालना जीवित रहने के लिए जरूरी है। इस अवस्था में प्राथमिक अवस्था की तुलना में जीवन निर्वाह कुछ अधिक निश्चित था। अनेक पशुचारी समूहों का विकास हो चुका था और पशुओं के लिए जहां भी चारागाह मिल जाते थे, मनुष्य वहीं पशुओं को लेकर चले जाते थे। इस अवस्था में भटकाव था और एक प्रकार से मानव समूहों का जीवन भ्रमणकारी जीवन था।

इस अवस्था में मनुष्य की सबसे बड़ी सम्पत्ति पशुओं से प्राप्त मांस, खाल, ऊन आदि थे।

कृषि

पशुचारण अवस्था के बाद मानव का पदार्पण कृषि अवस्था में हुआ। अब उसे खेती करने का ज्ञान हुआ तथा इस प्रकार वह निरंतर भ्रमणशीलता और अनिश्चितता से मुक्त हो गया। अब खेती और पशुपालन दोनों ही सुविधाजनक ढंग से हो गया था। इस प्रकार इस अवस्था में खेती करने अथवा फूलों का बाग लगाने की कला विकसित हुई, जिसने मनुष्य को इधर-उधर घूमने के बजाय भूमि से बांध दिया। परिणामस्वरूप स्थायी अर्थव्यवस्था को पनपने को मौका मिला।

उद्योग

आर्थिक जीवन में उदविकास के चरणों में यह सर्वाधिक उन्नत अवस्था है। इस अवस्था का प्रारंभ मशीनों के अविष्कारों के साथ हुआ। मशीनों द्वारा उत्पादन किया जाने लगा। आर्थिक जीवन का क्षेत्र केवल किसी ग्राम, नगर अथवा देश तक ही सीमित नहीं रहा वरन् विभिन्न देशों तक फैल गया। आर्थिक जीवन की यही वर्तमान अवस्था है। इस अवस्था में प्रकृति पर निर्माता क्रमशः कम होती गई तथा शहरों के विकास में नये प्रकार का जीवन सुनिश्चित किया।

विसरण अथवा प्रसार

किसी वस्तु, विचार, पार्थिव-अपार्थिव तत्व, नवोन्मेष इत्यादि के अपने उत्पत्ति स्थल से अन्य क्षेत्रों में उत्तरोत्तर फैलने की प्रक्रिया को प्रसार कहते हैं। उदाहरणार्थ, 16वीं शताब्दी में चीन में सर्वप्रथम छापेखाने का अविष्कार हुआ था। बाद में वह तकनीक समस्त विश्व में फैल गयी। प्रसारवादी मानते हैं कि विभिन्न संस्कृतियों में समान तत्वों की विद्यमानता का कारण स्वतंत्र रूप से अविष्कार न होकर प्रसार है। पारस्परिक लेन-देन के कारण रीति-रिवाजों, प्रथाओं, धर्म, कला तथा भौतिक वस्तुओं आदि का एक समाज से दूसरे समाज में प्रसार होता है। अतः एक स्थान पर अविष्कृत सांस्कृतिक एवं सामाजिक तत्व जब एक दूसरे स्थान पर फैलते हैं, को इसे प्रसारवाद के नाम से जाना जाता है।

प्रसारवाद के दो प्रमुख रूप उभरकर आए हैं। प्रथम, जर्मन प्रसारवाद जिसके समर्थक विद्वान **ग्रेबनर, एंकरमेन तथा स्मिथ** इत्यादि रहे हैं। ये विद्वान यह मानते हैं कि संस्कृति-संकुल विभिन्न कालों में संसार के विभिन्न भागों में विकसित होकर बाद में अन्य भागों में प्रसारित होते रहे हैं। इसके विपरीत, द्वितीय सिद्धान्त के प्रतिपादक यह मानते हैं कि संस्कृति का उद्भव किसी एक स्थान से हुआ है और बाद में वहाँ से प्रसार द्वारा उसका फैलाव हुआ। अपने इस विचार की पुष्टि में मानवशास्त्रियों ने माया संस्कृति के मंदिरों और मिस्र के पिरमिडों में पायी गई समानता को उदाहरण के रूप में पेश किया है। इस विचार के प्रतिपादक अंग्रेज विद्वान **इलियट** तथा **पैरी** यह मानते हैं कि मिस्र से ही संस्कृति का विश्वव्यापी प्रसार हुआ है। उनके अनुसार संसार की समस्त संस्कृतियों के आवश्यक लक्षण केवल मिस्र की नील नदी की घाटी से ही प्रसारित हुए हैं।

रॉबर्ट लॉवी जैसे प्रसारवादियों ने संस्कृतियों को उधार लिये गए लक्षणों को चप्पाकारी कहा है जिसमें उत्कृष्ट लक्षण, केन्द्र बाहर चले जाते हैं।

प्रगति (Progress)

ऑगबर्न तथा निमकॉफ के अनुसार, 'प्रगति का अभिप्रायः होता है अच्छे के लिए परिवर्तन। इसलिए प्रगति में मूल्य सम्बंधी निर्णय का निर्धारण होता है।'

लेस्टरवार्ड ने लिखा है 'प्रगति वह है जो मानवीय सुखों में वृद्धि करती है।' उन्नीसवीं सदी के अंत के बाद प्रगति की धारणा की मुखालफत या उपेक्षा की जाने लगी। न केवल समाजशास्त्र में बल्कि आमतौर पर पश्चिमी समाजों में बुद्धिजीवियों की विश्व दृष्टि में भी स्वयं इस परिघटना का समाजशास्त्री अध्ययन होना चाहिए। इसमें बौद्धिक और सामाजिक दोनों ही प्रभाव महत्वपूर्ण थे। बौद्धिक रूप से समाजशास्त्र को 'मूल्य निरपेक्ष' विज्ञान बनाने की लगातार कोशिश की गयी, और इसी समय 'नैतिक सापेक्षिकतावाद' के दार्शनिक चिंतन में बढ़ोत्तरी हुई। इन दोनों ने मिलकर इस व्यापक विश्वास को जन्म दिया कि समाजशास्त्री को मूल्य-निर्णय से बचना चाहिए/वह बच सकता है। अनेक विद्वानों ने माना है कि किसी भी समाजशास्त्री का विषय अथवा कार्य क्षेत्र मूल्य निर्णय का नहीं है। लेकिन सामाजिक प्रभावों का अधिक

असर हो सकता है। **टी बी बोटोमोर** का कथन है कि, ''इस संबंध में हमें न सिर्फ अवसर उद्धत किए जाने वाले निराशावाद पर ध्यान देना चाहिए जो आधुनिक युद्ध की प्रकृति और व्यापकता से तथा हाल की तानाशाही सत्ताओं से अनुभव के पैदा हो रहा है, बल्कि एक पूरी तरह भिन्न परिघटना पर भी सोचना चाहिए। अर्थात जिन समाजों में पहले से ही ऊंचा जीवन स्तर है वहां कौन से उद्देश्य अर्थवान होंगे इस बारे में लोग कुछ तय नहीं कर पा रहे हैं। प्रगति के उन्नीसवीं सदी के समर्थकों द्वारा निश्चित अनेक उद्देश्य हासिल किए जा चुके हैं, फिर भी जिसकी आशा थी वह संतुष्टि नहीं मिल पा रही है, और इसी बारे में संदेह उठ खड़ा हुआ है कि मानव प्रयास के जरिए क्या कोई ऐसी सामाजिक अवस्था लाई जा सकती है जो अंततः संतोषजनक हो। कम से कम यह तो माना ही जा रहा है कि निरक्षरता, गरीबी और उत्पीड़न जैसी बड़ी सामाजिक बुराईयों पर एक बार बहुत कुछ विजय हासिल हो जाने के बाद प्रगति के लक्ष्य और साधन अधिक जटिल हो जाते हैं और आसानी से निर्धारित नहीं किए जा सकते।''

वे उदाहरण देते हैं कि पश्चिमी औद्योगिक देशों और बाकी दुनिया के अधिकांश कम आमदनी वाले देशों में भारी अंतर है। इन कम आमदनी वाले देशों में गरीबी, कुपोषण, निरक्षरता, और कभी-कभी उत्पीड़न जैसी समस्याओं को हुआ भी नहीं गया है। हाल ही में **सी.पी. स्नो** ने कहा कि, ''पश्चिमी बुद्धिजीवियों की ओर से इन देशों की जनता या राजनीतिक नेताओं के बारे में अपना संशयवाद प्रस्तुत करना बेवकूफापना है। कम से कम वहां निश्चित रूप से प्रगति हो रही है, और विशेषकर समाजशास्त्री धनी और गरीब देशों के बीच जीवन स्तर की वर्तमान विराट (और बढ़ती हुई) असमानता पर विजय प्राप्त करने की अनेक पूर्व शर्तों का अध्ययन करने में व्यस्त रहेंगे। यह याद रखना प्रासंगिक है कि एक समाजशास्त्रीय व्यवस्था **मार्क्सवाद** जो प्रगति के सामान्य सिद्धांत से मजबूती से जुड़ी हुई हैं, उसकी सबसे मजबूत अपील एशिया और अफ्रीका के अल्पविकसित देशों में है''

यद्यपि समाजशास्त्र अनिवार्यतः प्रगति की धारणा से जुड़ा हुआ है, क्योंकि एक अनुशासन के बतौर अंशतः इसका औचित्य मानव प्रगति में किया गया इसका योगदान है। इसके अतिरिक्त मानव ज्ञान के क्षेत्र में समाजशास्त्र का एक महत्वपूर्ण योगदान यह भी हो सकता है कि उसने आधुनिक औद्योगिक समाज के चरित्र और उसकी संभावनाओं को उजागर किया है। **कोंत और स्पेंसर** जैसे शुरूआती समाजशास्त्रियों के प्रगति के सार्वभौमिक सिद्धांतों में आधुनिक समाजों पर विशेष बल दिया है परवर्ती समाजशास्त्रीय लेखन में तो यह और भी स्पष्ट है। **हाबहाउस** ने कहा कि, ''विज्ञान के जरिए ... (आधुनिक सभ्यता) जीवन की भौतिक स्थितियों पर नियत्रंण करना शुरू कर चुकी है और ... नैतिकता तथा धर्म के क्षेत्र में उन विचारों का निर्माण कर रही है जो नस्लों की एकता बढ़ाएं और कानून, नैतिकता तथा सामाजिक संगठनों को मानव विकास की आम जरूरत के मातहत ले आएं। जिस नियंत्रण की आज जरूरत है उसकी ये पूर्व शर्तें हैं। यदि भविष्य की प्रगति के लिए अनिवार्य इस पूर्व शर्त को हासिल किया जा रहा है तो अन्य क्षेत्रों में कम प्रगति हुई अथवा एकदम नहीं हुई है, इसका महत्व कुछ खास नहीं रह जाता।'' **मार्क्स** आधुनिक पूंजीवाद को मानव इतिहास का महत्वपूर्ण चरण मानते हैं जहां से मानव जीवन पर विवेक का नियत्रंण शुरू हो सकता है। इसलिए उन्होंने सामाजिक विकास के किसी ऐतिहासिक-दार्शनिक सिद्धांत की अनुमानाश्रित व्याख्या की बजाय इस विशेष ऐतिहासिक परिघटना के व्यापक अध्ययन में अपने आपको लगा दिया। बोटोमोर का यह भी कहना है कि ''फिर भी प्रगति का सिद्धांत समाजशास्त्र की बजाय इतिहास दर्शन से जुड़ा हुआ है यह प्रधानतः मानव अनुभव की व्याख्या है'', अर्द्ध-धार्मिक अर्थ में इतिहास का अर्थ तलाशने की कोशिश है। प्रगति की प्राप्ति, इस तरह की किसी व्याख्या पर निर्भर नहीं होती, बल्कि सामाजिक परिवर्तन की स्थितियों और तरीकों, तथा विशेष समाजों की परिस्थितियों के ज्ञान पर निर्भर होती है।

विकास (Development)

'विकास' शब्द भी जब सामाजिक परिघटनाओं में लागू किया जाता है तो 'उद्विकास' शब्द की ही तरह सटीक अर्थ नहीं देता। सामान्य प्रचलन में विकास का अर्थ है क्रमशः अनावृत होना, किसी चीज के विस्तृत पहलुओं का पूरी तरह प्रकट होना, जो बीज में है उसकी वृद्धि है। **बोटोमोर** के अनुसार, ''इसी अर्थ में हम किसी बच्चे या किसी बीमारी के विकास की बात कर सकते हैं। लेकिन सामाजिक विकास के मामले में इसी तरह बात करना मुश्किल है क्योंकि हम निश्चित होकर किसी खास परिघटना के संदर्भ में हमेशा नहीं कह सकते कि यह बीज में छिपी हुई थी, या किसी विशेष प्रक्रिया के प्रसंग में विकास और क्षरण के बीच स्पष्ट रूप से विभाजन नहीं कर सकते।'' केवल दो ऐसी (संबद्ध) सामाजिक प्रक्रियाएं हैं जिनके बारे में थोड़ा सटीक ढंग से 'विकास' शब्द का प्रयोग करना संभव लगता है, अर्थात ज्ञान में वृद्धि और प्राकृतिक पर्यावरण पर मानवीय नियंत्रण में वृद्धि, जो तकनीकी और आर्थिक सक्षमता में दिखाई पड़ता है। वस्तुतः यही दो प्रक्रियाएं हैं जो मानव समाज के विकास या उद्विकास संबंधी विवरणों में प्रमुखता पूर्वक प्रकट हुई है।

बीसवीं शताब्दी के समाजशास्त्रीय लेखन में 'विकास' शब्द का प्रयोग एकदम अलग तरह से किया गया है। एक तरफ समृद्ध

औद्योगिक समाज और दूसरी तरफ वे सभी समाज, जो मुख्यत: ग्रामीण, कृषिप्रधान और गरीब हैं और दूसरे, औद्योगीकरण या आधुनिकरण की प्रक्रिया का वर्णन करने के लिए इस शब्द का व्यापक रूप से प्रयोग किया गया। विकास की इस प्रचलित धारणा की कई खास विशेषताएं हैं। यह मानव इतिहास की समूची अवधि को आच्छादित करने वाले सामाजिक उद्‌विकास या विकास के किसी सामान्य सिद्धांत पर निर्भर नहीं है, बल्कि वर्तमान काल में या विगत कुछ वर्षों में घटित होने वाले खास किस्म के परिवर्तन पर विचार करती है इस प्रक्रिया को तीन चरणों के विकास के एक सरल ऐतिहासिक प्रतिरूप के बतौर प्रस्तुत किया जा सकता है- पारंपरिक समाज, संक्रमणशील समाज, आधुनिक समाज। इस अर्थ में विकास के अध्ययनों को अधिकतर आर्थिक वृद्धि पर केंद्रित किया और ऐसा करके समाजशास्त्रियों ने पहले के कई सिद्धांतों में जो कुछ अंतर्निहित था उसे प्रकट कर दिया। ज्ञान की वृद्धि और प्रकृति पर नियंत्रण अर्थात उत्पादन की मानव शक्तियों का विकास समाज के रूपांतरण में सबसे महत्वपूर्ण तत्व हैं। कुछ समाजशास्त्री यह मानते हैं कि ''कुछ रूपों में इस विचार ने तकनीकी निर्धारणवाद को जन्म दिया है जो सामाजिक संरचना के अनेक महत्वपूर्ण पहलुओं की उपेक्षा कर देता है।''

बीसवीं शताब्दी के अधिकांश अध्ययनों से विकास के किसी सामान्य सिद्धांत का संकेत नहीं मिलता। इसका यह मतलब नहीं कि वे तुलनात्मक और ऐतिहासिक खोजबीन को पूरी तरह नजरअंदाज कर देते हैं। **दि चैलेंज आफ डेवलपमेंट** शीर्षक एक सिंपोजियम में अनेक लेखकों ने विकासशील देशों के वर्तमान औद्योगीकरण और पश्चिमी समाजों के पूर्ववर्ती औद्योगीकरण के बीच स्पष्ट तुलना की है। यह दृष्टिकोण कभी-कभी यह माल लेने की गलती तक पहुंचा सकता है कि विकासशील देश ठीक-ठीक उसी रास्ते पर चलेंगे जिस पर वर्तमान औद्योगिक देश चलते रहे हैं, लेकिन अनेक लेखकों ने यह बताया है कि इनमें महत्वपूर्ण अंतर हैं। एक और सामान्य समस्या पारंपरिक रूप से वर्तमान समाज में संक्रमण की धारणा से पैदा होती है, क्योंकि इससे लगता है कि, ''आधुनिक औद्योगिक समाज'' विकास का आखिरी बिंदु है। इसके दो महत्वपूर्ण परिणाम निकलते हैं : पहला औद्योगिक समाजों में चल रहे परिवर्तन की उपेक्षा हो जाती है। दूसरा आधुनिक औद्योगिक समाजों के भीतर ही विकास के चरणों या वैकल्पिक रूपों के बतौर पूंजीवाद और समाजवाद के बीच का विरोध या तो छिप जाता है या जानबूझ कर छोड़ दिया जाता है।

अनेक लेखकों ने यह स्पष्ट किया है कि विकास एक ऐसा वृहद एकल रूपांतरण है जो विज्ञान और तकनीक की अग्रगति से जुड़ा हुआ है। यह धारणा बहुत कुछ मैक्स वैबर की पद्धति से जुड़ी हुई है। यह परिवर्तन की विशेष तरह की प्रक्रियाओं और खास किस्म के समाज के उदय पर अपना ध्यान केंद्रित करती है, तथा ऐसी व्याख्या और समझदारी की ओर ले जाती है जो विशेष ऐतिहासिक परिस्थितियों और मानव गतिविधि की सामान्य धारणाओं के अर्थ में हों। लेकिन यह सवाल किया जा सकता है कि जैसे वेबर ने पूंजीवाद पर विचार किया क्या ठीक उसी तरह औद्योगिक समाज या आधुनिक समाज पर विचार किया जा सकता है? अर्थात क्या इन्हें भी समाज का अत्यंत विशिष्ट रूप माना जा सकता है? आधुनिकीकरण के अत्यंत उत्कृष्ट अध्ययन **बैरिंगटन मूर** की सोशल औरिजिंस आफ डिक्टेटरशिप एंड डेमोक्रेसी में यह बताया गया है कि दुनिया तीन मुख्य रास्तों से होकर आधुनिक समय तक पहुंची हैं : बुर्जुआ क्रांति के जरिए, ऊपर से फासीवादी क्रांति के जरिए, और कृषक क्रांति के जरिए। **मूर** एक चौथे रास्ते की भी संभावना पर विचार करता है जिस पर भारत स्वतंत्रता के बाद से चल रहा है। इन विभाजनों का महत्व यह है कि वे विभिन्न किस्म के औद्योगिक समाजों की विभिन्न उत्पत्तियां ही नहीं, इतिहास दर्शन, जिसमें अनुमान समाजशास्त्रीय ज्ञान से युक्त और नियंत्रित हो, समाजशास्त्रीय चिंतन और गवेषणा के लक्ष्य निर्धारित करने में महत्वपूर्ण भूमिका निभा सकता है।

क्रांति (Revolution)

किसी समाज की सामाजिक संरचना अथवा उसके किसी महत्वपूर्ण पक्ष-सामाजिक, आर्थिक अथवा राजनीतिक इत्यादि, अथवा नेतृत्व या किसी महत्वपूर्ण संस्था में द्रुतगामी से होने वाले आकस्मिक एवं बृहत आधारीय परिवर्तन को क्रांति कहते हैं। क्रांति का तात्पर्य सर्वदा राजनीतिक क्रांति ही नहीं होता। यह औद्योगिक, व्यापारिक, वैज्ञानिक, हरित क्रांति भी हो सकती है। सामाजिक क्रांति द्वारा समाज का मूलभूत ढांचा ही बदल जाता है या बदलाव की स्थिति में आ जाता है। सामान्यत: क्रांति को राजनीति और आकस्मिक उग्र एवं हिंसक परिवर्तन से जोड़ा जाता है। किन्तु यह सामाजिक जीवन के किसी भी क्षेत्र में उत्पन्न हो सकती है तथा यह एक लम्बे समयावधि में चलती हुई अहिंसक भी हो सकती है।

सामाजिक परिवर्तन के सिद्धांत (Theory of Social Change)

सामाजिक परिवर्तन के सिद्धांत आमतौर पर इतिहास की दार्शनिक व्याख्या से घनिष्ट रूप से जुड़े रहे हैं। उन्हें अनेक तरह से वर्गीकृत किया जा सकता है लेकिन प्राथमिक तौर पर एकरेखीय और चक्रीय सिद्धांतों के बीच भेद करना सुविधाजनक होगा।

एकरेखीय सिद्धांतों में **कोंत, स्पेंसर, हाबहाउस और मार्क्स** के सिद्धांत सबसे महत्वपूर्ण हैं। **कोंत** का सिद्धांत सेंट-साइमन से और थोड़ा और पीछे काडोर से उत्पन्न हुआ है। उसमें सामाजिक परिवर्तन को मनुष्य के बौद्धिक विकास के तौर पर व्याख्यापित किया गया है। यह धर्मशास्त्रीय चिंतन पद्धति से शुरू होकर अधिभौतिक चिंतन पद्धति से होते हुए आधुनिक विज्ञान में साकार प्रत्यक्षवादी चिंतन पद्धति की प्रगति के बतौर 'तीन चरणों के नियम' से सूत्रबद्ध है। इस बौद्धिक प्रगति के साथ नैतिक विकास भी हुआ है। स्वार्थ के मुकाबले परार्थ की बढ़ती हुई प्रबलता और सामाजिक संस्थाओं में परिवर्तन की गति अधिक तीव्र हुई है। **बोटोमोर** के अनुसार जैसा कि मैंने बहुत पहले कहा है, मानव गतिविधि आक्रामक युद्ध, रक्षात्मक युद्ध, और उद्योग के चरणों से एक-एक कर गुजरी है। क्रमशः धर्मशास्त्रीय, अधिभौतिक या प्रत्यक्षवादी भावना की प्रबलता के साथ इन चरणों का संबंध एकाएक इतिहास की संपूर्ण व्याख्या पेश कर देता है।'' **कोंत** की हाल की आलोचनाएं बहुत हद तक उसके सिद्धांत के निर्धारणवादी चरित्र से जुड़ी रही हैं। सामाजिक विकास के नियमों को खोज लेने का इसका दावा, बौद्धिक विकास का नैतिक विचारों पर पड़ने वाला प्रभाव तथा ज्ञान की स्थिति और सामाजिक संरचना के बीच के घनिष्ठ संबंधों के सम्बध में उसकी मान्यता सब कुछ आलोचना के केंद्र में रहा है। लेकिन आधुनिक वैज्ञानिक ज्ञान के असर के बारे में **कोंत** का विश्लेषण मूल्यवान है, और औद्योगिक समाज की विशेषताओं तथा युद्ध के प्रचलन में उनकी भूमिका के संबंध में उसके विचार भी महत्वपूर्ण है।

सामाजिक परिवर्तन का **स्पेंसर** का सिद्धांत कुछ मायनों में अधिक व्यापक है, और **कोंत** के मुकाबले अधिक पर्याप्त अनुभवसिद्ध आकड़ों पर आधारित है। **स्पेंसर** ने सामाजिक परिवर्तन में सक्रिय कारकों की विविधता को स्वीकार किया और प्रत्येक विशिष्ट समाज में उद्‌विकास दिखाने की दिक्कतों को भी माना। इस बाद वाले सवाल पर उसने कहा कि, ''...अगर समाजों के पूरे समुच्चय को देखा जाए तो उद्‌विकास अपरिहार्य है, लेकिन हरेक विशेष समाज में इसे अनिवार्य तो क्या, संभव भी नहीं माना जा सकता।'' सामाजिक उद्‌विकास की वास्तविक प्रक्रिया पर विचार करते हुए उसने समाजों के भीतर प्रकार्यों के बढ़ते हुए विभेद और समाजों के बढ़ते हुए आकार को महत्वपूर्ण विशेषताओं के बतौर स्वीकार किया। लेकिन सामाजिक परिवर्तन का उसका विश्लेषण अतंतः ब्रह्मांडीय उद्‌विकास के एक सिद्धांत पर आधारित है, जिसके अनुसार 'एक अनिश्चित अस्थिर समरूपता' से एक 'निश्चित स्थिर अनेकरूपता' की ओर सार्वभौमिक गति हो रही है। दरअसल, **स्पेंसर** ने यह नहीं दिखाया कि जिन समाजों का उसने अध्ययन किया उन्हें कैसे एक विकासात्मक अनुक्रम में व्यवस्थित रूप से साजाया जा सकता है।

एल.टी. हाबहाउस, कोंत और स्पेंसर दोनों से बहुत प्रभावित था लेकिन सामाजिक परिवर्तन का उसका सिद्धांत ज्यादा श्रमसाध्य तरीके से निर्मित है और ऐतिहासिक तथा नृतत्वशास्त्रीय आंकड़ों का उसका प्रयोग अधिक विद्वतापूर्ण और आलोचनात्मक है। **हाबहाउस** ने **कोंत** से यह विचार लिया कि मानव मस्तिष्क का विकास सामाजिक विकास का महत्वपूर्ण कारक है, लेकिन उसने **कोंत** के जड़सूत्रवादी प्रत्यक्षवाद को स्वीकार नहीं किया। उसने **कोंत** के मानसिक विकास के विवरण के समर्थन में अधिक गंभीर मनोवैज्ञानिक सिद्धांत को खड़ा कर दिया। इस तरह उसने मानव जाति के बौद्धिक इतिहास में पांच चरणों को चिन्हित किया, और धर्मशास्त्र, अधिभौतिक और विज्ञान के बीच **कोंत** की तरह सरल वैषम्य दिखाने की बजाए चिंतन के सभी क्षेत्रों में तर्कबुद्धि के विकास को दिखाया। एक पद्धति के लिए भी वह **कोंत** का ऋणी हैं जिसमें विशेष समाजों या विशेष क़िस्म के समाजों के विकास का अध्ययन नहीं किया जाता, बल्कि मानव जाति के समूचे इतिहास के दौरान सामाजिक गतिविधि के विशेष क्षेत्रों के विकास का अध्ययन किया जाता है। आदिम समाजों के मामले के अतिरिक्त **हाबहाउस** समाजों के व्यवस्थित वर्गीकरण की कोई कोशिश नहीं करता। वह सामाजिक परिवर्तन की किसी विशेष प्रक्रिया पर विस्तार से विचार भी नहीं करता है। उसके समाजशास्त्रीय दृष्टिकोण की मुख्य आलोचना वैसी ही है जो दुर्खीम ने **कोंत** के संबंध में की थी, अर्थात वह एक अमूर्त चीज, मानवता, पर विचार करता है और अध्ययन की बोधगम्य विषयवस्तु के बतौर वास्तविक समाजों पर विचार नहीं करता। **हाबहाउस** ने **स्पेंसर** से यह धारणा ली कि सामाजिक उद्‌विकास या विकास, पैमाने, जटिलता, और आंतरिक विभेद में बढ़ोत्तरी की प्रक्रिया होता है। इस तरह सामाजिक परिवर्तन की उसकी धारणा है कि मस्तिष्क का विकास सामाजिक विकास का कारण बनता है। और चूंकि इस मानसिक विकास में तार्किक नैतिकता के आदर्श की ओर लक्षित नैतिक विचारों का विकास भी शामिल रहता है जो बड़ी सामाजिक संस्थाओं का रूपांतरण कर देता है इसलिए इसे प्रगतिशील भी माना जा सकता है।

सामाजिक परिवर्तन के **मार्क्स** के सिद्धांत में सामाजिक जीवन के दो तत्वों का महत्वपूर्ण स्थान है, जिनमें तकनीक का विकास और सामाजिक वर्गों के बीच संबंध आते हैं। बुनियादी रूप से इस सिद्धांत का तात्पर्य है कि उत्पादक शक्तियों के विकास की कोई विशेष स्थिति एक निश्चित उत्पादन पद्धति और वर्गीय संबंधों की

व्यवस्था के मेल में होती है, जिसे प्रभावी वर्ग स्थिर रखता है और बनाए रखता है। लेकिन उत्पादक शक्तियों का बढ़ता हुआ विकास वर्गों के बीच संबंधों को बदल देता है और उनके बीच टकराव की स्थिति आ जाती है। समय आने पर अब तक का दलित वर्ग मौजूदा उत्पादन पद्धति और सामाजिक संबंधों की व्यवस्था को उखाड़ फेंकता है और नई सामाजिक व्यवस्था स्थापित करता है। **मार्क्स** ने ऐतिहासिक परिवर्तन के अपने सिद्धांत की केवल रूपरेखा प्रस्तुत की। उन्होंने शोध के लिए इसे 'निर्देशक दिशा' के बतौर ग्रहण किया और अपनी ऊर्जा को एक जटिल ऐतिहासिक परिघटना, आधुनिक पूंजीवाद का उदय और विकास, के विश्लेषण में लगा दिया। कुछ ही परवर्ती मार्क्सवादियों ने **मार्क्स** के चिंतन में कुछ जोड़ा लेकिन अधिकाशत: तो उन लोगों ने इस विचारों को सरल जड़सूत्रवादी विश्वास में परिणत कर समाजशास्त्र में मार्क्स के अवदान में महत्व को बहुत हद तक छिपाया ही है। उनके इन योगदानों में से एक यह है कि उन्होंने समाजशास्त्र को एक ऐसे आलोचनात्मक अनुशासन के बतौर ग्रहण किया जो समाज के हरेक मौजूदा रूप के भीतर के अंतर्विरोंधों और संभावनाओं को उजागर कर देगा। उन्होंने शुरूआती पूंजीवाद के ऐसे विश्लेषण के जरिए अपनी ऐतिहासिक-समाजशास्त्रीय पद्धति को साकार किया जिसे अब तक कोई अन्य सामाजिक चिंतक पूरा नहीं कर सका है। एक परिकल्पना या धारणात्मक ढांचे के बतौर **मार्क्स** के ऐतिहासिक सिद्धांत की आलोचना की जा सकती है। जहां **मार्क्स** ने खुद इसका प्रयोग किया, यानी पूंजीवाद के अध्ययन में, वहां यह सर्वाधिक प्रासंगिक और फलप्रद है।

लेकिन अन्य ऐतिहासिक युगों और रूपांतरणों के अध्ययन में यह उतना मददगार साबित नहीं होता। यह कहना अनुचित न होगा कि परवर्ती **मार्क्सवादी** इतिहासकारों ने जिस मात्रा में उबा देने की हद तक सामंतवाद से पूंजीवाद में सक्रंमण पर विचार किया है, उतनी मात्रा में सामंतवाद के उदय या किसी अन्य किस्म के समाज का थोड़ा भी गंभीर **मार्क्सवादी** विश्लेषण नहीं मिलता।

जिन एकरेखीय सिद्धांतों पर विचार किया गया है उनकी मूल विशेषता यह है कि उन्होंने मनुष्य के सामाजिक इतिहास में अनेक महत्वपूर्ण संचयी परिवर्तनों का किसी न किसी रूप में वर्णन किया है, अर्थात ज्ञान की वृद्धि, समाजों में जटिलता और पैमाने की बढ़ोतरी, और आधुनिक काल में सामाजिक और राजनीतिक समानता की दिशा में बढ़ते आंदोलन। उन सबने सत्रहवीं शताब्दी से यूरोप में होने वाले परिवर्तनों के विशेष महत्व को स्वीकार किया, जिन्होंने बाद में समूची दुनिया में मनुष्य के सामाजिक जीवन को प्रभावित किया और आधुनिक विज्ञान तथा उद्योग के विकास को गति प्रदान की। सामाजिक परिवर्तन के चक्रीय सिद्धांत मानव इतिहास के अन्य पहलुओं का चित्रण करते हैं, लेकिन इन बुनियादी तथ्यों की उपेक्षा कर देते हैं। **पेरेटों** ने अपनी किताब **दि माइंड एंड सोसायटी** में इतिहास की व्याख्या के बतौर कुलीनों के परिचालन का अपना सिद्धांत प्रस्तुत किया है जिसके मुताबिक राजनीतिक सत्ता के लिए समूहों के बीच संघर्ष के कारण सामाजिक परिवर्तन आता है तथा उत्साही और नवविजयी कुलीन तंत्र के कठोर शासन के बाद पतनशील कुलीन तंत्र के नम्र, मानवतावादी शासन के युग अदल-बदल कर आते रहते हैं। यह सिद्धांत सामाजिक समूहों के बीच जैविकीय अंतर की दावेदारी पर आधारित है।

लेकिन कोई ऐतिहासिक साक्ष्य इसका समर्थन नहीं करते। **परेटों** ने गंभीरतापूर्वक कुलीनों के परिचालन के केवल एक उदाहरण, अर्थात प्राचीन रोम में, की छानबीन की है, और राजनीतिक परिवर्तन की उसकी धारणा आधुनिक काल में लोकतंत्रिक (जिनसे वह खासकर चिढ़ता था) के विकास की पूरी तरह उपेक्षा कर देती है। हाल में **पी. सोरोकिन और आर्नल्ड टायनबी** ने ऐसे सिद्धांत प्रस्तुत किए हैं जिसमें कुछ चक्रीय लक्षण हैं। **सोरोकिन** ने अपनी किताब **सोशल एंड क्लचरल डायनामिक्स** में एकरेखीय प्रक्रिया को स्वीकार तो किया है लेकिन कुछ अन्य चक्रीय प्रक्रियाओं की ओर भी ध्यान खींचा है जो मानव समाजों में घटित होती है। वह व्यापक किस्म की तीन संस्कृतियों, भावनामूलक, आदर्शवादी और चेतनशील के बीच भेद करता है और मानता है कि समाजों के इतिहास में ये एक के बाद एक चक्र की तरह आती रहती हैं। **टॉयनबी** ने अपना सिद्धांत **ए स्टडी आफ हिस्ट्री** में प्रस्तुत किया है। यह सभ्यताओं के विकास, ठहराव और क्षरण की धारणा में अपने चक्रीय चरित्र को प्रकट करता है, लेकिन शायद ज्यादा बुनियादी अर्थों में यह सिद्धांत एकरेखीय है।

विकास का विभेदकारी यांगमूवमेंट (सक्रिय हलचल) एक लक्ष्य की ओर लिए जा रहा है जो एकरूपता की जिन-अवस्था अर्थात निष्क्रिय शांति है। सभ्यताओं के विकास और क्षरण की प्रक्रिया प्रगतिमान धार्मिक उद्घाटन का वाहक है। और इनकी समाप्ति 'ईश्वर के साथ मिलन' है। **सोरोकिन और टायनबी** दोंनों की रचनाओं में कई ऐतिहासिक समरूपताएं और रहस्यमय शैली अनेक सामाजिक रूपातंरणों के बारे में दिग्दर्शक टिप्पणियों के बावजूद ऐतिहासिक परिवर्तन के विश्लेषण को धुंधला बना देती है। वे एक विराट पैमाने पर इतिहास दर्शन की ओर वापसी है।

टी.बी. बोटोमोर कहते हैं कि एकरेखीय हों या चक्रीय, जिन सिद्धांतों पर मैंने विचार किया है, वे सामाजिक परिवर्तन की विशेष प्रक्रियाओं के विश्लेषण या सामाजिक परिवर्तन में शामिल कारकों

को पहचानने पर अपेक्षाकृत कम ध्यान देते हैं।'' इसके अपवाद **मार्क्स** और **सोरोकिन हैं** : जहां **मार्क्स** एक ऐतिहासिक रूपांतरण का प्रचुर विस्तार से अध्ययन करते हैं, वहीं सोरोकिन उन विभिन्न कारकों पर व्यापक रूप से विचार करता है जो परिवर्तन ले आते हैं।

सामाजिक परिवर्तन के कारण और कारक

1. जनसंख्यामूलक कारक— प्रकृति में प्राणियों में पाया जाने वाला जीवन संग्राम का प्राणीशास्त्रीय नियम जनसंख्या के संबंध में महत्त्वपूर्ण प्रकाश डालता है। इग्लैण्ड के ईसाई पादरी माल्थस ने 1798 में प्राणीशास्त्रीय नियम को मानव-समाज पर घटाया। इनका कहना था कि जनसंख्या की वृद्धि जीवन-यापन के साधनों की अपेक्षा अधिक तीव्र गति से होती है। जनसंख्या बढ़ने पर प्रकृति की ओर से निश्चित निरोध (Positive Checks) कार्य करते है और जनसंख्या को कम कर देते हैं, इसलिए मानव को अपनी बुद्धि का प्रयोग करके जनसंख्या का नियत्रंण करना चाहिए।

वास्तव में जनसंख्या घटने-बढ़ने का सामाजिक परिवर्तन से संबंध रहता है। जनसंख्या और सामाजिक परिवर्तन का संबंध दो दृष्टिकोणों से हो सकता है—परिणाम और दृष्टि (1) जनसंख्या बढ़ना (2) जनसंख्या का घटना, स्वरूप की दृष्टि।

जनसंख्या बढ़ने पर समाज में अशिक्षा, बेकारी, निर्धनता इत्यदि समस्याएं पनप सकती है। साम्राज्यवाद अथवा सैनिकवाद का उदय हो सकता है। समस्याओं को हल करने के लिए नवीन उपकरणों अथवा अविष्कारों का जन्म भी हो सकता है। जब बाहर के लोगों के कारण जनसंख्या बढ़ती है तो आने वाले लोगों का प्रभाव समाज के रहन-सहन, खान-पान, बोल-चाल इत्यादि पर पड़ता है। इसके विपरीत जनसंख्या घटने पर जीवन का स्तर ऊंचा हो सकता है, कृत्रिम उपायों से जनसंख्या पर गुप्त व्यभिचार भी फैल सकता है। यह सब बातें जनसंख्या के आधार पर सामाजिक परिवर्तनों को अभिव्यक्त करती है। अपने देश में बढ़ती हुई जनसंख्या गरीबी, बेकारी, अशिक्षा इत्यादि की दिशा में सहायक है।

यदि जनसंख्या में स्वरूप की दृष्टि से परिवर्तन होता है- उदाहरणार्थ, स्त्री-पुरुषों की संख्या में भेद बूढ़े, युवक आदि की संख्या में भेद, जनसंख्या के स्वरूप को व्यक्त करता है। कुछ भी हो, जनसंख्यात्मक कारक सामाजिक परिवर्तन लाने में महत्वपूर्ण भूमिका अदा करता है।

2. भौगोलिक कारक— निरंतर प्रयत्नशील रहने के बावजूद भी मानव प्राकृतिक अथवा भौगोलिक घटनाओं पर पूर्ण नियंत्रण नहीं कर पाया है। प्रकृति बार-बार मानव के अभिमान को चकनाचूर कर देती है उसकी योजनाओं को धूल-धूसरित कर देती है। मानवीय इतिहास इस तथ्य का साक्षी है कि बड़ी-बड़ी सभ्यताओं का विकास हुआ, लेकिन भौगोलिक घटनाओं के भयंकर रूप के सामने वे भी न टिक सकी। भौगोलिक पर्यावरण मानव के रहन-सहन, खान-पान, बोल-चाल सामाजिक संस्थाओं समितियों, व्यवसाय इत्यादि को तो निश्चित करता ही है, साथ ही भूकंप, बाढ़, अकाल महामारी आदि के विकराल रूप में सामाजिक जीवन को एकाएक परिवर्तित करता है। अपने देश भारत में बंगाल और बिहार के अकाल के बारे में लगभग सभी लोग परिचित हैं। इस आकस्मिक भौगोलिक परिवर्तन के द्वारा समाज में एकदम परिवर्तन हुए हैं। **क्वेटा** के भूकंप के समय भी लोगों का सामाजिक जीवन तहस-नहस हो चुका है। लेकिन यह सब देखकर यह मानना भूल है कि सामाजिक परिवर्तन केवल भौगोलिक कारणों द्वारा निश्चित होते हैं। बस यह कहना ठीक है कि भौगोलिक अथवा भौतिक कारण सामाजिक परिवर्तन में सहायक होते हैं।

सांस्कृतिक कारक— सांस्कृतिक कारक को **ऑगबर्न** के सांस्कृतिक विलम्बना के सिद्धान्त की सहायता से सुगमता से समझा जा सकता है। **ऑगबर्न** का कहना है कि संस्कृति के दो प्रमुख भाग भौतिक और अभौतिक समान गति से नहीं चलते हैं, परिमामस्वरूप एक दूसरे से पिछड़ जाता है। साधारणतया भौतिक भाग तीव्र गति से आगे बढ़ता है। जब अभौतिक पिछड़ जाता है तो उसे ही सांस्कृतिक पिछड़ अथवा सांस्कृतिक विलम्बना कहा जाता है। उदाहरणार्थ, अपने देश भारत में हम भौतिक संस्कृति के तत्व रेडियो, दूरदर्शन, सिनेमा, हवाई जहाज, टेपरिकॉर्डर इत्यादि का प्रयोग कर रहे हैं। (परन्तु अपनी विचारधारा, प्रथा परम्परा आदि को इतनी तीव्रता से बदलवा रहे हैं।) इस सांस्कृतिक पिछड़ेपन के द्वारा भारत में सामाजिक ढाँचे, स्थितियों और कार्यों, संबंधों इत्यादि का रूप बदल गया है जो सामाजिक परिवर्तन का ही परिचायक है। व्यक्तिगत, सामुदायिक व पारिवारिक विघटन आदि भी सांस्कृतिक पिछड़ अथवा विलम्बना के द्वारा उत्पन्न हो रहे हैं (जब संस्कृति के अनेक तत्वों में परिवर्तन होता है तो उसका प्रभाव समाज पर अवश्य पड़ता है) क्योंकि समाज भी किसी न किसी रूप में सांस्कृतिक मूल्यों से प्रभावित व नियंत्रित होता है।

प्रौद्योगिक कारक— औद्योगिक युग के विकास ने सामाजिक परिवर्तन में सबसे महत्वपूर्ण भूमिका निभाई है। मशीनों के आ जाने से उत्पादन की प्रक्रिया ही नहीं तेज हुई है बल्कि उत्पादन संबंधों में बड़े पैमाने पर तब्दीली आई है। इस तरह से मनुष्य के जीवन में अनेक प्रकार के परिवर्तन परिलक्षित होने लगे। **वेब्लन** का कहना है कि, ''काम करने की दशाएं मानव की आदतों और विचारों को भी प्रभावित करती हैं और परिणामस्वरूप सामाजिक

परिवर्तनों को उत्पन्न करती है। आधुनिक युग में समाज की प्रारंभिक इकाई परिवार से लेकर विभिन्न जटिल संस्थाओं तक में भारी परिवर्तन आ गए हैं। भोजन के लिए होटल खुल गए हैं, कपड़े सीने के लिए टेलरिंग हाउस बन गए हैं, स्त्रियां आर्थिक क्षेत्रों में कार्य करने लगी हैं, क्लब जाने लगी हैं, मोटर स्वयं चलाने लगी हैं। यह सब क्या है? निश्चित रूप से प्रौद्योगिक कारकों का सामाजिक जीवन पर प्रभाव है, परिवर्तन हैं। ऐसे ही अनगिनत परिवर्तन आज समाज के विभिन्न क्षेत्रों में हो रहे हैं। लेकिन यांत्रिक परिवर्तन ही एकमात्र कारक नहीं है।''

आर्थिक कारक—सामाजिक परिवर्तन को आर्थिक आधार पर स्पष्ट करने में **कार्ल मार्क्स** की बहुत बड़ी भूमिका है। इनके अनुसार उत्पादन की प्रणाली अर्थव्यवस्था को विकसित करती है और यह अर्थव्यवस्था समाज की संपूर्ण संरचना को प्रभावित करती है। इसका अधिसंरचना का सिद्धांत, वर्ग-संघर्ष की धारणा अतिरिक्त मूल्य का सिद्धांत आदि इसी आर्थिक आधार पर आधारित है। अर्थव्यवस्था सामाजिक संरचना, सामाजिक संबंध, धर्म, राजनीति, कला, साहित्य आदि को प्रभावित करती है जिसके परिणामस्वरूप सामाजिक परिवर्तन की नवीन स्थिति उत्पन्न होती है। सभी **मार्क्स** के इस निष्कर्ष के तमाम ऐतिहासिक साक्ष्य हैं। भारत में ट्रेड यूनियनों का विकास और किसान आंदोलन इस प्रकार के परिवर्तन के घोतक हैं। बंगाल में बढ़ती हुए हिंसात्मक प्रवृत्ति भी आर्थिक आधार को लेकर ही पनप रही है। इतना ही नहीं बिहार, बंगाल आदि प्रान्तों में होने वाले 'भूमि छीनो' आंदोलन का क्रम भी पूर्णतया आर्थिक रहा है, भले ही इसके पीछे राजनैतिक पार्टियों की चाल रही हो। इसीलिए आर्थिक आधार सामाजिक परिवर्तन का एक महत्वपूर्ण कारक है।

मनोवैज्ञानिक कारक—आज के जटिल समाज में स्थितियों और कार्यों में पूरी तरह संतुलन न होने से व्यक्तियों में अनेक मानसिक संघर्ष उत्पन्न हो रहे हैं। पुरानी पीढ़ी अनेक परम्परागत मूल्यों और मान्यताओं की रक्षा में लगी हुई हैं, जबकि नई पीढ़ी जोश के घोड़े पर सवार होकर नवीन मूल्यों को उत्पन्न कर रही है। इस प्रकार व्यक्तियों में मानसिक तनाव व दबाव की स्थिति पैदा होती है। इस प्रकार नवीन मनौवैज्ञानिक स्थिति में व्यक्ति नयी-नयी योजनाओं को जन्म देते हैं, पुरानी प्रथाओं और मान्यताओं से संघर्ष करते हैं और सामाजिक परिवर्तनों को उत्पन्न करते हैं। इस प्रकार मनोवैज्ञानिक स्थिति भी सामाजिक परिवर्तन का एक महत्वपूर्ण कारक है।

राजनैतिक कारक—मानव-समाज का इतिहास काफी सीमा तक राजनीतिक उथल-पुथल का इतिहास है। समाज में जो परिवर्तन होते हैं या हुए हैं वे अधिकांश राजनीतिक कारणों से हुए हैं। युद्ध, विजय, पराजय आदि के आधार पर भिन्न-भिन्न समाजों की व्यवस्था में परिवर्तन आता है। सामाजिक परिवर्तन से पूर्व राजनीतिक परिवर्तन दिखाई देने लगता है। युद्ध और क्रांति भड़ककर शान्त हो जाती है। राजवंश एक के बाद एक उठते-गिरते रहते हैं। लेकिन इन सबका परिणाम समाज के परिवर्तित स्वरूप में दिखाई देता है। सन् 1947 के बाद भारत में होने वाले अनेक सामाजिक परिवर्तन का कारण अंग्रेजी शासन की समाप्ति है और शासन का यह परिवर्तन निरंतर चल रहे सामाजिक आंदोलनों का परिणाम है।

बीरस्टीड के अनुसार, ''इतिहास को निर्णयात्मक लड़ाईयों के आधार पर समझा जाना चाहिए और इन लड़ाईयों की कहानी सामाजिक परिवर्तन की कहानी है।''

सामाजिक परिवर्तन की रूपरेखा—सभी समाजों और सभी कालों में सामाजिक परिवर्तन का क्रम एक जैसा नहीं होता है। इसीलिए सामाजिक परिवर्तन के क्षेत्र में हमें विभिन्न रूप या प्रतिमान देखने को मिलते हैं। **मैकाइवर और पेज** ने अपनी पुस्तक 'Society' में सामाजिक परिवर्तन के तीन प्रमुख प्रतिमानों का उल्लेख किया है।

रेखीय परिवर्तन—रेखीय परिवर्तनों के अन्तर्गत तकनीकी विकास आता है। रेखीय परिवर्तन सामाजिक परिवर्तन का वह स्वरूप है जिसमें परिवर्तन की दिशा सदैव ऊपर की ओर होती है अर्थात् परिवर्तन एक सिलसिले या क्रम से विकास की ओर एक ही दिशा में निरंतर होता जाता है। जो अविष्कार आज हुआ है कल उससे आगे ही अविष्कार होगा, जैसे रेडियो के बाद टेलीविजन का अविष्कार। कहने का तात्पर्य यह है कि परिवर्तन के इस मानदण्ड में परिवर्तन रेखीय होता है और उसे हम एक रेखा से प्रदर्शित कर सकते हैं। इस परिवर्तन की गति तेज अथवा धीमी हो सकती है।

उतार-चढ़ाव—सामाजिक परिवर्तन के इस प्रतिमान या स्वरूप में परिवर्तन की प्रवृत्ति लगातार एक ही दिशा में आगे बढ़ने की बजाय ऊपर-नीचे जाने की होती है। और भी स्पष्ट शब्दों में कहा जा सकता है कि ऐसे प्रतिमान में परिवर्तन का क्रम प्रगति अथवा अवनति की ओर होने के बाद विपरीत दिशा की ओर (अवनति अथवा प्रगति) मुड़ जाता है। चूंकि ऐसे परिवर्तन में परिवर्तन की दिशा ऊपर से नीचे की ओर और ऊपर से नीचे की ओर होती है इसलिए इसे चढ़ाव-उतार परिवर्तन कहा जाता है। आर्थिक क्षेत्र में इस प्रकार के परिवर्तन देखा जा सकता है। आर्थिक दृष्टि से कभी एक समाज उन्नतिशील अवस्था में होता है और कभी अवनतिशील अवस्था में। अपने देश भारत में जनसंख्या के क्षेत्र में भी सामाजिक परिवर्तन के इस प्रतिमान को देखा जा सकता

है—भारत में पहले जनसंख्या में परिवर्तन लगातार बढ़ोत्तरी की ओर रहा। लेकिन बाद में परिवार नियोजन कार्यक्रमों के परिणाम स्वरूप परिवर्तन का क्रम विपरीत दिशा में हो गया है।

चक्रीयता—सामाजिक परिवर्तन के इस प्रतिमान की प्रकृति दूसरे प्रतिमान से कुछ मिलती-जुलती है। सच तो यह है कि इस प्रतिमान में परिवर्तन के क्रम को चक्रीय या वृत्ताकार रूप में व्यक्त किया जाता है। परिवर्तन की यह चक्रीय प्रक्रिया हमें फैशन, रीति-रिवाजों नियंत्रण के साधनों और सांस्कृतिक मूल्यों के क्षेत्रों में भी देखने को मिलती है उदाहरणार्थ प्राकृतिक जगत मानवीय सभ्यता, फैशन के क्षेत्र में इसी प्रकार के परिवर्तन हो रहे हैं—प्राकृतिक जगत में दिन के बाद रात, रात के बाद दिन का यही क्रम निरंतर चलता रहता है। मानव जीवन में शिशु, तरूण, प्रौढ़ तथा वृद्धावस्था, और उसी प्रकार फैशन के क्षेत्र में पहले ढीले फिर चुस्त, फिर ढीले कपड़े पहनने का क्रम चलता रहता है। परिवर्तन घड़ी की सुई की दिशा में निरंतर होता रहता है।

सामाजिक संरचना में परिवर्तन तथा सामाजिक संरचना का परिवर्तन

सामाजिक परिवर्तन को सामाजिक संरचना में परिवर्तन के बतौर (जिसमें समाज के आकार में परिवर्तन भी शामिल है), या खासकर सामाजिक संस्थाओं में, अथवा संस्थाओं के बीच, संबंध में परिवर्तन के बतौर परिभाषित करना उपयोगी होगा। सामाजिक संरचना और संस्कृति के बीच जो अंतर प्रस्तावित किया जाता है। उसका अनुसरण करते हुए ज्ञान और विचार, कला, धर्म और नैतिक सिद्धांत आदि जैसी सांस्कृतिक परिघटनाओं में आने वाले परिवर्तन के संदर्भ में 'सांस्कृतिक परिवर्तन' शब्दावली का प्रयोग किया जाता है। स्पष्टत: सामाजिक और सांस्कृतिक परिवर्तन अनेक मामलों में घनिष्ठतापूर्वक जुड़े हुए हैं, उदाहरण के लिए, आधुनिक विज्ञान का विकास आर्थिक संरचना में आने वाले परिवर्तनों से घनिष्ठ रूप से जुड़ा हुआ है। जबकि अन्य मामलों में ये संबंध कम नजदीकी हो सकते हैं। उदाहरणार्थ फैशन में परिवर्तन या कलात्मक सृजन के रूप में परिवर्तन। ये सामाजिक परिवर्तन का संबंध अत्याधिक घनिष्ठ नहीं हो सकते।

परिवर्तन के तरीके, दिशा और गति से जुड़े हुए सवालों का उत्तर देने के लिए ऐतिहासिक विवरण और व्याख्या की जरूरत होगी। उदाहरण के लिए जनसंख्या में परिवर्तन, औद्योगिक समाजों में बढ़ते हुए श्रम विभाजन, आधुनिक पश्चिमी परिवार के चरित्र में परिवर्तन और ऐसे ही तमाम बदलावों के विभिन्न विवरणों में किया गया है।

परिवर्तन की दिशा पर विचार करते हुए किसी मूल्य-निर्णय की जरूरत नहीं है, परिवार का घटता हुआ आकार और आर्थिक इकाइयों का बढ़ता हुआ आकार महज ऐतिहासिक तथ्य हैं। लेकिन अन्य मामलों में परिवर्तन की दिशा इतनी स्पष्ट नहीं भी हो सकती है और उसकी विभिन्न व्याख्याएं हो सकती हैं। या फिर परिवर्तन ही ऐसा हो सकता है जिसे निरपेक्ष भाव से नहीं देखा जा सकता, मसलन तलाक की दर में बढ़ोत्तरी, या नौकरशाही का विस्तार, तब परिवर्तन की दिशा पर बहस में संभवत: नैतिक मूल्यांकन भी आवश्यक रूप से शामिल हो सकता है। अंतत: अगर समाज की पूरी संरचना में आए परिवर्तनों ऐतिहासिक अथवा वर्तमान कालिक का विश्लेषण करना हो तो आलोचनात्मक विश्लेषण और किसी सामाजिक दर्शन की अभिव्यक्ति के बीच की विभाजक रेखा धुंधली पड़ जाती है और अनिश्चित हो जाती है, और शायद यह विभाजन कभी कड़ाई के साथ स्थापित न भी हो सके। यह तब और स्पष्ट हो जाता है जब हम ब्रिटिश कल्याणकारी राज्य, या स्तालिन के मृत्यु के बाद सोवियत संघ, या स्वतंत्रता की प्राप्ति के बाद भारत में आए परिवर्तनों के बारे में एकदम अलग-अलग विवरणों पर ध्यान दें, या फिर, बड़े पैमाने पर, पूंजीवादी समाजों में परिवर्तन की प्रमुख प्रवृत्तियों के बारे में **मार्क्स और मैक्स वैबर** ने जो अंतर्विरोधी विवरण प्रस्तुत किए, उनके साथ भी यही दिक्कत है।

परिवर्तन की दर में हमेशा ही समाजशास्त्रियों की रुचि रही है, और आधुनिक काल में सामाजिक और सांस्कृतिक परिवर्तन की रफ्तार तेज होने का जिक्र करना आम बात है। **डब्ल्यू.एफ. ऑगबर्न** ने पहली बार इस परिघटना की व्यवस्थित रूप से परीक्षा की और उसने खासकर तकनीकी खोजों के क्षेत्र में परिवर्तन की दर का परिमाणात्मक अध्ययन किया उसने सामाजिक जीवन के विभिन्न क्षेत्रों में परिवर्तन की दरों के बीच अंतर पर भी ध्यान केंद्रित किया, 'सांस्कृतिक पिछड़ापन' की परिकल्पना तकनीक के तीव्र विकास और पारिवारिक, राजनीतिक और अन्य संस्थाओं तथा पारंपरिक विश्वासों और दृष्टिकोणों के मद्धिम रूपांतरण के बीच असंगति से जुड़ी हुई है। हाल के वर्षों में विश्व राजनीति में महत्वपूर्ण मुद्दे के बतौर अल्पविकसित देशों के उद्योगीकरण के उभार के साथ इन समस्याओं का महत्व और भी बढ़ गया है। इस संबंध में शोध दो प्रमुख पद्धति पर हुए हैं, उद्योगीकरण और संक्रमण काल की संरचनात्मक विसंगतियों के चलते सामाजिक संरचना और संस्कृति में आए परिवर्तनों के समाजशास्त्रीय अध्ययन, और तीव्र सामाजिक परिवर्तनों के साथ व्यक्तियों के रूपांतरण के मनोवैज्ञानिक अध्ययन औद्योगिक समाजों में भी इन समस्याओं का अध्ययन किया गया हैं, परिवार, सामाजिक स्तरीकरण, धार्मिक

और नैतिक विचारों, कानून इत्यादि में आए परिवर्तनों के संदर्भ में भी और दृष्टिकोणों के पहलू से सामाजिक परिवर्तन के प्रति व्यक्तियों की प्रतिक्रिया और शिक्षा, अपराध और अत्याचार तथा मानसिक स्वास्थ्य के क्षेत्र में इसके परिणाम और निहितार्थ। दूसरी तरफ, ऐसे अध्ययन अपेक्षाकृत कम हुए हैं जिनमें तीव्र किन्तु निरंतर परिवर्तन से गुजरने वाले समाजों (और क्रांतिकारी तथा आकस्मिक परिवर्तन से गुजरने वाले समाजों) के बीच अंतर पर ध्यान दिया गया हो।

परिवर्तन क्यों हुआ या क्यों यह संभव हुआ की समस्या सामाजिक परिवर्तन के कारकों की सामान्य समस्या से नजदीक से जुड़ी हुई है और सामाजिक कारकों से जुड़े हुए अत्यंत जटिल सवालों को खड़ा कर देती है। **गर्थ** और **मिल्स** ने संक्षेप में इनमें से कुछ मुद्दों पर विचार किया है, उदाहरण के लिए सामाजिक परिवर्तन लाने में व्यक्तियों की भूमिका और भौतिक कारकों तथा विचारों का सापेक्षिक प्रभाव। हाल के एक लेख में **मोरिस गिंसबर्ग** ने सामाजिक परिवर्तन की व्याख्या के लिए विभिन्न लेखकों द्वारा प्रयुक्त कारकों के व्यवस्थित विश्लेषण का प्रयास किया है। (1) व्यक्तियों की सचेतन इच्छा और निर्णय (इसका उदाहरण पश्चिमी देशों में छोटे परिवार की व्यवस्था का विकास है), (2) बदलती हुई स्थितियों से प्रभावित व्यक्तियों के कार्य का पतन, (3) संरचनागत परिवर्तन और संरचनागत तनाव, (4) बाहरी प्रभाव (सांस्कृतिक संबंध, या विजय), (5) विलक्षण व्यक्ति या व्यक्तियों के समूह, (6) किसी एक बिंदु पर विभिन्न स्रोतों से पैदा होने वाले तत्वों का जमावड़ा या सम्मिलन, (7) आकस्मिक घटनाएं और (8) किसी साझा उद्देश्य का पैदा हो जाना। लेख के अंतिम हिस्से में सामाजिक विज्ञान में कारकता की धारणा और उद्देश्यपरकता के साथ इसके संबंध के बारे में पथप्रदर्शक विचार विमर्श है।

एकदम हाल के समाजशास्त्र में प्रकार्यवाद के प्रभाव के चलते परिवर्तन की समस्या की उपेक्षा की गई है या उसे इस तरह प्रस्तुत किया गया है मानों वह कोई अपवाद हो। समाजों के भीतर विविधता और टकराव के मुकाबले सर्वानुमति पर, तथा सामाजिक व्यवस्थाओं और मूल्यों तथा विश्वासों की व्यवस्था की स्थिरता पर जोर अधिक दिया गया है। बहरहाल, यह स्पष्ट है (कि सभी समाजों में निरंतरता और परिवर्तन दोनों के लक्षण पाए जाते हैं, और समाजशास्त्रीय विश्लेषण का एक बड़ा काम इसकी खोज करना है कि) ये दोनों प्रक्रियाएं एक दूसरे से कैसे जुड़ी हुई हैं। बल के जरिए और जिन सामाजिक नियंत्रणों का मैंने पहले जिक्र किया है उनके जरिए स्थिरता को बनाए रखा जाता है, और खासकर शिक्षा के जरिए। चाहे वह औपचारिक हो या अनौपचारिक, क्योंकि वह नई पीढ़ियों में पूंजीभूत सामाजिक विरासत का प्रवेश कराती है। दूसरी ओर, कुछ ऐसी सामान्य स्थितियां भी हैं जो सामाजिक परिवर्तन लाती हैं, उनमें सबसे महत्वपूर्ण ज्ञान की वृद्धि और सामाजिक टकराव का घटित होना है। ज्ञान की वृद्धि न तो निरंतर होती रही है, न ही सभी समाजों में एक ही दर से हुई है, लेकिन सत्रहवीं सदी के बाद से निरंतर वृद्धि हो रही है जो अब सभी समाजों को प्रभावित कर रही है। हाल ही के सामाजिक परिवर्तनों में यह एक प्रमुख कारण था। सामाजिक परिवर्तन की एक पूर्व शर्त के तौर पर टकराव की विभिन्न पहलुओं से स्वीकार किया जा सकता है। सबसे पहले, समाज के बीच टकराव ने बड़ी सामाजिक इकाईयों का निर्माण करने सामाजिक स्तरीकरण को स्थापित करने या पुनजीर्वित करने, और सामाजिक तथा सांस्कृतिक नवाचार को प्रसारित करने में ऐतिहासिक रूप में महत्वपूर्ण भूमिका अदा की है। आधुनिक काल में अंतरर्राष्ट्रीय टकराव ने समाजों की आर्थिक और राजनीतिक संरचना, सामाजिक नीतियों और व्यवहार के तरीकों को गहराई से प्रभावित किया है। लेकिन इन परिघटनाओं पर जितना ध्यान देना चाहिए उतना नहीं दिया गया। दूसरे, समाज के भीतर समूहों के बीच टकराव नवाचार और परिवर्तन का एक बड़ा स्रोत रहा है। इनमें से सामाजिक वर्गों के बीच टकराव का उतना सार्वभौमिक और निर्णायक असर नहीं रहा है जितना मार्क्सवादियों ने बताया है लेकिन आधुनिक काल में परिवर्तन का यह एक महत्वपूर्ण माध्यम रहा है। पश्चिमी यूरोप में राजनीतिक जनतंत्र की स्थापना बहुत हद तक वर्ग संघर्षों का परिणाम रही है। अंततः, हमें पीढ़ियों के बीच टकराव पर ध्यान देना चाहिए जिस पर समाजशास्त्रियों ने यथोचित ध्यान नहीं दिया है। **टी.बी. बोटोमोर** ने कहा है कि 'समाज में निरंतरता नई पीढ़ियों के भीतर समाजीकरण की प्रक्रिया में सामाजिक परंपरा के प्रवेश के जरिए बनायी जाती है, लेकिन समाजीकरण इस अर्थ में कमी को पूरा नहीं होता कि नई पीढ़ियां अपने अग्रजों के सामाजिक जीवन की ठीक-ठीक नकल करे। परंपरा के कुछ पहलुओं की आलोचना और उनका नकार तथा नवाचार हमेशा होता रहा है। आधुनिक काल में ये विशेषताएं और उभरकर सामने आई हैं, क्योंकि माहौल में सामान्य तौर पर परिवर्तन हो रहा है, और अनेक तरह के मूल्य और मानदंड उभरकर सामने आए हैं जिसके चलते कुछ हद तक नई पीढ़ी विभिन्न 'जीवन पद्धतियों' में से चुनाव कर सकती है या संस्कृति के विविध तत्वों का नए तरीके से पुनः संयोजन कर सकती है। औद्योगिक समाजों की यह एक महत्वपूर्ण विशेषता है कि एक विशिष्ट युवासंस्कृति और संगठितयुवा आंदोलन उभरकर है, जो अनेक तरह से पुरानी पीढ़ियों के सांस्कतिक मूल्यों का विरोध करते हैं, लेकिन भारत जैसे समाजों में भी पीढ़ियों के बीच टकराव

की परिघटना देखने में आ रही है जो अत्यंत तीव्र गति से एक किस्म के समाज से दूसरे किस्म के समाज में बदल रहे हैं।

पिछले अध्याय में सामाजिक परिवर्तन के जिन प्रारंभिक सिद्धांतों का अध्ययन किया गया है उनमें यह प्रवृत्ति है कि परिवर्तन के किसी एक कारक पर जोर दिया जाए। बहरहाल, अधिकांशत: वे एकल-कारकता के सिद्धांत नहीं है। न ही वे कठोर अर्थों में निर्धारणवादी हैं जैसाकि कुछ हाल के आलोचकों का आरोप है **कोंत और स्पेंसर** दोनों ने सामाजिक उद्विकास के किसी नियम को ग्रहण तो किया लेकिन सामाजिक परिवर्तन की परीक्षा करते हुए वे अनेक कारकों पर विचार करते हैं, जिनमें व्यक्तियों के सचेतन और विवेकवान कार्यकलाप को भी महत्व दिया गया है।

स्पेंसर ने अपना अध्ययन समाजों के बीच विभेदीकरण तक ही सीमित नहीं रखा, बल्कि सामाजिक परिवर्तन के अध्ययन में ज्ञान, युद्ध के प्रभावों तथा अन्य कारकों पर भी विचार किया। **मार्क्स** के सिद्धांत को अक्सर एकलकारक और निर्धारणवादी कहकर निंदा की गई है, लेकिन सामाजिक कारकता का विवरण वास्तव में अत्यंत जटिल है, जिसमें अनेक अंत:संबंधित किंतु विभिन्न परिघटनाएं—उत्पादक शक्तियां, उत्पादन संबंध, वर्ग संबंध और विचारधाराएं शामिल हैं। राजनीतिक कार्यवाही का सिद्धांत निर्धारणवादी सिद्धांतों के विपरीत है। **हॉबहाउस, टॉयनबी** और **सोरोकिन** जैसे परवर्ती सिद्धांतों में सामाजिक कारकता की जटिलता को पूरी तरह स्वीकार किया गया है, और खासकर सोरोकिन सामाजिक परिवर्तन में शामिल विभिन्न कारकों की बहुत सावधानी से परीक्षा करते हैं।

बहरहाल, ये सिद्धांत अनेक ऐसी व्यापक समस्याएं खड़ी कर देते हैं जिन पर ध्यान देना जरूरी है। सबसे पहले, सामाजिक परिवर्तन की प्रक्रिया में व्यक्ति और "सामाजिक शक्तियां" क्रमश: कैसी भूमिकाएं निभाते हैं। "सामाजिक शक्तियों का तात्पर्य ऐसी शक्तियों से नहीं है जो व्यक्तियों के कार्यों से पूरी तरह अलग हों, बल्कि उनका तात्पर्य ऐसे मूल्य और प्रवृत्तियों से हैं जो व्यक्तियों की अन्त:क्रिया का परिणामत होते हैं लेकिन किसी एक व्यक्ति के समक्ष उसके बाहर की ताकत और उसकी व्यक्तिगत आलोचना या प्रभाव से अपेक्षाकृत अप्रभावित लगते हैं। इस तरह व्यक्तियों के स्वैच्छिक कार्य 'सामाजिक शक्तियों' के घटक हो जाते हैं, इस अर्थ में कोई भी व्यक्ति सामाजिक परिवर्तन में योगदान कर सकता है, हालांकि इसका प्रभाव केवल तभी प्रकट होता है जब अनेक व्यक्ति नए तरीके से कार्य करना शुरू करते हैं (उदाहरण के लिए, परिवार के आकार को सीमित रखना)। एक और समस्या विलक्षण व्यक्तियों के प्रभाव की है। एक सीमा पर जाकर यह माना जा सकता है कि तमाम महत्वपूर्ण सामाजिक और सांस्कृतिक परिवर्तन प्रतिभाशाली लोगों की करतूत है, दूसरी तरफ यह माना जा सकता है कि प्रतिभाशाली लोगों का तमाम प्रभाव इस तथ्य से पैदा होता है कि वे अपने समय की प्रभावी सामाजिक शक्तियों या प्रवृत्तियों का मूर्त रूप होते हैं या उनका प्रतिनिधित्व करते हैं। इनमें से कोई भी अतिवादी विचार मानने योग्य नहीं है। पहली बात तो यह है कि विलक्षण व्यक्तियों का प्रभाव सामाजिक जीवन के कुछ क्षेत्रों में अन्य क्षेत्रों के मुकाबले ज्यादा गहरा हो सकता है। उदाहरण के लिए, तकनीक के मुकाबले कलात्मक सृजन के क्षेत्र में ज्यादा गहरा हो सकता है। बहरहाल, नैतिकता, धर्म, राजनीति या अर्थतंत्र के क्षेत्र में महान व्यक्तियों के व्यक्तिगत प्रभाव से इनकार करना मनमानापन होगा। आधुनिक विश्व में, रूस में **लैनिन** और भारत में **महात्मा गांधी** का गहरा प्रभाव रहा तथा जिस तरह का जीवन उन्होंने जिया और जिस तरह से काम उन्होंने किए उनके बगैर हमारी दुनिया वैसी ही रहती जैसी है, यह कहना थोड़ा मुश्किल है। वैसे तो वे भी अपने वातावरण से प्रभावित थे, और उनका प्राधिकार अंशत: इसीलिए कायम हुआ कि वे बहुसंख्यक जनता की छिपी हुई आकांक्षाओं को सूत्रबद्ध करने और व्याख्यायित करने में सक्षम थे, लेकिन वे **मैक्स वैबर** के अर्थों में करिश्माई नेता भी थे जिनके नेतृत्व की स्थिति उनके व्यक्तिगत गुणों, और घटनाओं पर अपने मूल्यों की छाप डालने से पैदा हुई थी।

दूसरा बड़ा विवाद सामाजिक परिवर्तन में भौतिक कारकों और विचारों की भूमिका से संबंधित है। यह कहा जाता है कि **मार्क्सवादी** भौतिक, आर्थिक कारकों का प्राथमिक प्रभाव मानते हैं, जबकि अन्य लोग विचार के विकास को प्रमुखता देते हैं। समाजशास्त्र के प्रमुख विवादों में से एक आधुनिक पूंजीवाद की उत्पत्ति को लेकर **मार्क्स और वेबर** के बीच चला जिसमें **वेबर** ने यह तो नहीं कहा कि 'विचार दुनिया पर शासन करते हैं, लेकिन यह जरूर माना कि कुछ ऐतिहासिक स्थितियों में विचार या सिद्धांत स्वतंत्र होकर सामाजिक परिवर्तन की दिशा को प्रभावित कर सकते हैं।' हालांकि भौतिक कारकों और विचारों के बीच सरल ढंग से विरोध स्थापित करना गलत है क्योंकि भौतिक कारक सामाजिक व्यवहार में प्रवेश नहीं करते। परिवर्तन संबंधी **मार्क्स** के सिद्धांत में भी 'उत्पादक शक्तियां' निर्धारक तत्व तो हैं लेकिन वे विज्ञान और तकनीक के प्रयोग से आगे बढ़कर कुछ नहीं है, और उत्पादक शक्तियों के विकास का मतलब केवल वैज्ञानिक और तकनीकी ज्ञान तथा विचारों की बढ़ोत्तरी है। बुनियादी समस्या उन तकनीकी ज्ञान तथा विचारों में बढ़ोत्तरी है। बुनियादी समस्या उन तरीकों को निर्धारित करना है जिनसे ज्ञान और चितंन का विकास या ठहराव

समाज को प्रभावित करते हैं, चाहे वह आर्थिक संबंधों और वर्ग संरचना पर विज्ञान के प्रभाव का मामला हो, या फिर नए धार्मिक, नैतिक अथवा दार्शनिक सिद्धांतों के उदय का मामला हो, और यह समझना है कि कैसे ये विभिन्न तत्व परिवर्तन के किसी अनुक्रम से जुड़े होते हैं।

परिवर्तन के प्रमुख स्रोत

सामाजिक परिवर्तन की प्रक्रिया को जिन दो प्रमुख स्रोतों ने प्रभावित किया है वे हैं, (1) नगरीकरण तथा (2) औद्योगीकरण। नगरीकरण एवम् औद्योगीकरण परस्पर संबंधित प्रक्रियाएं है। नगरीकरण वह प्रक्रिया है जिसमें नगरों की जनसंख्या में वृद्धि होती है अथवा नगरों में परिवर्तन हो जाते हैं। अन्य शब्दों में, नगरीकरण नगर निर्माण व नगरों की वृद्धि की प्रक्रिया है। नगर केवल एक निवास का स्थान ही नहीं वरन् एक विशिष्ट पर्यावरण का सूचक भी है। जहां नगरों की जनसंख्या अधिक होती है, वहां जनघनत्व भी अधिक पाया जाता है। व्यवसायों की बाहुल्यता एवम् भिन्नता, औरपचारिक व द्वैतीयक संबंधों की प्रधानता, भोगवाद, भौतिकवाद, कृत्रिमता जटिलता व्यस्तता, गतिशीलता, आदि नगरीय जीवन की प्रमुख विशेषताएं है। नगरों में बेकारी शिक्षा वृत्ति की बहुलता देखने को मिलेगी। वहां परिवार नातेदारी एवं पड़ौस का अधिक महत्व नहीं होता है। वहां व्यक्ति अपनी विभिन्न आवश्यकताओं की पूर्ति के लिए अनेक द्वैतीयक समूहों का सदस्य होता है।

नगरीकरण (Urbanization)

'नगर' शब्द अंग्रेजी भाषा के सिटी का हिंदी अनुवाद है। स्वयं सिटी शब्द लैटिन भाषा के सिविटाज से बना है जिसका तात्पर्य है नागरिकता। नगरीकरण शब्द नगर से बना है सामान्यतया नगरीकरण का अर्थ नगरों के उद्भव विकास, प्रसार एवम् पुनर्गठन से लिया जाता है।

वर्तमान औद्योगिक नगर औद्योगीकरण की ही देन है। जब एक स्थान एक विशाल उद्योग स्थापित हो जाता है तो उस स्थान पर कार्य के लिए लोग उमड़ पड़ते है और धीरे-धीरे वह स्थान नगर के रूप में विकसित हो जाता है। नगरीकरण को परिभाषित करते हुए **गोल्ड** तथा **कॉल्ब** लिखते हैं, ''*नागरिक जीवन संबंधी व्यवहार का ग्रामीण समुदाय पर प्रसार हो जाने का नाम है, नगरीकरण।*''

ब्रीज का कथन है कि, ''*नगरीकरण एक प्रक्रिया है जिसके कारण लोग नगरीय कहलाते हैं, नगरों में रहने लगते हैं, कृषि के स्थान पर अन्य व्यवसायों को अपनाते हैं जो नगर में उपलब्ध हैं और अपने व्यवहार प्रतिमान में अपेक्षाकृत परिवर्तन को समावेश करते हैं।*''

डेविस के अनुसार, ''नगरीकरण एक निश्चित प्रक्रिया है, परिवर्तन का वह चक्र है जिससे कोई समाज कृषक से औद्योगिक समाज में परिवर्तित होता है।''

फेयरचाइल्ड के अनुसार, ''*नगरीकरण का अर्थ नगरीय बनने की प्रक्रिया से है अर्थात् व्यक्तियों का नगरीय क्षेत्रों को गमन तथा नगरीय प्रक्रियाओं, जनसंख्या तथा क्षेत्रों की वृद्धि।*''

बर्गल के अनुसार, ''*ग्रामीण क्षेत्रों के नगरीय क्षेत्रों में परिवर्तन होने की प्रक्रिया को ही हमें नगरीकरण कहना चाहिए।*''

मिचेल ने कहा है कि, ''*नगरीकरण को नगरीय बनने की प्रक्रिया मानते हैं जिसमें लोग नगरों की ओर गमन करते हैं, कृषि को छोड़कर अन्य नगरीय व्यवस्थाओं को ग्रहण करते हैं और इसके साथ-साथ व्यवहार प्रतिमानों में भी परिवर्तन लाते है।*''

नेल्स एण्डरसन के अनुसार, ''*नगरीय का अर्थ है* (1) *लोगों को ग्रामीण क्षेत्र से नगरीय निवास के क्षेत्रों की ओर गति करना है,* (2) *इसका यह भी अर्थ है कि लोग कृषि के स्थान पर अकृषि कार्यों को अपनाते हैं,* (3) *लोग बिना किसी नगर में गमन किए भी अपने विचारों एवं व्यवहार में नगरीय हो सकते हैं। इस प्रकार नगरीकरण एक जीवन-विधि है जिसका प्रसार नगर से बाहर की ओर भी होता है।* ''

नगरीकरण की निम्नलिखित विशेषताएं हैं—

(क) नगरीकरण ग्रामों के नगरों में बदलने की प्रक्रिया का नाम है। ग्रामों का विस्तार क्षेत्र, जनसंख्या तथा साधनों के रूप में शहरों के नजदीक पहुंच जाता है।

(ख) नगरीकरण में लोग कृषि व्यवसाय को छोड़कर अन्य व्यवसाय करने लगते हैं। ये व्यवसाय एक प्रकार के बिचौलिया तंत्र को पैदा करते हैं जो उत्पादक और उपभोक्ता के बीच कड़ी का काम करते हैं।

(ग) नगरीकरण वह प्रक्रिया है जिसमें लोग स्थानीय दबावों के कारण गांव पलायन कर नगरों में जाने लगते हैं जिससे नगरों का विकास, प्रसार एवं वृद्धि होती है।

(घ) नगरीकरण जीवन जीने की एक विधि है जिसका प्रसार नगरों से गांवों की ओर होता है। नगरीय जीवन जीने की विधि को नगरीयता या नगरवाद कहते हैं। नगरवाद केवल नगरों तक ही सीमित नहीं होता वरन् गांव में रहकर भी लोग नगरीय जीवन-विधि को अपना सकते हैं।

(च) नगरीकरण के और भी कई तरीकें हैं—(अ) गांव के लोग नगरों को देखने जाते हैं और कुछ समय तक वहां निवास करते हैं, (ब) नगर के लोग गांव को देखने जाते हैं और अपना प्रभाव वहीं छोड़ जाते हैं, (स) नगरों में पैदा की हुई वस्तुएं गांव

द्वारा उपभोग की जाती हैं, (द) गांव के लोग नगरों द्वारा प्रभावित होते हैं एवं प्रभावित करते हैं।

इस प्रकार यह स्पष्ट होता है कि नगरीकरण का अर्थ केवल ग्रामीण जनसंख्या का नगर में आकर बसना या भूमि से संबंधित कार्यों के स्थान पर अन्य कार्यों में अपने को लगाना ही नहीं और न ही लोगों के नगर में आकार बस जाने मात्र से ही उनका नगरीकरण हो जाता है। ग्रामीण व्यक्ति भी जो कि ग्रामीण व्यवसाय और आदतों को त्यागते नहीं हैं, यदि वे नगरीय जीवन शैली, मनोवृत्ति, मूल्य, व्यवहार एवं दृष्टिकोण को अपना लेते हैं नगरीय हो सकते हैं।

भारतीय समाज और नगरीकरण का प्रभाव (Indian Society and Impact of Urbainzation)

भारत मूलत: गांवों का एक देश है जिसकी 74.3 प्रतिशत जनसंख्या गांवों में निवास करती है। प्राचीन समय में भी यहां नगर थे किंतु वे आज के नगरों से भिन्न थे। तब गांव एवं नगर के जीवन में कोई विशेष अंतर नहीं था। किंतु जब नगरों में बड़े-बड़े उद्योगों की स्थापना की गई तो नगरों की काया ही पलट गई और वे ग्रामों से भिन्न प्रकार के सामाजिक जीवन के क्षेत्र बन गए। नगरों में प्राप्त सुविधाओं को पाने के लिए गांवों की जनसंख्या नगरों की ओर उमड़ पड़ी। इससे नगरों की जनसंख्या में वृद्धि हुई और नगरीकरण की प्रक्रिया तीव्र हुई। नगरीकरण की प्रक्रिया के कारण भारत में अनेक सामाजिक परिवर्तन हुए हैं। परिवार, जाति, विवाह, अर्थव्यवस्था, राजनीति, धर्म सभी कुछ तो परिवर्तन के दौर में हैं। यही नहीं, नगरीकरण ने अनेक नवीन समस्याओं को भी जन्म दिया।

(अ) सामाजिक संरचना पर प्रभाव (Impact on Social Structure)

भारतीय सामाजिक संरचना के मूल आधार है: परिवार, विवाह, जाति व्यवस्था एवं ग्रामीण समुदाय। नगरीकरण के कारण इनके मौलिक स्वरूप में परिवर्तन हुआ है। उन पर परिलक्षित होने वाले प्रभाव निम्न प्रकार के हैं—

पारिवारिक जीवन पर प्रभाव (Impact on Family Life)—नगरीकरण के प्रभाव के कारण एकल परिवारों में वृद्धि हुई है। परंपरागत भारतीय परिवार संयुक्त प्रकृति के होते थे जिनमें तीन या चार पीढ़ियों के सदस्य एक साथ एक ही घर में निवास करते थे। उनकी संपत्ति खेत एवं कुएं भी सामूहिक थे। जन्म, मृत्यु, विवाह एवं अन्य अवसरों पर सामूहिक कोष में से ही खर्च किया जाता था। परिवार के सभी कार्यों पर वयोवृद्ध व्यक्ति का नियंत्रण होता था और वही परिवार से संबंधित महत्वपूर्ण विषय पर निर्णय लिया करता था। परिवार के अन्य सदस्य उसकी आज्ञा का पालन करते थे और धन कमाकर परिवार के सामूहिक कोष में दिया करते थे। किंतु नगरीकरण के प्रभाव के कारण परंपरात्मक संयुक्त परिवारों का विघटन हुआ। गांवों से लोग रोजगार की तलाश में नगरों में आने लगे। इससे गांवों में संयुक्त परिवार टूटे। नगरों में मकानों की समस्या, महंगाई, उच्च जीवन-स्तर की इच्छा, आदि के कारण संयुक्त परिवार के सभी सदस्यों का एक साथ रहना व खर्च चलाना कठिन हो गया। नगरों में छोटे-छोटे परिवार बनने लगे।

जो लोग गांवों से नगरों में आते, वे पैसा बचाकर गांव के परिवार के सदस्यों के लिए भेजना उचित नहीं मानते और नगरों में प्रचलित स्वतंत्रता और व्यक्तिवाद की भावना के कारण वे पितामह के नियंत्रण से भी मुक्ति चाहने लगे। इसका परिणाम यह हुआ कि वे अपने मूल परिवार से संबंध तोड़ लेते हैं नगरों में एकांकी परिवार, जिसमें केवल पति-पत्नी और बच्चे ही होते हैं, में रहते हैं जहां वे परिवार के मामले में अधिक स्वतंत्र हो जाते हैं। नगरीकरण के कारण भारत में संयुक्त परिवार की संरचना एवं कार्यों में हो रहे परिवर्तनों का उल्लेख जनगणना अधिकारियों एवं के.टी. मर्चेंट, के.एम. कपाड़िया, बी.बी. शाह, सुधा कालदाते, एडविन डी. ड्राइवर, ए.आर. देसाई, एलिन डी. रास, एम.एस. गोरे, राल्फ, बी.आर. अग्रवाल, गुडे, लेम्बार्ट, बी.जी. देसाई, मिल्टन, सिंगर, राधाकमल मुखर्जी, योगेश अटल आदि समाज वैज्ञानिकों ने किया है।

देश के विभिन्न भागों में अध्ययनों से यह बात सामने आई है कि नगरीकरण के प्रभाव के कारण भारत में परंपरागत संयुक्त परिवारों की संरचना एवं कार्यों में परिवर्तन हुआ किंतु वे पूरी तरह से विघटित नहीं हुए है। वर्तमान में परिवार संरचना की दृष्टि से तो एकांकी दिखाई देते हैं किंतु प्रकार्यों की दृष्टि से संयुक्त प्रकृति के हैं। नवीन परिस्थितियों के कारण तीन-चार पीढ़ियों के सभी सदस्यों का एक स्थान पर रहना, साथ-साथ पूजा एवं भोजन करना तो संभव नहीं है किंतु एकांकी परिवारों में रहने वाले सदस्यों की संपत्ति अब भी संयुक्त पाई जाती है। विवाह, जन्म, मृत्यु, त्यौहार एवं उत्सव आदि के अवसर पर विभिन्न स्थानों पर रहने वाले सदस्य अपने मूल निवास-स्थान पर एकत्रित होते हैं, अपने कर्तव्यों तथा दायित्वों का निर्वाह करते हैं, परस्पर एक दूसरे की सहायता भी करते हैं।

वैवाहिक जीवन पर प्रभाव (Impact on Marriage Life)—नगरीकरण के कारण परंपरात्मक भारतीय विवाह संस्था में भी अनेक परिवर्तन हुए हैं। नगर व्यक्तिवाद, भौतिकवाद, समानता व स्वतंत्रता के विचारों के गढ़ हैं जिनका प्रभाव विवाह पर भी पड़ा है। अब जीवन-साथी के चुनाव अथवा निर्धारण में परिवार के वयोवृद्ध व्यक्तियों एवं रिश्तेदारों के स्थान पर स्वयं लड़के व लड़कियों

की राय को अधिक महत्व दिया जाने लगा है। नगरों में ही प्रेम विवाह, अंतर्जातीय विवाह, कोर्ट मैरिज, विधवा पुनर्विवाह, तलाक आदि अधिक दिखाई देते हैं। नगरों के लोग विवाह को अब एक धार्मिक संस्कार न मानकर एक सामाजिक समझौता मानने लगे हैं जिसे कभी भी तोड़ा जा सकता है। अब विवाह का उद्देश्य धार्मिक कार्यों की पूर्ति न मानकर संतानोत्पत्ति एवं रति आनंद माना जाने लगा है। पति-पत्नी के संबंधों का आधार समानता है। अब पत्नी पति को परमेश्वर न मानकर एक मित्र या साथी मानने लगी हैं। बाल विवाह कम हुए हैं और उनके स्थान पर अविवाहित रहने और देर से विवाह करने की प्रवृत्ति बढ़ी है। अब बहुपत्नी विवाह के स्थान पर एक विवाह को ही श्रेष्ठ माना जाने लगा है। बहिर्विवाह के विभिन्न प्रतिबंधों; जैसे—सगोत्र, सप्रवर एवं सपिण्ड विवाह के नियमों में शिथिलता आई है। विवाह के लिए विज्ञापन देने की प्रवृत्ति बढ़ी है और नगरों में ऐसे कई मैरिज ब्यूरो खुल गए हैं जो विवाह की व्यवस्था करते हैं। अब विवाह कार्य कुछ ही घंटों में सम्पन्न कर दिया जाता है। इस प्रकार विवाह का संक्षिप्तीकरण हुआ है। यद्यपि विवाह में दहेज का महत्व बढ़ा है और अधिक दहेज लेना व देना प्रतिष्ठा का सूचक माना जाने लगा है। विवाह समारोह में अब केवल अपने रिश्तेदार, जाति व गोत्र के व्यक्ति ही नहीं वरन् अन्य जातियों के व्यक्तियों को भी आमंत्रित किया जाने लगा है। इस प्रकार हम देखते हैं कि नगरीकरण के कारण विवाह संस्था परिवर्तन के दौर में है किंतु फिर भी पूरी तरह से परंपरा के बंधनों से मुक्त नहीं हुई है।

जाति—व्यवस्था पर प्रभाव (Impact on Cast System)—भारत में नगरीकरण के विकास के साथ-साथ जाति व्यवस्था में तीव्र परिवर्तन हुआ है। गांवों से शहरों में पलायन तथा विकास की दौड़ में शामिल होने की प्रवृत्ति रक्त और खान-पान शुद्धता के सवाल को पार्श्व में धकेल दिया और जातीय समिश्रण की प्रक्रिया तेज होने लगी । पहले ऊंची जातियां नीची जातियों से खान-पान एवं व्यवहार में भेदभाव बरतती रही हैं। ऊंची जातियों को निम्न जातियों की तुलना में अधिक अधिकार एवं सुविधाएं प्राप्त रही हैं। प्रत्येक जाति का एक परंपरात्मक व्यवसाय होता है और एक जाति के व्यक्ति अपनी ही जाति में विवाह करते हैं। किंतु नगरीकरण के कारण जाति प्रथा के उपर्युक्त विशेषताओं में परिवर्तन हुआ है। अब व्यक्ति का मूल्यांकन उसकी जाति के बजाय उसके गुणों के आधार पर होने लगा है। जातीय संस्तरण में भी परिवर्तन हुआ है और उन जातियों की सामाजिक प्रतिष्ठा में वृद्धि हुई है जो संख्या की दृष्टि से अधिक है। आर्थिक दृष्टि से सम्पन्न हैं और जिन्हें राजनीतिक सत्ता प्राप्त है। खान-पान के संबंधों में पाए जाने वाले छुआछूत में भी शिथिलता आई है। नगर के होटलों में सभी जातियों के व्यक्ति साथ-साथ बैठते और खाते-पीते हैं; रेल, बस, और वायुयान आदि में सहयात्री बन कर यात्रा करते हैं। फैक्ट्रियों, कारखानों, खानों, दफ्तरों आदि में विभिन्न जातियों के लोग साथ-साथ काम करते हैं। अब कच्चे व पक्के भोजन का भेद भी जातीय आधार पर समाप्त हुआ है और उच्च जातियां अन्य जातियों के यहां कच्चा भोजन तक भी ग्रहण करने लगी हैं। नगरों में ऐसी बस्तियां भी हैं जहां विभिन्न जातियों के व्यक्ति साथ-साथ रहते हैं अब यह आवश्यक नहीं है कि एक व्यक्ति अपनी जाति के परंपरागत व्यवसाय को ही करे। एक जाति के व्यक्ति कई व्यवसायों में और एक व्यवसाय में कई जातियों के व्यक्ति लगे हुए हैं। नगरों में अन्तर्जातीय विवाह गांवों की अपेक्षा अधिक देखने को मिलेंगे। कई निम्न जातियों के व्यक्ति शिक्षा ग्रहण कर उच्च पदों पर कार्य करने लगे हैं जो पहले उनके लिए निषिद्ध थे।

ग्रामीण समुदायों पर प्रभाव (Impact on Rural Communities)—ग्रामीण समुदायों पर भी नगरीकरण का प्रभाव पड़ा है। यद्यपि गांवों में आज संयुक्त परिवार प्रथा, जाति प्रथा व कुछ मात्रा में जजमानी प्रथा का प्रचलन है फिर भी नगरों के प्रभाव से ग्राम बच नहीं पाए हैं। वर्तमान समय में गांव से बहुसंख्यक श्रमिक शहरों से आजीविका प्राप्त करते हैं। जिन लोगों के लिए गांव में बेरोजगारी या अर्थबेरोजगारी की स्थिति का सामना करना पड़ता है वे शहरों में जाकर आसानी से काम प्राप्त कर लेते हैं। नगर के गांव पर पड़ने वाले प्रभावों का उल्लेख डी एन मजूमदार, एम एन श्रीनिवास, एस सी दुबे, डॉ राव एवं कपाड़िया, आदि अनेक विद्वानों ने अपनी रचनाओं में किया है। गांव के लोग दूध, घी, सब्जी एवं फसलों को नगरों में बेचने आते हैं, इससे उन्हें अधिक पैसा मिलता है। ग्रामों में वस्तु के स्थान पर मुद्रा विनिमय प्रचलन बढ़ा है। ग्रामीणों की आर्थिक स्थिति में सुधार होने से उनके जीवन, दृष्टिकोण एवं मूल्यों में परिवर्तन हुआ है और नई आकांक्षाएं पैदा हुई हैं। पहले गांव लगभग आत्मनिर्भर थे और अपनी आवश्यकताओं की वस्तुएं स्वयं ही पैदा कर लिया करते थे। किंतु वे अब नगरों में निर्मित वस्तुएं, जैसे कपड़ा, प्लास्टिक, घड़ी, रेडियो, पंखा, फर्नीचर एवं अनेक अन्य वस्तुओं का उपभोग करने लगे हैं। जिन गांवों में नल व बिजली की सुविधाएं हो गई हैं वहां पर नगरों की भांति ही विभिन्न व्यवसाय पनपने लगे हैं। यहां पर भी आधुनिक दुकानें, व शिक्षण संस्थाएं चल रही हैं। गांवों में जजमानी प्रथा कमजोर हुई है और कई ग्रामीण लोग नगरों में जाकर व्यवसाय करने लगे हैं। धीरे-धीरे गांवों की आत्मनिर्भरता समाप्त हो रही है और गांवों में नगरीय संस्कृति एवं अर्थव्यवस्था अपनी पैठ बनाने में लगी है।

ग्रामीण लोग भी नगरीय फैशन, वस्त्र, खान-पान, जीवन-शैली, मनोरंजन के साधनों, आदि का प्रयोग करने लगे हैं। ये नवीन परिवर्तन गरीब लोगों की अपेक्षा सम्पन्न लोगों में अधिक देखे जा सकते हैं।

(ब) आर्थिक क्रियाओं पर
(Impact on Economic Activities)

नगरीकरण से आर्थिक जीवन में अनेक सुविधाएं पैदा हुई हैं तो अनेक कठिनाइयां भी सामने आ रहीं हैं। नगरीकरण की प्रक्रिया ने आर्थिक क्रियाओं और संस्थाओं में भी अनेक परिवर्तन उत्पन्न कर दिए हैं। आज नगरों में बड़े-बड़े उद्योग स्थापित हुए हैं, वे उत्पादन के केंद्र बन गए हैं। वहां बाजार, बैंक, मुद्रा साख आदि की सुविधाएं भी उपलब्ध हैं। इसी कारण नगर व्यापार और वाणिज्य के केंद्र बन गए हैं। वहां किसी भी नए व्यवसाय को प्रारंभ करने में कठिनाई नहीं होती। नगरों में बने माल को राष्ट्रीय और अंतर्राष्ट्रीय मंडियों तक आसानी से पहुंचा दिया जाता है। नगरों में श्रम-विभाजन और विशेषीकरण अधिक पाया जाता है। नगर विभिन्न प्रकार के उद्योगों और व्यवसाय के केंद्र बनते जा रहे हैं, जहां ग्रामीण व्यक्ति आकर अपनी उत्पादित वस्तुओं को बेचते और अपनी आवश्यकताओं की वस्तुओं को खरीदते हैं। इन सुविधाओं के साथ ही नगरीकरण ने अनेक समस्याएं पैदा कर दी है औद्योगीकरण के कारण नगरों में सुविधाओं का केंद्रीकरण हो गया तथा ग्रामीण जीवन अधिकांश नगराश्रित हो गया है। कृषि उत्पादों तथा कृषि औजारों, खाद, बीज इत्यादि का निर्धारण एकतरफा शहरी अर्थव्यवस्था के अधीन हो गई है। इसके साथ ही नगरों में उपलब्ध सुविधाओं के कारण ही नगरों में औद्योगिकीकरण अधिक हुआ है नगर में आर्थिक विषमता अधिक पाई जाती है।

(स) राजनीतिक क्षेत्र पर प्रभाव
(Impact on Political Sphere)

राजनीतिक रूप से भी नगरीकरण ने भारी परिवर्तन किया है। नगरीय जीवन में वर्गों की स्थिति अधिक स्पष्ट होती है तथा प्रशासन के नगरों में केंद्रित होने के कारण समस्याओं को लेकर लोगों का आंदोलन शहरों से ही शुरू होता है। नगरों में ही राजनीतिक संगठनों का केंद्र होता है जिस कारण वे कई आंदोलनों का प्रारंभ नगरों से ही करते हैं। नगरों में यातायात एवं संचार के साधनों, पत्र-पत्रिकाओं एवं समाचार-पत्रों आदि की सुविधा होने के कारण, राजनीतिक दल अपने विचारों और सिद्धांतों को सरलता से जनता तक पहुंचा देते हैं। नगरों में सभी प्रकार की सुविधा दिलाने के लिए राजनीतिक दल सरकार पर दबाव डालने के लिए नगरों में ही धरना, घेराव, तालाबंदी, हड़ताल एवं आंदोलन प्रारंभ करते हैं। इस प्रकार नगरीकरण ने लोगों में राजनीतिक जागृति पैदा की और नवीन प्रजातीय मूल्यों से लोगों को परिचित कराया है।

(द) धर्म पर प्रभाव
(Impact on Religions)

नगरों में धर्म का प्रभाव धीरे-धीरे क्षीण होता जा रहा है। वहां लोग भाग्य तथा ईश्वर में कम विश्वास करते हैं और अपने श्रम पर अधिक भरोसा रखते हैं। धार्मिक आडम्बर, पाखण्ड, कर्मकाण्ड व अंधविश्वास नगरों में बहुत कम ही देखने को मिलते हैं क्योंकि शिक्षा की अधिकता के कारण वहां व्यक्ति हर बात का तर्क एवं विज्ञान के आधार पर मूल्यांकन करते हैं। वहां पण्डों, पुजारियों, पुरोहितों एवं पादरियों के ढोंग अधिक नहीं चल पाते। इसका तात्पर्य यह नहीं है कि नगरों में धर्म का कोई महत्व और प्रभाव ही नहीं है। वर्तमान नगरों में लोग मानसिक रूप से अधिक पीड़ित हैं, अत: वे पुन: धर्म की शरण में जाने लगे हैं और अब वहां कई नए-नए धार्मिक संगठन स्थापित हुए हैं जो लोगों को धर्म की ओर आकर्षित कर रहे हैं।

(इ) कुछ प्रभाव
(Other Impact)

नगरीकरण के कारण सामाजिक सांस्कृतिक क्षेत्रों में अनेक परिवर्तन हुए हैं—

(क) **स्त्रियों की दशा में परिवर्तन**—नगरों में स्त्रियों की सामाजिक प्रतिष्ठा में वृद्धि हुई है। वहां स्त्रियों की उच्च शिक्षा की सुविधा होती है अत: वे पढ़-लिखकर स्वयं धन अर्जित करने लगी हैं और उनकी पुरुष पर आर्थिक निर्भरता समाप्त हुई है। इसीलिए वे घर की चहारदीवारी से बाहर आईं और सामाजिक, आर्थिक, राजनीतिक सभी क्षेत्रों में कार्य करने लगी हैं। अब उन्हें जीवन के विभिन्न क्षेत्रों में पुरुषों के साथ कंधे-से-कंधा मिलाकर काम करते देखा जा सकता है। नगरों में स्त्रियों को डॉक्टर, इंजीनियर, प्राध्यापक, विधायक, मंत्री और अन्य पदों पर कार्य करते हुए देखा जा सकता है। बाल-विवाह की संख्या में कमी एवं विधवा पुनर्विवाह के कारण स्त्रियों की पारिवारिक प्रस्थिति भी ऊंची उठी है। वर्तमान में परिवारों में पत्नी को पति के समकक्ष दर्जा प्राप्त है। नगरों में पर्दा-प्रथा और घूंघट-प्रथा का प्रचलन भी लगभग समाप्त हो गया है।

(ख) **रुचियों में परिवर्तन**—नगरीकरण के कारण लोगों की मनोवृत्तियों एवं रुचियों में भी परिवर्तन हुआ है। नगर का व्यक्ति सादगी के स्थान पर तड़क-भड़क, चमक-दमक और फैशन को अधिक पसंद करता है। नगरों में ही नए-नए फैशन,

केश-विन्यास, वस्त्र शैली और फर्नीचर की नई-नई डिजायनें और मॉडल देखे जा सकते हैं। नगरों में ही नए-नए आविष्कार जन्म लेते हैं जो लोगों की बदलती रूचि और आवश्यकताओं की पूर्ति कर सकते हैं।

(ग) **व्यक्तिवाद**—वर्तमान समय में पश्चिमी सभ्यता और संस्कृति के प्रभाव के कारण नगरों में व्यक्तिवाद पनपा है। वहां सामूहिकता और पारिवारिकता के स्थान पर अपने व्यक्तिगत हितों को ही अधिक महत्व दिया जाने लगा है।

(घ) **द्वितीयक संबंधों की प्रधानता**—नगरों में द्वितीयक एवं औपचारिक संबंध अधिक पाये जाते हैं। वहां व्यक्तियों के बीच पाए जाने वाले संबंध किसी-न-किसी स्वार्थ पर आधारित होते हैं। अत: उनमें आत्मीयता का अभाव पाया जाता है। प्राथमिक संबंधों की भांति वहां घनिष्ठता एवं सहयोग देखने को नहीं मिलता।

(च) **सामाजिक गतिशीलता**—नगरीकरण के कारण सामाजिक गतिशीलता में वृद्धि हुई है। एक व्यक्ति अच्छे अवसर प्राप्त होने पर एक स्थान से दूसरे स्थान पर जाने तथा अपने पद, वर्ग और व्यवसाय को बदलने को तैयार रहता है।

नगरीकरण की समस्याएं
(Problems of Urbanization)

नगरीकरण ने भारत में भारी परिवर्तन कर दिया है। इन परिवर्तनों के कारण कुछ लाभकारी परिणाम सामने आए हैं तो दूसरी ओर कई नई समस्याओं ने भी जन्म लिया है

1. स्वास्थ्य-समस्या—आमतौर पर धारणा यह है कि गांव के लोग नगरीय लोगों की तुलना में हृष्ट-पुष्ट और बलिष्ठ होते हैं। नगरीय लोग दुबले, रुग्ण और जल्द बीमार होने वाले होते हैं। नगरों में स्वच्छ वातावरण का अभाव होता है। मकानों की भीड़-भाड़, वायु-प्रदूषण, मिल, फैक्टरी का धुआं, स्थान की कमी, बंद मकान, रोशनी एवं स्वच्छ हवा का अभाव, गड़गड़ाहट एवं बहरा कर देने वाला शोरगुल, खटमल, मच्छर आदि की अधिकता, छूत के रोग, बदबूदार एवं सीलन भरे कमरे आदि सभी मिलकर स्वास्थ्य पर बुरा असर डालते हैं। इसी कारण गांव की तुलना में मृत्युदर शहरों में अधिक है। स्वास्थ्य की सुविधा जुटाने के लिए वहां पार्क, बगीचों एवं खेलकूद की सुविधा जुटाई जाती है। समाज वैज्ञानिक **पी.एन. प्रभु** ने अपने बम्बई सर्वेक्षण में यह पाया की 61प्रतिशत लोगों ने बम्बई में आने के बाद बीमार रहने की शिकायत की। 30 प्रतिशत लोगों ने परिवारजनों की मृत्यु के लिए नगर में आने के बाद लगी बीमारी को उत्तरदायी माना है। कई लोगों ने अपच एवं भूख न लगने की शिकायत की। नगरीकरण, मानसिक स्वास्थ्य पर भी कुप्रभाव डालता है और लोग निद्रा एवं चिन्ता से परेशान रहते हैं।

2. अपराधों में बढ़ोत्तरी—गावों की तुलना में नगरों में अपराध अधिक होते हैं। नगरों में परिवार, धर्म, पड़ौस, रक्त संबंध एव जाति के नियंत्रण में शिथिलता के कारण अपराध बढ़ जाते हैं। नगर में अपरिचितता के कारण भी अपराध के लिए पृष्ठभूमि तैयार होती है। वहां अपराधी गिरोह अपराध में प्रशिक्षण देने का कार्य करते हैं। वहां चोरी, डकैती, बैंकों को लूटना, आत्महत्याएं एवं हत्याएं दुर्घटनाएं, लड़कियों को भगा ले जाने, बच्चों को उठा ले जाने, धोखाधड़ी, ठगी आदि की घटनाएं अधिक होती है। समाचार-पत्रों में आए दिन इस प्रकार की घटनाएं छपती ही रहती हैं।

3. मनोरंजन की समस्या—नगरों में मनोरंजन का व्यवसायीकरण पाया जाता है। सिनेमा, टेलीविजन, खेलकूद, पार्क एवं बगीचों के लिए काफी पैसा खर्च किया जाता है। यहां व्यापारिक संस्थाओं द्वारा मनोरंजन उपलब्ध कराया जाता है। गांवों में खेलकूद, नृत्य, भजन, गायन आदि के माध्यम से सुगमता से लोगों का मनोरंजन होता है।

4. सामाजिक विघटन—व्यक्तिवादिता में वृद्धि के कारण नगरों में सामाजिक नियंत्रण शिथिल हुआ है। वहां परिवार, धर्म, ईश्वर, रक्त संबंधी एवं जाति के नियंत्रण के अभाव में समाज-विरोधी कार्य अधिक होते हैं। नगरों में नित्य नए परिवर्तन होने से परंपराओं एवं रीति-रिवाजों से लगाव नहीं होता। नगरों में सामाजिक एवं सांस्कृतिक प्रतिस्पर्द्धा एवं संघर्ष देखने को मिलते हैं जो सामाजिक विघटन पैदा करते हैं। गरीबी, भिक्षावृत्तिं, तलाक, बाल-अपराध और अपराध नगरीय जीवन की प्रमुख समस्याएं हैं। तोड़-फोड़, हड़ताल, नारेबाजी, नगरीय जीवन की आम घटनाएं है।

5. आवासीय समस्या—नगरों में आवासीय समस्या सर्वाधिक बड़ी समस्या के रूप में विद्यमान है। स्वस्थ वातावरण और हवा तथा रोशनी वाले आवास तो बहुत दुर्लभ है। अनेक लोग सड़क के किनारे झोंपड़ियां तक बनाकर रहते हैं। कानपुर, दिल्ली, मुम्बई जैसे कई औद्योगिक नगरों में एक कमरे में दस से पंद्रह तक व्यक्ति रहते हैं। इन मकानों में पाखाना एवं पेशाबघर का अभाव होता है। मकान का किराया अधिक होने के कारण किराए पर मकान लेना संभव नहीं हो पाता। नगरीय क्षेत्रों में कई मकान तो बीमारियों के घर होते हैं।

6. भिक्षावृत्ति—बेरोजगारी तथा गांवों से नगरों की और पलायन के कारण नगरों में भिक्षावृत्ति अधिक है। सड़क के किनारे मंदिर, मस्जिद एवं धार्मिक स्थानों के पास, रेलवे स्टेशन, बस स्टैण्ड एवं सार्वजनिक स्थानों पर भिखारियों की भीड़ देखी जा सकती है। भिक्षावृत्ति नगरों में व्याप्त गरीबी का सूचक है और अब तो यह एक पेशे का रूप ले रहा है।

7. मानसिक तनाव एवं संघर्ष—नगरों में मानसिक तनाव एवं संघर्ष अधिक है जिनसे मुक्ति पाने हेतु लोग नींद की गोलियां या प्रमोद गुटिकाएं लेते हैं। मानसिक बेचैनी से मुक्ति पाने का यह उपाय वास्तव में बड़ा महंगा है। धीरे-धीरे यह व्यक्ति को मृत्यु के मुंह में धकेलता है।

8. वेश्यावृत्ति—नगरों का विकास अनेक सामाजिक दशाओं से गुजर कर हुआ है। प्राय: पुराने नगरों में वेश्याओं के कोठे अब भी आबाद हैं तथा नगरीकरण ने भी इसे बढ़ावा दिया है। नगरों में वेश्यावृत्ति अधिक पाई जाती है। वहां यौन अपराधों की अधिकता एवं नैतिक मूल्यों में ह्रास पाया जाता है। इस प्रकार नगरीकरण ने मानव के सदियों से चले आ रहे जीवन में अनेक परिवर्तन किए हैं और नई समस्याओं को जन्म दिया है।

9. बढ़ती जनसंख्या—ग्रामीण जीवन में जीवन निर्वाह की अनिश्चितता, पुरातन समाज व्यवस्था के दबाव तथा नई आवश्यकतों की पूर्ति की चाह ने लोगों को नगरों की ओर उन्मुख किया है। सूक्ष्म रूप से यह नगरोंमुखता वस्तुत: नगरीय आवश्यकताओं की भी द्योतक है। नगरों में बढ़ती जनसंख्या ने यातायात, शिक्षा, प्रशासन एवं सुरक्षा इत्यादि की समस्या पैदा की है। सभी के लिए शिक्षा की व्यवस्था करना, यातायात एवं सुरक्षा के साधन जुटाना और नगर प्रशासन चलाना एक कठिन कार्य हो गया है।

नगरीय समस्याओं के समाधान के लिए नगर नियोजन (Town Planning) आवश्यक है। नगर नियोजन द्वारा निवास, यातायात, सड़कों, बगीचों, चिकित्सालयों, शिक्षण संस्थाओं, बाजारों, मंडियों एवं कारखानों का स्थान निर्धारण इस प्रकार से किया जाता है कि नगरीय जीवन सुविधाजनक बन सके। नगरीय समस्याओं का समाधान हो सके तथा उद्योगों का विकेंद्रीकरण किया जा सके।

आधुनिकीकरण

आधुनिकीकरण के विविध आयाम हैं। इसको समाज, समूह या व्यक्ति के स्तर पर समझा जा सकता है। इसको आर्थिक आधुनिकीकरण, राजनैतिक, आधुनिकीकरण, सामाजिक आधुनिकीकरण, तकनीकी आधुनिकीकरण, सैन्य आधुनिकीकरण, पुलिस आधुनिकीकरण शैक्षिक आधुनिकीकरण, प्रशासनिक आधुनिकीकरण, इत्यादि के रूप में भी समझा जा सकता है।

अर्थशास्त्री आधुनिकीकरण को समाज में प्रति व्यक्ति उत्पादन में वृद्धि लाने के लिए प्राकृतिक संसाधनों के नियंत्रण की तकनीक के प्रयोग में आने वाले मानव प्रयत्नों के अर्थ में समझते हैं। समाजशास्त्री इसका विवेचन जीवन की गुणवत्ता में आए अंतर के अर्थ में किया जाता है जो कि आधुनिक समाज की विशेषता है वे नए कार्यों को करने के लिए नई संरचनाओं को खोजते हैं या पुरानी संरचनाओं को नए कार्य सौंपते हैं। वे आधुनिकीकरण प्रक्रिया के विकार्यात्मक परिणामों का भी अध्ययन करते हैं, जैसे मानसिक बीमारी, हिंसा, सामाजिक अशांति व असंतोष क्षेत्रवाद और प्रदेशवाद तथा जाति और वर्ग संघर्ष इत्यादि। राजनीतिक वैज्ञानिक जैसे-जैसे आधुनिकीकरण होता जाता है, राष्ट्र की समस्याओं तथा सरकार बनाने की ओर ध्यान केंद्रित करते हैं। वे इस विषय में भी चिंतित रहते हैं कि सत्ता की भागीदारी के लिए राजनीति में नवागन्तुकों के प्रयत्नों के प्रति राजनैतिक अभिजन किस प्रकार प्रतिक्रिया करते हैं तथा सत्ता पर एकाधिकार करने वालों पर नजर रखना कि वे क्या कर रहे हैं।

ईजेन्टाड के अनुसार आधुनिकीकरण समकालीन दृश्य की सबसे प्रभावी विशेषता है क्योंकि अधिकतर राष्ट्र आजकल इसकी पकड़ में हैं। विविध देशों में आधुनिकीकरण की प्रक्रियाएं एवम् विशेषताएं कुछ अर्थों में सामान्य और कुछ अर्थों में भिन्न हैं। ऐतिहासिक दृष्टि से। सामाजिक, आर्थिक व राजनैतिक व्यवस्था में परिवर्तन की प्रक्रिया के रूप में आधुनिकीकरण का विकास विश्व के विभिन्न क्षेत्रों में विभिन्न परंपरागत समाजों की विविधता से हुआ है। पश्चिमी यूरोप में समाजों का विकास सामंती राज्यों से हुआ, पूर्वी यूरोप में निरंकुश राज्यों से, अमरीका, कनाडा और आस्ट्रेलिया में उपनिवेशवाद तथा आवसन से, लेटिन अमरीका में अल्पतंत्रीय विजित उपनिवेशवादी समाजों से, जापान में केंद्रीय सामंती राज्य से, चीन में निरंतर चलने वाली साम्राज्यवादी व्यवस्था के टूटने से, एशिया और अफ्रीका के अधिकतर देशों में औपनिवेशिक संरचना से, कुछ समाजों में (विशेषकर एशिया) केंद्रीय राजतंत्रीय समाजों से, और कुछ में जनजातीय संरचना और परंपराओं से (समाज का) विकास हुआ। **ईजेन्टाड** के अनुसार—इन समाजों में आधुनिकीकरण की प्रक्रिया के विविध प्रारंभिक बिंदुओं ने उनके विकास क्रम के विशिष्ट बाह्य रूपों तथा रास्ते में आने वाली समस्याओं को प्रभावित किया है।

आधुनिकीकरण की अवधारणा की संदिग्धता तथा प्रसार का फल यह हुआ है कि आधुनिकीकरण को विविध प्रकार व स्वरूपों में सामाजिक परिवर्तन से पहचाना जाने लगा है; उदाहरणार्थ पश्चिमीकरण, औद्योगिकरण, प्रगति, विकास इत्यादि। इसके अलावा विशेष पक्षों पर बल दिया जाना भी आधुनिकीकरण के आवश्यक तत्वों में से रहा है। अत: यह आवश्यक है कि आधुनिकीकरण शब्द की परिभाषा सूक्ष्म रूप में तथा वस्तुपरक अर्थ में की जाए।

अवधारणा—आधुनिकीकरण कोई दर्शन या आंदोलन नहीं है जिसमें स्पष्ट मूल्य व्यवस्था हो। यह तो परिवर्तन की एक प्रक्रिया है। प्रारंभ में आधुनिकीकरण शब्द का प्रयोग ''अर्थ व्यवस्था में परिवर्तन और सामाजिक मूल्यों एवम् प्रथाओं पर इसके प्रभाव''

के संदर्भ में किया जाता था। इसका वर्णन ऐसी प्रक्रिया के रूप में किया जाता था जिसने समाज को प्रमुख रूप से कृषि प्रधान समाज से प्रमुख रूप से औद्योगिक अर्थव्यवस्था वाले समाज में परिवर्तित कर दिया है। अर्थ व्यवस्था में इस प्रकार के परिवर्तन के परिणाम स्वरूप समाज में मूल्यों, विश्वासों एवं मानदंडों भी परिवर्तन आने लगा। आजकल आधुनिकीकरण शब्द को वृहत अर्थ दिया जाता है। इसको एक ऐसा सामाजिक परिवर्तन माना जाता है जिसमें विज्ञान और तकनीकी के तत्व शामिल होते हैं।

इसमें युक्ति पूर्णता निहित है। **एलाटास** के अनुसार आधुनिकीकरण एक ऐसी प्रक्रिया है जिसके द्वारा सम्बद्ध समाज द्वारा स्वीकृत विस्तृत अर्थों में अधिक अच्छे संतोषजनक जीवन के अंतिम लक्ष्य को प्राप्त करने के उद्देश्य से आधुनिक वैज्ञानिक ज्ञान को समाज में पहुंचाया जाता है। इस परिभाषा में 'आधुनिक वैज्ञानिक ज्ञान' में निम्न बातें संमिलित हैं : (i) प्रस्तावित व्याख्याओं की प्रमाणिकता सिद्ध करने के लिए प्रयोगों की सहायता लेना (ii) उन नियमों की कल्पना करना जिनको तार्किक व प्रयोगात्मक आधार पर समझाया जा सकता है, जो कि धार्मिक मत व दार्शनिक व्याख्या से भिन्न हो, (iii) तथ्यों की विश्वसनीयता को निश्चित करने के लिए निश्चित विधियों का प्रयोग, (iv) अवधारणाओं एवं चिन्हों का प्रयोग और (v) सत्य के लिए सत्य की खोज करना।

ईजेन्टाड के अनुसार आधुनिकीकरण सामाजिक संगठन के संरचनात्मक पक्ष और समाजों के सामाजिक जनसंख्यात्मक, दोनों पक्षों की व्याख्या करता है। **कार्ल ड्यूश** ने आधुनिकीकरण के अधिकतर सामाजिक जनसंख्यात्मक पक्षों को स्पष्ट करने के लिए, सामाजिक गतिमानता शब्द का इस्तेमाल किया है। उन्होंने सामाजिक गतिशीलता की परिभाषा इस प्रकार की है—''ऐसी प्रक्रिया जिसमें पुरानी सामाजिक, आर्थिक और मनोवैज्ञानिक प्रतिबद्धताओं के समूह मिटा दिए जाते हैं व तोड़ दिए जाते हैं और लोग नवीन प्रकार के सामाजीकरण और व्यवहार प्रतिमानों के लिए तैयार रहते हैं।''

रस्टोव और **वार्ड** की मान्यता है कि आधुनिकीकरण में मूल प्रक्रिया मानवीय मामलों में आधुनिक विज्ञान का प्रयोग है। **पाई** के अनुसार, ''आधुनिकीकरण व्यक्ति व समाज के अनुसंधानात्मक व अविष्कारशील दृष्टिकोण का विकास है जो तकनीकी तथा मशीनों के प्रयोग में निहित होता है तथा जो नए प्रकार के सामाजिक संबंधों को प्रेरित करता है''। **टायनबी** का कहना है कि 'आधुनिकीकरण तथा पश्चिमीकरण' का प्रतिस्थापन्न है। विज्ञान और जनतंत्र के परिचय के लिए 'पश्चिमी' के स्थान पर 'आधुनिक' शब्द के प्रयोग का उद्देश्य बाह्य स्वरूप को बचाना मात्र है, क्योंकि यह तथ्य व्यक्तियों के लिए स्वीकार करने योग्य नहीं है कि उनकी अपनी पैतृक जीवन शैली उस वर्तमान स्थिति के अनुकूल नहीं है जिसमें वे अपने को पाते हैं लेकिन ऐसे विकारों को पूर्णरूपेण अनुचित एवं पक्षपातपूर्ण बताया गया है।

'आधुनिकीकरण' को 'औद्योगीकरण' से भी संभ्रमित नहीं मानना है। औद्योगीकरण का संदर्भ उन परिवर्तनों से है जो कि उत्पादन की विधियों, शक्ति चालित मशीनों के प्रवेश के फलस्वरूप आर्थिक व सामाजिक संगठनों, तथा परिणामस्वरूप फैक्ट्री व्यवस्था के उदय से है। **थियोडरसन** के अनुसार औद्योगीकरण के निम्न लक्षण है। (i) कारीगर या शिल्पी के घर या दुकान में हस्त उत्पादन के स्थान पर फैक्ट्री केंद्रित मशीनों उत्पादों की प्रतिस्थापना, (ii) प्रमाणिकीकृत वस्तुओं का बदले जाने वाले भागों से उत्पादन (iii) फैक्ट्री मजदूरों के एक वर्ग का उदय जो मजदूरी के लिए कार्य करते हैं और जो न तो उत्पादन किए गए माल और न ही उत्पादन के साधनों के मालिक होते हैं (iv) गैर-कृषि धंधों में लगे लोगों के अनुपात में वृद्धि और (v) असंख्य बड़े नगरों का विकास। औद्योगीकरण लोगों को वे भौतिक वस्तुएं उपलब्ध कराता है जो पहले कभी उपलब्ध नहीं थी। आधुनिकीकरण दूसरी ओर एक लंबी प्रक्रिया है जिससे मस्तिष्क का वैज्ञानिक दृष्टिकोण पैदा होता है। **जेम्स ओ कोनेल** ने आधुनिकीकरण की प्रक्रिया के विश्लेषण में इसको तीन पहलुओं में विभाजित करता है: (i) आविष्कारात्मक दृष्टिकोण, अर्थात् वैज्ञानिक भावना जिससे निरन्तर व्यवस्थित तथा आविष्कारात्मक ज्ञान प्राप्त होता हो, जो कि घटना के कारण और परिणाम से संबंधित हो, (ii) नए तरीकों और उपकरणों का अविष्कार, अर्थात उन विभिन्न विधियों की खोज जो अनुसंधान को आसान बनाए, और उन नई मशीनों का अविष्कार जो जीवन के नए प्रतिमान को आवश्यक बनाते हों। आधुनिक विज्ञान द्वारा प्रस्तुत व्याख्या धार्मिक संस्कारों को अनावश्यक बनाती है, (iii) सामाजिक संरचनात्मक दोनों स्तरों पर निरंतर परिवर्तन को स्वीकारने की इच्छा और साथ ही वयक्तिगत तथा सामाजिक पहचान सुरक्षित रखने की योग्यता। उदाहरणार्थ, बहुपत्नी परंपरागत समाज में वैवाहिक रीति-रिवाज बुजुर्गों के चारों ओर केंद्रित थे, किंतु मजदूरी प्रथा के प्रचलन और श्रमिकों की गतिशीलता से युवा पीढ़ी को आर्थिक उपलब्धियों ने पत्नियों के लिए प्रतिस्पर्द्धा को बाध्य कर दिया। **जेम्स ओ कोनेल** के अनुसार परंपरागत समाज से आधुनिक समाज में जो परिवर्तन होते हैं वे इस प्रकार है:—

(1) आर्थिक विकास में वृद्धि होती है और वह आत्मनिर्भर हो जाता है।

(2) प्रारंभिक धंधों में लगे लोगों की संख्या कम होती जाती है, जबकि द्वैतीयक तथा तृतीयक धंधों में लगे लोगों की संख्या बढ़ती जाती है।

(3) पुराने कृषि यंत्रों तथा विधियों के स्थान पर टैक्टरों और रासायनिक उर्वरकों का प्रयोग बढ़ता है।

(4) वस्तु विनियम के स्थान मुद्रा व्यवस्था ले लेती है।

(5) उन समुदायों के बीच जो पहले एक दूसरे से अलग होते थे और स्वतंत्र होते थे, अंत: निर्भरता आ जाती है।

(6) नगरीकरण की प्रक्रिया में वृद्धि होती है।

(7) प्रदत्त प्रस्थिति अर्जित प्रस्थिति को स्थान देती है।

(8) समानता धीरे-धीरे संस्तरण का स्थान लेती है।

(9) स्वास्थ्य सुधार तथा अच्छी मैडिकल देखभाल के कारण जीवन की अवधि लंबी होती जाती है।

(10) यातायात तथा संचार की नवीन विधियों द्वारा भौगोलिक दूरियां कम होती जाती है।

(11) वंशानुगत नेतृत्व का स्थान चुनाव द्वारा नेतृत्व ले लेता है।

इस संबंध में परंपरा 'परंपरा' 'परंपरावाद' तथा 'परंपरागत समाज' शब्दों को समझना आवश्यक है। 'परंपरा' शब्द का अर्थ अतीत से चले आ रहे विश्वासों एवं प्रथाओं से है। 'परंपरावाद' मानसिक दृष्टिकोण है जो प्राचीन विश्वासों और प्रथाओं को अपरिवर्तनीय मानकर उनको शोभायुक्त व गौरवान्वित करता है। यह परिवर्तन और विकास के विपरीत है। परंपरावादी लोग परंपरा को स्थाई मानते हैं। उनका कहना है कि परंपरात्मक मूल्यों और प्रथाओं को मानना और सुरक्षित रखना इसलिए आवश्यक हैं क्योंकि अतीत में उन्हें उपयोगी पाया गया था। अत: वे उन नवीनताओं के दुश्मन हैं जो पुरानी प्रथाओं का उल्लंघन करती है।

एडवर्ड शिल्स के अनुसार परंपरा या परंपरापरक अभिमुख क्रिया ''परंपरात्मक मानदंडों का उनकी परंपरात्मक प्रकृति के प्रति जागरूक रहते हुए स्वेच्छा से उनकी निश्चयपूर्वक अभिपुष्टि करना है।'' परंपरात्मक मानदंड पवित्र भाव से पुण्य रूप में उदित होते हैं। यदि यह मानदंड अतीत की किसी पवित्र वस्तु से जुड़े हो तो उनके परिवर्तन का अधिक विरोध होगा, अपेक्षाकृत अमानदंडों के जिनका आधार पवित्र वस्तु से संबंधित न हो।

परंपरात्मक ढंग से संप्रेषित मानदंड इस कारण स्वीकार किए जाते हैं। क्योंकि—

(1) उनके न मानने में मान्यता व अनुशास्ति का प्रश्न उठता है।

(2) दी गई स्थिति में वे नियमों की आवश्यकता की पूर्ति करते हैं और इस प्रकार समाज में स्थिरीकरण का कार्य करते हैं।

(3) उनमें पवित्रोन्मुखता होती है,

(4) उनका संप्रेषण अतीत से होता रहा है, और

(5) भय और अज्ञानता के कारण भी लोग अतीत के प्रतिश्रद्धावान रहते हैं और परिवर्तन का विरोध करते हैं।

आर.एन बेल्लाह के अनुसार परंपरागत समाज की विशेषताएं हैं : मौखिक परंपराओं की प्रधानता, नातेदारी पर आधारित संगठन, प्रदत्त, प्रस्थिति, तथा संस्तरित सामाजिक व्यवस्था। इसके विपरीत 'आधुनिक समाज' की विशेषताएं हैं मशीनी तकनीक, राष्ट्रीय व धर्म निरपेक्षता के विचार तथा अत्यंत उच्चता की विविधता पूर्ण संरचनाएं। सरल शब्दों में यह कहा जा सकता है कि जहां परंपरागत समाज रीति-रिवाजों व प्रथाओं से बंधा होता है और संस्तरित प्रदत्त, प्रस्थिति वाला, तथा अनुत्पादक होता है, वही आधुनिक समाज समानतावादी, उपलब्धपरक, तथा उत्पादन परक अर्थ-व्यवस्था पर आधारित होता है।

परंपरागत समाज गतिहीन होता है। उच्च गतिशीलता वाले समाज में जिसे मुक्त समाज भी कहा जाता है, व्यक्ति मार्ग में आने वाले अवसरों तथा अपनी योग्यता व संभावनाओं का लाभ उठाते हुए अपनी प्रस्थिति में परिवर्तन कर सकता है। दूसरी ओर, बंद या गतिहीन समाज में व्यक्ति जन्म से मृत्यु तक एक ही प्रस्थिति में रहता है आधुनिकता से हमारा तात्पर्य मुक्त समाज की रचना से या नई संस्थाओं की रचना की सीमा से, और उस परिवर्तन को स्वीकारने से है जो संस्थाओं, विचारों, तथा समाज की समाजिक संरचना से सम्बद्ध है। **शिल्स** की मान्यता है कि परंपरागत समाज किसी भी अर्थ में पूर्णत: परंपरागत नहीं होता और आधुनिक समाज किसी भी प्रकार परंपराओं से मुक्त नहीं होता।

विशेषताएं—कार्ल ड्यूश ने आधुनिकता के बारे में लिखते हुए उसके सामाजिक गतिशीलता वाले पक्ष पर-विचार किया है। इस पक्ष के संदर्भ में आधुनिक जीवन में मशीन,जिसे व्यापक अर्थों में तकनालॉजी के समतुल्य माना जाता है, शहरीकरण, कृषि कार्यों में परिवर्तन, साक्षरता और प्रतिव्यक्ति आय में बृद्धि को प्रमुख कारण और कारक माना है।

इजेन्टाड ने आधुनिकता की मुख्य विशेषताओं में बाजार जैसी संस्थाओं का विकास, मतदान, राजनीतिक कार्यों आदि को माना है। जबकि **मूरे** ने आधुनिक समाज के मुख्य लक्षणों के रूप में आर्थिक, राजनैतिक और सांस्कृतिक तौर पर क्रमश: ज्ञान के व्यवस्थित खोज, व्यवसाय के चुनाव तथा बाजार के विकास; शासित वर्गों के प्रति शासक वर्ग का उत्तरदायित्व, समाज में अधिकाधिक समूहों में शक्ति का फैलाव और अंतत: प्रौढ़ नागरिकों में तथा नैतिक व्यवस्था में फैलाव और किसी भी शासक व्यक्ति या शासक समूह के प्रति प्रदत्त राजनैतिक प्रतिबद्धता में कमी; और सांस्कृतिक रूप से प्रमुख मूल्यों और व्यवस्थाओं के प्रमुख तत्वों तथा विज्ञान में बढ़ता अंतर, धर्म निरपेक्ष शिक्षा और साक्षरता का विकास तथा नए सांस्कृतिक दृष्टिकोण का विकास प्रमुख है।

आधुनिक समाज की विशेषताओं को इस प्रकार भी रेखांकित किया गया है—

1. धर्म निरपेक्षता
2. वैज्ञानिकता
3. तार्किकता
4. उपलब्धि परकता
5. मूल्यों और मानदंडों में परिवर्तन
6. सकीर्य परक अर्थव्यवस्था
7. मुक्त समाज
8. गतिशील व्यक्तित्व
9. मानवसंसाधन में निवेश
10. नई प्रकार्यात्मक संस्थाओं की स्थापना और विकास
11. जाति, धर्म, नातेदारी और भाषाई हितों की तुलना में राष्ट्र हित को प्रयुक्त।

औद्योगीकरण (Industrialization)

औद्योगिक क्रांति के बाद औद्योगीकरण की प्रक्रिया तेजी से बढ़ी है। औद्योगीकरण एक ऐसी प्रक्रिया है जिसमें लघु एवं कुटीर उद्योगों का स्थान बड़े उद्योग ले लेते हैं। उद्योगों में जड़ शक्ति का प्रयोग किया जाता है और उत्पादन मशीनों की सहायता से होता है। ऐसी स्थिति में उत्पादन विशाल मात्रा में और तीव्र गति से होने लगता है।

औद्योगीकरण से तात्पर्य निर्माता उद्योगों की स्थापना एवं विकास से है। इस अर्थ में औद्योगीकरण आर्थिक विकास की प्रक्रिया का ही एक भाग है जिसका उद्देश्य उत्पादन के साधनों की कुशलता में वृद्धि करके जीवन-स्तर को ऊंचा उठाना है। व्यापक अर्थ में ''औद्योगीकरण के द्वारा देश की संपूर्ण आर्थिक संरचना को परिवर्तित किया जा सकता है''

बिल्बर्ट मूर का कथन है कि, ''औद्योगीकरण का तात्पर्य आर्थिक उत्पादन के लिए शक्ति के निर्जीव साधनों का विस्तृत प्रयोग है। वह सब कुछ संगठन, यातायात एवं संदेशवाहन आदि के द्वारा उत्पन्न होता है। ''

क्लार्क केर के अनुसार, ''औद्योगीकरण का अभिप्राय एक ऐसी स्थिति से है, जिसमें पहले का कृषक अथवा व्यापारिक समाज एक प्रौद्योगिक समाज की दिशा में परिवर्तित होने लगता है।''

पी.कांग चांग का कहना है कि, ''औद्योगीकरण से तात्पर्य उस प्रक्रिया से है, जिसके अंतर्गत उत्पादन कार्यों में महत्वपूर्ण परिवर्तन होते हैं। इन परिवर्तनों में कुछ आधारभूत परिवर्तन वे हैं जिनका संबंध किसी उपक्रम के यंत्रीकरण से होता है तथा जिसके द्वारा किसी नवीन उद्योग की स्थापना, किसी नए बाजार की खोज और विस्तार दोनों ही बढ़ते हैं।''

औद्योगीकरण की विशेषताएं
(Characteristics of Industrialization)

1. औद्योगीकरण का संबंध उत्पादन की प्रक्रिया से है।

2. औद्योगीकरण के दौरान नवीन उद्योगों की स्थापना की जाती है। पुराने उद्योगों की जगह नए और आधुनिक उद्योग स्थापित हो जाते हैं।

3. औद्योगीकरण में हाथ की अपेक्षा मशीनों द्वारा उत्पादन किया जाता है।

4. औद्योगीकरण में मानव शक्ति के स्थान पर जड़ शक्ति, जैसे—कोयला, डीजल, जल विद्युत, परमाणु शक्ति, आदि का प्रयोग किया जाता है।

5. औद्योगीकरण में उत्पादन में श्रम-विभाजन एवं विशेषीकरण पाया जाता है।

6. औद्योगीकरण में उत्पादन विशाल पैमाने पर तीव्रगति से होता है।

7. औद्योगीकरण में वैज्ञानिक एवं तकनीकी पद्धतियों का प्रयोग किया जाता है।

8. औद्योगीकरण में प्राकृतिक स्रोतों का पूर्ण दोहन करने का प्रयत्न किया जाता है।

9. औद्योगीकरण के दौरान आर्थिक विकास होता है, उत्पादन और मुनाफे में वृद्धि के कारण एक नए वर्ग का अभ्युदय होता है। इसमें पूंजी का विकास एवं विस्तार सम्मिलित है।

10. औद्योगीकरण में सामाजिक-आर्थिक गतिशीलता उत्पन्न होती है जैसे कि **मार्क्स** का कहना है कि उत्पादन प्रणाली बदलने पर सामाजिक-आर्थिक ढांचे में भी परिवर्तन आता है।

11. औद्योगीकरण के फलस्वरूप प्राचीन विश्वासों एवं मान्यताओं का ह्रास होता है।

बहुविकल्पीय प्रश्न

1. **मार्क्स** तथा **वेब्लन** के सामाजिक परिवर्तन के सिद्धांत क्या कहे जाते हैं?

A. चक्रीय B. लम्बवत

C. रेखीय D. उदग्र

2. निम्नलिखित में से प्रगति की विशेषता क्या है?

A. प्रगति वांछित उद्विकास है

B. प्रगति तुलनात्मक है

C. प्रगति स्वचालित नहीं होती है

D. उपरोक्त सभी

3. किसने प्रगति की नैतिक अवधारणा पर जोर दिया?

A. मैकाइवर B. गिन्सबर्ग

C. फेरिस D. जॉनसन

4. किस समाजशास्त्री ने प्रगति के चौदह मापदंडों का उल्लेख किया है?

A. ई.एस.बोगार्डस B. ए.जे.टॉड

C. हॉब हाउस D. चार्ल्स पेज

5. **ओसवाल्ड स्पेंगलर** किस सामाजिक परिवर्तन सिद्धांत के समर्थक हैं?

A. उदग्र B. लंबवत

C. रेखीय D. चक्रीय

6. किस समाजशास्त्री ने अभिजात वर्ग का परिभ्रमण सिद्धांत का प्रतिपादन किया?

A. पैरेटो B. स्पेंगलर

C. मर्टन D. मार्क्स

7. सांस्कृतिक विलंबना का सिद्धांत किसने प्रतिपादत किया?

A. मार्क्स B. सोरोकिन

C. पैरेटो D. ऑगबर्न

8. 'प्रगति का अर्थ अच्छाई के लिए होने वाला परिवर्तन है जिसमें मूल्य निर्धारण के तत्व निहित हैं।' यह परिभाषा किस समाजशास्त्री की है?

A. लम्ले B. ऑगबर्न एवं निमकॉक

C. गिन्सबर्ग D. मैकाइवर

9. प्रगति के संबंध में निम्नलिखित में से क्या सत्य है?

A. प्रगति का तुलनात्मक धारणा है

B. प्रगति से तुलना नहीं की जा सकती

C. प्रगति की कोई दिशा नहीं होती

D. उपर्युक्त में से कोई नहीं

10. किसी मान्यता प्राप्त दिशा में होने वाले परिवर्तन को क्या कहते हैं?

A. उद्विकास B. उन्नति

C. प्रगति D. सामाजिक परिवर्तन

11. **गोल्डन वीजर** के अनुसार सामाजिक परिवर्तन का प्रमुख कारण है—

A. उद्विकासीय क्रम

B. संस्कृति में होने वाला प्रसार

C. विभिन्न अविष्कार

D. उपर्युक्त सभी

12. सामाजिक परिवर्तन की क्या विशेषता है?

A. सामाजिक परिवर्तन सर्वव्यापी है

B. परिवर्तन की प्रकृति गुणात्मक है

C. सामाजिक परिवर्तन अनिवार्य नियम है

D. सामाजिक परिवर्तन की गति तुलनात्मक नहीं है

13. सही उद्विकासीय क्रम क्या है?

A. औद्योगिक समाज B. कृषक समाज

C. जनजातीय समाज D. परा औद्योगिक समाज

14. उत्पादन की उस प्रक्रिया को जिसके अंतर्गत उत्पादन के तरीकों तथा उसके आकार में क्रांतिकारी तरीके से परिवर्तन होते हैं, औद्योगीकरण कहते हैं, यह परिभाषा किसकी है?

A. के.एम. कपाड़िया B. स्नेहलता शर्मा

C. पी.एच. प्रभु D. डॉ.नमर्देश्वर प्रसाद

15. कौन-सा कथन सत्य है?

A. कस्बा ग्राम का बड़ा रूप है।

B. एक ग्राम अनेक कार्यों की इकाई है।

C. एक कस्बा अपने ग्रामीण ग्राहकों की ही सेवा करता है।

D. एक कस्बे का अपने चारों ओर की कृषि भूमि पर न तो राजनीतिक, सांस्कृतिक और न आर्थिक प्रभाव है।

16. विश्व के अधिकांश देशों में गांव, कस्बा और नगर के भेद के लिए निम्न में से किसे आधार माना गया है?

A. अर्थव्यवस्था

B. वैधानिक, प्रशासनिक एवं सरकारी आधार

C. जनसंख्या

D. धार्मिक एवं सांस्कृतिक आधार

17. निम्न लिखित को सुमेलित कीजिए—

(क) कोल विप्लव	(1) 1783
(ख) काली विद्रोह	(2) 1795-1800
(ग) चुआरी आंदोलन	(3) 1831-1832
(घ) तमार विद्रोह	(4) 1818

	क	ख	ग	घ
A.	1	2	3	4
B.	2	4	1	3
C.	3	4	2	1
D.	3	4	1	2

18. निम्नलिखित को सुमेलित कीजिए—

(क) खासी विद्रोह (1) 1861

(ख) जुअंग विद्रोह (2) 1966-1971

(ग) नागा विद्रोह (3) 1829

(घ) मिजो विद्रोह (4) 1879

	क	ख	ग	घ
A.	1	2	3	4
B.	3	1	4	2
C.	3	1	2	4
D.	4	3	2	1

19. निम्नलिखित को सुमेलित कीजिए—

(क) जे.एच. हट्टन (1) रिलीजन एंड सोसाइटी

(ख) एस.वी. करंदीकर (2) मैरिज एंड फेमिली इन इंडिया

(ग) के.एम. कपाड़िया (3) हिंदू एक्सोगेमी

(घ) एस. राधाकृष्णन (4) कास्ट एंड क्लास इन इंडिया

	क	ख	ग	घ
A.	1	2	3	4
B.	3	4	1	2
C.	2	1	3	4
D.	4	3	2	1

20. सुमेलित कीजिए—

(क) चाईबासा (1) हो

(ख) गंजाम (2) सावरा

(ग) वायनाड (3) पनियन

(घ) चंबा (4) कनोरा

	क	ख	ग	घ
A.	4	3	2	1
B.	2	1	3	4
C.	3	4	1	2
D.	1	2	3	4

उत्तरमाला

1	2	3	4	5	6	7	8	9	10
C	D	A	A	D	A	D	B	A	C
11	**12**	**13**	**14**	**15**	**16**	**17**	**18**	**19**	**20**
B	D	C	B	A	A	B	C	D	D

UNIT–2

अध्याय 9

संरचनात्मक
(Structural)

टॉम. बी. बोटोमोर का कथन है कि, ''आज की तारीख में ऐसे समाजशास्त्रीय सिद्धांत नहीं हैं जिन्हें पूर्णतया वैध माना जाता हो अथवा आमतौर पर स्वीकार किया जाता हो'' इसका तात्पर्य है कि अभी भी समाजशास्त्रीय सिद्धांतों की रचना प्रक्रिया चल रही है। अनेक विषयों और क्षेत्रों में जैसे-जैसे नए अध्ययन हो रहे हैं वैसे-वैसे समाजशास्त्रीय सिद्धांतों में नवीनता आती जा रही है अथवा कहना चाहिए कि उसका दायरा बढ़ता जा रहा है तथा सिद्धांतों में तथ्यों और परिभाषाओं का समावेश होता जा रहा है। शुरुआती समाजशास्त्रियों को विश्वास था कि उन्होंने सामाजिक विकास के ऐसे बुनियादी नियम ढूंढ लिए हैं जिनसे चिंतन और व्यवहार को निर्देशित करने में सक्षम सिद्धांत समूह बनते हैं, लेकिन आधुनिक समाजशास्त्री ऐसे दावे नहीं करते। वे सामान्यत: समाजशास्त्रीय दृष्टिकोण को स्पष्ट करते हुए अधिक सटीक धारणाओं, कारगर वर्गीकरणों को विकसित करना चाहते हैं। आर. बी. ब्रेथबेल्ट ने कहा कि अगर विज्ञान विकास की ऊंची अवस्था में होगा तो उसके सिद्धांतों में एक तारतम्य दिखाई पड़ेगा, अनेक विशेष सिद्धांत भी, अनेक सामान्य सिद्धांतों की तार्किक परिणति दिखेंगे, लेकिन यदि विज्ञान विकास की शुरुआती अवस्था में होगा तो उसके सिद्धांत महज ऐसे सामान्यीकरण होंगे जो चीजों को विभिन्न वर्गों में वर्गीकृत करने के लिए जरूरी होंगे।

इस कथन का तात्पर्य भी यही है कि विकासशील अवस्था में बनाए गए सिद्धांत पूर्णतया वैध अथवा स्वीकृत नहीं हो सकते। सामाजिक विकास के सिद्धांतों के संदर्भ में कोई भी नियम पूर्ण और संदेह से परे नहीं है। उदाहरण के तौर पर इतिहासवाद के प्रसंग में **के. आर. पापर** का कथन देखा जा सकता है कि, ''पृथ्वी पर जीवन का विकास एक अनूठी ऐतिहासिक प्रक्रिया है। हम मान सकते हैं कि ऐसा कोई भी विकास अनेक प्रकार के कार्यकारण नियमों के अनुसार होता है। फिर इसका वर्णन किसी सिद्धांत के तौर पर नहीं किया जा सकता है। किसी सार्वभौमिक परिकल्पना का परीक्षण करने अथवा विज्ञान के नियम स्वीकार करने किसी प्राकृतिक नियम को पाने की आशा नहीं की जा सकती''

लेकिन इसका मतलब यह नहीं है कि इतिहासवाद की परिकल्पना निरर्थक है। जीव विज्ञान के क्षेत्र में इसी से जेनेटिक विज्ञान का जन्म हुआ और आनुवंशिकी के सार्वभौमिक नियम सूत्रबद्ध हुए। समाजशास्त्र के क्षेत्र में विकास की धारणा के चलते काफी भ्रम फैला और इस पर वैज्ञानिक ढंग के बजाए दार्शनिक ढंग से विचार किया गया। हालांकि इसके आधार पर सामाजिक वर्गीकरण की कुछ उपयोगी कोशिशें हुईं और सामाजिक परिवर्तन की प्रक्रिया के कुछ फलदायक विश्लेषण भी हुए। इन परिणामों की अनदेखी इतिहासवाद के आलोचकों ने अक्सर की है। सामाजिक विकास के नियमों को खारिज करने का यह मतलब नहीं है कि सामाजिक परिवर्तन को सार्वभौमिक नियमों के तहत व्याख्यायित नहीं किया जा सकता। स्वयं **पापर** 'नियमों' और 'प्रवृत्तियों' में फर्क करते हैं और कहते हैं कि जब कभी सी किस्म की स्थितियां होंगी तो टी किस्म की प्रवृत्ति होगी। इस किस्म के सार्वभौमिक नियम बनाए जा सकते हैं। **मार्क्स** सहित तमाम क्लासिक समाजशास्त्रियों की अनेक मान्यताओं को इस तरह फिर से सूत्र बद्ध करना मुश्किल नहीं है। उदाहरण के लिए हम **मैक्स वेबर** का वह वक्तव्य ले सकते हैं जहां वह **प्रोटेस्टेंट नैतिकता** और **पूंजीवाद** के बीच संबंध की बात करता है। यह इसी किस्म का वक्तव्य है। हम कह सकते हैं— जब कभी ए, बी, सी (खास तरह की) आर्थिक परिस्थितियां और काल्विनीय किस्म की सामाजिक नैतिकता होगी तो न्यूनतम लागत के बल पर अधिकतम उत्पादन जैसी तार्किक आर्थिक गतिविधि की प्रवृत्ति होगी। मान लीजिए इसे और सटीक ढंग से सूत्रबद्ध कर दिया जाए और यह वास्तव में एक सार्वभौमिक नियम हो जाए, तो फिर हम किसी विशेष घटना के संबंध में इस सवाल का जवाब दे सकेंगे। यह प्रकृति किस वजह से प्रकट हुई?

अब तक यह माना जाता रहा है कि प्राकृतिक विज्ञानों की तरह ही सामाजिक विज्ञान भी सामान्यीकरण के विज्ञान हैं। जिनका

उद्देश्य एक सैद्धांतिक ढांचे की स्थापना है। लेकिन इनका विकास अब भी निचले स्तर का ही है। यह दृष्टिकोण अनेक समाजशास्त्रियों और सामाजिक नृतत्ववेताओं का है, जिनमें सबसे मशहूर **दुर्खीम** और **रैडक्लिफ ब्राउन** रहे हैं। इसका विरोध दार्शनिकों और सामाजिक सिद्धांतकारों ने ही किया है जो एक ओर तो प्राकृतिक विज्ञानों और दूसरी ओर ऐतिहासिक और सांस्कृतिक विज्ञानों के बीच फर्क करते हैं, और कहते हैं कि जहां पहले वाले 'कार्यकरण व्याख्या' की कोशिश करते हैं वही बाद वालों का उद्देश्य अर्थ की 'व्याख्या' या 'समझ' है। सामाजिक विज्ञानों के बारे में इस दूसरी धारणा के बनाने में **विल्हेलम दिल्थी** की रचनाओं का बड़ा असर रहा है। **दिल्थी** का प्रभाव जर्मन समाजशास्त्र पर खासा गहरा रहा है। ऐसा सामाजिक विज्ञानों की पद्धति पर **मैक्स वेबर** के लेखों से दिखाई पड़ता है। इंगलैंड में **कलिंग वुड** ने **दिल्थी** से मिलते-जुलते विचार प्रकट किए लेकिन सामाजिक विज्ञानों पर उसका सीधा असर कम ही पड़ा। बहरहाल, कई अंग्रेज लेखकों ने सामाजिक विज्ञानों का ऐतिहासिक अनुशासन माना। इटली में **क्रोचे** के इतिहास-दर्शन का असर सामाजिक अध्ययनों पर लंबे समय तक कायम रहा। **मार्क्सवादी** लेखकों में से जो अधिक ही क्षेत्रीय थे उन्होंने सामान्यीकृत विज्ञान के तौर पर समाजशास्त्र के विरोध में इतिहास दर्शन के सिद्धांत का भी प्रस्ताव किया।

पिछली सदी में सामाजिक विज्ञानों और खासकर समाजशास्त्र के क्षेत्र में विवाद का यह एक बुनियादी मुद्दा रहा है। यहां पर इस पूरे सवाल की गहराई से जांच नहीं की जा सकती क्योंकि इस विवाद का एक हिस्सा इस सवाल से जुड़ा हुआ है कि सामाजिक परिघटनाओं का अध्ययन करते हुए प्राकृतिक विज्ञानों की पद्धति का उपयोग उचित है या नहीं। लेकिन कुछ सामान्य बातें हैं। जिनको जल्दी से देखा जा सकता है।

सामाजिक विज्ञानों के वैज्ञानिक चरित्र के खिलाफ एक मजबूत तर्क यह है कि उन्होंने वस्तुत: ऐसा कुछ भी प्रस्तुत नहीं किया है जो प्राकृतिक नियम जैसा हो। सामाजिक विज्ञान अभी युवतर है, यह कहकर इसका जवाब दिया जा सकता है। मतलब यह कि समय बीतने के साथ इनका सैद्धांतिक स्तर भी उठेगा। लेकिन इस जबाव से लोगों को संतोष नहीं होता, आलोचक कहेंगे कि बहुत दिनों से युवावस्था का यह तर्क दिया जा रहा है, और प्रौढ़ता के कोई लक्षण दिखाई नहीं दे रहे। हालांकि यह आलोचना थोड़ी ज़्यादा है। कार्य-कारण संबंध और कारगर सहसंबंध स्थापित किए गए हैं जिनमें काफी हद सामान्यता प्रकट होती है। **दुर्खीम** ने आत्महत्या का जो अध्ययन किया है और **मैक्स वेबर** ने प्रोटेस्टेंट धर्म और पूंजीवाद के बीच संबंधों का जो विश्लेषण किया है उनसे यह बात स्थापित होती है। जो भी हो समाजशास्त्र को वैज्ञानिक अनुशासन मानने वाले लोग यह दावा नहीं करते कि नियमों का सूत्रीकरण करना ही इसका कुल काम है। समाजशास्त्र का एक हिस्सा ऐसी कोटियों के व्यवस्थित ढांचे के तहत सटीक विवरण देना भी है जिनके लिए महज सामान्य सिद्धांत ही काफी है। विवरणात्मक समाजशास्त्र दो तरह से उपयोगी है। एक तो यह समकालीन लेखकों के लिए सूचना हासिल कराता है जो व्यावहारिक समस्याओं के समाधान के लिए और बुद्धिसंगत सामाजिक नीतियों के बनाने और चुनने के लिए बहुत ज़रूरी है। दूसरे, जहां तक ऐतिहासिक या अल्पजात समाजों के विवरण का सवाल है तो यह मानव अध्ययनों में महत्वपूर्ण योगदान करता है। क्योंकि अगर मानवीय शिक्षा का मतलब अनेक तरह की मानव स्थितियों, प्रेरणाओं, आदर्शों, और व्यक्तित्व के प्रकारों का सहानुभूतिपूर्वक परिचय पाना है तो समाजशास्त्रीय अध्ययन ऐसी शिक्षा के जरूरी तत्व हैं। इतिहास, साहित्य, और प्राकृतिक विज्ञानों के ऐतिहासिक पहलू के साथ मिलकर, समाजशास्त्र हमें मानव जीवन की समृद्धि और विविधता का ज्ञान कराता है। यह आधुनिक मानव अध्ययनों में केंद्रस्थ है या होना चाहिए, और विज्ञान और मानविकी के बीच एक पुल का काम करता है।

जो लोग समाजशास्त्र को एक ऐतिहासिक अनुशासन मानते हैं और जो इसे 'समाज का प्राकृतिक विज्ञान' मानते हैं, उनके बीच एक तीसरा दृष्टिकोण भी प्रतीत होता है जो समाजशास्त्र के वैज्ञानिक चरित्र पर जोर देते हुए भी यह कहता है कि समाज के अध्ययन के लिए ऐसे सैद्धांतिक ढांचे और ऐसी पद्धतियों की ज़रूरत है जो प्राकृतिक विज्ञानों से अलग होंगी। कुछ मामलों में यह बिंदु सारहीन है। हरेक विज्ञान में उसके अपने ही योग्य व्याख्या का ढांचा और उसके अनुरूप पद्धतियां होती हैं, फिर भी वैज्ञानिक पद्धति में एक बुनियादी एकता होती है। यह तो एक महत्वपूर्ण मुद्दा है कि सामाजिक नियमों और प्राकृतिक नियमों के बीच भारी फर्क होता है। अनेक लेखकों ने आत्म-पुष्टिकारक भविष्यवाणी और 'आत्म-विध्वसंक भविष्यवाणी' पर विचार करते हुए सामाजिक नियमों के आत्मवाचक चरित्र की ओर ध्यान खींचा है। सबसे अहम् बात यह है कि लोग सामाजिक विज्ञान के नियमों को बदल सकतें हैं या नहीं और यदि हां तो किन अर्थों में। **एलन गवर्थ** ने हाल के एक लेख में इस समस्या की जांच-परख की है, और कहा है कि सामाजिक नियमों के अनुकूलनकारी पहलुओं को लोग बदल सकते हैं। लेकिन इन अर्थों में प्राकृतिक नियमों को नहीं बदल सकते, क्योंकि लोग नए निर्णय लेकर सामाजिक परिवर्ती तत्वों के नए सहसंबंध बना सकते हैं। ये निर्णय ही उन पूर्ववर्ती अनुकूलकों की तरह काम

करते हैं जिनसे नए परिणाम निकलते हैं। इसी तरह की बात **एच. मार्क्यूज** ने सामाजिक सिद्धांत के विकास का अध्ययन करते हुए कही थी। उन्होंने **कॉम्ट** के समाजशास्त्र की निंदा की क्योंकि यह अपरिवर्तनीय नियमों की खोज करता है और एक एकीकृत विज्ञान की धारणा बनाता है। इसके कारण मनुष्य की स्वतंत्रता और तार्किकता की जगह ख़त्म हो जाती है।

इन विविध विचारों के आधार पर समाजशास्त्र की अनेक धारणाएं पैदा हो सकती हैं। वह ऐतिहासिक व्याख्या हो सकती है, आलोचनात्मक दर्शन हो सकता है। मनोविज्ञान और ऐतिहासिक ज्ञान का जमा जोड़ रहा जा सकता है, या ऐसा सामान्यीकृत विज्ञान हो सकता है जिसके नियमों की सीमा बहुत छोटी हो। समाजशास्त्रीय सिद्धांत का आज तक सचमुच जिस तरह विकास हुआ है उसकी परीक्षा तीन शीर्षकों के तहत की जाए। सामान्यीकरण के प्रकार, वर्गीकरण की बुनियादी धारणाएं और रूप, और व्याख्यापरक सिद्धांत।

सामान्यीकरण के प्रकार—समाजशास्त्र की वैज्ञानिक परिपक्वता को लेकर कभी-कभी जिस तरह का दावा किया जाता है, उसे देखते हुए आश्चर्यजनक लगता है कि समाजशास्त्रीय कामों में जो विभिन्न प्रकार के सामान्यीकरण मिलते हैं उन्हें व्यवस्थित रूप से सूत्रबद्ध करने और उनका मूल्यांकन करने की कितनी कम कोशिशें हुई हैं। **गिंसबर्ग** के लेख **दि प्राब्लम्स एंड मेथड्स आफ सोशियोलॉजी** में संक्षेप में इस तरह की कोशिश की गई है। **गिंसबर्ग** सामाजिक विज्ञान में छह प्रकार के सामान्यीकरण बताता है—

1. ठोस सामाजिक परिघटनाओं के बीच अनुभवसिद्ध सह-संबंध (जैसे शहरी जीवन और तलाक की रफ्तार)

2. ऐसे सामान्यीकरण जो उन स्थितियों को सूत्रबद्ध करते हैं जिनमें विभिन्न संस्थाओं या अन्य सामाजिक संगठनों का जन्म होता है। उदाहरण के लिए पूंजीवाद के उदय के विभिन्न विवरणों को देखा जा सकता है।

3. ऐसे सामान्यीकरण जो बताते हैं कि एक तरह की संस्थाओं में बदलाव आने से नियमपूर्वक उससे जुड़ा हुआ बदलाव दूसरी तरह की संस्थाओं में भी आ जाता है।

4. ऐसे सामान्यीकरण जो विभिन्न प्रकार की लयबद्ध आवृत्तियों या चरणबद्ध अनुवर्तिता से संबंधित हैं।

5. ऐसे सामान्यीकरण जो मनुष्यता के विकास में प्रमुख प्रवृत्तियों का वर्णन करते हैं। उदाहरण के लिए **कॉम्ट** का तीन चरणों का नियम, आदिम समाज से साम्यवादी समाज तक विकास का मार्क्सवादी सिद्धांत आदि।

6. ऐसे सामान्यीकरण जो मनुष्य के व्यवहार के बारे में मान्यताओं के प्रभावों का वर्णन करने वाले नियम बनाते हैं।

इन उदाहरणों से यह दिखाई पड़ता है कि सामान्यीकरण के ये प्रकार सीमा और स्तर की दृष्टि से अत्यंत अलग-अलग हैं और जिस हद तक उन्हें वैध माना जा सकता है इस लिहाज से उनमें भारी फर्क है। पहले प्रकार के सामान्यीकरण अनुभव पर आधारित हैं। उनमें से कई अच्छी तरह स्थापित माने जा सकते हैं लेकिन उन्हें नियमों की किसी ऐसी सामान्य व्यवस्था का अंग नहीं बनाया जा सका है कि वे एक वैज्ञानिक सिद्धांत के अंश कहला सकें। दूसरे और तीसरे प्रकार के सामान्यीकरण पहले अध्ययन में वर्णित कुछेक प्रवृत्तियों से संबंधित सार्वभौमिक नियमों के सूत्रीकरण मात्र माने जा सकते हैं। दूसरी तरफ चौथे और पांचवें प्रकार के सामान्यीकरण वास्तव में सैद्धांतिक सामान्यीकरण हैं ही नहीं। वे तो विवरणात्मक ऐतिहासिक वक्तव्यों और व्याख्याओं के संग्रह हैं।

समाजशास्त्रियों ने जिस तरह के अनुभवसिद्ध सहसंबंध स्थापित करने में सरलता पाई है उनके आधार पर व्यापक सामान्यीकरण करने में अपेक्षाकृत कम रुचि दिखाई है। फिर भी कुछेक उदाहरणों से ऐसा लगता है कि ऐसा करना संभव है। अपने विख्यात अध्ययन में **दुर्खीम** ने आत्महत्याओं की एक निश्चित रफ्तार और किसी सामाजिक समूह में व्यक्तियों के एकीकरण की मात्रा के बीच एक तरह का संबंध दिखाया है। कुछेक मायनों में **दुर्खीम** की पद्धति और परिणामों की आलोचना हुई है लेकिन बाद के अध्ययनों में वे उपयोगी पाए गए हैं।

दूसरा उदाहरण समाजिक टकराव के अध्ययन से लिया जा सकता है। टकराव के बारे में **जीम्मल** ने सामान्य ज्ञान के आधार पर सामाजिक समूहों के बीच और उनके भीतर टकराव को लेकर कुछ बातें प्रस्तावित कीं। **लेविस कोजर** ने एक हालिया अध्ययन में इन प्रस्तावनाओं को विस्तार दिया, संशोधित किया और फिर से सूत्रबद्ध किया तथा उन्हें व्यावहारिक शोध से जोड़ा। कोजर ने अपने अध्ययन के अंत में टकराव की भूमिका के संबंध में कुछ सैद्धांतिक सूत्रीकरण प्रस्तुत किए हैं। इन प्रस्तावनाओं को कार्य-कारण व्याख्या में भी प्रयोग करना संभव दीखता है।

ऊपर कही गई बातों के आधार पर तर्क दिया जा सकता है कि जो अनुभवसिद्ध सहसंबंध स्थापित किए जा चुके हैं उनके आधार पर व्यापक सामान्यीकरणों का निर्माण ही समाजशास्त्र सैद्धांतिकी का काम होना चाहिए।

सामाजशास्त्र की सामान्य प्रगति भौतिक विज्ञानों से काफी अलग है। **टी. एस. कुअन** जिसे वैज्ञानिक क्रांति कहता है वह अभी वास्तव में समाजशास्त्र में हुई नहीं। क्योंकि समाजशास्त्र में किसी भी चरण में सार्वभौमिक रूप से स्वीकृत ऐसे प्रतिमान नहीं रहे जिन्हें बाद में उखाड़ फेंका गया हो।

संरचनात्मक समाजशास्त्रीय सिद्धांत

यूं तो संरचना सिद्धांत पर कई दशकों से अनवरत वांग्मय-विमर्श होता रहा है। यह अब विकसित होकर उत्तर संरचनावाद तक जा पहुंचा है। फिर भी संरचना की कोई सटीक सैद्धांतिक परिभाषा सर्वमान्य नहीं है। कुछ उदाहरणों के जरिए इसे प्राय: परिभाषित किया जाता है। अनेक बार किसी बनावट को संरचना का दर्जा दिया जाता है लेकिन वस्तुत: और सिद्धांतत: यह संरचना नहीं होती। भारतीय अथवा यूरोपीय समाजों के जिन विकासमूलक प्रक्रियाओं को बनावट के अर्थ में अभिहित किया जाता रहा है वे वस्तुत: सुनियोजित नहीं होते। उनकी संरचना होती है। इस प्रकार संरचना का सही तात्पर्य एक स्वत:स्फूर्त और अन्तवह्यि प्रक्रिया से समाज का लगातार बनना और विकसित होना है। संरचनावादियों ने समाज अध्ययन के क्रम में इसी बात का ध्यान रखा। स्वयं उत्तर संरचनावादी भी समाजिक मूल्यों में आने वाले परिवर्तनों के मद्देनजर बाहरी दवावों से अधिक आंतरिक आवश्यकताओं पर ध्यान केंद्रित करते रहे हैं। इस प्रकार यह स्पष्ट है कि संरचना का अध्ययन करने के दौरान समाजशास्त्री यह जानने की कोशिश करता है कि जिस दुनिया से हमारा वास्ता है, जिसका हमें कुछ अनुभव है उसके पीछे काम करने वाली अथवा उसको बनाने वाली संरचना क्या है।

अनेक विचारक यह मानते हैं कि वैज्ञानिक संदर्भ में संरचना को समाजशास्त्र में परिभाषित करना बहुत ही कठिन काम है। जितने समाजशास्त्री हैं उतनी ही संरचना की परिभाषाएं हैं। यदि समाजशास्त्रीय सिद्धांतों में प्रयुक्त अवधारणाओं को सरसरी निगाह से देखा जाय तो भी स्पष्ट हो जाएगा कि संरचना का प्रयोग बड़े लचीले और ढीले अर्थों में हुआ है। संरचना के पर्यायवाची रूप में समाशास्त्रियों ने खुलकर सामाजिक व्यवस्था संस्था, इपेरिटिवली कोर्टिनेटेड असोसिएशन तथा संगठनात्मक व्यवस्था का प्रयोग किया है। **टर्नर** का कथन है कि, ''आश्चर्य की बात यह है कि हम जितना ही संरचना को परिभाषित करने का प्रयत्न करते हैं उतना ही संरचना अस्पष्ट होती जाती है। कितना विस्मयकारी है कि जब आज हम समाजशास्त्रीय सैद्धांतिकीकरण को किसी प्रकल्प की तरह विकसित कर रहे हैं तो संरचना की अवधारणा उतनी ही अधिक मनमानी हो रही है।''

संरचना के विश्लेषण में काम में लाए जाने वाले समाजशास्त्रीय उपागम प्राय: उदार रहे हैं। इसकी व्याख्या करते हुए कहा जाता है कि ''इसकी जड़ें समाज विज्ञान के अकादमिक इतिहास में हैं।'' फ्रांसीसी संरचनावादियों ने मार्क्स की कृतियों में संरचनावाद पाया। मार्क्स द्वारा की जा रही वर्गीय व्याख्या में एक बुनियादी तथ्य यह है कि ''किसी भी सामाजिक संरचना में उत्पादन के स्रोत थोड़े होते हैं। अत: उनका बंटवारा समान नहीं हो सकता। इसी के फलस्वरूप वर्ग व्यवस्था बनती है।''

दुर्खीम का प्रत्यक्ष प्रभाव वर्तमान संरचनात्मक विश्लेषण में देखने को मिलता है। लेवी सट्रॉस की व्याख्या पर भी दुर्खीम का स्पष्ट प्रभाव पाया जा सकता है। वर्तमान समय में की जा रही संरचना की व्याख्या से लगता है कि प्रकार्यवादियों और संघर्ष सिद्धांत कर्ताओं और प्रतीकात्मक अंत:क्रियावादियों ने इस अवधारणा का प्रयोग विभिन्न संदर्भों में किया है।

टर्नर के अनुसार सामाजिक संरचना का सारांश यह है कि ''इसमें सामाजिक अंतर्क्रियाएं और सामाजिक संबंध होते हैं जो लंबी अवधि तक चलते हैं। दूसरे शब्दों में व्यक्तियों और समूहों के बीच ही अंतक्रियाएं और सामाजिक संबंध जो समाज में प्राय: चढ़ते रहते हैं, संरचना है।'' हालांकि **टर्नर** की यह परिभाषा यूरोप के संरचनावादियों को स्वीकार नहीं है। इन विचारकों के अनुसार ''लोग जो कहते हैं और जिस तरह वह सोचते हैं वही उनके व्यवहार को प्रभावित करता है। अत: शब्द यानी भाषा और विचार ही सामाजिक संरचना की परिभाषा है।'' यूरोपीय संरचनावादियों का कहना है कि ''हमारे सोचने की प्रक्रिया हमें मनुष्य बनाती है। हमारे विचार जिस समाज में हम रहते हैं उससे उत्पन्न नहीं होते। समाज जो कुछ है, जैसा है वह हमारे विचारों एवं भाषा के परिणामस्वरूप है।''

रूथा वेलेम और **एलिसन वुल्फ** का कहना है कि ''संरचनावाद वह सिद्धांत है जिसमें समाज के बारे में हमारा अनुभव है वैसी ही सामाजिक संरचना है। हमारा दिन-प्रतिदिन का जो अनुभव है उसका साार ही सामाजिक संरचना है।''

संरचनावादी विचारक दो खेमों में विभाजित है। एक खेमा या सम्प्रदाय यूरोपीय संरचनावादियों का है और दूसरा अमेरिकी-ब्रिटिश संरचनावादियों का। यूरोपीय संरचनावादी संरचना का मूल आधार मनुष्य का विचार एवं उसकी भाषा मानते हैं। जबकि अमेरिकी-ब्रिटिश संरचनावादी संरचना का उससे सामाजिक संबंध में देखते हैं।

संरचना का अर्थ एवं परिभाषा (Meaning and Definition of Structure)

ऊपर की बातों से यह स्पष्ट हो जाता है कि संरचना के बारे में भिन्न-भिन्न समाजशास्त्रियों के भिन्न विचार हैं। **टर्नर** के अनुसार ''समाजशास्त्रियों ने संरचना की अवधारणा में अस्पष्टता होते हुए भी इसका प्रयोग बहुतायत रूप से किया है।'' **टर्नर** कहते हैं कि ''सामाजिक संरचना की परिभाषा का जो सार है वह यह है कि इसमें सामाजिक अंत:क्रियाएं और सामाजिक संबंध होते हैं जो

लंबी अवधि तक चलते हैं। दूसरे शब्दों में व्यक्तियों और समूहों के बीच ही अंत:क्रियाएं और सामाजिक संबंध जो समाज में प्राय: चलते रहते हैं, संरचना कहते हैं।''

हालांकि **टर्नर** के विचार से यूरोप के संरचनावादी विचारक सहमत नहीं हैं। इन लोगों का कहना है कि ''लोग जो कहते हैं और जिस तरह वह सोचते हैं वही उनके व्यवहार को प्रभावित करता है। अत: शब्द यानी भाषा और विचार ही सामाजिक संरचना है।'' यूरोपीय संरचनावादी कहते हैं कि ''हमारे सोचने की प्रक्रिया ही हमें मनुष्य बनाती है। हमारे विचार, जिस समाज में हम रहते हैं, उससे उत्पन्न नहीं होते। समाज जो कुछ है, जैसा ही उसका अस्तित्व है वह हमारे विचारों एवं भाषा के परिणामस्वरूप है।''

रूथा वेलेस और **एलिसन वुल्फ** सामाजिक संरचना को कुछ दूसरी तरह से देखते हैं। उनका कहना है कि ''संरचनावाद वह सिद्धांत है जिसमें समाज के बारे में सामान्य बयान दिये जाते हैं।'' उनके अनुसार ''जैसा दुनिया के बारे में हमारा अनुभव है वैसी ही सामाजिक संरचना है।'' दूसरे शब्दों में जो हमारा दिन-प्रतिदिन के व्यवहार का अनुभव है, उसका सार ही सामाजिक संरचना है।

वास्तव में सामाजिक संरचना की व्याख्या करने वाले सिद्धांतकार दो सम्प्रदायों में बंटे हुए हैं: एक सम्प्रदाय तो यूरोप के संरचनावादियों का है और दूसरा अमेरीकन-ब्रिटिश संरचनावादियों का। यूरोप के संरचनावादियों का कहना है कि संरचना का मूल आधार मनुष्य के विचार और भाषा है। जबकि अमेरीकी और ब्रिटिश संरचनावादी व्यक्तियों के बीच के सामाजिक संबंधों को संरचना मानते हैं। व्यापारी और ग्राहक, वकील व मुवक्किल इत्यादि भूमिकाओं के बीच के संबंध सामाजिक संरचना हैं। संरचनावादियों का यह सम्प्रदाय वास्तविक व्यवहार के अध्ययन के आधार पर समाज को समझता है। इसलिए इनके अनुसार आनुभविक अध्ययन के परिणामस्वरूप दिये गये अध्ययन सामाजिक संरचना को बताते हैं। यूरोप के संरचनावादियों में **क्लाउड लेवी स्ट्रास** और **मिशेल फुको** प्रमुख हैं। अमेरिकी और ब्रिटिश संरचनावादियों में **पीटर ब्लॉ** का नाम उल्लेखनीय है। संरचना के सही अर्थ और उसके सिद्धांत को समझने के लिए हम इन दोनों सम्प्रदायों के बुनियादी ढांचे और विचार पद्धति को जानना आवश्यक है।

हाल में यूरोप में संरचनावाद में एक नया क्षितिज हुआ है। इसके प्रणेताओं में **रोबर्ट वूथनोव** और **पीअरे बोर्दू** हैं। संरचनावाद के इस नए क्षितिज को सांस्कृतिक संरचनावाद का नाम दिया गया है। आधुनिक सामाजिक विचारधारा पर सांस्कृतिक संरचनावाद का बहुत बड़ा प्रभाव है। सांस्कृतिक संरचनावादी कई तरह के विश्लेषण प्रस्तुत करते हैं। विश्लेषण की विभिन्नता होते हुए भी बुनियादी रूप से इन सबका प्रकरण एक समान ही है। इनका मानना है कि सतह पर दिखने वाली घटनाएं के अन्दर एक निश्चित संरचना बनी होती है। इस संरचना को नियमों की एक कड़ी के रूप में समझा जा सकता है। ये नियम ही विभिन्न प्रकार की आनुभविक रूप से देखी जाने वाली घटनायें संरचना के तर्क द्वारा निर्मित की जा सकती हैं। कुछ लोग इस आंतरिक संरचना को मनुष्य के मस्तिष्क की देन मानते हैं और कुछ इसे सांस्कृतिक उपज मात्र समझते हैं।

विशुद्ध संरचनात्मक विश्लेषण का प्रभाव भाषा व साहित्य में अधिक देखने को मिलता है। थोड़ी अवधि के लिए यह विश्लेषण मानवशास्त्र में लोकप्रिय रहा। हाल में संरचनावादी सिद्धांत की लोकाप्रियता कम हो गई है। **लेवी स्ट्रॉस** ने **दुर्खीम** को उनके सिर के बल खड़ा कर दिया था, लेकिन सांस्कृतिक संरचनावादियों ने उन्हें पुन: अपने पांवों पर खड़ा कर दिया है। ये संरचनावादी प्रतीकात्मक व्यवस्था की संरचना पर जोर देते हैं। सांस्कृतिक संरचनावादी **दुर्खीम** से बहुत कुछ सहज ही ग्रहण कर लेते हैं **लेवी स्ट्रॉस** की अर्न्तदृष्टि प्राप्त करते हैं और फ्रांसीसी समाज की परम्पराओं को सांस्कृतिक संरचना से जोड़ते हैं।

यद्यपि **बोर्दू** ने कई प्रकरणों व प्रसंगों पर लिखा है, पर उनके समाजशास्त्र का केन्द्रीय आधार सामाजिक वर्ग है। इन वर्गों के साथ जुड़े हुए सांस्कृतिक स्वरूपों को वे अपने विश्लेषण का मुख्य मुद्दा बनाते हैं। सार रूप में **बोर्दू मार्क्स** और **वेबर** के सिद्धांतों का सम्मिश्रण करते हैं। वे **मार्क्स** की वस्तुनिष्ठ वर्ग की अवधारणा को लेकर उसे वेबर के विश्लेषण के साथ उत्पादन साधनों से जोड़ते हैं। इस प्रकार **बोर्दू मार्क्स** और **वेबर** की सामाजिक संरचना को जोड़कर फ्रांस के संरचनावाद के संदर्भ में देखते हैं।

बोर्दू की संरचना की विशेषता
(Charactarstic of Bourdieu's Structural Theory)

बोर्दू की संरचना की अवधारणा की मुख्य विशेषता सम्पत्ति के चार प्रकारों में सन्निहित है। संरचना को स्पष्ट करने के लिए ही उन्होंने सम्पत्ति को चार प्रकारों में विभाजित किया। यह विभाजन इस प्रकार है—(1) आर्थिक सम्पत्ति, (2) सामाजिक सम्पत्ति, और प्रतीकात्मक सम्पत्ति है इनके अन्तर्गत क्रमश: (1) उत्पादन में काम आने वाली सम्पूर्ण सम्पत्ति-धन-दौलत-सुविधाएं आदि, (2) सामाजिक नेटवर्क स्थापित करने में सहायक सम्पत्ति। जो विभिन्न समूहों के साथ सम्पर्क में सहायक हो, (3) सांस्कृतिक व्यवहारों के लिए उपयोगी सम्पत्ति—कुलता, कुशलता, शिष्टाचार, भाषा संबंधी पद्धतियां, शैक्षिणिक क्षमता और जीवन शैली इत्यादि

और (4) इन तीनों प्रकार की सम्पत्तियों को वैधता प्रदान करने में सहायक सम्पत्ति–जो वास्तव में प्रतीक सम्पत्ति होती है–आती है।

बोर्दू अपनी संरचना की अवधारणा को इन्हीं आधारों पर विकसित करते हैं। ये आधार **बोर्दू** की वर्ग अवधारणा को अधिक बोधगम्य बनाते हैं।

सम्पत्ति के उपरोक्त चार प्रकारों को देने के बाद **बोर्दू** वर्ग की अवधारणा को स्पष्ट करते हैं। सभी वर्गों में सम्पत्ति के उपरोक्त प्रकार कम या ज्यादा रूप में अवश्य पाये जाते हैं, अर्थात् प्रभुत्व शाली वर्ग में आर्थिक सम्पत्ति, सामाजिक सम्पत्ति, सांस्कृतिक और प्रतीकात्मक सम्पत्ति सबसे अधिक होगी। मध्य वर्ग के पास सम्पत्ति का यह स्वामित्व अपेक्षाकृत रूप से कम होगा और निम्न वर्गों के पास सम्पत्ति के ये स्रोत न्यूनतम होंगें। ऐसा होना सम्भव है कि प्रभुत्व वर्ग में कुछ ऐसे द्वन्द्व समूह होगें जिनके पास सम्पत्ति कम होगी। दूसरी ओर निम्न वर्गों में कुछ इने-गिने आदमी ऐसे हो सकते हैं जिनके पास सम्पत्ति के उपरोक्त प्रकार अधिक हों।

जब **बोर्दू** वर्ग और सम्पत्ति का विश्लेषण देते हैं, तब वे कहते हैं कि सामाजिक स्तरीकरण में वर्गों की यह असमानता स्पष्ट दिखाई देती है। तीन में से प्रत्येक वर्ग अपनी सांस्कृतिक और प्रतीकात्मक संस्कृति के कारण एक समान संस्कृति को पैदा करता है, उसे **बोर्दू** वर्ग संस्कृति कहते हैं। **बोर्दू** के अनुसार यह (वर्ग संस्कृति) एक आश्रित चर है जो लोगों के बीच संबंधों को निर्धारित करता है। की विशेषता यह है कि प्रत्येक वर्ग की सांस्कृतिक विशष्टता को वे निकालते हैं। एक ही वर्ग के लोग समान विचारधारा, अनुभूति और व्यवहार के भागीदार होते हैं। वर्ग के इन लोगों में जो समान व्यवहार पाया जाता है, **बोर्दू** इसे हेबिटस् अर्थात सामूहिक अचेतना कहते हैं। यह सामूहिक अचेतना ही एक निश्चित वर्ग के लोगों की भाषा, वेशभूषा, शिष्टाचार आदि निश्चित करती है। उदाहरण के लिए प्रभुत्व वर्ग का रूझान स्वतन्त्रता और विलासिता की ओर होता है। जबकि निम्न वर्ग के सामने अपने अस्तित्व को बनाये रखने की समस्या होती।

बोर्दू के सिद्धांत पर टिप्पणी (लिखते हुए हम कहना चाहते हैं) कि यूरोप अर्थात पेरिस के संरचनावाद पर **बोर्दू** का प्रभाव सर्वाधिक है। उन्होंने वर्ग-संघर्ष पर एक ऐसा अवधारणात्मक मॉडल दिया है जिसमें **मार्क्स, वेबर** और **दुर्खीम** तीनों के समाजशास्त्र सम्मिलित है। अपने सिद्धांत में **बोर्दू** ने व्यक्ति के वर्ग जनित व्यवहार की चर्चा करते हुए किसी तरह का विशद् विश्लेषण नहीं दिया है। **दुर्खीम** को उन्होंने अपने पांव के बल पर खड़ा किया है और वे कहते हैं कि व्यक्ति की वर्ग में जो स्थिति है वही उसके व्यवहार को निर्धारित करती है। दूसरी ओर वे संरचनावाद के प्रतीकात्मक पहलू को बराबर अपने सिद्धांत में सम्मिलित करते हैं। यूरोप के संरचनावाद में **बोर्दू** का सांस्कृतिक संरचनावाद एक महत्वपूर्ण घटना है। इसे विकसित करने की आवश्यकता है;

अमेरिकी और ब्रिटिश संरचना-सिद्धांत (Anglo-Saxon Structuralism)

अमेरिका के अधिकांश समाजशास्त्री यूरोपियन संरचनावाद से अप्रभावित ही हैं। यद्यपि वे सामाजिक घटनाओं के बारे में सामान्य नियमों की अनदेखी नहीं करते। संरचना की अवधारणा को गणितज्ञों ने नया जीवन दिया है। बहुत बड़ी मात्रा में होने वाले संगणक कार्यक्रमों के द्वारा विभिन्न प्रकार के तथ्यों की एक निश्चित नियमितता होती है। यह नियमितता ही संरचना है। इधर के वर्षों में महत्वाकांक्षी संरचनावादी सिद्धांत की अनिवार्यता बढ़ी है। उसका सूत्र है—एकीकरण=प्रकार्यात्मक अंतर्निर्भरता+वास्तविक सामाजिक अंत:क्रिया।

इस तरह के प्रमुख समाजशास्त्री **पीटर ब्लॉ (Peter Blau)** माने जाते हैं। उनका संरचनावाद फ्रांस और दूसरे यूरोपीय देशों के संरचनावाद से भिन्न और मौलिक माना जाता है।

लेवी स्ट्रॉस तथा अन्य अनेक संरचनावादियों के ठीक उलट **पीटर ब्लॉ** का संरचनावाद न तो भाषा विज्ञान से जुड़ा है और न वैचारिकी से। उनकी संरचना तो कुछ नियमों पर आधारित है और ये नियम आनुभविक अध्ययन पर आधारित हैं। **पीटर ब्लॉ** दूसरी बात यह कहते हैं कि किसी भी सामाजिक संरचना का उद्देश्य समाज में एकीकरण लाना होता है। यदि कोई राष्ट्र है तो उसे अपनी अखण्डता को बनाए रखना है। यदि कोई विशाल समाज है तो उसे समाज की सीमाओं को परिभाषित करके समाज की निश्चित पहचान बनाए रखनी चाहिए। ऐसी अवस्था में जहां एकीकरण को प्राप्त करना मुख्य उद्देश्य होता है वहीं समाज के सदस्यों में अंत: क्रिया होना भी बहुत आवश्यक है। इस सदंर्भ में **ब्लॉ** की संरचनावाद की धुरी अंत:क्रिया है। फिर प्रश्न उठता है: क्या समाज का प्रत्येक व्यक्ति अन्य प्रत्येक व्यक्तियों के साथ अंत:क्रिया करता है? इसके उत्तर में **ब्लॉ** सामाजिक संरचना की एक रूपरेखा प्रस्तुत करते हैं।

सामाजिक संरचना में ऐसे कौन से लक्षण होते हैं जो लोगों के बीच में भेदभाव या अन्तर पैदा करते है? यह भेदभाव और अन्तर ऐसा होता है जो सामाजिक अंत:क्रिया को प्रभावित करता है। यदि हम अपने समाज को देखें तो लोग लिंग, धर्म, जाति और धंधों के आधार पर विभाजित हैं। इस तरह के विभाजन में व्यक्तियों के लक्षण जन्मजात हैं या प्रदत्त हैं, बेमतलब हैं। **ब्लॉ** इसमें कोई रुचि नहीं रखते। इस तरह हमारे समाज में ऐसे व्यक्तियों की श्रेणियां हैं, जो एक ही लिंग के हैं अर्थात पुरुष या स्त्री हैं, एक ही

अमेरिका में चर्चित है वह पीटर **ब्लॉ** का सिद्धांत है। **ब्लॉ** का यह सिद्धांत समाजशास्त्र की वैज्ञानिक परम्परा में आता है। **पीटर ब्लॉ** ने सिद्धांत को अपनी पुस्तक—**इनइक्वेलिटी एण्ड हेटरोजिनटी: ए प्रिमिटिव थ्योरी ऑफ सोशल स्ट्रक्चर** में प्रस्तुत किया है। **ब्लॉ** की रुचि थ्योरम बनाने की है जिसकी जांच आनुभविक क्षेत्र में की जा सकती है। जहां फ्रांसीसी संरचनावादी अवधारणाओं और बौद्धिक प्रक्रियाओं में रुचि रखते हैं, वहां स्पष्ट रूप से **ब्लॉ** की रुचि सामाजिक तथ्यों में है। उनके अध्ययनों में श्रम विभाजन, अंतर्विवादों, मित्रता के प्रतिमान और सामाजिक गतिशीलता का विवरण बहुतायत रूप से मिलता है।

अपनी इस पुस्तक में **ब्लॉ** सामाजिक संरचना का एक सिद्धांत रखते हैं। इस सिद्धांत का प्रतिपादन वे कुछ मान्यताओं या स्वयं सिद्ध नियमों के माध्यम से करते हैं। इस अध्ययन में उनका सरोकार बहुत सीमित है और बहुत संक्षेप में कहा जाए तो कहेंगे कि उन्होंने **दुर्खीम** और पारसंस का सम्मिलित स्वरूप इसमें रखा है। उनका केन्द्रीय तर्क यह है कि सामाजिक एकीकरण के लिए किसी न किसी तरह की संस्था अवश्य होनी चाहिए। दूसरे शब्दों में जब तक संस्थाओं का जाल नहीं बनाया जाता एकीकरण संभव नहीं होता। हम यह समझें कि जैसा **दुर्खीम** ने कहा है, प्रकार्यात्मक अंत:निर्भरता से सामाजिक एकीकरण आता है तो हम भ्रम में हैं। प्रकार्यात्मक अंतर्निर्भरता के अतिरिक्त समूह के सदस्यों के बीच में वास्तविक अंत:क्रियाएं होना अति आवश्यक है। इस भांति सामाजिक एकीकरण के लिए दो मान्यताएं अनिवार्य हैं: (i) प्रकार्यात्मक अंतर्निर्भरता और (ii) समूह के सदस्यों में वास्तविक अंत:क्रिया। इसे सूत्र में इस भांति रखेंगे :

एकीकरण = प्रकार्यात्मक अंतर्निर्भरता + वास्तविक सामाजिक अंत:क्रिया

पहले ही कहा जा चुका है कि **पीटर ब्लॉ** का संरचनावाद न तो भाषा विज्ञान से जुड़ा है और न वैचारिकी से। उनकी संरचना तो केवल कुछ नियमों पर आधारित है और ये नियम आनुभविक अध्ययन पर आधारित हैं। **पीटर ब्लॉ** दूसरी बात यह कहते हैं कि किसी भी सामाजिक संरचना का उद्देश्य समाज में एकीकरण लाना होता है। उनकी बुनियादी स्थापना यह है कि अपनी अखंडता बनाए रखने के लिए किसी राष्ट्र की जरूरत अपने समाज की सीमाओं को परिभाषित करना है जिससे वह एकीकरण को बनाए रख सके।

सामाजिक संरचना में ऐसे कौन से लक्षण होते हैं जो लोगों के बीच में भेदभाव या अंतर पैदा करते हैं? यह भेदभाव और अंतर ऐसा होता है जो सामाजिक अंत:क्रिया को प्रभावित करता है। यदि हम अपने समाज को देखें तो लोग लिंग, धर्म, जाति, और धंधों के आधार पर विभाजित हैं। इस तरह के विभाजन में व्यक्तियों के लक्षण जन्मजात हैं या प्रदत्त हैं, बेमतलब है। **ब्लॉ** इसमें कोई रुचि नहीं रखते। इस तरह हमारे समाज में ऐसे व्यक्तियों की श्रेणियां हैं जो एक ही लिंग के हैं यानि पुरुष या स्त्री है, एक ही धर्मावलंबी है, एक ही व्यवसाय के हैं। इन श्रेणियों की पहचान या विशेषता लिंग, धर्म, जाति या धंधों के अनुसार होती है। इस तरह के समूहों को **ब्लॉ** सांकेतिक प्राचल समूह की श्रेणी में रखते हैं। इन समूहों के लक्षण लिंग, धर्म, आदि सांकेतिक प्राचल हैं यानि अपनी विशेषता के संकेत हैं। संरचना का यह विभाजन या विशेषीकरण **ब्लॉ** के पद में सांकेतिक प्राचल है । इस समूहों के सदस्य आपस में अंत:क्रिया करते हैं क्योंकि इनका लिंग एक है, एक धर्म व जाति के हैं या एक ही व्यवसाय के हैं। इन समूहों में जो अंतर है वह क्षैतिज है। इसका मतलब यह है कि कोई स्त्री सुंदर है, कोई सामान्य: किसी के धर्मावलम्बी अधिक हैं किसी के कम, किसी की जाति ऊंची है किसी की निम्न। यहां भेद का आधार क्षैतिज है।

सामाजिक संरचना का मुख्य लक्षणों के आधार पर एक और विभाजन है। संरचना में कुछ ऐसे तत्व भी होते हैं जिनमें उच्चोच्च या सोपानिक व्यवस्था पाई जाती है। ये समूह आय, पूंजी, शिक्षा और शक्ति समूह है। क्योंकि ये समूह सोपान लिए होते हैं इसलिए इनकी विभिन्नता को **ब्लॉ** शीर्ष विभाजीकरण कहते हैं। यह प्राचल **ब्लॉ** की पदावली श्रेणीबद्ध है। जब हम सामाजिक संरचना के इन विभेदों, जो लोगों में पाए जाते हैं, अवधारणा में रखते हैं जो इसे गैर-बराबरी या विजातीयता के नाम से पुकारते हैं। विजातीय या क्षैतिज विभेदीकरण सांकेतिक प्राचल की श्रेणी में आते हैं। गैर-बराबरी या शीर्ष विभेदीकरण जिसमें प्रस्थिति असमान रूप से बंटी होती है, श्रेणीबद्ध प्राचल कहलाते हैं।

उपरोक्त आधारों पर समाजिक संरचना की जो विशेषता **ब्लॉ** ने प्रस्तुत की है, उससे स्पष्ट है कि गैर-बराबरी और विजातीयता सामाजिक अंत:क्रिया में रुकावटें पैदा करते हैं। और जब अंत:क्रिया में बाधा आती है तो एकीकरण गड़बड़ाने लगता है। अपनी प्राप्तियों को **ब्लॉ** प्राक्कल्पना का रूप देते हुये कहते हैं: छोटे समूहों में बड़े समूहों की अपेक्षा अंतर्समूह संबंध बढ़ जाते हैं। उदाहरण के लिए अल्पसंख्यक समूह जैसे पारसी, जो बहुत छोटे हैं, उनमें व्यक्तियों के बीच की अंत:क्रियाएं बहुसंख्यक समूहों की तुलना में अधिक गहन व तीव्र होती हैं।

संरचनावाद के संदर्भ में **ब्लॉ** का कथन किसी प्रकार का रहस्य या जादू नहीं है। छोटे समूह दूसरे समूहों के साथ एकीकरण इसलिए कर पाते है कि उनका संबंध बाहरी समूहों के सदस्यों के

साथ होता है। ऐसा भी नहीं है कि छोटे समूहों के लोग असुरक्षा के भय से दूसरे समूहों से एकीकरण करना चाहते हैं। वास्तविकता यह है कि स्थितियां कुछ ऐसी बन जाती हैं कि छोटे समूहों के अंतर्समूह संबंध अपने आप बढ़ जाते हैं।

यदि हम **ब्लॉ** के संरचनात्मक सिद्धांत को आलोचनात्मक दृष्टि से देखें तो बहुत स्पष्ट है कि वे अपने प्रतिपादन में **दुर्खीम** और प्रकार्यवादियों से बहुत अधिक प्रभावित हैं। उन्होंने **दुर्खीम** के सामाजिक एकीकरण को सिद्धांत रखा है। **दुर्खीम** का विश्वास था कि आदिम समाजों का सामाजिक एकीकरण यांत्रिक सुदृढ़ता के कारण होता है। आधुनिक समाजों में यह सुदृढ़ता प्रकार्यात्मक अंतर्निर्भरता द्वारा होती है इस प्रकार की सुदृढ़ता को **दुर्खीम** सावयवी सुदृढ़ता कहते हैं।

ब्लॉ दुर्खीम से सहमत नहीं हैं। उनका तर्क कुछ दूसरा है जिसका उल्लेख हमने पिछले पृष्ठों में किया है। उनका कहना है कि केवल प्रकार्यात्मक अन्योन्याश्रयता आधुनिक समाजों में एकता नहीं लाती। एकता के लिए प्रकार्यात्मक अन्तर्निर्भरता के अतिरिक्त समूह के विभिन्न सदस्यों में वास्तविक सम्बन्ध होने चाहिए। महत्वपूर्ण यह है कि ये सम्बन्ध कितने निकट और गहन हैं। यह सत्य दिखाई देता है कि श्रम विभाजन की तीव्रता के बढ़ने के साथ विभिन्न व्यवसायों के लोगों में सामाजिक अन्त:क्रिया की गहनता का बढ़ना भी स्वाभाविक है। *अत: जितना अधिक श्रम विभाजन होता है उतनी ही अधिक व्यावसायिक विजातीयता बढ़ती है, और जितनी अधिक विजातीयता बढ़ेगी उतना ही अधिक सामाजिक एकीकरण भी बढ़ेगा*। संक्षेप में अमेरिकन संरचनावाद का, जिसका प्रतिपादन **पीटर ब्लॉ** ने किया है, सामाजिक संरचना का सिद्धान्त है।

निष्कर्ष (Conclusion)

संरचना एक ऐसी अवधारणा है जिसका प्रयोग पूरी स्वतंत्रता से किया जाता है। कई बार पूरी की पूरी पुस्तक में संरचना का प्रयोग होता है लेकिन कहीं भी इसे परिभाषित नहीं किया जाता। संरचना की विभिन्न परिभाषाओं के उधेड़-बुन में यह धारणा बहुत स्पष्ट है कि इसका अर्थ विभिन्न भागों को एक सूत्र में बांधना है और प्रत्येक भाग को उसके महत्व के अनुसार स्थान देना है। संरचना मात्र एक ढांचा है। किसी विशाल भवन की तरह इसमें विभिन्न प्रस्थितियां और भूमिकाएं एक-दूसरे से जुड़ी होती हैं।

समाजशास्त्र में सरंचनावाद पर सैद्धांतिक दृष्टि से जो कुछ लिखा गया है, उसे दो संप्रदायों में देखा जा सकता है। फ्रांस में संरचना की परंपरा और अमेरिका व इंग्लैंड में। फ्रांसिसी या यूरोपीय संरचनावाद की परंपरा में **लेवी-स्ट्रॉस** और **बोर्दू** हैं। यह परंपरा भाषा और वैचारिकी को संरचना का सुदृढ़ स्रोत मानती है। अमेरिका-इंग्लैंड की संरचनावादी परंपरा में हमने पीटर **ब्लॉ** की संरचनावाद का उल्लेख किया है। **ब्लॉ** किसी भी समाज का अंतिम लक्ष्य एकीकरण बनाए रखना समझते हैं। वास्तव में **पीटर ब्लॉ** और **दुर्खीम** प्रकार्यवाद की सामाजिक सुदृढ़ता की अवधारणा को आगे बढ़ाकर कहते हैं कि प्रकार्यात्मक अंतर्निभरता के अतिरिक्त वास्तविक रूप से होने वाली अंत:क्रियाएं एकीकरण के लिए आवश्यक है।

संरचनावाद के बारे में जो कुछ साहित्य उपलब्ध है वह सब फ्रांसिसी विचारकों का है। फ्रांस से बाहर संरचनावाद केवल परंपरागत है इधर फ्रांसिसी संरचनावादी अपने सिद्धांत को मानसिक संरचना के संदर्भ में प्रस्तुत करते हैं। फ्रांसिसी संरचनावादी वस्तुत: एक खोज में निकले हैं जिसमें वे समाज की यथार्थता के पीछे जो मूल तथा अदृश्य संरचनाएं हैं उनका पता लगाया जा सके। कभी-कभी ये संरचनावादी आनुभाविक संरचनाओं का भी अध्ययन करते हैं। ऐसे अध्ययन का एकमात्र उद्देश्य अन्त में चलकर मानसिक संरचनाओं का पता लगाना है।

एस. एफ. नेडेल (S. F. Nadel)

प्रसिद्ध समाज विज्ञानी **शम्भू लाल दोषी** कहते हैं ''सामान्यतया समाजशास्त्र में संरचना का अर्थ बड़ा ही लचीला और ढीला माना जाता है। इसका प्रयोग सामाजिक क्रिया के विरोध में किया जाता है। इसकी प्रक्रिया का मसला सबसे पहले **एस. एफ. नेडेल (S. F. Nadel)** ने अपनी पुस्तक The Theory of Social structure, 1957 में उठाया था। **नेडेल** की परिभाषा का उपागग मानवशास्त्रीय था। वे स्वीकार करते हैं कि सामान्यतया समाजशास्त्र में संरचना पद का प्रयोग बहुत अस्पष्ट रहा है मानवशास्त्र में इस पद को मनमाने ढंग से प्रयोग में लिया गया है। अमेरिकी मानवशास्त्री तो इसका प्रयोग ही नहीं करते, जैसे कि यह उनके लिए वर्जित है। **क्रोबर** जैसे मानवशास्त्री यह स्वीकार करते हैं कि समाज विज्ञानों में इस पद की कोई उपयोगिता नहीं है। यह तो एक फालतू शब्द है जिसका कोई मतलब नहीं निकलता और जिनका प्रयोग मनमाने तरीके से होता है। 'आदि' और 'इत्यादि' की तरह यह काम में लाया जाता है। इसका कोई स्वतंत्र अस्तित्व नहीं है।''

नेडेल ने ही पहले-पहल इस बात पर जोर दिया कि संरचना एक तकनीकी पद है इसलिए इसका प्रयोग निश्चित अर्थ में ही होना चाहिए। 1960 और 1970 के दशक में इस पर गंभीरता पूर्वक विचार किया गया। इसकी परिभाषा गढ़ने में कई प्रकार की कठिनाइयां हैं।

वास्तव में संरचना का प्रयोग कई ज्ञानशाखाओं में होता है। दर्शनशास्त्री, सामाजिक सिद्धांत, भाषा विज्ञान, साहित्यिक आलोचना, संस्कृति विश्लेषण, मनोविश्लेषण, इतिहास, ज्ञान का दर्शन और मानवशास्त्री जैसी कई शाखाओं में यह प्रयुक्त होता रहा है। संरचना सिद्धांत के दिग्गज माने जाने वाले मानवशास्त्री **लेवी क्लॉड स्ट्रास** और स्वयं **एस. एफ. नेडेल** भी संरचना के ही काव्यकार हैं।

नेडेल कहते हैं कि—''संरचना का तात्पर्य है—भागों का वयवस्थित रूप से जमा होना। यह संरचना सामान्यतया अपरिवर्तनशील होती है, जबकि इसके भाग साधारण रूप से परिवर्तन शील होते हैं।''

नेडेल के अनुसार प्रत्येक समाज के लोग नियम और उपनियम द्वारा एक दूसरे से बंधे होते हैं। अगर कुछ लोग इन नियमों को तोड़ते हैं तब उन्हें दंड दिया जाता है। उनका हुक्का-पानी बंद हो जाता है। इसीलिए समाज के लोगों को एक सूत्र में बांधने का काम नियम-उपनियम और परंपरा कहते हैं।

इसे इस प्रकार भी कहा जा सकता है—''व्यक्ति के व्यवहार पर समाज का नियंत्रण होता है। लेकिन समाज बहुत विशाल होता है। इस समाज के विभिन्न नियम-उपनियम संस्था का रूप ले लेते हैं। इस भांति देखें तो सामाजिक संरचना सामाजिक संबंधों की एक बनावट है। और यह बनावट ही व्यक्तियों के व्यवहार को निर्धारित करती है।'' **नेडेल** इन्हीं को सामाजिक संरचना कहते हैं। उनकी यह पहली पुस्तक है जो सामाजिक संरचना की व्याख्या सिद्धांत के संदर्भ में करती है।

रेडक्लिफ ब्राउन (A. R. Redcliffe Brown)

रेडक्लिफ ब्राउन की भी ख्याति एक मानवशास्त्री की ही है। इनकी विचारधारा प्रकार्यवादी उपागम से निर्मित है। प्रकार्यवाद के संदर्भ में ही इन्होंने सामाजिक-सांस्कृतिक संस्थाओं के अस्तित्व को सही ठहराने का प्रयास किया है।

सामाजिक संरचना का अध्ययन करने वाले विद्वानों में **रेडक्लिफ ब्राउन** का स्थान बहुत ऊंचा है। वे **लेवी स्ट्रॉस** की ही तरह अपने अध्ययन को जीवित अनुभवों से जोड़ते थे। **ब्राउन** ने जिस प्रकार से अपनी कृतियों में अपनी मौलिक विचारधारा को बनाए रखा वह निश्चित ही बहुत महत्वपूर्ण है। उनकी प्रसिद्ध पुस्तकों में (क) The Development of Social Anthropology(1936), (ख) Structure and function in Primitive Society (1952), और (ग) A Natural Science of Society (1957) का महत्वपूर्ण स्थान है।

रेडक्लिफ ब्राउन का मानना है कि सामाजिक संरचना एक मूर्त अवधारणा है। वे कहते हैं कि इसको बनाने वाली इकाइयां स्वयं मनुष्य हैं। समाज के सदस्य के रूप में व्यक्ति अन्य अनेक व्यक्तियों के साथ संबंधित रहता है। यह संबंध किस प्रकार हो इसका निर्धारण सामाजिक संस्थाओं द्वारा होता है और ये संस्थाएं ही समाज के सदस्यों के पारस्परिक संबंधों को परिभाषित, नियंत्रित व नियमित करती हैं। वास्तव में सामाजिक स्ंसथाओं द्वारा परिभाषित तथा नियमित समाज के सदस्यों के पारस्परिक संबंधों के मानदंड को ही सामाजिक संरचना कहते हैं। लेकिन ध्यान से देखने पर यह स्पष्ट हो जाता है कि पारस्परिक संबंधों का यह मानदंड बनाने वाला मनुष्य ही है। मनुष्य ही अपनी आवश्यकताओं की पूर्ति के लिए एक-दूसरे के निकट आता है। इस निकटता में ही सामाजिक संबंध का आधार निहित है। वैसे संबंध अपने आप में कोई स्वतंत्र इकाई नहीं है और आमूर्त भी है। लेकिन उसके आधार अथवा निर्याता मूर्त होता है। इसीलिए समाजिक संरचना की अवधारणा में मनुष्य या समाज के सदस्यों की बात भूलना उचित नहीं है।

समाज के सदस्य सामाजिक संस्थाओं के निर्देशानुसार समाज में एक निश्चित स्थिति को प्राप्त होते हैं और के अनुसार वे समाज व्यवस्था के अर्न्तगत एक निश्चित ढंग से सज जाते हैं। इसके परिणाम स्वरूप जो मानदंड निर्मित होते हैं वे सामाजिक संरचना कहलाते हैं।

सामाजिक संरचनाओं में अनेक उपसंरचनाएं भी होती है। ठीक उसी प्रकार उपसंरचनाओं में अनेक व्यक्ति होते हैं। इन सभी व्यक्तियों का आपस में विशिष्ट प्रकार का संबंध होता है। इन संबंधों का निर्धारण संस्थाओं द्वारा होता है। ये संबंध भिन्न-भिन्न व्यक्तियों को आपस में जोड़ देते हैं ओर एक निश्चित प्रस्थिति या पद प्रदान करते हैं। इन प्रस्थितियों पर रहते हुए तथा आपसी संबंधों के माध्यम से एक दूसरे से जुड़े व्यक्ति एक विशिष्ट मानदंड बनाते हैं। इसे ही उपसंरचना कहते हैं। इस तरह की उपसंरचना का उदाहरण जनजातीय समाजों में पाए-जाने वाली नातेदारी संरचना में देखे जा सकते हैं। नातेदारी संरचना सम्पूर्ण जनजातीय सामाजिक संरचना का ही एक भाग होती है। विवाह संबंध तथा रक्त संबंध के आधार पर कुछ व्यक्ति आपस में एक दूसरे के साथ संबंधित हो जाते हैं। इसे ही नातेदारी व्यवस्था कहते हैं। नातेदारी व्यवस्था में पारिवारिक संबंधों के आधार पर प्रत्येक की अपनी एक स्थिति, माता, पिता, पति, पत्नी, पुत्र, पुत्री, दादा, दादी, सास, ससुर, नंद-भौजाई, मामा, मामी, नाना, नानी, देवर, भाभी, जेठ, जेठानी, मौसी, बुआ आदि के रूप में होती है। ये सभी स्थितियां और संबंध सामाजिक संस्थाओं द्वारा निर्धारित और संस्थागत नियमों के द्वारा

परिभाषित व निर्देशित होते हैं। इसी के परिणामस्वरूप विभिन्न नातेदार अपनी-अपनी स्थिति में रहते हुए एक-दूसरे के साथ संयुक्त हो जाते हैं और एक निश्चित मानदंड निर्मित करते हैं जिसे कि नातेदारी संरचना कहते हैं।

सामाजिक संरचना की ही तरह आर्थिक संरचना में भी अनेक व्यक्ति आर्थिक संस्थाओं द्वारा निर्धारित संबंधों के आधार पर एक दूसरे से जुड़ जाते हैं और एक निश्चित मानदंड बनाते हैं। इस मानदंड को ही आर्थिक संरचना कहते हैं।

रेडक्लिफ ब्राउन कहते हैं कि सामाजिक संरचना निरंतर गतिशील रहती है। इस संबंध में **ब्राउन** ने दो शब्दों का प्रयोग किया है—एक निरंतरता और दूसरे गतिशीलता का। सामाजिक संरचना की अवधारणा में इन दोनों शब्दों को बहुत महत्वपूर्ण माना जाता है। सामाजिक संरचना वास्तविक रूप में गतिशील और परिवर्तित होती रहती है। इसकी आधारभूत इकाइयां जब परिवर्तित होती हैं तो इसमें परिवर्तित अवश्यंभावी है। सामाजिक संरचना में परिवर्तन के तत्व छिपे होते हैं। लेकिन हम परिवर्तन से न तो सामाजिक संरचना छिन्न-भिन्न होती है और न ही इसकी आधारभूत इकाइयों के बीच के संबंध टूटते हैं।

इन परिवर्तनों और गतिशीलताओं के बावजूद सामाजिक संरचना की निरंतरता बनी रहती है। इन संरचनाओं के कारण समाज पीढ़ी-दर-पीढ़ी निरंतर चला रहता है। प्रत्येक पीढ़ी के सामाजिक जीवन में अनेक परिवर्तन घटित होते हैं। इसी के परिणाम स्वरूप सामाजिक संरचना में गतिशीलता पैदा होती है। इस तरह कहा जा सकता है कि सामाजिक संरचना एक 'गतिशील निरंतरता' है। इसे और स्पष्ट रूप से समझने के लिए सामाजिक संरचना के एक अंग परिवार को लिया जा सकता है।

परिवार की शुरुआत पति-पत्नी के विवाह से होता है। उन दोनों में पारस्परिक संबंध इसके पश्चात ही शुरू होता है। उनके जीवन में क्रमश: परिवर्तन आते हैं। वे दोनों मिलकर संतान को जन्म देते हैं। इस प्रकार वे पति-पत्नी से माता-पिता की स्थिति प्राप्त करते हैं। फिर बच्चे बड़े होना शुरू होते हैं तथा लिखना-पढ़ना सीखते हैं। उनके व्यक्तित्व का सकारात्मक अथवा नकारात्मक विकास होता है। माता-पिता धीरे-धीरे वृद्धास्था को प्राप्त होते हैं और अंत में मर जाते हैं। वे अपना जीवन चक्र पूरा कर लेते हैं लेकिन उनके द्वारा बसाया हुआ परिवार नष्ट नहीं होता। वह चलता रहता है। माता-पिता का स्थान संतान ले लेती है। उसी प्रकार उनका भी विवाह होता है तथा वे पति-पत्नी और फिर माता-पिता बनते हैं। वे भी अपने पूर्वजों की तरह एक दिन मर जाते हैं। इस प्रकार से परिवार-व्यवस्था में अनेक परिवर्तन होते रहते हैं फिर भी उसकी निरंतरता बनी रहती है। यही बात सामाजिक संरचना के संबंध में भी लागू होती है।

ब्राउन कहते हैं कि सामाजिक संरचना का एक स्थानीय पहलू भी होता है। इसका अर्थ है कि प्रत्येक सामाजिक संरचना की अपनी कुछ विशिष्टताएं होती हैं और ये विशिष्टताएं उस समाज के अपने निजी क्षेत्र के अन्दर फैली हुई होती हैं। और उस क्षेत्र से बाहर उन विशिष्टताओं को उसी रूप में देखा नहीं जा सकता। वास्तव में आधुनिक समय में परिवहन और संचार के साधनों का विकास होने से दुनिया के विभिन्न समाजों और उनमें क्रियाशील जीवन की अनेक विशेषताओं में अनेक स्तरों पर समानता-सी हो गई है। हालांकि इस समानता का अर्थ यह नहीं माना जाता कि संसार के विभिन्न समाजों ने अपना पृथक अस्तित्व और मौलिकता खो दी है। उनका अपना पृथक व्यक्तित्व है। तथा उनमें अनेक ऐसी विशिष्टताएं मौजूद हैं जो दूसरे समाजों से उन्हें अलग करती है। ये विशिष्टताएं ही सामाजिक संरचना को एक विशिष्ट रूप प्रदान करती हैं। स्थान विशेष में फैले हुए इन गुणों को ही ब्राउन ने सामाजिक संरचना का स्थानीय पहलू माना है।

ब्राउन ने संरचना सिद्धांत के अलावा प्रकार्यवाद पर भी मौलिक कार्य किया है। वे कहते हैं "किसी सामाजिक तत्व का प्रकार्य उस तत्व का वह योगदान है जो कि वह सामाजिक व्यवस्था की क्रियाशीलता के रूप में सामाजिक जीवन में करता है।" उन्होंने सांस्कृतिक एकीकरण पर लिखते हुए प्रकार्य की निरंतरता और संरचना की निरंतरता पर व्यापक बल दिया है। वे कहते हैं—"एक सावयव का जीवन उसकी संरचना के प्रकार्य के रूप में देखा जा सकता है। प्रकार्य के निरंतरता के माध्यम से ही संरचना की निरंतरता बनी रहती है। यदि हम किसी एक भाग या अंग की विवेचना करें तो उसका प्रकार्य वह भूमिका है जो कि वह अदा करता है या वह योगदान है जो कि वह समग्र रूप में सावयव के जीवन को देता है।"

लेवी स्ट्रॉस (Levi-Strauss)

संरचनावादी समाजशास्त्रियों में **क्लाड लेवी स्ट्रास** का नाम बहुत आदर के साथ लिया जाता है। वे एक जटिल संरचनावादी कहे जाते हैं और उनका सिद्धांत सभी मानवशास्त्रियों द्वारा पूरी गंभीरता से लिया जाता है। दिलचस्प तो यह है कि इसके बावजूद समाजवैज्ञानिक उनके सिद्धांत को संदेह की दृष्टि से देखते हैं और इसको स्ट्रॉस के हाथ की सफाई मानते हैं। हालांकि इस आलोचना के बावजूद माना जाता है कि स्ट्रॉस के विश्लेषण में अनेक महत्वपूर्ण

तथ्य हैं। स्ट्रॉस ने संस्कृतिवाद को चरम-सीमा पर पहुंचाया। उन्होंने विभिन्न समाजों में पाए जाने वाले सार्वभौमिकों की पहचान की है। उनका यह प्रभाव अन्य समाज विज्ञानों में भी देखने को मिलता है। **लेवी स्ट्रॉस** का जन्म फ्रांस के एक कस्बे 1908 में हुआ उनके पिता बहुत अच्छे कलाकार थे। स्ट्रॉस ब्राजील के एक विश्वविद्यालय में समाजशास्त्र के प्रोफेसर बने और यहीं से ही उन्होंने ब्राजील के तटवर्ती इलाकों में मानवशास्त्रीय अध्ययन करना शुरू किया 1939-40 के दौरान **स्ट्रॉस** ने सेना में भी नौकरी की। ब्राजील से न्यूयार्क में न्यू स्कूल में अध्यापन के लिए आए। वे 1949 में पुन: फ्रांस आ गए। अगले वर्ष से पेरिस विश्वविद्यालय में सामाजिक अध्ययन के निदेशक बन गए। 1959 में *कॉलेज-डी-फ्रांस* में सामाजिक मानवशास्त्र के प्रोफेसर बन गए।

स्ट्रॉस की लोकप्रियता उनके नातेदारी की संरचना के विश्लेषण के कारण है। उनका प्रिय विषय मिथक की व्याख्या है। वे कहते हैं कि किसी भी मिथक में नाना प्रकार की कहानियां और विषय उसकी सामग्री होते हैं। लेकिन इन सबसे अंतर्निहित कुछ ऐसे तत्व होते हैं जो निरंतर पाये जाते हैं। वे तत्व जो विभिन्न मिथकों में समान रूप से बने होते हैं, संरचना है। मिथक के आख्यानों में अनेकता बराबर बनी रहती है। इस अनेकता में एक निरन्तरता भी समान रूप में देखने मिलती है: देवी-देवता सर्व शक्तिमान हैं, वे जो चाहे कर सकते हैं, असंभव को संभव बना सकते हैं। अत: यह निरंतर पाये जाने वाला तत्व जो हर मिथक में मिलता है, संरचना है। **स्ट्रॉस** की यह उपलब्धि चौंकाने वाली थी। संरचना की ऐसी व्याख्या व परिभाषा अ-ऐतिहासिक थी।

लेवी स्ट्रॉस के संरचना के सिद्धांत का मूल आधार नातेदारी संरचना का विश्लेषण है। इसी विश्लेषण को उन्होंने मिथकों पर लागू किया। इन अध्ययनों के बाद उन्होंने निष्कर्ष निकाला कि ''*हमारे विचारों की जो क्रियाएं हैं, वे ही हमें मनुष्य बनाती हैं। वे कहते हैं कि जो कुछ हमारा दैनिक जीवन है, व्यवसाय, रीति-रिवाज, परंपराएं, आदि इन सब के पीछे मनुष्यों की बौद्धिक गतिविधियां हैं। ऐसा नहीं होता कि समाज का संगठन बौद्धिक प्रक्रियाओं को बनाता हो। दूसरे शब्दों में किसी भी सामाजिक जीवन को बिताने से पहले हमें किसी न किसी अर्थ में सोचना अवश्य पड़ेगा। इस प्रकार सामाजिक जीवन का उद्गम बौद्धिक गतिविधि है। मिथक के बारे में वे कहते हैं कि दुनिया भर के मिथकों में कुछ तत्व सार्वभौमिक हैं और यह सार्वभौमिक तत्व ही संरचना है।*''

सच पूछा जाए तो **स्ट्रॉस** अपने सिद्धांत की प्रेरणा भाषा वैज्ञानिकों से लेते हैं। वे कहते हैं कि वस्तुओं के घटने का कारण भाषा और उसकी अवधारणाएं हैं। कभी-भी भाषा वस्तुओं का परिणाम नहीं होती। यह इसी कारण है कि हम भाषा के माध्यम से वस्तुओं व अपने आपको समझते हैं। **स्ट्रॉस** की तरह ही भाषाविद **नोम चोम्स्की** कहते हैं कि प्रत्येक भाषा में एक गहन व्याकरण होती है जिससे सभी भाषाएं में सहमत होती हैं। इसका अर्थ यह हुआ कि दुनिया भर की भाषाओं में कुछ ऐसे शब्द होते हैं जो दुनिया के बारे हमें जानकारी देते हैं। इन भाषाओं में जो अंतर्निहित संरचना है उसकी पहचान अगर हम कर पाएं तो हमें एकदम पता लग जाएगा कि मनुष्य जाति कैसी है? उदाहरण के लिए हम किसी भी भाषा को लें। उसमें कर्ता के लिये कोई न कोई शब्द होता है। इसी तरह क्रिया के लिए भी निश्चित शब्द होते हैं। हिन्दी में कर्ता के लिए मैं या हम है। अंग्रजी में I और We हैं। यदि खोज करें तो प्रत्येक भाषा में कर्ता और क्रिया के लिए निश्चित शब्द होते हैं। ये शब्द ही संरचना है। क्योंकि संरचना एकाएक नहीं बदलती, इसी कारण **स्ट्रॉस मार्क्स** के सिद्धांत को क्रान्तिकारी नहीं मानते। **मार्क्स** वर्ग संघर्ष की कितनी ही व्याख्या कर लें लेकिन यह लीपा-पोती ही होगी। क्योंकि जिस शब्दावली का लोग प्रयोग करते हैं उसकी संरचना में परिवर्तन नहीं है। **लेवी स्ट्रॉस** के इसी उपागम के कारण उन्हें मार्क्स विरोधी ही कहा जाता है।

मानवशास्त्रीय संरचनावाद—लेवी स्ट्रॉस की कृति बहुत ही जटिल और दुरूह है। ऐसा इसलिए कि जब वे संरचना की बात करते हैं तो यह भी कहते हैं कि संरचनाओं के कई प्रकार है। इन प्रकारों में संरचना का पहला प्रकार अपने आकार में विशाल होता है जिसमें दुनियाभर की संस्थाएं और संगठन आ जाते हैं। यद्यपि इन विशालकाय संरचनाओं को अधिकांश मानवशास्त्री व समाजशास्त्री वास्तविकता समझते हैं लेकिन **लेवी स्ट्रॉस** की दृष्टि में समाज की इन संरचनाओं के पीछे वास्तविक संरचनाएं छिपी होती हैं। ये छिपी संरचनाएं संरचनावाद का दूसरा प्रकार है। जब समाज की अंतर्निहित संरचनाओं को समझने के लिए समाज वैज्ञानिक मॉडल बनाते है तब कहीं जाकर वास्तविक संरचनाओं का पता लगता है। संरचना के इन दो प्रकारों को बताने के बाद **स्ट्रॉस** संरचना का तीसरा प्रकार प्रस्तुत करते हैं और **स्ट्रॉस** की दृष्टि में यह तीसरा प्रकार सबसे अधिक महत्वपूर्ण है। संरचना का यह तीसरा प्रकार मनुष्य के मस्तिष्क की संरचना है। सामाजिक दुनिया के जिस मॉडल को समाजिक वैज्ञानिक संरचना करते हैं उन्हें विभिन्न स्वरूपों में तथा विभिन्न समाजों में देखा जा सकता है। सच में, नातेदारी, गोत्र, मिथक आदि मनुष्य द्वारा पैदा की गई संरचनाएं है और इन संरचनाओं में एक बुनियादी समानता इसलिए है कि इनके निर्माण का बुनियादी स्रोत मनुष्य का मस्तिष्क है। इसी कारण **लेवी स्ट्रॉस** कहते हैं:

मस्तिष्क निर्णायक संरचना है

एक प्रकार से देखा जाए तो **लेवी स्ट्रॉस** ने सोसेर के भाषा की संरचना के निष्कर्षों को मानवशास्त्रीय मुद्दों पर लागू किया है। आदिवासी समाज के मिथकों, गोत्रों और बंधुत्व व्यवस्था को वे भाषायी संरचना के आधार पर देखते हैं। अपने विश्लेषण में **स्ट्रॉस सोसेर** से एक कदम और आगे बढ़ जाते हैं। वे संरचनावाद को संचार के सभी सवरूपों पर लागू करते हैं। **स्ट्रॉस** का संरचनावाद आदिम समाजों की सामाजिक व्यवस्था पर पूरी तरह लागू होता है। जिस तरह शब्दों का विनियम किया जाता है वैसे ही विवाद में जीवन साथियों का भी विनिमय किया जाता है। शब्दों के विनियम और जीवन साथियों के विनिमय का संरचनात्मक मानवशास्त्र के माध्यम से अध्ययन किया जा सकता है।

लेवी स्ट्रॉस की विचारधारा को हम भाषायी व्यवस्था और बन्धुत्व व्यवस्था काी समानता के आधार पर समझ सकते हैं। जिस तरह भाषा में स्वर विश्लेषण का बुनियादी इकाई होते हैं ठीक इसी तरह समाज में बंधुत्व व्यवस्था में प्रयोग में आने वाले शब्द बुनियादी होते हैं। दूसरा भाषाएं जिन शब्दों को हम काम में लेते हैं, अपने आपमें उनका कोई अर्थ नहीं है। वैसे ही बंधुत्व व्यवस्था में प्रयुक्त पदों का भी अपने आपमें कोई प्रयोजन नहीं है। लेकिन जब हम पदों और शब्द के स्वरों को विशाल बंधुत्व व्यवस्था और भाषा के संदर्भ में देखते हैं, तो अर्थ स्पष्ट हो जाता है। इस भांति साभाजिक व्यवस्था की विशाल संरचना या भाषा व्यवस्था संरचना के प्रत्येक भाग के अर्थ को स्पष्ट कर देती है। तीसरा, जब हम भाषा और सामाजिक संरचना की समानता को देखते हैं तो ज्ञात होता है कि किस प्रकार भाषा अपने स्वर में (उच्चारण में) एक स्थान से दूसरे स्थान पर बदल जाती है।

वैसे ही बंधुत्व व्यवस्था में भी एक स्थान से दूसरे स्थान में परिवर्तन आ जाता है। इस परिवर्तन को आनुभाविक स्तर पर देखा जा सकता है। अंत में, **लेवी स्ट्रॉस** आग्रह पूर्वक कहते हैं कि ''स्वर की व्यवस्था और बंधुत्व व्यवस्था अपने अंतिम चरण में मस्तिष्क की संरचनाओं की उपज है। लेकिन यह उपज किसी भी तरह से चेतन प्रक्रिया का परिणाम नहीं है। इसके बजाय यह मस्तिष्क की अचेतन व तार्किक संरचना का परिणाम है।'' इस प्रकार, संरचनाओं की यह व्यवस्था मस्तिष्क की तार्किक संरचना के परिणाम-स्वरूप पैदा होती है।

जिस प्रकार सोसोर ने भाषा संबेंधी तथ्य सामग्री की संरचनात्मक विधि से विश्लेषण किया है, वैसे ही **लेवी स्ट्रॉस** की पद्धति बहुत स्पष्ट है। वे मिथक, बंधुत्व व्यवस्था, गोत्र और एक तरह से सम्पूर्ण समाज में जो छिपी संरचनाएं है उन्हें उजागर करते हैं।

यद्यपि **स्ट्रॉस** का अध्ययन केवल आदिम समाजों तक ही सीमित था, फिर भी उनका विश्वास था कि सभी समाजों, जिसमें आधुनिक औद्योगिक समाज भी सम्मिलित है, का अध्ययन इसी संरचनात्मक पद्धति से किया जा सकता है। उन्होंने आदिम समाजों तक अपना अध्ययन इसलिए सीमित व केन्द्रित किया क्योंकि इन समाजों में विकृतियां कम होती हैं और इसलिए इनमें संरचनाओं की खोज सरलता से हो सकती है। आधुनिक समाजों में तो कई प्रकार के चेतन मॉडल या मानक प्रधान व्यवस्थाएं आ गई हैं और इन समाजों की गहराई में जो वास्तविक संरचनाएं होती हैं, उनका पता लगाना बहुत मुश्किल है।

सामान्यतया मानवशास्त्री जब संरचना के क्षेत्र में काम करते हैं तो उनका उद्देश्य लोग जैसा कहते और करते हैं, उसका अध्ययन करना होता है। लोग और इस अर्थ में आदिवासी जब बतातें हैं कि वे वधू मूल्य देते हैं तो मानवशास्त्री इसका विवरण प्रस्तुत कर अपना कर्तव्य पूरा करते हैं। लेकिन **लेवी स्ट्रॉस** की रूचि इस तरह के अध्ययन में नहीं थी। उनका केंद्र वैयक्तिक संरचना न होकर वस्तुनिष्ठ संरचना था। इस भांति वे नातेदारी व मिथक का अध्ययन उनके पारस्परिक संबंधों में करते हैं।

स्ट्रॉस के अध्ययन की दूसरी विशेषता यह है कि वे अपने संपूर्ण अध्ययन को तुलनात्मक रूप देना चाहते थे। तुलनात्मक विधि द्वारा ही कुछ ऐसी संरचनाओं का पता लगाया जा सकता है जो सार्वभौमिक हों। **स्ट्रॉस** से पहले **दुर्खाइम** ने सामाजिक तथ्य की पद्धति को संरचना के रूप में रखा था। कुछ विश्लेषक सामाजिक तथ्य और संरचना को पर्यायवाची समझते हैं, लेकिन **जार्ज रिट्‌जर** अपनी हाल में प्रकाशित पुस्तक के तीसरे संस्करण में कहते हैं कि सामाजिक तथ्य तथा संरचना में समानता नहीं की जा सकती। दोनों में बुनियादी अंतर यह है कि सामाजिक तथ्य वस्तुतः व्यक्ति पर समाज का दबाव है जबकि **स्ट्रॉस** की संरचना मस्तिष्क का दबाव है। यदि चिन्तन के स्तर पर देखा जाए तो **स्ट्रॉस दुर्खाइम** की अपेक्षा **सिगमंड फ्रायड** के अधिक नजदीक थे। **स्ट्रॉस** की तरह **फ्रायड** का भी यह तर्क था कि व्यक्ति की क्रियाओं का नियंत्रण अचेतन मस्तिष्क करता है।

लेवी स्ट्रॉस के संरचनावाद की समीक्षा

संरचनावाद के विकास का संपूर्ण इतिहास फ्रांस से जुड़ा है। सभी संरचनावादी सिद्धांतवेत्ता यह मानकर चलते हैं कि संरचनावाद की जड़ें भाषा में है। आज तक जब समाजशासित्रयों ने उत्तर संरचनावादी सिद्धांत को वैज्ञानिक रूप से विकसित कर लिया है, वे इसका मुख्य आधार भाषा मानते हैं। इस सिलसिले में **फर्डीनंड बी सोसोरे** का उल्लेख किया जाना चाहिए। संरचनात्मक भाषा-विज्ञान

के विकास में **सोसोरे** का नाम विशेष रूप से उल्लेखनीय है। यद्यपि कुछ सिद्धांतवेता **कार्ल मार्क्स** को संरचनावाद का प्रणेता मानते हैं फिर भी सभी की राय में **सोसोर ही संरचनावादी सिद्धांत के जनक हैं।**

सोसोरे ने जिस संरचनात्मक भाषा विज्ञान का निर्माण किया था उनमें उनका कहना है कि प्रत्येक भाषा की अपनी एक व्याकरण होती है। व्याकरण ही भाषा को बोली से भिन्न कर देती है। सोसोरे ने आगे चलकर भाषा विज्ञान की व्याख्या करते हुए कहा है कि वास्तव में भाषा एक सामान्य या अमूर्त व्यवस्था है जिसमें स्वर और वचन होते हैं। स्वर और वचन दोनों में अन्तर है। किसी भी भाषा में एक निश्चित स्वर व्यवस्था होती है। स्वर के अगणित तत्व होते हैं। इन तत्वों के पारस्परिक सम्बन्धों का निर्धारण कुछ निश्चित नियमों द्वारा होता है। सोसोरे के समय से भाषा वैज्ञानिक बराबर इन नियमों की खोज कर रहे हैं जो स्वर के तत्वों के सम्बन्धों को समझा सकें। स्वर के ये तत्व ही भाषा के वचन यानि वाणी जो मुख्य से निकलती है, उसे समझने में सहायक होते हैं। यद्यपि सोसेरे ने लोग जिस भाषा को काम में लेते हैं उसके महत्व को समझा लेकिन वे भाषा वैज्ञानिक जिनका सरोकार भाषा के वैज्ञानिक स्वरूप से है, इससे संतुष्ट नहीं है। भाषा वैज्ञानिक जिनका सरोकार भाषा के वैज्ञानिक स्वरूप से है, इससे संतुष्ट नहीं है। भाषा वैज्ञानिक तो लोक भाषा को जिस तरह के वचन या वाणी में काम में लाते हैं, उसमें रुचि नहीं रखते। उनका मतलब तो वाणी के पीछे भाषा का जो विज्ञान है, शब्द की जो लक्षण व व्यंजना शक्ति है, उसे समझने की होती है।

सोसेरे के भाषा की संरचना की इस व्याख्या को मानवशास्त्रीय संरचनावादियों ने समाज के विश्लेषण पर लागू किया है। वास्तव में, भाषा में प्रतीक होते हैं और इन प्रतीकों के लक्षणों को समझने का प्रयास संरचनावादी करते हैं। संरचनावादी केवल भाषा के लक्षणों को ही नहीं देखते वे सभी प्रकार के प्रतीकों को समझते हैं। चेहरे के हाव-भाव, शरीर की भाव-भंगिमाएं और वास्तव में संप्रेषण के सभी स्वरूपों को ये संरचनावादी विश्लेषण की दृष्टि से देखते हैं।

यदि सरल शब्दों में सोसेर जैसे भाषा संरचनावादियों और मानवशास्त्रीय संरचनावादियों को देखें तो कहना होगा कि इनका उद्देश्य संचार के सभी स्वरूपों को समझना होता है। सम्प्रेषण के ये स्वरूप भाषा तथा शारीरिक भाव-भंगिमा में या चित्रकला व अन्य प्रतीकों में देखने को मिलते हैं। संरचनावादियों का मुख्य जोर इसलिये सम्प्रेषण रहा है। संचार के अन्तर्गत मार्क्सवाद, मनोविश्लेषण विज्ञान, प्लास्टिक आर्ट, संगीत थियेटर, साहित्यिक आलोचना, दर्शनशास्त्र, सभी सम्मिलित हैं।

मानवशास्त्रियों और विशेषकर क्लाउड लेवी स्ट्रॉस, रोसी, इहरमान आदि ने अपने-अपने ढंग से संरचनावाद को विभिन्न साहित्यिक और सामाजिक सांस्कृतिक क्षेत्रों में देखा है। संरचनावाद के इन विभिन्न प्रकारों में कई अन्तर हैं। लेकिन समानतायें भी पर्याप्त हैं। एक शब्द में कहना होगा कि संरचनावाद की अवधारणा किसी भी एकीकृत संदर्श से कोसों दूर है।

बहुविकल्पीय प्रश्न

1. जादू से धर्म की उत्पत्ति हुई
A. श्री निवास B. मैलिनोवस्की
C. फ्रेजर D. एडवर्ड टायलर

2. प्रतिस्पर्धा में जो चीज रहती है वह संघर्ष में नहीं रहती
A. डरना B. आगे बढ़ने की प्रवृत्ति
C. नियम की व्यवस्था D. बदले की भावना

3. सामाजिक परिवर्तन निम्न में से किसमें नहीं आता है।
A. कानून B. परम्परा
C. शिक्षा D. धर्म

4. अपेक्षित और मनोवांछित परिवर्तन को क्या कहते हैं?
A. प्रगति B. नियंत्रण
C. उद्विकास D. उपरोक्त सभी

5. कृषक आंदोलन को सामाजिक परिवर्तन कहेंगे।
A. सत्य B. नहीं
C. दोनों गलत D. नहीं

6. सामाजिक परिवर्तन निम्न में से कौन नहीं चाहता है
A. युवा वर्ग B. शिक्षित लोग
C. स्वार्थ समूह D. राजनीतिज्ञ लोग

7. अलौकितता से किस धर्म का संबंध है।
A. हिन्दू धर्म B. मुस्लिम
C. ईसाई D. पारसी

8. सिक्ख का प्रतिशत क्या है
A. दो प्रतिशत B. तीन प्रतिशत
C. चार प्रतिशत D. एक प्रतिशत

9. जादू आज भी किस जनजाति में है, किन्तु धर्म में नहीं है।
A. कादर B. नायर
C. संथाल D. कमा

10. आर्थिक निर्धारणवाद का सिद्धांत किसने दिया।
A. मार्क्स B. पेरेटों
C. मैकाले D. मैकाइवर

11. सामाजिक परिवर्तन का परिचायक निम्न में से कौन नहीं है?
A. मंत्रिमंडल में परिवर्तन
B. शिक्षा में परिवर्तन
C. सामाजिक संबंधों में परिवर्तन
D. युवा वर्ग प्रशिक्षित होना

12. निम्नलिखित युक्तिमूलक वैध सत्ता से संबंधित कथन है।
A. यह अधिकारी के द्वारा गृहीत पद में निहित है
B. यह समरूपता पर बल देती है
C. जनसाधारण के अधिकारी के प्रति अनुग्रह के कारण यह कार्य करती है
D. यह व्यक्ति पर निर्भर है जो पद पर आसीन है

13. प्रत्येक स्थान पर समाज आर्थिक उत्पादन के क्रम में उपलब्ध मानव संसाधनों को जिन आधारों पर बांटते हैं, वह है,
A. आयु B. लिंग
C. शारीरिक क्षमताएं D. औपचारिक योग्यताएं

14. नीचे दिये गये कूटों के आधार पर सही उत्तर का चयन कीजिए
A. 1 B. 1 और 2
C. 1, 2 और 3 D. 1, 2, 3 और 4

15. निम्न दो कथनों पर विचार कीजिए
A. परिवार एक प्राथमिक सामाजिक इकाई है
B. परिवार अपने सदस्यों का संरक्षण करता है तथा उन्हें आर्थिक समर्थन प्रदान करता है

16. निम्न में से कौन सा सही है
A. A और R दोनों सही है तथा R, A की सही व्याख्या है
B. A और R दोनों सही हैं परन्तु R, A की सही व्याख्या नहीं है
C. A सही है, परन्तु R गलत है
D. A गलत है परन्तु R सही है

17. निम्नांकित पुस्तकों में से किसमें सी.एच. कूले ने "प्राथमिक समूह" की अवधारणा का उल्लेख किया है जो अभिलक्षित करती है घनिष्ट, आमने सामने के सम्बन्ध
A. मानव, समूह B. मानव समूहों की प्रकृति
C. सामाजिक संगठन D. जातीय वर्गीकरण

18. "जैवकीय पिता" तथा "सामाजिक पिता" के बीच पृथक्करण पाए जाने वाले परिवार को कहा जाता है।
A. उभय स्थानिक B. दांपत्य मूलक
C. बहुपति D. पितृतंत्रात्मक

19. सूची 1 तथा सूची 2 को मिलाइए तथा उनके नीचे दिए गए कूट संकेतों का प्रयोग करते हुए सही उत्तर चुनिए

सूची 1	*सूची 2*
(a) ई. वेस्टर मार्क	1. हिस्ट्री ऑफ ह्यमून मैरिज
(b) आर. ब्रिफाल्ट	2. प्रिमिटिव सोसाइटी
(c) आर.एच. लावी	3. एन्शियन्ट सोसायटी
(d) एल.एच. मार्गन	4. द मदर्स

कूट	(a)	(b)	(c)	(d)
A.	1	3	4	2
B.	2	1	3	4
C.	1	4	2	3
D.	4	2	1	3

20. जिस विवाह में एक उच्च जाति की स्त्री निम्न जाति के पुरूष से विवाह करती है, उसे कहा जाता है,
A. बहिर्विवाह B. प्रतिलोम विवाह
C. अनुलोम विवाह D. अंतर्विवाह

21. मुस्लिम विधि के अनुसार मेहर
A. वधू शुल्क है जो विवाह के समय दिया जाता है
B. शास्ति है जो पत्नी के साथ दुर्व्यवहार करने के कारण पति द्वारा दी जाती है
C. स्वीकृत भुगतान है जो कि पति द्वारा विवाह विच्छेद के समय किया जाता है
D. धन राशि है जो कि विवाह के समय काजी को दी जाती है

22. सॉरोरेट की निम्नलिखित परिभाषा में से कौन एक सही है
A. मृत पत्नी की भगिनी से विवाह करने की एक प्रथा है
B. मृति पति के भ्राता से विवाह करने की एक प्रथा है
C. भगिनी की पुत्री से विवाह करने की एक प्रथा है
D. मामा की पुत्री से विवाह करने की एक प्रथा है

23. निम्नलिखित युग्मों में से कौन एक समरक्त स्वजनों का दृष्टान्त नहीं है
A. भ्राता – भगिनी B. पिता – पुत्र
C. पति – पत्नी D. माता – पुत्री

24. निम्नलिखित किस जाति में पिता की सम्पत्ति सभी पुत्रों को विरासत में नहीं मिलती थी
A. नायर B. काडार
C. नम्बूदरी D. नाडार

25. एक व्यक्ति के लिए उसका दत्तक पुत्र
A. एक वैवाहिक स्वजन है
B. एक समरक्त स्वजन है
C. न तो एक वैवाहिक स्वजन है और न एक समरक्त स्वजन

D. एक वैवाहिक स्वजन है तथा समरक्त स्वजन भी

26. संस्थाओं को संपोषित करने के लिए विशिष्ट समितियों की आवश्यकता होती है, यह तथ्य महत्ता रखता है।

A. केवल जटिल समाजों के लिए

B. केवल धर्म की संस्थाओं के लिए

C. समितियों के आकार निर्धारित करने के लिए

D. संस्थाओं तथा अन्य प्रतिमानों के बीच मूल अन्तर समझने के लिए

27. आवास का वह नियम, जिसमें एक विवाहित युगल वर की माता के भाई के साथ रहने के लिए किये जाते हैं, कहा जाता है

A. पत्नी-स्थानिक B. पति-स्थानिक

C. मातुल-स्थानिक D. नवस्थानिक

28. निम्न कथनों पर विचार कीजिए

A. संभ्रांत वर्ग का उदय एक औपचारिक संगठन के रूप में होता है।

R. औपचारिक संगठनों में प्रतिभाशाली नेताओं की आवश्यकता होती है।

निम्न में से कौन सा सही है

A. A और R दोनों सही हैं तथा R, A की सही व्याख्या नहीं है

B. A और R दोनों सही हैं परन्तु R, A की सही व्याख्या नहीं है

C. A सही है परन्तु R गलत है

D. A गलत है परन्तु R सही है

29. निम्नलिखित में से कौन उत्तरी भारत के पितृवंशीय हिन्दु परिवारों में 'परिहास-संबंध' के प्रतिरूप में शामिल है

A. व्यक्ति तथा उसके पिता के भाईयों के बीच

B. व्यक्ति तथा उसकी सास के बीच

C. व्यक्ति तथा उसकी भाभी के बीच

D. व्यक्ति तथा उसकी अनुज वधू के बीच

30. अपने समूह की संस्कृति को अस्वीकार करने की व्यक्ति की प्रवृत्ति को कहा जाता है

A. अहं केन्द्रवाद B. उद्धत राष्ट्रवाद

C. धार्मिक कट्टरता D. विदेशी-केंद्रिकता

31. कुछ समुदायों में माता तथा उसकी भगिनी के लिए समान शब्दावली का प्रयोग किया जाता है। निम्नलिखित में से यह प्रचलन किसका परिचायक है

A. देवर अधिकार B. बहु पत्नी-प्रथा

C. साली विवाह D. बहुपति-प्रथा

32. उस प्रक्रिया को, जिसके द्वारा एक विशिष्ट सांस्कृतिक समूह के सांस्कृतिक लक्षण दूसरी संस्कृति में फैल जाते है, कहा जाता है

A. उद्विकास B. समीकरण

C. समंजन D. विसरण

33. निम्न कथनों पर विचार कीजिए

***कथन*—(A)** मोस्तारी संस्कृतियों का अनुशीलन ने आंडर थल मानव द्वारा किया जाता था।

***कारण*—(R)** ने आंडर थल मानव पशुचारक थे निम्न में कौन सा सही है।

A. A तथा R दोनों सही हैं तथा R, A की सही व्याख्या है

B. A तथा R दोनों सही है परन्तु R, A की सही व्याख्या नहीं है

C. A सही है परन्तु R गलत है

D. A गलत है परन्तु R सही है

34. सूची 1 को सूची 2 के साथ मिलाइए तथा नीचे दिये हुए कूट का प्रयोग करते हुए सही उत्तर चुनिए

सूची 1	*सूची 2*
A. सर्वमिस्त्री	1. एल.एच. मॉर्गन
B. सांस्कृतिक ऐतिहासिक	2. इलियट स्मिथ
C. संरचनात्मक-प्रकार्यात्मक	3. एफ. ग्रैबनर
D. उद्विकासीय	4. ए.आर. रैडक्लिफ ब्राउन

कूट संकेत	A	B	C	D
A.	3	4	1	2
B.	3	1	2	4
C.	1	2	4	3
D.	2	3	4	1

35. एक स्त्री का अपने पति के भाई से विवाह कहलाता है।

A. साली विवाह

B. बहुपति विवाह

C. देवर अधिकार

D. भ्राता-भगिनि संतति विवाह

36. सांस्कृतिक परिवर्तन में निम्नलिखित में से कौन सा अनुक्रम घटित होता है

A. विसरण, समीकरण तथा परसंस्कृति ग्रहण

B. परसंस्कृति ग्रहण, प्रति पर संस्कृति ग्रहण तथा समीकरण

C. पति परसंस्कृति ग्रहण, समीकरण तथा विसरण

D. विसरण, परसंस्कृतिकरण तथा समीकरण

37. संस्कृति की निम्नांकित अवस्थाओं में से टैंगनी का के ओल्डूवर्ड के बटिया-औजार जो प्लीस्टोसीन युग की हस्त-कुल्हाड़ियों से भिन्न है, किस अवस्था से संबंधित है।

A. सोलूट्रियन
B. मेडेलेनियन
C. मूस्टेरियन
D. शैलो-ऑकेलियन

38. उस समाजशास्त्री का नाम बताइये जिसमें समूहों का वर्गीकरण ''अन्त: समूह'' तथा बाह्य-समूह श्रेणियों में किया है।

A. मर्टन
B. ऑगबर्न
C. समनर
D. कूले

39. निम्न दो कथनों पर विचार कीजिए

कथन (A) : संस्कृति समय के साथ बदलती है किन्तु रूक-रूक कर तब अपेक्षाकृत मन्द गति से। सम्पूर्ण संस्कृति का अपेक्षाकृत कुछ अंश सदा अभिलाक्षणिक रूप से बदल जाता है जो कि सामाजिक संघर्ष का उप-उत्पादक है।

कारण (R) : एक समाज में आदर्श रूप में सोचने तथा करने के जो ढंग प्रचलित हैं, वे प्रत्यक्ष व्यवहार के उनसे विचलित हो जाने के बहुत बाद प्रतिरोध प्रस्तुत करते हैं।

निम्न में से कौन सा सही है?

A. A तथा R दोनों सही है तथा R, A की सही व्याख्या है।
B. A तथा R दोनों सही है किन्तु R, A की सही व्याख्या नहीं है।
C. A सही है परन्तु R गलत है।
D. A गलत है परन्तु R सही है।

40. जब नृजातीय समूहों में अपना सांस्कृतिक अस्तित्व तथा अन्तर कायम रहता है किन्तु वे शान्तिपूर्वक सह-अस्तित्व रखते हैं, तो इसे कहते हैं?

A. सम्मिश्रण
B. समीकरण
C. अलगाव
D. सांस्कृतिक बहुलवाद

41. अंग्रेजी तथा भारतीय संस्कृतियों के एक दूसरे पर पारस्परिक प्रभाव को किस प्रत्यय द्वारा व्यक्त किया जाता है।

A. संमजन
B. परसंस्कृतिग्रहण
C. पश्चिमीकरण
D. समीकरण

42. सांस्कृतिक सापेक्षवाद का अर्थ है कि

A. ऐसे सार्वभौमिक सांस्कृतिक प्रतिमानों का न होना जिनका पालन आवश्यक है
B. व्यक्ति का सामाजिक संस्थाओं के प्रति दृष्टिकोण उसके सांस्कृतिक संदर्श से रंजित है
C. किसी अभिलक्षण के प्रकाय तथा अर्थ उसके सांस्कृतिक पर्यावरण के सापेक्ष है
D. व्यक्ति विश्वास करता है कि उसकी संस्कृति अन्य से श्रेष्ठ है।

43. निम्नलिखित में से किसने यह परिभाषा दी है कि 'समाज सम्बन्धों का जाल है।'

A. टैल्कट पारसन्स
B. इमाईल दुर्खीम
C. आर.के. मैकाइवर
D. आर.के. मर्टन

43. दुर्खीम ने समाज के वर्गीकरण को निम्नलिखित में से किस रूप में किया था?

A. यांत्रिक और सावयवी
B. गेमाइनशाफ्ट और गेजेलशाफ्ट
C. साक्षर और अ-साक्षर
D. विवृत और संवृत

44. व्यक्ति तथा संस्कृति के बीच संबंध ऐसा है जिसमें—

A. समाज ता संस्कृति व्यक्तियों के व्यक्तित्व की समानता के परिचायक हैं, किंतु व्यक्तित्व की वैयाक्तिकता के नहीं
B. संस्कृति की पूर्ण समष्टि व्यक्ति के व्यवहार का निर्धारण करती है
C. व्यक्ति एक साथ रचना, संवाहक तथा संस्कृति का स्रष्टा है
D. न तो व्यक्ति संस्कृति का सर्जन करता है और न ही संस्कृति व्यक्ति का

45.

	समय 1	*समय 2*
समूह A	A1	A2
समूह B	B1	B2

उपरोक्त आरेख में A1 तथा A2 दोनों, समय 1 तथा समय 2 पर A के सदस्यों का क्रमश: प्रतिनिधित्व करते हैं तथा बॉक्स B1 और B2 समय 1 तथा 2 पर समूह B के सदस्यों का प्रतिनिधित्व करते हैं।

यदि दोनों समूहों में व्यक्तियों को यादृच्छिक तथा नियत किया जाता है और को प्रयोगात्मक विचरण (0) को A1 तथा A2 के बीच सन्निविष्ट किया जाता है तो समूह को कहा जाएगा—

A. द्वितीय समूह
B. प्रयोगात्मक समूह
C. नियंत्रण समूह
D. एकाकी समूह

46. निम्नलिखित युग्मों में से कौन एक उपयुक्त नहीं है—

A. सामाजिक समूह—क्रमबद्ध संबंध
B. समुच्चय—किसी का होने की भावना

C. प्राथमिक समूह—संवेगात्मक आसंग
D. संदर्भ समूह—असदस्यता

47. निम्नांकित में से कौन सा एक सही है—
A. गोत्र शब्द किसी जनजाति के दो भागों को इंगित करता है
B. गोत्र किसी जनजाति के खंडों की टॉटम संबंधित उत्पत्ति को बताता है
C. बहिर्विवाह ही गोत्र का एक मात्र प्रकार्य है
D. गोत्र जनजाति में वंशागति के नियमों को नियंत्रित करता है

48. निम्नलिखित में से कौन एक भीड़ का उपर्युक्त दृष्टांत है ?
A. बस स्टैंड में लोगों का एकत्रीकरण
B. बाजार स्थल में लोगों का एकत्रीकरण
C. किसी घर में आग लगने पर लोगों का एकत्रीकरण
D. जुलूस में लोगों का एकत्रीकरण

49. द्वितीयक समूह का सार उसके—
A. प्रकार की चेतना है
B. अनुपालन की मात्रा है
C. आमने-सामने के संबंध है
D. संबंधों की आकस्मिकता है

50. भारत में बहुत लोग यह अनुभव करते हैं कि उनके जीवन का प्रतिरूप प्रगतिशील नहीं है। उनका विचार है कि अंग्रेज एक विवेकपूर्ण तथा प्रगतिशील जीवन बिताते हैं। अत: उन्हें अंग्रेजी जीवन-शैली की बराबरी की चेष्टा करनी चाहिए। उपर्युक्त अर्थ में निम्नलिखित में से कौन सा एक संदर्भ समूह है ?
A. अंग्रेज
B. भारतीय
C. अंग्रेज तथा भारतीय दोनों
D. न तो अंग्रेज और न भारतीय

51. वह समूह, जिसे एक व्यक्ति अपने व्यवहार को ढालने के लिए मानक के रूप में अंगीकार करता है, कहलाता है
A. प्राथमिक समूह B. संदर्भ समूह
C. धार्मिक समूह D. द्वितीयक समूह

52. प्रोफेसर 'A' प्रोफेसर 'B' की अपेक्षा अपने कर्तव्यों का अनुपालन अच्छी तरह करता है। A और B के बारे में निम्न में से कौन सा कथन सही है ?
A. प्रोफेसर 'A' का स्थान प्रोफेसर 'B' की अपेक्षा ऊंचा है
B. प्रोफेसर 'A' की प्रतिष्ठा प्रोफेसर 'B' की अपेक्षा अधिक है
C. प्रोफेसर 'A' की शक्ति प्रोफेसर 'B' की अपेक्षा अधिक है
D. प्रोफेसर 'A' की प्रस्थिति प्रोफेसर 'B' की अपेक्षा ऊंची है

53. व्यक्ति की भूमिका परिलक्षित होती है
A. उस कार्य में जिसे वह करता है
B. उससे की गई उचित प्रत्याशाओं के समुच्चय में
C. उसके गुणों में
D. उसके सामाजिक व्यवहार में

54. स्वाभाविक क्रमिक परिवर्तन को क्या कहते हैं
A. उद्विकास B. औद्योगिकीकरण
C. प्रगति D. वृद्धि

55. एपिस्टन ने निम्न में से किस क्षेत्र का अध्ययन किया है
A. उत्तरी क्षेत्र B. पश्चिमी क्षेत्र
C. पूर्वी क्षेत्र D. दक्षिणी क्षेत्र

56. **माइनाइजेशन ऑफ इंडिया ट्रेडिशन** नामक पुस्तक का लेखक कौन है
A. योगेन्द्र सिन्हा B. मैकाइवर
C. गिलिन एवं गिलिन D. श्रीनिवास

57. सामाजिक परिवर्तन किसके द्वारा होता है ?
A. संस्कृतिकरण B. प्रथा
C. कानून D. धर्म

58. बौद्धिक तथा नैतिक समूह जो दूर तक फैला हुआ है, क्या कहेंगे ?
A. जनता B. श्रोता समूह
C. भीड़ D. दर्शन

59. टी.वी. पर प्रधानमंत्री के प्रसारित भाषण को सुनने वालों को क्या कहेंगे ?
A. श्रोता समूह B. भीड़
C. जनता D. दर्शन

60. आत्मसात किसका पर्यायवाची है
A. सात्मीकरण B. प्रसार
C. संस्कृतिकरण D. अंगीकरण

61. सामाजिक संघर्ष का क्या कारण है ?
A. धन B. शक्ति
C. प्रतिष्ठा D. भूमि

62. सकारात्मक और नकारात्मक नियंत्रण किसका विभाजन है
A. भूरविच एवं मूरे B. डेविस
C. किम्बाल यंग D. कार्लमैन होम

63. गांव में रहने वालों का प्रतिशत
A. 70 से 80 B. 40 से 50
C. 60 से 66 D. 70 से 75

64. व्याख्यान सुनने वाले समूह को क्या कहते हैं ?
A. श्रोता समूह B. जनता
C. भीड़ D. दर्शक

65. गांव का संपूर्ण विकास करने के लिए कौन सी योजना चलाई गई है ?
A. ग्रामीण विकास कार्यक्रम
B. समन्वित विकास योजना
C. सामुदायिक विकास योजना
D. उपरोक्त में से कोई नहीं

66. गांव की संख्या कितनी है
A. 5 से 6 लाख के बीच
B. 6 से 7 लाख के बीच
C. 4 से 5 लाख के बीच
D. 10 से 12 लाख के बीच

67. संघर्षवादी कौन रहा है
A. फोजर B. सिमैल
C. दुर्खीम D. उपरोक्त सभी

68. मार्क्स का संघर्ष किस प्रकार का है ?
A. संरचनात्मक B. विद्यटनात्मक
C. क्रियात्मक D. उपरोक्त सभी

69. प्रदत्त प्रंदिति किसको प्राप्त होता है ?
A. गोत्र B. शिक्षित
C. विरासत D. जाति

70. समाजशास्त्र शब्द सबसे पहले किसने प्रयोग किया ?
A. कॉम्प्ट B. दुर्खीम
C. मिल D. मैकाइवर

71. सामाजिक प्रक्रिया कौन सी है ?
A. संघर्ष B. जनरीति
C. कानून D. प्रथा

72. प्राथमिक समूह से कौन संबंधित है ?
A. चार्ल्स कूले B. मैकाइवर
C. आगबर्न D. दुर्खीम

73. विश्व में कौन महानगर है जो किसी प्रांत की राजधानी नहीं है ?
A. दिल्ली B. मुम्बई
C. मद्रास D. कलकत्ता

74. जनजाति का वर्णन निम्न में से किस अनुच्छेद में किया गया है ?
A. 217 B. 256
C. 341 D. 1956

75. मुस्लिम विवाह विच्छेद अधिनियम किस सन् में पारित हुआ ?
A. 1986 B. 1939
C. 1976 D. 1956

76. शारीरिक रूप से मिली हुई उद्वेगात्मक भीड़ को क्या कहेंगे
A. क्रियात्मक भीड़ B. राजनीतिक भीड़
C. जनता D. संरचनात्मक भीड़

77. दहेज अधिनियम कब आया ?
A. 1961 B. 1962
C. 1931 D. 1947

78. बाल-विवाह अधिनियम कब आया ?
A. 1961 B. 1962
C. 1931 D. 1949

79. बाल-विवाह निरोधक अधिनियम कब आया ?
A. 1929 B. 1829
C. 1941 D. 1961

80. हिंदु-विवाह अधिनियम कब पारित हुआ ?
A. 1955 B. 1956
C. 1954 D. 1949

81. मूल्य पर अध्ययन किसने किया ?
A. राधा कमल मुखर्जी B. कुले
C. मैकाइवर D. कॉम्प्ट

82. पिछड़ा वर्ग आयोग का अध्यक्ष कौन था ?
A. ए.वी. मंडल B. वी.पी. मंडल
C. सी.पी. मंडल D. उपरोक्त में से कोई नहीं

83. परिवार निम्न में से कौन सा कार्य नहीं करता है ?
A. सांस्कृतिक हस्तांतरण B. विघटन की स्थिति
C. सामूहिक उत्तरदायित्व D. उपरोक्त में से कोई नहीं

84. जनरीति से किसका निर्माण होता है ?
A. संस्था B. समिति
C. समुदाय D. वर्ग

85. संस्था की निम्न में से कौन सी विशेषता नहीं है ?
A. मानव की क्रमबद्धता B. नियमों की व्यवस्था
C. स्थायित्व D. लचीलापन

86. समुदाय की मुख्य बात क्या है ?
A. स्थानीयकरण B. फैलाव

C. व्यक्तिवाद D. वर्गवाद

87. निम्न में समाज की विशेषता नहीं है ?

A. सांस्कृतिक एकता B. संघर्ष

C. प्रतिस्पर्धा D. व्यक्तिवाद

88. आकांक्षित व्यवहार से क्या तात्पर्य है ?

A. अपेक्षित भूमिका B. जो व्यवहार किया जाए

C. भूमिका पालन D. उपरोक्त में से कोई नहीं

89. शिरस्य सूचक अनुपात है—

A. नाक की चौड़ाई का नाक की लंबाई से

B. सिर की चौड़ाई का सिर की लंबाई से

C. नाक की लंबाई का नाक की चौड़ाई से

D. सिर की लंबाई का सिर की चौड़ाई से

90. मानव प्रजातियों में अंतर करने के लिए निम्नलिखित में कौन सा लक्षण सबसे अधिक विश्वसनीय है ?

A. रक्त प्रारूप B. केश स्वरूप

C. नेत्रों की बनावट D. वर्णकता

91. प्रजाति, नृजाति केंद्रवाद का स्वरूप है जो समूह की किस श्रेष्ठता के विश्वास पर आधारित है ?

A. सांस्कृतिक उद्विकास

B. प्रौद्योगिकीय विकास

C. जैविक अक्षयनिधि

D. सामाजिक-आर्थिक विकास

92. हर्बट रिजले ने भारतीय जनसंख्या को वृहत्त सात प्रजातीय समूहों में वर्गीकृत किया है। अपने वर्गीकरण में उसने किस शब्द का प्रयोग नहीं किया है ?

A. नीग्रीटो B. मंगोलॉएड

C. सीथो-ड्रविड D. इन्डो-आर्यन

93. निम्नलिखित में से कौन सा प्रजातीय समूह है ?

A. आर्यन B. ड्रविड

C. एस्किमो D. कॉकै सॉयड

94. 'सामाजिक उद्विकास' की अवधारणा का प्रतिपादन सर्वप्रथम किसने किया ?

A. आगस्त कोंत B. हर्बर्ट स्पेंसर

C. ईमाइल दुर्खीम D. लेसटर सी वार्ड

उत्तरमाला

1	2	3	4	5	6	7	8	9	10
C	B	B	A	B	D	B	A	A	A
11	12	13	14	15	16	17	18	19	20
C	A	D	B	D	A	C	B	C	A
21	22	23	24	25	26	27	28	29	30
C	A	C	C	C	D	C	A	C	D
31	32	33	34	35	36	37	38	39	40
C	D	D	C	D	A	C	C	D	B
41	42	43	44	45	46	47	48	49	50
B	C	D	B	B	C	D	D	D	A
51	52	53	54	55	56	57	58	59	60
B	C	B	A	D	B	A	D	C	A
61	62	63	64	65	66	67	68	69	70
D	C	D	A	C	D	D	A	A	A
71	72	73	74	75	76	77	78	79	80
A	A	A	C	B	A	A	A	A	A
81	82	83	84	85	86	87	88	89	90
A	B	B	D	D	D	C	B	B	A
91	92	93	94						
C	A	D	B						

अध्याय 10

प्रकार्यवादी सामाजिक सिद्धांत (Functional Social Theory)

प्रकार्यवादी सामाजिक सिद्धांत के बारे में जानने के लिए यह उदाहारण बहुत प्रासंगिक होगा—

''जिस तरह शरीर का एक भाग दूसरे अंग से और अगली प्रक्रिया में परोक्ष रूप से शरीर के अन्य अंगों में जुड़ा होता है। परस्पर जुड़ने की यह प्रक्रिया ही प्रकार्यवाद है। यह पूरी प्रक्रिया कार्य-कारण संबंध पर आधारित होती है''।

प्रकार्यवाद की शुरुआत जैविकीय प्रकार्यवाद से हुआ है। प्राकृतिक विज्ञानों में जब जैविकीय विज्ञान का विकास हुआ तो कुछ समाज वैज्ञानिक ने जैविकीय सावयवाद (organism) को समाजशास्त्रीय सिद्धांतों पर भी लागू किया। **किंगसले डेविस** का कहना है कि व्यवस्था के नाम पर प्रकार्यवाद समाज की गति के पहियों को रोकता है। इस सिद्धांत का उद्देश्य समाज में एक ऐसे भ्रम को उत्पन्न करना है ताकि समाज में यथास्थिति बनी रहे। इससे अमीर विलासितापूर्ण जीवन का आनंद लें और गरीब अपनी अमानवीय स्थिति में सड़ते रहें। कहा जाता है कि प्रकार्यवादी सिद्धांत, सिद्धांत न होकर एक विचारधारा है जो हमेशा पूंजीपतियों के हित को संरक्षण देती है। सातवें दशक के अन्त में **एल्विन गुल्डनर** ने अपनी पुस्तक **द क्राइसिस ऑफ वेस्टर्न सोशियोलाजी** में प्रकार्यवादियों को खूब आड़े हाथों लिया। वे कहते हैं कि प्रकार्यवादी सिद्धांतवेत्ता खोखले मठाधीश हैं जो गरीबों की छाती पर चढ़ कर अमीरों के गुंबदों को बचाने में लगे हैं। उनके अनुसार प्रकार्यवादी सिद्धांत और कुछ न होकर एक समाजशास्त्रीय धोखाधड़ी है।

परिभाषा और अर्थ (Definition and Meaning)

प्रकार्यवाद के कई प्रकार हैं—सावयवी प्रकार्यवाद, विश्लेषणात्मक प्रकार्यवाद, मानवशास्त्रीय प्रकार्यवाद और समाजशास्त्रीय प्रकार्यवाद। प्रकार्यवादियों की एक बहुत बड़ी स्थापना यह है कि ''सामाजिक संसार एक समपूर्ण व्यवस्था (SYSTEM) है। इस व्यवस्था में सर्वसम्मति या मतैक्य है। लेकिन ऐसा नहीं है कि यह सर्वसम्मति और व्यवस्था किसी संघर्ष और अव्यवस्था से रहित हो। इस अव्यवस्था में विरोध भी है। इस व्यवस्था में हिंसा व तोड़-फोड़ भी है। प्रकार्यवादी विचारकों का यह भी कथन है ''प्रत्येक व्यवस्था की कुछ आवश्यकताएं होती हैं और इन आवश्यकताओं की पूर्ति के लिए सामान्य तथा विघटनकारी शक्तियों में ऐसा ताल मेल स्थापित हो जाता है कि व्यवस्था का संतुलन (Equilibrium) और उसकी सजातीयता बरकरार रहती है।'' अत: प्रकार्यवादियों की बहुत बड़ी मान्यता यह है कि समाज में एक निश्चित व्यवस्था सजातीयता और संतुलन होता है। इस व्यवस्था में संघर्ष टालने के लिए सामाजिक अंकुश और कायदे-कानून होते हैं। इसके अतिरिक्त प्रकार्यवादियों की एक दूसरी प्रमुख मान्यता यह है कि समाज के विभिन्न भाग राजनीति, अर्थ, शिक्षा, विकास, राजस्व आदि एक दूसरे से परस्पर जुड़े हुए हैं।

यह जुड़ना भी संयोगवश नहीं है, इसके पीछे निश्चित आनुभविक आधार और कार्य कारण सम्बन्ध होते हैं। प्रकार्यवादी लेखकों में अग्रणी रूप से **किंगसले डेविस, टालकट पारसंस और रोबर्ट मर्टन** है।

प्रकार्यवाद की कई परिभाषाएं हैं। सामान्य बात यह है कि प्रकार्यवाद समाज के एक भाग को दूसरे भागों के साथ रखकर सम्पूर्ण समाज के संदर्भ में देखता है और इसे सभी स्वीकार करते हैं। **मार्टिन्डेल** का कहना है कि हमें सामान्यतया प्रकार्यवाद का तकनीकी प्रयोग करना चाहिये। इस पद को हम कई बार लाभदायक गतिविधि के रूप में और कई बार केवल गतिविधि के अर्थ में लेते हैं। **रॉबर्ट मर्टन** ने कहा है कि अंग्रेजी शब्द फंक्शन (FUNCTION) बातचीत में कई अर्थों में प्रयुक्त होता है। वास्तव में इसका प्रयोग बहुत लचीला है। उदाहरण के लिए हम फंक्शन के (FUNCTION)

पाँच अर्थ लेते हैं। फंक्शन का पहला अर्थ किसी सार्वजनिक सभा या त्यौहार से लिया जाता है।

इस पद का दूसरा प्रयोग किसी न किसी व्यवस्था के संदर्भ में होता है। **मैक्स बेबर** एक स्थान पर विभिन्न व्यवसायों में व्यक्ति के फंक्शन की व्याख्या करते हैं। वे लिखते हैं कि जब अर्थशास्त्री व्यवसायों का वर्गीकरण करते हैं तो सहजता से कहते हैं कि समूह के फंक्शन का विश्लेषण होना चाहिए। इसी को **सारजेंट फ्लोरेंस** व्यावसायिक विलेषण कहते हैं। इस तरह के अर्थ के अनुसार फंक्शन का सम्बन्ध व्यवसाय से जोड़ा जाता है।

राजनीतिशास्त्र में फंक्शन का एक तीसरा अर्थ क्रिया कलापों (Acitivities) से लिया जाता है। राज्यपाल के फंक्शन का जो प्रयोग होता है, वह चौथा प्रकार है। यहां फंक्शन के चारों को पारस्पारिक सम्बन्धों के अर्थ में लिया जाता है। अपने प्रयोग में वे कहते हैं कि चरों में फंक्शन आत्मनिर्भता होती है। और पांचवां प्रकार वह है जिसे समाजशास्त्री काम में लेते हैं इसके अनुसार फंक्शन वह गतिविधि है जिसके द्वारा समाज से सम्पूर्ण व्यवस्था बनी रहती है।

उदाहरण के लिए ''जब पुस्तकालय में बुक लिफ्टर वाछिंत पुस्तक को उपलब्ध कराने में किसी गतिविधि को करता है तो उसकी यह गतिविधि पुस्तकालय को सम्पूर्ण व्यवस्था को बनाये रखने में सहायक बनती है। यानि बुक लिफ्टर का काम पुस्तकालय के अन्य कामों से जुड़ा है, इसलिये उसकी यह गतिविधि फंक्शन प्रकार्य है''।

ऐतिहासिक दृष्टि से समाजशास्त्र में प्रकार्यात्मक विश्लेषण की परम्परा बहुत पुरानी है। **अगस्ट कॉम्ट** और **हर्बट स्पेन्सर** की कृतियों ऐसा विश्लेषण देखने को मिलता है। आगे चलकर **इमाइल दुर्खीम** ने इस प्रकार के विश्लेषण को विकसित किया। प्रकार्यवादी सिद्धांत का संशोधित रूप **टालकट पारसंस** और **राबर्ट मर्टन** की कृतियों में मिलता है। प्रकार्यात्मक सिद्धांत अमेरिका में इस शताब्दी के चौथे और पांचवें दशक में चरम उत्कर्ष पर था।

1950 के बाद प्रकार्यात्मक सिद्धांत की लोकप्रियता में उत्तरोत्तर कमी आने लगी। जीवित रहने के लिए किसी भी व्यवस्था की कुछ आवश्यकताएं होती हैं। इनकी पूर्ति के बिना व्यवस्था का जीवित रहना असंभव बन जाता है। उदाहरण के लिये यदि मनुष्य के शरीर को जीवित रहना है तो उसे हवा, पानी, ऊर्जा तथा अन्य वस्तुओं के अतिरिक्त बाहरी खतरों से सुरक्षा चाहिये। प्रकार्यवादी व्यवस्था को बनाये रखने के लिये जो बुनियादी जरूरतें होती हैं उन्हें पूर्व आवश्यकताएं (Pre-Requisites) रहते हैं। जब तक ये पूर्व आवश्यकताएं पूरी नहीं होतीं, व्यवस्था चल नहीं सकती।

प्रकार्यवाद का विकासः कॉम्ट से मर्टन तक

अगस्ट कॉम्ट : सावयवी प्रकार्यवाद

आगस्ट कॉम्ट को समाजशास्त्र का जनक कहा जाता है। तत्कालीन फ्रांस की क्रान्ति के परिणामस्वरूप सम्पूर्ण यूरोप के समाज में अशान्ति और अव्यवस्था फैल गयी थी। ऐसी स्थिति में **कॉम्ट** ने यह सोचना प्रारम्भ किया कि समाज की बहुत बड़ी आवश्यकता उसका सामूहिक दर्शन है। लोगों में भाईचारा होना चाहिये। एक प्रकार की व्यवस्था होनी चाहिये जिससे लोग अपने उद्देश्य को पा सकें। इस तरह की समझ को विकसित करते हुए **कॉम्ट** ने प्रकार्यवाद को परिभाषित किया। वे पहले समाजशास्त्री थे जिन्होंने सावयव और समाज को समान स्तर पर रखा। जिस प्रकार शरीर के विभिन्न अंग परस्पर प्रकार्यों द्वारा जुड़े हुए होते हैं उसी प्रकार समाज के विभिन्न अंग भी प्रकार्यों द्वारा परस्पर जुड़े हुए हैं। अत: प्रकार्यवाद समाज की प्रत्येक संस्था के कार्य को सम्पूर्ण समाज के संदर्भ में देखता है।

हर्बर्ट स्पेन्सरः विश्लेषणात्मक प्रकार्यवाद

हर्बट स्पेन्सर अपने समकालीन प्रकार्यवादियों की तरह ब्रह्माण्ड को कई भागों या खण्डों में बंटा हुआ देखते हैं। मुख्य रूप से ब्रह्माण्ड के तीन खण्ड हैं। (1) अकार्बनिक (2) कार्बनिक और (3) अधि-सावयवी। **स्पेन्सर** ने ब्रह्माण्ड के इन तीनों खण्डों की विशद व्याख्या की है। वे यह स्थापित करते हैं कि अधि-सावयवी खण्ड का सम्बन्ध कार्बनिक और अकार्बनिक खण्डों के साथ है। इस तरह का सम्बन्ध उनके अनुसार प्रकार्यात्मक सम्बन्ध है। **स्पेन्सर** के शब्दों में प्रकार्यवाद वह सिद्धांत है जो ब्रह्माण्ड के तीनों खण्डों के पारस्परिक सम्बन्धों को प्रकार्यात्मक विधि से देखता है।

इमाइल दुर्खीमः सामाजिक तथ्यों का प्रकार्यवाद

दुर्खीम ने *'द डिविजन ऑफ लेबर इन सोसायटी'* में **हर्बर्ट स्पेन्सर** की कटु आलोचना की है। **स्पेन्सर** की जैविकीय व्यवस्था की तुलना सामाजिक व्यवस्था से **दुर्खीम** को स्वीकार नहीं है **दुर्खीम** समाज को एक वास्तविकता मानते हैं। इनकी पुस्तक *डिविजन ऑफ लेबर इन सोसाइटी* का मुख्य उद्देश्य सामाजिक तथ्यों का प्रकार्यात्मक विश्लेषण करना है। वे मानते हैं कि समाज की कुछ प्रकार्यात्मक पूर्व आवश्यकताएं होती हैं। इन आवश्यकताओं में सबसे महत्वपूर्ण आवश्यकता सामाजिक व्यवस्था (Social Order) बना रहना है। वे प्रश्न करते हैं कि व्यक्तियों को किस प्रकार एकीकृत करके समाज की व्यवस्था में रखा जा सकता है इसका उत्तर उनके अनुसार सर्वसम्मति है। इसी सर्वसम्मति को उन्होंने सामूहिक चेतना अर्थात समाज द्वारा स्वीकृत सामान्य विश्वासों

और संवेगों में रखा है। जब तक समाज के सभी सदस्य बुनियादी नैतिक मुद्दों पर सर्वसम्मति नहीं रखते तब तक सामाजिक सुदृढ़ता नहीं आ सकती। इसके अभाव में न तो लोगों को सहयोग होगा और न पारस्परिकता। यह सामूहिक चेतना ही समाज के सदस्यों पर दबाव डालती है और इस प्रकार समाज की पूर्व आवश्यकताएं पूरी होती है। इन तर्कों के आधार पर **दुर्खीम** ने धर्म का प्रकार्यात्मक विश्लेषण किया है। धर्म में वस्तुएं पवित्र इसलिये हैं क्योंकि समाज उन्हें पवित्र मानता है। **दुर्खीम** का प्रकार्यवाद इस भांति सामाजिक तथ्य से जुडा हुआ है। सामाजिक तथ्य ही समाज के विभिन्न व्यक्तियों को एक सूत्र में बांधता है और यही प्रकार्यवाद है।

टालकट पारसंसः बुनियादी पूर्व आवश्यकतायें

प्रकार्यवादी सिद्धांत को प्रस्तुत करने से पहले पारसंस यह प्रश्न उपस्थित करते हैं कि सामाजिक व्यवस्था को बनाये रखना किस तरह सम्भव है?

इसके उत्तर में वे कहते हैं कि हमारे सामाजिक जीवन में प्रत्येक व्यक्ति एक दूसरे से मिलजुल कर अपना हित साधना चाहता है। व्यक्ति की प्रकृति विरोध या संघर्ष नहीं होती। सवाल है ऐसी अवस्था में सामाजिक व्यवस्था को एक सूत्र में बांधकर किस भांति रखा जा सकता है?

पारसंस मूल्यों के प्रति सर्वसम्मति आवश्यक समझते हैं। मूल्यों की यह सर्वसम्मति ही समाज को एकीकृत करने का बुनियादी नियम है। यदि समाज के सदस्य परस्पर एक दूसरे के मूल्यों के प्रति आस्था रखते हैं, प्रतिबद्धता रखते हैं, तो समाज में एकता स्थापित हो सकती है। वस्तुतः पारसंस समाज को एक व्यवस्था की तरह मानकर चलते हैं। सामाजिक व्यवस्था की चार बुनियादी प्रकार्यात्मक पूर्व आवश्यकताएं हैं:

(1) अनुकूलन (2) लक्ष्य प्राप्ति (3) एकीकरण और (4) प्रतिमान, अनुरक्षण में पूर्व आवश्यकताएं वस्तुतः व्यवस्था की समस्याएं हैं। अतः यदि ये पूर्व आवश्यकताएं पूरी नहीं की जातीं तो व्यवस्था का अस्तित्व खतरे में पड़ जायेगा। व्यवस्था के सदस्यों की वे गतिविधियां जो इन पूर्व आवश्यकताओं को पूरा करती हैं, प्रकार्य है। कोई भी गतिविधि प्रकार्य नहीं है। हम स्नान करते हैं कपड़े पहनते हैं, कार चलाते हैं और ऐसी ही अगणित गतिविधियां करते हैं। प्रत्येक गतिविधि में कम या ज्यादा ऊर्जा भी खर्च होती है। फिर भी ये गतिविधियां प्रकार्य नहीं कहलातीं। लेकिन जब हम यातायात को एक व्यवस्था मानते है तब सड़क के बायीं ओर कार चलाना और लाल बत्ती पर वाहन रोकना, ऐसी गतिविधियों हैं जो यातायात व्यवस्था के नियमों के साथ अनुकूल करती हैं। इन गतिविधियों को हम प्रकार्य कहते हैं। गतिविधियां प्रकार्य तब बन जाती हैं जब वे व्यवस्था के मूल्यों के साथ अपना ताल-मेल बैठाती है। अतः पारसंस के अनुसार प्रकार्यवाद व्यवस्था के साथ सम्बन्ध है, बंधा हुआ है।

रोबर्ट मर्टनः प्रकार्य व्यवस्था को बनाये रखने के लिए अनुकूलन आवश्यक हैं।

मर्टन ने प्रकार्य को तीन भागों में विभाजित किया है:

(1) प्रकार्य वह गतिविधि है जो व्यवस्था को बनाये रखने के लिये व्यवस्था से अनुकूलन करती है। यदि किसी शहर में सुरक्षा हेतु वाहन चलाते समय हेलमेट पहना जाता है तो वाहन चालक की यह गतिविधि प्रकार्य है। क्योंकि यह यातायात की व्यवस्था को बनाये रखने में सहायक है। विद्यालय में जब कोई विद्यार्थी प्रार्थना में सम्मिलित हो पंक्तिबद्ध खड़ा रहता है तो उसकी यह गतिविधि भी प्रकार्य है क्योंकि इससे विद्यालय की व्यवस्था जैसी भी है, बनी रहती है। फौज में वरदी को पहनना भी इसी तरह फौज की व्यवस्था को बनाये रखने वाली प्रक्रिया है।

(2) दुष्प्रकार्य (Dysfunction) जब व्यक्ति की गतिविधि व्यवस्था को बनाये रखने के लिये अनुकूलन नहीं करती तो इसे **मर्टन** दुष्प्रकार्य कहते हैं।

(3) अप्रकार्य (Non-Function) वह गतिविधि है जिसके होने न होने से व्यवस्था में कोई अन्तर नहीं पड़ता। इस गतिविधि का व्यवस्था के बनाव-बिगाड़ से कोई सरोकर नहीं होता। यदि किसी छात्रावास में विद्यार्थी रात भर जागता है और इस दौरान कई बार चाय व पानी पीता है तो उसकी यह गतिविधि अप्रकार्य है। विद्यार्थी के ऐसा करने से छात्रावास की व्यवस्था में कोई रुकावट नहीं आता।

प्रकार्यवादी सिद्धांत समाजशास्त्र में उतना ही पुराना है जितना स्वयं समाजशास्त्र। इसका उदगम 19वीं शताब्दी के अन्तिम दशक से माना जाता है। इस सिद्धांत में उतार चढ़ाव भी हुए हैं, लेकिन आज प्रकार्यात्मक सिद्धांत बहुत कुछ संशोधित रूप में है। 18वीं शताब्दी के यूरोप में जहां एक और फ्रांस की राज्य क्रान्ति हुई, वहीं दूसरी ओर औद्योगिक क्रान्ति ने बरसों से काम करते कारीगरों और दस्तकारों को अपने व्यवसाय से बेदखल कर दिया।

इस शताब्दी के प्रारम्भ में ऐसा लगने लगा कि कहीं यूरोप का परम्परागत समाज बिखर न जाये। इस युग के विचारकों के सामने सबसे बड़ी समस्या सामाजिक व्यवस्था में एकीकरण स्थापित करना था। इस तरह की सामाजिक व्यवस्था स्थापित होने से ही समाज की मूलभूत आवश्यकताओं की पूर्ति हो सकती थी। चाहे **दुर्खीम** सामाजिक तथ्य और व्यक्ति पर उसके दबाव की चर्चा करते हो, चाहे आगस्ट **कॉम्ट** और **स्पेन्सर** समाज को सावयव समझते हों,

बुनियादी समस्या व्यवस्था के द्वारा समाज को बांधकर रखने की थी। इसी कारण वह विगत डेढ़ सौ वर्षों में प्रकार्यात्मक सिद्धांत अपनी प्रतिष्ठा को बनाये रख सका है।

प्रकार्यवाद मनुष्यों की गतिविधियों से जुड़ा हुआ है। ये गतिविधियां समाज की एकीकृत करने के लिये होती हैं। **पारसंस** और **मर्टन** की पदावली में व्यवस्था बनाये रखने के लिये होती है। जब गतिविधि समाज या व्यवस्था के एकीकरण के लिये होती है, लक्ष्यों की प्राप्ति के लिये होती है, तो उसे अकार्यवाद कहते हैं।

सामाजिक मानवशास्त्र और प्रकार्यवाद (Functionalism and Social Anthropology)

20वीं शताब्दी के प्रारम्भ में **ब्रानिस्ला मेलिनोस्की** तथा **रेडक्लिफ ब्राउन** ने प्रकार्यवादी सिद्धांत को एक नया आयाम दिया। **मेलिनोस्की** लंदन निवासी थे। उन्होंने ट्रूब्रिएण्ड टापू के आदिवासियों में क्षेत्रीय कार्य किया था। वे अपने समय के प्रतिष्ठित मानवशास्त्री थे।

रेडक्लिफ ब्राउन अमेरिका के मानवशास्त्री थे। उन्होंने अफ्रीका के आदिवासियों के जीवन के गहन अध्ययन के परिणामस्वरूप मानवशास्त्रीय परम्परा को आगे बढाया। यद्यपि इन दोनों मानवशास्त्रियों ने प्रकार्यवादी सिद्धांत को सुस्पष्ट किया और **दुर्खीम** की प्रकार्यवादी परम्परा को आगे बढ़ाया। किन्तु इन दोनों में बौद्धिक समानता के होते हुए भी इनका प्रकार्यात्मक सिद्धान्त अपने संदर्श में दूसरे से भिन्न है। भिन्नता के होते हुए भी दोनों ने जो कुछ अपने सिद्धांत में रखा है वह आदिम समाजों के अध्ययन के परिणामस्वरूप है। इस बुनियादी तथ्य को मानवशास्त्रीय प्रकार्यवादी परम्परा के विश्लेषण में भूलना नहीं चाहिये।

रेडक्लिफ ब्राउन का प्रकार्यवाद (1881-1955)

दुर्खीम ने प्रकार्यवादी संदर्भ में दो तथ्यपूर्ण बातें कहीं थी। पहली बात तो यह है कि हमारा सामाजिक जीवन सावयवी जीवन की तरह है दोनों में तुलना हो सकती है एक तरह से दोनों पर्याय है। दूसरी बात यह है कि **दुर्खीम** ने सबसे पहली बार प्रकार्यवादी अवधारणा को समाज के वैज्ञानिक अध्ययन के लिये लागू किया। सारतः **दुर्खीम** ने कहा है कि समाज की कुछ निश्चित आवश्यकताएं होती हैं और इन आवश्यकताओं की पूर्ति प्रकार्य करते हैं।

रेडक्लिफ ब्राउन दुर्खीम की परम्परा पर चलते हैं। उन्होंने सामान्यतः **दुर्खीम** की सैद्धांन्तिक रूपरेखा स्वीकार तो किया पर उसमें एक बुनियादी अन्तर कर दिया। जिसे **दुर्खीम** समाज की आवश्यकताएं कहते हैं, **ब्राउन** इन्हें जीवित रहने की आवश्यक दशा मानते हैं। उनका कहना है कि समाज के अत्तित्व की आवश्यक दशाओं का मूल्यांकन आनुभविक अध्ययन द्वारा किया जा सकता है। इस सम्बन्ध में **ब्राउन** का निष्कर्ष यह है कि समाज के अस्तित्व के लिये सामान्य दशाओं का पता लगाना बहुत कठिन है। अतः प्रत्येक समाज में वे प्रकार्य प्रचलित पाये जाते हैं जो समाज के जीवित रहने के लिये अपरिहार्य हैं।

इस सम्बन्ध में **रेडक्लिफ ब्राउन** की मान्यताएं निम्न प्रकार हैं:

1. समाज को अपना अस्तित्व बनाये रखने की या जीवित रहने की एक आवश्यक दशा यह है कि समाज के विभिन्न भागों में एकीकरण होना चाहिये।

2. प्रकार्य का तात्पर्य उन प्रक्रियाओं से है जो समाज के इस अनिवार्य एकीकरण या सुदृढ़ता को बनाये रखे।

3. प्रत्येक समाज में ऐसे संरचनात्मक तत्वों की शिनाख्त हो सकती है जो आवश्यक सुदृढ़ता को बनाये रखती है।

तात्विक रूप से **रेडक्लिफ ब्राउन** का प्रकार्यात्मक उपागम किसी भी तरह से **दुर्खीम** से भिन्न नहीं है। **रेडक्लिफ ब्राउन** समाज को वास्तविकता मानते हैं। समाज अपने आप में सब कुछ है। इस मान्यता के कारण **ब्राउन** समाज के सांस्कृतिक तत्वों का गहनता से अध्ययन करते हैं। वे नातेदारी धर्मिक संस्कार और विवाह का अध्ययन करते हैं कि ये सांस्कृतिक तत्व किस सीमा तक समाज में एकीकरण व सुदृढ़ता को प्रदान करते हैं। ऐसा करने में उनकी पहली शर्त यह है कि प्रत्येक समाज में किसी न किसी तरह की न्यूनतम सुदृढ़ता अवश्य होनी चाहिये। इसके बाद सामाजिक संस्थाओं व संस्कारों की भूमिका को सुदृढ़ता के संदर्भ देखा जा सकता है। उनका निष्कर्ष है कि वंश परम्परा (Lincage) एक ऐसी व्यवस्था है जो कई प्रकार के संघर्षों को हल कर लेती है।

रेडक्लिफ ब्राउन के प्रकार्यात्मक सिद्धांत की आलोचना भी हुई है। **जोनाथन टर्नर** की टिप्पणी है कि **रेडक्लिफ ब्राउन** की 'न्यूनतम सुदृढ़ता' की पहचान कैसे होगी? आखिर न्यूनतम से उनका क्या तात्पर्य है? इसका यह भी मतलब है कि एक सीमा तक न्यूनतम सुदृढ़ता वाला समाज एकीकृत है। टर्नर जहां आलोचनात्मक टिप्पणी करते हैं, वही **ब्राउन** की प्रशंसा में कहते हैं कि उन्होंने सामाजिक जीवन को सावयवी जीवन के साथ पूरी तरह **दुर्खीम** की भांति जोड़ा नहीं है। **ब्राउन** ने स्पष्ट रूप से कहा है कि इस तरह की तुलना खतरे से खाली नहीं है।

मेलिनोस्की का प्रकार्यवाद (1884-1942)

मेलिनोस्की का प्रकार्यवाद बन्धन को स्वीकार नहीं करता। उन्होंने **हर्बर्ट स्पेन्सर** के उपागम को पुनः स्थापित किया। एक तरह से **मेलिनोस्की** ने **स्पेन्सर** से दो तथ्य उधार लिये। पहला तो यह कि किसी भी व्यवस्था के अपने स्तर होते हैं। दूसरा यह कि समाज जिस स्तर पर होता है यानि जितना विकसित और अविकसित

है उसकी अपनी आवश्यकताएं होती हैं। एक तरफ तो आदिवासी समुदाय है एकदम अविकसित और न्यूनतम आवश्यकताओं से युक्त और दूसरी तरफ औद्योगिक समुदाय है जिसकी आवश्यकताएं अगणित व असीमित है। विभिन्न स्तरों वाले इन समाजों की आवश्यकताएं एक समान नहीं है। यही बात बहुत स्पष्ट रूप से **स्पेन्सर** ने भी कही, जिसे **मेलिनोस्की** ने दोहराया।

मेलिनोस्की का कहना है कि किसी एक समाज को तीन स्तरों पर देखा जा सकता है।

1. जैविकीय 2. संरचनात्मक और 3. प्रतिकात्मक। इन तीनों स्तरों पर समाज की अलग-अलग बुनियादी आवश्यकताएं होती हैं। जैविकीय स्तर पर समाज अपने सदस्यों के स्वास्थ्य, पोषण, बीमारी से बचाव आदि आवश्यकताओं को पूरा करना अनिवार्य समझता है। संरचनात्मक स्तर पर समाज अपनी अखण्डता को बनाये रखना चाहता है और प्रतीकात्मक स्तर पर समाज अपनी सांस्कृतिक एकता रखना चाहता है। **मेलिनोस्की** समाज के इन स्तरों को विभिन्न सोपानों से भी देखते हैं।

मेलिनोस्की की यह दृढ़ मान्यता है कि मनुष्य के जीवित रहने के लिए जो बहुत बड़ी आवश्यकता है वह भोजन और मानसिक सुरक्षा है। हमेशा इस तथ्य को ध्यान में रखना चाहिये कि सभ्यता की बुनियाद जैविकीय है और जैविकीय तथ्य उसकी संस्कृति से जुड़ा हुआ है। **मेलिनोस्की** के अनुसार मनुष्य में कुछ मूल प्रवृत्तियां और संवेग होते हैं, कुछ विचार व भावनाएं होती हैं जिनका निर्वाह जैविकीय स्तर पर होता है अत: किसी समाज की संस्कृति को समझने के लिये जैविकीय व मनोवैज्ञानिक तत्वों को अवश्य समझना चाहिये। इन तत्वों से कभी भी बचा नहीं जा सकता। जैविकीय और मनोज्ञानिक तथ्यों के आधार पर **मेलिनोस्की** पूरी तरह से **रेडक्लिफ ब्राउन** से भिन्न हैं।

मेलिनोस्की का तर्क यह है कि समाज के ये तीन स्तर बुनियादी हैं और समाज कहीं का भी हो सभी समाजों में ये तीनों सामान्य रूप से पाये जाते हैं। प्रत्येक समाज चाहता है कि उसकी स्वास्थ्य सम्बन्धी आवश्यकता पूरी हो, उसकी संरचना एकीकृत और अखंड हो तथा इससे आगे समाज के प्रतीकों में सांस्कृतिक एकता हो।

समाजों में सार्वभौमिक रूप से पाये जाने वाले ये कुछ तत्व या गुण विस्तारपूर्वक **मेलिनोस्की** ने निम्न बिन्दुओं पर प्रस्तुत किये हैं। ये तत्व वस्तुत: समाज के तीन स्तरों जैविकीय संरचनात्मक एकता और प्रतीकात्मक सांस्कृतिक एकता के अपभोग हैं:

1. व्यक्तियों भागीदारी समाज की किसी भी गतिविधि में जो समाज में प्रचलित है, कौन और कैसे लोग भाग लेते हैं।

2. **उद्देश्य :** गतिविधि या प्रसंग जिसमें लोग अपनी भागीदारी देते हैं, उस प्रसंग या संस्था के लक्ष्य क्या हैं?

3. **मानक :** वे कौन से मानक या नियम उपनियम है जो लोगों की भागीदारी को संचालित व नियंत्रित करते हैं?

4. **भौतिक उपकरण :** समाज में वे कौन से यंत्र-तंत्र औजार तकनीकी उपकरण आदि हैं जिनकी सहायता से समाज के सदस्यों के व्यवहार को संगठित व नियमित किया जाता है?

5. **गतिविधि :** समाज के सदस्यों की विभिन्न गतिविधियों का विभाजन किस प्रकार किया जाता है? कौन किस गतिविधि को करता है? समाज का श्रम विभाजन कैसा है?

6. **प्रकार्य :** कौन सी गतिविधियां समाज की अखण्डता और उसके एकीकरण को बनाये रखती हैं?

मानवशास्त्रीय प्रकार्यवाद की तीन अवधारणा की आलोचना : मर्टन के समाजशास्त्रीय प्रकार्यवाद

रोबर्ट मर्टन को यह श्रेय जाता है कि उन्होंने मानवशास्त्र में विकसित प्रकार्यवाद का आलोचनात्मक विश्लेषण किया। उनका तर्क है कि यदि समाजशास्त्र में हमें प्रकार्यात्मक सिद्धांत को सुदृढ़ करना है तो मानवशास्त्र से इस क्षेत्र में बहुत कुछ सीखना पड़ेगा। ज्ञान की प्रकृति तो संचयी है और इसी तरह किसी भी विज्ञान का मिजाज भी संचयी होता है। कुछ ऐसे विचारों से प्रेरित होकर उन्होंने **मेलिनोस्की** तथा **रेडक्लिफ ब्राउन** द्वारा विकसित प्रकार्यवाद का गहन अध्ययन किया। उनके अध्ययन के सार स्वरूप इन दो मानवशास्त्रियों ने जो कुछ अपनी उपलब्धियों के रूप में रखा है, उसे तीन अवधारणाओं के रूप में प्रस्तुत किया जा सकता है। ये अवधारणाएं तात्विक रूप से तीन तथ्यों को हमारे सामने रखती हैं। पहला तथ्य तो यह है कि प्रत्येक समाज में कुछ ऐसे मानक (Standard) सामाजिक या सांस्कृतिक गतिविधियां होती हैं जो सम्पूर्ण सामाजिक तथा सांस्कृतिक तथ्य कुछ समाजशास्त्रीय प्रक्रियाओं को पूरा करते हैं और तीसरा समाज में कुछ तथ्य ऐसे होते हैं जो समाज की आवश्यकताओं को पूरा करने में अपरिहार्य हैं। इनके अभाव में समाज की आवश्यकताएं पूरी नहीं हो सकती। **रेडक्लिफ ब्राउन** और **मेलिनोस्की** की सम्पूर्ण प्रकार्यात्मक उपलब्धियों को मर्टन ने निम्नलिखित तीन अवधारणाओं में रखा है:

(1) मानवशास्त्रीय प्रकार्यात्मक अवधारणाएं (Anthropological Functional Postulates)

रेडक्लिफ ब्राउन ने अपने निष्कर्षों द्वारा सिद्ध किया कि प्रत्येक समाज में एक प्रकार्यात्मक एकता होती है। **मर्टन** के अनुसार मानवशास्त्रीय प्रकार्यवाद की यह पहली अवधारणा है। **रेडक्लिफ ब्राउन** के शब्दों में किसी भी व्यवहार, बर्ताव या लोकाचार का

प्रकार्य यह है कि वह सम्पूर्ण सामाजिक जीवन को चलाने में अपना कोई न कोई निश्चित योगदान करता है। इसका मतलब यह हुआ कि सामाजिक व्यवस्था में एक निश्चित प्रकार की एकता होती है और इसी को हम प्रकार्यात्मक एकता कहते हैं। एक ही समाज में रहने वाले कुछ समूहों के लिये कतिपय रीति-रिवाज, लोकाचार प्रकार्यात्मक हो सकते हैं, लेकिन दूसरे लोगों के लिये ये यंत्र ध्वनि प्रदूषण फैलाने वाले । इसी तरह कुछ समूहों के लिये मांसाहारी भोजन प्रकार्यात्मक और प्रतिष्ठाजनक हो सकता है लेकिन शाकाहारियों के लिये यही भोजन आपत्तिजनक यानि दुष्प्रकार्यात्मक होगा।

पिछड़े समाजों में जैसे आदिवासियों में धर्म की भूमिका प्रकार्यात्मक एकता स्थापित करने वाली हो सकती है। पर एक औद्योगिक समाज में जहां विभिन्न धर्मालम्बी होते हैं, धर्म दुष्प्रकार्य भी हो सकता है।

इस संदर्भ में **मर्टन** की स्थापना है कि किसी भी प्रथा, रिवाज और लोकाचार को अनिवार्य रूप से समाज की प्रकार्यात्मक एकता के लिये उत्तरदायी समझना **रेडक्लिफ ब्राउन** का भ्रम था।

(2) सार्वभौमिक प्रकार्यवाद (Universal Functionalism)

मेलिनोस्की के प्रकार्यवाद के अनुसार सभी आदर्श सामाजिक और सांस्कृतिक प्रसंग समाज के लिये एक निश्चित सकारात्मक प्रकार्य है। सामाजिक और सांस्कृतिक आदर्शों की यह अवधारणा जिसे **मेलिनोस्की** ने विकसित किया है, समाज में प्रकार्यात्मक रूप से अधिक होती है। इन सामाजिक और सांस्कृतिक आदर्शों की यह भूमिका किसी एक सभ्यता या समाज में हो, ऐसा नहीं है। **मेलिनोस्की** के अनुसार ये सामाजिक-सांस्कृतिक आदर्श संसार भर के सभी समाजों में किसी न किसी रूप में अवश्य पाये जाते हैं।

(3) प्रकार्यों की अपरिहार्यता
(Indispensibility of Functions)

कोई सामाजिक धार्मिक या सांस्कृतिक रीति-रिवाज किसी समाज में विद्यमान है तो इसका यह अर्थ निकाला है कि इस प्रथा यानि प्रकार्य के बिना समाज की आवश्यकताओं की पूर्ति नहीं हो सकती। जब तक कोई एक प्रथा समाज में प्रचलित है तो निश्चित रूप से यह समाज की आवश्यकताओं को पूरा करती है।

यदि कोई प्रकार्य समाज की आवश्यकताओं को पूरा नहीं करता तो अपने आप समाज इस प्रकार्य को धकेल देगा, उसका अस्तित्व समाप्त कर देगा।

मेलिनोस्की की अपरिहार्यता की अवधारणा का यह तर्क है कि प्रकार्य तब तक समाज में अपना अस्तित्व बनाये रखते हैं जब तक वे समाज की आवश्यकताओं को पूरा करते रहते हैं।

मर्टन ने अपरिहार्यता के इस विचार को स्वीकार नहीं किया है। उनका कहना है कि किसी भी समाज व्यवस्था में कोई भी सामाजिक या सांस्कृतिक आदर्श अपरिहार्य नहीं है। **मर्टन** कहते हैं कि अपरिहार्यता की अवधारणा लघु व अनपढ़ समाजों से ली गयी है और इसलिये इसके विस्तार सीमित हैं।

मध्यस्तरीय सिद्धांत (Middle Range Theory)

मर्टन अपने अनुसंधान में आनुभाविक हैं। जब वे सिद्धांत की परिभाषा देते हैं तो दृढ़तापूर्वक कहते हैं कि सिद्धांत तार्किक रूप से जुड़ी हुई अवधारणाएं हैं जिनका उद्‌गम आनुभाविक समरूपता से होता है। अत: सिद्धांत की सही कसौटी आनुभाविकता है।

समाजशास्त्र में मध्यस्तरीय सिद्धांत का निर्माण मुख्यतया आनुभाविक अनुसंधान के मार्गदर्शन के लिये किया जाता है। मध्यस्तरीय सिद्धांत वह है जो सामान्य आनुभाविक प्राक्कल्पनाओं और वृहद व भव्य सिद्धांत के बीच में होता है। इसमें निश्चित रूप से अमूर्तिकरण होता है, लेकिन यह अमूर्तिकरण आनुभाविक तथ्य सामग्री से प्रत्यक्ष और सीधा जुड़ा होता है। यह अवश्य है कि मध्यस्तरीय सिद्धांत का विस्तार बहुत सीमित होता है। **मर्टन** की संदर्भ समूह सिद्धांत या **होमन्स** का विनिमय सिद्धांत या हमारे देश में जातियों का स्तरीकरण, जातियों में गतिशीलता,शहरों में गन्दी बस्तियां आदि मध्य स्तरीय सिद्धांत के दृष्टान्त हैं। मध्यस्तरीय सिद्धांत के निर्माण में **मर्टन** ने प्रकार्यात्मक सिद्धांत को विकसित किया। जब वे **रेडक्लिफ ब्राउन** तथा **मेलिनोस्की** द्वारा दी गयी मानव शास्त्रीय अवधारणाओं को जो एक प्रकार की प्राकल्पनाएं हैं तो इसके पीछे उनका आनुभाविक अनुभव है। इसी कारण **मर्टन** के प्रकार्यवाद को हम आनुभाविक प्रकार्यावाद नाम देते हैं।

प्रकार्यात्मक विश्लेषण एक विचारधारा (Ideology) के रूप में

इसके जन्म पर कई तरह के आरोप लगाये जाते रहे हैं। कहा जाता है कि प्रकार्यवाद सिद्धांत न होकर एक निश्चित विचारधारा का पोषक है। इसे एक दकियानूसी या रूढ़िगत विचार कहा जाता है। कुछ विचारक तो प्रकार्यावादी सिद्धांत की प्रतिक्रियावादी सिद्धांत भी कहते हैं।

आज का समाज वर्ग समाज है। इस समाज में पूंजीपतियों उद्यमियों आर्थिक व राजनैतिक अभिजनों आदि का स्थान सर्वोच्च है। इसी समाज के अन्तिम छोर पर निम्न वर्ग व दलित हैं। यदि प्रकार्यवादी संदर्भ में देखा जाये तो दलितों व गरीबों का कोई भविष्य नहीं है। उनकी यथास्थिति बनी रहेगी। इन्हीं कारणों से इस सिद्धांत पर यह आरोप मजबूत होता है कि समाज के उच्च वर्ग प्रकार्यवाद को बढ़ावा इसलिये देते हैं कि समाज में उनकी स्थिति यथावत बनी रहे।

कुछ विचारक प्रकार्यात्मक विश्लेषण को क्रान्तिकारी मानते हैं। यह आरोप रूढ़िवादी आरोप से बिल्कुल विपरीत है। यह संदर्श में आलोचनात्मक है और अपने निर्णय में व्यवहारिक। यही दृष्टिकोण इस सिद्धांत को क्रान्तिकारी बना देता है। जहां एक ओर प्रकार्यात्मक विश्लेषण को रूढ़िवादी समझा जाता है, वहीं दूसरी ओर क्रान्तिकारी भी। वास्तविकता यह है कि यह सिद्धांत न तो रूढ़िवादी है न क्रान्तिकारी।

ब्रोनिसलॉ मैलिनोस्की (Bronislaw Malinowski)

समकालीन मानवशास्त्रीय एवं समाजशास्त्रीय चिन्तन के क्षेत्र में जिन विद्वानों ने अपनी छाप छोड़ी है उनमें **ब्रोनिस्लॉ मैलिनास्की** का नाम उल्लेखनीय रहेगा।

मूलरूप में **मैलिनोस्की** एक मानवशास्त्री थे और उनकी समस्त कृतियों में आदिकालीन समाज व संस्कृति का अध्ययन देखने को मिलता है, फिर भी समाजशास्त्रीय विचारधारा आपके विचारों से जितनी अधिक प्रभावित हुई है, वैसा बहुत कम देखने को मिलता है। संस्कृति के सम्बन्ध में **मैलिनोस्की** ने मौलिक रूप में अपने विचारों को प्रस्तुत किया है एवं उन्हें मानवीय आवश्यकताओं के साथ जोड़ा है। उसी प्रकार आदिकालीन समाजों में प्रचलित धर्म, जादू-टोना एवं विज्ञान को उन समाजों के सदस्यों की सामाजिक आवश्यकताओं के सन्दर्भ में परिभषित किया है। इन समाजों में प्रथा और परम्पराएं किस रूप में अपराध को जन्म देती या उनमें पारस्परिक सम्बन्ध क्या है, इसका प्रयोग सिद्ध अध्ययन **मैलिनोस्की** ने किया है।

मैलिनोस्की का प्रकार्यवाद (Functionalism of Malinowski)

सामाजिक तत्वों (Social Elements) के वे कार्य जिनके द्वारा सामाजिक संगठन को बनाये रखना सम्भव होता है, प्रकार्य कहलाते हैं। या हम दूसरे शब्दों में कह सकते हैं कि सामाजिक जीवन के अस्तित्व व निरंतरता के लिये आवश्यक कार्यकलाप जो कि समाज की विभिन्न इकाइयों द्वारा सम्पन्न होता है, प्रकार्य कहलाता है। प्रकार्य के अर्थ को सामाजिक संगठन या सामाजिक संतुलन के आधार पर भी समझा जा सकता है अर्थात प्रकार्य का अर्थ उन कार्यों से होता है जो कि सामाजिक संतुलन या संगठन को बनाये रखने के लिये अनुकूल होते हैं।

जानसन के अनुसार, समाज की कोई भी आंशिक रचना (Partial Structure) जैसे उपसमूह का एक प्रारूप (Type) एक भूमिका या कार्य (Role) एक सामाजिक आदर्श नियम (Norm) या एक सांस्कृतिक मूल्य का वह योगदान (Contribution) जो वह एक सामाजिक व्यवस्था या उपव्यवस्था के एक या अधिक सामाजिक आवश्यकताओं की पूर्ति के हेतु करे उसको प्रकार्य कहा जाता है।

रेडक्लिफ ब्राउन (Radcliff Brown) के अनुसार किसी सामाजिक तत्व का प्रकार्य उस तत्व का वह योगदान है जो कि वह सामाजिक व्यवस्था की क्रियाशीलता के रूप में सामाजिक जीवन में करता है।

मैलिनोस्की एक समाजशास्त्री थे। इस कारण उनकी रुचि सांस्कृतिक व्यवस्था में अधिक थी। इसी कारण **मैलिनोस्की** का प्रकार्यवाद सांस्कृतिक व्यवस्था से सम्बन्धित है। उनके अनुसार सांस्कृतिक व्यवस्था का निर्माण उनके सांस्कृतिक तत्वों (Cultural Traits) को लेकर होता है यह सम्पूर्ण संस्कृति मानवीय आवश्यकताओं की पूर्ति का एक साधन होता है। सामाजिक, सांस्कृतिक, आर्थिक, राजनैतिक या प्राणीशास्त्रीय इत्यादि। कुछ आवश्यकताओं की पूर्ति के लिये मानव संस्कृति का निर्माता बनता है और उसके द्वारा अपने शारीरिक तथा मानसिक या बौद्धिक अस्तित्व को बनाये रखता है। दूसरे शब्दों में संस्कृति के विभिन्न अंगों का विशिष्ट स्वरूप ही नहीं होता बल्कि एक विशिष्ट कार्य भी होता है। संस्कृति का कोई भी तत्व या इकाई बेकार की नहीं होती है उससे मानव का कोई न कोई काम अवश्य ही निकलता है। किसी भी सांस्कृतिक तत्व का अस्तित्व इसी बात पर निर्भर करता है कि वह मानव के किसी काम में आ रहा है या नहीं। संक्षेप में यही **मैलिनोस्की** का प्रकार्यवाद है।

मानव की आवश्यकाताएं अनेक हैं जैसे कि आर्थिक आवश्यकताएं सामाजिक आवश्यकताएं तथा मानसिक आवश्यकताएं। इन्हीं आवश्यकताओं की पूर्ति के लिये मानव धर्म, भाषा, कला, प्रविधि, साहित्य तथा अन्य भौतिक एवं अभौतिक (Material and Non-Material) वस्तुओं का जिन के सम्पूर्ण योग या समग्रता को हम संस्कृति कहते हैं सहारा लेता है। अगर हम ध्यानपूर्वक यह जानने का प्रयत्न करें कि इन सब चीजों का अर्थात संस्कृति की विभिन्न इकाइयों का उद्‌भव क्यों हुआ तो हमें ज्ञात होगा कि इनमें से प्रत्येक इकाई की जड़ मानव की कोई न कोई आवश्यकता ही है।

व्यक्ति अपनी आर्थिक आवश्यकताओं की पूर्ति के लिये ही धनुष-बाण से लेकर बड़ी-बड़ी मशीनों का प्रयोग करता है, मानसिक आवश्यकताओं की पूर्ति के लिये भाषा, धर्म, कला आदि की सहायता भी लेता है। संस्कृति की इकाई का किसी न किसी रूप में कोई न कोई कार्य अवश्य ही होता है। यदि एक मोमबत्ती भी है तो उसका भी सांस्कृतिक ढांचे में या मानव की संम्पूर्ण जीवनविधि में कोई न कोई कार्य अवश्य ही होगा। यह मोमबत्ती रोशनी देने का

काम करती है, यही मोमबत्ती धार्मिक जीवन का प्रतीक भी हो सकती है, या किसी कम्पनी का व्यापार चिह्न भी हो सकती है । किसी भी संस्कृति में इन मोमबत्ती के समस्त कार्यों को समझने के लिये यह आवश्यक है कि हम इस मोमबत्ती का संस्कृति की सभी इकाइयों या पक्षों से जो प्रकार्यात्मक सम्बन्ध है उसे ढूंढ़ निकालें। इसी प्रकार जब हम संस्कृति की प्रत्येक इकाई का अन्य इकाइयों से प्रकार्यात्मक सम्बन्ध मालूम कर लेते हैं तब हमें निश्चित रूप से पता चलेगा कि उस समूह के सदस्यों की सम्पूर्ण जीवनविधि को बनाये रखने में ये सब इकाइयां किस प्रकार मिलकर कार्य करती हैं।

अत: स्पष्ट है कि संस्कृति की विभिन्न इकाइयों का पृथक-पृथक अस्तित्व न तो होता है और न ही होना सम्भव है। इनमें से प्रत्येक का प्रत्येक के साथ एक प्रकार्यात्मक सम्बन्ध होता है। परन्तु यह सम्बन्ध क्यों होता है? इसका सरल उत्तर यह है कि मानव की आवश्यकताएं कभी पृथक-पृथक नहीं है वह एक दूसरे के साथ सम्बन्धित है क्योंकि इन सब का उद्भव स्थान एक ही है और वह उद्भव स्थान है मानव स्वयं क्योंकि मनुष्य स्वयं इन सब आवश्यकताओं का स्रोत है इसलिये ये सब आवश्यकताएं एक दूसरे से शृंखलित हैं तथा इन आवश्यकताओं को पूरा करने के साधन के रूप में काम में आनेवाली संस्कृति की विभिन्न इकाइयां या पक्ष भी अन्त:सम्बन्ध से बंधे हुए हैं। इस अन्त:सम्बन्ध का आधार मानव की प्राणिशास्त्रीय प्रेरणाएं एवं आवश्यकताएं हैं। किसी भी संस्कृति के संगठन का एक महत्वपूर्ण उद्देश्य मानव की उपरोक्त प्राणिशास्त्रीय प्रेरणाओं और आवश्यकताओं की पूर्ति के साधन उपलब्ध कराना है।

इस प्रकार **मैलिनोस्की** का विश्वास है कि संस्कृति का कोई भी तत्व अंग या इकाई ऐसी नहीं हो सकती जो कुछ भी काम नहीं आती अर्थात जो कार्यहीन (Functionless) हो। संस्कृति का प्रत्येक तत्व किसी न किसी कार्य को करने के लिये हुआ करता है और उसका अस्तित्व उसी समय तक बना रहता है जब तक वह सम्पूर्ण जीवन व्यवस्था में कोई न कोई कार्य करता रहता है।

किसी भी संस्कृति के संगठन का एक आधारभूत उद्देश्य मानव जीवन की विविध आवश्यकाताओं को पूरा करने के लिए कार्य करना है। यदि वह सच्चा है तो यह कैसे सम्भव हो सकता है कि किसी भी सांस्कृतिक तत्व का कार्यविहीन अस्तित्व (Functionless Survival) हो। चूंकि सम्पूर्ण जीवन विधि या जीवन व्यवस्था को बनाये रखने में प्रत्येक तत्व का हर दूसरे तत्वों के साथ एक आन्तरिक व प्रकार्यात्मक सम्बन्ध होता है जिसके फलस्वरूप ये असंख्य सांस्कृतिक तत्व एक दूसरे से पृथक नहीं बल्कि एक दूसरे से जकड़े हुए या सम्बन्धित होते हैं तथा सब मिलकर संस्कृति को एक समग्रता (Wholeness) प्रदान करते हैं।

इस प्रकार **मैलिनोस्की** के मतानुसार, सांस्कृतिक संगठन का आधारभूत कारण उस संस्कृति की प्रत्येक इकाई द्वारा किया जाने वाला कार्य है। सांस्कृतिक संगठन के सम्बन्ध में यही **मैलिनोस्की** का प्रकार्यवादी सिद्धांत (Functional Theory) या दृष्टिकोण है।

श्रम विभाजन

दुर्खीम की पुस्तक **श्रम विभाजन** की केन्द्रीय समस्या सामाजिक सुदृढ़ता अर्थात व्यक्ति और समाज के सम्बन्ध है। श्रम विभाजन **दुर्खीम** की पहली कृति है। इसी पर उन्होंने डॉक्टरेट की उपाधि प्राप्त की। इस पुस्तक पर **आगस्ट कॉम्ट** का प्रभाव बहुत स्पष्ट है। **पारसंस,** इस पुस्तक की व्याख्या **द स्ट्रक्चर ऑफ सोशल एक्शन** में करते हैं। उनका कहना है कि सामाजिक विचारों के इतिहास में **श्रम विभाजन** मील का पत्थर है। यह पुस्तक तर्क एवं केन्द्रीय बिन्दुओं पर लगभग अस्पष्ट है। जिन विचारों को **दुर्खीम** ने अपनी आगे की रचनाओं में स्पष्ट किया है इस पुस्तक में वे बराबर धुंधली हैं। **पारसंस** की टिप्पणी सही होते हुए भी निर्विवाद रूप से **श्रम विभाजन** एक महत्वपूर्ण ग्रन्थ है जिसकी प्रासंगिकता आज भी तीसरी दुनिया के देशों के लिए बनी हुई है। इन देशों में भी हाल के चार दशकों में औद्योगीकरण हुआ है। अधिकतर देश हाल में ही स्वतंत्र हुए हैं। इनकी समस्या, विभिन्न धर्मों संस्कृतियों, भाषा समूहों और एथनीसीटी को स्वायतता देते हुए राष्ट्र निर्माण का कार्य करना है। इस संदर्भ में शायद **दुर्खीम** की जितनी प्रासंगिकता इन देशों में है, यूरोप के देशों में नही।

श्रम विभाजन की विषयवस्तु

श्रम विभाजन पुस्तक की कोई भी व्याख्या व्यक्ति और समाज के बीच के सम्बन्धों के बिना नहीं हो सकती । समाज कैसा भी हो, उसमें ठहराव नहीं गतिशीलता होती है। आदिम समाज देखते-देखते बदलकर आधुनिक समाज बन जाता है अर्थात समाजों में गैर बराबरी आ जाती है। निश्चित रूप से किसी गांव का समाज शहर के समाज से भिन्न होता है। इस भिन्नता का कारण व्यक्तियों में आने वाली भूमिकाओं की भिन्नता है। जब व्यवसाय, शिक्षा, उद्योग, संचार सभी बदलने लगते हैं। तो इस बदलते हुए परिवेश में कुछ व्यक्ति बदल जाते है और कुछ में बदलाव नहीं आता। व्यक्तियों का यह सामाजिक और आर्थिक विभेदीकरण समाजों में विभेदीकरण ले आता है। एक समाज इस तरह दूसरे समाज से भिन्न होता है। ऐसे विभेदपूर्ण समाज को एक सूत्र में बाँधने का काम आचार करते हैं। *श्रम विभाजन* की भूमिका में **दुर्खीम** ने स्पष्ट शब्दों में कहा है :

''कुल मिलाकर यह पुस्तक एक ऐसा प्रयास है जिसमें नैतिक जीवन की व्याख्या प्रत्यक्षवादी विज्ञानों की विधि द्वारा दी गयी हे।''

दुर्खीम समाजों को मुख्य तथा अविभेदीकृत और विभेदीकृत श्रेणियों में रखते हैं। अविभेदीकृत समाज यांत्रिक हैं, जबकि विभेदीकृत समाज सावयवी है। इन दोनों समाजों के संदर्भ में **दुर्खीम** की रूचि उन कारकों और चरों को जानने की है जिनके कारण इन समाजों की एकता या सुदृढ़ता बनी रहती है। वे कहते हैं कि विभिन्न श्रम विभाजन के होते हुए भी, सुदृढ़ता तो दोनों ही समाजों में देखने को मिलती है यद्यपि सुदृढ़ता का स्वरूप और प्रकृति अवश्य बदल जाते हैं।

19वीं शताब्दी में जिस श्रम विभाजन का विश्लेषण **दुर्खीम** ने अपनी पुस्तक में किया है, वह कोई श्रम विभाजन नहीं था। बहुत समय पहले अर्थशास्त्री **ऐडम स्मिथ** ने श्रम विभाजन पर एक सिद्धांत बनाने का प्रयास किया था। बाद में चलकर श्रम विभाजन पर कई प्रामाणिक अनुसंधान कार्य प्रकाशित हुए। **दुर्खीम** इस तथ्य से अवगत थे। वे बदलते हुए परिप्रेक्ष्य में यूरोप के समाजों के लिए श्रम विभाजन की भूमिका का मूल्यांकन करना चाहते थे।

उनकी यह पुस्तक तीन खण्डों में बंटी है। पुस्तक में कुल सोलह अध्याय है। पुस्तक का पहला खण्ड इस विषय पर है कि श्रम विभाजन की आवश्यकता किसी भी समाज को किस लिये होती है? वे इस खण्ड में कुछ अपरम्परागत बातें लिखते हैं। उदाहरण के लिये श्रम विभाजन की आवश्यकता किसी भी सभ्यता को पैदा करने के लिये नहीं होती। वास्तव में श्रम विभाजन का उद्देश्य तो अपने-अपने धंधें में कुशलता और दक्षता रखने वाले लोगों को या लोगों के समूहों को एक सूत्र से जोड़ना है। **दुर्खीम** की सशक्त प्राक्कल्पना यह है कि श्रम विभाजन के सदस्यों में सम्बन्धता लाता है।

वे दो प्रकार की सुदृढ़ताएं पाते हैं: यांत्रिक सुदृढ़ता और सावयवी सुदृढ़ता। यांत्रिक समाज वस्तुत: अविकसित या आदिम समाज है। इन समाजों में अपराध की बहुलता होती है। यदि इन अपराधों का विश्लेषण करें तो इनके पीछे जो कारण मिलते हैं, वे लगभग एक जैसे हैं: (1) ऐसे अपराध जो लोगों की भावनाओं को ठेस पहुचाते हैं। (2) ये भावनाएं बहुत गहरी होती है। (3) लोग इन भावनाओं को समझते हैं, इन्हें परिभाषित भी करते हैं। इसका मतलब यह हुआ कि लोगों की दृष्टि में वह क्रिया अपराध है जो आम लोगों की भावनाओं को आघात पहुँचाती है। मतलब हुआ वे क्रियाएं जो सामूहिक चेतनाओं को ठेस पहुँचाती हैं, अपराध है। **दुर्खीम** यांत्रिक समाजों में इस प्रकार की सामूहिक चेतना की पहचान करते हैं। इस समाज में जो भी सुदृढ़ता और सम्बद्धता मिलती है, इसके पीछे परम्परागत कानून महत्वपूर्ण है। परम्परागत कानून की आत्मा या अंतरवस्तु सामूहिक चेतना है।

दुर्खीम यांत्रिक सुदृढ़ता के बाद सावयवी सुदृढ़ता का विश्लेषण करते हैं। इस समाज को बांधे रखने का काम भी कानून करता है। लेकिन यह कानून यांत्रिक समाज के कानून से भिन्न होता है। जहां यांत्रिक समाज के कानून की प्रकृति दमनकारी होती है, वहां सावयवी समाज का कानून पुनर्रास्थापन होता है। आदिम समाजों में कानून दण्ड देकर व्यवस्था को बनाये रखता है। सावयवी समाज जो वस्तुत:औद्योगिक पूंजीवादी होता है, उसमें कानून दण्ड देने के अतिरिक्त व्यक्ति को समाज में प्रतिष्ठा के साथ रहने का पुन:अवसर देता है। इसी कारण इसे पुनरास्थापन कानून कहते हैं।

वे विभिन्न तथ्यात्मक सामग्री द्वारा यह स्थापित होता है कि यांत्रिक तथा सावयवी समाजों में सुदृढ़ता का बहुत बड़ा आधार कानून होता है। आदिम समाजों में यह कानून प्राय: अलिखित और परम्परागत होता है। सावयवी समाज में कानून प्रजातांत्रिक और सहयोगी होता है। अन्त में **दुर्खीम** यह स्थापित करते हैं कि किसी भी समाज की सुदृढ़ता उसके कानून तथा नैतिक एवं सामाजिक जीवन पद्धति पर निर्भर करती है।

श्रम विभाजन का दूसरा खण्ड सैद्धांतिक है। वे एक महत्वपूर्ण मुद्दा उठाते हैं कि आखिर श्रम विभाजन की आवश्यकता समाज को क्यों है? अर्थशास्त्रियों का कहना है कि श्रम विभाजन मनुष्य की सुख शांति की आवश्यकताओं को पूरा करने के लिये होता है। इसका मतलब यह हुआ कि जब जब श्रम विभाजन विकसित होता है तब तब हमारी आवश्यकताओं की पूर्ति हो जाती है। उपयोगितावादी कहते हैं कि आवश्यकताओं की जितनी अधिक पूर्ति होगी, आदमी को उतनी ही अधिक सुख शांति मिलेगी। उपयोगितावादियों का सूत्र है : अधिक आवश्यकताओं की पूर्ति यानी अधिक सुख शांति की प्राप्ति।

दुर्खीम श्रम विभाजन की इस व्याख्या से असहमति बताते हैं। उनका कहना है कि इतिहास के हर क्षण में जो भी सुख शांति प्राप्त होती है, सीमित होती है। इसका मतलब यह हुआ कि एक सीमा तक जब सुख शांति मिल जाती है तो उसके बाद में श्रम विभाजन रुक जायेगा। आगे और श्रम विभाजन नहीं होगा। **दुर्खीम** कहते है कि जब आदमी बदल जाता है और सुख शांति कम हो जाती है तब हमारे प्रसन्न होने का और क्या साधन हो सकता है?

सुख शांति स्वास्थ्य की एक स्थिति है। यदि स्वास्थ्य को देखे तो निश्चित रूप से एक वहशी का स्वास्थ्य सभ्य आदमी के स्वास्थ्य की तुलना में बढ़िया होता है। वहशी अपने जीवन में जिस सुख शांति का अनुभव करता है वह सभ्य समाज नहीं मिलता। सभ्य

समाज का आदमी तो हर बार किसी सातवीं मंजित से छलांग लगाकर या छत के हुक से लटककर या किसी अन्य साधन से आत्महत्या करने पर सदैव उदविध्न होता है।

इसी खण्ड में **दुर्खीम** श्रम विभाजन के बुनियादी कारणों का विस्तृति विवेचन करते हैं। **दुर्खीम** का कहना है कि श्रम विभाजन के साथ-साथ आचार का घनत्व भी बढता जाता है। इसके कई प्रतीक है। श्रम विभाजन बढ़ने के साथ-साथ व्याक्तियों का विभेदीकरण भी बढ़ता जाता है।

तीसरे खण्ड में वे समाज के उस भाग का विवेचन करते हैं जिसमें श्रम विभाजन के कारण असामान्य स्वरूप मिलते हैं। ये सामान्य स्वरूप आर्थिक जीवन में उस समय दिखाई देते हैं जब श्रमिक बंट जाते हैं। उनमें विघटन आ जाता है और औद्योगिक संकट पैदा हो जाता है। श्रमिक एक दूसरे के विरोधी हो जाते हैं। कुछ श्रमिकों की तरह ही जब वैज्ञानिक श्रम में विशेषीकरण आ जाता है तब वैज्ञानिकों में भी विघटन पैदा हो जाता है। श्रम विभाजन की समस्या के कई पहलू है और उनके अध्ययन की उपेक्षा नही की जा सकती।

दुर्खीम ने श्रम विभाजन के विश्लेषण के दौरान वर्ग संघर्ष का उल्लेख भी किया है। जब एक व्यक्ति श्रम करता है और उसका अनुकूलन कारखाने में नहीं होता है तो उसके लिये वह काम ऊपर से थोपा हुआ हो जाता है। मजदूर कारखाने के श्रम को थोपा हुआ इसलिये मानता है कि उसके काम करने की दशाएं अच्छी नहीं होती। वास्तव में श्रम विभाजन की प्रत्येक प्रक्रिया में गैर बराबरी होती है। जब सावयवी समाज की सुदृढ़ता बढ़ती है, तब गैर बराबरी कम होने लगती है। इसका कारण अनुबन्धात्मक सुदृढ़ता सामाजिक सर्व सम्पति को जन्म देती है। ऐसे समाज में काम करने वाले लोग कुछ शर्तो पर अनुबंध करते हैं। जब ये शर्तें दोनों तरफ से पूरी होती हैं तब अनुबंध समाप्त हो जाता है। इसी कारण सावयवी समाज की सुदृढ़ता को बनाये रखने में अनुबंध की भूमिका बहुत अधिक है। अनुबंध के कारण समाज के सदस्यों पर अन्याय नहीं होता। वास्तविक बात यह है कि सावयवी समाज एक ऐसा समाज है जिसमें अनुबंध सम्बन्धी कानून और इसी तरह अनुबंध आधारित आचार समाज की सुदृढ़ता को बनाये रखते हैं। उन्नत समाज की बड़ी विशेषता यह है कि इसमें अनुबंध और आचार व्यक्तियों को न्याय दिलवाते हैं।

यांत्रिक समाज और सुदृढ़ता

श्रम विभाजन में **दुर्खीम** का केन्द्रीय विषय व्यक्ति और समाज के सम्बंधों को देखना है। महत्वपूर्ण बात यह है कि विभिन्न जातियों, प्रजातियों,विश्वासों और आर्थिक स्तरों के लोग किस भांति किसी भी समाज की सुसंबद्धता को बनाते हैं। यह देखना है कि किस भांति व्यक्ति अपनी पहचान अपने समाज के साथ करते हैं।

दुर्खीम का कहना है कि श्रम विभाजन की व्याख्या समाज की दशा पर निर्भर है। 19वीं शताब्दी का समाज ऐसा था जिसमें आधुनिक उद्योग का पदार्पण हो चुका था। यह उद्योग अपने विकास के दौर में धीरे-धीरे शक्तिशाली मशीनों को अपने अंदर समा लेता है। ऐसे उद्योग में पूंजी का निवेश भी होता है। उत्पादन की मात्रा भी विशाल होती है। और इन सब शक्तियों के परिणामस्वरूप समाज में अत्यधिक श्रम विभाजन हो जाता है। धंधे अनिश्चित रूप से बढ़ जाते है। प्रत्येक धंधे में विशिष्टीकरण आ आता है।

जब श्रम विभाजन बढ़ता है तो वह अर्थ व्यवस्था में तो परिवर्तन आता है लेकिन यह परिवर्तन यही तक सीमित नहीं रहता। इसके बढ़ते हुए प्रभाव हम समाज के विभिन्न भागों में भी देखते हैं। राजनैतिक, प्रशासनिक और न्याय संबंधी कार्यों में भी श्रम विभाजन का प्रभाव देखने को मिलता है। यह प्रभाव साहित्य, कला और विज्ञान को भी अपनी चपेट में ले लेता है। यहां तक कि दर्शनशास्त्र उसकी वैचारिकी और विधि में भी हमें विशिष्टीकरण देखने को मिलता है। वे व्यक्ति जो विज्ञान के क्षेत्र में काम करते हैं। उनमें भी बढ़ता हुआ विशिष्टीकरण स्पष्ट दिखायी देता है।

इस विशिष्टीकारण के संदर्भ में हम यह देखे कि श्रम का अर्थ क्या है? आखिर श्रम की परिभाषा क्या है? **दुर्खीम** की परिभाषा में यह याद रखने की बात है कि उनका श्रम विभाजन अर्थशास्त्रियों द्वारा परिभाषित श्रम विभाजन नहीं है। उनका कहना है कि वास्तव में समाज के सदस्यों में सामाजिक और सांस्कृतिक विभेदीकरण अर्थात अंतर होता है। यह सामाजिक और सांस्कृति अंतर हमें श्रम विभाजन में देखने को मिलता है। इस दृष्टि से श्रम विभाजन केवल सामाजिक-सांस्कृतिक विभेदीकरण की एक अभिव्यक्ति मात्र है। अत: मूल रूप से श्रम विभाजन आधिक यानी उद्योग धंधों का विभेदीकरण न होकर सामाजिक और सांस्कृतिक विभेदीकरण है।

श्रम विभाजन की उपयोगिता

जब हम यांत्रिक सुदृढ़ता की व्याख्या करते हैं तो बहुत स्पष्ट रूप में यह देखना चाहते हैं कि इस प्रकार के समाज का श्रम विभाजन किस शांति इस समाज में सम्बद्धता और सुदृढ़ता लाता है। श्रम विभाजन में क्रियाएं होती हैं। ये क्रियाएं किसी भी समाज की आवश्यकता होती हैं। **दुर्खीम** क्रिया के दो अर्थों का उल्लेख करते हैं। एक क्रिया का मतलब कुछ गतिविधियों को करना होता है। कारखाने में करघे को चलाना या रसोईघर में भोजन बनाना क्रिया है। इसमें गतिविधि है। क्रिया का यह अर्थ सामान्य है। इसमें क्रिया करने के परिणाम क्या होते हैं, इसका कोई अर्थ नही लिया

जाता। यहां तो क्रिया का मतलब कुछ न कुछ काम करना है। श्रम विभाजन की क्रिया केवल सामान्य क्रिया नहीं है। यह क्रिया समाज की कतिपय आवश्यकताओं की पूर्ति के लिये की जाती है। हम अपने शरीर के बारे में पाचन और श्वसन क्रिया के कार्य की बात करते हैं। लेकिन जब हम कहते हैं कि पाचन और श्वसन के शरीर के लिये कुछ कार्य है तो हमारा मतलब यह है कि पाचन में कुछ अम्ल और रस भोजन में शामिल होते हैं या श्वसन क्रिया में रक्त साफ होता है तो क्रिया का अर्थ यहां उसके परिणामों का शरीर की आवश्यकताओं की पूर्ति के लिये होता है। क्रिया के इस अर्थ को **दुर्खीम** सामाजिक व्यवस्था पर लागू करते हैं। समाज में कुछ आवश्यकताएं हैं। सदस्यों के लिये भोजन की उपलब्धि, पहनने के कपड़ों की व्यवस्था, आवास और सुरक्षा की प्राप्ति जिनकी पूर्ति श्रम विभाजन करता है। अत: **दुर्खीम** जब यांत्रिक समाज में और इसी तरह सावयवी में, श्रम विभाजन की व्याख्या करते हैं तो उनका यह कहना है कि यांत्रिक समाज की कुछ संस्थागत आवश्यकताएं होती हैं, और श्रम विभाजन इन आवश्यकताओं को पूरा करने का काम करता है।

श्रम विभाजन के कारण

दुर्खीम के सावयवी समाज की अवधारणा उद्विकास का एक परिणाम है। प्रारंभिक वर्षों में समाज की आवश्यकताएं बहुत सीमित थीं। इन आवश्यकताओं की पूर्ति सामान्य श्रम विभाजन द्वारा हो जाती थी। लेकिन जब समाज की आवश्यकताएं बढ़ीं तब समाज का विभेदीकरण भी बढ़ा। बढ़ते हुए विभेदीकरण के कारण श्रम विभाजन की विकसित हुआ और इसके साथ जटिलताएं भी आयीं। बढ़ते हुए विभेदीकरण ने श्रम विभाजन को बढ़ाया और परिणाम स्वरूप सावयवी समाज का उद्‌गम हुआ।

सावयवी समाज की विशेषताओं का सिलसिले से उल्लेख करने के पहले हमें यह जानना चाहिये कि आखिर इस प्रकार के समाज में श्रम विभाजन होने के कारण क्या हैं? वे कौन से कारक हैं जो श्रम विभाजन को त्वरित गति देते हैं? कुछ कारण निम्नलिखित हैं:

(1) **जनसंख्या के घनत्व में वृद्धि :** शायद संसार की आज सबसे बड़ी समस्या जनसंख्या विस्फोट हैं। कुछ उन्नत देशों को छोड़कर अफ्रीका और एशिया जैसे देशों में जनसंख्या विस्फोट ने भयंकर रूप ले लिया है। जनसंख्या वृद्धि के साथ-साथ शहरीकरण की प्रक्रिया भी त्वरित हो रही है। गाँव शहर बन रहे हैं और शहर, नगर या महांनगर। जब जनसंख्या का घनत्व बड़े शहरों में बढ़ जाता है तब लोगों की आवश्यकताएं भी विविध हो जाती हैं। हमारे देश में कलकत्ता, मुम्बई और दिल्ली जटिल श्रम विभाजन के दृष्टान्त हैं। औद्योगीकरण, शहरीकरण और आधुनिकीकरण ने महानगर की जटिलता को बढ़ाया है। विभिन्न संस्कृतियों धर्मों तथा वर्ग व जातियों के लोग महानगर में निवास करते हैं। लोगों की इस विभिन्नता ने महानगरों की आवश्यकताओं को भी विभिन्नता में रूपातंरित होती गई हैं। प्रक्रिया के परिणामस्वरूप श्रम विभाजन जटिल हो सकती है।

(2) **जनसंख्या के नैतिक घनत्व में वृद्धि :** उल्लेखनीय बात है कि **दुर्खीम** के लेखन में नैतिकता का पहलू प्राथमिक स्थान पर होता है। **दुर्खीम** का तर्क है कि जनसंख्या में वृद्धि के साथ सामाजिक संरचना में जटिलता आती है। बहुत स्पष्ट है कि एक ही समूह अथवा व्यक्ति सभी कामों को नहीं कर सकते। अत: श्रम विभाजन अवश्यम्भावी है। **दुर्खीम** के अनुसार श्रम विभाजन न तो व्यक्ति द्वारा अपने हित, रुचि अथवा संख्या की समझ पर निर्भर करता है और न यह उपयोगितावाद पर आधारित है। **दुर्खीम** के अनुसार श्रम विभाजन एक विशुद्ध सामाजिक प्रक्रिया है। इस प्रक्रिया का पहला पक्ष जनसंख्या की वृद्धि है। इसका पक्ष नैतिक है। यह समाज का नैतिक दायित्व है कि बढ़ती जनसंख्या के साथ प्रत्येक व्यक्ति को समाज में उचित स्थान और कार्य प्रदान करें।

सावयवी समाज की विशेषताएं

(क) जटिल विभेदीकरण : सावयवी समाज की आवश्यकताएं बराबरा बढ़ती रहती है। जितना अधिक समाज में विशिष्ट की करण होगा, उतना ही अधिक समाज की विशिष्ट आवश्यकताएं होंगी। जो आवश्यकताएं न्यूयार्क शहर के महानगर की है, वे मुम्बई शहर की नहीं हो सकती। विशिष्टीकरण की अधिकता समाज में विभेदीकरण करती है। हमारे देश में पंचवर्षीय योजनाओं, बड़े उद्योगों, कम्प्यूटरीकरण आदि के कारण एक छोटे गाँव से लेकर शहर तक विभेदीकरण आया है। कृषि में पूंजीवाद के सूत्रपात से क्रांति आयी है जिसे हम हरित क्रांति कहते हैं। गाँवों में भी वर्ग व्यवस्था आ गयी है। उपभोक्तावाद में लगातार वृद्धि हो रही है।

(ख) प्रकार्यात्मक निर्माता : औद्योगिक समाज की बहुत बड़ी विशेषता इसकी प्रकार्यात्मक निर्भरता है। मद्रास का एक कारखाना अपने कच्चे माल के लिये दुनिया भर के देशों पर निर्भर रहता है। एक कारीगर के कामों को दूसरा कारीगर आगे बढ़ाता है। और यह सिलसिला वस्तु को बाजार में उपभोक्ता तक पहुँचाता है। यह एक तरह की कड़ी है जो ठेठ गाँव के आदमी को सम्पूर्ण राष्ट्र तक पहुँचाती है। कुल मिलाकर औद्योगिक समाज में भी कार्य अपने आपमें पूर्ण नही है। एक का काम दूसरे पर निर्भर है। करघे से कपड़ा नहीं निकलेगा तो थोक व्यापारी तक कपड़ा नही पहुँचेगा। इसी को **दुर्खीम** प्रकार्यात्मक निर्भरता कहते हैं। सावयवी समाज में सम्बद्धता पायी जाती है।

(ग) व्यावसायिक विभिन्नता का विकास : दुर्खीम ने यह तर्क दिया कि सावयवी समाज में एक प्रकार का गतिशील घनत्व होता है। इससे उनका तात्पर्य है कि यदि समाज में विभेदीकरण होता है तो इसके परिणामस्वरूप समाज के व्यक्तियों में प्रभावपूर्ण सम्पर्क होते हैं। अर्थात लोग एक दूसरे से पृथक समूहों में नही रहते जैसा कि यांत्रिक समाज में होता है। सावयवी समाज में व्यक्ति खुले रूप से मिलते हैं। वास्तव में सावयवी समाज खण्डों में बंट जाता है और एक खण्ड दूसरे खण्ड के साथ प्रकार्यात्मक रूप से जुड़ा रहता है। लेकिन यहां यह नहीं भूलना चाहिये कि घनत्व की गतिशीलता भौतिक घनत्व पर निर्भर है। और भौतिक घनत्व तब अधिक होता है जब बहुत बड़ी संख्या में लोग एक दूसरे के सम्पर्क में आते हैं। इस तरह अंतिम विश्लेषण में यह कहा जाना चाहिये कि सामाजिक विभेदीकरण समाज के सदस्यों में वृद्धि यानी जनसंख्या वृद्धि के कारण होता है।

दुर्खीम का तर्क है कि बढ़ती हुई जनसंख्या जीविकोपार्जन की प्रतियोगिता की अपेक्षा अपनी महत्वाकांक्षाओं और प्रतिष्ठा प्राप्ति के लिये संघर्ष करती है। यह प्रतिष्ठा समाज से मिलती है और इसी कारण श्रम विभाजन में वृद्धि होती है और विभिन्न व्यवसायों तथा पेशों का विकास होता है।

(घ) प्रतिकारी कानून : दुर्खीम ने श्रम विभाजन में कानून, अपराध, दण्ड आदि अवधारणाओं का खूब प्रयोग किया है। यांत्रिक समाज में पाया जाने वाला दमनकारी कानून एक तरह से सामान्य सूचक है। जब समाज में सदस्य लगभग एक ही स्तर पर होते हैं। तब उनमें सामूहिक चेतना की भूमिका सम्बद्धता लाने के लिये प्रभावी रूप से काम करती है। इसका मतलब यह हुआ कि यदि लोगों का सामाजिक जीवन एक जैसा है तो वे समान विश्वासों और संवेगों में बराबर भागीदारी करते हैं। ठीक इसके विपरीत प्रतिकारी कानून सामाजिक विभेदीकरण का अभिसूचक है।

सावयवी समाज में कई प्रकार के खण्ड होते हैं। प्रत्येक खण्ड की अपनी एक सांस्कृतिक, आर्थिक और इथनिक पहचान होती है। ऐसे समाज में जितने अधिक खण्ड होंगे जितना अधिक विभेदीकरण होगा, उतने ही अधिक कानून होंगे। इस कानून का उद्देश्य दण्ड देना न होकर नागरिकों को सामान्य जीवन में पुनर्स्थापित करना होता है। इसी कारण प्रतिकारी कानून को कई बार पुनर्स्थापना कानून भी कहते हैं।

श्रम विभाजन के असामान्य रूप

दुर्खीम पूरी दृढ़ता के साथ कहते हैं कि श्रम विभाजन केवल एक सामान्य प्रघटना ही नहीं है सभी सामाजिक तथ्यों की तरह या सभी जैवकीय तथ्यों की तरह इसमें भी व्याधिकीय स्वरूप या असामान्य तत्व होते हैं। सामान्य परिस्थितियों में यद्यपि श्रम विभाजन से सामाजिक सुदृढ़ता आती है लेकिन कभी-कभार कुछ ऐसा भी होता है कि हमें विपरीत परिणाम देखने को मिलते हैं।

हमें अत्यधिक विशिष्टीकरण वाले समाज में अपराधिक व्यवसाय तस्करी, कालाबाजारी, भ्रष्टाचार जैसी गतिविधियाँ भी देखने को मिलती है।

सावयवी समाज का यह विकृत रूप स्पष्टतः सुदृढ़ता का निषेध है और फिर भी इसे विशिष्ठ गतिविधि कहा जाता है। वास्तव में यह **दुर्खीम** के अनुसार श्रम विभाजन न होकर विशुद्ध विभेदीकरण है। यह विभेदीकरण कुछ इस तरह का है जैसे किसी शरीर में कैंसर और तपेदिक के कीटाणु विभेदीकरण करते हैं। **दुर्खीम** ने श्रम विभाजन के इस विकृत रूप को ऐनोमिक यानी असामान्य कहा है और इसके वे कुछ दृष्टान्त देते हैं।

सावयवी समाज के श्रम विभाजन में एक और असामान्य स्वरूप पूँजी और श्रम के क्षेत्र में देखने को मिलता है। जब औद्योगिक कार्य अधिक विशिष्ट हो जाते हैं तब सावयवी सुदृढ़ता अधिक संकटग्रस्त हो जाती है। बात यह है कि ज्यों ज्यों इस प्रकार के समाजों में पूंजी का केन्द्रीयकरण होता है, श्रमिक वर्गों का संतोष गड़बड़ा जाता है।

कॉम्ट ने भी श्रम विभाजन की व्याख्या की है। उनका निष्कर्ष है कि प्रत्येक परिस्थिति में श्रम विभाजन समाज की सुदृढ़ता का स्रोत्र होता है। **दुर्खीम कॉम्ट** के इस निष्कर्ष से संतुष्ट नहीं है। उनका कहना है कि जब कभी समाज में अत्यधिक विभेदीकरण आता है तब श्रम विभाजन के दुष्परिणाम निश्चित होते हैं। उनके अनुसार श्रम विभाजन की चरम स्थिति निम्न समस्याओं को जन्म देती है:

(1) व्यक्तिवाद का अत्यधिक विकास

(2) व्यक्ति के अन्दर सामूहिक एवं पारस्परिक निर्भरता की भावना का अभाव

(3) प्रतिमानहीनता यानी ऐनोमी

यांत्रिक और सावयवी समाज की तुलना

विशुद्ध रूप से कोई भी यांत्रिक समाज यांत्रिक नहीं होता और न सावयवी समाज विशुद्ध रूप से सावयवी होता है। महत्वपूर्ण बात यह है कि ये दोनों समाज उद्विकास की प्रक्रिया से बराबर गुजरते रहते हैं। कोई यांत्रिक समाज विकसित होता हुआ आगे बढ़ जाता है और कोई पीछे। वास्तव में जैसा कि **रोबर्ट रेड फील्ड** कहते हैं। इन दो प्रकार के समाजों में, यानी ग्रामीण और नगर में, बराबर निरंतरता बनी रहती है। **दुर्खीम** का उद्देश्य यह बताना है कि इन दोनों समाजों में समाज और व्यक्ति के संबंध किस प्रकार घटते

बढ़ते हैं। **दुर्खीम** का निष्कर्ष है कि दोनों समाजों में सम्पूर्ण सत्ता या प्रभाव समाज में होता है। समाज ही अंतिम निर्णायक है, व्यक्ति तो समाज के इशारों पर किसी भी कठपुतली की तरह गतिविधि करता है।

निश्चित रूप से यांत्रिक और सावयवी समाज भिन्न हैं। लेकिन इनमें समानता भी है। उदाहरण के लिये दोनों समाज समूह की भावना को सर्वोपरि समझते हैं। दोनों समाजों के कानून में अंतर होते हुए भी समाज शक्तिशाली रहता है। दोनों में सुदृढ़ता समाज रूप से पायी जाती है। अगले पृष्ठों में कतिपय बिन्दुओं पर समाज के इन दोनों प्रकारों का अंतर देखेंगे।

(क) यांत्रिक समाज वस्तुतः वहशी, आदिम या ग्रामीण समाज होता है। इस समाज में लोग लगभग एक समान होते हैं। उनकी जीवन पद्धति भी प्रायः एक ही लीक पर चलती है। सभी का व्यवसाय, पूजा पाठ या राजनीतिक व्यवस्था एक समान होती है। इस समाज में गैर बराबरी न्यूनतम होती है और सजातीयता अधिकतम। समाज के सदस्य हरफनमौला होते हैं। कहीं कोई विशिष्टीकरण नहीं। समाज का हर सदस्य सभी तरह के काम को अपने ढंग से कर लेता है। यांत्रिक समाज सावयवी समाज में विभेदीकरण होता है। प्रत्येक काम को करने के लिए कुछ विशिष्ट लोग होते हैं। कामों की यह दक्षता या विशिष्टता इस समाज को विकसित और विभेदीकृत बना देती है। इस समाज में गतिशीलता का घनत्व होता है और इसकी जनसंख्या में बराबर वृद्धि होती रहती है। जिसे हम नगरीय या महानगरीय समाज कहते हैं वही वस्तुतःसावयवी समाज है।

(ख) **दुर्खीम** के तत्कालीन समाज में उपयोगितावादी और सुखवादी व्यक्ति को प्रमुख स्थान देते थे। **दुर्खीम** को यह स्वीकार नहीं था। उनकी निश्चित धारणा थी कि यदि व्यक्तिगत चेतना को प्रधानता दी गयी तो ताश के पत्तों की तरह समाज में व्यक्ति बिखर जाएंगे। यह इसी वैचारिकी के प्रभाव के कारण है कि दुर्खीम यांत्रिक समाज में व्यक्ति को निम्न स्थान देते हैं। यह कुछ ऐसे है। कि सूरज की किरण के आगे दीपक का प्रकाश प्रभावहीन हो जाता है। इस समाज में पंच ही परमेश्वर हैं। जनता ही जनार्दन है। किसी भी व्यक्ति में यह क्षमता नहीं होती और न साहस होता है कि वह समाज के निर्णय के विपरीत अपनी अंगुली उठा सकें।

सावयवी समाज में व्यक्ति स्वतंत्र होता है। वह मनमाने ढंग से विनिमय करता है। उस पर बाजार का नियंत्रण है। व्यक्ति को इस तरह की स्वतंत्रता होते हुए भी समाज के आगे उसका निर्णय अंतिम नहीं होता। सतही रूप से तो ऐसा लगता है कि व्यक्ति ने ही अनुबंध पर हस्ताक्षर किये हैं। लेकिन अनुबंध का जो मजमून है, उसमें जो मूल्य और विश्वास है, वे समाज द्वारा ही स्वीकृत हैं जिसे पाप और पुण्य कहते हैं। इसका निर्णय व्यक्ति नहीं करता, अंततोगत्वा समाज ही करता है। अतः सावयवी समाज में व्यक्ति का स्थान प्रमुख होते हुए भी पृष्ठभूमि में समाज ही प्रमुख होता है।

(ग) यांत्रिक समाज की आत्मा उसके विश्वासों और संवेगों में निहित है। गाय या बिल्ली को जान से मार देना, सामूहिक विश्वास और संवेग को आघात पहुंचाना है। यदि कोई जाने-अनजाने यह अपराध कर देता है तो समाज उसे दंड देता है। इसी कारण विश्वास और संवेग शक्ति के वे स्रोत्र हैं। जिनके माध्यम से समाज की एकता और संबंद्धता बनी रहती है।

सावयवी समाज में सामूहिक चेतना क्षीण हो जाती है। यहां समाज की एकता को बनाये रखने का काम सामूहिक प्रतिनिधान करते हैं। इस समाज में जो भी गतिशीलता होती है। जैसी भी संविदा होती है उसका प्रतिनिधित्व सामूहिक प्रतिनिधान करते हैं। वास्तव में सावयवी समाज में एकाधिक विशिष्टीकरण होते हैं। इसमें अगणित संस्कृतियां होती हैं। इसमें कई भाषाई समूह होते हैं। इसमें पर्याप्त विभेदीकारण होता है। इसमें गैर बराबरी का अतंराल अधिक होता है। इस संपूर्ण विविधता का प्रतिनिधित्व सामूहिक प्रतिनिधान करते हैं। जहां समाज की सुदृढ़ता सामूहिक चेतना से बनी रहती है वहां सावयवी समाज की सुदृढ़ता बनाये रखने में सामूहिक प्रतिनिधानों का योगदान प्रभावपूर्ण होता है।

(घ) यांत्रिक समाज अपराध और दंड की दृष्टि से सावयवी समाज से सर्वथा भिन्न है। यह अंतर प्रायः जमीन-आसमान जैसा होता है । यांत्रिक समाज में अपराध वह है जो सामूहिक चेतना को ठेस पहुंचाए उस पर आघात करें। इस समाज में अपराध का सीधा मतलब होता है समाज की सुदृढ़ता में दरार पैदा करना। सावयवी समाज में अपराध वह है जो संविदा या अनुबंध का उल्लंघन करें। यहां अपराध व्यक्तियों पर केन्द्रीत है जबकि यांत्रिक समाज का अपराध सीधा समूह से सरोकार रखता है।

यांत्रिक समाज की दंड की अवधारणा भी सावयवी समाज से पृथक है। यांत्रिक समाज में जब व्यक्ति को दंड दिया जाता है तो इसका मतलब उसे इस तरह दबाना है कि वह कभी भी भविष्य से सामूहिक विश्वास और संवेग को संदेह की दृष्टि से नहीं देखे। सावयवी समाज सुधारवादी है। उसका उद्देश्य दंड द्वारा व्यक्ति की समाज में पुनर्स्थापना करना है।

(च) यांत्रिक समाज में कोई लिखा पढ़ी नही होती। परम्परा के अनुसार लोग अपना काम करते हैं। जो भी अनुबंध या करार होते हैं सब मौखिक। न कोई दस्तावेज और न कोई गवाह। लोगों के सम्बन्ध पूर्णरूप से परम्परागत आधार और नैतिकता से बंधे

होते हैं। आज भी हमारे देश में एक आदिवासी के लिये अदालत द्वारा दण्डित होने पर कारागृह में रहना कोई शर्म या हीनता की बात नहीं है। लेकिन जब वह अपने पंचों द्वारा प्रताड़ित होता है, दंडित होता है, तो इससे बढ़कर उसके लिए डूब मरने की सी मनः स्थिति बन जाती है। कुल मिलाकर यांत्रिक समाज की नींव नैतिकता और आचार की भूमि पर अवस्थित होती है।

सावयवी समाज में जहां लोग एक दूसरे को व्यक्तिगत रूप से नहीं जानते, नैतिकता की भूमिका बहुत सीमित होती है। इसका स्थान इस समाज में संविदा ले लेता है। इस समाज की सुदृढ़ता का आधार संविदा ही होती है।

दुर्खीम आग्रहपूर्वक कहते हैं कि जिस तरह की सुदृढ़ता यांत्रिक समाज में होती है कुछ वैसी ही सुदृढ़ता सावयवी समाज में भी होती है। यांत्रिक समाज में विशिष्टीकरण नहीं होता। लोग एक जैसे या मिलते-जुलते, धंधे करते हैं। जैसे हमारे यहां गाँव के लोग या आदिवासी खेती बाड़ी करते हैं वैसे ही यांत्रिक समाजों में व्यक्ति अपने धंधे को लेकर दूसरों पर निर्भर नहीं रहता। यहां लोग रूबरू एक दूसरे से मिलते हैं और यही उनकी एकता है।

सावयवी समाज में व्यक्ति गुमनाम हो जाता है। उसका दूसरे व्यक्तियों के साथ जो भी सम्बंध होता है, वह कार्यों को लेकर होता है। मानवशास्त्री इसे प्रकार्यात्मक निर्भरता कहते हैं। इस समाज की एकता और सम्बंद्धता प्रकार्यों के संबंध के कारण होता है। कपास के खेत में काम करने वाला खेतीहर सहज रूप से विदेश के बाजार से जुड़ जाता है। यह इस तरह कि यदि फ्रांस या जर्मनी में कपास की अत्यधिक मांग है और भारत से कपास के निर्यात में अधिक मूल्य मिलता है तो यहां खेतीहर के कपास का मूल्य भी बढ़ जाता है। सावयवी समाज की प्रकार्यात्मक निर्भरता इतनी सशक्त होती है कि वह सम्पूर्ण विभेदीकृत समाज को सुदृढ़ता के कोख में समा लेती है।

(ज) यांत्रिक समाज में संस्कृति, इथनीसिटी और जीवन पद्धति सजातीय होते हैं। इसी कारण इस समाज में लोग एक दूसरे के साथ प्रत्यक्ष रूप से जुड़े होते हैं। सावयवी समाज में ऐसा होना सम्भव नहीं होता। इस समाज में सांस्कृतिक, क्षेत्रीय, व्यावसायिक विभिन्नता होती है। इस कारण यह समाज सांस्कृतिक, क्षेत्रीय भाषायी, खण्डों में बंट जाता है। खण्डात्मक विभाजन जाति और वर्ग के अनुसार भी सावयवी समाज में देखने को मिलता है। खण्डात्मकता और सजातीयता सावयवी और यांत्रिक समाजों का बहुत बड़ा अंतर है।

(झ) यांत्रिक समाज भाईचारे का समाज है। सजातीय समाज है। इस समाज में लोग परिवार कबीला, गोत्र और नातेदारी द्वारा जुड़े होते हैं। किसी गाँव के एक परिवार की बहू वस्तुतः सारे गाँव और नातेदारों की बहू समान होती है। बंधुत्व की यह भावना सावयवी समाज में अनुपस्थित होती है। इस समाज में जनसंख्या का घनत्व होता है और इसी कारण इसमें अति भेदीकरण देखने को मिलता है। इस समान में जोड़-तोड़, उठा-पटक, कालाबाजारी, तस्करी और आतंकवादी भी होते हैं। जब विभेदीकरण की पराकाष्ठा हो जाती है, तो असामान्यता उभर कर सामने आ जाती है।

आत्महत्या

आत्महत्या **दुर्खीम** का एक वृहद मोनोग्राफ है। यह रचना **दुर्खीम** ने सामूहिक चेतना के समांतर प्रस्तुत की है। वे इसमें यह प्रतिपादित करते हैं कि समाजशास्त्रीय विश्लेषण में सांख्यिकीय विधियां यद्यपि अनिवार्य नहीं हैं। फिर भी उपयोगी अवश्य है। **दुर्खीम** ने यूरोप की जनसंख्या के विभिन्न देशों से आँकड़े एकत्र किये हैं। इन आंकड़ों का उन्होंने दो तथ्यों के विश्लेषण के लिये प्रयोग किया है। पहला प्रयोग तो यह है कि आत्महत्या की दर में जो विभिन्नता दिखायी देती है, उसका विश्लेषण मनोविज्ञान, प्रजातीय, भूगोल आदि द्वारा किया गया है। वे इन सब तथ्यों को निरर्थक मानते हैं। आंकड़ों का दूसरा प्रयोग वे यह बताने में करते हैं कि उन्होंने आत्महत्या के विश्लेषण का जो समाजशास्त्रीय सिद्धांत रखा है, वह प्रबल है। जब 1897 ई. में **दुर्खीम** ने *आत्महत्या* लिखी, तब सांख्यिकीय विज्ञान अधिक विकसित नहीं था।

वास्तव में आत्महत्या के पीछे जो अभिप्रेरक होते हैं उनके मापने की विधियां भी प्रमाणित नहीं थीं। विशेष बात यह है कि **दुर्खीम** पहले व्यक्ति थे जिन्होंने समाजशास्त्र के किसी मोनोग्राफ में सांख्यिकीय पद्धति को अपनाया।

रेमण्ड एरॉ दुर्खीम की *आत्महत्या* के संदर्भ में टिप्पणी है कि पुस्तक सैद्धांतिक स्तर पर उनके श्रम विभाजन के जुड़ी हुई है। वास्तविकता तो यह है कि जहां *श्रम विभाजन* पुस्तक समाप्त होती हैं वहीं उनकी *आत्महत्या* की रचना प्रारम्भ होती है। **दुर्खीम** सावयवी समाज के बढ़ते हुए श्रम विभाजन को स्वीकार करते हैं। वास्तव में वे इससे खुश हैं। सावयवी श्रम विभाजन एक सामान्य विकास है जिसमें समाज में गैर बराबरी और विभेदीकरण बढ़ते हैं। वे इस तथ्य को स्वीकार करते हैं कि सावयवी समाज का उद्विकास होता है तब अपने आप विभिन्न धंधों में अंतर आता है, व्यक्तियों में विभेदीकरण विकसित होता है। परम्परा का दबाव घटने लगता है। तर्क बुद्धि विकसित होती है और किसी भी नये काम को करने के लिये व्यक्ति में पहल करने की क्षमता आती है। **दुर्खीम** स्वीकार करते हैं कि सावयवी समाज की केवल यह पहली तस्वीर ही नहीं, एक विकृत तस्वीर भी है। इस समाज में यह आवश्यक नहीं है कि

प्रत्येक व्यक्ति सुख-शांति का भागीदार हो। इसी समाज में तनाव से आक्रांत व्यक्ति कभी भी आत्महत्या कर सकता है। आत्महत्या का मुद्दा इस तरह अत्यधिक रूप से विकसित श्रम से जुड़ा हुआ है। आत्महत्या व्यक्ति और समाज के तालमेल से व्यवधान होने की अभिव्यक्ति हैं। इस भांति जहां आत्महत्या में **दुर्खीम** ने व्यक्ति और समाज के सावयवी समाज में जो सम्बन्ध है, उसका लेखा-जोखा है, वहीं इस पुस्तक में इस तथ्य का भी विवेचन है कि किन दशाओं में समाज का प्रभुत्व व्यक्ति पर देखने को मिलता है।

वास्तव में *श्रम विभाजन* पुस्तक के अंतिम खण्ड में **दुर्खीम** ने सावयवी समाज में पैदा हुई व्याधिकीय अवस्था का विवरण प्रस्तुत किया है। यहीं पर **दुर्खीम** ने एनोमी यानि मानकहीनता की अवधारणा को भी काम में लिया है। यद्यपि वे एनोमी का प्रयोग सावयवी समाज में पैदा हुए विघटनकारी कार्यों के विश्लेषण में करते हैं आत्महत्या में आकर यह अवधारणा प्रभावी रूप से काम में ली गयी है। सावयवी समाज में एनोमी की अवधारणा को उन्होंने आर्थिक संकट, कामगार का अपने कार्य के साथ अनुकूल न होना आदि के विश्लेषण में किया है। आधुनिक समाज जो वास्तव में विभेदीकृत समाज है-गैर बराबरी से भरे पड़े हैं। इन समाजों में कामगारों का अपने काम के प्रति असंतोष होना स्वाभविक है। यह सम्भव नहीं है कि प्रत्येक व्यक्ति को उसकी मनोभावनाओं और इच्छाओं के अनुसार काम मिले। ऐसी अवस्था में व्यक्ति का निराशा और तनाव से घिर जाना स्वाभाविक है।

आत्महत्या व्यक्ति केन्द्रित नहीं है। इसका संबंध सामूहिक जीवन या समाज से जुड़ा है। यांत्रिक समाज में व्यक्ति की भूमिका और उसके कार्य उच्च और सामूहिक दबाव या प्रभाव द्वारा निश्चित किये जाते हैं। ऐसे यांत्रिक समाज में किसी भी व्यक्ति के लिये यह सम्भव नहीं है कि वह मनमाना जीवन अपनाये। वह तो समाज द्वारा निर्धारित परम्पराओं, विश्वासों और भावनाओं के जुए को अपने कंधों पर उठाये फिरता है। ऐसे व्यक्ति में अपनी निजी इच्छाएं और महत्वाकांक्षाएं नहीं होतीं। आधुनिक समाजों में व्यक्तिवाद प्रभावपूर्ण होता है। अपनी योग्यता के अनुसार प्रत्येक व्यक्ति चाहता है कि उसे अपनी इच्छानुसार नौकरी धंधा मिले। वह चाहता है कि उसके जो भी इरादे हैं पूरे किये जायें। इस दृष्टि से आधुनिक सामाजिक व्यवस्था का यह नियम है कि व्यक्ति के साथ बराबर सामाजिक न्याय का सिद्धांत लागू हो। **दुर्खीम** की निश्चित मान्यता है कि आधुनिक समाजों में स्थायित्व तभी सम्भव है जब हम न्याय के प्रति सम्मान रखें। आज के आधुनिक समाजों की केन्द्रीय समस्या इसलिये व्यक्ति और समूह के सम्बन्धों की है। ऐसे समाजों में व्यक्ति किसी भी स्थिति में सामाजिक दबाव को आंख मूँदकर सहन करने के लिये तैयार नहीं है। इसके परिणामस्वरूप व्यक्ति हमेशा चुनौतियों से घिरा रहता है। व्यक्ति की समाज में इतनी अधिक अपेक्षाएं होती है कि समाज कभी भी इनकी पूर्ति नहीं कर सकता।

आत्महत्या पुस्तक में **दुर्खीम** जहां एक ओर आधुनिक समाजों के व्याधिकीय पहलुओं को देखते हैं, वहीं दूसरी और वे व्यक्ति और समूह के संबंधों को भी उजागर करते हैं। एक ओर **दुर्खीम** यह बताने की कोशिश करते हैं कि किस सीमा तक व्यक्तियों के व्यवहार को सामूहिक वास्तविकता निश्चित करती है और वहीं दूसरी ओर कहां तक आत्महत्या व्यक्ति पर इस दबाव के परिणाम को आत्महत्या में देखता है। जब आत्महत्या होती है तो इसका मतलब यह हुआ कि व्यक्ति ने समाज के दबाव को स्वीकार नहीं किया और उसके लिये उसकी जीवनी से बढ़कर और क्या हो सकता था। वह आत्महत्या कर लेता है। आत्महत्या इस तरह व्यक्ति और समाज के बीच के संबंधों के दरार की अभिव्यक्ति है। यह कथन में **दुर्खीम** निश्चित है कि आत्महत्या कोई व्यक्तिगत घटना नहीं है। यह तो समाज द्वारा की गई व्यक्ति की मौत है। हत्यारा समाज है, व्यक्ति नहीं।

आत्महत्या पुस्तक की विषयवस्तु

दुर्खीम की इस रचना की विधि ऐतिहासिक और सांख्यिकीय है वे इस पुस्तक में सम्पूर्ण से समाजशास्त्रीय उपागम को अपनाते हैं। यह पहली बार था कि **दुर्खीम** ने व्यक्ति को समाज के साथ जोड़कर देखा। **दुर्खीम** के युग में व्यक्ति का स्थान सर्वोपरि था। अर्थशास्त्रियों का उपयोगितावाद सर्वोपरि था। **दुर्खीम** ने पहली बार सामाजिक वास्तविकता को प्राथमिक स्थान दिया।

आत्महत्या रचना का एक केन्द्रीय मुहावरा है : तर्क बुद्धि जीवन की समझ अपने आप में एक नैतिक प्रतिबद्धता है। दूसरे शब्दों में **दुर्खीम** का कथन है कि मनुष्य जीवन तर्क प्रधान है और यह तर्क बुद्धि ही नैतिकता है। आत्महत्या रचना को उन्होंने तीन खण्डों में बाँटा है। पहले खण्ड में वे आत्महत्या के अतिरिक्त सामाजिक कारकों का उल्लेख करते हैं। वे आत्महत्या के तत्कालीन प्रचलित कारकों जैसे मनोवैज्ञानिक, आनुवंशिक और भौगोलिक को अस्वीकार करते हैं। इन्हीं कारकों को वे आत्महत्या के अतिरिक्त सामाजिक कारक कहते हैं।

पुस्तक के दूसरे भाग में वे उन सामाजिक कारकों की पहचान करते हैं जो आत्महत्या के लिये उत्तरदायी हैं। आत्महत्या के ये कारण पूर्ण रूप से सामाजिक हैं। यहां यह दोहराना चाहिये कि **दुर्खीम** अपनी विधि में अरूपान्तरणवादी थे। उनका तर्क था कि सामाजिक प्रघटनाओं का विश्लेषण गैर सामाजिक कारकों जैसे मनोविज्ञान, भूगोल, प्रजातीयता आदि द्वारा नहीं किया जाना चाहिये।

दुर्खीम का यह आग्रह वस्तुतः सामाजिक कारणता का है। इसी खण्ड में वे आत्महत्या के तीन प्रकारों का विस्तृत विवेचन देते हैं।

दुर्खीम की रचना का तीसरा खण्ड महत्वपूर्ण है। यहां वे एक सामाजिक प्रघटना के रूप में आत्महत्या की सामान्य प्रकृति का विश्लेषण करते हैं। वे यह स्थापित करते हैं कि आत्महत्या एक सामाजिक तथ्य है और इसे करना व्यक्ति की इच्छा पर निर्भर नहीं है। यह तो निश्चित रूप से समाज का दबाव है जो व्यक्ति को अपने स्वयं के शरीर को नष्ट करने के लिये बाध्य करता है।

आत्महत्या की परिभाषा और अर्थ

दुर्खीम ने अपनी रचना के प्रारम्भ में ही आत्महत्या की प्रघटना की परिभाषा दी है। इस परिभाषा का मिजाज निषेधात्मक है। **दुर्खीम** के पूर्ववर्ती विचारकों ने आत्महत्या को जिस तरह परिभाषित किया था, वह **दुर्खीम** को स्वीकार नहीं था। किसी भी आलोचना को प्रस्तुत करने से पहले हम **दुर्खीम** द्वारा दी गयी परिभाषा की पड़ताल करेंगे। निश्चित रूप से **दुर्खीम** की यह परिभाषा विधिशास्त्रियों से भिन्न है।

दुर्खीम के अनुसार : आत्महत्या वह होती है जिसमें व्यक्ति सकारात्मक या नकारात्मक रूप से ऐसा काम करता है जिसका परिणाम प्रत्यक्ष या अप्रत्यक्ष रूप से वह जानता है, उसके शरीर को नष्ट होने में है।

दुर्खीम की आत्महत्या की परिभाषा का विश्लेषण **रेमण्ड एरॉ** ने किया है। उनके विश्लेषण से निम्न तथ्य स्पष्ट है :

(1) एक व्यक्ति का स्वयं का ऐसा कार्य जो प्रत्यक्ष या अप्रत्यक्ष रूप से उसके जीवन को नष्ट कर दे। जीवन को नष्ट करने के दो विकल्प उसके सामने हैं : एक विकल्प तो प्रत्यक्ष है। इसमें वह अपने आप को गोली दाग देता है और तुरन्त देहांत हो जाता है। यह आत्महत्या का प्रत्यक्ष और सकारात्मक विकल्प है। दूसरा विकल्प नकारात्मक या अप्रत्यक्ष है। इसमें व्यक्ति भोजन करना बंद कर देता है, जीवन का पोषण समाप्त कर देता है या आग से धधकती हुई इमारत के बाहर नहीं निकलता। इस तरह की अप्रत्यक्ष गतिविधि जीवन लीला को समाप्त कर देती है।

(2) आत्महत्या करते समय व्यक्ति को यह मालूम होना चाहिये कि जो कुछ वह कह रहा है उसके परिणामस्वरूप उसकी मृत्यु हो जायेगी। यदि इस तरह की चेतना उसमें नहीं है तो और वह किसी क्रिया को करते समय मर जाता है तो यह केवल दुर्घटनावश हुई मृत्यु ही समझी जायेगी।

दुर्खीम द्वारा दी गयी आत्महत्या की इस परिभाषा में वे सब घटनाएं तो हैं जिन्हें सामान्यतया लोग आत्महत्या की श्रेणी में रखते हैं। लेकिन वे घटनाएं भी हैं जिनमें व्यक्ति अपनी प्रतिष्ठा के कारण भी अपने आप को नष्ट कर देते हैं। जब युद्ध में किले को दुश्मन घेर लेता है जैसा कि राजस्थान के चित्तौड़गढ़ किले में हुआ और अपने ऐतिहासिक गौरव को रखने के लिये पुरुष व स्त्री जौहर करते हैं तो इसे भी आत्महत्या कहना चाहिये। इस तरह की आत्महत्या अपनी शूरवीरता और शान को बनाये रखने के लिये होती हैं। आत्महत्या के ये दृष्टांत सामान्य आत्महत्या की श्रेणी में नहीं आते। सामान्य श्रेणी में तो निराश प्रेमी या प्रेमिका, दिवालियों व्यापारी या परीक्षा में असफल होने वाले विद्यार्थी के दृष्टांत सम्मिलित हैं।

आत्महत्या की इस परिभाषा को अपने विश्लेषण की कसौटी मानकर **दुर्खीम** कुछ महत्वपूर्ण निष्कर्ष रखते हैं :

(1) किसी एक जनसंख्या में आत्महत्या की आवृत्ति या उसकी दर लगभग एक जैसा होता है।

(2) आवृत्ति की यह स्थिरता सम्पूर्ण समाज या प्रांत या सम्भाग में देखी जा सकती हैं।

(3) आत्महत्या की आवृत्ति या उसकी दर मनमाने ढंग से नहीं बदलती। इनमें जो भी उतार-चढ़ाव होते हैं, उसके कई कारण हैं।

इस निष्कर्ष के बाद **दुर्खीम** कहते हैं कि यह एक समाजशास्त्री का काम है कि वह आत्महत्या की घटनाओं के उतार-चढ़ाव के जो कारण हैं उनका पता लगाए। उसे यह देखना है कि आंकड़ों की स्थिति में जो परिवर्तन आता है, वह किन कारणों से जुड़ा हुआ है। यहां **दुर्खीम** की सामाजिक कारणता का विश्लेषण प्रारम्भ होता है।

आत्महत्या के अर्थ और उसकी परिभाषा के लिए हम सम्पूर्ण पुस्तक का एक गहन अध्ययन करें तो हमें कुछ तात्विक तथ्य मिलेंगे। मुख्य बात यह है कि दुर्खीम अरूपातंरवादी थे और वे इसी कारण आत्महत्या का अर्थ सामाजिक कारणों में ही खोजते हैं। उनके वितरण के आधार पर, जो आत्महत्या के अर्थ स्पष्ट करता है; तीन प्रस्ताव रखे जा सकते हैं:

(1) जिस किसी धर्म प्रधान समाज में एकीकरण अधिक होगा, उतनी ही कम आत्महत्या इस समाज में होगी और इसी प्रकार जिस धर्म प्रधान समाज में एकीकरण जितना अधिक कमजोर होगा, आत्महत्याएं उतनी ही अधिक होगी। उदाहरण के लिये कैथोलिक धर्मालम्बियों में, जिनमें रूढ़िवादिता होती है। धर्म का व्यक्ति पर नियंत्रण अधिक होता है, आत्महत्याएं कम होती हैं। **दुर्खीम** ने देखा कि प्रोटेस्टेन्ट धर्मावलम्बियों में जिनमें व्यक्ति पर अनुशासन कम होता है, आत्महत्याएं अधिक होती हैं।

मतलब हुआ कि एकीकरण जितना अधिक होगा आत्महत्याएं उतनी ही कम होंगी एकीकरण जितना थोड़ा होगा। आत्महत्याएं उतनी ही अधिक होंगी। आत्महत्या और एकीकरण में विपरीत सम्बन्ध है।

(2) जिस किसी समाज में पारिवारिक और नातेदारी एकीकरण अधिक होगा उसमें आत्महत्याएं उतनी ही कम होंगी। इसी तरह ऐसे समाज में जहां एकीकरण कम होगा, आत्महत्याएं उतनी ही अधिक होगी।

मतलब हुआ: अधिक एकीकरण में कम आत्महत्या और एकीकरण का विपरीत संबंध है। ऐसे परिवार जिनमें पति पत्नी झगड़ते रहते हैं। और ऐसे परिवार जिनमें मेल जोल है, सभी आमराय से काम करते है यानि जो परिवार एकजुट हैं उसमें आत्महत्या की सम्भावना थोड़ी है।

(3) ऐसे समाज जिनमें राजनैतिक एकीकरण और सुदृढ़ता अधिक है, उनमें आत्महत्याएं कम होती हैं जबकि उन देशों में जिनमें राजनैनिक अस्थिरता है हिंसा की घटनाएं अधिक होती हैं यानि विघटन अधिक होता है उनमें आत्महत्या की दर ऊंची होती है।

यहां भी **दुर्खीम** ने देखा कि एकीकरण जितना अधिक होगा, आत्महत्याएं उतनी ही कम होंगी और एकीकरण जितना निम्न होगा आत्महत्याएं उतनी अधिक होंगी।

सामान्यतया किसी भी अनुशासित समाज में व्यक्ति समुदाय के आदेशनुसार दबाव और परम्परा के अनुसार काम करता है। सावयवी समाज में विभिन्नता के होते हुए भी यदि समाज में संबंधता है तो आत्महत्याएं कम होंगी। आत्महत्या का भूगोल, मनोविज्ञान और मानसिक रोग किसी से भी न तार्किक सम्बन्ध है और न ही आनुभविक। आत्महत्या एक ऐसा सामाजिक तथ्य है जिसका सम्बंध बराबर समाज और सामाजिक संरचना के साथ रहा है। अधिक खुलासे के साथ कहें तो आत्महत्या, परिवार, नातेदारी, गोत्र, जाति,वर्ग और नगर तथा शहर से जुड़ी है। सामाजिक संरचना की ये संस्थाएं आत्महत्या की दर की, उसकी आवृत्ति को निश्चित करती है। सब मिलाकर आत्महत्या सामाजिक सुदृढ़ता से जुड़ी है, सुदृढ़ता अधिक तो आत्महत्या कम, सुदृढ़ता कम तो आत्महत्या अधिक।

आत्महत्या के अतिरिक्त सामाजिक कारक

दुर्खीम आत्महत्या की समस्या और उसके अर्थ को परिभाषित करने के बाद व्यवस्थित रूप से उन विश्लेषणों का खण्ड नहीं करते हैं जो आत्महत्या को समझते हैं। आत्महत्या कोई **दुर्खीम** के साथ में ही समस्या बनकर नहीं उभरी थी। आदिकाल से आत्महत्या होती रही है। प्रत्येक युग ने अपने अपने दृष्टिकोण से इसकी व्याख्या भी की है। **दुर्खीम** ने उनके समय में जिस तरह आत्महत्या की व्याख्या की जाती थी, उसका खण्ड न किया है। इस खण्ड न में वे पूर्ववर्ती विचारकों और मनोवैज्ञानिकों को भी सम्मिलित करते हैं। शायद **दुर्खीम** के आत्महत्या के मोनोग्राफ का इतना सम्मान इसलिये है कि उन्होंने परम्परागत विश्लेषण से मुक्ति प्राप्त की। ये सब रूढ़िगत कारक जो आत्महत्या के कारणों का विश्लेषण करते हैं, के अनुसार सही कारण नहीं है। कारण तो है लेकिन अतिरिक्त है। आत्महत्या के सामाजिक कारणों को या समाजशास्त्र के आत्महत्या के सिद्धांत को देने से पहले **दुर्खीम** अतिरिक्त कारकों का उल्लेख करके, उनका खण्डन करते हैं।

दुर्खीम ने आत्महत्या के अतिरिक्त कारकों में सामान्यतया कई कारक दिये हैं। यदि इन कारकों को श्रेणियों में बांटा जाये जो **पारसंस** के अनुसार दो श्रेणियां बनती हैं:

(1) मानसिक और मनोव्याधिकीय कारक और (2) आनुवंशिकता और पर्यावरण। आत्महत्या के कारकों की इन दो श्रेणियों का **दुर्खीम** खण्डन करते हैं। इस खण्डन के बाद वे आत्महत्या के प्रकार और स्वयं के आत्महत्या के सिद्धांत का प्रतिपादन करते हैं।

मानसिक और मनोव्याधिकीय कारक

(1) आत्महत्या के अभिप्रेरक : मनोवैज्ञानिकों ने और विशेषकर मनोरोग विशेषज्ञों ने आत्महत्या के कारणों का विशद विवेचन किया है। मनोवैज्ञानिक यह दृढ़तापूर्वक कहते हैं कि किसी भी क्रिया के पीछे और विशेषकर किसी भी अपराध का कोई न कोई अभिप्रेरक अवश्य होता है। कोई किसी की चलते-फिरते हत्या नहीं करता। और इसी तरह कोई भी व्यक्ति अपने हाथ से ही अपने माथे पर गोली नहीं मारता। इसके पीछे कोई न कोई अभिप्रेरण होता ही है।

दुर्खीम ने अभिप्रेरण के कारण को आत्महत्या के संदर्भ में देखा है। जब कभी हम आत्महत्या का विश्लेषण करें तो हमें यह नहीं भूलना चाहिये कि **दुर्खीम** ने अपनी इस वैज्ञानिक रचना में 26,000 आत्महत्याओं का अध्ययन किया है। यह अध्ययन यूरोप के सभी प्रमुख देशों को सम्मिलित करता है। इस निदर्शन में **दुर्खीम** ने विभिन्न उम्र समूहों, लिंग समूहों, विवाहितों आदि का प्रतिनिधित्व किया है। उनके सहयोगी *मारसल मांस* ने इस क्षेत्रीय कार्य को किया है।

अभिप्रेरणा सम्बंधी अध्ययन इसी वृहद सर्वेक्षण का एक भाग है। **दुर्खीम** ने पाया कि आत्महत्या की एक जैसी आवृत्ति और दर में अभिप्रेरण का कारक समान रूप से पाया जाता है। इसका अर्थ हुआ कि अभिप्रेरण कोई प्रभावी चर नहीं है। आत्महत्या के किसी भी विश्लेषण में उपयोगितावादी आग्रहपूर्वक कहते हैं कि मनुष्य की क्रियाएं विवेकशील होती हैं और इसलिये उसकी आत्महत्या भी विवेकशील है, यानि आत्महत्या के पीछे जो अभिप्रेरण है वह

तथ्यपूर्ण है। लेकिन **दुर्खीम** को विश्लेषण में अभिप्रेरण का चर कहीं भी प्रभावी नहीं दिखायी देता। इसी कारण **दुर्खीम** आत्महत्या के एक कारक या विश्लेषण के रूप में अभिप्रेरण का कोई सरोकार नहीं मानते।

पारसंस ने और इसी तरह **दुर्खीम** की पुस्तक *आत्महत्या* के अनुवादक **जार्ज सिम्पसन** ने भी इस बात को स्वीकार किया है कि **दुर्खीम** ने अभिप्रेरण के कारक को जिस तरह अस्वीकार किया है, वह संदेहास्पद है। इन आलोचकों का तर्क है कि आज अभिप्रेरक विश्लेषण और संवेगात्मक जीवन के जो लक्षण है, उनकी व्याख्या के कई नये तरीके विकसित हो गये हैं। **दुर्खीम** के समय में *सिगमण्ड फ्रायड* ने अचेतन मस्तिष्क की व्याख्या प्रारम्भ की ही थी। वास्तव में **दुर्खीम** के समय अभिप्रेरक विश्लेषण की विधि विकसित नहीं हुई थी। और इसी कारण में वे निदर्शन समूह में इसकी समाज उपस्थिति पाकर इसके महत्व को नकार गये हों। इस संदेह के होते हुए भी यह निश्चित है कि **दुर्खीम** अभिप्रेरक कारक को आत्महत्या का कोई सशक्त कारण नही मानते। इसकी स्थिति तो अतिरिक्त कारककी ही बनी रहती है।

(2) आत्महत्या का कारण उन्माद है: वास्तव में **दुर्खीम** ने आत्महत्या के अतिरिक्त कारकों में मनोव्याधिकीय अवस्थाओं का उल्लेख किया है। समाज में कुछ बीमारियों की दर सापेक्षिक रूप से स्थायी होती है। इस तरह की बीमारियों में पागलपन या उन्माद भी है। यदि हम तार्किक रूप से यह स्वीकार करें कि उन्माद प्रत्येक आत्महत्या में होता है। तो कार्य कारण खोजने का यह प्रयास सफल होगा। कई मनोवैज्ञानिकों का जिनमें *एस्क्रिोल* भी है, का कहना है:

आत्महत्या में मानसिक अलगाव के सभी लक्षण मिलते हैं। जब एक आदमी अपने हाथ से शरीर नष्ट करता है तो वह उन्माद की अवस्था में है और यह उन्माद मानसिक अलगाव के कारण है। एस्क्विरोल इस तरह की आत्महत्या संबंधी नियम को रखने के बाद यह सुझाव देते हैं कि क्योंकि आत्महत्या का कारण व्यक्ति स्वयं की इच्छा न होकर उसका उन्माद या मानसिक अलगाव है और इसलिये इस अपराध के कारण उसे दण्ड नहीं दिया जाना चाहिये। मनोरोग चिकित्सको में **फेलरेट** और **मोरेयूडिठोडर्स** भी लगभग आत्महत्या का यही कारण बताते हैं। इन विद्वानों ने प्रश्न रखा है क्या हमें आत्महत्या को मानसिक अलगाव का परिणाम समझना चाहिये? इस प्रश्न का उत्तर मनोव्याधिकीय विद्वान सकारात्मक रूप में देते हैं। 1845 ई. में डाक्टर **बोर्डिन** ने एक छोटी सी पुस्तिका निकाली थी जिसने चिकित्सा की दुनिया में तहलका मचा दिया। इस पुस्तिका में भी यही स्थापित किया गया है कि एक आदमी आत्महत्या अलगाव की स्थिति में ही करता है।

दुर्खीम ने आत्महत्या के इस उन्मादी या पागलपन के कारण को स्वीकार नहीं किया है। उन्होंने तर्क दिया कि कुछ उन्मादी व्यक्तियों द्वारा आत्महत्या कर लेने के आधार पर ही यह कहना कि सभी उन्मादी व्यक्ति आत्महत्या करते हैं या आत्महत्या करने वाले सभी उन्मादी होते हैं, सही तर्क नहीं है। यहां हम **दुर्खीम** के इस तथ्य को पुन: दोहरायेंगे कि **दुर्खीम** उन्माद या पागलपन को आत्महत्या का कारण तो मानते हैं, लेकिन यह कारण अतिरिक्त या गौण है। यह मनोवैज्ञानिक सिद्धांत का सामाजिक प्रघटना के विश्लेषण में रूपांतरण मात्र है।

(3) खिन्नता का कारण : मानसिक व्याधिकी से जुड़ा हुआ आत्महत्या का दूसरा कारण खिन्नता है। इसमें व्यक्ति को कोई ऐसा सदमा या मानसिक आघात पहुंचता है जिसके कारण वह अपना दिमागी संतुलन खो बैठता है। उसमें तनाव आ जाता है और वह इस आघात को सहन नहीं कर पाता। उसको आत्महत्या ही एक सुरक्षित विकल्प दिखायी देता है। उदाहरण के लिये अपने किसी निकट के व्यक्ति की मृत्यु या व्यापार में एकाएक घाटा व्यक्ति के लिये असहनीय बन जाता है। ऐसी परिस्थिति में की गयी आत्महत्या खिन्नता के कारण की गयी आत्महत्या कही जाती है। आत्महत्या के इस मनोव्याधिकीय विश्लेषण को भी **दुर्खीम** अस्वीकार करते हैं।

(4) प्रेत-बाधा आत्महत्या का कारण : आत्महत्या का यह कारण भी मनोव्याधिकीय है। व्यक्ति के दिमाग में कोई एक मानसिक ग्रन्थि पैदा हो जाती है। यह मानसिक ग्रन्थि उसकी स्वयं की महत्वाकांक्षा हो सकती है या पीड़ा भी। यह मानसिक ग्रन्थि उसे बराबर सालती रहती है। उस पर किसी हथौड़े की तरह चोट करती रहती है। इस ग्रंथि के कारण वह आत्महत्या करने के लिये बाध्य हो जाता है। **दुर्खीम** अन्य मनोव्याधिकीय कारकों की तरह आत्महत्या के प्रेतबाधा कारक को भी अस्वीकार करते हैं।

(5) आवेगात्मक आत्महत्या का कारण : आत्महत्या का आवेगात्मक कारण भी मनोवैज्ञानिक है। कई बार भावनाओं के वशीभूत होकर व्यक्ति आवेग में आता है। यह आवेग उसे अविवेकी बना देता है। सामान्य आदमी से साहसी और बहादुर व्यक्तियों में भी कभी-कभी आवेग आ जाता है। इस आवेग में क्षण भर उसे लगता है कि यदि वह आत्महत्या कर ले तो सहज रूप से अपने आपको सभी तरह की चिंताओं से मुक्त कर लेगा। ऐसा व्यक्ति जब समुद्र के किनारे या पहाड़ के किसी चढ़ाव पर खड़ा होता है, तब एकाएक उसे आवेग आता है कि वह यदि एक छलांग लगा दे या पिस्तौल के घोड़े को दबा दे तो क्षण भर में मुक्त हो जायेगा। ऐसा

आवेग लम्बे समय तक नहीं रहता। अभी आया और अभी गया। आने और जाने के बीच की अवधि ऐसा है, जिसमें व्यक्ति आत्महत्या कर सकता है।

आनुवंशिकता और पर्यावरण के कारक

मनोवैज्ञानिक और मनोव्याधिकीय कारकों को आत्महत्या का कारण अस्वीकार करते हुआ **दुर्खीम** आनुवंशिकता और पर्यावरण का विश्लेषण करते हैं। आनुवंशिकता के अन्तर्गत वे प्रजाति को लेते हैं और पर्यावरण को वे उसके विशाल अर्थ ब्रह्मांड रूप में लेते हैं। इसमें वे जलवायु और मौसम को सम्मिलित करते हैं। वास्तव में **दुर्खीम** जब प्रजाति और आत्महत्या के सहगामी संबंधों को देखते हैं तो वे मद्यपान और कतिपय मनोव्याधिकीय कारकों को भी अपने विश्लेषण में सम्मिलित करते हैं। आनुवंशिकता और पर्यावरण का विश्लेषण वे विशुद्ध रूप से आनुभविक आधार पर करते हैं। निष्कर्ष यह निकलता है कि आत्महत्या का इन पूर्ववर्ती विचारकों ने जो विश्लेषण किया है वह समस्या के निदान में, किसी भी तरह सहायक नहीं है। इस निष्कर्ष पर पहुंचते हुए भी **दुर्खीम** यह सिद्ध करने में सफल नहीं हुए कि आनुवंशिकता और पर्यावरण का आत्महत्या से कोई सरोकार नहीं है। **दुर्खीम** का आरोप तो यह है कि पूर्ववर्ती विचारकों ने आनुवंशिकता और पर्यावरण के आत्महत्या के साथ जो सम्बंध है उन्हें पूरी तरह से प्रमाणित नहीं किया है। यहां हम आत्महत्या और प्रजाति तथा आत्महत्या और पर्यावरण के सहसंबंधों का उल्लेख करेंगे।

(1) क्या आत्महत्या के लिये प्रजाति उत्तरदायी है?

समाज विज्ञानों में **दुर्खीम** कालीन युग में यह लगभग स्थापित था कि प्रत्येक प्रजाति में आत्महत्या करने की आवृत्ति के कुछ निश्चित लक्षण होते हैं। इन विचारकों के अनुसार एक प्रजाति दूसरी प्रजाति से कुछ जैविकीय और मनोवैज्ञानिक लक्षणों से भिन्न है। **दुर्खीम** कहते हैं कि यदि इस तरह आत्महत्या का वास्तव में प्रजाति के साथ संबंध है तो यह भी स्थापित होना चाहिये कि प्रजाति में कुछ ऐसी जैविकीय प्रवृत्ति है जो आत्महत्या करने के लिये प्रेरित करती है।

क्या प्रजाति और आत्महत्या में कुछ इस तरह का संबंध है? आत्महत्या और प्रजाति के सहगामी संबंध का विश्लेषण करने से पहले **दुर्खीम** प्रजाति को परिभाषित करते हैं। इन लक्षणों के होते हुए भी किसी न किसी कारण से समूह का एक या अधिक सदस्यों में अंतर होता है। और वह अंतर एक व्यक्ति को दूसरे से भिन्न कर देता है। वास्तव में प्रजाति एक जैविकीय कोटि है और उसकी जो कुछ संस्कृति है वह सीखी हुई है। इसी कारण *प्रिचाई* लिखते हैं।

''प्रजाति पद से हमारा मतलब व्यक्तियों के उस समूहों से है जिसमें कम या अधिक रूप में कुछ ऐसे लक्षण पाये जाते हैं। जो आनुवंशिकता से एक पीढ़ी से दूसरी पीढ़ी को संचारित होते हैं। इन लक्षणों का उदगम कैसा ही क्यों न हो।''

प्रजाति के अर्थ के बाद यह देखना चाहिये कि किन प्रजातियों में आत्महत्या करने के प्रति अधिक झुकाव है और किनमें कम। तथ्यों के आधार पर **दुर्खीम** पाते हैं कि जर्मन प्रजाति में आत्महत्या की अधिक प्रवृत्ति है। लेकिन जब हम जर्मन कहते हैं तो निश्चित रूप से हमारा तात्पर्य राष्ट्रीयता से है। प्रजाति से नहीं। और जब इस तरह से हम आंकड़ों को देखते हैं तो हमारा निष्कर्ष सही नहीं निकलता। यह इसलिये कि जर्मनी में रहने वाले लोगों के जो भी कुछ लक्षण हैं वे आनुवंशिकता नहीं है, सभ्यताजनक हैं। **दुर्खीम** कहते हैं कि जब कभी विचारक प्रजाति और आत्महत्या के सहसंबध को देखते हैं तो वे प्रजाति की परिभाषा वैज्ञानिक अर्थ में नहीं दे पाते। प्रजाति का अर्थ वस्तुतः आनुवंशिकता से है। **दुर्खीम** अपने खण्डन में आग्रहपूर्वक कहते हैं कि आत्महत्या और आनुवंशिकता में कोई सहसंबंध नहीं है। यह कहना कि बढ़ती हुई उम्र के साथ आत्महत्या का प्रतिशत बढ़ जाता है, इस कल्पना के साथ मेल नहीं खाता कि आत्महत्या का मुख्य कारण आनुवंशिकता से संचारित होता है। कई बाद के आनुवांशिकतावादी यह भी प्रमाण देते हैं कि एक ही परिवार में बार-बार आत्महत्या होना आनुवंशिकता और आत्महत्या का सह संबंध है। आनुवंशिकतावादी लेखक अपनी प्राक्कल्पना के प्रमाण में **प्रेवोस्टपेराडोल** के परिवार का उल्लेख प्राय: करते हैं। 19वीं शताब्दी में **प्रेवोस्ट** फ्रान्स के जाने-माने लेखक थे। वे अमेरिका में राजदूत भी थे। फ्रान्स और एशिया के युद्ध की घोषणा पर उन्होंने आत्महत्या कर ली। लगभग 30 वर्ष बाद उनके पुत्र ने एकदम भिन्न परिस्थितियों में आत्महत्या की। **प्रेवोस्ट** के परिवार में एक के बाद कई सदस्यों ने आत्महत्या की। आनुवंशिकतावादी इन आत्महत्याओं का निष्कर्ष निकालते हैं कि इस परिवार में आत्महत्या के प्रति जो झुकाव था, वह आनुवांशिक था। लेकिन **दुर्खीम** इस प्रकार की प्राक्कल्पनाओं को अस्वीकार करते हैं। उनके अनुसार इस तरह का सम्पूर्ण विश्लेषण व्यक्तियों के लक्षणों पर आधारित है और इनमें कहीं भी इस तथ्य पर ध्यान नहीं दिया गया है कि व्यक्ति आत्महत्या सामाजिक बाध्यता के कारण करते हैं। इस बात के कोई प्रमाण नहीं हैं कि आनुवांशिकता आत्महत्या के गुणों को जैविकीय रूप से एक पीढ़ी से दूसरी पीढ़ी को देते हैं। आत्महत्या कर लेते हैं। **दुर्खीम** आगे कहते हैं कि यदि जैविकीय मनोवैज्ञानिक आनुवांशिकता आत्महत्या के लिये उत्तरदायी है तो इसका प्रभाव पुरुष और स्त्रियों पर समान रूप से पड़ना चाहिये। किसी भी अर्थ में आत्महत्या लैंगिक नहीं है। और इसलिये

इसका कोई कारण नहीं दिखायी देता कि आनुवांशिकता केवल आदमियों को ही प्रभावित करती हैं और स्त्रियों को नहीं। यह इसलिये कि स्त्रियों में आत्महत्या का सम्बन्ध किसी भी तरह आनुवांशिकता से नहीं है।

(2) कहां तक पर्यावरण अर्थात भौगोलिक कारण आत्महत्या के लिये उत्तरदायी हैं? दुर्खीम आत्महत्या के सह सम्बन्ध को भौगोलिक कारकों के साथ देखते हैं। सभी भौगोलिक कारकों जैसे जलवायु, मौसमी तापमान आदि को वे ब्रह्माण्ड की वृहद श्रेणी में सम्मिलित करते हैं। भूगोलवेत्ता **मोरसेली** का कहना है कि आत्महत्या का देशातंर रेखांश और अक्षांश के साथ सह संबंध है। इसी तरह यूरोप के उत्तर दक्षिण में न्यूनतम आत्महत्याएं होती हैं। इस प्रकार का सहसंबंध बताते हुए **दुर्खीम** दबी जबान में बोलते हैं लेकिन जलवायु और तापमान को आत्महत्या करने की प्रवृत्ति के साथ जोड़ने मे जिन तथ्यों की आवश्यकता है, वे उन्हें प्रस्तुत नहीं करते। **दुर्खीम** का तो विश्वास है कि बिना किसी जलवायु और तापमान के सभी देशों में आत्महत्या लगभग समान रूप से देखने को मिलती है। यह आवश्यक है कि किसी एक ऐतिहासिक युग में एक देश में आत्महत्याएं कम होती हैं और दूसरे युग में अधिक जब सभ्यता के युग में रोम यूरोप की राजधानी थी, वहां आत्महत्याएं अधिक होती थीं। लेकिन 20वीं शताब्दी के प्रारम्भ में यहां आत्महत्याएं की प्रकृति कम हो गयी। **दुर्खीम** कहते हैं कि आत्महत्या की अपेक्षा समाज की सुदृढ़ता या असुदृढ़ता उसकी दर को निश्चित करती है। वास्तव में हमें लोगों की आत्महत्या करने की प्रवृत्ति को जलवायु व तापमान में न देख करके सभ्यता की सुदृढ़ता व असुदृढ़ता में देखना चाहिये। **दुर्खीम** के तत्कालीन समाज में **मोन्टेस्क्यू** के निष्कर्षों का प्रभाव भी अधिक था। **मोन्टेस्क्यू** का कहना था कि ऐसे देश जहां ठंड अधिक पड़ती है और कोहरा छाया रहता है आत्महत्या के लिये अनुकूल होते हैं। इस विचारधारा को यूरोप ने लम्बे समय तक स्वीकार किये रखा। यद्यपि **एस्क्विरोल** ने इस तरह से सिद्धांत को अंस्वीकार किया था फिर भी **फालरेट** ने इस पर जोर दिया। **दुर्खीम** कहते हैं आंकड़े निश्चित रूप से इस प्रकार के सिद्धांत को अस्वीकार करते हैं। कहीं भी न तो सर्दी और शरद ऋतु में आत्महत्या का दर अधिकतम स्तर तक पहुंचती है। आदमी जीवनलीला तब समाप्त करना पसंद करता है जब मौसम उसके लिये किसी भी तरह से कष्टदायक नहीं होता। **दुर्खीम** आंकडों के आधार पर यह स्थापित करते हैं कि प्रत्येक मौसम में आत्महत्या का अनुपात निश्चित रूप से समान पाया जाता है।

दुर्खीम इस तथ्य को स्वीकार करते हैं कि सामान्यतया गर्मी के मौसम में आत्महत्याओं की दर बढ़ जाती है। शायद इसी पर **फेरी** और **मोरसेली** ने यह निष्कर्ष निकाला कि आत्महत्या का संबंध तापमान के साथ है। **दुर्खीम** का विश्लेषण दूसरी तरह का है उनका कहना है कि गर्मी के दिनों में दिन लम्बा होता है और उसमें आदमी को समूह से पृथक रहने का समय अधिक मिलता है। अतः उसकी आत्महत्या का कारण तापमान न होकर समूह से उसका पृथक्करण है। दूसरी तरफ सर्दी में दिन छोटा होता है और अन्य क्रियाएं अधिक होती हैं। इस मौसम में आत्महत्या करने का अवसर बहुत कम मिलता है।

आत्महत्या का अतिरिक्त सामाजिक कारण: अनुकरण

आत्महत्या रचना में **दुर्खीम** की बहुत बड़ी खोज उन कारकों की पहचान करना है जो आत्महत्या की प्रवृत्ति के लिये उत्तरदायी हैं। **दुर्खीम** कोई शौकिया समाजशास्त्री नहीं थे। वे समाजशास्त्र का व्यावहारिक प्रयोग करना चाहते थे। इसी कारण उन्होंने आत्महत्या के कारकों की खोज की। उनके युग में आत्महत्या का विश्लेषण विचारकों ने नहीं किया हो, ऐसा नहीं था। लेकिन किसी ने भी आत्महत्या के सामाजिक कारणों की पहचान नहीं की थी। पिछले पृष्ठों में हमने दो श्रेणियों के कारकों मनोव्याधिकीय, मनोवैज्ञानिक और आनुवंशिकता तथा पर्यावरण का विवरण दिया है अतिरिक्त सामाजिक कारकों के विवेचन में आगे चलकर दुर्खीम एक और मनोवैज्ञानिक अतिरिक्त कारकों का उल्लेख करते हैं। यह अतिरिक्त कारक अनुकरण है। अनुकरण विशुद्ध रूप से एक मनोवैज्ञानिक कारक है। आम बोलचाल में हम अनुकरण का मतलब नकल से लेते हैं। जैसा सब करते हैं बिना सोचे समझे दूसरा व्यक्ति भी करने लग जाता है यह अनुकरण है।

अनुकरण एक व्यक्ति को दूसरे व्यक्तियों के साथ जोड़ता है। लेकिन यह जोड़ किसी भी अर्थ में सामाजिक जोड़ नहीं होती। जैसा सभी पहन रहे हैं या जैसे अन्य लोग तालियों की गड़गड़ाहट करते हैं वैसे ही समूह में बैठा व्यक्ति ताली बजाता है। जो दूसरे लोग ताली बजा रहे हैं, उन्हें वह जानता भी नहीं है और दूसरे लोग भी ताली बजाने वाले व्यक्ति को नहीं जानते। वास्तव में छींकना, जम्हाई लेना, हंसना आदि अनुकरण के दृष्टांत हैं। इसी कारण **दुर्खीम** इन्हें मनोवैज्ञानिक क्रियाएं मानता है। मनोवैज्ञानिकों का कहना है कि जब एक नगर या संभाग में लोग आत्महत्या करते हैं तो इसके अनुकरण में दूसरे संभावित लोग भी आत्महत्या करने लगते हैं। मनोवैज्ञानिकों की दृष्टि में तो आत्महत्या एक संक्रामक रोग है जो अनुकरण द्वारा अपनाया जाता है।

अनुकरण: अर्थ और परिभाषा

आत्महत्या की परिभाषा और अर्थ को स्पष्ट करते हुए **दुर्खीम** समाजशास्त्रियों से एक शिकायत करते हैं। उनका कहना है कि कई बार समाजशास्त्री जिन पदों और अवधारणाओं का अपने

सिद्धांत निरूपण में प्रयोग करते हैं, उन्हें परिभाषित नहीं करते। जब अवधारणा स्पष्ट नहीं होती तो रचनाकार और पाठक दोनों ही मनमाना अर्थ निकालने के लिये स्वतंत्र हो जाते हैं। ऐसी ही कुछ दुर्घटना अनुकरण के साथ भी हुई है। मनोवैज्ञानिक यह तो आग्रह पूर्वक करते हैं कि आत्महत्या का एक सशक्त कारण अनुकरण है। लेकिन वे कहीं भी इसके अर्थ को साफगोई के साथ नहीं रखते। अत: हम आत्महत्या और अनुकरण के सहसंबंध को देखें इससे पहले इसका अर्थ स्पष्ट कर लें। **दुर्खीम** कहते हैं कि उनकी समझ में मनोवैज्ञानिक और समाज वैज्ञानिक अनुकरण के तीन अर्थ निकालते हैं।

(1) चेतना का स्तरीकरण : किसी एक समूह के बीच में ही जब लोग एक या अनेक कारणों से समान गतिविधि करने लगते हैं तो समूह के अधिकांश सदस्यों में चेतना का स्तरीकरण हो जाता है। प्रत्येक व्यक्ति की निजी चेतना होती है। जब वह समूह में होता है तो किसी कारण उसकी चेतना का स्तर दूसरे व्यक्तियों की चेतना के स्तर पर आ जाता है और इस तरह अनुकरण की उपस्थिति होती है। बारिश के मौसम में जब सभी लोग सड़क पर चलते दिखायी देते हैं, एकाएक कुछ लोग भी अपने आपको इसमें शामिल कर लेते हैं। इसी तरह तालियों की गड़गड़ाहट भी होती है, जयघोष भी होते हैं या किसी रंगारंग कार्यक्रम में नाचने के लिये पांव अपने आप थिरकने लगते हैं। जो प्रक्रिया काम करती है वह यह कि समूह में सम्मिलित होने वाले लोगों की चेतना जब जनसमूह के समान स्तर पर पहुंच जाती है, तब समूह का प्रत्येक व्यक्ति समूह की तरह सोचने लगता है, अनुभव करने लगता है।

यह एक तरह की समन्वयता है, व्यक्तिगत चेतना का स्तर अन्य व्यक्तियों के स्तर पर आ जाता है। कुछ मनोवैज्ञानिक अनुकरण की इस परिभाषा को प्रयोग में लाते हैं। अनुकरण इस तरह बिना सोची समझी क्रिया है। इसे करने में व्यक्ति मौलिक रूप से कुछ भी नहीं सोचता क्योंकि सभी ऐसा करते हैं। क्योंकि सभी गलत नहीं हो सकते, व्यक्ति भी ऐसा करता है। कुछ इस तरह की सभी ने छतरी खोल ली है, उसे भी छतरी खोल लेनी है। इसमें व्यक्ति के स्वयं का कोई भी सोच नहीं है। उसकी स्वयं की कुछ भी समझ नहीं है। उन्हें यह स्वीकार नहीं है। उनका अस्वीकार करने के पीछे बड़ा तर्क यह है कि अनुसरण करने वाला अपनी ओर से कुछ नहीं सोचता।

(2) अनुकरण मनोवेगात्मक होता है : अनुकरण का दूसरा अर्थ मनोवेग के साथ जोड़ा जाता है। व्यक्ति की यह इच्छा होती है कि वह अपने आपका समाज के साथ समन्वय करे। जिस समाज का वह सदस्य है उसकी परिपाटी को उसे अपनाना चाहिये। इसी कारण उसके मनोवेग सक्रिय हो जाते हैं और उसके इर्द-गिर्द जिस तरह का व्यवहार लोग करते हैं वह भी करने लगता है। अपने समूह के रीति-रिवाजों, परम्पराओं और इसी तरह क्षेत्रीय कानून का वह अनुकरण करने लगता है। यह भी होता है कि समाज के रीति-रिवाजों को अपनाते हुए वह उनके अर्थ को भी नहीं जानता। विवाह की वेदी पर बैठा हुआ जोड़ा न तो अग्नि के साक्ष्य को समझता है और न सात फेरों के शास्त्रीय अर्थ को। वह तो केवल परम्परा से इन सब क्रियाओं के दौर से गुजरता है। इस संदर्भ में **दुर्खीम** लिखते हैं—

किसी भी नैतिकता से परिपूर्ण परम्परा और रीति-रिवाज के अर्थ के बारे में अनभिज्ञ होकर भी हम उसका परिपालन करते हैं। हमारे परिपालन का कारण यह है कि उसके पीछे कोई न कोई सामाजिक अधिकार है।

(3) अनुकरण केवल अनुकरण के लिये होता है : अनुकरण का यह तीसरा अर्थ है। यह अर्थ सामान्यतया मनोवैज्ञानिकों द्वारा लिया जाता है। जिस क्रिया को हमारे सामने अन्य लोग करते हैं हम भी उसे दोहरा देते हैं। अनुकरण में व्यक्ति यह नहीं सोचता है कि यह क्रिया क्यों करनी चाहिये। क्योंकि दूसरे लोग करते हैं, इसलिए वह भी करता है न तर्क न कारण। वह देखता है कि युवक अब अपने बालों को चोटी में बांधते हैं वह भी अनुकरण करने लगता है। वह देखता है कि युवा-युवतियों की तरह कान में लोग पहनने लगे हैं, तो वह भी पहनने लगता हैं। वह देखता है कि लोग अंग्रेजी के यस के स्थान पर यस कहने लगे हैं तो वह भी करने लगता है। जब दूसरे जम्हाई लेते हैं, हंसते हैं ओर रोते हैं तो एक संक्रामक क्रिया की तरह सभी ऐसा करने लगते हैं। **दुर्खीम** को अनुकरण का यह अर्थ भी स्वीकार नहीं है। बुनियादी रूप से अनुकरण की यह मनोवैज्ञानिक व्याख्या है।

दुर्खीम अनुकरण की व्याख्या करने के बाद इस निष्कर्ष पर पहुंचते हैं कि अनुकरण का कोई भी अर्थ जो समाज के प्राधिकार से न जुड़ा हो उन्हें स्वीकार नहीं है। वास्तव में अनुकरण के जो तीन अर्थ ऊपर दिये गये हैं, परस्पर विरोधी है। पहला अर्थ, व्यक्ति की मौलिकता को स्वीकार नहीं करता क्योंकि सभी लोग ऐसा करते हैं, वह भी ऐसा ही करता है मौलिक नहीं है। इसी तरह तीसरा अर्थ भी बुनियादी रूप से नकल मात्र है। यदि अनुकरण का अर्थ जो दूसरा है लिया जाये तो **दुर्खीम** को स्वीकार है। जब समाज का आदेश है तब व्यक्ति परम्परा और रूढ़ियों को अपना लेता है। यह उसका नैतिक कर्त्तव्य है। यदि इस नैतिक कर्तव्य का वह पालन नहीं करता है तो समाज उसकी निंदा करेगा, आलोचना करेगा। सात फेरों का अर्थ न जानते हुए भी पति-पत्नी का जोड़ा इसका परिपालन इसलिये करता है कि इसके पीछे समाज का आदेश है, समाज की

मान्यता है। **दुर्खीम** को अनुकरण का यह अर्थ तार्किक और सही लगता है।

दुर्खीम को मनोवैज्ञानिकों द्वारा दी गयी अनुकरण की व्याख्या स्वीकार नहीं है। उन्होंने यूरोप के आत्महत्या की दर के आधार पर कहा कि जब कभी सामाजिक पर्यावरण में बदलाव आता है तो एकाएक आत्महत्या की दर बदल जाती है। इधर सामाजिक पर्यावरण में एकाएक बदलाव हुआ तो उधर आत्महत्या की दर में भी एकाएक परिवर्तन आ जाता है। सामाजिक पर्यावरण से **दुर्खीम** का मतलब परिवार, विवाह, गोत्र आदि से है। कभी भी सामाजिक पर्यावरण का प्रभाव एक निश्चित क्षेत्र से बाहर नहीं जाता। उदाहरण के लिये जर्मनी में आत्महत्या एक स्थानीय लक्षण है और इसका कारण प्रोटेस्टेंट धर्म है। फिर भी जर्मनी के तीन संभाग ऐसे हैं जो आत्महत्या की इस सामान्य प्रवृति के अपवाद हैं। इन तीनों संभागों में आत्महत्या की दर न्यूनतम है। ऐसा लगता है कि ये संभाग टापू की तरह हैं। जिनमें जर्मनी के आत्महत्या की दर की तुलना में न्यूनतम आत्महत्याएं होती हैं। इसका मतलब यह हुआ कि इन तीन संभागों में आत्महत्या के अनुकूल जिस तरह का सामाजिक पर्यावरण चाहिये, वह नहीं है। यदि अनुकरण को आत्महत्या का कारण माना जाता है तो निश्चित रूप से इन तीनों संभागों में भी आत्महत्या की वही दर होती, जो जर्मनी में थी।

वास्तव में आत्महत्या संक्रामक है यह व्यक्ति से व्यक्ति को पहुंचती है लेकिन अनुकरण कभी भी आत्महत्या की दर के सामाजिक पहलू को नहीं छूता। यह सम्भव है कि अनुकरण द्वारा आत्महत्या की दर बढ़े। लेकिन जो आत्महत्या की असमान अभिवृत्ति है उसे यह प्रभावित नहीं करती। निश्चित शब्दों में **दुर्खीम** कहते हैं।

''बहुत कम अपवादों में, यह कहा जाना चाहिये कि अनुकरण आत्महत्या का मौलिक कारक नहीं है।''

आत्महत्या और अनुकरण के सह सम्बंधों पर आलोचनात्मक टिप्पणी करते हुए यह कहना चाहिये कि आत्महत्या निश्चित रूप से एक वैयक्तिक घटना है। लेकिन इसके जो कारण हैं, वे सामाजिक हैं।

रोबर्ट के. मर्टन एक ऐसे समाजशास्त्री के रूप में समादृत हैं। जो प्रकार्यवादी समाजशास्त्रीय उपागम को एक बिल्कुल नवीन धरातल पर खड़ा करते हैं। तथा अप्रासंगिक होते जा रहे प्रकार्यवाद में नयी जान फूंकने में सक्षम रहे हैं। **मर्टन** ने सिद्धांत निर्माण के लिए एक नया उपागम अपनाया है। और उनका यह प्रयास ही उन्हें विचारकों की दीर्घा में स्थापित कर देता है। उन्होंने कहा है कि जो कुछ तथ्य हमारे पास हैं उनके आधार पर हम हाल में तो कुछ मध्य स्तरीय सिद्धांत ही बना सकते हैं। ये वो सिद्धांत हैं, जो समाज के सामान्य सिद्धांत और प्राक्कल्पनाओं के बीच में है। इसी कारण उन्हें मध्य स्तरीय सिद्धांत और प्राक्कल्पनाओं के मध्य में यदि भारतीय समाज के संदर्भ में देखें तो कहेंगे कि हमने समाजशास्त्र में अभी तक कोई सिद्धांत नहीं बनाये हैं। अधिक से अधिक हम मध्य स्तरीय सिद्धांतों के निर्माण की अवस्था है। संस्कृतिकरण, पाश्चात्यकरण,प्रभावों जाति आदि केवल जाति व्यवस्था के मध्य स्तरीय सिद्धांत है। प्रकार्यवाद के क्षेत्र में **मर्टन** का एक और योगदान प्रकार्यात्मक विकल्पों का है जहां **रेडक्लिफ ब्राउन** और **मेलीनोस्की** यह कहते हैं कि समाज में प्रकार्य इसलिए अस्तित्व रखते हैं कि वे जिन प्रकार्यों को करते हैं उन्हें और कोई नहीं करता। इसी कारण प्रकार्य अपरिहार्य यानी आवश्यक है। **मर्टन** को यह स्वीकार नहीं है। वे कहते हैं कि किसी भी एक प्रकार्य के लिए कई प्रकार्यों की एक पूरी श्रेणी मिलती है ठीक है कि शरीर पर कपड़ा पहनना, सर्दी, गर्मी और वर्षा से बचने के लिए। पर कपड़े पहनने की एक बहुत बड़ी श्रेणी है। कोट पहना जा सकता है, कमीज या बुशर्ट पहनी जा सकती है और चाहे तो एक पछेड़ी भी लपेटी जा सकती है। मतलब यह हुआ कि एक प्रकार्य के कई विकल्प है। प्रकार्यात्मक विकल्पों की यह अवधारणा **मर्टन** की बहुत बड़ी उपलब्धि है। **मर्टन** ने अन्य विचारकों की तरह समाजशास्त्र को एक विद्या की तरह स्थापित करने की कोशिश की है। वे स्थैतिकी और संरचना की अवधारणाओं को बड़ी होशियारी से काम में लेने की बात करते हैं। इस संबंध में उन्होंने जहां प्रकार्यवाद की अवधारणा को रखा है दुष्प्रकार्य की अवधारणा को भी रखते हैं। वे कहते हैं कि समाज में गतिशीलता भी आती है ऐसे लोग भी होते हैं जो समय के मूल्यों को स्वीकार नहीं करते और नये मूल्यों को स्थापित करते हैं। कुछ लोग पूंजीवाद के स्थान पर समाजवाद लाना चाहते हैं। मूल्यों का यह खिसकन समाज की यथास्थिति को नहीं बनाये रखता लेकिन समाज में परिवर्तन अवश्य लाता है यह दुष्प्रकार्य है। **मर्टन** ने समाजशास्त्रीय सिद्धांत में कई नई अवधारणाएं दी हैं। लेकिन **मर्टन** के लिए सब कुछ ठीक-ठीक हो ऐसा नहीं है। उनकी आलोचना भी हुई है। वे यथा स्थितिवादी समझे जाते हैं। उन्हें पूंजीवाद का हिमायती माना जाता है। वे गरीब गुरबों के दुश्मन हैं। परिवर्तन के पहियों को जाम करने वालों में हैं। इन अभावों के बीच में उन्होंने समाजशास्त्र में प्रकार्यवाद के एक नवीन सम्प्रदाय को स्थापित किया है। सन 1910 में फिलाडेल्फिया नगर में जन्में **रोबर्ट किंग मर्टन** का बचपन गंदी बस्ती में बीता था। वे पूर्वी यूरोप से यहां आये थे। और अन्य प्रवासियों की तरह इनका जीवन भी इस गंदी बस्ती में बीता था। इन्होंने सन 1927 में हाई स्कूल की परीक्षा

पास की । जब वे टेम्पल यूनीवर्सिटी में दाखिल हुए उन्हें एक छोटी सी छात्रवृत्ति मिली थी। सन् 1931 में वे स्नातक बने। सन् 1932 में एम. ए. की उपाधि प्राप्त की और इसके बाद हारवर्ड विश्वद्यािलय से डॉक्ट्रेट किया। सन् 1934 में वे हारवर्ड विश्वविद्यालय में टयूटर की तरह लगे। और इसके बाद तो इनके जीवन का ग्राफ बढ़ता ही गया। वे कोलम्बिया विशविद्यालय में सन् 1941 में आ गये । सेवानिवृति तक उन्होंने इसी विशविद्यालय में काम किया यहीं रहकर उन्होंने समाजशास्त्र की दुनिया में अपना काम किया वे पारसंस और सोरोकिन के विद्यार्थी रहे। उन पर **कार्ल मार्क्स, जार्ज सिमेल** आदि का पर्याप्त प्रभाव पड़ा। **मर्टन** की पहली कृति साइन्स टेक्नोलोजी एण्ड सोसाइटी इन सेवलटिन्ध सेनचुरी इंग्लैड है। बाद में चलकर उन्होने सोशियोलोजी ऑफ साइन्स नामक पुस्तक भी प्रकाशित की। शायद उनकी अत्यधिक लोकप्रिय पुस्तक सोशलथ्योरी एण्ड सोशल स्ट्रक्चर है। यह पुस्तक इसलिए प्रसिद्ध है कि इसमें उन्होंने संरचना प्रकार्यवाद के पेराडिम को प्रस्तुत किया है। यहीं वे प्रकार्यात्मक विकल्पों और प्रकट तथा प्रच्छन्न प्रकार्यो की चर्चा करते हैं। इसी पुस्तक से ज्ञात होता है कि उनमें एक सैद्धान्तिक दृष्टिकोण था। **मर्टन** ने अन्य विद्वानों के साथ मिलकर कई अन्य पुस्तकें भी संपादित की है। **मर्टन** को समाजशास्त्रीय सिद्धांत का पुरोधा माना जाता है। यदि **पारसंस** आधुनिक समाजशास्त्र के जनक हैं तो उनके मुकाबले का दूसरा विचारक **मर्टन** ही है। दोनों ही अपने-अपने क्षेत्र में एक दूसरे से आगे है। आज समाजशास्त्र में जो भी सैद्धांतिक साहित्य है वह बहुत बड़े आकार में **पारसंस** की देन है। इस सिलसिले **मर्टन** की देन की पड़ताल करें उससे पहले कहेंगे कि **मर्टन** ने (क) मध्यस्तरीय सिद्धांत (ख) संरचना-प्रकार्यात्मक विश्लेषण का पेराडिम (ग) सामाजिक संरचना और एनोमी अर्थात् नियम हीनता (घ) संदर्भ समूह आदि, क्षेत्रों में बहुत काम किया है। यह पुस्तक सामाजिक विचारकों के बारे में है, समाजशास्त्रीय सिद्धांतों के बारे में नहीं। इस कारण हमारा संपूर्ण केंद्र विचारक होता है। **मर्टन** ने एक विचारक के नाते समाजशास्त्र के क्षेत्र में जो कुछ किया, उसे संक्षेप में निम्न बिंदुओं में रखेंगे।

(क) **मर्टन** अमेरिकी समाजशास्त्री होते हुए भी यूरोप के समाजशास्त्रों से बराबर प्रभावित थे। यूरोप के विचारकों में **मार्क्स** और **सिमेल** महत्वपूर्ण है।

(ख) **मर्टन** ने प्रकार्यात्मक संदर्श को विकसित किया है।

(ग) वे पहले प्रकार्यवादी थे जिन्होंने यह कहा कि समाज में सब कुछ सर्वमान्य रूप से नहीं होता। एक प्रकार्य जो एक समूह के लिए प्रकार्यत्मक है। दूसरे के लिए दुष्प्रकार्य है। आदमी विवेकी है । और वह अपने उद्देश्यों को ध्यान में रखकर काम करता है। समाज में सांस्कृतिक प्रतिरोध होता है। विभिन्न समूहों के अपने-अपने मूल्य का स्रोत सामाजिक संरचना होती है। प्रकार्यवाद को इस दृष्टि से भी देखना चाहिए।

(घ) दूसरे विश्व युद्ध के बाद प्रकार्यवादियों ने सामाजिक सभ्यता के अनुसार और सामजिक एकीकरण की तलाश की। सामाजिक एकीकरण की खोज करने वालों में **मर्टन** अग्रणी थे। इस युग में समाजशास्त्रीय सिद्धांत का बहुत बड़ा अभिस्थापन प्रकार्यवाद की और था। अब हम **मर्टन** की समाजशास्त्र को जो देन है उसका विस्तृत विवरण देंगे।

मध्यस्तरीय सिद्धांत—**पारसंस** ने 1949 में जब वृहद समाजशास्त्रीय सिद्धांत की पेशकश की, तभी 1959 में **मर्टन** ने मध्यस्तरीय सिद्धांतों की बात उठाई। उन्होनें पहली बार इस सिद्धांत को अपनी पुस्तक सोशल थ्योरी एण्ड सोशल स्ट्रक्चर (1957) में रखा। इसके प्रारंभिक अध्याय में ही **मर्टन** ने इस सिद्धांत को परिभाषित किया: इस पुस्तक में सभी जगह हमने समाजशास्त्रीय सिद्धांत उसे कहा है जिसमें तार्किक रूप से जुड़े हुए प्रस्ताव होते हैं। इनके आधार पर आनुभाविक एकरूपता का निर्माण किया जाता है। मध्यस्तरीय सिद्धांत वे हैं जो अनिवार्य रूप से कामकाजी प्राक्कल्पनाओं और विशाल तथा संपूर्ण समाज को सम्मिलित करने वाले सिद्धांत के बीच होता है। मध्यस्तरीय सिद्धांत में निम्न स्तर पर छोटी-छोटी प्राक्कल्पनाएं होती हैं। इन प्राक्कल्पनाओं में समान रूप से पाई जाने वाली अवधारणाओं को लेकर जो सिद्धांत बनाए जाते हैं, उन्हें मध्यस्तरीय सिद्धांत कहते हैं। ये मध्यस्तरीय इसलिए है कि इनसे ऊपर वृहद सिद्धांत होता है जो समाज की संपूर्ण विविधता को अपने अंदर समेट लेता है। **मर्टन** ने **पारसंस** के वृहद सिद्धांत को स्वीकार नहीं किया। इस कारण यह है कि किसी भी सिद्धांत को स्वीकार नहीं किया। इस कारण यह है कि किसी भी सिद्धांत निर्माण के लिए ढेर सारी आनुभविक सामग्री चाहिए। अभी समाजशास्त्र में यह सामग्री थोड़ी है। पहले हमें आनुभविक सामग्री का संचय करना चाहिए, मध्यस्तरीय सिद्धांत बनाना चाहिए और जब हमारे पास पर्याप्त सामग्री आ जाएगी हम किसी वृहद सिद्धांत को बना लेंगे। **पारसंस** और **मर्टन** का यह विवाद उन दोनों तक ही सीमित हो ऐसा नहीं है। सच में देखा जाए तो समाजशास्त्र के लगभग सभी सिद्धांतवेत्ता दो खेमों में बंट गए हैं। एक खेमें के अगुआ **पारसंस** है उनका आग्रह है कि तार्किक आधार पर संपूर्ण समाज को अपने दायरे में ले ले वैसा वृहद सिद्धांत बनाया जा सकता है। दूसरे खेमें के अगुआ **मर्टन** हैं। **मर्टन** आनुभविक तथ्यों का अभाव तो मानते ही हैं, उनका यह भी तर्क है कि सिद्धांत के

स्तर होते हैं। ऐसी अवस्था में इसका निर्माण निम्न स्तर से करना चाहिए।

निम्न स्तरीय सिद्धांत की विशेषताएं

जोनाथन टर्नर ने मध्यस्तरीय सिद्धांत की चार प्रमुख विशेषताएं चिन्हित की हैं।

(1) आनुभविक आधार—मर्टन ने सिद्धांत निर्माण का आधार आनुभविकता को माना है। किसी भी सिद्धांत का निम्न स्तर आनुभविकता का होता है। आनुभविकता और कुछ न होकर व्यक्ति या समूह का अनुभव है। ऐसी अवस्था में मध्यस्तरीय सिद्धांत जमीन से जुड़ा होता है। हम दिन-प्रतिदिन की घटनाओं का अवलोकन करते हैं और उनके आधार पर प्राक्कल्पनाएं बनाते हैं।

(2) सैद्धांतिक अमूर्तता—यह अवश्य है कि मध्यस्तरीय सिद्धांत आनुभाविक होते हैं। वास्तव में ये सिद्धांत आनुभविकता के सामान्यीकरण से बनाए जाते हैं। यह एक प्रक्रिया है जिसमें हम आनुभविक सामग्री को अमूर्त बनाते हैं और यह अमूर्त रूप ही मध्य स्तरीय सिद्धांत कहलाता है।

(3) सामान्यीकरण की नियमितता—हम जो कुछ आनुभविकता देखते हैं उस सबका सामान्यीकरण नहीं करते। जो आनुभविक सामग्री है उसमें वे तथ्य निकाल लिए जाते हैं। जिनकी आवृति बार-बार होती है। अतः वे आनुभविक तथ्य जो नियमित होते हैं, दोहराए जाते हैं उन्हें हम सामान्यीकरण की श्रेणी में डालते हैं। जैसे हम भारत के विभिन्न क्षेत्रों से जातियों के बीच के आदान-प्रदान को एकत्र करते हैं। इसमें हमारे पास बहुत बड़ी सामग्री आ जाती है तथ्यों को देखने से पता लगता है कि जातियों के बीच में पवित्र और अपवित्र की भावना अधिक होती है। धंधे भी पवित्र और अपवित्र होते हैं। भोजन भी पवित्र और अपवित्र होता है तथा कपड़े भी। ये आनुभविक तथ्य नियमित है और विभिन्न जातियों के संबंधों में दिखाई देते हैं। तथ्य स्तरीय सिद्धांत में इन्ही का समान्यीकरण किया जाता है। अतः तथ्यों की नियमितता इस सिद्धांत की विशेषता है।

(4) वृहद सिद्धांत और छोटी-छोटी प्राक्कल्पनाओं के मध्य अस्तित्व मान—मध्यस्तरीय सिद्धांत का निम्नस्तर दिन-प्रतिदिन की व्यवहार की घटनाएं होती हैं। इन घटनाओं के आधार पर हम प्राक्कल्पनाएं बनाते हैं। उधर सबसे उच्च स्तर पर वृहद सिद्धांत होता है। मध्य स्तरीय सिद्धांत वृहद सिद्धांत और प्राक्कल्पनाओं के बीच में होते हैं। जब इन सिद्धांतों का भण्डार हो जाएगा तब हम वृहद सिद्धांत का निर्माण करेंगे। अनेक समाजशास्त्रियों ने मध्यस्तरीय सिद्धांतों की आलोचनात्मक दृष्टि से समाजशास्त्र सामाजिक मानवशास्त्र के प्रकार्यवाद से आया है। जिस प्रकार **पारसंस** ने यूरोप के विचारकों जैसे **मार्शल, वेबर** और **दुर्खीम** की कृतियों के विश्लेषण के बाद क्रिया व्यवस्था सिद्धांत को विकसित किया, वैसे ही **मर्टन** ने **मेलिनोवस्की** और **रेडक्लिफ ब्राउन** के अध्ययन से प्रकार्यवाद को परिभाषित किया और संरचना के विश्लेषण के लिए एक पेराडाइम तैयार किया।

परिभाषा

मर्टन ने प्रकार्यवाद की परिभाषा इस भांति दी है:

प्रकार्य वे गतिविधियां हैं जो व्यवस्था को बनाए रखने के लिए व्यवस्था से अनुकूलन करती है। **मर्टन** कहते हैं कि सामाजिक संरचना को बनाए रखना, उसकी यदास्थिति को कायम रखना, यही प्रकार्य का काम है। जैसे यदि किसी शहर में सुरक्षा के लिए, वाहन चालक को हेलमेट पहनना आवश्यक है तो चालक का हेलमेट पहनना एक प्रकार्य है। फौज में वर्दी को पहनना भी इस तरह फौज की व्यवस्था को बनाए रखने की प्रक्रिया है। **मर्टन** ने प्रकार्य की परिभाषा देते हुए दुष्प्रकार्य और अप्रकार्य की चर्चा भी की है। इन दोनों अवधारणाओं की परिभाषा इस तरह है:

दुष्प्रकार्य—जब व्यक्ति की गतिविधि व्यवस्था को बनाए रखने के लिए अनुकूलन नहीं करती तो यह दुष्प्रकार्य है। हेलमेट नहीं पहनना, फौजी का वर्दी नहीं पहनना दुष्प्रकार्य है। सामान्य शब्दों में दुष्प्रकार्य ऐसी गतिविधि है जो व्यवस्था बनाए रखने में अवरोधक है।

अप्रकार्य—यह वह गतिविधि है जिसके होने न होने से व्यवस्था में कोई अंतर नहीं आता। इस गतिविधि का व्यवस्था के बनाव-बिगाड़ से कोई सरोकार नहीं होता। यदि किसी छात्रावास में विद्यार्थी रात भर जागता है और इस दौरान कई बार चाय व पानी पीता है तो उसकी यह गतिविधि अप्रकार्य है। विद्यार्थी के ऐसा करने से छात्रावास की व्यवस्था में कोई बिगाड़ नहीं आता।

मर्टन के समाजशास्त्र का मुख्य स्त्रोत

समाजशास्त्रीय प्रकार्यवादी सिद्धांत में पूरी तरह स्थिरता आ चुकी होती यदि **दुर्खीम** के बाद सामाजिक मानवशास्त्रियों ने इस सिद्धांत की परंपरा को आगे नहीं बढ़ाया होता। मानवशास्त्रियों में **ब्रानिस्ला मेलिनोवस्की** तथा **रेडक्लिफ ब्राउन** ने प्रकार्यवादी सिद्धांत को 20वीं शताब्दी के प्रारंभ में एक नया आयाम दिया। **मेलिनोवस्की** लंदन निवासी थे। उन्होंने ट्रोब्रियेण्ड टापू के आदिवासियों में क्षेत्रिय कार्य किया था। अपने समय के वे एक प्रतिष्ठित मानवशास्त्री थे। दूसरी ओर **रेडक्लिफ ब्राउन** अमेरीका के मानवशास्त्री थे। इन दोनों मानवशास्त्रियों ने प्रकार्यवादी सिद्धांत को स्पष्ट किया। फिर भी उन्होंने **दुर्खीम** की परंपरा को आगे बढ़ाया। यद्यपि दोनों ही प्रकार्यवादी सिद्धांतवेत्ता थे। आपस में एक

दूसरे से अलग विचारधारा भी रखते थे। **मर्टन** ने इन दोनों मानवशास्त्रियों के प्रकार्यवाद का अध्ययन किया। वे इन दोनों से प्रभावित थे। लेकिन **मर्टन** की कठिनाई दूसरी तरह की थी। **मेलिनोवस्की** और **ब्राउन** दोनों ने ही अपने प्रकार्यवाद को आदिवासियों के क्षेत्रीय कार्य के परिणामस्वरूप विकसित किया था। यूरोप की परिस्थितियां दूसरी थी। यहां गैर आदिवासी क्षेत्र था। औद्योगीकरण और नगरीकरण यूरोप और अमेरीका दोनों महाद्वीपों में परिपक्व हो गया था। ऐसी अवस्था में मानवशास्त्री प्रकार्यवाद इन विकसित देशों पर पूरी तरह लागू नहीं होता था। इस कारण **मर्टन** ने **मेलिनोवस्की** और **ब्राउन** के मानवशास्त्री प्रकार्यवाद की मुख्य अभिधारणाओं को अस्वीकार किया। इन दोनों मानवशास्त्रियों में भिन्नता होते हुए भी उनकी अभिधारणाएं एक समान थी। **मर्टन** सबसे पहले मानवशास्त्रीय तीन अभिधारणाओं को प्रस्तुत करते हैं। इसके बाद उनका खण्डन करते हैं और परिणामस्वरूप प्रकार्यात्मक विश्लेषण के लिए अपने स्वयं का एक मॉडल यानी पैराडाइम रखते हैं। अत: यह मॉडल मानवशास्त्रीय प्रकार्यवाद का समाजशास्त्रीय प्रतिरूप है।

तीन अवधारणाएं

मेलिनोवस्की और **रेडक्लिफ ब्राउन** का यह आग्रह है कि समाज में प्रकार्यात्मक एकता होती है। यह मानवशास्त्रीय पहली अभिधारणा है। दूसरी अभिधारणा सार्वभौमिक प्रकार्यवाद है। और तीसरी अभिधारणा प्रकार्यों को अपरिहार्यता है। वे इस प्रकार है—

(क) प्रकार्यात्मक एकता—मानवशास्त्रीय प्रकार्यवादी सिद्धांत का यह कहना है कि समाज किसी भी तरह का हो, उसकी एकता प्रकार्यों से बनी होती है। मनुष्य के किसी भी व्यवहार, बर्ताव या लोकाचार का प्रकार्य यह है कि वह संपूर्ण सामाजिक जीवन को चलाने में अपना कोई न कोई निश्चित योगदान करता है। इसका मतलब यह हुआ कि सामाजिक जीवन को चलाने में अपना कोई न कोई निश्चित योगदान करता है। इसका मतलब यह हुआ कि सामाजिक व्यवस्था में एक निश्चित प्रकार की एकता होती है। और इसी को हम प्रकार्यात्मक एकता कहते हैं। यह दशा है जिसमें सामाजिक व्यवस्था के सभी भाग मिलजुल कर कार्य करते हैं। और इस प्रकार पर्याप्त सीमा तक व्यवस्था में आंतरिक सजातीयता बनी रहती है। इनमें किसी तरह का परस्पर संघर्ष नहीं होता।

(ख) सार्वभौमिक प्रकार्यवाद—मेलिनोवस्की का कहना है कि समाज के सभी सामाजिक और सांस्कृतिक प्रसंग समाज के लिए एक निश्चित सकारात्मक प्रकार्य है। सामाजिक-सांस्कृतिक आदर्श संसार भर के सभी समाजों में किसी न किसी रूप में अवश्य पाए जाते हैं।

(ग) प्रकार्यों की अपरिहार्यता—मानवशास्त्रियों का तर्क है कि यदि कोई सामाजिक-धार्मिक या सांस्कृतिक रीति-रिवाज किसी समाज में विद्यमान है तो इसका यह अर्थ निकला कि इस प्रथा यानी प्रकार्य के बिना समाज की आवश्यकताओं की पूर्ति नहीं हो सकती । जब तक कोई एक प्रथा समाज में प्रचलित है तो निश्चित रूप से यह समाज की आवश्यकताओं को पूरा करती है एक समय था जब पारसी थियेटर हमारे देश में चरम उत्कर्ष पर था, जब चलचित्र आया तो उसने पारसी थियेटर का स्थान ले लिया। अर्थात पारसी थियेटर का प्रकार्य अब नहीं रहा, समाज को उसकी जरूरत नहीं। इस तरह मानवशास्त्रीय प्रकार्यवादियों का इस अभिधारणा में यह तर्क है कि प्रकार्य तब तक समाज में अपना अस्तित्व बनाए रखते हैं जब तक वे समाज की आवश्यकताओं को पूरा करते रहते हैं। **मर्टन** में मानवशास्त्रीय प्रकार्यवाद की उपरोक्त तीनों अभिधारणाओं को विश्लेषण किया है। वे कहते हैं कि समाज की बदली हुई परिस्थितियों में मानवशास्त्रीय प्रकार्यवाद अधूरा है। यदि आज कहीं **मेलिनोवस्की** और **ब्राउन** दूसरा जन्म लें और पुन: क्षेत्रीय कार्य करें तो वे चौंक जाएंगे कि उनको आदिवासी अफ्रीका और आस्ट्रेलिया के—आधुनिकीकरण के दौर से गुजर रहें हैं कुछ आदिवासी समूह तो पूर्व आधुनिकता के दरवाजे को खटखटा रहे हैं यह सब देखकर **मर्टन** ने **दुर्खीम, रेडक्लिफ ब्रांउन** और **मेलिनोवस्की** के प्रकार्यात्मक सिद्धांत में आमूल चूल परिवर्तन कर दिया। उनका विकल्प प्रकार्यात्मक पेराडाइम है। **मर्टन** कहते है कि प्रकार्यवाद का अनुसंधानकर्ताओं ने मनमाना प्रयोग किया है। ऐसा करने में इस सिद्धांत का उपयोग कम और दुरूपयोग अधिक हुआ है। इससे बचने के लिए वे संपूर्ण प्रकार्यवादी विचारधारा को पेराडाइम में रखते हैं। **मर्टन** का यह कार्य समाजशास्त्र में कोई नई बात हो ऐसा नहीं है। **टॉनिज** ने **जेसलशेफ्ट** के प्रारूप को रखा; वेबर ने आदर्श प्रारूप को रखा और इसी तर्ज पर **मर्टन** ने प्रकार्यात्मक पेराडाइम को रखा। वे ऐनोमी की अवधारणा को भी एक आदर्श प्रारूप के रूप में रखते हैं। इस प्रारूप का वे कोई भी नामकरण कर दें जैसे कि प्रकार्यात्मक विश्लेषण का पेराडाइम और अनुकूलन की विधि लेकिन वस्तुत: वह आदर्श प्रारूप ही है।

पैराडाइम का विस्तृत स्वरूप

मर्टन का कहना है कि यदि हम दुनियां भर के समाजों में किसी एक समाज का अध्ययन करना चाहते हैं। तो प्रकार्यात्मक पेराडाइम का प्रयोग किया जा सकता है। यह पेराडाइम तो सांचा है एक प्रकार का मोल्ड है, जब हम किसी घटना या गतिविधि का अध्ययन करते हैं तो इसको लागू किया जा सकता है यह तो एक

विधि है जिसका प्रयोग समाज के अध्ययन में किया जा सकता है। **मर्टन** ने अपने इस पेराडाइम में ग्यारह आइटम या पद रखे हैं। यह कुछ इस तरह है जैसे **पारसंस** ने पेटर्न वेरायबल में पांच विकल्प रखे हैं **मर्टन** के हिसाब से ये आइटम ग्यारह से बारह नहीं हो सकते और न दस हो सकते हैं उन्होंने इस तरह से जांच पड़ताल करके, पूरी संभावनाओं को देख करके आइटम दिए हैं। आइटम या पद इस प्रकार हैं :

(क) वे मद जिनके प्रकार्यों की पहचान करनी है—अनुसंधानकर्ता के लिए सबसे पहली आवश्यकता यह है कि वह उन आदर्श सामाजिक-सांस्कृतिक मदों या आइटम को पहचाने जिनका वह प्रकार्यत्मक अध्ययन करना चाहता है जैसे भारतीय गांव के अध्ययन में अनुसंधानकर्ता को पहले यह पहचान करनी होगी कि गांव के अगणित तत्वों जैसे विकास, अर्थव्यवस्था, गरीबी, बेरोजगारी, परिवार और राजनीति आदि में से किन मदों का अध्ययन करना है। जब मदों की पहचान पूरी हो जाती है तब पेराडाइम के अन्य आइटम अठाए जाते हैं।

(ख) अध्ययन से संबंधित उद्देश्य और प्रेरणाएं—जब व्यक्ति किसी एक मद को अपने अध्ययन के लिए पहचान लेता है। तो उसके सामने यह तय करना होता है कि वह अमुक मद का अध्ययन क्यों करना चाहता है। इस अध्ययन के पीछे उसके क्या उद्देश्य हैं। इन प्रश्नों का उत्तर व्यवस्था के उद्देश्यों को निश्चित करने में होता है। जैसे यदि राजनीति और अपराध के गठबंधन को वह अपने अध्ययन का विषय बनाता है। तो उसने इसके पीछे जो उद्देश्य है उसे स्पष्ट करना होगा।

(ग) मद के प्रकार्य किस भांति व्यवस्था को बनाए रखते हैं ? किसी भी प्रकार्यात्मक विश्लेषण में इस तथ्य की खोज करनी चाहिए कि जिस विषय का हम अध्ययन कर रहे हैं वह कहां तक अध्ययन क्षेत्र की व्यवस्था को यानी यथास्थिति को बनाये रखने में सहायक है।

कहीं यह मद दुष्प्रकार्य तो नहीं है ? साधारणत: अनुसंधान की प्रवृत्ति यह होती है कि वह किसी भी मद के सकारात्मक प्रकार्यों को ही देखता है। इस प्रवृति के कारण नकारात्मक दुष्प्रकार्य उपेक्षित रह जाते हैं। अत: किसी भी मद को सकारात्मक कार्य को देखते हुए हमें प्रयुक्त अवधारणाओं का प्रकार्य के विविध प्रकारों के संबंध में विश्लेषण करना चाहिए इस तरह के विश्लेषण में कई समस्याएं आती हैं। ऐसे प्रकार्यों के विश्लेषण के लिए **मर्टन** ने कुछ नई प्रकार्यात्मक अवधारणाएं दी हैं। इन्हें हम थोड़ा यहां विस्तार से देखेंगे।

प्रकार्य

प्रकार्य गतिविधि के वे परिणाम हैं जो अपने से संबंध व्यवस्था के साथ अनुकूलन या तालमेल बैठाते हैं।

दुष्प्रकार्य

ये गतिविधियों के वे परिणाम हैं तो अपने से सम्बद्ध व्यवस्था के अनुकूलन नहीं करते। दूसरी ओर इस प्रक्रिया के परिणाम व्यवस्था के लिए हानिकारक एवं विघटनकारी भी होते हैं। **मर्टन** का कहना है कि कई बार ऐसा होता है कि मद के जो जाने-पहचाने प्रकार्य होते हैं वे तो मद पूरा नहीं करते और दूसरी और मद कुछ ऐसे प्रकार्य करते हैं जो व्यवस्था को बनाए रखने में सहायक होते हैं। इस दृष्टि से **मर्टन** ने प्रकार्य के दो वर्ग किए हैं। (क) प्रकट प्रकार्य और (ख) प्रच्छन्न प्रकार्य प्रकट प्रकार्य—**मर्टन** ने प्रकार्य को परिभाषित करने के बाद उन्होंने उसका वर्गीकरण किया है। उनके अनुसार प्रकट प्रकार्य वे निरपेक्ष परिणाम हैं जो व्यवस्था के साथ अपना ताल मेल बैठाते हैं, अनुकूलन करते हैं। इस तरह के परिणाम व्यवस्था द्वारा निर्दिष्ट हैं। इसके अनुसार बच्चे परीक्षा के परिणाम संतोषजनक लाते हैं। परिवार की आय बराबर बढ़ती है। ये परिवार के निर्दिष्ट लक्ष्य हैं और इनकी प्राप्ति के लिए जो कार्य किए जाते हैं वे सब प्रकट प्रकार्य हैं। इस तरह प्रकट प्रकार्य में दो आवश्यक तत्व हैं। पहला तो यह कि परिवार के सदस्य परिवार की खुशहाली के लिए काम करते हैं और दूसरा यह कि जिस कार्य को वे करते हैं उनसे निर्दिष्ट लक्ष्यों की प्राप्ति होती है।

प्रच्छन्न प्रकार्य—कुछ ऐसे लक्ष्य हैं जिन्हें व्यवस्था ने निर्दिष्ट नहीं किया होता है। कुछ संयोग ऐसा बनता है कि व्यवस्था अनिर्दिष्ट परिणामों को पाती है। ये परिणाम व्यवस्था को स्वीकार भी नहीं होते। **मर्टन** इन परिणामों को प्रच्छन्न प्रकार्य कहते हैं। ऐसे प्रकार्यों की दो विशेषताएं होती हैं। पहली विशेषता तो यह कि ये कार्य निर्दिष्ट नहीं होते। और दूसरा यह कि इन प्रकार्यों के जो परिणाम होते हैं वे व्यवस्था को भी स्वीकार नहीं होते। जैसे राम की शोभा यात्रा में निर्दिष्ट प्रकार्य तो राम के प्रति श्रद्धा और उपासना को अर्पित करना होता है; लेकिन इस शोभा यात्रा में जब किसी कारण दंगा हो जाता है। पुलिस की गोली चलती है तो यह प्रच्छन्न प्रकार्य है। शोभा यात्रा का निर्दिष्ट खून-खराबा और हिंसा नहीं था।

मर्टन का प्रकार्य का यह वर्गीकरण मानवशास्त्रियों के प्रकार्यवाद का बहुत बड़ा संशोधन है। स्वयं **दुर्खीम** ने भी प्रकार्य को इस दृष्टि से नहीं देखा **पारसंस** अपने व्यवस्था सिद्धांत में बराबर एकीकरण और यथास्थिति की चर्चा करते हैं। लेकिन वे यह नहीं बताते कि यदि कर्ता व्यवस्था की यथास्थिति को बिगाड़ दे तब क्या होगा। **मर्टन** ने इस संभावना को देखा है और इसी कारण

वे प्रच्छन्न प्रकार्य को भी अपने प्रकार्यात्मक विश्लेषण का अंग बनाते हैं।

(घ) उन इकाइयों की पहचान जिनके मद प्रकार्यात्मक हैं: यह मानकर चलना भ्रमपूर्ण होगा कि किसी भी मद के लिए सभी गतिविधियां प्रकार्यात्मक होगी। सामाजिक व्यवस्था में कई इकाईयां होती हैं। उदाहरण के लिए परिवार की व्यवस्था में पति-पत्नी संबंध, माता-पिता-संतान संबंध, परिवार और नातेदारी संबंध, ऐसी अगणित इकाईयां होती हैं। कोई भी प्रकार्य जो एक इकाई के लिए सकारात्मक होता है वही इस व्यवस्था में अन्य इकाइयों के लिए नकारात्मक बन जाता है। जैसे परिवार में पत्नी नौकरी धंधा करके परिवार की आय में वृद्धि करती है। इसका सकारात्मक प्रकार्य यह है कि परिवार का जीवन-स्तर ऊंचा उठ जाता है, लेकिन नकारात्मक दृष्टि से संतान इकाई पर्याप्त पालन-पोषण से वंचित रह जाती है। यह नकारात्मक प्रकार्य है। अत: प्रकार्यात्मक विश्लेषण में उन इकाइयों की श्रंखला का पता लगाना चाहिए जिनके लिए सकारात्मक कार्य होते हैं।

(च) उन प्रकार्यों की खोज जो व्यवस्था की आवश्यकताओं और पूर्व-आवश्यकताओं को पूरा करते हैं:

किसी भी व्यवस्था की कुछ बुनियादी आवश्यकताएं होती हैं। व्यवस्था इकाईयों का प्रकार्य इन आवश्यकताओं को पूरा करना होता है। ये आवश्यकताएं श्रेणी विभाजन की दृष्टि से दो प्रकार की हैं: कुछ आवश्यकताएं सार्वभौमिक होती है और कुछ विशिष्ट जो दुनियां की किसी भी व्यवस्था में देखी जा सकती है। अत: प्रत्येक मद की पक्रियाएं ऐसी होनी चाहिए जो सार्वजनिक और विशिष्ट दोनों प्रकार की व्यवस्था की आवश्यकताओं को पूरा कर सके। जब हम प्रकार्यत्मक विश्लेषण करते हैं तब हमें यह देखना चाहिए कि किन इकाइयों व मदों के प्रकार्य ऐसे हैं। जो जैविकीय और जीवत रहने की सभी आवश्यकताओं को पूरा करते हैं। ऐसा करने के बाद इन प्रकार्यों को सार्वभौमिक बनाम विशिष्ट प्रकार्यों में वर्गीकृत करना चाहिए।

(छ) वह क्रिया-विधि जिस के माध्यम से प्रकार्य सम्पन्न किए जाते हैं—व्यवस्था की आवश्यकताएं ही व्यवस्था को जीवित रखती हैं। सामान्यतया इन आवश्यकताओं की पूर्ति किसी न किसी क्रिया-विधि द्वारा पूरी की जाती है। विवाह एक व्यवस्था है। इसकी आवश्यकता यौन, प्रजनन और मोक्ष आदि के लिए होती है। इस लक्ष्य की प्राप्ति के लिए कई क्रिया-विधियों को काम में लिया जाता है। विवाह निमंत्रण, मण्डप, पुरोहित, धार्मिक अनुष्ठान, प्रतिभोज आदि इसकी क्रिया विधियां है जिनके माध्यम से विवाह पूर्ण होता है। यदि विश्वविद्यालय को लेवें तो इस व्यवस्था की पूर्व आवश्यकताओं की पूर्ति के लिए, भवन, अध्यापक, प्रयोगशाला आदि होते हैं। व्यवस्था के विभिन्न मदों की प्रक्रियाओं को जानने के अतिरिक्त अनुसंधानकर्ता को इस तथ्य का पता लगाना चाहिए कि किन क्रियाविधियों द्वारा ये प्रकार्य पूरे किये जाते हैं।

(ज) प्रकार्यात्मक विकल्पों की अवधारणा—मर्टन का आग्रह है कि व्यवस्था की कोई भी प्रक्रिया जिसे एक मद पूरा करता है अपरिहार्य नहीं है, बल्कि प्रकार्यों को करने वाले कई अन्य वैकल्पिक मद भी है। इन वैकल्पिक मदों की शिनाख्त की जानी चाहिए। उदाहरण के लिए जब व्यक्ति को अपने शरीर को ढंकने के लिए कपड़ों की आवश्यकता होती है तो उसके सामने कपड़ों के कई विकल्प हैं यह जरूरी नहीं कि वह पेंट-शर्ट ही पहने। वह धोती और जांघिया भी पहन सकता है इसी तरह भोजन करना आवश्यक है लेकिन भोजन के भी कई विकल्प हैं। मतलब यह हुआ कि एक गतिविधि जो निश्चित प्रकार्यों को करती है, उसकी कई वैकल्पिक गतिविधियां हो सकती हैं।

मेलिनोवस्की और **रेडक्लिफ ब्राउन** ने अपने क्षेत्रीय कार्य को आदिवासियों में ही किया था। इन आदिवासियों के सामने प्रकार्यात्मक विकल्प नहीं थे। वे संसार से दूर टापुओं में रहते थे। ऐसी अवस्था में उनके समाज में प्रकार्य अपरिहार्य थे। समाज द्वारा निर्धारित प्रकार्यों को छोड़कर, उनके सामने और कोई विकल्प नहीं था। खाने के लिए मछली थी। पहनने के लिए परंपरागत पोशाक थी। आज तो इस औद्योगिकरण और वैश्वीकरण की दुनियां में खाने और पहनने के अगणित प्रकार्य उपलब्ध हैं। इस दृष्टि से देखा तो वास्तव में **मर्टन** द्वारा दी गई प्रकार्यात्मक विकल्पों की अवधारणा बहुत महत्वपूर्ण है।

(झ) प्रक्रिया के लिए सरंचनात्मक दबाव—अपने पेराडाइम में **मर्टन** ने यह आग्रहपूर्वक कहा है कि व्यवस्था में प्रकार्यात्मक विकल्पों के होते हुए भी कुछ संरचनात्मक दबाव व्यक्ति पर इस तरह के होते हैं कि उसे एक निश्चित प्रकार्य या मद को ही अपनाना पड़ता है। यह संरचना का दबाव है। **मर्टन** जिसे संरचनात्मक दबाव कहते हैं उसे **दुर्खीम** ने सामाजिक तथ्य कहा था। वो कहते हैं कि सामाजिक तथ्य में बाह्यता और दबाव दोनों होते हैं। अत: **मर्टन** का यह मद **दुर्खीम** से प्रभावित है।

(ट) गतिशीलता और परिवर्तन—प्रकार्यात्मक सिद्धांत पर यह आरोप लगाया जाता है कि उसमें ठहराव या गतिहीनता है। इस आरोप के खण्डन में **मर्टन** ने प्रगतिशीलता और परिवर्तन के मद को रखा है। उनका कहना है कि यदि प्रकार्यों में गतिशीलता न हो तो व्यवस्था का साम्यानुकूलन बिगड़ जाएगा।

(ठ) प्रकार्यात्मक मान्यताओं और आवश्यकताओं की

पूर्ति का युक्तियुक्त प्रमाणीकरण—मर्टन ने अपने पेराडाइम में इस तथ्य को बराबर दोहराया है कि किसी भी मद के प्रकार्य ऐसे होने चाहिए जो इस बात को प्रमाणित करें कि व्यवस्था की आवश्यकताओं की पूर्ति इनके प्रकार्यों के संपादन द्वारा होती है।

(ड) प्रकार्यात्मक विश्लेषण से जुड़ी वैचारिक समस्याएं—मर्टन दृढ़तापूर्वक कहते हैं कि प्रकार्यात्मक विश्लेषण में कोई आर्थिक या राजनैतिक विचारधारा निहित नहीं है। लेकिन इसका मतलब नहीं है कि प्रकार्यात्मक सिद्धांत एकदम इन तत्वों से रहित है। प्रकार्यात्मक समाजशास्त्री जिस तरह के मूल्यों से प्रेरित होता है। उसी आधार पर वह अपना विश्लेषण करता है। प्रत्येक विचारधारा से मुक्त है, दोषपूर्ण है, क्योंकि विचारधारा का विकल्प तो प्रकार्यवादी समाजशास्त्री पर निर्भर होता है।

पेराडाइम की उपयोगिता—मर्टन का मूल्यांकन **मर्टन** पर जब हमने इस अध्याय में लिखना प्रारंभ किया तभी हमने यह आग्रहपूर्वक कहा है कि **मर्टन** ने अपने जीवन पर्यंत प्रकार्यवाद पर लिखा है। मुख्य रूप से उनकी सोच प्रकार्यवादी रही है। प्रकार्यवाद और कुछ न होकर एक भाग का दूसरे भाग से और संपूर्ण संरचना से संबंध होता है। संरचना के आनुभविक आंकड़ों के विश्लेषण के लिए उन्होंने पेराडाइम रखा है। ग्यारह आइटम देकर उन्होंने पेराडाइम को कस दिया है। यह **मर्टन** की बहुत बड़ी उपलब्धि है। यह पेराडाइम ही उन्हें **दुर्खीम** और **पारसंस** से ऊपर उठा देती है। इस पेराडाइम में उनका (क) प्रकट और प्रच्छन्न प्रकार्य और (ख) प्रकार्यात्मक विकल्पों का समावेश समाजशास्त्रीय प्रकार्यवाद को एक सिद्धांत का दर्जा दे देता है। लेकिन जैसे कि कोई भी सिद्धांत कभी भी अपने आप में पूर्ण नहीं होता, वह तो बराबर निर्माण की प्रक्रिया में चलता है, वैसे ही प्रकार्यवाद की आलोचना भी हुई है।

आलोचना

(क) पुनरुक्ति—मर्टन की विशेष करके और समान्य रूप से प्रकार्यवाद की यह बराबर आलोचना की जाती है। कि इसमें कई तथ्यों को बार-बार थोड़े बहुत हेर-फेर के साथ काम में लिया गया है। उदाहरण के लिए उनके पेराडाइम में आईटम और अवधारणा पदों की भरमार है। घुमा फिराकर एक ही बात बार-बार कही जाती है। अत: इसमें पुनरूक्ति दोष है। मात्र पदों की लफ्फाजी किसी निश्चित निष्कर्ष की ओर नहीं ले जाती। इस पुनरूक्ति का दूसरा कारण यह है कि **मर्टन** प्रभाव को ही कारण मानते हैं।

(ख) प्राक्कल्पनाओं की जांच कठिन—पी.एस. कोहल ने **मर्टन** के प्रकार्यवाद की आलोचना कतिपय तार्किक बिंदुओं पर की है। उनका निष्कर्ष है कि **मर्टन** ने जिस प्रकार्यवादी प्राक्कल्पनाओं को रखा है, उन्हें प्रमाणित करने का कार्य आसान नहीं है। यह सत्य है कि प्राक्कल्पनाओं की जांच के पर्याप्त आनुभाविक प्रमाण तो हैं लेकिन निगमन के नियम अस्पष्ट है।

(ग) तुलना व सामान्यीकरण का अभाव—प्रकार्यात्मक विश्लेषण के पेराडाइम में तुलना व सामान्यीकरण की भूमिका को निश्चित नहीं किया गया है। प्रकार्यवाद का तो एक सीधा उपागम है कि वह प्रत्येक मद को संपूर्ण समाज के संदर्भ में देखता है। अत: इस तरह के संदर्भ में तुलना और सामान्यीकरण के लिए स्थान नहीं है। यहां मद ही विशिष्ट हो जाता है।

(घ) प्रकार्यवादी सिद्धांत, सिद्धांत हैं या विधि—विशेषकर **मर्टन** और सामान्यता प्रकार्यवादियों की इस आधार पर आलोचना की जाती है कि वे प्रकार्यवाद को किस रूप में स्थापित करना चाहते हैं: विधि के रूप में या सिद्धांत के रूप में। दूसरे शब्दों में जब हम इसे मॉडल मानते हैं तो **टर्नर** के शब्दों में मॉडल कभी भी किसी भी अर्थ में सिद्धांत नहीं हो सकता। **होमन्स** ने भी इसी तर्क को रखा है और वे निश्चित शब्दों में कहते हैं कि प्रकार्यवाद सिद्धांत नहीं है। **कोपलर** इस विवाद में और आगे बढ़ते हैं और अपनी टिप्पणी करते हुए कहते हैं कि प्रकार्यात्मक सिद्धांत मात्र अध्ययन की एक विधि है, केवल अध्ययन का तर्क है।

(च) यह कैसे है कि मर्टन का प्रकार्यवाद न तो रूढ़िवादी है और न ही क्रांतिकारी ? जब **मर्टन** अपने पेराडाइम में प्रकट और प्रच्छन्न कार्यों की चर्चा करते हुए कहते हैं कि प्रकार्यवाद पर रुढ़िवादी और क्रांतिकारी होने का आरोप है। **मर्टन** के इस तर्क की **गुल्डनर** ने कटु आलोचना की है। स्वयं **मर्टन** इस तरह के आलोचना के रूबरू होते हैं और अपना बचाव पक्ष रखते हुए विस्तारपूर्वक यह बताते हैं कि प्रकार्यवाद और मार्क्सवाद में एक विशिष्ट गठजोड़ है। एक तरह से **मर्टन** के अनुसार मार्क्सवाद और प्रकार्यवाद एक ही सिक्के के दो पहलू हैं। अत: प्रकार्यवाद को क्रांतिकारी कहने में **मर्टन** को कोई हिचक नहीं है। यदि **मर्टन** के तर्क को थोड़ी गहराई से देखें तो लगेगा कि जब प्रकार्यवाद मार्क्सवादी या क्रांतिकारी है तो वह रूढ़िवादी कैसे हो सकता है। **गुल्डनर** कहते हैं कि **मर्टन** ने प्रकार्यवाद को जो बचाव पक्ष में रखा है वह रूढ़िवादी और क्रांतिकारी पक्ष में कमजोर नींव पर है।

विसंगति

समाजशास्त्र की विद्या में जहां **मर्टन** का योगदान प्रकार्यवाद और मध्यस्तरीय सिद्धांत के क्षेत्र में है। वहीं उन्हें विसंगति की अवधारणा के लिए भी याद किया जाता है। **दुर्खीम** ने अपनी पुस्तक आत्महत्या में **एनोमीक** आत्महत्या का वर्गीकरण दिया है। **मर्टन** ने **एनोमी** का संबंध विचलन के साथ जुड़ा है। जब **मर्टन** विचलन के सिद्धांत को विकसित करते हैं तब इसके विश्लेषण के कारकों में विसंगति यानी **एनोमी** की चर्चा भी करते हैं। **दुर्खीम**

व **मर्टन** की **एनोमी** की अवधारणा के प्रयोग में अंतर है। **दुर्खीम** की **एनोमी** की सामान्य परिभाषा में यह वह स्थिति है जिसमें व्यक्ति पर सामाजिक नियंत्रण का अभाव हो जाता है। इसका यह अर्थ हुआ किजब व्यक्ति पर समाज का नियंत्रण कम हो जाता है तब वह आत्महत्या कर लेता है। **मर्टन एनोमी** को कुछ भिन्न तरह से देखते हैं। उनके अनुसार जब सांस्कृतिक लक्ष्यों को प्राप्त करने के लिए वैध साधनों में निरंतरता नहीं रहती यानी दोनों में अंतर बढ़ जाता है। तो यह **एनोमी** की स्थिति है।

मर्टन ने औद्योगिक समाज में व्यक्ति के अनुकूलन की समस्या उठाई है। आज का औद्योगिक समाज तीव्र गति से बदल रहा है। ऐसी अवस्था में व्यक्ति के लिए यह आवश्यक हो जाता है कि वह अपने व्यवहार को समाज के साथ जोड़कर चलें। व्यक्ति जब किसी व्यवहार को करता है तो उसे अपने निकट के समूह को देखना पड़ता है। यह अनुकूलन दो स्तरों पर होता है।

(क) समाज या समूह के सांस्कृतिक लक्ष्य या साध्य

(ख) संस्थागत साधन।

सांस्कृतिक लक्ष्य और प्रतिष्ठानिक साधन किसी भी सामाजिक संरचना में कुछ निर्धारित लक्ष्य होते हैं और उन लक्ष्यों को प्राप्त करने के लिए संस्थागत साधन होते हैं। लक्ष्य वे हैं जिन्हें समाज या समूह की संस्कृति वैध समझती है। समाज के कई लक्ष्य हो सकते हैं, लेकिन ये सभी लगभग मिलेजुले होते हैं। इन लक्ष्यों के साथ में कई तरह के मूल्य भी जुड़े होते हैं। सांस्कृतिक लक्ष्य जहां एक और संवेगात्मक होते हैं, वही वे लोगो की महत्वकांक्षाओं को भी बताते हैं। लक्ष्य ऐसे होते हैं जिन्हें सामान्यतया प्राप्त करने का प्रयास समूह के सभी सदस्य करते हैं। समूह के लिए इन लक्ष्यों का सीधा संबंध जैवकीय आवश्यकताओं से बंधा होता है।

किसी जमाने में विश्वविद्यालय ज्ञान के मंदिर समझे जाते थे। आज इस लक्ष्य में बहुत बड़ा अंतर आ गया है। अब विश्वविद्यालय का उद्देश्य कैरियर बनाने का होता है। विद्यार्थी को सभी तरह की प्रतियोगिता में भाग लेने के योग्य बनाया जाता है। ये लक्ष्य है। इसका संस्थागत ढांचा विश्वविद्यालय द्वारा आयोजित अध्यापन, अनुसंधान और एसी ही क्रियाएं हैं। समाज के अन्य क्षेत्रों में भी ऐसे ही लक्ष्य होते हैं। इन्हें प्राप्त करने के लिए संस्थागत ढांचा होता है। जब समूह के सांस्कृतिक मूल्यों यानी साध्यों और संस्थागत साधनों में ताल-मेल बैठ जाता है। तो यह समाज की संतुलन की अवस्था है। वैध साधनों को ताक में रखकर लक्ष्य प्राप्ति की जाती है तो इसका परिणाम, **मर्टन** कहते हैं, विसंगति होती है।

व्यक्तिगत अनुकूलन के प्रकार—सांस्कृतिक लक्ष्य और संस्थागत साधन के विश्लेषण के बाद **मर्टन** अनुकूलन के प्रकारों का उल्लेख करते हैं। वे कहते हैं कि अपने व्यवहार को करते समय व्यक्ति समूह के लक्ष्यों को स्वीकार करता है और साथ ही लक्ष्यों के अनुरूप साधनों को भी अपनाता है। उसके व्यवहार में ऐसा भी हो सकता है कि वह लक्ष्यों को प्राप्त करने का प्रयास तो करे लेकिन समूह द्वारा स्वकृत वैध साधनों को न अपनाएं। व्यवहार के इन विभिन्न प्रतिमान 5 प्रकार के हो सकते हैं। इसे हम निम्न तालिका में देगें। इसमें (+) का चिन्ह व्यक्ति की स्वीकृति को बताता है। जबकि (-) का चिन्ह व्यक्ति की अस्वीकृति को दर्शाता है :

व्यक्तिगत अनुकूलन के विधियों के प्रतिमान

अनुकूलन के तरीके	*सांस्कृतिक लक्ष्य (साध्य)*	*संस्थागत साधन*
(क) अनुरूपता (Conformity)	+	+
(ख) नवाचार (Innovation)	+	–
(ग) विधिवाद (Ritualism)	–	+
(घ) वापसी (Retreatism)	–	–
(च) विद्रोह (Rebellion)	±	±

(क) अनुरूपता (Conformity)

जहां तक समाज में स्थायित्व होता है, किसी तरह के युद्ध या आंतरिक कलह नहीं होते हैं, ऐसे समाज में अनुरूपता अनुकूलन सामान्य रूप से देखने मिलता है। समूह के सदस्य सांस्कृतिक लक्ष्यों और साधनों को समान रूप से मानते हैं।

(ख) नवाचार (Innovation)

यह व्यवहार ऐसा है जिसमें व्यक्ति आधुनिकता और उत्तर-आधुनिकता द्वारा निर्धारित लक्ष्यों को प्राप्त करने के लिये तो भरसक प्रयत्न करता है, लेकिन इनकी प्राप्ति के लिये समाज द्वारा अनुमोदित साधनों को अपर्याप्त समझता है। उसको यह विश्वास हो जाता है कि उपलब्ध वैध साधनों द्वारा वह नव-निर्धारित लक्ष्यों को प्राप्त नहीं कर सकता। अत: उसके लिये यह आवश्यक हो जाता है कि वह लक्ष्यों को प्राप्त करने के लिये नये साधनों की खोज करें। वस्तुत: यह साधनों का नवीनीकरण है, व्यवहार के इस प्रतिमान में मर्हन सांस्कृतिक लक्ष्यों को (+) का चिन्ह देते हैं। यह इसलिये कि वह उपलब्ध साधनों को नहीं मानता। मर्टन इसे नकारात्मक चिन्ह देते हैं। इस व्यवहार की विशेषता यह है कि इसमें व्यक्ति साध्य स्वीकार करता है लेकिन इसे प्राप्त करने के लिए नवाचारों यानी नये साधनों को अपनाता है।

(ग) विधिवाद (Ritualism)

मर्टन कहते हैं कि विधिवाद एक प्रकार की रस्म अदायगी या औपचारिकता है। इन विधियों के पीछे निर्धारित लक्ष्य कौन से हैं,

इन्हें व्यक्ति नहीं जानता है। क्योंकि विधि तो परम्परागत रूप से अपनायी जाती है, ऐसे व्यवहार में व्यक्ति साध्यों या सांस्कृतिक लक्ष्यों के प्रति उदासीन होता है। व्यवहार के इस प्रकार में **मर्टन** ने नकारात्मक चिन्ह (–) दिया है। लेकिन इस व्यवहार में संस्थागत साधनों को पूरी तरह अपनाया जाता है। यहां उन्होंने सकारात्मक (+) चिन्ह दिया है।

(घ) वापसी (Retreat)

यह व्यवहार का वह प्रकार है जिसमें व्यक्ति न तो साध्य को स्वीकार करता है और न इन्हें प्राप्त करने के लिये वैध संस्थागत साधनों को मानता है। जिन परिवारों को हम विघटित मानते हैं उनमें माता-पिता और बच्चों में परिवार के लक्ष्यों व साधनों के प्रति कोई रूझान नहीं होता। यह व्यवहार वापसी की श्रेणी में आता है। ऐसे व्यक्ति अपने समूह के लक्ष्यों और उनके साधनों दोनों से वापस मुड़ जाते हैं। व्यवहार के इन दोनों प्रकारों को **मर्टन** ने नकारात्मक (–) चिन्ह दिया है।

(च) विद्रोह (Rebel)

व्यक्ति के व्यवहार के उपरोक्त विश्लेषण से यह स्पष्ट हो जाता है कि जब सांस्कृतिक लक्ष्यों और संस्थागत साधनों में संघर्ष हो जाता है तो **मर्टन** के अनुसार यह ऐनोमी यानी विसंगति की अवस्था है। जब व्यक्ति साध्य व साधन दोनों को ही नहीं मानता, दोनों के प्रति विद्रोह करता है। तब वह अपने समूह से कटकर नया समूह बना लेता है। इसी कारण अनुकूलन की इस विधि में **मर्टन** ने सकारात्मक (+) और नकारात्मक (-) दोनों चिन्हों को दिया है। एक तरफ तो व्यक्ति सांस्कृतिक लक्ष्यों की उपेक्षा करता है, और संस्थागत साधनों को ठुकराता है, वहीं दूसरी और वह नये लक्ष्य बनाता है। और इन्हें प्राप्त करने के लिए नये साधन निर्धारित करता है। हमारे देश में नक्सलवादी समूह का व्यवहार इसी प्रतिमान में आता है।

मर्टन ने वेबर और पारसंस की तरह मॉडल बनाने की परम्परा को जारी रखा है। वे अनुकूलन की विधियों का विवरण इसी मॉडल द्वारा देते हैं। दूसरे शब्दों में यह मॉडल एक प्रकार का पेराडाइम है जिसे प्रकार्यात्मक अध्ययन के लिये काम में लिया जा सकता है। **मर्टन** की विसंगति यह अवधारणा भारत और एशिया के देशों पर, जो विकासशील हैं, लागू होता है। आज इन देशों में समाज के परम्परागत मूल्य, सभ्यता की विरासत और सांस्कृतिक आचार-संहिता तीव्रतम परिवर्तन के दौर में है। इधर जो नये मूल्य सामने आये हैं, उनका भी विवेकपूर्ण अनुकूलन नहीं हो रहा है। **होमन्स** ने अमेरिका के समाज के बारे में जो यह कहा था कि यह कूड़े का ऐसा ढेर है जहां व्यक्ति दूसरे व्यक्तियों से कटा हुआ है, हमारे देश पर भी लागू होता है। इस संदर्भ में **मर्टन** की एनोमी की अवधारणा अत्यधिक महत्वपूर्ण है।

संदर्भ समूह का सिद्धान्त

संदर्भ समूह का सिद्धान्त वस्तुतः सामाजिक परिवर्तन का सिद्धान्त है। हमारे देश में **वाई.वी. दामले** ने संदर्भ समूह सिद्धांत को सामाजिक परिवर्त्तन के अध्ययन में लागू किया था। उन्होंने तर्क दिया कि सांस्कृतिकरण और पाश्चात्यकरण परिवर्तन को जाति व्यवस्था के आधार पर देखते हैं। ऐसी स्थिति में उनका दायरा सीमित है। इसकी तुलना में संदर्भ समूह सिद्धान्त अधिक व्यापक है। इसे सम्पूर्ण समाज में होने वाले परिवर्तन के अध्ययन पर लागू किया जा सकता है। **मर्टन** ने जब इस सिद्धान्त को प्रतिपादित किया वे **स्टाऊफर** की पुस्तक *दि अमेरीकन सोल्जर* से अत्यधिक प्रभावित थे। **सूचमेन** और अन्य समाजशास्त्रियों ने भी आनुभाविक सामग्री के आधार पर संदर्भ समूह सिद्धांत की चर्चा अप्रत्यक्ष रूप से की है। **मर्टन** तो आनुभाविक सामग्री के आधार पर ही प्रस्तावित किया था। *दि अमेरिकन सोल्जर* इसलिये महत्वपूर्ण पुस्तक है कि इसका निष्कर्ष बड़ा दूरगामी है। **स्फाऊफर** बताते हैं कि सेना के जवान अपने से ऊपर के सोपान के अधिकारियों को आदर्श मानकर चलते हैं। **मर्टन** का संदर्भ समूह सिद्धान्त **स्टाऊफर** की आनुभाविक सामग्री के आधार पर बना है। **मर्टन** कहते हैं कि जब कभी कोई व्यक्ति दूसरे व्यक्तियों या समूहों के साथ अन्त:क्रिया करता है तो ये क्रियाएं शून्य में नहीं होतीं। क्रियाओं को घेरे हुए एक प्रकार से सम्पूर्ण सामाजिक-सांस्कृतिक पर्यावरण होता है। बिना किसी संदर्भ के न तो क्रियाएं हो सकती हैं, न ही उन्हें समझा जा सकता है। व्यक्तियों के इर्द-गिर्द जो सामाजिक पर्यावरण होता है, समूह होते हैं। उनमें से कुछ का व्यक्ति सदस्य होता है और कुछ का नहीं।

मर्टन से संदर्भ में समूह का विस्तृत व्याख्या की है। उनका कहना है कि किसी एक समूह का सदस्य होकर व्यक्ति दूसरे समूह में रहने की अभिलाषा करता है उस समूह का या उनके सदस्यों के व्यवहारों का अनुकरण करता है तो यह उसका संदर्भ समूह व्यवहार है। व्यक्ति को ऐसा लगता है कि जिस वर्ग या समूह का वह सदस्य नहीं होता उसमें कुछ ऐसी अच्छाइयां दिखाई देती हैं जो उसके समूह में नहीं होतीं, वह दूसरे समूह के मानक व मूल्यों का अपना लेता है। यह वह स्थिति है जिसमें वह और गैर सदस्य समूह के संदर्भ को अपने व्यवहार का आधार बनाता है। **मर्टन** ने संदर्भ समूह की परिभाषा इस भांति दी है :

सामान्यतः संदर्भ समूह सिद्धान्त का उद्देश्य मूल्यांकन तथा आलोचना की उन क्रियाओं के निर्धारकों को व्यवस्थित करना है

जिनके द्वारा व्यक्ति दूसरे व्यक्तियों या समूहों के मूल्यों या मानदण्डों का तुलनात्मक संदर्भ के रूप में स्वीकार या ग्रहण करता है।

संदर्भ समूह सिद्धान्त के तत्व

संदर्भ समूह की अवधारणा पर पिछले कुछ दशकों में काफी अनुसंधान कार्य हुआ है। इसके परिणामस्वरूप इस सिद्धान्त से जुड़ी हुई कुछ अवधारणाएं स्पष्ट हुई। उदाहरण के लिये **टर्नर** ने यह कहा है कि यद्यपि आज समाजशास्त्रीय सिद्धान्तों के भण्डार में संदर्भ समूह का एक निश्चित नाम हो गया है, फिर भी यह नाम मिथ्या है। इसका कारण यह है कि यह अवधारणा केवल समूहों पर ही लागू नहीं होता, व्यक्तियों पर भी लागू होती है। जिस तरह संदर्भ समूह होते हैं, ठीक उसी तरह संदर्भ व्यक्ति भी हो सकते हैं। **मर्टन** ने संदर्भ समूह की अवधारणा के दो केन्द्रीय लक्षण बताये हैं। पहला लक्षण तो यह कि एक व्यक्ति द्वारा दूसरे व्यक्तियों या समूहों के मूल्यों को ग्रहण करना, और दूसरा संदर्भ समूह का महत्व इसी में है कि यह तुलनात्मक अध्ययन में सहायक होता है।

मर्टन जब व्यक्तियों के किसी जोड़ को समूह कहते है तो उनका मतलब ऐसे समूह से है जिसके सदस्य स्थापित प्रतिमानों द्वारा परस्पर अन्त: क्रिया करते हैं। इसे कई बार लोगों के सामाजिक सम्बन्धों के रूप में माना जाता है। ये सामाजिक सम्बन्ध निश्चित व स्थापित मानक व मूल्यों की परिधि में होते हैं। जब व्यक्ति समूहों में अन्त:क्रिया करते हैं तो अप्रत्यक्ष रूप से वे यह मानकर चलते हैं कि जिस समूह में अन्त:क्रिया होती है उस समूह का सदस्य होने के नाते सामान्य व्यवहार के प्रतिमानों से परिचित होते हैं। गैर सदस्य अपने व्यवहार व अन्त:क्रिया में समूहों के अन्य सदस्यों के भिन्न होते हैं। गैर सदस्यों की परिभाषा यही हो सकती है कि कोई भी व्यक्ति गैर सदस्यता के जो नियम–उपनियम हो सकते हैं। उनसे मुक्त होते है। गैर सदस्य की यह अभिलाषा हो सकती है कि वह इस समूह की सदस्यता को ग्रहण करें। यह संभावना है कि दूसरा समूह गैर सदस्य को अपनाने के लिये तैयार न हो। **टर्नर ने मर्टन** के संदर्भ समूह के निम्न तत्व बताये हैं :

(क) यह संभावना बराबर बनी रहती है कि समूह का सदस्य संदर्भ समूह के सम्पर्क में आये।

(ख) यह भी संभव है कि वैकल्पिक समूह के सदस्यों के प्रति असंतोष उत्पन्न हो,

(ग) सदस्य की यह भी उपेक्षा होती है कि वह जिस गैर समूह का सदस्य बनना चाहता है उससे उसे कुछ लाभ भी मिले, और

(घ) गैर समूह की जीवन पद्धति को अपनाना संभव हो।

ये कुछ समस्याएं अवधारणात्मक है और सैद्धान्तिकरण में उनकी खोज की जा सकती है। वास्तव में, **स्टाऊफर** की आनुभाविक सामग्री के बाद समाजशास्त्र में ऐसी पर्याप्त तथ्य सामग्री नहीं आं पायी है जिसके आधार पर संदर्भ समूह के सिद्धान्त को अधिक विश्वसनीय बनाया जा सके। संदर्भ समूह, यह आग्रहपूर्वक कहा जाना चाहिये कि वस्तुत: प्रकार्यात्मक सिद्धान्त एक अंग मात्रा है। **मर्टन** स्वयं प्रकार्यवादी थे और उन्होंने संदर्भ समूह का प्रयोग सामाजिक परिवर्तन के अध्ययन के लिये किया है।

संदर्भ समूह के प्रकार सकारात्मक तथा नकारात्मक

मर्टन ने जब **स्टाऊफर** की तथ्य सामग्री से संदर्भ समूह सिद्धान्त तो प्रस्तावित किया तब उन्होंने कहा कि ये समूह या तो आदर्श संदर्भ समूह हो सकते है या तुलनात्मक संदर्भ समूह। आदर्श संदर्भ समूह वे समूह है जो अपने सदस्यों के लिये मानक, मूल्य और व्यवहार के प्रतिमान निश्चित करते हैं दूसरी और तुलनात्मक संदर्भ समूह वे हैं जिनको व्यक्ति अपने या दूसरों के व्यवहार का तुलनात्मक आधार मानता है। उदाहरण के लिये ग्रामीण समूह जब शहरी समूह द्वारा निर्धारित व्यवहार के प्रतिमानों से अपने समूह की तुलना करते हैं तो वस्तुत: यह तुलनात्मक मूल्याकंन है।

आदर्श तथा तुलनात्मक संदर्भ समूहों की व्याख्या करते हुए **मर्टन** संदर्भ समूहों को दो भागों में बाटतें है : सकारात्मक और नकारात्मक। समूहों को उनके सकारात्मक और नकारात्मक प्रकार्यों द्वारा समझा जा सकता है। वास्तव में संदर्भ समूह वे है जिनके साथ व्यक्ति अपनी तुलना करता है। इस तुलना का उद्देश्य स्वयं के अनुकूलन के लिये होता है। किसी भी स्थिति में संदर्भ समूह उन समूहों के बराबर नहीं होते जिनका व्यक्ति सदस्य है। यहां महत्वपूर्ण बात यह है कि सदस्य समूह की आलोचना सकारात्मक व नकारात्मक दोनों ही दृष्टियों से कर सकता है। यह कहा जा सकता है कि हमारी राजनीतिक दल एकदम वाहियात है। इसमें सदस्यों का कोई चरित्र नहीं है। यदि हम अमुक पार्टी की तरह स्वयं को संगठित कर लें। तो हमारे लिये चुनाव जीतना आसान होगा। यह सदस्य समूह की नकारात्मक आलोचना है। इसके विपरीत इसकी सकारात्मक आलोचना भी की जा सकती है। दूसरी और, गैर सदस्य समूहों की भी सकारात्मक और नकारात्मक आलोचना हो सकती है।

संदर्भ समूह और भारतीय स्थिति

एक समाजशास्त्रीय विचारक की दृष्टि से **पारसंस** के सैद्धान्तिकरण का प्रभाव अमेरीका, यूरोप और तीसरी दुनिया के देशों पर भी पड़ा है। इस सिद्धान्त की तीसरी दुनिया के लिये प्रासंगिकता अधिक है। विकासशील देशों में सामाजिक परिवर्तन एक महत्वपूर्ण घटना है। इन देशों के समाजों में होने वाले परिवर्तन

के अध्ययन के लिये संदर्भ समूह की अवधारणा को लागू किया गया है। अमेरिका के समाजशास्त्र के **ओवेन लिंच** ऐसे मानवशास्त्री है जिन्होंने अपनी पुस्तक दि पोलिटिक्स ऑफ **अनटचेबिलिटी** यानी अस्पृश्यता की राजनीति के विश्लेषण में संदर्भ समूह सिद्धान्त को काम में लिया है। **लिंच** ने अपने इस अनुसंधान में आगरा के जाटवों (चमार) की अस्पृश्यता का उल्लेख सामाजिक परिवर्तन के संदर्भ में किया है। वे कहते हैं कि उस अध्ययन में सांस्कृतिकरण और पश्चिमीकरण अपर्याप्त है। वे संदर्भ समूह की अवधारणा को अधिक उपयोगी मानते हैं।

संदर्भ समूह सिद्धान्त की प्रकृति प्रकार्यवादी है। इस सिद्धान्त की विदेशों में और भारत में बड़ी आलोचना हुई है। यह कहा जा सकता है कि यह सिद्धान्त अपने विस्तार में बहुत सीमित है। इसका परिवेश समूहों में बंध जाता है। लेकिन समूह जिस समाज या सामाजिक संरचना के अंग है उनका कोई उल्लेख **मर्टन** नहीं करते। जैसा कि प्रकार्यवादियों का दोष है कि वे अपने विश्लेषण में इतिहास की पूरी उपेक्षा करते हैं, वैसे ही संदर्भ समूह में इतिहास को नकारा गया है। जब भारत के संदर्भ में उनके सिद्धान्त को देखते हैं तो यह कहा जाना चाहिये कि भारतीय समाज की कोई भी व्याख्या जो जाति पर ध्यान नहीं देती, कारगर नहीं हो सकती है। **लिंच और दामले** जैसे समाजशास्त्रियों ने भारतीय प्रघटनाओं के विश्लेषण में संदर्भ समूह को लागू किया है। लेकिन इस तरह के विश्लेषण वास्तविकता को समझने में अधिक उपयोगी नहीं है।

बहुविकल्पीय प्रश्न

1. निम्नलिखित में जनतंत्र की कौन सी विशेषताएं हैं?
1. राजनीतिक दल
2. निर्वाचक मंडल
3. स्वतंत्र न्यायपालिका
4. सार्वजनिक वयस्क मताधिकार

निम्नलिखित कूटों से सही उत्तर का चयन कीजिए

A. 1, 2, 3 और 4 B. 1, 2, और 3
C. 1, 2 और 4 D. 1, 3 और 4

2. जनांकिकीय संक्रमण से सिद्धांत में धीमी मृत्यु एवम् धीमी जन्मदरों की अवस्था को कहा जाता है।

A. पूर्ववर्ती ह्रास अवस्था
B. उच्च संभावित विकास अवस्था
C. संक्रमणशील विकास अवस्था
D. उपरोक्त में से कोई नहीं

3. निम्न में से किसमें विश्वास व्यवस्था की शक्ति निहित है?

A. कर्मकाण्ड B. धर्मकर्म
C. शिष्टाचार D. स्वीकारोक्ति

4. सांस्कृतिक प्रतिस्थापन निम्न में से कौन सी प्रक्रिया है?

A. सांस्कृतिक निर्धारणवाद B. सांस्कृतिक परिवर्तन
C. सांस्कृतिक विकल्प D. सांस्कृतिक सापेक्षता

5. संस्कृति की परिभाषा इस प्रकार से किसने की है ''संस्कृति आवश्यक रूप से मानवीय आवश्यकताओं का प्रतिपादन है।''

A. आर रेड फील्ड B. आर. लिंटन
C. वी. मैलिनोवस्की D. आर. ब्राउन

6. संस्कृति की परिभाषा इस प्रकार किसने दी है। संस्कृति आवश्यक रूप से नियमों का संग्रह है।

A. ए.एल. क्रोवर B. ई.वी. टायलर
C. क्लाइड कलकहॉन D. आर. ब्राउन

7. निम्न में से किसने सर्वप्रथम प्राथमिक समूह की अवधारणा को प्रस्तुत किया है।

A. स्टाऊफर B. शैरिफ एण्ज शेरिफ
C. कूले D. मर्टन

8. निम्न में से कौन प्रवैयक्तिक संघर्ष है?

A. अनुकूलन B. प्रतिवाद
C. प्रतियोगिता D. आत्मीकरण

9. भारत सरकार ने जनजातियों के विकास के लिए एकनीति बनाई है। निम्न में से वह नीति कौन सी है?

A. पूर्ण आत्मीकरण B. राष्ट्रीय उद्यान संदर्भ
C. पूर्ण पार्थक्य D. एकीकरण संदर्भ

10. आधुनिकीकरण की अवधारणा का मुख्य आशय है, आर्थिक अभिवृद्धि?

A. सत्य B. असत्य
C. आंशिक सत्य D. ज्ञात नहीं

11. समाजशास्त्र संदर्भों में, आदर्शवादी संदर्भ की उत्पत्ति किस देश से जुड़ी है।

A. अमरीका B. फ्रांस
C. जर्मन D. रूस

12. सामूहिक चेतना की अवधारणा का मुख्य प्रणेता कौन है?

A. दुर्खीम B. पीटर-वर्जर
C. लेवी स्ट्राउस D. गर फिकल

13. सांस्कृतिक विलंबना की अवधारणा का प्रणेता कौन है ?
A. आगबर्न B. एल्फ्रेड शुट्ज
C. मार्क्स D. परेटों

14. दि ह्यमून ग्रुप नामक पुस्तक का लेखक कौन है ?
A. रैल्फ टर्नर B. कारडोमो
C. के. डेविस D. होमान्स

15. भारत में समाजशास्त्र विषय का पठन-पाठन विश्वविद्यालय से पारम्भ हुआ था।
A. मुम्बई विश्वविद्यालय
B. कलकत्ता विश्वविद्यालय
C. मद्रास विश्वविद्यालय
D. लखनऊ विश्वविद्यालय

16. जब किसी समाज के सदस्य संस्थागत साधनों को त्यागकर लक्ष्यों की पूर्ति करते हैं तो इस प्रकार के प्रचलित व्यवहार को कहा जाता है।
A. अनुचलन B. अन्वेषण
C. कर्मकाण्डीय D. पलायन

17. संस्कृतिकरण की प्रक्रिया निम्न में से किस प्रकार के व्यवहार को इंगित करती है।
A. प्राथमिक समूह व्यवहार B. द्वितीयक समूह व्यवहार
C. बाह्य समूह व्यवहार D. संदर्भ समूह व्यवहार

18. निम्न में से कौन सामाजिक तथ्य की विशेषता नहीं है।
A. यह मानव के परे होता है।
B. इसमें बाध्यता होती है।
C. यह सामान्य होती है।
D. यह शक्ति की मनोवैज्ञानिक दशा प्रतिफल होता है।

19. इसमें से कौन सा प्राथमिक समूह है।
A. परिवार B. क्रीड़ा
C. पड़ोस D. सभी

20. किसने इंगित किया था कि नगरीय अभिवृद्धि चक्रीय पथ की अनुगामी होती है।
A. एम.एस.ए. राव B. बर्गेस
C. पार्क D. पी. गिड्स

21. निम्न में से कौन सी जनजीति मध्य प्रदेश में निवास करती है।
A. तोड़ा B. चकमा
C. कादर D. मुरिया

22. भारतीय जनगणना में प्रथम श्रेणी का नगर वह है जहां
A. सरकारी दफ्तरों के मुख्यालय हों
B. बड़े उत्पादन केन्द्र हों
C. जनसंख्या घनत्व 400 प्रतिवर्ग किलोमीटर हो
D. जनसंख्या एक लाख से उपर हो

23. मध्य प्रदेश में महिलाओं की साक्षरता का अनुपात 1991 में क्या है ?
A. 28.80 B. 26.04
C. 14.03 D. 18.02

24. यदि उच्च वर्ग का पुरूष निम्न वर्ग की स्त्री से विवाह करता है तो उस विवाह को कहा जाता है ?
A. राक्षस विवाह B. पैशाच विवाह
C. अनुलोम विवाह D. प्रतिलोम विवाह

25. हिन्दुओं में सगोत्र प्रकार का विवाह क्या है ?
A. नियमानुकूल B. श्रेष्ठ
C. निषिद्ध D. अनिवार्य

26. इंडियन विलेज नामक पुस्तक किसने लिखी है ?
A. ए.सी. दुबे B. हार्वड वेकर
C. आर.के. मर्टन D. इरविग गाफमैन

27. कल्चरल सोशियोलॉजी नामक पुस्तक किसने लिखी है।
A. एच.एस. जॉनसन B. गिलिन एण्ड गिलिन
C. के. डेविस D. इंकलेस

28. विवाह के योग्य लड़की की आयु पन्द्रह वर्ष तथा लड़के की आयु अट्ठारह वर्ष किस अधिनियम में निश्चित की गई थी ?
A. शारदा अधिनियम
B. हिन्दू विवाह अधिनियम, 1955
C. विशेष विवाह अधिनियम, 1954
D. हिन्दू उत्तराधिकारी अधिनियम, 1956

29. निम्न में से यह कथन किसका है कि नगरीयता एक जीवन शैली है।
A. के. डेविस B. पार्क और बर्गेस
C. पी. गिड्स D. एल. विर्थ

30. टोटमवाद के सिद्धान्त के प्रणेता कौन हैं ?
A. आर.के. मर्टन B. टी. पारसंस
C. के. डेविस D. दुर्खीम

31. दुर्खीम पर निम्न जोड़ों में से किस जोड़े के समाजशास्त्रियों का प्रभाव था।
A. एम. मॉस और एस. साइमन
B. जी.एच. मीड और सी.एच. कूले
C. सी. बर्गर और मित्तल
D. ई.वी. टायलर और एल.एच. मार्गन

32. समाजशास्त्र एक ऐसा विज्ञान है जो सामाजिक क्रिया का व्याख्यात्मक बोध का प्रयास करता है। यह विचार किस

समाजशास्त्री का है?

A. पारसंस B. मीड

C. वेबर D. मैकाइवर एवम् पेज

33. नगरीय बस्ती के सकेन्द्री सिद्धान्त का प्रवर्तक कौन था?

A. पाक B. हाइट

C. बर्गेस D. हाउजर

34. निम्नलिखित पर विचार कीजिए?

1. नगर 2. कस्बा

3. ग्राम 4. प्रतिवेश

सामुदायिक जीवन के बढ़ते घनत्व के उपर्युक्त में से कौन-सा वर्धमान अनुक्रम है?

A. 1, 2, 3, 4, 5 B. 3, 4, 1, 2, 5

C. 4, 3, 2, 1, 5 D. 3, 4, 2, 5, 1

35. नगर और ग्राम में सामाजिक नियत्रंण में अंतर है क्योंकि

A. जो अनाम बने रहने की इच्छा रखता है नगर उसको अनामता करता है।

B. ग्रामों में औपचारिक सामाजिक नियंत्रण अनुपस्थित रहते हैं।

C. नगर में प्राथमिक समूहों का सामाजिक नियंत्रण प्रभावपूर्ण होता है।

D. द्वितीयक समूह विशिष्टतापरक उन्मुखता को निष्पादित कर पाते।

36. निम्नलिखित में भारतीय समाज के वै कौन-से आधार हैं जिन पर क्षेत्रीय सीमाकंन किया जाता है?

1. सांस्कृतिक तथा भाषायी कारक
2. ऐतिहासिक तथा प्रशासनीय कारक
3. लोगों की राजनैतिक आकांक्षाएं

निम्नलिखित कूट से सही उत्तर का चयन कीजिए

A. 1, 2 और 3 B. 1 और 2

C. 2 और 3 D. 1 और 3

37. रॉबर्ट रेडीफील्ड द्वारा प्रयोग किए गए लोक-नगरीय विश्लेषण में, निम्नलिखित शब्दों में कौन सा एक विश्वासों तथा मूल्य तथ्य को सही परिभाषित करता है?

A. बृहत परम्परा B. लघु परम्परा

C. सार्वभौमिक परम्परा D. स्थानीय परम्परा

38. उस ग्रामीण क्षेत्र को जो नगर द्वारा घिरा रहता है, कहा जाता है।

A. उपनगरीय B. पृष्ठ प्रदेश

C. नगरीय ग्राम D. गंदी बस्ती

39. ग्रामीण समाज तथा नगरीय समाज में अंतर प्रस्तुत करने के लिए सोरोकिन ने निम्नलिखित में किन मापदण्डों का प्रयोग किया।

1. व्यवसाय 2. जनसंख्या का आकार

3. अंत:क्रिया की व्यवस्था 4. गतिशीलता

5. विषम रूपता

निम्नलिखित कूट से सही उत्तर का चयन कीजिए

A. 1, 2 और 3 B. 2, 3 और 4

C. 3, 4 और 5 D. 1, 2 और 4

40. सूची 1 का सूची 2 के साथ सुमेल कीजिए तथा सूचियों के नीचे दिए गए कूट का उपयोग करते हुए सही उत्तर का चयन कीजिए।

सूची 1 *समाज*	*सूची 2* *(मूल्यों के प्रभावी प्रकार)*
A. लोक	1. मानवतावाद
B. औद्योगिक	2. व्यक्तिवाद
C. सामंत	3. स्वामिभक्ति
D. उत्तर-औद्योगिक	4. साहचर्यवाद
	5. सामूहिकवाद

कूट	A	B	C	D
A.	1	3	2	5
B.	3	4	1	2
C.	5	2	3	4
D.	3	1	5	2

41. 'पोटलक' एक जनजातीय समारोह है जिसमें सम्पत्ति—

A. उपार्जित की जाती है B. प्रदर्शित की जाती है

C. विनष्ट की जाती है D. त्याग दी जाती है

42. सूची 1 के सूची 2 के साथ सुमेलित कीजिए तथा सूचियों के नीचे दिए गए कूट का उपयोग करते हुए सही उत्तर का चयन कीजिए

सूची 1 *(जनजाति)*	*सूची 2* *(राज्य)*
A. गैडीज	1. आंध्र प्रदेश
B. सावरस	2. महाराष्ट्र
C. महादेव कोलिस	3. हिमाचल प्रदेश
D. कामार	4. उड़ीसा
	5. गुजरात

कूट	A	B	C	D
A.	5	4	1	3
B.	4	3	2	1
C.	3	4	2	5
D.	3	4	2	1

43. वे राज्य/केन्द्रशासित क्षेत्र, जिनमें किसी भी समुदाय को अनुसूचित जनजाति घोषित नहीं किया गया हैं,
A. गोआ, गुजरात और उत्तर प्रदेश
B. राजस्थान, त्रिपुरा और पश्चिम बंगाल
C. केरल, तमिलनाडु और महाराष्ट्र
D. हरियाणा, पंजाब और पांडिचेरी

44. निम्नलिखित में कौन-सा एक जनजाति तथा जाति में अंतर करता है।
A. सहपूर्वज से वंशानुक्रम को खोजना
B. अतंर्विवाही नियमों का अनुपालन
C. सामान्य क्षेत्र में जीवन-निर्वाह
D. देहाती क्षेत्रों में जीवन-निर्वाह

45. जनजातीय जीवन में 'गोतुल' प्रतितिधित्व करता है।
A. युवा संगठन B. परम्परावादी नेता का
C. विवाह के स्वरूप का D. क्षेत्रीय देवता का

46. 'प्राच्य स्वेच्छाचारी शासन' मुख्यत: सम्बन्धित है
A. प्राच्य-शासक के वैयक्तिक गुणों से
B. कानून और व्यवस्थआ बनाए रखने के लिए सेना के प्रयोग से
C. कच्चे माल के ऊपर नियंत्रण से
D. जल संसाधनों के ऊपर नियंत्रण से

47. निम्नलिखित कारकों में वे कौन-से हैं जो कृषक समाज से सामाजिक जीवन को संचालित करते हैं?
1. व्यक्ति, न कि नियम
2. नातेदारी न कि औपचारिक संगठन
3. द्वितीयक समूह न कि प्रतिवेश
4. प्राथमिक सामाजिक समूह न कि स्वैच्छिक संगठन
निम्ननिखित कूट से सही उत्तर का चयन कीजिए
A. 1 और 2 B. 1 और 3
C. 3 और 4 D. 2 और 4

48. आधुनिक औद्योगिक व्यवस्था के अध्ययन में मानव सम्बन्ध अभिगमन का केन्द्र बिन्दु क्या है?
A. श्रमिकों का मनोबल
B. लाभ कमाना
C. प्रबंध के हित
D. संघ की शिकायतों का समाधान

49. कोई समाज जितना अधिक आर्थिक रूप से विकसित हो जाता है उतना ही अधिक वह औद्योगिक देशों के अनुरूप बनता जाता है इस स्थापना को संकल्पित किया गया है इस रूप में—
A. सार्वभौमिकरण B. अभिसरण
C. पश्चिमीकरण D. विसरण

50. विसम्बन्धन घटित होने की तब सबसे अधिक संभावना है जब एक व्यक्ति है
A. बैंक क्लर्क B. भूमिरहित मजदूर
C. बुनकर D. समनुक्रम श्रमिक

51. भारत में समाजशास्त्र के जनक का नाम
A. राधा कमल मुखर्जी B. आई.पी. देसाई
C. एम.एन. श्रीवास्तव D. पेट्रिक गिडिस

52. भारत में समाजशास्त्र का सर्वप्रथम अध्यापन प्रारम्भ हुआ।
A. बंबई में B. मद्रास में
C. दिल्ली में D. कलकत्ता में

53. 'कास्ट एण्ड क्लास इन इंडिया' पुस्तक के लेखक का नाम है।
A. इरावती कर्वे B. आई.पी. देसाई
C. जी.एस. धुरिए D. डी.एन. मजूमदार

54. 'इन इंट्रोडक्शन टू रूरल सोशियोलॉजी इन इंडिया' नामक पुस्तक के लेखक है?
A. आई.पी. देसाई B. के.एम. देसाई
C. के.एम. कपाड़िया D. राधा कमल मुखर्जी

55. समाजशास्त्रीय अध्ययन का प्रमुख उद्देश्य है
A. सामाजिक पुनर्निर्माण
B. सामाजिक समस्याओं को हल करना
C. सामाजिक सुधार
D. समाज के प्रचलित रूप का अध्ययन

56. अगस्त काम्टे ने समाजशास्त्र को नाम दिया था
A. सामाजिक भौतिकी B. सामाजिक दर्शनशास्त्र
C. सामाजिक और विज्ञान D. इनमें से कोई नहीं

57. 'समाजशास्त्र का उद्देश्य सामाजिक तथ्यों को वस्तु के समान मानना है'—यह कथन किसका है?
A. गिन्सबर्ग B. दुर्खीम
C. सिमेल D. मैकाइवर

58. 'समाज रीतियां, कार्य विधियों, अधिकारों और पारस्परिक सहायता, अनेक समूहों तथा उसके विभाजनों, मानव व्यवहार के नियत्रणों तथा स्वतंत्रताओं की व्यवस्था है।' यह समाज की परिभाषा किसकी है?
A. मैकाइवर एवम् पेज B. गिन्सबर्ग
C. टी.बी. बोटोमोर D. गिडिंग्ज

59. समाजशास्त्रीय व्याख्या में सामूहिकता पर किसने बल दिया है ?

A. इमाइल दुर्खीम B. कार्ल मार्क्स

C. आरडा हू रेन डोर्फ D. मैक्स वेबर

60. अगस्त काम्टे को उसके योगदान के लिए जाना जाता है।

A. तुलनात्मक विज्ञान B. सकारात्मकवाद

C. आदर्शात्मक D. सांख्यिकी

61. 'मनुष्य एक सामाजिक प्राणी है' यह कथन किसका है ?

A. प्लेटो B. मैकाइवर

C. दुर्खीम D. रूसो

62. स्वरूपात्मक विचारधारा के साथ किसका नाम जुड़ा है ?

A. होब हाउस B. दुर्खीम

C. गिन्सबर्ग D. सिमेल

63. समाजशास्त्र की समन्वयात्मक विचारधारा के साथ किसका नाम जुड़ा है ?

A. मैकाइवर तथा पेज

B. होब हाउस तथा गिडिंग्ज

C. दुर्खीम तथा सोरोकिन

D. उपरोक्त सभी

64. समाजशास्त्र के अध्ययन के सर्वोत्तम उपागम है।

A. साक्षरता B. धार्मिक

C. ऐतिहासिक D. वैज्ञानिक

65. 'समाजशास्त्र एक विज्ञान है'—यह कथन

A. सत्य है B. विवादास्पद है

C. असत्य है D. उपरोक्त सभी

66. 'समाजशास्त्र की निम्नांकित विज्ञानों में से एक के साथ अति निकटता है' बताइए

A. सामाजिक मनोविज्ञान B. अर्थशास्त्र

C. राजनीति विज्ञान D. सामाजिक मानव

67. 'समाज सामाजिक संबंधों का जाल है।' यह कथन किसका है।

A. मैकाइवर तथा पेज B. टी.बी. बोटोमोर

C. ए.आर. देसाई D. के. डेविस

68. 'स्थानीयता तथा सामुदायिक भावना' ये किसके आवश्यक तत्व है ?

A. समाज B. समिति

C. समुदाय D. संस्था

69. संस्था को परिभाषित किया गया है

A. पद्धति के स्थापित स्वरूप के रूप में

B. हम भावना रखने वाले स्वरूप के रूप में

C. एक स्वार्थ समूह के रूप में

D. सांस्कृतिक समूह के रूप में

70. निम्न में से कौन सी जनरूढ़ि है ?

A. विवाह

B. सूर्यास्त के पूर्व भोजन करना

C. संयुक्त परिवार

D. अभिवादन करना

71. 'साक्षात्कार अनुसूची' प्रश्नों की एक सूची है। इसका उत्तर किसके द्वारा साक्षात्कार के दौरान किया जाता है ?

A. साक्षात्कार कर्ता B. सर्वेयर

C. उत्तरदाता D. शोध अध्येता

72. साक्षात्कार प्रदर्शिका का प्रयोग साक्षात्कार के दौरान किसके द्वारा किया जाता है ?

A. साक्षात्कार दाता

B. साक्षात्कार कर्ता

C. अन्य व्यक्ति

D. साक्षात्कार दाता व साक्षात्कार कर्ता दोनों ही

73. शोध पद्धति जो निरक्षरों के अध्ययन के लिए उपर्युक्त नहीं

A. अवलोकन

B. प्रश्नावली

C. अनुसूची का प्रयोग

D. व्यक्तिगत जीवनी का अध्ययन

74. समाजमिति पद्धति उपर्युक्त है

A. संख्यात्मक अध्ययनों में

B. गुणात्मक अध्ययनों में

C. वैयक्तिक अध्ययनों में

D. इन तीनों में

75. जनसंख्या संबंधी अध्ययनों में कौन सी पद्धति अधिक उपयोगी होती है ?

A. ऐतिहासिक B. सांख्यिकीय

C. आगमन D. सामाजिक सर्वेक्षण

76. निम्न में से कौन सा प्राथमिक समूह नहीं है ?

A. परिवार

B. दुर्घटना स्थल पर एकत्रित लोग

C. क्रीड़ा समूह

D. सिनेमा घर में चलचित्र देखने वाले लोग

77. कौन-सा द्वितीयक समूह नहीं है ?

A. राज्य B. श्रम संगठन

C. क्लब D. नगर निगम

78. जाति की उत्पत्ति की व्यावसायिक सिद्धांत का प्रतिपादन किया था
A. रिजले B. नेराफिल्ड
C. हट्टन D. श्रीनिवास

79. 'जाति एक बंद वर्ग है'—यह कथम किसका है।
A. जी.एस. धुरिए B. एन.के. दत्त
C. मजूमदार तथा मदान D. एस.सी. दुबे

80. 'जब एक वर्ग पूर्णतया तथा पैतृकता पर आधारित होता है तो उसे जाति कहते है' यह परिभाषा किसकी है?
A. रिजले B. सी.एच. कूले
C. एस.सी. दुबे D. वाई.वी. दामले

81. 'सोशियल बैंक ग्राउंड ऑफ इंडियन नेशनलिज्म' नामक पुस्तक के लेखक है?
A. ए.आर. देसाई B. एम.एस.ए. राव
C. योगेन्द्र सिंह D. आई.पी. देसाई

82. भीड़ की प्रमुख विशेषता
A. लोगों का इकट्ठा होना
B. एक दूसरे को गाली बकना
C. केन्द्र बिन्दु
D. अफवाहें

83. 'श्रोता समूह एक संस्थागत भीड़ है—' यह परिभाषा किसकी है?
A. किम्बाल यंग B. अकोलकर
C. गिडिंग्ज D. आर.एन. मुखर्जी

84. 'जनता' किसे कहते है?
A. एक समूह
B. लोगों का इकट्ठा होना
C. समान रूचि रखने वाला समूह
D. इनमें सभी

85. समाजशास्त्र में 'प्रकार्य' शब्द का प्रयोग सर्वप्रथम किसने किया था?
A. स्पेन्सर B. दुर्खीम
C. मर्डन D. मैकाइवर तथा पेज

86. निम्नांकित में से कौन सा प्राथमिक समूह है?
A. पाठशाला B. परिवार
C. फैक्टरी D. राजनैतिक दल

87. संयुक्त परिवार के लक्षण हैं
A. सीमित आकार
B. पंरपरा
C. आत्मीयता
D. कम से कम तीन पीढ़ियों का एक साथ रहना

88. संयुक्त परिवार वह है, जिसमें
A. सामान्य निवास एवम् संपत्ति
B. सामान्य पूजा
C. सामान्य पाठशाला
D. इनमें सभी

89. क्षेत्र, जाति विवाह के नियमों पर आधारित नातेदारी का अध्ययन किसने किया है?
A. इरावटी कर्वे B. ए.आर. देसाई
C. के.एम. कापाड़िया D. लीला दुबे

90. 'अंतर्विवाह' किसे कहते हैं?
A. अपने गांव के बाहर के लोगों के साथ विवाह करना
B. अपनी जाति के अन्दर विवाह करना
C. अपने गोत्र के बाहर विवाह करना
D. उपरोक्त में से कोई नहीं

91. एकांकी परिवार में
A. सदस्य संख्या अधिक होती है
B. पति-पत्नी तथा उनके बच्चे होते हैं
C. पति-पत्नी तथा उनके अविवाहित बच्चे होते हैं
D. माता-पिता, पति-पत्नी तथा बच्चे होते हैं

92. 'हिन्दू फैमिलि इन इट्स अरबन सेंटीम्ज नामक पुस्तक' के लेखक का नाम है।
A. मार्गरिट कारमेक B. ए.डी. रॉस
C. मार्गरिट मीट D. नीरा देसाई

93. तारवाड़ पाया जाता है
A. केरल में B. तमिलनाडु में
C. कर्नाटक में D. आंध्र प्रदेश में

94. विशेष विवाह अधिनियम पारित किया गया था
A. 1950 में B. 1954 में
C. 1955 में D. 1956 में

95. भ्राता संबंधी बहुपति विवाह होते हैं
A. भीलों में B. गोर्डो में
C. नायरों में D. यादवों में

96. समाजीकरण की प्रक्रिया समाप्त होती है
A. बचपन में B. युवा अवस्था में
C. अधेड़ अवस्था में D. मृत्युपरांत

97. 'सर्व-दर्पण' का सिद्धांत किसने बताया था?
A. जी.एच. मीड B. सी.एच. कूले
C. ए.डब्ल्यू. ग्रीन D. रेडफील्ड

98. 'परिवार एक समूह है, जो लिंग संबधों पर आधारित है,

इतना छोटा एवम् स्थायी है कि जिसमें बच्चों की उत्पत्ति एवं पालन-पोषण व्यवस्था होती है।' उपरोक्त परिभाषा किसकी है?

A. जॉर्ज समेल B. बोगार्डस

C. मैकाइवर तथा पेज D. गिडिंग्ज

99. समाजीकरण की प्रक्रिया में सर्वाधिक योगदान होता है।

A. शिक्षक का B. परिवार का

C. स्कूल का D. समुदाय का

उत्तरमाला

1	**2**	**3**	**4**	**5**	**6**	**7**	**8**	**9**	**10**
A	C	B	B	C	D	C	C	D	B
11	**12**	**13**	**14**	**15**	**16**	**17**	**18**	**19**	**20**
C	A	A	D	A	A	A	C	D	C
21	**22**	**23**	**24**	**25**	**26**	**27**	**28**	**29**	**30**
D	D	A	C	C	A	B	B	D	A
31	**32**	**33**	**34**	**35**	**36**	**37**	**38**	**39**	**40**
A	C	C	C	C	B	B	D	C	C
41	**42**	**43**	**44**	**45**	**46**	**47**	**48**	**49**	**50**
C	C	C	C	A	D	A	A	A	C
51	**52**	**53**	**54**	**55**	**56**	**57**	**58**	**59**	**60**
A	A	B	C	D	A	C	A	A	C
61	**62**	**63**	**64**	**65**	**66**	**67**	**68**	**69**	**70**
D	D	B	D	C	D	B	B	A	B
71	**72**	**73**	**74**	**75**	**76**	**77**	**78**	**79**	**80**
B	D	C	B	C	D	B	C	B	C
81	**82**	**83**	**84**	**85**	**86**	**87**	**88**	**89**	**90**
A	C	A	C	C	C	D	D	A	B
91	**92**	**93**	**94**	**95**	**96**	**97**	**98**	**99**	
C	B	A	A	B	B	C	C	B	

अध्याय 11

अन्तर्क्रियावाद
(Interactionist)

समाजशास्त्र में अन्तर्क्रियावाद के अन्तर्गत दो उपसिद्धांत आते हैं—(1) सामाजिक क्रिया सिद्धांत और (2) प्रतीकात्मक अन्तर्क्रियावाद—जिसके सिद्धांतकारों में **मैक्स वैबर और विल्फ्रेड पैरेटो एवं जार्न हर्बर्ट मीड और हर्बर्ट ब्लूमर** प्रमुख हैं। सामाजिक क्रिया सिद्धांत में **मैक्स वेबर** की अवधारणा, सामाजिक स्तरीकरण का सिद्धांत और *पूंजीवाद की आत्मा* और *प्रोटेस्टेन्ट आचार* और **पैरेटो** की तार्किक क्रिया सिद्धांत है। प्रतीकात्मक अन्तक्रियावाद में **मीड और ब्लूमर** के सिद्धांत शामिल हैं।

सामाजिक क्रिया सिद्धांत (Social Action Theory)

सामाजिक क्रिया आदर्श प्रारूप का एक प्रकार है। **वेबर** की पीढ़ी के विचारकों के सामने सबसे बड़ी चुनौती समाजशास्त्र को परिभाषित करने की थी। एक ओर **वेबर** की समस्या सामाजिक क्रिया की अवधारणा में तार्किकता को पर्याप्त स्थान देने की थी दूसरी ओर वे व्यक्तिनिष्ठा को भी सामाजिक क्रिया के विश्लेषण में स्थान देना चाहते थे। उनकी यह कोशिश थी कि मनोविज्ञान और समाजशास्त्र एक सूत्र में बंध जाएं। वे इसी सन्दर्भ में समाजशास्त्र की परिभाषा देते हुए कहते हैं सामाजिक क्रिया का अध्ययन ही समाजशास्त्र है। **रेमा एरां** ने **वेबर** के इस प्रयास का विश्लेषण करते हुए कहा है कि समाजशास्त्र सामाजिक क्रिया का वृहद विज्ञान है। इस दृष्टि से **वेबर** ने सामाजिक क्रिया की जो कोटियां बनायी है वे वस्तुतः अमूर्त हैं और अवधारणात्मक व्यवस्था के रूप में उनकी उपयोगिता सामाजिक क्षेत्र में है। स्वयं **वेबर** सामाजिक व्यवहार के संदर्भ में भी यह कह सकते हैं सामाजिक क्रिया का अध्ययन ही समाजशास्त्र है। **वेबर** के शब्दों में—"समाजशास्त्र वह विज्ञान है जिसका उद्देश्य सामाजिक व्यवहार के बारे में निर्वचनात्मक समझ प्राप्त करना है। यह इसलिए कि इस समझ के द्वारा सामाजिक व्यवहार के कारण और इनके प्रभावों का विश्लेषण किया जा सके।"

वास्तविकता यह है कि सामाजिक क्रिया द्वारा हम समष्टि की यर्थाथता का सही अध्ययन कर सकते हैं।

सामाजिक क्रिया तो सही अर्थों में विधिशास्त्र है। स्वयं **वेबर** ने वर्ग, स्थिति, राजनैतिक दल, परिवर्तन, धर्म, अधिकारीतन्त्र और ऐसी ही कई सामाजिक घटनाओं का विश्लेषण सामाजिक क्रिया की विधि द्वारा किया है। **मार्टिन्डेल** (Don Martindale) ने **वेबर** के सामाजिक क्रिया सिद्धांत को सामाजिक व्यवहारवाद की एक शाखा के रूप में स्वीकारा है। **मैक्स वेबर, डिल्थे** (Dilthy) और **रिकर्ट** (Ricker) से अत्यधिक प्रभावित थे। **डिल्थे** एक नवीन आदर्शवादी (New Idealist) थे जबकि **रिकर्ट** नवीन **कांतवादी** (New Kantian)। **रिकर्ट** सामाजिक क्रिया की अवधारणा में **डिल्थे** के विपरीत थे। **कांतवादियों** का कहना है कि विज्ञान का क्षेत्र ऐसा हैं जिसमें प्रघटनाओं का विश्लेषण किया जाता है। और यह बे मतलब है कि जिस प्रघटना का अध्ययन किया जा रहा है उसका सरोकार व्यक्तियों से है या भौतिक दुनिया से। वास्तविकता तो यह है कि प्रघटना, प्रघटना है और विज्ञान, विज्ञान। **रिकर्ट कांतवादी** थे।

दूसरी ओर **डिल्थे** नवीन आदर्शवादी थे। वे जोर देकर कहते थे कि मानव भौतिक व्यवहार से भिन्न है। मनोविज्ञान भी कार्य-कारण नियमों को बनाता है, और उसका उद्देश्य की प्रघटनाओं के बीच में होने वाले सम्बन्धों का विवरण देना होता है। **डिल्थे** तर्क देते हैं कि समाजशास्त्र अभी इस अवस्था में नहीं पहुँचा है कि भौतिक प्रघटनाओं की तरह उनमें स्पष्टता आ जाये। **नव कांतवादी रिकर्ट** मनोविज्ञान का प्रयोग समाज विज्ञानों में करना चाहते हैं। उनका कहना है कि इतिहास और विज्ञान में बहुत बड़ा अन्तर है। विज्ञान का काम प्राकृतिक प्रघटनाओं के बीच में होने वाले कार्य-कारण का विश्लेषण करना है। इधर दूसरी ओर इतिहास प्रकृति का विश्लेषण एक बेजोड़ प्रतिमान की तरह करता है। इस प्रकार विज्ञान की अवधारणाएं निश्चित नियम हैं जबकि इतिहास की अवधारणाएं मूल्यों के बेजोड़ संरूप हैं।

इस तरह के तर्क **मैक्स वेबर** के समय में केवल **डिल्थे और**

रिकर्ट ने ही दिये थे। कई वैज्ञानिकों ने भी इस क्षेत्र में विस्तारपूर्वक काम किया था। अपने समय के दार्शनिकों के विवाद को **मैक्स वेबर** ने सामाजिक क्रिया के आदर्श रूप में रखने का प्रयास किया था। नवीन आदर्शवादी अपने इर्द-गिर्द के संसार को क्रिया का क्षेत्र मानते थे जबकि नवीन **कान्तवादी** इस दुनिया के ज्ञान प्राप्त करने का साधन मानते थे। **वेबर** पर इन दोनों विचारधाराओं पर नवीन आदर्शवाद और **नव कान्तवाद** का प्रभाव था। व्यावहारिक दुनिया में सामाजिक परिवर्तन की प्रक्रिया अनवरत चलती रहती है। अत: इस दुनिया का अध्ययन ऐतिहासिक और वैज्ञानिक दोनों तरह से किया जा सकता है। विज्ञान अपने उद्देश्यों की प्राप्ति तभी कर पाता है जब वह मूल्य मुक्त हो और उसका स्वतन्त्र अस्तित्व हो। विज्ञान में हमारी पसन्द-नापसन्द काम नहीं करती। **वेबर** ने कहा कि सामाजिक क्रिया को ऐतिहासिक और वैज्ञानिक दृष्टि से समझना चाहिए। इसका मतलब हुआ कि समाजशास्त्र को नवीन आदर्शवादियों और नवीन **कांतवादियों** का समन्वय करना **डिल्थे** और **रिकर्ट** को एक कड़ी में बांधती है।

वेबर पर **रिकट** जैसे नवीन **कांतवादी** का प्रभाव यह था कि अन्तिम विश्लेषण में यथार्थता को सिद्धांत के स्तर पर नहीं लाया जा सकता। संस्कृति का कोई विज्ञान नहीं हो सकता। इसी कारण **वेबर** कहते हैं कि सामाज़िक प्रघटनाओं द्वारा कभी पूर्वकथनीयता नहीं आ सकती। इससे अधिक बेजोड़ वस्तुओं को समझने के लिए मूल्यों को समझना आवश्यक है। **रिकर्ट** के इस नवीन **कांतवाद में वेबर** ने कुछ सुधार भी किया है। आदर्शवादी कहते हैं कि मूल्यों में परिवर्तन आता है। इसी कारण **वेबर** इस बात से सहमत है कि इतिहास का लक्ष्य कभी भी सार्वभौमिक मूल्य व्यवस्था पर आधारित हो सकता। नवीन **कांतवादियों** की तरह **वेबर** ने यह भी स्वीकार किया कि सामाजिक और प्राकृतिक प्रघटनाएं किसी भी अर्थ में एक समान नहीं होतीं यद्यपि दोनों ही प्रघटनाएं हैं। आदर्शवादियों की तरह ही **वेबर** का भी यह विश्वास था कि सांस्कृतिक प्रघटनाओं के अध्ययन में हमें समझ (Understanding) की अवधारणा का उपयोग करना पड़ेगा। यह समझ ही सामाजिक क्रिया का केन्द्र बिन्दु है।

वेबर ने **डिल्थे और रिकट** की बहस में किसी एक की विचारधारा को स्वीकार नहीं किया। उन्होंने एक मध्यम मार्ग अपनाया। **डिल्थे** की विचारधारा से वे अर्थ (Meaning) तथ्य मूल्यों (Values) को समाजशास्त्र की बुनियादी विषय-वस्तु के रूप में स्वीकार करते हैं। इसका मतलब हुआ समाजशास्त्र वह समाज विज्ञान है जिसके अध्ययन के केन्द्रीय बिन्दु सामाजिक क्रिया में निहित अर्थ और मूल्य है। **नव कांतवादियों** से उन्होंने यह आधार प्राप्त किया है कि विज्ञान तो एक होता है चाहे वह मनोवैज्ञानिक, सामाजिक या भौतिक प्रघटनाओं का अध्ययन ही क्यों न करना हो। **रिकर्ट** की तरह वे इतिहास को विरोधी नहीं मानते।

परिभाषा और अर्थ (Definition and Meaning)

आनुभाविक विश्लेषण में आदर्श प्रारूप एक महत्वपूर्ण अध्ययन विधि है। सामाजिक क्रिया के आदर्श प्रारूप में **वेबर डिल्थे और रिकर्ट** का समावेश करते हैं। यहां हम सामाजिक क्रिया की परिभाषा और उसके अर्थ को स्पष्ट करेंगे।

वेबर ने सामाजिक क्रिया की परिभाषा इस भांति की है :

"हम सामाजिक क्रिया (Handeln) किसी भी मानव अभिवृत्ति या गतिविधि (Verhalten) को कहेंगे, जिसके साथ करते अपना व्यक्तिनिष्ठ अर्थ (Skin) निहित करता है।"

एक अन्य स्थान पर **वेबर** ने सामाजिक क्रिया को परिभाषित करते हुए लिखा है : "सामाजिक क्रिया एक ऐसी क्रिया है जिसका व्यक्तिनिष्ठ अर्थ एक या अनेक कर्ता देते हैं। इसमें दूसरे लोगों की अभिवृत्तियां और क्रियाएं होती हैं जिन्हें अन्त:क्रियाओं में देखा जा सकता है।

वेबर के अनुसार समाजशास्त्र अपने अन्तिम अर्थ में एक ऐसा विज्ञान है जो सामाजिक क्रिया की निर्वचनात्मक समझ (Deutend Verstehen) को विकसित करता है जिसके माध्यम से क्रियाओं के बीच में जो कारण-कार्य विश्लेषण होता है उसे रखा जा सके।

क्रिया की अवधारणा के साथ ही निर्वचनात्मक समझ को प्रस्तुत किया है। इस समझ को **वेबर** जर्मन शब्दावली में **वरस्टेहन** (Verstehen) कहते हैं। बड़े आग्रह के साथ **वेबर** का कहना है कि यदि सामाजिक क्रियाओं में हमें कर्ता का वैयक्तिक दृष्टिकोण प्राप्त नहीं होता तो किसी भी अर्थ में समाजशास्त्रीय सिद्धांत का अंग नहीं हो सकता। **वेबर** की रुचि कर्त्ता के केवल उस व्यवहार से है जिसमें वह अपने स्वयं का अर्थ लगाता है। जिन अवधारणाओं के साथ **वेबर** अपना सरोकार बताते हैं वे सब आनुभाविक हैं। अपने कृतित्व काल के अन्तिम वर्षों में **वेबर** ने यह कहा कि कर्ता द्वारा दिया गया मूल्य अर्थ तार्किक या भावनात्मक भी हो सकता है उदाहरण के लिए क्रोध या हर्ष भी सामाजिक क्रिया के अन्तर्गत आ जाते हैं।

टेलकट पारसंस ने **वेबर** की सामाजिक क्रिया की अवधारणा की व्याख्या की है। उनका कहना है कि **वेबर** ने निर्वैयक्तिक प्रक्रियाओं को सामाजिक प्रक्रिया से निकाल कर भूल की है। किसी भी विज्ञान के लिए जिसका सम्बन्ध सामाजिक क्रिया से है निर्वैयक्तिक प्रक्रियाओं और वस्तुओं को सम्मिलित करना आवश्यक

है। यह आवश्यक है कि सम्मिलित करने का यह निर्णय परिस्थितियों पर निर्भर करता है।

निर्वचनात्मक समझ (Interpretative Understanding)

मैक्स वेबर ने जिस तरह समाजशास्त्र और सामाजिक क्रिया को परिभाषित किया है इसमें उनका केन्द्रीय उद्‌देश्य प्रघटनाओं के बारे में एक ऐसी समझ (Understanding) पैदा करना है जिसकी प्रकृति निर्वचनात्मक (Interpretative) हो ! निवर्चनात्मक समझ एक प्रकार से सामाजिक क्रिया की जान है। अपने आप में गतिविधि कुछ नहीं है, लेकिन गतिविधि के सम्पादन में जब कर्ता किसी अर्थ को निहित करता है तो सामाजिक क्रिया बन जाती है। **वेबर** द्वारा विकसित सामाजिक क्रिया की अवधारणा सूत्र रूप में इस प्रकार है :

सामाजिक क्रिया = गतिविधि + अर्थ

या

सामाजिक क्रिया – अर्थ = गतिविधि

सामाजिक क्रिया के बारे में अर्थ का निवर्चन होना आवश्यक है। निर्वचन से ही हम अपनी समझ विकसित कर सकते हैं।

वेबर के अनुसार कर्ता की समझ कर्ता के अर्थ और मूल्यों के अनुरूप होना चाहिए। ऐसा न करने पर क्रिया के बारे में हमारी समझ विकृत हो सकती है। इसलिए सामाजिक क्रिया के बारे में हमें अपनी समझ निर्वचन द्वारा विकसित करना चाहिए।

कई बार सामाजिक क्रिया की निर्वचनात्मक समझ को **वेबर** के निर्वचनात्मक समाजशास्त्र (Interpretative Sociology) का नाम दिया जाता है। निर्वचनात्मक समझ कार्य-कारण के साथ जुड़ी होती है। **वेबर** का तर्क है कि मनुष्य की सामाजिक क्रिया को केवल प्राकृतिक विज्ञानों की विधि द्वारा नहीं जाना जा सकता। प्राकृतिक प्रघटनाओं का विश्लेषण तो उनके बाह्य सम्बन्धों द्वारा ही किया जाता है सामाजिक प्रघटनाओं की सही समझ के लिये निर्वचनात्मक समझ को काम में लेना आवश्यक है। करना चाहिए कि व्यक्तिनिष्ठ अर्थ का विश्लेषण वैज्ञानिक अनुसंधान की प्रविधियों द्वारा होना चाहिए। दूसरे शब्दों में जब मनुष्य की सामाजिक क्रिया का विश्लेषण व्यक्तिनिष्ठ और वैज्ञानिक प्रविधियों के जोड़ से किया जाता है तो यह निर्वचनात्मक समझ को आगे बढ़ाता है।

जुलियन फेण्ड वेबर की निर्वचनात्मक समझ के बारे में कहते है :

एक आनुभाविक ज्ञान शाखा होने के कारण समाजशास्त्र का संस्कार व्यक्तिनिष्ठ अर्थ का निर्वचन करना मात्र है।

सामाजिक क्रिया के प्रकार (Types of Social Action)

मैक्स वेबर से पहले **विल्फ्रेडो पेरेटो** ने सामाजिक क्रिया की अवधारणा को अपने सिद्धांतकरण के प्रयोग में लिया था। उन्होंने इस समस्या को उठाया था कि समाजशास्त्र की परिभाषा किस प्रकार दी जाये। इसी सन्दर्भ में उन्होंने कहा कि समाजशास्त्र वह समाज विज्ञान है जो अतार्किक क्रियाओं (Non-Logical Actions) का अध्ययन करता है। उनके अनुसार तार्किक क्रियाएं वे हैं जिन्हें विवेकपूर्ण (Rations) ढंग से समझा जा सकता है। तार्किक क्रिया की परिभाषा व तर्कशास्त्र और गणित के छोड़ देते हैं।

अतार्किक क्रियाएं ऐसी होती हैं जिनमें व्यक्ति संवेग और भावनाओं द्वारा काम करता है। इस तरह **पेरेटो** के अनुसार क्रिया के तार्किक और अतार्किक दो भाग है।

मैक्स वेबर ने क्रिया की अवधारणा को और विस्तृत संदर्भ में रखा है। वे कहते हैं कि कोई कि क्रिया शून्य में नहीं होती। यदि सामाजिक पर्यावरण के सन्दर्भ है तो यह अनिवार्य रूप से अन्य कर्त्ताओं और सामाजिक पर्यावरण के सन्दर्भ में होती है। वेबर ने सामाजिक क्रिया के जिन प्रकारों प्रकारों को दिया है, वे अनिवार्य रूप से उनके प्रारूप के अंग मात्र है।

पेरेटो की तार्किक क्रिया लक्ष्य सापेक्षता की तरह ही **मैक्स वेबर** की यह तार्किक क्रिया है। इसमें कर्ता अपनी क्रिया का सम्बन्ध तार्किक रूप से लक्ष्य के साथ जोड़ता है। एक इंजीनियर को लीजिए, वह किसी नदी पर पुल बनाना चाहता है। पुल की ऊंचाई-चौड़ाई, भार वहन, शक्ति आदि लक्ष्यों को तकनीकी ढंग से परिभाषित करता है। इस पुल को बनाने के लिये जिस तरह की क्रियाओं को उसे करना है यानि पुल के कितने खम्बे होंगे, कितनी सीमेन्ट चाहिये, कितने तकनीशियन चाहिए। उन सबकी योजना वह तार्किक ढंग से बनाता है। यदि पुल बनाने की क्रिया को ध्यान में रखकर क्रिया का सम्पादन करता है तो यह क्रिया हर तरह से लक्ष्य के प्रति अभिस्थापित होती है। सरोकार रखती है। **वेबर** की यह तार्किक क्रिया है।

रेमां एरॉ ने तार्किक क्रिया के विश्लेषण के लिये एक दृष्टान्त दिया है। स्टॉक एक्सचेन्ज में जब एक सटोरिया घुसता है तो अपना रुपया लगाने से पहले वह बड़े विस्तार से पूरी तरह तर्क द्वारा हिसाब-किताब करता है। ऐसी नहीं होता कि सटोरिया भावावेश में आकर धन का नियोजन करता हो। उसकी पूर्ण क्रिया विवेकपूर्ण और तार्किक होती है। अत: जब **वेबर** तार्किक क्रिया के प्रकार को रखते हैं तो निश्चित रूप से यह क्रिया वह होती है जिसको अभिस्थापित क्रिया (Goal Oriented Action) कहते हैं।

मूल्य सापेक्षता

क्रिया का दूसरा प्रकार तर्क होने के साथ मूल्यों के प्रति अभिस्थापित होता है ऐसी मूल्य की और रुझान वाली तार्किक क्रिया विश्वास पर आधारित होती है। कुछ ऐसी क्रियाएं जो कर्त्ता की दृढ़ धारणाओं पर निर्भर होती हैं। इन क्रियाओं के करने से कर्ता कभी भी यह नहीं सोचता कि इनके करने के परिणामस्वरूप कर्ता का भविष्य क्या होगा। जब वह वृद्ध माता-पिता की सेवा सुश्रुषा करता है तो उसकी दृढ़ धारणा है कि माता पिता के प्रति उसके जो मूल्य थे उनकी पूर्ति हुई है। ऐसी क्रिया का रुझान हर प्रकार के मूल्यों के प्रति होता है। वह मूल्यों की उपेक्षा के लिये किसी प्रकार का समझौता नहीं करता।

मूल्यों की भी एक सोपानिक व्यवस्था है—कुछ मूल्य प्रमुख होते हैं तो कुछ गौण। लेकिन मूल्यों का विस्तार वृहद होता है। मूल्य राजनैतिक, धार्मिक आर्थिक यानि जीवन के प्रत्येक क्षेत्र में फैले होते हैं। इन मूल्यों को ऊंचा उठाना कर्ता अपना कर्त्तव्य समझता है। मूल्य अभिस्थापित तार्किक क्रिया बिना किसी शर्त और प्रतिबद्धता के होती है।

रेमा ऐरॉ ने तार्किक तथा मूल्य अभिस्थापित क्रिया के प्रकार के बारे में प्रश्न रखा है : जब यह सामाजिक क्रिया मूल्यों की प्राप्ति के लिये होती है तो वह तार्किक किस भांति है? इसका उत्तर देते हुए **एरॉ** कहते हैं कि यह क्रिया तार्किक इसलिये है कि इसके करने से कर्ता को सफलता मिलती है या नहीं, यह चिन्ता वह कभी नहीं करता। इस क्रिया पर किसी का नियंत्रण नहीं होता। मूल्य की इस क्रिया में लक्ष्य होते हैं, और इन्हें प्राप्त करने के लिए ही यह क्रिया की जाती है। दूसरा मूल्य अभिस्थापित क्रिया की दिशा को रिवाज नहीं निर्धारित करते हैं। यह तो कर्ता की मूल्यों के प्रति दृढ़ता है जो वह एक निश्चित काम को करता है। स्वतंत्रता की लड़ाई में ऐसे बहुत से सामान्य व्यक्ति थे जो विस्मृति के गर्त में डूब गये फिर भी उन्होंने देश की स्वतंत्रता की मूल्यों की प्राप्ति के लिये अपना आप को बलि कर दिया। ऐसी अवस्था में मूल्य की प्राप्ति ही तार्किक क्रिया है। वास्तविकता तो यह है कि मूल्य प्राप्ति की यह तार्किक क्रिया व्यक्ति को आन्तरिक सम्बद्धता देती है। यह क्रिया तो व्यक्ति के दृढ़ विश्वास के कारण होती है।

संवेगमूलक क्रिया (Affective of Emotional Action)

क्रिया का यह भावात्मक स्वरूप है। यह मस्तिष्क की वह स्थिति है जिसमें आदमी आवेश में आकर क्रिया को कर देता है। इस प्रकार की क्रिया का सम्बन्ध न तो किसी लक्ष्य से होता है और न ही किन्हीं मूल्य से जुड़ी होती है।

किसी विशेष परिस्थिति में कर्ता किसी संवेगात्मक स्थिति में आ जाता है और क्रिया को कर देता है। संवेग की एक स्थिति है। दो व्यक्ति सामान्य और सहज रूप से बातचीत कर रहे हैं। कुछ ऐसा प्रसंग चल जाता है कि दूसरा व्यक्ति पहले व्यक्ति के माता पिता के प्रति अश्लील शब्दों का प्रयोग करता है। यह प्रयोग उसके संवेगों को उद्वेलित करता है और देखते ही देखते दूसरे व्यक्ति के गाल पर थप्पड़ लगा देता है। विशुद्ध रूप से यह क्रिया संवेगात्मक है। इसी तरह स्कूल से लौटे हुए बच्चे को किसी बात पर क्रोध करके मां घर से बाहर कर देती है। यह क्रिया भी संवेगात्मक है। कई बार संवेगात्मक स्थिति में कर्ता हत्या भी कर देता है।

संवेगात्मक क्रिया को समझा नहीं जा सकता। यह भावना प्रधान होती है। वास्तव में ऐसी क्रिया के विश्लेषण को मनोवैज्ञानिक और मनोविश्लेषक ही कर सकते हैं। कुछ आलोचकों ने **वेबर** की इस प्रक्रिया को अधिक विस्तृत रूप दिया है। वे कहते हैं कि इस तरह की क्रिया को तुरत-फुरत भावावेश में हो जाती है, इन्द्रियों को तुष्टि देती है। कुछ आलोचकों ने यह भी कहा है कि संवेगात्मक क्रिया का अध्ययन क्षेत्र विस्तृत मनोविज्ञान ही है, समाजशास्त्र नहीं।

परम्परागत क्रिया

वेबर की इस क्रिया के प्रकार में रिवाज, विश्वास और व्यक्ति आदतों को सम्मिलित किया गया है। प्रत्येक समाज और समूह में जन्म, विवाह, मृत्यु, त्यौहार आदि होते हैं। इनके साथ में जुड़े हुए रिवाजों और विश्वासों की एक बहुत बड़ी तालिका होती है। ऐसी क्रियाएं जो रिवाजों, विश्वासों और आदतों द्वारा संचालित होती हैं, परम्परागत क्रियाएं हैं। इस क्रिया में स्वयं कर्ता को किसी लक्ष्य को निर्धारित नहीं करना पड़ता। वह मानकर चलता है कि परम्पराओं, विश्वासों आदि में ही अन्तर्निहित लक्ष्य होते हैं। उसका काम तो केवल यही है कि उद्देश्यों के बारे में कुछ भी सोचे बिना, आंख बन्द कर परम्पराओं का पालन करता चले। लक्ष्य की तरह मूल्यों के बारे में भी वह कुछ नहीं सोचता। जब रिवाजों और परम्पराओं का परिपालन पीढ़ी दर पीढ़ी होता आया है तो वह मानता है कि इसमें कोई न कोई मूल्य अवश्य होंगे। इसके सम्पादन में कर्ता संवेगात्मक भी नहीं होता। वह तो सहज क्रिया मान कर इन क्रियाओं को करता रहता है। रूढ़िवादी और प्रगतिशील समाजों में भी बराबर परम्परागत क्रियाएं होती रहती है। इस क्रिया को आदर्श प्रारूप का एक प्रकार देने के पीछे **वेबर** की यही बलवती भावना थी।

सामाजिक क्रियाओं के आदर्श प्रारूप का महत्व

रेमा ऐरॉ और पारसंस ने आदर्श प्रारूप की विस्तृत व्याख्या की है। ये दोनों ही सिद्धान्तवेत्ता बिना किसी लाग लपेट के अपना विश्लेषण प्रस्तुत करते हैं। जब **ऐरॉ** सामाजिक क्रिया के प्रकारों

पर अपनी उपसंहारात्मक टिप्पणी रखते हैं तो एक स्थान पर कहते हैं कि **वेबर** के मरने के बाद भी पिछले छः सात दशकों से सिद्धांतवेत्ता इन पर बराबर काम कर रहे हैं। **ऐरॉं** का यह प्रश्न स्वाभाविक है और रुचिकर बात यह है कि स्वयं उन्होंने सामाजिक क्रियाओं के प्रकारों को समाजशास्त्रीय सिद्धान्त में महत्वपूर्ण स्थान दिया है। वे सामाजिक क्रिया के प्रकारों को निम्न कारणों से आज भी सिद्धान्तकरण में उपयोगी मानते हैं :

(1) अमूर्त अवधारणात्मक व्याख्या : वेबर समाजशास्त्र को सामाजिक क्रिया का एक व्यापक विज्ञान मानते हैं। इस दृष्टि से क्रियाओं के प्रकार एक ऐसी अमूर्त अवधारणाओं की व्याख्या बनाते हैं जिनका क्षेत्र में क्रियान्वयन किया जा सकता है। वास्तविकता यह है कि क्रिया का यह कोटिकरण या वर्गीकरण अमूर्तिकरण का उच्चतम स्तर है। इसे सुविधापूर्वक आनुभाविक अध्ययन में काम में लिया जा सकता है।

(2) व्यापक विज्ञान : सामाजिक क्रिया का अध्ययन करते हुए **वेबर** इस बात पर जोर देते हैं कि सामाजिक क्रिया का यह विज्ञान अपनी परिधि में बहुत व्यापक है। **वेबर** ने यहां व्यापक पद की व्याख्या की है। इसका मतलब वे कर्ता क्रिया का जो अर्थ देता है उसकी समझ से जोड़ते है। उदाहरण के लिये **पेरेटो** की परिभाषा में क्रिया वह है जिसे कर्ता नहीं लेकिन अवलोककर्ता का अर्थ देता है। **वेबर** इसके विपरीत हैं। वे कहते हैं क्रिया का जो अर्थ कर्ता देता है वही सही अर्थ है। उसी की समझ **वेबर** की सामाजिक क्रिया देती है। यही उसकी व्यापकता है।

(3) तत्कालीन समाज के निर्वचन में सहायक : रेमां ऐरॉं उपरोक्त बिन्दुओं में यह बताना चाहते हैं कि आज **वेबर** की मृत्यु के बाद भी सामाजिक क्रिया के प्रकार महत्वपूर्ण बने हुए हैं, उसके पीछे कारण कौन से हैं। इसी सिलसिले में उनका कहना है कि सामाजिक क्रिया के इन प्रकारों से हमें यह भी ज्ञात हो जाता है कि जिस युग में **वेबर** ने अपनी रचनाएं लिखी, उस युग में यूरोप में कौन सी समस्याएं थीं। क्रियाओं के प्रकारों से यह स्पष्ट होता कि **वेबर** कालीन युग में विज्ञान तथा औद्योगीकरण के आविर्भाव के परिणामस्वरूप विवेकपूर्ण व्यवहार महत्वपूर्ण बन गया था। इसी व्यवहार के कारण तार्किक क्रिया क्षेत्र भी व्यापक हो गया था। अब लोग बराबर यह समझने लगे कि किसी भी प्रतिष्ठान या संगठन के लक्ष्यों की प्राप्ति तार्किक क्रियाओं के द्वारा ही हो सकती है।

(4) विज्ञान और राजनीति के सम्बन्ध : यद्यपि **वेबर** इस तरह का कोई आदर्श प्रारूप नहीं बना पाये फिर भी उन्होंने क्रिया के प्रकारों का वर्गीकरण इस तरह से किया है कि इसमें जीवन, राजनीति, विज्ञान, धर्म आदि विषय भी आ जाते हैं। वास्तव में किसी भी वैज्ञानिक का लक्ष्य ऐसे प्रस्तावों को बनाना है जिसमें विभिन्न तथ्यों के बीच में कारण-कार्य सम्बन्ध होता है। ऐसा ही प्रयास क्रियाओं के प्रकार में **वेबर** ने किया है। वे इन प्रकारों के माध्यम से ऐसा व्यापक निर्वचन करना चाहते हैं जो संसार भर के लिए वैध (Valid) सिद्ध हो। क्रियाओं का जो वर्गीकरण **वेबर** ने बनाया है, उनका दावा है, सार्वभौमिक रूप से सत्य है।

पूंजीवाद की आत्मा (Spirit of Copitalism)

वेबर ने धर्म और पूंजीवाद के सम्बन्धों की व्याख्या की है। यह कारक धर्म के समाजशास्त्र के अन्तर्गत की गई है जिसमें एक ओर जहां वे प्रोटेस्टेण्ट धर्म के आचार और पूंजीवाद की आत्मा की पड़ताल करते हैं, वहीं दूसरे स्थान पर यह देखने का प्रयास करते हैं कि हिन्दू और कम्फ्यूशियस धर्म ने और इसी अर्थ के बौद्ध धर्म ने पूंजीवाद की आत्मा को क्यों प्रभावित नहीं किया। प्रोटेस्टेण्ट धर्म के आचार और पूंजीवाद की आत्मा पर यूरोप में लम्बी-चौड़ी बहसें हुई हैं। हमारे देश में भी हिन्दू धर्म और पूंजीवाद पर छठे दशक में कुछ गोष्ठियां हुई हैं। **वेबर** केवल यह देखना चाहते थे कि विभिन्न धर्मों में जो आचार होते हैं। वे कहां तक पूंजीवाद को बढ़ाते हैं या पीछे की ओर धकेलते हैं। **वेबर** ने धर्म और पूंजीवाद के जिस थिसिस को रखा है उसे लेकर उनकी बड़ी आलोचना हुई है। बौद्धिकों ने **वेबर** के विषय में कई गलत बयान भी दिये है। हमारे देश में भी **वेबर** के हिन्दू धर्म के प्रति विचारों को लेकर कई बार बवेला उठा है। जब इग्लैण्ड में **वेबर** की *''प्रोटेस्टेण्ड धर्म और पूंजीवाद''* पुस्तक आयी तो ब्रिटिश बौद्धिकों ने यह भ्रम पैदा करने का प्रयास किया कि **वेबर** केवल एक दार्शनिक या सिद्धान्तवेत्ता ही थे। यह बात सही है कि जब कभी **वेबर** को अवसर मिलता था और विशेष कर जब कोई मुद्दा संवेदनशील होता था, वे विवादपूर्ण टिप्पणी करने से कभी चूकते नहीं थे। यह निश्चित है कि विवादों के घेरे मे बंधे हुए **वेबर**, एक विचारक की दृष्टि से सुदृढ़ और सशक्त थे। **ई.एफ. गै** (E.F. Gay), जो आर्थिक इतिहास में एक विशिष्ट हस्ताक्षर थे, ने कहा है कि पिछली पीढ़ी के अर्थशास्त्र के इतिहास में **वेबर** के टक्कर का कोई विद्वान नहीं था। वे भारतीय दर्शनशास्त्र के प्रतिभावान विद्वान थे। **क्लार्क** (W.E. Clark) ने कहा कि **वेबर** ने हिन्दू और बौद्ध धर्मों का दो विश्लेषण किया है, वह सम्पूर्ण भारतीय धार्मिक और राजनीतिक व्यवस्था का अनन्य ग्रन्थ है।

कई बार यह कहा जाता है कि **वेबर** ने पूंजीवादी विकास का कारण प्रोटेस्टेण्ट धर्म को बताया है। **फेण्ड** (Julien Freund) का कहना है कि **वेबर** का इस तरह का विश्लेषण वाहियात है। वास्तव में जब **मार्क्स** ने अधिभौतिक (Metaphysical) मान्यताओं पर

यह कहा कि सभ्यता की सभी घटनाओं के पीछे केवल आर्थिक कारण है, तब **वेबर** ने भी दृढ़तापूर्वक कहा कि सभी घटनाओं के पीछे धर्म ही मुख्य कारण है। **वेबर** की थीसिस का इतना सरल निष्कर्ष निकालना, **वेबर** के साथ अन्याय है। वास्तव में **वेबर** ने **प्रोटेस्टेण्ट** आचार और पूंजीवादी आत्मा का जो सम्बन्ध स्थापित किया है, उसे वृहद सभ्यताओं के सन्दर्भ में देखना होगा। **वेबर** की स्थापना है कि भारतीय, चीनी तथा रोम और बेबीलोन की सभ्यताओं में पूंजीवाद अपनी भ्रूण अवस्था में उपस्थित नहीं आया जो कि आधुनिक पूंजावाद के विकास में निहित है। अब प्रश्न उठता है कि पूंजीवाद का भ्रूण बेबीलोन, चीन, रोम आदि सभ्यताओं में क्यों विकसित नहीं हुआ और इसका विकास केवल पश्चिमी समाजों में ही क्यों हुआ? यह कैसे हुआ कि इन सभ्यताओं में तो यह भ्रूण नष्ट हो गया और पश्चिमी सभ्यताओं में विकसित हो गया? अर्थ व्यवस्था की आन्तरिक गतिशीलता की कोई भी व्याख्या हमें इन प्रश्नों का उत्तर नहीं दे पाती। इन प्रश्नों के उत्तर को **वेबर** ने यूरोप के पूंजीवादी उद्यमियों के प्रयास में देखा है।

वेबर ने जब ईसाई धर्म और पूंजीवाद के सहसम्बन्ध को रखा तब वे जानते थे कि उनकी इस थीसिस को लेकर गलतफहमी हो सकती है। इसी कारण उन्होंने विशेष रूप में यह कहा कि **प्रोटेस्टेण्ट** धर्म और पूंजीवाद के सम्बन्धों को यांत्रिक सम्बंधों (Mechanical Relation) की तरह नहीं लेना चाहिए। अपने स्पष्टीकरण में **वेबर** ने कहा था कि मनुष्य जीवन में जो विवेकीकरण (Rationalisation) है उसका स्रोत **प्रोटेस्टेण्ट** लोकाचारी (Ethos) में था। धर्म के इस लोकाचार ने ही पूंजीवाद की आत्मा को विकसित किया। दूसरे शब्दों में लोगों के जीवन में जो तार्किकता और विवेकीकरण होते हैं, वे **प्रोटेस्टेण्ट** धर्म के लोकाचार या नीति संहिता से ही प्राप्त होते हैं। यह होते हुए भी पूंजावीद का कारण केवल ये लोकाचार ही नहीं है। यहां **वेबर** का उद्देश्य पूंजीवाद के उदय की खोज करना नहीं है उनका उद्देश्य तो केवल पूंजीवाद की आत्मा के विकास की खोज करना है। यहां पर हम **रेमां एरॉ** द्वारा दिये गये कथन को रखेगें जो **वेबर** की स्थिति को अधिक स्पष्ट रूप में रखते हैं। **एरॉ** का कथन है, **प्रोटेस्टेण्ट** धर्म केवल एक ही धर्म नहीं है, लेकिन पूंजीवाद के कई कारणों में एक कारण अवश्य है। इससे अधिक यह कहना चाहिये कि पूंजीवाद के कतिपय पहलुओं में केवल यही कारण है। पूंजीवाद के सम्बन्ध में **वेबर** ने केवल उन तत्वों की पहचान की जो पश्चिमी देशों के पूंजीवाद में उपलब्ध थे। इससे यह प्रमाणित है कि पूंजीवाद के विकास के कारण विभिन्न सभ्यताओं के साथ बदलते हैं। **वेबर** के कहने का तात्पर्य यह है कि पश्चिमी पूंजीवाद में कुछ ऐसे लक्षण थे जो भारत, रोम और चीन के पूंजीवाद में नहीं थे जिन्होंने धर्म के लोकाचार की मदद से पूंजीवाद को विकसित किया। **वेबर** ने यह पाया कि पश्चिम के पूंजीवाद में कुछ खास तरह की विशेषताएं थीं और इन्हीं के कारण ईसाई धर्म के **काल्विन** सम्प्रदाय के लोकाचारों ने पूंजीवाद को विकसित किया। ईसाई धर्म में भी कई सम्प्रदाय है। धर्म, विज्ञान (Theology) और दर्शन की दृष्टि से इन धार्मिक सम्प्रदायों में अन्तर है, लेकिन जहां तक नीति संहिता और लोकाचार का प्रश्न है, सभी सम्प्रदायों में आचार समान रूप से पाये जाते हैं। **वेबर** का आशय यह है कि यदि **प्रोटस्टेण्ट, कैथोलिक, प्रेम बिटेरियन** आदि धार्मिक सम्प्रदायों का धर्म-विज्ञान की दृष्टि से विश्लेषण करें तो हमें अन्तर मिलेगा लेकिन इन धर्मों के आचारों को देखें तो उनमें समानता मिलेगी। **वेबर** की रुचि धर्म के विज्ञान में नहीं थी। धर्म के उद्देश्यों को भी वे अपने विश्लेषण के लिये नहीं लेना चाहते थे। उनकी रुचि को लोगों के उन मनोवैज्ञानिक अभिप्रेरणों को जानने की थी जो धार्मिक विश्वासों और व्यवहारों के साथ जुड़े थे।

वेबर ने सिद्धांत के रूप में यह रखा कि धार्मिक विश्वास और व्यवहार अभिप्रेरणाओं को जन्म देते हैं। इन अभिप्रेरणाओं के माध्यम से व्यक्ति धार्मिक क्रियाएं करता है। **वेबर** ने आदर्श प्रारूप में इन अभिप्रेरणाओं को रखा है। ये अभिप्रेरणाएं जहां तक सम्भव है सुसंगत होती हैं। इनमें **वेबर** कहीं भी ऐतिहासिक यथार्थता नहीं ढूढ़ते। वे तो विवेकपूर्ण यूटोपिया के माध्यम से यह खोजते हैं कि किसी भांति की अभिप्रेरणाएं पूंजीवाद की आत्मा को बनाने के लिये वास्तविक रूप से काम करती हैं। दूसरे शब्दों में धार्मिक विश्वासों और व्यवहारों से उत्पन्न मनोवैज्ञानिक अभिप्रेरणाएं वास्तविक जीवन में पूंजीवाद की आत्मा को बनाती हैं। परिणामस्वरूप जब **वेबर** के **काल्विनवाद** का उल्लेख किया तो उनके विचार में यह था कि इस सम्प्रदाय के अनुयाइयों में कुछ खास प्रकार के आचार हैं। इन आचारों को उन्होंने 17वीं शताब्दी में पहचाना था। **वेबर** ने जब **काल्विनवादी** आचार या लोकाचार का विश्लेषण किया तब **काल्विन** की मृत्यु हुए कोई 150 वर्ष हो गये थे। इसलिए किसी का यह कहना कि स्वयं **काल्विन** ने **वेबर** के थीसिस का खण्डन किया था, दोषपूर्ण है।

काल्विन द्वारा दिये गये आचारों का आदर्श प्रारूप (Calvin's Ideal Types of Ethics)

काल्विन समाज सुधारक थे। उन्होंने **प्रोटेस्टेण्ट** समूहों का नेतृत्व किया। **प्रोटस्टेण्ट** समूहों में **मेथेडिस्ट** (Mathodists) और **बैपटिस्ट** (Baptists) आदि सम्प्रदाय सम्मिलित हैं। इन सम्प्रदायों में जिस तपश्चर्या का उल्लेख है, उसमें **वेबर** की रुचि

थी। **प्रोटस्टेण्ट** समूहों और इस तरह **प्यूरिटनवाद** में धर्म विज्ञान (Theology) की दृष्टि से विभिन्नता होते हुए भी आचार संहिता लगभग एक समान थी। इसी आचार संहिता ने पश्चिमी पूंजीवाद में जो पूंज़ीवादी भ्रूण था उसे बढ़ावा दिया। **वेबर** ने **प्रोटेस्टेण्ट** सम्प्रदाय के कतिपय आचारों का उल्लेख किया है। इन सभी आचारों को उन्होंने विधिशास्त्र की दृष्टि से एक आदर्श प्रारूप में रखा है। इस संबंध में काल्विनवाद के पांच प्रस्ताव हैं। ये प्रस्ताव निम्नलिखित हैं।

(1) ईश्वर अनुभावित निरपेक्ष होता है। जिसने इस दुनिया को बनाया है और जो इस पर राज्य करता है लेकिन मनुष्य के सीमित मस्तिष्क द्वारा इसे समझा नहीं जा सकता और न ही उस तक मनुष्य की पहुंच हो सकती है।

(2) इस सर्वशक्तिमान और रहस्यपूर्ण ईश्वर ने मनुष्य की सभी आत्माओं का पूर्व निर्धारण (Predestination) या तो शाश्वत मोक्ष या शाश्वत पाप या मौत में कर दिया है और इसका कारण जानना मनुष्य की सम्भावित समझ के पूर्णतया बाहर है।

(3) ईश्वर ने अपनी स्वयं की महिमा के लिये संसार की सृष्टि की है।

(4) ईश्वर की इस महिमा के लिये उसने आदमी को आदेश दिया है कि उस पर चिन्ता किये बिना कि उसका पूर्व निर्धारण मोक्ष या नरक में हुआ है, उसे पृथ्वी पर स्वर्ग लाने के लिये पूरा परिश्रम करना चाहिये।

(5) दुनिया की सभी वस्तुएं मनुष्य की प्रकृति और हाड़, मांस, पाप और मौत में लिप्त है जिनसे ईश्वरीय कृपा के बिना कोई भी छुटकारा नहीं पा सकता।

वेबर ने काल्विनवाद के इन आचारों के आदर्श प्रारूप को बड़े कठोर परिश्रम के बाद में रखा है। उन्होंने ईसाई विचारधारा और इसके इतिहास का गहन अध्ययन किया और इसके बाद ही इस आदर्श प्रारूप का निर्माण किया। इस आदर्श प्रारूप से कुछ बातें स्पष्ट हो जाती हैं। **काल्विनवाद** के सिद्धांतों में कभी भी रहस्यवाद (Mystricism) नहीं है। सभी वस्तुएं स्पष्ट हैं। वास्तविकता यह है कि मनुष्य ससीम है और ईश्वर असीम। मनुष्य साकार है और ईश्वर निराकार। हमारे यहां मध्यकाल में यानी हिन्दी साहित्य के रीतिकाल में यह विवाद चला कि ईश्वर साकार है या निराकार। असीम या ससीम। **कबीर** ने ईश्वर को निराकार कहा जबकि **तुलसी और सूर** ने इसे साकार कहा। कुछ इसी तरह की व्याख्या **वेबर** ने की है। वे कहते हैं कि ईसाई धर्म में ईश्वर की अवधारणा निराकार की है। इस असीमित ईश्वर के साथ मनुष्य के सीमित मस्तिष्क की कोई बातचीत नहीं हो सकती। दोनों के बीच में किसी भी तरह का संचार या संवाद कठिन ही नहीं असम्भव है। जब सीमित मस्तिष्क वाला मनुष्य असीमित ईश्वर से सम्पर्क नहीं कर सकता तब ऐसे ईश्वर के लिए कर्मकाण्ड करना फूल-माला और बलि चढ़ाना बेमतलब है। इसका अर्थ तो यह निकलता है कि मनुष्य को प्राकृतिक व्यवस्था बनाए रखने के लिए विज्ञान की खोज करनी चाहिये। **एरॉ** ने **काल्विनवाद** के इस प्रस्ताव की व्याख्या में कहा है कि **काल्विन** का दर्शन अप्रत्यक्ष रूप से मूर्ति पूजा और कर्मकाण्ड के सभी स्वरूपों का विरोध करता है और इनके विपरीत वैज्ञानिक अनुसंधान को विकसित करने पर जोर देता है।

काल्विनवाद की इस व्याख्या से स्वाभाविक रूप से यह प्रश्न उठता है कि **काल्विनवादी** इन नये आचारों के संदर्भ में क्या करें। उसके उत्तर में यह अर्थ निकलता है कि इस सम्प्रदाय के अनुयाइयों को परमात्मा ने जो काम दिया है, उसे करना चाहिये (इसी के आधार पर **काल्विनवादियों** को एक ऐसा गणराज्य बनाना चाहिये जो हर तरह से ईश्वर के नियमानुसार काम करे। उन्हें परमात्मा के सामराज्य की स्थापना इस धरती पर करनी चाहिये। **एरॉ** कहते हैं कि **काल्विनवाद** की इस तरह की व्याख्या जो स्वर्ग को धरती पर लाने के व्यावहारिक रूप में नहीं रखी जा सकती। लेकिन **काल्विन** की आचार संहिता के कुछ भागों को तो निश्चित रूप से लागू किया जा सकता है। **काल्विनवादी** कुछ सम्प्रदायों ने दुनिया की सफलता के लिये आर्थिक विकास किया है। कोई भी व्यक्ति स्वर्ग या नर्क की चिन्ता को छोड़ कर, निर्भय होकर अपना काम कर सकता है। इसी भांति स्वयं को दिये हुए कार्य को विवेकीकरण और नैरन्तर्यता से करना एक तरह से ईश्वर के आदेशों का पालन करना है। **वेबर** ने दृढ़तापूर्वक कहा है कि **काल्विनवाद** और पूंजीवाद में गहन सम्बन्ध है। इस सम्बन्ध का विवेचन करने से पहले हम आधुनिक पूंजीवाद की व्याख्या करेंगे जिसे **वेबर** ने रखा है।

आधुनिक पूंजीवाद और उसकी आत्मा (Modern Capitalism And Its Spirit)

प्रोटेस्टेण्ट आचारों में **वेबर** ने पश्चिमी पूंजीवाद की जो व्याख्या की है, वह उनके लिये नयी नहीं थी। अपने अकादमिक जीवन के प्रारम्भ में ही जब वे कानून इतिहास पर लिख रहे थे, उनका सम्पर्क पूंजीवाद के विश्लेषण से हुआ था।

उन्होंने भौतिक कारकों व्याख्या हू-ब-हू **मार्क्स** की अवधारणा के अर्थ में की थी। इससे आगे **वेबर** का **डांवटरे** भी आर्थिक विश्लेषण से जुड़ी थी। उन्होंने मध्यकाल की ट्रेडिंग कम्पनियों की आर्थिक व्याख्या की थी।

अर्थव्यवस्था पर **वेबर** कुछ विपरीत लिखना चाहते थे लेकिन वे अपना मानसिक संतुलन खो बैठे। इसके बाद जब वे ठीक हो

की परिभाषाओं में समानता यह है कि दोनों ही विचारक यह मान कर चलते हैं कि पूंजीवाद का सत्व बाजार मध्यस्थता से मुनाफा लेना है। दूसरे **वेबर** इस तथ्य को अस्वीकार नहीं करते कि पूंजीवादी उद्यमशीलता में कामगार भी होते हैं। ये कामगार उत्पादन के साधनों के मालिक को अपना श्रम बेचने के लिए कानूनी रूप से स्वतंत्र हैं। दोनों विचारकों में तीसरी समानता यह है कि **मार्क्स** की तरह **वेबर** भी इस बात को स्वीकार करते हैं कि आधुनिक पूंजीपति अपनी उद्यमशीलता में अधिक से अधिक तकनीकी साधनों को काम में लाते हैं। पूंजीपति इस तकनीकी साधनों में बराबर सुधार लाते हैं जिससे उन्हें अतिरिक्त मुनाफा प्राप्त हो सके।

पूंजीवाद की व्याख्या में **मार्क्स** और **वेबर** में समानता होते हुए भी विभिन्नता है। **वेबर** के अनुसार आधुनिक समाज और पूंजीवाद का जो प्रमुख लक्षण है वह उनका अधिकारीतन्त्र और विवेकीकरण है। उत्पादन के साधनों का स्वामी कोई भी हो, **वेबर** आग्रह करते हैं कि पूंजीवाद में हर स्थिति में आधिकारीतन्त्र और विवेकीकरण होते हैं।

वेबर की बहुत बड़ी विशेषता एक और भी है। वे कहते हैं कि आधुनिक पूंजीवाद का जो स्वरूप हमारे सामने है उसे निर्धारित करने में प्रोटेस्टेण्ट आचारों का योगदान महत्वपूर्ण है। इसकी व्याख्या करने से पहले हम पूंजीवाद की आत्मा, जिसे **वेबर** (Sprit) कहते हैं, परिभाषित करेंगे।

पूंजीवाद की आत्मा

जिसे **वेबर** पूंजीवाद की आत्मा कहते हैं उसे समझने के लिए **वेबर** के सामाजिक क्रिया सिद्धान्त को ध्यान में रखना पड़ेगा। उनके अनुसार सामाजिक क्रिया वह गतिविधि है जिसके पीछे कर्ता के मूल्य और अर्थ निहित होते हैं। **वेबर** के लिये सामाजिक क्रिया उद्देश्य प्रेरित होती है। क्रिया को करने के लिये मूल्य और मानक होते हैं जिसे **वेबर** ने साध्य साधन के रूप में रखा है। जब वे पूंजीवाद की आत्मा का उल्लेख करते हैं तब मूल्यों की भूमिका को भी निश्चित करते हैं। उनकी दृष्टि में स्प्रिट का अर्थ (Geist) मूल्यों से हैं। आर्थिक गतिविधियों के प्रति जो मानसिक अभिवृत्तियां होती हैं वे ही पूंजीवाद की आत्मा हैं। **वेबर** ने इस पर टिप्पणी करते हुए कहा है।

मनुष्य की वे मानसिक अभिवृत्तियां जिनका रुझान या अभिस्थापन आर्थिक गतिविधियों के लिये होता है पूंजीवाद की आत्मा है।

अपनी पुस्तक **प्रोटेस्टेण्ट** इथिक एण्ड द स्प्रीट ऑफ केपिटेलिजम में **वेबर** सर्वप्रथम आधुनिक पूंजीवाद का विवरणात्मक लेखा जोखा प्रस्तुत करते हैं। इसके बाद बताते हैं कि आनुभविक रूप से पूंजीवाद के साथ में मूल्यों की एक पूरी कड़ी जुड़ी होती है। जिसे **पेरेटों** मस्तिष्क की दशा यानी संवेग और क्रियाएं कहते हैं, उसे **वेबर** मूल्य कहते हैं। इन मूल्यों को हम भाषाई अभिव्यक्तियों के माध्यम से समझ सकते हैं। **वेबर** ने पूंजीवाद **स्प्रीट** की व्याख्या विवरणात्मक कोटियों (Duscriptive Cahagaries) द्वारा की है। **वेबर** ने पूंजीवाद की आत्मा की व्याख्या जिन बिन्दुओं में की है उन्हें हम यहां देगें।

परिभाषा और लक्षण

पूंजीवाद की आत्मा अपनी प्रकृत्ति में मानसिक है। धन के प्रति लोगों का जो मानसिक दृष्टिकोण होता है। वही पूंजीवाद की आत्मा है। अमेरिका में पूंजीवाद का सम्बन्ध उपयोगितावाद से लिया जाता है। वहां का आदमी पुनर्जन्म के चक्र को स्वीकार नहीं करता।

उनके लिए जो कुछ है सब इसी जन्म में है। हमारे देश में पूंजीवाद के प्रति कुछ दूसरा दृष्टिकोण है। यहां समझा जाता है कि पैसा तो माया है आज है कल नहीं। लक्ष्मी चंचल होती है। इस तरह की कई मानसिक अभिवृत्तियां हमें जैन धर्म, बौद्ध धर्म या यहूदी धर्म में मिल सकती हैं। इन अभिवृत्तियों का स्रोत व्यक्तियों के मूल्य होते हैं और ये मूल्य ही पूंजीवाद की आत्मा हैं।

पूंजीवाद की आत्मा के लक्षण

(1) अपने स्थान पर पूंजीवाद मुनाफाखोरी है। लेकिन विभिन्न धर्मावलम्बियों का, जो विभिन्न व्यावसायिक समूहों में होते हैं, धर्म की पालना के व्यवहार अलग-अलग होते हैं। यह धार्मिक आचारों का पालन करना की पूंजीवाद की आत्मा को बनाता है। **वेबर** ने जर्मनी के कुछ भागों में पाया कि कैथोलिक धर्मालम्बियों की तुलना में **प्रोटेस्टेण्ट** धर्मावलम्बी पूंजीवादी उद्यमों में अधिक संख्या में पाये जाते हैं। इसी भांति **प्रोटेस्टेण्ट** धर्मावलम्बियों की संख्या अन्य धर्मावलम्बियों की तुलना में वैज्ञानिक तकनीकी और व्यवसाय में अधिक पायी जाती है। इन आंकड़ों को देते हुए **वेबर** स्वीकार करते हैं कि इस तरह का सांख्यिकीय प्रमाण अधिक विश्वसनीय नहीं है फिर भी इस तथ्य को बताना है कि धार्मिक आचार संहिता का प्रभाव पूंजीवाद की आत्मा के निर्माण में महत्वपूर्ण होता है। यह निश्चित है कि **काल्विनवादियों** के मूल्यों का झुकाव दूसरे धर्मावलम्बियों की तुलना में पूंजीवादी आत्मा की और अधिक होता है।

(2) **वेबर** ने जर्मन समाज के अध्ययन में पाया कि लोगों का जो अर्थपूर्ण व्यवहार होता है, उनके जो मूल्य होते हैं उनका गहन सम्बन्ध पूंजीवाद की आत्मा के साथ होता है। दूसरे शब्दों में यह कहना चाहिए कि पूंजीवाद की आत्मा का स्वरूप भला या बुरा वैसा ही होता है जैसी मूल्यों की संरचना होती है।

(3) अपने तुलनात्मक अध्ययन में **वेबर** ने एक प्रश्न रखा : ''यह किस कारण है कि आधुनिक पश्चिमी देशों में विवेकीकरण समस्त बुर्जुआ पूंजीवाद प्रमुख रूप से आया और दूसरी संस्कृतियों में ऐसा कुछ नहीं हुआ ? इस प्रश्न का उत्तर **वेबर** ने भौतिकवादी और आदर्शपरक अभिवृत्तियों के माध्यम में दिया है। वे कहते हैं कि पूंजीवादी अधिकारीतन्त्रवादी दृष्टि में चीन और भारत में भौतिक दशाएं अच्छी थी, लेकिन इन्हीं देशों के धर्मों में आर्थिक आचार संहिता जो कि सांस्कृतिक पहलू है, कमजोर था।

इन देशों के मूल्य और उनकी संस्कृति, पर्याप्त भौतिक दशाओं के होते हुए भी पूंजीवाद के विकास के प्रतिकूल थी। ठीक इसके विपरीत **प्रोटेस्टेण्ट** धर्मावलम्बियों में जो आचार संहिता थी वह पूंजीवाद की आत्मा के विकास के अनुकूल थी। इस तरह के निष्कर्ष से **वेबर** ने स्थापित किया कि **प्रोटेस्टेण्ट** धर्म और पूंजीवाद में प्रकार्यात्मक सम्बन्ध थे। अत: पूंजीवाद की आत्मा प्रतिकूल मूल्यों पर निर्भर करती है। दूसरे शब्दों में **प्रोटेस्टेण्ट** धर्म की आचार संहिता यानी मूल्य संरचना पूंजीवाद की आत्मा के विकास अनुकूल थी जबकि चीन और भारत में मूल्य या संस्कृति संरचना पूंजीवाद की आत्मा के विकास के प्रतिकूल थी।

(4) **वेबर** ने पाया कि पश्चिमी समाज में जहां आधुनिक पूंजीवाद है लोग परम्परा से चले हुए व्यवहार को स्वीकार नहीं करते। इन लोगों के लिये केवल एक ही मुहावरा काम करता है, केवल एक ही आचार संहिता होती है और वह यह कि अधिकतम धन को कमाना एक पवित्र कार्य है। इस अधिकतम धन को पाने के लिये चली आ रही परम्पराओं को अपनाना उनके लिए आवश्यक नहीं है। अत: परम्परावाद से छुटकारा पाना ही पूंजीवाद की आत्मा को सशक्त करना है।

(5) जब लोगों के जीवन का उद्देश्य अधिकतम धन को कमाना होता है तो उनका श्रमिकों के प्रति दृष्टिकोण भी बदल जाता है। **वेबर** तो यहां तक कहते हैं कि व्यक्ति का उद्देश्य अधिकतम धन कमाना हो या न हो, वे श्रमिक को एक अनिवार्य बुराई की तरह नहीं लेते उसकी तरफ भी वे एक सकारात्मक दृष्टि से देखते हैं। वे यह मानते हैं कि आदमी की सबसे बड़ी आचार संहिता मनुष्य की गरिमा को मानना है। गरिमा के लोकाचार ही श्रमिक को उच्च स्थान देते हैं। **वेबर** कहते हैं कि समाज में प्रत्येक व्यक्ति का जब तक वह स्वस्थ है उसमें काम करने की शक्ति है तब तक उसे अपने धन्धे से सेवानिवृत्त नहीं होना चाहिये। योग्य और शक्तिशाली होकर भी यदि वह काम नहीं करता तो इसका मतलब है वह अपने नैतिक दायित्वों से मुकर रहा है।

(6) यह सत्य है कि पूंजीवाद की आत्मा व्यक्ति को इस ओर प्रेरित करती है कि उसे असीमित धन उपार्जन करना चाहिये और अपने आप को परम्परावाद से मुक्त करना चाहिये, फिर भी इसका अर्थ नहीं है कि वह हर तरह के अनुशासन और नियंत्रण से मुक्त हो। स्थिति इससे कुछ विपरीत है। देखा यह गया है कि असीमित धन को कमाने के लिये व्यक्ति बराबर धार्मिक आचार संहिता की परिधि में काम करता है। उसकी धार्मिक संहिता कहती है कि उसे ईमानदारी से काम करना चाहिये। यह उसके लिये धर्मसम्मत था। अत: पूंजीवाद की आत्मा का आधार आचार-संहिता और मूल्यों में निहित है।

वेबर ने पूंजीवाद की व्याख्या करने के साथ-साथ धार्मिक आचार-संहिता का भी वृहद विश्लेषण किया है। व्याख्या में एक ओर पूंजीवाद है और दूसरी ओर धार्मिक आचार संहिता। जब धार्मिक आचार-संहिता का प्रभाव आधुनिक पूंजीवाद पर पड़ता है तो **वेबर** की परिभाषा में यह पूंजीवाद की आत्मा या सत्व है। पूंजीवाद तो हर युग में किसी न किसी रूप में रहा है। एक अदना व्यापारी भी मुनाफाखोरी करता है। पूंजीवाद के लिये एक बहुत बड़ी पूर्व आवश्यकता भौतिक साधनों की होती है। इस तरह के भौतिक साधन कई सभ्यताओं में उपलब्ध थे। इन भौतिक साधनों पर आधारित पूंजीवाद का भ्रूण भी इन सभ्यताओं में उपलब्ध था। लेकिन इस भ्रूण के समुचित विकास के लिये जो आचार-संहिता होनी चाहिये थी वह इन देशों के धर्मों में नहीं थी। इसी कारण इन देशों में पूंजीवाद की आत्मा जागृत नहीं हो पायी। कैथोलिक धर्म की तुलना में, प्रोटेस्टेट धर्म यानी काल्विनवादी सम्प्रदाय में धार्मिक आचार संहिता सशक्त थी और इसी कारण इन धर्मावलम्बियों में आधुनिक पूंजीवाद का जीवन्त विकास हुआ। **वेबर** का यही कहना है कि जब तक आचार संहिता प्रभावी नहीं होती पूंजीवाद की आत्मा का जन्म नहीं होता।

विलफ्रेडो पेरेटो (Wilfredo Perato, 1848-1923)

पेरेटो का उद्देश्य एक ऐसी व्यवस्था स्थापित करना था जो समाजशास्त्र को उस स्तर पर पहुंचा दे जिस स्तर पर भौतिक और रसायनशास्त्र है। उन्होंने देखा कि रसायन विज्ञान योगिकों का विश्लेषण करता है। इसमें एक पदार्थ दूसरे पदार्थ पर निर्भर रहता है। इन विज्ञानों की तरह वे समाजशास्त्र में सभी चारों का अध्ययन तो नहीं करते, लेकिन कुछ चारों को व्यवस्थित रूप से देखते हैं। उन्होंने समाजशास्त्र विश्लेषण में केवल अतार्किक (Wenclogical) चारों का ही विस्तार से अध्ययन किया है। मतलब हुआ, समाजशास्त्र अतार्किक क्रियाओं का अध्ययन है **पेरेटों** की रुचि समाजशास्त्र और अर्थशास्त्र में थी। अपने जीवनकाल में वे इंजिनियर थे। उन्होंने अपना व्यवसायिक जीवन इसी धन्धे में किया। इस धन्धे

से जुड़ा हुआ गणितशास्त्र है। अब उनकी रुचि गणितशास्त्र में हो गयी। इसमें कोई आश्चर्य नहीं है। सम्पूर्ण यूरोप में गणितशास्त्र बौद्धिकों का अव्वल दर्जे का शौक था। **पेरेटो** ने अर्थशास्त्र को गणितशास्त्र की तर्ज पर रखा। इस भांति **पेरेटो** का उद्देश्य समाजशास्त्र और अर्थशास्त्र को प्रयोगात्मक तार्किक स्तर रखना था। यह प्रश्न स्वाभाविक है कि **पेरेटो** ने समाजशास्त्र की व्याख्या जिस भांति की। **रेमां एरॉ** और **पारसन्स** ऐसे सिद्धांतवेत्ता हैं जिन्होंने **पेरेटो** का विश्लेषण एक सैद्धान्तिक विचारक के रूप में लिया है। इन्हीं दो लेखकों के आधार पर **लेविस कोजर** ने मास्टर्स ऑफ सोशियोलांजिन थॉट में, **पेरेटो** की व्याख्या की है। ये सभी लेखक **पेरेटो** की पदावली में समाजशास्त्र की परिभाषा देते हैं। **पेरेटो** **समाजशास्त्र को ऐसा समाज विज्ञान मानते हैं जो अतार्किक क्रियाओं** (Non-logical actions) का अध्ययन करता है। हम अपनी लड़की को पराया धन-अमानत समझते हैं। जैसे मंदिर में बिना प्रसाद के पहुंचना अशिष्टता है। वैसे ही लड़की के घर बिना उपहार के जाना अशिष्टता है।

लड़की के प्रति हमारी ये सब क्रियाएं **पेरेटो** की पदावली में अतार्किक हैं। वह हमारी समझ में नहीं आता कि जिस लड़की का हमने पालन-पोषण किया उसे हम दूसरे घर पहुंचा देते हैं और जहां तक बन सके उसे कुछ न कुछ देते रहते हैं। तर्क तो गणितीय होता है। फिर भी समाजशास्त्र हमारे इस व्यवहार का अध्ययन करता है। इस भांति समाजशास्त्र मनुष्यों की अतार्किक क्रियाओं का अध्ययन करता है। जब अतार्किक क्रियाओं का अध्ययन की विधियां वैज्ञानिक नहीं होंगी तो समाजशास्त्र का एक विज्ञान होने का दावा सिद्ध नहीं हो पाएगा। **पेरेटो** इस समस्या का निदान देते हैं। वे कहते हैं कि समाजशास्त्र अतार्किक क्रियाओं का तार्किक विधि से अध्ययन करता है। ऊपर के दृष्टान्त में वह तर्क देगा कि अपनी लड़की है। जब हम अपने जीवन के संध्याकाल में पहुंचेंगे तब यही लड़की हमारी सहायता करेगी। हमारे दुखदर्द में हमारी लड़की ही आयेगी। यह तर्क है। इसी कारण वे कहते हैं कि समाजशास्त्र अतार्किक क्रियाओं को तार्किक रूप में देखता है। अतार्किक अध्ययन के लिए **पेरेटो** ने दो मनोवैज्ञानिक अवधारणाओं को प्रस्तुत किया है। इन अवधारणाओं में पहली अवधारणा में विशिष्ट चालक (Residues) की है और दूसरी भ्रान्त तर्क (Derivations) की है। ये दोनों अवधारणाएं मनुष्य के व्यवहार को समझने में सहायक हैं। **पेरेटो** इन्हें अध्ययन विधि कहते हैं। अध्ययन विधि से इस पैकेज को वे तार्किक प्रायोगिक (Logic experimental) कहते हैं। इस पैकेज में उन्होंने यह कहा है कि विशिष्ट चालक और कुछ न होकर हमारे मनोभाव (Sentiments) हैं। ये मनोभाव सभी व्यक्तियों में होते हैं। चेतन और अचेतन अवस्था में लोग इन मनोभावों से प्रेरित होकर क्रियाएं करते हैं। क्रियाओं के प्रेरक केवल मनोभाव ही होते हैं। दूसरी ओर मनुष्य में भ्रान्त तर्क (Derivations) होते हैं। यह तर्क वास्तविकता से दूर है लेकिन इसका प्रयोग हम केवल मन को शान्ति देने के लिए करते हैं। जब हम यह कहते हैं कि हमारी लड़की हमारी कठिनाइयों में सहायता देगी तो यह एक भ्रान्त तर्क है। यह तर्क हमें भी भ्रम में रखता है। और लड़की को भी। मनोभाव और भ्रान्त तर्क प्रायोगिक तार्किक व्यवस्था में सहायक होते हैं। यह अवश्य है कि **रेमण्ड एरां और कोजर** ने यह बराबर कहा है कि **पेरेटो** की यह अवधारणाएं स्पष्ट नहीं हैं। इस आलोचना के होते हुए भी समाज में होने वाली अतार्किक क्रियाओं के तार्किक अध्ययन के लिए उनकी उपयोगिता है।

पेरेटो ने समाजशास्त्र के लक्ष्य को स्थापित कर दिया कि यह समाजविज्ञान अतार्किक क्रियाओं का अध्ययन करता है। इसके बाद उन्होंने तार्किक प्रायोगिक विधि को भी प्रस्तावित किया। इससे आगे वे विधि से जुड़ी हुई दो और अवधारणाओं का उल्लेख करते हैं, ये हैं—व्यक्तिनिष्ठ (Subjective) और वस्तुनिष्ठ (Objective)। जब हम वस्तुओं को देखते हैं तो या तो उन्हें अपनी वैयक्तिक दृष्टि से देखते हैं और फिर इसे वस्तुनिष्ठ दृष्टि से देखते हैं। जहां व्यक्तिनिष्ठ और वस्तुनिष्ठ दोनों ही दृष्टिकोण मिल जाते हैं तो यह निश्चित रूप से वैज्ञानिक उपागम है। केवल व्यक्तिनिष्ठ निष्कर्ष समाजशास्त्र को विज्ञान नहीं बनाता और न इस तरह वस्तुनिष्ठ दृष्टिकोण। जब हम तार्किक प्रायोगिक विधि को काम में लेते हैं तब हमें इन दोनों के सामंजस्य पर पूरा ध्यान देना चाहिए।

पेरेटो ने समाजशास्त्र और उसकी विधियों का विश्लेषण किया है। उनका दूसरा कार्य अभिजात वर्ग के परिभ्रमित का है। उनका यह सिद्धान्त वस्तुतः सामाजिक परिवर्तन का सिद्धांत है। यह महत्वपूर्ण बात है कि 19वीं शताब्दी के सभी विचारकों ने सामाजिक परिवर्त्तन से सिद्धान्त पर अपने विचार रखे हैं। किसी ने उद्‌विकास सिद्धान्त रखा है तो किसी ने चक्रीय सिद्धान्त। उन्होंने रेखीय सिद्धान्त को अस्वीकार किया है। वास्तव में वे सामाजिक स्वरूपों के चक्रीय सिद्धान्त को रखते हैं। उनका कहना है कि एक निश्चित समय के सामाजिक स्वरूप दूसरे समय में बदल जाते हैं। और फिर पुराने स्वरूप आ जाते हैं। स्वरूपों का यह चक्र चलता ही रहता है। उदाहरण के लिए अभिजात वर्ग के वे लोग जो आज हुकूमत चलाते हैं कल उन्हें सड़क छाप लोग उखाड़ फेकेंगे। और इन सड़क छाप लोगों को, जो अभिजात वर्ग में आ जाते हैं, पुनः सड़क पर धकेल दिया जाएगा। अभिजात वर्ग के परिभ्रमण का यह

सिद्धान्त उनका सामाजिक परिवर्तन का सिद्धान्त है। सब मिलाकर **पेरेटो** समाजशास्त्र को प्राकृतिक विज्ञानों की तरह प्रत्यक्षवादी विज्ञान बनाना चाहते थे।

विल्फ्रेडो फेडेरिको दामासो पेरेटो का जन्म इटली में हुआ था। उनके माता पिता इटली में निर्वासित कर दिये गये। इसके राजनीतिक कारण थे। **पेरेटो** के पिता इटली के स्वतंत्रता सेनानी **मेजिनी** और **गेरीबाल्डी** के प्रशंसक थे। इन दोनों ने इटली के एकीकरण के लिए कई आंदोलन किये और अन्त में सफल भी हुए। **पेरेटो** इन दोनों के मुरीद थे। अपने क्रिया कलापों में **पेरेटो** के पिता उदारवादी थे और वे प्रजातान्त्रिक समानता के लिए जूझने वाले व्यक्ति थे। यह सब तत्कालीन हुकूमत को स्वीकार नहीं था और इनके परिवार को देश निकाला दे दिया। **पेरेटो** तब केवल 10 वर्ष के थे। इस तरह बालक **पेरेटो** ने पेरिस और इटली के तूरीन में पायी। यह संयोग की बात थी कि जब **पेरेटो** वयस्क हुए तब उन्होंने अपने पिता का विरोध किया। जब **पेरेटो** के बारे में कुछ लिखा जाता है तब यह अवश्य कहा जाता है कि वे फासिस्टवादी (Fascist) थे। उन्होंने अपने जीवनकाल में उदार विचारों का बराबर विरोध किया वे अपने स्वभाव से प्रतिक्रियावादी थे। जब इटली की सत्ता ने कई उदारवादियों को मौत के घाट उतार दिया तब इनका समर्थन करने वालों में **पेरेटो** भी थे। वे जीवनपर्यन्त उदारवाद, स्वतन्त्रता और समाजवाद के विरोधी थे। उनकी मौत के बाद जब इटली में पूंजीवाद को विकसित करने का प्रयास किया गया तब **पेरेटो** के विचारों को अमल में लाने की कोशिश भी वहां की सरकार ने की। **पेरेटो** का जीवन एक इंजिनियर, गणितशास्त्री, अर्थशास्त्री और समाजशास्त्री का था। जब वे समाजशास्त्र के प्रोफेसर थे जब मुसोलिनी जैसा फासिस्टवादी उनका विद्यार्थी था। जब फासिस्टवादी अपनी किसी लड़ाई में नारे लगाते हैं और परचे बांटते हैं तब वे **पेरेटो** के कोटेशन देना कभी नहीं भूलते। वे लोग जो अधिनायकवाद या फासीवाद को समझना चाहते हैं उनके लिये **पेरेटो** की कृतियां अमूल्य निधि है।

पेरेटो ऊंचे दर्जे के तार्किक थे। समाजशास्त्र के निर्माण में उन्होंने अपनी इसी तर्क शक्ति का पूरा उपयोग किया है। जो भी समाजशास्त्री उनकी ट्रिटाइज (Treatise) को पढ़ता है यह स्वीकार करता है कि **पेरेटो** तर्क करने में कहीं पर भी दूसरे दर्जे के समाजशास्त्री नहीं है। तर्क के अतिरिक्त उनकी दूसरी विशेषता गणित है उन्होंने अपने अर्थशास्त्र में ही नहीं समाजशास्त्र में भी गणित का प्रयोग किया है। ये **पेरेटो** ही थे जिन्होंने अर्थशास्त्र में गणितशास्त्रीय समयानुकूलन व्यवस्था को स्थापित किया अपने समय के इटली और फ्रांस के अग्रणी समाचार पत्रों में वे खूब छपे हैं। वे द्विभाषी थे-इटली और फ्रांस की भाषा को समझते थे और उसमें अधिकृत रूप से लिखते थे। अर्थशास्त्र को एक प्रत्यक्षवादी विज्ञान बनाने में **पेरेटो** का योगदान अमूल्य है। उन्होंने राजनीतिक अर्थशास्त्र पर 1896-97 में एक महत्वपूर्ण पुस्तक लिखी। इसके बाद सन् 1906 में उन्होंने अर्थशास्त्र का एक मेन्युअल भी तैयार किया। समाजशास्त्र में उनकी पुस्तक *दि सोशिलिस्ट सिस्टम* (The Socialist Systems) एक शास्त्रीय ग्रंथ है। इसके बाद *ट्रिटाइज ऑन जनरल सोशियोलोजी* (Treasise on General Sociology-1916) प्रकाशित हुई। इस पुस्तक का अंग्रेजी अनुवाद न्यूयार्क से *माइन्ड एण्ड सोसाइटी* (Mind and Society) के नाम से 1935 में प्रकाशित हुआ।

यह पुस्तक *ट्रिटाइज* के नाम से जानी जाती है। **पेरेटो** की समाज विज्ञानों को कई तरह की देन है। गणितशास्त्र में उन्होंने गणितीय समयानुकूल के सिद्धान्त को बनाया। अर्थशास्त्र में उन्होंने राजनातिक अर्थशास्त्र को अपनी ऊंचाईयों पर रखा। इसका एक मेन्युअल भी तैयार किया। उन्होंने जो कुछ गणितशास्त्र और अर्थशास्त्र पर लिखा है उसका उद्देश्य इन विधाओं को वैज्ञानिक स्तर पर रखना है। वे हर तरह से अर्थशास्त्र को एक निश्चित और प्रत्यक्षवादी समाजिक विज्ञान मानते थे। समाजशास्त्र को भी उनकी देन है। उन्हें ऊंचे दर्जे का विचारक समझा जाता है। इस हैसियत से उनकी देन दो क्षेत्रों में है :

(1) वैज्ञानिक समाजशास्त्र की अवधारणा (Conception of Scientific Sociology)

(क) तार्किक क्रिया (Logical Action)

(ख) अतार्किक क्रिया (Non-Logical Action)

(ग) अवशिष्ट

(घ) भ्रान्त तर्क (Derivationed)

(2) अभिजात वर्ग का सिद्धांत (Ciruculation of Elities)

पेरेटो की देन अनन्य है। यहां हम केवल उपरोक्त दो तरह के योगदानों की ही चर्चा करेंगे।

1. वैज्ञानिक समाजशास्त्र की अवधारणा (Conception of Scientific Sociology)—**पेरेटो** की समाज की अवधारणा एक व्यवस्था की है। वे कहते हैं कि किसी भी व्यवस्था की तरह समाजशास्त्र भी एक व्यवस्था (System) है। व्यवस्था में अगणित भाग हैं। इसमें राजनीति, अर्थव्यवस्था, धर्म, परिवार, वर्ग आदि हैं। प्रत्येक भाग की अपनी एक पहचान है। हम निश्चित रूप से कह सकते है कि जो उत्पादन, विनियम, वितरण और उपभोग है, आर्थिक क्रिया है। **पेरेटो** कहते है कि समाज का एक भाग दूसरे भाग से सम्पूर्ण भागों से जुड़ा हुआ है। शिक्षा एक भाग है लेकिन

धर्म और अर्थ दोनों ही इसे प्रभावित करते हैं। **पेरेटो** का तर्क यह है कि समाज के भाग अन्तनिर्भर है। यह भाग में परिवर्तन करते हैं तो इससे अन्य भाग परिवर्तित होते हैं। समाज की इन सम्पूर्ण व्यवस्था में मनुष्य एक अणु (Molecule) है। समाज की इस व्यवस्था को प्रभावित करने वाली तीन दिशाएं हैं।

(क) मानव अतिरिक्त पर्यावरण (Extra Human Environment)

(ख) समाज से बाहर के तत्व (Other Element Exterior the Society)

(ग) व्यवस्था के आन्तरिक तत्व (Inner Element of the System), जैसे हेतु, ज्ञान, मनोभाव, विशिष्ट चालक और भ्रान्त तर्क।

समाज की व्यवस्था को व्यवस्थित बनाने में उपरोक्त सभी तीन कारक महत्वपूर्ण है। इन सब कारकों का विवरण **पेरेटो** ने दिया है। समाजशास्त्र की परिभाषा वे इन्हीं अतार्किक (Non logical) और तार्किक (logical) अवधारणाओं द्वारा किया है जब हम समाजशास्त्र को परिभाषित करते हैं तब हमें तार्किक, अतार्किक, विशिष्ट चालक और भ्रान्त तर्क सभी का उल्लेख करना पड़ेगा। ये सब तत्व मिलकर ही समाजशास्त्र की परिभाषा और उसकी विषयवस्तु को बताते। माइण्ड एण्ड सोसायटी में **पेरेटो** ने समाजशास्त्र को परिभाषित किया है। वे यह मानकर चलते हैं कि समाज एक व्यवस्था है। इस व्यवस्था के विभिन्न भाग आपस में जुड़े हुए हैं। व्यवस्था में परिवर्तन लाने वाले कारक पर्यावरण तथा आन्तरिक और बाह्य व्यक्ति और व्यवस्थाएं हैं। उन्होंने इसी संदर्भ में समाजशास्त्र को परिभाषित किया है। वे यह भी आग्रह करते हैं कि समाजविज्ञानों की दुनिया में केवल अर्थशास्त्र ही ऐसी है जो निश्चित है, गणितीय है और जिसे माना जा सकता है। अर्थशास्त्र की तर्ज पर ही वे समाजशास्त्र को भी बांधने का प्रयास करते हैं। ऐसा करने में वे मनुष्य के मनोभावों और तर्कों की अवधारणा को भी काम में लाते हैं। उन्होंने समाजशास्त्र की परिभाषा इस भांति दी है :

समाजशास्त्र अतार्किक क्रियाओं का अध्ययन करता है।

जब हम अतार्किक क्रिया की बात करते हैं तो स्वाभाविक रूप से तार्किक क्रिया की बात भी आती है। यानी मनुष्य की बात करते हैं तो स्वाभाविक रूप से तार्किक क्रिया की बात भी आती है। यानी मनुष्य की क्रियाएं तार्किक और अतार्किक होती हैं।

(क) तार्किक क्रियाएं (Logical Action)

पेरेटो ने समाजशास्त्र को परिभाषित करते हुए दो अवधारणाओं को प्रस्तावित किया है : तार्किक क्रिया और अतार्किक क्रिया। इन दो अवधारणाओं से जुड़ी हुई अवधारणाएं हैं—वस्तुनिष्ठ क्रिया (Object Action) और व्यक्तिनिष्ठ क्रिया (Subjective Action)। जब व्यक्ति तार्किक क्रिया करता है तब वह इन दोनों अवधारणाओं के अन्तर्गत अपने निर्णय लेता है। अवधारणाओं का एक और सेट है—साधन और साध्य (Means and End)। जब व्यक्ति किसी क्रिया को करता है तब उसके कुछ साध्य यानि उद्देश्य होते हैं। इन उद्देश्यों की पूर्ति के लिए वह कुछ साधनों को प्रयोग में लाता है। साध्य साधन के बिना क्रिया नहीं हो सकती। और अपने अतार्किक क्रिया सिद्धान्त के अन्त **पेरेटो** अवशिष्ट और भ्रान्त तर्क (Residues and Derivations) की अवधारणाएं काम में लाते हैं। थोड़े में **पेरेटो** द्वारा दी गयी समाजशास्त्र की परिभाषा और इसकी विधियां इन्हीं अवधारणाओं से जुड़ी हुई हैं।

परिभाषा और अर्थ (Defination and Meaning)

लेविस कोजर ने तार्किक क्रिया की परिभाषा इस तरह दी है:

"तार्किक क्रियाएं वे हैं जो साध्य प्राप्त करने के लिए उपयुक्त साधनों को काम में लाती हैं। ये क्रियाएं साधन और साध्य को तार्किक रूप से जोड़ती हैं।" **कोजर** की व्याख्या के अनुसार यह बहुत स्पष्ट है कि व्यक्ति किसी भी क्रिया के करने से पहले अपने उद्देश्य को निश्चित करता है। यह उसका साध्य है। साध्य निश्चित होने के बाद वह तार्किक रूप से यह देखता है कि इसे प्राप्त करने का उचित साधन क्या है। जब वह साधन के बारे में सोचता है तब दुविधा में पड़ जाता है। तार्किक क्रिया में व्यक्तिनिष्ठ और वस्तुनिष्ठ क्रिया का समायोजन हो जाता है। इसे सूत्र रूप में इस तरह रखेंगे–

व्यक्तिनिष्ठ – वस्तुनिष्ठ क्रिया = तार्किक क्रिया

पारसंस ने तार्किक क्रिया की व्याख्या अधिक सटीक रूप में की है। उनका कहना है : क्रिया तब तार्किक होती है जब वह समाज द्वारा निर्धारित मानकों के एक प्रकार को स्वीकार करती है। संक्षेप में यह कहना चाहिए कि तार्किक क्रिया वह क्रिया है जिसमें साध्य-साधन तार्किक आधार पर जुड़े हों यानी साधन ऐसे हों जो साध्य पर पहुंचा देवें। दूसरा साधन ऐसे होने चाहिए जो उपयुक्त हों। यहां उपयुक्त से **पेरेटो** का तात्पर्य समाज द्वारा स्वीकृत साधन हों।

तार्किक क्रिया के लक्षण (Characteristics of Logical Action)

(1) तार्किक क्रिया कार्य-कारण से जुड़ी होती है। कोई भी क्रिया तार्किक तभी बनती है, जब उसके कार्य करण हों। अनिवार्य रूप से तार्किक क्रिया संवेगात्मक नहीं होती। यह तो गणितीय रूप में होती है—दो और दो चार। ऐसा नहीं है कि पिता द्वारा दिए गए दो और चार रुपये पांच हो जाएं। और पराये व्यक्ति के लिए तीन

हो जाए पर यह अंक तो बराबर चार ही रहता है। **पेरेटो** इसे तर्क ही कहते हैं।

(2) वस्तुनिष्ठ और समयनिष्ठ मानकों में समायोजन होता है। व्यक्ति कुछ सोचे और समाज और कुछ, इससे तार्किक क्रिया नहीं बनती। तार्किक क्रिया के लिए वस्तुनिष्ठ और व्यक्तिनिष्ठ मानकों में समायोजन होना आवश्यक है।

वस्तुनिष्ठ और व्यक्तिनिष्ठ मानक (Objective and Subjective Norms)

क्रिया में वस्तुनिष्ठता और व्यक्तिनिष्ठता में गहन सम्बन्ध की वकालत **पेरेटो** ही नहीं उनके बाद से समाजशास्त्रियों ने भी की है। **रेमण्ड एरां ने पेरेटो** की जो व्याख्या रखी है उसमें वे इन दोनों प्रकार के मानकों की चर्चा विस्तार से करते हैं। क्रिया की ये दो अवधारणाएं तार्किक और अतार्किक क्रियाओं को समझने के लिए अनिवार्य हैं। इसे थोड़ा समझना चाहिए। जब व्यक्ति किसी क्रिया को करता है तब क्रिया के बारे में उसके मस्तिष्क में कुछ बातें होती हैं। व्यक्ति के मस्तिष्क में मनोभाव होते हैं। वह अचेतन अवस्था में भी अपने मस्तिष्क में कुछ गतिविधियां करता रहता है। **पेरेटो** इसे मस्तिष्क की अवस्था (State of Mind) कहते हैं। जब **पेरेटो** व्यक्तिनिष्ठ मानकों की बात करते हैं। विचारकों के इस युग में एक बहुत बड़ा द्वंद्व था। कुछ विचारक समाजशास्त्र को मनोविज्ञान से पृथक करना नहीं चाहते थे। **वेबर** ने जब क्रिया के आदर्श प्रारूप (Ideal Type) बनाये तब उन्होंने कहा कि क्रिया वह है जो व्यक्ति स्वयं परिभाषित करता है। यहां उन्होंने मनोविज्ञान की भूमिका को रखा। **पेरेटो** जब व्यक्तिनिष्ठ क्रिया की बात करते हैं तो स्पष्ट है उनके मस्तिष्क में व्यक्ति की मानसिक अवस्था का विचार है।

व्यक्ति के सामने वस्तुनिष्ठ स्थिति भी होती है। वह वस्तुनिष्ठ से अपनी आंख नहीं मूंद सकता। पिछले दृष्टान्त की बात करें तो कहेंगे कि किसी भी व्यक्ति का करोड़पति बनने का सपना कोई गलत नहीं है। वस्तुनिष्ठ भी इसे स्वीकार करती है। समाज चाहता है कि लोग सम्पन्न रहे। लेकिन जब व्यक्तिनिष्ठा अपना मुंह वस्तुनिष्ठ से फेर लेता है तो समाज की व्यवस्था बिगड़ जाती है। चोरी-चकारी, लूट-पाट को भी समाज द्वारा मान्यता प्राप्त करोड़पति नहीं बनाती। **पेरेटो** कहते हैं कि तर्क संगत क्रिया तभी होगी जब इसमें व्यक्तिनिष्ठा और वस्तुनिष्ठा का समायोजन होगा। **रेमण्ड एरां** द्वारा दी गयी तालिका जो व्यक्तिनिष्ठा और वस्तुनिष्ठा का समायोजन बताती है, हम यहां देंगे :

वस्तुनिष्ठ	नहीं	नहीं	हां	हां
व्यक्तिनिष्ठ	नहीं	हां	नहीं	हां

इस तालिका में थोड़ा हम समझे। वहां 'नहीं' श्रेणी है इसका मतलब है कि क्रिया तार्किक नहीं है। इसका मतलब हुआ कभी न तो वास्तविकता में साधन लक्ष्यों से जुड़े हैं और न व्यक्ति के मस्तिष्क में भी साध्य और साधन का समायोजन है। 'नहीं', 'नहीं' की श्रेणी वास्तव में काम में आती नहीं है। आदमी विवेकपूर्ण है, वह सोचना है और इसलिए व्यवहाजीवन में 'नहीं', नहीं की स्थिति आती है।

अब हम दूसरी श्रेणी को लें। इसमें व्यक्ति के कार्यों को वस्तुनिष्ठता 'नहीं' रहती है लेकिन व्यक्ति व्यक्तिनिष्ठा के आधार पर 'हां' कहता है। वस्तुनिष्ठा मान्यता नहीं देती। यह भी तर्कसंगत क्रिया नहीं है।

तीसरी श्रेणी में स्थिति दूसरी हो जाती है। यहां वस्तुनिष्ठता तो साध्य प्राप्त करने की स्वीकृति देती है। लेकिन व्यक्ति इसकी सुविधा नहीं अपनाता। आदिवासियों को विकास योजना के अन्तर्गत कई विकास सुविधाएं दी गयी हैं। वह वस्तुनिष्ठ है लेकिन आदिवासी इसका लाभ नहीं ले पाता।

तालिका की चौथी श्रेणी वह है जिसमें वस्तुनिष्ठा और व्यक्तिनिष्ठा दोनों में 'हाँ-हाँ' है। यानी यहां इन दोनों में समायोजन है। यह क्रिया तर्कसंगत क्रिया है।

(ख) अतार्किक क्रिया (Non-logical action)

पेरेटो का अतार्किक क्रिया से तात्पर्य उन सभी क्रियाओं से है जो तार्किक नहीं हैं। दूसरे शब्दों में वह क्रिया जो तार्किक नहीं है, वह अतार्किक है। इस दृष्टि से अतार्किक क्रिया एक अवशिष्ट श्रेणी (Residual Category) है। इसकी कुछ परिभाषाएं लीजिये:

लेविस कोजर के अनुसार : ''अतार्किक क्रिया केवल वह क्रिया है जो **पेरेटो** की परिभाषा में तार्किक नहीं है। सम्पूर्ण क्रिया में तार्किक क्रिया निकाल दीजिये। जो अवशिष्ट है। वह अतार्किक क्रिया है।''

पारसंस ने अतार्किक क्रिया को खुलासे से रखा है। वे कहते हैं कि मनुष्य की सभी क्रियाओं को हम (A) कहते हैं। ये क्रियाएं बहुत विस्तृत और विशाल हैं। हम रोजी-रोटी के लिए सुबह से शाम तक जुटे रहते हैं। इसी तरह लोग विभिन्न क्रियाओं में संलग्न रहते हैं। इन सबको हम (A) की श्रेणी में रखते हैं। अब हम इस सम्पूर्ण क्रिया (A) में से तार्किक क्रिया, जिसका नाम (L) देते हैं, निकाल लेते हैं तो शेष जो बचता है यानी जो अशिष्ट है, वह अतार्किक क्रिया है। हम अपने व्यवसाय, परिवार, समुदाय, वर्ग आदि में कई क्रियाएं करते हैं। इनमें अधिकांश क्रियाएं तार्किक हैं। लेकिन हम मनोरंजन करते हैं, लिखते हैं, चित्र बनाते हैं, ये सब हमारे शौक हैं। इन दोनों प्रकार की क्रियाओं में से जो बचता है यानी साहित्य कला आदि अतार्किक क्रिया है। दूसरे शब्दों में, यदि

सम्पूर्ण क्रिया में से तार्किक क्रिया को निकाल दें तो जो अवशिष्ट बचेगा वह अतार्किक क्रिया होगी। **पेरेटो** की परिभाषा में समाजशास्त्र एक ऐसा समाजविज्ञान है जो मनुष्य की अतार्किक अन्त:क्रिया का अध्ययन करता है। तार्किक अन्त:क्रियाओं का अध्ययन तो अर्थशास्त्र करता है। अतार्किक क्रिया का अध्ययन समाजशास्त्र की विषय वस्तु है। **पेरेटो** कहते हैं कि अतार्किक क्रिया के अध्ययन की तार्किक पद्धति है। यानि अतार्किक क्रिया के अध्ययन के लिए वैज्ञानिक विधि है। इसका एक सिद्धान्त है, और इसे हम अगले पृष्ठों में देंगे।

अतार्किक क्रिया के अध्ययन की विधि (Methods of Study of Non-Logical Action)

पेरेटो अतार्किक क्रिया का अध्ययन वैज्ञानिक विधि से करना चाहते थे। उन्होंने समाजशास्त्र को जब परिभाषित किया तब कहा कि वे तार्किक-प्रयोगिक विधि को काम में लाएंगे। अतार्किक क्रिया के अध्ययन में उन्होंने सबसे पहले तर्क को लगाया है। उनका यह तर्क आगमनात्मक (Inductive) है। वृहद आनुभाविक सामग्री को एकत्र करते हैं। वह सामग्री विभिन्न समाजों के इतिहास में बिखरी है। उनके अध्ययन का यह प्रायोगिक पहलू है। जो तथ्य उन्होंने एकत्र किये थे। उनमें जो समान तथ्य (Similar data) हैं उन्हें व्यवस्थित कर देते हैं। इन तथ्यों में कुछ तथ्य स्थिर (Constant) होते हैं और कुछ चर (Variable)। स्थिर तथ्यों को लेकर वे नियम बनाते हैं और ये नियम ही अतार्किक क्रिया के अध्ययन में सहायक होते हैं। इसे हम दृष्टान्त से रखेंगे। समाज में नाम के लिए वे मोहन, सोहन और रोहन हैं। हम देखते हैं कि ये सब एक ना एक दिन मर जाते हैं। ये सब मनुष्य हैं और स्थिर तथ्य है कि मनुष्य मरण धर्मा है। यह समान रूप से इन तीन व्यक्तियों के अतिरिक्त सभी मनुष्यों पर लागू होता है। इस भांति आगमनात्मक नियम द्वारा वे अतार्किक क्रिया के अध्ययन के सिद्धान्त की व्याख्या की है। उनकी व्याख्या में तीन तथ्य हैं :

(A) कर्ता यानी एक्टर (Actor), मस्तिष्क की अवस्था (State of Mind)

(B) गतिविधियां (Acts)

(C) मनोभावों की अभिव्यक्ति (Expressions of Sentiments)

इसकी हम व्याख्या करें इससे पहले निम्न चित्र में इसे प्रस्तुत करेंगे।

उपरोक्त त्रिभुज के आधार पर **पेरेटो** के अतार्किक क्रिया की व्याख्या की जा सकती है। इसमें यदि हम (A) की बात करें तो हमारा तात्पर्य कर्त्ता से है। कर्त्ता एक एक मानसिक दशा होती है

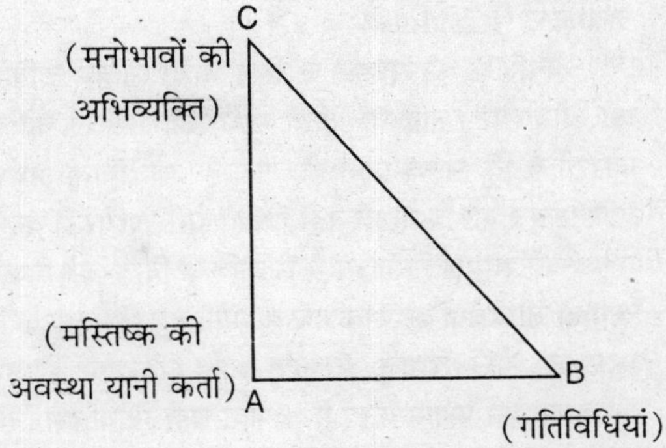

वह कि एक अवस्था में होता है और जब वस्तुओं को देखता है तो वह उन्हें अपने मस्तिष्क की दशा के आधार पर देखता है। (B) वह स्थिति है जब वह गतिविधियां करता है, काम करता है। हंसता है, क्रोध करता है। (C) की वह अवस्था है जब वह अपनी गतिविधियों में अपने मनोभावों की अभिव्यक्ति करता है। हम पाएंगे कि 'C' तथा 'B' देखे जा सकते है। जिन्हें हम परम्परा, धार्मिक, संस्कार, कर्मकाण्ड, गीत संगीत आदि कहते हैं वे ऐसी गतिविधियां हैं जो कर्ता के कार्यों और मनोभावों की अभिव्यक्तियों को इन्द्रियों द्वारा समझते हैं। माता-पिता अपने बच्चों की देखभाल करते हैं। उन्हें शिक्षा-दीक्षा देते हैं। उनके परीक्षा में उत्तीर्ण होने के लिए व्रत-त्यौहार करते हैं, मनौती लेते हैं। ये सब गतिविधियां और मनोभावों की अभिव्यक्ति है। यानी 'B' तथा 'C' है। इन्हें **पेरेटो** स्थूल रूप में देखा जाने वाला तथ्य (Concrete obseruable data) कहते हैं। अतार्किक क्रिया का यह पहला पहलू है। दूसरा पहलू 'A' है। 'A' में क्या है यानी मानव के मस्तिष्क में क्या है इसे नंगी आंखों से या स्थूल रूप में नहीं देखा जा सकता। यह तो कहा जा सकता है कि 'B' और 'C' जुड़े हुए हैं। मनोभाव, भाषा आदि क्रिया से जुड़े हैं। लेकिन मस्तिष्क में क्या है इसका यदि कोई अनुमान लगाया जा सकता है तो वह मानसिक अवस्था से है। यह मानसिक अवस्था वही है जो 'C' तथा 'B' द्वारा पैदा की गई। देखा नहीं जा सकता। इस तरह 'A', 'B' तथा 'C' यानी मानसिक अवस्था, गतिविधियों और क्रियाकलाप, और इससे जुड़े हुए संवेद और मनोभाव अतार्किक क्रिया है। सूत्र रूप में इसे इस भांति रखेंगे:

अतार्किक क्रिया = मानसिक क्रिया + क्रियाकलाप + संवेग और मनोभावों की अभिव्यक्ति।

त्रिभुज के ये तीनों कोण एक दूसरे पर निर्भर हैं। मानसिक अवस्था, क्रियाकलाप, और मनोभावों की अभिव्यक्ति के बीच में कार्य-कारण ढूंढ़ना बहुत कठिन है। सच्चाई यह है कि ये तीनों एक दूसरे पर निर्भर हैं। अतार्किक क्रिया के सिद्धांत को बनाते हैं।

अवशिष्ट (Residues)

अवशिष्ट को समझने के लिए थोड़ा सा हम तार्किक क्रिया की ओर लौटें। तार्किक क्रिया साध्य और साधन को इस तरह जोड़ती है कि साध्य प्राप्त हो जाता है। यह क्रिया अर्थशास्त्र या गणितशास्त्र की क्रिया ही नहीं होती। इसलिए **पेरेटो** कहते हैं कि मनुष्य की सम्पूर्ण क्रियाओं में से तार्किक क्रिया को निकाल दिया जाए तो जो बचेगा वह अवशिष्ट है। मोटे रूप में मनुष्य के विश्वास, परम्पराएं, रीति-रिवाज, संस्कृति आदि अवशिष्ट हैं। हम अपने अध्यापक को प्रणाम करते हैं। हमारी यही क्रिया इस विश्वास से जुड़ी है कि यदि हम अपने अध्यापक का आर्शीवाद पा लें तो हमें सुगम मार्ग मिलेगा। यह क्रिया अवशिष्ट क्रिया है। **एम.एन. श्रीनिवास** जातियों के परिवर्तन में जब संस्कृतिकरण की बात करते हैं तो संस्कृतिकरण के यह तत्व ही मानक, मूल्य, विश्वास-अविश्वास क्रिया है।

पेरेटो में अवशिष्ट क्रिया के छः वर्ग बनाए हैं। यह वर्ग क्रिया को सैद्धान्तिक रूप देते हैं। इन वर्गों का विवरण हम बहुत थोड़े में दें इससे पहले हम इसके महत्व को रखेंगे।

अवशिष्ट क्रिया का महत्व (Importance of Residues)

(1) अवशिष्ट क्रियाएं मनुष्य के मनोभाव और संवेग को अभिव्यक्ति देते हैं। जब हम किसी के सामने घूंसा तानकर बोलते हैं, हमारे जो मनोभाव हैं उसकी यह अभिव्यक्ति मात्र है। इस तरफ अवशिष्ट क्रिया हमारे दिन-प्रतिदिन व्यवहार में स्पष्ट रूप से दिखायी देती है।

(2) अवशिष्ट समाज में साम्यानुकुलन को बनाये रखते हैं। यदि मनुष्य में मनोभाव संवेद आदि न हों तो वह रोबोट की तरह बन जाएगा। कहीं हम अपनी क्रियाओं को हंसकर करते हैं। तो कहीं रोकर करते हैं। तो कहीं मौन होकर करते हैं। सुख-दुख का उतार-चढ़ाव साम्यानुकूलन को बनाये रखता है।

(3) अवशिष्ट समाज के लोगों के व्यवहार को नियंत्रित करते हैं। वे केवल इन व्यवहारों को नियंत्रित ही नहीं करते निर्धारित भी करते हैं।

अवशिष्ट के वर्ग (Classies of Residues)

पेरेटो ने अवशिष्ट यानी मनोभाव और संवेग को छः वर्गों में रखा है : (1) सम्मिलित (Combination), (2) स्थायित्व (Persistence), (3) अभिव्यक्ति (Manifestation), (4) सामाजिकता (Socioalbility), (5) व्यक्तित्व का संगठन (Integrity of Personality) और (6) यौन (Sex).

(1) **सम्मिलित** (Combination)—सम्मिलित में समाज विरोधी तत्वों को मिलाया जाता है, लेकिन इस तरह से मिलाना तार्किक नहीं होता। हम सम्मिलन मानसिक दशा के आधार पर करते हैं। उदाहरण के लिए हमने सुबह ही सुबह कोयल के संगीत को सुना तो हमने कहा कि यह वर्षा का मौसम है। और पानी अवश्य बरसेगा। इनमें हमने कोयल और सुखद वर्षा दोनों का सम्मिलन कर दिया। यह एक और दृष्टान्त है। बिल्ली हमारा रास्ता काट जाती है तो सोचते हैं कि आज हमारे दिन बिगड़ गया। कोई काम नहीं होगा। यहां हमने बिल्ली के रास्ता काटने और बुरे दिन का सम्मिलिन कर दिया। जादू में भी समान वस्तु समान परिणाम निकलता है। आटे की गुड़िया में पिन चुभाई जाए तो दुश्मन के शरीर में भी चुभन होगी, यह भी समान का समान से सम्मिलन है।

(2) स्थायित्व (Persistence)—ये वे प्रेरणाएं हैं जो मनुष्य के पारस्परिक सम्बन्धों को स्थायित्व प्रदान करती हैं। जिसे हम आदर का व्यक्ति समझते हैं। उसे याद करने के लिए हम बराबर उसका जन्म दिवस मनाते हैं। यह स्थायित्व के मनोभाव को अभिव्यक्ति देना है। राजघाट पर गांधीजी को पुष्प चढ़ाना गांधी जी के प्रति जो आदर है उसे स्थायित्व देना है।

(3) अभिव्यक्ति (Manifestation)—अवशिष्ट के इस वर्ग में हम आंतरिक भावनाओं को बाहरी भावनाओं द्वारा व्यक्त करते हैं। शादी एक ऐसा अवसर है जो मनुष्य की अवशिष्ट भावनाओं को जन्म देता है। हम समझते हैं यह उत्तरदायित्व कम हुआ। इस मनोभाव की अभिव्यक्ति गाने बजाने और खाने-पीने के माध्यम से होती है। मतलब यह हुआ कि अवशिष्ट की अभिव्यक्ति हम अपनी आवश्यकताओं की पूर्ति के दौरान करते हैं।

(4) सामाजिकता (Socioability)—अवशिष्ट का यह वर्ग हमें समाजीकरण प्रदान करता है। इस वर्ग में व्यक्ति समाज की रीतियों को अपनाता है।

(5) व्यक्तित्व का संगठन (Integrity of Personality)—इस वर्ग के अन्तर्गत वे प्रेरणाएं आती हैं जो व्यक्तित्व के विभिन्न तत्वों या लक्षणों को संगठित या संयोजित करती हैं। इसके अन्तर्गत हम उन प्रयत्नों का विरोध करते हैं जो सामाजिक या व्यक्तित्व सम्बन्धी संतुलन को नष्ट करने वाले होते हैं। उचित और अनुचित का ज्ञान हमें इसी वर्ग के अवशिष्ट से होता है। इसीलिये बहुधा हम अपने ऊपर तथा अपने समाज के ऊपर होने वाले अनैतिक या अनुचित आक्रमण का विरोध करते हैं।

(6) यौन (Sex)—इस वर्ग में वे तत्व आते हैं जो काम वासनाओं से जुड़े हैं। यौन से जुड़े हुए व्यवहार इतने जटिल होते हैं कि समाज इन पर नियंत्रण लाता है। ये अवशिष्ट तो अपनी अभिव्यक्ति करते हैं, कभी भाषा के रूप में, कभी संकेतों में और कभी छेड़-छाड़ में। इस पर समाज नियंत्रण लाता है।

(छ) भ्रान्त तर्क (Derivations)

समाजशास्त्र को परिभाषित करते हुए **पेरेटो** ने कहा कि यह वह समाजविज्ञान है जो अतार्किक क्रियाओं का अध्ययन करता है। इन क्रियाओं के अध्ययन के लिये वे तार्किक-प्रायोगिक विधि को काम में लाते हैं। वे क्रियाएं जो तार्किक हैं उनका अध्ययन **पेरेटो** के अनुसार अर्थशास्त्र करता है। तार्किक क्रियाओं के क्षेत्र से बाहर जो भी व्यवहार है वह अतार्किक है और केवल इसी का अध्ययन समाजशास्त्र करता है। इससे आगे चलकर **पेरेटो** जब *अभिजात वर्ग के परिभ्रमण का सिद्धान्त* रखते हैं तो इसकी व्याख्या भी वे अवशिष्ट और भ्रान्त तर्कों से करते हैं।

बोगार्डस ने भ्रान्त तर्क की व्याख्या करते हुए कहा है कि मनुष्य जैसा भी भावनात्मक संवेगात्मक व्यवहार करता है उसका औचित्य भ्रान्त तर्क द्वारा स्थापित करता है। होता यह है कि वह अपनी क्रियाओं को करता है और इन क्रियाओं के प्रति समाज की कुछ अपेक्षाएं होती हैं। जब समाज की अपेक्षाओं और व्यक्ति की क्रियाओं में अन्तर होता है तब व्यक्ति का यह प्रयास होता है कि वह अपनी क्रियाओं का औचित्य प्रस्तुत करे। यह औचित्य प्रस्तुत करना भ्रान्त तर्क हैं। जैसा कि **पेरेटो** के सिद्धान्त निर्माण की प्रक्रिया है, अवशिष्टों की तरह वे भ्रान्त तर्क के भी वर्ग बताते हैं। इस तर्क के चार वर्ग हैं।

1. दृढ़कथन (Assertions)
2. प्राधिकार (Authority)
3. मनोभावों की अनुरूपता (Accord with Sentiments)
4. मौखिक प्रमाण (Verbal Proof)

1. दृढ़कथन (Assertions)—अपने मनोभावों की अभिव्यक्ति के लिये व्यक्ति दृढ़कथन का सहारा लेता है। वह यह दावा करता है कि जो कुछ उसने किया वह सही है। जब वह अपने दृढ़ कथन को रखता है तो इसमें बल की धमकी भी देता है। अपने कथन को ऊंची आवाज में रखता है। मुट्ठियां बांधता है और पूरी शक्ति के साथ अपने अवशिष्ट सही बताता है।

2. प्राधिकार (Authority)—जब दृढ़कथन को लोग तार्किक रूप से स्वीकार कर लेते हैं तब यह प्राधिकार बन जाता है। एक बार समाज ने मान लिया कि पुरुष को अपनी स्त्री को पीटने का अधिकार है तब यह अधिकार प्राधिकार बन जाता है। इसमें यह होता है कि जिसे क्षेत्र में एक व्यक्ति प्राधिकार को काम में लेता है दूसरे क्षेत्रों में भी उसका प्राधिकार स्थापित हो जाता है। उदाहरण के लिये शिक्षा मंत्री परिवार नियोजन में भी प्राधिकार वाला व्यक्ति समझा जाने लगता है।

3. मनोभावों की अनुरूपता (Accord with Sentiments)—ये वे भ्रान्त तर्क हैं जो किसी कार्य के औचित्य को प्रभावित करने के लिये व्यक्ति प्रस्तुत करता है। इस तरह के तर्क कुछ भावनाओं पर आधारित होते हैं और उन्हीं भावनाओं पर कार्य को उचित मान लिया जाता है।

4. मौखिक प्रमाण (Verbal Proof)—इस तरह का व्यवहार जिसका वास्तविकता से कोई सम्बन्ध नहीं होता मौखिक कथन पर स्वीकार कर लिया जाता है। इसमें मिथ्या तर्क, कुतर्क और द्विअर्थक बातें आती हैं जो वास्तविक तथ्यों के अनुरूप नहीं होतीं लेकिन इनका प्रयोग आचरण के औचित्य को सिद्ध करने के लिये किया जाता है।

पेरेटो ने समाजशास्त्र की व्याख्या *ट्रिटाइज* में की है। यहीं पर उन्होंने इसकी विधि को भी बताया है और वे समाजशास्त्रीय सिद्धान्त निर्माण की चर्चा भी यहीं पर करते हैं। उन्होंने सम्पूर्ण समाजशास्त्र को कुछ महत्वपूर्ण अवधारणाओं में बांध दिया है। **पेरेटो** के सिद्धान्तों को समझने के लिये उनकी समाजशास्त्र की व्याख्या को समझना अनिवार्य है। इस समाजशास्त्र की कुछ ऊंची अवधारणाएं हैं अतार्किक क्रिया, तार्किक क्रिया, वस्तुनिष्ठा, व्यक्तिनिष्ठा, अवशिष्ट और भ्रान्त तर्क। ये सब अवधारणाएं **पेरेटो** के सिद्धान्तों को समझने में भी सहायक है। मनुष्य का जो भी अतार्किक व्यवहार है वह अवशिष्टों और तर्कधारणा से बना हुआ है और यह व्यवहार ही समाजशास्त्र की विषय वस्तु है।

2. अभिजन वर्ग का परिभ्रमण

पेरेटो ने अभिजन वर्ग के परिभ्रमण के सिद्धान्त को रखा है अभिजन के चक्रीय सिद्धान्त के पीछे **पेरेटो** की जो मूल भावना है वह यह कि समाज को चलाने का काम अभिजन का है। दूसरे शब्दों में, समाज अभिजन ही रहा है। उसकी अगुंलियों की गति समाज को नचाती है। लोग तो बस अभिजन के संकेत पर सांस लेते है, सांस छोड़ते हैं। समाज की इस बुनियादी धारणा या समझ के बाद **पेरेटो** चक्रीय सिद्धान्त रखते हैं।

अभिजन की परिभाषा

पेरेटो ने अभिजन को परिभाषित किया है। वे व्यक्ति जो समाज के किसी एक निश्चित क्षेत्र में होते हैं, अभिजन कहलाते हैं। समाज के कई विशिष्ट क्षेत्र हैं और लोगों की तुलना में अभिजन अधिक विशेष होते हैं। कुछ इसी तरह फिल्मी जगत में अमिताभ बच्चन और माधुरी दीक्षित अभिजन हैं। व्यवसायिक क्षेत्र में अम्बानी, बिड़ला, गोदरेज आदि अभिजन हैं। समाज के विभिन्न क्षेत्रों में यदि अभिजन की तालिका बनायी जाय तो उसका आकार थोड़ा बड़ा होगा। कुछ अभिजन को विवादस्पद भी समझा जा सकता है। अभिजन हर क्षेत्र में हैं लेकिन **पेरेटो** ने केवल प्रशासनिक अभिजन

का उल्लेख किया है। जब वे अभिजन वर्ग के चक्रीय सिद्धान्त की बात करते हैं तब उनका तात्पर्य हुकूमत करने वाले या शासन करने वाले अभिजनों से है। उनका आग्रह है कि समाज पर शासन को अभिजन ही करते हैं लेकिन अभिजन का वर्ग बन्द वर्ग नहीं है। जो आज शासन करने वाले हैं, कल उन्हें धकेल दिया जाएगा। और उनका स्थान नये अभिजन ले लेंगे। समाज में अभिजन का यह चक्र चलता ही रहता है।

अभिजन के प्रकार

अभिजन की श्रेणी में वे लोग आते हैं जिनमें आम लोगों की तुलना में अधिक बौद्धिकता होती है, कुशलता होती है और किसी काम को करने की क्षमता होती है। काम तो सभी करते हैं लेकिन अभिजन का काम दूसरों की तुलना में श्रेष्ठ होता है। **पेरेटो** अपने सिद्धान्त में **मिचेल्स** से प्रभावित थे। **मिचेल्स** मूल में जर्मन थे लेकिन स्थायी रूप से इटली में बस गये थे। उन्होंने अपने सिद्धान्त को *दि रूलिंग क्लास* (The Ruling Class) में रखा है। उनका सिद्धान्त है कि बड़ी उम्र के नेता धीरे-धीरे बदनाम होते जाते हैं, उनकी शाख गिरने लगती है और वे नये खून के लिये अपना स्थान छोड़ना प्रारम्भ करते हैं। इस तरह के परिवर्तन से समाज की व्यवस्था बनी रहती है।

मिचेल्स की तर्ज पर **पेरेटो** में सम्पूर्ण अभिजन में दो वर्ग पाये जाते हैं। (1) प्रशासनिक वर्ग (Ruling elite) और (2) गैर प्रशासनिक वर्ग (Non-Ruling Class)। इन दो वर्गों में चक्र की तरह पुराने लोग जाते हैं और नये अभिजन आते हैं। इस भांति अभिजन के चक्रीय सिद्धान्त का मूल यह है कि प्रशासनिक अभिजन कमजोर हो जाते हैं या उन्हें कमजोर कर दिया जाता है और उनका स्थान नये अभिजन ले लेते हैं। यही चक्र है। इसे कई बार अभिजन का परिभ्रमण (Circulation) भी कहते हैं।

अभिजन के इन दो वर्गों में दो तरह के अभिजन होते हैं। एक अभिजन को **पेरेटो** लोमड़ी (Fox) कहते हैं। लोमड़ी से उनका तात्पर्य उन अभिजनों से हैं जो चालाक, धूर्त, घटिया और कपटी होते हैं। जब **पेरेटो** फाक्स (Fox) पद का प्रयोग करते हैं तब उनका तात्पर्य ऐसे लोगों से है जो चालाक और धूर्त हैं।

ऐसे अभिजन जो लोमड़ी की तरह सत्ता लेने के लिये उखाड़-पछाड़ करते हैं वे सत्ता भोगने वाले अभिजन को धकेल देते हैं। वे अभिजन जो सभा में यानी जिनके पास शक्ति है। उन्हें **पेरेटो** नाहर (Lion) कहते हैं। नाहर की एक खासियत है कि जो कुछ सत्ता उन्हें मिली हैं उस पर कुण्डली डालकर बैठ जाते हैं। सत्ता के सिंहासन पर बैठे हुए थे अभिजन वास्तव में नर-नाहर होते हैं। और वे अपनी पूरी ताकत को लगाकर अपनी सभा को बनाये रखते हैं। **पेरेटो** की सैद्धान्तिक योजना में लोमड़ी और नाहर दोनों ही अभिजन हैं। दोनों ही सत्ता को ललचाई आंख देखते हैं। अभी नर-नाहर सत्ता में है और थोड़े समय बाद लोमड़ी यानी चालाक और धूर्त अभिजन उन्हें सभा से धकेल देते हैं। **पेरेटो** का यही चक्रीय सिद्धान्त है। यही अभिजन का परिभ्रमण है। अभिजन की नियति एक ही है। नर-नाहर हो या लोमड़ी दोनों को एक दूसरे के लिये सिंहासन छोड़ना पड़ेगा। इस चक्रीय सिद्धान्त का मूल यह है कि समाज पर हुकूमत तो अभिजन की ही होगी। चाहे ये अभिजन आज के नर-नाहर हों या आज के लोमड़ी।

आलोचना (Criticism)—अभिजन वर्ग के परिभ्रमण सिद्धान्त की कई समाजशास्त्रियों ने आलोचना की है। इस सिद्धान्त पर की गयी टिप्पणियां निम्न बिन्दुओं में रखते हैं : (1) समाज में साम्यानुकूलन बराबर बना रहता है। उस पर हुकूमत करने वाला कोई न कोई अभिजन समूह ही होगा। आज का अभिजन वर्ग पदच्युत हो जाएगा तो कल नया अभिजन आएगा।

(2) **पेरेटो** का अभिजन का सिद्धान्त इस अर्थ में एकांगी है क्योंकि यह इस बात को स्वीकार नहीं करता कि जनता के कुछ वर्ग भी जो खाली हाथ और फटी जेब हैं बहुमत के आधार पर सत्ता में आ सकते हैं।

(3) अभिजन का यही सिद्धान्त अवशिष्टों पर निर्भर है। अभिजन लोगों के मनोभावों और संवेगों को सहलाते हैं, और सभा में आ जाते हैं। भ्रान्त तर्क द्वारा बताते हैं कि वे आसमान के स्वर्ग को धरती पर ले आएंगे। अवशिष्टों और भ्रान्त तर्कों पर आधारित यह सिद्धान्त पूरी तरह से संस्कृति की अवहेलना करता है। देखा जाय तो **पेरेटो** की सिद्धान्त निर्माण योजना में संस्कृति और सांस्कृतिक मूल्यों को कोई स्थान नहीं है।

प्रतीकात्मक अन्त:क्रियावाद

प्रतीकात्मक अन्त:क्रिया पद की उत्पत्ति **हर्बर्ट ब्लूमर** (Herbert Blumer) से जुड़ी हैं। 1969 में प्रकाशित अपनी पहली पुस्तक *सिम्बोलिक इन्टरेक्शनिज्म पर्सपेक्टिव एण्ड मेथड* (Symbolic Interactionism : Perspectives and Method, 1969), में उन्होंने संयोगवश इस पद को काम में लिया है। इसके प्रयोग के बारे में वे स्वयं भी कुछ अधिक प्रसन्न नहीं हुये थे। उन्होंने टिप्पणी की :

"यह पद मुझे थोड़ा बहुत फूहड़ और गंवारू लगा। इसका प्रयोग मैंने सबसे पहले *मेन एण्ड सोसायटी* के लिये लिखे गये एक लेख में किया था। यह संयोग की बात ही है कि लोगों को यह पसन्द आ गया और यह पद चल निकला।" वास्तव में इस पद के

प्रयोग की भी एक कहानी है। *मेन एण्ड सोसायटी* पुस्तक का सम्पादन *इमरसन शूमिट* (Emerson P. Schimidt) कर रहे थे। इसमें **ब्लूमर** को भी एक लेख लिखने के लिये आमन्त्रण था। इस पुस्तक के लेखक यह जानना चाहते थे कि समाजविज्ञानों में किस तरह की अध्ययन सामग्री मिलती है और इन विज्ञानों की अध्ययन विधि क्या है। **ब्लूमर** से कहा गया था कि वे सामाजिक मनोविज्ञान (Social psychology) की अध्ययन सामग्री व विधि पर अपने सर्वेक्षण दें। (इस लेख के लिखने के दौरान **ब्लूमर** को लगा कि सामाजिक मनोविज्ञान समाज वैज्ञानिकों से मनुष्य की प्रकृति के अध्ययन में भिन्न है। **ब्लूमर** ने अपनी व्याख्या में कहा कि सामाजिक मनोविज्ञान की बहुत बड़ी रुचि व्यक्ति के सामाजिक विकास (Social Development) को समझने में है। सामाजिक मनोविज्ञान व्यक्ति की तरह विकसित होता है।

इस तरह के अध्ययन ने प्रतीकात्मक अन्त:क्रियावाद को जन्म दिया। वास्तव में **ब्लूमर** ने एक नवजात शिशु के विकास को क्रमिक रूप से देखा। इससे वे इस निष्कर्ष पर पहुंचे कि शिशु का समाज के साथ जो भी सम्बन्ध है वह प्रतीकों के द्वारा है। जब माता-पिता को शिशु मुस्कुराते हुए देखता है तो वह भी मुस्कुराता है। या बच्चे को मुस्कुराते हुए देखकर माता-पिता भी मुस्कुराते हैं। बच्चे का रोना, बच्चे का खिल खिलाना, खिलौने खेलना, झुनझुना बजाना आदि सब प्रतीक हैं, जिनके माध्यम से नवजात शिशु समाज को समझता है और समाज शिशु को। ब्लूमर का आग्रह है कि नवजात शिशु और उसके बाद वयस्क का सम्पूर्ण विकास प्रतीकों के माध्यम से होता है। किसी सम्प्रदाय या राष्ट्र का झंडा, राष्ट्र गीत या इष्ट देव की आरती, भांति-भांति के त्यौहार जैसे वैसाखी, दीवाली या होली, सभी प्रसन्नता या किसी न किसी दु:ख के प्रतीक हैं। नवजात शिशु में प्रतीकात्मक अन्त:क्रिया की भूमिका बहुत निर्णायक है। **ब्लूमर** कहते हैं, ''नवजात शिशु की बाल्यावस्था और वयस्क अवस्था में पहुंचने का मुद्दा मौलिक रूप से ऐसे संगठित रूप में प्रस्तुत करना है, जिसमें बच्चा नये लक्ष्यों और अभिप्रेरण को प्राप्त कर सके। बच्चे की मूल प्रवृत्ति महत्वपूर्ण है। लेकिन बच्चे के विकास में इसकी निर्णायक भूमिका नहीं है। बच्चे की मूल प्रकृति बस यहीं तक सीमित है कि उसमें लचीलापन है। सामाजिक मनोवैज्ञानिक यह मानते हैं कि बच्चे का विकास प्रतीकात्मक अन्तर्क्रियाओं द्वारा ही होता है।''

ब्लूमर ने प्रतीक को पहले तो एक पद की तरह ही काम में लिया। बाद में चलकर इसे एक सिद्धांत का रूप दे दिया। वे बहुत थोड़े में यानि कुछ वाक्यों में प्रतीक को इस प्रकार परिभाषित करते हैं : प्रतीक एक ऐसा साधन है। जिसके द्वारा नवजात शिशु अपना जीवन शुरू करता है। प्रतीक केवल नवजात शिशु के लिए ही उपयोगी हो, ऐसा नहीं है। मनुष्य की सम्पूर्ण अन्त:क्रियाओं में प्रतीकों की भूमिका निर्णायक होती है। प्रतीक के दृष्टान्त हमारे चारों ओर बहुलता से बिखरे हुए हैं। जिस भाषा का हम प्रयोग करते हैं : वह एक शक्तिशाली प्रतीक है। आधुनिक फ्रांसिसी समाजशास्त्री **बोर्दूयू** (Pierre Bourdieu) का तो कथन है कि किसी भी समाज में भाषा एक ताकतवर प्रतीक होती है। व्यक्ति जितनी अधिक भाषाएं जानता है, यानि जितना अधिक बहुभाषी होता है उतनी ही उसकी अन्त:क्रियाएं सफल होती हैं। चित्र भी प्रतीक है। जो काम घंटों के भाषण नहीं करते, एक चित्र कर देता है। चित्रों की लाखों जुबान होती है। एक सामान्य कार्टून समाज में हलचल पैदा कर देता है। नृत्यकला भी प्रतीक है। इसमें हावभाव द्वारा मनुष्य के मनोभावों को अभिव्यक्ति मिलती है। वेशभूषा भी प्रतीक है। जब किसी प्रान्त के व्यक्ति को हम विशिष्ट वेशभूषा में देखते हैं तो हमें उसकी जाति-बिरादरी तक का पता लग जाता है। दूल्हा और दुल्हन की पोशाक होती है। हर समाज में दुख या शोक अभिव्यक्ति की विशेष पोशाक होती है। महिला को काली या सफेद साड़ी पहने देखकर हम समझ जाते हैं कि परिवार में कोई दुखन्तिका घटी है। इसी तरह का अर्थ मुड़ाये सिर को देखकर लगाया जाता है। कहना चाहिये कि समाज की सम्पूर्ण अन्त:क्रियाएं प्रतीकों द्वारा अपनी अभिव्यक्ति पाती हैं।

ब्लूमर ने प्रतीक को जो व्याख्या दी है, उसके आधार पर निम्न तथ्य स्पष्ट हो जाते हैं : (1) अन्त:क्रियाओं में एक या अधिक प्रतीकों को काम में लिया जाता है।

(2) प्रतीक ऐसे होने चाहिये जिनके अर्थ को अन्त:क्रियाएं करने वाले लोग समझते हों। इसका अर्थ यह हुआ कि प्रतीक को काम में लेने वाले व्यक्ति या समूह और इसी तरह अन्त:क्रिया करने वाले व्यक्ति या समूह में प्रतीकों के सम्बन्ध में समान अर्थ एवं समझ होना आवश्यक है।

(3) मनुष्य के विकास में प्रतीक और समझ (Under Stunding) प्रमुख पद हैं। सभी प्रतीकात्मक अन्त:क्रियावादियों का कहना है कि एक ओर तो मनुष्य का स्व (Self) होता है, और दूसरी ओर इसके इर्द-गिर्द विशाल समाज। इस विशाल समाज में प्रतीकों की भूमिका निर्णायक होती है। प्रतीकात्मक अन्त:क्रियावादी अन्य समाजशास्त्रीय सिद्धान्तवेत्ता से एकदम भिन्न होते हैं। उदाहरण के लिए प्रकार्यवादी यह मानकर चलते हैं कि सामाजिक व्यवस्था अपने आपको बनाये रखने के लिये व्यक्तियों की अन्त:क्रियाओं को पहले से ही अग्रिम रूप से निर्धारित कर लेती है। **दुर्खीम** कहते हैं कि उत्पादन पद्धतियां ही व्यक्ति के वर्ग को निश्चित करती हैं। प्रतीकात्मक अन्त:क्रियावादी इस प्रकार के किसी विश्लेषण को

स्वीकार नहीं करते। यद्यपि ये अन्त:क्रियावादी स्वभाव द्वारा प्रदत्त भूमिकाओं के प्रभाव को तो स्वीकार करते हैं पर इनका उनसे कोई सरोकार नहीं होता। अन्त:क्रियावादी तो पूर्णत: व्यक्ति के व्यवहारों की व्याख्या करते हैं। उनका कहना है कि व्यक्ति तो अपनी अन्त:क्रियाओं में वही सब कुछ करेगा जिसे उसके स्व (Self) ने निश्चित किया है।

प्रतीकात्मक अन्तः क्रियावाद का सिद्धांत

प्रतीकात्मक अन्त:क्रियावाद के विकास की कहानी बहुत पुरानी है। सबसे पहले **जार्ज सिमेल ने** अन्त:क्रिया के विश्लेषण पर जोर दिया था। इसके बाद कई सिद्धान्तवेत्ताओं ने अन्त:क्रियावाद को विकसित किया। वैसे अन्त:क्रियावादी विचारकों की सूची बहुत लम्बी है, फिर भी वे अन्त:क्रियावादी जिनके बौद्धिक योगदान महत्वपूर्ण हैं उनमें **सिनेल रोबर्ट पार्क, विलियम थोमस, चार्ल्स होर्टन कूले, जॉन डेवी और जॉर्ज हर्बर्ट मीड** के नाम महत्वपूर्ण है। सच में देखा जाये तो अन्त:क्रियावादियों की इस दुविधा में **वेबर** का स्थान भी सम्मानीय होना चाहिये। जब उन्होंने समाजशास्त्र की परिभाषा की, तब उन्होंने दृढ़तापूर्वक इस तथ्य को रेखांकित किया। किसी भी अन्त:क्रिया के विश्लेषण में **वेरेस्टेहन** (Verstehen) यानि व्यक्तिपरक अर्थ को पूरा महत्व देना चाहिये। समाज में जिस तरह का अर्थ लोग निकालते हैं, वही अपनी जगह पर सही है, लेकिन व्यक्ति स्वयं जो अर्थ निकालता है, वह अत्याधिक महत्वपूर्ण है। **वेबर** का कहना है—

''समाजशास्त्र एक विज्ञान है, जिसकी कोशिश सामाजिक क्रिया की निर्वचना समझ (Interpretive Understanding) को विकसित करना है। ऐसा करके हम क्रिया और उसके परिणाम की कार्य-कारण व्याख्या कर सकते हैं। उन सभी गतिविधियों को हम क्रिया कहते हैं। जिनका अर्थ व्यक्तिपरक होता है।''

वेबर के अतिरिक्त कुछ और समाजशास्त्री भी हैं। जिन्होंने प्रतीकात्मक अन्त:क्रियावाद के क्षेत्र में निर्णायक योगदान किया है। यहां हम कुछ प्रतिनिधि प्रतीकात्मक अन्त:क्रियावादियों का थोड़ा विस्तार से विश्लेषण करेंगे। ये अन्त:क्रियावादी हैं (1) **जार्ज हर्बर्ट मीड** (George Herbert Mead) (2) **हर्बर्ट ब्लूमर** (Herbert Blumer) तथा (3) **इर्विंग गोफमेन** (Erving Goffman)। यहां हमें यह स्पष्ट हो जाना चाहिये कि प्रतीकात्मक अन्त:क्रियावादी अपने सिद्धान्त निरूपण में एक समान हो ऐसा नहीं है। उदाहरण के लिये **मीड** ने अपने सम्पूर्ण विश्लेषण में यानि व्यक्ति के विकास की प्रक्रिया में स्व (Self) की भूमिका को महत्वपूर्ण माना है। **हर्बर्ट ब्लूमर** भी प्रतीकात्मक अन्त:क्रियावादी हैं। उनके विश्लेषण में प्रतीकात्मक अन्त:क्रिया के अध्ययन में विधि (Methodoiogy) महत्वपूर्ण है। **इर्विंग गोफमेन,** यद्यपि प्रतीकात्मक अन्त: क्रियावादी हैं, पर इनका सम्प्रदाय अन्त:क्रिया व्यवस्था को महत्व देता है। यहां हम तीनों प्रतीकात्मक अन्त: प्रकार्यवादियों का अलग-अलग विश्लेषण करेंगे :

जार्ज हर्बर्ट मीड

आज प्रतीकात्मक अन्त:क्रियावादी सिद्धान्त में जो कई अवधारणाएं, तर्क और राजनीति में पायी जाती हैं, उनका उद्गम **मीड** के सिद्धान्त में है। स्वयं **ब्लूमर** इस सम्बन्ध में **मीड** के प्रति अपनी कृतज्ञता व्यक्त करते हैं। **कोजर** ने एक स्थान पर कहा है कि आधुनिक प्रतीकात्मक अन्त:क्रिया के निर्माण में **मीड** का योगदान अद्वितीय है। एक और बात **मीड** के बारे में कहनी चाहिये कि उन्होंने प्रतीकात्मक अन्त:क्रिया सिद्धान्त में जो कुछ लिखा है उसका केन्द्र बिन्दु ''स्व'' (Self) है। वे इसी ''स्व'' को घुट्टी बनाकर प्रतीकात्मक सिद्धान्त के ताने-बाने तो बुनते हैं। इस सिद्धान्त की प्रकृति दार्शनिक और मनोवैज्ञानिक अधिक है, समाजशास्त्रीय कम। फिर भी **मीड** ने आज इसी तर्ज में **ब्लूमर** के इस सिद्धान्त में एक प्रकार की त्रिवेणी प्रस्तुत की है-सामाजिक मनोविज्ञान, दर्शनशास्त्र और समाजशास्त्र।

मीड का जीवन काल 1973 से 1931 तक के समय में सिमटा हुआ है। अमेरिका के समाजशास्त्रियों में उनकी गणना बहुत थोड़े उच्च कोटि के समाजशास्त्रियों में होती है। आज अमेरिका की समाज विज्ञान की दुनिया में जो कुछ है, उसके चरित्र को बनाने में **मीड** का योगदान निर्णायक है। **मीड** के पिता एक सामान्य प्यूरीटन पादरी थे। उनकी मां अपने पति के मरने के बाद होलीओक कॉलेज की अध्यक्ष बन गयीं। अपने जीवन काल में **मीड** ने स्नातक परीक्षा हार्बर्ट विश्वविद्यालय से उत्तीर्ण की। उनके साथियों में **जैसिआ रॉयसी, विलियम जेम्स** आदि थे, जिन्होंने इनका रुझान दर्शनशास्त्र की प्रति कर दिया। अपने आगे की पढ़ाई **मीड** ने यूरोप में की। वे जर्मनी के **बर्लिन** में भी पढ़े। पढ़ाई से लौटने के बाद अमेरिका पहुंच कर उन्होंने दो वर्ष तक मिशीगन विश्वविद्यालय में अध्यापन का कार्य किया। यहीं पर उनका इस युग के अद्वितीय विचारकों—जैसे **जॉन डेवी और कूले** से मिलना हुआ। जब **डेवी** शिकागो विश्वविद्यालय चले गये तब **मीड** ने भी उनका अनुसरण किया। अपनी मृत्यु पर्यन्त (1931) तक **मीड** इसी विश्वविद्यालय के दर्शन विभाग में अध्यापन कार्य करते रहे। **मीड** की नियति केवल अध्यापन की थी। यद्यपि उन्होंने बेशुमार फुटकर लेख-लिखे, लेकिन उनकी सभी पुस्तकें मरणोपरान्त प्रकाशित हुईं। उनकी लोकप्रिय पुस्तक **माइन्ड, सेल्फ एण्ड सोसायटी** (Mind, Self and Society) जिसका सम्पादन उनके विद्यार्थियों ने किया। जब कभी प्रतीकात्मक

अन्त: क्रियावाद सिद्धान्त की चर्चा होती है, एक पुस्तक का संदर्भ अवश्य दिया जाता है। इस पुस्तक में वे अपने सिद्धान्त का प्रतिपादन चार मुख्य अवधारणाओं द्वारा करते हैं। हम विस्तार से देखेंगे :

1. स्व (Self),
2. स्व-अन्त:क्रिया (Self-Interation),
3. स्व का विकास (Development of the Self),
4. प्रतीकात्मक अभिप्राय (Symbolic Meaning)

1. स्व (Self)—मीड ने "स्व" की अवधारणा को प्रतीकात्मक अन्त:क्रियावाद का केन्द्रीय आधार बनाया है। उनके अनुसार मनुष्य के भीतर "स्व" (Self) होता है। कई बार हम "स्व" का अर्थ आत्मा से लेते हैं। मनुष्य का मस्तिष्क भले ही कलुषित हो जाये, भ्रष्ट हो जाये, लेकिन भारतीय परम्परा से हमारा विश्वास है कि मनुष्य की आत्मा या तकनीकी पदावली में "स्व" सबसे ऊपर है। दार्शनिकों की दृष्टि में "स्व" यानि "आत्मा" परमात्मा का एक अंग है। हम दिन प्रतिदिन की चर्चा कई बार कहते हैं कि अमुक काम करने को हमारी आत्मा नहीं मानती। हम यह भी कहते हैं कि आप अपनी आत्मा को साक्षी रखकर अपने विचार रखें। यह सब इस बात को बताता हैं कि "आत्मा" भारतीय दर्शन में निरन्तर है, शरीर के नष्ट होने पर भी नष्ट नहीं होती। इसी आत्मा को थोड़े बहुत फेर-फार के साथ मनोवैज्ञानिक पदावली में **मीड** "स्व" कहते हैं। यह "स्व" जन्म लेने के बाद अपने विशुद्ध रूप में होता है। यह "स्व" न तो हिन्दू होता है और न ही मुसलमान। यह तो केवल सहजवृत्ति और आवेश से भरा होता है। नवजात शिशु को सुई चुभाई जाती है तो वह रोता है। इसी शिशु को उसकी मां जब दूध पिला देती है तो रोना बन्द कर देता है। "स्व" का यह प्राकृतिक स्वरूप है। जब वह "स्व" विकसित हो जाता है तब बच्चा समझने लगता है कि रोने पर उसकी संभाल अधिक होती है, तब वह अपनी सुविधा के लिये रोने लगता है। स्व के विकास की शायद यह प्रारम्भिक अवस्था है। इसके बाद जब स्व का पर्याप्त समाजीकरण हो जाता है तब वह अपने आपको अड़ोस-पड़ोस, गांव, शहर, जाति-बिरादरी, शिक्षा-दीक्षा में समझने में लग जाता है। **ब्लूमर** ने प्रतीकात्मक अन्त:क्रिया के विवेचन में **मीड** द्वारा दी गयी स्व की अवधारणा को अधिक सरलता से रखा है। **ब्लूमर** लिखते हैं :

मीड की लिये "स्व" सृजनात्मक सावयव है। वह बराबर क्रियाशील रहता है। स्व अपने आप में केन्द्रीय रूप से एक सामाजिक प्रक्रिया है। "स्व" स्वयं "स्व" से अन्त:क्रिया करता है। बाहर की दुनिया की बातें पहले "स्व" के पास पहुंचती हैं। "स्व" इन बातों के रूबरू होता है, और यही "स्व" की अन्त:क्रिया है। यही "स्व" बाहर की दुनिया की भूमिकाओं को अपनी समझ कर अपना लेता है और धीरे-धीरे जब बाहरी दुनिया की अपनी दुनिया समझने लगता है।

मीड की "स्व" की अवधारणा बड़ी अर्थपूर्ण है। वे कहते हैं कि मनुष्य का "स्व" बराबर सृजनात्मक और क्रियाशील होता है। "स्व" के तत्वों में सामाजिक, सांस्कृतिक और मनोवैज्ञानिक जैसे कोई चर नहीं होते जो "स्व" की गतिविधि को निर्धारित करें। बाहर की चीजें "स्व" के पास पहुंचती है। "स्व" इन चीजों का मूल्यांकन करता है। वास्तव में, समाज के मूल्य, मानक, भूमिका और प्रस्थिति "स्व" के अन्दर आते हैं क्योंकि "स्व" बाहरी दुनिया को देखता है। अब "स्व" और समाज के मूल्यों, मानकों, भूमिकाओं आदि में अन्त:क्रिया होती है। दोनों में आदान-प्रदान होता है। "स्व" मूल्य मानक आदि का निर्वाचन करता है। और इसी तरह या तो समाज के इन मानकों मूल्यों आदि को अस्वीकार करता है, आंशिक रूप से स्वीकार करता है और यदि सम्भव हुआ तो पूर्णत: स्वीकार कर लेता है। अत: "स्व" और समाज के मूल्य मानक, भूमिका व प्रस्थिति दोनों के बीच में बराबर अन्त:क्रिया चलती रहती है।

प्रतीकात्मक अन्त:क्रियावाद इस तर्क को स्वीकार नहीं करता कि "स्व" ही सम्पूर्ण क्रिया का निर्धारण करने वाला है। फिर भी **मीड** ने स्व को दो अवस्थाओं में देखा है। पहली अवस्था मैं (i) की है। यह मैं सावयव का विशुद्ध रूप है। इसके प्रति उत्तर असंगठित होते हैं। इसमें अपने मूलभूत आवेग होते हैं। इन मूलभूत आवेगों का समाज से कोई सरोकार नहीं होता। यह "स्व" तो मनमाने ढंग से अपनी क्रियाएं करता है। नवजात शिशु का स्व इस पहली "मैं" अवस्था में होता है। घर में कोई गम हो-घर के लोग रो रहे हों, लेकिन नवजात शिशु का स्व तो इस दिशा में किलकारी मारता है। हाथ पांव फेंकता है। इस "मैं" की अवस्था में "स्व" के लिये समाज की वस्तुएं मतलब (Meaningless) हैं।

"स्व" की दूसरी अवस्था "मेरा" (Me) "मुझे" की है। इस अवस्था में दूसरों के प्रति स्व की अभिवृत्तियां संगठित हो जाती हैं। मेरी अवस्था में स्व दूसरों से सीखता है और दूसरों की वस्तुओं, मानकों, मूल्यों, भूमिकाओं आदि को मेरी (Me) बना लेता है। इस अवस्था में दूसरों की अभिव्यक्तियां और मनोभाव स्व के अपने हो जाते हैं। अब दूसरों के प्रभाव के कारण स्वयं व्यक्ति में चेतना आ जाती है। बच्चा समझने लगता है कि उसे समय पर सो जाना है क्योंकि उसे विद्यालय जाना है। अब हर तरह से "स्व" जब मेरा बन जाता है तो वह समाज के मानक और मूल्यों को अपना समझने लगता है।

प्रकार्यवादी, उदाहरण के लिये, पारसंस व्यक्ति को एक

अक्रियाशील और असृजनकर्ता मानते हैं क्योंकि उस पर सामाजिक व मनोवैज्ञानिक शक्तियां अधिकार कर लेती हैं। **जार्ज होमन्स** ने भी, जो वैयक्तिक मनोविज्ञान को मानते हैं, यही भूल की। प्रकार्यवादियों का व्यक्ति के प्रति जो यह निष्क्रिय दृष्टिकोण है, **मीड** को स्वीकार नहीं हुआ। **मीड** दृढ़तापूर्वक कहते हैं कि व्यक्ति का "स्व" कभी भी निष्क्रिय नहीं है। वह तो बराबर सक्रिय व सृजनकारी है। उसके पास स्व अन्त: क्रिया (Self Interaction) की ऐसी पद्धति है जिसके द्वारा वह स्वयं अपनी गतिविधियों को निर्धारित करता है। **मीड** का कथन और उसकी सैद्धान्तिक स्थिति बहुत स्पष्ट है : व्यक्ति अपने परिवेश के संदर्भ में गतिविधि करता है। वह इस बात को पहचान लेता है कि पिछले अनुभव में इस क्रिया के करने से उसे लाभ हुआ या हानि। उदाहरण के लिए हम टमाटर को लें। एक अर्थ में टमाटर शरीर को पोषण देता है। यह पुष्ट आहार का एक अंग है। दूसरे अर्थ में हमारी नाराजगी होने पर हम फूहड़ कविता पढ़ने वाले कवि पर टमाटर फेंकते हैं यह हमारे क्रोध का प्रतीक है। टमाटर के इन दोनों प्रतीकात्मक अर्थों को व्यक्ति समझने लगता है और इसलिये उसकी यह समझ उसे क्रियाशील एवं सृजनशील बना देती है।

प्रतीकात्मक अन्त:क्रियावादी निर्धारणवाद को नहीं मानते। उनका कहना है कि मनुष्य के अन्दर अपने आप समाज के सम्पर्क में आकर "मैं" (1) मेरा (Me) बनने लगता है। **मीड** ने "मैं" और "मेरा" की परिभाषा की है। "मैं" सावयव का असंगठित प्रत्युत्तर (Unorganised Response) है। यह प्रति उत्तर मूलभूत मनोभावों और अभिवृत्तियों से प्रेरित होता है। मेरा या मुझे (Me) वह अवस्था है जिसमें व्यक्ति ने दूसरों से जो सीखा है उसके दायरे में प्रति उत्तर देता है। यहाँ पर ध्यान में रखने की बात है कि कई बार मैं जब मेरा (Me) की बात को अस्वीकार करता है। तब ऐसी सम्भावना भी बनती है कि व्यक्ति किसी आविष्कार को जन्म दे या नवीनीकरण के प्रस्तुत करे।

अन्तत: मनुष्य के स्व में मैं होता है। इस स्व का जब समाजीकरण किया जाता है तो वह सिलसिले से मेरा या मुझे (Me) बनने लगता है।

(2) स्व अन्त:क्रिया (Self Interaction): जब बाहरी समाज के मूल्य, मानक, भूमिका और प्रस्थिति स्व की दुनिया में पहुँचे हैं तब स्व और बाहर दुनिया के बीच में अंत:क्रियाएं होती है एक विवाद चलता है, बहस होती है। इस विवाद में स्व अपने तर्क देता है। उदाहरण के लिये भूखे बच्चे का स्व आग्रहपूर्वक कहता है कि दूध नहीं मिला तो वह भूख से मर जायेगा। बाहरी दुनिया की भूमिकाएं कहती हैं कि बीमारी के कारण उसकी माँ दूध देने में असमर्थ है। कुछ इस तरह के तर्क-वितर्क स्व और बाहरी दुनिया के बीच-बच्चों में ही नहीं वयस्कों में भी-होते हैं।

मीड का कहना है और वे इस बात की व्याख्या भी करते हैं कि संचार की प्रक्रिया द्वारा एक व्यक्ति दूसरे व्यक्ति की भूमिका को स्वयं पर ओढ़ लेता है। और इस तरह स्व की समाज के अन्य लोगों के साथ अन्त:क्रिया चलती रहती है। इसी अन्त:क्रिया की प्रक्रिया में अपने आप प्रतीकों की सूची का आकार बढ़ता जाता है। इस प्रकार दूसरे लोगों के अनुभवों को स्व लेता रहता है और इस तरह स्व के अनुभवों का खजाना निरन्तर बढ़ता रहता है। वास्तव में स्व और बाहरी समाज के बीच बातचीत बराबर चलती रहती है।

(3) स्व का विकास (Development of Self) : मीड ने कई विधियों से, उदाहरण के लिये खेलकूद से, स्व के विकास को अपनी कृतियों में रखा है। लगभग दो वर्ष की अवस्था तक खेलकूद की पूर्व अवस्था में होता है। इस अवस्था में सभी गतिविधियां बच्चे के लिये अर्थहीन होती हैं। जब लोग प्रतीकों के द्वारा अन्त:क्रियाएं करते हैं, तो बच्चा इन अन्त:क्रियाओं का अर्थ नहीं समझता। इसके बाद की अवस्था में वह प्रतीकों को समझने लगता है, भाषा का मतलब जानने लगता है। रोटी और दूध का अर्थ समझने लगता है। इस अवस्था में आकर बच्चा दूसरों की भूमिकाओं की नकल करने लगता है। खेल-खेल में वह अध्यापक बन जाता है। हम सभी परिचित हैं कि छोटे बच्चे टीचर-टीचर या डॉक्टर-डॉक्टर जैसे खेल खेलते हैं। इन खेलों के पीछे महत्वपूर्ण बात यह है कि दूसरों की भूमिकाओं को भी बच्चा अपनाने लगता है।

जैसे-जैसे बच्चा अपने विकास की अगली अवस्थाओं में पहुँचता है, भूमिका ग्रहण करने की प्रक्रिया लम्बी और जटिल होने लगती है। प्रतीकों की सूची भी बड़ी हो जाती है। उसके खजाने में विभिन्न शारीरिक हाव-भावों का विस्तार होता है। आगे चलकर व्यक्ति जिस समाज का सदस्य होता है, उसके मानक, मूल्य भूमिकाएं और प्रस्थितियों को अपनाने लगता है। स्व के विकास की यह कहानी वस्तुत: **मीड** के प्रतीकात्मक अन्त:क्रिया सिद्धान्त का मूल आधार है।

(4) प्रतीकात्मक अभिप्राय (Symbolic Meaning) : मीड के प्रतीक के अर्थ को संकेत (Gesture) की परिभाषा से लिया है। संकेत का एक प्रकार इशारा भी चेष्टा है। हम दाँत दबा कर भौहें चढ़ाकर और मुट्ठी बाँधकर दूसरे की तरफ झपटते हैं तो यह निश्चित रूप से आक्रमण करने का संकेत है। **मीड** ने संकेत (Gesture) की परिभाषा करते हुए कहा कि ये वे तत्व हैं जिनका स्व ने अन्तरीकरण कर लिया है और जो एक ही अर्थ के प्रतीक हैं।

अमुक संकेत का अर्थ समाज के सभी सदस्य एक समान लेते हैं। समाज के लोग जानते हैं कि आँखे लाल पीली करने का अर्थ क्रोध है। आँख फेर लेने का मतलब उपेक्षा है।

प्रतीक एक तरह के संकेत हैं जो शारीरिक मुद्राओं में हो सकते हैं, हाव भाव में दिख सकते हैं, नाच गान और भाषा व साहित्य में हैं परिलक्षित होते हैं। इनकी विशेषता यह है कि समाज के सभी सदस्य प्रतीक का एक या समान अर्थ निकालते हैं। जब अर्थ समान हो जाता है तो संचार में खुलकर संकेत काम में लाते हैं। सभी स्नेहपूर्ण एवं मृदुल शब्दों से परिचित है। प्रतीक हटा लीजिये, मनुष्य पत्थर की मूरत बन जायेंगे, न कोई उनमें अर्थ होगा और न ही कोई मनोभाव।

सारांश (हर्बर्ट मीड)

मीड ने प्रतीकात्मक अन्त:क्रिया सिद्धान्त का मुहावरा स्व (Self) और प्रतीक (Symbols) है। जब मनुष्य एक दूसरे के साथ बातचीत करते हैं, तब प्रतीकों का प्रयोग करते हैं क्योंकि प्रतीकों के अर्थ को शारीरिक संकेतों और हाव भावों को समान रूप से समझते हैं और इसलिये प्रभावपूर्ण संचार हो जाता है लेकिन इस तरह का संचार इतना सरल नह्रीं है। जब एक ही शब्द का अर्थ दूसरा निकालता है या भाषा ही दूसरी हो जाती है तब सारी संचार प्रणाली गड़बड़ा जाती है। **मीड** ने प्रतीकों की संचार पद्धति की भूमिका में बहुत कुछ लिखा है। जब वे स्व की भूमिका को समझते हैं तो विस्तृत रूप से इस तथ्य की व्याख्या करते हैं कि व्यक्ति के स्व का विकास दूसरों की भूमिका को अपना लेने से होता है। इस भूमिका द्वारा वह दूसरों की अभिव्यक्तियों, क्रियाओं को अपनी समझने लगता है। आज भी कई अन्त: क्रियावादी सिद्धान्तवेत्ता भूमिका ग्रहण के महत्व को बुनियादी तत्व मानते हैं। **आर्नोल्ड रोस** (Arnold Rose) दो अन्त: क्रिया अध्ययन के जाने माने विचारक हैं, दृढ़तापूर्वक कहते हैं कि दूसरों की भूमिका को ग्रहण किये बिना प्रतीकों का विकास नहीं हो सकता। **अल्फ्रेड लिंडस्मिथ** (Alfred Lindesmith) और **अन्सेम स्ट्राँस** (Ansclm Strauss) भी इस बात को स्वीकार करते हैं कि जब दूसरों की भूमिकाओं को अपनाया नहीं जाता व्यक्ति समाज के प्रतीकों, मूल्यों, मानकों आदि को समझ नहीं सकता। **मीड** का यह सिद्धान्त बहुत सामान्य लगता है, लेकिन जब उन्होंने इसका प्रतिपादन किया, दूसरों के लिये अनुकरणीय बन गया।

हर्बर्ट ब्लूमर का प्रतीकात्मक अन्तः क्रियावादी सिद्धांत निर्वचन और विधि :

प्रतीकात्मक अन्त: क्रिया सिद्धान्त के विकास में **हर्बर्ट ब्लूमर** एक मील के पत्थर है। वे ऐसे हस्ताक्षर हैं जिन्होंने प्रतीकात्मक सिद्धान्त को उसकी वर्तमान ऊँचाईयों तक पहुँचाता है। वे **हर्बर्ट मीड** के शिष्य थे और उन्होंने अपनी सम्पूर्ण शिक्षा-दीक्षा अमेरिका में पायी है। इनका जन्म अमेरिका में 1900 में हुआ। वे 1921 से 1952 बराबर शिकागो विश्वविद्यालय में काम करते रहे। 1928 में इसी विश्वविद्यालय से उन्होंने डॉक्टरेट की उपाधि प्राप्त की। बाद में थोड़े समय के लिये वे केलिफोर्निया विश्वविद्यालय में रहे। उनके अकादमिक जीवन का एक मात्रा उद्देश्य यह था कि अपने गुरू **मीड** के सिद्धान्त को आगे बढ़ाये, उसे नये क्षितिजों तक पहुँचायें।

ब्लूमर का जीवन बहु आयामी था। वे अध्यापन और अनुसंधान करने के साथ-साथ फुटबाल के पेशेवर खिलाड़ी भी थे। जहाँ कहीं श्रमिकों में विवाद होता, उसे सुलझाने में **ब्लूमर** मध्यस्थता करते थे। रूचिकर बात यह है कि वे गुंडों और माफिया गैंग के सदस्यों का साक्षात्कार भी लेते थे। **ब्लूमर** की समाजशास्त्र और सैद्धान्तिक दुनिया में ऊँची प्रतिष्ठा का बहुत बड़ा कारण 1941 से 1952 तक "अमेरिका जर्नल ऑफ सोशियोलोजी का सम्पादन था।" 1956 में वे अमेरिका के समाज के समाजशास्त्रियों की परिषद के अध्यक्ष भी रहे।

ब्लूमर का प्रतीकात्मक अन्त: क्रिया सिद्धान्त के विकास के एक निश्चित महत्वपूर्ण योगदान है। इस योगदान के तीन महत्वपूर्ण पहलू हैं :

1. निर्वचन (Interpretation)
2. प्रतीकात्मक अन्त: क्रियावाद के तीन मौलिक आधार वाक्य (Three Basic Premises of Symbolic Interactionism)
3. संरचना और प्रक्रिया (Structure and Process)
4. विधि (Mothodology)

1. निर्वचन (Interpretation) : **ब्लूमर** की एक विशेषता यह है कि उन्होंने **मीड** के सिद्धान्त का एक तार्किक स्वरूप प्रस्तुत किया है। वे **मीड** के इस बिन्दु को बराबर उजागर करते हैं कि मनुष्य की अन्त: क्रियाओं को व्यवहारवादी मनोविज्ञान द्वारा नहीं समझा जा सकता। उनका आग्रह है कि उद्दीपन प्रत्युत्तर (Stimulus-Response) अवधारणा जिसे **होमन्स** ने विकसित किया है, अपर्याप्त है। **ब्लूमर** ने अपनी अकादमिक गतिविधियों में यह स्थापित करने का पूरा प्रयास किया है कि किसी भी व्यवहार या क्रिया में व्यक्ति ही निर्धारक तत्व होता है। यह तो स्व (Self) ही निश्चित करता है कि अमुक दशा में उसे कैसा व्यवहार करना चाहिए। अत: सामाजिक सांस्कृतिक और आर्थिक कारकों की तुलना में व्यक्ति का स्व एक शक्तिशाली कारक है। वास्तविक यह

है कि कर्त्ता (Actor) व्यक्ति के बाहरवाली दुनिया का स्वयं निर्वचन करता है, इस दुनिया के बारे में अपनी समझ (Understanding) स्वयं बनाता है, और उसी के अनुसार काम भी करता है। **मीड** के इस तर्क को स्थापित करने का काम **ब्लूमर** ने किया। इसी कारण **ब्लूमर** के प्रतीकात्मक अंत: क्रिया सिद्धान्त का बहुत बड़ा आधार वाक्य (Premise) निर्वाचन है।

निर्वचन का ताकतवर तर्क उद्दीपन-प्रत्युत्तर के क्षेत्र में है। वे सिद्धान्तवेत्ता जिन्होंने उद्दीपन-प्रत्युत्तर अवधारणा को रखा है, खासकर विनियम सिद्धान्तवेत्ता का कहना है कि परिवेश और समाज, उद्दीपन प्रस्तुत करता है-भूखण्डों की नीलामी सस्ते दामों पर हो रही है। इन्हें उदाहरण स्वरूप लिया जा सकता है। स्पष्ट रूप से यह उद्दीपन की स्थिति है। कर्ता प्रभावित होते हैं, वह भूमिहीन हैं, उनके पास कोई आवास नहीं। वह भूमिखण्ड को नीलाम में ले लेता है। यह उसका प्रत्युत्तर है। इस अवधारणा को विनिमय सिद्धान्तवेत्ताओं और विशेषकर **होमन्स** ने रखा है।

हर्बर्ट ब्लूमर उद्दीपन-प्रत्युत्तर अवधारणा में एक बुनियादी संशोधन करते हैं। समाज कर्ता को उद्दीपन देता है। लेकिन इस उद्दीपन का प्रत्युत्तर सीधा नहीं आता। कर्ता का स्व है। उद्दीपन व स्व में अन्त: क्रिया होती है। बराबर स्व उद्दीपन से विवाद करता है। यह विवाद स्व और उद्दीपन द्वारा किया गया निर्वाचन है। जब तक उद्दीपन के निर्वाचन **ब्लूमर** उद्दीपन प्रत्युत्तर के बीच निर्वचन को महत्वपूर्ण स्थान देना चाहते हैं। **ब्लूमर** संशोधित अवधारणा को इस तरह रखते हैं : उद्दीपन निर्वचन प्रत्युत्तर (Stimulus Interpretation-Response). पिछले दृष्टान्त में जब भूखण्ड की नीलामी की बात (A) से कहता है तो (B) उसका निर्वचन करता हैं : मुझे अभी भूखण्ड खरीदने की क्या जरूरत है, जहाँ मैं रह रहा हूँ ठीक ही हूँ। अभी भूखण्ड में रकम लगाने की क्या आवश्यकता है। (A) द्वारा दिये गये उद्दीपन (B) पूरी बहस करता है। यानि उद्दीपन का निर्वचन करता है। आश्वस्त होता है, और भूखण्ड ले लेता है। तो इस दृष्टात में **होमन्स** की व्याख्या के अनुसार निर्वचन को कोई स्थान नहीं था। **ब्लूमर** ने उसे स्थान दे दिया। **ब्लूमर** प्रतीकात्मक अन्त: क्रियावाद में व्यवहारवाद को अस्वीकार करते हैं। इसके स्थान पर वे निर्वचन को उपयोगी मानते हैं।

जिसे **ब्लूमर** निर्वचन की प्रक्रिया द्वारा समझाते हैं, उसे वे स्व-संकेत (Self-Indication) भी कहते हैं। अर्थात् जब बाहरी दुनिया की वस्तु अंदर जाती है तो बराबर स्व अपनी दृष्टि से स्वीकार या अस्वीकार करने का संकेत देता है।

ताकि यह संकेत व्यक्ति का स्वयं का है, **ब्लूमर** इसे स्व-संकेत कहते हैं।

निर्वचन की प्रक्रिया

उद्दीपन
(Stimulus)
(निर्वचन)
(Interpretation)

स्व (Self) — प्रत्युत्तर (Response)

कई बार ऐसी स्थिति आती है। जब क्रिया करने वाले दोनों ही व्यक्तियों को एक दूसरे की भाषा का ज्ञान नहीं होता अर्थात् दोनों ही व्यक्ति अर्थ नहीं निकाल सकते, निर्वचन नहीं कर सकते। जब एक हिन्दी भाषी कन्नड़ भाषी व्यक्ति से अन्त: क्रिया करता है तो दोनों ही के लिए एक-दूसरे की भाषा को समझना दूभर होता है। प्रतीकों का अर्थ दोनों ही नहीं निकाल सकते। ऐसी अवस्था में दुभाषिये की आवश्यकता होती है। जो दोनों को प्रतीकों के अर्थ समझाने में मदद कर सके। **ब्लूमर** इस तथ्य पर जोर देता है कि जब तक दूसरे व्यक्ति की क्रिया का सही निर्वचन नहीं होता, तब तक यह क्रिया अप्रतीकात्मक ही रहती है। इस तरह की अप्रतीकात्मक अन्त: क्रिया कुछ विशेष अवसरों पर भी देखने को मिलती है। मनुष्य जब क्रोध में होता है, वह बहुत कट जाता है। और इस अवसर पर उसके द्वारा प्रयुक्त प्रतीक बेमतलब हो जाता है। कभी-2 खुद की सुरक्षा में भी आदमी ऐसी क्रियाएं कर लेता हैं। जो अप्रतीकात्मक होती है।

(2) प्रतीकात्मक अन्तः क्रियावाद के तीन मौलिक आधार-वाक्य (Three Basic Premises of Symbolic Interactionism) : यहां हम **हर्बर्ट ब्लूमर** के प्रतीकात्मक अन्त:क्रियावादी सिद्धान्त के क्षेत्र में किये गए योगदान की चर्चा कर रहे हैं। उन्होंने उद्दीपन-प्रत्युत्तर सूत्र को बदल दिया। इसमें उन्होंने निर्वचन की भूमिका को महत्वपूर्ण स्थान दिया है। इसके बाद उसका कहना है कि प्रतीकात्मक निर्वचन में तीन मौलिक आधार-वाक्य (Premises) हैं। जिन्हें बराबर ध्यान में रखना चाहिये। वास्तव में यह आधार वाक्य प्रतीकों के निर्वचन में एक विशेष दृष्टिकोण या संदर्श प्रदान करते हैं। ये आधार वाक्य एक प्रकार के पैमाने हैं, जिनकी सहायता से हम प्रतीकात्मक अन्त: क्रिया को समझ सकते हैं। **ब्लूमर** ने जिन तीन आधार-वाक्यों की चर्चा की है वे इस तरह हैं :

1. मनुष्य की क्रियाओं में अभिप्राय (Meaning) का महत्व,
2. अभिप्राय का स्रोत (Source), और
3. निवर्चन में अभिप्राय की भूमिका।

1. मनुष्य की क्रियाओं में अभिप्राय (Meaning) का महत्व : **ब्लूमर** का कहना है कि तीन आधार-वाक्यों में प्रतीकों

का अभिप्राय बहुत महत्वपूर्ण है। सामान्यतया मनुष्य वस्तुओं का जो अर्थ निकालते हैं, उसी के अनुरूप कार्य करते हैं। उदाहरण के लिये जब कोई हमें सिनेमा देखने का निमंत्रण देता है। तो हम सिनेमा देखने के अभिप्राय को समझते हैं—मनोरंजक मौज-मजा, इत्यादि। हम इसी अभिप्राय के अनुसार सिनेमा हाल में जाकर बैठते हैं। वहाँ जाकर हम गणित के सवाल हल करने के लिए जो गंभीरता चाहिये उसे नहीं अपनाते। यह इसलिये कि हमको देखने का अभिप्राय मालूम है।

ब्लूमर जब अभिप्राय की चर्चा करते हैं तो इसमें चेतना या जानकारी की भी बात करते हैं। यह चेतना या जानकारी व्यक्ति अभिप्राय के कारण ही रखता है। उदाहरण के लिए एक मुसाफिर रेलगाड़ी में हमारे साथ डिब्बे में बैठता है। वह बराबर एकाग्र होकर कुछ न कुछ बड़बड़ाता रहता है। कई बार तो हमें उसके बड़बड़ाने की आवाज स्पष्ट सुनाई देती है। वह कॉलेज में पढ़ाई करता है। उसके एक बड़े भाई साहब हैं, एकाएक बीमार हो गये मुसाफिर की भाभी और दो बच्चे हैं। ऐसा लगता है कि भाई साहब जिनका धन्धा व्यापार है, भविष्य में काम नहीं कर सकेंगे। मुसाफिर को बाध्य होकर पढ़ाई छोड़कर भाई के धंधे को अपनाना है। इसलिये वह इस यात्रा पर चला है। वह बराबर बड़बड़ाता है कि क्या व्यापार को वह सुचारू रूप से चला पायेगा, यदि पूँजी की आवश्यकता हुई तो वह कहाँ से व्यवस्था करेगा और इस तरह के ढेरों प्रश्न उसके मस्तिष्क में उठते हैं। यह दृष्टान्त अभिप्राय निकालने की एक प्रक्रिया है। यह मुसाफिर जो बड़बड़ा रहा था, शायद इसलिये कि उसमें अत्यधिक तनाव था। हम सभी लोग सामाजिक व सांस्कृतिक परिवेश में जब ऐसे उद्दीपनों से मुकाबला करते हैं तो बराबर उद्दीपनों में प्रयुक्त प्रतीकों के अर्थ को निकालने के लिये संघर्ष करते हैं। कई बार अभिप्राय निकालने की यह प्रक्रिया क्षणिक होती है। और कई बार बहुत लम्बी।

अभिप्राय को निकालने के लिये व्यक्ति को प्रतीकों के बारे में जानकारी या चेतना अवश्य होनी चाहिये। ऊपर के दृष्टान्त में यदि व्यक्ति व्यापार का अभिप्राय नहीं जानता है, व्यापार में पूँजी के निवेश को नहीं समझता है, भाई साहब की बीमारी, भाभी के तनाव और परिवार के उत्तरदायित्व के अभिप्राय को नहीं समझता है तो वह इस चुनौती का प्रत्युत्तर नहीं दे सकता। घटनाओं के अभिप्राय को निकालकर वास्तव में यह मुसाफिर भविष्य में होने वाले अपने व्यवहार को निश्चित कर रहा होता है। अत: मनुष्य की कोई भी क्रिया इस तथ्य पर निर्भर हैं कि वह क्रिया का अभिप्राय क्या निकालता है और भविष्य में क्रिया करने के लिये क्या वह पर्याप्त जानकारी और चेतना रखता है?

ब्लूमर के प्रतीकात्मक अन्त: क्रिया सिद्धान्त में जो तीन बुनियादी आधार वाक्य है, उनका यह पहला बिन्दु है जो अभिप्राय और चेतना पर आश्रित हैं।

(2) अभिप्राय का स्रोत (Source) : आधार वाक्य में दूसरी महत्वपूर्ण बात यह है कि व्यक्ति जो अभिप्राय निकालता है अथवा जो अर्थ समझता है, आखिर उसका स्रोत क्या है। इस अभिप्राय का उद्‌गम कहाँ है? यह किससे जुड़ा है? **ब्लूमर** कहते हैं कि व्यक्ति अपने सहयोगियों, साथियों, विरोधियों के साथ जो सामाजिक अन्त: क्रिया करता है, इन्हीं अन्त: क्रियाओं से वह अभिप्राय निकालता है। पिछली बार जब हमने अपने पड़ोसी को मदद दी थी तब उसके बदले में हम जब कभी आपत्ति में आये, उसने हमें बेबाक होकर सहायता दी। इस अन्त: क्रिया से हमने प्रतीक का अर्थ निकाला कि अपने पड़ोसियों और सहयोगियों को आवश्यकतानुसार अवश्य मदद देनी चाहिये। **ब्लूमर** कहना यह चाहते हैं कि प्रतीकों का अभिप्राय एक दूसरे के बीच जो सामाजिक अन्त: क्रियाएं होती है। उन्हीं से निकलता है। अभिप्राय का उद्‌गम ये ही दूसरों के साथ किये जाने वाले सामाजिक सम्बन्ध है।

वास्तव में अभिप्राय एक सामाजिक पैदाइश है। अभिप्राय निकाला जाता है। अपने आप में अन्त: क्रिया कुछ नहीं है। अभिप्राय तो व्यक्ति द्वारा निकाला जाता है। जब एक आदिवासी से कहा जाता है कि वह विवाह में सम्मिलित होने के लिए आंमत्रित हैं तो विवाह अपने आप में उसके लिए प्रमुख नहीं हैं, बल्कि इसमें आदिवासी इसका जो अभिप्राय निकालता है कि इस विवाह में उसे छककर शराब पीने को मिलेगी और रात भर नाचने का अवसर मिलेगा। उसके समुदाय में जहां कहीं विवाह होता है। शराब, बकरा और नाच समान्यतया होता है। अत: वस्तु का अभिप्राय एक व्यक्ति के लिए वह होता है जिसे दूसरे व्यक्तियों के साथ बराबर देखता आ रहा है। एक और दृष्टान्त। अगर एक आदिवासी को बैडमिन्टन के खेल में प्रस्तुत कर दिया जाये तो वह इसका यानि खेल का अभिप्राय नहीं निकाल पायेगा क्योंकि उसने व उसके समाज ने इस खेल का नाम कभी सुना ही नहीं। ऐसी स्थिति में किसी अभिप्राय को निकालना असम्भव है।

(3) निर्वचन में अभिप्राय की भूमिका : वस्तुओं के जो भी अर्थ होते हैं, अभिप्राय और निर्वचन होते हैं, उन्हें स्वयं व्यक्ति तय करता है। जो अभिप्राय वह ठीक समझता है, वही उसके लिए सही हैं। कर्ता के सामने जो भी वस्तु, प्रसंग और घटनाएं हैं उनके अभिप्राय को, अर्थ को समझना चाहता है। वस्तु में निहित जितने भी प्रतीक है। उनकी वह मीमांसा करता है, व्याख्या करता है। यह

सब निर्वचन है। इस सारी कवायद के बाद वस्तु से जो अभिप्राय व्यक्ति निकालता है, उसी के अनुसार वह कार्य करता है।

ब्लूमर ने प्रतीकात्मक सिद्धान्त निर्माण की कुछ विशेषताओं को रखा है। वे बुनियादी विशेषताओं में निर्वचन की चर्चा करते हैं। इस सिद्धान्त की दूसरी विशेषता तीन आधार वाक्य या क्षेत्र है। इन क्षेत्रों में क्रियाओं का अभिप्राय, अभिप्राय का स्रोत और निर्वचन में इसकी भूमिका पर उन्होंने चर्चा की है। अब हम **ब्लूमर** द्वारा बताये गये तीसरे संदर्श या सिद्धान्त की तीसरी विशेषता का उल्लेख करेंगे। यह विशेषता सामाजिक संरचना व प्रक्रिया है।

(3) संरचना एवं प्रक्रिया (Structure and Process): **ब्लूमर** ने प्रतीकात्मक अन्त: क्रिया सिद्धान्त में समाज और संरचना के विवाद को उठाया है। जब कभी वे संरचना का उल्लेख करते हैं तो उनका यह सिद्धान्त इतना संकीर्ण हो जाता है कि यदि इसमें किंचित मात्र भी लापरवाही बरती गयी तो यह हमें सिद्धान्त से भटका सकती है। **ब्लूमर** कहते हैं कि समाज अपनी अपेक्षित प्राप्ति के लिये बराबर प्रयत्यनशील रहता है तथा घटनाओं और प्रसंगों के अनुसार उनमें अनुकूलन करने की क्षमता होती है। **मीड** ने इसी अर्थ में **ब्लूमर** ने समाज और संरचना में अन्तर किया है। संरचना तो समाज का एक अंग है वे यह स्वीकार करते हैं किसी भी समाज में कोई न कोई संरचना अवश्य होती है। **ब्लूमर** का यह भी मानना है कि समाज में संरचना की एक निर्धारित भूमिका होती है। उनके अनुसार सामाजिक संरचना एक ऐसा गठबन्धन है, जिसमें अगणित सामाजिक भूमिकाएं होती हैं। प्रतिष्ठा समूह होते हैं, उच्चों उच्च व्यवस्था होती है, नौकरशाही संगठन होता है, विभिन्न संस्थाओं के बीच में सम्बन्ध होते हैं। खण्ड-खण्ड प्राधिकार सम्बन्ध होते हैं और इसी तरह के कई अन्य सम्बन्ध भी होते हैं।

संरचना की भूमिका को तो **ब्लूमर** भी स्वीकार करते हैं, लेकिन यहाँ संरचना को देखने का **ब्लूमर** का दृष्टिकोण कुछ भिन्न है। उनका कहना है कि सामाजिक भूमिकाओं (Social Roles) और अन्त: क्रियात्मक भूमिकाओं (Interactional Roles) में अन्तर है। जब प्रतीकात्मक अन्त: क्रियावादी भूमिका की बात करते हैं तो इसमें उनका मतलब सामाजिक या सांस्कृतिक भूमिका से नहीं होता। अन्त: क्रियात्मक भूमिका से उनका मतलब ऐसी क्रिया से होता है जिसे एक व्यक्ति अपने स्व के अनुभव के आधार पर करता है। एक जगह पर **इर्विंग गोफमेन,** जो प्रतीकात्मक अन्त: क्रिया के संदर्श का प्रयोग अधिकृत रूप से करते हैं, का कहना है कि इस क्रिया में व्यक्ति उन्हीं प्रतीकों को अर्थ देता है, जिनका उसे अनुभव है। वास्तव में, **ब्लूमर** अपने आपको प्रकार्यवादियों और संघर्ष सिद्धान्तवेताओं से भिन्न मानते हैं। प्रकार्यात्मक और संघर्ष सिद्धान्तवेत्ता व्यवहार के विश्लेषण में सामाजिक संरचना पर अधिक जोर देता है। उनका कहना है कि व्यक्ति जब अन्त: क्रिया करता है तो यह अन्त: क्रिया समाज द्वारा संरचित होती है।

ब्लूमर ने प्रतीकात्मक संरचना के संदर्श को विकसित करने में अन्त: क्रिया, तीन बुनियादी प्रतीकात्मक अन्त: क्रिया के आधार-वाक्य तथा इनके अतिरिक्त संरचना व प्रक्रिया पर जोर दिया है। वे संरचना का अर्थ प्रकार्यवादियों की तरह नहीं लेते। प्रकार्यवादी तो संरचना को सामाजिक व सांस्कृतिक भूमिकाओं के रूप में लेते हैं, जबकि **ब्लूमर** इन अंत:क्रियाओं को केवल व्यक्तियों के बीच की अन्त: क्रिया मानते हैं।

(4) विधि (Methodology) : ब्लूमर ने प्रतीकात्मक अन्त: क्रियावाद की विधि के क्षेत्र में सराहनीय काम किया है। इसी उपलब्धि पर 1983 में **ब्लूमर** को अमेरिका की समाजशास्त्रीय परिषद ने विशिष्ट पाण्डित्य (Scholorship) हेतु उन्हें पारितोषिक दिया था। इस पारितोषिक के प्रशंसात्मक उद्धरण (Citation) में कहा गया था कि **ब्लूमर** के विधि संबंधी मुद्दों में एक बहुत बड़ी गहराई है और यही उनका पाण्डित्य है।

ब्लूमर ने जब प्रतीकात्मक अन्त: क्रिया सिद्धान्त को विकसित किया उस समय उन्होंने कहा था कि मनुष्य व्यवहार को समझने के लिये आगमनात्मक उपागम (Inductive Approach) सबसे अधिक उपयोगी है। अपने बाद के जीवन में **ब्लूमर** ने वस्तुत: अपने आपको आगमनात्मक रणनीति के लिये प्रतिबद्ध कर दिया। उन्होंने स्पष्ट शब्दों में कहा कि प्रतीकात्मक अन्त: क्रियावाद एक ऐसी वैज्ञानिक उपागम हैं जिसमें वह किसी समस्या को अनुभाविक दुनिया के साथ जोड़कर देखता है। वे आगे अपनी सफाई में और कहते हैं कि प्रतीकात्मक अन्त: क्रियावाद प्रकार्यवादियों की तरह निगमनात्मक सिद्धान्त (Deductive Theory) को नहीं अपनाता।

यदि हम **ब्लूमर** के सिद्धान्त निर्माण की सम्पूर्ण प्रक्रिया को देखें तो यह स्पष्ट हो जायेगा कि उनका विधि सिद्धान्त निर्माण अन्य विधियों से एकदम भिन्न हैं। सबसे पहले तो उनका यह आरोप है कि समाजशास्त्र में सिद्धान्त निर्माण के लिये जिन अवधारणाओं को काम में लिया जाता है। उनकी आनुभाविक दुनिया की पकड़ बहुत कमजोर है। इसके लिये **ब्लूमर** का तर्क है कि आनुभाविक दुनिया की प्रक्रियाओं में प्रतीक बदलते रहते हैं। ऐसी अवस्था में समाजशास्त्री अवधारणाएं इन बदले प्रतीकों को अपने अन्दर समेट नहीं पाती।

ब्लूमर का तर्क है कि समाजशास्त्रीय सिद्धान्त निर्माण में ऐसी अवधारणाओं को बनाना चाहिए जो संवदेनशील (Sensitizing) हो। वास्तव में संवेदनशील अवधारणाएं ही मनुष्य के स्व में जो परिवर्तन आते हैं, उनका ब्यौरा जान सकती है। **ब्लूमर** का

शक्तिशाली तर्क है कि केवल स्व ही ऐसा है जो बदलती हुई दुनिया के संपर्क में आते हैं। इसलिए इसके अध्ययन में आगमनात्मक नियम ही उपयुक्त होते हैं। स्व आनुभाविक दुनिया का निर्वचन करता है। इसी के परिणामस्वरूप प्रति उत्तर होता है और यह प्रत्युत्तर ही आगमनात्मक नियम को बनाता है।

आगमनात्मक विधि को स्वीकार करने के बाद **ब्लूमर** उन पद्धतियों का उल्लेख करते हैं जिनके द्वारा आनुभाविक दुनिया को समझा जा सकता है। पहली पद्धति अन्वेषणात्मक (Exploratory) हैं। वह किसी एक अध्ययन विधि को लेकर तथ्य संग्रह करता है, लेकिन जब इस विधि से उसे अपेक्षित जानकारी नहीं मिलती तो वह दूसरी विधि को अपनाता है। यह एक प्रकार की खोज है, अन्वेषण है। जो विधि अपेक्षित तथ्यों को प्रदान करती है। अन्ततोगत्वा वह उसी विधि को अपना लेता है। इसके बाद तथ्य एकत्र करने की दूसरी पद्धति, जिसका **ब्लूमर** समर्थन करते हैं, वह निरीक्षण (Inspection) पद्धति है। इस विधि द्वारा अनुसंधानकर्ता अपने सम्पूर्ण अध्ययन क्षेत्र की गहराई से जानकारी लेता है। यह कर लेने के बाद यदि आवश्यकता हुई तो वह गुणात्मक पद्धति (Qualitative Method) को भी अपनाता है।

सारांश (ब्लूमर)

प्रतीकात्मक अन्त: क्रियावादी सिद्धान्त की परम्परा ''में'' **मीड** के बाद **ब्लूमर** का स्थान महत्वपूर्ण है। **ब्लूमर** के इस योगदान को उच्चस्तरीय समझा जाता है। **ब्लूमर** का दृष्टिकोण बहुत स्पष्ट है। उनका कहना है कि नवजात शिशु की स्थिति में मनुष्य का स्व असंगठित होता है। लेकिन धीरे-धीरे यह स्व निर्वचन द्वारा समाज के मूल्यों, मानकों, भूमिकाओं और प्रतिस्थितियों को अपनाता है। तब उसका ''मैं'' मेरा हो जाता है। इस सम्पूर्ण विकास में कई प्रक्रियाएं काम करती हैं। और इस तरह प्रतीकों के एक लम्बे-चौड़े जाल में अन्त:क्रियाएं अर्थपूर्ण होती जाती है।

ब्लूमर ने प्रतीकात्मक अन्त:क्रियावाद के लिए सिद्धान्त निर्माण में, एक सीधी-सादी प्रक्रिया बिना नहीं बन सकता। वास्तव में प्रतीकात्मक प्रक्रियाएं बराबर बदलती रहती है। और जब तक संवेदनशीलता के साथ इन बदलते प्रतीकों को बराबर नहीं पकड़ा जाता, सिद्धान्त नहीं बन सकता। उदाहरण के लिये भारतीय संदर्भ में स्त्री, कमजोर, मात्रा, विश्वास, असहाय, माता आदि प्रतीकों में देखी जाती रही है। आज ये स्त्री से सम्बन्धित प्रतीक बदल गये हैं। वह बराबरी की भागीदार है। राज्य लिंग के आधार पर भेद को स्वीकार नहीं करता, ऐसे ही कई अन्य प्रतीक हैं जो बराबर बदलते रहते हैं और इसलिए आगमनात्मक विधि ही प्रतीकात्मक अन्त: क्रियावाद सिद्धान्त निर्माण की उचित क्रिया है। इसी विधि द्वारा, **ब्लूमर** कहते हैं, प्रतीकात्मक अन्त:क्रियावाद सिद्धान्त के मुख्य मुहावरे को सार रूप में प्रस्तुत करते हुए **ब्लूमर** दृढ़तापूर्वक कहते हैं कि समाज और कुछ होकर प्रतीकात्मक अन्त:क्रिया ही (Society is Symbolic Interaction) है।

समाज को प्रतीकों का ताना-बाना मानते हुये कहीं भी **ब्लूमर** यह नहीं बताते कि यह ताना-बाना यानि समाज किस भांति एक सूत्र में बंधा रहेगा, किस तरह उसकी निरन्तरता बनी रहेगी। **ब्लूमर** सामाजिक संरचना की बात तो करते हैं। लेकिन यह संरचना स्पष्ट नहीं है। जिस प्रकार **पारसंस** की सामाजिक व्यवस्था पद्धति की आलोचना हुई है, जिस तरह **डेहरेनडॉर्फ** के आई.सी.ए. (Imperatively Coordinated Association) को संदेह की दृष्टि से देखा गया है, ठीक कुछ इसी तरह **ब्लूमर** यह नहीं बताते कि अन्त: क्रिया-प्रतिक्रियाएं किस भांति सामाजिक संरचना से जुड़ी हुई है। इन दोनों के बीच प्रतीकों की क्या भूमिका है, इसके प्रति भी वे मौन हैं। वे यह भी नहीं बताते कि किस भांति प्रतीकात्मक अन्त: क्रिया सामाजिकता को बनाती है, बनाये रखती हैं। और किस प्रकार उसके प्रतिमान बदलते रहते हैं। आज आवश्यकता इस बात की है कि इस तरह के कुछ प्रश्न जो प्रतीकात्मक अन्त: क्रियावाद से जुड़े हैं, उनका उत्तर आना चाहिए, उन पर विवेचन होना चाहिए।

बहुविकल्पीय प्रश्न

1. एक गांव जिसमें जजमानी व्यवस्था अपनायी जाती है; उसमें नाई और धोबी का सम्बन्ध निम्नलिखित में से किससे है?

A. कारीगर जातियां B. सेवक जातियां

C. भूतपूर्व अछूत वर्ग D. मध्यम जातियां

2. लोगों का केन्द्रीय नगरों से पास-पड़ोस के क्षेत्र में लघु समुदायों में रहने के लिए चले जाने को कहा जाता है

A. उपनगरीकरण B. अल्पनगरीकरण

C. अतिनगरीकरण D. ग्रामनगरीकरण

3. भारतीय संदर्भ में सामान्यता 'नगरीय' का अर्थ है

A. समुदाय जहां जनसंख्या का घनत्व निम्न हो तथा आधुनिक सुविधाओं का भोग होता हो

B. जनसंख्या आकार तथा घनत्व का प्रकार्य

C. अभिजात्य वर्ग का स्थिर निवास

D. व्यक्तियों का वर्ग जो उच्च शिक्षा के आधार पर जाना जाता हैं

4. महानगर क्षेत्र है
A. नगरों की समवेतता
B. वृहद पारिस्थितिकीय समुदाय का केन्द्र
C. नगरीय क्षेत्र जिसमें बड़े स्तर पर उद्योग हों
D. राजधानी नगर

5. वे प्रदेश जिनमें अधिकतम साक्षरता दर पायी जाती है, स्थित है
A. भारत के उत्तर-पूर्वी क्षेत्र में
B. भारत के उप-हिमालयी क्षेत्र में
C. भारत के गांगेय मैदान में
D. भारत के रेगिस्तानी क्षेत्र में

6. ऐसा परिवार, ज़िसमें वृद्ध व्यक्ति, उसकी पत्नी उसके पुत्र, उनकी पत्नियां और बच्चे रहते हों कहलाता है
A. संयुक्त परिवार B. विस्तृत परिवार
C. एकाकी परिवार D. मिश्रित परिवार

7. निम्न प्रकार के विवाहों में से देवर-विवाह कौन सा विवाह है
A. भाई-बहनों के बीच विवाह
B. बहन की पुत्री के साथ विवाह
C. भाई की पुत्री के साथ विवाह
D. पति के भाई के साथ विवाह

8. निम्न में से वह विवाह कौन सा है, जिसमें वर, वधू के परिवार वालों को धन अथवा वस्तुएं देकर विनिमय में प्राप्त करता है
A. असुर विवाह B. ब्रह्म विवाह
C. गांधर्व विवाह D. प्रजापति विवाह

9. किसी हिन्दू का विवाह गैर-कानूनी है यदि पति/पत्नी में से किसी का दंपत्ति जीवित हों। यह प्रतिबंध किसके द्वारा लगाया जाता है
A. भारतीय संविधान
B. सिविल प्रोसीजर कोड
C. हिन्दू विवाह अधिनियम
D. हिन्दू उत्तराधिकार अधिनियम

10. अफायनल नातेदारी किससे उत्पन्न होती है
A. सामाजिक एवम् वैधानिक रुप से उत्पन्न वैवाहिक संबंधों से
B. रक्त संबंधों से
C. आनुवांशिकता से
D. उपरोक्त में से कोई नहीं

11. सजातीय नातेदारी का अर्थ है
A. समान पूर्वज
B. मुख्य समूह से निकली उपशाखाएं
C. समान पुरुष पूर्वज
D. इनमें से कोई नहीं

12. आत्मवाद का सिद्धांत किसने प्रस्तुत किया है
A. ई.वी. टायलर B. मैक्स मूलर
C. दुर्खीम D. आर. ब्राउन

13. निम्न धर्मों में से कौन सा धर्म बहुबंधुवाद में विश्वास करता है
A. ईसाई B. हिन्दू
C. इस्लाम D. बौद्ध

14. निम्न में से कौन जादू के दो प्रकारों अनुकरणात्मक एवम् संक्रात्मक में भेद करता है।
A. ई.वी. टायलर B. एच. स्पेन्सर
C. एल.एच. मार्गन D. जे. फ्रेजर

15. यह कथन किसका है "समाज संघर्ष युक्त सहयोग है।"
A. एच.एम. जॉनसन B. के. डेविस
C. मैकाइवर एवम् पेज D. टाम बाटोमर

16. परिवार की प्रक्रिया जिसमें प्रभु संस्कृति पहले विभक्त होती है, फिर अपनी खोई अविभाज्यता को प्राप्त करने के लिए प्रतिक्रिया करती है, कही जाती है।
A. परू संस्कृति ग्रहण B. तन्मय संस्कृति ग्रहण
C. आत्मसाती करण D. प्रति-संस्कृतिकरण

17. परिवर्तन की प्रक्रिया जिसमें समाज अपनी संस्कृति के कुछ भाग को खो देता है तथा वृहत्तर समाज के साथ अनुकूलन करता है कही जाती है।
A. सात्मीकरण B. परसंस्कृति ग्रहण
C. प्रति संस्कृतिकरण D. संस्कृतिकरण

18. निम्नलिखित पुस्तकों में से कौन सी पुस्तक मार्क्स से 'आर्थिक निर्धारणवाद सिंद्धात की व्याख्या करती है।'
A. दि जर्मन आईडियो लॉजी
B. दास कैपिटल
C. दि इकानॉमिक एण्ड फिलोसाफिकल मैन्यूस्क्रिप्ट
D. दि होली फैमिली

19. निम्नलिखित में से किसने सामाजिक परिवर्तन की प्रक्रिया को तीन प्रकार की सांस्कृतिक मानसिकताओं के बीच उतार-चढ़ाव के रूप में वर्णित किया है।
A. स्पैंगलर B. लुईस विर्थ
C. टायनवी D. सोरोकिन

20. यह कथन किसका है? 'इतिहास कुलीन तंत्रों का

कब्रिस्तान है।'

A. सी.डब्ल्यू. मिल्स B. वी. पेरेटो
C. जी. मास्का D. कार्ल मार्क्स

21. सामाजिक परिवर्तन के संघर्षात्मक संदेश के प्रणेता कौन हैं।

A. के. डेविस B. टी. पारसंस
C. कोजर D. दुर्खीम

22. कौन सुपर स्ट्रक्चर को सामाजिक परिवर्तन के लिए अधिक महत्वपूर्ण मानता है?

A. कार्ल मार्क्स B. डाहरेन्डार्फ
C. आलथूजर D. मारक्यूजे

23. किस अमरीकी समाजशास्त्री ने सर्वप्रथम सामाजिक नियंत्रण की समस्या का वर्णन विस्तार से अपनी पुस्तक "सोशल कंट्रोल" में किया है?

A. गिलिन एवम् गिलिन
B. आगबर्न एण्ड निमकॉफ
C. ई.ए. रास
D. मैकाइवर एण्ड पेज

24. वृहद नगर (मेगालोपोलिस) का अर्थ होता है।

A. दो नगर के विलय से निर्मित मुख्य नगर
B. एक करोड़ की आबादी वाला नगर
C. दो या अधिक महानगरीय क्षेत्रों के विलय से निर्मित अति विशाल नगर जहाँ वृहद नगरीयकृत क्षेत्र का विस्तार हो रहा है
D. इनमें से कोई नहीं

25. नगरों के चारों ओर घेरने वाले ग्रामीण क्षेत्रों को कहा जाता है।

A. उपनगर B. पृष्ठ प्रदेश
C. नगरीय पड़ोस D. मलिन बस्ती

26. निम्नलिखित में से नगरीकरण की प्रक्रिया किस से जुड़ी है।

A. ग्रामीण से नगरीय क्षेत्रों की ओर जनसंख्या का स्थानांतरण
B. नगरीय केन्द्रों की संख्या में वृद्धि
C. नगरों में स्वाभाविक रूप से जनसंख्या वृद्धि
D. उपरोक्त सभी

27. निम्न में से लोक समाज की कौन सी मुख्य विशेषताएं है।

A. भौगोलिक पार्थक्य B. सांस्कृतिक पार्थक्य
C. सामाजिक पार्थक्य D. ये सभी

28. निम्न कथनों में से औद्योगीकरण का परिचायक कौन है।

A. प्राथमिक उद्योगों में कार्यरत जनसंख्या में आनुपातिक वृद्धि
B. द्वितीयक एवम् तृतीयक उद्योगों में कार्यरत जनसंख्या में अनुपातिक वृद्धि
C. तृतीयक उद्योगों में कार्यरत जनसंख्या में आनुपातिक ह्रास
D. उपरोक्त में से कोई नहीं

29. निम्नलिखित में से कौन सा समुदाय की विशेषता नहीं है

A. विशिष्टता
B. लघुता
C. समता
D. द्वितीयक समूह की प्रधानता

30. संविधान के निम्न अनुच्छेद में से कौन सा संवैधानिक प्रावधान अनुसूचित जाति और जनजाति से संबंधित नहीं है।

A. Art. 342 B. Art. 244
C. Art. 332 D. Art. 343

31. एक क्षेत्र है—

A. महाद्वीप अथवा राज्य
B. प्रदेश जिसमें आर्थिक स्वायत्तता है
C. नदी घाटी
D. प्राकृतिक क्षेत्र जिसमें एक जैसी परिस्थितिकीय विशेषताएं हो

32. निम्न में किसने 'क्रमिक प्रवसन' सिद्धांत को विकसित किया है?

A. आर.पी. डोर B. स्पेंगलर
C. रिवेंसटीन D. मम्फोर्ड

33. लोक नागरिक अंतसंबंधों के प्रक्रम में उच्च संस्कृति निष्ठ कुछ खास तत्व किसी एक या किसी अन्य लघु परम्परा का अंग बनने के लिए नीचे तक छनकर किसी स्थानीय संदर्भ में जुड़ जाते हैं। निम्नलिखित प्रक्रियाओं में कौन सी उपर्युक्त प्रक्रिया को सही रूप से प्रदर्शित करती है?

A. संकीर्णताकरण B. सार्वभौमीकरण
C. संस्कृतिकरण D. विकेन्द्रीकरण

34. नगरीय वृद्धि में निम्न में से कौन सी परिस्थितियां प्रक्रिया नहीं है?

A. केन्द्रीकरण B. विकेन्द्रीकरण
C. आक्रमण D. उपनगरीयता

35. एक नगर, ग्राम से किस प्रकार भिन्न है?

A. द्वितीयक व्यवसायों की अधिकता से
B. व्यावसायिक अगतिशीलता से

C. उच्च जन्म दर से

D. अनौपचारिक सामाजिक नियंत्रण से

36. सूची 1 को सूची 2 से सुमेलित कीजिए तथा सूचियों के नीचे दिए गए कूटों का उपयोग करते हुए सही उत्तर का चयन कीजिए।

सूची 1 *(लेखकों के नाम)*	*सूची 2* *(पुस्तकों के शीर्षक)*
(क) सी.एन. चेपेकर	(1) दी कामार
(ख) एम.सी. दुबे	(2) दी भील्स : ए स्टडी
(ग) डी.एन. मजूमदार	(3) ठाकुर्स ऑफ सहयाद्री
(घ) टी.बी. नायक	(4) दी संथाल : ए स्टडी इन कलचरल चेंज
	(5) दि पारसीज़

कूट :	क	ख	ग	घ
A.	1	4	2	5
B.	3	1	4	2
C.	5	1	4	2
D.	3	2	5	4

37. निम्न में से जाति व्यवस्था की कौन सी आवश्यक विशेषता नहीं है ?

A. शुद्धता तथा अपवित्रता

B. सोपानिक व्यवस्था

C. वंश के आधार पर विशेषीकरण

D. सहपूर्वज पूजा

38. निम्न में कौन सी जनजाति भारत के उत्तर-पूर्व में नहीं पायी जाती ?

A. नागा B. कुकी

C. बोडो D. खासा

39. निम्नलिखित जनजातियों में से किसमें स्त्रियों द्वारा हल-छूना तथा सिर पर छप्पर डालना वर्जित है ?

A. खरिया B. खासा

C. संथाल D. गोंड

40. जनजातीय समाजों में समष्टि समूह है

A. नातेदारी के आधार पर स्थायी सम्पत्ति को रखने वाला समूह

B. बस्तियों के आधार पर स्थायी रूप से एक साथ रहने वाला

C. नातेदारी के आधार पर एक साथ न रहने वाला स्थायी समूह

D. समझ के आधार पर स्थायी स्वैच्छिक समूह

41. वर्ग के बारे में निम्नलिखित मतों में से कौन सा मार्क्स संबंधित है ?

A. वर्ग का आधार सम्पत्ति पर आधिपत्य से है

B. वर्ग का आधार उपभोग के प्रतिमानों से है

C. वर्ग का आधार उत्पादन के साधनों के स्वामित्व से है

D. वर्ग का आधार उत्पादन कौशल से है

42. 'क्लास एण्ड क्लास कांफ्लिक्ट इन एन इन्डस्ट्रियल सोसायटी' नामक पुस्तक का लेखक कौन है

A. एस.एम. लिपसेट B. कार्ल मार्क्स

C. रेमण्ड ऐरां D. रेल्फे डेहरनडॉर्फ

43. निम्नलिखित में किसने सामाजिक संहति के आधार पर उद्योग पूर्व तथा उद्योगोत्तर समाजों में भेद किया है ?

A. मैक्स वेबर B. कार्ल मार्क्स

C. इ. दुर्खीम D. कार्ल मैनहीम

44. भारत में श्रमिक संघ आंदोलन का निम्न में कौन अग्रणी है।

A. वी.वी. गिरी B. बी.पी. वाडिया

C. एम.के. गांधी D. एस.ए. डांगे

45. निम्नलिखित में उद्योगोत्तर समाज के उदय के कौन से कारण हैं ?

A. नवीन प्रौद्योगिकियों का उदय

B. नवीन राजनैतिक सत्ता का उदय

C. नवीन वर्गों का उदय

D. नवीन नैतिक व्यवस्था का उदय

निम्नलिखित कूटों में सही उत्तर का चयन कीजिए

A. 2 और 4 B. 3 और 4

C. 1 और 2 D. 1 और

46. सूची 1 को सूची 2 से सुमेलित कीजिए तथा सूचियों के नीचे दिए गये कूटों से सही उत्तर का चयन कीजिए :

सूची 1	*सूची 2*
(क) पश्चिमीकरण तथा संस्कृतिकरण	1. मैकिम मैरियट
(ख) सार्वभौमिकरण तथा संकीर्णताकरण	2. रॉबर्ट रेडफील्ड
(ग) वृहत परम्परा तथा लघु परम्परा	3. एम.एन. श्रीनिवास
(घ) सार्वभौमिकवाद तथा विशिष्टवाद	4. टेल्फट पार्सन्स
	5. आर.के. मर्टन

कूट :	(क)	(ख)	(ग)	(घ)
A.	2	1	4	3
B.	3	1	2	4
C.	3	4	2	1
D.	5	3	1	4

47. भारत के संविधान का अनुच्छेद 17 निम्नलिखित में मूलतः किससे संबंधित हैं ?

A. पिछड़े वर्गों का प्रतिनिधित्व
B. अस्पृश्यता का उन्मूलन
C. अनुसूचित जातियों के लिए राजनीतिक प्रतिनिधित्व
D. सरकारी कार्यालयों में अनुसूचित जातियों के लिए पदों का आरक्षण

48. निम्नलिखित में कौन सा एक कथन सही है

A. संविधान का अनुच्छेद 341 अनुसूचित शब्द की परिभाषा करता है
B. संविधान, अनुसूचित जाति की परिभाषा करने के लिए संसद को अधिकार देता है
C. संविधान में अनुसूचित जाति शब्द की परिभाषा नहीं दी गयी है
D. कोई भी कथन सही नहीं है

49. भारत के संविधान में छठी अनुसूची का सम्बंध है।

A. अनुसूचित जनजाति से B. अन्य पिछड़े वर्गों से
C. अनुसूचित जाति से D. अल्पसंख्यकों से

50. निम्नलिखित में कौन सा एक उपबंध भारत के संविधान में केवल जनजातियों से सम्बन्धित है ?

A. सेवाओं और पदों पर नियुक्तियां (335)
B. लोक सभा में सीटों का आरक्षण (330)
C. राज्य विधान सभाओं में सीटों का आरक्षण (332)
D. अनुसूचित जाति की घोषणा (224)

51. सूची 1 और सूची 2 से सुमेल कीजिए तथा सूचियों के नीचे दिए गये कूटों का उपयोग करते हुए सही उत्तर का चयन कीजिए।

सूची 1	*सूची 2*
(क) कोंत	1. डिवीजन ऑफ लेबर
(ख) स्पेंसर	2. ऑर्गेनिक एनालॉजी
(ग) वेबर	3. ला ऑफ थ्री स्टेजेज
(घ) दुर्खीम	4. रिलिजन एण्ड इकोनॉमी
	5. फार्मस आफ ए सोसिएशन

कूट :	(क)	(ख)	(ग)	(घ)
A.	2	4	3	1
B.	1	2	5	3
C.	3	2	4	1
D.	3	5	4	2

52. ''जाति-च्युत, जाति अवस्था का उपोत्पाद है-जाति व्यवस्था का उन्मूलन करने की सिवाय अन्य किसी तरह जाति-च्युत को मुक्ति नहीं दिलायी जा सकती।''
यह कथन किसका माना जाता है ?

A. जवाहर लाल नेहरू B. महात्मा गांधी
C. कामराज D. अम्बेडकर

53. निम्नलिखित में कौन सा शब्द सामाजिक पितृत्व को व्यक्त करने के लिए प्रयोग में लाया जाता है ?

A. जेनिटोर B. जेनिट्रिक्स
C. पेटर D. कमपेराजगो

54. निम्नलिखित में कौन सा एक कथन संस्था का सर्वोत्तम वर्णन करता है।

A. नैतिक सिद्धांतो का निर्धारित समुच्चय
B. कार्यविधि का सुस्थापित रूप और शर्तें
C. समाज द्वारा स्थापित संगठन
D. समाज द्वारा स्थापित मूल्य व्यवस्था

55. निम्नलिखित में से कौन सा संस्था का उदाहरण नहीं है।

A. विवाह B. सम समूह
C. परिवार D. नातेदारी

56. निम्नलिखित में किसने 'सहोदर समूह की संहति' के सम्बंध में लिखा है।

A. इवंस-प्रिचार्ड B. इ. दुर्खीम
C. ए.आर. रेडक्लिफ-ब्राउन D. रेमण्ड फर्थ

57. नातेदारीवाची के सन्दर्भ में आने वाली शब्दावली के वर्गीकरण के लिए निम्नलिखित में से प्राचल (पैरामीटर) प्रयोग किए जाते हैं ?

1. उपयोग के प्रकार
2. भाषाविज्ञान सम्बन्धी संरचना
3. संस्कृति के स्तर
4. अनुप्रयोग परास

निम्नलिखित कूटों में से सही उत्तर का चयन कीजिए :

A. 1 और 4 B. 2 और 3
C. 1, 2 और 3 D. 1, 2 और 4

58. निम्नलिखित में ''नातेदारी'' की सबसे अच्छी परिभाषा कौन सी है ?

A. वंशावली सम्बन्धों की सामाजिक मान्यता तथा

अभिव्यक्ति

B. सामाजिक मान्यता प्राप्त सम्बन्ध

C. सांस्कृतिक अनूकूलित सम्बन्धों की मान्यता

D. सम्बन्धियों का समूहन

59. हवाइयन नातेदारी व्यवस्था से सम्बन्धित शब्दावली की विशेषता द्वारा बनाई गई है जो निम्नलिखित का अनुसरण करते हैं :

A. पैतृक वंशानुक्रम व्यवथा

B. मातृक वंशानुक्रम व्यवस्था

C. सजातीय वंशानुक्रम व्यवस्था

D. द्विपक्षीय वंशानुक्रम व्यवस्था

60. जब एक दम्पत्ति को निवास के लिए वर अथवा वधू के माता-पिता के साथ रहने का विकल्प उपलब्ध हो, तो इस स्थिति को कहा जाता है।

A. प्रतिस्थानिक   B. उभयस्थानिक

C. मातृस्थानिक   D. मातुलस्थानिक

61. नाइजीरिया की ''याको'' जनजाति में निम्नलिखित में से एक प्रकार का वंशक्रम पाया जाता है ?

A. मातृवंशीय   B. पितृवंशीय

C. द्विपक्षीय   D. दोहरा

62. निम्नलिखित किस जनजाति में सबसे छोटी पुत्री को ... का उत्तराधिकार प्राप्त होता है ?

A. खासी   B. खासा

C. कुकी   D. या सभी को

63. निम्नलिखित में कौन-सा विवाह स्वरूप एक विधुर के लिए पत्नी की बहन के साथ विवाह करने का सही प्रतिनिधित्व करता है

A. लेबीरेट   B. सॉरोरेट

C. पोलीजिनी   D. मोनो

64. निम्नलिखित संरचनात्मक आरेख पर विचार कीजिए।

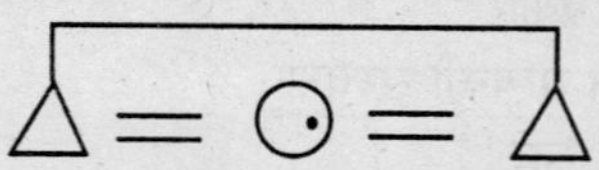

उपर्युक्त आरेख प्रतिनिधित्व करता है

A. स्वसृक बहुपत्नी प्रथा   B. भ्रातृक बहुपति प्रथा

C. अभ्रातक बहुपति प्रथा   D. समूह विवाह

65. भारत में संयुक्त परिवार की विशेषता का विस्तृत स्वजन के रूप में किसने वर्णन किया है ?

A. ए.आर. देसाई   B. के.एम. कपाड़िया

C. इरावती कर्वे   D. ए.डी. रॉस

66. निम्नलिखित दो वक्तव्यों पर विचार कीजिए, इनमें से एक कथन (A) और दूसरे को कारण (R) कहा गया है :

कथन (A) : हाल के दिनों में युवाओं में मादक द्रव्य-व्यसन बढ़ता जा रहा है।

कारण (R) : बालकों पर परिवार का नियंत्रण कम होता जा रहा है।

उपर्युक्त दो वक्तव्यों के संदर्भ में निम्नलिखित में से कौन सा सही है ?

A. A तथा R दोनों सत्य हैं तथा R, A की सही व्याख्या है

B. A तथा R दोनों सत्य हैं परन्तु R, A की सही व्याख्या है

C. A सही है परन्तु R गलत है

D. A गलत है परन्तु R सही है।

67. निम्नलिखित में से किसने कहा है, ''मानव द्वारा वस्तुओं के और नियंत्रण के संदर्भ में सम्पत्ति की कल्पना की जानी चाहिए।''

A. टी. बेबलेन   B. एल.टी. हॉबहाउस

C. आर.एच. लुई   D. एल.एच. मॉर्गन

68. पार्सन्स तथा स्मेलसर के अनुसार निम्नलिखित में से आर्थिक व्यवस्था में उत्पादन के कारण कौन से हैं ?

A. भूमि   B. पूंजी

C. श्रम   D. उद्यमकृति

E. विशेषीकरण

निम्नलिखित कूटों में सही उत्तर का चयन कीजिए

A. 1, 2, 3 और 4   B. 1, 2, 4 और 5

C. 1, 3, 4 और 5   D. केवल 2, 3 और 5

69. मध्यकालीन समय में शिल्पकार अपना व्यापार निम्नलिखित में किस माध्यम से किया करते थे ?

A. वाणिज्य समूहों के   B. बाजारों के

C. समुदायों के   D. श्रेणियों (गिल्ड) के

70. निम्नलिखित में कौन सी आर्थिक प्रवृत्तियाँ उपभोक्तावाद की ओर रूझान पैदा करती है ?

A. वस्तु विनियम   B. बाजार

C. मिश्रित   D. संतुलित

71. चर्च तथा पंथ की अवधारणाओं में भेद निम्नलिखित में से किसने किया है ?

A. दुर्खीम तथा वाख

B. वेबर तथा फेनेरबाख

C. वेबर तथा डोइल्टश

D. मैलिनॉस्की तथा रेडक्लिफ ब्राउन

72. ''राइट्स की पैसेज'' शब्दावली किसने प्रस्तुत की?

A. रेडक्लिफ ब्राउन B. एडमड लीच

C. रॉबर्टसन स्मिथ D. अर्नोल्ड वान गेनैप

73. वह सामाजिक आंदोलन जो अलौकिक शक्ति के हस्तक्षेप से समाज को सहसा रूपांतरित करने की आशा पर आधारित है, कहलाता है?

A. पुनर्जीवन आंदोलन B. सहस्राब्दवादी आंदोलन

C. स्व संस्कृति आंदोलन D. प्राणतात्विक आंदोलन

74. हिन्दू धर्म से दूसरे धर्मों में परिवर्तित व्यक्तियों को पुन: धर्म में लाने का 'शुद्धि' आंदोलन किसने प्रारम्भ किया?

A. ब्रह्म समाज B. प्रार्थना समाज

C. आर्य समाज D. राधा स्वामी

75. निम्नलिखित में से किस देश में 'शिंतोधर्म' तथा बौद्ध धर्म सह अस्तित्व में है?

A. भारत B. जापान

C. बर्मा D. चीन

76. निम्नलिखित युग्मों में से कौन सा एक सही सुमेलित नहीं है

A. बौद्ध धर्म : मठविषयक रहस्यवाद

B. जैन धर्म : ईश्वरवाद

C. ईसाई धर्म : प्रार्थना द्वारा मोक्ष

D. हिन्दू धर्म : कर्म और धर्म

77. उत्तरी जापान के 'आयनों' लोगों ने परम्परा से प्रचलित परिपाटी, जिसके तहत किसी व्यक्ति द्वारा अपने शत्रु की मूर्ति के सिर वक्ष में कील ठोककर पेड़ पर टांगा जाता है, निम्नलिखित का उदाहरण है।

A. होम्योपैथिक जादू B. सहानुभूतिपूर्ण जादू

C. अनुकारी जादू D. संक्रामक जादू

78. निम्नलिखित में से ''मैजिक, सांइस ऐंड रिलीजन एण्ड अदर एसेज'' पुस्तक का लेखक कौन है?

A. बी. मैलिनॉस्की

B. ए.आर. रेडक्लिफ-ब्राउन

C. जे.जी फ्रेजर

D. इ.बी. टायलर

79. निम्नलिखित में से जादू का वर्गीकरण किसने किया है?

A. मॉर्गन B. स्पेंसर

C. मेन D. फ्रेजर

80. निम्नलिखित में से आदर्श प्रकार के अधिकारी तंत्र की कौन-सी विशेषताएं है?

1. सत्ता सोपान
2. लिखित नियम
3. अधिकारी अंश-कालिक तथा वेतनभोगी हैं
4. अधिकारियों के संगठन के अंतर्गत किए जाने वाले कार्यों और बाहरी जीवन में किए वाले कार्यों के बीच अपृथकता

निम्नलिखित कूटों से सही उत्तर का चयन कीजिए :

A. 1 और 2 B. 2 और 3

C. 1, 2और 4 D. 1, 3 और 4

81. फ्राइडसन के अनुसार निम्नलिखित में कौन से ऐसे कारक हैं जिन पर संगठन के अंदर पेशेवर लोगों को प्राप्त नियंत्रण अधिकार की मात्रा निर्भर होती है?

1. संगठन के अधिकारी-तंत्रीकरण का आकार तथा स्तर
2. प्रश्नगत व्यवसाय का स्वरूप
3. व्यावसायिक संघ की कुल सदस्य संख्या जिसका प्रत्येक कर्मचारी सदस्य है
4. वैयक्तिक प्रतिभा

निम्नलिखित कूटों से सही उत्तर का चयन कीजिए

A. 1 और 4 B. 2 और 3

C. 1, 2 और 3 D. 2, 3 और 4

82. निम्नलिखित उदाहरणों में पूर्ण संस्थाएं कौन-कौन सी हैं?

1. कारागर 2. शरणस्थल

3. होटल 4. छात्राएं

निम्नलिखित कूटों से सही उत्तर का चयन कीजिए :

A. 1 और 2 B. 2 और 3

C. 2, 3 और 4 D. 1, 2 और 3

83. सामान्यत: दायभाग का चलन किस राज्य में है?

A. राजस्थान B. पश्चिमी बंगाल

C. पंजाब D. महाराष्ट्र

84. मैलिनॉस्की द्वारा वर्णित 'कुला' संस्था निम्नलिखित में से किसका उदाहरण है?

A. ऋण के निपटारे की पद्धति

B. वस्तुओं के औपचारिक विनियम की पद्धति

C. समाज में उच्च प्रस्थिति प्राप्त करने की पद्धति

D. सम्पत्ति को अर्जित करने का साधन

85. निम्नलिखित में किसको नौकरशाही संगठन की संज्ञा दी जाएगी

1. औद्योगिक निगम 2. दंड-संस्था

3. चर्च 4. धर्म-सभा

निम्नलिखित कूटों से सही उत्तर का चयन कीजिए :

A. 1 और 2 B. 1 और 4

C. 1, 2 और 3 D. 1, 2 और 4

उत्तरमाला

1	2	3	4	5	6	7	8	9	10
B	A	B	B	A	A	D	A	C	A
11	**12**	**13**	**14**	**15**	**16**	**17**	**18**	**19**	**20**
C	A	C	D	C	D	A	B	D	B
21	**22**	**23**	**24**	**25**	**26**	**27**	**28**	**29**	**30**
C	A	C	C	A	A	B	A	D	D
31	**32**	**33**	**34**	**35**	**36**	**37**	**38**	**39**	**40**
D	C	A	D	A	C	D	D	D	B
41	**42**	**43**	**44**	**45**	**46**	**47**	**48**	**49**	**50**
C	D	C	D	A	B	B	C	A	D
51	**52**	**53**	**54**	**55**	**56**	**57**	**58**	**59**	**60**
C	D	C	B	B	A	D	A	C	B
61	**62**	**63**	**64**	**65**	**66**	**67**	**68**	**69**	**70**
D	A	B	B	A	B	C	A	D	B
71	**72**	**73**	**74**	**75**	**76**	**77**	**78**	**79**	**80**
B	D	C	C	B	B	C	D	D	C
81	**82**	**83**	**84**	**85**					
D	A	B	B	C					

अध्याय 12

संघर्ष सिद्धांत की अवधारणा (Concept of Conflict Theory)

संघर्ष की सामान्य अवधारणा ने संघर्ष सिद्धांत की अवधारणा तीन केंद्रीय मान्यताओं को लेकर चलती है। पहली मान्यता है कि व्यक्तियों में कई तरह के बुनियादी स्वार्थ होते हैं। लोग इनको किसी न किसी तरह अवश्य पूरा करना चाहते हैं। यद्यपि सिद्धांतवेत्ता प्रत्यक्ष रूप से मनुष्य के इस सामान्य चरित्र का खुलासा नहीं करते, लेकिन उनके सिद्धांत में इस मान्यता को निर्णायक स्थान दिया जाता है।

दूसरी मान्यता यह है कि संघर्ष सिद्धांत का केंद्रीय संदर्श यह है कि किसी भी संघर्ष के पीछे अधिकतम शक्ति को प्राप्त करने का प्रयास अवश्य होता है। इन सिद्धांतवेत्ताओं की यह मान्यता है कि शक्ति के स्रोत तो बहुत कम हैं और उन्हें प्राप्त करने वाले बहुत अधिक। दूसरी बात यह है कि किसी भी शक्ति या सत्ता समाज रूप से बंटे नहीं होते। किसी के पास बहुत अधिक शक्ति केन्द्रीय होती है और किसी के पास बहुत कम। हर व्यक्ति या समूह शक्ति में अधिकतम हिस्सा चाहता है और इसी कारण संघर्ष टल नहीं सकता, यह अवश्यम्भावी है। प्रत्येक संघर्ष सिद्धांतवेत्ता यह जानता है कि अंतर्राष्ट्रीय संबंधों में हरेक राष्ट्र अंतर्राष्ट्रीय बाजार या राजनैतिक हितों के बंटवारे में अधिक से अधिक शक्ति चाहता है और इसी कारण दुनिया में शक्ति के केंद्रक बन जाते हैं।

संघर्ष सिद्धांतकारों की तीसरी मान्यता यह है कि संघर्ष का प्रत्येक पहलू मूल्यों व विचारधाराओं से युक्त होता है। ये समूह वास्तव में मूल्य व विचारधारा को एक हथियार की तरह काम में लेते हैं और इससे संघर्ष अपरिहार्य हो जाता है। विकसित देशों के लिए पूंजीवाद या साम्यवाद, प्रेरक हथियार होते हैं, जिनके आधार पर वे अधिक से अधिक प्रभावशाली बनना चाहते हैं। संघर्ष सिद्धांतवेत्ता इन तीन मान्यताओं को (1) व्यक्तिगत हित और स्वार्थ, (2) शक्ति का बंटवारा और (3) मूल्य और विचारधारा अपने सिद्धांत का केंद्रीय आधार स्वीकार करते हैं।

संघर्ष क्या है? (What is Conflict?)

इर्विंग जैटलिन ने सामाजिक संघर्ष की व्याख्या करते हुए कहा है कि सामान्यतया संघर्ष अंतर्वेयक्तिक, असहमति और झगड़ों के कारण होता है। ये ही अंत: वैयक्तिक झगड़े वर्ग-संघर्ष का रूप लेते हैं और इन्हें ही अंतर्राष्ट्रीय स्पर्धा और युद्ध में देखा जा सकता है।

लेविस कोजर जो प्रकार्यवादी संघर्षवेत्ता हैं, अपनी पुस्तक द फक्शन्स ऑफ सोशल कान्फिलक्ट में सामाजिक संघर्ष की अवधारणा को अधिक से अधिक स्पष्टता देना चाहते हैं। वे जार्ज सिमेल की कृतियों से संघर्ष की अवधारणा को अधिक पैना बनाते हैं।

कोजर संघर्ष को एक ऐसा प्रयास मानते हैं जिसमें व्यक्ति, मूल्यों, सीमित साधनों और शक्ति को प्राप्त करने के लिए विरोधी पर अपना दावा प्रस्तुत करता है और इस प्रयास में प्रतिद्वंद्वियों को चोट पहुंचाता है या उन्हें समाप्त कर देता है। **कोजर** की इस परिभाषा से कोई असहमति नहीं हो सकती। लेकिन **कोजर** का उद्देश्य संघर्ष की परिभाषा देने में कुछ और ही है। वे संघर्ष के दुष्परिणामों पर जोर देने की अपेक्षा संघर्ष के प्रकार्यों या उससे होने वाले लाभ पर ही अपना ध्यान अधिक केंद्रित करते हैं। दूसरे शब्दों में **कोजर** का तर्क है कि संघर्ष हमेशा हानिकारक नहीं होता। यदि हमारे देश को चीन या पाकिस्तान के साथ युद्ध करने में जन-धन की हानि हुई है, तो एक बड़ी उपलब्धि भी हुई है। इन युद्धों ने देश की एकता को सुदृढ़ किया है, विभिन्न संस्कृतियों के समूहों को एक श्रृंखला में बांधा है। संघर्ष की इस प्रकार्यात्मक गतिविधि को उपेक्षा की दृष्टि से नहीं देखा जा सकता और सार रूप से **कोजर** की परिभाषा का यही अर्थ है। रुचिकर बात यह है कि **कोजर** ने संघर्ष के विश्लेषण में प्रकार्यवाद की भाषा का प्रयोग किया है। इसी कारण वे संघर्ष के साथ में सामाजिक शब्द को जोड़ देते हैं और इसकी व्याख्या 'सामाजिक संघर्ष' की तरह करते हैं।

समाजशास्त्रीय साहित्य में संघर्ष की अवधारणा को किसी तरह परिष्कृत करने की आवश्यकता नहीं पड़ी है। इसका कारण यह है कि इसकी परिभाषा और अर्थ में कोई विवाद नहीं है। सच्चाई यह है कि संघर्ष समाज की एक वास्तविकता है जिसे कोई भी नकार नहीं सकता। हर समाज के अपने-अपने संघर्ष होते हैं; हर समाज में व्यक्ति किसी न किसी तरह संघर्ष से कभी कभार रहता है, प्राचीन यूनान के विख्यात दर्शनिकों ने उदाहरण के लिए हीरेक्लटरस से बाद के सूफियों में संघर्ष को किसी भी समाज की प्राथमिक और शायद सबसे महत्वपूर्ण सच्चाई माना है **पेलिवियस** ने बहुत पहले यूनान के सभ्यता काल में संघर्ष सिद्धांत का विकास किया था। उन्होंने ही कहा था कि राज्य संपूर्ण शक्ति का केंद्र होता है। मध्यकालीन अरब में हब्स खाल्टून ने समाज में संघर्ष सिद्धांत का विकास किया था। उनका कहना था कि सभ्यता के उद्‌विकास में फिरदरी कबीलों और खेतिहरों के संघर्ष की बहुत बड़ी भूमिका है। बिना किसी संघर्ष के सभ्यता का विकास थम जाता है।

अर्नाल्ड टायन्वी ने ए स्टडी ऑफ हिस्ट्री में सभ्यताओं के विकास पर टिप्पणी करते हुए कहा है कि सिंधु नदी की घाटी सभ्यता का विकास इसलिए हुआ कि घाटी के लोगों ने, प्रकृति को जो चुनौती दी, उसका सम्यक रूप से सामना किया और फलत: सभ्यता विकसित हुई। गंगा नदी की घाटी अधिक उपजाऊ थी, पर इसी चुनौती का मुकाबला यहां के वाशिंदे नहीं कर पाए और गंगा नदी की सभ्यता विकसित नहीं हो पाई। संघर्ष का मुकाबला जब तीव्रता के साथ किया जाता है और यह तीव्रता जब आगे और संघर्ष को तैयार करती है, तभी सभ्यता का विकास होता है। इसी निष्कर्ष के आधार पर **टायन्वी** कहते हैं कि सभ्यताओं का विकास चुनौती और प्रत्युत्तर सिद्धांत द्वारा ही हुआ है।

इब्न हवाल्टून अरब देशों में संघर्ष सिद्धांत के विकास में एक महत्वपूर्ण हस्ताक्षर है। खाल्इन का तो नहीं पोलिबियस की संघर्ष संबंधी विचारधारा का सीधा प्रभाव निक्कोलो मेकीएवेली पर पड़ा। ये निक्कोलो मेकीएबेली ही थे जिन्होंने इस सिद्धांत से प्रभावित होकर राज्य और उनसे संबंधित अन्य संस्थाओं के विकास के सिद्धांत से प्रभावित होकर राज्य और उनसे सम्बन्धित अन्य संस्थाओं के विकास के सिद्धान्त को प्रस्तुत किया। इनकी विचारधारा को जीन बोडिन और थॉमस हॉब्स ने आगे बढ़ाया। किसी भी तरह से देखे सामाजिक संघर्ष सिद्धांत के इतिहास ने कई उतार-चढ़ाव देखे हैं और इसके अर्थ में कोई विशेष हेर-फेर इतनी लंबी अवधि में नहीं हुआ है।

संघर्ष सिद्धांत का उद्‌भव और विकास

19वीं शताब्दी के यूरोप में अनेक समस्याएं थी। वहां औद्योगिक क्रांति हो चुकी थी और इसके साथ ही विज्ञान और तकनीकी का तेजी से विस्तार हो रहा था। एक तरफ यूरोपीय समाज की रूढ़िवादिता थी और दूसरी ओर इस समाज की यह कामना थी कि विज्ञान व तकनीकी के सभी लाभ उसे प्राप्त हो जाय। इन दो आवश्यकताओं को किसी तरह टाला नहीं जा सकता था। ये दोनों आवश्यकताएं एक-दूसरे के विपरीत थीं। यदि वास्तव में समाज में विज्ञान को अपना लिया जाता तो वर्षों पुरानी परंपरा बिखर जाती। इस उहा पोह में यूरोप ने अपने समाज की दिशा को विज्ञान व तकनीकी की ओर मोड़ा। इस शताब्दी में यह समझा जाने लगा कि यदि विज्ञान को अपनाया जाता है तो समाज विज्ञान के अध्ययन की विधियां वैज्ञानिक होंगी और उन्हें हर तरफ से भरोसे मंद होना चाहिए। इस युग के समाज वैज्ञानिकों में जिनमें **टॉनिज, दुर्खीम, पेरेटो** आदि हैं। सभी ने वैज्ञानिक पद्धतियों को अपनाया।

बाद में चलकर पता लगा कि उस समय में प्रचलित प्रत्यक्षवादी सावयववाद में इतनी क्षमता नहीं थीं कि वह व्यक्तियों के बीच होने वाले संघर्ष का वैज्ञानिक विधि से अध्ययन कर सके। धीरे-धीरे यह स्पष्ट हो गया कि यदि संघर्ष जैसी घटना का वैज्ञानिक अध्ययन करना है तो वैज्ञानिक विधियों की पुर्नसंरचना होनी चाहिए। एक बार यह स्थापित हो जाने के बाद कि मानव समाज में संघर्ष की केंद्रीय भूमिका है; यह प्रयास किया जाने लगा कि संघर्ष को प्रत्यक्षवादी (प्रोजिटिविस्टिक) दृष्टि से देखना चाहिए। **पोलिवियस** ने यह स्थापित किया कि राजनीतिक संस्थाओं के उद्‌विकास में संघर्ष का बुनियादी स्थान है। **पोलिवियस** की विचारधारा में राज शक्ति की एक निश्चित व्यवस्था थी। हब्न खाल्टून ने सभ्यता के उद्‌विकास में संघर्ष की भूमिका को अधिक निश्चित व स्पष्ट रूप से रखा। आज जिसे हम संघर्ष सिद्धांत कहते हैं उसका विकास आनुभविक धरातल पर हुआ है। संघर्ष को आनुभविक धरातल देने का श्रेय **डेविड हूतम** और **एडम फरग्यूसन** को है। आर्थिक व्यवहार में **थॉमस माल्थस** ने यह स्थापित किया कि जीवित रहने के लिए आदमी कभी भी प्रतियोगिता से मुंह नहीं मोड़ सकता। डार्विन ने संघर्ष सिद्धांत को जीव विज्ञान की ओर बढ़ाया।

पश्चिमी देशों में संघर्ष सिद्धांत का इतिहास बड़ा दिलचस्प है। कहीं संघर्ष द्वारा विशेष घटनाओं का निर्वाचन किया गया है और कही संपूर्ण मानवीय व्यवहार का अध्ययन संघर्ष द्वारा किया गया है। आज संघर्ष के क्षेत्र में कई क्रांतिकारी निर्वचन और संशोधन हुए हैं।

सामान्यतया यह समझा जाता है कि **कार्ल मार्क्स** ने जो लिखा है वही संघर्ष है। संघर्ष का अर्थ वर्ग-संघर्ष से लिया जाता है। साथ ही हम यह समझते हैं कि युद्ध, साम्प्रदायिक दंगा,

आतंकवाद, मुठभेड़, यही सब कुछ संघर्ष है। वास्तविकता यह है कि प्रतियोगिता, प्रतिरोध, शत्रुता आदि संघर्ष के जनक हैं। हमारे देश में जब हम संघर्ष सिद्धांत की व्याख्या करते हैं तो शायद ही यह स्वीकार करें कि मैक्स वेबर भी अपनी किस्म के संघर्ष सिद्धांतवेत्ता थे। हाल में यूरोप व अमेरिका में संघर्ष सिद्धांत क्षेत्र में जो साहित्य आ रहा है उस का एकमात्र उद्देश्य एक ऐसे सिद्धांत का निर्माण करना है जो संघर्ष सिद्धांत का विकल्प हो सके।

यहां यह दृढ़ता पूर्वक कहना चाहिए कि एक विकल्प के रूप में जिस संघर्ष सिद्धांत का प्रतिपादन **मार्क्स** ने किया है, वही एकमात्र विकल्प नहीं है। 19वीं व 20वीं शताब्दी में कम से कम दो ऐसे प्रमुख जर्मन समाजशास्त्री हुए हैं—**मैक्स वेबर** और **जार्ज सिमेल** जिन्होंने मार्क्स के अतिरिक्त संघर्ष सिद्धांत के विभिन्न प्रकार रखे हैं। **सिमेल** ने संघर्ष को प्रत्यक्षवादी यानि पोजिटिविस्टिक और प्रकार्यात्मक दृष्टि से देखा है। यहां **मार्क्स** से जुदा है। **मार्क्स** का सैद्धांतिक रूझान पोजिटिविस्टिक था। जब **सिमेल** ने **मार्क्स** के पोजिटिविस्टिक की कटु आलोचना की और सामाजिक सिद्धांत को अपनी प्रवृत्ति में मुक्ति परक माना तो वेबर इससे बहुत प्रभावित हुए। वेबर ने पोजिटिविजम और बिश्लेषणात्मक संघर्ष सिद्धांत को रखा। जब **वेबर** ने स्तरीकरण के विश्लेषण को पोजिटिविजम के आधार पर रखा तो उस युग के सिद्धांतवेत्ताओं ने इस उपागम को पसंद किया। सच में देखा जाए तो वेबर ने आलोचनात्मक पद्धति से पूंजीवाद के उद्‌विकास को रखा है। इसका परिणाम यह हुआ कि अमेरिका जैसे पूंजीवादी देश में **वेबर** की व्याख्या को युक्तिसंगत समझा गया। रूचिकर बात यह है कि जर्मनी के तीनों समाज शास्त्रियों **मार्क्स, वेबर** और **सिमेल** ने—संघर्ष सिद्धांत के संशोधन में महत्वपूर्ण योगदान दिया है, लेकिन तीनों के ही संदर्श व उपागम एकदम भिन्न हैं। इस भिन्नता के होते हुए भी जो इन तीनों सिद्धांतवेत्ताओं में समान हैं वह उसके विश्लेषण के तत्व हैं, अवधारणाएं हैं। तीनों ही सिद्धांतवेत्ता किसी न किसी संदर्भ में गैर-बराबरी, शक्ति, प्रभुत्व और संघर्ष की अवधारणाओं का प्रयोग करते हैं। संघर्ष के जो स्वरूप इन्होंने रखे हैं वे द्वंद्वात्मकता से लेकर प्रकार्यात्मक संघर्ष की सीमा तक पहुंचते हैं।

कार्ल मार्क्स

मार्क्स का जन्म जर्मनी के ट्रिएर में 1818 में हुआ था। मूल में उसके माता-पिता यहूदी थे जिन्होंने प्रोटेस्टेंट धर्म को अपना लिया। मार्क्स के पिता वकील थे और इसलिए आगे चलकर **मार्क्स** ने भी कानून का अध्ययन प्रारंभ कर दिया। हुआ कुछ इस तरह कि कानून पढ़ते-पढ़ते बर्लिन विश्वविद्यालय में **मार्क्स ही गेल** के दर्शन की ओर आकृष्ट हुए। **ही गेल** ने संपूर्ण इतिहास का निर्वाचन एक ऐसी प्रक्रिया द्वारा किया जिससे मनुष्य में मानवता का विकास एक ऐसे समाज की ओर हुआ जो विवेकी और मुक्त था। प्रारम्भिक वर्षों मे मार्क्स अपने आपको एक युवा **हीगेल** वादी कहते थे। वास्तव में युवाओं का एक ऐसा समूह बर्लिन में बन गया जो हीगेल का अनुयायी तो था लेकिन **हीगेल** की निरंतर आलोचना भी करता था। बाद के वर्षों में **मार्क्स** ने **हीगेल** के सिद्धांत को अस्वीकार किया और कहा कि इतिहास का महत्वपूर्ण निर्णायक मस्तिष्क तो नहीं है। उन्होंने दृढ़तापूर्वक कहा कि समाज की संरचना भौतिक कारक करते हैं। इस अवस्था में आकर **मार्क्स** धर्म विरोधी हो गए।

जैसा कि किसी भी विचारक के साथ होता है, **मार्क्स** के साथ भी हुआ। यदि उनके सम्पूर्ण विचारों का कोई युक्ति संगत विश्लेषण किया जाए तो एक दम मालूम हो जायेगा कि कई जगह उनके कथन परस्पर विरोधी है, उनमें ताल-मेल नहीं बैठता और इससे अधिक उनमें विसंगतियां हैं। ऐसी विसंगतियों के लिए कई विचारकों ने **मार्क्स** को आड़े हाथों भी लिया है। लेकिन हमें इसमें मार्क्स का कोई दोष दिखाई नहीं देता। सच्चाई तो यह है कि कोई भी सृजनकर्ता जब अपने विचारों को रखता है तो समय-समय पर ये विचार बदलते रहते हैं उनमें परिवर्तन आता है।

मार्क्स के विचार इस तरह के परिवर्तन के अपवाद नहीं थे। **मार्क्स** और उनके मित्र **फ्रेडरिक्र एंगेल्स** की प्रथम कृति **द जर्मन आइडियोलोजी** है। यह पुस्तक उनकी बाद की कृति केपिटल से बहुत भिन्न है। पहली व बाद की कृतियों के बीच में मार्क्स व एंजिल्स का कम्युनिष्ट मेनिफेस्टो है। इन तीनों कृतियों के अतिरिक्त **मार्क्स** ने कई और महत्वपूर्ण कृतियों की रचना की हैं। इनका मूल्यवान कार्य उनका समाज को मुक्ति देने का प्रसंग है।

पोजिटिविजम के अतिरिक्त संघर्ष सिद्धांत की प्रस्तुति में मार्क्स ने हीगेल के सिद्धांत की जमकर आलोचना की है। वे हीगेल को निराशाजनक सिद्धांतवेत्ता मानते हैं। **मार्क्स** का संघर्ष सिद्धांत जो क्रांतिकारी वर्ग संघर्ष की रूपरेखा को प्रस्तुत करता है; वस्तुत: सामाजिक परिवर्तन का सिद्धांत भी है। **मार्क्स** के सिद्धांत में आदमी सबसे महत्वपूर्ण प्राणी है : उसमें ऊंचा कोई नहीं और वह किसी से नीचा नहीं। इस आदमी की गरिमा अद्वितीय है। आज यह आदमी किसी गुलाम की तरह जंजीर में जकड़ा हुआ है। उसके हाथ-पांव लहु लुहान है और शोषण तथा दमन से वह कराह रहा है। इस आदमी को मुक्ति देना किसी भी सिद्धांत का पहला व अंतिम उद्देश्य होना चाहिए। इसी विचारधारा से प्रेरित होकर **मार्क्स** ने जिस सिद्धांत को रखा है; वह प्राय: उद्धारक सिद्धांत कहा जाता है।

मार्क्स के लिये तो संघर्ष सिद्धांत और कुछ न होकर आदमी की मुक्ति का एक अजेण्डा है, योजना है।

मार्क्स ने अपने सिद्धांत निरूपण में यह स्थापित किया है कि किसी भी समाज का बुनियादी आधार उसकी अर्थव्यवस्था होती है। दूसरा, इस अर्थव्यवस्था के कारण वर्ग-संघर्ष पैदा होता है। इस वर्ग-संघर्ष के पीछे कोई न कोई वैचारिकी अवश्य होती हैं। यह वैचारिकी ही वर्ग संघर्ष को सुदृढ़ करती हैं। तीसरा, संघर्ष और वैचारिकी को ध्यान में रखकर मार्क्स ने सामाजिक उद्विकास के वृहद् सिद्धांत का निर्माण किया है। चौथा और अंत में, मार्क्स भविष्य के एक ऐसे आदर्श समाज की कल्पना करते हैं जो वर्ग एवं राज्यविहीन है। यहां हम मार्क्स द्वारा दी गयी संघर्ष सिद्धांत की इन चार अभिधारणाओं का विश्लेषण करेंगे।

सामाजिक वर्ग क्या है?

मोटे रूप में उत्पादन साधनों पर निजी स्वामित्व पर आधारित उत्पादन संबंधों वाली संरचनाओं में वर्ग और वर्ग संबंध सामाजिक संरचना के मुख्य तत्व होते हैं। **लेनिन** ने अपनी कृति महान सूत्रपात में वर्ग की निम्न परिभाषा दी है:

वर्ग लोगों के बड़े-बड़े ग्रुपों को कहते हैं, जो सामाजिक उत्पादन की इतिहास द्वारा निर्धारित पद्धति में अपने स्थान की दृष्टि से, उत्पादन साधनों के प्रति अपने संबंधों से श्रम के सामाजिक संगठन में अपनी भूमिका की दृष्टि से और फलस्वरूप सामाजिक संपदा के उस भाग की, जो उनके पास रहता है, प्राप्ति की विधि तथा आकार की दृष्टि से एक दूसरे से भिन्न होते हैं।

वस्तुतः वर्ग की मुख्य विशेषता आर्थिक है। लेकिन वर्ग भेद राजनीति, दैनिक जीवन, विचारधारा आदि क्षेत्रों में भी देखने को मिलता है। प्रत्येक वर्ग अपनी राजनीतिक चेतना, नैतिकता आदि रखता है लेकिन अंतिम विश्लेषण में वर्ग की विशेषताएं आर्थिक तथ्यों द्वारा निर्धारित होती है, जो सबसे महत्वपूर्ण है। अतः उत्पादन साधनों के प्रति लोगों का संबंध अपने आप में प्रधान वर्ग विशिष्टता है और यह सब दूसरी विशेषताओं को निर्धारित करता है। इस बात को सभी मार्क्सवादी मानते हैं कि वर्गों में भेद सर्व प्रथम साधनों के प्रति संबंधों में भिन्नता के कारण होता है।

आर्थिक साधनों के मालिकाना अधिकार के कारण ही वर्ग दास-स्वामित्व बनते हैं। उदाहरण के लिए दास स्वामित्व वाले समाज में दास और दास-स्वामी, सामन्तवाद में किसान और सामन्त तथा पूंजीवाद में सर्वहारा वर्ग और बुर्जुआ वर्ग प्रतिरोधी वर्ग हैं। इन वर्गों के अतिरिक्त कुछ और मुख्य वर्ग भी होते हैं जैसे स्वतंत्र दस्तकार, किसान, बुद्धि जीवी लोग, पुरोहित आदि। बुर्जुआ वर्ग में टटपूंजिया वर्ग, और इजारेदार वर्ग आदि आते हैं।

स्वयं मार्क्स ने वर्ग पर अपनी कृतियों में थोड़ा बहुत अवश्य लिखा है। वर्ग पर उनका एक परिच्छेद कैपिटल के अंतिम पृष्ठ पर मिलता है जिसमें सभी मार्क्सवादी परिचित हैं। कैपिटल मार्क्स की एक सम्मानित और बहुचर्चित वैज्ञानिक कृति है। इसमें दी गई वर्ग की परिभाषा को हम यहां देते हैं। जब लाखों परिवार ऐसी आर्थिक दशा में जीवन यापन करते हैं तो उन्हें उनकी जीवन पद्धति, उनके हेतुओं और उनकी संस्कृति से, अन्य वर्गों से विमुख कर देती है, और उन्हें शत्रुतापूर्ण विरोधी में खड़ाकर देती हैं, वर्ग कहलाती है।

मार्क्स की वर्ग संबंधी यह अवधारणा निषेधात्मक है। वर्ग की इस परिभाषा में प्रतिरोध आवश्यक है। अपनी अन्य पुस्तक दी पॉवर्टी ऑफ फिलोसोफी में भी मार्क्स ने सामाजिक वर्ग को परिभाषित किया है :

पहला तो यह है कि आर्थिक दशाएं आम जनता को कामगारों की श्रेणी में रख देती है। दूसरा, इस वर्ग के लिए पूंजीपति अपने प्रभुत्व के कारण काम करने की एक जैसी स्थितियां और हेतु उत्पन्न कर देते हैं। इस तरह यह गरीब-गुरबों का समूह जहां तक पूंजीपतियों के प्रति उनके संबंधों का सवाल है, पृथक वर्ग बन जाता है।

मार्क्स और **एंजिल्स** ने जर्मन आइडियोलोजी में भी एक स्थान पर वर्ग की व्याख्या की है। उनकी यह निश्चित धारणा है कि पूंजीवादी समाज की बहुत बड़ी विशेषता वर्ग है। यहां **मार्क्स** ने वर्ग का विस्तृत खुलासा दिया है। एक ही धंधे को करने वाले लोग जिनकी अधिक अवस्था और काम की दशाएं और इसी तरह शोषण के तरीके समान होते हैं, वर्ग नहीं बनाते। वर्ग के लिए बहुत बड़ी अनिवार्यता वर्ग चेतना और वर्ग संगठन है। काम की दशाएं कितनी ही अमानवीय हों, मजदूर का जीवन कितना ही नाटकीय हों, लेकिन जब तक उसमें यह चेतना नहीं आती कि इस त्रासदी में वह अकेला ही नहीं है, उसके गांव और कस्बे के लोग ही नहीं हैं, प्रांत और देश के अन्य कामगार ही नहीं हैं वरन् सारी दुनियां के मजदूरों की चाहे वे किसी भी देश के हों यही हालत है, तब तक वे वर्ग नहीं बनते। अतः वर्ग चेतना और वर्ग संगठन दो ऐसे खंभे हैं जिन पर वर्ग का ढांचा खड़ा हुआ है।

इसी पुस्तक में **मार्क्स** और **एंजिल्स** ने दो नई अवधारणाएं रखी है : अपने आप में वर्ग-क्लास इन इट सेल्फ और अपने लिए वर्ग क्लास फॉर इट सेल्फ। जब एक धंधे में काम करने वाले लोग संगठित हो जाते हैं और उनमें यह चेतना आ जाती है कि हम एक ही पेशे में हैं तो इस तरह का समूह अपने आप में वर्ग है—क्लास इन इट सेल्फ। दूसरी ओर धंधों में फेर-फार हो सकता है लेकिन

उनमें काम करने वाले व्यक्तियों ही हैसियत सामान्य कामगार की होती है और वे इस सामान्यता के आधार पर चेतना और संगठन बना लेते हैं तो यह अपने लिए वर्ग है—क्लास फॉर इट सेल्फ **मार्क्स** ने वर्ग के इन आधारभूत तत्वों की वर्ग चेतना और वर्ग संगठन की अनिवार्य भूमिका पर यह टिप्पणी रखी है :

आम जनता का एक समूह जहां तक उसके पूंजी वादी संबंधों का सरोकार हैं, एक पृथक वर्ग है। लेकिन यह अब भी आप में वर्ग नहीं है। जब यह वर्ग संगठित हो जाता है, इसमें पारस्परिकता आ जाती है तब यह अपने आप में वर्ग बन जाता है। इससे आगे एक दूसरी और ऐसी अवस्था आती है जब वर्ग अपने वर्ग के सभी लोगों के लिए संगठित हो जाता है। बन जाता है। इससे आगे एक दूसरी और ऐसी अवस्था आती है जब वर्ग अपने वर्ग के सभी लोगों के लिए संगठित हो जाता है। इसका अर्थ होता है: दुनियां भर के मजदूर भाई-भाई।

उत्तरवर्ती मार्क्सवादियों ने **मार्क्स** की अपने आप में वर्ग तथा वर्ग के लिए वर्ग की अवधारणाओं को स्वीकार नहीं किया है। इनका आग्रह यह है कि किसी भी वर्ग के बनने के लिए वर्ग चेतना का होना आवश्यक है। इस अस्वीकृति के होते हुए भी वर्ग के संबंध में कुछ बात बहुत स्पष्ट है: (1) वर्ग का संबंध उत्पादन साधनों, उनके संबंधों और शक्तियों से जुड़ा हुआ है, (2) किसी भी वर्ग के लिए यह वर्ग चेतना आवश्यक है कि हमारे काम की दशाएं, दिहाड़ी या पगार और शोषण एक समान है, (3) वर्ग तभी बनता है जब वह दूसरे वर्गों को अपना दुश्मन समझता है। वर्ग निर्माण का आधार ही प्रतिरोध है, (4) वर्गो की व्याख्या हर तरह के इतिहास की विभिन्न अवस्थाओं से जुड़ी हुई हैं।

वर्ग चेतना का अर्थ—हीगेल ने सामाजिक चेतना की चर्चा की है। उनका तर्क है कि आदमी में चेतना उसकी वैचारिकी के अनुसार आती है। **मार्क्स** ने इसे काटा है। उनकी थीसिस है कि आदमी की चेतना उसकी भौतिक वस्तुओं यानी उत्पादन पद्धतियों और उत्पादन शक्तियों के संबंधों के अनुसार होती है। दोनों में अंतर यह है कि **हीगेल** चेतना का आधार वैचारिकी को मानते हैं और **मार्क्स** चेतना का आधार उत्पादन पद्धतियों से जोड़ते हैं।

वर्ग चेतना—मार्क्स ने कहा है कि सत्तारूढ़ वर्ग के जो विचार होते हैं, वे ही विचार संपूर्ण युग में प्रभावशाली होते हैं। **मार्क्स** कहते हैं कि जो वर्ग, और इस अर्थ में पूंजीपति सत्ता में है तो उनकी संपूर्ण वैचारिकी समाज पर छा जाएगी; प्रभावपूर्ण हो जाएगी।

मार्क्स कहते हैं कि सामान्यतया सत्तारूढ़ वर्ग की चेतना सामान्य जब की चेतना भी हो जाती है। होता यह है कि सत्तारूढ़ दल जिस दृष्टि से समाज की वास्तविकता को देखता है, इस वास्तविकता से पैदा हुई चेतना को अपने हित के लिए अन्य वर्गों के सदस्य भी अपना लेते हैं। इस तरह की चेतना वास्तविक चेतना नहीं है, **मार्क्स** की व्याख्या में यह थोपी हुई और एक तरह से झूठी चेतना है। कालांतर में कामगार वर्ग यह समझने लगता है कि सत्तारूढ़ वर्ग ने वास्तविकता के प्रति जो चेतना पैदा की है वह उनके वर्ग हितों के लिए नहीं है, और फिर झूठी चेतना का स्थान सही वर्ग चेतना को मिल जाता है।

मार्क्स ने सबसे पहली बार वर्ग चेतना का उदय राजनैतिक संघर्ष में देखा। उस जमाने में फ्रांस में छोटी जाति के किसानों ने सरकार के विरोध में संगठित आंदोलन किया। तब उन्होंने पाया कि जहां एक ओर किसानों में वर्ग चेतना का उदय हुआ; वही राजवंशों में भी किसानों को दबाने के लिए संगठित होने की चेतना आई। धीरे-धीरे राजनीतिक लड़ाई से उत्पन्न हुई यह चेतना अन्य लड़ाइयों के लिए भी सर्वहारा में आयी। अब बड़े-बड़े कारखानों में और उद्योगों में मजदूर संगठित होकर मालिक के विरूद्ध लड़ने लगे। मालिक और कामगारों की इस लड़ाई ने कामगारों में यह चेतना पैदा की कि उनका हित मालिक के खिलाफ लड़ने में ही है। इस भांति अपने सामान्य हितों को पूरा करने हेतु मजदूर वर्ग चेतना की रचना प्रक्रिया बराबर वर्ग संगठन से जुड़ी है। सर्वहारा जितने अधिक संगठित होगें, जितनी अधिक उनमें एकता होगी उतनी ही तीव्र उनमें सामाजिक चेतना भी होगी।

मार्क्स ने अपने रचना काल के प्रारंभ से ही सामाजिक चेतना को वस्तुत: स्थिति के साथ जोड़ा है। वर्ग चेतना कोई ऐसी चेतना नहीं है जो रातों-रात पैदा हो जाती है। इसके अविर्भाव की भी एक लम्बी प्रक्रिया है। कामगार वस्तुगत स्थिति में अपने संपूर्ण जीवन को गुजारता है। वह मिल की पालियों में कभी रात तो कभी दिन में खटता है। उसके लिए जीवन यापन दूभर हो जाता है। काम की दशाएं भी उसे संतोषजनक नहीं लगती। कभी यह मशीन खराब तो कभी वह मशीन वांछित उत्पादन न होने पर मालिक का बराबर दवाब। यह संपूर्ण स्थिति वस्तुगत स्थिति है। इस स्थिति से उसकी समझ बढ़ती है, सोच विकसित होती है कि कारखाने का मालिक अपने उत्पादन की बढ़ोत्तरी और मुनाफे को ही देखता है। अब उस में व्यक्तिगत चेतना आती है ऐसी दशा में काम करने वाले उसके साथी कामगारों में भी यह व्यक्तिगत चेतना आती है।

करने तथा शोषक राज्य को नष्ट करने में दिलचस्पी रखता है?

मार्क्स और **एंजिल्स** ने सिद्ध किया कि वर्ग संघर्ष वैर भावपूर्ण संरचनाओं में सामाजिक विकास की प्रेरक शक्ति है। समाजिक-

विकास की एक निश्चित अवस्था में वर्ग संघर्ष अनिवार्य रूप से सामाजिक क्रांति की ओर ले जाता है। वर्ग संघर्ष की चरम अभिव्यक्ति स्वंय क्रांति है। जब क्रांतिकारी वर्ग राजनीतिक सत्ता अपने हाथों में ले लेता है तब उसका प्रयास सामाजिक संबंधों में आमूलचूल परिवर्तन लाने के लिए होता है। क्रांतिकारी वर्ग के लिए संघर्ष ही एक मात्र वह साधन है जिसकी सहायता से सामाजिक विकास के तात्कालिक कार्य पूरे किये जाते हैं।

पूंजीवाद समाज गहनतम सामाजिक गैर-बराबरी और प्रतिरोध का समाज है। पूंजीवादी के विकास के साथ समाज में बुर्जुआ और सर्वहारा वर्गों में अधिकाधिक ध्रुवीकरण होता है। पूर्ववर्ती संरचनाओं में वर्ग संघर्ष की तुलना में सर्वहारा वर्ग का संघर्ष अधिक संगठित और विकसित हो जाता है।

ऐतिहासिक रूप से वर्ग संघर्ष का पहला रूप सर्वहारा वर्ग के आर्थिक हितों की रक्षा करना है। सामान्य रूप से सर्वहारा के आर्थिक हित दिहाड़ी में वृद्धि, काम की अनुकूल दशाएं, छंटनी, बेरोजगारी के विरूद्ध संघर्ष आदि में निहित है। इसी संघर्ष के दौरान श्रमिक संगठन पैदा होता है। आर्थिक संघर्ष अपना अनिवार्य महत्व रखता है। उस के सकारात्मक परिणाम असंदिग्ध होते हैं। फिर भी, वह मूल प्रश्नों को नहीं हल कर सकता। वह मजदूर वर्ग को एक समष्टि में संगठन नहीं करता। इस संघर्ष के दौरान न तो राजनीतिक दल बनते हैं, न ही वर्ग चेतना में तेजी आती है।

वर्ग संघर्ष राजनैतिक संघर्ष को भी बढ़ावा देता है। मजदूर वर्ग अपने राजनैतिक हितों की रक्षा के लिए, राजनैतिक सत्ता में हिस्सा लेने और अन्तत: सत्ता के लिए, राजनैतिक सत्ता में हिस्सा लेने और अन्तत: सत्ता के लिए राजनैतिक संबंधों की प्रणाली में मजदूर वर्ग के प्रभुत्व की स्थापना के लिए संघर्ष करता है। समाजवादी भावना के प्रति चेतना लाने के लिए राजनैतिक संघर्ष वास्तव में एक विचारधारात्मक संघर्ष है। थोड़ी अवधि गुजर जाने के बाद यह व्यक्तिगत चेतना सामूहिक चेतना में बदल जाती है। इस तरह वस्तुगत चेतना में बदलती है और यह व्यक्तिगत चेतना वर्ग चेतना का रूप लेती है।

जब तक सामाजिक चेतना का घेरा एक निश्चित वर्ग और स्थानीयता तक ही सीमित होता है यह अपने आप में वर्ग की स्थिति है। लेकिन जब यह वर्ग विशेष की चेतना अन्य समान वर्गों तक पहुंच जाती है तो यह वर्ग के लिए वर्ग की चेतना है। वास्तविकता यह है कि उत्पादन प्रक्रिया में व्यक्ति का जो स्थान या दर्जा होता है—फोरमेन, कुशल-अकुशल मजदूर दर्जे से उसकी वर्ग चेतना पैदा करती है।

यह कहना अनुचित होगा कि सामाजिक चेतना वर्ग के सभी व्यक्तियों की औसत या संपूर्ण चेतना है। सामाजिक वास्तविकता समाज के श्रम विभाजन में देखने को मिलती है। इस वास्तविकता को वर्ग विशेष का व्यक्ति अपने निजी दृष्टिकोण से देखता है। इस तरह के निजी दृष्टिकोण जो वर्ग के सदस्यों में होते हैं व्यक्तियों की औसत वर्ग चेतना को नहीं बनाते। सर्वप्रथम **मार्क्स** ने और कालान्तर में लेनिन ने यह आग्रहपूर्वक कहा है कि सामाजिक चेतना की रचना ऐतिहासिक होती है। जब एक अवधि तक के वर्ग के सदस्य दूसरे वर्ग को अपना दुश्मन समझते हैं तो लंबे समय में जाकर उत्पादन संबंधों के बारे में एक निश्चित धारणा बन जाती है। अत: व्यक्तियों की सामाजिक चेतना जो उनके वर्ग के बारे में है, निजी चेतना नहीं है। न ही यह सभी चेतनाओं का सामूहिक स्वरूप है। वर्ग की चेतना ही व्यक्ति की चेतना बन जाती है।

मार्क्स ने वर्ग चेतना और जागीर चेतना में एक बुनियादी अंतर किया है। पिछली शताब्दियों में जब यूरोप में सामंतवाद था, तब रियासत के लोगौं में वर्ग चेतना जैसी कोई बात नहीं थी। इसके दृष्टांत **मार्क्स** ने फ्रांस में पाये। पूंजीवादी व्यवस्था में किसी वर्ग में व्यक्ति का जो स्थान है यानि वह बुर्जुआ वर्ग का है या सर्वहारा का, वंशानुगत नहीं है। यह सामान्य बात है कि मध्यम वर्ग का व्यक्ति उच्च वर्ग का व्यक्ति बन जाता है और कल उच्च वर्ग का व्यक्ति धंधे में भारी घाटा आने पर दिवालियेपन के कगार पर आ सकता है। अत: वस्तुस्थिति यह है कि व्यक्ति जिस वर्ग का सदस्य है, उस वर्ग की उत्पादन पद्धतियां अर्थात वर्ग में काम करने की दशाएं, वेतन आदि उसकी सामाजिक चेतना को बताते हैं।

वर्गवादी समाज में कामगार से लेकर पूंजीपति तक की सामाजिक चेतना हर स्थिति में अपने वर्ग की चेतना होती है। जिसे हम सामाजिक चेतना कहते हैं, वस्तुत: यह वर्ग चेतना है। जब किसी वर्ग का समाज की अधिरचना का साहित्य कला, धर्म परंपरा आदि को देखता है तो उसकी प्रतिक्रिया उत्पादन संबंधों द्वारा निर्धारित होती है। आज जब टेलिविजन या संचार माध्यमों में उपभोग की वस्तुओं का विज्ञापन होता है तो इन वस्तुओं के प्रति दर्शकों की प्रतिक्रिया होती है वह वर्ग जनित होती है, उदाहरण के लिए मध्यम वर्ग का व्यक्ति रंगीन टी.वी. या रसोई घर के प्रसाधनों की प्रति आकर्षक होता है जबकि मिल का कामगार इन वस्तुओं को केवल पूंजीपति वर्ग के चोंचले मानता है। वर्ग चेतना, इस तरह समाज की भौतिक और अधिरचना को अपने वर्ग के संदर्भ में ही देखता है।

वर्ग चेतना के साथ ज्ञान मीमांसा जुड़ी हुई है। व्यक्ति का जो कुछ ज्ञान है, वह **मार्क्स** का कथन है कि उसकी उत्पत्ति उसके किसी वर्ग में अस्तित्व के कारण है। दिलचस्प बात यह है कि जब

एक वर्ग के सदस्य का दूसरे वर्ग में परिवर्तन होता है तो उसका ज्ञान भी वर्ग जनित हो जाता है। वर्ग के विश्लेषण में ज्ञान मीमांसा की कई आलोचनाएं हुई हैं। फिर भी ज्ञान मीमांसा के बौद्धिक क्षेत्र में **कार्ल मार्क्स** का स्थान अविस्मरणीय हैं।

अलगाव—पूंजीवादी व्यवस्था में, चाहे वह दुनिया के किसी भी कोने में हो, कामगार की स्थिति किसी भी भवन में लगाए जाने वाले पत्थर के उन चौखटों की है जिसे कारीगर चाहे तो फर्श पर लगा दें और चाहे तो कंगूरे पर जोड़ दें। पत्थर की ये चौखटें बेजान हैं, उन्हें तो गढ़ा और तराशा ही इसलिये है कि कारीगर अपनी मनमर्जी से उन्हें कहीं भी लगा दें।

मार्क्स ने केपिटल की पहली जिल्द में अलगाववादी श्रमिकों की चर्चा विस्तार से की है। **इरविंग जैटलिन** जैसे सिद्धान्तवेताओं का तो कहना है कि **मार्क्स** ने केपिटल पुस्तक का शीर्षक अलगाव भी रखा होता तो अनुचित नहीं था। यह इसलिए कि केपिटल में **मार्क्स** ने यह विस्तारपूर्वक बताया है कि पूंजीवादी व्यवस्था बराबर विकसित होती है और इसका कारण बढ़ती हुई उत्पादन शक्तियों और बुनियादी उत्पादन संबंध है। इस संदर्भ में केपिटल में मार्क्स ने यह स्थापित किया है कि पूंजीवाद के विकास के कारण के साथ जीवन की दशाओं में बहुत तेजी से परिवर्तन आया है। ज्यों-ज्यों पूंजीवाद के पंख फैले हैं त्यों-त्यों कारखानों और मिलों में काम करने वाले श्रमिकों में अलगाव आया है। मिलों के धुएं के गुबार के नीचे कामगार बराबर सोचता है, इस संपूर्ण व्यवस्था में मैं तो बराबर घूमने वाला दाता हूँ जिसका होना न होना बराबर है। मैं तो एक मात्र चना हूं जो भाड़ नहीं फोड़ सकता। कामगार की इस विवशता को मार्क्स ने श्रमिकों के अलगाव के अंतर्गत रखा है। अलगाव की समस्या इस भांति वर्ग व्यवस्था से जुड़ी हुई है और इसलिए इसका विवेचन वर्ग के अंतर्गत किया जाता है।

दार्शनिकों ने अलगाव के प्रयोग की उत्पति यूनानी प्लेटों के विचारों में भी खोजी है। रूसों ने भी इसका प्रयोग किया था। हीगेल के बाद **मार्क्स** ने पहली बार व्यवस्थित रूप से इस पद को वैज्ञानिक स्तर पर रखने का प्रयास किया। हीगेल के बाद फारबेच ने इस अवधारणा को काम में लिया है। इन्होंने धर्म से विमुख होने वालों के लिए इस पद का प्रयोग किया है।

अलगाव की अवधारणा में बराबर विविधता रही है। इस विविधता के होते हुए भी, किसी भी अंतिम विश्लेषण में, अलगाव वह अवस्था है जिसमें व्यक्ति स्वंय से ही विमुख हो जाता है। मनुष्य का जोर सार या उसकी प्रकृति है उससे जब वह अलग हो जाता है, तो यह अलगाव की अवस्था है। दूसरे शब्दों में जब व्यक्ति स्वयं अलगाव की अवस्था में होता है तब वह निम्न प्रकार की गतिविधि करता है। यह गतिविधि ही उसका अलगाव है:

(क) ऐसे व्यक्ति अपनी मानवीय प्रकृति से दूर हो जाते हैं।

(ख) ये व्यक्ति अपने स्वयं से, अपनी कार्य प्रणाली से अपनी जीवन की गतिविधि से, दूर हो जाते हैं। जीवित रहते हुए भी ये व्यक्ति अपने सामाजिक आर्थिक जीवन से बेखबर रहते हैं।

(ग) यह बेखबरी इस हद तक पहुंच जाती है कि वे अपनी शरीर से भी अपने आपको जोड़ते नहीं एक तरह से उनका संपूर्ण मानस ही सुन्न हो जाता है।

(घ) अलगाव ऐसी विनाशकारी स्थिति है जिसमें एक व्यक्ति दूसरे व्यक्ति और व्यक्तियों से एकदम दूर हो जाता है, उसके इर्द-गिर्द क्या होता है, उसे पता नहीं। उसके स्वयं के शरीर का जोड़-जोड़ और अंग-अंग टूटने लगता है, तब भी वह इससे सरोकार नही रखता। पूंजीवादी व्यवस्था में, कामगार कभी भी अपने आप को उत्पादन और उससे होने वाले लाभ के साथ जोड़ता नहीं है। लाभ और उत्पादन से उसका कोई मतलब नहीं है। उसे तो केवल अपनी दिहाड़ी ही या वेतन ही मिलना है।

(च) अलगाव व्यक्ति का अमानवीकरण है। अलगाव के कई स्वरूपों में मूल स्वरूप की व्याख्या **मार्क्स** ने की है। **मार्क्स** के अनुसार अलगाव वह अवस्था है जिस में कामगार उसके स्वयं के श्रम से उपार्जित वस्तुओं से अपने आप को अलग रखता है। वह अपने आप को गुलाम समझता है, शक्तिहीन मानता है और स्वयं से बेखबर होकर उत्पादन प्रक्रिया में जुटा रहता है।

मार्क्स की अवधारणा के अनुसार अलगाव का विकास कई अवस्थाओं में होता है। पहली अवस्था तो तब होती है जब वह सामान्य रूप में कारखाने के उत्पादन में अपना सहयोग देता है। इस अवस्था में अलगाव की भावना नहीं है। धीरे-धीरे उसे दिनों-दिन खस्ता होती जाती है। उसके जीवित रहने की दशा बदतर हो जाती है। इस अवस्था में आकर उसमें स्वयं के लिए, स्वयं से अलगाव हो जाता है यह अलगाव आत्म अलगाव है। तीसरी अवस्था तब आती है जब उसके जैसे कई कामगार स्वयं का अलगाव महसूस करने लगते हैं। अब कामगार का अलगाव एक व्यक्ति का अलगाव नहीं रहता, स्वयं कामगारों का अलगाव बन जाता है एक चौथी स्थिति भी आती है जब समस्त मजदूरों में श्रम से अलगाव की भावना तीव्रतर हो जाती है। इस अवस्था में एक क्रांतिकारी परिवर्तन की अपील होती है। कामगार संगठित होते हैं और एक ऐसा वातावरण बनता है जब यह निश्चित होने लगता है कि पूंजीवाद के उन्मूलन के लिए क्रांति ही एकमात्र विकल्प है। इस अवस्था में आकर व्यक्ति में एक नई शक्ति आ जाती है अब वह शक्तिहीन नहीं है क्योंकि उसमें पूंजीवाद को नष्ट करने की ताकत है। अब अलगाव उस सीमा तक पहुंच जाता है जिसे मार्क्स अलगाव

की अवस्था कहते हैं। अलगाव की संपूर्ण अवधारणा को इसकी विभिन्न अवस्थाओं में देखा जाना चाहिए।

अलगाव की विशेषताएं

(1) पूंजीवादी समाज व्यवस्था में उत्पादन प्रक्रिया इतनी जटिल हो जाती है कि इसमें कामगार का अमानवीकरण हो जाता है। उत्पादन वस्तु के साथ व्यक्ति की भावनाओं और संवेगों का कोई जुड़ाव नहीं होता। जब परिवार में मां अपने बच्चों के पहनने के लिए गरम स्वेटर बनाती है तो हर सुई में, ऊन के हर रंग में उसका प्रेम और स्नेह जुड़ा रहता है। पहनने वाला भी इस स्वेटर के माध्यम से अपने आपको स्वेटर बनाने वाले के साथ तादात्मय स्थापित कर लेता है। यही स्त्री जब कारखाने में करघे पर काम करती है तो यह एक भौतिक श्रम मात्र है और उत्पादन के साथ न तो उस के संवेग जुड़े होते हैं और न कोई भावनाएं। यह संपूर्ण प्रक्रिया कामगार के लिए तो यांत्रिक मात्र है। अत: अलगाव की स्थिति में व्यक्ति में अमानवीयता आ जाती है।

(2) कुछ गैर-मार्क्सवादियों ने अलगाव की स्थिति को ऐनोमिक कहा है। यह वह स्थिति है जिस में कामगार न तो अपने समूह और समाज के नियम-उपनियमों को स्वीकार करता है और न ही वह अपनी व्यवस्था के लक्षणों की प्राप्ति के प्रति जागरूक होता है। ऐनोमिक की अवधारणा को **दुर्खीम** ने रखा था बाद में इसे **रॉबर्ट मर्टन** ने पूरी तरह से विकसित किया। यदि हम अवधारणात्मक संदर्भ से देखें तो इन विचारकों के अनुसार अलगाव एक प्रकार से वैयक्तिक विघटन है।

(3) कुछ लेखकों के अनुसार अलगाव सर्वहारा वर्ग की वह स्थिति है जिसमें कामगार अपने आपको अपने समूह के साथ अनुकूलन नहीं कर सकता; वह तो एक सी अवस्था में पहुंच जाता है जब उस पर समाज का कोई अंकुश ही नहीं रहता। वह तो अपने काम को किसी यंत्र की तरह करता रहता है—न तो प्रतिबद्धता और न संवेग।

(4) **जोसेफसन** और **जोसेफसन** का कहना है कि अलगाव में मस्तिष्क की ऐसी दशा हो जाती है कि व्यक्ति अपने आपको, स्वयं से, अपने इर्द-गिर्द के लोगों से और एक तरह से सारे संसार से पृथक कर लेता है। इन लेखकों के अनुसार अलगाव एक व्यक्तिगत समस्या है।

(5) अलगाव की व्याख्या में यह भी कहा जाता है कि यह व्यक्ति की केवल भावना और अनुभूति ही नहीं है जो उसे पूरी तरह तोड़ देती है। यह तो एक वस्तुगत तथ्य है- —जीवन यापन की एक पद्धति है जो उसे पूरी तरह न केवल कारखाने वरन् समाज से विमुखकर देती है।

(6) दर्शनशास्त्र के सोवियत शब्द कोष में **ओर्गुसोव** ने अलगाव की व्याख्या करते हुए कहा है कि यह वह कोटि है जिसमें आदनी की गतिविधियों का वस्तुगत परिवर्तन होता है जिसके परिणाम स्वरूप आदमी के सभी क्रियाकलाप केवल गौण हो जाते हैं और उत्पादन की प्रक्रिया उस पर हावी हो जाती है।

जब हम अलगाव की प्रक्रिया को उसके लंबे ऐतिहासिक दौर में देखते हैं तो स्पष्ट हो जाता है कि यह केवल अपने स्वरूप में आर्थिक और भौतिक ही नहीं है; दार्शनिक और ऐतिहासिक भी है। यहां यह भी कहना चाहिए कि **मार्क्स** ने इस अवधारणा को दो संदर्भों में देखा है : (1) ऐतिहासिक और (2) उत्पादन प्रक्रिया की भूमिका में। यह सत्य है कि प्रारंभ में इस अवधारणा का मूल ही **गेल** का दर्शनवाद था। जब **मार्क्स** ने केपिटल में पहली बार देखा तो इसकी व्याख्या उत्पादन प्रक्रिया और ऐतिहासिक संदर्भ में की। यह बात दूसरी है कि गैर-मार्क्सवादी लेखक इस प्रक्रिया का विश्लेषण मनोवैज्ञानिक और दार्शनिक स्तर पर भी करते हैं।

अलगाव के रूप—अलगाव के सिद्धांत को विकसित करने में मार्क्स के अतिरिक्त कई अन्य दर्शनशास्त्रियों और समाज शास्त्रियों का भी योगदान है। इन लेखकों ने अपने-अपने संदर्भ में अलगाव के विभिन्न स्वरूप प्रस्तुत किए हैं। यहां हम कुछ प्रमुख स्वरूपों का उल्लेख करेंगे—

(1) **एडम स्वाफ** का वर्गीकरण—**एडम स्वाफ** ने अलगाव को एक सामाजिक प्रघटना के रूप में लिया है। उसके अनुसार अलगाव के दो प्रकार हैं : (1) वस्तुगत या सामान्य अलगाव, और (2) व्यक्तिगत या आत्म अलगाव।

(2) **रिवार्ड स्वाट** का वर्गीकरण—ई. 1970 में इन्होंने अपनी पुस्तक अलगाव में इसके प्रकारों का उल्लेख किया है:

(अ) आदमी का प्रकृति से अलगाव

(ब) आदमी का अपने इष्ट मित्रों से अलगाव

(स) आदमी का अपने काम तथा स्वयं मस्तिष्क से अलगाव, तथा

(द) आदमी का स्वयं से अलगाव।

(3) **एम. सीमान** का वर्गीकरण

इन्होंने अलगाव की स्थिति को पांच कोटियों में रखा है:

(अ) शक्ति हीनता

(ब) अर्थ हीनता

(स) सामाजिक पृथक्करण

(द) नियम हीनता

(य) आत्म उदासीनता

बेशी मूल्य तथा अतिरिक्त श्रम—पूंजीवादी समाज में वर्ग के निर्माण को ऐतिहासिक और उत्पादन संबंधों के संदर्भ में अतिरिक्त

मूल्य और श्रम का विश्लेषण करना आवश्यक हो जाता है। अतिरिक्त मूल्य शोषण का एक निश्चित तरीका है। यह तरीका पूंजीवाद में देखने को मिलता है। पूंजीवाद में जिसे अतिरिक्त मूल्य कहते हैं। यह तरीका पूंजीवाद में देखने को मिलता है। पूंजीवाद में जिसे अतिरिक्त मूल्य कहते हैं, वह मुनाफे का एक स्वरूप है। इस मुनाफे का कारण यह है कि कामगार जिस वस्तु का उत्पादन करता है उसे उसके दिहाड़ी से अधिक मूल्य में बेच दिया जाता है। यह मुनाफा ही कामगार का शोषण है। इस तरह लाभ और दिहाड़ी अतिरिक्त मूल्य और श्रम के दो निश्चित स्वरूप है और पूंजी का जब नियोजन किया जाता है, तब ये दोनों स्वरूप देखने को मिलते हैं। लेकिन लाभ और दिहाड़ी दोनों ही मुद्रा है। और इसलिए यह श्रम का वस्तुगत स्वरूप है। ऐतिहासिक रूप से देखें तो मुद्रा का यह स्वरूप उत्पादन संबंधों से जुड़ा हुआ है और इसी कारण अतिरिक्त मूल्य की अवधारणा निर्णायक अवधारणा है। पूंजीवादी उत्पादन वास्तव में पण्य वस्तु के उत्पादन का एक सामान्य प्रकार है। दुनिया में जहां भी पूंजीवाद है, उत्पादन इसी प्रकार होता है। उत्पादित वस्तुओं को जब बेचा जाता है तो उसका मूल्य होता है। जब मूल्य को निश्चित करते हैं तो इसके उत्पादन के लागत को देखते हैं। उत्पादित वस्तु पूंजीपति की है और पूंजीपति वस्तु के उत्पादन मूल्य निर्धारित करता है। लागत और मूल्य के बीच का अंतर अतिरिक्त मूल्य है। ऐसा नहीं है कि **मार्क्स** ने ही अतिरिक्त मूल्य की चर्चा की हो। क्लासिकल अर्थशास्त्रियों ने भी अतिरिक्त मूल्य का विश्लेषण किया है लेकिन **मार्क्स** की अतिरिक्त मूल्य की अवधारणा क्लासिकल अर्थशास्त्रियों से भिन्न है। **रिकाड़ों** का कहना है कि अतिरिक्त मूल्य का कारण कामगार की दिहाड़ी और पूंजीपति के वेतन से जुड़ा है। बाजार में कामगारों को बाध्य किया जाता है कि वे उनके श्रम का जो वास्तविक मूल्य है उससे कम में बेच देवें। यह विनिमय गैर-बराबरी का विनियम है। इस विनिमय को रिकाड़ों बेजा विनिमय कहते हैं।

मार्क्स के अतिरिक्त मूल्य की व्याख्या दूसरी है। उन्होंने बताया कि विनियम में कुछ भी बेजा या ज्यादती नहीं है। श्रम शक्ति को तो उसके मूल्य के बराबर ही बेचा जा सकता है। अतिरिक्त मूल्य तो उत्पादन व्यवस्था से पैदा होता है। इस तरह **मार्क्स** कहते हैं कि पिछली सभी उत्पादन पद्धतियों में पूंजीवादी शोषण बेजा विनिमय न होकर उत्पादन प्रक्रिया में पैदा होते हैं। इसलिए विनिमय की उचित दरों का निर्धारण शोषण का अंत नहीं है। इसका आधार यह है कि उत्पादन के साधन किसकी मिल्कियत है।

मार्क्स ने पूंजीवादी उत्पादन पद्धति का सैद्धांतिक विश्लेषण किया है कि उसकी लागत पूंजी में वृद्धि होवें, इजाफा होवें। दूसरी ओर कामगार इसके लिए बराबर संघर्ष करता है कि अतिरिक्त मूल्यों में उसकी बराबर भागीदार हों।

मार्क्स का वर्ग की रचना का विश्लेषण यह है कि ऐतिहासिक स्तर पर पूंजीवादी उत्पादन में पूंजीवादी व्यवस्था बराबर सुदृढ़ हुई है। दूसरी तरफ कामगारों और मजदूरों में पूंजीपतियों के विरोध में प्रतिरोध बढ़ा है। वर्ग तो वैसे कई हैं, **मार्क्स** ने फ्रांस में ही कई वर्गों की पहचान की है। वे यह भी कहते हैं कि सर्वहारा अैर बुर्जुआ के बीच में मध्यम वर्ग भी हैं। लेकिन जब वर्गों का ध्रुवीकरण होता है—जब बुर्जुआ और सर्वहारा संघर्ष के लिए एक-दूसरे के आमने-सामने रूबरू हो जाते हैं, क्रांति का बिगुल बज जाता है तब माध्यम वर्ग तटस्थ नहीं रह सकता। बहुत करके उसे पूंजीपति वर्ग के साथ मिलना है। बुर्जुआ और सर्वहारा का यह प्रतिरोध शोषण पर आधारित है और शोषण की संरचनात्मक नींव अतिरिक्त मूल्य पर निर्भर है। प्रतिरोध की यह भावना वर्ग चेतना और अतिरिक्त मूल्य द्वारा निर्धारित होती है। अगले पृष्ठों में हम वर्ग संघर्ष की व्याख्या करेंगे।

वर्ग संरचना को उत्पादन पद्धति के साथ जोड़ना पड़ेगा। इस उत्पादन पद्धति में भी ऐतिहासिक शक्तियों का प्रभाव है। **मार्क्स** उत्पादन संबंधों और शक्तियों के ऐतिहासिक प्रमाणों पर यह तर्क देते हैं कि वर्ग संघर्ष प्रतिरोध पर निर्भर है।

वर्ग संघर्ष—वर्गों की उत्पति के साथ ही वर्ग संघर्ष भी शुरू हो गया। इतिहास दिखलाता है कि सभी बैर भाव पूर्ण समाजों में वर्ग संघर्ष हुए हैं। **मार्क्स** और **एंजिल्स** ने कम्युनिस्ट मेनी फेस्टो में लिखा है:

अब तक अर्विर्भूत सभी बैर-भाव पूर्ण समाजों का इतिहास वर्ग संघर्ष का इतिहास रहा है। स्वतंत्र मनुष्य और दास, पेट्रीशियन और प्लेवियन, सामंत और भू-दास, शिल्प संघ का उस्ताद और कारीगर और मजदूर तथा कारीगर संक्षेप में , शोषक और शोषित बराबर एक दूसरे का विरोध करते आये हैं। कभी छिपकर और प्रकट रूप से लगातार एक दूसरे से लड़ते रहे हैं, इस लड़ाई का अंत हर बार या तो पूरे समाज के क्रांतिकारी पुनर्गठन में या संघर्षरत दोनों ही वर्गों की बरबादी में हुआ है:

तात्विक रूप से वर्ग संघर्ष का स्त्रोत वर्ग हितों का प्रतिरोध है। जो एक वर्ग का हेतु है वह दूसरे वर्ग का प्रतिरोध है। पूंजीवादी समाज में मजदूर और पूंजीपति के हित एक दूसरे के विपरीत होते हैं। एक वर्ग के रूप में बुर्जुआ वर्ग शोषण बढ़ाने पूंजीवादी प्रणाली को बनाए रखने और अपने आर्थिक तथा राजनैतिक प्रभुत्व सुदृढ़ करने में दिलचस्पी रखना है। दूसरी ओर मजदूर वर्ग पूंजीवादी व्यवस्था में अपनी वस्तुगत स्थिति के कारण शोषण का उन्मूलन

करने, निजी स्वामित्व और उस पर आधारित सामाजिक उत्पीड़न का खात्मा।

इतिहास की भौतिकवादी अवधारणा

इतिहास की भौतिकवादी अवधारणा ने संसार को देखने की दृष्टि को ही बदल कर रख दिया है। इसलिए माना जाता है कि मार्क्सवादी सिद्धांत में ऐतिहासिक भौतिकवाद एक सामाजिक-वैज्ञानिक केंद्र बिंदु है। 1892 ई. में **एंगेल्स** ने सोशिलिज्म : यूटोपियन एण्ड साइन्टिफिक पुस्तक की भूमिका में ऐतिहासिक भौतिकवाद की व्याख्या इस प्रकार की है:

ऐतिहासिक भौतिकवाद इतिहास की उस दिशा की खोज करता है जो सभी निर्णायक ऐतिहासिक घटनाओं को चलाने वाली महत्वपूर्ण शक्ति है, जो समाज के आर्थिक विकास को आगे सरकाती है; जो उत्पादन तथा विनिमय विधियों के परिवर्तन को समझती है, जो इसके परिणाम स्वरूप होने वाले श्रम विभाजन का पता लगाती है तथा समाज के विभिन्न वर्गों की पहचान करके उनसे होने वाले वर्ग संघर्ष को देखती है।

मार्क्स ऐसे पहले विचारक थे जिन्होंने ऐतिहासिक भौतिकवाद की अवधारणा को समाज विज्ञानों में रखा। **एंजेल्स** कहते हैं कि ऐतिहासिक भौतिकवाद के अतिरिक्त **मार्क्स** का दूसरा बड़ा योगदान अतिरिक्त मूल्य का है।

मार्क्स यह दृढ़ता से मानते हैं कि किसी भी परिस्थिति में इतिहास पूर्व निश्चित किसी यांत्रिक दिशा की ओर नहीं मुड़ता। यह तालाब में एक के बाद एक उठने वाली लहर की तरह नहीं है। सच्चाई यह है कि इतिहास की संरचना उसका श्वास और प्रश्वास भौतिक परिस्थितियों से बना हुआ है। जब-जब उत्पादन के तरीकों में बदलाव आया है, इतिहास की सांस भारी हुई है और उसमें परिवर्तन होता गया है।

यदि संक्षेप में ऐतिहासिक भौतिकवाद की परिभाषा दें तो कहना होगा कि **मार्क्स** का यह केंद्रीय सिद्धांत इतिहास सन् संवतों में बंधा हुआ, राजा-महाराजाओं का कालानुक्रमिक वृतांत नहीं मानते। यह अवधारणा इतिहास के बदलाव को और इसी तरह समाज की संरचना को भौतिक उत्पादन के तरीके, उत्पादन शक्तियों और उत्पादन संबंधों के संदर्भ में देखती है।

समाज की संरचना में रोटी, कपड़ा, मकान इत्यादि भौतिक आधार है। ये भौतिक आधार आर्थिक संगठन को बनाते हैं। इन भौतिक वस्तुओं के अतिरिक्त समाज में जो कुछ भी है—साहित्य, कला, दर्शन, राजनीति इन सबका निर्माण या इन सबका उद्‌गम, उत्पादन शक्तियों, उत्पादन संबंधों और आर्थिक संरचना में निहित है। जब हम किसी भी समाज का विश्लेषण, भौतिक उत्पादन शक्तियों आदि के संदर्श से करते हैं तो यह इतिहास की भौतिकवादी व्याख्या हुई। और यही **मार्क्स** का ऐतिहासिक भौतिकवाद है।

मार्क्स कहते हैं कि जब से मनुष्य का अस्तित्व इस संसार में देखने को मिलता है तभी एक बात बहुत स्पष्ट है कि इस आदिम मनुष्य की सबसे बड़ी समस्या जीवित रहने की रही होगी। जीवित रहने के लिए उसे अपने इर्द-गिर्द की प्रकृति के साथ संघर्ष करना पड़ा होगा, समायोजन करना पड़ा होगा। इस दृष्टि से देखा जाए तो आदमी का उसकी प्रकृति के साथ जो संबंध रहा है—सहयोग या संघर्ष का वही, उसका इतिहास है। प्रकृति में जो साधन उपलब्ध थे; उसी के अनुरूप आदमी ने जीवित रहने का प्रयास किया। इसी कारण **मार्क्स** यह दावा करते हैं कि समाज की आर्थिक संरचना जो उत्पादन संबंधों से बनी है, समाज की वास्तविक आधारशिला है। यह वह आधार है जिससे कानूनी और राजनैतिक अधिरचना और इसी तरह सामाजिक चेतना पैदा होती है। दूसरी ओर देखें तो समाज में उत्पादन संबंध ही भौतिक जीवन के उत्पादन का तरीका, जीवन के सामाजिक, राजनैतिक और बौद्धिक उत्पादन शक्तियों को विकास के एक निश्चित स्तर तक ले जाते हैं। इसी तरह भौतिक जीवन के उत्पादन का तरीका, जीवन के सामाजिक, राजनैतिक और बौद्धिक प्रक्रियाओं को सामान्यतया निश्चित करता है।

उपरोक्त विवेचन के आधार पर ऐतिहासिक भौतिकवाद के निम्नलिखित तत्व महत्वपूर्ण है। जब हम किसी भी समाज के इतिहास को इन तत्वों के संदर्श में देखते हैं तो यह उस समाज की भौतिकवादी अवधारणा है।

1. उत्पादन का तरीका

किसी भी समाज का बुनियादी ढांचा भौतिक है। जब मनुष्य इस धरती पर आया तो जीवित रहने के लिए उसने भौतिक साधनों को अपना स्रोत बनाया। इन स्रोतों का दोहन करने के लिए उसने विभिन्न तरीकों को काम में लिया। ऐसी स्थिति में उत्पादन के तरीके जो विभिन्न युगों में मनुष्य द्वारा अपनाए गए, महत्वपूर्ण हैं। उत्पादन के ये तरीके अपने आकार या परिवेश में बहुत विशाल हैं। शायद प्रारंभ में मनुष्य ने जंगल के शिकार से अपना पेट भरा हो। इसके बाद उसने छोटे अनाजों को पैदा करना शुरू किया हो। इससे आगे कृषि उत्पादन में और संशोधन हुए हों और ये ही संशोधन आज हरित क्रांति से सूत्रपात तक समाज को ले आए हैं। उत्पादन की प्रक्रिया में काम में आने वाली तकनीकी जटिलता भी इसी तरह बढ़ी हो।

उत्पादन के तरीकों को हम विशाल और जटिल इसलिए कहते हैं कि इसके अंतर्गत उत्पादन शक्तियां **और उत्पादन** संबंध दोनों ही सम्मिलित हो जाते हैं। **रामकृष्ण मुखर्जी** जब **मार्क्स,**

ऐंजिल्स और **लेनिन** की व्याख्या करते हैं तो उनका कहना है कि यौन नियंत्रण, यौन संबंध, पारिवारिक और नातेदारी संबंध, उत्पादन तरीकों यानी उत्पादन संबंधों की श्रेणी में आ जाते हैं। अत: जब हम समाज की ऐतिहासिक भौतिकवादी व्याख्या करते हैं तो इसका किसी भी त्रिभुज में शीर्ष स्थान है। इसके आधार पर उत्पादन शक्तियां और उत्पादन संबंध हैं। अत: जब हम ऐतिहासिक भौतिकवाद की व्याख्या करते हैं। तब हमें (1) उत्पादन के तरीकों (2) उत्पादन शक्तियों और (3) उत्पादन संबंधों की व्याख्या अनिवार्य रूप से करनी चाहिए। इस व्याख्या का उद्देश्य यह होना चाहिए कि इतिहास में जो कुछ परिवर्तन आए हैं उनका बुनियादी कारण ये तीन तत्व हैं और इससे आगे मनुष्य या समाज की जो भी सामाजिक चेतना है, वह इन तीनों भौतिक तत्वों के कारण है। इस तरह का उपागम **मार्क्स** पदावली में इतिहास का भौतिकवादी विवेचन है।

मार्क्स के संपूर्ण लेखन में उत्पादन तरीकों की व्याख्या बार-बार की गयी है। यह कहना अनुचित नहीं होगा कि मार्क्स के किसी भी सिद्धांत को लें-द्वंद्वात्मक भौतिकवाद, वर्गसंघर्ष, क्रांति, मनुष्य जाति का शोषण से मुक्ति सभी में उत्पादन के तरीकों का केंद्रीय स्थान है। वास्तविकता यह है कि उत्पादन का तरीका भरण-पोषण को निश्चित करता है। प्रत्येक समाज में उत्पादन का तरीका समाज के सदस्यों की जीवन पद्धति को अभिव्यक्ति देता है। जैसी उत्पादन पद्धति होगी—खेती बाड़ी की या उद्योग की वैसी ही निश्चित जीवन-यापन की शैली होगी। जैसे लोग हैं वैसी अभिव्यक्ति करते हैं और वे कैसे हैं यह इस बात से निश्चित होता है कि उनके उत्पादन का तरीका क्या है। इस भांति प्रत्येक व्यक्ति का दर्पण उसके उत्पादन के तरीको की दशा है।

यदि इतिहास की ईमानदारी के साथ परिक्रमा की जाए तो ज्ञात होगा कि नागरिक जीवन में लोगों के साथ हमारा जो भी व्यवहार है—अत: क्रियाएं हैं वे उत्पादन के तरीकों से जुड़ी हुई है या उत्पादन के तरीकों से सम्पन्न हुई है। अर्थात किसी भी इतिहास का आधार और राज्य की गतिविधियों का विवरण उत्पादन तरीकों पर निर्भर करता है। इस तरह इतिहास उत्पादन के तरीकों के सिद्धांत से प्रारंभ होता है और हमारी सामाजिक चेतना, धर्म, दर्शन, आचार और ऐसे कई सामाजिक सांस्कृतिक स्वरूप उत्पादन के तरीकों से जुड़े होते हैं। इतिहास को देखने का यह उत्पादनवादी संदर्भ परंपरागत इतिहास के एकदम भिन्न है। भौतिकवादी इतिहास **मार्क्स** आग्रहपूर्वक कहते हैं कि वास्तविक इतिहास है। **मार्क्स** कहीं पर भी इतिहास के वीर नायकों की गुणगाथा नहीं गाते, न ही वे उनकी कोई आलोचनात्मक टिप्पणी करते हैं। वे तो यह मानकर चलते हैं कि इतिहास के पहियों को ढकेलने वाली शक्ति और इस अर्थ में धर्म, दर्शन आदि के निर्माण के पीछे उत्पादन के तरीके हैं।

परंपरागत इतिहास वहां समाप्त हो जाता है जहां समाज के सदस्यों में आत्म चेतना आ जाती है। **मार्क्स** के लिए इतिहास का यह अंत बुर्जुआ और पूंजीवादी है। वे कहते हैं कि इतिहास का एक युग वहां समाप्त होता है जब एक प्रकार के भौतिकवादी सामाजिक सम्बन्ध समाप्त हो जाते हैं। इतिहास के गुलाम और सामंती युग भौतिक सम्बन्धों के परिणाम है। होता यह है कि व्यक्तियों के सामाजिक सम्बन्ध ऐतिहासिक रूप से बने होते हैं। ये इतिहास द्वारा निर्धारित सामाजिक सम्बन्ध उत्पादन पद्धति से निर्मित होते हैं; और पीढ़ी दर पीढ़ी चलते रहते हैं। उत्पादन पद्धति से बंधे हुए ये सामाजिक सम्बन्ध, रीति-रिवाज, परंपराएं और संस्कार एक पीढ़ी से दूसरी पीढ़ी को बिना परिवर्तन के, ज्यों के त्यों हस्तांतरित होते हों, ऐसा नहीं है। हर पीढ़ी बदलते हुए उत्पादन तरीकों के आधार पर नए सामाजिक सम्बन्धों और रीति-रिवाजों का सृजन करती है। उत्पादन तरीकों का यह दबाव इतिहास के प्रत्येक युग का एक विशिष्ठ पहचान निश्चित करता है; अर्थात जहां उत्पादन पद्धति इतिहास के एक युग या पीढ़ी की पहचान को निर्धारित करते हैं वही इसी युग की पीढ़ी स्वयं उत्पादन तरीकों को भी बदलती है। जहां गुलाम युग ने यानी उत्पादन के साधनों के स्वामित्व ने गुलामों को अमानवीयता के स्तर पर धकेल दिया वहीं इन साधनों के बदलाव ने सामंती युग को जन्म दिया। इसलिए उत्पादन पद्धति जहां एक युग को उसका चरित्र देती है तो दूसरी ओर युग की पद्धति में बदलाव आता है।

आखिर आदमी की मौलिकता क्या है, उसके जीवन का सार क्या है? इस प्रश्न का उत्तर परंपरागत इतिहास नहीं। यह इतिहास तो राजाओं, महाराजाओं, ड्योढ़िया और रावलों तक आकर रूक जाता है। भौतिकवादी इतिहास की अवधारणा ठेठ जन जीवन की तह में पैठ जाती है। और इतिहास का यही मूल आधार है। उत्पादन पद्धति अपने आकार और प्रकार में बहुत विशाल है। इसी के परिणाम स्वरूप उत्पादन शक्तियां, पूंजी और पूंजी सम्बन्ध निश्चित होते हैं।

प्रत्येक पीढ़ी अपने युग में उत्पादन पद्धति यानी उत्पादन शक्तियों और उत्पादन संबंधों के साथ जूझती है। इस संघर्ष में पूंजीवाद सुदृढ़ होता है और इसकी इस सुदृढ़ता में ही इसकी कब्र खुदती रहती है। इस तरह यदि हम थोड़ी गहराई से देखे तो उत्पादन पद्धति में ही द्वंद्ध बना हुआ है। हमने पिछले पृष्ठों में कहा है कि द्वंद्वात्मक भौतिकवाद ऐतिहासिक भौतिकवाद से भिन्न है। यह अंतर इस तरह है कि जब हम इतिहास के बदलाव को उत्पादन पद्धति के संदर्भ से देखते हैं तो यह इतिहास की भौतिकवादी

अवधारणा है। दूसरी ओर जब हम इतिहास के प्रत्येक उत्पादन के तरीकों के युग को द्वंद्ध के रूप में देखते हैं तो यह द्वंद्वात्मक भौतिकवाद है। द्वंद्वात्मक भौतिकवाद ऐतिहासिक भौतिकवाद की प्रक्रिया में निहित एक दूसरी प्रक्रिया हैं। वे दोनों प्रक्रियाएं प्रत्येक युग में गुलामी, सामंतवादी और पूंजीवाद में समान रूप से काम करती हुई दिखाई देती है।

2. उत्पादन शक्तियां

मार्क्स के सभी सिद्धांतों का आधार और विशेषकर के सामाजिक परिवर्तन की बुनियाद दो अवधारणाएं हैं: (1) उत्पादन शक्तियां और उत्पादन सम्बन्ध, जिन्हें संपत्ति सम्बन्ध भी कहते हैं। **मार्क्स** ने क्रीटिक ऑफ पोलिटिकल इकोनोमी में यह कहा है कि जब उत्पादन शक्तियों और उत्पादन संबंधों में विसंगति आ जाती है तो इतिहास में क्रांति का सूत्रपात होता है। अत: उत्पादन शक्तियों की भूमिका युग परिवर्तन में बड़ा महत्व रखती है। **मार्क्स** उत्पादन शक्तियों की अवधारणा को क्रांति का सूत्र मानते हुए अपने राजनैतिक अर्थव्यवस्था के क्रिटिक में लिखते हैं, ''अपने विकास की एक निश्चित सीमा तक पहुंचने पर भौतिक उत्पादन शक्तियां अपने समकालीन उत्पादन संबंधों के विरोध में आ जाती है। यह विरोध सामाजिक क्रांति का सूत्रपात करता है। इसके परिणामस्वरूप यानि आर्थिक बुनियादी क्षेत्र में परिवर्तन आने से समाज की अधिसंरचना त्वरित गति से बदल जाती है।''

उत्पादन शक्तियां क्या हैं? एक किसान हल, बैल से खेत जोतता है, रात और दिन खेत की रखवाली करता है, अपने हाथों से खरपतवार को हटाता है ओर फसल पक जाने पर हंसिया से फसल को काटता है। उत्पादन की यह शक्ति अब पुरानी हो गई, परंपरागत मात्र हैं। इस शक्ति में ईजाफा हुआ। अब ट्रेक्टर से लोग बुआई करते हैं। कीटनाशक दवाएं फसल की सुरक्षा देती हैं और इससे आगे थ्रेसर अनाज को भूसे से अलग कर देता है। यह उत्पादन शक्तियों में संशोधन है। **मार्क्स** का तर्क है कि उत्पादन पद्धति से विज्ञान और तकनीकी जुड़े हुए हैं और इसलिए इन शक्तियों में आए दिन संशोधन होता रहता है। इसी अनुपात में उत्पादन संबंधों में संशोधन या परिवर्तन नहीं आता। बाजार के नियंत्रण, व सीमा शुल्क कस्टम्स आदि में इतनी तेजी से परिवर्तन नहीं आता। औद्योगिक पूंजीवाद में उत्पादन शक्तियों और उत्पादन संबंधों में कभी-कभी तो गहरी खाई हो जाती है और यह पूंजीवाद की मृत्यु का संकेत हैं।

उत्पादन शक्तियां आदमी के प्रकृति के साथ संबंधों को बताने वाली अवधारणाएं हैं। जिसे हम आज तक तकनीकी और वैज्ञानिक जानकारी कहते हैं; वही उत्पादन शक्तियां है। जब यूरोप में कृषि युग था और औद्योगिक क्रांति नहीं आई थी तब उत्पादन शक्तियां सामान्य थी। औद्योगिक क्रांति ने भाप के आविष्कार को देखा और विशाल उत्पादन को बाजार में खड़ाकर दिया। ये उत्पादन शक्तियां समय दर समय अधिक विकसित और संशोधित होती गई। उद्योग में आज स्वचालन आ गया है। इस संदर्भ में, प्रश्न है; क्या उत्पादन शक्तियों की त्वरित गति से बढ़ने वाली यह क्षमता कहीं रूक जाएगी?

उपर्युक्त प्रश्न के उतर में **मार्क्स** का एक तर्क है। उनका कहना है कि जब हम तत्कालीन आवश्यकताअें की पूर्ति के लिए उत्पादन शक्तियों में वृद्धि करते हैं तब एक और प्रक्रिया समानांतर रूप से चलती है। यह प्रक्रिया नई आवश्यकताओं को पैदा करती हैं और फिर नई उत्पादन शक्तियां आती है। इससे और आगे आवश्यकताओं में वृद्धि और शक्तियों में विकास । यह चक्र चलता रहता है और दूसरी ओर उत्पादन शक्तियों और संबंधों के बीच की खाई अधिक चौड़ी होती चली जाती है। इसी कारण उत्पादन शक्तियों की वृद्धि पूंजीवाद की मृत्यु का संकेत है।

3. उत्पादन संबंध

हमने इस अध्याय के प्रारम्भ में कहा है कि जब मार्क्स ऐतिहासिक भौतिकवाद की व्याख्या करते हैं तो वे इतिहास को उत्पादन के तरीकों का एक अंग, उत्पादन शक्तियों के अतिरिक्त उत्पादन संबंध हैं। उत्पादन संबंध केवल आर्थिक संबंधों तक ही सीमित नहीं है। वास्तव में आर्थिक संबंध संपूर्ण सामाजिक संरचना से जुड़े होते हैं। उत्पादन के तरीकों में यानी उत्पादन शक्तियों और संबंधों के बीच में जो विरोध है, वही सामाजिक संबंधों में भी परिलक्षित होता है। उत्पादन संबंध और सामाजिक संरचना के इस गठजोड़ की व्याख्या करते हुए **मार्क्स** लिखते हैं, ''अपने जीवन के समाजिक उत्पादन के क्षेत्र में व्यक्ति कुछ ऐसे निश्चित संबंधों के साथ जुड़ता है जो उसके लिए अपरिहार्य है, ये संबंध स्वतंत्र हैं और इन पर व्यक्ति की कोई मर्जी नहीं चलती । ये संबंध भौतिक उत्पादन के विकास की अवस्था से मेल खाते हैं। उत्पादन के ये सभी संबंध मिलजुल कर, आर्थिक संरचना को बनाते हैं जो समाज का वास्तविक आधार है और जिस पर कानूनी और राजनैतिक अधिरचना बनती हैं।''

वास्तव में, उत्पादन संबंधों और उत्पादन शक्तियों के बीच में जो विरोध है वही इतिहास को आगे ले जाता है। जब मार्क्स उत्पादन-शक्तियों की चर्चा करते हैं तो उनका तात्पर्य उत्पादन साधनों और श्रम शक्ति से होता है। जहां उत्पादन शक्तियों में मशीनें और शक्ति में विकास और बदलाव आते हैं, वहां उत्पादन संबंधों में मालिक और मजदूर के संबंध होते हैं।

मार्क्स सैद्धांतिक संदर्भ में प्रत्यक्षवादी विचारक थे। उन्होंने अपनी अध्ययन विधि का आधार इतिहास की भौतिकवादी अवधारणा को बनाया। ऐतिहासिक भौतिकवाद में वे मुख्य रूप से उत्पादन पद्धतियों पर अपने सिद्धांत को केंद्रित करते हैं। अपने आकार, और विस्तार में उत्पादन पद्धतियां जो कि ऐतिहासिक भौतिकवाद की आधार हैं, दो प्रक्रियाओं को सम्मिलित करती हैं।

संघर्ष सिद्धांत को आधुनिक परिप्रेक्ष्य में विकसित करने वाले **राल्फ डेहरेन्डॉर्फ, लेविस कोजर** और **रेंडाल कोलिसं** विश्लेषणात्मक संघर्ष सिद्धांतवेत्ताओं की कोटि के समाजशास्त्री हैं। क्योंकि इन तीनों विचारकों का मत है कि संघर्ष सिद्धांत एक वैज्ञानिक समाजशास्त्र के विकास में केंद्रीय संदर्श हैं। इतना होते हुए भी ये तीनों विचारक विवेचनात्मक सिद्धांतवेत्ताओं से भिन्न हैं। पहला कारण तो यह है कि विवेचनात्मक सिद्धांतवेत्ता समाज विज्ञान को तात्विक रूप से राजनीतिक गतिविधि का एक हिस्सा मानते हैं और इस बात को अस्वीकार करते हैं कि तथ्यों और मूल्यों की समाज विज्ञान से पृथक किया जाना चाहिए।

दूसरे ओर विश्लेषणात्मक सिद्धांतवेत्ता यह मानते हैं कि तथ्यों तथा मूल्यों को समाज विज्ञान से पृथक करना अनिवार्य है। यह अवश्य है कि किसी भी विश्लेषण करने वाले सिद्धांतवेत्ता के लिए ऐसी प्राक्कल्पनाएं बनाना बहुत कठिन या लगभग असंभव है जो उनके स्वयं के विचारों या सरोकारों से जुड़ी न हो। यह होते हुए भी कम से कम जो भी प्राक्कल्पनाएं हैं वे ऐसी होनी चाहिए जिनका विश्लेषण वस्तुपरक और आनुभविक हो।

दूसरा विश्लेषण विचारवेत्ता विवेचनात्मक विचारवेत्ताओं से एक और स्तर पर भिन्न हैं। विश्लेषणात्मक सिद्धांतवेत्ता सभी समाजों एक ही दिशा में स्तरीकृत नहीं मानते। दूसरे शब्दों में वे यह स्वीकार नहीं करते कि सत्तारूढ़ दल हमेशा जनता का विरोधी होता है। विश्लेषणात्मक सिद्धांतवेत्ता इस बात से सहमत होंगे कि कुछ समाज इस प्रकार के हैं, लेकिन उनका मानना है कि कई समाज ऐसे भी हैं जो शक्ति और स्थिति के बंटवारे की दृष्टि से बहुत जटिल है। इनका यह सोचना सही भी है कि स्तरीकरण के कई प्रतिमान एक दूसरे से जुड़े होते हैं और उन्हें साफ-सुथरे रूप में नहीं समझा जा सकता। उदाहरण के लिए हमारे देश में जाति व्यवस्था जन्म के आधार पर बनी हुई है और जो जिस जाति में पैदा होता है, वह उसी जाति में विभिन्न वर्ग देखने को मिलते हैं तो वह स्तरीकरण जटिल बन जाता है। सही बात यह है कि शक्ति, और स्थिति के स्रोत कई तरह के होने के कारण संपूर्ण समाज को विश्लेषणात्मक दृष्टि से देखना होगा।

तीसरा, विश्लेषणात्मक सिद्धांतवेत्ता ऐसे किसी आदर्श समाज की कल्पना नहीं करते जो विवेकपूर्ण और संघर्ष मुक्त हो। दूसरी और ये विश्लेषणात्मक सिद्धांतवेत्ता इस तथ्य में विश्वास करते हैं और इस पर जोर भी देते हैं कि संघर्ष की जड़ें समाज में गहराई तक होती है और इसलिए किसी भी स्थिति में हेतुओं के संषर्ष को टाला नहीं जा सकता।

डेहरेन्डार्फ, कोजर और **कोलिन्स** ऐसे सिद्धांतवेत्ता हैं जिनका उपागम विश्लेषणात्मक समाजशास्त्र है।

राल्फ डेहरेन्डॉर्फ का संघर्ष सिद्धांत

राल्फ डेहरेन्डॉर्फ का जन्म जर्मनी में 1929 में हुआ था। यूरोप के आधुनिक समाजशास्त्रियों में **डेहरेन्डॉर्फ** की प्रतिष्ठा बहुत है। वे एक ऐसे हस्ताक्षर हैं जिन्हें यूरोप ही नही उत्तरी अमेरिका में भी आदर की दृष्टि से देखा जाता है। उनका युवाकाल राजनीति के घेरे में कटा। वे पश्चिमी जर्मनी में वहां की पार्लियामेंट के सदस्य भी रहे। इन राजनैतिक गतिविधियों से हटकर उनहोंने अपनी छवि एक शिक्षाविद, वैज्ञानिक और अनुसंधान कर्ता के रूप में भी स्थापित की है। उनके शैक्षणिक जीवन का बहुत बड़ा भाग जर्मनी के विश्वविद्यालयों में गुजरा। 1984 में वे कान्सटेंस विश्व विद्यालय में प्रोफेसर बन गए थे। जर्मनी के अतिरिक्त **डेहरेन्डॉर्फ** ने ब्रिटेन व अमेरिका में भी काम किया है। ब्रिटेन में वे लंदन स्कूल ऑफ इकोनिमिक्स में जो कि ब्रिटेन में उच्च शिक्षा की एक बहुत बड़ी प्रतिष्ठित संस्था है, के निदेशक रहे हैं। यूरोप और अमेरिका में **डेहरेन्डॉर्फ** का स्थान शिक्षा जगत में सम्मानीय रहा है।

डेहरेन्डॉर्फ को प्रतिष्ठा दिलाने वाली उनकी पुस्तक क्लास एण्ड क्लास कन्फिलट इन इण्डस्ट्रीयल सोसायटी है। इस पुस्तक में उन्होंने संघर्ष सिद्धांत को प्रतिपादित किया है। संघर्ष सिद्धांत के बारे में **डेहरेन्डॉर्फ** के दो बहुत बड़े सरोकार है। पहला तो यह कि उन्होंने समाज की यथार्थता के विश्लेषण के बारे में सामान्य सिद्धांत रखे हैं। इस सामाजिक विश्लेषण में उनका बहुत बड़ा तर्क यह है कि समाज में शक्ति का बहुत बड़ा महत्व है। इस शक्ति से उत्पन्न संघर्ष को कोई नहीं टाल सकता, संघर्ष अपरिहार्य है। दूसरा **मार्क्स** की तरह के एक बुनियादी प्रश्न रखते हैं कि संघर्ष को निश्चित करने वाले कौन से कारक हैं? इस संबंध में उनका कहना है कि समाज में कुछ ऐसी संस्थाएं हैं जो व्यवस्थित रूप से ऐसे समूह को पैदा करती हैं जिनके हित या स्वार्थ संघर्ष की अवस्था को बढ़ाते हैं। अपने निजी या जातीय हितों वाले ये समूह बराबर इस बात के लिए संघर्ष करते हैं कि शक्ति का फिर से बँटवारा होना चाहिए। शक्ति किसी एक समूह की बपौती नहीं है कि वह समूह को उसकी यथास्थिति बनाए रखने में बराबर योगदान करती रहे। यह

स्मरणीय है कि **डेहरेन्डॉर्फ** ने अपने संघर्ष सिद्धांत को यूरोप और अमेरिका के औद्योगिक समाजों के संदर्भ में प्रस्तुत किया है। **मार्क्स** के लेखन के समय यूरोप में पूंजीवाद अपनी प्रारंभिक अवस्था में था। तब कारखानों के मालिक सामान्यतया पूंजीपति थे। **डेहरेन्डॉर्फ** जिस औद्योगिक समाज की कल्पना करते हैं। अब निजी स्वामित्व का स्थान शेयर होल्डर्स और कोरपोरेट समूह ले लेते हैं। इस तरह **मार्क्स** और **डेहरेन्डॉर्फ** दोनों ही पूंजीवादी व्यवस्था पर प्रहार करते हैं, पर दोनों के लिए पूंजीवादी व्यवस्था भिन्न है।

डेहरेन्डॉर्फ का सैद्धांतिक उपागम

टर्नर ने **डेहरेन्डॉर्फ** के सिद्धांत को द्वन्द्वात्मक संघर्ष सिद्धांत नाम दिया है। द्वन्द्वात्मक इसलिए कि किसी भी समाज में दो समूहों में संघर्ष निरंतर चलता रहता है। एक समूह वह है जिसके पास अधिकतम शक्ति है और दूसरा समूह वह है जिसके पास न्यूनतम शक्ति है। किसी भी समूह के हितों की पूर्ति शक्ति से होती है। इसी कारण विभिन्न समूहों में शक्ति के पुनर्बटवारे के लिए संघर्ष चलता रहता है। **डेहरेन्डॉर्फ** के अनुसार यह द्वंद्व अधिक से अधिक शक्ति प्राप्त करने के लिए होता है।

1950 के अंत में जब **पारसंस** ने प्रकार्यवादी सिद्धांत को रखा, उन्होंने कहा था कि समाज सर्वसम्मत, एकीकृत और स्थैतिक हैं। **डेहरेन्डॉर्फ** ने **पारसंस** की आलोचना में यह कहा कि समाज की प्रवृत्ति ऐसी नहीं है। **पारसंस** की मान्यता अतिरंजित है, मात्र यूटोपिया है। **डेहरेन्डॉर्फ** का तर्क था कि समाज के दो चेहरे हैं, एक सर्वसम्मत और दूसरा, संघर्ष। उनका कहना है कि समाज के सदस्यों पर बराबर दबाव रहता है, संघर्ष होता है और परिवर्तन की दिशाएं खुली रहती हैं। इस तरह सैद्धांतिक रूप से जहां **पारसंस** समाज को सर्वसम्मत, एकीकृत और स्थैतिक मानते हैं, वहीं **डेहरेन्डॉर्फ** समाज को तनाव, संघर्ष और परिवर्तन के रूप में देखते हैं।

संघर्ष सिद्धांतवेत्ताओं का यह विचार था कि एक तरफा प्रकार्यवादी सिद्धांत का विकल्प, एकतरफा संघर्ष सिद्धांत से देना चाहिए। यह विकल्प भी **डेहरेन्डॉर्फ** को पूरी तरह स्वीकार नहीं था। उनका तो एकमात्र यही कहना है, कि संघर्ष सिद्धांत प्रकार्यात्मक सिद्धांत की कमियों, अभावों का पूरक है। समाजशास्त्रीय सिद्धांतों में हमें समाज के उजले चेहरे के साथ साथ भद्दे चेहरे को भी देखना चाहिए। सर्वसम्मति और संघर्ष दोनों ही समाज के सिक्के के दो पहलू है।

सिद्धांत निर्माण के क्षेत्र में **डेहरेन्डॉफ** ने **मार्क्स** को नकारा नहीं है। **डेहरेन्डॉर्फ** का संघर्ष सिद्धांत **मार्क्स** के संघर्ष सिद्धांत के विश्लेषण को अंतदृष्टि देता है।

डेहरेन्डॉर्फ का द्वंद्वात्मक सिद्धांत शक्ति पर आधारित है इसी कारण वे सामाजिक यथार्थता का विश्लेषण शक्ति के संदर्भ में करते हैं। उनका तर्क है कि प्रत्येक समाज की एक अंतर्निहित प्रवृत्ति संघर्ष की होती है। वे समूह जिनके पास शक्ति होती है अपने हितों की पूर्ति करते हैं। इस भागदौड़ या संघर्ष में जिसके पास अधिकतम शक्ति है वे अपनी यथास्थिति बनाए रखने में सफल होते हैं। लेकिन देर-सवेर ऐसा अवसर भी आता है जब न्यूनतम शक्ति वाला समूह शक्तिशाली समूह को खंदक में गिरा देता है और समाजिक परिवर्तन के रथ के पहिए **डेहरेन्डॉर्फ** के अनुसार आगे बढ़ते रहते हैं। संघर्ष की कोख में ही सामाजिक परिवर्तन के बीच रहते हैं। इसी कारण **डेहरेन्डार्फ** मानते हैं कि मानव इतिहास में संघर्ष एक बहुत बड़ी सृजनात्मक शक्ति है।

आधुनिक समाज के बारे में **डेहरेन्डॉर्फ** के कुछ निश्चित विचार हैं—-परिवार, जाति, धार्मिक सम्प्रदाय, राजनैतिक दल और आर्थिक समूह। इन संस्थागत ढांचों में जैसे एकाधिक सदस्य होते हैं। प्रत्येक सदस्य की कई भूमिकाएं होती है। वास्तव में परिवार में माता की भूमिका निश्चित है—वह गृहकार्य करती हैं, बच्चों का पालन-पोषण करती हैं और ऐसी ही अनेक भूमिकाएं निभाती हैं। पिता और बच्चों की भी अपनी-अपनी भूमिकाएं हैं। यदि हम इस दृष्टांत को आगे बढ़ाएं तो धार्मिक सम्प्रदायों, राजनैतिक दलों, ग्रामीण विकास, आर्थिक समूहों आदि में सदस्यों की भूमिकाएं निश्चित होती हैं ये संस्थाएं और अंततोगत्वा संपूर्ण समाज सदस्यों की इन भूमिकाओं को वैधता देते हैं। वैधता का एक कारण और भी है कि प्रत्येक संस्था में कुछ निश्चित शक्ति होती है। इन्हीं सब तत्वों के आधार पर सामाजिक व्यवस्था चलती है। समाज की इस कल्पना को **डेहरेन्डॉर्फ** अवधारणात्मक रूप में रखते हैं।

डेहरेन्डार्फ कहते हैं कि समाज में कुछ प्रक्रियाएं होती हैं, जो इन संस्थाओं को उनकी निरन्तरता को बांधे रखती है। इसे वे संस्था का रूप देना कहते हैं और इसकी प्रक्रियाओं में कुछ आदेशसूचक प्रक्रियाएं होती है जिन्हें समन्वित करके समाज का ढांचा बनाया जाता है। ऐसे **डेहरेन्डॉर्फ** आदेश सूचन-समन्वित समाज या आसस कहते हैं। आखिर **डेहरेन्डॉर्फ** के अनुसार सामाजिक व्यवस्था है क्या? इसके उत्तर में वे कहते हैं कि प्रत्येक समाज में कुछ ऐसे आदेश सूचक यानि कुछ ऐसे दबाव डालने वाले मानव व मूल्य हैं जिन्हें समन्वित करके ही समाज बनता है। वास्तव में समाज या संस्था के सदस्य जो भी भूमिका अदा करते हैं उसके पीछे समाज का आदेश है और इन भूमिकाओं का ताल-मेल ही आसस को बनाता है। दूसरे शब्दों में आसस और कुछ न होकर संस्था के विभिन्न सदस्यों की एक गठरी मात्र है।

सदस्यों की ये भूमिकाएं ही वस्तुतः शक्ति संबंध हैं। इस दृष्टि से समाज की किसी भी छोटी से छोटी इकाई से लेकर, छोटे समूह और औपचारिक संगठन तक आसस कहलाएंगे। ''आसस'' की यह अवधारणा केवल विश्लेषण के लिए है। दूसरी महत्वपूर्ण बात यह है कि संस्था में सदस्यों की भूमिकाएं शक्ति से बंधी हुई है और इसलिए वे कभी भी समान नहीं हो सकती। क्योंकि प्रत्येक भूमिका के साथ जो शक्ति है उसका बँटवारा असमान है। बात यह है कि शक्ति हमेशा अपर्याप्त होती है और उसे पाने के लिए कई दावेदार दौड़ में होते हैं। कुछ ऐसे जैसे एक अनार और सौ बीमार। यहां तक यह स्पष्ट है कि प्रत्येक समाज में कई संस्थाएं व सामाजिक इकाईयां (परिवार, जाति, वर्ग, धार्मिक संप्रदाय आदि) होती हैं। इन इकाइयों में सदस्यों की विभिन्न भूमिकाएं होती हैं। भूमिकाएं सार में शक्ति-संबंध पर आधारित होती हैं और क्योंकि शक्ति अपर्याप्त है, अतः शक्ति संबंधों में अनिवार्य रूप से असमानता रहेगी ही।

आखिर, प्रश्न है, शक्ति किसे कहते हैं? **डेहरेन्डॉर्फ** ने शक्ति की अवधारणा को मैक्स वेबर से विकसित किया है। उनका कहना है कि सामाजिक संरचना का निर्धारण शक्ति के बंटवारे से होता है। **वेबर** ने इसकी परिभाषा में लिखा है कि किसी भी सामाजिक समूह में कर्त्ता दूसरों के विरोध के होते रहते भी अपनी इच्छाओं को पूरा कर लेता है। इस तरह की परिभाषा में महत्वपूर्ण तथ्य यह है कि जब किसी भूमिका के साथ जुड़ी होती है तो ऐसी संभावना है कि समाज इसे वैधता देगा। इस भूमिका को समाज स्वीकृत करता है। मान्यता देता है। यदि कोई जिलाधीश दंगाग्रस्त किसी शहर या कस्बे में कर्फ्यू लगाता है तो इसके इस भूमिका को वैधता कानून सम्मत हैं और यदि लोग कर्फ्यू का पालन नहीं करते तो जिलाधीश उन्हें जेल भी, यानि दण्ड भी दे सकता है। शक्ति तब तक शक्ति है जब तक उसकी समूह द्वारा वैधता है। यदि वैधता नहीं तो शक्ति नहीं। इसी कारण **डेहरेन्डॉर्फ** का तर्क है कि हितों को लेकर संस्था में संघर्ष होता है कि शक्ति वैमनस्य का चिरस्थाई स्रोत है।

डेहरेन्डॉर्फ जब समाज के आदेश सूचक तत्वों की चर्चा करते हैं तो वस्तुतः उनका मानना यह है कि शक्ति अनिवार्य रूप से अवपीड़क यानि मजबूर करने वाली होती है। शक्ति में जब वैधता आ जाती है तब उसे **वेबर** और **डेहरेन्डॉर्फ** दोनों ही प्राधिकार मानते हैं। तात्विक रूप से शक्ति प्रभाव होता है। इस प्रभाव को मानना न मानना संस्था या समाज के सदस्यों पर निर्भर करता है। जब तक शक्ति किसी व्यक्ति या समूह को विधिवत् संस्था से प्राप्त होती है, तो यह प्राधिकरण का रूप ग्रहण कर लेती है। शक्ति को जब वैधता मिलती है तो वह प्राधिकार बन जाता है और प्राधिकार में से जब वैधता निकाल ली जाती है तो वह केवल शक्ति रह जाती है।

डेहरेन्डॉर्फ सामाजिक व्यवस्था की कल्पना एक ऐसे ढांचे के रूप में करते हैं जिसे विभिन्न प्रकार के प्राधिकार संबंधों द्वारा एक सूत्र में बंधा रखा जाता है। किसी भी संस्था या समाज में जो भी भूमिकाएं की जाती हैं वस्तुतः वे शक्ति व प्राधिकार से बंधी होती हैं। लेकिन शक्ति, बराबर अपर्याप्त होती हैं। शक्ति व प्राधिकार बराबर अपर्याप्त होते हैं। किसी भूमिका में प्राधिकार अधिक होते हैं और किसी में कम। इसलिए यह भी निश्चित है कि किसी भी संस्था में जो भूमिकाएं होती हैं वे प्राधिकार की शक्ति से गैर बराबर होती हैं। इस गैर-बराबरी के होते हुए भी **डेहरेन्डॉर्फ** कहते हैं कि प्रत्येक संस्था की भूमिकाओं को दो भागों में बांटा जाता है, एक सत्ताधारी भूमिका समूह और दूसरा शामिल भूमिका समूह। अब होता यह है कि वह समूह जो सत्तारूढ़ है जिसके पास अधिक मात्रा में प्राधिकार हैं उसकी बराबर यही कोशिश होती है कि यथास्थिति बनी रहे। दूसरी और भूमिकाओं का वह समूह जो शासित है, बराबर इस बात के लिए जूझता रहता है कि संस्था की संपूर्ण शक्ति या प्राधिकार का नए सिरे से वितरण होना चाहिए। धीरे-धीरे शासक व शासित के समूहों में ध्रुवीकरण होता है। अब संस्था पर नए लोग काबिज होते हैं और नये शासित समूह आते हैं प्रत्येक संस्था में परिवर्तन का यह सिलसिला या चक्र बराबर चलता रहता है। पहले भी हमने कहा है कि जब किसी समाज में संघर्ष होता है तो इस का परिणाम अनिवार्य रूप से परिवर्तन होता है।

यदि मार्क्स सम्पति संबंधों की बात करते हैं तो **डेहरेन्डॉर्फ** प्राधिकार संबंधों को अपने सिद्धांत को केंद्र बनाते हैं एक और विशेषता भी **डेहरेन्डॉर्फ** की है कि जहां **मार्क्स** समाज की चर्चा करते हैं, उस का विश्लेषण देते हैं, वहां **डेहरेन्डॉफ** औद्योगिक समाज के पूंजीवाद की व्याख्या करते हैं। इन दोनों संघर्ष सिद्धांत वेत्ताओं के सैद्धांतिक उपागमों में कुछ और भी अंतर देखे जा सकते हैं **मार्क्स** अपने सिद्धांत का आधार उत्पादन पद्धति को मानते हैं; जबकि **डेहरेन्डॉर्फ** औद्योगिक समाज की संपूर्ण गतिविधियों (जिनमें उत्पादन विधि भी है) को अपने अध्ययन के लिए **मार्क्स** की विधि ऐतिहासिक भौतिकवाद है; **डेहरेन्डॉफ** की आनुभविक। उन्होंने इतिहास का विधि के रूप में न्यूनतम उपयोग किया है। यह सब अंतर है जिन्हें विचारकों के सिद्धांतों में देखा जा सकता है। फिर भी दोनों के उपागमों और निष्कर्षों में कोई मौलिक अंतर नहीं है।

मार्क्स के संघर्ष का विकल्प **डेहरेन्डॉर्फ** से भिन्न है, और **डेहरेन्डॉर्फ** का संघर्ष **कोजर** से भिन्न है। यद्यपि **कोजर** ने **पारसंस** के प्रकार्यवाद की आलोचना में बराबर कहा है कि यह प्रकार्यवाद

समाज में संघर्ष की गुत्थी को नहीं सुलझा पाया। **कोजर** ने **डेहरेन्डॉर्फ** के द्वंद्वात्मक सिद्धांत की आलोचना भी इसी मुद्दे पर की। फिर भी **कोजर** ने अपने विश्लेषण में संघर्ष सिद्धांत को कोई अर्थपूर्ण संशोधन दे पाए हों, ऐसा नहीं हैं। **कोजर** का संघर्ष सिद्धांत इसकी पुस्तक ''द फंक्शन ऑफ सोशल कन्फ्लिक्ट'' में सबसे पहली बार देखने में आया। **टर्नर कोजर** के सिद्धांत को संघर्ष प्रकार्यवाद कहते हैं।

संघर्ष की प्रक्रिया को **टर्नर** प्रकार्यवाद इसलिए कहते हैं क्योंकि **कोजर** यह मानकर चलते हैं कि संघर्ष व्यवस्था के एकीकरण और अनुकूलन को बनाए रखता है। वस्तुत: उनका यह मत है कि प्रत्येक सामाजिक व्यवस्था की अपनी आवश्यकताएं होती हैं। इन आवश्यकताओं की पूर्ति संघर्ष द्वारा ही होती है यानि **कोजर** व्यवस्था को तो बनाए रखना चाहते हैं लेकिन व्यवस्था की इस निरन्तरता में संघर्ष प्रकार्यात्मक भूमिका अदा करता है। इसी कारण **टर्नर कोजर** के संघर्ष को प्रकार्यावादी मानते हैं। इधर **मार्क्स** व **डेहरेन्डॉर्फ** व्यवस्था को बनाए रखने का तर्क नहीं देते। वे कहते हैं कि व्यवस्था सड़-गल गई है और इसके स्थान पर नयी व्यवस्था का निर्माण करना चाहिए।

कोजर का जन्म जर्मनी के वर्लिन शहर में 1913 में हुआ था। वे अपने शैक्षणिक जीवन में सामाजिक नीति और राजनीति में रूचि रखते थे। दूसरे विश्व युद्ध के दौरान **कोजर** ने अमेरिका के शिकागो और ब्रांडीज विश्वविद्यालयों में अध्ययन किया। उन्होंने अपनी डॉक्टरेट की उपाधि को अमेरिका के कोलम्बिया विश्व विद्यालय से प्राप्त किया। उन्होंने अपने शैक्षणिक जीवन का बहुत बड़ा भाग ब्रांडीज में बिताया। यहीं पर वे व्याख्याता के पद से प्रोफेसर के पद तक पहुंचे। 1968 के बाद न्यूयार्क विश्वविद्यालय में उन्होंने समाजशास्त्र के प्रोफेसर की तरह विशिष्टता प्राप्त की। अमेरिकी समाजशास्त्र परिषद के 1975 में वे अध्यक्ष थे।

कोजर का संघर्ष सिद्धांत

कोजर संघर्ष के विश्लेषण में न तो **मार्क्स** के अनुयायी हैं और न **डेहरेन्डॉर्फ** के सिद्धांत में संशोधन करना चाहते हैं और कहते हैं कि संघर्ष का परिणाम अनिवार्य रूप से हिंसात्मक होता हो, ऐसा नहीं है। **डेहरेन्डॉफ** को तर्क देते हैं कि संघर्ष द्वारा ही सामाजिक व्यवस्था में अनुकूलन और एकीकरण आते हैं। **कोजर** के अनुसार इसलिए संघर्ष की बहुत बड़ी भूमिका व्यवस्था में अनुकूलन और एकीकरण बनाए रखना है। यदि संघर्ष नहीं हुआ तो व्यवस्था स्वयं बेतरतीब हो जाएगी। इसी कारण संघर्ष व्यवस्था के लिए सकारात्मक प्रकार्य है। अत: **कोजर** प्रकार्यवाद की आलोचना में कहते हैं कि इसका उपागम प्रत्येक स्थिति में संघर्ष की उपेक्षा करना है।

सामाजिक संगठन की कल्पना

कोजर संघर्ष की भूमिका व्यवस्था को बनाए रखने में देखते हैं। वे **दुर्खीम** की आलोचना भी करते हैं। **दुर्खीम** को प्रकार्यावाद का जनक कहा जा सकता है। **दुर्खीम** के इस सिद्धांत को **कोजर** दकियानूस और रुढ़िवादी मानते हैं। **कोजर** का आरोप है कि **दुर्खीम** ने हमेशा हिंसा और असहमति को विघटनकारी प्रक्रिया बताया है। जिस प्रकार **दुर्खीम** समाज की तुलना सावयव से करते हैं, उसी तरह **कोजर** भी हिंसा को शरीर में होने वाले दर्द की तरह मानते हैं। जैसे शरीर का कोई घाव शरीर को दर्द देता है वैसे ही **कोजर** के तर्क से हिंसा समाज रूपी शरीर को दर्द देती है। एक और दृष्टांत है जिसमें **कोजर** असहमति को सामाजिक शरीर की बीमारी मानते हैं। इन सब मान्यताओं से स्पष्ट हैं कि **दुर्खीम** का विरोध करते हुए भी **कोजर** सावयवाद को नकारते नहीं हैं।

अपनी पुस्तक ''द फंक्शन्स ऑफ सोशल कन्फिलक्ट'' में **कोजर** ने समाज की एक कल्पना की है । उसकी एक प्रतिमा बनाई है। इसे हम निम्न बिंदुओं में रखेंगे।

(क) सामाजिक दुनिया को हम पारस्परिक रूप से जुड़े हुए विभिन्न भागों की एक व्यवस्था की तरह देख सकते हैं। इस व्यवस्था में आर्थिक क्रियाएं, राजनीतिक दल, शिक्षा पद्धति, विभिन्न व्यवस्था नगर-शहर समुदाय आदि परस्पर रूप से जुड़े हुए हैं। यही सामाजिक दुनिया है।

(ख) सभी समाजिक व्यवस्थाएं किसी ना किसी तरह असाम्या नुकूलन तनाव और संघर्ष के शिकार है ये तनाव वे संघर्ष सामाजिक व्यवस्था के विभिन्न भागों में देखने को मिलते हैं

(ग) सामाजिक व्यवस्थाओं में ऐसी प्रक्रियाएं काम करती हैं जो एकीकरण व अनुकूलन को बढ़ाने के लिए सामाजिक परिवर्तन का प्रयास करती है।

(घ) सामाजिक व्यवस्था में काम करने वाली कई प्रक्रियाएं हिंसा, असहमति विचलन, और संघर्ष जो समाज को विघटनकारी बनाती है, उन्हें समाज की बुनियाद को सुदृढ़ करने वाली अनुकूलन और एकीकरण प्रक्रियाओं के रूप में देखा जाना चाहिए। मतलब हुआ कि हिंसा, असहमति, संघर्ष आदि व्यवस्था के लिए केवल टूटन पैदा करने वाली प्रक्रियाएं ही नहीं है, बल्कि कुछ निश्चित दिशाओं में ये प्रक्रियाएं अवस्था में अनुकूलन व एकीकरण लाने वाली भी हो सकती है।

इस भांति **कोजर** समाज में संघर्ष का होना अपरिहार्य तो मानते हैं, लेकिन साथ में उनका यह तर्क भी है कि संघर्ष की इन

प्रक्रियाओं द्वारा व्यवस्था के साथ ताल-मेल बिठाया जा सकता है। ताल-मेल बिठाने वाली ये प्रक्रियाएं अनिवार्य रूप से अनुकूलन व एकीकरण है। समाज या सामाजिक व्यवस्था की इस स्थिति को स्वीकार करते हुए **कोजर** ठीक **डेहरेन्डॉर्फ** की तरह कुछ प्रस्ताव रखते हैं। इस प्रस्तावों में वे यह बताते हैं कि किन्हीं विशेष दिशाओं में संघर्ष समाज में असहमति और विघटन पैदा करती है। **कोजर** के संघर्ष सिद्धांत का दूसरा क्षितिज्ञ यह है कि कुछ खास परिस्थितियों में संघर्ष के कारण सामाजिक संस्थाओं में एकीकरण व अनुकूलन भी आए हैं। **एम.एस. गोरे** कहते हैं कि शहरों के संयुक्त परिवारों में व्यावसायिक दृष्टि से संघर्ष ने परिवारों को विघटित नहीं किया है। इसी भांति जाति व्यवस्था को कुछ खास दशाओं में यदि संघर्ष ने कमजोर किया है तो आगमन संचार, शिक्षा आदि दशाओं में जाति व्यवस्था में सुदृढ़ता भी आई है।

कोजर के विश्लेषण को हम कुछ इस तरह देख सकते हैं: (1) व्यवस्था के विभिन्न भागों में जब असंतुलन आता है, एकीकरण टूटता है, तब (2) व्यवस्था के विभिन्न भागों में कई तरह के संघर्ष देखने को मिलते हैं, (3) इसके परिणामस्वरूप व्यवस्था में एक प्रकार का एकीकरण लाया जाता है, जिससे (पत्र व्यवस्था की संरचना में लचीलापन आ जाता है।) **कोजर** की समाज के संबंध में इस प्रकार की कल्पना दिखने में बहुत साफ-सुथरी है, लेकिन जब खुलासों से इस व्यवस्था का निर्वाचन होता है तो हमारे सामने व्यवस्था आती है। जिसे **कोजर** अनुकूलन या एकीकरण कहते हैं, वास्तव में ये व्यवस्था की आवश्यकताएं हैं। सच में देखा जाए तो यह व्यवस्था की स्वाभाविक प्रकृति है कि वह साम्यानुकूलन की अवस्था में आ जाएं। किसी भागदौड़ में यह **मर्टन** का दृष्टांत है, छिपकली पीठ के बल उल्टी हो जाती है। यह संघर्ष की अवस्था है। लेकिन बिना किसी सहारे के छिपकली पेट के बल होने के लिये हर से जूझती है। इस तरह के संघर्ष तो व्यवस्था में अपने आप जुड़े होते हैं। और हर व्यवस्था की यह क्षमता होती है कि वह व्यवस्था को अपनी यथास्थिति में बनाए रखें।

संघर्ष के उद्‌गम और उसके प्रकार

कोजर संघर्ष के उद्‌गम की चर्चा करते हैं तो इस तथ्य पर अधिक जोर देते हैं कि संघर्ष का मूल कारण लोगों के संवेग है। इस बारे में वे **सीमेल** से सहमत हैं कि लोगों में आक्रमणशील या शत्रुता पूर्ण आवेग होते हैं ओर इस तरह जिन व्यक्तियों के साथ लोगों के निकट सम्बन्ध होते हैं उन्हें वे प्यार व घृणा की दृष्टि से देखते हैं। बात यह है कि वे लोग जो हमारे बहुत नजदीकी होते हैं उनसे असहमति, संघर्ष या स्नेह के सम्बन्ध विकसित करना बहुत स्वाभाविक है। इस प्रकार के घृणा और प्रेम के आवेग किसी तरह यह नहीं बताते कि हमारे अपने नजदीकी लोगों के साथ संबंध टूट गए हैं। इस कारण **सीमेल** और संघर्ष से स्वरूपों की उनकी आवृति को सामाजिक संस्थाओं और सामाजिक भूमिकाओं के संदर्भ में देखना चाहिए। इसका बहुत अच्छा दृष्टांत देते हुए **कोजर** कहते हैं कि विभिन्न देशों में बच्चे अपने-माता-पिता से विभिन्न प्रकरणों व प्रसंगों में लड़ते हैं। माता-पिता व बच्चों के बीच की यह आक्रमणशीलता टाली नहीं जा सकती । बच्चे घड़ी में मां-बाप से लड़ते हैं ओर घड़ी में स्नेह से लिपट जाते हैं। भाई-बहिन भी इसी तरह नोक-झोंक करते रहते हैं। इस तरह की आक्रमणशीलता को परिवार यानि माता-पिता और बच्चों के संदर्भ में देखा जाना चाहिए।

कोजर ने बुनियादी रूप में संघर्ष के दो प्रकार बताए हैं: (1) वास्तविक और अवास्तविक। वास्तविक संघर्ष में, प्रायः लोग संघर्ष को अपनी इच्छा शक्ति का सशक्त साधन मानते हैं। यदि उनकी इच्छा बिना संघर्ष किए पूरी हो जाए तो वे तुरंत संघर्ष छोड़ देंगे। इस दृष्टि से संघर्ष को अपनाने का कारण तार्किक है—कोई आवेग या संवेग नहीं। जब श्रमिक संगठन या छात्र संघ किसी संघर्ष का आह्वान करते हैं तो उसके पीछे निश्चित मांग होती है। इन मांगों के पीछे तर्क होते हैं और इसी कारण इस प्रकार के संघर्ष को **कोजर** वास्तविक संघर्ष कहते हैं। इस संघर्ष का संदर्भ संस्थागत होता है।

अवास्तविक संघर्ष किसी मांग या इच्छा की पूर्ति का साधन न होकर केवल यही बताता है कि लोग तोड़-फोड़ कर सकते हैं। इस तरह वो अवास्तविक संघर्ष में प्रायः लोग अपनी दबी हुई भावनाओं को अभिव्यक्ति देते हैं। ये एक तरह के लोगों के मन का रोष है। साम्प्रदायिक दंगे, प्रदर्शन आदि अवास्तविक संघर्ष के दृष्टांत हैं।

कोजर जब सामाजिक संघर्ष का विश्लेषण करते हैं तब बार-बार कहते हैं—तर्क देते हैं कि संघर्ष का परिणाम अंततोगत्वा सामाजिक परिवर्तन होता है। संघर्ष के कारण नवीनीकरण भी आता है। नए-नए आविष्कार संघर्ष की तैयारी के कारण ही होता है। हमारे देश में जमीन से जमीन पर मार करने वाले "अग्नि" प्रक्षेपास्त्र आविष्कार को इसी संदर्भ में देखा जाना चाहिए। **कोजर** ने संघर्ष के सिद्धांत को बराबर इस तरह विकसित किया है कि इसकी भूमिका समाज की सुदृढ़ता को बनाये रखने में है। इससे **कोजर** का यह मतलब नहीं कि किसी समूह के जीवित रहने के लिए संघर्ष का होना अनिवार्य है। वे दृढ़तापूर्वक केवल यही कहना चाहते हैं कि यदि संघर्ष की विघटनकारी भूमिका है तो निश्चित रूप से इसकी एक सशक्त सकारात्मक भूमिका समाज या समूह के सदस्यों को एक सूत्र में बांधे रखना भी है।

कोजर ने संघर्ष का दोहरा वर्गीकरण एक दूसरे संदर्भ में भी

किया है। इसमें पहला प्रकार बाहरी संघर्ष का और दूसरा आंतरिक संघर्ष के अधिकांश लोग यह विश्वास करने लगते हैं कि अमुक जन कल्याण योजना जिसे वापस से लिया गया है, सभी समूहों को प्रभावित करती है, ऐसी अवस्था में संघर्ष समूह के लोगों में संरचनात्मक और विचारात्मक एकता स्थापित करता है। (च) समाज में (1) जितनी अधिक गैर-बराबरी होगी और इसी तरह प्रकार्यों के क्षेत्र में अंतर्निभरता होगी, व्यवस्था में उतने ही अधिक संघर्ष होंगे। लेकिन ऐसे संघर्ष की तीव्रता कम होगी और इससे अधिक आगे (2) संघर्षों की आवृत्ति जितनी अधिक होगी उतनी ही कम उनकी गहनता होगी, उतनी ही कम हिंसा होगी।

कोजर की सैद्धांतिक उपलब्धि—डेहरेन्डॉर्फ का संघर्ष संबंधी एक तरफा विश्लेषण था। उसमें **कोजर** ने संशोधन किया है। दूसरी ओर **कोजर** ने अपने सिद्धांत में **सीमेल** को पुन: स्थापित किया है **कोजर** का सिद्धांत भी परिणाम में एक तरफा सिद्धांत ही सिद्ध होता है वे अपने सिद्धांत के परिणाम में पूरी शक्ति से यह तो कहते हैं कि किसी भी समाज में अवपीड़न, ताकत, दवाब और संघर्ष अनिवार्य रूप से होते हैं। इस तरह के बयानों के बाद में दूसरी सांस में यह भी कहते हैं कि समाज के लिए संघर्ष की भूमिका अनुकूलन और एकीकरण ही हैं। एक तरह से **पारसंस** व **डेहरेन्डॉर्फ** की तरह **कोजर** भी शब्दाडम्बर का एक जाल अपने सिद्धांत के ताने-बाने में रखते हैं। वास्तव में **कोजर** का शब्दाडम्बर **सीमेल** की कृतियों से आया है। बहुत कुछ **कोजर** ने **मार्क्स** की द्वंद्वात्मकतावाद से उधार लिया है। यद्यपि **कोजर** सामाजिक परिवर्तन के लिए संघर्ष को आवश्यक समझते हैं, फिर भी संघर्ष की बहुत बड़ी भूमिका व्यवस्था में एकीकरण और अनुकूलन लाने की है। ऐसे दृष्टिकोण में सामाजिक परिवर्तन की केंद्रीयता द्वैतियक हो जाती है और प्राथमिक रह जाती है एकीकरण व अनुकूलन।

कोजर के सैद्धांतिक तर्क को यदि संपूर्ण रूप में देखा जाए तो इसका बहुत बड़ा आधार प्रकार्यवाद है। **कोजर** का संपूर्ण ध्यान इस बात पर केंद्रित है कि किसी तरह व्यवस्था का प्रतिमान या उसकी यथास्थिति बराबर बनी रहे। संघर्ष से होने वाले लाभ या नुकसान को वे व्यवस्था की यथास्थिति के रूप में देखते हैं। इसी कारण **टर्नर कोजर** के संघर्ष को प्रकार्यवादी संघर्ष के नाम से पुकारते हैं। इसका मतलब हुआ संघर्ष का प्रकार्य व्यवस्था को बनाये रखना है। **वेलेस रूथ** और **तुल्फ ऐलिसन कोजर** की और इसी तरह **डेहरेन्डॉफ** तथा **रेण्डाल कोलिंस** को विश्लेषणात्मक संघर्ष सिद्धांतवेत्ताओं की श्रेणी में डालते हैं। इन विचारकों के सिद्धांत विश्लेषणात्मक इसलिए कहे जाते हैं क्योंकि इनमें वस्तुगत या वैज्ञानिक समाजशास्त्र का विकास हुआ है। **कोजर** के संघर्ष सिद्धांत का बहुत बड़ा योगदान यह है कि वे इस तथ्य को स्थापित करते हैं कि प्रत्येक समाज में संघर्ष अनिवार्य है। लेकिन यह संघर्ष व्यवस्था में एकीकरण व अनुकूलन लाने के लिए उपयोगी हैं। इससे व्यवस्था में स्थायित्व आता है; निरंतरता आती है और सदस्यों का विचलन अन्य सदस्यों के लिए सुदृढ़ता का कारण बनता है। यह संघर्ष ही है जो किसी भी सामाजिक व्यवस्था को उसकी पहचान देता है और इससे आगे प्रत्येक सामाजिक परिवर्तन संघर्ष जनित होता है।

रेन्डाल कोलिन्स

कोलिन्स एक युवा संघर्ष सिद्धांतवेत्ता हैं, जिनका जन्म अमेरिका में 1941 में हुआ। ये संघर्ष सिद्धांतवेताओं की शृंखला में आधुनिकतम हैं। इसकी पुस्तक ''कानफ्लिक्ट सोशियालॉजी: टुवर्ड एन एक्सप्लनेटरी साइंस'' इस संबंध में एक उल्लेखनीय ग्रंथ है। वास्तव में **कोलिन्स फ्रेकफुर्त** सम्प्रदाय के युवा वामपंथी समाजशास्त्रियों में से है। इसकी दृष्टि में समाजशास्त्र एक ऐसा हथियार है जिसके माध्यम से सामाजिक परिवर्तन लाया जा सकता है। **कोलिन्स** ने यह स्थापित करने का प्रयास किया कि समाजशास्त्र सामाजिक प्रघटनाओं का वैज्ञानिक विश्लेषण करने की क्षमता रखता है और इस कारण उन्होंने राजनीतिक क्रियाओं को अपने सिद्धांत में कहीं घुसने नहीं दिया। **कोलिन्स** का तो दृढ़ विचार है कि संघर्ष संदर्श द्वारा हम सफलतापूर्वक समाजशास्त्रीय विश्लेषण कर सकते हैं।

कोलिन्स ने **हार्वर्ड** विश्वविद्यालय से स्नातक परीक्षा उतीर्ण की। उन्होंने स्नातकोत्तर **स्टेनफोर्ड** विश्वविद्यालय से किया और पी.एच.डी. की उपाधि केलिफोर्निया विश्वविद्यालय से ली। जब **कोलिन्स** केवल अनुसंधान सहायक थे, तभी से उन्होंने अपना प्रकाशन प्रारंभ कर दिया। उन्होंने कई विश्वविद्यालयों में—सेंडिएगो, वर्जिनिया आदि में अध्यापन कार्य किया।

कोलिन्स की बहुत बड़ी विशेषता यह है कि उन्होंने संघर्ष सिद्धांत के सभी महत्वपूर्ण तत्वों को, चाहे वे **मार्क्स** में हो, **सीमेल** या **डेहरेन्डॉर्फ** में, या **कोजर** में एकीकृत करके अपने संघर्ष सिद्धांत को प्रेषित किया है। **कोलिन्स** का समाज को देखने का अपना एक नजरिया है।

कोलिन्स का संघर्ष सिद्धांत के क्षेत्र में बहुत बड़ा और मौलिक योगदान यह है कि वे बड़ी सफाई व बारीकी से यह बताते हैं कि किसी प्रकार संघर्ष का उपागम सामाजिक एकीकरण की प्राप्ति में सहायक है।

कोलिन्स का संघर्ष सिद्धांत

कोलिन्स बुनियादी रूप से तीन मान्यताओं को लेकर चलते हैं, धन, संपत्ति, शक्ति और प्रतिष्ठा। प्रत्येक समाज में लोग यह

चाहते हैं कि इन वस्तुओं में से जितनी अधिक वस्तुएं उन्हें मिल सके, लेने की कोशिश करनी चाहिए। यह भी होता है कि संपत्ति मिलने पर प्रतिष्ठा और शक्ति भी अपने आप मिल जाती है या शक्ति मिलने पर, जैसा प्राय: राजनीति में होता है, धन-दौलत और प्रतिष्ठा अपने आप मिल जाती है। अत: इन वस्तुओं को प्राप्त करके हर व्यक्ति यह चाहता है कि वह किसी का अधीनस्य न रहे, वह स्वयं आदेश देने वाला बन जाए, मतलब यह हुआ कि प्रत्येक समाज में लोगों के अपने हेतु होते हैं, स्वार्थ और निजी लालसा होती है। इन सबकी पूर्ति धन-दौलत, शक्ति और प्रतिष्ठा के हथियाने से हो जाती है।

जब समाज का प्रत्येक सदस्य धन, शक्ति व प्रतिष्ठा के लिए पूरी भाग-दौड़ करता है तो परिणामस्वरूप सामाजिक संघर्ष होगा ही। **कोलिन्स** यह स्वीकार करते हैं कि समाज का प्रत्येक व्यक्ति लालची नहीं होता। ऐसा भी नहीं होता कि हरेक व्यक्ति समान रूप से शक्ति तो बंटवारे में भाग-दौड़ करता है। सभी राजनैतिक दलों द्वारा प्रायोजित चुनावों में भाग दौड़ नहीं करते। यह भी सत्य है कि शक्ति व प्रतिष्ठा अपने आप में अपर्याप्त होते हैं। इस कारण समाज में संघर्ष तो होना ही है।

कोलिन्स संघर्ष सिद्धांत को प्रस्तावित करते हुए कहते हैं कि हम चाहें या न चाहें संघर्ष तो होगा ही। वे यह अवश्य स्वीकार करते हैं कि कई बार खुली आंखों से हमें संघर्ष होता दिखाई नहीं देता। ऊपर से लोग बड़े मृदुभाषी दिखाई देते हैं। उनके व्यवहार में क्षण-क्षण में चापलूसी झलकती है। लगता है जैसे सब ठीक-ठाक व बढ़िया है। लेकिन अंदर से कोई देखें,और वास्तव में यह इस तरह देखना असंभव है, तो हमें आग व ईर्ष्या सुलगती दिखाई देगी। शायद इसी कारण **कोलिन्स** वास्तव में होने वाले संघर्ष-दंगा-फसाद और खून-खराबा पर अधिक नहीं लिखते। वे कई स्थितियों में कहते हैं कि ऊपर से कोई संघर्ष नहीं लेकिन अंदर ही अंदर आग सुलगती रहती हैं।

लोग गरीबी और मुफलिसी को सहन कर सकते हैं लेकिन कोई भी यह नहीं चाहता कि उसकी प्रतिष्ठा धूल में मिल जाये। कोई भी नहीं चाहता कि वह एक पांव के बल खड़ा होकर दूसरे के आदेशों का परिपालन करें। समाज के छोटे से छोटे व्यक्ति की भी अपनी गरिमा होती है और उसी गरिमा को अदृश्य रखने के लिए वह थोड़ी-बहुत दौलत, शक्ति व प्रतिष्ठा के लिए संघर्ष करने को तैयार रहता है। जिनके पास आर्थिक बल होता है वे ही अपनी प्रतिष्ठा को बनाए रख सकते हैं। वास्तव में हिंसात्मक रूप से दूसरों पर दवाब बनाये रखना एक महत्वपूर्ण स्त्रोत है।

कोलिन्स ने स्त्रोतों को इस प्रकार रखा है:

(क) भौतिक और तकनीकी स्त्रोत: इसमें संपत्ति, साधन, शिक्षा-दीक्षा, कुशलता और सर्वाधिक हथियार आदि हैं।

(ख) शारीरिक आकर्षण और शक्ति : कभी-कभी पुरुष या स्त्री का शारीरिक व्यक्तित्व रंग रूप आदि भी सामाजिक सम्पर्कों में सहायक होते हैं। सुरीला कंठ होना, लंबी गर्दन होना, गौरा रंग व लंबा कद, अपने आप में आकर्षण तत्व हैं। किसी भी संघर्ष की स्थिति में ये वैयक्तिक गुण एक ताकतवर स्त्रोत का काम करते हैं। यह आम बात है कि दुनिया भर में सुंदर स्त्रियों को लेकर गली-कूचों में ही नहीं वरन् राष्ट्रों के बीच में भी संघर्ष हुए हैं।

(ग) संख्या और कौम की विशिष्टता : संघर्ष में एक ताकतवर स्त्रोत संघर्ष में भाग लेने वाली कौम की संख्या और उनका मिजाज महत्वपूर्ण होता है। सांप्रदायिक दंगों में प्राय: यह देखा जाता है कि अमुक कौम बहुसंख्यक है या अल्प संख्यक। फिर यह भी देखा जाता है कि इस या उस कौम में हिंसा करने या बहादुरी दिखाने का कोई ऐतिहासिक प्रमाण है या नहीं। हमारे देश में कई कौमों अर्थात समुदायों को निर्भीक और जांबाज समझा जाता है। ऐसे समूह इतिहास में अपना विशिष्ट स्थान रखते हैं, उदाहरण के लिए सिक्ख, गोरखा, राजपूत, जाट आदि।

(घ) संस्कृति एंव परंपराओं में निहित स्त्रोत : कई बार संघर्ष में भागीदारी करने वाले समूहों और व्यक्तियों की सांस्कृतिक सम्पदा को भी स्त्रोत के रूप में लिया जाता है। वास्तव में ऐसी अवस्था में संस्कृति का प्रयोग साधन के रूप में किया जाता है और इसके माध्यम से लोगों में संवेगात्मक सुदृढ़ता लाई जाती है। राजस्थान के राजपूत इतिहास में चरण व माह का उपयोग परंपरागत सांस्कृतिक रूप में किया जाता था। चिता में कूद पड़ना यानि जौहर करना, उसी तरह सांस्कृतिक सुदृढ़ता है। इस तरह की सुदृढ़ता शक्ति का एक स्त्रोत बन जाती है और लोगों को संघर्ष करने की प्रेरणा देती है।

संघर्ष करने के लिए बहुत बड़ा आधार व्यक्ति या समूह के स्त्रोत होते हैं : यही **कोलिन्स** का ताकतवर तर्क है। भौतिक व तकनीक स्त्रोत बहुत न्यून होते हैं। इस समूह में लोग गरीबी की रेखा के नीचे पाए जाते हैं। कहां तो इनके पास आवास है और कहां दो जून रोटी। त्रासदी व गरीबी का जीवन इन समूह के सदस्यों को न तो कोई शारीरिक शक्ति प्रदान करता है और न कोई आकर्षण व कोमलता। इस समूह के लोगों में उच्च लोंगों के साथ संपूर्ण सीमित व बंधे बंधाए होते हैं। ऐसे अधीनस्थ या पददलित सदस्य उच्च लोगों के साथ किसी तरह का सौदा या समझौता नहीं कर सकते। इन समूहों के पास कोई ताकतवर सांस्कृतिक संपदा भी नहीं होती। जब कोई दलित समूह संघर्ष की चुनौती देते हैं तो भरोसेमंद स्त्रोतों के अभाव में, उनकी हार लगभग निश्चित होती है। वस्तुत: संघर्ष के निर्णायक तत्वस्त्रोत हैं। **कोलिन्स** सामाजिक स्तरीकरण का विश्लेषण भी इन्हीं तीन स्त्रोतों-धनदौलत, शक्ति

और प्रतिष्ठा के आधार पर करते हैं। कुछ लोगों के पास इन स्रोतों के कारण समाज में गैर-बराबरी होती है और इस गैर-बराबरी की खाई को पाटने के लिए ही संघर्ष होते हैं। यदि हम थोड़ा तुलनात्मक दृष्टि से देखें तो जहां **मार्क्स** संघर्ष का कारण उत्पादन पद्धति से जोड़ते हैं; जहां **वेबर** वर्ग व्यवस्था का कारण शक्ति, प्रतिष्ठा और राजनैतिक दल को मानते हैं, जहां **डेहरेन्डॉर्फ** वर्ग यानि संघर्ष का कारण प्राधिकार संबंधों की चौड़ी खाई से मानते हैं, वहां **कोलिन्स** संघर्ष का कारण हम नयूनतम स्रोतों को मानते हैं। जिस व्यक्ति या समूह के पास न्यूनतम स्रोत है वह संघर्ष का आह्वान नहीं कर सकता और यदि किसी संवेग में आकर आह्वान कर बैठता है तो देखते ही देखते उसकी सांस फूल जाएगी और इसलिए कि उसके स्रोतों की स्थिति कमजोर एवं खस्ता है।

कोलिन्स संघर्ष को पैदा करने वाले स्रोतों की चर्चा करने के बाद धर्म-विधि विनिमय की व्याख्या करते हैं। किसी भी धर्म-विधि में निम्न तत्व होते हैं :

(क) व्यक्तियों की भागेदारी,

(ख) भागीदार व्यक्तियों में पारस्परिक चेतना कि वे किस प्रसंग पर एकत्र हुए हैं।

(ग) भागीदारों में सामान्य संवेगात्मक रूझान।

(घ) भागीदारी के प्रसंग से संबंधित कुछ प्रतीक। जैसे हाव-भाव शब्दावली और विचार।

धर्म-विधि की भूमिका को किसी भी संघर्ष की स्थिति में **कोलिन्स** महत्वपूर्ण स्थान देते हैं। शायद इसी कारण **टर्नर कोलिन्स** संघर्ष सिद्धांत को विनिमय संघर्ष सिद्धांत के नाम से परिभाषित करते हैं। होता यह है कि जब कोई भीड़ संघर्ष पर उतारू होती है या किसी संघर्ष स्थिति को पैदा करने के लिए किसी भीड़ का आयोजन किया जाता है, धर्म-विधि और उसके प्रतीक-प्लेकार्ड,नारे, पुतले जलाना, झंडा, उत्तेजक संगीत आदि लोगों को बहुत बड़ी शक्ति प्रदान करते हैं। वास्तव में ऐसे अवसरों पर यानि संघर्ष में धर्म-विधि की ही अंतक्रिया होती है और इसलिए संघर्ष का निर्णायक कारक धर्म-विधि भी हैं।

कोलिन्स की सैद्धांतिक उपलब्धि ने विश्लेषणात्मक संघर्ष सिद्धांत के बुनियादी तत्वों को बड़ी सफाई से प्रस्तुत किया है। **कोलिन्स** के सिद्धांत की बहुत बड़ी विशेषता यह है कि वे सूक्ष्म समाजशास्त्र तथा वृहद् समाजशास्त्र दोनों में एकीकरण करते हैं। जहां एक ओर वे **दुर्खीम, वेबर, डेहरेन्डॉर्फ** को लेते हैं, वहीं वे गार्फिकल और गोफमेन के उपागम को भी अपने सिद्धांत में स्थान देते हैं। यह सब होते हुए भी **कोलिन्स** ने भी **कोजर** या **डेहरेन्डॉर्फ** की तरह शब्दाडम्बर का अम्बार खड़ा कर लिया है। जगह-जगह वे अंत:क्रिया की चर्चा करते हैं, विचारों को बड़े यांत्रिक रूप में रखते हैं और जहां वे राज्य व शिक्षा की व्याख्या करते हैं, तो यह संपूर्ण रूपरेखा मात्र बन जाती है। अत: **कोलिन्स** का संघर्ष सिद्धांत अपनी कमजोरियों के होते हुए भी संघर्ष विचारधारा को क्षमता देता है, यही सब सैद्धान्तिकरण के लिए आवश्यक है।

बहुविकल्पीय प्रश्न

1. 'विलेज-इंडिया' में सामाजिक परिवर्तन को स्पष्ट करने के लिए मेकिम-मैंरियट ने 'सार्वभौमीकरण' की अवधारणा के विपरीत किस अवधारणा को प्रस्तुत किया है?

A. स्थानीकरण B. परंपरावादीकरण
C. संकीर्णतावादीकरण D. उपोतीकरण

2. अनेक सांस्कृतिक तथा संजाति समूहों के शांतिपूर्ण सह-अस्तित्व के लिए समाजशास्त्रियों ने साधारणत: निम्नलिखित में से किस शब्द का प्रयोग किया है?

A. एकीकरण B. सभामेलन
C. सांस्कृतिक बहुलवाद D. आत्मासात्करण

3. परसंस्कृति ग्रहण की निम्नलिखित में कौन सी व्याख्या उपर्युक्त है?

A. दो संस्कृतियों के संपर्क में आने के परिणामस्वरूप एक दूसरे से प्रभावित होती है।
B. सभ्यता के प्रमुख केंद्रों से सांस्कृतिक विषयों तथा विशेषताओं के छोटे क्षेत्रों में प्रसार होता है।
C. संस्थाएं तथा सांस्कृतिक प्रतिमान जो सार्वभौमिक रूप से सभी मानव समाजों में पाए जाते हैं
D. एक व्यक्ति जो दूसरे समूहों के सांस्कृतिक तत्वों को आत्मसात करता है।

4. उस प्रक्रिया को जिसमें एक नृजातीय समूह अपनी विशिष्ट विशेषताओं को समाप्त कर अन्य सामाजिक खण्ड से अभेद्य हो जाता है, किस नाम से पुकारते हैं?

A. आत्मसात्करण B. प्रसार
C. बहुसांस्कृतिवाद D. बहुलवाद

5. सांस्कृतिक सापेक्षवाद—

A. यह मान्यता है कि प्रत्येक संस्कृति का मूल्यांकन उसके अपने मापदंडों के संदर्भ में किया जाता है।
B. यह तर्क है कि संस्कृति के विभिन्न भाग एक दूसरे से संबंधित है।

C. का अर्थ है कि किसी भी संस्कृति का मूल्यांकन निरपेक्ष पदों में हो सकता है।
D. का अर्थ है कि विभिन्न संस्कृतियां कुछ सार्वभौमिक तत्वों में एक दूसरे से संबंधित है।

6. नीचे दो वक्तव्य दिए गए हैं जिनमें से एक को कथन (A) तथा दूसरे को कारण (R) कहा गया है:
कारण (A) : ईवन-प्रिचार्ड द्वारा किए गए अध्ययन के अनुसार NUET जनजाति एक राज्य विहीन समाज होने के कारण उसमें सामाजिक व्यवस्था का अभाव है।
कारण (R) : बहुत से जनजाति समाज अशीषी है।
उपर्युक्त दो वक्तव्यों के संदर्भ में निम्नलिखित में से कौन सा एक सही है?
A. A तथा R दोनों सत्य हैं परंतु R, A की सही व्याख्या नहीं है
B. A तथा R दोनों सत्य हैं परंतु R, A की सही व्याख्या नहीं है
C. A सही है परंतु R गलत है
D. A गलत है परंतु R सही है

7. निम्नलिखित में किसने संस्कृति को "अनिवार्यत: मानव आवश्यकता की अनुक्रिया" के रूप में परिभाषित किया है?
A. रॉबर्ट रेडफील्ड
B. आर. लिटेन
C. बी. मैलिनॉस्की
D. ए.आर. रेडक्लिफ ब्राउन

8. संयुक्त राज्य अमेरिका के **जान पीटरसन,** जर्मनी के **पीटर हेल्म होल्ट्ज** तथा जापान के **शुगिचामा** एक कप कॉफी पीते समय क्रम अपनी-अपनी संस्कृति को अन्य की संस्कृति से श्रेष्ठ बताते हैं। इसको अवधारणात्मक रूप से किस प्रकार प्रस्तुत किया जा सकता है?
A. परसंस्कृतिग्रहण (ट्रांस-कल्चरेशन)
B. सांस्कृतिक सापेक्षवाद
C. अज्ञात जनभीति
D. नृजाति-केंद्रवाद

9. समाजशास्त्रीय दृष्टि से 'संस्कृति' द्योतित करती है
A. व्यक्ति में परिष्कृति
B. मानव का अधिगत व्यवहार
C. प्रयोगशाला में सूक्ष्म-जीवों की वृद्धि
D. सौंदर्यानुभूति की अभिवृद्धि

10. विशेष परिस्थिति जिसमें घनिष्ठ स्वत: प्रेरित तथा व्यक्ति से व्यक्ति में अंत: प्रक्रिया होती है, उसको कहा जाता है—
A. सहयोगात्मक समूह B. प्राथमिक समूह
C. प्रतिरूप समूह D. संदर्भ समूह

11. व्यक्तियों के एक अनौपचारिक समूह को जो विधि बाह्य कहे जा सकने वाले सामान्य क्रिया-कलापों में भाग लेने के लिए नियमित रूप से मिलता जुलता है कहा जाता है
A. सिन्डीकेट B. गिरोह
C. गुह्याचारी D. गुट

12. पी.ए. सोलेकिन किस में अंतर करने के लिए प्रसिद्ध है?
A. अंत: समूह तथा बाह्य समूह
B. समूहों में प्राथमिक तथा द्वितीयक संबंध
C. यांत्रिक संहति तथा सावयवी संहति
D. पारिवारिक, संविदात्मक तथा अंत: क्रिया की अनिवार्य व्यवस्था

13. नीचे दो वक्तव्य दिए गए हैं जिनमें से एक को कथन (A) तथा दूसरे को कारण (R) कहा गया है:
कथन (A) : संदर्भ समूह की रचना व्यक्ति तथा समाज के लिए कार्यात्मक है।
कारण (R) : संदर्भ समूह की रचना प्रत्याशित समाजीकरण की ओर अग्रसर करती है।
उपर्युक्त दो वक्तव्यों के संदर्भ में निम्नलिखित में से कौन सा एक सही है?
A. A तथा R दोनों सत्य है तथा R, A की सही व्याख्या है
B. A और R दोनों सत्य हैं परंतु R, A की सही व्याख्या नहीं है
C. A सही है परंतु R गलत है
D. A गलत है परंतु R सही है

14. निम्नलिखित में से किसने प्रस्थिति से संविदा में संक्रमण के विचार को प्रतिपादित किया है?
A. टॉमस हॉब्स B. हेनरी मेन
C. मॉनटेस्क्यू D. रूसो

15. निम्नलिखित में कौन सी सभी समाजों में दिखाई पड़ती है?
(1) प्रदत्त लिंग भूमिकाएं
(2) प्रदत्त व्यावसायिक भूमिकाएं
(3) अर्जित व्यावसायिक भूमिकाएं
निम्नलिखित कूटों से सही उत्तर का चयन कीजिए :
A. केवल 1 B. केवल 2
C. 2 और 3 D. 1, 2 और 3

16. रॉबर्ड रेडफील्ड ने लघु समुदाय की परिभाषा में चार विशेषता बताई हैं, जिनमें तीन हैं—विशिष्टता, लघुता और सजातीयता। उनके अनुसार निम्नलिखित में से कौन सी चौथी विशेषता है ?

A. अलगाव B. आत्म-निर्भरता
C. परस्पर-निर्भरता D. समापन

17. एक महिला कार्यपालक जो प्रंबधक मंडल की बैठक में अध्यक्षता करती है, अपनी पुत्री को उसके विद्यालय से लेकर महिला क्लब में ब्रिज हो जाती है। वह प्रकट करती है

A. अपना भूमिका विन्यास
B. अपनी जीवन शैली
C. अपना प्रस्थिति विन्यास
D. अपनी अभिजात्य प्रस्थिति

18. समाजशास्त्रियों के निम्नलिखित समूहों में से वह कौन सा एक समूह है जिसकी शेष बचे हुओं में संमति नहीं है ?

A. ई. दुर्खीम, बी. मैलिनॉस्की, ए.आर. रेडक्लिफ ब्राउन, के. डेविस
B. आर. लिंटन, एम. बैन्टन, आर. मर्टन, टी. पार्सन्स
C. ई. दुर्खीम, ई. इवान्स-प्रिचार्ड, एस.एफ. नाडल, सी. लेवी-स्वोस
D. ए. कोंत, एच. स्पेंसर, एल. मॉर्गन, आर. मैकलिनन

19. निम्नलिखित में कौन सा सामाजिक संरचना का तत्व नहीं है ?

A. प्रस्थिति एवं भूमिका B. समूह एवं उपसमूह
C. संस्थाएं D. उपसंस्कृति

20. निम्नलिखित में किसने सामाजिक संरचना को जालक्रमों तथा भूमिका प्रतिमान संबंधों के रूप में परिभाषित किया है ?

A. लेवी-स्वौस B. रेडक्लिफ-ब्राउन
C. नाडल D. मोरिनी

21. किसी संगठन की औपचारिक संरचना में निहित है—

A. वैयक्तिक भूमिकाएं तथा संबंध
B. गुट
C. सत्ता का प्रत्यायोजन
D. वैयक्तिक हित

22. निम्नलिखित चार विचारकों ने संरचना तथा प्रकार्य के संबंध अवधारणाओं तथा सिद्धांतों का योगदान दिया है:

1. रॉबर्ट के. मटर्न 2. आगस्त कोंत
3. टी. पार्सन्स 4. बी. मैलिनॉस्की

इनमें योगदान के पूर्वा प्रक्रम की दृष्टि से निम्नलिखित में कौन सा सही है—

A. 1, 2, 3, 4 B. 2, 1, 4, 3
C. 2, 4, 3, 1 D. 2, 3, 4, 1

23. स्थिति संकल से क्या तात्पर्य है ?

A. एक व्यक्ति की अनेक भूमिका
B. एक व्यक्ति की क्रमबद्ध भूमिका
C. एक व्यक्ति की दो भूमिका
D. उपरोक्त में से कोई नहीं

24. निम्न में कौन प्रस्थिति समूह है

A. विभिन्न प्रकार के शिक्षित
B. बुद्धिजीवी वर्ग
C. धनाढ्य वर्ग
D. अशिक्षित वर्ग

25. भूमिका संघर्ष किसे कहते हैं ?

A. एक साथ अनेक अंत: क्रियाएं
B. पारस्परिक अंत: क्रिया के बीच द्वंद्ध
C. पारस्परिक अंत: क्रियाएं
D. उपरोक्त में से कोई नहीं

26. निम्न में कौन प्रजाति नहीं है ?

A. आस्ट्रिक B. कामेशायड
C. मंगोलायड D. पूर्व आस्टेलियाड

27. निम्न में से कौन गांव के विरोध में है ?

A. प्रथा B. औद्योगीकरण
C. परंपरा D. विज्ञान

28. क्या जाति की स्थिति सभी गांव में समान होती है ?

A. नही B. हां
C. दोनों गलत D. दोनों सही

29. निम्न में से कौन औपचारिक नियंत्रण है

A. प्रथा B. कानून
C. धर्म D. समाज

30. निम्न में कौन मध्य प्रदेश का बड़ा नगर है

A. इंदौर B. देवास
C. भोपाल D. जबलपुर

31. अस्पृश्यता का संबंध निम्न में से किससे है

A. जाति B. ब्राह्मण
C. शूद्र D. वैश्य

32. निम्न में कौन संस्था है

A. विवाह B. जनजाति
C. पिस्सू D. परिवार

33. अलौकिक नियंत्रण को क्या कहते हैं ?
A. जादू B. धर्म
C. नैतिकता D. टोटम

34. ह्यूमन सोसाइटी के लेखक कौन हैं ?
A. दुर्खीम B. डेविस
C. मैकाइवर D. कोई नहीं

35. अलौकिक को धर्म किसने माना है
A. दुर्खीम B. टायलर
C. मैकाइवर D. फ्रेजर

36. सामाजिकता को धर्म का सिद्धांत किसने कहा—
A. दुर्खीम B. मैकाइवर
C. पैरेटो D. राधा कमल मुखर्जी

37. 'आत्महत्या' का सामाजिक सिद्धांत किसने दिया
A. दुर्खीम B. मार्क्स
C. मैक्स वेबर D. कोई नहीं

38. 'अतिरिक्त मूल्य का सिद्धांत' किसने प्रतिपादित किया
A. कूले B. मार्क्स
C. दुर्खीम D. वेबर

39. समाजशास्त्र एवं सामाजिक विज्ञान एक ही है
A. सत्य B. असत्य
C. आंशिक सत्य D. इनमें से कोई नहीं

40. सोशियोलॉजी पुस्तक के लेखक टी.बी. बॉटोमोर है
A. सत्य
B. असत्य
C. कोई नहीं
D. इस पुस्तक का अस्तित्व नहीं है

41. निम्न में से कौन समाज को एकसंतुलित अवस्था के रूप में देखता है ?
A. टायलर B. हाडरेन डार्फ
C. पेरेटो D. कोजर

42. समाजशास्त्र की विषय वस्तु एवं उसके क्षेत्र को लेकर समाजशास्त्री दो संप्रदायों में विभाजित है। निम्न में से कौन सा एक संप्रदाय को व्यक्त करता है
A. वान वीज, टॉनीज, सिमैल
B. वान वीज, दुर्खीम, वीरक्त
C. सोरोकिन, दुर्खीम, स्टैम्लर
D. वीरकांत, हाबहाउस, बर्गेस

43. सभी प्रकार के मानवीय व्यवहार समाजशास्त्र के अध्ययन क्षेत्र में नहीं आते—
A. सत्य B. असत्य
C. आंशिक सत्य D. ज्ञात नहीं

44. समाजशास्त्र सामूहिक प्रतिनिधित्व का विज्ञान है
A. सत्य B. असत्य
C. आंशिक सत्य D. ज्ञात नही

45. जनजातियां रूढ़ियां बन जाती है जब—
I. पूर्ति समूह के कल्याण के लिए आवश्यक एवं उत्तरदायी समझी जाती है।
II. समाज में अपनी जनरीतियों के उल्लंघन के प्रति भी अधिक सहिष्णुता प्रकट होने लगती है।
III. लोग उपहास एवं हल्की आलोचनाओं जैसे अनौपचारिक अनुशासनों का अवलम्बन करने लगते हैं।
IV. 'उचित' एवं 'अनुचित' संबंधी नैतिकता के विचार उनसे जुड़ जाते हैं।
A. केवल I B. I एवं II
C. II एवं IV D. I एवं IV

46. 'मानव एक सामाजिक पशु है' यह कथन निम्न में से किसका है ?
A. अरस्तु B. प्लेटो
C. दुर्खीम D. मैकाइवर

47. निम्न में सें कौन सी अवधारणा ऑगस्ट कॉम्ट ने दी
A. सापेक्षवाद B. प्रव्यक्षवाद
C. अनुभववाद D. आदर्शवाद

48. समाजशास्त्र में समाज का अर्थ है ?
A. परिवारों का समूह
B. व्यक्तियों के अंतर्वैयक्तिक संबंध
C. एक भौगोलिक क्षेत्र में निवास करने वाले लोग
D. व्यक्तियों का ऐसा समूह जो समान धर्म और जाति से बंधा हो

49. समुदाय में संगठन, समान उद्देश्यों के प्रति सदस्यों की चेतना होती है
A. सत्य B. असत्य
C. आंशिक सत्य D. कोई नहीं

50. समुदाय के विषय में निम्न कथनों में कौन सा कथन असत्य है
A. यह एक निश्चित क्षेत्र में निवास करता है
B. सदस्यों के जीवन के सभी पक्षों को समाविष्ट करता है
C. यह विशिष्ट लक्ष्यों की पूर्ति के निमित बनाया जाता है
D. यह स्वैच्छिक विकास है

51. संस्थाएं बिना समितियों के असंभव हैं
A. सत्य B. असत्य

C. आंशिक सत्य D. ज्ञात नहीं

52. राज्य समिति नहीं है बल्कि एक संस्था है

A. सत्य B. असत्य

C. आंशिक सत्य D. ज्ञात नहीं

53. निम्न में से गेमाइनशाफ्ट का परिचय देता है

A. समुदाय B. समूह

C. समाज D. समिति

54. स्तरीकरण के विशेषाधिकार, सम्मान तथा सत्ता से संबंधित सिद्धांत का प्रतिपादन किसने किया—

A. मैक्स वेबर B. सी. राईट

C. आर. डाहरेन्डॉर्फ D. कार्ल मार्क्स

55. समग्रवाद सिद्धांत का अभिप्राय है

A. समाज के अंत: संबंधित अवयवों का सामंजस्य के रूप में देखना

B. संबंधों की समग्रता

C. किसी विशिष्ट विषय से संबंधित अवयवों की व्यवस्था

D. समाजों को समग्र अथवा अंत: संबंधित अवयवों की व्यवस्था के रूप में देखना

56. ऐसे अध्ययन जो समग्र के आयाम को परिलक्षित नहीं करते उन्हें कहा जाता है

A. द्विकालिक B. समसामयिक

C. स्थितिकीय D. द्वंद्वात्मक

57. संबंधों की ज्यामिति निम्न किसमें अभिव्यक्त होती है ?

A. समाज की व्यवस्था में

B. सामाजिक संरचना में

C. सामाजिक संस्थाओं में

D. सामाजिक भूमिकाओं में

58. प्रदत्त प्रस्थिति वह होती है जो—

A. खुले समाज में समान होती है

B. प्रतियोगिता पर आधारित होती है

C. जन्म से प्राप्त होती है

D. योग्यताओं के आधार पर प्राप्त होती है

59. निम्न में से कितने समस्त आदर्श नियमों को तीन कोटियों में विभाजित किया है जनरीतियां, रूढ़ियां और नियम

A. समनर B. मैकाइवर एवं पेज

C. डेविस D. वीर स्टीड

60. निम्न में से किसने प्रभुत्व मूल्य के चार महत्वपूर्ण आयाम दर्शाएं हैं व्यवस्था में मूल्य विस्तार, मूल्य अवधि, मूल्य की गहनता एवं मूल्य वाहक की प्रतिष्ठा

A. जॉनसन B. पारसंस

C. मर्टन D. लिंटन

61. सामाजिक आदर्श नियम होते हैं

A. सामाजिक व्यवहारों को मापने के ढंग

B. इनकी अच्छाई और वांछनीयता

C. नियमों की संधिता

D. उपरोक्त में से कोई नहीं

62. निम्न में से कौन द्वितीयक समूह नहीं है ?

A. एक राजनीतिक दल B. विद्यार्थी परिषद्

C. श्रमिक संघ D. पड़ोस

63. निम्न में से किसने 'दि ह्यूमन ग्रुप' नामक पुस्तक लिखी है

A. जी.सी. होमेन्स B. राबर्ट रेडफील्ड

C. सी.एच. कूले D. एल.एच. मीड

64. विश्व की समस्त प्रजातियां तीन भागों में बंटी हैं— काके स्वाद, मंगोलाइड एवं नीग्रोयड

A. ए.एल. क्रोवर B. फ्रेज बो आज

C. ई.बी. टायलर D. एल.एच. मॉरगेन

65. जाति व्यवस्था की निम्न विशेषताओं में से कौन सी विशेषता अभी भी महत्वपूर्ण है

A. कर्म कांडीय प्रचलन B. जाति के अंदर विवाह

C. जजमानी व्यवस्था D. जाति पंचायत

66. निम्न में से किसने जाति के प्रजातीय तत्वों को महत्व दिया है ?

A. आर. रेडफील्ड B. एस.सी दुबे

C. जी.एच. हट्टन D. एच.एस. रिजले

67. निम्न में से कौन प्रभु जाति का गुण नहीं है

A. संख्या की प्रधानता B. आर्थिक प्रभुत्व

C. राजनैतिक प्रभुत्व D. जातीय उच्चता

68. अस्पृश्यता अपराध अधिनियम कब पारित हुआ था

A. 1935 B. 1948

C. 1951 D. 1955

69. अनुसूचित जाति की अभिव्यक्ति को मानकीकृत किया गया है

A. राज्य के नीति निदेशक सिद्धांतों में

B. भारत के संविधान में

C. भारत सरकार अधिनियम, 1935 में

D. हरिजन में

70. जाति निर्योग्यता अधिनियम पारित किया गया था

A. 1812 में B. 1832 में

C. 1850 में D. 1948 में

71. सामाजिक वर्ग है एक—

A. श्रेणी B. सामाजिक समूह

C. द्वितीयक समूह D. औसत

72. निम्न में से बताइए कि वर्ग संरचना सर्वप्रथम कब विकसित हुई

A. आदिम समाज से B. जनजातीय समाज से

C. कृषक समाज से D. औद्योगिक समाज से

73. निम्न में से किसने परिवार की उत्पत्ति का कारण यौन साम्यवाद को माना है

A. एल.एच. मार्गन B. हेनरी मेन

C. ई.बी. टायलर D. इ.ए. वेस्टरमार्क

74. परिवार की निम्न परिभाषा किस समाजशास्त्री ने दी है 'परिवार लिंग संबंधों पर आधारित रक्त समूह है जो इतना छोटा और स्थायी होता है कि बच्चों की उत्पत्ति और पालन-पोषण समुचित रूप से कर सके'

A. मैकाइवर B. हेनरी मेन

C. मजूमदार D. एल.एच. मार्गन

75. निम्न में से किसने अपनी पुस्तक 'सोशल स्ट्रक्चर' में परिवार के चार सार्वभौमिक प्रकार्य बताए है: लौगिक संबंधों का नियमन, पुरूपादन, आर्थिक सहयोग एवं समाजीकरण—

A. एल.एच. मार्गन B. पारसंस

C. आगबर्न और निमकॉफ D. जी.पी. मरडाक

76. मूर्त सामाजिक संरचना तथा संरचनात्मक रूप में निम्नलिखित में से किसने अंतर किया है?

A. रेडक्लिफ-ब्राउन B. मैलिनॉस्की

C. लुई D. मर्टन

77. सूची 1 का सूची 2 के साथ सुमेलित कीजिए तथा सूचियों को नीचे दिए गए कूटों का उपयोग करते हुए सही उत्तर का चयन कीजिए।

सूची-1 (संरचनात्मक-प्रकार्यात्मक)	*सूची-2 (अवधाराणाओं से संबंधित विचारक)*
(क) प्रकार्यात्मक आर्देशक	1. आर.के. मर्टन
(ख) प्रकार्यात्मक परिणामों के निवल संतुलन	2. बी. मैलिनॉस्की
	3. अगस्त कॉम्ट
	4. टी. पार्सन्स
	5. मेरियन जे. लेवी

कूट :	(क)	(ख)	(ग)	(घ)
A.	1	3	5	4
B.	4	1	5	3
C.	4	1	2	3
D.	2	4	5	1

78. एक नगरीय युवाओं के समूह ने एक जनजातीय ग्राम में साक्षर के संवर्द्धन के लिए एक समिति का गठन किया। इस उद्देश्य की प्राप्ति के लिए कई कार्यक्रम क्रियान्वित किए गए। उसके परिणामस्वरूप न केवल साक्षर की दर में वृद्धि हुई परंतु ग्रामवासियों में स्वास्थ्य के प्रति जागरूकता बढ़ी। निम्नलिखित अवधारणाओं में से कौन सी बाद के परिणाम को—रूप से दर्शाती है?

A. प्रकट प्रकार्य B. अप्रकट प्रकार्य

C. अपक्रिया D. द्वितीयक प्रकार्य

79. नीचे दो वक्तव्य दिए गए हैं जिनमें एक को कथन (A) तथा दूसरे को कारण (R) कहा गया है :

कथन (A) : प्रतिमान विशिष्ट तरीके तथा उपाय हैं जिनसे मूल्यों की प्राप्ति के लिए व्यवहार का विनियमन होता है।

कथन (R) : मूल्य अधिक अमूर्त और सामान्य होते हैं और वे स्वयं में साध्य हैं।

उपर्युक्त दो वक्तव्यों के संदर्भ में निम्नलिखित में कौन सा सही है?

A. A और R दोनों सत्य हैं और R, A का सही स्पष्टीकरण करता है।

B. A और R दोनों सत्य है परंतु R, A का सही स्पष्टीकरण नहीं है।

C. A सत्य है परंतु R गलत है

D. A गलत है परंतु R सत्य है

80. निम्नलिखित में से किस लेखक ने सामाजिक प्रतिमानों को स्पष्ट करने के लिए 'लोकरीति' शब्द का सबसे पहले प्रयोग किया है?

A. रॉबट रेडफील्ड B. लेवी-स्त्रॉस

C. रेल्फ लिंटन D. डब्ल्यू जी. सुमनर

81. निम्नलिखित में कौन सी एक घटना है जिसको मानवों द्वारा किसी कार्य योजना को उचित ठहराने या उसका विरोध करने में प्रयुक्त मानक या सिद्धांत के रूप में पहचाना जाता है?

A. विश्वास B. विशिष्टाचार

C. नियम D. मूल्य

82. निम्नलिखित में से सामाजिक तथ्यों की कौन सी विशेषताएं हैं?

1. यह मानव मस्तिष्क के लिए बाह्यक है
2. यह बाध्यकारी है
3. यह सामान्य है
4. यह व्यक्तियों का योगफल (जोड़) है

निम्नलिखित कूटों में सही उत्तर का चयन कीजिए :

A. 1, 2 और 4 B. 2, 3 और 4
C. 1, 3 और 4 D. 1, 2 और 3

83. निम्नलिखित में से तथ्य तथा मूल्य के बीच संबंध के बारे में कौन से सत्य हैं ?

1. व्यक्ति अपने मूल्यों के समर्थनकारी तथ्यों के प्रति अधिक जागरूकता दर्शाते हैं
2. व्यक्ति तथ्यों के प्रति अंधे हो जाते हैं, अगर वे उनके मूल्यों का समर्थन नहीं करते हैं
3. मूल्य सामाजिक तथ्य नहीं होते

निम्नलिखित कूटों से सही उत्तर का चयन कीजिए—

A. 1और 2 केवल B. 1और 3 केवल
C. 2 और 3 केवल D. 1, 2 और 3

84. निम्नलिखित में से तथ्य तथा मूल्य के बीच संबंध के बारे में कौन से सत्य हैं ?

1. व्यक्ति अपने मूल्यों के समर्थनकारी तथ्यों के प्रति अधिक जागरूकता दर्शाते हैं
2. व्यक्ति तथ्यों के प्रति अंधे हो जाते हैं, अगर वे उनके मूल्यों का समर्थन नहीं करते हैं
3. मूल्य सामाजिक तथ्य नहीं होते

निम्नलिखित कूटों से सही उत्तर का चयन कीजिए—

A. 1और 2 केवल B. 1और 3 केवल
C. 2 और 3 केवल D. 1, 2 और 3

85. विचलन के संबंध में वैयक्तिक अनुकूलन के निम्नलिखित कुछ प्रकार हैं

1. अनुरूपता 2. निवर्तनवाद
3. विप्लव 4. कर्मकांड
5. नवप्रवर्तन

इनके प्रवर्तन का निम्नलिखित में से कौन सा सही अनुक्रम है ?

A. 1, 2, 4, 5, 3 B. 1, 5, 4, 2, 3
C. 4, 2, 3, 1, 5 D. 3, 4, 5, 2, 1

86. निम्नलिखित समाजशास्त्रियों में किसने सामाजिक परिवर्तन के स्रोतों को 'बहिर्जात' तथा 'अंतर्जात' में वर्गीकृत किया है ?

A. आर.एम. मैकाइवर B. डब्ल्यू.एफ. ऑगबर्न
C. किंग्सले डेविस D. टैल्कट पार्सन्स

87. सूची 1 को सूची 2 से सुमेलित कीजिए तथा सूचियों के नीचे दिए गए कूटों का उपयोग करते हुए उत्तर का चयन कीजिए:

सूची-1	*सूची-2*
(क) गोडार्ड	1. उपसंस्कृति सिद्धांत
(ख) बकेरिया	2. शास्त्रीय सिद्धांत
(ग) कोहन	3. संकेतन सिद्धांत
(घ) हॉवर्ड बेकन	4. मनोजन्य सिद्धांत
	5. जीवजन्य सिद्धांत

कूट :	(क)	(ख)	(ग)	(घ)
A.	3	1	5	2
B.	4	2	1	3
C.	2	5	3	1
D.	1	3	2	4

88. योजनाबद्ध सामाजिक उद्विकास की प्रक्रिया निम्नलिखित में से किस प्रकार की है ?

A. सामुदायिक रुढ़ियों से विभेदीकृत समितियों के माध्यम से विभेदीकृत संख्याओं तक
B. सामुदायिक रुढ़ियों से विभेदीकृत सामुदायिक संस्थाओं के माध्यम से विभेदीकृत समितियों तक
C. विभेदीकृत सामुदायिक संस्थाओं से सामुदायिक रूढ़ियों के माध्यम से विभेदीकृत समितियों तक
D. विभेदीकृत समितियों से सामुदायिक रूढ़ियों के माध्यम से विभेदीकृत सामुदायिक संस्थाओं तक

89. आत्मसात्करण शब्द को परिभाषित किया गया है

A. कुछ अन्य लक्ष्य या प्रणाली का एक सामान्य प्रक्रिया के अन्तर्गत उनकी सह स्थिति का संदर्भ देकर
B. प्रमाणित मूल्यों के अनुकूलन के संदर्भ में गुणात्मक रूप से
C. समूहों के आकार तथा उनके प्रतिमानों के संदर्भ में गुणात्मक रूप से
D. संरचनात्मक या प्रकार्यात्मक विभेदीकरण के संदर्भ में गुणात्मक रूप से

90. वह प्रक्रिया जिसमें भिन्न संस्कृतियों वाले कुछ समूह मिली-जुली संस्कृति तथा अस्मिता वाले एक समूह में संपूर्ण रूप से विलीन हो जाते हैं, कहलाती है

A. समालोचन B. आत्मसात्करण
C. एकीकरण D. समायोजन

91. 'समन्वित समितियों में संघर्ष स्थानिक तथा आवश्यक होता है' के विचार का प्रवर्तक निम्नलिखित में कौन है ?

A. कार्ल मार्क्स B. मैक्स वेबर
C. लुईस कोज़र D. रेल्फ डेहरनडॉर्फ

92. एक समूह अपनी एकता के लिए तब सर्वाधिक जागरूक हो जाता है

A. जब उसके सदस्यों के सामान्य हित होते हैं

B. जब वह दूसरे समूह द्वारा डराया-धमकाया जाता है

C. जब उसके सदस्य यथार्थता में अलगाव का जीवन व्यतीत करते हैं

D. जब वह टूटने के बिंदु पर होता है

93. निम्नलिखित में से किस एक में अंतर्निहित सहयोग और संघर्ष के तत्व पाए जाते हैं?

A. समिति B. प्रतिस्पर्धा

C. सामंजस्य D. आत्मसात्करण

94. 'रूढ़िवादी प्रकार्यवादी सिद्धांत ने संघर्ष को अपर्याप्त महत्व दिया है।' यह बात किस विचारक ने कही है?

A. कार्ल मार्क्स B. मैक्स वेबर

C. मैक्स ग्लकमैन D. अल्फ्रेड वेबर

95. नीचे दो वक्तव्य दिए गए हैं जिनमें से एक को कथन (A) और दूसरे को कारण (R) कहा गया है:

कथन (A) : जनसंख्या का संघटन इसके सामाजिक जीवन से प्रभावित करता है।

कथन (R) : एक समाज जिसमें बालकों तथा बूढ़े व्यक्तियों की संख्या की अधिकता के साथ लिंग अनुपात में सुस्पष्ट असमानता होती है वहां उत्पादक श्रम में लगे व्यक्तियों की संख्या में कमी हो जाती है।

उपर्युक्त दो वक्तव्यों के संदर्भ में, निम्नलिखित में कौन सा है?

A. A तथा R दोनों सत्य हैं तथा R, A की सही व्याख्या है

B. A तथा R दोनों सत्य हैं परंतु R, A की सही व्याख्या नहीं है

C. A सही है परंतु R गलत है

D. A गलत है परंतु R सही है

96. जनांकिकीय संक्रमण सिद्धांत के अनुसार संक्रमण पूर्व अवस्था पर—

A. जन्मदर तथा मृत्युदर दोनों उच्च होती है

B. मृत्युदर निम्न परंतु जन्मदर उच्च होती है

C. मृत्युदर उच्च परंतु जन्मदर निम्न होती है

D. जन्मदर तथा मृत्यु दर दोनों निम्न होती है

97. भारत में 1991की जनगणना के अनुसार, किस राज्य में नगरीय जनसंख्या का प्रतिशत अधिकतम है?

A. केरल B. गुजरात

C. पश्चिमी बंगाल D. महाराष्ट्र

98. सूची 1 को सूची 2 से सुमेल कीजिए तथा सूचियों के नीचे दिए गए कूटों का उपयोग करते हुए सही उत्तर का चयन कीजिए :

सूची-1 (सामाजिक स्तरीकरण)	***सूची-2 (अवधारणा तथा सिद्धांतों से संबंधित विद्वान)***
(क) शक्ति-विशेषाधिकार प्रतिष्ठा सिद्धांत	1. टी.बी. बोटोमोर
(ख) प्रकार्यात्मक सिद्धांत के निवल संतुलन	2. गेरहार्ड लेंस्की
	3. किंग्सले डेविस
(ग) संघर्ष सिद्धांत	4. कार्ल मार्क्स
(घ) सामाजिक स्तरीकरण के स्वरूप	5. जॉर्ज सीमेल

कूट :	(क)	(ख)	(ग)	(घ)
A.	2	1	4	5
B.	3	5	2	1
C.	4	3	1	2
D.	2	3	4	1

99. सामाजिक स्तरीकरण शब्द संदर्भित करता है

A. विभिन्न श्रेणियों में जनसंख्या के विभाजन को

B. वर्ग के संदर्भ में जनसंख्या के विभाजन को

C. श्रेष्ठता तथा हीनता की भावना से जनसंख्या के विभाजन को

D. सामाजिक विभेदीकरण तथा श्रेणीकरण के एक प्रकार को

100. समाज का तीन स्तरों पर वर्गीकरण-संरक्षक, सहायक तथा मजदूर—निम्नलिखित में से किसने किया है?

A. अरस्तू B. प्लेटो

C. वेबलन D. मैकियावेली

101. सर्वहाराकरण की प्रक्रिया का अर्थ है—

A. बुर्जुआ वर्ग का अवरोहण श्रमिक वर्ग में होना

B. मध्यम वर्ग का अवरोहण श्रमिक वर्ग में होना

C. निम्नवर्ग का अवरोहण श्रमिक वर्ग में होना

D. किसी भी वर्ग का अवरोहण श्रमिक वर्ग में होना

102. मैक्स वेबर ने जाति के ये लक्षण बताए हैं—

A. एक नृजाति समूह

B. एक समुदाय

C. हिंदुओं की धर्म-सभा

D. एक संवृत प्रस्थिति समूह

103. मैक्स वेबर के अनुसार, पूंजीवादी समाज में वर्ग की रचना

के सही आधार निम्न में से कौन सा है ?

A. संपत्ति का स्वामित्व अथवा अस्वामित्व

B. बाजार परिस्थिति में संपत्ति संबंध

C. व्यक्तियों की आयु

D. व्यक्तियों की सत्ता

104. निम्नलिखित में 'संपदा' व्यवस्था का कौन सा एक तत्व है

A. भवन   B. संरचना

C. पादरी वर्ग   D. बुर्जुआ

उत्तरमाला

1	2	3	4	5	6	7	8	9	10
A	B	B	C	A	D	C	D	C	D
11	**12**	**13**	**14**	**15**	**16**	**17**	**18**	**19**	**20**
A	B	D	D	A	A	A	B	D	A
21	**22**	**23**	**24**	**25**	**26**	**27**	**28**	**29**	**30**
D	B	C	A	A	A	A	D	A	C
31	**32**	**33**	**34**	**35**	**36**	**37**	**38**	**39**	**40**
B	A	D	D	B	A	C	B	B	A
41	**42**	**43**	**44**	**45**	**46**	**47**	**48**	**49**	**50**
A	A	D	A	B	C	B	C	D	D
51	**52**	**53**	**54**	**55**	**56**	**57**	**58**	**59**	**60**
C	A	D	D	B	A	A	B	A	B
61	**62**	**63**	**64**	**65**	**66**	**67**	**68**	**69**	**70**
B	A	A	D	A	C	A	C	A	C
71	**72**	**73**	**74**	**75**	**76**	**77**	**78**	**79**	**80**
D	C	D	A	B	D	B	C	A	C
81	**82**	**83**	**84**	**85**	**86**	**87**	**88**	**89**	**90**
C	A	A	B	A	D	D	D	C	A
91	**92**	**93**	**94**	**95**	**96**	**97**	**98**	**99**	**100**
D	A	C	D	D	D	B	C	D	C
101	**102**	**103**	**104**						
D	A	C	B						

UNIT–3

अध्याय 13

समाजशास्त्रीय पद्धतियाँ (Sociological Methods)

*फ्रांसीसी गणितज्ञ **ऐनरी प्वांकरे** ने कभी समाजशास्त्र के बारे में कहा था कि, यह एक ऐसा विज्ञान है जिसमें पद्धतियाँ तो बहुत हैं पर उनका नतीजा कुछ नहीं निकलता। यह थोड़ा ज्यादा कठोर निर्णय है। यह सही बात है कि पहले सौ सालों में समाजशास्त्रियों ने ऐसे उच्चस्तरीय सामान्यीकरण नहीं प्रस्तुत किए जिनको मिलाकर किसी वैज्ञानिक सिद्धांत का निर्माण किया जा सके। [फिर भी जैसा कि पिछले अध्याय में बताया जा चुका है वैज्ञानिक सामान्यीकरण के थोड़ा निचले स्तर पर धारणाओं का एक ढांचा बनाने, सामाजिक नमूनों को वर्गीकृत करने, और सामाजिक परिघटनाओं के बीच कुछ प्राथमिक अंत:संबंध स्थापित करने के मामले में काफी कुछ हासिल किया गया है।] शायद आज तक का सबसे बड़ा योगदान वर्णनात्मक समाजशास्त्र (और नृतत्वशास्त्र) के क्षेत्र में रहा है। अनेक समाजों, सांस्थानिक रूपों और सामाजिक समूहों का बड़े पैमाने पर और सटीक वर्णन किया गया है, जिसके आधार पर और भी अंत: संबंधों की स्थापना संभव हुई है, और अनेक तरह के वर्गीकरण और व्याख्याएं हुई है। **प्वांकरे** के कथन में सत्य यह है कि समाजशास्त्र के लिए उचित पद्धतियों के सवाल पर विवाद बहुत हुए हैं और हरेक समाजशास्त्रीय सिद्धांतकार की यह प्रवृत्ति रही है कि विषय के प्रति एक नया दृष्टिकोण अपनाया जाय।*

सामाजिक शोध का अर्थ एवं प्रकृति (Meaning and Nature of Social Research)

किसी भी क्षेत्र में नवीन ज्ञान की प्राप्ति अथवा विद्यमान ज्ञान में संशोधन, परिवर्द्धन अथवा परिमार्जन की दृष्टि से किए व्यवस्थित प्रयासों को शोध या अनुसंधान कहते हैं। शोध का उद्देश्य किसी समस्या से संबंधित सामान्य सिद्धान्तों की व्यवस्थित खोज भी हो सकता है। सभी गवेषणाओं का प्रत्यक्ष उद्देश्य मानव के ज्ञान में वृद्धि करना है।

एक ऐसी शोध जिसका उद्देश्य तत्कालिक अथवा दूरगामी महत्व की व्यावहारिक समस्याओं का समाधान खोजना होता है, व्यावहारिक शोध कहलाती है। इस प्रकार की शोध में तथ्यों का संकलन नीति-निर्माताओं की आवश्यकता तथा उपयोगिता के दृष्टिकोण से किया जाता है। व्यावहारिक शोध ऐसे वैज्ञानिक सिद्धांतों की खोज एवं गवेषणा पर बल देती है जिनके द्वारा व्यावहारिक महत्व की समस्याओं का कोई तत्काल समाधान ढूंढ़ा जा सके।

किसी तात्कालिक समस्या के समाधान की अपेक्षा किसी विषय के मूलभूत नियमों या वैज्ञानिक सिद्धांतों को विकसित किए जाने के उद्देश्य से की गई गवेषणा को मूलभूत शोध कहते हैं। वास्तव में, मूलभूत शोध की आधार स्थली का कार्य करती है।

किसी विशिष्ट समूह के जीवन में सुधार हेतु बनाए गए कार्यक्रमों अथवा नीतियों की सफलता एवं प्रभावकता को आंकने के उद्देश्य से की गई गवेषणा मूल्यांकनात्मक शोध अपेक्षित अथवा अनपेक्षित परिणामों को मालूम करने के लिए की जाती है।

शोध का वह रूप जिसमें शोधकर्ता एक अथवा अधिक स्वतंत्र परिवर्त्यों (चरों) को परिचालित अथवा नियंत्रित कर आश्रित परिवर्त्य या परिवर्त्यों (वेरि एबल्स) पर उनके प्रभावों की जांच करता है, प्रयोगात्मक शोध कहलाती है।

सामाजिक सम्बन्ध, सामाजिक अन्तक्रियाएं, सामाजिक समस्याएं जैसे विषय अथवा विषयों को लेकर किए गए किसी भी वैज्ञानिक अध्ययन को सामाजिक शोध कहते हैं। सामाजिक शोध का मुख्य उद्देश्य मानव के सामाजिक जीवन को परिचालित करने वाले मूलभूत नियमों तथा सिद्धांतों की खोज तथा विद्यमान प्राकल्पनाओं तथा ज्ञान का परिष्करण करना है।

किसी अन्वेषण की एक ऐसी तार्किक एवम् व्यवस्थित योजना जो तथ्यों के संकलन विश्लेषण तथा मूल्यांकन को मार्ग प्रशस्त करती है, शोध-अभिकल्प (रूपांकन) कहलाती है। शोध-अभिकल्प का प्रयोग शोध व्यूह (रिसर्च स्ट्रेटजी) तथा शोध-संरचना (रिसर्च स्ट्रक्चर) के अर्थ में भी किया जाता है। शोध व्यूह

का दायरा अध्ययन में प्रयोग की जाने वाली विधियों तक सीमित है, अर्थात शोध में किन विधियों का चुनाव किया जाएगा। शोध-संरचना अन्वेषण के विश्लेषण की प्रवृत्ति को इंगित करती है। शोध-अभिकल्प की अवधारणा इन दोनों से ही अधिक व्यापक है। इसमें इन दोनों ही के अर्थ सन्निहित है।

सामाजिक घटक और समस्याएं (Social Phenomena and Problems)

अनेक समाजशास्त्रियों द्वारा सामाजिक समस्या को ''सामाजिक आदर्श का विचलन माना गया है जो सामूहिक प्रयत्न से ही ठीक हो सकता है।'' इस परिभाषा में दो तत्व महत्वपूर्ण है : (क) एक स्थिति जो आदर्श से कम है, यानि कि जो अवांछनीय या असाधारण है, और (ख) जो सामूहिक प्रयत्न से ठीक हो सकती है। यद्यपि इसका निर्धारण करना आसान नहीं है कि कौन सी स्थिति आदर्श है और कौन सी नहीं, और ऐसी कोई मापदंड भी नहीं जिसे इसको जांचने के लिये प्रयोग में लाया जा सके। इसके बावजूद इतना तो स्पष्ट है कि सामाजिक आदर्श कोई मनमाना विचार या मत नहीं है, और 'सामाजिक समस्या' शब्द उसी 'विषय' के लिये प्रयोग किया जाता है जिसे सामाजिक आचार-शास्त्र और समाज प्रतिकूल समझते हैं।

विषय ऐसा भी होना चाहिये जिसे एक व्यक्ति स्वयं समाधान न कर सके। यदि किसी व्यक्ति को नौकरी चाहिये और उसको पाने के लिये उसे दूसरों के साथ प्रतियोगिता में भाग लेना पड़ता है तो यह केवल एक व्यक्तिगत समस्या है। इसी प्रकार यदि किसी व्यक्ति को मादक द्रव्यों के सेवन की लत पड़ गई है। और उसे छोड़ने के लिये उसे यदि किसी मनोचिकित्सीय संस्थान अथवा सामुदायिक केन्द्र में भर्ती होना पड़ता है तो वह भी उसकी व्यक्तिगत समस्या है। दूसरी ओर यदि किसी देश में तीन चार करोड़ व्यक्ति बेरोजगार हैं और कोई व्यक्ति अकेला उसके लिये प्रभावी कदम नहीं उठा सकता तो उसके समाधान के लिये एक संगठित प्रयास की आवश्यकता है। इस प्रकार एक तरह की परिस्थितिं में एक समस्या व्यक्तिगत समस्या होती है तो दूसरी में वही एक सामाजिक समस्या।

परन्तु समय के साथ-साथ सामाजिक समस्याएं बदलती रहती है। जो कुछ दशकों पहले सामाजिक समस्या नहीं मानी जाती थीं, वह दो दशकों पश्चात् एक नाजुक सामाजिक समस्या बन सकती है। उदाहरण के लिये, हमारे देश में बीसवीं शताब्दी के चालीस से पहले दशकों में जनसंख्या विस्फोट एक सामाजिक समस्या के रूप में नहीं देखी जाती थी परन्तु पचास के दशक में यह एक संवेदनशील सामाजिक समस्या बन गई। सामाजिक परिवर्तन नई स्थितियों को जन्म देता है जिसमें एक घटना एक सामाजिक समस्या बन जाती है। चालीस के दशक में भारत में युवा-असंतोष जैसी कोई समस्या नहीं थी परन्तु 50 और 60 के दशकों में यह एक समस्या हो गई और 70, 80 और 90 के दशकों में तो यह गंभीर हो गई और अब नई शताब्दी में भी यही स्थिति है।

'सामाजिक समस्या' की अवधारणा के बारे में कुछ और दृष्टिकोणों पर विचार किया जा सकता है। **फुलर और मेयर्स** ने सामाजिक समस्या की परिभाषा देते हुए कहा है कि, ''यह वह स्थिति है जिसे व्यक्तियों की बड़ी संख्या आकांक्षित सामाजिक मानदंडों से विचलन मानती है।'' **रेनहार्ट** ने सामाजिक समस्या की यह कहकर व्याख्या की है कि यह, ''वह स्थिति है जिससे समाज का एक बड़ा भाग प्रभावित होता है और जिसके ऐसे हानिकारक परिणाम हो सकते हैं अथवा होते हैं जिनका सामूहिक रूप से समाधान संभव है।'' इस प्रकार किसी सामाजिक समस्या मूलक स्थिति के लिये कोई एक या कुछ व्यक्ति उत्तरदायी नहीं होते और इस पर नियंत्रण पाना भी एक व्यक्ति या कुछ व्यक्तियों के बस की बात नहीं होती। इसका उत्तरदायित्व सामान्य रूप से पूरे समाज पर होता है। **मर्टन और निस्बट** का विचार है कि सामाजिक समस्या ''व्यवहार का एक ऐसा रूप है जिसे आज का एक बड़ा भाग व्यापक रूप से स्वीकृत एवं अनुमोदित मानदंडों का उल्लंघन मानता है।'' यह परिभाषा मद्यपान, भ्रष्टाचार और साम्प्रदायिकता जैसी समस्याओं पर ठीक बैठती है, परन्तु जनसंख्या विस्फोट जैसी समस्याओं पर नहीं। कुछ समस्याएं व्यक्तियों के असाधारण और विचलित व्यवहार से पैदा नहीं होतीं। बल्कि साधारण और स्वीकृत व्यवहार से होती है। **राब और सेल्जनिक** का कहना है कि सामाजिक समस्या ''मानव संबंधों की वह समस्या है जो समाज को संकट में डालती है या कई लोगों की महत्वपूर्ण आकांक्षाओं को प्राप्त करने में रूकावट पैदा करता है।'' कार के अनुसार ''सामाजिक समस्या उस समय उत्पन्न होती है जब हम किसी कठिनाई के प्रति चेतन हो जाते हैं, जब हमारी अभिरूचियों और यथार्थता के बीच खाई आ जाती है।'' **हर्बट ब्लूमर** लिखते हैं कि ''सामाजिक समस्याओं में वे कार्य और व्यवहार के संरूप आते हैं जिन्हें बड़ी संख्या में लोग समाज के प्रतिघातक मानते हैं या सामाजिक प्रतिमानों का उल्लघंन समझते हैं और जिन्हें सुधारना वे संभव और वांछनीय मानते हैं'' **पॉल लेन्डिस** के अनुसार, ''सामाजिक समस्याएं व्यक्तियों की वे कल्याण सम्बन्धी आकांक्षाएं हैं जो पूरी नहीं हो पाई हैं।'' **क्लेरेन्स मार्शल** ने कहा है कि, ''सामाजिक समस्या एक ऐसी स्थिति को दर्शाती है जो समाज के सुयोग्य पर्यवेक्षकों की एक बड़ी संख्या को अपनी ओर आकर्षित करती है और उनसे अनुरोध व अपील

करती है कि वे उसका पुनर्व्यवस्थापन करें या किसी न किसी प्रकार की सामाजिक (सामूहिक) कार्यवाही से उसे हल करें।''

हॉर्टन और लेस्ले लिखते हैं कि सामाजिक समस्या ''एक स्थिति है जो व्यक्तियों की एक बड़ी संख्या को ऐसे तरीकों से प्रभावित करती है जो अवांछनीय समझे जाते हैं और यह सोचा जाता है कि सामूहिक सामाजिक क्रिया के द्वारा उसके बारे में कुछ किया जा सकता है।'' यद्यपि यह परिभाषा इस बात पर बल देती है कि सामाजिक समस्या एक ऐसी स्थिति है ''जो व्यक्तियों की एक बड़ी संख्या'' को प्रभावित करती है, परन्तु वह व्यक्तियों की सही संख्या नहीं बतलाती जो उससे प्रभावित होते हैं। वह केवल यह संकेत देती है कि इससे 'काफी व्यक्ति' प्रभावित होने चाहिये जिससे वह उनके ध्यान को आकर्षित कर ले और वे उसके बारे में बात करना और लिखना प्रारम्भ कर दें। ऐसी स्थिति के बारे में जनता की चिन्ता इससे आंकी जा सकती है कि उस विषय पर कितने लेख लोकप्रिय पत्रिकाओं में छपे हैं। अस्सी के दशक तक भारत में पर्यावरण प्रदूषण की समस्या को गंभीरता से नहीं लिया गया। इसका यह प्रमाण है कि उस समय तक इन विषय पर अखबारों और पत्रिकाओं में अधिक लेख प्रकाशित नहीं हुए थे। पिछले नौ या दस वर्षों में इस विषय पर कई लेखों का छपना इस बात का सूचक है कि इस स्थिति ने अब चारों ओर व्यक्तियों का ध्यान आकर्षित कर लिया है और अब यह एक सामाजिक समस्या का रूप धारण कर चुकी है।

हॉर्टन की इस परिभाषा में दूसरा तत्व जो ध्यान आकर्षित करता है वह है ''ऐसे तरीकों से जो अवांछनीय समझे जाते हैं।'' जब तक भारत में लोग सती प्रथा को वांछनीय समझते थे। यह कोई सामाजिक समस्या नहीं थी। जब राजा राम मोहन राय ने इसकी भर्त्सना की और इसे समाप्त करने की पहल की और भारी संख्या में लोगों ने उन्हें समर्थन दिया तथा इस प्रथा को घातक और भयंकर कह कर आलोचना की गई, तभी सती प्रथा एक सामाजिक समस्या बनी। तेरह वर्ष पूर्व जब एक 21 वर्ष की राजपूत कन्या रूपकंवर राजस्थान की सीकर जिले में देवराला गांव में अपने पति की चिता पर सती हो गई, उसके पश्चात् ही इस प्रथा की भर्त्सना की गई और भारत सरकार ने इसके विरूद्ध एक सती प्रथा उन्मूलन अधिनियम नामक कानून बनाया जिसके अन्तर्गत किसी स्त्री को सती होने के लिये विवश करने वाले व्यक्तियों को कड़ी सजा देने का प्रावधान है।

सामाजिक समस्या में एक नैतिक मूल्यांकन होता है, एक ऐसी भावना होती है कि स्थिति हानिकारक है और इसमें परिवर्तन आवश्यक है। बीसवीं शताब्दी के 70, 80 और 90 के दशकों में ही भ्रष्टाचार एक सामाजिक समस्या के रूप में लिया जाने लगा यद्यपि हमारे देश में यह इससे पहले भी व्याप्त था। पत्नी को पीटना और बाल मजदूरी व बालकों के साथ दुर्व्यवहार जैसे विवाद-विषय अभी भी गंभीर सामाजिक समस्याओं की श्रेणी में नहीं आते।

उन स्थितियों को सामाजिक समस्याएं नहीं माना जाता जो बदली नहीं जा सकतीं या जिन्हें टाला नहीं जा सकता। इस प्रकार कुछ वर्ष पूर्व तक अकाल को सामाजिक समस्या नहीं माना जाता था क्योंकि लोगों में यह विश्वास व्याप्त था कि बरसात का कम होना इन्द्र के प्रकोप का परिणाम है। वर्तमान समय में राजस्थान और गुजरात जैसे राज्यों में अकाल को सामाजिक समस्या के रूप में लिया जाता है और इसका कारण नहरों के पर्याप्त आर्थिक साधनों की कमी माना जाता है। यह कमी कभी पूरी नहीं हो पाती। इसका कारण सरकारी उदासीनता तथा भ्रष्टाचार है। जब उस तरह लोगों का ध्यान गया और लोगों द्वारा इसकी आलोचना हुई तभी इसे सामाजिक समस्या के रूप में चिन्हित किया गया। आन्ध्र प्रदेश, तमिलनाडु, कर्नाटक, राजस्थान, उत्तर प्रदेश, बिहार और मध्य प्रदेश जैसे राज्यों में पीने के पानी की कमी सामाजिक समस्या उसी समय बनी जब लोगों को आभास हुआ कि यह संकट ऐसी नहीं है जिसको भोगने के अलावा कोई विकल्प नहीं है और इसको हटाने के लिये कुछ उपाय किये जा सकते हैं। इस प्रकार जब लोगों में यह विश्वास जागृत हो जाता है कि उसको रोकने और निवारण की संभावना है तभी वे उस स्थिति को सामाजिक समस्या मानते हैं।

हॉर्टन और लेस्ले की परिभाषा का अन्तिम भाग है 'सामूहिक क्रिया।' सामाजिक समस्या का समाधान एक व्यक्ति या कुछ व्यक्तियों से नहीं हो सकती। सारी सामाजिक समस्याओं से सामाजिक स्तर पर ही निबटा जा सकता है, यानि कि यह विश्वास किया जाता है कि उनका समाधान जनता की रुचि, वाद-विवाद, जनमत-रचना और दबाव से ही हो सकता है।

वेनबर्ग के अनुसार सामाजिक समस्याएं ऐसी व्यावहारिक संरूप और स्थितियां होती हैं जो सामाजिक प्रक्रियाओं से उत्पन्न होती है और समाज के कई सदस्य इनको इतना आपत्तिजनक और अवांछनीय मानते हैं कि उन्हें विश्वास हो जाता है कि इनका सामना करने के लिये सुधारक नीतियां, कार्यक्रम और सेवाएं आवश्यक हैं। **वेनबर्ग** ने सामाजिक समस्याओं की छः विशेषतायें बतलाई हैं :

(क) सामाजिक समस्याएं वे हैं जिन्हें समाज के कई सदस्य आपत्तिजनक मानते हैं। इसलिये उन प्रतिकूल स्थितियों को जिन्हें समाज निन्दनीय नहीं मानता। सामाजिक समस्या नहीं माना जा सकता। जैसे यदि शराबखोरी को समाज आपत्तिजनक नहीं समझता तो वह सामाजिक समस्या नहीं है। परन्तु यदि समाज मदिरा सेवन

में अन्तर्निष्ठ समस्याओं के प्रति सजग हैं और इन पर वाद-विवाद करता है। उसके परिणामों का अध्ययन करता है और उसे नियन्त्रण में रखने के लिये किसी सुधारक कार्य की रूपरेखा बनाता है तो उसे सामाजिक समस्या का दर्जा प्राप्त हो जाता है, भले ही उसकी मूल स्थिति में कोई परिवर्तन नहीं हुआ हो।

(ख) सामाजिक समस्याएं बदल जाती हैं यदि उनसे संबंधित व्यवहार के संरूपों की भिन्न-भिन्न रूपों से व्याख्या की जाती है। जैसे कुछ दशकों पूर्व तक मानसिक रोग को पागलपन कहा जाता था और इसको इतना लज्जाजनक माना जाता था कि परिवार अपने सदस्य के मानसिक रोग को गुप्त रखते थे। अब मानसिक रोग को एक प्रकार का 'विचलित व्यवहार' माना जाता है और इसीलिये इसका उपचार अब अधिक वास्तविक और प्रभावी ढंग से किया जाता है।

(ग) सामाजिक समस्याओं के क्षेत्र में महत्ता के बारे में जागरूकता उत्पन्न करने में जन संचार माध्यम महत्वपूर्ण भूमिका निभाते हैं।

(घ) सामाजिक समस्याएं समाज के मूल्यों और संस्थाओं के संदर्भ में देखी जानी चाहिये। उदाहरणार्थ, अमेरिका में प्रजातीय प्रतिद्वन्द्व की समस्या भारत की छुआछूत की समस्या से भिन्न है।

(च) सामाजिक समस्याओं का विश्लेषण उन पर सामूहिक प्रतिक्रियाओं और सामाजिक संबंधों में पड़ने वाले प्रभावों को ध्यान में रखकर किया जाना चाहिये।

(छ) सामाजिक समस्याएं इतिहास के साथ-साथ बदलती रहती हैं। इसीलिये समकालीन समस्याएं आज के समाज के मामले हैं। इसे इन उदाहरणों के माध्यम से समझा जा सकता है। 1947-48 में शरणार्थियों के बसने की समस्या 1968 में असम के शरणार्थियों को बसाने की समस्या से भिन्न थी, वैसे ही 1988-89 में श्रीलंका से आये हुए तमिलों की या सितंबर, 1990 में कुवैत और इराक से और जुलाई 2000 में फिज़ी से आये हुए भारतीयों की। इसी प्रकार इंग्लैण्ड में 1988 में अप्रवासियों की समस्या 1967 और 1947 की समस्याओं से भिन्न थी।

सामाजिक समस्याओं की विशेषताएं
(Characteristics of Social Problems)

उपर्युक्त परिभाषा के आधार पर हम सामाजिक समस्याओं की निम्नांकित विशेषतायें पहचान सकते हैं :

1. सभी सामाजिक समस्याएं 'आदर्श' स्थिति से विचलित हैं।
2. सभी सामाजिक समस्याओं की उत्पत्ति का एक समान आधार होता है।
3. सभी सामाजिक समस्याएं मूल में सामाजिक हैं।
4. सभी सामाजिक समस्याएं अर्न्तसंबंधित होती हैं।
5. सभी सामाजिक समस्याओं के परिणाम सामाजिक होते हैं, यानि कि वे समाज के सभी खण्डों पर प्रभाव डालती हैं।
6. सामाजिक समस्याओं का दायित्व सामाजिक है तथा उनके निवारण के लिये एक सामूहिक उपागम की आवश्यकता होती है।

सामाजिक समस्याओं पर प्रतिक्रियाएं
(Reactions to Social Problems)

सामाजिक समस्याओं के प्रति विभिन्न व्यक्तियों की विभिन्न प्रतिक्रियाएं होती हैं। ये भिन्नतायें निम्नलिखित चार कारकों से समझी जा सकती हैं :

(क) उदासीनता—कई लोग किसी समस्या के प्रति यह सोचकर उदासीन रहते हैं कि उनको वह प्रभावित नहीं करती। कभी-कभी पारिवारिक तनाव और नौकरी के दबाव जैसी उनकी अपनी समस्याएं उन्हें इतना व्यस्त रखती है कि दूसरों को प्रभावित करने वाली बातों में रूचि लेने के लिये उनके पास समय ही नहीं होता। वे उसी समय उत्तेजित होते हैं और समस्या में रूचि लेना प्रारम्भ करते हैं जब उनके स्वार्थ फंसते हैं।

(ख) भाग्यवाद—कुछ व्यक्ति भाग्यवाद में इतना अधिक विश्वास रखते हैं कि वे सब बातों के लिये भाग्य को उत्तरदायी मानते हैं। गरीबी और बेरोजगारी जैसी समस्याओं को वे दुर्भाग्य और पिछले कार्यों का फल मानते हैं। इसलिये वे दुर्भाग्य को चुपचाप सहते रहते हैं और किसी चमत्कार के होने की प्रतीक्षा करते रहते हैं।

(ग) निहित स्वार्थ—कुछ व्यक्ति विद्यमान समस्याओं में इसलिये रूचि नहीं दिखाते क्योंकि उनके रहते स्वार्थ सिद्ध होते हैं। वे अपने स्वार्थ से प्रेरित होकर समस्या को हल से परे बताते हैं और उसके निवारण के लिये प्रयत्न करने को समय का अपव्यय कहते हैं।

(घ) पर्याप्त ज्ञान का अभाव—कुछ व्यक्ति समस्या के प्रति चिन्तत होते हुए भी उसमें यह सोचकर रुचि नहीं लेते कि जब तक लोग अपनी मनोवृत्ति और मूल्यों को नहीं बदलते तब तक उसका निवारण असंभव है। परिवर्तन करने से पहले क्योंकि दृष्टिकोण में परिवर्तन होना आवश्यक है, वे उस समस्या के हल की वैकल्पिक संभावनाओं को ढूढ़ने के प्रति उदासीन रहते हैं। दहेज प्रथा हमारे समाज की एक ऐसी ही समस्या है।

कुछ लोगों में सामाजिक समस्याओं के बारे में गलत, अविश्वसनीय और सतही ज्ञान या भ्रामक धारणाएं होती हैं। हम इस प्रकार की आठ भावनाएं बता सकते हैं :

1. यह सोचना गलत है कि सामाजिक समस्याओं के स्वरूप के बारे में सब लोगों में सहमति है। जैसे कुछ लोग सोचते हैं कि

मादक द्रव्यों का सेवन भारत की एक सामाजिक समस्या है, जबकि कुछ और लोग कहते हैं कि यह सामाजिक समस्या नहीं मानी जा सकती क्योंकि देश के विभिन्न भागों में किये गये आनुभविक अध्ययन ये बताते हैं कि मादक द्रव्यों का सेवन बहुत कम है। इसी प्रकार भारत में स्वतंत्रता के बाद हरिजनों की मुक्ति के लिये किये गये उपायों के कारण कुछ व्यक्ति अस्पृश्यता को अब सामाजिक समस्या नहीं मानते जबकि दूसरों की दृष्टि में यह अभी भी एक सामाजिक समस्या है। वे उन हरिजनों के उत्पीड़न और उनकी पिटाई की बात करते हैं जिन्हें सितंबर, 1988 में राजस्थान के नाथद्वारा मंदिर में प्रवेश से रोका गया था और जिससे क्षुब्ध होकर भारत के पूर्व राष्ट्रपति आर.वी. रमन ने घोषणा की थी कि नाथद्वारा मंदिर में प्रवेश के लिये हरिजनों के जत्थे का नेतृत्व करने को वे तैयार हैं। इस प्रकार कुछ समस्याओं की विद्यमानता पर पूर्ण सहमति हो सकती है जबकि दूसरों पर बिल्कुल नहीं।

2. यह सोचना भ्रामक है कि सामाजिक समस्याएं प्रकृति उत्पन्न करती है और वे अपरिहार्य हैं। वास्तव में कोई सामाजिक समस्या आदमी के नियन्त्रण से परे नहीं है आवश्यकता केवल यह है कि कुछ विशेष सामाजिक व्यवस्थाओं में परिवर्तन कर दिया जाये।

3. यह विश्वास मिथ्या है कि सामाजिक समस्याएं स्वार्थी, अमानवीय, शोषण करने वाले, एवं उदासीन व्यक्ति पैदा करते हैं या ये कुछ व्यक्तियों की जानबूझ कर की गई दुष्टता या परिणाम है। वास्तव में कई समस्याएं अच्छे व्यक्ति पैदा करते हैं क्योंकि या तो वे अपने ही कार्यों में व्यस्त रहते हैं और या वे कुछ विशेष विषयों के प्रति उदासीन अथवा कठोर-हृदय हो जाते हैं। जैसे गंदी बस्तियों का विकास अमीर व्यक्तियों और राजनीतिज्ञों की कठोरता व निर्दयता के कारण होता है जबकि यह माना जाता है कि गंदी बस्तियाँ पारिवारिक विघटन को बढ़ावा देती है और अपराधों को जन्म देती है। तथापि, इनकी उदासीनता, चिन्तन और व्यवहार के पीछे कोई 'बुरा उद्देश्य' नहीं होता। यह कहा जाता है कि सामाजिक समस्या कुछ सामाजिक परिपाटियों, कार्यप्रणालियों व प्रथाओं की उपज है, ना कि कुछ व्यक्तियों की जानबूझ कर की गई दुष्टता की।

4. यह सोचना गलत है कि सामाजिक समस्याएं उनके विषय में बात करने से पैदा होती है। समस्याएं इस कारण से उत्पन्न नहीं होती कि उनके बारे में व्यक्ति अनुत्तरदायी ढंग से बात करते हैं और इस प्रकार दूसरों को उत्तेजित करते हैं या अशान्ति उत्पन्न करते हैं, या घृणा की भावना जागृत करते हैं, आदि। वास्तव में व्यक्तियों को प्राय: समस्याओं के समाधान के लिये या उन कारकों के विरूद्ध जो उन्हें जीवित रखते हैं, कार्यवाही करने के लिये सक्रिय किया जाता है।

5. यह मानना गलत है कि सभी लोग सामाजिक समस्याओं के समाधान के पक्षधर होते हैं। जैसे रूढ़िवादी, ब्राह्मण कदाचित् अस्पृश्यता की समस्या पर वाद-विवाद करने में कोई रूचि नहीं लेते, या कई अनुसूचित जातियों जनजातियों और दूसरी पिछड़ी जातियों या वर्गों के सदस्य 'पिछड़े' रहना इसलिये अधिक पसन्द करते हैं जिससे उन्हें आरक्षण के लाभ मिलते रहें या कई पूंजीवादी संपूर्ण रोजगार के इस कारण पक्षधर नहीं होते कि उन्हें कम वेतन पर पर्याप्त संख्या में श्रमिक उपलब्ध नहीं होंगे, या कई मकान-मालिक अधिक भवनों के निर्माण में इसलिये रूचि नहीं लेते कि उससे किराये कम हो जायेगें, या एक कमरे वाले भवनों के मालिक अपने स्वार्थों के कारण गंदी बस्तियों को हटाये जाने में रूचि नहीं दिखाते। इसी प्रकार निहित स्वार्थों के कारण सामाजिक समस्याओं के निदान में रुचि नहीं रखने वाले व्यक्तियों की संख्या बहुत अधिक हो सकती है।

6. यह भावना सही नहीं है कि सामाजिक समस्याएं स्वयं ही अपना निवारण कर लेगी। इस युग में यह मानना कि समय अपने आप ही सारी समस्याओं का समाधान कर देगा। कल्पित, अयथार्थ और अवास्तविक है। यह अकर्मण्यता को केवल भ्रामक रूप से तार्किक बनाना है। वास्तव में यह भावना निर्धनता, प्रदूषण और जनसंख्या जैसी समस्याओं को अधिक विकराल बना सकती है।

7. यह सोचना भ्रमपूर्ण और अपर्याप्त है कि तथ्यों के उजागर करने मात्र से ही समस्या का समाधान हो जायेगा। यद्यपि यह सच है कि पूरे तथ्यों को एकत्रित किये बिना भी समस्या बुद्धिमानी से नहीं समझी जा सकती, परन्तु यह भी सच है कि एकत्रित आंकड़ों की वैज्ञानिक व्याख्या के अभाव में समस्या के समाधान के लिये कोई भी युक्ति नहीं अपनाई जा सकती। उदाहरण के लिए युवकों में मादक द्रव्यों के सेवन की मात्रा व विस्तार उनके द्वारा प्रयोग में लाये जा रहे मादक द्रव्यों के प्रकार, उनके सेवन के तरीके, उनके पाने के स्रोत और उनका सेवन छोड़ने से उत्पन्न हुये मानसिक विकार के बारे में मात्र तथ्यों को एकत्रित करने से उनके ऊपर नियंत्रण करने के उपायों को सुझाने में अधिक सहायता नहीं मिलेगी इसके लिए हमें मादक द्रव्यों के सेवन के कारण, मित्र-समूह के सदस्यों की भूमिका, और मादक द्रव्यों को नियंत्रित करने में परिवार की भूमिका जैसे तथ्यों का विश्लेषण और उनकी व्याख्या करनी होगी। आंकड़े अपने आप में तब तक निरर्थक हैं जब तक उनकी अर्थपूर्ण एवं वस्तुनिष्ठ व्याख्या न की जाये।

8. यह सोचना भ्रमपूर्ण व असत्य है कि संस्थागत परिवर्तनों के बिना समस्याओं का समाधान हो सकता है। बिना योजना बनाये, बिना संरचना में परिवर्तन किये, बिना समायोजन और अनुकूलन

किये, न बिना वर्तमान संस्थाओं और प्रथाओं में परिवर्तन किये समस्याओं का समाधान असंभव है। जैसे हम भ्रष्टाचार का तब तक उन्मूलन नहीं कर सकते जब तक कि लोग अपने मूल्यों और विश्वासों में परिवर्तन नहीं करते, नये कानून नहीं बनते, तथा न्यायालय उच्च स्थानों पर कार्यरत भ्रष्ट व्यक्तियों को प्रतिकारी व प्रतिशोधात्मक और निवारक व प्रतिरोधात्मक दंड देकर एक उदाहरण नहीं रखते। इन व्यक्तियों में भ्रष्टाचारी राजनीतिज्ञ भी सम्मिलित है। कई बार किसी एक समस्या का समाधान करने से कई और नई समस्याएं समाधान के लिए उत्पन्न हो जाती है। संस्थाओं और मूल्यों में मन्दगति से परिवर्तन होने के कारण समस्या का समाधान सहज रूप से और शीघ्रता से नहीं होता बल्कि बहुत समय लेता है। कभी हम कुछ स्थितियों को बदलने में सफल हो जाते हैं जिससे समस्या का आकार और उसकी आवृत्ति कम हो जाती है। भले ही हम अपराध का पूर्ण रूप से उन्मूलन नहीं कर पायें परन्तु समाज में उसकी दर को अवश्य कम कर सकते हैं। इसके लिये हमें लोगों में फैली निराशाओं को कम करना होगा और ऐसे विकल्प प्रदान करने होगें जिससे उनकी एक क्षेत्र में विफलता की क्षतिपूर्ति किसी और क्षेत्र में सफलता से हो जाये। परिवारिक विघटन को निरस्त करना संभव न हो परन्तु परिवार में तनावों को कम करने के लिये उपाय अवश्य खोजे जा सकते हैं। इस प्रकार सारी समस्याओं के समाधान ढूढ़ना संभव न हो परन्तु सामाजिक समस्याओं से होने वाली वैयक्तिक वेदना को कम कर पाना सम्भव है।

कारण (Cause)

सामाजिक स्थितियां विकृत सामाजिक समस्याओं को जन्म देती हैं। ये सभी समाजों में उत्पन्न होती है, चाहे साधारण हों या जटिल हों द्वितीयक संबंध, गुमनामी, एकाकीपन, तीव्र गतिशीलता और अत्यधिक विशेषज्ञता होती है और जिसमें परिवर्तन अधिक शीघ्र होती है, यानि कि जहां कहीं भी और जब भी व्यक्तियों के समूह में पारस्परिक संबंध प्रभावित होते हैं इससे कुसमायोजन और संघर्ष उत्पन्न होते हैं।

तथ्य एवं मूल्य (Fact and Value)

एक तथ्य यथार्थता की कोई प्रामाण्य घटना है जिसकी प्रामाणिकता की पुष्टि आनुभविक आधार पर संभव होती है। विज्ञान के तथ्य प्रेक्षण-परीक्षण की उपज होते हैं। ये आकस्मिक न होकर अर्थपूर्ण होते हैं। घटनाओं के संबंध में ऐसे कथन ही तथ्य की श्रेणी में आते हैं जिनका आनुभविक आधार पर परीक्षण किया जा सकता है।

सामाजिक तथ्य (Social Fact)

एक अत्यंत जटिल विचार, जिसमें बाह्यता, बाध्यता और अपरिहार्यता के गुण विद्यमान होते हैं। **दुर्खीम** के शब्दों में, 'एक सामाजिक तथ्य व्यवहार का एक भाग है जो प्रेक्षक की दृष्टि में वस्तुपरक है तथा जिसकी प्रकृति बाध्यमूलक होती है।' सामाजिक संबंध तथा इन्हें नियंत्रित करने वाली प्रथाओं, परम्पराओं, कानून, धार्मिक, विश्वास, व्यावसायिक मान्यताओं की व्याख्या **दुर्खीम** ने सामाजिक तथ्य के रूप में की है। **दुर्खीम** के अनुसार इन सभी घटनाओं की उत्पत्ति मानव के मस्तिष्क से स्वतंत्र रूप में हुई है इनका मानव पर भयात्मक एवं बाध्यतामूलक प्रभाव पड़ता है। सामाजिक तथ्य वस्तुओं की भांति प्रेक्षक से बाह्य होते हैं। इसे **दुर्खीम** की 'सामूहिक चेतना' और 'सामूहित प्रतिनिधान' की अवधारणाओं के संदर्भ में ठीक प्रकार से समझा जा सकता है।

मूल्य (Value)

मूल्य के संबंध में अनेक परिभाषाएं मौजूद हैं जो इसकी शाब्दिक और चारित्रिक व्याख्या करती है। समाजशास्त्र के अन्तर्गत किसी वस्तु की मानवीय आकांक्षा को पूरा करने की विश्वसनीय क्षमता, अथवा किसी वस्तु का गुण जो एक व्यक्ति अथवा समूह में रूचि उत्पन्न करता है, उसके मूल्य का द्योतक है। मूल्य वे सांस्कृतिक अथवा व्यक्तिगत धारणाएं अथवा आदर्श हैं जिसके द्वारा वस्तुओं अथवा घटनाओं की एक दूसरे के साथ तुलना की जा सकती है, उन्हें स्वीकार अथवा अस्वीकार किया जा सकता है तथा सापेक्षिक रूप में यह देखा जा सकता है कि क्या वांछित अथवा अवांछित है, क्या अच्छा या बुरा है, क्या अधिक ठीक और कम ठीक है। मूल्य लक्ष्य एवं उद्देश्य हैं, जिसके प्रति एक व्यक्ति अथवा सम्पूर्ण समाज के व्यवहार को निर्देशित किया जाता है। न्याय, स्वतंत्रता, देशभक्ति, अहिंसा, सत्ता, समानता, आदि मूल्यों के ही कुछ उदाहरण हैं। मूल्यों का प्रयोग किसी भी घटना, अनुभव, वस्तु अमूर्तिकरण के क्रम-विन्यास के लिये किया जा सकता है। ध्यान रहे मूल्य साध्य हैं, जबकि कि मानदंड इन साध्यों के साधन हैं।

वैज्ञानिक विधि (Scientific Methods)

समाजशास्त्रीय विधियों में वैज्ञानिक विधि क्या है। इसको लेकर अनेक मतवाद रहे हैं। इस विषय में अभी भी अनेक मतभेद बने हुए हैं फिर भी इसमें पर्याप्त प्रगति हुई है।

वर्तमान समय में अधिकांश समाजशास्त्री वैज्ञानिक समाजशास्त्र की पद्धतियों को परिष्कृत करने में लगे हुए हैं और उन आधारभूत प्रश्नों की चर्चा नहीं करते जिन पर समाजशास्त्री की नींव है। समाजशास्त्र में विज्ञानवाद के कारण अनेक प्रकार के असंतोष उभरे हैं जिनकी चर्चा इस पुस्तक में की गई है। विज्ञानवाद

के प्रति असंतोष समाजगत व विषयगत दोनों ही स्रोतों से उभरे हैं। एक ओर विज्ञान व तकनीकी विकास के कारण सामाजिक, सांस्कृतिक व व्यक्तिगत जीवन में जिस प्रकार की असमानता व असामंजस्यता उभरी है उसको लेकर एक प्रति-संस्कृति मानवतावाद के रूप में उभरकर आई है। दूसरी ओर समाजशास्त्रियों ने विज्ञानवाद के कारण समाजशास्त्रीय अध्ययनों की सीमाओं को भी समझा है। मनुष्य व समाज का यथार्थ इतना जटिल व परिवर्तनशील है कि मात्र वैज्ञानिक पद्धतियों से ही उसको पूर्णरूपेण समझना व परखना सम्भव नहीं हो सकता। विज्ञानवाद आनुभाविक आधार पर यथार्थ को जानने का प्रयास करता है, साथ ही वस्तुपरकता एवं मूल्य तटस्थता के आधार पर विभिन्न सामाजिक व समाजशास्त्रीय समस्याओं का विश्लेषण करता है। इन सबके कारण मनुष्य की संवेदनशीलता व मूल्य के प्रति निष्ठा को नकारने का संस्थात्मक प्रयास समाजशास्त्र को एक एकांगी व सीमित परिप्रेक्ष्य प्रदान करता है। ज्ञान के निर्माण की प्रक्रिया सतत् आन्तरिक विरोधाभासों की पहचान के द्वारा परिष्कृत होती रहती है।

नृजाति पद्धतिशास्त्र का विकास इन्हीं आधारों व पृष्ठभूमि के अंतर्गत हुआ। यह उपागम समाजशास्त्र में सैद्धान्तिक दृष्टिकोण से विगत तीन दशकों में विकसित हुआ है। विगत दो दशकों की प्रकाशित समाजशास्त्रीय सिद्धान्तों की पुस्तकों में इसका उल्लेख विस्तृत रूप से हुआ है इस उपागम के लिये विभिन्न प्रकार की प्रतिक्रियाएं सामने आई हैं जिसमें एक समाजशास्त्रीय सिद्धान्त में एक महत्वपूर्ण उपलब्धि के रूप में देखा गया है तो दूसरी ओर "यह कोई समाजशास्त्र नहीं है" जैसी राय भी प्रस्तुत की गई है। नृजाति पद्धति शास्त्रियों ने यह कहा है कि समाजशास्त्रीय विश्लेषण में इस उपागम के द्वारा क्रान्तिकारी अवधारणात्मक परिवर्तन प्रस्तुत किये हैं। इस बात को लेकर मतभेद हो सकते हैं कि सर्वांगीणता के दृष्टिकोण से इस उपागम का क्या महत्व हो सकता है लेकिन इस बात से इनकार नहीं किया जा सकता है कि इस सिद्धान्त ने एक नया परिप्रेक्ष्य व नयी शैली समाजशास्त्रीय विश्लेषण में प्रस्तुत की है।

विज्ञानवाद ने समाजशास्त्रीय सिद्धान्तों को प्रारम्भ से ही प्रभावित किया है। संरचनात्मक प्रकार्यात्मक विचारधारा समाजशास्त्र की प्रमुख विधा के रूप में वर्चस्व बनाये रखे हुई थी। इस सिद्धान्त के अंतर्गत सामाजिक प्रघटनाओं के प्रतिमानों को अमूतर्ता के स्तर पर प्रस्तुत किया जा सकता है। विभिन्न तत्वों के परस्पर सम्बन्ध संरचना का निर्माण करते हैं जिनमें पुनरावृत्ति व एक रूपता से आयामों का निर्माण महत्वपूर्ण है। इस उपागम के अन्तर्गत प्रस्थिति और भूमिका जैसे सम्बोध आधारभूत माने जाते हैं। संरचना का निर्माण व उसका गत्यात्मक स्वरूप ऐसे प्रभाव उत्पन्न करता है कि सामाजिक व्यवस्था समन्वित रूप से चलती रहती है। कई समाज-शास्त्रियों ने इस उपागम को समाजशास्त्र में केवल प्रमुख उपागम माना अपितु एक मात्र उपागम भी।

नृजाति पद्धति विज्ञान (Ethnomethedology)

नृजाति पद्धति विज्ञान का विकास अभी अपने प्रारंभिक चरणों में ही है तथापि हममें इतनी परिपक्वता है कि इसे एक विश्वसनीय उपागम माना जाने लगा है। व्यवस्थित अध्ययनों एवं सैद्धान्तिक स्तर पर गहरे विचार के कारण इसमें आवश्यक परिपक्वता आ गई है। नृजाति पद्धति शास्त्रीय विचारधारा को समझने के लिये इस शब्द की व्याख्या करना भी आवश्यक है। यह शब्द एथेनो व मेथेडोलोजी से मिलकर बना है। एथेनो शब्द व्यक्तियों से जुड़ा है। मेथेडोलोजी शब्द पद्धतिशास्त्र से जुड़ा है जिस तरह से एथेनो मेडिसिन व एथेनो बॉटेनी (Ethno-Botany) शब्द किसी विशिष्ट ज्ञान की शाखा को दर्शाते हैं उसी तरह से एथेनोमेथेडोलोजी समाजशास्त्री विश्लेषण का कोई पद्धतिशास्त्रीय तरीका नहीं है अपितु वह तरीका है जिससे कि साधारण व्यक्ति संदर्भगत स्थितियों में एवं संप्रेक्षण के माध्यम से अर्थ निकालते हैं। अत: यह सिद्धान्त समाजशास्त्र की शोध पद्धति न होकर विशिष्ट सैद्धान्तिक पद्धति द्वारा समाजशास्त्रीय विश्लेषण करता है। यह उपागम उस विशेष सामाजिक यथार्थ का निर्माण व विश्लेषण करता है जिसमें विशिष्ट पद्धतियों के माध्यम से किसी समाज के सदस्य परस्पर एक दूसरे से संचार के माध्यमों के द्वारा अर्थयुक्त आदान-प्रदान करते हैं जो कि दिन-प्रतिदिन की घटनाओं में अभिव्यक्त होती है।

नृजाति पद्धतिशास्त्र प्रमुख रूप से तीन तथ्यों को महत्व देता है :

(अ) दिन प्रतिदिन की क्रियाएँ

(ब) भाषा व उसका सामाजिक पक्ष

(स) स्थितियों के मानदण्डात्मक पक्ष एवं व्यक्तियों के द्वारा विशिष्ट संदर्भ स्थितियों में मानदण्डों की अनुपालना की प्रक्रियाओं की वास्तविकता।

दिन-प्रतिदिन की क्रियाओं के प्रत्यक्ष अध्ययन पर इस क्रिया में विशेष बल दिया जाता है किस तरह से आम व्यक्ति बात करते हैं, विचार विमर्श करते हैं, तर्क करते हैं, सीखते हैं, सिखातें है, प्यार करते हैं, झगड़ते हैं, सहायता करते हैं, हानि पहुँचाते हैं, प्रेम रखते हैं और अपने द्वारा परिभाषित अर्थ देकर अपनी क्रियाओं व्यवहार को सम्पन्न करते हैं। साथ ही इन सबको एक व्यवस्थित स्वरूप प्रदान करते हैं जिससे कि अर्थ का निर्माण किया जा सके। नृजाति पद्धति शास्त्रियों के लिये सामाजिक व्यवस्था का प्रश्न उतना ही महत्वपूर्ण है जितना कि पारसनवादी विचारकों के लिये

रहा है। पारसनवादी विचारक सामाजिक व्यवस्था को प्रदत्त मानकर चलते हैं और इस प्रश्न को नहीं उठाते हैं कि यह व्यवस्था किस तरह से निर्मित हुई और उसका प्रक्रियात्मक पक्ष क्या है। नृजाति पद्धतिशास्त्रीय, समाजशास्त्रीय, संस्थात्मक व स्वीकृत आधारों को नकारता है। वह उस प्रक्रिया को जानने का प्रयास करता है जिनके द्वारा सामाजिक व्यवस्था निर्मित होती है। ये समाजशास्त्री सामाजिक अन्तर्क्रिया पर अपना ध्यान केन्द्रित कर सामाजिक अन्तः क्रियाओं के माध्यम से सामाजिक यथार्थ के निर्माण को महत्व देते हैं। सामाजिक यथार्थ उनके अनुसार प्रदत्त प्रघटना नहीं है अपितु अन्तःक्रिया की प्रक्रिया से सामाजिक यथार्थ का निर्माण होता है। सामाजिक संरचना का सम्बोध भी स्थिर नहीं बल्कि गत्यात्मक माना गया है जिसमें निरन्तर परिवर्तनशीलता निहित है। जैसे-जैसे कर्ता अर्थ प्रदान करता है उसी के अनुसार संरचना भी बदलती रहती है। अन्तःक्रिया की प्रक्रिया के माध्मय से व्यक्ति परस्पर होने वाले व्यवहार को अर्थ प्रदान करते हैं। जैसे कक्षा में विद्यार्थी के प्रश्न पूछने पर उसका चुप रहना, शिक्षक के लिए एक अर्थ देता है, जबकि दूसरे विद्यार्थी का सही उत्तर देने पर, शिक्षक उस विद्यर्थी को दूसरा अर्थ प्रदान करता है। दोनों की स्थितियों में संरचनात्मक स्थिति एक सी है। दोनो की प्रस्थिति विद्यार्थी की सी है। पर अन्तःक्रिया की प्रक्रिया के अंतर्गत अर्थ अलग-अलग निकाले जाते हैं। अगले दिन पहले वाला विद्यार्थी जिसने चुप्पी साधी थी, वह तैयारी करके अधिक सार्थक व बुद्धिमत्ता के उत्तर देता है, तब शिक्षक पुनःअर्थ प्रदान करता है। व्यक्ति वही है पर समय का संदर्भ बदल जाता है। नृजाति पद्धतिशास्त्र अतः संरचनात्मक उपागम के विपरीत, अर्थों की परिवर्तनशीलता व स्थितियों को परक्रामयता के आधार पर समझता व विश्लेषित करता है।

बाल्यकाल में गोद में सोने वाला पुत्र बड़ा होने पर माँ-बाप की गोद में बैठने से कतराता है। वयस्क पुत्र को पिता डाँटने में संकोच-अनुभव करता है। व्यक्ति वही है, पर आयु-समय के अनुरूप स्थितियाँ व संदर्भ बदल जाते हैं। नृजाति पद्धतिशास्त्र सामाजिक यथार्थ को स्थिर व एकरूप नहीं मानकर अस्थिर व संदर्भगत परिवर्तन से जोड़ता है। दिन-प्रतिदिन के जीवन को महत्व देकर के इस उपागम ने इस क्षेत्र में कतिपय महत्वपूर्ण योगदान दिये हैं जिनका वर्णन किया जा रहा है।

जीवन-यथार्थ : प्रत्यक्ष अनुभव—दिन-प्रतिदिन की क्रियाओं के माध्यम से समाजशास्त्री को यथार्थ का प्रत्यक्ष दिग्दर्शन होता है जो कि सामाजिक जीवन की गहराइयों को समझने के लिये एक सशक्त आधार बन जाता है। प्रायः ज्ञान की अनेक शाखायें सामान्य व्यक्ति की सामान्य बातों को समझने में बौद्धिक हीनता का अनुभव करती है यद्यपि विश्व में लोगों के अधिकांश क्रिया-कलाप व अधिकांश व्यक्तियों का जीवन दिन-प्रतिदिन की क्रियाओं से जुड़ा हुआ है। जीवन के इस पक्ष के अध्ययन के माध्यम से हम यथार्थ के अधिक समीप हो जाते हैं।

भाषा : सामाजिक व संदर्भगत अर्थ—भाषा का सामाजिक पक्ष नृजाति पद्धति शास्त्रीय सिद्धान्त के लिये महत्वपूर्ण है। भाषा को मनुष्य का सबसे महत्वपूर्ण आविष्कार माना गया है। यह मनुष्य की सबसे बड़ी सांस्कृतिक उपलब्धि है जिसके माध्यम से व्यक्ति परस्पर अर्थयुक्त अन्तःक्रिया करने में सफल होता है। भाषा के माध्यम से दैनिक जीवन की क्रियाएँ सम्पन्न होती है और साथ ही विचारों की अभिव्यक्ति के माध्यम से हमारे मन्तव्यों को प्रगट करना भी इसी के माध्यम से सम्भव होता है। भाषा का एक आयाम भाषाशास्त्र से जुड़ा है जिसके अन्तर्गत उच्चारण, व्याकरण व शब्दार्थ की ही व्याख्या की जाती है लेकिन भाषा के विभिन्न सामाजिक एवं सांस्कृतिक पक्ष भाषा शास्त्र की अध्ययन पद्धति से छूट जाते हैं। विश्व में अनेक प्रकार की भाषाएँ व बोलियाँ हैं जिनके माध्यम से सामाजिक व्यक्ति अभिव्यक्त करने में सक्षम होता है। जानवर और मनुष्य में एक प्रमुख भेद भाषा के आधार पर किया जाता है। जानवर में ध्वनि व आवाज उद्घोषित करने की क्षमता है लेकिन उसके पास भाषा नहीं है। ध्वनि अथवा आवाज को विशिष्ट स्वरूपों में बाँधकर वर्णों के रूप में रूपान्तरित कर, उनके सहयोग से शब्दों का निर्माण कर, एवं शब्दों को परस्पर व्याकरण के नियमों के अनुसार जोड़कर वाक्यों का निर्माण, भाषा को जन्म देता है। उदाहरण के तौर पर एक ध्वनि ''अ'' का बोध देती है इससे ''अ'' वर्ण का निर्माण होता है। विभिन्न शब्दों के नियमबद्ध सहयोग से वाक्य बनता है। ये वाक्य गद्यमय अथवा पद्यमय हो सकते हैं जैसे ''अकारण ही झगड़ा नहीं करना चाहिए'' गद्यमय वाक्य है जबकि ''अबला जीवन हाय तुम्हारी यही कहानी, आँचल में है दूध और आँखों में पानी'', एक पद्यमय वाक्य है। भाषा बोली भी जाती है और लिखी भी जाती है। ऐसे अनेक लोग हैं जो कि भाषा बोल सकते हैं लेकिन लिख नहीं सकते और ऐसे भी हैं जो बोल सकते हैं पर पढ़ नहीं सकते। अतः भाषा को बोलना, लिखना व पढ़ना यह तीन भिन्न स्थितियाँ हैं। देश और काल के संदर्भ में भाषा में भिन्नता पाई जाती है। बोलियाँ एक क्षेत्र विशेष से जुड़ जाती है और उनमें थोड़ी-थोड़ी दूरी पर अन्तर दिखाई देते हैं। लोक साहित्य, लोक संगीत बोलियों के आधार पर निर्मित होता है, जबकि शास्त्रीय ज्ञान का निर्माण भाषाओं के माध्यम से सम्पन्न होता है।

भाषा की जानकारी व भाषा के उपयोग का सम्बन्ध सामाजिक

वर्ग, आयु, लिंग, व्यवसाय, ग्रामीण-नगरीय पृष्ठभूमि व ऐसे ही कतिपय सामाजिक सांस्कृतिक आधारों पर निर्मित है। पुरूष व स्त्रियों द्वारा प्रयोग की गई भाषा में भी अन्तर पाया जाता है। शब्दों के चयन, वाक्य विन्यास व शैली व उच्चारण के दृष्टिकोण से भी यह भेद स्पष्ट दृष्टिगोचर होता है। जीवन-शैली व वर्ग-जाति की उप-संस्कृति के अन्तर्गत भाषा की विशिष्टता भी निहित है। एक विशिष्ट उप-संस्कृति में रहने वाले व्यक्तियों की भाषा उसी से प्रभावित होती है। साथ ही उसी उप-संस्कृति में स्त्री-पुरूषों द्वारा बोली गयी भाषा-शैली, बोलने के तौर-तरीकों की भिन्नता का आधार लिंग भेद भी होता है। यह भाषायी भिन्नता जो कि वर्ग, जाति, धर्म व लिंग के आधार पर दृष्टिगोचर होती है, वह समाज व संस्कृति के द्वारा निर्मित वर्गीय लोगों की भाषा में अन्तर होगा। इसके बावजूद अनेक उदाहरणों द्वारा हम देखते हैं कि विभिन्न प्रकार के अभद्र शब्दों का प्रयोग झुग्गी-झोपड़ी व नव धनाढ़य लोगों के द्वारा सहजता से किया जाता है। इसी तरह मध्यम वर्गीय लोगों में शिष्ट भाषा के प्रयोग का प्रतिमान दृष्टिगोचर होता है। फिल्मी सितारों से सम्बन्धित पत्र-पत्रिकाओं को पढ़ने पर उनके द्वारा अश्लील शब्दों का प्रयोग मध्यम-वर्गीय चेतना को आघात पहुँचाते हैं। शिष्ट-अशिष्ट की परिभाषाएं बदलती हैं। बालकों से भी एक भिन्न, प्रकार की भाषा के स्तर की अपेक्षा की जाती है जबकि वयस्कों से अन्य प्रकार के स्तर की। व्यावसायिक समूहों में व कक्षाओं में जिस तरह की भाषा समाजशास्त्री बोलते हैं वह आम जीवन की अंग्रेजी व हिन्दी से भिन्न होती है। व्यक्तित्व, भीड़, समूह, समाज, परिवार, जैसे शब्दों का अर्थ समाज-विज्ञानों में भिन्न है। आम बोल-चाल के संदर्भ में उनके विभिन्न अर्थ निकलते हैं, जबकि समाजशास्त्र में उनके निश्चयात्मक व विशिष्ट अर्थ निकलते हैं। हर विषय के अपने अलग सम्बोध होने के कारण उनके विशिष्ट अर्थ निकलते हैं। समाजशास्त्र की भाषा के संदर्भ में तो अक्सर यह कहा जाता है कि उसमें अनावश्यक जटिलता व क्लिष्टता बढ़ती जा रही है जिसमें प्रभावी भारी भरकमता तो लगती है लेकिन अर्थ के स्तर पर कोई सार्थक बात प्रतीत नहीं होती। व्यवसायों से भाषा का जुड़ना उनके निश्चयात्मक बोध व विशेषीकरण की प्रक्रिया से जुड़ा हुआ है।

भाषा का अपना एक संदर्भ भी होता है। इन संदर्भों के अनुरूप ही किसी वाक्य के अर्थ निकलते हैं। उदाहरण के तौर पर, एक ही वाक्य ''मैं जाऊँगा'', संदर्भों के साथ ही विभिन्न अर्थ प्रस्तुत करेंगे। इस वाक्य से कोई लड़का घर छोड़ने की बात भी कह सकता है या किसी के घर खाना खाने के पश्चात् लौटने की अभिव्यक्ति भी हो सकती है। यह तो संदर्भों में इसी वाक्य के अन्य अर्थ निकलेंगे भाषा इस दृष्टिकोण से सामाजिक संदर्भ व सामाजिक परिस्थिति के साथ जुड़ी हुई है। भाषा की वस्तुपरक साधारण अभिव्यक्ति उसके मान्य, साधारण व भाषायी अर्थ की अभिव्यक्ति करती है जबकि भाषा की संदर्भगत अभिव्यक्ति उसके विशिष्ट तात्कालिक अर्थ को दर्शाती है। समाजशास्त्री दृष्टिकोण से भाषा का यह पक्ष महत्वपूर्ण है जिसको नृजातीय पद्धति शास्त्र अपनी विश्लेषण की पद्धति में स्वीकार करता है।

मानदण्डात्मक रूपावली की अस्वीकारोक्ति व व्याख्यात्मक रूपावली की प्रस्थापना—यह उपागम मानदण्डात्मक रूपावली के स्थान पर व्याख्यात्मक रूपावली का उपयोग करते हैं। मानदण्डात्मक रूपावली के अन्तर्गत प्रस्थिति व भूमिका के संस्थात्मक प्रदत्त तरीकों की व्याख्या की जाती है। साधारणीकृत स्तर पर वे अर्मूत रूपेण प्रस्तुत किये जाते हैं जोकि किसी विशिष्ट अथवा व्यक्तिपरक स्तर पर उसके अनुरूप अभिव्यक्ति करें यह संभव नहीं होता। मानदण्डात्मक प्रारूप संरचनात्मक उपागम से जुड़ा है। उसमें पुनरावृत्ति व प्रतिमानों पर बल दिया जाता है। इस तरह का उपागम सामान्यगत विश्लेषण के लिये उपयोगी हो सकता है लेकिन विशिष्ट स्थितियों में इस उपागम के द्वारा विश्लेषण की क्षमता क्षीण होती है। इसके विपरीत व्याख्यात्मक प्रारूप व्यवस्था के स्थायित्व के गुण को अस्वीकार करता है और सामाजिक यथार्थ व सामाजिक व्यवस्था के निर्माण की प्रक्रिया को अन्त:क्रिया की प्रक्रिया से उत्पन्न स्थिति मानता है। अन्त:क्रिया की प्रक्रिया में स्थिति की विशेषता व व्यक्ति के द्वारा उसका परिलक्षण महत्वपूर्ण हो जाता है। इस प्रकार यह स्पष्ट हो जाता है कि नृजातीय पद्धति शास्त्र व्यक्तियों के द्वारा सामाजिक व्यवस्था इस उपागम के लिये केन्द्रीय विचार है। मानदण्डात्मक प्रारूप के विरोध में व्याख्यात्मक प्रारूप घटना-विशेष के विश्लेषण के लिये अधिक सार्थक हो जाता है। इस उपागम में संरचना को अनिश्चित माना गया है। संरचना के स्वरूप को संदिग्ध व अस्थाई माना गया है। अत: व्यक्ति पर संरचना के प्रभाव के स्थान पर संदर्भ स्थिति के प्रभाव को महत्वपूर्ण माना गया है। यह तो स्पष्ट है कि अगर संरचना प्रभावशाली होती तो सभी व्यक्ति एक जैसा ही व्यवहार करते लेकिन किसी भी संरचना में व्यक्तियों में भेद होते हैं जो कि घटना की विशेषता और घटना के परिलक्षण को व्यक्ति के द्वारा विशेष रूप से देखने व स्वीकार करने की विधा से जुड़ा हुआ है। उदाहरण के लिए पर पिता एक प्रस्थिति है। समाजगत मान्यताएँ सभी पिताओं से एक मानदण्ड के अनुरूप व्यवहार की अपेक्षा करती है। पुत्र भी एक प्रस्थिति हैं और समाज के मानदण्ड के अनुरूप व्यवहार के अनुरूप व्यवहार की अपेक्षा करती हैं। पर हर

पिता अपने पुत्रों से अलग-अलग व्यवहार करता है। यह व्यवहार व्यक्तित्व के वैशिष्ट्य व स्थितियों के आधार पर निर्धारित होते हैं। किसी पिता से पुत्र के सम्बन्ध अधिक मुक्त व खुले होते हैं तो किसी अन्य पिता से किसी अन्य पुत्र के सम्बन्ध आदरयुक्त, भय व दूरी के।

नृजातीय पद्धति शास्त्री संरचना के विचार को अस्वीकार नहीं करते लेकिन वे संरचना की व्यापक परिधि में घटना-स्थिति व व्यक्ति के विशिष्ट व्यवहार को महत्व देते हैं। व्यक्ति स्थिति विशेष के आधार पर जीवन में मानदण्डों के अन्तर्गत भिन्न-भिन्न व्यवहार के आयाम प्रस्तुत करता है। संरचनात्मक प्रकार्यात्मक उपागम के वर्चस्व को तोड़ने का नृजातीय पद्धति शास्त्र ने प्रयास किया है।

रावलर्टान अपने अध्ययन में यथार्थ का निर्माण दलित व निम्न स्तरीय जीवन यापन करने वालों के परिप्रेक्ष्य से करते हैं। यह उपागम जन-साधारण के प्रत्यक्ष अवलोकन व अनुभूति के आधार पर सोचने व देखने की विधा को महत्व देता है जो कि उस यथार्त के मध्य जीया गया है जो और जीवन के भोगे गए सत्य के अधिक नजदीक है। इस दृष्टिकोण से जन-प्रत्यक्ष की व्याख्या कर, उसे ज्ञान के स्तर पर प्रस्थापित कर इस उपागम ने ज्ञानात्मक क्रांति के बीज बोये हैं। यथार्थ की परिभाषा को नये परिवेश में प्रस्तुत कर आम-आदमी से जोडने की प्रक्रिया इस उपागम में महत्वपूर्ण बन जाती है। नृजाति पद्धति शास्त्री अत: आम व्यक्ति के प्रत्यक्ष, स्थिति की विशेषता, भाषा के सामाजिक पक्ष, दैनिक जीवन के क्रिया-कलाप को महत्व देती है। समाजशास्त्र में एक ऐसे सिंद्धात जिसे भाषा के सामाजिक पक्षों पर आधारित माना जाता है, का उदय होता है जो कि स्थापित व स्वार्थ परक समूहों को चुनौती प्रस्तुत करता है।

नृजाति पद्धतिशास्त्र की आधारभूत अवधारणाएँ— नृजाति पद्धतिशास्त्रों की आधारभूत अवधारणाएं, इस उपागम की व्याख्या के अंतर्गत कुछ आधारभूत संबोधों का निर्माण करती है। ये संबोध इस उपागम के संदर्भ में प्रयुक्त होते हैं और इनके माध्यम से नृजाति पद्धतिशास्त्र के विभिन्न आयामों को अर्थयुक्त दृष्टि से समझा जा सकता है।

(क) निर्देशिका
(ख) चिन्तनशीलता
(ग) तार्किक विवरण
(घ) व्यावहारिक समाजशास्त्रीय तर्क
(च) ओप वृत्तियाँ

(1) निर्देशिका (Indexicality)—प्रघटनावादी समाजशास्त्र में स्थिति की विशिष्टता का सिद्धान्त अत्यधिक महत्वपूर्ण है। इस सिद्धान्त के अन्तर्गत सामयिक घटना का निर्माण संदर्भ से जुड़ा हुआ है। **गारफिंकल** ने इस पद्धति के लिये इस सम्बोध को आधारभूत माना है। इस धारणा के अनुसार कोई भी विशिष्ट मानवीय घटना किसी सीमा तक स्थिति संदर्भ से जुड़ी हुई है और संदर्भ को समझे बिना उस घटना को अर्थयुक्त ढंग से समझा या समझाया नहीं जा सकता। अत: अर्थ का निर्धारण प्रसंग अथवा संदर्भ से होता है। मनुष्य की क्रिया सदैव किसी विशिष्ट स्थिति में सम्पन्न होती है। उस स्थिति के साधारण तत्व इस तरह की अन्य स्थितियों में मिल सकते हैं परन्तु अनेक ऐसे आयाम होते हैं जो भिन्न होते हैं, विशिष्ट होते हैं क्योंकि समय, स्थान, घटना व व्यक्ति के वैशिष्ट्य उसे भिन्नता प्रदान करते हैं। यही उसका संदर्भ है। उदाहरण के लिए पर दुर्घटना का होना एक ऐसी घटना है जिसके घटित होने पर मस्तिष्क में बोध बिम्ब उत्पन्न होता है कि सभी दुर्घटनाओं के सामान्य तत्वों की पहचान से निर्मित होता है लेकिन किसी दुर्घटना में ट्रक व कार भिड़ जाते हैं तो किसी में ट्रक व स्कूटर, कहीं दुर्घटनाओं में सबकी मृत्यु होती है तो कभी-कुछ घायल होते हैं अथवा कुछ बच जाते हैं। दुर्घटना से प्रभावित लोगों की प्रस्थितियाँ भी भिन्न-भिन्न होती है। कभी पूरा परिवार ही दुर्घटना ग्रस्त तो कभी परिवार का कोई सदस्य को कभी कोई ड्राईवर। पिता की मृत्यु माँ को विधवा व बच्चों को अनाथ होने का बोध कराते हैं। माँ की मृत्यु के परिणाम भिन्न होते हैं। इसी तरह से ऐसे अनेक तत्व हैं जो कि हर दुर्घटना की स्थिति को विशिष्टता प्रदान करते हैं। अत: उस प्रघटना को समझने के लिये उस स्थिति के संदर्भगत तत्वों को जानना आवश्यक है।

निर्देशिका के कई आधार होते हैं : (क) स्थितिपरक संदर्भ, (ख) भाषाई संदर्भ, (ग) जीवनीगत संदर्भ, (घ) स्थितिपरक संदर्भ के अन्तर्गत व्यक्ति, वस्तु, स्थान व समय महत्वपूर्ण होते हैं। एक ही व्यक्ति का व्यवहार अलग-अलग स्थितियों में अलग-अलग होता है व अलग-अलग व्यक्तियों के व्यवहार, एक सी स्थिति में भिन्न-भिन्न होते हैं। साथ ही एक ही बात को लेकर एक व्यक्ति विभिन्न व्यक्तियों से विभिन्न प्रकार की प्रतिक्रिया करता है। समय के दृष्टिकोण से भी व्यक्ति के व्यवहार में भिन्नता के आयाम स्पष्ट दृष्टिगोचर होते हैं। अत: अर्थ स्थितियों से जुड़े हुए हैं। विभिन्न अवसरों पर एक ही वस्तु के विभिन्न अर्थ लगाये जाते है। संरचनात्मक प्रकार्यात्मक उपागम स्थिति की विशिष्टता को महत्व नहीं देता जबकि नृजाति पद्धति शास्त्र सामाजिक यथार्थ को समझने में इसे प्राथमिकता देता है। यह उपागम व्यावहारिक संदर्भ को अर्थ निर्धारण का आवश्यक अंग मानते हैं। संदर्भ, काल के दृष्टिकोण से अतीत व भविष्य से भी जुड़ा है न केवल वर्तमान से। किसी

व्यक्ति के साथ जब हम अन्तक्रिया करते हैं तो हमारे सामने उसके साथ और उसके द्वारा किये गये व्यवहारों की छवि इस तरह से उभर कर आती है कि वर्तमान का व्यवहार अतीत में किये गये व्यवहारों व भविष्य की अपेक्षाओं से प्रभावित होता है। किसी के लिये वर्तमान में अच्छा करने की प्रक्रिया अतीत में उसके द्वारा हमारे लिए की गई अच्छी प्रक्रिया से जुड़ जाती है और किसी के द्वारा किए हुए बुरे व्यवहार उसी अर्थों में। अगर हमारे साथ कभी कोई रूखा व्यवहार करते हैं। अतीत का संदर्भ वर्तमान स्थिति को प्रभावित करता है। इसी तरह भविष्य भी हमारा संदर्भ हो सकता है। कोई महत्वपूर्ण व्यक्ति हमारे व्यवहार प्रतिमान से प्रभावित हो जाता है और वह हमारे लिये भविष्य में उपयोगी साबित हो सकता है। किसी व्यक्ति के लिये अच्छा काम करने पर हम उससे भविष्य के संदर्भ में एक अच्छे प्रत्युत्तर की अपेक्षा करते हैं अत: स्थितियाँ समय व स्थान के दृष्टिकोण से संदर्भ युक्त होती हैं अत: हर स्थिति का सामान्यीकरण सम्भव नहीं है।

गारफिंकल ने सूचक अभिव्यक्ति एवं वस्तुपरक अभिव्यक्ति में भेद किया है। सूचक अभिव्यक्ति वस्तुओं, व्यक्तियों अथवा प्रघटनाओं के विशिष्ट एवं अनन्य विशेषताओं को दर्शाती है। वे संदर्भयुक्त होती हैं और उनसे सीमित भी। वस्तुपरक अभिव्यक्ति घटना, व्यक्ति अथवा वस्तु के साधारण तत्वों का उल्लेख करती है। ये संदर्भ युक्त होती है। वस्तुपरक अभिव्यक्तियाँ संरचनात्मक प्रकार्यात्मक उपागम से जुड़ी हुई है। सामाजिक यथार्थ को समझने के लिये किसी स्तर पर वस्तुपरक अभिव्यक्तियाँ महत्वपूर्ण हो सकती है। ये प्रघटना व स्थितियों का सामान्य परिचय कराती है और उनकी संरचना का एक ऐसा अमूर्त स्वरूप प्रस्तुत करती है जिससे यथार्थ को एक ऐसे स्तर पर समझा जा सकता है जो कि सामान्यगत स्तर पर सही होते हुए भी विशिष्ट स्थितियों में सही नहीं होता। सामाजिक प्रघटना की जटिलता को देखते हुए मात्र सामान्यगत विशेषताओं के आधार पर प्रघटनाओं का समझना अधूरा माना जायेगा। यथार्थ का एक महत्वपूर्ण आयाम विशिष्टता से जुड़ा है और उसको समझने के लिए विशिष्ट व अनन्य पक्षों को समझना आवश्यक है। इन दोनों के मध्य संबंधों के विश्लेषण के द्वारा ही हम यथार्थ को व्यापक रूप से समझ सकते हैं।

भाषा के आधार पर निर्देशिका भी नृजाति पद्धतिशास्त्र के संदर्भ में महत्वपूर्ण है। भाषा के भी दो पक्ष हैं-वस्तुपरक अभिव्यक्ति एवं सूचक अभिव्यक्ति। इसका तात्पर्य यह है कि संदर्भ रहित भाषा, अर्थ को एक ऐसा स्तर प्रस्तुत करती है जिससे सामान्य स्तर पर अर्थ निकाला जाता है। जबकि संदर्भयुक्त भाषा हमें अधिक उपयुक्त व गहराई के आधार पर एक अर्थ प्रस्तुत करती है। उदाहरण के तौर पर एक वाक्य ''मौसम अच्छा है'' सबको एक अर्थ प्रदान करता है लेकिन अगर इस वाक्य का संदर्भ हमें पता हो तो वाक्य की अर्थयुक्तता में व्यापकता आ जाती है। अगर नवविवाहित दम्पत्ति अपने मधुयामिनी अवधि में इस वाक्य का प्रयोग करते हैं जिसमें किसी पहाड़ की सैर में गये, घिरे हुये बादलों के मध्य सुनसान स्थान में पति-पत्नी से आमोदपूर्वक भाव से कहता है ''मौसम अच्छा है'' तो मौसम के अर्थ से रसिकभाव का बोध स्पष्ट है, जो कि बिना संदर्भ के प्रस्तुत वाक्य ''मौसम अच्छा है'', से व्यक्त नहीं होता। इसी प्रकार खेती करने वाला किसान हल जोतने की प्रक्रिया में मौसम से सम्बन्धित की गई अभिव्यक्ति एक दूसरे प्रसंग में करता है जब रेडियो घोषक मौसम सम्बन्धी घोषणा करता है तो किसी अन्य अर्थ की अभिव्यक्ति होता है। भाषा के ये संदर्भ हमें यथार्थ को गहराई से देखने का अवसर प्रदान करते हैं। संचार के एक महत्वपूर्ण माध्यम के रूप में भाषा हमारी भावना, बुद्धि और क्रिया तीनों से जुड़ी हुई है। सामाजिक यथार्थ को समझने में भाषा के महत्व को समाज शास्त्रियों ने प्राय: अनदेखा किया है। मनुष्य के कार्य कलापों के सम्पन्न करने में भाषा की भूमिका महत्वपूर्ण है। ज्ञान-विज्ञान, जनज्ञान व जन साहित्य, भाषाई आधार पर पीढ़ी दर पीढ़ी हस्तान्तरित होते रहते हैं। भाषा, मात्र संचार का साधन ही नहीं है अपितु वह मनुष्य के व्यक्तित्व का व संस्कृति की धरोहर का प्रमुख आधार भी है।

जीवनीगत संदर्भ व्यक्ति के व्यक्तित्व की समझ से जुड़े हैं। व्यक्ति के जीवनवृतान्त को अगर हम जानते हैं तो उसकी क्रियाओं व वचनों के सही अर्थ-अनुमान लगा सकता है। कोई व्यक्ति जब यह कहता है कि वह आपके घर आयेगा और आप उसके व्यक्तित्व के बारे में जानते हैं तो यह अनुमान लगा सकता है कि वह आयेगा अथवा नहीं। कई लोग हाँ कहकर न आने के आदी होते हैं और अन्य अपने वचन के पक्के। अत: जीवनगत संदर्भ के आधार पर हम क्रियाओं व वचनों के अर्थ निकाल सकते हैं।

(2) चिन्तनशीलता (Reflexivity)—चिन्तनशीलता नृजाति पद्धति शास्त्र का दूसरा महत्वपूर्ण सम्बोध है। व्यक्ति घटनाओं को एक स्तर पर अवलोकन के माध्यम से देखता है। अनेक तरह की घटनायें व्यक्ति के सम्मुख घटित होती रहती है। व्यक्ति उन घटनाओं के आयामों को विचार की प्रक्रिया के माध्यम से व्यवस्थित करता है और चिन्तन की प्रक्रिया के माध्यम से अनेक घटनाक्रमों के पक्षों को समन्वित कर अर्थ प्रदान करता है। चिन्तन की प्रक्रिया के माध्यम से वास्तविकता में अवलोकित घटनाओं को क्रमबद्ध कर व्यवस्थित किया जाता है और उनका तार्किक विवरण प्रस्तुत किया जाता है। **गारफिंकल** की ऐसी मान्यता है कि परम्परागत

समाजशास्त्र के लिये चिन्तनशीलता अरूचिकर रही है और समाजशास्त्री चिन्तनशीलता के गुण को अध्ययन की प्रक्रिया में स्वाभाविक रूप से अन्तर्निहित मान कर चलता है। नृजाति पद्धति-शास्त्रीय उपागम के लिये चिन्तनशीलता व्याख्या के दृष्टिकोण से महत्वपूर्ण है क्योंकि यह व्यक्ति के बौद्धिक गुण व अभिरूचि से जुड़ी हुई है। इसके अन्तर्गत व्यक्ति अपनी मानसिक क्षमताओं का व्यवस्थित व विधिवत रूप से उपयोग करता है और विभिन्न घटनाओं का मानसिक पुन: निर्माण कर उनको समझने व उनकी व्याख्या करने में सक्षम होता है।

अनेक समाजशास्त्री चिन्तनशीलता के माध्यम से द्वितीयक स्तरीय प्रस्तुतिकरण करते हैं। जिसके अन्तर्गत वह विभिन्न घटनाओं के अर्थों को अमूर्तता के स्तर पर इस तरह से अभिव्यक्त करता है कि उनमें विवरण के साथ-साथ समझ व व्याख्या का गुण भी आ जाता है। चिन्तनशीलता व्यक्ति का गुण है जिसमें विषयपरकता का स्वभाविक महत्व हो जाता है। जनसाधारण में भी चिन्तनशीलता की क्षमता के गुण को नृजाति पद्धति शास्त्र स्वीकार करता है। एक दृष्टिकोण से हर व्यक्ति समाजशास्त्री है क्योंकि वह उन सभी घटनाओं को अर्थ प्रदान करता है जिनसे यह जुड़ा हुआ है और जिनके प्रति अभिमुखन उनकी क्रिया के संदर्भ में आवश्यक होता है। हम जब किसी दुकान में कोई वस्तु खरीदने जाते हैं तब बिना अर्थ प्रदान किए किसी वस्तु को खरीदना संभव नहीं है। भाव तोल किया जाता है, वस्तु की गुणवत्ता को देखा जाता है व अपने बजट को भी। आम व्यक्ति अन्त:क्रिया व क्रिया की हर स्थिति को अर्थ प्रदान करता है-चाहे वह किसी विद्यालय में प्रवेश का मसला हो, अथवा लड़की की शादी का। इस दृष्टि से हर व्यक्ति एक स्तर पर समाजशास्त्री है पर समाजशास्त्री अन्य लोगों की स्थितियों, घटनाओं व सम्बन्धों को उनकी दृष्टि में समझ कर द्वैतीयक स्तर पर इस तरह प्रस्तुत करता है कि उसके माध्यम से एक भिन्न स्तर की समीचीन व व्यवस्थित अर्थ प्रदान किया जा सके।

समाजशास्त्र में प्रस्तुतीकरण के निम्न आयाम है :

(क) अनन्य आधार— अन्य व्यक्तियों के व्यवहार, स्थितियों को अर्थ प्रदान करने की प्रक्रिया।

(ख) अमूर्तता का ऊर्द्ध स्तर— समाजशास्त्री अमूर्तता के द्वैतीयक स्तर पर अर्थ प्रदान करता है।

(ग) विशिष्ट संबोध-शब्दावली— समाजशास्त्री एकरूपता, विशिष्टता व व्यवस्थित अर्थ प्रदान करने के लिए भिन्न शब्दावली, जो कि विषयगत व निश्चयात्मक बोध कराती है, का प्रयोग करता है।

(घ) सामान्यीकरण— विशिष्ट व सामान्य क्रिया-कलापों के आधार पर समाजशास्त्री लघु अथवा वृहद-स्तरीय सामान्यीकरण भी करता है जिससे मानवीय व्यवहार को गहन व व्यापक स्तर पर समझा जा सके।

(च) मिथकों व आवरणों का उजागरीकरण—इस उपागम के माध्यम से घटनाओं के वे आयाम जो कि आवरणमय होते हैं अथवा मिथकों के वे स्वरूप जो कि यथार्थ के रूप में लोगों के द्वारा स्वीकार किये जाते हैं उन्हें उजागर कर व उन्हें हटाकर यथार्थ का दिग्दर्शन करने का प्रयास किया जाता है। परोक्ष स्थितियों के अर्थ को स्पष्ट करने में इस उपागम का विशेष महत्व है। इस संदर्भ में बर्जर की अपनी पुस्तक 'इनविटेशन टू सोशियोलॉजी' की यह पंक्ति कि 'समाजशास्त्र का पहला पाठ यह है कि चीजें वैसी नहीं है जैसी वे दिखती हैं', उपरोक्त स्थिति को स्पष्ट करती है।

(छ) सहानुभूति की प्रक्रिया—समाजशास्त्र की चिन्तनशीलता स्वयंपरक नहीं होकर अन्यपरक होती है, जिसे वह सहानुभूति के माध्यम से अन्य व्यक्ति की स्थिति को जानने का प्रयास करता है। व्यक्ति की चिन्तनशीलता जब स्व: परक होती है तो उसमें व्यक्तिगत अभिमुखन अथवा विशेष प्रकार की फलेच्छा की अभिलाषा स्वाभाविक रूप से आ जाती है। समाजशास्त्री इस विधि के माध्यम से उन बंधनों से मुक्त रहता है जिनको आम व्यक्ति अपने दैनिक जीवन में स्वपरक स्थिति में अनुभव करता है। अत: चिन्तनशीलता का गुण समाजशास्त्री के लिये आम व्यक्ति की चिन्तनशीलता के एक अलग अर्थ भी प्रस्तुत करता है।

(ज) क्रमानुसार व्यवस्थीकरण— चिन्तनशीलता के आधार पर नृजाति पद्धतिशास्त्र घटनाओं के क्रम को इस तरह से प्रस्तुत करता है कि उनके अर्थ मात्र व्यक्ति संदर्भ नहीं रहते तथा वे बौद्धिक स्तर पर एक ऐसे अर्थ का प्रस्तुतीकरण करते हैं जिसके आधार पर समझ व व्याख्या की दृढ़ता बढ़ती है।

(ग) तार्किक विवरण— गारफिंकल तार्किक विवरण को परिभाषित करते हुए यह कहते हैं कि ये वे तत्व हैं जिनका अवलोकन व प्रतिवेदन सम्भव है। उनके अनुसार यह वह व्यावहारिक उपलब्धि हैं जिसमें निरन्तरता रहती है। इसके अन्तर्गत खोज की प्रक्रिया आँकने की प्रक्रिया, प्रतिवेदन की प्रक्रिया, विश्लेषण की प्रक्रियाएं वर्णन व विवरण की प्रक्रिया सन्निहित है। समाज में घटने वाली अनेक स्थितियों के अलग-अलग तत्व होते हैं लेकिन विवरण करते समय उसमें केवल उपरोक्त तत्वों का चयन करने के बाद एक व्यवस्थित स्वरूप प्रदान किया जाता है। घटना के विवरण में तत्वों के चयन की प्रक्रिया हमारी अपनी अभिवृत्तियों एवं अभिकृतियों से प्रभावित होती है। कोई भी दो व्यक्ति किसी घटना के विवरण को एक ही तरह से प्रस्तुत नहीं करते। व्यक्ति का प्रत्यक्षण

चयनात्मक होता है। इस सम्बोध के उपयोग के माध्यम से समाजशास्त्री घटनाक्रम के तत्वों का तर्क एवं महत्व के अनुसार चयन करते हैं जिससे कि घटनाओं के अर्थ युक्तियुक्त व सार्थक रूप से प्रस्तुत किया जा सकें। तार्किक विवरणिका के अंतर्गत क्रम एवं व्यवस्था के गुण आवश्यक है जिसमें सहभागियों के साझात्मक ज्ञान का संदर्भ महत्वपूर्ण होता है।

(घ) व्यावहारिक समाजशास्त्रीय वर्कना (Practical Sociological Reasonong)—**गारफिंकल** के अनुसार सामाजिक क्रिया के भागीदार व्यावहारिक समाजशास्त्रीय का उपयोग करते हैं। समाजशास्त्री का उद्देश्य सामाजिक क्रिया की व्याख्या करना है। वह यह कार्य उस सैद्धान्तिक ज्ञान के आधार पर करता है जिसको उसने विशिष्ट व्यावसायिक प्रशिक्षण के माध्यम से प्राप्त किया है। आम व्यक्ति अपनी दिन-प्रति-दिन की क्रियाओं में निरंतर व्यक्तियों के कार्य-कलापों की व्याख्या करता है जिनमें वह स्वयं भागीदार है। संकीर्ण अर्थ में समाज का हर सदस्य किसी रूप में समाजशास्त्री की भूमिका का निर्वाह करता है। हम उसे फिर भी समाजशास्त्री इसलिये नहीं कह सकते क्योंकि वह समाजशास्त्रीय विश्लेषण व व्याख्या के सैद्धान्तिक पक्ष से अनभिज्ञ है। आम व्यक्ति अपनी क्रियाओं को सामान्य-ज्ञान के आधार पर सम्पन्न करता है जिसमें उसके समुदाय के सभी व्यक्ति साझेदार है। सामान्य ज्ञान के आधार पर अर्थ देने की प्रक्रिया को **गारफिंकल** ने व्यावहारिक समाजशास्त्रीय तर्क की संज्ञा दी है। उनकी यह मान्यता है कि तर्क की यह प्रक्रिया नृजाति पद्धतिशास्त्र के लिये एक प्रमुख प्रपत्र है।

व्यावहारिक समाजशास्त्रीय तर्क के विभिन्न तत्व निम्नांकित हैं :

1. दिन प्रति दिन की घटनाओं का मनन करने की क्षमता।
2. स्वयं के अनुभव के आधार पर घटनाओं को वर्गीकृत करने की क्षमता।
3. घटनाओं का तार्किक विवरण प्रस्तुत करने की क्षमता।

इन तीनों तत्वों को **गारफिंकल** ने समाजशास्त्री के लिये भी आवश्यक माना है। आम आदमी व समाजशास्त्री में मुख्य भेद इस आधार पर है कि समाजशास्त्री सैद्धान्तिक परिप्रेक्ष्य में घटनाओं का प्रत्यक्षण करता है जब कि आम आदमी व्यावहारिक आधार पर घटनाओं को अर्थ प्रदान करता है। समाजशास्त्री की व्याख्या के संदर्भ में कोई व्यक्तिगत संदर्भ अथवा हित निहित नहीं है जिससे वह विभिन्न व्यक्तियों के भिन्न-भिन्न प्रत्यक्षण व अनुचिन्तन को परस्पर तार्किक आधार पर प्रस्तुत कर सैद्धान्तिक व अवधारणात्मक स्वरूप प्रदान करता है। इस दृष्टिकोण से समाजशास्त्री के द्वारा प्रदत्त अर्थ आम व्यक्तियों के अर्थों के अधिक व्यापक, गूढ़ व देश एवं काल के संदर्भ में अधिक विस्तृत होते हैं।

(च) ओप वृत्ति (Glossing Practices)—ओप का तात्पर्य किसी एक के उस अर्थ को प्रदान करने से है जो व्याख्या तथा हास्य में प्रयुक्त होते हैं। पुस्तक के अन्त में ग्लोसरी अथवा शब्द संग्रह प्राय: अनेक पुस्तकों में देखने को मिलते हैं। इस वृत्ति के अन्तर्गत किसी बात को संक्षेप में व विशिष्ट अर्थ में प्रस्तुत करने की प्रक्रियाएँ सम्मलित है। आम बोलचाल की भाषा में हम अनेक बार अपने संचार की प्रक्रिया के अन्तर्गत संकेतों, प्रतीकों अथवा अव्यक्त अभिव्यक्तियों के माध्यम से अपनी बात को कहते हैं। अनेक बार बात को पूर्णरूप से कहे बिना भी बात का अर्थ निकलता है। बोलचाल की भाषा लिखने में भी हम अनेक बाद 'इत्यादि' शब्द का प्रयोग करते हैं जो पढ़ने अथवा सुनने वाले के लिये किसी अर्थ का बोध कराता है। संकेतों, प्रतीकों, अप्रयुक्त अभिव्यक्तियों एवं 'इत्यादि' शब्द के माध्यम से हम अनेक बार विभिन्न प्रकार की अभिव्यक्तियाँ करते हैं। होठों के बीच में उंगली रखने का संकेत चुप रहने के लिये किया जाता है उसी तरह शरीर की अनेक भाव-भंगिमाओं से भी विशिष्ट अर्थ निकालते हैं जिनको अन्य व्यक्ति समझने में समर्थ होते हैं। किन्हीं सन्दर्भों में बात नहीं करना भी एक अर्थयुक्त अभिव्यक्ति होती है। देरी से घर पहुँचने पर माँ का बातचीत नहीं करना, उसकी नराजगी की अभिव्यक्ति है जो किसी भाषा अथवा शब्दों के प्रयोग के बिना की जाती है। स्नेह व परस्पर प्रगाढ़ सम्बन्धों की भी अनेक शारीरिक अभिव्यक्तियाँ होती है। उसी तरह से व्यक्ति और व्यक्ति की दूरी को दर्शाने के लिये भी शारीरिक अभिव्यक्तियाँ हैं। कौन व्यक्ति किस व्यक्ति से कितना हँस के बोलेगा अथवा घर में आने पर बरामदे में, ड्राइंग रूम में अथवा अपने शयन कक्ष में ले जायेगा, यह परस्पर सम्बन्धों के सामीप्य अथवा दूरी तथा वर्ग भेद के आधार पर निर्धारित होता है। शब्दों को संक्षिप्त करने से अर्थों पर कोई प्रभाव नहीं पड़ता। किसी व्यक्ति का अगर हमें जीवनगत संदर्भ पता हो तो उसके द्वारा प्रयुक्त संक्षिप्त शब्दों अथवा वाक्यों के सही अर्थ निकालने में हम समर्थ हो सकते हैं। जब किसी घर में गृहिणी से कहा जाता है कि, ''चाय-वाय लाओ'', अथवा पति से यह कहा जाये कि ''बाजार से सब्जी-वब्जी, फल-वल लेते आना'', तो ''वब्जी'' व ''वल'' के अर्थ निकलते हैं, 'वगैरह-वगैरह' के भी अर्थ निकलते हैं। जब यह कहा जाता है कि चाय के साथ ''कुछ खाने को भी ले आओ'', तो पत्नी को पति की पसन्द संयुक्त जीवनीगत संदर्भों से पता रहती है। कई लोग अपनी प्रकृति के कारण सदैव कटाक्षमय बातों का प्रयोग करते हैं। देर से पहुँचने पर यह सुनना पड़ता है कि 'बड़ी जल्दी आ गये।' कक्षा में पढ़ाते समय अगर कुछ विद्यार्थी परस्पर

बात करते हैं तो अलग-अलग अध्यापकों की प्रतिक्रियायें इस समान स्थिति में भिन्न-भिन्न होती हैं। कोई अध्यापक अध्यापन बंद कर मात्र कुछ क्षणों के लिये बातचीत करने वाले विद्यार्थियों की ओर देख भर लेता है, यह उसका चुप कराने के मन्तव्य को दर्शाने के लिये पर्याप्त होता है। दूसरा अध्यापक डाँट-फटकार करता है और तीसरा कक्षा से बाहर निकाल देता है। अध्यापक के जीवनगत संदर्भ से परिचय होने पर उसके व्यवहार का पूर्वानुमान सम्भव है। हालाँकि कभी-कभी जीवनीगत संदर्भ के परिचय होने पर भी व्यक्ति में विशिष्ट मन:स्थिति के कारण, भिन्न प्रकार का व्यवहार भी परिलक्षित होता है। ऐसी स्थिति में व्यक्ति के जीवनीगत संदर्भ का एक नया पक्ष उभर कर आता है जो हमारे व्यक्ति संबंधी ज्ञान में वृद्धि करता है। जीवनीगत संदर्भ, पूर्वानुमान लगाने में बहुत सहायक होते हैं। कई लोग किसी बात को कहकर उसे शीघ्र पूरा करते हैं और कई लोगों से उसे पूरा कराने के लिये अनेक बार याद दिलाना पड़ता है। किसी अध्यापक से पुस्तक माँगने पर वह उसे याद रखकर दूसरे दिन ले आता है जबकि कोई अन्य अध्यापक कई बार याद दिलाने पर ही पुस्तक लाकर देता है। विद्यार्थियों को शनै:-शनै: अध्यापक के बारे में पूर्वानुमान लगाना आसान हो जाता है। जीवनीगत संदर्भ को जानने का अर्थ यह नहीं है कि अध्यापक के जीवन के सभी पक्षों को विद्यार्थी जाने, अपितु अध्यापक की अध्यापन भूमिका वरण की स्थितियाँ, विद्यार्थी के लिये पूर्वानुमान प्राप्त करने के लिये पर्याप्त है।

ओप वृत्तियों का व्यक्तिगत अथवा एकांतिक रूप से कोई विशेष महत्व नहीं होता है। बल्कि वे संदर्भ व सामान्य ज्ञान के आधार पर समझी जाती है। ओप के संदर्भ में प्रयुक्त शब्द अथवा वाक्य, व्यक्ति मानकर चलते हैं और उनके बारे में अगर और प्रश्न किये जायें तो सदस्य को झुंझलाहट आती है। **गारफिंकल** ने पति-पत्नी के बीच एक संवाद के माध्यम से इस वृत्ति का उदाहरण प्रस्तुत किया है : "शुक्रवार की रात्रि में, मैं और मेरे पति टेलीविजन देख रहे थे। मेरे पति ने कहा, "मैं थका हुआ महसूस कर रहा हूँ।" मैंने पूछा, तुम किस तरह थके हुये हो। शारीरिक रूप से, मानसिक रूप से या मात्र ऊब रहे हो? पति ने कहा, "मुझे नहीं पता", लेकिन लगता है शारीरिक थकावट है। "पत्नी कहती है", तुम्हारी मांसपेशियाँ दुख रही हैं या हड्डियाँ? पति कहता है, "पता नहीं", इस तरह से छिद्रान्वेक्षण मत करो।" स्वाभाविक रूप से जब कोई कहता है कि वह थका हुआ है अथवा उसका 'मूड' ठीक नहीं है तो इसके संदर्भ में अन्य प्रश्नों को उठाने से झुँझलाहट का होना स्वाभाविक है। ये ओपवृत्त स्वयं परिभाषित माने जाती और उनको विस्तार से परिभाषित नहीं किया जाता।

संक्षिप्तिकरण की प्रक्रिया प्रतीकों, संकेतों व इत्यादि शब्द के उपयोग के माध्यम से आम जीवन के संवाद को छोटा करने में सहायक होती है। यही नहीं, अनेक संकेतों से भाव के वे आधार प्रकट होते हैं जो कि शब्दों की अतिरेकता से सम्पन्न नहीं होते। संध्या की बेला में झील के किनारे एक युगल चुप रह करके भी बहुत कुछ कह देता है। नाराजगी और प्रेम प्रगट करने के भी अनेक आम पर सशक्त संकेत होते हैं जिनका हमें अपने जीवन में अनुभव होता रहता है। इनके सामाजिक पक्ष को नृजाति पद्धति शास्त्र महत्व देता है और उनके आधार पर जीवन के उन अनेक पक्षों को समझने का प्रयास करता है जो कि अन्य उपागमों के द्वारा सम्भव नहीं हो सकता।

अध्ययन विधियाँ (Study Methods)

अध्ययन पद्धतियों का सम्बन्ध उपागमों के मूल अभिग्रहणों पर निर्भर है। समाजशास्त्र की प्रकृति को परंपरागत समाजशास्त्रियों ने भौतिक विज्ञानों की प्रकृति के समरूप माना है। अत: विज्ञानवादी दृष्टिकोण समाजशास्त्र की प्रकृति को समझने में प्रमुख रूपावली के रूप में प्रस्तुत हुआ है। इस दृष्टिकोण को अपनाने से जिस तरह की पद्धति का विकास हुआ है, उनमें निम्नलिखित पक्ष महत्वपूर्ण माने गये हैं।

(क) समाजशास्त्र की पद्धति आनुभावकिता पर आश्रित है। इसके अंतर्गत इन्द्रियपरक अनुभव के आधार पर घटनाओं को समझने पर बल दिया जाता है। अवलोकन, साक्षात्कार अथवा अन्य किसी माध्यम से जिसमें इन्द्रियजनक अनुभव निहित हों, आँकड़ों को एकत्रित करने में सहायक होते हैं।

(ख) समाजशास्त्र की अध्ययन पद्धति के अंतर्गत वस्तुपरकता को महत्व दिया गया जो कि वैज्ञानिक रूपावली पर आधारित रही है। इसके अंतर्गत व्यक्ति और विषय के मध्य द्विभाजन किया जाता है। जिसमें वस्तु व अध्ययन कर्ता को अलग-अलग रखा जाता है। इस पद्धति का उद्देश्य यह है कि अध्ययन कर्ता के स्वयं के विचार, भावनाएँ अथवा अभिवृत्ति अध्ययन की प्रक्रिया को प्रभावित न करें। इससे अध्ययन की प्रक्रिया में व्यक्तिगत रूचियों या प्रभाव को सम्मिलित होने से बचा जाता है।

(ग) समाजशास्त्र के अध्ययन में मूल्य तटस्थता भी वैज्ञानिक दृष्टिकोण से आवश्यक मानी गई है। समाजशास्त्री वैज्ञानिक रूपावली के अंतर्गत 'क्या है', का विश्लेषण करता है, 'क्या होना चाहिये', का नहीं। अर्थात् सुझाव देना अथवा विकल्प प्रस्तुत करना समाजशास्त्र का उद्देश्य नहीं है।

(घ) सामाजिक व्यवहारों को वैज्ञानिक पद्धति के अंतर्गत संख्यात्मक स्वरूप प्रदान करना अनुसंधान में परिष्कार लाने के लिये महत्वपूर्ण माना गया है। इससे आँकड़ों की संख्या व उनको सांख्यिकीय आधार पर प्रस्तुत करने का महत्व बढ़ता गया।

(च) वैज्ञानिक रूपावली सारभौमिकता, आनुभाविकता विश्वसनीयता व विधि मान्यता को महत्व देती है।

वैज्ञानिक मॉडल की महत्ता से संदर्भ में नृजाति पद्धति शास्त्र द्वारा उपयोग लाई जाने वाली पद्धतियों की व्याख्या अधिक महत्वपूर्ण बन जाती है। यह उपागम सामाजिक यथार्थ को प्राकृतिक यथार्थ से भिन्न मानता है। सामाजिक यथार्थ का निर्माण समाज में रहने वाले व्यक्तियों द्वारा किया जाता है। सामाजिक संस्थाओं, सामाजिक मानदण्ड, सामाजिक मूल्य एवं सांस्कृतिक उपादानों का निर्माण करता है। वह प्राकृतिक वस्तुओं का रूपान्तर कर, व तकनीकी अथवा अन्य कौशल पूर्व प्रयासों द्वारा नया स्वरूप व नवीन अर्थ प्रदान करता है। सामाजिक यथार्थ का अर्थ प्राकृतिक यथार्थ की तरह वस्तु में निहित नहीं है। साथ ही अर्थ के प्रत्यक्षण, विभिन्न व्यक्तियों के द्वारा भिन्न-भिन्न हो सकते हैं। स्वाभाविक रूप से प्राकृतिक विज्ञान एवं सामाजिक विज्ञान की प्रकृति में महत्वपूर्ण भेद है। अतः दोनों में विषयवस्तु के दृष्टिकोण से भेद होना स्वाभाविक है। वैज्ञानिक पद्धतियाँ उपरोक्त वर्णित आधार पर निर्मित होती है, जबकि वह उपागम जो समाज शास्त्र की वैज्ञानिक रूपावली को अस्वीकार करते हैं, उनके अनुसार अध्ययन की पद्धतियाँ भी भिन्न होगी। इस उपागम के माध्यम से इस बात को महत्व दिया जाता है कि सामाजिक विश्व मनुष्य के द्वारा निर्मित संरचना है। प्राकृतिक विज्ञान अपने अध्ययन में कार्यकारण के सम्बन्धों को जानने को महत्व देता है। नृजाति पद्धतिशास्त्री दिन प्रतिदिन के विषयपरक अनुभवों को जानने का प्रयास करते हैं एवं कार्यकारण के सम्बन्धों के आधार पर प्रघटनाओं को समझने का प्रयास नहीं करते। यह उपागम आनुभाविक पद्धतियों को अस्वीकार नहीं करता लेकिन यह व्याख्या को जो कि विषयपरक अभिमुखन में आवश्यक है, को महत्व देता है। यह उपागम साधारण वर्णन को समाजशास्त्रीय ज्ञान के लिये महत्वपूर्ण उद्गम मानता है। इसके अनुसार समाजशास्त्र का प्रमुख उद्देश्य यह जानना है कि सदस्यों की क्रियाओं से किस तरह समाज का निर्माण होता है और न कि कार्य कारण के प्रभावों के आधार पर समाज को समझना। इस तरह के वर्णन में **वेबर** द्वारा प्रस्तुत वर्सथन पद्धति का उपयोग किया गया है। इस पद्धति को व्याख्या के दृष्टिकोण एवं प्रमाण स्थापित करने के दृष्टिकोण से महत्वपूर्ण माना गया है। इस विधि के अंतर्गत विषयपरक समझ को प्राथमिकता दी है जो कि सहानुभूति व्यक्ति और स्थिति के संदर्भ में सम्पन्न होती है। इस पद्धति के अनुगामी यह कहते हैं कि सामाजिक व भौतिक प्रघटना भिन्न है। यह कहा जाता है कि भौतिक प्रघटना की भविष्यवाणी व व्याख्या सम्भव है जबकि सामाजिक प्रघटनाओं को समझना सम्भव है। समझने की प्रक्रिया लोगों की भावनाओं, व्यक्तिगत मूल्य एवं प्रतिक्रियाओं से सम्बन्धित है। इस पद्धति में अनुभव को महत्व दिया गया है जिसके अंतर्गत समाजशास्त्री अन्तःदृष्टि का उपयोग कर समझ प्राप्त करता है। वर्सथन तकनीक दो आधारों पर निर्भर है।

1. आपातसमिचिन्ता
2. सौंदर्यवाद

1. आपातसमिचिन्ता—यह तीन परस्पर सम्बन्धित तत्वों पर निर्भर करती है :-

(क) किसी भी प्राकथन को इस आधार पर स्वीकार करना कि उसमें तर्कसंगतता है।

(ख) यह इस पर निर्भर करता है कि अवलोकन कर्ता की क्षमता पर विश्वास किया जाय। किसी वयस्क के कथन पर हम विश्वास कर सकते हैं लेकिन बालक के कथन पर प्रश्नचिन्ह लगाया जा सकता है।

(ग) आपातसमिचिन्ता इस पर निर्भर करती है कि जिस समूह का अवलोकन किया जा रहा है क्या अध्ययनकर्ता उसका सदस्य है। अनेक व्यक्ति, उदाहरण के तौर पर, जनजाति समूह के सदस्य द्वारा उनकी दशा के बारे में प्रस्तुत कथन को स्वीकार कर लेंगे लेकिन अन्य जातियों के द्वारा उनके संदर्भ में कहे गये कथनों पर विश्वास नहीं करेंगे। अतः किसी को जानने के लिये वैसा होना आवश्यक है।

2. सौंदर्यवाद—सौंदर्यवाद की धारणा इस बात से जुड़ी हुई है कि कोई तथ्य भावनात्मक दृष्टिकोण से कितना आनन्ददायक है। इसका अर्थ हुआ कि एक सही भाव के आधार पर विचार को रखा जाय। इस पद्धति के आधार पर किया गया, **बेकर** का अध्ययन शास्त्रीय स्तर पर महत्वपूर्ण माना गया है। **बेकर** ने पचास व्यक्तियों से साक्षात्कार कर मादक द्रव्यों का उपयोग करने वालों का अध्ययन किया। इसके अंतर्गत सेवन कर्ता उन स्थितियों को परिभाषित करता जिनमें उसने सेवन की प्रक्रिया आरम्भ की थी। प्रथम उसे धूम्रपान की प्रक्रिया को सीखना पड़ता है दूसरा वह व्यक्ति मादक धूमपान के प्रभाव को समझने लगता है। तीसरा वह व्यक्ति इनके प्रभावों को आनंदपूर्वक ढंग से ग्रहण करना सीखता है। वह व्यक्ति जो कि इन तीनों प्रकार की प्रक्रियाओं से गुजरा है वह मादक पदार्थ ग्रहण करता है। ऐसे अध्ययनों की प्रतिकृतिकता सम्भव नहीं होता। यह अध्ययन विषयपरक समझ के आधार पर सम्भव होती है। **बेकर** ने

समानुभूति की प्रक्रिया के आधार पर यह अध्ययन किया है।

वर्सथन के आधार पर किया गया दूसरा प्रसिद्ध अध्ययन वाइट् का है। इस अध्ययन में अध्ययनकर्ता स्वयं समुदाय में रहकर सहगामी अवलोकन पद्धति के आधार पर अध्ययन करता है। इस अध्ययन का भी प्रतिकृतिकता मूलक अध्ययन नहीं हो सकता है। इस पद्धति के अंतर्गत विश्वसनीयता, जो कि किसी मापने की प्रक्रिया पर निर्भर करती है, सम्भव नहीं है।

नृजाति पद्धतिशास्त्र में प्रघटना शास्त्र के उपागम का व्यापक प्रभाव पड़ा है जिसके अंतर्गत इस उपागम में प्रघटनावादी तनुकरण का उपयोग किया जाता है। तनुकरण की प्रक्रिया में दिन-प्रतिदिन की घटनाओं और क्रियाओं के प्रति विचारों को निलम्बित कर दिया जाता है। इसके अंतर्गत दो आधारों पर अवलोकन सम्पन्न होता है।

1. दिन-प्रतिदिन के विश्व को अवलोकनकर्ता मानवशास्त्रीय अजनबीपन के आधार पर देखते हैं अर्थात् मान्य अर्थों को अस्वीकृत कर किसी घटना को देखने समझने की स्वबोधक पद्धति महत्वपूर्ण बन जाती है।

2. अवलोकन कर्ता सामान्यज्ञान एवं सामान्य तर्क के आधार पर दिन-प्रतिदिन की घटना को व्यवस्थित रूप से समझें। धारणाओं के निलम्बन से किसी घटना को अपने परिप्रेक्ष्य व समझ से देखने का अवसर मिलता है व सामान्यज्ञान के उपयोग से घटना की वास्तविकता प्रत्यक्ष रूप से समझी जा सकती है। इस दृष्टिकोण से अवलोकन, नृजाति पद्धति शास्त्र के लिये एक विश्वसनीय एवं महत्वपूर्ण आधार बन जाता है। अवलोकन पद्धति का उद्देश्य इस उपागम के अंतर्गत महत्वपूर्ण है। इसके द्वारा दिन प्रतिदिन की घटनाओं को सदस्यों की वास्तविक पृष्ठभूमि के अंतर्गत उत्पन्न होने वाली अन्तर्क्रिया के माध्यम से समझा जाता है। अवलोकन एक प्रत्यक्ष पद्धति है। अत: इस उपागम के अंतर्गत यथार्थ को प्रत्यक्ष रूप से देखने पर बल दिया गया है। नृजाति पद्धति शास्त्र यथार्थ का निर्माण संचार एवं अन्त:क्रिया की प्रक्रिया के माध्यम से उत्पन्न होने वाली स्थिति को मानते हैं। अन्य उपागमों में अप्रत्यक्ष व अमूर्त रूप से यथार्थ का निर्माण होता है। प्रश्नावली एवं अनुसूची अथवा साक्षात्कार पद्धति के अन्तर्गत विगत में हुई घटनाओं का पुनर्स्थापन अप्रत्यक्ष रूप से होता है जबकि अवलोकन पद्धति में यथार्थ को प्रत्यक्ष रूप से देखा जा सकता है।

3. नृजाति पद्धति शास्त्र में गुप-चुप सुनी हुई बातें एक पद्धति के रूप में महत्वपूर्ण है। व्यक्ति परस्पर कई बार ऐसी बातें करते हैं जो औपचारिक व अन्य लोगों की उपस्थिति में नहीं करते क्योंकि औरों की उपस्थिति, स्थिति की गरिमा एवं अपनी व औरों की प्रस्थितियाँ उन्हें ऐसा करने से रोकती है। बस में बैठे हुए लड़के कक्षा व अध्यापकों के बारे में अनौपचारिक रूप से कई ऐसी बातें करते हैं जो कि उनके अपने शिक्षक के प्रति किए गये मूल्यांकन का द्योतक होता है। इस वार्तालाप को बस के पीछे बैठकर कोई अनुसंधान कर्ता सुनता है तो वह उसके लिये उपयोगी सिद्ध होंगे। इसे, गुपचुप-श्रवण पद्धति कहा गया है। यह ज्ञान-खोज के लिये की गयी समाज शास्त्रीय गुप्तचरी है जिसका उद्देश्य सत्य के आवरण को हटाकर उसे यथार्थरूपेण एवं प्रत्यक्ष रूप से देखना है।

4. इसके अतिरिक्त व्यक्तिगत पत्र, डायरियों व टेप किये हुए वार्तालाप व्यक्तियों के यथार्थ को प्रत्यक्ष रूप से प्रस्तुत करते हैं क्योंकि इनमें व्यक्ति मुक्त रूप से और स्वतन्त्र होकर अपने विचारों और प्रतिक्रियाओं की अभिव्यक्ति करता है। ये लेख-प्रालेख (क) लिखित हो सकते है जैसे पत्र, डायरी। (ख) मात्र श्रव्य हो सकते हैं जैसे कि टेप में भारी आवाज। (ग) श्रव्य व दृष्टिमय दोनों हो सकते हैं जैसे टी.वी., वीडियो व सिनेमा (घ) मात्र दृश्य हो सकते हैं जैसे कि फोटो, तस्वीर चित्र इत्यादि। इन आलेखों-प्रलेखों के माध्यम से घटना को नजदीक से व वास्तविकता के स्तर पर जाना जा सकता है। अवलोकन में घटना को पुन: देखना संभव नहीं होता जबकि बन्धित घटना को, जो कि किसी माध्यम के द्वारा प्रस्तुत की जाती है, उसका पुन: अवलोकन संभव है। क्रिकेट के खेल में टी.वी द्वारा प्रस्तुत की जाती है, उसका पुन: अवलोकन संभव है। क्रिकेट के खेल में टी.वी. द्वारा प्रस्तुत प्रत्यक्ष दर्शीय आँखों देखा हाल, प्रस्तुतिकरण की उस विधा द्वारा संचालित होता है जिसमें खेल-पुनश्च संभव होता है। साथ ही एक ही दृश्य को भिन्न-भिन्न कोणों से दिखाया जाता है जो कि घटित घटना की पुनरावृत्ति करके उसको गहराई से परिलक्षित करता है। टेप में बन्धित आवाज को भी पुन:-पुन: सुना जा सकता है। श्यूट्ज के अनुसार यह विश्व एक अन्तर विषयपरकता के आधार पर निर्मित है जिससे औरों के द्वारा की गयी क्रियाओं के अर्थ समझे जा सकते हैं। व्यक्तियों के अनुभव किसी स्तर पर विशिष्ट होते है लेकिन अर्थों की समझ की साझेदारी सम-अनुभव, सह-अनुभव, समान-अनुभव, प्राथमिक-अनुभव, द्वैतियक अनुभव संभवता के आधार पर निर्मित होती है। प्रत्यक्ष पद्धति को स्वीकार करने से समष्टिगत समाज शास्त्रीय अध्ययन सम्भव नहीं हो सकते। अनुभव किसी स्तर पर नितान्त विशिष्ट हैं तो किसी स्तर पर सहभागी सामान्य। ''मैं यह तो अनुभव करता हूँ कि आपको अनुभव हो रहा है, आप मुझे अनुभव कर रहे हैं, पर मैं आपके अनुभव को वैसा का वैसा अनुभव नहीं कर सकता हूँ।'' फिर भी अनुभवों के साझे अर्थों के बिना सामाजिक जीवन संभव नहीं हो सकता। ट्रेन की गति, उसका प्लेटफार्म पर रुकना हम सबका उस पर चढ़ना, इस बात का

द्योतक है कि हम सभी किसी स्तर पर समुचित घटना को एक अर्थ दे रहे हैं। लेकिन ट्रेन पर एक व्यक्ति अपनी रुग्ण मरणासन्न माँ से मिलने जा रहा है तो कोई दम्पत्ति छुट्टियाँ मनाने पहाड़ पर। दोनों एक स्तर पर विशिष्ट अनुभव संजोये हैं।

अनुभव के स्तरों का विश्लेषण करें तो निम्नलिखित आयाम स्पष्ट होते हैं :

1. समान-अनुभव— जहाँ अनुभवों में साम्य हों। सभी बच्चों को झूलने का समान-अनुभव होता है।

2. सह-अनुभव— जहाँ औरों के अनुभव के साथ स्वयं को भी अनुभव हो। किसी व्यक्ति के व्यक्तिगत अनुभव से स्वयं को जोड़ना जैसे मित्र के भाई की मृत्यु पर उसके साथ शोक संतप्ति की अनुभूति।

3. सम-अनुभव— जहाँ अन्य की अनुभूति जैसी अनुभूति हो तथा अनुभवों में समभाव साम्य हो। किसी दुर्घटना में घायल व्यक्ति जिसे चोट लगी है।

4. प्राथमिक अनुभव— ये अनुभव प्रत्यक्ष व इन्द्रियपरक होते हैं। ये भावनात्मक स्तर पर गहनतम हो सकते हैं अथवा भावनात्मक स्तर पर व्यक्ति तटस्थता की स्थिति भी रख सकते हैं। अनुभव प्रदत्त अनुभूतियाँ निम्नवत् हैं :

(क) बौद्धिक स्तर पर प्रभावी हो सकती हैं।

(ख) भावनात्मक स्तर पर प्रभावी हो सकती है।

(ग) सौन्दर्य-बोधकता के स्तर पर प्रभावी हो सकती है।

(घ) आध्यात्मिक अतार्किक स्तर पर प्रभावी हो सकती है।

(च) द्वैतीयक अनुभव।

अनुभव द्वैतीयक भी हो सकता है। जब परोक्ष रूप से, किसी अन्य माध्यम से प्राप्त सूचना, घटना-वर्णन, घटना दृश्य स्वयं तक पहुँचते हैं तो वह द्वैतीयक अनुभव कहलाते हैं। रेडियो से प्राप्त खबरों से स्वयं पर प्रभाव, स्वयं घटना स्थल पर देखने से प्राप्त अनुभव से भिन्न है।

नृजाति पद्धतिशास्त्रीय अध्ययन समष्टिगत अध्ययन न होकर व्यष्टि-गत अध्ययन होते हैं, क्योंकि प्रत्यक्षता व गहनता के उद्देश्य की प्राप्ति हेतु उन्हें लघु स्तरीय अध्ययन को स्वीकारना पड़ता है। अवलोकन की सीमा दृश्यता व श्रव्यता की परिधि से बन्धित होती है। इस पद्धति से व्यष्टि समाजशास्त्रीय अध्ययन ही संभव है। अवलोकन की प्रक्रिया वृहद स्तरीय अध्ययनों के लिये उपयोगी नहीं है क्योंकि अवलोकन सीमित स्थिति में ही सम्भव है। नृजाति पद्धति शास्त्र अब तक छोटे स्तर के अध्ययनों पर आपको सीमित रखता रहा है। लेकिन इन अध्ययनों में अधिक गहराई प्राप्त हो सकती है जिससे व्याख्या एवं समझ के स्तर, अधिक विशाल एवं व्यापक हो सके हैं। इन अध्ययनों में समाजशास्त्री समाज के सदस्यों के दृष्टिकोणों के आधार पर व्याख्या करता है।

गारफिंकल के अध्ययन पद्धति के संदर्भ में दो अन्य आयामों की व्याख्या की है :

1. प्रलेखीय पद्धति (Documentary Method): प्रलेखीय पद्धति के अंतर्गत **गारफिंकल ने कार्ल मेनहिम्** के विचारों का व्यापक रूप से प्रयोग किया है। इस पद्धति के अन्तर्गत विभिन्न अर्थों के माध्यम से एक समान सजातीय प्रतिमानों को ढूंढ़ने का प्रयास किया जाता है। अनेक एकल तथ्यों के आधार पर स्वरूप को प्राप्त करने का प्रयास इस पद्धति के अंतर्गत आता है। हर एक तथ्य दूसरे तथ्य को विस्तृत कर व्याख्या के लिये आधार बनता है। इस पद्धति के लिये अनेक नामों का उल्लेख किया गया है। उदाहरणत: अन्त:प्रज्ञा की पद्धति, अन्त:दृष्टि की पद्धति, अन्त:निरीक्षण की पद्धति , व्याख्यात्मक पद्धति। इस पद्धति के अंतर्गत अवलोकन को आधार मान तथ्यों का वर्गीकरण किया जाता है जो कि दैनिक अन्त:क्रिया पर भी बल देता है। सारी घटनाओं को समय के क्रम में रखा जाता है और आम बोलचाल के शब्दों को अर्थ की अभिव्यक्ति के लिए महत्वपूर्ण माना जाता है। समुदाय के अध्ययनों में विशेषरूप से इस पद्धति का उपयोग किया है। अनुसंधानकर्ता अपने साक्षात्कार की टिप्पणियों को लिखते समय उत्तरदाता के मस्तिष्क में क्या बात हो सकती है, को भी ध्यान में रखता है। इस पद्धति के द्वारा जब अनुसंधानकर्ता, जीवन वृत्तांत को प्रस्तुत करता है तब उसके चयन एवं व्यवस्थीकरण के अंतर्गत विगत बातों को इस तरह प्रस्तुत करता है कि उसके द्वारा सार्थक रूप से अतीत, वर्तमान और भविष्य को एक कड़ी में बाँधा जा सकता है।

2. प्रयोगात्मक पद्धति (Experimental Method) : गारफिंकल ने अनेक प्रकार के प्रयोगात्मक अध्ययन भी किये जिसके अंतर्गत सामान्य व स्वीकृत अर्थों को भंग कर दिया जाता था। इन प्रयोगों के अंतर्गत **गारफिंकल** ने अपने विद्यार्थियों से अपने ही घर में मेहमान की तरह व्यवहार करने के लिये कहा। साथ ही विभिन्न शब्द, जिनका हम प्रयोग करते हैं उनके शाब्दिक अर्थों को यथावत स्वीकार कर उन्हीं अर्थों के अनुसार व्यवहार करने की बात की। जैसे आप कैसे हैं ? वाक्य का उत्तर, ''हाँ ठीक हूँ'' न देकर, इस प्रश्न को औपचारिक न मानकर उत्तर दिया जाए। उत्तर में कहा जा सकता है : ''मैं ठीक नहीं हूँ आजकल खाँसी व दमे से पीड़ित हूँ'' अथवा, ''क्या बताऊँ सर्वत्र मुसीबत ही मुसीबत है।'' एक अन्य प्रयोग में **गारफिंकल** ने अपने विद्यार्थियों से यह कहा कि 'एक दाम' वाली दुकानों में जाकर भाव तोल करें और दुकानदार को कम दाम लगाने के लिये आग्रह करें। इन

प्रयोगों के माध्यम से स्वीकृत एवं विनिश्चियात्मक रूप से व्यवस्थित क्रियाओं को इस रूप में समझा जाता है कि आखिर उनका निर्माण किस तरह से हुआ। और उनकी व्यवस्था का आधार व स्वरूप क्या है। अक्सर हम अपने जीवन व्यवस्था में रहते हैं उनके बारे में यह पता नहीं रहता कि वे निर्मित कैसे हुई और व्यवस्थात्मक रूप से किस तरह चलायमान रहती है। उस स्थिति को भंग करके अन्य लोगों की प्रतिक्रिया मालूम होती है और साथ ही उन्हें जो मानदण्डात्मक धक्का लगता है उसकी जानकारी मिलती है। इस प्रक्रिया के विश्लेषण से दैनिक जीवन के संगठनात्मक पक्ष को, व उसके निर्माण की प्रतिक्रिया को तथा उसको तोड़ने से उत्पन्न प्रभावों को समझा जा सकता है। नृजाति पद्धतिशास्त्री सामाजिक यथार्थ को स्थिर नहीं मान करके उसको निरन्तर निर्मित होते हुए देखते हैं और इसके निर्माण की प्रक्रिया को समझने में प्रमुख अभिरूचि लेते हैं। ऐसे प्रयोगों का उद्देश्य प्रदत्त प्रघटना के संस्थात्मक, मानदण्डात्मक व संरचनात्मक स्वरूप के निर्माण को समझना है। घर में मेहमान की तरह व्यवहार करने की प्रक्रिया से मेहमान व मेजबान के विभेद की (क) आवश्यकता (ख) उसके निर्माण की प्रक्रिया (ग) उनके मध्य मानदण्डों की भिन्नता (घ) स्वयं को बाहर के लोगों से मिलने पर हाव-भाव, भाषा, क्रिया में होने वाले विभेद, जो कि घर के सदस्यों के मध्य भी होते हैं, को समझना। मेहमान की उपस्थिति में घर के सदस्यों के परस्पर व्यवहार भी बदल जाते हैं। उनके आने पर कृत्रिम हँसमुखता भी ओढ़नी पड़ती है। ऐसा क्यों आवश्यक है? घर में सदस्य परस्पर क्यों झगड़ भी लेते हैं। घर में कूटनीतिज्ञता का अभाव क्यों रहता है? घर में पत्नी द्वारा अच्छे भोजन बनाने पर भी पति उसकी प्रशंसा करने में कृपणता क्यों दिखाता है? अन्य लोगों की साधारण सुन्दरता वाली पत्नियों की प्रशंसा की जाती है पर स्वयं की पत्नी के सुन्दर होने की प्रशंसा क्यों नहीं की जाती? सामान्य व आम जीवन के निर्माण की प्रक्रिया को समझने के लिए उसे विनिर्मित करना आवश्यक है। इन प्रयोगात्मक तरीकों द्वारा, जिसमें संरचनात्मक स्थिति को खण्डित किया जाता है, के माध्यम से संरचनात्मक निर्माण की प्रक्रिया समझ में आती है।

सामान्य रूप से नृजाति पद्धतिशास्त्री, प्रश्नावली एवं सर्वेक्षण का उपयोग नहीं करते, वे चरों के माध्यम से विश्लेषण एवं कार्यकरण पद्धति के आधार पर व्याख्या की आलोचना करते हैं। इनका प्रमुख लक्ष्य यथार्थ को अवलोकन व बोध के आधार पर समझना है। साक्षात्कार व अवलोकन पद्धति के द्वारा किये गये अध्ययनों में अनुसंधानकर्ता एवं उत्तरदाता के मध्य स्थापित अन्तःक्रिया को भी महत्व दिया जाता है। इस अनुसंधान की प्रक्रिया में यथार्थ को प्रभावित करने की क्षमता है। अनुसंधान कर्ता की उपस्थिति स्वयं एक ऐसा कारक है जो कि यथार्थ को परिवर्तित करने की क्षमता रखता है।

बहुविकल्पीय प्रश्न

1. शिक्षा शब्द का अंग्रेजी रूपान्तर है एजुकेशन (Education) यह शब्द मूलतः
A. ग्रीक भाषा का शब्द है
B. लैटिन भाषा का शब्द है
C. रसियन भाषा का शब्द है
D. रोमन भाषा का शब्द है

2. एजुकेशन (Education) शब्द का प्रयोग
A. 'E' और Catum से हुआ है
B. Edu और Catum से हुआ है
C. Educate से हुआ है
D. उपर्युक्त किसी शब्द से नहीं हुआ है

3. शिक्षा शब्द भाषा का है, जिसका निर्माण
A. शिक्षित शब्द से हुआ है
B. शिक्षण शब्द से हुआ है
C. शिक्ष् धातु से हुआ है
D. शिक्षा शब्द स्वतः निर्मित शब्द है

4. शिक्ष् का क्या अर्थ है।
A. पढ़ने की कला सीखना
B. लिखने की कला सीखना
C. लिखना और पढ़ना दोनों कलाओं को सीखना
D. ज्ञान प्राप्त करना

5. शिक्षा के सम्बन्ध में कौन सा कथन अनुचित होगा।
A. शिक्षा व्यक्ति का विकास है
B. शिक्षा अध्ययन का ही दूसरा नाम है
C. शिक्षा एक गयात्मक प्रक्रिया है
D. शिक्षा आन्तरिक शक्तियों का विकास है

6. निम्न कथनों में से कौन सा कथन अधिक उपयुक्त होगा?
A. शिक्षा एक कला (Art) है
B. शिक्षा एक विज्ञान (Science) है
C. शिक्षा न कला है न विज्ञान
D. शिक्षा कुछ अर्थों में कला है और कुछ अर्थों में विज्ञान

7. नीचे शिक्षा के सम्बन्ध में विभिन्न विद्वानों के विचार दिये

गये हैं। कौन सा विचार किस विद्वान का है मिलान कीजिए—

(*a*) जब शिक्षा मानव मस्तिष्क पर कार्य करती है तो वह उसके सद्‌गुणों और पूर्णता को लाकर बाहर व्यक्त कर देती है''—विवेकानन्द—1

(*b*) शिक्षा एक प्रक्रिया है, जो बालकों की अन्त: शक्तियों को बाहर प्रकट करती है।''—फ्रोबेल—2

(*c*) शिक्षा से अभिप्राय बालक एवम मनुष्य के शरीर, मन और आत्मा में निहित सर्वोत्तम शक्तियों के सर्वांगीण प्रकटीकरण से है''—ऐडीसन—3

(*d*) मनुष्य की अन्तर्निहता पूर्णता की अभिव्यक्ति करना ही शिक्षा है''—महात्मा गांधी—4.

A. 3, 2, 4, 1　　B. 3, 1, 2, 4
C. 2, 1, 4, 3　　D. 1, 2, 3, 4

8. शिक्षा (Education) एवम् निर्देशन (Instruction) के सम्बन्ध में कौन सा कथन ठीक नहीं है—

A. शिक्षा का कार्य जीवन भर चलता रहता है जबकि निर्देशन शिक्षा का अंग है।
B. शिक्षा का कार्य जीवन भर चलता रहता है जबकि निर्देशन का कार्य केवल उस समय तक चलता है जब तक बालक विद्यालय में रहता है।
C. शिक्षा एवम् निर्देशन में कोई अन्तर नहीं है, दोनों ही एक दूसरे के पर्याय है।
D. शिक्षा एक स्वाभाविक प्रक्रिया है जबकि निर्देशन कृतिम प्रक्रिया है।

9. सविधिक शिक्षा (Formal Education) वह है जो—

A. जानबूझकर, विचार पूर्वक तथा क्रमबद्ध रूप से दी जाती है।
B. अनायास की बालक प्राप्त कर लेता है।
C. केवल बालक से ही सम्बन्धित होती है, अध्यापक का उसमें हाथ नहीं होता।
D. एक विशेष समूह को दी जाती है।

10. बिना किसी उद्देश्य के तथा बिना समय तथा स्थान के जो शिक्षा व्यक्ति ग्रहण करता है उसे—

A. अप्रत्यक्ष शिक्षा (Indirect Education) कहते हैं
B. वैयक्तिक शिक्षा (Direct Education) कहते हैं
C. अनौपचारिक शिक्षा (Informal Eduaction) कहते हैं
D. औपचारिक शिक्षा (Formal Education) कहते हैं

11. निम्न कथनों में से कौन सा कथन ठीक है?

A. शिक्षण निदानात्मक (Diagnostic) होता है।
B. शिक्षण उपचारात्मक (Remedical) होता है।
C. शिक्षण निदानात्मक भी होता है और उपचारात्मक भी।
D. उपर्युक्त सभी कथन ठीक हैं

12. शिक्षा प्राप्त करने का आवश्यक तत्व क्या है?

A. पढ़ने की क्षमता　　B. विलक्षण बुद्धि
C. जिज्ञासा की प्रवृत्ति　　D. उपर्युक्त कोई भी नहीं

13. शिक्षा के विभिन्न कार्यों में से कौन सा कार्य अधिक उपयुक्त लगता है?

A. शिक्षा व्यक्ति को लिखने पढ़ने योग्य बनाती है
B. शिक्षा व्यक्ति को अपने पैरों पर खड़ा होना सिखाती है
C. शिक्षा व्यक्ति को भावी जीवन के उत्तरदायित्वों और विशेष अधिकारों को निभाने योग्य बनाती है
D. शिक्षा व्यक्ति को उचित व्यवहार करने की प्रेरणा देती है

14. अनौपचारिक शिक्षा (Informal Education) का मुख्य केन्द्र है—

A. समाज　　B. परिवार
C. रेडियो तथा टेलीविजन　　D. उपर्युक्त सभी

15. पुस्तकालय तथा संग्रहालय शिक्षा की महत्वपूर्ण संस्थाएं है इन्हें क्या कहना उचित होगा?

A. औपचारिक संस्थाएं　　B. अनौपचारिक संस्थाएं
C. अतिरिक्त संस्था　　D. उपर्युक्त कोई भी नहीं

16. शिक्षा एक द्विमुखी प्रक्रिया है और—

A. शिक्षा एवम् पाठ्य पुस्तक इसके दो अंग हैं
B. शिक्षक एवम् शिक्षार्थी इसके दो अंग है
C. शिक्षण संस्थान एवम् परिवेश इसके दो अंग हैं
D. उद्देश्य एवम् प्रविधि इसके दो अंग है।

17. शैक्षिक मूल्य (Educational Values) से आप क्या अर्थ लगाते हैं?

A. शैक्षिक मूल्य का अर्थ शिक्षा की उपयोगिता उद्देश्य और अनुकूलता से है।
B. शैक्षिक मूल्य का अर्थ शिक्षा प्राप्त करने के उपरान्त उसके प्रयोग से है।
C. शैक्षिक मूल्य का अर्थ शिक्षा प्रक्रिया में व्यय होने वाले धन से है।
D. शैक्षिक मूल्य का अर्थ व्यावसायिक शिक्षा में प्रयुक्त होने वाले साधनों से है।

18. सामाजिक प्रगति का एक प्रबल साधन है शिक्षा। शिक्षा के अभाव में कोई भी समाज प्रगति नहीं कर सकता। शिक्षा—

A. नये नये अविष्कारों का ज्ञान कराती है।

B. स्पर्धा की भावना का विकास करती है।
C. बदलते हुए समाज के अन्दर समायोजन का तरीका बताती है।
D. समाज को साक्षर बनाती है।

19. मानव प्रकृति के निर्धारण में बहुत कुछ हाथ पैतृक गुणों का रहता है जो कि जन्म से प्राप्त होते हैं या यों कहें कि मनुष्य की प्रकृति के निर्माण में जीव वैज्ञानिक सिद्धांत अर्थात् पूर्वजों से प्राप्त गुणों एवम् संस्कारों का प्रभाव पड़ता है। शिक्षा के द्वारा—
A. मनुष्य की प्रकृति को पूरी तरह परिवर्तित किया जा सकता है।
B. जन्म से प्राप्त होने वाली प्रकृति का अंश धीरे-धीरे सुधारा जा सकता है।
C. मनुष्य की प्रकृति में परिवर्तन बिल्कुल असम्भव है।
D. उपर्युक्त तीनों तथ्य ठीक नहीं है।

20. शिक्षा पर जिन दार्शनिक विचार धाराओं का प्रभाव पड़ा है उनमें आदर्शवाद प्रथम है। कुछ लोग इसे प्राचीन विचारधारा के नाम से भी जानते हैं। आदर्शवाद के समर्थक कौन थे?
A. सुकरात B. प्लेटो
C. भारतीय ऋषि मुनि D. उपर्युक्त सभी

21. आदर्शवादियों के अनुसार
A. शिक्षा की व्यवस्था सर्वसुलभ और अनिवार्य होनी चाहिए।
B. शिक्षा उन्हीं व्यक्तियों के लिए है जो आदर्शवादी है।
C. शिक्षा ग्रहण करना उन्हीं का अधिकार है जो आध्यात्मिकता से जुड़े है।
D. शिक्षा की व्यवस्था स्वैच्छिक होनी चाहिए।

22. आदर्शवादियों के अनुसार
A. धर्म को भी पाठ्यक्रम का एक अंग बनाया जाना चाहिए
B. धर्म को पाठ्यक्रम में शामिल नहीं किया जाना चाहिए
C. जहाँ तक धर्म के प्रपंच से दूर ही रहना चाहिए
D. आदर्शवादी धर्म के विषय में तटस्थ हैं।

23. आधुनिक शिक्षा के विषय में कौन सा कथन उपयुक्त होगा।
A. आधुनिक शिक्षा पाठ्यक्रम पर केन्द्रित है।
B. आधुनिक शिक्षा शिक्षण पद्धतियों पर केन्द्रित है।
C. आधुनिक शिक्षा बालक पर केन्द्रित है।
D. आधुनिक शिक्षा अध्यापक पर केन्द्रित है।

24. निम्न में से कौन सा दर्शन वैज्ञानिक प्रगति का समर्थन करता है?
A. यथार्थवादी शिक्षा
B. प्रकृतिवादी शिक्षा
C. आदर्शवादी शिक्षा
D. उपर्युक्त तीनों में से कोई नहीं

25. शिक्षा में यथार्थवादी के समर्थक शिक्षा शास्त्रियों के अनुसार कौन सा कथन अनुपयुक्त होगा?
A. यथार्थवादी शिक्षा जीवन की वास्तविक परिस्थितियों आवश्यकताओं तथा समस्याओं को प्रमुखता देती है।
B. यथार्थवादी शिक्षा में बालक को मुख्य तथा अध्यापक को मार्गदर्शक के रूप में स्वीकार किया जाता है।
C. यथार्थवादी शिक्षा में व्यावहारिकता की उपेक्षा की गयी है।
D. यथार्थवादी शिक्षा में किसी लोकोत्तर सत्ता को महत्व नहीं दिया गया है।

26. शिक्षा के क्षेत्र में प्रकृतिवाद का प्रबल समर्थक कौन था?
A. फ्रोबेल B. आर्मस्ट्राँग
C. जॉज लॉक D. रूसो

27. वर्तमान युग की विचारधाराओं में शिक्षा में प्रयोजनवाद (Pragmatism in Education) सम्बन्धी विचारधारा सबसे महत्वपूर्ण मानी जाती है। यह विचारधारा
A. एक ओर आदर्शवाद का विरोध करती है तो दूसरी ओर प्रकृतिवाद का
B. आदर्शवाद का समर्थन तथा प्रकृतिवाद का विरोध करती है
C. प्रकृतिवाद का समर्थन तथा आदर्शवाद का विरोध करती है
D. आदर्शवाद एवं प्रकृतिवाद दोनों का समर्थन करते हुये प्रयोजनावाद का प्रतिपादन करती है।

28. प्रयोजनवाद का अंग्रेजी रूप ''प्रैगमैटिज्म'' Pragmatism है, जिसकी उत्पत्ति ग्रीक भाषा के ''प्रैग्मा'' Pragma से मानी जाती है। इस शब्द का प्रयोग सर्व प्रथम ग्रीक विचारक ''हेरा क्लिट्स'' के विचारों में पाया जाता है, उसके बाद ''बैंकन'' तथा ''लॉक'' आदि के विचारों में भी इसका प्रयोग मिलता है, परन्तु इस शिक्षा दर्शन का जन्मदाता कोई और ही है, उसका नाम है—
A. रॉस Rass
B. रस्क Rusk
C. विलियम जेम्स William James
D. प्रेट Pratt

29. प्रयोजनवाद (Pragmatism) के विषय में कौन सा कथन

अनुचित होगा—

A. प्रयोजनवाद किसी किसी निश्चित तथा शाश्वत 'सत्य' अथवा 'सिद्धांत' को नहीं स्वीकार करता।

B. प्रयोजनवाद के अनुसार सत्य मानव निर्मित होता है।

C. प्रयोजनवाद आध्यात्मिक तत्वों का प्रबल समर्थक है।

D. प्रयोजनवाद विचारों की अपेक्षा क्रिया पर बल देता है।

30. शिक्षा में मनोवैज्ञानिक प्रवृत्ति के प्रयोग के प्रबल समर्थक थे—

A. हरबार्ट B. फ्रोवेल

C. रूसो D. उपर्युक्त सभी विचारक

31. पाठ्यक्रम (Curriculum) निर्माण के समय अनेक सिद्धान्तों का ध्यान रखना होता है। निम्न सिद्धान्तों में से कौन सा सिद्धान्त पाठ्यक्रम निर्माण के समय ध्यान देने योग्य नहीं है—

A. पाठ्यक्रम का निर्माण व्यक्तिगत विभिन्नता को ध्यान में रखकर किया जाना चाहिये।

B. प्रत्येक स्तर के पाठ्यक्रम में पूर्ण पृथकता होनी चाहिये ताकि छात्र को अगली कक्षा में बिल्कुल अलग अनुभव हो।

C. किसी भी स्तर के पाठ्यविषयों की संख्या इतनी अधिक नहीं होनी चाहिये कि छात्र को विषय बोझ लगने लगे।

D. विभिन्न विषयों के लिये जो पाठ्यक्रम निर्धारित किया जाय उसमें समय को ध्यान में रखा जाना चाहिये ताकि वर्ष भर का पाठ्यक्रम वर्ष में पूरा हो सके।

32. ग्रीक विचारकों में शिक्षा को सबसे अधिक महत्व प्रदान करने वाला व्यक्ति Plato ''प्लेटो'' ही है। उसके शिक्षा सम्बन्धी विचार एक पुस्तक में संग्रहित है। उस पुस्तक का नाम है—

A. दि रिपब्लिक The Republic

B. एजुकेशनल फिलॉसफी Educational Philisophy

C. एजुकेशन ऑफ प्लेटो Education of Plato

D. उपर्युक्त ग्रन्थों में से कोई नहीं

33. 'प्लेटो' के गुरु का नाम क्या था?

A. फ्रोवेल B. सुकरात

C. अरस्तु D. किल्पैट्रिक

34. ''वह शिक्षा में वैज्ञानिक प्रवृत्ति का जनक तथा प्रकृतिवाद विचारधारा का प्रतिपादक था। आगे चलकर 'हरबार्ट' ने उसके शिक्षा दर्शन को विकसित किया।'' उसका नाम था—

A. प्लेटो B. अरस्तू

C. रूसो D. जॉन डी वी

35. रवीन्द्र नाथ टैगोर हमारे सम्मुख एक महान साहित्यकार कला प्रेमी, तथा एक दार्शनिक के रूप में ही नहीं, वरन् एक महान् शिक्षा शास्त्री के रूप में भी आते हैं। उनके शिक्षा दर्शन को क्या नाम दिया जा सकता है?

A. आदर्शवादी शिक्षा दर्शन

B. प्रकृतिवादी शिक्षा दर्शन

C. आदर्शवादी एवम् प्रकृतिवादी शिक्षा दर्शन

D. उपर्युक्त कोई भी नहीं

36. महात्मा गांधी के शिक्षा दर्शन के अनुसार कौन सा कथन अनुचित है—

A. शिक्षा में साहित्यिक पक्ष की अपेक्षा सांस्कृतिक पक्ष को अधिक महत्व दिया जाना चाहिए।

B. शिक्षा का सर्वोच्च उद्देश्य अन्तिम वास्तविकता का अनुभव, ईश्वर एवम् आत्मानुभूति का ज्ञान है।

C. शिक्षा का उद्देश्य आत्मा का विकास करना तथा चरित्र का निर्माण करना होना चाहिए।

D. उपर्युक्त सभी कथन गाँधी जी के शिक्षा दर्शन के प्रतिकूल हैं।

37. महात्मा गाँधी किस शिक्षण पद्धति के समर्थक थे?

A. कार्य द्वारा शिक्षण के समर्थक

B. संगीत द्वारा शिक्षण के समर्थक

C. श्रवण, मनन, और निदिध्यासन विधि के समर्थक

D. उपर्युक्त सभी विधियों के समर्थक

38. वे शिक्षा को व्यापक अर्थों में देखते थे, उन्होंने एक 'आश्रम विद्यालय' की स्थापना की। गुरु शिष्य परम्परा के वे प्रबल समर्थक थे। राष्ट्रीय शिक्षा प्रदान करना भी शिक्षा का एक उद्देश्य उन्होंने स्वीकार किया था, उन्होंने ब्रह्मचर्य, सत्संगति और सदाचार को विशेष महत्व दिया।'' उनका क्या नाम था?

A. महात्मा गांधी B. रवीन्द्र नाथ टैगोर

C. श्री अरविन्द D. स्वामी दयानंद

39. यों तो एक अध्यापक के अन्दर अनेक गुणों का होना आवश्यक है, परन्तु उसमें एक गुण अत्याधिक आवश्यक है। वह कौन सा हो सकता है?

A. अध्यापक को राष्ट्रभक्त होना आवश्यक है जिससे वह छात्रों में राष्ट्रीय भावना का विकास कर सकें।

B. अध्यापक को अपने विषय का विशेषज्ञ होना आवश्यक है ताकि वह छात्रों को अपने विषय का ज्ञान दे सकें।

C. अध्यापक में उचित रूप से कार्य करने की इच्छाशक्ति

का होना तथा छात्रों को समझने एवम् समझाने की योग्यता का होना आवश्यक है ताकि छात्र उसकी शिक्षा को उचित रूप से ग्रहण कर सकें।

D. अध्यापक को प्रभावशाली व्यक्तिशाली का स्वामी होना आवश्यक है ताकि छात्र उसके व्यक्तित्व से प्रभावित हो सकें।

40. यदि कोई छात्र किसी कक्षा में अनुत्तीर्ण हो जाता है तो उसके लिए कौन सा तरीका उचित होगा—

A. उसे अपनी कमी को पूरा करने का अवसर दिया जाय जिससे कि वह मेहनत से अपनी कमी को पूरा करके अगली कक्षा में भेजा जा सके।

B. उसे उस वर्ष उसी कक्षा में रखा जाय जिसमें वह उत्तीर्ण हुआ है।

C. उसे यह सलाह दी जाय कि वह स्कूल में अपना समय नष्ट न करे।

D. उपर्युक्त सभी तरीके ठीक है कोई भी तरीका अपनाया जा सकता है।

41. शिक्षण में पाठ्यक्रम सम्बन्धी क्रियाओं का प्रयोग

A. शिक्षण को आसान बनाने के लिए किया जाता है।

B. शिक्षण को रोचक, सुग्राह्य एवम् प्रभावशाली बनाने के लिए किया जाता है।

C. शिक्षण को आकर्षक बनाने के लिए किया जाता है।

D. शिक्षक को सहायता देने के लिए किया जाता है।

42. पुस्तकालयों की दशा सुधारने का कौन सा उपाय अधिक उपयोगी सिद्ध होगा—

A. पुस्तकालय में बैठने का समुचित प्रबन्ध होना चाहिये।

B. पुस्तकालय का कमरा हवादार, प्रकाशयुक्त तथा आकर्षक हो।

C. पुस्तकालय का प्रबन्ध कुशल पुस्तकालयाध्यक्ष के हाथ हो तथा उसमें बालकों की विभिन्न रुचियों की पुस्तकें हों।

D. पुस्तकें तथा पत्रिकाएँ मंगाने का काम एक समिति को सौंपा जाय।

43. मनोविज्ञान का अंग्रेजी रूपान्तर है ''साइकॉलोजी'' Psychology इस शब्द की उत्पत्ति—

A. ''साइके'' Psyche शब्द से हुई है।

B. ''लोगस'' Logus शब्द से हुई है।

C. ''साइके'' Psyche तथा ''लोगस'' Logus शब्दों के मेल से हुई है।

D. उपर्युक्त किसी भी शब्द से नहीं हुई है।

44. मनोविज्ञान की उत्पत्ति का स्रोत क्या है?

A. प्राणी विज्ञान

B. जीव विज्ञान

C. आध्यात्मिक चिन्तन परम्परा

D. दर्शनशास्त्र

45. मनोविज्ञान की सर्वमान्य परिभाषा क्या हो सकती है?

A. मनोविज्ञान व्यवहार का घनात्मक विज्ञान है।

B. मनोविज्ञान का सम्बन्ध व्यवहार की वैज्ञानिक खोज से है।

C. मनोविज्ञान व्यक्तित्व का वैज्ञानिक अध्ययन है जिसका सम्बन्ध व्यवहार तथा अनुभव के साथ है।

D. मनोविज्ञान मन का विज्ञान है।

46. शिक्षा मनोविज्ञान की सर्व प्रमुख देन क्या है?

A. समय सारणी में परिवर्तन

B. अनुशासन की उचित व्यवस्था

C. पाठ्य सहगामी क्रियाओं का प्रयोग

D. बाल केन्द्रित शिक्षा

47. शिक्षा मनोविज्ञान की अन्तर्निरीक्षण विधि के विषय में कौन सा कथन अनुचित होगा—

A. यह विधि सरल तथा कम खर्चीली है।

B. इस विधि के लिये मात्र एक प्रयोगशाला की आवश्यकता होती है।

C. इस विधि का प्रयोग किसी भी स्थान पर किसी भी समय किया जा सकता है।

D. अन्तर्निरीक्षण द्वारा अध्यापक अपने शिक्षण कार्य को अधिक उपयोगी बना सकता है।

48. शिक्षा मनोविज्ञान की प्रयोगात्मक विधि

A. बहुत ही विश्वसनीय प्रामाणिक एवं नियमित है।

B. विश्वसनीय नहीं कही जा सकती है।

C. विश्वसनीय है परन्तु नियमित नहीं है।

D. उपर्युक्त कोई भी कथन ठीक नहीं है।

49. पाठयोजना से क्या तात्पर्य है?

A. पढ़ाये जाने वाले पाठ को स्वयं पढ़कर जाना।

B. उस सभी बातों का विवरण तैयार करना जिन्हें शिक्षक कक्षा के अन्दर एक निश्चित समय में पूरा करने की इच्छा रखता है।

C. छात्रों से पूछे जाने वाले सभी प्रश्नों के ब्यौरेवार उत्तर तैयार करना।

D. छात्रों से पूछे जाने वाले सभी प्रश्नों की सूची तैयार करना।

50. यदि शिक्षक अपने कार्य की योजना तैयार करके कक्षा में जाता है तो वह—

A. निर्भय होकर पाठ पढ़ा सकता है।
B. पाठ की व्याख्या अच्छी प्रकार कर सकता है।
C. पाठ सम्बन्धी कार्य को व्यवस्थित तथा क्रमबद्ध ढंग से करा सकता है।
D. छात्रों द्वारा पूछे जाने वाले सभी प्रश्नों के सही-सही उत्तर दे सकता है।

51. कुछ पाठ ऐसे होते हैं कि जिनमें सूचनाओं और ज्ञान की प्रधानता रहती है उन्हें शिक्षाविदों ने ''ज्ञान के पाठ'' नाम दिया है। वे पाठ है—

A. इतिहास, भूगोल, विज्ञान और व्याकरण के पाठ।
B. चित्रकला, हस्तकला और भाषा के पाठ
C. कविता, नाटक और संगीत के पाठ
D. बागवानी तथा कृषि सम्बन्धी पाठ

52. कौशल पाठ वे हैं जिनमें क्रियाशीलता का आश्रय लिया जाता है। कौशल पाठों को पढ़ाते समय क्रिया के चुनाव के विषय में कौन सा कथन ठीक नहीं है?

A. क्रिया अधिक कठिन नहीं होनी चाहिये, क्योंकि कठिनता ही नीरसता की जननी है।
B. क्रिया इस प्रकार की होनी चाहिए कि बालकों को आवश्यकता से अधिक श्रम न करना पड़े।
C. क्रिया करते समय बालकों को अनुकरण की अनुमति नहीं दी जानी चाहिए।
D. बालकों में क्रिया के प्रति जिज्ञासा उत्पन्न करानी चाहिए।

53. रसानुभूति के पाठ कौन से हैं?

A. इतिहास तथा भूगोल आदि के पाठ
B. भाषा एवम् व्याकरण आदि के पाठ
C. विज्ञान एवम् कृषि आदि के पाठ
D. संगीत एवम् कविता आदि के पाठ

54. पाठ्य पुस्तकों के विषय के विषय में कौन सा कथन अनुचित होगा—

A. पाठ्य पुस्तकों की सहायता से एक निश्चित समय में विभिन्न विषयों का ज्ञान प्राप्त किया जा सकता है।
B. पाठ्य पुस्तकों की सहायता से विद्यार्थी कक्षा में सुनी हुई बातों को घर पर भी समझ सकता है तथा पुनरावृत्ति का कार्य आसानी से कर सकता है।
C. पाठ्य पुस्तकों से प्राप्त ज्ञान पूर्ण रूप से व्यावहारिक होता है अतः उसकी अत्याधिक उपयोगिता है।
D. अधिकांशतः यह पाया जाता है कि पाठ्य पुस्तकों का प्रयोग विद्यार्थियों में रटने की प्रवृत्ति को बढ़ाता है।

55. प्रायः कमजोर या शर्मीले छात्र प्रश्नों के उत्तर देने में झिझकते है। अध्यापक को चाहिए कि वह—

A. तब तक उनसे प्रश्न न पूछे जब तक कि वे स्वयं को उत्तर देने योग्य न समझें।
B. दूसरे छात्रों से उनकी तुलना करके उन्हें यह बताये कि वे कितने कमजोर हैं।
C. सहानुभूति एवम् प्रेमपूर्वक उन्हें उत्तर देने के लिए प्रेरित करें।
D. उत्तर न देने पर उन्हें यथोचित दण्ड दे।

56. पूछे गये प्रश्न का उत्तर गलत देने पर अध्यापक को चाहिए कि वह—

A. गलत उत्तर देने वाले छात्र को दण्डित करे।
B. उत्तर की अशुद्धि को स्वयं ठीक करके छात्र को समझायें।
C. कक्षा के विद्यार्थियों की सहायता से उत्तर ठीक करवायें।
D. उस प्रश्न को छोड़कर पुनः दूसरा प्रश्न उस छात्र से करें।

57. प्रश्न पूछते समय यह ध्यान रखना लाभदायक होगा कि—

A. छात्रों को प्रश्नों के उत्तर पूर्ण रूप से पहले ही न बताये जाय।
B. छात्रों की तर्क शक्ति का उपयोग किया जाय।
C. छात्रों को उत्तर स्पष्ट न बताकर तत्सम्बन्धी उदाहरण अप्रत्यक्ष रूप से दिए जाय।
D. उपर्युक्त सभी बातों का ध्यान रखा जाय।

58. प्रसिद्ध शिक्षा शास्त्री 'हरबार्ट' ने अध्यापन के चार पद बनाये—स्पष्टता, सहयोग, व्यवस्था, और व्यावहारिक प्रयोग आगे चलकर उनके अनुयायियों ने उनमें संशोधन करके उनकी संख्या बढ़ाकर—

A. आठ पद कर दी B. दस पद कर दी
C. छः पद कर दी D. पाँच पद कर दी

59. हरवार्टीय शिक्षण प्रणाली के बारे में कौन सा कथन ठीक नहीं है?

A. यह प्रणाली कौशल एवम् रसानुभूति पाठों के लिए अधिक उपयुक्त है ज्ञान पाठों के लिए नहीं।

B. यह प्रणाली स्व-शिक्षण के लिए अवसर नहीं देती।
C. इस प्रणाली में प्रस्तुतीकरण में अधिक बल दिये जाने के कारण पाठ्य वस्तु पर अधिक झुकाव होता है।
D. यह प्रणाली इस सिद्धांत पर आधारित है कि बालक का मस्तिष्क कोरी स्लेट के समान होता है।

60. प्रोजेक्ट प्रणाली आधारित है—
A. चयन के सिद्धांत पर
B. करके सीखने के सिद्धांत पर
C. प्रेरणा के सिद्धांत पर
D. नियमीकरण के सिद्धांत पर

61. प्रोजेक्ट प्रणाली (Project Method) के प्रतिपादक कौन है?
A. जॉन डी.वी. B. प्रो. किल्पैट्रिक
C. हरवार्ट D. सर चार्ल्स

62. डाल्टन पद्धति का जन्मदाता कौन है?
A. कु. डाल्टन B. कु. हेलेन पार्क हर्स्ट
C. डा. माण्टेसरी D. प्रो. किल्पैट्रिक

63. शिक्षा के क्षेत्र में ली जाने वाली परीक्षा से हम यह जान सकते हैं कि—
A. विद्यार्थी कितना बुद्धिमान है।
B. अध्यापक द्वारा पढ़ाया गया कार्य विद्यार्थी किस प्रकार प्रस्तुत करता है।
C. विद्यार्थी पूरे वर्ष में किये गये कार्य का कितना भाग याद कर सकता है।
D. विद्यार्थी का शैक्षिक विकास सही दिशा में हो रहा है या नहीं।

64. किसी कक्षा की परीक्षा के लिये सर्वोत्तम विधि क्या हो सकती है?
A. व्याख्यात्मक प्रश्न विधि
B. वस्तुनिष्ठ प्रश्न विधि
C. मौखिक प्रश्न विधि
D. वस्तुनिष्ठ एवं व्याख्यात्मक दोनों का मिश्रित रूप

65. समय-समय पर ली जाने वाली परीक्षाओं के विषय में कौन सा कथन अनुचित होगा—
A. परीक्षा से बालकों में परिश्रम से कार्य करने की भावना का विकास होता है।
B. विद्यार्थियों की योग्यता एवं वास्तविक ज्ञान का मूल्यांकन परीक्षा से ही सम्भव है।
C. विद्यार्थी परीक्षा से लिखने की कला सीख जाता है।
D. विद्यार्थी परीक्षा से अपने विचारों को क्रमबद्ध ढंग से व्यक्त करना सीखता है।

66. सम्पूर्ण पाठ्यक्रम के सभी पक्षों के मूल्यांकन के लिये एक निश्चित समय में छात्रों की परीक्षा लेनी है ऐसे में छात्रों से किस प्रकार के प्रश्न पूछना अधिक उचित होगा?
A. निबन्धात्मक प्रश्न B. व्याख्यात्मक प्रश्न
C. आलोचनात्मक प्रश्न D. वस्तुनिष्ठ प्रश्न

67. वस्तुनिष्ठ परीक्षा प्रणाली के विषय में कौन सा कथन असंगत है?
A. इस प्रणाली द्वारा कम समय में अधिक प्रश्न पूछे जा सकते हैं।
B. इस प्रणाली द्वारा मूल्यांकन बिल्कुल सही होता है।
C. इस प्रणाली में उत्तर हाँ या ना अथवा निशान लगाकर दिये जाते हैं अतः विद्यार्थी की तार्किक शक्ति का विकास अधिक सम्भव होता है।
D. इस प्रणाली में प्रश्नों का आकार छोटा होता है। अतः विद्यार्थी उन्हें शीघ्र ही समझ लेता है।

68. गणित शिक्षण में सबसे अधिक उपयोगी शिक्षण पद्धति कौन-सी हो सकती हैं?
A. निगमन पद्धति (Deductive Method)
B. आगमन पद्धति (Inductive Method)
C. विश्लेषणात्मक पद्धति (Analytic Method)
D. संश्लेषणात्मक पद्धति (Synthetic Method)

69. निम्न में से कौन-सी पद्धति विज्ञान शिक्षण के लिये अधिक उपयोगी नहीं है?
A. समस्या पद्धति (Problem Method)
B. ह्यूरिस्टिक पद्धति (Heuristic Method)
C. प्रयोगशाला पद्धति (Laboratory Method)
D. प्रश्नोत्तर पद्धति (Question-Answers Method)

70. निम्न विधियों में शिक्षण की कौन सी ऐसी विधि है जिसमें कि हम छात्रों को अधिक से अधिक भाग लेने का अवसर दे सकते हैं?
A. प्रदर्शन विधि (Demonstation Method)
B. निगमन विधि (Deductive Method)
C. प्रश्नोत्तर विधि (Question-Answers Method)
D. विश्लेषण विधि (Analytic Method)

उत्तरमाला

1	2	3	4	5	6	7	8	9	10
B	A	C	D	B	D	A	C	A	C
11	**12**	**13**	**14**	**15**	**16**	**17**	**18**	**19**	**20**
D	C	C	D	A	B	A	C	B	D
21	**22**	**23**	**24**	**25**	**26**	**27**	**28**	**29**	**30**
A	A	C	A	C	D	A	C	C	D
31	**32**	**33**	**34**	**35**	**36**	**37**	**38**	**39**	**40**
B	A	B	C	C	D	D	C	C	A
41	**42**	**43**	**44**	**45**	**46**	**47**	**48**	**49**	**50**
B	C	C	D	C	D	B	A	B	C
51	**52**	**53**	**54**	**55**	**56**	**57**	**58**	**59**	**60**
A	C	D	B	C	C	D	D	A	B
61	**62**	**63**	**64**	**65**	**66**	**67**	**68**	**69**	**70**
A	B	D	D	C	D	C	B	D	C

अध्याय 14

गणनात्मक विधि
(Quantitative Methods)

गणनात्मक विधि के अंतर्गत किसी समाज में संबंधित तथ्यों और आंकड़ों के उपयोग से समाज के विकास, विचलन इत्यादि का अनुसंधान किया जाता है। इसमें सामाजिक सर्वेक्षण तथा प्राक्कल्पना दोनों का उपयोग किया जाता है। गणनात्मक विधि में साक्षात्कार भी शोध का एक उपागम होता है। इस विधि द्वारा अनेक समाजशास्त्रियों ने अपने शोधों को अधिक विश्वसनीयता प्रदान की है।

सामाजिक सर्वेक्षण (Social Survey)

सामाजिक सर्वेक्षण के संदर्भ में **मोर्स** का कथन है कि "सामाजिक सर्वेक्षण एक विशेष सामाजिक स्थिति, समस्या अथवा समष्टि से संबंधित उद्देश्यों के हेतु व्यवस्थित तथा वैज्ञानिक विश्लेषण की एक विधि होती है।"

विद्याभूषण सचदेवा के अनुसार, "सामाजिक सर्वेक्षण बड़े लाभकारी होते हैं क्योंकि वे सामाजिक एवं आर्थिक तथ्यों का विस्तृत वर्णन ही नहीं करते बल्कि किसी भू-क्षेत्र में रहने वाले व्यक्तियों के बीच विद्यमान सामाजिक कुरीतियों को भी प्रगट करते हैं जिससे सरकार का ध्यान इन कुरीतियों को दूर करने की ओर आकृष्ट होता है।"

आधुनिक सामाजिक सर्वेक्षण का इतिहास ब्रिटेन में अठारहवीं एवं उन्नीसवीं सदी के प्रारंभिक वर्षों में किए गए सामाजिक अध्ययनों से जुड़ा है। ये अध्ययन किसी समुदाय विशेष की तत्कालिक एवं व्याधिकीय समस्याओं के निदान एवं समाधान के उद्देश्यों को लेकर किए गए थे। औद्योगिक क्रांति के परिणामस्वरूप उत्पन्न हुई स्थितियों (मजदूर वर्ग के स्वास्थ्य, रहन-सहन की दशाओं, आय-व्यय संबंधी आंकड़ों के अतिरिक्त सामाजिक समस्याओं जैसे अपराध, वेश्यावृत्ति, भिक्षावृत्ति, बेरोजगारी आदि) के समाधान को लेकर जो प्रारंभिक अध्ययन किए गए उन्हीं के लिए सामाजिक सर्वेक्षण शब्द का प्रयोग किया गया। आधुनिक समाज वैज्ञानिक सर्वेक्षण को तथ्य संकलन की एक ऐसी विधि मानते हैं जिसमें साक्षात्कार अथवा प्रश्नावली के माध्यम अथवा विचारात्मक सूचनाएं संकलित की जाती हैं।

सामाजिक सर्वेक्षण की कई विधियां कार्य में लाई जाती हैं। तदर्थ सर्वेक्षण और टेलीफोन-सामाजिक सर्वेक्षण के माध्यम से हम में काफी प्रगति वर्तमान समय में समाज की सामाजिक समस्याओं के अध्ययन और अनुसंधान के लिए यह एक मूल्यवान तकनीक है। यह एक अनुसूची या प्रश्नावली के द्वारा एक निश्चित जनसमुदाय के निर्देशित समूह के सूचनादाताओं के आंकड़े एकत्रित करती है। इस तकनीक को समाजशास्त्र के क्षेत्र में व्यावहारिक और सैद्धांतिक प्रश्नों के उत्तर देने के लिए प्राय: काम में लिया जाता है। भारत में इस तकनीक द्वारा विभिन्न प्रकार की अनेक समस्याओं के अध्ययन किए गए हैं: भिक्षावृत्ति की समस्या, नशीले पदार्थों का उपयोग, मदिरापान, महिलाओं में अपराध की प्रवृत्ति, दहेज, बाल-अपराध और महिलाओं के विरुद्ध हिंसा आदि। इसी पद्धति से **किन्स** ने अमेरिका में यौन-आचरण का सर्वेक्षण किया। इन सब अध्ययनों ने इस बात का संकेत दिया कि सामाजिक समस्या की उत्पत्ति के लिए दो या दो से अधिक चरों में आनुभविक संबंध होने चाहिए।

सर्वेक्षण पद्धति निश्चित रूप से किसी परिकल्पना को लेकर नहीं चलती। यह (पद्धति) एक परिकल्पना का निर्माण कर सकती है या इसका परिकल्पना से किसी प्रकार का भी संबंध नहीं हो सकता है। जब यह पद्धति प्रश्नों के उत्तर ढूंढ़ती है तो किसी परिकल्पना का परीक्षण नहीं करती। उदाहरणार्थ, किसी विशेष उद्योग में लड़कियों के प्रति किस पैमाने पर दुर्व्यवहार हो रहा है, यह एक व्यावहारिक प्रश्न है जिसका उत्तर सर्वेक्षण के दौरान प्राप्त हुई सूचनाओं से मिल जाएगा। परंतु सर्वेक्षण किसी परिकल्पना का परीक्षण भी कर सकता है।

शोध प्रारूप
(Research Design)

जब किसी अनुसंधान की एक ऐसी तार्किक और क्रमबद्ध योजना जो तथ्यों के संकलन विश्लेषण तथा मूल्यांकन का मार्ग प्रशस्त करती है तो उसे शोध प्रारूप कहते हैं। शोध प्रारूप का प्रयोग शोध व्यूह तथा शोध-संरचना के अर्थ में भी किया जाता है। शोध-व्यूह का दायरा अध्ययन में प्रयोग की जाने वाली विधियों तक सीमित है अर्थात शोध में किन विधियों का चुनाव किया जाएगा। शोध-संरचना अनुसंधान के विश्लेषण की प्रणाली की ओर इंगित करती है। शोध अभिकल्प की अवधारणा इन दोनों से ही अधिक व्यापक है। इसमें इन दोनों ही के अर्थ संनिहित हैं।

शोध प्रारूप के प्रकार (Types of Research Design)

शोध प्रारूप कई प्रकार के होते हैं तथा इन प्रकारों से शोध प्रारूप की मूलभूत प्रवृत्ति में कल्पित परिवर्तन हो जाते हैं। शोध प्रारूप के प्रमुख प्रकारों में व्यावहारिक शोध (Applied Research), मूलभूतशोध (Basic Research), मूल्यांकन परक शोध (Evaluative Research), प्रयोगात्मक शोध (Experimental Research) और सामाजिक शोध (Social Research) प्रमुख हैं।

1. व्यावहारिक शोध (Applied Research)—व्यावहारिक शोध एक ऐसी शोध विधि है जिसका उद्देश्य तात्कालिक अथवा दूरगामी महत्व की व्यावहारिक समस्याओं का समाधान खोजना होता है, इस प्रकार की शोध में तथ्यों का संकलन नीति-निर्माताओं की आवश्यकता तथा उपयोगिता के दृष्टिकोण से किया जाता है। व्यावहारिक शोध ऐसे वैज्ञानिक सिद्धांतों की खोज एवं गवेषणा पर बल देती है जिनके द्वारा व्यावहारिक महत्व की समस्याओं का कोई त्वरित समाधान ढूंढ़ा जा सके।

2. मूल्यांकनपरक शोध (Evaluative Research)—किसी विशेष समूह के जीवन में सुधार हेतु बनाने गए कार्यक्रमों अथवा नीतियों की सफलता एवं प्रभावशीलता को आंकने के उद्देश्य से की गई अनुसंधान मूल्यांकनात्मक शोध कहलाती है। यह क्रियामुखी शोध का ही एक विशेष रूप है जो किसी कार्यक्रम के अपेक्षित अथवा अनपेक्षित परिणामों को मालूम करने के लिए की जाती है।

3. मूलभूत शोध (Basic Research)—दुनिया के तमाम हिस्सों में मूलभूत शोध की प्रवृत्ति रही है। इस शोध का बुनियादी उद्देश्य व्यावहारिक शोध का आधार तैयार करना रहा है। किसी तात्कालिक समस्या के समाधान की अपेक्षा किसी विषय के मूलभूत नियमों या वैज्ञानिक सिद्धांतों के विकसित किए जाने के उद्देश्य से की गई अनुसंधान को मूलभूत शोध कहते हैं। वास्तव में, मूलभूत शोध ही व्यावहारिक शोध की आधार स्थली का कार्य करती है।

4. प्रायोगिक शोध (Experimental Reseach)—शोध का वह रूप जिसमें शोधकर्ता एक अथवा अधिक स्वतंत्र परिवर्त्यों (चरों) को परिचालित अथवा नियंत्रित कर आश्रित परिवर्त्य या परिवर्त्यों (वेरिएबल्स) पर उनके प्रभावों की जांच करता है, प्रयोगात्मक शोध कहलाती है।

5. सामाजिक शोध (Social Research)—समाजशास्त्रियों द्वारा सामाजिक संबंध, सामाजिक अंतर्क्रियाएं, सामाजिक समूह, समाजिक समस्याएं, जैसे विषय अथवा विषयों को लेकर किए गए किसी भी वैज्ञानिक [अध्ययन को सामाजिक शोध कहते हैं। सामाजिक शोध का मुख्य उद्देश्य मानव के सामाजिक] जीवन को परिचालित करने वाले मूलभूत नियमों एवं सिद्धांतों की खोज तथा विद्यमान प्राकल्पनाओं तथा ज्ञान का परिष्करण करना है।

उपकल्पना
(Hypothesis)

समाजशास्त्र में प्राक्कल्पना एक बुनियादी उपागम के तौर पर स्वीकृत है। अत्यंत सामान्य अर्थ में घटनाओं के संबंध में निर्मित एक अनुमान अथवा प्रस्थापना को प्राक्कल्पना, परिकल्पना या उपकल्पना कहते हैं। शोध के विशिष्ट अर्थ में, दो या दो से अधिक परिवर्त्यों (वेरिएबल्स) के अंतर्संबंधों को व्यक्त करने वाला एक ऐसा अस्थाई कथन या सामान्यीकरण प्राक्कल्पना कहलाता है जिसे साक्ष्यों के आधार पर सिद्ध अथवा असिद्ध किया जाना बाकी है। एक प्राक्कल्पना परिवर्त्यों के बीच पाए जाने वाले संबंध के प्रति एक भविष्योक्ति है।

शून्य प्राक्कलपना (Null Hypathesis)—शून्य, एक ऐसी प्राक्कल्पना है जिसके द्वारा दो परिवर्त्यों (वेरिएबल्स) के बीच के शून्य संबंधों को प्रकट किया जाता है। शून्य संबंधों से तात्पर्य किसी प्रकार के संबंध न होने से है या दो परिवर्त्यों के बीच किसी प्रकार का अंतर न होना ही शून्य प्राक्कलपना को जन्म देता है। जैसे स्त्रियों एवं पुरुषों की औसत बुद्धि में कोई सार्थक अंतर नहीं होता या यह कि शिक्षा का गतिशीलता पर कोई प्रभाव नहीं होता।

इस प्राक्कल्पना को नकारात्मक प्राक्कल्पना भी कहते हैं, क्योंकि इसके द्वारा दो परिवर्त्यों के बीच किसी भी प्रकार के सार्थक संबंध को नकारा जाता है। यह सरल एवं निर्देश रहित प्राक्कल्पना होती है।

वैकल्पिक प्राक्कल्पना (Alternative Hypothesis)—शून्य प्राक्कल्पना की अस्वीकृतिक के बाद जिस प्राक्कल्पना को स्वीकार किया जाता है उसे वैकल्पिक प्राक्कल्पना कहते हैं।

द्वैपरिवर्ती प्रक्कल्पना (Bivariate Hypothesis)—दो परिवर्त्यों के बीच संबंध बताने वाली प्राक्कल्पना द्वै परिवर्ती प्राक्कल्पना कही जाती है।

बहुपरिवर्ती प्राक्कल्पना (Multivariate Hypothesis)—जब दो या दो से अधिक परिवर्त्यों के बीच संबंधों को प्रदर्शित करने वाली प्रस्थापना को बहुपरिवर्ती प्राक्कल्पना कहते हैं।

निदर्शन (Sampling)

किन्हीं इकाइयों के समूह/समग्र में से पूर्व निश्चित योजनानुसार कुछ निश्चित मात्रा में इकाइयों को चुनने की प्रक्रिया निदर्शन कहलाती है। इकाइयों को चुनने के लिए अनेक विधियों एवं तकनीकों का प्रयोग किया जाता है।

आकस्मिक निदर्शन (Accidental Sampling)—जब निदर्शन का चुनाव पूर्णतः सुविधा तथा उपलब्धता के आधार पर किया जाता है तथा प्रतिनिधित्वता पर कोई ध्यान नहीं दिया जाता, तब चुनाव की यह विधि आकस्मिक निदर्शन कहलाती है।

क्षेत्र निदर्शन (Area Sampling)—निदर्शन की एक विधि जिसमें समग्र में से कुछ व्यक्तिगत इकाइयों को न चुनकर, समग्र के किसी एक क्षेत्र को चुन लिया जाता है तथा चुने गये क्षेत्र की समस्त इकाइयों का अध्ययन किया जाता है, इसे क्षेत्र निदर्शन कहते हैं। इस विधि का प्रयोग मूलतः भौगोलिक तथा कृषि क्षेत्रों के अध्ययन से प्रारंभ हुआ, किंतु आजकल सामाजिक विज्ञानों के सभी क्षेत्रों में इसका प्रयोग किया जा रहा है।

बहुचरणीय निदर्शन (Multi-stage Samling)—जब अंतिम निदर्शन का चुनाव कई चरणों में सम्पन्न किया जाता है, तब इसे बहुचरणीय निदर्शन कहते हैं। विशाल समग्र को कई समूहों, उपसमूहों तथा खंडों आदि में विभाजित करके निदर्शन के प्रत्येक चरण में एकाधिक इकाइयों के समूहों के चुनाव की प्रक्रिया ही बहुचरणीय निदर्शन कहलाती है। साधारण दैव की भांति इसमें प्रतिदर्श-इकाइयों का चुनाव एक चरण में नहीं किया जाता। विशाल समग्र में से इकाइयों का प्रत्यक्ष चुनाव करना न तो संभव है और न ही अपेक्षित। इसीलिए बहुचरणीय निदर्शन विधि का विकास हुआ ताकि सूक्ष्म स्तर पर तथ्यों की जांच की जा सके। समग्र में से प्रतिनिधिक इकाइयों के चुनाव के लिए बड़े समूहों में से कुछ समूहों को, फिर इन चुने हुए समूहों को पुनः उप समूहों में विभाजित कर इनमें से कुछ उप समूह चुने जाते हैं। यदि उप समूह भी अध्ययन की दृष्टि से बड़े होते हैं, तो इन्हें पुनः विभाजित कर कुछ खंडों को चुना जाता है। चुने हुए इन खंडों की समस्त इकाइयां या फिर इनमें से भी चुनी हुई कुछ इकाइयों का आधारभूत इकाइयों के रूप में प्रयोग किया जाता है। राष्ट्रीय स्तर पर किए जाने वाले सर्वेक्षणों में सामान्यतः इस विधि का प्रयोग किया जाता है जिसमें सर्वप्रथम प्रांतों या प्रदेशों का, बाद में जिलों का और इन जिलों में से विकास खंडों तथा उपखंडों का चुनाव किया जाता है। भारत में 'नेशनल सेम्पल सर्वे' संगठन ने अपने कई अध्ययनों में इस विधि का प्रयोग किया है।

समूह निदर्शन (Cluster Sampling)—'क्लस्टर' का शाब्दिक अर्थ 'गुच्छा' या 'समूह' है। अतः व्यक्तिगत इकाइयों के एक गुच्छे या समूह के चूनाव की विधि संभाग-निदर्शन कहलाती है। संभाग-निदर्शन और क्षेत्र-निदर्शन विधियों में विशेष अंतर नहीं है। अलग-अलग संदर्भों में प्रयोग किए जाने के कारण इनके नाम में अंतर आ गया है। संभाग विधि में संपूर्ण जनसंख्या को पहले कुछ संभागों में विभाजित किया जाता है, तत्पश्चात् इनमें से एक निश्चित मात्रा में कुछ संभागों को दैव निदर्शन के आधार पर चुन लिया जाता है। इन चुने हुए संभागों में से (प्रत्येक से) कुछ इकाइयों को या सभी इकाइयों को दैव निदर्शन द्वारा चुनकर अध्ययन किया जाता है।

संभावनाहीन निदर्शन (Nonprobalrility Sampling)—निदर्शन विधि का एक रूप जिसमें समग्र में से प्रत्येक इकाई को चुने जाने की संभावना का निर्धारण संभव नहीं होता, संभावनाहीन निदर्शन के नाम से जाना जाता है। इस विधि में यह कहना कठिन होता है कि समग्र की प्रत्येक इकाई को चुने जाने की कोई भी संभावना है अथवा नहीं। आकस्मिक निदर्शन, उद्देश्यात्मक प्रतिचयन, निर्णयात्मक निदर्शन आदि संभावनाहीन निदर्शन के ही उदाहरण हैं।

संभावनामूलक निदर्शन (Probalrility Sampling)—निदर्शन का एक रूप जिसमें समग्र में से प्रत्येक इकाई को चुने जाने की संभावना ज्ञात होती है या निर्धारित की जा सकती है, संभावनामूलक निदर्शन कहलाता है। साधारण दैव निदर्शन स्तरित दैव निदर्शन बहुचरणीय दैव प्रतिचयन, क्षेत्र अथवा संभाग निदर्शन आदि सभी संभावनामूलक निदर्शन विधियां हैं।

जब किसी प्रतिदर्श का चुनाव सुविचारित रूप में किन्हीं परिवर्त्यों (वेरिएबल्स) को आधार बनाकर किया जाता है, ताकि चुनी गई इकाइयां समग्र का प्रतिनिधित्व कर सकें, तब इसे

उद्देश्यात्मक निदर्शन कहते हैं। शोधकर्त्ता के निर्णय पर आधारित होने के कारण इस विधि में समग्र की प्रत्येक इकाई को चुने जाने की संभावना प्राय: समाप्त हो जाती है। इसीलिए इसे निर्णयात्मक निदर्शन भी कहते हैं।

यथांश निदर्शन (Quota Sampling)— निदर्शन की विधि जिसमें संपूर्ण समग्र को किन्हीं परिवर्त्यों के आधार पर कुछ वर्गों में विभाजित कर, प्रत्येक वर्ग में से एक निश्चित मात्रा में इकाइयों का चुनाव किया जाता है, इसे यथांश निदर्शन कहते हैं। इसमें इकाइयों के चुनाव के लिए दैव निदर्शन का प्रयोग नहीं किया जाता। यथांश निदर्शन का सर्वाधिक प्रयोग जनमत सर्वेक्षणों में किया गया है। आजकल इसका प्रयोग बाजार अनुसंधानों तथा इस प्रकार के अध्ययनों में अधिकतर किया जा रहा है जिसमें अतिशीघ्र परिणामों की आवश्यकता होती है। इस विधि में सामान्यत: सर्वप्रथम किसी समग्र को कुछ भौगोलिक अथवा प्रशासनिक क्षेत्रों में विभाजित कर उनमें से कुछ क्षेत्रों का चुनाव दैव निदर्शन के आधार पर किया जाता है। तत्पश्चात् साक्षात्कारकर्त्ताओं को इकाइयों की एक निश्चित मात्रा बता कर तथा चुनाव से जुड़े अनेक अन्य निर्देश देकर प्रत्येक चुने हुए क्षेत्र में से कुछ विशिष्ट विशेषताएं रखने वाली इकाइयों के चुनने की स्वतंत्रता दे दी जाती है। साक्षात्कारकर्ता निर्देशों का पालन करते हुए अपने निर्णय पर इकाइयों का चुनाव करके उनका साक्षात्कार करते हैं। इस विधि पर आधारित निष्कर्षों की विश्वसनीयता प्राय: संदिग्ध रहती है।

दैव निदर्शन (Random Sampling)—निदर्शन की वह विधि जिसमें इकाइयों का चुनाव पूर्णत: संयोग अथवा दैविक इच्छा पर निर्भर करता है, दैव निदर्शन कहलाती है। इस विधि में प्रत्येक इकाई का चुनाव स्वतंत्र रूप में किया जाता है, अर्थात् एक इकाई का चुनाव किसी भी प्रकार दूसरी इकाई के चुनाव की संभावना को प्रभावित नहीं करता है। यही नहीं, यह विधि किसी समग्र में से प्रत्येक इकाई को निदर्शन में सम्मिलित किए जाने का समान अवसर देती है। दैव निदर्शन के लिए लॉटरी विधि, रेंडम अंक विधि, कार्ड विधि, नियमित-अनियमित अंकन विधि, ग्रिड विधि आदि का प्रयोग किया जाता है। दैव निदर्शन की जिस विधि में प्रत्येक निदर्शन इकाई का चुनाव प्रत्यक्ष रूप में किया जाता है, इसे दैव निदर्शन की अन्य विधियों (क्षेत्र निदर्शन या स्तरित) से अंतर प्रदर्शित करने के लिए 'साधारण दैव' के नाम से पुकारा जाता है।

स्तरीकृत निदर्शन (Stratified Sampling)—स्तरित निदर्शन एक समग्र को कुछ प्रासंगिक परिवर्त्यों (वेरिएबल्स) के आधार पर वर्गों (स्तृतों) में बांट कर प्रत्येक वर्ग में से कुछ निर्धारित संख्या में इकाइयों को चुनने की एक ऐसी पद्धति है, ताकि निदर्शन में प्रत्येक वर्ग के प्रतिनिधित्व की आवश्यकता बनी रहे। यदि इकाइयों का अनुपात प्रत्येक वर्ग में समस्त जनसंख्या की भांति निदर्शन में भी समान है, तब इसे 'आनुपातिक स्तरित' निदर्शन या कभी-कभी केवल 'आनुपातिक निदर्शन' भी कहते हैं। यदि प्रत्येक वर्ग में से इकाइयों का चुनाव दैव निदर्शन के आधार पर किया जाता है, तो यह स्तरित दैव निदर्शन विधि कहलाती है। किंतु जब प्रत्येक वर्ग में से इकाइयों का चुनाव दैव निदर्शन के आधार पर नहीं किया जाता है, तब यह विधि यथांश निदर्शन बन जाती है।

नियंत्रित निदर्शन (Controlled Sampling)—एक ऐसी निदर्शन पद्धति जिसमें निदर्शन का चुनाव जनसंख्या की महत्वपूर्ण विशेषताओं (जैसे आयु, लिंग, आर्थिक प्रस्थिति) के आधार पर किया जाता है, नियंत्रित निदर्शन कहलाता है। इस प्रकार के निदर्शन में अभिनति में कमी लाए जाने की काफी संभावना रहती है। इस निदर्शन में प्रतिनिधित्वत जो कि एक अच्छे निदर्शन की सबसे बड़ी विशेषता होती है, को बनाए रखा जा सकता है। इसका प्रयोग किफायती होता है क्यों इसमें छोटे निदर्शन से भी काम चल जाता है।

बहुस्तरीय निदर्शन (Multiphase Sampling)—सांख्यकीय विश्लेषण की एक विधि जिसमें अध्ययन के प्रथम स्तर पर एक से मूलभूत सूचनाएं एकत्रित की जाती हैं, द्वितीय स्तर पर अधिक गहन विश्लेषण के लिए चुने हुए निदर्शन में एक उप निदर्शन का चुनाव करके, उन इकाइयों का अध्ययन किया जाता है। यही विधि बहुस्तरीय निदर्शन कहलाती है।

दत्त संकलन की विधियां (Techniques of Data Collection)

पर्यावरण में घटित होने वाली किसी घटना से संबंधित ऐसी व्यवस्थित जानकारी, जिसके आधार पर कोई निष्कर्ष निकाले जा सकते हैं अथवा सिद्धांत की जांच की जा सकती है। अध्ययन की यह विधि दत्त संकलन अथवा तथ्य संकलन कहा जाता है। यह जानकारी ज्ञात अथवा उपलब्ध सामग्री, आंकड़ों या सूचनाओं के रूप में होती है। सांख्यिकीय दृष्टि से समंक उस समस्त भूत तथा वर्तमान की सार्थक सामग्री को कहते हैं जो अध्ययन एवं विश्लेषण का आधार बनती है।

प्राथमिक दत्त संकलन (Primary Data Collection)—दत्त और आंकड़ों के दो प्रकार हैं। इन्हें प्राथमिक और द्वितीयक कहा जाता है। प्राथमिक समंक अथवा तथ्य मौलिक सूचनाएं तथा आंकड़े होते हैं जिनका संकलन पहली बार किया गया है। प्रथम बार संकलित किए जाने के कारण ही इन्हें प्राथमिक

तथ्य कहा जाता है। सामाजिक विज्ञानों में इन तथ्यों के एकत्रण के लिए सामान्यत: अवलोकन, साक्षात्कार, प्रश्नावली आदि विधियों का प्रयोग किया जाता है।

द्वितीयक दत्त संकलन (Secordary Data Collection)—दूसरे प्रकार के तथ्य वे हैं जो विद्यमान अथवा पूर्व संकलित होते हैं। इन तथ्यों को द्वितीयक समंक कहा जाता है। ऐसे समंकों का संकलन शोधकर्ता के किसी विशिष्ट उद्देश्य से प्रेरित नहीं होता। ऐसे तथ्यों का संकलनकर्ता तथा प्रयोगकर्ता दो अलग-अलग व्यक्ति अथवा संस्थाएं होती हैं। लिखित प्रलेख, जनमाध्यमों से प्रचारित रिपोर्ट, सरकारी दस्तावेज़ आदि द्वितीयक समंक सामग्री में ही आते हैं। द्वितीयक दत्त पहली बार संकलित तथ्य नहीं होते बल्कि अन्य लोगों द्वारा संकलित मूल तथ्यों के आधार पर निर्मित तथ्य होते हैं।

परिभाषात्मक दत्त (quantitative Data)—उन तथ्यों को परिणात्मक कहा जाता है जिन्हें किसी माप की इकाइयों के आधार पर संख्याओं में प्रस्तुत किया जा सकता है, जैसे समय तथा आयु को वर्षों, दिनों, महीनों, घंटों तथा अन्य कालिक इकाइयों में प्रदर्शित किया जाता है। इन तथ्यों की नाप-जोख की जा सकती है। इनकी माप -तोल की इकाइयां निश्चित की जा सकती हैं। इन्हें संख्याओं, आंकड़ों अथवा अंकों में प्रदर्शित किया जाता है।

गुणात्मक दत्त (Qualitative Data)—वे तथ्य गुणात्मक तथ्य कहलाते हैं जिन्हें किन्हीं वर्णित विशेषताओं के आधार पर पहचाना जा सकता है, जैसे लिंग को संख्यात्मक इकाइयों में नहीं बांटा जा सकता है। इसे स्त्री और पुरुष के वर्गों में ही प्रदर्शित किया जाता है। गुणात्मक तथ्यों की संख्यात्मक रूप में गणना नहीं की जा सकती, किंतु परिमाण की अनिश्चित परिभाषा के अनुसार इनमें भिन्नता अवश्य प्रकट की जा सकती है।

अवलोकन (Observation)—अवलोकन गणनात्मक विधि का सबसे प्रमुख उपागम है। यह कई प्रकार का होता है जिसमें नियंत्रित अवलोकन, अनियंत्रित अवलोकन, सहभागी अवलोकन, असहभागी अवलोकन और अर्धसहभागी अवलोकन प्रमुख है। किसी घटना अथवा वस्तु को व्यवस्थित एवं सूक्ष्म रूप से देखने-परखने तथा आलेखन की विधि अवलोकन या प्रेक्षण कहलाती है। यह घटनाओं को भौतिक रूप में देखने के साथ-साथ मानसिक रूप में उनके प्रत्यक्षीकरण की एक विधि है।

नियंत्रित अवलोकन (Controlled Observation)—नियंत्रित अवलोकन से तात्पर्य एक ऐसी विधि से है जिसमें घटना को अत्यधिक विश्वसनीय और प्रामाणिक बनाने के उद्देश्य से विचाराधीन घटना अथवा/और अवलोकनकर्त्ता दोनों पर नियंत्रण स्थापित किया जाता है। घटना पर नियंत्रण के लिए प्राकृतिक विज्ञानों की प्रयोगिक विधि का प्रयोग किया जाता है। सामाजिक विज्ञानों में प्रायोगिक विधि की भांति लगाए गए नियंत्रणों के उपयोग की सीमित संभावनाएं हैं। अत: सामाजिक विज्ञानों में अवलोकनकर्त्ता के अवलोकन की प्रक्रिया अर्थात् अवलोकन का उद्देश्य, समय, स्थान, अवधि, इकाइयों की संख्या आदि को व्यवस्थित करने का यत्न किया जाता है। इसके लिए अवलोकन अनुसूची तथा यांत्रिक उपकरणों जैसे टेप रिकार्डर, कैमरा, स्टॉप घड़ी, आदि का भी प्रयोग किया जाता है।

अनियंत्रित अवलोकन (Uncontrolled Observation)—अवलोकन का एक प्रकार जिसमें विचाराधीन घटना का, बिना किसी नियंत्रण के प्रयोग किए हुए, उसकी स्वाभाविक स्थिति में (घटना के घटते समय) अध्ययन किया जाता है। इसे 'असंरचित' अथवा 'सरल' अवलोकन भी कहते हैं।

असहभागी अवलोकन (Nonparticipent Observation)—सामाजिक अन्वेषण की एक विधि जिसमें शोधकर्त्ता अध्ययन किए जाने वाले समूह की सक्रिय क्रियाओं में एक सदस्य की भांति भाग न लेकर मात्र एक तटस्थ दर्शक के रूप में समूह के व्यवहार को देखता-परखता है इसे असहभागिक अवलोकन कहते हैं।

सहभागी अवलोकन (Participent Observation)—अवलोकन विधि का वह रूप जिसमें शोधकर्त्ता अध्ययन किए जाने वाले समूह के एक आंतरिक सदस्य के रूप में समूह की गतिविधियों एवं कार्य-व्यवहारों में भाग लेता है। सामाजिक शोध की यह विधि सूक्ष्मदर्शक यंत्र की भांति शोधकर्त्ता को सामाजिक घटना का गहराई, निकटता तथा अति सूक्ष्मता से अध्ययन करने का अवसर प्रदान करती है।

अर्द्ध सहभागी अवलोकन (Quasi Participent Observation)—यह अवलोकन की एक विधि है जिसमें अन्वेषक सहभागिक और असहभागिक दोनों प्रकार के अवलोकन के बीच की स्थिति को अपनाता है, अर्थात् अध्ययन किए जाने वाले समुदाय की कुछ क्रियाओं में वह पूर्ण सहभागिक की भूमिका अदा करता है, तो कहीं पर वह पूर्ण असहभागिक बन जाता है।

प्रश्नावली (Questionnaire)—गणनात्मक विधि के अंतर्गत प्रश्नावली तथ्य-संकलन का एक उपकरण है जिसका प्रयोग एक निश्चित शोध-क्षेत्र में प्रश्नों के एक सामान्य समूह द्वारा उत्तर प्राप्त करने के लिए किया जाता है। यह प्रश्नों की एक सूची होती है जिसमें एक निश्चित क्रम में प्रश्न अंकित होते हैं। इस प्रश्नतालिका को सूचनादाताओं के पास भेज दिया जाता है ताकि वे अपनी सूचना

के आधार पर सही जानकारी भरकर पुन: शोधकर्त्ता के पास भेज सकें। सामान्यतौर पर इस विधि का प्रयोग साक्षर व्यक्तियों के लिए ही किया जाता है जो प्रश्नों को स्वयं पढ़ कर प्रत्युत्तर लिख सकते हैं। प्रश्नों की यह सूची अनुसूची से भिन्न होती है। अनुसूची भी प्रश्नों की सूची होती है किंतु उसका प्रयोग प्रत्यक्ष साक्षात्कार की स्थिति में किया जाता है तथा इसमें प्रश्नों के उत्तर स्वयं गवेषक लिखता है। अनुसूची से अंतर प्रदर्शित करने के लिए इसके लिए आजकल 'डाक प्रश्नावली' शब्द का प्रयोग किया जाता है।

प्रतिबंधित प्रश्नावली (Closedended Questionnaire)—ऐसी प्रश्नतालिका, जिसमें प्रश्नों के कुछ निश्चित वैकल्पिक उत्तर दिए होते हैं, को प्रतिबंधित प्रश्नावली कहते हैं। उत्तरदाता को अनेक वैकल्पिक उत्तरों में से ही किसी एक अथवा अधिक उत्तरों को चुनना होता है। इस प्रकार के प्रश्न हां अथवा नहीं के अत्यंत सरल रूप से लेकर बहुवैकल्पिक प्रकार के हो सकते हैं।

मुक्त-प्रश्नावली (Open-ended Questionnaire)—मुक्त प्रश्नावली में ऐसे प्रश्नों का प्रयोग किया जाता है जिसके प्रत्युत्तर देने के लिए सूचनादाता पूरी तरह स्वतंत्र होता है। इस प्रकार की प्रश्नावली में सूचनादाता पर उत्तर देने के लिए कोई प्रतिबंध नहीं होता। वह अपनी इच्छानुसार छोटा या बड़ा जैसा चाहे वैसा उत्तर दे सकता है।

अनुसूची (Schedule)—एक फार्म, तालिका, केटलॉग अथवा कार्ड जिसका निर्माण तथा प्रयोग शोध-तथ्यों के संकलन हेतु किया जाता है, अनुसूची कहलाती है सामान्यत: शोधकर्ता इसका प्रयोग प्रश्नावली के पर्यायवाची के तौर पर करते हैं। आजकल सामाजिक शोध में दोनों का प्रयोग अलग-अलग रूप में किए जाने के कारण इनके अर्थ एवं सदर्भ को निश्चितता प्रदान कर दी गई है। अनुसूची एक ऐसी प्रश्नतालिका है जिसका प्रयोग प्रत्यक्ष वार्तालाप (साक्षात्कार) की स्थिति में प्रश्न-उत्तर की तकनीक द्वारा सूचनाएं एकत्रित करने के लिए किया जाता है। अत: इसे साक्षात्कार अनुसूची भी कहते हैं। इसके विपरीत, प्रश्नावली को सूचनादाता के पास स्वयं सूचना द्वारा भरने के लिए भेज दिया जाता है। इसीलिए इसे 'डाक प्रश्नावली' भी कहते हैं।

प्रलेखीय अनुसूची (Document Schedule)—लिखित स्रोतों से प्राप्त मूक तथ्यों के संकलन हेतु जिस तालिका या सूची का प्रयोग किया जाता है, वह प्रलेखीय अनुसूची कहलाती है। व्यक्तिगत इतिहास, आत्मकथा, डायरी, सरकारी-गैर सरकारी दस्तावेज आदि लिखित स्रोतों के उदाहरण हैं।

संस्थात्मक सूची (Institutional Schedule)—संस्थाओं के आंतरिक एवं बाह्य कार्यकलापों अथवा समस्याओं के अध्ययन में प्रयोग की जाने वाली तालिका संस्थात्मक अनुसूची कहलाती है।

अवलोकन अनुसूची (Observation Schedule)—जिस अनुसूची का प्रयोग अवलोकन के द्वारा प्राप्त तथ्यों के संकलन के लिए किया जाता है, अवलोकन अनुसूची कहलाती है। इस प्रकार की अनुसूची का मुख्य उद्देश्य अवलोकन विधि को सुव्यवस्थित एवं क्रमबद्ध बनाना होता है।

साक्षात्कार (Interview)—एक व्यक्ति अथवा समूह के साथ विशिष्ट प्रयोजन से आयोजित औपचारिक वार्तालाप की प्रक्रिया साक्षात्कार-विधि कहलाती है। सामाजिक शोध की एक विधि के रूप में साक्षात्कार का मुख्य शोध संबंधी सूचनाएं एकत्रित करना है। इस विधि में प्रश्नोत्तर द्वारा उत्तरदाता से प्राप्त सूचनाओं को वर्गीकरण-विश्लेषण हेतु लिखा जाता है। यह समान्य वार्तालाप से भिन्न है क्योंकि इसमें एक विशिष्ट हेतु निश्चित तकनीकों के प्रयोग द्वारा इसे नियोजित किया जाता है।

संरचित साक्षात्कार (Structured Interview)—यह शोध-सूचनाएं एकत्रित करने की एक मौखिक विधि है जिसमें पूर्व निर्मित एवं लिखित प्रश्नों के माध्यम से सूचनादाता से पूर्व निश्चित स्थान एवं समय पर वार्तालाप किया जाता है। इस विधि में साक्षात्कारकर्त्ता को साक्षात्कार के दौरान प्रश्नों की भाषा अथवा क्रम में हेर-फेर करने की स्वच्छंदता नहीं होती। सभी सूचनादाताओं से एक ही भाषा एवं क्रम में प्रश्न पूछे जाने के पीछे मूल उद्देश्य साक्षात्कार-प्रक्रिया में पर्याप्त समरूपता बनाए रखना है। इस प्रकार के साक्षात्कार के लिए औपचारिक साक्षात्कार मानकीकृत साक्षात्कार नियोजित साक्षात्कार और निर्देशित साक्षात्कार शब्दावली का भी प्रयोग किया गया है।

असंरचित साक्षात्कार (Unstructured Interview)—तकनीकी विकास के साथ-साथ साक्षात्कार विधियों में अनेक मौलिक परिवर्तन हुए हैं। साक्षात्कार विधि के इस रूप को असंरचित इसलिए कहा जाता है क्योंकि इसमें साक्षात्कार की प्रक्रिया, प्रश्नों की भाषा अथवा क्रम, आदि की पूर्व संरचना नहीं की जाती है। मनोचिकित्सा तथा मनोविश्लेषण के क्षेत्र में सूचनादाता की दबी हुई भावनाओं, आकांक्षाओं एवं मनोवृतियों को जानने के लिए इसी विधि से मिलती-जुलती 'गहन साक्षात्कार विधि' का प्रयोग किया जाता है।

साक्षात्कार निर्देशिका (Interview Guide)—सामाजिक शोध के लिए एक संयोजित और व्यवस्थित पीठिका का होना आवश्यक है ताकि शोध सही गति और दिशा के अनुसार हो। इस पीठिका को ही शोध निर्देशिका के रूप में अभिहित किया जाता है। साक्षात्कार निर्देशिका ऐसे शोध-प्रसंगों अथवा विषयों की एक सूची होती है जिनके आधार पर साक्षात्कार किया जाता है। यह

लिखित प्रश्नावली से भिन्न होती है जिसमें पूर्व निश्चित प्रश्न क्रमानुसार लिखे होते हैं। निर्देशिका का मुख्य कार्य साक्षात्कारकर्त्ता को उन प्रसंगों एवं विषयों को याद दिलाना है जिनके संबंध में उसे सूचनाएं एकत्रित करनी हैं। इसका प्रयोग असंरचित प्रकार के साक्षात्कारों जैसे गहन साक्षात्कार या केन्द्रित साक्षात्कार में किया जाता है, इसके अतिरिक्त, जब इसका प्रयोग संरचित साक्षात्कार में किया जाता है, तब इसकी भूमिका साक्षात्कार अनुसूची के एक सहायक उपकरण की होती है। ऐसी निर्देशिका में साक्षात्कार संबंधी निर्देशों के साथ-साथ साक्षात्कार-अनुसूची में प्रयोग किए गए प्रश्नों का स्पष्टीकरण भी लिखा होता है।

बहुविकल्पीय प्रश्न

1. 'द हिस्ट्री ऑफ ह्यूमन मैरिज' नामक पुस्तक के लेखक कौन हैं?

A. टायलर B. वेस्टर मार्क
C. मार्गन D. कपाड़िया

2. सूची 1 को सूची 2 से मिलाइए तथा नीचे दिए गए कूट का प्रयोग करते हुए सही उत्तर का चयन कीजिए।

सूची-1	*सूची-2*
1. प्राणियों का प्रजनन	(a) परिवार का आर्थिक प्रकार्य
2. संस्कृति का संचरण	(b) परिवार का प्राणीशास्त्रीय प्रकार्य
3. श्रम विभाजन	(c) परिवार का सांस्कृतिक प्रकार्य
4. प्रस्थिति प्रदान करना	(d) परिवार का सामाजिक प्रकार्य

कूट :	a	b	c	d
A.	2	3	4	1
B.	3	1	2	4
C.	2	4	1	3
D.	3	4	2	1

3. 'टोडा' मुख्यत: है एक—

A. पशुपालक समुदाय
B. शिकारी समुदाय
C. कृषि-उन्मुख समुदाय
D. औद्योगिक श्रमिक समुदाय

4. आत्मसात की प्रक्रिया को हतोत्साहित करने वाली दशा कौन-सी है?

A. सहिष्णुता B. संस्कृतिकरण
C. सामाजिक संपर्क D. प्रभुत्व

5. 'कमाण्ड इकोनॉमी' की शब्दावली का तात्पर्य

A. उधार अर्थव्यवस्था
B. नियंत्रित अर्थव्यवस्था
C. मिश्रित अर्थव्यवस्था
D. मांग एवं पूर्ति अर्थव्यवस्था

6. निम्नलिखित में से कौन सामाजिक स्तरीकरण का अकार्य नहीं है?

A. सामाजिक दूरी बढ़ाना
B. समाज को विसंयोजित करना
C. मनोवृत्तियों का निर्धारण करना
D. समान अवसर न प्रदान करना

7. बेबलिन एक—

A. प्रौद्योगिक निर्धारणवादी है
B. सांस्कृति निर्धारणवादी है
C. आर्थिक निर्धारणवादी है
D. भौगोलिक निर्धारणवादी है

8. यह तर्क किसने प्रस्तुत किया है कि संस्कृति एक पद्धति है जिसमें एक वर्ग का प्रभुत्व दूसरे वर्ग पर बना रहता है?

A. मैलिनोवस्की B. हिलर
C. मार्क्स D. पारसन्स

9. प्रजाति के स्थान पर 'नृवंशीय समूह' जो कि विवादास्पद नहीं है के प्रयोग का सुझाव किस विद्वान ने दिया—

A. ए.डब्ल्यू. ग्रीन B. सोरोकिन
C. हक्सले D. हबेल

10. मैक्स वेबर द्वारा दी गई समाजशास्त्र की परिभाषा का आधार है—

A. सामाजिक संस्थाएं B. सामाजिकक्रियाएं
C. सामाजिक एकता D. सामाजिक संगठन

11. संस्कृति का संबंध किस जाति से है?

A. होमो सैपियन्स B. होमो ईरैक्टस
C. ऑस्ट्रेलो पिथिकस D. इनमें से कोई नहीं

12. समाजशास्त्र एक विज्ञान है क्योंकि इसमें होता है—

A. व्यवस्थित तथा संचित ज्ञान
B. ऐतिहासिकता तथा तुलनात्मकता
C. आनुभाविकता तथा गैर नैतिकता
D. A और B दोनों

13. समाजशास्त्र के अंतर्गत हम अध्ययन करते हैं—

A. सामाजिक समूहों का
B. सामाजिक संबंधों का
C. आनुभाविकता तथा गैर नैतिकता
D. A और B दोनों

14. निम्नलिखित में से कौन सा एक प्राथमिक समूह है ?

A. राज्य B. स्कूल
C. पड़ोस D. औपचारिक संगठन

15. निम्न में से कौन सी प्रदत्त प्रस्थिति नहीं हैं ?

A. विद्यार्थी B. महिला
C. शूद्र D. ब्राह्मण

16. निम्न में से कौन सा एक सामाजिक मूल्य है ?

A. कानून
B. डाक्टर के द्वारा इलाज करना
C. ईमानदारी
D. बड़ों को प्रणाम करना

17. प्रस्थिति से अभिप्राय है—

A. सामाजिक पद
B. कार्य
C. अधिकार तथा कर्तव्य का बोध
D. A और C दोनों

18. समाजशास्त्र की उत्पत्ति किन मुख्य प्रघटनाओं के आधार पर हुई ?

A. भारतीय स्वतंत्रता संग्राम B. फ्रांसीसी क्रांति
C. भौगोलिक क्रांति D. B और C दोनों

19. निम्नलिखित प्रकार्यों पर विचार कीजिए—

(a) समूह में किसी सदस्य के प्रवेश के लिए सहायक होना।
(b) किसी सदस्य के किसी समूह का अंग बन जाने के बाद उसमें उसके सांमजस्य को आसान बनाना
(c) सदस्यता समूह के अंतर्गत सदस्य की स्थिति को सुदृढ़ करना
(d) सदस्य को एक 'उपान्त व्यक्ति' बनने में परिणत करना

मर्टन के अनुसार, इनमें से कौन-कौन से वे प्रकार्य-द्वय हैं जो प्रत्याशित समाजीकरण द्वारा निष्पादित किए जाते हैं ?

A. *(a)* और *(d)* B. *(c)* और D
C. *(a)* और *(b)* D. *(b)* और *(c)*

20. सूची 1 का सूची 2 से मिलान कीजिए तथा नीचे दिए गए कूट के अनुसार अपने उत्तर का चयन कीजिए।

सूची-1	*सूची-2*
1. अभिजन का परिभ्रमण	*(a)* सोरोकिन
2. परिवर्तन का चक्रीय सिद्धांत	*(b)* पैरेटो
3. परिवर्तन का उद्विकासीय सिद्धांत	*(c)* स्पेंसर
4. सांस्कृति विलंबना	*(d)* ऑगबर्न

कूट :	*(a)*	*(b)*	*(c)*	*(d)*
A.	2	4	3	1
B.	1	3	2	4
C.	2	1	3	4
D.	2	3	4	4

21. यदि उच्च सामाजिक प्रस्थिति समूह की कन्या का विवाह निम्न सामाजिक प्रस्थिति समूह के व्यक्ति से होता है तो यह किस प्रकार का विवाह कहलायेगा ?

A. अंतर्विवाह B. अधिमान्य विवाह
C. अनुलोम विवाह D. प्रतिलोम विवाह

22. सूची 1 का सूची 2 से मिलान कीजिए तथा नीचे दिए गए कूट के अनुसार अपने उत्तर का चयन कीजिए।

सूची-1	*सूची-2*
1. द स्टडी ऑफ हिस्ट्री	*(a)* एफ. टॉनीज
2. सोशल एण्ड कल्चरल डायना मिक्स	*(b)* आर्नल्ड टायनबी
3. द कमिंग ऑफ पोस्ट इंडस्ट्रियल सोसाइटी	*(c)* पी.ए.सोरोकिन
4. गेमिनशाफ्ट एवं गेसेलाशाफ्ट	*(d)* डेनियल बेल

कूट :	*(a)*	*(b)*	*(c)*	*(d)*
A.	2	4	3	1
B.	4	1	2	3
C.	4	3	2	1
D.	3	2	1	4

23. अगस्ट काम्ट ने समाज के अध्ययन को विभाजित किया है।

A. अध: संरचना तथा अतिसंरचना
B. सामाजिक स्थिति विज्ञान तथा सामाजिक गति विज्ञान
C. अंत: समूह तथा बाह्य समूह
D. उपरोक्त में से कोई नहीं

24. नकारात्मक संदर्भ समूह का अध्ययन किया है—

A. हैरी जॉनसन ने B. राल्फ लिन्टन ने
C. थियोडोर काप्लो ने D. विलियम स्कॉट ने

25. प्रस्थिति असंगति निर्दिष्ट करती है—

A. सामाजिक स्तरीकरण की विभाओं पर विभेदक श्रेणीकरण

B. एक व्यक्ति की प्रस्थिति और भूमिका में विसंगति और द्वंद्व
C. प्रत्याशा और निष्पादन में अंतराल
D. एक व्यक्ति की विभिन्न प्रस्थितियों के बीच असंगतता

26. निम्नलिखित में से किसने सामाजिक संस्थाओं को सामाजिक संरचना और तंत्र के उस रूप में परिभाषित किया है जिसके द्वारा मानव समाज मानव आवश्यकताओं को संतुष्ट करने के लिए जरूरी बहुविधि क्रिया कलापों को संगठन निर्देशित तथा कार्यान्वित करता है ?
A. ई.ए. रॉस B. के. डेविस
C. सी.एच. कुले D. एच.ई. बार्न्स

27. किस समाज वैज्ञानिक ने सर्वप्रथम समाजशास्त्र की विषय वस्तु को अन्य विषयों की विषय वस्तु से पृथक किया है ?
A. ऑगस्ट कॉम्ट B. हरबर्ट स्पेंसर
C. इमाईल दुर्खीम D. मैक्स वेबर

28. समाजशास्त्र का शाब्दिक अर्थ है—
A. विज्ञानों का विज्ञान B. साहित्य का अध्ययन
C. समाज का विज्ञान D. विज्ञान का अध्ययन

29. 'समाज शास्त्र' शब्द की उत्पत्ति किस भाषा से हुई है—
A. लैटिन B. ग्रीक
C. फ्रांसीसी D. A और B

30. कॉम्ट ने समाजशास्त्र के मुख्य भाग बताए—
A. सामाजिक स्थैतिकी B. सामाजिक गति की
C. A और B D. सामाजिक वानिकी

31. समाजशास्त्र को व्यवस्थित रूप किसने प्रदान किया—
A. मैक्स वेबर B. हरबर्ट स्पेंसर
C. कार्ल मार्क्स D. इमाईल दुर्खीम

32. किसके अनुसार समाज की प्रमुख इकाई व्यक्ति है ?
A. मैक्स वेबर B. ऑगस्ट कॉम्ट
C. एल.एफ. वार्ड D. चार्ल्स डार्विन

33. निम्न में से किसने परिवार से राज्य तक की संस्था का अध्ययन समाजशास्त्रियों का कार्य बताया है
A. ऑगस्ट कॉम्ट ने B. हरबर्ट स्पेंसर ने
C. मैक्स वेबर ने D. इन सभी ने

34. भारत में समाज शास्त्र का एक विषय के रूप में प्रवेश हुआ—
A. फ्रांसीसी क्रांति के बाद
B. औद्योगिक क्रांति के बाद
C. प्रथम विश्व युद्ध के बाद
D. द्वितीय विश्व युद्ध के बाद

35. निम्न परिभाषा किसने दी है ? 'समाजशास्त्र समाज का सामान्य विज्ञान है।'
A. किंग्सले डेविस B. एच.एम. जॉनसन
C. मार्शल जोन्स D. एलेक्स इन्कलेश

36. समाजशास्त्र एक विज्ञान है—
A. आत्म निर्भर B. परतंत्र
C. आदर्शात्मक D. व्यावहारिक

37. समाजशास्त्र के स्वरूपात्मक संप्रदाय के मुख्य प्रवर्तक है—
A. दुर्खीम B. हॉब हाउस
C. सिमैल D. सोरोकिन

38. सूची 1 का सूची 2 से सुमेलित कीजिए तथा सही उत्तर चुनिए।

सूची-1	सूची-2
(a) फैमिली एण्ड किन्शिप उमंग पंडित्स ऑव कश्मीर	1. रॉबिन फॉक्स
(b) 'किन्शिप एण्ड मैरिज'	2. जी एस धुरिए
(c) एलमेन्टरी स्टक्चरस ऑव किन्शिप	3. पी.ए.सोरोकिन
(d) फैमिली एण्ड किन इन इन्डो यूरोपियन कल्चर	4. टी.एन. मदन
	5. लेवी स्ट्रास

कूट :	(a)	(b)	(c)	(d)
A.	3	1	5	4
B.	4	1	5	2
C.	4	2	3	5
D.	2	1	4	3

39. निम्नलिखित जनजातियों के समुच्चयों में से कौन-सा एक, इरावती कर्वे के अनुसार दक्षिणी सगोत्रता क्षेत्र का है ?
A. कोर्दू, गोन्ड और भील
B. भील, कादर, और कोया
C. कोया, गोन्ड और ओरॉव
D. कादर, कूर्गी और खासी

40. निम्नलिखित में से कौन-सा एक युग्म सही सुमेलित है ?
A. बंधुता व्यवहार : गोत्रज
B. वर्णात्मक बंधुत्व शब्द : वर्ग संबंध
C. वर्णानात्मक बंधुत्व शब्द : विशिष्ट संबंध
D. मातुल संबंध : ताऊ/चाचा

41. संविधान के किस अनुच्छेद के अनुसार जाति/जनजाति को शोषण से सुरक्षा दी गई ?
A. 23 B. 19

C. 15　　D. 17

42. संविधान के अनुच्छेद से हरिजन कल्याण के लिए आयुक्त की नियुक्ति की गई—

A. 338　　B. 337

C. 29　　D. 38

43. उत्तरी पूर्वी क्षेत्र में पाई जाने वाली जनजाति है—

A. गुरंग　　B. कोली

C. मलायन　　D. कोया

44. केंद्रिय क्षेत्र में पाई जाने वाली जनजाति है—

A. भूमजी　　B. सवारा

C. ओरा ऑन　　D. ये सभी

45. प्राथमिक समूह की अवधारणा किसने दी है—

A. किंग्सले डेविस　　B. मैकाइवर

C. सी.एच. कूले　　D. ऑगबर्न

46. विवाह है एक—

A. संस्था　　B. धार्मिक संस्कार

C. A और B दोनों　　D. इनमें से कोई नहीं

47. वेस्टर मार्क के अनुसार—

A. विवाह का आधार परिवार है

B. परिवार का आधार विवाह है

C. विवाह का आधार संस्कृति है

D. संस्कृति का आधार विवाह है

48. 'दी हिस्ट्री ऑफ ह्यूमन मैरिज' पुस्तक किसने लिखी है

A. मैलिनोवस्की　　B. वेस्टर मार्क

C. लॉबी　　D. माइकेल

49. विवाह होता है—

A. व्यापक

B. समाज द्वारा मान्यता प्राप्त

C. स्त्री पुरुष के मध्य संबंध

D. ये सभी

50. विवाह का/के कार्य हैं/है—

A. यौन संबंध का नियमन

B. सामाजिक संगठन बढ़ाना

C. या संतान प्राप्त करने के लिए

D. A और B दोनों ही

उत्तरमाला

1	2	3	4	5	6	7	8	9	10
B	B	A	D	B	C	A	C	C	B
11	**12**	**13**	**14**	**15**	**16**	**17**	**18**	**19**	**20**
A	D	D	C	A	D	D	D	C	C
21	**22**	**23**	**24**	**25**	**26**	**27**	**28**	**29**	**30**
D	B	B	C	D	D	A	B	D	C
31	**32**	**33**	**34**	**35**	**36**	**37**	**38**	**39**	**40**
D	A	D	C	D	D	C	B	B	C
41	**42**	**43**	**44**	**45**	**46**	**47**	**48**	**49**	**50**
A	A	A	D	C	C	B	B	D	B

अध्याय 15

गुणात्मक विधि (Qualitative Methods)

गुणात्मक पद्धति के अंतर्गत उस सामाजिक प्रक्रिया का विश्लेषण किया जाता है जो किसी सामाजिक समस्या के कार्य करण संबंध को दिखलाती है। इसकी कई उपविधियां भी हैं जिनमें सहभागी अवलोकन वैयक्तिक अध्ययन पद्धति तथा तुलनात्मक पद्धति प्रमुख है। गुणात्मक पद्धति को व्यावहारिक अध्ययन पद्धति भी कहा जाता है क्योंकि इस पद्धति द्वारा शोधकर्त्ता शोध-विषयक क्षेत्रों अथवा व्यक्तियों से सीधे जुड़कर तथ्यों का संकलन करता है तथा अपने निष्कर्ष निकालता है।

सहभागी अवलोकन (Participant Observation)

जब कोई शोधकर्ता अपनी विशिष्ट अवलोकन विधि द्वारा अध्ययन किए जाने वाले समूह के आंतरिक सदस्य के रूप में समूह की गतिविधियों एवं कार्यकलापों में भाग लेता है तो उसे सहभागी अवलोकन कहते हैं। सामाजिक शोध की यह पद्धति सूक्ष्मदर्शी की तरह शोधकर्ता को सामाजिक गहराई, निकटता तथा अति सूक्ष्मता से अध्ययन करने का अवसर प्रदान करती है।

यह अनौपचारिक स्थितियों व समूहों में व्यक्तियों के विशिष्ट अतं: वैयक्तिक संबंधों के परीक्षण, प्रेक्षण, अभिलेखन व मापन की महत्वपूर्ण विधि है। इसके अंतर्गत एक समूह से संबंधित व्यक्तियों के एक विशेष आधार पर पारस्परिक आकर्षणों, प्रतिकर्षणों व उदासीनताओं की प्रतिक्रियाओं के द्वारा संबंधित समूह की संरचना, नेतृत्व, पूर्वाग्रह व मनोबल आदि के स्वरूप का अध्ययन व मापन किया जाता है। **वौन फेन बैन** के अनुसार, ''यह एक ऐसी विधि है जिसके द्वारा समूहों में व्यक्तियों की स्वीकृति अथवा अस्वीकृति के विस्तार के मापन के आधार पर उनकी सामाजिक स्थिति, संरचना तथा विकास का अन्वेषण, वर्णन तथा मूल्यांकन किया जाता है।'' इस विधि का प्रयोग उन विषयों के अंतर्गत किया जाता है जिनमें गणना या आंकड़े कुछ काम नहीं आते। इससे व्यक्तियों के मानसिक व सामाजिक संबंध ईर्ष्या, वर्ग-संबंध आदि का मापन किया जाता है। यह अंत: वैयक्तिक संबंधों में आकर्षण तथा विकर्षण को संख्यात्मक एवं रेखाचित्रात्मक शब्दों में नापने की विधि है। यह पद्धति और समूह की संरचनाओं, व्यक्तित्व के लक्षणों एवं सामाजिक प्रस्थिति के अध्ययन में बहुत उपयोगी सिद्ध हुई है।

वैयक्तिक अध्ययन (Case Study)

बीसेन्ज के अनुसार ''वैयक्तिक अध्ययन एक गुणात्मक विवेचन का रूप है जिसमें किसी व्यक्ति, परिस्थिति अथवा संस्था का अत्यंत सावधानीपूर्वक अवलोकन किया जाता है।''

यह पद्धति मात्रात्मक होने के बजाय गुणात्मक है। यह उस सामाजिक प्रक्रिया का विश्लेषण करती है जो किसी सामाजिक समस्या के विकास और उसके कार्य विश्लेषण से जुड़ी होती है। यह घटनाओं के क्रम, व्यक्तियों की प्रेरणा व्यक्तियों और घटनाओं को प्रभावित करने वाले सामाजिक प्रभावों, सामाजिक संबंधों, तथा उप-संस्कृतियों आदि पर व्यापक जोर देती है। सूचना एकत्रित करने के लिए यह प्राथमिक और द्वितीयक स्त्रोतों पर निर्भर रहती है, जैसे दस्तावेज़, पत्र, और अखबार इत्यादि सामाजिक समस्या की प्रकृति को ध्यान में रख कर एकल अध्ययन पद्धति विचलित व्यक्तियों की उपसंस्कृति के अध्ययन में काम में ली जा सकती है, जैसे कि संगठित अपराधियों, कालाबाजारी और भ्रष्टाचार करने वाले व्यक्तियों, तस्करों, व मादक द्रव्यों का सेवन करने वाले व्यक्तियों की उपसंस्कृति का अध्ययन, या फिर भ्रष्ट राजनीतिज्ञों में संबंधों के संरूपों की उपसंस्कृति का अध्ययन।

सामाजिक समस्या के कारणों का विश्लेषण करने में एकल-अध्ययन पद्धति एक गुणात्मक प्रक्रिया है जो कि समस्या उत्पन्न करने वाले व्यवहार के विकास के विषय में सामान्यीकरणों का निरूपण करती है। मादक द्रव्यों का आदी होने के कारणों का विश्लेषण इसका एक उदाहरण है। कई समस्याओं की एक के बाद एक सर्वांगीण खोज़ करके और कई गंभीर समस्याओं की

तुलना करके **लिन्डस्मिथ** ने मादक द्रव्यों के आदी व्यक्तियों की उन व्यक्तियों से तुलना की है जो बहुत समय से इन द्रव्यों के सेवन के पश्चात भी आदी नहीं हुए थे। ऐसा करने से वह आदी होने की उन कारणात्मक प्रक्रियाओं को ढूंढ़ सका जो कि आदी नहीं होने वालों में अनुपस्थित थीं।

इस पद्धति में व्यक्तियों के सहयोग और विश्वास प्राप्त करने की क्षमता और गहन एवं सघन निर्दिष्ट साक्षात्कार की कला की आवश्यकता होती है।

अंतर्वस्तु विश्लेषण (Content Analysis)

संचार के लिखित, मौखिक अथवा दृश्य माध्यमों में अभिव्यक्ति अंतर्वस्तु के वस्तुपरक, व्यवस्थित एवं परिणामात्मक विश्लेषण की विधि को अंतर्वस्तु विश्लेषण कहते हैं। इस विधि की शुरुआत समाचार-पत्रों की सामग्री के वस्तुपरक अध्ययन से हुई। तत्पश्चात आगे चलकर इसका प्रयोग प्रचार सामग्री तथा जनमत-अध्ययनों के परिमाणात्मक विश्लेषण में किया गया। वर्तमान समय में इसका प्रयोग रेडियो, दूरदर्शन कार्यक्रमों, साहित्य व कला की विभिन्न विधाओं से संबंधित सामग्री संगीत एवं शिक्षा के क्षेत्र में किया जा रहा है। इस विधि के द्वारा संप्रेषण की विषय वस्तु को वर्गीकरण के नियमों के वस्तुपरक तथा व्यवस्थित प्रयोग द्वारा उसे परिमाणात्मक तथ्यों में परिणत किया जाता है। ऐसा करके उसके आधार पर तुलना की जा सके। अंतर्वस्तु का प्रमुख उद्देश्य संप्रेषित कच्ची सामग्री को इस प्रकार के तथ्यों में बदलना है। जिसे वैज्ञानिक रूप में विश्लेषित किया जा सके। यह विधि संप्रेषण में निहित अर्थों के विश्लेषण द्वारा मानव के सामाजिक व्यवहार को समझने में सहायता करती है। इस विधि का प्रयोग संप्रेषण सामग्री में निहित संदेश के इच्छित-अनिच्छित प्रभाव को जानना होता है।

तुलनात्मक पद्धति (Comparative Methods)

शशि के. जैन, ''राजनीतिक समाजशास्त्र की अध्ययन विधियों में तुलनात्मक पद्धति का विशेष महत्व है। तुलनात्मक विधि घटनाओं के वर्णन, उनके उचित वर्गीकरण, विकास और अर्थ पर अधिक बल देती है। यह विधि हमें बतलाती है कि राजनैतिक नियमों की जानकारी के लिए संस्थाओं की तुलना द्वारा हमें उक्त परिणामों पर पहुंचने का प्रयत्न करना चाहिए।'' तुलनात्मक पद्धति को लंबे समय तक समाजशास्त्र में सर्वोत्कृष्ट पद्धति माना जाता रहा। इसका प्रयोग सबसे पहले विकासवादी समाजशास्त्रियों ने किया, लेकिन इसके प्रयोग का यह मतलब नहीं कि प्रयोगकर्ता विकासवादी दृष्टिकोण से अनिवार्यतः जुड़ा हुआ है। सबसे पहले **दुर्खीम** ने स्पष्ट रूप से इस पद्धति के महत्व को स्थापित किया। उसने दावा किया कि समाजशास्त्रीय व्याख्या का एकमात्र मतलब कार्य कारण संबंधों की स्थापना है, इसके बाद उसने कहा कि एक परिघटना किसी दूसरी परिघटना का कारण है इसे दिखाने का एकमात्र तरीका यह है कि ऐसे मामलों की परीक्षा की जाए जिसमें दो परिघटनाएं एक ही साथ उपस्थित या अनुपस्थित हों और इस तरह देखा जाए कि एक पर दूसरी निर्भर है अथवा नहीं। अनेक प्राकृतिक विज्ञानों में कार्य कारण संबंध प्रयोग के आधार पर स्थापित किए जाते हैं, लेकिन चूंकि, **दुर्खीम** के मुताबिक, समाजशास्त्र में प्रयोग करना असंभव है इसलिए यहां अप्रत्यक्ष प्रयोग की पद्धति अर्थात तुलनात्मक पद्धति का उपयोग करना पड़ता है। सामाजिक क्षेत्र में कार्य कारण संबंध दिखाए जा सकते हैं या नहीं, इसमें यदि कोई संदेह हो तो भी कम से कम यह तो कहा ही जा सकता है कि व्यवस्थित तुलनाओं से बहुत कुछ पता चलता है क्योंकि वे यह दिखाती हैं कि कुछ सामाजिक परिघटनाएं बारम्बार एक दूसरे से जुड़ी हुई प्रकट होती हैं, या बारम्बार अनुक्रम की एक नियमित व्यवस्था की तरह सामने आती हैं।

लेकिन जैसा कि **रेडक्लिफ-ब्राउन** ने कहा, ''अकेले तुलनात्मक पद्धति से कुछ नहीं मिलने वाला। जमीन से तब तक कुछ नहीं पैदा हो सकता जब तक आप इसमें बीज नहीं डालते। परिकल्पनाओं की परीक्षा के लिए तुलनात्मक पद्धति केवल एक रास्ता है।'' तुलनात्मक पद्धति का प्रयोग करते समय जो कठिनाइयां महसूस होती हैं वे अंशतः किसी शुरुआती परिकल्पना के अभाव, या परिकल्पना के स्पष्ट सूत्रीकरण के अभाव के कारण, और अंशतः तुलना की इकाई को परिभाषित करने की दिक्कतों के कारण होती है। **कोंत** के कामों में इस पद्धति के पर्याप्त उदाहरण मिलते हैं। **कोंत** ने अपने 'तीन चरणों के नियम' की स्थापना के लिए जब तुलनात्मक पद्धति का प्रयोग किया तो उसका आधार कोई वैज्ञानिक परिकल्पना नहीं बल्कि संपूर्ण मानवता के विकास के संबंध में एक दार्शनिक दृष्टिकोण था। **हाबहाउस** की अधिकांश रचनाओं की भी आलोचना इस आधार पर की जा सकती है। **हाबहाउस** किसी सीमित परिकल्पना की परीक्षा के लिए अनेक प्रकार के समाजों में समाजिक संस्थाओं की तुलना नहीं करता, बल्कि उसकी चिंता विकास की दार्शनिक धारणा के अर्थों में विभिन्न सामाजिक संस्थाओं के सामान्य विकास को खोजना है।

तुलना की इकाई को परिभाषित करने में कुछ दूसरी कठिनाइयां उठ खड़ी होती हैं। पूरे के पूरे समाजों की एक दूसरे के साथ तुलना करने में इतनी कठिनाइयां हैं कि सामान्य प्रक्रिया विभिन्न समाजों में किसी एक विशेष संस्था, या किन्हीं दो संस्थाओं के बीच संबंध

की तुलना करने की रही है। तुलनात्मक पद्धति के आलोचकों का कहना है कि जो संस्थाएं ऊपर से एक तरह की दिखाई पड़ती हैं। वास्तविक रूप में वे समाजों का अध्ययन किया जा रहा है उनमें एकदम अलग-अलग हों, और दूसरे कि कोई संस्था जिस समाज में है उस पूरे समाज के संदर्भ से काटकर उसे देखने से आसानी से गलतफहमी पैदा हो सकती है। इन आपत्तियों से वास्तविक कठिनाई का आभास मिलता है। इन कठिनाइयों पर संभवत: तुलना का क्षेत्र कम करके काबू पाया जा सकता है। इसका तात्पर्य यह है कि तुलना उन्हीं समाजों के बीच की जाए जो व्यापक तौर पर समान हों यानी किसी पूर्व वर्गीकरण के द्वारा जो समाज एक ही प्रकार के निर्धारित हो चुके हों। सच बात तो यह है कि वर्गीकरण के लिए ही तुलना की जरूरत पड़ती है लेकिन अत्यंत व्यापक और सामान्य स्तर की। तब परिकल्पना की परीक्षा के लिए विस्तृत तुलना इस आश्वासन के साथ शुरू की जा सकती है कि तुलना की इकाइयां पूरी तरह बेमेल नहीं हैं या गलत नहीं समझी गई हैं। वस्तुत: लगता है कि इसी तरह तुलनात्मक पद्धति का सर्वाधिक सफल प्रयोग हुआ है। कई अध्ययन, कुछ पुराने, कुछ नए, इसकी गवाही देते हैं। **हाबहाउस, हवीलर** और **गिंसबर्ग** ने आदिम समाजों में कुछ प्रमुख संस्थाओं का व्यवस्थित तुलनात्मक अध्ययन किया है। उनकी पद्धति यह थी कि आदिम समाजों की व्यापक कोटि के तहत विभिन्न प्रकार की आर्थिक व्यवस्थाओं को अलगाया जाए, और फिर इसकी परीक्षा की जाए कि इन आर्थिक भिन्नताओं से शासकीय संस्थाओं और सामाजिक स्तरीकरण में अंतर का किस हद तक संबंध है। औद्योगिक समाजों में सामाजिक स्तरीकरण और सामाजिक गतिशीलता के संबंध में कई अध्ययन इंटरनेशनल सोशियोलाजिक एसोसिएशन द्वारा प्रायोजित रहे हैं। वे अध्ययन हालांकि स्वतंत्रतापूर्वक चलाए गए लेकिन तुलना को बढ़ावा देने की व्यापक योजना के तहत चले और इसीलिए जानबूझ कर समान पद्धतियों और विश्लेषण की कोटियों का प्रयोग किया गया। इन उदाहरणों में से किसी में भी स्पष्ट रूप से सूत्रबद्ध परिकल्पनाओं के परीक्षण की कोई बहुत कोशिश नहीं की गई, लेकिन ये अध्ययन वस्तुत: अंतर्निहित परिकल्पनाओं से जुड़े हुए थे, और पहले मामले में सामाजिक विकास के तथा दूसरे मामले में सामाजिक वर्ग के कुछ सामान्य सिद्धांतों से भी जुड़े थे। औद्योगिक समाजों की विशेषताओं के संबंध में कुछ अन्य हालिया अध्ययनों में जानबूझ कर तुलनात्मक खोजबीन के जरिए परिकल्पनाओं के परीक्षण का लक्ष्य रखा गया है; इनमें हैं—**एस.एम. लिपसेट** और **आर. बैंडिवस** की **सोशल मोबिलिटी इन इंडस्ट्रियल सोसाइटी** और **एस.एम. लिपसैट** की **पोलिटिकल मैन** में मतदान संबंधी व्यवहार तथा लोकतांत्रिक शासन की सामाजिक पूर्व शर्तों के बारे में किए गए अध्ययन। विभिन्न आधुनिक या वर्तमान के समाजों में औद्योगीकरण की प्रक्रियाओं में तुलना करने के भी कुछ प्रयास हुए हैं और अधिक श्रमसाध्य तुलनात्मक अध्ययनों के लिए हमें उन सीमित गवेषणाओं पर नजर डालनी होगी जो एक ही समाज विशेष में भिन्नताओं पर विचार करती हैं। इसका सर्वोत्तम उदाहरण आत्महत्या का **दुर्खीम** का अध्ययन है, जिसका लक्ष्य है विभिन्न सामाजिक समूहों में आत्महत्या की दर को उस समूह की विशेषताओं के साथ जोड़कर आत्महत्या के सामाजिक कारणों का पता लगाना। एकदम हाल के समाजशास्त्रीय शोधों में छोटे पैमाने की तुलनाओं के जरिए सीमित परिकल्पनाओं के परीक्षण पर ध्यान केंद्रित किया गया है। जैसे शहरी जीवन और तलाक या अपराध की दर के बीच संबंध, परिवार के आकार और समाजिक गतिशीलता के बीच संबंध, सामाजिक वर्ग और शैक्षिक उपलब्धि के बीच संबंध इत्यादि।

तुलनात्मक पद्धति के उन्नीसवीं सदी के समर्थक इसे सामान्य उपयोग की पद्धति मानते थे। ई ए फ्रीमैन का कहना था कि, 'अध्ययन की तुलनात्मक पद्धति की स्थापना हमारे युग की सर्वश्रेष्ठ बौद्धिक उपलब्धि है।' भाषाओं के अध्ययन में इसके नतीजों को उसने विशेष रूप से उद्धृत किया है, और आगे बढ़कर यह दिखाया है कि सामाजिक संस्थाओं के अध्ययन में इसे कैसे लागू किया जा सकता है। बीच में एक समय ऐसा आया कि छानबीन की अत्यंत उन्नत तकनीकों की सहायता से विशेष समाजों के भीतर के छोटे स्तर के अध्ययनों में तुलनात्मक पद्धति का व्यापक रूप से इस्तेमाल किया गया। उसके बाद फिर से, जैसा कि मैंने संकेत किया, समाजों के बीच तुलना में लोगों की रूचि जागी है। अनेक मामलों में छोटे स्तर के अध्ययन के नतीजों की परीक्षा के लिए ऐसी अंतरराष्ट्रीय तुलनाएं जरूरी बहुत होती है।

मौखिक इतिहास (Oral History)

अल्फ्रेड शूटज् के अनुसार दिन-प्रतिदिन का जीवन प्रभावी यथार्थ है। यह जीवन सामाजिक, भौतिक, भौगोलिक वस्तुओं से बना है जिसके अंतर्गत व्यक्ति रहते हैं, कार्य करते हैं व परस्पर संबंधों का निर्वाह करते हैं। लोगों की इस विश्व के प्रति स्वाभाविक जिज्ञासा होती है। वे इसके अस्तित्व पर प्रश्न-चिन्ह नहीं लगाते और न ही उसकी अनवरतता में कोई शक करते हैं। दैनिक जीवन के बारे में अगर किन्हीं दो आम व्यक्तियों को प्रश्न पूछे जाएं तो एक से उत्तर आएंगे, लोगों के परिप्रेक्ष्य व धारणाएं समानता का बोध कराती हैं। **शूटज्** ने यह प्रश्न उठाया कि यह समान धारणा बनती कैसे है

जबकि हर व्यक्ति का जीवन-वृतान्त भिन्न है। हालांकि हर बालक जन्म के समय विशिष्ट परिवार में जन्म लेता है पर क्रमशः धीरे-धीरे वह सतत् समाज की सूचनाओं को ग्रहण करता रहता है। इस प्राप्ति को **शूटज्** ने ज्ञान-भंडार की संज्ञा दी। हर व्यक्ति अपने ज्ञान-भंडार के आधार पर व्यक्तिगत परिप्रेक्ष्य को निर्मित करता है। [समान अर्थों की उत्पत्ति अन्तर्विषय पर कर्ता के आधार पर निर्मित होती है।] यह अंतर्विषयक मनुष्य की चेतना की अंतर्निहित समाजिकता की द्योतक है। साथ ही यह व्यक्ति का स्व, विश्व अनुभव का वह आयाम है जिसमें अर्थों की साझेदारी है।

शूटज् के अनुसार इस विश्व के निर्माण में निम्नलिखित घटक हैं:

(क) सहभागीगण (Consociates): ये वे लोग हैं जिनसे हमारा आमने-सामने का संबंध है। सभी मित्र परिचित, परिवार-सदस्य इस श्रेणी में आते हैं।

(ख) समकालीनजन (Contemporaries): ये वे लोग हैं जिनसे हमारा कोई संबंध नहीं होता पर प्रत्यक्ष अप्रत्यक्ष रूप से वे हमें, हमारे जीवन को किसी न किसी रूप से प्रभावित करते हैं। अनेक ख्यातिलब्ध और प्रभावशाली लोगों के कार्यकलाप हमारे जीवन को प्रभावित करते हैं।

(ग) पूर्ववर्त्तीजन (Predecessors): ये वे लोग हैं जो हमसे पहले थे, इतिहास, वंशावली, उनकी जानकारी देता है। उनके द्वारा सम्पन्न कार्य, निर्णय, निर्माण हमारे वर्तमान को प्रभावित करते हैं।

(घ) उत्तरवर्त्तीजन (Successor): ये वे लोग हैं जो अभी दुनिया में आए नहीं हैं, पर हमारे द्वारा किए गए कार्य, निर्णय, निर्माण उनके जीवन को प्रभावित करेंगे। पर्यावरण के दोहन-शोषण का भावी पीढ़ी पर प्रभाव पड़ेगा।

विश्व को संगठित करने में निम्नलिखित आयाम प्रमुख भूमिका निभाते हैं—

(क) परिपेक्ष्य (The Reciprocity of Perspectives): इस परिप्रेक्ष्य में व्यक्तियों के दृष्टिकोण में अदला-बदली होती है और उपयुक्तता के आधार पर व्यवस्था का निर्माण सामाजिक मानदंडों के अनुसार होता है। परस्पर प्रस्थिति व स्थिति की अदला-बदली से व्यक्ति एक दूसरे के परिप्रेक्ष्य को समझ सकते हैं। इसी से समान अपेक्षाओं व अनुभवों का जन्म होता है। इसी से व्यक्तिगत अनुभवों के परे सहभागिता-अनुभवों का जन्म होता है। यह विशिष्ट अनुभवों से परे की स्थिति है।

(ख) ज्ञान का समाजिक उद्गम (Social Origin of Knowledge): अनेक समाजशास्त्रियों ने माना है कि स्व के सार-ज्ञान के उद्गम का स्रोत समाज है। स्व, माता-पिता व अन्य सहयोगियों से सीखता है। परंपरा, रीति-रिवाज, मानदंडों का आत्मसातीकरण सामाजीकरण की प्रक्रिया के माध्यम से होता है। भाषा इस प्रक्रिया में महत्वपूर्ण योगदान देती है। भाषा व्यक्तिगत नहीं होती। भाषा का समान अर्थ होता है और परस्पर संबंधों व अर्थों का निर्माण भाषा के माध्यम से सम्पन्न होता है।

(ग) ज्ञान का सामाजिक वितरण (Social Distribution of Knowledge): समाज में ज्ञान के वितरण का सामाजिक आधार होता है। हम हर वस्तु, घटना, आयामों का ज्ञान नहीं रख सकते।

बीमार होने पर हमें डॉक्टर के पास उपचार के लिए जाना पड़ता है, क्योंकि हमें औषधि संबंधी ज्ञान नहीं है। उसी तरह से, बिजली खराब होने पर हमें बिजली ठीक करने वाले के पास जाना पड़ता है, इस तरह हम औरों के क्षेत्र का ज्ञान-निर्माण करते हैं और उसके क्षेत्र की सीमा-रेखा को समझते हैं। हमारे ज्ञान की प्रकृति जो कि बाहरी दुनिया की चीजें व्यक्ति का भी वर्गीकरण करते हैं और अलग-अलग व्यक्तियों का भी । केवल वैज्ञानिक ही पुरुषों के वर्गीकरण का उपयोग नहीं करते अपितु साधारण लोग भी प्रकारों के आधार पर घटनाओं व व्यक्तियों का विभाजन करते हैं। जब हम किसी पत्र को पोस्ट बॉक्स में डालते हैं तो हम यह जानते हैं कि यह पोस्टमैन के द्वारा गंतव्य स्थान पर दे दिया जाएगा, इस तरह हमने पोस्टमैन की क्रिया का प्ररूपीकरण किया। मित्र, रिश्तेदार, सहयोगी, पड़ोसी ये ऐसे प्ररूप हैं, जिनके आधार पर हम अपनी क्रियाएं सम्पन्न करते हैं। अनेक ऐसे लोग भी होते हैं जिनसे हमारे संबंध व्यक्तिगत नहीं होते हैं। दुकानदार, पुलिस, दफ्तर का चपरासी इसी तरह के लोग होते हैं। जबकि कुछ अन्य लोगों से हमारे संबंध व्यक्तिगत होते हैं, जैसे माता-पिता, भाई-बहन, मित्र इत्यादि। हम अपने पूर्ववर्ती लोगों को भी विभक्त करते हैं और हमारे उत्तरवर्ती लोगों को भी। हालांकि दिन-प्रतिदिन के जीवन में हमें हमारे सहयोगी गण एवं समसामयिक लोगों से अंतर्क्रिया करनी पड़ती है।

ये प्रारूप इतने सामान्य होते हैं कि साधारण आदमी प्रायः इनके बारे में सचेत नहीं होता, हालांकि वह उसका उपयोग व्यवहार में करता है। वैज्ञानिक का कार्य इन प्रारूपों के आधार पर अधिक अमूर्त प्रारूपों का निर्माण करना होता है, जिसे दैव्यितक स्तरीय निर्माण कहते हैं। इस तरह के निर्माणों को आदर्श प्रारूप कहा गया, हालांकि यह **वेबर** के द्वारा प्रस्तुत आदर्श प्रारूप से भिन्न हैं। **वेबर** के अनुसार, आदर्श-प्रारूपों का निर्माण अध्ययन के लिए किया जाता है जबकि शूटज् के अनुसार ये दैनिक जीवन की

अंतर्निहित प्रकृति है। **शूटज्** ने सामान्य ज्ञान की सामाजिक पृष्ठभूमि को प्रस्तुत करने के पश्चात् यह प्रश्न उठाया कि समाज वैज्ञानिक को क्या करना चाहिए। उसके अनुसार, समाज विज्ञान विषयपरक अर्थ संदर्भ का वस्तुपरक अर्थ संदर्भ हैं। **शूटज** का कथन है कि समाज विज्ञान मात्र इसलिए अपरिच्छक नहीं हो जाता, क्योंकि वह उन मनुष्यों का अध्ययन करता है जो स्वयं स्व—संदर्भ की घटनाओं की व्याख्या करते हैं। समाज वैज्ञानिक का मुख्य उद्देश्य तार्किकता के आधार पर ऐसी सैद्धांतिक प्राथमिक अवधारणाओं और कथनों का निर्माण करना है जो कि वस्तु-परकता को आधार मानकर आधुनिक अथवा परंपरागत, भावनात्मक अथवा तार्किक, सही अथवा गलत मनुष्यों की क्रियाओं कि व्याख्या कर सके। **शूटज्** कहते हैं कि वस्तुपरकता के आधार पर निर्मित अभिवृत्ति व्यक्ति को उसके जीवनीगत संदर्भ से मुक्त कर अध्ययन करने के लिए प्रेरित करती है। जीवनीगत स्थिति में स्वीकृत आयामों पर वैज्ञानिक प्रश्नचिन्ह लगाता है और इसी विधा को **हसर्ल** ने 'इपोक' कहा। समाजशास्त्री रोजमर्रा के जीवन के विश्व का एक अमूर्त प्ररूप का निर्माण करते हैं जो कि वैज्ञानिक समस्या की पृष्ठभूमि में किया जाता है। इन निर्माणों का आधार निम्नलिखित अभ्युपगम पर निर्भर करता है:

(क) सैद्धांतिक निर्माण के अंतर्गत उच्चस्तरीय स्पष्टता आवश्यक है और साथ ही औपचारिक तर्क शास्त्र के सिद्धांतों से उनकी संगतता आवश्यक है इसे ही तार्किक संगति अभ्युपगम कहते हैं।

(ख) विषयपरक व्याख्या का अभ्युपगम उस विधि को कहते हैं जिसके अनुसार, व्यक्तियों की सभी प्रकार की क्रियाओं व उनके प्रतिफलों को विषयपरक अर्थ देना आवश्यक होता है।

(ग) पर्याप्तता का अभ्युपगम: इस अभ्युपगम का अर्थ यह है कि, सामाजिक क्रिया के वैज्ञानिक प्रारूप के अंतर्गत हर संबोध को ठीक से समझा जाए। दिन-प्रतिदिन के जीवन में सामान्य आधार पर होने वाली क्रियाओं को कर्त्ता एवं उसके सहयोगी समझ सकें, तभी वैज्ञानिक द्वैव्यितक स्तर पर उनकी व्याख्या कर सकेगा।

प्रघटनाशास्त्र के उपरोक्त आयामों की विस्तारमय व्याख्या दूसरे अनुभाग में की जा रही है।

प्रघटनावाद के अंतर्गत अनेक ऐसी क्रियाओं का ध्यान रखा जाता है की मनुष्य के दैनिक व्यवहारों से जुड़ी होती हैं तथा उसके मूल व्यवहारों की ओर इंगित करती हैं। **शूटज्** के प्रघटनावाद के अंतर्गत दैनिक जीवन के प्राकृतिक अभिवृत्ति एवं सामाजिक अभिवृत्ति में भेद स्पष्ट किया गया है। **शूटज्** का कथन है कि व्यक्ति अन्य व्यक्तियों की क्रिया के सार को ही नहीं लेकिन क्रियाओं के निर्माण की प्रक्रिया के प्रति भी अपनी प्रतिक्रिया प्रस्तुत करते हैं। अर्थात् 'व्यक्ति क्या करते हैं' और 'क्या कहते हैं' के साथ ही साथ कैसे करते व कहते हैं, को भी महत्व देते हैं। उदाहरण के तौर पर, कक्षा में अंत:क्रिया का सार अर्थात् ''क्या पढ़ा'' और क्या पढ़ाया जाता है, महत्त्वपूर्ण है, लेकिन यह भी महत्त्वपूर्ण है कि पढ़ाने और सीखने की प्रक्रिया के माध्यम से यथार्थ को कैसे बनाए रखा जाता है। विद्यार्थियों के लिए आवश्यक है कि वे, जो सीखा है उसको अभिव्यक्त कर सकें और यह भी आवश्यक है कि जो वे जानते हैं उसको कैसे अभिव्यक्त किया जाए।

प्राकृतिक अभिवृत्ति में इस बात पर ध्यान नहीं दिया जाता कि क्या घटित हो रहा है। बल्कि संभावित परिचित एवं प्रारूपीय क्रियाओं को महत्व दिया जाता है और उन्हीं को यथार्थ मान लिया जाता है। उदाहरण के तौर पर, न्यायालय में इस बात पर कोई ध्यान नहीं देता कि विभिन्न लोगों के मध्य अंत:क्रिया का क्या स्वरूप है। हम यह मानकर चलते हैं कि न्यायाधीश के व्यवहार का एक तरीका है और उसी तरह से वकील का और अपराधी का। **सड्नो** का यह कहना है कि समाजशास्त्री होने के नाते हमें अपनी स्वाभाविक अभिवृत्ति से बाहर निकलकर यह देखना चाहिए कि जो सामान्य दिखता है, उसकी सामान्यता की स्थापना किस तरह से होती है। अपराधियों को न्यायालय में किस तरह से लाया जाता है, उन्हें दण्ड देने की प्रक्रिया क्या है और जो दण्ड दिया गया है उसके सत्यापन को कैसे प्रमाणित किया जाता है। प्राकृतिक अभिवृति में अध्ययनकर्त्ता यह मानकर चलते हैं कि वस्तु जगत् में समस्त पक्ष जैसे समान्य व्यक्ति एवं अपराधी विद्यमान होते हैं। समाजशास्त्री इस बात को महत्व देता है कि सामाजिक विश्व व्यक्तियों की क्रियाओं के आधार पर बनता है। प्रघटनाशास्त्रीय समाजशास्त्री स्वयं को प्राकृतिक अभिवृत्ति से दूर करने के लिए स्वयं को विश्व की स्वीकृत आकृति के प्रति उदासीन घोषित कर यह पूछने का प्रयास करता है कि यथार्थ का बाह्य रूप किस तरह से बनता है। सामान्य व्यक्ति सोचने की इस तरह की प्रक्रिया में अभिरुचि नहीं लेता। उसे इस बात की जानकारी तो है कि सामाजिक घटना अथवा सामाजिक स्थिति का निर्माण कैसे होता है, पर उसे यह पता नहीं कि यह किस प्रक्रिया से होता है सामान्य तौर पर जिस पद्धति से सामाजिक विश्व का निर्माण होता है, वह दृश्यमान नहीं होती। सामान्य अभिवृति पर प्रश्नचिन्ह उस समय आसानी से लग जाता है, जबकि सामान्य दिनचर्याएं व्यापक रूप से टूटती हैं और जब कोई भी गड़बड़ आधारभूत अंत:क्रिया के नियमों को तोड़ देती हैं। समाजशास्त्री इस स्थिति को एक विधा के रूप में उपयोग कर प्राकृतिक अभिवृत्ति को समझने में उपयोग में ले सकता है। **गारफिंकल** ने कहा कि, ''किसी स्वाभाविक और परिचित घटना को लें और फिर यह पूछा जाए कि इसको किस तरीके से आपातयुक्त

किया जाए। इसको करने के लिए जो तरीके अपनाने पड़ेंगे, उसके माध्यम से ही हम यह जान सकते हैं कि सामान्य व निरापद संरचना का निर्माण किस तरह से होता है और उसको किस भांति स्थायित्व प्राप्त होता है।'' समाजशास्त्री यह देखते हैं कि जब मित्रों से अजनबियों की तरह मिला जाए, तो क्या होता है, जब बच्चे अपने घर को एक छात्रावास मानें और जब निर्धारित कीमतों वाली दुकान में जाकर भाव-तौल करें तो किस तरह की स्थिति उत्पन्न होती है। इन प्रयोगों के माध्यम से सामान्य व प्राकृतिक अभिवृत्ति को समझा जा सकता है और यह भी कि दैनिक जीवन की क्रियाएं किस तरह से स्वीकृत होती रहती हैं। इस तरह से मान्यताओं व स्वीकृतियों को समझने के लिए सामान्य स्थितियों को असामान्य स्थिति के रूप में परिवर्तित करके समझा जा सकता है। प्रघटनावादी समाजशास्त्री सामाजिक संगठन के आधारभूत स्तंभों को भी अध्ययन की प्रक्रिया में निलंबित कर देते हैं। समय और स्थान को भी सामाजिक निरूपण मानते हैं। ये संगठन की योजना के वे तत्व हैं जिनको कर्ता सामाजिक विश्व के ऊपर रखता है। सामाजिक विश्व के उतने ही स्वरूप होते हैं जितने कि समय के बारे में विचार।

जब समय के बारे में विचार वस्तुपरकता की स्थिति पार कर लेते हैं तो वे व्यक्ति पर पुन: आकर के अंत:क्रियाओं के प्रभाव को स्वरूप प्रदान करते हैं। सामाजिक समय के अनेक रूप हो सकते हैं और हर सामाजिक समय का अपना औचित्य क्षेत्र होता है। एक स्व—समय होता है, जिसमें व्यक्तिगत जीवन के क्रम की घटनाओं को प्रस्तुत किया जाता है—''मैं सवेरे कब उठता हूं,'' ''कब नहाता हूं,'' ''कब अखबार पढ़ता हूं,'' इत्यादि-इत्यादि। रात में सबको सोना चाहिए—पर कई लोग चिंता के कारण से सो नहीं पाते। कई विद्यार्थी परीक्षा के दौरान रात-रात भर जागते हैं। हर व्यक्ति का समय क्रम भिन्न होता है। एक अंत:क्रिया का समय होता है, जिसमें लंबी अवधि की विनिमय प्रक्रिया होती है, जैसे खाने का समय, साक्षात्कार का समय-कुछ स्थितियों में लंबे समय का बोध होता है, जैसे सप्ताह, मौसम और कुछ समय का स्वरूप ऐसा है कि उसमें अन्त:क्रिया की प्रक्रिया क्षणिक होती है। हर समय को सामाजिक ढंग से परिभाषित किया जाता है जैसे-खाने की अवधि की कोई निश्चितता होती है, उसको सीखने की प्रक्रिया भी होती है, जैसे अभिवादन की प्रक्रिया को कितनी देर में समाप्त करना। समय के अर्थ का उल्लंघन भी हो सकता है, जैसे किसी व्यक्ति को आलसी कहना, विलंब से आना, अयोग्य अथवा गैर-जिम्मेदार कहना। समय का समाजशास्त्रीय परिप्रेक्ष्य सामाजिक संगठन के निर्माण का महत्वपूर्ण आधार है। हम सामाजिक जीवन के यथार्थ के बारे में भविष्य-वाणी करने की क्षमता समय के संदर्भ में करते हैं। इसी के आधार पर व्यक्ति अपनी अंत: क्रियाओं के क्रम को नियमित करता है। बातचीत के दौरान अपनी बारी आने पर ही बोलना, चातुर्य एवं कूटनीति का प्रयोग, कतार एवं प्रतीक्षा के नियम, ये सब समय के महत्त्व को दर्शाते हैं। यह एक महत्वपूर्ण बात है कि केवल मनुष्य ही प्रतीक्षा कर सकता है। केवल मनुष्य की समय की संरचना के माध्यम से प्राकृतिक इच्छाओं को रोकने की क्षमता रखता है, हालांकि दोनों में संघर्ष ही क्यों न हो।

समय का सामाजिक अर्थ वास्तव में बहुत ही महत्वपूर्ण है। घड़ी का समय, एक यांत्रिक समय है, सप्ताह, महीने व वर्ष भी समय की चक्रिय अवस्था का बोध कराते हैं। ''मेरे पास समय है,'' ''मैं व्यस्त हूं'', ''समय कट नहीं रहा है''। रविवार को छुट्टी का बोध, समय के सामाजिक बोध को दर्शाते हैं। छुट्टियां जल्दी समाप्त हो जाती हैं, प्रिय के संग व्यतीत घण्टे मिनट जैसे लगते हैं, जवानी कितनी जल्दी चली गई, यह अध्याय पढ़ने में समय अधिक लग रहा है, इत्यादि उक्तियां समय के यांत्रिक बोध से परे हैं। प्रघटनाशास्त्रीय समाजशास्त्रीय प्रश्नों के अनेक आयामों को विश्लेषति करने की क्षमता रखता है। इसके माध्यम से विषयपरक अनुभवों का सामाजिक अर्थ समझा जा सकता है। प्रघटनाशास्त्रीय समाजशास्त्र संरचनात्मक आयामों को प्रक्रियात्मक परिवर्तनों के संदर्भ में विश्लेषित करता है। पश्चिम के बौद्धिक योगदान के अंतर्गत प्रघटनाओं व वस्तुओं को द्विभाजित करने की प्रवृत्ति रही है। इसके सटीक उदाहरण के रूप में संरचना एवं प्रक्रिया अच्छा और बुरा, पवित्र एवं अपवित्र समानता एवं स्तरीकरण जीवन के यथार्थ वास्तविकता के स्तर पर द्विभाजन के आधार पर समझे नहीं जा सकते। अच्छे और बुरे के बीच ऐसी अनेक स्थितियां हैं, जो व्यक्ति की क्रियाओं से अभिव्यक्त होती हैं तथा उसके आंतरिक अनुभवों में संचित होती रहती हैं। सामाजिक यथार्थ अमूर्तता के स्तर पर अनुभव का विलग आभास प्राप्त करता है। प्रघटनाशास्त्र व्यक्ति और समाज के मध्य अनुभव की विशिष्टता व संरचना की समरूपता के परस्पर द्वंद्वात्मक संबंध को विश्लेषित करता है।

जीवन इतिहास (Life History)

दैनिक विश्व के अभिग्रहों का कोष्ठिकरण अथवा निलम्बन एक ऐसी प्रक्रिया है जिसके अंतर्गत अध्ययनकर्त्ता विषयी के रूप में सामाजिक विश्व का अंग के रूप में काम करता है। क्योंकि वह उसमें भाग लेता है। उसका चिंतन आम व्यक्ति के रूप में स्वाभाविक अभिवृत्तियों पर निर्भर रहता है। समाजशास्त्रीय प्रघटनाशास्त्री उपागम के अंतर्गत उसे अपने स्वाभाविक अभिवृत्ति को हटाकर उन अभिग्रहों पर प्रश्न चिन्ह लगाता है, जिनसे व्यक्ति के अनुभवों की संरचना बनती है। इसका अर्थ दुनिया को नकारना

नहीं है अपितु अपनी अभिवृत्तियों में इस तरह का परिवर्तन करना है जिससे कि वस्तुएं अधिक स्पष्ट दिखें।

जीवन विश्व का वर्णन: वर्णन का अर्थ मात्र दृश्यव्य आंकड़े नहीं है। अगर कोई व्यक्ति अन्य व्यक्ति से अंत:क्रिया करता है, तो यह प्रत्यक्षण होना चाहिए कि अंत:क्रिया का प्रत्यक्षण चेतना के स्तर पर हो रहा है, उनके घटकों का विश्लेषण किया जा रहा है व घटकों के मध्य परस्पर संबंधों को भी समझा जा रहा है। हम औरों को मात्र भौतिक रूप से नहीं देखते, उस आधार पर निष्कर्ष निकालना भी तर्क संगत नहीं होगा। हम अन्य को वस्तु अथवा शरीर के रूप में देखते हैं, लेकिन साथ ही हम उसमें दुकानदार, सेठ, लंबा, मोटा, अमीर, उच्चवर्गीय, स्वार्थी, कंजूस का भी बोध करते हैं। यह अर्थ व्याख्या की योजना से संभव होता है व हमारे प्रत्यक्षण का भाग है। हम अपने प्रत्यक्षण का निरंतर परीक्षण करते रहते हैं एवं उनमें निहित तत्वों को ढूंढते हैं। उसी तरह, औरों के अध्ययन में, हमें यह देखने का प्रयास करते हैं कि वे स्वयं कैसी संरचना करते हैं। अमूर्तता के अन्य स्तर पर भाषायी व्यवस्था का भी परीक्षण किया जाता है और अनुभवों को भाषा के माध्यम से संकलित करने की संरचना को भी समझा जाता है।

अंत:विषयपरकता की समस्या : इस जीवन—विश्व को अंत:विषयपरकता के आधार पर समझा जाता है। सामाजिक व्यवस्था का निर्माण दिन प्रतिदिन की क्रियाओं में किस प्रकार होता है—इस प्रश्न को सैद्धांतिक स्तर पर विश्लेषित करने की आवश्यकता है।

प्रघटनाशास्त्रीय उपागम के अंतर्गत अध्ययनकर्त्ता संकीर्ण व सीमित परिप्रेक्ष्य के आधार पर कार्य नहीं करता। अध्ययन के बने बनाए तरीके भी नहीं होते। वैज्ञानिक अध्ययन से भिन्न अध्ययन होने के कारण, इस उपागम के अंतर्गत नए तथ्यों के ढूंढ़ने पर बल दिया जाता है।

हसर्ल की प्रघटनाशास्त्रीय पद्धति क्रांतिकारी रूप से विषयपरक व व्यक्तिवादी थी। वह पूर्णतया अहंमात्रवादी पद्धति के पोषक थे व चेतना के मूल-मर्म को जानने पर बल देते थे।

अवलोकन के आधार पर तात्कालिक अनुभव व उनका चिंतन इस पद्धति के प्रारंभिक तत्व माने गए। चेतना सदैव किसी वस्तु की चेतना होती है। इसे वस्तु से अलग नहीं किया जा सकता। उदाहराणार्थ अगर आप ताजमहल को देखकर मन में विशिष्ट भाव का उद्‌भव अनुभव करते हैं, तो उसी से ताजमहल का अस्तित्व माना जाएगा। ताजमहल आपके बाहर है, अनुभव भीतर। अगर किसी मित्र को देखकर मन में स्नेह भाव उत्पन्न होता है तो मित्र बाहर है और स्नेह-भाव आंतरिक। **हसर्ल** के अनुसार 'विश्व' वह विश्व है जिसको अर्थयुक्तरूपेण चेतना में अनुभव किया जाता है।

व्यक्ति को दृश्यव्य प्रघटनाशास्त्र में विश्लेषण के स्तर पर दो स्तरों तथा स्वरूपों में प्रस्तुत किया जाता है। एक स्तर पर वह सोचने वाला, चाहने वाला व्यक्ति है जो कि उसके अनुभव का अंग है तो दूसरी ओर एक सामाजिक—मनोवैज्ञानिक प्राणी है, जिसमें संज्ञान अनुभव व व्यवहार के लिए अभिप्रेरणा को महत्व दिया जाता है। दूसरी विशेषता को लघु समाजशास्त्रीय की संज्ञा दी जा सकती है। इसके अंतर्गत क्रियाओं के स्वरूपों को महत्व दिया जाता है, क्रियाओं के स्वरूप का आधार तय करते हुए। **शूटज्** ने विषयपरकता को महत्व दिया। वृहद संदर्भो की व्याख्या, कर्त्ता के उनके बो में ज्ञान व समझ के आधार पर की जाती है। विषयपरक समझ व वस्तुपरक भाषा के मध्य द्वंदात्मक समझ व अन्य लोगों के माध्यम से सीखी गई व्याख्याएं व नाप-पत्र, कार्य करने के दिशानिर्देश व्यक्ति व व्यक्ति के मध्य संबंधों को स्थापित करती है। मानवशास्त्रियों ने इन्हें समुदाय की संस्कृति कहा है। लेकिन संस्कृति के वे तत्व बाह्यता के आधार पर व्यक्ति के व्यवहार का निर्धारण नहीं करते हैं, अपितु उन्हें व्यक्ति स्वीकार करता है, पुन: परिभाषित करता है, विवेचना करता है। अत: वे परिवर्तित भी होते हैं। एक तरह से सामाजिक प्रतिरूप के ऊपर उसका व्यक्तिगत प्रतिरूप होता है।

प्रघटनाशास्त्री 'समाज' जैसे अमूर्त संबोध को वस्तुपरक रूपेण प्रस्तुत करते हैं। यह उपागम दफ्तरी विश्वास व्यवस्था **दुर्खीम** व **पारसन्स** द्वारा प्रस्तुत, सामूहिक चेतना एवं सांस्कृतिक व्यवस्था के अर्थों को स्वीकार नहीं करके, व्यक्ति उनके क्या अर्थ निकालता है, को महत्व देता है। अंतत: व्यक्तियों की क्रियाएं उनके द्वारा प्रदत्त अर्थों पर निर्भर करती है।

व्यक्ति स्वयं के अनुभवों के आधार पर ज्ञान का अपना संचय करता है। अनुभवों का पुंज परिवर्तित, परिवर्द्धित व परिमार्जित होता रहता है। सामाजिक प्रतिरूपता ऊपर के स्तर पर निर्मित है, पर उसके नीचे व्यक्तिगत प्रतिरूपता का निर्माण होता है और वही व्यक्ति की सोच, क्रिया, व्यवहार व दृष्टि का निर्माण करता है। इसमें लचीलापन है और यह भूमिकाओं व प्रस्थितियों की जड़ता को अस्वीकार कर आंतरिक स्वतंत्रता प्रदान करता है। स्वतंत्रता का विस्तार व संकुचन व्यक्ति के अनुभवों के आधार पर स्वनिर्मित है। अत: व्यक्ति सीमित स्थितियों में बंधा हुआ न होकर, अनुभवों की निरंतरता में विकसित होता रहता है। उसकी सावयवी परिपक्वता जो कि प्राणीशास्त्रीय है, महत्वपूर्ण नहीं होकर, अनुभव की परिपक्वता महत्वपूर्ण हो जाती है। एक ही प्रकार की स्थिति की पुनरावृत्ति में व्यक्ति संचयी अनुभव के आधार पर भिन्न तरीके से व्यवहार कर सकता है। अत: अंत:क्रियाओं के सरलतम स्तरों पर भी ऐतिहासिक विषयपरक तत्व विश्लेषण के स्तर पर महत्वपूर्ण होते हैं। व्यक्ति जीवन-वृतांत प्रक्रिया के आधार पर जीवन-वृत्तांत

स्थिति व्यक्ति से निपटता है। सामाजिक व्यवस्था का स्थायित्व एक सैद्धांतिक भ्रम है।

इसलिए **शूटज** ने द्रवता को सामाजिक संबंधों का मूल-तत्व माना है। उनका तात्पर्य है कि सामाजिक संबंध बदलते रहते हैं। सामाजिक संबंधों का यह अस्थाई तत्व सामाजिक प्रघटनाओं के विषयपरक आयामों को महत्व देता है। संबधों के प्रतिमान अथवा स्थायित्व ढूंढ़ने के लिए वस्तुपरकता आवश्यक है, क्योंकि इसी आधार पर एकरूपता का निर्माण संभव है। अत: स्थायित्व व वस्तुपरकता एवं अस्थायित्व एवं विषयपरकता में तार्किक संबंध है। उदाहरण के लिए जब हम प्रस्थिति व भूमिकाओं की चर्चा करते हैं, तब विशिष्ट पदों, पद—सोपानों को ध्यान में रखते हैं, डॉक्टर, अध्यापक, पिता, ग्राहक, दुकानदार के साथ प्रस्थितियां जुड़ी हैं। ग्राहक-ग्राहक हैं, उसी के अनुरूप व्यवहार करते हैं। इस तरह की व्याख्या में समरूपता, प्रतिमानता, स्थायित्व का निर्माण होता है, पर जब व्यक्ति विशेष 'क' को ग्राहक के रूप में देखते हैं, तब उसका जीवन—वृत्तांत, उसके ग्राहकी व्यवहार का निर्माण करता है। कोई ग्राहक सब्जी खरीदकर, भाव पूछते हैं तो कोई भाव पूछकर सब्जी खरीदते हैं। भाव-तौल की प्रक्रिया भी ग्राहक 'क' स्थिति के अनुरूप करता है। अनजान स्थान पर सामान खरीदते समय व्यक्ति अलग ढंग से व्यवहार करता है। चुपके-चुपके बियर, व्हिस्की पीने वाले, अंधेरे में व नजर बचाकर बोतल खरीदते हैं पर बम्बई जैसी जगह में वे जाते हैं तब निर्भीक अंदाज में बोतल खरीदते हैं व नि:संकोच हो पीते हैं।

द्रवता के ये मापदंड व्यक्ति के अन्य सामाजिक संबंधों में भी परिलक्षित होते हैं। सामाजिक विश्व में व्यक्ति को वस्तुपरक व्यवस्था के रूप में प्रस्तुत किया जाता है, जिसमें अन्य व्यक्ति, भाई, बहन, पिता, अध्यापक, दुकानदार, पुलिस, डाक्टर रूप में प्रस्तुत किए जाते हैं। इसी के माध्यम से व्यक्ति अनगिनत प्रस्थितियों, व्यक्तियों, स्थानों व स्थितियों का आभास, ज्ञान प्राप्त करता है, जिनमें वह मिला भी नहीं है और जिन स्थितियों में वह गया भी नहीं है। जेल, हम कदाचित् कभी गए नहीं, विदेश भी अनेक व्यक्ति नहीं गए हैं, फिर भी उनसे स्व स्वयं को संबंधित करता है। अर्थ प्रदान करता है। इन स्थितियों व व्यक्तियों के बारे में उसे कोई संदेह नहीं है। हम प्रधानमंत्री से नहीं मिले हैं, शासन कर रहे हैं। यह प्रतिरूपता भाषा के माध्यम से संभव होती है। आभासी आधार पर उन स्थानों का जहां हम कभी गए नहीं हैं, उन व्यक्तियों का जिनसे हम मिले नहीं हैं, उन संस्थाओं का जिनसे हमें कभी संपर्क स्थापित करने का अवसर नहीं मिला है एक संबंध स्थापित करते हैं।

व्यक्ति के ज्ञान के क्षैतिज चरित्र का श्रेय **हसर्ल** को जाता है। **शूटज्** ने अपने विश्लेषण में अनेक स्तरों पर सामाजिक परिधियों व व्यक्तियों को जोड़ा। इसके अंतर्गत सूदूरी से सामीप्य, पहचान से लेकर अजनबीपन तक के आयाम सम्मिलित किए हैं। भाषा सामूहिकरूपेण अमूर्त एवं वस्तुपरक माध्यम है, जिसके द्वारा व्यक्ति वस्तुओं को अर्थ प्रदत्त करता है। व्यक्ति के स्वयं का अनुभव समूहगत अर्थों की जटिलता से बंधता है। संस्कृति उसे तैयार माल व अर्थ प्रदान करती है पर उसके अनुभव उन तैयार व प्रदत्त अर्थों को भिन्न स्तर पर अर्थयुक्त बनाते हैं। सामाजिक व प्राकृतिक विश्व की संरचनाओं को वह विषयपरक अर्थ प्रदान करता है, जो कि उसके स्वयं के हैं। विषयपरक व्यक्तिमूलक अर्थों को समाजशास्त्रीय ढांचे में प्रस्तुत करने का कार्य **शूटज्** ने किया। **शूटज्** ने सामाजिक संरचना एक निरंतर परिवर्तित, परिवर्द्धित अर्थयुक्तता से जोड़ने का कार्य भी किया। अत: सामाजिक संरचना **शूटज्** के हाथों विषयपरकता की आधारशिला पर रखी गई है। यह विचार सामाजिक संरचना की वस्तुपरकता को भ्रामक मानती है। वस्तुपरकता अतार्किकरूप से सामाजिक संरचना को स्वीकार कराने का आग्रह करती है।

समाजशास्त्र का वैज्ञानिक उपागम, साधारण व्यक्ति की अवैज्ञानिकता को एकरूपता में बांधता है और 'साधारण-ज्ञान' का निर्माण करता है। प्रघटनाशास्त्र उसी साधारण व्यक्ति की यथार्थता को दर्शाता है जो कि साधारण नहीं है। यह उपागम 'समाज' जैसे संबोधों को अमूर्तता के स्थान पर वास्तविकता व जीवन के यथार्थ के स्तर पर प्रस्तुत करता है। अमूर्तता के स्तर पर राज्य, समाज, सहयोग, स्पर्धा जैसे संबोधों को, व्यक्तियों के जीवन अनुभव के संदर्भ में अर्थयुक्त बनाना आवश्यक हो जाता है। हर व्यक्ति के लिए राज्य का अनुभव अलग है। हम कहते हैं, समाज की परवाह मत करो, राज्य भ्रष्ट है, ये प्रतिक्रियाएं हमारे संदर्भ-अनुभव के आधार पर निर्मित हैं।

शूटज् का समाजशास्त्रीय परिप्रेक्ष्य लघु-स्तरीय स्थितियों से वृहद-स्तरीय संरचनाओं का विश्लेषण करने की क्षमता रखता है। स्व-अवलोकन व विश्लेषण की एक सीमा तो यह है कि व्यक्ति जटिल इकाइयों को उनके सभी आयामों में विश्लेषित नहीं कर सकता। स्वातिमता का अर्थ स्व-चयनियत क्षेत्रों को सीमित करना है। पश्चिम का विचार द्विभाजन पर आधारित है, यथा-समय व स्थान; संरचना व कार्य पदार्थ व गति व्यवस्था एवं प्रक्रिया। इन द्विभाजनों ने समाजशास्त्रीय सिद्धांतों के निर्माण में महत्वपूर्ण योगदान दिया है।

हसर्ल के योगदान में भी इसका उल्लेख है। उनके प्रारंभिक विचार उनके ग्रंथ में प्रस्तुत किए गए हैं—यह ग्रंथ संरचनात्मक प्रघटनाशास्त्र को परिलक्षित करता है। **हसर्ल** के बाद के ग्रंथ उदाहरणत: 'फार्मल एण्ड ट्रान्सेन्डेन्टल लाजिक' में ''उत्पत्ति

संबंधी'' आधार माना गया है। संरचनात्मक अवधारणा के अंतर्गत **हसर्ल** ने वस्तुओं और घटनाओं को पूर्णता के आधार पर अंतर्ज्ञान द्वारा समझने का प्रयास किया है। उसके उत्पति संबंधी तर्कों के अंतर्गत निर्माण व नींव की प्रक्रिया महत्वपूर्ण मानी गई। **रिचार्ड ज़ेनर** के अनुसार प्रघटनाशास्त्रीय समाजशास्त्र संरचनात्मक व प्रक्रियात्मक दोनों आयामों को अंगीकार करता है। समाजिक विश्वास पुंज का संरचनात्मक पक्ष उसी निरंतरता व पुनरावृति में है जबकि उसके निर्मित होने की व उसके समाजिक जीवन के अंग बनने की प्रक्रिया प्रवाह होने का बोध कराती है।

पीटर बरजर एवं **थोमस लुकमन** ने अपनी पुस्तक दी सोशियल कंसट्रकशन ऑफ रियलिटी में **शूटज** के योगदान को आगे बढ़ाया है। समाज की वस्तुपरकता व्यक्ति की विषयपरकता के मध्य द्वंदात्मक संबंधों से संज्ञानात्मक संरचनाओं का निर्माण होता है।

प्रघटनाशास्त्र संरचना व गत्यात्मकता दोनों को ही विश्लेषित करती हैं। सामाजिक गत्यात्मकता को तीन स्तरों पर देखा जा सकता है। प्रथम, लघु भिन्नताएं जो कि सीमित क्षेत्र में परिलक्षित होती हैं और जिनके लंबे प्रभाव कम होते हैं। उदाहरण के लिए पति एक शाम जब घर आता है तो पत्नी कहती है कि उसे रात्रि को प्लेन से बम्बई जाना है, क्योंकि उसके पिता बीमार हैं। विवाह के पश्चात् यह पति का पहला अवसर था जबकि उसे पत्नी से अलग रहना पड़ेगा। इन स्थितियों से व्यक्ति नया अनुभव प्राप्त करता है। पत्नी की अनुपस्थिति में उसे छोटे-मोटे परिवर्तन करने पड़ेंगे जैसे, खाना होटल में खाएगा, कपड़े स्वयं धोएगा इत्यादि।

दूसरी स्थितियों में अधिक गंभीर परिवर्तन की आवश्यकता होती है, जिसमें जीवन के विविध पक्ष प्रभावित होते हैं। इसमें व्यक्ति के मूल विश्वास यथावत् रहते हैं। उदाहरण के लिए — व्यक्ति को नौकरी से निकाल दिया जाता है फिर भी व्यक्ति भगवान पर भरोसा और विश्वास रखेगा, परिवार के साथ रहेगा और अन्य विकल्पों की तलाश करेगा। प्रजातंत्र में उसका विश्वास बना रहेगा। देश की संस्कृति उसे अभी भी उतनी ही प्रिय लगेगी और 15 अगस्त को उसे आजादी प्राप्त होने का स्मरण रहेगा। तीसरी स्थिति उदाहरणत: व्यक्ति जब धर्म परिवर्तन करे अथवा जब एक संस्कृति से उसे दूसरी संस्कृति में जाना पड़े। व्यापार में बहुत अधिक नुकसान होने पर व्यक्ति साधु बन जाए तो उसे सब कुछ नया सीखना और करना पड़ता है। इन अवस्थाओं में व्यक्ति एक सबसे अलग स्थिति में आ जाता है। ऐसी स्थितियों में व्यक्ति मानसिक रूप से बीमार हो सकता है, व्यक्ति आत्महत्या का प्रयास भी कर सकता है, विद्रोही अथवा आतंकवादी बन सकता है।

व्यक्ति की प्रतिक्रिया समाज की वस्तुपरक स्थितियों के संदर्भ में विषयपरक स्व—अनुभव की विशिष्टता के आधार पर निर्भर है। एक व्यक्ति क्रोध आने पर बर्तन फेंक सकता है, दूसरा, क्रोध को पी लेगा, तीसरा गाली-गलौच करेगा, चौथा कांपने लगेगा, इत्यादि इससे पता चलता है कि एक ही क्रिया की भिन्न-भिन्न प्रतिक्रियाएं हो सकती हैं। आत्म-हत्या की प्रवृति स्व को नष्ट करने के भाव से प्रेरित है। इसके विपरीत स्वीकृत मूल्यों व मानदण्डों के अर्थ को नकार कर व्यक्ति स्व को व्यक्तिगत स्तर पर अधिक स्वीकृत मूल्यों व मानदण्डों के अर्थ को नकार कर व्यक्ति स्व को व्यक्तिगत स्तर पर अधिक सशक्त बनाने का प्रयास भी करता है। ऐसा व्यक्ति किसी भी कीमत पर सफलता चाहता है व संस्थागत तरीकों को नकारकर भी इच्छित लक्ष्य अथवा वस्तु को अर्जित करना चाहता है। ऐसे व्यक्ति कभी-कभी बहुत सफल भी हो जाते हैं, चाहे बाद में उनके गुनाहों का पर्दाफाश ही हो जाए। बाजार में वह खुलकर प्रतिस्पर्धा करता है। अनेक उदाहरणों तथा घटनाओं के माध्यम से यह साबित हो चुका है।

स्वीकृत विश्वासों, मान्यताओं व विचारों, स्वीकृत अपेक्षाओं एवं सामाजिक जीवन के परिवर्तित यथार्थ के मध्य व्यक्ति को स्व-सुरक्षा के तरीके ढूंढ़ने पड़ते हैं। किशोर व किशोरियों में मानसिक तनाव, आत्महत्या के इच्छित व्यक्ति, नशे के आदी, 'क्रांतिकारी', व्यक्तिगत अनुभवों के आधार पर समाजगत स्थितियों में असामन्जस्यता से उत्पन्न उप-समूह है। ऐसा अनुभव अनेक व्यक्ति महसूस करते हैं, सभी नहीं। अत: प्रतिक्रिया का सहभागी अनुभव संरचना का निर्माण करता है।

व्यक्ति के स्व-विशिष्ट अनुभव स्वीकृत अर्थों को चुनौती देते हैं। प्रघटनाशास्त्रीय समाजशास्त्र, समाजशास्त्रीय प्रश्नों के अनेक आयामों को विश्लेषित करने की क्षमता रखता है। इसके माध्यम से विषयपरक अनुभवों का सामाजिक अर्थ समझा जा सकता है। इसका यह भी अर्थ है कि प्रघटनाशास्त्रीय समाजशास्त्र संरचनात्मक आयामों को प्रक्रियात्मक परिवर्तनों के संदर्भ में विश्लेषित करता है। पश्चिम के बौद्धिक योगदान के अंतर्गत प्रघटनाओं व वस्तुओं को द्विभाजित करने की प्रवृति रही है। उदाहरण के तौर पर संरचना एवं प्रक्रिया, अच्छा और बुरा, पवित्र एवं अपवित्र, समानता एवं स्तरीकरण। जीवन के यथार्थ वास्तविकता के स्तर पर द्विभाजन के आधार पर समझे नहीं जा सकते। अच्छे और बुरे के मध्य ऐसी अनेक स्थितियां हैं, जिनके अंतर्गत व्यक्ति अपनी क्रियाएँ सम्पन्न करता है, एवं अनुभवों का आन्तरिक संचय करता है। सामाजिक यथार्थ अमूर्तता के स्तर पर समरूपता में बांधा जा सकता है, लेकिन व्यक्ति विभिन्न स्थितियों में एक विशिष्ट स्तर पर अनुभव का विलग आभास प्राप्त करता है। प्रघटनाशास्त्र व्यक्ति और समाज के मध्य अनुभव की विशिष्टता व संरचना की समरूपता के परस्पर द्वंदात्मक संबंध को विश्लेषित करता है।

बहुविकल्पीय प्रश्न

1. भारत में निम्नलिखित में से प्राय: कौन से प्रकार के लोगों में परिवार नहीं मिलते हैं ?
   A. नगरीय व्यापारी वर्ग B. व्यवसायी वर्ग
   C. भूमि-रहित मजदूर D. ग्रामीण भूस्वामी वर्ग
2. मेक्स वेबर ने पूंजीवाद के विकास का संबंध जोड़ा है—
   A. पुनर्जागरण से B. कृषक प्रतिवाद से
   C. कैल्विनवाद से D. कैथोलिकवाद से
3. कार्ल मार्क्स के अनुसार सामुदायिक भूमि-स्वामित्व पाया जाता है—
   A. एशियाई उत्पादन रीति में
   B. प्राचीन उत्पादन रीति में
   C. सामंती उत्पादन रीति में
   D. पूंजीवादी उत्पादन रीति में
4. नीचे दो वक्तव्य दिए गए हैं जिनमें से एक को कथन (A)और दूसरे को कारण (R) कहा गया है:
   कथन (A) : पुरातन समाजों में श्रम विभाजन बहुत सीमित होता है।
   कारण (R) : पुरातन समाज शेष समाजों से वियुक्त होता है।
   उपर्युक्त दो वक्तव्यों के संदर्भ में निम्नलिखित में से कौन-सा एक सही है
   A. A तथा R दोनों सत्य हैं तथा R, A की सही व्याख्या है
   B. A तथा R दोनों सत्य हैं परन्तु R, A की सही व्याख्या नहीं है
   C. A सही है परंतु R गलत है
   D. A गलत है परंतु R सही है
5. ''अतिनगरीकरण'' शब्द निम्न चार अर्थों में किससे सबसे नजदीक है ?
   A. तीव्र नगरीकरण
   B. नगरीकरण ग्रामीण विकास की लागत पर
   C. आवश्यक आधारित संरचना के बिना नगरीकरण
   D. महानगर का उद्‌भव
6. निम्नलिखित में से धार्मिक संस्थाओं का कौन-सा अवयव नहीं है ?
   A. समूह एकता को दृढ़ बनाना
   B. अनुष्ठानों और सिद्धांतों को विकसित करना
   C. नैतिक मूल्यों को प्रोत्साहित करना
   D. सामाजिक नियंत्रण को निष्पादित करना
7. टोटमवाद विश्वास करता है
   A. प्रयोजन में जिसमें चित् तथा मन निहित है
   B. देवता में जिसमें शक्ति तथा चित् निहित है
   C. चित् में जिसमें शक्ति तथा धार्मिकता निहित है
   D. प्रयोजन में जिसमें चित् तथा शक्ति निहित है
8. आदिम समाज में आत्मा की अवधारणा (अणिमा) संबंधी समाज व्यवस्था के सिद्धांत का सूत्रपात किसके द्वारा किया गया ?
   A. ईमाइल दुर्खीम B. ई.बी. टाइलर
   C. मेक्स वेबर D. फ्रेजर
9. ऐसे विश्वास को जादुई वृत्ति जो एक वस्तु पर निष्पादित करती है, उसका प्रभाव दूसरी वस्तु पर पड़ता है; कहा जाता है
   A. पुनरावर्ती जादू B. काला जादू
   C. अनुकंपी जादू D. सफेद जादू
10. निर्मलिखित कथनों में से कौन-सा मैलिनास्की की साक्षरतापूर्व ....विषयक समझ के सर्वाधिक निकट है ?
   A. धर्म, जादू तथा विज्ञान एक दूसरे से असंगत है
   B. धर्म जादू तथा विज्ञान साक्षरतापूर्व समाजों के अभिन्न अंग हैं
   C. साक्षरतापूर्व लोगों के जीवन में विज्ञान कोई भूमिका निष्पादित करती हैं
11. आदिम समाजों में दीक्षा-समारोह प्रकार्यात्मक है क्योंकि वे
   A. सर्वोच्च शक्ति तथा परंपरा के मूल्य के अनुष्ठान और उनकी ही अभिव्यक्ति है
   B. सर्वोच्च शक्ति तथा परंपरा के मूल्य की प्रथागत तथा लोकशक्ति है
   C. सर्वोच्च शक्ति तथा परंपरा के मूल्य की परंपरागत तथा सही अभिव्यक्ति है
   D. सर्वोच्च शक्ति तथा परंपरा के मूल्य की अंधविश्वासी नातेदारी अभिव्यक्ति है
12. निम्नलिखित में अधिकारीतंत्र प्रतिरूप की कौन-सी विशेषताएं हैं ?
   1. कार्यालय तथा व्यक्ति में भेद
   2. प्राविधिक सक्षमता के द्वारा सत्ता का विधि संगीत

3. शासकीय योजना में अनौपचारिक समूहों को मान्यता
4. जीविका तथा विभेदीकृत पुरस्कारों का प्रोत्साहन देना

नीचे दिए गए कूट से सही उत्तर चुनिए—

A. 1, 2, और 3 B. 1, 2, और 4
C. 1, 3, और 4 D. 2, 3, और 4

13. जटिल समाजों में सफल आर्थिक विकास के लिए न केवल औद्योगिकरण तथा कृषि विकास के बीच संतुलन बनाए रखना अपेक्षित है वरन् निम्नलिखित की संतुलित वृद्धि भी अपेक्षित है—

A. वितरण व्यवस्था B. नगरीकरण
C. विदेशी व्यापार D. आधुनिकीकरण

14. निम्नलिखित में राज्य की कौन सी विशेषता नहीं है ?

A. राजनैतिक उपकरण B. संजातीयता
C. भूभाग D. कानून एवं बल प्रयोग

15. निम्नलिखित में कौन-सा सही सुमेलित नहीं है ?

A. परंपरागत सत्ता	पैतृक सरदार
B. तर्कसंगत	जनतांत्रिक व्यवस्था विधियुक्त सत्ता
C. चमत्कारी	उद्देश्यों की दृष्टि से अक्रांतिकारी
D. चमत्कार का श्रेणीकरण	चमत्कारी प्रभाव के विस्तार का या तो परंपरागत या तर्कसंगत सत्ता के स्वरूप में परिवर्तन

16. एक परिवार है जिसमें दादा एक गांव में किसान थे और पिता ने कस्बे के एक स्कूल में अध्यापन किया था अब पुत्र एक बहु-राष्ट्रीय संस्था में औद्योगिक अभियंता है। यह उदाहरण है—

A. सांस्कृतिक गतिशीलता का
B. अंतरा-पीढ़ी गतिशीलता का
C. क्षैतिज गतिशीलता का
D. अंतर्पीढ़ी गतिशीलता का

17. प्रस्थिति समूहों को किसके अनुसार स्तरीकृत नहीं किया जाता ?

A. आवास के प्रकार B. आहार संबंधी आदतें
C. मनोरंजनात्मक क्रियाएं D. संपत्ति का अर्जन

18. निम्नलिखित में से शक्ति प्राप्त करने के कौन-से आधार हैं ?

1. प्रवीणता एवं कुशलता
2. राजनैतिक स्थिति
3. उच्चप्रस्थिति समूह में विवाह
4. संपत्ति

निम्नलिखित कूट से सही उत्तर का चयन कीजिए:

A. 2 और 3 B. 2 और 4
C. 1 और 3 D. 1 और 4

19. सामाजिक स्तरीकरण का प्रकार्यात्मक सिद्धांत किसकी कृति में प्रतिपादित किया गया है ?

A. डेविस तथा ब्लेक B. डेविस तथा मूर
C. पारसन्स तथा बेल्स D. मार्क्स तथा वेबर

20. नीचे दो वक्तव्य दिए गए हैं जिनमें से एक को कथन (A) तथा दूसरे को कारण (R)कहा गया है:

कथन (A) : सामाजिक स्तरीकरण सामाजिक व्यवस्था के लिए कार्यात्मक है।

कारण (R) : सामाजिक स्तरीकरण व्यक्तियों को विशेष तथा उत्तरदायित्व सौंपता है।

उपर्युक्त दोनों वक्तव्यों के संदर्भ में निम्नलिखित में से कौन-सा एक सही है

A. A तथा R दोनों सत्य हैं तथा R, A की सही व्याख्या है
B. A तथा R दोनों सत्य हैं परंतु R, A की सही व्याख्या नहीं है
C. A सही है परंतु R गलत है
D. A गलत है परंतु R सही है

21. गतिशील समाज की अनूठी विशेषता है कि उसमें:

A. मोटर-कारों की अधिक संख्या होती है
B. परिवर्तनों का सिलसिला चलता रहता है
C. वर्ग स्थिति में परिवर्तन के अवसर होते हैं
D. एक स्थान से दूसरे स्थान तक गतिशीलता को बल मिलता है

22. वर्णों के संबंध में सेनार्ट ने अपने शास्त्रीय अध्ययनों में विवेचन किया है वह मूलतः कुछ दशाओं में सामंती व्यवस्था से मिलते हैं। निम्नलिखित विशेषताओं में उसने किन पर बल दिया है ?

1. ऊर्ध्वगामी गतिशीलता की संभावनाएं विद्यमान हैं।
2. वे वस्तु विनिमय के उपकरण थे
3. समूहों का सोपानिक क्रमथा
4. समूहों में सुनिश्चित पृथक्करण विद्यमान था
5. उनकी प्रस्थिति संमिश्र अधिकारों तथा कर्तव्यों पर आधारित थी

निम्नलिखित कूट से सही उत्तर का चयन कीजिए:

A. 2, 3, और 5 B. 1, 3, और 5
C. 1, 2, और 4 D. 3, 4, और 5

23. जाति-प्रास्थिति में सुधार की आकांक्षाएं साधारण हैं परंतु वे तब तक प्राप्त नहीं होती जब तक जाति प्राप्त नहीं कर लेती है

A. आनुष्ठानिक पवित्रता B. समूह स्वीकृति

C. शक्ति और विशेषाधिकार D. शासकी संबंधन

24. निम्नलिखित में कौन-सी जाति व्यवस्था की आवश्यक विशेषता है ?

A. अंतर्विवाह B. सोपान

C. गतिशीलता D. पुनर्जन्म में विश्वास

25. जजमानी व्यवस्था प्रदर्शित करती है

A. संविदा संबंध समुच्चय

B. राजनैतिक संबंध समुच्चय

C. वैवाहिक संबंध समुच्चय

D. आर्थिक संबंध समुच्चय

26. नीचे दो वक्तव्य दिए गए हैं जिनमें से एक को कथन (A) तथा दूसरे को कारण (R)कहा गया है:

कथन (A) : व्यवसाय के चुनाव में आजकल जाति का कोई महत्व नहीं है।

कारण (R) : भारतीय जनतंत्र अपने लोगों को व्यवसाय के चुनने की स्वतंत्रता की प्रत्याभूति करता है।

उपर्युक्त दोनों वक्तव्यों के संबंध में निम्नलिखित में से कौन-सा एक सही है ?

A. A तथा R दोनों सत्य हैं तथा R, A की सही व्याख्या है

B. A तथा R दोनों सत्य हैं परंतु R, A को सही व्याख्या नहीं है

C. A सही है परंतु R गलत है

D. A गलत है परंतु R सही है

27. निम्नलिखित में से कौन-सा समुदाय का उदाहरण नहीं है

A. एक किबुट्ज B. एक प्रतिवेश

C. एक संप्रदाय D. एक ग्राम

28. धार्मिक संप्रदाय है

A. पवित्र संगठन B. स्वैच्छिक संस्था

C. आनुष्ठानिक अभिकथन D. संदर्भ कोटि

29. एक संगठन, जिसे अधिक संख्या में लोग निवैयक्तिक रूप से कार्य करते हुए विशेष उद्देश्यों की पूर्ति के लिए स्थापित करते हैं, उसे कहा जाता है—

A. एक संदर्भ समूह

B. एक संघ

C. एक कारसिरल (carcerla)संगठन

D. एक सामाजिक संरचना

30. निम्नलिखित में से समाज की सामाजिक, संरचना की कौन सी विशेषताएं हैं ?

1. समाज अंत: संबंधित भूमिकाओं की संरचना है
2. समाज एक व्यापक सामाजिक व्यवस्था रखने वाला एक प्रकार का समूह है
3. एक समाज लंबे समय के लिए जीवित रहने की ओर अग्रसर रहता है
4. एक समाज आर्थिक रूप से आत्मनिर्भर होता है

निम्नलिखित कूट से सही उत्तर का चयन कीजिए:

A. 1, 2 और 3 B. 1, 2 और 4

C. 1, 3 और 4 D. 2, 3 और 4

31. एक समूह में व्यक्तियों की प्रस्थितियों तथा भूमिकाओं के ऊपर उनके परस्पर संबंधित अधिकारों तथा दायित्वों के संगठित प्रतिमानों का चित्रण दर्शाता है, उनकी

A. सामाजिक गतिशीलता B. सामाजिक संरचना

C. सामाजिक निर्माण D. सामाजिक वर्ग

32. निम्नलिखित में से एक संगठन के कौन से उदाहरण है ?

A. कारावास B. विश्वविद्यालय

C. परिवार D. क्लब

E. एक स्टेडियम में दर्शक

33. नीचे दो वक्तव्य दिए गए हैं जिनमें से एक को कथन (A) तथा दूसरे को कारण (R)कहा गया है:

कथन (A) : कभी-कभी लोग मंहगी वस्तुएं इसलिए नहीं खरीदते वे गुणात्मक रूप से श्रेष्ठ हैं, वरन् इसलिए की वे अधिक मूल्य की है।

कारण (R) : अधिक मूल्य की वस्तुओं को खरीदना क्रेता के लिए प्रतीकात्मक रूप से उच्च सामाजिक प्रस्थिति का सूचक है।

उपर्युक्त दोनों वक्तव्यों के संदर्भ में निम्नलिखित में से कौन-सा सही है ?

A. A तथा R दोनों सत्य हैं तथा R, A की सही स्पष्टीकरण है

B. A तथा R दोनों सत्य हैं परंतु R, A को सही स्पष्टीकरण नहीं है

C. A सही है परंतु R गलत है

D. A गलत है परंतु R सही है

34. टी. पारसन्स के अनुसार, निम्नलिखित में कौन-सी प्रकार्यात्मक निवार्मताएं हैं ?

1. उद्देश्य उन्मुखता

2. प्रस्थिति अनुरूपता
3. वस्तुओं व सेवाओं का उत्पादन
4. अव्यक्तता

निम्नलिखित कूट से सही उत्तर का चयन कीतिए:

A. 1 और 2 B. 1 और 3
C. 1 और 4 D. 3 और 4

35. मौलिनॉस्की के अनुसार, प्रत्येक सांस्कृतिक मद प्रकार्यात्मक

A. केवल व्यक्तियों के लिए
B. केवल समूह के लिए
C. संस्थाओं तथा व्यक्तियों के लिए
D. व्यक्तियों तथा समूहों के लिए

36. निम्नलिखित में से मूल्यों की कौन सी विशेषताएं है ?

1. सामान्यीकृत नियम
2. समूह के सदस्यों के लिए प्रबल प्रतिबद्धता
3. व्यवहार का निर्धारित परिसर
4. उद्देश्यों के निर्धारण के लिए मानक

निम्नलिखित कूट से सही उत्तर का चयन कीजिए:

A. 1, 2 और 3 B. 1, 2 और 4
C. 1, 3 और 4 D. 2, 3 और 4

37. एक प्रयोगात्मक समूह गतिशील स्थिति में, नए सामाजिक मार्ग में तब उत्पन्न होते हैं जब

A. प्रयोगकर्ता अनुदेश देता है
B. व्यक्ति संदिग्ध परिस्थितियों का सामना करते हैं
C. साधन भूमिकाएं निष्पादित की जाती है
D. अभिव्यंजक भूमिकाएं निष्पादित की जाती है

38. निम्नलिखित में कौन सी बात विश्वास व्यवस्था से संबंधित नहीं है ?

A. जादू B. टोटमवाद
C. सामाजिक संरचना D. मूल्य

39. वस्तुनिष्ठता बनाए रखने के लिए समाजशास्त्रियों के लिए **दुर्खीम** ने निम्नलिखित में कौन-सा एक सुझाव दिया है ?

A. मूल्यों के अध्ययन से बचना
B. परिमाणात्मक आंकड़ों का प्रयोग
C. परिशुद्ध मापन का प्रयोग
D. सामाजिक तथ्यों की वस्तुओं के रूप में समझना

40. नीचे दो वक्तव्य दिए गए हैं जिनमें से एक को कथन (A) तथा दूसरे को कारण (R)कहा गया है:

कथन (A) : साधारणतया ग्रामों की तुलना में नगरों में अपराध अधिक होता है।

कारण (R) : ग्रामों की तुलना में नगरों में अधिक संपत्तिशाली व्यक्ति होते हैं

उपर्युक्त दोनों वक्तव्यों के संदर्भ में निम्नलिखित में से कौन-सा सही है ?

A. A तथा R दोनों सत्य हैं तथा R, A की सही व्याख्या है
B. A तथा R दोनों सत्य हैं परंतु R, A को सही व्याख्या नहीं है
C. A सही है परंतु R गलत है
D. A गलत है परंतु R सही है

41. एक तीव्र परिवर्तनशील समाज में, सामाजिक नियंत्रण कमजोर हो जाता है तथा विचलन व्यावहार में वृद्धि होती है। इस स्थिति को सर्वोत्तम रूप से कहा जा सकता है

A. अराजकता की स्थिति
B. विसंबंधन की स्थिति
C. अप्रतिमानता की स्थिति
D. विचलन की स्थिति

42. रेखीय प्रकार की ग्राम बस्तियां पाई जाती है

A. केरल, कोंकण और बंगाल की डेल्टा भूमि में
B. पंजाब, हरियाणा और हिमाचल प्रदेश में
C. तमिलनाडु, आंध्र प्रदेश और उड़ीसा में
D. उत्तर-पूर्वी राज्यों में

43. नीचे दो वक्तव्य दिए गए हैं जिनमें से एक को कथन (A) तथा दूसरे को कारण (R)कहा गया है:

कथन (A) : नगरों में स्वैच्छिक संस्थाएं अधिक संख्या में स्थापित हो जाती हैं।

कारण (R) : जैव समेकता उच्च नैतिक सघनता का परिणाम है।

उपर्युक्त दोनों वक्तव्यों के संदर्भ में निम्नलिखित में से कौन-सा सही है ?

A. A तथा R दोनों सत्य हैं तथा R, A की सही व्याख्या है
B. A तथा R दोनों सत्य हैं परंतु R, A को सही व्याख्या नहीं है
C. A सही है परंतु R गलत है
D. A गलत है परंतु R सही है

44. नगरीय जीवन का अंधकारपूर्ण चित्रण करते हुए कुछ में नगरीयवाद को 'सामाजिक अपकर्ष' के रूप में देखा है क्योंकि यह ....को कृत्रिमता और समरसत्ता को तनाव में बदल देता है तथा स्वजन एकता की एकात्मकता को नष्ट कर प्रतिस्पर्धा के माध्यम से विघटन को प्रोत्साहित

करता है। निम्नलिखित विद्वानों में कौन-सा विद्वान नगरीय जीवन की उपर्युक्त मान्यता रखता था?

A. वर्थ B. ममफोल्ड
C. स्पेंग्लर D. गालपिन

45. वर्गभेद को लक्षणित करने वाला मूल अंतर निम्नलिखित के बीच में भेद को निर्दिष्ट करता है:

A. किरायाजीवी तथा उद्यमी
B. श्रमजीवी तथा व्यवसायी
C. प्रवरजन तथा जनसाधारण
D. संपत्तियुक्त तथा संपत्तिहीन

46. सूची I का सूची II के साथ सुमेल कीजिए तथा सूचियों में दिए गए कूट का उपयोग करते हुए सही उत्तर का चयन कीजिए

सूची I ***(प्रस्थिति)***	***सूची II*** ***(विशेषताएं)***
क प्रदत	1. प्रजाति
ख अर्जित	2. पुरोहितपद
	3. लिंग तथा आयु
	4. नृजातिय पहचान
	5. ज्ञान तथा कौशल

	क	ख
A.	1	3
	2	4
B.	5	2
	1	4
C.	3	2
	4	5
D.	1	4
	3	5

47. सम्पदा व्यवस्था मे जो असमानता है उसका मुख्य आधार है

A. संपत्ति B. व्यवसाय
C. कानूनी अधिकार D. शिक्षा

48. सूची I का सूची II के साथ सुमेल कीजिए तथा सूचियों के नीचे दिए गए कूट का उपयोग करते हुए सही उत्तर का चयन कीजिए:

सूची I ***(अध्ययनगत गांव)***	***सूची II*** ***(लेखक का नाम)***
क. कुम्बापिहैई	1. एस.सी. दुबे
ख. रामपुरा	2. कैथलीन गाउध
ग. सीमरपेट	3. एम.एन. श्रीनिवास
घ. बिशिपारा	4. एस. ऐप्स्टीन
	5. एफ.जी. बेले

कूट:	क	ख	ग	घ
A.	1	3	5	2
B.	2	4	3	1
C.	2	3	1	5
D.	3	4	1	2

49. निम्नलिखित में से किस एक ने राय व्यक्त की कि भारतीय समाज में आत्म-निर्भरता एक मिथक है?

A. चार्ल्स टी. मेटकाफ B. ओसकर लियूइस
C. लूइस डूमां D. एम.एन. श्रीनिवास

50. निम्नलिखित में से लघु समुदाय में कौन-सी विशेषताएं पाई जाती है?

1. आत्म-निर्भरता 2. प्राधान्य
3. समजातीयता 4. साहचर्य

निम्नलिखित कूट से सही उत्तर का चयन कीजिए

A. 1, 2 और 3 B. 1 और 2
C. 2 और 3 D. 1 और 3

उत्तरमाला

1	2	3	4	5	6	7	8	9	10
C	C	A	B	C	B	D	B	B	B
11	**12**	**13**	**14**	**15**	**16**	**17**	**18**	**19**	**20**
B	B	A	B	B	B	D	D	B	A
21	**22**	**23**	**24**	**25**	**26**	**27**	**28**	**29**	**30**
C	D	C	D	D	A	C	A	A	A
31	**32**	**33**	**34**	**35**	**36**	**37**	**38**	**39**	**40**
B	A	A	C	D	C	B	C	D	A
41	**42**	**43**	**44**	**45**	**46**	**47**	**48**	**49**	**50**
C	A	B	C	D	C	C	C	D	D

अध्याय 16

सामाजिक शोध में सांख्यिकी (Statistics in Social Research)

इस पद्धति के अन्तर्गत अमूर्त तथ्यों की परिभाषा, मापन अथवा आंकड़ों का संकलन, वर्गीकरण व विश्लेषण इन उद्देश्यों से किया जाता है जिससे प्राकृतिक और सामाजिक घटनाओं के विषय में अनुमानात्मक व तुलनात्मक ज्ञान उपलब्ध हो सके तथा पर्याप्त मात्रा में संबंधित घटनाओं में पारस्परिक संबंधों के विषय में वैज्ञानिक स्तर पर भविष्य कथन की क्षमता उपलब्ध हो सके। इस प्रकार सांख्यिकी की आवश्यकता केवल आंकड़ों के विश्लेषण में ही नहीं, वरन उनके संकलन में भी रहती है। वस्तुत: आंकड़ों के संकलन के पश्चात सांख्यिकी का एक प्रमुख कार्य उनकी व्यवस्था प्रदान करना होता है या उनके जटिल रूप को सरल, स्पष्ट तथा बोधगम्य बनाना होता है व उनमें निहित तथ्यों को क्रमबद्ध व्यवस्था प्रदान करना तथा उनके पारस्परिक संबंधों को स्पष्ट करना होता है।

इस पद्धति को ऐसे विषयों के अध्ययन के लिए प्रयोग में लाया जाता है जिसमें नाप-तौल या संख्या आदि का आधार हो। जनसंख्या, जन्मदर, तलाकदर तथा विवाह-दर इत्यादि के अध्ययन की दृष्टि से यह विधि-बहुत महत्वपूर्ण है। राजनीतिक सामाजिक धारणाओं और परिस्थितियों की माप तौल में इस विधि का उपयोग सफलतापूर्वक किया जा सकता है।

वर्तमान समय में मनुष्य के सामने अनेक समस्याएं हैं, तथा वह इन समस्याओं का समाधान चाहता है। इसी कारण सांख्यिकीय सिद्धान्त तथा विचारों को दिन-प्रतिदिन प्रोत्साहन दिया जाने लगा है। व्यक्ति की अनेक समस्याएं ऐसी हैं जिन्हें सिर्फ देखकर ही नहीं जाना जा सकता है, बल्कि विभिन्न क्षेत्रों में व्यक्ति के व्यवहार को भिन्न-भिन्न दृष्टिकोणों से समझा जा सकता है। एक व्यक्ति का समाज में क्या व्यवहार है? एक समाज का अन्य समाज से कैसा सम्बन्ध है? एक धर्म या जाति के व्यक्ति अन्य धर्म या जाति के व्यक्तियों के साथ कैसा व्यवहार करते हैं। इसके अतिरिक्त एक व्यक्ति विभिन्न स्थितियों में कैसा व्यवहार करता है? आदि समस्याओं का समुचित रूप से समाधान करने के लिए मनोवैज्ञानिक, शिक्षाविद् एवं समाजशास्त्री प्रयत्नशील हैं। इसके अतिरिक्त हम यह भी चाहते हैं कि प्रत्येक स्तर पर एक निश्चित मानक स्थापित किया जाये जिसके द्वारा ज्ञात किया जा सके कि अमुक आयु एवं कक्षा वाले छात्र की प्रामाणिक शिक्षा क्या होनी चाहिए, किसी विशेष अवस्था में बालक के विकास या किसी जनसंख्या की अमुक विशेषता का आलेखीय चित्र किस प्रकार बनेगा। अत: स्पष्ट है कि आज के वैज्ञानिक एवं भौतिकवादी जगत में व्यक्ति के जीवन एवं समाज से सम्बन्धित विभिन्न पहलुओं—जन्म-मरण दर का अनुमान, प्रति व्यक्ति प्रतिदिन आय, व्यापार में लाभ-हानि, योजनाओं के अनुमान का ब्यौरा, औसत वृद्धि आदि समस्त स्थानों पर सांख्यिकीय विधियों का अनुप्रयोग अत्यन्त आवश्यक हो गया है। आधुनिक युग में तो सांख्यिकी हमारे जीवन का एक अंग बन गयी है। व्यक्ति के जन्म से मृत्यु तक इसका निरन्तर महत्व बना रहता है। व्यावहारिक जीवन तथा ज्ञान-विज्ञान की सभी शाखाओं में सांख्यिकी नियमों एवं विधियों का आज व्यापक रूप से प्रयोग किया जाता है।

सांख्यिकी का अर्थ एवं स्वरूप

सांख्यिकी अंग्रेजी भाषा के शब्द 'स्टेटिस्टिक्स'' (Statistics) का हिन्दी अनुवाद है। 'स्टेटिस्टिक्स' लेटिन भाषा के 'स्टेटस' (Status) तथा इटैलियन के 'स्टेटिस्टा' (Statista) से जन्मा है। वर्तमान अर्थ में 'स्टेटिस्टिक्स' का प्रयोग सम्भवतया एक शताब्दी पूर्व हुआ। चूँकि 'स्टेटिस्टिक्स' का शब्द 'स्टेट' (State) से सम्बन्धित है। अत: यह इंगित करता है कि प्राचीन समय में इस शब्द का प्रयोग राज्य के काम-काज के सन्दर्भ में किया जाता रहा है। राज्य की जनसंख्या गणना, राज्य की उपज, जीवन-मरण अनुपात, कर की दर, आय-व्यय आदि राज्य के अन्य विवरण आँकड़ों द्वारा

व्यक्त किये जाते थे। इन्हीं आँकड़ों को 'स्टेटिस्टिक्स' कहा जाता था। शायद इसी आधार पर सांख्यिकी को 'स्टेटिस्टिक्स' (Statistics) कहते हैं।

आज जीवन के अनेकानेक क्षेत्रों में व्यक्ति सांख्यिकी का अनुप्रयोग अपने-अपने अर्थ लगाकर करता है। एक साधारण व्यक्ति सांख्यिकी को नम्बरों का खेल मात्र समझता है तथा सांख्यिकीशास्त्री को नम्बरों से खेलने वाला खिलाड़ी। एक अर्थशास्त्री की दृष्टि में, सांख्यिकी का प्रयोग विभिन्न आर्थिक पहलुओं की मात्रा एवं गुणों का विश्लेषण करने के लिए किया जाता है। **भौतिकशास्त्री** कहते हैं सांख्यिकी एक ऐसा विषय है जो सत्यता की व्याख्या कम तथा समूह एवं सम्भावना की अभिव्यक्ति अधिक करता है। एक **शिक्षाविद्** सांख्यिकी को ऐसा विषय समझता है जो कि शैक्षिक आँकड़ों को व्यवस्थित क्रम में एकत्र करने की विभिन्न विधियों का अनुप्रयोग करता है। मनोवैज्ञानिक के लिए सांख्यिकी, विज्ञान की वह शाखा है जो कि प्रदत्तों की निष्कर्षात्मक व्याख्या करती है एवं उनके विश्लेषण से भिन्न-भिन्न निष्कर्ष ज्ञात होते हैं। अत: सांख्यिकीय विधियों का प्रत्येक क्षेत्र में व्यावहारिक रूप से प्रयोग होता है। चूँकि इसके नियम मुख्यत: गणित के नियमों पर आधारित होते हैं, अत: इसके प्रयोग करने वाले को गणितज्ञ मुख्यत: गणित के नियमों पर आधारित होते हैं, अत: इसके प्रयोग करने वाले को गणितज्ञ की उपाधि देते हैं। वर्तमान में इसका सम्बन्ध किसी एक विषय तक ही सीमित न होकर विभिन्न सामाजिक, भौतिक, जैविक विज्ञानों, कृषि, वाणिज्य आदि से है। आज के प्रचलित सभी विषयों में इसकी व्यावहारिकता सिद्ध हो चुकी है, अत: नि:सन्देह कहा जा सकता है कि सांख्यिकी सब विषयों का विषय तथा समस्त विज्ञानों का विज्ञान है।

जिन दिनों सामाजिक शोध में सांख्यिकी का उपयोग नहीं होता था उन दिनों आमतौर पर इसे अर्थशास्त्र की एक शाखा समझा जाता रहा किन्तु आज कोई भी इस कथन में विश्वास नहीं करता है। बदलती हुई परिस्थितियों में इसका महत्व सर्वाधिक तीव्रता से बढ़ा है। इसीलिए आज के युग में सांख्यिकी का अध्ययन अन्य स्वतन्त्र विषयों के समान ही आवश्यक है। यह अन्य विज्ञानों के शोध कार्यों में महत्वपूर्ण कार्य करता है। प्रकृतिवादी, जीवशास्त्री, ज्योतिषी, अर्थशास्त्री, प्रकाशक, व्यापारी, कृषक, समाजशास्त्री, शिक्षाशास्त्री, मनोवैज्ञानिक, आयुर्विज्ञानी एवं अभियान्त्रिक आदि अपने-अपने क्षेत्र में प्रदत्तों को सार्थक बनाने के लिए सांख्यिकीय विधियों का सदुपयोग करते हैं। अनेक विषय तो स्वत: ही इसके अन्तर्गत आ जाते हैं। आज यह विषय इतना अधिक विकसित हो चुका है कि प्रत्येक क्षेत्र में इसकी आवश्यकता का अनुभव होने लगा है।

सांख्यिकी वह विज्ञान है जो कि आँकड़ों के संकलन, विश्लेषण, व्यवस्थापन एवं निष्कर्षों से सम्बन्ध रखता है। **लौविट** ने सांख्यिकी को इन शब्दों में व्यक्त किया है, ''सांख्यिकी वह विज्ञान है जो घटनाओं की व्याख्या, उनका वर्णन तथा उनकी तुलना के लिए आवश्यक आंकिक तथ्यों के संग्रह वर्गीकरण एवं सारणीयन से सम्बन्ध रखता है।'' **सटक्लिफ** के अनुसार, ''सांख्यिकी इन तथ्यों के संकलन, वर्गीकरण, प्रस्तुतीकरण तथा विश्लेषण से मिलकर बना है जो कि विधिपूर्वक संकलित किये जाते हैं, जिनके संकलन में किसी प्रकार का पक्षपात नहीं किया जाता हो और जो एक पूर्व निश्चित उद्देश्य हेतु संकलित किये गये हों।'' **टाटे** लिखते हैं ''सांख्यिकी, अनुसंधान का उपकरण है जिसका सम्बन्ध आंकिक तथ्यों के संग्रह एवं व्याख्या की विधियों से है।''

इस अध्याय में दी गई सभी परिभाषाएं साख्यिकी को विज्ञान के रूप में स्वीकारती हैं। इनके अनुसार, सांख्यिकी एक ऐसा विज्ञान है जिसमें समस्त तथ्यों से सम्बन्धित प्रदत्तों को एकत्रित किया जाता है, उन्हें सारणीबद्ध किया जाता है, व्यवस्थित किया जाता है एवं विश्लेषण करके निष्कर्ष ज्ञान किया जाता है जिससे तुलनात्मक अध्ययन सम्भव हो सके एवं साथ ही साथ निष्कर्षों की सत्यता एवं शुद्धता की भी जांच की जाती है।

हालांकि सांख्यिकी का स्वरूप समझने के पश्चात् एक स्वाभाविक परन्तु विवादास्पद प्रश्न उठता है कि **सांख्यिकी विज्ञान है या कला**। इस प्रश्न के उत्तर में यह कहना न्यायसंगत होगा कि यह कला तथा विज्ञान दोनों है। सांख्यिकी विज्ञान इसलिए माना जाता हैं क्योंकि इसकी विधियाँ अन्य विधियों की भाँति मूलरूप से वैज्ञानिक एवं व्यावहारिक हैं। यह कला इसलिए है क्योंकि प्राप्त निष्कर्षों की सफलता, चयन की गयी विधि के प्रयोग, व्यक्ति की क्षमता, योग्यता तथा अनुभव पर आधारित है। अत: इसे दोनों ही वर्गों में सम्मिलित किया जाता है।

सांख्यिकीय विधि का विकास

यह निश्चित है कि सांख्यिकी एक विधि है तथा शोध प्रक्रिया के लिए अनिवार्य है। सांख्यिकी चिन्तन से हमारा आशय यह है कि किसी समस्या के समाधान के लिए सांख्यिकीय विधियों में प्रयुक्त होने वाले मॉडल, प्रत्यय, परिकल्पनाएँ एवं तार्किक आगमन एवं निगमन का प्रयोग किया जाता है। जब समस्या समाधान के लिए किसी विचार श्रृंखला के निर्माण में सांख्यिकी के इन उपभागों का प्रयोग किया जाता है, उसी प्रक्रिया को सांख्यिकी चिन्तन कहते हैं। सांख्यिकीय चिन्तन प्रक्रिया में अग्र-प्रत्ययों का प्रयोग होता है।

(क) आंकिक तथ्यों का प्रयोग— सांख्यिकीय चिन्तन में तथ्यों को आंकिक रूप में परिवर्तित किया जाता है क्योंकि सांख्यिकीय विधियों के आधार पर प्राप्तांक एवं आँकड़े होते हैं।

(ख) मॉडल का प्रयोग—सांख्यिकीय चिन्तन में कुछ पूर्व मान्यताओं के आधार पर किन्हीं विशेषताओं के वितरण के निश्चित स्वरूप की कल्पना करते हैं। सांख्यिकी चिन्तन में यह अवलोकन किया जाता है कि वर्तमान अध्याय में प्राप्त प्रदत्तों का वितरण पूर्व निर्धारित मॉडल के अनुकूल है या प्रतिकूल। इन मॉडल का सामान्य वितरण, टी-वितरण या एफ-वितरण आदि के नाम से जाना जाता है।

(ग) तर्क का प्रयोग—सांख्यिकीय चिन्तन तार्किक होता है क्योंकि इसमें निगमनात्मक एवं आगमनात्मक दोनों विधियों का प्रयोग होता है।

(घ) परिकल्पना का प्रयोग—अपनी-अपनी अन्तर्दृष्टि एवं पूर्व अनुभव के आधार पर सांख्यिकविता परिकल्पना की रचना कर लेता है तथा फिर प्राप्त प्रदत्तों के आधार पर यह देखता है कि उसके द्वारा निर्मित परिकल्पना स्वीकृत हुई या अस्वीकृत। इस जाँच विधि को सांख्यिकीय परिकल्पना का परीक्षण कहते हैं।

(च) सम्भावनापूर्ण होना—सांख्यिकीय चिन्तन में प्रत्येक निष्कर्ष सम्भावना के रूप में व्यक्त किया जाता है। चूँकि हम व्यावहारिक विज्ञानों में मानव व्यवहार से सम्बन्धित समस्याओं का अध्ययन करते हैं जो कि सदैव गतिशील होता है, अत: विश्वास के साथ शत-प्रतिशत रूप से सही निष्कर्ष प्रस्तुत नहीं किये जाते हैं, ऐसी स्थिति में सम्भावना का प्रयोग किया जाता है जो सत्य या असत्य की सम्भावना व्यक्त करता है।

(छ) संकेतों एवं समीकरण का प्रयोग—सांख्यिकीय चिन्तन की शुद्धता के लिए एक निश्चित भाषा का प्रयोग करना पड़ता है। इसका अपना शब्दकोष संकेत, समीकरण है। इसका प्रयोग करने वाले को इसकी भाषा, संकेत आदि का पूर्ण ज्ञान होना आवश्यक है।

सांख्यिकीय अध्ययन हेतु कुछ आवश्यक बातें

(क) सांख्यिकी शब्द भण्डार का जानना—किसी नये विषय को पढ़ने से पहले उसके उचित शब्द भण्डार को जानना बहुत आवश्यक होता है। उसी प्रकार सांख्यिकी में प्रयुक्त शब्दों, प्रत्ययों, चिन्हों आदि को भली-भाँति समझना चाहिए।

(ख) प्रदत्तों को संगठित करने का ज्ञान होना—सांख्यिकी गणना के अन्तर्गत प्रदत्तों को संगठित करने की योग्यता बहुत महत्व रखती है। इसके अन्तर्गत सूत्रों का प्रयोग तथा उचित व्यवस्था आते हैं।

(ग) निष्कर्षों को सही ढंग से विवेचित करना—सांख्यिकी परिणाम भी उसी समय लाभदायक हो सकते हैं जबकि वे सही प्रकार से विवेचित किये गये हों। गलत विवेचन द्वारा परिणामों का महत्व ही समाप्त हो जाता है।

(घ) सांख्यिकीय तर्क को समझना—सांख्यिकी एक तर्क विधि है। अत: सांख्यिकी के विद्यार्थियों को इस तर्क को समझने का पूर्ण प्रयत्न करना चाहिए। इस ज्ञान के अभाव में आँकड़ों का व्यवस्थापन तथा निष्कर्ष असम्भव नहीं तो कठिन अवश्य है।

(च) उपयुक्त प्रयोग का ज्ञान होना—सांख्यिकी के छात्रों को इस बात का उचित ज्ञान होना चाहिए कि किस प्रकार के आँकड़ों को किस विधि के द्वारा सूत्रों में प्रयुक्त करें। कहाँ कौन-सी विधि प्रयोग करनी चाहिए, प्रयोग की गई विधि की क्या-क्या सीमाएँ हैं ?

(छ) सम्बन्धित तथ्यों को जानना—सांख्यिकी का आधार गणित है। अत: सांख्यिकी में प्रयुक्त होने वाले गणित के साधारण नियमों का ज्ञान होना बहुत ही आवश्यक है।

सांख्यिकी की उपयोगिता

(क) इसके द्वारा वैज्ञानिक तथा सूक्ष्म वर्णन सम्भव होता है।

(ख) यह निश्चित विधियों का प्रयोग करती है—वैज्ञानिक शोध तथा सर्वेक्षणों के परिणाम प्रयुक्त विधियों पर आधारित रहते हैं। निश्चित विधियों का प्रयोग करने से हम आवश्यकतानुसार परिणामों का सत्यापन भी कर सकते हैं। सांख्यिकी विधियों में वस्तुनिष्ठता, शुद्धता एवं संक्षिप्तता भी पायी जाती है।

(ग) यह अपने द्वारा प्राप्त निष्कर्षों की व्याख्या करती है—वास्तविक आँकड़े प्राय: संख्या में अधिक होते हैं तथा इन आंकड़ों से हम किसी विशिष्ट निष्कर्ष पर नहीं पहुँच सकते। परन्तु सांख्यिकी विधियाँ इन प्रदत्तों को संगतिपूर्ण ढंग से व्यवस्थित करके सार्थक बना देती है। सार्थक प्रदत्तों को सुविधापूर्वक समझा जा सकता है और इनसे आवश्यक निष्कर्ष भी निकाले जा सकते हैं।

(घ) यह पूर्वकथन करने में सहायक होती है—सांख्यिकी से प्राप्त निष्कर्षों की भूतकालीन प्रदत्तों से तुलना करके भविष्य में होने वाले परिवर्तनों की व्याख्या प्रस्तुत कर सकते हैं, जैसे हम यह जानते हैं कि इस समय मृत्यु दर क्या है ? भूतकाल में मृत्यु दर क्या थी ? इन दोनों की सांख्यिकी गणनाओं द्वारा भविष्य की मृत्यु दर ज्ञात कर सकते हैं। पूर्वकथन की सम्भावना त्रुटि को हम प्रामाणिक त्रुटि (SE) से मान से ज्ञात कर सकते हैं। प्रामाणिक त्रुटि सम्भावना से हमारा तात्पर्य यह है कि ज्ञात किये हुए परिणामों में कुछ त्रुटि की सम्भावना है तो उसका मान मालूम हो सकता है। हम इन सम्भावना त्रुटि पर विश्वास कर लेते हैं क्योंकि यह सांख्यिकीय विधियों द्वारा ज्ञात मान है।

(च) जटिल समस्याओं का विश्लेषण करती है—प्राय: सामाजिक विज्ञानों के लिए यह सत्य है कि कोई भी व्यवहार एक

ही कारण मात्र से नहीं होता है। इस कारण-कार्य के प्राय: अनेकों कारण होते हैं। बहुत से सामाजिक कारकों को हम प्रयोगात्मक विधि द्वारा भी ज्ञात नहीं कर पाते। सांख्यिकी विधियाँ इन जटिल परिस्थितियों से आवश्यक परिणाभ निकालने में सहायता करती हैं। अगर हम प्रयोगात्मक विधि द्वारा भी मूल प्राप्तांक तैयार कर लेते हैं तो इन प्रदत्तों से नियम ज्ञात करना, निष्कर्ष निकालना, नियमीकरण आदि करने के लिए सांख्यिकी का प्रयोग करना पड़ता है। जे.पी. गिलफोर्ड ने सांख्यिकी के महत्व का विवेचन करते हुए लिखा है कि ''सांख्यिकी विधियाँ प्रयोगों की स्थिर साथी हैं।'' अत: कहा जा सकता है कि सांख्यिकी विधियों के ज्ञान बिना प्रयोगात्मक तथा शोध कार्य प्राय: असम्भव और अधूरे रहेंगे।

सांख्यिकी की सीमाएँ

(क) सांख्यिकीय नियम गणित, भौतिक-विज्ञान, रसायन-विज्ञान आदि के नियमों की भाँति सत्य नहीं है। सांख्यिकी नियम बहुतायत या समूह जाति के लिए ही सत्य होते हैं।

(ख) सांख्यिकीय विधियाँ अलग-अलग आँकड़ों को महत्व नहीं देती हैं। जब हम यह कहते हैं कि मध्यमान लम्बाई 1.7 मीटर है तो इससे हमारा तात्पर्य यह होता है कि किसी एक समूह के अध्ययन के बाद यह माध्यम प्राप्त हुआ है। समूह के सभी सदस्यों की लम्बाई 1.7 मीटर मानना गलत होगा।

(ग) सांख्यिकी में हम गणनात्मक अंकों को ही महत्व देते हैं। जिन गुणों या मापों को हम अंकात्मक दृष्टि से नहीं माप पाते, उन गुणों को हम सांख्यिकीय विधियों द्वारा अध्ययन नहीं कर सकते। लेकिन आजकल सभी प्रकार के मापों को सांख्यिकी विधियों के अन्तर्गत लाया जा रहा है।

महत्वपूर्ण सांख्यिकीय प्रत्यय

(क) अंकात्मक प्रदत्त (Numerical Data)—यह प्रदत्त प्राय: दो प्रकार के होते हैं—गणनाश्रित एवं मैट्रिक। जब हम वस्तुओं को गिन सकें तो इससे प्राप्त आवृत्तियों को **गणनाश्रित प्रदत्त** कहते हैं, जैसे—4 बालक, 1 कलम, 3 स्त्रियाँ आदि। इस प्रकार के प्रदत्तों की गणना शुद्धता के साथ हो जाती है। किन्तु जब वस्तुओं की गणना असम्भव हो एवं उनका मापन सम्भव हो सके तो उनसे प्राप्त आँकड़ों को हम **मैट्रिक प्रदत्त** की श्रेणी में सम्मिलित कर लेते हैं : जैसे—1 मीटर कपड़ा, 4 किलो लड्डू, 2 लीटर पानी आदि। यह अंक सामग्री कम शुद्ध रहती है।

(ख) सांख्यिकीय शृंखला (Statistical Series)—जब वस्तुओं को गिनकर या मापकर उन्हें किसी निश्चित क्रम में व्यवस्थित कर दिया जाए तो उस शृंखला को हम सांख्यिकीय श्रृंखला कहते हैं। अत: **सांख्यिकीय शृंखला** वह प्रत्यय है जिसमें कि हम प्रदत्तों को एक सुनिश्चित एवं तार्किक क्रम में प्रदर्शित करते हैं।

जब हम प्रदत्तों को उनकी प्रकृति एवं आकार के अनुकूल एकत्रित करते हैं तो इस व्यवस्था को आवृत्ति वितरण कहते हैं। इसमें वर्गान्तर (C.I.) तथा आवृत्तियाँ (*f*) सम्मिलित रहती है। जब प्रदत्तों को समय की उपस्थिति के क्रम में प्रस्तुत किया जाये तो उन्हें **ऐतिहासिक शृंखला** कहते हैं, यदि प्रदत्त को उनकी भौगोलिक स्थिति के अनुसार क्रमबद्ध किया जाये तो इस प्रकार की श्रेणी को **दूरी सम्बन्धी शृंखला** कहते हैं। जब प्रदत्तों को उनके क्रम एवं गुणों के अनुसार अच्छी तरह से व्यवस्थित किया जाए, जैसे बुद्धिलब्धि के अनुसार छात्रों को व्यवस्थित करना अथवा आयु के क्रम में व्यवस्थित करना। इस शृंखला को **स्थिति शृंखला** कहा जाता है। जब अंकों को कम या अधिक किया जा सकता है अर्थात् जिस माप में अनेक खण्ड होने के गुण हों, उसे **निरन्तर शृंखला** कहा जाता है। जैसे 5 मीटर कपड़ा, इस 5 मीटर कपड़े को अन्य कई छोटे-छोटे टुकड़ों में विभक्त किया जा सकता है, यदि इस कपड़े के एक मीटर के अन्य 5 टुकड़े कर दिये जाएं तो सभी पाँचों टुकड़ों की लम्बाई समान होगी। जब दो विभाजित समूहों में अन्तर तो वास्तविक हो किन्तु इस अन्तर को मापनी पर मापा जा सके। इस प्रकार के प्रदत्तों को **खण्डित शृंखला** में शामिल किया जाता है। जैसे हमारे पास 3 ऐसे छात्र हैं जिन्होंने क्रमश: 50, 60 एवं 70 अंक प्राप्त किये हैं। यहाँ हम देखते हैं कि 50 एवं 60 अंक प्राप्त करने वाले छात्र में जितना अन्तर है, उतना 60 एवं 70 अंक प्राप्त करने वाले छात्रों में नहीं है।

(ग) पूर्ण संख्याएं (Rounded Numbers)—चूँकि सांख्यिकी में सेन्टीमीटर, ग्राम, सैकिण्ड आदि का प्रयोग किया जाता है। अत: यह ज्ञात करना एक आवश्यक प्रश्न है कि दशमलव चिन्ह के बाद कितनी संख्याओं का मान ज्ञात करना चाहिए। प्राय: दशमलव के बाद दो अंक तक ही गणना की जाती है तथा दूसरे अंक को तीसरे की तुलना में महत्व देते हैं—जैसे .579 को .58 लिखा जाता है। यदि मान 5.456 हो तो 5.46 एवं यदि 5.454 हो तो 5.45 लिखा जायेगा। इसका तर्क यह है कि यदि दशमलव के बाद तीसरा अंक 5 से कम हो तो उसे छोड़ देते हैं, यदि बड़ा हो तो दूसरे अंक के मूल्य में एक बढ़ा देते हैं, किन्तु तीसरी अंक 5 हो तो हमें चौथे अंक को देखना पड़ता है। शेष अंकों को वैसे ही छोड़ देते हैं।

(घ) वास्तविक एवं लगभग संख्याएं (Exact and Approxiamate Numbers)—वास्तविक अंक वे हैं जिन्हें हम गिन सकें तथा लगभग संख्याएँ वे हैं जिन्हें हम गिन न सकें, केवल माप सकें। उदाहरणार्थ बी.ए. के 110 छात्र, 80 पुस्तकें, 300 व्यक्ति वास्तविक संख्याएं हैं, 1.7 मीटर कपड़ा, 1.6 तथा 1.75 मीटर का लगभग मान है।

(च) सार्थक अंक (Significamt Figures)—दशमलव अंक अंकों की स्थिति एवं सत्यता स्तर के द्योतक हैं। किसी वस्तु का 47.5 माप, इस बात की सूचना देता है कि सेन्टीमीटर के 10वें भाग तक इस वस्तु की माप की गई है, इसलिए इसके सभी तीनों अंक सार्थक हैं। यदि किसी वस्तु की माप 47.005 कहें तो इसके अन्तर्गत केवल तीन ही सार्थक अंक हैं, दशमलव के बाद वाले दोनों शून्य केवल मात्र अंक की 5 की स्थिति के सूचक हैं। निम्न उदाहरण द्वारा अंकों की सार्थकता को स्पष्ट किया जा सकता है:

213 में तीनों सार्थक अंक हैं।

213.000 में भी तीन (213) ही सार्थक अंक है, तीनों शून्य सार्थक अंकों की स्थिति को सूचित करते हैं।

2130.00 में चार सार्थक अंक हैं क्योंकि दशमलव के बाद के शून्य अंक हमें ज्ञात हैं।

.213 में तीनों सार्थक अंक हैं।

.2130 में चारों सार्थक अंक हैं, शून्य चौथे अंक की स्थिति को स्पष्ट करता है।

.00213 में तीन (213) सार्थक अंक हैं, प्रथम दो शून्य दशमलव लगाने के लिए लगा दिये गये हैं।

सांख्यिकी के प्रकार

सांख्यिकी की उपखाशाओं का वर्गीकरण दो आधारों पर किया जाता है :

(अ) प्रक्रिया की आधारभूत मान्यताओं के अनुसार

सांख्यिकी के दो रूप प्रचलित हैं-प्राचल (parametric) एवं अप्राचल (non-parametric) सांख्यिकी।

1. प्राचल सांख्यिकी (Parametric Statistics)—इस प्रकार की सांख्यिकी की यह मान्यता है कि जिस समूह का अध्ययन किया जा रहा है उसकी कुछ अटल विशेषताएँ हैं। यदि उपलब्ध प्राप्तांक इस मान्यता के अनुसार है उसी स्थिति में इस प्रकार की सांख्यिकी का प्रयोग सम्भव है अन्यथा नहीं। इसमें इस मान्यता का दृढ़ रूप से प्रयोग किया जाता है। उदाहरणार्थ, प्रतिदर्श की अनियमितता विचलन की समजातीयता, वितरण की सामान्यता आदि मान्यताओं के सन्तोषजनक होने पर ही क्रान्तिक अनुपात (critical ratio), टी-परीक्षण (t-test), एफ-परीक्षण (F-test) का अनुप्रयोग वैध है। इसी प्रकार प्रतिगमन की एक रैखिकता एवं विचलन की सम्भावना आदि मान्यताओं के सन्तुष्ट होने पर ही पियरसन की गणना वैध होती है।

2. अप्राचल सांख्यिकी (Non-parametric Statistics)—जहाँ प्राचल सांख्यिकी की आधारभूत मान्यताओं का पालन नहीं हो पाता, वहाँ ऐसी स्थिति में अप्राचल सांख्यिकीय विधियों का अनुप्रयोग किया जाता है। इस प्रकार की सांख्यिकी में किसी प्रकार की मान्यताओं का प्रतिबन्ध दृढ़ नहीं होता है, अत: इसे वितरण मुक्त सांख्यिकी भी कहा जाता है। अप्राचल सांख्यिकियों में मध्यांक, स्पीयरमैन का सह-सम्बन्ध गुणांक, काई-वर्ग परीक्षण, मध्यांक परीक्षण, चिन्ह परीक्षण चिन्ह क्रम परीक्षण उल्लेखनीय है।

(ब) कार्य के अनुसार

सांख्यिकी के दो रूप प्रचलित हैं—(1) वर्णनात्मक (descriptive) एवं (2) निष्कर्षात्मक (inferential).

1. वर्णनात्मक सांख्यिकी (Descriptive Statistics)—इसके अन्तर्गत किसी समूह अथवा वर्ग का अंकात्मक वर्णन किया जाता है। अत: वर्णनात्मक सामग्री किसी व्यक्ति, समूह अथवा वर्ग की प्रकृति, स्वरूप, स्थिति आदि का वर्णन आधारभूत मान्यताओं, सिद्धान्तों, संकेतों एवं सम्बन्धों के आधार पर प्रस्तुत करती है। इसके द्वारा फैले हुए प्रदत्तों को व्यवस्थित रूप से सारणीबद्ध किया जाता है। केन्द्रीय प्रवृत्ति इस ओर इंगित करती है कि समूह के किसी मापन का मध्यमान क्या है? किसी समूह की आयु, आय, लम्बाई, वजन, बुद्धि, शिक्षा आदि की मध्यस्थनीय प्रवृत्ति क्या है? मध्यमान मध्यांक एवं बहुलांक की गणना इन प्रश्नों का समाधान करती है। सांख्यिकी का दूसरा वर्णनात्मक माप विचलन है। औसत विचलन (A.D.), चतुर्थांश विचलन (Q.D.), मानक विचलन (S.D.), तथा प्रसार, विचलन गुणांक आदि विचलन मान हमें समूहों के विभिन्न मापों के विचलन का ज्ञान कराते हैं। किसी समूह के विचलन का मान उस समूह की सजातीयता तथा विषमजातीयता का सूचक होता है। प्रदत्तों के स्वरूप को साकार बनाने के लिये उनका लेखा चित्रण, स्तम्भकृति, आवृति बहुभुज, वृत ग्राफ, स्तम्भ चित्र सरलित ओजाइव के रूप में बनाया जाता है। समूह में व्यक्ति की स्थिति समझने के लिए शतांशीयमान एवं शतांशीय बिन्दु का अनुप्रयोग किया जाता है। दो समूहों अथवा दो भिन्न-भिन्न अवलोकनों या दो अंक सामग्रियों को मध्य सह-सम्बन्ध का प्रयोग किया जाता है।

2. निष्कर्षात्मक सांख्यिकी (Inferential Statistics)—प्रत्येक सामाजिक शोधकर्ता जिस किसी समष्टि का अध्ययन करना चाहता है, उसके प्रत्येक सामाजिक तत्व का अध्ययन करना उसकी सीमाओं के कारण असम्भव है। अत: वह उस समष्टि का एक प्रतिनिधित्व भाग जिसे प्रतिदर्श कहते हैं, अध्ययन के लिए चुन लेता है। इस अध्ययन के आधार पर वह समष्टि की विशेषताओं का अनुमान लगाता है। सांख्यिकी की जिस भाषा में प्रतिदर्श से प्राप्त परिणामों के आधार पर समष्टि की विशेषताओं का अनुमान लगाता है सांख्यिकी की जिस भाषा में प्रतिदर्श से प्राप्त परिणामों

के आधार पर समष्टि की संगत विशेषताओं का अनुमान लगाया जाता है, उसे निष्कर्षात्मक सांख्यिकी कहते हैं। बहुधा यह देखा गया है कि प्रतिदर्श के आधार पर ज्ञात तथा समष्टि में पाए जाने वाले तथ्य का सन्निकटन ही होता है। यह समष्टि के मान से किंचित् मात्रा में कुछ कम या अधिक या सम्भवतः समान होता है। दोनों का अन्तर प्रतिदर्श चयन में त्रुटि के कारण होता है जिसे मानक त्रुटि (standard = SE) कहा जाता है। यद्यपि इस त्रुटि को अधिक प्रतिनिधित्वकारी प्रतिदर्श चुनकर कम किया जा सकता है, फिर भी प्रत्येक प्रतिदर्श के अध्ययन में मानक त्रुटि कुछ न कुछ मात्रा में अवश्य पायी जायेगी। इस प्रकार की सांख्यिकी में टी-परीक्षण, एफ-परीक्षण, काई-वर्ग आदि का प्रयोग किया जाता है।

समाजशास्त्र में माप एवं मात्राकरण

प्रत्येक विज्ञान, विशेषतः समाजशास्त्र में माप की आवश्यकता को समझा जाने लगा है। माप तथ्यों का आंकिक रूप प्रदान करने एवं शुद्धता से विषय सामग्री का अध्ययन करने में सहायक होता है। यद्यपि माप को विभिन्न दृष्टिकोणों से समझा जाता है फिर भी सामान्य रूप से किसी विशेष नियम के अनुसार वस्तुओं को संख्यात्मक मूल्य देना ही माप कहा जाता है। जब किसी स्थिति, व्यवहार, व्यक्ति, वस्तु या घटना को विशेष संकेत या संख्या देकर उसकी विशेषताओं को व्यक्त किया जाता है तो इस प्रक्रिया को मात्राकरण, मात्रात्मक वर्णन अथवा माप कहा जाता है।

मनोविज्ञान की विषय-सामग्री का माप करने के लिए प्रायः चार प्रकार की मापकों का अनुप्रयोग किया जाता है। इन मापकों का वर्गीकरण, माप एवं परिशुद्धता के आधार पर किया गया है। अत्यधिक निम्न स्तर पर माप सबसे कम परिशुद्ध होगा जबकि अत्यधिक उच्च स्तर का मापन सबसे अधिक परिशुद्ध होगा।

मनोवैज्ञानिक माप के स्तर अथवा मापक (Scales)

मनोवैज्ञानिक माप में विभिन्न प्रदत्तों को चार स्तरों के अन्तर्गत रखा जाता है। विषय सामग्री भौतिक हो या सामाजिक अथवा मनोवैज्ञानिक उसका माप कई स्तरों से हो सकता है। निम्नतर स्तर के माप में सुगमता अधिक होगी किन्तु परिशुद्धता बहुत कम मात्रा में पायी जायेगी जबकि उच्चतम स्तर के माप में जटिलता अवश्य होगी किन्तु वह मापन अधिक परिशुद्धता (accurate) निष्कर्ष प्रदान करेगा। माप की परिशुद्धता, उसके माप स्तर तथा वैज्ञानिकता को दृष्टि में रखते हुए माप के कई स्तर या मापकों का प्रयोग, किया जाता है—(क) शाब्दिक स्तर, (ख) क्रमिक स्तर, (ग) अन्तराल स्तर तथा (घ) अनुपात स्तर प्रायः मापन प्रक्रिया में व्यक्तियों, वस्तुओं, निरीक्षणों, घटनाओं, विशेषताओं या प्रतिक्रियाओं को मात्रात्मक या आंकिक रूप में व्यक्त किया जाता है, अतः उपरोक्त मापनियों का एक ही उद्देश्य होता है, इनकी पारस्परिक भिन्नता मुख्यतया इस तथ्य पर आधारित है कि कोई मापक विषय वस्तु को मात्रात्मक या आंकिक मूल्य प्रदान करने में किस विधि का प्रयोग करती है तथा वह माप किस स्तर की है। प्रायः प्रत्येक मापक या स्तर के अपने-अपने नियम, विशेषताएँ, सीमाएँ तथा उपर्युक्त सांख्यिकीय विधियाँ होती हैं।

1. शाब्दिक स्तर या मापक (Nominal Level or Scale)

मनोवैज्ञानिक माप का यह सबसे निम्न स्तर है। इसे कभी-कभी वर्गीकरण स्तर के नाम से भी जाना जाता है। मापन की इस सरलतम मापनी में वस्तुओं अथवा घटनाओं को किसी गुण या विशेषताओं के आधार पर अलग-अलग समूहों में रख दिया जाता है तथा प्रत्येक व्यक्ति या समूह की पहचान के लिए उसे कोई अमुक नाम, संख्या या चिन्ह दे दिया जाता है, अतएव एक समूह में शामिल समस्त पदार्थ आपस में समान तथा अन्य समूह के प्रत्येक पदार्थ से भिन्न होते हैं। उदाहरणार्थ, फुटबाल की टीम में खिलाड़ियों की जर्सी पर नम्बर अंकित करना जिनसे उन अंकों के द्वारा खिलाड़ियों को पहचाना जा सके। इसी प्रकार व्यक्तियों को लिंग के आधार पर स्त्रियों तथा पुरूषों में, रंग के आधार पर काले तथा गोरे में, निवास के आधार पर शहरी तथा देहाती में, पेशे के आधार पर व्यापारी तथा नौकर आदि वर्गों में विभक्त किया जा सकता है। हालांकि यह सबसे निचले स्तर का मापक है, अतः मनोवैज्ञानिक तथ्यों के मापन में इसका प्रयोग बहुत ही कम किया जाता है। इस प्रकार के मापन में केवल गणना ही सम्भव होती है, इसमें अर्थमैटिक संक्रियाओं का प्रयोग केवल गिनने के लिए ही होता है तथा इसमें समूहों को पहचानने वाले अंकों, चिन्हों आदि को भी जोड़ा, घटाया, गुणित एवं भाग नहीं दिया जाता है। अतएव इसमें गणना के अलावा किसी भी प्रकार की सांख्यिकीय गणना सम्भव नहीं होती। प्रत्येक समूह में सम्मिलित व्यक्तियों की केवल गिनती की जाती है। इस स्तर में सदैव किसी विशेष पहलू के आधार पर वर्गों की रचना होती है, इसलिए उनमें आन्तरिक समजातीयता पायी जाती है। डाक वितरण के जोनल क्षेत्र निर्धारित करने—आगरा-1, आगरा-2, आगरा-3, आगरा-4, आदि, टेलीफोन नम्बर देने, मोटर लाइसेन्स नम्बर देने, बैंकों के संकेत चिन्ह (Code) देने स्टेट बैंक-2, इलाहाबाद बैंक-4, पंजाब नेशनल बैंक-45, किसी टीम के खिलाड़ियों को नम्बर देने आदि में शाब्दिक स्तर के माप का प्रयोग किया जाता है। इस प्रकार की मापनी में समूहों में वस्तुएँ किसी-न-किसी रूप में मिलती-जुलती होनी चाहिए जैसे—केलों को वर्ग 1, सन्तरों को वर्ग 2, आम को वर्ग 3

देना, लिंग भेद के अनुसार पुरूषों को कोड 1 तथा स्त्रियों को कोड 2, सफल-असफल, रूचिकर, अरूचिकर आदि वर्गों को अंक प्रदान किये जाते हैं।

2. क्रमिक स्तर या मापक (Ordinal Level or Scale)

शाब्दिक स्तर से एक सोपान ऊपर क्रमिक स्तर जिसमें कि अंक-क्रमों को इंगित करते हैं। अन्य शब्दों में, इस स्तर के मापन में व्यक्तियों, वस्तुओं, घटनाओं, विशेषताओं या प्रतिक्रियाओं को किसी गुण या लक्षण के आधार पर उच्चतम से निम्नतम क्रम में व्यवस्थित किया जाता है तथा प्रत्येक वस्तु आदि को एक क्रम सूचक अंक प्रदान किया जाता है। उदाहरणार्थ, जब हम किसी कालेज को अमुक कक्षा के छात्रों को परीक्षा प्राप्तांकों के आधार पर प्रथम, द्वितीय, तृतीय आदि क्रम देते हैं, खिलाड़ियों को पुरस्कार प्रदान करते हैं, प्रार्थियों को रोजगार देते हैं, घुड़दौड़ करवाते हैं, सुन्दरता के आधार पर मिस इण्डिया या मिस वर्ल्ड अथवा मिस यूनिवर्स का चयन करते हैं, किसी समूह में व्यक्तियों को सम्मान देते हैं आदि स्थितियों में क्रमिक स्तर मापक का प्रयोग किया जाता है। इस प्रकार व्यवसाय, प्रतिष्ठा, वेतन आदि के आधार पर भी व्यक्तियों को क्रमित किया जाता है। इस प्रकार की मापनी के प्रयोग में क्रम देने के लिए प्राय: दो विधियों का प्रयोग प्रचलित है—(i) पंक्ति क्रम विधि एक सीधी विधि है जिसमें कि वस्तुओं आदि को कोटि क्रम के अनुसार क्रमबद्ध कर लिया जाता है। अपनी रुचि एवं स्वाद के आधार पर हम फलों की व्यवस्था इस क्रम—आम (1), अंगूर (2), सेब (3), अनार (4), केला (5), सन्तरा (6) आदि में करते हैं। इस प्रकार से शृंखला के समस्त सदस्यों को उनका क्रम देने के लिए I, II, III, IV, V, ... Nth स्थान दिये जाते हैं तथा उनको इसी क्रम में रखा जाता है। (ii) इसकी दूसरी विधि युग्म तुलना विधि है जिसमें कि समूह के सदस्य (n) पदार्थों की युग्म या जोड़ो में तुलना की जाती है। किसी समूह में कितने जोड़े बनेंगे, उनके लिए ${}^{n}C_2 = \frac{n(n-1)}{2}$ सूत्र का प्रयोग किया जाता है।

यद्यपि इस प्रकार की मापनी का अधिकांश रूप में उपयोग भौतिक, सामाजिक तथा मनोविज्ञान में किया जाता है, फिर भी इसे अत्यधिक परिशुद्ध, विश्वसनीय एवं वैज्ञानिक नहीं समझा जाता है। इस स्तर में, वस्तुओं को क्रमिक रूप देने के लिए जो अंक दिये जाते हैं, उनमें सामान्य अर्थमेटिक संक्रियाओं (गुणा, भाग, जोड़, घटाना) का प्रयोग नहीं होता बल्कि इसमें क्रमों पर आधारित सांख्यिकी विधियाँ ही उपयुक्त रहती हैं। इन क्रम सूचक अंकों से **मध्यांक, शतांशीय मान, क्रमबद्ध सह-सम्बन्ध** गुणांक (ρ) की गणनाएँ सम्भव होती हैं जिनसे मनोवैज्ञानिक तथ्यों के वर्णन में सहायता मिलती है। यह मापक दो व्यक्तियों के मध्य अन्तर तो बताती है किन्तु इसके द्वारा यह ज्ञात नहीं हो पाता है कि दो व्यक्तियों के मध्य वास्तविक अन्तर कितना है।

3. अन्तराल स्तर या माप (Interval Level or Scale)

माप के तृतीय स्तर में क्रमिक स्तर की समस्त विशेषताएँ निहित हैं। इसमें दो वस्तुओं, व्यक्तियों या वर्गों के मध्य की दूरी या अन्तर को अंक के माध्यम से ज्ञात किया जाता है तथा प्रत्येक अंक का स्तर या दूरी सम होती है किन्तु इसमें यह ज्ञात नहीं होता कि उनमें से कोई भी अंक शून्य से कितनी दूर है क्योंकि इसमें वास्तविक शून्य बिन्दु नहीं पाया जाता है। अतएव सम दूरी पर व्यवस्थित अंक ही इस मापक की स्थिर इकाई है। इसकी अर्थमेटिक संक्रियाओं में हम केवल अंकों को जोड़ तथा घटा सकते हैं। इसकी सबसे प्रमुख कमी यह है कि इसमें वास्तविक शून्य बिन्दु नहीं होता अत: इस मापनी द्वारा सापेक्षिक माप तो सम्भव है निरपेक्ष मापन नहीं। यह सत्य हो सकता है कि एक छात्र किसी परीक्षण में शून्य प्राप्तांक हासिल (प्राप्त) करता है, इससे यह अभिप्राय नहीं कि वह छात्र उस विषय में कुछ भी ज्ञान नहीं रखता है। इस स्तर के माप का सर्वश्रेष्ठ उदाहरण थर्मामीटर है। मानव शरीर का तापक्रम जानने के लिए जिस थर्मामीटर का उपयोग करते हैं, उसमें 98° से 108° तक अंकित होते हैं। यहाँ 98° से 99° के मध्य जितनी दूरी है, उतनी ही दूरी 107° से 108° के मध्य पायी जाती है क्योंकि अन्तराल मापन की प्रत्येक इकाई समान दूरी पर है। थर्मामीटर से बुखार नापने पर यदि हम पारे को 98° पर पाते हैं तो यह माना जाता है कि शरीर में बुखार की मात्रा शून्य है किन्तु इसका तात्पर्य यह नहीं है कि शरीर के भीतर तापक्रम का सर्वथा अभाव है। इसी प्रकार जब मनोवैज्ञानिक माप में कोई छात्र किसी उपलब्धि परीक्षण में शून्य प्राप्तांक हासिल (प्राप्त) करता है तो यह नहीं कहा जा सकता है कि उस छात्र में उस विषय की क्षमता शून्य है। वर्ष, महीना, सप्ताह, घण्टा मिनट आदि भी अन्तराल मापक के उदाहरण हैं। इस मापक के प्रयोग से जो अंक या संख्याएँ प्राप्त होती हैं, उनसे अनेक प्रकार की सांख्यिकीय गणनाएँ जैसे मध्यमान, मानक विचलन आदि संभव है।

4. अनुपात स्तर या माप (Ratio Level or Scale)

भौतिक तथा मनोवैज्ञानिक माप की अन्तिम या सर्वोच्च स्तर मापक अनुपात मापक है। यह मापनी अन्य मापनियों की अपेक्षा श्रेष्ठ, उच्चस्तरीय तथा वैज्ञानिक समझी जाती है। इसमें अन्तराल मापक की समस्य विशेषताओं के साथ-साथ एक सत्य शून्य बिन्दु भी विद्यमान रहता है जो कि अन्य किसी भी मापनी में नहीं होता

है। इसलिए इसे अन्तराल मापनी से भी अधिक श्रेष्ठ समझा जाता है। अनुपाती मापनी में वास्तविक शून्य बिन्दु कोई कल्पित बिन्दु नहीं होता बल्कि इसका आशय किसी शीलगुण या विशेषता की शून्य मात्रा से है। भौतिक माप में अनेक उदाहरण ऐसे हैं जहाँ कि निरपेक्ष शून्य बिन्दु पाया जाता है जैसे मीटर, मिलीमीटर, किलोमीटर, लीटर, ग्राम आदि। जब हम कपड़े की लम्बाई, वस्तुओं का भार या स्थानों की दूरी का माप करते हैं, तब ऐसी स्थिति में शून्य बिन्दु से ही प्रारम्भ किया जाता है जहाँ कि लम्बाई, भार या दूरी का अपना कोई अस्तित्व नहीं होता। वास्तव में शून्य इंच की लम्बाई या शून्य किलोमीटर की दूरी कोई लम्बाई या दूरी नहीं होते, इसीलिए अनुपात मापक में वास्तविक शून्य बिन्दु को ही मापक का प्रारम्भिक बिन्दु माना जाता है। ऐसा होने के कारण ही हम दो विभिन्न दूरी के स्थानों के अनुपात का पता लगा लेते हैं और निश्चित रूप से कह लेते हैं कि 'अ' स्थान 'ब' स्थान से आधी, दुगुनी या तिगुनी दूरी पर है। इसी प्रकार यदि किसी गुण विशेष की मात्रा के आधार पर राखी, शशि तथा विभा को 15,30 तथा 60 प्राप्तांक प्रदान किये जाएँ तो इस मापक के अनुसार यह अर्थ होगा कि राखी के अन्दर वह गुण जिस मात्रा में विद्यमान है, शशि में उसकी दुगुनी मात्रा में है तथा विभा में चौगुनी मात्रा में पाया जाता है। अतः इस मापक की प्रत्येक इकाई की दी गयी संख्या मापित गुण की विभिन्न मात्राओं के मध्य अनुपात को प्रकट करती है। इसमें संक्रियाओं के प्रयोग की कोई निश्चित सीमा न होकर समस्त संक्रियाओं—गुणा, जोड़ भाग, घटाने का प्रयोग किया जाता है।

समाजशास्त्र में सांख्यिकी

समाजशास्तर मनोविज्ञान एवं शिक्षा में सांख्यिकी का प्रयोग मुख्यतः वैयक्तिक भिन्नताओं के सन्दर्भ में हुआ है क्योंकि इस क्षेत्र में वैयक्तिक भेद की समस्या सदैव ही एक महत्वपूर्ण समस्या रही है। यदि संसार में सब व्यक्ति समान होते तो सम्भवतः सांख्यिकी की आवश्यकता ही नहीं होती। वैयक्तिक भिन्नता क्यों होती है ? कितनी होती है ? यह महत्वपूर्ण प्रश्न वर्तमान काल में मनोवैज्ञानिक तथा शैक्षिक परीक्षणों का मुख्य प्रश्न रहा है। **क्यूटले** सर्वप्रथम व्यक्ति थे जिन्होंने उन्नीसवीं शताब्दी में सिद्ध किया कि सम्भाविता के सिद्धान्त का प्रयोग मानवीय तथा सामाजिक समस्याओं में भी किया जा सकता है। **क्यूटले** के इस कथन में शिक्षा, मनोविज्ञान और समाजशास्त्र में सांख्यिकी की पृष्ठभूमि तैयार की है।

वर्तमान काल में लगभग सभी शिक्षा-मनोवैज्ञानिक यह स्वीकार करने लगे हैं कि वैयक्तिक भिन्नताओं का ज्ञान बालक के शैक्षिक एवं व्यावसायिक मार्गदर्शन में सहायक सिद्ध हो सकता है। अतः यह अनिवार्य हो गया है कि व्यक्ति की विभिन्न शक्तियों की खोज की जाय ताकि उनके अनुकूल विद्यार्थियों की शिक्षा की व्यवस्था की जा सके। इसके लिए विभिन्न प्रकार की परीक्षाओं का प्रयोग किया जाने लगा है, जैसे उपलब्धि परीक्षा, निदानात्मक परीक्षा, व्यक्तित्व परीक्षा, अभिक्षमता परीक्षा, अभिवृत्ति परीक्षा आदि। इन सभी परीक्षाओं का निर्माण सांख्यिकी के द्वारा होता है और इन परीक्षाओं से जो फल प्राप्त होता है उसका विश्लेषण में सांख्यिकी की विधियों द्वारा होता है। इस कारण से मनोविज्ञान एवं शिक्षा में सांख्यिकी का एक विशेष स्थान बन गया है।

वर्तमान युग में आमतौर पर संसार के सभी शिक्षाशास्त्री इस तथ्य से सहमत हैं कि शिक्षा का मूल उद्देश्य व्यवहार को पूर्व निश्चित योजना के अनुसार परिमार्जित करना होता है। कुछ समय पूर्व शिक्षक का कार्य केवल विषय का ज्ञान देना ही समझा जाता था परन्तु आधुनिक समय में शिक्षक का उत्तरदायित्व विद्यार्थियों को जीवन की सफलता के पथ पर ले जाता है। अतः उनकी परीक्षा वैयक्तिक रूप से होनी अनिवार्य है। स्वाभाविक है कि ये सब परीक्षाएँ सांख्यिकी की सहायता के बिना सम्भव नहीं हैं।

आधुनिक शिक्षाशास्त्रियों का यह स्पष्ट मत है कि प्रत्येक शिक्षक के लिए सांख्यिकी विधियों का ज्ञान निश्चित रूप से उपयोगी एवं आवश्यक है। आधुनिक मनोविज्ञान में प्रत्यक्षीकरण, सीखना, बुद्धि चिन्तन, विस्मरण आदि अमूर्त एवं जटिल तथ्यों का मापन भी सांख्यिकी विधियों द्वारा सम्भव हो सका है।

सांख्यिकी गणनाओं की विधि

प्रायः देखा जाता है कि छात्रों को सांख्यिकी में दशमलव के गुणा, भाग, जोड़, घटाने तथा वर्ग एवं वर्गमूल ज्ञान करने में कठिनाई होती है। आज के युग में सांख्यिकी का सामाजिक तथा अन्य विज्ञानों में अत्यन्त महत्व है। इस कठिनाई को ध्यान में रखते हुए ही यहाँ पर विद्यार्थियों के लाभार्थ कुछ सामान्य सांख्यिकीय गणनाओं में प्रयुक्त गणनाओं में प्रयुक्त होने वाले दशमलव के गुणा, भाग आदि करने की विधियों पर प्रकाश डाला गया है।

1. दशमलव संख्याओं का गुणा (Multiplication)

उदाहरण—35.2 को 31.4 से गुणा करो

सर्वप्रथम यह समझ लेते हैं कि दशमलव का चिन्ह नहीं है। अतः $352 \times 314 = 110528$ में यह देखते है कि जिस संख्या में जिस संख्या का गुणा किया गया है, अर्थात् दोनों संख्याओं में दशमलव के दायें तरफ कितने-कितने अंक हैं। यहाँ दोनों संख्याओं में एक-एक है, अतः दोनों को जोड़ लिया और फिर गुणनफल में

दायें तरफ से उतने ही अंक गिनकर दशमलव का चिन्ह लगा दिया।

उत्तर = 1105.28

उदाहरण—$3.52 \times .314$ का गुणा करो।

दशमलव के चिन्ह को ध्यान में रखते हुए, $352 \times 314 = 110528$ दशमलव का चिन्ह दोनों संख्याओं में गिनिये, दो एवं तीन संख्याओं के बाद दशमलव का चिन्ह है। अत: दायें तरफ से 5 स्थान छोड़कर चिन्ह लगा दिया।

उत्तर = 1.10528

उदाहरण—.023 में 1.1 का गुणा करो।

चिन्हों को ध्यान में रखते हुए, $23 \times 11 = 253$. 1 चिन्ह गिनने से दशमलव के बाद तीन तथा एक संख्या है, अत: कुल चार संख्याओं के बाद चिन्ह लगाना है और गुणनफल में केवल तीन संख्याएँ हैं। इसलिए पीछे एक शून्य बढ़ाकर चार संख्याएँ कर देगें और फिर दशमलव का चिन्ह लगा देगें।

उत्तर = 0.0253

2. दशमलव संख्याओं का भाग

उदाहरण—2.5 को 1.3 से भाग दो।

चूँकि दोनों संख्याओं में दशमलव के अंक एक-एक स्थान छोड़कर हैं, अत: दोनों दशमलव चिन्हों को हटा देते हैं जैसे $25 \div 13 = 1.92$

उदाहरण—$25 \div 1.5$

चूँकि 25 को 1.5 से भाग देना है। यहाँ 25 संख्या में दशमलव का चिन्ह नहीं है। अत: 25 के बाद दशमलव का चिन्ह लगाकर एक शून्य बढ़ा लेते हैं। अत: 25.0 या दोनों संख्याओं में हम एक निश्चित संख्या का गुणा कर देते हैं। $25.0 \div 1.5 = 16.67$.

उदाहरण—.25 को 12 से भाग दीजिए।

इन दोनों संख्याओं में दशमलव के चिन्ह बराबर करने से $25 \div 1200 = 0.02$ जब छोटी संख्या को बड़ी संख्या से भाग देना होता है तो भाज्यफल की तरफ एक दशमलव का चिन्ह लगाकर जिस संख्या से भाग देना होता है, एक शून्य बढ़ा देते हैं, अगर फिर भी भाग न होता तो भजनफल वाले हिस्से में एक शून्य लगा देते हैं और एक शून्य भाग वाली संख्या में भी बढ़ा देते हैं। ऐसा तब तक कियां जाता है जब तक कि भाग वाली संख्या अधिक न हो जाय।

3. दशमलव संख्याओं का जोड़

उदाहरण—(अ) $1.05 + 2.1 + 35 + 2.47$

(ब) $.057 + 1.75 + .0009 + 1.52 + 2.74$

दशमलव का जोड़ करने के लिए प्रत्येक संख्या को एक के नीचे एक लिखनी चाहिए। लेकिन इस बात का ध्यान रहे कि प्रत्येक दशमलव का चिन्ह एक सीध में रहे, जैसे नीचे दिया है तथा इसके पश्चात साधारण जोड़ की तरह जोड़ करते हैं, लेकिन दशमलव का चिन्ह जोड़ में भी दशमलव के नीचे ही लिखते हैं।

(अ)	(ब)
1.05	0.0570
2.10	1.7500
35.00	0.0009
2.47	1.5200
40.62	2.7400
	6.0679

4. दशमलव संख्याओं का घटाना

उदाहरण—(अ) 47.51 को 3.17 में से, (ब) .007 में से .001 को तथा (स) 5.794 में से .325 को घटाओ।

(अ)	(ब)	(स)
3.17	.007	5.794
– 47.51	– .001	– .325
– 44.34	.006	5.469

घटाने में भी हम संख्याओं को इस प्रकार व्यवस्थित कर लेते हैं कि दशमलव का चिन्ह दशमलव के चिन्ह के नीचे हो। अगर घटाने वाली संख्या ज्यादा हो तो भी हम दोनों संख्याओं का अन्तर ज्ञात कर लेते हैं लेकिन जब घटाने वाली संख्या का मान अधिक है तो ऋण का चिन्ह लगा देते हैं।

5. वर्गमूल ज्ञात करना

अगर आपके पास 1 से लगाकर 1000 तक की संख्या बिना दशमलव के चिन्ह के हैं तो वर्गमूलों को परिशिष्ट में दी गयी सांख्यिकी तालिका में दिये गये मानों से ज्ञान किया जा सकता है। अगर दशमलव का चिन्ह है तो निम्न विधि से ज्ञात करें।

यदि 25 का वर्गमूल मालूम करना है तो $\sqrt{25}$ लिखा जायेगा। इस चिन्ह का अर्थ यह होता है कि वर्गमूल ज्ञात करो।

उदाहरण— $\sqrt{25}$ या 25 वर्गमूल ज्ञात करो।

हल—तालिका को देखकर 25 के सामने वर्गमूल (square root) वाले स्तम्भ में देखिए।

$\sqrt{25} = 5$

उदाहरण—351 का वर्गमूल ज्ञात करो।

हल—जबकि अंकों की संख्या विषम हो जैसे 1, 3, 5, 7, 9, 11 अथवा जो दो से गुणा करने पर न कटे तो बायीं तरफ एक शून्य और बढ़ा देते हैं। यहाँ संख्या 351 में विषम अंक हैं। चौथा अंक 0 बढ़ा दिया 0351. अब हम निम्न प्रकार से वर्गमूल ज्ञात करेंगे।

	भाजक	भाज्य	भाज्यफल
(*a*)	1)	$\overline{0351}$	(18.73
		1	
(*b*)	28)	251	
		224	
(*c*)	367)	2700	
		2569	
(*d*)	3753	13100	
		11259	

अत: $\sqrt{351} = 18.73$

वर्गमूल ज्ञात करने के चरण (Steps)

(क) संख्या में अंकों के जोड़े बनाना।

(ख) प्रथम जोड़े को ऐसी संख्या से भाग दिया कि भाजक तथा भजनफल दोनों तरफ की संख्या एक ही रहे।

(ग) शेष ज्ञात करने के बाद भाज्य वाली संख्या से एक जोड़ा उतार लिया।

(घ) प्रथम भाज्यफल तथा प्रथम भाजक को जोड़कर फिर भाजक का अन्य स्तम्भ (*b*) बनाकर लिख दिया।

(च) इसके बाद फिर ऐसी संख्या से भाग दिया जाता है जिससे कि भाजक '*b*' की नयी संख्या (8) तथा भाज्यफल की संख्या (8) दोनों तरफ समान रहे।

(छ) इसके बाद शेष ज्ञात करते हैं और फिर अगर भाज्य में संख्याएँ नहीं होती हैं तो भाज्यफल वाले स्तम्भ में दशमलव का चिन्ह लगाकर अंकों का एक जोड़ा उतार लेते हैं और जब तक भाज्यफल में कम से कम दशमलव के बाद दो अंक न हो जावें भाजक को नये स्तम्भ *c*, *d* आदि में लिखते रहते हैं और भाज्यफल को भाज्यफल वाले स्तम्भ में।

उदाहरण— $\sqrt{3.515}$ या 3.515 का वर्गमूल ज्ञात करो।

$\sqrt{67.591}$ या 67.591 का वर्गमूल ज्ञात करो।

हल—दशमलव के दोनों तरफ अंकों के जोड़े बनाने से—

$\sqrt{03.5150}$

	1)	03.5150 (1.87	$\sqrt{67.591}$
		1	
1 + 1 = 2,	28)	251	$\sqrt{67.5910}$
		224	
28 + 8 = 36,	367)	2750	8) 67.5910 (8.22
		2569	64

अत: $\sqrt{3.515}$ 1.87, 8 + 8 = 16, 162) $\overline{359}$

324

162 + 2 = 164, 1642) 3510

3284

अत: $\sqrt{67.591} = 8.22$

$(X)^2$ का क्या अर्थ होता है ? (अर्थात् X का वर्ग)

इसका तात्पर्य यह है कि X को X से गुणा करो।

जैसे—$(.57)^2 = .57 \times .57 = .3249$

Negative (–) को Negative से गुणा करने से क्या होता है ?

– को – से गुणा करने से + हो जाता है। जैसे— –.57 को –.57 से गुणा करो।

$-.57 \times -.57 = +.3249$

$-.57 \times +.57 = -.3249$

$+.57 \times +.57 = +.3249$

$+.57 \times -.57 = -.3249$

(*a*) Minus को Plus से भाग देने से भाज्यफल Minus (–) में आता हैं। $(- \div + = -)$

(*b*) Plus को Plus से भाग देने से भाज्यफल Plus (+) में आता है। $(+ \div + = +)$

(*c*) Minus (–) को Minus (–) से भाग देने से भाज्यफल Plus (+) हो जाता है। $(- \div - = +)$

(*d*) $(-4)^2$ का क्या अर्थ हैं ?

$$(-4 \times -4) = (+16)$$

प्रत्येक संख्या (धनात्मक तथा ऋणात्मक) का वर्ग सदैव धनात्मक होता है।

केन्द्रीय प्रवृत्ति के माप
(Measures of Central Tendency)

केन्द्रीय प्रवृत्ति की मापों में तीन माप आते हैं इनमें अनुपात (Mean) माध्यम (Median) और बहुलक (Mode) प्रमुख है।

केन्द्रीय प्रवृत्ति किसे कहते हैं ?
(What is Central Tendency?)

जब भी हम विभिन्न दो या अधिक चरों की तुलना करना चाहते हैं—चाहे वह विभिन्न देशों की जन्म-मरण दर हो या विभिन्न विद्यालयों में अध्ययन करने वाले विद्यार्थियों की उन्नति हो या विभिन्न रोगों से पीड़ित रोगियों के अनुपात को ज्ञात करना हो, हमें प्रदत्तों का आवृत्ति वितरण बनाना होता है। किन्तु केवल आवृत्ति वितरण के निर्माण से ही हमारा कार्य सम्पन्न नहीं होता है क्योंकि इसमें तो मात्र मूल प्राप्तांकों (raw scores) को क्रम से व्यवस्थित

कर दिया जाता है। इसके साथ-साथ हमें गणना करके यह ज्ञात करना होता है कि विभिन्न देशों की जन्म-मरण दर, पीड़ित रोगियों के अनुपात आदि की अनुपात दर (अनुपात) क्या है? किसी वर्ग का औसत मध्यांक या बहुलक क्या है। इन औसत मानों को ही केन्द्रीय प्रवृत्ति के मापों से सम्बोधित किया जाता है। इसका विशेष रूप से अनुप्रयोग समूहों, वर्गों आदि की तुलना के लिए किया जाता है।

केन्द्रीय प्रवृत्ति के अन्तर्गत प्राय: तीन मापों को सम्मिलित किया जाता है तथा इनका उपयोग सामाजिक विज्ञानों में व्यवहार के क्षेत्र में होता है। ये हैं—मध्यमान, मध्यांक, एवं बहुलांक। यह तीनों माप मध्य स्थिति के द्योतक हैं। अन्तर केवल शुद्धता, समय एवं परिस्थिति का है। केन्द्रीय प्रवृत्ति का सबसे शुद्ध किन्तु गणना करने में अधिक समय व्यय करने वाला मान है। मध्यांक कम शुद्ध किन्तु गणना में कम समय लगता है। इसके अतिरिक्त तीनों मापों का अनुप्रयोग प्रदत्तों के स्वरूप एवं गणना के उद्देश्यों पर भी निर्भर करता है।

केन्द्रीय प्रवृत्ति के मापों का अनुप्रयोग (Uses of Measures of Central Tendency)

अब प्रश्न उठता है कि केन्द्रीय प्रवृत्ति के विभिन्न मापों में से कौन-सा कब और क्यों प्रयोग किया जाता है? उत्तर स्पष्ट है कि इन तीनों मापों का उपयोग भिन्न-भिन्न स्थितियों में किया जाता है।

अनुपात का उपयोग (Uses of Mean)

(क) जबकि किसी वितरण में प्रत्येक अथवा समस्त प्राप्तांकों को समान महत्व अथवा भार दिया जाएँ।

(ख) जबकि अधिक स्थिर माप एवं शुद्धता की आवश्यकता हो क्योंकि इसे केन्द्रीय प्रवृत्ति का सर्वाधिक विश्वसनीय माप समझा जाता है।

(ग) जबकि प्राप्तांक केन्द्र बिन्दु के चारों ओर व्यवस्थित रूप से सामान्य वितरित हों क्योंकि विषमित वितरण में यह दोषपूर्ण निष्कर्ष प्रदान करेगा।

(घ) जबकि दो या तीन श्रृंखला की केन्द्रीय प्रवृत्ति की तुलना करनी हो।

(च) जबकि हमें अन्य सांख्यिकी जैसे बहुलक, अनुपात, (M.D.), मानक विचलन (S.D.), मानक त्रुटि (S.E.), सह सम्बन्ध (r) आदि की गणना करनी हो।

माध्यम का प्रयोग (Uses of Median)

(क) जबकि आवश्यकतावश शीघ्र की केन्द्रीय प्रवृत्ति की जानकारी अपेक्षित हो।

(ख) जबकि वितरण के वास्तविक मध्य बिन्दु की आवश्यकता हो, जिसके ऊपर नीचे 50-50 आवृत्तियाँ हों।

(ग) जबकि श्रृंखला में अन्तिम अंक अधिक हों।

(घ) जबकि वितरण विकृत एवं असामान्य हों।

(च) जबकि ऐसी स्थिति ज्ञात करनी हो जहाँ शुद्ध विचलन का योग सबसे कम हो।

(छ) जबकि हमें अन्य सांख्यिकी चतुर्थांश एवं शतांश की गणना करनी हो।

बहुलक का प्रयोग (Uses of Mode)

(क) जबकि अत्यन्त शीघ्रता या अनुमान मात्र से ही केन्द्रीय प्रवृत्ति ज्ञात करनी हो, यह सुविधाजनक माप है।

(ख) जबकि केन्द्रीय प्रवृत्ति का स्वरूप किसी विशेष प्रकार का हो जैसे फैशन, स्टाइल आदि।

(ग) जब वितरण अपूर्ण हों।

केन्द्रीय प्रवृति के विभिन्न मापों की तुलना

इसके तीनों मापों—अनुपात, माध्यम और बहुलक में परस्पर कितनी समीपता तथा समानता है, यह प्राप्तांकों के आवृत्ति वितरण के स्वरूप पर निर्भर करती है। यदि प्राप्तांकों का व्यस्थित वितरण सममित या सामान्य हो तब केन्द्रीय प्रवृत्ति के तीनों मापक एक ही बिन्दु पर होते हैं अर्थात् उस वितरण का अनुपात, माध्यम और बहुलक एक ही मान होगा तथा उसे सामान्य वक्र से सम्बोधित किया जायेगा। किन्तु यदि वितरण विषम रूप से वितरित हैं तो इनका पारस्परिक सम्बन्ध वितरण-विषमता की स्थिति पर आधारित होगा। उदाहरणार्थ, धनात्मक विषम वितरण में बहुलक का मान सबसे अधिक एवं अनुपात का सबसे कम होगा किन्तु ऋणात्मक विषम वितरण में अनुपात मान सबसे अधिक एवं बहुलांक मान सबसे कम होगा। इसके अतिरिक्त 'वाई अक्ष' पर, वितरण का केन्द्रक बिन्दु अनुपात है तथा उसके ऊपर एवं नीचे वितरण के समान मूल्य होते हैं, माध्यम के दोनों ओर समान क्षेत्र होते हैं किन्तु बहुलांक कोई जानकारी प्रदान नहीं कर पाता है।

केन्द्रीय प्रवृत्ति के मापों का महत्व

(क) ये समस्त वर्गों के गुणों को सूक्ष्म रूप से व्यक्त करते हैं।

(ख) ये कुछ अंशों के द्वारा अध्ययन साम्रगी के समस्त अर्थ को स्पष्ट कर देते हैं।

(ग) इनके द्वारा विभिन्न इकाइयों के मानों को वर्गों में प्रदर्शित किया जा सकता है।

(घ) चूँकि ये अधिक स्थिर होते हैं, अत: व्यवहार का मात्रात्मक वर्णन शुद्ध रूप से करते हैं।

(च) इनके द्वारा विभिन्न समूहों एवं वर्गों का तुलनात्मक अध्ययन सुगमतापूर्वक सम्भव होता है।

(छ) सूचनाओं के अभाव में भी ये साधारण निष्कर्ष बतलाते हैं।

(ज) समाज विज्ञानों के अध्ययनों एवं शोध कार्यों में इनका यत्र-तत्र अनुप्रयोग किया जाता है।

केन्द्रीय प्रवृत्ति के मापों की सीमाएँ

(क) ये मात्र सामूहिक विशेषताओं की ओर इंगित करते हैं, व्यक्तिगत विशेषताओं पर तनिक भी प्रकाश नहीं डालते।

(ख) इनका व्यावहारिक रूप में प्रयोग सम्भव नहीं होता है।

(ग) इसके विभिन्न माप सांख्यिकीय विश्लेषण के लिए भिन्न-भिन्न निष्कर्ष बतलाते हैं।

(घ) ये प्रायः सम्पूर्ण वर्ग का प्रतिनिधित्व नहीं कर पाते, जैसे 'अ' को 100 रु. 'ब' को 50 रु. मासिक एवं 'स' को 600 रु. मासिक मिलता है, अतः मध्यमान आय 250 रु. हुई जोकि किसी भी व्यक्ति की आय का प्रतिनिधित्व नहीं करती है।

अनुपात (Mean)

अनुपात या औसत मान से हमारा तात्पर्य ऐसे मान से है जो किन्हीं संख्याओं (X) के योग (total) में उन्हीं संख्याओं के नम्बरों (N) से भाग देने पर प्राप्त होता है। संकेत चिन्ह के रूप में इसे 'एक्स बार' $(\overline{X})$ अथवा एम (M) से व्यक्त किया जाता है।

अनुपात के गुण एवं विशेषताएँ (Properties and Characteristics)

(क) यह शृंखला के प्रत्येक पद के प्राप्तांक से प्रभावित होता है।

(ख) अनुपात से सभी प्राप्तांकों के विचलन का योग शून्य होता है।

(ग) अनुपात आवृत्ति वितरण का सन्तुलन बिन्दु है क्योंकि इससे धनात्मक एवं ऋणात्मक दोनों ओर से विचलन का योग मूल्य शून्य होता है। प्राप्तांकों में तनिक परिवर्तन करने से प्राप्तांकों का संतुलन परिवर्तित हो जाता है।

(च) अनुपात पर अंकगणित एवं बीजगणित के नियम लागू होते हैं, अतः आनुमानिक सांख्यिकी की गणना करने के लिए यह सर्वाधिक उपयोगी है।

(छ) प्रायः इसकी शुद्ध रूप से गणना सभी स्थितियों में सुगम होती है।

(ज) इसका अत्यन्त व्यापक रूप से प्रयोग किया जाता है।

अनुपात की सीमाएँ (Limitations)

(क) जब किसी श्रृंखला में अधिकतम प्राप्तांक हों, अनुपात का प्रयोग उपयुक्त नहीं।

(ख) यह आवृत्ति ग्राफ पर प्रदर्शित नहीं किया जा सकता।

(ग) श्रृंखला को देखकर साधारण रूप से इसका अनुमान नहीं लगाया जा सकता है।

(घ) यदि कोई प्राप्तांक छूट रहा है तो इसकी गणना करना असम्भव है।

(च) गुणात्मक प्रदत्तों के विवेचन में इसका प्रयोग नहीं किया जा सकता है।

(छ) गणना किया मध्यमान प्राप्तांकों का वास्तविक प्रतिनिधित्व नहीं करता क्योंकि यह श्रृंखला के अंकों में पाया जा सकता है तथा नहीं भी।

(ज) कभी-कभी यह अशुद्ध एवं ऊट-पटाँग निष्कर्ष जैसे $5\frac{1}{2}$ व्यक्ति भी प्रदान करता है।

अनुपात की गणना विधि (Calculation Method of Mean)

(अ) जब प्रदत्त अव्यवस्थित (Ungrouped) हों

जब प्रदत्त अव्यवस्थित या समूहीकृत हों, अनुपात ज्ञात करने के लिए निम्नलिखित का प्रयोग किया जाता है :

सूत्र : M या $\overline{X} = \dfrac{\sum X}{N}$ ...(1)

यहाँ, $\overline{X}$ (एक्सबार) = अनुपात (Mean) M

$\sum X$ (एक्स बड़ा सिग्मा) = प्राप्तांकों X का योग

X (एक्स) = किसी प्राप्तांक को प्रतीक रूप में लिखना

N (एन) = प्राप्तांकों की संख्या

उदाहरण 1. मान लीजिए, 10 छात्रों के समूह पर मनोविज्ञान की परीक्षा ली गयी तथा समूह के छात्रों ने निम्न अंक प्राप्त किये तो अनुपात प्राप्तांक ज्ञात कीजिए—

प्राप्तांक—25, 15, 20, 45, 30, 25, 15, 20, 45, 30.

हल—उपर्युक्त प्राप्तांक असामूहिक (ungrouped) हैं, अतः अनुपात ज्ञात करने के लिए निम्न सूत्र का प्रयोग करना होगा—

$$M = \frac{\sum X}{N}$$

यहाँ प्राप्तांकों का योग—

$(\sum X) = 25 + 15 + 20 + 45 + 30 + 25 + 15 + 20 + 45 + 30 = 270$

प्राप्तांकों की संख्या का योग (N = 10)

अत: $M = \frac{\sum X}{N} = \frac{270}{10} = 10$

उत्तर : अनुपात प्राप्तांक = 27

(ब) जब प्रदत्त व्यवस्थित या समूहित हों

व्यस्थित एवं समूहित प्रदत्तों का अनुपात ज्ञात करने के लिए दो प्रकार की विधियों का प्रयोग किया जाता है—

(क) दीर्घ विधि का प्रयोग, एवं

(ख) संक्षिप्त विधि का प्रयोग।

(*i*) अनुपात की गणना में विस्तृत विधि (Long Method) का प्रयोग

सूत्र = M या $\overline{X} = \frac{\sum fX}{N}$ ...(2)

X = वर्गान्तरों का मध्य बिन्दु

f = वर्गान्तरों की आवृत्ति

यहाँ *f*X = एक्स की आवृत्ति के साथ उस एक्स का गुणनफल

$\sum f$X = गुणनफलों का योग

N = योग (आवृत्तियों का)

इस विधि के प्रयोग में निम्नलिखित चरण हैं—

(अ) सर्वप्रथम वर्ग विस्तार ज्ञात करना जिससे कि प्रत्येक वर्ग का मध्य बिन्दु ज्ञात किया जा सके।

(ब) प्रत्येक वर्गान्तर का मध्य बिन्दु ज्ञात कर अलग 'X' स्तम्भ में लिखना जैसे नीचे उदाहरण (2) में '3 – 5' वर्गान्तर का मध्य बिन्दु 4, '6 – 8' वर्गान्तर का मध्य बिन्दु 7 आदि X स्तम्भ में अंकित हैं।

(स) *f*X ज्ञात करना अर्थात् प्रत्येक वर्गान्तर के मध्य बिन्दु (X) का उसी वर्गान्तर की आवृत्ति अर्थात् *f* स्तम्भ की संख्या से गुणा करना तथा इन गुणनफलों को *f*X स्तम्भ में लिखना।

(द) $\sum f$X ज्ञात करना अर्थात् *f*X स्तम्भ की संख्या के योग को ज्ञात करना।

(य) $\sum f$X को N से भाग देना, इस प्रकार प्राप्त हुआ भजनफल अनुपात होगा।

उदाहरण 2. निम्न व्यवस्थित प्राप्तांकों का दीर्घ विधि द्वारा अनुपात ज्ञात कीजिए।

तालिका : दीर्घ विधि द्वारा अनुपात की गणना

वर्गान्तर (C.I.)	आवृत्ति (*f*)	मध्य बिन्दु(X)	*f*X
24-26	1	25	25
21-23	3	22	66
18-20	4	19	76
15-17	10	16	160
12-14	11	13	143
9-11	8	10	80
6-8	6	7	42
3-5	2	4	8
	N = 45		$\sum f$X = 600

नोट—प्रश्न में केवल वर्गान्तर (C.I.) एवं आवृत्ति (*f*) दिये हुए होते हैं।

हल—उपर्युक्त प्राप्तांक समूहिक हैं, अत: अनुपात ज्ञात करने के लिए दीर्घ विधि के निम्न सूत्र का प्रयोग किया जा रहा है :

$$M = \frac{\sum fX}{N}$$

यहाँ $\sum f$X = 600, N = 45

$$M = \frac{\sum fX}{N} = \frac{600}{45} = 13.33$$

उत्तर : मध्यमान = 13.33

(*ii*) अनुपात की गणना में संक्षिप्त विधि (Short Method) का प्रयोग

लम्बी विधि से अनुपात की गणना में यह कठिनाई होती है कि प्राप्तांकों से बने वर्गान्तरों के बिन्दुओं का उसकी आवृत्ति से गुणा करना पड़ता है, अत: इस कठिनाई के निवारण हेतु ही लघु विधि के प्रयोग का जन्म हुआ। इसके द्वारा अनुपात ज्ञात करने के लिए निम्नलिखित सूत्र का प्रयोग किया जाता है :

सूत्र = M $\overline{X} = A.M. + \frac{\sum fx'}{N} \times C.I.$ ...(3)

$= A.M. + \frac{\sum fd}{N} \times C.I.$

यहाँ $\overline{X}$ (एक्सबार) = अनुपात

A.M. कल्पित अनुपात = आवृत्ति वितरण में उस वर्ग का मध्य बिन्दु जिसे कल्पित रूप से अनुपात मान लिया गया है।

d या *x*' (डी या एक्स प्राइम) = कल्पित अनुपात से अन्य वर्गान्तरों के मध्य बिन्दु के विचलन को *x*' या *d* के प्रतीक रूप में व्यक्त किया जाता है।

fx' या *fd* = विभिन्न वर्गान्तरों के विचलन (*d*) के साथ उसकी आवृत्ति का गुणनफल

$\sum fx'$ या $\sum fd$ = विचलन एवं आवृत्ति के गुणनफलों का योग।

N = आवृत्ति का योग

C.I. = वर्गान्तर का विस्तार या आकार

इस विधि के प्रयोग में अधोलिखित चरण हैं—

(अ) कल्पित अनुपात ज्ञात करना— सर्वप्रथम सर्वाधिक आवृत्तियों वाले वर्ग को ज्ञात कर उसका मध्य बिन्दु ज्ञात करना। उदाहरण (3) में '50-59' का मध्य बिन्दु 54.5 एवं उदाहरण (4) से '30-34' का मध्य बिन्दु '32' हैं, ये ही मध्य बिन्दु आवृत्ति वितरणों के कल्पित मान कहलाते हैं। यदि सबसे अधिक आवृत्ति वाला वर्ग वितरण के लगभग मध्य में न पड़ता हो तो लगभग बीच में पड़ने वाले वर्गान्तर के मध्य बिन्दु को कल्पित अनुपात लेना चाहिए।

(ब) विचलन (d या x') ज्ञात करना— जिस वर्ग की आवृत्ति सबसे अधिक होती है, उसी वर्गान्तर में अनुपात का होना अनुमानित कर लेते हैं। ऐसे वर्गान्तर में कल्पित अनुपात से उसके मध्य बिन्दु का विचलन शून्य होगा, अत: उस वर्गान्तर के सामने d अथवा x' स्तम्भ में शून्य लिखते हैं। जिस ओर वितरण के मध्य बिन्दुओं का मान बढ़ता हो उसमें क्रमश: विचलन + 1, + 2, + 3, + 4, ... होते हैं एवं जिस ओर मान घटता हो उसमें क्रमश: विचलन – 1, – 2, – 3, – 4, ... होते हैं।

(स) fd या fx' ज्ञात करना— fd या fx' ज्ञात करने के लिए विचलन (d या x') का आवृत्ति (f) से गुणा करते हैं एवं गुणनफल को fd या fx' स्तम्भ में लिखते हैं।

(द) fd या fx' स्तम्भ की धनात्मक एवं ऋणात्मक संख्याओं का अलग-अलग योग करते हैं।

(य) $\sum fd$ या $\sum fx'$ ज्ञात करना— धनात्मक (+) एवं ऋणात्मक (–) संख्याओं के अन्तर को ज्ञात करना। उदाहरण (3) में (+ 25 – 11 का अन्तर + 14) एवं उदाहरण (4) में (+ 19 – 25 का अन्तर – 6) ही $\sum fd$ या $\sum fx'$ है।

(र) C.I. ज्ञात करना— वर्ग विस्तार का मान उसका आकार होता है, उदाहरण (3) में यह 10 तथा उदाहरण (4) में यह 5 हैं।

उदाहरण 3. निम्न समूहिक प्राप्तांकों का संक्षिप्त विधि से मध्यमान ज्ञात करें।

तालिका : संक्षिप्त विधि द्वारा अनुपात की गणना

वर्गान्तर C.I.	*(f)*	*(d)*	*(fd)*
80-89	3	+ 2	+ 9
70-79	5	+ 2	+ 10
60-69	6	+ 1	+ 6 = + 25
50-59	12	0	0
40-49	7	– 1	– 7
30-39	2	– 2	– 4 = – 11
	N = 35		$\sum fd$ = + 14

नोट— प्रश्न में केवल C.I. एवं f दिये हुए होते हैं।

हल— उपर्युक्त प्राप्तांक समूहिक हैं, अत: अनुपात ज्ञात करने के लिए लघु विधि के निम्न सूत्र का प्रयोग किया जाता है—

$$M = A.M. + \frac{\sum fd}{N} \times C.I.$$

यहाँ A.M. = 54.5 ('50 – 59' वर्गान्तर का मध्य बिन्दु)

$\sum fd = + 14$, N = 35, C.I. = 10

$$\text{अत: } M = 54.5 + \frac{14}{35} \times 10 = 54.5 + 4 = 58.5$$

उत्तर : अनुपात = 58.5

उदाहरण 4. निम्न व्यवस्थित प्राप्तांकों का संक्षिप्त विधि से अनुपात ज्ञात कीजिये।

तालिका : संक्षिप्त विधि द्वारा अनुपात की गणना।

वर्गान्तर C.I.	*f*	*x*	*fx*
45-49	2	+ 3	+ 6
40-44	3	+ 2	+ 6
35-39	7	+ 1	+ 7 = + 19
30-34	13	0	0
25-29	8	– 1	– 8
20-24	4	– 2	– 8
15-19	3	– 3	– 9 = – 25
N = 40			$\sum fx'$ = – 6

हल— उपर्युक्त प्राप्तांक समूहिक हैं, अत: अनुपात ज्ञात करने के लिए संक्षिप्त विधि के निम्न सूत्र का प्रयोग किया जाता है—

$$M = A.M. + \frac{\sum fx'}{N} \times C.I.$$

यहाँ, A.M.= 32 ('30-34' वर्गान्तर का मध्य बिन्दु)

$\sum fx' = – 6$, N = 40, C.I. 5

$$\text{अत: } M = 32 + \frac{-6}{40} \times 5 = 32 - .75 = 31.25$$

उत्तर : अनुपात = 31.25

अनुपात की विस्तृत (Long) एवं (Short) विधियों में अन्तर

(क) विस्तृत विधि में गुणा, जोड़ आदि गणनाएँ अधिक करनी पड़ती हैं जबकि लघु विधि में ऐसी गणनाएँ प्राय: कम ही करनी पड़ती हैं।

(ख) दीर्घ विस्तृत में प्रत्येक वर्गान्तर का मध्य बिन्दु ज्ञात किया जाता हैं जबकि संक्षिप्त विधि में केवल कल्पित अनुपात का ही मध्य बिन्दु ज्ञात किया जाता है।

(ग) यदि वितरण की संख्याएँ कम हों, विस्तृत विधि का

अनुप्रयोग उपर्युक्त एवं सुगम होता है, किन्तु यदि संख्याएँ अधिक हों एवं वर्गों के मध्य बिन्दु दशमलव चिन्हों में हों तब इस विधि द्वारा अनुपात ज्ञात करना असम्भव नहीं तो कठिन अवश्य है। परन्तु लघु विधि में N की संख्या वर्गों के आकार एवं प्राप्तांकों के कम या अधिक होने का कोई विशेष प्रभाव नहीं पड़ता है। यह अनुपात शीघ्र सुगमता से ज्ञात कर देती है।

संयुक्त अनुपात (Combined Mean)

मान लीजिए, यदि हमारे पास दो या अधिक भिन्न-भिन्न प्रतिदर्शों या समूहों के अलग-अलग अनुपात उपलब्ध हों, एवं हम यह जानना चाहें कि उनका एक अनुपात क्या है तो हमें संयुक्त अनुपात का प्रयोग निम्न सूत्र की सहायता से करना चाहिए—

$$\text{M comb} = \frac{n_1 M_1 + n_2 M_2 + n_3 M_3 + \ldots + n_n M_n}{n_1 + n_2 + n_3 + \ldots + n_n}$$

$$\text{या M comb} = \frac{n_1 \overline{X}_1 + n_2 \overline{X}_2 + n_3 \overline{X}_3 + \ldots + n_n \overline{X}_n}{n_1 + n_2 + n_3 + \ldots + n_n} \quad \ldots(4)$$

यहाँ, n_1, n_2, n_3 = पहले, दूसरे एवं तीसरे समूहों की योग संख्या

n_n = अंतिम समूह की योग संख्या

M_1, M_2, M_3 या

$\overline{X}_1, \overline{X}_2, \overline{X}_3$ = पहले, दूसरे एवं तीसरे समूहों का अनुपात

M_n या $\overline{X}$ = अंतिम समूह का अनुपात

उदाहरण 5. दो भिन्न कक्षाओं के छात्रों को सिंह एवं भार्गव की संवेगात्मक परिपक्वता मापक दिया गया। यदि कक्षा 'अ' के छात्रों की संख्या 50 एवं 45 है तथा कक्षा 'ब' के छात्रों की संख्या 75 एवं अनुपात 55 है, तो संयुक्त अनुपात की गणना कीजिए।

संयुक्त अनुपात का सूत्र प्रयोग करने पर

$n_1 = 50, n_2 = 75, M_1 = 45, M_2 = 55$

$$\text{M comb} = \frac{50 \times 45 + 75 \times 55}{50 + 75} = \frac{2250 + 4125}{125}$$

$$= \frac{6375}{125} = 51$$

उत्तर : अनुपात = 51.00

माध्यम (Median)

किसी भी वितरण में माध्यम वह बिन्दु है जिसके ऊपर तथा नीचे आधे-आधे प्राप्तांक पाये जाते हैं।

माध्यम के गुण एवं महत्व (Properties)

(क) चूँकि माध्यम प्राप्तांक वितरण का मध्य बिन्दु है, अतः वितरण के आधे प्राप्तांक इसके ऊपर तथा आधे इसके नीचे होते हैं।

(ख) यह अन्तिम छोरों वाले प्राप्तांकों की श्रृंखला में उपर्युक्त होता है। इसके अन्तिम प्राप्तांक प्रभावित नहीं करते हैं तथा बड़े या छोटे प्राप्तांक की उपस्थिति से भी इसके मान में कोई परिवर्तन नहीं आता है।

(ग) जब प्राप्तांक वितरण से निर्मित आवृत्ति बहुभुज असममित या विषम हों उस स्थिति में इसका प्रयोग अधिक उपयोगी होता है।

(घ) रेखाचित्र विधि के द्वारा भी उसे ज्ञात किया जा सकता है।

(च) इसको सुगमता से अति शुद्ध रूप से ज्ञात किया जा सकता है।

अव्यवस्थित (Ungrouped) प्रदत्तों से माध्यम ज्ञात करना

यह विदित है कि माध्यम व्यवस्थित प्रदत्तों का मध्य बिन्दु होता है किन्तु हमारे समक्ष दो स्थितियाँ उत्पन्न हो जाती हैं, (i) जबकि योग (N) की संख्या सम हो, (ii) जबकि योग (N) की संख्या विषम (odd) हो।

अव्यवस्थित प्रदत्तों से माध्यम ज्ञात करने के चरण

(i) अव्यवस्थित प्रदत्तों का आरोही – $1 \rightarrow 2 \rightarrow 3 \rightarrow 4$ या अवरोही – $4 \rightarrow 3 \rightarrow 2 \rightarrow 1$ क्रमों में प्रदर्शित करना।

(ii) योग (N) की संख्या ज्ञात कर, एक जोड़ कर दो से भाग देना।

(iii) योग (N) को विभाजित करने से भजनफल के आने पर, उतने ही अंक क्रमिक संख्याओं में दायें से बायें या बायें से दायें ओर गिनना, यही संख्या माध्यम होगी।

माध्यम की गणना जबकि योग (N) की संख्या सम हो

ऐसी स्थिति में जबकि योग की संख्या (N) हो, योग में एक और जोड़कर योगफल को दो से भाग देते हैं। इसके लिए $\left(\frac{N+1}{2}\right)^{th}$ सूत्र का प्रयोग करते हैं। इससे जो संख्या प्राप्त होती है उतने ही प्राप्तांक दायें या बायें से श्रृंखला के मध्य से गिनते हैं तथा जहाँ संख्या समाप्त हो वही हमारा माध्यम है।

उदाहरण 6. निम्न प्राप्तांकों का माध्यम ज्ञात कीजिए—
7, 8, 9, 6, 4

हल—अंकों का आरोही प्रक्रम—4, 5, 6, 7, 8, 9

$$\text{माध्यम का सूत्र : } Md = \left(\frac{N+1}{2}\right)^{th} \text{ number} \quad \ldots(5)$$

यहाँ, N = 6

$$\text{अतः } Md = \left(\frac{6+1}{2}\right) = 3.5\text{th number}$$

अतः इस प्रश्न में माध्यम 3.5th संख्या 6 व 7 के मध्य पड़ता है,

इसलिए 3.5 संख्या = $\frac{6+7}{2} = 6.5$

उत्तर : माध्यम = 6.5

माध्यम की गणना जबकि योग (N) की संख्या विषम (odd) हो

उदाहरण 7. निम्न प्राप्तांकों का माध्यम ज्ञात कीजिए—
11, 17, 15, 21, 18, 20, 19

हल—अंकों का आरोही प्रक्रम-11, 15, 17, 18, 19, 20, 21

माध्यम का सूत्र प्रयुक्त करने पर $Md = \left(\frac{7+1}{2}\right)^{th}$ number

आरोही प्रक्रम चौथी (4th) संख्या 18 है यही माध्यम है।

उत्तर : माध्यम = 18

व्यवस्थित (Grouped) प्रदत्तों से माध्यम ज्ञात करना

समूहीकृत एवं व्यवस्थित प्रदत्तों में माध्यम की गणना आवृत्ति वितरण के न्यूनतम वर्गान्तर से ऊपर की ओर बढ़कर या अधिकतम वर्गान्तर से नीचे की ओर चलकर की जाती है। इसके लिए अधोलिखित सूत्र का अनुप्रयोग किया जाता है—

सूत्र—माध्यम $(Md) = lm + \frac{N/2 - cf}{fm} \times C.I.$

यहाँ lm = उस वर्गान्तर की निम्नतम सीमा जिसमें माध्यम पड़ता हो।

N/2 = योग आवृत्तियों का आधा या 50%

cf = या निम्नतम सीमा के नीचे के जिस वर्गान्तर में माध्यम पड़ता हो उससे नीचे की संचयी आवृतियों का योग

fm = उस वर्गान्तर की अवृत्ति जिसमें माध्यम स्थित है।

C.I. = वर्गान्तर का आकार

व्यवस्थित प्रदत्तों से माध्यम ज्ञात करने के चरण

(क) सर्वप्रथम, आवृत्ति वितरण तालिका में संचयी आवृत्ति ज्ञात करना। अब प्रश्न उठता है कि संचयी आवृत्ति कैसे ज्ञात करते हैं। इसके लिए आवृत्तियों को जोड़ना पड़ता है। यह जोड़ क्रिया ऊपर से नीचे तथा नीचे से ऊपर दोनों ओर की जा सकती है। आपेक्षित यह है कि यदि वितरण आरोही क्रम में है तो आवृत्तियों को नीचे से ऊपर जोड़ा जाये किन्तु यदि अवरोही क्रम में हैं तो ऊपर से नीचे जोड़ा जाना चाहिए। संचयी आवृत्ति ज्ञात करने के लिए निम्न उदाहरण प्रस्तुत किया जा रहा है—

तालिका

वर्गान्तर	*आवृत्ति*	*संचयी आवृत्ति*
40-49	8	10 + 8 = 18
30-29	6	4 + 6 = 10
20-29	3	1 + 3 = 4
10-19	1	1 = 1

(ख) योग (N) का आधा मूल्य अथवा 50 प्रतिशत ज्ञात करना।

(ग) आवृत्ति वितरण का अवलोकन कर उस वर्गान्तर को निर्धारित करना जिसमें आवृत्तियों के योग की आधी संख्या अथवा मध्यांक पड़ता है।

(घ) जिस वर्गान्तर में माध्यम पड़ता हो, उसकी निम्न सीमा ज्ञात करना।

(च) जिस वर्गान्तर में माध्यम पड़ता हो, उसकी निम्न सीमा ज्ञात करना।

(छ) जिस वर्गान्तर में माध्यम पड़ता है, उसके नीचे वाले वर्गान्तर की संचयी आवृत्ति ज्ञात करना।

(ज) वर्ग विस्तार ज्ञात करना।

(झ) सूत्र में इन मानों को प्रयुक्त करना।

उदाहरण 8. निम्न व्यवस्थित प्रदत्तों से माध्यांक ज्ञात कीजिए।

तालिका :

वर्गान्तर C.I.	*आवृत्ति (f)*	*सं.आ. (cf)*
24-26	1	45
21-23	3	44
18-20	4	41
15-17	10	37
12-14	11	27
9-11	8	16
6-8	6	8
3-5	2	2
	N = 45	

हल—यह हम जानते हैं कि माध्यम आवृत्ति वितरण के योग (N) का 50 प्रतिशत या आधा बिन्दु होता है। उपर्युक्त प्रश्न तालिका में हमारा योग (N) = 45 है। अत: 45 का 50 प्रतिशत $\frac{45}{100} \times 50$ अर्थात 22.5 हुआ। अब हमें यह ज्ञात करना है कि हमारी '22.5' आवृत्ति किस वर्गान्तर (C.I.) के नीचे आती है। इसके लिए संचयी आवृत्ति (cf) स्तम्भ का अवलोकन करने के पश्चात् पाया गया कि '22.5' 27 संचयी आवृत्ति (cf) वाले वर्ग (12-14) में पड़ेगा। इस

वर्ग की निम्नतम सीमा (lower limit) 11.5 है। इस निम्नतम सीमा से नीचे संचयी आवृत्तियाँ 16 हैं।

अत: अब हम माध्यम के सूत्र का प्रयोग कर यहाँ गणना कर लेते हैं।

$$Md = lm + \frac{N/2 - cf}{fm} \times \text{C.I.}$$

यहाँ, $lm = 11.5$, $N/2 = 22.5$, $cf = 16$, $fm = 11$, C.I. = 3

$$\text{अत: } Md = 11.5 + \frac{22.5 - 16}{11} \times 3$$

$$= 11.5 + 1.77 = 13.27$$

अत: 13.27 वह बिन्दु है जिसके नीचे एवं ऊपर वितरण में 50-50 प्रतिशत प्राप्तांक हैं।

उत्तर : माध्यम = 13.27

माध्यम की गणना करते समय कभी-कभी ऐसी विषम स्थितियाँ उपस्थित हो जाती हैं कि उपर्युक्त प्रचलित सूत्र का प्रयोग करना दुर्लभ होता है या उसकी जरूरत नहीं होती है।

प्रथम स्थिति, में देखा जाता है कि कभी-कभी माध्यम दो वर्गान्तर के मध्य में होता है, उदाहरणार्थ, निम्न आवृत्ति वितरण को लीजिये।

उदाहरण 9. तालिका :

वर्गान्तर (C.I.)	*आवृत्ति (f)*	*संचयी आवृत्ति (cf)*
40-46	3	36
33-39	7	33
26-32	9	26
19-25	8	17
12-18	5	9
5-11	4	4
	N = 36	N/2 = 18

उपर्युक्त तालिका से स्पष्ट है कि प्रदत्तों का माध्यम उस बिन्दु पर है जिसके नीचे एवं ऊपर 18-18 आवृत्तियाँ हैं। अत: इस स्थिति में सूत्र के प्रयोग बिना ही स्पष्ट हो जाता है कि इस वितरण का माध्यम 25.5 है।

द्वितीय स्थिति जब उत्पन्न होती है जबकि माध्यम उस वर्गान्तर में होता है जिसमें शून्य प्राप्तांक हो, उदाहरणार्थ निम्न वितरण को लीजिये :

उदाहरण 10. तालिका :

वर्गान्तर C.I.	*आवृत्ति (f)*	*सं.आ. (cf)*
38-40	5	80
35-37	14	75
32-34	21	61
29-31	0	40
26-28	19	40
23-25	13	21
20-22	8	8
	N = 80	N/2 = 40

चूँकि इससे आधी या पचास प्रतिशत 40 आवृत्तियाँ ऊपर से '32-34' वर्गान्तर की निम्न सीमा 31.5 तथा नीचे से '26-28' वर्गान्तर की उच्चतम सीमा 28.5 तक आ जाती है। मध्य में '29-31' का वर्गान्तर (C.I.) छूट गया क्योंकि उसकी आवृत्ति शून्य है, ऐसी स्थिति में दोनों सीमाओं—उच्चतम या निम्नतम अनुपात 31.5 + 28.5/2 = 30 ही माध्यम होगा।

तीसरी स्थिति तब उत्पन्न होती है जबकि रिक्त स्थानों वाले या कई शून्य वाले आवृत्ति वितरण का माध्यम ज्ञात करना हो, उदाहरणार्थ निम्न वितरण लीजिए :

उदाहरण 11. तालिका 5 : 8

वर्गान्तर C.I.	*आवृत्ति (f)*		*सं.आ. (cf)*
20-21	2		10
18-19	1		8
16-17	0		7
14-15	0		7
12-13	2		7
10-11	0	10-13	5
6-7			
8-9	0		5
4-5	1	6-9	3
2-3	1		2
0-1	1		1
	N = 10		

हल—व्यवस्थित अंक सामग्री में माध्यम मध्य बिन्दु होता है। इस उदाहरण में N की संख्या 10 है। इसलिए माध्यम वितरण का ऊपर से अथवा नीचे से 5वाँ बिन्दु या स्थान होगा। यदि इस उदाहरण में संचयी आवृत्ति ज्ञात करें तो '5' *cf* '6-7' वर्गान्तर में पड़ती है। अत: मध्यांक 7.5 होना चाहिए, लेकिन जब हम ऊपर से 5वाँ स्थान देखते हैं तो वह 11.5 अर्थात् '12-13' वर्गान्तर की निम्न सीमा है। अत: इस प्रश्न को हल करने की अब दो विधियाँ हो सकती हैं :

(अ) ऊपर से नीचे की तरफ 5वें स्थान का मूल्य ज्ञात करना और नीचे से ऊपर की तरफ 5वें स्थान अर्थात् N/2 का मान ज्ञात करना। इन दोनों मानों के योग को 2 से विभाजित करने से माध्यम ज्ञात हो सकता है :

अत: माध्यम $= \dfrac{7.5+11.5}{2} = 9.5$

(ब) इस उदाहरण में ऊपर एवं नीचे से 5वें स्थान का मूल्य ज्ञात करने में दो वर्गान्तर ऐसे पड़ते हैं, जिनमें कोई आवृत्ति नहीं है। अत: एक-एक वर्ग को ऊपर एवं नीचे जोड़ दिया गया। इस प्रकार और सब वर्गों के वर्ग विस्तार का मान दो-दो ही रहा और मध्य से '6-7' एवं '8-9' वर्गान्तरों को मिलाकर एक नया वर्गान्तर '6-9' बना दिया गया। इसी प्रकार '12-13' एवं '10-11' वर्गान्तरों को मिलाकर '10-13' वर्गान्तर बना दिया गया। अब हमारी समस्या कुछ सरल हो गयी। अब हम नीचे से ऊपर की ओर 5वाँ स्थान ज्ञात करना चाहते हैं तो वह '6-9' वर्गान्तर में पड़ेगा जिसकी उच्च सीमा 9.5 है और अगर 9.5 हम ऊपर से नीचे की ओर 5वाँ स्थान गिनते हैं तो वह '10-13' वर्गान्तर में पड़ेगा जिसकी निम्न सीमा 9.5 है। अत: $Md = 9.5$

(स) इस प्रश्न को सूत्र द्वारा भी हल किया जा सकता है—

$$Md = lm + \frac{N/2 - cf}{fm} \times \text{C.I.}$$

यहाँ $lm = 9.5$, $N/2 = 5$, $cf = 5$, $fm = 0$, C.I. = 2

$$Md = 9.5 + \frac{5-5}{0} \times 2 = 9.5$$

उत्तर : माध्यम = 9.5

रेखाचित्र द्वारा माध्यम (M*d*) की गणना

यह तो मध्यांक की परिभाषा से ही विदित है कि माध्यम वह बिन्दु है जिसके ऊपर एवं नीचे 50-50 प्रतिशत आवृत्तियाँ होती है, अत: इसकी गणना रेखाचित्र द्वारा भी सम्भव होती है। इससे गणना करने के निम्न चरण हैं :

(क) सर्वप्रथम, आवृत्ति वितरण तालिका में आवृत्तियों को प्रतिशत आवृत्तियों में बदल दिया जाता है।

(ख) फिर प्रतिशत आवृत्तियों को संचयी प्रतिशत आवृत्तियों में परिवर्तित कर लेते हैं।

(ग) तब इस संचयी प्रतिशत आवृत्तियों से सामान्य ओजाइव (normal ogive) बना लेते हैं।

(घ) रेखाचित्र बनाने के लिए एक्स-अक्ष पर वर्गान्तर (C.I.) एवं वाई-अक्ष पर संचयी प्रतिशत आवृत्ति (*cf*) की मापनी बना लेते हैं।

(च) फिर ग्राफ के वाई-अक्ष से 50% बिन्दु से एक पड़ी रेखा खींची जो कि ओजाइव को एक बिन्दु पर काटती है तथा इस बिन्दु से एक लम्ब रेखा एक्स-अक्ष पर खींची। जिस बिन्दु पर दोनों रेखाएं परस्पर मिलती हैं, उसी बिन्दु का मूल्य माध्यम होता है। उदाहरण 12 से यह विधि स्पष्ट हो जाएगी।

उदाहरण 12. निम्न वितरण से माध्यम रेखाचित्र (graph) द्वारा ज्ञात करिये।

हल— तालिका :

वर्गान्तर (C.I.)	आवृत्ति (f)	प्रतिशत आवृत्ति (%f)	संचयी प्रतिशत आवृत्ति (cpf)
70-79	7	5.60	100.00
60.69	13	10.40	94.40
50-59	16	12.80	84.00
40-49	19	15.20	71.20
30-39	26	20.80	56.00
20-29	22	17.60	35.20
10-19	14	11.20	17.60
0-9	8	6.40	6.40
N = 125			

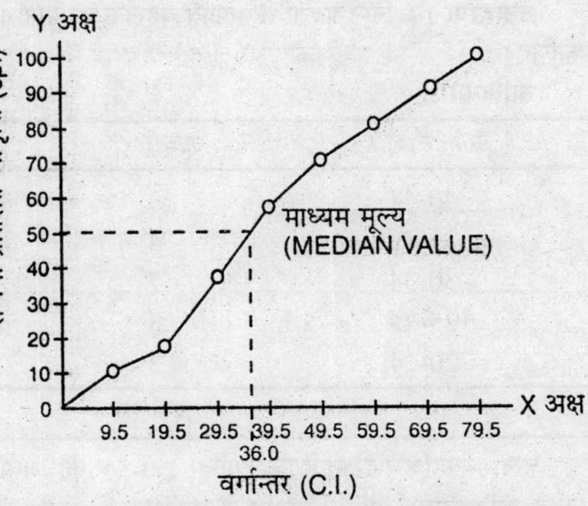

चित्र संख्या 5 : 1 रेखाचित्र द्वारा माध्यम ज्ञात करना।

बहुलक (Mode)

केन्द्रीय प्रवृत्ति की तृतीय माप बहुलक है। किसी भी आवृत्ति वितरण में बहुलक वह मान है जो उस वितरण में पुन:-पुन: अर्थात् सबसे अधिक बार आया होता है।

बहुलक के गुण एवं विशेषताएँ (Properties)

(*i*) यह अन्तिम प्राप्तांकों से प्रभावित नहीं होता।

(*ii*) जब श्रृंखला के अन्तर्गत बहुलक नहीं होता है तो इसकी गणना करना कठिन हो जाता है।

(*iii*) दैनिक जीवन में इसका प्रयोग प्रचलित है।

(*iv*) यह द्वय बहुलक एवं बहु-बहुलक प्रदत्तों की ओर विशेष ध्यान देता है।

अव्यवस्थित (Ungrouped) प्रदत्तों से बहुलक (Mode) की गणना

उदाहरण 13. एक परीक्षण 10 छात्रों को देने पर निम्न प्राप्तांक प्राप्त किये। ज्ञात कीजिए—

5, 10, 6, 5, 7, 9, 8, 7, 6, 7

हल—यहाँ देखा जाता है कि अन्य प्राप्तांकों की अपेक्षा प्राप्तांक '7' की आवृत्ति अधिक बार अर्थात् 3 बार हुई, अत: इस श्रृंखला में हमारा बहुलक 7 हुआ।

व्यवस्थित (Grouped) प्रदत्तों से बहुलक ज्ञात करना

व्यवस्थित प्रदत्तों से प्राय: दो प्रकार के बहुलक अपरिशोधित बहुलांक एवं सत्य या वास्तविक बहुलक की गणना की जाती है। अपरिशोधित बहुलक केवल कार्य चलाने के लिए शीघ्रता से ज्ञात कर लिया जाता है जबकि सत्य बहुलक को वैज्ञानिक विधि से ज्ञात किया जाता है।

उदाहरण 14. निम्न प्रदत्तों से अपक्व बहुलक का मान ज्ञात कीजिए।

तालिका :

वर्गान्तर (C.I.)	*आवृत्ति (f)*
40-44	3
35-39	4
30-34	7
25-29	3
20-24	3
	N = 20

हल—यहाँ हम देखते हैं कि वर्गान्तर '30-34' की आवृत्ति '7' है जोकि सम्पूर्ण आवृत्ति वितरण में सर्वाधिक है, अत: '30-34' वर्गान्तर को बहुलक वर्ग से सम्बोधित करेंगे तथा इसका मध्य बिन्दु '32' ही इस वितरण का बहुलक मान है। यही बहुलक अपक्व बहुलक कहलाता है। यह वितरण के लगभग मध्य में घटित होता है। अपक्व बहुलक ज्ञात करने के लिए निम्न सूत्र का भी प्रयोग किया जाता है :

सूत्र : बहुलक = 3 (बहुलक) − 2 (अनुपात) ...(7)

उदाहरण 15. निम्न समूहीकृत प्रदत्तों से वास्तविक या सत्य बहुलक (True mode) ज्ञात कीजिये।

तालिका :

वर्गान्तर (C.I.)	*आवृत्ति (f)*	
45-49	2	
40-44	3	
35-39	7	Post-modal C.I.
30-34	13	Modal C.I.
25-29	8	Pre-modal C.I.
20-24	4	
15-19	3	
	N = 40	

हल—सत्य बहुलक की गणना करने के लिए निम्नलिखित सूत्र का प्रयोग किया जाता है :

$$\text{Mode} = lm + \left(\frac{fm_1}{fm_1 + fm_2}\right) \times \text{C.I.} \quad ...(8)$$

यहाँ, lm = अधिकतम आवृत्ति वाले वर्गान्तर अथवा बहुलक वर्ग (modal class) की वास्तविक निम्नतम सीमा।

fm_1 = बहुलक वाले वर्गान्तर की आवृत्ति तथा पूर्व बहुलक वाले वर्गान्तर की आवृत्ति का अन्तर। उदाहरण 15 में बहुलक वाले वर्गान्तर की आवृत्ति 13 है पूर्व बहुलक वाले वर्गान्तर की आवृत्ति 8 है, अत: अन्तर 5 आया।

fm_2 = बहुलक वाले वर्गान्तर को आवृत्ति एवं पश्चात् बहुलक वाले वर्गान्तर की आवृत्ति का अन्तर। उदाहरण 15 में बहुलक वाले वर्गान्तर की आवृत्ति 13 एवं पश्चात् बहुलक वाले वर्गान्तर की आवृत्ति 7 है, अत: अन्तर 6 आया।

C.I. = वर्ग विस्तार

इसी सूत्र का प्रयोग सिम्पसन एवं कोफका ने निम्न प्रकार किया है—

$$M_0 = l + \left(\frac{\Delta_1}{\Delta_1 + \Delta_2}\right) \times \text{C.I.} \quad ...(9)$$

Δ_1 = Difference between modal and pre-modal C.I.

Δ_2 = Difference between modal and post-modal C.I.

सत्य बहुलक (True Mode) ज्ञात करने के चरण

(क) सर्वप्रथम बहुलांकिक वर्गान्तर निश्चित करना। इसके लिए सबसे अधिक आवृत्ति वाले वर्गान्तर जैसे उदाहरण 15 में '30-34' को बहुलांकिक वर्गान्तर (modal C.I.) माना जाता है क्योंकि इसमें '13' सर्वाधिक आवृत्ति हैं।

(ख) इसके पश्चात् बहुलांकिक आवृत्ति एवं ठीक नीचे वाली तथा बहुलांकिक एवं ठीक ऊपर वाली आवृत्तियों के मध्य अन्तर ज्ञात कर क्रमश: fm_1, fm_2 लिख दिया जाता है।

(ग) अन्त में उपर्युक्त सूत्र के अनुसार निम्नतम (lm) या उच्चतम (um) सीमाओं का प्रयोग कर बहुलक ज्ञात कर लिया जाता है।

उपर्युक्त उदाहरण में सूत्र का प्रयोग करने पर

$$\text{Mode} = lm + \left(\frac{fm_1}{fm_1 + fm_2}\right) \times \text{C.I.}$$

यहाँ, $lm =$ 29.5 (क्योंकि वर्ग '30-40' में सर्वाधिक आवृत्ति है तथा यह इसकी निम्नतम सीमा है)

$fm_1 =$ (13-8) = 5, $fm_2 = (13 - 7) = 6$ सC.I. = 5

सूत्र में प्रयुक्त करने पर,

$$M_0 = 29.5 + \left(\frac{5}{5+6}\right) \times 5$$
$$= 29.5 + 2.27 = 31.77$$

उत्तर : बहुलांक = 31.77

आमतौर पर देखा जाता है कि सामाजिक विज्ञानों से सम्बन्धित समस्याओं के वितरण में एक ही बहुलक होता है। फिर भी कभी-कभी ऐसी स्थितियाँ आ जाती हैं कि एक से अधिक या द्वि-बहुलक तथा बहु-बहुलक होते हैं। जब वितरण में एक ही बहुलक होता है उसे एकल बहुलांक वितरण, जब दो बहुलक होते हैं उसे द्वि-बहुलांकिक वितरण एवं जब और अधिक बहुलक होते हैं उसे अनेक बहुलांकिक वितरण कहते हैं। मान लीजिए, किसी आवृति वितरण में 26 एवं 37 दो प्राप्तांक पाँच-पाँच बार एवं अन्य आवृत्ति वितरण में 65, 72, 84,90, चार प्राप्तांक आठ-आठ बार घटित हुए हैं। कभी-कभी ऐसी स्थिति भी हमारे सम्मुख रहती है कि समस्त आवृतियाँ समान हों और उपर्युक्त नियम द्वारा बहुलक की गणना सम्भव न हो सके, अत: इस स्थिति में इस सूत्र $M_0 = 3Md - 2M$ का अनुप्रयोग उपर्युक्त रहता है।

विचलन के माप के तरीके (Method of Measures of Variability)

समाजशास्त्री मनौवैज्ञानिक एवं शैक्षिक सांख्यिकी के अन्तर्गत विचलन के मापों के प्रयोग की आवश्यकता वैयक्तिक भिन्नताओं के कारण ही हुई। प्राय: ऐसा देखने को मिलता है कि दो विभिन्न समूहों का अनुपात एक-सा होने पर भी उनके अन्तर्गत भिन्नताएँ दृष्टिगत होती हैं। यह स्वाभाविक ही है कि किसी मनोवैज्ञानिक एवं शारीरिक गुण में किसी भी समूह के व्यक्तियों में समानता नहीं मिलती है। इसी कारण व्यक्ति के प्राप्तांकों में परस्पर भिन्नताओं का मिलना स्वाभाविक है तथा इन्हीं भिन्नताओं को अर्थात् किसी समूह के व्यक्तियों में कितनी मात्रा में भिन्नताएँ हैं यह ज्ञात करने के लिए मनोवैज्ञानिक, शिक्षाशास्त्री, समाजशास्त्री आदि विचल के विभिन्न मापों का प्रयोग करते हैं। अत: जब प्राप्तांकों में भिन्नताएँ पायी जाती हैं तो केन्द्रीय प्रवृत्ति के माप उनका उचित रूप से प्रतिनिधित्व नहीं कर पाते हैं क्योंकि ऐसी स्थिति में प्राप्तांक केन्द्रीय मान आदि से विचलित होते हैं, अत: इस विचलन की स्थिति में विचलन के मापों का प्रयोग होता है।

यहाँ एक बात स्मरणीय है कि जब कोई समूह समजातीय हो अर्थात ऐसा समूह जिससे समस्त व्यक्ति किसी शीलगुण पर लगभग समान प्राप्तांक पाते हैं तथा उनके प्राप्तांकों का अनुपात प्राय: प्रत्येक व्यक्ति का अनुप्रयोग ही उपयोगी एवं लाभप्रद होता है, किन्तु यदि कोई समूह विषमजातीय प्रकृति का है अर्थात् ऐसा समूह जिसके समस्त सदस्य किसी भी मनोवैज्ञानिक, भौतिक एवं शैक्षिक शीलगुण पर भिन्न-भिन्न प्राप्तांक पाते हैं तथा उनके प्राप्तांकों का अनुपात प्राय: प्रत्येक व्यक्ति के अनुपात से दूर होता है, ऐसी स्थिति में सदैव ही विचलन मापों का अनुप्रयोग उपयोग होता है। यहाँ तक कि दो विभिन्न समूहों में वैयक्तिक भिन्नताओं की मात्रा भी समान हो। जिस प्रकार दो व्यक्तियों में वैयक्तिक भिन्नताएँ पायी जाती हैं, उसी प्रकार दो समूहों में आपस में भिन्नताएँ होना स्वाभाविक है। अब प्रश्न उठता है कि दोनों की भिन्नताएँ प्रसार या विचलन के माप यह स्पष्ट करने का कार्य करते हैं कि समूह में समजातीयता या विषमजातीयता है जिससे शोध कार्यों में सहायता मिलती है।

यहाँ एक उदाहरण की सहायता से उपर्युक्त कथन को स्पष्ट किया जा रहा है। मान लीजिये, दो कालेजों—'अ' एवं 'ब' के 15 बी.ए. छात्रों के दो प्रतिनिधित्व समूह लेकर उनको एक उपलब्धि परीक्षण दिया गया तथा प्राप्तांक निम्न भाँति प्राप्त हुए—

'अ' कालेज—33, 24, 21, 35, 38, 23, 19, 20, 34, 43, 23, 53, 51, 28 एवं 35, N = 15, Mean = 32.5, Range = 40.

'ब' कालेज—32, 45, 24, 46, 31, 37, 25, 33, 21, 23, 34, 28, 32, 21 एवं 30, N = 15, Mean = 32.5, Range = 25.

यहाँ हम स्पष्ट देखते है कि दोनों कालेजों के प्राप्तांक समान हैं, फिर भी दोनों के विचलन या प्रसार के फैलाव में अन्तर है। 'अ' कालेज के छात्रों का प्रसार = 40 है, जबकि 'ब' कालेज के छात्रों का प्रसार = 25 है। अत: स्पष्ट है कि कालेज 'अ' के विद्यार्थी विषमजातीय समूह के हैं जबकि कालेज 'ब' के विद्यार्थी समजातीय समूह के हैं। यहाँ उनका उपलब्धि स्तर चित्र संख्या 7 : 1 के द्वारा स्पष्ट किया जा रहा है।

विचलन के विभिन्न मापों की गणना द्वारा प्रसार की जानकारी के साथ-साथ केन्द्रीय प्रवृत्ति के मापों का अनुमान भी लगाया जाता है। मान लीजिये एक शहर के पाँच कालेजों की जनसंख्या 500, 1000, 1500, 2000, 2500 है अर्थात् अनुपात जनसंख्या 1500 है, यदि हमें इन कालेजों की जनसंख्या का अलग से ध्यान न हो तो हम प्रत्येक कालेज की जनसंख्या 1500 ही समझेंगे, अत: ऐसी स्थिति

में यहाँ प्राप्तांक एक समान न होकर आपस में काफी अन्तर रखते हैं या जहाँ प्राप्तांकों का प्रसार अधिक होता है, केन्द्रीय प्रवृत्ति के मापों में काफी अन्तर रखते हैं या जहाँ प्राप्ताकों का प्रसार अधिक होता है, केन्द्रीय प्रवृत्ति के मापों का अनुप्रयोग त्रुटिपूर्ण रहता है तथा गलत निष्कर्ष आने की अधिक सम्भावना रहती है।

अत: शोध कार्यों में केन्द्रीय प्रवृत्ति के मापों के साथ-साथ विचलन मापों का प्रयोग भी अत्यन्त आवश्यक समझा जाता है।

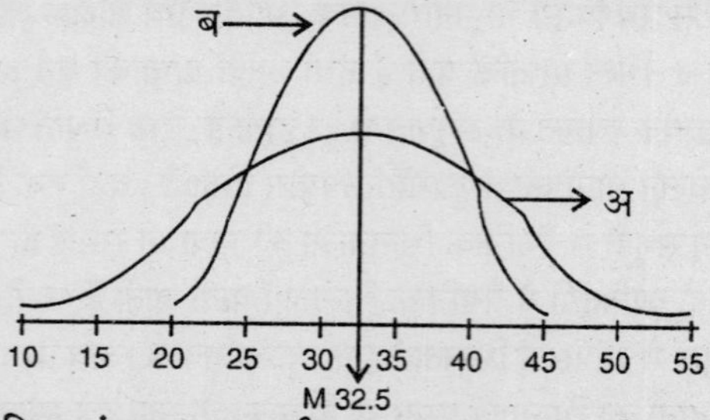

चित्र संख्या : *एक ही अनुपात (Mean) एवं संख्या (N) वाले दो वितरण किन्तु विचलन (dispersion) में दोनों भिन्न हैं।*

विचलन के विभिन्न मापों का अनुप्रयोग (Uses of Different Measuresof Variability)

विचलन के विभिन्न मापों का प्रयोग भिन्न-भिन्न स्थितियों में किया जाता है। यहाँ उन्हीं स्थितियों का उल्लेख किया जा रहा है।

1. प्रसार का प्रयोग (Uses of Range)

(क) जबकि प्रदत्त इतने अधिक रूप में बिखरे हों कि विचलन के अन्य मापों का प्रयोग सम्भव न हो, प्रसार का प्रयोग किया जाता है,

(ख) जबकि अन्तिम अंकों के सम्बन्ध में जानकारी की आवश्यकता हो,

(ग) जबकि अव्यवस्थित प्रदत्तों की व्यवस्थित रूप देने के लिए कुल फैलाव ज्ञात करना हो,

(घ) जबकि विचलन मान शीघ्रता एवं सुगमता से ज्ञात करना हो,

(च) जबकि अधिक शुद्ध विचलन की आवश्यकता न हो।

2. विचलन के प्रयोग (Uses of Mean Deviation)

(क) जबकि साधारण शुद्धता के विचलन की आवश्यकता हो,

(ख) जबकि समस्त विचलनों को उनके मान के अनुसार महत्व देना हो,

(ग) जबकि प्राप्तांक इतने अधिक फैले हों कि मानक विचलन (S.D.) के मान दूषित होने की संभावना हो,

(घ) जबकि वितरण विकृत हो।

3. चतुर्थांश विचलन के प्रयोग (Uses of Quartile Deviation)

(क) जबकि माध्यम ज्ञात किया गया हो,

(ख) जबकि मध्य के 50 प्रतिशत प्राप्तांकों पर ध्यान केन्द्रित करना हो,

(ग) जबकि वितरण में कुछ प्रदत्त बहुत बड़े या छोटे हों,

(घ) जबकि प्राप्तांकों का विचलन सामान्य न हो एवं प्रतिदर्श छोटा हो।

4. मानक विचलन का प्रयोग (Uses of Standard Deviation)

(क) जबकि अधिक शुद्ध मान एवं सांख्यिकी स्थिरता की आवश्यकता हो,

(ख) जबकि प्राप्तांकों का वितरण लगभग सामान्य (normal) हो,

(ग) जबकि केन्द्रीय प्रवृत्ति के माप की गणना अनुपात के रूप में की गयी हो,

(घ) जबकि उच्च सांख्यिकी जैसे सह-सम्बन्ध (r), मानक त्रुटि (S.E.) विश्वसनीयता आदि का अध्ययन करना हो,

(च) जबकि मध्यमान से उपर तथा नीचे अधिक दूरी वाले विचलनों को विशेष महत्व देना हो,

(छ) जबकि दो भिन्न-भिन्न इकाइयों वाले प्राप्तांकों के विचलन की तुलना करनी हो क्योंकि गुणांक विचलन (V) ज्ञात करने के लिए अनुपात एवं मानक विचलन दोनों ही ज्ञात होने चाहिये।

5. गुणांक विचलन का प्रयोग (Uses of Coefficient of Variation)

जबकि दो विभिन्न इकाइयों वाले अथवा भिन्न-भिन्न संख्याओं वाले प्राप्तांकों की तुलना करनी हो, गुणांक विचलन का प्रयोग किया जाता है।

विचलन के विभिन्न मापों के अन्तर्संबंध (Interrelationship Between Different Measures of Variability)

प्रसार के द्वारा किसी भी वितरण के प्राप्तांकों का विस्तार ज्ञात होता है जो कि अन्य मापों में अत्यन्त सहायक होता है। विचलन (M.D.) सामान्य या हल्के विषम वितरण के मानक विचलन (S.D.) मान के 4/5 भाग के समान होता है (अर्थात् 5MD = 4 S.D.). अनुपात विचलन के मान से प्रसार का मान 7.5 गुणा अधिक होता है। (1 M.D. = 7.5R). अत: इसका मध्य बिन्दु ही अनुपात है जो

कि सम्पूर्ण जनसंख्या के प्रतिदर्श का 99% होता है। **चतुर्थांश** विचलन (Q.D.) किसी भी व्यवस्थित क्रम को चार भागों में विभक्त करता है। **मानक विचलन** (S.D.) किसी भी सामान्य या हल्के विषम वितरण में निम्न तीन स्थितियों का उल्लेख करता है, जिसको कि चित्र संख्या 7 : 2 के द्वारा स्पष्ट किया गया है :

(*i*) $M \pm 1\sigma$ ($M - 1\sigma$ से $M + 1\sigma$ तक) समस्त प्रतिदर्श 68.26% संख्या,

(*ii*) $M \pm 2\sigma$ ($M - 2\sigma$ से $M + 2\sigma$ तक) समस्त प्रतिदर्श 95.44% संख्या

(*iii*) $M \pm 3\sigma$ ($M - 3\sigma$ से $M + 3\sigma$ तक) समस्त प्रतिदर्श 99.73% संख्या

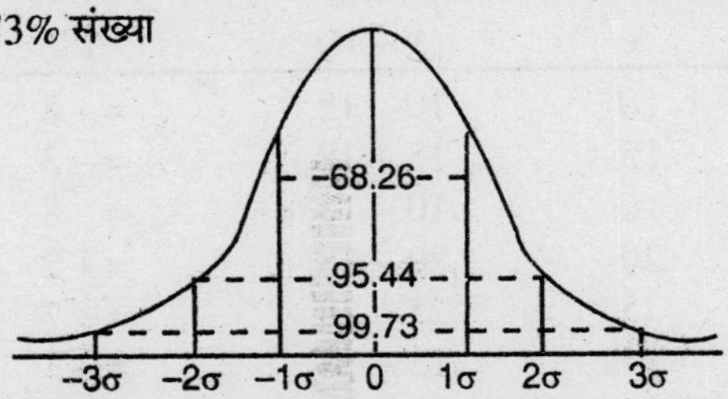

चित्र संख्या : *अनुपात (M) एवं मानक विचलन (σ) के रूप में प्रतिदर्श जनसंख्या का वितरण (N = 100)*

विचलन के मापों के प्रकार (Kinds of Measures of Variability)

किसी भी प्रकार के प्राप्तांकों या वितरण का विचलन (dispersion) ज्ञात करने के लिए प्राय: पाँच मापों का प्रयोग किया जाता है:

(*i*) विस्तार, फैलाव या प्रसार,
(*ii*) अनुपात या औसत विचलन,
(*iii*) चतुर्थांश विचलन,
(*iv*) मानक विचलन,
(*v*) विचलन गुणांक

प्रसार (Range)

संकेत-चिन्ह = R

प्राप्तांकों के किसी वितरण में उच्चतम एवं निम्नतम प्राप्तांकों के अन्तर को प्रसार कहते हैं। मान लीजिए एक वितरण का निम्नतम प्राप्तांक 30 एवं उच्चतम प्राप्तांक 75 है तो उसका प्रसार 45 हुआ।

प्रसार ज्ञात करने के लिए निम्नलिखित सूत्र का अनुप्रयोग किया जाता है :

सूत्र : R = उच्चत्तम – निम्नतम प्राप्तांक ...(16)

उदाहरण 1. यदि 10 मित्रों के एक समूह में प्रत्येक को निम्न प्राप्तांक मिलें तो उनका प्रसार ज्ञात कीजिए :

15, 7, 19, 18, 21, 27, 18, 12, 29, 13.

सूत्र (16) प्रयुक्त करने पर—

$$R = H.S. - L.S.$$

प्रसार (R) = 29 – 7 = 22

प्रसार के इसी सूत्र को निम्न प्रकार से भी लिखा जा सकता है:

प्रसार (R) = उच्चत्तम प्राप्तांक – निम्नतम प्राप्तांक + 1इकाई

(R) = 29 – 7 + 1 = 23

अधिकांश रूप में इस सूत्र का प्रयोग किया जाता है किन्तु यहाँ यह स्पष्ट नहीं है कि उच्चत्तम एवं निम्नतम प्राप्तांकों के अन्तर में 1 क्यों जोड़ा जाता है। प्राय: यही समझा जा सकता है कि उच्चतम प्राप्तांक 29 की वास्तविक उच्च सीमा 29.5 तथा निम्नतम प्राप्तांक 7 की वास्तविक निम्न सीमा 6.5 हैं, अत: .5 + 5 = 1 इकाई को इनके अन्तरों में जोड़ा जाता है।

प्रसार के गुण एवं विशेषताएँ (Properties and Characteristics)

(क) इसकी गणना अत्यन्त शीघ्रता एवं सुगमता से की जा सकती है, क्योंकि इसमें केवल उच्चतम एवं निम्नतम प्राप्तांक ही ज्ञात करने होते हैं।

(ख) प्राप्तांकों का विचलन एवं अनुपात की विश्वसनीयता किस सीमा तक प्रसार द्वारा ज्ञात हो जाती है। यदि प्रसार कम एवं प्राप्तांक समान हैं तो अनुपात अधिक विश्वसनीय होगा।

(ग) दो समूह के प्राप्तांक की तुलना करने में भी यह अत्यन्त सहायक होता है।

(घ) प्रसार की इकाई प्राप्तांक वाली होती है तथा यह मापनी पर एक दूरी पर होता है।

(च) मध्य स्थित प्राप्तांकों का प्रसार के मान पर कोई प्रभाव नहीं पड़ता है।

(छ) प्रसार का मान प्रतिदर्श के आकार पर निर्भर करता है।

(ज) यह केवल प्रारम्भिक कार्यों जैसे आवृत्ति वितरण में उपयोगी है।

प्रसार की सीमाएँ (Limitations)

(क) यह विचलन का प्रतिनिधित्व माप नहीं है क्योंकि यह अन्तिम प्राप्तांकों (extreme scores) के सम्बन्ध में ही बताता है तथा अन्य प्राप्तांकों के विचलन का सकेंत नहीं देता है।

(ख) जब संख्याएँ (N) अधिक हों तथा आवृत्ति वितरण में रिक्त स्थान भी अधिक हों तब यह विचलन का सत्यता से माप नहीं कर सकता है।

(ग) दो भिन्न-भिन्न समूहों वाले विचलनों की तुलना करने के लिए प्रसार का प्रयोग नहीं किया जाता है क्योंकि संख्या (N) बढ़ने के साथ-साथ प्रसार की अधिक सम्भावना रहती है।

(घ) यह प्रसार का सबसे अधिक अविश्वसनीय माप है क्योंकि यह किसी भी प्राप्तांक माला में केवल दो प्राप्तांकों से सम्बन्ध रखता है तथा शेष प्राप्तांकों से इसका कोई सम्बन्ध नहीं होता है।

अनुपात विचलन (Mean Deviation)

संकेत चिन्ह M.D. या A.D.

किसी वितरण के अनुपात से उसके प्राप्तांकों के विचलनों के अनुपात को अनुपात या औसत विचलन कहते हैं। इनकी गणना करने में विचलनों के चिन्ह ऋणात्मक (–) या धनात्मक (+) पर ध्यान न देकर समस्त विचलनों को समझा जाता है।

यहाँ, विचलन = प्राप्तांक – वितरण के अनुपात

$$x = X - \overline{X} \text{ or } M$$

x को विचलन प्राप्तांक (deviation score) कहते हैं। X को मूल प्राप्तांक से तथा $\overline{X}$ या M को वितरण के अनुपात से सम्बोधित करते हैं।

अनुपात विचलन के गुण एवं विशेषताएँ (Properties)

(क) इसकी गणना मानक विचलन विधि की अपेक्षा सरल होती है,

(ख) शोध कार्यों में इसका अत्यन्त ही सीमित उपयोग है,

(ग) इसमें समस्त विचलनों को + तथा – चिन्ह के बराबर बिना जोड़ लिया जाता है, अर्थात् यही ऐसा माप है जिसमें चिन्हों का अपना कोई महत्व नहीं होता है। इसमें समस्त धनात्मक (+) एवं ऋणात्मक (–) विचलनों का योग समान होता है,

(घ) यह मानक विचलन (S.D.) एवं विचलन गुणांक के लिए भूमिका तैयार करता है।

अनुपात विचलन की गणना विधि

(अ) अव्यवस्थित प्रदत्तों से विचलन (M.D.) की गणना

अव्यवस्थित प्रदत्तों के अनुपात विचलन की गणना करने के लिए निम्नलिखित सूत्र का प्रयोग किया जाता है :

सूत्र : $\text{M.D.} = \frac{\sum d}{N} = \frac{\sum |x|}{N}$ ...(17)

यहाँ $\sum|x|$ = अनुपात से लिये गये प्राप्तांकों के समस्त विचलनों के योग

N = प्राप्तांकों की संख्या,

नोट—जब x को दो खड़ी लकीरों के मध्य अंकित किया जावे तो इससे आशय यह कि समस्त विचलनों को धनात्मक ही माना जावेगा।

अनुपात विचलन ज्ञात करने के चरण

(क) समूह के समस्त प्राप्तांकों ता अनुपात (M) ज्ञात करना,

(ख) प्राप्तांकों का अनुपात से विचलन ('d') ज्ञात करना अर्थात् 'd' = X – M

(ग) समस्त विचलनों का योग संख्या (N) से भाग देना तथा प्राप्त भजनफल ही अनुपात विचलन होगा।

उदाहरण 2. निम्न अव्यवस्थित प्राप्तांकों से अनुपात विचलन (M.D.) ज्ञात कीजिये :

प्राप्तांक 10, 15, 10, 20, 25, 15, 25, 20, 17, 23

हल—तालिका संख्या निम्न अव्यवस्थित प्राप्तांकों से अनुपात विचलन प्राप्त करना।

प्राप्तांक X	विचलन (X – M)	विचलन 'd'
10	10 – 18	= – 8
15	15 – 18	= – 3
10	10 – 18	= – 8
20	20 – 18	= + 2
25	25 – 18	= + 7
15	15 – 18	= – 3
25	25 – 18	= + 7
20	20 – 18	= + 2
17	17 – 18	= + 1
23	23 – 18	= + 5
ΣX = 180 M = 18		Σ 'd' = 46 (= + 23 – 23)

सूत्र (17) प्रयुक्त करने पर, $\text{M.D.} = \frac{\sum 'd'}{N}$

यहाँ, $\sum 'd' = 46$ (+ एवं – चिन्हों को ध्यान में रखे बिना सभी विचलन मापों को जोड़ देते हैं) M = 18 एवं N = 10 हैं।

अत: $\text{M.D.} = \frac{46}{10} = 4.60$

उत्तर : M.D. = 4.60

व्यवस्थित प्रदत्तों से अनुपात विचलन (M.D.) की गणना

इस स्थिति में निम्नलिखित सूत्र का प्रयोग किया जाता है।

सूत्र $\text{M.D.} = \frac{\sum fd'}{N}$ या $\frac{\sum |fx|}{N}$ ...(18)

यहाँ $\sum f d$ या $\sum|fx|$ = अनुपात से लिये गये प्राप्तांकों का विचलन एवं आवृत्ति के गुणनफल का योग,

N = प्राप्तांकों की संख्या

अनुपात विचलन ज्ञात करने के चरण

(क) सर्वप्रथम प्राप्तांकों का किसी भी विधि से अनुपात (M) ज्ञात करना,

(ख) प्रत्येक वर्ग (class) का मध्य बिन्दु (X) ज्ञात करना,

(ग) मध्यमान (M) से विचलन ('*d*') ज्ञात करना ('*d*' = X – M),

(घ) विभिन्न ज्ञात विचलनों ('*d*'s) को उनकी सम्बन्धित आवृत्तियों से गुणा करके *f*'*d*' ज्ञात करना (*f* × '*d*' = '*fd*'),

(च) + तथा – चिन्ह का ध्यान न रखते हुए समस्त *f*'*d*'s का योग कर $\sum f'd'$ ज्ञात करना,

(छ) $\sum f'd'$ को संख्या (N) से भाग देकर, भजनफल ज्ञात करना जो कि अनुपात विचलन (M.D.) होगा।

उदाहरण 3. निम्न व्यवस्थित प्राप्तांकों से अनुपात विचलन (M.D.) की गणना कीजिये :

तालिका संख्या

प्राप्तांक	*f*	*X*	*fX*	'*d*'|*X* – *M*|	*f*'*d*' (*f* × '*d*')
40-45	3	42	126	14.3	42.9
35-40	4	37	148	9.3	37.2
30-35	4	32	128	4.3	17.2
25-30	7	27	189	0.7	4.9
20-25	5	22	110	5.7	28.5
15-20	3	17	51	10.7	32.1
10-15	2	24	24	15.7	31.4
N = 28			∑*f*X = 776		∑*f*'*d*' = 194.2

हल—

$$\text{विस्तृत विधि से अनुपात (M)} = \frac{\Sigma fX}{N} = \frac{776}{28} = 27.7$$

यहाँ, $\sum f'd' = 194.2$, N = 28

$$\text{अत: M.D.} = \frac{\sum f'd'}{\text{N}} = \frac{194.2}{28} = 6.93$$

उत्तर : M.D. = 6.93

उदाहरण 4. निम्न व्यवस्थित प्राप्तांकों से अनुपात विचलन (M.D.) की गणना कीजिये।

तालिका

प्राप्तांक	*f*	*x*'	*fx*'	*X*	*d*' (*X* – *M*)	*fd*' (*f* × *d*')
40-45	3	+ 3	+ 9	42	14.3	42.9
35-40	4	+ 2	+ 8	37	9.3	37.2
30-35	4	+ 1	+ 4 = (+ 21)	32	4.3	17.2
25-30	7	0	0	27	0.7	4.9
20-25	5	– 1	– 5	22	5.7	28.5
15-20	3	– 2	– 6	17	10.7	32.1
10-15	2	– 3	– 6	12	15.7	31.4
N = 28			∑*fx*' = 4			∑*fd*' = 194.2

हल—

$$\text{लघु विधि से अनुपात (M)} = \text{A.M.} + \frac{\sum fx'}{\text{N}} \times \text{C.I.}$$

$$= 27 + \frac{4}{28} \times 5 = 27.7$$

यहाँ $\sum f'd' = 194.2$, N = 28

$$\text{अत: M.D.} = \frac{\sum fd'}{\text{N}} = \frac{194.2}{28} = 6.93$$

उत्तर : M.D. = 6.93

चतुर्थांश विचलन
(Quartile Deviation)

सूचक चिन्ह = Q

किसी वितरण में तृतीय चतुर्थांश (Q_3) और प्रथम चतुर्थांश (Q_1) के मध्य अन्तर के आधे को चतुर्थांश कहते हैं। यदि किसी व्यवस्थित तालिका के प्राप्तांकों को चार समान भागों में विभक्त करें तो यह पाया जायेगा कि पहली चौथाई एवं दूसरी चौथाई के बीच का मूल्य प्रथम चतुर्थांश (Q_1) दूसरी एवं तीसरी चौथाई के बीच के मूल्य को द्वितीय चतुर्थांश (Q_2) या माध्यम (M*d*) तथा तीसरे एवं चौथे चौथाईयों के मध्य के मूल्य को तृतीय चतुर्थांश (Q_3) कहा जायेगा। यहाँ Q_1 एवं Q_3 के मध्य के अन्तर चतुर्थक प्रसार (interquartile range) भी कहा जा सकता है जो कि व्यवस्थित प्राप्तांकों के मध्य में फैले 50% प्राप्तांकों का विस्तार है। यदि Q_3 एवं Q_1 के अन्तर को आधा कर दिया जाये तो अर्द्ध अन्तर चतुर्थक प्रसार या चतुर्थांश विचलन ज्ञात हो जाता है।

निम्न सूत्र की सहायता से भी इसके अर्थ को समझा जा सकता है :

$$Q = \frac{Q_3 - Q_1}{2} \text{ या } \frac{P_{75} - P_{25}}{2}$$

यहाँ Q_3 या P_{75} वह प्राप्तांक बिन्दु हैं जिनके नीचे तीन चौथाई या 75 प्रतिशत प्राप्तांक हों तथा Q_1 या P_{25} वह प्राप्तांक बिन्दु हैं जिनके नीचे एक चौथाई या 25 प्रतिशत प्राप्तांक हों।

चतुर्थांश विचलन के गुण (Properties)

(क) यह क्रमिक स्तर के प्राप्तांकों के लिये उपयुक्त माप है ?

(ख) अपने गुणों, रचना एवं गणना में यह माध्यम से सम्बन्धित रहता है।

(ग) प्रसार की भाँति इसकी गणना भी सरलता से की जा सकती है तथा इसका विवेचन करना भी सरल है।

(घ) यह तालिका से मध्यवर्ती प्राप्तांकों पर अधिक प्रकाश डालता है। इसलिये अधिक प्रतिनिधित्वकारी होता है। इसका अन्तिम प्राप्तांकों पर कोई प्रभाव नहीं पड़ता है।

(च) इसका प्रयोग असम वर्ग विस्तार वाले आवृत्ति वितरण पर भी सम्भव है।

(छ) विषम एवं मुक्त छोर वितरणों के लिये Q विचलनशीलता का उपयुक्त माप है।

(ज) वर्णनात्मक सांख्यिकी में इसका प्रयोग अधिक होता है।

चतुर्थांश विचलन की सीमाएँ (Limitations)

(क) चतुर्थांश (Q_1) एवं चतुर्थांश (Q_3) के नीचे एवं ऊपर 25 – 25 प्रतिशत प्राप्तांक पड़ते हैं, अतएव यह केवल मध्य के 50 प्रतिशत प्राप्तांकों का मापन करता है।

(ख) जब प्राप्तांक अधिक विषम अधिक विषम हों या उनके मध्य काफी प्रसार हो उस स्थिति में इसका प्रयोग उपयुक्त होता है।

(ग) मानक विचलन की अपेक्षा चतुर्थांश विचलन कम विश्वसनीय होता है क्योंकि इसमें मानक त्रुटि (S.E.) की अधिक सम्भावना रहती है। चतुर्थांश विचलन (Q) की मानक त्रुटि $\frac{.786\sigma}{\sqrt{N}}$ मानक विचलन (S.D.) की मानक त्रुटि $\frac{.71\sigma}{\sqrt{N}}$ अधिक हैं, अतः मानक विचलन चतुर्थांश विचलन से अधिक विश्वसनीय है।

चतुर्थांश विचलन की गणना

चतुर्थांश विचलन की गणना में मध्यांक के समान ही सूत्र एवं चरणों का प्रयोग किया जाता है। निम्नलिखित सूत्र के द्वारा चतुर्थांश विचलन की गणना की जाती है :

सूत्र : $$Q = \frac{Q_3 - Q_1}{2} \quad ...(19)$$

यहाँ, Q_3 = व्यवस्थित वितरण में वह बिन्दु जिसके नीचे 75 प्रतिशत या 3N/4 आवृत्तियाँ हों, इसे 75वाँ शतांशीय भी कहा जाता है।

Q_1 = व्यवस्थित वितरण में वह बिन्दु जिसके नीचे 25 प्रतिशत या N/4 अवृत्तियाँ हों, इसे 25वाँ शतांशीय भी कहा जाता है।

Q_3 एवं Q_1 ज्ञात करने के लिये निम्नलिखित सूत्रों का अनुप्रयोग किया जाता है जो कि माध्यम से सूत्र के समान ही है :

$$Q_3 = lm + \frac{3N/4 - Cf}{fm} \times i \quad ...(19अ)$$

$$Q_1 = lm + \frac{N/4 - Cf}{fm} \times i \quad ...(19ब)$$

Q_3 एवं Q_1 ज्ञात करने के पश्चात् इनका अन्तर मालूम करते हैं तथा इस अन्तर का आधा मान जहाँ पड़ता हो, तो वही चतुर्थांश विचलन का बिन्दु है।

चतुर्थांश विचलन की गणना के चरण

(क) N/4 तथा 3N/4 का मान ज्ञात करना।

(ख) जिन वर्गों में Q_1 एवं Q_3 पड़ते हों, उनकी निम्नतम सीमा (*lm*) ज्ञात करना।

(ग) जिन वर्गों में Q_1 एवं Q_3 पड़ते हो, उनकी आवृत्ति अर्थात् संचयी आवृत्ति (*cf*) ज्ञात करना।

(घ) जिन वर्गों में Q_1 एवं Q_3 पड़ते हों, उनकी आवृत्ति (*fm*) ज्ञात करना।

(च) वर्ग विस्तार का मान जानना।

(छ) Q_1 एवं Q_3 का मान ज्ञात होने के बाद दोनों का अन्तर ज्ञात कर 2 से भाग देना तथा प्राप्त भजनफल Q का मान होगा।

उदाहरण 5. निम्न प्रदत्तों से चतुर्थांश विचलन (Q) के मान की गणना कीजिये :

तालिका

प्राप्तांक (Scores)	आवृत्ति (f)	सं. आ. (Cf)
40-44	3	28
35-39	3	25
30-34	5	22
25-29	7	17
20-24	5	10
15-19	3	5
10-14	2	2
	N = 28	

हल : $$Q = \frac{Q_3 - Q_1}{2}$$

अतः यहाँ Q_3 एवं Q_1 का अलग- अलग मान ज्ञात करेंगे—

$$Q_3 = lm + \left(\frac{3N/4 - Cf}{fm}\right) \times i$$

यहाँ, $lm = 29.5$, $N = 28$, $Cf = 17$, $fm = 5$, $i = 5$

$$Q_3 = 29.5 + \left(\frac{3 \times 28/4 - 17}{5}\right) \times 5$$

$$= 29.5 + 4 = 33.5 \qquad Q_3 = 33.5$$

$$Q_1 = lm + \left(\frac{N/4 - Cf}{fm}\right) \times i$$

यहाँ, $lm = 19.5, N = 28, Cf = 5, fm = 5, i = 5$

$$Q_1 = 19.5 + \left(\frac{28/4 - 5}{5}\right) \times 5$$

$$= 19.5 + 2 = 21.5 \qquad Q_1 = 21.5$$

$$Q = \frac{Q_3 - Q_1}{2}$$

यहाँ, $Q_3 = 33.5$ स $Q_1 = 21.5$

$$\therefore\ Q = \frac{33.5 - 21.5}{2} = \frac{12}{2} = 6.0$$

उत्तर : Q = 6.0

मानक विचलन
(Standard Deviation)

सूचक चिन्ह = S.D. या σ (सिग्मा ग्रीक चिन्ह)

अनुपात से प्राप्तांकों के विचलन के वर्ग के अनुपात के धनात्मक वर्गमूल को ही मानक विचलन के रूप में परिभाषित किया जाता है। इस परिभाषा के आधार पर मानक विचलन ज्ञात करने के लिए निम्न सूत्र का उद्‌गम हुआ।

अनुपात के प्राप्तांक का विचलन = (x) = X(score) – M (mean)

विचलन के वर्ग = x^2

विचलनों के वर्ग का अनुपात = $\frac{\sum x^2}{N}$

विचलनों के वर्ग के अनुपात का गुणात्मक वर्गमूल

$$= \sqrt{\frac{\sum x^2}{N}}$$

अत: इस सूत्र को मानक विचलन का परिभाषा सूत्र कहा जाता है क्योंकि इससे प्राप्त σ की इकाई एवं प्राप्तांक की इकाई एक ही होती है।

मानक विचलन के गुण (Properties)

(क) यह विचलन का सर्वश्रेष्ठ माप है।

(ख) जहाँ अनुपात केन्द्रीय प्रवृत्ति का मापक होता है, वहाँ यह अत्यन्त उपयोगी होता है। जिस वितरण का मानक विचलन जितना अधिक होगा, उसके प्राप्तांक अनुपात से उतने ही दूर होंगे।

(ग) यह सामान्य सम्भावना वक्र का आधार होता है।

(घ) यह वितरण के प्रत्येक प्राप्तांक से प्रभावित होता है, विशेष रूप से अन्तिम प्राप्तांक इसे अधिक प्रभावित करते हैं।

(च) प्रतिदर्श की भिन्नता के कारण मानक विचलन की मानक त्रुटि विचलन के अन्य सूचकांकों से कम होती है।

(छ) जब प्राप्तांक अन्तराल या अनुपात स्तर के हों तभी इनका प्रयोग उपयुक्त होता है।

(ज) यदि इसके प्रत्येक प्राप्तांक में कोई एक स्थिर संख्या घटा या जोड़ दी जाये तो इसके निष्कर्ष से मानक विचलन पर कोई प्रभाव नहीं पड़ेगा।

(झ) यदि इसके प्रत्येक प्राप्तांक को एक स्थिर संख्या (C) से गुणित या विभक्त कर दिया जाये तो उसमें ही अनुपात से नये सैट का मानक विचलन बढ़ या घट जायेगा।

(ट) सांख्यिकीय घटनाओं, शोध कार्यों तथा वर्ग की समजातीयता या विषमजातीयता ज्ञात करने के लिए यह एक शुद्ध एवं श्रेष्ठ माप हैं।

(ठ) उच्च सांख्यिकीय गणनाओं के ज्ञात करने के लिये भी इसका प्रयोग किया जाता है।

मानक विचलन की गणना

यद्यपि मानक विचलन (S.D.) की गणना करते समय लगभग उन्हीं समस्त सोपानों का प्रयोग किया जाता है जोकि अनुपात विचलन (M.D.) की गणना में किये जाते हैं, अन्तर केवल इतना ही है कि मानक विचलन ज्ञात करते समय समस्त विचलनों का वर्ग करके, तत्पश्चात् उन वर्गों के योग ($\sum x^2$) का अनुपात ज्ञात कर उनका वर्गमूल पता कर लेते हैं जबकि अनुपात विचलन (M.D.) की गणना में धन एवं ऋण चिन्हों को कोई महत्व नहीं दिया जाता है। मानक विचलन की गणना में भी समस्त विचलनों का वर्ग कर देने से चिन्हों का अस्तित्व ही खत्म हो जाता है। यहाँ एक बात स्मरणीय है कि प्रतिदर्श में मानक विचलन (S.D.) के प्रयोग को (S) अक्षर द्वारा तथा सांख्यिकी में ग्रीक अक्षर सिगमा (σ) के द्वारा व्यक्त किया जाता है।

(अ) अव्यवस्थित (Ungrouped) प्राप्तांकों से मानक विचलन (S.D.) की गणना

अव्यवस्थित प्राप्तांकों से मानक विचलन ज्ञात करने के लिए निम्नलिखित सूत्र का प्रयोग किया जाता है—

$$\text{सूत्र : S.D. } (\sigma) = \sqrt{\frac{\sum x^2}{N}} \text{ या } = \sqrt{\frac{\sum d^2}{N}} \qquad ...(20)$$

यहाँ $\sqrt{\ }$ = वर्गमूल (square root)

$\sum x^2$ या $\sum d^2$ = विचलनों के वर्ग का योग

N = प्राप्तांकों की संख्या

मानक विचलन की गणना के चरण

(क) सर्वप्रथम, प्राप्तांकों का अनुपात ज्ञात कर लेना (सूत्र : $\frac{\sum X}{N}$)

(ख) अनुपात से समस्त प्राप्तांकों का विचलन (d) ज्ञात करना (सूत्र : X – M)।

(ग) समस्त विचलनों (d's) का वर्ग (square) ज्ञात करना।

(घ) विचलन के समस्त वर्गों का योग अर्थात् $\sum x^2$ या $\sum d^2$ ज्ञात करना।

(च) वर्गों के योग ($\sum x^2$ या $\sum d^2$) को संख्या (N) से विभक्त करना।

(छ) भजनफल का वर्गमूल (√) ज्ञात करना। यही वर्गमूल का मान मानक विचलन (S.D.) होगा।

सहसंबंध विश्लेषण (Analysis of Relationship)

आमतौर पर विद्यालय में अथवा घर में कहा जाता है कि उन्हीं विद्यार्थियों को विज्ञान पढ़ना चाहिए जिनकी रुचि डॉक्टर अथवा इंजीनियर बनने में हो। इसी प्रकार वाणिज्य उनको पढ़ना चाहिए जो व्यापारिक क्षेत्र में जाना चाहते हों। विद्यालय में अलग-अलग बदलने से दूसरे पर प्रभाव पड़ता है उन्हें सहसंबंधित राशियों के रूप में जाना जाता है मनोविज्ञान तथा शिक्षा, समाजशास्त्र और अर्थशास्त्र, विज्ञान और दर्शनशास्त्र इत्यादि में सह-संबंध का ज्ञान बहुत जरूरी है। मनोविज्ञान की दृष्टि से यदि हम एक विद्यार्थी की बुद्धिलब्धि को ज्ञात कर लें तो विद्यालय के पाठ्यक्रम से उसका क्या संबंध होगा। शिक्षा में विभिन्न विषयों के प्राप्तांकों को देखकर किसी विद्यार्थी के बारे में यह बतलाना कि उसे उच्च शिक्षा के लिए कौन-सा विषय चुनना चाहिए। इस समस्या का समाधान कैसे हो। सामाजिक दृष्टि से अभिभावकों की आय तथा बालकों के शिक्षा स्तर से क्या संबंध है। आदि समस्याएं सहसंबंध के अध्ययन से भली भांति हल की जा सकती हैं।

सह-संबंध क्या है ? (What is Relationship)

सह-संबंध किन्हीं दो चरों के मध्य प्राप्त होने वाला सह-संबंध है जिसके माध्यम से उन चरों की पारस्परिक निर्भरता की मात्रा को मापा जा सकता है। दूसरे शब्दों में, सह-संबंध यह इंगित करता है कि किसी व्यक्ति के दो गुण आपस में एक-दूसरे पर कितने निर्भर हैं तथा कितनी मात्रा में संबंधित हैं। इससे अभिव्यक्त होता है कि ये दोनों गुण कितनी मात्रा में साथ-साथ बढ़ते या घटते हैं या एक के बढ़ने से दूसरा घटता है या दोनों एक-दूसरे के विरोधी हैं। अत: यह स्पष्ट है कि सह-संबंध दो चरों का पारस्परिक संबंध है।

सह-संबंध की कुछ परिभाषाएं प्रस्तुत हैं:

1. **गिलफर्ड** ने सह-संबंध को इस प्रकार से परिभाषित किया है—"सह-संबंध गुणांक एक ऐसी संख्या है जो यह व्यक्त करती है कि दो वस्तुएं किस सीमा तक संबंधित हैं तथा एक में होने वाले विचलनों का दूसरे विचलनों पर किस सीमा तक प्रभाव पड़ता है।"

2. "जब दो में से एक चर बढ़ने से दूसरे चर में वृद्धि या घटाव हो या दूसरे चर के बढ़ने से पहले चर में वृद्धि या घटाव हो तो उन दोनों चरों को सह-संबंधित कहा जाता है।"

3. प्रदत्तों के दो समूहों या शृंखलाओं के मध्य कार्य कारण संबंध विद्यमान होना ही सह-संबंध है। दूसरे शब्दों में, सह-संबंध गुणांक दो चरों के मध्य आपसी सह-संबंध की मात्रा को व्यक्त करने वाली आंकिक सूची है।

सह-संबंध के स्वरूप से स्पष्ट है कि इसके द्वारा एक चर के आधार पर दूसरे चर के विषय में पूर्व कथन या भविष्यवाणी की जा सकती है। यह दो चरों के पारस्परिक संबंध एवं आपसी निर्भरता की मात्रा को व्यक्त करता है। उदाहरणार्थ, विद्यार्थी की क्षमता के आधार पर उसकी कार्य कुशलता के संबंध में पूर्व कथन किया जा सकता है।

कारण एवं कार्य का संबंध (Causal Relationship)

प्राय: व्यक्ति दो चरों के मध्य सह-संबंध देखकर यह समझ लेते हैं कि यदि 'अ' एवं 'ब' दो योग्यता साथ-साथ उत्पन्न होती हैं या बढ़ती हैं तो यह समझ लिया जाता है कि 'अ' योग्यता 'ब' योग्यता का 'कारण', 'ब' योग्यता 'अ' योग्यता का कारण है यहां इसका अर्थ केवल साहचर्य से है, 'अ' योग्यता का या 'ब' योग्यता 'अ' योग्यता का कारण हो भी सकती है तथा नहीं भी।

किंतु यह समझ लेना आवश्यक है कि कार्य कारण संबंध एवं सह-संबंध दोनों भिन्न-भिन्न प्रत्यय हैं। यहां हमें 'अ' एवं 'ब' योग्यता के मध्य जो सह-संबंध दृष्टिगत हो रहा है, उसका कारण अन्य कोई चर या वस्तु हो सकती है। अत: सह-संबंध के आधार पर दो चरों के मध्य कार्य कारण संबंध स्थापित नहीं किया जा सकता है बल्कि उनके मध्य पाए जाने वाले सह-संबंध की मात्रा से उनके वास्तविक कारणों की ओर संकेत करना सुगम हो जाता है।

द्विचर विचरण या युग्मित प्राप्तांक (Bivariate Distribution or Paired Scores)

किसी भी प्रकार के सह-संबंध को ज्ञात करने के लिए दो समुच्चय या युग्म होने चाहिए अर्थात सह-संबंध युग्मित प्राप्तांकों के मध्य ज्ञात किया जाता है तथा यह युग्मित प्राप्तांक दो प्रकार से उपलब्ध होते हैं:

(क) एक ही समूह से प्राप्त दो शीलगुणों के प्राप्तांक रूप में —इसमें एक समूह के व्यक्तियों के शीलगुणों पर प्राप्तांक लिए जाते हैं, उदाहरणार्थ ए एन डी गर्ल्स कॉलेज, कानपुर की एम ए की 25 छात्राओं के प्रायोगिक मनोविज्ञान एवं शारीरिक मनोविज्ञान के प्रश्न पत्रों के प्राप्तांक निम्न भांति हैं:

तालिका 8:1

क्रमांक छात्राएं	*प्रायोगिक मनो. प्राप्तांक*	*शारीरिक मनो. प्राप्तांक*
1	44	46
2	56	48
3	39	44
4	60	57
25	48	54

यहां, छात्रा 1 के प्राप्तांक का युग्म 44 एवं 46, छात्रा 2 का 55 एवं 48 आदि ऐसे ही युग्म बने।

(क) दो समूहों से प्राप्त किसी एक शीलगुण के प्राप्तांक रूप में—इसमें समान संख्या वाले किन्हीं दो समूहों के किसी एक शीलगुण पर प्राप्तांक ले लिए जाते हैं, मसलन, गृह विज्ञान संस्थान आगरा की 20-20 डे स्कॉलर एवं होस्टलर छात्राओं के संगीत विषय में उपलब्धि प्राप्तांक निम्न तालिका की भांति पाए गए:

तालिका

क्रमांक युग्म	***डे स्कॉलर***	***होस्टलर***
1	40	30
2	35	25
3	42	24
4	47	37
20	44	40

सह-संबंध के प्रकार
(Kinds of Relationship)

सह-संबंध के प्रकार को निम्न चार्ट द्वारा प्रस्तुत किया जा सकता है:

सह-संबंध
↓
मात्रात्मक सह-संबंध (Quantitative r) — गुणात्मक सह-संबंध (Qualitative r)

मात्रात्मक सह-संबंध ↓ ऋणात्मक — शून्य — धनात्मक

गुणात्मक सह-संबंध ↓ रेखीय — वक्रात्मक

मात्रात्मक सह-संबंध विभिन्न प्रकार के होते हैं।

1. धनात्मक सह-संबंध (Positive Correlation)

यदि एक चर के बढ़ने से दूसरे चर में भी वृद्धि होती अथवा एक चर के घटने से दूसरे की मात्रा भी घटती है, तो दोनों चरों के संबंध में एकरूपता को ही धनात्मक सह-संबंध कहते हैं। अगर हम कहें कि बुद्धि-लब्धि तथा उपलब्धि प्राप्तांकों में धनात्मक सह-संबंध है तो इसका तात्पर्य है कि बुद्धि बढ़ने के साथ-साथ उपलब्धि प्राप्तांकों का प्रतिशत भी बढ़ना चाहिए तथा बुद्धि कम होने से उपलब्धि प्राप्तांकों का प्रतिशत भी कम होना चाहिए अर्थात् अधिक बुद्धि वाले विद्यार्थी अधिक अंक प्राप्त करेंगे और इसके विपरीत कम बुद्धि वाले विद्यार्थियों के अंक का प्रतिशत कम होगा। बुद्धि तथा प्राप्तांकों के सह-संबंध को निम्न प्रकार से भली-भांति समझाया गया है :

उच्च बुद्धि लब्धि ⇔ प्राप्तांकों का उच्च प्रतिशत
निम्न बुद्धि लब्धि ⇔ प्राप्तांकों का निम्न प्रतिशत

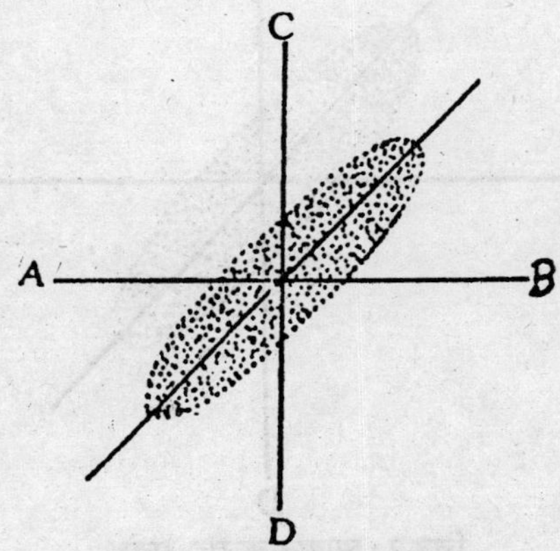

चित्र 1 : *धनात्मक सह-संबंध*

चित्र में इनके धनात्मक सह-संबंध को रेखाचित्र द्वारा व्यक्त किया गया है। जब दोनों ही चरों की मात्राएं पारस्परिक रूप से समान अनुपात में या तो घटती हैं या दोनों ही बढ़ती हैं, तब उन चरों में पूर्णत: धनात्मक सह-संबंध की स्थिति पाई जाती है। जैसे उदाहरण के लिए जिस अनुपात में वृत्त का व्यास बढ़ता है, ठीक उसी अनुपात में, वृत्त की परिधि भी बढ़ती जाती है।

यह आवश्यक नहीं है कि धनात्मक सह-संबंध सदैव ही पूर्ण हो अर्थात् कभी-कभी धनात्मक सह-संबंध केवल उच्च श्रेणी का या केवल निम्न श्रेणी का भी हो सकता है।

2. ऋणात्मक सह-संबंध (Negative Correlation)

जब एक चर में वृद्धि होने पर दूसरे चर की मात्रा में कमी आती है या एक चर में कमी होने से दूसरे चर की मात्रा में वृद्धि होती है तो दोनों चरों के इस प्रकार के विपरीत संबंध को ऋणात्मक

सह-संबंध कहते हैं। अगर हम कहें कि कार्य की गति एवं परिशुद्धता के मध्य ऋणात्मक सह-संबंध होता है तब इसका तात्पर्य होगा कि अधिक गति के साथ किए गए कार्यों में परिशुद्धता कम होती है या जहां कार्य में परिशुद्धता अधिक वहां गति कम होती है। जिस अनुपात में प्रथम चर की मात्रा में वृद्धि होती है, उसी अनुपात में यदि दूसरे चर की मात्रा कम होती है तो इस प्रकारके पारस्परिक विरोधी संबंध को पूर्णत: नकारात्मक सह-संबंध कहेंगे जैसे अंतर्मुखिता बहिर्मुखिता में आपस में पूर्णत: नकारात्मक सह-संबंध होता है।

अधिक बहिर्मुखिता ⇔ निम्न अंतर्मुखिता
कम बहिर्मुखिता ⇔ अधिक अंतर्मुखिता

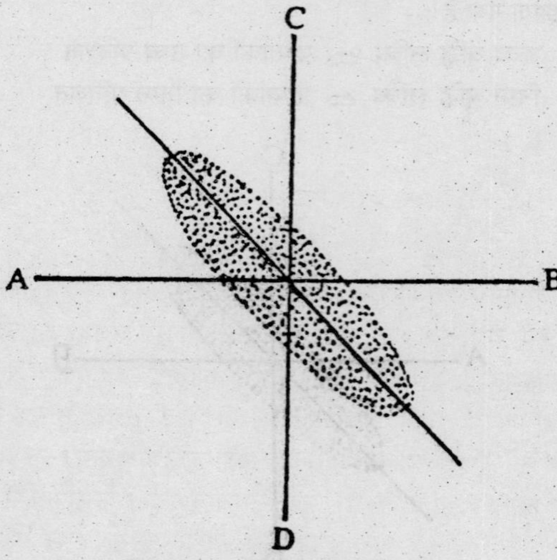

चित्र 2 : *ऋणात्मक सह-संबंध*

चित्र 3 में इनके ऋणात्मक सह-संबंध को रेखाचित्र द्वारा व्यक्त किया गया है। यह आवश्यक नहीं कि ऋणात्मक सह-संबंध सदैव ही पूर्णत: ऋणात्मक हो अर्थात् यह ऋणात्मक सह-संबंध केवल उच्च या निम्न श्रेणी का भी हो सकता है।

3. शून्य सह-संबंध (Zero Correlation)

जब एक चर की वृद्धि या कमी दूसरे चर में कोई अंतर उत्पन्न न करे अर्थात जब दोनों चरों का एक दूसरे पर कोई प्रभाव नहीं पड़ता है तब इन दोनों चरों में शून्य सह-संबंध माना जाता है। अगर यह कहा जाये कि अभिभावकों की सामाजिक प्रतिष्ठा तथा उनके बच्चों के उत्तीर्ण होने के प्रतिशत में कोई सह-संबंध नहीं है अथवा शून्य सह-संबंध है तो कहने का तात्पर्य यही होगा कि उन अभिभावकों के बच्चों जिनकी समाज में कम प्रतिष्ठा है,के उत्तीर्ण ऐसे बच्चों के उत्तीर्ण होने के प्रतिशत में जिनके माता-पिता की

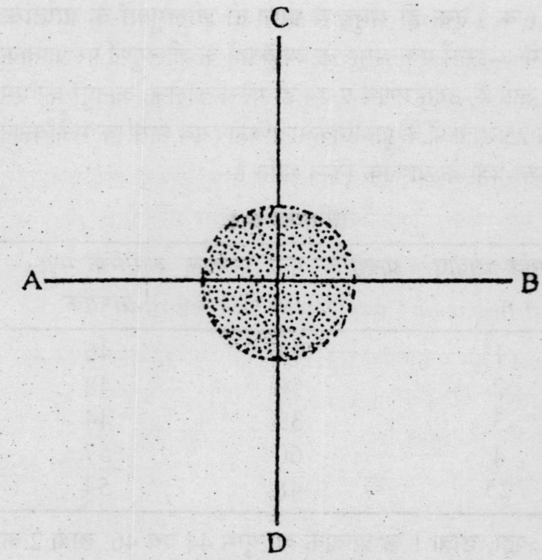

चित्र 3 : *शून्य सह-संबंध*

सामाजिक प्रतिष्ठा अधिक है, से कोई अंतर नहीं है। इस बात को हम निम्न भांति स्पष्ट कर सकते हैं:

उच्च सामाजिक आर्थिक स्तर वाले बच्चे → 80 प्रतिशत उत्तीर्ण
निम्न सामाजिक आर्थिक स्तर वाले बच्चे → 80 प्रतिशत उत्तीर्ण

चित्र 3 में इस शून्य सह-संबंध को रेखाचित्र द्वारा व्यक्त किया गया है। अब गुणात्मक सह-संबंध के विभिन्न प्रकारों का उल्लेख किया जायेगा।

1. रेखीय सह-संबंध (Linear Correlation)

जब दो ऐसे चरों के मध्य सह-संबंध पाया जाता है जिनमें निरंतरता पाई जाती है एवं जिसके मध्य होने वाले संबंध को एक सरल रेखा द्वारा व्यक्त किया जा सके, ऐसे सह-संबंध को रेखीय सह-संबंध कहा जाता है। इस प्रकार का सह-संबंध ज्ञात करने के लिए केवल उन्हीं चरों का चयन किया जाता है जिनका मापन अंतराल या अनुपात मापनी द्वारा संभव होता है। इसमें किन्हीं दो मूल्यों के मध्य की दूरी अधिक इकाइयों में विभक्त हो सकती है।

उदाहरणार्थ 8. बच्चों की आयु एवं भार का रेखीय सह-संबंध निम्न तालिका द्वारा प्रदर्शित है:

तालिका

बच्चे	1	2	3	4	5	6	7	8
आयु (वर्ष)	8	9	10	11	12	13	14	25
भार (किलो)	14	16	17	20	21	23	25	26

यदि बच्चों की आयु एवं भार का यह सह-संबंध ग्राफ पर प्रदर्शित किया जाए तो हम पाएंगे कि यह एक रेखा के रूप में होता है। समाजशास्त्रीय, मनोवैज्ञानिक एवं शैक्षिक क्षेत्र में दो चरों के मध्य रेखीय सह-संबंध जानने के लिए विशेष रूप से पियर्सन प्रोडक्ट मोमेन्ट विधि का प्रयोग किया जाता है तथा इस विधि द्वारा प्राप्त सह-संबंध गुणांक r के रूप में व्यक्त करते हैं।

2. वक्रात्मक सह-संबंध
(Non-linear or Curvilinear Correlation)

अब हम वक्रात्मक सह-संबंध की व्याख्या करेंगे। इस सह-संबंध को संकेत चिन्ह (symbol) η (Eta) के द्वारा सूचित किया जाता है। रेखात्मक सह-संबंध गुणांक को जब हम ग्राम पर समाश्रयण रेखाओं द्वारा प्रदर्शित करते हैं तो रेखाएं लगभग सीधी बनती हैं। अत: इस प्रकार के संबंध को रेखात्मक सह-संबंध गुणांक कहते हैं। इसमें 'X-चर' तथा 'Y-चर' में से के बदलने से दूसरे पर भी उसके अनुकूल ही प्रभाव पड़ता है। अगर 'X-चर' के बढ़ने से 'Y-चर' कम होता है तो वह 'X-चर' के बढ़ने से बराबर कमी ही होती रहेगी। अगर 'X-चर' के कम होने से 'Y-चर' बढ़ता हो तो वह (Y-चर) X-चर के कम होने के बराबर बढ़ता ही रहेगा। लेकिन वक्रात्मक सह-संबंध में ऐसा नहीं होता है। अगर हम समाश्रयण रेखाओं द्वारा ग्राफ कागज पर सह-संबंध प्रदर्शित करें तो इन समाश्रयण की आकृति एक वक्र रेखा की सी होगी न कि सीधी रेखाओं जैसी। वक्रात्मक सह-संबंध गुणांक में यह आवश्यक नहीं है कि 'X-चर' के बढ़ने से हमेशा 'Y-चर' कम होता रहे अथवा बढ़ता रहे। यह हो सकता है कि कुछ समय तक तो 'X-चर' के बढ़ने से हमेशा 'Y-चर' कम होता रहे अथवा बढ़ता रहे। यह हो सकता है कि कुछ समय तक तो 'X-चर' के

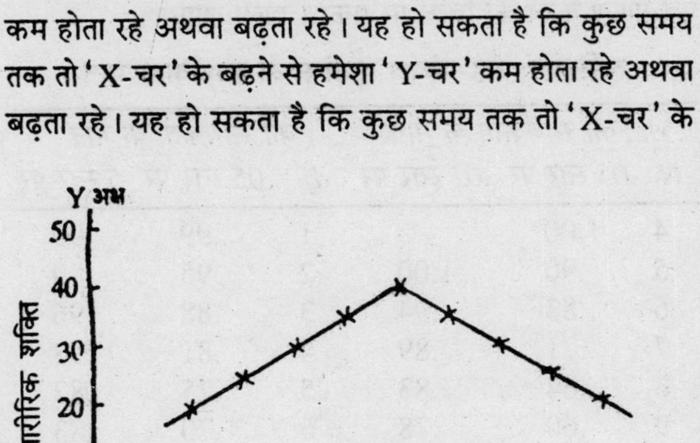

चित्र वक्रात्मक सह-संबंध : आयु की वृद्धि के साथ-साथ एक बिंदु तक शारीरिक शक्ति बढ़ती है फिर उसके पश्चात् वह धीरे-धीरे घटने लगती है।

प्रभाव से 'Y-चर' कम होता रहे और मध्य में या प्रारंभ में बढ़ने लगे एवं मध्य में फिर कम होने लगे। यहां हम वक्रात्मक सह-संबंध को आयु एवं शारीरिक शक्ति के उदाहरण से समझायेंगे। प्रारंभ में तो आयु के बढ़ने के साथ-साथ शारीरिक शक्ति बढ़ती है लेकिन लगभग 40 वर्ष की अवस्था पर वह शक्ति अवस्था के बढ़ने के साथ साथ प्राय: कम होती जाती है। अगर हम इस-संबंध को ग्राफ कागज पर समाश्रयण रेखाओं द्वारा दिखाना चाहें तो ये रेखाएं सीधी न होकर वक्र के रूप में होंगी। इस प्रकार का सह-संबंध वक्रात्मक सह-संबंध कहलाता है। वक्रात्मक सह-संबंध को इस प्रकार से भी स्पष्ट किया जा सकता है, जैसे—यदि सह-संबंध तालिका के कालमों और पंक्तियों के अनुपात को एक सरल रेखा के रूप में अभिव्यक्त नहीं किया जा सकता है, बल्कि उन अनुपात को एक वक्र के माध्यम से अभिव्यक्त कर सकते हैं तो उन दो चरों के आपसी सह-संबंध को वक्रात्मक सह-संबंध कहते हैं। इस प्रकार के सह-संबंध को चित्र में समझाया गया है।

सह-संबंध गुणांक
(Coefficient of Correlation)

मनोवैज्ञानिक एवं शैक्षिक सांख्यिकी में जिस अंक के द्वारा किन्हीं दो चरों, व्यक्तियों, शीलगुणों आदि के आपसी संबंधों को व्यक्त किया जाता है, उसे सह-संबंध गुणांक कहते हैं। यह एक संकेतांक है जो कि दो चरों के बीच में होने वाले सह-संबंध के गुण तथा मात्रा को इंगित करता है। जब पियरसन की विधि द्वारा सह-संबंध ज्ञात किया जाता है तब यह सह-संबंध गुणांक r के संकेत से एवं जब स्पीयरमैन की विधि का प्रयोग होता है, तब यह ग्रीक अक्षर ρ (rho रो) के रूप में प्रयोग किया जाता है।

सह-संबंध गुणांक का विस्तार
(Magnitude of Correlation)

सह-संबंध गुणांक का एक निश्चित प्रसार होता है। यह सदैव ± 1 के मध्य में होता है अर्थात् यह -1.00 से कम तथा +1.00 से अधिक नहीं होता है। धनात्मक एवं ऋणात्मक सह-संबंध की उच्चतम एवं निम्नतम सीमाएं तथा भिन्न-भिन्न मान निम्न चित्र में स्पष्ट है —

–1 –.9 –.8 –.7 –.6 –.5 –.4 –.3 –.2 –.1 0 .1 .2 .3 .4 .5 .6 .7 .8 .9 + 1
(-) (+)

चित्र 5 : सह-संबंध गुणांक विस्तार

अत: यह स्पष्ट है कि सह-संबंध गुणांक इन सीमाओं के मध्य में किसी भी मूल्य के समान हो सकता है। उदाहरणार्थ,

विभिन्न स्थितियों में r का मान + .86, +.94, +.72, +.51, +.34, + .12, .00,-.17, -.28, -.48 या -.97 हो सकता है किंतु किसी भी स्थिति में पूर्ण +1.00 या -1.00 नहीं हो सकता है। अतएव सह-संबंध गुणांक -1.00 → 00 → +1.00 की निरंतरता की मापक पर कहीं भी हो सकता है।

सह-संबंध गुणांक की व्याख्या (Interpretation)

सह-संबंध गुणांक की व्याख्या, इसके साथ वाले चिन्ह और इसके मान पर आधारित होती है। सह-संबंध गुणांक से पूर्व लगे चिन्ह से संबंध की दिशा का पता लगाते हैं अर्थात् सह-संबंध धनात्मक है अथवा ऋणात्मक है और सह-संबंध के मान से संबंध की घनिष्टता का पता लगता है अर्थात् सह-संबंध गुणांक 1.00 के जितना समीप होगा, संबंध उतना ही अधिक घनिष्ठ होगा।

सह-संबंध गुणांक यात्रा में जितना कम होगा, दो चरों में आपसी संबंध उतने ही कम होंगे। +1.00 पूर्ण धनात्मक सह-संबंध (perfect positive r) तथा –1.00 पूर्ण ऋणात्मक सह-संबंध (perfect negative r) का सूचक माना जाता है। जब गुणांक शून्य होता है तो दोनों चरों में कोई संबंध नहीं होता है। इसका आशय यह हुआ कि दोनों चर एक-दूसरे से पूर्णरूप से स्वतंत्र हैं तथा एक का दूसरे पर कोई प्रभाव नहीं होता है। व्यापक रूप में जब सह-संबंध गुणांक ±.5 से ऊपर अर्थात् ±1.00 की ओर होता है तो यह उच्च धनात्मक या उच्च ऋणात्मक सह-संबंध को तथा जब ±.5 से कम परंतु शून्य की ओर होता है तो निम्न धनात्मक या निम्न ऋणात्मक सह-संबंध गुणांक कहा जाता है। **गिलफोर्ड** ने सह-संबंध गुणांक की मात्रा के आधार पर सह-संबंध को निम्न श्रेणियों में वर्गीकृत किया है—

गुणांक	*सह-सम्बन्ध*
.00 से ± .20 तक	लेशमात्र
± .21 से ± .40 तक	कम
± .41 से ± .60 तक	साधारण सामान्य
± .61 से ± .80 तक	अधिक
± .81 से ± .99 तक	बहुत अधिक
± .10	पूर्ण सह-सम्बन्ध

'±' से हमारा तात्पर्य यह है कि अगर सह-संबंध धनात्मक (+) है तो हम कहेंगे कि धनात्मक बहुत कम या धनात्मक कम या धनात्मक सामान्य अथवा अधिक और धनात्मक बहुत अधिक और यदि सह-संबंध ('-') में आता है तो हम धनात्मक के स्थान पर ऋणात्मक शब्द का प्रयोग करेंगे।

सह-संबंध की उपर्युक्त व्याख्या मात्र इसकी विवेचना के प्रारंभिक ज्ञान के लिए दी गई है। यहां इस तरह की व्याख्या करने का सबसे बड़ा दोष यह है कि यहां केवल सह-संबंध गुणांक के मान को ही विचारा जाता है जबकि सह-संबंध गुणांक को अध्ययन किए जाने वाले समूह की योग संख्या भी प्रभावित करती है, यदि विशाल समूह पर अध्ययन किया गया है तो सह-संबंध गुणांक को कम मान की आवश्यकता होगी। इसके विपरीत लघु समूह पर अध्ययन किए जाने पर अधिक मान की आवश्यकता होगी। वैज्ञानिक शोधों के सह-संबंध की व्याख्या करने के लिए स्पीयरमैन rho में N को तथा पीयरसन के प्रोडक्ट मोमेन्ट r में df = N-2 को ध्यान में रखकर तालिका में दिए गए प्रत्येक N एवं df के सामने दिए गए .05 एवं 01 स्तरों पर सह-संबंध गुणांक के आवश्यक मानों की किसी अध्ययन में प्राप्त किये हुए सह-संबंध गुणांक के आवश्यक मानों की किसी अध्ययन में प्राप्त किए हुए सह-संबंध गुणांक से तुलना की जाती है। यदि प्राप्त किए सह-संबंध गुणांक अधिक हैं तो वह उस अमुक स्तर पर सार्थक होगा तथा यदि कम है तो वह उस स्तर पर असार्थक होगा इस संबंध में विस्तृत तालिका एवं उनके विवेचन के लिए निम्न पुस्तक का अवलोकन किया जा सकता है।

सह-संबंध गणना की विधियां

सह-संबंध की गणना के लिए मुख्य रूप से तीन विधियों का प्रयोग किया जाता है—(1) क्रम अंतर विधि, (2) प्राप्ति विधि, (3) प्रोडक्ट मोमेंट विधि। यहां इन्हीं विधियों के सैद्धांतिक पहलुओं एवं गणना करने की विधि पर प्रकाश डाला जाएगा।

तालिकाः सह-संबंध गुणांक के सार्थकता मान

rho की सार्थकता के मान			*r की सार्थकता के मान*		
N	*.05 स्तर पर*	*.01 स्तर पर*	*df*	*.05 स्तर पर*	*5 स्तर पर*
4	1.00	-	1	.99	.99
5	.90	1.00	2	.95	.99
6	.83	.94	3	.88	.96
7	.71	.89	4	.81	.92
8	.64	.83	5	.75	.87
9	.60	.78	6	.70	.83
10	.56	.75	7	.67	.80
12	.50	.71	8	.63	.76
14	.45	.64	9	.60	.73
16	.42	.60	10	.58	.71
18	.40	.56	11	.55	.68
20	.38	.53	12	.53	.66
22	.36	.51	13	.51	.64

rho की सार्थकता के मान			*r* की सार्थकता के मान		
N	*.05 स्तर पर*	*.01 स्तर पर*	*df*	*.05 स्तर पर*	*5 स्तर पर*
24	.34	.48	14	.49	.62
26	.33	.46	15	.48	.61
28	.32	.45	16	.47	.59
30	.31	.43	17	.46	.57
			18	.44	.56
			19	.43	.55
			20	.42	.54
			25	.38	.49
			30	.34	.45
			35	.32	.42
			40	.30	.39
			45	.29	.37
			50	.27	.35
			60	.25	.32
			70	.23	.30
			80	.22	.28
			90	.20	.27
			100	.19	.25
			120	.18	.23
			150	.16	.21
			200	.14	.18
			300	.11	.15
			400	.09	.12
			500	.08	.12
			1000	.06	.08

क्रम अंतर
(Rank Difference Method)

संकेत चिन्ह (Rho = ρ)

सह-संबंध गुणांक ज्ञात करने की इस पद्धति का सबसे पहले अनुप्रयोग प्रोफेसर **स्पीयरमैन** ने किया था। इस विधि द्वारा ज्ञात किए गए सह-संबंध गुणांक को 'ρ' (Rho) से प्रदर्शित करते हैं। इस विधि द्वारा सह-संबंध ज्ञात करने के लिए प्रत्येक व्यक्ति को दूसरे व्यक्तियों की तुलना में स्थान क्रम में दिया जाता है। जैसे कि 5 छात्रों को कोई परीक्षण दिया गया, उनके प्राप्तांक इस प्रकार हैं: 5, 35, 40, 20,और 30। यहां तीसरे छात्र ने सबसे अधिक अंक (40) प्राप्त किए हैं। अत: उसे हम पहला क्रम देंगे, दूसरा क्रम 35 प्राप्तांक वाले छात्र को, तीसरा क्रम 30 प्राप्तांक वाले छात्र को, चौथा तथा पांचवा क्रम क्रमश: 25 तथा 20 प्राप्तांक वाले छात्रों को देंगे। इसी प्रकार दूसरे परीक्षण में प्राप्तांकों को ध्यान में रखकर छात्रों के क्रम निर्धारित करते हैं। इसी प्रकार परीक्षण में प्राप्तांकों को ध्यान में रखकर छात्रों के क्रम निर्धारित करते हैं। फिर क्रम से एक-एक छात्र लेकर उनके क्रमों का अंतर (R_1-R_2) ज्ञात कर लेते हैं। इन अंतरों के वर्ग तथा इन वर्गों के कुल योग से हम ρ (Rho) की गणना करते हैं।

क्रम अंतर विधि द्वारा भिन्न-भिन्न गुणों, दो परीक्षणों के अंकों, दो परीक्षणों के परिणामों आदि-आदि में सुविधापूर्वक सह-संबंध ज्ञात किया जा सकता है। उदाहरणार्थ, हिंदी या इंगलिश का एक लेख 5 छात्रों से लिखवाया गया। प्रत्येक लेख दो परीक्षकों की जांच के लिए दिया गया। दोनों परीक्षक प्राय: भिन्न-भिन्न अंक प्रदान करेंगे। अर्थमेटिक में तो भिन्न-भिन्न अंक प्रदान करने की संभावना प्राय: कम रहती है लेकिन अन्य सभी विषयों में भिन्न-भिन्न परीक्षक अपने भिन्न-भिन्न दृष्टिकोण से अंक प्रदान करते हैं। लेकिन फिर भी एक बात अवश्य है, जिस छात्र का लेख सबसे अच्छा है, उसको अन्य छात्रों की अपेक्षा सबसे अधिक अंक ही प्राप्त होंगे और उसे प्रत्येक परीक्षक प्राय: प्रथम स्थिति ही प्रदान करेगा। अत: स्थान क्रम ज्ञात करने से वास्तविक अंकों के परिवर्तन में कोई अंतर नहीं पड़ता। दूसरे यह विधि अन्य विधियों से सरल भी है। इस विधि में अधिक गुणा, भाग आदि गणनाएं नहीं करनी पड़ती और सह-संबंध गुणांक शीघ्रता से ज्ञात किया जा सकता है। इस विधि के प्रयोग में त्रुटि की संभावना भी प्राय: कम रहती है। इतना होते हुए भी इस विधि की कुछ परिसीमाएं हैं।

क्रम अंतर विधि के गुण (Properties)

(क) इसकी गणना सरलता से होती है।

(ख) इसे सुगमता से समझा जा सकता है।

(ग) इसकी गणना केवल क्रमों से ही की जा सकती है।

(घ) विषमजातीय प्रदत्तों में यह उपयोगी होता है।

(च) लघु प्रतिदर्श के प्रयोग में ही उपयुक्त रहता है।

(छ) इसमें वास्तविक अंकों की शुद्धता आवश्यक नहीं है।

क्रम अंतर विधि की सीमाएं (Limitations)

(क) क्रमों से वास्तविक मापन नहीं होता है। यदि क्रम ही दिए हों तो वास्तविक अंकों के बिना भी सह-संबंध की गणना की जा सकती है।

(ख) इस विधि द्वारा किया गया सह-संबंध प्रोडक्ट मोमेंट विधि द्वारा किए गए r की अपेक्षा कम निकलता है।

(ग) अधिक संख्याओं वाले चरों पर इसका प्रयोग संभव नहीं हो पाता है।

(घ) यह व्यक्ति के वास्तविक प्राप्तांकों का मापन न करके केवल क्रमों को ही मापता है।

क्रम अंतर विधि के प्रयोग की विधियां

(क) जब संख्याएं 30 या उससे कम हों।

(ख) जब क्रम दिए हों।

(ग) जब सामान्यता न हो तथा विषमजातीय समूह हो।

(घ) जब अंक अव्यवस्थित हों।

क्रम अंतर सह-संबंध की गणना (ρ or Rho)

इस विधि द्वारा सह-संबंध गुणांक की गणना के लिए निम्नलिखित सूत्र प्रयोग किया जाता—

सूत्र : $$\text{Rho or } \rho = 1-\frac{6\Sigma D^2}{N\left(N^2-1\right)} \quad ...(30)$$

यहां ρ = क्रम अंतर विधि द्वारा ज्ञात किया गया सह-संबंध

ΣD^2 = क्रमों के अंतरों के वर्गों का योग

N = संख्या

N^2 = संख्या का वर्ग

सह-संबंध गुणांक (ρ) ज्ञात करने के चरण

(क) प्रत्येक व्यक्ति को प्राप्तांकों के आधार पर क्रम (rank) प्रदान करना।

(ख) अगर दो व्यक्तियों ने समान अंक प्राप्त किए हों तो क्रमशः अगले दोनों क्रमों को जोड़कर दो से भाग देना, जैसे— नागरिक शास्त्र में 'D' तथा 'E' छात्रों ने '40', '40' अंक प्राप्त किए, 41 अंक तक हम 6 का स्थान क्रम दे चुके हैं, अब हम दोनों 40 अंक प्राप्त करने वाले छात्रों की 7वें 8वें स्थान क्रम के मध्य का स्थान $7.5\left(\frac{7+8}{2}=\frac{15}{2}\right)$ देंगे। इसके बाद 'F' छात्र स्थान क्रम '9' प्रदान करेंगे।

(ग) एक-एक व्यक्ति लेकर, उसके दोनों विषयों के स्थान क्रमों का अंतर (R_1 तथा R_2 का अंतर) 'D' स्तंभ में लिखना ($D = R_1 - R_2$ or $R_2 - R_1$)।

(घ) अंतरों का वर्ग 'D' स्तंभ के मानों का योग करना।

(च) ΣD^2 ज्ञात करना अर्थात् D^2 स्तंभ के मानों का योग करना।

(छ) 'D' वाले कालम में धनात्मक और ऋणात्मक मानों का पृथक-पृथक योग करना। यह योग बराबर आना चाहिए अर्थात् ΣD शून्य होना चाहिए। इस चरण में हमें मालूम हो जाएगा कि हमने सही किया है या नहीं

उदाहरण 1. यदि पांच छात्रों को दो परीक्षकों ने रुचि सूची पर निम्न क्रम प्रदान किए तो परीक्षकों के द्वारा दिए प्राप्तांकों के मध्य सह-संबंध गुणांक ज्ञात कीजिए।

तालिका क्रम अंतर विधि से सह-संबंध की गणना

विद्यार्थी	*पहला परीक्षक* R_1	*द्वितीय परीक्षक* R_2	R_1-R_2 D	$(R_1$-$R_2)^2$ D_2
अ	1	2	− 1	1
ब	2	1	1	1
स	3	5	− 2	4
द	4	3	1	1
य	5	4	1	1
N = 5				$\Sigma D^2 = 8$

नोट—'D' की गणना के लिए R_1 एवं R_2 का अंतर लेते हैं। इस प्रश्न में R_1 में से R_2 घटाया गया परंतु R_2 में से R_1 भी घटाया जा सकता है।

हल—

सूत्र : $$\rho = 1-\frac{6\Sigma D^2}{N\left(N^2-1\right)}$$

यहां, $N = 5,\ \Sigma D^2 = 8$

$$\therefore \quad \rho = 1-\frac{6\times 8}{5\left(5^2-1\right)}$$

$= +.60$ **उत्तर:** $\rho = +.60$

उदाहरण 2. 10 छात्रों को नागरिकशास्त्र के प्रश्न करने के लिए दिए गए। अगर उनके प्राप्तांक निम्न हों तो दोनों विषयों का सह-संबंध गुणांक ρ ज्ञात कीजिए।

तालिका

विद्यार्थी	*ना.शा. प्राप्तांक*	*इति. प्राप्तांक*	*ना.शा.* R_1	*इति.* R_2	D	D^2
A	35	30	10.0	10.0	0	0
B	40	35	7.5	8.5	-1	1
C	50	40	3.0	6.5	-3.5	12.25
D	45	35	4.0	8.5	-4.5	20.25
E	40	40	7.5	6.5	1	1
F	39	41	9.0	5.0	4	16
G	53	43	2.01	4.0	-2	4
H	54	51	1.0	2.0	-1	1
I	43	52	5.0	1.0	4	16
J	41	50	6.0	3.0	3	9
N = 10						$\Sigma D^2 = 80.50$

सूत्र : $\rho = 1 - \frac{6\Sigma D^2}{N(N^2-1)}$

यहां, $N = 10, \Sigma D^2 = 80.5$

$\therefore \ \rho = 1 - \frac{6 \times 80.5}{10(10^2-1)} = +.51$

उत्तर—नागरिकशास्त्र तथा इतिहास का सह-संबंध गुणांक = + .51 है जो कि धनात्मक तथा सामान्य श्रेणी का है।

प्राप्ति विधि
(Gains Method)

सूचक चिन्ह R

प्राप्ति विधि से प्राप्त किए गए सह-संबंध गुणांक को 'R' संकेत से सूचित करते हैं। यह विधि क्रम अंतर विधि से भिन्न है क्योंकि क्रम अंतर विधि में क्रमों को निर्धारित करने के पश्चात् क्रमों का अंतर ज्ञात कर उनका वर्ग मालूम कर लिया जाता है जबकि प्राप्ति विधि में क्रम प्रदान करने के पश्चात् यह देखा जाता है कि एक विषय के क्रम ने दूसरे विषय के क्रम पर क्या प्राप्त किया।

दूसरे क्रम अंतर विधि में क्रमों के अंतर का वर्ग करना पड़ता है जबकि प्राप्ति विधि में प्राप्ति (G) का वर्ग नहीं किया जाता है। तीसरे, क्रम अंतर विधि में $6\Sigma D^2$ को (N^2-1) से विभक्त किया जाता है जबकि प्राप्ति विधि में $6\Sigma G$ को केवल (N^2-1) से भाग दिया जाता है। अतः सह संबंध ज्ञात करने के लिए प्राप्ति विधि श्रेष्ठतम विधि है। किंतु इससे प्राप्त सह-संबंध गुणांक कम विश्वसनीय होते हैं।

इस विधि से सह-संबंध गुणांक ज्ञात करने के लिए निम्नलिखित सूत्र का प्रयोग किया जाता है—

सूत्र : $R = 1 - \frac{6\Sigma G}{(N^2-1)}$

यहां ΣG = प्राप्ति का योग, N = संख्या

उदाहरण 3. निम्न तालिका में दिए हुए प्रदत्तों से इतिहास तथा नागरिकशास्त्र का सह-संबंध गुणांक (R)ज्ञात कीजिए—

तालिका

छात्र	*(1)* *ना.शा. प्राप्तांक प्राप्तांक* X	*(2)* *इति. प्राप्तांक क्रम* Y	*(3)* *ना.शा. क्रम क्रम* R_1	*(4)* *इति. क्रम* R_2	*(5)* *स्तंभ 4 की 3 के ऊपर प्राप्ति* R_2-R_1 = G_1	*(6)* *स्तंभ 3 की 4 के ऊपर प्राप्ति* R_1-R_2=G_2
1	35	30	10.0	10.0	0.0	0
2	40	35	7.5	8.5	1.0	—
3	50	40	3.0	6.5	3.5	—
4	45	30	4.0	8.5	4.5	—
5	40	40	7.5	6.5	—	1
6	39	41	9.0	5.0	—	4
7	52	43	2.0	4.0	2.0	—
8	53	51	1.0	2.0	1.0	—
9	43	52	5.0	1.0	—	4
10	41	50	6.0	3.0	—	3
$N = 10$					$\Sigma G_1 = 12$	$\Sigma G_2 = 12$ जहां (Check) $\Sigma G_1 = \Sigma G_2$

नोट—जांच 'ΣG_1' और 'ΣG_2' का मान हमेशा बराबर रहेगा। इस मूल्य से हम गणना की जांच करते हैं। अगर किसी प्रश्न में 'ΣG_1' तथा 'ΣG_2' का मूल्य समान न हो तो समझना चाहिए कि गणना में कहीं गलती है।

हल : सूत्र : $R = 1 - \frac{6\Sigma G}{(N^2-1)}$

यहां, $N = 10, \ \Sigma G = 12$

$\therefore \quad R = 1 - \frac{6 \times 12}{(10^2-1)} = +.27$

उत्तर : R = +.27 धनात्मक एवं श्रेणी का सह-संबंध गुणांक।

प्रोडक्ट मोमेंट (Product Moment) सह-संबंध

सूचक चिन्ह : r

पियर्सन ने प्रोडक्ट मोमेंट सह-संबंध का सर्वप्रथम प्रयोग किया। प्रोडक्ट मोमेंट सह-संबंध गुणांक एक प्रकार का वह अनुपात है जो कि एक चर के पारस्परिक या स्वतंत्र परिवर्तन को दूसरे चर की ओर अग्रसर करने की सीमा को व्यक्त करता है।

प्रोडक्ट मोमेंट सह-संबंध की मान्यताएं (Assumptions of r)

(क) सह-संबंध की सर्वप्रथम मान्यता है कि वह रेखीय

(linear) होना चाहिए। इससे तात्पर्य है कि जब सह-संबंध को ग्राफ चित्र पर प्रदर्शित किया जाये तो वह एक सीधी लाइन में हो।

(ख) सह-संबंध की गणना तब ही संभव है जब वितरण सामान्य हो।

(ग) मानक विचलन का आकार (size of σ) सह-संबंध को प्रभावित करता है इसलिए किसी श्रृंखला के मानक विचलन में यदि कोई परिवर्तन आता है तो उसका सह-संबंध भी परिवर्तन हो जायेगा।

पियर्सन r प्रयोग करने के लिए आवश्यक स्थितियां

(क) प्राप्तांक का वितरण प्रसामान्य होना चाहिए, दोनों के प्राप्तांकों का वितरण प्रसामान्य वितरण वक्र के समान होना चाहिए। तात्पर्य यह है कि उस वितरण से बना वक्र घंटाकार होना चाहिए।

(ख) दोनों चरों का समाश्रयण सरल रेखीय होना चाहिए।

(ग) दोनों चरों का मानक विचलन होना चाहिए अर्थात् दानों चरों में सामीप्यता हो।

(घ) प्रतिदर्श बड़ा होना चाहिए।

सह-संबंध को प्रभावित करने वाले कारक

(क) वर्गांतरों की संख्या आकार यदि अधिक है एवं संख्या (*N*) कम है तो सह-संबंध गुणांक सत्य के निकट नहीं होगा किंतु जब वर्गांतरों का प्रसार सामान्य है तो सह-संबंध अधिक सही होगा।

(ख) प्राप्तांकों का विचलन भी सह-संबंध को प्रभावित करता है। यदि प्राप्तांकों में विचलन अधिक होगा तो सह-संबंध गुणांक अधिक होगा तथा यदि विचलन कम होगा तो सह-संबंध गुणांक कम होगा।

(ग) बड़े प्रतिदर्श में गणना किया हुआ सह-संबंध गुणांक कम होने पर भी सार्थक होगा।

सह-संबंध के गुण (Characteristics of r)

(क) चूंकि यह अनुपात तथा मानक विचलन (दोनों अपेक्षाकृत विश्वसनीय होते हैं) पर निर्भर होता है अतएव इसके परिणाम शुद्ध होते हैं।

(ख) यह -1.00 से +1.00 तक के मध्य होता है।

(ग) अंकों के वितरण को दोनों दिशाओं (धनात्मक तथा ऋणात्मक) की ओर महत्व देता है।

(घ) यह दो चरों के संबंध को व्यक्त करता है किंतु संबंध के कारण को इंगित नहीं करता है।

सह-संबंध के प्रयोग (Uses of r)

(क) किसी परीक्षण की विश्वसनीयता ज्ञात करने में सहायक होता है।

(ख) वैधता ज्ञात करने में सहायक होता है।

(ग) प्रतिगमन समीकरण की सहायता से इसका प्रयोग किसी के पूर्वकथन के लिए भी किया जाता है।

(घ) विभिन्न कारकों के संबंध का विश्लेषण करने में बहु-सह-संबंध का विशेष रूप से प्रयोग किया जाता है।

प्रोडक्ट मोमेंट विधि से सह-संबंध गुणांक की गणना

प्रोडक्ट मोमेंट विधि से सह-संबंध गुणांक ज्ञात करने की निम्न विधियां हैं :

(अ) अव्यवस्थित प्राप्तांकों से

(क) कल्पित अनुपात विधि

(ख) वास्तविक अनुपात विधि

(ग) अंक कम करने की विधि

(घ) अर्न्तविधि

(ब) व्यवस्थित प्राप्तांकों से

(1) प्रकीर्ण आरेख विधि

1. कल्पित अनुपात (Assumed Mean) विधि से r की गणना

कल्पित अनुपात विधि से r की गणना करने के लिए निम्नलिखित सूत्र का प्रयोग किया जाता है—

$$\text{सूत्र : } r = \frac{\frac{\Sigma x' y'}{N} - C_x C_y}{\sigma_x \sigma_y} \quad \text{...(32)}$$

यहां $\Sigma x' y'$ = दोनों चरों y', x' के अलग-अलग विचलनों के गुणनफल का योग

$C_x C_y$ = दोनों चरों के अलग-अलग वास्तविक एवं कल्पित अनुपात के अंतरों का गुणफल

$\sigma_x \sigma_y$ = दोनों चरों के अलग-अलग मानक विचलनों का गुणनफल

N = योग संख्या

r = पियर्सन सह-संबंध गुणांक

r की गणना के चरण

(क) जिन दो भिन्न-भिन्न राशियों का r ज्ञात करना हो उनके अनुपात की कल्पना करना। उदाहरण 4 में, परीक्षण-अ का मध्यमान 30 तथा परीक्षण ब का अनुपात 15 मान लिया गया है।

(ख) कल्पित अनुपात से वास्तविक प्राप्तांकों का प्रत्येक चर से विचलन ज्ञात करना अर्थात् कल्पित अनुपात को उसी चर के प्रत्येक प्राप्तांक से घटाना।

सूत्र: $x' = (X - A.M_x); y' = (Y - A.M_y)$

(ग) कल्पित अनुपात से वास्तविक प्राप्तांकों के विचलन का वर्ग ज्ञात करना अर्थात् ज्ञात किए हुए भिन्न-भिन्न विचलनों का वर्ग करना। यह वर्ग दानों चरों के लिए अलग-अलग ज्ञात किए जाते हैं।

(घ) दोनों के विचलनों का आपस में $x' \times y'$ गुणा करना अर्थात् $x'y'$ ज्ञात करना।

(च) $\Sigma x'^2$ तथा $\Sigma y'^2$ ज्ञात करना अर्थात् दोनों के भिन्न-भिन्न विचलन वर्गों का कुल योग ज्ञात करना।

(छ) $\Sigma x'y'$ ज्ञात करना। अर्थात दोनों विचलनों के भिन्न-भिन्न गुणनफलों का योग करना।

(ज) कल्पित अनुपात विधि से मानक विचलन ज्ञात करना।

सूत्रः $\sigma = \sqrt{\frac{\Sigma x^2}{N} - C^2}$

(झ) सूत्र में भिन्न-भिन्न मानों को प्रयुक्त करना।

उदाहरण 4. दस परीक्षार्थियों को 'अ' एवं 'ब' दो परीक्षण हल करने के लिए दिए गए, पियर्सन की प्रोडक्ट मोमेंट विधि द्वारा गणना कीजिए।

तालिका कल्पित अनुपात द्वारा r की गणना।

परीक्षार्थी	परीक्षण अ X	परीक्षण ब Y	विचलन x'	y'	विचलनों का वर्ग x'^2	y'^2	विचलनों का गुणनफल $x'y'$
1	25	10	–5	5	25	25	25
2	22	13	–8	–2	64	4	16
3	28	17	–2	2	4	4	–4
4	30	14	0	–1	0	1	0
5	30	13	0	–2	0	4	0
6	31	15	1	0	1	0	0
7	30	16	0	1	0	1	0
8	33	15	3	0	9	0	0
9	34	14	4	–1	16	1	–4
10	35	20	5	5	25	25	25
N= 10	ΣX= 298	ΣY= 147			$\Sigma x'^2$= 144	$\Sigma y'^2$= 65	$\Sigma x'y'$= 58

परीक्षण 'अ' का कल्पित अनुपात $(A.M_x = 30)$

परीक्षण 'अ' का वास्तविक अनुपात $(M_x) = \frac{\Sigma X}{N} = \frac{298}{10} = 29.8$

परीक्षण 'अ' का शोधन $(C_x) = M_x - AM_x = 29.8 - 30 = -.20$

$\therefore C_x^2 = (-.2)^2 = .04$

पीरक्षण 'ब' का कल्पित अनुपात $(AM_y) = 15$

परीक्षण 'ब' का वास्तविक अनुपात $(M_y) = \frac{\Sigma Y}{N} = \frac{147}{10} = 14.7$

परीक्षण 'ब' का शोधन $(C_y) = M_y - AM_y = 14.7 - 15 = -.30$

$\therefore C_y^2 = (-.3)^2 = .09$

मानक विचलन σ का सूत्र $\sigma = \sqrt{\frac{\Sigma x'^2}{N} - C^2}$

यहां x = विचलन, C = शोधन

$$\therefore \quad \sigma_x = \sqrt{\frac{\Sigma x'^2}{N} - (C_x)^2}$$

$$= \sqrt{\frac{144}{10} - .04} = 3.79$$

$$\therefore \quad \sigma_y = \sqrt{\frac{\Sigma y'^2}{N} - (C_y)^2}$$

$$= \sqrt{\frac{65}{10} - .09} = 2.53$$

अत: परीक्षण 'अ' का $\sigma_{xx} = 3.79$ — अत: परीक्षण 'ब' का $\sigma_x = 2.53$

अब, उपर्युक्त समस्त प्रारंभिक मूल्यों को r की गणना के निम्न सूत्र में प्रयुक्त करने पर :

सूत्र : $r = \frac{\frac{\Sigma x'y'}{N} - C_x C_y}{\sigma_x \sigma_y}$

यहां, $\Sigma x'y' = 58, C_x = -.2, C_y = -.3, \sigma_x = 3.79, \sigma_y = 2.53, N = 10$

$$\therefore r = \frac{\frac{58}{10} - (-.20 \times -.30)}{3.79 \times 2.53} = + \frac{5.74}{9.59} = +.59$$

उत्तर—परीक्षण 'अ' एवं 'ब' में सह-संबंध गुणांक +.59 धनात्मक एवं सामान्य प्रकार का है।

2. वास्तविक अनुपात (Real Mean) विधि से r की गणना

वास्तविक अनुपात विधि से r की गणना करने के लिए निम्नलिखित सूत्र का प्रयोग किया जाता है :

$$r = \frac{\Sigma xy}{N\sigma_x \sigma_y} \quad ....(33)$$

(सह-संबंध गुणांक, जबकि विचलन x और y वितरण वास्तविक अनुपातों से लिए जाते हैं।)

यदि उपर्युक्त सूत्र को और अधिक सुगम करें तो N काट देते हैं। चूंकि यहां पर विचलन वास्तविक अनुपात से ज्ञात होता है अत: C_x एवं C_y निकालने की भी कोई आवश्यकता नहीं होती है, अत: उपर्युक्त सूत्र सरलतम रूप में निम्न प्रकार से प्रस्तुत किया जा रहा है :

$$r = \frac{\Sigma xy}{\sqrt{\Sigma x^2 \times \Sigma y^2}} \quad ....(34)$$

यहां, Σxy = दोनों चरों के अलग-अलग विचलनों के गुणनफल का योग।

Σx^2 = x चर के प्राप्तांकों के अनुपात से लिए गए विचलनों के वर्गों का योग।

Σy^2 = y चर के प्राप्तांकों के अनुपात से लिए गए विचलनों के वर्गों का योग।

r = प्रोडक्ट मोमेंट विधि द्वारा सह-संबंध गुणांक।

σ_x = x चर का मानक विचलन, σ_y = y चर का मानक विचलन।

r की गणना के चरण

(क) प्राप्तांकों का वास्तविक अनुपात ज्ञात करना (सूत्र: $M = \frac{\Sigma X}{N}$)

(ख) दोनों चरों के अनुपात से अलग-अलग प्रत्येक प्राप्तांक से विचलन ज्ञात करना। (सूत्र: $x = X - M_x$, $y = Y - M_y$)

(ग) अलग-अलग दोनों चरों के विचलनों का वर्ग मालूम करना अर्थात x^2 और y^2 ज्ञात करना।

(घ) दोनों चरों के विचलनों का गुणनफल ज्ञात करना अर्थात x और y का गुणा।

(च) अलग-अलग दानों चरों के विचलन वर्गों का योग कर Σx^2 तथा Σy^2 ज्ञात करना।

(छ) दोनों विचलन गुणणफलों का योग अर्थात Σxy ज्ञात करना।

(ज) प्राप्त मानों को सूत्र में प्रयुक्त करना।

उदाहरण 5. दस परीक्षार्थियों को 'अ' एवं 'ब' दो परीक्षण दिए गए, वास्तविक विधि के प्रयोग द्वारा r की गणना कीजिए।

तालिका वास्तविक अनुपात विधि द्वारा r की गणना

परीक्षार्थी	परीक्षण अ X	परीक्षण ब Y	अनुपात से विचलन x	y	विचलनों का वर्ग x^2	y^2	विचलनों का गुणनफल xy
1	25	10	–4.8	–4.7	23.04	22.09	22.56
2	22	13	–7.8	–1.7	60.84	2.89	13.26
3	28	17	–1.8	+2.3	3.24	5.29	–4.14
4	30	14	+.2	–0.7	0.04	0.49	–.14
5	30	13	+.2	–1.7	0.04	2.89	–.34
6	31	15	+1.2	+0.3	1.44	0.09	.36
7	30	16	+.2	+1.3	0.04	1.69	.26
8	33	15	+3.2	+0.3	10.24	0.09	.96
9	34	14	+4.2	–0.7	17.64	0.49	–2.94
10	35	20	+5.2	+5.3	27.04	28.09	27.56
N=10	ΣX= 298	ΣY= 147			Σx^2= 143.6	Σy^2= 64.10	Σxy = 57.40

हल—परीक्षण 'अ' का अनुपात

$$M_x = \frac{\Sigma X}{N} = \frac{298}{10} = 29.8$$

$$r = \frac{\Sigma xy}{\sqrt{\Sigma x^2 \times \Sigma y^2}}$$

यहां $\Sigma xy = 57.40$, $\Sigma x^2 = 143.6$, $\Sigma y^2 = 64.10$

$$r = \frac{57.40}{\sqrt{143.6 \times 64.1}} = +.59$$

परीक्षण 'ब' का अनुपात

$$M_y = \frac{\Sigma Y}{N} = \frac{147}{10} = 14.7$$

उत्तर—परीक्षण 'अ' 'ब' में सह-संबंध गुणांक +.59 धनात्मक प्रकार का है।

3. प्राप्तांक कम करने (Reduced Score) की विधि से r की गणना

सह-संबंध गुणांक 'r' ज्ञात करने की इस विधि में वास्तविक प्राप्तांकों में से किसी एक प्राप्तांक (score) को कम या घटा देते हैं जिससे की प्राप्तांकों का मान कम हो जाता है इसको अग्रलिखित सूत्र की सहायता से ज्ञात किया जाता है—

$$\text{सूत्र :} = \frac{N\Sigma xy - (\Sigma x \times \Sigma y)}{\sqrt{[N\Sigma x^2 - (\Sigma x)^2][N\Sigma y^2 - (\Sigma y)^2]}} \quad ...(35)$$

यहां, N= संख्या

Σxy = दोनों चरों के घटे हुए प्राप्तांकों के गुणफल का योग

$\Sigma x = x$ चर के घटे हुए प्राप्तांकों का योग।

$\Sigma y =$ y चर के घटे हुए प्राप्तांकों का योग।

$\Sigma x^2 = x$ चर के घटे हुए प्राप्तांकों के वर्गों का योग।

$\Sigma y^2 =$ y चर के घटे हुए प्राप्तांकों के वर्गों का योग।

r की गणना के चरण

(क) दोनों चरों की अलग-अलग ऐसी संख्या (*N*) का चयन जिसको प्राप्तांकों में से घटाने पर अंक छोटे हो जाएं।

(ख) *x* तथा y ज्ञात करना अर्थात् स्थिरांक को '*X*' चर के भिन्न-भिन्न अंकों में से घटाना तथा किसी अन्य स्थिरांक संख्या को '*Y*' चर के अंकों में से घटाना।

(ग) x^2 तथा y^2 ज्ञात करना अर्थात् घटे हुए प्राप्तांकों का वर्ग करना।

(घ) *xy* ज्ञात करना, अर्थात् अलग-अलग घटे हुए प्राप्तांकों का एक दूसरे से गुणा करना। जैसे किसी प्रयोज्य ने परीक्षण अ (*X*) में 25 अंक तथा परीक्षण ब (*Y*) में 10 अंक प्राप्त किए हों तथा दोनों में से क्रमशः स्थिर संख्या 30 तथा 15 घटाने से प्राप्तांक क्रमशः -5 तथा -5 प्राप्त हुए जिनका गुणा 25 हुआ। यहां पर $xy = -5 \times -5 = 25$ ।

(च) Σx तथा Σy ज्ञात करना अर्थात् चरों के घटे हुए प्राप्तांकों का अलग-अलग योग करना।

(छ) Σx^2 तथा Σy^2 ज्ञात करना अर्थात् x^2 तथा y^2 का अलग-अलग योग करना।

(ज) Σxy ज्ञात करना अर्थात् *xy* स्तंभ का योग करना।

(झ) सूत्र में प्राप्त मानों का प्रयोग करना ।

उदाहरण 6. अग्र तालिका की सहायता से परीक्षक 'अ' एवं 'ब' के मध्य प्राप्तांक कम करने की विधि द्वारा सह-संबंध गुणांक (r) ज्ञात कीजिए।

तालिका 8:10 प्राप्तांक कम करने की विधि द्वारा सह-संबंध (r) ज्ञात करना।

परीक्षण अ	परीक्षण ब	घटे हुए प्राप्तांक		घटे हुए प्राप्तांक का वर्ग		घटे हुए प्राप्तांकों का गुणनफल
X	*Y*	*x*	*y*	x^2	y^2	*xy*
25	10	–5	–5	25	25	25
22	13	–8	–2	64	4	16
28	17	–2	+2	4	4	-4
30	14	0	–1	0	1	0
30	13	0	–2	0	4	0
31	15	+1	0	1	0	0
30	16	0	+1	0	1	0
33	15	+3	0	9	0	0
34	14	+4	–1	16	1	-4
35	20	+5	+5	25	25	25
(ΣX)	(ΣY)	(Σx)	(Σy)	(Σx^2)	(Σy^2)	(Σxy)
120	147	-2	-3	144	65	58

नोट: [यहां, परीक्षण 'अ' के प्राप्तांकों में से 30 प्राप्तांक एवं परीक्षण 'ब' में से 15 प्राप्तांक घटाकर प्राप्तांकों को कम कर दिया गया। प्रायः घटाने के लिए ऐसे प्राप्तांक का चयन करना चाहिए जहां घटाने से छोटे छोटे प्राप्तांक रहें।]

हल— $$r = \frac{N\Sigma xy - (\Sigma x \times \Sigma y)}{\sqrt{[N\Sigma x^2 - (\Sigma x)^2][N\Sigma y^2 - (\Sigma y)^2]}}$$

यहां $\Sigma xy = 58,\ \Sigma x = -2, \Sigma y = -3$

$N = 10,\ \Sigma x^2 = 144,\ \Sigma y^2 = 65$

$$\because\ r = \frac{10 \times 58 - (-2 \times -3)}{\sqrt{[10 \times 144 - (-2)^2][10 \times 65 - (-3)^2]}}$$

$$= \frac{574}{959.4} = +.59$$

उत्तर : r = + .59

4. अंतर विधि (Difference Method) द्वारा r की गणना

अंतर विधि द्वारा r की गणना करने में दोनों चरों के विचलन के अंतर को बीजगणित के सिद्धांत के अनुसार ज्ञात करते हैं तथा *x* विचलन में से y विचलन को घटाते हैं (d = *x*-y)। चूंकि यहां *x* एवं y चर के अंतर द्वारा r की गणना की जाती है, अतः इस विधि को अंतर विधि कहते हैं। इसके लिए निम्नलिखित सूत्र का प्रयोग किया जाता है।

सूत्र : $$r = \frac{(\Sigma x^2 + \Sigma y^2) - \Sigma d^2}{2\sqrt{\Sigma x^2 \times \Sigma y^2}} \quad ....(36)$$

$\Sigma x^2 = X$ चर के प्राप्तांकों से विचलन के वर्गों का योग।

$\Sigma y^2 = Y$ चर के प्राप्तांकों के वर्गों का योग।

$\Sigma d^2 =$ विचलनों के अंतरों के वर्गों का योग।

r की गणना के चरण

(क) *X* तथा *Y* दोनों के अनुपात ज्ञात करना।

(ख) अनुपात से प्राप्तांकों का विचलन ज्ञात करना।

(ग) '*d*' अथवा अंतर ज्ञात करना। ($d = x$-y)। *x* विचलन में से y विचलन को बीजगणित सिद्धांत के अनुसार घटाते हैं, जैसे *X* = -4.8; *Y*= -4.7; *d* = - 0.1; क्योंकि *y* का मान पहले से ही

ऋणात्मक है, जब हम इन घटाने वाले (-) मानों को घटाते हैं तब बड़े घटाने वाले मान से छोटे घटाने वाले मान के घटाने पर - मान आता है। इसी प्रकार -1.8 में से जब +2.3 को घटाएंगे तो (+)वाला चिन्ह घटाने पर (-) का हो जाएगा और दोनों का अंतर बीजगणित सिद्धांत के अनुसार -4.1 हो जाएगा।

(घ) x^2 , y^2 ज्ञात करना अर्थात् *X* तथा *Y* दोनों के लिए अलग-अलग प्राप्तांकों के मध्यमान से विचलन के वर्ग ज्ञात करना।

(च) '*d*' ज्ञात करना अर्थात् विचलांतरों के वर्ग ज्ञात करना।

(छ) Σx^2 तथा Σy^2 ज्ञात करना।

(ज) Σd^2 ज्ञात करना अर्थात् विचलांतरों के वर्गों का योग मालूम करना।

(झ) प्राप्त मानों को सूत्र में प्रयुक्त करना।

उदाहरण 7. अग्र तालिका में दिए गए प्राप्तांकों की सहायता से सह-संबंध गुणांक (r) ज्ञात कीजिए:

तालिका: अंतर विधि के प्रयोग द्वारा r की गणना

परीक्षण अ	*परीक्षण ब*	*अनुपात से विचलन*		*विचलन वर्ग*		*विचलन अंतर*	*विचलन अंतरों का वर्ग*
X	*Y*	*x*	*y*	x^2	y^2	*d*	d^2
25	10	–4.8	–4.7	23.04	22.09	–0.1	0.01
22	13	–7.8	–1.7	60.84	2.89	–6.1	37.21
28	17	–1.8	2.3	3.24	5.29	–4.1	16.81
30	14	0.2	–0.7	0.04	0.49	0.9	0.81
30	13	0.2	–1.7	0.04	2.89	1.9	3.61
31	15	1.2	0.3	1.44	0.09	0.9	0.81
30	16	0.2	1.3	0.04	16.90	–1.1	1.21
33	15	3.2	0.3	10.24	0.09	2.9	8.41
34	14	4.2	–0.7	17.64	0.49	4.9	24.01
35	20	5.2	5.3	27.04	28.09	-0.1	0.01
ΣX= 298	ΣY= 147			Σx^2= 143.6	Σy^2= 64.1		Σd^2= 92.90

हल—

परीक्षण 'अ' का अनुपात

$$M_x = \frac{\Sigma X}{N} = \frac{298}{10} = 29.80$$

परीक्षण 'ब' का अनुपात

$$M_y = \frac{\Sigma Y}{N} = \frac{147}{10} = 14.70$$

$$r = \frac{(\Sigma x^2 + \Sigma y^2) - \Sigma d^2}{2\sqrt{\Sigma x^2 \times \Sigma y^2}}$$

यहां, $\Sigma x^2 = 143.6,\ \Sigma y^2 = 64.10,\ \Sigma d^2 = 92.90$

$$r = \frac{(143.6 + 64.1) - 92.90}{2\sqrt{143.6 \times 64.10}}$$

$$= \frac{114.8}{191.98} = .60$$ उत्तर : r = + .60

प्रकीर्णन चित्र
(Scatter Diagram)

व्यवस्थित प्राप्तांकों से सह-संबंध ज्ञात करने की विधि

जब हमें अधिक संख्या (*N*) वाले दो भिन्न-भिन्न चरों का सह-संबंध गुणांक ज्ञात करना होता है तो हम सर्वप्रथम दोनों चरों के प्राप्तांकों को व्यवस्थित कर तालिका के रूप में प्रस्तुत करते हैं तथा यही व्यवस्थित रूप प्रकीर्णन चित्र (scatter diagram) कहलाता है।

प्रकीर्णन चित्र (scatter diagram) किस प्रकार बनाया जाता है, यह निम्न उदाहरण से स्पष्ट है।

उदाहरण 8. एक कक्षा के 50 छात्रों को इतिहास तथा नागरिक शास्त्र के प्रश्न पत्र हल करने को दिए गए। अगर छात्रों ने इन विषयों में निम्नांक प्राप्त किए हों तो प्रकीर्णन आरेख (scatter diagram) बनाइए—

इतिहास में प्राप्तांक—

40, 50, 45, 40, 55, 35, 30, 40, 40, 35, 50, 45, 55, 40, 35, 30, 40, 35, 45, 50, 45, 55, 50, 40, 35, 35, 45 35, 30, 30, 45, 55, 50, 40, 35, 40, 40, 40, 45, 50, 50, 35, 30, 55, 40, 35, 35, 50, 45, 35, (*N* = 50)

नागरिक शास्त्र में प्राप्तांक—

40, 35, 45, 50, 55, 40, 35, 35, 45, 50, 55, 50, 60, 45, 40, 35, 45, 40, 50, 55, 50, 60, 55, 45, 40, 40, 50,40, 30, 35, 42, 60, 55, 45, 30, 40, 35, 35, 40, 55, 55, 40, 45, 60, 45, 40, 40, 55, 40, 40, (*N* = 50)

हल—उपरोक्त प्राप्तांकों से प्रकीर्णन चित्र निम्न भांति बनेगा:

तालिका :

इतिहास (Y - Variable) →

<table>
<tr><th>→ CI ↓</th><th>30-34</th><th>35-39</th><th>40-44</th><th>45-49</th><th>50-54</th><th>55-59</th><th>fx</th></tr>
<tr><td>60-64</td><td></td><td></td><td></td><td></td><td></td><td>||||</td><td>4</td></tr>
<tr><td>55-59</td><td></td><td></td><td></td><td></td><td>卌||</td><td>|</td><td>8</td></tr>
<tr><td>50-54</td><td></td><td>|</td><td>|</td><td>||||</td><td></td><td></td><td>6</td></tr>
<tr><td>45-49</td><td>|</td><td></td><td>卌|</td><td>|</td><td></td><td></td><td>8</td></tr>
<tr><td>40-44</td><td></td><td>卌卌</td><td>||</td><td>|||</td><td></td><td></td><td>15</td></tr>
<tr><td>35-39</td><td>|||</td><td></td><td>|||</td><td></td><td>|</td><td></td><td>7</td></tr>
<tr><td>30-34</td><td>|</td><td>|</td><td></td><td></td><td></td><td></td><td>2</td></tr>
<tr><td>fy</td><td>5</td><td>12</td><td>12</td><td>8</td><td>8</td><td>5</td><td>50</td></tr>
</table>

इतिहास तथा नागरिक शास्त्र में 50 छात्रों द्वारा प्राप्तांकों के ऊपर दिए हुए ढंग से व्यवस्थित करने के बाद यह मालूम किया जा सकता है कि इतिहास तथा नागरिक शास्त्र के प्राप्तांकों में क्या संबंध है। यदि उल्टे हाथ की तरफ के नीचे वाले खाने को देखते हैं जिसमें कि एक निशान है; यह निशान इस बात का सूचक है कि केवल एक छात्र ऐसा है जिसने नागरिक शास्त्र में '30-34' के मध्य एवं इतिहास में भी '30-34' के मध्य अंक प्राप्त किए हैं। इसी प्रकार यदि सीधे की तरफ सबसे ऊपर वाले खाने में देखते हैं, जिसमें कि चार लकीरें हैं तो ज्ञात होगा कि चार छात्र ऐसे हैं जिन्होंने नागरिक शास्त्र में '60-64' के मध्य तथा इतिहास में '55-59' के मध्य अंक प्राप्त किए हैं। इसी प्रकार प्रत्येक खाने के चिन्ह नागरिकशास्त्र तथा इतिहास में प्राप्तांकों की सूचना देते हैं।

प्रकीर्णन आरेख बनाने की प्रक्रिया

इस प्रकार प्रकीर्णन आरेख बनाते समय एक-एक करके छात्रों को लेते हैं अर्थात् जैसे कि पहले छात्र के इतिहास में प्राप्तांक 40 हैं तथा नागरिकशास्त्र में भी प्राप्तांक 40 हैं तो इतिहास वाले अंकों (Y-variable) के वर्गों में से ऐसा वर्ग देखेंगे जिसमें कि 40 अंक आते हों। यह '40-44' वाला वर्ग है। इसी वर्ग में अब हम नीचे की तरफ चलेंगे अर्थात् नागरिक शास्त्र (X-variable) में प्राप्तांकों की तरफ ध्यान रखते हुए चलेंगे कि कौन सा वर्ग ऐसा है जिसमें कि 40 अंक आते हैं। यह वर्ग '40-44' है अत: इसी खाने (cell) में हम एक लकीर (/) खींच देंगे। इसी प्रकार हम दूसरे छात्र को लेते हैं जिसने कि नागरिक शास्त्र में 35 अंक तथा इतिहास में 50 अंक प्राप्त किए हैं। नागरिकशास्त्र (X-variable) वाले वर्गों में वह खाना देखेंगे जिसमें कि 35 अंक आते हों। यह वर्गांतर '35-39' में होगा। इस वर्ग से सीधे हाथ की तरफ तब तक चलते हैं जब तक कि ऊपर वाले वर्गों अर्थात् इतिहास में प्राप्तांकों (Y-variable) वाले वर्गों में ऐसा वर्ग ज्ञात न हो जाए जिसमें कि 50 अंक आते हों। यह खाना Y-variable पर '50-54' वर्ग का है, इसी जगह हम एक लकीर (/) खींच देंगे। इसी प्रकार हम प्रत्येक छात्र के लिए एक लकीर खींचते हैं। अंत में हम देखने के लिए कि जितने छात्र थे, उन सबको प्रकीर्णन आरेख के अंतर्गत सम्मिलित किया जा चुका है अथवा नहीं '*fx*' तथा '*fy*' अर्थात् 'X-variable' के सब वर्गों की आवृत्ति ज्ञात कर लेते हैं, तथा दोनों तरफ से कुल '*N*' की संख्या अगर समान हो, तो समझना चाहिए कि प्रत्येक छात्र को प्रकीर्णन आरेख में सम्मिलित किया जा चुका है। लेकिन इस प्रकार से बना हुआ चित्र अंक दण्डों (tallies) या लकीर वाला आरेख होता है। अत: इसे उचित रूप से व्यवस्थित करने के लिए प्रत्येक खाने में लगाए हुए अंक दण्डों को गिनकर संख्या में लिख देते हैं, देखें तालिका 8:13 में प्रकीर्णन चित्र व्यवस्थित किया गया है।

तालिका प्रकीर्णन चित्र तैयार करना।

इतिहास में प्राप्तांक (Y-Variable) →

→ *CI* ↓	30-34	35-39	40-44	45-49	50-54	55-59	*fx*
60-64						4	4
55-59					7	1	8
50-54		1	1	4			6
45-49	1		6	1			8
40-44		10	2	3			15
35-39	3		3		1		7
30-34	1	1					2
fy	5	12	12	8	8	5	50

इस प्रकार से अधिक संख्या वाले अव्यवस्थित प्रदत्तों के हम दोनों चरों का प्रकीर्णन चित्र उपर्युक्त भांति बना लेते हैं। अब हम इस प्रकीर्णन चित्र द्वारा गणना करने की प्रक्रिया की व्याख्या करेंगे।

इसके लिए निम्नलिखित सूत्र का प्रयोग किया जाता है :

$$\text{सूत्र : } r = \frac{\frac{\Sigma x'y'}{N} - C_x C_y}{\sigma_x \sigma_y} \qquad \text{...(37)}$$

यहां, $\Sigma x'y'$ = चरों के विचलनों एवं *Y* के गुणनफल का योग

$C_x C_y$ = *X* एवं *Y* चरों के शुद्धिकरण का गुणनफल

$\sigma_{x'} \sigma_{y'}$ = *X* एवं *Y* चरों का मानक विचलन ($\sigma_{x'}$ and $\sigma_{y'}$ are in units of class intervals)

r की गणना के चरण

(क) X तथा Y चर दोनों में किसी वर्गांतर के मध्य-बिंदु का उस चर का कल्पित अनुपात मान लेते हैं।

(ख) इन वर्गों का कल्पित अनुपात से विचलन शून्य मानकर वितरण के जिस तरफ मध्य बिंदु बढ़ते हों क्रमशः +1, +2, +3 आदि विचलन लिखना तथा जिस तरफ मध्य बिंदु कम होते हों, क्रमशः –1, –2, –3 आदि विचलनों को 'X' तथा 'Y' स्तम्भों में लिखना।

(ग) fx' तथा fy' ज्ञात करना, अर्थात् जिस वर्ग का विचलन हो उसी वर्ग की आवृत्ति (f) से गुणा करना, और गुणफलों को fx' तथा fy' स्तंभों में लिखना।

(घ) fx' तथा fy' ज्ञात करना, अर्थात fx' के x' से गुणा करना fy' को y' से गुणा करना और गुणनफलों को उचित स्तंभों fx' तथा fy' में लिखना।

(च) दोनों चरों X तथा Y के विचलनों x' तथा y' का प्रत्येक खाने के लिए गुणनफल ज्ञात करना अर्थात् $x'y'$ ज्ञात करना। $x'y'$ ज्ञात करने के लिए हम प्रत्येक खाने के दोनों तरफ के विचलनों को आपस में गुणा करके उस खाने में लिखी हुई आवृत्ति के ऊपर दाहिनी तरफ कोष्ठक में लिख देते हैं तथा फिर विचलनों के गुणनफल से है, और इस गुणनफल को बाएं हाथ की तरफ नीचे उसी खाने में लिख देते हैं। यही हमारा गुणनफल है। प्रत्येक खाने के अलग-अलग गुणनफल का योग $x'y'$ स्तंभ में लिख देते हैं। मान लीजिए हमें ऊपर की तरफ से दाईं ओर वाले खाने का (जिसकी आवृत्ति 4 है) गुणनफल $x'y'$ ज्ञात करना है तो सबसे पहले 'चर' X पर '60-54' वर्ग का विचलन देखेंगे जो कि x' वाले स्तंभ में लिखा है। यह विचलन +3 है। इसी प्रकार 'चर Y' पर '55-59' वर्ग का विचलन y' स्तंभ में देखेंगे, यह विचलन +2 है। इन दोनों विचलनों का गुणनफल (+2) × (+3) = +6 है। इस गुणनफल 6 को हम उसी खाने में आवृत्ति के ऊपर दाईं तरफ कोष्ठक में लिखते हैं। इस गुणणफल 6 को आवृत्ति 4 से गुणा कर देते हैं जैसे 6 × 4 = 24। यही उस खाने की आवृत्ति '4' का गुणनफल अथवा $x'y'$ है। इसी प्रकार प्रत्येक खाने का $x'y'$ गुणनफल ज्ञात कर लेते हैं।

(छ) $\Sigma fx'$ तथा $\Sigma fy'$ ज्ञात करना अर्थात fx' तथा fy' स्तंभों के मानों को अलग अलग योग करना।

(ज) $\Sigma fx'^2$ तथा $\Sigma fy'^2$ ज्ञात करना, fx'^2 अर्थात fy'^2 तथा स्तंभों का अलग-अलग योग करना।

(झ) C_x तथा C_y ज्ञात करना अर्थात् चर X तथा Y का शुद्धिकरण मालूम करना। यह शोधन निम्न सूत्र से ज्ञात किया जाता है :

$$\text{X-चर का शोधन } (C_x) = \frac{\Sigma fx'}{N}$$

$$\text{Y-चर का शोधन } (C_y) = \frac{\Sigma fy'}{N}$$

(ट) σ_x तथा σ_y ज्ञात करना अर्थात् चलराशि X तथा Y का मानक विचलन (σ) ज्ञात करना। यह निम्न सूत्र से ज्ञात किया जाता है :

$$\sigma_x = \sqrt{\frac{\Sigma fx'^2}{N} - \left(\frac{\Sigma fx'}{N}\right)^2}$$

$$\text{तथा } \sigma_y = \sqrt{\frac{\Sigma fy'^2}{N} - \left(\frac{\Sigma fy'}{N}\right)^2}$$

उदाहरण 9. तालिका में प्रस्तुत प्रकीर्णन चित्र की सहायता से X एवं Y चरों के मध्य सह-संबंध गुणांक ज्ञात कीजिए।

$$\textbf{हल—}\ r = \frac{\frac{\Sigma x'y'}{N} - C_x C_y}{\sigma_x \sigma_y}$$

यहां, $\Sigma x'y' = 98$, N = 50, C_x = -.20, = -.66

$\sigma_x = 1.64, \sigma_y = 1.49$

$$\text{यहां,}\quad C_x = \frac{\Sigma fx}{N} = \frac{-1}{50} = -.02,$$

$$C_y = \frac{\Sigma fy}{N} = \frac{-33}{50} = -.66$$

$$\text{यहां,}\quad \sigma_x = \sqrt{\frac{\Sigma fx'^2}{N} - \left(\frac{\Sigma fx'}{N}\right)^2}$$

$$\sigma_y = \sqrt{\frac{\Sigma fy'^2}{N} - \left(\frac{\Sigma fy}{N}\right)^2}$$

$$\sigma_x = \sqrt{\frac{135}{50} - \left(\frac{-1}{50}\right)^2} \quad \sigma_y = \sqrt{\frac{135}{50} - \left(\frac{-33}{50}\right)^2}$$

$$\text{अतः}\quad r = \frac{\frac{98}{50} - (-.02 \times -.66)}{1.64 \times 1.49}$$

$$= \frac{1.96 - .01}{2.44} = \frac{1.95}{2.44} = +.80$$

उत्तर : $r = +.80$

यहां दोनों चर राशियों के मध्य r उच्च एवं धनात्मक श्रेणी का है।

इस प्रकार के प्रदत्तों का सूत्र 35 के द्वारा भी सह-संबंध गुणांक निम्न भांति किया जाता है :

$$r = \frac{N\Sigma fx'y'}{\sqrt{[N(\Sigma fx'^2) - (\Sigma fx')^2][N(\Sigma fy'^2) - (\Sigma fy')^2]}}$$

यहां, $N = 50,\ \Sigma x'y' = 98,\ \Sigma fx'^2 = 135,\ \Sigma fy'^2 = 133$

$\Sigma fx' = -1,\ \Sigma fy' = -33$

मानों को प्रयुक्त करने पर

$$r = \frac{50 \times 98}{\sqrt{[50(135) - (-1)^2][50(133) - (-33)^2]}}$$

$$r = \frac{4900}{\sqrt{[6750 - 1][6650 - 1089]}} = +.8$$

सह-संबंध गुणांक का आलेखीय चित्रण

(Graphic Presentation of Coefficient of Correlation)

प्रतिगमन रेखाओं द्वारा सह-संबंध का आलेखीय चित्रण प्रस्तुत करने के लिए सर्वप्रथम प्रकीर्णन आरेख में दी हुई आवृत्तियों द्वारा प्राप्तांकों का अनुपात ज्ञात कर लेते हैं। ये अनुपात Y चर के भिन्न-भिन्न स्तंभों के अनुपात को स्तंभ के सामने लिखते हैं तथा X चर की अलग-अलग पंक्तियों का अनुपात पंक्तियों के अनुपात के स्तंभ में लिखते हैं। जब दोनों चरों के अनुपात की गणना पूर्ण

y-Variable

x-Variable

वर्ग	30-34	35-39	40-44	45-49	50-54	55-59	f	x'	fx'	fx'^2	$x'y'$
60-64						(6) 4 24	4	+3	12	36	4
55-59					(0) 7 14	(4) 1 4	8	+2	16	32	18
50-54		(-2) 1 −2	(−1) 1 −1	(0) 4 0			6	+1	6	6	-3
45-49	(0) 1 0		(0) 6 0	(0) 1 0			8	0	0	0	0
40-44		(2) 10 20	(1) 2 2	(0) 3 0			15	−1	−15	15	22
35-39	(6) 3 18		(2) 3 6	(−2) 1 −2			7	−2	−14	28	22
30-34	(9) 1 9	(6) 1 6					2	−3	−6	18	15
f	5	12	12	8	8	5	50		−1 (Σfx)	135 (Σfx^2)	98 (Σxy)
y'	-3	-2	-1	0	+1	+2					
fy'	-15	-24	-12	0	8	10	$\Sigma fx' = -33$				
fy'^2	45	48	12	0	8	20	$\Sigma fy'^2 = 133$				
$x'y'$	27	24	7	0	12	28	$\sigma x'y' = 98$				

हो जाती है तो रेखाचित्र पर अनुपातों के लिए चिन्ह लगाते हैं एवं इन्हें सरल रेखाओं द्वारा मिला देते हैं। यदि दोनों रेखाएं एक दूसरे के समीप हों अर्थात् जब दोनों रेखाओं के मध्य का कोण छोटा हो तो सह-संबंध (r) अधिक होता है एवं दोनों रेखाओं के मध्य का कोण बड़ा होता है तो सह-संबंध कम होता है। अत: सह-संबंध का मान प्रतिमान रेखाओं के मध्य के कोण पर आधारित होगा। यदि प्रतिगमन रेखाओं चित्र 8:5 के 'द' भाग से 'ब' भाग की ओर या 'ब' से 'द' भाग की ओर चलती हैं, तो सह-संबंध धनात्मक (+ve) एवं यदि 'अ' भाग से 'स' भाग की ओर अथवा 'स' से 'अ' की ओर चलती हैं तो सह-संबंध ऋणात्मक (-ve) होता है।

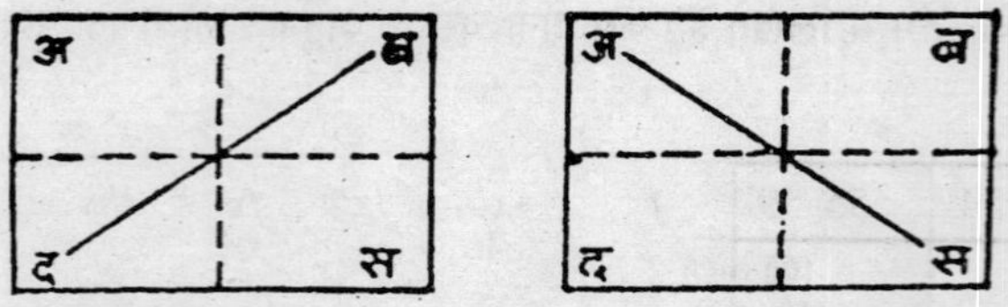

धनात्मक (+r) **ऋणात्मक (−r)**

चित्र धनात्मक (+ r) ऋणात्मक (- r) सह-संबंध

उदाहरण 8 के प्रदत्तों से प्रकीर्णन आरेख बनाया गया है। यद्यपि नागरिक-शास्त्र इतिहास के प्राप्तांकों में कहीं-कहीं विषमता हो जाने से प्रतिगमन रेखाओं की दिशाओं एवं आकृति में परिवर्तन

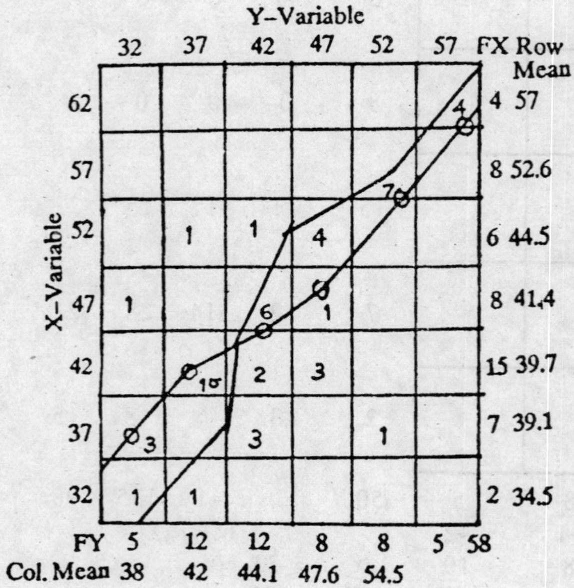

r = + .70

चित्र : सह-संबंध गुणांक का ग्राफ चित्रण

हो गया है किंतु फिर भी प्रतिगमन रेखाओं की गति की दिशा एवं दोनों के मध्य का कोण इंगित करते हैं कि सह-संबंध उच्च धनात्मक है (चित्र)।

विभिन्न मात्रा के सह-संबंध गुणांक वाले प्राप्तांकों को प्रतिगमन रेखाओं (regression line) के माध्यम से चित्र में दिखाया जा रहा है।

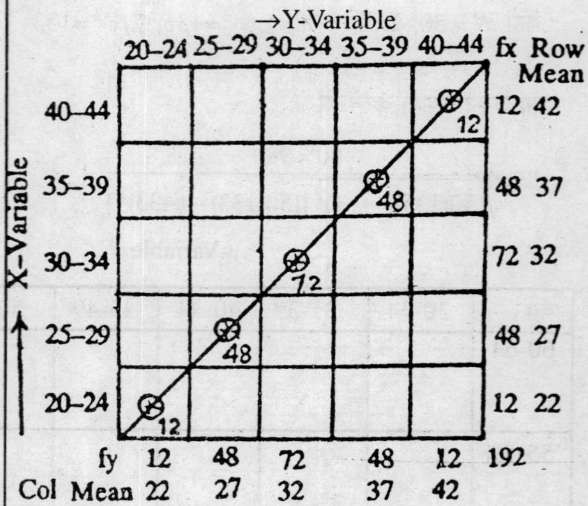

r = 1.00

चित्र 7

चित्र 7 में *X* एवं *Y* दोनों चरों को प्रतिगमन रेखाएं एक ही बिंदु से होकर अर्थात् *X* चर की प्रतिगमन रेखा *Y* चर पर स्थित है,

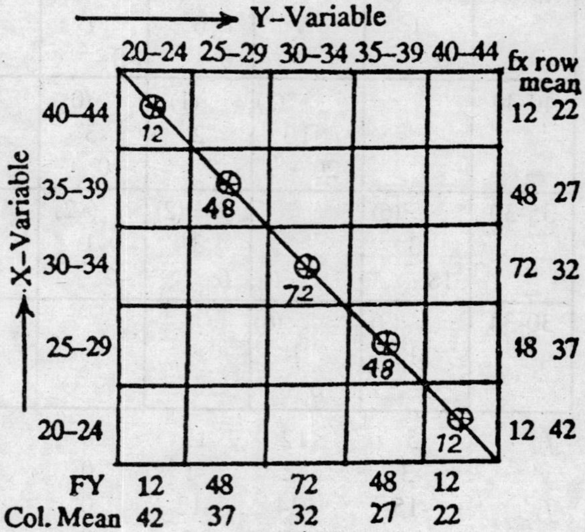

r = 1.00

चित्र

अत: रेखाओं की दिशा नीचे बाईं से ऊपर दाईं की ओर है, इसलिए धनात्मक सह-संबंध है।

चित्र की भांति उपर्युक्त चित्र में भी X एवं Y दोनों चरों की प्रतिगमन रेखाएं एक ही बिंदु से होकर अर्थात् Y चर की प्रतिगमन रेखा X चर पर स्थित है अत: रेखाओं की दिशा नीचे दाईं ओर से ऊपर बाईं ओर है इसीलिए ऋणात्मक सह-संबंध है।

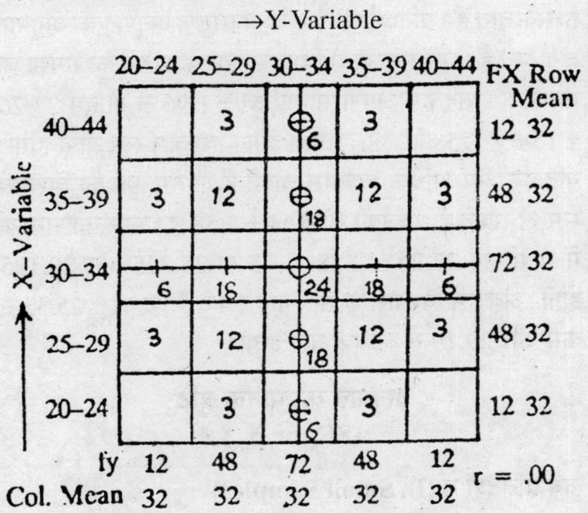

चित्र

चित्र में से X एवं Y दोनों चरों की प्रतिगमन रेखाएं एक-दूसरे से बिल्कुल विपरीत दिशा में स्थित हैं अर्थात् एक बाएं से दाएं तथा दूसरी नीचे से ऊपर जा रही है, अत: स्पष्ट है कि इन दोनों चरों में शून्य सह-संबंध है।

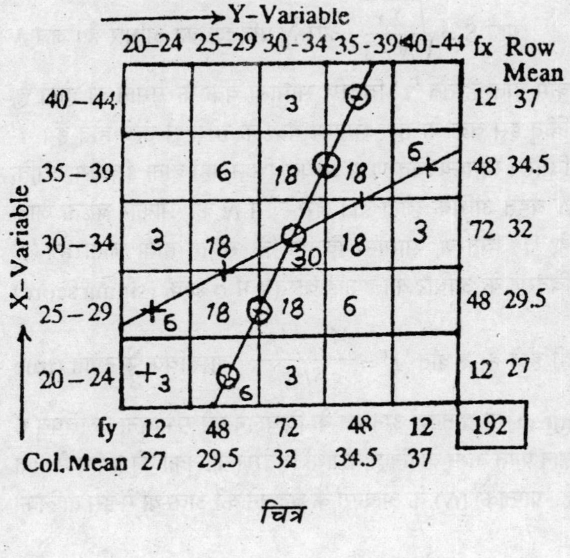

चित्र

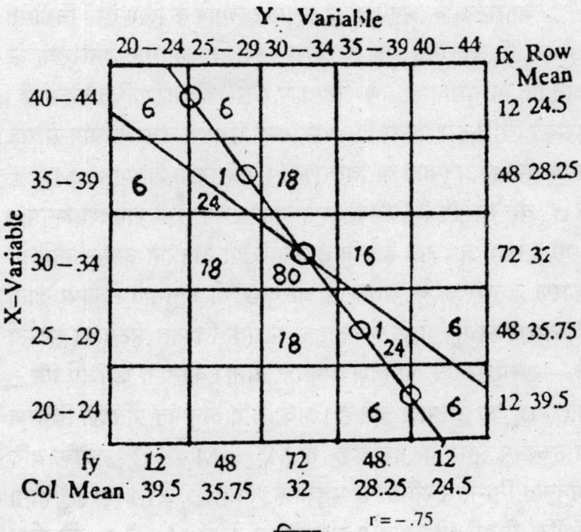

चित्र

चित्र 10 में X एवं Y दोनों चरों की प्रतिमगन रेखाएं नीचे बाएं से ऊपर दाएं की ओर स्थित है तथा दोनों रेखाओं के मध्य कोण भी समान हैं, अत: स्पष्ट है कि इन दो चरों के मध्य धनात्मक + .50 सह-संबंध है।

चित्र 11 में X एवं Y दोनों चरों की प्रतिगमन रेखाएं दाएं से बाएं की ओर स्थित हैं तथा रेखाओं के मध्य कोण भी कम हैं, अत: स्पष्ट है कि सह-संबंध अधिक ऋणात्मक (-.75) है ।

आजकल होने वाले शोधकार्यों में प्राय: मनोवैज्ञानिक, शिक्षाशास्त्री, समाजशास्त्री, शोधकर्ता आदि सह-संबंध को उपर्युक्त रेखाचित्रों द्वारा प्रदर्शित करते हैं क्योंकि प्रथम इससे r को सरलता, सुगमता एवं स्पष्टता से प्रदर्शित किया जा सकता है तथा दूसरे यह भिन्न-भिन्न चरों के संबंध को सार्थक बना देता है।

सार्थकता का मापन (Measures of Significance)

सार्थकता स्तर (Sinificance level)—सामान्यत: सार्थकता स्तर से तात्पर्य उन असंभाव्य अंशों से है जो किसी उपकल्पना के सत्य को स्वीकार करने के लिए आवश्यक होते हैं। सार्थकता स्तर का कथन किसी छोटे संभावित मूल्य के रूप में किया जाता है, जैसे, .10 (सौ में दस) या .5 (सौ में पांच) या .01 (सौ में एक) या .001 (हजार में एक)। किसी संभावित मूल्य विशेष का चयन पूर्णरूपेण आत्मगत होता है और इसके लिए यह आवश्यक नहीं है कि केवल उन्हीं मूल्यों का चयन किया जाए जो ऊपर दिए गए हैं। इस संभावित मूल्य को प्राय: ग्रीक अक्षर एल्फा (α) से दर्शाने का प्रचलन है।

जनसंख्या के अनुपात का अनुमान लगाने के लिए ऐसी निर्धारित सीमाएं हैं, जो दिए हुए विश्वास स्तरों के अंतर्गत जनसंख्या के अनुपात के समान हों तथा विश्वास स्तरों को परिभाषित करती है। इसकी विधि इस प्रकार है—सामान्य संभाव्य वक्र के ज्ञान से यह स्पष्ट है कि अनुपातों के वितरण में (जनसंख्या अनुपात) $M_{Pop} \pm 3\,\sigma_M$ वह सीमाएं हैं जिनके अन्तर्गत लगभग सभी प्रतिदर्श अनुपात (99.73%) आ जाते हैं। किंतु जनसंख्या अनुपात अज्ञात होने के कारण जनसंख्या के संबंध में जो कुछ भी अनुमान लगाया जाता है, वह उक्त मूल्यों के विस्तार में से एक विस्तार मूल्य हो सकता है—उनमें से एक प्रतिदर्श अनुपात होगा। कल्पना कीजिए कि $\pm 3.00\,\sigma_M$ का अंतराल लेते हैं। अब, यदि अनुपात प्रतिदर्श वितरण में उच्चतम सीमा पर पड़ता है, तो $M_{Pop} = M + 3\,\sigma_M$ जबकि यदि अनुपात निम्नतम सीमा पर पड़ता है, तो $M_{Pop} = M - 3\,\sigma_M$ होगा क्योंकि किसी भी सामान्य संभावित वक्र में $M \pm 3\,\sigma_M$ के बीच 99.73% इकाइयां निहित है, अत: वे सीमाएं जो $M + 3\,\sigma_M$ से दर्शायी गई हैं, उन्हें .01% विश्वास स्तर कहते हैं। इन सीमाओं में जो विश्वास व्यक्त किया जा सकता है, उसका प्रतिनिधित्व $\rho = .9973$ (.9973 की संभावना) द्वारा होता है। उक्त मूल्य से हम लगभग निश्चयता के अंशों पर पहुंच जाते हैं और कह सकते हैं कि M_{Pop} इसी अंतराल में पड़ेगा।

ऐसे स्तरों का भी निर्धारण किया जा सकता है जिनमें कम निर्भरता की आवश्यकता हो। दो विश्वास स्तरों को सामान्य रूप से प्रयोग किया जाता है और अधिकांशत: सांख्यिकीवेत्ता उन्हीं को प्रामाणिक भी मानते हैं। सामान्य वितरण वक्र से स्पष्ट है कि 95% आवृत्तियां, सामान्य संभावित वक्र में $\pm 1.96\,\sigma$ के मध्य स्थित हैं, और 99% आवृत्तियां, $\pm 2.58\,\sigma$ के मध्य स्थित हैं। यदि हम उन सीमाओं को लें जो $M \pm 1.96\,\sigma$ द्वारा इंगित होती हैं तो हम .95 विश्वास स्तर को परिभाषित करते हैं। अत: M_{Pop} के आकार के संबंध में इन सीमाओं के आधार पर लिया गया निर्णय 95% विश्वास के साथ होगा तथा 5% आकस्मिक तत्वों की संभावना होगी और अधिक विश्वास के लिए हम उन सीमाओं को ले सकते हैं जो $M \pm 2.58\,\sigma$ द्वारा इंगित होती हैं, इस अंतराल के निर्भरता के स्तर का वर्णन $P = .99$ द्वारा होता है। दूसरे शब्दों में $M \pm 2.58\,\sigma$ की सीमाएं .99 की निर्भरता प्रदान करती हैं।

उदाहरण 1. यदि किसी परीक्षण पर 225 लड़कों का अनुपात 27.26 है तथा मानक विचलन 11.20 है। यह अनुपात M_{Pop} का कितना उत्तम अनुमान है?

इसके लिए हमें सर्वप्रथम वक्र मानक त्रुटि (σ_M) ज्ञात करनी होगी जो कि यहां .75 है। हम जानते हैं कि सामान्य वक्र में 68% अनुपात $\pm 1\sigma$ के मध्य पड़ते हैं या M_{Pop} के $\pm .75$ के मध्य। 95% प्रतिदर्श अनुपात $\pm 1.96\sigma$ के मध्य पड़ते हैं या M_{Pop} के ± 1.47 के बीच। इस बात की .05 संभावना है कि प्रतिदर्श अनुपात 27.26, M_{Pop} से ± 1.47 से अधिक विचलित नहीं होगा। M_{Pop} से प्रतिदर्श अनुपात से संभावित विचलन का आकार निपुणता का वह माप है, जिसके द्वारा हम प्रतिदर्श अनुपात के जनसंख्या अनुपात का अनुमान लगा पाते हैं। इसी समस्या से विश्वास स्तर के प्रत्यय को समझा जा सकता है। यदि हम अपनी सीमाएं $M \pm 1.96$ लें तो हमें $27.26 \pm 1.96 \times .75$ और 28.73 द्वारा इंगित विश्वास स्तर प्राप्त होगा। यदि हम और अधिक विश्वास चाहते हैं तो हम .99 का विश्वास स्तर ले सकते हैं, जिनकी सीमा $M \pm 2.58$ है। ऊपर की समस्या में ये सीमाएं $27.26 \pm 2.58 \times .75$ या 25.325 और 29.195 होंगी। अब हम विश्वास के साथ कह सकते हैं कि M_{Pop} 25.33 से कम और 29.19 से अधिक नहीं होगा।

अनुपात की मानक त्रुटि
(SE_M or σ_M)

लघु प्रतिदर्श में (In Small Samples)

जब *N*, 30 से कम होता है तब (σ_M) (standard error of mean) की गणना के लिए निम्नांकित सूत्र का प्रयोग किया जाता है :

$$\text{सूत्र : } SE_M = \sigma_M = \frac{S}{\sqrt{N}}$$

यहां $S = \sqrt{\frac{\Sigma x}{N-1}}$ और *N* प्रतिदर्श का आधार है। जब *N* कम होता है तब '*t*' वितरण सामान्य वक्र के समान ही होता है, किंतु इस वक्र के छोर समान्य वक्र के छोरों से ऊंचे होते हैं। '*t*' वितरण सामान्य वितरण से अधिक भिन्न नहीं होता, सिवाय जबकि *N* बहुत अधिक छोटा हो। जैसे-जैसे *N* का आकार बढ़ता जाता है, '*t*' वितरण, सामान्य वितरण के समान होता जाता है। '*t*' वितरण के आधार की इकाई वास्तव में σ अंक (sigma score) ही होते हैं; अर्थात् $'t' = \frac{M - M_{Pop}}{SE_M}$ वास्तविक अनुपात (true mean) से प्रतिदर्श अनुपात के विचलन की संभावना के विषय में ज्ञान प्राप्त करने के लिए विद्यार्थी वितरण तालिका को प्रयोग में लाते हैं। प्राप्तांकों (*N*) के आकारों के बदलने की अवस्था में इस तालिका

द्वारा $\pm t$ दूरियों का बोध प्राप्त किया जाता है जिसके पार दायीं तथा बायीं ओर विद्यार्थी के कुछ प्रतिशत स्थित होते हैं जैसे, .10, .05, .02 और .01आदि।

उदाहरण 2. दिया हुआ है—$M = 120, \sigma = 5.00, N = 10$ अनुपात (M) की .05 तथा .01 स्तर पर शुद्ध सीमा ज्ञात कीजिए।

हल—सर्वप्रथम हम S.E. ज्ञात करते हैं जिसके लिए निम्नांकित सूत्र का प्रयोग करते हैं :

$$\sigma_M = SE_M = \frac{\sigma}{\sqrt{N-1}}$$

$$= \frac{5.00}{\sqrt{10-1}} = 1.6$$

यहां $df = (N\text{-}1) = (10\text{-}1) = 9$ है।

तालिका : से ज्ञात किया जाता है कि .05 स्तर पर 9 स्वतंत्रता अंशों के लिए 't' का मान = 2.26 है और .01 स्तर पर 9df के लिए 't' का मान = 3.25 है। इस प्रकार ज्ञात होता है कि जब df मान = 9 है तो 95% प्रतिदर्श वितरण $M \pm 2.26\ \sigma$ के मध्य स्थित होता है और केवल 5% इन सीमाओं के बाहर होता है। इसी प्रकार 99% प्रतिदर्श वितरण $M \pm 3.25\ \sigma$ के मध्य स्थित होते हैं और 1% इन सीमाओं के बाहर स्थित होते हैं।

प्रथम अवस्था में .95 की संभावना है कि प्रतिदर्श अनुपात = 120 और वास्तविक अनुपात (True mean या M_{Pop}) में $\pm 2.26 \times 1.6$ अर्थात् ± 3.61से अधिक अंतर नहीं है; अर्थात् वास्तविक अनुपात = 116.38 और 123.61 की सीमाओं में ही पड़ेगा। इसी प्रकार 99 की संभावना है कि प्रतिदर्श अनुपात = 120 और वास्तविक अनुपात में $\pm 3.25 \times 1.6$ या ± 3 से अधिक अंतर नहीं होगा।

उदाहरण 3. प्रतिक्रिया काल के 17 प्रयास किए गए। इनका अनुपात (M) 180.75 ms और σ (मानक विचलन) 5.80 ms है। M_{Pop} के लिए .95 तथा .99 विश्वास स्तर का निर्धारण कीजिए।

हल—सूत्र से SM की गणना करने पर $\frac{5.80}{\sqrt{17.1}}$ या $\frac{5.80}{4} =$ 1.45 ms प्राप्त होता है। हमें M_{Pop} का मूल्य ज्ञात नहीं है, परंतु यदि हमें उपयुक्त df की संख्या ज्ञात हो, तो हम प्रतिदर्श वितरण में निश्चित बिंदुओं पर 't' के मूल्य का निर्धारण कर सकते हैं। यहां के निर्धारण के लिए उपलब्ध df को संख्या N-1 या 17-1 = 16 है। तालिका 12:2 से $df = 16$ पर $t = 2.12$, .05 बिंदु पर प्राप्त होता है, तथा .01 बिंदु पर $t = 2.92$ प्राप्त होता है। प्रथम t से हमें ज्ञात होता है कि 95% प्रतिदर्श अनुपात (M), M_{Pop} और

विश्वसनीयता और वैधता (Reliability and Validity)

परीक्षण की विश्वसनीयता से आशय यह है कि यह एक परीक्षण की एक ही समूह पर पुन: प्रशासित किया जाये, प्राप्तांकों में संगति या निश्चितता पाई जाये तो वह परीक्षण विश्वसनीय कहलाएगा। एक विश्वसनीय परीक्षण सदैव ही विभिन्न मानसिक एवं व्यावहारिक योग्यताओं का एकरूपता से मापन करता है। सैद्धांतिक रूप से विश्वसनीयता को निरीक्षित प्राप्तांकों तथा सत्य प्राप्तांकों के मध्य अंतरों का मापक समझा जाता है। निरीक्षित प्राप्तांक वह प्राप्तांक है जिसे अमुक व्यक्ति वास्तविक रूप में प्राप्त करता है तथा सत्य प्राप्तांक वह सैद्धांतिक प्राप्तांक है जो कि अमुक व्यक्ति को किसी परीक्षण पर प्राप्त करना चाहिए था, यदि मापन पूर्णतया त्रुटि-रहित हो। चूंकि मापन में प्राय: सत्य प्राप्तांकों का अनुमान निरीक्षित प्राप्तांकों के आधार पर किया जाता है। अत: त्रुटि का होना अवश्य ही संभावित है। एक परीक्षण को उस सीमा तक अविश्वसनीय कहा जाएगा जिस सीमा तक निरीक्षित एवं सत्य प्राप्तांक में विचलन होता है। **एनस्टेसी** के शब्दों में, ''परीक्षण विश्वसनीयता विभिन्न अवसरों या समान पदों के विन्यासों में एक ही व्यक्ति के संगति फलांकों की प्राप्ति की ओर इंगित करता है।'' **स्टोडोला** एवं **स्टोरडल** के विचार में ''एक ही समूह के व्यक्तियों पर समरूप परीक्षण प्रशासित कर एवं दो या अधिक फलांकों के विन्यास के मध्य सह संबंध ज्ञात करने के रूप में परीक्षण विश्वसनीयता को परिभाषित किया जा सकता है।'' **महेश भार्गव** के अनुसार, ''यदि परीक्षण की ज्ञात स्थितियों में पुनरावृत्ति की जाये तथा प्राप्त किए प्राप्तांक भी लगभग एक समान आते रहें तो परीक्षण विश्वसनीय कहा जायेगा।''

विधियां (Methods)

परीक्षण विश्वसनीयता ज्ञात करने की विधियों को मुख्य रूप से दो भागों—(1) सापेक्षिक तथा (2) निरपेक्ष में विभक्त किया जा सकता है। सापेक्षिक विधियों में विश्वसनीयता को सहसंबंध गुणांक के द्वारा व्यक्त किया जाता है जिसे विश्वसनीयता गुणांक भी कहते हैं। यह विश्वसनीयता गुणांक समूह में व्यक्ति की संगत स्थिति या अंकों की ओर इंगित करता है। इसके अतिरिक्त सापेक्षिक विश्वसनीयता को प्रसरण-विश्लेषण के रूप में भी प्रस्तुत किया जा सकता है। दूसरी निरपेक्ष विधि में, विश्वसनीयता को मापन की प्रामाणिक त्रुटि के रूप में व्यक्त किया जाता है जिसमें कि प्राप्त फलांकों के विचलन से वास्तविक अंकों का अनुमान लगाया जाता है। विश्वसनीयता गुणांक व्यक्त करने वाली निम्न विधियां हैं :

उपरोक्त चार विधियों में से प्रथम दो विधियों में परीक्षण

प्रशासन दो बार किया जाता है जब कि अंतिम दो विधियों में परीक्षण को केवल एक ही बार प्रशासित करना होता है।

1. पुनर्परीक्षण विधि (Test-retest Method)

परीक्षण विश्वसनीयता ज्ञात करने की यह अत्यधिक प्रचलित विधि है क्योंकि इसमें परीक्षण के एक ही रूप का दो अवसरों पर प्रशासन करना होता है अर्थात् एक ही परीक्षण को विभिन्न समयों में प्रशासित किया जाता है। उनका पुनर्परीक्षण कुछ समय, दिन या महीने के अंतरों से किया जाता है। अतएव पुनर्परीक्षण विधि में एक ही समूह के व्यक्तियों को एक ही परीक्षण दो भिन्न-भिन्न अवसरों पर प्रशासित कर, फलांकों को ज्ञात कर लिया जाता है, फिर दोनों अवसरों पर ज्ञात किए गए फलांकों के मध्य विश्वसनीयता गुणांक की गणना की जाती है।

मान लीजिए, एक कक्षा के 10 छात्रों को सामाजिक अध्ययन उपलब्धि परीक्षण दिया गया जिसमें कि 70 प्रश्न थे। एक सही प्रश्न पर एक प्राप्तांक के आधार पर छात्रों के प्राप्तांकों को ज्ञात कर लिया जाता है। 1 माह के अंतराल के बाद यही उपलब्धि परीक्षण कक्षा के उन्हीं 10 छात्रों को पुन: दिया गया और फिर प्रत्येक छात्र द्वारा प्राप्तांकों को ज्ञात कर लिया गया, जैसा कि निम्न तालिका में दिखाया गया है। इस प्रकार प्रत्येक छात्र के सामाजिक अध्ययन उपलब्धि परीक्षण पर प्राप्त दोनों प्रकार के प्रदत्त समूह के मध्य सहसंबंध की मात्रा को ज्ञात कर लिया जाता है तथा यही सहसंबंध गुणांक उस परीक्षण की विश्वसनीयता होगी।

वास्तविक अनुपातों से विचलन ज्ञात कर विश्वसनीयता (r) की गणना

क्रम संख्या	*प्रथम परीक्षण से प्राप्त प्रदत्त*	*द्वितीय परीक्षण से प्राप्त प्रदत्त*					
	x	y	x	y	x^2	y^2	xy
1	20	24	−10	− 4	100	16	40
2	25	27	− 5	− 1	25	1	5
3	28	32	− 2	4	4	16	− 8
4	37	31	7	3	49	9	21
5	32	28	2	0	4	0	0
6	27	29	− 3	1	9	1	− 3
7	29	21	− 1	− 7	1	49	7
8	35	30	5	2	25	4	10
9	26	25	− 4	− 3	16	9	12
10	41	33	11	5	121	25	55
योग	300	280			354	130	139
					Σx^2	Σy^2	Σxy

$$\overline{X} = \frac{300}{100} =, \overline{Y} = \frac{280}{10} = 28$$

$$\text{सह-संबंध ज्ञात करने का सूत्र} = r \; \frac{\Sigma xy}{\sqrt{\Sigma x^2 \times \Sigma y^2}}$$

जिसमें x एवं y = प्रथम बार की परीक्षा में प्राप्त प्राप्तांकों (x) एवं द्वितीय बार की परीक्षा से प्राप्त प्राप्तांकों (y) का अपने-अपने वास्तविक अनुपात से अंतर

Σx^2 = x प्राप्तांकों के विचलनों के वर्गों का योग

Σy^2 = y प्राप्तांकों के विचलनों के वर्गों का योग

xy = x तथा y प्राप्तांकों के विचलनों के गुणनफल का योग

x = प्रथम बार उपलब्धि परीक्षण प्रशासित करने पर प्रदत्तों का मध्यमान

y = द्वितीय बार उपब्धि परीक्षण प्रशासित करने पर प्रदत्तों का मध्यमान

यही मूल्य .65 दो समयांतरालों पर प्रशासित उपब्धि परीक्षाणों के मध्य पुनर्परीक्षण सहसंबंध गुणांक है।

$$r_1 = \frac{139}{\sqrt{254 \times 130}} = \frac{139}{214.52} = .65$$

इस पद्धति की कुछ अपनी परिसीमाएं हैं। चूंकि इसमें एक ही परीक्षा दो बार प्रशासित की जाती है, अतएव विश्वसनीयता पर अभ्यास एवं स्मृति का प्रभाव पड़ता है। विभिन्न व्यक्तियों को जब वही परीक्षण दुबारा दिया जाता है तो अभ्यास एवं स्मृति के अभाव से उनके फलांक अत्यधिक आते हैं। यदि उनको दोनों परीक्षण देने के मध्य कम समय दिया गया तो समृति के कारण व्यक्ति बहुत से प्रश्नों का प्रत्युत्तर पहले की भांति देगा। इसके अतिरिक्त व्यक्ति के अंदर होने वाले परिवर्तन, क्षमताओं में वृद्धि, परीक्षण करने की अभिवृत्ति, परीक्षण देने की परिस्थितियों, आदि के कारण भी इस विधि का प्रयोग प्रयुक्त नहीं होता। चूंकि इसे दो अवसरों पर प्रशासित किया जाता है इसलिए इसमें अधिक समय का व्यय होता है। परीक्षण की पुनरावृत्ति करने से कभी-कभी परीक्षण की प्रवृत्ति में भी स्वयं परिवर्तन आ जाता है। विश्वसनीयता ज्ञात करने में इस विधि का प्रयोग उस स्थिति में किया जाता है जबकि परीक्षार्थी के भिन्न-भिन्न समयों की परीक्षा के प्राप्तांकों में अत्यधिक अंतर न हो। इस विधि के द्वारा व्यक्तित्व परीक्षणों तथा अभिवृत्ति मापनियों की विश्वसनीयता उपयुक्त प्रकार से ज्ञात नहीं की जा सकती क्योंकि व्यक्तित्व शीलगुण, अभिवृत्ति एवं रुचि सदैव स्थाई न होकर परिवर्तनशील रहते हैं। अतएव, यदि एक ही परीक्षण को दो विभिन्न समयों में प्रशासित किया जाए और उनके समय का अंतर कम

(कुछ) दिन हो तब विश्वसनीयता को अभ्यास एवं स्मृति जैसे तत्व प्रभावित करते हैं किंतु यदि उनका पुनर्परीक्षण अधिक समय (6 महीने बाद) किया जाये तो बालक के मानसिक विकास एवं अनुभव संबंधी तत्व उसे प्रभावित करेंगे।

2. एकांतर या समानांतर प्रारूप पद्धति
(Alternate or Parallel From Method)

इस पद्धति से परीक्षण विश्वसनीयता ज्ञात करने में परीक्षण को दो एकांतर अथवा समांतर प्रारूपों में निर्मित किया जाता है एवं एक ही समूह पर उन्हें दो अवसरों पर प्रशासित कर दोनों के मध्य सह-संबंध ज्ञात कर लिया जाता है जो कि परीक्षण के विश्वसनीयता गुणांक को व्यक्त करता है। यद्यपि दो परीक्षणों को पूर्णतया समान रूप से निर्मित करना असंभव है फिर भी कुछ आदर्श कसौटियों के आधार पर दो समान प्ररूपों को एक उद्देश्य प्राप्ति हेतु स्वतंत्र रूप से निर्मित किया जा सकता है। अतएव, दोनों प्ररूपों में पत्रों की संख्या एक सी होनी चाहिए। उनमें पदों का रूप, विषय वस्तु, संक्रियाएं, आदि भी एक सी हों। इसके अतिरिक्त पदों का प्रसार, कठिनता स्तर, सैम्पिल उपयुक्ता आदि भी लगभग समान हो। कठिनाई स्तर के अनुसार पदों का वितरण भी समान होना चाहिए। परीक्षण के दोनों प्ररूपों में पद-समजातीयता की मात्रा भी समान हो तथा इस पद समजातीयता की मात्रा को प्रत्येक पद एवं उपपरीक्षण तथा समस्त परीक्षण अंकों में संबंध ज्ञात कर किया जाता है। इसके अतिरिक्त, दोनों प्ररूपों के अनुपात (M) एवं मानक विचलन (S.D.) भी आपस में संबंधित होने चाहिए। इसके अतिरिक्त प्रशासन विधि, समय सीमा, आदेश, उदाहरण एवं फलांकन के दृष्टिकोण से भी दोनों प्ररूपों की एकरूपता की जांच कर लेनी चाहिए। सन् 1935 की स्टैनफर्ड बिने मापक की विश्वसनीयता इसी विधि से ज्ञात की गई जिसके कि दो प्ररूप L एवं M समस्त दृष्टिकोण से समान हैं। दोनों प्रारूपों के विश्वसनीयता गुणांक को .91 ज्ञात किया गया प्राय: दोनों प्ररूपों को एक के बाद दूसरे के क्रम में प्रशासित किया जाता है।

संक्षेप में जब किसी परीक्षण के वैकल्पिक स्वरूप की रचना करनी हो तो यह ध्यान दिया जाता है कि परीक्षण के दोनों प्रारूप दृष्टि से समान हों तथा वे एक ही प्रकार के चरों का मापन करते हों। उदाहरणार्थ, यदि हम 8th स्तर के बच्चों के लिए एक पाठन योग्यता परीक्षण का उपयोग करना चाहते हैं तो हम 20-20 पदों के दो समान प्रारूप तैयार कर लेते हैं तथा दोनों प्रारूपों को एक ही प्रतिदर्श पर प्रशासित कर प्राप्त कर प्राप्तांकों के आधार पर सहसंबंध ज्ञात कर विश्वसनीयता ज्ञात की जाती है। **नल्लली** (1964) के अनुसार, प्रथम परीक्षण प्रशासित करने के दो सप्ताह बाद उसके वैकल्पिक स्वरूप का प्रशासन करना चाहिए।

इस विधि की सबसे प्रमुख विशेषता यह है कि इसमें अभ्यास एवं स्मृति का कम प्रभाव पड़ता है क्योंकि दोनों प्ररूपों में पदों का स्वरूप लगभग एक-सा होता है न कि पद बिल्कुल वैसे ही हों जैसे प्रथम प्रारूप में। किंतु इस विधि की भी कुछ कारणों से आलोचना की जाती है। सर्वप्रथम, यह परीक्षण के दूसरे समांतर प्ररूप की रचना एवं मानवीकरण की समस्या को जन्म देती है जो कि स्वयं एक जटिल एवं अत्यधिक व्यय होने वाली प्रक्रिया है। फिर प्रत्येक दृष्टिकोण से परीक्षण के दो समान प्रारूपों की रचना करना अत्यन्त ही दुर्लभ है। इस विधि से भी अभ्यास का प्रभाव पड़ता है क्योंकि पदों का रूप लगभग एक-सा होता है। इन्हीं परिसीमाओं के कारण इस विधि का व्यापकता से प्रयोग संभव नहीं होता।

3. अर्द्ध-विच्छेद पद्धति (Split-half Method)

अर्द्ध-विच्छेद पद्धति से विश्वसनीयता ज्ञात करने में संपूर्ण परीक्षण के पदों को दो समान या तुलनात्मक भागों में विभक्त कर दिया जाता है, फिर एक ही बार प्रशासित होने वाले परीक्षण के अर्द्ध भागों के फलांकों को ज्ञात कर विश्वसनीयता गुणांक ज्ञात किया जाता है। इस विधि में, सामान्यतया परीक्षण का विभाजन दो अर्द्धभागों में सम एवं विषम अंकों के माध्यम से होता है अर्थात् परीक्षण के एक भाग में विषम संख्या वाले पदों तथा द्वितीय भाग में सम संख्या वाले पदों को सम्मिलित कर, प्रत्येक व्यक्ति के अंकों के मध्य सहसंबंध ज्ञात किया जाता है। परीक्षण में अधिकांशत: पदों को उनके प्ररूप एवं अत्यधिक सुगमता से अत्यधिक कठिनता के कठिनाई स्तर के अनुकूल व्यवस्थित किया जाता है। अतएव, जब यह सुनिश्चित व्यवस्था होती है तो सम एवं विषम पदों के अर्द्ध भागों में समानता दृष्टिगत होती है क्योंकि प्रत्येक अर्द्ध भाग में एक ही सी कठिनाई स्तर के पद वितरित होने चाहिए। उदाहरणार्थ, एक परीक्षण में 10 पद हैं—दो अर्द्ध भागों में विच्छेद करने पर पद नं. 1, 3, 5, 7, 9 एक भाग में तथा पद नं. 2, 4, 6, 8, 10 दूसरे भाग में आएंगे। यदि पद 1 से 10 तक कठिनता क्रम में बढ़ते जा रहे हैं तो दोनों ही सम एवं विषम अंक समान कठिनता प्रसार के पदों को सम्मिलित करते हैं। अतएव, एक ही परीक्षण को दो भागों में अर्द्ध-विच्छेद करने के बाद दोनों में प्राप्त अंकों के मध्य सह-संबंध ज्ञात किया जाता है।

एक 'पाठन योग्यता परीक्षण' के विषम सम पदों के मध्य सह संबंध गुणांक निम्न भांति ज्ञात किया गया।

First Part विषम अंक	Second Part सम अंक	x_1	x_2	x_1	x_2	x_1^2	x_2^2	$x_1 x_2$
1	2	10	11	0	1	0	1	0
3	4	12	9	2	-1	4	1	-2
5	6	9	8	-1	-2	1	4	2
7	8	11	12	1	2	1	4	2
9	10	8	10	-2	0	4	0	-0
	X_1	50 X_2	50			10	10	+2
		5	5					

सह संबंध ज्ञात करने का सूत्र $r = \frac{\Sigma x_1 x_2}{\sqrt{\Sigma x_1^2 \times \Sigma x_2^2}}$

जिसमें x_1 एवं x_2 का अपने वास्तविक अनुपात से विचलन

Σx_1^2, Σx_2^2 = प्राप्तांकों के विचलनों के वर्गों का योग

$\Sigma x_1 . x_2$ = उक्त दोनों विचलनों के गुणनफल का योग

मूल्य रखने पर $r = \frac{2}{\sqrt{10 \times 10}} = \frac{2}{\sqrt{100}} = \frac{2}{10}$

$$r = .20$$

उपर्युक्त गणना से स्पष्ट है कि एक ही परीक्षण के दो भागों के मध्य का सह-संबंध (r = .20) है जो कि उप परीक्षण को अर्द्ध-विच्छेद विश्वसनीयता का द्योतक है। यहां यह बात ध्यान देने योग्य है कि यह प्राप्त किया सह-संबंध गुणांक मात्र आधे परीक्षण की विश्वसनीयता इंगित करता है। यहां 10 परीक्षण पदों वाले परीक्षण के 5-5 पदों के मध्य सह-संबंध ज्ञात किया गया है जबकि पुनर्परीक्षण एवं समान प्रारूप विधि में जो सह-संबंध प्राप्त होता है वह संपूर्ण परीक्षण पर प्राप्त होता है। अत: यहां पर परीक्षण की लंबाई सह-संबंध को निश्चित रूप से प्रभावित करती है। चूंकि अर्द्ध-विच्छेद विधि में सह-संबंध आधे परीक्षण पर ही ज्ञात किया जाता है; अत: दोनों अर्द्ध भागों पर प्राप्त सह-संबंध के आधार पर संपूर्ण परीक्षण से प्राप्त सह-संबंध का अनुमान स्पीयरमैन-ब्राउन (1910) प्रोफेसी सूत्र की सहायत से किया जाता है। यह सूत्र निम्न है—

$$r_{11} = \frac{r'_{11}}{1 + r'_{11}}$$

जहां r_{11} = संपूर्ण परीक्षण का विश्वसनीयता गुणांक

r'_{11} = परीक्षण के दो अर्द्ध भागों का विश्वसनीयता गुणांक

वास्तव में जब संपूर्ण परीक्षण की विश्वसनीयता को मालूम किया जाता है तो पदों की संख्या दुगुनी हो जाती है। **स्पीयरमैन ब्राउन** का सूत्र एक सांख्यिकी सुधार है जिसके द्वारा अर्द्ध-विच्छेद सह संबंध के आधार पर संपूर्ण परीक्षण की विश्वसनीयता ज्ञात कर ली जाती है। उदाहरण के लिए, 'पाठन योग्यता परीक्षण' के दो अर्द्ध भागों के मध्य प्राप्त .20 सह-संबंध को **स्पीयरमैन ब्राउन** सूत्र पर प्रयुक्त करने पर हम संपूर्ण परीक्षण का विश्वसनीयता गुणांक ज्ञात कर लेते हैं—

$$r_{11} = \frac{2r'_{11}}{1 + r'_{11}} = \frac{2 \times .20}{1 + .20} = \frac{.40}{1.20} = .33$$

अत: यह स्पष्ट है कि जब परीक्षण को विषम-सम संख्याओं के आधार पर दो भागों में विभक्त किया गया तो सह-संबंध गुणांक .20 प्राप्त हुआ तथा **स्पीयरमैन ब्राउन** सूत्र की सहायता से संपूर्ण परीक्षण का विश्वसनीयता गुणांक .33 ज्ञात हुआ। इसके कारण यहां यह हुआ कि परीक्षण को दो बराबर भागों में विभक्त करने पर उनकी लंबाई घट गई जिसके कारण विश्वसनीयता पर प्रभाव पड़ा। जैसे-जैसे परीक्षण की लंबाई बढ़ती जाती है उसकी विश्वसनीयता भी बढ़ती जाती हैं। तथा ज्यों-ज्यों उसकी लंबाई घटती जाती है उसकी विश्वसनीयता भी घटती जाती है। अतएव, यहां पर परीक्षण की लंबाई के प्रभाव से बचने के लिए स्पीयरमैन ब्राउन ने अपने सूत्र में शुद्धिकरण करके निम्न सूत्र के प्रयोग का सुझाव दिया है—

$$r_{11} = \frac{nr'_{11}}{1 + (n-1)r'_{11}}$$

जहां r_{11} = संपूर्ण परीक्षण का अनुमानित सह-संबंध गुणांक

r'_{11} = विभक्त परीक्षण के भागों में प्राप्त किया सह संबंध

n = परीक्षण की लंबाई या घटाई करने वाले पदों की संख्या

मान लीजिए, किसी परीक्षण में पदों की संख्या 10 से बढ़कर 20 कर दी जाये अर्थात् दो गुना बढ़ा दी जाये तथा 10 पदों वाले मूल परीक्षण की विश्वसनीयता गुणांक .20 है तो 20 पदों वाले परीक्षण की विश्वसनीयता होगी—

$$= \frac{2 \times .20}{1 + (2-1).20} = \frac{.40}{1 + .20} = .33$$

इस विश्वसनीयता को ज्ञात करने की सबसे प्रमुख परिसीमा यह है कि गति परीक्षणों में इसका प्रयोग कदापि संभव नहीं होता क्योंकि वहां पर लगभग समस्त प्रश्नों का कठिनाई स्तर समान होता है। इस प्रकार के विश्वसनीयता गुणांक में व्यक्ति के दिन-प्रतिदिन के विचलन का कोई महत्व नहीं होता। कभी-कभी इसमें परीक्षण के दोनों अर्द्ध भागों को एक होने की संभावना भी नहीं रहती है। इसके अतिरिक्त, इस विधि की कुछ अपनी अच्छाइयां

भी हैं क्योंकि इसमें हम दोनों परीक्षाओं का एक ही समय में प्रयोग करते हैं अतएव समय के अंतर, अभ्यास, स्मृति आदि का अंकों पर कोई प्रभाव नहीं पड़ता है।

4. तर्क-युक्त समानता पद्धति
(Method of Rational Equivalence)

विश्वसनीयता ज्ञात करने की एक और विधि है जिसे 'तर्क युक्त समानता विधि' या 'कूडर रिचर्डसन' के नाम से जाना जाता है। इस विधि के नाम से जाना जाता है। इस विधि में अन्य विधियों के दोषों का निवारण होता है। इस विधि में परीक्षण के विभिन्न पदों का पारस्परिक संबंध एवं पदों का समस्त परीक्षण से सह-संबंध ज्ञात किया जाता है जिसे 'आंतरिक संगति गुणांक' के नाम से व्यक्त किया जाता है। इस विधि के प्रयोग की मुख्य मान्यता यह है कि परीक्षण में सम्मिलित होने वाले समस्त पद मनोवैज्ञानिक रूप से समजातीय होने चाहिए, अर्थात् परीक्षण के प्रत्येक पद को योग्यताओं, शीलगुणों या तत्वों के मिश्रण का मापन उसी अनुपात में करना चाहिए जिस अनुपात में अन्य पद करते हैं। इसी को 'आंतरिक संगति' का नाम दिया जाता है। इस विधि की विशेषता यह है कि परीक्षण का प्रत्येक पद उच्च सह-संबंध रखता है किंतु यदि पदों के मध्य उच्च समजातीयता नहीं है तो यह विधि निम्न विश्वसनीयता व्यक्त करेगी। अर्द्ध विच्छेद पद्धति की भांति गति परीक्षणों में भी इसका प्रयोग नहीं किया जाता है। इसके प्रयोग में **'कूडर रिचर्डसन'** के सूत्र नं. 20[11] का प्रयोग किया जाता है।

$$r_{11} = \left(\frac{n}{n-1}\right)\left[\frac{SD^2 t - W_{Pq}}{SD^2 t}\right]$$

यहां r_{11} = संपूर्ण परीक्षण का विश्वसनीयता गुणांक

n = परीक्षण पदों की योग संख्या

S.D. = संपूर्ण परीक्षण के प्राप्तांकों का मानक विचलन

p = प्रत्येक पद को हल करने वाले व्यक्तियों का प्रतिशत

pq = प्रत्येक पद को हल न करने वाले व्यक्तियों का प्रतिशत

$\Sigma pq = pq$ के गुणांकों का योग।

इस विधि द्वारा विश्वसनीयता ज्ञात करने के लिए सर्वप्रथम परीक्षार्थी की परीक्षा लेकर उसे अंक प्रदान किए जाते हैं फिर उन प्राप्तांकों का मानक विचलन (SD) ज्ञात कर लिया जाता है, तब यह देखा जाता है कि प्रत्येक पद को संपूर्ण परीक्षार्थी वर्ग के किस-किस अनुपात ने सही एवं गलत हल किया। इनको क्रमशः p एवं q से प्रकट किया जाता है फिर p को q से गुणा करने पर प्रत्येक पद के लिए pq मान ज्ञात कर लिया जाता है। यदि हमारे परीक्षण में 150 पद हैं तो 150pq अलग-अलग ज्ञात किए जाएंगे। तत्पश्चात् इन सब pq को जोड़ने पर Σpq का मान ज्ञात हो जाएगा। n से तात्पर्य परीक्षण के पदों की संख्या से है जो हमें ज्ञात रहती है। उदाहरणार्थ एक 100 पदों वाला परीक्षण है, जिसका मानक विचलन 12 तथा Σpq का मान गणना द्वारा 10 आया अतएव उस परीक्षण का विश्वसनीयता गुणांक अपयुक्त सूत्र की सहायता से निम्न भांति ज्ञात हुआ—

$$r_{11} = \left(\frac{100}{100-1}\right)\left(\frac{144-10}{144}\right)$$

$$= 1.01 \times \frac{134}{144} = .93$$

चूंकि विश्वसनीयता गुणांक अत्यधिक है अतएव परीक्षण विश्वसनीय है। इसे kR-21 के सूत्र द्वारा भी ज्ञात किया जा सकता है:

$$r_{11} = \frac{n}{n-1}\ (1 - \frac{\overline{X}(n-\overline{X})n}{nS_n^{\ 2}})$$

$\overline{X}$ = संपूर्ण परीक्षण का मध्यमान

$S_n^{\ 2}$ = संपूर्ण परीक्षण का विचलन

परीक्षण विश्वसनीयता को प्रभावित करने वाली परिस्थितियाँ

परीक्षण की विश्वसनीयता कोई सिद्धांत नहीं बल्कि एक डिग्री है, अतः कोई भी मनोवैज्ञानिक परीक्षण पूर्णतया विश्वसनीय नहीं कहा जा सकता क्योंकि एक ही व्यक्ति के विभिन्न समय में प्राप्त फलांकों में अंतर पाया जाता है तथा यह विचलन विभिन्न माध्यमों से होता है। अतएव हम उन स्थितियों पर प्रकाश डालेंगे जो परीक्षण विश्वसनीयता को प्रभावित करती हैं।

(क) व्यक्तियों के समान्य गुणों एवं योग्यताओं के मध्य सत्य रूपेण अंतर पाया जाता है।

(ख) व्यक्ति के विशिष्ट गुणों एवं क्षमताओं में भेद होते हैं।

(ग) परीक्षण को करने की क्षमता।

(घ) अभ्यास एवं प्रशिक्षण का प्रभाव।

(च) समय-समय पर सामान्य एवं संभावित विचलन।

(छ) परीक्षार्थी की व्यक्तिगत विशेषताओं जैसे—ध्यान, विचलन, प्रेरणा, स्वास्थ्य, ऊर्जा स्तर एवं संवेगात्मक स्थिति।

(ज) परीक्षण करने की भौतिक दशाएं जैसे—ताप, तापक्रम, प्रकाश आदि।

(झ) विभिन्न अवसर कारक जैसे—शोर, बाधाएं, पेंसिल टूटना एवं आदेशों को गलत समझना आदि।

(ट) उत्तरों का अनुमान करना।

(ठ) परीक्षार्थी के फलांकों में विचलन।

इस प्रकार की उपयुक्त समस्त स्थितियां परीक्षण विश्वसनीयता को प्रभावित करती है।

परीक्षण वैधता (Test Validity)

किसी भी परीक्षण के विश्वसनीय होने के साथ-साथ यह आवश्यक है कि वह वैध भी हो। परीक्षण की वैधता का परीक्षण के उद्देश्यों से घनिष्ट संबंध हैं। साधारण शब्दों में, परीक्षण वैधता से हमारा आशय है कि कोई अमुक परीक्षण कितनी शुद्धता एवं प्रभावकता से परीक्षण के उन सामान्य एवं विशिष्ट उद्देश्यों का मापन करता है जिनके लिए उसकी रचना की गई है। विभिन्न मनोवैज्ञानिकों ने वैधता की व्याख्या निम्न शब्दों में की है—

स्टोडला तथा स्टोर्डल के अनुसार, ''सामान्यतया वैधता विशिष्ट उद्देश्यों की प्राप्ति में परीक्षण की प्रभावपूर्णता की ओर इंगित करती है।''

क्रौनवैक के शब्दों में, ''किसी परीक्षण की वैधता उसकी वह सीमा है, जिस सीमा तक वह वही मापता है जिसके लिए उसका निर्माण किया गया है।''

फेडरिक जी. ब्राउन ने, ''वैधता की परिभाषा सत्य प्रसरण के उस अनुपात के रूप में की है जो परीक्षण के उद्देश्य के प्रसंग में हो।''

वैधता की कसौटियां (Validating Criteria)

मुख्य रूप से परीक्षण वैधता ज्ञात करने की दो मुख्य कसौटियां हैं—(क) आंतरिक कसौटियां एवं (ख) बाह्य कसौटियां। परीक्षण की आंतरिक कसौटियों के अंतर्गत हम प्राय: परीक्षण पदों का उप-परीक्षण एवं समस्त परीक्षण से सह-संबंध ज्ञात करते हैं जबकि बाह्य कसौटियों में किसी मान्य कसौटी या साधन का प्रयोग किया जाता है। यद्यपि समस्त मनोवैज्ञानिक परीक्षणों की वैधता ज्ञात करने में हम दोनों प्रकार की कसौटियों का प्रयोग करते हैं, फिर भी विभिन्न प्रकार के परीक्षणों हेतु अलग-अलग वैध कसौटियों का प्रयोग किया जाता है। बुद्धि परीक्षणों की वैधता ज्ञात करने में मानकीकृत बुद्धि परीक्षणों के अतिरिक्त विद्यालय अंक, व्यक्ति की योग्यताओं के संबंध में अध्यापक के निर्णय, संचयी शैक्षिक रिकार्ड, शारीरिक आयु तथा ज्ञात समूह जैसे—प्रखर बुद्धि, मूढ़ आदि कसौटियों का प्रयोग भी किया जाता है। अभिक्षमता परीक्षणों की वैधता को प्रशिक्षण काल में प्राप्त अंकों, उत्पादन गति, उत्पादन गुण के मूल्यांकन, सुपरवाइजर के निर्णय, ज्ञात समूह की भेदता आदि ही ज्ञात हो जाती है जिस विषय पर उपलब्धि परीक्षण बनाना है उसी से संबंधित प्रश्नों को परीक्षण में सम्मिलित किया जाता है। इसी प्रकार व्यक्तित्व सूचियों, रुचि परीक्षणों एवं अभिवृत्ति मापनियों की वैधता को अंकित रूप के द्वारा ज्ञात किया जा सकता है। इनमें प्रयोग होने वाले पद ही इंगित कर देते हैं कि अमुक पद इन शीलगुणों, रुचि या किसी वस्तु के प्रति अभिवृत्ति को व्यक्त करता है। इसके अतिरिक्त भी विभिन्न कसौटियों के आधार पर वैधता को ज्ञात किया जा सकता है।

वैधता ज्ञात करने की पद्धतियां
(Methods of Determinig Validity)

(1) संक्रिया वैधता (Operational Validity)—परीक्षण रचना करते समय जब हम उसकी प्रक्रिया के अंतर्गत पदों का विश्लेषण करते हैं तो हमारा संबंध संक्रिय वैधता से होता है। परीक्षण की प्रक्रिया या संक्रिया में ही परीक्षणकर्ता यह देखने का प्रयास करता है कि अमुक पद उसके उद्देश्य की पूर्ति करेगा अथवा नहीं। इसके द्वारा किसी परिभाषित मनोवैज्ञानिक क्रिया का मापन एवं मूल्यांकन होता है। इस प्रकार की वैधता ज्ञात करने हेतु निरीक्षण विधि का प्रयोग किया जाता है।

(2) पूर्वकथित वैधता (Predictive Validity)—जैसा कि नाम से ही विदित होता है कि हमारा परीक्षण किसी योग्यता, गुण अथवा विषय के संबंध में भविष्यवाणी करता है अथवा नहीं। इसमें किसी वास्तविक कार्य एवं वर्तमान परिस्थितियों के आधार पर व्यक्ति के व्यवहार एवं निष्पादन के संबंध में भविष्यवाणी की जाती है। उदाहरणार्थ, एक यांत्रिक क्षमता परीक्षण के आधार पर हमने यह भविष्यवाणी की कि अमुक व्यक्ति अमुक व्यवसाय में सफलता प्राप्त करेगा, यदि उस व्यक्ति को उस व्यवसाय में सफलता मिले तो हम कहेंगे कि हमारे परीक्षण की पूर्व कथित वैधता है। अधिकांश रूप से अभिक्षमता परीक्षकों की पूर्व कथित वैधता ज्ञात की जाती है जिसमें यह देखा जाता है कि वे व्यक्ति जिन्हें परीक्षण के आधार पर भिन्न-भिन्न व्यवसायों में भेजा था वे उस व्यवसाय में सफलतापूर्वक कार्य कर रहे हैं अथवा नहीं। इस प्रकार की वैधता ज्ञात करने हेतु हम अपने परीक्षणों के अंकों तथा बाद में उस व्यवसाय में प्राप्त किए गए अंकों से सह-संबंध ज्ञात करते हैं।

(3) अंकित वैधता (Face Validity)—अंकित वैधता परीक्षण स्वयं अपने पदों के रूप द्वारा वैध मालूम होता है। इस प्रकार की वैधता परीक्षण की प्रश्नों के रूप को देखकर ही ज्ञात की जा सकती है। अधिकांश रूप से उपलब्धि परीक्षा में एवं व्यक्तित्व सूचियों की वैधता इस प्रकार से ज्ञात की जाती है। उदाहरणार्थ, यदि गणित की एक परीक्षा में विद्यार्थियों की इकाई संबंधी योग्यता

का मापन करना है तो उसमें पद इस प्रकार के सम्मिलित होने चाहिए कि उन्हें देखकर ही एक सामान्य व्यक्ति यह कह सके कि अमुक परीक्षण के पद वास्तव में इकाई संबंधी योग्यता के मापन हेतु हैं। इसी प्रकार एक ऐसी व्यक्तित्व सूची जो कि व्यक्ति के दो पहलुओं—बहिर्मुखी एवं अंतर्मुखी का मापन करने हेतु बनाई जाए, अतएव इसमें ऐसे ही पद सम्मिलित होने चाहिए जो कि व्यक्तित्व के इन दो पक्षों का मापन ही करें। इस प्रकार से परीक्षण की अंकित वैधता में केवल निरीक्षण के द्वारा पदों के रूप को देखा जाता है।

(4) विषय वस्तु संबंधी वैधता (Content Validity)— परीक्षण की विषय वस्तु वैधता से हमारा आशय यह है कि हमारे परीक्षण का प्रत्येक पद उस ज्ञान एवं निष्पादन का न्यादर्श होना चाहिए जिस उद्देश्य हेतु परीक्षण की रचना हो रही है। यदि हमारा परीक्षण संपूर्ण पाठ्यक्रम पर आधारित हो, कक्षा के बालकों के मानसिक स्तर पर बना हो तथा बालकों के उस व्यावहारिक परिवर्तनों को शुद्धता से मापने में सफल हो जिसके हेतु उसे बनाया गया है तो हमारे परीक्षण की विषय वस्तु वैधता है। किसी परीक्षण की विषय वस्तु वैधता ज्ञात करने के लिए यह आवश्यक है कि परीक्षण निर्माता भिन्न-भिन्न पाठ्य पुस्तकों का विश्लेषण करें जिससे उन्हें ज्ञात हो जाय कि कौन-सा प्रसंग किस मानसिक स्तर के बालकों के लिए ठीक या उपयोगी है। उदाहरणार्थ एक शब्द विन्यास के परीक्षण में लिखने की गति को कोई महत्व नहीं देना चाहिए। इस प्रकार की वैधता ज्ञात करने में परीक्षण निर्माता से स्वयं के निर्णय के साथ-साथ सांख्यिकीय विश्लेषण का होना भी आवश्यक है। परीक्षण के पदों की विषय वस्तु वैधता ज्ञात करने में कुछ बातों को ज्ञात किया जाता है—(1) पदों का विभेद मूल्य कितना है या ऐसे कौन से पद हैं जो उच्च एवं निम्न समूह के भेद को स्पष्ट करें। (2) शुद्ध हल करने वाले पदों का प्रतिशत ज्ञात करना। (3) पदों में आपस में तथा संपूर्ण परीक्षण से सह-संबंध देखना। अतएव, परीक्षण की विषय वस्तु वैधता ज्ञात करने के लिए विश्लेषण की आवश्यकता होती है तथा सांख्यिकीय विधियों का प्रयोग किया जाता है।

(5) कारक वैधता (Factorial Validity)—ऐसे परीक्षण जहां कि विभिन्न कारकों का मापन एक साथ होता है, ऐसी स्थिति में परीक्षण वैधता को कारक-विश्लेषण द्वारा ज्ञात किया जाता है। चूंकि यहां पर कारक विश्लेषण द्वारा ज्ञात किया जाता है। अतएव इसे कारक-वैधता से संबोधित किया जाता है। परीक्षण की कारक वैधता ज्ञात करने हेतु परीक्षण में सम्मिलित होने वाले विभिन्न शीलगुणों एवं योग्यताओं के मध्य उपपरीक्षण के रूप में 19 प्रकार के शीलगुण या मानसिक योग्यता परीक्षण में 10 प्रकार की योग्यताएं विदित हैं तो हमें यह देखना होगा कि परीक्षण के विभिन्न शीलगुणों या योग्यताओं के मध्य कितना सह-संबंध है क्योंकि इस कारक विश्लेषण के द्वारा व्यक्ति में किसी योग्यता के अस्तित्व का पता लगता है। कारक वैधता की सबसे प्रमुख विशेषता है कि यह सदैव सांख्यिकीय प्रक्रियाओं की उपयुक्तता पर निर्भर रहती है

(6) निर्मित या अन्वय वैधता (Constructive Validity)—आज मापन के क्षेत्र में निर्मित वैधता एक नवीन प्रवृत्ति है जिसे क्रोनबैक ने प्रतिपादित किया। इस प्रकार की वैधता का स्वरूप जटिल होता है क्योंकि इसमें परीक्षण को किसी विशेष रचना या सिद्धांत के रूप में जांचा जाता है। किसी भी प्रकार के परीक्षण की निर्मित वैधता ज्ञात करने के लिए कुछ विशेष रचना या सिद्धांत का होना आवश्यक है। उदाहरणार्थ, बुद्धि-मापिका को विद्यालय ग्रेड, नेतृत्व योग्यता, आलोचनात्मक विचार, सृजनात्मकता आदि से संबंधित किया जाता है क्योंकि बुद्धि का इन सभी कारकों से कुछ न कुछ संबंध है। यदि बुद्धि परीक्षण का इन पहलुओं से संबंध ज्ञात किया जाए और सह-संबंध उच्च आए तो यह परीक्षण वैध होगा। इसी प्रकार से सृजनात्मकता का परीक्षण भी वैध समझा जाएगा यदि उन व्यक्तियों द्वारा उच्च अंक प्राप्त किए जाएं जो विभिन्न रुचियां या पसंद रखते हैं तथा मौलिक ढंग से विचार एवं व्यवहार करते हैं। इनके अतिरिक्त, विभिन्न मानकीकृत परीक्षणों के द्वारा भी किसी परीक्षण की निर्मित वैधता को ज्ञात किया जा सकता है। ऐसी स्थिति में अपने द्वारा बनाए गए परीक्षण के निष्कर्षों की अन्य मानकीकृत परीक्षकों के निष्कर्षों से तुलना करते हैं तथा दोनों के मध्य वैधता-गुणांक की मात्रा ज्ञात करते हैं। इसलिए निर्मित वैधता ज्ञात करने के लिए परीक्षण-निर्माता परीक्षण के अनुकूल किन्हीं निश्चित कसौटियों की रचना कर लेता है तथा उसका फिर संबंध ज्ञात करता है।

दूसरे शब्दों में, जब किसी परीक्षण-निर्माता का उद्देश्य यह जानना हो कि एक व्यक्ति ने क्यों अमुक प्रकार के प्राप्तांकों या किन संबोधों के आधार पर विभिन्न अंक प्राप्त किए हैं, इस प्रकार के सैद्धांतिक संबोधों को ही अन्वय-वैधता कहते हैं। चूंकि इस प्रकार वैधता करने में दीर्घ समय तक निरीक्षण, अनेक तथ्यों का संकलन एवं निर्मित उपकल्पनाओं की पुष्टि करनी पड़ती है, अतः इसका प्रयोग कम प्रचलित है। इस प्रकार की वैधता को ज्ञात करने की प्रमुख विधियां निम्नवत् हैं:

(अ) आयु-विभेदीकरण—अनेक बुद्धि-परीक्षणों के वैधीकरण में आयु को एक कसौटी के रूप में माना जाता है। *स्टेनफर्ड-बिने* तथा अन्य विद्यालय-परीक्षणों की जांच आयु के संदर्भ में होती है जिससे यह ज्ञात किया जा सके कि क्या आयु के

बढ़ने के साथ-साथ परीक्षण प्राप्तांक भी बढ़ती है तथा एक निश्चित अवधि पर स्थिर हो जाती है। अत: यदि परीक्षण वैध है तो प्राप्तांक आयु के साथ-साथ बनने चाहिए व्यक्तिगत मापन के क्षेत्र में इस कसौटी का अत्यंत सीमित उपयोग है।

(ब) अन्य परीक्षणों से सह-संबंध—किसी मान्य मानकीकृत एवं नवीन परीक्षण के मध्य सहसंबंध इंगित करता है कि नवीन परीक्षण उस गुण का मापन करता है जिसे मान्य मानकीकृत करता है।

(स) आंतरिक संगति (internal Consistency)—प्राय: समस्त प्रकार के विशेष रूप से व्यक्तित्व-परीक्षणों के प्रकाशित मैनुअलों से यह दृष्टिगत होता है कि अमुक परीक्षण की वैधता 'आंतरिक संगति' से ज्ञात की गई। इसमें परीक्षण के योग प्राप्तांक ही कसौटी समझे जाते हैं तथा इनके आधार पर दो अंतिम समूहों का चयन कर लिया जाता है तथा सहसंबंध विधि के आधार पर पदों का चयन कर लिया जाता है। आंतरिक संगति वस्तुत: एकरूपता का माप है। इस विधि का संकुचित रूप से प्रयोग किया जाता है क्योंकि बाहरी तथ्यों की अनुपस्थिति में यह कहना कठिन है कि यह किन प्रत्ययों का माप करता है।

(7) एकीभूत या समवर्ती वैधता (Concurrent Validity)—एकीभूत वैधता ज्ञात करने के लिए परीक्षण को वर्तमान सूचनाओं से सहसंबंधित किया जाता है। उदाहरणार्थ, एक बुद्धि-परीक्षण को उपलब्धि प्राप्तांकों से इसलिए सहसंबंधित किया जाता है जिससे उपलब्धि परीक्षण द्वारा वर्तमान स्थिति से संपर्क बना रहे। एकीभूत वैधता ज्ञात करने में पूर्वकथित तथा मापने वाले मापकों को लगभग एक ही समय दिया जाता है। उदाहरणार्थ, किसी समूह पर चिंता मापने वाले परीक्षण तथा मनोचिकित्सकों द्वारा उसी समूह के व्यक्तियों की चिंता की मात्रा का मूल्यांकन दोनों को एक ही समय में किया जाता है तथा दोनों विधियों के द्वारा प्राप्तांकों के मध्य सह-संबंध ज्ञात कर लिया जाता है। यहां पर परीक्षण के माध्यम से चिंता का मापन तथा मनोचिकित्सकों द्वारा चिंता का मापन दोनों ही लगभग एक समय में हुए हैं, इसीलिए इसे एकीभूत वैधता के नाम से संबोधित करते हैं। एकीभूत वैधता ज्ञात करने के लिए एक नवीन परीक्षण के साथ पुराने निर्मित परीक्षण की वैधता को जांचा जाता है, यदि वे एक ही शीलगुण का मापन करते हों। उपलब्धि-परीक्षणों तथा अनुभवों पर आधारित होती है इसीलिए यह विश्वसनीय समझी जाती है।

बहुविकल्पीय प्रश्न

1. (–1) का सह-संबंध गुणांक दर्शाता है—
A. कोई सह-संबंध नहीं
B. परिपूर्ण सह-संबंध
C. उपेक्षणीय सह-संबंध
D. या तो सह-संबंध अनुपस्थित है या फिर उसका महत्त्व उपेक्षणीय है।

2. मौसम विशेषज्ञ हर एक घंटे के तापमान पाठ्यांक का औसत लेने की जगह तापमान के अधिकतम एवं न्यूनतम पाठ्यांक का औसत लेते हैं, यह मानते हुए कि तापमान में विचलन—
A. पूरे दिन आद्योपांत सममित है।
B. पूरे दिन सर्वसमय एक समान है।
C. अविच्छिन्न है।
D. अननुमेय है।

3. निम्नलिखित में से कौन-सा एक सत्य है जबकि एक चर के दो मूल्य हों—
A. ज्यामितीय माध्य और हरात्मक माध्य का समान्तर माध्य वितरण के समान्तर माध्य के बराबर होता है।
B. समान्तर माध्य में हरात्मक माध्य का ज्यामितीय माध्य वितरण के ज्यामितीय माध्य के बराबर होता है।
C. समान्तर माध्य और ज्यामितीय माध्य का हरात्मक माध्य वितरण के हरात्मक माध्य के बराबर होता है।
D. सभी माध्य आपस में बराबर होते हैं।

4. निम्नलिखित कथनों पर विचार कीजिए—
1. आयत-चित्र एक क्षेत्र चित्र है।
2. वर्ग बारम्बारताओं का आयत-चित्र से अन्तर-गणन किया जा सकता है।

इन कथनों में से
A. केवल 1 सही है।
B. केवल 2 सही है।
C. 1 और 2 सही है।
D. न तो 1 और न ही 2 सही है।

5. यदि 1970 और 1990 के कीमत आंकड़े तथा 1990 के लिए मात्रा आंकड़े दिए हुए हैं, तो किस प्रकार के सूचकांक (1970 को आधार वर्ष मानकर) तैयार किए जा सकते हैं—

A. मार्शल-एजवर्थ सूचकांक
B. फिशर सूचकांक
C. पाशे सूचकांक
D. लेस्पीयरे सूचकांक

6. यदि कोई आवृत्ति वितरण किसी व्यक्ति के सेवा-योजन के दिनों की संख्या में दिया जाए तो दैनिक स्थिति संकल्पना द्वारा बेरोजगारी की दर प्राप्त की जाती है—
A. 1 में से वितरण का माध्य घटाकर
B. 7 में से माध्य घटाकर
C. 7 में से माध्य घटाकर और 100 से गुणा करके
D. 1 में से माध्य का सप्तांश घटाकर और परिणामी को 100 से गुणा करके

7. कल्पना कीजिए कि एक विद्यालय का प्रधानाचार्य अपने यहां पढ़ने वाले विद्यार्थियों की, जिनकी संख्या 649 है, औसत ऊंचाई जानना चाहता है। उसे ज्ञात है कि यदि वह किसी अध्यापक से सभी विद्यार्थियों की लम्बाई नापने को कहे तो यह एक अत्यधिक समय लेने वाला कार्य होगा। ऐसी स्थिति में यदि वह कोई ऐसी पद्धति निकाले की युक्ति करता है जिसमें उसे केवल एक ही विद्यार्थी की लम्बाई नापनी पड़े, तो वह निम्नलिखित में से कौन-सा उपाय अपना सकता है—
A. माध्य और बहुलक   B. माध्य और माध्यिका
C. बहुलक   D. माध्य

8. यदि किसी चर के सभी मान किसी निर्दिष्ट संख्या द्वारा गुणा किया जाए तो निम्नलिखित में से किस पर कोई प्रभाव नहीं पड़ेगा—
A. माध्य   B. माध्यिका
C. परिसर   D. विस्तरण का गुणांक

9. प्रकीर्णन की गणना नहीं की जाती—
A. समान्तर माध्य के संबंध में
B. माध्यिका के संबंध में
C. बहुलक के संबंध में
D. ज्यामितीय माध्य के संबंध में

10. उस मूल्य-सूचकांक को, जिसमें आधार वर्ष के परिणाम का भारिता के रूप में उपयोग होता है, कहते हैं—
A. पाश्चे (Paasche's) सूचकांक
B. लॉस्पेयर्स (Laspeyre's) सूचकांक
C. फिशर (Fisher's) का आदर्श सूचकांक
D. थोक कीमत सूचकांक

11. निम्नांकित विकीर्ण आरेख पर विचार कीजिये इसके सर्वोत्तम निष्कर्ष यह निकाला जा सकता है, कि—

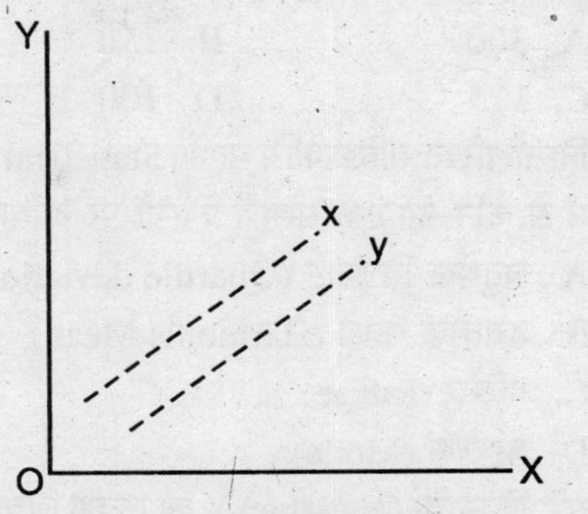

A. X और Y सह-संबंधित प्रतीत होते हैं।
B. X और Y नि:संदेह सह-संबंधित हैं।
C. Y का हेतु X है।
D. X का हेतु Y है।

12. सांख्यिकीय बिद् यूल ने इंग्लैंड एवं वेल्स के एंग्लिकन गिरजाघरों में 1886-1911 के बीच सम्पन्न विवाहों, तथा उसी काल की मानकीकृत मृत्यु दरों के अनुपात में, 0.95 का उन्नत सह-संबंध पाया था। यूल ने उसे निरर्थक सह संबंध की संज्ञा दी थी, क्योंकि—
A. ये दोनों घटनाएं महत्त्वपूर्ण नहीं है।
B. ये दोनों घटनाएं सिद्धांततः संबंधित नहीं हैं।
C. मृत्यु दरों का आवश्यक रूप से मानकीकरण किया गया है।
D. अध्ययन में अन्य गिरजाघरों का समावेश नहीं है।

13. यदि दो चरों के बीच सह-संबंध गुणांक r हो, तो—
A. $0 \le r \le 1$ B. $-1 \le r \le 0$
C. $-1 \le r \le 1$ D. $1 \le r \le 2$

14. निम्नलिखित मापों पर विचार कीजिए—
1. सह-संबंध गुणांक (Correlation Coefficient)
2. सह-प्रसरण (Covariance)
3. विचरण गुणांक (Coefficient of variation)
4. सूचकांक (Index Number)

इनमें से कौन-कौन-सी इकाई-मुक्त (Unit-Free) है—
A. 1 और 2   B. 2 और 3
C. 2 और 4   D. 1,3 और 4

15. यदि सब वस्तुओं की कीमतें समान अनुपात में परिवर्तित हुई हों और लेस्पेयर्स (Laspeyres) का कीमत सूचकांक

150 हो, तो पाश्चे (Paasche's) का कीमत सूचकांक होगा—

A. 300 B. 150
C. 175 D. 100

16. निम्नलिखित सांख्यिकीय मापों (Statistical measures) में से कौन-सा एक सम्पूर्ण प्रेक्षणों पर आधारित है—

A. चतुर्थक विचलन (Quartile deviation)
B. हरात्मक माध्य (Harmonic Mean)
C. परिसर (Range)
D. बहुलक (Mode)

17. यदि किसी चर (Variable) X का मानक विचलन (Standard Deviation) S हो और यदि $Y = a + bX$ हो, जहां a और b अचर (Constant) हों, तो Y का मानक विचलन होगा—

A. $a + bS$ B. bS
C. $\sqrt{b.S}$ D. b^2S

18. निम्नलिखित औसतों में से किस एक का अभिकलन संचयीबारम्बारता वक्र (Cumulative Frequency Curve) से होता है—

A. ज्यामितीय माध्य (Geometric Mean)
B. हरात्मक माध्य (Harmonic Mean)
C. बहुलक (Mode)
D. माध्यिका (Median)

19. यदि किसी चर X के 10 मानों के किसी समुच्चय (Sets) में न्यूनतम मान 5 को बदलकर 4 कर दिया जाए तो—

A. X के माध्यिका और बहुलक दोनो घट जाएंगे।
B. माध्यिका घटेगी, परन्तु बहुलक अपरिवर्तित रहेगा।
C. माध्यिका अपरिवर्तित रहेगी, परन्तु बहुलक घटेगा।
D. न माध्यिका और न ही बहुलक परिवर्तित होगा।

20. विचलनों के वर्ग का योग न्यूनतम होता है जब वह विचलन—

A. बहुलक से लिया गया हो
B. माध्यिका से लिया गया हो
C. अंकगणितीय माध्य से लिया गया हो
D. ज्यामितीय माध्य से लिया गया हो

21. निम्नलिखित सांख्यिकीय मापों में कौन-सी एक अत्यधिक बड़ी या छोटी संख्याओं से प्रभावित नहीं होती—

A. माध्यिका B. हरात्मक माध्य
C. मानक विचलन D. विचरण गुणांक

22. X और Y दो चरों का निम्नलिखित वितरण दिया गया है—

X:	1	2	3	4	5
Y:	3	4	5	6	7

Y का मानक विचलन होगा—

A. X के मानक विचलन के बराबर
B. (X का मानक विचलन) × 2
C. (X का मानक विचलन) + 2
D. (X का मानक विचलन) – 2

23. छः संख्याओं 3, 3, 3, 5, 5, 5 का मानक विचलन है—

A. 1
B. 4
C. 0
D. प्राप्त नहीं किया जा सकता क्योंकि मापन की इकाई नहीं दी गयी है।

24. यदि एक प्रतिदर्श आंकड़े के लिए माध्य < माध्यिका < बहुलक तो वितरण—

A. दाहिनी ओर विषम है।
B. सममित है।
C. बायीं ओर विषम है।
D. न सममित है और न विषम है।

25. यदि $X = \frac{9-U}{3}$ और $Y = V-4$ तथा U और V के मध्य सह-संबंध गुणांक 0.13 है तो X और Y के बीच सह-संबंध गुणांक होगा—

A. 0.093
B. –0.093
C. –0.93
D. व्युत्पन्न नहीं किया जा सकता।

26. निम्न में से कौन-सा सबसे अनिश्चित माध्य है—

A. बहुलक B. माध्यिका
C. गुणोत्तर माध्य D. हरात्मक माध्य

27. बहुलक निर्धारण का एक तरीका है—

A. Mode = 2 Median – 3 Mean
B. Mode = 2 Median + 3 Mean
C. Mode = 3 Median – 2 Mean
D. Mode = 3 Median + 2 Mean

28. दो अंकों 8 और 18 का गुणोत्तर माध्य होगा—

A. 12 B. 13
C. 15 D. 11.09

29. यदि दो श्रेणियों A तथा B के प्रमाप विचलन समान हैं परन्तु A श्रेणी का समान्तर माध्य B के माध्य से अधिक है। अतः A का विचरण गुणांक—

A. B के गुणांक से कम होगा

B. अधिक होगा

C. समान होगा

D. इनमें से कोई नहीं होगा

30. एक प्रसामान्य वक्र के अधीन $\overline{X}+3\sigma$ में समाविष्ट होता है—

A. 99% क्षेत्रफल B. 95% क्षेत्रफल

C. 99.73% क्षेत्रफल D. 99.37% क्षेत्रफल

31. माध्यिका से लिए गए विचलनों का योग होगा—

A. धनात्मक B. ऋणात्मक

C. शून्य D. उपरोक्त में से कोई नहीं

32. निरपेक्ष विचलनों (absolute deviations) का योग न्यूनतम होगा, जब मापा जाए—

A. माध्यिका से B. माध्य से

C. बहुलक से D. उपरोक्त में से कोई नहीं

33. यदि एक विक्षेप चित्र (Scatter diagram) बनाने पर सभी बिन्दु ऊपर बाएं कोने से नीचे दायें कोने की ओर एक सरल रेखा के रूप में प्रकट हों तो इससे निष्कर्ष निकलता है—

A. पूर्ण धनात्मक सह-संबंध है।

B. सामान्य धनात्मक सह-संबंध है।

C. पूर्ण ऋणात्मक सह-संबंध है।

D. सह-संबंध नहीं है।

34. सह-संबंध का अभिप्राय है—

A. चरों में कारण व परिणाम का संबंध होना।

B. चरों में साथ-साथ परिवर्तन होना।

C. चरों में परस्पर निर्भरता का पाया जाना।

D. उपरोक्त में से कोई नहीं।

35. किसी श्रेणी में बहुलक मूल्य होता है—

A. मध्यवर्ती मूल्य

B. सर्वाधिक आवृत्ति वाला मूल्य

C. गुरुत्व केन्द्र (Centre of gravity)

D. इनमें से कोई नहीं

36. केन्द्रीय प्रवृत्ति का सर्वोत्तम एवं आदर्श माप है—

A. समान्तर माध्य B. गुणोत्तर माध्य

C. बहुलक D. चल-माध्य

37. गुणात्मक मापों के लिए सर्वोपयुक्त माध्य है—

A. बहुलक B. समान्तर माध्य

C. माध्यिका D. कोई नहीं

38. किसी श्रेणी में $\overline{X} = GM = HM$, होता है, बशर्ते उस श्रेणी के सभी मूल्य—

A. बढ़ते हुए हों

B. घटते हुए हों

C. समान हों

D. किसी क्रम से व्यवस्थित न हों

39. किसी-श्रेणी में समान्तर माध्य से N मूल्यों के विचलनों का बीजगणितीय जोड़ होता है—

A. N B. 0

C. $N\overline{X}$ D. $N/\overline{X}$

40. निम्नलिखित कथनों में से कौन-सा एक सही **नहीं** है? फिशर का सूचकांक

A. लैस्पेयर के सूचकांक (L) एवं पास्चे (Paasche's) सूचकांक (P) के बीच स्थित होता है।

B. L एवं P का अंकगणितीय माध्य है।

C. L एवं P का ज्यामितीय माध्य है।

D. L या P के बराबर है, यदि L = P

41. निम्नलिखित कथनों पर विचार कीजिए—

1. चतुर्थक विचलन अपेक्षाकृत अधिक अनुदेशित परास है, यह अत्यान्तिक मदों (extreme items) के प्रक्षेपण को अमान्य करता है।
2. चतुर्थक विचलन गुणांक (Coefficient of quartile deviation), विभिन्न बंटनों में विचरण कोटि की तुलना करने के लिए प्रयोग नहीं किये जा सकते।
3. एक श्रेणी के लिए 10 दशमक हैं।

उपर्युक्त कथनों में से कौन-सा/से सही है/हैं?

A. 1, 2 और 3 B. केवल 2

C. केवल 3 D. केवल 1

42. निम्नलिखित सूचकांको में से कौन-सा एक कालोत्क्रमण एवं उपादान उत्क्रमण परीक्षणों (Time reversal and factor reversal) दोनों को सन्तुष्ट करता है—

A. लैस्पेयर सूचकांक (Laspeyre's Index)

B. फिशर सूचकांक (Fisher's Index)

C. पास्चे सूचकांक (Paasche's Index)

D. केली सूचकांक (Kelly's Index)

43. निम्नलिखित आंकड़े—1, 2, 3, 4 और 100 दिए हुए हैं, तो सबसे अच्छा केन्द्रीय प्रवृत्ति मापक है—

A. अंकगणितीय माध्य (Arithmetic Mean)
B. माध्यिका (Median)
C. बहुलक (Mode)
D. ज्यामितीय माध्य (Geometric Mean)

44. यदि एक दिए हुए आंकड़ों के लिए बहुलक 5, माध्यिका 15 तथा माध्य 20 है, तो इसका अर्थ है प्रतिदर्श आंकड़े (Sample data)—

A. दाहिनी ओर विषम हैं।
B. बायीं ओर विषम (Skewed) हैं।
C. सममित (Symmetric) हैं।
D. न सममित हैं न विषम हैं।

45. निम्नलिखित कथनों पर विचार कीजिए—

1. सह-संबंध विश्लेषण, दो या दो से अधिक चरों के बीच संबंध के निर्धारण में सहायक है, यह कारण व प्रभाव के संबंध के बारे में कुछ नहीं बताता है।
2. स्पष्टीकृत विचलन (explained variation) का, कुल विचलन (total variation) में अनुपात, सह-संबंध गुणांक (Coefficient of correlation) कहलाता है।
3. पियरसन गुणांक (Pearsonian Coefficient) सदैव रेखीय संबंध मानता है और आत्यंतिक मदों (extreme items) से अनुचित रूप से प्रभावित होता है।

उपर्युक्त कथनों में से कौन-सा/से सही है/हैं—

A. केवल 2 B. 1और 2
C. 2और 3 D. 2और 3

46. बारम्बारता बंटन में दाहिने ओर का निचला सिरा बायें ओर के नचले सिरे का प्रतिबिम्ब है। यह बंटन (distribution) है—

A. धनात्मक विषम (Positively Skewed)
B. ऋणात्मक विषम (Negatively Skewed)
C. असममित (Asymmetric)
D. सममित (Symmetric)

47. संचयी बारम्बारता रेखाचित्र से निम्नलिखित में से किस एक प्रकार का औसत आकलित किया जा सकता है—

A. ज्यामितीय माध्य B. हरात्मक माध्य
C. माध्यिका D. बहुलक

48. एक वर्ष के दौरान दो वस्तुओं की कीमतों का अनुपात 3 है जबकि अगले वर्ष में यह 2 है। इन अनुपातों के औसतन के लिए—

A. अंकगणितीय माध्य सर्वाधिक उपयुक्त है।
B. हरात्मक माध्य सर्वाधिक उपयुक्त है।
C. ज्यामितीय माध्य सर्वाधिक उपयुक्त है।
D. अंकगणितीय, हरात्मक एवं ज्यामितीय माध्य, तीनों समान रूप से उपयुक्त है।

49. निम्नलिखित कथनों पर विचार कीजिए—

1. कीमत बंटन (Price distribution) या आय बंटन (Income distribution) जैसे विषम बंटनों (skewed distribution) पर कार्य करते समय माध्यिका उपयोगी नहीं है।
2. केवल एक ओजाइव (Ogive) रेखांकित कर माध्यिका का आरेखीय निर्धारण किया जा सकता है।
3. बहुलक का प्रयोग गुणात्मक घटना की व्याख्या के लिए किया जा सकता है।

उपर्युक्त कथनों में से कौन-कौन से सही हैं—

A. 1और 2 B. 1और 3
C. 2और 3 D. 1, 2 और 3

50. निम्न चरांको (variates) में सह-संबंध गुणांक है—

X:	1	2	3	4	5	6
Y:	10	12	14	16	18	20

A. –1 B. 0
C. +1 D. ± 1

51. प्रथम 10 विषम संख्याओं का माध्य (Arithmetic Mean) है—

A. 5.5 B. 9
C. 11 D. 10

52. प्राप्त अंकों के समुच्चय 15, 13, 10, 9, 8 का **मानक विचलन** (Standard deviation) क्या है—

A. 11 B. 9
C. 2.6 D. 0

53. 2, 5, X, 7 श्रेणी का समान्तर माध्य 5 है तो X का मान ज्ञात कीजिए—

A. 3 B. 2
C. –3 D. 6

54. यदि किसी वितरण का मानक विचलन (σ) 8 है तथा समान्तर माध्य ($\overline{X}$) 10 है तो विचरण गुणांक होगा—

A. 80 B. 800
C. 8000 D. 125

55. एक कम्पनी में 75 कर्मचारियों को दिया जाने वाला माध्य (Mean) वेतन 1420 रु. है। इनमें 25 कर्मचारियों का माध्य वेतन 1350 रु. है तथा 30 कर्मचारियों का माध्य वेतन 1425 रुपए है। शेष कर्मचारियों का माध्य वेतन क्या है—

A. 1350 रु. B. 1500 रु.
C. 1450 रु. D. 1425 रु.

56. प्रमाप विचलन गुणांक (Coefficient of Standard deviation) ज्ञात करने का सूत्र है—

A. $\frac{\overline{X}}{\sigma}\times 100$ B. $\frac{\overline{X}}{\sigma}$
C. $\frac{\sigma}{\overline{X}}$ D. $\frac{\sigma}{\overline{X}}\times 100$

57. विचरण गुणांक (Coefficient of variation) ज्ञात करने का सूत्र है—

A. $\frac{\sigma\times\overline{X}}{100}$ B. $\frac{\sigma}{\overline{X}}\times 100$
C. $\frac{\sigma}{\overline{X}}\times 1000$ D. $\frac{\overline{X}}{\sigma}\times 100$

58. प्रसामान्य वितरण (Normal Distribution) में होता है—

A. $Z=M=\overline{X}$ B. $Z>M>\overline{X}$
C. $Z<M<\overline{X}$ D. $Z=M>\overline{X}$

59. कथन (A): प्रसरण हमेशा मानक विचलन से अधिक होता है।
कारण (R): प्रसरण मानक विचलन का वर्ग होता है।

A. A और R दोनों सही हैं और R, A का सही स्पष्टीकरण है।
B. A और R दोनों सही हैं, परन्तु R, A का सही स्पष्टीकरण नहीं है।
C. A सही है, परन्तु R गलत है।
D. A गलत है, परन्तु R सही है।

60. बहुलक तथा माध्यिका किस प्रकार के सांख्यिकी माध्य हैं?

A. स्थिति सम्बन्धी माध्य B. गणितीय माध्य
C. व्यापारिक माध्य D. चल माध्य

61. समाजशास्त्र निम्नलिखित का व्यवस्थित अध्ययन करता है—

A. सामाजिक सम्बन्ध का
B. सामाजिक संस्थाओं का
C. मानव समूह का
D. उपर्युक्त तीनों का

62. जब नगरीय जनसंख्या में वृद्धि होती है और सम्पूर्ण जनसंख्या में नगरीय जनसंख्या का अनुपात स्थिर रहता है तो इसे कहा जाता है—

A. नगरीय वृद्धि
B. अति नगरीकरण
C. नगरीकरण
D. जनसंख्या स्थायित्व

63. निम्नलिखित में से कौन नगरीय समुदाय की विशेषता नहीं है?

A. कृत्रिमता
B. सामाजिक समरूपता
C. मुद्रा अर्थव्यवस्था
D. गतिशीलता

64. सामाजिक परिवर्तन में आर्थिक निर्णायकवाद की अवधारणा किस विचारक के साथ जुड़ी है?

A. मार्शल
B. कार्ल मार्क्स
C. गुन्नार मिर्डल
D. एडमस्मिथ

65. समाजशास्त्र के स्वरूपात्मक सम्प्रदाय के मुख्य प्रवर्तक है—

A. दरवींम B. हॉब हाउस
C. जॉनसन D. सिमैल

66. समाजशास्त्र का शाब्दिक अर्थ है—

A. साहित्य का अध्ययन
B. विज्ञानों का अध्ययन
C. समाज का विज्ञान
D. इनमें से कोई नहीं

67. निम्नलिखित में से कौन द्वितीयक समूह की विशेषता है—

1. एक से अधिक
2. सामान्य हित

3. सादृश्य हित
4. स्थायी प्रकृति

कूट :

A. 1 और 2　　B. 2 और 4
C. 1 और 3　　D. 3 और 4

68. सामाजिक परिवर्तन के चक्रीय सिद्धान्त के प्रवर्तक हैं–

A. टॉयनबी　　B. मॉर्गन
C. स्पेंग्लर　　D. उपर्युक्त सभी

69. निम्नलिखित में से कौन-सा सामाजिक समूह की विशेषता है?

A. किसी दुर्घटनावश व्यक्तियों का एकत्रित होना
B. किसी दुकान पर कुछ व्यक्तियों की संख्या
C. दो या अधिक व्यक्ति जो सामाजिक सम्बन्ध से आबद्ध हों
D. किसी स्थान पर लोगों का संग्रह

70. सामाजिक घटनाओं के कार्यकरण विश्लेषण हेतु 'आदर्श-प्रारूप' की अवधारणा किसने विकसित की?

A. पैरेटो ने　　B. पारसन्स ने
C. सोरोकिन ने　　D. मैक्स वेबर ने

71. ऑगस्ट काम्ट ने समाज के अध्ययन को विभाजित किया–

A. सामाजिक स्थिति विज्ञान तथा सामाजिक गति विज्ञान में
B. अंतः समूह तथा बाह्य समूह में
C. अधः संरचना तथा अति संरचना में
D. उपरोक्त में से कोई नहीं

72. जाति का व्यावसायिक सिद्धान्त किसने दिया?

A. घुरिये ने　　B. नेसफील्ड ने
C. दुर्खीम ने　　D. रजनी कोठारी ने

73. हम निम्नलिखित में से किसके सदस्य नहीं होते?

A. समाज　　B. समिति
C. समुदाय　　D. संस्था

74. सूची-I को सूची-II के साथ सुमेलित कीजिए तथा नीचे दिए गए कूट प्रयोग कर सही उत्तर चुनिए–

	सूची-I	सूची-II
A.	एफ. टॉनीज	1. द स्टडी ऑफ हिस्ट्री
B.	आर्नल्ड टायनबी	2. सोशल एण्ड कल्चर डायनेमिक्स
C.	पी.ए. सोरोफिन	3. द कमिंग ऑफ पोस्ट इंडस्ट्रियल सोसायटी
D.	डेनियल बेल	4. गैमिन शाफ्ट एवम् गैसेलशाफ्ट

कूट :

	A	B	C	D
A.	1	2	3	4
B.	4	1	2	3
C.	3	2	1	4
D.	4	1	3	2

75. परिवार के अध्ययन के सम्बन्ध में जिस भारतीय समाज शास्त्री का नाम विशेषज्ञ के रूप में लिया जाता है वे हैं–

A. के. एम. कापड़िया
B. जी. एस. घुरिये
C. एम. एन. श्रीनिवास
D. डी. एन. मजूमदार

76. निम्नलिखित में से कौन-सा एक कथन सही है?

A. समिति स्वतः विकसित होती हैं
B. संस्था एक साधन है, साध्य नहीं
C. संस्था की प्रकृति अस्थाई होती है
D. समिति एक साधन है, साध्य नहीं

77. सांस्कृतिक प्रतिमान एवम् मूल्य पीढ़ी-दर-पीढ़ी संचारित होते हैं तो वह प्रतिक्रिया कहलाती हैं–

A. सांस्कृतिक पुनरूत्पादन
B. सांस्कृतिक उद्दीपन
C. सांस्कृतिक विसरण
D. परसंस्कृति ग्रहण

78. सूची-I को सूची-II के साथ सुमेलित कीजिए तथा नीचे दिए गए कूट का प्रयोग कर सही उत्तर चुनिए–

	सूची-I (सिद्धान्त)	सूची-II (विचारक)
A.	भौगोलिक निर्धारणवाद	1. हंटिंग्टन
B.	वैचारिक निर्धारणवाद	2. वेबर
C.	सांस्कृतिक निर्धारणवाद	3. सोरोकिन
D.	प्रौद्योगिक निर्धारणवाद	4. वेबलेन

कूट :

	A	B	C	D
A.	4	3	2	1
B.	4	2	3	1
C.	1	3	2	4
D.	1	2	3	4

79. ''फोकवेज'' पुस्तक के लेखक निम्न में से कौन हैं?
A. फ्रेजर
B. मार्गरेट मीड़
C. समनर
D. जॉर्ज मीड़

80. सूची-I को सूची-II के साथ सुमेलित कीजिए तथा नीचे दिए गए कूट का प्रयोग कर सही उत्तर चुनिए–

सूची-I (प्रभेद)	**सूची-II (सम्बन्धित लेखक)**
A. प्रस्थिति तथा सम्विदा	1. राल्फ लिण्टन
B. प्रस्थिति तथा भूमिका	2. जॉर्ज हर्बर्ट मिड़
C. समुदाय तथा समिति	3. हैनरी मेन
D. 'मैं' तथा 'मुझे'	4. फर्डीनेण्ड टॉनीजू

कूट :

	A	B	C	D
A.	3	1	4	2
B.	1	3	4	2
C.	1	3	2	4
D.	3	1	2	4

81. सामाजिक संरचना को ''क्रिया की अविरल धारा'' के रूप में किसने परिभाषित किया?
A. गिड्डेन्स ने
B. नाडेल ने
C. सी.एच. कूले ने
D. मार्टिण्डेल ने

82. ''द ह्यूमन नेचर एण्ड सोशल आर्डर'' पुस्तक के लेखक कौन हैं?
A. सी. एच. कूले
B. एच. स्पेन्सर
C. के. डेविस
D. जी. सिमल

83. सामाजिक परिवर्तन है–
A. फैशन में परिवर्तन
B. तकनीकी में परिवर्तन
C. सामाजिक संगठन में परिवर्तन
D. उपर्युक्त में से कोई नहीं

84. समाजशास्त्र एक विज्ञान है क्योंकि वह समाज का अध्ययन करता है–
A. वैज्ञानिक पद्धति से
B. वैज्ञानिक दृष्टिकोण से
C. सामाजिक दृष्टिकोण से
D. A. और B. दोनों से

85. 'सोसायटी' नामक पुस्तक के लेखक हैं–
A. मैकाइवर एवम् पेज
B. किंग्सले डेविस
C. एलेक्स इंकल्स
D. गिलिन एवम् गिलिन

86. ''समाजशास्त्र समाज का सामान्य विज्ञान है।'' यह परिभाषा किसने दी है?
A. एच. एम. जॉनसन ने
B. एलेक्स इन्कल्स ने
C. किंग्सले डेविस ने
D. मार्शल जोन्स ने

87. जाति-व्यवस्था किस समाज की विशेषता है?
A. भारतीय की
B. यूरोपीय की
C. पाकिस्तानी की
D. उपर्युक्त सभी की

88. ''मूल्य'' की परिभाषा निम्नलिखित में से किसने दी?
A. जॉनसन ने
B. बर्गल ने
C. दुर्खीम ने
D. राधाकमल मुखर्जी ने

89. निम्नलिखित में से कौन-सी विशेषताएं प्राथमिक समूह से सम्बन्धित हैं?
1. छोटा आकार

2. स्वार्थपरता
3. पृष्ठभूमि की समानता
4. साझे हितों की प्रवलता

कूट :
A. 1, 2 और 3
B. 2, 3 और 4
C. 1, 3 और 4
D. 1, 2 और 4

90. संस्कृति का अभिप्राय है–
A. जीवन के भौतिक पहलुओं से
B. सामाजिक जीवन के विचारात्मक पहलुओं से
C. सामाजिक और सांस्कृतिक सुधारों से
D. तौर तरीकों और शिष्टाचार से

91. जाति एवम् वर्ग के मुख्य भेद निम्न में से कौन-सा है?
A. जाति सदैव संवृत होती है, जबकि वर्ग सदैव विवृत होता है
B. जाति के मामले में व्यक्ति की प्रस्थिति आरोपित होती है जबकि वर्ग में अर्जित होती है
C. जाति के मामले में व्यक्ति को सर्वाधिक हानि उठानी पड़ती है जबकि वर्ग में ऐसा नहीं होता
D. जाति वर्गविहीन समाज में परिचालित होती है तथा वर्ग जाति विहीन समाज में परिचालित होता है

92. "प्रत्येक सामाजिक-प्रस्थिति किसी एक सम्बद्ध भूमिका को नहीं वरन् भूमिकाओं के विन्यास को आवृत्त करती हैं।" यह निम्नलिखित में से किस अवधारणा में निहित है?
A. बहुल भूमिकाएं
B. प्रस्थिति-समुच्चय
C. प्रस्थिति अनुक्रम
D. भूमिका-समुच्चय

93. निम्नलिखित में से कौन सामाजिक स्तरीकरण का/के लक्षण हैं?
1. समाजों का विभाजन
2. समाजों के अन्दर विभेदीकरण
3. सोपानिक संगठन
4. व्यक्तियों के मध्य असमानता

कूट :
A. 1, 2 और 3
B. 1 और 2
C. 1, 3 और 4
D. 1, 2 और 4

94. "समुदाय वह लघुतम क्षेत्रीय समूह है जिसमें सामाजिक जीवन के सभी पक्ष समाहित होते हैं।" यह कथन किसकी हैं?
A. गिडिंग्स
B. सोरोफिन
C. मैकाइवर एवम् पेज
D. किंग्सले डेविस

95. निम्नलिखित का सही क्रम बताएं
1. कृषि प्रधान समाज
2. आखेट जीवी और खाद्य संग्राहक समाज
3. उद्योग प्रधान समाज
4. उद्यान प्रधान समाज

कूट :
A. 1, 2, 4, 3
B. 2, 4, 1, 3
C. 4, 2, 1, 3
D. 2, 1, 4, 3

96. "सांस्कृतिक विलम्बना" की उपकल्पना को किसने प्रतिपादित किया?
A. सी.एच. पेज ने
B. एम. एफ. निमकॉफ ने
C. डब्ल्यू एफ. आगबर्न ने
D. आर.एम. मैकाइवर ने

97. यदि उच्च सामाजिक प्रस्थिति समूह की कन्या का विवाह निम्न सामाजिक प्रस्थिति समूह के व्यक्ति से होता है तो यह किस प्रकार का विवाह कहलाएगा?
A. अन्तर्विवाह
B. प्रतिलोम विवाह
C. अनुलोम विवाह
D. अधिमान्य विवाह

98. निम्नलिखित में से कौन-सी प्रदत प्रस्थिति नहीं है?
A. शूद्र

B. विद्यार्थी
C. ब्राह्मण
D. महिला

99. जाति स्तरीकरण की व्यवस्था किस पर आधारित है?
A. गोत्र पर
B. चातुर्वर्ण पर
C. वार्णाश्रम व्यवस्था पर
D. पुनर्जन्म पर

100. वह प्रक्रिया जिसमें व्यक्ति समूह मूल्यों को अभ्यान्तरीकृत करता है, कहलाता है–
A. आत्मसात्करण
B. समंजन
C. समाकलन
D. समाजीकरण

101. सूची-I को सूची-II के साथ सुमेलित कीजिए तथा नीचे दिए गए कूट का प्रयोग कर सही उत्तर चुनिए–

सूची-I	सूची-II
A. प्राणियों का प्रजनन	1. परिवार का आर्थिक प्रकार्य
B. संस्कृति का संचरण	2. परिवार का प्राणिशास्त्रीय प्रकार्य
C. श्रम-विभाजन	3. परिवार का सांस्कृतिक प्रकार्य
D. प्रस्थिति प्रदान करना	4. परिवार का सामाजिक प्रकार्य

कूट :

	A	B	C	D
A.	2	3	4	1
B.	2	4	1	3
C.	3	4	2	1
D.	3	1	2	4

102. ''व्यक्ति भूमिका अपेक्षाओं का स्वचालित रूप से प्रत्युत्तर देता है।'' इस मत के आलोचक निम्न में से कौन हैं?
A. पारसन्स
B. मर्टन
C. लिन्टन
D. गारफिन्कल

103. निम्नलिखित कथनों में से सही कथन का चयन कीजिए–
A. समाजशास्त्र नैतिकता द्वारा सामाजिक समस्याओं का अध्ययन करता है
B. समाजशास्त्र विशिष्ट दृष्टिकोण से सामाजिक समस्याओं का अध्ययन करता है
C. समाजशास्त्र विशिष्ट ढ़ंग से सामाजिक समस्याओ का अध्ययन करता है
D. समाजशास्त्र विशिष्ट सामाजिक समस्याओं का अध्ययन करता है

104. निम्नलिखित में से कौन-सा एक भारत में बढ़ती हुई बेरोजगारी की दर का कारण नहीं है?
A. कर्म का सिद्धान्त
B. आर्थिक मंदी
C. शासकीय नीति में भारी झुकाव
D. उद्योगों में सूक्ष्म-इलेक्ट्रोनिकी का बढ़ता हुआ प्रयोग।

105. समाज की विशेषता निम्न में से कौन-सा है?
A. संस्कृति
B. सहयोग
C. गतिशीलता
D. ये सभी

106. नीचे दो वक्तव्य दिए गए हैं जिनमें एक को कथन A. तथा दूसरे को कारण (R) कहा गया है–
कथन A. : सभी समूह सामाजिक सम्बन्ध होते हैं, किन्तु सभी सामाजिक सम्बन्ध समूह नहीं होते।
कारण (R) : एक समूह के सदस्यों में सामान्य लक्ष्यों की प्राप्ति के लिए कुछ अंश तक सहयोग होता है।
उपर्युक्त दोनों वक्तव्यों के संदर्भ में निम्नलिखित में से कौन एक सही है?
A. A तथा R दोनों सही हैं तथा, R, A की सही व्याख्या है
B. A तथा R दोनों सही है परंतु R, A की सही व्याख्या नहीं है
C. A सही है परन्तु R गलत है
D. A गलत है परन्तु R सही है

107. निम्नलिखित राजनीतिक व्यवस्थाओं से कौन-सी एक तार्किक विविध प्रकार की वैधता पर आधारित है?
A. अल्प तन्त्र

B. लोकतन्त्र
C. वयोवृद्ध तन्त्र
D. एक तन्त्र

108. निम्नलिखित में से प्राथमिक समूह का चयन कीजिए–
A. परिवार
B. इतिहास का छात्र
C. ट्रेड यूनियन के सदस्य
D. सामाजिक कार्यकर्त्ता

109. निम्नांकित में से किसने समसामयिक राजनीतिक विचारों को सर्वाधिक प्रभावित किया है?
A. श्रमिकों की तानाशाही
B. राज्य का समाप्त होना
C. वर्ग-संघर्ष का सिद्धान्त
D. इतिहास की भौतिक व्याख्या

110. विकसित समाजों के सामाजिक स्तरीकरण के प्रतिमान का आरेखी निरूपण किस आकार में होता है?
A. वर्गाकार
B. पिरामिड
C. हीरक
D. इनमें से कोई नहीं

111. ''मानसिकता परम्परागत संस्कृति से प्रभावित होती है।'' ये शब्द किसके हैं?
A. ई. ए. हूटन के
B. अर्नोल्ड ग्रीन के
C. फ्रेंज बोआस के
D. एच. टी. मजूमदार

112. ''उत्पादन प्रणाली ही लोगों की संस्कृति की एक मात्र निर्धारक है।'' यह कथन है–
A. मैक्स वेबर
B. मैकाइवर
C. टी. एच. ग्रीन
D. कार्ल मार्क्स

113. निम्नलिखित में से कौन-सा प्राचीन समय में पूर्णतया विश्वविद्यालय नगर था?
A. काशी
B. तक्षशिला
C. पाटलिपुत्र
D. नालन्दा

114. निम्नलिखित में से कौन गलत है?
A. वर्ग भेद आवश्यक रूप से सम्पत्ति के स्वामित्व पर निर्भर नहीं है?
B. समाज शास्त्र की बहुत जटिल समस्या का कार्ल मार्क्स ने अत्यधिक सरल स्पष्टीकरण दिया है।
C. भेद-भाव जन्म पर आधारित हैं
D. सामाजिक स्तरीकरण के कारण अनेक है

115. सामाजिक स्तरीकरण का अर्थ है–
A. समूह और आन्तरिक समूह का अस्तित्व आर्थिक, सामाजिक और अन्य सभी शक्तियों का उत्पाद
B. समाज का जातियों में वर्गीकरण
C. शक्ति पर आधारित वर्गीकरण
D. आर्थिक दशा पर आधारित वर्गीकरण

116. ''राष्ट्रीयताओं के निर्माण में सर्वाधिक महत्त्वपूर्ण बाह्य कारक राज्य है।'' यह कथन है–
A. कार्ल मार्क्स का
B. हन्स कोहन
C. मैकाइवर
D. सर फ्रेजर

117. कार्ल-मार्क्स ने कौन-सा सिद्धान्त विकसित किया?
A. साम्यवाद
B. समाजवाद
C. अराजकतावाद
D. प्रकार्यात्मक जनतन्त्र

118. वस्तु विनिमय विनिमय है–
A. वस्तु के बदले वस्तु का
B. सेवा के बदले सेवा
C. सेवा के बदले वस्तु का
D. उपर्युक्त सभी

119. परिवार की उत्पत्ति के लिए किसे आवश्यक माना जाता है?
A. आर्थिक आवश्यकता
B. प्रजनन की आवश्यकता
C. यौन इच्छा
D. उपर्युक्त सभी

120. निम्नलिखित में से कौन-सा भारतीय संस्कृति का आधार है?
A. अंग्रेजी भाषा
B. आध्यात्मवाद
C. रेल व्यवस्था
D. इनमें से कोई नहीं

121. निम्नलिखित में से समूह का निर्माण कौन करते हैं?
A. सर्कस कम्पनी के सदस्य जो प्रदर्शन कार्य में लगे हुए हैं
B. स्कूल बंद होने के बाद भागते हुए बच्चे
C. एक-दूसरे का गली में अनुगमन करते हुए सब्जी बेचने वाले
D. असफल साझेदारी

122. निम्न में से कौन-सी सामाजिक भूमिका नहीं है?
A. हिंसा की शिक्षा देते हुए एक राजनेता
B. अपने गवाह को तैयार करते हुए एक वकील (अधिवक्ता)
C. संस्कार सम्पन्न करते हुए पुरोहित
D. पर्दे पर हिंसा की क्रिया में संलग्न एक अभिनेता

123. पूर्ति और मांग का सिद्धान्त आवश्यक रूप से लागू नहीं होता है–
A. श्रम-बाजार पर
B. अन्तर्राष्ट्रीय बाजार पर
C. व्यावसायिक बाजार पर
D. पूंजी बाजार पर

124. निम्नलिखित में से द्विज होता है–
A. जो वैश्य के परिवार में जन्म लिया हो
B. जो ब्राह्मणों के परिवार में जन्म लिया हो
C. जो क्षत्रिय के परिवार में जन्म लिया हो
D. वह जिसका छात्र के रूप में संस्कार हुआ हो और अध्ययन के औपचारिक पाठ्यक्रम से गुजरा हो

125. निम्नलिखित में से कौन-सा कारक गांव के लोगों को एक समुदाय बनाता है?
A. वे सामान्य धर्म में विश्वास करते हैं
B. वे 'हम' की भावना में बंधे होते हैं
C. उनकी उत्पत्ति सामान्य रक्त से हुई है।
D. उनकी एक सामान्य संस्कृति है।

126. निम्न में से कौन-सी गोत्र की विशेषता नहीं है?
A. विवाह पर बहिर्विवाह का नियन्त्रण व बन्धन नहीं होता है
B. यह बहिर्विवाही होता है।
C. इसमें एक स्वीकृत पूर्वज होता है
D. यह एक पक्षीय होता है

127. भारतीय संस्कृति की वास्तविक शक्ति क्या है?
A. पश्चिमी संस्कृति का प्रभाव होना
B. विशेषताओं की मौलिकता
C. बदलती हुई परिस्थितियों के साथ सामंजस्य की क्षमता
D. इनमें से कोई नहीं

128. समाज की उत्पत्ति का कारण है–
A. उद्‌विकास
B. ईश्वर की इच्छा
C. शक्ति
D. इनमें से कोई नहीं

129. निम्नलिखित में से कौन संस्था नहीं है?
A. उत्तराधिकार
B. विवाह
C. सम्पत्ति
D. थियेटर

130. "जजमानी" सेवा या वस्तुओं का विनिमय है–
A. कानून के अनुसार
B. प्रथा के अनुसार
C. वस्तु के मूल्य के अनुसार
D. इनमें से कोई नहीं

131. राज्य की उत्पत्ति का आदर्शवादी सिद्धान्त जाना जाता है–
A. समाजवादी सिद्धान्त के रूप में
B. कल्याणकारी सिद्धान्त के रूप में
C. अधिवैदिक सिद्धान्त के रूप में
D. अराजकतावादी सिद्धान्त के रूप में

132. राष्ट्रीयता का सर्वाधिक महत्त्वपूर्ण तत्त्व है–
A. समान भाषा
B. सामूहिक भावनाएं
C. समान धर्म
D. समान प्रजाति

133. जातिवाद से आशय है—

A. कतिपय जातियों के समर्थन में पूर्वाग्रह होना

B. हर एक जाति विरोधी पूर्वाग्रह होना

C. अपनी जाति के समर्थन में केवल पूर्वाग्रह नहीं वरन् अन्य जातियों के विरोध में भी पूर्वाग्रह होना

D. अपनी जाति के समर्थन में पूर्वाग्रह होना

134. "समाजशास्त्र सामाजिक मनुष्य के व्याख्यात्मक बोध का प्रयत्न करता है।" यह कथन है—

A. मैक्स वेबर का

B. टी. अबेल का

C. कार्ल मेनहीम का

D. डब्ल्यू. एफ. आंगबर्न का

उत्तरमाला

1.	2	3	4	5	6	7	8	9	10
B	**A**	**A**	**C**	**C**	**D**	**C**	**D**	**D**	**A**
11	12	13	14	15	16	17	18	19	20
B	**B**	**C**	**D**	**B**	**B**	**B**	**D**	**D**	**C**
21	22	23	24	25	26	27	28	29	30
A	**A**	**C**	**C**	**A**	**A**	**C**	**A**	**A**	**C**
31	32	33	34	35	36	37	38	39	40
A	**A**	**C**	**B**	**B**	**A**	**C**	**C**	**B**	**B**
41	42	43	44	45	46	47	48	49	50
A	**B**	**D**	**A**	**D**	**B**	**C**	**B**	**D**	**C**
51	52	53	54	55	56	57	58	59	60
D	**C**	**D**	**A**	**B**	**C**	**B**	**A**	**A**	**A**
61	**62**	**63**	**64**	**65**	**66**	**67**	**68**	**69**	**70**
D	A	B	B	D	C	A	C	A	D
71	**72**	**73**	**74**	**75**	**76**	**77**	**78**	**79**	**80**
A	B	D	B	A	B	A	D	C	A
81	**82**	**83**	**84**	**85**	**86**	**87**	**88**	**89**	**90**
B	D	C	B	A	B	A	D	C	B
91	**92**	**93**	**94**	**95**	**96**	**97**	**98**	**99**	**100**
B	D	D	A	D	C	B	B	B	D
101	**102**	**103**	**104**	**105**	**106**	**107**	**108**	**109**	**110**
D	C	B	A	A	B	B	A	C	C
111	**112**	**113**	**114**	**115**	**116**	**117**	**118**	**119**	**120**
C	D	D	C	A	B	A	D	D	B
121	**122**	**123**	**124**	**125**	**126**	**127**	**128**	**129**	**130**
A	A	C	D	B	A	C	A	D	B
131	**132**	**133**	**134**						
B	B	C	A						

UNIT–4

है उसे जानने की सम्भावना कैसी है। एक दार्शनिक की हैसियत से **हसरेल** के सामने ये केन्द्रीय प्रश्न हैं जिन पर पूरा ध्यान देना चाहिये। **हसरेल** का तर्क था कि मनुष्य दुनिया के बारे में जो कुछ जानते हैं वह केवल उनके अनुभव के माध्यम से है। इससे परे जो बाह्य दुनिया है उसके बारे में हमारी जो भी धारणा है उसे इन्द्रियों द्वारा जाना जा सकता है और ये इन्द्रियां ही हमारी मानसिक चेतना हैं। दूसरे शब्दों में अन्य लोगों का अस्तित्व, मूल्य, मानक और भौतिक तत्व सभी के बारे में हमारी जानकारी अनुभव द्वारा होती है। यह अनुभव लोग अपनी चेतना जागृति से करते हैं। इन्द्रियों और चेतना के बाहर हमारा कोई सीधा सम्पर्क दुनिया की वास्तविकता से नहीं है। सम्पर्क सदैव अप्रत्यक्ष होता है। और इसलिये यथार्थ को हम मनुष्य के मस्तिष्क की प्रक्रियाओं द्वारा समझते हैं।

ज्ञान प्राप्त करने के लिए चेतना की प्रक्रिया महत्वपूर्ण है और इसलिये किसी भी दार्शनिक शोध में सबसे पहले यह जानना चाहिये कि चेतना की यह प्रक्रिया कैसे काम करती है। और किस तरह मनुष्य की गतिविधियों को प्रभावित करती है। हमारा सबसे बड़ा सरोकार चेतना की प्रक्रियाओं को समझने का है और यह देखना है कि किस प्रकार हमारे अनुभव बाह्य वास्तविकता को बनाते हैं? मस्तिष्क में चेतना की जो प्रक्रियाएं हैं और जिसके द्वारा बाह्य वास्तविकताओं को जाना जाता है, यही फिनोमिनोलाजी की केन्द्रीय अध्ययन सामग्री है।

(ख) **जीवन जगत और चेतना : हसरेल** कहते हैं कि सामान्यतया मनुष्य इस जीवन जगत में अपने दिन-प्रतिदिन के क्रिया कलाप करता है। उन्होंने इस जीवन जगत का अर्थ उन मानक मूल्यों सांस्कृतिक प्रतिमानों और व्यवसायों को माना है जो दुनिया में प्रचलित है सभी लोग शादी-ब्याह पर आनन्दित होते हैं। दुःख-दर्द पर शोक मनाते हैं। जीवनयापन के लिये किसी न किसी धंधे को अपनाते हैं। यह सब जीवन जगत है। मनुष्य इस जीवन जगत को स्वीकार कर चलता है। यह जीवन जगत ही मनुष्य के अस्तित्व को परिभाषित करता है। जन्म से लेकर मृत्यु तक मनुष्य जीवन जगत की चारदीवारी में बंधा रहता है। यह जीवन जगत विभिन्न वस्तुओं, लोगों, विचारों और ऐसे ही अगणित सांस्कृतिक और भौतिक तत्वों से अटा पड़ा है।

हसरेल के अनुसार जिस जीवन जगत का सम्पर्क मनुष्य से होता है उसकी दो विशेषताएं हैं। पहली तो यह है कि मनुष्य जीवन जगत को वह जैसा भी है मानकर चलता है। यह मनुष्य के सोच और गतिविधियों को निर्धारित करता है। दूसरी बात यह है कि मनुष्य जब इस जीवन जगत को देखता है तो उसका यह देखना उसके स्वयं की चेतना के अनुभव पर निर्भर है। वास्तव में जीवन जगत जो कुछ भी है वह व्यक्ति के स्वयं का अनुभव नहीं है फिर भी वह यह समझता है कि उसका जीवन जगत अन्य लोगों के समान ही है अर्थात मनुष्य जीवन जगत को स्वीकृत मान कर चलता है। और समझता है कि यह जीवन जगत सामूहिक रूप से अनुभव जन्य जगत है। इस तथ्य ने **हसरेल** को अपनी प्रारम्भिक बुनियादी समस्या की ओर धकेला। यह कैसे सम्भव है कि मनुष्य इस स्वीकृत जीवन जगत को छोड़ दे यानि समाज द्वारा दी गयी वस्तुओं, लोगों स्थानों, विचारों और प्रतिमानों से मुक्त हो जाये, उन्हें भुला दे और इस बात को निश्चित करे कि वास्तविकता क्या है? यदि जीवन जगत की संरचना मनुष्य की चेतना और क्रियाओं को निश्चित करती है तो मनुष्य के व्यवहार और संगठन का वस्तुनिष्ठ अध्ययन करना कैसे सम्भव होगा? इन प्रश्नों ने **हसरेल** को झकझोर दिया। उन्होंने बराबर तर्क दिया कि जीवन जगत यानि उसके विभिन्न तत्व जिसकी अनुभूति इन्द्रियों द्वारा व्यक्ति को होती है वास्तविक है। यदि समाजशास्त्र को विज्ञान का दर्जा पाना है तो उसे जीवन जगत के स्वयं द्वारा स्वीकृत जाल से निकल कर वास्तविकता की खोज करनी चाहिये।

(ग) **प्रकृतिवादी आनुभविकवाद : हसरेल** विज्ञान द्वारा स्थापित मान्यताओं को चुनौती देते हैं। विज्ञान क्या है? विज्ञान यह मानकर चलता है कि व्यक्ति से परे तथ्यों की एक दुनिया है। यह तथ्यों की दुनिया मनुष्य की इन्द्रियों और उसकी चेतना से अलग स्वतंत्र और बाह्य है। इस तथ्यात्मक दुनिया को विज्ञानवेत्ता कहते हैं वैज्ञानिक विधि द्वारा जाना जा सकता है। वैज्ञानिकों की धारणा है कि इस तथ्यात्मक दुनिया की विशेषताओं को सही तरह से नाप तौल कर निश्चित किया जा सकता है। इस तथ्यात्मक दुनिया को विज्ञान के माध्यम से समझा जा सकता है। तथ्यों के नाप-तौल में आनुभविकता काम करती है। विज्ञान की इस तरह की अवधारणा को **हसरेल** चुनौती देते हैं।

यह तथ्यों की दुनिया जो वास्तव में जीवन जगत है। जिसमें अगणित वस्तुएं हैं, असंख्य लोग हैं, विचार और वैचारिकी है। सामाजिक सांस्कृतिक प्रतिमान है, वर्ण व जाति बिरादरी है, को वैज्ञानिक विधि से नहीं जाना जा सकता। उन्होंने तथ्यों द्वारा यह स्थापना की कि इस तरह की तथ्यात्मक दुनिया को केवल चेतना द्वारा जाना जा सकता है। वास्तव में जिसे जीवन जगत कहा जाता है वह और कुछ न होकर मनुष्य की चेतना द्वारा प्राप्त किये गये अनुभव हैं। चेतनाजन्य इस जीवन जगत को वैज्ञानिक विधि से किस प्रकार मापा जा सकता है? **हसरेल** के तर्क का सार यह है कि जीवन जगत को मापने के लिये जो विधि विज्ञान अपनाता है वह एक मात्र छल और भुलावा है। यह इसलिये कि मनुष्य के

बाहर की दुनिया जिसे जीवन जगत कहते हैं वास्तव में वह दुनिया है जिसे व्यक्ति अपनी चेतना द्वारा अनुभव करता है।

(घ) **दार्शनिक विकल्प : हसरेल** के अध्ययन की समस्या कुछ ऐसी है यदि वास्तविक जीवन जगत वह है जिसे व्यक्ति अपने अनुभव द्वारा चेतना में लेता है तो इस समस्या को समझा कैसे जाये? इस प्रश्न का जो उत्तर **हसरेल** ने दिया है वह दार्शनिक है। उन्होंने हमें चेतना के सार की खोज करने की वकालत की। आखिर हम सामाजिक घटनाओं, प्रसंगों, अवसरों यानि परिवार, जाति धर्म,वर्ग आदि का बोध कैसे करते हैं। फिनोमिनोलाजी कहती है कि यह बोध हमें चेतना के माध्यम से होता है। तब यह सवाल उठता है कि वस्तुत: चेतना क्या है उसमें क्या धरा है? **हसरेल** की रुचि यह जानने में नहीं है कि जीवन जगत में क्या है? यानि जीवन जगत किससे बना है वास्तविक दार्शनिक अनुसंधान का मुद्दा तो चेतना की अमूर्त प्रक्रियाओं को समझने का है।

हसरेल का मत था कि हमें अन्त: वैयक्तिक सबंधों से जो अनुभव मिलता है उसका क्रान्तिकारी अमूर्तिकारी करना चाहिये। वे अनुसंधानकर्ता जो फिनोमिनोलाजी में अध्ययन कार्य करते हैं उन्हें अपनी विज्ञान प्रेरित रूझान को छोड़ देना चाहिये। उन्हें देखना चाहिये कि अनुभव ग्रहण करने को हमारी चेतना की जो बुनियादी प्रक्रियाएं हैं वे क्या हैं? दूसरे शब्दों में हमें चेतना की प्रक्रिया को समझने के लिए एक विशुद्ध मस्तिष्क की पहचान करनी चाहिये एक बार यदि हम जीवन जगत को भूल जाएं और हमारे इर्द-गिर्द की दुनिया को केवल इन्द्रियों के माध्यम से समझें तो हमें चेतना के अमूर्त लक्षण प्राप्त हो जायेंगे। यदि ऐसा हो सका तो हमें वास्तविकता को समझने में अंतदृष्टि मिलेगी। सच्चाई यह है कि जो कुछ मनुष्य जानना चाहता है उसे यदि स्वीकृत न मानकर अपनी चेतना से समझें तब शायद हम चेतना के अमूर्त स्वरूप को समझ पायेंगे।

इस सिद्धांत निर्माण में जीवन जगत द्वारा दी गयी जो भी मान्यताएं हैं उन्हें रद्द कर देना चाहिये। सत्य यह है कि बाहरी दुनिया यानि जीवन जगत में जो कुछ है वह केवल पूर्वाग्रह है व्यक्ति को उसे जैसा का तैसा स्वीकार नहीं करना चाहिये, वास्तविक तो वह है जिसे व्यक्ति अपनी चेतना, मस्तिष्क, अनुभव एवं इन्द्रियों द्वारा बोधगम्य समझता है।

अलफ्रेड शूट्ज

अलफ्रेड शूट्ज (Alfred Schutz 1899-1959) जर्मन थे। वे नाजी सरकार की ज्यादतियों से परेशान होकर 1939 में जर्मनी से अमेरिका भाग आये। उन्होंने समाजशास्त्र में फीनोमिनोलाजी को प्रस्तुत किया। **शूट्ज** की बहुत बड़ी विशेषता यह है कि उन्होंने **हसरेल** के दर्शन को समाजशास्त्र में स्थापित किया। **शूट्ज** ने जीवन जगत की चर्चा नहीं की है। लेकिन उनका मानना है कि ज्ञान का एक विशाल भण्डार होता है जिसमें से प्रत्येक व्यक्ति अपने निजी ज्ञान को प्राप्त करता है जिसे हम पुस्तक, रेलगाड़ी, आवास, पोशाक, भोजन, परिवार, जाति, वर्ण आदि समझते हैं वह और कुछ न होकर ज्ञान के विशाल भण्डार का एक अंग है। ज्ञान के भण्डार की ये विभिन्न वस्तुएं कई प्रकार को श्रेणियों में पायी जाती हैं।

शूट्ज घटना विज्ञान सिद्धांत : शूट्ज 1939 में अमेरिका आ गए यहां के अकादमिक क्षेत्र में उनका कई विचारकों से सम्पर्क हुआ। इन्ही दिनों में उनकी पुस्तक द *फीनोमिनालाजी आफ द सोशल वर्ल्ड* (The Phenomenology of the Social World 1967) का अंग्रेजी में अनुवाद हुआ। इसके परिणामस्वरूप अमेरिका के समाजशास्त्री इनकी विचारधारा से परिचित हुए। यहां आकर उन्होंने अपने सिद्धांत को निर्णायक रूप में रखा। उनका योगदान उनकी इस क्षमता में है कि उन्होंने **हसरेल** के क्रान्तिकारी फिनोमिनोलाजी का तेजी से विकास शुरू किया। दूसरा परिणाम यह कि इन्होंने फिनोमिनोलाजी में इथनोमेथडोलाजी को जन्म दिया। और तीसरा **शूट्ज** की फिनोमिनोलाजी ने सम्पूर्ण सैद्धान्तिक संघर्ष को एक परिष्कृत रूप दिया। **शूट्ज** का कृतित्व **मैक्स वेबर** की सामाजिक क्रिया की अवधारणा का अत्यधिक प्रयोग किया है। सामाजिक क्रिया तब होती है जब कर्ता एक दूसरे से परिचित होता है। इसके उपरांत समाज दशा में कर्ता एक ही अभिप्राय को निकालते हैं कि समाज के किसी भी विज्ञान को सामाजिक वास्तविकता के अभिप्राय को सही तरह से समझना चाहिये। वास्तविकता के विश्लेषण में अभिप्राय (Meaning) सर्वाधिक महत्त्वपूर्ण होते हैं। समाजशास्त्री अनुसंधान में हमारा प्रयत्न होना चाहिये कि हम लोगों की चेतना में प्रवेश करें और देखें कि लोग वस्तुओं को किस दृष्टि से देखते हैं। उन्हें किस प्रकार परिभाषित करते हैं और उनका क्या अभिप्राय लेते हैं। अध्ययन की इस प्रक्रिया में **वेबर वेरस्टेहन** यानी समझ या अभिप्राय की विधि को अपनाते हैं। किसी भी दशा में अनुसंधान कर्ता वस्तुओं के अन्दर पहुंच कर व्यक्तिनिष्ठ अर्थ को निकालता है। **वेबर** बराबर इस बात पर जोर देते हैं कि अन्त:क्रिया में व्यक्तियों द्वारा दिया गया अभिप्राय वास्तविक क्रिया है। यदि इस क्रिया में व्यक्ति का अभिप्राय निहित नही है तो यह क्रिया गतिविधि मात्र है। अत:क्रिया के किसी भी विश्लेषण में **वेबर** का आग्रह है कि अभिप्राय महत्वपूर्ण है।

शूट्ज ने अपनी मुख्य पुस्तक में सबसे पहले क्रिया की अवधारणा को उठाया है। **शूट्ज** ने विस्तारपूर्वक क्रिया की

अवधारणा का आलोचनात्मक विश्लेषण किया। यहां **शूट्ज वेबर** की कटु आलोचना करते हैं। **वेबर वेरस्टेहेन** विधि को तो काम में लाते हैं लेकिन इस तथ्य को समझाने में असफल रहे हैं कि कर्ता क्यों और कैसी प्रक्रियाओं द्वारा सामान्य अभिप्राय निकालते हैं? दूसरे शब्दों में वे कौन से समाजशास्त्रीय कारक हैं जो कर्ताओं को इस सर्वसम्मत निष्कर्ष पर पहुंचाते हैं? **शूट्ज** का कहना है कि शायद **वेबर** यह मानकर चले हैं कि सभी कर्त्ता व्यक्तिनिष्ठ अभिप्राय के भागीदार है। जब **वेबर** यह मानकर चलते हैं कि तो **शूट्ज** स्वाभाविक रूप से पूछते हैं वे कौन से सामाजिक कारक हैं जो एक निश्चित अवस्था में कर्ता को एक समान अभिप्राय पर पहुँचाने के लिये उत्तरदायी हैं। वे किस तरह से एक ही दृष्टिकोण वाली दुनिया को पैदा करते हैं? वास्तव में यह समस्या अन्तर्व्यक्तिनिष्ठता की है। **शूटज** की बौद्धिक योजना में अन्तर्व्यक्ति निष्ठता का स्थान केन्द्रीय है। **शूट्ज** की अवधारणा की टीका करते हुए **रिचार्ड जेजर** कहते हैं—यह कैसे सम्भव है कि यद्यपि मैं आपके विचारों से सहमत नहीं हूँ। आपकी प्रेम और घृणा की जो भावना है उसे मैं ठीक नहीं समझता। आपके व्यवहार से मै संतुष्ट नही हूं फिर भी मै आपके विचारो से, भावना से और अभिकृतियों से भागीदारी रखता हूं। **शूट्ज** के लिये वास्तविक समस्या अन्तर्व्यक्तिनिष्ठावाद की है।

जेनर ने जो आपत्ति उठाई है उसकी व्याख्या इस प्रकार है। **शूट्ज** कहते हैं कि प्रत्येक क्रिया का अर्थ या उसका अभिप्राय कर्त्ता निकालता है। समाज में सभी कर्ता विभिन्न दशाओं में या एक ही दशा में अपना व्यक्तिनिष्ठ अर्थ से सहमति नही पाता फिर कैसे विभिन्न व्यक्तिनिष्ठ अर्थ वाले कर्ता एक ही विचार से अपनी सहमति मानते हैं। यह द्विविधा **शूट्ज** की है और वास्तव में यह सम्पूर्ण समस्या अन्तर्व्यक्ति निष्ठावाद की है।

अपने जीवन के प्रारम्भिक वर्षों में **शूट्ज हसरेल** के फिनोमिनोलाजी से अधिक प्रभावित थे। मीड का कृतित्व उन्हें किसी तरह से अभिप्रेरित नहीं करता था। बाद में चलकर **शूट्ज हसरेल** से भी अलग हो गये। **हसरेल** जब व्यक्ति को आमूल चूल अमूर्त रूप से रखना चाहते हैं, एक विशुद्ध मस्तिष्क की खोज करना चाहते हैं तब **शूटज** उनसे असहमत नजर आते हैं। **शूट्ज** का आग्रह है कि चेतना के कोई अमूर्त नियम नहीं बनाये जा सकते। दूसरी ओर **शूट्ज हसरेल** की कतिपय धारणा को बिना किसी विवाद के स्वीकार करते हैं। व्यक्ति जीव जगत को जैसा भी वह है स्वीकृत किया हुआ मानते हैं। **शूट्ज हसरेल** की इस धारणा से भी सहमत हैं कि लोग जीव जगत के सभी तत्वों को समान रूप से एक जैसा समझते हैं **शूट्ज** यह भी स्वीकार करते हैं कि जीव जगत को समझे बिना व्यक्ति को नहीं समझा जा सकता।

शूट्ज जब अमेरिका आये तो उनकी फिनोमिनोलाजी पर प्रारम्भिक प्रतीकात्मक अंतक्रियावादियों और विशेषकर मीड व थॉमस का प्रभाव पड़ा। वास्तविकता यह है कि सभी मनुष्यों के मस्तिष्क में उचित व्यवहार करने के लिए नियमों उपनियमों आदि की निश्चित धारणा होती है। **शूट्ज** ने **हसरेल** की जीवन जगत की अवधारणा को भी विस्तार में रखा। मनुष्यों के मस्तिष्क में जीव जगत के नियमों मूल्यों मानक और वस्तुओं के बारे में जो बोध या ज्ञान है उसे तुरंत उपलब्ध होने वाला ज्ञान का भण्डार कहते हैं।

ज्ञान भण्डार : ज्ञान भंडार की अवधारणा विकसित करते हुए **शूट्ज** कहते हैं कि मस्तिष्क की चेतना में जीव जगत के बारे में जो भी जानकारियां हैं वे सब व्यक्ति के ज्ञान का भण्डार है, जिसे वह दिन प्रतिदिन के व्यवहार में काम में लाता है। आज किसी भी नौकरी के लिए प्रतियोगिता करनी पड़ती है। हमारा ज्ञान बताता है कि महंगाई बहुत अधिक है। हमारी चेतना कहती है राजनीति का अपराधीकरण हो गया है, आदि। ये सब वस्तुएं जीव जगत की हैं और जीव जगत के बारे में हमारे मस्तिष्क और चेतना में जो कुछ है उसे **शूट्ज** ज्ञान का भण्डार कहते हैं इसके लक्षण इस प्रकार हैं:

(क) समाज के सदस्यों के लिये ज्ञान का भंडार सर्वोच्च वास्तविकता है। यह वास्तविकता सभी सामाजिक घटनाओं को स्वरूप देती है और नियंत्रित करती है। कर्ता जब दूसरों के साथ व्यवहार करते हैं तो इसी ज्ञान के भंडार का प्रयोग वास्तविकता के रूप में काम में लाते हैं।

(ख) ज्ञान का भंडार लोगों में यह भावना पैदा करता है कि यही जीव जगत की यानि दुनिया व समाज की वास्तविकता है। इस यथार्थ को व्यक्ति स्वीकृत मानकर अर्थात टेकन फार ग्रान्टेड चलता है। कोई भी व्यक्ति चेतन रूप से यह नहीं सोचता कि उसे अपनी क्रियाओं में इस ज्ञान के भण्डार को काम में लाना है। वास्तविकता तो यह है कि यह ज्ञान का भण्डार अचेतन रूप से बड़े ही सरल व सहज ढंग से उसके व्यवहार को नियमित करता है।

(ग) ज्ञान के भंडार का अस्तित्व समाजीकरण द्वारा इसे प्राप्त करना तथा अंत:क्रियाओं के लिये ज्ञान के भंडार का पारस्परिक संदर्भों का आदान-प्रदान केवल समान ज्ञान के भंडार के कारण है अर्थात सभी कर्ताओं के लिये जीव जगत या समाज एक समान है और इसी कारण क्रियाओं में समान व्यवहार मिलता है। समाज की एकता में बनाये रखने का कारण सबकी एक जैसे जीव जगत में भागीदारी है।

(घ) ज्ञान का भंडार सीखा जाता है। यह जन्मजात नहीं मिलता। समान सामाजिक सांस्कृतिक दुनिया में ज्ञान के भंडार को

समाजीकरण द्वारा सीखा जाता है। यही व्यवहार बाद में चलकर व्यक्ति का अपना हो जाता है।

(च) जब मनुष्य ज्ञान के भंडार की मान्यता को लेकर व्यवहार करता है तो इस तरह का पारस्परिक व्यवहार दूसरे लोग भी करते हैं। जो व्यक्ति हमारे साथ व्यवहार करता है। उसे ज्ञान है कि हमारे ज्ञान का भंडार क्या है। अभिवादन के लिये जब हम हाथ जोड़ते हैं तो सामने वाला व्यक्ति भी हाथ जोड़ता है। हम दोनों के जो ज्ञान का भंडार है उसके दोनों ही भागीदार हैं इसी कारण पारस्परिकता निभ जाती है।

समाज बहुत विशाल है। इसमें कई विभिन्नताएं हैं। कई विशेषताएं हैं। इन सबको श्रेणियों में रखा जाता है। जैसी श्रेणी होगी वैसा ही व्यक्ति के व्यवहार का अनुकूलन होगा

शूट्ज फिनोमिनोलाजी समाजशास्त्र और विशेषकर जिस ज्ञान के भंडार के लक्षणों का विवरण दिया है स्पष्ट हो जायेगा कि **शूटज** ने यूरोज की फिनोमिनोलाजी और अमेरिका के अंत:क्रियावाद का अच्छा सम्मिश्रण किया है। जब **शूट्ज** ज्ञान के भंडार की चर्चा करते हैं तो स्पष्ट रूप से वे **हसरेल** से प्रभावित हैं। **हसरेल** से उधार लेकर भी वे **हसरेल** की इस मान्यता को स्वीकार नहीं करते कि चेतना की प्रक्रियाएं जो व्यक्ति में होती हैं का अमूर्तिकरण हो जाता है। **हसरेल** की इस असफलता पर ही **शूट्ज** अंत:वैयक्तिक निष्ठावान की समस्या को एक मुद्दा बनाते हैं। इस विवाद के कारण ही **शूट्ज** पुनः **हसरेल** के जीव-जगत की व्याख्या करते हैं। फिनोमिनोलाजी समाजशास्त्र चेतना, मस्तिष्क और जीव जगत आदि अवधारणाओं द्वारा समाज की वास्तविकताओं का अध्ययन करता है। समाज वैज्ञानिकों के लिए मुख्य मुद्दा तो यह जानने का है। कि हमारे इस समाज में वास्तविकता क्या है? किसे हम यथार्थ समझते हैं और कौन केवल फरेब है यथार्थता की यह व्याख्या वृहद समाजशास्त्री और सूक्ष्म समाजशास्त्री दोनों करते हैं। **शूट्ज** का यह कहना है कि जीवन जगत के बारे में जो कुछ हमारी जानकारी है वह हमारे ज्ञान के भंडार के अंग है। यह ज्ञान का भंडार जो व्यक्ति के मस्तिष्क में है समाजीकरण द्वारा प्राप्त होता है जिसे **मैक्स वेबर वरस्टेहेन** कहते हैं उसे **शूटज** व्यक्ति निष्ठावाद के पद से परिभाषित करते हैं। **शूट्ज** के लिये जो कुछ हमारा ज्ञान का भंडार है वही समाज या दुनिया की यथार्थता या वास्तविकता है। जिसे मीड सामान्यीकृत अन्य कहते हैं उसे **शूट्ज** ज्ञान का भंडार कहते हैं। विशुद्धरूप से **शूटज** का फिनोमिनोलाजी समाजशास्त्र कई स्रोतों से धारणाओं को लेकर अपने आपको बनाता है। **शूटज** के विषय में यह सब लिखते हुए हमें याद रखना चाहिये कि उनके लेखन का बहुत बड़ा मुहावरा यथार्थता या वास्तविकता की खोज है। वे जानना चाहते हैं: आखिर जिन वस्तुओं का अस्तित्व है वह क्यों और कैसे है? **शूट्ज** ही क्यों **हसरेल** ने भी जिन सामाजिक, आर्थिक व राजनैतिक दशाओं में फिनोमिनोलाजी को जन्म दिया वे दशाएं ही कुछ ऐसी थीं। **हसरेल** ने नाजीवाद के दमन को भोगा था। **शूट्ज** भी इसी के शिकार थे। **सांत्याना** ने भी अमेरिका में नागरिक अधिकारों के आंदोलन को देखा था। इन सब राष्ट्रीय समस्याओं ने **हसरेल** और **शूट्ज** को यह जानने के लिए बाध्य कर दिया कि आखिर इस दुनिया में कौन से तत्व वास्तविक और यथार्थ है।

यद्यपि **शूट्ज** फिनोमिनोलाजी समाजशास्त्र के विकास में अधिक कुछ नहीं कर पाये। **हसरेल** से आगे निकल पाये **शूट्ज** फिनोमिनोलाजी के किसी सिद्धांत को नहीं बना पाये फिर भी यह सत्य है कि उन्होंने एक सीमा तक फिनोमिनोलाजी को नये क्षितिज दिये। कुछ नये तेवर दिये और यह उन्हीं के परिणामस्वरूप है कि हमारा सैद्धान्तिक संदर्श सुदृढ़ हुआ और इथनोमैथडोलाजी एक विशेष ज्ञान शाखा के रूप में उभर कर हमारे सामने आयी।

लोकविधि विज्ञान सिद्धांत (Ethnomethodology Theory)

एथनोमेथडोलॉजी की परिभाषा—अंग्रेजी भाषा के शब्द एथनो का अर्थ होता है लोक या जन साधारण। जब जन साधारण अपनी धारणाओं को बनाने के लिये कतिपय पद्धतियों को अपनाते हैं तो इसे मेथड कहते हैं। जब इन पद्धतियों को वैज्ञानिक संदर्भ में अध्ययन किया जाता है तो इसे लॉजी कहते हैं। इस प्रकार एथनोमेथडोलॉजी लोक या जन साधारण द्वारा प्रयुक्त विधियों का वैज्ञानिक अध्ययन है। समाजशास्त्रीय सिद्धान्तों में जो फिनोमिनोलाजिकल उपागम है उनमें एथनोमेथडोलाजी सबसे अधिक और महत्वपूर्ण विधि समझी जाती है। इस विधि के प्रेणताओं में हेराल्ड गारफिंकल का नाम अग्रणी है। एथनोमथडोलाजी सिद्धांत या समाजशास्त्र पर बहुत अधिक लिखा गया है। उससे भ्रान्तियां भी बहुत पैदा हुई हैं। भ्रांतियों के कई कारण हैं एक तो यह कि हर समाजशास्त्री अपने आपको एथजोमेथडीलोजिस्ट समझता है। और फिर वह जो कुछ लिखता है। ज्यादातर अस्पष्ट और ऐसे गर्त में है जिसे समझ पाना बहुत मुश्किल है एथनोमेथडोलाजी के क्षेत्र में एक गलतफहमी यह है कि यह सिद्धांत समाजशास्त्रीय सिद्धांत को सुधारने का दावा करता है। एथनोमेथडोलाजिस्ट कहते हैं कि उनकी अध्ययन पद्धति में कोई भी विकार नहीं है। दूसरी गलतफहमी इस विद्या के बारे में यह है कि यह एकदम हल्की फुल्की और नरम विधि है। एथनोमेथडोलाजिस्ट अपने अध्ययन क्षेत्र में सहभागी अवलोकन करता हुआ इस तथ्य की खोज करता है कि किस भांति लोग दिन प्रतिदिन की घटनाओं को स्वीकृत मानकर चलते हैं। वास्तव में यह एथनोमेथडोलाजी के प्रति बड़ा ही नरम रूख है।

सच्चाई यह है कि एथनोमेथडोलाजी लोगों की धारणाओं पर जोर देता हुआ यह देखता है कि इन धारणाओं को बनाये रखने में, इन्हें निरंतरता देने में लोग किन विधियों को काम में लाते हैं। इन विधियों का अध्ययन ही एथनोमेथडोलॉजी करती है।

समाज और सामाजिक संरचना बहुत जटिल है। उन्हें बनाये रखने के लिये किसी पुलिस या फौज की जरूरत नहीं होती। समाज और संरचना बनी रहे, इनकी पहचान सुदृढ़ रहे इसके लिये लोक जीवन के कुछ तौर-तरीके हैं। समाज के नियम उपनियम व्यवस्था आदि को बनाये रखने के लिये जन जीवन जिन विधियों और तरीकों को काम में लेता है वही सब कुछ एथनोमेथडोलाजी है। अधिक सरल शब्दों में कहेंगे कि एथनोमेथडोलाजी उन विधियों का अध्ययन करता है। जिनके माध्यम से लोगों को धारणाएं बनी रहती हैं। या उनमें परिवर्तन लाया जाता है। हिन्दी में कई बार उसे लोक विधि विज्ञान भी कहते हैं। लोक अर्थात जनसाधारण या समाज, संरचना को बनाये रखने के लिए जिन विधियों को काम में लेते हैं उन विधियों का अध्ययन ही लोक-विधि विज्ञान है।

एथनोमेथडोलाजी के प्रयोग में एक तरह की अराजकता आ गयी है। कुछ समाजाशास्त्रियों के लिये तो एथनोमेथडोलाजी का प्रयोग ही उन्हें आधुनिकतम बना देता है। बहुत से समाजशास्त्री तो इसका प्रयोग फैशन के तौर पर करते हैं। इस अवधारणा के प्रणेता गारफिंकल ने जब इसका प्रयोग किया तो उन्होंने तकनीकी अर्थ में कहा कि एथनो का संदर्भ अपने समाज या समूह के सदस्यों में समाज के बारे में जो सहज बुद्धि ज्ञान है उससे है यह समाज सम्बंधी सहज बुद्धि ज्ञान एथनो की परिभाषा में आता है इस एथनो का वृहद अर्थ समाज के सदस्य लोक या लोगों से है। इस सबको मिलाकर गारफिंकल कहते हैं कि लोग दिन प्रतिदिन की गतिविधियों के प्रति सहज बुद्धि ज्ञान रखते हैं। इससे स्पष्ट है कि दिन प्रतिदिन की ये गतिविधियां सामान्यतया लोग स्वीकृत मानकर चलते हैं। इन गतिविधियों का अर्थ निकालने की आवश्यकता भी लोगों को नहीं पड़ती। और लोगों को यह अर्थ निकालने की आवश्यकता भी क्या है। क्योंकि वे तो इसे सहज रूप से व्यवहार में लाते रहते हैं। गारफिंकल एथनोमेथडोलाजी के इस आधार वाक्य को लेकर चलते हैं और इसको समस्या के रूप में विश्लेषण करते हैं।

अवधारणा एवं नियम : एथनोमेथडोलाजिस्ट यह जानना चाहते हैं कि लोगों द्वारा बनायी गयी जो यथार्थता है उसका रख रखाव कैसे होता है? और वह किस प्रकार बदलती है? लोगों में यथार्थ के प्रति जो भी बोध है उनके निर्माण के लिए कोई ऐसी अवधारणाएं या प्रस्ताव नहीं है जो सर्वसम्मत हो फिर भी यहाँ हम उन अवधारणाओं और नियमों का उल्लेख करेंगे जो एथनोमेथडोलाजी सिद्धांत में केन्द्रीय हैं। इन अवधारणाओं को टर्नर एथनोमेथडोलाजी की प्रमुख अवधारणा मानते हैं।

आत्मवाचक क्रिया : हमारी अधिकांश अंत:क्रियाएं यथार्थ या वास्तविकता को बनाये रखने के लिये होती हैं। ऐसी अंत:क्रियाएं आत्म वाचक होती हैं। इस क्रियाओं का केन्द्र स्वयं व्यक्ति होता है। इन क्रियाओं में धार्मिक अनुष्ठान,कर्मकाण्ड आदि होते हैं। यह मान्यता है कि इस संसार को परमात्मा ने बनाया है। और परमात्मा ही हमारे दिन प्रतिदिन के जीवन को नियन्त्रित व संचालित करता है। किसी भी कर्मकाण्ड या पूजा पाठ का उद्देश्य इसी विश्वास से चलता है कि परमात्मा को प्रसन्न रखा जाये। इस तरह कि गतिविधि जो कर्मकाण्ड से जुड़ी हुई है आत्मवाचक अंतर्क्रिया है। ऐसा भी होता है कि कई बार कर्मकाण्ड क्रिया के करने पर भी अपेक्षित परिणाम नहीं निकलते फिर भी लोग अपने विश्वास को नहीं तोड़ते प्रत्येक स्थिति में आत्म वाचक अंतर्क्रिया और अस्तित्त्व जनमानस में बना रहता है। ऐसा व्यवहार विश्वास को बनाये रखता है। उसे सुदृढ़ता देता है और यह सब उस स्थिति में भी होता रहता है जबकि विश्वास यथार्थ द्वारा झुठला दिया जाता है।

यदि हम एथनोमेथडोलाजी का अवधारणात्मक विश्लेषण करें तो स्पष्ट हो जायेगा कि मनुष्यों की अधिकांश अन्तर्क्रियाएं आत्मवाचक होती हैं। सामान्यतया लोग दूसरों की भाव-भंगिमा शब्द सूचना आदि जो यथार्थता को बताते हैं आत्मवाचक पद्धति से विश्लेषित किये जाते हैं। ऐसे प्रमाण भी मिलते हैं जो यथार्थता के अनुरूप नहीं होते फिर भी लोगों का मन करता है कि ये घटनाएं गलत नहीं हो सकतीं। आत्मवाचक अवधारणा बराबर हमें यह बताती है कि लोग अपनी अंतक्रियाओं से किसी विशेष यथार्थ को बराबर बनाये रखते हैं। एथनोमेथडोलाजी का अध्ययन इस प्रश्न पर अधिक केन्द्रित होता है कि आत्मवाचक क्रियाएं किन परिस्थितियों और प्रसंगों पर देखने को मिलती हैं।

एथनोमेथडोलाजी का तर्क है कि हमारे जो भी प्रतीक हैं हंसना, रोना, गाना,नाचना दांत भींचना इन सबका अर्थ किसी न किसी संदर्भ में होता है, और इसलिए अन्त:क्रियाओं में प्रतीकों का अर्थ अनुक्रमणिक यानि संदर्भ युक्त होता है। हंसी कई तरह की होती है व्यंग्यात्मक, प्रशंसात्मक, संवेगात्मक इत्यादि। हंसी के इन विभिन्न प्रकारों को विशेष संदर्भ में ही सही तरीके से समझा जा सकता है।

एथनोमेथडोलाजी उपरोक्त दो अवधारणाओं—आत्मवाचक और संदर्भ के माध्यम से अंतर्क्रियाओं का विश्लेषण करता है। ये अंत:क्रियाएं हमारे इर्द-गिर्द के समाज के विश्लेषण में सहायक हैं। हम बराबर कहते आ रहे हैं कि एथनोमेथडोलाजी के कई

प्रकार व रूप हैं। इन विभिन्नताओं के होते हुये भी जहां तक इन दो अवधारणाओं व नियमों का प्रश्न है यहां कोई विवाद नहीं करता।

एथनोमेथडोलाजी का पद्धतियां : एथनोमेथडोलाजी भी यथार्थ की इस खोज के संदर्भ को लेकर अनुसंधान में व्यस्त है। एथनोमेथडोलाजी उन विधियों पर अपने आप को केन्द्रित करती है जिनका प्रयोग लोग वास्तविकता की संरचना के लिए करते हैं। मनुष्य की अन्त:क्रियाएं कई तरह की होती हैं। वह पढ़ता लिखता है, खाता-पीता हैं, नौकरी धंधा करता है। इस प्रकार अंत:क्रियाएं असंख्य व असीम हैं। लेकिन एथनोमेथडोलाजी इन सामान्य अंतक्रियाओं को छोड़कर उन अन्त:क्रियाओं पर अपना ध्यान केन्द्रित करता है। जो वास्तविक या यथार्थ के निर्माण को बनाये रखने और परिवर्तन के लिए प्रयुक्त होती है ऐसी अन्त:क्रियाएं जो यथार्थ को बनाये रखने वाली विधियों पर केन्द्रित हैं। उनके दो प्रकार यहां हम देते हैं :

सही संदर्भ : कई बार अंत:क्रिया करने वाले व्यक्तियों में वास्तविक यथार्थ के प्रति संदिग्धता पैदा हो जाती है। क्या सही है गलत है? ऐसी दुविधा में प्रयत्न यह किया जाता है कि वे यथार्थ को उसके सही संदर्भ में देखें। कहने का तात्पर्य यह है कि एथनोमेथडोलाजी बराबर यह प्रयास करती है कि यथार्थ को उसके सामान्य स्वरूप में देखा जाये।

संदर्शों की पारस्परिकता : एथनोमेथडोलाजी का आग्रह है कि जब कर्ता किन्हीं धारणाओं को लेकर आपस में अन्त:क्रियाएं करते हैं तो यह माना जाता है कि इन कर्ताओं के संदर्भ पारस्परिक रूप से समान रहे होंगे। जब राजनैतिक दल चुनाव में व्यस्त होते हैं तब एक ही दल के पक्ष में मतदान करने वाले कर्त्ता दल के क्रिया कलापों के प्रति सामान्य धारणा रखने वाले होते हैं।

लोक विधि विज्ञान और गारफिंकल : हेराल्ड गारफिंकल एथनोमेथडोलाजी अग्रणी सिद्धांतवेता हैं। 1967 में उनकी पुस्तक स्टडीज इन एथनोमेथडोलाजी का प्रभाव अमेरिका के अकादमिक क्षेत्र के कुछ ऐसा पड़ा कि हर समाजशास्त्री अपने आपको एथनोमेथडोलाजिस्ट समझने लगा। इस उपागम की मनमानी व्याख्याएं की गईं। इस सब के होते हुए भी सभी ने गारफिंकल को एथनोमेथडोलाजी का जनक स्वीकार किया गया।

1917 में जन्में गारफिंकल ने अपनी डाक्टरेट हार्वर्ड विश्वविद्यालय अमेरिका से 1952 में पूरी की। थोड़े समय के लिये गारफिंकल ने ओहिओ तथा शिकागो विश्वविद्यालय में अध्यापक का कार्य किया। इसके बाद उन्होंने अपना सम्पूर्ण जीवन कैलिफोर्निया विश्वविद्यालय में बिताया। उन्होंने इसी विश्वविद्यालय में एथनोमेडोलाजिस्ट का प्रशिक्षण दिया। जहां-जहां ये प्रशिक्षणार्थी गये वहां उन्होने इस विधा को विकसित करने का भरसक प्रयास किया। **गारफिंकल** स्वयं स्वीकार करते हैं कि उनके सिद्धांत निर्माण की प्रक्रिया में जिन लोगों का प्रभाव पड़ा उनमें **टालकट पारसंस, अल्फ्रेड शूट्ज, अरोन गुरविच** और **एडमंड हसरेल** हैं। *स्टडीज इन एथनोमेडालाजी* में इन विद्वानों के उद्धरण अत्यधिक हैं। **गारफिंकल** इन सबके प्रति अपना ऋण व्यक्त करते हैं। यद्यपि पारसंस का प्रभाव इन पर बहुत कम था फिर भी **गारफिंकल** स्वीकार करते हैं कि प्रकार्यवाद और एथनोमेथडोलाजी का मौलिक आधार मानव व्यवहार है। सर्वसम्मति है। एकीकरण है और सजातीयता है। उनका उद्देश्य तो इस रहस्य को खोलना था कि लोग धारणाओं को स्वीकृत मानकर या मिथकों को मान्यता देकर अतंर्क्रियाएं किस प्रकार करते हैं।

एथनोमेथडोलाजी एक नयी विधि मात्र नहीं हैं जो परम्परागत सिद्धांत संदर्भ से जुड़ी हुयी समस्याओं का हल निकाल सके। यह एक वह सैद्धांतिक संदर्भ है जो परम्परागत समाजशास्त्रीय अध्ययन की समस्याओं से हट कर है। सच्चाई यह है कि एथनोमेथडोलाजी कुछ उन विधियों को काम में लेता है जो सामान्यतया सभी सिद्धांत काम में लेते हैं। इसकी कुछ विधियां ऐसी हैं जो अन्य सैद्धान्तिक विधियों से भिन्न हैं। **गारफिंकल** एथनोमेथडोलाजी के सिद्धांत निर्माण में प्रकार्यवादी विचारधारा से असहमत हैं वे **दुर्खीम** के सामाजिक तथ्य की आलोचना करते हैं। **दुर्खीम** कहते हैं कि व्यक्तियों के लिये वस्तुनिष्ठ सामाजिक तथ्य ही समाज है। **दुर्खीम** की तरह प्रकार्यवादी भी यह मानकर चलते हैं कि सामाजिक व्यवस्था सर्वोपरि है और व्यक्ति को इस व्यवस्था के अनुरूप ही कार्य करना चाहिये।

गारफिकल का तर्क अलग है। उनका कहना है कि सामाजिक तथ्य अपने आप में कुछ नहीं। उनका निर्माण और अस्तित्व तो व्यक्तियों की दिन प्रतिदिन की गतिविधियों पर निर्भर है। इससे **गारफिंकल** का तात्पर्य यह है कि सामाजिक तथ्यों को लोग अपने दिन प्रतिदिन के व्यवहार द्वारा वैधता देते हैं। समाज के नियम उपनियम को व्यक्ति मान्यता देते हैं। स्वीकृत समझते हैं जो कुछ सामाजिक तथ्य हैं उनका अर्थ व्यक्ति ही लगाते हैं। इसका अर्थ यह हुआ कि सामाजिक तथ्य अपने आप में कुछ नही है। वास्तविकता तो लोगों द्वारा अपनायी गयी विधियां हैं जो इस तरह अर्थ निकालते हैं।

एथनोमेथडोलाजी प्रकार्यवादियों के विपरीत यह मानकर चलते हैं कि समाज में जो कुछ है वह समाज ने नहीं बनाया है। उसे बनाने का श्रेय व्यक्तियों का अनुभव है। जो समाज में रहते हैं।

एथनोमेथडोलाजी इस बात का अध्ययन नहीं करता कि अन्त:क्रिया प्रक्रिया में किस भांति विभिन्न भूमिकाओं से अपेक्षा की जाती है। इस तरह का मुहावरा तो प्रतीकात्मक अंत:क्रियावाद का

होता है। एथनोमेथडोलाजी का उद्देश्य तो उस प्रक्रिया की पहचान करनी है जिसके माध्यम से लोग समाज के नियम उपनियम को स्वीकृत समझ कर चलते हैं। वे समाज के व्यवहार में अर्थ खोजने की कोशिश करते हैं। एथनेमेथडोलाजी के लिये वास्तव में निर्वचनात्मक प्रक्रिया का अध्ययन ही एक महत्वपूर्ण घटना है। इस तरह प्रकार्यवादी मानक और मूल्यों को व्यक्ति के व्यवहार का नियंत्रण करने वाला मानते हैं। प्रतीकात्मक अंत:क्रियावदी मानक और मूल्य का उद्गम अंत:क्रिया प्रक्रिया से मानते हैं। दूसरी ओर प्रकार्यवादियों और प्रतीकात्मक अन्त:क्रियावादियों के विपरीत एथनोमेथडोलाजी की रुचि मानक एवं मूल्यों के उद्गम में नहीं है। इनके प्रति इस विद्या का कोई रुझान नहीं है। इसकी रुचि तो उस प्रक्रिया की पहचान करने में है जिसके माध्यम से लोग अंत:क्रिया करते हैं और यह प्रमाणित करते हैं कि वे मानक और मूल्यों के अनुसरण कर रहे हैं।

प्रकार्यवादियों के अनुसार मानव और मूल्य व्यक्ति को एक निश्चित व्यवहार करने के लिये बाध्य कर देते हैं। प्रतीकात्मक अन्त:क्रियावादी मानक और मूल्य का उद्गम अंत:क्रिया से समझते हैं जबकि एथनोमेथडोलाजी उस प्रक्रिया की प्रक्रिया की पहचान करते हैं। जिसके द्वारा लोग अपनी अंत:क्रियाओं में मानक व मूल्यों का परिपालन करते हैं।

गारफिंकल के सिद्धांत की विशेषताएं : विवरण और अभिप्राय (Accounts and Meaning) **गारफिंकल** ने एथनोमेथडोलाजी की बहुत बड़ी विशेषता उसकी विवरण पद्धति की है। किसी एक स्थिति में व्यक्तियों के बीच में अंत:क्रियाएं होती हैं। यहां अंत:क्रिया और सिथति का विवरण महत्वपूर्ण है। विवरण के अन्तर्गत दो तथ्य होते हैं। भाषा और अभिप्राय। लोग जब कभी क्रिया करते हैं तो वे इसकी व्याख्या करने के लिये किस भाषा या मौखिक प्रतीकों द्वारा विवरण देते हैं। **गारफिंकल** का कहना है कि विवरण और अभिप्राय इस बात पर निर्भर करते हैं कि स्थिति कैसी है। जब दो व्यक्ति अपनी अंत:क्रिया के कोई अभिप्राय इस बात पर निर्भर करते है कि स्थिति कैसी है। जब दो व्यक्ति अपनी अंत:क्रिया को कोई अभिप्राय या अर्थ देते हैं तो उनका संदर्भ किसी न किसी स्थिति से होता है। समय से होता है और अंत:क्रिया के पीछे व्यक्तियों का जो इरादा है इससे होता है। अत: जब अंत:क्रियाओं या प्रतीकों का विवरण दिया जाता है जो इसके साथ अभिप्राय भी जुड़ा रहता है।

(2) अध्ययन विधि:- एथनोमेथडोलाजी की अध्ययन विधियां कोई विशेष नहीं है। ये वे विधियां हैं जिनका प्रयोग सामान्यतया सभी समाज वैज्ञानिक करते हैं। तथ्य सामग्री एकत्र करने के लिये एथनीमेडोलाजी में खुली प्रश्नावली, गहन साक्षात्कार, सहभागी अवलोकन, विडियो टेपिंग आदि का प्रयोग किया जाता है, कि दिन प्रतिदिन के जीवन की दशाओं को अभिप्राय व्यक्ति क्या निकालते हैं। एथनोमेथडोलाजी की तरह प्रतीकात्मक अन्त:क्रियावादी भी इन्हीं विधियों का प्रयोग तथ्य संग्रह के लिये करते हैं। इस विज्ञान का सम्पूर्ण मुहावरा यह है कि हम जिस दुनिया में रह रहे हैं उसकी वास्तविकता का ज्ञान हमें होना चाहिये। दूसरे शब्दों में जैसा कि समाज का कहना है कि एथनोमेथडोलाजी गतिविधियों का अध्ययन करती है न कि गतिविधियों से संबंधित सिद्धांतों का। समाजशास्त्र को यह विधा सूक्ष्म के अध्ययन पर अपना ध्यान केन्द्रित करती है। **शूट्ज, बर्जर** और **लुकमान** आदि विचारक मुख्यतया दार्शनिक है और उनके अध्ययन का क्षेत्र विशाल है, यह विचारक मनुष्य की चेतना की प्रक्रियाओं और इसी तरह वास्तविकता की सामान्य प्रकृति को समझने की कोशिश करते हैं। एथनोमेथडोलाजी विशेषकर इस तथ्य का अध्ययन करती है कि आम लोग आनुभाविक परिस्थिति में किसी भी घटना के अर्थ को किस प्रकार निकालते हैं। यह अवश्य है कि एथनोमेथडोलाजी में काम करने वाले विचारक विशाल के अध्ययन पर आधारित सिद्धांतों से असहमत नहीं हैं। उनका तर्क सामान्य है। सूक्ष्म का अध्ययन हो या विशाल का, सिद्धांत तो सिद्धांत होता है। एथनोमेथडोलाजी के क्षेत्र में काम करने वाले अनुसंधानकर्ता जिन विधियों को काम में लेते हैं उनमें वैयक्तिक अध्ययन, गहन साक्षात्कार गतिविधियों को काम में लेते हैं। उनमें वैयक्तिक अध्ययन गहन साक्षात्कार जीवन कथा आदि सम्मिलित है। वास्तविकता यह है कि एथनोमेथडोलाजी गतिविधियों का अध्ययन है न कि गतिविधियों के बारे में कोई सिद्धांत ।

गाफमैन की दृष्टि : मीड ने इस विचार का प्रतिपादन किया था कि अब तक सामाजिक कृत इकाई है जो कि सामाजिक अंत:क्रिया के माध्यम से निर्मित होती है। व्यक्ति समाज के माध्यम से मूल्यों और विचारों को आत्मसात करता है। इन मूल्यों को वह अपने स्वप्रत्यक्षण का इस प्रकार अंग बना देता है कि उपयुक्त अवसरों पर वे सहज भाव से उभरते हैं और उपयुक्त भावनाओं के निमार्ण के आधार पर उपयुक्त क्रिया कराने में मदद करते हैं। प्रतीकात्मक अत:क्रियावाद के अन्य विचारकों ने मीड की विचारधारा को आगे बढ़ाया है **गाफमैन** ने अपनी पुस्तक *द प्रैजेन्टेशन आफ सेल्फ इन एवरी डे लाइफ* में इस क्षेत्र में किये।

उन्होंने इसमें दिन प्रतिदिन के कार्य को विवेचित किया है और अपने मौलिक योगदान के माध्यम से उसके अधिक विस्तारमय ढंग से प्रस्तुत किया है। गाफमैन ने अत: व्यक्तिगत संसार की प्रक्रिया का व्यवस्थित अवधारणात्मक योजना के अंतर्गत विश्लेषण

किया है अगर हम अपनी विभिन्न विशेषताओं को देखो तो स्पष्ट होता है कि उनमें से अनेक ऐसी हैं जिनका कि इस तरह से अवलोकन नहीं हो सकता जिस तरह से आंखों अथवा बालो के रंगों का अवलोकन हो सकता है। हमें देख कर हमारे विचारों अथवा व्यक्ति की विशेषताओं का स्वत: उद्घाटन अथवा उद्घोषण सम्भव नहीं है। हमें देखकर यह कोई नहीं बता सकता कि हम वामपंथी हैं अथवा बुरे डाक्टर हैं अथवा प्रोफेसर। फिर भी हमें लोगों के बारे में उनको समझने के संदर्भ में निर्णय लेने पड़ते हैं। **गाफमैन** उसी प्रक्रिया को समझने पर जोर देते हैं जिसके माध्यम से व्यक्ति स्व को परिभाषित करके एक दूसरे को सामान्य प्रक्रिया के माध्यम से समझते हैं जिस तरह से रंगमंच पर कोई अभिनेता स्व को परिभाषित करता है कुछ उसी के अनुरूप व्यक्ति भी स्वयं को परिभाषित करता है। उदाहरण के तौर पर रंगमंच पर पुलिस वाले की पहचान उसकी पोशाक, उसके बोलने व चलने के ढंग से होती है। **गाफमैन** कहते हैं कि जिन लोगों के साथ हम अन्त:क्रिया करते हैं। उन्हें हम अपनी पोशाक, बोलने चलने के तरीके, भौतिक उपादान, लिंग, प्रजाति इत्यादि के माध्यम से परिभाषित करते हैं। ये सारी स्थितियां संचार की स्थितियां हैं जिनमें हमारी प्रस्थिति भूमिका हमारा चरित्र और हमारी प्रवृत्तियों को अभिव्यक्ति होती है। हमारे व्यवहार का अधिकांश भाग आमने सामने के सम्बन्धों से नियमित होता है, जिसमें सूचना नियोजन की प्रक्रिया आवश्यक है। हम अपनी संचारीय क्षमताओं को नियन्त्रित करने में व्यस्त रहते हैं। जिसकी अभिव्यक्ति हमारी पोशाक हमारी आदतों और हमारे दिखावे से प्रस्तुत होती है। इसके माध्यम से हम स्व का प्रस्तुतिकरण करते हैं। उदाहरण के तौर पर अस्पताल के बरामदे में सफेद कोट पहनकर गले में स्टेथोस्कीप लगाकर एक विशिष्ट आत्मविश्वास से चलने की प्रक्रिया व्यक्ति के डाक्टर होने का द्योतक है। न्यायाधीश का कक्ष, उनके आगमन की सूचना उनकी पोशाक, हाव भाव उनके पद से अपेक्षित गरिमा का द्योतक है। आज के जटिल समाज में व्यक्तियों के अभ्यास पत्रक मुद्रशीर्ष जिसमें शैक्षिक योग्यताएं, पद, दूरभाष नम्बर, ई-मेल, फैक्स नम्बर, पता इत्यादि अंकित रहते हैं पहचान का सशक्त माध्यम बन गया है।

गाफमैन सामाजिक मामलों में व्यवहार को एक जटिल अनुष्ठान मानते हैं, जिसके माध्यम से संचार नियंत्रित होता है। व्यक्ति, प्रतीकों एवं चिन्हों के माध्यम से उपनी अभिव्यक्ति करता है और अपनी क्रियाओं के माध्यम से स्वयं को इस तरह संचालित करता है कि वह अपनी पहचान को प्रस्तुत कर सके। अक्सर अनुष्ठानों के माध्यम से बहुत छोटी और महत्वपूर्ण बात भी हमारे स्व प्रस्तुतिकरण का संचारीय माध्यम हो सकती है, **गाफमैन** ने इस संबंध में शल्य चिकित्सा की प्रक्रिया के मध्य चिकित्सक के व्यवहार की व्याख्या की है। हम शल्य चिकित्सा के संबंध में प्राय: वही अपेक्षा करते हैं जो कि हमने चित्रपटों पर देखा है जिसके अन्तर्गत अत्यधिक तनावपूर्ण गांभीर्य एवं चिन्ता का वातावरण प्रस्तुत किया जाता है। **गाफमैन** ने यह देखा कि शल्य चिकित्सा के कक्ष में चिकित्सक अक्सर छोटे-मोटे हास-परिहास और इधर-उधर की बातचीत करते रहते हैं जिसका उनके काम से कोई संबंध नहीं होता। **गाफमैन** के अनुसार इस तरह का व्यवहार चिकित्सक यह दर्शाने के लिये करता है कि सम्पूर्ण स्थिति उसके नियन्त्रण में है और वह अपने कार्य को विश्वास और सहजता के साथ करने की क्षमता रखता है।

बहुविकल्पीय प्रश्न

1. पवित्र एवं अपवित्र के मध्य अन्तर किसने स्थापित किया है—
A. वेबर B. फ्रेजर
C. मार्क्स D. दुर्खीम

2. निम्नलिखित में से कौन एक ग्रामीण समुदाय की विशेषता नहीं है—
A. गंदी बस्तियां B. संयुक्त परिवार
C. पड़ोस का महत्व D. सामुदायिक चेतना

3. पति शब्द इंगित करता है—
A. भूमिका निर्माण B. प्रस्थिति
C. भूमिका D. भूमिका निर्वाह

4. अनुसूचित जनजाति के संबंध में एक राज्य के राज्यपाल को विशेष अधिकार प्रदान किए गए हैं। इसका वर्णन किसमें है—
A. अनुच्छेद 7 में B. सातवीं अनुसूची में
C. अनुच्छेद 34 में D. पांचवीं अनुसूची में

5. **कुलीनों की कब्रगाह** के रूप में इतिहास को किसने परिभाषित किया—
A. मोस्का B. मार्क्स
C. परेटो D. डेहरेन्डोर्फ

6. सरल समाजों में निम्नलिखित में कौन सामाजिक नियंत्रण का सर्वाधिक महत्वपूर्ण अभिकर्ता हैं—
A. विद्यालय B. न्यायालय
C. पुलिस D. परिवार

7. निम्न में से किसने भारतीय जनसंख्या को सात वृहत् प्रजातीय समूहों में वर्गीकृत किया—

A. मजूमदार B. होवेल
C. रिजले D. क्रोबर

8. अनुसूचित जातियों एवं अनुसूचित जनजातियों हेतु सरकारी नौकरियों में सीटों के आरक्षण की व्यवस्था किस अनुच्छेद में की गई—

A. अनुच्छेद 332 B. अनुच्छेद 335
C. अनुच्छेद 275 D. अनुच्छेद 330

9. प्रजाति को माना जाता है—

A. एक जैविकीय श्रेणी B. एक सामाजिक श्रेणी
C. एक आर्थिक श्रेणी D. एक राजनैतिक श्रेणी

10. भूमिका संकुल की अवधारणा किसने दी है—

A. लिंटन B. पारसंस
C. मर्टन D. मीड

11. वास्तविक संरचना एवं सामान्य संरचना के मध्य अंतर स्थापित किया है—

A. मर्टन B. नोडेल
C. दुर्खीम D. मोर्गन

12. यह मत किसने व्यक्त किया है कि कुछ परिस्थितियों में धार्मिक विश्वासों का आर्थिक व्यवहार पर अच्छा खासा प्रभाव पड़ सकता है—

A. मार्क्स B. वेबर
C. लेनिन D. मोर्गन

13. 'वर्ग' को एक ऐतिहासिक श्रेणी कौन मानता है—

A. मार्क्स B. वेबर
C. कोजर D. डेहरेन्डोर्फ

14. 'शुद्ध समाजशास्त्र' की अवधारणा किसने दी है—

A. पार्क B. वार्ड
C. कोंत D. पारसंस

15. एक ही समूह के दो सदस्यों के मध्य उत्पन्न होने वाले संघर्ष को कहते हैं—

A. अंत: संघर्ष समूह B. अंत: संरचना
C. नकारात्मक संघर्ष D. वैयक्तिक संघर्ष

16. निम्लिखित में से कौन एक नातेदारी संबंध नहीं है—

A. पत्नी का भाई B. बहिन का पति
C. मित्र की पत्नी D. भाई की पत्नी

17. निम्न विशेषताओं में से कौन सी विशेषता नीलगिरी की टोडा जनजाति की है—

A. भ्राता बहुपतित्व B. अभ्राता बहुपतित्व
C. (सोरेट) साली विवाह D. एक विवाह

18. निम्नलिखित में से किसने भारतीय जनसंख्या को सात व्यापक प्रजातीय समूहों में वर्गीकृत किया है—

A. हावल B. क्रोजर
C. रिजले D. मजूमदार और मदान

19. समाजशास्त्र में आदर्शवादी संप्रदाय के जनक कौन हैं—

A. डील्थे B. मारक्यूजे
C. दुर्खीम D. पारसंस

20. जाति की संरचना की व्याख्या में सोपानक्रम के पहलू को किसने महत्व दिया है—

A. ड्यूमा B. पोकॉक
C. सिंगर D. गाउल्ड

21. यह किसने कहा कि वर्ग जब बहुत कुछ वंशानुगत हो जाता है तो उसे हम जाति कह सकते हैं—

A. जॉनसन B. वेबर
C. कूले D. गिडिंस

22. भारत में सामुदायिक विकास कार्यक्रमों का सूत्रपात कब हुआ—

A. 15 अगस्त, 1947 B. 26 जनवरी, 1950
C. 2 अक्टूबर, 1952 D. 1 नवम्बर, 1957

23. समाजशास्त्र नाम के प्रयोग से पूर्व कॉम्ट द्वारा निम्न में से किसका प्रयोग किया गया—

A. सामाजिक भौतिकशास्त्र B. सामाजिक जीव विज्ञान
C. सामाजिक मानवशास्त्र D. सामाजिक मनोविज्ञान

24. निम्नलिखित में से कौन एक समुदाय से संबंधित नहीं है—

A. स्थानीयता
B. सामुदायिक संवेग
C. वैयक्तिक स्वार्थ
D. सामान्य जीवन की मूलभूत दशाओं में भाग लेना

25. निम्नलिखित में कौन सा समूह रक्त संबंध पर आधारित है—

A. क्रीड़ा समूह B. परिवार
C. पड़ोस D. श्रोता समूह

26. द्वैतीयक समूहों की विशेषता होती है—

A. अनौपचारिक संबंध B. वैयक्तिक संबंध
C. आमने सामने का संबंध D. औपचारिक संबंध

27. निम्नलिखित में से कौन एक अस्थाई समूह नहीं है—

A. भीड़ B. श्रोता समूह
C. परिवार D. जनता

28. सहयोग में निहित होती है—

A. हम की भावना B. मैं की भावना
C. तुम की भावना D. वे की भावना

29. निम्नलिखित को सुमेलित कीजिए—

(क) प्रकार्यात्मक आदेशक — 1. आर. के. मर्टन
(ख) प्रकार्यात्मक परिणामों के संतुलन — 2. ब्रानिस्ला मैलिनोवस्की
(ग) सार्वभौमिक प्रकार्यवाद — 3. आगस्त कॉम्ट
(घ) प्रत्यक्षवादी सावयवीवाद — 4. टालकाट पारसन्स
5. मेरियन जे. लेवी

	क	ख	ग	घ
A.	1	3	5	4
B.	4	1	5	3
C.	4	1	2	3
D.	2	4	5	1

30. निम्नलिखित को सुमेलित कीजिए—

(क) गोडाई — 1. उपसंस्कृति सिद्धांत
(ख) बकेरिया — 2. शास्त्रीय सिद्धांत
(ग) कोहन — 3. संकेतन सिद्धांत
(घ) हॉवर्ड बेकन — 4. मनोजन्य सिद्धांत
5. जीवजन्य सिद्धांत

	क	ख	ग	घ
A.	3	1	5	2
B.	4	2	1	3
C.	2	5	3	1
D.	1	3	2	4

31. निम्नलिखित को सुमेलित कीजिए—

(क) शक्ति सिद्धांत — 1. टॉम. बी. बोटोमोर
(ख) प्रकार्यात्मक सिद्धांत — 2. गेरहार्ड लास्की
(ग) संघर्ष सिद्धांत — 3. किंग्सले डेविस
(घ) सामाजिक स्तरीकरण के स्वरूप — 4. कार्ल मार्क्स
5. जॉर्ज सिमेल

	क	ख	ग	घ
A.	2	1	4	5
B.	3	5	2	1
C.	4	3	1	2
D.	2	3	4	1

32. निम्नलिखित को सुमेलित कीजिए—

(क) पैट्रीशियन तथा प्लेबियन नगर — 1. बी. एफ. होज लिट्ज
(ख) जेनरेटिव तथा पैरासाइटिक नगर — 2. जी. जोबर्ग
(ग) आर्थोजिनरेटिक तथा हैट्रोजिनेटिक नगर — 3. मैक्स वेबर
(घ) पूर्व औद्योगिक तथा औद्योगिक नगर — 4. एम. सिंगर

	क	ख	ग	घ
A.	1	2	3	4
B.	1	3	4	2
C.	3	1	2	4
D.	3	1	4	2

33. निम्नलिखित को सुमेलित कीजिए—

(क) हिन्दू — 1. चचेरे भाई बहनों में विवाह
(ख) सन्थाल — 2. आसाम
(ग) अन्तर्विवाह — 3. टोटमवाद
(घ) भारतीय नातेदारी व्यवस्था — 4. निषेध

	क	ख	ग	घ
A.	1	2	3	4
B.	4	2	3	1
C.	4	2	1	3
D.	2	4	3	1

34. निम्नलिखित को सुमेलित कीजिए—

(क) ओस्वाल्ड स्पेनगलर — 1. सोशल चेंज
(ख) पिट्रिम ए सोरोकिन — 2. द डेल्काइन ऑव द बेस्ट
(ग) बेस्टरमार्क — 3. सोशल एंड कल्चर डायनामिक्स
(घ) डब्लू एफ. ऑगबर्न — 4. स्टडीज इन हिस्ट्री
5. हिस्ट्री ऑव ह्यूमैन मैरिज

	क	ख	ग	घ
A.	3	2	5	4
B.	3	4	5	1
C.	2	3	4	1
D.	2	3	5	1

35. निम्नलिखित को सुमेलित कीजिए—

(क) सामान्य अर्थों के नैतिक सिद्धांत	1. आचरण, संस्कार
(ख) वैयक्तिक उत्तरदायित्व के नैतिक सिद्धांत	2. दृढ़ सिद्धांत
(ग) तर्क संगत विधिक मानक	3. दृढ़ सिद्धांत
(घ) जादुई ज्योतिषीय व्यावहारिकतावाद	4. आत्मार्थक सिद्धांत

	क	ख	ग	घ
A.	4	3	1	2
B.	3	4	2	1
C.	4	3	2	1
D.	3	4	1	2

उत्तरमाला

1	2	3	4	5	6	7	8	9	10
D	A	D	D	C	D	C	D	A	A
11	**12**	**13**	**14**	**15**	**16**	**17**	**18**	**19**	**20**
A	B	A	C	D	C	A	C	A	A
21	**22**	**23**	**24**	**25**	**26**	**27**	**28**	**29**	**30**
C	C	B	C	B	D	C	A	C	B
31	**32**	**33**	**34**	**35**					
D	C	C	A	B					

अध्याय 18

नव-प्रकार्यवाद एवं नव-मार्क्सवाद (Neo-Functionalism and Neo-Marxism)

नव-प्रकार्यवादी समाजशास्त्र के प्रमुख प्रणेता जे. अलेक्जेंडर को माना जाता है। अलेक्जेंडर ने नव-प्रकार्यवाद और मार्क्सवाद में तीन समानताएं बताई है। पहली दोनों सिद्धांत प्रकार्यवाद और मार्क्सवाद के मौलिक सिद्धांत में कतिपय कमजोरियां बताते हैं। दूसरी कमजोरी यह कि दोनों सिद्धांत विरोधी सैद्धान्तिक परम्पराओं का समावेश करते हैं और तीसरी यह कि ये दोनों ही किसी सम्बद्ध सिद्धांत को नहीं रखती। आगे चलकर अलेक्जेंडर कहते हैं कि नव प्रकार्यवाद कोई विकसित सिद्धांत नहीं है। यह तो केवल एक प्रवृत्ति या झुकाव है। इस सिद्धांत की अलेक्जेंडर के अनुसार प्रवृतियां इस प्रकार है :

(क) **बहु-आयामी** : नव-प्रकार्यवाद बहुआयामी है। इसके अर्न्तगत सूक्ष्म और विशाल दोनों ही विश्लेषण आ जाते हैं। मतलब हुआ नव प्रकार्यवाद में सूक्ष्म और विशाल अर्थात् **मीड, गारफिंकल** तथा **मार्क्स** और **दुर्खीम** दोनों के विशाल और सूक्ष्म सिद्धांत आ जाते हैं।

(ख) **वामपंथी झुकाव** : परम्परागत प्रकार्यवाद को यथास्थिति को छोडकर वामपंथी बनना पड़ेगा। पारसंस का आधुनिकता के प्रति जो झुकाव है उसे बदलना पड़ेगा। आधुनिकता ने हमें बहुत निराश किया है।

(ग) **प्रजातांत्रिक विश्लेषण** : यह धारणा है कि प्रकार्यवाद अमीरों और अभिजन लोगों का है। इसे अपने इस दृष्टिकोण को बदलना पड़ेगा। नये विश्लेषण में इसे गहनता से प्रजातांत्रिक बनना पड़ेगा।

(घ) **संघर्ष के प्रति अभिस्थापन** : तनाव को व्यवस्थापन की चर्चा तो प्रकार्यवाद बराबर करता है प्रतिमान बनाये रखो यह मुहावरा है। अब ऐसा नहीं चलेगा। जब प्रकार्यवाद संघर्ष की चर्चा पहले करेगा।

(च) **रचनात्मकता** : व्यवस्था में अनिश्चितता तो आती ही रहती है। इसकी उपेक्षा नहीं की जा सकती। अब प्रकार्यवाद को सृजन करना पडेगा। यह सृजनता अंत:क्रिया के स्तर पर आ सकती है।

नव प्रकार्यवाद एक ऐसा सिद्धांत है जो आज निर्माण के स्तर पर है। इसके लिये अधिक से अधिक आनुभविक सामग्री और ज्यादा से ज्यादा सैद्धान्तिक विश्लेषण चाहिये। इस सिद्धांत के क्षेत्र में **अलेक्जेडर** मंच तथा **लूहमान** के अतिरिक्त **पाल कोलोमी, डिन गेरस्टेमन, मार्क गूल्डनैल, स्मेलसर** आदि ने भी उल्लेखनीय कार्य किया है।

नव प्रकार्यवाद का विकास : यद्यपि नव-प्रकार्यवाद का प्रारम्भ जर्मनी में ई. 1984 में हुआ था यह अपने प्रारम्भिक वर्षो में यूरोप तक ही सीमित रहा। बाद में यह सिद्धांत अमेरिका में आया यहां पारसंस ने क्रिया तथा संरचना पर आधारित अपने सिद्धांत में थोड़ा परिवर्तन भी किया पर यह समाजशास्त्रीय जन समाज को रास नहीं आया। एक तरह से पारसंस अपने प्रयास में असफल ही रहे।

(2) **पारसंस के प्रकार्यवाद का पुनराविष्कार** : जर्मनी प्रवास में **पारसंस** की मृत्यु 1979 में हो गई। वे वहां हेडलबर्ग विश्वविद्यालय में अपने एक सम्मान समारोह में गये थे। इस समारोह में जर्मनी के दिग्गज समाजशास्त्रियों ने शिकायत की थी। इनमें **लूहमान, हेबरमांस** और **बोलगेंगशल चेटर** आदि सम्मिलित थे। इन सब के व्याख्यान भी हुए। इस सम्पूर्ण सम्मान समारोह ने यह स्थापित कर दिया कि यूरोप के बौद्धिकों का पारसंस के सिद्धांत में विश्वास था। देखा जाये तो जर्मनी ने पारसंस को **लूहमान** की आंख से देखा था। **लूहमान** एक वर्ष के लिये अमेरिका में **पारसंस** के मार्गदर्शन में अध्ययन करने आये थे। अपने देश में लौटकर उन्होंने **पारसंस** के प्रकार्यवाद पर एक पुस्तक लिखी। यह पुस्तक **पारसंस** के सिद्धांत का पुनर्निरीक्षण था। जर्मनी में यह प्रकार्यवाद का

पुनराविष्कार था। इस पुस्तक में **लूहमान** ने **पारसंस** के प्रकार्यवाद का संशोधन किया और इससे नई पीढ़ी के जर्मन समाजशास्त्री अत्यधिक प्रभावित हुए। **हेबरमॉस** ने भी **पारसंस** में रुचि ली और उन्होंने व्यवस्था सिद्धांत में कुछ नये सुधार किये। बाद में चलकर **हेबरमाँस** ने **पारसंस** की आर्थिक और राजनीतिक व्यवस्था पर जो आलोचना की उसे संशोधित रूप में रखा।

(3) **मुख्य विशेषताएं :** नव प्रकार्यवाद को एक सिद्धांत का दर्जा देना बड़ा कठिन होगा। स्वयं इसके प्रणेता अलेक्जेंडर यह स्वीकार करते हैं कि यह एक प्रवृत्ति हैं। एक झुकाव और रुझान है। अधिक से अधिक यह एक आंदोलन है जो **पारसंस** के क्रिया और व्यवस्था सिद्धांत की नये तरीके से व्याख्या करता है। इस सिद्धांत या आंदोलन के मुख्य लक्षण इस भांति है।

1. **बहुआयामी समाजशास्त्र :** सिद्धांत के क्षेत्र में कई विधियां, अवधारणाएं एवं पूर्वमान्यताएं होती हैं। नव प्रकार्यवाद खुले रूप से विभिन्न सिद्धांतों का अपने स्वयं में समावेश करता है। इसकी प्रकृति बहुआयामी है। यह इस बात को **पारसंस** की तरह स्वीकार नहीं करता कि मनुष्य की क्रियाएं हमेशा मूल्यों और मानदण्डों के आधार पर होती है। यह इस बात को भी स्वीकार नहीं करता कि व्यवस्था का कर्त्ता की क्रियाओं पर भी दबाव पड़ता है।

2. **वैकल्पिक क्रियाशीलता : पारसंस** का प्रकार्यवाद यह स्थापित करता है कि कर्ता की क्रियाएं व्यवस्था निर्धारित करती हैं कोई भी गतिविधि क्रिया नहीं होती। पारसंस कहते हैं कि केवल वे गतिविधियां ही क्रिया होती हैं, जिनके पीछे कोई उद्देश्य हो, उद्देश्य वे होते हैं जो व्यवस्था निर्धारित करती है। कोई भी गतिविधि क्रिया नहीं होती। **पारसंस** कहते हैं कि क्रिया स्वयं कर्ता का चयन होता है। कर्ता ही तय करता है कि उसे कौन सी क्रिया करनी है। व्यवस्था उसे निश्चित नहीं करती। इस अर्थ में क्रिया कर्त्ता के लिये एक खुला विकल्प है।

3. **प्रकार्यवाद का पुनराविष्कार : हालवोर फास्ले** ने नव प्रकार्यवाद के लक्षण को निम्न परिभाषा में रखा है: नव प्रकार्यवाद प्रकार्यवादी परम्परा का एक नया समाजशास्त्रीय पुनर्निमाण है। इसकी प्रवृत्ति विवरणात्मक है या आंदोलनात्मक है। इसका कोई सैद्धान्तिक दर्जा नहीं है।

4. **उत्तर प्रत्यक्षवादी :** समाजशास्त्र में आनुभाविकता की परम्परा बहुत पुरानी है। बहुत सामान्य अर्थों में आनुभाविकता का मतलब अनुभव से है। यह अनुभव इन्द्रियों के अवलोकन करने से प्राप्त होता है। समाज विज्ञानों में एक लम्बे अर्से से प्रत्यक्षवादी विज्ञान है। दूसरे इसे स्वीकार नहीं करते। वे कहते हैं कि समाज विज्ञान समझ पर जोर देता है। अवलोकन पर नहीं। आजकल उत्तर आधुनिक विचारक उत्तर प्रत्यक्षवाद की अवधारणा को रखते हैं। इससे उनका तात्पर्य यह है कि विज्ञान का काम सिद्धांत करता है। इससे स्पष्ट है कि कोई भी तथ्य सिद्धांत को अस्वीकार नहीं कर सकता।

5. **प्रतीकों की जटिलता :** प्रतीकों का संबंध क्रिया से होता है और इसलिये प्रतीकों को समझना जटिल कार्य है। जब व्यक्ति अपनी क्रिया का चयन करता है तब इसमें प्रतीकों की महत्वपूर्ण भूमिका होती है। नव प्रकार्यवाद में प्रतीकों को सावधानीपूर्वक समझना चाहिये।

जेफ्री अलेक्जेंडर का नव प्रकार्यवाद : पारसंस के समाजशास्त्र के निर्वचन में **अलेक्जेंडर** नाम महत्वपूर्ण है। उनका जन्म 1947 में अमेरिका में हुआ था। उन्होंने अपनी शिक्षा-दीक्षा हारवर्ड विश्वविद्यालय में प्राप्त की थी। यहीं पर उनका परिचय **पारसंस** से हुआ था। उन्होंने **राबर्ट बेलाह** और **मेलसर** के मार्ग दर्शन में पी.एच.डी. की उपाधि ग्रहण की। कैलीफोनिया विश्वविद्यालय में वे समाजशास्त्र के प्रोफेसर हैं। उनकी रुचि सामाजिक सिद्धांत-सांस्कृतिक अध्ययन और सामाजिक परिवर्तन में है। वैचारिक दृष्टि से **अलेक्जेंडर** मार्क्सवादी रहे हैं। उनके अनुसार नव वामपंथी **मार्क्सवाद** पारस्परिक अभद्र मार्क्सवाद के आर्थिकवाद को नकारता क्योंकि इस नये उपागम ने इतिहास में पुन:कर्ता को स्थान देकर उसे पुन:स्थापित किया है। जिसे मार्क्सवाद ने पूर्णत: भुला दिया था। कुछ राजनीतिक घटनाक्रम ई. 1970 में इस तरह घटा कि **अलेक्जेंडर** का नव मार्क्सवाद से मोह भंग हो गया। **अलेक्जेंडर** की एक बहुत बड़ी उपलब्धि **पारसंस** को समाजशास्त्र में पुन:सीमित करने की है। उन्होंने यह स्थापित करने का प्रयास किया कि **पारसंस** वास्तविक योगदान प्रकार्यवादी सिद्धांत में न होकर सैद्धान्तिक समन्वय का है ऐसा करने में उन्होने **पारसंस** को नये सिरे से समाजशास्त्र में प्रस्तुत किया।

अलेकजेडर की मुख्य कृतियां निम्न प्रकार हैं।

थियोरिटिकल लॉजिक इन सोश्योलोजी–4 खण्ड 1982-83

नियोफंक्शनलिज्म 1985

ट्वेन्टी लेक्चर्स ऑन सोश्योथियोरी सिंस वर्ल्ड वार सेकण्ड 1987

एक्शन एण्ड इट्स एन्वायरमेंट्स 1998

फिक्स डे सिले 1995

नियो फंक्शनलिज्म एण्ड बियोन्ड 1998

अलेक्जेंडर की वास्तविक रुचि सिद्धांत निर्माण में थी। उनकी समाजशास्त्र में तर्क की भूमिका पर चार खण्डों में प्रकाशित पुस्तक

बहुत उल्लेखनीय है। इसमें उन्होंने सैद्धान्तिक समन्वय का काम किया है। इसके लिये पहले हमें **पारसंस** के *स्ट्रक्चर आफ सोश्यल एक्शन* का उल्लेख करना चाहिये। इस पुस्तक में **पारसंस** ने क्रिया सिद्धान्त के निर्माण का मुद्दा उठाया है। **पारसंस** की यह पुस्तक सैद्धान्तिक समन्वय में एक विशेष दस्तावेज है। इस पुस्तक में वे क्रिया सिद्धान्त के उद्‌विकास का विश्लेषण करते हैं और ऐसा करने में मार्शल **पैरेटो, दुर्खीम** और **मैक्स वेबर** के सिद्धान्त का विश्लेषण करते हैं। यह एक समन्वय है। इस कृति में वे पारसंस क्रिया के सिद्धान्त को स्थापित करते हैं।

पारसंस के *स्ट्रक्चर आफ सोश्यल एक्शन* का इनका निर्वचन अलेक्जेंडर अपनी पुस्तक *थियोरिटीकल लोजिक इन सोश्यालोजी* में करते हैं। उनकी यह पुस्तक कई अर्थों में पारसंस के समकक्ष है। **पारसंस** का विरोध यहां **अलेक्जेंडर** ने किया है। **पारसंस** अपने प्रत्यक्षवाद में आनुभाविक तथ्यों पर बहुत अधिक भरोसा करते हैं। **अलेक्जेंडर** इसे स्वीकार नहीं करते। इसी कारण उन्होंने अपने नव-प्रकार्यवाद में उत्तर प्रत्यक्षवाद पर अधिक भरोसा किया है।

अलेक्जेंडर ने **पारसंस** की एक और बड़ी खोज की है। वे कहते हैं कि **पारसंस** ही नहीं सभी क्लासिकल सिद्धान्तवेत्ताओं का यह दोष है कि वे आदर्शवाद और भौतिकवाद के विरोध को दूर नहीं कर पाये। वेबर ने इसकी कोशिश की उन्होंने दोनों को मिलाने का प्रयास किया। पारसंस ने भी दोनों विचारधाराओं का मिश्रण करने का प्रयास किया। **अलेक्जेंडर** की *थियोरिटीकल लोजिक इन शोश्योलाजी* और **पारसंस** के *स्ट्रक्चर ऑफ सोश्यल एक्शन* में कई समानताएं हैं फिर भी दोनों के विश्लेषण जुदा-जुदा हैं।

(क) उत्तर प्रत्यक्षवाद पर आधारित—अलेक्जेंडर समाज विज्ञानों में प्रचलित इस प्रकार के प्रत्यक्षवाद स्वीकार नहीं करते। पारसंस ने भी प्रकार्यवाद में प्रत्यक्षवाद के इसी वाद को स्वीकार किया है। **अलेक्जेंडर** इस प्रत्यक्षवाद को उलटा कर देते हैं। उनका तर्क है कि आनुभाविक प्रबन्धों और गैर आनुभाविक प्रबंधों में बड़ा अन्तर होता है। इसलिए जो भी प्रबन्ध हम बनाएं उनका आनुभाविक और सैद्धान्तिक विश्लेषण स्पष्ट होना चाहिए। ऐसा न हो कि हम सिद्धान्तों के अनुमोदन में आनुभविक विश्लेषण करके अपने कर्त्तव्य की समाप्ति समझें अलेक्जेंडर का तर्क बहुत मजबूत है। जो भी वैज्ञानिक सिद्धान्तों के तात्विक आनुभविक तथ्य एक दूसरे से घुले मिले होते हैं। जो भी वैज्ञानिक निष्कर्ष निकालते जाते हैं, उनमें तात्विक और आनुभाविक तथ्यों का एक संतुलित मिश्रण होता है। वे उत्तर-प्रत्यक्षवाद को एक कारगर विधि समझते हैं। इसी कारण वे पारसंस तथा अन्य समाजशास्त्रियों के परम्परागत प्रत्यक्षवाद को निरुत्तर कर देते हैं। ऐसा करने से अलेक्जेंडर को भरोसा है कि समाजशास्त्र वैध निष्कर्ष देने में असफल नहीं रहेगा। ठीक इसके विपरीत उनका मानना है कि उत्तर प्रत्यक्षवाद तार्किकता पर अधिक निर्भर होगा।

(ख) नया सैद्धान्तिक तर्क—अलेक्जेंडर का यह बराबर प्रयास था कि वे समाजशास्त्र को एक विश्वसनीय सैद्धान्तिक तर्क दे सकें। इसके लिए उन्होंने क्रिया और व्यवस्था की अवधारणाओं को रखा। ये अवधारणाएं ऐसी हैं जिन्हें समाजशास्त्रीय विश्लेषण में सफलतापूर्वक लागू किया जा सकता है। समाजशास्त्र के किसी भी तर्क में ये दो अवधारणाएं काम में ली जा सकती हैं। इन अवधारणाओं की भूमिका को स्पष्ट करते हुए अलेक्जेंडर कहते हैं कि जब व्यक्ति किसी क्रिया को करता है तो या तो वह व्यवस्था के मानक को स्वीकार करने के लिये करता है या उसे वह क्रिया उपयोगी लगती है। नव-प्रकार्यवाद का यह सैद्धान्तिक तर्क वास्तव में अलेक्जेंडर की देन है।

(ग) पारसंस का अस्पष्ट प्रकार्यवाद—**नियोफंक्शनलिज्म** पुस्तक में अलेक्जेंडर ने प्रकार्यवाद के नामकरण का प्रश्न उठाया है। इसके कई अर्थ हैं। मर्टन ने इस पद की व्याख्या करने का प्रयास भी किया है। वे स्वयं कहते हैं कि यह पद एक है और इसके अर्थ तीन हैं। सामान्य बोलचाल में फंक्शन शब्द का अर्थ किसी समारोह या उत्सव से होता है, गणित में इसका अर्थ कार्य-कारण से होता है और समाजशास्त्र में इसका प्रयोग क्रिया के साथ जोड़कर व्यवस्था को बनाये रखने के लिये होता है। मर्टन ने अपनी ओर से इस पद के सभी स्पष्टीकरण दिये हैं, पर अलेक्जेंडर कहते हैं कि अब भी यह पद अस्पष्ट है। इसे ठीक तरह से परिभाषित करने की आवश्यकता है। अलेक्जेंडर प्रकार्यवाद की व्याख्या नये सिरे से निम्न बिन्दुओं में करते हैं और यह उनकी उल्लेखनीय देन है।

1. सम्पूर्ण समाज का विवरण एक खुले और बहुलवादी रूप में होना चाहिये।

2. जब क्रिया और संरचना की व्याख्या करनी होती है तो इसे खुले मस्तिष्क से करना चाहिये। यह नहीं कि क्रिया ही संरचना को निर्धारित करती है और न ही संरचना क्रिया को पक्का करती है। यह विश्लेषण खुला होना चाहिये। दोनों एक दूसरे को प्रभावित करते हैं।

3. एकीकरण होने की सम्भावना होनी चाहिए और विचलन तथा संघर्ष को यथार्थता समझना चाहिये।

4. व्यक्तित्व, संस्कृति और समाज को उनके पृथक रूप में पहचानना चाहिये।

5. सामाजिक परिवर्तन के लिये विभेदन होना आवश्यक है।

6. समाजशास्त्रीय विश्लेषण में जो अवधारणाएं प्रयुक्त होती हैं उनको स्वतंत्र रूप से परिभाषित और विकसित करना चाहिये।

अलेक्जेंडर ने प्रकार्यवाद की जो मीमांसा की है वह प्रकार्यवाद व्यक्तिवाद का घोर विरोधी है। वह तो संरचना को ही सब कुछ समझता है। प्रकार्यवाद सामाजिक परिवर्तन का भी समर्थक नहीं है, वह रूढ़िवादी है। आदर्शवाद उसका मुहावरा है और इसकी आनुभाविकता की नींव रेत में खड़ी है। इस परम्परागत प्रकार्यवाद को अलेक्जेंडर ने ठुकरा दिया है और वे जिस नव प्रकार्यवाद की संरचना करते हैं वह संघर्ष के प्रति झुकाव रखता है और इसमें क्रांतिकारी तत्वों का समावेश है। 1970 के बाद के दशकों से यह नव प्रकार्यवाद अमेरिका और यूरोप में प्रचलित था। अलेक्जेंडर ने नव प्रकार्यवाद के माध्यम से पारसंस के सिद्धान्तों को नया जीवन दिया है। **पाल कोलोमी** ने अलेक्जेंडर के योगदान की सराहना की है। यह सही है कि अलेक्जेंडर ने **पारसंस** के प्रकार्यवाद की आलोचना और संशोधन में कोई कोताही नहीं की है। वे नव-प्रकार्यवाद के सिद्धान्त निर्माण में हर तरह से ईमानदार रहे हैं और बेबाक शब्दों में पारसंस के प्रकार्यवाद के सम्पूर्ण केन्द्र साम्यानुकूलन को बताते है। यह अलेक्जेंडर को कतई स्वीकार नहीं है। वे लिखते हैं :

*आज के नागरिक राज्यों ने परस्पर विरोधी वर्गों को शक्तिशाली बना दिया है। उम्र और लिंग के भेदभाव को बढ़ा दिया है। धार्मिक कट्टरवाद को पनाह दिया है और कुल मिलाकर समाज को तबाह कर दिया है। **पारसंस** के प्रकार्यवाद का है। आज की दुनिया इतनी पेचीदा है कि इसमें सामान्य मूल्यों और मानकों की कोई साझेदारी नहीं हो सकती। यहां पग-पग पर सामाजिक व्याधियां और विघटन हैं। **पारसंस** ने यह कैसे मान लिया कि इस विशाल समाज में सर्वसम्मति होगी। अपनी इस रिस्क की अवधारणा में **लूहमान पारसंस** को अस्वीकार करते हैं। यह अवश्य है कि अलेक्जेंडर को तरह **लूहमान** नव-प्रकार्यवादी सिद्धान्त की कोई पुख्ता रूप रेखा तो नहीं बन पाये। पर उन्होंने जर्मनी में यह अवश्य स्थापित कर दिया कि प्रकार्यवाद का सैद्धान्तीकरण नये सिरे से होना चाहिये।*

रिचर्ड मंच और क्रिया सिद्धान्त का पुनर्निर्माण

रिचर्ड मंच एक जर्मन समाजशास्त्री हैं। इन्होंने अपनी शिक्षा हेडलवर्ग विश्वविद्यालय में प्राप्त की। समाजशास्त्र में उनकी रुचि सिद्धान्त के ऐतिहासिक तुलनात्मक समाजशास्त्र और राजनीतिक समाजशास्त्र में रही है। जर्मनी में **हेबरमॉस** की रुचि **पारसंस** के प्रकार्यवाद में नहीं थी। लेकिन उन्हीं दिनों में **मंच** ने **पारसंस** के सिद्धान्तों को अपने अध्ययन का विषय बनाया। मंच ने सिद्धान्त निर्माण का एक प्रोजेक्ट उठाया। उन्होंने तय किया कि **पारसंस** और **लूहमान** के प्रकार्यवाद में जो अभाव है उन्हें दूर किया जाये और नव-प्रकार्यवाद को स्वायत्त विद्या की तरह स्थापित किया जाये।

मंच ने **पारसंस** के सामाजिक क्रिया सिद्धान्त को अपने विश्लेषण का विषय बनाया। उन्होंने **लूहमान** से आनुभाविक व्यवस्था सिद्धान्त को अपनाया और पारसंस से विश्लेषणात्मक सिद्धान्त। इन दोनों धाराओं का मिश्रण करके नव प्रकार्यवाद से क्रिया सिद्धान्त के नये स्वरूप में रखा। **मंच** की आलोचना का उपागम दार्शनिक रहा है। वे **कान्ट** के दर्शन के सिद्धान्त को अपनाते हैं। ऐसा करने में वे एक ओर तो **पारसंस** के आनुभाविकता को अपनाते हैं और दूसरी ओर **कान्ट** की तार्किकता को। ये दोनों उपागम क्रिया के विश्लेषण में उपयोगी हैं। **मंच पारसंस** के क्रिया सिद्धान्त को विभिन्न संदर्शों से देखते हैं और क्रिया व्यवस्था का पुनर्निर्माण करते हैं। इस पुनर्निर्माण मॉडल को वे. ए. जी. आई. एल. (AGIL) कहते हैं। ए के अन्दर अनुकूलन होता है। **मंच** कहते हैं कि कर्ता परिस्थिति को देखकर क्रिया का अनुकूलन कर लेता है। जी का अर्थ उद्देश्य से है। उद्देश्य प्राप्ति के लिए कर्ता पर व्यवस्था का दबाव होता है। आई अर्थात एकीकरण व्यवस्था की आवश्यकता है। मानक और मूल्य इस एकीकरण में सहायक होते हैं और क्रिया सिद्धान्त का चौथा बिन्दु प्रतिमान को बनाये रखने का है। यह यथास्थिति है। वास्तव में क्रिया व्यवस्था का यह मॉडल **पारसंस** का है। इसमें थोड़ा बहुत संशोधन **मंच** ने किया है।

नव मार्क्सवाद—नव मार्क्सवाद वह है जिसमें कोई भी सामाजिक सिद्धान्त या समाजशास्त्रीय विश्लेषण में **मार्क्स** के विकास में बहुत महत्वपूर्ण योगदान किया। विद्वान **मार्क्स** उसको मार्क्सवाद का जनक मानते हैं तथा एंगेल्स को अपना मूल संदर्भ बनाते हैं।

समाज में अब नव मार्क्सवादियों ने मार्क्स की व्याख्या एकदम नये सिरे से प्रारम्भ कर दी। **हेबरमॉस** फ्रेंकफर्ट स्कूल की परम्पराओं को आगे बढ़ाने वाले हैं। वे इसके पदाधिकारी भी रहे हैं। यही हाल **अल्थ्यूजर** और **जेमेसन** का रहा है। फ्रेंकफर्ट स्कूल के विस्तृत स्वरूप ने ही नव-मार्क्सवादियों को आगे बढ़ने की प्रेरणा दी है। जिस विचारधारा को फ्रेंकफर्ट ने पैदा किया था उसे इन लेखकों ने आगे बढ़ाया। इस पीढ़ी के विचारकों का यह दृढ़ विश्वास था कि यदि मार्क्सवाद को एक बौद्धिक विधा और समाजवादी विचारधारा की तरह जीवित रहना है तो इसमें संशोधन करने की बहुत बड़ी आवश्यकता है। इस आवश्यकता ने ही नव-मार्क्सवाद को जन्म दिया और आगे बढ़ाया। एक तरह से नव मार्क्सवाद फ्रेंकफर्ट स्कूल का विस्तार ही है। इस तथ्य को दूसरे शब्दों में इस तरह रखा

जा सकता है कि नव-मार्क्सवाद फ्रेंकफर्ट स्कूल तथा आलोचनात्मक सिद्धान्तों की परम्परा है।

ई. 1970 के अन्त और ई. 1989-90 में पूर्वी यूरोप में क्रांतिकारी परिवर्तन आये। द्वितीय विश्व युद्ध के बाद यह दुनिया दो भागों में बंट गई थी प्रजातांत्रिक पूंजीवाद और समाजवाद लेकिन 1989-90 में पोलैंड हंगरी, पूर्वी जर्मनी, बुल्गारिया, चेकोस्लोवेकिया और रूमानिया में सरकारी समाजवाद समाप्त हो गया। इधर 1990 में सोवियत संघ का पतन हो गया। ये सब घटनाएं ऐतिहासिक थीं। इन घटनाओं ने मार्क्स के परीक्षण की घड़ी उपस्थित कर दी। **एलेक्स केलिनिकोज** ने मार्क्सवाद के इस संकटकाल में यह तर्क दिया कि जिसे हम उदार प्रजातंत्र कहते हैं, वह भी अपने वादों में खरा उतरा हो ऐसी कोई बात नहीं है। आज आवश्यकता इस बात की है कि मार्क्सवाद की व्याख्या समाज के नये संदर्भ में करें। नव मार्क्सवादी समाजशास्त्री इसी मुहिम को चला रहे हैं।

नव-मार्क्सवादी सिद्धान्त और उपागम

नव-मार्क्सवाद प्रजातन्त्र की असफलता और पूंजीवादी बर्बरता से अपनी बात शुरू करता है। इटली के राजनीतिशास्त्र के विद्वान **नोरबेटो बोबियो** का कहना है कि प्रजातंत्र आम जनता की भागीदारी, समाज के नीचे के स्तर द्वारा नियन्त्रण और विरोध तथा सुधार की बात करता है। लेकिन वास्तविक रूप में ऐसा कुछ होता नहीं। प्रजातंत्र आज अपने निम्नतम भ्रष्ट रूप में है। नव-मार्क्सवादी आग्रहपूर्वक कहते हैं कि क्लासिकल मार्क्सवाद में आज भी ऐसे तत्व हैं जो समाजवाद को स्थापित करने में सक्षम है।

जेम्स पीटर, प्रोलूण्ड थोम्सन और हेने एन्डरसेन

प्रचलित नव-मार्क्सवादी सिद्धान्तों का आलोचनात्मक विश्लेषण किया है कि वे कहते हैं कि नव-मार्क्सवादियों ने क्लासिकल मार्क्सवाद को मुख्य रूप से दो संदर्भों में देखा है। वे इसको मार्क्स के अध्ययन का उपागम मानते हैं। ये उपागम इस प्रकार हैं

1. नव-ग्राम्शी सिद्धान्त या विमर्श विश्लेषण
2. विश्लेषणात्मक मार्क्सवाद

मार्क्सवादी अध्ययन में इन दोनों उपागमों का उद्गम एक ही समय में हुआ है। ये दोनों ही उपागम इस बात से सहमत हैं कि मार्क्सवादी सिद्धान्त का नवीनीकरण होना चाहिये। मार्क्स के समय में समाज और पूंजीवाद की जो संरचना थी वह आज नहीं है और इसलिये अन्य सामाजिक सिद्धान्तों की परम्पराओं की उदारता से अपनाकर मार्क्स का नवीन विश्लेषण क्रिया जाना चाहिये। यह विश्लेषण बहुत स्पष्ट है रूढ़िवादी नहीं होना चाहिये। इस एक समानता के अतिरिक्त इन दोनों उपागमों में और कोई मेल नहीं है। यह अवश्य है कि समाज विज्ञानों में ज्ञान मीमांसा की परम्परा है। इसे ये दोनों उपागम अपना केन्द्रीय लक्ष्य मानते हैं। यहां हम यह अवश्य दोहरायेंगे कि सभी समाज विज्ञान और विशेषकर उत्तर आधुनिकतावादी सिद्धान्त जो अपनी अराजकता के लिये बदनाम हैं, वे सभी ज्ञान मीमांसा को अपना लक्ष्य मानते हैं।

विश्लेषणात्मक मार्क्सवादी उपागम अपनी एक विशेष पहचान रखता है। यह उपागम प्रत्यक्षवाद और इसके विभिन्न प्रकारों से प्रभावित है। इसके अनुसार मार्क्सवाद को अपनी कतिपय महत्वपूर्ण धारणाओं के अनुसार कार्य कारण प्राक्कल्पनाओं का निर्माण करना चाहिये। दूसरे शब्दों में मार्क्सवादी सिद्धान्त को निगमनात्मक विधि विज्ञान व्यवस्था की तरह विकसित करना चाहिये। इसके विपरीत ग्राम्शी सिद्धान्त या विमर्श विश्लेषण सिद्धान्त को व्याख्यात्मक रूप में प्रस्तुत करता है। इसका कहना है कि समाजविज्ञानों में विश्लेषण और भविष्यवाणी करने की कोई आवश्यकता नहीं है। विमर्श में सामाजिक सम्बन्धों का विश्लेषण होना चाहिये और मनुष्य को इतिहास की उपज मात्र मानना चाहिये। देखा जाये तो मार्क्सवाद के ये दोनों उपागम ज्ञान से जुड़े हुए मुद्दों का ही उठाते हैं। अपनी अपनी तरह से ये दोनों उपागम सामाजिक सिद्धान्त को परिभाषित करते हैं।

हेबरमॉस और अल्थूजर : नव-मार्क्सवादी विचारक

नव-मार्क्सवादियों के विश्लेषण का केन्द्र बिन्दु कार्ल मार्क्स हैं। सैद्धान्तिक दृष्टि से मार्क्सवाद मुख्यतया आधुनिक पूंजीवादी समाजों का वर्ग विश्लेषण करता है। मार्क्सवादी यह मानकर चलते हैं कि पूंजीवाद का अस्तित्व और उसकी समृद्धि पूंजीपतियों द्वारा किये गये शोषण पर आधारित है। आज औद्योगिक समाज में तकनीकी का जो विकास हो रहा है उसके मूल में मुनाफाखोरी है। मार्क्सवादी सिद्धान्त मानव इतिहास को सामाजिक विरचन का मूल एक उत्तरोत्तर सिलसिला मानकर चलता है और इस सिलसिले में प्रत्येक युग में कोई न कोई प्रभावी आर्थिक उत्पादन की विधि होती है। इस उत्पादन विधि में कभी मालिक ने गुलाम का शोषण किया है, कभी सामंत ने रैयत का और कभी पूंजीपतियों ने श्रमिकों का। इतिहास का यह सम्पूर्ण खेल मार्क्स के अनुसार उत्पादन विधि ने खेला है। मार्क्स ने बड़ी दृढ़ता के साथ स्थापित किया है कि उत्पादन विधि ही सामाजिक, राजनीतिक और सांस्कृतिक जीवन को निर्धारित करती है। उत्पादन विधि में तकनीकी तथा सामाजिक परिवर्तन के परिणामस्वरूप द्वन्द्व आ जाते हैं और ये द्वन्द्व ही क्रांति को जन्म देते हैं। क्रांति के बाद एक नई आर्थिक और सामाजिक संरचना उभर कर आती है। यह बहुत थोड़े में मार्क्स के सिद्धान्त का निचोड़ है।

मार्क्सवादी सिद्धान्त को **हेबरमॉस** और **अल्थ्यूजर** ने नये तरीके से रखा है इन नव-मार्क्सवादियों के अतिरिक्त उत्तर आधुनिकतावादियों और उत्तर-संरचनावादियों ने भी मार्क्सवाद का आधुनिक पूंजीवाद समाज के संदर्भ में विश्लेषण किया है। उत्तर आधुनिकतावादी लेखक मार्क्सवाद को महान वृत्तांत कहकर निरस्त करते हैं। सच में देखा जाये तो मार्क्सवाद आज दोराहे पर खड़ा है। एक ओर नव-मार्क्सवादी हैं जो मार्क्स की पुनर्खोज कर रहे हैं और दूसरी ओर उत्तर आधुनिकता हैं जो इस सैद्धान्तिक परम्परा को अप्रासंगिक मानकर इसकी व्याख्या कर रहे हैं। **हेबरमॉस** और **अल्थ्यूजर मार्क्स** का संशोधन कर रहे हैं।

युरगेन हेबरमॉस—हेबरमॉस एक विश्वकोशीय चिंतक हैं। इनका जन्म जर्मनी में एक मध्यमवर्गीय परिवार में हुआ है। उनके पिता **चेम्बर ऑफ कॉमर्स** के निदेशक थे। जब वे किशोर अवस्था में थे उन्होंने प्रथम विश्व युद्ध की विभीषिका को देखा था। नाजीवाद के खत्म हो जाने के बाद जर्मनी के भविष्य के बारे में जब थोड़ी निश्चितता आई तब हेबरमॉस ने चैन की सांस ली। अब वे लेखन में जुट गये। उन्होंने डटकर अध्ययन किया। इसी काल में उन्होंने 1949-54 में दर्शनशास्त्र, मनोविज्ञान, जर्मन साहित्य जैसे अनेक विषयों का अध्ययन किया। ई. 1954 में उन्होंने बोन विश्वविद्यालय से उपाधि प्राप्त की। एक पत्रकार के रूप में अपने व्यावसायिक जीवन की शुरुआत की।

ई. 1956 में हेबरमॉस, फ्रैंकफर्ट स्कूल के साथ जुड़ गये। वे **एडोने** के विद्यार्थी थे और फ्रेंकफर्ट में उनके सहायक रूप में काम करने लगे। संयोग कुछ ऐसा हुआ कि हेबरमॉस का फेंकफर्ट स्कूल के प्रमुख **होरखेयर** के साथ मतभेद हुआ और उन्होंने स्कूल छोड़ दिया। यह होते हुए भी हेबरमॉस की फ्रेंकफर्ट स्कूल की दूसरी पीढ़ी के विचारक के रूप में पहचान है। ई. 1946 में हेबरमॉस फ्रेंकफर्ट विश्वविद्यालय के दर्शनशास्त्र और समाजशास्त्र के प्रोफेसर बन गये। उनका सम्पूर्ण लेखन जर्मन भाषा में हुआ है। उनकी कतिपय पुस्तकों का अंग्रेजी भाषा में अनुवाद हो गया। उनकी अनूदित पुस्तकें इस प्रकार हैं—

1. **थ्योरी एण्ड प्रेक्टिस** 1963
2. **नॉलेज एण्ड ह्यूमेन इंटरेस्ट्स** 1968
3. **टुवर्ड ए राशनल सोसायटी** 1970
4. **लेजीटिमेशन क्राइसिस** 1973
5. **कोम्यूनिकेशन एण्ड इवोल्यूशन ऑफ सोसायटी** 1979
6. **दि थ्योरी ऑफ कोम्यानिकेटिव एक्शन** 1981
7. **दि फिलोसोफिकल डिस्कोर्स ऑफ मोडरनिटी** 1988
8. **मोरल कोन्श्यसनेस एण्ड कोम्यूनिकेटिव एक्शन** 1990
9. **पोस्ट मेटाफिजिकल थिंकिंग** 1992

हेबरमॉस का लेखन बहुत समृद्ध है। इनकी बहुत बड़ी खासियत है कि ये जन आन्दोलन में सक्रिय भागीदारी करते हैं। जर्मनी में ई. 1960 में जो विद्यार्थी आन्दोलन हुआ उसमें हेबरमॉस की भागीदारी थी। बाद में उन्होंने अपने आपको इस आन्दोलन में पृथक कर दिया। यह बहुत निश्चित है कि हेबरमॉस का किसी ऐसे आन्दोलन से कोई सरोकार नहीं होता जिसका आधार सार्वभौमिक मूल्य न हो।

1960 के दशक में यूरोप में हेबरमॉस की प्रतिष्ठा एक सिद्धान्तवेत्ता की तरह हो गई। वे आलोचनात्मक सिद्धान्त के प्रणेता के रूप में समझे जाने लगे।

आज इनकी गिनती प्रखर दार्शनिकों और समाज वैज्ञानिकों में है। हेबरमॉस का कहना है कि आज के प्रजातांत्रिक दफ्तरशाही और वैज्ञानिक सांस्कृतिक प्रधान समाज में स्वतंत्र संवाद की बहुत बड़ी आवश्यकता है और वे आग्रह करते हैं कि इस संवाद का आधार विवेक यानी बुद्धिसम्मत होना चाहिये। हेबरमॉस आधुनिक समाज की विसंगतियों से परेशान हैं। वे तो एक ऐसे सिद्धान्त को बनाना चाहते हैं या कहिये कि उनके जीवन का बहुत बड़ा प्रोजेक्ट यह है कि आधुनिकता की व्याधिकी से मुक्ति किस तरह मिले। वे व्यवहार या आचरण को सिद्धान्त से जोड़ना चाहते हैं और यह मार्क्सवाद की परम्परा है।

थियोडोर एडोर्नो और **होरखेयर** के विचारों का उन पर बड़ा प्रभाव रहा है। वे इस समाज को एक आयामी समाज मानते हैं। जिसमें तकनीकी वैज्ञानिकों की संस्कृति है तथा जहां पूंजीवाद ही सम्पूर्ण जीवन का निचोड़ है। **हेबरमॉस** इस समाज का पुनर्निर्माण करना चाहते हैं और इसके लिये वे विवेक या बुद्धिसंगतता को आधार बनाना चाहते हैं। **होरखेमर** और **एडोर्नो** के अतिरिक्त **हेबरमॉस** पर **हेगेल** का **हसरेल** का भी पर्याप्त प्रभाव है। वे हर तरह से अपने आपको वामपंथी विचारधारा का समर्थक मानते हैं पर उन्होंने **पारसंस** से भी सैद्धान्तिक अवधारणाओं को उधार लेने में कोई कंजूसी नहीं की है। वे पूर्ण रूप से उत्तर आधुनिकता के विरोधी रहे हैं। और यह आग्रहपूर्वक कहते हैं कि आधुनिकता का हमारा प्रोजेक्ट अभी अधूरा है।

हेबरमॉस का उपागम—सिद्धान्त की दुनिया में हेबरमॉस को आलोचनात्मक सिद्धान्तवेत्ता समझा जाता है। उनकी बुनियादी परम्परा फ्रेंकफर्ट स्कूल की है। आलोचना सिद्धान्तवेत्ता मार्क्स को अपना केन्द्र मानकर उसे अस्वीकार करते हैं, स्वीकार भी करते हैं और उसमें संशोधन भी करते हैं। दूसरी ओर मार्क्सवादी सिद्धान्तवेत्ता अन्य सिद्धान्तों की परम्परा से भी बहुत कुछ उधार लेते हैं। इनके लिये ज्ञान की कोई भी विधा अछूत नहीं है। हेबरमॉस सिद्धान्त निर्माण में एकदम मुक्तहस्त हैं। वे उत्तर-आधुनिकता को जहां

नकारते हैं वहीं आधुनिकता में भी संशोधन करते हैं। आधुनिकतावादी जब देखो ज्ञानोदय के गीत गाते हैं। पर ये गीत हेबरमॉस को रास नहीं आते। वे ज्ञानोदय में द्वन्द्व यानी प्रतिकूलता देखते हैं। दूसरे शब्दों में ज्ञानोदय दोहरा है। एक स्थान पर ज्ञानोदय असमान यानी सोपान व्यवस्था को स्वीकार करता है और दूसरी ओर स्वतंत्र तथा समान समाज की वकालत करता है। मुक्तहस्त हेबरमॉस ने सिद्धान्त निर्माण की एक अवस्था में पहुंचकर भाषाई रूप को ले लिया। इससे प्रभावित होकर वे कहते हैं कि किसी भी व्याकरण की तरह सार्वभौमिक ज्ञान और सार्वभौमिक नैतिकता के नियम बनाये जा सकते हैं। यहां हमारा उद्देश्य हेबरमॉस को एक नव-मार्क्सवादी या आलोचक मानकर सिद्धान्तवेत्ता की तरह प्रस्तुत करना है। पर इससे पहले हम उनके सैद्धान्तिक उपगाम का संक्षिप्त विवरण देंगे। हेबरमॉस के सिद्धान्त की रणनीति का आधार ज्ञान है। मनुष्य के विकास के लिये ज्ञान की उपलब्धि सबसे पहली आवश्यकता है। इस दृष्टि से देखो तो समाज विज्ञानों में तीन प्रकार के सिद्धान्त हैं ये तीनों प्रकार संज्ञान के हेतुओं पर आधारित हैं। वास्तव में संज्ञान एक ऐसी मानसिक प्रक्रिया है जिसके द्वारा हम अपनी इंद्रियों के माध्यम से अपने समाज के बारे में बोध ग्रहण करते हैं। उदाहरण के लिये भारत में हम अपने असबाब पर ध्यान न रखें तो कोई उसे उठाकर चम्पत हो सकता है। यह हमारा इंद्रियों द्वारा किया गया बोध है इसी बोध द्वारा हम अपना निर्णय लेते हैं। इसे संज्ञान हेतु कहते हैं। ज्ञान सिद्धान्त के इन तीनों प्रकारों में देखने को मिलता है। यह ज्ञान तीन प्रकार का है। हम अपने ज्ञान की वृद्धि किसी न किसी उद्देश्य की पूर्ति के लिये करते हैं। हेबरमॉस के उद्देश्यजनित ज्ञान की यह व्याख्या मार्क्स के प्रारम्भिक लेखन सरोवर में रमती है। समाज के सदस्य होने के नाते हम विभिन्न प्रकार के ज्ञान को प्राप्त करना चाहते हैं। यह ज्ञान का हेतु ही मनुष्य को पशु समाज से भिन्न करता है। अब यहां हेबरमॉस भाषा की भूमिका का उल्लेख करते हैं। मनुष्य की काम करने की कुशलता और संचार की क्षमता विभिन्न प्रकार के ज्ञान को जन्म देती है। यह ठीक है कि काम या श्रम एक प्रकार के तकनीकी हेतु को पूरा करता है, लेकिन ज्ञान और काम भी करता है। इसके द्वारा प्राकृतिक प्रक्रियाओं का नियंत्रण भी अपने लाभ के लिये करता है। हम सब लोगों की रुचि बिजली की क्षमता को विकसित करने में होती है क्योंकि इसमें हम सबका भला है। इस प्रकार के ज्ञान पर आधारित सिद्धान्तों को हेबरमॉस आनुभाविक-विश्लेषणात्मक सिद्धान्त कहते हैं। हेबरमॉस कहते हैं कि ज्ञान-प्रत्यक्षवादी बन जाता है। यह प्रत्यक्षवाद समाज विज्ञानों पर लागू होता है। प्रत्यक्षवादी ज्ञान संचार के माध्यम से सम्पूर्ण समाज में आ जाता है। इस तरह का ज्ञान मनुष्य के विकास में बड़ा लाभदायक होता है।

दूसरा प्रकार दैनिक जीवन की आवश्यकताओं से जुड़ा हुआ है। तकनीकी भाषा में हेबरमॉस इसे भाष्य विज्ञान कहते हैं। यह ज्ञान जिस सिद्धान्त को जन्म देता है उसे भाष्य विज्ञान सिद्धान्त कहते हैं। इसे व्यावहारिक इसलिये कहते हैं कि यह हमारी अन्त:क्रियाओं में काम आता है। हम अन्त:क्रियाओं को भाषा के माध्यम से समझते हैं। देखा जाये तो भाष्य विज्ञान निर्वचन का विज्ञान है। प्रतीकात्मक अन्त:क्रियाएं एथनोमेथेडोलोजी संस्कृति का संरचनात्मक विश्लेषण उत्तर संरचनावाद आदि भाष्य विज्ञान के दृष्टान्त हैं। हम अपने हाथ की दो अंगुलियों को खड़ा करके दिखाते हैं। इसका निर्वचन है हम विजयी हैं। हम मुक्का तान कर बताते हैं। निर्वचन है हम दुश्मन के दांत तोड़ देंगे। इस तरह की अन्त:क्रिया हमारे दिन प्रतिदिन के व्यावहारिक जीवन का अंग है। संचार इस अर्थ में व्यावहारिक हेतुओं को पूरा करता है और इसलिये दूसरे प्रकार के सिद्धान्त भाष्य विज्ञान सिद्धान्त है। हेबरमॉस तीसरे प्रकार के सिद्धान्तों को उद्धारक ज्ञान की श्रेणी में रखते हैं। व्यावहारिक ज्ञान एक तीसरे हेतु को जन्म देता है जिसे वे उद्धारक ज्ञान कहते हैं। इसका ताल्लुक भी अन्त:क्रिया और संचार होता है। यह ज्ञान आलोचनात्मक सिद्धान्तों को जन्म देता है। इस ज्ञान में व्यक्ति अन्त:क्रियाओं का लाभ लेकर समाज का अहित करता है। यह ज्ञान अपने स्वरूप में भ्रष्ट होता है। अहित का हेतु शक्ति के माध्यम से पूरा होता है। यहां हेबरमॉस मनोविश्लेषण को सिद्धान्त की बुनियाद मानते हैं। इस सिलसिले में वे अपनी बाद की कृति **दि थ्योरी ऑफ कम्यूनिकेटिव एक्शन** का विस्तृत उल्लेख करते हैं। यहां वे भाषाई दर्शन शास्त्र का संदर्भ देते हैं।

मार्क्सवाद के बारे में—हेबरमॉस वस्तुत: मार्क्सवादी हैं पर ये मार्क्स के सिद्धान्तों की आलोचना करते हैं। इस आलोचना में वे मार्क्स को अस्वीकार करते हैं और इसके स्थान पर अपना आलोचनात्मक सिद्धान्त रखते हैं। उनका कहना है कि मार्क्स और फ्रेंकफर्ट स्कूल के कई विचारक प्रत्यक्षवाद के मलबे में दबे रहे। स्वयं मार्क्स भी इसी प्रत्यक्षवाद के शिकार थे। उन्होंने आदमी की बहुत बड़ी विशेषता श्रम में ही देखी। उसके मूल्यों और विचारों पर कोई जोर नहीं दिया।

1. श्रम और उत्पादन की एकायामी अवधारणा—मार्क्सवादी होते हुए भी हेबरमॉस क्लासिकल मार्क्सवाद के अनेक सिद्धान्तों से असहमत हैं वे कहते हैं कि मार्क्स का उत्पादन विधियों और उत्पादन सम्बन्धों का सिद्धान्त आज के समाज पर लागू नहीं होता। हेबरमॉस इसकी विस्तृत व्याख्या करते हैं। प्राथमिक पूंजीवाद में राज्य और अर्थव्यवस्था एक दूसरे से पृथक थे। राज्य का अर्थ से कोई सरोकार नहीं था। राज्य की नीति अहस्तक्षेप की थी, आज स्थिति बदल गई। अब राज्य अर्थव्यवस्था में भागीदारी करता है।

हस्तक्षेप करता है। ऐसी अवस्था में मार्क्स का यह सोचना कि अर्थव्यवस्था ही समाज का निर्धारण करती है। गलत है। आज राज्य स्वयं अर्थव्यवस्था की दिशा को निर्धारित करता है। हमारे देश में ही 1990 में जो आर्थिक उदारवाद और निजीकरण आया उसका निर्णय राज्य ने ही किया अत: आज के संदर्भ में आर्थिक निर्धारणवाद अप्रासंगिक है।

2. दमन के तरीकों में परिवर्तन—मार्क्स ने पूंजीवादी समाज का बहुत बड़ा लक्षण शोषण और दमन को बतलाया था। हेबरमां को यह स्वीकार नहीं है। वे कहते हैं कि विकसित देशों में श्रमिकों का भी जीवन स्तर ऊंचा उठ गया है। उन्हें ऊंची पगार मिलती है। कल्याकारी सुविधाएं मिलती हैं। ऐसी अवस्था में दमन का मानदण्ड बदल गया है। इस समाज में श्रमिक आर्थिक अभाव के शिकार नहीं हैं। अच्छा खाते-पीते हैं। अब उनकी वंचना आर्थिक न होकर मनोवैज्ञानिक और एथनिक है। हेबरमॉस का दृढ़ विश्वास है कि आज के श्रमिक आर्थिक दृष्टि से खस्ता हालत में नहीं हैं। अब उन्हें क्रांति करने की आवश्यकता नहीं है। आज का श्रमिक राजनीतिक संदर्भ में बात करता है और आर्थिक त्रासदी उसकी विषयवस्तु नहीं।

3. अधिसंरचना की उपेक्षा—हेबरमॉस तथा अन्य उत्तर आधुनिकतावादियों ने मार्क्स की कटु आलोचना इस तथ्य पर बराबर की है कि वे अधिसंरचना पर कोई टिप्पणी नहीं करते। हेबरमॉस विस्तृत रूप से संस्कृति पर लिखते हैं। उनका कहना है कि सामाजिक उद्विकास केवल उत्पादन विधियों और सम्बन्धों का ही नहीं हुआ है। उद्विकास तो धर्म विचारधारा मूल्य आदि सांस्कृतिक तत्वों का भी हुआ है। वास्तव में उद्विकास एक वृहत् सामाजिक प्रक्रिया है और इसके परिवेश में उत्पादक श्रम के अतिरिक्त सम्पूर्ण अधिसंरचना आ जाती है। अगर मार्क्स वर्ग की संरचना पर जोर देते हैं तब उन्हें सवाल के अन्य क्षेत्रों को भी देखना चाहिये। यहां पर हेबरमॉस अभिव्यक्तिशील तर्क की अवधारणा को रखते हैं। वे कहते हैं कि बुनियादी और अधिसंरचना के निर्माण में संचारों की भूमिका निर्णायक होती है। प्रतीक अन्त:क्रिया एथनिसिटी आदि संचार के माध्यम हैं और अधिसंरचना के निर्माण में इनका महत्वपूर्ण योगदान होता है। हेबरमॉस एक प्रकार से मार्क्स के मानव विकास के सिद्धान्त को आर्थिक निर्धारणवाद से निकाल कर अभिव्यक्ति के क्षेत्र में ले आते हैं।

मार्क्सवादी होते हुए भी हेबरमॉस ने कट्टर मार्क्सवाद को अस्वीकार किया है। उनका एकमात्र उद्देश्य मार्क्सवाद को आधुनिक समाज के लिये अधिक से अधिक प्रासंगिक बनाना है। इसमें मार्क्स के प्रति कोई दुराव नहीं है उनके प्रति श्रद्धा में कोई कमी नहीं है। हुआ यह है कि मार्क्स के युग में जिस प्रकार का पूंजीवाद था उसमें सामाजिक विरचना के आर्थिक निर्धारणवाद ही कारगर था और इसी कारण मार्क्स ने पूंजीवाद को उद्विकास की प्रक्रिया के माध्यम से देखा है। और यहां आकर वे सामाजिक विरचना को वैचारिक संदर्भ से देखते हैं हेबरमॉस ने मार्क्स की केवल आलोचना ही नहीं की है उसका पुनर्निर्माण भी किया है। उन्होंने वैकल्पिक रूप से आलोचना ही नहीं की है उसका मार्क्सवादी सिद्धान्त रखा है।

हेबरमा का आलोचनात्मक नव-मार्क्सवादी सिद्धान्त—अपने आलोचनात्मक सिद्धान्त में हेबरमॉस दो काम करते हैं। पहला काम तो मार्क्सवाद का खण्डन करना है। इसके लिये उन्होंने मार्क्स के सिद्धान्त पर बड़ी कटु टिप्पणियां की हैं। मार्क्स का दूसरा काम आज के आधुनिक समाज की आलोचना का है। वे इस आधुनिक समाज को एक आहत समाज मानते हैं। हेबरमॉस ने मार्क्स के विपरीत ज्ञानोदय का समर्थन किया है। वे कहते हैं कि आधुनिक समाज की आलोचना केवल एक तर्क यानी आर्थिक निर्धारणवाद से नहीं की जा सकती। आधुनिक समाज में कई तर्क हैं और इन सबको हमें देखना पड़ेगा सत्य कभी भी निरपेक्ष नहीं होता इसमें कई अवयव होते हैं और एक समाज वैज्ञानिक इस सापेक्षिक सत्य की पड़ताल करता है। हेबरमॉस स्थापित करते हैं कि सत्य वह है जिसे लोग अपने दिन-प्रतिदिन के अभिव्यक्तिशील विनिमय में पाते हैं। उसमें रूबरू होते हैं। उत्तर आधुनिक तथ्यहीन होकर भी यहां हेबरमॉस सापेक्षिक सत्य की पहचान करते हैं। इधर मार्क्सवाद पूर्ण रूप से सापेक्षिक विरोधी है। सत्य वह है जिसे समाज कहता है समाज स्वीकार करता है।

हेबरमॉस के आलोचनात्मक सिद्धान्त के प्रमुख लक्षण

मार्क्स की आलोचना करने के बाद हेबरमॉस प्राय: वेबर का उल्लेख करते हैं उनका प्रयास आधुनिक समाज के विश्लेषण के लिए वे एक ऐसा सिद्धान्त बनाया था जो मार्क्स के प्रबंध का संशोधन भी करे तथा समाज के विश्लेषण का एक विकल्प भी प्रस्तुत करे। इसके लिये उन्होंने विभिन्न सिद्धान्तों की परम्पराओं को खुलकर काम में लिया। वेबर उनका प्रिय विचारक था उनसे उन्होंने बुद्धिसंगतता को लिया। संस्कृति के उद्विकास के विश्लेषण में हेबरमॉस वेबर के उद्विकास को लेते हैं। वेबर का प्रबन्ध था कि समाज विज्ञान जिस ज्ञान को पैदा करते हैं, वह ऐतिहासिक दृष्टि से बहुत सीमित होता है। कोई भी ज्ञान सभी युगों के लिए सही नहीं होता। उसकी प्रासंगिकता इतिहास के एक विशेष काल तक ही होती है। देखा जाये तो मानव जीवन का एक व्यक्तिनिष्ठ पहलू होता है और समाज विज्ञानों को इस पहलू पर ध्यान देना चाहिये। यहां हेबरमॉस जहां मार्क्स की आलोचना करते हैं। वहीं वे क्रिया की युक्तिसंगतता पर जोर देते हैं। मार्क्स ने अपने सम्पूर्ण द्वन्द्वात्मक भौतिकवाद में व्यक्ति को हाशिये पर खड़ा कर दिया है। यह अनुचित

है व्यक्ति की युक्तायुक्त क्रिया का भी ज्ञान के उत्पादन में योगदान है। इस तथ्य को हेबरमॉस ने वेबर से लिया।

वेबर की तरह हेबरमॉस का कहना है कि मनुष्य की समझ अन्तर व्यक्तिनिष्ठ होती है। इसका तात्पर्य यह है कि व्यक्ति अन्त:क्रियाओं द्वारा एक दूसरे को समझते हैं और इसमें तर्क होता है। व्यक्ति किसी भी क्रिया को बिना किसी उद्देश्य के नहीं करता। ज्ञान का उत्पादन इन पारस्परिक क्रियाओं द्वारा होता है ऐसा ही कुछ निष्कर्ष हेबरमॉस ने अपने सिद्धान्त में रखा है।

2. फ्रायड और हेबरमॉस—फ्रायड के मनोविश्लेषण से भी हेबरमॉस प्रभावित है उनके सिद्धान्त में मनोविश्लेषण को पर्याप्त स्थान है। फ्रायड का यह दावा था कि उन्होंने एक ऐसे सिद्धान्त को विकसित किया है जो हर दृष्टि से आनुभाविक है और जो मनुष्य के व्यक्तिगत संसार को भली प्रकार से जानता है। यह फ्रायड का वैज्ञानिक सिद्धान्त है। फ्रायड ने अपने इस सिद्धान्त निर्माण में मनोविश्लेषण को आधार बनाया है। यहां हमें बहुत स्पष्ट शब्दों में कहना चाहिये कि हेबरमॉस का आलोचनात्मक सिद्धान्त वस्तुत: एक अभिव्यक्ति क्रिया का सिद्धान्त है फ्रायड का मनोविश्लेषण एक निर्णायक स्तम्भ है।

3. भाषा उपागम—हेबरमॉस जिस आलोचनात्मक सिद्धान्त को आधुनिक समाज के विश्लेषण के लिये रखते हैं। उसमें उन्होंने भाषा विज्ञान से भी बहुत कुछ ग्रहण किया है। इसमें वे नोम चोम्स्की से अत्यधिक प्रभावित है का तर्क है कि भाषा को प्रयोग में लाकर हम सार्वभौमिक नियमों को बना सकते हैं। मनुष्य के मस्तिष्क में जिस तरह जैविकीय संरचनाएं होती हैं। वैसी ही संरचनाओं का निर्माण समाज में भी होता है। चोम्स्की ने जो कुछ कहा है उस पर विवाद हो सकता है लेकिन हेबरमॉस ने भाषा के इस नियम को संस्कृति के उद्विकास के अध्ययन पर लागू किया है। उन्होंने संस्कृति तत्वों के अर्थ को भाषा के संदर्भ में समझने की कोशिश की है। हेबरमॉस ने भाषा के नियमों या व्याकरण के नियमों की तरह समाज के अभिव्यक्तिशील संदर्भ में प्रस्तुत किया है।

4. अभिव्यक्तिशीलता का तार्किक सिद्धान्त—जिसे हम हेबरमॉस का आलोचनात्मक या नव मार्क्सवादी सिद्धान्त कहते हैं वह वस्तुत: अभिव्यक्ति का तार्किक सिद्धान्त है। मनुष्य की अभिव्यक्ति किन्हीं सामाजिक दशाओं में होती है। ये युक्तायुक्त उद्देश्यपरक क्रिया और अभिव्यक्तिशील क्रिया में अंतर करते हैं। युक्तायुक्त उद्देश्य एक परक क्रिया का रुझान भौतिक पर्यावरण के प्रति होता है। इस क्रिया का लक्ष्य पर्यावरण को अपने अनुकूल बनाने का होता है। जबकि अभिव्यक्तिशील क्रिया को हम सामान्यतया कार्य और श्रम के अर्थ में लेते हैं। क्रिया को इस भांति अवधारणात्मक रूप में प्रस्तुत करके हेबरमॉस आधुनिक समाज की व्याख्या करते हैं और यही उनका सिद्धान्त है।

निष्कर्षात्मक—जब हेबरमॉस मार्क्स की आलोचना करते हैं तब वे निश्चित रूप से आधुनिक पूंजीवाद पर भी अपने विचार व्यक्त करते हैं। उनकी दृष्टि में आज का पूंजीवाद पूरी तरह से विरोधाभास से भरा पड़ा है। इसमें निहित ज्ञान भ्रष्ट ज्ञान है। इसके कारण है अब पूंजीवाद राज्य की गिरफ्तार में है और यह कभी भी इस पकड़ से बाहर निकलने का प्रयास नहीं करता। मार्क्स और हेबरमॉस में पूंजीवाद की व्याख्या के अतिरिक्त एक और अन्तर है। जहां मार्क्स कार्य और श्रम पर अत्याधिक जोर देते हैं वहां हेबरमॉस अभिव्यक्तिशीलता और भाषा को अपने विश्लेषण का केन्द्रीय आधार मानते हैं। अभिव्यक्तिशीलता और भाषा उनकी पुस्तक **दि थ्योरी ऑफ कोम्यूनिकेशन एक्शन** उनके इस सिद्धान्त का मुख्य मुद्दा है। हेबरमॉस का तर्क है कि हमें एक ऐसे समाज का निर्माण करना है जो स्वतंत्र और अभिव्यक्ति परक हो तथा जहां व्यक्ति का सम्प्रेषण पूर्ण तथा सभी बन्धनों से मुक्त हो। हेबरमॉस का आधुनिकता में पूरा विश्वास है। वे महान वृत्तांतों के हिमायती हैं और इसी कारण प्रकार्यवादी **पारसंस** और मार्क्सवादी फ्रेंकफर्ट स्कूल के समर्थक हैं।

लुई अल्थ्यूजर 1918-1990—**लुई अल्थ्यूजर** एक फ्रांसीसी नव मार्क्सवादी ई. 1960 और 1970 के दशक में मार्क्सवादी संरचनात्मक सिद्धान्तवेत्ता की तरह यूरोप में बहुत चर्चित रहे। वे दार्शनिक और भाषाविद् समाजशास्त्री थे। इन सब विशेषताओं के अतिरिक्त साम्यवादी पार्टी के सक्रिय कार्यकर्ता भी थे।

जीवन वृत्त—**अल्थ्यूजर** का जन्म अल्जीरिया में हुआ था। द्वितीय महायुद्ध में नाजी में बन्दी बनाकर उन्हें पीड़ा शिविर में रखा गया था। युद्ध के बाद उन्होंने फ्रांस में साम्यवादी दल की सदस्यता ग्रहण कर ली। उनकी शिक्षा-दीक्षा पैरिस के इकाल नोमेल में हुई। उनकी दक्षता दर्शनशास्त्र में थी। इन्हें संरचनावादी मार्क्सवादी की तरह यूरोप में जाना जाता है। **अल्थ्यूजर** के लेखन ने मार्क्सवादी सामाजिक सिद्धान्त को गहराई से प्रभावित किया।

अल्थ्यूजर की कृतियां निम्न प्रकार हैं—

1. **फार मार्क्स** 1966
2. **रीडिंग केपिटल** 1970
3. **लेनिन एण्ड फिलोसोफी एण्ड अदर एसेज** 1971
4. **फिलोसोफी एण्ड दि स्पोन्टेनियस फिलोसोफी दि साइन्टिस्टस अदर एसेज** 1990

अल्थ्यूजर जिस समय की उपज है उसमें फ्रांसीसी संस्कृति अनुदार और संकीर्णमना थी। ऐसी अवस्था में **अल्थ्यूजर** का एक

ही उद्देश्य था कि मार्क्सवाद को एक सामाजिक और ऐतिहासिक विज्ञान की तरह स्थापित किया जाये। उन्होंने सार्त्र को पढ़ा और उसका विकल्प एक नये मानववाद में रखा वे **मार्ले पोण्टी** और अन्य दार्शनिकों से भी प्रभावित थे। **सार्त्र** तथा **पोण्टी** ने उन्हें भाषाई संरचनावाद के विकास में सहायता दी। **दुर्खीम** से उन्होंने सामाजिक तथ्य को उधार लिया। **सोसोरे** ने भाषा को सामाजिक तथ्यों की तरह विश्लेषण करने में सहायता दी। **अल्थ्यूजर** के समकालीन विचारकों में लेवी-स्त्रास और **जॉक लाको** जैसे मानवशास्त्री भी थे जिन्होंने उन्हें बहुत प्रभावित किया। यह बड़ी विचित्र बात है कि फ्रांस में **अल्थ्यूजर** की पहचान एक संरचनावादी **मार्क्सवादी की तरह थी जबकि स्वयं अल्थ्यूजर** इसे स्वीकार नहीं करते। इस विवाद के होते हुए भी यह निश्चित रूप से कहा जा सकता है और इसमें भ्रम की कोई गुंजाइश नहीं है कि **अल्थ्यूजर** ने मार्क्स के जिस ऐतिहासिक भौतिकवाद का पुनर्निर्माण किया है उस पर संरचनावादी संदर्श का गहरा प्रभाव है।

मार्क्सवाद की आलोचना—अल्थ्यूजर ने दास कैपिटल के बारे में एक बड़ी दिलचस्प टिप्पणी की है। वे कहते हैं कि पुस्तक को बड़ी सहानुभूति के साथ पढ़ना चाहिये। देखना चाहिये कि इसमें क्या है और क्या नहीं है। एक बार इस तरह का प्रयास किया जाये तो ज्ञात होगा कि मार्क्स ने उत्पादन सम्बन्धों और उत्पादन शक्तियों के क्षेत्र में क्रांतिकारी परिवर्तन उपस्थित किया है। उन्होंने मार्क्स का पुनर्निरीक्षण किया है। सिद्धान्त के क्षेत्र में मार्क्स का यह सिद्धान्त किसी नये महाद्वीप की खोज की तरह है या **गेलिलियों** के पृथ्वी को हिला देने वाली खोज की तरह है। कहना चाहिये **अल्थ्यूजर मार्क्स** के भक्त थे, उनके मुरीद थे। पर उन्होंने **मार्क्स** को काटा भी है अस्वीकार भी किया है। **अल्थ्यूजर** द्वारा की गई **मार्क्स** की आलोचना के बिन्दु निम्न प्रकार है—

1. आर्थिक निर्धारणवाद अस्वीकार—अल्थ्यूजर ने मार्क्स के आर्थिक निर्धारणवाद को अस्वीकार किया है। उनका कहना है कि किसी भी समाज की संरचना के तीन स्तर होते हैं आर्थिक, राजनीतिक और वैचारिक इन सभी स्तर में स्वायत्तता होती है। अपने क्षेत्र में अर्थव्यवस्था स्वतंत्र है और इसी तरह राजनीतिक और वैचारिक। इन सब स्वायत्तताओं में अंतिम स्वायत्तता अर्थव्यवस्था की होती है। इसका अर्थ यह हुआ कि जब राजनीतिक और वैचारिक क्षेत्र में संकट होता है तब निर्णायक भूमिका अर्थ व्यवस्था की होती है। इस सन्दर्भ में देखे तो जिसे मार्क्स अधिसंरचना कहते हैं वह राजनीति और वैचारिकी से भी प्रभावित होती है। दूसरे शब्दों में **अल्थ्यूजर** वैचारिकी और राजनीति जैसे अधिसंरचनात्मक तत्वों को मात्र आर्थिक आधार का प्रतिबिम्ब मानने के स्थान पर एक ऐसी योजना प्रस्तुत करते हैं। जिसमें विचारधारा और राजनीति को अर्थव्यवस्था के अस्तित्वों की दशाओं रूप में स्वीकार करते हैं। **अल्थ्यूजर** आंशिक रूप से उत्पादन के तरीके को अवधारणा में भी रुचि प्रकट की है क्योंकि इसे वे अर्थव्यवस्था, वैचारिकी और राजनीति के जटिल सम्बन्ध की अभिव्यक्ति मानते हैं।

आर्थिक निर्धारणवाद के निष्कर्ष में **अल्थ्यूजर** कहते हैं समाज और कुछ न होकर आर्थिक व्यवस्था राजनीति और वैचारिकी का एक सम्मिश्रण मात्र है। बुनियादी संरचना और अधिसंरचना आपस में एक दूसरे से जुड़े हुए हैं। उनमें पारस्परिकता है। समाज में परिवर्तन किसी एक कारण या चर द्वारा नहीं होता कई कारण होते हैं कई चर होते हैं।

2. इतिहासवाद गलत है—इतिहासवाद इतिहास के नियमों से जुड़ा हुआ है। इतिहास की एक निश्चित धड़कन होती है। इसका एक प्रतिमान होता है। **कार्ल पीपर** का कहना है कि इतिहासवाद समाज विज्ञानों का एक उपागम है। इसके द्वारा समाज में होने वाली घटनाओं की भविष्यवाणी की जा सकती है। ऐसा करने के लिए इतिहास में जो प्रतिमान है उनकी पहचान करनी पड़ती है और इसके बाद सब सरल हो जाता है। **मार्क्स** का इतिहासवाद यह मानता है कि मानव जाति धीरे-धीरे कई स्तरों से गुजरती हुई साम्यवादी स्तर पर पहुंचेगी। **मार्क्स** के इस तरह के इतिहासवाद से **अल्थ्यूजर** सहमत नहीं है। उनका कहना है कि इतिहास हमेशा रेखीय नहीं होता प्रत्येक युग में कई घटनाएं होती है। कई संयोग और संकट होते हैं और ऐसी अवस्था में इतिहास एक ही रेखा पर चलेगा यह मानकर चलना गलत है। **मार्क्स** और साम्यवादी आन्दोलन की दुनिया भर में यह समझ है कि इतिहास हमारे पक्ष में है और किसी दिन क्रांति होगी तथा वर्गहीन राज्य ही समाज बनेगा। इतिहास की कुछ इसी तरह की समझ गैर-मार्क्सवादियों की भी है। वे भी रेखीय उद्विकास में विश्वास रखते हैं। उनका कहना है कि ज्ञानोदय ने परम्परागत समाज को समाप्त किया पूंजीवाद ने सामंतवाद को ध्वस्त किया और आधुनिकतावाद को उत्तर आधुनिकतावाद नष्ट करेगा। स्पष्ट रूप से इस तरह की इतिहासवाद की धारणा रेखीय है। **अल्थ्यूजर मार्क्स** के इस किस्म के इतिहासवाद से सहमत नहीं है उनका तर्क तो बहुत सामान्य है। इतिहास की प्रक्रियाएं वास्तव में खुली प्रक्रियाएं हैं। ऐतिहासिक परिवर्तन तो समाज के अनगिनत प्रतिवादों और प्रतिरोधों के परिणामस्वरूप होता है और इसलिये इसके बारे में कोई भी भविष्यवाणी नहीं की जा सकती।

3. मानववादी विरोधी सिद्धान्त का खण्डन—मार्क्स ने जो कुछ लिखा इसका संदर्भ 19 वीं शताब्दी के अंतिम भाग से है।

ई. 1960 के दशक में **मार्क्स** की पुन: खोज हुई। एक जगह पर **मार्क्स** ने लिखा है मनुष्य इतिहास बनाते हैं लेकिन उन परिस्थितियों में जो उनकी बनाई हुई नहीं है। इसका निर्वचन यह है कि व्यक्ति स्वयं इतिहास को नहीं बना सकता। यह तो परिस्थितियां हैं जो इतिहास बनाती है। आदमी केवल निमित्त मात्र है वह भौतिक तथा सांस्कृतिक दशाओं को काम में लेकर इतिहास बनाता है। मार्क्स का यह प्रबंध बताता है कि वे व्यक्ति यानी मानव के विरोधी थे। **मार्क्स** का यह कथन मानववाद विरोधी कहा जाता है। मानव विरोधी इसलिये कि इतिहास के निर्माण में व्यक्ति तो एक कठपुतली मात्र है जो कुछ है वह भौतिक दशा है। **अल्थ्यूजर** ने **मार्क्स** के इस प्रबन्ध को अस्वीकार किया है। वे कहते हैं कि आदमी को इस तरह निरस्त करके मार्क्स उसके सम्पूर्ण जैविकीय अस्तित्व को ही नकारते हैं। **मार्क्स** का यह मानववाद विरोधी सिद्धान्त मूल में मनुष्य के सार्वभौमिक अस्तित्व को अस्वीकार करता है। **अल्थ्यूजर** को मार्क्स का यह सैद्धान्तिक निरूपण स्वीकार नहीं है।

4. विचारधारा यथार्थ है—मार्क्स के लिये उत्पादन विधि उत्पादन शक्तियां और उत्पादन सम्बन्ध ही यथार्थता है वे विचारधारा को एक कल्पना यानी मिथक मात्र मानते हैं। **अल्थ्यूजर** को यह स्वीकार नहीं है। वे इसे पुनर्परिभाषित करते हैं। उनके अनुसार विचारधारा वस्तुत: एक सामाजिक यथार्थता है।

अल्थ्यूजर का संरचनात्मक मार्क्सवाद—अल्थ्यूजर ने संरचनात्मक मार्क्सवाद की रूपधारा को विकसित किया। उन्होंने मार्क्स के सिद्धान्तों के विकास के रूप में संरचनात्मक को रखा। इसका केन्द्र मार्क्स का सिद्धान्त था इसी कारण इसे संरचनात्मक मार्क्सवाद कहते हैं। **अल्थ्यूजर** संरचनात्मकवाद का उद्गम **दुर्खीम** से करते हैं। इसके बाद इसे **सोसोरे** के भाषावाद से जोड़ते हैं। **अल्थ्यूजर** पर रोमन **जेकोब्सन क्लाइड स्ट्रास** तथा **लाका** का भी पर्याप्त प्रभाव था। इन सब संरचनावादियों का तर्क है कि मनुष्य की चेतन गतिविधियां इतिहास के उद्गम और विकास के समझने में सहायक नहीं है! इन्हें समझने में भाषा की संरचनाएं अधिक सहायक होती हैं। **अल्थ्यूजर** ने भौतिक **मार्क्स** के सिद्धान्तों का विश्लेषण में व्याकरण के इन्हीं नियमों को लागू किया है **अल्थ्यूजर** के सिद्धान्त निर्माण की राजनीति बहुत स्पष्ट है। वे **मार्क्स** की वैज्ञानिक उपलब्धियों को भाषा विज्ञान के सांचे में डालते है और इसे वे संरचनात्मक मार्क्सवाद कहते हैं इस सिद्धान्त के महत्वपूर्ण लक्षण इस प्रकार है—

1. विचारधारा और वैचारिक राज्य उपकरण—पेरिस की ई. 1968 की क्रांति के बाद **अल्थ्यूजर** ने 1971 में एक निबंध लिखा इसमें उन्होंने राज्य और उसके उपकरणों की चर्चा सामाजिक परिवर्तन के सन्दर्भ में की है। वे एक बड़ा असुविधाजनक प्रश्न उठाते हैं कि सामाजिक संरचना के लिये यह किस तरह सम्भव है कि वह युग दर युग पीढ़ी अपने आपको बनाये रखती है। इस प्रश्न का उत्तर मार्क्सवदी देते हैं। वे कहते हैं कि समाज में पुन: उत्पादन की प्रक्रिया निरन्तर चलती रहती है। उत्पादन के साधन पुराने हो जाते हैं, सड़-गल जाते हैं और समाप्त हो जाते हैं। कुल्हाड़ी से बुवाई होती थी उसका स्थान हल ने ले लिया और अब हल का स्थान ट्रेक्टर ट्राली लेते हैं। यह ठीक है कि उत्पादन के साधन बनते बिगड़ते हैं लेकिन **अल्थ्यूजर** कहते हैं कि संरचना का रख-रखाव भी होता है और इस कारण भी संरचना पीढ़ी-दर-पीढ़ी अपनी निरन्तरता बनाये रखती है। परिवार स्कूल आदि ऐसे उपकरण हैं जो समाज के रख-रखाव में सहायक होते हैं। वर्ग की प्रभुत्ता अनुशासन, राज्य का नियन्त्रण आदि इस सामाजिक संरचना का पुन: उत्पादन करते रहते हैं अत: **अल्थ्यूजर** ने सामाजिक संरचना की निरन्तरता का जो प्रश्न उठाया था इसका उत्तर मार्क्सवादी पुन: उत्पादन की अवधारणा द्वारा देते हैं। वे कहते हैं कि अधिसंरचना दो प्रकार की होती है—

1. दमनात्मक राज्य उपकरण
2. वैचारिक राज्य उपकरण

पुन: उत्पादन की अवधारणा को **मार्क्स** ने रखा है उनका कहना है कि इस प्रक्रिया द्वारा सामाजिक संरचना अपनी निरन्तरता बनाये रखती है। **अल्थ्यूजर** इसमें संशोधन करते हैं वे कहते हैं कि सामाजिक संरचना के पुन: उत्पादन में अधिसंरचना का बहुत बड़ा योगदान होता है। यह एक कारगर प्रक्रिया है। राज्य के पास दमन के कई तौर तरीके हैं। एक प्रकार के साधन या उपकरण हैं इनका प्रयोग नागरिकों के दमन में किया जाता है। अत: इन्हें **अल्थ्यूजर** दमनात्मक राज्य उपकरण कहते हैं। पुलिस, कानूनी अदालत, फौज आदि राज्य के दमनात्मक उपकरण हैं। उनके द्वारा लोगों को राज्य दबा देता है। चाहे जहां पुलिस खड़ी कर देता है। गोली चलवा देता है। जेल पहुंचा देता है। दमन के ये साधन राज्य के अतिरिक्त किसी और संस्था के पास नहीं होते और यह **अल्थ्यूजर** के हिसाब से अधिसंरचना है जो आर्थिक निर्धारणवाद से मुक्त है।

अधिसंरचना का दूसरा प्रकार वैचारिक होता है विघटन से पहले सोवियत रूस में बाल्यावस्था से ही लोगों को साम्यवादी विचारधारा का अभिस्थापन कर दिया जाता था। इस उपकरण के कई दृष्टांत हैं, शिक्षण व्यवस्था, व्यापारिक संगठन परिवार धर्म खेलकूद संगठन तथा मीडिया जिसमें टेलीविजन फिल्म और समाचार पत्र मुख्य हैं। यह दमन विचारों के क्षेत्र में होता है। इसी कारण **अल्थ्यूजर** इसे राज्य का वैचारिक उपकरण कहते हैं। अधिसंरचना

को आर्थिक निर्धारणवाद पर छोड़ना बहुत बड़ी भूल होगी। **अल्थ्यूजर** इटली के मार्क्सवादी **ग्राम्शी** का उल्लेख करके कहते हैं कि आज के पश्चिमी आधुनिक समाजों में प्रभावशील वर्ग या सत्ता में जो लोग हैं उनकी वैचारिकी ही सम्पूर्ण समाजों को प्रभावित करती है और बहुसंख्य लोग **अल्थ्यूजर** कहते हैं। राज्य की वैचारिकी को बिना किसी विरोध के स्वीकार कर लेते हैं। **ग्राम्शी** और **अल्थ्यूजर** इस बात पर बराबर जोर देते हैं कि लोग स्वत: और सहज रूप से ही राज्य की सत्ता के लोगों की विचारधारा को स्वीकार नहीं करते। इसके लिए राज्य को बराबर पुन: उत्पादन करना पड़ता है मीडिया पर नियन्त्रण रखना पड़ता है। धन के प्रलोभन देने पड़ते हैं। व्यक्ति जब परिवार स्कूल कालेज राजनीति आदि के गुजरता है तब उसकी पहचान ही सत्ता के लोगों की विचारधारा हो जाती है अधिसंरचना नहीं बनती इसके लिये राज्य और संस्थाओं को कार्य करना पड़ता है।

सत्ता की विचारधारा को अपने स्वयं की पहचान बनाने की प्रक्रिया को **अल्थ्यूजर** इन्टरप्रेटेशन अर्थात हम क्या हैं? प्रश्न के साथ जोड़ते हैं वे कहते हैं कि समाज का प्रत्येक व्यक्ति इस प्रश्न का उत्तर खोजता है कि समाज में उसका क्या स्थान है वह व्यापारी है, पिता है, दस्तकार, अध्यापक है, आदि **अल्थ्यूजर** कहते हैं कि प्रत्येक व्यक्ति इस प्रश्न के उत्तर में अपने को वैचारिकी के साथ जोड़ता है बात यह है कि व्यक्ति की जो कुछ पहचान है वह उसकी स्वयं की नहीं है वह इसे समाज से प्राप्त करता है और इस तरह उसकी पहचान संरचनात्मक सिद्धान्त का आधार बनती है।

स्टालिन ने 1929 में रूस में कई आर्थिक राजनीतिक और सामाजिक पाबंदियां लगाई। इसे इतिहास में स्टालिनवाद कहते हैं। **स्टालिन** में **मार्क्स एंगेल्स** और **लेनिन** के नाम पर अपने व्यक्तित्व को अत्यधिक ऊंचा उठा दिया। वे स्वयं अपने नाम पर रूस को चलाने लगे।

अल्थ्यूजर को यह सब स्वीकार नहीं था। उन्होंने **स्टालिन** के तथाकथित मानववादी का विरोध करने के लिये अपने आपको मानववाद विरोधी घोषित किया। अपने इस मानववाद में **अल्थ्यूजर** ने **स्टालिन** के सरकारी मानववाद पर करारा हमला किया उन्होंने कहा कि **मार्क्स** मनुष्य मात्र को मुक्ति देना चाहते थे लेकिन **स्टालिन** ने अपनी कारगुजारियों से मनुष्य मात्र को दमन का शिकार बना दिया। अपने सिद्धान्त में **अल्थ्यूजर** ने एक ऐसे मानववाद को प्रस्तुत किया जिसकी जड़ें मनुष्य मात्र की गहराई से जुड़ी थी उन्होंने कहा कि **मार्क्स** का मानववाद ऐतिहासिक प्रक्रियाओं से जुड़ा था और **स्टालिन** ने इसे दमन के शिकंजे में कस दिया। अपने संरचनात्मक मार्क्सवाद में **अल्थ्यूजर** ने **स्टालिन** के भ्रष्ट मानववाद की आलोचना की है। कुछ आलोचक **अल्थ्यूजर** पर यह आरोप भी लगाते हैं कि उन्होंने **स्टालिन** के मानववाद का समर्थन किया है लेकिन इस तरह का आरोप बेबुनियाद है।

भाषायी संरचना—अल्थ्यूजर ने सामान्य संरचनावाद को मार्क्स के सिद्धान्तों पर लागू किया है। संरचनावाद का मूल आधार भाषाविज्ञान है और इसके जनक **फर्डिनेन्ड सोसोरे** हैं। संरचनात्मक भाषावादी कहते हैं कि शब्दों का अर्थ वस्तुओं और घटनाओं के साथ क्रमवार जुड़ा हुआ नहीं है। शब्द का अर्थ शब्द के बाहर होता है और बाहर का शब्द समान होता है या विभिन्न उदाहरण के लिये हम कहते हैं कि अभी रात है तब रात का अर्थ इससे निकलता है कि अभी दिन नहीं है क्योंकि दिन नहीं है इसलिये यह रात है रात और दिन का यह अर्थ विभिन्नता या विभेद से निकाला जाता है अत: शब्द का अर्थ शब्द से बाहर होता है।

शब्द का अर्थ समानता के आधार पर भी निकाला जाता है। हमारे पास कुत्ता है। कुत्ते की कई नस्लें होती हैं। हमारे पास जो कुत्ता है वह अलशेशियन नस्ल का है लेकिन इससे कुछ नहीं होता। कुत्ता तो कुत्ता होता है। अत: कुत्ते का अर्थ समान अर्थ वाले कुत्ते से ही होता है। भाषावादियों का कहना है कि शब्द का अर्थ समानता और विभिन्नता में निकलता है। इसी भाषाई संरचनात्मकवाद को **अल्थ्यूजर** ने मार्क्सवाद पर लागू किया है।

निष्कर्षात्मक—मार्क्सवादी सामाजिक दार्शनिकों में **अल्थ्यूजर** को सबसे बड़ा मौलिक और प्रभावशाली विचारक समझा जाता है। 20वीं शताब्दी में उनकी टक्कर का कोई और मार्क्सवादी चिंतक मिलना कठिन है। उनके व्यक्तिगत जीवन की त्रासदी और उनकी विचारक की ऊंचाई वास्तव में देखने लायक है। **अल्थ्यूजर** के सिद्धान्त की प्रशंसा हुई है तो उनकी कटु आलोचना भी वे अपने जीवन में इतिहास को वैज्ञानिक उपागम द्वारा समझना चाहते थे। इसलिये उन्होंने दो रास्ते अपनाये। पहला तो यह कि उन्होंने मार्क्स की क्लासिकल कृतियों को ईमानदारी और सावधानीपूर्वक पढ़ा और दूसरा उन्होंने विज्ञान की प्रकृति को दार्शनिक दृष्टि से समझा। उन्होंने इस बात को स्पष्ट किया कि विज्ञान को ज्ञान या विमर्श के अन्य प्रकारों से कैसे भिन्न किया जाए।

सिद्धान्त के क्षेत्र में अल्थ्यूजर मनुष्य की मुक्ति चाहते और इसके लिये उन्हें रुढ़िवादी मार्क्सवाद को चुनौती देना आवश्यक था। वे **मार्क्स** के इतिहास के भौतिकवादी उपागम को नये सिरे से स्थापित करना चाहते थे और अपने इसी उद्देश्य की पूर्ति में उन्होंने **मार्क्स** के आर्थिक निर्धारणवाद का विरोध किया। उन्होंने कहा कि समाज के निर्माण में गैर आर्थिक कारकों की भागीदारी भी किसी अर्थ में कम नहीं है।

बहुविकल्पीय प्रश्न

1. किसी जनजाति की सर्वप्रमुख विलक्षणता क्या है?
A. संस्तरण का अभाव
B. जीवनयापन का निम्नस्तर
C. सांस्कृतिक पिछड़ापन
D. वस्तु विनिमय प्रणाली

2. निम्नलिखित में से संस्था का कौन प्रकार्य नहीं है?
A. प्रस्थिति एवं भूमिका प्रदान करना
B. सामाजिक नियंत्रण स्थापित करना
C. सामाजिक व्यवस्था को विसंयोजित करना
D. मानव आवश्यकताओं की पूर्ति करना

3. निम्नलिखित में से कौन सी विशेषता समुदाय की विशेषता नहीं है—
A. निश्चित स्थानीयता B. सामुदायिक भावना
C. सामान्य जीवन D. ऐच्छिक सदस्यता

4. समाज के विभिन्न समूहों की श्रेष्ठता-हेयता के आधार पर वितरण की प्रक्रिया को कहते हैं—-
A. सामाजिक विभिन्नीकरण
B. सामाजिक उद्‌विकास
C. सामाजिक स्तरीकरण
D. सामाजिक विघटन

5. निम्नलिखित में से कौन-सी विशेषता जनजातीय अर्थव्यवस्था की विशेषता नहीं है?
A. पारस्परिकता B. पूर्ण प्रतिस्पर्धा
C. पुनर्वितरण D. श्रम विभाजन

6. **जे. एल. मोरेनो** ने समाज का विश्लेषण किस उपागम से किया?
A. यांत्रिक उपागम B. सावयवी उपागम
C. व्यष्टिवादी उपागम D. प्रकार्यवादी उपागम

7. निम्नलिखित में से कितने जाति व्यवस्था का 'विश्लेषण शुचिता एवम् प्रदूषण' की धारणा के आधार पर किया—
A. योगेश अटल B. आंदे बेताई
C. लुई ड्यूमा D. जे एच हट्टन

8. समाजशास्त्र के समन्वयात्मक संप्रदाय के प्रवर्तक हैं—
A. वीरकांत B. वेबर
C. स्मॉल D. गिन्सबर्ग

9. समाजशास्त्र के विषय क्षेत्र का निम्न विभाजन किसने दिया है? सामाजिक प्रारूपशास्त्र सामाजिक शरीर क्रिया विज्ञान तथा सामान्य समाजशास्त्र—
A. हॉबहाउस B. दुर्खीम
C. वेबर D. कार्ल मार्क्स

10. सामाजिक प्रारूपशास्त्र के अंतर्गत अध्ययन करते हैं—
A. सामाजिक संबंधों का स्वरूप
B. सामाजिक संबंधों की प्रकृति
C. सामाजिक संबंधों की जटिलता
D. उपर्युक्त में से कोई नहीं

11. समाज की विशेषता है—
A. गतिशीलता B. सहयोग
C. संस्कृति D. ये सभी

12. निम्नलिखित में से कौन प्रदत्त प्रस्थिति का आधार नहीं है—
A. लिंग B. तकनीकी योग्यता
C. आयु D. नातेदारी

13. निम्न में से कौन **सोशल मोबिलिटी** (Social Mobility) पुस्तक का लेखक है?
A. ए. हीथ B. के. डेविस
C. के. एल. शर्मा D. वाई. सिंह

14. एक ही भूमिका के विभिन्न पहलुओं के बीच होने वाला संघर्ष उत्पन्न करता है—
A. भूमिका संघर्ष B. भूमिका पुंज
C. भूमिका तनाव D. द्वैत भूमिका

15. सूची 1 को सूची 2 से मिलान कीजिए तथा नीचे दिए गए कूट के अनुसार अपने उत्तर का चयन कीजिए—

सूची 1	*सूची 2*
1. ओरिजिन ऑफ फैमिली	A. हैरिस
2. मैरिज एण्ड फैमिली इन इण्डिया	B. मोर्गन
3. अफ्रीकन सिस्टम ऑफ किनशिप एण्ड मैरिज	C. कपाड़िया
4. द फैमिली	D. ब्राउन

कूट :
A. A_3, B_4, C_2, D_1 B. A_4, B_1, C_2, D_3
C. A_4, B_3, C_2, D_1 D. A_4, B_1, C_2, D_3

16. निम्नलिखित में से कितने 'अप्रतिमानता' (एनीमी) प्रत्यक्ष का विश्लेषण कीजिए—
A. मैक्स वेबर B. रॉबर्ट मर्टन

C. टॉलकाट पारसन्स D. जॉर्ज सिमैल

17. किसने यह कहा था कि पदार्थ अनिश्चित, असम्बद्ध समानता से निश्चित, सम्बद्ध विभिन्नता में बदलता है?

A. कॉम्ट B. स्पेंसर
C. मार्क्स D. दुर्खीम

18. आत्मसातकरण एक प्रक्रिया है जो है

A. जागरूक B. अचेतन
C. तीव्र D. इनमें से कोई नहीं

19. संगठन अत:संबंध की व्यवस्था का एक पहलू है। यह परिभाषा किसने दी है

A. एच. एम. जॉनसन B. इलियट तथा मैरिल
C. ऑगबर्न व निमकॉफ D. लिआनार्ड ब्रूम

20. **''ह्वाट इन सोशियालॉजी''** पुस्तक किसने लिखी है

A. एलेक्स इन्केलस B. ए.डब्ल्यू. ग्रीन
C. डी.सी. गिबन्स D. जे. एच.अब्राहम

21. **'एन इन विटेशन टू सोशियोलॉजी'** नामक पुस्तक किसने लिखी है

A. एन.जे. स्मैल्सर B. एल.ए. कोजर
C. कुरपुस्वामी D. पीटर बर्जर

22. भारत सरकार के अधिनियम के अनुसार अछूतों को अनुसूचित जाति का नाम दिया।

A. 1928 B. 1935
C. 1950 D. 1939

23. वैदिककाल में अनुसूचित जाति को कहते थे

A. पंचम दस्युदास असुर B. चाण्डाल गुप्तकाल
C. म्लेच्छ मौर्य मौर्योत्तर D. इनमें से कोई नहीं

24. 'अनुसूचित जाति' शब्द का सर्वप्रथम प्रयोग किसके द्वारा किया गया।

A. गांधी जी B. अम्बेडकर
C. साइमन कमीशन D. मनु

25. संविधान के किन अनुच्छेदों के अनुसार जाति को आरक्षण दिया गया है

A. 330 B. 332
C. 334 D. ये सभी

26. उत्तराधिकारी और विरासत का पुरुष ज्येष्ठाधिकार रूप अपनाया जाता था

A. मराठों में B. नायरों में
C. कर्नाटक के ब्राह्मणों में D. नम्बूदरी ब्राह्मणों में

27. उत्तर भारत में अपनाये जाने वाले जीवन साथी प्रतिबंधों में इरावती कर्वे चार- कुल नियम बताती हैं। निम्नलिखित में से कौन-सा एक उक्त चार कुल नियम में सम्मिलित नहीं है?

A. पिता के गोत्र की हो
B. माता के गोत्र की हो
C. पिता के माता के गोत्र की हो
D. माता के पिता के गोत्र की हो

28. जननिक विशेषताएं प्रत्यक्ष हैं

A. वैवाहिक स्वजनों में B. समरक्त स्वजनों में
C. एकशाखीय स्वजनों में D. द्विपक्षीय स्वजनों में

29. स्त्रियों के लिए विवाह अनिवार्य कहा जाता है, क्योंकि यही एक मात्र संस्कार है, जो उनके द्वारा सम्पन्न किया जाता है

A. पी.एच.प्रभु के अनुसार
B. के.एम.कपाड़िया के अनुसार
C. पी.वी.काणे के अनुसार
D. ए.एस.आल्टेकर के अनुसार

30. यह कथन है कि 'यह जरूरी नहीं है कि आनुष्ठानिक रूप से विवाहित पति ही अपनी पत्नी से उत्पन्न बच्चों का वैधानिक जनक हो। निम्नलिखित जातियों या समुदायों में से किस एक पर, पुराने जमाने में, लागू होता था?

A. कूर्गी B. नम्बूदरी
C. नायर D. खासी

31. **पी.कोलेन्डा** ने भारत में नाभिकीय परिवार की कुछ संघटन कोटियां दी हैं। निम्नलिखित में से कौन-सी एक **कोलेन्डा** द्वारा प्रस्तुत कोटियों में से नहीं है?

A. अनुपूरित नाभिकीय B. उप-नाभिकीय
C. एकल व्यक्ति-गृहस्थी D. अनुपूरित वंशज

32. निम्नलिखित कथनों पर विचार कीजिए: सामाजिक स्तरीकरण

1. समाज का अधिक श्रेणिक विभाजन है
2. लोगों की सांस्कृतिक पृष्ठभूमि पर आधारित है
3. समाज की समूहों में विभाजन की संविदात्मक व्यवस्था है

उपर्युक्त में से कौन-सा–कौन-कौन से कथन सही है?

A. 1 और 2 B. 2 और 3
C. केवल 1 D. केवल 3

33. निम्नलिखित समाजशास्त्रियों पर विचार कीजिए

1. पियरे वानडरेबर्ग 2. किंग्सले डेविस
3. मेलविन टयुमिन 4. गर्हार लान्स्की

इनमें से किन समाजशास्त्रियों ने सामाजिक स्तरीकरण के

मार्क्सवादी और प्रकार्यवादी सिद्धांतों के मध्य समाधान का प्रयास किया ?

A. 1 और 2 B. 2 और 3
C. 1 और 4 D. 3 और 4

34. निम्नलिखित कथनों पर विचार कीजिए
1. भाषा पृथकीकरण के जैव-सामाजिक रूप का आधार है
2. आयु पृथकीकरण के सामाजिक-सांस्कृतिक रूप का आधार है
3. लिंग पृथकीकरण के जैव-सामाजिक रूप का आधार है
4. धर्म पृथकीकरण के सामाजिक सांस्कृतिक रूप का आधार है ? इनमें से कौन-कौन से कथन सही है ?

A. 1, 2 और 3 B. 1 और 3
C. 2, 3 और 4 D. 1, 2 और 4

35. पुस्तक '**ह्वाइट कॉलर अमेरिकन मिडल क्लासेज**' का लेखक कौन है ?

A. जॉन एच गोल्ड थॉर्म B. बारबरा ऊटेन
C. विलियम फूट हाइट D. सी. राइट मिल्स

36. निम्नलिखित में से कौन सा एक सिद्धांत इस दृष्टिकोण का समर्थन करता है कि असमानता न केवल विशेषक्षेत्री होती है बल्कि जरूरी भी ?

A. संघर्ष B. प्रकार्यवादी
C. भारतीय विद्या D. संरचनावादी

37. निम्नलिखित में से कौन एक जातियों के बीच संरचनात्मक दूरी बनाये रखने में सहयता करता है ?

A. आर्थिक प्रस्थिति B. राजनीतिक शक्ति
C. भू-स्वामित्व D. शुचिता और प्रदूषण

38. निम्नलिखित लक्षणों पर विचार कीजिए
1. संख्या बल 2. आर्थिक प्रस्थिति
3. अनुष्ठनात्मक शक्ति 4. विधिक प्रस्थिति

इनमें से कौन प्रबल जाति के लक्षण नहीं हैं ?

A. 2 और 5 B. केवल 1
C. केवल 5 D. 3, 4 और 5

39. निम्नलिखित में से कौन सा कथन सबसे अधिक सही है ?

A. सभी प्रकार का सामाजिक परिवर्तन सामाजिक उद्‌विकास है
B. विशेष प्रकार का सामाजिक परिवर्तन सामाजिक उद्‌विकास है
C. वह परिवर्तन जिससे प्रगति होती है, सामाजिक उद्‌विकास है
D. सामाजिक परिवर्तन और सामाजिक उद्‌विकास में कोई संबंध नहीं है।

40. सामाजिक परिवर्तन में आर्थिक निर्णायकवाद की अवधारणा किस विचारक के साथ जुड़ी है ?

A. एडम स्मिथ B. मार्शल
C. गुन्नार मिर्डाल D. कार्ल मार्क्स

41. नौकरशाही एवम् मैनेजमेंट संबंधों का अभ्युदय किस प्रकार के समाज में हुआ है ?

A. परंपरागत B. धार्मिक
C. पूर्व औद्योगिक D. औद्योगिक

42. भारत में न्यायालय ने किस श्रेणी के समूहों (मलाईदार परत) को आरक्षण के लाभों से वंचित रखा है ?

A. अनुसूचित जातियों की
B. अनुसूचित जनजातियों की
C. अन्य पिछड़ी जातियों की
D. इन सभी की

43. आधुनिक समाज में यदि एक किसान का पुत्र एक शहर में कुशल कारखाना श्रमिक हो जाता है तो यह उदाहरण है

A. क्षैतिज गतिशीलता का
B. उर्ध्वमुखी गतिशीलता का
C. अधोमुखी गतिशीलता का
D. भौगोलिक गतिशीलता का

44. निम्नलिखित जाति समूहों पर विचार कीजिए
1. पंजाब के जाट सिक्ख
2. उ.प्र. के जाटव
3. तमिलनाडु के नाडार
4. कर्नाटक के बोक्कालिगा

इनमें से किन समूहों में जाति व्यवस्था में उर्ध्वमुखी गतिशीलता हुई है ?

A. 1, 2, 3 और 4 B. 1और 3
C. 2 और 3 D. 1, 2 और 4

45. निम्नलिखित विशेषताओं पर विचार कीजिए
1. समाज का खण्डात्मक विभाजन
2. व्यवसायों का बेरोक विभाजन
3. नागरिक और धार्मिक निर्योग्यताएं और विशेषाधिकार

इनमें से जाति व्यवस्था की विशेषताएं कौन-कौन सी हैं ?

A. 1, 2 और 3 B. 1और 2
C. 2 और 3 D. 1 और 3

46. यह दृष्टिकोण कि वर्ण व्यवस्था एक व्यवस्था है तथा जाति

व्यवस्था एक वर्गात्मक योजना। यह कथन किसका है ?

A. मैककिम मैरियट B. मिल्टन सिंगर
C. आन्द्रे बेताई D. दीपांकर गुप्ता

47. निम्नलिखित में से किस समाजशास्त्री द्वय ने कहा है कि वर्ग उन विभिन्न स्थितियों के जो कि व्यक्ति समाज की उत्पादन व्यवस्था में धारित करते हैं। धारित पर विकसित होते हैं ?

A. कार्ल मार्क्स और टालकॉट पारसन्स
B. कार्ल मार्क्स और मैक्स वेबर
C. मैक्स वेबर और डाहरेनडॉर्फ
D. मैक्स वेबर और टालकॉट पारसन्स

48. निम्नलिखित राज्यों पर विचार कीजिए

A. महाराष्ट्र B. तमिलनाडु
C. राजस्थान D. बिहार

इन राज्यों का गरीबी रेखा के नीचे के व्यक्तियों के प्रतिशत के आधार पर अवरोही क्रम में सही अनुक्रम है

A. 4, 2, 3, 1 B. 4, 2, 1, 3
C. 2, 1, 3, 4 D. 2, 4, 3, 1

49. निम्नलिखित में से कौन सा भारत में बेराजगारी की बढ़ती हुई दर का एक कारण नही है ?

A. आर्थिक मंदी
B. उद्योग में सूक्ष्म इलेक्ट्रानिकी का बढ़ता हुआ प्रयोग
C. शासकीय नीति में भारी झुकाव
D. कर्म सिद्धांत

50. निम्नलिखित में से किसने साधन ग्रामीण जनसंख्या वाले पूंजी-निर्धन राष्ट्रों में कुटीर और लघु उद्योगों बनाये रखने का समर्थन किया है ?

A. एडम स्मिथ B. एम.जे. लेवी
C. सी.पी. किन्डल बर्गर D. आर्थर लुइस

उत्तरमाला

1	2	3	4	5	6	7	8	9	10
A	C	D	C	B	B	C	D	B	A
11	**12**	**13**	**14**	**15**	**16**	**17**	**18**	**19**	**20**
D	B	B	C	D	B	B	C	B	A
21	**22**	**23**	**24**	**25**	**26**	**27**	**28**	**29**	**30**
D	B	A	D	D	D	D	B	B	C
31	**32**	**33**	**34**	**35**	**36**	**37**	**38**	**39**	**40**
D	A	C	C	D	B	D	C	C	D
41	**42**	**43**	**44**	**45**	**46**	**47**	**48**	**49**	**50**
D	C	B	A	D	C	B	B	D	C

अध्याय 19

संरचनाकरण तथा उत्तर आधुनिकतावाद (Structuration and Post-Modernism)

एन्थेनी गिडेन्स

गिडेन्स एक ब्रिटिश समाजशास्त्री हैं। इनका जन्म 1938 में हुआ। इन्होंने स्नातक स्तर की शिक्षा लंदन के हल (Hull) विश्वविद्यालय में प्राप्त की। लन्दन स्कूल आफ इकोनोमिक्स (London School of Economics, LSE) से डाक्टरेट की उपाधि ली और बाद में इसके निदेशक की तरह काम भी किया। यहां उन्हें इंग्लैण्ड तथा यूरोप के कई नामी-गिरामी समाजशास्त्रियों के साथ काम करने का अवसर भी मिला। इन्होंने लंदन की राजनीतिक गतिविधियों में भी भागीदारी की है। वे लेबर पार्टी के सदस्य भी थे। **पोलिटी** प्रेस प्रकाशन संस्था में इन्होंने निदेशक का काम भी किया है। कुल मिलाकर, **गिडेन्स** एक भ्रमणशील समाजशास्त्री है।

गिडेन्स के अकादमिक जीवन को दो भागों में बांटा जा सकता है। पहला भाग ई. 1970 से 1980 के मध्य तक का है। इस अवधि में उन्होंने समाजशास्त्र के सैद्धांतिक संदर्भ पर काम किया है। यह इसी अवधि में है जब उन्होंने संरचनाकरण के सिद्धांत को विकसित किया। उनके अकादमिक जीवन का दूसरा भाग 1980 के बाद का है। इस काल में इन्होंने आधुनिक समाज का विश्लेषण किया है। वे आधुनिकतावादी समाजशास्त्री समझे जाते हैं। **गिडेन्स** ने लगभग डेढ़ दर्जन पुस्तकें लिखी हैं। इन पुस्तकों की विषय सामग्री बड़ी विस्तृत है। उन्होंने कई विषयों पर पुस्तकें लिखी हैं। सिद्धांत से लेकर राजनीति और आधुनिकता तक। संरचनाकरण का उनका सिद्धांत मुख्य रूप से दो पुस्तकों में पाया जाता है। पहली पुस्तक है: **दि कॉन्स्टीट्युशन ऑफ सोसायटी:** आउट लाइन ऑफ दि थ्योरी ऑफ स्ट्रक्च्यूरेशन (The Constitution of Society: Outline of the Theory of Structuration, 1984) इस सिलसिले में उनकी दूसरी पुस्तक **प्रोफाइल्स एण्ड क्रिटिक्स इन सोशल थ्योरी** (Profiles and Critiques in Social Theory, 1982) है।

गिडेन्स द्वारा की गई विभिन्न आलोचना

गिडेन्स द्वारा की गई विभिन्न सिद्धांतों की आलोचना नीचे दी जा रही है। आलोचना का उद्देश्य यह स्थापित करता है कि यद्यपि सभी समाजशास्त्रीय सिद्धांतों का उद्देश्य तत्व मीमांसा है फिर भी वे अपने उद्देश्यों में सही नहीं उतरते। इसी कारण **गिडेन्स** उन्हें अस्वीकार करते हैं।

(क) **गिडेन्स** समाजशास्त्र को एक प्राकृतिक विज्ञान स्वीकार नहीं करते। सामाजिक प्रक्रियाओं के लिए उनके अनुसार कोई अमृत नियम नहीं बनाए जा सकते। **ब्लूमर** (Herberit Blumer) के संदर्भ में वे कहते हैं कि सामाजिक संगठन में व्यक्ति परिवर्तन ला सकते हैं और संगठन में वे तत्व जो कभी भी नहीं बदलते, उनके बारे में कोई नियम नहीं बनाया जा सकता। **गिडेन्स** ने प्रकृतिवाद और प्रत्यक्षवाद की आलोचना में तीन मुख्य बातें रखी है।

1. हम संरचना के बारे में जो भी सिद्धांत बनाते, जिन प्रक्रियाओं की पहचान करते हैं, उन्हीं का लाभ लेकर कई व्यक्ति संरचना को बदल भी देते हैं। मतलब हुआ हमारे ही सामान्यीकरण का लाभ लेकर लोग सरंचना को बदल देते हैं। अर्थात-लोग ही संरचना के सिद्धांतवेत्ता (Theorist) बन जाते हैं। हमसे ज्यादा तो लोग संरचना को समझते हैं।

2. हमें प्राकृतिक विज्ञानों का अनुकरण करना तुरंत बंद कर देना चाहिए। यह भ्रम दूर हो जाना चाहिए कि हम कोई सामाजिक नियम बना देंगे जो अनंतकाल तक चलेंगे। समयहीन (Timeless) होंगे।

3. यह बहुत साफ हो जाना चाहिए कि सामाजिक सिद्धांत कोई ऐसी वस्तु नहीं है जो इस संसार के बाहर है। समाजशास्त्री जिस तथ्य को सामाजिक सिद्धांत के माध्यम से जानता है, उसे आम आदमी वैसे ही जानता है, क्योंकि वह समाज से जुड़ा हुआ है। उदाहरण के लिए यदि कोई भारतीय समाजशास्त्री इस सामाजिक सिद्धांत को रखता है कि आधुनिक भारत में जाति की राजनीति में

बहुत बड़ी भूमिका है, तो आम आदमी के लिए यह कोई पृथ्वी को हिला देने वाली जानकारी नहीं है। मामूली से पंच को पूछ लीजिए और वह जाति की संपूर्ण रामायण को आपके सामने बांच देगा।

(ख) समाजशास्त्रीय दोहरापन (Obviating Sociological Dualisms)—गिडेन्स समाजशास्त्रीय सिद्धांतों में दोहरेपन (Dualism) से बड़े परेशान रहे हैं। यह दोहरापन तत्वमीमांसा में आड़े आता है। देखिए, सूक्ष्म बनाम वृहत् सिद्धांत (Micro Vs Macro Theory), व्यक्ति बनाम समाज, व्यक्तिनिष्ठा बनाम वस्तुनिष्ठा और इस तरह के कई दोहरेपन से बने हुए सिद्धांत, प्रत्येक सिद्धांत जो दोहरेपन से बना है, अपने संदर्भ को ही सही मानता है। सूक्ष्म सिद्धांत कहते हैं कि व्यक्ति पर संरचना का ही प्रभुत्व होता है, और व्यक्ति स्वयं कुछ नहीं। उसका तो बस समाजीकरण ही होता है; वृहत् समाज व्यक्ति की हर तरह से उपेक्षा करता है। और समाज को ईश्वर मानता है। **दुर्खीम, वेबर,** और **मार्क्स** वृहत सिद्धांत के आग्रही हैं। यह दोहरापन हमें समाज की सच्चाई को पूरी तरह से समझने नहीं देता। इसी कारण **गिडेन्स** इस सैद्धांतिक दोहरेपन को निरस्त करते हैं। उनकी संरचनाकरण की प्रक्रिया ऐसी है जो यह बताती है कि व्यक्ति-समाज, सूक्ष्म-वृहत् आदि दोहरेपन (Dualism) नहीं है, ये तो वास्तव में द्विविधता है। इसका मतलब यह है कि लोग संरचना के नियम-उपनियम, रीति-रिवाज और कायदे-कानून को दैनिक जीवन के काम-काज में लाते है। वे संरचना की प्रक्रिया में अपनी भागीदारी करते हैं। लेकिन वहां सब समाप्त नहीं होता। वे भागीदार के साथ संरचना के नियम-उपनियम में बदलाव का भी काम करते हैं। यही द्विविधता (Dualisty) है। इसमें संरचना के नियम भी चले और व्यक्ति के नियम भी चले। और इस तरह दोनों की द्विविधता ने संरचना को आगे बढ़ा दिया। उसका नित नया अवतार होता है। व्यक्ति और समाज अलग नहीं है—द्विविध हैं, सूक्ष्म और वृहत् जुदा नहीं है, द्विविध है—दोनों एक साथ हैं।

(ग) **गिडेन्स** ने संरचनाकरण की अगुवाई में पुनः प्रकार्यवाद और उद्विकासवाद की बड़ी निर्मम आलोचना की। प्रकार्यवाद यह आग्रह करता है कि मनुष्य की आवश्यकताओं की पूर्ति के लिए संरचना का अस्तित्व बराबर बना रहता है। और उद्विकासवाद यह स्थापित करता है कि आधुनिकता पर पहुंचने के लिए समाज का उद्विकास बराबर होता रहता है। देखा जाए तो प्रकार्यवाद के सभी सिद्धांत वस्तुतः उद्विकासीय सिद्धांत हैं। **गिडेन्स** का तर्क है कि ये दोनों सिद्धांत समाज को समझने में अपयुक्त नहीं हैं। इस संदर्भ में मार्क्सवाद की आलोचना भी करते हैं और कहते हैं कि इसकी उपयोगिता भी संदेहासपद है। यह भी अपने मूल में उद्विकासीय है।

जोनाथन टर्नर (Jonathan Turner) गिडेन्स की आलोचना से सहमत हैं। **टर्नर** का विचार है कि **गिडेन्स** का यह कहना सही है कि प्रकार्यात्मक विश्लेषण उन प्रक्रियाओं की उपेक्षा करता है जो संरचना के बाहर की हैं। देखा जाए तो प्रकार्यात्मक आवश्यकता की पूर्ति में संरचना का संपूर्ण दोहरापन (Duality) खो जाता है। संरचना में एजेन्ट (Agent) यानी व्यक्ति की भूमिका बहुत बड़ी होती है। यह एजेन्ट ही हैं जो संरचना को बनाते हैं, उसे बेमतलब करते हैं, और उसका पुनर्निर्माण करते हैं। इन एजेन्ट का प्रकार्यवाद और उद्विकासवाद आदि कुल मिलाकर संरचना में दोहरेपन जैसी कोई बात नहीं है। इसका कहना है कि संरचना ही एजेन्ट अर्थात व्यक्ति को बनाती है और व्यक्ति की संरचना के निर्माण में कोई भागीदारी नहीं है केवल दोहरापन ही है। यह कुछ ऐसा तर्क है जिसमें कहा जाए कि मोटरगाड़ी के पिछले दो पहिए ही गाड़ी को चलाते हैं ओर आगे के पहिऐ तो केवल गाड़ी को धकेलने वाले हैं।

वास्तविकता यह है कि गाड़ी के चारों पहिए उपयोगी हैं। व्यक्ति यानि एजेन्ट और संरचना दोनों ही द्विविधता आवश्यक है।

(घ) **गिडेन्स** प्रकार्यवाद, उद्विकासवाद और प्रत्यक्षवाद को निरस्त करने के बाद **इरविंग गोफमेन** (Erving Gofiman) के अंतःक्रियावाद की आलोचना करते हैं। उनका पहला आरोप है कि अंतःक्रियावाद दोहरेपन (Dualism) का समर्थक है। उसका लोकप्रिय मुहावरा व्यक्ति बनाम संरचना है। वह कहीं भी इस तथ्य का उल्लेख नहीं करता कि किस प्रकार अंतःक्रिया की प्रक्रियाओं द्वारा संरचना का पुनर्निमाण होता है। और वे जोशीले अंतःक्रियावादी जो व्यक्तिगत अंतःक्रियाओं को ही सब कुछ समझते हैं, यह कतई स्वीकार नहीं करते कि कभी-कभी संस्थागत प्रक्रियाएं भी संरचना का प्रारूप बदल देती हैं।

अंतःक्रियावाद में गिडेन्स एक और दोष पाते हैं। इस सिद्धांत में प्रेरणा (Motivation) का कोई अर्थपूर्ण स्थान नहीं है। **गोफमेन** के पास इसका कोई जवाब नहीं कि कर्त्ता जिस क्रिया को करते हैं। उसके पीछे कारण क्या है; प्रेरणा क्या है ? कर्त्ता जिन हावभावों को बताते हैं, उसकी प्रेरणा क्या है—वे क्यों हंसते और रोते हैं ? संरचना के पास इन प्रश्नों के उत्तर नहीं हैं। इनका उत्तर तो कर्त्ता की क्रियाओं में ही निहित है। इस दृष्टि से अंतःक्रियावादी सिद्धांत में प्रेरणा का निवेश आवश्यक है। और इसलिए इसका संशोधन होना जरूरी है।

अंतःक्रियावाद भूमिका सिद्धांतवाद को प्रधानता देता है। इसकी दृष्टि में यह व्यक्तियों की भूमिका ही है जो संरचना के ताने-बाने को बनाती है। कहना चाहिए कि व्यक्तियों की भूमिकाए संरचनाओं

का निर्माण करती है। यह गिडेन्स को स्वीकार नहीं है। वे कहते हैं कि कई बार व्यक्तियों की सामूहिक गतिविधियां ही समाज को बदल देती है।

गिडेन्स लेवी स्ट्रास के संरचनावाद की आलोचना में यह लिखते हैं कि यह सिद्धांत मूल रूप में भाषावाद पर निर्भर है। यह एक मानवशास्त्रीय उपागम है। इसका आधार मनुष्य की मानसिक प्रक्रियाएं हैं। **स्ट्रास** कभी इस सिद्धांत को स्वीकार नहीं करते हैं कि यह लोगों की क्षमता और दक्षता है। जो सामाजिक संरचना की सीमाओं को निर्धारित करती है। **गिडेन्स** संरचनाओं के सिद्धांत पर पहुंचते हैं कि यह सिद्धांत इस तथ्य को देखने में असफल रहा कि सामाजिक संरचना बराबर सक्रिय रूप से एजेंट अर्थात व्यक्तियों की अंत:क्रिया द्वारा बदली जाती है। पुन: परिभाषित की जाती है।

गिडेन्स ने स्थापित किया कि समाजशास्त्रीय सिद्धांतकार भी सार्वभौतिक नियमों को नहीं बना सकते हैं। हमारे समाजशास्त्रीय सिद्धांत दोहरेपन के शिकार हैं। प्रकार्यवाद और उद्विकासवाद का संपूर्ण समय यही स्थापित करने में गुजर गया कि व्यक्ति पर संरचना का हमेशा प्रभुत्व रहता है। यही काम उद्विकासीय सिद्धांतों ने किया। वे आदिम समाज से आधुनिक समाज तक अनुरेखीय (Unileaniar) पद्धति से बढ़ गए। अंत:क्रियाओं के पीछे को कर्त्ता की प्रेरणा होती है। वे उसे नजर अंदाज कर गए। उन्होंने अपने आपको प्रतीकों में बांधे रखा और इस वजनदार तथ्य पर कभी गौर नहीं किया कि कर्त्ता स्वयं संरचनाओं को बनाता है। तोड़ता है और पुनर्निर्माण करता है। गिडेन्स उन सब समाजशास्त्रीय सिद्धांतों को कूड़ेदान में डाल कर शांति की सांस नहीं लेते। वे अपना विकल्प प्रस्तुत करते हैं और उनका विकल्प है संरचनात्मक सिद्धांत (Structural theory)।

गिडेन्स का संरचनाकरण सिद्धांत (Gidden's Theory of Structuration)

अपनी पुस्तक **दि कांस्टीट्यूशन ऑफ सोसाइटी** में वे पुस्तक के प्रारंभ में वे तीन प्रश्न रखते हैं। क्या समाज व्यक्तियों की क्रियाओं का जोड़ है? क्या समाज क्रियाओं के इस जोड़ से भी अधिक है? क्या संरचना प्रत्येक व्यक्ति की क्रियाओं से स्वतंत्र हैं। ये कुछ असुविधाजनक किंतु बुनियादी प्रश्न है। जिनका उत्तर **गिडेन्स** ने संरचनाकरण में दिया है।

(क) समाजशास्त्रीय सिद्धांतों को मोटे तौर पर दो समूहों में रखा जा सकता है। पहला समूह उन सिद्धांतों का है। जो यह मानकर चलते हैं कि समाज या संरचना एक व्यवस्था है। इस समूह के सिद्धांत कर्त्ता (Actor) की अवहेलना करते हैं। इन सिद्धांतों के अनुसार व्यक्ति को पृथक् अस्तित्व नहीं है। वे तो किसी भारी-भरकम मशीन के पुर्जे या वोल्ट की तरह हैं। उन्हें कोई नहीं पूछता। इस समूह के सिद्धांतों में प्रकार्यवाद, संरचनावाद तथा मार्क्सवाद के कटिपथ भाग हैं। समाजशास्त्रीय सिद्धांतों का दूसरा समूह कुछ और मानकर चलता है। इसका कहना है कि कर्त्ता और उसकी क्रियाओं का जोड़ समाज को बनाता है। इस स्थिति में किसी भी संरचना का व्यवस्था का कर्त्ता के बिना कोई अस्तित्व नहीं है। ये तो कर्त्ता ही है जो अपनी असंगठित क्रियाओं द्वारा संरचना को बनाते हैं। यदि कर्त्ता और उसकी क्रियाएं न हों तो संरचना का अस्तित्व ही खतरे में पड़ जाएगा, अगर हम व्यक्ति की भूमिका पर अधिक जोर देते हैं।

उसकी क्रियाओं को सब कुछ समझते हैं तब हम संस्थाओं को पूरी तरह से समझ नहीं पाएंगे। ऐसे विचारकों में **बेवर, मीड, गोफमन, गारफिंकल, शूट्ज** आदि हैं। गिडेन्स कहते हैं कि समाजशास्त्रीय सिद्धांत में यह दोहरापन बहुत स्पष्ट है। एक ओर एजेन्ट कर्त्ता है और संरचना। कुछ सिद्धांत एजेन्ट को निर्णायक मानते हैं और कुछ संरचना को। बहुत स्पष्ट है : एक है तो दूसरा नहीं और दूसरा है तो एक नहीं इस समस्या का विकल्प गिडेन्स देते हैं। हमें विश्वसनीय सिद्धांत के लिए इस दोहरेपन से छुटकारा पाना पड़ेगा हमें दोहरेपन से बाहर निकलना पड़ेगा। (ख) समाज-शास्त्रीय सिद्धांतों में पाए जाने वाले इस दोहरेपन का निदान **गिडेन्स** ने किया है। ई. 1976 से लेकर 1981 तक अपने विभिन्न प्रकाशनों के माध्यमों से कई सिद्धांतों के साथ संवाद स्थापित किया है इस संवाद को उन्होंने बड़े विश्वास के साथ **कान्स्टीट्यूशन ऑफ सोसाइटी** में (Constitution of Society) रखा है। वे अपने निष्कर्ष में कहते हैं कि यह समाजशास्त्रीय सिद्धांतों का दुर्भाग्य है। हमारा बहुत सारा समय यह स्थापित करने में गुजर गया कि समाज के निर्माण में कौन उत्तरदायी है? व्यक्ति या संरचना। हमारी वर्षों पुरानी कवायद आज बेमतलब सिद्ध हो रही है। गिडेन्स का सुझाव बहुत स्पष्ट और सरल है संरचनाकरण एक ऐसा सिद्धांत है जो स्थापित करता है कि एजेन्ट और संरचना का दोहरापन हमें समाज की सही समझ नहीं देता। इसे हटाकर हमें द्विविधा (Duality) को अपनाना चाहिए। गिडेन्स कहते हैं कि : यह गंभीर भूल है कि हम समाज को समझने के लिए या तो व्यक्ति को आधार बनाते हैं या संरचना को। इसके बजाए हमें व्यक्ति और संरचना दोनों को अपनाना चाहिए द्विविधा (Duality) ही समाज का विश्लेषण है। गिडेन्स दोहरेपन के विरोधी हैं। द्विविधा या (Duality) समर्थक हैं। अपने प्रबंध के बहुत स्पष्ट करने के लिए बहुत सरल दृष्टांत देते हैं। उनका यह दृष्टांत जो संरचनाकरण को एक सामान्य विद्यार्थी तक पहुंचाता है कुछ इस तरह है।

"मैं एक बस में चढ़ता हूं। यहां मैं एक संरचना को बना हूं, इसे पुन: बनाता हूं देखिए यदि बस सार्वजनिक है। इसका संबंध कई रास्तों (रूट्स) से है। मैं इसके लिए टिकट खरीदता हूं। इस बस से बर्हिगमन (Exit) वाले दरवाजे से उतरता हूं।"

बस की जो यह व्यवस्था है **गिडेन्स** उसके अनुसार यात्रा करते हैं। इसका अर्थ यह हुआ कि व्यक्ति के लिए जो संरचना उपलब्ध है वह उसका लाभ लेता है। उसे प्रयोग में लाता है। लेकिन अपनी आवश्यकता के अनुसार वह संरचना में जो विकल्प उपलब्ध हैं। उन्हें भी काम में लाता है।

(ग) संरचना करण के सिद्धांत की बुनियाद संरचना के नियम और उपनियम हैं। इसमें संरचना को स्रोत (Resourses) भी हैं। जब कर्त्ता अंत:क्रियाएं करते हैं तब वे इन इन नियमों और उप नियमों को काम में लेते हैं। नियम अंत:क्रिया करने की विधि है। एक प्रकार का तरीका है। जब हम अतिथि से मिलते हैं तब हम उसे प्रणाम या नमस्कार करते हैं। यदि अंत:क्रिया का एक नियम है इसमें संरचना वैधता देती है। कर्त्ता कम से कम बाहरी तौर पर इसके अर्थ को समझते हैं। **गिडेन्स** ने संरचना के इन लक्षणों को बनाया है : (1) यह नियम प्राय: काम में लिए जाते हैं। (2) इसका प्रयोग बातचीत और अंत:क्रिया में होता है (3) ये नियम दिन-प्रतिदिन के व्यवहार में काम में लिए जाते हैं। (4) अपनी प्रकृति में संरचना के नियम अनौपचारिक और लिखित होते हैं और (5) इनका दबाव कमजोर होता है, कोई इनका पालन न करे तब कोई पहाड़ गिरने वाला नहीं है। **गिडेन्स** कहते हैं कि संरचना के इन नियमों की सामन्य जानकारी कर्त्ता को होती है।

संरचनाकरण के सिद्धांत में प्रयुक्त अवधारणाओं को **गिडेन्स** ने व्यवस्थित रूप से परिभाषित किया है। संरचना और उनके नियमों की व्याख्या करने के बाद **गिडेन्स** संस्थाओं की परिभाषा देते हैं। उनके अनुसार विवाह संस्था, जाति, वर्ग एक दो दिन के लिए नहीं होती है। इनका जीवनकाल बहुत बड़ा होता है। समय की धूल इन पर नहीं चढ़ती है। **गिडेन्स** ने मुख्यत: चार संस्थाओं का उल्लेख किया है: (1) प्रतीक, भाषा, संचार के विमर्श (2) राजनीतिक संस्थाओं (3) आर्थिक संस्थाएं और (4) कानूनी संस्थाएं। संरचना (व्यवस्था) और संस्था गिडेन्स संरचनाकरण के मुख्य अवयव हैं। इनके अतिरिक्त कुछ और तत्व भी हैं जो संरचना करण के सिद्धांत को बनाते हैं।

(च) गिडेन्स कहते हैं कि संरचनाकरण में दो महत्वपूर्ण ध्रुव है : व्यक्ति और संरचना। तकनीक अर्थ में वे व्यक्ति को एजेन्ट कहते हैं। एजेन्ट वह है जो सामाजिक क्रियाएं करता है। इन सामाजिक क्रियाओं के लिए वे सामाजिक आचरण (Social Practice) की अवधारणा को काम में लेते हैं। समाज सामाजिक आचरण का पुलिन्दा है। ये आचरण सभी जगह और सभी समय उत्पन्न (Produce) और पुनरोत्पादन (Reproduce) होते हैं। वे सामाजिक आचरण की व्यवस्थिति रूप में व्याख्या करते हैं। इस व्याख्या में वे यह स्थापित नहीं करते हैं कि सामाजिक आचरण पर संरचना का प्रभाव होता है। या संरचना सामाजिक आचरण को प्रभावित करती है। सामाजिक आचरण की मीमांसा वे निरपेक्ष रूप से करते हैं ।

सामाजिक आचरण को करने वाला एजेन्ट (कर्त्ता) होता है। यह कर्त्ता दिन-प्रतिदिन की जानकारी (Knowledge) में उस्ताद यानी होशियार होता है। यह उसकी व्यावहारिक जानकारी है। कर्त्ता बाकायदा टिकट खरीद कर रेलगाड़ी में चढ़ता है। उसके पास दूसरे दर्जे का टिकट है और वह दूसरे दर्जे में ही चढ़ता है। उसे मालूम है स्टेशन की चाय के क्या दाम है और वह यह भी जानता है कि स्टेशन पर बेची जाने वाली वस्तुओं में ठगाई की गुंजाइश अधिक है। एजेन्ट की इस जानकारी की **गिडेन्स** सामाजिक चेतना (Practical Knowledge) कहते हैं। हर रेलयात्री की यह सामान्य जानकारी होती है। एजेन्ट की इस व्यवाहारिक चेतना से उठकर एक तार्किक चेतना भी होती है। चेतना का स्तर सामान्य चेतना से ऊपर होता। रेलगाड़ी का यह यात्री कानूनी तौर पर जानता है कि यदि वह टिकट नहीं लेता है और रेलगाड़ी में बैठ जाता है तब पकड़े जाने पर उसे पेनाल्टी देनी पड़ी। उसकी जेब हल्की हो जाएगी। एजेन्ट की यह चेतना तार्किक चेतना है (Discursive) इसमें उसे सामाजिक आचरण की कायदे-कानून से जानकारी है।

(छ) **गिडेन्स** संरचनाकरण के सिद्धांत से कतिपय अवधारणाओं से प्रस्तुत करने के बाद अपने सिद्धांत को रखते हैं। वे क्रिया को अन्य समाजशास्त्रियों की तरह पृथक करके नहीं देखते। उदाहरण के लिए पारसंस के अनुसार क्रिया उद्देश्य प्राप्ति के लिए की गई गतिविधि है।

गिडेन्स यह स्वीकार नहीं करते। उनके अनुसार क्रिया घटनाओं का एक प्रवाह है यह प्रवाह कभी अंत न होने वाली प्रक्रिया की तरह समाज में फैल जाता है। यह क्रिया विचारों की तरह है जो हमारे संपूर्ण मस्तिष्क को हिला देते हैं। **गिडेन्स** कहते हैं क्रिया एक ऐसा प्रवाह है जिसकी कोई शुरुआत है और न कोई अंत संक्षेप में यह संरचनाकरण की प्रक्रिया है।

जब क्रिया की जाती है तो इसके पीछे ज्ञान अवश्य होता है कोई न कोई जानकारी अवश्य होती है और जानकारी व्यावहारिक चेतना की है **गिडेन्स** का प्रबंध है कि कोई भी क्रिया हो व्यवहार या आचरण हो उसका कोई न कोई मतलब और इरादा अवश्य होता है लेकिन यहां यह अवश्य कहना चाहिए कि कर्त्ता व्यावहारिक

या तार्किक रूप से यह चेतना नहीं रखता कि उसकी क्रिया का क्या परिणाम मिलेगा। उदाहरण के लिए जब कोई व्यक्ति अंग्रेजी भाषा बोलता है तो वह समझता है कि सामने वाला व्यक्ति उसके अर्थ को समझता है अर्थात अंग्रेजी जानता है अब बे इरादे या किसी तर्क को लगाए बिना यह व्यक्ति बराबर अंग्रेजी बोलता चला जाता है इसे क्रिया को उत्पन्न करना कहते हैं। इस तरह किसी भी संरचना का आयाम बदल जाता है ।

होता यह है कि बेइरादे के परिणाम नई क्रियाओं की दशा बन जाते हैं और इससे स्पष्ट है कि **गिडेन्स** के अर्थ में क्रियाएं तार्किक नहीं होतीं और उनके परिणाम भी वांछित नहीं होते। इस अर्थ में देखो तो **गिडेन्स** की दृष्टि में इतिहास एक तार्किक और विकासवादी प्रक्रिया नहीं है। इस प्रक्रिया के कोई निश्चित उद्देश्य भी नहीं होते। इस कारण इतिहास की दिशा हमेशा बदलती रहती है और यह दिशा भी ऐसी होती है। जिसके परिणामों के बारे में कुछ भी नहीं कहा जा सकता। यह सब इसलिए कि हमारी क्रियाओं के परिणामों के बारे में स्वयं कुछ नहीं जानते कुल मिलाकर **गिडेन्स** कहते हैं कि कर्त्ता का ज्ञान हमेशा उन दशाओं से सीमित होता है जिनके बारे में हमे कोई जानकारी नहीं होती और हम यह भी नहीं जानते कि हमारी क्रियाओं के क्या परिणाम होंगे।

(ज) अपने संरचनाकरण सिद्धांत में गिडेन्स एक और खुलासा करते हैं। वे व्यवस्था और संरचना की अवधारणा को स्पष्ट करते हैं। व्यवस्था को समझाने के लिए एक दृष्टांत देते हैं। वर्ष के प्रत्येक दिन सिटी बसें शहर के निश्चित रूट पर चलती है और एक वर्ष ही क्यों? लगातार ये बसें अपने रूट पर चलती रहती हैं। लोग टिकिट खरीदते हैं। बस में चढ़ते हैं और उतरते है। चढ़ने और उतरने की यह क्रिया बराबर चलती रहती है। सामाजिक प्रतिमान में क्रियाएं होती हैं। पुनः होती है कुछ नया उत्पन्न भी करती हैं और क्रियाओं का यह सिलसिला चलता ही रहता है इस तरह सामाजिक व्यवस्था में कर्त्ता ओर समूहों में संबंध होते रहते हैं और परिणामस्वरूप सामाजिक संबंधों का एक प्रतिमान बनता रहता है। यह सामाजिक व्यवस्था है। इसके विपरीत संरचना में क्रिया करने वाले कर्त्ता अनुपस्थित होते हैं। स्पष्ट रूप से हमें कहीं भी संरचना क्रियाशील रूप में नहीं दिखाई देती। इसका अर्थ यह हुआ कि बड़ी सीमा तक संरचना की अवधारणा हमें इसके संरचनाकरण में ही देखने को मिलती है। संरचना को कहीं देखना है। तो वह व्यावहारिक रूप में ही देखने को मिलती है। इसे हम तभी पाते हैं जब इसका प्रयोग करते हैं। यह हमारी स्मृति में होती है संरचना मनुष्य के मस्तिष्क से बाहर नहीं है। जब इस किसी क्रिया के बारे में सोचते हैं तर्क कहते हैं तब यह हमारे दिमाग में आती है दूसरे शब्दों में संरचना का अस्तित्व नहीं है हम अपनी क्रियाओं द्वारा इसे बराबर उत्पन्न करते हैं। हम संरचना को ध्यान में रख कर क्रियाएं करते हैं और क्रिया में ही संरचना उत्पन होती है। **गिडेन्स** संरचना के दो बड़े लक्षण बताते हैं। पहला तो यह कि संरचना हमें क्रिया करने के लायक बनाती है। दूसरा यह कि यह हम पर दबाव भी डालती है। इस भांति संरचना में नियम-उपनियम और अगणित स्रोत हैं जिनके आधार पर कर्त्ता संरचना को उत्पन्न करते हैं और पुनः उत्पन्न करते हैं। एजेन्ट क्रिया और संरचना आपस में जुड़े हुए हैं और **गिडेन्स** के अनुसार किसी भी स्थिति में संरचना एजेन्ट से बाहर नहीं है।

(40) **आधुनिकता**—पूर्व आधुनिक समाज की सामान्यता आधुनिकता इन चार संस्थाओं में अंतःक्रिया है पूंजीवाद उद्योगवाद राष्ट्रराज्य और उद्योगकृत युद्ध। इन चारों संस्थाओं का वैश्वीकरण होता है। **गिडेन्स** ने सामाजिक राजनैतिक संस्थाओं की अंतःक्रिया को आधुनिकीकरण कहा है इस आधुनिकीकरण को गति देने का काम वैश्वीकरण करता है। उदाहरण के लिए वैश्वीकरण ने आज पूंजीवाद को अंतर्राष्ट्रीय बाजार का एक अंग बना दिया है। अब पूंजीवाद सांस्कृतिक तत्वों का उत्पादन करता है। आज उत्पादन का माध्यम तकनीकी तंत्र का ज्ञान है। वैश्वीकरण ने राष्ट्र को अंतर्राष्ट्रीय बना दिया है। संपूर्ण अर्थव्यवस्था अंतर्राष्ट्रीय मुद्राकोष और विश्व बैंक से सिमट गई है। कुल मिलाकर **गिडेन्स** कहते हैं कि आधुनिक समाज में संस्थागत अंतःक्रियाएं होती हैं और वैश्वीयता उन्हें तीव्रता देती है।

मुख्य लक्षण

देशकाल आज दुनिया के कामकाज एक ही समय एवं स्थान पर नहीं होते। परंपरागत समाज में समय और स्थान अलग-अलग नहीं थे। इस समाज में एक ही छत के नीचे परिवार के लोग रहते थे। एक ही चूल्हे से खाते थे। उपार्जन का एक ही स्रोत था—कारीगरी खेती धंधा आदि। आज यह सब संभव नहीं है। परिवार के लोग बिखर गए हैं। एक सदस्य गांव में रहता है दूसरा दिल्ली जैसे बड़े शहर में। कोई केन्टीन में खाता है, कोई ढाबे पर, कोई कारखाने में काम करता है और कोई फेरी लगाता है। अब समय और स्थान अलग-अलग हो गए हैं। यह आधुनिकता का लक्षण है। अगर आज से पहले कोई इस तरह की बात करता है कि एक ही परिवार गांव और कस्बे के लोग समय ओर स्थान में इस तरह पृथक हो गए हैं तो इसे शेखचिल्ली की कथा ही समझा जाता है। समय और स्थान दोनों की अवधारणाएं बदल गई हैं। प्रत्येक तकनीकी अनुसंधान दुनिया के दूर-दराज क्षेत्रों तक पलक झपकते पहुंच जाता है और दूरियां सिमट जाती हैं। आज के युक्ता-युक्त

समाज में एक ही समय और स्थान के साथ जुड़ जाते हैं। कभी लातूर या कच्छ-भुज में भूकम्प आता है और इसी क्षण दुनिया इससे रूबरू हो जाती है। कोई भी एक बहुराष्ट्रीय कारपोरेशन एक ही समय और स्थान में अपनी वस्तुओं के दाम घटा या बढ़ा सकती है।

(ख) सामाजिक व्यवस्था के संबंध—परंपरागत समाज में जब समय और स्थान पृथक नहीं हुए थे स्थानीय संस्थाएं अपने नियम-उपनियम और रस्मो-रिवाज के अनुसार काम करती थीं प्रत्येक समुदाय के अपने स्थानीय त्यौहार थे, परंपराएं थीं और सामुदायिक जीवन एक निश्चित ढेर पर चलता था। **गिडेन्स** कहते हैं कि आधुनिक समाज में यह सब बदल गया है। एक क्षेत्र दूसरे क्षेत्र से एक सांस्कृतिक समुदाय दूसरे समुदाय से प्रभावित हो गया है। और आज स्थिति यह हो गई है कि देशों के बीच में व्यापक सामाजिक संबंध स्थापित हो गया है। अब स्थानीय संपर्क और संबंध स्थानीय नहीं रहे। संबंधों का यह बदलाव **गिडेन्स** कहते हैं दो स्तरों पर हुआ है एक स्तर में प्रतीकात्मक है और दूसरा विशेषज्ञ ये दोनों स्तर मिलकर एक अर्मूत व्यवस्था बना देते हैं। अब वस्तुओं का विनियम प्रतीकों के माध्यम से होता है। ये माध्यम समय और स्थान को जोड़ देते हैं। कुछ इसी तरह विशेषज्ञता के क्षेत्र में भी हुआ है। जिस मोटर गाड़ी में हम बैठते है उसे बनाने वाले कई विशेषज्ञ हैं। मोटर के प्रत्येक पुर्जे के बनाने वाले तकनीशियन है उसे जोड़ने वाले हैं बाजार में लाने वाले अर्थशास्त्र हैं। सड़क बनाने वाले अलग विशेषज्ञ हैं। यह संपूर्ण विश्व ही एक पारस्परिक संबंधों का ताना-बाना बन गया है। समय-स्थान और विस्तृत सामाजिक संबंध एक दूसरे से जुड़े हुए हैं।

3. आधुनिक समाज के स्वसमता—स्वसमता शब्द को अंग्रेजी में रिफ्लेक्सीपिट कहते हैं। इसका अर्थ है इस समाज को बराबर एक जैसा बनाना ऐसा नहीं होना चाहिए कि दुनिया का एक समाज दूसरे समाज से भिन्न हो। स्वसमता आनी चाहिए कोई भी समाज आईने में अपना बिम्ब देखे तो उसकी छवि एक ही होनी चाहिए। **गिडेन्स** आधुनिक समाज को एक रिफ्लेक्लीव यानी स्वसमता समाज की तरह परिभाषित करते हैं। स्वसमता ही इस समाज का बहुत बड़ा लक्षण है। इस समाज में संस्था और व्यक्ति के स्तर पर बहुत बड़े परिवर्तन आ रहे हैं। इस परिवर्तन के कारण आधुनिक व्यवस्था और सामाजिक संगठन बराबर बदल रहे हैं।

स्वसमता क्या है ?

स्वसमता एक ऐसी प्रक्रिया है। जिसके द्वारा संस्थाएं और व्यक्ति ज्ञान का संचय करते हैं और इसका प्रयोग समाज को संगठित ओर परिवर्तित करने में लाते हैं। **गिडिन्स** कहते हैं कि एक सूचना समाज में रहने का मतलब है हमारे सामाजिक सोच में वृद्धि। स्वसमता का मतलब है कि जिस समाज और परिस्थितियों में हम रहते हैं जीवनयापन करते हैं। उसके बारे में निरंतर सोचना ओर चिंतन करना जब यह समाज परंपरागत था हमें इसके बारे में चिंतन करने की कोई आवश्यकता नहीं थी। हम आंख मूंदकर परंपराओं पर चल देते थे। यह परंपरागत समाज हमने स्वीकार कर लिया था यह हमारा भाग्य था हमारी नियति था इसे चाहने पर भी बच्चों की पैदाइश को रोक नहीं सकते थे। सब ईश्वर पर था। आज यह स्थिति नही है जनसंख्या की वृद्धि हमारे हाथ में है आज यह स्थिति नही है आज के सूचना समाज का यह स्वसमता है हमने अपने स्वयं और परिस्थितियों के बारे में सोच सकते हैं।

5. पहचान का संकट—**गिडेन्स** आधुनिकता के मूर्धन्य विद्वान समझे जाते हैं। वे सोचते हैं कि पिछले तीस चालीस वर्षों में हमारे अस्तित्व को इस आधुनिकता ने झकझोर दिया है। हमारी सुरक्षा की संपूर्ण भावना तिरोहित हो गई है। इस अनिश्चित ने हमारी पहचान को धुंधला कर दिया है। संस्थाओं के प्रति अब हमारी कोई आस्था नहीं थी जो कुछ आस्था है वह बहुत कमजोर है। आदमी यदि अपनी पहचान को बनाए रखना चाहता है तो उसे तार्किक सुरक्षा अवश्य करनी चाहिए। आज से पचास-साठ वर्ष पहले हमारे देश में एक आदिवासी के सामने उभरे पहचान की कोई समस्या नहीं थी। उसके लिए सब कुछ पूर्व निश्चित था। उसे जंगल में रहना था। केवल खरीफ की फसल लेना था और पढ़ाई लिखाई तथा नौकरी धंधों से उसे कोई ताल्लुक नहीं था। आज इस आदिवासी के सामने सैंकड़ों समस्याएं हैं। वह आधुनिकता के चौखट पर खड़ा है और कैरियर के रास्ते उसे चुनौतियां दे रहे हैं। अब इस आधुनिक समाज में उसकी क्या पहचान है।

6. प्लास्टिक कामुकता—हमारा आधुनिक संस्थाओं का जो ज्ञान है वह हमें एक ऐसी कामुकता की ओर ले जाता है, जहां व्यक्ति अपनी स्वयं की पहचान बनाने में जुटा रहता है। अब कामुकता का संबंध प्रजनन से नहीं रहा। पिछले वर्षों में कामुकता का सबसे बड़ा उद्देश्य संतान उत्पत्ति करना था। कामुकता की पहचान ही प्रजनन से थी। आज यह पहचान कहीं सो गई है। अब व्यक्ति अपने आपको शारीरिक और व्यक्तित्व स्तर पर ऐसा विकसित करना चाहता है कि उसकी अपनी अलग पहचान बन सके। इस पहचान को **गिडेन्स** प्लास्टिक कामुकता कहते हैं। शरीर का रख-रखाव सौष्ठव, भरा-पूरा चेहरा, लम्बे घने बाल, स्लिम शरीर। ये सब प्लास्टिक कामुकता के अंग हैं और गिडेन्स इसे आधुनिकता की पहचान कहते हैं। **गिडेन्स** ने आधुनिकता के लक्षणों का ब्यौरा बड़े विस्तार से दिया है वे इसका अर्थ आमूल-चूल परिवर्तन से निकालते हैं।

जॉक देरिदा

देरिदा उत्तर आधुनिकवाद के विचारक माने जाते हैं। **देरिदा** के बिना उत्तर आधुनिकता या उत्तर संरचनावाद की कोई भी चर्चा अधूरी है यद्यपि उनकी शिक्षा-दीक्षा समाजशास्त्र विषय में नहीं है और यह सही भी है कि वे पेशे से समाजशास्त्री नहीं थे। उनका पेशा दर्शनशास्त्र रहा है और वे पश्चिमी दर्शनशास्त्र के प्रणेता रहे है। एक बात और भी सही है कि कई ऐसे गैर-समाजशास्त्री हैं जिन्होंने उत्तर-आधुनिक समाज के बारे में ही डट कर लिखा है। **देरिदा** का जन्म 1930 में अल्जीरिया में हुआ। यह स्थान पेरिस से कोई ज्यादा दूर नहीं है। अपनी पढ़ाई के लिए **देरिदा** पेरिस आ गए। यहां की प्रतिष्ठित संस्था **विकोले बोरमले** में उन्होंने अपनी पढ़ाई की। इन्हें विद्वान के रूप में कोई नहीं जानता था। ई. 1963 में उनके दो निबंध **क्रिटिक** नामक शोध पत्रिका में प्रकाशित हुए। इन दोनों निबंधों में **देरिदा** ने ग्रानेटोलॉजी अर्थात व्याकरणशास्त्र एक विचारक के रूप में स्थापित, यह समझा जाने लगा कि वे भाषा है। भाषा की इस खर्च ने उन्हें उत्तर संचारतावादी का प्रणेता बना दिया है। आज जो कुछ स्थित यूरोप है इसके अनुसार वहां अत्तर आधुनिकता और उत्तर संरचनावादी एक दूसरे के पर्यायवाची हैं।

फूको संरचनावादी भी हैं और उत्तर संरचनावादी भी। उत्तर संरचनावाद पर भाषा का बहुत बड़ा प्रभाव होता है। भाषा के क्षेत्र में **फर्डिनेण्ड सोसोरे** एक अधिकृत विचारक हैं। सभी उत्तर संरचनावादियों पर **सोसोरे** का प्रभाव पर्याप्त रूप में देखने को मिलता है **देरिदा** भी **सोसोरे** से प्रभावित थे।

देरिदा उच्च कोटि के भाषाविद रहे हैं। उनकी लगभग पंद्रह पुस्तकें प्रकाशित हुई है। मूल में सभी पुस्तके फ्रेंच भाषा में लिखी गई हैं। इन में से आठ पुस्तकें अंग्रेजी भाषा में अनुदित हुई हैं। यह रुचिकर बात है कि एक पुस्तक का अंग्रेजी अनुवाद भारतीय मूल की गायत्री **चक्रवर्ती स्पीवाक** ने किया है वे लंदन में स्थित है **देरिदा** की अंग्रेजी में अनुदित आठ पुस्तकें इस तरह है।

1. स्पीच एण्ड फिनोमिना एण्ड अदर एसेज 1973
2. आफ ग्रामिटीलॉजी 1967
3. राइटिंग एण्ड डिफरेन्स 1967
4. पोजिशन्स 1972
5. डिसेमिनेशन 1972
6. मार्जिस ऑफ फिओसोफी 1972
7. ग्लास 1974
8. दि ट्रूथ-इने पेंटिंग 1978

देरिदा अपनी सैद्धांति परंपरा में कई दर्शनशास्त्रियों से प्रभावित हैं। विखंडन पर उन्होंने जो कुछ लिखा है उस पर **लाक बर्कले** और **ह्यूम** का बहुत प्रभाव है। इन दार्शनिकों की तरह **देरिदा** भी यह मानकर चलते हैं कि समाज के विखंडन के विमर्श की चर्चा भाषा और ज्ञान मीमांसा के संदर्भ के बिना नहीं की जा सकती। **देरिदा** इन्हीं पश्चिमी दार्शनिकों से प्रभावित होकर यह स्वीकार करते हैं कि भाषा उसके अर्थ और सत्य को कोई भी व्याख्या सत्ता मीमांसा की धारणाओं के बिना नहीं हो सकती। **देरिदा** के कृतित्व पर सबसे बड़ा प्रभाव पश्चिमी दर्शन का है। इस दर्शन का बुनियादी आधार तर्क है। **देरिदा** जब विखंडन की बात करते हैं तब वे इसी तर्क को निरस्त करते हैं। **देरिदा** की कृतियों यथा **स्पीच एण्ड फिनोकमिना राइटिंग एण्ड डिफरेन्स** तथा **ऑफ ग्रामोटीलोजी** पर पश्चिमी तर्क और दर्शन का गहरा प्रभाव है पश्चिमी दर्शन में मुख्य मुद्दा एकात्मकता का है दूसरे शब्दों में इस तथ्य का निराकरण होना चाहिए कि आत्मा और परमात्मा क्या एक है या जुदा-जुदा। पश्चिमी विचारधारा की एक परंपरा रही है। इसी को **देरिदा** ने चुनौती दी है।

देरिदा की कृतियों में एक और प्रभाव भी स्पष्ट रूप से देखने को मिलता है। वे **मार्क्स** के थीसिस का विरोध करते हैं। उनका कहना है कि **मार्क्स** का द्वंद्वात्मक भौतिकवाद भाषा का केवल अलंकरण मात्र है। यह अलंकरण की **मार्क्स** के लिए अवधारणा है वैसे इसमें भाषा का खेल ही है। ऐसी अवस्था में **देरिदा** कहते हैं कि **मार्क्स** के द्वंद्ववाद में जो तत्व मीमांसा है। इसकी विखंडन के माध्यम से खोज होनी चाहिए। **मार्क्स** के सिद्धांत की व्याख्या तो करते हैं पर यह भी संदेह व्यक्त करते हैं कि इसमें भी तात्विकता है। **देरिदा** को द्वंद्वात्मक भौतिकवाद स्वीकार नहीं है। उनका विखंडनवाद स्पष्ट रूप से अद्वंद्वात्मक है।

देरिदा का विखंडन—देरिदा उत्तर संरचनावादी हैं। इसी कारण उन्हें उत्तर आधुनिकतावादी भी कहा जा सकता है।

उत्तर आधुनिकता एक आंदोलन है तो उत्तर संरचनावाद एक दार्शनिक अवधारणा है। इसका उद्‌गम और विकास फ्रांस से और इसके विकास में **जाक लाका, लेवी स्ट्रास** और **सोसोरे** का बहुत बड़ा योगदान है। उत्तर संरचनावाद को **नीत्शे** तथा **हैडगर** के दर्शन के साथ में जोड़ा जाता है। उत्तर संरचनावाद का इस तरह का उल्लेख हम इसलिए करते हैं कि **देरिदा** का विखंडन मूल रूप से पश्चिमी दर्शन से जुड़ा हुआ है और इसकी जड़ें उत्तर संरचनावाद में हैं। यह सब हम कह तो रहे हैं लेकिन **देरिदा** स्वयं यह स्वीकार नहीं करते हैं कि वे एक उत्तर संरचनावादी हैं। उनके अस्वीकार करने से कुछ नहीं होगा। वास्तव में विखंडन और भेद पर जो कुछ उन्होंने लिखा है वह उन्हें स्वत: ही उत्तर संरचनावादी बना देता है।

विखंडन—देरिदा की एक महत्वपूर्ण अवधारणा है यदि

महान वृतांत का उल्लेख **ल्योटार्ड** ने किया है तो **देरिदा** ने विखंडन किया है। अगर **ल्योटार्ड** वृत्तांतों के विरोधी हैं। उन्हें अस्वीकार करते हैं तो **देरिदा** विखंडन की बात करते हैं। विखंडन का विकास एक दर्शन की तरह हुआ है। इसके बाद धीरे-धीरे यह अवधारणा दर्शन के दरवाजों से बाहर निकल कर साहित्य का मनोविश्लेषण शिक्षा और सामाजिक सिद्धांत तक पहुंच गई है समाजशास्त्र के क्षेत्र में भी इसने अपने को स्थापित कर लिया है।

विखंडन की अवधारणा दर्शन के तत्व मीमांसा के विरोधी है। जहां कहीं **देरिदा** को तत्व मीमांसा दिखाई देती है वे उसका विखंडन करते हैं उसका विध्वंस करते हैं। विखंडन की अवधारणा भेद पर आधारित है। भेद एक तर्क है। इसका संबंध शब्द है और इसलिए दर्शन के शब्द केंद्रित विवेचन को वे स्वीकार नहीं करते। कुछ इसी तरह **देरिदा लॉक, बकेले** तथा **ह्यूम** के आधुनिकवाद को भी अस्वीकार करते हैं। कुल मिलाकर **देरिदा** का विखंडनवाद तत्व मीमांसा का विरोधी है।

कॉम्ट और **ह्यूम** ने भी पश्चिमी दर्शन की तत्व मीमांसा को संदेह को दृष्टि से देखा लेकिन उन्होंने भाषा का सहारा लिया। प्रतिदिन काम में आने वाले शब्दों को उठाकर उन्होंने यथार्थता की व्याख्या करना प्रारंभ किया। यहीं से **देरिदा** विखंडन को प्रारंभ करते हैं। उनका विखंडन वस्तुत: भाषा के भेद से प्रारंभ होता है। वे दिन प्रतिदिन काम वाले शब्दों को लेकर वैज्ञानिक विमर्श तैयार करते हैं। और इस निष्कर्ष पर पहुंचते हैं कि तत्व मीमांसा कभी भी यथार्थता को समझने में सहायक नहीं हो सकती। इसलिए तत्व मीमांसा का खंडन करो।

देरिदा का विखंडनवाद भाषा से जुड़ा हुआ है। वे पश्चिमी दर्शन से **देरिदा** की व्याख्या करते हैं। समाजशास्त्र में एकात्मकता की अवधारणा प्रतीकात्मक अन्त:क्रियावाद से जुड़ी है। इसके अनुसार आदमी के मस्तिष्क स्व और समाज के बीच में अंत:क्रिया होती है। वास्तव में **हर्बर्ट मीड** ने अपनी पुस्तक **माइन्डसेल्फ एंड सोसाइटी** में स्व के विकास की समस्या उठाई है। वे कहते हैं कि व्यक्ति के स्व का संबंध समाज के साथ कैसे होते हैं। स्पष्ट है यह संबंध भाषा के माध्यम से होता है। मतलब हुआ भाषा एक शक्तिशाली साधन है और इसके कारण व्यक्ति अपने स्व यानि एकात्मकता की पहचान करता है।

भाषायी एकात्मकता पर **देरिदा** एक दृष्टांत देते हैं। वे **रूसो** का संदर्भ देकर कहते हैं कि हम सब को प्रकृति की आवाज को सुनना चाहिए। प्रकृति ही सब कुछ है, प्रकृति अपने आपमें पूर्ण है। इसमें कुछ जोड़ने की आवश्यकता नहीं और न घटाने की। प्रकृति की पहचान उसकी पूर्णता में है।

रूसो प्रकृति की पूर्णता को मानते हुए भी यह स्वीकार करते हैं कि इसमें कहीं कुछ न कुछ कमी अवश्य है।

विखंडन का मतलब होता है मूल पाठ को उसके निर्देश संकेत अनिश्चितता आदि के संदर्भ में पढ़ना। ऐसा करते हुए यह देखना कि इसमें कौन से अर्थ स्पष्ट है और कौन से नहीं। अस्पष्ट अर्थ को निकालना और तर्क की कसौटी पर खरा नहीं उतरने पर उसे अस्वीकार करना ही विखंडन है। लेकिन **देरिदा** को विखंडन की यह परिभाषा इतनी सरल और सामान्य नहीं है। यह ठीक है कि मूल पाठ में जो स्पष्ट और अस्पष्ट है उसे निकाल दिया। स्पष्ट को समझा जाए। इसका विखंडन किया जाए। इससे आगे **देरिदा** एक और महत्वपूर्ण बात कहते हैं। वह यह है कि हमें स्पष्ट होने के लिए या अस्पष्ट का विखंडन करने के लिए दूसरे मूल पाठों के साथ इस मूल पाठ का संबंध देखना चाहिए इससे हमें पता लग जाएगा कि मूल पाठ किस तरह अस्पष्ट पाठ को हाशिए पर ले जाता है। और स्पष्ट पाठ कितना अस्पष्ट और अधूरा है। इससे **देरिदा** यह जानना चाहते हैं कि विखंडन के द्वारा हम किस तरह मूल पाठ को उसकी कमजोरियों के साथ देख सकते हैं।

देरिदा भाषा की व्याख्या करते हैं। लिखना भाषा का एक लेखाचित्र है। इसे भाषा का ग्राफिक स्वरूप भी कहते हैं। लिखकर अपनी स्मरण शक्ति को बनाए रखते हैं। भविष्य में इसे पढ़कर पुरानी चीजों को याद भी कर सकते हैं। इतना होने पर भी लिखा वाणी से गौण है दूसरे स्थान पर है। पहला स्थान तो वाणी को ही है। मूलरूप से वाणी ध्वनिक अर्थात ध्वनि विज्ञान से जुड़ी है। हम प्राय: फोनोग्राम की बात करते हैं। यह ध्वनि है। **देरिदा** का कहना है कि वाणी हमारे विचारों के अधिक निकट है। इसका जुड़ाव हमारे विचारों संवेगी ओर मनोवृत्तियों का सत्य होना है। इस तरह हमारी वाणी प्राथमिक है। मौलिक है और इस संदर्भ में हम जो कुछ लिखते हैं वह द्वैतीयक है। **देरिदा** का तर्क है कि लिखने और बोलने यानी वाणी के इस अंतर को **सोसोरे** ने बड़े विस्तृत रूप में रखा है। यहां **देरिदा** अपनी असहमति जताते हैं वे कहते हैं कि लिखने-बोलने के इस तरह के अंतर को स्थगित कर पाना बड़ा कठिन है। फिर भी वे भेद को इस अवधारणा को वे सामाजिक क्षेत्र में लागू करने का प्रयास करते हैं।

विखंडन का तात्पर्य—विखंडन में **देरिदा** का तात्पर्य मूल पाठों का आलोचनात्मक अध्ययन करना है। मूल पाठ में जहां भी सत्य है ऐसा मानकर चलना गलत है। मूल पाठ के इस तथ्य को एकदम निरस्त कर देना चाहिए। उदाहरण के लिए लक्ष्मण रेखा को खींच देना कि इसके अंदर कोई मायावी लांघकर नहीं आ सकता। इस सत्य को एकदम रद्द कर देना **या पारसंस** का यह

मानकर चलना कि व्यवस्था पर कोई भी संकट आए। वह लेटेन्सी द्वारा अपने प्रतिमान को बनाए रखेगी। सत्य है और इसलिए इसको अस्वीकार करना चाहिए। मूल पाठ में, जो शब्द होता है उसकी काफी पड़ताल नहीं होती। लोग इसको सत्य मानकर ही चलते हैं इसका विखंडन होना चाहिए। हमें एक मूल पाठ की तुलना दूसरे मूल पाठ से करनी चाहिए। इससे सत्य का ज्ञान हो जाएगा। **देरिदा** को कई बार वैयाकरणी भी कहा जाता है। यह इसलिए कि विखंडन की इस संपूर्ण अवधारणा को उन्होंने व्याकरण के माध्यम से विकसित किया है उनका आग्रह है कि किसी भी मूल पाठ का केवल एक ही अर्थ हो ऐसा नहीं है। जैसे व्याकरण किसी भी मूल पाठ के लेखक से ऊपर उठकर जाती है वैसे ही मूल पाठ का अर्थ भी बदल जाता है। इस तरह मूल का जो अर्थ उसका लेखक निकालता है। वह पाठक के हाथों में पहुंचते-पहंचते बदल जाता है। यह सब व्याकरण यानि शब्दों का खेल है।

देरिदा का मूल तर्क यह है कि जो कुछ लिखा जाता है उसमें वस्तुनिष्ठ अर्थ का अभाव होता है। एक ही शब्दावली के कई अर्थ होते हैं। एक ही शब्द के कई पर्यायवाची होते हैं। इसका मतलब हुआ कि प्रयोग के अनुसार एक ही शब्द के अनेक अर्थ होते हैं। प्रत्येक शब्द का अपना एक संदर्भ होता है और इसलिए शब्दों का अर्थ हमें उनके संदर्भ में खोजना चाहिए।

देरिदा के विखंडन का सारांश

1. विखंडन की अवधारणा के माध्यम से **देरिदा** पश्चिमी विचारों के संपूर्ण सिद्धांत को अस्वीकार करते हैं। ऐसे करने से वे **प्लेटो** से चलकर आधुनिक दर्शन का विमोचन करते हैं।

2. उनके अनुसार पश्चिमी दर्शन में जो तत्वमीमांसा है वह दोषपूर्ण है। यह मीमांसा यथार्थता की खोज करती हैं। इसके प्रणेताओं में **डेकरिट डेविड ह्यूम** और **कॉम्ट** है। यह यथार्थता अस्पष्ट है क्योंकि तत्व मीमांसा के इस दर्शन ने भाषाशास्त्र और व्याकरण की अवहेलना की है। दर्शन की तत्व मीमांसा को अस्वीकार करने के लिए **देरिदा सोसोरे** के भाषा संबंधी संरचना को अपनाते हैं।

3. विखंडन का अर्थ है मूल पाठ को स्पष्ट और अस्पष्ट संदर्भ में देखना। भाषा के शब्द के पर्यायवाची अर्थ होते हैं। अतः मूल पाठ का अर्थ वस्तुनिष्ठा यानी यथार्थता को जानना होना चाहिए।

4. **देरिदा** मानते हैं पश्चिमी तत्वमीमांसा भाषा के गलत अर्थ पर निर्भर है जिस संकेत की चर्चा यह तत्वमीमांसा करती है। वह झूठ पर आधारित है। पश्चिमी तत्वमीमांसा के संकेत गलत अवधारणा के कारण हैं। इसलिए इस तत्वमीमांसा का विखंडन होना चाहिए दूसरे शब्दों में विखंडन से **देरिदा** का तात्पर्य पश्चिमी तत्वमीमांसा के संकेत गलत अवधारणा के कारण है। इसलिए इस तत्वमीमांसा का विखंडन होना चाहिए दूसरे शब्दों में विखंडन से दरिदा का तात्पर्य पश्चिमी तत्वमीमांसा को रद्द करना है।

5. **देरिदा** की अध्ययन विधि व्याकरण है। उन्होंने अपने ढंग से व्याकरणशास्त्र विकसित किया है अपने इस तरह के उपागम में **देरिदा** अकेले नहीं हैं। उन्होंने **नीत्शे** और **हैडेगर** का अनुसरण किया है।

6. **देरिदा** व्याकरण को व्याख्या नए संदर्भ में करते हैं। वे कहते हैं कि वाणी का स्थान लेखन से ऊंचा है। वाणी को व्यंजना भाषा की तुलना में अधिक ताकतवर होती है भाषा का यही भेद विखण्डन का मुख्य आधार है भाषा जब इतनी शक्तिशाली है तब आश्चर्य होता है। पश्चिमी मीमांसा ने इसकी इतनी बड़ी उपेक्षा कैसे कर दी।

मिशेल फूको

पाल मिशेल फूको (Paul Michel Foucault) का जन्म फ्रांस के पोइटर्स नामक स्थान पर अक्टूबर 1926 में हुआ था और देहांत जून 25, 1984 को पेरिस में हुआ था। उनकी पहली पुस्तक 1961में प्रकाशित हुई इस तरह उनके रचनाकाल लगभग एक चौथाई शताब्दी का है। द्वितीय विश्वयुद्ध की समाप्ति पर फूको पोइटर्स से पेरिस आ गये। यहां पर उन्होंने फ्रांस के बहुत बड़े ख्याति प्राप्त और अभिजन लोगों के विश्वविद्यालय निकोले नार्मले में 1946 में दाखिला लिया। यहीं पर उन्होंने अपनी मूल डिग्री दर्शनशास्त्र और मनोविज्ञान, समाजशास्त्र में प्राप्त की। उनका डाक्टरेट थिसिस पागलपन और सभ्यता पर था। वे यदि समय के लिये फ्रांसीसी भाषा में लेक्चरर बनकर स्वीडन आ गये। यहां अधिक समय नहीं रुके। पुनः पेरिस आ गये। ई. 1965 में वे दर्शनशास्त्र के प्रोफेसर हो गये जीवनपर्यन्त उन्होंने खुद को दर्शनशास्त्र से बांधे रखा और इसीलिये उन्होंने उत्तर आधुनिक काल पर जो भी लिखा वह एक गैर समाजशास्त्री की हैसियत से ही लिखा था विन्सेजेज विश्वविद्यालय जब फूको प्रोफेसर बनकर आये तब उन्होंने जमकर राजनीति की। तत्कालीन फ्रांस के शिक्षा मंत्री ने इसका विरोध किया। **फूको** और राजनीतिक व्यवस्था का आमना सामना हो गया। 1976 में जब ईरान में मानव अधिकारों पर कुठाराघात होने लगा तो वे ईरान गये और उन्होंने एक शक्तिशाली आंदोलन खड़ा कर दिया। मानव अधिकारों पर उन्होंने कई लेख लिखे और ईरान के लोगों को नेतृत्व प्रदान किया।

ई. 1980 में फ्रांस में नयी समाजवादी पार्टी सत्ता में आयी और इधर पोलैण्ड में दमन का दौर पड़ गया। फूको ने इस अवसर पर **बोर्दियो** के साथ मिलकर पोलैंड में सम्राज्यवादी दमन का

पुरजोर विरोध किया। वे पोलैंड गये तथा श्रम संगठनों में तालमेल स्थापित करने का प्रयास किया। इस तरह राजनीति ने फूको को इस निष्कर्ष पर पहुंचाया कि फ्रांस के समाजवादियों में शासन चलाने की समझ नहीं थी। फूको का जो राजनीति से संपर्क रहा उसे उनकी वृत्तियों में स्पष्ट देखा जा सकता है। उन्होंने बराबर यह समझाया कि किस तरह के संबंध राज्य और बौद्धिकों में होना चाहिए।

फूको ने अपनी कृतियों में गई प्रकार के सिद्धांतों का समावेश किया है। इस कारण बात का पता लगाना कठिन हो जाता है उन पर किस विचार का प्रत्यक्ष प्रभाव है। उनकी विशेषता यह है कि वे विभिन्न विचारकों के सिद्धांतों को लेते हैं फिर अपने सैद्धांतिकी में ढाल लेते थे। इस कठिनाई के होते हुए भी फूको पर भी तत्कालीन विचारकों का प्रभाव दिखाई देता है। वे **वेबर** की बुद्धि संगतता से अत्यधिक प्रभावित थे इसी तरह उनकी कृतियों में **मार्क्स** का प्रभाव स्पष्ट दिखाई देता है। वे सामाजवाद से अभिभूत थे और उन्होंने अपनी विद्यार्थी राजनीति को मार्क्सवाद पर चलाया। **मार्क्स** से प्रभावित होकर उन्होंने शक्ति की सूक्ष्म राजनीति के अवधारणा को विकसित किया। शायद **मार्क्स** का प्रभाव **फूको** पर अर्थ व्यवस्था के क्षेत्र में है। **फूको** के कृतित्व पर कई प्रभाव देखे जा सकते हैं। एक तरह से विभिन्न विचारधाराओं का भंडार थे। उन पर बहुत बड़ा प्रभाव जर्मनी के **नीत्शे का है। नीत्शे** को नाजीवाद और उत्तर आधुनिकता के साथ जोड़ा जाता है। उन्होंने परम्परागत नैतिकता को चुनौती दी और नैतिकता की नींव डाली। यही नयी नैतिकता शक्ति और प्रभुत्व पर आधारित थी। **फूको** की कृतियों को शक्ति की व्याख्या **नीत्शे** से आयी थी। **नीत्शे** की रुचि शक्ति और ज्ञान के संबंध को जानने मात्र से थी। **फूको** ने इस संबंध को आगे बढ़ाया और स्थापित किया कि जिसके पास ज्ञान है उसके पास शक्ति है। वे कहते हैं कि उत्तर आधुनिक समाज में ज्ञान उत्पादन का साधन है। अर्थात अधिक ज्ञान अधिक उत्पादन शक्ति।

फूको ने संस्कृति की विद्या में भी उल्लेखनीय कार्य किये हैं। यहां वे उत्तर संरचनावादी विचारक माने जाते हैं। **लेवी स्ट्रास** और **ज्यांपाल सार्त्र** ने **फूको** के संरचनावाद को सबसे अधिक प्रभावित किया है। सात्रे मनुष्य की स्वतंत्रता के घोर पक्षधर थे। उनके इस असर को **फूको** में भी देखा जा सकता है। शायद **फूको** पर बहुत बड़ा प्रभाव **फीर्डिनेन्ड सोसोरे** का है। इसी प्रभाव ने उन्हें उत्तर संरचनावादी बना दिया बात यह है कि **फूको** के जीवनकाल में पेरिस ज्ञान और संस्कृति के विवाद का एक बहुत बड़ा गढ़ था। यहां प्रत्येक विचारक अपने क्षेत्र का बहुत बड़े हस्ताक्षर या और **फूको** सबसे प्रभावित हुये बिना नहीं रह सके इन प्रभावों के होते हुए भी यह कहा जा सकता है कि **फूको मार्क्स** से अभिभूत थे। वे स्वयं अपने आपको मार्क्सवादी बानते थे। उन्होंने **मार्क्स** के विचारों को स्वयं अपने विचारों की तरह अंगीकार कर लिया **लुई अल्थ्यूजर** का यह कहना सही है कि **फूको** ने **मार्क्स** से प्रभावित होकर ही प्रचलित सभी विचारधाराओं और मान्यताओं का खण्ड किया **मार्क्स** का यह सोचना था कि एक दिन क्रांति आयेगी और समाजवाद स्थापित होगी। **फूको** ने ऐसी कोई भविष्यवाणी तो नहीं की लेकिन उन्होंने जिन सिद्धांतों को रखा है उन्होंने निश्चित रूप से लोगों के विचारों में कातिला दी और यह **फूको** की सबसे बड़ी उपलब्धि है।

उत्तर आधुनिकवाद : फूको उत्तर आधुनिकवाद के प्रणेता थे उनकी चिता के कैद में रहे इन मुद्दों से उनकी विचार एटिगी के बारे में जाना जा सकता है।

1. उन्होंने अपराध, शरीर, पागलपन और कामुकता पर बड़ी गहनता से लिखा है इनके विश्लेषण में वे आधुनिक संस्थाओं जैसे कि कारागृह अस्पताल आदि की भूमिका को स्पष्ट करते हैं। और अंत में अपने निष्कर्ष में कहते हैं कि इन संस्थाओं के माध्यम से समाज पर नियन्त्रण रखा जा सकता है।

2. **फूको** का तर्क है कि ज्ञानोदय और पुनर्जागरण अपने उद्विकास की अवस्था में सही थे। वे व्यक्ति की स्वतंत्रता के पक्षधर थे लेकिन ज्ञानोदय का एक दूसरा पहलू भी है। इस दूसरे पहलू का सरोकार मनुष्य को नियंत्रण में रखना है उसे अनुशासन में बांधना है तथा उसकी हरकतों पर निगाह रखनी है। इस संदर्भ में वे शक्ति, वैचारिकी और विमर्श के पारस्परिक सम्बन्धों को आधुनिक संगठनात्मक व्यवस्था के संदर्भ में देखते हैं।

3. समाजशास्त्रीय अध्ययनों में शक्ति का अध्ययन महत्वपूर्ण समझा जाता है। यहां सवाल यह है कि किस तरह किस भांति लोग और समूह शक्ति के माध्यम से अपने हितों को पूरा करते हैं और जीवन में सफल हो जाते हैं। इस प्रश्न पर **मार्क्स** और **वेबर** जैसे क्लासिकल विचारकों ने गहन चिंतन किया है। उन्होंने अपने कुछ निष्कर्ष भी दिये है। यहां फूको एक नई अवधारणा प्रस्तुत करते हैं। इसे वे डिस्कोर्सयानी विमर्श कहते हैं। विमर्श का मतलब किसी एक वस्तु के बारे में लोगों के बातचीत करने के तरीके या सोचने की पद्धति से है। ये तरीके मिलजुल कर लोगों की सामान्य धारणा को बनाते हैं। हम अपने भारतीय समाज से ही एक दृष्टान्त देखें। यहां उत्तरी भारत में गाय के बारे में यह सोच है कि यह पशु हमें दूध देता है। बछड़े देता है। पूर्वज इसे आदर से देखते आये हैं और इसीलिये पवित्र हैं पूजनीय हैं। लगभग सभी लोग ऐसा सोचते हैं और इसलिये सामान्य धारणा है। इन सामान्य धारणा को **फूको** विमर्श कहेंगे। अपने यूरोप समाज के संदर्भ में **फूको** कहते हैं कि

पागलपन एक विमर्श है। इसके बाद में लोगों के विचार मध्यकाल से आधुनिक काल तक बदलते हैं।

फूको की अवधारणात्मक देन विमर्श है। कई लोग, जिन्होंने सावधानीपूर्वक **फूको** को नहीं पढ़ा है। वे विमर्श का प्रयोग विवाद के रूप में करते हैं लेकिन अंग्रेजी शब्द डिस्कोर्स जुड़ा है। डिस्कशन पद के प्रयोग में **फूको** बहुत स्पष्ट हैं। उनके लिये विमर्श का अर्थ किसी एक निश्चित फ्रेमवर्क में किसी विषय के बारे में सोचना है, धारणा बनाना है और धारणा किसी व्यक्ति विशेष की नहीं होती है। सामान्य लोगों की होती है। अपराधियों के बारे में लोग क्या सोचते हैं। उनके बारे में क्या विचार रखते हैं यह सब विमर्श यानी डिस्कोर्स है।

4. **फूको** का तात्पर्य केवल विमर्श की व्याख्या करना ही नहीं है। वे इसके अर्थ को भी स्पष्ट करने के बाद कहते हैं कि लोग शक्ति का प्रयोग विमर्श के माध्यम से करते हैं। होता यह है कि सबसे पहले शक्ति होती है। यह शक्ति आप से कोई अर्थ नहीं रखती। इसे अर्थपूर्ण बनाने के लिये विमर्श को काम में लिया जाता है। वस्तुओं के बारे में लोगों की अभिवृतियां बदलती जाती हैं। यह बदलने का काम शक्ति करती है। अर्थ बहुत स्पष्ट है—शक्ति विमर्श के माध्यम से काम करती है।

सामाजिक सिद्धांत के क्षेत्र में **फूको** की सबसे बडी देन उनका वैज्ञानिक ज्ञान की प्रकृति के बारे में जो आम सहमति है उसका विरोध करना है। **फूको** विज्ञान को संशायात्मक दृष्टि से देखते हैं। इस संबंध में उनका उपागम अन्य समाज वैज्ञानिकों से भिन्न है। सामान्यतया समाज वैज्ञानिक जिन वस्तुओं से परिचित हैं। उनकी तुलना अपरिचित वस्तुओं से करके अपरिचित वस्तुओं को जानने का प्रयास करते हैं। फूको को यह विधि स्वीकार नही है। वे इससे उल्टा करते हैं। वे अतीत की अपरिचित वस्तुओं की खोज करते हैं। पहले उनकी जानकारी लेते हैं और इस जानकारी के आधार पर परिचित वस्तुओं की व्याख्या करते हैं।

फूको की कृतियां केवल चार हैं। उन्हें रोम में एक विवादास्पद विचारक माना जाता है। एक तरफ कहा जाता है कि वह मौलिक विचारक थे तो दूसरी तरफ यह भी कहा जाता है कि वह एक उबाऊ लेखक थे। इस विवाद ने उन्हें लोकप्रिय अवश्य बना दिया। **फूको** के अध्ययन की विधि वैयक्तिक अध्ययन की रही है। उन्होंने चार वैयक्तिक अध्ययन या पुस्तकें लिखी है। प्रत्येक पुस्तक अपने आप में एक वैयक्तिक अध्ययन विधि है। उनके विषय हैं : पागलपन, चिकित्सा, कारागृह और कामुकता। उनके ये वैयक्तिक अध्ययन या पुस्तकें निम्न हैं :

1. **मेडनेस एण्ड सिविलाइजेशन**
2. **दि वर्थ आफ दि क्लिनीक**
3. **डिसिप्लिन एण्ड पनिश**
4. **हिस्ट्री आफ सैक्सुऐलिटी**

पागलपन और सभ्यता पुस्तक में **फूको** इस प्रश्न को उठाते हैं कि पागलपन के पीछे क्या कारण है। सभ्यता के विभिन्न युगों में पागलपन को किन कारणों के साथ जोड़ा जाता है। पागलपन का विश्लेषण **फूको** इतिहास के विभिन्न युगों में करते हैं। वे मध्यकाल से प्रारम्भ होकर ज्ञानोदय काल तक और फिर आधुनिककाल तक पागलपन का विश्लेषण करते हैं। बीमारी के निदान की चर्चा **दि वर्थ आफ दी क्लिनिक** में करते हैं। वे कहते हैं कि निदान के क्षेत्र में कृतिकारी परिवर्तन आया है। अब जादू-टोने से आगे बढ़कर आधुनिक वैज्ञानिक चिकित्सा पद्धति को अपनाया जाता है। **डिसिप्लिन और पनिश** में वे एक गंभीर समस्या को उठाते हैं।

फूको अपनी पुस्तक **ज्ञान के पुरातत्व** में ज्ञान के इस विमर्श को उठाते हैं। पुरातत्व एक ऐसा विज्ञान है जो अपने खोज को कतिपय नियमों और सिद्धांतों के अनुसार करता है जो कुछ ये सिद्धांत निर्धारण करते हैं वे इतिहास सम्मत होते हैं। और इस निर्धारण को वैधता भी होती है। **फूको** पुरातत्व विधि से जो कुछ पाते हैं उन वस्तुओं में उनकी कोई रुचि नहीं है। पुरातत्व तो ढेर सारी वस्तुओं को उजागर करता है। जताता है कि लोग मिट्टी के बर्तनों में भोजन पकाते थे। उनके स्नान के लिये शानदार स्नानघर थे। पानी के निकास के लिये नालियां थीं और ऐसी ही बहुत सारी जानकारियां पुरातत्व देता है। इन वस्तुओं के अध्ययन द्वारा **फूको** किसी विशेष सत्य और अर्थ को बदल देते हैं। उनका विमर्श यह जानना है कि पुरातत्व की वे कौन सी प्रविधियां और सिद्धांत हैं, जो लोगों की सोच को प्रभावित, नियमित और नियन्त्रित करते हैं। वस्तुओं को देखकर इनके पीछे जो विमर्श है इसका पता लगाना ही **फूको** का उद्देश्य है।

फूको के सिद्धांतों की धुरी विमर्श है। वे यह कहते हैं कि पिछले वालों की तुलना में हमारे वर्तमान विमर्श में बहुत बड़ा अन्तर आया है। विमर्श का यह बदला वही आधुनिक समाज की उत्तर आधुनिक समाज बना देता है। अब हम सत्य को विमर्श से दूसरी तरह से देखते हैं। **फूको** की बहुत बड़ी समस्या अन्य उत्तर आधुनिकतावादी विचारकों की तरह ज्ञान मीमांसा की थी। वे जानना चाहते थे कि ज्ञान का उद्‌गम क्या है? दूसरे सिद्धांत क्या है। इसी खोज में इन्होंने विमर्श की अवधारणा को रखा है। अपने सिद्धांत में, वैयक्तिक अध्ययनों में वे ज्ञान और शक्ति के संगठन की चर्चा करते हैं। सामाजिक नियन्त्रण के क्षेत्र में शक्ति ज्ञान और विमर्श की बहुत बड़ी भूमिका है और इसी पर उत्तर आधुनिक समाज का निर्माण होगा।

ज्ञान का संग्रहालय फूको की प्रारम्भिक कृति है। अंग्रेजी में अनूदित यह पुस्तक 1989 में प्रकाशित हुई। उत्तर आधुनिक विचारकों की एक बड़ी खासियत ज्ञान मीसांसा है। ये लेखक यह जानने में रुचि रखते हैं कि ज्ञन की प्रकृति क्या है इसके स्रोत्र कौन से हैं इसका उदगम क्या है? यदि हमें ज्ञान के बारे में समुचित जानकारी मिल जाये तो हम मनुष्य जीवन को अधिक सक्षम सुन्दर और सुखमय बना सकते हैं। **फूको** ने भी ज्ञान की खोज इस पुस्तक में की है। वैसे पुरातत्व का क्षेत्र इतिहासकारों का है। अपने आप में भी पुरातत्व एक पृथक ज्ञान शाखा है। इसके अन्तर्गत अतीत के ध्वंसावशेषों, वस्तुओं, दस्तकारी, मकानों आदि का वैज्ञानिक अध्ययन किया जाता है। एक तरह से पुरातत्व विज्ञान मनुष्य के अतीत के जीवन और गतिविधियों का अध्ययन करता है। इस पुस्तक में **फूको** ज्ञान के मुद्दे को उठाते हैं। वे पुरातत्व के माध्यम से ज्ञान के विमर्श को समझना चाहते हैं। दूसरे शब्दों में **फूको** जानना चाहते हैं कि अतीत में लोगों का ज्ञान का विमर्श क्या था।

पुरातत्व से **फूको** को ज्ञात होता है कि वस्तुनिष्ठा में लोगों को जो रुचि थी वह धीरे धीरे उलट गई और वे व्यक्ति निष्ठावाद की ओर मुड़ गये। लोग सोचने लगे अब ज्ञान का रुख वस्तुनिष्ठावाद से हटकर व्यक्ति निष्ठावाद की ओर गया। लोग सोचने लगे कि आखिर यह व्यक्ति क्या है। उसकी वास्तविकता क्या है उसका निष्कर्ष है कि इतिहास ओर संस्कृति में हमें जो विभिन्न मोड़ दिखाई देते हैं। वे सब व्यक्ति द्वारा निर्मित है इतिहास से ज्ञात होता है कि व्यक्ति ही व्यक्ति को अपना मातहत बनाता है। **फूको** ने व्यक्ति की अभिव्यक्ति कई पदों में की है। मनुष्य कर्ता व्यक्ति इत्यादि। इसी व्यक्ति को दूसरे नाम से भी जाना जाता है। व्यक्ति का दूसरा नाम ताबेदार या जीहुजूरिया मातहत और असुरक्षित भी है। सब मिलाकर **ज्ञान के पुरातत्व** में **फूको** इस नतीजे पर पहुँचते हैं कि मनुष्य की परिभाषा के बदलाव से आने वाले ज्ञान के निर्माण में सामाजिक व्यवहार का प्रभाव भी पड़ता है। यह ज्ञान ही है जो व्यक्ति को प्रभुत्वशाली बनाता है। और यह ज्ञान ही है जो उसे असुरक्षित, असहाय और ताबेदार बनाता है **फूको** की कृतियों में एक त्रिकोण है: शक्ति ज्ञान और व्यक्ति ज्ञान के पुरातत्व में वे व्यक्ति और ज्ञान के संबंधों को जोड़ते हैं।

पागलपन और सभ्यता : यह **फूको** की एक शास्त्रीय रचना है। फ्रेंच भाषा में इसका प्रकाशन 1961में हुआ था। पागलपन पर लिखी हुई यह पुस्तक कारण की समस्या को उठाती है। **फूको** बताते हैं कि यूरोप में पहली बार पागलों, विक्षिप्तों और उन्मादग्रस्त लोगों को समाज से पृथक करके पागलखानों में रखा गया। इससे पहले भिखारी, उच्चक्कों, असामाजिक तत्वों को समाज से पृथक जेलखानों में रखा जाता था। पर फूको ने पागलों और पागलखानों का वैयक्तिक अध्ययन किया। पागलखानों में पागलों का अवलोकन करना और उनका वर्गीकरण करना **फूको** के लिये सरल कार्य था। जिस अवधि में **फूको** ने अपनी पुस्तक लिखी थी उसमें एक हादसा हो गया। एक फ्रांसीसी चिकित्सक **फिलिये पिनेल** जो बड़े उदारवादी थे। उन्होंने बेसेट्रो अस्पताल से 1794 पागलों को उनकी जंजीरो से मुक्त कर दिया। **फूको** ने इस घटना को कोई महत्व नहीं दिया और न ही उन्होंने इसे मानववाद और ज्ञानोदय की विजय माना। इस चिकित्सक का यह कार्य **फूको** की दृष्टि में एक खोखला आदर्शवाद था। जिन पागलों को पागलखाने से रिहा किया गया वे अब नयी प्रकार की बेड़ियों में फंस गये। **फूको** पागलों का अध्ययन मध्यकाल से ज्ञानोदय तक की अवधि में करते है। ज्ञानोदय काल में मनोरोग विज्ञान का अविर्भाव होता है। और अब पागलों का निदान मनोवृत्ति सम्बंधी ज्ञान की सहायता से किया जाने लगा। इतिहास का यह युग कार्य कारण का युग था। **फूको** ने पागलपन की व्याख्या इन शब्दों में की गई है।

इस पुस्तक के बारे में **फूको** ने लिखा है : मैंने मनोरोग विज्ञान के इतिहास को लिखने का प्रयास कभी नही किया है। मैं तो एक प्रकार के मौन का पुरातत्व बना रहा हूं।

यह मौन क्या है? **फूको** ने इसकी व्याख्या की है। वे अपना प्रबंध पुनर्जागरण काल से प्रारम्भ करते हैं। उस काल में पागलपन और कारण एकदम एक दूसरे से जुदा नहीं थे मिले-जुले थे। कारण और पागलपन के बीच में संवाद था। यह कहा जाता था कि इस व्यक्ति के पागलपन के कारण उसके घर की विषम परिस्थितियां थीं। आपसी झगड़े थे, जमीन का विवाद था, मतलब यह कि पुनर्जागरण में पागलपन को किसी न किसी कारण या कारणों को घटाते नहीं। ज्ञान को सामाजिक स्थितियों से जैसा वह निकल सकता है निकलने देते हैं। पागलपन और सभ्यता में वे मनुष्य यानी व्यक्ति की खोज बीन करते हैं। वे व्यक्ति का वास्तविकीकरण अर्थात वस्तुनिष्ठाकरण करते हैं। **फूको** एक ऐसी प्रक्रिया का उल्लेख करते हैं जो व्यक्ति को विभाजित कर देती है। एक तरफ तो व्यक्ति है और दूसरी तरफ अधीनस्थ मातहत है। दलित है। मनुष्य का यह विभाजन या तो उसे भीतर से तोड़ देता है। या उसे सीजोफ्रेनिया और सोजोडायनैमिक्स से ग्रसित बताकर समाज से दूर कर देता है या उसे वह एक सामाजिक प्राणी बना देता है इस क्रम में व्यक्ति या तो विक्षिप्त पागल या उन्मुक्त होता है या उसे कोई सामाजिक पहचान, ओहदा या पद दिया जाता है। इस सम्पूर्ण प्रक्रिया में **फूको** शक्ति और ज्ञान को जोड़ते हैं।

चिकित्सालय का जन्म : अपनी इस पुस्तक में **फूको** कहते

हैं कि रोगी जो भी बयान देता है या अपना दुख-दर्द सुनता है। उसके अर्थ को बयान के आधार पर नही समझा जा सकता। इसे समझने के लिये इसकी तुलना उन बयानों से करनी पड़ेगी जिन्हें अन्य रोगी देते हैं। या चिकित्सा के विमर्श में जो कुछ कहा जाता है उससे तुलना करके ही एक विशेष रोगी के रोग को समझा जा सकता है। इसे समझने के लिये इसकी तुलना उन बयानों से करनी पड़ेगी जिन्हें अन्य रोगी देते हैं या चिकित्सक के विमर्श में जो कुछ कहा जाता है उससे तुलना करके ही एक विशेष रोगी के रोग को समझा जा सकता है।

आज की दुनिया में पागल और स्वस्थ एक अजीब मौन की अवस्था में रहते हैं। दोनों के बीच में किसी तरह का संवाद नहीं है। **फूको** का ज्ञान और शक्ति का प्रबंध देखा जाये तो एक क्रान्तिकारी प्रबंध है। वे कहते हैं कि फ्रांस में लाखों पागलों, गरीबों, भिखारियों और बेरोजगारों को किसी न किसी न किसी कारण जेलो में ठूंस दिया जाता है। इसका कारण स्पष्ट है। अभिजन समाज इन लोगों के साथ रहना अनुचित समझता है। उच्च और मध्यम वर्ग के आदमी को दलितों के साथ एक जाजम पर बैठना सुहाता नहीं है। ऐसी स्थिति में वह अपने विशिष्ट ज्ञान से अर्जित शक्ति के माध्यम से इन अनचाहे व्यक्तियों को जेल भेज देता है। पागलपन और उच्च लोगों के जेल भेजने के कारण कुछ भी हो सकते हैं। लेकिन ये कारण सही और उचित इसलिये हैं कि इसे उन लोगों ने किया है जो इस क्षेत्र मे दक्ष हैं ज्ञानी हैं। विशिष्ट हैं। अगर पागलपन की व्याख्या मनोरोग वैज्ञानिक करता है या इस अर्थ में उच्च के लोगों के साथ अपराध की व्याख्या न्यायधीश करता है तब उसे कौन चुनौती दे सकता है। व्याख्याकार चाहे मनोरोग चिकित्सक हो या कानून ये सब शक्तिशाली हैं क्योंकि इनके पास प्रमाणित ज्ञान है।

पागलपन और सभ्यता के वैयक्तिक अध्ययन द्वारा **फूको** ने ज्ञान और शक्ति के अपने प्रबंध को प्रस्तुत किया है। यद्यपि **फूको** अपने सिद्धांत के प्रमाण इतिहास में खोजते हैं। मूल रूप से वे इतिहास विरोधी हैं। वे इतिहास के आधार पर सार्वभौमिक निष्कर्ष नहीं निकालते। वे मनुष्य की प्रकृति को एक बार इतिहास में देखने के बाद हमेशा के लिये निश्चित नहीं होते। वस्तुत: वे तर्क की बहुलता में यकीन करते हैं। वे ज्ञान को सामाजिक स्थिति में यकीन करते हैं। चिकित्सकों ने मरे हुए को देखकर जीवित समझ लिया। अब चिकित्सा में क्लीनिकल अवलोकन का महत्व बढ़ गया। **फूको** इस अवलोकन के लिये **गेज** अर्थात **टकटकी लगाकर देखना** पद का प्रयोग करते हैं। जैसे ही चिकित्सा टकटकी लगाकर मरीज को देखता है वैसे ही उसके ज्ञान में वृद्धि होती है अब चिकित्सा का विमर्श बदल गया। वर्गात्मक चिकित्सा विज्ञान में ज्ञान की वृद्धि को गुंजाइश नहीं थी। अब गेज यानी क्लीनिकल अवलोकन आ गया तब अपने आप चिकित्सक के ज्ञान में वृद्धि हो गई। अब चिकित्सक मरीज को देखने लगे और उनका ज्ञान बढ़ता गया।

18वीं शताब्दी में चिकित्सकों को मनुष्य शरीर के अन्दर क्या है, इसका कोई ज्ञान नहीं था। इस दौरान चिकित्सा विज्ञान केवल एक वर्गीकृत विज्ञान ही था। शव परीक्षा ने शरीर की आन्तरिक संरचना को खोलकर रख दिया। अब चिकित्सा विज्ञान शारीरिक क्लीनिक अवलोकन विज्ञान बन गया। चिकित्सक को अवलोकन विधि ने अपने क्षेत्र में निष्णात अर्थात दक्ष बना दिया अब वह शरीर के बारे में विशिष्ट ज्ञानी हो गया। उसका दर्जा जीवन और मौत के बीच का हो गया।

चिकित्सक के विशिष्ट ज्ञान ने उसे शक्तिशाली बना दिया इस पुस्तक में अपनी **फूको** ने ज्ञान और शक्ति के संबंधों को पुन: स्थापित कर दिया। **फूको** अपनी पुस्तक के उपसंहार में यह आग्रह पूर्वक कहते हैं कि मानव विज्ञानों के विकास में चिकित्सा विज्ञान की भूमिका अत्यधिक महत्वपूर्ण है। वास्तविक ज्ञान का यह एक अनुकरणीय दृष्टांत है जो मनुष्य को जीवित रहने में सहायता देता है। मनुष्य जीवन का मानवशास्त्र क्या है? जीवन और मृत्यु इन दोनों को संवारने का कार्य चिकित्सा विज्ञान करता है। इस विज्ञान की उपलब्धि ही चिकित्सक को अपार शक्ति प्रदान करता है। **फूको** की कृतियों को हम त्रिभुज या त्रिकोण के रूप में प्रस्तुत करते आ रहे हैं। **दि बर्थ आफ क्लीनिक** माध्यम से भी **फूको** ज्ञान, शक्ति और व्यक्ति की पारस्परिकता को स्थापित करते हैं। यह उनकी पुनरावर्ती थीम है।

अनुशासन और दंड : फूको **डिसिप्लीन और पनिश** पुस्तक का प्रारम्भ ई. 1757 से किया। वे एक दानवीय तस्वीर खड़ी करते हैं सत्ता में जो लोग काबिज हैं। एक सार्वजनिक उत्सव में खुले आम किसी चौराहे पर अपराधी को खड़ा करते हैं। उसके शरीर को नोचते हैं। मांस से खून बहता है। अपराधी की त्रासदी अमानवीय है। कभी उसे जलाते हैं कभी उसका सिर काट देते हैं इस वीभत्स दृश्य की देखने के लिये लोगों का एक बड़ा हजूम हाथ बांधे खड़ा दिखाई देता। लोगों के सामने सत्ता के स्वामी यह स्थापित करते हैं कि जिसे यातना दी जा रही है, जो खून से लथपथ अव्वल दर्जे का अपराधी है। उसके अपराध को कानून ने प्रमाणित किया है। अपराधी को दी जाने वाली ये यातनाएं राजनीतिक कर्मकाण्ड मात्र थी। इन यातनाओं द्वारा यह स्थापित किया जाता था कि जो लोग सत्ता में है उनके पास यह शक्ति है। शक्ति का अस्तित्व होता है और यातना में उसकी अभिव्यक्ति होती है। अगर शक्ति में कही उसके तंत्र स्वरूप में देखना हो यथार्थ में समझना हो तो इसका सही अवसर

सार्वजनिक यातना के उत्सव हुआ करते थे। **फूको** की इस पुस्तक की एक बड़ी विशेषता लेखक के इस प्रबंध को बताती है कि सत्ता अपने आप में बहुत बड़ी शक्ति है और वह कुछ भी कर सकती है। यहां **फूको** शक्ति ज्ञान के संबंध के प्रबंध को छोड़ देते हैं। इसके बजाय वे केवल शक्ति की चर्चा करते हैं। यह पुस्तक की पहली विशेषता है। दूसरी विशेषता यह है कि शक्ति पर आधिपत्य पूंजीवादियों का होता है। इसे यह भी कहा जा सकता है कि पूंजीवाद की पूर्व आवश्यकता शक्ति का प्रयोग है। केवल शक्ति का आधिपत्य ही पर्याप्त नहीं है। इसकी क्रियान्विति भी आवश्यक है। अपने शक्ति के **थीसिस** को **फूको** ने इस पुस्तक में रखा है।

बंदीगृह व्यवस्था की वैचारिक घोषणा होने पर भी उसके पीछे जो धारणा थी, वह बराबर सफल रही। वास्तव में पूंजीवाद और सत्ता पर काबिज लोग बराबर यह चाहते थे कि अधीनस्थों पर किसी न किसी प्रकार से प्रशासनिक अनुशासन अवश्य लागू होना चाहिए। उसे **फूको** प्रशासनिक शक्ति कहते हैं और यह अस्पतालों में भी देखने को मिलती है। **फूको** का कहना है कि आज के आधुनिक समाज में हम कहीं भी देखें। व्यक्ति को उसकी अनुशासनिक तकनीकों का शिकार बना दिया जाता है। इस प्रकार अनुशासित लोगों पर नियंत्रण रखने के लिये एक पूरी सोपानिक व्यवस्था खड़ी हो जाती है।

फूको इस संपूर्ण व्यवस्था का विश्लेषण करते हैं। उनका कहना है कि आज का संपूर्ण समाज एक प्रकार का कारागृह है। इसमें प्रत्येक व्यक्ति पर चाहे वह धंधा करता हो, पढ़ता लिखता हो, खेलता कूदता हो, प्रशासनिक नियंत्रण होता है। हम सब इस सामान्य कारागृह के बंदी हैं। पर इस तरह का अनुशासन हमेशा हानिकारक होता है। ऐसा नहीं है। इसके लाभ भी हैं। इस व्यवस्था में जो बन्दी कारागृह से बाहर आते हैं वे परिष्कृत मस्तिष्क के होते हैं। सुधरे हुए नागरिक होते हैं। अनुशासित फौजी होते हैं। सफल कामगार होते हैं। इन अनुशासन से निकले हुए व्यक्ति दब्बू नहीं होते उन्हें उठकर काम करने का गुर प्राप्त हो जाता है। जिस अनुशासनात्मक शक्ति का उल्लेख **फूको** अपनी पुस्तक में करते हैं वह वस्तुतः पूंजीवाद की उपज है। यहां **फूको** शक्ति और ज्ञान की बात पुनः प्रस्तुत करते हैं उनका निष्कर्ष है कि पूंजीवाद को स्थापित करने के लिये अनुशासनात्मक शक्ति का प्रयोग आवश्यक है। यह पूंजीवाद की पूर्व आवश्यकता है। **डिसिप्लीन एण्ड पनिश** पुस्तक का सामान्य थीम इस प्रबंध को स्थापित करता है कि पूंजीवाद समाज में प्रशासनात्मक अनुशासन का होना उतना ही आवश्यक है जितना कारागृह का अनुशासन। देखा जाये तो इस समाज में सभी लोग एक सामान्य कारागृह के बंदी हैं और इसमें जिस व्यवस्था या व्यक्ति **में** जितना ज्ञान है उतना ही वह अनुशासन चलाता है। इस पुस्तक में **फूको** सार्वजनिक फांसी का या मृत्यु के दण्ड से, जो क्लासिकल युग कि विशेषता थी, आज की कारागृह व्यवस्था का विश्लेषण करते हैं। कारागृह में बंदी को रखने की जो प्रथा है वह आज सम्पूर्ण आधुनिक समाज में पाई जाती है। कारागृह एक ऐसी व्यवस्था है जिसके माध्यम से बंदी का बराबर अवलोकन होता है। उस पर निगरानी रखी जाती है। उस पर नियम-उपनियम लागू किये जाते हैं। कारागृह की बड़ी विशेषता यह है कि इस दण्ड व्यवस्था का केन्द्र शरीर न होकर आत्मा या चेतना होती है। 17 वीं और 18 वीं शताब्दी में दण्ड सार्वजनिक रूप से दिया जाता था तब अपराधी के साथ बड़ी निर्ममता का व्यवहार किया जाता था। कारागृह के आविर्भाव ने दण्ड देने की सम्पूर्ण व्यवस्था में परिवर्तन कर दिया।

फूको की यह पुस्तक तीन खंडों में है। सभी में वे शक्ति या सत्ता और ज्ञान के सम्बंधों को देखते हैं। पहले खण्ड को छोड़कर अंतिम दो खण्डों में उनके अध्ययन का केन्द्र पश्चिमी समाज से हटकर यूनान और रोम की ओर हो जाता है। दूसरा अंतर यह है कि जहां प्रथम खण्ड में वे 17 वीं शताब्दी के बाद के काल की चर्चा करते हैं वहां वे दूसरे और तीसरे खण्ड मे ईसा से पूर्व के काल पर अपने आपको केन्द्रित करते हैं। तीनों खण्डों में वे यह स्थापित करते है कि कामुकता का सम्बन्ध शक्ति और सत्ता के साथ है और अपने उपसंहार में वे लिखते हैं कि निष्कर्ष उनके तीनों खण्डों में उभर कर आता है।

आधुनिक और उत्तर आधुनिक समाज में कामुकता अनिवार्य रूप से सरकार का विषय बन गई है। पहले यौन समस्याओं का निदान चिकित्सकों, पुरोहितों और बुजुर्गों की सलाह से किया जाता था। आज इसके लिये पूर्ण से विकसित चिकित्सा पद्धति है। पारिवारिक सलाहकार हैं और ऐसे कई संगठन हैं जो कामुकता से जुड़ी हुई समस्याओं पर परामर्श देते हैं सचाई यह है कि ये सब संगठन या कामुकता के निदान से जुड़े हुए लोग अपने विषय में विशेषज्ञ हैं। इन्हें मालूम है कि जो संतान उत्पन्न होगी वह पुरुष होगी या स्त्री। उन्हें यह भी मालूम है कि किन-किन अवस्थाओं में गर्भपात किया जाना चाहिये और कैसे? **नीत्शे** ने देखा कि जिनके पास सत्ता है। जनता पर कई तरह के जुल्म ढाते हैं। नाजी सरकार ने इसी सत्ता या शक्ति के बल पर सैकड़ों यहूदियों का कत्ल कर दिया। **फूको** ने देखा कि रूस के स्टालिन ने सम्पूर्ण जनजीवन को तबाह कर दिया। हजारों लोगों को कारागृह में डाल दिया आखिर यह सत्ता है क्या? आखिर यह शक्ति है क्या? **फूको** से पहले **मैक्स वेबर** और **फ्रेंकफर्ट** स्कूल के **आल्थ्यूजर** ने शक्ति की मीमांसा की थी। इन विचारकों का कहना था कि शक्ति सामान्यतया राज्य में

होती है। फूको ने शक्ति के इस प्रबंन्ध को अपने विशद अनुसंधान का अंग बनाया और उन्होंने सबसे पहली बार यह स्थापित किया कि शक्ति का केन्द्रीय स्थान राज्य नहीं है। वे शक्ति की सूक्ष्म राजनीति को अपने विश्लेषण का आधार बनाते हैं। इस सूक्ष्म शक्ति को वे व्यक्ति में देखते हैं। वहां से स्थानीयता पर और फिर विशाल स्तर पर शक्ति राज्य में नहीं सभी स्थानों पर देखने को मिलती है। यह सार्वभौमिक है। इसे कारागृह में देखा जा सकता है। अस्पताल में विश्वविद्यालय में स्कूल में मनोरोग चिकित्सक दवाखाने में सभी जगह देखा जाये तो स्वयं मनुष्य का शरीर ही शक्ति का घर है क्योंकि सभी जुल्म, दमन और त्रासदी अंततोगत्वा शरीर को उठाना पड़ता है। ऐसी स्थिति में **फूको** कहते हैं कि शक्ति के कोई संबंध बिना प्रतिशोध के नहीं हो सकते। अपने इसी **थीसिस** के आधार पर **फूको** का निष्कर्ष है कि शक्ति का कोई भी मुकाबला स्थानीय स्तर पर प्रारम्भ होना चाहिये, यदि सत्ता से लड़ना है। उदाहरण के लिये नाजियों, स्टालिन या पूंजीपतियों से तो यह लड़ाई स्थानीय स्तर पर प्रारम्भ होनी चाहिये। सूक्ष्म शक्ति को राजनीति से लड़ने की फूको की यह रणनीति है।

फूको की शक्ति की अवधारणा समझने के लिये हमें इसकी नकारात्मक परिभाषा देनी पड़ेगी। शुरुआत इसकी हम इस तरह से करें। हमें समझना चाहिए कि शक्ति किसे नहीं कहते। यह किसी की क्षमता या योग्यता नहीं है। यह कोई प्राप्ति नहीं है। जिसे दूसरों के साथ बदला जा सकें। न तो यह किसी संस्था या संरचना का पर्यायवाची है। इसका न कोई स्वरूप है न कोई स्थान या शक्ति। कोई ऐसी वस्तु इन नकारात्मक लक्षणों का उल्लेख करके **फूको** इनकी व्याख्या में लिखते हैं।

शक्ति का संबंध एक प्राथमिक बल या सामर्थ्य से है जो समाज की सभी विरचनाओं में पाया जाता है। सभी सामाजिक संबंधों में यह है। यद्यपि इसमें कहीं न कहीं बल की भूमिका अवश्य होती है।

कामुकता के इतिहास की **फूको** की यह पुस्तक यौन व्यवहार के बारे में 17वीं शताब्दी से लेकर आज तक हमारा जो विमर्श रहा है इसे उलट-पुलट कर देती है। सामान्यतया कामुकता को यौन कामातुरता के साथ जोड़ा जाता है। **फूको** ने इस विमर्श को बदल दिया। अपने तीन खण्डों की इस पुस्तक में उन्होंने कामुकता का संबंध ज्ञान की शक्ति और सत्ता के साथ जोड़ा है अब उत्तर आधुनिक युग में कामुकता प्रेम की कला नहीं रही। इस युग में यौन व्यवहार के बारे में खुलकर चर्चा की जाती है। आवश्यकता पड़ने पर कहीं-कहीं यौन शिक्षा भी दी जाने लगी है।

फूको की शक्ति की अवधारणा : फूको का लेखन पागलपन के इतिहास से प्रारम्भ होकर यूनानियों की कामुकता के अनुभव तक फैला हुआ है। इस सम्पूर्ण यात्रा में जो कुछ भी उन्होंने लिखा है वास्तव में बहुत विविध है। इस विविधता से उनका एक प्रबंध समान रूप से चलता है। वे ज्ञानशक्ति या सत्ता तथा व्यक्ति के बीच के संबंधों को बड़ी बारीकी से देखते हैं। **फूको** के सामने कई संकट थे। वे वास्तविक सत्य या ज्ञान की खोज करना चाहते थे। उनपर जर्मन दार्शनिक **फ्रेडरिक नीत्शे** का बड़ा प्रभाव था। **नीत्शे** उत्तर आधुनिकतावादी थे। उन्होंने पारम्परिक नैतिकता को चुनौती दी और नई नैतिकता की नींव डाली। यह नई नैतिकता शक्ति और प्रभुत्व पर आधारित थी। **फूको** ने शक्ति की अवधारणा का विकास **नीत्शे** से प्रभावित होकर किया।

बहुविकल्पीय प्रश्न

1. मैलिनोव्स्की ने किस सिद्धांत का प्रतिपादन किया?
A. प्रकार्यात्मक B. संरचनात्मक
C. द्वंद्वात्मक D. उद्विकासीय

2. समाज की निर्माणक इकाइयां हैं—
A. संस्थाएं B. संगठन
C. समूह D. ये सभी

3. द्वैतीयक समूह की विशेषता है—
A. बड़ा आकार B. प्रत्यक्ष संबंध
C. हम की भावना D. इनमें से कोई नहीं

4. धर्म है एक—
A. संस्था B. समूह
C. संगठन D. आदर्श

5. सामाजिक संरचना का मुख्य आधार है—
A. धर्म B. सामाजिक संबंध
C. संस्कृति D. शिक्षा

6. जाति व्यवसाय का मुख्य आधार है—
A. संस्तरण B. अंत:विवाह
C. वर्ण व्यवस्था D. खान-पान के प्रतिबंध

7. **'माडर्नाइजेशन ऑफ इंडियन ट्रेडिशन'** पुस्तक के लेखक है—
A. जी.एस.घुरिए B. योगेन्द्र सिंह
C. एम.एन.श्रीवास्तव D. एस.जी.दुबे

8. संस्थाएं होती हैं—
A. अमूर्त B. व्यापक

C. सामाजिक D. ये सभी

9. आदिम समाज में पायी जाने वाली संस्था की प्रकृति थी?
A. प्राथमिक B. द्वैतीयक
C. A और B दोनों D. इनमें से कोई नहीं

10. 1917 की क्रांति तथा 1949 की चीनी क्रांति घटित हुई
A. अत्यधिक ग्रामीण खेतिहर समाजों में
B. अत्यधिक औद्योगीकृत तथा अल्प नगरीकृत समाजों में
C. अल्प नगरीकृत तथा अल्प औद्योगिकृत समाजों में
D. अत्यधिक नगरीकृत तथा अन्य औद्योगिकृत समाजों में

11. निम्नलिखित में से कौन सी एक जनजाति पशुचारण समुदाय है?
A. अपटनी B. बैंगा
C. निशमी D. टोडा

12. समाजवाद उद्योगवाद की संगठनात्मक विशेषताओं की पूर्णत: उपेक्षा कर सका, इसे अस्वीकार किया है—
A. डैनियल वेल ने B. मैक्स वेबर ने
C. गुन्नार मिर्डाल ने D. डेविड हार्वे ने

13. राबर्ट पार्क तथा बर्गेस ने आधुनिक नगरों की निम्नलिखित संकेन्द्री अंचलों की एक शृंखला में व्यवस्थित किया है—
1. अभिगमनकती अंचल
2. संक्रमण-क्षेत्र
3. केंद्रीय व्यापार
4. श्रमजीवी जनसंख्या अंचल
5. आवासीय अंचल
पार्क तथा बर्गेस के अनुसार इन पांच संकेंद्री अंचलों का केन्द्र से बाहर की ओर का सही अनुक्रम है:
A. 3, 4, 2, 5, 1 B. 3, 2, 4, 5, 1
C. 3, 5, 1, 4, 2 D. 4, 5, 2, 3, 1

14. वर्ग संरचना के संदर्भ में डैनियल बेल का 'अक्षीय सिद्धांत' क्या है?
A. राजनीतिक अभिजन की सर्वोच्चता
B. नौकरशाहों की बढ़ती हुई शक्ति
C. व्यावसायिक तथा तकनीकी पेशों की सर्वोच्चता
D. शैक्षिक अभिजन की सर्वोच्चता

15. निम्नलिखित में से किसने कहा है कि मानव विकास के उपागम में ज्ञान कर्म और भक्ति सम्मिलित है?
A. महात्मा गांधी B. स्वामी विवेकानंद
C. अमर्त्य सेन D. मुरारी बापू

16. सूची I को सूची II से मिलान कीजिए तथा नीचे दिये गये कूट के अनुसार सही उत्तर का चयन कीजिए

सूची I	***सूची II***
1. परिवर्तन का उद्‌विकास सिद्धांत	A. मैक्स वेबर
2. परिवर्तन का चक्रीय सिद्धांत	B. कार्ल मार्क्स
3. परिवर्तन का द्वंद्वात्मक सिद्धांत	C. हर्बर्ट स्पेंसर
4. परिवर्तन का करिश्माई सिद्धांत	D. पी.ए.सोरोकिन

कूट
A. A_1, B_2, C_3, D_4 B. A_2, B_3, C_1, D_4
C. A_4, B_3, C_1, D_2 D. A_3, B_2, C_4, D_1

17. कॉम्ट के अनुसार समाजशास्त्र विज्ञान है—
A. समाज का
B. समुदाय का
C. सामाजिक व्यवस्था और प्रगति का
D. सामाजिक समूह का

18. निम्नलिखित में से किसने सामाजिक परिवर्तन में धार्मिक आचार की भूमिका को महत्व दिया है?
A. दुर्खीम B. सोरोकिन
C. मैक्स वेबर D. डब्ल्यू. एफ. आगबर्न

19. निम्नलिखित में से कौन सा देश नियोजन को अपनाने में अग्रणी रहा?
A. संयुक्त राज्य अमेरिका B. सोवियत संघ
C. भारत D. चीन

20. निम्न में से किस जनजाति में हल को छूना तथा मकान पर छप्पर डालना महिलाओं के लिए निषेध है?
A. गोंड B. कारिया
C. खासी D. संथाल

21. संस्था के परिणाम होते हैं—
A. लाभप्रद B. घातक
C. A और B दोनों D. इनमें से कोई नहीं

22. सामाजिक व्यवस्था शब्द का सर्वप्रथम प्रयोग किया था—
A. ए आर रेडक्लिफ ब्राउन ने
B. मैलिनोवस्की ने
C. मोन्टेस्क्यु ने
D. ऑगस्ट कॉम्ट ने

23. पार्क तथा बर्गेस के अनुसार सामाजिक अंत:क्रिया की आवश्यक दशा है—
A. संपर्क B. संचार
C. स्थिति D. Aऔर D दोनों

24. सामाजिक अंत:क्रिया का प्रकार जिसमें दो या अधिक एक

साथ मिलकर समान लक्ष्य की प्राप्ति के लिए कार्य करते हैं कहलाते हैं—

A. प्रतिस्पर्धा B. सहयोग
C. संघर्ष D. इनमें से कोई नहीं

25. यदि सामान्य लक्ष्य की प्राप्ति के लिए लोग व्यक्तिगत रूप से कार्य करें तब होगा

A. प्रत्यक्ष सहयोग B. अप्रत्यक्ष सहयोग
C. प्राथमिक सहयोग D. द्वैतीयक सहयोग

26. जार्ज सिमैल ने संघर्ष के प्रकार बताए हैं—

A. युद्ध B. दलबंदी
C. मुकदमेबाजी D. ये सभी

27. पुश्तैनी झगड़ा होता है—

A. अंतर्समूही B. न्यायिक झगड़ा
C. व्यक्तिगत झगड़ा D. वर्ग संघर्ष

28. यदि व्यक्ति अपने पर्यावरण के साथ सामंजस्य बनाता है तब इस प्रक्रिया को कहेंगे?

A. सहयोग B. समायोजन
C. प्रतिरोध D. प्रतिस्पर्धा

29. समायोजन की विधि हो सकती है?

A. समझौता B. बाध्यता
C. रूपांतरण D. ये सभी

30. पोट्लैच की संस्था का प्रच्छन्न प्रकार्य क्या है?

A. संपति का आडंबरपूर्ण प्रदर्शन
B. आर्थिक संसाधनों का अविवेकपूर्ण प्रयोग
C. सतत आर्थिक क्रियाकलाप
D. बंधुत्व प्रतिमानों का निर्वहन

31. दुर्खीम के अनुसार निम्नलिखित में से कौन एक आधुनिक आर्थिक विकास की पूर्वापेक्षा है?

A. सामूहिक अंतश्चेतना B. सामूहिक प्रतिनिधान
C. यांत्रिक एकत्व D. सावयवी एकत्व

32. पुस्तक 'सोशियालॉजी आफ इकॉनॉमिक लाइफ' के लेखक है—

A. ए.एट्जिओनी B. जे.शुम्पीटर
C. नील.जे. स्मेल्सर D. एम. वेबर

33. एंगेल्स के अनुसार

A. एक स्त्री का कार्य कभी पूर्ण नहीं होता
B. श्रम के लिए स्त्रियां सबसे आखिर में ली जाती हैं और काम से सबसे पहले उन्हें ही निकाला जाता है।
C. स्त्रियां एक सुरक्षित श्रम शक्ति निर्मित करती हैं
D. स्त्रियां केवल मौसमी श्रम शक्ति हो सकती हैं

34. आधुनिक पूंजीवाद के विकास के लिए यह आवश्यक है—

A. औपचारिक और मूल्य तार्किकताएं हो
B. औपचारिक और साधनात्मक तार्किकताएं हो
C. साधनात्मक और मूल्य तार्किकताएं हो
D. साधनात्मक तार्किकताएं हो

35. सन 1931 से पहले सरकारी तौर पर अस्पृश्य जातियों को कहा जाता था—

A. दलित वर्ग B. बाहरी जाति
C. हरिजन D. अनुसूचित जातियां

36. निम्नलिखित में से कौन जातिवाद के विकास का कारक नही है?

A. विवाह संबंधी प्रतिबंध
B. नगरीकरण
C. यातायात के साधनों में वृद्धि
D. जजमानी प्रथा

37. निम्नलिखित में से कौन ग्रामीण समुदाय की विशेषता है?

A. जनसंख्या की विभिन्नता
B. श्रम विभाजन एवं विशेषीकरण
C. प्राथमिक संबंधों की प्रधानता
D. व्यक्तिवादिता

38. निम्नलिखित में से कौन नगरीय समुदाय की विशेषता नहीं है?

A. गतिशीलता B. मुद्रा अर्थव्यवस्था
C. कृत्रिमता D. सामाजिक समरूपता

39. निम्नलिखित में से कौन सा परिहास संबंध का उदाहरण है?

A. सास-बहू B. ननद-भाभी
C. पिता-पुत्र D. देवर-भाभी

40. 'सोसाइटी' नामक पुस्तक के लेखक कौन है?

A. मैकाइवर एवं पेज B. किंग्स्ले डेविस
C. एलेक्स इंकलेस D. गिलिन एवं गिलिन

41. सांस्कृतिक कारक समाज में किस प्रकार का परिवर्त्तन लाते हैं?

A. सांस्कृतिक संघर्ष B. सांस्कृतिक प्रसार
C. परसंस्कृतिकरण D. ये सभी

42. समाजशास्त्र विषय के प्रादुर्भाव के लिए विश्व की कौन सी प्रमुख घटनाएं जिम्मेदार हैं?

A. प्रथम विश्वयुद्ध B. फ्रांसीसी क्रांति

C. औद्योगिक क्रांति
D. 'B' एवं 'C' दोनों

43. विश्नोई समुदाय की महिलाएं एक महल के निर्माण हेतु पेड़ काटने वालों से पेड़ों को कटने से बचाने के लिए पेड़ों से चिपक गईं।

A. गुजरात में
B. हरियाणा में
C. राजस्थान में
D. उत्तर प्रदेश में

44. नगरीय अध्ययन के निम्नलिखित उपागमों में से कौन सा एक आधुनिक नगर वृद्धि के संकेंद्री अंचलों को निविष्ट करता है?

A. अंचलीय
B. क्षेत्रकीय
C. भौगोलिक
D. पारिस्थितिक

45. जब नगरीय जनसंख्या में वृद्धि होती है और संपूर्ण जनसंख्या में नगरीय जनसंख्या का अनुपात स्थिर रहता है तो इसे कहा जाता है—

A. नगरीकरण
B. अतिनगरीकरण
C. नगरीय वृद्धि
D. जनसंख्या स्थायित्व

उत्तरमाला

1	2	3	4	5	6	7	8	9	10
A	D	A	A	A	A	B	D	A	A
11	**12**	**13**	**14**	**15**	**16**	**17**	**18**	**19**	**20**
D	B	B	C	B	C	C	C	B	A
21	**22**	**23**	**24**	**25**	**26**	**27**	**28**	**29**	**30**
C	D	D	B	D	D	C	B	D	C
31	**32**	**33**	**34**	**35**	**36**	**37**	**38**	**39**	**40**
D	C	C	B	A	B	C	D	D	A
41	**42**	**43**	**44**	**45**					
D	D	C	D	C					

अध्याय 20

भारतीय समाज का अवधारणात्मक स्वरूप (Conceptualising of Indian Society)

विविधता एवं एकता, जातीयता

भारतीय समाज बहु-जातीय समाज है। यहां जातीय समूहों की संख्या बहुत अधिक है और इसके आकार में भी बहुत भिन्नता है। कहीं यह बेहद सीमित जातीय और जन जातीय समूह हैं तो कहीं विशाल भाषायी और धार्मिक समूह। किसी एक समूह का स्पष्ट प्रभुत्व नहीं है और विभिन्न समूहों के बीच सीमाएं भी निश्चित नहीं हैं। ऐसी परिस्थिति में भारतीय एकता के सिद्धान्तों का प्रतिपादन करने में बुनियादी कठिनाइयां आती हैं। कुछ समय से राजनीतिक घटनाक्रम से संबधित साहित्य में राष्ट्रीय एकता को एक ऐसी नीति के रूप में पहचान देना चाहती है और जिसमें केवल व्यक्तिगत अधिकारों, सुविधाओं और कर्त्तव्यों को मान्यता दी जाती है। ऐसी नीति को राजनीतिक एकता की उस नीति से भिन्न समझा जाना चाहिए जो केवल एक राजनीतिक इकाई की एकजुटता और प्रादोशिक अखंडता बनाए रखना चाहती है, लेकिन उसके लिए विभिन्न समूहों का किसी विशिष्ट अथवा एकजुट समूह में सांस्कृतिक विलय आवश्यक नहीं है। भारतीय एकता की इन दोनों प्रक्रियाओं ने अलग-अलग या संयुक्त रूप से राष्ट्र निर्माण की प्रक्रिया में कितना योगदान किया है वास्तव में आज विघटनकारी तत्व अपने निहित स्वार्थों के लिए भाषा, धर्म, जाति, जनजाति और क्षेत्र के नाम पर भारतीय एकता के ताने-बाने को ही छिन्न-भिन्न करने का षड्यंत्र कर रहे हैं।

विचार का विकास

विद्वानों पर इस विषय पर काफी विवाद रहा है कि भारत में एक ऐसी समग्र संस्कृति का नाम है जिसका राजनीतिक और सांस्कृतिक अस्तित्व बहुत स्पष्ट है और जिसके हर अंग की एक अलग पहचान है अथवा भारत एक निश्चित भौगोलिक सीमा के भीतर अलग-अलग राजनीतिक और सांस्कृतिक क्षेत्रों का समूह मात्र है।

1880 के दशक तक यह विवाद काफी मुखर हो चुका था। **जॉन स्ट्रेची** ने अपनी पुस्तक 'इंडिया' में पाठकों को बतलाया कि भारत के बारे में जानने लायक सबसे जरूरी बात यह है कि "भारत नाम का ऐसा कोई देश न तो कभी था और न आज है जिसमें यूरोपीय मानदंडों के अनुसार, भौतिक, राजनीतिक, सामाजिक या धार्मिक, किसी भी तरह की एकता हो।" भारत के क्षेत्रीय स्वरूप की इस ब्रिटिश कल्पना के विरोध में विभिन्न भारतीय यह साबित करने की कोशिश की है कि भारत नाम का ऐसा देश हमेशा था और है, जहां भौतिक, राजनीतिक सामाजिक और सांस्कृतिक एकता के अनेक सबूत हैं। इस विवादास्पद स्थिति को सुलझाने के प्रयत्न में **विंसैंट स्मिथ** ने अपनी पुस्तक *आक्सफोर्ड हिस्टरी आफ इंडिया* में इन परस्पर विरोधी विचारों में तालमेल बैठाने की कोशिश करते हुए कहा है कि "भारत की विविधता में एकता है।" **जवाहर लाल नेहरू** ने इस एकता के धर्म निरपेक्ष स्वरूप का वर्णन करने के लिए इसी वाक्य का प्रयोग किया था।

राष्ट्रीय एकता में योगदान देने वाले कारक

आधुनिक दृष्टिकोण से देखने पर तथ्य से इनकार नहीं किया जा सकता कि ब्रिटिश शासन की स्थापना से पहले एक राष्ट्र के रूप में भारत का कोई अस्तित्व नहीं था। परन्तु भारत में धार्मिक सहिष्णुता और सांस्कृतिक सामंजस्य हमेशा रहा है। अतः भारतीय इतिहास की निरंतरता कभी भंग नहीं हुई। अंग्रेजी शासन ने भारत को एक राष्ट्र के रूप में विकसित होने के लिए आधारभूत ढांचा दिया। अंग्रेजों ने देश के पूरे भौगोलिक क्षेत्र को एक प्रशासन के अधीन रखा। उन्होंने कानून और प्रशासन की प्रणाली लागू करके देश को एकसूत्र में बांधा। संचार और यातायात के आधुनिक साधनों, जैसे रेलवे, टेलीग्राफ, आधुनिक डाक व्यवस्था, सड़कों और मोटर वाहनों के विकास से भी देश को एकजुट करने में मदद मिली।

ग्रामीण और स्थानीय स्तर पर आत्मनिर्भरता समाप्त होने और अंदरूनी व्यापार को बढ़ावा मिलने से ऐसी राष्ट्रीय चेतना के विकास के लिए उपयुक्त वातावरण बना जो शायद एक भारतीय राष्ट्र का आधार बन सकती थी। किन्तु यदि यह मान लिया जाये कि अंग्रेजों ने अनजाने ही भारतीय एकता के विकास में योगदान दिया तो यह भी मानना होगा कि 'फूट डालो और राज करो' की उनकी सोची समझी नीति ने अनजाने में हासिल इस उपलब्धि पर पानी फेर दिया।

अंग्रेजों की भूमिका और उसका प्रभाव

1757 से ब्रिटिश शासकों ने भारत पर अपने नियंत्रण का उपयोग केवल अपने हितों को आगे बढ़ाने के लिए किया। किन्तु उनके शासन का स्वरूप शुरू से अंत तक एक सा नहीं रहा। इस औपनिवेशिक शासन का ढंग, नीतियां और प्रभाव ब्रिटेन के अपने सामाजिक आर्थिक और राजनीतिक विकास में बदलाव के साथ-साथ बदलते रहे :

(i) ब्रिटिश शासन के पहले चरण में तो प्रशासन, न्यायिक प्रणाली, परिवहन और संचार, कृषि या औद्योगिक उत्पादन के तरीकों या शैक्षिक और बौद्धिक क्षेत्रों में कोई बुनियादी परिवर्तन नहीं किया गया।

(ii) दूसरे चरण में भारतीय अर्थव्यवस्था में ऐसा फेरबदल किया गया कि वह ब्रिटेन के औद्योगिक पूंजीपतियों के हितों की पूर्ति कर सके। भारतीय अर्थव्यवस्था यह नई आर्थिक भूमिका पुरानी व्यवस्था में नहीं निभा सकती था। इसलिए 1813 के बाद ब्रिटिश सरकार ने अपने इन्हीं हितों की रक्षा के लिए भारतीय प्रशासन, अर्थव्यवस्था और समाज में परिवर्तन करना शुरू कर दिया। इस प्रकार नए कानूनों और वैधानिक संहिताओं पर आधारित नई न्यायिक व्यवस्था शुरू हुई। इसमें भारतीय दंड संहिता और दीवानी प्रक्रिया संहिता शामिल है। इस नई व्यवस्था को चलाने के लिए योग्य लोगों की जरूरत थी, इसलिए 1813 के पश्चात् लागू आधुनिक शिक्षा व्यवस्था का 1813 के बाद और विस्तार किया गया। इस अवधि के दौरान ब्रिटिश राजनेताओं और भारतीय अंग्रेजी प्रशासकों में उदार साम्राज्यवादी राजनीतिक विचारधारा भी पनपी जिससे भारत के लोगों को अपना शासन खुद चलाना सिखाने की बातें भी होने लगी।

(iii) भारत में अंग्रेजी राज का तीसरा चरण लगभग उसी समय शुरू हुआ जब दुनिया की आर्थिक स्थिति में व्यापक परिवर्तन हो रहे थे। उन्हीं दिनों अमरीका, फ्रांस, जर्मनी, रूस और जापान औद्योगिक शक्तियों के रूप में उभरे, जिसके फलस्वरूप दुनिया भर में मंडियों और उपनिवेशों के लिए होड़ शुरू हो गई। अत: अंग्रेजी राज के इस चरण में साम्राज्यवादी नियंत्रण की लहर फिर उभरी। स्व-प्रशासन के लिए भारतीयों को प्रशिक्षित करने की सारी बातें समाप्त हो गई। इसके विपरीत यह समझाया जाने लगा कि चूंकि भौगोलिक, ऐतिहासिक, सामाजिक और सांस्कृतिक कारणों से भारत के लोग अपना शासन स्वयं चलाने में हमेशा के लिए अयोग्य हो गए हैं, अतः अंग्रेजों का राज जारी रहना जरूरी है। अपना शासन जारी रखने के लिए उन्होंने अनेक उपाय किए :

(i) जब उन्होंने देखा कि आधुनिकीकरण के फलस्वरूप समाज में ऐसी शक्तियां पैदा हो रही हैं जो साम्राज्यवाद और औपनिवेशिक शासन की शोषक व्यवस्था की विरोधी हैं, तो उन्होंने भारत में आधुनिकीकरण की प्रक्रिया पर अंकुश लगाने का प्रयत्न किया।

(ii) दूसरे, भारत के राष्ट्रीय आंदोलन के प्रबल वेग को देखते हुए उन्होंने लोगों में फूट डाले रखने के हर संभव प्रयास किए ताकि एक मजबूत एकजुट आन्दोलन कभी भी सिर न उठा सके।

19वीं शताब्दी के अंत तक भारत पूरी तरह ग्रेट ब्रिटेन का उपनिवेश बन चुका था। इंग्लैण्ड ज्यौं-ज्यौं एक प्रमुख पूंजीवादी देश बनता गया त्यौं-त्यौं भारत का विकास मंद होता गया और अर्थव्यवस्था पिछड़ती गई।

किसान

ब्रिटेन द्वारा लागू की गई दो प्रमुख भू-राजस्व और काश्तकारी प्रणालियां थीं-जमींदारी प्रथा और रैयतवारी प्रथा। (जमींदारी प्रथा का संशोधित रूप में महलवारी प्रथा बना।)

इस परिवर्तन का उद्देश्य उत्पादकता बढ़ाकर भारत की कृषि अर्थव्यवस्था या लोगों की आर्थिक स्थिति में सुधार करना नहीं था बल्कि इसका मुख्य उद्देश्य समाज में जमींदारों का एक ऐसा वर्ग तैयार करना था जो अपने अधिकारों और हैसियत के लिए अंग्रेजों पर निर्भर रहता और इस बात का ध्यान रखता है कि खेती से बची सारी आमदनी का उपयोग अंग्रेजी शासन के आर्थिक हितों के लिए किया जाए।

इन दोनों प्रणालियों में अंततः हानि कृषकों को ही उठानी पड़ी। जमींदारी प्रथा के अंतर्गत सरकार के लिए लगान वसूलने वाले किसान तो निजी जमींदार बनकर गांव के मुखियां बन गये और किसान बेसहारा काश्तकार हो गए। किन्तु इन नए जमींदारों को अपने किश्तकारों से वसूले गए लगान का एक बड़ा हिस्सा सरकार को देना पड़ता था। रैयतवारी प्रथा में सरकार काश्तकारों से सीधे ही लगान वसूल करती थी। यद्यपि स्वामित्व के अधिकार को मान्यता दी गयी थी किन्तु लगान दर इतनी ऊंची थी कि उस अधिकार का कोई खास अर्थ नहीं रह गया था। इन दो व्यवस्थाओं के माध्यम से सरकार खुद ही जमींदार बन गई।

जनजातियां

ब्रिटिश शासन और उसकी कृषि के व्यापारीकरण की नीतियों ने जनजातीय क्षेत्रों में महाजनों, व्यापारियों, भूमि हड़पने वालों और ठेकेदारों जैसे मैदानी क्षेत्रों से आये बाहरी तत्वों के हस्तक्षेप की प्रवृत्ति को और मजबूत किया। जन-जातीय लोगों ने अंग्रेजों के बढ़ते हुए नियंत्रण और औपनिवेशिक प्रशासन के दखल का विरोध किया। उन्हें सबसे अधिक एतराज इस बात पर था कि शोषण

करने वालों के विभिन्न वर्ग उनके सीधे-सादे और दबे-ढंके जीवन में हस्तक्षेप कर रहे हैं। 1870 और 1880 के दशक से राजस्व प्राप्ति के लिए बने क्षेत्रों पर औपनिवेशिक प्रशासन नियंत्रण और कड़ा हो गया। 1867 से आरक्षित वनों में जगह बदल-बदल कर खेती करने पर प्रतिबंध लगा दिया गया। खेती की इस पद्धति में हल-बैल की जरूरत नहीं पड़ती थी और गांवों में सबसे निर्धन लोगों की गुजर-बसर के लिए यह अक्सर बहुत आवश्यक होती थी लकड़ी एकत्र करने और पशु चराने की सुविधाओं पर रोक लगाकर वनसंपदा पर एकाधिकार कर लेने के प्रयत्न भी किए गए। जनजातीय लोगों ने जितने साहस और बलिदान की भावना से इनका विरोध किया सरकार ने उतनी ही बर्बरता से उनका दमन किया। इस संदर्भ में 1820 से 1837 तक के **कोल विद्रोह**, 1855-56 के **संथाल विद्रोह**, 1879 के **रम्पा विद्रोह** तथा 1895-1901 के **मुंडा विद्रोह** का उल्लेख किया जा सकता है।

शिक्षा और सुधार

पाश्चात्य देशों में संपर्क से भारत में आधुनिक विचारधारा का आगमन भी हुआ और भारतीयों के बौद्धिक जीवन में क्रांतिकारी परिवर्तन आने लगा। उनसे भारत में जनतंत्र, लोगों की प्रभुसत्ता, तर्कवादी और मानवतावादी विचारों का विकास हुआ तो कि उपनिवेशवादी शासकों की इच्छा के विरुद्ध थे। 1813 के बाद से भारत में लागू आधुनिक शिक्षा प्रशाली बहुत सीमित थी और और लगभग 100 वर्षों तक यह पारंपरिक शिक्षा प्रणाली के विनाश के उत्पन्न अभाव को भी पूरा नहीं कर पाई। प्राथमिक और सामाजिक शिक्षा की तो अनदेखी हो जाती थी, बाद में अंग्रेज उच्च शिक्षा का विरोध करने लगे क्योंकि उसके जरिए राष्ट्रीयता की भावना को बढ़ावा मिलने लगा था। शिक्षा का ढांचा, बनावट, लक्ष्य, तरीके, पाठ्यक्रम, और विषयवस्तु सभी ऐसे बनाए गए जो उपनिवेशवाद के लिए लाभकारी हो सकें। भारतीय शिक्षा-व्यवस्था के औपनिवेशिक स्वरूप से उत्पन्न कुछ पहलू जानने लायक है :

आधुनिक तकनीकी शिक्षा की पूरी तरह उपेक्षा की गई जबकि आधुनिक उद्योगों के विकास के लिए यह बुनियादी आवश्यकता थी।

फिर पढ़ने-पढ़ाने के लिए भारतीय भाषाओं के स्थान पर अंग्रेजी को शिक्षा का माध्यम बनाए रखने पर बल दिया गया। इसके फलस्वरूप, शिक्षा का प्रसार जनसाधारण तक नहीं हो सका। जिससे शिक्षित कुलीन वर्ग और जनसाधारण के बीच एक गहरी सामाजिक, भाषाई और सांस्कृतिक खाई उत्पन्न हो गई। शिक्षा पर शहरों और नगरों के निवासियों तथा उच्च और मध्यम वर्गों का एक छत्र अधिकार हो गया।

लड़ाकू नस्ल की संकल्पना

भारतीयों को लड़ाकू और गैर-लड़ाकू नस्लों में बांटने और सेना में भर्ती तथा रेजीमेंटों का वर्गीकरण क्षेत्रीय आधार पर करने की ब्रिटिश नीति भी राष्ट्रीय एकता के सिद्धान्त के विरुद्ध थी। उदाहरण के तौर पर, बंगालियों को यह कहकर बदनाम किया गया कि उनमें पुरुषोचित साहस का अभाव है। **टी.वी. मैकिनले** ने अपने आलोचनात्मक और ऐतिहासिक निबंधों में **वारेन हेस्टिंग्स** पर एक निबन्ध में लिखा है, ''बंगाली पुरुष का शारीरिक गठन इतना दुर्बल होता है कि वह स्त्रियों जैसा लगता है। वह हमेशा खोखले अहंकार में जीता है। सदियों से ही साहसी और ताकतवर लोगों ने उसका दमन किया है। उसका शारीरिक गठन और उसकी परिस्थितियां साहस, स्वतंत्रता और सत्यनिष्ठा जैसे गुणों के उपयुक्त नहीं हैं।'' निस्संदेह इस प्रकार से लांछित करना दुर्भावनापूर्ण और अनुचित था। ऐसे ही पूर्वाग्रहों के आधार पर सिख, जाट, राजपूत और मराठा रेजीमेंट बनाई गई। इस प्रकार सेना राष्ट्रीय बल न होकर क्षेत्र, संप्रदाय या जातिगत हितों का प्रतिनिधित्व करने वाली इकाइयों में बंट गईं। यह हमारा दुर्भाग्य ही है कि स्वतंत्रता के बाद भी यह प्रक्रिया जारी है। औपनिवेशिक शासन में विरासत में मिली इन बुराईयों और कुप्रथाओं से छुटकारा पाने के उपायों पर हाल में सिरे से विचार शुरू हुआ है।

जाति एवं जनजाति

जाति व्यवस्था

एक सामाजिक व्यवस्था के रूप में जाति में असमानताएं पाई जाती है। इनमें जन्म तथा व्यवसाय की शुद्धता और अशुद्धता के आधार पर उचित ठहराया जाता है। जातियों के बीच न केवल सम्पत्ति, आय और हैसियत में असमानता है, बल्कि इस धारणा के आधार पर सांस्कृतिक और सामाजिक अलगाव भी है कि कुछ जातियां दूसरों को अपेक्षा अधिक शुद्ध हैं। इन्हीं बातों के आधार पर जातियों का सामाजिक स्तर तय होता है।

जातियों का परंपरागत रूप में वर्ण-व्यवस्था के आधार पर वर्गीकरण किया गया था, जिसमें ब्राहमण, (पुरोहित) क्षत्रिय, (योद्धा) वैश्य, (व्यापारी, दस्तकार) शूद्र (किसान और सेवक समूह) तथा अछूत या जाति बहिष्कृत लोग आते थे।

लेकिन जाति में कुछ सांस्कृतिक एवं सामाजिक विशेषताएं एक जैसी होती हैं। वे हैं वंशानुगत व्यावसायिक विशेषताएं, जन्म से मिला स्तर और सदस्यता, संस्कार पद्धति की शुद्धता तथा इसके परिणामस्वरूप, सामाजिक अलगाव और सगोत्रीय विवाह। परंपरानुसार जाति की सामाजिक विरासत कमोबेश व्यावयायिक

वंशानुक्रम और श्रम विभाजन पर आधारित थी। यह (जजमानी) नाम की एक प्रणाली या संरक्षक अनुयायी सम्बंधों पर आधारित है जिसके जरिये सभी जाति समूह पारस्परिक और सामाजिक स्तर के अनुसार आर्थिक एवं संस्कार पद्धति के संबंधों से जुड़े हुए थे।

औपनिवेशिक भारत में जाति

जाति व्यवस्था सामाजिक स्तर के निर्धारण और श्रम विभाजन की स्थानीय या क्षेत्रीय संस्था के रूप में प्रचलित थी। इसकी सबसे बड़ी सामाजिक संस्था जाति पंचायतें थीं। जिनका कार्य क्षेत्र कुछ स्थानीय गांवों तक ही सीमित रहा। राष्ट्रीय एकता में इनकी भूमिका रस्मी नहीं थी बल्कि आर्थिक और सामाजिक थी। दस्तकारों और काश्तकारों के उत्पादन का व्यापार दूर-दूर तक होता था। जनजाति समूहों द्वारा पैदा किए गए और भूस्वामियों तथा शासकों द्वारा हथिया लिए गए अतिरिक्त उत्पादनों से भारत में सामंतों राज्यों या साम्राज्यों की भी नीवें मजबूत हुईं। प्राचीन और मध्यकालीन साम्राज्यों से स्पष्ट है कि राजनीतिक सत्ता द्वारा दी गई प्रौद्योगिकी की सुविधाओं (सिचाई, भूमि, विकास उपस्कर आदि) दस्तकारी और खेती में उत्पादकता के स्तर और साम्राज्य में राजनीतिक, सामाजिक और सांस्कृतिक स्थिरता की मात्रा के बीच प्रगाढ़ संबंध था। परन्तु इस प्रक्रिया में जाति और जाति पंचायतों की भूमिका बहुत अपरोक्ष और मामूली सी थी। जातियों का राजनीतिकरण नहीं हुआ था और वे अधिकतर आर्थिक और व्यावसायिक समूहों के स्तर निर्धारण के रूप में काम करती थीं। वे राज्य के राजनीतिक सत्ताधारियों से अपेक्षाकृत स्वत्रंत थीं। यह भी सही है कि राष्ट्र राज्य की जो कल्पना स्वतंत्रता संघर्ष के दौरान भारत में उभरी थी, वह देश के प्राचीन या मध्ययुग के इतिहास काल में मौजूद नहीं थी। उस समय राजनीतिक सत्ताधारी और उनके शासन करने की प्रणाली बहुत अधिक विकेंद्रित थी।

जाति के प्रति ब्रिटिश नीति, विघटन की पहचान

ब्रिटिश उपनिवेशवादी प्रशासकों की भारतीय जाति और धर्म में विशेष रुचि का आंशिक कारण यह था कि वे जिन लोगों पर शासन करना चाहते थे, उनकी सामाजिक प्रथाओं, व्यवस्थाओं और संस्थाओं को समझ लेना चाहते थे। इससे भी अधिक महत्वपूर्ण कारण यह था कि वे यह भी दिखाना चाहते थे कि भारत सामाजिक,सांस्कृतिक,आर्थिक और राजनीतिक रूप से समग्र इकाई नहीं था, इसलिए वह एक राष्ट्र भी नहीं हो सकता। जाति और संस्कृति का विश्लेषण करने की इनकी पद्धति ने भारतीय सामाजिक व्यवस्था को विघटित रूप में प्रस्तुत किया। एक संगठित इकाई के रूप में नहीं। सामाजिक इकाइयों जैसे जाति, जनजाति और धर्म को उनके वास्तविक रूप को काफी बढ़ा-चढ़ा कर प्रस्तुत किया गया। जाति और जनजाति के बीच या जाति, आर्थिक सरंचना और राजनीति आदि के बीच संयोजन के तत्वों की अपेक्षा की गई।

ब्रिटिश उपनिवेशवाद की सामाजिक,आर्थिक और राजनीतिक नीतियों में परस्पर विरोधी बातें दिखाई देती हैं। एक ओर समाज की दलित जातियों,जनजातियों और अन्य शोषित वर्गों के आर्थिक और सामाजिक उत्थान के लिए उनकी चिंता कानूनों और प्रशासनिक नियमों के जरिए अनेक सुधार के उपायों से प्रकट होती है तो दूसरी और यह लगता है कि उनकी नीति में जाति, जनजाति और धार्मिक समुदायों को जानबूझ कर राजनीतिक रंग देने की कोशिश की गई है ताकि वे उन संगठनों और प्रथाओं की, जो उन्हें सांस्कृतिक,आर्थिक और सामाजिक क्षेत्रों में एक दूसरे पर निर्भर सुव्यवस्था से जोड़े हुए हैं, अवहेलना करते हुए स्वतंत्र और अलग पहचान के अपने दावे को वैधता प्रदान कर सकें। इसमें कोई शक नहीं कि इस तरह के अनेक संबंधों में असमानता या यहां तक कि शोषण के तत्व थे लेकिन संयोजन के महत्व को कम करने के परिणाम स्वरूप जो जातीय अस्मिता उभरी वह राष्ट्रीय एकता की प्रक्रिया के प्रतिकूल थी।

ब्रिटिश शासन के अतंर्गत सामाजिक सुधार के उपाय

स्पष्ट है कि समाज सुधारों के प्रति ब्रिटिश प्रशासन की चिंता जिन प्रयत्नों से जाहिर होती है वे है: 1931की जनगणना में दलित जातियों (आजादी के बाद अनुसूचित जातियों) की पहचान 1789 में कलकत्ता में उस जाति कचहरी की समाप्ति जिसमें उस समय हिन्दू कानूनों की परिभाषित करने का अधिकार केवल ब्राह्मणों को था, धर्म परिवर्तन करके ईसाई बने लोगों की रक्षा के मकसद से 1850 में जाति संबंधी अयोग्यताओं के निराकरण के लिए नये कानून का निर्माण तथा 1923 में अंतर जातीय विवाह को वैध बनाने के लिए विशेष विवाह अधिनियम को मंजूरी। इन सामाजिक कानूनों से पता चलता है कि अंग्रेज भारत में एक तर्कसंगत सामाजिक कानूनी व्यवस्था कायम करने का प्रयत्न करते रहे थे। इन कानूनों के बावजूद, जाति के संबंध में उनकी सामाजिक नीति में निहित नकारात्मक तत्वों ने जाने या अनजाने, भारत में जातिवाद को बढ़ावा दिया और सांप्रदायिकता को उकसाया। सन 1909 में धर्म के आधार पर हिन्दुओं और मुसलमानों के लिए अलग अलग निर्वाचन मंडल की शुरूआत की गई। बाद में इसी तरह के प्रावधान पंजाब में सिखों के लिए भी किए गए और कुछ अन्य राज्यों के आंग्ल-भारतीय और ईसाइयों के लिए भी किए गए। डॉ. अंबेडकर द्वारा पहले गोलमेज सम्मेलन में दलित वर्गों या नीची जातियों के लिए अलग निर्वाचन मंडल शुरू करने का सुझाव भी दिया गया था। यह प्रस्ताव सिद्धांत रूप में तीसरे गोलमेज सम्मेलन में मान

लिया गया। महात्मा गांधी ने इसका विरोध किया क्योंकि इससे दलित वर्ग की जातिगत अयोग्यता को बनाए रखने और बढ़ाने के अलावा भारतीय समाज के टुकड़े हो गए होते। गांधी जी ने इस प्रस्ताव का विरोध करने के लिए, आमरण अनशन रखा और अंत में डा. अंबेडकर को इस बात के लिए मना लिया गया कि वे आरक्षणों की कई तरह की मांगों के अलावा विधानसभाओं और संसद में अनुसूचित जातियों के लिए आरक्षित सीटों के पक्ष में अलग निर्वाचन मंडल की अपनी मांग छोड़ दें। जाति के आधार पर अलग निर्वाचन मंडल से स्वतंत्र भारत में राष्ट्र निर्माण की प्रक्रिया में अवश्य ही बहुत कठिनाई हुई होती।

जाति के आधार पर जनगणना के कारण सामाजिक स्तर की मान्यता और राज्य के विशेषाधिकारों की प्राप्ति के साधन के रूप में लोगों में जातिगतचेतना और जातीय अस्मिता की भावना में एकाएक वृद्धि हुई। जनगणना में अपना नाम दर्ज कराने के लिए जातियों और उपजातियों में जोरदार अभियान चल पड़ा और जनगणना को उच्च जाति का दर्जा प्राप्त करने के दावे के रूप में देखा जाने लगा। यह मान लिया गया कि जनगणना के जरिये एक बार उच्च जाति में स्थान और दर्जा मिल जाने पर, अन्य सामाजिक विशेषाधिकार अपने आप मिल जायेगें या उनके लिए दावा किया जा सकेगा। इस प्रक्रिया ने एक अभियान का रूप ले लिया। जैसा कि जनगणना से जाहिर है, निम्न जातियां उच्च जाति के दर्जे के समान स्तर का दावा करने लगीं। इसे संस्कृतिकरण कहा गया। जनगणना के जरिए न केवल जातिगत परम्परा में उच्च स्थान और दर्जे के दावों और प्रतिदावों को लेकर अनेक अदालती मुकदमें चल पड़े बल्कि ये दावे आचार व्यवहार और रहन-सहन के तौर तरीकों से भी जुड़ गए। **एम.एन.श्रीनिवास** के अनुसार जाति व्यवस्था में निम्न जातियों द्वारा उच्च जातियों के रीति रिवाजों अनुष्ठानों, रहन सहन के तौर तरीकों और विचारधारा को अपनाकर उच्च जाति के दर्जे की मांग ही संस्कृतिकरण की प्रक्रिया है। इसका दूसरा अर्थ है घटिया समझे जाने वाले उनके अपने रीति रिवाजों, अनुष्ठानों और रहन सहन के तौर तरीकों को छोड़ देना। संस्कृतिकरण से निम्न जाति के लोगों को उच्च दर्जा प्राप्त करके ऊपर उठने की आकांक्षा जाहिर होती है। नए उपनिवेशवादी प्रशासन द्वारा शुरू किए गए सामाजिक और प्रशासनिक संदर्भ में इसको और भी बढ़ावा मिला। इस प्रक्रिया में जाति की अस्मिता को नया अर्थ और महत्व मिला। अंग्रेज प्रशासक और मानव जाति विज्ञानी, **जांन सी नेसफल्ड, डेनिजिलसीजे इक्बटसन** और **एच.एच.रिसले** ने सन 1885 में भारत में जाति व्यवस्था से संबंधित सामाजिक, सगोत्रीय, सांस्कृतिक और आनुष्ठानिक विशेषताओं के निर्धारण के लिए एक अनुसूची तैयार की। इससे भारत के नृजातियों का सर्वेक्षण और बाद में उसकी जनगणना शुरू हुई। पहली बार जाति को सामाजिक हस्ती के रूप में सरकारी मान्यता मिली। ब्रिटिश उपनिवेशवाद ने धार्मिक समूहों और जन जातियों के प्रति भी यही तरीका अपनाया।

स्वतंत्र भारत में जाति

ब्रिटिश उपनिवेशिक शासन की नीतियों ने जातियों के राजनीतिकरण की प्रक्रिया को बढ़ावा दिया और उन्हें जागरूक बनाया। कांग्रेस द्वारा चलाये जा रहे स्वतंत्रता आंदोलन और उसके नेताओं ने राष्ट्रवादी धर्मनिरपेक्ष विचारधारा के आधार पर ऐसी नीतियों की सामाजिक रूप-रेखा तैयार की गयी और उसे भारत के संविधान में शामिल किया गया। भारत के संविधान में कानून और राज्य के संदर्भ में सभी मामलों में किसी व्यक्ति के केवल नागरिक दर्जे को ही मान्यता दी गई है। समाज और ऐतिहासिक रूप से वंचित और दलित वर्गों, जैसे दलित जाति, जनजाति और अल्पसंख्यकों के लिए संविधान में नागरिक अधिकारों के अतिरिक्त विशेष व्यवस्थाएं भी की गई।

समतावादी समाज की स्थापना के लिए हमारी राष्ट्रीय प्रतिबद्धता का एक उपाय है। अनुसूचित जातियों को दिया गया संरक्षण। यह हमारे समाज में लम्बे अरसे तक शोषित एक वर्ग में विकास की गति और सामाजिक जागरूकता को बढ़ाकर राष्ट्रीय एकता की शक्तियों को बल प्रदान करता है। यह समन्वित राष्ट्र के निर्माण की प्रक्रिया के लिए आवश्यक भावात्मक एकता को मजबूत करने के अलावा एक संतुलित सामाजिक आर्थिक विकास को भी सुनिश्चित करता है।

जाति और चुनाव की राजनीति

चुनाव की राजनीति के कारण जातियों के वे संगठन भी राजनीति के अखाड़े में कूद पड़े जिनका कार्यक्षेत्र पहले केवल सामाजिक, धार्मिक या शिक्षा तक ही सीमित था। अब जाति के आधार पर "वोट बैंक" बन गये थे। जातियों के राजनीतिकरण की वजह से जातीय गठबंधनों के नए स्वरूप उभर आए। इससे जाति की संरचना में विलयन और विखंडन की प्रक्रिया शुरू हुई।

निर्णय की प्रक्रिया और आर्थिक संसाधनों एवं अवसरों के वितरण में लोकतांत्रिक ढंग से निर्वाचित संस्थाओं की भूमिका ने सत्ता और साधन प्राप्त करने के लिए जातीय संगठनों को राजनीति के क्षेत्र में जाने की आवश्यकता के प्रति सजग बनाया। इस नई चेतना के जातिगत संगठनों के कार्यों को तीन व्यापक चरणों में प्रभावित किया।

(1) इसने जातीय होड़ को बढ़ाकर जाति की अस्मिता को मजबूत किया। इसके उदाहरण हैं : महाराष्ट्र में महारों और मराठों,

आंध्र प्रदेश में कम्मा और रेड्डियों, कर्नाटक में लिंगायतों और वोक्कालिगाओं तथा बिहार में राजपूतों और भूमिहारों की प्रतिद्वंद्विता। दक्षिण भारत में ऐसी अधिकतर प्रतिद्वंद्विताओं में ब्राहमण विरोधी गुट भी शामिल था।

(2) एक ओर इन जातिगत होड़ों से जातियों की अस्मिताएं प्रखर हुईं, दूसरी ओर जातिगत राजनीति की मांग के कारण जल्दी ही इनकी जगह जातिगत सहयोग या गठजोड़ों ने ले ली। इससे जातियों के बीच विलय या मिल जाने की प्रक्रिया शुरू हो गई। इसका उद्देश्य मुख्य रूप से सत्ता और संसाधन प्राप्त करने के लिए राजनीतिक आधार को मजबूत बनाना था। इसके परिणामस्वरूप जातियों के विलयन के जरिए अनेक जातिगत संगठन उभर आए, जैसे गुजरात में क्षत्रिय महासभा, तमिलनाडु में वाणियर कुल संघम् और उत्तर प्रदेश में अहिर, जाट, गूजर, राजपूत (अजगर) संगठन। चुनाव की राजनीति के लिए कृषि कर्म करने वाली जातियों को एक ही इकाई में संगठित करने की कोशिश की गई। देश के विभिन्न भागों में जाति के आधार पर कई राजनीतिक दल उभर आए।

(3) विलयन की इस प्रक्रिया के कुछ समय तक चलने के परिणाम स्वरूप जो तीसरा संगठनों में विखडन की प्रक्रिया इन आर्थिक, सामाजिक और राजनीतिक प्रतिदंदिताओं से उत्पन्न आंतरिक तनावों का परिणाम है, जो प्रतियोगी जातियों के बीच सत्ता और संसाधनों में हिस्सेदारी के असमान वितरण के कारण पनपते हैं। इस प्रकार एक में विलीन होने वाले संगठन में संख्या या सामाजिक और आर्थिक विकास की दृष्टि से समान स्तर प्राप्त नहीं होता, इसलिए जो अपेक्षाकृत अधिक अच्छी स्थिति में होते हैं वे अवसरों और संसाधनों का अधिकतर भाग ले लेते हैं और कम हैसियत वालों को बहुत पीछे छोड़ देते हैं। इससे निराशा और तनाव उत्पन्न होते हैं और आखिरकार जातिगत संगठनों में दरारें आ जाती हैं और उनका टूटना शुरू हो जाता है।

जाति के राजनीतिकरण के परिणाम

राजनीति के आधुनिकीकरण और राष्ट्रीय एकता में जातीय संगठनों के योगदान के संदर्भ में उनके विलयन और विखंडन की प्रक्रिया का विश्लेषण किया गया है। इससे हमें पता चलता हैं कि जातियों को जातीय संगठन में बदलने की दिशा में प्रत्येक कदम जातीय चेतना की संस्कार संबंधी विधियों और जातीय निष्ठाओं को भी कमजोर बनाता है क्योंकि इससे मेल-जोल के धर्मनिरपेक्ष उद्देश्य उजागर होते हैं। अप्रत्यक्ष रूप से ही सही यह परंपरागत जाति विचारधारा के साथ एक अशांत मनोवैज्ञानिक एवं सांस्कृतिक संबंधों में नागरिक चेतना को प्रखर बनाने में भी योगदान करता है।

जाति हित साधक या विरोधक समूहों के रूप में

जातीय संगठनों की भूमिका तथा जातियों के विलयन और विखंडन से हितसाधक समूहों के रूप में विरोध करने वाले समूहों के रूप में जातियों का रूपांतरण प्रकट होता है। संसार में अधिकतर आधुनिक समाजों में ऐसे समूहों, अधिकांशत: स्वयंसेवी संगठनों को स्थान दिया गया है। लेकिन ये जाति संगठन अपनी सदस्यता के स्वरूप के मामले में इन संगठनों से भिन्न होते हैं। परन्तु राजनीतिक और आर्थिक उद्देश्यों की प्राप्ति के लिए जातियों को मिलाने के प्रयत्नों से जन्म के आधार पर जाति की सदस्यता की नई व्याख्या सामने आती है जो इसके अर्थ को व्यापक बनाती है और संस्कार संबंधी परंपरागत महत्व को कमजोर करती है। इस तथ्य से स्पष्ट होगा कि इस तरह के संगठनों की जातिगत संरचना अत्यन्त विषम होती है। जन्म और सगोत्रता के सिद्धांत के स्थान पर अब जोर सामाजिक, आर्थिक और सांस्कृतिक वजन पर दिया जाने लगता है जोकि इन हताश जातियों को एक करते हैं।

यदि जातीय संगठन समाज में केवल हितसाधक समूहों के रूप में काम करते हैं तथा उचित नागरिक साधनों तथा तरीकों से लोगों की राजनीतिक, आर्थिक और सामाजिक मांगों को उठाते हैं को इससे राष्ट्रीय एकता के रास्ते में बाधा नहीं पड़ती। परन्तु भारत में राष्ट्रीय एकता की प्रक्रिया को जिससे हानि पहुंचती है, वह है : जातिवाद की बुद्धिहीन और संकीर्ण अभिव्यक्ति। जातीय अस्मिता के जातीय संगठनों में विलय से इस प्रक्रिया को कोई हानि नहीं होती।

भारत में जाति आंदोलन

हमने इस विषय पर विचार किया है कि किस तरह औपनिवेशिक प्रशासन ने भारत में जातिगत चेतना को बढ़ावा दिया और कैसे स्वतंत्रता से पहले अनुसूचित जातियों के लिए अलग निर्वाचक मंडल बनाने का प्रस्ताव किया गया था। दूसरा प्रस्ताव **महात्मा गांधी** और **डा. भीमराव अंबेडकर** की दूरदर्शिता के कारण लागू नहीं हुआ। परन्तु जातियों के राजनीति करने को रोका नहीं जा सका और उसने अनुसूचित जातियों और अन्य वर्गों में कई सामाजिक आंदोलनों को जन्म दिया।

अनुसूचित जाति और पिछड़ा वर्ग आंदोलन

अनुसूचित जाति आन्दोलनों की विशेषता यह थी कि वे विरोध और सुधार दोनों के आंदोलन थे। जब राष्ट्रीय आंदोलन के पहले चरण में दलित जातियों ने छुआ छूत संबंधी अशुद्ध तौर-तरीकों को छोड़कर संस्कृतिकरण की कोशिश की और उच्चजाति का दर्जा प्राप्त करने के लिए ''द्विजन्मा'' जातियों के विश्वासों और रहन-सहन के तौर-तरीकों को अपनाने की कोशिश की तो उनके

आंदोलन में सुधार पर अधिक जोर डाला गया। तमिलनाडु में नाडारों ने क्षेत्रीय जाति के दर्जे को अपनाया और सन् 1919 में अपना जाति संगठन **नाडार महाजन संघम्** बनाया। इसी तरह से उत्तर प्रदेश में चमारों और नोनिया जाति के लोगों ने चौहान क्षत्रियों के दर्जे का दावा किया।

स्वतंत्रता से पहले और बाद में भी संस्कृतिकरण के ऐसे कई उदाहरण देखे गए हैं। ऐसे आन्दोलन भी चले थे जो जांत-पांत के विरोधी थे और जिन्होंने वर्ण और जाति की ब्राहमणों की विचारधारा को चुनौती दी। महाराष्ट्र में **जोतिबा फुले** का आंदोलन ऐसी ही एक उदाहरण था। महाराष्ट्र में **सत्यशोधकमंडल**, तमिलनाडु में **आत्मसम्मान आंदोलन** और कर्नाटक में **वीर शैव आंदोलन** जाति व्यवस्था के विरोध में थे। **डा. अंबेडकर** ने महाराष्ट्र और देश के अन्य भागों में अनुसूचित जातियों का नेतृत्व किया और उनको अपनी जाति सम्बधी कमियों से छुटकारा पाने के लिए बौद्ध धर्म अपनाने को प्रेरित किया। यह आंदोलन महाराष्ट्र मे काफी सफल रहा, जहां महार बड़ी संख्या में बौद्ध हो गये। स्वतंत्रता के बाद यह आंदोलन कुछ उत्तरी राज्यों में फैला। मूलरूप से ऐसे आंदोलन विरोध की विचारधारा से ओत-प्रोत थे।

अनुसूचित जाति के आंदोलन ने विचारधारा का भी रूप लिया। इन विचारों के अनुसार वर्ण की उत्पत्ति छुआछूत के आधार पर ऊंच-नीच तय करने में न होकर वर्ग प्रभुता के आधार पर हुई थी। इस तरह वर्ण व्यवस्था की धार्मिक व्याख्या के स्थान पर लौकिक व्याख्या की गई और इस व्याख्या को इतिहास और पौराणिक आख्यानों के प्रमाण देकर पुष्ट करने की कोशिश की गई।

पिछड़ी जाति के आंदोलन

स्वतंत्रता से पहले पिछड़े वर्ग के आंदोलन का आधार मध्यम जातियां थी। मैसूर में **लिंगायत शिक्षानिधि संघ** और **वोक्कालिगा संघ**, उत्तर प्रदेश में यादव और **कुर्मी महासभा** तथा महाराष्ट्र में **मराठा आंदोलन** ऐसे कुछ उदाहरण हैं। ऐसे कई आंदोलन औपनिवेशिक शासन के समाप्त होने के बाद उभरे। ये सुधार और विरोध दोनों के आंदोलन थे।

स्वतंत्रता के बाद, संरक्षणात्मक पक्षपात के लिए अनुसूचित जातियों और अनुसूचित जनजातियों के अलावा पिछड़े वर्गों को अलग सामाजिक वर्ग के रूप में मान्यता दी गई, परन्तु उनका निर्धारण करने की नीति अस्पष्ट बनी रही कि निर्धारण जाति के आधार पर हो या आय व शिक्षा के आधार पर। इसकी जिम्मेदारी मुख्य रूप से केन्द्र के स्थान पर राज्यों को दे दी गई। अलग-अलग राज्यों ने पिछड़े वर्गों के लिए पदों के आरक्षण तथा उन्हें पद, शिक्षा और अन्य संसाधनों को उपलब्ध कराने के लिए अलग-अलग नीतियां अपनाई है। यद्यपि पिछड़े वर्गों के लिए भारत के अधिकतर राज्यों में आरक्षण की व्यवस्था कर दी गई है लेकिन इस विषय पर अब भी वाद-विवाद जारी है।

आधुनिकीकरण, राष्ट्रीय एकता और जाति

आधुनिकीकरण से समाज की सामाजिक संरचना और मूल्यों में गतिशीलता के नए तत्व उभरकर सामने आते हैं। इन तत्वों के विकास से राष्ट्रीय एकता की प्रक्रिया का पर्याप्त विस्तार हो चुका हैं। इसे संविधान, लोकतांत्रिक, चुनावों की राजनीति, तथा सामाजिक और आर्थिक सुधारों से बल मिलता है। इन सभी की शुरूआत समाज से असमानता और शोषण को दूर करने के लिए की गई थी। योजना के जरिए शिक्षा, विज्ञान और प्रौद्योगिकी, औद्योगिकरण आर्थिक समृद्धि, समाजसुधार और वितरणशील न्याय के क्षेत्रों में व्यापक प्रयत्न किए गए। इन सभी ने भारत में सामाजिक संरचना, मूल्यों और जातिपरक प्रथाओं पर गहरा प्रभाव डाला है।

शुरू में, विरोध और सुधार की शक्तियों के रूप में जातिगत संगठनों को, जातिवाद को मजबूत करने वाली शक्तियों के रूप में देखा गया। कुछ समाजशास्त्रियों ने यह भविष्यवाणी की कि कालान्तर में भारत की जाति व्यवस्था का ढांचा अधिक मजबूत होगा। परन्तु जल्दी ही यह पाया गया कि जातिगत संगठनों ने आधुनिकीकरण की संस्कृति, सामाजिक और आर्थिक मांगों के प्रति हमारे समाज की मुखर व अनूकूल प्रतिक्रिया को प्रकट किया। उनका ध्यान जाति या जातिवाद पर उतना नहीं था, जितना लोगों को जातिगत अस्मिताओं के आधार पर आधुनिकीकरण की प्रक्रियाओं में भाग लेने के लिए जुटाना था, क्योंकि उस समय तक वैकल्पिक अस्मिताएं मौजूद नहीं थीं या तब तक विकसित नहीं हुई थीं। यह तथ्य जातियों के विलयन और विखंडन की प्रक्रियाओं से साफ प्रकट हुआ। इन प्रक्रियाओं से अपने में ढालने की जाति की वह क्षमता दिखाई दी कि कोई भी जाति सगोत्रीय या उपजाति की अनूठी संरचनात्मक सीमाओं से ऊपर से नीचे और समानस्तर पर प्रसार की दिशा में आगे बढ़ सकती है।

जैसे-जैसे व्यावसायिक कार्यों में गति आई वैसे-वैसे देश में शिक्षा, शहरीकरण और औद्योगीकरण तथा बाजार की शक्तियों का विकास हुआ। जाति की अस्मिताओं पर दबाब पड़ने लगा। मजदूरी की एवज में मुद्रा देने की व्यापक प्रणाली और गांवों में बाजार के प्रवेश ने जजमानी व्यवस्था की आर्थिक भूमिका लगभग समाप्त कर दी। व्यवसायों की वंशागत विशेषता का अर्थव्यवस्था में प्रभाव समाप्त हो गया। बड़ी संख्या में लोगों के शहरों में चले जाने से जाति पर आधारित आर्थिक और संस्कार संबंधी विधियों के लेन-देन के बंधन टूट गये हैं। जमींदारी उन्मूलन और पंचायत

राज के शुरू हो जाने से उच्च जातियों और वर्गों द्वारा निम्न जातियों के संरक्षण और शोषण को बहुत बड़ा धक्का लगा।

इस तरह, भारत में आधुनिकीकरण की प्रक्रिया ने जाति व्यवस्था की सामाजिक संरचना और सांस्कृतिक आधारों को काफी कमजोर कर दिया। संरचनात्मक क्षेत्र में, वंश परंपरागत व्यवसाय उल्लंघनीय नहीं रहे हैं, देश के अधिकतर भागों से जजमानी के सम्बन्ध समाप्त हो गए हैं और परिवहन के नए साधनों के शुरू हो जाने से तथा शहरीकरण और औद्योगीकरण की वृद्धि से आपसी सामाजिक संबंधों की बाधाएं विशेष रूप से ''छुआछूत'' की भावना कमजोर होने लगी। अब छुआछूत की प्रथा को मानना या इसका समर्थन करना, जानबूझकर किया गया एक दंडनीय अपराध है। हम पाते हैं कि भारत में बड़ी संख्या में स्वैच्छिक संगठन अपनी सदस्यता के लिए जाति से सिद्धांत को छोड़ चुके हैं। वे सामाजिक उद्देश्यों, व्यावसायिक हितों और सार्वजनिक कार्यों पर आधारित होते हैं। इस तरह, संभव है कि जाति नष्ट हो जाए या अपने पंरपरागत रूप को छोड़कर नया रूप अपना ले। ऐसी सभी प्रक्रियाएं एक-एक करके राष्ट्रीय एकता की शक्तियों को मजबूत करती हैं।

जनजातीय संस्कृतियां : विविध स्वरूप और समस्याएं

भारत की जनजातीय संस्कृतियों को भारतीय सभ्यता के एक आयाम के रूप में ही माना जा सकता हैं। प्राचीनकाल में कुछ जनजातीय समूह उन्नत सभ्यता के संपर्क में थे। ऐसे संपर्क के उल्लेख **रामायण** और **महाभारत** के समय में छेड़े जा सकते हैं, जहां जनजातीय समुदायों को जातीय समाज से बिल्कुल अलग 'जन' के रूप में कहा गया हैं। ये जनजातीय लोग शारीरिक रूप रंग में अलग थे, ये अपरिचित देवताओं की पूजा करते थे और पहाड़ों तथा जंगलों में रहते थे।

भारत में जनजातियों की जनसंख्या

भारत में जनजातीय समूहों की संख्या बहुत विशाल है। भारत की कुल जनसंख्या 7 प्रतिशत भाग जनजातीय समूह का है। मुख्यत: ये समूह देश को चारों भागों में पाए जाते हैं। उत्तर-पूर्वी राज्यों, अरुणाचल, नागालैण्ड, मणिपुर, मिजोरम और मेघालय में अधिकांश संख्या गुजरात से बंगाल तक की जनजातियों की है। परन्तु अधिकांश जनजातियां मध्यवर्ती भारत के क्षेत्रों में रहती है। मध्यप्रदेश और उड़ीसा जैसे राज्यों में जनजातियों की संख्या इन प्रदेशों की जनसंख्या 20 प्रतिशत से अधिक है। बिहार, पश्चिमी बंगाल, आंध्रप्रदेश, गुजरात और राजस्थान में जनजातियों का प्रतिशत कुल जनसंख्या का 4 से लेकर 15 प्रतिशत तक है। परन्तु पूरे मध्यवर्ती भारतीय क्षेत्र या अंचल में केवल 13 जिलों में जनजातीय लोग बहुसंख्या में है। जनजातीय जनसंख्या का तीसरा बड़ा क्षेत्र हिमालय की घाटी का है जो कश्मीर से सिक्किम तक फैला हुआ हैं। जनजातीय जनसंख्या का चौथा क्षेत्र सुदूर दक्षिण में है। जहां इनकी आबादी अपेक्षाकृत कम हैं। देश में, अलग-अलग संख्याओं में लगभग 450 विशिष्ठ जनजातीय समूह है, जिनकी संख्या अधिकतम चालीस लाख से लेकर मात्र दो दर्जन तक है। उनके रहन-सहन के तौर-तरीके अधिकत्तर उनके जीवनयापन के साधनों पर निर्भर होते हैं, जैसे शिकार करने वाले, अन्न इकट्ठा करने वाले, विभिन्न प्रकार की कलाओं और हस्तशिल्पों में लगे हुए दस्तकार समूह और औद्योगिक श्रमिकों के रूप में काम करने वाले लोग भी। यद्यपि अधिकतर जनजातीय लोग जनगणना में हिन्दू बताए गए हैं, पर काफी संख्या में वे धर्म परिवर्तन करके ईसाई बन गए हैं तथा कुछ मुसलमान और बौद्ध भी हो गए हैं। शेष अपने ही परंपरागत विश्वासों और मान्यताओं को मानते हैं। यह आम धारणा सही नहीं है कि जनजातीय लोग अधिक संख्या में ऐसे क्षेत्रों में रहते हैं, जो व्यवस्थित खेती के आधार पर अपना जीवन बिता रहे है। हां कुछ जनजातियों ऐसे इलाकों में बसी हुई है, जहां ऊंची-नीची जमीन और भूमि के विशेष झुकाव के कारण मैदानी खेती के लिए कोशिश ही नहीं की जा सकती।

जनजातीय नृजातीयता

मध्यवर्ती भारत में जनजातियों में नागरिक तत्व दिखाई देता है, जिसके कारक गहरे श्याम रंग के, गोल, चेहरे वाले, चौड़ी और दबी हुई नाक वाले और छोटे ललाट वाले होते हैं। उत्तर पूर्वी भाग में जनजातीय आम तौर पर मंगोलियाई शारीरिक आकृतियों वाले होते हैं। इसके कुछ लक्षण गुजरात और केरल की जनजातियों में भी मिले हैं। इस तरह से जनजातीय लोग अपने क्षेत्रों की प्रमुख आबादी के लोगों से काफी भिन्न लगते हैं, और यदि सांस्कृतिक और भाषाई रूप में प्रमुख आबादी में घुल-मिल भी जाएं तो भी यह तथ्य छिप नहीं पाता कि नागा लोग असम की हिन्दू जाति से बहुत अलग दिखाई देते हैं और कोचीन में कोई भी कादर आम हिन्दू आबादी से बिल्कुल भिन्न लगता है। इतने अधिक प्रजातीय अंतरों के बावजूद भारत में प्रजातीय तनावों के कोई मामले सामने नहीं आए। इस सामंजस्य का एक कारण हिन्दू समाज की उस विचारधारा में अंतर्निहित है, जो यह मानकर चलती हैं कि मानवता वस्तुतः अलग-अलग समूहों में विभाजित होती है। जब हिन्दु जातियों में आपस में सगोत्रीय विवाह और सामाजिक एकांतिकता के संबंधों पर रोक हैं को प्रजातीय रूप से अलग-अलग समूहों के बीच सामाजिक दूरी रखने की कोई आवश्यकता नहीं।

जनजातीय भाषाएं

भारतीय जनजातीय समूह कई भाषाएं बोलते हैं, जो मुख्यत:

तीन भाषायी परिवारों में आती है, जैसे-भारतीय आर्य भाषा समूह आस्ट्रोएशियाई भाषा-समूह और द्रविड़ भाषा समूह। भारतीय आर्य भाषाओं में कुछ भाषाएं जनजातीय भाषा के रूप में जानी जाती हैं, जैसी भीली। वैसे भाषा ऐसा कोई तत्व नहीं है जिसमें परिवर्तन नहीं आता और इसीलिए हम पाते हैं कि चाहे जनजातीय समुदाय अपनी नृजातीय अस्मिता भले न बदलें, परन्तु वे मुख्य क्षेत्रीय भाषा में प्रवीण हो सकते हैं। ऐसी प्रक्रिया में पहली स्थिति आमतौर पर द्विभाषिकता या दो भाषाएं बोल सकने की होती है। कभी-कभी यह बीच की अस्थायी अवस्था होती है, जिसमें पहले जनजातीय भाषा का ह्रास होता है और आखिर में भाषा ही समाप्त हो जाती है। यह प्रक्रिया सैकड़ों वर्षों से चलती रही है और कई जनजातीय समुदायों की, विशेष रूप से छोटे-छोटे समुदायों की अपनी मूल भाषाएं समाप्त हो गई है और वे भारत की मुख्य भाषाओं में से कोई एक भाषा बोलते हैं। इस तरह से मध्यवर्ती भारत के आधे गोंड लोग गोंड़ी भाषा बिल्कुल नहीं जानते और जिस क्षेत्र में वे बसे हुए हैं, वहां के अनुसार हिंदी या मराठी या तेलगु बोलते हैं। उड़ीसा में कुछ जनजातियों में अनुष्ठान संबंधी पूजा पाठ और मंत्र भी उड़िया में बोले जाते हैं। जनजातीय समुदाय भाषा अपनाने के साथ-साथ कई विचारों और संकल्पनाओं को भी ग्रहण करता है तथा विविध प्रकार के आचार व्यवहार को भी स्वीकार करते हैं।

पारिस्थितिकीय असंतुलन और जनजातियां

प्रकृति का जनजातियों के जीवन पर स्थायी प्रभाव होता है। जनजातीय अर्थव्यवस्था के विभिन्न रूप, आस-पास के प्राकृतिक संसाधनों की उपलब्धता के आधार पर विकसित हुए हैं।

जनजातीय समुदाय के लोग अच्छे स्वास्थ्य और आरामदेह आवास में लम्बे समय तक प्राकृतिक परिवेश में निर्वाह करते रहते हैं परन्तु कई कारणों से कई वन क्षेत्रों में यह प्राकृतिक संतुलन बिगड़ गया है। गैर-कानूनी शिकार और व्यापार के कारण बड़े पैमाने पर वन्य जीवन नष्ट हो गया है। वन संसाधनों के ह्रास और स्वाभाविक रूप से विकसित होने वाले पेड़-पौधों के स्थान पर वाणिज्यिक प्रजातियों के उगाने से वनस्पति भी बहुत बदल गई हैं। इन दोनों बातों ने जनजातियों की आम खुराक पर असर डाला है। जनसंख्या के दबाब के बढ़ने और आरक्षित वनों के उपयोग पर रोक जैसे संसाधन नियत्रंण उपायों के कारण यह असंतुलन और भी बढ़ गया है। कुछ क्षेत्रों में जहां खाद्य संसाधन पर्याप्त नहीं होते, वहां जनजातियों को कड़वी अखाद्य जड़ों और कंद को खाकर जीवन निर्वाह करना पड़ता है या काफी समय तक बिना खाए ही रहना पड़ता हैं। कई जगहों में तो झोंपड़ियां बनाने में काम आने वाली सामग्री ही नहीं मिलती। इस प्रकार खाने और रहने की मूल आवश्यकताओं को पूरा करना भी उनके लिए कठिन हो रहा है। इनमें से अधिकतर जनजातियों में साक्षरता नाममात्र की है और इनकी जनसंख्या भी लगभग स्थिर है। उन्हें जनजातीय और गैर जनजातीय, दोनों ही उन्नत समुदायों द्वारा हर प्रकार से दबाया गया हैं। उनमें से कुछ को तो स्वास्थ्य की विशेष समस्याओं का सामना करना पड़ता है और उनका अस्तित्व खतरे में है। बस्तर में अबूझमाड़िया, उड़ीसा के बादों, पोरोजा तथा अंडमान के ओंगे और जारावा इसके उदाहरण है।

जनजातीय किसानों की समस्याएं

भारत में जनजातियों का इतिहास किसान बनने का इतिहास रहा है। सरकार की यह नीति है कि झूम खेती का दायरा कम से कम किया जाए, सीढ़ीदार खेती को बढ़ावा दिया जाए और जनजातीय क्षेत्रों में नई कृषि लागू करके वहां कृषि के क्षेत्र में पूंजी लगाए जाने की गति तेज हो जाए। सरकारी अभिकरणों ने उन्नत कृषि प्रौद्योगिकी का विस्तार किया है। नई-नई तकनीक विकसित करने की कोशिश की जा रही है, जिससे सूखा पड़ने वाले इलाकों और पहाड़ी भूमि में इस परिवर्तन के परिणाम दिखाई देंगे। वर्तमान में अधिकतर स्थायी खेती गुजारे भर की हैं और जनजातियों का उत्पादन बेचा नहीं जाता। वे कभी-कभी संकट आने पर कुछ जरूरी चीजों को खरीदने के लिए अपने उत्पादनों की ब्रिकी करते हैं। हां, छोटा नागपुर के मंडा और ओरांव, मध्यवर्ती भारत के गोंड़ और कोर्कु तथा नीलगिरि के बड़गा और मुतमूकरम्बा में आधुनिक खेती के कुछ-कुछ क्षेत्र उभर रहे हैं। नारियल की नकदी फसल ने निकोबारियों को समृद्ध समुदाय बना दिया है। गुजरात, राजस्थान, आंध्र प्रदेश और छोटा नागपुर के जनजातीय क्षेत्रों से नकदी फसल उगाए जाने की भी सूचनाएं मिली है।

परन्तु अधिकतर भारतीय जनजातीय समाज खेती की अर्थव्यवस्था के परंपरागत रूप वाला ही है, जिसमें छोटे-छोटे किसानों की सामान्य प्रौद्योगिकी और उपकरणों पर आधारित व्यवस्था काम करती है ये खेतिहर प्राय: अपने जीवन-निर्वाह के लिए अपने ही उगाए उत्पादनों पर निर्भर रहते हैं।

भूमि के लिए ललक और भूमि हस्तांतरण तथा भूमिहीनता

जनजातीय बहुलता वाले मध्यवर्ती क्षेत्र में भूमि और कृषि की समस्याएं विकास की मुख्य समस्याएं हैं। पश्चिमी क्षेत्र में हमें भूमि की कमी और उसके लिए ललक देखने को मिलती है। ऐसी अधिक ताकतवर जातियों-राजपूत, मराठा और अन्य हिन्दु किसानों द्वारा जन जातियों को अच्छे क्षेत्रों से निकालकर पिछड़े क्षेत्रों में ढकेल देने के कारण हुआ है। अधिक भूमि के लिए चाह के अन्य कारण है— भूमि की कम उत्पादकता, खेती करने के बहुत पुराने तरीके और

अन्य लोगों द्वारा जनजातियों का लगातार शोषण। संरक्षणात्मक कानून के बावजूद जनजातियों को शोषण से छुटकारा नहीं मिला है। जनजातीय अर्थव्यवस्था को विविधता प्रधान नहीं की गई है।

मध्यवर्ती भारत के सभी भागों में जनजातियों से गैर जनजातीय लोगों के हाथों में भूमि का का कब्जा जाने से रोकने के प्रयत्न किए गए हैं। परन्तु ये कानून में खामियों के कारण सफल नहीं हुए। इन खामियों का पता बाद में लगा। ढ़ेवर आयोग ने इस संकट को हल करने के लिए कई सिफारिशें की थी।

जनजातीय क्षेत्रों में भूमि और खेती की समस्या अत्यन्त महत्वपूर्ण है, क्योंकि जनजातियों के पास आवश्यकता से अधिक साम्रगी नहीं होती। सुखा पड़ने वाले क्षेत्रों में तो मानसून के न आने के कारण उन पर बड़ी विपत्ति आ जाती है। कई क्षेत्रों में लगातार अभाव की स्थिति बनी रहती है।

ऋणग्रस्तता और बंधुआ मजदूरी

लगभग सभी जनजातीय क्षेत्रों में शोषण का सबसे स्वराव रूप है, पुराने समय में चला आ रहा रूपया उधार देने का तरीका जिसका असर जनजातीय लोगों पर पहले भी रहा है और अभी भी है।

ऋणग्रस्तता का एक और दुर्भाग्यपूर्ण पहलू बंधुआ मजदूरी है। यह प्रथा कई क्षेत्रों में अलग-अलग नामों से प्रचलित है। बंधुआ मजदूरी को कानून द्वारा समाप्त करने के लिए प्रयत्न किए गए हैं, परन्तु यह नहीं समझा गया कि बंधुआ मजदूरी से छुटकारा उतना महत्वपूर्ण नहीं है, जितना बंधुआ मजदूरों का पता लगाना और उन्हें फिर से बसाना तथा काम-धंधे में लगाना है। यदि वर्तमान स्थिति में बदलाव लाना है तो पुनर्वास योजनाओं को तेजी से लागू करना होगा।

शहरी परिवेश में जनजातियां

भारत में जनजातीय आबादी का बहुत छोटा हिस्सा शहरों में रहता है। यह सही है कि लम्बे समय तक जनजातीय लोग शहरी वातावरण या परिवेश से बहुत दूर थे। परन्तु हाल में विशेष रूप से जनजातीय क्षेत्रों में प्रशासनिक केंद्रों की स्थापना, संचार की वृद्धि और औद्योगिकरण की बढ़ती हुई गति के कारण कुछ जनजातीय लोग शहरी क्षेत्रों में आ गए हैं।

औद्योगीकरण और वि-जनजातीयकरण

शहरीकरण धीमी प्रक्रिया है और लोगों को शहरी मूल्यों को अपनाने में कुछ समय लगता है, जबकि औद्योगीकरण में परिवर्तन बहुत तेज होता है। औद्योगिक वातावरण में, शुरू में बाहर से आने वाला समूह, क्षेत्र विशेष में ही बसता है और अपने में सिमटकर रहने का प्रयत्न करता है। पंरतु काफी समय व्यतीत हो जाने के बाद ऐसा संभव नहीं हो पाता और लोग इधर-उधर बिखर जाते हैं।

पहली पंचवर्षीय योजना के बाद, जब देश को बड़े पैमाने पर औद्योगीकरण के रास्ते पर ले जाने के लिए उपाय किए गए, तब यह मालूम हुआ कि इस्पात संयंत्रों को लगाने के लिए सबसे उपयुक्त स्थान मध्य प्रदेश, बिहार और उड़ीसा में कुछ क्षेत्रों में होंगे। इस क्षेत्र में लोहा और इस्पात दोनों ही पाए गये थे। यह एक संयोग हैं कि ये सभी क्षेत्र जनजातीय क्षेत्रों के बीचोंबीच है। स्वतंत्रता से पहले भी झरिया और रानीगंज के कोयला खनन क्षेत्र में जनजातीय लोग बड़ी संख्या में थे। यही बात जमशेदपुर के इस्पात शहर के बारे में भी है, जो जनजातीय क्षेत्र के बीचोंबीच स्थित है। गुआ और नौआमुंडी में लोहा और कोयला खानें तथा मोसावनी में तांबा खाने तथा लोहरदगा की बॉक्साइड खानें इसी क्षेत्र में आती हैं। इस तरह जनजातीय क्षेत्र में औद्योगीकरण बड़े पैमाने पर हुआ है और उससे न केवल उद्योगों में लगे जनजातीय मजदूरों में बल्कि उनके आश्रितों और पड़ोसियों में भी तेजी से बदलाव आ रहा है।

मुद्रीकरण और शिक्षा का प्रसार

मुद्रा की अर्थव्यवस्था से परिचित हो जाने के बाद शहरी जनजातीय लोगों के जीवन में बहुत अधिक परिवर्तन आ गया है। इस अर्थव्यवस्था ने व्यक्तिगत उपलब्धि और व्यवसायों को प्रधानता दी जबकि पहले नातेदारी पर आधारित सामुदायिक व्यवस्था की प्रधानता थी। फलस्वरूप, परिवार की संरचना में तथा उसमें पुरुषों और महिलाओं की स्थिति तथा भूमिकाओं में आमूल परिवर्तन हो गया है। छोटों की अपने बड़े के प्रति, महिलाओं की पुरुषों के प्रति आम जनजातीय व्यक्ति की मुखिया के प्रति पांरपरिक धारणाओं तथा व्यापक रीतियों और शिष्टाचारों के लिए औद्योगिक समाज में बहुत कम जगह होती है। उद्योग में नए प्राप्त दर्जे और हैसियत से नेतृत्व के स्वरूप और प्रकृति पर असर पड़ता है। जो व्यक्ति मजदूर के रूप में अपना जीवन शुरू करता है, वह उत्तरोत्तर उन्नति करता हुआ फोरमैन बन जाता है, और कई प्रकार से मध्यवर्ग के दर्जे में आ जाता है। ऐसी सामाजिक गतिशीलता इससे पहले अज्ञात थी। इससे स्वयं के प्रति और अपने दर्जे के प्रति सचेह समूह का प्रादुर्भाव होता है और अंतत: ऐसी वर्ग व्यवस्था का विकास होता है, जो आमतौर पर मध्यवर्ती भारत में जनजातीय समूहों के लिए अनजानी बात थी और जो समतावादी समाज के जनजातीय आदर्श के विरुद्ध है।

शहरों में उपलब्ध आधुनिक शिक्षा सुविधाओं ने कार्य-कारण संबंध के सिद्धांतों पर जोर डालने से बुनियादी परिवर्तन ला दिया है। इस नए वैज्ञानिक तार्किक आधार ने अंधविश्वास और जादू-टोने की मान्यता को कम कर दिया है। औद्योगिक वातावरण में अपने अधिकारों और विशेषकारों के प्रति व्यक्ति की चेतना बढ़ी है। वास्तव में मजदूर संघ सारे समय इसी सजगता को बढ़ाने में

लगे रहते हैं। इस तरह शहरी औद्योगिक जनजातीय लोगों को अपनी शिकायतों और तकलीफों के बारे में आवाज उठाने और अपने भाग्य को अपने बनाने के अधिकार की मांग करने के अधिक अवसर मिलते हैं।

जनजातीय लोगों के सामाजिक जीवन में परिवर्तन

सबसे बुनियादी परिवर्तन सजातीयता का समाप्त हो जाना है जो जनजातीय लोगों की विशेषता रही हैं। बाहर से आए हुए जनजातीय मजदूरों को शहरों, कस्बों में अन्य मजदूरों के बीच झोंपड़ियों में रहना पड़ता है और उस स्थिति में उनकी अपनी व्यक्तिगत विशेषताएं हल्की और अस्पष्ट हो जाती हैं। अंतिम, परन्तु सबसे महत्वपूर्ण बात जनजातीय लोगों के अपराध की प्रवृत्तियों का विकास है। रांची और जमशेदपुर से आस-पास के इलाकों में अध्ययनों से पता चला है कि जनजातीय युवक अपराधी गिरोहों में शामिल हो गए हैं और उनमें बहुत सक्रिय है। मजदूरों की बस्ती में, व्यक्ति के अपेक्षाकृत अनजान होने से, जनजातीय लोगों की समाज-विरोधी प्रवृत्तियों के लिए काफी अवसर रहता हैं। जो सामाजिक नियत्रंण बड़े-बूढ़े लोग पांरपरिक गांव के मुखिया रखते थे, वह शहर। कस्बे में नहीं होता।

शहरी औद्योगिक क्षेत्रों में जनजातीय समूहों की सीमा से परे जाने की प्रवृत्ति भी जनजातीय लोगों में पाई जाती है। अंतर जनजातीय विवाह राजनीतिक संगठनों और मजदूर संगठनों से जुड़े होने के कारण जनजातीय लोगों के संबंध व्यापक हो जाते हैं। रेडियों, चलचित्रों और समाचार पत्रों तथा हाल ही में, दूरदर्शन के कारण संसार के समाचार मिलते हैं, जो पहले जनजातीय लोगों की कल्पना के परे थे। इससे संसार के बारे में उनके विचार तथा दृष्टिकोण का विस्तार होता है और उनकी आंकाक्षाओं के स्तर में भी वृद्धि होती है।

पहले जन जाति का कोई सदस्य कष्ट, बेकारी या बीमारी के समय अपने संबंधी से सहायता मांगता था। वंश के संबधों से सुरक्षा की भावना आती था। अब वैवाहिक परिवार वंश से अधिक महत्वपूर्ण हो गया है। दूसरी ओर अवकाश के समय की गति विधियां सामाजिक परिवर्तन की सूचक होती है। उनके जरिए हम तनावों, निराशा और मूल्यों का अध्ययन कर सकते हैं। अधिकतर गतिविधियां न केवल सुखदायक होती है, बल्कि लक्ष्य-प्रधान भी होती है। जनजातीय लोग गांवों में चावल से बनी शराब पीते थे। सहवास करते थे, नाचते थे, लोक कथाएं और पहेलियां सुनाते थे, पड़ोसियों के यहां जाते थे और अपने संबंधियों के बारे में गप्पे मारते थे। इस तरह की गतिविधियों में पुरुषों, महिलाओं और बच्चों की अपनी विशेष भूमिकाएं होती थीं। शहरी वातावरण में इनमें से अधिकतर गतिविधियों की जगह अन्य क्रियाकलापों ने ले ली है। जैसे फिल्म, नाटक, फुटबाल, मैच आदि देखने जाना।

खान पान की आदतें भी तेजी से बदल रही हैं। गांव में लोग चावल और सब्जी या दाल से अथवा कभी-कभी सामिष भोजन से संतुष्ट हो जाते थे। अब गेहूं के आटा का और साथ में सब्जियों, मांस-मछली, अंडे और दूध का अधिक मात्रा में उपयोग किया जा रहा है। चाय पीना एक नियमित आदत बन गई हैं। जनजातीय लोगों और गैर जनजातीय लोगों में मुक्त रूप से मिलना-जुलना हो रहा है। इन समूहों के बीच विवाह भी हो रहे हैं। भाषागत अनुसरण तेजी से हो रहा है, साथ ही धर्म का महत्व कम हो गया है।

ऐसा दिखाई देता है कि शहरी वातावरण में विशिष्ट जनजातीय लक्षण और विशेषताएं समाप्त हो रही हैं तथा जनजातीय लोग अधिक से अधिक व्यापक समाज का अंग बनते जा रहे हैं। वे इन समूहों के एकीकरण की ओर बढ़ रहे हैं। इस संश्लेषण या पुनः एकीकरण का रूप धीरे-धीरे स्पष्ट हो रहा है। फिर भी, हम चाहेगें कि जनजातीय लोग औद्योगिक शहरी नैतिकता के ज्वार में पूरी तरह बह न जाएं, बल्कि वे अपना निजत्व बनाए रखें और मूल्यवान योगदान से भारतीय संस्कृति को समृद्ध करते रहें।

भारत में जनजातीय विकास के प्रति दृष्टिकोण

प्रौद्योगिक रूप से विकसित होने, उनके आम आर्थिक पिछड़ेपन सामाजिक सांस्कृतिक समायोजन की जटिल समस्याओं और अलग विशिष्ट सांस्कृतिक पहचान को बनाए रखने की दृष्टि से जनजातीय लोग राष्ट्र के लिए विशेष महत्व रखते हैं। जनजातीय समस्या के प्रति हमें अपने दृष्टिकोण को स्पष्ट करने की आवश्यकता है। निम्नलिखित तीन आदर्श या दृष्टिकोण है-संरक्षण आत्मसात्करण और एकीकरण।

संरक्षणवादी दृष्टिकोण

संरक्षणवादी आदर्श का आधार जनजातीय लोगों को अलग-अलग रखने के लिए पुराने जमाने में किया गया प्रयत्न है। औपनिवेशिक शासन में सरकार पूरी तरह या आंशिक रूप से अलग-अलग रखने की नीति के जरिये जनजातीय लोगों को बाकी आबादी से अपेक्षाकृत अलग रखना चाहती थी। यह दृष्टिकोण उस समय की स्थिति को देखते हुए ठीक था। प्रशासन पहाड़ों और वनों तक नहीं पहुंच सकता था। कई अंग्रेज शासक यह अनुभव करते थे कि जनजातीय लोगों के रहन-सहन के तौर तरीके में कोई हस्तक्षेप नहीं किया जाना चाहिए, क्योंकि वह अन्य भागों में मौजूद तौर-तरीके से अधिक संतोषजनक था। औपनिवेशिक नीति जनजातीय लोगों को राष्ट्रीय आंदोलन की उठती हुई लहर से अलग और अप्रभावित रखने की थी।

अलग-थलग रखने की इस नीति का दोष गलती से उन नृविज्ञानियों पर थोपा गया है, जिनके बारे में यह माना गया कि वे अपने अध्ययन के लिए जनजातीय संस्कृति को उसके मूल रूप में बनाए रखना चाहते थे। **वेरियर एल्विन** ने एक समय जनजातीय लोगों के लिए ''पार्क लैंड'' का सिद्धांत अवश्य ही सुझाया था, ताकि उनके साथ मुक्त संपर्क और उसके जरिए बाहरी लोगों द्वारा उनका बहुत अधिक शोषण न हो। परन्तु स्वतंत्रता के बाद **वेरियर एल्विन** ने जनजातीय क्षेत्रों में रचनात्मक हस्तक्षेप की नीति का पूरी तरह से समर्थन किया था।

आत्मसात्करणवादी दृष्टिकोण

जनजातीय लोगों का आत्मसात् कर लेने की दृष्टिकोण सामाजिक कार्यकर्ताओं और स्वैच्छिक अभिकरणों ने रखा था जो जनजातीय क्षेत्रों में सेवा कार्यों में लगे थे। ऐसे विचारों वाले लोग आदर्शवाद की भावना से प्रेरित थे। फिर भी, उनके सुधारवादी दृष्टिकोण से जनजातीय लोगों की भावनाओं की ठेस पहुंच सकती थी। यह दृष्टिकोण प्रोफेसर घुरये के इस विचार से उत्पन्न हुआ था कि जनजातीय लोग केवल पिछड़े हुए हिंदू ही थे, जो प्रौद्योगिक दृष्टि से अधिक उन्नत जनसंख्या द्वारा पहाड़ियों और वनों में धकेल दिए गये थे।

एकीकरणवादी दृष्टिकोण

तीसरा दृष्टिकोण एकीकरण का है, जिनमें जनजातीय लोगों को अपनी अलग एवं विशिष्ट पहचान को समाप्त किए बिना राष्ट्रीय जीवन की मुख्य धारा में लाने के लिए प्रयत्न किए जाएंगे। भारतीय संस्कृति एक पच्चीकारी (मोजेक) के समान हैं, जिसमें अलग-अलग तत्व उसकी सुंदरता को बढ़ाते हैं। नृविज्ञानी जनजातियों को भारतीय जीवन की मुख्यधारा में मिलने या एकीकरण को स्वाभाविक और वांछनीय लक्ष्य मानते हैं। परन्तु साथ ही वे इस बात पर भी जोर देते हैं कि जनजातियों के लिए योजनाएं बनाते समय सावधानी बरती जाए और कुछ क्षेत्रों में संदेहास्पद मूल्य वाले नए कार्यक्रमों के संबंध में संयम रखा जाए। इस समस्या से संबंधित नृवैज्ञानिक चिंतन के आवश्यक तत्वों को, अधिकतर राष्ट्रीय नीतियों में शामिल किया गया है। इन विचारकों ने जनजातीय संस्कृति को समझने तथा न केवल उनकी विभिन्न समस्याओं का पता लगाने, बल्कि उनके जीवन की उन समन्वयी शक्तियों को भी जानने के महत्व पर जोर दिया है जो सांस्कृतिक ताने-बाने, को जोड़ने का काम करती है। उन्होंने सावधान किया है कि विकास योजनाएं इस तरह बनाई जाएं ताकि जनजातीय लोगों की जरूरतों का क्षेत्रीय और राष्ट्रीय हितों के साथ सामंजस्य स्थापित किया जा सके। उन्होंने इन उपायों से उत्पन्न होने वाली प्रवृत्तियों पर सावधानी से निगाह रखने की सिफारिश की है, जिससे कि जनजातियों की सामाजिक एकता बनी रहे और उनकी जीने की इच्छा को नष्ट करने वाले तत्वों में उन्हें दूर रखा जा सकें।

जनजातीय विकास के मार्गदर्शी सिद्धांतों के संबंध में हमारे पहले प्रधानमंत्री **पंडित नेहरू** के विचारों को वैरियर एलिवन ने जन-जातीय पंचशील के रूप में बहुत ही सही ढंग से प्रस्तुत किया है।

इस पंचशील के पांच मूल सिद्धांत है-लोगों का, उनकी ही जरूरतों के अनुसार विकास करना चाहिए, बहुसंख्यक समाज को उन पर कोई भी बात थोपनी नहीं चाहिए, भूमि और वनों पर जनजातीय अधिकारों को मान्यता दी जानी चाहिए, विकास कार्य के लिए उनका अपना नेतृत्व उभारना चाहिए। इन क्षेत्रों में प्रशासन के लिहाज से अति नहीं होनी चाहिए और यथासंभव के जरिये ही काम करवाया जाए।

एक व्यवस्था के रूप में जाति में असमानता प्रचलित है। इस असमानता का आरंभ न केवल प्रतिमानों से, बल्कि समाज के आर्थिक और राजनीतिक क्षेत्र से भी होता है। जाति और विभिन्न संस्थाओं में अवश्य ही घनिष्ठ संबंध था।

अंग्रेजों ने जाति व्यवस्था को राष्ट्रीय एकता के विरुद्ध एक साधन के रूप में प्रयोग किया। उन के उपायों से एक ओर जहां निम्न वर्ग में सांस्कृतिकरण की प्रक्रिया चल पड़ी, वहां दूसरी ओर इससे जातिगत चेतना और भी प्रबल हुई।

स्वतंत्रता के बाद के समय में, यद्यपि चुनाव की राजनीति का एक महत्वपूर्ण तत्व जाति रही है, परन्तु राजनीतिक आधुनिकीकरण की प्रक्रिया के साथ जाति प्रथा की कट्टरता कम हुई है। यह प्रक्रिया विभिन्न जातियों के नजदीक आने और उनके आधार क्षेत्र के व्यापक होने से संभव हुई है।

जनजातीय लोग भाषा और अर्थव्यवस्था की दृष्टि से भारत में नृजातीय बहुलता के विविध स्वरूपों का प्रतिनिधित्व करते हैं। हाल के वर्षों में परिस्थितिकीय असंतुलनों के कारण जनजातियों की संस्कृति और अर्थव्यवस्था पर प्रतिकूल प्रभाव पड़ा है। इसके अलावा, जनजातीय किसानों में भूमिहस्तांतरण भूमिहीनता, ऋणग्रस्तता, आदि की भी समस्याएं ही हैं। औद्योगीकरण, शिक्षा, मुद्रीकरण, शहरीकरण ने शहरी वातावरण में जनजातीय लोगों में सामाजिक परिवर्तन की प्रक्रिया को तेज कर दिया है।

क्षेत्रीय असंतुलन

क्षेत्र और क्षेत्रीयकरण

क्षेत्रीय असमातनाएं राष्ट्र निर्माण के हमारे अधूरे कार्यों का परिणाम है। इससे मुख्य रूप से हमारी उन विकास नीतियों की

अपर्याप्तता जाहिर होती है जिन्हें स्वतंत्रता प्राप्ति के बाद अपनाया गया और जो औपनिवेशिक शासन से मिली, विकृतियों को दूर करने में विफल रहीं। हाल में इन तनावों ने खतरनाक रूप धारण कर लिया और राष्ट्र की जड़ों पर ही आघात होने का खतरा उत्पन्न हो गया है। इसलिए क्षेत्रीयता की पद्धति, क्षेत्रीय असंतुलन की प्रकृति और उनके बदलते हुए ढांचे को बेहतर ढंग से समझने की आवश्यकता आ पड़ी है।

डडले स्टाम्प, पिट्ठा वाला और कुरियन को छोड़कर सन् 40 के दशक के अंत तक भारत में क्षेत्रवाद का अध्ययन करने के लिए कोई अधिक प्रसाय नहीं किया गया था। हां, आर्थिक इतिहास के प्रसिद्ध विद्वान **आर.सी. दत्त** ने ब्रिटिश भारत में पट्टे पर भूमि देने की प्रणाली में क्षेत्र के अनुसार भिन्नताओं के परिणामों की ओर ध्यान जरूर आकर्षित किया-जैसे पूर्व में स्थायी बंदोबस्त, दक्षिण में अस्थायी बंदोबस्त आदि। अंग्रेजों ने फूट डालो और राज करो की अपनी नीति का पालन करते हुए राजनीतिक कारणों से बंगाल का विभाजन किया था। राष्ट्रीय आंदोलन की प्रकृति जो आंशिक रूप से बंगाल का विभाजन के विरुद्ध सफल संघर्ष के रूप में उभर कर सामने आई थी वह वास्तव में आजादी के लिए संयुक्त भारत से संघर्ष की विचारधारा से अभिप्रेरित थी। परिणामस्वरूप, क्षेत्रीयकरण और क्षेत्रीय असंतुलन से संबंधित मसले गोण हो गए, हालांकि स्वतंत्र भारत का वह संविधान जिसके अनुसार प्रांतीय सरकारों का स्वरूप निश्चित किया गया गवर्नमेंट ऑफ़ इंडिया एक्ट 1936 के आधार पर ही बताया गया था।

पचास के दशक के दौरान कुछ नीति-परक मामलों के कारण क्षेत्रीय योजनाएं तैयार की गई जो मुख्यत: प्राकृतिक कारकों पर आधारित थी। भारत की जनगणना (1951) ने प्राकृतिक क्षेत्रों की अवधारणा को पुनर्जीवित किया और संसाधनों के पांच क्षेत्रों का पता लगाया। भारतीय रिजर्व बैंक ने भौतिक और जनसंख्या संबंधी कारकों के आधार पर एक क्षेत्रीय योजना तैयार की। निजी तौर पर अनुसंधान करने वालों ने भी इसी तरह क्षेत्रीयकरण के प्रयास किए थे। सन् पचास के दशक के मध्य से कृषि-क्षेत्रों के सीमाकंन के प्रति रूचि दिखाई गई।

यह उल्लेखनीय है कि पचास के दशक के दौरान कुल मिलाकर भारत में क्षेत्रीयकरण के लिए भूवैज्ञानिक, भूगोलवेत्ता और कृषि विशेषज्ञ उत्तरदायी रहे हैं, जिनका कार्य संसाधन क्षेत्रों की रूपरेखा तैयार करना था। लेकिन नीतिनिर्धारण प्रक्रिया में या तो क्षेत्रीय आयाम की बिल्कुल उपेक्षा कर दी गई थी, जैसाकि 1956 के औद्योगिक नीति के संकल्प के मामले में हुआ था। (जिसमें क्षेत्रीय परिप्रेक्ष्य का बिल्कुल अभाव था।) या भाषायी और जातीय कारणों पर ध्यान केंद्रित कर दिया गया था, जैसा कि 1955 में राज्य पुनर्गठन आयोग की रिपोर्ट से लक्षित होता हैं। भारत में क्षेत्रीयकरण की प्रक्रिया के शुरू के दौर में क्षेत्रीयकरण के सामाजिक-आर्थिक विकास के पहलुओं पर उचित जोर नहीं दिया गया।

सन् साठ के दशक के आरम्भ से ही क्षेत्रीयकरण और क्षेत्रीय असंतुलन से संबंधित अध्ययनों में सामाजिक-आर्थिक आयामों को सार्थक रूप से शामिल कर लिया गया था। भारतीय जनगणना 1961 द्वारा प्रकाशित से नगुप्त और सदासुख की पुस्तक भारत का आर्थिक क्षेत्रीयकरण (1961) इस दिशा में एक प्रमुख प्रयास था। 1962 में योजना आयोग ने सामाजिक-आर्थिक निदेशकों के आधार पर क्षेत्रीय पिछलेपन का पता लगाने के लिए अध्ययन आरम्भ किया था। योजना आयोग ने राज्यों में केंद्रीय योजना सहायता का वितरण करने के लिए जो मानदंड अपनाए उनमें जनसंख्या, आमदनी, कर, उगाही और विकास कार्यों पर किए गए व्यय को महत्व दिया गया। इसे गाडगिल फार्मूले के रूप में जाना जाता हैं। यह क्षेत्रीयकरण की एक अन्तर्निहित योजना पर आधारित था। 1961 में जिलों के सामाजिक-आर्थिक विकास के स्तरों का निर्धारण करने के लिए ''मित्रा'' द्वारा व्यापक अध्ययन किया गया जिसे भारतीय जनगणना ने 1961 में एक विशेष खंड के रूप में प्रकाशित किया। तीसरी और बाद की पंचवर्षीय योजनाओं में और सन् साठ तथा सत्तर के दशकों में विभिन्न मंत्रालयों और सरकारी विभागों द्वारा अपनाए गए अनेक कार्यक्रमों में देश तथा राज्यों के भीतर क्षेत्रीय आसमानताओं को स्पष्ट रूप से स्वीकार किया गया। आवश्यक हो गया। इस प्रकार, भारतीय योजना में क्षेत्रीय महत्व के साथ ही सामाजिक और आर्थिक कारणों से युक्त क्षेत्रीय अध्ययन ने एक नया अर्थ पा लिया है। राष्ट्रीय कृषि आयोग (1976) ने कृषि संबंधों जलवायु पर आधारित क्षेत्रों का विस्तृत सीमांकन किया।

औपनिवेशिक विकृतियां और क्षेत्रीय संरचना

औपनिवेशिक काल में कृषि की स्थिति

भारत अपनी विस्तृत कछार भूमि और सामान्यत: गरम एवं आर्द्र जलवायु के कारण सभ्यता के उदयकाल से ही विश्व का एक प्रमुख कृषि प्रधान क्षेत्र रहा है। वर्षा ऋतु के दौरान अधिक बारिस होने और अनियमित मानसून के कारण उत्पन्न समस्याओं से पार पाने के लिए इतिहास में बहुत पहले से ही बांधों, कुओं और तालाबों के रूप में सिंचाई के साधन उपलब्ध थे। मुख्य रूप से कृषि क्षेत्र में भरपूर उत्पादन के कारण ही प्राचीन और मध्ययुग में सभ्यताओं को फलने-फूलने का आधार प्राप्त हुआ। इसलिए यह

स्पष्ट हैं कि भारत में ब्रिटिश साम्राज्यवाद को सभी समकालीन मानकों की दृष्टि से एक सुविकसित कृषि क्षेत्र मिला था।

भारतीय कृषि पर औपनिवेशिक शासन का क्या प्रभाव पड़ा? पहला, इस क्षेत्र पर निर्भर कामगारों के अनुपात में वृद्धि हुई, कृषि क्षेत्र का विस्तार रुक गया, तीसरा भूमि और सिंचाई प्रणाली में पूंजी निवेश बहुत ही कम था। और अंततः कृषि उत्पादन की जिम्मेदारी अधिक से अधिक उन लोगों पर आ गई जिनका भूमि पर स्वामित्व नहीं था। इन सब कारणों से भूमि और श्रम की उत्पादकता में काफी गिरावट आई मगर कृषि पर विपरीत असर डालने वाले इन कारणों का प्रभाव देश के भिन्न-भिन्न क्षेत्रों में समान नहीं था। औपनिवेशिक काल के दौरान, सिंधु-गंगा के मैदान के उत्तर-पश्चिमी और पूर्वी क्षेत्रों के बीच कृषि उत्पादकता में बहुत बड़ा अंतर आ गया था। उत्तर-पश्चिमी की प्रवृत्ति कुल मिलाकर सकारात्मक थी, जबकि पूर्वी क्षेत्र को बहुत अधिक हानि हुई।

कलकत्ता को केन्द्र मानकर पूर्वी भारत में रेलों का जाल-बिछाने में बहुत बड़े पैमाने पर पूंजी-निवेश के फैसले के कारण सिंचाई में पूंजी निवेश कम हो गया। इसके अलावा सिंचाई के लिए उपलब्ध कराई गई स्वरूप राशि में से अनुपात से अधिक हिस्सा उत्तर-पश्चिम भारत को दे दिया गया। बीसवीं शताब्दी के पहले पचास वर्षों के दौरान सिंचाई के कुल पूंजी परिव्यय में बंगाल, बिहार और उड़ीसा का संयुक्त भाग लगभग पांच प्रतिशत था, जबकि तत्कालीन पंजाब का भाग सामान्यतः लगभग चालीस प्रतिशत था। इस प्रकार, स्वतंत्रता-प्राप्ति के समय भारत को ऐसा निष्क्रिय कृषि-क्षेत्र विरासत में मिला, जिसमें गंभीर क्षेत्रीय असंतुलन था।

औपनिवेशिक काल के दौरान औद्योगिक विकास

भारत में आधुनिक औद्योगिकीकरण की नींव औपनिवेशिक राज के दौरान डाली गई थी। इस प्रारंभिक चरण में देश के औद्योगिक ढांचे में जो कमजोरियां और कमियां आ गई थी, उनका प्रभाव तत्कालीन भारत में भी औद्योगिक पद्धति पर, विशेष रूप से उनके क्षेत्रीय आयाम पर निरन्तर पड़ता रहा है।

अंग्रेजों ने जब भारत विजय करके उसे अपने साम्राज्य में शामिल किया, तो उसम समय उन्हें अपेक्षाकृत विश्व की एक विकसित औद्योगिक अर्थव्यवस्था मिली थी। भारतीय औद्योगिक आयोग (1916-18) का यह मत था कि, ''पश्चिम का व्यापारिक बेड़ा जब पहली बार भारत पहुंचा था, उस समय यूरोप के अधिक विकसित राष्ट्रों की तुलना में देश का औद्योगिक विकास किसी भी प्रकार से घटिया किस्म का नहीं था।''

ब्रिटिश साम्राज्य का भारतीय भाग, विशेष रूप से न केवल दस्तकारी और तकनीकी विशेषज्ञता की ऐतिहासिक परंपराओं से समृद्ध था, बल्कि वह असाधारण रूप से समृद्ध था, बल्कि वह असाधारण रूप से समृद्ध औद्योगिक संसाधनों से भी संपन्न था। भारतीय औद्योगिक आयोग का यह मत था कि, ''अधिकांश तथा कथित बुनियादी उद्योगों के रख-रखाव के लिए देश का खनिज भंडार पर्याप्त है।'' उस समय के बहुत से विकसित देशों में इतना समृद्ध खनिज भंडार उपलब्ध नहीं था।

अंग्रेजों ने औद्योगिक पंरपरा से प्राप्त इस समृद्ध विरासत और सुदृढ़ प्राकृतिक संसाधनों का किस प्रकार अपने उपनिवेश के लिए उपयोग किया? उन्होंने प्राचीन और मध्ययुग के कृषि पर आधारित औद्योगिक भार को ''इंगलैण्ड के एक कृषि फार्म'' में बदल दिया। विशेष रूप से प्रथम विश्व युद्ध से पहले सरकार की औद्योगिक नीति, ब्रिटिश पूंजीपति वर्ग के आदेशों का पालन करके, भारत से कच्चा माल प्राप्त करने और उसे अपने निर्मित माल के लिए बाजार के रूप में बदलने की थी। इसके परिणामस्वरूप नियंत्रित ढंग से देश में औद्योगिककरण की प्रक्रिया समाप्त हो गई।

औपनिवेशिक काल के दौरान शुरू की गई औद्योगिक विकास की प्रक्रिया कमजोर और विपरीत लक्षणों वाली थी, जिसमें मुख्य रूप से उपभोग्य वस्तुओं पर जोर दिया जाता था। मशीन निर्माण के क्षेत्र ने यूरोपीय राष्ट्रों में आत्मनिर्भर औद्योगिकरण की नींव रखी गई थी। उनका अभाव होने के कारण इस देश के औद्योगिक ढांचे की नींव कमजोर पड़ गई थी। अंग्रेजों ने जिनेवा सम्मेलन (1922) में भारत का उल्लेख ''विश्व के एक प्रमुख औद्योगिक राष्ट्र'' के रूप में किया था किंतु वास्तव में यह कथम बालू के विशाल ढेर की भांति था।

उन्नीसवीं शताब्दी के मध्य में प्रारम्भ की गई औद्योगिक विकास की प्रक्रिया न केवल संरचनात्मक रूप से कमजोर थी, बल्कि क्षेत्रीय रूप से भी विकृत थी। सूरत, ढाका, मुर्शिदाबाद जैसे प्राचीन और विशाल शहरी केंद्रों और अनेक छोटे एवं मध्यम दर्जे के शहरों का जो आधुनिक औद्योगिक क्षेत्र के विकास के लिए उत्पादन केंद्रों के रूप में कार्य कर सकते थे, तेजी से पतन हो गया। शीर्ष स्तर पर कलकत्ता, मुम्बई और मद्रास के बंदरगाह नगरों के उदय के साथ एक सर्वोच्च वर्गीय समूह उभर कर सामने आया। इस सर्वोच्च वर्गीय समूह उभरकर सामने आया। इस सर्वोच्च वर्गीय समूह के उपनगरों के रूप में काम कर रहे बंदरगाह बस्तियों औक कुछ छोटे शहरों में निर्यात के लिए स्थापित संसाधन एवं उपभोक्ता वस्तुओं के उद्योग भी कामगारों की उद्योगों में साझेदारी पर कोई असर नहीं डाल सके। इस सीमित औद्योगीकरण की प्रक्रिया से भूतपूर्व रजवाड़े तो बिल्कुल ही अछूते रहे।

काफी लागत से रेलवे पर आधारित एक ऐसी केंद्रीयकृत

परिवहन व्यवस्था स्थापित की गई जिसका झुकाव बंदरगाहों की ओर था। इसका परिणाम यह हुआ कि कुछ बंदरगाह-नगरों के चारों ओर औद्योगिक विकास की बस्तियां स्थापित हुईं। फलस्वरूप कुछ अपवादों को छोड़कर संसाधनों से समृद्ध क्षेत्र औपनिवेशिक भारत की विशेषता बन गए। मगर वे औद्योगिक रूप से अविकसित ही रहे। उद्योग और परिवहन के क्षेत्र में जो नए विकास हुए वे स्थानीय क्षेत्रों तक ही सीमित रहे और संपूर्ण अर्थव्यवस्था पर उनका असर मामूली ही रहा। इसे विदेशी अंत: क्षेत्रीय प्रकार का विकास यानी "इनक्लेव टाइप डेवलपमेंट" कहते हैं। स्वतंत्रता प्राप्ति के समय बड़े-बड़े प्रांतों में, जहां बंदरगाह नगर स्थित थे, यह दावा किया जाता था कि उनके यहां देश के 70 प्रतिशत कामगार काम करते हैं और देश के कुल उत्पादन का 70 प्रतिशत उन्हीं के कारखानों में उत्पादित होता है। इंजीनियरिंग और बिजली के सामान्य के कुल उत्पादन का 83 प्रतिशत और रसायन उद्योग में 87 प्रतिशत से अधिक का उत्पादन वहीं होता था। दूसरी ओर, खनिज पदार्थों में समृद्ध राज्यों बिहार, उड़ीसा और मध्य प्रदेश के कामगारों का संयुक्त हिस्सा कुल औद्योगिक मजदूरों की बीस प्रतिशत से भी कम था।

इस प्रकार यह निष्कर्ष निकाला जा सकता है कि उन्नीसवीं शताब्दी के अंत में और बीसवीं शताब्दी के दौरान अंग्रेजों की नीतियों ने औद्योगिकीकरण की ऐसी प्रक्रिया को अनुमति दी जो परिणाम की दृष्टि से कमजोर और संरचना की दृष्टि से प्रतिभागी थीं, क्योंकि वह अपर्याप्त रूप से विकसित मशीन-निर्माण क्षेत्र पर आधारित थीं। इसके अतिरिक्त इसमें संसाधनों से समृद्ध राज्यों मध्य प्रदेश, बिहार, उड़ीसा, कर्नाटक आदि को वस्तुत: स्पर्श तक नहीं किया जबकि दूसरी ओर अनेक ऐसे राज्यों में उत्पादन इकाइयां लगाई गई जहां कच्चे माल तथा मानवीय संसाधन की उतनी प्रचुरता नहीं थी। इस प्रकार से क्षेत्रीय असंतुलन कम होने की बजाय बढ़ता रहा।

बहुविकल्पीय प्रश्न

1. इनमें से कौन सी जनजाति बिहार में मिलती है?

A. लुशाई B. टोडा
C. असुर D. सेयोंन

2. किस जनजाति में 'भ्रातृ बहुपति प्रथा' प्रचलित है?

A. टोडा B. आयातनी
C. जौनसारी D. इनमें से किसी में नहीं

3. मध्य प्रदेश में कौन सी जनजाति झूम कृषि से जुड़ी हुई है?

A. मारिया और कोरकू B. भुटिया और बैगा
C. गोंड और बैगा D. झाइला

4. मध्यप्रदेश में संख्या के आधार पर कौन सी जनजाति सबसे अधिक है?

A. भुटिया B. गोंड
C. भील D. कोल

5. मणिपुर और त्रिपुरा के मध्य स्थित चिरागम पर्वत शृंखला में पाई जाने वाली जनजाति का नाम बताओ—

A. गारो B. खाती
C. कुकी D. उपरोक्त सभी

6. पोटलैच उत्सव किस जनजाति में जुड़ा हुआ है?

A. क्वाक्यूटल – उत्तरी अमेरिका
B. सेमोंग – बोर्नियो
C. बुशमैन – दक्षिण अफ्रीका
D. माओरी – न्यूजीलैंड

7. लेप्चा जनजाति भारत के किस राज्य में पायी जाती है।

A. बंगाल B. सिक्किम
C. बिहार D. किसी में नहीं

8. किस प्रजाति समूह की अधिकांश जनजातियों द्वारा तिब्बती-चीनी बोलियां बोली जाती हैं?

A. आस्ट्रेलाइड B. मंगोलाइड
C. अफ्रीकाइड D. किसी द्वारा नहीं

9. किस विद्वान ने जनजातियों का शास्त्रीय वर्गीकरण किया है?

A. एडम स्मिथ B. यार्न वाल्ड
C. हर्सल बिट्ज D. स्त्री

10. जनजाति विकास के लिए कौन-सा व्यक्ति राष्ट्रीय उपवन से संबंधित है?

A. एल्विन वारियर B. स्विस
C. टायलर D. लेवी स्ट्रॉस

11. निम्नलिखित में कौन-सा युग्म गलत है?

A. भील – राजस्थान B. संथाल – बिहार
C. टोडा – उड़ीसा D. गोंड – मध्य प्रदेश

12. निम्नलिखित में जाति का सबसे महत्वपूर्ण तत्व कौन-सा है?

A. लचीलापन
B. किसी दूसरे प्रकार के सामाजिक स्तरीकरण से अतुलनीय

C. सिर्फ हिन्दू समाज में इसकी विद्यमानता
D. इनमें से कुछ भी नहीं

13. पशुचारण सभ्यता का शास्त्रीय उदाहरण है—
A. भोटिया B. खासी
C. जौनसारी D. टोडा

14. जाति और जनजाति में क्या अंतर हैं?
A. जनजाति एक स्थानीय समूह है, जाति नहीं।
B. जाति का पेशा परम्परागत होता है जबकि जनजातियों का नहीं।
C. जाति का कोई राजनीतिक संगठन नहीं होता जबकि जनजातियों का होता है।
D. उपरोक्त सभी।

15. इनमें से कौन सी विशेषता गोत्र की नहीं है—
A. गोत्र वंशों का समूह है।
B. गोत्र अन्तर्विवादी होता है।
C. गोत्र मातृवंशील या पितृवंशीय होती है।
D. गोत्र का एक पूर्वज होता है।

16. भारतीय संविधान में जनजातियों के लिए कौन सा शब्द प्रयुक्त किया गया है—
A. गिरीजन B. मूलनिवासी
C. अनुसूचित जनजाति D. आदिम जाति

17. संथाल जनजाति में गांव के संगठन का मुखिया कौन होता है?
A. जन परमानिक B. गौरैट
C. नायक D. मांझी

18. सोहाई किस जनजाति का प्रसिद्ध उत्सव है?
A. नागा B. संथाल
C. कूकी D. खारिया

19. कूकी जनजाति किस प्रजाति से संबंध रखती है?
A. आर्यन B. पुर्तगीज
C. द्रषिड़ियन D. मंगोल

20. खासी, मुंडा और संथाली समूह की भाषाओं का कौन का परिवार है?
A. आग्नेय भाषा परिवार
B. द्रविड़ भाषा परिवार
C. चीनी-तिब्बती भाषा परिवार
D. इनमें से कोई नहीं

21. एल्विन वारिय ने भारतीय जनजातियों को मुख्यत: कितने वर्गों में बांटा है—
A. तीन B. पांच
C. चार D. छह

22. 2011 की जनगणना के अनुसार भारत में जनजातियों का प्रतिशत कितना है?
A. 7.54 B. 6.68
C. 8.06 D. 7.06

23. भारतीय संविधान द्वारा कितनी जनजातियों को अनुसूचित जनजाति के रूप में परिगणित किया गया है?
A. 182 B. 212
C. 222 D. 202

24. 2011 की जनगणना के अनुसार भारत में सर्वाधिक अनुसूचित जनजातियां किस राज्य में पायी जाती है?
A. मिजोरम B. बिहार
C. उड़ीसा D. पश्चिम बंगाल

25. डॉ. गुहा और हट्टन के मुताबिक दक्षिण की जनजातियां किस प्रजाति की है—
A. मंगोलियन B. निग्रो
C. आदि-आग्रेयाय D. किसी की भी नहीं

26. 'जाति का कोई भू भाग नहीं होता लेकिन जनजाति का निश्चित भू-भाग होता है।' यह विचार किस विद्वान का है—
A. एल्विन वारिय B. हट्टन
C. बी.एस. गुहा D. मजूमदार

27. नेसफील्ड ने जाति प्रथा की उत्पत्ति के संबंध में किस सिद्धांत की प्रतिपादन किया है?
A. प्रजातीय सिद्धांत
B. व्यावसायिक सिद्धांत
C. राजनीतिक सिद्धांत
D. धार्मिक सिद्धांत

28. हट्टन द्वारा प्रतिपादित आदिम संस्कृति के सिद्धांत को कहा जाता है—
A. जनजाति का सिद्धांत
B. आदिम जाति का सिद्धांत
C. माना का सिद्धांत
D. राजनीतिक सिद्धांत

29. जाति की उत्पत्ति और विकास में सहायक कितने कारकों को हट्टन ने उल्लिखित किया है?
A. 10 B. 12
C. 18 D. 15

30. 'भारत का सम्पूर्ण इतिहास रंगभेद की कहानी है' कथन किसका है—
A. बीले B. रिजले
C. फुरिये D. हट्टन

31. जाति प्रथा के संबंध में प्रजातीय सिद्धांत का प्रतिपादन किसने किया है—

A. पोकाक B. विलियम रॉ
C. घुरिये D. रिजले

32. भारत के संविधान में छठी अनुसूची का संबंध है—

A. अनुसूचित जनजाति से B. अनुसूचित जाति से
C. अन्य पिछड़े वर्गों से D. अल्पसंख्यकों से

33. निम्नलिखित में कौन सा उपबंध संविधान में केवल जनजातियों से संबंधित है?

A. सेवाओं और पदों पर नियुक्तियां (335)
B. लोकसभा में सीटों का आरक्षण (350)
C. राज्य विधान सभाओं में सीटों का आरक्षण (332)
D. अनुसूचित जाति की घोषणा (224)

34. 'जाति च्युत जाति व्यवस्था का उपोत्पाद है जाति व्यवस्था का उन्मूलन करने के सिवाय अन्य किसी तरह जाति-च्युत को मुक्ति नहीं दिलाई जा सकती।' यह किसका कथन है–

A. जवाहरलाल नेहरू B. महात्मा गांधी
C. कामराज D. डॉ. अम्बेडकर

35. जनजातीय समाजों में समष्टि समूह है—

A. नातेदारी के आधार पर स्थायी सम्पत्ति को रखने वाला समूह
B. बस्तियों के आधार पर स्थायी रूप से एक साथ रहने वाला समूह
C. नातेदारी के आधार पर एक साथ न रहने वाला स्थायी समूह
D. समझ के आधार पर स्थायी स्वैच्छिक समूह

36. जनजातीय सलाहकार परिषद में अधिकतम सदस्यों की संख्या हो सकती है —

A. 15 B. 18
C. 20 D. 22

37. अस्पृश्य जातियों की अनुसूची किस वर्ष में बनाई गई?

A. 1952 में B. 1953 में
C. 1941 में D. 1935 में

38. दलित कल्याण लीग की स्थापना किसने की थी—

A. महात्मा गांधी B. गोपाल कृष्ण गोखले
C. डा. भीमराव अम्बेडकर D. लोकमान्य तिलक

39. 2011 की जनगणना के अनुसार भारत में अनुसूचित जनजातियों की संख्या कितनी है?

A. 2 करोड़ 15 लाख B. 4 करोड़ 25 लाख
C. 6 करोड़ D. 2 करोड़ 15 लाख

40. निम्नलिखित में से कौन-सा अनुच्छेद आरक्षण के दावे को वैध बनाता है?

A. 334 B. 335
C. 336 D. 337

41. निम्नलिखित को सुमेलित कीजिए—

(क) कोल विद्रोह 1. 1783
(ख) कोली विद्रोह 2. 795-1800
(ग) चुआर आंदोलन 3. 831-1832
(घ) तमाड़ विद्रोह 4. 1818

	क	ख	ग	घ
A.	1	2	3	4
B.	2	4	1	3
C.	3	4	2	1
D.	3	4	1	2

42. निम्नलिखित को सुमेलित करें—

(क) खासी विद्रोह 1. 1861
(ख) जुअंग विद्रोह 2. 1966-1971
(ग) नागा विद्रोह 3. 1829
(घ) मिजो विद्रोह 4. 1879

	क	ख	ग	घ
A.	1	2	3	4
B.	3	1	4	2
C.	3	1	2	4
D.	4	3	2	1

43. निम्नलिखित को सुमेलित करिए—

(क) डी. मेण्डलबाम 1. नीलगिरी के कोटा
(ख) केथलिन गॉग 2. तंजौर गांव
(ग) एम. मेरियट 3. किशनगढ़ी
(घ) एस. सी. दुबे 4. आदिला बाद में देवड़ा
5. कश्मीरी पंडित

	क	ख	ग	घ
A.	5	3	1	4
B.	2	4	5	3
C.	4	3	2	1
D.	1	2	3	4

उत्तरमाला

1	2	3	4	5	6	7	8	9	10
C	A	C	B	D	A	A	B	A	A
11	**12**	**13**	**14**	**15**	**16**	**17**	**18**	**19**	**20**
C	A	D	D	D	C	D	B	D	A
21	**22**	**23**	**24**	**25**	**26**	**27**	**28**	**29**	**30**
C	C	B	A	B	D	B	C	D	A
31	**32**	**33**	**34**	**35**	**36**	**37**	**38**	**39**	**40**
D	A	D	D	B	C	A	C	D	B
41	**42**	**43**							
C	B	D							

अध्याय 21

सैद्धान्तिक परिप्रेक्ष्य
(The Theoretical Perspectives)

किसी भी समाज का अध्ययन करने से पहले हमें यह तय करना होता है कि उसके लिए कौन-से सैद्धान्तिक उपागम या परिप्रेक्ष्य को अपनाया जायेगा। सामाजिक परिस्थिति, अध्ययन विषय अध्ययन के लिए उपलब्ध साधन, समय उपलब्ध अनुसंधानकर्ता एवं क्षेत्र की विशेषताओं के आधार पर ही सैद्धान्तिक उपागम का चयन किया जाता है। यूं तो सैद्धान्तिक उपागम अनेक हैं जिनका प्रयोग भारतीय समाज को समझने के लिए विभिन्न विद्वानों ने किया है। किन्तु इनमें से कुछ प्रमुख उपागमों या परिप्रेक्ष्यों, जैसे भारतविद्या, शास्त्रीय परिप्रेक्ष्य, संरचनात्मक-प्रकार्यात्मक परिप्रेक्ष्य, मार्क्सवादी परिप्रेक्ष्य, सभ्यतावादी परिप्रेक्ष्य, दलितवादी परिप्रेक्ष्य, आदि उपागमों का तथा इन उपागमों से सम्बन्धित विद्वानों के विचारों का हम यहां उल्लेख करेंगे :

I. भारत-विद्या/वाङ्‌मयी परिप्रेक्ष्य (Indological/Textual Perspective)

इस परिप्रेक्ष्य के अनुसार भारतीय समाज का अध्ययन करने के लिए ऐतिहासिक-तुलनात्मक पद्धति तथा भारत-विद्या के आधार पर अध्ययन किया जाता है। इसमें सामाजिक संस्थाओं का अध्ययन प्राचीन भारतीय इतिहास, पुराणों, धर्मग्रन्थों एवं शास्त्रों के आधार पर किया जाता है। इसके प्रमुख समर्थन घुरिये एवं ड्यूमां हैं जिनके विचारों का हम यहां उल्लेख करेंगे।

भारत-विद्या शास्त्रीय परिप्रेक्ष्य : घुरिये के विचार

भारत में समाजशास्त्र के साथ **गोविन्द सदाशिव घुरिये** का नाम बड़े सम्मान के साथ जुड़ा हुआ है। वे भारत की प्रथम पीढ़ी के समाजशास्त्रियों में से हैं जिन्होंने भारत में न केवल समाजशास्त्र को दृढ़ता से स्थापित किया बल्कि कई ऐसे छात्र भी प्रदान किये जिन्होंने देश के विभिन्न भागों में समाजशास्त्र विषय की स्थापना की एवं समाजशास्त्रीय शोध एवं सिद्धान्तों के द्वारा समाजशास्त्रीय साहित्य को समृद्धि प्रदान की।

प्रो० घुरिये का जन्म 12 दिसम्बर 1893 को महाराष्ट्र के मालवा क्षेत्र के एक सारस्वत ब्राह्मण परिवार में हुआ। उनका शैक्षणिक जीवन प्रारम्भ से ही उच्च कोटि का रहा है। उन्होंने अपनी सभी परीक्षाएं प्रथम श्रेणी में उतीर्ण की। उन्होंने सन् 1918 में संस्कृत में एवं बाद में अंग्रेजी में बम्बई के एल्फिन्स्टन कॉलेज से प्रथम श्रेणी में स्वर्ण पदक प्राप्त कर एम०ए० की परीक्षा पास की।

सन् 1919 में बम्बई विश्वविद्यालय ने समाजशास्त्र विषय पढ़ाने के लिए **प्रो० पैट्रिक गेड्डिस** को आमंत्रित किया। इस समय **प्रो० घुरिये** एल्फिन्स्टन कॉलेज, बम्बई में संस्कृत के प्राध्यापक थे और यह कोई भी नहीं जानता था कि वे एक दिन भारत के महान समाजशास्त्री बन जायेंगे। **प्रो० गेड्डिस** के भाषणों को जो लोग सुनते थे, उनमें से घुरिये भी एक थे। **गेड्डिस** ने ब्रिटिश विश्वविद्यालय में समाजशास्त्र में प्रशिक्षण पाने के लिए **घुरिये** का चुनाव किया। उनकी सिफारिश पर बम्बई विश्वविद्यालय ने घुरिये को लन्दन भेजा। कुछ समय तक प्रो० **एल० टी० हाबहाउस** के अध्ययन के बाद **डा० डब्ल्यू० आर० एच० रिवर्स** के पास कैम्ब्रिज विश्वविद्यालय में चले गये वहां **घुरिये** ने अनेक लेख लिखे तथा **डा० रिवर्स** के निर्देशन में 'Ethnic Theory of Caste' (जाति का प्रजातीय सिद्धान्त) विषय पर अपना शोध कार्य किया। **प्रो. घुरिये** के कार्यों पर **डा० रिवर्स** का स्पष्ट प्रभाव दिखाई देता था और उनका झुकाव मानवशास्त्रीय महत्व के विषयों जैसे नातेदारी और प्रसारवाद की ओर था। **प्रो० घुरिये** के शोध कार्य की समाप्ति के पहले ही **प्रो० रिवर्स** का देहावसान हो गया।

सन् 1923 में **प्रो० घुरिये** कैम्ब्रिज विश्वविद्यालय से डाक्टरेट

की उपाधि ग्रहण कर भारत लौट आये। सन् 1924 में उन्हें बम्बई विश्वविद्यालय के समाजशास्त्र विभाग के रीडर एवं विभागाध्यक्ष पद पर नियुक्ति प्रदान की गयी। सन् 1934 में **घुरिये** को प्रोफेसर के पद पर नियुक्त किया गया तथा 1959 में वे यहां से सेवानिवृत्त हुए। इसके बाद भी आपकी सेवाएं लेने के लिए बम्बई विश्वविद्यालय ने आपके लिए **'प्रोफेसर एमरिटस'** (Emeritus-Professor) का एक नया पद सृजित किया। **प्रो० घुरिये** ने 25 से भी ज्यादा पुस्तकों की रचना की है। उन्होंने 800 एम०ए० छात्रों को जल्दी कार्य एवं 87 छात्रों को डाक्टरेट के लिए शोध कार्य के लिए निर्देशित किया।

प्रो० घुरिये के लेखन में इतिहास, मानवशास्त्र और समाज-शास्त्रीय परम्पराएं विद्यमान हैं। उन्होंने स्वयं ने ही नहीं बल्कि अपने छात्रों को भी अनुभवाश्रित अध्ययन एवं अनुसन्धान करने के लिए प्रेरित किया उन्होंने भारत के अनेक समाजशास्त्र के अध्यापकों को शिक्षा प्रदान की। वे Anthroplogical Society of Bombay के 1945-50 तक अध्यक्ष भी रहे। **घुरिये** ने **'इण्डियन सोशियोलोजिकल सोसायटी'** (Indian Sociological Society) की स्थापना की और इसके तत्वाधान में सन् 1952 में **'सोशियोलोजिकल बुलेटिन'** नामक प्रत्रिका का प्रकाशन भी प्रारम्भ किया जो आज भारत में ही नहीं बल्कि विश्व की प्रमुख समाजशास्त्रीय पत्रिकाओं में से एक है। वे 1966 तक इसके प्रथम अध्यक्ष के रूप में कार्य करते रहे।

भारतीय समाजशास्त्रीय जगत में **प्रो० घुरिये** का विशिष्ट स्थान है। अपनी लेखन, निर्देशन, अध्यापन, संगठन एवं प्रेरणा की अद्भुत क्षमता के कारण उन्होंने अपना एक अनुपम स्थान बना लिया है। उन्होंने भारत में समाजशास्त्रीय साहित्य को समृद्ध बनाने में जो योगदान दिया है उसके लिए हम सभी उनके चिरऋणी रहेंगे।

प्रो० घुरिये की कृतियां (Works of Prof. Ghurye): **प्रो० घुरिये** की कृतियों की एक लम्बी सूची है। उन सभी का यहां उल्लेख करना सम्भव नहीं है, किन्तु उनमें से कुछ प्रमुख रचनाएं निम्नांकित हैं।

1. The Aborigines—So called and their future, 1993

2. Family and kin in Indo-European culture, 1962

3. Cities and Civilization, 1962

4. Anatomy of a Ruruban community, 1963

5. The Scheduled Tribes, 1963

6. Indian Sadhus, 1964

7. Social Tensions in India, 1968

8. Caste, Class and Occupation, 1961

(यह पुस्तक पूर्व में Caste and Class in India तथा Caste and Race in India नाम से भी छप चुकी है। इन दोनों पुस्तकों का ही यह परिवर्तित एवं संशोधित रूप है।)

9. Culture and Society

10. Indian Costume

प्रो० घुरिये ने अपने विषयों पर लिखा है और उन्होंने जो अध्ययन पद्धति अपनायी है, वह ऐतिहासिक एवं भारतशास्त्रीय (Indology) पद्धति है। **प्रो० घुरिये** ने अपने सभी अध्ययनों में तुलनात्मक ऐतिहासिक अध्ययन पद्धति का उपयोग किया है। तुलनात्मक ऐतिहासिक अध्ययन पद्धति में प्रोफेसर **जी०एस० घुरिये** ने उन सभी समजाशास्त्रियों को जो उनके विद्यार्थी रहे हैं या वे लोग जो उनके सिद्धान्त से प्रभावित थे, सम्मिलित किया जा सकता है। यह पद्धति घुरिये और उनके शिष्य समाजशास्त्रियों के विशाल एवं समृद्ध योगदान पर आधारित है। इस पद्धति में भारतीय इतिहास तथा महाकाव्य जैसे परम्परागत स्वरूपों को आधार माना है। इसलिए घुरिये की इस अध्ययन पद्धति को भारत विद्याशास्त्र या बाङ्मय परिप्रेक्ष्य के नाम से जाना जाता है। **डा० घुरिये** ने अपने समाजशास्त्रीय विश्लेषण में अनेक विषयों की विवेचना की है एवं भारतीय समाज का गहन अध्ययन प्रस्तुत किया है। आपने जाति व्यवस्था, नातेदारी प्रथा, सौन्दर्यशास्त्र, वेशभूषा का गतिविज्ञान, भारतीय नगर, ग्रामीण समाज में होने वाले परिवर्तन, सभ्यताओं एवं नागरिक समुदायों के अन्तःसम्बन्ध, भारतीय आदिवासी एवं प्रजाति, भारतीय साधुओं तथा सभ्यताओं का तुलनात्मक अध्ययन किया है। ज्ञान तथा मूल्यों के सिद्धान्त आदि कुछ ऐसे विषयों का अध्ययन किया है जो निःसंदेह भारतीय समाजशास्त्र की दृष्टि से अत्यधिक महत्वपूर्ण है।

डा० घुरिये के अधिकांश समाजशास्त्रीय अध्ययनों का आधार न केवल अखिल भारतीय है बल्कि भारतीय सभ्यता सम्बन्धी सन्दर्भ भी हैं। उन्होंने जातीय और जनजातियों में अन्तर भारतीय सांस्कृतिक एवं भाषाई आधार पर किया है। सामाजिक संरचना तथा परिवर्तन के अध्ययन के लिए उन्होंने विभिन्न संज्ञाओं एवं अवधारणाओं का प्रयोग किया है। जो प्राचीन भारतीय इतिहास तथा महाकाव्य से ली गई हैं। उदाहरण के लिए ग्रामीण एवं नगरीय अध्ययन के सम्बन्ध में भी उन्होंने इस विधि का प्रयोग किया है।

घुरिये के आदि से अन्त तक की समाजशास्त्रीय रचनाओं में भारतीय विद्या का संतुलित ढंग से प्रयोग एवं विश्लेषण किया गया है। **घुरिये** के भारत विद्या उपागम का उपयोग उनके अनेक शिष्यों ने किया है। जैसे **प्रो० के०एम० कपाड़िया** ने भारत में विवाह और परिवार के सन्दर्भ में तथा **ए०आर० देसाई** ने भारतीय राष्ट्रवाद

के विश्लेषण में इस विधि का प्रयोग किया। इस प्रकार हम देखते हैं कि **प्रो० घुरिये** ने ऐतिहासिक तुलनात्मक पद्धति के तहत भारतीय विद्याशास्त्र का प्रयोग कर सामाजिक संस्थाओं के उद्‌भव, विकास तथा रूपान्तरण जैसी समस्याओं पर अपना मत प्रकट किया है।

घुरिये ने भारतविद्या शास्त्रीय उपागम द्वारा भारतीय साधुओं के उत्थान, इतिहास, कार्य और वर्तमान में हिन्दू साधुओं के संगठनों का उल्लेख किया है। उन्होंने अपनी पुस्तक 'Social tensions in India' में तनाव का ऐतिहासिक तुलनात्मक अध्ययन प्रस्तुत किया है। उन्होंने अपनी कृति 'Cities and Civilization' में नगरों के प्राकृतिक इतिहास, अमेरिका और इंग्लैण्ड के नगरों का इतिहास, भारत के नगरों की स्थिति एवं उनकी वृद्धि, नगर राजधानियों के रूप में तथा विशाल नगरों के रूप का उल्लेख किया है। प्रो० **घुरिये** ने अपनी पुस्तक 'Caste, Class and Occupation' में जाति प्रथा के लक्षणों, स्वरूपों, विभिन्न युगों में जाति, प्रजाति एवं जाति, भारत के बाहर जातियों के तत्वों, जाति की उत्पत्ति, अनुसूचित जातियों, व्यवसाय एवं जाति वर्ग के कार्यों एवं जाति के भविष्य आदि विषयों पर चर्चा की है। अपनी पुस्तक 'The Scheduled Tribes' जनजातियों की समस्याओं और उनके समाधान के बारे में विस्तार से चर्चा की है। साथ ही उन्होंने कुछ भारतीय जनजातियों के सामाजिक संगठन, परिवार, विवाह, नातेदारी एवं धर्म, आदि के बारे में भी पूर्ण ब्यौरा प्रस्तुत किया है।

लुईस ड्यूमां (Louis Dumont)

लुईस ड्यूमां फ्रांसीसी मानवशास्त्री एवं समाजशास्त्री थे। **ड्यूमां** ने कई वर्षों तक ऑक्सफोर्ड विश्वविद्यालयों में अध्यापन किया। किन्तु सन् 1955 के बाद वे फ्रांस आ गये और यहां पर उन्होंने लेखन एवं अध्यापन का कार्य किया। **ड्यूमां** को भारत के समाजशास्त्र में विशेष रुचि थी। **ड्यूमां** भारतीय जाति व्यवस्था त था संस्तरण को अपने विश्लेषण ''**कॉन्ट्रिब्यूशन्स टू इण्डियन सोशिओलाजी**'' नामक पत्रिका के एक संस्थापक के लिए विशेषत: जाने जाते हैं। भारतीय जाति व्यवस्था के अतिरिक्त **ड्यूमां** की भारतीय सामाजिक व्यवस्था में भी विशेष रुचि थी। इसके कई पक्षों जैसे नातेदारी, धर्म, विवाह आदि पर भी **ड्यूमां** ने कई लेख और पुस्तकें लिखीं हैं। सन् 1970 में **ड्यूमां** ने अंग्रेजी भाषा में एक पुस्तक ''**होमो हाइअरर किकस**'' (सम-अधिक्रमिकता) लिखी। इस पुस्तक ने उन्हें अन्तर्राष्ट्रीय जगत में एक अग्रणी समाजशास्त्री के रूप में प्रतिष्ठित किया। इस पुस्तक में उन्होंने भारतविद्या मानवशास्त्र और उच्च समाजशास्त्रीय सिद्धान्तों की बहुकुशलता एवं विद्वतापूर्वक ढंग से समन्वय करके भारतीय जाति व्यवस्था तथा उसके द्वारा पड़ने वाले प्रभावों का सारगार्भित विश्लेषण किया है। **ड्यूमां** ने जाति-व्यवस्था का विश्लेषण पवित्रता के आधार पर किया है जो अनूठा है। **ड्यूमां** ने इस पुस्तक में जाति के इतिहास तथा उद्‌गम सम्बन्धी सिद्धान्तों से लेकर सामाजिक संस्तरण वर्ण-व्यवस्था अन्तर्जातीय विवाह, जाति पंचायत, अस्पृश्यता, खान-पान सम्बन्धी निषेध जैसे विषयों का भी विस्तार से विश्लेषण किया। उन्होंने कहा है कि जाति व्यवस्था को समझने के लिए भारतीय पौराणिक ग्रन्थों में इस बारे में निहीत विचारधारा को समझना जरूरी है। यह उनके भारतविद्याशास्त्र का ही एक अंग है। भारतीय समाज में हो रहे बदलाव के बारे में **ड्यूमां** ने लिखा है कि ''समाज में परिवर्तन हो रहा है किन्तु समाज का परिवर्तन नहीं हो रहा है।'' उनका 'जाति की दृष्टि से गांव' और 'सभ्यतापरक दृष्टि से जाति' सम्बन्धी दृष्टिकोण अन्य लोगों के जाति अध्ययनों के परिप्रेक्ष्यों से अलग हैं। **ड्यूमां** ने भारतीय जाति व्यवस्था और भारतीय गांव की सामाजिक संरचना के अध्ययन के लिए भारत विद्याशास्त्रीय (इनडोलॉजी) दृष्टि और संरचनात्मक उपागम दोनों की बात कही है।

हालांकि जाति व्यवस्था विषय पर **ड्यूमां** के विचारों को पूर्ण रूप से स्वीकार नहीं किया गया लेकिन फिर भी मार्क्सवादी, उत्तर आधुनिकतावादी, प्रकार्यवादी, संरचनावादी और चाहे किसी विचारधारा का व्यक्ति क्यों न हो, वह जाति व्यवस्था सम्बन्धी अपने लेखन में **ड्यूमां** के विचारों को अनदेखा नहीं कर सकता है।

ड्यूमां का यह विचार कि ''भारत एक ऐसा धार्मिक समाज है जो जाति व्यवस्था के शुद्ध संस्तरण व्यवस्था से परिचालित है।'' को कोई भी विचारक माने या नहीं लेकिन यह एक तथ्यपरक स्पष्ट कथन है।

डयूमां ने जाति व्यवस्था के अतिरिक्त दक्षिण भारत में प्रचलित नातेदारी व्यवस्था पर भी कार्य किया है। इस सन्दर्भ में उन्होंने दक्षिण भारत में **परमली कल्लार** नामक समुदाय पर गहन कार्य किया है।

ड्यूमां एक विशेष परिचर्चा के लिए भी प्रसिद्ध है जो 1957 में एक लेख द्वारा प्रारम्भ हुई। अपने लेख '**भारत के लिए समाजशास्त्र** में **ड्यूमां** ने भारतीय समाजशास्त्र की प्रकृति सिद्धान्त' और अवधारणाओं और पद्धति विज्ञान के बारे में अपने विचारों को प्रकट किया। बाद में इस परिचर्चा में पुस्तकों, लेखों और गोष्ठियों के माध्यम से कई समाजशास्त्रियों ने जैसे डा० **योगेन्द्र सिंह, ऑबेराय डी० नारायण** आदि ने भाग लिया। इस लेख के ऊपर भारतीय तथा विदेशी समाजशास्त्रियों ने तेज प्रतिक्रियाएं जाहिर की। उन्होंने कहा समाजशास्त्र तो समाजशास्त्र है उसके सिद्धांत, अध्ययन उपागम, विषय वस्तु आदि सभी देशों में एक जैसी ही हैं। यदि प्रत्येक देश का अपना समाजशास्त्र होने लगा तो समाजशास्त्र

आधुनिकीकरण, सामाजिक परिवर्तन, परम्परा का प्रबन्धन तथा विकास आदि पर अपने बहुमूल्य अध्ययन और विचार प्रस्तुत किए हैं ये सब आज भी भारतीय समाजशास्त्रीय धरोहर का अंग है। उन्होंने एकाधिक अध्ययन पद्धतियों का सहारा लिया किन्तु सर्वाधिक अध्ययन संरचनात्मक-प्रकार्यात्मक उपागम के आधार पर किया।

प्रो. श्यामाचरण दुबे ने मध्य प्रदेश की स्थानान्तरित कृषि करने वाली कमार नामक आदिवासी जनजाति का अध्ययन कर मानव-विज्ञान और समाजशास्त्रीय जगत् में प्रवेश किया। इन्होंने अपने व्यावसायिक जीवन का प्रारम्भ नागपुर के हिस्लोप महाविद्यालय में एक प्राध्यापक के रूप में किया। इसके बाद वे राजनीतिक विज्ञान के प्राध्यापक के रूप में लखनऊ विश्वविद्यालय में चले गए। यहां अपने अध्ययन के साथ-साथ आपने प्रो. डी.एन. मजूमदार के साथ 'Eastern Anthropologist' नामक पत्रिका का प्रकाशन एवं सम्पादन किया। उस्मानिया विश्वविद्यालय में समाजशास्त्र विभाग में रीडर के पद पर भी डॉ. दुबे ने कार्य किया। तत्पश्चात् वे सागर विश्वविद्यालय में मानवशास्त्र के प्रो. रहे।

प्रो. दुबे ने कई राष्ट्रीय और अन्तर्राष्ट्रीय ख्याति प्राप्त समितियों और संस्थाओं में विभिन्न पदों को भी सुशोभित किया।

वे 'Indian Institute of Advanced Study, Shimla' (1972-77) के निदेशक, जम्मू विश्वविद्यालय के कुलपति (1978-80), आई०सी०एस०एस० आर के नेशनल फैलो (1980-83) तथा यूनेस्को और संयुक्त राष्ट्र संघ की कई संस्थाओं के गौरवपूर्ण पदों पर रहे। प्रो० दुबे मध्यप्रदेश उच्च शिक्षा अनुदान आयोग, भोपाल के अक्ष्यक्ष भी रहे हैं। प्रारम्भिक दौर में प्रो० दुबे सामुदायिक ग्रामीण विकास के राष्ट्रीय संस्थान, में सलाहकार थे। सन् 1975-76 में दूबे, अखिल भारतीय समाजशास्त्रीय परिषद 'आई०एस०एस०' के अक्ष्यक्ष भी रहे।

प्रो० दुबे की प्रमुख कृतियां निम्नांकित हैं :

1. The Kamar
2. Indian Village (1955)
3. India's Changing Villages (1958)
4. Tribal Heritage of India (1977)
5. Modernization and Development (1988)
6. Indian Society (1992)
7. मानव और संस्कृति
8. भारतीय ग्राम
9. विकास का समाजशास्त्र
10. संक्रमण की पीड़ा

प्रो० दुबे को उनकी कृति 'Indian Village'(भारतीय ग्राम)1955 के कारण समाजशास्त्रीय जगत में अन्तर्राष्ट्रीय पहचान मिली। इस पुस्तक में अन्तर-अनुशासन पद्धति का प्रयोग किया गया है। उन्होंने तेलंगाना (आन्ध्र प्रदेश) के 'शमीर पेठ' गांव का अध्ययन किया जो हैदराबाद से 10 किमी दूर है। इस गांव के अध्ययन हेतु उन्होंने मानवशास्त्रीय उपागम द्वारा सामाजिक संरचना एवं जीवन शैली का अध्ययन किया। उन्होंने शमीर पेठ के विभिन्न पहलुओं जैसे—सामाजिक, आर्थिक, सांस्कारिक एवं कर्मकाण्डनीय संरचना, पारिवारिक सम्बन्ध, जीवन-स्तर,सामुदायिक जीवन और बदलते स्वरूप का विवरणात्मक-गवेषणात्मक प्रकार का प्रथम समाजशास्त्रीय ग्रामीण अध्ययन प्रस्तुत किया। इस अध्ययन ने भारत में समाजशास्त्र के क्षेत्र में शोध के एक नये आयाम का उद्‌घाटन किया है। जो समसामयिक क्षेत्रीय एवं आनुभवी अध्ययन पर जोर देता है। इस अध्ययन की प्रकृति समष्टिमूलक है जो संरचनात्मक-प्रकार्यात्मक विधि के प्रयोग का एक अनुपम उदाहरण प्रस्तुत करता है। इस अध्ययन के बाद प्रो० दुबे ने सामुदायिक विकास योजनाओं के भारतीय ग्रामों पर पड़ने वाले प्रभावों को लेकर एक अन्य अध्ययन **'भारत के बदलते हुए गांव'** (1958)नाम से किया। इस अध्ययन में उन्होंने सामुदायिक विकास में मानव तत्व की महत्ता एवं उसकी मुख्य भूमिका को रेखांकित किया है। इसके साथ ही इसमें योजनाओं के परिणामस्वरूप उत्पन्न हुए परिवर्तन और तज्जनित समस्याओं का मूल्यांकन किया गया है। प्रो० दुबे ने आधुनिकीकरण को परिभषित कर इसकी विभिन्न विशेषताओं का उल्लेख किया। इन्होंने भारत में कार्यशील विभिन्न परम्पराओं का भी ब्यौरा प्रस्तुत किया।

मार्क्सवादी परिप्रेक्ष्य (Marxian Perspective) भारतीय समाज का अध्ययन करने के लिए कई विद्वानों ने मार्क्सवादी उपागम को अपनाया है। इनके अलावा डी०पी०मुखर्जी एवं ए०आर०देसाई हैं। मार्क्स की भांति ये विद्वान भी समाज के विकास को द्वन्द्ववाद से जोड़ते हैं। द्वन्द्व ही समाज में परिवर्तन के लिए उत्तरदायी है। इसी पृष्ठभूमि में हम डी०पी०मुखर्जी तथा ए०आर० देसाई के द्वन्द्वात्मक एवं मार्क्सवादी विचारों का उल्लेख करेंगे :

डा० डी०पी० मुखर्जी (Dr. D.P. Mukherjee) भारतीय समाजशास्त्र को अमूल्य योगदान प्रदान करने वाले एक प्रमुख समाजशास्त्री धुर्जटि प्रसाद मुखर्जी हैं, जिन्हें प्यार से लोग डी०पी० के नाम से पुकारते थे। डी०पी० मुखर्जी एक लब्ध प्रतिष्ठित भारतीय थे जिन्होंने न केवल समाजशास्त्र के क्षेत्र में ही, बल्कि अर्थशास्त्र, साहित्य, संगीत और कला के क्षेत्र में भी अपना कीर्तिमान स्थापित किया। फिर भी उनके विचारों से समाजशास्त्र सर्वाधिक लाभान्वित हुआ। प्रो० मुखर्जी एक विद्वान, सुसंस्कृत और भावुक प्रकृति के व्यक्ति थे। उनके सम्पर्क में आने वाले युवा लोग उनसे अत्यधिक

प्रभावित होते थे और उनसे दिशा-निर्देशन पाते थे। मुखर्जी अपने समय के एक महान बौद्धिक विभूति, भारतीय समाजशास्त्र के संस्थापकों में अग्रणीय और भारतीय नवजागरण के क्रान्ति दूत माने जाते हैं। वे प्रो० राधाकमल मुखर्जी के समकालीन विद्वान थे।

प्रो० डी०पी० मुखर्जी का जन्म सन् 1894 में बंगाल में एक मध्यमवर्गीय ब्राह्मण परिवार में हुआ था। यह वह समय था जब बंगाल में बंकिम चन्द्र, रवीन्द्रनाथ ठाकुर एवं शरतचन्द के साहित्य का पुनर्जागरण हो रहा था। प्रो० डी० पी० मुखर्जी राधाकमल मुखर्जी के समकालीन थे। डी०पी०मुखर्जी एक प्रबुद्ध और मौलिक विचारक थे। उनमें भविष्य को भी देखने की अद्भुत क्षमता थी। उन्होंने अपना प्रथम लेख 'उद्योग में प्रजातंत्र' उस समय लिखा जब न तो प्रजातंत्र और न ही उद्योग का विकास हुआ था। और जब पूंजीवाद का भी प्रारम्भिक काल चल रहा था। उन्होंने अपनी अन्तर्दृष्टि से पूंजीवाद को समूह अर्थव्यवस्था में टूटते हुए देखा था। डी०पी० मुखर्जी बहुमुखी प्रतिभा के धनी थे। उन्होंने साहित्य के क्षेत्र में उपन्यास भी लिखे और वे टैगोर के बहुत नजदीक आये तथा उनके साथ मिलकर एक पुस्तक की भी रचना की। संगीत में आपकी गहरी रुचि थी और उसमें भी निर्भय होकर आलोचनाएं लिखी। उन्होंने पहले इतिहास का अध्ययन किया और बाद में अर्थशास्त्र में उपाधि ग्रहण की। बंगाली भाषा में उन्हें विशेष योग्यता प्राप्त थी। उन्होंने वर्षों तक अर्थशास्त्र तथा समाजशास्त्र पढ़ाया। उनका कई क्षेत्रों पर पूरा-पूरा अधिकार था। वे दर्शनशास्त्र, इतिहास, अर्थशास्त्र, समाजशास्त्रीय सिद्धान्तों और कला, साहित्य व संगीत के सिद्धान्तों पर अधिकारिक तौर पर बात कर सकते थे। उन्होंने ज्ञान के विभिन्न क्षेत्रों का इस प्रकार से समन्वय किया कि वे मानव एवं संस्कृति के समक्ष आने वाली विभिन्न समस्याओं को आलोचनात्मक दृष्टि से देख सकते थे। विचारों की अभिव्यक्ति में वे अद्वितीय थे। संस्कृति का समाजशास्त्र विषय के वे अधिष्ठाता थे। उनके लेखन से भी ज्यादा महत्वपूर्ण उनके व्याख्यान, वार्तालाप और विचार-विमर्श थे। इसलिए ही लिखने के स्थान पर वे मौखिक बातचीत पर ज्यादा बल देते थे। इसी के द्वारा वे नयी पीढ़ी के मस्तिष्क को प्रशिक्षित कर अपने बारे में सोचने के लिए तैयार करते थे। वे कहा करते थे 'मानव का निर्माण करना मेरे लिए पर्याप्त है' (Shaping men is enough for me) वे अपने छात्रों से कहा करते थे 'मेरे पास पुस्तकें लिखने का समय कहां है'।

वे मार्क्सवादी विचारों में विश्वास करते थे। राजनीतिक आन्दोलन को वे सामाजिक और आर्थिक परिवर्तन का अंग मानते थे। वे प्रतिष्ठा व सम्मान के भूखे नहीं थे। आपने कलकत्ता विश्वविद्यालय से सन् 1918 में एम०ए० (इतिहास) एवं 1920 में एम०ए० (अर्थशास्त्र) की परीक्षा पास की। आपने अपना अध्यापन जीवन अपने निवास स्थान के बंगवासी कॉलेज से प्रारम्भ किया। यहां से सन् 1922 में डी०पी०मुखर्जी ने लखनऊ विश्वविद्यालय में अर्थशास्त्र व समाजशास्त्र के व्याख्याता का पद ग्रहण किया। उन्होंने 30 वर्ष तक लखनऊ विश्वविद्यालय में अध्यापन कार्य किया। लखनऊ विश्वविद्यालय में वे डॉ० राधाकमल मुखर्जी जैसे विद्वान समाजशास्त्री के सम्पर्क में आये और वहां उन्होंने काफी पढ़ा, बहुत कुछ सीखा और पढ़ाया। प्रो०ए०के०सरन और डी० एन० मदान जैसे भारत के लब्ध प्रतिष्ठित समाजशास्त्री प्रो०डी०पी० के प्रिय शिष्यों में से हैं। डी०पी०केवल शिक्षक ही नहीं थे बल्कि अपने आस-पास की जिन्दगी के अन्वेषक और उसे संवारने वाले भी थे। उन्होंने लखनऊ के सांस्कृतिक जीवन का विन्यास किया। उनके मौलिक चिन्तन एवं बौद्धिक सोच ने उन्हें नगर की सार्वजनिक गतिविधियों का संचालक बना दिया। डी०पी०की चिन्तनशैली, व्याख्यान कला और प्रतिभा अद्वितीय थी। उन्होंने इस नये विश्वविद्यालय की शैक्षणिक संरचना के निर्माण में महत्वपूर्ण भूमिका निभायी। उन्होंने एक पीढ़ी के छात्रों को प्रेरणास्पद ढंग से पढ़ाया। उनके पढ़ाये हुए छात्र आज देश के लब्ध प्रतिष्ठित विद्वान हैं। और कई विश्वविद्यालयों में विभागाध्यक्ष रह चुके हैं या हैं। लखनऊ विश्वविद्यालय से कुछ समय के लिए वे उत्तर प्रदेश में कांग्रेस जब सत्ता में आयी तो सूचना विभाग के डायरेक्टर बनकर चले गये। उन्होंने जन-सम्पर्क को बौद्धिक दृष्टिकोण प्रदान किया। उन्होंने अर्थशास्त्र और सांख्यिकी के ब्यूरो की भी स्थापना की जो आज भी कार्यरत है। लेकिन युद्ध की समस्या पर अंग्रेजों से मतभेद होने पर उत्तर प्रदेश में कांग्रेस सरकार ने त्यागपत्र दे दिया तो डी०पी०मुखर्जी फिर से लखनऊ विश्वविद्यालय में व्याख्याता के रूप में लौट आये।

यद्यपि वे राजनीतिक उथल-पुथल से जुड़े हुए नहीं थे। फिर भी राष्ट्रीय स्वतंत्रता आन्दोलन के नजदीक थे। सन् 1947 में उन्हें उत्तर प्रदेश श्रम जांच समिति का सदस्य नियुक्त किया गया। सन् 1951 में लखनऊ विश्वविद्यालय में वे प्रोफेसर बने सन् 1953 में वे अलीगढ़ विश्वविद्यालय में अर्थशास्त्र विभाग के अध्यक्ष के रूप में नियुक्त होकर गये जहां वे पांच वर्ष तक कार्य करते रहे। वे हेग में 'इण्टरनेशनल इन्स्टीट्यूट ऑफ सोशियल स्ट्डीज' में समाजशास्त्र के विजिटिंग प्रोफेसर बन कर भी गये। यूनेस्को के निमन्त्रण पर उन्होंने पेरिस में शानदार व्याख्यान दिया। चूंकि वे धूम्रपान बहुत करते थे, अत: इसी समय उन्हें गले का कैंसर हो गया जिसके उपचार के लिए वे ज्यूरिख गये। ऑपरेशन के बाद उनकी आवाज खराब हो गयी। वे कुछ और समय तक अलीगढ़ में प्रोफेसर के पद पर कार्य करते रहे। 5 दिसम्बर 1962 को उनका स्वर्गवास हो गया।

प्रो० डी०पी०मुखर्जी 'इण्डियन सोशियोलोजीकल एसोसियेशन' के संस्थापक सदस्य थे तथा वे इसकी मैनेजिंग कमेटी एवं सम्पादक मण्डल के भी सदस्य थे। उन्होंने इस संगठन का अंतर्राष्ट्रीय समाजशास्त्रीय संगठन (International Sociological Association) में प्रतिनिधित्व भी किया और उसके उपाध्यक्ष रहे। उन्होंने 1955 में 'प्रथम अखिल भारतीय समाजशास्त्रीय संगठन' की अध्यक्षता भी की। वे रफी अहमद किदवई और जवाहरलाल नेहरू से प्रभावित थे तथा उनसे पत्र व्यवहार भी करते रहते थे। वे समाजवाद के प्रति प्रतिबद्ध थे] और आयोजन (Planning) में विश्वास करते थे। वे वर्ग एवं विशेषाधिकारों के भी विरुद्ध थे।

डी०पी० मुखर्जी एक बहुत ही प्रभावशाली और सफल प्राध्यापक, महान सामाजिक विचारक, उपन्यासकार, साहित्य और कला के विवेचक, संगीत पारखी, मानवतावादी दृष्टिकोण से ओत-प्रोत मानव और कुशल प्रशासक थे। वे समस्य ज्ञान की एकता और अनुभव के एकीकरण में विश्वास करते थे। वे हठवादी मनोवृत्ति अन्ध परम्परा और संकुचित दृष्टिकोण के विरोधी थे।

डी०पी० मुखर्जी की प्रमुख कृतियां (Main Works of D.P Mukherjee)

1. समाजशास्त्र की मूल अवधारणाएं, 1932 (Basic Concepts of Sociology, 1932)

2. आधुनिक भारतीय संस्कृति,1942 (Modern Indian Culture, 1942)

3. भारतीय संगीत का परिचय 1945 (Introduction to Indian Music, 1945)

4. भारतीय युवकों की समस्याएं, 1946 (Problems of Indian Youth, 1946)

5. विचार और प्रतिविचार, 1946 (View and Counterview, 1946)

6. विविधताएं, 1948 (Diversities, 1948)

7. भारतीय संस्कृति का समाजशास्त्र, 1942 (Sociology of Indin Culture, 1942)

8. भारतीय परम्परा एवं सामाजिक परिवर्तन, (Indian Tradition and Social Change)

उपर्युक्त रचनाओं के अतिरिक्त आपने तीन उपन्यास भी लिखे एवं आपका एक कहानी संग्रह भी छपा है। आपने रवीन्द्र नाथ टैगोर के साथ एक संगीत की पुस्तक भी लिखीग्र बंगाली भाषा में आपके द्वारा लिखे गये निबन्धों के दो लेख भी छपे है।

प्रो०डी०पी०मुखर्जी के सामाजिक विचार (Social Views of D.P. Mukherjee)

प्रो० डी०पी० मुखर्जी ने इतिहास, अर्थशास्त्र, कला, संगीत, साहित्य और समाजशास्त्र से सम्बन्धित अपने महत्वपूर्ण विचार व्यक्त किये हैं।

यहां हम डी०पी०मुखर्जी के प्रमुख समाजशास्त्रीय योगदानों का उल्लेख करेंगे।

डी०पी० मुखर्जी को भारतीय समाजशास्त्र की मार्क्सवादी विचारधारा का अग्रज कहा जा सकता है। डी०पी०मुखर्जी की यह विशेषता थी कि वे किसी भी विचारधारा या वाद का अन्धानुकरण नहीं करते थे बल्कि उसके विचारों को तर्क की कसौटी पर तौलते थे। वे सत्य को जानने के लिए विभिन्न मार्गों को अपनाने के पक्ष में थे। उनकी समाजशास्त्रीय अवधारणा का तत्व व्यक्तित्व है। उनका मत है कि व्यक्तित्व का सम्पूर्णवादी दृष्टिकोण ही समाज विज्ञान की व्याख्या का आधार होना चाहिए। डी०पी० की अध्ययन पद्धति को मनोसमाजशास्त्रीय पद्धति कहा जाता है।

आज ज्ञान का विभाजन हो गया है वह कई शाखाओं और उपशाखाओं में बंट गया है। अत: उसकी पूर्णता समाप्त हो गयी है। व्यक्तित्व के विभिन्न पक्ष होते हुए भी उसका विकास एकीकरण एवं सम्पूर्णता में निहित है। उसी प्रकार से ज्ञान के विभिन्न पक्ष होते हुए भी समाज विज्ञान की संपूर्णता एवं एकीकरण समाजशास्त्र के विकास के लिए जरुरी है। डी०पी० मुखर्जी विभिन्न विज्ञानों जैसे अर्थशास्त्र, इतिहास और समाजशास्त्र के पारस्परिक सम्बन्धों और उनके आदान-प्रदान को आवश्यक मानते हैं।

परम्पराओं का द्वन्द्व (Dealectic of Traditions)

प्रो०डी०पी० मुखर्जी द्वन्द्वात्मक उपागम के समर्थक हैं। द्वन्द्वात्मक उपागम यह मानकर चलता है कि विश्व एवं समाज का विकास द्वन्द्वात्मक प्रक्रिया के द्वारा होता है। प्रत्येक समाज में दो विरोधी शक्तियां मौजूद होती हैं। इनमें परस्पर संघर्ष होता है। इस संघर्ष का अन्त एक नये समाज के रूप में होता है जो दोनों विरोधी शक्तियों का समन्वय होता है मार्क्स इसे वाद-प्रतिवाद एवं संवाद (Thesis, Antithesis and Synthesis) के रूप में व्यक्त करता है। इसे नेत्र का नियम (Law of Triad) कहते हैं। किसी विषय का प्रारम्भ 'वाद' से होता है जो स्वयं विरोधाभासों को जन्म देता है। अर्थात समाज में एक शक्ति या स्थिति मौजूद है। तो दूसरी उसके विपरीत शक्ति या स्थिति भी होती है जिसे 'प्रतिवाद' कहते हैं। इन दोनों में सघर्ष चलता है। यह संघर्ष एक नयी स्थिति को जन्म देता है जिसमें वाद एवं प्रतिवाद का समन्वय होता है इसे संवाद कहते हैं। इस संवाद की नवीन स्थिति का भी धीरे-धीरे प्रतिवाद जन्म लेता है इनमें भी फिर संघर्ष होता है। दोनों के पुन: समन्वय से एक नई स्थिति संवाद पैदा होती है। इस प्रकार वाद, प्रतिवाद, संवाद फिर वाद-प्रतिवाद एवं संवाद यह क्रम लगातार चलता रहता है।

और इस संघर्ष के माध्यम से समाज में परिवर्तन घटित होता रहता है समाज निरन्तर प्रवाहमान बना रहता है।

भारत में मार्क्स के द्वन्द्वात्मक उपागम से प्रभावित होने वाले डी०पी०मुखर्जी प्रमुख हैं। वे भारत में सामाजिक प्रक्रिया एवं परिवर्तन के विश्लेषण में परम्पराओं के संघर्ष की चर्चा करते हैं। मुखर्जी ने भारतीय परम्परा में अनेक प्रकार के विरोधों का उल्लेख किया और इस आधार पर परम्पराओं के द्वन्द्वात्मक अध्ययन का सुझाव दिया। मुखर्जी भारतीय परम्परा एवं पश्चिम की परम्परा के संघर्ष के द्वन्द्व की चर्चा करते हैं। मुखर्जी कहते हैं कि सामाजिक मूल्यों एवं वर्ग हितों में पारस्परिक संघर्ष एवं अंतरखेल (Inter Play) होता है। फिर उनमें समन्वय पैदा होता है। यह प्रक्रिया चलती रहती है और समाज में परिवर्तन होता रहता है। मुखर्जी कहते हैं कि भारत में यह प्रक्रिया मुसलमानों के आगमन एवं उनके प्रभाव से ही प्रारम्भ हुई जो आज तक चली आ रही है। ब्रिटिश शासन के प्रभाव से भारत में एक नवीन मध्यम वर्ग का उदय हुआ। जिसकी जड़े न तो परम्परा में थी और न आधुनिकता में ही बल्कि यह दोनों का समन्वय था। भारतीय परम्परा एवं पश्चिम की परम्परा के संघर्ष के परिणाम स्वरूप अनेक सांस्कृतिक विरोधाभास भी उत्पन्न हुए। सांस्कृतिक विरोधाभासों एवं नवीन वर्गों के उदय के कारण भारत में संघर्ष एवं समन्वय की प्रक्रिया भी प्रारम्भ हुई। मुखर्जी कहते हैं कि इस संघर्ष एवं समन्वय को भारत में विद्यमान वर्ग संरचना के आधार पर आगे बढ़ाया जाना चाहिए और इसे आगे बढ़ाने के लिए योजना का सहारा लिया जाना चाहिए।

मुखर्जी ने परम्पराओं के अनेक प्रकार के विरोधों का उल्लेख किया है। उनका मत है कि कस्बों एवं नगरों में स्वेच्छावाद पनप रहा है। व्यक्तिवादी प्रवृत्ति प्रबल होती जा रही है और समूहवादी परम्परा का विरोध हो रहा है। मुखर्जी कहते हैं कि परम्पराओं में उत्पन्न हो रहे इस प्रकार के विरोधाभासों का अध्ययन किया जाना चाहिए।

डी०पी० का मत है कि धर्म से सम्बन्धित परम्पराएं आज भी भारत में अपनी निरन्तरता बनाए हुए हैं। धार्मिक परम्पराओं का संघर्ष नगरीय मध्यमवर्ग की परम्पराओं के साथ हो रहा है। भारतीय समाजशास्त्रियों का यह दायित्व है कि वे इन परम्पराओं के संघर्ष एवं विकास को द्वन्द्वात्मक उपागम के माध्यम से विश्लेषित करें। मुखर्जी कहते हैं कि जब भारतीय समाज में व्यक्तिवाद एवं स्वेच्छावाद नहीं पनपा था तब भारतीय परिवारों के मुखिया एवं किसानों की आकांक्षाओं का स्तर भी निम्न था। वे कहते हैं कि भारत की प्राचीन परम्पराओं में मनुष्य की अवधारणा पुरुष (Man) है। व्यक्ति (Individual) नहीं वे यह भी कहते हैं कि भारतीय समाजशास्त्रियों को अपने अध्ययन की इकाई व्यक्ति नहीं बल्कि समूह को चुनना चाहिए क्योंकि समूह के आचरण को परम्पराएं नियन्त्रित, निर्देशित एवं संचालित करती हैं। इसी सन्दर्भ में मुखर्जी ने लिखा है कि परम्परा असल में आचरण या व्यवहार का नियम है।

प्रो० डी०पी० मुखर्जी का कहना है कि भारतीय समाजशास्त्रियों को परम्पराओं के अध्ययन की ओर विशेष ध्यान देना चाहिए। यह उनके लिए काफी उपजाऊ धरातल है। जिन सामाजिक परम्पराओं के मध्य हमने जन्म लिया, बड़े हुए हैं और आज भी रह रहे हैं उनका अध्ययन करना हमारे लिए आवश्यक एवं लाभदायक है। यहां यह भी अध्ययन किया जाना चाहिए कि आन्तरिक एवं बाह्य दबावों से परम्पराओं में क्या अन्तर आ रहे हैं। परम्पराओं में अवरोध एवं समावेशन (Resistance and Absorption) की अपूर्व क्षमता पायी जाती है। हमारी सामाजिक परम्पराओं में अनूकूलन की विशेष क्षमता है।

भारतीय समाजशास्त्री के लिए केवल समाजशास्त्री होना ही काफी नहीं है। उसे सबसे पहले भारतीय होना चाहिए अर्थात उसे अपनी जन-रीतियों लोकाचारों, प्रथाओं तथा परम्पराओं में भाग लेना चाहिए ताकि वह अपनी सामाजिक व्यवस्था को सही रूप में समझ सके। उसे भारतीय जनश्रुतियों को ठीक से जानना चाहिए। उच्च जनश्रुतियों को समझने के लिए स्थानीय बोलियों का ज्ञान जरूरी है। भारतीय सामाजिक समस्याओं का अध्ययन कर रहे अनेक सामाजिक वैज्ञानिकों को संस्कृत का ज्ञान नहीं है। और अरबी तथा फरसी भाषा जानने की तो कोई शायद ही परवाह करता है। यह स्थिति असल में निराशाजनक है। जब तक भारत में समाजशास्त्रीय प्रशिक्षण संस्कृत को या किसी ऐसी भाषा को आधार मानकर नहीं दिया जाता जिसमें परम्पराएं प्रतीकों के रूप में मौजूद हैं तब तक भारत में सामाजिक अनुसंधान दूसरे जो कुछ कर रहे हैं उसका अनुकरण मात्र ही होगा। हमारे भारतीय शोधकर्ता एवं विद्वान आधुनिक वैज्ञानिक प्रविधियों (बाहर से आयातित) को अपनाने में इतने उतावले हैं कि वे उनकी उपयोगिता पर भी सही प्रतिप्रेक्ष्य में विचार नहीं कर पाते। ऐसा लगता है कि बौद्धिक धरातल पर जो कुछ आदान-प्रदान होता है उसमें हमारे देने के लिए कुछ भी नहीं है। डा० मुखर्जी अपने साथी समाजशास्त्रियों के ध्यान में दो बातें लाना चाहते हैं। (*i*) वे सामान्य प्रघटनाएं जिससे सामाजिक व्यवस्था और संस्कृति दोनों ही निकट रूप से सम्बन्धित हैं, समाजशास्त्र की विषयवस्तु हैं, तथा (*ii*) जहां तक भारतीय समाज का सम्बन्ध है सामान्य मूर्त प्रघटनाओं का अध्ययन समूह क्रिया तथा समूह परम्पराओं के माध्यम से उत्तमता के साथ किया जा सकता है।

भारत में धार्मिक जीवन ही जीने का परम्परागत तरीका है और यही बात उसकी संस्कृति के लिए भी सही है। अत: भारत की सामाजिक व्यवस्था मूलत: समूह या जाति क्रिया के लिए प्रतिमानात्मक आधार प्रस्तुत करती है न कि व्यक्ति के लिए स्वैच्छिक रूप से क्रिया करने का प्रतिमान अत: यदि आप भारतीय हैं तो परम्पराओं से मुक्त होने का कोई मार्ग नहीं है। यह बात हिन्दुओं के लिए जितनी सही है उतनी ही मुसलमानों, ईसाइयों तथा बौद्धों के लिए भी सही है। प्रो० मुखर्जी के अनुसार नगरों एवं कस्बों में मध्यम वर्गों में विशेषत: स्वेच्छावाद (Volunterism) पनप रहा है। इन वर्गों के लोग वाणी की-दृष्टि से काफी महत्वपूर्ण हैं लेकिन यदि इन लोगों के व्यवहार का निकटता से अवलोकन किया जाए तो पता चलेगा कि परम्परावाद विरोधी व्यक्तिवाद की स्वयं की अपनी एक परम्परा विकसित हो रही है।

प्रो० मुखर्जी की दृष्टि में धर्म से सम्बन्धित परम्पराएं जो आज भी अपनी निरन्तरता बनाए हुए हैं और नगरीय मध्यम वर्ग की नवीन परम्पराओं के बीच द्वन्द्व या संघर्ष पाया जाता है। समाजशास्त्री इन पर इस दृष्टि से विचार करता है कि परम्पराओं का विकास संघर्ष या द्वन्द्व के माध्यम से होता है। स्वेच्छात्मक क्रिया के अभाव के कारण भारतीय समाज को एक लाभ जरूर मिला है। कुछ मध्यम वर्गों को छोड़कर भारतीय जीवन की एक महत्वपूर्ण विशेषता लोगों में नैराश्य या कुण्ठा का अभाव है। यदि हम भारतीय किसान तथा परिवार के मुखिया को देखें तो पायेंगे कि उनमें 'आकांक्षाओं का स्तर' नीचा पाया जाता है। यह आकांक्षाओं का स्तर परम्पराओं द्वारा निर्देशित होता है जो अधिकतर भारतीयों के लिए संस्कृति एवं मूल्यों का स्तर निर्धारित करते हैं।

हमारी स्वतंत्रता की अवधारणा भिन्न है क्योंकि हमारी मनुष्य की अवधारणा पुरुष है न कि व्यक्ति। अत: भारतीय समाजशास्त्री को समूह को अपने अध्ययन की इकाई के रूप में चुनना होगा, न कि व्यक्ति को। तब उसकी आंखें खुली रखकर अपना कार्य प्रारम्भ करना होगा। परम्परा जो कि उसके अध्ययन का प्रमुख विषय है एक तथ्य नहीं होकर बिसरा या भूला हुआ तथ्य है। परम्परा वास्तव में आचरणों या व्यवहार का नियम है।

परम्पराओं का उद्‌गम किसी स्रोत से होता है, यह स्रोत धर्म-ग्रन्थ सन्त या रहस्यमयी व्यक्ति हो सकता है। चाहे इसका स्रोत कोई भी क्यों न हो इनकी अपनी एक ऐतिहासिकता होती है। ये परम्पराएं सामाजिक सुदृढ़ता का निर्णायक भाग बन जाती है।

ब्राह्मण सम्प्रदाय परम्पराओं के संरक्षण एवं वाहक रहे हैं। परम्पराएं मौद्रिक रूप से पीढ़ी दर पीढ़ी हस्तान्तरित होती रही हैं। जाति व्यवस्था जिसके शिखर पर ब्राह्मण लोग हैं, ने परम्पराओं को बनाए रखने और हस्तान्तरित करने में विशेष योग दिया है। प्रतिमानात्मक व्यवस्था के माध्यम से भारतीय सामाजिक व्यवस्था की निरन्तरता आज तक बनाये रखी गयी है। प्रो० मुखर्जी ने बताया है कि आवाज और दृष्टि (दर्शन) (Sound and Sight) दोनों को परम्पराओं के संरक्षण हेतु प्रयुक्त किया गया है। आवाज की भूमिका का सर्वोत्तम प्रकटीकरण ओम तथा नाम जप के रूप में हुआ है। जबकि दृष्टि या दर्शन का मूर्तियों या देव रूप में हुआ है। इन दोनों को इस विचार में सम्मिलित कर लिया गया है कि पण्डित (मनीषी)ही द्रष्टा है, पैगम्बर है, मंत्र का निर्माता है। मंत्र को बार-बार दोहराया जाना चाहिए। और मंत्र मनीषी या ऋषि द्वारा अभ्यासी को ही दिया जा सकता है। भारत में सर्वाधिक महत्व मंत्र की पुनरावृत्ति, सही उच्चारण सही आचरण तथा सही ध्यान को दिया गया है।

उपर्युक्त कथन का एक सामान्य निष्कर्ष यह निकलता है कि परम्परा कुछ भी नहीं है बल्कि बनाये रखने या संरक्षण की क्रिया है अत: परम्पराएं रूढ़िवादी होती हैं। लेकिन यह निष्कर्ष गलत होगा। इसका कारण यह है कि परम्पराएं परिवर्तित होती हैं। बाह्य और आन्तरिक दोनों प्रकार के कारकों से ये बदलती हैं।

प्रो० मुखर्जी के अनुसार हमारी परम्पराओं में परिवर्तन के तीन तत्वों—श्रुति, स्मृति तथा अनुभव को मान्यता प्रदान की गयी है। अनुभव को विशेषत: अत्यनत महत्वपूर्ण तत्व माना गया है। कई उपनिषद् तो व्यक्तिगत अनुभवों पर ही आधारित है। व्यक्तिगत अनुभव शीघ्र ही सामूहिक अनुभव के रूप में पुष्पित हुआ। सामूहिक अनुभव को ही परिवर्तन का प्रमुख सिद्धान्त माना गया है। यदि हम विभिन्न सम्प्रदायों या पंथों की उत्पत्ति पर विचार करें तो पायेंगे कि उनके संत संस्थापकों ने उन्हें अपने व्यक्तिगत अनुभव से प्रारम्भ किया। उनका अनुष्ठानों, मंदिरों तथा पुजारियों से कोई सम्बन्ध नहीं था। उन्होंने जो कुछ कहा स्थानीय बोली या भाषा में कहा, न कि संस्कृत में। उन्होंने अधिकतर जातियों एवं वर्गों को ही अपने पंथ सम्बन्धित प्रमुख बातें बतायी। उन्होंने स्त्रियों को समान स्थिति प्रदान की तथा प्रेम, स्नेह एवं सहजता या स्वाभाविकता का उपदेश दिया। इन संतों का लोगों पर व्यापक असर पड़ा और उन्होंने परम्पराओं पर भी काफी प्रभाव छोड़ा। उच्च परम्पराएं प्रमुखत: बौद्धिक थी तथा स्मृति तथा श्रुति में केन्द्रित थी जहां परिवर्तन का सिद्धान्त द्वन्द्वात्मक अर्थनिरूपण या व्याख्या द्वारा उपलब्ध था। यही प्रक्रिया हमें मुसलमानों में भी देखने को मिलती है। उनमें सूफियों ने प्रेम और अनुभव पर विशेष बल दिया। परम्पराओं के विकास में जहां द्वन्द्वात्मक योग्यता का काफी प्रभाव रहा है, वहां अनुभव का भी प्रभाव रहा है। यहां यह मानना या कहना अनुचित होगा कि

बुद्धि-विचार ऐतिहासिक दृष्टि से अनुभव, प्रेम, स्नेह आदि की तुलना में परम्पराओं में परिवर्तन के अभिकरण के रूप में अधिक महत्वपूर्ण हैं।

प्रो० मुखर्जी ने बताया है कि जब कभी उच्च और निम्न बौद्धिक परम्पराओं में संघर्ष की स्थिति उत्पन्न होती, तब उसका अनुमान लगा लिया जाता है और प्रयत्न पूर्वक उन्हें वैचारिक दृष्टि से एक-दूसरे के निकट ला दिया जाता है। यहां जाति समाज विद्यमान रहा है, एक ऐसा समाज जिसने वर्गों के निर्माण को रोका है, सब प्रकार की वर्ग चेतना को दबाया है। यहां चुनावों में भी वर्ग चेतना, जातीय चेतना या भावना के तहत समाहित हो जाती है। भारतीय समाज भी पश्चिमी समाज के समान बदल रहा है। परंतु यहां पश्चिमी समाज के समान उतना विघटन नहीं हुआ है। भारतीय सामाजिक व्यवस्था के अध्ययन के लिए भारतीय समाजशास्त्री को समाजशास्त्र में एक भिन्न उपागम को काम में लेने की आवश्यकता है क्योंकि इसकी विशेष परम्पराएं हैं। इसके विशेष प्रतीक और संस्कृति तथा सामाजिक क्रियाओं के विशेष प्रतिमान हैं। तत्पश्चात् भारतीय परम्पराओं, संस्कृति तथा प्रतीकों पर आर्थिक और प्रौद्योगिकीय परिवर्तनों का प्रभाव आता है। इन सबका अध्ययन भारतीय समाजशास्त्री को करना है।

परम्पराओं के द्वन्द्वात्मक प्रारूप (Dialectical Typologies of Traditions) प्रो०डी०पी०मुखर्जी ने भारतीय समाज में पायी जाने वाली परम्पराओं के अध्ययन हेतु जो द्वन्द्वात्मक प्रारूप बताये हैं वे निम्नांकित हैं:

1. लघु एवं वृहद परम्परा में संघर्ष प्रारूप (Typology of Little and Great Traditions Dialectics) प्रो० डी०पी० मुखर्जी का मत है कि भारतीय समाज में दो प्रकार की परम्पराएं विद्यमान हैं : एक लघु एवं दूसरी वृहद। लघु परम्पराएं अलिखित होती हैं, उनकी उत्पत्ति संस्कृत साहित्य में नहीं हैं बल्कि स्थानीय स्रोतों में विद्यमान है। वे परिष्कृत नहीं होती हैं तथा उनका फैलाव का क्षेत्र भी सीमित होता है। दूसरी और ऐसी परम्पराएं जो लिखित हैं। जिनका उल्लेख हमें भारत के शास्त्रीय ग्रन्थों जैसे–रामायण, महाभारत, वेदों एवं उपनिषदों में देखने को मिलता है, जो परिष्कृत हैं तथा जिनका फैलाव संपूर्ण भारत में पाया जाता है। मुखर्जी कहते हैं कि भारत में इन दोनों परम्पराओं में भी द्वन्द्व पाया जाता है। वृहद परम्पराओं से द्वन्द्व के फलस्वरूप लघु परम्पराएं जन्म लेती हैं। भारतीय संस्कृति की वृहद् परम्पराओं का विरोध भी भारतीय समाज में विद्यमान विरोधी शक्तियों द्वारा किया गया। उदाहरण के लिए भारत की ब्राह्मण परम्पराओं के विरोध स्वरूप ही नानक, नामदेव, तुकाराम, कबीर, चैतन्य एवं दादूदयाल ने सुधारात्मक सम्प्रदाय चलाए। 19 वीं सदी में आर्य समाज, ब्रह्म समाज, रामकृष्ण मिशन, आदि ने परम्पराओं के विरुद्ध सुधारात्मक आन्दोलन चलाए। इस प्रकार से भारत में लघु एवं वृहद् परम्पराओं में द्वन्द्व विद्यमान रहा।

2. पुनर्जागरण की शृंखलाएं (Series of Renaissnace) डी० पी० मुखर्जी भारतीय परम्पराओं के अध्ययन के लिए भारत में हुए पुनर्जागरण के आन्दोलनों एवं प्रयासों का अध्ययन करने का भी सुझाव देते हैं। उनकी मान्यता है कि भारत में पुनर्जागरण का प्रारम्भ केवल 19 वीं सदी में ही नहीं हुआ बल्कि यह वैदिक काल से चला आ रहा है। वे लिखते हैं, "19 वीं सदी का पुनर्जागरण केवल एक हैं। जो कि भारत में पुनर्जागरण की शृंखला की अन्तिम कड़ी है। हम कम से कम पहले के पांच प्रमुख कालों को जानते हैं जिनमें परिवर्तन हुए हैं और सभी में नवजीवन के लक्षण मिलते हैं।" भारतीय परम्पराओं में संघर्ष के आधार पर डी०पी० ने भारतीय समाज के इतिहास को छः कालों में बांटा है— (*i*) वैदिक-आर्यकाल (*ii*) बुद्ध काल (*iii*) गुप्त काल (*iv*) हर्ष एवं विक्रमादित्य काल (*v*) मुस्लिम (भक्ति) काल तथा (*vi*) ब्रिटिश काल। आपने इन कालों की परम्पराओं तथा उनमें होने वाले संघर्षों, अनुकूलन एवं परिवर्तन की विवेचना प्रस्तुत की है।

3. उच्च एवं निम्न परम्पराओं में द्वन्द्व (Dialectic between high and low Traditions) टर्नर (Turner) ने परम्पराओं को उच्च एवं निम्न दो भागों में विभक्त किया है। ये दोनों परम्पराएं भी मुखर्जी कहते हैं कि द्वन्द्व से गुजरती हैं। उच्च परम्पराएं परिवर्तन के दौरान नीचे धरातल में जाती हैं तथा निम्न परम्पराएं उच्च शिखर की ओर अग्रसर होती हैं। इस प्रकार से समाज में परम्पराओं का आरोहण एवं अवरोहण क्रम चलता रहता है। इसी प्रक्रिया के दौरान उनमें संघर्ष, सामंजस्य, अनुकूलन, परितर्वन स्थापित होता रहता है। इसका अध्ययन भी भारतीय समाजशास्त्रियों द्वारा किया जाना चाहिए।

4. आन्तरिक एवं बाह्य परम्पराओं में द्वन्द्व (Dialectic between Endogenous and Exogenous Traditions) डी०पी०मुखर्जी लिखते हैं कि भारतीय समाज में समय-समय पर भारतीय परम्पराओं ओर बाह्य परम्पराओं के बीच भी द्वन्द्व एवं संघर्ष होता रहा है। भारत में प्राचीन काल से ही आक्रमणकारी के रूप में शक, हूण, कुषाण, मंगोल, मुसलमान और अंग्रेज आते रहे जिनकी परम्पराएं भारत की मूल परम्पराओं से अलग थीं। इनका संघर्ष भारतीय परम्पराओं से हुआ और इसके परिणामस्वरूप भारतीय परम्परा परिवर्तन, अनुकूलन एवं समन्वय की प्रक्रिया से गुजरी। सर्वाधिक प्रभाव भारतीय परम्परा पर इस्लाम एवं पाश्चात्य संस्कृति

का पड़ा। इस्लाम ने 15 वीं एवं 16 वीं सदी में हिन्दूवाद पर पूर्णरूप से प्रहार किया जिससे हिन्दूवाद में अनेक परिवर्तन घटित हुए। अंग्रेजों के शासन काल में भारतीय परम्परा पर पश्चिमी संस्कृति का अत्यधिक प्रभाव पड़ा जिसके फलस्वरूप भारत की आर्थिक, सामाजिक, राजनीतिक, न्यायिक, शैक्षणिक सभी संस्थाओं में परिवर्तन हुआ। 19 वीं सदी में राष्ट्रवाद का विस्तार हुआ तथा भारत में समाज-सुधार के आन्दोलनों द्वारा पुनर्जागरण की प्रक्रिया प्रारम्भ हुई। पश्चिम के प्रभाव के कारण ही भारतीय समाज में व्यक्तिवाद का उदय हुआ और स्वतंत्रता की भावना एवं विदेशी शासन से मुक्ति के विचारों ने जन्म लिया। इसी काल में आर्य समाज, ब्रह्म समाज, रामकृष्ण मिशन, प्रार्थना समाज ने सामाजिक सुधार के प्रयास किये जो एक प्रकार से भारतीय परम्परा के विरुद्ध थे। समाज-सुधार के सभी नवीन आन्दोलन पुरातन भारतीय समाज द्वारा अपने में आत्मसात कर लिये गये।

डी०पी० ने भारतीय समाज और संस्कृति में निहित परम्पराओं के आपसी द्वन्द्व का भी उल्लेख किया है। आपने भारतीय इतिहास को कालक्रम में विभाजित करते हुए परम्पराओं के द्वन्द्व को पांच युगों में वर्णित किया है। वे हैं— आर्यकाल, बुद्धकाल, गुप्तकाल, हर्ष एवं विक्रमकाल तथा भक्तिकाल। इन सभी युगों में प्रचलित परम्पराओं का उस समय के मूर्धन्य लोगों ने विरोध किया तथा इनमें सुधार के भी प्रयास किये। मार्क्स का मत है कि अंग्रेजों के पहले भारत का कोई इतिहास नहीं था। अंग्रेजों के आने के बाद और विशेष रूप से 19 वीं सदी से ही भारतीय इतिहास का प्रारम्भ होता है क्योंकि इससे पहले भारत में कोई संघर्ष नहीं हुए थे, किन्तु डी०पी० इस बात से इन्कार करते हैं। वे कहते हैं कि आर्यों के समय से ही भारतीय परम्पराओं में संघर्ष विद्यमान रहा है। मुस्लिम काल एवं 19 वीं सदी में अंग्रेजों के समय में तो यह संघर्ष और अधिक स्पष्ट हुआ है। इसलिए डी०पी० भारतीय परम्पराओं के आन्तरिक दबावों, टकरावों एवं संघर्ष का अध्ययन करने का सुझाव देते हैं।

5. परम्परा एवं आधुनिकता में द्वन्द्व (Dialectic of Tradition and Modernity): डी०पी० ने परम्परा और आधुनिकता के **द्वन्द्व का भी उल्लेख** किया है। आपने इन्हें क्रमश: वाद और प्रतिवाद के रूप में दर्शाया है। दोनों के संघर्ष से ही आधुनिकीकरण पनपता है जो दोनों का समन्वय भी है। उनका मत है कि आधुनिकीकरण को समझने के लिए परम्परा को समझना आवश्यक है। क्योंकि वर्तमान का अध्ययन भूतकाल के सन्दर्भ में ही किया जा सकता है।

मार्क्सवादी परिप्रेक्ष्य : प्रो० ए० आर० देसाई के विचार (Marxian Perspective : Views of Prof. A. R. Desai): भारत में मार्क्सवादी परिप्रेक्ष्य के समर्थकों में डी०पी० मुखर्जी और ए०आर० देसाई प्रमुख रहे हैं। डी०पी० मुखर्जी के विचारों का उल्लेख हम पूर्व में कर चुके हैं। हम यहां ए०आर० देसाई के विचारों की विवेचना करेंगे।

प्रो० ए० आर० देसाई देश के अग्रणी समाजशास्त्रियों में से एक हैं। आपका पूरा नाम अक्षय कुमार रमण लाला देसाई है। प्रो० देसाई का जन्म बड़ौदा के एक प्रसिद्ध परिवार में हुआ था। उन्होंने कानून की शिक्षा प्राप्त कर बम्बई विश्वविद्यालय के समाजशास्त्र विभाग में घुरिये के निर्देशन में पी०एच०डी० की उपाधि प्राप्त थी। वे बम्बई विश्वविद्यालय में वर्षों तक प्रोफेसर व विभागाध्यक्ष पद पर रहे। प्रो० देसाई भारतीय कम्युनिस्ट पार्टी के सदस्य भी रहे किन्तु वैचारिक मतभेद के बाद 1939 में उन्होंने पार्टी को त्याग दिया। उन्होंने 1953 में ट्राटस्कीवादी क्रान्तिकारी समाजवादी दल की सदस्यता ग्रहण की व 1981 में इसकी सदस्यता से त्यागपत्र दे दिया। वे आजीवन मार्क्सवादी विचारधारा के प्रबल समर्थक रहे। सह्यवानिवृत्ति के बाद उन्होंने 'स्वतंत्रता के बाद भारतीय विकास की द्वन्द्वात्मकता' विषय पर शोध कार्य किया।

सन 1964 में फ्रांस में आयोजित पहली विश्व कांग्रेस में प्रो० देसाई ने देश का प्रतिनिधित्व किया। वे सोवियत रूस और अन्य यूरोपीय देशों में व्याख्यानों हेतु गए। 1976 में कोलम्बिया व अमेरिका के कई विश्वविद्यालयों में आयोजित संगोष्ठियों में प्रो० देसाई ने भाग लिया। प्रो० देसाई भारतीय समाजशास्त्रीय परिषद के संस्थापक सदस्य व अध्यक्ष भी रहे।

प्रो० देसाई की प्रथम प्रमुख रचना '**भारतीय राष्ट्रवाद की सामाजिक पृष्ठभूमि**' (Social Background of Indian Nationalism, 1946) है। इस कृति में उन्होंने द्वन्द्वात्मक भौतिकवाद एवं मार्क्सवाद के आधार पर राष्ट्रीय आन्दोलन की व्याख्या की है। उनकी इस रचना को समाजशास्त्र को इतिहास के साथ जोड़ने वाली श्रेष्ठ रचना कहा जा सकता है। इस रचना के आधार पर कहा जा सकता है कि प्रो० देसाई भारत के प्रथम समाजशास्त्री हैं जिन्होंने समाज के अध्ययन में मार्क्सवादी विचारधारा व पद्धति का प्रयोग किया तथा अन्य अनुसंधानकर्ताओं का भी मार्ग प्रशस्त किया है। इस पुस्तक में उन्होंने सर्वप्रथम राष्ट्रवाद की परिभाषा विभिन्न देशों में राष्ट्रवाद का विकास तथा भारतीय राष्ट्रवाद के उद्भव और विकास के अध्ययन का उल्लेख किया है। उन्होंने अंग्रेजों के आगमन के पहले की अर्थव्यवस्था और संस्कृति का उल्लेख करने के बाद अंग्रेजों के समय की भारतीय अर्थव्यवस्था, कृषि, हस्तशिल्प, ग्रामीण शिल्प उद्योग का ह्रास, आदि का उल्लेख

किया है। इसी क्रम में उन्होंने भारत के उद्योगों, यातायात के नवीन साधनों, आधुनिक शिक्षा तथा मुद्रा व्यवस्था का भी उल्लेख किया है।

इस पुस्तक में उन्होंने भारत में राष्ट्रवाद के उदय के विभिन्न कारणों जैसे नवीन सामाजिक वर्गों का उदय, समाचार-पत्रों, सामाजिक और धार्मिक सुधार आन्दोलन, जाति एवं अस्पृश्यता के विरुद्ध आन्दोलनों, स्त्री स्वतंत्रता आन्दोलनों आदि की विवेचना मार्क्सवादी उपागम के आधार पर की है।

प्रो० देसाई ने राष्ट्रीय आन्दोलन में विभिन्न राजनीतिक दलों जैसे–कांग्रेस, कांग्रेस सोशलिस्ट पार्टी, भारतीय उदारवादी, हिन्दू महासभा, डा० अम्बेडकर, कम्युनिस्ट पार्टी आफ इण्डिया आदि की भूमिका का उल्लेख किया है। उन्हेंने 1857 के विद्रोह के विभिन्न आयामों की भी विवेचना की है। प्रो० देसाई ने मुस्लिम साम्प्रदायिकता की विवेचना की है जिसके कारण भारत का पाकिस्तान व हिन्दुस्तान के रूप में विभाजन हुआ। भारत में राष्ट्रवाद का विकास पांच चरणों में हुआ। यह कृति उनके पी०एच०डी० की उपाधि के शोध-ग्रन्थ की उपज है। प्रो० देसाई ने इस पुस्तक में ब्रिटिश शासन के प्रभावों, भारतीय राष्ट्रवाद के विकास में सामाजिक शक्तियों तथा सामाजिक धार्मिक सुधार आन्दोलनों की विस्तृत विवेचना की है। यह वह प्रथम कृति है जिसमें राष्ट्रवाद के वर्ग चरित्र को विवेचित किया गया है।

प्रो० देसाई की एक अन्य अमूल्य कृति **'भारत में ग्रामीण समाजशास्त्र'** है इसमें उन्होंने ग्रामीण समाजशास्त्र की परिभाषा, उत्पत्ति एवं विकास, उसकी प्रकृति, अध्ययन की विधियां एवं महत्व का उल्लेख किया है। इसमें उन्होंने ग्रामीण सामाजिक संरचना, विवाह, परिवार व परिवारवाद, नातेदारी व्यवस्था आदि की विवेचना की है। इसी पुस्तक में उन्होंने ग्रामीण अर्थव्यवस्था कृषि, उससे सम्बन्धित समस्याओं, हस्त उद्योग एवं शिल्प उद्योग का उल्लेख किया है। यहां ग्रामीण धर्म का भी विस्तार से उल्लेख किया गया है। उन्होंने ग्रामीण शिक्षा, प्रौढ़शिक्षा, स्त्री शिक्षा आदि का भी उल्लेख किया है। इसी प्रकार से उन्होंने ग्रामीण राजनीतिक जीवन के विभिन्न पहलुओं, ग्राम पंचायत, जाति-पंचायत आदि का भी विवेचन किया है। इस प्रकार से भारतीय ग्रामीण समाजशास्त्र की यह पुस्तक ग्रामीण जीवन के विभिन्न आयामों को अपने में समेटे हुए है। उनकी अन्य रचनाएं भी विषय-वस्तु की दृष्टि से समृद्ध पुस्तकें हैं।

सभ्यतावादी परिप्रेक्ष्य (Civilisational Perspective) भारतीय समाज का अध्ययन करने वाले अनेक उपागमों में से एक उपागम सभ्यतावादी उपागम भी है जिसका प्रयोग जी०एस० घुरिये ने भी किया। इसके अनेक प्रयोगकर्ताओं में डा० एन० के० बोस एवं सुरजीत सिन्हा भी हैं जिनके विचारों का हम यहां उल्ललेख करेंगे।

डा० एन०के० बोस के विचार (Views of Dr. N.K. Bose) डा० बोस प्रथम पीढ़ी के समाजशास्त्रियों में से हैं, उन्होंने घुरिये द्वारा लिखित पुस्तक **"Cities and Civilization"** की विषय-वस्तु जुटाने में और उससे सम्बन्धित लेख लिखने में डा० घुरिये का सहयोग किया। सभ्यतावादी परिप्रेक्ष्य को उनकी देन के बारे में उल्लेख करने से पहले सभ्यता किसे कहते हैं यह जान लेना आवश्यक है।

सभ्यता का अर्थ (Meaning of Civilization) अंग्रेजी भाषा के "Civilized" शब्द की उत्पत्ति लैटिन भाषा के 'Civitas' और 'Civis' से हुई है जिसका अर्थ 'नगर' या 'नगर निवासी' है जो एक स्थान पर स्थायी रूप से रहते तथा शिक्षित हैं और जिनका व्यवहार जटिल है। **फिचर** कहते हैं। ''एक सभ्य समाज के लोग घुमन्तू जीवन व्यतीत करने की अपेक्षा बड़ी संख्या में स्थायी निवास बनाकर रहते हैं। उनकी लिखित भाषा होती है। उनमें कार्य विभाजन और विशेषीकरण पाया जाता है, उनका व्यवहार औपचारिक रूप से आदिम समाजों की अपेक्षा संस्थाकृत एवं जटिल होता है।''

फेयरचाइल्ड भी **मार्गन** की तरह उच्च एवं विकसित संस्कृति को ही सभ्यता कहते हैं। वे कहते हैं कि हम असभ्य व्यक्तियों के सन्दर्भ में ही सभ्य व्यक्तियों की चर्चा कर सकते हैं। उच्च सभ्यता का निर्णय बौद्धिक, ललित कला, प्रौद्योगिकी और आध्यात्मिक उपलब्धियों क आधार पर ही किया जा सकता है।

टायलर का मत है कि सभ्यता मानव जाति की वह विकसित अवस्था है जिसमें उच्च श्रेणी के वैयक्तिक एवं सामाजिक संगठन पाये जाते हैं जिसका उद्देश्य मानव के गुणों, शक्ति और प्रसन्नता में वृद्धि करना है। **ब्रम** एवं **सेल्जानिक** का मत है कि एक सभ्य समाज वह है जिसमें उच्च प्रौद्योगिकी, श्रम विभाजन एवं विशेषीकरण पाया जाता है। यह एक अच्छा समाज भी हो सकता है और नहीं भी और इसकी संस्कृति सरल प्रौद्योगिकी वाले समाज से उच्च श्रेणी की हो भी सकती है और नहीं भी।

मैकाइवर एवं **पेज** सभ्यता में उन भौतिक तत्वों को गिनते हैं जो हमारी आवश्यकताओं की पूर्ति करते हैं। और जो हमारे उद्देश्यों को प्राप्त करने के लिए साधन के रूप में प्रयुक्त होते हैं। टाइपराइटर, टेलीफोन, प्रेस, फैक्ट्री, बैंक, डाक-तार, यातायात के साधन, अस्त्र-शस्त्र आदि सभी का उपयोग हम मानव जरूरतों एवं उद्देश्यों की पूर्ति के लिए करते हैं और ये हमें आनन्द एवं संतुष्टि प्रदान करते हैं। ये सभी सभ्यता की श्रेणी में आते हैं। वे लिखते हैं, ''सभ्यता से हमारा अर्थ उस सम्पूर्ण यंत्र पद्धति और संगठन से है

जिसको मनुष्य ने अपने जीवन की दशाओं को नियंत्रित करने के लिए निर्मित किया है।''

गिलिन और **गिलिन** ने संस्कृति के अधिक जटिल और विकसित रूप को ही सभ्यता कहा है।

उपर्युक्त परिभाषाओं के आधार पर सभ्यता की निम्नांकित विशेषताएं प्रकट होती हैं:

1. सभ्यता में हम मानव द्वारा निर्मित भौतिक वस्तुओं को सम्मिलित करते हैं।

2. सभ्यता मूर्त होती है।

3. सभ्यता मानव जरूरतों की पूर्ति का साधन है। यह मानव को आनन्द और संतुष्टि प्रदान करती है।

4. सभ्यता संस्कृति के विकास के उच्च स्तर को व्यक्त करती है।

अब हम यहां **एम०के० बोस** और **सुरजीत सिन्हा** के सभ्यतामूलक परिप्रेक्ष्य का संक्षेप में उल्लेख करेंगे : डा० बोस ने नगर और सभ्यता को विभिन्न आयामों की दृष्टि से देखने का प्रयास किया है। यदि सभ्यता के मानवशास्त्रीय अर्थ को स्वीकार किया जाता है तो उसका तात्पर्य एक समय विशेष के लोगों के खान-पान, रहन-सहन, भवन एवं सड़क निर्माण, सार्वजनिक स्थानों, कुओं, तालाबों, उद्यानों के संगठित रूप से हैं। उदाहरण के लिए जब हम कहते हैं हड़प्पा और मोहनजोदड़ों की सभ्यता तो इसका तात्पर्य इन दोनों स्थानों पर एक समय विशेष में किए गए भौतिक निर्माण, कृषि, व्यापार, उद्योग, राजनीतिक व्यवस्था, अर्थव्यवस्था, धर्म, शिक्षा तथा सामाजिक व्यवस्था से है।

यदि हम सभ्यता को समाजशास्त्री अर्थ के रूप में विवेचित करते हैं तो पाएंगे कि समाजशास्त्रियों ने मानव के चारों ओर निर्मित वातावरण में दो बातें प्रमुखत: पायीं—पहला; अभौतिक चीजें जैसे—प्रथाएं, परम्पराएं, आर्थिक, राजनीतिक एवं सामाजिक व्यवस्थाएं जिन्हें संस्कृति कहा गया है। दूसरा, पर्यावरण के भौतिक पक्ष को जैसे मकान, घड़ी, पेन, मशीनें, पुस्तकें आदि को सभ्यता कहा गया है। बोस ने सभ्यता का प्रयोग इसी अर्थ में किया है। उन्होंने भारतीय नगरों के उद्गम, विकास तथा उद्‌विकास के कारकों का उल्लेख किया है। उन्होंने नगरों को सभ्यता का केन्द्र माना है। इस अर्थ में नगर आस-पास के गांवों की आर्थिक, राजनीतिक, धार्मिक और सामाजिक क्रियाओं के केन्द्र हैं। नगरों ने ही मानव की सभ्यता को जन्म दिया है वे सभ्यताओं की जन्मस्थली हैं। नगरों में ही सभ्यता फलती-फूलती है। दूसरी सभ्यताएं भी नगरों के विकास में अपनी भूमिका अदा करती हैं।

इस प्रकार से सभ्यता और नगर परस्पर आश्रित हैं और एक दूसरे के साथ अंत:क्रिया करते हैं। जिससे पुराने समाज के स्थान पर नए समाज का निर्माण होता है।

सुरजीत सिन्हा ने भी सभ्यतामूलक परिप्रेक्ष्य को स्वीकार किया है और उन्होंने कहा है कि यदि हम भारतीय समाज को समझना चाहते हैं तो यहां की सभ्यता को जानना आवश्यक है। सभ्यता ही समाज का दर्पण है जिसके आधार पर समाज की संरचना और विशेषताओं को समझा जा सकता है।

इस प्रकार से डा० एन०के० बोस और सुरजीत सिन्हा दोनों ही भारत में सभ्यतामूलक परिप्रेक्ष्य के अग्रणीय माने जाते हैं।

दलितवादी परिप्रेक्ष्य (Subaltern Perspective) इस परिप्रेक्ष्य से सम्बन्धित **डा० अम्बेडकर** एवं **हार्डिमैन** के विचारों का हम यहां उल्लेख करेंगे।

डा० भीमराव रामजी अम्बेडकर (Dr. Bhim Rao Ram Ji Ambedkar) अगाध ज्ञान के भण्डार, घोर अध्यवसायी, अद्‌भुत प्रतिभा, सराहनीय निष्ठा और न्यायशील तथा स्पष्टवादिता के धनी डा० भीमराव अम्बेडकर ने अपने आपको दलितों के प्रति समर्पित कर दिया था। अस्पृश्य समझी जाने वाली महार जाति में जन्म लेने के कारण उन्हें अपने जीवन में पग-पग पर भारी अपमान और घोर यंत्रणा की स्थितियों का सामना करना पड़ा था। इन अपमानों और सामाजिक यातनाओं को झेलते हुए वे जीवन में निरन्तर आगे बढ़े और उन्होंने निश्चय किया कि भारत के अस्पृश्य वर्ग के लिए अमानवीय जीवन की इस स्थिति को समाप्त कर उन्हें मानवता के स्तर पर लाना है। इस महामानव ने भारत के दलित वर्ग के प्रति निष्ठा और समर्पण की जिस स्थिति को अपनाया था उसके आधार पर उसे भारत का **लिंकन** और **मार्टिन लूथर** कहा गया और यहां तक की उन्हें 'बोधिसत्व' की उपाधि से भी विभूषित किया गया। भीमराव का जन्म 14 अप्रैल 1891 ई० को इन्दौर के पास महू छावनी में हुआ। जन्म के समय उनका नाम **भीम सकपाल** था। महार जाति, जिसमें डा० अंबेडकर का जन्म हुआ, महाराष्ट्र में अछूत समझी जाती थी। भीमराव के पिता **रामजी सकपाल** कबीर के अनुयायी थे ओर इस कारण उनके मस्तिष्क में जातिवाद के लिए कोई स्थान नहीं था। भीमराव ने हाईस्कूल तक का अध्ययन सतारा में किया और सन् 1907 में हाईस्कूल की परीक्षा पास की। भीमराव अच्छे विद्यार्थी थे। भीमराव की शिक्षा के प्रति उनके पिता पूरी तरह समर्पित थे तथा अध्यापक उनके परिश्रम से बहुत प्रसन्न थे। इसके बाद उन्होंने बम्बई एल्फिन्स्टन कॉलेज में प्रवेश लिया। बड़ौदा के महाराजा गायकवाड़ द्वारा प्रदान की गई छात्रवृत्ति से उन्हें कॉलेज शिक्षा प्राप्त करने में मदद मिली और 'गायकवाड़ छात्रवृत्ति' पर ही भीमराव को 1913 ई० में अमरीका के कोलम्बिया विश्वविद्यालय में प्रवेश मिल गया। वे भारत के पहले अछूत और महार थे, जो पढ़ने के लिए विदेश गये थे। विश्वविख्यात अर्थशास्त्री

प्रो० सेल्गमैन अम्बेडकर के अध्यापक हुए और 1915 में उन्होंने अर्थशास्त्र विषय में एम०ए० की परीक्षा पास की। 1917 में उन्होंने कोलम्बिया विश्वविद्यालय से ही पी०एच०डी की उपाधि प्राप्त की। 1916 में पी०एच०डी का शोध प्रबन्ध प्रस्तुत करने के बाद ही वे लन्दन आ गये और यहां उन्होंने विधि के अध्ययन के लिए 'दी ग्रेजन' और अर्थशास्त्र के अध्ययन के लिए विश्व की प्रसिद्ध शिक्षण संस्था 'लन्दन स्कूल ऑफ इकॉनॉमिक्स एण्ड पॉलिटिकल साइंस' में प्रवेश लिया। भीमराव में पढ़ने की ऐसी लगन थी कि वे दोपहर का खाना बिना खाए हुए पुस्तकालय में पढ़ते रहते थे, लेकिन बड़ौदा रियासत के साथ हुए अनुबन्ध के आधार पर उन्हें अध्ययन बीच में छोड़कर दो वर्ष के लिए बड़ौदा राज्य के 'मिलिट्री सचिव' पद पर कार्य करना पड़ा। सन् 1920 में वे फिर से अध्ययन के लिए लन्दन चले गये और सन् 1921 में उन्होंने 'मास्टर ऑफ साइंस' की उपाधि प्राप्त की। अपने शोध प्रबन्ध 'The Problem of the Rupee' पर उन्होंने लन्दन विश्वविद्यालय से पी०एच०डी की उपाधि प्राप्त की। इसके साथ ही उन्होंने 'बॉर एट लॉ' की उपाधि भी प्राप्त की। इंग्लैण्ड से लौटकर उन्होंने निश्चय किया कि वे अपनी आजीविका के लिए वकालत करेंगे और शेष समय अछूतों व गरीबों की सेवा में लगाएंगे। सन् 1923 में उन्होंने वकालत प्रारम्भ की तथा साथ ही अछूतों के उद्धार के लिए संघर्ष प्रारम्भ कर दिया। 1923 से ही अम्बेडकर ने बम्बई से एक पाक्षिक समाचार-पत्र 'बहिष्कृत भारत' का प्रकाशन प्रारम्भ किया। अम्बेडकर ने दलित वर्गों को संगठित करने की आवश्यकता अनुभव की जिससे वे सवर्णों द्वारा किये जा रहे सामाजिक अन्याय का प्रभावशाली ढंग से विरोध कर सकें। इस उद्देश्य से उन्होंने 20 जुलाई 1924 को 'बहिष्कृत हितकारिणी सभा' की स्थापना की। इस सभा की गतिविधियों को गति देने के लिए उन्होंने महाराष्ट्र के विभिन्न भागों का दौरा किया तथा दलित वर्गों में इस संदेश का प्रसार किया कि उत्थान शिक्षा, संगठन और स्वयं उनके द्वारा सक्रिय एवं प्रभावी संगठन के माध्यम से ही सम्भव है। अप्रैल 1925 में अम्बेडकर ने बम्बई प्रेसीडेन्सी में नेपानी नामक स्थान पर 'प्रान्तीय दलित वर्ग सम्मेलन' की अध्यक्षता की।

डा० अम्बेडकर ने दलित वर्गों को संगठित संघर्ष की प्रेरणा भी दी। संगठित संघर्ष का यह प्रारम्भ 'महार सत्याग्रह' से हुआ। इस सत्याग्रह ने दलितों में आत्मविश्वास के भाव को जागृत किया। इसके बाद अम्बेडकर ने दलितों में चेतना जागृत करने ओर उन्हें उनके अधिकार दिलाने के लिए पूना पारवती सत्याग्रह, कल्याण मन्दिर प्रवेश सत्याग्रह आदि आन्दोलनों को प्रभावशाली नेतृत्व प्रदान किया। सन् 1930 में उन्होंने 'अखिल भारतीय दलित वर्ग संघ' (All India Depressed Class Association) का अध्यक्ष पद धारण किया। उन्होंने सन् 1930 और 1931 में लंदन में आयोजित प्रथम और द्वितीय गोलमेज सम्मेलन में दलितों के प्रतिनिधि के रूप में भाग लिया। सम्मेलन में ओर उसके बाद भी डा० अम्बेडकर ने इस बात पर जोर दिया कि 'दलितों को विधान परिषदों में हिन्दू समाज से अलग प्रतिनिधित्व प्रदान किया जाना चाहिए।' डा० अम्बेडकर ने अपने साथियों की सलाह से अगस्त 1936 ई० में 'इण्डिपेण्डेण्ट लेबर पार्टी' की स्थापना की।

7 अगस्त, 1942 को डा० अम्बेडकर को गवर्नर जनरल की परिषद का सदस्य मनोनीत किया गया। उन्होंने पुरानी 'इण्डिपेण्डेण्ट लेबर पार्टी' को 'अखिल भारतीय अनुसूचित जाति संघ' (All India Scheduled Caste Federation) में बदल दिया। उन्हें भारत के लिए निर्मित संविधान निर्मात्री सभा का अध्यक्ष चुना गया। भारतीय संविधान पर डा० अम्बेडकर के व्यक्तित्व की छाप अंकित है और संविधान निर्माण में उनकी महत्वपूर्ण भूमिका के कारण ही उन्हें 'आधुनिक युग का मनु' कहा जाता है। 3 अगस्त 1949 को डा० अम्बेडकर को भारत सरकार का कानून मन्त्री बना दिया गया।

डा० अम्बेडकर लगातार यह अनुभव कर रहे थे कि हिन्दू धर्म में दलितों को सम्मान जनक स्थिति प्राप्त नहीं है। वस्तुत: हिन्दू धर्म उनके स्वाभिमान के साथ मेल नहीं खा रहा था। इन परिस्थितियों में 1955 में उन्होंने 'भारतीय बौद्ध महासभा' की स्थापना की तथा भारत में बौद्ध धर्म के प्रचार-प्रसार का बीड़ा उठाया। इसके बाद 14 अक्टूबर 1956 को उन्होंने नागपुर में हुई एक ऐतिहासिक सभा में 5 लाख व्यक्तियों के साथ बौद्ध धर्म ग्रहण कर लिया। 6 दिसम्बर 1956 को प्रात: काल की बेला में उनका देहावसान हो गया।

रचनाएं—डा० अम्बेडकर घोर अध्यवसायी, प्रतिभाशाली और प्रकाण्ड पण्डित थे। उनकी कुछ प्रमुख रचनाएं निम्नलिखित हैं।

1. The untouchables, who are they ?
2. Who ware the Shudra?
3. States and Minorities
4. Emancipation of the Untouchables
5. Annihilation of Caste

डा० अम्बेडकर और दलितोद्धार

डा० अम्बेडकर महान पुस्तक प्रेमी थे और अध्ययन-अध्यापन उनके लिए सबसे प्रिय कार्य था, लेकिन दलितोद्धार की भावना उन्हें सार्वजनिक जीवन और राजनीति में ले आई। उनके समस्त सार्वजनिक जीवन का सर्वप्रमुख और सम्भवतया एकमात्र लक्ष्य

था, दलितोद्धार। डा० अम्बेडकर ने अपने जीवन के प्रथम 35 वर्षों में पग-पग पर घोर अपमान, अमानवीय व्यवहार और भारी यन्त्रणा की स्थितियों को भोगा था। एक बार उन्होंने एक पत्रकार से कहा था, ''मेरे दु:ख दर्द और मेहनत को तुम नहीं जानते, जब सुनोगे रो पड़ोगे।'' यन्त्रणा की इन स्थितियों से गुजरते हुए ही उन्होंने 'दलितोद्धार' का संकल्प धारण कर लिया था। वे अछूतों के उत्थान के लिए अहिंसात्मक संघर्ष में जुट गये और जीवनपर्यन्त इसी कार्य में लगे रहे। दलिताद्धार की दिशा में डा० अम्बेडकर के विचारों और कार्यों का एक संक्षिप्त विवरण इस प्रकार है।

1. जाति प्रथा और हिन्दू समाज के परम्परागत विधान पर कठोर प्रहार : बौद्ध धर्म, सिख धर्म, कबीर पन्थी, ब्रह्म समाज, आर्यसमाज, स्वामी विवेकानन्द और महात्मा गांधी इन सबने अपने-अपने तरीके से दलितोद्धार के प्रयत्न किए हैं लेकिन इनमें से किसी ने जाति-प्रथा और हिन्दू समाज के परम्परागत विधान पर वैसा कठोर प्रहार नहीं किया जैसा प्रहार डा० अम्बेडकर ने किया। डा० अम्बेडकर के पहले से अधिकांश दलितोद्धारक तो वर्ण-व्यवस्था या जाति-व्यवस्था को बनाए रखना चाहते थे, वे तो केवल उच्च जातियों के जातीय अहंकार और विभिन्न जातियों के बीच ऊंच-नीच की भावना का विरोध करते थे, जिन व्यक्तियों और सम्प्रदायों द्वारा जाति-व्यवस्था का विरोध किया गया है, उनका विरोध भी एक नरम विरोध मात्र था, उस विरोध में कोई आक्रोश नहीं था। डा० अम्बेडकर ने इस बात पर जोर दिया कि चार वर्णों पर आधारित सामाजिक ढांचे की हिन्दू योजना ने ही जाति व्यवस्था और अस्पृश्यता को जन्म दिया है, जो कि असमानता का एक अमानवीय और चरम रूप है। अत: अस्पृश्यों की समस्याएं किसी छोटे-मोटे उपचार से हल नहीं हो सकती, उनके लिए तो क्रान्तिकारी सामाजिक हल की आवश्यकता है और वह क्रान्तिकारी सामाजिक हल जाति-व्यवस्था को सम्पूर्ण रूप में अस्वीकार करना ही हो सकता है।

डा० अम्बेडकर के अनुसार प्रारम्भ में जाति-प्रथा नहीं थी। समाज के कुछ स्वार्थी लोगों ने जो ऊंचे स्तर के थे, कमजोर लोगों से उनकी इच्छा के विरुद्ध जबरदस्ती काम करवाना प्रारम्भ करवा दिया। इन कमजोर लोगों को शिक्षा प्राप्त करने, व्यापार करने, धन इकट्ठा करने और हथियार रखने से वंचित कर दिया जिससे वे विरोध न कर सकें और अपनी दासता दूर न कर सकें। इस प्रकार जातिवाद को अपनाकर शूद्रों को अपंग कर दिया गया। डा० अम्बेडकर के अनुसार जातिवाद से कार्य क्षमता नहीं बढ़ती क्योंकि मनुष्य को इच्छानुसार काम नहीं मिलता। उन्होंने कहा ''जाति प्रथा को नष्ट करने का एक ही मार्ग है अन्तर्जातीय विवाह न कि सहभोज, खून का मिलना ही अपनेपन की भावना ला सकता है।'' वे जाति प्रथा को हिन्दू धर्म की सबसे बड़ी खराबी मानते थे।

हिन्दुओं की परम्परागत व्यवस्था '**मनुस्मृति**' के आधार पर चलती है अत: डा० अम्बेडकर '**मनुस्मृति**' को अन्याय की जड़ मानते थे। डा० अम्बेडकर के नेतृत्व में अनेक बार '**मनुस्मृति**' को जलाने का जो कार्य किया गया, उसके औचित्य को समझ पाना कठिन है लेकिन तथ्य है कि उनका यह कार्य हिन्दुओं की परम्परागत व्यवस्था के विरुद्ध गहरे आक्रोश का परिचायक है। अम्बेडकर का मत था कि **मनुस्मृति** अन्याय व दमन पर आधारित हिन्दू सामाजिक व्यवस्था का प्रतीक थी। डा० अम्बेडकर कहा करते थे कि 'मनुस्मृति' ने अछूतों का सामाजिक, आर्थिक, धार्मिक तथा राजनीतिक शोषण करके उन्हें दासता दी है। डा० अम्बेडकर जाति-व्यवस्था के मूल पर प्रहार करना चाहते थे। अत: उन्होंने सुझाव दिया कि मन्दिरों में पुजारी पद पर किसी एक जाति का एकाधिकार नहीं होना चाहिए, बल्कि पुजारी पद को प्रजातान्त्रिक बनाया जाना चाहिए। वस्तुत: वे जाति-व्यवस्था को समूल नष्ट करना चाहते थे।

2. स्वयं अछूतों के जीवन और प्रवृत्तियों में सुधार पर बल: डा० अम्बेडकर जानते थे कि अछूतों की वर्तमान स्थिति के लिए स्वयं अछूत वर्ग भी उत्तरदायी है। अत: उन्होंने इस बात पर जोर दिया कि अछूतों द्वारा अपनी बुरी आदतों और हीनता की भावना का त्याग कर आत्मसम्मान पूर्ण जीवन की ओर प्रवृत्त होना चाहिए। उन्होंने अपने पत्रों में लेख लिखकर और अपने भाषणों में इस बात पर जोर दिया कि अछूतों को मांगना छोड़ देना चाहिए, झूठ बोलना बन्द कर देना चाहिए, मुर्दा जानवर खाना छोड़ देना चाहिए तथा इन सबके अतिरिक्त हीनता की भावना का त्याग कर श्रेष्ठ जीवन की और प्रवृत्त होना चाहिए। अछूतों में स्वतंत्रता, समानता और स्वाभिमान से जीवन बिताने की इच्छा होनी चाहिए और इसके लिए उनके सुझाव थे : 1. अछूत संगठित हों, 2. शिक्षित हो और 3. अत्याचार के विरुद्ध संघर्ष करें। उन्होंने अछूतों को सरकारी नौकरियों में जाने, जंगल तथा खेती की भूमि प्राप्त करने की शिक्षा दी। उन्होंने उपसंहार में कहा ''यदि महार अपने बच्चों को स्वयं क मुकाबले में अच्छी दिशा में देखने की इच्छा नहीं रखते तो, एक मनुष्य व एक जानवर में कोई अन्तर नहीं होगा।''

डा० अम्बेडकर जानते थे कि दलितों की स्थिति में सुधार के लिए दलित स्त्रियां अधिक महत्वपूर्ण भूमिका अदा कर सकती हैं। 20 मार्च 1927 को महद में आई हुई स्त्रियों को सम्बोधित करते हुए डा० अम्बेडकर ने कहा ''कभी मत सोचो कि तुम अछूत हो। साफ सुथरे रहो। जिस तरह के कपड़े सवर्ण स्त्रियां पहनती हैं, तुम भी पहनो। यह देखो कि वे साफ हैं।'' उन्होंने कहा ''यदि तुम्हारे पति या लड़के शराब पीते हैं तो उन्हें खाना मत दो। अपने बच्चों

को स्कूल भेजो। शिक्षा जितनी जरूरी पुरुषों के लिए है उतनी ही स्त्रियों के लिए भी जरूरी है। यदि तुम लिखना-पढ़ना जान जाओ, तो बहुत उन्नति होगी, जैसी तुम होओगी, वैसे ही तुम्हारे बच्चे बनेंगे। अच्छे कार्यों की और अपना जीवन मोड़ दो। तुम्हारे बच्चे इस संसार में चमकते हुए हों।'' डा० अम्बेडकर के इन प्रयासों का प्रभाव भी पड़ा। अछूतों की एक बहुत बड़ी संख्या ने मुर्दा मांस खाना छोड़ दिया, मुर्दा जानवरों की खाल उतारना छोड़ दिया तथा खाना मांगना छोड़ दिया।

3. अछूतों को सभी सार्वजनिक स्थानों के प्रयोग का अधिकार : डा० अम्बेडकर ने इस बात पर जोर दिया कि मन्दिर कुएं और तालाब आदि मनुष्य मात्र के लिए सुलभ होने चाहिए। अछूतों को इनका उपयोग न करने देना अनुचित है। उन्होंने अपने साथियों से सामाजिक कुएं व तालाबों का उपयोग जबरदस्ती करने का आग्रह किया। आवश्यक हो जाने पर उन्होंने इसके लिए सत्याग्रह भी किया। पहला सत्याग्रह 1927 ई० में महद तालाब सत्याग्रह के रूप में किया और पर्याप्त संघर्ष के बाद उन्हें इसमें सफलता मिली इसी प्रकार रामगढ़ के 'गंगा सागर तालाब' का पानी पीने के लिए डा० अम्बेडकर एक सौ साथियों को लेकर वहां गये और उन्होंने तालाब का पानी पिया। दूसरा सत्याग्रह 1930 ई० में 'कालराम मन्दिर प्रवेश' के लिए किया गया। इसमें संघर्ष की अनेक स्थितियां आयीं और 'गोलमेज सभा' में भी डा० अम्बेडकर ने इस मामले को उठाया। अन्त में, अक्टूबर 1935 में सत्याग्रह बन्द किया गया। डा० अम्बेडकर ने हिन्दुओं के व्यवहार में परिवर्तन लाने पर जोर दिया और कहा कि ''यह सत्याग्रह हिन्दुओं का हृदय परिवर्तन करने के लिए है।'' 'मन्दिर प्रवेश' से सम्बन्धित विधेयक पर बोलते हुए उन्होंने केन्द्रीय सभा में कहा था ''धर्म जो अपने को मानने वालों के बीच में पक्षपात करता है, धर्म नहीं है। किसी की गलत बात को धर्म के तहत नहीं लाया जा सकता। धर्म व दासता का कोई साथ नहीं है।'' उन्होंने 'महार-वतन' कानून का विरोध भी किया, जो महाराष्ट्र के महारों के लिए 'बन्धुआ मजदूरी और दासता' की व्यवस्था करता था। डा० अम्बेडकर ने समता सैनिक दल की स्थापना की।

4. दलितों के लिए पृथक प्रतिनिधित्व : डा० अम्बेडकर ने हमेशा इस बात पर जोर दिया कि ब्रिटिश शासन द्वारा प्रारम्भ किए गए साम्प्रदायिक प्रतिनिधित्व के तहत जिस प्रकार मुसलमानों, ईसाइयों और पंजाब में सिखों को पृथक प्रतिनिधित्व की स्थिति प्राप्त है उसी प्रकार दलितों को भी ऐसा ही पृथक प्रतिनिधित्व प्राप्त होना चाहिए, जिसमें दलितों के प्रतिनिधि केवल दलितों द्वारा ही चुने जाएं। पहले ओर दूसरे गोलमेज सम्मेलन में उन्होंने दलितों के लिए पृथक प्रतिनिधित्व पर ही सबसे अधिक जोर दिया था और महात्मा गांधी के साथ उनका विरोध सबसे अधिक प्रमुख रूप से इसी बात पर था। महात्मा गांधी का कहना था कि 'दलित वर्ग' हिन्दू समाज का एक अविभाज्य अंग है और ऐसी किसी भी स्थिति को स्वीकार नहीं किया जा सकता, जिससे हिन्दू समाज का विघटन हो। डा० अम्बेडकर दलितों के लिए पृथक प्रतिनिधित्व के आधार पर उन्हें एक बड़ी राजनीतिक शक्ति का रूप देना चाहते थे और उन्होंने सन् 1932 के पूना समझौते पर हस्ताक्षर परिस्थितियों के दबाव के कारण ही किए थे।

5. दलितों की स्थिति में सुधार के कानूनी उपाय: डा० अम्बेडकर का विचार था कि '**मनुस्मृति**' के आधार पर भारत के अछूतों पर जो कानूनी पाबन्दियां लगी हुई हैं, वे कानून से ही दूर की जा सकती हैं। अनच्छेद 17 में अस्पृश्यता को कानून की दृष्टि में अपराध घोषित किया गया तथा अनुसूचित जातियों तथा जन-जातियों के लिए आरक्षण की व्यवस्था भी की गयी। सन् 1930 में 'स्टारटे कमेटी' के एक सदस्य के रूप में उन्होंने निम्न सिफारिशे की थी :

1. दलित छात्रों के वजीफों की संख्या बढ़ाई जाएं, 2. उनके लिए छात्रावासों की व्यवस्था की जाएं, 3. उन्हें कारखानों, रेलों की कार्यशालाओं तथा अन्य ट्रेनिंग के लिए वजीफे दिए जाएं, 4. विदेश में इंजिनियरिंग पढ़ने के लिए वजीफे दिये जाए, 5. इन सभी कार्यों की देखभाल के लिए एक विशेष अधिकारी नियुक्त किया जाए।

डा० अम्बेडकर : मूल्यांकन और देन

बीसवीं सदी में जिन व्यक्तियों ने अपने आपको भारतीय समाज की सेवा और उद्धार के लिए समर्पित किया, उनमें डा० भीमराव रामजी अम्बेडकर निश्चित रूप से एक प्रमुख नाम है।

वर्ण-व्यवस्था और जाति-व्यवस्था पर उचित एवं आवश्यक तथा शक्तिशाली प्रहार: जाति व्यवस्था के उदय की चाहे जो भी परिस्थितियां रही हों, वास्तविक व्यवहार में यह सर्वाधिक अन्यायपूर्ण व्यवस्था है और आज इस व्यवस्था का कोई औचित्य नहीं है। डा० अम्बेडकर ने सत्य रूप में इस बात का प्रतिपादन किया कि जाति-व्यवस्था पूर्णतया अवैज्ञानिक, अव्यावहारिक, अन्यायपूर्ण और गरिमाहीन है। आर्थिक क्षेत्र में इसने कार्यकुशलता को आघात पहुंचाया है तथा सामाजिक जीवन में जड़ता, रूढ़िवादिता एवं विद्वेष को जन्म दिया है। उन्होंने 1930 ई० के लगभग ही इस बात को समझ लिया था कि जाति-व्यवस्था राजनीतिक जीवन में अनेक विकृतियों को जन्म देगी। डा० अम्बेडकर को इस बात का श्रेय दिया जाना चाहिए कि उन्होंने हिन्दुओं का ध्यान उन सामाजिक

समस्याओं की ओर आकर्षित किया जो हिन्दू समाज के दो अंगों में भारी तनाव को जन्म दे रही थीं और कालान्तर में न केवल हिन्दू समाज बल्कि राष्ट्र की सम्पूर्ण व्यवस्था के लिए घातक सिद्ध हो सकती है।

दलितों के मसीहा : आधुनिक भारत में स्वामी दयानन्द, स्वामी विवेकानन्द, महात्मा गांधी और अन्य कुछ महामनाओं ने अपने-अपने तरीके से दलितोद्धार के प्रयास किए हैं। लेकिन इन सभी व्यक्तियों का कार्य क्षेत्र बहुत व्यापक था और दलितोद्धार उनके विविधतापूर्ण कार्य क्षेत्र का एक अंग था। लेकिन डा० अम्बेडकर दलितोद्धार के प्रति समर्पित थे, यह उनके जीवन का सर्वप्रमुख संकल्प था। उन्होंने दलितों में चेतना उत्पन्न की, उन्हें संगठित किया, उन्हें सवर्णों के अत्याचारों का विरोध करने के लिए प्रेरित किया और हिन्दू समाज के उच्च वर्णों को यह समझाने का प्रयास किया कि दलितों के प्रति अन्याय की स्थिति को बनाए रखना स्वयं सवर्णों के लिए और हिन्दू समाज के लिए घातक होगा। ब्राह्मणवादी हिन्दुत्व ने अछूत वर्ग पर असमानता, अन्याय और अपमानजनक का जो बोझ लादा है, उन्होंने उसका विरोध किया और इस अन्याय ने उनके मन-मस्तिष्क में हिन्दुत्व के प्रति भारी कटुता को जन्म दे दिया जो उनके वचनों और कृतियों में सर्वत्र दिखाई देती है। इस सन्दर्भ में उन्होंने इस बात पर जोर दिया कि भारत के अछूत वर्ग के लिए इस राजनीतिक स्वतंत्रता से भी अधिक महत्वपूर्ण प्रश्न इस अपमानजनक और अमानवीय स्थिति से छुटकारा प्राप्त करना है। उनकी इस बात में सच्चाई है और किसी भी विवेकशील व्यक्ति के लिए इसे अस्वीकार कर पाना कठिन है।

हिन्दू समाज के प्रति उनके आक्रोश और धर्म-परिवर्तन की निरपेक्ष रूप में आलोचना की जा सकती है। लेकिन यदि इस बात को ध्यान में रखा जाए कि समाज के उच्च वर्णों के अन्याय, अत्याचार और अमानवीय व्यवहार को उन्होंने केवल देखा नहीं बल्कि खुद भोगा था तथा उनके मन-मस्तिष्क पर गहरे घाव थे; तो आक्रोश और धर्म-परिवर्तन नितान्त स्वाभाविक प्रतीत होता है। भारत में दलितों की मुक्ति के लिए उन्होंने वही कार्य किया जो कार्य **अब्राहम लिंकन** ने दासों की मुक्ति के लिए और **पॉल राबसन** ने अमरीका के नीग्रो लोगों की मुक्ति के लिए किया था।

दलितोद्धार के प्रति यथार्थवादी दृष्टि : दलितोद्धार डा० अम्बेडकर के जीवन का लक्ष्य था और महत्वपूर्ण तथ्य यह है कि डा० अम्बेडकर ने दलितोद्धार के प्रति कोरे सैद्धान्तिक दृष्टिकोण को नहीं बल्कि यथार्थवादी दृष्टिकोण को अपनाया। डा० अम्बेडकर ने दलितों की स्थिति के लिए समाज के उच्च वर्णों को उत्तरदायी ठहराने के साथ-साथ इस बात को स्वीकार किया और दलितों के समक्ष इस बात पर जोर दिया कि दलितों को अपनी बुरी आदतें और हीनता की भावना का त्याग कर आत्मसम्मानपूर्ण जीवन की ओर प्रवृत्त होना चाहिए। उन्होंने अपने पत्रों और भाषणों में इस बात पर जोर दिया कि अछूतों को मांगना, झूठ बोलना तथा मुर्दा जानवर खाना छोड़ देना चाहिए। इन सबके अतिरिक्त उन्हें हीनता की भावना का त्याग कर स्वतंत्रता, समानता और स्वाभिमान के साथ जीवन बिताने का संकल्प लेना चाहिए। उनके सुझाव थे - दलित शिक्षित हो, संगठित हों और अत्याचार के विरुद्ध संघर्ष करें। 20 मार्च 1927 को महद में आई हुई स्त्रियों को सम्बोधित करते हुए उन्होंने कहा था, "यदि तुम्हारे पति और लड़के शराब पीते हों, तो उन्हें भोजन मत दो। शिक्षा जितनी जरूरी पुरुषों के लिए हैं, उतनी ही स्त्रियों के लिए भी जरूरी है।"

इस प्रसंग में उनकी यथार्थवादिता इस बात से भी स्पष्ट है कि वे अस्पृश्यता निवारण के लिए मन्दिरों में प्रवेश दिलाने के आन्दोलन को अधिक महत्व नहीं देते थे। उनका मत था कि दलित वर्ग अपना समय और क्षमताएं मन्दिर प्रवेश जैसी निरर्थक बातों में व्यय करने की अपेक्षा उच्च शिक्षा, अच्छे रोजगारों में प्रवेश पाने तथा आर्थिक स्थिति को सुधारने के प्रयत्नों में लगाएंगे, तो निश्चित रूप से उनके सामाजिक स्तर में वृद्धि होगी। दलितों की स्थिति में सुधार का एक उपाय उन्होंने बतलाया था "भारत का औद्योगिकरण" यह सुझाव उनकी दूरदर्शिता और यथार्थवादिता का परिचायक है।

हार्डिमैन (Hardiman) **हार्डिमैन** भी उन विचारकों में से हैं जो दलितों का कल्याण और उत्थान चाहते हैं। हार्डिमैन ने गुजरात में स्थित एक गांव का अध्ययन किया। गांव में प्रमुख तौर से दो वर्ग हैं, एक वे जो भू-स्वामी हैं और दूसरे वे जो खेतिहर मजदूर हैं। मजदूर लोग भूस्वामी या जागीरदारों की जमीन पर नौकर की तरह कार्य करते हैं। उन्हीं पर जागीरदारों को दिया जाने वाला प्रतिफल बहुत कम होता है। इससे वे इज्जत की जिंदगी भी नहीं जी सकते। भूस्वामियों द्वारा खेतीहर मजदूरों का शोषण **हार्डिमैन** असहनीय मानते हैं। इस सन्दर्भ में वे राजनेताओं और प्रशासकों से सम्पर्क करते हैं और वे दलितों को राहत देने की वकालत करते हैं।

इस प्रकार **हार्डिमैन** दलितों को सौंपे गये कार्यों के प्रति अपनी सहानुभूति प्रकट करते हैं।

बहुविकल्पीय प्रश्न

1. शमीरपेठ ग्राम का अध्ययन किसने किया था?
A. एस. सी. दुबे B. जी. एस. घुरिए
C. के. एस. माथुर D. सी. एम. अब्राहम

2. शमीरपेठ ग्राम कहां स्थित है?
A. तमिलनाडु B. पंजाब में
C. आंध्रप्रदेश में D. मध्यप्रदेश में

3. 'लघु समदुाय' की संकल्पना किसकी है?
A. रॉबर्ट रेडफील्ड B. बोगार्डस
C. मैलीनोवस्की D. एन्ड्रीन मेयर

4. ग्रामीण समुदाय की विशेषता नहीं है
A. प्रकृति से प्रत्यक्ष संबंध
B. द्वितीयक संबंध
C. सदस्यों का सजातीयता पाया जाना
D. कृषि व्यवसाय

5. निम्नांकित में से कौन सा समुदाय नहीं है?
A. ग्राम B. नगर
C. कस्बा D. भाषण सुनने वाले लोग

6. भारत में सामुदायिक विकास योजना कब प्रारंभ हुई थी?
A. 15 अगस्त, 1947 B. 26 जनवरी, 1950
C. 2 अक्टूबर, 1952 D. 2 अक्टूबर, 1959

7. भारत में संविधान कब से लागू हुआ?
A. 15 अगस्त, 1949
B. 15 अगस्त, 1948
C. 15 अगस्त, 1947

8. निम्नलिखित में से कौन प्रमुख समाजवादी नेता थे?
A. तिलक B. जिन्ना
C. मौलाना आजाद D. जय प्रकाश नारायण

9. वर्तमान में भारत में कौन सी योजना चल रही है?
A. पांचवीं B. छठी
C. सातवीं D. दसवीं

10. समाजशास्त्र का सबसे निकट संबंध है
A. इतिहास B. राजनीति
C. मनोविज्ञान D. किसी से भी नहीं

11. धर्म के आधार पर संविधान के किस अनुच्छेद में भेद–भाव वर्जित है?
A. 15 B. 19
C. 21

12. योजना आयोग के पदेन अध्यक्ष कौन होते हैं?
A. रक्षामंत्री B. गृहमंत्री
C. विदेशमंत्री D. प्रधानमंत्री

13. संस्कृतिकरण की अवधारणा किसने दी है?
A. आंद्रे बेताइ B. कपाड़िया
C. श्रीनिवास D. घुरिए

14. संस्कृतिकरण की विपरीत प्रक्रिया कौन सी है?
A. सार्वभौमीकरण B. नगरीकरण
C. पश्चिमीकरण D. असंस्कृतिकरण

15. निम्नांकित में किस अध्ययन के साथ श्रीनिवास का नाम जुड़ा है?
A. केरल के नायरों का अध्ययन
B. आंध्र के आदिवासियों का अध्ययन
C. त्रावनकोर के कुर्गों के समाज एवं धर्म का अध्ययन
D. मध्यप्रदेश के भीलों का अध्ययन

16. भारत में सती प्रथा का विरोध किसने किया था?
A. राजा राममोहन राय B. ईश्वरचंद्र विद्यासागर
C. महर्षि दयानंद D. इनमें से कोई नहीं

17. 'होमो हैरारकिस' पुस्तक के लेखक कौन हैं?
A. बेतईल B. घुरिए
C. हट्टन D. ड्यूमा

18. सारी दुनिया में कौन सा सबसे बड़ा धार्मिक समूह है?
A. इस्लाम B. हिन्दू धर्म
C. ईसाई धर्म D. बौद्ध धर्म

19. जातिवाद की बुराइयों को दूर करने का हल है?
A. परिवार नियोजन B. अंतर्जातीय विवाह
C. स्थायी सरकार D. नगरीकरण

20. भारत का सबसे बड़ा शहर कौन सा है?
A. मुम्बई B. दिल्ली
C. चेन्नई D. कोलकत्ता

21. मध्यप्रदेश का सबसे बड़ा शहर कौन सा है?
A. इंदौर B. भोपाल
C. जबलपुर D. रायपुर

22. जनसंख्या की दृष्टि से भारत का सबसे बड़ा राज्य कौन सा है?
A. मध्य प्रदेश B. बिहार
C. उत्तर प्रदेश D. महाराष्ट्र

23. क्षेत्रफल की दृष्टि से भारत का सबसे बड़ा राज्य कौन सा है?

A. उत्तर प्रदेश B. मध्य प्रदेश
C. पंजाब D. तमिलनाडु

24. परिवार नियोजन में बाधक है—

A. अज्ञानता B. निरक्षरता
C. परंपरा D. इन तीनों

25. बांझपन के कारण हैं—

A. सही चिकित्सा न होना B. अंध विश्वास
C. आत्म विश्वास D. स्नेह की कमी

26. गुन्नार मिरडल नामक लेखक ने कौन सी पुस्तक लिखी है?

A. प्रिमीटीव लॉ B. सोशल कंट्रोल
C. एशियन ड्रामा D. इंडियन विलेज

27. मध्यप्रदेश में भीलों का अध्ययन किसने किया था?

A. टी. बी. नायक B. एस. सी. दुबे
C. एस. एल. जोशी D. के. एस. माथुर

28. मध्यप्रदेश के पूर्वी मंडल के गौंड तथा भूमिसर जनजाति का अध्ययन किसने किया था?

A. श्रीनिवास B. एंड्रीन मेयर
C. लीला दुबे D. स्टीफन फिच

29. 'संस्कृति वह जटिल संपूर्ण है, जिनमें ज्ञान, विश्वास, कला, आचार, कानून प्रथा और अन्य क्षमताओं एवं आदतों का समावेश है, जो मनुष्य समाज का एक सदस्य होने के लिए प्राप्त करता है' यह परिभाषा किसकी है?

A. आर. पिंडिगटन B. एच. के. हरस्कोविट्स
C. आर. लिंटन D. ई. बी. टायलर

30. 'व्यक्तित्व उन सभी गुणों की संपूर्णता का नाम है जिन्हें व्यक्ति ने समाजीकरण की प्रक्रिया द्वारा प्राप्त किया है'-इस परिभाषा के लेखक कौन हैं?

A. लेपीयर तथा फ्रांसवाद B. आल्पोर्ट
C. सापिर D. किम्बाल यंग

31. निम्नांकित में से कौन सा तत्व सामाजिक नियंत्रण से संबंधित नहीं है?

A. राज्य B. प्रथा
C. बाजार D. कानून

32. कानून सामाजिक नियंत्रण का किस प्रकार का अभिकरण है?

A. अनौपचारिक B. औपचारिक
C. दोनों ही प्रकार का D. दोनों ही प्रकार का नहीं

33. 'धर्म आध्यात्मिक शक्ति पर विश्वास है'- यह कथन किसने कहा था?

A. जॉनसन B. मजूमदार तथा मदान
C. टायलर D. मैनिलोवस्की

34. जनजातीय उत्थान के लिए पांच मूल सिद्धांत (पंचशील) सर्वत्र प्रस्तुत किए गए

A. वेरियर एल्विन द्वारा B. एन के बोस द्वारा
C. जवाहरलाल नेहरू द्वारा D. जयपाल सिंह द्वारा

35. भारतीय संविधान की छठी अनुसूची का मुख्य प्रावधान संबंधित है—

A. सरकारी नौकरियों में आरक्षण से
B. जनजाति भूमि के परिरक्षण से
C. उत्तर-पूर्व भारत के जनजातीय क्षेत्रों में प्रशासन की .... से
D. शैक्षणिक संस्थाओं में आरक्षण से

36. अनुसूचित क्षेत्र की जनजातियों ने अपने बच्चों के लिए संवैधानिक अधिकारों के तहत विशेष देखभाल की। यह देखभाल की मांग अनुच्छेद के अन्तर्गत की गई—

A. अनुच्छेद 21 B. अनुच्छेद 46
C. अनुच्छेद 52 D. अनुच्छेद 73

37. भारतीय संविधान का अनुच्छेद 164 जनजातीय कल्याण के पृथक मंत्रियों का प्रावधान करता है—

A. राजस्थान, केरल और नागालैन्ड में
B. उड़ीसा, बिहार और मेघालय में
C. बिहार, मध्यप्रदेश और उड़ीसा में
D. मध्यप्रदेश, आसाम और उड़ीसा में

38. निम्नलिखित में से कौन-सी शब्दावली का किसी समूह के ही सदस्यों द्वारा अपनी ही सत्ता से शासित होने को वर्णित करने के लिए प्रयुक्त किया जाता है—

A. अंतर्हेतुज B. एकतंत्रीय
C. आटोसिफैलस D. स्वायत्त

39. जब किसी समाज में आदर्श व्यवस्था और अस्तित्ववादी व्यवस्था के बीच संगति हो, तो इसे जाना जाता है—

A. सजातीय व्यवस्था के रूप में
B. सुसंगत व्यवस्था के रूप में
C. समजातीय व्यवस्था के रूप में
D. एककालिक व्यवस्था के रूप में

40. रेल्फ लिंटन ने सांस्कृतिक मदों को कूटबद्ध किया है—

A. तत्वों तथा कथ्यों में
B. तत्वों, संरचनाओं तथा प्रकार्यों में

C. सार्वभौमों, विकल्पों तथा विशिष्टताओं में
D. अभिसारी एकरूपताओं में

41. नीचे दो वक्तव्य दिए गए हैं जिनमें से एक को कथन (A) तथा दूसरे को कारण (R) कहा गया है—

कथन (A) : सामाजिक विकास के विकासवादी प्रतिरूप का अधिकार समाजशास्त्रियों के द्वारा परित्याग किया जा रहा है।

कथन (R) : सामाजिक विकास में तार्किकता की वृद्धि निहित है।

A. A और R दोनों सत्य हैं और R, A की सही स्पष्टीकरण करता है
B. A और R दोनों सत्य हैं परंतु R, A की सही स्पष्टीकरण करता है
C. A सत्य है परंतु R गलत है
D. A गलत है परंतु R सत्य हैं

42. निम्नलिखित में से कौन सा प्रजातीय मिथक नहीं है?
A. अफ्रीका के जंगल काले लोगों को उनके संगीत में प्राकृतिक भाव पैदा करने में सहायक होते हैं।
B. यहूदियों का मरूभूमीय जीवन उनमें चित्त के लिए सभी गुण प्रदान करता है।
C. सामाजिक पर्यावरण विभिन्न प्रजातीय समूहों की बुद्धि पर्याप्त रूप से प्रभावित करता है।
D. काले लोग श्वेत लोगों से अधिक इंद्रियनिष्ठ होते हैं।

43. नीचे दो वक्तव्य दिए गए हैं जिनमें से एक को कथन (A) तथा दूसरे को कारण (R) कहा गया है :

कथन (A) : जनजातीय संस्कृति अपनी अस्मिता खो रही है

कथन (R) : जनजातियों में आत्मसात्करण के कारक संक्रियाएं रहते हैं

उपर्युक्त दोनों वक्तव्यों के संदर्भ में निम्नलिखित में से कौन सा सही है—
A. A और R दोनों सत्य हैं तथा R, A की सही व्याख्या है
B. A और R दोनों सत्य हैं परन्तु R, A की सही व्याख्या करता है
C. A सही है परंतु R गलत है
D. A गलत है परंतु R सही है

44. कोजर ने लिखा है कि एक अमेरिकन इंडियन ने लिखाई लाभ को देखते हुए, 86 प्रतीकों की अक्षरमाला को विकसित कर .... भाषा' को लिपि रूप दिया। यह प्रक्रिया कही जाती है—

A. नवप्रवर्तन	B. प्रसार
C. अनुकरण	D. प्रवचन

45. सांस्कृतिक मदों को दूसरी सांस्कृतियों से स्वीकार करने की प्रक्रिया को कहते हैं—

A. परसंस्कृतिग्रहण	B. सामाजीकरण
C. संस्कृतिग्रहण	D. अधिग्रहण

46. एक संस्कृति को अपने ही निबंधन के अंतर्गत समझाना व —करना चाहिए न कि दूसरी संस्कृति के मूल्यों के संदर्भ में इस नियम

A. सांस्कृतिक विशिष्टता	B. सांस्कृतिक बहुलवाद
C. सांस्कृतिक प्राधान्य	D. सांस्कृतिक सापेक्षवाद

47. निम्नलिखित में पुरागत समाजों की कौन-सी विशेषताएं हैं?

1. यांत्रिक संहति	2. नातेदारी की प्रधानता
3. संविदागत सम्बन्ध	4. सामाजिक विभेदीकरण
A. 1 और 2	B. 1 और 3
C. 2 और 3	D. 3 और 4

47. जब किसी समाज में कई प्रजातीय समूह अपनी विशिष्ट संस्कृति के अस्तित्व को बनाए रखते हैं, तो उस समाज को इस रूप में सर्वाधिक माना जाता है—

A. बहुसामुदायिक समाज	B. विभेदीकृत समाज
C. मिश्रित समाज	D. आदिम समाज

49. 'समूह गतिशीलता' शब्द निर्देशित करता है—
A. बड़े समूहों का निर्माण
B. छोटे समूहों में सामंजस्यपूर्ण परिवर्तन
C. छोटे समूह का विघटन
D. अनेक समूहों की अंतरनिर्भरता

50. हिंसात्मक क्रिया के लिए, जब व्यक्तियों की सामूहिकता को नियामक रूप से जागृत किया जाता है और उसे सहभागी बनाया जाता है अथवा सहभागी होने के लिए प्रेरित किया जाता है, तो उसे कहा जाता है—

A. एक भीड़	B. एक गिरोह
C. एक असंयत भीड़	D. एक समूह

51. 'सार्वभौमिक ग्राम' के विचार में अंतर्निहित है—
A. कृषि सबसे महत्वपूर्ण व्यवसाय हो जाता है
B. सामाजिक-सांस्कृतिक अंतर समाप्त हो जाते हैं
C. संचार व्यवस्था संसार के लोगों को एक सूत्र में बांधती है
D. सभी देशों का एक सरकार प्रशासन करती है

52. तकनीकी संरचना की विशेषता है—

A. द्रवचालित समाज B. उद्योगोत्तर समाज
C. सैनिक समाज D. औद्योगिक समाज

53. लोक-नगरीय सातत्य के विचार के विकास का अधार वे अध्ययन हैं जो किए गए–

A. मैक्सिको में B. ब्राजील में
C. इंडोनेशिया में D. भारत में

54. सूची I और II के साथ सुमेल कीजिए तथा सूचियों के नीचे दिए गए कूट का उपयोग करते हुए सही उत्तर का चयन कीजिए:

सूची I *(अवधारणाएं)*	*सूची II* *(विशेषताएं)*
(क) यांत्रिक एकात्मता	1. आमने सामने के संबंध
(ख) प्राथमिक समूह	2. सामाजिक समानताएं
(ग) लघु समुदाय	3. अंत:र्निर्भरता
(घ) कुल (kúla)	4. उपहार विनिमय
	5. सजातीयता

कूट :

	क	ख	ग	घ
A.	2	1	5	4
B.	2	3	1	5
C.	1	2	5	3
D.	5	1	2	4

55. निम्नलिखित में किसने विचार प्रस्तुत किया है कि सत्ता में विभेदीकरण समाज में विभाजन का आधार है ?

A. मार्क्स B. डेहरनडार्फ
C. वेबर D. कोजर

56. नीचे दो वक्तव्य दिए गए हैं जिनमें से एक का कथन (A) तथा दूसरे को कारण (R) कहा गया है:

कथन (A) : संविधान तैयार करते समय यह इरादा था कि अनुसूचित जातियों के लिए रोजगारों का आरक्षण निर्धारित अवधि के लिए किया जाए।

कारण (R) : अनुसूचित जातियों के लिए रोजगारों के आरक्षण सांविधानिक प्रावधानों ने निर्धारित अवधि में उनका सामाजिक तथा आर्थिक अधिकर सुनिश्चित नहीं किया।

उपर्युक्त दोनों वक्तव्यों के संदर्भ में निम्नलिखित में से कौन एक सही है

A. A और R दोनों सही हैं और A की सही व्याख्या R है
B. A और R दोनों सही हैं परन्तु A की सही व्याख्या R है
C. A सही है परंतु R गलत है।
D. A गलत है परंतु R सही है।

57. अनुसूचित जातियों को आरक्षण इस अनुपात में दिया जाता है

A. सामाजिक पिछड़ापन B. आर्थिक आवश्यकताएं
C. जनसंख्या D. कोई नहीं

58. सूची I और II के साथ सुमेल कीजिए तथा सूचियों के नीचे गए कूट का उपयोग करते हुए सही उत्तर का चयन कीजिए:

सूची I	*सूची II*
(क) कौवेड (cauvade)	1. परिवार
(ख) प्राथमिक समूह	2. अंतर्विवाह
(ग) जाति	3. वैवाहिक संबंध
(घ) कुल	4. नातेदारी प्रथा
	5. बहिर्विवाह

कूट :

	क	ख	ग	घ
A.	3	4	5	2
B.	4	3	2	1
C.	4	1	2	5
D.	2	1	4	5

59. नीचे दो वक्तव्य दिए गए हैं जिनमें से एक का कथन (A) तथा दूसरे को कारण (R) कहा गया है:

कथन (A) : नगरीकरण की अधिकता से द्वितीयक समूह संख्या अधिक हो जाती है।

कारण (R) : सामाजिक श्रम विभाजन की अधिकता से .... के प्रसार में वृद्धि होती है—

उपर्युक्त दोनों वक्तव्यों के संदर्भ में निम्नलिखित में से कौन सा एक है—

A. A तथा R दोनों सत्य हैं तथा R, A की सही व्याख्या है
B. A तथा R दोनों सत्य हैं परन्तु R, A की सही व्याख्या है
C. A सही है परंतु R गलत है।
D. A गलत है परंतु R सही है।

60. जब एक व्यक्ति जानबूझकर दूसरे समूह को सांस्कृतिक प्रयोग करने में वर्जन करता है, तो उस व्यवहार को कहा जाता है—

A. बाह्य समूह व्यवहार B. अंत: समूह व्यवहार
C. द्वितीयक समूह व्यवहार D. संदर्भ समूह व्यवहार

61. निम्नलिखित विशेषताओं में से प्रतिशत एकरूपता की कौन

सी आधारभूत विशेषता है ?
A. व्यक्ति की प्रस्थितियों में सादृश्य
B. समूह के सदस्यों की प्रस्थितियों में सादृश्य
C. व्यक्ति की प्रस्थितिओं के संबंध में सामाजिक-सांस्कृतिक दिशाओं में सादृश्य
D. विभिन्न समूहों के विशेषाधिकारों में सादृश्य

62. निम्नलिखित प्रकार्यों में कौन-सा एक प्रकार्य व्यक्ति की प्रस्थिति के अनुरूप नहीं किया जाता है ?
A. सामाजिक समूह में उसका स्थान
B. सत्ता की मात्रा जो वह काम में लाता है
C. अधीनता की मात्रा जो अपेक्षित है
D. धार्मिक प्रतिमान जो उसे स्वीकार ही करने हैं

63. नाडल के अनुसार, भूमिका संघर्ष विद्यमान होता है, जब
A. एक व्यक्ति अपनी भूमिका ठीक से नहीं समझता है
B. एक व्यक्ति दो या अधिक भूमिकाओं को करने के लिए समय नहीं निकाल पाता है
C. दो भूमिकाओं की भूमिका प्रत्याशाएं असंगत हों
D. उसी व्यक्ति द्वारा दो या अधिक भूमिकाओं को करना होता है

64. एक सर्जन आपरेशन करते समय अपनी चिकित्सा टीम के सदस्यों के साथ मजाक करता है। उसका व्यवहार एक उदाहरण है
A. भूमिका अनवधान का B. भूमिका निष्पादन का
C. भूमिका अपेक्षा का D. भूमिका अंतर का

65. सूची 1 का सूची 2 के साथ सुमेल किजिए तथा सूचियों में दिए गए कूट का उपयोग करते हुए सही उत्तर का चयन कीजिए।

सूची 1	*सूची 2*
(क) आत्म-दर्पण	1. ई. गाफमेन
(ख) नाट्यकलात्मक परिनिरीक्षण	2. चार्ल्स कूले
(ग) सामूहिक चेतना	3. सिगमंड फ्रायड
(घ) इड, ईगो तथा सुपरईगो	4. ईमाइल दुर्खीम
	5. हर्बर्ट मीड

कूट :	क	ख	ग	घ
A.	1	2	3	4
B.	1	4	5	3
C.	2	1	4	3
D.	2	1	4	5

66. जब एक आप्रवासी समूह अपनी पूर्व की सांस्कृतिकता को छोड़ देता है तथा मेजबान समूह को अपनाता है, तो उसे कहा जाता है
A. आत्मासात्करण B. एकीकरण
C. परसंस्कृतिग्रहण D. संस्कृतिकरण

67. निम्नलिखित में से कौन-सा एक एकीकरण का उदाहरण है
A. 1947 में स्वतंत्रता के पश्चात् भारतीय रियासतों का संघ में विलयन
B. शिक्षा में त्रि-भाषायी सूत्र का प्रारम्भ
C. अनुसूचित जातियों तथा अनुसूचित जातियों तथा अनुसूचित जनजातियों का आरक्षण का प्रावधान
D. विभिन्न धार्मिक समूहों के लिए विभिन्न विधानों का अधिकार

68. टालकट पारसंस के अनुसार जहां प्रत्याशाओं को समझा न जाये और जहां समझ लिए जाने पर पूरा नहीं किया जाता है, वहां परिणाम होता है
A. अप्रतिमानता B. संघर्ष
C. विचलन D. अराजकता

69. निम्नलिखित में प्रतिस्पर्धा के सम्बन्ध में कौन सही है
1. चाही गई वस्तुओं की पूर्ति सीमित हो
2. क्रियाकलाप उद्देश्य-निर्देशित हो
3. यह एक निरन्तर प्रक्रिया है जब तक उद्देश्य की प्राप्ति न हो
4. अपने विरोधी को हटाने का मुख्य सरोकार हो

निम्नलिखित कूट से सही उत्तर का चयन कीजिए :
A. 1, 2, 4 B. 1, 2, 3
C. 1, 3, 4 D. 2, 3, 4

70. ''जनसांख्यिकीय संक्रमण'' शब्दों की रचना किसने की हैं ?
A. टी. माल्थस B. वारेन एस. थाम्पसन
C. डी. हाब्मेन D. एम. मार्गन

71. सामान्यत: विकासशील देशों में निम्नलिखित लक्षण पाया जाता है
A. निम्न जन्मदर तथा निम्न मृत्युदर
B. उच्च जन्मदर तथा निम्न मृत्युदर
C. उच्च जन्मदर तथा उच्च मृत्युदर
D. निम्न जन्मदर तथा उच्च मृत्युदर

72. निम्नलिखित में कौन-सी विशेषता 'संस्था' शब्द को सही रूप से स्पष्ट करती है ?
A. एक स्थान जहां बहुत से लोग कार्य करते हैं
B. सम्बद्ध लोकरीतियों तथा लोकाचारों का समुच्चय जो एक समारोह में समन्वित है

C. एक कार्यालय समूह जहां महत्वपूर्ण कार्यों को किया जाता है

D. एक संगठन जो कुछ महत्वपूर्ण सामाजिक कार्यों में व्यस्त रहता है

73. निम्नलिखित में कौन संस्थाएं हैं?

1. राज्य 2. जनजाति
3. सम्पत्ति 4. सरकार

निम्नलिखित कूट से सही उत्तर का चयन कीजिए:

A. 1 और 2 B. 2 और 3
C. 3 और 4 D. 2 और 4

74. सूची I का सूची II के साथ सुमेल कीजिए तथा सूचियों के नीचे दिए गए कूट का उपयोग करते हुए सही उत्तर का चयन कीजिए—

सूची I	***सूची II***
क. अंतर्विवाह	1. परिवार का मुखिया
ख. पितृप्रधान परिवार	2. जाति के बाहर विवाह
ग. 'कर्त्ता'	3. समूह के अंदर विवाह
घ. अनुलोम	4. पुरुष परिवार का मुखिया
	5. उच्च जाति के पुरुष का जाति की स्त्री से विवाह

	क	ख	ग	घ
A.	3	4	1	5
B.	5	4	1	2
C.	2	5	4	3
D.	3	4	2	5

75. निम्नलिखित संगठनों में से कौन सी पूर्ण संस्थाएं कही जा सकती हैं?

1. अनाथालय तथा वृद्ध लोगों के लिए घर
2. मानसिक चिकित्सालय तथा कारावास
3. आवासी विद्यालय तथा विहार

निम्नलिखित कूट से सही उत्तर का चयन कीजिए:

A. 1, 2 और 3 B. 1 और 2
C. 2 और 3 D. 1 और 3

76. तीन महत्वपूर्ण पुस्तकों के नाम निम्नलिखित है—

1. सिस्टम ऑफ कानसेन्युनिटी एण्ड एफिनिटी ऑफ दी ह्यूमन मिली
2. अफ्रीकन सिस्टम्म ऑफ विशिप एण्ड मैस्जि
3. किंशिप ऑरगनाइजेशन इन इंडिया

उपर्युक्त पुस्तकों के क्रमानुसार लेखक हैं

A. टाइलर, कर्वे और गाउध
B. रिवर्स, मार्गन ओर गाउध
C. मार्गन, रेडिक्लिफ ब्राउन ओर कर्वे
D. रेडक्लिफ ब्राउन, कर्वे ओर लुई

77. नीचे दो वक्तव्य दिए गए हैं जिनमें से एक को कथन (A) और दूसरे को कारण (R) कहा गया है

कथन (A): किसी के वैवाहिक संबंध उसके रक्त से हो सकते हैं।

कारण (R): सरल समाजों में वंशावली जाल से नातेदार में कमी नहीं होती है।

उपर्युक्त दो वक्तव्यों के संदर्भ निम्नलिखित में कौन सा एक सही है

A. A तथा R दोनों सत्य तथा R, A की सही व्याख्या है
B. A तथा R दोनों सत्य परंतु R, A की सही व्याख्या नहीं है।
C. A सही है परंतु R गलत है
D. A गलत है परंतु R सही है

78. पितृवंशीय समाज में वह नियम जो मां के भाई की शादी को इजाजत देता है तथा अनुष्ठानिक तथा सामाजिक भूमिकाओं को स्पष्ट करता है, उसे जाना जाता है।

A. समरक्तता B. विवाह संबंध
C. पूरक वंशानुक्रमण D. परिहास संबंध

79. संबंधियों का वह समूह जिसमें एक व्यक्ति सभी संबंधियों के प्रति दायित्व की भावना रखता है, उसे कहते हैं—

A. संबंधी B. सजात
C. पितृ संबंधी D. मातृ संबंधी

80. निम्नलिखित में कौन-सी जनजाति मातृवंशीय है?

A. चैकसैंग B. जैनटिया
C. मीजो D. कुकी

81. निम्नलिखित विशेषताओं में से प्रस्थिति एकरूपता की कौन सी आधारभूत विशेषता हैं?

A. व्यक्ति की प्रस्थितियों में सादृश्य
B. समूह के सदस्यों की प्रस्थितियों में सादृश्य
C. व्यक्ति की प्रस्थितियों के संबंध में सामाजिक-सांस्कृतिक दिशाओं में सादृश्य
D. विभिन्न समूहों के विशेषाधिकारों में सादृश्य

उत्तरमाला

1	2	3	4	5	6	7	8	9	10
A	A	B	B	D	C	C	D	D	C
11	**12**	**13**	**14**	**15**	**16**	**17**	**18**	**19**	**20**
A	D	C	D	C	A	D	C	B	A
21	**22**	**23**	**24**	**25**	**26**	**27**	**28**	**29**	**30**
A	A	B	B	A	C	A	C	D	A
31	**32**	**33**	**34**	**35**	**36**	**37**	**38**	**39**	**40**
C	B	C	C	C	B	C	C	D	C
41	**42**	**43**	**44**	**45**	**46**	**47**	**48**	**49**	**50**
B	C	A	A	A	D	A	A	B	C
51	**52**	**53**	**54**	**55**	**56**	**57**	**58**	**59**	**60**
C	B	A	A	B	D	C	C	B	B
61	**62**	**63**	**64**	**65**	**66**	**67**	**68**	**69**	**70**
C	D	D	A	C	A	D	B	D	B
71	**72**	**73**	**74**	**75**	**76**	**77**	**78**	**79**	**80**
B	B	C	A	A	C	D	B	B	A
81									
D									

अध्याय 22

समकालीन मुद्दे : सामाजिक सांस्कृतिक
(Contemporary Issues : Socio-Cultural)

निर्धनता
(Poverty)

एक वर्ग के रूप में सर्वहारा की शिनाख्त भले ही उन्नीसवीं सदी में हुई हो लेकिन इनकी उपस्थिति दास स्वामी युग से ही अनवरत बनी हुई है। इसकी पृष्ठभूमि में जो सबसे जहरीली और खतरनाक बात है वह है निर्धनता।

निर्धनता की परिभाषा करते समय प्राय: तीन बातों का ध्यान रखा जाता है।

(क) एक व्यक्ति को जीवित रहने के लिए कितना पैसा चाहिए।

(ख) निम्नतम जीवन निर्वाह का स्तर क्या है?

(ग) समाज में कुछ व्यक्तियों के समूह होने और अधिकतर के निर्धन होने की दशाओं की तुलना।

आखिरी उपाय गरीबी को सापेक्षिकता और असमानता के दृष्टिकोणों से परिभाषित करता था। पहली दो परिभाषाएं नितान्त निर्धनता की आर्थिक अवधारणा का उल्लेख करती हैं। तीसरी उसको एक सामाजिक अवधारणा की तरह देखती है, अर्थात् तल पर रह रहे व्यक्तियों का पूरी राष्ट्रीय आय में हिस्से के रूप में। जीवित रहने के लिए न्यूनतम आय के संदर्भ में दरिद्रता को इस प्रकार परिभाषित किया गया है कि यह ''वह स्थिति है जो शारीरिक आवश्यकताओं की पूर्ति करने में यानि कि जीवित, सुरक्षित और निश्चित रहने की आवश्यकताओं की पूर्ति करने में असमर्थ है।'' ये शारीरिक आवश्यकताएं सामाजिक जरूरतों, (अस्मिता) अहं की तुष्टि और स्वाभिमान स्वायत्तता की आवश्यकता स्वतन्त्रता की आवश्यकता और आत्मबोध की आवश्यकता से भिन्न है। शारीरिक आवश्यकताओं की पूर्ति के लिए भोजन और पोषण, घर और स्वास्थ्य की निवारण और संरक्षात्मक बचाव सुविधाएं बुनियादी जरूरी है। इससे न्यूनतम आय (जो प्रत्येक समाज से भिन्न होती है। जिससे आवश्यक वस्तुएं खरीदी जा सकें और सुविधाएं उपलब्ध हो सकें।

यहां निर्धनता को गरीबी रेखा के द्वारा देखा जा रहा है। जिसका निर्माण स्वास्थ्य के लिए आवश्यक प्रचलित स्तर निपुणता बच्चों का पालन-पोषण सामाजिक सहभागिता और आत्म सम्मान की सुरक्षा द्वारा किया जाता है। व्यावहारिक रूप से निर्धनता रेखा कैलोरी ग्रहण की न्यूनतम वांछनीय पोषण स्तर से निर्धारित की जाती है। भारत में इसका निर्धारण ग्रामीण क्षेत्रों में प्रति व्यक्ति 2400 कैलोरी और शहरी क्षेत्रों में 2100 कैलोरी के ग्रहण से किया जाता है। इसके आधार से प्रतिमाह में प्रति व्यक्ति के खपत व्यय का हिसाब लगाया जा सकता है।

पारिवारिक प्रकार और विमुक्त प्रकार पहले प्रकार के पारिवारिक मूल्यों की विशेषताएं ये होती हैं। उनमें पारिवारिक कर्तव्यों को निभाने की प्रबल भावनाएं होती हैं। वे परिवार के वृद्ध, निर्बल, और बेरोजगार सदस्यों को सहारा और सुरक्षा प्रदान करते हैं। वे पारिवारिक परंपराओं से जुड़े होते हैं। पारिवारिक लक्ष्यों की प्राप्ति के लिए उसके सदस्य सामूहिक प्रयास करते हैं। और उन्हें परिवार की प्रस्थिति की चिन्ता होती है। दूसरे प्रकार के पारिवारिक मूल्यों की विशेषताएं ये होती हैं—वे व्यक्तिगत लक्ष्यों के लिए स्वयं प्रयास करते हैं। परिवार के उनके कर्तव्य संकुचित होते हैं और स्वयं के कल्याण को वे परिवार के कल्याण से ऊपर रखते हैं। परिवार के इन मूल्यों की ध्रुवीय किस्मों के बीच निरन्तरण की स्थिति के अलावा पड़ोस भी घर के बाहर सदस्यों के संबंधों पर प्रभाव डालता है। शहर की गंदी बस्तियों में पारिवारिक जीवन का एक बड़ा भाग आवासीय इकाई के बाहर बिताया जाता है। घरों की नीरसता बच्चों को सड़क पर जाने के लिए बाध्य करती है और इससे माता पिता के सामने बच्चों को नियंत्रण में रखने की समस्या खड़ी होती है। घर में कम जगह में सोने के ठीक प्रबन्ध नहीं हो पाते और इससे एकान्तता पर प्रभाव पड़ता है। पारिवारिक तनावों का उनके व्यक्तित्व और व्यवहार पर भी प्रभाव पड़ता है। स्वाभिमान में कमी आती है और कटु स्वभाव को प्रोत्साहन मिलता है। निर्धनता घटिया मकानों में रहने के लिए बाध्य करती है। और संतोषजनक

जीवन की पूर्वापेक्षाओं के लिए कुछ भी नहीं छोड़ती है। छोटे मकान पारिवारिक एकता को कमजोर करने में भी सहायक होते हैं।

निर्धनता की उपसंस्कृति—आस्कर लुइस के अनुसार जब निर्धनता पीढ़ी दर पीढ़ी चलती है तो वह एक संस्कृति का रूप धारण कर लेती है। हमारे देश में योजना आयोग के परिप्रेक्ष्य या योजना प्रभाग द्वारा 1962 में अनुशंसित और 1961 के मूल्यों पर आधारित न्यूनतम खपत पर व्यय ग्रामीण क्षेत्रों में पांच सदस्यों के बीच परिवार के लिए 100 रुपए और शहरी क्षेत्रों में ऐसे ही परिवार के लिए 125 रुपये आंका गया था। इस प्रकार ग्रामीण क्षेत्रों में प्रतिमाह प्रतिव्यक्ति पर 20 रुपए और शहरी क्षेत्रों में 25 रुपए आता था। 1973-74 में यह ग्रामीण क्षेत्रों 49.09 रुपए और 1978-79 में 54 रुपए और शहरी क्षेत्रों में 1973-74 में 56.64 रुपए और 1978-79 में 78.80 रुपए हो गया है। 1984-85 में संशोधित गरीबी रेखा 1981-82 कीमत के आधार पर ग्रामीण क्षेत्रों में प्रति व्यक्ति प्रति माह 107 रुपए और शहरी क्षेत्रों में 122 रुपए पर रेखांकित की गई। 1987-88 में यह गांवों के लिए प्रति व्यक्ति प्रतिमाह 131.80 रुपए और शहर के लिए 152.40 रुपए रखी गई। 1998-99 में ग्रामीण क्षेत्र में लिए 247.80 रुपए थी। 1993-94 में एक पांच सदस्यों के सामान्य परिवार में गांव में 13,740 रुपए के वार्षिक खपत व्यय से कम और शहरों में 15,840 रुपए के वार्षिक खपत व्यय से कम वाले परिवार को निर्धन माना गया था, जबकि 1998-99 के कीमत के आधार पर यह गांवों में 22,40 रुपए और शहरों में 25,620 रुपए होनी चाहिए।

यहां केन्द्र न्यूनतम जीवन निर्वाह के स्तर पर है जो न्यूनतम पर्याप्तता स्तर और न्यूनतम सुख साधन स्तर से भिन्न है।

आवास—शहरी क्षेत्रों में आवासहीनता, गंदी बस्तियां और किराए के कानून आदि भयंकर समस्याएं हैं। परिवार के आवास की इकाई और पड़ोस जहां पर वह स्थित है, निर्धनता से जुड़ी समस्याएँ महत्त्वपूर्ण हैं। गरीबों के मकान में केवल भीड़-भाड़ ही नहीं होती अपितु एकान्त का भी अभाव होता है। परिवार के लिए मकान के नक्शे का महत्त्व दो ध्रुवीय प्रकार के पारिवारिक मूल्यों की अवधारणा के द्वारा सुलझाया जाता है।

न्यूनतम जीवन निर्वाह स्तर से नीचे थे अथवा गरीबी रेखा से नीचे जीवनयापन कर रहे थे। 32.03 करोड़ अथवा पूरी जनसंख्या की 31.2% आंकी गई 1990 दशक के अन्तिम वर्षों के ग्रामीण निर्धनता का प्रतिशत बढ़ गया। एन.एस.एस. के आंकड़ों के अनुसार 1998 में यह 42% था। यह वृद्धि (1) खाद्य की बढ़ती हुई कीमत के कारण (2) गांवों में गैर कृषि आय का हिस्सा घटने के कारण बताई जाती है। यहां यह ध्यान से रखना चाहिए कि निर्धनों को समूह समरूप नहीं है। उनका तीन उपसमूह में वर्गीकरण किया जा सकता है। दीन-हीन व दारिद्रय जो नवम्बर 1993 के दरों में मुताबिक 77 रुपए प्रतिमाह व्यय करते हैं। अत्यन्त निर्धन जो 92 रुपए प्रतिमाह व्यय करते है। और निर्धन जो 130 रुपए प्रतिमाह व्यय करते हैं।

(क) ऐसी चीजें जो शारीरिक पीड़ा से बचाती हैं और जो भूख और पनाह की आवश्यकताओं की पूर्ति के लिए आवश्यक हैं। अर्थात वे जो जीवित रहने के लिए आवश्यक हैं।

(ख) ऐसी वस्तुएं जो स्वास्थ्य की मानव आवश्यकताओं की पूर्ति करती हैं अर्थात जो पोषण प्रदान करती है और बीमारी से बचाती है।

(ग) ऐसी वस्तुएं जिनकी जीवन निर्वाह के न्यूनतम स्तर को बनाए रखने में आवश्यकता होती है। साधारण शब्दों के न्यूनतम स्तर को बनाए रखने में आवश्यकता होती है। साधारण शब्दों में यह मत आहार ग्रहण की न्यूनतम मात्रा, पर्याप्त रहने, कपड़े शिक्षा और स्वास्थ्य की देखभाल पर बल देता है। नवम्बर 1993 के आधार पर ये ग्रामीण क्षेत्रों में प्रति व्यक्ति की 153 रुपए प्रतिमाह और शहरी क्षेत्रों में 193 रुपए प्रतिमाह के व्यय करने की क्षमता का उल्लेख करता है।

समुचित मूल्य नीतियों को सुनिश्चित करके, नई प्रौद्योगिकियों को विकसित करके रासायनिक खाद के मूल्यों पर कंट्रोल हटा करके, भूमि की चकबन्दी संबंधी प्रोग्राम को बना करके, किसान को उसके उत्पादन के लिए लाभकारी मूल्य सुनिश्चित करके, तथा प्रोत्साहन मूल्यों को बनाए रखकर अधिप्राप्ति मूल्यों को बढ़ाकर संभव बनाया जा सकता है। ग्रामीण विकास से संबंधित सभी प्रोग्रामों को एकीकृत करके तथा विकेन्द्रीकरण विकास की नीति द्वारा स्थानीय आवश्यकताओं और साधनों को ध्यान देती पंचायती संस्थाओं द्वारा विकास संबंधी प्रोग्राम को सफल बनाना पड़ेगा। कुछ परिवर्तनीय स्थितियां जिनके कारण निर्धन व्यक्ति एक दूसरे से भिन्न नहीं ये हैं। श्रमिक बल में सहभागिता की मात्रा, रोजगार का प्रकार, परिवार की विशेषताएं वृहत समाज के ज्ञान की राजनीतिक जागरूकता, सामाजिक और आर्थिक अधिकारों के प्रति चेतना, और राजनीति, धर्म और सामाजिक रिति रिवाजों में मूल्य अभिमुखीकरण। रोस्सी और ब्लम ने दृढ़तापूर्वक कहा है कि निर्धन केवल मात्रा में एक दूसरे से भिन्न है न कि स्वरूप में।

सामाजिक भेदभाव—मालिक नियोक्ता, अमीर अधिकारी और सरकार भी निर्धनों से घृणा करती है। वे अकुशल और आलसी

और समाज पर बोझ माने जाते हैं। उनको हर स्तर पर सताया जाता है, अपमानित किया जाता है और उनसे भेदभाव बरता जाता है। उनका कोई प्रतिनिधित्व नहीं करता, और वे शक्तिहीन होते हैं। इस कारण वे शक्तिशाली व्यक्तियों के आक्रमण और विद्वेष के सदैव ग्रोस और मिलर ने निर्धनता को तीन कारकों के द्वारा समझाने का प्रयत्न किया है। आप (गुप्त एवं प्रत्यक्ष) परिसम्पत्ति और सेवाओं (शैक्षणिक, चिकित्सा, मनोरंजन) की उपलब्धता। परन्तु दूसरों ने निर्धनता की अवधारणा इस परिप्रेक्ष्य से हटकर की है। उदाहरण के लिए अमेरिका में साठ के दशक में निर्धनता स्तर से नीचे रहने वाले व्यक्तियों में से 57.60% के पास टेलीफोन था। 79.2% के पास टीवी सेट था और 72.6% के पास वाशिंग मशीनें थीं। इसलिए निर्धनता बतलाने का आधार परिसम्पत्ति या भौतिकवादी व सांसारिक संपत्ति नहीं हो सकता। इसी प्रकार निर्धनता को आय कारक नहीं कहा जा सकता। यदि 'दरों के स्तर' बढ़ जाते हैं तो लोग अपने परिवार के सदस्यों के लिए जीवन की आवश्यकता को भी नहीं जुटा पाते। स्पष्टतत: फिर निर्धनता को समय और स्थान से जोड़ना पड़ेगा।

निर्धनता "प्रत्येक समाज के अनुरूप न्यूनतम जीवन स्तर के नीचे होने की स्थिति है, "या" जीवन की आवश्यकताओं की आपूर्ति के लिए पैसा नहीं होना है।" या शारीरिक आवश्यकताओं का घोर अभाव है। इस तरह का आभाव समाज के निम्नतम स्तर के व्यक्तियों की जनसंख्या के दूसरे समूहों से तुलना करके आंका जाता है। इस प्रकार यह व्यक्तिपरक परिभाषा है न कि वस्तुनिष्ठ स्थितियों पर आधारित परिभाषा। निर्धनता का मूल्यांकन समाज में मौजूद मानको के द्वारा किया जाता है। मिलर और रोबी ने कहा है कि इस विधि में निर्धनता को सुस्पष्ट रूप से 'असमानता' माना जाता है। समाजशास्त्रीय दृष्टिकोण से यह परिभाषा अधिक महत्वपूर्ण है क्योंकि यह निर्धनों की जीवन दशा और उनके जीवित रहने की संभावनाओं पर आय की असमानता से पड़ने वाले प्रभाव को बतलाती है। निर्धनता को निर्धन व्यक्तियों के हक में पैसा रखकर कम किया या मिटाया जा सकता है।

निर्धनता की माप—निर्धनता की माप क्या है। इसके महत्वपूर्ण माप है—कुपोषण निम्न आय असाध्य रोग या खराब स्वास्थ्य, निरक्षरता, बेरोजगारी या अल्प रोजगारी और घर की अस्वास्थ्यकर दशा। मोटे तौर पर किसी समाज में निर्धनता का उल्लेख उसमें साधनों की कमी, कम राष्ट्रीय आय, प्रति व्यक्ति की कम आय, संसाधनों के बंटवारे में भारी असामनता, कमजोर सुरक्षा आदि से होता है।

कुछ विद्वानों ने यह बताने के लिए कि कैसे परिवारों में व्यक्तियों के निर्धन होने की अधिक संभावनाएं हैं, उन परिवारों की निर्धनता से संबंधित कुछ विशेषताओं का उल्लेख किया है। जैसे-जैसे ये परिवार उन विशेषताओं के अधिक संख्या में प्रदर्शित करते हैं, वैसे-वैसे उनके निर्धन होने की संभावनाएं बढ़ती हैं। इन विशेषताओं में अधिक महत्वपूर्ण ये हैं—परिवार में कमाने वाला व्यक्ति का होना, परिवार जिनमें 60 वर्ष से अधिक आयु के अधिक व्यक्ति हैं। परिवार जिनमें स्त्री मुखिया हो, परिवार जिनमें छह से अधिक बच्चे 18 वर्ष की आयु से कम हों, परिवार जिनके मुखिया दैनिक मजदूरी करते हों। परिवार जिनके कक्षा आठ तक पढ़े हुए व्यक्ति की औसत वार्षिक आय 6,475 डालर। दसवीं कक्षा तक पढ़ा हुआ व्यक्ति 11,218 डालर और स्नातक स्तर तक पढ़ा हुआ व्यक्ति 15,794 डालर कमाता था। भारत में 2011 की जनगणना के अनुसार 83.0% व्यक्ति शिक्षित हैं। जबकि 1991 में 52.11% व्यक्ति शिक्षित बताए गए हैं। 2001 में हमारे देश में साक्षरता की दर 43.56% थी। 2011 में हमारे देश में निरक्षरों की संख्या 269.3 मिलियन थी। साक्षर व्यक्तियों के स्नातकों, स्नातकोत्तर और तकनीकी डिग्री डिप्लोमा रखने वालों की संख्या बहुत कम है।

सामाजिक कारक—भेदभाव, पूर्वग्रह, जातिवाद, साम्प्रदायिकता, प्रान्तीयता भी रोजगार के अवसरों और कुल आय को प्रभावित करते हैं। भारत में प्रादेशिकता पर आधारित असंतुलन विभिन्न राज्यों की आय के अन्तर की और संकेत करते हैं। बिहार, उत्तर प्रदेश, राजस्थान और उड़ीसा की अपेक्षा पंजाब, हरियाणा, महाराष्ट्र और गुजरात अधिक विकसित हैं। इसलिए कोई आश्चर्य नहीं है कि 2009-10 में जबकि उड़ीसा में गरीबी रेखा से नीचे रहने वाले व्यक्तियों की संख्या 37% थी तब पंजाब में केवल 15.9% थी। इसी प्रकार 1981 में जबकि पंजाब में प्रति व्यक्ति आय (1976-71 की कीमतों के स्तर के अनुसार) 1, 298 रुपये थी तब, हरियाणा में 973 रुपये थी। गुजरात में 786 रुपये थी। राजस्थान में 542 रुपये थी। उड़ीसा में 501 रुपये थी। मध्य प्रदेश में 494 रुपये थी और बिहार में केवल 43 रुपये थी। उस समय विद्यमान कीमतों के अनुसार 1986-87 में विभिन्न राज्यों में प्रति व्यक्ति आय इस प्रकार थी। पंजाब में 4,719 रुपये हरियाणा 3,925 रुपये। सदस्य प्राथमिक शिक्षा से कम पढ़े हों। परिवार जिन्हें किसी कार्य का अनुभव नहीं हो, और परिवार जिनके पास अंश वार्षिक रोजगार है।

प्रभाव सीमा और आकार—भारत विकास में एक द्विभाजक प्रस्तुत करता है। संसार के औद्योगिक उत्पादन में इसका उन्नीसवां स्थान है और कुल राष्ट्रीय उत्पादन में इसका बारहवां स्थान है।

फिर भी उसकी बड़ी जनसंख्या निर्धन है। यद्यपि स्वतंत्रता के बाद देश में महत्वपूर्ण और व्यापक विकास दर रही है। परन्तु फिर भी प्रति व्यक्ति की आय उत्तरोत्तर वृद्धि नहीं हो रही है। और इस कारण जनसंख्या के बड़े भाग के जीवन स्तर में अवनति आई है। विश्व बैंक ने अपनी 1981 की विश्व विकास रिपोर्ट में भारत को विश्व के दस सबसे अधिक निर्धन राष्ट्रों में रखा था। जून 29,2000 को संयुक्त राष्ट्र द्वारा जारी की गई। 74 देशों को मानव संसाधन विकास सूचकांक रिपोर्ट में भारत को 128 वे स्थान पर रखा गया है। तथा पाकिस्तान को 135 वां, नेपाल को 144वां और भूटान को 142वां स्थान मिला है। 1984-85 में देश 27.27 करोड़ व्यक्ति अथवा पूरी जनसंख्या का 369% निर्धनता की रेखा के नीचे आंका गया था। जबकि 1993-94 में कुल 32.03 करोड़ व्यक्ति अथवा पूरी जनसंख्या का 37.2% गरीबी रेखा से नीचे था। जुलाई 200 में योजना आयोग द्वारा जारी आंकड़ों के अनुसार सबसे अधिक निर्धनता में रेखा से नीचे रहने वाले व्यक्ति बिहार में (58.21%) और उसके बाद उड़ीसा में (50%) मध्य प्रदेश (40.640%) व उत्तर प्रदेश (42.28%) में मिलते हैं। देश के चार बीमार राज्यों (बिहार, मध्य प्रदेश, राजस्थान और उत्तर प्रदेश) में देश की कुल गरीबी रेखा से नीचे रहने वाले व्यक्तियों में से 51% मिलते हैं। जबकि उड़ीसा, असम बंगाल को मिलाकर यह 57% होती है। महाराष्ट्र, कर्नाटक, तमिलनाडु निर्धनता और देश की जनसंख्या की आयु के ढांचे से भी संबंध होता है। अमेरिका में 1973 में हुए एक अध्ययन द्वारा प्रकट हुआ कि 230 लाख निर्धन व्यक्तियों में 33.5 लाख या 145% व्यक्ति 65 वर्ष की आयु से अधिक के थे। भारत में भी 1984-85 में 2.727 लाख निर्धन व्यक्तियों में 70% वृद्ध थे। भारत में साठ वर्ष से अधिक व्यक्तियों की संख्या 6.30 करोड़ अथवा कुल जनसंख्या का लगभग 70% है। और यह संख्या 2001 वर्ष तक बढ़कर 7.56% हो जाएगी। भारत में अपेक्षित जीवन विधि 1941 की 32.45 वर्षों से बढ़कर 1981 में 54 वर्ष और 2000 में 63 वर्ष हो गई जिसके कारण इन 60 वर्षों में वृद्ध व्यक्तियों की संख्या में बहुत वृद्धि हुई है।

निर्धनता का संबंध स्वास्थ्य से भी है। यदि एक व्यक्ति स्वस्थ है तो वह न केवल कमाने योग्य होता है परन्तु उसे बीमारी पर भी कम खर्च करना पड़ता है। यदि किसी देश में एक बड़ी संख्या में व्यक्ति दीर्घ कालिक कुपोषण से ग्रस्त है। या अस्वास्थ्यकर वातावरण में रहते हैं। तो वे कई बीमारियों के शिकार हो जाते हैं। जिसके कारण वे काम करने और कमाने के योग्य नहीं रहते।

निर्धनता परिवार के आकार में वृद्धि से भी सह सम्बन्धित है। परिवार जितना बड़ा होगा उतनी ही प्रति व्यक्ति आय कम होगी और उतना ही नीचा जीवन स्तर होगा। 1994 में एक भारतीय परिवार का औसत आकार 4.1 आंका गया था।

अन्त में देश में व्यक्तियों का शैक्षिक स्तर भी निर्धनता में सहायक होता है। अमेरिका में 1973 में अधिनियम यह बतलाता है। कि आठवीं पश्चिम बंगाल, मेघालय नागालैंड और अरुणांचल प्रदेश में 30 से 39% तथा राजस्थान, गुजरात, हरियाणा, हिमांचल प्रदेश, केरल और जम्मू कश्मीर में 20 से 29% तक आबादी गरीबी रेखा से नीचे जीवन यापन कर रही है। पंजाब में सबसे कम 190 से नीचे जनसंख्या गरीबी रेखा से नीचे है।

भारत में 32 करोड़ निर्धन व्यक्तियों में नितान्त साधनहीन व्यक्तियों की संख्या लगभग 9.10 करोड़ है। ये वृद्ध बीमार और अपंग व्यक्ति है। जिन्हें रोजगार और आय कमाने के अवसर प्रदान करने के स्थान पर किसी प्रकार की सामाजिक सुरक्षा प्रदान करनी है। जिससे उन्हें बराबर मासिक भुगतान होता रहे। अवशेष रहे 26 करोड़ से 27 करोड़ व्यक्तियों को जो दरिद्रता के विभिन्न स्तरों पर रह रहे हैं। रोजगार के अवसर प्रदान कराने हैं। ग्रामीण क्षेत्रों में ये दरिद्र हैं। भूमिहीन मजदूरी करने वाले मजदूर अनियत मजदूर सीमान्त किसान गांव में विस्थापित कारीगर जैसे लुहार, खाती और चमड़े का काम करने वाले श्रमिक/शहरी क्षेत्रों में असंगठित औद्योगिक मजदूर सहली, फूल और फल बेचने वाले, चाय की दुकानों के नौकर, घर में काम करने वाले नौकर और दैनिक वेतन भोगी दरिद्र हैं।

राष्ट्रीय आय अर्थ व्यवस्था की स्थिति को एक व्यापक निर्देशक है और समय के साथ उसके विकास का मानदण्ड भी है। भारत में पिछले चार दर्शकों के राष्ट्रीय आय के उपयुक्त आंकड़े एक प्रभावशाली बुद्धि दर्शाते हैं। 1989-90 के मूल्यों के अनुसार भारत करोड़ रुपए 1985-86 में 2.32 लाख करोड़ रुपए और 1987-88 में 2.91 लाख करोड़ रुपए हो गई। इस प्रकार इन वर्षों में मूल्यों के स्तर में हुई ये आंकड़े अपने आप में चिन्ता जनक है। शताब्दी के अंत तक तो सब के लिए रोजगार की समस्या एक मृगतृष्णा की नजर आएगी। यदि निकट भविष्य में कोई नई परियोजनाएं आरंभ नहीं की जाती थी। इस शताब्दी के अन्त तक न केवल इंजीनियरों, ओवरसीयरों और दूसरे तकनीशियों में परन्तु किसानों, औद्योगिक श्रमिकों मेट्रिकुलेटों और स्नातकों में भी भयंकर बेरोजगार व्याप्त होगा।

जनसंख्या मूलक—निर्धनता में जनसंख्या की वृद्धि की सबसे अधिक महत्वपूर्ण कारक होती है। एक अनुमान के अनुसार खपत पर प्रतिवर्ष व्यय यानि कि न्यूनतम राशि या न्यूनतम जीवन स्तर बनाए रखने पर 1981 की वार्षिक विकास वृद्धि दर से 3,285

रुपए होगी। ऊपरी तौर पर प्रति व्यक्ति आप व्यक्तियों की खपत की आवश्यकताओं की पूर्ति के लिए पर्याप्त है। यदि जनसंख्या को सन् 200 तक 101 करोड़ पर सीमित कर दिया गया तो प्रति व्यक्ति आप 2,038 रुपए के बजाए, 2,320 रुपए हो जाएगी। यह भोजन, शिक्षा और स्वास्थ्य सेवाओं पर दबाव को कम कर देगी और विकास के लिए भी आय उपलब्ध हो सकेगी।

यदि वर्तमान की आय की असमानता बनी रहती है तो निम्नतम 30% व्यक्ति निर्धन रेखा के नीचे रहेंगे। 2011 तक हमारी जनसंख्या लगभग 125 करोड़ पहुँच गई। इसलिए प्रति व्यक्ति आय पर इसका बहुत गहरा प्रभाव पड़ेगा। और निर्धन रेखा से नीचे रहने वाले व्यक्तियों की संख्या निश्चित रूप से बढ़ेगी। इसलिए यह अत्यन्त आवश्यक है कि जनसंख्या को नियन्त्रित करने के सारे प्रयास जारी रखे जाएं। बुद्धि को भी अनदेखी करने के पश्चात् तथ्य सामने आता है कि भारत की राष्ट्रीय आय में एक दशक में ढाई गुना वृद्धि दर्ज की है। प्रति व्यक्ति की आय में अवश्य ऐसी प्रभावशाली वृद्धि नहीं हुई क्योंकि इन वर्षों में जनसंख्या काफी बढ़ गई।

ग्रामीण और शहरी प्रतिव्यक्ति की आय में भी भयंकर असमानता है। (ग्रामीण क्षेत्रों में एक के मुकाबले शहरी क्षेत्रों में यह 2.4 है)। ग्रामीण और शहरी क्षेत्रों में 1983 में आय वितरण बतलाता है। कि शहरी क्षेत्रों में 11% परिवार और ग्रामीण क्षेत्रों में 30% परिवार उच्च वर्ग में आते थे। (जिनकी आय 1970-71 के मूल्यों के स्तर के आधार पर 3,000 रुपए प्रतिवर्ष से अधिक थी) शहरी क्षेत्रों में 1983 में एक उच्च वर्ग के परिवार की औसत आय 5, 985 रुपए प्रतिवर्ष थी। और ग्रामीण क्षेत्रों में निम्नतम वर्ग के परिवार की औसत आय, 1,044 रुपए थी।

यह अनुमान लगाया गया है कि ग्रामीण परिवारों में 70 % के पास कोई जमीन नहीं है। बाकी 30% के पास 1.5 एकड़ 16.8% के पास 6-15 एकड़ 5% के पास 16-50 एकड़ और 0.4% के पास 50 एकड़ से अधिक जमीन है। इसके अतिरिक्त 30% परिवार जिनके पास जमीन है उससे 31.43% सीमान्त परिवार 35.71% परिवार जिनके पास जमीन है उससे 31.43% सीमान्त परिवार 35.71% छोटे परिवार 22.81% मध्यम परिवार 8.81% बड़े परिवार और 1.24% भीमकाय परिवार है।

भूमिहीन व्यक्तियों की विशेष निर्भरता खेती पर या इसके बाहर वेतन मजदूरी पर होती है। मजदूर परिवार के तीन चौथाई लोग अनियत मजदूरों की तरह काम करते हैं। यानि कि जब कभी काम मिलता है। उस समय काम करते हैं। अन्यथा बेरोजगार मानपूंजी की अपूर्णताएं या श्रमिकों की कार्यकुशलताओं और क्षमताओं में कमी उन्हें अच्छा रोजगार प्राप्त करने में बाधक होती है। और इस प्रकार उनकी आय बढ़ने में भी। कार्यकुशलताएं और क्षमताएं प्राप्त करना अवसरों की उपलब्धता और सुलभता पर अधिक निर्भर करता है। न कि आनुवांशिक प्रतिभा या प्राकृतिक क्षमता पर क्योंकि निर्धन एक ऐसे सामाजिक वातावरण में रहते हैं। जहां उन्हें आवश्यक अवसरों की प्राप्ति नहीं होती और अकुशल रह जाते हैं। जिसके फलस्वरूप औद्योगिक विकास पर प्रभाव पड़ता है।

देश में बहुत उच्च बेरोजगारी की दर श्रम की मांग को कम करती है। देश में 1992 में करीब 84 करोड़ जनसंख्या में 31 करोड़ 50 लाख (375%) श्रमिक वर्ग में आते थे। 1992-97 की आठवीं पंचवर्षीय योजना के दौरान श्रम शक्ति में साढ़े तीन करोड़ की बढ़ोत्तरी का अनुमान था, जबकि 1998-2002 की नौवीं योजना अवधि के दौरान तीन करोड़ 60 लाख श्रमशक्ति का अनुमान है। वैसे केवल संगठित क्षेत्र में 1997 में श्रमिकों की संख्या 2.79 करोड़ आंकी गई थी। केंद्रीय श्रम मंत्रालय क आंकड़ों के अनुसार बेरोजगार व्यक्तियों की संख्या 1967 में 27.40 लाख से बढ़कर 1976 में 93.26 लाख 1980 में 1.62 करोड़ 1986 में 1.80 करोड़ और 1992 आठवीं योजना के प्रारम्भ में एक करोड़ 70 लाख आंकी गई थी। बालू पंचवर्षीय योजना (नवी) के दौरान बेरोजगारी की सूची साढ़े चार करोड़ और जुड़ जाएंगे। योजना की समाप्ति (यानि 2002) तक बेरोजगारी की संख्या नौ और दस करोड़ के बीच हो जाएगी। 1997 में शहरी क्षेत्रों में बेरोजगारी 33.44% और ग्रामीण क्षेत्रों में 40.24% थी। ये आंकड़े रहते हैं। शेष एक चौथाई 'बंधे' हुए मजदूर होते हैं। यानि की वे किसी प्रकार के ठेके पर एक ही मालिक का काम करते हैं। इस प्रकार यह स्पष्ट है कि ग्रामीण दरिद्रों से सर्वाधिक कृषि मजदूर परिवार और छोटे खेत मालिक होते हैं।

यदि इस वर्तमान में भारत के सबसे बड़े 20 व्यापारिक घरानों को देखे (जैसे विरला, टाटा, अम्बाली, सिघानियां, थापर, मफललाल, बजाज, मोदी आदि। तो हम पाएंगे कि उनकी सम्पत्ति 1972 में 3.071 करोड़ रुपए थी जो 1983 में बढ़कर 13,103.54 करोड़ रुपए हो गई। दूसरे शब्दों में उनकी संपत्ति 1973 से 1983 के बीच 4.3 गुना 1985 तक 6.5 गुना और लगभग बीस वर्षों में 10.4 गुना अधिक हो गई। यदि पहले दस औद्योगिक घराने के लिए जाएं तो उनकी सम्पत्ति जब 1980 में 4,63 करोड़ थी। 1990 में साढ़े छः गुना बढ़कर 32,000 करोड़ हो गई।

भारत पर विदेशी ऋण प्रतिवर्ष बढ़ रहा है और उसका आंकड़ा भयभीत कर देने वाला है। यह अनुमान लगाया जाता है कि 1983 में हमारा संपूर्ण ऋण 60.621 करोड़ रुपये था। (78% घरेलू और

22% विदेशी) जो 1993 में 2.66 लाख करोड़ हो गया। (फ्रन्ट लाइन, नवम्बर 51993.160) 1992 में घरेलू ऋण 58,24 करोड़ था तथा विदेशी ऋण जो 1992 के अंत तक 76.98 अरब डालर था। 1995 में 99 लाख डालर और 1998 में 95.71 अरब डालर हो गया। इस ऋण के ब्याज को चुकाने में ही हमारी वार्षिक आय का 28% चला जाता है। इस कारण भारत के लिए सांस लेना भी भारी पड़ेगा। विश्व बैंक के अनुसार तृतीय विश्व के 96 देशों में भारत चौथा सबसे बड़ा ऋणी है। जब तक कमियां पूरी नहीं होती तथा जब तक सत्ता में रहने वाले राजनीतिक योजना और विकास को गंभीरता से नहीं लेते तब तक भारत के सामने निर्धनता की निरंतर बढ़ती हुई समस्या बनी रहेगी।

मुद्रास्फीति के दबावों ने भी निर्धनता को बढ़ाया है। 1960-61 को आधार मानते हुए, थोक मूल्यों का सूचकांक 1968-69 के 165.4 से बढ़कर 1973-74 में 281.7 हो गया, अर्थात पांच वर्षों में वह 70% बढ़ गया। 1988-89 के 46% से सूचकांक बढ़कर 1989-90 में 6.2% हो गया। सन् 1991-92 में मुद्रास्फीर्ति में यह कमी मुख्यत: (1) कृषि के अच्छे नियादन (2) केन्द्रीय सरकार के वित्तीय घाटे में कमी जो 1990-91 में कुल (GDP) के 84% से घटकर 1998-99 में 4.9% ही रह गई। (3) ऋण लेने पर दीर्घ स्थायी निर्भरता में कमी और (4) कर निर्धारण की प्रकृति में सुधार की कारण हुई है। 1960-61 के आधार के अनुरूप एक रुपए की कीमत 1991 में 9.56 पैसे घट गई। 1999 में मात्र 7.46 पैसे रह गई।

पूंजी का अभाव भी औद्योगिक विकास को रोकता है। आयात की तुलना में भारत के निर्यात की कीमत 1961-62 में (-) 328 करोड़ रुपए से बढ़कर 1975-76 से (-) 1,222 रुपए, 1986-81 में (-) 5-813 रुपए और 1998-99 में (-) 14 हजार करोड़ रुपए हो गई। आयात की कीमत 1960-61 के 996.3 करोड़ रुपए बढ़कर 1983-84 में 5,265.2 करोड़ रुपए और 1986-87 में 20,683.5 करोड़ रुपए और 1998-99 में लगभग 30 हजार करोड़ रुपए हो गई। 40 वर्षों में विदेशी व्यापार की यह कीमत उद्योग में सीमित पूंजी का लगा होना बतलाता है।

जब तक आय वितरण में असमानता को कम नहीं किया जाता, निर्धनता रेखा के नीचे रह रहे व्यक्तियों की संख्या को कम करने की संभावनाएं बहुत कम होगी। परन्तु यदि वर्तमान असमानता चलती रहती भी है। और यदि 60% की विकास वृद्धि प्राप्त कर ली जाती है और यदि जनसंख्या 2005 तक 108 करोड़ से अधिक नहीं होती है तो 2010 में केवल 10% जनसंख्या ही निर्धन रेखा की नीचे होगी।

निर्धनता के कारण—निर्धनता के बारे में एक मत यह है कि यह दैवकृत और व्यक्ति के पूर्व कर्मों और पापों का फल है। दूसरा मत निर्धनता को व्यक्ति के कार्य करने की क्षमताओं की असफलता या उसमें प्रेरणा की कमी के कारण मानता है। धनवान व्यक्ति की अमीरी को उसके सौभाग्य के कारण और निर्धन व्यक्ति की निर्धनता उसमें योग्यताओं की कमी के कारण बतलाना धनवान व्यक्तियों के आर्थिक स्वार्थों की पूर्ति करता है। क्योंकि इसमें वे ऊंचे आयकर देने से बच जाते हैं। जिसके द्वारा निर्धन व्यक्तियों का उत्थान हो सके। एक आधुनिक मत निर्धनता को उन कारकों से जोड़ता है जो एक व्यक्ति के नियन्त्रण से परे होते हैं। दूसरा, समाज में सामाजिक व्यवस्थाओं को कार्यप्रणाली की निर्धनता का कारण बतलाया है।

आर्थिक कारण—आर्थिक कारणों को समझने के लिए हमें उन लोगों में अन्तर करना पड़ेगा जिनके पास काम है। जिनके पास काम नहीं है। उसके क्या कारण हैं क्या यह उनके अपने दुर्गुणों के यानि कि दोषी लक्षणों के कारण है या यह समाज के दोषों के कारण है, अर्थात 'प्रतिबन्धित अवसरों के कारण। इसका परीक्षण निम्नांकित पांच कारणों से किया जा सकता है। अपर्याप्त विकास, मुद्रास्फीति के दवाब, पूंजी का अभाव श्रमिकों में कार्य कुशलता की कमी और बेरोजगारी। अपर्याप्त विकास को भारत में निर्धनता का कारण माना गया है क्योंकि 1951 को 1998 के बीच आयोजना इतनी दोषपूर्ण रही है कि विकास की दर मात्र 3.5% रही है। भारतीय अर्थव्यवस्था स्वतंत्रता से पूर्व लगभग पांच दशकों के अंतराल में गतिहीन रही थी।

लूसी क्रेगवर्ग ने कहा है कि यद्यपि गरीब की सदस्यता पीढ़ियों के साथ-साथ महत्वपूर्ण मात्रा में परिवर्तित हो जाती है। फिर भी आने वाली पीढ़ियां अपने व्यवहार और मूल्यों में एक दूसरे से मिलती है और यह उनके निर्धनता के कारण हुए एक से अनुभवों और एक से सामाजिक दवाबों के शिकार होने के परिणाम स्वरूप होता है। गरीबों के बच्चे हिंसा की उपसंस्कृति को अपनी वसीयत में ग्रहण करते हैं। जिसमें शारीरिक आक्रात्मक प्रतिक्रियाओं की सब सदस्य या तो अपेक्षा करते हैं या आवश्यकता समझते हैं। इस प्रकार की 34 संस्कृति में हिंसा का उपयोग गैर कानूनी आचरण नहीं समझा जाता है। और हिंसा करने वाले के अपने आक्रमण के कारण कोई अपराध की भावना उत्पन्न नहीं होती। हिंसा उनकी जीवनशैली का एक अंग बन जाती है। कठिन समस्याओं को सुलझाने का एक माध्यम बन जाती है। और विशेष रूप से उन व्यक्तियों और समूहों के बीच अपनाई जाती है। जो उसी प्रकार के मूल्यों और मानदंडों का अनुमोदन करते हैं और निर्भर रहते हैं।

एक ओर तो यह उपसंस्कृति निर्धनता के प्रभाव के रूप में देखी जाती है। दूसरी और उसे निर्धनता का कारण माना जाता है।

वे उपकरण जिन्होंने भारत की अर्थव्यवस्था को शैशवकाल से परिपक्वता की स्थिति तक विकसित किया, सन् 1978 के पश्चात् वे उसके अग्रिम विकास के लिए भयंकर रूकावट समझे जाते हैं। उनमें से प्रमुख हैं। (1) औद्योगिक लाइसेंस के कानून, एकाधिकारों और विदेशी उद्यमों पर कंट्रोल और (3) छोटे उद्योगों के साथ भेदभाव पूर्ण व्यवहार। इसीलिए कोई आश्चर्य नहीं कि दो वर्षों में हमारी सरकार लाइसेंस की कार्यप्रणालियों में गति लाई है। आयात के नियन्त्रणों में स्थिरता लाई है और उसने उद्योग के बड़े क्षेत्रों को लाइसेंस से मुक्त कर दिया हो। इसके कार्य क्षेत्र में प्रारम्भिक और प्रौढ़ शिक्षा, ग्रामीण व्यवस्था, पानी की सप्लाई, सड़क निर्माण, विद्युतीकरण, आवासहीन मजदूरों के लिए मकान, ग्रामीण क्षेत्रों में पोषण और शहरी गंदी, बस्तियों के पर्यावरण में सुधार आते हैं। पांचवी पंचवर्षीय योजना (1974-79) में एम.एन पी. के लिए 1,518 करोड़ रुपये की राशि आवंटित की गई। और छठी योजना (1980-85) में वह 5, 807 करोड़ रुपये थी। छठी योजना में पूरी राशि की 34.5% राशि ग्रामीण पानी की सप्लाई पर व्यय की गई। 20% ग्रामीण सड़कों पर 17.8% प्राथमिक और प्रौढ़ शिक्षा पर 9.8% ग्रामीण स्वास्थ्य पर (प्राथमिक स्वास्थ्य केन्द्रों और सामुदायिक स्वास्थ्य केन्द्र की स्थापना करके और स्वयंसेवकों की संख्या बढ़ाकर) 6.1% भूमिहीन मजदूरों के ग्रामीण आवासों पर, 5.2% ग्रामीण विद्युतीकरण पर 3.8% पोषण पर (बच्चों के दोपहर के भोजन पर और गर्भवती महिलाओं के स्वास्थ्य की देखभाल पर) और 2.6% शहरी गंदी बस्तियों के सुधार पर।

गरीबी हटाओ और बेकारी हटाओ कार्यक्रम—गरीबी हटाओ का नारा मार्च, 1971 में राष्ट्रीय चुनावों के समय इंदिरा गांधी ने दिया था। और बेकारी हटाओ का नारा अप्रैल 1988 में अपने राष्ट्रीय सम्मेलन में अखिल भारतीय कांग्रेस कमेटी ने दिया था। वास्तव में कांग्रेस दल समाजवाद की बात 1950 के दशक से कर रहा था। उसने अपने 1955 के सम्मेलन 1964 के भुवनेश्वर सम्मेलन और अप्रैल, 1980 के काम राजनगर सम्मेलन में समाजवाद को अपना प्रमुख लक्ष्य होने की घोषणा की। परन्तु कांग्रेस पार्टी 1988 तक इस लक्ष्य की किस सीमा तक प्राप्त कर सकी यह इस तथ्य से प्रकट होता है कि हमारे देश में 10 लाख से अधिक व्यक्ति भीख मांगकर अपना जीवन निर्वाह करते हैं और लगभग आधे लाख व्यक्ति रक्तदान से जीवित हैं।

स्वतंत्रता के 67 वर्षों के बाद भी प्रति व्यक्ति प्रतिवर्ष औसत वास्तविक आय पहले की तुलना में बहुत कम बढ़ी है। जब सन् 2011 में यह 1488 डालर आंकी गई है। एक अमरीकन की यह 47,240 डालर (यानि 50 गुणा अधिक है। कई देशों में यह पांच या छह गुना हो गई है। और जापान में यह युद्ध के तुरन्त बाद की आय से पचास गुना है। भारत में निर्धनों और धनवानों में असमानताएं यूरोप या जापान की तुलना में बहुत अधिक है। यही नहीं ये कम होने के बजाय बढ़ रही है। एक सामान्य भारतीय जीवित रहने से आगे कुछ नहीं सोच सकता और अब तो केवल जीवित रहना भी संदेश के दायरे में है।

निर्धनता विरोधी रणनीति रणनीतियां—स्वतन्त्रता के पश्चात् केन्द्र और राज्य सरकारों ने निर्धनता को हटाने के लिए निम्नांकित कदम उठाये हैं। (1) पंचवर्षीय योजनाएं (2) राष्ट्रीयकरण (3) बीस सूत्री कार्यक्रम, और (4) आई आर डी. पी. एन आर ई. पी. अन्त्योदय और जवाहर रोजगार योजनाकार्यक्रम। हम इन सभी कार्यक्रमों का एक-एक करके विश्लेषण करेंगे।

अन्तर्गत उन परिवारों को सहायता दे रहा है जिनकी वार्षिकी आय 3,600 रुपये से कम है।

परन्तु राज्य में राजनीतिक परिवर्तनों ने कार्यक्रम पर प्रभाव डाला। अब यह कहा जा सकता है कि सब मिलाकर यह योजना पूर्णता असफल रही। असफलता के प्रमुख कारण थे। परिवारों के चयन में पक्षपात, अधिकार के सहयोग का आभाव, ऋण देने में विलम्ब, और उत्तर रक्षम कार्य की अवहेलना, राजस्थान सरकार ने सितम्बर, 1990 से इस योजना को पुनः आरम्भ किया है।

आर.एल. ई.जी.पी.—रुरल लैन्डलेस एम्प्लायमेंट गारंटी स्कीम अन्तयोदय योजना से भिन्न है। जबकि अन्त्योदय योजना का पहचान किए गए परिवारों की उपादान क्षमता को बढ़ाने का लक्ष्य है। आई.एल.पी. सी योजना निर्धनों को सरकारी कार्यों में 3 रुपए प्रतिदिन की बहुत कम मजदूरी पर पूरक रोजगार दिलाती है। महाराष्ट्र एक ऐसा राज्य है जिनसे ग्रामीण क्षेत्रों में बेरोजगारी के लिए रोजगार गारंटी योजना (ईजीएस) का प्रयोग जमीन की लगान की वसूली सेल्स टेक्स, मोटर, गाड़ी टेक्स सिचाई सम्पत्ति और व्यवसायियों पर ई.जी.एस. अभिभार लगाकर किया है। इस प्रकार जो राशि वसूल होती है। वह और उसके साथ राज्य सरकार का बराबरी का अंशदान ई जी. एस. फन्ड में रोजगार कार्यों को चलाने के लिए जमा किए जाते हैं।

एम.एस.पी.—न्यूनतम आवश्यकता योजना 1974-75 में पांचवीं पंचवर्षीय योजना के अभिन्न भाग के रूप में शुरू की गई।

पंचवर्षीय योजनाएं—योजना आयोग का गठन 1950 में हुआ था। देश की आवश्यकताओं एवं साधनों का व्यापक सर्वेक्षण करके पंचवर्षीय योजनाएं बना रहा है। प्रथम योजना अप्रैल 1951

में आरम्भ हुई और तीसरी योजना मार्च 1966 में समाप्त हुई। इसके पश्चात् अप्रैल 1966 से मार्च 1969 तक तीन एक वर्षीय योजनाएं बनी। चौथी योजना अप्रैल 1969 में और नवीं योजना 1977 में आरंभ हुई।

प्रथम पंचवर्षीय योजना (1951-56) दूसरे विश्वयुद्ध के कारण व 1947 के देश के बंटवारे और अंग्रेजी राज से विरासत में मिली आर्थिक व्यवस्था में गड़बड़ी से हुए असंतुलनों को ठीक करने की दृष्टि से बनाई गई थी। यद्यपि योजना का लक्ष्य चतुर्मुखी संतुलित विकास करना था। परन्तु उसे सबसे अधिक प्राथमिकता कृषि और सिंचाई को दो और इस क्षेत्र पर संपूर्ण योजना बजट का 44.6% लगाया। ऐसा देश की कृषि संबंधी आयातों को कम करने और विदेशी मुद्रा को बचाने के लिए किया गया। इस योजना के लागत का 5% से कम उद्योगों पर व्यय किया गया फिर भी योजना को विद्युत विकास ग्रामीण विकास (सामुदायिक विकास परियोजनाएं) और समाज कल्याण कायक्रमों को कुछ महत्व दिया। योजना के पूरे बजट (रुपये 2,378 करोड़) में से केवल दो तिहाई (65.6%)वास्तव में खर्च हुआ। योजना के अन्त में देश की राष्ट्रीय आय में 18% की वृद्धि हुई और प्रति व्यक्ति आय में 11% की।

द्वितीय पंचवर्षीय योजना—(1956-61) का लक्ष्य अर्थव्यवस्था का तीव्र गति से औद्योगिकरण और भारतीय समाज को समाजवादी ढांचे का बनाने के लिए विभिन्न वर्गों में आय और धन में अधिक समता लाना था। योजना ने इस पर बल दिया कि विकास में हुए लाभों का समाज के अपेक्षाकृत कम सुविधा के अन्तर्गत उन परिवारों को सहायता दे रहा है। जिनकी वार्षिक आय 3,600 रुपये से कम है।

परन्तु राज्य में राजनीतिक परिवर्तनों ने कार्यक्रम पर प्रभाव डाला। अब यह कहा जा सकता है कि सब मिलाकर यह योजना पूर्णता असफल रही। असफल रही। असफलता के प्रमुख कारण थे। परिवारों के चयन में पक्षपात अधिकार के सहयोग का आभाव, ऋण देने में विलम्ब, और उत्तर रक्षक कार्य की अवहेलना, राजस्थान सरकार ने सितंबर, 1990 से इस योजना को पुन: आरंभ किया है।

आर.एल.ई.जी.पी.—रूरल लैन्डलेस एम्प्लायमेंट गारंटी स्कीम अन्त्योदय योजना से भिन्न है। जबकि अन्त्योदय योजना का पहचान किए गये परिवारों की उपादन क्षमता को बढ़ाने का लक्ष्य है। आई.एल.पी.जी. योजना निर्धनों को सरकारी कार्यों में 3 रुपये प्रतिदिन की बहुत कम मजदूरी पर पूरक रोजगार दिलाती है। महाराष्ट्र एक ऐसा राज्य है। जिनसे ग्रामीण क्षेत्रों बेरोजगारी के लिए रोजगार गारंटी योजना (ईजीपी) का प्रयोग जमीनी लगान की वसूली सेल्स टेक्स, मोटर, टेक्स सिचाई सम्पत्ति और व्यवसायियों पर ई.जी.एस. अभिभार लगाकर किया है। इस प्रकार जो राशि वसूल होती है। वह और उसके साथ राज्य सरकार का बराबरी का अंशदान ई.जी.फन्ड में रोजगार कार्यों को चलाने के लिए जमा किए जाते हैं।

एम.एन.पी.—न्यूनतम आवश्यकता परियोजना 1974-75 में पांचवी पंचवर्षीय योजना के अभिन्न भाग के रूप में शुरू की गई।

पंचवर्षीय योजनाएं—योजना आयोग का गठन 1950 में हुआ था देश की आवश्यकताओं एवं साधनों का व्यापक सर्वेक्षण करके पंचवर्षीय योजनाएं बना रहा है। प्रथम योजना अप्रैल 1957 में आरम्भ हुई और तीसरी योजना मार्च 1966 में समाप्त हुई। इसके पश्चात् अप्रैल 1966 से मार्च 1966 से मार्च 1969 तक तीन एक वर्षीय योजनाएं बनीं। चौथी योजना अप्रैल 1969 में और नवी योजना 1997 में आरंभ हुई।

प्रथम पंचवर्षीय योजना (1951-56) दूसरे विश्वयुद्ध के कारण व 1947 के देश के बंटवारे और अंग्रेजी राज से विरासत से मिली आर्थिक व्यवस्था में गड़बड़ी से हुए असंतुलनों को ठीक करने की दृष्टि बनाई गई थी। यद्यपि योजना का लक्ष्य चर्तुमुखी संतुलित विकास करना था। परन्तु उसने सबसे अधिक प्राथमिकता कृषि और सिंचाई को दो और इस क्षेत्र पर संपूर्ण योजना बजट का 44.6% लगाया। ऐसा देश की कृषि संबंधी आयातों को कम करने और विदेशी मुद्रा को बचाने के लिए किया गया। इस योजना के लागत का 5% से कम उद्योगों पर व्यय किया गया। फिर भी योजना को विद्युत विकास ग्रामीण विकास (सामुदायिक विकास परियोजनाएं) और समाज कल्याण कार्यक्रमों को कुछ महत्व दिया। योजना के पूरे बजट (रुपये 2,378 करोड़) में से केवल दो तिहाई (65.6%) वास्तव में खर्च हुआ) योजना के अन्त में देश की राष्ट्रीय आय में 18% की वृद्धि हुई और प्रति व्यक्ति आय में 11% की।

द्वितीय पंचवर्षीय योजना—(1956-61) का लक्ष्य अर्थव्यवस्था का तीव्र गति से औद्योगिकरण और भारतीय समाज को समाजवादी ढांचे का बनाने के लिए विभिन्न वर्गों में आय और धन में अधिक समता लाना था। योजना पर इस पर बल दिया कि विकास से हुए लाभों का समाज के अपेक्षाकृत कम सुविधा 30-40 रुपये प्रतिमाह की पेंशन दी गई। बैलगाड़ियां पशुपालन (भैसों, गायों, बकरियों और सुअरों की खरीद के लिए), छावड़ी बनाने, खाती के औजार, दर्जी, चाय, नाई या पंसारी की दुकानें खुलवाने और साबुन बनाने और निवार बनाने की गतिविधियों के लिए बैंक से ऋण दिलवाये गये।

अन्त्योदय योजना का प्रशासन जिला स्तर पर कलक्टर को और राज्य स्तर पर कृषि विभाग को सौंपा गया। इस योजना का बजट 187 करोड़ रुपए था। और इसके अन्तर्गत 1978 से 1982 तक के पांच वर्षों में छह लाख छह हजार परिवारों की सहायता करने की राजस्थान सरकार की योजना थी। इस राशि में से एक तिहाई (61 करोड़ रुपए) पेंशन के रूप में वितरित किया गया लगभग दो तिहाई (47 करोड़ रुपए) माध्यम से सहायता (सब्सिडी और ऋण) के रूप में प्रदान किए गये। इस योजना के अन्तर्गत 31 दिसम्बर 1988 तक कुल परिवारों (2.61 लाख) जो चुने गए थे जिनमें से 40.5% को ऋण दिए गए 21.7% को सामाजिक सुरक्षा लाभ दिए गए और 8.8% को रोजगार और दूसरे लाभ दिए गए।

राजस्थान सरकार ने 1981 में इस कार्यक्रम को फिर से पुनर्जीवित किया। उसने प्रत्येक ब्लाक में से निर्धन रेखा से नीचे रह रहे 1800 परिवारों का चयन किया। जिन्हें तीन साल की अवधि में लाभ पहुंचाया जा सके। इस सहायता पैकेज में से सामाजिक सरकार के पद चिह्नों पर चलकर उत्तर प्रदेश और हिमाचल प्रदेश ने भी 1986 में और गुजरात ने 1992 में उसी मॉडल पर यह कार्यक्रम प्रारम्भ किया। हिमाचल प्रदेश इस योजना के प्राप्त वर्गों को मिलने चाहिए और आमदनी के केन्द्रीयकरण में क्रमिक कमी होनी चाहिए। उसने आधारभूत और बड़े उद्योगों के विकास रोजगार के अवसरों के विकास निजी क्षेत्र के स्थान पर सार्वजनिक क्षेत्र का विकास और राष्ट्रीय आय में 250% वृद्धि को अपना केन्द्र बिन्दु बनाया। इस योजना के दौरान हुआ व्यय (4,672 करोड़ रुपये) प्रथम योजना में हुए व्यय से दुगना था। फिर भी इस योजना का निष्पादन उन आशाओं को, जो उससे की गई थी, पूरा नहीं कर पाया। अर्थ व्यवस्था के लगभग सभी क्षेत्रों की उपलब्धियां योजना के लक्ष्यों से कम थी। परिणामस्वरूप प्रथम योजना के दौरान मूल्य सूचकांक में 13% की कमी के स्थान पर दूसरी योजना में मूल्यों के स्तर में 12.5% वृद्धि हुई।

तृतीय पंचवर्षीय योजना—(1961-66) का लक्ष्य आत्म-निर्भर विकास की दिशा में एक विशिष्ट प्रगति सुनिश्चित करना था। उसमें पांच लक्ष्यों की एक सूची थी अर्थात वार्षिक राष्ट्रीय आय में 5% की वृद्धि कृषि में आत्मनिर्भरता, आधारभूत, उद्योग (जैसे स्टील, विद्युत के मिकल्स) का विकास मानवशक्ति के साधनों का अधिकतम उपयोग, और आर्थिक शक्ति का विकेन्द्रीकरण। कृषि को पुन: सबसे अधिक प्राथमिकता दी गयी और पूरी लागत का 35% इस क्षेत्र को आवंटित किया गया। इसकी तुलना में उद्योगों को 23% और परिवहन और संचार को 25% आवंटित किया गया। योजना का उद्देश्य राष्ट्रीय आय को 30% बढ़ाना था। और प्रति व्यक्ति आय को लगभग 17% योजना के दौरान व्यय हुई राशि (12,767 करोड़ रुपए) आवंटित राशि (11,600 करोड़ रुपए) से 90% अधिक थी।

तृतीय योजना का निष्पादन भी दूसरी योजना की तरह उतना ही हतोत्साहित करने वाला था। पांच वर्ष के काल में राष्ट्रीय आय 5% के लक्ष्य की तुलना।

अन्त्योदय कार्यक्रम—अन्त्योदय का अर्थ होता है। उन लोगों का विकास जो सबसे नीचे स्तर (अन्त) पर है। यानि दरिद्रों में दरिद्रतम इस कार्यक्रम को राजस्थान सरकार ने अक्टूबर 1977 में उन लोगों की विशेष सहायतार्थ प्रारम्भ किया जो निर्धनता रेखा से नीचे थे। योजना यह थी कि प्रतिवर्ष प्रत्येक गांव में से (33,00 गांवों में से) पांच सबसे अधिक निर्धन परिवर्तनों का चयन किया जाएगा। और उनकी आर्थिक उन्नति के लिए सहायता दी जाए। प्रारम्भ में 25 गांवों का जो राज्यों के विभिन्न पर्यावरण वाले क्षेत्र में बसे हुए थे। दैव प्रतिचयन किया गया और व्यक्तिगत परिवारों के बारे निम्न मदों में सूचना एकत्रित की गई। ऋण की स्थिति, निर्भरता का अनुपात, जमीन की भौतिक परिसम्पत्ति, पशु, व्यवसाय शिक्षा का स्तर आय और परिवार का आकार। उसके बाद अन्त्योदय की विस्तृत योजना बनाई गई। निर्धन परिवरों के चयन के लिए प्राथमिकता के क्रम के आर्थिक मापदंड इस प्रकार बनाए गए—(1) परिवार जो बिल्कुल निराश्रय थे। जिनके पास उत्पादन परिसंपत्ति नहीं थी जिसमें कमाने के लिए की परिसक्षम सदस्य 15-59 के आयु समूह में नहीं था। (2) परिवार जिनके पास जमीन और पशु जैसी उत्पादक परिसम्पत्ति नहीं थी। किन्तु जिनमें एक या एक से अधिक व्यक्ति काम कर सकते थे। और जिनकी प्रति व्यक्ति आय रुपये 20 प्रतिमाह थी। (3) परिवार जिनके पास उत्पादक परिसम्पत्ति थी और जिनकी प्रति व्यक्ति आय 30 रुपए प्रतिमाह थी। (4) परिवार जिनकी प्रति व्यक्ति आय 40 रुपए प्रतिमाह थी।

परिवारों की पहचान का कार्य ग्राम सभा को सौंपा गया। इस योजना के अन्तर्गत खेती के लिए भूमि का आवंटन प्रतिमाह पेंशन बैंक ऋण या रोजगार दिलाने से मदद की गई। प्रत्येक चयनित परिवार की में 2.6% ही बढ़ी कृषि के क्षेत्र में भी उत्पादन को धक्का लगा। औद्योगिक उत्पादन भी 11% के लक्ष्य की तुलना में 7.9% हुआ। 1965-66 का कीमती का सूचकांक 1960-61 से 32% ऊंचा था। भारत पाक युद्ध भारत चीन युद्ध और मानसून की क्रमिक विफलताएं इसके कारण थे। जो मनुष्य के नियंन्त्रण के परे थे। 1965-66 में प्रति व्यक्ति आय वही थी जो 1960-61 में थी। फलस्वरूप अन्तर्राष्ट्रीय बैंक से बहुत सा ऋण लेना पड़ा तथा जून 1966 में रुपये का अवमूल्यन करना पड़ा। तीसरी योजना के अन्त

में अर्थव्यवस्था वस्तुत: इतनी बुरी दशा में थी कि चौथी योजना जिसे मार्च 1966 में प्रारम्भ करना था का परित्याग करना पड़ा और उसके स्थान पर तीन वार्षिक योजनाएं बनाई गई। 1966 और 1964 के बीच तीन वर्ष के काल, जिसे योजना की छुट्टी का काल कहा जाता है। को उन बुराइयों को ठीक करने में लगाया गया। जिन्होंने तीसरी पंचवर्षीय योजना के चलते योजना की प्रक्रिया को अपंग कर दिया था। तीन वर्षों की वार्षिक योजनाओं का प्रमुख उद्देश्य तीसरी पंचवर्षीय योजना के बचे हुए कार्यों को जारी रखना था।

चतुर्थ पंचवर्षीय योजना—के लक्ष्य राष्ट्रीय आय में प्रतिवर्ष 5.5% की बुद्धि करना, आर्थिक विकास में स्थिरता लाना, आय के वितरण में असमानताओं को कम करना और सामाजिक न्याय को समानता के साथ उपलब्ध करवाना था। पांचवीं योजना के अन्तर्गत कृषि और औद्योगिक क्षेत्रों में समकालिक विकास को पूरी मान्यता प्रदान की गई। यद्यपि इस योजना के दौरान 22,862 करोड़ रुपए पूर्ण राशि व्यय हुई। उसके उपरान्त और जिनके पास वास्तव में कृषि के मंदे की अवधि में कोई आय का स्रोत नहीं होता इस कार्यक्रम की कार्यान्वित में जिन महत्वपूर्ण बिन्दुओं पर बल दिया जाता है। वे हैं (1) आवंटन का दस प्रतिशत केवल हरिजन बस्तियों में पीने के पानी के कुओं के लिए आरक्षित होता है। इसी प्रकार दूसरा दस प्रतिशत सामाजिक वनविद्या और ईंधन की लकड़ी को रोपने के लिए सुरक्षित होता है। (2) केवल ऐसे ही काम हाथ में लिए जाते हैं जिनमें स्थायित्व होता है। (3) आवंटन दोनों अंतराज्य और अन्तरजिला ब्लाक स्तर पर किये जाते हैं केन्द्र सरकार प्रत्येक तिमाही राज्य के एन.आर.ई.पी. के हिस्से का नगद आवंटन करती है। (4) इस कार्यक्रम के अन्तर्गत जो परिसम्पत्ति बनती है। उसकी देखभाल का दायित्व राज्य सरकार का होता है। (5) पंचायत राज्य की संस्थाएं इस कार्यक्रम ने सक्रिय रूप से लगी हुई है।

छठी योजना (1980-85) के दौरान केन्द्रीय योजना में लगभग 980 करोड़ रुपये इस कार्यक्रम के लिए दिय गए थे। 1980-81 के दौरान, यानि छठी योजना के प्रथम वर्ष में इस कार्यक्रम पर हुआ पूरा खर्चा (340 करोड़ रुपए) केन्द्र ने वहन किया। 1981-82 से राज्य खर्चे का 50% हिस्सा वहन कर रहे हैं। फिर भी एन.आर.ई.पी. योजनाएं केवल सात करोड़ मानव दिन ही उत्पन्न कर पाई (छठी योजना में) जिसका अर्थ है कि यह कार्यक्रम ग्रामीण निर्धनों में केवल 80 से 10% को ही पूरा रोजगार प्रदान कर पाया। सातवीं और आठवीं योजनाओं ने दो-दो करोड़ और परिवारों की सहायता की।

फिर भी यह योजना आर्थिक विकास लाने में असफल रही। यह खाद्यान्न में आत्मनिर्भरता प्राप्त नहीं कर पाई और न ही रोजगार के अवसरों को पैदा करके यह व्याप्त बेरोजगारी की समस्या के हल करने में कोई उल्लेखनीय कार्य कर पाई। मुद्रास्फीति की स्थिति भी और जटिल हो गई। 1960-61 को आधार मानते हुए थोक मूल्य सूचकांक 1968-69 के 165.4 से बढ़कर 1973-74 के अन्त में 281.7 हो गया, यानि पांच वर्ष के काल में 70% की वृद्धि हुई।

पांचवीं पंच वर्षीय योजना—(1974-79) को उस समय सूत्रबद्ध किया गया। जब अर्थव्यवस्था पर स्फीति का अत्यधिक दवाब था। उसका लक्ष्य विशेष रूप से निर्धनता का उन्मूलन करना और आत्मनिर्भरता प्राप्त करना था। उसका लक्ष्य निर्धन व्यक्तियों के खण्डों की बड़ी संख्या को निर्धन रेखा से ऊपर उठाना था। और इसके लिए 1972-73 की कीमतों को आधार मानकर 40 रुपए प्रति व्यक्ति प्रतिमाह के न्यूनतम आय को सुनिश्चित करना था। इस योजना के उद्देश्य रोजगार के अवसरों को बढ़ाना, आत्मनिर्भरता, न्यूनतम मजदूरी की नीति क्षेत्रीय असंतुलनों को हटाना, और नियति को प्रोत्साहन देता था। इस योजना में राष्ट्रीय आय में 5.5% के वार्षिक विकास की दर का लक्ष्य था। इस योजना को 1979 के स्थान में 1978 में ही जनता दल के शासनकाल में समाप्त कर दिया गया और छठी योजना अनवरत योजना के रूप में आरम्भ की गई। परन्तु 1978 में जब कांग्रेस पुन: सत्ता में आई तो पांचवीं योजना के काल की 1974 से 1979 तक बतलाया गया। पांचवीं योजना एक विलक्षण रूप से अशुभ सिद्ध हुई। यह वास्तव में वार्षिक विकास कार्यक्रमों का एक संग्रह मात्र था। यह किसी भी क्षेत्र में अपने लक्ष्यों को प्राप्त नहीं कर पाई। हां खाद्यान्न में बुद्धि पर अपवाद था।

इस प्रशिक्षण के लिए वे ही युवा पात्र होते हैं वो 18-35 आयु समूह के है और ऐसे परिवारों के हैं जो निर्धन रेखा से नीचे जीवन व्यतीत कर रहे हैं। चयन में प्राथमिकता अनुसूचित जातियों एवं जनजातियों भूतपूर्व सैनिकों और नवीं कक्षा उत्तीर्ण व्यक्तियों को दी जाती है। एक तिहाई स्थान महिलाओं के लिए आरक्षित है। प्रशिक्षणार्थियों को 75 रुपये 200 रुपए प्रतिमाह तक वजीफा दिया जाता है।

एन.आर.ई.पी.—राष्ट्रीय ग्रामीण विकास कार्यक्रम की योजना ग्रामीण क्षेत्रों में अधिशेष खाद्यान्न की सहायता से अतिरिक्त रोजगारों के अवसरों को उत्पन्न करना था। प्रारम्भ में यह कार्यक्रम काम के बदले अनाज कार्यक्रम कहलाता था। यह 1976-77 में बनाया गया था। परन्तु वास्तव में यह 1 अप्रैल 1977 से प्रभावी हुआ। इस परियोजना के अर्न्तगत 1977-78 में रोजगार के 4.4 करोड़

मानव दिन उत्पन्न किए गए। 1978-79 में 3.55 करोड़ और 1979-80 5.34 करोड़ और ये तीन वर्षों में क्रमश: 1.28 लाख टन 18.47 लाख टन और 23.45 लाख टन खाद्यान्न का उपयोग करके किये गये। इसके अन्तर्गत निम्नांकित कार्य किए गए। बाढ़ से बचाव, विद्यमान सड़कों की मरम्मत नई सम्पर्क सड़कों की व्यवस्था, सिंचाई सुविधाओं में सुधार पंचायत घरों, स्कूल भवनों, चिकित्सा और स्वास्थ्य केंद्रों का निर्माण और ग्रामीण क्षेत्रों में सफाई कराने की स्थितियों में सुधार।

इस कार्यक्रम में कुछ कमियां पाए जाने पर इसका ढांचा छठी योजना (1980-85) के एक भाग के रूप में अक्टूबर 1980 में पुन: बदला गया और अब यह एन.आर.ई.पी के नाम से जाना जाता है। यह उन ग्रामीण निर्धनों की देखभाल करता है जो मजदूरी पर निर्भर होते हैं।

छठी पंचवर्षीय योजना—(1980-85) को योजना के पिछले तीन दशकों में हुई उपलब्धियों और कमियों को ध्यान में रखते हुए प्रतिपादित किया गया। इस योजना का सर्वोपरि उद्देश्य दरिद्रता को समाप्त करना था, यद्यपि यह भी माना गया कि इस उद्देश्य की प्राप्ति पांच वर्ष की छोटी अवधि में नहीं हो सकती थी। आर्थिक विकास, बेरोजगारी का उन्मूलन, आय के बंटवारे में असमानता को कम करना। प्रौद्योगीकी में आत्मनिर्भरता समाज के कमजोर वर्गों का जीवनशैली को ऊपर उठाना, सार्वजनिक वितरण प्रणाली में सुधार और बढ़ती हुई जनसंख्या पर नियंत्रण पर बल दिया गया। इस योजना के दौरान 1.58,710 करोड़ रुपए (1990-91 के मूल्य पर 1,09,2917 करोड़ रुपए) की कुल राशि व्यय हुई।

इस योजना ने अच्छी तरह से विश्वासोत्पादक सफलता अर्जित की इस योजना में 52% राशि के विकास के लक्ष्य से भी अधिक विकास हुआ। राष्ट्रीय प्रतिदर्श सर्वेक्षण के अनुसार जीवन रेखा से नीचे रह रहे व्यक्तियों का अनुपात जो 1977-78 में 483% था वह 1984-85 में गिरकर 36.9% हो गया।

सातवीं पंचवर्षीय योजना—(1985-90) में तीन चीजों को प्राथमिकता दी गई। वे थे खाद्यान्न, रोजगार, और उत्पादकता में वृद्धि। बड़े पैमाने पर उत्पादनकारी रोजगार को बढ़ाने पर बल देने के साथ-साथ इस योजना का उद्देश्य निर्धनता के प्रभाव क्षेत्र में उल्लेखनीय कमी करना और दरिद्रों के जीवन में गुणात्मक सुधार लाना था। निर्धनता अनुपात के 37% से 1990 तक 26% तक गिरने की आशा थी। इस योजना में 1,80,00 करोड़ रुपए (1989-90) की दरों के अनुसार 3,48,148 करोड़ रुपये का कुल आवंटन था। तथापि यह योजना भी अपने लक्ष्यों को प्राप्त करने में बिल्कुल असफल रही। कृषि के मोर्चे पर उत्पादन के क्षेत्र में, रोजगार बढ़ाने में और देश के भुगतान के संतुलन की स्थिति इन सबको गहरा धक्का लगा।

सोचते हैं कि निर्धनों को ऋण देना खतरे से खाली नहीं है। और कई बार वसूली बैंक की शाखा से कार्य कुशलता की एक प्रमुख सूचक मानी जाती है। (3) निर्धन स्वयं ही कार्यक्रम में बहुत कम रुचि लेते हैं। क्योंकि उन्हें डर होता है। कि कहीं कोई उन्हें धोखा न दे दे या यह डर होता है कि वे उसको वापस न कर पाए। (4) ऋण कार्यक्रम की कार्यान्वित में अत्यधिक भ्रष्टाचार, दुरुपयोग और अनाचार है। ऋणों का अक्सर गलत आवंटन होता है और वह ऊपरी तौर से तो योजना के दिशा निर्देशों का उल्लंघन भी नहीं लगता। क्योंकि दिशा निर्देश स्पष्ट रूप से यह कहते हैं कि ऋणों के निष्पक्ष आवंटन के लिए ग्राम सभा की बैठकें बुलाई जाएं और उनमें लाभ भोगियों का चयन किया जाए। परन्तु वास्तव में यह नहीं होता क्योंकि ग्राम का मुखिया और ग्राम सेवक गांव वालों और प्रशासन के बीच बिचौलियों का काम करते हैं। (4) ऋण प्राप्त करने के लिए घूस देना आवश्यक है और (5) परिवार के सर्वेक्षण जिस पर योग्य परिवारों की सूची आधारित होनी चाहिए। नहीं किए जाते। (6) आई.आर.डी.पी. ऋण लाभ भोगियों के न तो जीवन स्तरों को उठाता है। और न ही लोगों की निर्धन रेखा से ऊपर उठाकर ग्रामीण निर्धनता पर कोई प्रभाव डालता है। यह बात राजस्थान, गुजरात, पश्चिमबंगाल, उत्तर प्रदेश और कर्नाटक में किए गए अनेक दर्शन दर्शाते हैं।

टी.आर.बाई.एस.ई.एम.—स्व रोजगार के लिए ग्रामीण युवाओं को प्रशिक्षण की योजना 15 अगस्त 1979 को प्रारंभ की गई। इसका उद्देश्य ग्रामीण युवकों की तकनीक ज्ञान देने से है। ताकि वे कृषि, उद्योग, नौकरियों और व्यापारिक गतिविधियों के क्षेत्रों में रोजगार, प्राप्त कर सकें।

आठवीं पंचवर्षीय योजना—(1992-97) यद्यपि अप्रैल 1990 से आरम्भ होनी थी। परन्तु केंद्रीय स्तर पर राजनीतिक अस्थिरता के कारण इसे अप्रैल 1992 से ही लागू किया गया। तथा दो वर्षों (1990-91 और 1991-92) को वार्षिक योजना काल माना गया। वी.पी. सिंह सरकार के काल में उपचेयरमैन रामकृष्ण हेगड़े तथा चन्द्रशेखर सरकार के काल में उपचेयरमैन मोहन धारिया इस योजना को कोई रूप नहीं दे सके। नरसिम्हाराव सरकार के काल में प्रणव मुखर्जी ने मई 1992 को इसे राष्ट्रीय विकास परिषद से पास करवाया। 1991-92 की दरों के अनुसार इसका कुल बजट 7,98,00 करोड़ रुपए था। इसका यह अर्थ था कि देश प्रतिवर्ष 66,500 करोड़ रुपये या लगभग 1,385 रुपए प्रति सप्ताह खर्च करता। इस राशि का 45% भाग सरकार और 55% भाग निजी उद्योग और व्यापार द्वारा खर्च होना था।

इस योजना की दिशा रोजगार उत्पत्ति की और समझी जाती थी। अधिक पूंजी ऐसे छोटे उद्योगों में लगाई जाने वाली थी जिनके गहन कार्य होने की संभावना थी। इस योजना का लक्ष्य 5.5% से 65% समग्र जी.डी.पी. विकास दर 5% कृषि दर 7.5% औद्योगिक विकास दर 8% से 10% सेवा क्षेत्र में विकास दर और 10% निर्यात विकास दर प्राप्त करना था। इस योजना का आकार पिछली योजना से दुगने से कुछ ज्यादा था। परन्तु वास्तव में सभी योजनाओं के आकार से दुगनी रही है। विकास की दर का लक्ष्य 55% था तो पिछली योजनाओं के लगभग बराबर था। ये भिन्न बात है कि वे प्रथम और सातवीं योजनाओं को छोड़कर कभी अपने लक्ष्य को प्राप्त नहीं कर सकी। आठवीं योजना इस प्रकार इससे पहले वाली योजनाओं से भिन्न नहीं थी और इसके परिणाम भी भिन्न नहीं थे। उसके अनुसार, 'दरिद्र' वह था। जिसकी वार्षिक आय 6,400 रुपये थी। और अनुदान की राशि भी 3,00 रुपये से बढ़ाकर 6,000 रुपये प्रति परिवार कर दी गई। हर वर्ष आई.आर.डी.पी. 1400 से 1900 करोड़ गरीबों को कर्जे के रूप में देता है। परन्तु वापसी लेने की दर बहुत कम है। इस योजना द्वारा 1993-94 में 25.39 लाख परिवारों को और 1997-98 में 13.26 लाख परिवारों को सहायता दी गई। दि रिजर्व बैंक आफ इण्डिया (आर.वी.आई) दि नेशनल बैंक फॉर एग्रीकल्चर एण्ड रूरल डेवलपमेंट (नाबार्ड), दि इन्सीट्यूट ऑफ फिनेन्शियल मेनेजमेंट एण्ड रिसर्च (आई.एफ.एम.आर) मद्रास, दि प्रोग्राम इवेलुएशन आरगेनाईजेशन आफ दि प्लानिंग कमीशन (पी.ई.ओ) और अनेक दूसरी संस्थाओं ने आई.आर.डी.पी. की कार्यान्विति और कार्यप्रणाली के विषय पर अध्ययन किए हैं।

बीस सूत्री कार्यक्रम—इंदिरा गांधी ने इस कार्यक्रम को जुलाई 1975 में प्रस्तुत किया। इसके उद्देश्य निर्धनता और आर्थिक शोषण को कम करना और समाज के तबके को ऊपर उठाना था। इस कार्यक्रम के पांच महत्वपूर्ण लक्ष्य थे। (1) मुद्रास्फीति नियन्त्रण, (2) उत्पादन प्रोत्साहन, (3) ग्रामीण जनकल्याण, (4) शहरी मध्यमवर्ग की राहत, और (5) आर्थिक और सामाजिक अपराधों पर रोक। 20 सूत्री कार्यक्रम में ये कार्यक्रम सम्मिलित थे। सिंचाई क्षमता के बुद्धि ग्रामीण रोजगार के लिए उत्पादन कार्यक्रम में बुद्धि अधिशेष भूमि का बंटवारा। खेती हर मजदूरों को न्यूनतम मजदूरी बंधुआ मजदूरी का पुर्नवास अनुसूचित जातियों और जनजातियों का विकास, आवासीय सुविधाओं का विकास विद्युत उत्पादन में वृद्धि, परिवार नियोजन, वृक्षारोपण, प्राथमिक स्वास्थ्य सुविधाओं का विस्तार, स्त्रियों और बच्चों के लिए कल्याणकारी कार्यक्रम प्राथमिक शिक्षा का विस्तार, सार्वजनिक वितरण प्रणाली को सशक्त करना, औद्योगिक नीतियों का सरलीकरण, काले धन पर नियन्त्रण, पेयजल सुविधाओं में सुधार और आंतरिक संसाधनों का विकास जब जनता दल मार्च 1977 केन्द्र में सत्ता दल बनाकर सरकार के परिवर्तन के साथ-साथ इस कार्यक्रम को बंद कर दिया गया। फिर जनवरी 1982 में इस कार्यक्रम को संशोधित रूप के साथ पुन: लागू कर दिया गया। दूसरी चीजों के साथ इस संशोधित कार्यक्रम में ग्रामीण विकास में तीव्र गति लाई गई और ग्रामीण निर्धनता पर सीमा प्रहार किया गया। इसके अतिरिक्त अनुसूचित जातियों और जनजातियों को अपर उठाने के लिए विशेष योजनाएं बनाई गई। छठी योजना के 1980-85 के दौरान हुए अनुभवों को मध्य नजर रखते हुए बीस सूत्री कार्यक्रम की अगस्त 1986 में पुन: संरचना की गई और इसमें संशोधन लाया गया। इस पुननिर्मित कार्यक्रम के उद्देश्य थे। निर्धनता का उन्मूलन, उत्पादन में वृद्धि, आय की असमानताओं में कमी सामाजिक और आर्थिक विषमताओं को हटाना, और जीवन स्तर में सुधार। 20 सूत्री कार्यक्रम की 1986 की पुननिर्मित योजना में निम्नांकित वचनबद्धताएं हैं ग्रामीण दरिद्रता पर प्रहार, वर्षा पर आश्रित कृषि के लिए रणनीति सिंचाई के पानी का और अच्छा उपयोग, और बड़ी फसलें, भूमि सुधारों का प्रवर्तन, ग्रामीण मजदूरों के लिए विशेष कार्यक्रम, शुद्ध पेयजल, सबके लिए स्वास्थ्य लाभ, दो बच्चों का मानदण्ड, शिक्षा का विस्तार अनुसूचित जाति व जनजातियों को न्याय स्त्रियों के लिए समानता, युवाओं के लिए नए अवसर, लोगों के लिए आवास, गंदी बस्तियों का सुधार, वानिकी की नई रणनीति, पर्यावरण की संरक्षा, उपभोक्ता में दिलचस्पी, गांवों के लिए बिजली और सहानुभूति पूर्ण प्रशासन। यह तथ्य है कि ग्रामीण लोग और शहरी निर्धन आज अधिक असंतुष्ट और कुण्ठित हैं। इस बात का संकेत देता है कि बीस सूत्री कार्यक्रम अपनी वचनबद्धताओं को पूरा करने में असफल रहा है।

जवाहर रोजगार योजना—इस कार्यक्रम की घोषणा 1989 में हुई थी। इस योजना के अन्तर्गत यह आशा की जाती है। कि प्रत्येक निर्धन परिवार के कम से कम एक सदस्य को एक वर्ष में 50 से 100 दिनों तक उसके आवास के निकट काम के स्थान पर रोजगार दिलाया जाएगा। इस योजना के अन्तर्गत लगभग 30% काम महिलाओं के लिए आरक्षित है। दो ग्रामीण मजदूरी रोजगार कार्यक्रमों (राष्ट्रीय ग्रामीण रोज़गार कार्यक्रम व ग्रामीण भूमिहीन रोजगार गारंटी कार्यक्रम) को भी इस योजना में मिला दिया गया है। योजना के लिए केन्द्रीय सहायता 80% है। इस योजना की कार्यान्वित ग्राम पंचायत के माध्यम से होती है। पंचायतों जिनकी जनसंख्या 4000 से 5000 व्यक्तियों के बीच होती है। को 0.80 लाख रुपये की वार्षिक वित्तीय सहायता प्रदान की जाती है। 1989-

90 में इस योजना पर 2,000 करोड़ रुपये व्यय हुए और 1990-91 में 500 करोड़ रुपये। यह योजना जनसंख्या के 46% को लाभान्वित करती है। अन्य योजनाओं की तरह जवाहर रोजगार योजना भी सरकारी उपेक्षा तथा प्रभावी क्रियान्वयन नहीं होने की। शिकार हो गई। (1) इसमें आवंटित राशि का परा उपयोग कभी नहीं हो (2) इस योजना में पिछले तीन वर्षों में भी रोजगार सृजन (मानवदिवस उपलब्ध करना) का मूल लक्ष्य प्राप्त नहीं किया जा सकता (3) व्यय की जाने वाली राशि का बड़ा भाग ठेकेदारों व बिचौलियों के पास चला जाता है। व्यय की राशि का एक बहुत छोटा भाग में ही वास्तव में ग्रामीण बेरोजगारों तक पहुंच पाता है। (4) मस्टर रोल में फर्जी नाम बता कर श्रमिकों की मजदूरी उड़ा लेना तथा उसे बांट लेने की प्रवृत्ति आम बात है। (5) जिन एजेंसियों के माध्यम से (पंचायत) यह योजना क्रियन्ति की जाती है। उनकी भी इस योजना में कोई विशेष रुचि नहीं है। अत: जिन उद्देश्यों के लिए यह योजना प्रारम्भ की गई थी। उनकी पूर्ति में यह पूरी तरह विफल रही है।

निर्धनता विरोधी कार्यक्रम का आलोचनात्मक मूल्यांकन— सरकार के निर्धनता निवारण कार्यक्रमों में अव्यवस्थित योजना के कारण बाधाएं उत्पन्न होती है। दूसरे, सरकार द्वारा कृषि उत्पादन और उत्पादकता की सर्वोच्च प्राथमिकता देने के उपरान्त भी सामाजिक और आर्थिक असमानताएं नहीं मिटी है। और आय की असमानताएं कम नहीं हुई है। इस योजनाओं के लाभ देश के सभी भागों के सर्वाधिक निर्धन व्यक्तियों तक नहीं पहुंच हैं। पानी के संसाधन, ऋण, खाद में सब्सिडी और अन्य सुविधाएं कुछ बड़े किसानों ने हड़प ली है। और मध्यम और निर्धन किसानों को ये चीजें बहुत अधिक दरों पर खरीदनी पड़ती है। तीसरे विभिन्न कार्यक्रमों में कोई तालमेल नहीं है। विभिन्न रोजगार कार्यक्रमों के जवाहर रोजगार योजना में विलय हो जाने के पश्चात सरकार अब पंचायतों को समय पर आवश्यक धन राशि नहीं भेज पाती है। चौथे इन कार्यक्रमों से जुड़े अधिकारियों का सरकार द्वारा निर्धारित लक्ष्यों में अधिक विश्वास नहीं है। जिसके परिणामस्वरूप उनको दी गई भूमिका के प्रति वे वचनबद्ध नहीं होते। इस प्रकार इन कार्यक्रमों को सफल बनाने हेतू लोगों में आवश्यक जागरूकता उत्पन्न करने में वे जरा भी परिश्रम नहीं करते इसलिए कोई आश्चर्य नहीं है कि सरकार उपलब्ध संसाधनों का प्रभावी ढंग से उपयोग करने में सफल नहीं हो सकी है। पांचवें जवाहर योजना की राशि को राज्य अपनी पार्टी के कामों में लगा देते हैं। उदाहरण, एक अध्ययन से ज्ञान हुआ है कि केन्द्र सरकार द्वारा आन्ध्रप्रदेश में नालगौडा जिले में सिचाई के लिए नये कुओं के लिए 30,00 रुपये मंजूर किए गये थे। और वे एक राजनीतिक पार्टी ने हड़प लिए। और एक भी कुआं नहीं खोदा गया। केवल योजना बनाना, ही पर्याप्त नहीं होता। सबसे महत्वपूर्ण सच्चे और वास्तविक प्रयास है। जो कार्यान्वित एजेन्सियों द्वारा निर्धनता विरोधी अभियान को सफल बनाने के लिए किये जाने चाहिए।

जाति संबंधी असमानता

हट्टन, ब्लंट और **बगेल** जैसे विचारकों ने अपने महत्वपूर्ण अध्ययनों के द्वारा भारत जैसे ग्रामीण देशों के लिए जाति-व्यवस्था की मुक्त कंठ से प्रशंसा की है, लेकिन अपने उच्च सैद्धांतिक लक्ष्यों के बाद भी व्यवहारिक रूप से जाति व्यवस्था में ऐसे अनेक दोषों का समावेश हो गया है जिनके कारण ग्रामीण में अनेक समस्याओं का प्रादुर्भाव हुआ है, अतीत में जाति व्यवस्था ग्रामीण जीवन के लिए कितनी ही उपयोगी संस्था क्यों न रही हो लेकिन वर्तमान जीवन में सामाजिक सांस्कृतिक और आर्थिक और राजनैतिक जीवन को तेजी से विघटित कर रहे हैं। पणिक्कर ने उचित ही लिखा है कि, ''यदि वर्णो का उपजातियों में विभाजन न होता तो हिन्दू समाज इतना छिन्न-भिन्न न हो पाता और न ही उसका यह विनाशकारी रूप हमारे सामने होता। डॉ. बाड़िया ने ग्रामीण जीवन में जाति की वर्तमान स्थिति को स्पष्ट करते हुए कहा है कि एक और भारत सम्पूर्ण विश्व को एकता और बन्धुत्व का उपदेश दे रहा है जबकि दूसरी ओर उसने एक ऐसी सामाजिक व्यवस्था को अपनी छाती से चिपका रखा है जिसने उसकी संतानों को निर्ममतापूर्वक अलग-अलग गुटों में विभक्त करके उन्हें अनन्त शताब्दियों के लिए एक दूसरे से पृथक कर दिया है। वास्तविकता यह है कि वर्तमान युग में भारत के ग्रामीण जीवन के अन्तर्गत जाति व्यवस्था के अकार्य अनेक गम्भीर समस्याओं को जन्म दे रहे हैं। इस दृष्टिकोण से जाति में प्रमुख अकार्यों अथवा दुष्क्रियात्मक पक्ष को निम्नांकित क्षेत्रों में स्पष्ट किया जा सकता है। जाति व्यवस्था के अन्तर्गत उच्च जातियों को प्रदात्त विभिन्न अधिकारियों का उपयोग इतने मनमाने ढंग से होने लगा कि भारत के ग्रामीण क्षेत्रों में अनुसूचित जाति के लोग शोषण का प्रतीक बन गए। यह शोषण राजतन्त्र और सामन्तवाद के युग में भले ही सामाजिक व्यवस्था के लिए इतना विषम न समझा जाता है। लेकिन प्रजातन्त्र, समाजवाद और धर्म निरपेक्षता के युग में इसे किसी भी प्रकार न्याय पूर्ण और तर्क संगत नहीं कहा जा सकता कोई भी प्रजातन्त्र करोड़ों व्यक्तियों को चेतना ही न तथा शोषित वर्ग के रूप में विकसित करके सुरक्षित नहीं रह सकता गांवों में व्यापक रूप से व्याप्त अस्पृश्यता की समस्या जाति व्यवस्था से ही सम्बद्ध है अतीत में जाति व्यवस्था ने कर्म प्रारब्ध तथा पुनर्जन्म के विश्वासों के द्वारा अपृश्यता की धारणा के औचित्य को सिद्ध कर दिया था जाति व्यवस्था

द्वारा जन्म से ही व्यक्ति के व्यवसाय का निर्धारण कर दने से उसकी आर्थिक कुशलता में बहुत ह्रास हुआ है। आज भी गांवों में बहुत से व्यक्ति पवित्रता सम्बन्धी व्याख्या के आधार पर रासायनिक उर्वरकों तथा कीटनाशक दवाइयों का प्रयोग करना उचित नहीं समझते गांव में यदि कोई व्यक्ति अपने परम्परागत व्यवसाय को छोड़कर अपनी रुचि और कुशलता के अनुसार कोई नया व्यवसाय करना चाहता है तो अन्य जातियों द्वारा उसे ऐसा करने से रोक दिया जाता है। इसका स्वाभाविक परिणाम न केवल व्यावसायिक एकाधिकार के रूप में हमारे सामने आया है बल्कि निम्न जातियों की आर्थिक दशा में कोई उल्लेखनीय सुधार नहीं हो सका है। व्यवस्था ने प्रत्येक व्यक्ति को अपने परिवार जाति और गांव में इस प्रकार बांध रखा है। स्थानीय गतिशीलता के क्षेत्र में एक विषम समस्या उत्पन्न हो गई है। अनेक स्थानों में कार्य का अभाव के कारण बेरोजगारी की समस्या बढ़ती जा रही हैं तो दूसरी और जिस स्थान पर रोजगार के साधन उपलब्ध नहीं हो पाते आज भी यदि निम्न जाति का कोई व्यक्ति अपना गांव छोड़कर किसी दूसरे गांव में आजीविका उपार्जित करना चाहे तो अन्य जातियों द्वारा साधारणतया उसे इसकी अनुमति नहीं दी जाती जाति व्यवस्था की परम्परागत तथा पवित्रता की संकीर्ण विचारधारा ने समाज में एक बहुत बड़े अनुवादक वर्ग का निर्माण किया है यह वर्ग वह है जो स्वयं के उच्च जाति से सम्बन्ध होने के कारण अपने अधिकारों को अलौकिक मानता है और इसलिए स्वयं कोई श्रम करना अनुचित समझता है यह वर्ग स्वयं तो रुढ़ियों का पोषक है ही साथ ही उसने कर्मकाण्डों कुरीतियों और आत्मविश्वासों को प्रोत्साहन देकर सम्पूर्ण ग्रामीण जीवन की प्रति कूल रूप से प्रभावित किया है। जाति व्यवस्था की संरचना तथा परस्परागत कार्य पद्धति ने ग्रामों के राजनीतिक जीन के सामने एक बड़ा खतरा उत्पन्न कर दिया है और एक प्रजातन्त्र समानता स्वतन्त्रता और न्याय के सिद्धान्तों पर आधारित है तो दूसरी और जाति व्यवस्था जन्म से ही विभिन्न समूहों को एक दूसरे से आसमान और एक दूसरे से पृथक करने रहने की आवश्यकता पर बल देती है। जाति व्यवस्था ने रुढ़िवादी और सामाजिक शोषण को प्रोत्साहन देकर भी स्वस्थ राष्ट्रीय के विकास में बाधाएं उत्पन्न की है ग्रामीण क्षेत्रों में आज प्रत्येक जातीय समूहों की अपनी एक पृथक संस्कृति है तथा विभिन्न जातीय समूहों के बीच किसी प्रकार के मिश्रण को अधर्म के रूप में देना जाता है। यही कारण है कि प्रशासन चुनाव और विभिन्न सेवाओं में जातिगत भावनाओं का उपयोग इतना खुलकर होने लगा है कि प्रशासन चुनाव और विभिन्न सेवाओं में जातिगत भावनाओं का उपयोग इतना खुलकर होने लगा है कि स्वस्थ प्रजातन्त्र को विकास का लक्ष्य बहुत दूर दिखाई देता है।

लिंग सम्बन्धी असमानता

1991-2000 के दशक में 6 वर्ष से कम की आबादी में बच्चियों (बालिकाओं) का अनुपात गिरकर 945 से 9.27 हो गया है जब जनसंख्या नीति के अंतर्गत देश में बालकों की तुलना में बालिकाओं के गिरते अनुपात की समस्या को सर्वोच्च प्राथमिकता के साथ लिया जाना चाहिए।

देश की अब तक की चौदहवीं और इस सहस्त्राब्दी की प्रथम जनगणना के परिणामों में अनेक स्वागत योग्य समाचारों-जैसे जनसंख्या वृद्धि की दर में गिरावट साक्षरता दर में प्रभावी वृद्धि और निरक्षर आबादी के आकार में कमी पुरुष और महिला अनुपात में वृद्धि का सुखद समाचार भी था पुरुष महिला अनुपात का अर्थ है देश में प्रति 1000 पुरुषों के पीछे महिलाओं की संख्या सन् 1991 के 1000-927 के पुरुष महिला अनुपात की तुलना में सन् 2001 में इससे बढ़कर 1000-933 होने के समाचार से समाजशास्त्रियों और जनसंख्याविदों को लगा कि अंतत भारत विगत सौ वर्षों से आ रही पुरुष महिला अनुपात में गिरावट पर रोक लगाने में सफल हो गया है वैसे तो सन् 1971 की तुलना में 1981 में भी महिलाओं का अनुपात 930 से बढ़कर 934 का परिणाम मिला था। परन्तु उस वृद्धि पर अनेक संख्याविदों ने इस आधार पर प्रश्नचिह्न लगाया था कि सन 1971 की जनगणना में शामिल न की जाने वाली आबादी का प्रतिशत काफी अधिक था और अगर यह प्रतिशत सन् 1961 की जनगणना के बराबर ही होता तो सन 1947 में देश में महिलाओं का अनुपात 930 के स्थान पर 937 होता। अत: सन् 2001 की जनगणना के निष्कर्षों के आधार पर जब सन् 1991 की तुलना में महिलाओं के अनुपात में 6 की वृद्धि का परिणाम मिला तो पूरे देश में खुशी की प्रतिक्रिया स्वाभाविक ही थी सन् 1991 और 2001 के मध्य देश के अधिकांश प्रमुख राज्यों में महिला पुरुष अनुपात में वृद्धि हुई है। लेकिन पुरुष महिला अनुपात में वृद्धि से उपजी खुशी बहुत ही अल्पकालीन सिद्ध हुई है। जब जनगणना संबंधी विस्तृत आंकड़े मिले और देश की आबादी की आयु संरचना संबंधी तालिकाएं प्रकाशित हुई तो यह स्पष्ट हो गया कि सन् 2001 की जनगणना में प्राप्त पुरुष महिला अनुपात में वृद्धि किसी स्थायी वृद्धि का सूचक नहीं है और देश में आने वाले समय में पुरुष महिला अनुपात में गिरावट की पुरानी प्रवृत्ति बनी रहने वाली है। जनगणना में पुरुष महिला अनुपात की गणना देश की आबादी में कुल पुरुषों और महिलाओं की आबादी के आधार पर की जाती है परन्तु आने वाले वर्षों में इस अनुपात में परिवर्तन की क्या दिशा होगी यह छोटी आयु की आबादी के लिंग अनुपात

की प्रकृति से निर्धारित होती है साक्षरता दर के निर्धारण के सिलसिले में जनगणना अधिकारी 6 वर्ष की आयु से कम तथा 7 वर्ष या अधिक की आयु की बालक बालिका आबादी की आयु संबंधी आंकड़े भी प्रकाशित करते हैं। इन आंकड़ों के माध्यम से जब 6 वर्ष से कम आयु और 7 वर्ष से अधिक आयु की आबादी के लिंग अनुपात का हिसाब किया गया तो पता चला कि सन् 1991-2001 के दशक में 7 वर्ष एवं ऊपर की आयु की आबादी के लिंग अनुपात में वृद्धि हुई है और बालिकाओं का अनुपात 923 से बढ़कर 935 हो गया है वहीं 6 वर्ष से कम की आबादी में बच्चियों (बालिकाओं) का अनुपात इसे बाल लिंग अनुपात कहा जा सकता है। 945 से गिरकर 927 हो गया है और उसमें सात वर्ष से ऊपर की आयु की बालिकाओं की अनुपात में 12 की वृद्धि की तुलना में 18 की कमी आई है। ध्यान देने की बात यह भी है कि सन् 1991 में बालिकाओं का अनुपात कुल व्यस्क आबादी में महिलाओं के अनुपात से अधिक था जो सन् 2001 में गिरकर कम हो गया है। विभिन्न जनगणनाओं से प्राप्त आंकड़े बाल लिंग अनुपात में दीर्घकालीन गिरावट के संकेत देते हैं। इस आयु वर्ग में बालिकाओं का अनुपात सन् 1961 में 976 था जो सन् 1981 में गिरकर 962 सन् 1991 में गिरकर 945 और सन् 2001 में 927 ही रह गया सन् 1991-2001 के दशक में इस आयुवर्ग के लिंग अनुपात में सर्वाधिक अर्थात् 18 की गिरावट आयी है।

जिन राज्यों की बाल आबादी के लिंग अनुपात (यानि प्रति 1000 बालकों पर बालिकाओं) की संख्या में सन् 1991-2001 के दशक में सर्वाधिक कमी आयी है। वे इस प्रकार हैं। पंजाब में 875 से गिरकर 793 अर्थात 82 की गिरावट हरियाणा में 879 से गिरकर 820 अर्थात् 59 की गिरावट और महाराष्ट्र में 946 से गिरकर 917 अर्थात 29 की गिरावट हुई है। इनमें महाराष्ट्र और गुजरात को छोड़कर जिनकी कुल आबादी का लिंग अनुपात सन् 1991 में भारतीय औसत से अधिक अर्थात प्रत्येक का 934 था, शेष राज्यों में अनुपात में भारी कमी आने वाले वर्षों में इनकी कुल आबादी के लिंग अनुपात में और कमी लाएगी। दूसरी और जिन राज्यों का लिंग अनुपात भारतीय औसत की तुलना में काफी अधिक है। उनकी बाल आबादी के लिंग अनुपात में भी अपेक्षाकृत कमी आई है। ऐसे राज्यों में पश्चिम बंगाल राजस्थान, आंध्र प्रदेश कर्नाटक और उत्तर प्रदेश शामिल हैं इनमें से आंध्र और कर्नाटक का लिंग अनुपात पहले से ही अधिक है और राजस्थान बंगाल तथा उत्तर प्रदेश के लिंग अनुपात में पिछले दशक में प्रभावी वृद्धि हुई है। फिर जिन राज्यों की कुल आबादी के लिंग अनुपात में भारी गिरावट हुई है। वे देश के अपेक्षाकृत सम्पन्न राज्यों में हैं पंजाब। हरियाणा महाराष्ट्र, गुजरात सभी की प्रति व्यक्ति आय राष्ट्रीय औसत आय से काफी अधिक है और इनमें साक्षरता की दर भी ऊंची है। बेहतर आर्थिक स्थिति और साक्षरता दोनों ही इन राज्यों में लिंग भेद की स्थिति को कम करके आंकना तो दूर, उसमें वृद्धि कर रहे हैं। प्रश्न यह भी उठता है कि जब देश में महिलाओं की आर्थिक सामाजिक और राजनैतिक भूमिका के निरन्तर होते जाने के संकेत मिल रहे थे ऐसे में बाल आबादी के गिरते लिंग अनुपात को कैसे समझा जाए सन् 1991-2001 के दशक में केरल को छोड़कर देश के समीर राज्यों में इस लिंग अनुपात में गिरावट यह प्रदर्शित है कि यह किन्हीं स्थानीय घटकों का परिणाम न होकर देश व्यापी घटकों का परिणाम है। इस देशव्यापी प्रवृत्ति के लिए चार संभावित घटक जिम्मेदार हो सकते हैं। समय के साथ-साथ देश में महिलाओं की विशेषकर छोटी बच्चियों की चिकित्सा, शिक्षा, पोषण आदि में भेदभाव की प्रवृत्ति में वृद्धि हो रही है। जनगणना के दौरान महिलाओं की गणना में शामिल न करने या पुरुषों की संख्या को बढ़ा-चढ़ाकर बताने की प्रवृत्ति में समय के साथ साथ वृद्धि हो रही है। बालिकाओं की अपेक्षा बालकों की शिशु मृत्युदर में अधिक तेजी से गिरावट हो रही है। जन्म के समय लिंग अनुपात बालिकाओं के स्थान पर बालकों के पक्ष में परिवर्तित हो रहा है। अर्थात पूर्व की तुलना में अब पुत्रियों के स्थान पर पुत्रों का जन्म अधिक हो रहा है। जहां तक जनगणना के दौरान महिलाओं की पूरी संख्या को गणना में शामिल न कर पाने का प्रश्न है इसके लिए स्वयं जनगणना आयोग जनगणना के दौर की समाप्ति के बाद सर्वेक्षण करता रहा है और इन सर्वेक्षणों से पता चलता रहा है कि समय के साथ-साथ जनगणना में शामिल न किए जाने की दृष्टि से पुरुषों और महिलाओं के मध्य अन्तर में वृद्धि के बजाय कमी आ रही है। अत: छ: वर्ष से कम की आयु की आबादी के लिंग अनुपात में निरंतर गिरावट के पीछे इस कारण को तो स्वीकार नहीं किया जा सकता जहां तक पुरुषों की तुलना में महिलाओं की जीवन परिस्थितियों के तुलनात्मक रूप से खराब होते जाने का प्रश्न है पुरुषों एवं महिलाओं की औसत आयु एवं मृत्यु दर के आंकड़े तो ऐसे किसी प्रवृत्ति का संकेत नहीं देते हैं। सन् 1976-80 की अवधि तक तो पुरुषों की औसत आयु महिलाओं की औसत आयु से अधिक रहा करती थी। परन्तु बाद के वर्षों में महिलाओं की औसत आयु के मध्य अन्तर बैठता ही जा रहा है। सन् 1981-85 में इनकी औसत आयु में 0.3 वर्ष का अन्तर था जो कि बढ़कर 1993-97 में 1.4 वर्ष हो गया है। इसी तरह सन् 1984-88 की अवधि तक पुरुष मृत्यु दर की तुलना में महिला मृत्यु दर अधिक थी परन्तु बाद की अवधि में महिला मृत्यु दर पुरुष मृत्यु दर से कम हो गई और इनमें अन्तर

बैठते-बैठते सन् 1997-99 में 0.5 को हो गया। अत: इस कारण को भी हम नजर अंदाज कर सकते हैं अफसोस की बात यही है कि जहां कुल मिलाकर पुरुष मृत्यु दर की तुलना में महिला मृत्युदर में अपेक्षाकृत तेजी से गिरावट होकर यह महिलाओं के पक्ष में जा रही है वहां शिशु मृत्युदर की दृष्टि से स्थिति बिल्कुल विपरीत हैं सन् 1984 से 1999 तक के सभी वर्षों में बालिका शिशु मृत्यु पर बालक शिशु मृत्यु दर की तुलना में अधिक हो रही है सन् 1984 से 1999 के सभी वर्षों में 4 वर्ष से कम एवं 5 वर्ष से 9 वर्ष के आयु समूहों में बालिका शिशुओं की मृत्युदर बालक शिशुओं की मृत्युदर से अधिक रही है, बालिका शिशुओं की कुल मृत्युदर में गिरावट के बावजूद हमारे देश में लड़कों और लड़कियों के पालन पोषण में किया जाने वाला भेदभाव यथावत है बालिका शिशुओं के लिंग अनुपात में गिरावट आंशिक रूप से इसी तरह के भेदभाव का परिणाम है जब हम राज्य स्तरीय आंकड़ों को देखते हैं तो पाते हैं कि बिहार-हरियाणा मध्य प्रदेश पंजाब राजस्थान उत्तर प्रदेश और गुजरात में 4 वर्ष से कम आयु की बालिकाओं की मृत्युदर बालकों की तुलना में अधिक रहती है।

महिलाओं विशेषकर लड़कियों के प्रति प्रतिकूल सामाजिक मापदण्डों के चलते आधुनिक टैक्नोलॉजी एवं उसके उपयोग का स्वरूप भी देश में लिंग अनुपात को गिराने में सहायक हो रहा है। गर्भस्थ शिशु के लिंग की पहचान की तकनीक का विकास तथा मात्र व्यावसायिक लाभ के उद्देश्यों से संचालित तथा नैतिक मूल्यों से किनारा करते चिकित्सकीय व्यवसाय द्वारा इस तकनीक का उपयोग कन्या शिशु के भ्रूण की हत्या को लिये किये जाने से भी देश में जन्म के समय कन्या शिशुओं की संख्या कम हो रही हैं इस तकनीक के माध्यम से बालिका भ्रूण की हत्या को गैर कानूनी घोषित करने के लिए अनेक राज्यों ने तो कानून भी बनाए हैं. परन्तु इस दिशा में सामाजिक चेतना के अभाव में ये कानून प्रभावी हो गये हैं। इस तकनीक का बालिका भ्रूण की हत्या के लिए उपयोग महानगरों एवं बड़े नगरों से आगे बढ़कर छोटे छोटे नगरों तक में पहुंच गया है। यहां एक उल्लेखनीय है कि बालिका शिशु के भ्रूण की हत्या को गैरकानूनी घोषित करने वाले राज्य प्रथम महाराष्ट्र में भी 6 वर्ष से कम आयु के लिंग अनुपात में 29 की कमी आई है। जोकि अखिल भारतीय औसत से काफी अधिक है तथा इस कानून से निष्प्रभावी होने का प्रमाण है हाल ही में सर्वोच्च न्यायालय ने अपने निर्णय में केन्द्र और राज्य सरकारों का निर्देश दिया कि वे बालिका भ्रूण की हत्या संबंधी कानून की कठोरता से लागू करें कुल मिलाकर इस जनगणना का चिन्ताजनक निष्कर्ष जो सामने आया है वह यह है कि सामाजिक आर्थिक और राजनैतिक जीवन में महिलाओं की बढ़ती भागीदारी के बावजूद इस दशक में बाह्य आबादी के लिंग अनुपात में अब तक की सबसे अधिक गिरावट आई जो आने वाले वर्षों में देश की कुल आबादी के लिंग अनुपात में (यानि पुरुषों की तुलना में महिलाओं के अनुपात में) गिरावट के बने रहने का संकेत देती है। इस समस्या से निपटने के लिए देश की चेतना में गहरे पीठे पितृ-प्रधान मूल्यों से संघर्ष करना होगा। उन्मूलन करना होगा। मानशिक्षा के प्रसार से ऐसे मूल्यों को बदला जा सकेगा। यह अनुभव की कसौटी पर खरा नहीं उतरा है। पितृप्रधान मूल्यों के चलते छोटे परिवार के आदर्श के प्रचार से सभी देश में लिंग भेद की प्रवृत्ति को प्रोत्साहन न मिला है तथा भ्रूण हत्या के सम्बन्ध में बनाए गए कानून भी निष्प्रभावी हो गये हैं। अब समय आ गया है जब जनसंख्या नीति के अंतर्गत अन्य मुद्दों की तुलना में देश में गिरते लिंग अनुपात बालकों की तुलना में बालिकाओं के गिरते अनुपात की समस्या को सर्वोच्च प्राथमिकता के साथ लिया जाना चाहिए।

पारिवारिक विसमरसता (Family Disorganization)

पारिवारिक विघटन परिवार की एक ऐसी स्थिति है जिसमें सामंजस्य-पूर्ण व मधुर सम्बन्ध टूट गये हैं। सदस्यों के बीच सहयोग कम हुआ हो। सामाजिक नियंत्रण कमजोर हो गया हो या अनुशासन व एकता में कमी आ गई हो परिवार में विघटन की स्थिति तब भी होती है जब सदस्यों की भूमिकाओं में संघर्ष प्रारम्भ हो जाए, जैसे पति-पत्नी में माता-पिता, व बच्चों में सास-बहू में या भाई-भाई में जब ऐसा प्रतीत होने लगे कि परिवार वांछनीय रूप में काम नहीं कर रहा है। अर्थात् जब सदस्यों की कार्यरत-भूमिकाएं उनसे समाज द्वारा अपेक्षित भूमिकाओं के अनुकूलन न हो तब विघटन की स्थिति का अनुमान लगाया जा सकता है परिवार के किसी एक व्यक्ति का व्यक्तिगत विघटन ग्रहण करने तथा विरोधी भूमिकाएं व सामाजिक मानदण्ड व सामूहिक निष्ठाएं स्वीकार करने से उत्पन्न आंतरिक भ्रांति के कारण प्रभावशाली रूप से कार्य नहीं कर पाता आवश्यक रूप से पारिवारिक विघटन पैदा नहीं करता व्यक्ति का विघटन जिस स्थिति में वह स्वयं को पाता है उसका कारण अस्थायी भी हो सकता है। तो दीर्घ स्थायी भी या फिर उसके व्यक्तित्व का एक हिस्सा भी बन सकता है।

विलियम ऑगबर्न ने पारिवारिक विघटन की विवेचना करते हुए कहा है कि यह स्थिति परिवार के प्रकार्यों के कम होने या समाप्त होने के परिणामस्वरूप उत्पन्न होती है। उनके अनुसार विघटित परिवार का एक लक्षण यह है कि भग्न परिवारों की संख्या

में तेजी से वृद्धि होने लगती हैं। जो कि स्त्री पुरुषों की अप्रसन्नता का प्रतीक होता है। इसके कारण स्नेहपूर्ण वैवाहिक जीवन की आकांक्षाएं सुगठित परिवार में कुण्ठाओं में बदल जाती हैं। विवाह विच्छेदन न केवल माता पिता के लिए बल्कि उन बच्चों के लिए भी समस्याएं पैदा करता है जो संवेगात्मक संघर्ष से माता या पिता की मृत्यु से और आर्थिक अभाव से पीड़ित हों। विघटित परिवार के कुछ अन्य लक्षण है। अवैधानिक यौन क्रियाएं परिवार का त्याग बहुधा होने वाले झगड़े बच्चों के बहुल अपराधी व्यवहार आदि। ऑगबर्न ने आधुनिक युग के पूर्व के परिवार के कुछ मुख्य कार्यों तथा तकनीकी विकास के परिणाम स्वरूप उनमें हुए परिवर्तनों का विवेचन किया है ये कार्य है। आर्थिक सुरक्षात्मक धार्मिक मनोरंजनात्मक शैक्षिक तथा प्रस्थिति प्रदान करना उनका कहना है कि तकनीकी विकास ने परिवार को उन परम्परागत कार्यों से वंचित कर दिया है जो अब दूसरी संस्थाओं द्वारा पूर्ण किए जा रहे हैं। परिवार अब औजारों, फर्नीचर, दवाओं, साबुन, सिले हुए वस्त्रों, आदि के उत्पादन में बिल्कुल लगाव नहीं रखता है। सुरक्षा का कार्य अब राज्य तथा सार्वजनिक संगठनों द्वारा ले लिया गया है। धर्म परिवार से लगभग हटा दिया गया है। तथा पारिवारिक प्रार्थनाएं नहीं के बराबर होती है। क्लब, खेल संगठन, पार्क, रेस्तरा आदि लोगों को परिवार से हटा रहे हैं। शिक्षा दीक्षा परिवार द्वारा नहीं जाकर स्कूलों, कालेजों, तथा अन्य संस्थाओं द्वारा दी जा रही हैं परिवार द्वारा व्यक्ति की प्रस्थिति निर्धारित करने का कार्य अब कम हो गया है। प्रस्थिति का निर्धारण अब उसकी आय तथा व्यवसाय से होने लगा है। इस प्रकार ऑगबर्न के आधारित सामाजिक सर्वेक्षणों के मिश्रित अध्ययन के फलस्वरूप हमारा सुझाव है कि भारतीय परिवार तीन अवस्थाओं से गुजर रहा है।

(क) प्रथम चरण में वह परम्परागत परिवार था जिसमें कई पीढ़ियों के लोग साथ-साथ रहते थे। वह उत्पादन की एक इकाई था जिसमें सभी सदस्य एक टीम के रूप में काम करते थे। अर्थात् व्यवसाय में सम्पत्ति के स्वामित्व में कार्य में, तथा सामाजिक दायित्वों के निर्वाह में इस प्रकार का परिवार 19वीं शताब्दी तक चलता रहा।

(ख) द्वितीय चरण परिवार 19वीं शताब्दी के अन्त में औद्योगिक क्रांति से प्रारम्भ हुआ तथा 20वीं शताब्दी के चौथे और पांचवें दशक तक अपनी चरम सीमा तक पहुंच गया बड़े संयुक्त परिवार दो या तीन पीढ़ियों वाले लघु संयुक्त परिवार होकर रह गए। परिवार एक उत्पादक इकाई के रूप में भी न रह पाया क्योंकि सदस्यों की एक बड़ी संख्या ग्रामीण क्षेत्रों से शहरी क्षेत्रों में अथवा एक शहर से दूसरे शहर में कार्यालयों, फैक्टरियों या दैनिक मजदूरी पर कार्य करने चली गई तृतीय चरण का परिवार जो कि विखंडित निर्भर परिवार रह गया, 1960 में दशक में उदय हुआ निवास की दृष्टि से यह परिवार पितृ परिवार से पृथक रहता है किन्तु कार्य की दृष्टि से उस पर निर्भर रहता है इस प्रक्रिया में विखण्डित परिवार को गरीबी और असुरक्षा से मुक्ति प्रदान की है। इससे प्राथमिक नातेदारी बन्धन भी बने रहे और सामाजिक दायित्वों की पूर्ति भी होती रही। लेकिन यह विखण्डित परिवार निश्चितरूप से वह परिवार नहीं है जिसे **माइकल चंग** और **पीटर बिना** मौत के सममितीय परिवार कहा है, जिसका उदय इंगलैंड में हाल में ही हुआ है और जिसकी विशेषता यह है कि यह विस्तरित परिवार से एकाकी परिवार के रूप में अलग हुआ है और पूर्ण रूप से आत्मनिर्भर तथा आत्म तुष्ट इकाई है इस परिवार में वैवाहिक बन्धन मजबूत होता है पति पत्नी के सम्बन्ध बंधन मजबूत होता है पति पत्नी के सहयोगी एवं साहचर्य के होते हैं। तथा अवकाश का समय अधिकांशतः घर पर ही बिताया जाता है।

ब्रिटेन के इस सममितीय परिवार की भांति जिसमें वैवाहिक भूमिका घरेलू कामकाज निर्णय आदि पति पत्नी को भागीदारी पर आधारित होते हैं। भारतीय विखण्डित परिवार न तो आत्म तुष्ट हैं और नहीं सममितीय व्यवस्था पर आधारित होता है। यह परिवार अपने विस्तृत नातेदारों से सम्बन्ध बनाए रखता है। यह व्यवस्था पत्नियों को काम करने के अवसर तो उपलब्ध कराती है, साथ ही कम भीड़ भाड़ अधिक घरेलू प्रौद्योगिकी तथा आरामदेह पर्यावरण के कारण जीवन स्तर उठाने में भी सहायक होती है। परन्तु पति-पत्नी, माता-पिता व बच्चों के बीच के संबंध इन परिवारों में परम्परागत मूल्यों के आधार पर ही चलते रहते हैं हमारे देश में परिवार संरचना के परिवर्तन से सम्बद्ध निम्नलिखित निष्कर्ष निकाले जा सकते हैं।

(क) विखण्डित परिवारों की संख्या बढ़ती जा रही है, अर्थात् पुत्र अपने माता पिता से अलग रहना पसन्द करते हैं, लेकिन उनके प्रति परम्परागत दायित्वों का निर्वाह करना जारी रखते हैं।

(ख) परम्परागत समुदायों में संयुक्तता अधिक है और बाहरी प्रभावों से प्रभावित समुदायों में एकाकिता अधिक है।

(ग) परम्परागत परिवारों का आकार छोटा हो गया है।

(घ) हमारे समाज में प्रकार्यात्मक प्रकार का संयुक्त परिवार तब तक बना रहेगा जब तक यह सांस्कृतिक आदर्श बना रहेगा कि एक पुरुष को अपने माता-पिता व अल्प आयु भाई-बहनों की देखभाल करनी है।

यह बताना सम्भव नहीं है कि भारतीय परिवार में परिवर्तन कब प्रारम्भ हुए। वास्तव में परिवार व्यवस्था कभी भी स्थिर नहीं रही हैं। और बीसवीं शताब्दी में परिवर्तन धीरे-धीरे होता रहा है। बीसवीं शताब्दी के तीसरे दशक के अन्त तक ऐसी कोई भी राजनैतिक

सामाजिक या औद्योगिक शक्ति नहीं थी जो भारतीय परिवार के स्वयं लागू किये गये एकाकीपन को शेष विश्व के परिवार से तोड़ सके वस्तुत: 20वीं शताब्दी के चौथे दशक से विशेषत: स्वतंत्रता के पश्चात से परिवर्तन स्पष्ट दृष्टिगोचर होने लगे। अब यह कहा जा सकता है कि ''परम्परागत'' से संक्रमणशील परिवारों में होनेवाली परिवर्तन की प्रवृत्तियां इस प्रकार है।

(क) नव स्थानीय आवाज
(ख) प्रकार्यात्मक संयुक्तता
(ग) व्यक्तियों में समानता
(घ) महिलाओं के लिए समान दर्जा
(च) संयुक्त जीवन साथी चुनाव
(छ) परिवार की आदर्शों/प्रतिमानों का कमजोर होना

नव स्थानीय आवास— विवाह के बाद कुछ बच्चे अपने माता पिता के साथ रह सकते हैं लेकिन शीघ्र ही वे अलग रहना पसन्द करते हैं। नव दम्पत्ति एवं उनके परिवार अपने कार्य स्थान के अनुरूप अपने आवास का निर्धारण करते हैं। अत: नव स्थानीय आवास अधिक से अधिक सामान्य होते जा रहे हैं। कभी कभी ये नव: स्थानीय परिवार किसी घटनावश अपने माता पिता के परिवार में लौट आते हैं, लेकिन अक्सर वे नहीं लौटते।

प्रकार्यात्मक संयुक्तता— नव स्थानीय आवास में तृतीयक तथा दूर के नातेदारों से सम्बन्ध कमजोर तो होते हैं। किन्तु पृथक रहने वाले प्राथमिक व द्वितीयक नातेदारों से नहीं। विवाहित पुत्र अपने माता पिता एवं भाई बहनों के प्रति अपने कर्त्तव्यों का निभाना जारी रखते हैं। उनके ये सम्बन्ध न केवल कर्तव्यों के निर्वहन मात्र के लिए बने रहते हैं बल्कि उनके प्रति श्रद्धा व स्नेह के कारण भी न स्थानीय परिवारों की यह विशेषता रहती है कि वे अपने प्राथमिक व द्वितीयक रिश्तेदारों के साथ आवश्यकता पड़ने पर आपसी सहयोग एवं आर्थिक सहयोग करते रहते हैं।

व्यक्तियों में समानता— पति, पत्नी एवं अन्य सदस्यों को समान व्यवहार देना बड़े स्तर पर वैचारिक परिवर्तन का ही एक भाग है व्यक्तिवाद का विचार जिसमें समूह से अधिक महत्व व्यक्ति को दिया जाता है लगभग समस्त विश्व में बढ़ता जा रहा है अत: परिवार में कुल पिता व माता पिता अपनी सत्ता को बच्चों पर थोपते नहीं हैं, बल्कि बच्चों को अपने साधनों व लक्ष्यों के चुनाव की पूर्ण स्वतन्त्रता प्रदान करते हैं। व्यक्ति की योग्यता को मान्यता प्रदान की जाती है। और नये परिवार में उसकी इच्छाओं को महत्वपूर्ण माना जाता है व्यक्ति की प्रस्थिति उसकी अपनी उपलब्धियों से बनती है, न कि उसकी आयु और सम्बन्ध से इस तरह हर परिवार का दर्जा हर पीढ़ी के लिए नये सिरे से निश्चित होता है।

महिलाओं में समानता— संयुक्त परिवारों को महिलाओं की अधीनता से जोड़ा जाता है। महिलाओं को घर के सभी कार्यों की जिम्मेदारी सौंपी जाती है और उन्हें खाना बनाने सफाई करने, कपड़े धोने, एवं बच्चों के लालन पालन की भूमिका में ही व्यस्त रखा जाता है। उनको मात्र यौन सहयोगी का दर्जा दिया जाता है। किंतु पत्नी के वैधानिक व अन्य प्रकार के अधिकार नहीं दिए जाते नये उभरते हुए परिवार इसमें परिवर्तन लाने का प्रयास कर रहे हैं। महिलाएं अब कुछ शक्ति प्राप्त कर रही हैं बाल विवाह का स्थान अब वयस्क विवाह ने ले लिया है और लड़कियों में शिक्षा प्रसार भी तेजी से हो रहा है विस्तृत होती अर्थ व्यवस्था में महिलाएं भी अब कार्य कर रही हैं तथा जीवन स्तर को उठा रही हैं। ऐसे परिवारों में पुरुष स्त्रियों को समान व्यवहार देने लगे हैं। यद्यपि कामकाजी महिलाओं के परिवारों में महिलाओं के लिए समान अधिकार का विचार जोर पकड़ता जा रहा है। परन्तु गैर कामकाजी महिलाओं के परिवारों में यह सब चर्चा नहीं होती है। महिलाएं क्योंकि परिवार में कोई आर्थिक योगदान नहीं देती है।

सभी प्रकार के सम्बन्धों के समुच्य से परिवर्तन को एक साथ विचार करने पर यह निष्कर्ष निकाला जा सकता है कि समकालीन भारतीय समाज में संरचना के सम्बन्ध इस प्रकार बदल रहे हैं.

(क) युवा पीढ़ी अधिक व्यक्तिवाद की मांग कर रही हैं।

(ख) वैवाहिक सम्बन्ध की रक्त सम्बन्धों की तुलना में अधिक प्राथमिकता नहीं दी जाती।

(ग) जिन लोगों का शक्ति स्रोत आदर्शगत होता है वे छोटों पर अब अपनी सत्ता को थोपने का प्रयास नहीं करते हैं।

परिवर्तन के कारक— परम्परागत (संयुक्त) परिवार व्यवस्था के विखण्डन के लिए कौन-कौन से कारक उत्तरदायी है। परिवार में परिवर्तन किसी प्रभावों के एक समुच्चय से नहीं आया है और न यह सम्भव है कि इन कारकों में से किसी एक को प्राथमिकता दी जा सके इस परिवर्तित होते हुए परिवार के लिए कई कारक उत्तरदायी है। औद्योगीकरण और उसके सार्वभौमिक मापदण्ड जो निरन्तर विस्तृत क्षेत्र को प्रभावित कर रहे हैं व्यक्तिवाद के आदर्श समानता और आजादी तथा वैकल्पिक जीवन पद्धति की सम्भावना जैसे कारणों के सम्मिलन से ही संक्रमणकालीन परिवार उदय हुआ है। **मिल्टन सिंगर** ने परिवार में परिवर्तन के लिए चार कारकों को उत्तरदायी माना है। आवासीय गतिशीलता, व्यावसायिक गतिशीलता वैज्ञानिक तथा तकनीकी शिक्षा और द्रव्यीकरण इस लेखक ने भी ऐसे पांच कारकों की पहचान की है जिन्होंने परिवार को बहुत अधिक प्रभावित किया है। ये हैं शिक्षा नगरीकरण, औद्योगीकरण, विवाह संस्था में परिवर्तन तथा वैधानिक उपाय।

शिक्षा—शिक्षा ने परिवार को कई प्रकार से प्रभावित किया है। शिक्षा से न केवल व्यक्तियों की अभिवृत्तियां, विश्वास मूल्य एवं आदर्श विचारधाराएं बदली हैं बल्कि इसने व्यक्तिवादिता की भावना को भी उत्पन्न किया है। भारत में शिक्षा न केवल पुरुषों में बढ़ रही हैं बल्कि स्त्रियों में भी पुरुष साक्षरता की दर में वृद्धि 1901 से 1931 तक 9.8 से 15.6 तक हुई 1961 में 34.4, 1981 में 56.38, 1991 में 64.13 तथा 2001 में 75.26 तक हुई जबकि स्त्रियों की साक्षरता दर में वृद्धि 1901 में 0.6 से 1931 में 2.9 1961 में 13.01 1981 में 29.76, 1991 में 39.29 तथा 2001 में 53.67 तक हुई। मान्यता प्राप्त शैक्षिक संस्थाओं की संख्या में वृद्धि 1951 में 2.31 लाख 2.09 लाख प्राथमिक विद्यालय 13,600 मिडल और 8.300 सैकेण्डरी व हायर सैकेण्डरी विद्यालय से 2005-06 में 12.19 लाख हो गई (7.72 लाख प्राथमिक, 2.88 लाख मिडिल तथा 1.59 लाख सैकेण्डरी व हायर सैकेण्डरी विद्यालय) इसी अवधि में छात्रों के प्रवेश की संख्या 240 लाख से बढ़कर 1320 लाख हो गई शिक्षा की दर में इस प्रकार की वृद्धि स्त्री पुरुषों के न केवल जीवन दर्शन में परिवर्तन करती है। बल्कि स्त्रियों को रोजगार के नये आयाम भी उपलब्ध कराती है। आर्थिक स्वतंत्रता प्राप्त करने के पश्चात स्त्रियां पारिवारिक मामलों में मताधिकार की मांग करती हैं और अपने ऊपर किसी का भी प्रभुत्व स्वीकार करने से इन्कार करती है। यह दर्शाता है कि शिक्षा किस प्रकार पारिवारिक सम्बन्धों में परिवर्तन लाती है जो कि बाद में संरचनात्मक परिवर्तन भी लाती है।

नगरीकरण—परिवार को प्रभावित करने वाला एक अन्य कारक नगरीकरण भी है। गत कुछ दशकों में हमारे देश की शहरी जनसंख्या में तीव्र दर से वृद्धि हुई है। अठारहवीं शताब्दी के मध्य में भारत की लगभग 10% जनसंख्या ही शहरों में रहती थी। उन्नीसवीं शताब्दी सदी में 100 वर्षों के अन्तराल में भारत में शहरों की जनसंख्या में दस गुणा वृद्धि हुई है। बीसवीं शताब्दी में समूचे देश की जनसंख्या 1901 में 23.8 करोड़ से बढ़कर 2011 में 121.05 करोड़ हो गई। 1961 में शहरी जनसंख्या समूची जनसंख्या की 17.97% थी। किन्तु 1971 में बढ़कर 19.9%, 1981 में बढ़कर 23.34% तथा 2011 मे बढ़कर 31.16% हो गई। शहरी जनसंख्या का एक दशक के हिसाब से वृद्धि दर 1961 में 26.41% था जो 1971 में 38.23% 1981 में 46.14% तथा 1991 में 36.19% हो गया यथार्थ में भारत की शहरी जनसंख्या 1961 में 7.8 करोड़ 1971 में 10.9 करोड़ 1981 में 15.9 करोड़ 1991 में 21.7 करोड़ तथा 2011 में 37.7 करोड़ हो गई।

नगरीय परिवार ग्रामीण परिवारों से न केवल संरचना में बल्कि विचारधारा में भी भिन्न होते हैं। यह पहले ही कहा जा चुका है कि शहरी क्षेत्रों में एकाकी परिवार से अपेक्षाकृत छोटा होता है और शहर में रहने वाला व्यक्ति एकाकी परिवार का चयन अधिक करता है। अपेक्षाकृत ग्रामवासी के **एम.एस. गोरे** की मान्यता है कि नगरीय परिवार अपने दृष्टिकोण, भूमिका-परिप्रेक्ष्य तथा व्यवहार में संयुक्त परिवार के मानदण्डों से हट रहे हैं। उदाहरणार्थ निर्णय लेने के मामले में ग्रामीण परिवारों के विपरीत नगरीय परिवारों में बच्चों से सम्बन्धित निर्णय परिवार का सबसे बुजुर्ग व्यक्ति ही नहीं परन्तु उनके माता पिता लेते हैं इसी प्रकार वे शहरी लोग जो माता पिता की मृत्यु के उपरान्त भाइयों के इकट्ठे रहने के विचार का समर्थन करते हैं उनकी संख्या उसी विचार वाले ग्रामीण लोगों से कम है।

औद्योगीकरण—उन्नीसवीं शताब्दी के प्रथम में भारत में औद्योगीकरण प्रारम्भ हो गया था। नये उद्योगों के चारों ओर शहरों का विकास हुआ। औद्योगीकरण से पूर्व हमारे पास यह व्यवस्था थी।

(क) कृषि अमुद्राहीन अर्थव्यवस्था।

(ख) तकनीकी का वह स्तर जहां घरेलू इकाई आर्थिक विनिमय की इकाई भी थी।

(ग) पिता पुत्र व भाई भाई के बीच व्यावसायिक भेद नहीं था।

(घ) एक ऐसी मूल्य व्यवस्था थी जहां युक्ति संगतता के मापदण्ड की अपेक्षा बुजुर्गों की सत्ता और परम्पराओं की पवित्रता दोनों को ही महत्व दिया जाता था। लेकिन औद्योगीकरण ने हमारे समाज में सामान्य रूप से आर्थिक व सामाजिक सांस्कृतिक परिवर्तन तथा विशेष रूप से परिवार में परिवर्तन किया है। आर्थिक क्षेत्र में इसके ये परिणाम हुए हैं कार्य विशेषज्ञता व्यावसायिक गतिशीलता अर्थ व्यवस्था का दृष्टिकरण तथा व्यावसायिक संरचनाओं व नातेदारी के बीच के सम्बन्धों का टूट जाना सामाजिक क्षेत्र में इसका परिणाम हुआ है, ग्रामीण क्षेत्रों से शहरी क्षेत्रों में आगमन शिक्षा का प्रसार और एक मजबूत राजनैतिक ढांचा सांस्कृतिक क्षेत्र में इससे धर्म निरपेक्षता के विचार का विकास हुआ है। पारिवारिक संगठन पर औद्योगिकरण के जो तीन मुख्य प्रभाव हुए हैं, वे हैं।

(क) परिवार जो कि उत्पादन की एक प्रधान इकाई थी, अब उपभोग की इकाई के रूप में बदल गया है एक एकीकृत आर्थिक व्यवस्था में लगे परिवार के सभी सदस्यों के एक साथ काम करने की बजाय परिवार के कुछ पुरुष सदस्य परिवार की जीविका चलाने के लिए बाहर चले जाते हैं। इससे न केवल संयुक्त परिवार का परम्परागत स्वरूप ही प्रभावित हुआ है बल्कि सदस्यों के बीच के सम्बन्ध भी।

(ख) फैक्ट्ररियों में नौकरी के कारण युवक अपने पैतृक

परिवारों पर सीधे निर्भर नहीं रहते। वेतन मिलने से क्योंकि वे आर्थिक रूप से स्वतंत्र है। अत: परिवार के मुखिया की सत्ता में और भी कमी आई है। शहरों में तो पुरुषों के साथ-साथ उनकी पत्नियों ने भी धन अर्जन करना शुरू कर दिया है। इससे अन्त: पारिवारिक सम्बन्धों पर प्रभाव पड़ा है।

(ग) बच्चे अब आर्थिक रूप से अस्ति न होकर देय बन गये हैं। यद्यपि वैधानिक दृष्टि से बाल श्रम वर्जित है फिर भी बच्चों की श्रमिकों के रूप में नियुक्ति तथा उनके साथ दुर्व्यवहार में वृद्धि हुई है। साथ ही शिक्षा की बढ़ती हुई आवश्यकता को देखते हुए माता पिता पर निर्भरता में भी वृद्धि हुई है। शहरों मे आवास महंगा और बच्चों की देखभाल भी समय मांगती है। अत: औद्योगीकरण के कारण कार्य और घर एक दूसरे से पृथक हो गये हैं।

विवाह व्यवस्था में परिवर्तन

हमारी परिवार व्यवस्था को विवाह की आयु में परिवर्तन, जीवन साथी चुनाव की स्वतंत्रता तथा विवाह के प्रति दृष्टिकोण में परिवर्तन ने भी प्रभावित किया है। जो बच्चे देर से विवाह करते हैं वे न तो अपने माता-पिता की सत्ता को मानते हैं और न ही सबसे बड़ी आयु के पुरुष को निर्णय लेने वाला मुख्य व्यक्ति समझते हैं जीवन साथी के चुनाव की स्वतंत्रता ने अन्तर्जातीय विवाह को प्रोत्साहित किया है। जिससे पारिवारिक सम्बन्धों की संरचना प्रभावित हुई है। इसी प्रकार जब विवाह धार्मिक दृष्टि से महत्वपूर्ण नहीं रहा है तथा वैवाहिक सम्बन्धों को विच्छेद की वैधानिक स्वीकृति मिल चुकी है, पति के अधिकार की प्रतीक परिवार की सुसंगठित सत्ता कमजोर हो गई है।

वैधानिक उपाय

वैधानिक उपायों का भी परिवार के स्वरूप पर प्रभाव पड़ा है। बाल विवाह निषेध तथा बाल विवाह निवारक अधिनियम 1929 के द्वारा कम से कम विवाह की आयु का निर्धारण एवं हिंदू विवाह अधिनियम 1955 ने शिक्षा की अवधि को बढ़ाया है और विवाह के बाद युगल के नयी परिस्थितियों में सामंजस्य को योगदान किया है। जीवन साथी के चुनाव की स्वतंत्रता, किसी भी जाति व धर्म में माता पिता की सहमति बिना विवाह जिसे विशेष विवाह अधिनियम 1954 के अन्तर्गत अनुमति प्रदान की गई है, विधवा विवाह अधिनियम, 1856 द्वारा विधवा पुनर्विवाह की अनुमति हिन्दू विवाह अधिनियम 1955 के अनुसार विवाह विच्छेद की अनुमति तथा हिन्दू उत्तराधिकार अधिनियम 1956 के अन्तर्गत पुत्रियों को माता पिता की सम्पत्ति में हिस्सा इन सभी अधिनियमों ने न केवल अन्तर्व्यक्ति सम्बन्धों एवं परिवार संरचना को बल्कि संयुक्त परिवार की स्थिरता को भी प्रभावित किया है। शक्ति आवण्टन—भारतीय परिवार में जिस प्रमुख परिवर्तन की आज चर्चा है वह है एकतरफा पुरुष सत्ता से पति पत्नी में सत्ता की हिस्सेदारी में परिवर्तन यह परिवर्तन इस कारण महत्वपूर्ण है क्योंकि इससे एक और विवाह में उनकी भूमिका प्रभावित हुई है और दूसरी ओर उनके सम्बन्धों के अन्य पहलूओं पर भी प्रभाव पड़ा है।

परिपाटी के अनुसार परिवार में पति ही मनमाने रूप से निर्णय करने वाला व्यक्ति माना जाता है और वही परिवार की नीतियों का निर्देशक भी होता है। पति की इस उच्च स्थिति का पता किसी भी पत्नी के तीन प्रश्नों के उत्तरों से चलता है।

(क) तुम और तुम्हारे पति में से कौन अधिक प्रभावशाली है।

(ख) तुममें से परिवार में कौन अधिक महत्वपूर्ण हैं (पारस्परिक हित के मामलों में निर्णय कौन करता है? श्रेष्ठता के इस क्षेत्र में लगभग सभी पत्नियां अपने पति को ही श्रेय देती हैं लेकिन जब प्रश्न आता है कि (1) परिवार-व्यय का बजट कौन बनाता है।

(2) बच्चों को अनुशासित कौन बनाता है और कौन उन्हें मार्गदर्शन देता है तो अधिकतर प्रकरणों में यद्यपि श्रेष्ठता का नहीं तो बराबर की भूमिका का पता चलता है। पति की साधन मूलक भूमिका इस आशा पर आधारित होती है कि वही परिवार के पालन के लिए मूलरूप से उत्तरदायी ठहराया जाएगा पति की साधक भूमिकाएं इनसे प्रतीत होती है। बच्चों की शिक्षा की प्रारम्भिक जिम्मेदारी लेना, बच्चों को स्कूल से मिले गृह कार्य में सहायता करना, सामाजिक चुनाव में दक्षता, और अपनी पत्नी से अधिक आक्रामक होना। दूसरी तरफ पत्नी की अभिव्यक्ति मूलक भूमिका यह है कि वह परिवार में होने वाले संघर्षों में मध्यस्थता करें। पति पत्नी के बीच शक्ति संतुलन के मूल्यांकन तथा परिवार के सभी निर्णयों में उनके प्रभाव का आंकलन करने के लिए हम निर्णय लेने सम्बन्धी कुछ चुने क्षेत्र ले सकते हैं तथा पता लगा सकते हैं कि कौन अन्तिम निर्णय लेता है। इनमें से कुछ क्षेत्र में इस प्रकार हो सकते हैं :

(क) पति अपने माता पिता को धन भेजें या नहीं और अगर हाँ तो कितना।

(ख) पत्नी काम पर जाए या छोड़ दें

(ग) स्कूटर या बीमा पालिसी जैसी वस्तु खरीदी जाए या नहीं इन प्रश्नों के सम्भावित उत्तर हो सकते हैं।

(1) पति ही हमेशा

(ख) पत्नी से अधिक पति

(ग) पति पत्नी बिल्कुल एक से

(घ) पति से अधिक पत्नी

(च) पत्नी सदैव इस धारणा को पहले से ही मान लेना है। कि समकालीन पति पत्नी विशेष रूप से आवासीय एकाकी और लघु संयुक्त परिवारों में किसी निर्णय पर पहुंचने से पूर्व आपस में अक्सर बातचीत करते हैं। पितृसत्तात्मक परिवार में पति मत जानने के एक साधन के रूप में अपनी पत्नी से परामर्श लेता है जिससे वह अन्तिम निर्णय लेने से पूर्ण पत्नी की सलाह को एक आधार मान सके। महत्वपूर्ण प्रश्न यह नहीं है कि विचार विमर्श में भाग कौन ले रहा है, परन्तु यह है कि 'अन्तिम' निर्णय कौन लेता है।

संयुक्त जीवन साथी चुनाव

परम्परागत परिवार में बच्चों के विवाह उनके माता पिता द्वारा बच्चों से सलाह लिए बगैर ही तय कर दिए जाते थे लेकिन 'संक्रमण शील' परिवार में जीवन साथी के चुनाव में बच्चे व माता पिता संयुक्त रूप से निर्णय करते हैं इस संयुक्त चुनाव में संघर्ष के अवसर कम होते हैं और नव दम्पत्ति अपने माता पिता से अलग गृहस्थी बसाने से पहले कुछ माह या वर्ष उनके साथ रहते हैं नये परिवार में आने पर नव विवाहित पत्नि परिवार के अन्य सदस्यों से अधीन दर्जा मिलता है जब तक कि उसका परिवार में इतना समाजीकरण न हो जाए कि परिवार की प्रथाओं, रीति रिवाजों का विरोध कम हो जाए। यदि नव विवाहिता अलग निवास में भी रहती है तब भी वह अपने ससुराल वालों के प्रति कर्तव्यों का निर्वाह करती हैं और इस कार्य को अधिक महत्व देती हैं।

पारिवारिक प्रतिमानों में टूटन

संक्रमणशील परिवार में परिवार प्रतिमान इस सीमा तक कमजोर हो गये हैं। कि अवसरों और पुरस्कारों का वितरण व्यक्ति के परिवार की सदस्यता से नहीं अपितु उसके गुणों से निश्चित होता है भारतीय परम्परागत परिवार की संरचना अति विशिष्टतावादी सिद्धांत पर आधारित की गई थी विशिष्टतावाद व्यक्ति के परिवार में सदस्यता के अनुसार अवसरों एवं पुरस्कारों के वितरण की व्याख्या करता है न कि व्यक्ति के विशिष्ट गुणों या योग्यताओं के आधार पर हमारे प्राचीन समाज में पारिवारिक सदस्यता इतनी महत्वपूर्ण थी कि परिवार के पास से ही पुरस्कार और उनके वितरण का नियंत्रण होता था किसी व्यक्ति के रोजगार के अवसर तथा कार्य जो वह करता था उसकी परिवार में स्थिति से निर्धारित होता था। श्रम विभाजन अधिक विशिष्ट नहीं होता था और किसी भी व्यस्क को किसी भी व्यवसाय के लिए काफी शीघ्रता से दक्ष बनाया जा सकता था। श्रम का यह विभाजन प्रकार्यत्मक प्रसारण कहलाता है इसके विपरीत आधुनिक औद्योगिक अर्थव्यवस्था में सार्वभौमिक कसौटी के प्रयोग की आवश्यकता है। सार्वभौमिकता में विशिष्ट दीक्षा व कुशलता के आधार पर अवसरों का प्रदान किया जाना निहित है। तथा इसमें परिवार और अन्य सम्बन्धों पर ध्यान नहीं दिया जाता। प्रकार्यात्मक विशिष्टता में श्रम का विभाजन सम्मिलित है।

विशिष्ट पारिवारिक प्रतिमान के कारण

लोग संयुक्त परिवार या एकाकी खण्डित परिवार को क्यों पसन्द या ना पसन्द करते हैं? संयुक्त परिवार को पसन्द करने का प्रथम कारण है। जीवन की विविध आवश्यकताओं और उच्च जीवन मूल्य के विरुद्ध आर्थिक सुरक्षा की इच्छा पुरातन काल में बीमारी, वृद्धावस्था, बेरोजगारी, दुर्घटना आदि से सुरक्षा, परिवार, जाति, ग्राम तथा जनहितैषी व्यक्तियों द्वारा चलाई गयी संस्थाओं द्वारा प्रदान की जाती थी लेकिन आज ग्राम तथा जाति, आदि इस प्रकार की कोई सुरक्षा प्रदान नहीं करते हैं।

परिवर्तन के प्रकार्यात्मक व दुष्कार्यात्मक पहलू

परम्परागत से एकांकी या संक्रमणकालीन या खण्डित परिवार के ढांचे में परिवर्तन के साथ-साथ एकाकी परिवार के पक्ष तथा संयुक्तता के विपक्ष की अभिरुचि में परिवर्तन प्रकार्यात्मक तथा दुष्कार्यात्मक दोनों ही है यह प्रकार्यात्मक इसलिए हैं कि प्रथमत: परम्परागत परिवार पराश्रित एवं निकम्मे लोगों को जन्म देता है कुछ सदस्य यह सोचकर बिल्कुल काम नहीं करते कि परिवार के अन्य लोग उनकी पोषण आदि देने के लिए हैं ही। ऐसा इसलिए है कि परम्परागत परिवार "सबके लिए एक और सब एक के लिए" के सिद्धान्त पर कार्य करता है यदि एक व्यक्ति कुछ भी धर्नाजन नहीं करता फिर भी उसका उसकी पत्नी तथा बच्चों का परिवार उतना ही ध्यान रखता है। जितना कि कमाने वाले सदस्य और उसके बच्चों व पत्नी का।

(2) संयुक्त परिवार व्यक्तिवाद को रोकता है। युवक अपने अधिकारों एवं प्रस्थिति के प्रतिसंचित हो गये हैं। और परिवार के भीतर भी सम्बन्धों के पुनरावलोकन की मांग करते हैं। किन्तु परिवार के व्यस्क लोग इसको इनकार करते हैं जिससे युवकों को कठिन परिश्रम करने तथा आगे बढ़ने की चाह कम हो जाती है।

(3) संयुक्त परिवार विवादों एवं मनमुटावों की स्थली है। जिस स्त्री का पति अधिक कमाता है वह उत्तेजित होती है, विवाद करती हैं विद्रोह करती हैं और पृथकता की मांग करती है परिवार में अधिकतर झगड़े संकीर्ण सन्देह करने वाली रुढ़िवादी ईर्ष्यालु अन्ध-विश्वासी, बातूनी व झगड़ालू महिलाओं के कारण होते हैं स्त्रियों के बीच कामकाज का असमान वितरण, बच्चों का लालन पालन तथा बुजुर्गों द्वारा स्त्रियों के साथ भेद भावपूर्ण व्यवहार भी विवाद का कारण बन जाते हैं।

(4) अंतत: संयुक्त परिवार महिलाओं की स्थिति को प्रतिकूल रूप से प्रभावित करता है। उन्हें अथक परिश्रम करना पड़ता है और बच्चों के लालन पालन में उनकी कोई आवाज नहीं होती वे दमन अनुभव करती है तथा भावात्मक तनावों से पीड़ित रहती है।

संयुक्त परिवार में परिवर्तन निम्न कारणों की वजह से दुष्कार्यात्मक है।

(1) इससे भूमि के छोटे छोटे टुकड़े हो जाते हैं जिससे कृषि उत्पादन तथा देश की राष्ट्रीय आय भी प्रभावित होती हैं एक अनुमान के अनुसार 55 से 60% कृषकों के पास 5 एकड़ से भी कम भूमि हैं 35 से 40% के पास 5 से 25 एकड़ तक तथा केवल 5 से 10% के पास 25 एकड़ से अधिक भूमि है। अत: 5 खेतिहर ही पूर्णत: खुशहाल हैं 9% काफी अच्छे हैं और 86% बहुत बुरे हाल में हैं संयुक्त परिवार में विखण्डन से सम्पत्ति के बंटवारे की आवश्यकता बढ़ जाती है और भूमि के छोटे छोटे टुकड़े होना आवश्यक हो जाता है जिससे कृषकों की वैज्ञानिक विधियों का प्रयोग करना लगभग असम्भव हो जाता है इससे कृषि उत्पादन बुरी तरह प्रभावित होता है और परिवार के आर्थिक स्तर एवं समाज की आर्थिक प्रगति भी प्रभावित होती है।

(2) आवासीय संयुक्तता के विखण्डन ने हमें नकारात्मक अर्थों में प्रभावित किया है क्योंकि संयुक्त परिवार कमजोरों और वृद्धों की शरण स्थली थी यद्यपि सरकार ने हाल में वर्षों में वृद्धों, बीमारों, अपंगों तथा बेरोजगारों के लिए सामाजिक सुरक्षा प्रदान के लिए अनेक योजनाएं प्रारम्भ की है फिर भी हमारे देश की जनसंख्या का एक अधिक भाग इन लाभों से वंचित रह जाता है इस कारण बहुत से लोग वांछित संरक्षण के लिए परिवार पर ही निर्भर रहते हैं वास्तव में संयुक्त परिवार में प्रत्येक सदस्य को ऐसा वातावरण प्रदान किया जाता है।

(3) नये उभरते हुए आवासीय एकाकी परिवार में एक व्यक्ति प्रेम विश्वास और बलिदान के मूल्यों को विकास करने में इतना समर्थ नहीं होता है जितना कि संयुक्त परिवार में होता है ऐसी एकीकरण प्रक्रिया के प्रशिक्षण ने हमें वांछित जीवन अनुभव प्रदान किया है और हमारी सामाजिक परिपक्वता में वृद्धि की है जिससे हमारे व्यक्तित्व के विकास को अवसर मिला इन्हीं लाभों के कारण कहा जाता है कि परम्परागत पारिवारिक जीवन बालपन में विद्यालय यौवन में सुरक्षा कवच, वृद्धावस्था में सान्त्वना, तथा हर समय पूज्यनीय, सम्माननीय व श्रद्धास्पद संस्था है।

परम्परागत परिवार का भविष्य

भारत में परम्परागत परिवार जल्दी समाप्त होने वाला नहीं है कापड़िया ने भी अनुभव किया है कि संयुक्त परिवार के शीघ्र टूटने की धारणा निराधार है (यह संयुक्त परिवार) न केवल अर्थ औद्योगिक कस्बों में ही मजबूत है, बल्कि बड़े नगरों में संकेंद्रित समुदायो में भी प्रबल हैं। अत: संयुक्त परिवार विघटित नहीं हुआ है। अपितु अनेक दबावों व तनावों के नीच से गुजर रहा है। और इनका भविष्य अन्धकार मय नहीं है विभिन्न पीढ़ियों के बीच अनेक झगड़ों के होते हुए भी आगे आने वाली पीढ़ी के लोगों में परम्परागत परिवार के प्रति अच्छी भावना है उनमें अनुशासन के प्रति आदर पारिवारिक कार्यों में सहयोग तथा पारिवारिक पर्यावरण में संतोष की सामान्य भावना पाई जाती है।

राम आहुजा का मत है कि उन कारणों को उचित महत्व अवश्य दिया जाना चाहिए जो परिवार संरचना के स्वरूप को समय के साथ प्रभावित करते हैं इनमें से कुछ अति महत्वपूर्ण कारक इस प्रकार है—

(क) पुत्र विवाह और बहू का परिवार में प्रवेश

(ख) वरिष्ठ पुरुष स्त्री सदस्य का देहान्त

(ग) किसी अन्य स्थान में उच्च पद वाला कार्य मिल जाना

(घ) परिवार की आर्थिक स्थिरता में बाधा उत्पन्न होना और

(च) भाइयों के संघर्ष भाई बहन बन्धनों में विच्छेद तथा व्यक्ति का समरेखीय स्वजनों के प्रति दायित्वों से वैवाहिक दायित्वों की ओर झुकाव। इस प्रकार प्रत्येक परिवार में विकास चक्र की क्षमता होती है। यद्यपि संयुक्त परिवार भारतीय पारिवारिक संगठन का एक सांस्कृतिक आदर्श है फिर भी परिवार को एक स्थाई इकाई के रूप में नहीं देखा जा सकता हिन्दू/भारतीय परिवार में क्योंकि नातेदारी के दायित्वों की उपेक्षा नहीं की जा सकती इसलिए लघु विस्तारीय, मध्यम विस्तारीय और विस्तृत विस्तारीय नातेदारी परिवार और साथ ही आश्रित तथा स्वतंत्र एकाकी परिवार भी हो सकते हैं।

अन्त:पारिवारिक सम्बन्धों में परिवर्तन

परिवार की संरचना में परिवर्तन के उपरान्त, अब हम अन्त: पारिवारिक तथा पारस्परिक पारिवारिक सम्बन्धों में परिवर्तन का विश्लेषण करेंगे। भारत में परम्परागत (संयुक्त) परिवार विविध महत्वपूर्ण सम्बन्धों के चारों ओर जैसे बच्चों व माता-पिता के बीच तथा पति पत्नी, व सास, बहू व भाई-भाई आदि रिश्तों के बीच संगठित था। हाल के कुछ वर्षों में इन रिश्तों में काफी परिवर्तन आए हैं। इन रिश्तों के हर श्रेणी में आए परिवर्तनों का विवेचन उचित होगा।

(क) घरेलू हिंसा (Domestic Violence)

घरेलू हिंसा एक ऐसा तथ्य है जो सार्वजनिक रूप से विद्यमान

है लेकिन इसका कोई मानदण्ड न निर्धारित होने से इसके विरुद्ध कोई कानून नहीं बन पाया है। दहेज कानून के अन्तर्गत पत्नी के उत्पीड़न के मसले पर इस तरफ थोड़ा सा ध्यान गया है। घरेलू हिंसा की सबसे ज्यादा शिकार स्त्रियां हैं। महिलाओं के विरुद्ध हिंसा की समस्या कोई नई नहीं है। भारतीय समाज में महिलाएं एक लम्बे काल से अवमानना, यातना और शोषण का शिकार रही हैं, जितने काल के हमारे पास सामाजिक संगठन और पारिवारिक जीवन के लिखित प्रमाण उपलब्ध है। आज शनैः शनैः महिलाओं को पुरुषों के जीवन में महत्वपूर्ण प्रभावशाली और अर्थपूर्ण सहयोगी माना जाने लगा है; परन्तु कुछ दशक पहले तक उनकी स्थिति दयनीय थी। विचारधाराओं, संस्थागत रिवाजों, और समाज में प्रचलित प्रतिमानों ने उनके उत्पीड़न में काफी योगदान दिया है।

प्रकृति, विस्तार और विशेषताएं
(Nature, Extent and Characteristics)

महिलाओं के विरुद्ध हिंसा का वर्गीकरण इस प्रकार हो सकता है—

(क) आपराधिक हिंसा जैसे बलात्कार, अपहरण, हत्या—

(ख) घरेलू हिंसा जैसे दहेज संबंधी मृत्यु, पत्नी को पीटना, लैंगिक दुर्व्यवहार, विधवाओं या वृद्ध महिलाओं के साथ दुर्व्यवहार–

(ग) सामाजिक हिंसा जैसे पत्नी/पुत्रवधु को मादा भ्रूण की हत्या के लिए बाध्य करना, महिलाओं से छेड़-छाड़, सम्पत्ति में महिलाओं को हिस्सा देने से इन्कार करना, अल्पव्यस्क विधवा को सती होने के लिए बाध्य करना, पुत्र-वधू को और अधिक दहेज लाने के लिए सताना—

भारत सरकार के आंकड़ों के अनुसार 1996-98 के बीच महिलाओं के विरुद्ध अपराधों में 12% वृद्धि मिलती है। सबसे अधिक अपराध (1998) में यातना के (31.5%) और उसके बाद छेड़छाड़ (23.6%) अपहरण (12.5%), बलात्कार (11.4%), शरीर व्यापार (6.6%), दहेज मृत्यु (5.3%, यौन सम्बन्धी उत्पीड़न (6.2%), दहेज कानून (2.6%), लड़कियों का आयातन (0.1%), महिलाओं का अश्लील प्रदर्शन (0.1%) मिलते हैं (क्राइम इन इंडिया, 1998 : 156)। दहेज से सम्बन्धित हत्याओं में (1988) और (1998) की अवधि में 50% की वृद्धि मिलती है। मोटे रूप में हर 33 मिनट में महिला के विरुद्ध एक अत्याचार का केस मिलता है। कुछ महिलाओं के विरुद्ध अपराधों में से 1998 में 1, 31,338) आधे से कुछ अधिक अपराध (54.1%) केवल पांच राज्यों में (मध्य प्रदेश : 12.1% उत्तर प्रदेश 13.3% महाराष्ट्र 10.9%, आन्ध्र प्रदेश 8.5% और राजस्थान 9.35%) मिलता है तथा शेष 45.9% अपराध 20 राज्यों और केन्द्रशासित क्षेत्रों में मिलता है (1998 158)। परन्तु यह सुविज्ञ है कि सब मामलों की विभिन्न-कारणों से शिकायत नहीं होती है और उन्हें दर्ज नहीं किया जाता है। घरेलू हिंसा के मामलों, जैसे पत्नी को पीटना और परिवार की स्त्रियों के साथ किया गया कौटुम्बिक व्यभिचार की कभी शिकायतें नहीं की जाती। परन्तु संकलित मामलों को देखने में हमें महिलाओं के विरुद्ध हिसा की प्रकृति और विस्तार के बारे में कुछ अनुमान हो सकता है।

बलात्कार (Rape)

यद्यपि बलात्कार की समस्या सभी देशों में गम्भीर मानी जाती है। फिर भी सांख्यिकी रूप में भारत में यह पाश्चात्य समाज की तुलना में इतनी गंभीर नहीं है। उदाहरणार्थ, अमेरिका में बलात्कार के अपराधों के प्रति लाख प्रतिवर्ष 26 है, कनाडा में यह लगभग 8 है और इंग्लैंड में यह प्रति एक लाख जनसंख्या पर लगभग 5.5 है। इसकी तुलना में भारत में इसकी दर 0.5 प्रति एक लाख जनसंख्या है। हमारे देश में 1996 और 1998 के बीच हुए बलात्कार के मामलों की संख्या को ध्यान में रखते हुए कहा जा सकता है कि प्रत्येक चार घंटों में सात बलात्कार होते हैं; या प्रतिवर्ष 15,000 मामले होते हैं। केन्द्रिय सरकार द्वारा "महिलाओं के विरुद्ध अपराध" पर प्रस्तुत की गई एक रिपोर्ट के अनुसार भारत में प्रत्येक 40 मिनट में एक महिला का बलात्कार होता है। इसका अर्थ हुआ कि एक महीने में 1,275 तथा एक वर्ष में 15,300 बलात्कार होते हैं। आयु के हिसाब से बलात्कार के शिकार की प्रतिशतता 16 से 30 वर्ष के आयु समूह में सर्वाधिक है (56.0%), जबकि 10 वर्ष से कम आयु के शिकार लगभग 4.2% है, 10 और 16 वर्ष के बीच आयु के शिकार लगभग 22.8% है, तीस वर्ष के ऊपर के शिकार 17.0% हैं। गरीब लड़कियां ही अकेली बलात्कार का शिकार नहीं होती, अपितु मध्यम वर्ग की कर्मचारियों के साथ भी मालिकों द्वारा लैंगिक अपमान किया जाता है। जेल में कैद महिलाओं के साथ अधीक्षकों द्वारा बलात्कार किया जाता है, अपराध संदिग्ध महिलाओं के साथ पुलिस अधिकारियों द्वारा, महिला मरीजों के साथ अस्पताल के कर्मचारियों द्वारा, और रोजाना वेतनभोगी महिलाओं के साथ ठेकेदारों और बिचौलियों द्वारा। यहां तक कि बहरी और गूंगी, पागल और अंधी और भिखारिनों को भी नहीं छोड़ा जाता। निम्न मध्यम श्रेणी से आई हुई महिलाएं जोकि अपने परिवारों का प्रमुख रूप से भरण पोषण करती है लैंगिक दुर्व्यवहार को खामोशी से और बिना विरोध किए सहन करती रहती है। यदि वे विरोध करती हैं तो उन्हें सामाजिक कलंक और अपमान का

सामना करना पड़ता है इसके अतिरिक्त उन्हें पाप की पीड़ा और व्यक्तित्व के रोग भयंकर रूप से सताते हैं।

हत्या (Murder)

मानव हत्या विशेष रूप से नर अपराध है। यद्यपि लिंग के आधार पर हत्याओं और उनके शिकारों/पीड़ितों संबंधित अखिल भारतीय आंकड़े उपलब्ध नहीं है, फिर भी यह सर्वविदित है कि मानव हत्या के मादा शिकार नर शिकारों की तुलना में कम है। जहां अमेरिका में मादा शिकार मानव हत्या के कुल शिकारों के 20% और 25% के बीच है (प्रतिवर्ष 25,000 से 30,000), भारत में लगभग 38,000 हत्याओं में से जो हर वर्ष होती है, महिलाओं की हत्याएं कुल संख्या की लगभग 10% है। हत्या करने के अपराध में कुल गिरफ्तार किये गये व्यक्तियों (81,000) में से 95.7% पुरुष होते हैं और 4.3% स्त्रियां होती है **(क्राइम इन इंडिया, 1998 : 273)**।

हत्यारों (स्त्रियों के) और उनके शिकारों की महत्वपूर्ण विशेषताएं जो मेरे 33 हत्या के प्रकरणों के आनुभाविक अध्ययन में मिली वे हैं : (1) अधिकांश प्रकरणों (94.0%) के हत्यारे और उनके शिकार एक ही परिवार के होते हैं, (2) लगभग चार-पंचम प्रकरणों में (80.0%) हत्यारे 25-40 वर्षों के आयु समूह के होते हैं; (3) लगभग आधी शिकार औरतें होती हैं जिनके पुरुष हत्यारे से पुराने संबंध (पांच वर्ष से अधिक) होते हैं। पीड़ितों अपने पतियों/सास-ससुर के साथ बिताई गई औसत कालावधि 7.5 वर्ष पाई गई (4) हत्या की गई महिलाओं में से लगभग आधी बच्चों वाली थी। बच्चों (पीड़ितों के) की औसत संख्या आनुभविक अध्ययन में 3.2 थी और बच्चों की औसत आयु 14.8 थी, (5) हत्यारे अधिकांशतया निम्न प्रस्थिति व्यवसाय और निम्न आय समूहों में थे, (6) दो-तिहाई हत्याएं (66.0%) अनियोजित थी और क्रोध या उत्तेजित भावावेश में की गई थीं; (7) चार-पंचम हत्याएं (80.0%) बिना किसी की सहायता के की गई थीं, नियोजित हत्याओं में भी प्राय: सहापराधी परिवार के सदस्य होते हैं, और (8) महिलाओं की हत्या के प्रमुख कारण छोटे-मोटे घरेलू झगड़े, अवैध संबंध और स्त्रियों की लम्बी बीमारी होते हैं।

दहेज हत्याएं (Dowry Murder)

यद्यपि दहेज निषेधाज्ञा कानून, 1961 ने दहेज प्रथा पर रोक लगा दी है, परन्तु वास्तव में कानून केवल यही स्वीकार करता है कि समस्या विद्यमान है। वास्तविक रूप से यह कभी सुनने में नहीं आता की किसी पति या उसके परिवार पर दहेज लेने के आग्रह को लेकर कोई मुकद्दमा चलाया गया हो। यदि कुछ हुआ है तो यह कि गत वर्षों में दहेज की मांग और उसके साथ-साथ दहेज को लेकर हत्याएं बढ़ी हैं। यदि एक सन्तुलित अनुमान लगाया जाए तो भारत में दहेज न देने अथवा पूरा नहीं देने के कारण प्रतिवर्ष हत्याओं की संख्या लगभग 5,000 मानी जा सकती है। भारत सरकार की मई 2000 में दी गई रिपोर्ट के अनुसार भारत में वर्तमान में हर 90 मिनट में एक दहेज से संबंधित हत्या होती है, तथा एक दिन 16 व एक वर्ष में लगभग 6,000। अधिकांश दहेज-हत्याएं पति के घर के एकान्त में और परिवार के सदस्यों की मिलीभगत से होती हैं। इसलिए अदालतें प्रमाण के आभाव में दंडित न कर पाने को स्वीकार करती हैं। कभी-कभी पुलिस छानबीन करने में इतनी कठोर हो जाती हैं कि न्यायालय भी पुलिस अधिकारियों की कार्य-कुशलता और सत्यनिष्ठा पर संदेह प्रकट करते हैं।

पत्नी को पीटना (Wife Battering)

महिलाओं के विरुद्ध हिंसा विवाह के संदर्भ में महत्वपूर्ण हो जाती है जबकि पति, जिसके लिए यह समझा जाता है कि वह अपनी पत्नी से प्रेम करेगा और उसे सुरक्षा प्रदान करेगा, उसे पीटता है। एक स्त्री के लिए उस आदमी द्वारा पीटा जाना जिस पर वह सर्वाधिक विश्वास करती थी, एक छिन्न-भिन्न करने वाला अनुभव होता है। हिंसा चाहें और लात मारने से लेकर हड्डी तोड़ना, यातना देना, मार डालने की कोशिश और हत्या तक हो सकती है। हिंसा कभी-कभी नशे के कारण भी हो सकती है परन्तु हमेशा नहीं। भारतीय संस्कृति में हम बिरले ही पत्नी द्वारा पुलिस से पीटने के मामले की शिकायत करने की बात सुनते हैं। वह मौन रहकर अपमान सहती है और उसे अपना भाग्य मानती है। यदि वह विरोध करना भी चाहती है तो नहीं कर सकती क्योंकि उसे डर होता है कि उसके अपने माता-पिता भी विवाह के बाद उसे अपने घर में स्थाई रूप से रखने को मना कर देंगे।

विधवाओं के ऊपर हिंसा (Violence on widows)

सब विधवाएं एक ही प्रकार की समस्याओं का सामना नहीं करतीं। एक विधवा ऐसी हो सकती है जिसके कोई बच्चा न हो और जो अपने विवाह के एक या दो वर्षों में ही विधवा हो गयी हो; या वह ऐसी हो सकती है जो पांच से दस वर्ष के पश्चात विधवा होती है और उसके एक या दो बच्चे पालने के लिए हों, या ऐसी हो जो 50 वर्ष की आयु से अधिक हो। यद्यपि इन तीनों श्रेणी के विधवाओं को सामजिक, आर्थिक और भावात्मक समंजन की समस्याओं का सामना करना पड़ता है, पहली और तीसरी श्रेणियों की विधवाओं की कोई जिम्मेदारी नहीं होती, जबकि दूसरी श्रेणी

की विधवाओं को अपने बच्चों के लिए पिता की भूमिका भी अदा करनी पड़ती है। पहली दो श्रेणियों की विधवाओं को जैविक समंजन की समस्या का भी सामना करना पड़ता है। इन दो किस्मों की विधवाओं का अपने पति के परिवार में इतना आदर-सत्कार नहीं होता जितना कि तीसरी किस्म का। वास्तव में जहां एक ओर परिवार के सदस्य विधवाओं की पहली दो श्रेणी से मुक्ति पाना चाहते हैं, वहां दूसरी ओर तीसरी श्रेणी की विधवा अपने पुत्र के परिवार में मूल व्यक्ति हो जाती है क्योंकि पुत्र के बच्चों की देख-रेख का और काम पर जाने वाली पुत्रवधू की अनुपस्थिति में खाना पकाने का दायित्व सौंप दिया जाता है। विधवाओं की तीनों श्रेणियों की आत्मछवि और स्वाभिमान और उसकी पहचान की भावना के लिए एक बड़ा खतरा पैदा कर देती है। परिवार की भूमिकाओं में उनके सास-ससुर और परिवार के अन्य सदस्यों द्वारा निम्न दर्जा प्रदान किए जाने से उनका स्वाभिमान कम होता है। विधवा होने का कलंक ही अपने आप में एक स्त्री को नकारात्मक रूप से प्रभावित करता है और उसका सम्मान अपनी ही दृष्टि में कम हो जाता है।

हिंसा के शिकार (Victims of Violence)

यदि हम महिलाओं के विरुद्ध हिंसा के सभी प्रकरणों को एक साथ लें तो हम पाएंगे कि हिंसा के साधारणतया शिकार वे महिलाएं होती हैं :

(1) जो असहाय और अवसादग्रस्त होती हैं, जिनकी आत्मछवि खराब होती है, जो आत्मावमूल्यन से ग्रसित होती हैं, या वे जो अपराधकर्ताओं द्वारा की गई हिसा के फलस्वरूप भावात्मक रूप से समाप्त हो चुकी है, या वे जो परार्थवादी विवशता से ग्रस्त हैं,

(2) जो दबावपूर्ण पारिवारिक स्थितियों में रहती हैं या ऐसे परिवारों में रहती हैं जिन्हें समाजशास्त्रीय शब्दावली में 'सामान्य' परिवार नहीं कहा जा सकता।

सामान्य परिवार वे हैं जो संरचनात्मक रूप से पूर्ण होते हैं (दोनों माता-पिता जीवित है और साथ-साथ रह रहे हैं), आर्थिक रूप से निश्चिन्त हैं (सदस्यों की मूल और पूरक आवश्यकताओं की पूर्ति करते हैं), प्रकार्यात्मक रूप से उपयुक्त हैं(वे विरले ही लड़ते हैं) और नैतिक रूप से नैष्ठिक हैं;

(3) जिनमें सामाजिक परिपक्वता की या सामाजिक अन्तर-वैयक्तिक प्रवीणताओं की कमी है जिसके कारण उन्हें व्यवहार संबंधी समस्याओं का सामना करना पड़ता है;

(4) जिनके पति/ससुराल वालों का विकृत व्यक्तित्व है; और

(5) जिनके पति बहुधा मदिरापान करते हैं।

हिंसा के अपराधकर्ता (Perpetrators of Violence)

महिलाओं के निम्न सात प्रकार के उत्पीडन हो सकते हैं :

(1) जो अवसादग्रस्त होते हैं, जिनमें हीन-भावना होती है और आत्मसम्मान कम होता है,

(2) जिन्हें व्यक्तित्व के दोष होते हैं और जो मनोरोगी होते हैं,

(3) जिनके पास संसाधनों, प्रवीणताओं और प्रतिभाओं का अभाव होता है और व्यक्तित्व समाजवैज्ञानिक रूप से विकृत होता है,

(4) जिनकी प्रकृति में मालिकानापन, शक्कीपन, और प्रबलता है;

(5) जो पारिवारिक जीवन में तनावपूर्ण स्थितियों का सामना करते हैं;

(6) जो बचपन में हिंसा के शिकार हुए थे; और

(7) जो बहुधा मदिरापान करते हैं।

हिंसा के प्रकार (Types of Violence)

यदि हम महिलाओं के विरुद्ध हिंसा का वर्गीकरण करें तो हम हिंसा के छह प्रकार बता सकते हैं :

(1) हिंसा जो धन-अभिमुख होती है;

(2) हिंसा जो कमजोर पर सत्ता प्राप्त करना चाहती है;

(3) हिंसा जिसका उद्देश्य भोग-विलास है;

(4) हिंसा जो तनावपूर्ण पारिवारिक परिस्थितियों के कारण होती है; और

(5) हिंसा जो पीड़ित प्रेरित (Victim Precipitated)

हिंसा के कारण (Motivations of Violence)

महिलाओं के विरुद्ध हिंसा की तीन कारकों के आधार पर व्याख्या की जा सकती है; (i) स्थितियां जिनके कारण हिंसापूर्ण व्यवहार होता है, (ii) पीड़ितों की विशेषताएं, और (iii) उत्पीड़ित करने वाले की विशेषताएं। महिलाओं के विरुद्ध हिसा के चार कारण पहचाने जा सकते हैं : (अ) पीड़ित द्वारा भड़काना, (ब) नशा (स) महिलाओं के प्रति शत्रुता की भावना, और (द) परिस्थिति वश प्रेरणा।

पीड़ित द्वारा भड़काना (The Victims Provocation)

कभी-कभी हिंसा की शिकार महिला अपने व्यवहार से, जो कई बार अनजाने में होता है, अपने स्वयं के उत्पीड़न की स्थिति उत्पन्न कर देती है। पीड़ित महिला अपराधी से हिंसापूर्ण व्यवहार को उत्पन्न करती है या प्रेरित करती है। उस (महिला) के कार्य शिकारी को हमलावर/आक्रामक में परिदर्तन कर देते हैं और वह अपने अपराधिक इरादों को उसको लक्ष्य बनाने के लिए बाध्य हो

जाता है। मेरे अपने सर्वेक्षण में, जिसमें बलात्कार पत्नी को पीटना, भगा ले जाना, विधवाओं के साथ दुर्व्यवहार, और हत्याओं का अध्ययन किया गया था, यद्यपि अध्ययन केन्द्र पीड़ित महिलाएं थीं, फिर भी कुछ अपराधियों का साक्षात्कार किया गया था। आश्चर्य की बात यह थी कि केवल कुछ ही हमलावर शर्म या चिन्ता की भावनाओं से ग्रसित दिखाई देते थे। अधिकांश में किसी प्रकार की भावनात्मक घबराहट नहीं थी और न ही वह भावना थी जिसे मनोवैज्ञानिक 'अशान्त पुरुषत्व' की समस्या कहते हैं। इसके बजाय पत्नी को पीटने के प्रकरण में हमलावरों ने अपनी पत्नियों पर यह कहकर दोषारोपण किया कि वे पीछे से बुराई करती हैं, उन व्यक्तियों से बात करती है। जिन्हें वे पसन्द नहीं करते, उनकी बहनों या माता-पिता या भाईयों के साथ दुर्व्यवहार करती है, घर की ओर ध्यान नहीं देती, किसी व्यक्ति के साथ अवैध संबंध रखती है, अपने सास-ससुर का कहना नहीं मानती है, उन्हें अपने झगड़ालू या दोषारोपण से गुस्सा दिलाती हैं या उनके मामलों में अत्यधिक हस्तक्षेप करती है। इसी प्रकार बलात्कार के प्रकरणों में ऐसे हमलावर थे जिन्होंने पीड़ित के व्यवहार को लैंगिक संबंधों के लिये खुला निमंत्रण बतलाया था। ऐसा संकेत बतलाया कि यदि वह (व्यक्ति) आग्रह करता रहेगा तो वह (महिला) प्राप्य हो जाएगी। यह मालूम करना महत्वपूर्ण है कि पीड़ित का अभिप्राय वास्तव में इस प्रकार के व्यवहार को आमन्त्रित करना था या नहीं या यह केवल उत्पीड़ित करने वाले का अपना ही अर्थ/अनुभूति थी, जिसके कारण उसने उसका (स्त्री का) शोषण किया। इसको यदि 'आचरण का कार्य' नहीं कहा जाए तो 'अनाचरण का कार्य' तो कहा ही जा सकता है। इस प्रकार 'निष्क्रिय' पीड़ित महिला उसी सीमा तक हिसापूर्ण कार्य के होने में योगदान देती है जितनी कि 'सक्रिय' पीड़ित महिला।

महिलाओं के प्रति विद्वेष (Hostility Towards Women)

महिलाओं के विरुद्ध हिंसा के प्रतिवेदित मामलों में कुछ ऐसे हैं जिनमें आक्रणकारी किसी भी तर्क से प्रभावित नहीं होते और वे उनके विरुद्ध बड़ी क्रूरता से विद्वेषपूर्ण कार्य करने के अलावा और कुछ नहीं करते। उनमें से कुछ में महिलाओं के प्रति घृणा और द्वेष की भावनाएं इतनी गहराई से गड़ी हुई थीं कि उनके हिंसापूर्ण कार्य का मूल उद्देश्य पीड़ित महिला को अपमानित करने के अतिरिक्त कुछ और नहीं कहा जा सकता। यदि परिस्थिति ही केवल प्रेरणा का कारक होती तो यह समझना कठिन हो जाता कि जब अधिकांश 'अपराधी' सामान्य व्यक्ति समझे जाते हैं तो वे हिंसक कार्य करने को क्यों बाध्य हो जाते हैं? कदाचित ऐसे प्रकरणों में पीड़ित को अपमानित करने से जो खुशी की अनुभूति होती है उसे प्राप्त करने की इच्छा उनमें अधिक प्रबल थी।

परिस्थिति-वश प्रेरणा (Situational Urge)

इस श्रेणी में उन प्रकरणों को सम्मिलित किया जा सकता है जहां अपराध न तो पीड़ित के व्यवहार के कारण किया जाता है और न ही अपराधी के मनोरोगत्मक व्यक्तित्व के कारण, अपितु आकस्मिक कारकों के कारण, जो ऐसी परिस्थितियां उत्पन्न कर देते हैं जिनके परिणामस्वरूप हिंसा होती है।

व्यक्तित्व की विशेषताएं (Personality Traits)

हिंसा-प्रवृत्त व्यक्तित्व की पहचान करने वाली विशेषताएं ये हैं: अत्यधिक शक्की, वासनामय, प्रभावी, विवेकहीन, व्यभिचारी, आसानी से भावात्मक रूप से अशांत, ईर्ष्यालु, स्वत्वात्मक और बेइंसाफ। जो विशेषताएं प्रारंभिक जीवन में विकसित हो जाती हैं, वे वयस्कता में एक व्यक्ति के आक्रमणशील व्यवहार को प्रभावित करती है। आक्रामक का बच्चे के रूप में दुर्व्यवहार और/या बचपन में हिंसा के प्रभाव में आने को उसके हिंसात्मक व्यवहार का अध्ययन करते समय परीक्षण अवश्य करना चाहिए। एक हिंसापूर्ण घर में पलने के परिणामस्वरूप व्यक्तियों का अनिवार्य रूप से व्यवहार हिंसापूर्ण हो जाता है और ये व्यक्ति व्यस्क जीवन में आक्रामक हो जाते हैं। **एलफेरो, पौट्स, हर्जबर्गर** और **हालैंड** और **फेंगन, स्टुवर्ट** और **हेनसन** ने भी हिंसात्मक पुरुषों और उनके बच्चों पर किये अपने अनुभविक अध्ययनों में भी इस प्रकार का पारस्परिक संबंध बतलाया है। इस प्रकार हम कह सकते हैं कि आक्रमकों की बड़ी संख्या बाल दुर्व्यवहार और पारिवारिक हिंसा की शिकार होती है और बच्चे के रूप में यदि कोई हिंसा से प्रभावित होता है तो साधारणतया उसकी व्यस्कावस्था में हिंसात्मक हो जाने की संभावना बढ़ जाती है।

हिंसापूर्ण व्यवहार की सैद्धान्तिक व्याख्या (Theoretical Explanation of Violent Behaviour)

मनश्चिकित्सीय विचारधारा आक्रामक के व्यक्तित्व की विशेषताओं को अपराधिक हिंसात्मक व्यवहार का प्रमुख निर्णायक मानकर अपना अध्ययन केंद्र बनाती है। सामाजिक मनोवैज्ञानिक विचारधारा मानती है कि आपराधिक हिंसा उन बाहरी वातावरण के कारकों, जो एक आक्रामक पर प्रभाव डालते हैं, के विश्लेषण करने से सबसे अच्छे तरीके से समझा जा सकता है। यह मॉडल प्रतिदिन की पारस्परिक क्रियाओं के रूपों का भी परिक्षण करता है जो हिंसा के पुरोगामी होते हैं। बहुत से सिद्धान्त, जैसे नैराशय-आक्रमण सिद्धान्त, विकृत सिद्धान्त, आत्म-अभिवृत्ति का सिद्धान्त, और अभिप्राय आरोपण सिद्धान्त भी सामाजिक-मनोवैज्ञानिक स्तर के विश्लेषण के क्षेत्र में आते हैं। समाजशास्त्रीय विचारधारा अपराधिक हिंसा का वृहत स्तर पर विश्लेषण करती है। इनके

अतिरिक्त हिंसा की उप-संस्कृति का सिद्धान्त, सीखने का सिद्धान्त मानकशून्य (एनोमी) का सिद्धान्त, और संसाधन सिद्धान्त भी सामाजिक सांस्कृतिक विश्लेषण के क्षेत्र में आते हैं।

महिलाओं के विरुद्ध हिंसा (अपराध) पर मेरे अनुभविक अध्ययन में एक नये सैद्धान्तिक उपागम को विकसित करने के लिए मेरे सामने दो विकल्प थे : एक तो 'हिसा जो परिवार के अन्दर होती है' और 'हिंसा जो परिवार के बाहर होती है' को अलग अलग से लेना और दूसरा, सब प्रकार की हिंसा को सम्मिलित करना और 'महिलाओं के विरुद्ध हिंसा' पर एक सिद्धान्त बनाना. मैंने दूसरे उपागम का उपयोग किया इसमें मैंने **हिरशी**, **शुल्टन**, आदि समाजशास्त्रियों और अपराधशास्त्रियों की कुछ अवधारणाओं का प्रयोग किया।

एक व्यक्ति के विरुद्ध हिंसा आवश्यक रूप से किसी के द्वारा हिंसा' और 'किसी के विरुद्ध' हिंसा है। इस तरह महिलाओं के विरुद्ध हिंसा को एक व्यक्ति द्वारा एक व्यक्ति के विरुद्ध हिंसा समझा जाना चाहिए। इसके विपरीत में एक समूह के विरुद्ध हिंसा होती है। एक व्यक्ति द्वारा हिंसा में उस (हिंसा) की उत्पत्ति व स्वरूप को स्वयं व्यक्ति में और उसकी परिस्थिति में ही निर्धारित किया जाना चाहिए।

दूसरा, पीड़ित महिलाओं को इसकी भी आवश्यकता है कि उनकी रोजगार ढूंढ़ने, बच्चे की देखभाल की सुविधाओं को उपलब्ध कराने, और अस्थायी रूप से वित्तीय सहायता दिलवाने में सहायता की जाए इस उद्देश्य के लिए परामर्श केन्द्र किसी केन्द्रीय स्थान पर खोले जा सकते हैं, परन्तु वे नारी-गृहों से दूर होने चाहिए जिससे कि उनका अच्छा प्रचार हो सके और गृहों में रहने वालों की सुरक्षा को भी खतरा न हो।

तीसरा, महिलाएं, जो शोषण की शिकार हैं, की सहायता के लिए सस्ती और कम औपचारिक अदालतों की स्थापना भी एक उपाय हो सकता है। इस सुझाव का यह आशय नहीं है कि ये अदालतें केवल महिलाओं के मामले ही निपटाएंगी। इनका कार्य-क्षेत्र और बड़ा होना चाहिए। वर्तमान में हमारे देश में पारिवारिक अदालतों की प्रणाली कुछ राज्यों में है। परन्तु इन अदालतों का प्रमुख रूप से उद्देश्य शादियों को टूटने से रोकना है। इन अदालतों का कार्य क्षेत्र बढ़ाया जा सकता है और उसमें महिलाओं की सब प्रकार की घरेलू और गैर-घरेलू समस्याओं की सम्मिलित किया जा सकता है। यदि ऐसी अदालतें स्थापित की जाएं जिनमें जज मजिस्ट्रेट और वकील स्त्रियों के मामलों की जानकारी और उनमें रुचि रखते हों तो यह और भी अच्छा होगा। इससे कानून के व्यवसाय में स्त्रियों की संख्या बढ़ जाएगी। कई महिलाओं को अदालतें और कानून कम डरावने और अधिक सुगम्य लगेंगे यदि उन पर आदमी कम छाए हुए होंगे।

(ख) दहेज (Dowry)

स्त्रियों का जीवन दुखों की खान माना जाता है। परतंत्रता, असुरक्षा अशिक्षा इत्यादि के साथ दहेज एक ऐसे कष्ट के स्रोत के रूप में स्त्री जीवन से जुड़ा है जिसके कारण वह लगातार प्रताड़ित की जाती है इसका परिणाम कभी-कभी इतना भयावह हो जाता है कि स्त्री को इसकी कीमत अपनी जान देकर अदा करनी पड़ती है दहेज भारतीय समाज में युगों से चल रही एक प्रथा है। आधुनिक समाजों में यह एक फैशन की तरह है। इसके चलते अब तक लाखों युवतियों की बलि चढ़ चुकी है। दहेज का सीधा तात्पर्य स्त्री की गुलामी से है जिसमें वह वस्तु की तरह खरीदी और बेची जाती है। अनेक बुद्धिजीवी समाज वैज्ञानिक और विचारक इसे विभिषिका के रूप में चिह्नित करते हैं आज भी यह एक विकराल मानवग्रासी समस्या के रूप में हमारे सामने विद्यमान है।

दहेज की व्याख्या (The of Dowry)

साधारण अर्थ में दहेज से अभिप्राय उस धन उपहारों व वस्तुओं से हैं, जो कि पत्नी विवाह में अपने पति के लिए लाती है **चार्ल्स निक** ने दहेज को इस प्रकार परिभाषित किया है, "वे मूल्यवान वस्तुएं जो विवाह से सम्बन्ध रखने वाले दोनों ओर में से किसी एक के रिश्तेदारों द्वारा विवाह के लिए दी जाती है लेकिन यह परिभाषा दहेज वधू मूल्य में भेद नहीं दर्शाती है बल्कि यह दोनों अवधारणाओं में संभ्रान्ति पैदा करती है **मेक्स रेडिन** ने दहेज की परिभाषा इस प्रकार दी हैं कि वह सम्पत्ति जो व्यक्ति विवाह के समय अपनी पत्नी या उसके रिश्तेदारों से प्राप्त करता है दहेज है। जिसके अनुसार दहेज वह सम्पत्ति है जो एक स्त्री को उसके विवाह के समय दी जाती है। किन्तु विवाह में प्राप्त हुई वस्तुएं क्योंकि वधू की ही निजी सम्पति होती है और कुछ वर या वर के माता पिता को दी जाती है अत: दहेज की परिभाषा इस प्रकार की जा सकती है— वे उपहार व मूल्यवान वस्तुएं जो वधू वर व उसके रिश्तेदारों को विवाह में मिलती है दहेज की देय धनराशि लड़के की नौकरी व आमदनी लड़की के पिता का आर्थिक व सामाजिक स्तर लड़के के परिवार की सामाजिक प्रतिष्ठा लड़की व लड़के की शिक्षा लड़की की नौकरी व वेतन लड़की का सौन्दर्य व शारीरिक गठन लड़के व लड़की के परिवार की संरचना तथा सुखद भविष्य की सुरक्षा आदि कारकों को ध्यान में रखकर निर्धारित की जाती है इसमें महत्वपूर्ण बात यह है कि कन्या के माता पिता रुपया और उपहार न केवल विवाह के समय देते हैं बल्कि वे पति के परिवार को उपहार जीवन भर देते रहते हैं।

दहेज की परम्परा (Dowery Tradition)

तुलसीदास के **रामचरित** के पाठ से भी यह संकेत मिलता है कि उस समय दहेज प्रथा प्रचलित थी दहेज कन्यादान संस्कार का एक भाग होता था जोकि आज के दहेज से बिल्कुल भिन्न होता था। दहेज प्रथा जैसी आज प्रचलित है। अतीत में नहीं थी केवल राजपरिवारों या कुलीन परिवारों में ही विवाह के समय वर को उपहार दिये जाते थे। स्मृतियों में आठ प्रकार के विवाहों का वर्णन हैं केवल ब्रह्म विवाह में ही पिता अपनी कन्या उत्तम व योग्य वर को उपहार सहित देता था। इस प्रकार दहेज में दिये जाने वाले उपहार केवल पिता की इच्छा पर आधारित थे प्राचीन समाज में जब कुंआरापन सहन किया जाता था।

मध्ययुग में अपरिपक्व अवस्था में विवाह प्रचलन में आ गये इसके कारण कन्या का पिता सीमित समय के भीतर कन्या का विवाह करने को आतुर रहने लगा धार्मिक व सामाजिक दोनों ही आधार पर पिता अपनी कन्या का विवाह वर के पिता की धन की माँग होने पर भी करने को तैयार रहता था। प्राचीन काल में धार्मिक आधार पर दहेज दक्षिणा मना जाता था किन्तु अब यह अनिच्छा से दिया जाता है। बौद्धकाल में भी दहेज का प्रचलन था। मुस्लिम काल में भी दहेज के अनेक संदर्भ मिलते हैं संत तुकाराम ने भी अपनी पुत्रियों के विवाह में अपने गांव वालों की मदद से दहेज दिया **चैतन्य महाप्रभु** के श्वसुर अपनी कन्या का विवाह उनसे करने में परहेज कर रहे थे क्योंकि मध्यम परिवार में दिए जाने वाले दहेज के उपहार जुटाने में स्वयं को असमर्थ अनुभव कर रहे थे। राजपूताना में विशेष रूप से मध्ययुग में दहेज प्रथा ने भयानक रूप धारण कर लिया था। यद्यपि यह राजा महाराजाओं तक ही सीमित था इसका कारण यह था कि राजपूत लोग अपनी असाधारण आन बान पर बड़ा अभिमान करते थे। अधिकतर शुद्ध राजपूती रक्त वाले युवकों को विवाह के लिए वरीयता प्रदान की जाती थी। इसी से विवाह हाल में उनके मूल्य ऊंचे उठते चले गये इस प्रकार तेरहवीं या चौदहवीं शताब्दी से दहेज एक आवश्यक व अवैकल्पिक बुराई के रूप में स्थापित होता चला गया ब्रिटिश काल में ब्रिटिश शासन ने द्रव्यीकरण शिक्षा तथा व्यवस्थित खण्ड जैसी चीजों को खुली छूट दे दी है। विवाह के हाल में शिक्षित युवकों का मूल्य ऊंचा हो गया एक लेखक के अनुसार बंगाली लोग जिनके पास कलकत्ता विश्वविद्यालय की स्नातक डिग्री होती थी 10,000 रुपए तक दहेज में लेते थे **एम.एन. श्रीनिवास** ने भी संकेत किया है कि बीसवीं शताब्दी के मध्य में धनी व उच्च वर्गीय लोग वांछित वर प्राप्त करने के उद्देश्य से दहेज के रूप में बड़ी रकमें दिया करते थे आज के युग में दहेज ने अकीर्तिकर अनुपात ग्रहण कर लिया है। व सुरसा का मुँह बन गया है। अब यह एक प्रकार की सोच बन गई है।

पूर्व ब्रिटिश काल में हमारा समाज प्रमुख रूप से कृषि प्रधान था और लगभग समस्त भारत में समाज की आर्थिक व्यवस्था सरल थी सामान्य व्यावसायिक एव तकनीकी की शिक्षा के प्रसार के कारण डाक्टरों वकीलों इंजीनियरों अफसरों प्रशासनिक अधिकारियों, तथा कालेज एवं विश्वविद्यालयों के प्राध्यापकों की संख्या में वृद्धि हुई है। उपरोक्त वर्गों के युवकों की सम्भावित आय इतनी आकर्षक है कि कोई भी उन्हें दामाद बनाने के लिए लायायित रहता है। विवाह बाजार में उनका मूल्य स्वत: ही बढ़ गया है और साथ ही उन माता पिता की कठिनाइयों में भी वृद्धि हुई है। जो इस प्रकार के युवकों को अपनी कन्याएं देते हैं वास्तव में ऐसे मामले सामने आते हैं जिनमें वर पक्ष के लोग अपनी मांगों को सूचीबद्ध करके कन्यापक्ष को प्रस्तुत करते हैं जो वे विवाह में अवश्य दें जैसे स्कूटर आभूषण फर्नीचर वस्त्र और यहां तक कि नकद धन भी परन्तु ऐसा नहीं है कि वर पक्ष केवल मांगता ही है बल्कि पर्याप्त व्यय भी करता है लेकिन विवाह क्योंकि कन्या के घर पर ही सम्पन्न होने का रिवाज है। इसलिए कन्या पक्ष को ही बारात के भोजन साज सजावट एवं अतिथियों के स्वागत सत्कार में व्यय वहन करना पड़ता है कन्या के पिता को तो त्योहारों विवाह तथा अन्य अवसरों पर विवाह के बाद भी अपनी बेटी कुलीन एवं धनी घराने व उसके ससुरालवालों को उपहार निरन्तर देने पड़ते हैं इसके अतिरिक्त भारत के विभिन्न भागों में अनेक समुदायों व जातियों में रिवाज है कि विवाह के बाद प्रथम गर्भधारण करने के बाद लड़की अपने माता पिता के घर जाती है और प्रथम बच्चे का जन्म वहीं होता है कन्या के माता-पिता को न केवल दवाई इत्यादि का वहन करना पडता है। बल्कि नवजात शिशु की वस्त्र आभूषण एवं अन्य उपहार अपनी लड़की को वस्त्र आदि एवं दामाद एवं लड़की के सास श्वसुर तक के लिए सब वस्तुएं देनी पड़ती है।

दहेज के कारण (Causes of Dowery)

1. कुलीन व धनी घराने में विवाह की इच्छा—प्रत्येक माता की यह आकांक्षा होती है कि वह अपनी बेटी का विवाह धनी एवं उच्च स्थिति वाले परिवार में करें ताकि उनकी इज्जत बनी रहे व बढ़े तथा उनकी बेटी को सुख एवं सुरक्षा मिले उच्च एवं धनी परिवारों के लड़कों की विवाह बाजार में ऊंची कीमतें हैं अत: दहेज की राशि भी उंची हो रही है।

सामाजिक प्रथा—दहेज देना एक सामाजिक प्रथा है। और प्रथाओं को एकदम से बदलना बड़ा कठिन है इसकी पृष्ठभूमि में भावना यह है कि प्रथाओं के पालन से लोगों में एकता तथा लोगों

में मेलजोल बढ़ता है बहुत से लोग दहेज केवल इसलिए लेते हैं और देते हैं क्योंकि उनके माता पिता तथा पूर्वज भी इस प्रथा को मानते चले आ रहे थे। और यदि वे ऐसा नहीं करेंगे तो शायद उनके मान सम्मान को कोई आघात लगेगा। प्रथाएं हमारे व्यवहार की प्रतिमान हैं जो पीढ़ी दर पीढ़ी मन की भावनाओं के माध्यम से विकसित होती रहती हैं प्रथाओं को नैतिक अनुमोदन मिलता चला जाता है और वे सदैव चलती रहती हैं क्योंकि उनके पीछे अतीत और वर्तमान का सम्मान जुड़ा रहता है इशी कारण प्रथा ने पुरानी दहेज व्यवस्था को अपरिवर्तनीय व एक रूढ़धारणा बना दिया है। जब तक विद्रोही युवा वर्ग इसको समाप्त कराने का साहस नहीं करता और लड़कियां इसके देने के सामाजिक दबाव का विरोध नहीं करती यह (दहेज) प्रथा लोगों से बंधी रहेगी।

जाति का दबाव—हिन्दुओं में सामाजिक एवं धार्मिक व्यवस्था के अनुसार विवाह अपनी ही जाति या उपजाति के अन्दर सम्पन्न होने का चलन है इसी से जीवन साथी के चुनने की प्रक्रिया सीमित ही रहती है। परिणाम उच्च वेतन की नौकरी वाले या किसी पेशे में लगे सुखद भविष्य वाले नवयुवकों की कमी हो जाती है। वे दुर्लभ वस्तुओं की तरह हो जाते हैं और उनके माता पिता कन्या पक्ष से बड़ी धन राशि मांगते हैं।

अनुलोम विवाह व्यवस्था—अन्तर्विवाह के अतिरिक्त हिन्दुओं में अनुलोम विवाह प्रथा भी है। जिसके अनुसार निम्न जाति की लड़की का विवाह उच्च जाति में हो सकता है। जब उच्च जाति के युवक निम्न जाति की युवती से विवाह करते हैं तब वे अधिक दहेज मांगते हैं। उदाहरणार्थ ब्राह्मण कई समूहों में बंटे हैं जिन्हें विस्वा कहते हैं यदि "अठारह बिस्वा वाला व्यक्ति अपनी पुत्री का विवाह उन्नीस विस्वा में करना चाहें तो उसे दहेज के रूप में एक बड़ी रकम खर्च करनी पड़ेगी। इस प्रकार उच्च जाति में अपनी कन्या का विवाह करने के लिए ऊंची धनराशि दहेज में देनी पड़ती है। अतः हम कह सकते हैं कि अनुलोम विवाह दहेज प्रथा को प्रोत्साहित करता है।

दहेज प्रथा एवं अनुलोम विवाह प्रथा के सम्बन्ध को दर्शाते हुए **कापड़िया** ने कहा है कि अनुलोम विवाह ने कई महत्वपूर्ण समस्याएं पैदा कर दी हैं अनुलोम विवाह में स्त्री और उसके पक्ष के लोगों का आर्थिक शोषन महत्व का विषय है। माता-पिता अपनी शान व सम्मान को बनाए रखने व उसे बढ़ाने के लिए अपनी कन्या का विवाह उच्च सामाजिक समूह में करना चाहते हैं दहेज उसी का अभिशाप है। जब किसी व्यक्ति के सामने अनेक प्रस्ताव रखे जाएं तो स्वाभाविक रूप से वह अपनी शर्तों पर अड़ा रहेगा और वर मूल्य ऊंचा रहेगा कापड़िया की मान्यता है कि दहेज के विरुद्ध बनने वाले विधान का प्रभाव तब तक कम रहेगा जब तक उसे उक्त दृष्टिकोण से न देखा जाए।

सामाजिक स्तर का दिखावा—कुछ लोग अपनी शान व सामाजिक एवं आर्थिक स्थिति का प्रदर्शन करने के लिए अधिक से अधिक दहेज देते हैं। उदाहरण के लिए राजपूत और जैन लोग अपनी बेटियों के विवाह में केवल अपने सामाजिक स्तर को ऊंचा दर्शाने हेतु लाखों रुपये खर्चा कर देते हैं भले ही इसके लिए उन्हें कर्ज क्यों न लेना पड़े।

दुष्चक्र—वर के माता-पिता द्वारा दहेज स्वीकार करने का महत्वपूर्ण कारण यह है कि उन्हें अपनी बेटियों या बहिनों के विवाह में दहेज देना ही है स्वाभाविक है क्योंकि वे अपने बेटे के दहेज में प्राप्त धन राशि को अपनी बेटी के लिए योग्य वर ढूंढने तथा उसे प्रसन्न करने के काम में लाते हैं। एक व्यक्ति जो दहेज का विरोधी तो है लेकिन वह 50 या 60 हजार रुपए दहेज में इस कारण नकद लेना स्वीकार करने के लिए बाध्य होता है। क्योंकि उसे भी इतनी ही राशि अपनी बेटी या बहिन के विवाह में खर्च करनी होती है। यहां से दुष्चक्र प्रारम्भ होता है। और दहेज की राशि कलंकित अभिशाप का रूप धारण कर लेती है।

दहेज के प्रति दृष्टिकोण (Implications of Dowery)

कुछ लोगों में दहेज के प्रति द्विधात्मक धारणा हो सकती है किन्तु कुछ लोगों का दृष्टिकोण स्पष्ट है एक ओर वे लोग हैं जो इस बुराई को जड़ से उखाड़ फेंकने के पक्ष में हैं लेकिन दूसरी ओर कुछ प्रतिक्रियावादी भी है। जो इस प्रथा को किसी न किसी रूप में जिन्दा रखना चाहते हैं। वे समझते हैं कि इस प्रथा के जिंदा रहने के कुछ लाभ है। कुछ लाभ जो आवश्यक रूप से अच्छे तर्क व बुद्धिसंगतता पर आधारित नहीं हैं। इस प्रकार है—

(क) गरीब वर्ग के गुणी लड़कों को उच्च शिक्षा देकर भविष्य बनाने के अवसर प्राप्त होते हैं।

(ख) यह प्रथा नई गृहस्थी को व्यवस्थित करने में मदद करती है विवाह के बाद दम्पत्ति को नया घर बसाना पड़ता है। क्योंकि आज-कल संयुक्त परिवार का अस्तित्व समाप्त होता जा रहा है। अतः दहेज में प्राप्त धन नव दम्पत्ति को नया घर बसाने में सहायक होता है।

(ग) दहेज से परिवार में स्त्री का मान बढ़ता है यदि वधू अपने साथ विवाह में अच्छी धनराशि लाती है तो इसके साथ आर्थिक सहयोग के कारण अच्छा व्यवहार किया जाता है। यहां तक कि उसके पति का उसके प्रति स्नेह और प्यार भी दहेज पर ही निर्भर करता है। एक गरीब लड़की जो विवाह में अच्छा दहेज नहीं लाती है वह उतना स्नेह और सद्व्यवहार नहीं प्राप्त करती है जितना कि धनी परिवार की लड़की।

(घ) कुरूप लड़कियों के विवाह की सम्भावनाएं बढ़ जाती हैं कुरूप लड़की के लिए अच्छा वर मिलना बड़ा कठिन होता है लेकिन यदि उसके माता-पिता अच्छी धन राशि खर्च करने के लिए तैयार हो तो अच्छा वर मिलना सरल हो जाता है क्योंकि कुछ लड़के ऐसे भी होते हैं जो धन में अधिक रुचि रखते हैं।

(च) और लड़की में कम दहेज लोगों को अपना मान बढ़ाने में मदद करता है। निम्न वर्गों के लोग अपनी पुत्रियों के विवाह उच्च वर्गों में करते हैं अधिक धनराशि दहेज में खर्च करते हैं और इस प्रकार अपना सामाजिक स्तर ऊंचा है कुछ लोग अपनी जाति व समाज में अपनी प्रतिष्ठा को ऊंचा उठाने की समाज में महत्त्वाकांक्षा रखते हैं।

(छ) दहेज से परिवार में एकता व स्नेह बना रहता है। कुछ लोग मानते हैं कि दहेज प्रथा जारी रहनी चाहिए किन्तु लड़की को उसके पिता की सम्पत्ति में से कोई हिस्सा नहीं मिलना चाहिए। दूसरे शब्दों में वे 1956 के हिन्दू उत्तराधिकार अधिनियनम को निरस्त करना चाहते हैं। उनके विचार में इससे परिवार की एकता पर प्रभाव पड़ेगा उनका तर्क है कि यदि पिता ऋणग्रस्त है तो उसके बेटों को उसका ऋण चुकाने का उत्तरदायित्व उठाना पड़ता है। जब बेटियों की सम्पत्ति में बराबर का हिस्सा मिलता है तब वे भी ऋण का भार क्यों न उठाये यदि बेटी सम्पत्ति में अपना दावा करती है तो दायित्वों में क्यों नहीं? लेकिन तब वे दूसरा तर्क भी देते हैं जो लोग कृषि भूमि के मालिक हैं वे यदि भूमि के टुकड़े करके बेटी को सम्पत्ति का हिस्सा देते हैं तो इससे वे अनेक कठिनाइयां पैदा करते हैं क्योंकि दामाद के लिए यह भूमि निरर्थक सिद्ध होती है। विशेष रूप से यदि बेटी का विवाह गांव से बाहर हो अगर बेटी और दामाद को भूमि सम्पत्ति में हिस्सा न दिया जाए तो लड़की के पिता और भाई इसके बदले दहेज देना अपना नैतिक दायित्व मानेंगे।

(ज) इससे अर्न्तजातीय विवाह को प्रोत्साहन मिलता है कई बार ऐसा होता है कि जब मां बाप अपनी पुत्री के लिए अपनी ही जाति में योग्य वर पाने में असमर्थ हो जाते हैं तब वे अन्य जाति में रिश्ता कर देते हैं।

बेटी के जीवन साथी की तलाश में पिता के सामने मुख्य विचार होता है कि चुने गये लड़के का भविष्य सुरक्षित हो और वह अच्छे चरित्र का हो अत: जाति की बजाय लड़का चुनाव का मुद्दा विषय बन जाता है। प्राचीनकाल में जब जीवन साथी के चुनाव में बच्चे की इच्छा को अधिक महत्व नहीं दिया जाता था तब चुनाव में जाति का महत्व अधिक था लेकिन बेटे या बेटी की इच्छा का भी ध्यान रखा जाता है क्योंकि अपने साथी के साथ तो उसी को मिलकर रहना है। अन्तर्जातीय विवाह सदा असफल सिद्ध नहीं होते इसी कारण शिक्षित व उदार माता पिता अपनी ही जाति में बेटी के लिए वर ढूंढ़ने की जिद नहीं करते।

दहेज से कई बुराइयों का जन्म होता है। कुछ का विवरण निम्न प्रकार है :

आर्थिक तंगी—दहेज प्रथा समाज पर इस आधार पर लादी गई थी ताकि धन का समान वितरण हो सके। और समाजवादी व्यवस्था बन सके। किन्तु इसका विकास गलत तरीके से हुआ और अब यह सम्पूर्ण समाज के लिए एक अभिशाप बन कर रह गया है, विशेष रूप से मध्यमवर्गीय लोगों के लिए जिनका हाथ सदा तंग ही रहता है। वे जो कुछ भी कमाते हैं अपने परिवार के स्तर को बनाए रखने में परिवार की आवश्यकताओं की पूर्ति में बच्चों की शिक्षा में तथा सामाजिक दायित्वों को निभाने में लगा देते हैं। ऐसा नहीं है कि इसका आर्थिक अभाव केवल कन्या के माता-पिता पर ही अधिक पड़ता है। बल्कि वर के माता-पिता को भी दहेज के कारण धनहीनता का शिकार होना पड़ता है। जब वे दहेज में बड़ी रकम मांगते हैं तो उन्हें भी अपनी प्रतिष्ठा बनाए रखने के लिए अधिक खर्च करना पड़ता है।

अनैतिकता—दहेज की एक और बुराई यह है कि यह अनैतिकता को जन्म देता है जो माता पिता विवाह के लिए पर्याप्त धन जुटाने में असमर्थ होते हैं वे अपनी बेटियों को नौकरी या किसी व्यवसाय में लगा देते हैं जिससे वे धन कमाएं और उसको उनके विवाह में खर्च किया जा सके। इस स्वतन्त्रता के अपने लाभ है इसमें सन्देह नहीं है कि लड़की को आर्थिक रूप से किसी पर निर्भर नहीं रहना पड़ता है लेकिन इस आर्थिक स्वतन्त्रता ने अनेक बुराइयों को भी जन्म दिया है। नौकरी प्रारम्भ करते समय लड़कियां परिपक्व होती हैं और उनकी यौवन भावनाएं उत्साह, और सबसे ऊपर काम पिपासा उनकी तथाकथित लज्जा की सीमाएं तोड़ देती है विशेष रूप से जब यह अबोध बालाएं कार्यालयों विद्यालयों फर्मों व कम्पनियों में काम करते समय लड़कों के सम्पर्क में आती है उज्ज्वल भविष्य वाले इन लड़कों के झूठे वायदे लड़कियों को गुमराह कर देते हैं और उनका नैतिक पतन होता है। लड़के के लिए यौवन नैतिकता के पतन से भागना सरल होता है लेकिन लड़की के लिए अपनी शर्म को छुपाना तब और कठिन होता है जब वह गर्भवती हो जाए ये गरीब और अबोध लड़कियां सामाजिक बदनामी का सामना करने को मजबूर हो जाती हैं और कभी कभी आत्महत्या तक कर लेती है। या फिर गर्भ समाप्त करने के लिए चिकित्सा सहायता का सहारा लेती है। एक और प्रकार से भी अनैतिकता दहेज का परिणाम है।

भावात्मक आघात—कुछ लड़कियां दृढ़ चरित्र की होती

हैं और वे पुरुषों के द्वारा सरलता से बहकायी नहीं जा सकती हैं लेकिन इनमें से कुछ मनोविकारों से पीड़ित होती है क्योंकि प्रत्यक्ष व अप्रत्यक्ष रूप से उनकी काम भावनाएं दब जाती हैं वे अक्सर निराश, चिड़चिड़े स्वभाव की तथा कुण्ठाग्रस्त हो जाती हैं तथा सौन्दर्य भी खो देती है फलत: मनोवैज्ञानिक संकट की अभिव्यक्ति लड़कियों के व्यवहार में अनेक प्रकार से पायी जाती है, जैसे इच्छाओं का दमन, प्रत्यावर्तन विरोधी गुणों वाली अभिप्रेरणाएं, बाधाएं, आत्मविश्वास व महत्वाकांक्षा की कमी शंकाएं, अनिर्णय, दुस्वप्न, घृणा आदि उक्त विसंगतिपूर्ण व्यवहार कुछ लड़कियों के व्यवहार में ऊपर से स्पष्ट न हो ऐसा हो सकता है अनेक मजबूत व्यक्तित्व वाली लड़कियां इस प्रकार के व्यक्तिगत विघटन वाले चक्रों से दूर ही रहती हैं लेकिन उनकी मुस्कान उनकी कुण्ठा को छिपा नहीं सकती है। ऐसे उदाहरण भी देखे गये हैं जहां सगाई के बाद लड़की व लड़के के बीच पत्र व्यवहार भी हो रहा है विवाह की तिथि भी निश्चित हो गयी है और लड़के को अचानक अच्छा रिश्ता धनी परिवार से आता है तब सगाई तोड़ दी जाती है। इससे लड़की के माता-पिता को तथा स्वयं लड़की की कोमल भावनाओं पर आघात लगता है। वह समाज में असुरक्षा की भावना से रहती है। उसमें हीन भावना का विकास हो जाता है और उसकी भावनाएं दबकर रह जाती हैं। वह स्वयं को मां-बाप पर बोझ समझती है और यह निराशा एवं मानसिक तनाव उसे आत्महत्या की ओर भी ले जाती है।

विवाहमूलक सम्बन्धों पर प्रभाव—दहेज का प्रभाव न केवल लड़की के माता-पिता के आर्थिक तथा सामाजिक व्यवहार पर पड़ता है। बल्कि यह माता पिता के बच्चों के बीच तथा अन्य रिश्तेदारों के बीच के सम्बन्धों को भी प्रभावित करता है जो माता पिता अपनी बेटी के विवाह में दहेज जुटा पाने में असमर्थता का अनुभव करते हैं। वे बेटी को परिवार पर एक बोझ मानते हैं भाई अपनी बहनों को अपने भविष्य की आशाओं एवं आकांक्षाओं के बीच रोज मानते हैं परिवार पर एक बोझ मानते हैं। कई बार अन्तर्पारिवारिक संघर्ष भी प्रारम्भ हो जाते हैं जिस परिवार में लड़की दी जाती हैं उसका स्तर श्रेष्ठ हो जाता है तथा जिस परिवार से लड़की ली जाती है उसका स्तर कम हो जाता है प्रस्थिति सम्बंधी असमता वर पक्ष के लोगों को एक प्रकार का अधिकार दे देती है जिससे वे कन्या पक्ष के लोगों के साथ दुर्व्यवहार करने लगते हैं जब उन्हें आकांक्षाओं से कम दहेज मिलता है।

दहेज हत्याएं—आकांक्षाओं के अनुरूप दहेज न देने पर बहू जलाने के मामले समूचे देश में बढ़ते ही जा रहे हैं। दहेज की रकम में कुछ बची हुई रकम के अदा न किये जाने के कारण लड़कियों की जो हत्याएं होती हैं उनका अल्प अनुमान एक वर्ष में लगभग 5.000 माना जा सकता है यह संख्या 1987 में 1.912-1990 में 4.148 और 1991 में 5.157 दर्ज की गई पति और ससुराल वालों द्वारा क्रूरता के मामले 1983 में 1160 और 1991 में 15949 दर्ज किये गये थे 1991 में जो दहेज हत्या के 5.157 मामले हुए उनमें से सबसे अधिक उत्तर प्रदेश में 1885 और उसके बाद महाराष्ट्र में (1066) पूर्वी बंगाल में (522) और मध्य प्रदेश में (493) हुए थे इन चारों राज्यों में पूरे भारत में दहेज के कारण होने वाली हत्याओं के मामलों में से तीन चौथाई (76.97%) पाई जाती है। दिल्ली पुलिस ने बहू जलाने के मामले 1980 में 421 दर्ज किये, 1981 में 560, 1982 में 619-1987 में 423 और 1991 में 441 आन्ध्र प्रदेश में 14।

1984 में 27-1985 में 160 और 1991 में 171 मामले दर्ज हुए परन्तु इस प्रदेश में महिला संघ ने दावा किया है कि 1991 में दहेज के कारण 300 मामले आत्महत्या के और हत्या के हुए थे। महाराष्ट्र में दहेज के कारण वृद्धि हुई जो कि 1985 में 173 से बढ़कर 1987 में 386 और 1991 में 1066 हो गयी बिहार में 1991 में 311 हत्याएं दहेज के कारण हुई जबकि 1987 में यह संख्या 299 तथा 1986 में 113 थी। 1989 में राजस्थान में दहेज के कारण हत्याओं के कुछ मामलों के महत्वपूर्ण तथ्य इस प्रकार हैं।

(1) निम्न वर्गीय और उच्च वर्गीय महिलाओं की अपेक्षा मध्यम वर्गीय महिलाओं पर दहेज संबंधी अत्याचार अधिक होते हैं।

(2) दहेज के कारण जिन लड़कियों की हत्या की जाती है उनमें से लगभग सभी 20 से 27 वर्ष आयु समूह की है जिन्हें न केवल शारीरिक रूप से परन्तु सामाजिक एवं भावनात्मक रूप से भी परिपक्व कहा जा सकता है। परिपक्व अवस्था वाली लड़कियों में यदि साहस और विश्वास है तो वे अपना विरोध प्रस्तुत कर सकती है।

(3) सत्ताधारी सास व असहयोगी पति वाले घरों में अत्याचार की दर अधिक होती है।

(4) नववधू की हत्या करने से पहले उस पर कई प्रकार से अत्याचार किये जाते हैं। जो पीड़ित लड़की के जनक परिवार के सदस्यों के सामाजिक समायोजन का अस्त व्यस्त प्रतिमान बताता है।

(5) दहेज के मामले में हत्या के अपराधी क्रूर और निरंकुश होते हैं और पीड़ित लड़की की हत्या हत्यारों के विघटित व्यक्तित्व व असामान्य होने का एक प्रमाण होता है।

विधान—आंध्रप्रदेश, केरल, पंजाब और बिहार जैसे राज्यों ने दहेज विरोधी विधान पारित किये हैं केन्द्रीय स्तर पर दहेज निषेध

विधेयक अप्रैल 27, 1959 को तत्कालीन विधि मंत्री **श्री ए.के. सेन** द्वारा इसे पारित कर दिया गया किन्तु राज्य सभा द्वारा दो बार इसे अस्वीकार कर दिया गया। तब दोनों सदनों की संयुक्त कमेटी को सौंपा गया और इसके सुझावों के आधार पर आखिर 20 मई 1961 को यह अधिनियम पारित हो गया इस अधिनियम के अन्तर्गत आभूषणों वस्त्रों तथा अन्य वस्तुओं के रूप में दहेज दिये जाने की अनुमति का प्रावधान है।

जिसका मूल्य 2000 रुपये से अधिक न हो इस कानून का उल्लंघन करने वाले को छ: माह का कारावास या 5000 रुपए अर्थ दण्ड या दोनों का प्रावधान है। तथा दहेज लेन देन सम्बन्धी तथा कोई भी समझौता गैर कानूनी बताया गया है। इस अधिनियम के अन्तर्गत सभी अपराध असंज्ञेय हैं। न्यायालय इस अधिनियम के अन्तर्गत तब तक केस सुनवाई के लिए नहीं ले सकता जब तक शिकायत एक वर्ष के भीतर न की गई हो 1984 में और फिर जून में 1986 में इस अधिनियम में संशोधन किया गया और अब यह अधिक कठोर बनाया गया है। दहेज के विरुद्ध अपराध अब संज्ञेय गैर जमानती व अयौगिक है तथा निर्दोषिता का प्रमाण अभियुक्त को ही देना होता है। लेकिन प्रश्न यह है कि क्या यह विधान ठीक से लागू किया जा रहा है। क्या यह विधान समाज में दहेज की बुराई के विरुद्ध एक प्रभावशाली अस्त्र सिद्ध होगा उत्तर ''नहीं' ही प्रतीत होता है दहेज निरोधक अधिनियम 1961 को सर्वसम्मति से निष्प्रभावी कानून बताया गया है क्योंकि इसके अन्तर्गत जो थोड़े बहुत मामले लिये गये हैं। वे पर्याप्त नहीं हैं जो कानून ठीक से लागू न किये जा सकते हो वे आम जनता का अनादर ही प्राप्त करते हैं यह आलोचनात्मक कथन **श्री पी. एन. सप्रू** ने 21 अगस्त 1959 को लोक सभा में दिया जबकि दहेज निरोधक विधेयक पर राज्य सभा में बहस चल रही थी उन्होंने इस विधेयक को ''हास्यास्पद'' बताया। और यहां तक सुझाव दिया कि इसे वापस ले लिया जाए उन्होंने कहा कि ऐसे कानून पारित करना व्यर्थ होगा जिन्हें ठीक से लागू न किया जा सके इस प्रकार के विधान अवमानना के ही पात्र बनेंगे सरकार स्वयं इसके प्रभावी होने पर संदिग्ध थी तत्कालीन कानून राज्यमंत्री **श्री हजारनाविस** ने कहा था ''इस विधेयक के अर्न्तगत अपराध सिद्ध लगभग असम्भव होगा क्योंकि कोई भी मां बाप दहेज मांगने की शिकायत करके अपनी बेटी का भविष्य अन्धकारमय करना नहीं चाहेगा।

उन्मूलन के उपाय—दहेज प्रथा के विरोध में लड़ाई को कई स्तरों या सीमाओं पर साथ लड़ना होगा यद्यपि विधान आवश्यक है किन्तु इससे इस बुराई का अन्त नहीं होगा फिर चाहे दहेज मांगने वालों के लिए कितना ही सख्त व प्रतिरोधक दण्ड का प्रावधान क्यों न किया जाए जो उपाय अधिक आवश्यक हैं वे हैं जन शिक्षा दहेज की बुराई को रोकने के लिए निम्न उपाय बताए जा सकते हैं।

शिक्षा के द्वारा जनमत तैयार करना—लोगों का सहयोग केवल जनमत बनाकर ही प्राप्त किया जा सकता है एक व्यक्ति को विधान द्वारा नियन्त्रित नहीं किया जा सकता है। लेकिन यदि अधिक संख्या में लोगों को दण्ड मिलता है तो कानून को बल मिलता है। किसी भी सामाजिक अधिनियम की सफलता आम जनता के सहयोग पर निर्भर करती है या यों कहा जाए कि समाज की समझदारी ही समस्या को हल करने में पहली आवश्यकता है। यह समझदारी लोगों में नैतिक और औपचारिक शिक्षा द्वारा दहेज की बुराई को समझाकर ही पैदा की जा सकती है निसन्देह ऐसे मामले भी हैं जहां देखा गया है कि अधिक शिक्षित लोग अधिक दहेज मांगते हैं शिक्षा ने इस बुराई को कम करने की बजाय और निम्न स्तर तक ला दिया है।

(8) युवकों द्वारा पहल—युवकों को नये सामाजिक मूल्यों का महत्व समझाया जाना चाहिए। शिक्षित होने के बाद ही लड़के और लड़कियां दहेज उन्मूलन के लिए आगे आएंगी। चाहे लड़कियां आगे आयें या लड़के—कुछ काम होना चाहिए। कुछ लोग ऐसा अनुभव करते हैं कि लड़कों को ही पहल करनी चाहिए। और कुछ फिर इस सतर्क हैं कि दोनों को ही मिलाकर आगे आना चाहिए। एक सर्वेक्षण में 75 व्यक्तियों में से 42.6% व्यक्ति इस मत के थे कि लड़कियों द्वारा पहल होनी चाहिए। 14.6% लड़कियों द्वारा पहल के पक्षधर थे और 30.6% लोग दोनों के 12.2% व्यक्ति मानते थे। कि लड़कियों और लड़के के पहल करने से कुछ नहीं हो सकता लेकिन ऐसा प्रतीत होता है कि लड़कियों द्वारा पहल करना अधिक उचित रहेगा शिक्षित लड़कियां पति चुनने के अधिकार का प्रयोग कर सकती हैं तथा इस मामले में अपने माता-पिता की सलाह व हस्तक्षेप की उपेक्षा कर सकती है। जो लड़के दहेज मांगने पर जोर दे उनको मना भी कर सकती है।

प्रचार एवं जन चेतना—प्रचार के द्वारा भी जनमानस के परिवर्तन सम्भव है। प्रचार के कई माध्यम है जैसे दूरदर्शन आकाशवाणी, चलचित्र, नाटक, उपन्यास समाचार पत्र भाषण आदि प्रचार को अधिक प्रभावशाली बनाने के लिए विशेष वर्ग के लोगों के लिए विशेष माध्यम चुनना होगा यदि लोग अशिक्षित हैं तो टी.वी. रेडियो नाटक तथा फिल्म प्रभावशाली रहेगी लेकिन यदि लोग शिक्षित हों तो उपन्यास और समाचार पत्र अच्छा काम कर सकते हैं कुछ लोग यह भी कहते हैं कि स्वैच्छिक संगठन भी इस बुराई को दूर करने में सहायक हो सकते हैं और सरकार के साथ मिलकर भी कार्य कर सकते हैं।

अन्तर्जातीय विवाह—कुछ लोगों का सुझाव है कि अन्तर्जातीय विवाहों को प्रोत्साहन दिया जाना चाहिए क्योंकि इससे दहेज की बुराई को समाप्त करने में सहायता मिलेगी लड़के और लड़कियों को अपने जीवन साथी का चुनाव करने के अवसर प्रदान किए जाने चाहिए अब माता पिता की सहमति से विवाह पर जोर नहीं दिया जाना चाहिए। बल्कि उन्हें मिलने जुलने की आजादी होनी चाहिए ताकि वे अपना भाग्य स्वयं बना सके।

(ग) तलाक (Divorce)

सन् 1950 के दशक के मध्य तक हिन्दू विधान में तलाक की अनुमति नहीं थी, यद्यपि तलाक कुछ जातियों में स्थानीय रिवाजों के अनुसार कुछ धनराशि देकर तलाक की अनुमति दी जाती थी यह राशि जिसे 'झगड़ा' कहा जाता था और जो जाति के बुजुर्गों द्वारा तय की जाती थी, पति को दी जाती थी। चार दशक पूर्व हमारे देश के विधि निर्माताओं ने हिन्दू समाज को अशिक्षित व कठोर स्थिति से आधुनिक विचारधारा की ओर मोड़ दे दिया और विवाह अब 'पवित्र धार्मिक संस्कार' से 'पारस्परिक सहमति से तलाक' में बदल गया है। विवाह-विच्छेद चूंकि हिन्दुओं में एक अंतिम उपाय के रूप में प्रयोग होता है, अत: विवाह-विच्छेद विश्लेषण की आवश्यकता न केवल इसलिए है क्योंकि यह सामाजिक मर्यादाविहीनता व मानकशून्यता या समाज विघटन का संकेत है या सामाजिक विघटन को बढ़ावा देने वाला है, बल्कि उन लोगों के कष्टों, खिन्नता, व अप्रसन्नता के दृष्टिकोण से भी जो असफल विवाह के शिकंजे में दुर्भाग्यवश फंस जाते हैं। सभी विवाह सफल नहीं हो सकते, कुछ असामंजस्य व कटुता से समाप्त होते हैं। कुछ असफल विवाहों वाले व्यक्ति भाग्य को मानते हुए अपना जीवन खींचते रहते हैं। और पूरी जिन्दगी असमंजस की स्थिति में ही व्यतीत करते हैं। कुछ आशावादी लोग सोचते हैं कि सुख तो एक मन:स्थिति है। अत: वे अपने को पुन: समायोजित करने में लग जाते हैं। किन्तु कुछ लोग अवश्य ऐसे भी होते हैं जो तनाव सहन नहीं करते और विवाह को तोड़कर ही शान्ति का अनुभव करते हैं। वे लोग जो अपने वैवाहिक बंधनों को तोड़ते हैं, वे या तो संरचनात्मक दृष्टि से तोड़ते हैं या फिर कार्य प्रणाली की दृष्टि से। परित्याग आमतौर पर उच्च सामाजिक व आर्थिक वर्गों की अपेक्षा निम्न जातियों और वर्गों में अधिक प्रचलित है। अधिकतर पति ही अपनी पत्नी का परित्याग करते हैं। विवाह-विच्छेद सदैव एक दुखद स्थिति है, क्योंकि अस्वीकृत साथी अपमानित, तिरस्कृत व पीड़ित अनुभव करता है, किन्तु परित्याग के सामाजिक दुष्परिणाम अधिक दुखदायी एवं अव्यवहारिक होते हैं। विशेष रूप से स्त्री के लिए, स्त्री को सामाजिक आर्थिक व भावात्मक आघातों का सामना करना पड़ता है। भावात्मक आधार पर उसे सदैव यही अनुभव होता है कि उसके पति द्वारा उसे तिरस्कृत रूप से अस्वीकार किया गया है तथा बेकार की वस्तु समझकर फेंक दिया गया है। सामाजिक दृष्टि से उसे इस तरह दु:ख भोगना पड़ता है कि उसे यह निश्चित रूप से पता नहीं रहता कि उसका पति वापस आएगा या नहीं और बच्चों को वह अपने पिता की अनुपस्थिति के बारे में क्या बताए। आर्थिक दृष्टि से जो स्त्री को आघात लगता है वह है आर्थिक संसाधनों की कमी, जिससे उसे अपने और बच्चों के भरण-पोषण में कठिनाई का सामना करना पड़ता है। परित्यक्ता महिला स्वयं को न तो विवाहिता की श्रेणी में रख पाती है और न विधवा और न तलाकशुदा। जीविकोपार्जन के लिए या तो उसे स्वयं कोई कार्य करना पड़ता है या फिर अपने बच्चों को काम पर लगाना पड़ता है।

विधान (The Legislation)

तलाक से संबद्ध सर्वप्रथम विधान हिंदुओं के लिए कोल्हापुर राज्य में 1920 में, ईसाइयों के लिए 1869 में भारतीय तलाक अधिनियम के नाम से तथा पारसी विवाह-विच्छेद अधिनियम, 1936 में लागू किया गया। तत्पश्चात् 1942 में बड़ौदा राज्य ने, 1947 में बंबई ने तथा 1949 में मद्रास ने भी इसी क्रम में विधान बनाए। बड़ौदा राज्य अधिनियम के अंतर्गत जिन कारणों से विवाह-विच्छेद का प्रावधान किया गया वे थे धर्म परिवर्तन, सात वर्ष से अधिक अवधि तक परित्याग, द्विविवाह, अत्याचार, मद्यपान, पर-व्यक्ति गमन आदि। मुंबई प्रान्त में हिंदू विवाह अधिनियम के अंतर्गत निम्नलिखित आधारों पर तलाक अथवा न्यायिक प्रथक्करण की अनुमति प्रदान की गई। नपुंसक होना, सात वर्ष से अधिक पागलपन कम से कम सात वर्ष तक कोढ़ से पीड़ित होना, चार वर्ष तक लगातार परित्याग, तथा दूसरा पति या पत्नी होना मुंबई अधिनियम के पारित एवं प्रभावी होने के पांच वर्ष के भीतर ही मुंबई के विभिन्न न्यायालयों में 5,500 प्रार्थना-पत्र विवाह-विच्छेद हेतु प्रस्तुत किए गए, जिनमें से 60% प्रार्थनापत्र मात्र महिलाओं के द्वारा प्रस्तुत किए गए जिसका आधार द्विविवाह था। समस्त भारत के लिए 1954 में विशेष विवाह अधिनियम तथा सन् 1955 में हिंदु विवाह अधिनियम पारित किया गया। ये अधिनियम हिन्दू, सिख, जैन व बौद्ध लोगों को विवाह-विच्छेद की अनुमति देते हैं, परंतु अनुसूचित जनजातियों पर यह अधिनियम लागू नहीं होता। लेकिन पश्चिमी समाज के विपरीत भारतीय समाज में विवाह-विच्छेद को अब भी हतोत्साहित किया जाता है, और केवल उन्हीं प्रकरणों में इसकी अनुमति दी जाती है। जहां परम कठोर परिस्थितियों के कारण इसे सर्वथा आवश्यक माना जाता है या जहां एक जीवन-साथी का दूसरे के साथ रहना असंभव समझा जाता है।

विवाह असफल होने पर भी जो कारक विवाह-विच्छेद को प्रतिबद्ध करते हैं वे हैं : बच्चों के लिए प्यार, संपत्ति की चिन्ता, माता-पिता का भय, सामाजिक तिरस्कार का डर, आर्थिक जीवन के संकट में पड़ने की संभावना, न्यायालय का खर्च, नैतिक व धार्मिक विचार, निजी मामलों को प्रचार मिलने का खतरा तथा आर्थिक समर्थन खो देने की चिन्ता।

रूस में भी यही प्रणाली अपनाई जा रही है, यद्यपि पहले वहां तलाक लेना अत्यंत सरल था। सन् 1917 तक रूस में विवाह और तलाक धार्मिक नियंत्रण में थे, कितु क्रांति के बाद एक सरल सी न्यायिक प्रक्रिया अपनाई गई। सन् 1927 में एक परिवार आचार संहिता बनाई गई जिसमें बिना किसी कारण दर्शाए पारस्परिक सहमति से विवाह-विच्छेद की अनुमति प्रदान की गई। विवाह-विच्छेद प्राप्त करने के लिए व्यक्ति को केवल नाम, पता व व्यवसाय दर्शाना पड़ता था। यह नियम इतना सरल हो गया कि सन् 1935 में आधे से कुछ कम विवाह विच्छेद में बदल गए जबकि सन् 1927 में विच्छेद की दर 1000 पर 10 और 1926 में 1000 पर मात्र 3 थी। अत: विवाह-विच्छेद के नियमों में सुधार की आवश्यकता का अनुभव हुआ। इसी कारण सन् 1936 में प्रथम बार तथा सन् 1946 में दूसरी बार इसे संशोधित किया गया।

अमेरिका में विवाह-विच्छेद की दर विश्व में सबसे ऊंची है। 19वीं शताब्दी के सातवे दशक में विवाह-विच्छेद की दर प्रत्येक 13 विवाहों में से एक सूचित की गई थी। 1930 में विवाह और विच्छेद का अनुपात 6 :1 था, जबकि 1989 में 4:1 हो गया। कहा जाता है कि 1867 से 1947 के मध्य इस देश की जनसंख्या में चार गुणा वृद्धि हुई, विवाह की संख्या में 6 गुणा वृद्धि हुई, जबकि विवाह-विच्छेद की दर में चौदह गुणी वृद्धि हुई। इससे भी अधिक महत्वपूर्ण तथ्य यह है कि अमेरिका में तीन-चौथाई विवाह-विच्छेद के दावे और कुछ तलाकों में से 40% उन दंपत्तियों को मिलते हैं, जिनके विवाह को पांच वर्ष से कम समय व्यतीत हुआ हो।

ब्रिटेन मे प्रारंभ में पति इच्छानुसार अपनी पत्नी को बिना किसी कारण के तलाक दे सकता था। महिलाओं की स्थिति इतनी निम्न थी कि एक रखैल का स्तर पत्नी से अच्छा था। पुरुष का स्वेच्छा से तलाक देने का यह अधिकार 11वीं शताब्दी तक बना रहा। चर्च को तलाक प्रदान करने का अधिकार संसद को सौंप दिया गया। तलाक प्राप्त करने की प्रक्रिया इतनी जटिल तथा अस्पष्ट थी कि 140 वर्षों में (यानि 1855 तक) मात्र 180 व्यक्तियों को ही पूरे इंगलैंड में तलाक प्राप्त हो सका। सन् 1857 में नियमों को कुछ सरल बनाया गया तथा उनमें कुछ शिथिलता आई। किन्तु अब भी विवाह-विच्छेदन इतना खर्चीला व कठिन है कि देश (ब्रिटेन) में इसकी दर इतनी ऊंची नहीं है जितनी कि अन्य अंग्रेजी बोलने वाले देशों में है।

भारत में 1955 के हिन्दु विवाह अधिनियम, जिसमें सन् 1976 व 1981 में व्यापक संशोधन किए गए, में न्यायिक पृथक्करण, विवाह-विच्छेद, विवाह निरस्त, आदि के प्रावधान किए गए हैं। विवाह संपन्न होने के दो वर्ष पश्चात ही विवाह-विच्छेद के लिए प्रार्थनापत्र न्यायालय में दिया जा सकता है। किन्तु प्रारंभ में दो वर्षों के लिए न्यायिक पृथक्करण ही स्वीकृत किया जाता है। ताकि इस अवधि में पति-पत्नी में समझौते की संभावना बन सके। अत: न्यायिक पृथक्करण को हम पति-पत्नी के इकट्ठे रहने व सोने के अधिकार से वंचित करना कह सकते हैं। इस अवधि में पति भरण-पोषण भत्ता पत्नी को देता रहता है। यदि इन दो वर्षों की अवधि में मेल नहीं हो पाता तो विवाह-विच्छेद की डिक्री (आदेश) प्रदान कर दी जाती है। विवाह-विच्छेदन के आधार निम्न हो सकते हैं : स्त्री या पुरुष द्वारा व्यभिचारी जीवन बिताना धर्म परिवर्तन, स्त्री या पुरुष का तीन साल तक पागल रहना, कोढ़ से पीड़ित रहना, गुप्त रोग से पीड़ित रहना, सात वर्ष, तक लापता रहना, द्विविवाह, आदि। 1976 के संशोधन के अंतर्गत यह अनुमति प्रदान की गई है कि पति-पत्नी परस्पर सहमति से तलाक ले सकते हैं कितु उन्हें यह दर्शाना होगा कि वे एक वर्ष से अलग अलग रह रहे हैं और उनमें मेल संभव नहीं हो सका है। इस प्रकार संबंध विच्छेदन के बाद दोनों पक्षों में से कोई भी यदि दूसरा विवाह करना चाहे तो तलाक के एक वर्ष उपरांत कर सकता है। पति-पत्नी को अपनी व उसकी आय व संपत्ति के आधार पर निर्वाह व्यय देता है।

विवाह-विच्छेद के प्रति बदलते दृष्टिकोण (Changing Altituder Towards Divorce)

विवाह-विच्छेद के प्रति लोगों के बदलते दृष्टिकोण का पता लगाने के लिए अनेक समाजशास्त्रीय अध्ययन किए गये हैं। सर्वप्रथम इस प्रकार का अध्ययन मुंबई में **के.टी. मर्चेंट** द्वारा (1930-33) किया गया। **श्रीमती हेट** ने 1946-47 में मुंबई में 805 महिलाओं का अध्ययन किया और पाया कि उनमें से 62% तलाक के पक्ष में थी और 20% विरोध में थी। 18% ने कोई उत्तर नहीं दिया)। **श्रीमती जी.बी. देसाई** ने 1945 में मुंबई में रहने वाली 900 गुजराती महिलाओं के अध्ययन से पता लगाया कि 47% तलाक के पक्ष में थीं और 49% विरोध में थी। कपाड़िया को 1951 में 240 स्नातक अध्यापकों में से 50% ने तलाक को एक वांछनीय

तथ्य बताया, 25% ने अर्बोधनीय बताया, और 17% ने इसे हानिकारक बताया। श्री कप्पुस्वामी (1957) ने 1956 में दक्षिण भारत के 895 व्यक्तियों के अध्ययन में पाया कि आयु, लिंग, निवास, (गांव/शहर) व शिक्षा के बावजूद सूचनादाता विवाह-विच्छेद के संबंध में लगभग समान रूप से पक्ष में थे। हाल के वर्षों में यद्यपि कोई अध्ययन किसी प्रसिद्ध विद्वान द्वारा इस विषय पर नहीं किया गया है, फिर भी महिलाओं की पत्रिकाओं द्वारा तथा इस विषय पर किये गये पी-एच.डी. शोध ग्रंथों से यह पता चलता है कि एक बड़ी संख्या में स्त्री-पुरुष विवाह-विच्छेद के पक्षधर है।

विवाह-विच्छेद किसे मिलता है (Who Gets Divorce)

प्रचलित मत यह है कि तलाक शहरी, शिक्षित व उच्च आय वर्ग के लोगों में अधिक प्रचलित है। लेकिन उपलब्ध साक्ष्यों से यह सिद्ध नहीं होता। विवाह-विच्छेद पर किए गये कुछ अध्ययनों से इस तथ्य का विश्लेषण किया गया कि किस प्रकार के लोगों ने अपने साथी को तलाक दिया। ऐसे अध्ययनों में 1964-65 में महाराष्ट्र के पूना जिले के 131 गांवों में **फोनसेका** द्वारा किया गया अध्ययन, **रमा मेहता** द्वारा 1970 में किया गया अध्ययन, तथा 1987 में राजस्थान के जयपुर जिले में **जे.एन. चौधरी** द्वारा किया गया अध्ययन सम्मिलित है।

दामले के अध्ययन में 363 मामले थे। जिनमें कानूनी तलाक तथा स्थाई परित्याग के मामले सम्मिलित थे। इस सर्वेक्षण में 75 मामले न्यायालय से विवाह-विच्छेद के थे, 34 मामले ऐसे थे जो पूना के विवाह रजिस्ट्रार के कार्यालय में पंजीकृत थे, और 254 ऐसे थे जोकि ग्रामपंचायत स्तर पर दर्ज कराए गए थे। **दामले** ने पाया कि 0.82% मामलो में जीवन-साथी एक वर्ष से भी कम समय एक साथ रहे थे, 25.35% मामलों में एक वर्ष से 6 वर्ष तक, 23.41% में 7 से 9 वर्ष तक, 28.35% में 10 से 15 वर्ष, और 10.20% में 15 वर्ष से अधिक समय तक एक साथ रहे, 12.12% मामलों में विवाह और विच्छेद के बीच की अवधि नहीं दी गई। इस प्रकार विवाहित जीवन की अवधि का औसत 8.9 वर्ष था। इसका अर्थ यह हुआ कि लोग विवाह-विच्छेद के लिए दौड़ते नहीं है, बल्कि पहले समायोजन का प्रयत्न करते हैं वैवाहिक बंधनों को वे तभी तोड़ते हैं जब समायोजन में पूर्ण रूप से असफल हो जाते हैं। **दामले** ने यह भी पाया कि 21.48% मामलों में विवाहित दंपत्ति संतानहीन थे, जबकि 78.52% मामलों में एक या अधिक संतान वाले थे। **श्रीमती फोनसेका** ने मुंबई में तलाक के मामलों के अध्ययन में वे मामले सम्मिलित किए थे जिन्होंने जनवरी 1954 से जुलाई 1961 के बीच न्यायालय द्वारा तलाक लेने का प्रयास किया था। फोनसेका ने जिन 894 मामलों का अध्ययन किया था उनमें से 88.70% जैनियों सहित हिन्दू थे। 2.8% ईसाई, 3.7% मुसलमान, 0.8% यहूदी और 4.0% अन्य। 793 हिन्दुओं में से 443 महाराष्ट्र के, 245 गुजराती, 11 जैन, तथा 194 अन्य हिंदु थे। जिनमें बंगाली पंजाबी, सिंधी तथा दक्षिण भारतीय थे। **फोनसेका** ने छह तत्वों का विश्लेषण किया। तलाक के कारण दोनों पक्षों का शैक्षिक स्तर, तलाक प्राप्त स्त्री-पुरुष के बच्चों की संख्या, विवाह की अवधि, और आयु, व्यवसाय तथा आय। उन्होंने पाया कि न्यायालय मे आने वाले पतियों की औसत आयु 31 वर्ष और पत्नियों की 26 वर्ष थी। विवाह की अवधि का विश्लेषण करते हुए उन्होंने देखा कि 20.92% युगल एक वर्ष से कम अवधि तक एक साथ रहे, 31.99% एक से पांच वर्ष तक, 9.73% 6 से 10 वर्ष तक, 3.13% 11 से 15 वर्ष तक तथा 1.34% 16 से 35 वर्ष तक एक साथ रहे। 32.89% दंपत्तियों ने विवाह की अवधि का संकेत नहीं दिया। इससे यह निष्कर्ष निकाला जा सकता है कि विवाह के प्रथम पांच वर्ष सबसे संकटपूर्ण होते हैं और जैसे-जैसे यह अवधि बढ़ती जाती है, तलाक की दर कम होती जाती है।

बच्चों की संख्या और उसका तलाक से संबंध का विश्लेषण करते हुए उन्होंने पाया कि जिन 751 दंपत्तियों ने इस संबंध में जानकारी दी, उनमें से 63.20% के बच्चे नहीं थे, 21.20% के एक बच्चा 10.1% के दो बच्चे और 5.5% के 3 से 5 बच्चे थे। इससे फोनसेका की इस परिकल्पना को बल मिलता है कि बच्चे विवाहित जीवन तथा परिवार को एकजुट रखने में सहायक होते हैं तथा बच्चों की उपस्थिति विवाहित जीवन को सुखद बनाती है और बच्चों का न होना तलाक को बढ़ावा देता है।

पति के व्यवसाय का विश्लेषण करते हुए **फोनसेका** ने पाया कि उन 566 व्यक्तियों में से जिन्होंने अपने व्यवसाय बताया, 11.13% पेशेवर व किसी प्रबन्धन व्यवसाय में लगे थे, 2.3% बड़े व्यवसायों में, 8.66% छोटे व्यवसाय में, 74.38% लिपिक या अन्य दक्ष कार्यों में और 3.53 अकुशल कार्यों में व्यस्त थे। 324 पत्नियों के व्यवसायों का भी विश्लेषण किया गया और पाया गया कि 1.85 किसी पेशेवर श्रेणी की थीं, 2.47 अकुशल श्रेणी की तथा 53.40 गृहणियां थीं। इसका अर्थ यह हुआ कि विवाह-विच्छेद की सबसे ऊंची दर निम्न तथा मध्यम स्थिति वाले व्यवसाय के लोगों में होती हैं अमेरिका की स्थिति से यह स्थिति मेल नहीं खाती है। अमेरिका में किए गए एक सर्वेक्षण से पता चलता है कि सबसे ऊंची तलाक दर (व्यवसाय के संबंध में) कलाकारों, सैल्समैन, चिकित्सकों, प्रोफेसरों, वकीलों, तथा व्यापारियों में पाई जाती है। तलाक की निम्नतम दर पादरियों, किसानों, मैकेनिकों, तथा मजदूरों में होती है।

आय की दृष्टि से **फोनसेका** को 894 व्यक्तियों में से केवल 229 व्यक्तियों ने 25.7% उत्तर दिए। इनमें से 19.64% की आमदनी 100 रुपए मासिक से भी कम थी, 32.76 की 100 से 200 रुपए के बीच, 24.03 200 से 300 के बीच, 12.21% की 300 से 600 के बीच, 4.80% की 600 से 1000 रुपए के बीच, तथा 6.56. की 1000 रु. से अधिक थी। वर्तमान यह दर्शाता है कि आर्थिक निश्चितता वैवाहिक जीवन की स्थिरता के लिए हितकर होती है, जबकि गरीबी विपरीत प्रभाव छोड़ जाती है।

अन्त में, शिक्षा और तलाक के संबंध का विश्लेषण करते हुए। **फोनसेका** ने देखा कि पति-पत्नी के शैक्षिक स्तर में समानता विवाह के बाद के जीवन में अनेक कठिनाइयां पैदा करती हैं। परन्तु **फोनसेका** ने कुछ महत्वपूर्ण तथ्यों जैसे, नगरीकरण व तलाक में संबंध, उपसंस्कृति समूहों में तलाक की दर ऊंची हो। क्षेत्रीय और सांस्कृतिक मूल्य निकट और सीमित सामाजिक संपर्क, तथा परंपराओं के प्रति आदर, आदि तलाक से संबंध रखते हैं।

तलाक के कारण (Causes of Divorce)

दामले, फोनसेका तथा **चौधरी** के आनुभाविक अध्ययनों से हमें विवाह-विच्छेद के कुछ कारणों का संकेत मिलता है। दामले के अनुसार तलाक के मुख्य कारण हैं :पारिवारिक सामंजस्य की कमी (जिसमें पति--पत्नी के झगड़े, पति द्वारा दुर्व्यवहार, तथा ससुराल वालों के साथ झगड़े सम्मिलित है) (43.5%) पत्नी का बांझपन (21.5%), पति या पत्नी का अनैतिक व्यवहार (21.2%), बीमारी या स्वभाव के कारण पति का पारिवारिक उत्तरदायित्व का निर्वाह न कर सकना (7.7%) तथा पति को सजा होना (0.3%)। शेष (5.8%) मामलों में स्पष्ट कारण नहीं मिल पाया।

दूसरी ओर **फोनसेका** ने पाया कि विवाह-विच्छेद के प्रारंभिक कारण है :

परित्याग और क्रूरता (69.1%) परव्यक्ति गमन (20.6%), नपुंसकता (8.3%) और विविध कारण (2.0%)। उन्होंने यह भी देखा कि विवाह-विच्छेद के वैधानिक कारण वास्तविक कारणों से बिल्कुल भिन्न हैं। वैधानिक कारण आवरण के रूप में बाहर से ढकने के लिए उपयुक्त समझकर धारण कर लिए जाते हैं।

चौधरी (1988 : 50-76) ने विवाह-विच्छेद के कारणों को दो समूहों में बांटा :: पर्यावरण संबंधी कारक तथा व्यक्ति संबंधी कारक। पर्यावरण संबंधी कारक परिवार के अंदर तथा परिवार के बाहर के वातावरण से संबद्ध है। पर्यावरण संबंधी कारणों में उन्होंने सम्मिलित किया :अवैध संबंध (25.6%), अपर्याप्त गृह जीवन (10.3%), शारीरिक प्रहार (6.0%), गरीबी (5.1%), पत्नी का रोजगारमय जीवन (5.1%),और भूमिका संघर्ष (4.3%)। व्यक्तित्व संबंधी कारणों में उन्होंने निम्नलिखित कारण सम्मिलित किए हैं : चिड़चिड़ा स्वभाव (12.5%), असाध्य रोग (10.3%) नपुंसकता (9.4%), बांझपन (4.3%), आयु में बड़ा अंतर 3.4%) तथा प्रभुत्व ने पाया कि पांच कारण महत्वपूर्ण हैं : परित्याग (46.4%), क्रुरता (37.6), परव्यक्ति गमन (8.0%)नपुंसकता (6.4%) और असाध्य रोग (1.6%) जहां पति ने तलाक की पहल की वहां परित्याग (64.8%) विवाह-विच्छेद का मुख्य आधार था।

विवाह-विच्छेद सदैव ही विवाहित जीवन में सौहार्द की कमी के कारण नहीं होते हैं। कुछ पत्नियां अपने पति के दुर्व्यवहार, क्रूरता व उपेक्षापूर्ण रवैये के कारण विच्छेद चाहती है, किन्तु कुछ मामलों में स्त्रियां इसलिए तलाक चाहती है कि वे अपने ससुरालवालों से तंग आ जाती है। इसके विपरीत कुछ पुरुष अपनी पत्नी की उनके प्रति वफादारी पर संदेह करते हैं या फिर उनके बीच बौद्धिक तथा शैक्षिक स्तर पर बड़ा अंतर होता है।

तलाक की प्रवृत्तियां (The Divorce Trends)

भारत में तलाक की निम्नलिखित प्रवृत्तियां पाई जाती हैं :

(क) न्यायालयों में तलाक के लिए वास्तविक कारणों का उल्लेख नहीं किया जाता। वास्तविक कारण वैधानिक कारणों से भिन्न होते हैं। अत: परित्याग, क्रूरता, व्यभिचार, आदि कारण देने की अपेक्षा पारस्परिक मनमुटाव व तनाव आदि कारण देने की प्रवृत्ति बढ़ती जा रही है।

(ख) वैधानिक कारणों के अन्तर्गत क्रूरता तथा परित्याग के कारणों का उल्लेख अधिक किया जाता है क्योंकि ये दोनों आधार अन्य आधारों की अपेक्षा कम आक्रामक माने जाते हैं।

(ग) तलाक के लिए दिये जाने वाले आधारों को उदार बनाने के कोई प्रयत्न नहीं हो रहे हैं।

(घ) यद्यपि 1960 से तलाक की दर में काफी वृद्धि हुई है, लेकिन न्यायालयों की प्रवृत्ति यही है कि तलाक संबंधी निर्णय शीघ्रता तथा तुच्छ बातों पर लिया गया कदम मानकर उससे बचने की कोशिश की जाए।

(च) तलाक को इतनी गंभीर बुराई नहीं माना जा रहा है जितना कि पति-पत्नी का इकट्ठा रहकर तनाव भरा जीवन व्यतीत करने की।

(छ) तलाक के बाद उपेक्षणीय संख्या में लोग पुनर्विवाह करते हैं।

(ज) स्त्रियां भी पुरुषों की भांति विवाह की असफलता के कारण तलाक की आतुर है, यद्यपि इतना अवश्य है कि वे विवाहित जीवन के बंधनों से मुक्त होने के लिए तलाक नहीं चाहती बल्कि

तनाव से तंग आकर अंतिम उपाय के रूप में तलाक के लिए पहल करती है।

(झ) तलाक के बाद बच्चे आमतौर पर मां के साथ रहते हैं, किंतु पिता बच्चों से सामाजिक बंधनों को समाप्त नहीं करता।

(ट) तलाक की दर में सामाजिक वर्ग तथा व्यावसायिक स्थिति के आधार पर भिन्नता आती जा रही है। मध्य स्थिति वाले व्यवसाय में लगे लोगों में उच्च व्यवसाय में लगे लोगों की अपेक्षा अधिक तलाक होते हैं। इसी प्रकार ग्रामीण लोगों की अपेक्षा तलाक की दर कम हैं।

हिन्दू समाज में तलाक (Divorce in Hindu Society)

क्या हिंदुओं को विवाह तोड़ने के अवसर निरंतर दिये जाने चाहिए या फिर वर्तमान अधिनियमों में संशोधन करके तलाक की सुविधा वापस ले ली जाए? इस विषय पर मत-विविधता है। तलाक को बुरा समझने के कारण इसका विरोध करने वाले मतावलंबी दो प्रकार के तर्क देते हैं, पहला सामाजिक व्यवस्था पर पड़ने वाले परिणामों की दृष्टि से और दूसरा व्यक्ति और परिवार पर पड़ने वाले प्रभाव की दृष्टि से।

प्रथम श्रेणी के तर्क इस प्रकार हैं: (क) तलाक विवाह की पवित्रता में बाधा उत्पन्न करेगा, (ख) यह समाज में अनैतिक व स्वच्छंद यौनाचार में वृद्धि करेगा, (ग) तलाक बाल-अपराध के कारणों में एक महत्वपूर्ण कारण होता है, (घ) तलाक परिवार तथा विवाह संस्था के विनाश का मूल कारण होता है और सामाजिक व्यवस्था की नींव तक को हिला देता है, (च) तलाक से वैवाहिक तथा माता-पिता की ओर से उत्तरदायित्वहीनता में वृद्धि होती है और धीरे-धीरे हमारी नैतिक भावनाएं कमजोर बनती जाती हैं।

व्यक्ति तथा परिवार पर तलाक के प्रभाव से संबद्ध तर्क इस प्रकार है : तलाक से सामाजिक विघटन में वृद्धि होती है और इसके परिणाम व्यक्ति तथा परिवार के सदसयों को लिए घातक एवं विनाशकारी होते हैं। दूसरी ओर, उदार विचार वाले तलाक के पक्षधर लोग कहते हैं कि तलाक हमारे समाज में महिलाओं की दशा सुधारने में सहायक होगा और उनकी मानसिक वेदना में कमी लाएगा और फलतः दंपत्ति सुखी होंगे।

तलाक के दुष्प्रकार्य (Dysfunction of Divorce)

इलियट और **मैरिल** ने निम्नलिखित तथ्यों के संदर्भ में तलाक के पश्चात् के परिणामों का विश्लेषण किया है, जैसे तलाक और संकट, तलाक और सामाजिक संबंध, और तलाक व बच्चे।

तलाक से जो संकट उत्पन्न होता है, वह संवेगात्मक स्तर पर होता है। विवाह तोड़ने का निर्णय-पति-पत्नी द्वारा एक साथ नहीं आता। यह निर्णय अचानक एक पक्ष द्वारा लिया जाता है और जिस क्षण एक पक्ष दूसरे को यह जानकारी देता है उसे दूसरे पक्ष की आशाएं टूट जाती है। उसकी आकांक्षाओं पर पानी पड़ जाता है। और उसके सपने चकनाचूर हो जाते हैं। उसे अनुभव होता है मानो उसका जीवन विवाह की तराजू में तोला गया है और एक दूसरे के पूरक होने के लिए उसमें कोई कमी रह गई है, व्यक्ति का 'सामाजिक अहम्' दूसरों से प्रोत्साहन तथा प्रशंसा की अपेक्षा करता है। इस पहचान की अपेक्षा पति-पत्नी के बीच विशेष होती है क्योंकि उनके मध्य संपर्क अधिक घनिष्ट होते हैं। जब यह पहचान की अपेक्षा तलाक द्वारा तोड़ दी जाती है तब उपेक्षित पक्ष को हीन भावना घेर लेती है और वह अन्तर्निरीक्षण में लग जाता है। फलतः सामान्य मेलजोल से वह बचने लगता है। यदि उसकी भावनाओं को अधिक दबाया जाए तो व्यक्तित्व का विघटन भी हो सकता है।

तलाकशुदा व्यक्ति जिस एक और समस्या का सामना करता है वह है काम अनुकूलन। यह पहले भी बताया गया है कि **फोनसेका** के अध्ययन में यह पाया गया था कि तलाक के समय औसत पति व पत्नी युवा अवस्था के (प्रति औसतः 31 वर्ष का और पत्नी 26 वर्ष की) होते हैं, अर्थात दोनों ही विवाह टूटने के समय सैक्स की दृष्टि से सक्रिय होते हैं। जब तक व्यक्ति को काम सुख का अनुभव नहीं होता वह वर्षों तक काम सुख उठाए बिना रह सकता है। किंतु यदि उसने कुछ माह या कुछ वर्ष ही अपने साथी के साथ काम सुख उठाया है तब काम भावना को रोक जाना उसके लिए कठिन हो जाता है। तलाक के बाद स्त्री पुरुष की काम क्रियाशीलता तो बनी ही रहती है। अतः कुछ पति तो कभी-कभी धंधे वाली स्त्रियों की शरण में चले जाते हैं और कुछ पत्नियां अवैध संबंधों को अपनाती है। इस प्रकार, तलाक से वेश्यावृत्ति, अवैध संतान व काम विकृति आदि समस्याएं उत्पंन होती है।

सबसे प्रभावशाली तर्क तलाक का बच्चों पर प्रभाव पड़ने से संबंधित है। **दामले** के अध्ययन से पता चलता है कि 78.5% तलाक चाहने वाले दंपत्तियों के एक या एक से अधिक बच्चे थे। **फोनसेका** ने भी कहा है कि उनके उत्तरदाताओं में से 36.8% दंपत्तियों के एक से पांच तक बच्चे थे। **चौधरी** ने पाया कि 31.2% दंपत्तियों के बच्चे थे। इन बच्चों को संरक्षण की समस्या का सामना करना पड़ता है। मां-बाप में से एक के साथ रहने का अर्थ है दूसरे का स्नेह न मिलना। बच्चे के व्यक्तित्व विकास के लिए जिन सामाजिक मूल्यों एवं भावात्मक दृष्टि की आवश्यकता होती है वह उसे अपने मां-बाप दोनों में मिलती है। वह इनके लिए दोनों पर आश्रित रहता है। इसमें कोई अचानक रुकावट उसके व्यक्तित्व के विकास पर एक आघात होता है। ऐसे में यदि मां या बाप जिसके

साथ भी वह रहता है, पुनर्विवाह का निर्णय लेता है तो या पुनर्विवाह कर लेता है तो उसे सौतेली मां या सौतेले बाप की समस्या का सामना करना पड़ता है। नया पर्यावरण पुराने का स्थान शायद ही लेता है।

तलाक के प्रकार्य (Function of Divorce)

तलाक का बच्चों पर कुप्रभाव पड़ता है, लेकिन तब उन बच्चों का क्या होता है जब पति पत्नी लगातार तनाव में रहते हैं और अपने बच्चों की उपेक्षा करते हैं? ऐसे मामलों में बच्चों की स्थिति तीन घोड़ों के बीच की स्थिति हो जाती है जिनकी लगाम कभी इस ओर, कभी उस ओर, और कभी दोनों ओर खींची जाती है। हम इसे इस प्रकार भी कह सकते हैं कि ऐसी संघर्षमय स्थिति में बच्चे एक मेंढक के समान हो जाता है जो बैठक के कमरे में दाखिल होने के बाद हर कोने से बाहर धकेला जाता है जब तक कि वह उस कमरे से बाहर न हो जाए। ऐसी स्थिति में उस दंपत्ति को साथ रहने के लिए बाध्य कर बच्चों के जीवन को बर्बाद क्यों किया जाए? ऐसे संघर्ष वाल परिवार में बच्चों को और अधिक बर्बाद होने के लिए छोड़े जाने की अपेक्षा यदि पत्नी को ही अलग-अलग रहने की अनुमति क्यों न दे दी जाए? **हैवलॉक एलिस** ने भी कहा है कि इसमें तनिक भी संदेह नही है कि एक प्रभावशाली मां या बाप, दोनों ही प्रभावहीन मां-बाप से कहीं अच्छा है। **बोमैन** ने भी अनुभव किया है कि ''यह बच्चों के हित में होगा कि उनका पालन-पोषण अजनबियों द्वारा या राज्य द्वारा किया जाए बजाए इसके कि अयोग्य, गैर जिम्मेदार मां-बाप उनका लालन-पालन करें।'' **फोनसेका** तथा **चौधरी** के अध्ययन भी यही संकेत करते हैं कि बच्चों वाले दंपत्तियों में तलाक पर नि:संतान दंपत्तियों की अपेक्षा कम होती है; और जैसे-जैसे विवाह-अवधि बढ़ती जाती है, तलाक की दर कम होती जाती है। **रात्र** और **सेल्जनिक** के अनुसार ऐसा तीन कारणों से होता है: (क) बहुत से दंपत्ति विवाह उपरांत कुछ वर्षों तक बच्चा नहीं चाहते हैं। विवाह के प्रारंभिक वर्षों में क्योंकि तलाक के अवसर के समय नि:संतान अधिक होते हैं। अत: आश्चर्य नहीं है कि वे तलाक के समय नि:संतान ही होते हैं। (ख) नि:संतान व दु:खी दंपत्ति तलाक का निश्चय अधिक करेगा, अपेक्षाकृत संतान वाले अप्रसंन दंपत्ति के। बच्चों की उपस्थिति एक तो अनेक वित्तीय कठिनाइयां पैदा करती है और दूसरी, संतान वाली स्त्री तलाक का विरोध इस कारण करती है क्योंकि बच्चों के साथ उसके लिए पुनर्विवाह के अवसर कम हो जाते हैं। (ग) वे दंपत्ति जो विवाह के बाद जल्दी बच्चे चाहते हैं वे विवाह और पारिवारिक जीवन के मूल्य को भलिभांति मानते हैं और सुखी विवाहित जीवन व्यतीत करने के लिए किसी भी प्रकार भी समन्वय करने के इच्छुक रहते हैं। इसके विपरीत तलाकोंमुख व्यक्तित्व माता-पिता बनने के उत्तरदायित्व से बचने वाले होते हैं। **कापड़िया** ने लिखा है कि, ''भारत में तलाक के विषय में उल्लेखनीय तथ्य यह है कि यह सामाजिक विरोध को निमंत्रण नहीं देता और तलाक चाहने वाले व्यक्ति की प्रस्थिति किसी भी तरह निम्न नहीं होता।'' यह दर्शाता है कि थोड़े से व्यक्तियों को छोड़कर तलाक औसत भारतीय व्यक्ति को आर्थिक या सामाजिक दृष्टि से प्रभावित नहीं करता।

भावात्मक संकट, सैक्स संबंधी समायोजन, व्यक्तिगत आदतों की व्यवस्था आदि की समस्याएं तो तलाक के बाद उठती है उनके विषय में हम यह कह सकते हैं कि तलाक से बहुत पहले पति-पत्नी एक दूसरे के साथ सामान्य सामाजिक संबंध कम कर चुके होते हैं। जिसका अर्थ है कि एक प्रकार का उनमें समन्वय अवश्य हो चुका होता है। इसलिए, तलाक के बाद वे दोनों उपरोक्त समस्याओं का सामना अधिक नहीं करते। तलाक के बाद सैक्स संबंधी जीवन पुनर्गठित किया जाता है। यह पुनर्गठन कठोर दमन द्वारा नहीं, बल्कि या तो पुनर्विवाह द्वारा किया जाता है या फिर उन विविध प्रतिस्थापक साधनों द्वारा जो शारीरिक राहत देते हैं। जैसे, किसी प्यार व संतुष्टि देने वाली वस्तु में रुचि लेना, चाहे वह कोई कार्य हो या अपनी संतान हो।

(घ) अंतर्पीढ़ीय संघर्ष

परंपरागत परिवार में पिता व पुत्र के बीच के संबंध स्नेह की अपेक्षा भय तथा आदत पर अधिक आधारित थे। पिता के प्रति ये भाव इतने प्रबल होते थे कि एक प्रभावी बंधन स्वयं बन जाता था। आज इस संबंध को इन बिंदुओं के प्रकाश में देखा जा सकता है

(क) सत्ता अधिकार/समस्याओं पर विचार विमर्श की स्वतंत्रता,

(ख) बच्चों द्वारा माता पिता का विरोध, और

(ग) दंड देने के तरीके।

परंपरागत परिवार में शक्ति और सत्ता के बीच विपरीत संबंध था। सत्ता पीढ़ी, लिंग व सापेक्ष आयु पर आधारित होती है और पुरानी पीढ़ी के वृद्ध पुरुष के हाथों में होती थी कुलपिता वस्तुत: सर्वशक्तिशाली होता था वही यह निश्चय करता था कि बच्चों को कहां शिक्षा दी जाए और उन्हें क्या व्यवसाय करना है। जीवन-साथी का चुनाव उसी के हाथ में था। वह किसी भी मामले में बच्चों से सलाह लेने को बाध्य नहीं था। छोटों द्वारा अपने वरिष्ठ स्वजनों से बहस करना या जवाब देना बुरा व्यवहार गिना जाता था उनसे यह आशा की जाती थी कि वे अपने से बड़ों के आदेशों

व कार्यों के संबंध में कोई प्रश्न नही करेंगे यह आशा इस पर आधारित थी कि पूर्व पीढ़ी के किसी बड़े व्यक्ति को पूरा संमान दिया जाना चाहिए।

परिवार की सबसे बड़ी महिला के पास भी इतनी शक्ति होती थी कि कई मामलों में उसका निर्णय अंतिम होता था। **केथलीन गफ** ने भी 1952 में तन्जौर ग्राम के अपने अध्ययन में पाया कि प्रत्येक पितृवंशीय विस्तृत परिवार में सभी सदस्य बूढ़े की आज्ञा मानते हैं। **डेविड मैंडलबाम** ने भारतीय परिवार के विश्लेषण में बताया है। कि दादा मृत्यु तक सिद्धांततः परिवार का मुखिया बना रहता था यह उसे अपनी पत्नी बच्चों छोटे भाइयों और बहनों पर पूरा अधिकार देता था। यहां तक कि जो सदस्य अन्यत्र चले जाते थे वे भी सिद्धांततः परिवार के ही सदस्य रहते थे तथा दादा के नियंत्रण में रहते थे वह व उनके प्रतिदिन के कार्यों व मामलों की निगरानी नहीं कर पाता था। दादा की मृत्यु के बाद उसकी सत्ता परिवार के सबसे बड़े पुरुष सदस्य के हाथों में चली जाती थी युवाओं के कुलपिता व अपने माता-पिता के प्रति असीमित उत्तरदायित्व होते थे। क्योंकि परिवार के प्रत्येक वरिष्ठ व्यक्ति की स्थिति व पद में सुधार होता जाता था इसलिए इस व्यवस्था के विरोध का अवसर ही नहीं आता था।

लेकिन ऐसा प्रतीत होता है कि आज के शहरी व शिक्षित परिवारों में दादा की सत्ता कम होती जा रही है। सबसे बड़ा सदस्य अब कुलपिता नहीं रहा जैसा कि दो पीढ़ी पूर्व हुआ करता था। नई विचारधारा और नए व्यवसाय चुनाव के अवसरों ने काफी अंतर पैदा किया है सत्ता का हस्तांतरण अब कुल पिता से बचों के पिता में होता जा रहा है जो अपने बच्चों से हर मामले में निर्णय लेने के पूर्व, सलाह लेते हैं। इस परिवर्तन के संदर्भ में **रास** ने भी कहा है कि उनके अध्ययन से यह पता नहीं चलता है कि संयुक्त परिवार के जीवन में पितामह अब उतने प्रभावी नहीं हैं जितना आशा की जाती थी। उनके अध्ययन किए गए 157 प्रकरणों में से 6.3% में सत्ता दादा के हाथ में थी 59.2% में पिता के हाथ में थी, 12.1% में मां के हाथ में थी, तथा 24.4% में सभी वयस्क संयुक्त रूप से सत्ता में थे। यह अध्ययन दादा से पिता व माता की और सत्ता परिवर्तन दर्शाता है।

मार्गरेट कारमॉक ने भी 500 छात्रों के अध्ययन में कि आज के बच्चे अधिक स्वतंत्र हैं वे अपने बड़ों के सामने खुलकर बोलते हैं, अपनी इच्छानुसार पैसे खर्च करते हैं अपने वस्त्र स्वयं चुनते हैं तथा बिना किसी के साथ भी बाहर चले जाते हैं जब उन्होंने अपने उत्तरदाताओं से पूछा कि वे अपने बच्चों का पालन पोषण किस प्रकार करेंगे 47% ने कहा कि उन्हें अधिक आजादी देकर 39% ने कहा जैसे उनका स्वयं का पालन पोषण हुआ था और केवल 3% ने कहा कि वे बच्चों को कम आजादी देंगे।

जब कभी उनकी विचारधाराओं का टकराव होता है तो वे उनका विरोध भी करते हैं **कारमॉक** ने इस संबंध में पाया कि 55% छात्र कभी कभी अपने माता पिता का विरोध करते थे 6% अक्सर 33% कभी नहीं **आई.पी. देसाई** ने भी दूना के हाईस्कूल के छात्रों के अध्ययन में पाया कि समकालीन परिवार में माता-पिता व बच्चों के संबंध काफी तनावपूर्ण है लगभग 168 उत्तरदाताओं ने उन्हें बताया कि कई बार उनकी इच्छा हुई कि वे अपना घर छोड़ दें इनमें से 117 ने इसके कारण भी दिए 64% ने घर से इस कारण अलग होना चाहा क्योंकि उनके माता-पिता का उनके प्रति व्यवहार अपमानजनक अन्यायपूर्ण एवं खराब था 18.8% परिवार के संवेदनहीन वातावरण तथा उससे उत्पंन तनाव के कारण 10.2% परिवार में कलह के कारण और 6.9% ने कुछ अन्य कारण बताए। पुरानी व नई पीढ़ी के बीच संघर्ष के कारण थे।

(क) युवा पीढ़ी के इस विश्वास के कारण कि बड़े लोग उनसे अधिकारवादी अन्यायपूर्ण तथा अनुचित व्यवहार करते हैं (ख) युवा पीढ़ी में इस बढ़ते विश्वास के कारण कि वे लोग अपने माता से संस्कृति रूप से आगे हैं। (ग) युवा पीढ़ी के इस विश्वास के कारण कि बड़ों की तुनकमिजाजी, स्वभाव की कठोरता, बल प्रयोग व अवैध मांग के कारण उनकी व्यक्तिगत स्वतंत्रता को दबाया जा रहा है (घ) इस विश्वास के कारण कि उनकी आकांक्षाएं बड़े लोग पूरी नहीं करते हैं। (च) सामाजिक रीतियों और धार्मिक विश्वासों के प्रति अभिवृत्तियों में अंतर के कारण।

बच्चों व माता पिता के संबंधों को कुछ वैधानिक उपायों ने भी प्रभावित किया है आज माता पिता अपने बच्चों को पैतृक संपति से वंचित नहीं कर सकते 1956 के हिंदू उत्तराधिकार अधिनियम के अनुसार बिना वसीयत किए एक हिंदू के मरणोपरान्त उसकी संपत्ति उसके कुछ निश्चित उत्तराधिकारियों को मिलेगा।

संभवतः परिवर्तित हो रहे संबंधों के कारण ही आजकल माता पिता अपने बच्चों को दंडित करने के लिए पुराने तरीकों को नहीं अपनाते इस संदर्भ में **कारमॉक** ने पाया कि आजकल माता पिता अपने बच्चों को दंडित करने के जो तरीके अपनाते हैं वे हैं, डांट-फटकार, पिटाई, बाहर जाने से रोकना मिठाई या खिलौने न दिलाना या कमरे में अकेला छोड़ देना आदि। **रास** ने पाया कि माता पिता बच्चों की डांट फटकार, तर्क या थप्पड़ के द्वारा दंडित करते हैं माता पिता व बच्चों के संबंधों में इन परिवर्तनों के अलावा आजकल माता व पुत्री के संबंधों में उल्लेखनीय परिवर्तन आया है, क्योंकि पुत्री का विवाह अल्प आयु में नहीं होता और वह अपनी मां

के साथ काफी लंबे समय तक रहती है।

माता पिता व बच्चों के बीच संबंधों में इन परिवर्तनों के बावजूद भी बच्चों का मानस प्रकार कहीं कि वे न केवल स्वयं की भलाई, सुख, प्रस्थिति व एकांतता के बारे में न सोचकर अपने परिवार के संदर्भ में ही सोचते हैं आज भी वह अपने माता पिता व अपने चारों ओर के परिवार के सदस्यों को स्थायी मानता है और जो उसे इस संसार में लाए हैं और जो उसके लिए बहुत प्रिय व निकट है उनसे अलग होने की बात शायद ही कभी सोचता है आज भी युवा वर्ग बड़ों के प्रति आदर्श दर्शाता है। उनका दृष्टिकोण हद से अधिक आदर से प्रेरित होता है दो पीढ़ियों में सौहार्द बना हुआ है। समकालीन परिवार में बड़ों का स्वामी स्वभाव भाव कम प्रतीत होता है। **कापड़िया** ने इसकी चर्चा करते हुए लिखा है कि वर्तमान परिवार में युवा लोगों का अधिक अनुपता अपने माता-पिता और अभिभावकों के साथ भय और प्रतिबंध व पाबंदी कम अनुभव करता है बड़े भी पहले की तरह अपने बच्चों और परंपरागत तरीकों को थोपने का प्रयत्न नहीं करते इस प्रकार बच्चे अपने बड़ों द्वारा मत और विचारों को थोपा जाना पसंद नहीं करते वे चाहते हैं कि उनकी मंत्रणा ली जाए व उनकी राय को यथा सम्मान दिया जाए **एलिन रास** भी कहते हैं कि अतीत की तरह विवाद के बाद नई पीढ़ी/पुरानी पीढ़ी के प्रभुत्व को स्वीकार नहीं करती।

बहुविकल्पीय प्रश्न

1. दी रूल्स ऑफ सोशियोलोजिकल मेथड नामक पुस्तक के लेखक कौन है?

A. मैक्स वेबर B. विलियम जे. गुडे
C. पी.वी. यंग D. ईमाइल दुर्खीम

2. अंतर विषयिक उपागम का अर्थ है—

A. सामूहिक अनुसंधान
B. बहुविषैयिक अध्ययन
C. अध्ययन की अनेक पद्धतियों का एक साथ उपयोग
D. अपने विषय के ज्ञान के साथ अन्य विषयों का उपयोग

3. 'धर्म जनता की अफीम है।' यह कथन किसका है?

A. मैलिनोवस्की B. मैक्स वेबर
C. कार्ल मार्क्स D. टालकॉट पारसंस

4. यह किसने कहा है कि समाज सामाजिक संबंधों का जाल है?

A. के. डेविस
B. आर.एम. मैकाइवर और सी.एच. पेज
C. टी.बी. बोटोमोर
D. ए.आर. देसाई

5. निम्न में से समुदाय को किसके द्वारा परिभाषित किया जाता है?

A. स्थान और पारस्परिक सहयोग
B. भावना और आदान-प्रदान
C. आत्मनिर्भरता और सामाजिक एकरूपता
D. स्थान और समुदायिक भावना

6. निम्न में से कौन समुदाय है?

A. ग्राम B. बौद्ध मठ
C. जाति D. प्रवासी समूह

7. समिति को परिभाषित किया जाता है?

A. एक स्वार्थ समूह के रूप में
B. 'हम भावना' को रखने वाले समूह के रूप में
C. पद्धति से स्थापित स्वरूप के रूप में
D. सांस्कृतिक समूह के रूप में

8. 'हम समितियों से जुड़े हैं न कि संस्थाओं से' यह किसका कथन है?

A. ऑगबर्न B. मैकाइवर तथा पेज
C. जॉन्स D. दुबे

9. एक संस्था है

A. पद्धति का एक स्वरूप B. एक संगठित समूह
C. एकदीर्घ स्तरीय संगठन D. अनौपचारिक समूह

10. निम्न में से कौन सी जन-रीति है?

A. विवाह B. दहेज
C. टाई बांधना D. संयुक्त परिवार

11. प्रदत्त और अर्जित प्रस्थिति के बीच विभेद किसने किया है?

A. मर्टन B. लिन्टर
C. पारसंस D. श्री निवास

12. भूमिका को परिभषित किया गया है?

A. एक विशेष परिभषित किया गया है
B. एक विशेष परिस्थिति में एक क्रिया के रूप में
C. अपेक्षित कार्य के रूप में
D. बुजुर्गों द्वारा निर्देशित क्रिया के रूप में

13. 'प्रस्थिति और संविदा' के बीच विभेद किसने किया है?

A. स्पेन्सर B. टॉन्नीज

C. मैन D. दुर्खीम

14. किसने कहा है कि प्रारंभिक समाजशास्त्र विश्वकोषिक, उद्भावय और सकारात्मक विज्ञान था?

A. अलेक्स इंकेलस B. टी.बी. बोटॉमोर
C. किंग्सले डेविस D. जी.एस. घुरिये

15. समाजशास्त्री व्याख्या में सामूहिकता पर किसने बल दिया है?

A. कार्ल मार्क्स B. आर. डहरेंडोर्फ
C. मैक्स वेबर D. ईमाइल दुर्खीम

16. कौन कहते हैं कि एक बाजार की परिस्थिति द्वारा वर्ग का निर्धारण होता है।

A. कार्ल मार्क्स B. मैक्स वेबर
C. टी.बी. बोटॉमोर D. पी.ए. सोरोकिन

17. संस्कृति का अभिप्राय

A. जीवन के भौतिक पहलुओं से
B. सामाजिक जीवन के विचारात्मक पहलुओं से
C. सामाजिक ओर संस्कृतिक सुधारों
D. तौर तरीकों और शिष्टाचार से

18. निम्न में से कौन सा कथन सही है?

A. मानक साधन है, और मूल्य साध्य है
B. मानक और मूल्य साध्य है
C. मानक और मूल्य तो साधन है और साध्य है
D. मानक और मूल्य न तो साधन है और न साध्य है

19. निम्न में से प्राथमिकता समूह की पहचान कीजिए

A. बस में जा रहे यात्री
B. सिनेमा घर में चलचित्र देखने वाले व्यक्ति
C. फुटबाल टीम
D. दुर्घटना स्थल पर एकत्रित लोग

20. एक प्राथमिक समूह का अत्यंत महत्वपूर्ण लक्ष्य क्या है?

A. सदस्यों की भौतिक समीयता
B. समूह का लघु आकार
C. उद्देश्यों की समरूपता
D. स्वत: और घनिष्ठ संबंध

21. कौन सा द्वितीयक समूह नहीं है?

A. राज्य B. श्रम संगठन
C. क्लब D. नगर पालिका

22. निम्न में से वह बतलाइए जो एक भीड़ पर लागू नहीं होता है।

A. भौतिक उपस्थिति B. अस्थायीपन
C. असंगठित D. चेतनापूर्ण उद्देश्य

23. कानून विहीन भीड़ कौन सी है?

A. चंबल क्षेत्र के डाकू
B. सांस्कृतिक कार्यक्रमों को देखते हुए लोग
C. सार्वजनिक भाषण सुनते हुए लोग
D. शराबियों की भीड़

24. जनमत प्राप्त किया जाता है

A. जनसंचार साधनों से B. मारपीट की धमकी
C. पारस्परिक संबंधों D. धन की शक्ति द्वारा

25. सामाजिक स्तरीकरण को समझाने के लिए प्रकार्यात्मक उपागम की पैरवी की गई

A. मार्क्स द्वारा B. वेबर द्वारा
C. डाहरेनडोर्फ द्वारा D. डेविस और मूर द्वारा

26. मनुष्य का अस्तित्व उसकी चेतना का निर्धारण करता है न कि इसके विपरीत मनुष्य के अस्तित्व का निर्धारण करती है। यह मत किसका है?

A. वार्नर B. दुर्खीम
C. कापड़िया D. मार्क्स

27. निम्न में से वर्ण को पहचानिए

A. महेश्वरी वैश्य B. चितपावन ब्राह्मण
C. क्षत्रिय D. यादव

28. कौन सी प्रजाति नहीं है?

A. यहूदी B. मंगोलॉइड
C. निग्रोइड D. कॉकेसियन

29. प्रस्थिति निर्धारण की आर्थिक कसौटी को पहचानिए—

A. आयु B. लिंग
C. बंधुता D. संपत्ति

30. 'दी स्ट्रूक्चर ऑफ सोशियल एक्शन' नामक पुस्तक लिखी हुई है

A. रोबर्ट के. मर्टन B. विलफ्रेडो पैरेटो
C. टालकट पारसंस D. एस.जे. लेवी द्वारा

31. 'सोशियोलोजिकल बुलेटिन' पत्रिका प्रकाशित होती है।

A. संयुक्त राज्य अमेरिका B. इंग्लैण्ड
C. भारत D. श्रीलंका में

32. यह किसका मत है कि समाजशास्त्र समाज का एक प्रकृति विज्ञान है?

A. ए.आर. रैडक्लिफ ब्राउन B. बी.मैलिनोवस्की
C. के.आर.पोप्पर D. जार्ज लुण्डबर्ग

33. 'सोशियस' शब्द किस भाषा का है?

A. ग्रीक B. जर्मन

C. लैटिन D. रोमन

34. भारत में समाजशास्त्र का प्रारंभ सर्वप्रथम किस विश्व विद्यालय में हुआ?

A. लखनऊ B. बम्बई
C. मैसूर D. पूना

35. 'समाजशास्त्र मानवीय क्रियाओं, अंत:संबंधी उनकी अवस्थाओं एवं परिणामों का अध्ययन है, समाजशास्त्र की यह परिभाषा किसने दी है?

A. मैक्स वेबर B. गिलिन एवं गिलिन
C जिन्सबर्ग D. जॉनसन

36. कौन सा समाजशास्त्र स्वरूपात्मक संप्रदाय से संबंधित नहीं है?

A. टॉनीज B. सोरोकिन
C. वीरकांत D. जॉर्ज सिमेल

37. दुर्खीम का समाजशास्त्र की विषय वस्तु के विभाजन में निम्नलिखि में से कौन सा उपभाग सम्मिलित नहीं है?

A. सामाजिक विरासत B. सामाजिक रचनाकार
C. सामाजिक दैहिकी D. सामान्य समाजशास्त्र

38. किसने विज्ञानों के संस्तरण को प्रस्तुत किया है?

A. मर्टन B. कॉम्ते
C. दुर्खीम D. स्पेन्सर

39. 'विज्ञान से तात्पर्य उस विषय से है जिसका अध्ययन निश्चित सिद्धांतों अर्थात वैज्ञानिक पद्धतियों से किया गया है।' यह परिभाषा किसकी है?

A. पी.वी. यंग B. लुण्डबर्ग
C. पीयरसन D. वीरस्टीड

40. किसने समाज की तुलना मानव से की है?

A. सोरोकिन B. स्पेन्सर
C. अरस्तु D. हाबहाउस

41. 'समाजशास्त्र अन्य सामाजिक विज्ञानों की न तो गृहस्वामिनी है और न ही उनकी दासी है, वह उनकी एक बहन के समान ही है।' यह किसने कहा है?

A. पारसंस B. क्रोजर
C. कूले D. बार्नस एवं बेकर

42. 1971 से 1981 के दशक के बीच तीन शहर जिनकी आबादी सबसे अधिक बढ़ी हैं

A. दिल्ली, बंगलौर, जयपुर
B. कलकत्ता, दिल्ली, मुंबई
C. मद्रास, नागपुर, त्रिवेंद्रम
D. दिल्ली, हैदराबाद, अहमदाबाद

43. महानगर में पाया जाता है

A. राज्य की राजधानी
B. दस लाख से अधिक जनसंख्या
C. बीस लाख से अधिक
D. तीस लाख से अधिक जनसंख्या

44. उस शहर का नाम बताइए जिसका नियोजन लगभग 300 वर्षों पूर्व किया गया था

A. चंडीगढ़ B. भोपाल
C. नागपुर D. बोकारो

45. पूर्व औद्योगिक शहर कौन सा है

A. पुणे B. वाराणसी
C. चंडीगढ़ D. बोकारो

46. भारत में समाजशास्त्र का अध्ययन महत्वपूर्ण है

A. सामाजिक समस्याओं के निराकरण हेतु
B. सामाजिक नियोजन हेतु
C. ग्रामीण पुनर्निर्माण हेतु
D. उपरोक्त

47. 'समाज उन मानवीय संबंधों की पूर्ण जटिलता के रूप में परिभाषित किया जा सकता है जो क्रियाओं को करने से उत्पंन हुए हैं और कार्य साधन व साध्यों के संबंधों के रूप में परिभाषित किए गए हों, चाहे वे यथार्थ हों या प्रतीकात्मक।' यह परिभाषा किसकी है?

A. मैकाइवर एवं पेज B. किंगसले डेविस
C. टालकाट पारसंस D. जिन्सबर्ग

48. समाज में मनुष्य के व्यवहार का निर्धारण मुख्यत: दो शक्तियां करती हैं, जैसे

A. औपचारिक एवं अनौपचारिक
B. प्राकृतिक एवं अप्राकृतिक
C. भौतिक एवं सामाजिक
D. मनोवैज्ञानिक एवं दार्शनिक

49. एक प्रति-क्रांति का अर्थ है

A. वर्तमान व्यवस्था को उखाड़ फेंकना
B. व्यवस्था में मूलभूत परिवर्तन लाना
C. व्यवस्था में लाए जाने वाले परिवर्तनों को रोकना
D. यथाशक्ति को बनाए रखने के लिए परिवर्तन शक्तियों का विरोध करना

50. सामुदायिक विकास योजनाएं कब शुरू की गई थीं

A. 15 अगस्त, 1947 B. 26 जनवरी, 1950
C. 15 अगस्त, 1947 D. 2 अक्टूबर, 1959

51. पंचायत राज का शुभारंभ कहां किया गया था?
A. नागपुर B. नागौर
C. नैनीताल D. नंदगांव

52. 'मॉडर्नाइजेशन ऑफ इंडियन ट्रेडिशन' नामक पुस्तक के लेखक कौन है?
A. ए.आर. देसाई B. एम.एन. श्री निवासन
C. एस.सी. दुबे D. योगेन्द्र सिंह

53. संस्कृतिकरण द्वारा किस प्रकार का परिवर्तन होता है?
A. संरचनात्मक B. शैक्षणिक
C. स्थानिक D. राजनीतिक

54. होमो हैरारकिकस पुस्तक के लेखक का नाम बताइए
A. हट्टन B. घुरिये
C. बैत्तई D. ड्यमा

55. सांस्कृतिककरण बिलम्बना का अर्थ है
A. सांस्कृतिक पिछड़ापन
B. प्रौद्योगिक प्रगति
C. सांस्कृतिक परिवर्तन के बीच अंतर
D. आधुनिक मूल्यों के बारे में अज्ञानता

56. 'विरोधियों की एकता पाई जाती है।' यह कथन किसका है?
A. मार्क्स B. वेबर
C. दुर्खीम D. हीगल

57. प्रवासी भारतीयों ने इंग्लैण्ड में वहां की जीवन पद्धतियों को सीख लिया है। इस प्रक्रिया का नाम है
A. व्यवस्थापन B. अनुकूलन
C. आत्मसात D. सांस्कृतिकरण

58. भारत और पाकिस्तान के बीच वर्तमान संबंध का अर्थ है
A. प्रतिगोगिता B. तनाव
C. संघर्ष D. युद्ध

59. प्राकृतिक चयन का सिद्धांत किसने प्रतिपादित किया है
A. माल्थन B. मार्शल
C. डार्विन D. मार्क्स

60. अवकाश वर्ग के सिद्धांत का प्रस्ताव किसने किया है?
A. बेबलेन B. ममफोर्ड
C. ऑगबर्न D. मार्क्स

61. भारत में जनगणना कब शुरू की गई थी?
A. 1851 B. 1861
C. 1871 D. 1881

62. भारत का सबसे बड़ा शहर कौन सा है?
A. दिल्ली B. मुम्बई
C. मद्रास D. कलकता

63. जनसंख्या में रेखा गणितीय प्रगति का अभिप्राय है
A. जीवन मापन के साधनों के अनुरूप जनसंख्या में वृद्धि
B. जीवन यापन के साधनों में वृद्धि के साथ जनसंख्या में कमी
C. नैतिक नियमनों द्वारा जनसंख्या वृद्धि में नियंत्रण
D. साधनों के अनुरूप जनसंख्या की वृद्धि

64. जवाहरलाल नेहरू ने विशेष बल दिया है
A. परंपरात्मक संस्थाओं के पुनरुत्थान पर
B. क्रांतिकारी परिवर्तन पर
C. नियोजित विकास पर
D. सामाजिक और धार्मिक सुधारों पर

65. भारत में पंचवर्षीय योजना किस प्रतिमान निर्मित की गई थी?
A. अमेरिकन B. ब्रिटिश
C. रशियन D. जापान

66. निम्न में कौन सा कानून है
A. विवाह के नियम
B. अंतर जातीय संबंधों के बारे में प्रतिबंध
C. पर्दा पालन
D. संपत्ति का पैतृक हस्तांतरण

67. अनौपचारिक सामाजिक नियंत्रण अधिक संभव है?
A. विद्यालय B. पड़ोस
C. नातेदारी-समूह D. परिवार में

68. 'इंडियन विलेज' नामक पुस्तक किसने लिखी है?
A. एस.सी. दुबे B. एम.एन. श्री निवास
C. डी.एन. मजूमदार D. मैल्किम मैरियट

69. भारतीय गांव को अविभेदीय, स्थिर और परिवर्तन रहित, इकाई की संज्ञा किसने दी
A. मैन B. मार्क्स
C. मुनरो D. मेटकॉफ

70. 'ग्राम पंचायतें लघु गणतंत्र थी' यह मत किसने दिया है?
A. महात्मा गांधी B. जवाहर लाल नेहरू
C. जय प्रकाश नारायण D. विनोबा भावे

71. ग्राम नगर कड़ी का अभिप्राय है
A. ग्राम नगर संबंधों में समरूपता
B. दोनों में संबंधों की असमरूपता
C. ग्राम पर नगर का प्रभुत्व
D. दोनों में असमस्थ संबंध

72. एक व्यापक राष्ट्रीय नीति कब निर्मित की गई थी?
A. 1966 B. 1976

C. 1981 D. 1989

73. जमींदारी प्रथा का अर्थ है
A. कृषकों का मालिकाना हक
B. भू-स्वामियों का बिचौलिया होना
C. भूमिस्वामियों का पूर्ण अधिपत्य
D. आम लोगों को दासों की तरह समझना

74. जाति और संयुक्त परिवार व व्यावसायिकता में बाधक नहीं रहे हैं। यह कथन है?
A. मैल्किम मैरियट B. बी.आर. शर्मा
C. रोबर्ट रेडफील्ड D. मिल्टन सिंगर

75. पूंजीवादी विकास का मार्ग धर्म निर्धारित करता है। यह मत किसने दिया है?
A. मार्क्स B. वेबर
C. मार्शल D. स्पेन्सर

76. 'एशियन ड्रामा' नामक पुस्तक के लेखक हैं
A. गुन्नार मिरडल B. बी.आर. गाडगिल
C. जवाहरलाल नेहरू D. दादा भाई नौरोजी

77. मैलिनोवस्की ने अपनी पुस्तक 'क्राइम एण्ड कस्टम इन सिविल सोसायटी' में दण्ड के लिए कौन सा उदाहरण दिया है?
A. व्यभिचार B. चारी
C. हिंसा D. पत्नी पिटाई

78. पुस्तक 'प्रिमिटिव लॉ' के लेखक कौन हैं?
A. रेडक्लिफ ब्राउन B. इवान्स प्रिचर्ड
C. मैलिनावस्की D. लोवि

79. 'सोशियल बैक ग्राउण्ड ऑफ इंडियन नेशनलिज्म' नामक पुस्तक किसने लिखी है?
A. आंद्रे बेताई B. योगेन्द्र सिंह
C. एम.एस.ए. राव D. ए.आर. देसाई

80. भारत में जातिवाद सबसे अधिक है
A. शिक्षा के क्षेत्र में B. रोजगार
C. श्रमिक संगठनों में D. राजनीति में

81. क्षितिजीय गतिशीलता का अर्थ है
A. निम्न पद से उच्च पद की ओर गतिशीलता
B. वर्तमान सामाजिक श्रेणी व्यवस्था में नीचे की तरफ गतिशीलता
C. ऊपर या नीचे की तरफ आकस्मिक गतिशीलता
D. लंबयान व्यवस्था को बिना प्रभावित किए ऊपर की ओर गतिशीलता

82. अजगर नाग जाति संयुक्त के लिए किसने दिया है?
A. देवी लाल B. चरण सिंह
C. अजीत सिंह D. विश्वनाथ

83. कास्ट, क्लास, एण्ड पाव नामक पुस्तक के लेखक कौन हैं?
A. आंद्रे बेत्ताई B. जी.एस. घुरिए
C. एम.एन. श्री निवास D. एस.सी. दुबे

84. नातेदारी के चार मूल्य सिद्धांत हैं
A. स्त्रियों के बच्चे पैदा होते हैं
B. स्त्रियां पुरुषों से गर्भवती होती हैं
C. पुरुष प्रायः नियंत्रण रखते हैं
D. प्राथमिक रक्त संबंधी एक दूसरे के साथ

85. सगोत्रता का अर्थ है
A. रक्त संबंध
B. कानूनी या आर्थिक संबंध
C. समाज द्वारा परिभाषित विशेषता
D. पीढ़ी पर गहराई

86. क्षेत्र, जाति और विवाह के नियमों पर आधारित नातेदारी का अध्ययन किसने किया
A. के.एम. कापड़िया B. ए.आर. देसाई
C. इरावती कर्वे D. लीला दुबे

87. ग्राम नगर सतत की अवधारणा का प्रतिपादन किसने किया है?
A. जी.एम. फोस्टर B. एम.एस.ए. राव
C. डेविड जी. मेण्डलबॉम D. रॉबर्ट रेडफील्ड

88. यह किसने कहा है कि 'अछूत' ईश्वर की संतान है?
A. डॉ. अंबेडकर B. महात्मा गांधी
C. जगजीवन राम D. ज्योतिबा फुले

89. उस स्थान का नाम बताइए जहां इंदिरा गांधी हरिजनों पर अत्याचार होने के कारण गई थीं?
A. आगरा B. पंत नगर
C. बाजीतपुर D. ज्योतिबा फुले नगर

90. वह राज्य जहां अधिकतम आदिवासी जनसंख्या पाई जाती है
A. मध्य प्रदेश B. उड़ीसा
C. बिहार D. राजस्थान

91. आदिवासी वो लोग हैं जो
A. ईसाई हो गए हैं
B. हिंदू बन गए हैं
C. अपने आदिवासी जीवन पद्धतियों को बनाए हुए हैं
D. नगरीय लोगों के साथ आत्मसात हो गए हैं

92. काका कालेलकर आयोग की नियुक्ति किनके लिए की गई थी?
A. अनुसूचित जातियों के लिए
B. अनुसूचित जनजातियों के लिए
C. अन्य पिछड़े वर्गों के लिए
D. अल्पसंख्यकों के लिए

93. वर्ण है
A. एक स्थानीय एकक
B. एक क्षेत्रीय विशेषता
C. एक अखिल भारतीय स्वरूप
D. एक अंतरक्रियात्मक घटक

94. अनुलोम का अभिप्राय है
A. अपनी जाति में ही विवाह से
B. उच्च जाति के पुरुष का निम्न जाति की स्त्री के साथ विवाह से
C. निम्न जाति के व्यक्ति का उच्च जाति की स्त्री के साथ विवाह से
D. अपनी ही जाति में निम्न प्रस्थिति की स्त्री का उच्च प्रस्थिति के पुरुष के साथ विवाह से

95. जाति की उत्पत्ति से प्रजातीय सिद्धांत का प्रतिपादन किया गया था
A. घुरिये B. रिजले
C. हट्टन D. श्री निवास

96. जाति को विचारधारा के रूप में मानता है?
A. योगेन्द्र सिंह B. डी.एन. मजूमदार
C. ए.आर. देसाई D. श्रीनिवास

97. बहुविवाह क्या है?
A. अपने गांव से बाहर के लोगों के साथ साथ विवाह
B. अपनी जाति से बाहर विवाह करना
C. अपने गोत्र से बाहर विवाह करना
D. विवाह प्रतिबंधों के तहत आने वाले समूहों बाहर विवाह करना

98. 'थरवड' पाया जाता है
A. तमिलनाडु में B. कर्नाटक में
C. केरल में D. आंध्र प्रदेश में

99. हिंदू विवाह अधिनियम पारित किया गया था?
A. 1950 में B. 1954 में
C. 1955 में D. 1956 में

100. भारत में परिवार संरचनात्मक दृष्टि के एकाकी हैं और प्रकार्यात्मक दृष्टि से संयुक्त है यह कथन किसका है?
A. आई.पी. देसाई B. एम.एस. गोरे
C. के.एम. कापड़िया D. ए.डी. रोम्स

101. दुर्खीम ने कौन सी पुस्तक लिखी है?
A. दी प्रोटेस्टैंट इथिक एण्ड दी स्पिरिट ऑफ के पिटेलिज्म
B. रिलिजन एण्ड सोसायटी अंमग दी कूगर्स ऑफ साउथ इंडिया
C. प्रिमिटिव रिलिजयन
D. दी एलेमेंट्री फोर्मस ऑफ रिलिजियस

102. पवित्र और अपवित्र के बीच विभेद किसने किया?
A. कार्ल मार्क्स B. मैक्स वेबर
C. ऑगस्ट कॉम्ट D. ईमाइल दुर्खीम

103. काले और सफेद जादू के बीच अंतर किसने किया?
A. पेजर B. टाइलर
C. मैक्समूलर D. मेलिनोवस्की

104. धार्मिक आंदोलन की पहचान कीजिए
A. एस.एन.डी.पी. आंदोलन
B. तेलगांना आंदोलन
C. नाडार आंदोलन
D. यादव आंदोलन

105. काला जादू क्या है?
A. मंदिर में पूजा करना
B. अपने शत्रु पर विजय पाने के लिए
C. बीमारी पर काबू पाने के लिए कार्य करना
D. अपने दुश्मन को हानि पहुंचाने के लिए कार्य करना

106. प्रक्रिया की अवधारणा में है
A. एक निश्चित ढंग से निरंतर परिवर्तन
B. परिवर्तन का स्पष्ट निर्देशन
C. मूल्य की अनुभूति का समावेश
D. दो या अधिक वस्तुओं की व्यवस्थाओं का व्यवस्थापन

107. मात्रात्मक परिवर्तन किया जाता है
A. उद्‌विकास में B. प्रगति में
C. व्यवस्थापन में D. वृद्धि में

108. व्यक्तियों या व्यवस्थाओं के अधिकतम सह-अस्तित्व का अर्थ है
A. अनुकूलन B. आत्मघात
C. व्यवस्थापन D. समायोजन

109. निम्न में से कौन सा सही क्रम है
A. आध्यात्मिक, धार्मिक, वैज्ञानिक

B. धार्मिक, आध्यात्मिक वैज्ञानिक
C. वैज्ञानिक, आध्यात्मिक, धार्मिक
D. आध्यात्मिक, वैज्ञानिक, धार्मिक

110. कौन सा समुदाय है ?
A. भारतीय मूल के व्यक्ति
B. इलाहाबाद में बंगाली ब्राह्मण
C. श्रमिक संघ आंदोलन
D. भारतीय समाज

111. 'हम समिति के सदस्य होते हैं, संस्था के नहीं' यह कथन किसने कहा है ?
A. मर्टन B. बॉटोमोर
C. जिन्सबर्ग D. मैकाइवर एवं पेज

112. निम्नलिखित में से कौन सी समिति है ?
A. विवादित समिति
B. कक्षा में समाजशास्त्र
C. कर्म के सिद्धांत को मानने वाले
D. जाति व्यवस्था

113. 'संस्थाएं संस्कृति की वाहक हैं' यह कथन किसका है ?
A. मैकाइवर एवं पेज B. समनर
C. कूले D. गिडिंग्स

114. जनरीतियों, प्रथाओं, रूढ़ियों का स्थाई ढांचा ही है
A. समिति B. समाज
C. संस्था D. समूह

115. वह व्यक्ति जो किसी विशिष्ट स्थिति में अपेक्षित कार्य करता है, उसे एच.एम. जॉनसन के अनुसार कहते हैं
A. कार्य अधिमोक्त B. कार्य संपादक
C. प्रदर्शक D. कर्त्ता

116. मुख्य प्रस्थिति की अवधारणा के प्रतिपादक है
A. राल्फ लिण्टर B. आर.एम. मैकाइवर
C. ई.टी. हिटलर D. किंग्सले डेविस

117. प्रदत्त प्रस्थिति का आधार कौन सा नहीं है ?
A. आयु भेद B. लिंग भेद
C. दलाल D. न्यायाधीश

118. कौन सबसे अधिक प्रतिष्ठा प्राप्त करता है ?
A. धनाढ्य व्यापारी B. निजी चिकित्सक
C. दलाल D. न्यायाधीश

119. 'सामाजिक संरचना का संबंध सामाजिक संगठन के प्रमुख स्वरूपों अर्थात समूहों, समितियों तथा संस्थाओं और इन सबके संकुल से है, जो समाज के अंग है।' यह परिभाषा किसकी है ?
A. मैकाइवर B. मैनहीम
C. जिन्सबर्ग D. नैडेल

120. सामाजिक संरचना का अध्ययन किसके लिए आवश्यक है ?
A. सामाजिक व्यवस्था B. सामाजिक संगठन
C. सामाजिक विघटन D. उपरोक्त सभी

उत्तरमाला

1	2	3	4	5	6	7	8	9	10
D	C	C	B	D	A	A	B	A	C
11	**12**	**13**	**14**	**15**	**16**	**17**	**18**	**19**	**20**
B	D	D	A	D	A	B	A	C	D
21	**22**	**23**	**24**	**25**	**26**	**27**	**28**	**29**	**30**
C	D	D	A	D	D	C	A	D	A
31	**32**	**33**	**34**	**35**	**36**	**37**	**38**	**39**	**40**
C	D	C	B	C	B	A	B	D	B
41	**42**	**43**	**44**	**45**	**46**	**47**	**48**	**49**	**50**
D	B	B	B	D	D	C	D	D	C
51	**52**	**53**	**54**	**55**	**56**	**57**	**58**	**59**	**60**
A	B	A	C	A	D	A	A	D	B
61	**62**	**63**	**64**	**65**	**66**	**67**	**68**	**69**	**70**
D	A	A	B	C	B	B	D	A	A
71	**72**	**73**	**74**	**75**	**76**	**77**	**78**	**79**	**80**
A	C	B	C	B	A	A	D	D	D

81	82	83	84	85	86	87	88	89	90
D	C	B	C	A	C	D	A	D	A
91	**92**	**93**	**94**	**95**	**96**	**97**	**98**	**99**	**100**
A	A	C	B	B	A	D	C	C	D
101	**102**	**103**	**104**	**105**	**106**	**107**	**108**	**109**	**110**
D	D	A	A	D	D	C	D	C	B
111	**112**	**113**	**114**	**115**	**116**	**117**	**118**	**119**	**120**
B	D	B	C	A	A	C	D	C	A

अध्याय 23

समकालीन मुद्दे : विकासीय
(Contemporary Issues : Developmental)

जनसंख्या (Population)

जनसंख्या में वृद्धि (Increase in Population)

भारत की जनसंख्या आज विश्व की जनसंख्या की 17.5% है। चीन के बाद भारत विश्व का दूसरा, अमरीका तीसरा और इंडोनेशिया चौथा सबसे बड़ा देश है। इन देशों की पूरे विश्व में जनसंख्या है – चीन में 19.4%, अमरीका में 4.5% और इंडोनेशिया में 3.4%। भारत और इन तीन देशों (चीन, इंडोनेशिया, और अमरीका) में विश्व की जनसंख्या की लगभग आधी जनसंख्या रहती है। 2010 में पाकिस्तान की जनसंख्या 184.8 करोड़, बंगलादेश की 164.4 करोड़ तथा जापान की 12.7 करोड़ थी। जिस पैमाने पर भारत की आबादी बढ़ रही है वह दिल को दहला देने वाली है। जबकि 1600 में हमारे देश की आबादी का अनुमान 10.0 करोड़ था, वह 1871में 25.4 करोड़, 1931में 27.87 करोड़, 1941में 31.86 करोड़, 1951में 36.10 करोड़, 1981 में 68.51 करोड़, 1991 में 84.96 करोड़, 1997 में 95.52 करोड़, और 2011 में 121.05 करोड़, हो गई। इस प्रकार जब हमने 1931-41के दशक में 3.96 करोड़ लोग अपनी आबादी में जोड़े, 1941-51 में 4.24 करोड़, 1951-61 में 7.66 करोड़, 1961-71 में 11.35 करोड़, 1971-81 में 13.89 करोड़, और 1981-91 में 15.95 करोड़, और 1991-2001 में 18.73 करोड़, और 2001-11 में 18.5 करोड़ जोड़े। 1931-61 के तीन दशकों में जब कि आबादी में शुद्ध वृद्धि 15.88 करोड़ थी, 1961-91 के तीन दशकों में वह 41.19 करोड़ थी अर्थात जब 1921-51में प्रतिशत में वृद्धि 12.9 करोड़ थी, 1961-91में वह 93 थी। 1991-2001 के दशक में 18.23 करोड़ व्यक्तियों की वृद्धि हुई। 2001-2011 में लगभग 18.15 करोड़ व्यक्तियों की वृद्धि हुई। इसका अर्थ यह हुआ कि जहां 1600 ई. और 1800 ई. के बीच 200 वर्षों में इसमें 20% वृद्धि हुई और अगले 100 वर्षों में 1801 ई. तथा 1901 ई. के बीच लगभग 100% वृद्धि हुई। वहीं अगले 100 वर्षों में यह वृद्धि 319% हुई। यदि जनसंख्या वृद्धि को पुन: तीन स्पष्ट अवधियों में विभाजित करें: (a) 1901 से 1931 तक (b) 1931 से 1961 तक (c) 1961 से 1999 तक तो पता चलता है कि 30 वर्ष की प्रथम अवधि में केवल 57.4% की वृद्धि हुई और अगले चार दशकों में 127% की विस्फोटक वृद्धि हुई। इस प्रकार 1921 से पूर्व जनसंख्या वृद्धि मंथर गति से, 1921 से 1951 के बीच तीव्र गति से और 1951 से 2001 तक को विस्फोटक वृद्धि (explosive increament) कहा जा सकता है। 2011 के जनगणना में भारतीय जनसंख्या के जन्म दर में मामूली गिरावट आई है। बढ़ती भारतीय जनसंख्या का हाल यह है कि :

(क) विश्व का आज हर छठा व्यक्ति भारतीय है।

(ख) भारत हर दिन अपनी जनसंख्या में लगभग 43,281 व्यक्ति जोड़ लेता है।

(ग) भारत की जनसंख्या में वृद्धि 15 दिन में चण्डीगढ़ और प्रत्येक माह में एक आस्ट्रेलिया की जनसंख्या के बराबर हो जाती है। भारत में हर 12 महीने में जनसंख्या में वृद्धि लगभग 155 मिलियन है जो फ्रांस, ब्रिटेन और इटली की मिश्रित जनसंख्या से कुछ ही कम है।.

(घ) भारत की जनसंख्या में एक दशक में लगभग 40% की वृद्धि चार राज्यों – बिहार, मध्य प्रदेश, राजस्थान और उत्तर प्रदेश में ही है।

(ङ) सन 2030 तक भारत चीन को पीछे छोड़कर संसार का सबसे अधिक जनसंख्या वाला राष्ट्र बन जायेगा। जबकि चीन की 123 करोड़ की तुलना में भारत की जनसंख्या 138 करोड़ होगी (2010 में चीन की जनसंख्या 1354.1 करोड़ थी)। 2011 के जनगणना के अनुसार वर्तमान में भारत में औसत जनसंख्या वृद्धि दर 1.64% है जबकि चीन में 0.50% है।

(च) प्रजनन अवधि को पार करने वाले दंपतियों से हर वर्ष तीन गुना अधिक दंपति उसमें प्रवेश करते हैं और इस कम आयु के

समूह की जनन क्षमता की दर उन लोगों की जनन क्षमता जो प्रजनन क्षेत्र को छोड़ रहे हैं, से तीन गुनी अधिक होती है।

(छ) वृद्धि की वर्तमान दर से अधिकांश भारतीयों की जीवन 30-40 वर्ष उपरांत असहनीय हो जायेगा। चिकित्सा सुविधाओं को उपलब्ध कराना अति कठिन हो जायेगा, शिक्षा, मकान आदि का खर्चा अत्यधिक हो जायेगा, तकनीकी और व्यवसायिक शिक्षा विशिष्ट व्यक्तियों का अनन्य परमाधिकार बन जायेगा और खाद्यान्नों की कमी राष्ट्र के तीन-पांचवें भाग को निर्धनता रेखा के नीचे ढकेल देगी।

भारत में जनसंख्या वृद्धि के कारण (Causes of Increase in India's Population)

भारत में जनसंख्या वृद्धि के मुख्यत: दो कारण हैं : मृत्यु दर में भारी कमी और जन्म दर का ऊंचा रहना। अब हम विचार करेंगे कि इस स्थिति के क्या कारण हैं।

मृत्यु दर में गिरावट के कारण
(Causes of the Decline in the Mortality Rate)

1. अकालों में कमी – ब्रिटिश काल में मृत्यु दर ऊंची रहने का एक मुख्य कारण बार-बार अकालों का पड़ना था। तब से स्थिति में काफी सुधार हुआ है। आजादी के बाद अकाल रोकने की दृष्टि से विभिन्न उपाय किए गए हैं। सूखा और फसल खराब होने की स्थिति में राहत कार्य जिस तेजी से किया जाता है उससे ज्यादा लोगों की जाने नहीं जातीं। आर. एच. केसन के अनुसार 1966-70 तक राहत और बचाव उपाय इतने अच्छे हो गए थे कि इस अवधि में फसलें खराब होने के बावजूद ज्यादा लोग अकाल में नहीं मरे। बीसवीं शताब्दी के आठवें दशक में चार बार अकाल पड़ा लेकिन हर बार सरकार देश को अकाल से बचा पाने में सफल रही। हाल में 2001-02 की तुलना में 2002-03 में खाद्यान्नों के उत्पादन में 13.6 प्रतिशत कमी होने के बावजूद भी ज्यादा लोग अकाल से नहीं मरे क्योंकि सरकार ने अपने खाद्यान्न भंडारों का प्रयोग कर स्थिति को संभाल लिया। तात्पर्य यह है कि अकालों पर काबू पा लिया गया है और इससे मृत्यु दर नीची हुई है।

2. महामारियों पर नियंत्रण. – स्वतन्त्रता से पहले इस देश में प्लेग, हैजा और चेचक का भारी प्रकोप रहता था और इन महामारियों से मरने वालों की संख्या काफी बड़ी होती थी। अब भी ये महामारियां इस देश में पूरी तरह खत्म नहीं हुई हैं लेकिन अब ये काफी नियंत्रण में हैं। प्लेग तो स्वतन्त्रता से पहले ही लगभग समाप्त हो गई। इसलिए पिछले चार दशकों से मृत्यु दर में जो कमी आई है उसमें प्लेग पर नियंत्रण की कोई भूमिका नहीं है। इस अवधि में चेचक और हैजे की रोकथाम से स्थिति में बहुत सुधार हुआ है। हैजे से 1925 में लगभग 5 प्रतिशत मौतें हुई थीं। इसकी तुलना में 1967 में हैजे से मरने वालों का प्रतिशत केवल 0.4 था। चेचक भी अब मृत्यु का कारण नहीं है। अत: यह लगता है कि महामारियों की रोकथाम से मृत्यु दर नीची हुई है।

3. मलेरिया और तपेदिक की व्यापकता में कमी – आजादी के बाद मलेरिया सम्बन्धी स्थिति में विशेष परिवर्तन हुआ है। बीसवीं शताब्दी के चौथे दशक में जब मृत्यु दर लगभग 31 प्रति हजार थी उस समय मलेरिया से मरने वालों की संख्या 16 प्रतिशत थी। अब मृत्यु दर 7.1 प्रति हजार है। दूसरे विश्वयुद्ध के बाद से मृत्यु दर में इस कमी के लिए मलेरिया की रोकथाम विशेष रूप से जिम्मेदार है। मलेरिया के नियन्त्रण से न केवल करोड़ों लोगों की जाने बचाई जा सकी हैं बल्कि उन लोगों के जीवन की भी रक्षा हुई है जो मलेरिया से पीड़ित हो जाने के बाद कमजोरी की अवस्था में दूसरे रोगों से ग्रस्त हो जाते थे और अन्ततः काल के ग्रास बनते थे। तपेदिक की रोकथाम से अपेक्षाकृत थोड़ी ही सफलता मिली है।

जन्म दर ऊंची होने के कारण
(Causes of the High Birth Rate)

भारत में जन्म दर अब भी ऊंची है और यह आशा कि परिवार नियोजन कार्यक्रम के फलस्वरूप यह नीची होगी, निराधार सिद्ध हुई है। पिछले छ: दशकों में भारत में जन्म दर में विशेष कमी नहीं हुई है। 1961 में भारत में कुल जनन क्षमता दर (total feruility rate) 6.11 प्रति महिला थी जो 2001 तक कम होते-होते 3.50 प्रति महिला और 2010 में 2.5 प्रति महिला रह गई। निश्चय ही यह महत्त्वपूर्ण गिरावट है परन्तु अभी भी यह दर बहुत ज्यादा है। हालांकि 2011 के जनगणना में भारतीय जनसंख्या के जन्म दर में मामूली गिरावट आई है। इसका कारण यह है कि इस देश में अनेक आर्थिक और सामाजिक कारक ऊंची जनन क्षमता के पक्ष में हैं।

आर्थिक कारक (Economic Factors)

1. कृषि की व्यापकता– भारत का मुख्य व्यवसाय कृषि है। खेती में लगे हुए लोगों के लिए बालक लम्बे अर्से तक भार नहीं होते। छोटी आयु में ही वे पशुओं को चराने, खेतों की रखवाली करने, निराई करने आदि में पिता का हाथ बंटाने लगते हैं। इसलिए किसान अधिक सन्तान को बुरा नहीं समझते।

2. शहरीकरण का नीचा स्तर– पश्चिमी देशों की तुलना में भारत में शहरों की संख्या और उनमें रहने वाली जनसंख्या का अनुपात बहुत कम है। भारत में 31.15 प्रतिशत शहरी जनसंख्या की तुलना में इंग्लैंड और जर्मनी की जनसंख्या का क्रमश: 92 प्रतिशत और 86 प्रतिशत भाग शहरों में निवास करता है। शहरों में आवास की समस्या, बच्चों का महंगा लालन-पालन, संयुक्त परिवार का टूटना आदि वे बहुत सारे कारण हैं जिनसे जन्म दर में कमी होती है। अनेक विद्वानों का विचार है कि भारत में जैसे-जैसे औद्योगीकरण बढ़ेगा जन्म दर में कमी होगी। लेकिन रोबर्ट कैसन (Rober Cassen) के अनुसार ''भारत में जो शहरीकरण हुआ है उसके साथ इस प्रकार के सामाजिक परिवर्तन नहीं हुए हैं जो जन्म दर को नीचे लाते हैं। दरअसल समाजशास्त्रीय अध्ययनों के अनुसार ग्रामीण जीवन की सामाजिक व्यवस्था और वहां का पारिवारिक ढांचा कस्बों अथवा शहरों में आश्चर्यजनक ढंग से जीवित है।''

3. गरीबी की व्यापकता– परिवार की आय का स्तर नीचा होने पर परिवार में एक अतिरिक्त बच्चे के लालन-पालन पर आने वाले खर्च की तुलना में उससे प्राप्त होने वाले फायदे ज्यादा होते हैं। ये परिवार बच्चों से तीन प्रकार के फायदों की आशा करते हैं। ये फायदे हैं– अतिरिक्त आय, सामाजिक सुरक्षा और विभिन्न प्रकार की सेवाएं। विश्व बैंक के प्रकाशन *World Development Report* 1984 के अनुसार भी ''गरीब माता-पिताओं के लिए बच्चों की परवरिश की लागत नीची होने के ठोस कारण हैं। बच्चों से आर्थिक (और अन्य) लाभ ज्यादा हैं, इसलिए ज्यादा बच्चे होना आर्थिक दृष्टि से विवेकपूर्ण है।'' इस मत की पुष्टि गुन्नार मिर्डल (Gunnar Myrdal) ने भी की है।

सामाजिक कारक (Social Factors)

1. विवाह की व्यापकता– भारत में विवाह एक धार्मिक एवं सामाजिक आवश्यकता है। भारत में परम्परा के अनुसार माता-पिता अपनी कन्याओं का विवाह करना अपना कर्तव्य समझते हैं और इसके फलस्वरूप 50 वर्ष की आयु तक 1,000 में से केवल 5 स्त्रियों का ही विवाह नहीं होता। इस तरह विवाह की व्यापकता से लगभग सभी स्त्रियों का जनसंख्या वृद्धि में काफी योगदान रहता है। देश में शिक्षा के प्रसार के साथ जब विवाह के बारे में लोगों के दृष्टिकोण बदलेंगे और काफी स्त्रियां विवाह नहीं करेंगी तभी जनसंख्या वृद्धि पर कुछ रोक लगेगी। लेकिन भारत में अभी ऐसी संभावना दिखाई नहीं देती।

2. विवाह के समय कम उम्र होना– जनसंख्या विशेषज्ञों की राय में स्त्रियों का कम उम्र में विवाह उनकी ऊंची जनन क्षमता का कारण है। एन. सी. दास की जांच से पता चला है कि 20 से 24 वर्ष के बीच में विवाह करने वाली स्त्रियों की जननक्षमता 20 वर्ष से कम उम्र में विवाह करने वाली स्त्रियों के बराबर ही होती है। जब विवाह की उम्र 25 या अधिक होती है तभी जनन क्षमता कुछ कम होती है। भारत में इस समय भी स्त्रियों की विवाह के समय औसत आयु 18 वर्ष के आस-पास है, इसलिए यह कारक जनन क्षमता के नीचे आने बराबर बाधक रहेगा।

3. धार्मिक और सामाजिक अन्धविश्वास– साधारण भारतीय की दृष्टि से सन्तान का जन्म ईश्वर की कृपा है। वे इसमें हस्तक्षेप ठीक नहीं समझते। इसके अतिरिक्त धार्मिक और सामाजिक अन्धविश्वासों के कारण साधारणतया सभी भारतीय सन्तान की इच्छा रखते हैं। हिन्दू तो पुत्र को परलोक में मुक्ति के लिए आवश्यक समझते हैं। इस रूढ़िवादिता के कारण भारतीय विवाह होते ही सन्तानोत्पत्ति में लग जाते हैं। बहुत सारे व्यक्ति तो पुत्र जन्म की इच्छा से उस समय तक सन्तानोत्पत्ति करते रहते हैं जब तक कि उनकी मनोकामना पूरी नहीं हो जाती।

4. संयुक्त परिवार प्रथा– भारतीय नगरों में हालांकि संयुक्त परिवार प्रणाली टूटने लगी है फिर भी गांवों में यह अब भी जीवित है। संयुक्त परिवार में अक्सर माता-पिता पर सन्तान के लालन-पालन का भार और उसकी शिक्षा की जिम्मेदारी अनिवार्य रूप से नहीं होती। यदि परिवार का मुखिया अथवा कोई सदस्य रोजगार में लगा हुआ है जिससे पर्याप्त आय हो रही है तो सन्तान पैदा करने से पहले युवा दम्पत्ति कोई जिम्मेदारी अनुभाव नहीं करते। वे यह मानकर चलते हैं कि उनकी सन्तान के पालन की जिम्मेदारी भी परिवार के कर्ता अथवा मुख्यिा पर ही है।

5. शिक्षा का अभाव– भारत में अशिक्षा व्यापक है। 2011 की जनगणना के अनुसार इस देश में 73 प्रतिशत लोग साक्षर हैं। स्त्रियों में साक्षरता और भी कम अर्थात् 64.6 प्रतिशत है जबकि पुरुषों में साक्षरता अनुपात 80.9 प्रतिशत है। स्त्रियों में साक्षरता प्राय: शहरी क्षेत्रों में केन्द्रित है और निरक्षरता सबसे ज्यादा पिछड़े राज्यों में है। अनेक अर्थशास्त्रियों की राय है कि केवल शिक्षा से ही परिवार, विवाह और बाल जन्म के विषय में लोगों के विचार बदल सकते हैं। जब तक बड़ी संख्या में लोग अशिक्षित रहेंगे उनके अन्धविश्वास नहीं बदलेंगे और चाहे बड़े परिवार से उन्हें गरीबी का कितना ही सामना क्यों

न करना पड़े वे इस सम्बन्ध में अपने विचार नहीं बदलेंगे। इस बात के अब काफी सांख्यिकीय प्रमाण हैं कि हायर सेकंडरी स्कूल तथा कॉलेज की शिक्षा से जनन क्षमता नीचे आती है। एक तो इस शिक्षा लेने के प्रयास में विवाह के समय आयु ऊंची हो जाती है, फिर शिक्षित लोग अन्धविश्वासी कम होते हैं और परिवार नियोजन को जीवन स्तर सुधारने का एक सही उपाय मानते हैं।

6. संतति निरोधक उपायों का सीमित उपयोग– भारत में अभी संतति निरोधक उपायों का प्रयोग सामान्यत: नगरों की शिक्षित जनसंख्या तक ही सीमित है। यद्यपि गांवों में भी राज्य द्वारा परिवार नियोजन सम्बन्धी प्रचार कार्य चल रहा है तथा संतति निरोध के लिए तरह-तरह की सुविधाएं प्रदान की जा रही हैं, फिर भी वहां अभी अधिक सफलता नहीं मिल सकी है।

जनसंख्या एवं आर्थिक विकास (Population and Economic Development)

किसी देश के आर्थिक विकास में जनसंख्या की क्या भूमिका होती है? क्या जनसंख्या वृद्धि देश के आर्थिक विकास में सहायक होती है अथवा बाधक? इस प्रश्न का हमारे पास कोई सीधा उत्तर नहीं है। यह तो देश की स्थितियों पर निर्भर करता है। उदाहरणार्थ, 19वीं शताब्दी के प्रारंभिक काल में जनसंख्या वृद्धि से पश्चिमी देशों के आर्थिक विकास को बहुमूल्य प्रोत्साहन मिला था। जनसंख्या वृद्धि से इन देशों को आवश्यक श्रम पूर्ति प्राप्त हुई जिससे इनका द्रुत गति से औद्योगीकरण संभव हो सका। आज भी पश्चिमी देशों की स्थिति में कोई विशेष अंतर नहीं पड़ा है।

लेकिन आज के अल्प विकसित देशों की समस्या भिन्न है। इस प्रकार के देश में द्रुतगति से बढ़ती हुई जनसंख्या विकास प्रक्रिया में सहायक होने के बजाय उल्टे बाधक हो जाती है।

आइए, अब हम यह देखें कि तेजी से बढ़ती हुई जनसंख्या का अल्प विकसित देश की अर्थ व्यवस्था पर क्या प्रभाव पड़ता है।

1. जनसंख्या जब तेजी से बढ़ती है तो बहुत सारे साधन जिनका उपयोग विकास कार्यों के लिए किया जा सकता है, आम उपभोग की वस्तुओं के उत्पादन में लगाने पड़ते हैं। खाद्य पदार्थों, आवास, वस्त्रों आदि की मांग जनसंख्या बढ़ने के साथ-साथ बढ़ती है जिसे पूरा करने के लिए इनका उत्पादन भी बढ़ाना होता है। इस प्रकार जब एक विकासशील देश अनिवार्य आवश्यकता की वस्तुओं का उत्पादन बढ़ाने में उलझ जाता है तो विकास में बाधा पड़ती है।

2. जनसंख्या की वृद्धि से भूमि तथा कच्चे पदार्थों के साथ जनसंख्या का अनुपात ऊंचा हो जाता है और इससे संबंधित उद्योगों में परिवर्तनशील साधनों (Variable Factors) की उत्पादिता में कमी हो जाती है। जिससे आर्थिक विकास में बाधा पहुंचती है।

3. अल्पविकसित देशों में जनसंख्या वृद्धि से बेरोजगारी एवं न्यून रोजगार (under employment) की गंभीर समस्याएं उत्पन्न हो जाती हैं। ऐसे देशों में तो पहले से ही जनसंख्या का आधिक्य होता है। यदि श्रम पूर्ति में और अधिक वृद्धि होती है तो इससे बेरोजगारी एवं न्यून रोजगार की समस्याएं और भी अधिक गंभीर हो जाएंगे क्योंकि पूंजी एवं परिपूरक साधनों के अभाव में अतिरिक्त जनसंख्या को लाभपूर्ण रोजगार (gainful employment) प्रदान नहीं किया जा सकता।

4. पश्चिमी देशों में जनसंख्या वृद्धि का पूंजी-निर्माण पर लाभदायक प्रभाव पड़ता है। इसका कारण यह है कि जनसंख्या वृद्धि समाज की **प्रभावपूर्ण मांग** (effective demand) को बढ़ा देती है। परिणामस्वरूप निवेशों की मात्रा बढ़ जाती है। जिससे समाज की आय में वृद्धि होती है। परिणामत: बचतों की मात्रा भी बढ़ जाती है। जिसका पूंजी निर्माण पर अनुकूल प्रभाव पड़ता है। लेकिन अल्पविकसित देश में जनसंख्या वृद्धि से पूंजी निर्माण की दर बढ़ने के बजाए उल्टे घट जाएगी। चूंकि अल्प विकसित देश में पूंजी एवं अन्य साधनों का अभाव होता है, अत: जनसंख्या वृद्धि के फलस्वरूप अतिरिक्त श्रम पूर्ति को उत्पादक कार्यों में नहीं लगाया जा सकता है। लेकिन इस अतिरिक्त श्रम पूर्ति के लिए भोजन, कपड़े एवं मकानों की व्यवस्था करनी होगी। इससे उपभोग व्यय निश्चय ही बढ़ जाएगा। लेकिन देश का आय स्तर स्थिर ही रहेगा। परिणामत: बचतों की मात्रा पहले से कम हो जाएगी। अत: अल्प विकसित देश में द्रुत गति से बढ़ती हुई जनसंख्या पूंजी निर्माण के लिए हानिकारक होती है।

जनसंख्या नियन्त्रण (Population Control)

स्वामीनाथन समिति

जनसंख्या नियंत्रण से संबद्ध इस समिति द्वारा निम्न उपाय सुझाए गए थे :

(1) 2010 ई. तक 2.1 कुल प्रजनन क्षमता दर के लक्ष्य को प्राप्त करके जनसंख्या को स्थिर करना।

(2) तीव्र और न्यूनतम आवश्यकताओं को पूरा करने संबंधी कार्यक्रम लागू करना।

(3) पंचायतों, नगर पालिकाओं और राज्यों को विधायिकाओं के माध्यम से वर्तमान उर्ध्वाकार संरचित परिवार कल्याण कार्यक्रम के स्थान पर विकेंद्रिकृत लोक तांत्रिक नियोजन लागू करना।

(4) प्रजनन क्षमता दर के राष्ट्रीय औसत उपलब्धि के लक्ष्य को छोड़कर केंद्रिय व राज्य सरकारों द्वारा विशेष गर्भ निरोधक विधियों के प्रयोग के लिए लक्ष्य निश्चित करने का विचार त्यागना।

(5) गर्भ निरोध विधि प्रयोग कर्त्ताओं और उनके प्रेरकों को नकद या वस्तु के रूप में दिया जाने वाला प्रोत्साहन समाप्त कर दिया जाए।

(6) इस समय परिवार नियोजन केवल महिलाओं की जिम्मेदारी बन कर रह गई है; स्पष्ट रूप से आवश्यकता इस बात की है कि परिवार सीमित करने की संपूर्ण जिम्मेदारी को स्त्रियों पर रखने की प्रवृत्ति को रोका जाए।

अनेक विशेषज्ञों ने इस समिति की सिफारिशों की आलोचना की थी सुझाव दिए कि इन्हें अस्वीकार किया जाना चाहिए। उस समय उनके तर्क इस प्रकार थे : (क) रिपोर्ट में गहन विश्लेषण व औचित्य का अभाव है। सुझाया गया दृष्टिकोण विशुद्ध रूप से प्रबंधात्मक हैं और सुझाए गए कदम पूर्व के असफल सूत्रों की पुनरावृत्ति मात्र है कि विकास सबसे अच्छा गर्भ-निरोध है। (ख) न्यूनतम आवश्यकताओं और जनसंख्या नियंत्रण का कोई संबंध नहीं है। वे सभी लक्ष्य जो तमाम राजनैतिक वायदों के साथ विभिन्न आम चुनावों और पंचवर्षीय योजनाओं के बावजूद गत दशकों में प्राप्त न किए जा सके, 2000 तथा आगे भी किस प्रकार पूर्ण हो सकेंगे जबकि हमारी जनसंख्या ने 90 करोड़ का चिन्ह पहले ही पार कर लिया है जिसमें से लगभग 35 करोड़ लोग गरीबी की रेखा से नीचे जीने के लिए मजबूर है (ग) राजनीति से प्रेरित जनसंख्या आयोग अप्रभावी रहेगा। (घ) समिति ने उन लोगों के लिए कोई हतोत्साहन नहीं रखा जिन्होंने परिवार नियोजन प्रतिमानों का उल्लंघन किया। (ङ) रिपोर्ट यह स्पष्ट नहीं करती कि हम तेज गति बढ़ने वाली जनसंख्या को क्यों रोक नहीं सके यद्यपि 1951 से ही कार्यक्रम चल रहे हैं। क्या यह असफलता प्रशासनिक व्यवस्था में कमी के कारण हुई या गलत नीतियों के कारण या दोष पूर्ण क्रियांवयन के कारण? यह मौलिक प्रश्न है जिसकी रिपोर्ट में उपेक्षा की गई है। (च) भारत में जनसंख्या नियंत्रण की राह में सबसे बड़ी बाधा राजनैतिक उदासीनता है परंतु समिति ने इस पक्ष को कोई महत्त्व नहीं दिया।

राष्ट्रीय जनसंख्या नीति 2000

(1) आर्थिक और सामाजिक विकास का उद्देश्य लोगों के जीवन स्तर को उठाना, उनके लिए कल्याण संबंधी कार्यक्रम बढ़ाना और उन्हें समाज में उत्पादी परिसंपत्ति बनने के लिए अवसर उपलब्ध कराना है। अवलम्बनीय विकास के लिए जनसंख्या को स्थिर करना आवश्यक है। ऐसे विकास के लिए जरूरी है : सभी व्यक्तियों के लिए जननीय स्वास्थ्य देखभाल सुलभ करवाना, प्राथमिक और माध्यमिक शिक्षा के अवसर बढ़ाना, सफाई, साफ पीने का पानी व मकान जैसी मूल सुविधाएं देना, महिलाओं का सशक्तिकरण करना एवं उन्हें काम करने के अवसर प्रदान करना, तथा यातायात व संचार के साधन उपलब्ध करवाना।

(2) भारत में जनसंख्या में वृद्धि के मूल कारण है : जननीय आयु-समूह में जनसंख्या का बड़ा आकार, उच्च प्रजनन क्षमता तथा लड़कियों का कम आयु में विवाह आदि। अत: राष्ट्रीय जनसंख्या नीति के लघुकालीन प्रमुख ध्येय होंगे; गर्भरोध, स्वास्थ्य अत: संरचना, स्वास्थ्य कार्मिक तथा जननीय स्वास्थ्य देखभाल के लिए एकीकृत सेवा पर अधिक ध्यान देना। इस का मध्य कालीन लक्ष्य था 2010 तक प्रजनन दर को कम करना। इसका दीर्घ कालीन लक्ष्य होगा 2045 तक जनसंख्या को उस स्तर पर स्थिर करना जो अबलम्वनीय आर्थिक व सामाजिक विकास के लिए उचित है।

(3) उपर्युक्त लक्ष्यों की प्राप्ति के लिए 14 राष्ट्रीय सामाजिक जनसंख्याकीय लक्ष्य निर्धारित किए गए हैं जिन्हें 2010 तक प्राप्त करना होगा। ये लक्ष्य हैं—

(1) मूल जननीय और बाल स्वास्थ्य सेवाएं और अध: संरचना संबंधी आवश्यकताएं पूरी करना।

(2) 14 की आयु तक शिक्षा को मुफ्त व आवश्यक बनाना।

(3) शिशु मृत्यु दर को प्रति 1000 पर 30 से कम करना।

(4) मातृ मृत्युदर को एक लाख पर 100 से कम करना।

(5) बच्चों को रोकने योग्य बीमारियों के लिए टीकों द्वारा उन्मुक्त करवाना।

(6) लड़कियों का विवाह 20 के बाद करने को प्रोत्साहित करना।

(7) प्रसव 80% संस्थात्मक तरीकों से और 100% प्रशिक्षित व्यक्तियों द्वारा करवाने पर बल देना।

(8) गर्भपात के बारे में पूरी जानकारी उपलब्ध करवाना।

(9) एड्स के बारे में जानकारी देना।

(10) प्रेरणशील बीमारियों पर नियंत्रण करना।

(11) जननीय और बाल स्वास्थ्य देखभाल में चिकित्सा की व्यवस्था पर बल देना।

(12) कुल प्रजनन क्षमता (TFR) स्तर के लिए छोटे परिवार के विचार को प्रोत्साहित करना।

इन लक्ष्यों की प्राप्ति के लिए निम्न प्रोग्राम को लागू करने पर बल दिया गया है; योजना का विकेंद्रीकरण ग्राम स्तर पर सेवाओं की उपलब्धि महिलाओं का सशक्तिकरण, नगरों में गंदी बस्तियों, गांवों में जनजातिय समुदायों व किशोरों पर अधिक ध्यान देना, गैर-सरकारी संगठनों का सहयोग आदि।

जनसंख्या नियंत्रण का कार्य क्योंकि राज्य सरकारों का है इसलिए मानीटर करने के लिए एक राष्ट्रीय आयोग की स्थापना की जाएगी।

छोटे परिवार के विचारों को बढ़ावा देने के लिए निम्न अभिप्रेरणा संबंधी उपायों का सुझाव दिया गया है।

(1) अनुकरणीय कार्य के लिए ग्राम पंचायतों व जिला/परिषदों कोई पुरस्कार देना।

(2) दो बच्चों तक लड़की के लिए महिला और शिशु विकास विभाग द्वारा 500 रुपए नगद प्रोत्साहन देना।

(3) गांवों में पहली संतान 19 वर्ष के उपरांत जन्म देने के लिए 500 रुपए का पुरस्कार।

(4) गरीबी रेखा से नीचे दम्पत्तियों के लिए दो बच्चों बाद विसंक्रमण के लिए 5000 रुपए तक के लिए स्वास्थ्य बीमा लागू करना।

(5) गांवों में बाल ग्रहों तथा बाल सतर्कता केंद्र स्थापित करना, इसके अलावा कुछ और उपाय निम्न अपनाए जाएंगे:

(क) सुरक्षित गर्भपात के लिए सुविधाओं को सशक्त करना।

(ख) रोगी वाहन सेवाओं के लिए कर्ज देना।

(ग) लड़कियों के व्यावसायिक प्रशिक्षण के लिए समर्थन देना,

(घ) 1976 के बाल-विवाह प्रतिबंध अधिनियम को सख्ती से लागू करना।

(ङ) 2026 तक लोकसभा के लिए सदस्य संख्या न बढ़ाना।

जनसंख्या आयोग (Population Commission)

राष्ट्रीय जनसंख्या आयोग का गठन मई 2000 में किया गया था। इसका उद्देश्य राष्ट्रीय जनसंख्या नीति की समीक्षा, निगरानी और क्रियान्वयन पर नजर रखने के लिए किया गया ताकि नीति के उद्देश्य पूरे हों, अंतर-क्षेत्रीय सहयोग बढ़े, नियोजन और क्रियान्वयन में समाज भी शामिल हो, जनसंख्या की दृष्टि से कमजोर राज्यों के कामकाज सुधारने के लिए सुविधाओं की पहल की जा सके और राष्ट्रीय जनसंख्या नीति के लक्ष्यों के समर्थन के लिए अंतरराष्ट्रीय सहयोग की संभावनाएं तलाशी जा सकें। आयोग की पहली बैठक 22 जुलाई 2000 को और अंतिम बैठक 23 जुलाई 2007 को हुई थी। पहली बैठक में तत्कालीन प्रधानमंत्री ने स्वास्थ्य और परिवार कल्याण मंत्रालय में अधिकार प्राप्त कार्य समूह के गठन की घोषणा की ताकि जनसंख्या की दृष्टि से कमजोर सूचकों वाले राज्यों के लिए राष्ट्रीय जनसंख्या स्थिरीकरण कोष का गठन कर जनसंख्या स्थिरीकरण में योगदान देने वाली परियोजनाओं को सहायाता दी जाए। राष्ट्रीय जनसंख्या आयोग 11 अप्रैल, 2005 को पुनर्गठित किया गया, जिसमें प्रधानमंत्री की अध्यक्षता में 40 सदस्य हैं। स्वास्थ्य और परिवार कल्याण मंत्री तथा योजना आयोग के उपाध्यक्ष इस आयोग के उपाध्यक्ष हैं। इस आयोग के सदस्यों में उत्तर प्रदेश, मध्य प्रदेश, राजस्थान, बिहार झारखंड, केरल तथा तमिलनाडु के मुख्यमंत्री भी शामिल हैं।

परिवार कल्याण कार्यक्रम (Family Welfare Programme)

वर्ष 1952 में भारत ने विश्व का पहला राष्ट्रीय कार्यक्रम शुरू किया जिसमें "राष्ट्रीय अर्थव्यवस्था के अनुरूप स्तर पर जनसंख्या को स्थिर करने के लिए" जन्म दरों को कम करने हेतु आवश्यक सीमा तक परिवार नियोजन पर जोर दिया गया। तब से परिवार नियोजन कार्यक्रम में विकास हुआ है और यह कार्यक्रम इस समय न केवल जनसंख्या स्थिरीकरण को प्राप्त करने बल्कि प्रजनन स्वास्थ्य को बढ़ावा देने और मातृ, शिशु, बाल मृत्यु एवं रूग्णता को कम करने के लिए दुबारा कार्यन्वित किया जा रहा है।

विभिन्न नीतिगत दस्तावेजों (राष्ट्रीय जनसंख्या नीति 2000, राष्ट्रीय स्वास्थ्य नीति, 2002 और राष्ट्रीय स्वास्थ्य मिशन) में वर्णित परिवार कल्याण संबंधी लक्ष्यों एवं उद्देश्यों को पूरा करने और भारत सरकार की वचनबद्वताओं (अंतरराष्ट्रीय जनसंख्या एवं विकास सम्मेलन, सहस्राब्दि विकास लक्ष्यों और अन्य सहित) को पूरा करने के लिए परिवार नियोजन प्रभाग के उद्देश्यों, कार्यनीतियों एवं कार्यकलापों की रूपरेखा तैयार की गई है और उनको प्रचालित किया गया है।

परिवार नियोजन से संबंधित मौजूदा प्रयास

परिवार नियोजन प्रभाग की जनसंख्या स्थिरीकरण के दोहरे उद्देश्यों को पूरा करने और व्यापक परिप्रेक्ष्य में प्रजनन स्वास्थ्य को बढ़ावा देने के लिए कार्यनीतिक उपायों के विकास, कार्यान्वयन एवं मॉनिटरिंग में लगाया गया है। वर्ष 2009-10 में परिवार नियोजन के क्षेत्र में उपाय, कार्यकलाप एवं कार्य निष्पादन निम्नानुसार है :

राष्ट्रीय परिवार कल्याण के अंतर्गत गर्भनिरोधक सेवाएं

सार्वजनिक क्षेत्र स्वास्थ्य प्रणाली के विभिन्न स्तरों पर जन्मों को सीमित रखने और इनमें अंतर रखने के लिए गर्भनिरोधक सेवाओं का व्यापक विकल्प प्रदान करता है।

परिवार नियोजन सेवाओं की प्रमुख विशेषताएं निम्नानुसार हैं :

- परामर्श, अच्छी गुणवत्तायुक्त सेवाओं की सुलभता एवं व्यवस्था और सभी सेवाओं में अनुवर्ती परिचर्या पर जोर दिया जाता है।
- भारत सरकार बंध्याकरण सेवाओं की सुलभता बढ़ाने के उद्देश्य से सार्वजनिक स्वास्थ प्रणाली के भीतर बंध्यीकरण स्वास्थ्य सेवाओं में नियत दिवस, नियत सेवाएं दृष्टिकोण को बढ़ावा दे रही है। मानव संसाधनों के विकास और नियत दिवस, नियत सेवाओं के प्रचालन के लिए स्वास्थ्य सुविधाओं के उन्नयन हेतु तकनीकी एवं वित्तीय सहायता राज्यों को दी जा रही है।
- सीमित निधियों के लिए अधिक अपूरित आवश्यकताओं वाले राज्यों में नियत दिवस सेवाओं के प्रभावी रूप से कार्यान्वित होने तक बंध्यीकरण शिविर लगाया जाना जारी है।
- पारिश्रमिक में हुए नुकसान की क्षतिपूर्ति के लिए बंध्याकरण कराने वाले व्यक्तियों के लिए संशोधित मुआवजा योजना सभी राज्यों में चल रही है।
- राष्ट्रीय परिवार नियोजन बीमा योजना सार्वजनिक एवं मान्यता प्राप्त प्राइवेट सुविधा केंद्रों में सेवा प्रदायकों को कवर करती है।
- सभी राज्यों एवं जिलों में गुणवत्ता आश्वासन समितियां गठित कर ली गई हैं।
- यह प्रभाग लघु एवं दीर्घकालिक जन्म में अंतर रखने संबंधी विधि के रूप में आईयूडी को कार्यान्वित कर रहा है।
- अधिक ध्यान दिए जाने वाले राज्यों पर विशेष जोर देते हुए सभी राज्यों में सेवा प्रदायाकों के लिए नियमित गर्भनिरोधक अद्यतन।
- अनियोजित/असुरक्षित यौन संबंध के कारण होने वाले गर्भधारण को रोकने के लिए आपातकालीन गर्भनिरोधक।

नो स्केलपल वैसेक्टॉमी सहित नियोजित मातृत्व-पितृत्व में पुरुष भागीदारी बढ़ाना

- नियोजित मातृत्व-पितृत्व में पुरुष भागीदारी बढ़ाना राष्ट्रीय जनसंख्या नीति 2000 के प्रमुख कार्यनीतिक विषयों में से एक है।
- लिंग समानता मुद्दों के हाल की दशा में प्रजनन एवं बाल स्वास्थ्य में पुरुष भागीदारी बढ़ाने के लिए नो स्केलपल वैसेक्टॉमी की स्वीकार्यता को बढ़ावा देना सर्वाधिक महत्त्वपूर्ण और दूरगामी घटकों में से एक है।
- जनसंख्या एवं प्रजनन स्वास्थ्य कार्यक्रमों में पुरुषों को आगे लाने के उद्देश्य से पुरुष भागीदारी के अन्तर्गत 10वीं योजना में विशेष बजटीय योजना प्रावधान किया गया है।
- नो स्केलपल वैसेक्टॉमी, जो कि एक संशोधित पुरुष बंध्यीकरण तकनीक है, को एक सरल एवं सुरक्षित तकनीक के रूप में राष्ट्रीय परिवार कल्याण कार्यक्रम में वर्ष 1997 में शुरू किया गया था जिसमें महिला बंध्यीकरण की तुलना में जटिलताओं की गुंजाइश बहुत ही कम होती है।
- पुरुष बंध्यीकरण विधि को दोबारा लोकप्रिय बनाने के लिए आरम्भ में पुरुष बंध्यीकरण के लिए शिविर दृष्टिकोण अपनाया गया। मध्य प्रदेश, आंध्र प्रदेश, पंजाब एवं उत्तर प्रदेश जैसे राज्यों में पुरुष बंध्यीकरण शिविरों से प्राप्त अनुभव के आधार पर वर्ष 2005 में परिवार कल्याण कार्यक्रम में शिविर के माध्यम से नो स्केलपल वैसेक्टॉमी की स्वीकार्यता बढ़ाने के लिए प्रचार-प्रसार एवं सामुदायिक गतिशीलता के संबंध में एक कार्यनीति शुरू की गई और दिशा-निर्देश सभी राज्यों एवं संघ राज्य क्षेत्र की सरकारों को प्रसारित किए गए।
- इसके साथ ही नो स्केलपल वैसेक्टॉमी में मानव संसाधन विकास को प्रचालित किया गया जिसमें चिकित्सा कॉलेजों के सर्जिकल संकाय, जिला नो स्केलपल वैसेक्टॉमी प्रशिक्षक एवं सेवा प्रदायकों को प्रशिक्षण प्रदान करने के लिए त्रिस्तरीय कार्यनीति अपनाई गई है ताकि नो स्केलपल वैसेक्टॉमी सेवा प्रदायकों के पूल को बढ़ाया जा सके और पुरुष बंध्यीकरण सेवाओं में नियत दिन, नियत सेवा को परिचालित किया जा सके।

अल्पकालिक एवं दीर्घकालिक जन्म में अंतर रखने की विधि के रूप में आईयूडी को बढ़ावा

भारत सरकार ने अल्पकालिक एवं दीर्घकालिक जन्म में अंतर रखने विधि के प्रयोग को बढ़ावा देने के लिए वर्ष 2002 में 10 वर्षों की प्रभावकारिता अवधि वाले कॉपर टी 380 ए शुरू किया है। वर्ष 2006 में भारत सरकार ने गर्भनिरोधक सेवाओं में विभिन्न विधियों के मिश्रण में सुधार लाने के उद्देश्य से "राष्ट्रीय परिवार कल्याण कार्यक्रम में आईयूसीडी को पुनः शुरू

करना'' कार्य का शुभारम्भ किया और विभिन्न स्तरों पर आईयूसीडी के प्रचार-प्रसार सहित विभिन्न कार्यनीतियों को अपनाया है जिसमें आईयूसीडी के लिए सामुदायिक एकजुटता, गुणवत्ता युक्त आईयूसीडी सेवाएं और गहन सूचना, शिक्षा एवं सम्प्रेषण कार्यकलापों द्वारा आईयूसीडी के बारे में व्याप्त भ्रांति को दूर करने के लिए एएनएम से लेकर जन स्वास्थ्य प्रणाली स्टाफ का क्षमता निर्माण शामिल है।

जन्म-पूर्व शिशु के लिंग का पता लगाने पर रोक

कन्या भ्रूणहत्या को रोकने के उद्देश्य से बच्चे के जन्म से पहले लिंग का पता लगाने की तकनीक के दुरुपयोग पर रोक लगाने के लिए प्रसव पूर्व जांच अधिनियम, 1994 बनाया गया, जो एक जनवरी, 1996 से देशभर में लागू कर दिया गया। यह कानून गर्भ में पल रहे शिशु के लिंग का पता लगाने से रोकता है। इस कानून के तहत प्रसव से पूर्व शिशु लिंग के बारे में पता लगाने संबंधी विज्ञापन पर भी रोक है। इस अधिनियम के प्रावधानों का उल्लघंन करने वाले व्यक्ति को पांच साल तक की कैद और ₹ एक लाख तक का जुर्माना हो सकता है। इसके अलावा उसका पंजीकरण और लाइसेंस भी रद्द हो जाएगा।

इस अधिनियम के क्रियान्वयन में आ रही बाधाओं को दूर करने और जन्म से पहले लिंग निर्धारण पर प्रतिबंध लगाने के लिए तथा उच्चतम न्यायालय के निर्देशों को ध्यान में रखते हुए इसके नियमों और कानूनों में संशोधन किए गए, जो 14 फरवरी, 2003 से प्रभावी हैं।

इस अधिनियम का क्रियान्वयन जिला स्तर पर उचित अधिकारी करता है। राष्ट्रीय स्तर पर एक निगरानी समिति गठित की गई है, जो समस्या वाले राज्यों का दौरा कर जमीनी हकीकत का आकलन करती है। देश में अधिनियम का क्रियान्वयन मजबूत बनाने के लिए एक नेशनल सपोर्ट एंड मानिटरिंग सेल (एनएसएमसी) की भी स्थापना की गई है। गर्भधारण और जन्म पूर्व निदानात्मक तकनीकी अधिनियम और तत्संबंधी नियमों को और प्रभावी बनाने के लिए सरकार अधिनियम और नियमों में और संशोधन करने पर विचार कर रही है।

सुरक्षित गर्भपात सेवाएं / एमटीपी

एमटीपी एक्ट आरसीएच कार्यक्रम के द्वितीय चरण का महत्वपूर्ण हिस्सा है। एक सर्वे के मुताबिक लगभग 8 प्रतिशत महिलाओं की मृत्यु असुरक्षित गर्भपात के कारण होती है। आरसीएच कार्यक्रम के तहत गर्भपात सेवाएं बढ़ाने के लिए 2002-03 में एमटीपी एक्ट में संशोधन किया गया और जिला स्तर पर एमटीपी केंद्रों को शक्तियां दी गई हैं।

व्यापक रोग प्रतिरक्षण कार्यक्रम

रोग प्रतिरक्षण कार्यक्रम बच्चों को घातक रोगों से बचाव के लिए रोकथाम करने योग्य एक महत्त्वपूर्ण क्रियाकलाप है। भारत में रोग प्रतिरक्षण कार्यक्रम को वर्ष 1978 में विस्तारित रोग प्रतिरक्षण कार्यक्रम के रूप में शुरू किया गया था। इस पर वर्ष 1985 में व्यापक रोग प्रतिरक्षण कार्यक्रम के रूप में विशेष बल दिया गया और देश में वर्ष 1989-90 तक सभी जिलों को कवर करने के लिए चरणबद्ध तरीके से कार्यान्वित किया गया। व्यापक रोग प्रतिक्षण कार्यक्रम बाल उत्तरजीविता और सुरक्षित मातृत्व कार्यक्रम का वर्ष 1992 में एक भाग बना गया। चूंकि वर्ष 1997 में रोग प्रतिरक्षण क्रियाकलाप राष्ट्रीय प्रजनन और बाल स्वास्थ्य कार्यक्रम का एक महत्त्वपूर्ण घटक था, इसलिए वर्ष 2005 में शुरू किए गए राष्ट्रीय ग्रामीण स्वास्थ्य मिशन (NRHM) के तहत रोग प्रतिरक्षण एक मुख्य क्षेत्र है।

व्यापक रोग प्रतिरक्षण कार्यक्रम के तहत भारत सरकार 6 वैक्सिन निवारण रोगों जैसे– डिफ्थीरिया, कुकुरखांसी, टेटनस, पोलियो, खसरा और बालपन क्षयरोग के तीव्र रूप से बचाव के लिए टीकाकरण प्रदान कर रही है। टीकाकरण अनुसूची इस प्रकार है :

- बी सी जी (बेसीलस काल्मेट-ग्युरिन)– जन्म के समय (1 वर्ष तक यदि पहले नहीं दिया गया है)।
- डी पी टी (डिफ्थीरिया, कुकुरखांसी और टेटनस टॉक्साइड)– 6, 10, 14 सप्ताह में प्रथम तीन खुराक और 16-24 माह में और 5 वर्ष तक दो वर्धक खुराक।
- ओ पी वी (पोलिया)– 6, 10, 14 सप्ताह और 16 से 24 माह तक और संस्थागत प्रसव के लिए जन्म खुराक।
- खसरा– 9–12 माह तक।
- टी टी (टेटनस टॉक्साइड)– 10 वर्ष और 16 की आयु तक।
- टी टी– गर्भवती महिलाओं के लिए दो खुराक या एक खुराक यदि पूर्व में तीन वर्ष के भीतर वैक्सीन दिया गया है।

इसके बाद व्यापक रोग प्रतिरक्षण कार्यक्रम में चयनित क्षेत्रों में हेपेटाइटिस बी और जे ई वैक्सीन को शामिल किया गया।

सभी राज्यों/संघ राज्य क्षेत्रों को विशिष्ट आवश्यकताओं को पूरा करने के लिए वर्ष 2005-06 से एन आर एच एम पी आई पी के भाग ग के रूप में रोग प्रतिरक्षण के लिए उनकी अपनी

राज्य कार्यक्रम क्रियान्वयन योजना को तैयार करने के लिए कहा गया है।

गंदी बस्तियां (Slum)

वर्तमान में औद्योगिक केन्द्रों में जनसंख्या की तीव्र वृद्धि हुई है एवं उसी के अनुपात में मकानों का निर्माण नहीं हो पाने के कारण वहां अनेक गंदी बस्तियां बन गयी हैं। विश्व के प्रत्येक प्रमुख नगर में नगर के पांचवें भाग से लेकर आधे भाग तक की जनसंख्या गंदी बस्तियों अथवा उसी के समान दशाओं वाले मकानों में रहती है। नगरों की कैंसर के समान इस वृद्धि को विद्वानों ने **'पत्थर का रेगिस्तान', 'व्याधि की नगर', 'नरक की संक्षिप्त रूपरेखा'** आदि कहकर पुकारा है। अमरीका, जर्मनी एवं इंगलैंड जैसे समृद्ध राष्ट्र भी अनेक प्रयासें के बावजूद गंदी बस्तियों से मुक्ति नहीं पा सके हैं। द्वितीय विश्वयुद्ध के बाद तीसरी दुनिया के देशों ने साम्राज्यवाद एवं पूंजीवाद से मुक्ति पायी तथा अपना औद्योगिक विकास प्रारंभ किया। पिछले करीब 30 वर्षों में इन नगरों की वृद्धि ने विद्वानों का ध्यान अपनी ओर आकर्षित किया है। वहां पर दीमक की भांति गंदी बस्तियों का प्रसार हुआ है। संयुक्त राष्ट्र संघ एवं अन्तर्राष्ट्रीय श्रम संगठन ने इन बस्तियों का अध्ययन किया जिससे ज्ञात हुआ कि इनमें आर्थिक तनाव एवं नागरिक सुविधाओं का अभाव पाया जाता है। इनमें गृहविहीन, बेकार, पियक्कड़, श्रमिक, भिखारी, वेश्याएं और वेश्यागामी लोग निवास करते हैं। ये बस्तियां एक ऐसी संस्कृति को जन्म दे रही हैं, जिन्हें **आस्कर लेविस** गरीबी की संस्कृति कहकर पुकारते हैं। इन बस्तियों में अपराध, एकाकीपन, आत्महत्या, बुराइयां एवं गैंगवाद पाया जाता है। इनमें रहने वाले लोगों से सामाजिक व्यवस्था को सुचारू रूप से चलाने एवं व्यवस्था बनाये रखने की आशा नहीं की जा सकती है। गंदी बस्तियों में स्वस्थ सामाजिक जीवन का विकास नहीं हो पता। अत: हम इन्हें विघटन के केन्द्र कह सकते है। गंदी बस्तियों में मकान अंधेरे व सीलनयुक्त होते है। इनमें शौचालय, स्नानघर, पानी, बिजली, हवा एवं रोशनी की कमी होती है तथा छिपकलियों, चूहों और बीमारी के कीटाणुओं की बहुलता पायी जाती है। निवास की यह अर्द्ध-मानवीय दशा है। यह मानव जाति की शारीरिक एवं मानसिक दृष्टि से कमजोर पीढ़ी को जन्म दे रही है।

गन्दी बस्ती का अर्थ एवं परिभाषा (Slum Meaning & Definition) : गंदी बस्ती की कोई एक परिभाषा नहीं है क्योंकि इसके अनेक प्रकार हैं। कई विद्वान गंदी बस्ती एवं रोगग्रस्त क्षेत्र में कोई भेद नहीं करते। **क्वीन** एवं **थामस** इन दोनों को पर्यायावाची समझते हैं। **बर्गल** उन्हें अलग-अलग मानते हैं। गंदी बस्तियों की परिभाषा करते हुए **बर्गल** मानते हैं, ''गंदी बस्तियों नगर में वे क्षेत्र हैं जिनमें निम्न स्तर की आवास दशा होती है। एक गंदी बस्ती सदैव एक क्षेत्र होता है। एक अकेला मकान पतन की निकृष्ट अवस्था में होने पर भी एक गंदी बस्ती नहीं कहा जा सकता।''

केंद्रीय सरकार द्वारा 1996 में बनाये गये गंदी बस्ती क्षेत्र अधिनियम (Slum Area Act,1956) में गंदी बस्ती को इस प्रकार से परिभाषित किया गया है, ''गन्दी बस्ती प्रमुख रूप से एक ऐसा निवासीय क्षेत्र है जहां के निवास स्थान नष्ट हो गये हों एवं अत्यधिक भीड़-भाड़ युक्त हों, जिसकी डिजाइन त्रुटिपूर्ण हों, जहां रोशनदान प्रकाश एवं सफाई का अभाव हो या इनमें से कुछ कारकों के सम्मिलित प्रभाव के कारण सुरक्षा, स्वास्थ्य एवं नैतिकता के लिए हानिप्रद हो।''

1957 में गंदी बस्तियों पर हुई एक सेमिनार में गंदी बस्तियों को इस प्रकार परिभाषित किया गया है। बेढंग तरीके से बसी हुई अव्यवस्थित रूप से विकसित और सामन्यत: अपेक्षित क्षेत्र जो कि लोगों द्वारा घना बसा हुआ होता है तथा जिसमें बिना मरम्मत एवं उपेक्षित मकानों की भीड़-भाड़ होती है। संचार के साधन अपर्याप्त होते हैं। सफाई व्यवस्था के प्रति उदासीनता पाई जाती है। भौतिक एवं सामाजिक स्वास्थ्य को बनाये रखने के लिए आवश्यक सुविधाओं की अपर्याप्तता होती है। मानव एवं समुदाय की आवश्यकताओं एवं सुविधाओं की पूर्ति कम से कम होती है। व्यक्ति एवं परिवार की प्रमुख सामाजिक समस्याओं से निपटने के लिए सामाजिक सेवाओं एवं कल्याण संस्थानों की सामान्यत: अनुपस्थिति होती है। इनमें निम्न स्तर का स्वास्थ्य अपर्याप्त आम एवं निम्न जीवन स्तर पाया जाता है। भौतिक एवं सामाजिक पर्यावरण के परिणामस्वरूप यहां के निवासी प्राणीशास्त्री मनोवैज्ञानिक एवं सामाजिक परिणामों के शिकार होते हैं।

संयुक्त राष्ट्र संघ के अनुसार, ''गंदी बस्ती एक मकान, मकानों का एक समूह या क्षेत्र है जिसकी विशेषता भीड़-भाड़ युक्त पतनोन्मुख, अस्वस्थ्यकर दशा तथा सुविधाओं का अभाव है। इन दशाओं अथवा इनमें से किसी एक के कारण इसके निवासियों अथवा समुदाय के स्वास्थ्य सुरक्षा एवं नैतिकता को खतरा उत्पन्न हो जाता है।''

दुष्परिणाम (Evil Effects):- भारत में आवास एवं गंदी बस्तियों की गंभीर समस्या है और यह आधुनिक समाज के लिए एक चुनौती है। आवास की दुर्दशा अनेक आर्थिक, सामाजिक, वैयक्तिक एवं पारिवारिक दोषों को जन्म देती है और राष्ट्रीय प्रगति

को अवरुद्ध करती है। वस्तुत: भारत में आवास की समस्या ही गंदी बस्तियों को जन्म देती है जिसके दुष्परिणामों को निम्नरूप से समझा जा सकता है:

1. **स्वास्थ्य का ह्रास**:- आवास की दुर्व्यवस्था होने एवं गंदी बस्तियों में रहने से लोगों के स्वास्थ्य पर बुरा प्रभाव पड़ने से कई प्रकार की बीमारियाँ फैलती हैं और शरीर कमजोर हो जाता है। **अमर नारायण अग्रवाल** ने अपनी पुस्तक **इण्डस्ट्रियल हाउसिंग इन इण्डिया** में लिखा है—मुम्बई के आस-पास बनी हुई चालें, अहमदाबाद की भूमि के नीचे बने हुए मकानों की कतारें कानपुर, लखनऊ और हावड़ा खानों के गंदे खावरे तथा मद्रास के औद्योगिक कस्बों के गंदे छप्पर सभी तपेदिक और दूसरे श्वास रोगों के घर बन गये हैं। गंदी बस्तियों में मृत्युदर अन्य स्थानों की बजाय अधिक है।

2. **नैतिक पतन और अपराध**:- गंदे वातावरण में रहने के कारण लोगों की मनोवृत्ति अपराधी बन जाती है और उनका नैतिक पतन हो जाता है। उनमें चोरी, वेश्यावृति, शराबखोरी और जुआ खेलने की आदतें जन्म लेती हैं। मकानों की उचित व्यवस्था के अभाव जन्म लेती है। मकानों की उचित व्यवस्था के अभाव में लोग गांवों से अपनी स्त्रियां साथ नहीं ला पाते। अत: वे वेश्यागामी हो जाते हैं और उन पर नियंत्रण में शिथिलता आ जाती है। एक ही कमरे में जब परिवार के सभी सदस्य रहते हैं और वयस्क व्यक्तियों के यौन व्यवहारों को बच्चे देखते हैं तो उन पर इसका बुरा प्रभाव पड़ता है। यही कारण है की गंदी बस्तियों में यौन अपराध अधिक पाये जाते हैं। गरीबी के कारण बच्चे इधर-उधर घूमते रहते हैं जिससे बाल अपराध एवं आवारागर्दी पनपती है। **डा.राधाकमल मुखर्जी** ने अपने अध्ययन में यह बताया कि मिदनापुर से बंगाल के जूट मिलों में काम करने वाली 300 स्त्रियों में से 100 स्त्रियों अर्थात प्रत्येक तीन में से एक स्त्री वेश्यावृति करती थी और हुगली में जितने परिवार पैदा हुए हैं, उनमें चार में से एक स्त्री वेश्यावृत्ति करती थी। **डा.मुखर्जी** ने लिखा है, ''भारतीय औद्योगिक केन्द्रों की इन असंख्य गंदी बस्तियों में मनुष्यता का नि:संदेह ही निर्दयता के साथ गला घोंटा जाता है नारीत्व का अपमान होता है और शिशुता को प्रारंभ से ही विषपान कराया जाता है।''

3. **श्रमिकों की कुशलता पर प्रभाव** :- श्रमिकों की कुशलता के लिए आवश्यक है कि उनका स्वास्थ्य भी अच्छा हो। मकान ऐसे हों जहां शुद्ध हवा व रोशनी हो ताकि वे अपनी थकावट दूर कर सकें एवं कार्य करने की क्षमता को पुन: प्राप्त कर सकें। किंतु स्वच्छ एवं पर्याप्त मकानों के अभाव में श्रमिकों की कार्य क्षमता घट जाती है।

4. **सेवायोजकों को हानि** :- पर्याप्त आवास व्यवस्था न होने से स्वास्थ्य गिर जाता है। बीमारी के कारण कारखानों में अनुपस्थिति बढ़ जाती है। आवास संबंधी सुविधा के लिए श्रमिक आंदोलन, तोड़-फोड़ एवं हड़तालें करते हैं। इन सभी के परिणामस्वरूप सेवायोजकों को हानि उठानी पड़ती है।

5. **सांस्कृतिक स्तर में ह्रास**:-दयनीय आवास व्यवस्था के कारण लोगों के सांस्कृतिक स्तर में गिरावट आ जाती है। वेश्यागमन के कारण लोगों का नैतिक पतन हो जाता है। मुखर्जी ने एक स्थान पर लिखा है ''वेश्यागमन की प्रवृत्ति से स्त्री और पुरुष दोनों ही के चरित्र दूषित हो जाते हैं। और राष्ट्र का सांस्कृतिक स्तर गिर जाता है।''

6. **राष्ट्र को हानि** : आवास की दुर्व्यवस्था के कारण श्रमिकों का स्वास्थ्य प्रभावित होता है इससे उनकी कार्य क्षमता घट जाती है तथा औद्योगिक तनाव एवं संघर्ष पैदा होते हैं। इन सभी का राष्ट्रीय उत्पादन पर विपरीत प्रभाव पड़ता है। सरकार को समाज कल्याण एवं श्रम कल्याण के लिए अधिक पैसा खर्च करना पड़ता है

7. **वैयक्तिक विघटन** : आवास की दुर्व्यवस्था व्यक्ति के जीवन को विघटित करती है। वह असामान्य जीवन व्यतीत करने लगता है। शराब एवं मादक वस्तुओं का प्रयोग करने लगता है। जुआ खेलना, वेश्यागमन करने एवं अपराधी प्रवृत्तियों में लगे रहने से व्यक्ति की सामाजिक प्रतिष्ठा भी गिर जाती है। गंदी बस्तियों में रहने वाले लोग मानसिक चिन्ता, बेचैनी, ऊब एवं निराशा के शिकार हो जाते हैं।

8. **पारिवारिक विघटन** : व्यक्तिगत विघटन पारिवारिक विघटन को भी जन्म देता है। व्यक्ति का परिवार के प्रति लगाव समाप्त होने लगता है। परिवार में असामंजस्य बढ़ता है और व्यक्ति परिवार की उपेक्षा करने लगता है। नगरों में निवास की उचित व्यवस्था न होने पर व्यक्ति स्त्री तथा बच्चों को गांव में ही छोड़ आता है। काम से लौटने पर ऐसे परिवार में मनोरंजन व शांति की आवश्यकता होती है। इसके अभाव में वह बुराइयों का सहारा लेता है। वह परिवार को भूलने लगता है। आत्महत्या, पृथक्करण और तलाक की स्थिति पैदा होती है जिसके परिणामस्वरूप परिवार का विघटन हो जाता है।

9. **सामुदायिक विघटन**: बिगड़ी हुई आवास व्यवस्था से उत्पन्न वैयक्तिक एवं पारिवारिक विघटन, सामाजिक व सामुदायिक विघटन को भी जन्म देता है। व्यक्ति व परिवार की हानि से अन्तत: समाज व समुदाय को ही हानि होती है।

10. **आय में कमी :** आवास की बुरी व्यवस्था व्यक्ति की कार्य-क्षमता घटाती है जिसके फलस्वरूप व्यक्ति की आय कम हो जाती है और वह गरीबी की स्थिति से छुटकारा पाने में असमर्थ होता है।

11. **निम्न जीवन-स्तर :** गंदी बस्ती में रहने वाले व्यक्तियों की कार्यक्षमता कम होती है जिसका प्रभाव उसकी आय पर पड़ता है और कम आय होने पर उच्च जीवन-स्तर व्यतीत करना संभव नहीं हो पाता। यहां तक कि लोग अपनी आवश्यक आवश्यकताओं को भी जुटाने में असमर्थ होते हैं।

पर्यावरण प्रदूषण (Environmental Pollutition)

विकास का प्रभाव संपूर्ण विश्व के पर्यावरण पर पड़ता है। विकासशील देशों के औद्योगिकरण तथा वहां की विशाल जनसंख्या की आवश्यकताएं पूरी करने के लिए प्राकृतिक संसाधनों का दोहन (Exploitation) जरूरी हो जाता है। विकसित तथा औद्योगिक देशों में भी उपभोग का ऊंचा स्तर बनाए रखने के लिए वहां कि अपेक्षाकृत कम जनसंख्या के लिए भी प्राकृतिक संसाधनों अर्थात पर्यावरण पर भारी दबाव पड़ता है। मानव सभ्यता के आरंभ में जनसंख्या कम थी। लोग सादा जीवन बिताते थे। मामूली उत्पादन की जरूरत थी तब मानवीय उपभोग के कारण प्रकृति को खास क्षति नहीं पहुंचती थी। प्राकृतिक संसाधनों का भंडार इतना विशाल था और उनकी खपत मामूली थी। परंतु समय के साथ जनसंख्या बढ़ती गई सभ्यता और प्रौद्योगिकी के विकास के साथ मनुष्य के उपभोग का स्तर भी ऊंचा होता गया। प्राकृतिक संसाधनों का दोहन इतना बढ़ गया कि धीरे धीरे उनके भंडारों में कमी की समस्या पैदा हो गई। मनुष्य जीवन में कृत्रिम साधनों के प्रयोग के कारण न केवल प्रकृति से दूर हो गया बल्कि उसे दूषित भी करने लगा। इसके विरोध में पर्यावरणवाद उत्पन्न हुआ और अक्षय या पोषणकारी विकास की धारणा प्रचलित हुई।

अक्षय विकास क्या है ? (What is Sustainable Development?) : अक्षय या पोषणकारी विकास का अर्थ है एक ऐसा विकास जो अब तक हुए विकास को तथा उस विरासत को भी सुरक्षित रखे जिस पर उसकी नींव रखी गई है। विश्व पर्यावरण आयोग के अनुसार, ''पोषणकरी विकास का अर्थ है ऐसा विकास जो हमारी आज की जरूरतों की पूर्ति के साथ-साथ आगे आने वाली पीढ़ियों की जरूरतों को अनदेखा न करता हो।'' तात्पर्य यह है कि मानवीय जीवन की गुणवत्ता में इस तरह से सुधार लाया जाए जिससे कि प्रकृति की धारक क्षमता पर कोई प्रतिकूल असर न पड़े। पर्यावरणवादी आंदोलन का यही उद्देश्य है। पर्यावरणवादी मनुष्य और प्रकृति के टूटे हुए संबंध को फिर से जोड़ना चाहते हैं तथा इसके अनुरूप मनुष्य के सामाजिक और राजनीतिक जीवन को नए रूप में ढालना चाहते हैं। इसके लिए मनुष्य को अपने पर्यावरण के प्रति शालीनता का रुख अपनाना होगा और धरती के अन्य जीव-जंतुओं के जीवन के अधिकर को मान्यता देनी होगी। आज के औद्योगिक जगत में आर्थिक संवृद्धि केन्द्रीकरण अधिकारतंत्रीकरण (Bureaucratisa-tion) और भौतिकवाद की प्रधानता है। इसकी जगह स्वाबलंबनीयता, छोटी-छोटी वस्तुओं और संगठनों के गुणों की पहचान (Small is Beautiful) जनसंख्या नियंत्रण व्यक्तिगत उत्तरदायित्व आध्यात्मिक पुनर्जागृति और फिर से प्रकृति के साथ जीने की अभिलाषा को स्थान देना होगा।

औद्योगिकरण के अंतर्गत पिछले दो सौ सालों से ऐसे प्राकृतिक संसाधनों का दोहन हो रहा है जिनका नवीनीकरण संभव नहीं है। अब अल्पविकसित देशों को भी यह राह दिखाई जा रही है। उसके चलते माल निर्माण प्रणाली (Manufacturing of Goods System) के लिए मिट्टी , पानी, वन संपदा, पर्वतों और खनिज स्रोतों को अंधाधुंध निचोड़ना जरूरी हो जाता है। यह प्रणाली प्रकृति के मूल्यवान और स्वास्थ्यप्रद स्रोतों को नष्ट करके वातावरण में प्रदूषण फैलाने वाले तत्वों को उड़ेल देती है जिससे जीवनदायिनी शक्तियों का विनाश होता है। यहां तक कि इस प्रदूषण के कारण वातावरण की उस ओजोन परत (Ozone Layer) में छेद हो रहा है जो सूर्य की कुछ विनाशक किरणों से हमारी रक्षा करती है। अक्षय विकास की धारणा के अनुसार सुदृढ़ या अटूट अर्थव्यवस्था वह होगी जो मनुष्य की बुनियादी आवश्यकताओं को ध्यान में रखकर संगठित की जायेगी, किसी विशिष्ट वर्ग के लाभ को बढ़ावा देने के लिए नहीं। वह समुदाय के सामूहिक हितों की सेविका बनकर रहेगी। इसमें उत्पादन के स्तर पर यथासंभव न्यूनतम सामग्री और ऊर्जा का प्रयोग होगा और उपभोग के स्तर पर न्यूनतम प्रदूषण पैदा होगा। अक्षय विकास का सिद्धांत वर्तमान संसाधनों के अधिक न्यायसंगत वितरण को राजनीतिक मुद्दा बनाकर प्रस्तुत करता है। पर्यावरणवादी कुल मिलाकर यह चाहते हैं कि मनुष्य प्रकृति के साथ संतुलन की अवस्था में रहे उसे नष्ट न करे।

पर्यावरण विनाश के उत्तरदायी कारण (Factors Responsible for Environmental Destruction) : पर्यावरण विनाश के लिए उत्तरदायी कुछ प्रमुख कारण इस प्रकार हैं :

(1) जनसंख्या विस्फोट (Population Explosion): यह विस्फोट विश्व के अविकसित एशिया अफ्रीका और दक्षिणी अमेरिकी देशों में हो रहा है जिससे विकास के प्रयासों के बावजूद आम जीवन स्तर गिरता जा रहा है।

(2) वनों की कटाई व भूक्षरण (Deforestation and Soil Erosion) : बढ़ती आबादी और औद्योगिकरण के दबाव से वन अंधाधुध काटे जा रहे हैं। भारत में वनों का प्रतिशत 25 से घटकर लगभग 21% रह गया है जबकि भू-क्षेत्र के अनुपात में उसे कम से कम 33 प्रतिशत होना चाहिए। पर्वतीय क्षेत्रों में वनविनाश से भू-क्षरण के फलस्वरूप नदियों के पाट उथले होते जाने से बाढ़ का प्रकोप बढ़ता है। बंजर भूमि का विस्तार तथा चारागाहों में कमी से ग्रामीणों में असंतोष है।

(3) जल संसाधनों का अभाव और प्रदूषण (Water Shortage and Pollution) : बढ़ती आबादी के लिए शुद्ध पेयजल की समस्या उत्पन्न हो रही है। विषैले रसायन बहाने से नदियां व समुद्र प्रदूषित हो रहे हैं।

(4) वायु प्रदूषण (Air Pollution) : विशाल औद्योगिक नगरों में कारखानों और वाहनों के धुएं से वायु प्रदूषित हो रही है।

(5) औद्योगिक परियोजनाएं (Industrial Projects): कोयला, तेल, बिजली के संसाधन चीज नष्ट हो रहे हैं तथा उनके उपयोग से वातावरण प्रदूषित हो रहा है। इसके अलावा ध्वनि प्रदूषण से भी पर्यावरण प्रभावित होता है।

पर्यावरण संरक्षण के उपाय (Measures of Environment Protection) : पर्यावरण संरक्षण के लिए अक्षय या पोषणकारी विकास को अधिकांश देशों ने अपनी विकास नीति का आवश्यक तत्व मान लिया है। प्रकृति और पर्यावरण के संरक्षण के उपाय रियो-द-जेनेरियो के पर्यावरण सम्मेलन में **एजेंडा-21** के शीर्षक से इस प्रकार प्रस्तावित किये गये हैं :

1. जनसंख्या नियंत्रण (Population Control): इसके लिए विवाह की आयु में वृद्धि छोटे परिवारों को प्रोत्साहन परिवार नियोजन के विभिन्न उपाय, महिला शिक्षा, प्रचार साधन आदि अपनाये जाने पर बल दिया जा रहा है।

2. वन संरक्षण (Forest Conservation): उपभोक्ता वस्तुओं के लिए लकड़ी प्राप्त करने हेतु होने वाले जंगलों के कटाव को रोकना, वन भूमि के अन्य कार्यों के लिए उपयोग को रोकना इसमें समाविष्ट है।

3. इसके अलावा वन्य जीवन का संरक्षण, प्रदूषण मुक्त साफ सुथरी तकनीकों को अपनाना, शिक्षालयों और प्रचार माध्यमों द्वारा पर्यावरण शिक्षा पर बल देना, आवश्यकताएं कम करने पर बल और अंतर्राष्ट्रीय सहयोग आदि के उपायों के माध्यम से पर्यावरण संरक्षण के प्रयास किये जा रहे हैं। भारत में इसके लिए विशेष पर्यावरण मंत्रालय का गठन किया गया है जो इन सब उपायों को क्रियान्वित करता है।

बहुविकल्पीय प्रश्न

1. 'छुओ ओर जाओ' की विशेषता किस समूह में पायी जाती है?
A. प्राथमिक B. द्वैतीयक
C. सांस्कृतिक D. जैविकीय

2. कौन सा द्वैतीयक समूह नहीं है
A. राजनीतिक दल B. एक नगर
C. मजदूरी यूनियन D. कक्षा में विद्यार्थी

3. मैकाइवर के अनुसार भीड़ की मुख्य विशेषता क्या है?
A. प्रत्यक्ष संपर्क B. अस्थायी संपर्क
C. पिछलग्गूपन D. सहयोग की भावना

4. भूमिका तथा प्रस्थिति के संप्रत्यों का प्रथम सुव्यवस्थित विकास निम्नलिखित में से किसने किया?
A. मैलिनोवस्की B. पारसंस
C. पार्क D. लिन्टन

5. निम्नलिखित में से किस एक को समुदाय स्वीकार किया जा सकता है?
A. छात्र संघ B. जनजाति
C. परिवार D. भीड़

6. निम्नलिखित में से कौन सा एक समुदाय का आवश्यक अभिलक्षण नहीं है?
A. भौगोलिक अवस्थिति
B. सामुदायिक भावना
C. सामाजिक समजातीयता
D. स्थिर आकार

7. जब किसी समूह के सदस्य जीवन के एक विशिष्ट लक्ष्य में शामिल होते हैं तथा औपचारिक नियमों के अनुसार उसकी पूर्ति करते हैं तब वे संघटित करते हैं।
A. समिति B. समुदाय
C. संस्था D. गिरोह

8. सापेक्षिक रूप से स्थिर तथा व्यापक रूप से स्थापित कार्यनिधियों को, जो समाज के मूल्यों तथा प्रतिमानों के

चारों ओर विकसित होती हैं, वर्णित करने के लिए निम्न लिखित शब्दावली में से कौन सी एक समाजशस्त्रियों द्वारा प्रयोग की जाती है ?

A. वैचारिकी B. संस्था

C. भूमिका D. विधान

9. सूची I सूची II से मिलाइए तथा नीचे लिए हुए कूट संकेतों का प्रयोग करते हुए सही उत्तर चुनिए

सूची I	*सूची II*
(a) टोंडा	बोंगावाद
(b) मूरिया	घोटुल
(c) मुण्डा	पोंडु
(d) खोड	कुवाद

कूट :	*(a)*	*(b)*	*(c)*	*(d)*
A.	3	1	2	4
B.	3	2	4	1
C.	4	3	1	2
D.	1	2	3	4

10. सामाजिक प्रकार्य की परिभाषा निम्न में से किस प्रकार की जा सकती है ?

A. एक सामाजिक घटना जिसमें बहुत से महत्वपूर्ण व्यक्तियों को निमंत्रित किया जाता है।

B. किसी संरचना के साथ सम्बद्ध एक क्रिया या परिणाम

C. व्यक्तियों के एक समूह या एक व्यक्ति को सौंपा हुआ एक दायित्व

D. कोई घटना जो एक समाज के सदस्यों द्वारा महत्वपूर्ण मानी जाती है।

11. मूल्यों की समाजशास्त्रीय परिभाषा निम्न में से किस प्रकार की जा सकती है ?

A. समाज में माल तथा सेवाओं की कीमत जो एक व्यक्ति द्वारा अदा की जाती है

B. समाज में एक व्यक्ति की इच्छाएं

C. समाज में मान्य अधिमान, प्राथमिकताएं तथा वांछनीय दशाएं

D. विशिष्ट निर्धारण तथा मानक व्यवहारों का अभिनिषेध

12. निम्नलिखित कारकों में से किस कारक से प्रतिमान के अतिक्रमण की अधिक संभावना रहती है ?

1. दोषपूर्ण अथवा त्रुटिपूर्ण समाजीकरण
2. अशक्त अनुमोदन तथा अपर्याप्त प्रवर्तन
3. प्रतिमान की अनिश्चित व्यवस्था
4. प्रतिमान का अस्पष्ट प्रतिपादन

नीचे दिए गए कूट से सही उत्तर चुनिए

A. केवल 1 B. 1, 2 और 4

C. 2, 3 और 4 D. 1, 2, 3, और 4

13. तथ्यों को वस्तुनिष्ठ तब कहा जाता है जब

A. उनका सैद्धान्तिक संस्थापन हो चुका होता है

B. उनका विवेकपूर्ण निर्धारण हो जाता है

C. उनकी तार्किक रूप से व्युत्पति होती है

D. उनका आनुभाविक सत्यापन हो जाता है

14. निम्नलिखित में से कौन सा एक कथन प्रतिमान की ओर निर्देशित करता है ?

A. कन्या की अपेक्षा पुत्र को वरीयता दी जाती है

B. अपराधी को दण्ड अवश्य मिलना चाहिए

C. सभी नागरिक समान अधिकार रखते हैं

D. एक पत्नी प्रथा विवाह के स्वरूप में सबसे सामान्यत अधिक स्वीकृत रखती है।

15. निम्नलिखित में से कौन सा एक कथन अनुशासित के प्रकार्य का सही तरह से वर्णन करता है ?

A. उन भावनाओं को जो काव्य से प्रभावित हुई है निश्चित सामूहिक अभिव्यक्ति देकर सामाजिक उल्लासोन्माद को पुनर्स्थापित करना

B. किसी समाज में व्यक्ति के व्यवहार पर प्रतिबंध लागू करना

C. मानव विचार को प्रतिबंधित करना

D. समाज में विभेदीकरण की वृद्धि को अनुमति देना।

16. अप्रतिमानता प्रत्यय का समाजशास्त्रीय अर्थ निम्नलिखित में से किसके निकट है ?

A. विचलन B. प्रमाणविहीनता

C. अस्थिरता D. विषमजातीयता

17. एक बच्चे का विद्यालय से खिसक जाना क्या कहलाता है

A. किशोर अपचार B. अनुपस्थितता

C. पलायनशीलता D. आवारागर्दी

18. सूची I सूची II से मिलाइए तथा नीचे दिए हुए कूट संकेतों का प्रयोग करते हुए सही उत्तर चुनिए

सूची I	*सूची II*
(a) चक्रीय	1. वीको
(b) रेखीय	2. सोरोकिन

(*c*) उतार-चढ़ाव — 3. स्पेंग्लर

(*d*) सर्पिल — 4. स्पेंसर

कूट:	(*a*)	(*b*)	(*c*)	(*d*)
A.	3	4	2	1
B.	3	2	1	4
C.	2	3	1	4
D.	2	1	4	3

19. कौन रुधिर संबंध नहीं है

A. पत्नी का भाई B. बहन का पति
C. मित्र की पत्नी D. दादी

20. जहां माता की तुलना में बुआ को अधिक सम्मान मिलता है ऐसे संबंध को कहते हैं

A. सह प्रसविता B. बुआ अधिकार
C. मातुलेय D. माध्यमिक संबोधन

21. आधुनिक परिवारों में नातेदारी माता एवं पिता दोनों के जनम के परिवारों के साथ जोड़ी जाती है ऐसे परिवार को कहते है

A. पितृ बंधु B. द्विपक्षीय
C. एक पक्षीय D. मातृ स्वजन

22. धर्म का जन्म हुआ

A. अज्ञात शक्तियों के प्रति अस्पष्ट भय के कारण
B. अदभुत आवश्यकताओं की प्रति क्रिया के कारण
C. समुदाय के लिए कल्याणकारी उसके कानून और नैतिक व्यवस्था की रक्षक शक्ति की सत्ता के प्रतिक्रिया के कारण
D. कारण स्पष्ट नहीं है

23. किसने कहा है कि धर्म में केवल पवित्र विश्वास का समावेश होता है?

A. ई.बी.टायलर B. दुर्खीम
C. कार्ल मार्क्स D. मैक्स वेबर

24. मैक्स मूलर ने किस सिद्धांत का प्रतिपादन किया है?

A. मानवतावाद B. आत्मावाद
C. प्रकृतिवाद D. भय का सिद्धांत

25. जादू के दो प्रकारों अनुकरणात्मक तथा संकात्मक का विभेदीकरण किसने किया?

A. आर ब्राउन B. मैक्स वेबर
C. हाब हाउस D. फ्रेजर

26. जादू है

A. घटनाक्रम को प्रभावित करने के लिए अवैज्ञानिक प्रयत्न
B. किसी कार्य को एक विशेष रूप में करना
C. प्रतीकवाद की जटिलताएं
D. श्रेष्ठ मानव में विश्वास

27. टेबू का अर्थ है

A. रूढ़ियां B. निषेध
C. विचार D. रीति रिवाज

28. सामाजिक प्रक्रिया के निर्माण के प्रमुख तत्व है

A. सामाजिक संबंध B. परिवर्तनशीलता
C. निरंतरता D. उपरोक्त सभी

29. विभिन्न शक्तियों या समूहों द्वारा किसी सामान्य उद्देश्य के लिए मिलकर कार्य करना सहयोग है। यह परिभाषा है?

A. लुण्डवर्ग B. सदरलैंड एवम वुडवर्ड
C. फेयर चाइल्ड D. ग्रीन

30. सहयोग का वर्गीकरण सामान्य और मित्रवत किसने किया है?

A. मैकाइवर एवम पेज
B. आगबर्न और निमकाफ
C. ग्रीन
D. किम्बाल यंग

31. सात्मीकरण का विकास होता है

A. धीरे-धीरे B. स्वत:
C. अतिशीघ्र D. सभी

32. एक महाविद्यालय में प्राध्यापक व विद्यार्थी के बीच कौन-कौन सी सामाजिक प्रक्रिया कार्य करती है?

A. सहयोग B. व्यवस्थापन
C. आत्मसात D. संघर्ष

33. निम्नलिखित में से कौन सा एक समुदाय का आवश्यंक तत्व नही है?

A. निश्चित भौगोलिक क्षेत्र B. सामुदायिक भावना
C. स्थायित्व D. अस्थायित्व

34. सूची I सूची II से मिलाइए तथा नीचे दिए हुए कूट संकेतों का प्रयोग करते हुए सही उत्तर चुनिए

सूची I	*सूची II*
(*a*) समंजन	1. पारस्परिक सांस्कृतिक विसरण जिसके द्वारा व्यक्तियों अथावा समूहों द्वारा एक सामान्य संस्कृति में सहभागिता होती है।
(*b*) परसंस्कृति ग्रहण	2. एक व्यक्ति अथवा समूह के द्वारा किसी अन्य संस्कृति के अभिलक्षणों को अर्जित करना

(c) समीकरण	3. प्रतियोगी अथवा विद्वेषी समूहों के बीच शांतिपूर्ण अभियोजन
(d) स्वसंस्कृतिकरण	4. प्रतियोगियों को दुर्बल करके अथवा उनकी समाप्ति द्वारा पुरस्कारों पर एकाधिकार प्राप्त करने का प्रयास

कूट:	(a)	(b)	(c)	(d)
A.	2	3	4	
B.	4	1	2	
C.	3	2	1	
D.	1	4	3	

35. सामाजिक स्तरीकरण का लाभ है
A. आवश्यकताओं की पूर्ति B. अधिक कार्य की प्रेरणा
C. शक्ति संतुलन D. उपरोक्त सभी

36. किसने संसार की प्रजातियों का वर्गीकरण कॉक सायड, मंगोलायड और नीग्रायड किया है ?
A. हंबर्ग B. रूथ बेनेडिक्ट
C. रेमंड फर्थ D. क्रोबर

37. प्रजाति के संबंध में यूनेस्को ने समाज शास्त्रियों की कांफ्रेंस कब आयोजित की ?
A. 1952 B. 1964
C. 1963 D. 1965

38. वर्ण व्यवस्था किस प्रकार की है ?
A. स्थाई B. मुक्त वर्ग
C. जन्म पर आधारित D. बंद वर्ग

39. किसने कर्म को वर्ण का आधार माना है ?
A. आई.पी.देसाई B. राधा कृष्णन
C. घुरिए D. श्री निवास

40. सर्वप्रथम जाति का वर्णन किस वेद में मिलता है ?
A. ऋग्वेद B. यजुर्वेद
C. अथर्ववेद D. सामवेद

41. जाति एक बंद वर्ग है यह कथन किसका है ?
A. नेसफील्ड B. हट्टन
C. मैकाइवर एवं पेज D. मजूमदार एवं मदान

42. वर्ग की प्रमुख विशेषता है ?
A. मुक्त व्यवस्था B. खंडात्मक विभाजन
C. अपरिवर्तनशीलता D. भाग्यवादिता

43. वर्ग के निर्माण का आधार है
A. आर्थिक B. जन्म
C. शारीरिक लक्षण D. भाषा

44. परिवार की उत्पत्ति के लिए आवश्यक कारण है ?
A. यौन लालसा
B. आर्थिक आवश्यकताएं
C. संतानोत्पत्ति की आवश्यकता
D. उपरोक्त सभी

45. परिवार के कार्यों को अनिवार्य कार्यों में निम्न में से किसने वर्गीकृत किया है ?
A. आगबर्न एवं निमकाफ B. मैकाइवर एवं पेज
C. गिलिन एवं गिलिन D. इलियट एवं मेरिल

46. किसने परिभाषित किया है कि वह हिंदू संयुक्त परिवार एक समूह है जिसमें ज्ञात पूर्वजों का पुत्र तथा संबंधी है पुत्रों के साथ विवाह के माध्यम से जुड़े हैं ?
A. हेनरी मेन B. किंग्सले डेविस
C. मैकाइवर D. एच.एम.जानसन

47. एक ऊंची जाति के पुरुष का एक नीची जाति की स्त्री से विवाह कहलाता है ?
A. अनुलोम विवाह B. प्रतिलोम विवाह
C. कुलीन विवाह D. वरीयता प्राप्त विवाह

48. अंतर्विवाह नहीं है
A. गोत्र के अंदर विवाह B. सपिण्ड के अंदर विवाह
C. जाति के भीतर विवाह D. अंतर्जातीय विवाह

49. निम्न में से किसके आधार पर है ?
A. संविधान B. सिविल प्रोसीजर कोड
C. हिंदू विवाह अधिनियम D. हिंदू उत्तराधिकार नियम

50. एक ऐसे लक्ष्य की प्राप्ति के लिए मिल जुलकर कार्य करने में जिसे सब लोग चाहते हैं। निम्न में से कौन सी भावना निहित होती है ?
A. प्रतिस्पर्धा B. संघर्ष
C. सहयोग D. समझौता

51. वह प्रक्रिया जिससे एक समूह का समाजिक सांस्कृतिक अस्तिव दूसरे समूह में विलीन हो जाता है क्योंकि उसने दूसरे समूह की संस्कृति स्वीकार कर ली है, कही जाती है
A. समीकरण B. समाकलन
C. विसरण D. सांस्कृतिक

52. संघर्ष सिद्धांत का प्रतिपादक निम्नलिखित में से कौन सा विचारक था ?
A. मैकाइवर तथा पेज B. हर्बर्ट स्पेंसर
C. टैल्कट पारसंस D. डेहरेनडार्फ

53. सूची-I को सूची-II से जोड़े और निम्नांकित कूट के अनुसार सही उत्तर दें–

सूची-I	*सूची-II*
(a) स्व का आत्मदर्पण	1. कार्ल मार्क्स
(b) अलगाव	2. विलीयम अगबर्न
(c) सांस्कृतिक विलम्बना	3. जी.एच. मीड
(d) प्रत्यक्षवाद	4. ऑगस्त कॉम्टे
	5. सी.एच. कूले

कूटः

	(a)	*(b)*	*(c)*	*(d)*
A.	5	1	2	4
B.	1	2	3	5
C	4	3	2	1
D.	3	4	1	2

54. निम्न में से **अभिकथन (A)** व **तर्क (R)** का सही मेल बताऐं–

अभिकथन (A): केवल अधिनियमों के बल पर महिलाओं की प्रस्थिति को ऊँचा व सुधारा नहीं जा सकता।

तर्क (R): किसी भी समाज का सामाजिक माहौल महिलाओं की प्रस्थिति आंकलन में एक महत्वपूर्ण भूमिका निभाता है।

प्रदत्त कूट से सही उत्तर का चयन कीजिए–

A. (A) और (R) दोनों सही हैं और (A) का (R) सही स्पष्टीकरण है।

B. (A) और (R) दोनों सही हैं मगर (A) का (R) सही स्पष्टीकरण नहीं है।

C. (A) सही है, मगर (R) गलत है।

D. (A) गलत है, मगर (R) सही है।

55. सूची-I को सूची-II से सुमेलित कीजिए तथा सूचियों के नीचे दिए कूट का प्रयोग कर सही उत्तर चुनिए–

सूची-I

(a) परसंस्कृति ग्रहण (b) एकीकरण

(c) आत्मसात्मीकरण (d) समायोजन

सूची-II

1. एक वैसी स्थिति जिसमें लोग विभिन्नताओं मे रहते हुए भी एकसाथ काम करते हैं।
2. एक वैसी स्थिति जिसमें एक संस्कृति के लोग दूसरी संस्कृति से कुछ तत्व लेना चाहते हैं और अपना तत्व छोड़ना चाहते हैं।
3. एक वह प्रक्रिया जिसमें अल्पसंख्यक समूह के लोग धीरे-धीरे अपनी सांस्कृतिक प्रतिमान को छोड़ने लगते हैं और प्रभावी संस्कृतियों को लेने लगते हैं।
4. अनुकूलन की वह प्रक्रिया जिसमें संस्कृति के तत्व एक सम्पूर्ण स्वरूप में सम्मिलित हों।

कूटः

	(a)	*(b)*	*(c)*	*(d)*
A.	2	4	3	1
B.	1	2	3	4
C	3	4	2	1
D.	4	3	1	2

56. इनमें से कौन-सा वक्तव्य सड़कों के भीड़-भाड़ की समस्या के निदान के लिए उपर्युक्त नहीं है?

A. सड़कों का चौड़ीकरण होना

B. जनता को निजी गाड़ियों के इस्तेमाल को रोकना

C. भिन्न-भिन्न प्रकार के गाड़ियों का सड़क पर चलने का समय तय होना

D. दूसरे प्रकार के यातायात के साधन के बारे में सोचना

57. ईमाइल दुर्खीम ने समाज को ऐसे परिभाषित किया है।

A. विचार का समुदाय B. सजातीय समुदाय

C. आचार समुदाय D. नैतिक समुदाय

58. 'हिन्दू सोशल आर्गेनाइजेशन' नामक पुस्तक लिखी गई है–

A. एम.एन. श्रीनिवास द्वारा

B. एस.एस. गोरे द्वारा

C. के. डेविस द्वारा

D. पी.एन. प्रभु द्वारा

59. "सामाजिक संघर्ष हमेशा विनाशकारी नहीं होता बल्कि यह समन्वयी भूमिका भी निभाता है।" निम्नलिखित में से किस विचारक ने यह विचार दिया है।

A. राल्फ डेहरेनडार्फ B. लुई कोज़र

C. कार्ल मार्क्स D. मैक्स वेबर

60. निम्नलिखित में से कौन उत्पादन विधि का अवयव ***नहीं*** है?

A. उत्पादन का साधन

B. उत्पादन शक्ति

C. उत्पादन का औजार

D. उत्पादन का संबंध

61. निम्नलिखित युग्मों में से कौन-सा एक सही नहीं है?

A. प्राथमिक समूह – कूले
B. संदर्भ समूह – मर्टन
C. बाह्य समूह – समनर
D. मानव समूह – वेबर

62. निम्नलिखित अवधारणाओं में से कौन सिद्धांत मर्टन के अनुसार परिवर्तन के लिए उपयुक्त है?

A. प्रकार्य B. दुष्प्रकार्य
C. अप्रकार्य D. कल्प-प्रकार्य

63. नीचे दिए गये संहिताओं में से सही उत्तर चुने? कार्ल मार्क्स के अनुसार ऊपरी ढाँचा कौन है?

1. राजनीतिक व्यवस्था
2. वैधानिक व्यवस्था
3. जागरूकता के स्वरूप
4. वर्ग

कूटः

A. 1, 3, 4 सही है। B. 2, 3, 4 सही है।
C. 1, 2, 3 सही है। D. 1, 2 सही है।

64. निम्न में से अभिकथन **(A)** व तर्क **(R)** का सही मेल बताएँ–

अभिकथन (A): मार्क्स के विचार में पूंजीवाद में श्रमिक अलगाव से ग्रसित होते हैं।

तर्क (R): पूंजीवाद श्रमिकों की मेहनत को उनके जीवन जीने का केवल साधन मात्र बना देता है।

प्रदत्त कूट से सही उत्तर का चयन कीजिए–

A. **(A)** और **(R)** दोनों सही हैं और **(A)** का **(R)** सही स्पष्टीकरण है।
B. **(A)** और **(R)** दोनों सही हैं मगर **(A)** का **(R)** सही स्पष्टीकरण नहीं है।
C. **(A)** सही है मगर **(R)** गलत है।
D. **(A)** गलत है मगर **(R)** सही है।

65. 'शिक्षित महिला' एक उदाहरण है–

A. सामाजिक समूह का B. समिति का
C. संगठन का D. सामाजिक श्रेणी का

66. सामाजिक समूह के रूप में जनजातीय समाज निम्न में से किसके समीप है?

A. समुदाय के B. जाति के
C. समिति के D. गौत्र के

67. सूची-I को सूची-II से जोड़े और निम्नांकित कूट के अनुसार सही उत्तर दें–

सूची-I	*सूची-II*
(a) सी.एच. कूले	1. अभिनय शास्त्र
(b) जी.एच. मीड	2. प्रतीकात्मक अन्तःक्रियावाद
(c) एच. ब्लूमर	3. मन, स्व और समाज
(d) ई. गाफमैन	4. मानव प्रकृति और सामाजिक व्यवस्था
	5. लोक-पद्धति विज्ञान

कूटः

	(a)	*(b)*	*(c)*	*(d)*
A.	1	2	5	3
B.	2	4	1	5
C	4	3	2	1
D.	2	4	1	3

68. 'जाति एक बन्द वर्ग है' निम्न विचारकों में से ये कथन किसका है?

A. लुई ड्यूमोन B. डॉ. बी.आर. अम्बेडकर
C. जे.एच. हटन D. आन्द्रेबेतेइली

69. मर्टन के अनुसार अप्रकट प्रकार्य होते हैं–

A. प्रत्याशित और मान्य
B. प्रत्याशित और अमान्य
C. अप्रत्याशित और अमान्य
D. अप्रत्याशित और मान्य

70. राल्फ डेहरनडार्फ के संघर्ष के सिद्धांत का आधार है–

A. उत्पादन के सम्बन्ध B. सत्ता सम्बन्ध
C. उपभोक्ता सम्बन्ध D. स्वामित्व सम्बन्ध

71. स्त्रियों की जीवित बच्चों को जन्म देने की क्षमता को कहा जाता है–

A. प्रजननता B. अस्वस्थता
C. जननक्षमता D. अजननक्षमता

72. ग्रामीण समाज एक उदाहरण है–

A. समितियों का B. समुदायों का
C. क्षेत्रों का D. राष्ट्र का

73. एक शास्त्र जो ज्ञान के उद्भव एवं प्रकृति से सम्बन्ध रखता हो कहलाता है–

A. सत्ता मीमांसा B. प्रघटना शास्त्र
C. ज्ञान मीमांसा D. लोक विज्ञान शास्त्र

74. वेबर के अनुसार जाति के लक्षण हैं–

A. एक नृजातीय समूह में
B. एक समुदाय के रूप में
C. एक बन्द प्रस्थिति समूह
D. हिंदुओं की धर्म संगति

75. निम्न में से सही कूट के सम्बन्ध को चुनिए। सामाजिक स्तरीकरण की प्रकार्यात्मक व्याख्या की है–

1. पारसन्स
2. लैसंकी
3. डेवीस और मूर
4. ट्यूमीन

कूटः

A. 1, 2, 3 और 4 सही हैं।
B. 2, 3 और 4 सही हैं।
C. 1, 3 और 4 सही हैं।
D. 3 और 4 सही हैं।

उत्तरमाला

1	2	3	4	5	6	7	8	9	10
B	D	D	D	B	D	A	B	C	B
11	**12**	**13**	**14**	**15**	**16**	**17**	**18**	**19**	**20**
C	B	C	B	B	B	D	A	C	B
21	**22**	**23**	**24**	**25**	**26**	**27**	**28**	**29**	**30**
B	A	A	C	D	B	B	C	B	A
31	**32**	**33**	**34**	**35**	**36**	**37**	**38**	**39**	**40**
A	A	D	C	D	B	A	C	B	A
41	**42**	**43**	**44**	**45**	**46**	**47**	**48**	**49**	**50**
D	A	A	D	B	D	B	C	D	A
51	**52**	**53**	**54**	**55**	**56**	**57**	**58**	**59**	**60**
A	A	A	A	A	B	C	D	B	C
61	**62**	**63**	**64**	**65**	**66**	**67**	**68**	**69**	**70**
B	B	C	A	A	A	C	B	C	B
71	**72**	**73**	**74**	**75**					
A	B	C	C	C					

अध्याय 24

विचलन संबंधी मुद्दे

(Issues Pertaining to Deviance)

अपराध (Crime)

अपराध की परिभाषा (Definition of crime)—सबसे पहले हम अपराध और अपराधियों की परिभाषाओं पर विचार करें और अपराधों और अपराधियों के विभिन्न प्रकारों का पता लगाएं। सरकारी आंकड़े अपराधों की कानूनी परिभाषा पर आधारित हैं, दंड न्याय की व्यवस्था कानूनी उपागम से समझी जाती है, अपराधियों पर किए गए आनुभविक अध्ययन कानून द्वारा परिभाषित अपराध को केंद्र बिंदु बनाते हैं और चूंकि अपराध की कानूनी परिभाषा को सूक्ष्म, सुस्पष्ट और माप के योग्य समझा जाता है, इसलिए हम सर्वप्रथम इस कानूनी परिभाषा को समझें।

पॉल टप्पन ने अपराध की परिभाषा इस प्रकार दी है कि यह 'एक साभिप्राय कार्य है या अनाचरण है जो दंड कानून का उल्लघंन करता है और जो बिना किसी सफाई और औचित्य के किया जाता है। इस परिभाषा में पांच तत्व महत्वपूर्ण हैं': (क) किसी क्रिया को किया जाए या किसी क्रिया को करने में चूक होनी चाहिए, यानी की किसी व्यक्ति को उसके विचारों के लिए दंडित नहीं किया जा सकता; (ख) क्रिया स्वैच्छिक होनी चाहिए और उस समय की जानी चाहिए जब कि कर्त्ता का अपने कार्यों पर नियंत्रण है; (ग) क्रिया साभिप्राय होनी चाहिए फिर चाहे अभिप्राय सामान्य हो अथवा विशेष। एक व्यक्ति का विशेष अभिप्राय चाहे दूसरे व्यक्ति को गोली मारना व उसको जान से मारना न हो, परंतु उससे इस जानकारी की आशा की जाती है कि उसकी क्रिया से दूसरों को चोट लग सकती है या उनकी मृत्यु हो सकती है; (घ) वह क्रिया फौजदारी कानून का उल्लंघन होनी चाहिए जिससे कि सरकार अभियुक्त के विरुद्ध कार्यवाही कर सके; और (च) वह बिना किसी सफाई या औचित्य के की जानी चाहिए। इस प्रकार यदि यह सिद्ध हो जाता है कि क्रिया आत्म सुरक्षा के लिए या पागलपन में की गई थी तो उसे अपराध नहीं माना जाएगा, चाहे उससे दूसरों को हानि हुई हो या चोट लगी हो। कानून की अनभिज्ञता को अधिकतर बचाव या सफाई नहीं माना जाता है।

हाल जिरोम की परिभाषा के अनुसार अपराध, ''कानूनी तौर पर वर्जित और साभिप्राय कार्य है, जिसका सामाजिक हितों पर हानिकारक प्रभाव पड़ता है, जिसका आपराधिक उद्देश्य है और जिसके लिए कानूनी तौर से दंड निर्धारित है।'' इस प्रकार उसकी दृष्टि में किसी कार्य को अपराध नहीं माना जा सकता जब तक उसमें ये पांच विशेषताएं नहीं हो; (क) कानून द्वारा वह वर्जित हो, (ख) वह साभिप्राय हो (ग) वह हानिकारक हो (घ) उसका अपराधिक उद्देश्य हो और (च) उसके लिए कोई दंड निर्धारित हो।

उन अपराधशास्त्रियों ने जिनका समाजशास्त्रीय परिप्रेक्ष्य है, यह दावा नहीं किया है कि अपराधशास्त्र में अपराध की कानूनी परिभाषा का कोई स्थान नहीं है। उन्होंने केवल ऐसी परिस्थितियों की ओर ध्यान आकर्षित किया है जिनमें वे व्यक्ति जो आपराधिक व्यवहार करते हैं या तो पकड़े नहीं जाते या न्यायालयों द्वारा अपर्याप्त सबूत या कानून में बचाव के रास्तों या दबावों के कारण मुक्त कर दिए जाते हैं। अपराध की कानूनी और सामाजिक परिभाषाओं के बीच समाधानात्मक दृष्टिकोण अपनाते हुए **रीड** ने कहा है कि कानून की परिभाषा का अपराध के आंकड़ों का संकलन करने के लिए और 'अपराधी' का लेबल देने के लिए उपयोग किया जा सकता है, परंतु अपराध के कारणों के अध्ययन के लिए किए जा रहें अध्ययनों में ऐसे व्यक्तियों को भी अपने अपराधियों के प्रतिदर्शों में सम्मिलित किया जाना चाहिए जो अपना अपराध स्वकार करते हैं परंतु न्यायालय से दोषी सिद्ध नहीं हुए हैं।

समाजशास्त्रीय व्याख्या (Sociological Explanation)—**सदरलैण्ड** ने (1939) में 'विभिन्न संपर्क' का सिद्धांत प्रस्तुत किया। उसका कहना है कि अपराधिक व्यवहार की मुख्यतया दो व्याख्याएं प्रस्तुत की गई हैं। परिस्थिति-संबंधी और आनुवंशिक या ऐतिहासिक। पहली अपराध की व्याख्या परिस्थिति के आधार

पर की जाती है, ओर दूसरी व्याख्या अपराधी के जीवन के अनुभवों पर आधारित है। उसने स्वयं दूसरे अपागम का उपयोग अपराधिक व्यवहार के सिद्धांत को विकसित करने में किया। मान लें कि एक लड़का दुकान पर आता है और दुकानदार को वहां नहीं पाता। वह एक रोटी लेता है। इस प्रकरण में लड़का चोरी इसलिए नहीं करता क्योंकि वहां दुकानदार नहीं था और वह भूखा था परंतु यह इसलिए होता है कि उसने पहले से ही यह सीख लिया था कि एक व्यक्ति अपनी भूख को चीजों की चोरी करके मिटा सकता है। इस प्रकार परिस्थिति एक व्यक्ति को चोरी करने की प्रेरणा नहीं देती परंतु पहले से सीखे हुए दृष्टिकोण और विश्वास उसके लिए उत्तरदायी हैं **सदरलैण्ड** की प्रमुख अभिधारणा है कि व्यक्ति अपने जीवन काल में कई असंगत और परस्पर-विरोधी सामाजिक प्रभावों का सामना करते हैं और कई व्यक्ति अपराध करने वाले व्यक्तियों के संपर्क में आ जाते हैं ओर उसके परिणामस्वरूप वे अपराधी हो जाते हैं। उसने इस प्रक्रिया को 'विभिन्न संपर्क' के नाम से पुकारा।

यह सिद्धांत बताता है कि अपराधिक व्यवहार दूसरे व्यक्तियों के संपर्क की प्रक्रिया में सीखा जाता है, मुख्य रूप से छोटे, घनिष्ठ समूहों में, इस विद्या में अपराध करने की तकनीकों का सीखना भी सम्मिलित है। प्रेरणाओं, प्रवृत्तियों, तार्किकीकरणों और रूपों की विशिष्ट दिशा ऐसी कानूनी संहिताओं की परिभाषाओं से सीखी जाती है जो अनुकूल या प्रतिकूल है। एक व्यक्ति अपराधी इसलिए हो जाता है क्योंकि उसे कानून के उल्लंघन करने की अनुकूल परिभाषाएं कानून के उल्लंघन की प्रतिकूल परिभाषाओं के अपेक्षाकृत अधिक मिल जाती है। यह 'विज्ञान संपर्क' का सिद्धांत है। विभिन्न संपर्क आवृति, कालावधि प्राथमिकता और तीव्रता में घट-बढ़ सकते हैं। आपराधिक और अनआपराधिक स्वरूपों के संपर्कों द्वारा अपराधी व्यवहार को सीखने की प्रक्रिया में उन सब विधियों की आवश्यकता होती है जो किसी भी अन्य विद्या के लिए आवश्यक होती है। जबकि अपराधी व्यवहार सामान्य आवश्यकताओं और मूल्यों की अभिव्यक्ति है, परंतु उसकी व्याख्या उन आवश्यकताओं और मूल्यों से नहीं की जा सकती है क्योंकि गैर-अपराधिक व्यवहार भी उन्हीं आवश्यकताओं और मूल्यों की अभिव्यक्ति है।

सदरलैण्ड के सिद्धांत का समर्थन **जेम्स शार्ट जूनियर** ने अपने 176 स्कूल के बच्चों के 1955 में किए गए अध्ययन के आधार पर किया। **शार्ट** ने समाज में अपराध के अनुमानित प्रभाव, आवृत्ति, कालावधि, प्राथमिकता, अपराधी मित्रों के साथ अंत: क्रिया की तीव्रता और वयस्क अपराधियों की जानकारी ओर उनके साथ संपर्क को मापा।

परंतु **सदरलैण्ड** के सिद्धांत का विरोध कई विद्वानों ने किया जैसे **शेल्डन ग्लूयक मेबिल इलियट, काल्डवेल, डोनेल्ड क्रेसी, टपन जार्ज बोल्ड, हर्बट बलोच, जैफरी क्लेरेन्स, डेनियल ग्लेसर** और अन्य प्रमुख आलोचना यह है कि आनुभविक रूप के सिद्धांतों की जांच और 'संपर्कों, प्राथमिकता तीव्रता, कालावधि और संबंधों की आवृति का माप करना कठिन है।' **टपन** के अनुसार, **सदरलैण्ड** ने अपराध में व्यक्तित्व की भूमिका का जैविकीय ओर मनोवैज्ञानिक कारकों की भूमिका पर ध्यान नहीं दिया है। **जार्ज बोल्ड** ने कहा है कि अपराध में द्वितीयक संपर्क और औपचारिक समूहों की भूमिका की अवज्ञा की गई है। **क्लेरेन्स रे जेफरी** का मत है कि **सदरलैण्ड** का सिद्धांत अपराध की उत्पत्ति को नहीं समझाता क्योंकि अपराध का होना आवश्यक है तभी वह किसी से सीखा जा सकता है। **मेबिल इलियट** कहते हैं कि **सदरलैण्ड** का सिद्धांत व्यवस्थित अपराधों को समझाता है, परंतु परिस्थिति संबंधी अपराधों को नहीं। **क्रेसी** के अनुसार, **सदरलैण्ड** पूर्णरूप से सीखने की प्रक्रिया के जटिलता की खोज नहीं करता कि किस प्रकार वह भिन्न-भिन्न व्यक्तियों को प्रभावित करती है। **हर्बट ब्लोच** का यह मत है कि सहचर्यों का तुलनात्मक एवं मात्रात्मक माप करना वस्तुत: असंभव है। **ग्लूयक** का कहना है कि व्यक्ति दूसरों से हटके व्यवहार नहीं सीखता; कई कार्य स्वाभाविक रूप से सीख लिए जाते हैं। **काल्डवेल** कहता है कि व्यक्ति किस प्रकार के हैं यह इस पर निर्भर करता है कि उनसे संपर्क किन व्यक्तियों से रहे हैं परंतु शारीरिक या अंतर्जात वंशानुगत ढांचे और पर्यावरण के प्रेरकों की तीव्रता का भी मूल्यांकन करना चाहिए।

डेनियल ग्लेसर ने **सदरलैण्ड** के सिद्धांत में कुछ संशोधन यह समझाने के लिए किया कि एक व्यक्ति किससे अपराध सीखता है। उसने इस नए सिद्धांत का नाम 'विभिन्न पहचान का सिद्धांत' रखा और कहा कि एक व्यक्ति अपराधी व्यवहार को उस सीमा तक जारी रखता है जहां तक वह असली या काल्पनिक व्यक्तियों से तादात्म्य स्थापित कर पाता है जिनके परिप्रेक्ष्य के अनुसार उसका अपराधी व्यवहार स्वीकार्य मालूम पड़ता है। इससे और आगे वह कहता है कि विभिन्न संपर्क के सिद्धांत में निरंतर आने वाली समस्याओं में से एक यह है कि आपराधिकता के संपर्क में आने वाला प्रत्येक व्यक्ति आपराधिक स्वरूप को अंगीकार नहीं करता या उसका अनुकरण नहीं करता। इसलिए संपर्क की प्रकृति या गुण में वह क्या अंतर है कि एक व्यक्ति जो एक समूह के मनोभावों और व्यवहार को स्वीकार कर लेता है परंतु दूसरा व्यक्ति उस समूह के व्यवहार की विशेषताओं से परिचित तो हो जाता है परंतु उन्हें अपनाता नहीं है।

मर्टन का एनोमी सिद्धांत (Merton's Theory of Anomiy)—**मर्टन** ने जैविक और मनश्चिकित्सक सिद्धांतों (कि अपराध वंशागत विशेषताओं का परिणाम है) के विरुद्ध प्रतिक्रिया व्यक्त करते हुए सर्वप्रथम 1939 में अमेरिकन **सोशयोलाजिकल रिव्यू** में छपे एक प्रपत्र में विचलित व्यवहार को समझाने का प्रयास किया। उसने 1949 और 1957 में अपने विचार को सविस्तार प्रतिपादित किया और सामाजिक और सांस्कृतिक संरचनाओं में भेद बतलाया। उसके अनुसार सांस्कृतिक संरचना उन लक्ष्यों और स्वार्थों का उल्लेख करती है जिनका लोग अनुसरण करते हैं, जबकि सामाजिक संरचना उन साधनों के अनुमोदित तरीकों का उल्लेख करती है जो लक्ष्यों और स्वार्थों के अनुसरण को समंजित एवं नियंत्रित करते हैं। समाज की सांस्कृतिक व्यवस्था व्यक्तियों को लक्ष्यों की प्राप्ति के लिए मानकीय रूप से समंजित अथवा अनुमोदित व्यवहार के रूपों के द्वारा प्रयास करने का आदेश देती है। तथापि सामाजिक रूप से अनुमोदित साधनों के द्वारा इन लक्ष्यों की प्राप्ति के अवसर असमान रूप से विद्यमान रहते हैं। विचलित व्यवहार उस समय घटित होता है जब समाजिक संरचना एक व्यक्ति के इन लक्ष्यों की प्राप्ति के लिए अनुमोदित तरीकों को अपनाने को सीमित कर देती है या उन पर पूर्णरूप से प्रतिबंध लगा देती है। दूसरे शब्दों में लक्ष्यों और साधनों में विनियोजन तनाव उत्पन्न करता है जो क्रमश: व्यक्तियों की सांस्कृतिक रूप से अनुमोदित लक्ष्यों या संस्थागत साधनों के प्रति कठिबद्धता को कमजोर कर देता है, अर्थात इसके फलस्वरूप एनोमी की स्थिति उत्पन्न हो जाती है। इस प्रकार **मर्टन** के सिद्धांत के अनुसार कुछ सामाजिक संरचनाएं कुछ व्यक्तियों पर अनुरूपित व्यवहार के स्थान पर प्रतिकूलित व्यवहार करने के लिए निश्चित दबाव डालती है।

मर्टन ने उन पांच अनुकूलन के ढंगों की पहचान की है जो समाज के लक्ष्यों और साधनों के प्रति प्रतिक्रिया व्यक्त करने वालों के लिए उपलब्ध होते हैं—अनुपालन, अभिनव परिवर्तन। नवाचार विधिवाद पश्चगमनता। अपमान और विद्रोह। अनुपालन समाज के लक्ष्यों को स्वीकार करना, परंतु साधनों को अस्वीकार करना। उदाहरणार्थ, एक विद्यार्थी परीक्षा को उत्तीर्ण करने और डिग्री प्राप्त करने के लक्ष्य को तो स्वीकार करता है परंतु उत्तीर्ण होने के लिए अनुचित साधनों का उपयोग करता है। इस प्रकार मर्टन का कहना है कि निर्धनता से अपराध उत्पन्न नहीं होता परंतु जब निर्धनता का प्रमुख लक्ष्य आर्थिक सफलता माना जाता है और इसकी प्राप्ति के लिए सांस्कृतिक तरीकों पर बल दिया जाता है और एक निर्धन व्यक्ति सांस्कृतिक मूल्यों के अभाव से इस प्रतिस्पर्द्धा में भाग नहीं ले पाता, उस समय उसका सामान्य परिणाम उपराधी व्यवहार होता है।

मर्टन के सिद्धांत की **कोहेन, क्लिनार्ड** और **लेमर्ट** ने आलोचना की है। उनके प्रमुख तर्क हैं: (क) **मर्टन** का सिद्धांत अपूर्ण हैं क्योंकि उसने यह नहीं बतलाया है कि कौन लक्ष्यों को अस्वीकार करेगा और कौन साधनों को; (ख) केवल संरचनाओं को ही महत्व दिया गया है और व्यक्तित्व की उपेक्षा की गई है; (ग) तनावों से आवश्यक रूप से विचलित व्यवहार उत्पन्न नहीं होता; (घ) यह सिद्धांत सामाजिक नियंत्रण की महत्वपूर्ण भूमिका की अवज्ञा करता है; (च) **मर्टन** की मान्यता कि विचलित व्यवहार दोषपूर्ण अनुपात में ; निम्न वर्गों के लोगों में अधिक पाया जाता है सही नहीं है; (छ) परिसीमित जीवन के संयोग एनोमी का परिणाम न हो उसका कारण हो सकता है; (ज) **कोहेन** ने यह तर्क दिया है कि **मर्टन** ने यह नहीं बतलाया है कि व्यक्ति के अनुकलन के रूप के निर्धारण के लिए कौन से निर्धारक तत्व है; (झ) **कोहेन** ने यह भी कहा है कि मर्टन ने 'अनुपयोगी' अपराध और बाल अपराध के कारण नहीं बतलाए गए है जिन्हें व्यक्ति समाज के विशिष्ट लक्ष्यों की प्राप्ति के लिए नहीं परंतु केवल आमोद-प्रमोद के लिए करते हैं, जैसे कला वस्तुओं का विनाश या आनंद उठाने के लिए सवारी करने के लिए कार की चोरी; और (ट) अंत में, यह सिद्धांत सामाजिक-मनोवैज्ञानिक चरों या सामाजिक संरचनात्मक तत्वों पर भी ध्यान नहीं देता जो कदाचित यह समझा सके कि व्यक्ति एक अनुकूलन को अपनाने के स्थान पर किसी दूसरे प्रकार के अनुकूलन को क्यों अपनाते हैं।

क्लोवार्ड और ओहेलिन का 'विभिन्न अवसर' सिद्धांत (Cloward and Ohelin's Theory of Differential Opportunity)—**क्लोवार्ड** और **ओहलिन** ने **सदरलैण्ड** और **मर्टन** के सिद्धांतों का समालोकन कर दिया और 190 में अपराधी व्यवहार के एक नए सिद्धांत को विकसित किया। जबकि **सदरलैण्ड** अवैध साधनों के बारे में बात करता है और मर्टन वैध साधनों में विभिन्नताओं की, **क्लोवार्ड** और **ओहलिन** सफलता के लक्ष्यों के वैध और अवैध दोनों साधनों की विभिन्नताओं के बारे में बात करते हैं। इस सिद्धांत के महत्वपूर्ण तत्व है; (क) एक व्यक्ति का वैध और अवैध दोनों अवसरों की संरचनाओं में स्थान होता है, यानी उसे दोनों प्रकार के अवसर उपलब्ध होते हैं, (ख) अवैध अवसरों की तुलनात्मक उपलब्धता व्यक्ति के समंजन की समस्याओं के समाधान को प्रभावित करती है, (ग) जब उसे लक्ष्यों की प्राप्ति के लिए वैध अवसरों की कमी का सामना करना पड़ता है और अपनी आकांक्षाओं को कम करने में वह स्वयं को अक्षम पाता है

तो उसे तीव्र नैराश्य अनुभव होता है और इसके फलस्वरूप वह प्रतिकूल विकल्पों को खोजने लगता है।

क्लारेन्स शिराग ने **क्लोवार्ड** के सिद्धांत को क्रमबद्ध रूप से व्यवस्थित किया और उसकी चार अभिधारणाएं बताई; (क) मध्यम वर्ग के लक्ष्य, विशेषरूप से आर्थिक लक्ष्य, व्यापक हैं, (ख) प्रत्येक संगठित समाज इन लक्ष्यों को प्राप्त करने के लिए वैध अवसर प्रदान करता है, (ग) वैध साधनों तक पहुंच एक वर्ग से दूसरे वर्ग में कम ज्यादा होती है, (घ) किसी निश्चित समाज में अवैध अवसर उपलब्ध हो सकते हैं और नहीं भी। परंतु **शिराग** ने उपर्युक्त अभिधारणाओं पर आधारित **क्लोवार्ड** और **ओहलिन** के सिद्धांत की दो बातों को लेकर आलोचना की है; (क) यह सिद्धांत इस बात को नहीं समझाता कि क्यों निम्न वर्ग का एक युवा व्यक्ति अपराधी समूहों की गतिविधियों में लिप्त नहीं होता, और (ख) लक्ष्यों को प्राप्त करने के लिए कौन अवैध साधनों का उपयोग करेगा? दूसरे प्रश्न का **शिराग** ने स्वयं उत्तर दिया है। वह कहता है कि तीन प्रकार के ऐसे व्यक्ति होते हैं; (क) वे जो अपनी असफलताओं और या समायोजन की समस्याओं के लिए प्रचलित व्यवस्था को दोषी ठहराते हैं; (ख) वे जो यह सोचते हैं कि उनके पास पद संबंधी अथवा औपचारिक अधिकारिक मानदंड तो हैं परंतु व्यावहारिक मानदंड नहीं है, और (ग) वे जो परंपरागत प्रतिमानों या वैध व्यवस्था से विमुख हो गए हैं। **क्लोवार्ड** और **ओहलिन** ने अपराध की तीन प्रकार की उपसंस्कृतियों की पहचान की है; अपराधिक संघर्षग्रस्त और पलायनवादी। पहली (उपसंस्कृति) उस व्यवस्थित क्रिया। गतिविधि पर बल देती है जो आर्थिक लाभ की ओर अभिमुख होती है; दूसरी हिंसा और बंदूक से लड़ने पर बल देती है; और तीसरी नशीले पदार्थ के उपयोग और अन्य नशीली वस्तुओं पर बल देती है। पहली संस्कृति की उन क्षेत्रों में उत्पन्न होने की प्रकृति होती है जहां सफल और बहुत बड़े अपराधी रहते हैं और उनकी परंपरगत समाज में बहुत प्रतिष्ठा होती है और राजनैतिक तंत्र एवं कानून प्रवर्तन अधिकारियों से उनके अच्छे पारस्परिक संबंध होते हैं। यह उपसंस्कृति हिंसा का प्रदर्शन नहीं करती है। दूसरी उपसंस्कृति उन क्षेत्रों में पाई जाती है जहां अपराधिक और परंपरागत तत्वों में कोई संबंध नहीं होते। इस उपसंस्कृति में प्रतिष्ठा पाने के एक तरीके के रूप में हिंसा और या हिंसा की धमकी परिलक्षित होती है। ऐसे अड़ोस-पड़ोसों में युवा व्यक्ति अपने आपको गिरोहों में संगठित करके एक दूसरे से लड़ते हैं और उनमें हिंसा में पाई जाती है। जहां सड़क पर झगड़ा करना पुलिस के दमन के उपायों के कारण से बहुत खतरनाक हो जाता है या जहां हिंसा के विरुद्ध नैतिक एवं अन्य अंतर्बाधाएं होती हैं। जिन व्यक्तियों को अपराध और 'झगड़े' के अवसर प्राप्त नहीं होते हैं वे नशीले पदार्थों की दुनिया में चले जाते हैं। **शॉर्ट, टेनिसन** और **रिवर्स** ने एक ही बस्ती में रहने वाले 500 नीग्रो और श्वेत निम्न वर्ग के गिरोहों के लड़कों और मध्यम वर्ग के लड़कों, जो किसी गिरोह में सम्मिलित नहीं थे, के शिक्षा और व्यवसाय से संबंधित वैध एवं अवैध अवसरों की जानकारी प्राप्त करने के लिए किए गए अध्ययन के आधार पर **क्लोवार्ड** के सिद्धांत का परीक्षण किया। अवसरों की जानकारी प्राप्त करने के लिए कुछ प्रश्न इस प्रकार के थे; (1) मैं जिस प्रकार काम करन चाहता हूं वह कदाचित इसलिए नहीं कर पांऊगा क्योंकि मैं पर्याप्त रूप से शिक्षित नहीं हूं, (2) यदि मेरी तरह का बच्चा परिश्रम करता है तो वह नेतृत्व कर सकता है, (3) मेरा परिवार वह अवसर प्रदान नहीं कर सकता जो अधिकांश बच्चों को प्राप्त है, (4) अधिकांश व्यक्तियों की स्थिति मुझसे अधिक अच्छी है और, (5) मुझ जैसे व्यक्ति के कॉलेज में शिक्षा प्राप्त करने के अच्छे अवसर हैं। प्रकार हैं (1) इस सिद्धांत का प्रमुख दावा कि अवसरों के प्रकार होते हैं—वैध एवं अवैध—इतना सरल नहीं है जितना दिखलाई पड़ता है। इनमें अंतर वास्तविक तो नहीं है परंतु 'प्रत्यक्ष' न होकर 'विश्लेषणात्मक' है यानी कुछ ऐसी स्थितियां नहीं हैं जिन्हें वैध अवसर कहा जा सके और अन्य ऐसी स्थितियां जिन्हें अवैध अवसर कहा जा सके, परंतु एक स्थिति सदैव दोनों प्रकार के अवसर होते हैं; उदाहरण के लिए छात्रों द्वारा कागज के छोटे टुकड़ों पर तैयार किए गए नोट्स का परीक्षा में अनुचित साधनों के रूप में उपयोग किया जा सकता है और उनका वैध साधन के रूप में परीक्षा से एक दो दिन पूर्व बिंदुओं को याद करने के लिए उपयोग किया जा सकता है। इसी प्रकार बंदूक का उपयोग दूसरे को मारने और स्वयं को बचाने के लिए किया जा सकता है। (2) **क्लोवार्ड** और **ओहलिन** का मानना है कि निम्न वर्ग के युवाओं की दो अभिमुखताएं होती हैं; (अ) मध्यम वर्ग की सदस्यता की ओर अभिमुखता जिसे आर्थिक अभिमुखता कहते हैं, और (ब) आर्थिक उन्नति की ओर अभिमुखता जिसे आर्थिक अभिमुखता कहते हैं। **क्लोवार्ड** की यह अभिधारणा है कि अपराध उपसंस्कृति के लिए वे अभ्यर्थी होते हैं जो अपनी निम्न वर्ग की सदस्यता बनाए रखना चाहते हैं परंतु अपने आर्थिक दर्जे को सुधारना चाहते हैं, परंतु **गार्डन** कहता है कि दोनों अभिमुखताएं अलग-अलग नहीं पाई जातीं; (3) **क्लोवार्ड** ने विभिन्न प्रकार की उपसंस्कृतियों के प्रकट होने के लिए प्रारंभिक परिस्थितियों का उल्लेख नहीं किया है; (4) उसके सिद्धांत में वर्ग का पूर्वग्रह है; (5) कुछ अवधारणाओं को परिचालित नहीं किया जा सकता; उदाहरणार्थ, अवसर संरचना, अवसर की जानकारी, वैधता का

वंचन या दोहरी असफलता और (6) व्यक्तित्व के कारक की पूर्णरूप से उपेक्षा की गई है।

कोहेन का मूल्य—अभिमुखीकरण या विचलित उपसंस्कृति का सिद्धांत (Cohen's Theory of Value Orientation or Delinquent Sub-Culture)—एल्बर्ट कोहेन का सिद्धांत प्रमुख रूप से श्रमिक वर्ग के लड़कों की स्थिति के समायोजन की समस्याओं के बारे में है। उसका विश्वास है कि युवा व्यक्तियों की स्वयं के बारे में भावनाएं मुख्य रूप से इस पर निर्भर करती हैं कि उनके बारे में दूसरों के क्या विचार हैं। जिन स्थितियों से उन्हें आंका जाता है सबसे अधिक विशेष रूप से स्कूल की स्थिति में, वहां बहुधा मध्यम वर्ग के मूल्यों और मानदंडों की प्रधानता होती है, वास्तव में वही प्रमुख मूल्य व्यवस्था होती है। इन मानदंडों में सफाई, शिष्टाचार, शैक्षिक बुद्धिमत्ता, मौखिक धारा प्रवाहिकता, ऊंचे स्तर की आकांक्षाएं और उपलब्धि के लिए प्रेरणा जैसी कसौटियां हैं। विभिन्न उद्‌गमों और पृष्ठभूमियों से आने वाले युवा व्यक्तियों को एक से ही नियमों के सेट के अंतर्गत प्रतिष्ठा और पसंदगी के लिए प्रतिस्पर्द्धा करनी पड़ती है। परंतु प्रतिष्ठा के खेल में सफलता के लिए वह समान रूप से सुसज्जित नहीं होते। इस कारण एवं अन्य कारणों से निम्नवर्ग के बच्चों को असफलता और अनादर अनुभव करने की अधिक संभावना रहती है। इस समस्या से निबटने का एक तरीका यह है कि वे इस खेल का परित्याग कर दें और पीछे हट जाएं और मानने से मना कर दें कि ये नियम उन पर लागू होते हैं। परंतु यह इतना सरल नहीं है क्योंकि प्रबल प्रभावी मूल्य व्यवस्था कुछ सीमा तक उनकी भी मूल्य व्यवस्था है। उनके सामने विकल्प हैं;

(1) कॉलेज के लड़के की प्रतिक्रिया की तरह वह ऊर्ध्वगामी गतिशीलता अपनाएं; (2) स्थिर कोने में खड़े लड़के की प्रतिक्रिया व्यवहार को अपनाएं ऊर्ध्वगामी गतिशीलता के विचार को नहीं त्यागता परंतु वह न तो मितव्ययी होता है और न ही मित्रों से अलग होता है और ना ही मध्यम वर्ग के व्यक्तियों या अपराधी लड़कों को अपना बैरी बनाता है, और (3) 'अपराधी की प्रतिक्रिया अपनाना' (जिसमें वह मध्यम वर्ग के मानदंडों का पूर्णरूप से परित्याग कर देता है)। इन तीन विकल्पों में से अधिकांश बच्चे तीसरी प्रतिक्रिया को अपनाते हैं। वे प्रतिक्रिया गठन का आश्रय लेते हैं। वे प्रबल मूल्य व्यवस्था को अस्वीकार कर देते हैं और नए मूल्यों का सृजन करते हैं जो अनुपयोगी होते हैं (क्योंकि उनसे उन्हें कोई आर्थिक लाभ प्राप्त नहीं होता), विद्वेषपूर्ण होते हैं और नकारात्मक होते हैं।

कोहेन के उपरोक्त सिद्धांत का आलोचनात्मक मूल्यांकन अपराधी उप-संस्कृति के सिद्धांत और अपराध के सिद्धांत रूपों में किया गया है। **साइक्स** एवं **माट्‌जा, मर्टन, रीस** एवं **रोड्स कोब्रिन** एवं **फाइन स्टोन, किट्‌सयूज़** एवं **डेट्रिक और विलेन्सकी** एवं **लेबेन्कस** ने उसके शोध प्रबंध के प्रस्तावों एवं आशयों का विरोध किया है। इस सिद्धांत के विरुद्ध प्रमुख आलोचनाएं हैं; (1) एक गिरोह का सदस्य मध्यम वर्ग के मूल्यों और मापदंडों को अस्वीकार नहीं करता परंतु अपने अपराधी व्यवहार को तार्किक बनाने के लिए निष्प्रभावी करने की तकनीकें अपनाता है (2) यदि **कोहेन** के सिद्धांत को स्वीकार कर लिया जाए तो निम्नवर्ग के लड़कों में अपराध की दर उन क्षेत्रों में अधिक ऊंची होनी चाहिए जहां उन्हें मध्यम वर्ग के लड़कों में अपराध की दर उन क्षेत्रों में अधिक ऊंची होनी चाहिए जहां उनहें मध्यम वर्ग के लड़कों के साथ सीधी प्रतिस्पर्धा करनी पड़ती है और यह दर उन क्षेत्रों में सबसे कम होनी चाहिए जहां निम्न वर्ग व्यापक है। परंतु **रीस** एवं **रोडस** (1961) ने पाया कि जितने निम्न वर्ग के लड़के स्कूल में और उनके आवासीय क्षेत्रों में कम थे उतनी ही उनके अपराधी बनने की संभावनाएं कम थी; (3) **किटसयूज** एवं **डेट्रिक** ने **कोहेन** के इस कथन को चुनौती दी है कि श्रमिक वर्ग का लड़का अपने को मध्यम वर्ग के प्रतिमानों से आंकता है; (4) उसका अपराधी उप-संस्कृति को अनुपयोगी विद्वेषपूर्ण और नकारात्मक बताना गलत है। मध्यम वर्ग की व्यवस्था के प्रति श्रमिक-वर्ग के लड़के की द्वेषवृत्ति को, जो **कोहेन** ने प्रतिक्रिया गठन की अवधारणा बताया है, वह सही नहीं है; (5) उसके सिद्धांत का जो पद्धतिशास्त्र का आधार है वह ऐसा है कि उसके इस सिद्धांत का परीक्षण नहीं हो सकता; और (6) इस सिद्धांत में उप-संस्कृति के उद्‌भव और उसके अनुरक्षण में जो संबंध बताया गया है वह अस्पष्ट है।

हावर्ड बेकर का लेबलिंग का सिद्धांत (Haward Becker's Labeling Theory)—बेकर ने 1963 में अपना सिद्धांत प्रस्तुत किया। इसकेपहले **फ्रैंक टेनिनबॉम एडविन लेमर्ट जान किटसयूज** ने भी एक उपागम का उपयोग किया था और उसे 'सामाजिक प्रतिक्रिया उपागम' या 'सामाजिक अंत:क्रिया उपागम कहा था। यह **मर्टन** द्वारा उपयोग किए गए संरचनात्मक उपागम' या **कोहेन** एवं **क्लोवार्ड** और **ओहिलिन** द्वारा उपयोग किए गए 'सांस्कृतिक उपागम' से भिन्न था। यह सिद्धांत इस प्रश्न पर विचार नहीं करता कि एक व्यक्ति अपराधी क्यों बनता है परंतु यह बतलाता है कि समाज कुछ व्यक्तियों को अपराधी अथवा विचलित व्यक्ति कहकर क्यों वर्गीकरण करता है। कुछ व्यक्ति बहुत अधिक शराब पीते हैं और शराबी कहलाए जाते हैं जबकि अन्य नहीं; कुछ व्यक्ति विचित्र व्यवहार करते हैं और उन्हें अस्पताल में भर्ती कर दिया जाता है जब कि कुछ और को नहीं। इस प्रकार सिद्धांत के

अनुसार विचलन के अध्ययन में जो महत्वपूर्ण है वह सामाजिक दर्शकगण हैं न कि व्यक्ति। **बेकर** ने यह भी कहा कि अपराध में जो महत्वपूर्ण है वह एक व्यक्ति का कार्य नहीं परंतु समाज की नियमों और अनुसमर्थनों के अनुसार प्रतिक्रिया है। **एरिकसन** ने यह भी कहा है कि एक अपराधी एक गैर-अपराधी से उस विशेषता के कारण निम्न होता है जो अन्य व्यक्ति उसको देते हैं। बेकर के अनुसार विचलन एक आदमी के द्वारा कार्य करने की गुणवता नहीं है परंतु वह 'अपराधी' पर अन्य व्यक्तियों द्वारा नियमों और अनुसमर्थनों को लागू करने का परिणाम है। विचलित व्यक्ति वह है जिस पर सफलतापूर्वक वह 'चिन्ह' लगा दिया गया है। विचलित वयवहार वह है जिसे लोग ऐसा मानते हैं। अमेरिका में एक प्रयोग किया गया था (रीड) जिसमें आठ संतुलित और स्वस्थ व्यक्ति जो भिन्न-भिन्न पृष्ठिभूमि के थे देश के विभिन्न भागों के बारह अस्पतालों के मनोविकार वार्डों में मानसिक रोग का बहाना बना के भर्ती हो गए। उन सबने अपने जीवन की परिस्थितियों का एक जैसा ही वर्णन दिया। एक के अतिरिक्त सभी को खंडित मनस्कता का रोगी माना गया। एक बार जब उन्हें पागल घोषित कर दिया गया तो वहां के कर्मचारियों ने उन्हें पागल मानकर उसके साथ प्रतिदिन अंत:क्रिया शुरू कर दी। यह इस बात को प्रदर्शित करता है कि अन्य व्यक्तियों की प्रतिक्रिया ही एक व्यक्ति को एक विशेष रूप से वर्गीकृत करती है। अपराधियों के प्रकरण में समाज ही कुछ लोगों को अपराधी घोषित करता है जबकि दूसरों को नहीं। यदि एक निम्नवर्ग का लड़का कार की चोरी करता है तो उसे 'चोर' कहकर वर्गीकृत किया जाता है, परंतु यदि उच्च वर्ग का लड़का ऐसा करता है तो उस 'शरारती विलास-प्रिय व्यक्ति' कहा जाता है। एक दूसरे प्रयोग में जो अमेरिका में 1962 में **रिचर्ड श्वार्टज** और **जिरोम सोलनिक** द्वारा किया गया, एक व्यक्ति का, जिसका अपराधी इतिहास था, चार विभिन्न विवरणों के साथ सौ संभावित नियोक्ताओं से मिलवाया गया। यह चार विवरण थे; उसे अपराधी पाया गया था और उसे सजा हो गई थी; उसे अपराधी नहीं पाया गया था और वह छोड़ दिया गया था; वह अपराधी नहीं था परंतु उसे सजा हो गई थी। यह पाया गया कि नियोक्ता एक ऐसे व्यक्ति को नौकरी देने को तैयार नहीं थे जिसका अपराधी इतिहास रहा था। इस प्रकार **लेबलिंग** के सिद्धांत ने केंद्र बिंदु को उन पर स्थानांतरित कर दिया जो लेबल लगाते हैं, यानी कि नियम बनाने और नियम लागू करने की प्रक्रिया पर।

बेकर के अनुसार लेबल लगाया जाता है या नहीं इन तथ्यों पर निर्भर करता है; (1) वह समय जब क्रिया की जाती है, (2) क्रिया कौन करता है और शिकार। उत्पीड़ित कौन होता है, और (3) क्रिया के परिणाम इस प्रकार कोई क्रिया विचलन है अथवा नहीं अंशत: क्रिया की प्रकृति पर निर्भर करता है और अंशत: इस बात पर कि अन्य व्यक्ति उसके बारे में क्या सोचते हैं। **बेकर** ने सुझाव दिया कि नियम तोड़ने वाले व्यवहार और विचलन में भेद किया जाना चाहिए। विचलन ऐसा गुण नहीं है जो कि स्वयं व्यवहार में पाया जाता है परंतु वह उस अंत:क्रिया में होता है जो कि उस व्यक्ति के जो काम करता है और वह जो प्रतिक्रिया दिखलाते हैं बीच होती है। **बेकर** ने यह सुझाव दिया है कि कुछ विशेष प्रकारों के समूहों के लेबलिंग की संभावना अन्यों की अपेक्षा अधिक होती है, उदाहरणार्थ, वे समूह जिनके पास राजनैतिक शक्ति नहीं होती और इसलिए वे अधिकारियों पर कानून लागू नहीं करने के लिए दबाव नहीं डाल पाते, या वे समूह जो सत्ता में होने वाले व्यक्तियों को डरा-धमका सकते हैं, और वे समूह जिनका सामाजिक स्वर नीचा होता है। उस व्यक्ति पर जिसे लेबल किया जाता है क्या प्रभाव पड़ते हैं? विचारधीन व्यवहार पर सरकारी अधिकारिक प्रतिक्रिया ऐसी प्रवृत्तियों को जन्म दे सकती है जिनमें कि 'अपराधी' व्यक्ति और अधिक आपराधिक व्यवहार में लिप्त हो जाए,और इसके अलावा जो कम से कम उनके लिए परंपरागत संसार में पुन: प्रवेश करने को और अधिक कठिन बना दें। दूसरी ओर यदि एक व्यक्ति को अपने आपराधिक कार्यों के लिए कोई सरकारी दंड नहीं मिलता तो वह उन्हें करना जारी रखता है और इस काल में उसके अपने व्यवहार को बदलने के लिए कोई सहयता नहीं मिलती।

लेबलिंग के सिद्धांत के विरुद्ध यह आलोचना है कि वह तर्क तो अच्छा देता है परंतु अपराध का कारण नहीं बतलाता। वह कारण के प्रश्न की पूर्णरूप से अनदेखी करता है। **जैक गिब्स** ने चार प्रश्न उठाए हैं; इस कथन में कौन से तत्व वास्तविक सिद्धांत न होकर केवल परिभाषाएं मानी गई हैं? क्या मूल उद्देश्य विचलित व्यवहार को समझाना है या विचलन पर प्रतिक्रिया को समझाना है? क्या विचलित व्यवहार को केवल उस पर होने वाली प्रतिक्रिया द्वारा पहचाना जाए? किस प्रकार की प्रतिक्रिया व्यवहार को विचलन के रूप में पहचानती है?

अपराधियों का कारावास और सुधार (Cofinement and Correction of Oriminals)—हमारे समाज में अपराधियों को दंडित उपचार करने के लिए प्रमुख रूप से दो तरीकों का उपयोग किया जाता है: कारावास और परिवीक्षा पर मुक्ति यद्यपि कुछ भंयकर अपराधियों को फांसी की सजा भी दी जाती है और कुछ छोटे अपराधियों पर जुर्माने भी किए जाते हैं।

कारागार (Prisons)—भारतीय कारागृहों में 1919-20 भयावह थी। 1919-20 की भारतीय जेल सुधार कमेटी के सुझावों

के बाद ही अधिकतम सुरक्षा कारागारों में परिवर्तन किए गए। इन परिवर्तनों सम्मिलित थे; कैदियों का वर्गीकरण, नियोजन, शिक्षा, मनोरंजन, उत्पादन संबंधी कार्य करवाना, और परिवार और समाज से संपर्क रखने के अवसर। बाद में तीन राज्यों में तीन मध्यम-सुरक्षा कारागार या आदर्श कारागृह भी स्थापित किए गए जिनमें पंचायत राज, स्वसंचालित कैंटीन और मजदूरी पद्धति पर बल दिया। परंतु अंततः इन कारागृहों को केंद्रीय कारागृहों में परिवर्तित कर दिया गया। न्यूनतम् सुरक्षा कारागृह या खुले कारागृह 1952 में उत्तर प्रदेश में शुरू किए गए थे। कैदियों को खुले जेल में प्रवेश के पहले कुछ शर्तें पूरी करनी पड़ती है जैसे कैदियों को कारावास की एक तिहाई अवधि साधारण जेल में काटनी पड़ती है, अच्छे व्यवहार का लेखा प्रस्तुत करना पड़ता है, शारीरिक एवं मानसिक स्वस्थता रखनी होती है और 20 और 50 वर्ष के आयु समूह में होना पड़ता है। खुले कारागृहों की क्षमता अलग-अलग जेलों में 100 और 3,000 के बीच घटती बढ़ती है। सबसे अधिक क्षमता (3,000) उत्तर प्रदेश में नैनीताल जिले के सितारगंज कैंप में है और सबसे कम (सौ से कम) तमिलनाडु, असम, मध्य प्रदेश और गुजरात के खुले कारागृहों में है। कुछ खुले कारागार केवल कृषि में ही प्रशिक्षण देते हैं और कुछ कृषि और उद्योग दोनों में। एक कैदी को खुले जेल में रहने की अवधि सामान्यतः दो से तीन वर्ष की होती है। अधिकतम सुरक्षा कारागार भारत में लगभग 1,200 कारागार हैं जिनमें 6.0% केंद्रीय कारागार 18% ज़िला कारागार 75% उप-कारागार और 1.0% विशेष कारागार हैं। 32 लाख अपराधियों में से जो विभिन्न प्रकार के 17 लाख अपराधों के लिए गिरफ्तार किए जाते हैं लगभग 6 लाख को प्रतिवर्ष कारागृहों में भेजा जाता है (*क्राइम इन इंडिया* 1997, 310, 312)। भारत में कारागृहों की औसत प्रतिदिन जनसंख्या लगभग 1.5 लाख है जिनमें से 60.0% पर मुकदमा चल रहा होता है, और 40.0% कैदी सज़ायाफ्ता होते हैं। भारतीय कारागृहों में कुल कैदियों में से लगभग 1.0% 16 वर्ष से कम आयु के हैं, 17.0% 16 और 21 वर्ष के बीच, 40.0% 21 और 30 वर्ष के बीच, 28.0% 30 और 40 वर्ष के बीच, 12.0% 40 और 60 वर्ष के बीच और 2.0% 60 वर्ष से अधिक आयु के हैं। लगभग 45.0% कैदियों की कृषि पृष्ठभूमि होती है 33.0% पढ़े लिखे होते हैं, और 85% को छह महीने से कम की कैद होती है एवं 10.0% को छह महीने और दो वर्ष के बीच की।

कारागार एक सी पोशाक पहनने वालों का संसार है जहां के प्रत्येक निवासी पर कलंक लगा होता है। और उसे अपरिचित साथियों के साथ निर्धारित कार्यों को नियत समय में करना पड़ता है। उसके निवासियों को आज़ादी, सुविधाओं, भावात्मक सुरक्षा और विषमलिंगी संबंधों से वंचित किया जाता है। इन मनोवैज्ञानिक और सामाजिक समस्याओं का सामना करने के लिए वहां के निवासी 'कैदी व्यवस्था' की कैदी संहिता का पालन करते हैं जो कि कारागार पद्धति की औपचारिक संहिता के बिल्कुल विपरीत होती है। कैदी संहिता प्रतिमानों के कुछ उदाहरण हैं; परिश्रम मत करो, अधिकारियों के साथ सहयोग मत करो, दूसरे कैदियों से झगड़ा। बहस मत करो, गुप्त बातों को अधिकारियों को मत बतलाओ, सदैव खाने कपड़े, काम आदि के प्रति असंतोष व्यक्त करते रहो। **डोनाल्ड क्लेमर** ने इन मूल्यों और प्रतिमानों के आंतरीकरण को बंदीकरण की प्रक्रिया कहा है। उसका दावा है कि प्रत्येक कैदी का बंदीकरण हो जाता है; बंदीकरण कई चरणों में होता है; बंदीकरण की मात्रा निम्न, मध्यम, एवं ऊंची हो सकती है; बंदीकरण आयु कैद की अवधि, अपराध की प्रकृति, बाहरी दुनिया से संबंध, कोठरी-निवासियों और कार्य-साथियों जैसे कारकों पर और जेल में बिताई कालावधि पर निर्भर करता है। 'बंदीकृत' कैदी को अबंदीकृत एवं 'पुनःबंदीकृत' बनाया जा सकता है।

मद्यपान (Alcoholism)

मद्यपान में एक व्यक्ति मदिरा लेने की मात्रा पर नियंत्रण खो बैठता है जिससे कि वह पीना आरंभ करने के पश्चात् उसे बंद करने में सदैव असमर्थ रहता है। **केलर** एवं **एफ्रोन** के अनुसार मद्यपान का लक्षण मदिरा का इस सीमा तक बार-बार पीना है जो कि उसके प्रथागत उपयोग या समाज के सामाजिक रिवाजों के अनुपालन से अधिक है और पीने वाले के स्वास्थ्य या उसके सामाजिक अथवा आर्थिक कार्य करने को प्रभावित करता है।

मद्यसारिक यदा-कदा पीने वाले से भिन्न होता है। कोई भी व्यक्ति जो मदिरा का सेवन करता है 'पीने वाला' होता है, जबकि 'बाध्यताकारी पीने वाला, जो मदिरा पिए बिना नहीं रह सकता, मद्यसारिक कहलाता है। **रिचर्ड वास्किन** के अनुसार एक मद्यसारिक 'अत्यधिक पीने वाला' होता है जिसकी मदिरा पर निर्भरता इस सीमा तक पहुंच चुकी होती है कि उसके परिणामस्वरूप उसमें स्पष्ट मानसिक गड़बड़ हो जाती है या उसके शारीरिक एवं मानसिक स्वास्थ्य, उसके अंतर वैयक्तिक संबंधों और उसके निर्वहन, सामाजिक एवं आर्थिक कार्य करने की क्षमता में बाधा पड़ती है; या वह होता है जो कि इस प्रकार के परिणामों के प्रारंभिक लक्षण दर्शाता है। **क्लाइन बेल** ने 'मद्यसारिक' की परिभाषा यह कह कर की है कि यह वह व्यक्ति है जिसके शराब पीने से उसके जीवन के

महत्वपूर्ण पुन: समंजनों और अंतर वैयक्तिक संबंधों में प्राय: या निरंतर बाधा उत्पन्न होती है। मौटे तौर मद्यपान की विशेषता चार कारकों द्वारा जानी जाती है: (1) मदिरा का अत्यधिक सेवन, (2) व्यक्ति की अपने पीने पर बढ़ती हुई चिंता, (3) पीने वाले का अपने पीने पर नियंत्रण खो देना, और (4) अपने सामाजिक संसार में कार्य करने में गड़बड़ पैदा होना।

रिचर्ड ब्लूम ने पीने का दो संदर्भों में उल्लेख किया है : (i) निर्धारित सामाजिक स्वरूप के संदर्भ में, जहां पीना समाज की संस्कृति से जुड़ा हुआ है और वह प्रति दिन की दिनचर्या का अंग समझा जाता है और व्यक्तियों को उसमें कोई मनोवैज्ञानिक विभव, संभावना प्रतीत नहीं होती; (ii) मदिरा सेवन को संस्कृति और समाज के लिए विघटनकारी माने जाने और व्यक्तियों द्वारा उसमें आदी होने की संभावना देखने (जैसे भारत में)और पीने को विलास और पलायन का साधन समझने के संदर्भ में शराब पीने वालों का वर्गीकरण 'गैर-व्यसनी', 'व्यसनी' और 'चिरकालिक मद्यसारिक' के रूप में किया गया है। गैर-व्यसनियों को 'प्रयोगकर्ताओं' और 'नियमितों' की श्रेणी में रखा जाता है। **डान केहलन** ने मदिरा पीने वालों का पीने की आवृत्ति के आधार पर पांच प्रकार का वर्गीकरण किया है :

(1) बिरले प्रयोक्ता, जो एक वर्ष में एक या दो बार पीते हैं।

(2) अनित्य प्रयोक्ता, जो दो-तीन महीनों में एक दो बार पीते हैं।

(3) हल्का प्रयोक्ता, जो एक महीने में तीन या चार बार पीते हैं।

(4) मध्यम प्रयोक्ता, जो प्रतिदिन या दिन में कई बार पीते हैं।

(5) भारी प्रयोक्ता, जो प्रतिदिन या दिन में कई बार पीते हैं। अंतिम श्रेणी के पीने वालों को 'संख्त पीने वाले' कहा जाता है।

मद्यपान की मात्रा (Extent of Alcoholism)—भारत में लगभग 10% से 15% व्यक्ति मदिरा पान करते हैं। तथापि इनमें से अत्यधिक बिरले, कभी-कभार और हल्के की श्रेणी में आते हैं। मध्यम और भारी पीने वालों की संख्या बहुत कम है परंतु जैसे अमेरिका और अन्य पाश्चात्य देशों में इसके उपयोग में वृद्धि हो रही है, उसी प्रकार भारत में भी पिछले कुछ दशकों से मदिरा का उपयोग एवं दुरुपयोग बढ़ रहा है। जबकि 1943 में अमरीका में पीने वालों की प्रतिशतता कुल जनसंख्या की 2.2% थी, वह 1955 में कुल जनसंख्या की 3.3%, 1965 में 6.5% और 1986 में 9% हो गई।

1983 में अमरीका में 76.0% व्यक्ति मदिरा सेवन करते थे। इनमें से 74% पुरुष एवं 26.0% महिलाएं थीं। **डान केहलन** द्वारा एक सर्वेक्षण के अनुसार (**जॉन्सन**, 1973; 520), 1969 में 76.0% व्यक्तियों में से जो मदिरा का सेवन कर रहे थे, 32.0% विरले प्रयोक्ता थे, 17.0% कभी कभार के प्रयोक्ता थे, 28.0% हल्के प्रयोक्ता थे, 15.0% मध्यम प्रयोक्ता थे और 8.0% भारी प्रयोक्ता थे। 1974 में 11 पीने वालों में से एक मद्यसारिक था। भारत में शराब की बिक्री 1998 और 1998 के बीच 20 गुणा बढ़ गई है। इस वक्त पूरे देश में मद्यसारिकों की संख्या 50 लाख आंकी गई है। 1948 में जब शराब की बिक्री से एक वर्ष में लगभग 50 करोड़ रुपए की आमदनी थी, 1998 में यह एक वर्ष में 15,000 करोड़ रुपए बताई गई थी। देशी शराब पीने वालों का खर्च एक वर्ष में 60,000 करोड़ रुपए आंका गया है। भारत में एक व्यक्ति की शराब की खपत सबसे अधिक केरल में एक व्यक्ति 8.3 ली. है और उसके बाद पंजाब में 7.9 ली. जबकि पूरे देश में औसत खपत 5.7 ली. है।

शराब का उपभोग और शराब की बिक्री से आय अलग राज्यों में अलग अलग है। उदाहरण के लिए मध्य प्रदेश में जब 1986-87 में देशी शराब का उत्पादन 4.7 लाख लीटर था, 1990-91 में यह 1.47 करोड़ लीटर और 1997-98 में 1.82 करोड़ बताया गया। अरक की बिक्री से वृद्धि 1986-87 में 34 करोड़ रुपए से बढ़कर 1990-91 में 95 करोड़ रुपए और 1997-98 में 117 करोड़ रुपए हो गई। इस राज्य में आबकारी शुल्क 364 करोड़ रुपए से बढ़कर 1997-98 में 1020 करोड़ रुपए हो गया। केरल में आबकारी आमदनी 1960-61 में 262 करोड़ रुपए से बढ़कर 1995-96 में 374 करोड़ रुपए हो गई। आन्ध्र प्रदेश प्रति वर्ष लगभग 800 करोड़ रुपए का राजस्व अर्जित करता है। गुजरात में यह आमदनी 700 और 900 करोड़ रुपए के बीच मानी जाती है।

यदि हम विभिन्न देशों के बीस वर्ष की आयु से अधिक (यानी वयस्कों) के मदिरा सेवन करने वालों की तुलना करें, तो सबसे अधिक संख्या फ्रांस में (5,200 प्रति एक लाख जनसंख्या) में पाई जाती है, उसके पश्चात् अमरीका (4,760प्रति लाख), स्वीडन (2,780 प्रति लाख), स्विटजरलैण्ड (2,685 प्रति लाख) डेनमार्क (2,260 प्रति लाख), नार्वे (2,220 प्रति लाख), इंग्लैण्ड (1,530 प्रति लाख), और इटली (1,100 प्रति लाख) में पाई जाती है।

मद्यसारिक बनने की प्रक्रिया (Process of becoming an Alcoholic)—एक पीने वाले को मद्यसारिक बनने के लिए विभिन्न चरणों से गुजरना पड़ता है। एक अमेरिकी मनश्चिकित्सक **जैलिनेक** के अनुसार, एक मद्यसारिक को सात अवस्थाओं के क्रम से गुजरना पड़ता है : (1) अंधकार की दशा, जिसमें व्यक्ति

अपनी व्यक्तिगत समस्याओं का हल नहीं निकाल पाता, (2) गुप्तरूप से पीना, जिसमें वह बगैर किसी के देखे मदिरा का सेवन करता है, (3) बढ़ी हुई सहनशीलता, जिसमें वह पीने के अधिक बढ़े हुए प्रभावों को सहन करता है, (4) नियंत्रण का अभाव, जिसमें वह मदिरा नहीं पीने की इच्छा पर नियंत्रण नहीं रख पाता, (5) एक बहाने के तरीके का विकास, जिसमें वह धीरे-धीरे अपनी सामाजिक भूमिकाओं की ओर ध्यान नहीं देना आरंभ कर देता है, (6) समय-समय पर केवल पीने का ही कार्यक्रम रखना, जिसमें वह नियमित रूप से पीना जारी रखता है और, (7) नियमित रूप से प्रात:काल में पीना, जिसमें वह नियमित रूप से सुबह पीना आरंभ कर देता है। **जैलिनक** मद्यसारिक बनने की प्रक्रिया का भी निम्नांकित चार चरणों में उल्लेख किया जाता है।

(1) मद्यसारिक के पूर्व की लक्षणात्मक अवस्था—इस अवस्था में सामाजिक स्वीकृति का लाभ उठाते हुए व्यक्ति तनावों को कम करने और अपनी व्यक्तिगत समस्याओं को हल करने के लिए पीना आरंभ कर देता है। पीने को राहत से जोड़ते हुए वह उन अवसरों की खोज में रहता है जिसमें वह पी सके। जैसे-जैसे वह जीवन के संघर्षों का सामना करने की शक्ति खोना आरंभ कर देता है, वैसे-वैसे उसके पीने की आवृत्ति बढ़ती जाती है।

(2) अतिव्ययी अवस्था—इस अवस्था में पीने की आवृत्ति में वृद्धि के साथ-साथ पीने की मात्रा में वृद्धि होती जाती है। तथापि उसमें दोष भावना उत्पन्न हो जाती है। उसे इसका आभास होने लगता है कि शनै: शनै: वह एक असामान्य व्यक्ति होता जाता है।

(3) संकटमय अवस्था—इस अवस्था में उसका पीना सुप्रकट हो जाता है। वह सामाजिक दबावों का सामना करने के लिए और स्वयं को आश्वस्त करने के लिए कि उसने अपने ऊपर नियंत्रण नहीं खोया है, युक्तिकरण को विकसित करता है तथापि वह अपने आत्मसम्मान को नहीं खोता। जब उसकी शारीरिक एवं सामाजिक अवनति दूसरे व्यक्तियों के सम्मुख प्रकट हो जाती है, तो वह धीरे-धीरे अपने आपको उनसे विलग करना आरंभ कर देता है।

(4) दीर्घकालिक अवस्था—इस अवस्था में वह सुबह भी पीना आरंभ कर देता है। उसे लंबे समय तक नशा रहता है, उसकी सोचने की शक्ति क्षीण हो जाती है, उसमें अनिवर्चनीय भय और कंपन उत्पन्न होने लगते हैं। और कुछ विशेष प्रवीणताओं का क्षय हो जाता है। वह सदैव पीने की ही सोचता रहता है और मदिरा के बिना अशांत रहता है।

जैलिनेक ने भी मद्यसारिकों के पीने के इतिहास की अवस्थाओं का अध्ययन किया और आसक्ति का एक विशिष्ट संरूप विकसित किया। उसने विशिष्ट मद्यसारिक व्यवहार और उसके आविर्भाव के समय-क्रम को सूचीबद्ध किया। एक मद्यसारिक की कुछ विशिष्ट व्यवहारों के प्रथम बार घटित होने की उसके द्वारा पाई गई। औसत आयु इस प्रकार थी—वह 18.8 वर्ष की आयु में पीना आरंभ करता है, गुप्त रूप से पीना 25.9 वर्ष की आयु में करता है, असंयत व्यवहार में 27.6 वर्ष की आयु में आ जाता है, मित्रों को खोना 29.7 वर्ष की आयु में आरंभ करता है, मदिरा की गुणात्मकता की ओर से 30 वर्ष की आयु में उदासीन होता है, कार्यकाल को 30.4 वर्ष की आयु में खोना आरंभ करता है पारिवारिक नापसंदगी का सामना 30.5 वर्ष की आयु में करता है, नौकरी से हाथ 30.9 वर्ष की आयु में धो बैठता है। दिन के समय में पीने में 31 वर्ष की आयु में संलग्न हो जाता है, असामाजिक व्यवहार 31.3 वर्ष की आयु में करने लगता है। कंपनों का सामना 32.7 वर्ष की आयु में करता है, भयभीत 32.9 वर्ष की आयु में होने लगता है, शासक 35.5 वर्ष की आयु में लेता है, धार्मिक आवश्यकताएं उसे 35.7 वर्ष की आयु में अनुभव होने लगती हैं, डाक्टरी परामर्श 35.8 वर्ष की आयु में लेता है, अस्पताल में 36.8 वर्ष की आयु में भर्ती होता है, नियंत्रण की असमर्थता 38.1 वर्ष की आयु में स्वयं से स्वीकार करता है, और सबसे निम्न बिंदु पर 40.7 वर्ष की आयु में पहुंचता है।

सामाजिक स्थिति में मद्यसारिकों का वर्गीकरण निम्नतल और उच्चतल दो प्रकारों में किया जाता है। पहला उस व्यक्ति की ओर संकेत करता है जो सामाजिक स्थिति के तल पर पहुंच गया है, जबकि दूसरा वह है जो अपने पीने के बावजूद भी काफी आदरणीय स्थिति बनाए रखता है। समाजशास्त्रीय दृष्टि से मदिरापान में जो महत्वपूर्ण है वह है मदिरा को स्वीकृत करने के लिए समाजीकरण। भारतीय संस्कृति मदिरा सेवन करने वालों को सामान्य नहीं मानती। इस कारण व्यक्ति मानसिक रूप से मदिरा को सामाजिक जीवन का महत्वपूर्ण भाग मानने के लिए तैयार नहीं है। जब कि पाश्चात्य समाज में 'ड्रिंक लीजिए' या 'क्या आप ड्रिंक लेना चाहेंगे' जैसे अनुरोध शाम की सभा में आम हैं। भारत में दूसरी ओर हम प्राय: 'एक प्याला चाय लीजिए' की बात करते हैं। इस प्रकार मद्यपान हमारी संस्कृति में एक गंभीर सामाजिक विषय है। यद्यपि मादक वस्तुओं की तुलना में पीना की कई माता-पिताओं, जो स्वयं पीते हैं, के द्वारा कम हानिकारक समझा जाता है। कभी-कभी शराब पीने को सहन किया जा सकता है, परंतु निरंतर पीने की निंदा की जाती है। हमें इसलिए उस व्यक्ति में जो मदिरा का सेवन संयम से करता है और उसमें जो 'समस्यात्मक पीने वाला' है के बीच स्पष्ट रूप से भेद करना चाहिए, या उनके बीच भी भेद करना चाहिए जो उत्तरदायित्वपूर्ण रूप से पीते हैं और जो इस ढंग से पीते हैं जिससे

वे स्वयं के लिए, अपने परिवार और समाज के लिए समस्याएं उत्पन्न कर देते हैं।

मदिरा के व्यसन के कारण (Causes of Alcohol Abuse)—मद्यपान के कारणों की व्याख्या करते समय जो महत्वपूर्ण बात ध्यान में रखनी चाहिए वह यह है कि जो मदिरा का सेवन करते हैं उनमें से 90.0% मद्यसारिक नहीं बनते । मद्यपान की कुंजी उस कारण में है जिससे व्यक्ति दुबारा पीता है। इसलिए मद्यपान को केवल व्यक्तित्व की संरचना जैसे कारकों के आधार पर समझना गलत होगा। कोई आश्चर्य नहीं है कि मानसिक दृष्टिकोण को मद्यपान की अतिसरल की गई व्याख्या माना जाता है। एक मनोवैज्ञानिक विचार यह है कि लगभग सभी मद्यसारिक बचपन में भावात्मक आवश्यकताओं के वंचन से ग्रसित होते हैं। **क्लाइमबेल** ने कहा है कि माता-पिता की अभिवृत्तियों के चार प्रमुख प्रकार होते हैं जो वयस्कता के मद्यपान से जुड़ी होती है। ये सब अभिवृत्तियां बच्चे को मानसिक आघात पहुंचाती हैं और उसमें भावात्मक वंचना उत्पन्न करती हैं, ये है; (1) सत्तावाद (2) प्रकट अस्वीकरण, (3) नीतिवाद और, (4) सफलता की पूजा। ये कारक असुरक्षित व्यक्तित्व के, जो मदिरा का शिकार हो जाता है, बनने में महत्वपूर्ण हैं। इस तथ्य से स्पष्ट होता है कि मद्यसारिकों के मनोवैज्ञानिक अध्ययन बार-बार व्यक्ति के गुणों का निम्नांकित उल्लेख करते हैं; अंतर वैयक्तिक संबंधों में ऊंचे स्तर की चिंता, भावात्मक अपरिपक्वता, सत्ता के प्रति द्वैधवृत्ति कष्ट के प्रति कम सहनशीलता, आत्मसम्मान की कमी, अलगाव और दोष की भावनाएं। ये मनोवैज्ञानिक लक्षण मद्यपान के कारण हैं। ये कई मद्यसारिकों में उनके अत्यधिक पीने के आरंभ करने से प्राय: पहले ही विद्यमान होते हैं।

कुछ विद्वानों के अनुसार मद्यपान और व्यक्तित्व के असमायोजन में निश्चित संबंध दिखलाई पड़ता है। आरंभ में एक व्यक्ति जीवन की अपनी समस्याओं से आश्रय लेने के लिए या अपनी मुसीबतों से अल्पकालिक राहत पाने के लिए पीता है। धीरे-धीरे वह अधिक से अधिक बार पीना आरंभ कर देता है और उस पर पूर्ण रूप से निर्भर हो जाता है। तथापि, मनोवैज्ञानिकों का मानना है कि केवल वे ही व्यक्ति निरंतर पीने लगते हैं, जो भावनात्मक रूप से अपरिपक्व होते हैं या जिनमें आत्म विश्वास नहीं होता है समायोजन की वे कौन-सी समस्याएं हैं जिनसे चिंता, तनाव, दोष, और कुण्ठा उत्पन्न होती है? **बेकन** के अनुसार ये प्रमुख समस्याएं हैं: व्यक्ति का अपना मूल्यांकन; दूसरों के आदर और प्रेम को अर्जित करना और उसको बनाए रखना; स्वगृह के कारण दूसरों से संघर्ष; पूर्णतया आक्रामक होने से झगड़ा; स्वामित्व से जुड़ी प्रतिष्ठा, व्यक्तिगत सुरक्षा के बारे में व्यापक सुरक्षा क्योंकि ये पैसे से जुड़े हुए हैं; विशिष्ट लक्षणों की प्राप्ति के लिए स्वीकार किए गए उत्तरदायित्व; और यौन संबंधी मामले।

मदिरा सेवन के समाजशास्त्रीय कारण मूलत: वही हैं जो मादक पदार्थ लेने के हैं। तथापि, मदिरा सेवन और अवैध मादक पदार्थों के लेने के कारणों में भेद किया जा सकता है। क्योंकि मदिरा अवैध मादक पदार्थों के अपेक्षाकृत सामाजिक रूप से अधिक स्वीकार्य है, इसलिए मदिरापान से व्यक्ति के भय, परेशानियां और चिंताएं कम हो जाती है। इसके आलावा मदिरा अवैध मादक पदार्थों की तुलना में अधिक आसानी से मिल जाती है। वह कई मादक पदार्थों जैसे हेरोइन, कोकीन, और एल.एस.डी. से अधिक सस्ती भी है। मदिरा पीने के प्रमुख समाजशास्त्रीय कारण हैं : (1) पर्यावरण से संबधित दबाव, (2) मित्रों के दबाव और, (3) प्रबल उप-संस्कृति।

यह प्रश्न किया जा सकता है कि क्या संस्कृति में ही ऐसे दबाव ढूंढे जा सकते हैं जो मद्यपान को प्रोत्साहित करते हों और उसे रोकते हों। यह कहा जाता है कि संस्कृतियां ऐसी हैं जो दूसरों की उपेक्षा अधिक अच्छे तरीके से व्यक्ति पर प्रभावी नियंत्रण रखती हैं। अमरीका में एक अनुसंधान बताता है कि यहूदियों में (13.0%) कैथोलिकों (21.0%) और प्रोटेस्टेंटों (41.0%) की तुलना में बहुत कम मद्यत्यागी हैं। फ्रांस, जर्मनी, और अमरीका में शराब का काफी प्रचलन है। हाल में ही मद्यपान इन देशों के व्यक्तियों के जीवन में एक प्रमुख संकट बन गया है। एक बार व्यक्ति सांस्कृतिक स्वीकृतियों के कारण मदिरा का सेवन प्रारंभ कर देते हैं तो वे उसका बार-बार सेवन करते हैं, विशेषतया असुरक्षा एवं चिंताओं की स्थितियों में।

वर्तमान उपागम यह है कि मद्यपान को चरित्र और प्रेरणा के संदर्भ में समझा जाना चाहिए । मद्यसारिक एक ऐसा रोगी पुरुष है, जिसे उपहास, निराकरण या निंदा से नहीं देखा जाना चाहिए। वह उस समय तक मनोग्रंथियों, अभिवृत्तियों और आदतों का शिकार रहता है जब तक कि उसके आत्मनाश की प्रक्रिया अपरिहार्य नहीं हो जाती।

मद्यपान की समस्याएं (Problems of Alcoholism)—मद्यपान की समस्याएं—व्यक्तिगत दु:ख, पारिवारिक बजट, पारिवारिक क्लेश, मजदूरी की हानि, स्वास्थ्य का बिगड़ना, दुर्घटनाएं और हर्जाने के दावे, जेल में हवालात के दौरान उपचार के खर्चे, न्यायालयों में पैसे का नुकसान और अपराध की प्रवृत्ति—प्राय: अनर्थकारी हैं। सामाजिक विचलन ओर सामाजिक समस्याएं मदिरा के उपयोग और दुरुपयोग से उपजती हैं। यद्यपि हमारे देश में खुले आम अधिक नशे होने के कारण वार्षिक गिरफ्तारियों की संख्या

अधिक नहीं है, परंतु यह सर्वविदित है कि बड़ी संख्या में मद्यसारिक इसलिए गिरफ्तार नहीं किए जाते क्योंकि गिरफ्तारी इस समस्या का अच्छा हल नहीं माना जाता। बड़ी संख्या में जो व्यक्ति बलात्कार, सेंध लगाकर चोरी, हत्या और साधारण चोरी के लिए गिरफ्तार किए जाते हैं वे लोग होते हैं जो कि मदिरा के नशे में इन्हें करते हैं। मदिरा राजमार्ग की दुर्घटनाओं का प्रमुख कारक हैं। इसके अलावा इससे प्रतिवर्ष हजारों की मृत्यु हो जाती है।

अस्पतालों में भर्ती की बड़ी प्रतिशतता, विशेषतया मानसिक अस्पतालों में, उन व्यक्तियों की होती है जिन्हें मद्यसारीय विकृति या मदिरा के पीने से समस्या होती है। अन्य सामाजिक रूप से विचलित कार्य जो मदिरा। मादक पदार्थों से संबंधित होते हैं; वे हैं चोरियां, रिश्वतें, पत्नी को पीटना और आत्महत्याएं।

आत्महत्या पर हुए अध्ययन बताते हैं कि मद्यसारिकों (मादक पदार्थ और शराब का उपयोग करने वालों) में गैर मद्यसारिकों की अपेक्षा आत्महत्या की दर 50 गुणा अधिक है।

मद्यसारिकों या मादक पदार्थ प्रयोक्ताओं द्वारा कई अन्य व्यक्ति भी प्रभावित होते हैं जैसे, पत्नी, माता-पिता, बच्चे, भाई-बहन, घनिष्ठ मित्र, साथ में काम करने वाले। इसलिए यह समस्या देश में लाखों व्यक्तियों को प्रभावित करती है। मद्यसारिकों और मादक पदार्थों के प्रयोक्ताओं के परिवार सबसे अधिक कष्ट पाते हैं। यहां तक कि पारिवारिक हिंसा, पारिवारिक अशान्ति और तलाक तक उनके कारण होते हैं। शराब पीना, व्यापार कार्यालय—कार्यकुशलता और कारखाने के उत्पादन को भी प्रभावित करता है। अनुपस्थिति, कम उत्पादकता और कमजोर विवेक जिससे कार्य-संबंधी दुर्घटनाएं होती हैं, सो सरकार को करोड़ों रुपए की हानि होती है। अधिकांश कारखानों के मालिक कारखानों, कार्यालयों में कार्यरत कर्मचारियों की इन समस्याओं में रुचि नहीं दिखाते अथवा उनके होने से इंकार करते हैं, जिससे कि वे उनकी रोकथाम के लिए प्रभावी उपायों को लागू करने की दिक्कत से बच सकें।

मदिरा पीने वाला यह सोचता है कि मदिरा उसके तनाव, दोष, चिंता और कुंठा को कम कर देगी। परन्तु वास्तविकता यह है कि वह उसकी कार्य कुशलता को सामाजिक अस्तित्व स्तर या मात्र अस्तित्व के लिए आवश्यक न्यूनतम स्तर से भी नीचे कर देती है। एक शराब पीने वाले को यह भ्रामक विश्वास होता है कि मदिरा समाज में संबंधों और अंतर वैयक्तिक गतिविधि को अधिक सरल बना देगी। लेकिन वास्तव में मदिरा व्यक्ति संपर्कों में भागीदारी को समाप्त कर देती है और इस प्रकार व्यक्ति को समाजिक रूप निर्बल कर देती है। वह समाजिक रूप से मूल्यवान विचारों को क्षति पहुंचाती है।

मद्यसारिकों का उपचार (Treatment of Alcoholies)—मद्यपान मादक पदार्थों की लत से अधिक उपचार योग्य है। कई सफल उपचार कार्यक्रम किए जा चुके हैं। उपयोग और दुरुपयोग के मध्य क्योंकि एक निटतता बनी रहती है इसलिए मदिरापान की विभिन्न श्रेणियों के लिए भिन्न-भिन्न प्रकार की योजनाएं होती हैं। मुख्यत: मनश्चिकित्सा, पर्यावरण चिकित्सा, व्यवहार चिकित्सा, और डाक्टरी चिकित्सा इसके लिए सुझाई जाती है और विभिन्न प्रकार के पियक्कड़ों के लिए उपयोग में लाई जाती है। डाक्टरी चिकित्सा में अस्पताल और क्लिनिक मदिरा के आदी मरीजों को 'एन्टीब्यूज' नामक दवाई देते है। यह दवाई कीमती नहीं है और मुंह से ली जाती है। यह कोई असर नहीं करती जब तक कि मरीज शराब नहीं पीता; शराब पीने की स्थिति में उसके तीव्र और अप्रियकर लक्षण होते हैं, परंतु खतरनाक नहीं होते। इस प्रकार एन्टीब्यूज पीने वाले को आवर्तन के विरुद्ध रोकती है। मनश्चिकित्सा में पुनर्सामाजीकरण को परामर्श एवं सामूहिक चिकित्सा के द्वारा प्रबलित किया जाता है पर्यावरण चिकित्सा में, पीने वाले को पर्यावरण बदलने के लिए बाध्य किया जाता है जिससे कि उसके व्यवहार पर सरलतापूर्वक नियंत्रण रखा जा सके। व्यवहार चिकित्सा में उसके भय और अवरोध को हटाया जाता है, जिससे वह आत्मविश्वास और आत्म निर्भरता को विकसित कर सके। इस प्रकार निम्नांकित उपचार के उपायों का पीने वालों और मद्यसारिकों के उपचार के लिए प्रमुख रूप से उपयोग किया जाता है।

(1) अस्पतालों में निर्विषीकरण—मदिरा के व्यसनियों के लिए पहला कदम निर्विषीकरण करना है। मद्यसारिकों को डाक्टरी देखभाल और निरीक्षण की आवश्यकता होती है। उनके व्यवहार लक्षणों जैसे ऐंठन और मतिभ्रम के उपचार के लिए प्रशांतकों का उपयोग किया जाता है। उनके शारीरिक पुनर्निवास के लिए अधिक प्रभाव वाले विटामिनों और द्रव्य इलेक्ट्रोलाइट पासंग का भी उपयोग किया जाता है।

(2) परिवार की भूमिका—मद्यसारिक के परिवार को उसके उपचार और पुनर्वास में सम्मिलित करने से सफलता की संभावनाएं 75 प्रतिशत से 80 प्रतिशत तक बढ़ जाती हैं। पारिवारिक सदस्य उपदेश नहीं देते न ही वे मद्यसारिक पर दोषारोपण या उसकी निंदा करते हैं। वे समस्याओं को कम करते हैं, सद्भावनापूर्ण और नि:स्वार्थ सहायता और मार्गदर्शन प्रदान करते हैं और मद्यसारिक को कभी नहीं छोड़ते हैं।

(3) अनामी मद्यसारिक—सबसे अधिक प्रभावी सामाजिक चिकित्साओं में जा सामूहिक अंत:क्रिया का उपयोग करती है;

अनामी मद्यसारिक संगठन है। यह पूर्व मद्यसारिकों का एक संगठन है जो चालीस के दशक के प्रारंभ में शुरू हुआ और आज उसके लाखों सदस्य हैं। भारत में उसकी शाखाएं केवल हाल ही में कुछ महानगरों में खुली हैं। अनामी मद्यसारिक के सदस्य अन्य मद्यसारिकों को अपने अनुभवों में भी बनाते हैं और उनकी सामान्य समस्याओं के समाधान और मदिरापान से मुक्त होने के प्रयास में उनको शक्ति और आशा प्रदान करते हैं। वह व्यक्ति , जो पीने की आदत को वश में करने में ऊपरी तौर अपने को असमर्थ पाकर निरुत्साहित महसूस करता है, दूसरों से जिन्होंने इसी प्रकार की बाधाओं को पार किया है, उदाहरण और प्रोत्साहन की साहस बटोरता है। सदस्यता के लिए केवल एक शर्त पीने को समाप्त करने की इच्छा है। अनाम मद्यसारिक प्रमुख रूप से देहली, मुम्बई और कलकता जैसे महानगरों में पाए जाते हैं । सभाएं केवल इस रूप में चिकित्सा का कार्य करती हैं कि पियक्कड़ उन व्यक्तियों के सामने अपनी समस्याओं को व्यक्त कर सकते हैं जो उनके साथ काम करते हैं ओर जो उनकी कमजोरी से लड़ने में और आत्मसंमान और घनिष्ठता की भावना को सशक्त करने में उनकी सहायता करते हैं।

(4) उपचार केंद्र—ये केंद्र कुछ नगरों में अस्पताल के उपचार के विकल्पों के रूप में विकसित किए गए हैं। प्रत्येक केंद्र में लगभग 10-20 आवासी होते हैं। यहां न केवल अनुकूल पर्यावरण में परामर्श दिया जाता है, अपितु आवासियों को पीने के विरुद्ध नियमों का भी पालन करना पड़ता है।

(5) शिक्षा के माध्यम से मूल्यों में परिवर्तन करना—कुछ स्वयं सेवी संगठन मद्यसारिकों को अत्यधिक पीने के खतरों से सावधान करने के लिए कुछ शैक्षणिक एवं सूचना कार्यक्रमों का आयोजन करने हैं। सामाजिक कार्यकर्त्ता पियक्कड़ों को जीवन का सामना करने और पीने के बारे में सामाजिक मूल्यों और सुखों में परिवर्तन लाने में मद्द करते हैं।

मद्यपान पर नियंत्रण (Control on Alcoholism)—नशाबंदी कार्यक्रम को स्वतंत्रता के बाद भी गंभीर रूप से नहीं लिया गया है। कुछ राज्यों में नशाबंदी शुरू कर उसे फिर समाप्त कर दिया गया। आन्ध्र प्रदेश में 1992 में अड़क (कच्चा शराब) के विरुद्ध आन्दोलन नेलोर जिले में शुरू होकर अन्य जिलों में भी फैल गया। जनवरी 1995 में पूरे राज्य में नशाबंदी लागू की गई। लेकिन इससे क्योंकि एक वर्ष में 1200 करोड़ रुपए की हानि हो रही थी, मार्च 1997 में नशाबंदी समाप्त कर दी गई। तमिलनाडु में अड़क के प्रयोग पर नवंबर 1994 में बंदिश लगाई थी। केरल में नशाबंदी 1948 से 1967 तक रही। केरल में फिर अप्रैल 1996 में अड़क पर बंदिश लगाई गई। हरियाणा में नशाबंदी जुलाई 1996 में लगाई गई थी लेकिन 22 महीने के बाद विधानसभा में चुनाव में असफलता के कारण अप्रैल 1998 में इसे समाप्त कर दिया गया। कुछ राज्यों ने कुछ दिनों को मद्यवर्जित दिन कर दिया था, लेकिन यह योजना भी संफल नहीं हो पाई क्योंकि पीने में इच्छुक खरीददार और इच्छुक विक्रेता दोनों सम्मिलित होते हैं, और मद्य-निषेध के शिकार को अपराधी की श्रेणी में धकेल दिया जाता है। अत: अवैध शराब का बनाना और पुलिस के दुर्व्यवहार बढ़ गए। इसलिए दमनात्मक उपाय, जिसमें पुलिस की प्रबल सरगर्मी और कठोर न्यायिक उपायों का प्रयोग करना पड़ता था, को समाज की सुरक्षा के लिए हटना पड़ा। मद्यनिषेध के मॉडल के समाप्त होने से सरकारी नियंत्रण के पेय पदार्थों को निजी उद्यम को सौंप देती है और नाममात्र के सार्वजनिक लक्ष्य ये होते हैं कि उन व्यक्तियों को जिनका आपराधिक अथवा संदिग्ध वित्तीय इतिहास हो, इससे अलग रख जाए और लाइसेंस वाली शराब की दुकानों के भौतिक स्थान पर नियंत्रण रखा जाए। प्रत्येक राज्य सरकार जब ठेकों को नीलाम करती है, करोड़ों रुपए प्रतिवर्ष कमाती है तब उग्र सुधारवादी यह तर्क देते हैं कि जब तक हमारी सामाजिक संरचना और आर्थिक प्रणाली असमानता, बेरोजगारी, निर्धनता, अन्याय, और भूमिका-तनावों और अन्य तनावों को उत्पन्न करते रहेंगे, मदिरापान बना रहेगा। चूंकि हमारे समाज में चल रही सामाजिक पद्धतियां अधिक कुण्ठाएं एवं वंचन पैदा करती हैं, इस कारण पीने की दर भविष्य में और अधिक बढ़ेगी। लिहाजा, जिसकी आवश्यकता है वह है एक ऐसी नीति और कार्यक्रम जो अधिक नौकरियों को पैदा करे, निष्पक्ष प्रतियोगिता की अनुमति दे और नियुक्तियों और पदोन्नतियों में भ्रष्टाचार और भाई-भतीजावाद को कम करे। यदि व्यक्तियों के जीवन को सार्थक, लाभप्रद और संतोषजनक बनाया जाए, तो मदिरा की आवश्यकता नहीं रहेगी या बहुत कम हो जाएगी।

मादक पदार्थों का दुरुपयोग (Drug Abuse)

मादक पदार्थों के दुरुपयोग को न केवल 'विपथगामी व्यवहार' के रूप में देखा जा सकता है। पहले दृष्टिकोण से इसे व्यक्ति के सामाजिक असमायोजन के प्रमाण के रूप में माना जाता है, जब कि दूसरे दृष्टिकोण से इसे वह सुविस्तृत स्थिति कहा जाता है, जिससे समाज के लिए घातक व क्षतिप्रद परिणाम मिलते हैं। कुछ पश्चिमी देशों में मादक द्रव्यों के सेवन को लंबे समय से एक महत्वपूर्ण सामाजिक समस्या माना गया है, लेकिन भारत में केवल पिछले डेढ़ दशक से ही इसे घातक व दु:साध्य सामाजिक समस्या समझा जाने लगा है। अब यह कहा जाता है कि भारत न केवल

मादक द्रव्यों के लिए मुख्य पारगमन केंद्र बन गया है, अपितु मादक द्रव्यों का सेवन भी गंभीर रूप से बढ़ रहा है। लगभग एक दशक पूर्व के अनुमान के अनुसार भारत में लगभग 12 लाख व्यक्ति हेरोइन के व्यसनी थे, लगभग 45 लाख अफीम के और लगभग 50,000 प्रकट रूप में घातक व मतिभ्रष्ट करने वाले द्रव्यों के हेरोइन-दुरुपयोगियों की संख्या का 1989 में 5 लाख से बढ़कर, 1993 में 12 लाख और 1996 में 16 लाख हो जाना स्पष्ट करता है कि मादक पदार्थों का सेवन कैसे गंभीर समस्या बनती जा रही है। भारत वैध अफीम का सबसे बड़ा उत्पादक है। जब सरकार ने इसके लिए 450 रुपए प्रतिग्राम खरीद-मूल्य निश्चित किया है, तस्कर इसे 80,000 रुपए प्रति ग्राम मूल्य से खरीदते हैं। सेवन करने वालों तक पहुंचते-पहुंचते इसका मूल्य बहुत अधिक हो जाता है। भारत के मादक द्रव्य सरदारों का घरेलू और अंतर्राष्ट्रीय बाजार में केवल हेरोइन का ही मासिक विक्रय 90 और 100 करोड़ रुपयों के बीच माना गया है। 1984 और 1998 के बीच अवैध द्रव्यों को जब्त करना बहुत ज्यादा बढ़ गया। है। पूरे भारत में हर वर्ष लगभग 11,000 और 15,000 के बीच द्रव्य अवैधपणन के मामले पकड़े जाते हैं। पकड़े गए मादक द्रव्यों में सब से अधिक गांजा और उसके बाद हशीश, अफीम, हेरोइन होते हैं। उदाहरण के लिए 1998 में पकड़े गए कुल द्रव्यों (75,602 k.g) में से 82.8% गांजा था, 11.2% हशीश, 2.4% अफीम और 0.8% हेरोइन। हर वर्ष लगभग 12,000 व्यक्तियों को द्रव्य अवैधपणन में पकड़ा जाता है। वर्तमान में अवैध द्रव्यों का सेवन न सिर्फ सड़क के शरारती लड़कों में बल्कि निम्न वर्गीय, मध्यम वर्गीय एवं उच्च वर्गीय युवाओं व मध्य-आयु के व्यक्तियों में भी पाया जाता है। इसके बावजूद, भारत में मादक पदार्थों का दुरुपयोग अभी भी 'असामाजिक व्यवहार न मानकर' 'विपथगामी व्यक्ति' समाज के सामाजिक प्रतिमानों से उल्लंघन छिपता है, प्रतिमानों से विचलन उनकी वैधता को चुनौती दिए बिना करता है और बिना प्रतिमानों में परिवर्तन के लिए सुझाव देकर उनकी अवज्ञा के कारण मिलने वाले दंड से बचने का प्रयास करता है। विपथगामी केवल अपने वैयक्तिक हितों को पूरा करने में लगा रहता है।

मूल अवधारणाएं (Basic Concepts)—द्रव्य, द्रव्य दुरुपयोग, द्रव्य निर्भरता, द्रव्य व्यसन, और उपभोग स्थगन संलक्षण कुछ ऐसी अवधारणाएं हैं जिनकी स्पष्टता आवश्यक है। 'द्रव्य' एक रासायनिक पदार्थ है, जिसके कुछ विशिष्ट शारीरिक और अथवा मनोवैज्ञानिक प्रभाव होते हैं। यह व्यक्ति की साधारण शारीरिक प्रक्रियाओं व प्रकार्यों को बदलता है। परंतु यह परिभाषा बहुत व्यापक है। चिकित्सकीय संदर्भ में 'द्रव्य' वह पदार्थ है जो चिकित्सक द्वारा नुस्खे के रूप में नियत किया जाता है, जिसमें वह अपने रासायनिक प्रकृति द्वारा जीवित प्राणी की संरचना व प्रकार्यों पर आवश्यक प्रभाव डाल सके। मनोवैज्ञानिक व समाजशास्त्रीय संदर्भों में 'द्रव्य' वह शब्द है जो उस आदत-निर्माण पदार्थ के लिए उपयोग किया जाता है जो मस्तिष्क व नाड़ी मंडल को प्रत्यक्ष रूप से प्रभावित करता है।

द्रव्य दुरुपयोग का अर्थ है अवैध द्रव्य का सेवन तथा वैध द्रव्य का अनुचित प्रयोग जिससे शारीरिक व मानसिक हानि होती है। इसमें गांजा व हशीश का धूम्रपान, हेरोइन, कोकीन व एल.एस.डी. का सेवन, मारफीन का इंजेक्शन लेना, शराब पीना, आदि सम्मिलित है। कभी-कभी इसे 'बुलंद द्रुतगति पर होना' 'अमोद यात्रा' व 'आनंदोत्कर्ष' भी कहा जाता है।

द्रव्य निर्भरता द्रव्य का आदी होना व नित्य सेवन करना सूचित करता है 'निर्भरता' शारीरिक भी हो सकती है और मानसिक भी। शारीरिक निर्भरता द्रव्य के बार-बार के सेवन से पैदा होती है। जब द्रव्य की उपस्थिति के कारण शरीर अपने को समायोजित करता है। लेकिन इसके बंद कर देने से व्यक्ति दर्द, पीड़ा, उलझन, व्यथा व बीमारी का सामना करता है।

व्यसन शब्द अधिकांशतया शारीरिक स्थिति दर्शाता है। अत: 'व्यसन' व 'शारीरिक निर्भरता' एक ''वह स्थिति है जिसमें शरीर को अपने कार्य संचालन के लिए द्रव्य का निरंतर सेवन चाहिए''। द्रव्य के बंद कर देने शरीर के कार्य निष्पादन में हस्तक्षेप होता है तथा द्रव्य में पाए जाने वाले विशिष्ट प्रतिरूप के अनुसार बंद होने के लक्षण दिखाई देने लगते हैं। वंचना के प्रति पूर्ण प्रतिक्रिया को 'उपभोग स्थगन संलक्षण' कहा जाता है।

द्रव्य का दीर्घ स्थायी सेवनकर्त्ता यह विचार विकसित करता है कि वह अपने द्रव्य की मात्रा को निरंतर बढ़ाता जाए, जिससे उसमें वह प्रभाव पैदा हो जो पहली खुराक लेते समय हुआ था। इस तथ्य को 'सहनशीलता' कहा जाता है। यह (सहनशीलता) बाहरी पदार्थ की उपस्थिति में शरीर की अपने को अनुकूल करने की क्षमता को दर्शाती है। परंतु सभी व्यक्तियों में सभी द्रव्यों के लिए सहिष्णुता विकसित नहीं होती, यद्यपि कुछ द्रव्यों के लिए (उदाहरणार्थ मार्फीन) व्यसनी सहनशीलता को शीघ्रता से गठित कर लेते हैं। 'प्रति-सहनशीलता' का अर्थ है कि एक द्रव्य के लिए सहिष्णुता उसी प्रकार के अन्य द्रव्यों के लिए भी सहनशीलता पैदा करती है। मनोवैज्ञानिक निर्भरता तब उत्पन्न होती है जब व्यक्ति द्रव्य पर उससे उत्पन्न होने वाले 'सुख' की अनुभूति करने लगता है। मनोवैज्ञानिक निर्भरता के लिए 'आदी होना' शब्द का प्रयोग किया जाता है 'आदी होने' और 'व्यसन' में अंतर यह है कि जितना

व्यसन विनाशकारी है, उतनी आदत नहीं है। किसी द्रव्य के लिए व्यसन का अर्थ है कि शरीर उस द्रव्य के विषैल, नशीले प्रभावों पर इतना निर्भर हो जाता है कि उसके बिना वह रह नहीं सकता।

द्रव्य व्यसन के मुख्य लक्षण है; (1) द्रव्य लेते रहने की अत्यधिक इच्छा या आवश्यकता तथा उसे किसी भी तरीके से प्राप्त करना; (2) मात्रा बढ़ाने की प्रवृत्ति; (3) द्रव्यों के प्रभावों पर मनोवैज्ञानिक व शारीरिक निर्भरता; (4) व्यक्ति व समाज पर हानिप्रद प्रभाव।

दुरुपयोग द्रव्यों के प्रकार व प्रभाव (Types and Impect of Abusable Durgs)—दुरुपयोग द्रव्यों को छः श्रेणियों में विभाजित किया जा सकता है; शराब, अवसादक या शांतिकर पदार्थ, उत्तेजक पदार्थ, नारकोटिक, स्वापक पदार्थ, भ्रमोत्पादक पदार्थ और निकोटीन व ताम्रकूटी।

शराब कुछ लोग सामान्य, सुखबोधन व एक सामाजिक क्रिया के रूप में लेते हैं और कुछ इसे एक प्रेरणा तथा उत्तेजक के रूप में लेते हैं जिससे वे कार्य कर सकें। यह एक शांतिकर पदार्थ के रूप में भी कार्य करती है जो नसों को शांत करती है या एक संवेदनाहारी के रूप में भी कार्य करती है जो जीवन की पीड़ा को कम करती है। शराब तनाव शांत करती है तथा आक्रमणकारी अवरोध को कम करती है। यह फैसले या निर्णय को कमजोर करती है, असामान्य बनाती है व उलझन अथवा द्विविधा पैदा करती है।

शामक अथवा अवसादक केंद्रीय नाड़ी मंडल को क्षीण अशक्त करते हैं, नींद उत्पन्न करते हैं तथा शांतिपरक प्रभाव पैदा करते हैं। टैंक्विलाइजर (शांति प्रदान करने वाले द्रव्य) और बाबिटयुरेट इस श्रेणी में आते हैं। चिकित्सीय दृष्टि से ये उच्च रक्तचाप अनिद्रा व मिरगी के लिए तथा शल्य चिकित्सा के पूर्व और बाद में रोगियों के आराम व शिथिलीकरण के लिए काम में लाए जाते हैं। अवसादक पदार्थ के रूप में ये नसों और मांसपेशियों की क्रियाओं की गति कम करते हैं। छोटी मात्रा में ये सांस लेने व दिल की धड़कन को धीमा करते हैं तथा लेने वाले को शिथिलता का अनुभव कराते हैं; लेकिन बड़ी मात्रा में इनके प्रभाव शराब की मादकता से मिलते-जुलते हैं, जिनके कारण इन्हें इस्तेमाल करने वाला आलसी, निष्क्रिय, उदासीन, व कभी-कभी चिड़चिड़ा व झगड़ालू भी बन जाता है। उसके सोचने, काम करने, व ध्यान केंद्रित करने की शक्ति कम हो जाती है तथा उसका भावात्मक नियंत्रण कमजोर हो जाता है।

उत्तेजक केंद्रीय नाड़ीमंडल को क्रियाशील बनाते हैं, तनावों को कम करते हैं, हल्के अवसाद का उपचार करते हैं, अनिद्रा पैदा करते हैं, सतर्कता बढ़ाते हैं, थकान और आलस्य व निष्क्रियता का निवारण करते हैं तथा आक्रमणकारी अवरोध को कम करते हैं। जो उत्तेजक पदार्थ व्यापक रूप से उपयोग किए जाते है, वे हैं ऐम्फेटा माइन, कैफीन, और कोकीन। डाक्टर द्वारा निर्धारित ऐम्फेटा माइन का मध्यम डोज़ थकान को नियंत्रित करता है तथ फुर्ती, आत्म-विश्वास व कल्याण की अनुभूति पैदा करता है। परंतु इसका भारी डोज़ अति भयातुरता, अधीरता, चिड़चिड़ापन, सर-दर्द, पसीना निकलना, दस्त व अस्पष्ट बोलना पैदा करता है। उत्तेजक द्रव्य अधिकांशत: मौखिक रूप से लिए जाते हैं, यद्यपि कुछ शिराभ्यंतर इंजेक्शन द्वारा लिए जाते हैं। ये द्रव्य शारीरिक निर्भरता उत्पन्न नहीं करते यद्यपि ये मनोवैज्ञानिक दृष्टि से व्यसनी होते हैं। ऐम्फेटामाइन का दीर्घकालिक भारी उपयोग बौद्धिक, भावात्मक, सामाजिक व आर्थिक विकार की विभिन्न मात्राएं पैदा करता है। इसका अचानक बंद कर देना मानसिक बीमारी तथा आत्महत्याजन्य अवसाद पैदा करता है।

निकोटीन में सिगरेट, बीड़ी, सिगार, चुरूट, नास व तंबाकू सम्मिलित होते हैं। इनका कोई चिकित्सीय उपयोग नहीं होता। लेकिन शारीरिक निर्भरता का जोखिम इनमें अवश्य होता है। निकोटीन शिथिलन पैदा करती है। केंद्रीय नाड़ी मंडल को उत्तेजित करती है, जागरण को बढ़ाती है तथा उबाऊपन को दूर करती है। लेकिन इसका अधिक व भारी सेवन दिल की बीमारी, फेफड़े का कैंसर, व श्वास नली रोग पैदा कर सकता है। कानून इसे द्रव्य के रूप में वर्गीकृत नहीं करता। उत्तेजक, अवसादक, तन्द्राकर व भ्रमोत्पादक पदार्थों को मनोक्रियाशील पदार्थ भी कहा जाता है।

मादक द्रव्यों के दुरुपयोग की मात्रा व प्रकृति (Extend and Nature of Drugs Abuse)—अवैध द्रव्यों का सेवन तथा वैधद्रव्यों का दुरुपयोग देश में कितना फैला हुआ है? भारत की जनसंख्या में चार विभिन्न खंडों में किए गए आनुभविक अध्ययन द्रव्यों का प्रचलन दर्शाते हैं। ये अध्ययन हैं। (i) कॉलेज/विश्वविद्यालय व उच्च माध्यमिक स्कूलों के विद्यार्थियों के अध्ययन, (ii) औद्योगिक श्रमिकों के अध्ययन (iii) ग्रामवासियों के अध्ययन, (iv) गंदी बस्तियों में रहने वालों के अध्ययन।

द्रव्य दुरुप्रयोग की अभिप्रेरणा (Motivation in drug Usage) मादक पदार्थों के दुरुपयोग के कारण क्या है? कारणों को चार श्रेणियों में वर्गीकृत किया जा सकता है: (1) मनोवैज्ञानिक कारण जैसे तनाव को कम करना, अवसाद को शांत करना, अंतर्बाधाओं को हटाना, कौतुहल को पूरा करना, खिन्नता और ऊब को दूर करना, तथा अनुभूति को तीव्र करना। (2) सामाजिक कारण जैसे सामाजिक अनुभवों को सुसाध्य बनाना, मित्रों द्वारा स्वीकार किया जाना, तथा सामाजिक मूल्यों को चुनौती देना। (3) शारीरिक कारण जैसे जागते रहना, कामुक अनुभवों को उभारना पीड़ा निवारण और नींद पा लेना। (4) विविध कारण जैसे अध्ययन

को उत्कृष्ट बनाना, धार्मिक अंतर्दृष्टि तेज करना, आत्मज्ञान बढ़ाना तथा व्यक्तिगत समस्याएं हल करना इत्यादि।

मेरे अपने अध्ययन से ज्ञात हुआ कि जो 1,469 विद्यार्थी द्रव्यों का सेवन कर रहे थे उनमें से 85.5% मनोवैज्ञानिक कारणों की वजह से, 15.20% शारीरिक कारणों की वजह से 10.9% सामाजिक की वजह से और 28.4% विविध कारणों की वजह से सेवन कर रहे थे।

विस्तृत विश्लेषण ने यह स्पष्ट किया कि (1) द्रव्य सेवन करने वाले विद्यार्थियों में सर्वाधिक संख्या उनकी है जो आमोद-प्रमोद के प्रति समर्पित हैं तथा सनसनीखेज और तीव्र अनुभव की खोज में रहते हैं और (2) कुछ विद्यार्थी छुटकारा पाने के कारण व व्यथा कम करने के कारण द्रव्य लेते हैं और (3) बहुत थोड़े से विद्यार्थी वे हैं जिन्होंने पीड़ा से छुटकारा पाने के लिए चिकित्सीय उपचार में द्रव्य लेने आरम्भ किये थे, और अब उनको उपचार समाप्ति बाद भी लेते रहते हैं। इन निष्कर्षों के आधार पर हम मनोरोग चिकित्सकों के इस विचार पर आपत्ति जता सकते हैं कि मादक द्रव्यों के सेवनकर्ता एक ऐसा व्यक्तित्व प्रदर्शित करते हैं जिसमें प्रबल निर्भरता की आवश्यकताएं एवं अक्षमता व अपर्याप्तता की अधिघोषित अनुभूतियां पायी जाती हैं। यहां पर यह स्पष्ट करना तथ्य से दूर नहीं होगा कि **आलफ्रेड लिन्डस्मिथ** ने भी मनोरोगमय व्यक्तित्व अथवा मनोविकृतिमय प्रवृति के सिद्धांत की आलोचना की है।

द्रव्य दुरुपयोग के कारणों के विश्लेषण की तरह द्रव्य त्याग के कारणों का विश्लेषण करना भी आवश्यक है यानी कि सेवन न करने वाले व्यक्ति मादक द्रव्य क्यों नहीं लेते? जो पहले द्रव्य लेते थे और अब नहीं लेते, उन्होंने मादक द्रव्य लेना छोड़ दिया? विद्यार्थियों के मेरे स्वंय के अध्ययन से द्रव्य-त्याग और द्रव्य लेना बंद करने के निम्न कारण प्राप्त हुए: व्यक्तिगत (49.3%) शारीरिक (23.8%) सामाजिक (22.4%) धार्मिक (22.3%) और आर्थिक (4.1%) व्यक्तिगत कारणों में निम्न कारण सम्मिलित थे: रुचि, जिज्ञासा का अभाव, द्रव्य के लिए व्यक्तिगत अरुचि या घृणा, और द्रव्यों की असुलभता व अनुपलब्धता शारीरिक कारणों में निम्न कारण सम्मिलित थे।

परिवार और मित्र-समूह की भूमिका : (Role of Family and Peer Group) परिवार और मित्र-समूह से सम्पर्क व्यक्ति जीवन में अपनाता है व बनाये रखता है। कॉलेज विश्वविद्यालय के विद्यार्थियों में द्रव्य दुरूपयोग पर मेरे अपने अध्ययन की एक उपकल्पना थी कि द्रव्य सेवन स्नेहपूर्ण पारिवारिक सम्बंधों के स्वरूपगुणावस्था से प्रभावित होता है। यह अवधारणा निम्न आधार पर प्रयोग की गयी थी : (1) माता-पिता अपने बच्चों के जीवन में रुचि लेते हैं तथा वे अपने माता-पिता कर्तव्यों और दायित्वों के प्रति सजग हैं, (2) मादक द्रव्य सेवन कर्ताओं के माता और पिता के बीच, उनके सेवनकर्ताओं और उनके माता-पिता के बीच, तथा उनके और उनके भाई-बहनों के बीच संबंध तालमेल समन्वय और घनिष्ठता पर आधारित है, (3) माता-पिता का नियंत्रण न बहुत उग्र हो और न बहुत ढीला जिससे बच्चे को आत्म-अभिव्यक्ति के लिए अवसर मिल सकें, (4) परिवार आकार आय की दृष्टि से इतना प्रबंधकीय हो कि परिवार में कोई भी बच्चा जीवन की आवश्यकताओं की आपूर्ति से पीड़ित न हो, (5) माता-पिता सामाजिक और नैतिक प्रतिमानों का इतना पालन करें कि बच्चों के लिए वे उदाहरण प्रस्तुत कर सकें और, (6) बच्चे माता-पिता में आस्था व सुरक्षा का विचार प्रदर्शित करें तथा अपनी समस्याओं के समाधान में उनकी सलाह व सहायता लेकर उन्हें अपने विश्वास में लें।

कारण सम्बन्धी सिद्धांत (Theories of Causation) मादक द्रव्यों के दुरुपयोग के कारण-संबंधी सिद्धांतों को चार श्रेणियों में विभाजित किया जा सकता है: शारीरिक, मनोवैज्ञानिक, सामाजिक-मनोवैज्ञानिक और समाजशास्त्रीय।

'शारीरिक' सिद्धांत के अनुसार व्यक्ति शारीरिक दोषों व रोगों के कारण एवं द्रव्य के रासायनिक लक्षणों पर अनुकूलन की वजह से मादक द्रव्यों का सेवन करते हैं। **मोरडोन्स, स्लिकवर्थ, रैन्डाल्फ** और **निमविच** ऐसे विद्वान हैं जिन्होंने मादक द्रव्यों का सेवन रासायनिक प्रतिक्रियाओं के संदर्भ में समझाया है। परन्तु यह सिद्धांत यद्यपि 1990 और 1920 के दशकों में विस्तृत रूप से स्वीकार किया गया था वर्तमान में इसे तब से अपर्याप्त माना जाता है जब से आनुभाविक अध्ययनों ने मादक द्रव्य सेवनकर्ताओं के मनोवैज्ञानिक व समाजशास्त्रीय लक्षणों की द्रव्य-सेवन में भूमिका की ओर ध्यान दिलवाया है।

मनोवैज्ञानिकों ने मादक द्रव्य सेवन का द्रव्य निर्भरता को मुख्यता प्रबलीकरण सिद्धांत, व्यक्तित्व सिद्धांत, शक्ति सिद्धांत, व क्षीण स्व सिद्धांत के आधार पर समझाया है। 'प्रबलीकरण' सिद्धांत में **अब्राहम बिलकर** ने बताया है कि मादक द्रव्यों की सुखद अनुभतियां उनके उपयोग को बढ़ावा देती है। 'व्यक्तित्व' सिद्धांत ने मादक पदार्थों के सेवन को मनोवैज्ञानिक आवश्यकताओं की पूर्ति अथवा कुछ मनोवैज्ञानिक दोषों कमजोरियों के लिए क्षतिपूर्ण करने के आधार पर समझाया है। यह (सिद्धांत) मादक द्रव्य निर्भरता से जुड़े हुए कुछ विशिष्ट व्यक्तित्व संबंधी लक्षणों की चर्चा करता है तथा द्रव्य निर्भरता के कारण में 'निर्भर व्यक्तित्व' पर बल देता है।

हार्वर्ड बेकर और **काइएरिकसन** ने सामाजिक मनोवैज्ञानिक 'लेबलिंग' सिद्धांत में बताया है कि एक व्यक्ति व्यसनी व शराबी के लेबल लगने के दबाव के कारण मादक द्रव्य सेवनकर्ता व शराबी बन जाता है। लेकिन यह सिद्धांत यह समझाने में असफल रहा है कि व्यक्ति मादक द्रव्य व्यवहार में पहले कैसे फंसते हैं जिसके कारण उन्हें सामाजिक दृष्टि से विचलित व्यसनी कहा जाता है। 'समाजशास्त्रीय' सिद्धांत की मान्यता है कि परिस्थितयां अथवा पर्यावरण व्यक्ति को मादक द्रव्यों का व्यसनी बनाते हैं। **सदरलैण्ड** के विभिन्न सम्पर्क सिद्धांत के आधार पर यदि मादक द्रव्य सेवन समझाया जाय, तो उसके अनुसार मादक द्रव्यों का लेना दूसरे व्यक्तियों से सीखा हुआ व्यवहार है, विशेष रूप से छोटे घनिष्ठ समूहों से। 'सामाजिक सीखने' का सिद्धांत जो कि विभिन्न सम्पर्क सिद्धांत सीखने की प्रक्रिया में कार्य करने वाले बलयुक्त कर्ता जोर देने वालों के सामाजिक स्रोतों का मूल्यांकन करता है।

उपचार (Treatment) व्यसनियों के उपचार के लिए भारत सरकार के कल्याण मंत्रालय ने तीन प्रकार के केन्द्र स्थापित किये हैं: (1) परामर्श केन्द्र (2) विव्यसन केन्द्र (3) उत्तर सेवा केन्द्र। मार्च 1998 में भारत में 172 परामर्श केन्द्र, 111 विव्यसन केन्द्र और 33 अभिज्ञा केन्द्र थे। यह सब केन्द्र कल्याण मंत्रालय ने 1986 में गैर सरकारी संस्थाओं को सौंप दिये थे। स्वास्थ्य मंत्रालय की इन केन्द्रों की कार्य प्रणाली में बहुत सीमित भूमिका है। भारतीय चिकित्सा अनुसंधान परिषद ने मादक पदार्थों के दुरुपयोग के परिवीक्षक व्यवस्था के अन्तर्गत चार केन्द्र (दिल्ली, मुम्बई, कलकत्ता और चेन्नई) स्थापित किये हैं। गैर सरकारी संगठनों द्वारा चलाये जा रहे केन्द्रों में केवल उन्ही व्यसनियों को लिया जाता है जो अन्य किसी रोग जैसे टी.बी., अस्थमा, एच.आई. ब्रोंकाइटिस, जिगर की बीमारी आदि से पीड़ित नहीं होते। अधिकांश व्यसनी क्योंकि अन्य किसी न किसी बीमारी के भी रोगी होते हैं अत: गैर सरकारी संगठनों द्वारा चलाये जा रहे केन्द्रों की आलोचना की जाती है। प्रमुख आलोचनाएं इस प्रकार हैं: (1) गैर सरकारी संगठनों के केन्द्रों में भर्ती न किये जाने के कारण अधिकांश व्यसनियों को शहर के अस्पतालों की शरण लेनी पड़ती है। (2) संगठनों द्वारा चलाये रहे विव्यसन केन्द्र क्योंकि सरकार द्वारा निधिक होते हैं। अत: इन्हें कोई फीस नहीं लेनी चाहिए, परन्तु वास्तव में वे फीस लेते हैं। (3) केन्द्रों में स्टाफ अपर्याप्त होता है सुविधाएं सीमित अथवा केवल 15 बिस्तरों की होती हैं तथा कर्मचारियों की अभिवृति भी सहानुभूतिपूर्ण न होकर उदासीन होती है। स्टाफ सहवासियों को अविश्वसनीय और तथ्य छिपाने वाला मानता है और सहवासी स्टाफ को ओछा व उदण्ड मानते हैं। स्टाफ मन परिवर्तन की भूमिका को नहीं समझता। केन्द्र की कार्यप्रणाली में रोगी की भूमिका नहीं होती। उसे तो केवल आदेश दिये जाते हैं। रोगियों को संगठन की नीतियों को चुनौती देने के लिए कभी प्रोत्साहित नहीं किया जाता। (4) रोगियों को बाहर की दुनिया से बिल्कुल पृथक रखा जाता है। मिलने वाले केवल कड़े नियमों के अन्तर्गत रोगियों को मिल सकते हैं। अत: व्यसनी को भी जो भी समर्थन उसके व्यक्तिगत संबंधों में बाहर से मिल सकता था वह समाप्त हो जाता है। केन्द्र के अंदर सीमान्तवादी समुदाय में बनावटी प्रक्रिया के सेट में उनको अपमान, तिरस्कार, दमन व हीनता सहन करनी पड़ती है। (5) केन्द्रों में द्रव्य सेवकों को खाली समय व्यतीत करने की समस्या रहती है। उनके विनिवर्तन लक्षण तीन चार दिन में समाप्त हो जाते हैं। उन्हें जल्दी केन्द्र से छुट्टी भी नहीं मिलती। अत: या वे टी.वी.देखते है या कोई छोटे मोटे खेल खेलते हैं। जो पढ़ सकते हैं उनके लिए अधिक ऊब नहीं होती। हर कार्य के लिए निश्चित समय होता है। इस प्रकार समय प्रबंधन की समस्या रोगियों के लिए गम्भीर होती है। इन सब आलोचनाओं के आधार पर अब इस बात पर बल दिया जा रहा है कि इन केन्द्रों में उपचार व्यवस्था में परिवर्तन करना आवश्यक है। अक्टूबर 1995 से सरकार की उत्तर सेवा केन्द्रों के योजना समाप्त कर दी गयी है।

रोकथाम के उपाय (Measures for Preventing) मादक पदार्थों के दुरुपयोग की रोकथाम के लिए विभिन्न उपायों को चार श्रेणियों मे विभाजित किया जा सकता है: (1) शैक्षणिक उपाय (2) प्रवर्तक मनाने वाले उपाय (3) सुविधाजनक उपाय और (4) दण्डात्मक उपाय। इनमें से जो उपाय अधिक अपनाये जाते हैं वे हैं शैक्षणिक और दण्डात्मक उपाय। शैक्षणिक उपाय में ज्ञान व तथ्यों की जानकारी के द्वारा शरीर और मन पर पड़ने वाले प्रभाव का भय उत्पन्न किया जाता है। दण्डात्मक उपाय में मादक द्रव्य उपयोग करने वालों का अलगाव, सीमांतीकरण व विसंबंधन किया जाता है।

इन उपायों में कुछ कमियां हैं (1) ज्ञान प्रदान करने में यह समान्यता है कि द्रव्य सेवन करने वाले सेवन के परिणामों से अनजान होते हैं। यह सही नहीं है। फिसलना, दोहराना और पुनरायन में अंतर है तथा तीनों स्तर पर रोकथाम की आवश्यकता है। (2) रोकथाम के उपायों में जा सकते। निशान प्रतीक प्रयोग किये जाते हैं। वे भारतीय संस्कृति के संदर्भ में कम और पश्चिमी समाज में अधिक संबधित होते हैं। (3) भारत में उच्च निरक्षरता होने के कारण लिखित जानकारी का अधिक उपयोग नहीं हो पाता। (4) जानकारी देने में क्षेत्रीय विभिन्नताओं विविधताओं को महत्व नहीं दिया जाता। (5) द्रव्य सेवन बिंदु नैतिकवाद विषय माना जाता है

जबकि वह वास्तव में सामाजिक विषय है। (6) जानकारी देने में द्रव्य सेवकों की सामाजिक आर्थिक प्रस्थिति, शैक्षणिक स्तर, लिंग, धार्मिक विश्वास, संस्कृति और व्यक्तिगत और पारिवारिक समस्याओं को महत्व नहीं दिया जाता। (7) मित्र समूह दबाव के सकारात्मक भूमिका की अवहेलना की जाती है।

उपर्युक्त सीमाओं के संदर्भ में निम्न सुझाव मादक द्रव्यों के दुरुपयोग को रोकने में सहायक होंगे: (1) द्रव्य दुरुपयोग को सामाजिक समस्या के साथ चिकित्सकीय समस्या के रूप में प्रस्तुत करना चाहिए। (2) गैर-सरकारी संगठनों के साथ सरकार और परिवारों को भी रोकथाम प्रोग्राम रुचि लेनी चाहिए। (3) हास्टल और किराये के मकानों में जहां युवक रहते हैं अथवा गंदी बस्तियों में अधिक ध्यान देना चाहिए। (4) स्वास्थ्य रक्षा प्रोग्राम का अधिक उपयोग करना चाहिए।

भ्रष्टाचार (Corruption)

भ्रष्टाचार की परिभाषा (Definition of Corruption) सरल शब्दों में भ्रष्टाचार को रिश्वत का कार्य कहा जा सकता है। इसे निजी लाभ के लिए सार्वजनिक शक्ति को इस प्रकार प्रयोग करना जिसमें कानून तोड़ना शामिल हो या जिससे समाज के मानदण्डों का विचलन हुआ हो, भी कहा जाता है। **डी.एच.बेली** ने भ्रष्टाचार को इस प्रकार बताया है—निजी लाभ के विचार के परिणामस्वरूप सत्ता का दुरुपयोग जो धन सम्बधित नहीं भी हो सकता है। **एन्ड्रिस्की** ने कहा है, "भ्रष्टाचार वह व्यवहार है जो मानदण्डों और सार्वजनिक भूमिका निर्वाह के कर्तव्यों को संचालित करने या निजी लाभों के लिए पद के उचित उपयोग से विचलन होता है।" यह निजी लाभ कुछ कार्यों पर लगे प्रतिबन्धों की अवहेलना करके या उस कार्य के प्रति वैध विवेकाधिकार का प्रयोग करके या उस कार्य के प्रति कुछ कर्तव्यों को पूरा करने के द्वारा प्राप्त किया है। **जे.नाय** का कहना है, "भ्रष्टाचार निजी लाभों के लिए सार्वजनिक धन का दुरुपयोग दर्शाता है।" भ्रष्टाचार को इस प्रकार भी समझाया गया है: "यह आर्थिक या प्रतिष्ठा संबंधी लाभों की प्राप्ति के लिए सार्वजनिक भूमिका के प्रति औपचारिक कर्तव्यों से विचलन है।"

समाज में भ्रष्टाचार अनेक स्वरूपों में फैला हुआ है। इनमें से प्रमुख इस प्रकार है: रिश्वत (देने वाले के पक्ष में अवैध बेईमानी से युक्त कार्य करने को प्रेरित करने के लिए नगद या वस्तु या उपहार में दिया गया) भाई-भतीजावाद दुर्विनियोग संरक्षण, और पक्षपात।

भाई भतीजावाद (Nepotism) सामाजिक विश्लेषण बताता है कि सामाजिक बंधन और नातेदारी भ्रष्टाचार में महत्वपूर्ण भूमिका निभाते हैं। आधुनिकीकरण के मान्य आदर्श तथा आज के शासकों द्वारा प्रचलन में लाये जाने वाले आदर्श परम्परात्मक समाज के सार्वजनिक व्यवहार के प्रतिमानों और मूल्यों के विपरीत है। आज नातेदारी व जातिगत निष्ठाएं सार्वजनिक सेवकों के मस्तिष्क में पहले से ही रहती हैं। आधुनिक प्रशासक का सबसे प्रथम दायित्व अपने परिवार के सदस्यों के प्रति होता है और इसके बाद निकट नातेदार या जाति के प्रति। इस प्रकार के बंधन नियमों और प्रक्रिया से अधिक महत्वपूर्ण होते हैं। नातेदार व जातियां ऐसे व्यवहार को जो सार्वजनिक भूमिका के औपचारिक निर्वाह से विचलित होती हैं, इसे वे 'विचलन' या भ्रष्टाचार नहीं समझते बल्कि इसे वे पारिवारिक दायित्व मानते हैं। यह अनेक सार्वजनिक सेवकों के निम्न और उच्च स्तर पर भ्रष्ट कार्यों को स्पष्ट करता है।

भारत में कौटिल्य ने भी अपने अर्थशास्त्र में राज्यकोष के सरकारी कर्मचारियों द्वारा गबन किये जाने का संदर्भ दिया है। उसने सरकारी कर्मचारियों द्वारा अपनाए जाने वाले लगभग 50 प्रकार के गबन और अन्य भ्रष्ट तरीकों का वर्णन किया है। अशोक के शासनकाल में भ्रष्टाचार कम पैमाने पर पाया जाता था। मध्ययुगीन समाज में भी भ्रष्टाचार का क्षेत्र कम था क्योंकि कर वसूली के लिए कम से कम अधिकारी थे। जितना अधिक धन संग्रह वे लोग करते थे उतनी ही उनकी प्रशंसा होती थी, न कि उन पर दोष लगाया जाता था। ब्रिटिश शासनकाल में रिश्वत न केवल भारतीय अफसरों द्वारा स्वीकार की जाती थी बल्कि उच्च पदस्थ अंग्रेज अधिकारियों द्वारा भी **क्लाइव** और **वारेन हेस्टिंग्ज** तो इस कदर भ्रष्ट पाए गए कि उनके इंग्लैण्ड लौटने पर एक संसदीय समिति द्वारा उन पर मुकदमा चलाया गया। प्रथम और द्वितीय महायुद्धों के दौरान आर्थिक क्रियाकलापों के विस्तार ने देश में भ्रष्टाचार के नए उपादानों को जन्म दिया। युद्ध के दौरान लगाए गये प्रतिबंधों नियंत्रणों और प्रभावों के रिश्वत भ्रष्टाचार और पक्षपात के लिए यथेष्ट अवसर प्रदान किए। स्वतंत्रता के बाद यद्यपि राष्ट्रीय स्तर का उच्च राजनैतिक अभिजात वर्ग एक दो दशकों तक अति ईमानदार बना रहा किन्तु तीसरे और चौथे चुनावों के बाद नवोदित राजनैतिक अभिजात वर्ग ने अपने ईमानदार होने के विषय में जनता का विश्वास खो दिया। सभी स्तरों के सार्वजनिक प्रतिष्ठानों में कार्यरत सरकारी कर्मचारियों ने छोटी बातों के लिए बड़ी-बड़ी रिश्वतें स्वीकार करना प्रारम्भ कर दिया। आज केन्द्रीय एवं राज्य दोनों स्तरों पर ईमानदार छवि के मंत्रियों और प्रशासकों की संख्या उंगलियों पर गिनी जा सकती है। स्वतंत्र भारत में सबसे पहले 1949 में विंध्य प्रदेश के कांग्रेसी नेता व तत्कालीन उद्योग मंत्री **राव शिव बहादुर सिंह** को 25 हजार रुपये रिश्वत लेने के लिए जेल की सजा दी गयी थी। 1962 में **कृष्ण मेनन** पर 2,000

जीपों को खरीद के मामले में घूस खाने का आरोप था। **इंदिरा गांधी** के शासनकाल में 20 करोड़ के क्युओं आयल कंपनी के साथ का विवादास्पद सौदा 60 लाख रुपये का नागरवाला मामला मारुति उद्योग घोटाला **एच.बी.डब्ल्यू.पनडुब्बी** का घोटाला उदघाटित हुए थे। 1980-1990 के दशक में भी अनेक केन्द्रीय मंत्री और मुख्यमंत्री उन उच्चतम स्तर के राजनीतिज्ञों में थे जिन पर अपने राजनैतिक सत्ता के काल में भ्रष्ट तरीकों को अपनाने का आरोप लगा था। तब से एक बड़ी संख्या में मुख्यमंत्रियों, मंत्रियों और उच्च स्तरीय नौकरशाहों पर लगभग सभी राज्यों में अवैध रूप से घन संग्रह और भाई भतीजावाद अपनाने के आरोप लगे है। सरकार की लाइसेंस प्रणाली, नियंत्रण नियमों और सार्वजनिक क्षेत्र के विस्तार ने जीवन के सभी क्षेत्रों में भ्रष्टचार का विस्तार किया है।

एक गैर सरकारी जर्मन संगठन के अनुसार 1995 में भारत विश्व में सातवां सबसे भ्रष्ट देश माना गया था। यह संगठन वित्तीय पत्रकारों के तथा उस देश को ईमानदारी या भ्रष्टाचार की श्रेणी प्रदान करके मूल्यांकन करता है। इस अध्ययन में इस संगठन ने न्यूजीलैण्ड, डेनमार्क और सिंगापुर को ईमानदार देश पाया और इन्डोनेशिया, चीन, पाकिस्तान, वेनेजुएला, ब्राजील, फिलीपीन्स, भारत, थाईलैण्ड, इटली और मोरक्कों को भ्रष्ट पाया।

लोकसेवकों में भ्रष्टाचार (Corruption among Public Servants) लोकसेवकों में भ्रष्टाचार हमेशा एक या दूसरे रूप में विद्यमान रहा है यद्यपि इसका स्वतंत्र आयाम प्रकार और छवि समय-समय और स्थान-स्थान पर बदलते रहे हैं। एक समय था जब रिश्वत गलत कार्यों को कराने के लिए दी जाती थी लेकिन अब सही कार्य को सही समय पर कराने के लिए दी जाती है।

सार्वजनिक सेवाओं में कौन से कार्यों को भ्रष्ट कहा गया है? यद्यपि 'भ्रष्टाचार' शब्द के व्यापक अर्थ है किन्तु कानूनी प्राविधानों के अन्तर्गत लोकसेवकों के निम्नलिखित व्यवहार भ्रष्ट कहे गए हैं—(1) अधिकारिक हैसियत से किए गए कार्य के लिए पुरस्कार स्वरूप भेंट स्वीकार करना। (2) अवैध रूप से कोई भी वस्तु या आर्थिक लाभ प्राप्त करना, (3) सार्वजनिक सम्पत्ति का धोखाधड़ी से दुरुपयोग करना, (4) आय के ज्ञात संसाधनों से अधिक अनुपात में सम्पति या आर्थिक संसाधन जुटाना, (5) आधिकारिक पद का दुरुपयोग, (6) सरकारी व्यवहार से संबंधित किसी व्यक्ति से कीमती वस्तु खरीदने के लिए धन उधार लेना यह मानते हुए कि उधार लिया धन वापस नहीं किया जाना है, (7) उच्च स्थिति या पद पर होने वाले व्यक्ति द्वारा ऐसे लोगों से भेंट उपहार स्वीकार करना जिनके साथ उनके पद के नाते संबंध हों, (8) जानबूझकर नियमों की अनदेखी करते हुए देय करों आदि के भुगतान करने से बचने में नागरिकों की मदद करना, (9) किसी बहाने से किसी कर्तव्य को करने से इन्कार करने की नीयत से पुलिस अधिकरी का किसी मामले को पंजीकृत न करना।

राजनैतिक भ्रष्टाचार और घोटाले (Political Corruption and Scandals)— यह सर्वविदित है कि एक बड़ी संख्या में राजनीतिज्ञ न केवल भारत में बल्कि विश्व में भ्रष्ट हैं। राजनीतिज्ञों के भ्रष्टाचार का पर्दाफाश होने पर लोगों को कभी आघात नहीं पहुंचता। ईमानदार राजनीतिज्ञ वर्तमान में लुप्तप्राय प्रजाति होती जा रही है। भ्रष्ट राजनीतिज्ञ न केवल बेदाग, बिना दण्ड के बच निकलते हैं बल्कि वे तो राजनीति मंच पर सम्माननीय नेता के रूप में अकड़कर चलते हैं। **लाल बहादुर शास्त्री** और **सरदार बल्लभ भाई पटेल** जैसे मंत्रियों के उदाहरण कम हैं जिनकी मृत्यु पर बैंक में जमा राशि नगण्य थी। हमारी इस धरती पर जब एक व्यक्ति बेरोजगारी के कारण अपने भूखे बच्चों की रोटी का प्रबन्ध करने के लिए चोरी करता है तब उसको जेल की हवा खानी पड़ती है, जबकि वे लोग जो देश को दोनों हाथों से लूटने में लगे हैं सम्माननीय नागरिक होते हैं क्योंकि या तो वे राजनीति में बड़ी तोप हैं या सत्ता के केन्द्र।

बोफोर्स घोटाला जिसमें 64 करोड़ रुपये की दलाली का मामला था, **हवाला घोटाला** जिसमें 115 वरिष्ठ राजनीतिज्ञ और नौकरशाह शामिल थे। पशुचारा घोटाला जो बिहार के पूर्व मुख्यमंत्री के विरुद्ध था जिसमें 113 करोड़ की दलाली का मामला था, दूर संचार विभाग घोटाला जिसमें एक केन्द्रीय मंत्री के घर 3.5 करोड़ रुपये नकद और साथ ही करोड़ों रुपये के आभूषण, राष्ट्रीय बचत-पत्र, सावधि जमा-पत्र आदि पाये गये थे, जब मंत्री जी स्वयं इलाज के लिए लन्दन में थे, बिटू माइन्स कोयला घोटाला जो बिहार में 100 करोड़ रुपये का था, झारखण्ड मुक्ति मोर्चा घोटाला जिसमें मोर्चा के चार सांसद और जनता पार्टी के तीन विधायक 40 लाख रुपये प्रत्येक पर लेने का आरोप था, इण्डियन बैंक घोटाला जिसमें सार्वजनिक क्षेत्र के बैंक को 2,358 करोड़ रुपये की हानि हुई, सीमेन्ट घोटाला जिसमें महाराष्ट्र के मुख्यमंत्री शामिल थे, भूखण्ड घोटाला जिसमें महाराष्ट्र के एक अन्य मुख्यमंत्री शामिल थे, महाराष्ट्र प्रतिभूति घोटाला जिसमें एक करोड़ रुपये लेने के लिए पूर्व प्रधानमंत्री आरोपी थे, चीनी घोटाला जिसमें केन्द्रीय मंत्री शामिल थे और देश के 650 करोड़ की हानि उठानी पड़ी, असम का कोषागार धोखाधड़ी घोटाला जो 200 करोड़ रुपये का घोटाला था और तमिलनाडु के भूतपूर्व मुख्यमंत्री के विरुद्ध घोटाले।

तमिलनाडु और पश्चिम बंगाल के मुख्यमंत्रियों पर भी भ्रष्टाचार के आरोप लगाए गए थे। तमिलनाडु के राज्यपाल ने तो

अप्रैल 1995 में जनता दल अध्यक्ष को तमिलनाडु के मुख्यमंत्री के विरुद्ध भ्रष्टाचार निरोधक कानून के अन्तर्गत उनके विरुद्ध लगाए गए आरोपों में से दो के लिए मुकदमा चलाए जाने तक की अनुमति प्रदान कर दी थी। इन दो आरोपों में से एक 365 करोड़ रुपये का कोयला आयात सौदा संबंधित है जो अगस्त 1993 में हुआ था और दूसरा राज्य सरकार से भूखण्ड खरीदने के संबंध में था जो उन्होंने अनुमानित बाजार मूल्य 4.27 करोड़ रुपये के स्थान पर केवल 1.82 करोड़ रुपये में खरीदा था।

इस पूर्व मुख्यमंत्री के विरुद्ध मामले, जिसकी पार्टी केन्द्र में 1998-99 में भाजपा-मंत्रिमंडल की घटक थी, तमिलनाडु की विशेष अदालतों में स्थानांतरित कर दिए गए थे, फिर फरवरी, 1999 में उन्हें शान्त करने के लिए साधारण न्यायालयों में स्थानांतरित कर दिए गए क्योंकि वे प्रतिदिन केन्द्र सरकार से अपना समर्थन वापस लेने की धमकी दे रही थीं। इन्हीं मुख्यमंत्री पर सितम्बर, 1995 में अपने गोद लिए बेटे के विवाह पर 50 से 75 करोड़ रुपये खर्च करने का भी आरोप है। एक अन्य मुख्यमंत्री जिन पर अप्रैल 1995 में भ्रष्ट कार्यों में लिप्त होने के आरोप लगाए गए थे वे पश्चिम बंगाल के मुख्यमंत्री हैं जो गत 22 वर्षों से भी अधिक की अवधि से वहां के मुख्यमंत्री के पद पर बने हुए हैं। यह आरोप उनपर त्रिपुरा के और एक मार्क्सवादी नेता ने लगाए थे।

सिविल सेवाओं में भी भ्रष्टाचार सामान्य है, यहां तक कि उच्चासीन पदाधिकारियों के विरुद्ध शिकायतें आती हैं व जांच होती है। यद्यपि सतर्कता एजेंसियों को जनता व मीडिया को आश्वस्त करने के लिए क्रियाशील बना दिया जाता है लेकिन आरोपित अधिकारी शायद ही दण्डित किए जाते हैं। सन्थानम समिति ने भी संकेत दिया है कि ऐसा विश्वास है कि सरकारें भ्रष्टाचार के विरुद्ध नहीं थीं। ऐसे व्यक्तियों के पास आवश्यक शक्ति, प्रभाव और सुरक्षा थी। इसके तीन प्रमुख उदाहरण निम्न हैं : एक केन्द्रीय संचार मंत्री जिनके घर से बहुत बड़ी रकम पायी गयी थी और जो अनेक मामलों में आरोपित थे। एक बिहार के तथा एक तमिलनाडु के पूर्व मुख्यमंत्री जो थोड़े समय के लिए जेल भी भेजे गए थे और जिनके मामले न्यायालयों में अब भी विचाराधीन पड़ा है।

भ्रष्टाचार के कारण (Causes of Corruption)

1. स्वार्थी राजनैतिक वर्ग का अभ्युदय—भ्रष्टाचार या सार्वजनिक बेईमानी के कई कारण बताए गए हैं। प्रथम कारण है ऐसे राजनैतिक अभिजात वर्ग का अभ्युदय जो राष्ट्रहित के कार्यक्रमों और नीतियों की अपेक्षा अपने हित में विश्वास करते हैं। वास्तव में ब्रिटिश शासन के पश्चात् का शासन मंत्रियों और नौकरशाहों का शासन कहलाता है। आजादी के बाद प्रथम दो दशकों में राजनैतिक अभिजात इस हद तक ईमानदार, समर्पित और राष्ट्रवादी थे कि वे हमेशा देश की प्रगति के लिए कार्य करते थे। 1967 में चौथे आम चुनाव में राज्यों और केन्द्र में सत्ता में ऐसे लोग आए जो अपने निहित स्वार्थों के आधार पर कार्य करते थे, या यों कहा जाय कि वे अपने परिवार, जाति, क्षेत्र, दल, इत्यादि के स्वार्थों के लिए कार्य करते थे। हो सकता है कि उनके कार्यक्रम और उनकी नीतियां राष्ट्रहित की रही हों लेकिन मुख्य रूप से वे उनकी निजी हितों पर आधारित थे। उन्होंने नौकरशाहों को भी अपने पदचिन्हों पर चलने के लिए प्रोत्साहित किया। हमारे देश में अधिक संख्या में नौकरशाह रीतिवादी हैं और समाज हित के विकासवादी कार्यक्रमों की अपेक्षा अपने पारिश्रमिक तथा अन्य लाभों के प्रति चिन्तित रहते हैं। इस प्रकार राजनीतिज्ञों और नौकरशाहों ने अपने पद और शक्ति का दुरूपयोग अवैध लाभों के साथ बांटना चाहते थे, का अभ्युदय भी सार्वजनिक सेवकों में भ्रष्ट आदतों के विकास के लिए उत्तरदायी रहा। भ्रष्टाचार का उदय सरकारी अफसरों के निर्णय लेने की शक्ति से भी होता है, जैसे लाइसेंस जारी करने, आयकर निर्धारण, विस्तार प्रदान करना आदि में।

2. सरकार की आर्थिक नीतियां—दूसरा कारण है सरकार की आर्थिक नीति। हाल के अधिकतर घोटाले उन क्षेत्रों में हुए हैं जहां क्रय नीति या मूल्य सरकार के नियंत्रण में है। चीनी, उर्वरक, तेल, सैन्य, अस्त्र-शस्त्र, बिजली के उपकरण कुछ उदाहरण है। एक प्रवासी भारतीय व्यापारी ने न्यायालय में दावा किया कि भारत को लुग्दी बेचने के लिए ठेका प्राप्त करने के लिए उसे पूर्व प्रधानमंत्री के मौखिक आश्वासन पर **चन्द्रास्वामी** को लाख रुपये देने पड़े। इसी प्रकार की दलाली अन्य घोटालों में देनी पड़ी। मुख्य समस्या अर्थतंत्र को भ्रमित सरकारी नियमों से मुक्त कराने की है। लेकिन निजीकरण के प्रति उदासीन रवैये से भी काम नहीं चलेगा। अब देश को स्पष्ट और पारदर्शी नियमों की आवश्यकता है। कुछ व्यक्तियों द्वारा एक तरफा निर्णय भ्रष्टाचार को न्योता देना है। 1995 में महाराष्ट्र का एनरान प्रोजेक्ट मुसीबत में लटक गया क्योंकि उसकी बातचीत व शर्तें गुप्त रूप से तय हुई थीं।

3. आवश्यक वस्तुओं में कमी—भ्रष्टाचार कमी के कारण भी होता है। जब आवश्यक वस्तुओं की पूर्ति में कमी होती है, सत्ताधारी लोग वस्तुओं की पूर्ति सुनिश्चित करने के लिए कुछ अपेक्षा करते हैं या उनकी कीमतें बढ़वा लेते हैं। यह तब होता है जब मांग बहुत ज्यादा होती है। लेकिन रोजाना की आवश्यकताओं की पूर्ति बहुत कम होती है, जैसे चीनी, सीमेन्ट, तेल इत्यादि।

(4) व्यवस्था में परिवर्तन—हमारे समाज में मूल्य व्यवस्था में परिवर्तन के साथ बदलते रहते हैं। नैतिकता, ईमानदारी और

त्याग के पुराने आदर्श निरर्थक माने जाते हैं और स्वीकार करना मूर्खता की अपेक्षा 'आवश्यकता' के रूप में माना जाता है।

(5) अप्रभावी प्रशासनिक संगठन— भ्रष्टाचार, प्रशासनिक कमी से भी पनप सकता है। देखभाल व सतर्कता की कमी प्रशासनिक कर्मचारियों को अत्यधिक शक्ति देना, गैरज़िम्मेदारी, त्रुटिपूर्ण सूचना व्यवस्था, इत्यादि अधिकारियों को न केवल भ्रष्ट होने का अवसर प्रदान करते हैं बल्कि भ्रष्ट तरीके अपनाने के बाद भी वे अप्रभावित रहते हैं।

भ्रष्टाचार के कारणों को आर्थिक, सामाजिक, राजनैतिक, वैधानिक और न्यायिक श्रेणी में रखा जा सकता है। आर्थिक कारणों में, उच्च जीवन शैली के प्रति अति मोह मुद्रा प्रसार लाइसेंस प्रणाली तथा ज्यादा लाभ लेने की प्रवृत्ति है। सामाजिक व्यवसायियों में ईमानदारी की कमी, जीवन के प्रति भौतिकतावादी दृष्टिकोण, सामाजिक मूल्यों में गिरावट, अशिक्षा, अर्जनशील सांस्कृतिक गुण, समान्तवादी स्मृतियां, जनता की सहनशीलता व उदासीनता तथा शोषणवादी सामाजिक संरचना है। राजनैतिक अनैतिकता, चुनाव में धन देना, अपराधियों की राजनैतिक नेताओं के साथ सांठगांठ आदि है। वैधानिक कारणों में अपर्याप्त कानून, कानून में कमियां, कानून पालन कराने में सुस्ती आदि है। न्यायिक कारणों में, महंगी न्याय व्यवस्था, न्यायिक उदासीनता, न्यायाधीशों में प्रतिबद्धता की कमी, तथा तकनीकी कारणों से अपराधियों का अधिक छूट जाना आदि है।

भ्रष्टाचार का प्रभाव (Impact of Corruption)— भ्रष्टाचार की बात करते समय क्या हमें बड़े वित्तीय मामलों या घोटालों पर ही बात करनी चाहिए या फिर सार्वजनिक, नौकरशाही, औद्योगिक, संस्थात्मक आदि प्रकार के भ्रष्टाचार पर या फिर उन मामलों पर भी जो दिखायी तो नहीं देते किन्तु हमारे दैनिक जीवन में छाए रहते हैं और नैतिक तानेबाने को कमजोर बनाते रहते हैं। कुछ लोग महसूस करते हैं कि हमें भ्रष्टाचार को कई श्रेणियों में बांट लेना चाहिए। एक विचार के अनुसार भ्रष्ट कार्य का आधार 'धनराशि' होनी चाहिए, जबकि दूसरा विचार है कि 'आवश्यकता' पर ध्यान केन्द्रित किया जाना चाहिए। एक बड़े लाभ की प्राप्ति के लिए खर्च किए थोड़े रुपये पर परेशानी नहीं होनी चाहिए। दूसरा विचार यह है कि 'वांछित सेवा' प्राप्त करने के लिए 'खर्च' की यह राशि चिन्ता का विषय नहीं होनी चाहिए। भ्रष्टाचार तभी आता है जब कीमत चुकाई जाती है लेकिन उसके लिए कोई सेवा नहीं पायी जाती। लेकिन भोजन में मिलावट या नकली दवाएं बेचने पर और इसी प्रकार के मामलों को क्या कहें? सामान्यत: हमारे दैनिक जीवन में ऐसे मामले 'भ्रष्टाचार' नहीं कहे जाते। क्या परीक्षा में नकल करवाना भ्रष्टाचार है? क्या उत्तर पुस्तिका में परीक्षक द्वारा अंक बढ़ाए जाना, किसी मित्र की सिफारिश पर या नातेदार या सहयोगी के कहने पर भ्रष्टाचार है? अपने बचाव में परीक्षक कहते हैं कि वे 'एहसान' करते हैं और एहसान करना भ्रष्टाचार कैसे हो सकता है? बहुत से लिपिक कार्यालय जाते हैं और उपस्थिति पंजिका पर हस्ताक्षर कर देते हैं लेकिन अपनी कुर्सी पर नहीं मिलते। वे तभी उपलब्ध होते हैं जब उन्हें फाइल आगे बढ़ाने के लिए धन दिया जाता है। यहां धन लेना भ्रष्टाचार है।

कुछ लोग कहते हैं कि जब भ्रष्टाचार अमेरिका, जापान, इंग्लैण्ड, फ्रांस, कनाडा और जर्मनी जैसे विकसित देशों में है तो भारत में अनावश्यक रूप से लोग इसके लिए क्यों चिन्तित हैं? यह लोग भूल जाते हैं कि भ्रष्टाचार की प्रकृति उन देशों में हमारे देश से भिन्न है। इन देशों में भ्रष्टाचार केवल उच्चस्थ व्यापारी लोगों के बीच होता है, जब भारत में हमें रेल आरक्षण के लिए, न केवल व्यावसायिक संस्थाओं में प्रवेश हेतु बल्कि बच्चों को प्राथमिक स्कूल में प्रवेश के लिए भी, सिनेमा टिकट खरीदने के लिए, गैस सिलेण्डर खरीदने के लिए, बिना हेलमेट स्कूटर चलाने के लिए, बकाया राशि का बिल पास कराने के लिए, टैक्स वापस लेने के लिए पैसा देना पड़ता है। अन्य देशों में जब अवैध वस्तुओं को प्राप्त करने के लिए पैसा दिया जाता है, भारत में वैध और आधिकारिक चीजों को प्राप्त करने के लिए पैसा देना पड़ता है। आम आदमी के दैनिक जीवन को यह सब बातें प्रभावित करती हैं, अत: हमें ऐसे भ्रष्ट कार्यों पर भी चिन्ता करनी है।

भ्रष्टाचार ने हमारे समाज को कई प्रकार से प्रभावित किया है: (1) इसने देश के आर्थिक विकास को रोका है, (2) इसने समाज में हिंसा और आराजकता को जन्म दिया है क्योंकि भ्रष्ट व्यक्ति के पास कानून लागू करने वालों को अपने फायदे के लिए खरीदने की धन शक्ति है, (3) इसने जातिवाद, भाषावाद और सम्प्रदायवाद को जन्म दिया है, (4) इसने नैतिकता को गिराया है और वैयक्तिक चरित्र को नष्ट किया है, (5) इसने अकुशलता को बढ़ाया है, भाई-भतीजावाद और सुस्ती में वृद्धि की है और प्रशासन के हर क्षेत्र में अनुशासनहीनता को जन्म दिया है जिससे साधारण आदमी का जीवन कष्टप्रद हो गया है, (6) इसने जनता की दृष्टि में अफसरों की विश्वसनीयता को कम कर दिया है, (7) इसने देश में काले धन में वृद्धि की है, (8) इसने खाने-पीने की चीजों में, दवाओं में मिलावट करने जैसी क्रियाओं को रास्ता दिखाया है और उपभोक्ता पदार्थों में कमी पैदा की है, और (9) इसने सरकार को केन्द्र और राज्य दोनों स्तरों पर अस्थिर बनाया है।

विधान (The legislation)— भ्रष्टाचार निरोधक

अधिनियम सितम्बर 1988 में लागू हुआ। इसमें 1947 के भ्रष्टाचार निरोधक अधिनियम के प्राविधान समाहित थे और आई. पी. सी. (I. P. C.) की कुछ धाराएं, अपराधी प्रक्रिया संहिता और 1952 का अपराधी कानून अधिनियम के प्रावधान भी समाविष्ट हैं। यह पता लगाने पर कि द्वितीय महायुद्ध के बाद लोकसेवकों में रिश्वतखोरी और भ्रष्टाचार काफी बढ़ गए हैं और बहुत से स्वार्थी अधिकारियों ने बहुत धन इकट्ठा कर लिया है तथा मौजूदा आई. पी. सी. और सी. आर. पी. सी. भ्रष्टाचार संबंधी समस्याओं से जूझने के लिए अपर्याप्त हैं, 1947 का भ्रष्टाचार निरोधक अधिनियम पारित किया गया। सी. आर. पी. सी. में लोक सेवकों से सम्बन्धित अपराध संज्ञेय नहीं है, लेकिन 1947 के अधिनियम ने अपराधियों के विरुद्ध अपराध की कुछ मान्यताएं बनाना न्यायालय के लिए आवश्यक हो गया। 1947 के अधिनियम के अन्तर्गत साक्ष्य प्रस्तुत करने का बोझ आरोपी पर आ गया। आरोपी के विरुद्ध जांच उप-पुलिस अधीक्षक से नीचे के अधिकारी द्वारा नहीं की जा सकती। 1947 के अधिनियम ने रिश्वत लेना धन का दुरुपयोग करना, आर्थिक लाभ उठाना, आय से अधिक सम्पत्ति जमा करना तथा अधिकारिक पद का दुरुपयोग करना आदि भ्रष्टाचार के कार्य व अपराध घोषित किये हैं। परन्तु मुकदमा चलाने का अधिकार केवल विभागीय अधिकारियों को दिया है न कि केन्द्रीय जांच ब्यूरो को।

1988 अधिनियम में 'लोकसेवक' शब्द का क्षेत्र व्यापक कर दिया गया और इसमें बड़ी संख्या में कर्मचारियों को शामिल किया गया। केन्द्रीय कर्मचारियों और केन्द्र प्रशासित राज्यों के कर्मचारियों के अलावा, सार्वजनिक उपक्रमों, राष्ट्रीयकृत बैंकों, केन्द्रीय व राज्यों सहायता प्राप्त सहकारी समितियों के पदाधिकारी, विश्वविद्यालय अनुदान आयोग के कर्मचारी, उप-कुलपति, केन्द्रीय व राज्य सरकारों से आर्थिक सहायता प्राप्त करने वाली संस्थाओं में वैज्ञानिक और प्रोफेसर तथा स्थानीय प्रशासन से सम्बन्धित संस्थाओं के कर्मचारी, सभी को 'लोकसेवक' घोषित कर दिया गया यद्यपि, संसद सदस्य तथा विधायिकाओं के सदस्य सार्वजनिक कार्य करते हैं तथापि उन्हें इस अधिनियम की परिधि से अलग रखा गया है। इस अधिनियम के अन्तर्गत 1947 के अधिनियम की परिधि से अलग रखा गया है। इस अधिनियम के अन्तर्गत 1947 के अधिनियम में वर्णित सभी भ्रष्ट कृत्य सम्मिलित किए गए हैं। अधिनियम सम्पूर्ण भारत में सभी नागरिकों पर लागू होता है, भले ही वे देश में रहते हों या देश से बाहर। यदि लोकसेवक के विरुद्ध न्यायालय में अपराध सिद्ध हो जाता है तो इसमें कम से कम 6 माह के कारावास का दण्ड है, लेकिन यह 5 साल से अधिक नहीं हो सकता। इस प्रकार 6 माह का कारावास तो आवश्यक है ही और न्यायालय का विवेक इस सम्बन्ध में मान्य नहीं है। यदि लोकसेवक को यह अपराध करने का अभ्यस्त पाया जाता है तो उसको दो वर्ष से कम की सजा नहीं होती लेकिन सात वर्ष से अधिक का कारावास और आर्थिक दण्ड नहीं हो सकता।

रोकथाम के उपाय (Measures Taken to Contain Corruption)—केन्द्रीय जांच ब्यूरो और भ्रष्टाचार-विरोधी पुलिस जांच-पड़ताल, कार्यवाही प्रारम्भ करने और भ्रष्ट मंत्रियों तथा शीर्षस्थ अधिकारियों को दण्डित करने में असहाय सिद्ध हुए हैं। इसमें आश्चर्य नहीं, हाल ही में लोगों ने 'न्यायिक सक्रियवाद' की बात करना शुरू कर दिया है। यह सर्वविदित है कि सी.बी.आई. बिहार के पूर्व मुख्यमंत्री के मामले की तेजी से जांच केवल उच्च न्यायालय के संरक्षात्मक शाखा के अंतर्गत ही कर सकी। सी.बी.आई. सरकारी तन्त्र होने के कारण सरकार को दरकिनार करके लम्बी अवधि के आधार पर न्यायालय को सीधे रिपोर्ट नहीं कर सकती। इसकी कार्यप्रणाली सरकारी देखरेख के बिना नहीं चलती। सी.बी.आई. के अधिकारियों ने अपने ऊपर राजनैतिक दबाव की बात स्वीकार की है। इसलिए ऐसा प्रतीत होता है कि निम्न और मध्यम कोटि के लोकसेवकों पर सतर्कता बरतने में सी.बी.आई. की भूमिका सीमित ही होगी। लोकपाल और लोकायुक्तों को ही मंत्रियों तथा उच्चस्थ राजनीतिज्ञों को दण्डित करना होगा। समाज केवल पुलिस की निगरानी पर निर्भर नहीं रह सकता क्योंकि केवल पुलिस कुख्यात है कि वह भ्रष्ट अधिकारियों के विरूद्ध साक्ष्यों को मिटाने, तोड़-मोड़ कर प्रस्तुत करने तथा झूठे मामले बनाने में माहिर है।

श्री के. सन्थानम की अध्यक्षता में एक भ्रष्टाचार निरोधक समिति का गठन 1960 में किया था। विभाग के कामकाज को कुशल बनाने के लिए सन्थानम समिति ने यह उपाय सुझाये थे : (1) सतर्कता अधिकारियों को भ्रष्टाचार प्रथाओं की जांच करने की, (2) सतर्कता अधिकारियों को कुशल कार्य के लिए प्रोन्नति का आश्वासन देना, (3) उच्चस्थ अधिकारियों के मामलों की जांच पड़ताल के लिए सतर्कता अधिकारियों को उनके मूल केडर में वापस भेजने से सुरक्षा का आश्वासन देना, (4) केन्द्रीय सतर्कता आयोग में केन्द्रीय लोक सेवाओं और तकनीकी सेवाओं को प्रतिनिधित्व देना। यह सिफारिश 1998 के महीनों में सतर्कता आयोग का पुनर्गठन करके लागू कर दी गयी, (5) सतर्कता विभाग के अराजपत्रित कर्मचारियों को विभाग के नियमों और कार्य प्रणाली के विषय में गहन प्रशिक्षण देना क्योंकि सतर्कता के 80% मामलों की छानबीन निम्न स्तर पर ही होती है। (6) मामलों की छानबीन में विलम्ब को रोकने के लिए सरकार द्वारा व्यवस्था के चरणों की संख्या में कमी।

इस समिति की सिफारिशों के आधार पर ही केन्द्र सरकारी और अन्य कर्मचारियों के विरुद्ध भ्रष्ट्राचार के मामलों को देखने के लिए 1964 में केन्द्रीय सतर्कता आयोग की स्थापना की गयी थी। केन्द्रीय सरकार ने निम्नलिखित चार विभागों की स्थापना भ्रष्टाचार विरोधी उपायों के अन्तर्गत की। (1) कार्मिक एवं प्रशिक्षण विभाग में प्रशासनिक सतर्कता प्रभाग (2) केन्द्रीय जांच ब्यूरो (3) राष्ट्रयकृत बैंकों सार्वजनिक उपक्रमों मंत्रालयों विभागों में घरेलू सतर्कता इकाइयां और (4) केन्द्रीय सतर्कता आयोग।

पूर्व मुख्य सतर्कता आयुक्त द्वारा भ्रष्टाचार से निपटने के लिए दिए गए कुछ सुझाव विचारणीय है: (1) केन्द्रीय मंत्रियों और सांसदों के विरुद्ध कार्यवाही करने के लिए शक्तिवान लोकपाल संस्था की स्थापना करना, (2) सी.बी.आई. पर निर्भर हुए बिना लोकपाल की अपनी स्वतंत्र जांच पड़ताल करने वाली तथा मुकदमा चलाने वाली ऐजेन्सी होनी चाहिए (3) लोकपाल के पास अपनी छानबीन करने के बाद मंत्री के विरुद्ध विशेष अदालत में प्रथम दृष्टा दोषी ठहराए जाने के बाद मुकदमा चलाने की शक्ति होनी चाहिए (4) न्यायालय के आरोपी मंत्री के विरुद्ध आरोप पत्र दाखिल किए जाने के बाद उसे आवश्यक रूप से अपने पद से इस्तीफा दे देना चाहिए, (5) मुख्य सतर्कता आयुक्त को केन्द्रीय लोकायुक्त का पद भी दिया जाना चाहिए, (6) केन्द्रीय लोकयुक्त सामान्य अधिकारियों और कर्मचारियों और पूछताछ तथा अभियोग चलाने वाली एजेन्सियों से जुड़ा रहना चाहिए। सी.बी.सी. के प्रमुख कार्य इस प्रकार है (क) किसी भी लोकसेवक के विरुद्ध भ्रष्टाचार की शिकायत आने पर उसकी जांच पड़ताल करना, (ख) भ्रष्टाचार के लिए आरोपी व्यक्ति के विरुद्ध की जाने वाली कार्यवाही के प्रकार के विषय में अनुशासनात्मक अधिकारी को परामर्श देना, (ग) नियमित मामला पंजीकृत करने के लिए सी.बी.आई. को निर्देशित करना, और (घ) मंत्रालयों, विभागों, बैंकों, सार्वजनिक उपक्रमों में सतर्कता और भ्रष्टाचार विरोधी कार्यो का निरीक्षण और उन पर रोक लगाना।

राजनीतिज्ञों और सार्वजनिक कम्पनियों के भ्रष्टाचार पर आयोग (Commissions on Corruption of Politicians and Public Companies) गत 52 वर्षों में राजनीतिज्ञों और सार्वजनिक कम्पनियों के विरुद्ध लगे भ्रष्टाचार के आरोपों की जांच के लिए भारत सरकार द्वारा दो दर्जन से भी अधिक आयोग नियुक्त किए जा चुके हैं। इनमें से नौ आयोग तो 1963 से 1983 तक ही विविध राज्यों के मुख्य मंत्रियों के विरुद्ध नियुक्त किए गए थे। ये थे पंजाब के मुख्यमंत्री **बखशी गुलाम महमूद** के विरुद्ध **आयंगर आयोग** (1965) गोआ के मुख्यमंत्री **दयानंद भाण्डोडकर** के विरुद्ध **कपूर आयोग** (1968) उड़ीसा के मुख्यमंत्री **बीजू पटनायक** के विरुद्ध **खन्ना आयोग** (1967) असम के मुख्यमंत्री **बी के मेहताब** के विरुद्ध **मधोकर आयोग** (1976) कर्नाटक के मुख्यमंत्री **देवराज अर्स** के विरुद्ध **ग्रोवर आयोग** (1977) और पंजाब के मुख्यमंत्री **जैलसिंह** के विरुद्ध **गुरुदेव सिंह आयोग** (1979)।

मंत्रियों के विरुद्ध पांच आयोग इस प्रकार थे: केन्द्रीय वित्त मंत्री **टी.टी. कृष्णामाचारी** (जीवन बीमा निगम के अध्यक्ष और सचिव भी) के विरुद्ध **छागला आयोग** (1956) बिहार के पांच मंत्रियों के विरुद्ध **अय्यर आयोग** (1967) बिहार के 13 मंत्रियों के विरुद्ध **मधोलकर आयोग** (1968) केरल के मंत्री **आर.के. कुंजू** के विरुद्ध आयोग (1969) और केन्द्रीय रक्षामंत्री **बन्सीलाल** के विरुद्ध **रेड्डी आयोग** (1977)

भ्रष्टाचार के विरुद्ध संघर्ष (Compating against Corruption) क्या हमारे समाज में भ्रष्टाचार को रोकना संभव है? कई नेता जब प्रथम बार सत्ता में आते है तो घोषणा करते हैं कि वे भ्रष्टाचार मिटाने के लिए वचनबद्ध हैं लेकिन जल्दी ही वे स्वयं भ्रष्ट हो जाते हैं और धन इकट्ठा करना शुरू कर देते हैं। 1977 में जब बंगाल में कम्युनिस्ट सरकार सत्ता में आयी तब यह कहा जा रहा था कि यह कुछ ही वर्षों में भ्रष्टाचार में लिप्त है कि पोलिट ब्यूरों का एक सदस्य जो एक समय त्रिपुरा का मुख्यमंत्री था, को अप्रैल 1995 में पार्टी से ही इस कारण निकाल दिया गया, क्योंकि उसने पार्टी के शीर्षस्थ व्यक्ति को भ्रष्ट और भाई भतीजावाद में लिप्त होने का दोषी ठहराया। 1984 में जब **राजीव गांधी** प्रधान मंत्री बने उन्होंने भी भ्रष्टाचार के विरुद्ध जंग का ऐलान कर दिया लेकिन जल्दी ही वे स्वयं बोफोर्स घोटाले में आरोपित हो गए। इस प्रकार भ्रष्टाचार एक संस्थात्मक रूप ले चुका है।

भ्रष्टाचार को कम करने के कुछ तरीके सुझाए गए हैं। ये हैं एक भ्रष्टाचार को नियंत्रित करने के लिए हमें कानून कार्यविधि और प्रशासन पर ध्यान केन्द्रित करना होगा। विशिष्ट स्तर और विशिष्ट व्यक्तियों के विशेष स्थितियों में काम करने और व्यवहार करने के संबंध में कानून और नियमों का होना आवश्यक है। बुरे कानूनों नियमों को समाप्त किया जाना चाहिए। यदि कानून नियम अत्यंत कठोर जटिल और द्विअर्थक हों तो इससे भ्रष्टाचार को प्रोत्साहन मिलेगा ही। कानून ऐसे न हों कि उनमें विवेक प्रयोग की अत्यधिक छूट हो। विवेक का प्रयोग अधिकारी के स्तर और उसकी भूमिका के आधार पर निश्चित होना चाहिए। प्रशासनिक कारकों में संरचनात्मक और प्रकार्यात्मक दोनों ही कारक शामिल है। संगठन की संरचना किस प्रकार की है यह तथ्य भ्रष्टाचार के लिए कमजोरियों का निर्धारण करेगा। प्रकार्यात्मकता कर्म करने की

निरंतर प्रक्रिया को इंगित करती है जो कि कार्य की गुणवत्ता परिमाण निरीक्षण तथा मान्य कमियों की अधिकता दर्शाती है। दो कृत्रिम कमी और अभावों पर नियंत्रण हो जिससे अवैध संतुष्टि की सुविधा को बल मिलता है तीन सतर्कता में वृद्धि हो। यह एक भ्रम है कि सतर्कता से कुशलता में बाधा उत्पन्न होती है बल्कि यह तो इसमें वृद्धि करती है। संदिग्ध अधिकारी जिनकी निष्ठा संदेहास्पद हो, को संवेदनशील पदों से दूर रखा जाये। भ्रष्टाचार के ज्वलंत बिन्दुओं का अचानक निरीक्षण किया जाय। चार, उदारीकरण की नीति को सावधानी से लागू किया जाए। कभी-कभी उदारीकरण और मुक्त बाजार की नीतियां भ्रष्टाचार को कम करती हैं लेकिन वर्तमान में उदारीकृत अनुमतियां कोई पक्षपात प्राप्त करने के बदले में स्वीकृत की जाती है। अमेरिका, जापान, दक्षिणी कोरिया, इण्डोनेशिया, थाइलैण्ड और मलेशिया जैसे पूंजीवादी देश अत्यधिक भ्रष्ट समाजों में गिने जाते हैं। जपान में तो आए दिन हम भ्रष्टाचार, घोटालों आदि के विषय में सुनते रहते हैं जो कि बेईमानी और दम्भ के संस्थानीकरण को दर्शाते हैं। पांच चुनाव के खर्चों पर सख्ती से नियंत्रण लगाया जाय। अंतिम भ्रष्टाचार को सफलता से रोकने के लिए लोगों का सहयोग लिया जाना चाहिए।

भ्रष्टाचार के मामलों की सूचना पुलिस को क्यों नहीं दी जाती? क्या इसलिए कि लोगों को डर रहता है कि भ्रष्ट लोग उन्हें ही हानि पहुँचा देंगे? वे उदासीन होते हैं कि समाज को सुधारना उनका कर्तव्य नहीं है,और निराशावादी होते हैं कि भ्रष्ट लोग शक्तिशाली और प्रभावशाली लोग होते हैं। और उनके विरुद्ध कोई कार्यवाही नही की जायेगी। तथापि ऐसे लोग है जो भ्रष्टाचार के मामलों को अधिकारियों को समझ लेने का प्रयास तो करते है। यह वे लोग होते हैं जो बेचैन रहते हैं, जिनमें अपराध भावना नहीं होती है और जिन्हें समाज की भलाई के लिए कुछ करने में चैन मिलता है। भ्रष्टाचार एक बहुमुखी शैतान है जिसको लोगों के सामूहिक प्रयास से ही पराजित किया जा सकता है। यदि जन समुदाय यह मानस बना ले कि बेईमान राजनीतिज्ञों को नहीं चुना जाना है तो आधी बाजी जीत ली। लेकिन अहम प्रश्न यह है कि क्या यह कभी होगा?

भारत जैसे प्रजातंत्र में क्या लोग यह महसूस करेंगे कि भ्रष्टाचार जैसी समस्या से लड़ने के लिए उन्हें अहम भूमिका निभानी है? वास्तव में अधिकतर भ्रष्टचार इसलिए होता है कि लोग सहनशील होते हैं और इसके विरुद्ध हल्ला-गुल्ला नहीं करते हैं तथा शक्तिशाली मंच की कमी भी होती है। यद्यपि अनेक बुद्धिजीवी शिक्षित सुपरिचित और स्पष्टवादी नागरिक देश की इस शैतानी समस्या के प्रति चिन्तित रहते हैं। लेकिन वे अपना विरोध शक्तिशाली जनमत बनाने में ही लगा पाते और असफल हो जाते हैं। जिम्मेदार और जागरूक नागरिकों का सम्मिलित प्रयास भ्रष्टाचार के स्तर का नीचे गिरा सकता है। हमारे विश्वविद्यालय के छात्र भी ऐसे समाजोन्मुखी उद्देश्यों को लेकर इस बुराई के विरुद्ध आंदोलन कर सकते हैं।

वर्तमान में 11 राज्यों में नियुक्त लोकपाल निष्प्रभावी हो गए हैं क्योंकि कई अयोग्यताएं और कमियां रह गयी हैं। उनके ही अनुभवों से पता लगा कि लोकपालों के अधिकार विस्तृत किए जाने की आवश्यकता है। उनकी सिफारिशों को कानूनी दर्जा दिया जाना चाहिए। इनकी सिफारिशों को संसद पटल पर रखा जाना चाहिए। और प्रचार माध्यमों द्वारा प्रकाशित किया जाना चाहिए। लोकपाल के उच्चतम न्यायालय के सेवानिवृत न्यायाधीश या दो या तीन अन्य न्यायाधीश होने चाहिए। उनका चयन कार्यपालिका द्वारा न होकर चार लोगों की एक समिति द्वारा होना चाहिए जिसमें प्रधानमंत्री भारत के मुख्य न्यायाधीश, लोकसभा के अध्यक्ष और विपक्ष के नेता होने चाहिए। लोकपाल के पास स्वतंत्र जांचतंत्र होना चाहिए। आजकल भ्रष्टाचार लोगों को कोई आधात नही पहुँचाता। जब इस प्रकार के कृत्य पकड़े भी जाते हैं तब भी मंत्री और बड़े अधिकारी तो आजाद घूमते हैं। ज्यादा से ज्यादा उनका स्थानांतरण कर दिया जाता है। जब तक भ्रष्टाचार पर नैतिक, कानूनी और सामाजिक प्रतिबंध नहीं लगते तब तक इसको समाप्त करने या कम करने की कोई संभाव्ना नहीं है। वैसे भ्रष्टाचार को सभी स्तरों पर जड़ से उखाड़ फेंकना संभव नहीं है लेकिन इसे सहनशीलता की सीमा तक रोके रखना संभव है। भ्रष्टाचार एक कैंसर की तरह है जिससे प्रत्येक भारतीय को सावधान रहना है।

बहुविकल्पीय प्रश्न

1. पहले की स्थिति या रहन-सहन के ढंग में भिन्नता को कह सकते हैं?

A. प्रसार B. उद्‌विकास

C. परिवर्तन D. प्रगति

2. सामाजिक परिवर्तन के प्रमुख लक्षण है?

A. गति का तुलनात्मक होना

B. अनिवार्य नियम होना

C. सर्वव्यापी होना

D. उपरोक्त सभी

3. सांस्कृतिक परिवर्तन के चक्रीय सिद्धांत के समर्थक कौन नहीं हैं?

A. सोरोकिन B. पैरेटो

C. कार्लमार्क्स D. टायनबों

4. सामाजिक परिवर्तन के लिए जैविकीय कारणों को किसने महत्वपूर्ण माना है?

A. डेविस B. कार्ल मार्क्स
C. डार्विन D. पैरेटो

5. सामाजिक परिवर्तन के लिए आर्थिक कारणों को प्रभावित करने वाला प्रमुख तत्व है

A. उपभोग की प्रवृति B. उत्पादन का स्वरूप
C. आर्थिक नीतियां D. उपरोक्त सभी

6. सामाजिक परविर्तन का संपूर्ण इतिहास वर्ग संघर्ष का इतिहास है किसने कहा है?

A. डार्विन B. कार्ल मार्क्स
C. काम्टे D. स्पेन्सर

7. किसने सामाजिक परिवर्तन के लिए प्रौद्योगिकी को एक प्रमुख कारण माना है?

A. वेबलेन B. मार्क्स
C. दुर्खीम D. मैक्स वेबर

8. नगरीकरण किस कारक की देन है?

A. राजनीतिक B. सामाजिक
C. धार्मिक D. आर्थिक

9. पारसंस के अनुसार क्रिया के तत्त्व हैं?

A. कर्ता B. लक्ष्य
C. दशाओं का समूह D. ये सभी

10. 'सामाजिक नियंत्रण का अर्थ उस ढंग से है जिससे संपूर्ण सामाजिक व्यवस्था में एकता बनी रहती है तथा जिसके द्वारा यह व्यवस्था एक परिवर्तन संतुलन के रूप में कार्य करती है।' यह परिभाषा किसके द्वारा दी गयी थी?

A. गिलिन एवं गिलिन
B. मैकाइवर एवं पेज
C. आगबर्न एवं निमकॉफ
D. जार्ज एटबरी एवम अन्य

11. निम्नलिखित नगरों में से किस एक नगर की वृहत नगर कहा जा सकता है

A. हैदराबाद B. मद्रास
C. बैंगलौर D. मुम्बई

12. भारत में नगरीकरण

A. औद्योगीकरण के फलस्वरूप प्रारंभ हुआ
B. औद्योगिकरण का कारण बना
C. आधुनिक शिक्षा के फलस्वरूप प्रारम्भ हुआ
D. औद्योगीकरण तथा पश्चिमी प्रभाव के पहले अस्तित्व था।

13. निम्नलिखित कथनों में से कौन सा सही नहीं है

A. जनसंख्या की विषमजातीयता नगरीय समुदाय की एक विशेषता है
B. ग्रामों तथा कस्बों की अपेक्षा नगरों में सामाजिक परिवर्तन अधिक द्रुतगति से घटित होते हैं
C. नगरों का नियोजन एक आधुनिक नवाचार है
D. भारत के प्रमुख नगरों में अधिकांश समुद्र अथवा नौगम्य नदियों के किनारे स्थित हैं

14. प्राचीन नगरों के विकास की निम्नलिखित शर्तों में से कौन सी एक सर्वाधिक महत्ता की थी?

A. जनसंख्या में वृद्धि
B. बेशी अन्य उत्पादन
C. प्रौद्योगिकी नवाचार
D. नवीन व्यापारों का अविष्कार

15. प्रसिद्ध पुस्तक 'द कल्चर आफ सिटीज' के लेखक थे

A. किंग्सले B. लेविस मम्फर्ड
C. एम.आर. डेवी D. जे.ए.क्विन

16. निम्न दो कथनों पर विचार कीजिए

कथन: (A) नगरीय समुदाय और ग्रामीण समुदाय एक दूसरे के अपवर्जक है

कारण: (R) नगरीय समुदाय और ग्रामीण समुदाय अपनी विशेषताओं में भिन्न है निम्न में कौन सा सही है।

A. Aऔर R सही हैं तथा R A की सही व्याख्या है
B. Aऔर R सही हैं तथा R A की सही व्याख्या नहीं है
C. Aऔर सही हैं परन्तु R गलत है
D. Aगलत है परन्तु R सही है

17. एक कस्बा जो कि पृष्ठ प्रदेश की पूर्ति करता है और बदले में जिसकी पूर्ति पृष्ठ प्रदेश द्वारा की जाती है कहलाता है

A. सेवा केन्द्र B. विकास केन्द्र
C. विकास ध्रुव D. केन्द्रीय स्थान

18. पंचायती राज की त्रिस्तरीय व्यवस्था निम्नलिखित में से किसके द्वारा की अनुशंसित है?

A. बलवंतराय मेहता कमेटी
B. एल्विन कमेटी
C. टेबर कमीशन
D. जय प्रकाश नारायण कमेटी

19. धर्म के साथ गहराई से कौन सा तत्व जुड़ा है?

A. भय B. मूल्य
C. सार्वभौमिकता D. विश्वास

20. सामाजिक परिवर्तन से तात्पर्य है समाज की संरचना एवं प्रकार्यों में होने वाले परिवर्तन किसने कहा है ?
A. आगबर्न B. मैकाइवर
C. जोन्स D. डेविस

21. सामाजिक परिवर्तन के रेखीय सिद्धांत के सिद्धांतकार कौन हैं ?
A. काम्टे तथा स्पेंसर B. पैरेटो तथा ओडम
C. वेबर तथ मार्क्स D. सोरोकिन तथा स्पेंसर

22. सामाजिक परिवर्तन के चक्रीय सिद्धांतकार कौन हैं ?
A. जानसन तथा जानसन B. वेबर तथा मार्क्स
C. सोरोकिन तथा स्पेंगलर D. काम्टे तथा स्पेंसर

23. आगबर्न ने अपना प्रसिद्ध 'सांस्कृतिक विलम्बन का सिद्धांत' कब प्रतिपादित किया है ?
A. 1922 B. 1925
C. 1930 D. 1940

24. मात्रात्मक परिवर्तन पाया जाता है ?
A. प्रगति में B. उद्‌भव में
C. व्यवस्थापना में D. वृद्धि में

25. अवकाश वर्ग के सिद्धांत का प्रस्ताव किया है
A. ममफोर्ड B. आगबर्न
C. वेबलेन D. मार्क्स

26. निम्न में से कौन सा कानून नहीं है ?
A. विशेष विवाह अधिनियम
B. संपत्ति का पैतृक हस्तांतरण
C. दहेज लेने का प्रतिबंध
D. पर्दापालन

27. भारत में छत्तीसगढ़ की कमार जनजाति का अध्ययन सर्वप्रथम किसने किया ?
A. डी.एन.मजूमदार B. एल.पी. विद्यार्थी
C. एस.सी. दुबे D. इन्द्रदेव

28. चेतना का निर्धारण सामाजिक अस्तित्व द्वारा होता है न कि सामाजिक अस्तित्व चेतना द्वारा यह कथन निम्न में से किसका है ?
A. रिचर्ड सेन्टर्स B. डब्ल्यू एल बार्नर
C. कार्ल मार्क्स D. ईमाइल दुर्खीम

29. नगरवाद को एक विशिष्ट 'जीवन की पद्धति' के रूप में निम्न में से किसने वर्णित किया है ?
A. जे.ए. क्विन B. लुई वर्थ
C. आर.ई.पार्क D. किंग्सले डेविस

30. निम्नलिखित में से कौन सी एक जाति है
A. मारवाड़ी B. भील
C. शूद्र D. यादव

31. निम्नलिखित में से किस एक प्रकार का ग्राम भारत के पश्चिम किनारे पर जैसे कि दक्षिण कन्नड़ और केरल में पाया जाता है ?
A. नाभिकीय ग्राम B. विकीर्ण ग्राम
C. समाकलित ग्राम D. परिव्यक्त ग्राम

32. जाति प्रस्थिति निर्धारित होती है ?
A. शिक्षा द्वारा B. समाजीकरण द्वारा
C. आर्थिक संपनता द्वारा D. जन्म द्वारा

33. निम्नलिखित में से कौन से सामाजिक स्तरीकरण के स्वरूप हैं ?
A. आय समूह B. जमींदार तथा आसामी
C. जाति तथा वर्ग D. प्रजातीय समूह

34. विकसित समाजों में सामाजिक स्तरीकरण के प्रतिमान का आरेखी निरूपण किस आकार में होता है ?
A. हीरक B. पिरामिड
C. त्रिभुज D. वर्ग

35. निम्न दो कथनों पर विचार कीजिए
कथन (A) : जाति एक स्तरित सामाजिक व्यवस्था है
कारण (R) : प्रत्येक स्तरित सामाजिक व्यवस्था की विशेषता जाति है निम्न में कौन सा सही है ?
A. A और R दोनों सही हैं तथा R A की सही व्याख्या है
B. A और R दोनों सही हैं तथा R A की सही व्याख्या नहीं है
C. A सही है परन्तु R गलत है
D. A गलत है परन्तु R सही है

36. निम्न दो कथनों पर चिार कीजिए
कथन (A) : जाति संस्तरण में एक धोबी निम्न प्रस्थिति रखता है
कारण (R) : एक धोबी दूषित करने वाला व्यवसाय निष्पादित करता है
निम्न में से कौन सा सही है ?
A. A और R दोनों सही हैं तथा R A की सही व्याख्या है
B. A और R दोनों सही हैं तथा R A की सही व्याख्या सही नहीं है
C. A सही है परन्तु R गलत है
D. A गलत है परन्तु R सही है

37. 'समाजशास्त्र सामाजिक व्यवस्था एक प्रगति का अध्ययन

है' यह कथन किसका है।

A. अगस्त काम्टे B. इमाइल दुर्खीम
C. टालकॉट पारसंस D. राधा कमल मुखर्जी

38. व्याख्यात्मक समाजशास्त्र की अवधारणा को किसने प्रतिपादित किया है

A. टालकॉट पारसंस B. सोरोकिन
C. मैक्स वेबर D. पैरेटो

39. समाजशास्त्र विज्ञान है

A. प्रयोगशाला B. पद्धति
C. मशीन D. दोनों

40. सामाजिक विचारक और समाजशास्त्री दोनों एक ही हैं

A. सत्य है B. असत्य है
C. कोई नहीं D. दोनों

41. समाजशास्त्र का जनक किसे कहते है

A. दुर्खीम B. काम्टे
C. गिलिन एव गिलिन D. श्रीनिवास

42. भूमिका संकुल से आपका क्या तात्पर्य है

A. एक प्रस्थिति में अनेक भूमिका
B. एक प्रस्थिति में एक भूमिका
C. एक प्रस्थिति में दो भूमिका
D. उपरोक्त में से कोई नहीं

43. जाति की विशेषता निम्न में से क्या नही है

A. अंतर्विवाह B. बहिर्विवाह
C. प्रस्थिति D. उच्चता

44. संस्कृतिकरण का सिद्धांत किसने दिया

A. श्रीनिवास B. दुर्खीम
C. मैकाइवर D. पैरेटो

45. प्रजाति का निर्धारक निम्न में से कौन सा माना जा सकता है

A. त्वचा B. भाषा
C. सिर D. बाल

46. वर्ग के संबंध में क्या गलत है?

A. जाति से ही वर्ग की उत्पति हुई
B. वर्ग औद्योगीकरण के कारण हुआ है
C. वर्ग जन्मजात है
D. वर्ग का जाति से कोई संबंध नहीं होता

47. सरदार सरोवर से कौन सी जनजाति स्थानांतरित होगी

A. भील B. बैंगा
C. गौड़ D. कोरकू

48. युवाग्रह गोडुल किस जनजाति में है?

A. भील B. गौड़
C. कमार D. कादर

49. म.प्र. में सामाजिक मानवशास्त्र का अध्ययन सर्वप्रथम किस विश्वविद्यालय में हुआ।

A. देवी अहिल्या B. विक्रम
C. रविशंकर D. डा. हरिसिंह गौड़

50. मध्य प्रदेश में युवागृह किस जनजाति में पाए जाते हैं

A. गौड़ B. भील
C. कोरकू D. सेहरिया

51. जनजातियों को विधान मंडलों में आरक्षण संविधान के किन अनुच्छेदों के अंतर्गत प्राप्त है?

A. 330 और 332 B. 338
C. 335 D. 16

52. मध्य प्रदेश में कौन-सी जनजाति अधिक साक्षर है?

A. भील B. भीलाला
C. गौंड़ D. कोरकू

53. जीवन-भर आदिवासियों के मध्य रहकर उनके जीवन का अध्ययन किसने किया?

A. वेरियर एलविन B. स्टीफन फच
C. मार्गरेट D. मैलिनोव्स्की

54. 'क्राइम एण्ड कस्टम इन सेवेज सोसाइटी' नामक पुस्तक के लेखक है?

A. रेडफील्ड B. वेरियर एलविन
C. मैलिनोवस्की D. इवान्स प्रिचर्ड

55. वर्तमान भारत में संगठित मजदूर मुख्य रूप से निम्न में से किसका प्रतिनिधित्व करता है?

A. एक सुपरिभाषित वर्ग
B. एक व्यवसायिक स्तर
C. एक प्रभावक
D. सर्वहारा

56. एक बहुजातीय ग्राम में एक हरिजन परिवार एक ब्राह्मण परिवार की जीवन शैली का अनुसरण करने का प्रयास करता है। परिणामत: हरिजन परिवार की जीवन शैली में कुछ परिवर्तन घटित होते हैं। समाजशास्त्रीय भाषा शैली में ऐसे परिव्र्तनों को निम्न में से किस पर आरोपित किया जाता है?

A. अनुकरण B. संस्कृतिकरण
C. संस्कृतिग्रहण D. पर-संस्कृतिग्रहण

57. नीचे 1 को सूची 2 से मिलाइए तथा सूची के नीचे दिए गए कूट संकेतों का प्रयोग करते हुए सही उत्तर चुनिए

सूची 1 प्रणेता	सूची 2 उनके मूल संप्रत्यय
(a) एंटेनियो ग्राम्शी	1. लुम्पेन सर्वहारा वर्ग
(b) कार्ल मार्क्स	2. मानसिक उपज
(c) डब्ल्यू लायड वार्नर	3. जीवन अवसर
(d) मैकस वेबर	4. प्रस्थिति ख्याति

कूट :

	(a)	(b)	(c)	(d)
A.	1	2	3	4
B.	2	1	4	3
C.	3	4	2	1
D.	4	3	1	2

उत्तरमाला

1	2	3	4	5	6	7	8	9	10
C	C	B	C	C	D	B	A	D	A
11	12	13	14	15	16	17	18	19	20
C	D	A	C	B	B	D	A	A	D
21	22	23	24	25	26	27	28	29	30
D	A	C	A	A	C	D	C	C	B
31	32	33	34	35	36	37	38	39	40
C	A	D	C	A	C	A	A	C	B
41	42	43	44	45	46	47	48	49	50
A	B	A	C	B	A	D	D	B	D
51	52	53	54	55	56	57			
A	A	B	C	C	A	D			

अध्याय 25

समसामयिक संवाद
(Current Debates)

भारत में परम्परा एवं आधुनिकता (Tradition and Modernity in India)

भारत की सामाजिक संरचना अति प्राचीन है। प्रायः इसके शुरूआत वैदिक काल से मानी जाती है। क्रमशः आने वाले युगों में अनेक प्रकार के परिवर्तन और विकास हुए जिनसे गुजर कर भारतीय समाज आधुनिकता तक पहुंचा है। आधुनिकता का विश्लेषण करते समय कुछ लोगों की यह धारणा है कि आधुनिकता एवं परम्परा परस्पर विरोधी है। परन्तु वास्तव में यह धारणा अधिक भ्रामक है। भारत में आधुनिकीकरण की प्रक्रिया में परम्परा के तत्व भी बहुत बड़ी सीमा तक विद्यमान रहे हैं। यही कारण है कि अनेक समाजशास्त्रियों ने यहां परम्परा और आधुनिकता के बीच चलने वाली अंतक्रिया का अध्ययन करना अनिवार्य समझ लिया है। समकालीन भारत में एक ओर कुछ धारणाएं परम्पराओं के रूप में विद्यमान है और इसीलिए बहुत से व्यक्ति परम्परागत मूल्यों को बनाये रखने के पक्ष में दूसरी ओर दुनिया के अन्य प्रगतिशील देशों की तरह भारत में भी आधुनिकता की लहर उत्पन्न हुई है। आधुनिकता की इस लहर में परम्परागत मूल्यों सामाजिक संस्थाओं और सामाजिक संरचना के प्रकार्यो में से क्या शेष रह सकता है इस संदर्भ में समाजशास्त्रियों ने भिन्न-भिन्न विचार व्यक्त किये है।

जून 1960 में बर्लिन में सांस्कृतिक स्वतंत्रता कांग्रेस के दसवें अधिवेशन में एशिया और अफ्रीका के नवीन राष्ट्रों में उत्पन्न परम्परा और आधुनिकता की समस्या पर विचार किया गया। इस अधिवेशन में अनेक प्रश्न उठाये गये जिनमें आधुनिक प्रौद्योगिकी का जीवन और संस्कृति पर पड़ने वाले प्रभाव की विवेचना करने के साथ ही आधुनिकता और परम्परा के समन्वय की समस्या पर विचार विमर्श हुआ। जहां तक भारत का संबंध है नवम्बर 1961 में "इण्डियन कमेटी फार कल्चरल फ्रीडम" तत्वावधान में परम्परा एवं आधुनिकता विषय पर गोष्ठी हुई है। इस गोष्ठी में परम्परा और आधुनिकता का कोई निश्चित अर्थ नहीं बताया गया यद्यपि इसके क्षेत्र के बारे में कुछ महत्वपूर्ण निष्कर्ष अवश्य दिये गये। यह स्पष्ट किया गया कि परम्परा एवं आधुनिकता दोनों में ही मूल्यों एवं संस्थाओं की एक व्यवस्था का समावेश रहता है। परन्तु यह विचार मूल्य और संस्थाएं परम्परा एवं आधुनिकीकरण में अलग-अलग होती है। परम्परा और आधुनिकीकरण के क्षेत्र अलग-अलग अवश्य हैं परन्तु कोई भी समाज न तो पूर्ण तथा परम्परागत हो सकता है और न ही पूर्णतया आधुनिक परम्परा और आधुनिकता का भेद केवल एक सिद्धांत और 'मॉडल' के रूप में है क्योंकि प्रत्येक समाज के अन्तर्गत आधुनिकता और परम्परा के तत्व मिले जुले रूप में दिखाई देते हैं।

डा. योगेन्द्र सिंह ने बताया है कि परम्परा समाज की एक विरासत हैं जो वास्तविक सामाजिक संगठन के सभी स्तरों में व्याप्त होती है। **इलिएट** ने भी समाजशास्त्रीय आधार पर परम्परा के अर्थ को स्पष्ट करते हुए कहा है कि परम्परा सामाजिक स्थिति की एक प्रक्रिया है जिसके माध्यम से सांस्कृतिक विरासत एक पीढ़ी से दूसरी पीढ़ी को हस्तांतरित होती रहती है। **डा. राव** का विचार है कि एक परम्परा का तात्पर्य ऐसी आदतों प्रथाओं, अभिवृत्तियों एवं जीवन शैली से है जो संस्थाओं के रूप में आबद्ध रहती है एवं संस्थाओं की स्थिरता और अस्तित्व के साथ ही सम्पूर्ण समाज से प्रतिबद्ध हो जाती है। इसके साथ ही इसमें निरंतरता भी होती है और परिवर्तन के समय इसमें समायोजन सम्बन्धी कठिनाइयां स्पष्ट होने लगती है। परम्परा से संबंधित ये सभी विचार इस दृष्टिकोण से महत्वपूर्ण है कि जब कभी भी परम्पराओं में इस तरह का परिवर्तन होने लगता है कि समाज का संस्थात्मक तथा संरचनात्मक स्वरूप नवीन मनोवृतियों और व्यवहारों के कारण परिवर्तित होने लगता है तभी आधुनिकीकरण की प्रक्रिया का स्वरूप स्पष्ट होने लगता है।

भारतीय ग्रामों में आज परम्परा का प्रभाव विद्यमान है लेकिन इसके पश्चात् भी आधुनिकीकरण की प्रक्रिया भी जीवन का अनिवार्य अंग बनती जा रही हैं। इस दृष्टिकोण से यह आवश्यक है कि भारत के ग्रामीण जीवन के सदंर्भ में परम्परा तथा अधुनिकता के स्वरूप को स्पष्ट किया जाए।

परम्परा की व्याख्याएं

डी.पी. मुखर्जी की व्याख्या—डी. पी. परम्परा की व्याख्या करते हुए इस सामान्य धारणा को लेकर चलते हैं कि परम्परा एक सामाजिक व्यवहार है। यह व्यक्तियों की व्यवहार को मानक और मूल्य प्रदान करता है। इसका तात्पर्य अतीत के काल्पनिक या वास्तविक व्यवहार को निरंतर देना होता हैं। इसके अंतर्गत धर्म विधियां और प्रतीकात्मक व्यवहार सम्मिलित हैं।

डी.पी. मुखर्जी आधुनिकता को एक खोटी या अभिनयपूर्ण अवधारणा कहते हैं। उन्होंने परम्परा की व्याख्या आधुनिकता के संदर्भ में की है। इस सिलसिलें में उनकी दो पुस्तकें पर्सनालिटी एण्ड सोश्यल साइंलेज तथा बेसिक कनसेप्ट्स आफ सोश्योलोजी महत्वपूर्ण कृतियां हैं। इनमें उन्होंने परम्परा की व्याख्याकी है। वे कहते हैं कि भारतीय परम्पराओं के स्रोत बौद्ध धर्म, इस्लाम और पश्चिमी संस्कृति में है। इन धार्मिक ग्रन्थों में जो कुछ है तथा हिन्दुओं के वेदांत में जो परम्पराओं और धर्म विधियों में निहित है वही परम्परा है। दूसरे शब्दों में **डी.पी. मुखर्जी** के अनुसार धर्म,धर्म विधियों और पश्चिमी संस्कृति ही भारतीय परम्परा को बनाती है। इस अवधारणा में **डी.पी. मुखर्जी** भारतीय और विदेशी दोनों परम्पराओं जो जोड़ते हैं। इस दृष्टि से भारतीय परम्परा एक प्रकार का ऐसा संश्लेषण है जिसमें भारतीय तथा विदेशी संस्कृतियों या मान्यताओं का गठबंधन है।

डी.पी.मुखर्जी ने भारतीय परम्पराओं का वर्गीकरण भी किया है। उनका यह वर्गीकरण फ्रेन्कलिन गिडिन्स की तर्ज पर है। इसके अनुसार परम्पराएं तीन प्रकार की है: (1) प्राथमिक (2) द्वैतीयक और तृतीयक हैं। प्रथामिक परम्पराओं का परिपालन प्रत्येक हिन्दू के लिये अनिवार्य है। इससे किसी को मुक्ति नहीं है। मृत्यु के वाद शरीर को अग्नि संस्कार द्वारा पंचभूतों में विलीन करना प्राथमिक संस्कार। द्वितीय और तृतीयक परम्पराएं वैकल्पिक होती हैं। और इसलिये इसमें व्यक्ति को थोड़ी छूट मिल जाती है। **डी.पी. मुखर्जी** परम्परा की व्याख्या में तर्क को केन्द्रीय स्थान प्राप्त है। यह तर्क व्यावसायिक और निराधार कल्पना मात्र भी हो सकता है। लेकिन **डी.पी. मुखर्जी** परम्परा में तर्क की भूमिका को आग्रहपूर्वक रखते हैं। वे उद्विकास को स्वीकार नहीं करते। उद्विकास प्राय: दिशाहीन होता है। प्रगति के लिये उद्देश्य होना चाहिये और इस उद्देश्य का आधार तर्क होता है।

डी.पी. मुखर्जी परम्परा के हिमायती रहे हैं। उनके अनुसार भारतीय समाज में परम्परा धर्म सिद्धांत और पश्चिमी संस्कृति से आती है और इसमें अनिवार्य रूप से तर्क होता है। यहां यह भी कहना चाहिये कि सैद्धान्तिक दृष्टि से डी.पी.मार्क्सवादी थे वे द्वंद्व की धारणा से अत्यधिक प्रभावित थे। उन्हें परम्परा और आधुनिकता दोनों में द्वंद्व दिखाई देता है। भारतीय समाज में जो भी परम्पराएं हैं वे सामाजिक तथा ऐतिहासिक प्रक्रियाओं का परिणाम हैं। और यह इतिहास **डी.पी. मुखर्जी** की दृष्टि में निश्चित रूप से द्वंद्वात्मक हैं। अपने निष्कर्ष में वे लिखते हैं।

भारत की बौद्धिक और कलात्मक उपलब्धियां किसी भी तरह से पश्चिम की तुलना में कमजोर नहीं है। इन परम्पराओं में वेदांत पश्चिमी उदारवाद और मार्क्सवाद का संश्लेषण है।

डी.एन.मजूमदार की व्याख्या

धीरेन्द्रनाथ मजूमदार संस्कृति तत्वों की पहचान करते हैं और उनके इतिहास को बनाते हैं। यहीं पर वे परम्पराओं का उल्लेख करते हैं। परम्पराओं के महत्व को अंकित करते हुए वे लिखते हैं:

'हमें अतीत (परम्पराओं) को वर्तमान के संदर्भ में समझना चाहिये और वर्तमान को अतीत के संदर्भ में। कभी स्वर्ण युग नहीं था, और न भविष्य में यह कभी होगा। जीवन तो एक समंजन की एक प्रक्रिया है और यह बराबर प्रकट या उघड़ती रहती हैं। वे लोग जो इस समंजन को नहीं पाते समाज उन्हें फेंक देता है ओर जो नई व्यवस्था के साथ अपना जोड़ बैठा लेते हैं आगे निकल जाते हैं।

मजूमदार परम्परा और आधुनिकता को जोड़ते हैं। परम्पराएं अर्जित की हैं। इनकी समाज में बैधता है लेकिन ये परम्पराएं जड़ नहीं हैं। इन्हें आधुनिकता के साथ समझौता करना पड़ता है। तभी ये जीवित रह सकती है। लेकिन इन परम्पराओं की अर्न्तवस्तु क्या हैं? **मजूमदार** सही शब्दों में एक क्षेत्र कार्यकर्ता थे। उनका बहुत कम वास्ता मानवशास्त्रीय सिद्धांतों में था। उन्होंने यह स्थापित किया कि किसी भी संस्कृति की ताकत उसकी परम्पराएं होती है। और परम्पराएं इस अर्थ में ऐतिहासिक होती है। **मजूमदार** ने परम्पराओं को जो व्याख्या का परिभाषा की है उसमें निम्न तत्व महत्वपूर्ण है:

(क) परम्पराएं अतीत को वर्तमान से जोड़ती हैं। वर्तमान की कोई भी व्याख्या अधूरी है। जब तक वह परम्पराओं को अपना केन्द्र नहीं मानती।

(ख) परम्परा को वर्तमान के साथ समायोजन करना पड़ता है। परम्परा में परिवर्तन निहित है।

(ग) परम्परा यदि जड़ हो जाती है तो इसका अस्तित्व समाप्त हो जाता है।

(घ) परम्परा वस्तुत: नवजातीयता यानी एथनिसिटी हैं।

(च) परम्पराएं हमारे सांस्कृतिक इतिहास की कड़ियां हैं अवयव हैं।

डी.एन.मजूमदार की एक मानवशास्त्री की तरह भारतीय समाज की व्याख्या बहुत बड़ी उपलब्धि है। उन्होंने वस्तुत: संस्कृति के ऐतिहासिक विकास की धारणा को सशक्त किया है। और रुचिकर बात यह है कि इस विकास को उन्होंने जमीन से जोड़ा है। वे इसके विकास का प्रारम्भ आदिवासियों की संस्कृत से करते हैं। आगे चलकर वे परम्पराओं की व्याख्या आधुनिकीकरण के सन्दर्भ में करते है। उनके विचार में समाजशास्त्र में परम्परा कोई बहस का मुद्दा नहीं है। वे बहुत स्पष्ट है कि हमारी संस्कृति के इतिहास में परम्पराएं हमेशा आधुनिकता के साथ अनुकूलन करती आई है।

एम.एन. श्री निवास की व्याख्या

एम.एन.श्री निवास भारतीय समाजशास्त्र में एक मूर्धन्य हस्ताक्षर हैं। ये पहले व्यक्ति थे जिन्होंने ने भारतीय समाज और सभ्यता की एक छोटी दुनिया के रूप में समझने का प्रयास किया बीसवीं शताब्दी के मध्य में **एम.एन.श्री निवास** के अनुसंधान का प्रचुर प्रभाव भारत और विदेशों में देखने को मिला। उस युग में एक तरफ तो वे समाजशास्त्री थे जो भारतीय परम्पराओं को यहां के क्लासिकल ग्रंथों के माध्यम से समझते थे और दूसरी और वे समाजशास्त्री जो परम्पराओं का विश्लेषण क्षेत्रीय कार्य की उपलब्धि से करते थे। **एम.एन.श्री निवास** दूसरी श्रेणी के समाजशास्त्रियों में आते है। जब सन 1970 में **मेंडेलवांम** की पुस्तक सोसायटी इन इण्डिया प्रकाशित हुई तब ऐसा लगा कि भारतीय समाज की कोई भी व्याख्या परम्पराओं के अभाव में नही की जा सकता। इस पुस्तक के दो खण्डों के लगभग 700 पृष्ठों में श्री निवास का संदर्भ कई बार आया है। इस दृष्टि में परम्पराओं के विश्लेषण में श्री निवास का योगदान अत्यंत महत्वूपर्ण है। यह इसलिये कि श्री निवास परम्पराओं का महत्व क्षेत्रीय तत्वों के आधार पर गाँव से जोड़ते हैं और इसका केन्द्र धर्म तथा धर्म विधियां मानते हैं।

श्री निवास परम्परा की व्याख्या थोड़े खुलासे के साथ देखनी पड़ेगी। **श्री निवास** और **इरावती कर्वो** दोनों ही मानवशास्त्री थे। दोनों ही समाजशास्त्र और मानवशास्त्र के शीर्ष समाज वैज्ञानिक थे। इस समानता के होते हुए भी दोनों में विधि को लेकर अन्तर था। **इरावती कर्वे** नातेदारी के अपने क्लासिकल अध्ययन में प्राच्य विधा विधि को अपनाती है। वे पीछे मुड़कर वेदांत, पुराण और महाकाव्यों को अपने प्रमाण जुटाने के लिये देखती है, और साथ ही साथ क्षेत्रीय तथ्य भी जुटाती है। इस भांति **कर्वे** की विधि में प्राच्य विधा और मानव शास्त्रीय क्षेत्रीय कार्य दोनों सम्मिलित है। **श्री निवास** एक विशुद्ध मानवशास्त्री की तरह क्षेत्र को ही देखते हैं। इस कारण इसकी परम्पराओं की व्याख्या जमीन से जुड़ी हुई अधिक है। यदि **श्री निवास** की सम्पूर्ण कृतियों की व्याख्या की जाए तो स्पष्ट हो जायेगा कि उन्होंने अपने लेखन काल में गाँव, जाति और धर्म को अपनी अध्ययन सामग्री बनाया है। कर्नाटक के रामपुरा गाँव का अध्ययन आज समाजशास्त्र में एक क्लासिकल अध्ययन समझाा जाता हैं। इस गांव के ढेर सारे तथ्य उनकी पुस्तक दि रिमेम्बर्ड विलेज में हैं। उनका दूसरा महत्वपूर्ण अध्ययन जिसका बहुत बड़ा सरोकार परम्पराओं से है, **कूर्ग** का है। यह पुस्तक रिलिजन एण्ड सोसायटी एमना दि कूर्ग आफ साउथ इण्डिया ई. 1952 प्रकाशित हुई। रामपुरा और कूर्ग के अध्ययन में **श्री निवास** पितृवंशीय परिवारों की परम्पराओं का विस्तृत उल्लेख करते हैं। परम्परा और धर्म विधियों किस भांति एक दूसरे से जुड़ी होती है। इसे कूर्ग के ओक्का में देखा जा सकता है। रामपुरा में भी वे इसी प्रकार व्यौरा देते है। लगभग ई. 1956 के बाद **श्री निवास** के परिवार और धर्म से जुड़ी हुई परम्पराओं के बारे में लिखना बंद कर दिया। इसके बाद वे परम्पराओं की जाति में देखते हैं। यहां वे परम्परा का उल्लेख आधुनिकता तथा पश्चिमीकरण के संदर्भ में करते है। कास्ट इन मोडर्न इण्डिया एण्ड अदर एसेज मे वे परम्पराओं का उल्लेख केवल नाम के लिए करते थे। क्योंकि यहां उनकी समस्या पश्चिमीकरण और आधुनिकीकरण की व्याख्या करना होता है। अपनी इस पुस्तक में **श्री निवास** ने परम्पराओं के मूल को जाति व्याख्या में खोजा है।

भारतीय समाज का विश्लेषण समाजशास्त्रियों ने अलग-अलग संदर्भ में लिया है। **धुरिये** उन समाजशास्त्रियों में से है जो सम्पूर्ण भारतीय समाज की व्याख्या हिन्दू परम्पराओं और हिन्दू मूल्यों के माध्यम से करते हैं। अब हम उनकी दृष्टि में परम्पराएं क्या है ? इसका उल्लेख करेंगे।

धुरिये की व्याख्या—धुरिये ने स्पष्ट रूप से कहीं भी भारतीय परम्पराओं का एक अध्ययन सामग्री के रूप में विश्लेषण नहीं किया है। उनकी कृतियों में आधुनिकीकरण और सामाजिक परिवर्तन को भी कोई विशेष स्थान नहीं है। **धुरिये** यथास्थिति बनाये रखने में पूरा विश्वास रखते हैं। सामाजिक परिवर्तन यही होता है तो हो जाये लेकिन ये समाजशास्त्री प्रकार्यवाद को छोड़ते नहीं हैं। विदेशों में सामान्यतया प्रकार्यवादी इतिहास विरोधी होते हैं। लेकिन हमारे देश में प्रकार्यवादी इतिहास प्रेमी है। इनका विश्वास है कि जब परम्पराओं को इतिहास के माध्यम से रखा जाता है तो उनकी सामाजिक वैधता बढ़ जाती है।

धुरिये भारतीय समाज को परम्पराओं से भरा हुआ एक ऐसा

केप्स्यूल समझते हैं, जिसके माध्यम में समाज के सम्पूर्ण क्षेत्रों का विवेचन किया जा सकता है। **धुरिये** के लिये हिन्दु परम्पराएं चाहे वे जातियों की हों धर्म की साधुओं की या जनजातियों की सभी का मापदण्ड हिन्दु परम्पराएं ही हैं। जिन समूहों में हिन्दू परम्परा का फीता सही नहीं बैठता वे समूह हाशिये के समूह हैं अर्थात देश की मुख्यधारा से अलग-अलग है। शायद यह कहना अतिश्योक्ति नहीं होगा कि धुरिये के लिये परम्परा एक प्रक्रिया न होकर स्वत: शोध विधि है।

धुरिये ने परम्परा की व्याख्या आधुनिकता के संदर्भ में नहीं की है। वे हिन्दु सभ्यता का निर्माण करना चाहते थे। अपने इस प्रयास में उन्होंने प्राच्य विधाशास्त्र के स्त्रोतों का प्रयोग किया है। उदाहरण के लिये धार्मिक चेतना (1965) तथा दो ब्राह्मणवादी संस्थाओं के रूप में गौत्र एवं चरण (1972) नामक अध्ययनों में उन्होंने भारतीय परम्पराओं के स्रोत्र की खोज की है। यह निश्चित है कि धुरिये को प्राच्य विधाशास्त्रों का बड़ा मोह था। उनकी रूचि परिवार,जाति और नातेदारी विषयों में बहुत अधिक थी। आदिवासियों के एकीकरण पर जो कुछ उन्होंने लिखा है वह स्पष्ट रूप से बताता है कि उनकी दृष्टि में भारतीय परम्पराएं वे है जो प्राच्य विधा में विद्यमान है। वे जब इन परम्पराओं को आदिवसियों में पाते हैं तब कहते है कि आदिवासी और कुछ न होकर पिछड़ी जातियां है और राजगौड़ आदिवासी तो ऐसे है जिनका पूर्ण रूप से सात्मीकरण हिन्दु जातियों में हो गया है। वे जातियों को व्यावसायिक समूह मानते हैं। **धुरिये** का कहना है कि हिन्दू परम्पराएं अपने में सशक्त है और (कोली महराष्ट्र) अपना पूर्ण सात्मीकरण हिन्दु जातियों से कर लेगें तब उनका पिछड़ापन समाप्त हो जायेगा।

धुरिये की दृष्टि में परम्पराएं क्या हैं? इनकी अर्न्तवस्तु क्या है? इन प्रश्न का उत्तर उन्होंने जहां-तहां अपनी कृतियों में दिया है। धर्मिक विश्वास कर्मकाण्ड,संस्कार आदि के तत्व है जो हिन्दू परम्पराओं को बनाते है जो हिन्दू परमपराएं है वे उनकी दृष्टि मे भारतीय परम्पराएं हैं। उनके अनुसार परम्परा पवित्र है, उनकी निरंतरता पर समय की मोहर लगी है। ये परम्पराएं इतिहास तथा धार्मिक ग्रंथों से मिलती है। लेकिन इनकी व्यापकता लोक जीवन में भी देखने को मिलती है। परम्परा पर इतना अधिक लिखने के बाद भी **धुरिये** कहीं भी इन्हें आधुनिकता के साथ नहीं जोड़ते। वे अनिवार्य रूप से यह स्वीकार करते हैं कि भारतीय समाज की एकता उसकी परम्पराओं के कारण है। धर्म सम्पूर्ण देश को बांधे रखता है। हांलाकि मिस्र बेबीलोनिया श्रीलंका आदि पड़ोसी देश में भी ये भारतीय परम्पराएं थोडा बहुत अंतर के साथ पाई जाती है।

ए.आर.देसाई व्याख्या—रमण लाला देसाई मार्क्सवादी समाजशास्त्री थे। उनका मार्क्सवाद डोक्टीनेयर यानी मतवादी मार्क्सवाद था। सैद्धांतिक रुप से देसाई कभी भूलकर भी परम्पराओं की व्याख्या प्राच्य विद्या या धार्मिक ग्रन्थों में नहीं खोजते। वे परमपराओं को सामाजिक संस्थाओं जैसे गाँव, और परिवार में रहते हैं। समाजशास्त्रीय समस्याओं का विश्लेषण देसाई ने पश्चिमी समाज में नही खोजा। उनकी विधि जैसाकि मार्क्सवादियों के साथ होता है इतिहास था। यह इतिहास भी मार्क्सवादी रहा है जो उत्पादन संबंधों उत्पादन शक्तियों और ऐतिहासिक द्वंद्व के इर्द-गिर्द घूमता है। सोश्यल बेक ग्राउन्ड आफ इण्डियन नेशनेलिडम उनका एक क्लासिकल ग्रंथ है। जिसमें वे मार्क्सवादी परिप्रेक्ष्य में भारतीय राष्ट्रीयता के इतिहास की व्याख्या करते हैं। उनके अनुसार परम्पाराएं वे है। जिनका लोक जीवन के साथ धर्म निरपेक्ष संबंध है। गॉव की अपनी परम्पराएं रही हैं। गाँव की एकता इतिहास प्रसिद्ध रही है। गॉव की एकता इतिहास प्रसिद्ध रही हैं। गाँव में साम्प्रदायिक समूहों की एकता भी जो किसी भी भेद-भाव को नहीं करती, गाँव को यांत्रिक बना देती है इसका उल्लेख देसाई ने किया है। देसाई ने परम्पराओं को जिस भांति परिभाषित कियाहै उससे स्पष्ट है कि परम्पराएं अपनी प्रकृति में सांस्कृतिक आर्थिक और सामाजिक तत्वों से जुड़ी है। हर तरह से धर्म और धार्मिक ग्रंथों से उनका कोई संबंध नहीं।

सोश्यल बेक ग्राउन्ड पुस्तक में देसाई का कहना है कि यहां इस देश में कुछ परम्पराएं रही है। भूमि का मालिकाना अधिकार हमेशा रैयत का रहा है। और भूमि परम्परा से समुदाय की सम्पति रही हैं। इस परम्परा को सबसे पहली बार **कार्नवलिस** ने ई. 1793 में तोड़ा जब उसने बंगाल बिहार और उड़ीसा में स्थायी भूमि व्यवस्था लागू की। किसी भी आर्थिक परम्परा का इस तरह टूटना एक बहुत बड़ी घटना है। एक और परम्परा इसी युग में टूटी। अब तक कृषि भूमि के मालिकाना अधिकार स्वयं कृषक को दे दिये। अब परम्परा टूटी और भूमि पर कृषक का अधिकार था। पर वह उसे केवल जोत ही सकता था। जोतने का यह अधिकार परम्परागत था। अब ब्रिटिश सरकार ने भूमि के मालिकाना अधिकार स्वयं कृषक को दे दिए। अब परम्परा टूटी और भूमि कृषक की व्यक्तिगत धंधों को समाप्त कर दिया। अब परम्परा टूटी और भूमि कृषि को व्यक्तिगत सम्पति बन गई। इसी युग में उपनिवेशवादी नीति ने गॉवों में जातियों के परम्परागत धंधों को समाप्त कर दिया। अब कारीगर शिल्पकार अपने परम्परा के व्यवसायों को छोड़कर शहर की तरफ मुड़े।

परम्पराओं की परिभाषा और व्याख्या में देसाई ने एक जल विभाजक का कार्य किया है। वे परम्पराओं को अनिवार्य रुप से धर्म

निरपेक्ष मानते हैं। इनकी प्रकृति उनके अनुसार आर्थिक है और इन्हें सामाजिक तथा ग्रामीण संस्थाओं में देखा जा सकता है। देसाई का यह भी कहना है कि जब हम परम्पराओं का उद्‌गम और उनकी प्रकृति धर्म,धर्म विधियों में देखते हैं तब स्पष्ट रूप से लगता है कि ये परम्पराएं सड़क के आम आदमी के शोषण के लिये हैं।

भारत में आधुनिकता

यूरोप में आधुनिकता का सूत्रपात नवजागरण से माना जाता है। इसका विकास 19वीं शताब्दी के अंत में और उत्तर आधुनिकता वादियों का तो कहना है कि द्वितीय विश्व युद्ध के बाद यूरोप में आधुनिकता आ गई। हमारे देश में आधुनिकता का इतिहास कुछ दूसरा है। प्राय: यहां इसका प्रारम्भ अंग्रेजी उपनिवेश के साथ जोड़ा जाता है। यूरोप में आधुनिकता ने विज्ञान और उद्योग की प्रगति के साथ अपने कदम बढ़ाये। वहां सामन्तवाद ने पूंजीवाद को जन्म दिया। यहां ऐसा नहीं हुआ। विज्ञान और पूंजीवाद की प्रगति हमारे यहां बहुत दूर से हुई। वास्तविकता यह है कि आधुनिकता की परिभाषा प्रत्येक देश अपनी सामाजिक और राजनीतिक दशाओं के अनुसार करता है। जब हमने परम्परा की व्याख्या की तब भी हमारा यही थीसिस था कि समाज की संरचना के अनुसार परम्परा परिभाषित होती है। आधुनिकता के संबंध में भी हम इसी स्थापना, को दोहराते हैं। यूरोप-अमेरिका में जैसा कि गिडिन्स और हेवरमा कहते हैं, आधुनिकता के चार प्रमुख आयाम है पूंजीवाद उद्योगवाद राज्य की शक्ति और सैनिक शक्ति। भारत में आधुनिकता की व्याख्या कुछ इस तरह नहीं हुई। यहां प्रत्येक स्थानिक समूह अपने अपने संदर्भ या परिप्रेक्ष्य में आधुनिकता की व्याख्या करता है।

ई.1968 में **गुन्नार मिरडल** की पुस्तक एशियन ड्रामा के तीन खण्ड प्रकाशित हुए। इस प्रकाशन ने एशिया में आधुनिकता की चर्चा को एक नई हवा दी। **मिरडल** ने अपनी पुस्तक के उपसंहार में लिखा कि एशिया के लगभग सभी देश राष्ट्र निर्माण में आधुनिकता को अपना लक्ष्य समझते थे। इसका महत्व इन देशों में प्रजातंत्र की स्थापना करना उद्योग को बढावा देना तथा पूंजीवादी पद्धति से विकास करना राष्ट्रीय नेताओं की नीति बन गये। इन्हीं वर्षों में कुछ अध्ययन प्रकाशित हुए जिनमें आधुनिकता से जुडे हुए तथ्यों को उजागर किया गया। **डेनियल लरनर** की पुस्तक ने मध्य पूर्व एशिया के देशों यथा मिस्र, ईरान, जोर्डन, लेबनान, सीरिया तथा टर्की के आधुनिकता के लक्ष्यों को प्राप्त करने के अनुभवों को विश्लेषणात्मक रूप से रखा। इनका निष्कर्ष था कि जहां-जहां आधुनिकता पहुँची वहाँ परम्पराएं समाप्त हो गई या बहुत कमजोर हो गई। **लरनर** ने आधुनिकता का अर्थ शहरीकरण संचार व्यवस्था, उपभोग तथा संचार से उत्पन्न होने वाली कलात्मक वस्तुओं जैसे कि फिल्म अखबार शिक्षा से लिया है। उनकी दृष्टि में ये सब कारक ही आधुनिकता के सूचकांक है।

गुन्नार मिरडल के समकालीन लेखन में **डी.पी.मुकर्जी** और **मिल्टन सिंगर** आते हैं। इन लेखकों के अनुसार आधुनिकता की प्रक्रिया बड़ी फूकोयामा का यह कथन कि अब इतिहास का अंत हो गया है सभी को स्वीकार हो, यह सच्चाई नहीं है। **हेवरमॉ** तो कहते है कि आधुनिकता का इतिहास अधूरा है। आधुनिकता के इन लोकप्रिय लक्षणों के अतिरिक्त कुछ ऐसे लक्षण भी बताये गये हैं जो चौकाने वाले हैं। उदाहरण के लिए रिक्रजर आधुनिकता का संबंध मैक्डातडीकरण, फास्टफूट और क्रेडिट कार्ड के साथ जोड़ते हैं वौमेन इसे विटसंस के रूप में देखते हैं और बेक के अनुसार आधुनिक समाज एक प्रकार का जोखिम भरा समाज है। आधुनिकता के ये सब लक्षण परस्पर विरोधी बयानों को रखते हैं अर्थात यूरोप अमेरिका में आधुनिकता की जो परिभाषा दी जाती है, वह कोई सर्वसम्मत परिभाषा नहीं है। इसके अर्थ के कई विकल्प हैं।

लक्षणों का यह परस्पर विरोध विदेशों में ही हो ऐसा नही है। हमारे देश में भी आधुनिकता की परिभाषा और इसके लक्षणों के विषय में बड़ा मतभेद है। इसका बहुत अच्छा उदाहरण **डी.पी. मुखर्जी** का है। एक स्थान पर तो वे यह कहते हैं कि आधुनिकता अपने अर्थ में एक फर्जी अवधारणा है। इसमें खोट के अतिरिक्त और कुछ नहीं है। वहीं दूसरी और **श्री निवास** इस अवधारणा को विकास का एक सशक्त साधन मानते हैं और इससे आगे दिपांकर आधुनिकता की सामान्य धारणा को भ्रमिक धारणा कहते हैं। अर्थ हुआ आधुनिकीकरण की अवधारणा समाज सापेक्षिक है। और इससे आगे एक ही समाज में इसे विभिन्न अर्थो में लिया जाता है। इस संबंध में यह भी कहना चाहिए कि आधुनिकता का अर्थ समूह सापेक्षिक भी है। भारत के आदिवासियों के लिये आधुनिकता का मतलब संवैधानिक सुविधाओं और आरक्षण से है। राजनीतिज्ञों और अधिकारी तंत्र के लोगों के लिये शायद मध्यम और उच्च वर्ग की सुविधाएं प्राप्त करने का अच्छा अवसर है। कुल मिलाकर हमारे देश में आधुनिकता जाति, वर्ग और एथनिक समूहों की सापेक्षिक है। आधुनिकता के कुछ लक्षण इस प्रकार हैं:-

(क) **वैश्वीकरण**—एक दशक पहले वैश्वीकरण की कोई विशेष चर्चा नहीं थी। आज अर्थव्यवस्था, राजनीति, व्यापार और संचार में वैश्वीकरण सबकी जुबान पर है। अब अधिक से अधिक लोग इस सोच के हैं कि वे एक दुनिया में रह रहे हैं। अब व्यक्ति तथा समूह आत्मनिर्भरता की ऐसा जाल में है जिससे कोई बच नहीं सकता। वैश्वीकरण वस्तुत: विभिन्न लोगों क्षेत्रों और देशों की

अर्न्तनिर्भरता है जिस की व्यापकता सारी दुनिया में है। इस वैश्वीकरण ने आधुनिकता की वैचारकी, तकनीकों तंत्र पूंजीवाद और प्रज्ञातांत्रिक व्यवस्था को अधिकतम तीव्रता दी है। इसी कारण वैश्वीकरण को आधुनिकता का एक बहुत बडा लक्षण समझा जाने लगा है। पिछले कुछ वर्षों में इस लक्षण या प्रक्रिया ने एक सिद्धांत का रूप ले लिया है।

हमारे देश में आधुनिकता के विकास में वैश्वीकरण की प्रासंगिकता हाल के कुछ वर्षों में बहुत अधिक बढ़ गई है। अब यह स्वीकार किया जाने लगा है कि जब हम एक देश को एक राष्ट्र राज्य बनाना चाहते हैं तब हमें ठेट स्थानीयता से चलना पड़ेगा। स्थानीयता ही हमारे राष्ट्र राज्य की नींव का पत्थर है। इसे मजबूत करना आवश्यक है। हाल में ऐसे अध्ययन हुए हैं जो स्थापित करते हैं कि आधुनिकता के विकास में स्थानीय लोगों की भागीदारी सबसे अधिक महत्वपूर्ण है। लूडन अपने दक्षिण भारत के किसानों के अध्ययन में हम निष्कर्ष पर पहुँचते है कि ग्रामीण अर्थव्यवस्था को लागू करने में स्थानीय समुदायों की स्वाययत्ता बहुत महत्वपूर्ण है। मार्क्सवादी और प्रकार्यवादी विचारक भी इसी नतीजे पर आते है कि स्थानीय जाति परिवार और किसान समुदाय क्षेत्रीय आंचलिक संरचना के निर्माण में निर्णायक भूमिका रखते हैं। ऊमन भी अपने दक्षिण भारत के किसानों के अध्ययन में इस निष्कर्ष पर पहुँचते हैं कि ग्रामीण अर्थव्यवस्था को लागू करने में स्थानीय समुदायों की स्वायत्तता बहुत महत्वपूर्ण है। मार्क्सवादी और प्रकार्यवादी विचारक भी इसी नतीजे पर आते हैं कि स्थानीय जाति परिवार और किसान समुदाय क्षेत्रीय आंचलिक संरचना के निर्माण में निर्णायक भूमिका रखते हैं। ऊमन भी अपने अनुसंधान में इस तथ्य पर जोर देते हैं कि भारतीय समाज की यथार्थता को समझने के लिये हमें भारतीय संस्कृति की एकाधिकता को मान्यता देनी पड़ेगी। ऐसी अवस्था में जहां इस देश में कई संस्कृतियों है कई स्थानियताएं है आधुनिकता के विकास के लिए वैश्वीकरण को व्यापकता देने के अतिरिक्त और कोई विकल्प नहीं है।

(ख) **उच्च उपभोग**—उपभोग के जो प्रतिमान आज हमारे देश के लोगों में उभरते दिखाई देते हैं उनसे पता चलता है कि जहां एक ओर हम अपनी परम्पराओं में पूरा लचीलापन लाने को तैयार है वहीं हम बड़ी उदारता से आधुनिक उपभोग की वस्तुओं को अपना रहे हैं। उपभोग करने का लालच हममे इतना बेकाबू है कि हम हर किस्म की वस्तु को अपनाने के लिये तैयार हैं। ऐसा समझा जाने लगा है और विशेषकर के मध्यम वर्गों कि जो जितना अधिक उपभोग करता है वह उतना ही अधिक अभिजन या समृद्ध वर्ग हैं।

बढ़ते हुए उपभोग के पीछे आधुनिकता के कारक हैं। औद्योगीकरण और कृषि विकास ने लोगों के उपभोग करने के सम्पूर्ण प्रतिमान को ही बदल दिया है। हरित क्रांति ने कृषि उत्पादन में इजाफा किया है और इसके कारण 1970 के दशक के बाद ग्रामीणों के अपभोग में अप्रत्याशित वृद्धि हुई है। गाँवों में विद्युतीकरण ने लोगों के दैनिक जीवन को बदल दिया है। अब रासायनिक खाद किसानों के लिये सामान्य बात हो गई है। लोग मिट्टी के तेल का प्रयोग बहुतायत से करते हैं। अब चाय, काफी, ठण्डा, मांस मछली आदि का प्रयोग उपभोग का सामान्य प्रकार बन गया है। वस्तुओं के इस प्रकार के उपभोग पहले नहीं थे।

आदमी, औरत और बच्चों के पोशाक के उपभोग भी बदल गये हैं। इनमें आधुनिकता के कारण सजातीयता आने लगी है। स्त्रियों की पोशाक में तो यह सजातीयता बहुत बढ़ गई है। मध्यम वर्ग के लोग अधिकाधिक रूप से डिजाइनर पोशाकों को पहनने लगे हैं, सुगन्धित साबुन का प्रयोग करने लगे हैं, नित नई वस्तुओं के प्रयोग में रुचि रखने लगे हैं।

आखिर देश के लोगों के उपभोग की वस्तुओं में ऐसी बेलदाद वृद्धि क्यों हुई है। यह क्या वजह है कि आये दिन नये टूथपेस्ट नये केरा तेल और नये रिफल पेन लोगों को प्रस्तुत किये जा रहे हैं। स्पष्ट है बाजार की बहुत बड़ी रुचि वस्तुओं की बिक्री में है। और यही आधुनिकता का लक्षण है। अब व्यवसाय का जाति के साथ कोई परम्परागत संबंध नहीं है। जहां एक समुदाय में लोग 5.3% जाति का व्यवसाय करते थे वहां इसका प्रतिशत घटकर अब केवल 1.3 प्रतिशत रह गई है। उपभोक्तावाद के विकास में बाजार की भूमिका सबसे अधिक है। एक स्थानीय बाजार में जो दूरदराज के किसी गांव में है दुनिया भर के आईटम मिल जाते हैं। इस सामान्य और सहज उपलब्धता ने उपभोग को तीव्रता प्रदान की है और इसी कारण बढ़ते हुए उपभोग को आधुनिकता का विशिष्ट लक्षण माना जाता है।

दिपांकर गुप्ता भारत में और विशेष करके इसके मध्यम वर्ग में बढ़ती हुई खपत पर कुछ और प्रकार की टिप्पणी करते हैं। वे कहते हैं कि यहां के मध्यम वर्ग पर पश्चिमी देशों का एक पागलपन बढ़ा हुआ है। इस पागलपन में उसने उपभोग को ही अपनी जीवन शैली बना ली है। मोटरकार से उसे कोई उत्पादन लाभ नहीं है फिर भी वह उसे खरीदता है और उसके पास उपभोग की कई ऐसी वस्तुएं होती है जिन्हें वह केवल आधुनिकता की जीवन शैली समझकर अपना देती है। दिपांकर गुप्ता की दृष्टि में इस प्रकार का उपभोगतावाद और कुछ न होकर केवल भांतिपूर्ण आधुनिकता है। पांच सितारा होटलों में भोजन करना, रॉक-डांस का आनंद लेना

और बढ़िया से बढ़िया या महंगी से महंगी मोटरकार में सैर सपाटें करना, किसी अर्थ में आधुनिकता नहीं है।

(ग) उच्च वृद्धि दर—आधुनिकता का एक लक्षण उच्च वृद्धि दर भी है। कुछ अर्थशास्त्रियों का कहना है कि समाज में जब वृद्धि दर बढ़ जाती है। तब अपने आप उसमें विकास आ जाता है। औद्योगीकरण तथा शहरीकरण में पूंजीवाद के विकास में वृद्धि की है। इससे आम आदमी की आमदनी में बढ़ाता हुआ है। सूब बहुत सामान्य है अधिक आय तो अधिक आधुनिकता शहरों में गगनचुम्बी मकान आलीशान सभागृह आदि उच्च आय के द्योतक है।

दिपांकर गुप्ता बढ़ी हुई वृद्धि दर को भी आधुनिकता की पहचान नहीं मानते। देखा जाये तो प्रत्येक देश या समाज का आधुनिकता का अपना एक विशेष रास्ता होता है। आधुनिकता एक नहीं अनेक होती है। दिपांकर का कहना है कि आधुनिकता की पहचान उच्च वृद्धि दर भी एक भरोसे की पहचान नहीं है, यह भ्रांतिपूर्ण है।

(घ) प्रगति जनक—अर्थशास्त्री ढेर सारे तथ्यों के आधार पर यह स्थापित करते हैं कि आधुनिकता ने यानी औधोगीकरण, तकनीकीकरण तथा बुद्धिसंगतता ने समाज को प्रगति प्रदान की हैं। विकासशील देश विकसित देश हो रहे है। इसमें कोई संदेह नहीं कि पूंजीवादी व्यवस्था ने लोगों के जीवन में सुधार ला दिया है। लेकिन इस मसले पर संदेह किया जाता है। समाज वैज्ञानिकों का एक ऐसा तबका है जो आधुनिकता तथा प्रगति के संबंधों के इस थीसिस से सहमत नहीं है। उदाहरण के लिये अरून्धन्ती राय की पुस्तक दि ग्रेटर कामन गुड को लीजिये। वे कहती है कि बड़े बांध साधनों के उत्पादक सहायक होता है। और इन बांधों से हरित क्रांति जैसी उत्पादन क्रातियां भी हुई है। नेहरू ने कहा था कि ये बांध आधुनिक भारत के पवित्र मंदिर है। लेकिन आधुनिकता की प्रगतिजनक यह परिभाषा क्या सामान्य हित के हिसाब से सही है। यहां आधुनिकता से जुडी हुई प्रगति पर प्रश्न उठाये जाते हैं। अरून्धती राय कहती है कि प्रगति की परिभाषा क्या सामान्य हित के हिसाब से सही है। यहां आधुनिकता से जुड़ी हुई प्रगति पर एक नही है जो एक समूह के लिये प्रगति है वह दूसरे के लिए विध्वंस भी है। यह माना कि सरदार सरोवर बांध के बन जाने से गुजरात मध्य प्रदेश और महाराष्ट्र के बड़े किसानों के खेतों के उत्पादन बढ़ जायेगा लेकिन बाँध के कारण जो लाखों किसान विस्थापित हो जायेंगे बेघर हो जाएंगे जिनके ऐतिहासिक मनोभाव दफन हो जायेंगे उनके लिये बांध की यह आधुनिकता किस अर्थ में आधुनिकता या प्रगति होगी। अरुंधती राय जैसे पर्यावरणवादी किसी भी अर्थ में आधुनिकता को प्रगति के साथ जोड़ने को तैयार नहीं है। प्रगति भी आधुनिकता की तरह समूह की सापेक्षिक है। और सही वही है जो आम आदमी के हित में हों।

(च) समग्रता—बात से सभी आधुनिकतावादी सहमत हैं कि समाज में आधुनिकता को पूरी तरह से व्यापक होना चाहिए। जब आधुनिकतावादी इस समग्रता को भारतीय समाज पर लागू करते हैं तब लगता है कि संविधान द्वारा प्रदत्त सभी अधिकार लोगों में समान रूप से पाये जाते हैं। मत देने का अधिकर सभी को है पुरुष हो या स्त्री, कानून के सामने सभी समान हैं। अनुसूचित जातियों, जनजातियों और अन्य पिछड़े वर्गों को सम्पूर्ण देश में सुरक्षाएं प्राप्त हैं। व्यापार धंधे करने की सभी को सुविधाएं हैं। ये सब कारक बताते हैं कि भारतीय समाज में प्रजातांत्रिक अधिकार सभी नागरिकों को मिले हुए हैं। अत: आधुनिकता की समग्रता हमारे देश में एक सर्वमान्य लक्षण है।

इस समग्रता के क्षेत्र में कुछ समाजशास्त्री कहते हैं, विवाद है उदाहरण के लिये **दिपांकर गुप्ता** का कहना है कि भारत में आधुनिकता का लाभ कोई मुटठी भर लोग ही लेते हैं। अभिजन का यह एक अन्त: क्षेत्र यानी एन्क्लेब है जो आधुनिकता के सभी लाभ लेता है और आम आदमी तो दिन-रात गरीबी की चक्की में पिसता रहता है। मुम्बई या दिल्ली में धनवान तब तक नहीं बना रहा जा सकता जब तक शहर के गरीबों का शोषण नहीं किया जाता। तो क्या इसका यह मतलब निकलता है कि अमीरों की आधुनिकता गरीबों की आधुनिकता से जुदा है? यह सही है कि आधुनिकीकरण के भिन्न-भिन्न रास्ते हो सकते हैं कभी भी भिन्न-भिन्न आधुनिकताएं नहीं हो सकती हैं। सैद्धान्तिक रुप में आधुनिकता का अर्थ निश्चित रुप से एक ऐसी समग्रता से है जिसे गैर बराबर नहीं किया जा सकता। आई जनस्टेट का यह कहना बिल्कुल सही है कि किसी भी समाज में बहुत आधुनिकताएं नहीं हो सकती। और यदि कोई ऐसे सोच को लेकर आधुनिकता की व्याख्या करता है तो व्याख्या का यह तरीका निश्चित रुप से बहुत सरल और भोथरा है। भारत में प्रजातंत्रिक व्यवस्था को अपनाया तो सही तरीके से लेकिन हाल के वर्षों में यह व्यवस्था राजनीतिक अभिजन, जाति नेतृत्व तथा अपराधियों के गिरफ्त में आ गई है। अत: इसमें समग्रता का अभाव है।

(छ) नई जजमानी व्यवस्था—परम्परागत भारत में जजमानी व्यवसायी थी। इस व्यवस्था में राजा या जागीरदार अपने जजमानों को आश्रय देते थे उन्हें संरक्षण देते थे। यह परम्परागत अर्थव्यवस्था बंधी हुई व्यवस्था थी। इस व्यवस्था का स्थान मुद्रा व्यवस्था अर्थात खुली व्यवस्था ने लिया लेकिन स्वतंत्रता प्राप्ति के बाद इस परम्परा ने अपना फैलाव आर्थिक क्षेत्रों के बाहर राजनीतिक

और सामाजिक क्षेत्रों में कर लिया योगेन्द्रसिंह कहते हैं कि हमारे देश में परम्पराओं ने आधुनिकता के साथ अनुकूलन कर लिया है और यहां परम्पराओं का आधुनिकीकरण हो गया है। उनका यह थीसिस कुछ अर्थों में सही है। लेकिन कहीं-कहीं आधुनिकीकरण ने परम्पराओं को एक थोड़ा स्वरूप पैदा की है। यह परम्परा आधुनिकता को ताक में रख देती है। यहां पर आकर हम कहते हैं कि समाज का इतिहास उसकी दशाएं और परम्पराएं आधुनिकता का एक रास्ता चुन लेती है। संरक्षण और परम्परा की इस उभरती हुई व्यवस्था को हम थोड़े खुलासे रखेंगे।

डेविड हार्डीमेन ने गुजरात के किसानों और सूदखोरों के संरक्षण की चर्चा अपनी पुस्तक फिडिंग दि बनिया में की है। उनका यह विश्लेषण गुजरात के बनियों और आदिवासी किसानों का है। **हार्डीमेन** कहते हैं कि बनिया किसानों को अकाल दुकाल और आकस्मिक आपात में आश्रय देता है, उन्हें कर्ज देता है उन्हें जिन्दा रखता है ताकि वह बनिये को ब्याज देता रहे जीवन भर खिलाता रहे। बनिये और किसान के आश्रय की यह परम्परा गुजरात में सहकारी आंदोलन भी समाप्त नहीं कर पाया। यहां देखिये परम्परा ने आधुनिकता के साथ नई सांठ-गांठ कर लीं।

यह नई जजमानी व्यवस्था राजनीति और अधिकारी तंत्र में बहुत स्पष्ट रूप से उभर कर देखने को मिलती है। प्रजातंत्र ने हमारे समाज अब नये जजमान और कामीन दिये है। इस प्रजातांत्रिक व्यवस्था में अब भी सांमती माईन्ड-सेट काम करता है। गांव का गरीब आदमी या हशिये पर रहने वाला वर्ग आज नेता या सरकारी अधिकारी के आश्रम में जीवनयापन करता है। आश्रय देने वाला यह वर्ग तथाकथित अभिजन वर्ग है। ऐसी अवस्था में यह समझना हमारी भूल होगी कि यह अभिजन वर्ग कभी इस देश में गरीब-गुरबों के लिये आधुनिकता लाने देगा या नहीं। जैसे ही समाज के इस पद-दलित वर्ग के हिस्से थोड़ी-बहुत आधुनिकता आ जायेगी जजमान का अस्तित्व खतरे में पड़ जायेगा ऐसी अवस्था में इस देश में जब हम चुनाव द्वारा अपने प्रतिनिधियों को चुनते हैं। तब वास्तव हम अपने जजमान या आश्रयदाता को चुनते हैं। हम यह देखते है कि जिस प्रतिनिधि को हमने चुना है वह हमारे लिये क्या कर सकता है। दूसरे शब्दों में वह हमारे लिये कितना लाभदायक हो सकता है। यहां प्रश्न वैचारिकी का नहीं जजमान कमीन की व्यवस्था को नई शोषण जजमानी व्यवस्था में ढालने का है। इस विश्लेषण से ज्ञात होता है कि कहीं कही परम्पराओं का आधुनिकी करण नहीं हुआ और इन परम्पराओं ने आधुनिकता को ही बदल दिया।

(ज) मूल्यों का विकल्प—टेल्कट पारसंस समाजशास्त्र के एक मूर्धन्य सिद्धांतवेत्ता रहे हैं। उन्होंने **पेटर्न वेरायनल** का एक आदर्श प्रारूप दिया है। इसके अनुसार आधुनिकता का सीधा संबंध वैचारिकी के साथ है। इसका अर्थ हुआ आधुनिकता और परम्परा में अन्तर मूल्यों के आधार पर किया जा सकता है। किसी भी समाज के मूल्यों को अपनाने में व्यक्ति या समुदाय दुविधा या असमंजस में पड़ जाता है। ये मूल्य परस्पर विरोधी होते है। इन्हें ध्रुवीय द्विभागीकरण कहा जाता है वे समाज जो आधुनिक होते हैं उनसे अपेक्षा की जाती है कि वे भावात्मक तटस्थता विशिष्टता सार्वभौमिकता उपलब्धि और सामूहिकता के मूल्यों को अपने व्यवहार में लायेंगे।

पारसंस का यह आदर्श प्रारूप भारत की आधुनिकता के लक्षणों को स्पष्ट करने में बहुत सहयोगी है। हमारे समाज में ये लक्षण कम मात्रा में देखने को मिलते हैं। कहने को तो ये मूल्य किसी भी आधुनिकता को परिभाषित करने के लिये पर्याप्त है। लेकिन आनुभाविक स्तर पर हमें जो कुछ दिखाई देता है, उसे कतई संतोषजनक नहीं कहा जा सकता।

वास्तविकता यह है कि जब कभी आधुनिकता के मूल्यों को क्रियान्वित किया जाता है तो परम्पराएं विकल्पों के अपनाने में आड़े आ जाती है। कहीं जाति रास्तें में आती है, कहीं धर्म और कहीं भाषा। इस सबका परिणाम यह होता है कि आधुनिकता के मूल्यों कुछ तथाकथित आधुनिक वर्गों या जातियों तक सीमित रह जाते हैं। यदि आधुनिकता के दायरे में व्यक्तियों में होने वाले सांस्कृतिक संबंधों के नये मूल्य विकल्पों को अपनाये तब आधुनिकता धरती से जुड़ सकती है। इस संबंध में टिप्पणी करते हुए दिपांकर गुप्ता लिखते हैं:

यदि किसी समाज में स्वातंत्रता कुछ मुटठी भर हाथों में जागीर बनकर रह जाती है तो इस समाज को कभी भी स्वतंत्रता या आधुनिक समाज नहीं कहा जा सकता। इसी तरह यदि उपभोग के कुछ आईटम सीमित हाथों में ही सिमट जाते हैं तो जिस समाज में वे रहते हें वह आधुनिक नहीं बन जाता। इसी कारण समाजशास्त्री यह स्वीकार करते है कि आधुनिकता कुछ भी होने से पहले एक सांस्कृतिक प्रघटना है सांस्कृतिक इस तरह कि लोग अपने आपको समाज के अन्य लोगों के साथ कैसे जोड़ते हैं। इसके बाद दूसरी बातें उपभोग और भौतिक वस्तुओं की है।

(झ) सामाजिक आन्दोलन और आधुनिकता—आइजन स्टेट ने एक स्थान पर कहा है कि आधुनिकता का बहुत बड़ा लक्षण सामाजिक आन्दोलन को जन्म देना है। हमारे यहां उपनिवेशकाल में अंग्रेजी हकूमत ने स्थानीय लोगों का शोषण किया। साम्राज्यवाद ने लोगों की कमर तोड़ दी। यह सब हमने कहा है सहा है और लिखा है। लेकिन यह भी सही है कि उपनिवेशवाद

ने हमें उदारवादी और प्रजातांत्रिक मूल्यों को भी दिया है। हमारी आजादी की लड़ाई में इन मूल्यों ने हमें अत्यधिक प्रोत्साहित किया है। वास्तव में इस युग में हमारे देश में कई समाज सुधारक कार्य हुए। यह एक ऐसी क्रांति थी जब हमने अस्पृस्थता का विरोध किया पर्दे में रहने वाली स्त्रियों को आजादी की लड़ाई का भागीदार बना दिया। स्वदेशी उत्पादन को शीर्ष स्थान दिया और गांवों में रचनात्मक काम की एक नयी परम्परा स्थापित कर दी। ये सब आंदोलन सच में देखा जाए तो एक प्रकार क्रांति ही थे। इस संदर्भ में कहा जाना चाहिये कि आधुनिकता का एक अनिवार्य लक्षण आंदोलन है और कभी-कभी ये आंदोलन क्रांति का रूप भी ले सकते हैं। हम खेत का उत्पादन बढ़ाना चाहते हैं और हमने उच्च पैदावार करने वाली किस्मों को काम में लिया यानी कृषि का आधुनिकीकरण किया और परिणाम स्वरूप हमने हरित क्रांति देखी। इसी तरह दुग्ध उत्पादन के प्रयास में सफेद क्रांति आदि। हमारे देश का अनुभव बताता है। कि राष्ट्रीय जीवन के कई क्षेत्रों में आधुनिकता ने हमें आंदोलन और क्रांति के रूबरू किया है।

(ट) सामाजिक, आर्थिक और सांस्कृतिक रूपान्तरण— जब आधुनिकता आती है तब इसके साथ प्रोद्यौगिकी, पूंजीवाद और प्रजातंत्र भी आते हैं। ये प्रक्रियाएं बहुत शक्तिशाली होती हैं परिणाम स्वरूप समाज में कई परिवर्तन आते हैं। कभी-कभी परम्परा और आधुनिकता के अनुकूलन में विलम्ब हो जाते हैं, समाज में एक प्रकार की रुकावट आ जाती है जैसे पुरानी चीजे छोड़ नहीं पाते और नई चीज गले नहीं उतरती। लेकिन इस तरह का ब्रेक डाऊन लम्बे समय तक नहीं चलता और परम्परा तथा आधुनिकता में अनुकूलन हो जाता है। इस तरह अनुकूलन और तालमेल की कठिनाइयों के होते हुए भी आधुनिकीकरण में अनुकूलन की सहवर्धी क्षमता होती है। समाज के रथ पहिये आगे बढ़ते रहते हैं। **योगेन्द्रसिंह** तो आधुनिकता में निहित परिवर्तन के मूल्यों से भली प्रकार सहमत है। वे कहते हैं कि हमारे यहां परिवर्तन की प्रक्रिया के चलते हुए स्वयं परम्पराओं का आधुनिकीकरण हो जाता है। वे लिखते हैं।

हमारी परम्परागत संस्थाओं, भूमिकाओं, संरचनाओं और मूल्यों में ऐसी क्षमता है कि वे आधुनिकता के लक्षण को अपना लेंगे। अभी तक के हमारे जो भी आनुभविक अध्ययन हैं वे इसी तथ्य को बताते हैं।

(ठ) आधुनिकता के कानूनी पहलू—भारत के आधुनिकीकरण में कानून व्यवस्था बहुत बड़ा स्रोत्र हैं। यहां आधुनिकता के लाने में कानून एक सशक्त हथियार है। देखा जाये तो ब्रिटिश काल में कानूनी आधुनिकीकरण की प्रक्रिया हमारे देश में प्रारम्भ हुई। इसी के परिणाम स्वरूप यहां वैचारिकी का उद्विकास हुआ और भारतीय दण्ड संहिता का निर्माण हुआ। हमारे प्रथागत कानून के धीरे धीरे अखिल भारतीय कानून का रूप ले लिया। इस प्रक्रिया ने प्रथाओं यानी परम्पराओं को आधुनिक कानून के रूप में परिवर्तित कर दिया। अब कानून सार्वभौमिक रूप लेने लगा। इसका केन्द्र समूह या संघ नहीं रहकर व्यक्ति बन गया। यह पहली बार था कि आधुनिकता के केन्द्रीय लक्षण व्यक्तिवाद को कानून में स्थान दिया गया।

ऐसे कई कानून व्यवसाय के समाजशास्त्रीय अध्ययन है जो पर्याप्त रूप से यह स्थापित करते हैं कि आधुनिकता को समाज की संरचना का अंग बनाने में कानून की भूमिका बहुत बड़ी है। इसी कारण सभी इस तथ्य को स्वीकार करते है कि आधुनिकता का बहुत बड़ा लक्षण कानून है। कभी-कभी कानून परम्परा की अवहेलना करके अपने अस्तित्व को स्थापित कर लेता है, पर इस स्थिति में परम्परा भारी पड़ती है और कानून से बाल विवाह की परम्परा टूट नहीं पाई है। इस भांति कुछ विशिष्ट परिस्थितियों में कानूनी आधुनिकता परम्परा के पर नहीं काट पाती। ऐसा कुछ होते हुए भी आज यह माना जाता है कि आधुनिकता का बहुत बड़ा लक्षण कानून है कानून के माध्यम से आधुनिकता समाज में आती है और आज तो हमारे देश की स्थिति ऐसी है जिसमें प्रशासनात्मक फैसले भी कानून के माध्यम से होने लगे हैं।

(ड) आधुनिकताः व्यवसाय और व्यावसायिकता— भारत में आधुनिकता के प्रवेश से पूर्व कोई व्यवसाय नहीं हो ऐसा नहीं था। व्यवसाय तो ढेर सारे थे। जितने काम उतने व्यवसाय लेकिन ये सब व्यवसाय परम्परागत थे। व्यवसाय के हुनर को बेटा अपने बाद ओर पूर्वजों से सीखता था। दर्जी कपड़े सीने का काम किसी प्रशिक्षण संस्था से प्राप्त नहीं करता था और न कुम्हार मिट्टी के बर्तन बनाने का काम किसी पोलोटेक्नीक संस्था से प्राप्त करता था। ये सब व्यवसाय परम्परा से हासिल किये जाते थे। समाज के अधिकांश व्यवसाय जातिगत व्यवसाय थे। इनमें परम्परा की भूमिका महतवपूर्ण थी।

अब व्यवसाय को विज्ञान के आधार पर समझा जाने लगा। कई नये आविष्कार हुए तकनीकी तंत्र आया और इसके साथ भौतिक,रसायनिक तथा जैविकी विज्ञान आये। सभी ने व्यवसायों तक आधुनिकीकरण कर दिया।

अकादमिक व्यवसाय, चिकित्सा व्यवसाय, विज्ञान व्यवसाय, तकनीकी तंत्र व्यवसाय और ऐसे ही ढेरों व्यवसाय समाज के विभिन्न क्षेत्रों में आ गये हैं। आज समाज में व्यावसायिकता एक विशिष्ट लक्षण है। जितनी अधिक समाज में व्यावसायिकता होगी, समाज

उतना ही अधिक आधुनिक होगा। व्यावसायिकता का अर्थ विशिष्टीकरण से है और इसी कारण गांवों की अपेक्षा शहरों में अधिक विशिष्टीकरण या व्यावसायिकता होती है।

(12) विकास और पुर्ननिर्माण—आधुनिकता की अपनी एक दिशा होती है। यह इसलिये कि आधुनिकता अपने आप में एक प्रक्रिया है इसलिये इसे आधुनिककरण कहते हैं गांधी जी ने कहा था कि स्वतंत्रता का उपयोग करने के लिये रचनात्मक कार्य करें। यह सब एजेण्डा वस्तुत: विकास का कार्यक्रम था। संविधान हमारे देश के विकास कार्यक्रम का एक दस्तावेज है। औद्योगीकरण समाजवाद तथा स्त्रियों की समानता आदि हमारे विकास एजेण्डा के अंग रहे हैं—ई.1970 तथा 1980 में स्त्रियों की स्थिति का लेखा-जोखा समाजशास्त्रीय अध्ययनों में बहुतायत रूप से हुआ है। ई.1955 से 1965 में विकास के मुद्दे पर ग्रमीण अध्ययनों की यहां एक बाढ़ सी आ गई है। गांवों में होने वाले परिवर्तन को आधुनिकता मानकर किया गया। इससे स्पष्ट है कि शहर ही नहीं गांवों में भी आधुनिकता परम्परगत रोजगारों प्रौद्योगिकी तथा तकनीकी तंत्र ने अपना प्रभाव डालना प्रारम्भ कर दिया था।

कमजोर वर्गों की आधुनिकता—आदिवासी, दलित, स्त्रियों तथा अन्य पिछड़े वर्ग समाज की कमजोर कड़ियां है। इन कमजोर कड़ियों की आधुनिकता के विषय में धारणा अभिजन तथा समृद्ध जन की धारणा से भिन्न होती है। **गोपाल गुरू** ने **रोमिला थापर** द्वारा सम्पादित पुस्तक इंडिया एनेटर मिलेनियम में सम्मिलित एक निबन्ध में दलित वर्गों का आधुनिकता के प्रति जो बोध है उसका विश्लेषण किया है। वे कहते हैं कि अब दलित उच्च जातियों द्वारा उन्हें दिये गये माई-वाप के आश्रय स्वीकार नहीं है। सदियों तक उन्होंने इन वर्गों द्वारा फेंकी हुई जूठी रोटी को खाया है, इन वर्गो के उतरे हुए कपड़े पहिने हैं इन वर्गों द्वारा दिये गये अपमान में घूंटों को अपने गले उतारा है अब इस आधुनिकता युग में वे यह सब नही करेंगे। पश्चिमी सभ्यता और भारत की आधुनिकता ने उन्हें जिस मुक्ति का संदेश दिया है जिसमें वे अपनी कुशलता प्रतिस्थाा और योग्यता के आधार पर समान अवसर के हकदार मानते हैं।

सुरक्षात्मक भेदभाव की नीति ने दलितों को ऐसे कई अवसर दिये हैं जिनके माध्यम से वे देश की राजनीतिक आर्थिक और शैक्षणिक गतिविधियों में भाग ले सकते हैं। इन सब बयानों के माध्यम से हम केवल यह स्थापित करना चाहते हैं कि भारत में आधुनिकता का लक्षण केवल पूंजीवाद, उद्योगवाद, राज्यशक्ति और प्रजातंत्र ही नहीं है यहां इसके लक्षण भारतीय समाज की विशिष्टता से है। इस समाज की अपनी कुछ एथनिक सांस्कृतिक और ऐतिहासिक खासियतें है और आधुनिकता को इनके साथ जुझना होगा। इस देश के राष्ट्र राज्य के कुछ लक्ष्य है और इसलिये यहां की आधुनिकता को इन्हें पूरा करना होगा।

परम्परा बनाम आधुनिकता—समाज की सावयवी एकता पर टिप्पणी करते हुए **योगेन्द्रसिंह** कहते हैं : ब्रिटीश और यूरोप के लेखकों ने पृथकतावादी तत्वों पर अत्यधिक जोर दिया लेकिन इन तत्वों को जो कड़ियां जोड़ने वाली थी सामाजिक और आर्थिक उनका कोई उल्लेख नहीं किया। इस तरह का पूर्वाग्रह जो उपनिवेशवादी वैचारिकी और ब्रिटिश सामाजिक मानवशास्त्रियों में था उसने जाति और जनजाति की अवधारणा को एक पृथक संरचनात्मक और सांस्कृतिक विरचना के रूप में प्रस्तुत किया।

कतिपय भारतीय समाजशास्त्रियों ने इस तरह की विचारधारा का खण्डन किया और यह स्थापित करने का प्रयास किया कि भारतीय समाज में ऐसी कई परम्पराएं है समाज की इन कड़ियों को जोड़ने वाली कड़िया मानते हैं।

परम्परा बनाम आधुनिकता की यह बहस समाजशास्त्र में 1960-1980 के दशकों में बड़ी मर्मी-गर्मी से चली। **योगेन्द्रसिंह** का कहना है कि यह आवश्यक नहीं है कि आधुनिकता अनिवार्य रूप से परम्परा को कमजोर ही करती है। यह भी देखा गया हे कि कई बार आधुनिकता के हाथों परम्परा अधिक शक्तिशाली भी हो जाती है।

परम्परा के समर्थकों का कहना है कि भारतीय समाज बुनियादी दौर पर एक ऐसी देशी समाज है। इसकी एक बहुत पुरानी सभ्यता रही है। इस सभ्यता के जीवित रहने या इसकी निरंतरता का कारण इसकी उदारता, बर्दाश्त करने की क्षमता और लचीलापन है। इसी कारण आधुनिकता इसे मार नहीं सकती। इसकी महान परम्परा इसके शास्त्रीय ग्रन्थ और धर्म इस परम्परा को वैधता देते है और सबसे रुचिकर बात यह है कि यह परम्परा बराबर लघु परम्परा के सम्पर्क में है। महान परम्परा लघु परम्परा की ओर बढ़ती है तथा अपनी वैधता पाती है दूसरी ओर लघु परम्परा जिसका स्थानीय समाज है जमीन से जुड़े हुए लोग है ऊपर की ओर पहुंचती है ऐसी परम्परा आधुनिकता के हाथों कभी नहीं मर सकती ।

कुछ समाजशास्त्री गांवों से उपलब्ध आनुभाविक सामग्री के आधार पर इस निष्कर्ष पर पहुंचते हैं कि आधुनिकता आज के समय में प्रभावशाली तो है लेकिन फिर भी भारतीय समाज का जो देशी आधार है उसे बदला नहीं है। दूसरी विचाधारा में मे किम मेरियट जैसे मानवशास्त्रियों की है जिनका कहना है कि आधुनिकता का परम्परा के साथ मुकाबला दो स्तरों पर है महान परम्परा यानी अखिल भारतीय स्तर और स्थानीय परम्परा अर्थात लघु परम्परा। इन दोनों परम्पराओं पर आधुनिकता का प्रभाव पड़ता है। एक

तीसरी विचारधारा **योगेन्द्रसिंह** की है। वे कहते हैं कि आधुनिकीकरण की प्रक्रिया भारत में एक प्रभावशाली प्रक्रिया है। वैश्वीकरण ने इस प्रक्रिया को और अधिक ताकतवर बना दिया है। ऐसी स्थिति में परम्पराओं के सामने केवल दो विकल्प हैं। एक विकल्प तो यह कि परम्परा कमजोर हो जाए उसकी सांस फूल जाये और लम्बी अवधि में चलकर अपना दम तोड़ दें। दूसरा विकल्प यह है कि वह अपने आपको आधुनिकीकरण के मूल्यों में बांध दे। संघ का स्थान व्यक्तिवाद ने ले लिया है। प्रदत्त प्रस्थिति का स्थान अर्जित प्रस्थिति ले रही है और इस प्रकार परमपराओं का आधुनिकीकरण हो पायेगा। परम्परा और आधुनिकीकरण की इस लेन-देन में संरचना के कई स्तरों पर संघर्ष भी आ जायेगा। कहीं परम्परा को आधुनिकता के साथ समझौता करना पड़ेगा और कहीं आधुनिकता को परम्परा के साथ आर-पार की लड़ाई दोनों में नहीं हो सकती। समझौता दोनों को करना पड़ेगा।

सामाजिक परिवर्तन का आधुनिकीकृत सिद्धांत

भारत में स्वतंत्रता प्राप्ति के बाद परिवर्तन की गति तेज हो गई। पिछले दशकों में यह परिवर्तन धीमा इसलिये था कि तब सामाजिक और सांस्कृतिक प्रक्रियाएं राजनीति पर निर्भर नहीं थी। वे स्वयं थी। वह कहते है कि एक जमाने में जब मुगलों के आक्रमण हमारे देश के कई भागों में होते थे हमारा किसान कंधे पर हल रखकर खेत की मेड़ पर तुलसी की चौपाइयों को गाता हुआ जाता था। जैसे उसे युद्ध से कोई वास्ता नहीं था। इस कथन में बहुत बड़ी सत्यता है। राज्य से कोई वास्ता न रखकर हमारी सांस्कृतिक परम्पराएं बराबर चलती रहती थी। इस कारण अतीत में सामाजिक परिवर्तन धीमा था।

आज सामाजिक परिवर्तन का जिम्मा स्वयं राज्य ने लिया है और इसके अतिरिक्त आन्तरिक तथा बाहा प्रक्रिया थे जैसे कि वैश्वीकरण इसकी गति में बराबर तेजी लाती रहती है। जब हम भारतीय संदर्भ में सामजिक परिवर्तन का अतंर करना होगा। अंग्रेजी राज के अपने से पहले इस देश में जो सामाजिक परिवर्तन था वह सामान्य सामाजिक परिवर्तन था। इस समय देश में आधुनिकता नहीं आई थी।

यह सामाजिक परिवर्तन के विश्लेषण का पहला सार है। दूसरे स्तर पर जो परिवर्तन आया उसमें आधुनिक प्रक्रियाओं की भूमिका महत्वपूर्ण थी। इस भांति इसमें सामाजिक परिवर्तन को दो तरह से देखा जा सकता है : पहला वह जिसमें आधुनिकता की कोई भूमिका नहीं थी, ये परंपरागत समाज दूसरे परंपरागत समाज की ओर बढ़ता था। परिवर्तन का दूसरा प्रकार आधुनिकता के कारकों के कारण होता है। उद्विकास दृष्टि से यह परंपरागत समाज से जुदा होता है।

भारत में सामाजिक परिवर्तन

परंपरागत भारतीय समाज

भारत में आधुनिकता के आने से पहले समाज की जो तस्वीर थी, उसमें सपाट मैदान जैसा खुलापन था। न भाग-दौड़ और न उतार-चढ़ाव। जीवन निश्चित ढर्रे पर चलता था। इसमें सोपानिक व्यवस्था थी। जन्म जात धंधे थे। ये सब सोपान परंपरागत थे; इन पर संदेह नहीं किया जा सकता था। इसलिए इसमें समग्रता थी। समग्रता का मतलब है व्यक्ति अपने सामाजिक और नैतिक जीवन में समूह यानी संघ के अधीन था। उसकी कोई व्यक्तिगत पहचान नहीं थी। वह किसी परिवार का था, मोहल्ले या गांव का, जाति या नातेदारी कार यह समग्रता यानी हेलिजम संपूर्ण समाज को एक सूत्र में बांधे रखता था। सोपन समग्रता के अतिरिक्त परंपरागत भारतीय समाज की तीसरी विशेषता उसकी निरंतरता थी। पीढ़ी-दर-पीढ़ी यह समाज अपनी परंपराओं को आगे ढकेलता था ओर इसकी अंतिम विशेषता अनुभवतीतता थी। इसका अर्थ है कि इन विशेषताओं को व्यक्ति अपने अनुभव से नहीं जान सकता था। व्यक्ति का जन्म ब्राह्मण परिवार में क्यों हुआ, उसका धंधा पुराहिती ही क्यों हुआ उसे समाज में ऊंचा स्थान क्यों मिला? इन प्रश्नों का उत्तर वह अपने अनुभव से नहीं पा सकता था। इसलिए समाज की यह परंपरागत व्यवस्था अनुभवतीतता है।

भारतीय समाज में सामाजिक परिवर्तन का एक और ऐतिहासिक मोड़ आया था जब मुसलमान इस्लाम धर्म को लेकर इस देश में आए। यह मध्यकाल था। इस्लाम हिंदू धर्म से भिन्न है। दोनों ही व्यवस्थाएं अलग-अलग है। इस्लाम का उद्गम अरब देशों से है। इसका शाब्दिक अर्थ है अल्लाह की इच्छा पर अपने आपको सौंप दो। इस धर्म का कोई सोपान व्यवस्था नहीं है—सब अल्लाह के बंदें है, समान है। यह धर्म केवल अल्लाह को ही मानता है और मौहम्मद इसका पैगम्बर है। इस अर्थ में स्पष्ट रूप से इस्लाम एकेश्वरवादी है। इस्लाम की इस धार्मिक व्यवस्था ने हिंदू धार्मिक व्यवस्था से भिन्न हो कर भी कोई तनाव पैदा नहीं किया। हुआ यह कि परंपरागत हिंदू समाज ने इस्लाम के साथ अपना जोड़-तोड़ कर लिया। एक प्रकार का सामाजिक आदान-प्रदान हो गया और सामाजिक परिवर्तन की प्रक्रिया यथावत चलती रही। राजनीतिक जीवन में इस्लाम में राजतंत्र की कोई व्यवस्था नहीं हैं। फिर भी भारत में आए हुए मुसलमानों ने राजतंत्र को अपना लिया। यह सामन्ती व्यवस्था कबिलाई जीवन में बदलाव ले आयी। दूसरा, भारतीय मुसलमानों में भी सोपानिक व्यवस्था आ गई। इस्लामी कानून के अनुसार मुसलमानों का समाज समतावादी समाज है। पर भारत के मुसलमानों में दो जातियां तो स्पष्ट रूप से

बन गई : एक जाति तो उन मुसलमानों की जो मूल रूप से अरब देशों के थे, और दूसरी उन निम्न हिंदू जातियों की जिन्होंने इस्लाम को अपने धर्म की तरह अपना लिया। हिंदू इस्लाम धर्मों की यह अंत क्रिया अनुकूलन के क्षेत्र में कोई तनाव नहीं लाई और परंपरागत हिंदू समाज ने अपनी उदारता और अपने लचीलेपन के कारण-थोड़े बहुत अंतर के साथ परंपरावादी संरचना को आगे धकेल दिया। दूसरा अर्थ यह हुआ कि इस्लाम के आने पर भी परंपरागत भारतीय समाज में सामाजिक परिवर्तन सामान्य और सहज रूप से चलता रहा। दोनों धार्मिक व्यवस्थाओं ने संश्लेषण की नीति को अपनाया। इसके कारण टूटने की अपेक्षा परंपरागत भारतीय व्यवस्था अधिक ताकतवर बनी। इन दोनों व्यवस्था में से किसी ने भी टूटे बिना अपनी पहचान को बनाए रखे।

परंपरागत समाज के संरचनात्मक परिवर्तन

उपनिवेशवादी हुकूमत के आने से पहले जो परंपरागत भारतीय समाज या उसमें दो बड़ी परंपरागत व्यवस्थाएं थी। हिंदू सामाजिक व्यवस्था तथा मुस्लिम सामाजिक व्यवस्था। इन दोनों में आदान-प्रदान था। इधर मुगल बादशाहों ने दीन-इलाही धर्म की स्थापना की, अकबर के दरबार में मुसलमानों के साथ हिंदू भी थे और राजपूत तथा हिंदुओं में थोड़े बहुत विवाह संबंध भी थे। भवन-निर्माण और वास्तुकला संश्लेषण था। एक प्रकार की संयुक्त संस्कृति का विकास इन दोनों व्यवस्थाओं की अंतक्रिया के परिणामस्वरूप हो रहा था। अभी आधुनिकता दूर थी। इस काल में जो भारतीय सामाजिक व्यवस्था थी वह अनिवार्य रूप से परंपरागत सामाजिक व्यवस्था थी। और इसमें हिंदू और मुस्लिम परंपराएं मुख्य थी। अब जब हम इस काल के सामाजिक परिवर्तन की चर्चा करते हैं तब हमारा तात्पर्य इन दोनों परंपराओं में होने सामाजिक परिवर्तन से है। यहां हम पहले हिंदू सामाजिक परंपरा में होने वाले परिवर्तन देखेंगे और बाद में मुस्लिम परंपरा के।

हिंदू सामाजिक परंपरा में परिवर्तन

भारतीय समाज की जो भी यथार्थता या सच्चाई है वह सामाजिक संरचना और परंपराओं में बंधी हुई है। जातीय सामाजिक संरचना की परंपराएं वे ही हैं जो जातियों से जुड़ी हुई हैं। आधुनिकता के आने से पहले जो परिवर्तन आया इसके दो स्वरूप हैं। पहला स्वरूप तो वह जिसमें किसी ऐतिहासिक प्रतिक्रिया द्वारा निम्न जातियों को उच्च जातियां ऊंचा स्थान दे देती है। ऊंचे स्थान देने के कोई ऐतिहासिक कारण या घटनाएं होती है। कुछ निम्न जातियां जब किसी हादसे में कोई बहादुरी का काम करती हैं, किसी विशेष आर्थिक उपलब्ध को प्राप्त कर लेती है या सत्ता प्राप्त कर लेती है तो उन्हें उच्च स्थान दे दिया जाता है। संपूर्ण समाज इन निम्न जातियों को आदर की दृष्टि से देखता है और इस तरह सामाजिक स्तरीकरण में निम्न जातियों का स्थान ऊंचा हो जाता है। यह संस्कृतिकरण है। इस प्रकार के संस्कृतिकरण को समाज की वैधता प्राप्त होती है। यह संस्कृतिकरण एक ऐतिहासिक प्रक्रिया है। निम्न जातियों का हिंदू सोपानिक व्यवस्था में उच्च स्थान सामान्य तथा स्थानीय होता है पर इसका विषय होता है।

संस्कृतिकरण का दूसरा स्वरूप वह होता है। जिसमें निम्न जातियां अपने स्वयं के प्रयासों में ही—सुधार, शिक्षा द्वारा आगे बढ़ जाती हैं और अन्य लोग इन्हें आदर की दृष्टि से देखते हैं। संस्कृतिकरण के इस स्वरूप में जैसा कि एम.एन. श्रीनिवास कहते हैं छोटी या निम्न जातियां अपने से ऊंची जातियों की परंपराओं, धर्म विधियों, विश्वासों का अनुकरण कर लेती हैं और इस सामाजिक सोपान में आगे बढ़ जाती है। सामाजिक परिवर्तन के इस दूसरे स्वरूप में उच्चजातियां वैधता देने में स्वसंपन नहीं होती है जबकि हादसे या ऐतिहासिक घटना में दी गई उच्चता की सर्वसंमत वैधता होती है।

संस्कृतिकरण में जो गतिशीलता आती है, वह सामाजिक परिवर्तन है। इस परिवर्तन की दो विशेषताएं हैं, पहली तो यह कि परिवर्तन बहुत धीमी गति से आता है और दूसरी यह कि परिवर्तन जातियों की सोपानिक व्यवस्था में ही दिखाई देता है; विशाल सामाजिक व्यवस्था में नहीं। ऐसा सामाजिक परिवर्तन अंतर्जात परिवर्तन है। इसमें परिवर्तन के कारक व्यवस्था के बाहर से नहीं होते। योगेन्द्र सिंह ने संस्कृतिकरण से होने वाले सामाजिक परिवर्तन की विशेषता यह बताई है कि यह परिवर्तन जाति के लक्षणों में होता है। निम्न जाति पवित्र-अपवित्र वस्तुओं से व्याख्या ऊंची जातियों के संदर्भ में करती हैं लेकिन संपूर्ण जाति व्यवस्था के सोपान ने उन्हें कोई ऊंचा स्थान नहीं मिलता। इस तरह निम्न जातियों का लक्षणों में तो ऊंचा स्थान न आ जाता है लेकिन जातियों की सोपानिक रचना में कोई ऊंचा स्थान नहीं मिलता। धोबी और नाई शराब तथा मांस छोड़कर जाति सोपान में ब्राह्मण नहीं बन जाते हैं।

संस्कृतिकरण की प्रक्रिया परंपरागत भारतीय समाज में आने वाले सामाजिक परिवर्तन की व्याख्या में सहायक हैं। यह परिवर्तन केवल हिंदू परंपराओं में आने वाले परिवर्तन को ही बताती है। लेकिन जैसा कि ऊपर कहा गया है कि मध्यकाल के अंत तक परंपरागत भारतीय समाज में दो व्यवस्थाएं मुख्य थी : हिंदू जातीय व्यवस्था और मुस्लिम सामाजिक व्यवस्था। आधुनिकता के आने से पहले हिंदु जातीय व्यवस्था में जो परिवर्तन आया वह संस्कृतिकरण की प्रक्रिया के द्वारा हुआ था। ये कारक अंतर्गत यदि जातियों से

उत्पन्न थे। अब हम इसी युग में अर्थात आधुनिक काल में पहले आने वाले परिवर्तन को मुस्लिम परंपरागत समाज में देखेंगे। ये परिवर्तन भी अंतर्जात थे।

पंथ और धर्म निरपेक्षता

भारत में हमेशा ही विविध प्रकार के धार्मिक विश्वासों को माना जाता रहा है वास्तव में भारतीय समाज जैसा अनेक धर्मों वाला शायद ही कोई अन्य समाज मौजूद हो। इस देश में विविध प्रकार के धार्मिक विश्वासों का प्रचलन साथ-साथ रहा है और इनमें से कुछ तो एक दूसरे से बिल्कुल अलग हैं। और आपसी सहिष्णुता के साथ धर्मों की अनेकता का शानदार उदाहरण प्रस्तुत किया है।

इसका यह मतलब नहीं है कि भारतीय समाज धार्मिक समाज और संघर्ष से पूरी तरह मुक्त रहा है। लेकिन जब हम तीन हजार वर्ष या उससे अधिक समय के भारतीय इतिहास पर दृष्टि डालते हैं तो भीषण धार्मिक विवादों की कड़वाहट और युद्ध का कोई महत्वपूर्ण प्रमाण नजर नहीं आता भारत में मुसलमानों के आने के बाद कोई बड़ा धार्मिक युद्ध नहीं लड़ा गया। हालांकि असहिष्णु शासक रहे हैं, फिर भी, भारत में मुसलमानों के शासन में भी, कुल मिलाकर सौहार्द का ही माहौल रहा, संघर्ष का नहीं। (दूसरी और, इसी अवधि में यूरोप में भीषण धार्मिक संघर्ष चल रहा था।)

मुगलशासन की समाप्ति के बाद भारत में अंग्रेजी राज्य स्थापित हुआ तब ही शुरू में धार्मिक साहिष्णुता और सह-अस्तित्व की भारतीय परंपरा बनी रही। 1857 के प्रथम स्वतंत्रता संग्राम में हिंदू और मुसलमान साथ-साथ लड़े थे।

परंतु बीसवीं शताब्दी के आरंभ से परिस्थितियां बदलने लगी। अंग्रेजों द्वारा आधुनिकीकरण की प्रक्रिया शुरू किए जाने के कारण आर्थिक और राजनीतिक प्रतियोगिता की भावना जाग्रत हुई जिनके कारण धार्मिक विवाद पैदा होने लगा। और करीब आधी शताब्दी के थोड़े से समय में ही भारतीय समाज में सांप्रदायिक तनाव और हिंसा फैलाई गई। हिंदू महासभा और मुस्लिम लीग जैसी पार्टियां भारतीय राजनीति को पूरी तरह सांप्रदायिक बनाने में सफल रही और 1947 में औपनिवेशिक दासता से मुक्ति पाते समय भारत में मानव इतिहास का सबसे भीषण रक्तपात हुआ। देश को विभाजन तक पहुंचाने के लिए जिम्मेदार घटनाओं और स्वयं विभाजन के कारण हिंदू और मुसलमानों के बीच इतनी अधिक कटुता और विद्वेष बढ़ गया। जिससे ऐसा लगने लगा कि परंपरागत सह आस्तित्व हमेशा के लिए समाप्त हो गया है।

फिर भी विभाजन के मात्र दो वर्ष वाद ही जब स्वतंत्र भारत का पहला संविधान बनाया गया नेहरू जी की प्रेरणा और उनके मार्ग निर्देशन में राष्ट्रीय नेताओं ने भारत को एक ''धर्मनिरपेक्ष'' —राज्य घोषित करने का निर्णय लिया। अर्थात एक ऐसा राज्य जिसमें सभी धर्मों और नागरिकों के साथ उनके धार्मिक विश्वास चाहे जो हो निष्पक्ष भाव से तथा एक जैसा व्यवहार किया जाएगा। संविधान बनाते समय कुछ ही समय फैला सांप्रदायिक दुराग्रह और विरोध पूरी तरह भुला दिया गया। इस बात को कोई महत्व नहीं दिया गया कि पाकिस्तान धार्मिक अलगाव के सिद्धांत के आधार पर बना है। भारत में धर्म निरपेक्षता का मार्ग अपनाने और अनेक धर्मों वाला ऐसा समाज बने रहने का निर्णय किया। जिसमें सभी नागरिकों को धार्मिक स्वतंत्रता एक नागरिकता और कानून की दृष्टि में समानता प्रदान करने की गारंटी दी गई हो। धर्मनिरपेक्ष राज्य का निर्णय लिया जाना एक अन्य दृष्टि कोण से भी महत्वपूर्ण है। भारतीय समाज अपने पूरे इतिहास में धर्म के प्रति दृढ़ विश्वास रखता रहा है। और उसके लिए प्रति क्रुद्ध रहा है। वास्तव में यह कहने से कोई अतिश्योक्ति नहीं होगी कि भारतीय संस्कृति और समाज का निर्माण करने धर्म का सबसे महत्वपूर्ण प्रभाव रहा है फिर भी जब धार्मिक या धर्म निरपेक्ष राज्य के बीच चुनाव करने का अवसर आया तो भारत ने धार्मिक राज्य का चुनाव नहीं किया।

इतिहास और परंपरा के इस संदर्भ में भारत ने किन कारणों से धर्म निरपेक्ष राज्य बनने का निर्णय किया। और भारतीय धर्म निरपेक्षता किस सीमा तक भारत में विशिष्ट इतिहास, राजनीति और सांस्कृतिक अनुभवों से प्रभावित हुई।

समकालीन भारत में धर्मनिरपेक्षता को पूरी तरह से समझना और उसके महत्व का मूल्यांकन करना कठिन हो गया है। क्योंकि हाल ही घटनाएं इस बात की ओर संकेत करती है कि भारतीय समाज तेजी से हिंदु पुरूत्थानवाद और मुस्लिम सिक्ख कट्टरवादिता की ओर बढ़ रहा है यह हमारे संविधान के निर्माताओं का आकांक्षाओं के प्रतिकूल है।

धर्मनिरपेक्षता की पाश्चात्य प्रणभूमि—''धर्म-निरपेक्षता'' शब्द सबसे पहले 1951में जार्ज होलीओक (1817-1906) ने गढ़ा था। अंग्रेजी में ''सेक्यूलर'' शब्द लैटिन के ''सेकुलम'' शब्द से बना है, जिसका शब्दिक अर्थ है—''यह वर्तमान युग''। यह विश्व के लिए प्रयुक्त शब्दों में से भी एक है। और काफी लंबे समय तक सेक्यूलर शब्द का अर्थ ''सांसारिकता माना जाता है '' जो ''धर्म'' या ''पवित्रता'' के प्रतिकूल था। लेकिन होलीओक द्वारा औपचारिक रूप से शब्द गढ़े जाने से बहुत पहले, पश्चिम के समाज में धर्म निरपेक्षता की प्रक्रिया, बल्कि इसके लिए संघर्ष भी शुरू हो चुका था।

धर्मनिरपेक्षता का उद्‌भव—यूरोप और इंग्लैण्ड में बहुत

पहले से ही जीवन के सभी पक्षों पर कैथोलिक चर्च का पूरा नियंत्रण था। पोप और उसके स्तर के पादरियों की स्थिति बड़ी मजबूत थी, और इसकी शक्ति के कारण ये अपने धार्मिक अधिकारों का प्रयोग कर सभी का दमन करते थे, चाहे कोई राजा हो या सामान्य व्यक्ति। इसलिए राजा, और जनता दोनों ने, राज्य के मामलों और रोज के जीवन के सामान्य कामों की चर्चा तथा धर्म के नियंत्रण से मुक्त करने के लिए संघर्ष किया। धर्म और धार्मिक अधिकार का विरोध किया गया। क्योंकि यह अत्याचार का मुख्य औचित्य और साधन वन गए थे। वास्तव में गुरुओं का दमन इतना कठोर था कि जन जागरण का स्वरूप धर्म विरोधी होना स्वाभाविक ही था ।इस अनुभव के कारण पश्चिमी समाज में धर्म उन शक्तियों की कड़ी चुनौतियों का सामना करना पड़ा। जो दैनिक जीवन के मामलों के साथ-साथ राजनीतिक और सामाजिक जीवन को भी धार्मिक प्राधिकारियों के नियंत्रण और हस्तक्षेप से मुक्त कराना चाहते थे इस तरह, यह संघर्ष या प्रक्रिया जिसने धार्मिक तानाशाही को समाप्त कर तर्क संगत और वैज्ञानिक दृष्टिकोण को स्थापित किया धर्म-निरपेक्षता कहलाई।

मूलत: धर्म-निरपेक्षता का संबंध केवल सांसारिक कार्यों से है, जिसमें इसी जीवन में मानवीय परिस्थितियों को सुधारने और मानव कल्याण के लिए कार्य किया जाता है। इस तरह से धर्म-निरपेक्ष दृष्टिकोण और सिद्धांत उन मामलों में धार्मिक भूमिका को महत्व नहीं देता जिनका संबंध धार्मिक विश्वासों और मृत्यु के बाद के जीवन से परे हैं। पश्चिमी संसार में धर्मनिरपेक्षता की बढ़ती प्रवृति ने धर्म और धार्मिक दृष्टिकोण के प्रति पश्चिमी देशों की जनता के लगाव को कम कर दिया है। इस प्रवृत्ति का एक महत्वपूर्ण परिणाम यह हुआ है कि अनेक सामाजिक संस्थाएं, विशेष रूप से आर्थिक और राजनीतिक मामलों में धार्मिक आदेशों की बजाय तर्कसंगत आधार पर काम करने लगी। इसके साथ ही यूरोपीय समाज में धर्म का सर्वांगीण प्रभाव समाप्त हो गया। और इसके साथ पर धीरे-धीरे राष्ट्रीयता जैसे धर्म-निरपेक्ष सिद्धांत को, समाज और लोगों को जोड़ने वाले सिद्धांतों के रूप में मान्यता मिली।

सामान्य व्यक्ति के लिए धर्म-निरपेक्षता के विकास का अर्थ था। ज्यादा व्यक्तिगत स्वतंत्रता और विचार संबंधों तथा कार्य के क्षेत्रों में ज्यादा विकल्प। **मैकी** का कथन है कि ''धर्म-निरपेक्ष'' समाज में अनेक सामाजिक मान्यताएं और विचार होते हैं। इतिहास के उस काल में आधुनिक विज्ञान का विकास नहीं हुआ था। और मानव जीवन परंपराओं अंध-विश्वासों और विवेकहीन आस्थाओं पर चलता था। ऐसे समय में, कुछ निडर और निष्ठावान विचारकों के निरंतर प्रयास से, इन तर्क हीन बातों को समाप्त कर उनके स्थान तथा तर्क संगत मानवीय विचार और व्यवहार की स्थापना किया जाना किसी क्रांति से कम नहीं था।

धर्म निरपेक्षता के क्षेत्र—यद्यपि धर्म-निरपेक्षता को स्वीकार करने और उसके प्रसार से धर्म की भूमिका और महत्व को हो गया था फिर भी, पश्चिमी जगत में भी, धर्म का प्रभाव पूरी तरह से समाप्त नहीं हो सका था।

धर्म की व्यापक भूमिका कम हो जाने से अनेक लोग यह सोचने लगे थे कि धर्म और धर्म निरपेक्षता एक दूसरे के विरोधी सिद्धांत हो वास्तव में, यह बिल्कुल सही नहीं है। ये एक दूसरे के विरोधी नहीं, बल्कि आपस में पूरी तरह से जुड़े हुए हैं। सभी जानते हैं कि धर्म और आस्था मूलत: दैविक और जीवन के बाद की स्थितियों से संबंधित है। धर्म निरपेक्षता का इन स्थितियों से कोई लेना देना नहीं है और ऐसी स्थितियों के धार्मिक क्षेत्र में बने रहने पर धर्म निरपेक्ष दृष्टिकोण को भी कोई आपत्ति नहीं है। धर्म निरपेक्ष और धर्म निरपेक्षता के अलग-अलग क्षेत्रों को ध्यान में रखते हुए **लौअर** विचार किया है कि, ''धर्म निरपेक्षता के पसार के साथ-साथ भी धर्म प्रगति पर कार्य कर सकता हो और मनुष्य की नैतिकता और अस्तित्व को आलौकिक सार्थकता देने वाला आवश्यक स्रोत बना रह सकता है। इस प्रकार धर्म निरपेक्षता और धर्म को परस्पर विरोधी विकल्पों के रूप में देखना उचित नहीं है। और का कथन है कि, ''धर्म निरपेक्षता का अर्थ है धर्म के स्वरूप में परिवर्तन, न कि उसकी समाप्ति'' इस स्थिति में हमें इस तथ्य को भूलना नही चाहिए कि धर्म और धर्म निरपेक्षता में कुछ हद तक तनाव बना ही रहता है जैसा कि मैकी ने कहा है कि, ''सांस्कृतिक प्रक्रिया के रूप धर्म-निरपेक्ष इस संसार को दिव्य माने के विचार को समाप्त करने का प्रयास करती हो जिसके कारण, मनुष्य अपने समाज को मूलत: धार्मिक तरीके से समझना बंद कर देता हो'' उनका यह भी कहना है कि धर्म निरपेक्षता दूसरी दुनिया से विमुख होकर इस दुनिया की ओर ध्यान केंद्रित करने की प्रक्रिया यह स्पष्ट किया जा चुका है कि धर्म और धर्मनिरपेक्षता का एक दूसरे से निश्चित सबसे विरोधी होना जरूरी नहीं है लेकिन इनके बीच ''अपरिहार्य'' विरोध की गलत धारणा इसलिए पनपती है क्योंकि अंधविश्वास, निरर्थक रीति रिवाज और रूढ़िवादी विश्वास, जिनका वास्तव में धर्म के साथ कोई संबंध नहीं होता, गलती से धर्म मान लिए जाते हैं जैसा कि पहले कहा गया है कि इनको दूर करना ही धर्मनिपेक्षता का उद्देश्य है लेकिन, जैसाकि ''यदि धर्म का संबंध जीवन के'' श्रेष्ठ मूल्यों से है तो इन दोनों में कोई परस्पर विरोध नहीं होना चाहिए। इस चर्चा को समाप्त करने से पहले, धर्म निरपेक्षता के बारे में अंतिम महत्वपूर्ण निष्कर्ष यही है कि पूर्ण रूप से विश्लेषण करने

पर यह स्पष्ट हो जाता है कि धर्मनिरपेक्षता एक ऐसी प्रवृत्ति और ऐसा मानसिक दृष्टिकोण है, जो तर्क और वैज्ञानिक विचार धारा की प्रमुखता तथा मानव मात्र को समानता पर जोर देता है और मानता है कि हर व्यक्ति समान रूप से अच्छा है। वास्तव में यहां इस निष्कर्ष पर पहुंचकर पता चलता है कि धर्म और धर्मनिरपेक्षता का रास्ता समान है, दोनों एक ही सिक्के के दो पहलू है।

भारत में धर्म निरपेक्षता— धर्म निरपेक्षता के उदय से जीवन में धर्म का हस्तक्षेप कम होता गया। इस संदर्भ में ही किया गया है। इसलिए, हमारे देश में धर्म निरपेक्ष राज्य शब्द तो कहा जाता है धर्म निरपेक्ष समाज कभी नहीं। इसका आंशिक कारण यह है कि भारत में धर्म निरपेक्षता मुख्यत: सांप्रदायिकता विरोधी विचारधारा मानी गई है। भारत में धर्म निरपेक्षता शब्द का प्रयोग इस अर्थ में किया जाता है कि राज्य किसी एक धर्म के साथ नहीं होगा वरन् सभी धर्मों के प्रति उसका एक जैसा मैत्री भाव या दूरी होगी। निरपेक्षता के इस सिद्धांत पर कार्य करते हुए भारतीय राज्य से यह अपेक्षा की जाती है कि वह अंतर वर्गीय संघर्ष को रोके और उसके साथ-साथ विविधता भरें, प्रतियोगी और कभी-कभी एक दूसरे से संघर्षरत बहुधर्मीय समाज को एक राष्ट्र के रूप में जोड़े रखे वर्गों की आपसी होड़ और संघर्ष तो हमारी सामाजिक विशिष्टता है। यह आशा की जाती है कि इस प्रकार की धर्म नीति सभी नागरिकों राष्ट्रीय भावना पैदा करेगी, जो उनकी विविध प्रकार की धार्मिक पहचान से ऊपर होगी लेकिन धार्मिक पहचान को अस्वीकार नहीं करेंगी। इसका वास्वविक अर्थ यह है कि सभी नागरिक और विशेष रूप से राजकीय अधिकारी अपने-अपने सार्वजनिक जीवन में एक ओर तो अपने अधिकारों और कर्तव्यों तथा दूसरी और अपने विश्वासों और व्यवहार के बीच अंतर बनाए रखेंगे। भारत और पश्चिम की धर्म निरपेक्षता के अर्थ में यह अंतर उन भिन्न ऐतिहासिक राजनीतिक और सामाजिक परिस्थिती के कारण है, जिनमें भारत में धर्म निरपेक्षता का उदय हुआ।

धर्म निरपेक्षता में भारतीय परंपरा— पश्चिम में धर्म निरपेक्षता का उदय चर्च और राज्य, जिसमें साधारण जनता भी शामिल है के बीच हुए संघर्ष के कारण हुआ था। भारत में संगठित धार्मिक अत्याचार का कोई उल्लेख नहीं मिलता। हिंदू धर्म और इस्लाम, दोनों में न तो ब्राह्मण और न ही मुस्लिम उलेमा, संगठित सरकारी धर्म गुरुओं के रूप में कार्य करने और जनता के जीवन को प्रभावीकरण से नियंत्रित करने में कभी सफल हो पाए इस प्रकार, मुस्लिम काल में पहले और मुस्लिम काल के दौरान धर्म गुरुओं और शासकों या जनता के बीच हुए संघर्ष का कोई इतिहास नहीं मिलता। सह अस्तित्व की नीति अपनाई थी। हिंदुओं ने धीरे-धीरे प्रशासनिक तंत्र में महत्वपूर्ण पद हासिल किए। कुल मिलाकर मुसलमान शासकों की नीति ''जियो और जीने दो'' की थी। इसके बाद अंग्रेजों ने भारत पर अधिकार किया तब उन्होंने भी जहां तक विभिन्न समुदायों के धार्मिक जीवन का संबंध था। तटस्थता की प्रवृत्ति बनाए रखी। इसके अतिरिक्त अंग्रेजों ने कानूनों की दृष्टि में बराबरी की अवधारणा को लागू किया। और उसको अमल में लाए जिसके अंतर्गत सभी नागरिकों को, उनकी जाति और धर्म चाहे जो हो, बराबरी के अधिकार दिए थे। अंग्रेजों से पहले के भारत में यह स्थिति नहीं थी। इस प्रकार धार्मिक सह-अस्तित्व की पहले के ऐतिहासिक परंपरा के अलाव, अंग्रेज शासकों ने दो नए महत्वपूर्ण विचार दिए। ये विचार थे। धर्म के प्रति राज्य की तटस्थता और कानून के सामने बराबरी ये दोनों विचार भारत में आधुनिक धर्म-निरपेक्ष राज्य के अग्रदूत बने।

धर्म निरपेक्षता और राष्ट्रीय आंदोलन— बीसवीं शताब्दी के आरंभ से अंग्रजों ने अपनी पहले की तटस्थता को त्याग दिया और अपनी बहु-चर्चित नीति ''फूट डालो और राज करो'' अपना ली, जिसके कारण भारतीय राजनीतिक जीवन खतरनाक रूप से सांप्रदायिक हो गया। राष्ट्रीय नेताओं को इस खतरे का पुरा आभास हो गया था कि धार्मिक अशांति होने से न केवल स्वतंत्रता संग्राम में रूकावट आएगी। वल्कि स्वतंत्रता प्राप्त होने पर भी देश के लिए समस्याएं पैदा हो जाएगी।

इस हानिकारक फूट की आशंका का शुरू से ही सामना करने के लिए नेहरू जी ने 1931 में हुए कांग्रेस के कराची में पारित मूल अधिकारों के प्रस्ताव में ऐसी धाराएं शामिल कर ली थी। कि हर नागरिक को अंतरात्मा के अनुसार धार्मिक प्रसार तथा आचरण की आजादी होगी। सभी नागरिक कानून की दृष्टि में बराबर होंगे नागरिकों को धर्म जाति या लिंग के आधार पर सरकारी रोजगार के लिए और किसी भी प्रकार का व्यापार करने या व्यवसाय अपनाने के लिए अयोग्य नहीं ठहराया जाएगा और राज्य सभी धर्मों के प्रति तटस्थ रहेगा। गोपाल के अनुसार भारतीय संदर्भ में यह धर्म निरपेक्षता की अवधारणा का पहला सार्थक प्रयोग था। और जो अनेक वर्षों के बाद संविधान में संबंधित धाराओं का आधार बना। यह संकल्प पारित किए जाने के समय तक भारतीय राजनीति में पाकिस्तान की मांग नहीं उठाई गई थी। दुर्भाग्य से हिंदू मुस्लिम मतभेद को रोकने में नेहरू जी के पहले से किए गए निर्णय से कोई सफलता नहीं मिली। अंतत: देश का विभाजन हुआ।

स्वतंत्रता प्राप्ति के समय भारतीय नेता संविधान का निर्माण करने में व्यस्त रहे। इस कार्य को पूरा करने में परस्पर विरोधी मत प्रस्तुत किए जाते रहे। एक और तो वास्तविकता यह थी कि जान

बूझकर पैदा किए गए धार्मिक संघर्ष के आधार पर ही पाकिस्तान आस्तित्व में आ गया था। और उसके बनने के समय इतिहास का भयंकरतम खून-खराबा हुआ था। दूसरी ओर यह तथ्य भी था कि गांधी, नेहरू और कांग्रेस के अन्य नेता हमेशा ऐसे संयुक्त भारत का स्वप्न देखते रहे, जिसमें राष्ट्रीय भावना के विकास और आर्थिक प्रगति के साथ-साथ धार्मिक मतभेद दूर हो सके। इन नेताओं ने जिन्ना के इस विचार को कभी स्वीकार नहीं किया कि धर्म राज्य का आधार बन सकता है। लेकिन जिन आदर्शों के लिए राष्ट्रीय नेताओं ने संघर्ष किया था, उन्हें सांप्रदायिक शक्तियों की उकसाई हुई भावनाओं से प्रेरित उत्तेजित भीड़ द्वारा विभाजन के दौरान किए गए दंगों ने गहरा धक्का पहुंचाया। पाकिस्तान का अनुकरण करते हुए भारत को एक धार्मिक हिंदू राज्य बनाने के पक्ष में भी मजबूत तर्क खड़ा किया जा सकता था। खासकर जब उसकी पचासी प्रतिशत आबादी हिंदू थी। लेकिन उन कठिन दिनों में पागलपन का दृढ़ता से सामना करते हुए नेहरू और उनके साथियों ने पक्के इरादे के साथ 1931 में की गई प्रतिज्ञा का पालन किया ओर भारत को धर्म निरपेक्ष घोषित करने का रास्ता अपनाया—हालांकि संविधान की प्रस्तावना में धर्म निरपेक्ष शब्द का औपचारिक समावेश 1976 में किया गया।

धर्म निरपेक्षता की समस्याएं— भारत में, हमारे जीवन में धर्म के गहरे प्रभाव वाले अधिकांश क्षेत्रों धर्म निरपेक्षता के हस्तक्षेप की न तो धारणा ही है और न ही ऐसी अपेक्षा ही की गई है इस नीति का परिणाम यह हुआ कि स्वतंत्रता प्राप्ति के समय की संभावनाओं के प्रतिकूल धर्म और धार्मिकता का अधिकांश भारतीयों के दैनिक जीवन पर आज भी गहरा असर है।

आज भी, अनेक धर्म गुरुओं और चमत्कार दिखाने वालों के अनुयायी बड़ी संख्या में हैं। जन्मपत्रियों ओर ज्योतिषियों पर लोगों को पक्का विश्वास है। रथ यात्रा और धार्मिक जुलूसों में विशाल जनसमूह भाग लेता है और अब सरकार द्वारा नियंत्रित आकाशवाणी तथा दूरदर्शन भी धार्मिक कार्यक्रमों को अक्सर प्रसारित करते हैं। दूरदर्शन पर पूरी तरह धार्मिक कार्यक्रम दिखाए जाते हैं। इसलिए यह प्रश्न उठना स्वाभाविक ही है कि भारत में तर्कसंगत और वैज्ञानिक दृष्टिकोण का विकास कैसे हो सकेगा। जबकि हमारे समाज में धर्म निरपेक्षता का अर्थ केवल राज्य की ओर से धर्म निरपेक्ष रहना ही हो। लेकिन इस प्रश्न का उत्तर देने से पहले यह जरूरी है कि हम उन समस्याओं की जांच करें। जो हमारे राज्य को धर्म निरपेक्षता की और ले जाने वाले कार्यों में बाधा उत्पन्न करती हैं। इससे भारत में धर्म निरपेक्षता के प्रसार से संबंधित ज्यादा महत्वपूर्ण तथा व्यापक समस्याओं को समझने में ज्यादा आसानी होगी।

समान नागरिक संहिता की समस्या— सबसे पहले हमें उस समान नागरिक संहिता बनाने की जटिल समस्या पर विचार करना चाहिए जैसी हमारे संविधान के निर्माता सभी नागरिकों पर लागू करना चाहते थे। यह महसूस किया गया था कि समान नागरिक संहिता समान राष्ट्रीय पहचान बनाने के लिए अनिवार्य है। और इससे सभी धार्मिक समुदायों के सदस्य एक नागरिक के सूत्र में बांधे जाएंगे। ऐसा न होने पर इस देश के नागरिक हमेशा बंटे रहेंगे। क्योंकि वे सभी अपने धार्मिक कानून से शासित होते हैं और इन कानूनों की धार्मिक जड़ें बहुत गहरी हैं। स्वतंत्रता प्राप्ति के बाद यह आशा की गई थी कि इस कार्य से धर्म निरपेक्ष समाज के निर्माण में सहायता मिलेगी।

लेकिन पिछले चालीस वर्षों में, समान नागरिक संहिता का विकास करने में कोई आपत्ति नहीं हुई है। और आज उसको लागू करना संविधान बनाए जाने के समय की तुलना में बहुत कठिन है। 1986 में मुस्लिम अल्पसंख्यकों ने सरकार को तलाकशुदा महिलाओं के निर्वाह से संबंधित कानून बनाने के लिए बाध्य किया। जो कि उनके धार्मिक कानून के अधिक निकट माना गया था। और इसलिए धार्मिक दृष्टि से उन्हें अधिक स्वीकार्य था। आधुनिक निरपेक्ष विचारधारा और धर्म निरपेक्ष मत रखने वाले मुस्लमानों को सरकार ने कोई मान्यता प्रदान नहीं की।

इसी तरह ईसाई और सिख जैसे अन्य अल्पसंख्यक वर्गों ने भी कुछ ऐसा संकेत दिया है कि वे समान नागरिक संहिता का निर्माण और उसे लागू किया जाना संभव कर देगा। इस तथ्य को तो मानना ही होगा। कि भारत एक उदारवादी लोकतंत्र है और कोई भी सरकार प्रभावित होने वाले वर्गों और समुदायों की इच्छा या सहमति के बिना किसी महत्वपूर्ण मामले पर कानून नहीं बना सकती विशेषरूप से धार्मिक नियमों जैसे नाजुक कानूनों के मामले में संयम बरतने की बहुत आवश्यकता है। इन सीमाओं में यह संकेत मिलता है कि भारत में एक सच्चा धर्म निरपेक्ष समाज बनाने के मार्ग में बड़ी बाधाएं हैं।

राजनीति और धर्म— विभाजन और उससे सम्बद्ध घटनाओं के अनुभव के बाद यह आशा की गई थी कि भारत में राजनीति धर्म से अलग रहेगी। किंतु यह संभावनाएं पूरी तरह से समाप्त हो गई। क्योंकि हमारी राजनीतिक गतिविधियों सांप्रदायिकता, जातिवाद या अन्य संकीर्ण विचारों से पूरी तरह लिप्त है राजनीतिक लाभ के लिए धार्मिक या जातिगत भेदभाव से अनुचित लाभ उठाया जाता रहा, जिससे परिस्थितियां और खराब हो गई है ऐसे प्रमाण मौजूद हैं कि राजनीतिक उद्देश्य को ध्यान में रखकर सांप्रदायिक दंगे कराए जाते हैं।

इस प्रकार की नीतियों के कारण चुनाव कराने और अन्य मूल रूप से नागरिक जीवन से जुड़े और धर्म निरपेक्ष राजनैतिक कामों के प्रति गैर धार्मिक तथा गैर सांप्रदायिक दृष्टिकोण के विकास को धक्का पहुंचा है।

इसके अतिरिक्त हमारी राजनीतिक नीतियों को सांप्रदायिक रूप दिए जाने पर कोई नियम न होने के कारण विभिन्न धार्मिक समुदायों की ओर से अनेक क्रियाओं और प्रतिक्रियाओं का ऐसा सिलसिला चल निकला है कि राजनीतिक व्यवस्था को धार्मिक राजनीतिक शक्तियों के दबाव के आगे झुकने के लिए बाध्य होना पड़ा है।

इस प्रकार एक सच्चा धर्मनिरपेक्ष राज्य नहीं बन सकता धर्म निरपेक्ष समाज की तो बात करना ही व्यर्थ है।

भारत की सीमित धर्म निरपेक्षता के महत्व को कम करने के लिए **नेहरू** के बाद के युग के नेता गण जिम्मेदार हैं उनमें से अनेक तो अपनी पारंपरिक पृष्ठ भूमि के कारण बौद्धिक रूप से इतने उदार नहीं हो सके हैं कि वास्वविक धर्म निरपेक्षता को समझ सकें और उसे स्वीकार कर सके। परंपराओं के प्रति फिर उभरी अपनी प्रवृत्ति के कारण भी इन नेताओं में भारतीय समाज के धर्म निरपेक्ष स्वरूप, गैर धार्मिक दृष्टिकोण और तर्क संगत तथा वैज्ञानिक प्रवृत्ति के विकास के प्रति सच्ची प्रतिवद्धता का आभाव है नेतृत्व की इस विफलता ने भारत में धर्म और राजनीति को अलग करने में बाधा खड़ी की है।

सांस्कृतिक प्रतीक और धर्म निरपेक्षता—भारत में धर्म निरपेक्षता को एक और भी खतरा है। कुछ लोग यह मानते हैं कि बहुसंख्यक समुदाय का धर्म होने के कारण हिंदू धर्म एक प्रकार से 'राष्ट्र धर्म' है, परिणामस्वरूप सभी या ज्यादातर हिंदुओं के लिए हिंदू धर्म ने राष्ट्रीयता संस्कृति का रूप ले लिया है। **स्मिथ** ने इस बात का समर्थन करते हुए लिखा है कि, ''इस प्रकार राष्ट्रीय आदेशों के प्रसार का अर्थ है धर्म का प्रसार''।

कुछ सांप्रदायिक लोगों को यह स्वाभाविक और प्राकृतिक लगता है लेकिन सब लोगों को ऐसा नहीं लगेगा। इस तथ्य को स्पष्ट रूप से समझा जाना चाहिए। बहुसंख्यक और अल्पसंख्यकों के बीच, दृष्टिकोण के इसी फर्क से, गलतफहमियां उभरती हैं। इसलिए अनेक सार्वजनिक रीति रिवाज और समारोह, जैसे भूमि पूजन उद्घाटन या धार्मिक अवसरों पर नारियल फोड़ना आरती करना और मानवीय अतिथियों को तिलक लगाना हिंदुओं द्वारा सांस्कृतिक और राष्ट्रीय रीतियां मानी जाती है। लेकिन गैर हिंदुओं के लिए यह हिंदू संस्कृति के आचार-विचार है। ऐसे रीति रिवाज राजकीय समारोहों में भी किए जाते हैं और इनसे राज्य की तटस्थता के बारे में अनावश्यक रूप से गलतफहमी पैदा होती है।

''चूंकि राज्य को सभी धर्मों के प्रति समान व्यवहार करना है उसे भारतीय'' मूल्यों और संस्कृति का प्रसार करने में बहुत ही सचेत रहना चाहिए क्योंकि ''भारतीयता'' के आवरण में वास्तव में हिंदू मूल्यों का ही प्रसार होता है। इस बात पर विचार करते हुए कि जनसंख्या का बहुसंख्यक भाग हिंदुओं का है। यह स्वीकार करना होगा कि काफी हद तक हिंदू धर्म के सांस्कृतिक प्रतीकों को ''भारतीय'' प्रतीक मान लिया जाता है लेकिन धर्म निरपेक्ष राज्य द्वारा अल्पसंख्यक समुदाय के प्रतीकों और सांस्कृतिक चिन्हों की बिल्कुल उपेक्षा किया जाना उचित नहीं है, क्योंकि ऐसे राज्य से सभी धर्मों से बराबर दूरी रखने की अपेक्षा की जाती है। ''हिंदू'' और ''भारतीय'' के बीच जो गलत फहमी पैदा हुई है, उसका कारण है पिछले चालीस वर्षों में धर्म निरपेक्षता के सांस्कृतिक पक्ष की बिल्कुल उपेक्षा कर देना। हमने न तो सभी धार्मिक उपसंस्कृतियों का वास्तविक समन्वय करके एक मिली जुली भारतीय संस्कृति का विकास करने का प्रयास किया है और न धर्म निरपेक्ष प्रतीकों पर जोर देकर धर्म निरपेक्ष मूल्यों पर आधारति एक नई संस्कृति का विकास किया है। यह कार्य इतना सरल नहीं है लेकिन इस दिशा में प्रयास तो करना ही होगा।

इस संदर्भ में चिंता का कारण यह है कि हिंदू सांस्कृतिक प्रतीकों को राष्ट्रीय संस्कृति के रूप में स्वीकार किए जाने पर जोर दिया जा रहा है संभवत: इसी कारण इसे ''हिंदू उग्रवाद'' की संज्ञा दी गई है और इस मुस्लिम और हिंदू कट्टरवादिता का परिणाम माना जाता है लेकिन यह या कोई अन्य स्पष्टीकरण देने से, इस बारे में राज्य की गलतियों को भुलाया नहीं जा सकता। अल्पसंख्यक वर्ग की भावनाओं की कुछ न करने की इस प्रवृत्ति ने राज्य की धर्म निरपेक्षता की प्रति विश्वसनीयता को समाप्त कर दिया है।

धर्म निरपेक्षता को केवल राज्य की नीति तक सीमित कर देने से भारतीय नागरिकों से अलग-अलग धार्मिक पहचान तथा उपसंस्कृतियां और प्रबल हो गई है जिन समाजों में इस प्रकार के अंतर पर जोर दिया जाता है वहां वर्ग और समुदाय एक दूसरे से दूर होते रहते हैं। भारत में इस अलगाव की एक प्रतिक्रिया यह हुई है कि हमारी जनता के एक बहुत बड़े भाग के लिए समान नागरिकता, कानून की दृष्टि में समानता और समान अवसरों की धारणाएं मात्र हवाई बातें बनकर रह गई है। इसलिए रोजगार और शिक्षा के मामले में किसी नागरिक के साथ भेदभाव न किए जाने की संविधान की गारंटी को व्यवहार में पूरी तरह लागू नहीं किया जा सका है। इख्तियाज अहमद का मत है कि, ''सांप्रदायिक चेतना का तेजी से विकास हुआ है और जनता का दृष्टिकोण सांप्रदायिकता से प्रभावित

है'' अतः रोजगार और शैक्षणिक संस्थाओं में भर्ती की प्रक्रिया में निश्चय ही सांप्रदायिक भेदभाव आ गया है।

) **अल्पसंख्यक वर्ग की धारणाएं**—अगर विभिन्न क्षेत्रों में चयन प्रक्रिया में सांप्रदायिक पूर्वाग्रहों के अंतर्गत भेदभाव समाप्त भी हो जाए तो भी अल्पसंख्यकों में मनौवैज्ञानिक असुरक्षा की भावना कुछ ऐसी है कि वे अपने आपको पक्षपात का शिकार हुआ मानते हैं। सामाजिक दृष्टि से पक्षपात का आभास होना, अल्पसंख्यक वर्ग के लिए उतना ही हानिकारक है, जितना कि वास्तविक पक्षपात, और इससे उनकी प्रेरक शक्ति, आकांक्षा और उपलब्धियां प्रभावित होती हैं **नेहरू जी** ने कहा था कि भारतीय धर्म निरपेक्षता का परीक्षण इस बात से नही होना चाहिए कि बहुसंख्यक वर्ग क्या सोचता है बल्कि इस बात से आंका जाना चाहिए कि अल्पसंख्यक वर्ग कैसा महसूस करता है।

शिक्षा और रोजगार के अतिरिक्त, वर्गों के बीच हिंसा और संघर्ष के मामले में भी पूर्वाग्रह और पक्षपात कार्य करता है ऐसे स्पष्ट प्रमाण हैं कि सांप्रदायिक दंगों के समय राज्य का प्रशासनिक तंत्र निष्पक्ष होकर काम नहीं करता, कानून और व्यवस्था बनाए रखने के लिए जिम्मेदार लोग गैर धर्म निरपेक्ष तरीके से काम करते हैं और अल्पसंख्यक वर्ग के लोगों का दमन करते हैं।

यह ठीक है कि विभिन्न वर्गों के बीच पूर्वाग्रह अंग्रेजी राज्य और पाकिस्तान आंदोलन से विरासत में मिले हैं लेकिन ऐसा होते हुए भी यदि धर्म निरपेक्ष दृष्टिकोण का विकास करने के लिए निष्ठापूर्वक प्रयास किए गए होते तो हमारी जनता को इन तुच्छ विचारों से ऊपर उठने में समर्थ बनाया जा सकता था और भारतीयता के बंधन में एक किया जा सकता था।

उपर्युक्त चर्चा का सारांश यह है कि धर्म निरपेक्षता को केवल राज्य की नीति के एक सिद्धांत के रूप में घोषित करने मात्र और दूसरी ओर हमारे राष्ट्रीय तथा सार्वजनिक जीवन में सभी पहलुओं में धर्म की प्रधानता बनाए रखने में धर्म-निरपेक्षता के आदर्श को प्राप्त नहीं किया जा सकता वास्तव में, धर्म निरपेक्ष राज्य की सफलता के लिए भी पहली शर्त यह है कि व्यापक स्तर पर धर्म निरपेक्ष विचारों का प्रचार प्रसार हो। पश्चिम में भी धर्म निरपेक्षता की प्रवृत्ति निरंतर विकास के बाद ही, अंतिम चरण के रूप में धर्म निरपेक्ष राज्य बने। इम्तियाज अहमद ने ठीक ही कहा है कि, भारत को धर्म निरपेक्ष राज्य बनाने का अभूतपूर्व और क्रांतिकारी निर्णय लिए जाने के, धर्म निरपेक्षता के प्रसार के लिए असाधारण शक्ति और प्रयास किए जाने की आवश्यकता थी। हमारे समाज में धर्म निरपेक्षता विरोधी प्रवृत्तियों की पूरी समझदारी और योजनाबद्ध ढंग से दबाने और समाप्त किए जाने की आवश्यकता थी।

धर्म निरपेक्षता बढ़ाने के उपाय—अब यह प्रश्न यह है कि तर्कसंगत और वैज्ञानिक विचारों के प्रसार के लिए क्या उपाय किए जाए **गोपाल** का कथन है कि, ''धर्म निरपेक्ष समाज हो धर्म निरपेक्ष राज्य की सुदृढ़ बुनियाद रखी जा सकती है और इसके लिए जनता का दृष्टिकोण बदला जाना आवश्यक है।'' **नेहरू जी** का विचार था कि ''जनता की आर्थिक परिस्थितियों को सुधार कर धर्म को हम महत्वहीन बनाया जा सकता है।''

शिक्षा—आज पूरे विश्व में, शिक्षा को तर्कसंगत और वैज्ञानिक मान्यताओं तथा प्रवृत्तियों के प्रसार का श्रेष्ठतम उपाय माना जाता है, हालांकि आधुनिकीकरण की प्रक्रिया में शिक्षा की भूमिका में पूर्ण विश्वास करना कुछ अतिश्योक्ति ही है। फिर भी, जो राज्य राष्ट्र निर्माण में संलग्न हैं वे अपनी जनता के दृष्टिकोण और विचारधारा को आधुनिक बनाने के लिए शिक्षा पर काफी हद तक निर्भर करते हैं।

पहले पाठशालाओं, गुरुकुलों और मदरसों में दी जाने वाली शिक्षा में ''धार्मिक परंपराओं'' पर विशेष ध्यान दिया जाता था। आधुनिक शिक्षा में वैज्ञानिक जानकारी और उच्च तकनीकि पहलुओं पर विशेष ध्यान दिया जाता है, जो प्रत्यक्ष या अप्रत्यक्ष रूप से विद्यार्थियों, विशेष रूप से युवा पीढ़ी के मस्तिष्क पर प्रभाव डालते हैं, क्योंकि युवा मस्तिष्क नए विचारों और मूल्यों को जल्दी ग्रहण करता है इसलिए शिक्षा का युवा वर्ग पर अधिक प्रभाव पड़ता है। इसके अतिरिक्त युवावर्ग का मस्तिष्क प्राप्त ज्ञान के प्रति पश्न और तर्क रखने की प्रवृत्ति रखना है, इसलिए उनसे यह उम्मीद की जाती है कि वे समाज में परिवर्तन लाएंगे।

भारत में धर्म निरपेक्ष समाज के निर्माण की हमारी आशा, विशेष रूप से विद्यालयों और विश्वविद्यालयों में पढ़ने वाले उन लाखों विद्यार्थियों पर टिकी है, जिन्हें आधुनिक विज्ञान तार्किक दृष्टिकोण और मानवतावाद की शिक्षा दी जा रही है।

युवा पीढ़ी को धर्म निरपेक्ष बनाने में कितनी सफलता मिलेगी यह कई अन्य तथ्यों पर भी निर्भर करता है क्योंकि हमारी शिक्षा प्रणाली विशेष सामाजिक सांस्कृतिक वातावरण में कार्य करती है और उसे प्रभावित करती है।

इस इकाई में पहले बताया जा चुका है कि भारतीय संविधान में हमारी शिक्षा प्रणाली को धर्म निरपेक्ष स्वरूप प्रदान करने के लिए विशेष प्रावधान किए गए हैं। अल्पसंख्यक वर्ग के खिलाफ शिक्षा में पक्षपात को पूरी तरह रोकने के लिए राज्य का धर्म निरपेक्ष दृष्टिकोण बिल्कुल स्पष्ट है फिर भी यह कदम शिक्षा की विषय वस्तु के बारे में गारंटी नहीं देते। जबकि उनका स्वरूप ही मूल्यों के विस्तार के साथ ज्यादा सक्रिय रूप से जुड़ा होता है।

अत: शिक्षा का स्वरूप भी आवश्यक रूप से धर्म निरपेक्ष मूल्यों, प्रवृत्तियों के प्रचार के अनुरूप होना चाहिए। लेकिन सौभाग्य से इस दिशा में कार्य करने के लिए जरूरी व्यवस्था और ऐजेंसियां मौजूद हैं। राष्ट्रीय शैक्षिक अनुसंधान एवं प्रशिक्षण परिषद, (एन.सी.ई.आर.टी.)जैसे संस्था विद्यालयों के लिए पाठय पुस्तकें तैयार करती है जिसमें हमारी धर्म निरपेक्ष आदेशों पर विशेष बल दिया गया है। इसके अलावा समय-समय पर विशेषज्ञों द्वारा पुस्तकों का निरीक्षण कर यह सुनिश्चित किया जाता है कि और गलतियों का निरीक्षण कर उन्हें हटा दिया जाता है। ये हमारे समाज के किसी वर्ग या समुदाय को किसी भी पूर्वाग्रह व दुराग्रह से मुक्ति दिलाने के लिए और मूल्यों के प्रचार प्रसार को सुनिश्चित करने के लिए महत्वपूर्ण उपाय है। इसके अतिरिक्त प्राय: विशेषज्ञों की विचार गोष्ठियां और सम्मेलन आयोजित किए जाते हैं। जिसमें हमारी राष्ट्रीय विरासत के सकारात्मक और रचनात्मक पहलुओं का निर्माण करने वाले और धर्म निरपेक्ष को बढ़ावा देने वाले मूल्यों और प्रवृत्तियों का शिक्षा के जरिए प्रसार करने के तरीकों पर विचार किया जाता है इस कदम से यह भी सुनिश्चित किया जाता है कि हमारी शिक्षा के विषय मूल्यों और आदेशों से रहित न हो। बिना मूल्यों के शिक्षा निष्प्राण होती हो और विद्यार्थियों को कोई भी दिशा नहीं देती।

तर्कसंगत और वैज्ञानिक दृष्टिकोण से प्रसार में शिक्षा के महत्व को स्वीकार करते हुए हाल ही में बनाई गई नई शिक्षा नीति 1986 में कुछ सार्वभौम मूल्यों का समावेश किया गया है जिनका उद्देश्य हमारे देश की एकता और अंखडता को मजबूत करना है। इसके अतिरिक्त इसमें यह बात भी कही गई है कि शिक्षा के माध्यम से हम रूढ़िवादिता, कट्टरपन, हिंसा अंधविश्वास, भाग्यवाद जैसी कुरीतियों से संघर्ष कर उन्हें दूर कर सकें। हमारी शिक्षा प्रणाली में, भारत धर्म निरपेक्ष समाज के विकास के मार्ग में आने वाली बाधाओं को दूर करने के लिए पहली बार इन समस्याओं पर गौर किया गया है।

इस नीतिपरक दस्तावेज में शिक्षा के जिस अन्य धर्म निरपेक्ष पहलू पर विशेष जोर दिया गया है जिन्हें आज तक समानता नहीं मिल सकी है। इस क़दम से असमानताएं दूर करने और शिक्षा के क्षेत्र में सबको समान अवसर दिलाने में मदद मिलेगी इस नई नीति से कमजोर वर्ग के लोगों, विशेषकर महिलाओं अनुसूचित जाति अनुसूचित जनजाति तथा अन्य अल्पसंख्यक वर्गों को लाभ होगा। धर्म निरपेक्ष की प्रक्रिया में स्त्री शिक्षा का विशेष महत्व है क्योंकि व्यक्ति सामाजिक मूल्यों और परंपराओं की माताओं के माध्यम से सीखता है। इस प्रकार व्यक्ति जो मूल्य ग्रहण करता है। वह सामान्यत: माता के अधिक ही माध्यम से सीखता है अशिक्षित महिला से तर्कसंगत और वैज्ञानिक मूल्यों को सीखने की आशा नहीं की जा सकती। आधुनिक और धर्म निरपेक्ष समाज व्यवस्था का आधार मुख्य रूप से प्रबुद्ध माताएं ही तैयार कर सकती हैं। इसलिए यह आशा की जा सकती है कि महिलाओं के शिक्षित और मुक्त हो जाने पर भारतीय समाज में निकट भविष्य में बड़े परिवर्तन आने की संभावना है।

स्वैच्छिक संस्थाएं—जनता के बीच धर्म-निरपेक्ष मनोवृत्ति का विकास करने के लिए मात्र शिक्षा ही काफी नहीं है। यदि समाज में रूढ़िवाद, अंधाविश्वास जैसी बुराइयां निरंतर बनी रहती है तो समाज सुधार के लिए आंदोलन करना होगा और जनचेतना जगानी होगी। अल्पसंख्यकों को राष्ट्रीय जीवन में योगदान, जनता के सभी वर्गों में सामाजिक न्याय और बराबरी की भावना फैलानी होगी। इन मूल्यों के प्रसार में धर्म को बाधक नहीं बनने देना होगा स्वैच्छिक संस्थाओं और संगठनों (जैसे नारी आंदोलन व जन-जन के लिए विज्ञान आंदोलन) के इस दिशा में प्रयास उतने ही महत्वपूर्ण हैं, जितने कि सरकारी कार्य।

ये प्रयास भारतीय समाज को धर्म निरपेक्षता की दिशा में काफी आगे ले जाऐंगे ऐसी आशा की जा सकती है जब ऐसा हो जायेगा तभी इस महत्वपूर्ण प्रयास में शिक्षा के योगदान को पूरी तरह समझा जा सकेगा।

इस इकाई में भारत में धर्म निरपेक्षता की प्रकृति पर विचार किया गया है इस विश्लेषण में हमारे देश में धर्मनिरपेक्षता का आरंभ पश्चिमी देशों की धर्म निरपेक्षता से इसका समस्याएं और दुविधाएं तथा भारतीय समाज में धर्म निरपेक्षता के प्रसार में शिक्षा की भूमिका पर चर्चा की गई है।

यह स्पष्ट किया गया है कि हमारे संविधान निर्माताओं की भारत को धर्म निरपेक्ष राज्य बनाने के बारे में दृष्टि एकदम साफ थी। उन्होंने धार्मिक स्वतंत्रता अवसरों की समान और सभी नागरिकों के लिए कानून के सामने बराबरी के बारे में स्पष्ट व्यवस्था और गारंटी रखी थी। उनका विश्वास था कि अगर ऐसी स्वतंत्रता सुनिश्चित की जा सके तो भारतीय समाज धर्म निरपेक्ष बन जाएगा।

बहुलतावाद और राष्ट्र निर्माण

एशिया तथा अफ्रीका की जनता ने स्वतंत्रता के लिए जो आंदोलन किया उसकी दो प्रमुख मांगें थीं—स्वाधीनता और समता। समता का सवाल इस कारण सबसे प्रमुख रहा क्योंकि यूरोपीय साम्राज्यवादियों ने अपने उपनिवेशवाद को इस आधार पर सही सिद्ध करने की कोशिश की कि गैर यूरोपीयन से कमजोर होते हैं।

और इस कारण इनको सभ्य बनाने और उनके मार्गदर्शन के लिए प्रयत्न किया जा सकता है। यह तर्क सुनने में आज आश्चर्य जनक लग सकता है। लेकिन **जुल्स फ्रेरी** नामक फ्रांसीसी वुद्धि जीवी ने इंडो चायना पर फ्रांसीसी आक्रमण का समर्थन इस आधार पर किया कि कमजोर जातियों को सभ्य बनाने की जिम्मेदारी इस आधार पर किया कि कमजोर जातियों को सभ्य बनाने की जिम्मेदारी उन्नत जातियों पर है। इसी तरह अंग्रंजी के कवि **किप्लिंग** ने भी एशिया के लोगों को सभ्य बनाने में "अंग्रेजों की भारी जिम्मेदारी" की बात की थी। अमरीकी राष्ट्रपति **मैकिन्ली** ने फिलीपीन्स की विजय की पुष्टि में यह घोषणा की कि अमेरिकीयों का दायित्व है कि वे फिलीपीन्स के लोगों को शिक्षित करें इसाई धर्म में लाएं और उन्हें सभ्य बनाकर उनका स्तर सुधारें।

आप देख सकते हैं कि यह सब दलीले बहाने हैं, इनका असली उद्देश्य नए बाजारों पर अधिकार करना है, जिससे उत्पादन के लिए कच्चा माल मिल सके। अपने निवेश का क्षेत्र विस्तार हो सैन्य शक्ति बढ़ाने के लिए महत्वपूर्ण ठिकाने मिलें। सस्ते श्रम की उपलब्धि हो जिससे मजदूरी, सेना आदि में काम लिया जा सके स्वतंत्रता आंदोलन के दो प्रमुख लक्ष्य थे एक, यूरोप के लोगों या गोरे लोगों की तथा कथित उच्चता के सिद्धांत का भंडाफोड़ करना और दो, स्वाधीनता ओर स्वशासन प्राप्त करना जिससे लोगों को परतंत्र बनाकर उनका शोषण करने का यत्न बंद किया जा सके। द्वितीय महायुद्ध के वाद स्वतंत्रता प्राप्त करने वाला पहला देश भारत था। भारत के स्वतंत्रता संग्राम ने कई एशियाई और अफ्रीकी देशों की राजनीतिक गतिविधियों को गहरे ढंग से प्रभावित किया। भारत के स्वतंत्रता संग्राम की कहानी दूसरों की आकांक्षाओं से जुड़ गई। यह संग्राम विश्व व्यापी संघर्ष का अग्रगामी बना। उपनिवेश वाद और प्रजातिबाद के खिलाफ अफ्रीकियों के संघर्ष के प्रति सहयोग और मित्रता का हाथ बढ़ाते हुए नेहरू जी ने 18-24 अप्रैल, 1955 में बॉडूंग में हुए एशियाई और अफ्रीकी देशों के अधिवेशन में कहा, "यह एशिया का दायित्व है कि वह पूरी क्षमता के साथ अफ्रीका की सहायता करे क्योंकि हम सब भाई-भाई हैं आपने संकल्प किया है कि हम इसमें सफल होंगे और एशिया तथा अफ्रीका में नया जीवन लाएंगे।"

उपनिवेशवाद के खिलाफ आंदोलन पर भारतीय स्वतंत्रता का प्रभाव—उपनिवेश समाप्त करने का मतलब है बाहरी शासन से राजनीतिक और आर्थिक स्तर पर मुक्ति। सवाल यह है कि क्या भारत की स्वतंत्रता का एशिया तथा अफ्रीका के उपनिवेश विरोधी संघर्ष पर प्रभाव चूँकि भारत इस युग में पहले स्वतंत्र हुआ प्रभाव प्रत्यक्ष और अप्रत्यक्ष रूप से दूसरों पर पड़ा। भारतीय संग्राम की सफलता के प्रमुख तत्व थे सारी जनता का संग्राम में भाग लेना, ब्रिटिश कानूनों का उल्लंघन करना, विदेशी माल का बहिष्कार, असहयोग और सविनय अवज्ञा आंदोलन, बाजार बंद करना, बहुत संख्या में जेल भरना आदि। इन तत्वों ने एशियाई तथा अफ्रीकी संघर्षों को भी प्रभावित किया और उन्होंने भारतीय संग्राम में प्रयुक्त युक्तियों का सफलतापूर्वक प्रयोग किया।

एशिया में स्वतंत्रता आन्दोलन—एशिया के अनेक देशों में 1920 के आस-पास स्वतंत्रता आंदोलन शुरू हो चुका था। द्वितीय विश्वयुद्ध के दौरान एक तरफ हिटलर यूरोप पर अधिकार जमा रहा था। तो दूसरी ओर जापान ने एशिया के हर देश में जापानी आक्रमण के खिलाफ, 1945 में जापान की हार हुई तो उपनिवेशों को तोड़ने की प्रक्रिया तेजी से शुरू हुई। वास्तव में यह प्रक्रिया एक दशक में ही पूरी हो गई फ्रांस, हालैंड ने 1950 में इंडोनेशिया को छोड़ दिया कम्पूचिया 1953 में फ्रांस से मुक्त हुआ कोरिया ने दो वर्ष तक संगठित रहने का असफल प्रयत्न किया लेकिन बाद में 1948 दो स्वतंत्र कोरिया देशों के रूप में विभाजित हुआ ब्रिटेन 1957 तक मलाया पर और 1959 तक सिंगापुर पर हावी रहा। 1949 की चीनी क्रांति मुक्ति आंदोलन की सबसे बड़ी विजय मानी जाती है।

वियतनाम में क्रांतिकारियों ने **हो ची मिन्ह** के नेतृत्व में 1945 में सत्ता छीन ली। लेकिन उन्हें फिर 1954 तक फ्रांस से लड़ना पड़ा जो फिर उपनिवेश बसाने की कोशिश में था। इस संग्राम में फ्रांसीसी तो पराजित हुए लेकिन वियतनाम को 1975 तक अमरीकियों से लड़ना पड़ा। अमरीकी आक्रमण का विरोध किया और **हो ची मिन्ह** के साम्यवादी शासन को पूर्ण समर्थन दिया जब पश्चिमी देशों ने राष्ट्रसंघ में चीन के प्रवेश को रोकने की कोशिश की तो भारत ने चीन को पूर्ण समर्थन दिया।

अफ्रीका का स्वतंत्रता आंदोलन—एशिया के मुकाबले अफ्रीका में उपनिवेशों के खिलाफ लंबा संग्राम चला। यह संघर्ष अब भी जारी है। नामीबिया अभी तक स्वतंत्र नहीं है और दक्षिण अफ्रीका में अल्पसंख्यक गोरों के दमनकारी शासन के खिलाफ अभी भी जारी है भारत के स्वतंत्र होने के पश्चात कई अफ्रीकी देश स्वतंत्र हो गए। 1950 और 1959 के बीच छः अफ्रीकी देश स्वतंत्र हो गए, जिसके लिए उन्हें लभगभ दो लाख अफ्रीकी नागरिकों की बलि देनी पड़ी 1960 के बाद ब्रिटिश फ्रांसीसी और बेल्जियम औपनिवेशिक साम्राज्य अफ्रीका राष्ट्रीय मुक्ति के बलों के संघर्ष के कारण टूट गए इस संघर्ष में अफ्रीका को अंतराष्ट्रीय सहयोग और समर्थन मिला था। इस अवधि में कुल 31 देश स्वतंत्र हो चुके हो चुके हैं। 7वें दशक के पुर्तगाली साम्राज्य का अंत हुआ और

जिम्बावे में प्रजातिवाद शासन की हार से लगभग पूरा अफ्रीका औपनिवेशिक शासन से मुक्त हो चुका है हालांकि इस मुक्ति के लिए उसे भारी कीमत चुकानी पड़ी है।

इन राष्ट्रवादी आंदोलनों में भारत ने नैतिक सहयोग दिया। और धन, उपकरण आदि की भी मदद की 1961 में गोवा में तथा 1971 में बांग्लादेश को मुक्त कराने के लिए भारत ने सशस्त्र दखल की नीति अपनाई और इसका छापा मार योद्धाओं को शस्त्र और परीक्षण की सुविधा दी। भारत ने दक्षिण अफ्रीका और नामबिया को प्रजातिवादी रंग भेद नीतिवादी, दमनकारी, शासकों के विरोध में नैतिक समर्थन के साथ-साथ हथियार आदि भौतिक सुविधा भी प्रदान की है।

भारतीय स्वतंत्रता का प्रभाव—विश्व के दूसरे उपनिवेशों में स्वतंत्रता आंदोलन का भारत अग्रणी रहा है इसे हम एशियाई तथा अफ्रीकी नेताओं की उस भावना में देख सकते हैं वे कहते हैं कि भारत का स्वतंत्रता संग्राम और उसकी विजय उन देशों के लिए एक प्रेरणा का स्रोत है उन देशों के नेताओं ने भारत की एक काले लोगों की विजय के रूप में देखा। इस विजय से उच्च जाति की मिथ्या कल्पना भंग हुई और यह साबित हुआ कि तथा कथित "निम्नस्तर" के लोग यूरोप के साम्राज्यवाद को चुनौती दे सकते हैं विजय की कल्पना में उनमें आत्मविश्वास और नैतिक बल पैदा किया।

प्रभाव का स्वरूप—न केवल के विजय के संदर्भ में आश्वस्त हुए बल्कि भारतीय संग्राम से उन्हें जन आंदोलन को संगठित के सही तरीके अपनाने का मौका मिला राजनीतिक दलों को बनाने और जनमत को जगाने का मार्ग मिला। ब्रिटिश राज्य के खिलाफ आंदोलन में लोग अपूर्व त्याग करते थे। जैसे जेलों में सड़ना या मौत का सामना करना। इससे दूसरे देशों को लोगों को प्रेरणा मिली। कई एशियाई और अफ्रीकी नेता लंदन तथा राष्ट्र संघ में भारतीय नेताओं के संपर्क में आए। इन मुलाकातों में उन्हें भारतीय स्वतत्रता संग्राम का प्रत्यक्ष अनुभव मिला। और उन्होंने उपनिवेशवाद और प्रजातिवाद के विरुद्ध आंदोलन के तरीकों की भी चर्चा की भारतीय राजनीतिक दलों की राजनीतिक कार्य योजनाएं घोषणा पत्र संकल्प आदि को उन लोगों ने ध्यानपूर्वक पड़ा। इन दस्तावेजों से उन्हें सूचना मिली और राजनीतिक गतिविधियों को आयोजित करने का एक आदर्श है।

अफ्रीका की प्रशंसा—घाना के नेता **कवामेष्क्रमा** ने भारत की इस प्रेरक भूमिका की प्रशंसा में **गांधी जी** की नीति के गहन अध्ययन और उसके प्रभाव को देखने के बाद मुझे विश्वास है कि राजनीति संगठन का प्रबल समर्थक मिलने पर वह उपनिवेशिक साम्राज्य की समस्या सुलझा सकती है दूसरे संदर्भ में उन्होंने कहा **नेहरू जी** की सूझ हम सबके लिए प्रोत्साहन का प्रमुख स्रोत रहा जो अफ्रीका की स्वतंत्रता और एकता के संघर्ष में लगे हैं।

संयुक्त राष्ट्रसंघ तथा अन्य अंतराष्ट्रीय मंचों से अफ्रीका के आंदोलन में भारत के सहयोग और समर्थन की प्रशंसा हुई इस सहयोग ने उपनिवेशवाद और प्रजातिवाद के खिलाफ संघर्ष को तीव्र करने के लिए आवश्यक प्रस्थिति पैदा की जेल बंद अफ्रीकी नेशनल कांग्रेस के अध्यक्ष नेल्सन मंडेला की पत्नी विनी मंडेला ने जो इस समय अफ्रीका की प्रमुख नेता है। भावपूर्ण शब्दों में अपनी मनोभावना व्यक्त की है, "भारत के लोगों ने हमें जो प्रेम, मित्रता का भाव और समर्थन दिया उससे हमें साहस और शक्ति मिली है जिसमें हमें रंगभेद नीति के विरोध में खड़े रहे और इस अमानवीय शासन के खिलाफ संघर्ष जारी रख सके"।

गुटनिरपेक्ष विदेश नीति—भारत के दिखाए गए रास्ते पर एशिया और अफ्रीका के देशों ने गुटनिरपेक्ष नीति को अपनाया हाल में स्वतंत्र हुए देशों द्वारा गुटनिरपेक्ष नीति को अपनाने के पीछे दो कारण थे। एक उन्हें अपने पहले के उपनिवेशवादी शासकों पर भरोसा नही रहा। उन्हें डर था कि ये साम्राज्यवादी फिर से राजनीतिक या सैनिक अधिकार स्थापित करने की कोशिश कर सकते थे इसी कारण उन्होंने भी भारत की तरह किसी भूतपूर्व औपनिवेशिक राज्य के साथ सैनिक समझौता न करने का निर्णय लिया। दूसरे समाजवादी देशों के बारे में कोई जानकारी न थी न ही समाजवादी देशों की वार्ता संधि में उनका प्रवेश हो सकता था। इस कारण उन्होंने गुट निरपेक्ष रहने का निर्णय किया। गुट निरपेक्षता के कारण वे विदेशी मामलों में अपनी स्वतंत्र नीति बना सकते थे।

उपनिवेशवाद और इसके अवशेष—पश्चिमी देशों ने अपने पहले के उपनिवेशों में बड़ी संख्या में अब भी कई सैनिक अड्डे स्थापित कर रखे हैं। इन्हें छोड़कर अब करीब 20 ही क्षेत्र रह गए हैं। जहां उनका प्रत्यक्ष समान शासन है इनमें चार क्षेत्रों को हम सीधे उपनिवेश भी नहीं कह सकते हालांकि इनके भी अभी स्वतंत्र होने की बात है। साम्राज्यों ने इस क्षेत्र में इतनी ज्यादा और जटिल समस्याएं पैदा कर रखी है। कि ये क्षेत्र अब भी इन साम्राज्यवादी ताकतों, उनके मित्र राष्ट्रों या विदेशों में आ बसे प्रवासियों के आधीन रहने को मजबूर है। इस क्षेत्रों में आता कि दक्षिणी अफ्रीका यद्यपि वह तकनीकी दृष्टि से परतंत्र नहीं है। फिर भी अल्पसंख्यक गोरों ने सत्ता पर अधिकार कर रखा है इसी तरह नामीबिया दक्षिण अफ्रीका के प्रजातिवाद शासन के आधीन है तीसरा क्षेत्र पश्चिमी सहारा है जो पूर्ण रूप से स्वतंत्र नहीं है। यद्यपि स्पेन ने उन्हें स्वतंत्र कर दिया। फिर भी इस क्षेत्र को पड़ोसी देश मोरक्को और मौरटेनिया

को सौंप दिया है। चौथा डियोगो गर्सिया है जो मौरिशस के स्वतंत्र होने से पहले मौरिशस द्वीप समूह का अंग था। ब्रिटेन ने उस पर कब्जा नहीं छोड़ा और उसे अमरीका को पट्टे पर दे दिया।

दक्षिण अफ्रीका—दक्षिण अफ्रीका इस प्रछन्न उपनिवेशवाद का अनूठा उदाहरण है। यहां की आबादी 3.2 करोड़ है। जिसमें गोरे अप्रवासियों की संख्या करीब 45 लाख है। यह देश 1910 में ब्रिटिश साम्राज्य से मुक्त हुआ—आस्ट्रेलिया और कनाडा की तरह 1910 से ही इन अल्पसंख्यक गोरों ने शासन पर अधिकार किया है और बहुसंख्यक अफ्रीकी जनता को आर्थिक, सामाजिक और राजनीतिक अधिकार से वचिंत कर रखा है। 1912 में अफ्रीकी नेशनल कांग्रेस की स्थापना हुई और तब से वहां के अफ्रीकी समता, बहुमत के शासन और लोकतंत्र के लिए लड़ते आ रहे हैं।

दक्षिण अफ्रीका में अफ्रीकियों के अलावा कुछ एशिया के लोग भी हैं, जो यूरोप के लोगों के बगानों में या निर्माण कार्यों में मजदूर के रूप में आए और उनके बाद व्यापारी या कारीगर के रूप में या नौकरियों में वहां पहुंचे। साथ ही गोरों के इतर बड़ी संख्या में वे लोग हैं जो यूरोप अफ्रीका एशिया के लोगों के मिश्रण से पैदा हुए हैं।

अफ्रीकी इन कानूनों नियम विनियोमो का और रंगभेद नीति का विरोध करते हैं। उनका कहना है कि रंगभेद नीति असंगत ही नहीं, अमानवीय भी है। वे यह भी कहते हैं कि विशेषाधिकार प्राप्त अल्पसंख्यक की सेवा में लगे बहुसंख्यक लोगों के अलग विकास को बात तो हो ही नहीं सकती वे रंगभेद नीति को तोड़ने और लोकतंत्र की स्थापना करने की मांग कर रहे हैं।

दूसरी और गोरी सरकार रंगभेद नीति छोड़ने को तैयार नहीं हैं अफ्रीकियों को राजनीतिक अधिकारों से वंचित करने के लिए उसने हिंसा और आतंक का सहारा लिया है पुलिस और सेना के बल का प्रयोग किया है पश्चिम देशों ने दक्षिण अफ्रीका में भारी पूंजी निवेश किया है और सैनिक संबंध बनाए हुए हैं इस कारण वे प्रत्यक्ष या अप्रत्यक्ष रूप से रंगभेद नीति का सतर्थन कर रहे थे जिससे दक्षिण अफ्रीका की स्थिति बड़ी पेचीदा हो गई है।

कह सकते हैं कि अफ्रीकी नेशनल काग्रेंस की लड़ाई देश में गोरी सरकार से है तो अंतराष्ट्रीय स्तर पर साम्राज्यवादी ताकतों से है वहां लोकतंत्र तथा बहुमत शासन का सवाल वास्तव में साम्राज्यवादी देशों के हितों से गहराई से जुड़ता है।

नामीबिया—दक्षिण पश्चिमी अफ्रीका का नामीबिया देश एक दूसरा प्रमुख क्षेत्र है। जहां उपनिवेशवाद के खिलाफ संघर्ष चल रहा है उपनिवेशवाद से नामीबिया की स्थिति पेचीदा हो गई है जर्मनी ने 1880-1915 के दौरान इस क्षेत्र को उसकी लगभग तीन चौथाई आबादी को समाप्त करने के बाद उपनिवेशवाद बनाया। पहले विश्व महायुद्ध में ब्रिटेन ने जर्मनी के हाथ से नामीबिया को छीना। युद्ध के बाद 1919 में स्थापित राष्ट्र संघ ने ब्रिटेन को अधिदेश क्षेत्र के रूप में नामीबिया के प्रशासन का अधिकार सौंपा उसने नामीबिया को प्रशासन का अधिकार सौंपा। यद्यपि ब्रिटेन को दक्षिण अफ्रीका सरकार की रंगभेद नीति का पूर्ण ज्ञान था। उसने नामीबिया का प्रशासन दक्षिणी अफ्रीका को सौंपा। राष्ट्र संघ के अनुसार अधिदेश प्रशासन का अर्थ था। क्षेत्र के लोगों की आर्थिक स्थिति और नैतिक जीवन का अधिकतम विकास करना लेकिन ठीक इसके विपरीत दक्षिण अफ्रीका ने क्षेत्रों में गोरों को बसाया और अन्यायपूर्ण कार्य लगाए। पक्षपातपूर्ण व्यवहार प्रारंभ किया यूरोप के निवासियों को बसाने की योजना के अंतर्गत 1915 में 14,000 को गोरों की आबादी 1949 में 50,000 तक पहुंच गई। इससे कई अफ्रीकी बेघरबार हो गए और उन्हें गोरों मालिकों के यहां मजदूरी करनी पड़ी।

संयुक्त राष्ट्र संघ का अधिवेशन दक्षिण अफ्रीका ने ठुकराया—दूसरे विश्व महायुद्ध के बाद राष्ट्र संघ की जगह संयुक्त राष्ट्र संघ (U.N.O) अस्तित्व में अया। अधिदेश प्रणाली की जगह न्यास प्रणाली लागू की गई। इस नई व्यवस्था के अनुसार न्यास क्षेत्रों को स्वतंत्र करने की तैयारी करनी थी। दक्षिण अफ्रीका ने इस परिवर्तन को मानने से इन्कार किया और सं.रा. संघ के अधिकार को चुनौती दी। दक्षिण अफ्रीका का तर्क यह था कि वह राष्ट्र संघ के प्रति उत्तरदायी है। सं.रा. संघ के प्रति नहीं।

यह मामला अंतराष्ट्रीय न्याय परिषद में ले जाया गया। इसी दौरान 1966 में सं.रा. संघ ने अधिदेश को समाप्त कर दिया। फिर भी दक्षिण अफ्रीका नामीबिया पर कब्जा जमाए रहा। और उसमें भी रंगभेद नीति लागू कर दी। अमरीका, फ्रांस, ब्रिटेन, कनाडा, पश्चिमी जर्मनी, और जापान दक्षिण अफ्रीका का समर्थन करते रहे। 1967 में सं.रा. संघ ने एक नया कदम उठाया उसने स्वाधीनता तक नामीबिया के शासन का दायित्व नामीबिया परिषद को सौंप दिया। चार वर्ष बाद (ग्यारह साल की कारवाई के बाद) अंतराष्ट्रीय न्यायलय ने फैसला दिया कि दक्षिण अफ्रीका का नामीबिया पर अधिकार गैर कानूनी है और उसे नामीबिया को छोड़ना पड़ेगा। नामीबिया परिषद ने 1968 तक नामीबिया को स्वतंत्र करने की घोषणा की।

स्वापो—इस बीच 1960 में स्वापो अर्थात् साउथ वेस्ट अफ्रीकन पीपुल्स आर्गेनाईजेशन की स्थापना हुई। इसकी स्थापना का उद्देश्य था। प्रजातियों के प्रति पक्षपात, अनिवार्य श्रम योजना और दक्षिण अफ्रीका के उपनिवेशवादी शासन के उन्मूलन के लिए कार्य करना स्वापो ने शुरू में हड़ताल प्रदर्शन बहिष्कार आदि शांति पूर्वक

तरीके अपनाए थे। लेकिन जब दक्षिण अफ्रीकी पुलिस ने हिंसक कारवाई की ओर उसके नेताओं को जेलों में डाला। तो स्वापो ने 26 अगस्त, 1966 में सशस्त्र क्रांति करने का निर्णय लिया। दक्षिण अफ्रीका ने घोर आंतक फैलाया और सैकड़ों लोगों को, यहां तक अंगोला के शरणार्थियों को भी मौत के घाट उतार दिया।

डी.टी.ए. को सत्ता का स्थानांतरण—दक्षिण अफ्रीका ने नामीबिया में एक कठपुतली सरकार स्थापित करने की कोशिश की। इसके लिए उसने टर्नहाल (नामीबिया) में एक अधिवेशन बुलाया। अधिवेशन ने विभिन्न वर्गों के एक लुजंयु संघ शासन का प्रस्ताव किया। कोशिश यह थी कि डेमोक्रेटिक टर्नहाल एसोसिएशन (डी.टी.ए.) नामक सरकारी पिट्ठुओं के दल के हाथों सत्ता को सौंप दिया जाए। लेकिन वास्तविक उद्देश्य था कि स्वापो के हाथ में सत्ता ना चली जाए। जिसे सं.रा.संघ और आर्गेनाइजेशन ऑफ आफ्रीकन यूनिटी ने नामीबिया के लोगों के अकेले और प्राधिकृत प्रतिनिधि के रूप में मान्यता प्रदान कर दी थी। सं.रा. संघ नामीबिया परिषद और स्वापो ने टर्नहाल प्रस्ताव को ठुकरा दिया और पश्चिमी देशों के भी इस कदम में साथ दिया।

प्रमुख पश्चिमी देश अमेरिका, कनाडा, ब्रिटेन पश्चिमी जर्मनी और फ्रांस ने मिलकर सं.रा. संघ की सुरक्षा परिषद के संकल्प (385) की मांग के अनुसार मुक्त चुनाव का समाधान ढूंढ़ने के लिए संपर्क दल बनाया। यह दल असल में बात टालने की चाल निकला। पश्चिम तो स्वापो को विस्थापित करने का विकल्प ढूंढ रहा था जो इस समय तक एक तीव्र शक्ति बन चुका था। विल ने स्वतंत्रता को टालने के लिए कुछ अमान्य प्रस्ताव रखें।

दक्षिण अफ्रीका ने दल के सारे प्रस्ताव ठुकरा दिए। एक वर्ष बाद 1978 में सं.रा. संघ ने अपने संकल्प (435) द्वारा फिर मामला उठाया। संकल्प का मुद्दा था सस्तांरण की निगरानी करने वाले 7500 सैनिकों के सं.रा. संघ सतांतरण सहायता दल के सहयोग से नामीबिया में चुनाव करा देना।

दक्षिण अफ्रीका ने संकल्प (435) को ठुकरा दिया और डी.टी.ए. शासन सौंपने के इरादे से 1978 में दिखावे का चुनाव करा दिया। स्वाभाविक है कि स्वापो तथा अन्य रंगभेद नीति विरोधी दलों को यह मान्य नहीं था।

मामले जोड़ना—इस मौके पर अमरीका ने एक बाहरी मामला उठा दिया। उसने कहा कि जब तक अंगोला में स्थित क्यूबा की सेना नहीं हट जाती तब तक नामीबिया स्वतंत्र नही हो सकता दोनों मामलों के बीच का संबंध स्पष्ट नहीं किया गया संबंध जोड़ने के वास्तविक उद्देश्य का नामीबिया के आंदोलन से कोई ताल्लुक नहीं था क्योंकि स्वापो के अंगोला से अच्छे संबंध थे और अंगोला की आंतरिक सुरक्षा के लिए वहां तैनात क्यूबा की सेना नामीबिया के स्वतंत्रता के खिलाफ नही थी। फिर भी अंगोला क्यूबा के सैनिकों को वापस भेजने को तैयार हो गया। बशर्ते कि दक्षिण अफ्रीका नामीबिया से अपने सैनिकों को हटा ले और सत्ता स्वापो को सौंप दे।

पश्चिमी सहारा—उपनिवेशवाद का एक और अनूठा उदाहरण है। पश्चिमी सहारा अरब डेमोक्रेटिक रिपब्लिक कहते हैं यह उत्तर पश्चिमी अफ्रीका में 266000 वर्ग किलोमीटर क्षेत्र का रेगिस्तानी इलाका है। स्पेन जिसके प्रभाव को 1885 में बर्लिन अधिवेश में अन्य औपनिवेशिक साम्राज्यों ने स्वीकारा था। इस क्षेत्र के समुद्रतटीय शहरों में आ बसा। 14 नवंबर 1957 को स्पेन ने दो पड़ोसी देश मोरक्को और मौरिटेनिया के साथ त्रिपक्षीय संधि करते हुए इस क्षेत्र को छोड़ सहारा को तीन टुकड़ों में विभाजित किया गया। उत्तरी हिस्सा मोरक्को को सौंप दिया। और दक्षिणी हिस्सा मौरेटेनिया को। स्पेन ने मछली पकड़ने के लिए मशहूर तटीय इलाकों को अपने पास रखा। और फास्फेट उत्खनन के लाभ का अंश प्राप्त किया।

मोरक्को द्वारा अधिक्रमण—मोरक्को ने उत्तरी हिस्से पर कब्जा किया, जहां फास्फेट खनिज की बहुतायत थी। फ्रांस फास्फेट चाहता था कि इसलिए उसने मोरक्को का समर्थन किया अमरीकी फास्फेट का बड़ा आयातक था। इसलिए उसने फ्रांस और मोरक्को का समर्थन किया। आगे सहयोग प्राप्त करते रहने के लिए मोरक्को अमरीका से सैनिक हथियार लेने के लिए राजी हुआ 1915 में हथियारों के आयात पर 29.6 करोड़ डालर था, जो बढ़ने लगा बाद में मोरक्को के रैपिडडिप्लाइमेंट बल (धमतू सैनिकबल) को अपने देश से होकर गुजरने की अनुमति दे दी।

पोलियासारियो—पश्चिमी सहारा के ''पोलियोसारियो'' नामक राजनीतिक आंदोलन ने इस अधिक्रमण का विरोध किया। मोरक्को ने कब्जा छोड़ने से इन्कार किया, तो पोलियासारियो ने सशस्त्र क्रांति शुरू कर दी। स्पेन के तानाशाह फ्रिले के निधन के बाद स्पेन ने पश्चिमी सहारा के अपने हिस्से को छोड़ दिया। 1978 में मौरेटेनिया में आंतरिक विद्रोह के बाद उसने भी संधि कर ली। और अपना अधिकार छोड़ दिया। इस तरह पोलियासारियो की घोषणा को मान्यता दे दी और उसे संघ का 5वां सदस्य मान लिया। आज 60 से अधिक देश सद्र को मान्यता दे चुके है। मोरक्को से अपेक्षा थी कि वह अपने अधिकृत क्षेत्र में निष्पक्ष रूप से जनमत संग्रह करे, जिससे वहां के लोग स्वयं अपने भविष्य का निर्णय करें। लेकिन वह किसी न किसी बहाने जनमत संग्रह टाल रहा है क्योंकि उसमें जीत की आशा नहीं है।

हमारे सामने उपनिवेशवाद से उत्पन्न एक अजीब स्थिति है, जिसमें जनता के हितों और मत का विरोध है और केवल औपनिवेशिक राज्यों हितों की रक्षा की जाती है।

डियागो गार्सिया—डियागो गार्सिया हिन्दमहासागर में एक छोटा सा द्वीप है जो पहले मौरिशस का अंग था। जब 1965 में मौरिशस की स्वतंत्रता का निर्णय किया जा रहा था। तब ब्रिटेन ने शर्त रखी की वह डियागो गार्सिया पर कब्जा नहीं छोड़ेगा। इस समझौते के अनुसार इस द्वीप में रहने वालों को मौरिशस में बसाया गया और ब्रिटेन ने विस्थापित लोगों को पुर्नवास के लिए कुछ वजी राशि दी। फिर उसने इस द्वीप को अमरीका को पट्टे पर दिया। और अमेरिका ने वहां परमाणु अस्त्र-युक्त सैनिक अड्डा स्थापित किया। इस अड्डे का बहुत बड़ा सामरिक महत्व है। मौरिशस के राष्ट्रवादी बलों ने अनुभव किया कि इस अड्डे से मौरिशस, भारत तथा अन्य हिंद महासागरीय देशों को सुरक्षा की दृष्टि से खतरा है अब वे इस द्वीप को वापस पाने के लिए जोरदार मांग कर रहे हैं वे डियागो गार्सिया से सैनिक अड्डे को हटाने जाने की मांग कर रहे है।

इतिहास देखने पर हमें उपनिवेशवाद के चार कुप्रभाव दिखाई पड़ते हैं एक इससे देश की आर्थिक स्थिति बिगड़ती है। और वे पश्चिमी पूंजीवादी देशों पर आश्रित होने लगते है। इस तरह समस्त तीसरी दुनिया आर्थिक रूप से पारतंत्र होती जा रही है। दो देशों के बीच सम्बन्ध बिगड़ते हैं। संघर्ष की स्थिति आ जाती है। तीन संस्कृति को विकृत किया जाता है जिससे धर्मो या प्रजातियों में तनाव पैदा हो जाता है। चार, ऊपर बताए उदाहरणों की तरह अनाधिकार आक्रमण, शोषण आदि जटिल समस्याएं पैदा हो जाती हैं।

नव उपनिवेशवाद—नव उपनिवेशवाद वह नई स्थिति है जहां पुराने उपनिवेशों के आर्थिक और राजनीतिक शोषण के लिए उन पर अप्रत्यक्ष रूप से अधिकार किया जाता है। यह स्थिति द्वितीय विश्व युद्ध के बाद शुरू हुई इससे नए स्वतंत्र उन्नति पाने, गरीबी तथा औद्योगिक क्षेत्र में पिछड़ापन दूर करने के उनके प्रयत्नों को विफल करने की कोशिश की जाती है। उपनिवेशवाद में किसी साम्राज्य का सीधा अधिक्रमण और प्रभुत्व होता है नव उपनिवेशवाद में यही काम बड़े व्यापारिक प्रतिष्ठान, सरकारी अभिकरण, सैनिक अड्डों की स्थापना सैनिक आक्रमण, गुप्तचर संगठन छिपे हुए तौर पर करते हैं। नव उपनिवेशवाद में बस घोषित अधिक्रमण नहीं है।

नव उपनिपवेशवाद साम्राज्यवादी राष्ट्रों द्वारा विकासशील देश पर आर्थिक राजनीतिक, सैनिक तथा अन्य स्तरों पर दखल है। जिससे उन देशों को पूंजीवादी अर्थव्यवस्था और राजनीतिक व्यवस्था से बांधकर रखा जा सके। इसका उद्देश्य साम्राज्यवादी राज्यों के आर्थिक और सामाजिक हितों की सुरक्षा करना है।

नव उपनिवेशवाद के तीन रूप—उपनिवेशवाद के तीन प्रमुख रूप हैं—आर्थिक राजनीतिक, सास्कृतिक और सैनिक। आर्थिक नव उपनिवेशवाद के निम्नलिखित उद्देश्य है। एकाधिकार वाले उद्यमों को अधिकाधिक लाभ कमाने में सहयोग देना, नए उपनिवेशों से सस्ते दामों पर बराबर कच्चा माल प्राप्त करना, तीसरी दुनिया के देशों के औद्योगिक प्रौद्योगिकी विकास पर अंकुश रखना और आर्थिक नियंत्रणों का उपयोग करते हुए इन स्वतंत्र विचारों पर राजनीतिक दबाव डालना ।

इस आर्थिक नव उपनिवेशवाद की यह कोशिश है कि स्वतंत्रता से पूर्व साम्राज्य और अपनिवेश के बीच जो आर्थिक संबंध थे। अब भी उसी रूप में बने रहे। उपनिवेशों के जमाने में साम्राज्यों के बड़े व्यवसायिक प्रतिष्ठान या व्यापारिक कंपनियां एशिया तथा अफ्रीका के बागानों और खानों में पूंजी लगाती थी। और वहां के सस्ते कच्चे माल और श्रम शक्ति का शोषण कर खूब मुनाफा कमाती थी। ये व्यापारिक कंपनियां, जैसे युनाइटेड अफ्रीका कंपनी, स्थानीय उत्पादकों से सस्ते में बेचने पर फिर मुनाफा मिलता था। खाद्य और कृषि संगठन (एफ.ए.ओ) ने 1960 की रिपोर्ट में जिक्र किया कि अफ्रीका को लकड़ी का निर्यात करने और फर्नीचर या अन्य समान का आयात करने के अंतर के रूप में 4.3 करोड़ पौंड का नुकसान उठाना पड़ा। और यह राशि सिर्फ एक वर्ष से, सिर्फ एक किस्म की वस्तुओं में थी।

आर्थिक स्तर पर—स्वतंत्रता के बाद इन औद्योगिक और व्यापारिक संगठनों का काम बंद नहीं हुआ। बल्कि उन्होने आर्थिक संबंध बढ़ाए। चूंकि ये संगठन एक से अधिक देशों में काम करते हैं उन्हें बहुराष्ट्रीय निगम कहा जाता है। इन नियमों का संबंध भी किसी एक राष्ट्र से नहीं होता। क्योंकि कई देशों के लोग इनमें पूंजी लगाते हैं। यह निगम नव उपनिवेशवाद के वाहक है। वे कई देशों की अर्थ व्यवस्था पर लगभग पूर्ण नियंत्रण रखते हैं। वे उत्पादन करते हैं। खानों से खनिज निकालते हैं। माल तैयार करते हैं। यातायात करते हैं और विपणन करते हैं। जहां छोटे कृषक नकद फसल पैदा करते हैं। जैसे केन्या में कॉफी उत्पादन, नाइजीरिया में पाम तेल उत्पादन दया घाना में कोको उत्पादन वहां भी बाजार और कीमतों पर नियंत्रण इन निगमों का होता है। इस प्रक्रिया में वे भारी मुनाफा कमाते हैं और उसे अपने देश में ले जाते हैं। इस तरह निगम जिस देश में काम करते हैं उसके विकास में बाधा डालते हैं।

तीसरी दुनिया के देशों में जो कच्चा माल निर्यात होता है।

उसका दाम इस तरह निश्चित किया जाता है। जिससे इन निगमों को फायदा मिले। यह फायदा अन्य देशों में पहुंचता है। इस तरह आर्थिक संबंधों में विषमता आती है। कच्चा माल निर्यात करने वाले देशों में विदेशी मुद्रा का कोष कम होता जाता है। उनके सामने आर्थिक संकट आता है। और वे विश्व बैंक, विश्व विकास बैंक, पश्चिमी देशों के बैंक अंतर्राष्ट्रीय मुद्रा कोष आदि वित्त संगठनों के पास सहायता के लिए पहुंचते हैं।

ये बैंक या संगठन ऋण देने से पहले कुछ शर्तें रखते है। जैसे मुद्रा अवमूल्यन करना, सामाजिक कल्याण कार्यों के खर्च में कटौती, सहकारी सहायता कम करना अर्थव्यवस्था में निजी, विदेशी पूंजी के लिए रास्ता खोलना आदि। नव उपनिवेशवाद की ये शर्तें ऋण लेने वाले देश ब्याज तक नहीं चुका पाते। इससे परतंत्रता बढ़ती है। अफ्रीका के बहुत से देशों में 1970 के बाद से प्रति व्यक्ति आय स्थिर है या घट रही है।

राजनीतिक स्तर पर—राजनीतिक स्तर पर नव उपनिवेशवादी ताकतें विकासशील देशों में ऐसी परिस्थितियां पैदा कर रही हैं कि सत्ता उनके समर्थक वर्ग के हाथों में रहे जो इसे बनाए रखने में सहयोग कर सके। एवज में इस सामाजिक वर्ग के लोगों को इन नियमों से कमीशन प्राप्त होता है या नौकरियां मिलती हैं। इस प्रकार के समर्थक या सहयोगी वर्ग तैयार करने का उद्देश्य है कि सत्ता प्रगतिशील राष्ट्रवादियों के हाथों में चली न जाए, जो निगमों का शोषण का विरोध कर सकते हैं और कुछ लोगों के स्वार्थ के लिए काम करने वाले इस वर्ग को अपदस्थ कर सकते हैं इसी उद्देश्य से निगम के साधन रुढ़िवादी वर्गों की सहायता करते हैं वे तानाशाहों, सैनिक शासकों, राजाओं और बदनाम नेताओं को चुनते हैं। उदाहरण के लिए उन्होनें इंथोयोपिया में हल सलामी, ईरान के शाह तथा दक्षिण कोरिया के शासकों को चुना।

अगर कहीं प्रगतिशील नेता सत्ता पा जाए तो विद्रोह और कलह द्वारा उन्हें उखाड़ फेंकने की कोशिश की गई। इतिहास में ऐसे कई उदाहरण हैं। 1953 में ईरान में मोसादेक का शासन 1954 में गुओटमाला की आर्वेन्ज सरकार 1968 में घाना का कवामेनकूमा का शासन और चिली के आयेंदे का शासन उलट दिया गया। कांगो के राष्ट्रपति, पैट्रिस लमुम्बा और ग्रेनाडा के बिशप की हत्या कर दी गई इसी तरह मोजांबीक, अंगोला, ईथियोपिया, कंपूचिया, अफगानिस्तान और निकारागुआ में अशांति फैलाने और प्रगतिशील सरकारों को उलटने की कोशिश की गई।

सैनिक शक्ति की भूमिका—ये नव उपनिवेशवादी ताकतें तीसरी दुनिया पर अधिकार बनाए रखने के लिए सैनिक शक्ति का भी प्रयोग करती है। उन्हें इस बात का डर है कि कहीं नए स्वंतंत्र देशों में साम्यवाद न फैल जाए। दूसरे विश्व युद्ध बाद उन्होंने पूरे विश्व में विशेषकर चीन और उसके आसपास सैनिक अडडे स्थापित करने के लिए संधि, समझौते किए संगठन बनाए पश्चिम ताकतों ने तीसरी दुनिया के साथ सैनिक सहयोग की संधि की और कुछ देशों को सैनिक गुटों में शामिल होने के लिए मजबूर किया। एशिया कैरीबियन क्षेत्र और अफ्रीका में कई सैनिक अड्डे स्थापित किए गए। अकेले अमरीकी सैंट्रल कमान की रैपिड डीपलाइमेंट फोर्स में 2,20,000 सैनिक हैं, जो दक्षिण पश्चिमी एशिया, फारस की खाड़ी क्षेत्र और अफ्रीका के 19 देशों के आसपास गतिशील है इन सैनिक अड्डों के अप्रत्यक्ष प्रभाव के कारण इन नए स्वतंत्र देशो के वार्षिक बजट का 50 प्रतिशत तक का अंश सेना पर खर्च होने लगा है। सैनिक हथियार निर्माता इन देशों के संघर्षों और आपसी लड़ाइयों में रुचि लेने लगे है। क्योंकि इससे उन्हें हथियार बेचने का बाजार मिलता है और वे इन देशों में पुराने हथियार टिकाकर खूब लाभ कमाते हैं। बहुधा इन अड्डों को तीसरी दुनिया के देशों की प्रभुसत्ता को नष्ट करने और उनकी राजनीति में दखल देने के लिए प्रयोग किया जाता है उदाहरण के लिए डियागो गार्सिया के अड्डे से और पाकिस्तान को सैनिक सहायता से भारत की सुरक्षा को खतरा पैदा हुआ है। अमरीका, ब्रिटेन तथा फ्रांस द्वारा तीसरी दुनिया के देशों के आंतरिक मामलों में दखल के अनेक उदाहरण हैं 1980 में कांगो (जायरे) के पश्चिम समर्थक नेताओं की सहायता के लिए अमरीकी समर्थन के साथ बेल्जियम की सेना भेजी गई। 1978 में कटंगा विद्रोह को दबाने के लिए अमरीकी वायु सेना के जहाजों में फ्रांसीसी और वेल्जियम सेनाओं को भेजा गया। 1985 में फ्रांस ने बाद में दखल किया।

अगर दखल या आक्रमण न हो, फिर भी इन अड्डों का प्रभाव बढ़ता है वे शांति के दिनों में राजनीतिक दखल अंदाजी के केंद्र बनते है। उनके स्वामियों (मूल देशों) के लिए अड्डे प्रतिष्ठा, शक्ति और महत्व के केंद्र है। उनकी सहायता से यह ताकतें बिना सैनिक कारवाई किए ही आसपास के क्षेत्रों में दबाव डालने और मूल देशों के हितों की रक्षा करने का काम करती है।

ऊपर नव उपनिवेशवाद के जो तीन रूप बताये गए है तीनों वास्तव में अलग-अलग नहीं है। बल्कि एक ही प्रयास के तीन संवाहित पहलू हैं। आर्थिक हित नव उपनिवेशवाद का समूल आधार है। शेष दोनों आर्थिक हित साधने में सहायक कार्य-कलाप हैं।

प्रजातिवाद एक अवैज्ञानिक विचारधारा—प्रजातिवाद एक अवैज्ञानिक विचारधारा है। जिसके अनुसार काले लोग पिछड़े होते हैं। निम्नस्तर के होते हैं। इससे प्रजातियों के खिलाफ पूर्वाग्रह पैदा हुए हैं। पश्चिमी देशों, द्वारा इन देशों को उपनिवेश बनाने और

अफ्रीका के लोगों को गुलाम बनाने के पीछे भी ये ही पूर्वाग्रह थे। इसके परिणामस्वरूप कई पश्चिमी देशों में विशेषकर अमरीका में बहुत बड़ी संख्या में गुलामों के तौर पर गए काले लोगों के साथ विभेद और उन्हें निम्न स्तरीय नागरिक मानना सामाजिक जीवन का एक हिस्सा बन गया। उपनिवेशों में भी देशों ने साम्राज्यवादी इरादों को छिपाने के लिए प्रजातिवादी विचारधारा को आगे किया कि ये काले या अश्वेत लोग अक्ल से कमजोर होते हैं। दक्षिण अफ्रीका की सारी आबादी के ऊपर शासन करने के लिए गोरी सरकार ने भी यह दलील रखी थी।

प्रजाति का अर्थ—इस शब्द का अर्थ क्या है। यह राजनीतिक भेद वताल है या जैविक विशेषता? मोटे अर्थ में प्रजाति का अर्थ है समान संस्कृति इतिहास भाषा और वंश धारा के लोगों का समूह। वैज्ञानिक, जैविक या शरीर वैज्ञानिक रूप से रूपरंग के अपने विशिष्ट गुण होते हैं। जिनमें लोग अलग पहचाने जा सकते हैं । ये विशेषताएं हैं शरीर का रंग, बालों की रचना, नाक और जबड़े की बनावट। इनके आधार पर नीग्रो (काले लोग) मंगोलाई (पीले लोग) और काकेशियाई (गोरे लोग) ये तीन प्रमुख प्रजातियां मानी जाती है। वैज्ञानिक अनुसंधानों से साबित हो चुका है कि ये ऊपरी है और इनसे मानव की शारीरिक या मानसिक क्रियाओं में कोई मूलभूत अंतर नहीं होता न ही इन अंतरों से मनुष्य के बौद्धिक स्तर में कोई अंतर आता है ये। विशेषताएं सिर्फ परिवेश के आधार पर उत्पन्न ऊपरी शारीरिक अंतर है। वास्तव में जिन्होंने गोरों की उत्कृष्टता की अवधारणा की कल्पना की, वे इसका राजनीतिक देशों के लिए उपयोग करते हैं। इसी कारण वे व्यवहार में तीन प्रमुख वर्ग मानते हैं—पश्चिमी गोरे, एशियाई तथा अफ्रीकी। प्रजातिवाद के अनुसार (1) मनुष्य जाति उत्कृष्ट और निकृष्ट दो जातियों में बंटी है। (2) केवल उत्कृष्ट गोरी जाति के प्रयत्नों के परिणाम से सामाजिक प्रगति हो सकती है। (3) सामाजिक इतिहास प्रजातियों के संघर्षों की लंबी कहानी है। जिसके अंत में कमजोर वर्गों के ऊपर उच्च जातियों का शासन ही परिणाम के रूप में निकलेगा।

प्रजाति की यह मिथ्या संकल्पना अवैज्ञानिक है। इसलिए की वैज्ञानिक या भौतिकवादी विचारों के विरोध में है। किसी जनता के सामाजिक कार्यकलापों और श्रम से ही सामाजिक विकास होता है। मनुष्य जाति प्रकृति पर विजय करने के प्रयासों से ही सामाजिक और सांस्कृतिक प्रगति कर सकी, तकनीकी विकास कर सकी, न कि प्रजातिगत विशेषताओं से।

प्रजाति की संकल्पना शोषण का साधन है—गैर गोरों को, विशेषकर अफ्रीका के कालों को अपने स्वतंत्र विकास में असमर्थ मानने के कारण उन पर यूरोप के शासन को और उनके प्रति पक्षपातपूर्ण सामाजिक आर्थिक व्यवहार को मान्यता देने और इस व्यवहार को वैध मानने के लिए जातिवाद की संकल्पना का उपयोग किया गया गोरों की उच्चता के बारंबार सिद्धांत निरूपण और घुमा फिराकर विचार से कई नई बातें अस्तित्व में आई। जैसे शोषणपर आधारित आर्थिक संबंध, मूल्य व्यवस्था, सामाजिक दृष्टिकोण राजनीतिक तंत्र आदि।

यह सिद्धांत निरूपण इतना सूक्ष्म था कि काले और अन्य अश्वेत भी इसकी सच्चाई पर विश्वास करने लगे। यह वैज्ञानिक सत्य कि "सब लोग जन्म से समान होते हैं और सारे मानव एक जाति में आते हैं" की सत्यता को पुनः स्थापित करना पड़ गया। **महात्मा गांधी** ने कहा कि, "अगर इन जातियों में वैवाहिक संबंध हो सकते हैं और संतान हो सकती है तो सब एक ही जाति में यानी मानव जाति में आते हैं।" 16वीं शताब्दी तक प्रजाति संबंधी निम्नता की बात अफ्रीकी या एशियाई लोगों के साथ नहीं जुड़ी थी। न ही रंगरूप की विशेषताओं से उस समय मनुष्यों में धर्म, क्षेत्र या वर्ग के कारण भेदभाव बरता जाता था। प्लेटो अरस्तू के मानव भेद विचारों के अनुसार निम्न वर्ग से उच्च वर्ग में परिवर्तन संभव था। उनके दर्शन के अनुसार मनुष्यों में विभिन्न प्रजातियों के बीच मूलभूत स्तर भेद का गुण नहीं था। उस समय प्रजातियों को इतना भिन्न भी नहीं माना जाता था कि वे एक दूसरे से न मिल सके। प्रजाति ऐसा मानव वर्ग था जिसकी उच्चता केवल उसके लड़ने की क्षमता से आंकी जाती थी।

यूरोप के उपनिवेशकों के गुलामों की खरीद फरोख्त, लूटपाट और नखद्य से अफ्रीकी महाद्वीप को तहस नहस किया और इतिहास ने उसे सौ वर्ष पीछे धकेल दिया। फिर उन्होंने अफ्रीका के पिछड़ेपन का आधार लेकर "प्रजातिजन्य निकृष्टता" का सिद्धांत स्थापित किया। उन्होंने दूसरा संबंध सिद्धांत यह दिया कि यूरोप की तकनीकी प्रगति का कारण उस जाति की उत्कृष्टता ही है।

उपनिवेशवादी कार्रवाइयां और उनका प्रभाव—यूरोप के उपनिवेश स्थापित करते हुए अफ्रीका में जहां-जहां यूरोप के लोगों को बसाया उस समाज को प्रजाति के विभेद के आधार पर संगठित किया गया इन देशों में ऐसे क्षेत्र चुने गए जहां-जहां यूरोप के लोगों को बसाया उन समाजों की प्रजाति के विभेद के आधार पर संगठित किया गया। इन देशों में ऐसे क्षेत्र चुने गए जहां जलवायु अच्छी थी, संसाधन पर्याप्त मात्रा में उपलब्ध थे। और कृषि योग्य उर्वर भूमि थी और इन क्षेत्रों में गोरे बसाए गए। गैर यूरोपीय (एशिया के लोग तथा अफ्रीका के मूलनिवासी) जमीन की मिल्कियत से वंचित थे और जमीन को पट्टे पर नहीं दे सकते थे। न ही गोरों की प्रतियोगिता में खड़े हो सकते हैं। उन्हें राजनीतिक स्वतंत्रता भी नहीं दी जाती

थी। राजनीतिक दलों पर प्रतिबंध लग गया। भिन्न प्रजातियों के सम्मिलित दल बनाने की भी छूट नहीं थी। रंगभेद को इस नीति ने अफ्रीकियों को सामान्य मानवों से भी निम्न स्थिति में रहने को विवश किया।

अफ्रीका देशों की स्वतंत्रता के बाद कई अफ्रीकी उच्चस्तर के कवि उपन्यासकार नाटककार, इतिहासकार, अभिनेता निर्देशक, दार्शनिक, योद्धा, धर्मनेता, वकील, डाक्टर राजनयिक आदि के रूप में मशहूर हुए। इससे सब कट्टर प्रजाति भेद मानने वाले व्यक्तियों को भी आंखे खुली और उन्होंने प्रजातियों के स्तर भेद के अतार्किक और असंगत विचार को पहचाना। संयुक्त राष्ट्र संघ निर्गुत आंदोलन तथा अन्य अंतर्राष्ट्रीय संगठनों ने प्रजातियों में भेद करने की नीति और व्यवहार को और दक्षिण अफ्रीका की रंगभेद नीति का खंडन किया। इससे लोगों को इस विचारधारा की अवैज्ञानिकता को समझने का आधार मिला। समय-समय पर उठी इन चर्चाओं ने साबित कर दिया है कि प्रजातिवाद वास्तव में उपनिवेशवाद और नवउपनिवेशवादी ताकतों को बनाए रखने का कुछ स्वार्थी और शक्तिशाली गुटों का साधन मात्र है।

रंगभेद नीति के खिलाफ भारत का संघर्ष— भारत ने बराबर प्रजातिवाद विरोधी नीति का पालन किया है। इस नीति का एक प्रमुख आधार है कि स्वतंत्रता के साथ किसी तरह का समझौता नहीं हो सकता और दूसरे यह कि प्रजातिवादी विचार उपनिवेशवाद का ही दूसरा नाम है। प्रजातियों में भेद करने की खतरनाक नीति का विरोध भारत की परंपरा में है। इस विरोध ने भारतीय स्वतंत्रता संग्राम के साथ ही जन्म लिया था। **महात्मा गांधी** ने दक्षिण अफ्रीका में वकालत करते हुए पूरे बीस साल तक रंगभेद नीति की आरंभिक अवस्था का अनुभव किया था।

दक्षिण अफ्रीका में ही गांधी जी ने सबसे पहले सत्याग्रह और अहिंसात्मक आंदोलन का सफलतापूर्ण परीक्षण किया था। वे प्रजातिवाद की अमानवीयता दमन और क्रूरता का अनुभव लेकर भारत लौटे थे। इस तरह प्रजातियों के साथ गोरों के पक्षपात का विरोध भारतीय स्वतंत्रता संग्राम का मूलमंत्र बन गया। भारत की यही दृष्टि 1946 में संयुक्त राष्ट्र संघ में भारत की भूमिका में प्रकट हुई। भारत की पहले से ही दक्षिण अफ्रीका में प्रजातियों के प्रति पक्षपात का मसला अंतर्राष्ट्रीय स्तर पर लोगों के सामने आया।

प्रजातिवाद के कार्यकलापों के प्रमुख सिद्धांत—अक्तूबर 1946 में संयुक्त राष्ट्रसंघ की महासभा के प्रथम सत्र में भारत ने कारवाई की, उसे प्रजातिवाद के विरोध में आंदोलन कहा जा सकता है। तब तक संयुक्त राष्ट्र संघ पर औपनिवेशिक साम्राज्यों का अधिपत्य था। आज के संघ के कई सदस्य उस समय विदेशी शासन से अपने को मुक्त करने की कोशिश में थे। भारत ने इन उपनिवेशों के समर्थन में बात की उसने प्रजातिवाद को व्यापक राजनीतिक संदर्भ में देखा न कि विश्व के देशों की एक साधारण सी समस्या के रूप में। अन्य अंतर्राष्ट्रीय मंचों से भी भारत ने प्रजाति संबंधी पक्षपात और रंगभेद नीति का खंडन किया। भारत ने प्रजातियों मानवता के खिलाफ जुर्म बताया। इसे साम्राज्यवाद और उपनिवेशवाद तथा इनके शोषण और दमन का प्रकट रूप बताया उसने स्पष्ट घोषणा की कि रंगभेद नीति को सुधारा नहीं जा सकता। सिर्फ नष्ट किया जाना चाहिए, खत्म कर दिया जाना चाहिए।

बहुविकल्पीय प्रश्न

1. आगामी प्रश्नों में दो वक्तव्य हैं, एक को कथन (A) तथा दूसरे को कारण (R) कहा गया है आपको दोनों वक्तव्यों का सावधानी पूर्वक परीक्षण करना है और निर्णय करना है कि क्या कथन (A) और कारण (R) पृथक-पृथक सही है और ऐसा है तो क्या कारण, कथन का सही स्पष्टीकरण है, इन प्रश्नांशों का उत्तर नीचे दिए हुए कूट की सहायता से चुनिए और अपने उत्तर-पत्रक में तदनुसार अंकित कीजिए
   A. A और R दोनों सही है, और R, A सही स्पष्टीकरण है।
   B. A और R दोनों सही है, परंतु R, A सही स्पष्टीकरण नहीं है।
   C. A सही है, परंतु R गलत है।
   D. A गलत है, परंतु R सही है।

1. **कथन (A) :** वैवाहिक संबंधों के लिए, उच्च जाति के लोगों में वर्ग चेतना, जाति चेतना से अधिक होती है।
   कारण (R) : परिवार की आर्थिक स्थिति विवाह के तय होने में एक महत्वपूर्ण कारक है
2. **कथन (A) :** नार्डिक प्रजाति उच्च है और उच्च संस्कृति का सृजन करती है।
   कारण (R) : एक उच्च प्रजाति उच्च संस्कृति का सृजन नहीं करती है।
3. **कथन (A) :** इरावती कर्वे के विचार में, जाति एक—विस्तारित बंधु—समूह है।
   कारण (R) : एक जाति के सभी सदस्य विश्वास करते है कि वे एक समान पूर्वज के वंशज है।
4. **कथन (A) :** यह मान लेना सही नहीं है कि मातृ वंशीय

परिवार रक्त संबंधी परिवार है।

कारण (R) : रक्त संबंध बंधुत्व होने के बावजूद भी नायरों में थारा बाड में औपचारिक संबंध भी है।

5. कथन (A) : विवाह एक पुरुष तथा एक महिला का आपस में एक सम्मिलन है।

कारण (R) : यह लिंग-संभोग की वैधता को और संतानों की वैधता को प्रतिष्ठित करता है।

6. कथन (A) : क्षेत्रीय बहिर्विवाह आवश्यक रूप से उत्तरी नातेदारी अंचल तक सीमित नहीं है।

कथन (R) : कर्नाटक के गंगा दिकार वोक्कालिगों का 'देवरा वोक्कालु' क्षेत्रीय बहिर्विवाह का एक प्रकार था।

7. 'आदर्शात्मक सामाजिक व्यवस्था' इस बात पर बल देती है कि

A. व्यक्ति को किस प्रकार से व्यवहार करना चाहिए
B. व्यक्ति वास्तव में किस प्रकार का व्यवहार करता है
C. A और B दोनों
D. दोनों में से कोई नहीं

8. वह जादू जो जादूगर द्वारा अपने समाज को नुकसान पहुंचाने के लिए नहीं किया जाता

A. काला B. सफेद
C. वैज्ञानिक D. ये सभी

9. डविड ह्यूम द्वारा लिखित पुस्तक का नाम है

A. प्रिंसिपल्स ऑफ सोशियोलॉजी (हर्बर्ट स्पेंसर)
B. एलिमेंटरी फार्म्स ऑफ रिलिजियस लाइफ (दुर्खीम)
C. नेचुरल हिस्ट्री ऑफ रिलीजम
D. प्रिमीटिव कल्चर (लोवी)

10. धर्म में 'पवित्र' तथा 'अपवित्र' की अवधारणा किसने दी

A. मैक्स मूलर B. फ्रेजर
C. दुर्खीम D. मैकाइवर एवं पेज

11. बहु पत्नी विवाह का प्रमुख कारण है

A. अधिक स्त्री, कम पुरुष B. अधिक पुरुष, कम स्त्री
C. आर्थिक लाभ D. A और B

12. वर्ग द्वारा निर्धारित प्रस्थिति होती है

A. प्रदत्त B. अर्जित
C. A और B दोनों D. इनमें से कोई नहीं

13. 'कल्चरल सोशियोलॉजी' के लेखक हैं

A. मैकाइवर B. आगबर्न तथा निमकॉफ
C. गिलिन एवं गिलिन D. टायलर

14. सपिण्ड बहिर्विवाह किस जाति द्वारा बहिष्कृत होते हैं

A. ब्राह्मण B. क्षेत्रीय
C. सभी उच्च जाति D. समस्त जाति

15. जाति व्यवस्था किस समाज की विशेषता है

A. भारतीय B. पाकिस्तानी
C. यूरोपियन D. A और B दोनों

16. 'कास्ट' शब्द की उत्पत्ति किस भाषा से हुई

A. ग्रीक B. लैटिन
C. पुर्तगाली D. अंग्रेजी

17. सूची 1से सूची 2 को मिलाइए और इन सूचियों के नीचे दिए गए कूट का उपयोग करते हुए सही उत्तर का चयन कीजिए।

सूची 1 *(अवधारणा)*	*सूची 2* *(विचारक)*
(a) आदर्श प्रारूप	1. कूले
(b) प्राथमिक समूह	2. मैक्स वेबर
(c) बाह्य समूह	3. दुर्खीम
(d) सामाजिक तथ्य	4. समनर
	5. पारसन्स

कूट	*(a)*	*(b)*	*(c)*	*(d)*
A.	1	2	3	4
B.	2	1	4	3
C.	5	4	1	2
D.	4	2	1	5

18. निम्नलिखित में से कौन प्राथमिक समूह की आवश्यक विशेष है ?

A. एक से अधिक व्यक्ति B. सामान्य हित
C. सादृश्य हित D. कंधे से कंधे का संबंध

19. निम्नलिखित में से कौन असहयोगी सामाजिक प्रक्रिया नहीं है ?

A. प्रतिस्पर्द्धा B. प्रतिकूलता
C. संघर्ष D. आत्मसात्करण

20. निम्नलिखित में से कौन द्वितीयक समूह की विशेषताएं हैं ?
1 एक से अधिक 2 सामान्य हित 3 सादृश्य हित 4 स्थाई प्रकृति

A. 1 और 4 B. 2 और 3
C. 3 और 4 D. 1 और 4

21. किसने सर्वप्रथम 'बाह्य समूह' नाम का प्रयोग किया ?

A. कूले B. बेल
C. समनर D. स्माल

22. पितृसत्तात्मक संयुक्त परिवार मुख्यत: किस समुदाय में पाए जाते हैं।

A. नम्बूदरी (मालाबार) B. मुण्डा (छोटा नागपुर)

C. अंगामी नागा (असम) D. ये सभी

23. सामाजिक परिवर्तन है—
A. फैशन में परिवर्तन
B. सामाजिक संगठन में परिवर्तन
C. A और B दोनों
D. तकनीक में परिवर्तन

24. प्रसारवादियों के अनुसार सांस्कृतिक परिवर्तन का कारण है
A. अविष्कार B. सांस्कृतिक प्रसार
C. क्रांति D. संघर्ष

25. समाज के उद्‌विकास की अवस्थाएं हैं
A. जंगली/बर्बरता/सभय B. बर्बरता/जंगली/सभ्य
C. सभ्य/बर्बरता/जंगली D. सभ्य/जंगली/बर्बरता

26. सामाजिक परिवर्तन के चक्रीय सिद्धांत के प्रवर्तक हैं
A. स्पेंगलर B. टॉयनबी
C. A और B और D. मॉर्गन

27. 'ए स्टडी ऑफ हिस्ट्री' नामक पुस्तक किसने लिखी है।
A. स्पेंगलर B. टॉयनबी
C. सोरोकिन D. स्टीवार्ड

28. सांस्कृतिक विलंबना की अवधारणा किसने दी है
A. ऑगबर्न B. निमकॉफ
C. ऑगबर्न तथा निमकॉफ D. पैरेटो

29. 'उद्‌विकास शब्द' की उत्पत्ति किस भाषा से हुई है?
A. ग्रीक B. रोमन
C. हेब्रू D. लैटिन

30. 'प्लान्ड इकोनॉमी फॉर इंडिया' शीर्षक पुस्तक किसने लिखी?
A. जे.एल. नेहरू B. एम.सी. बोस
C. एम. विश्वसरै D. रजनी कोठारी

31. निम्नलिखित में से कौन एक पूर्व औद्योगिक समाज की आवश्यक विशेषता है?
A. उत्पादन में सावययी शक्ति का प्रयोग
B. सीमित उत्पादन
C. विनिमय के उत्पदन
D. बेरोजगारी

32. सबसे पहले औद्योगिक क्रांति कहां हुई?
A. इंग्लैण्ड B. रूस
C. अमेरिका D. जर्मनी

33. निम्नलिखित में से कौन कारखाना व्यवस्था की विशेषताएं हैं?
1. कृत्रिम शक्ति का प्रयोग 2. द्वितीयक संबंध
3. अधिकतम 4. तीव्र प्रगति
नीचे दिए गए कूट में से सही उत्तर का चयन कीजिए
A. 1 और 2 B. 2 और 3
C. 3 और 4 D. 1 और 4

34. सामाजिक परिवर्तन का 'अंतर्निहित सिद्धांत किसने प्रतिपादित किया'?
A. सोरोकिन B. पैरेटो
C. ऑगबर्न D. वेबलिन

35. नीलगिरि पहाड़ियों के टोडा जनजाति ने बहुपति विवाह अपनाया जिसका कारण है
A. धार्मिक मान्यता B. जनजातीय प्रथा
C. कन्या हत्या D. उपर्युक्त में से कोई नहीं

36. संघर्ष की प्रकृति है
A. व्यापक B. चेतन क्रिया
C. व्यक्तिगत D. ये सभी

37. सहयोग की विशेषता है
A. संयुक्त प्रयास B. असीमित
C. सीमित D. A और B दोनों

38. प्रत्येक समाज में निहित है
A. साहचर्य B. पेड़-पौधों
C. जीव जंतु D. ये सभी

39. किस समाज वैज्ञानिक ने समाजशास्त्र (सोशियो लॉजी) के स्थान पर नीतिशास्त्र (इथोलॉजी) शब्द को प्रयुक्त करने का सुझाव दिया?
A. हर्बर्ट स्पेंसर B. गिडिंग्स
C. जान स्टुअर्ड मिल D. गिन्सबर्ग

40. काम्टे के अनुसार समाज शास्त्र की प्रमुख शाखाएं हैं
A. सामाजिक संगठन एवं विघटन
B. सामाजिक क्रिया एवं अंत क्रिया
C. सामाजिक समूह एवं समुदाय
D. सामाजिक स्थायित्व एवं गतिशीलता

41. 'फर्स्ट प्रिंसिपल्स' नामक पुस्तक के रचयिता कौन है?
A. मैकाइवर B. रॉबर्ट मर्टन
C. हर्बर्ट स्पेंसर D. चार्ल्स डार्विन

42. 'सामाजिक उद्‌विकास' के सिद्धांत का प्रतिपादन किसने किया?
A. हर्बर्ट स्पेंसर B. चार्ल्स डार्विन
C. दुर्खीम D. सोरोकिन

उत्तरमाला

1	2	3	4	5	6	7	8	9	10
D	D	C	A	D	D	C	B	C	C
11	12	13	14	15	16	17	18	19	20
A	B	A	A	A	C	B	C	D	A
21	22	23	24	25	26	27	28	29	30
C	D	B	A	A	A	B	A	D	C
31	32	33	34	35	36	37	38	39	40
B	A	A	A	C	D	A	A	A	D
41	42								
C	A								

अध्याय 26

वैश्वीकरण की चुनौतियां
(Challenges of Globalisation)

समाजशास्त्र का भारतीयकरण (Indigenisation of Sociology)

भारत में समाजशास्त्र के विकास की प्रक्रिया उपनिवेशवाद से प्रभावति रही है। यह प्रश्न अक्सर उठाया जाता है कि क्या समाजशास्त्र काल व देश समाज व संस्कृति अतीत व वर्तमान की विशिष्टताओं से प्रभावित होकर एक स्वरूप व चरित्र प्राप्त करता है अथवा यह ज्ञान की शाखा के रूप में अमूर्तता के उस स्तर पर व्याख्या करता है जो सार्वभौमिक होती है। इस प्रश्न की व्याख्या इस रूप में करनी चाहिए कि क्या पश्चिमी देशों में एक विषय के रूप में प्रस्थापित समाजशास्त्र—उसके संबोध उसके सिद्धांत उसके आयाम उसके परिप्रेक्ष्य पूर्वक देशों के लिए भी उपयुक्त है दूसरा प्रश्न है कि सामाजिक यथार्थ की अमूर्तता व मूर्तता के क्या कई स्तर हो सकते है? क्या सभी समाज व संस्कृति किसी स्तर पर विश्लेषण ही नहीं अपितु सामन्य ज्ञान के आधार पर भिन्न नहीं है। जब भिन्नता की स्पष्टता में कोई शंका नही है तो संबोधें व सिद्धांतों के अवलोकन व विभिन्न स्तरीय निरूपण उपलब्ध है क्या। तीसरा प्रश्न इस बात से संबंधित है कि सिद्धांत व संबंधों के निर्माण में संचयी अनुभव ज्ञान विरासत जो कि ऐतिहासिक व शास्त्रीय ज्ञान के आधार पर प्राप्त होता है और जो ऐतिहासिक रूप से प्राचीन व निरंतर सभ्यता से उपजा है क्या उसका उपयोग व समझ पश्चिम के उन विभिन्न उपागमों के निर्माण में हुआ भी या नही? चौथा प्रश्न ज्ञान की राजनीति से जुड़ा हुआ है किसी भी दिशा व समाज का ज्ञानमय निर्माण सप्रयास नकारात्मक रूप से क्यों किया जाता है? क्या इसके पीछे उपनिवेशवाद व साम्राजवाद के निहित स्वार्थ ही है?

इसे निम्नलिखित रूप में देखा जा सकता है—

(क) भारतीय यथार्थ का सही प्रस्तुतिकरण नहीं हो सका।

(ख) भारतीय ज्ञान की शास्त्रीय परम्परा की उपेक्षा की गई।

(ग) देशज सिद्धांत संबोधें तथा पद्धतियों का सामाजिक सांस्कृतिक विशिष्टता के संदर्भ में विकास नहीं हो सका।

(घ) भारतीय समाज की विशिष्ट समस्याओं को पठन-पाठन में नहीं लाया जा कसा। उल्टे पश्चिम द्वारा परिभाषित समस्याओं को हम अपनी मान बैठे।

(च) अनेक संबंध जो हमारे ऐतिहासिक सांस्कृतिक संदर्भ में उपयुक्त नही है उन्हें भी स्वीकार लिया गया। मसलन धर्म निरपेक्षता और राष्ट्रीयता आदि।

(छ) शिक्षण संस्थाओं में अंग्रेजी के वर्चस्व के कारण वे स्रोत्र जो कि संस्कृत प्राकृत पाली तथा क्षेत्रीय भाषाओं में लिपिबद्ध थे उनके विश्लेषण,उपयोग और व्याख्या नहीं हो सकी ।

(ज) मौलिक सोच कुंठित हो गया तथा ज्ञान का आडंबर एवं व्यवसाय के आर्थिक पक्ष बौद्धिकता पर हावी होने लगे।

डूमां और **पोकार** के मुताबिक भारत में समाजशास्त्र के अक्षत विकास के लिए उनका बौद्धिक योगदान से संबंध स्थापित करना आवश्यक है। उनके अनुसार भारत की एकता विचारों व मूल्यों में परिलक्षित होती है। यह इसकी सामाजिक एकता की आधारभूत नींव है।

बेली के अनुसार व्यक्ति जो सोचते हैं व उनके मूल्यों से ही समाजशास्त्र की विषय वस्तु बनती है **योगेन्द्रसिंह** के अनुसार भारतीय समाजशास्त्र में कोई औपचारिक सिद्धांत की संरचना नहीं हुई है सिद्धांतों नहीं के बराबर है हालाकि उपागम अनेक हैं **योगेन्द्रसिंह** के अनुसार डयोमा व्यवस्था के समन्वय से अधिक सरोकार रखते हैं परिवर्तन व संघर्ष से कम **धीरेन्द्र नारायण** समाजशास्त्र को इतिहास की वेदी पर बलि चढ़ाने के विरोधी है। अच्छा इतिहास समाजशास्त्र पर निर्भर है और अच्छा समाजशास्त्र इतिहास पर वे विशिष्ट जो अध्ययन के पक्षधर नहीं है। विशिष्ट के

अध्ययन से तुलना व साधारणीकरण सम्भव नहीं हो पाता इससे ज्ञान सीमित हो जाता है वे मानविकी व वैज्ञानिक अभिमुखन का विरोधाभास स्वीकार नहीं करते। **योगेन्द्रसिंह** के अनुसार भारतीय समाजशास्त्र में प्रमुख मुद्दे कतिपय प्रश्नों से जुड़े हैं—

(क) वृहद सिद्धांत अथवा संबोधात्मकयों जना

(ख) सार्वभौमिकता अथवा विशिष्टता व संदर्भगतता

(ग) आदर्शता का सिद्धांत निर्माण से सम्बन्ध योगेन्द्रसिंह ने भारतीय समाजशास्त्र को 1952 से 1977 में बांधकर विवेचना की है ये काल है।

(क) 1952 से 1960 दर्शनशास्त्रीय प्रभुत्व

(ख) 1960-1965 संस्कृतिवाद

(ग) 1965-1970 संरचनावाद

(घ) 1970-1977 द्वंदात्मक ऐतिहासिकता उनके अनुसार भारतीय समाजशास्त्री सिद्धांत निर्माण में अभिरूचि नहीं रख रहे हैं अपितु संबोध प्रारूपों के माध्यम से घटनाओं के विश्लेषण में कार्यरत रहे हैं। **योगेन्द्रसिंह** के अनुसार **राधाकमल मुखर्जी डी.पी.मुखर्जी** व **ए.के.सरन** दर्शनशास्त्रीय अभिमान के प्रवर्तक रहे हैं। **अरोरा रान, आई.पी.देसाई** संरचनात्मक परिप्रेक्ष्य में सिद्धांत का उपयोग करते हैं। **रामकृष्ण मुखर्जी, डी.पी.मुखर्जी, ए.आर. देसाई** एन कतिपय अर्थशास्त्री व इतिहासकारों के अध्ययन द्वंद्वात्मक ऐतिहासिकता अभिमुखन के माने जाते हैं। इस तरह के वर्गीकरण से काल के संदर्भ में विचारों का विभाजन एक स्तर के पश्चात् अतार्किक लगता है। **मुखर्जी** ने भी काल समयगत वर्गीकरण किया है (क)1940 (ख)1950 (ग)1960 (घ)1970 इन कालों के अग्रणी आधुनिकतावादी आंतरिकीक गति निर्माता किया। अग्रणी ने यथार्थ के विविध पक्षों के आधार पर आगमन पद्धति से साधारणीकरण करने का प्रयास किया। उन्होंने अती वर्तमान व भविष्य के संदर्भ में सामाजिक यथार्थ की व्याख्या की। आधुनिकतावादी के लिए सामाजिक परिवर्तन एकवाद था न कि सैद्धांतिक समझ की प्रघटना। इन विद्धानों का अनुसंधान व्यावहारिकता पर निर्भर था और भारत में सामाजिक परिवर्तन को उन्होने संस्कृतिकरण व पश्चिमीकरण के आधार पर समझाने का प्रयास किया।

भारतीय समाजशास्त्र में सिद्धांत निर्माण के दृष्टिकोण से योगदान की चर्चा मौलिकता की दृष्टि से कठिन लगती है। अनेक समाजशास्त्रियों ने महत्वपूर्ण योगदान किया है। पर सिद्धांत के पक्ष को लेकर अभी भी हताशा ही दृष्टिगोचर होती है।

भारतीय समाजशास्त्र में दो प्रकार की प्रमुख प्रवृत्तियां दृष्टिगोचर होती हैं। जो कि परिचय की विचारधारा से प्रभावित रही हैं। ब्रिटिश प्रभाव के अंतर्गत भारतीय समाजशास्त्र सामाजिक मानवशास्त्रीय प्रवृति से प्रभावित रहा है। भारतीय ज्ञान के औपचारिक स्वरूप ब्रिटेन से प्रभावित रहे है ब्रिटेन में प्रशासकीय कारणों से सामाजिक मानवशास्त्र का विशद अध्ययन किया गया। सामाजिक मानवशास्त्र जनजाति गांव प्रजाति इत्यादि विषयों का अवलोकन व साक्षात्कर की पद्धतियों के आधार पर विस्तृत व विस्तार से अध्ययन करने पर बल देता था। इन अध्ययनों से उपनिवेश देशों के राजनीतिक हित सम्पंन होते थे। दूसरी ओर आजादी के पश्चात भारतीय समाजशास्त्र में अमेरिका का प्रभाव स्पष्ट दृष्टिगोचर होता है। अमेरिकन सामजशास्त्र में आंकड़ों को संख्यात्मक पक्ष व उनके साख्यिकी निरूपण पर अधिक बल दिया जाता है वस्तु परकता आनुभाविकता विज्ञानवाद व संरचनात्मक प्रकार्यात्मक उपागम भारतीय समाजशास्त्र को विशेष रूप से प्रभावित करते हैं।

आजादी के पहले नई पुस्तकों में समाजशास्त्र विषय का स्वतंत्र अध्ययन-अध्ययन आरम्भ हुआ भारतीय समाजशास्त्रियों की संख्या भी तेजी से बढने लगी। प्रकाशन के क्षेत्र में भी विस्तार हुआ एवं अनेक समाजशास्त्रीय अनुसंधान पुस्तक के रूप में प्रकाशित किए गए। इनके बावजूद भी सैद्धांतिक एवं पद्धतिशास्त्रीय स्तर पर भारतीय समाजशास्त्र में कोई नव प्रवर्तन दृष्टिगोचर नहीं हो रहे थे। उनके समाजशास्त्र की अमेरिकन समाजशास्त्र के प्रति यह निर्भरता बौद्धिक साम्राज्यवाद मानी गई है भारतीय समाजशास्त्र का पश्चिमीकरण इतना प्रभुत्वशाली था कि अनेक प्रबुद्ध समाजशास्त्रियों ने इसका विरोध किया। कुछ समाजशास्त्रियों ने भारत के लिए विशिष्ट समाजशास्त्र की स्थापना की पहल की है। उनके अनुसार भारतीय सामाजिक यथार्थ को समझने के लिए विशिष्ट संबोध विलग सिद्धांत एवं भिन्न अध्ययन पद्धति का होना आवश्यक है। अन्य समाजशास्त्री यह मानते है कि समाजशास्त्र की प्रकृति सार्वभौमिक एवं समन्वयकारी है जिसके अंतर्गत भिन्नता की सम्भवना व स्वतंत्रता निहित है नदी के अनुसार भारतीय समाजशास्त्र सृजनशील होकर विश्व समाजशास्त्र में अपना योगदान दे सकता है। **योगेन्द्रसिंह** के अनुसार 1970 के पश्चात् भारतीय समाजशस्त्रियों ने **बेवर** और **मार्क्स** के प्रारूप व उपागम को देशज रूप में प्रस्तुत करने का प्रयास किया है इस तरह से भारतीय समाजशास्त्रियों ने शास्त्रीय समाजशास्त्रीय सिद्धांतों को चुनौती प्रस्तुत की है।

भारतीय सामाजिक यथार्थ के संदर्भ में संबोधों सिद्धांतों एवं पद्धतियों का विकास व निर्माण होना चाहिए। दूसरी ओर समाजशास्त्रीय सार्वभौमिकता के प्रवर्तक पश्चिम के सिद्धांतों और पद्धतियों को स्वीकार करने के पक्षधर हैं।

पश्चिम के अंधानुकरण से बौद्धिक निर्भरता बढ़ी है और भारतीय समाजशास्त्र पुनरावृति तक सीमित हो गया है। इस प्रारूप के अंतर्गत मात्र अंत: सांस्कृतिक सत्यापन की सीमा तक ही ज्ञान बंध जाता है व स्वतंत्र रूप बौद्धिक विकास की सम्भावना कुंठित हो जाती है इस आधार पर भारतीय समाजशास्त्री पश्चिमी ज्ञान को सामूहिक उपभोक्ता बनाकर रह जाते हैं। इस तरह की प्रवृति के अंतर्गत ज्ञान का मण्डलीकरण होता है कुछ समाजशास्त्रियों ने मध्यम मार्ग अपनाने की पहल की है जिसके अंतर्गत समाजशास्त्रीय सार्वभौमिकता एवं क्षेत्रीयता के मध्य संतुलन रखने की आवश्यकता है सामाजिक प्रक्रिया के अध्ययन के संदर्भ में रखना आवश्यक है। उदाहरण के तौर पर भारतीय जनसंख्या का गांवों में बाहुल्य जाति व्यवस्था संयुक्त परिवार एवं आध्यात्मिक,धार्मिक,एवं नैतिक आदर्श प्रतिमान इसका यह अर्थ नही कि अगर हम ऐतिहासिक एवं सास्कृतिक संदर्भों को ध्यान में रखकर अध्ययन करे तो हमारे प्रारूप अथवा पद्धतियां समाज विशिष्ट होनी चाहिए: समाज अथवा देश में अति विशिष्टता समाजशास्त्र के ज्ञान की अमूर्तता को नष्ट कर सकता है।

अत: साम्राज्यवाद का विरोध करके भारतीय समाजशास्त्रियों को अपनी क्षमता व शक्ति का उपयोग जनसाधारण को नव साम्राज्यवाद की बेड़ियों से मुक्त कराने में लगाना चाहिए। अनेक समाजशास्त्री यह भी मानते हैं कि हमारे अध्ययन की समस्याएं भारत के जब साधारण के संदर्भ में सार्थक होना चाहिए।

नगरीकरण एवं औद्योगीकरण का विकास शिक्षा में वृद्धि व संचार की क्रांति ने समाजशास्त्र को इतिहास अर्थशास्त्र राजनीतिशास्त्र न मनोविज्ञान विषयों से विलग स्थान दिया है भारतीय समाजशास्त्रों में राष्ट्रीय चेतना का विकास हुआ है समाजशास्त्र के वे कौन से आयाम है कि जो कि प्रमुख रूप से भारतीय है और वे कौन से जो कि सार्वभौमिक राष्ट्रीय समाजशास्त्र पर धार्मिक क्षेत्रीय जातीय व भाषा दी पहचानों का क्या प्रभाव पड़ता है। विशिष्ट भारतीय संदर्भ में समाजशास्त्र के निर्माण की प्रक्रिया में ही लगा हुआ है। फिर भी कुछ ऐसा आयाम है। जो कि स्पष्ट होते जा रहे है भारतीय समाजशास्त्र की प्रकृति को लेकर अभी भी मत भिन्नता है कुछ समाजशास्त्री **मार्क्स** के उपागम की बात करते हैं जब कि कुछ अन्य देशज व गैर देशज परिप्रेक्ष्यों के सम्मिश्रण की चर्चा करते हैं। मूल प्रश्न यह है कि भारतीय समाज के विश्लेषण के लिए वह कौन सा पश्प्रेिक्ष्य है जिसका उपयोग किया जा सकता हो साथ ही साथ यह भी महत्वपूर्ण प्रश्न है कि इसके माध्यम से विषय के ज्ञान कोश में वृद्धि हो।

चैकी के अनुसार विज्ञान के क्षेत्र में राष्ट्रवाद अमान्य है लेकिन राष्ट्रीय समाजों की विशिष्ट व्याख्या की जा सकती है। भारतीय समाज के तथ्य किसी स्तर पर अन्य समाजों के अनुरूप है तो किसी अन्य स्तर पर विशिष्ट यह इस बात का द्योतक है कि भारतीय समाजशास्त्रीय परिप्रेक्ष्य से जो भी ज्ञान विकासित होता है वह अंतराष्ट्रीय समाजशास्त्र का अंग होना चाहिए जिससे अंतर्राष्ट्रीय आंकड़ों एवं सिद्धांतों की तुलना की जा सके एवं उनका परीक्षण भी। अगर भारतीय समाजशास्त्र के आंदोलन का उद्देश्य मात्र चेतना का विकास नहीं है तो भारतीय समाजशास्त्रीय परिप्रेक्ष्य को एक समालोचनात्मक ढांचे का निर्माण करके आंकड़ों की व्याख्या के स्वीकर किया जा सकें। दूसरे शब्दों में भारतीय समाजशास्त्र की ऐतिहासिक दृष्टिकोण को स्वीकार करना होगा।

भारतीय समाज के निर्माण के लिए अनेक स्तरों पर विश्लेषणात्मक पहल की जा सकती है। वे स्तर हैं:

(1) स्थल भूमागीय अभिमुखन
(2) स्थल भूमागीय वृहद स्तर
(3) स्थल भूमागीय लघु सामाजिक निर्माण
(4) समयकाल प्रक्रियात्मक निर्माण
(5) आदर्श मानदण्डात्मक निर्माण
(6) आनुभाविक संक्रियात्मक निर्माण
(7) बहुलविद विषय जातीय निर्माण
(8) एकीकृत सजातीय निर्माण
(9) संश्लिष्ट सामान्जस्यपूर्ण निर्माण
(10) संघर्षात्मक विभक्तिकृत निर्माण
(11) भौतिक शारीरिक निर्माण
(12) माध्यमिक परंपरात्मक निर्माण
(13) निरंतरतायुक्त पुनरावृत निर्माण
(14) परिवर्तित पुनरचात्मक निर्माण
(15) मूल्यांकन आंकलन निर्माण
(16) अंतरिक बाह्य निर्माण
(17) समन्वित साकल्यमय निर्माण
(18) आंचलिक ज्ञानात्मक निर्माण
(19) सार्वभौमिक सापेक्ष वदीय निर्माण
(20) अनेकांतवाद

उपरोक्त वर्गकरण विभिन्न आधारों को लेकर के भारतीय समाज का सर्वागीय एवं इकाईबद्ध विश्लेषण करने की क्षमता रखते हैं। अलग-अलग आधारों को लेकर विश्लेषण के स्तर पर भारतीय समाज के विभिन्न पक्षों का विश्लेषण किया जा सकता है। मूलरूप से समाज को देखने के अलग-अलग तरीके हो सकते हैं। किसी स्तर पर समाज को वृहद रूप से देखा जा सकता है। और

उसका साकल्यमय विश्लेषण हो सकता है जिसके अंतर्गत अमूर्तता के ऊर्ध्व धरातल पर विशिष्टताओं का प्रस्तुतिकरण सम्भव होता है।

भारतीय समाजशास्त्री प्रतिप्रेक्ष्य का निर्माण ऐतिहासिक निरन्तरता सांस्कृतिक विविधता अध्यात्मिक धार्मिक ओतप्रोतता देशज विशिष्टता शास्त्रीय ज्ञान परम्परा लोकज्ञान सहिणुता इत्यादि विशेषताओं से संभव है।

भारतीय शास्त्रीय परम्परा में पराविध व अपराविधा में भेद किया गया है गणित शिक्षा काव्य भाषाशास्त्र विज्ञान ये लौकिक विधाएं हैं। पराविधा है। आत्मतिधा ज्ञान की परम्परा में दोनों के मध्य संतुलन की आवश्यकता को स्वीकार किया गया था लौकिक जीवन के संचालन गठन विकास के लिए उपरा विधा आवश्यक थी पर आत्मापरात्पर का ज्ञान शोध भी आवश्यक था जिसको जो जानता है उसे नही जाना तो ज्ञान अपूर्ण व एकांगी माना जाता था अपराविधा जीवन की यात्रा व समाजगत जीवन के लिए आवश्यक है। पराविधा मूल सत्य को जानने के लिए घटना के साथ काल का भी अपना महत्व है। प्रकृति का भी स्वाभाव व पुरुषार्थ का भी और नियति का भी। भारतीय ज्ञान मीसांसा में कर्म स्थापित होते हैं। कर्मवाद का अर्थ भाग्यवाद नहीं है। कर्मवाद में पुरुषार्थ का महत्व है क्योंकि व्यक्ति अपनी क्रिया में स्वतंत्र है। आत्मा की अवधारणा भी कर्मवाद से जुड़ी है। भाग्यवाद कर्मवाद का विकृत स्वरूप है। इन विचारों से लौकिक भौतिक जीवन के नियमों व प्रतिमानों का उद्भव व संस्थात्मक स्वरूप निर्मित होता है। इसके दार्शनिक पक्ष की गुठता इतनी जटिल है। कि आम व्यक्ति के लिए मिथकों, प्रतीकों व कथाओं से इसके अर्थ व व्यवहारिक पक्ष की जानकारी दी जाती है।

पहचान का माध्यम पदार्थ से करना आज की ज्ञान परंपरा का उद्देश्य हो गया है धन व सत्ता के द्वारा व्यक्ति की पहचान बाह्य पहचान है अवास्तविक भी और अस्थिर भी। व्यक्ति की क्या पहचान है। उसका चरित्र है नैतिकता है मन है व्यक्तित्व है विचार है बुद्धि है आत्मा है। विषयपरक पहचान गौण व वस्तुपरक भौतिक पहचान महत्वपूर्ण हो गयी है ऐसे ज्ञान को आत्मसात करने से जीवन यात्रा में बाधा नहीं आती है चेतना के रूपान्तरण से पदार्थ में भी परात्पर की भावना की अनुभूति होगी दृष्टिकोण बदल जाएगा। परिग्रही वह है जिसके मन में इच्छा है। वह इच्छा-इच्छा नही है जिसके साथ लगाव नहीं होता।

भारत के अध्ययन में आनुभाविक क्षेत्र कार्य के आधार पर भी अनेक ग्रन्थ लिखे गए हैं। गांव,जाति,धर्म,परिवार परिवर्तन विकास जीवन शैली पर विभिन्न पुस्तकें लेख पतिवेदन उपलब्ध है तत्कालीन समाज व्यवस्था के बारे में इन ग्रंथों में उपयुक्त सामग्री प्राप्त होती है। ये ग्रंथ मानवशास्त्रियों व समाजशास्त्रियों द्वारा लिखे गए हैं। इन ग्रन्थों में प्राय: ऐतिहासिकता को नकारा गया है। पद्धति व उपागम के दृष्टि से इनमें विदेशी लेखको की नकल भी स्पष्ट है। इनमें भारत की समस्याओं व विकास को भी यथोचित स्थान नहीं दिया गया है। विगत कुछ वर्षों से अंतराष्ट्रीय संस्थाओं व द्वारा नियोजित समस्यामूलक अध्ययन भी कराए गए है। जिनमें तृण मूल स्तर पर जन भागीदारी द्वारा विकास के लिए सामाजिक आंकलन पद्धति से यथार्थ के विश्लेषण पहल की गयी है । सामाजिक आंकलन एक प्रक्रिया है जिसमें सहभागिता व सामाजिक विश्लेषण को समन्वित किया जाता है। इसके माध्यम से सभी स्टेक होल्डर को एक इकाई के रूप में देखा जा है। ये स्टेकहोल्डर लाभकारी सह सरकारी कर्मधारी आंचलिक नेता मध्यस्थ लोग आम व्यक्ति वे सभी होते हैं जो कि किसी विकास की योजना से प्रभावित होते हैं। सामाजिक आंकलन में इस प्रदत्त सामाजिक सांस्कृतिक परिवेश में संभव हो सके। इसके अंतर्गत उन सामाजिक व सांस्कृतिक तत्वों को महत्व दिया जाता है। जिसके आधार पर सामाजिक रूपान्तरण की प्रक्रिया को संभव बनाया जा सकें। सामाजिक आंकलन के अंतर्गत सामाजिक भिन्नता जो कि जाति वर्ग लिंग आयु प्रजाति सामुदायिकता के आधार पर निर्मित है को स्वीकार किया जाता है।

सामाजिक नियोजन में इन विभेदों को समुचित स्थान दिया जाता है जिसके कि सभी लोगों को लाभ मिल सके अध्ययन व विश्लेषण को लोगों के साथ व उनके सहयोग से निर्मित किया जाता है और निष्कर्षों का भी लोगों के साथ खुली चर्चा में बताया जाता है। पी आर ए तकनीक में लोगों के द्वारा ही उनकी समझ उनकी शब्दावली उनकी श्रेणियों उनके अर्थों के आधार पर यथार्थ का निरूपण व निर्धारण किया जाता है गांव के व्यक्ति जमीन पर नजरी नक्षा बनाकर गांव की संपूर्ण सूचना प्रदान करते हैं। मौसम रोग, माप-तौल, पेड़-पौधों सभी पक्षों का वे ही अपने अर्थों व शब्दों से वर्णन होता है।

आगामी वर्षों में शिक्षा के स्वरुप और उसकी व्यवस्था के सवाल पर तैयार की गई अंबानी बिड़ला समिति की रिपोर्ट को आए एक वर्ष हो चुका है समिति ने ए पालिसी फ्रमवर्क फार रिफार्म्स इन इजुकेशन शीर्षक से तैयार की गई अपनी रिपोर्ट 20 अप्रैल 2000 को प्रधानमंत्री की सौप दी थी रिपोर्ट में प्राथमिक स्तर से लेकर उच्चस्तर तक की शिक्षा के बारे में कई सिफारिशें की गई है। इनमें कुछ चालू किस्म की है जो हर रिपोर्ट में मिल जाती है कुछ विरोधाभासी और ज्यादातर देश की बहुसंख्यक आबादी की जरूरतों और समस्याओं के मध्यनजर नकारात्मक सिफारिशों का हिन्दी में अनूदित सार संक्षेप यहां राष्ट्रीय सहारा अखबार के

शनिवासरीय परिशिष्ट हस्तक्षेप की सहायता से साभार दिया जा रहा है।

(क) शैक्षिक कार्यक्रमों में प्राथमिक शिक्षा को सर्वोच्च प्राथमिकता मिलनी चाहिए और इसे सभी के लिए अनिवार्य और मुफ्त किया जाना चाहिए प्राथमिक शिक्षा का लक्ष्य हासिल करने के बाद माध्यमिक शिक्षा को 15 वर्ष तक के सभी बच्चों के लिए आवश्यक बनाया जाना चाहिए।

(ख) शिक्षकों के सतत प्रशिक्षण एवं गुणवत्ता विकास के लिए कानून बनाया जाना चाहिए।

(ग) सूचना औद्योगिकी तथा कंप्यूटर नेटवर्क से युक्त स्मार्ट स्कूलों की स्थापना की जानी चाहिए। इस कार्य को राष्ट्रीय मिशन मानकर अंजाम दिया जाना चाहिए इस मिशन को पूरा करने की दिशा में कर लाभ देकर निजी क्षेत्र को भारी निवेश के लिए प्रोत्साहित किया जाना चाहिए।

(घ) शिक्षकों की भूमिका को प्रोत्साहक एवं उत्प्रेरक के रूप तब्दील दिया जाना चाहिए तथा बच्चों को किताबों से पढ़ाने और लिखाई कराने के बदले अभ्यास एवं अनुभवों के जरिए शिक्षित करने पर जोर दिया जाना चाहिए। पढ़ाए जाने के बदले बच्चों को आज के सूचना युग में सूचना के बहुविध माध्यमों से सीखने देना चाहिए और शिक्षकों को इसमें मददगार की भूमिका निभानी चाहिए।

(च) माध्यमिक और उससे ऊपर के विद्यार्थियों को आवश्यक व्यावसायिक शिक्षा देने की व्यवस्था की जानी चाहिए।,

(छ) औपचारिक शिक्षा को विकल्प के रूप में दूरस्थ शिक्षा को महज पत्राचार की सीमा से बाहर निकाल कर तकनीक के जरिए बढ़ावा दिया जाना चाहिए और इसके लिए विदेशों से सीख लेनी चाहिए।

(झ) स्कूल स्तर पर समान शिक्षा पद्धति लागू की जानी चाहिए लेकिन उससे क्षेत्रीय एवं स्थानीय स्तर पर खासकर भाषा इतिहास एवं सांस्कृतिक विविधता की गुंजाइश रखी जानी चाहिए।

(ट) शिक्षा के प्रबंधन को विकसित किया जाना चाहिए। प्राथमिक और माध्यमिक शिक्षा तथा सक्षरता कार्यक्रमों में वित्तीय एवं प्रबंधन की जिम्मेदारी पंचायत और नगरपालिका स्तर पर होनी चाहिए।

(ठ) व्यावसायिक पाठयक्रमों में प्रवेश के लिए सैआर जी आर आई एवं जी मैट की तर्ज पर राष्ट्रीय प्रवेश परीक्षाएं आयोजित की जानी चाहिए। साथ ही एक स्थान से दूसरे स्थान पर स्थानांतरण का आधार प्राप्तांकों को बनाया जाना चहिए तथा इसके लिए माइग्रेशन सर्टिफिकेट की आवश्यकता को खत्म किया जाना चाहिए।

(ड) भारतीय शिक्षा व्यवसाय बाजारोन्मुख्यानी सूचना प्रौद्योगिकी केंद्रित बनाया जाना चाहिए आज के भारत की यही जरूरत है। शिक्षण संस्थानों में पाठयक्रम एवं सुविधाओं को निरंतर नवीनतम बनाए रखना चाहिए।

(ढ) सरकारी स्कूलों में भवन टेलीफोन एवं कंप्यूटर के लिए प्राथमिकता के आधार पर राशि मुहैया कराई जानी चाहिए। इसके साथ विश्वविद्यालयों को दी जाने वाली वित्तीय सहायता कम की जानी चाहिए तथा उन्हें आत्मनिर्भरता की और बढ़ाया जाना चाहिए इन संस्थानों के पाठयक्रमों को भी समयानुकूल बनाया जाना चाहिए।

(त) सरकार की भूमिका को प्राथमिक शिक्षा के लिए राशि प्रदान कर अनिवार्य बनाने शत प्रतिशत साक्षरता लाने गैर बाजारों मुखी शिखा जैसे उदार और परपुारमिंग कलाओं की मदद करने चुने गए उच्च शिक्षण संस्थानों की मदद करने व कोष प्रदान करने छात्रों को कर्ज दिलाने में वितीय गारंटी देने पाठयक्रम तथा उसकी गुणवत्ता में एकरूपता लाने तथा शैक्षिक विकास योजना बनाने तक सीमित किया जाना चाहिए कोष मुहैया कराने वाली संस्था के रूप में यू जी सी की भूमिका समाप्त हो जाना चाहिए।

(थ) कम सरकारी सहायता पाने या नही पाने वाले संस्थानों को संचालन तथा पाठयक्रम चयन में कल्पनाशीलता की स्वतंत्रता दी के क्षेत्रों में शोध को प्रोत्साहित किया जाना चाहिए।

(द) विज्ञान,तकनीक, प्रबंधन तथा वित्तीय क्षेत्रों में पढ़ाई के लिए निजी विश्वविद्यालय खोलने के लिए निजी विश्वविद्यालय अधिनियम बनाया जाना चाहिए।

(ध) वितीय उपक्रमों में स्तर निर्धारण के स्टैडई एड पूअर्स या क्राइसिल जैसी संस्थाओं की तरह स्कूलों कालेजों विश्वविद्यालयों या संस्थानों के स्तर को निर्धारित करने के लिए स्वतंत्र एजेसियों द्वारा समय समय पर उन की रेटिंग कराई जानी चाहिए और उनका स्तर तय किया जाना चाहिए।

(न) शिक्षा में प्रत्यक्ष विदेशी निवेश की अनुमति दी जानी चाहिए। शुरू में इस विज्ञान एवं तकनीकी शिक्षा तक सीमित किया जाना चाहिए।

(प) प्राथमिक शिक्षा एवं साक्षरता के लिए शिक्षा विकास कोष की स्थापना कर उसमें दिए गए धन को आयकर से मुक्त किया जाना चाहिए।

(फ) विदेशी छात्रों को आकर्षित करने के लिए भारतीय विश्वविद्यालयों तथा संस्थानों को प्रोत्साहित किया जाना चाहिए।

(ब) विश्वविद्यालय राजनीति के अखाड़े बन गए है लिहाजा सभी राजनैतिक पार्टियों में यह सहमति बनाई जानी चाहिए कि वे शिक्षा संस्थानों से दूर रहेंगे। कानून बनाकर शिक्षा संस्थानों मे राजनैतिक गतिविधियों पर पूरी पाबंदी लगा देनी चाहिए।

(भ) ज्ञानी समाज की रचना अकेले शिक्षा के इनपुट से नहीं हो सकती आर्थिक अवसरों का होना भी उतना ही महत्वपूर्ण है। शिक्षा! जरूरी है लेकिन वही पर्याप्त नही है शिक्षा और ज्ञान को दिशा देने के अवसरों का सृजन भी जरूरी है। नए अवसरों का पोषण करने के लिए अर्थ व्यवस्था को नियंत्रण से मुक्त करने की जरूरत है। ये नए अवसर बदले में नई तरह की शिक्षा को संभव बनाएंगे। नए अवसर प्रतिभाओं के देश से बाहर जाने की प्रक्रिया को भी उलट देंगे। इस अर्थ में शैक्षिक और आर्थिक सुधार एक दूसरे को मजबूत बनायेंगे।

(म) भारत में शोध बहुत हद तक एक अभिजात्यवादी अवधारणा है। आगामी वर्षों में अनुमानित औद्योगिक वृद्धि के मध्यनजर स्नातक स्तर से ही विज्ञान और प्रौद्योगिकी के क्षेत्रों में शोध को प्रोत्साहित किया जाना चाहिए।

(य) शारीरिक शिक्षा खेल और सांस्कृतिक गतिविधियों को भी बढ़ावा दिया जाना चाहिए।

(र) कामगर तथा वंचित तबके के बच्चों को वैकल्पिक शिक्षा देने के लिए विधि कार्यक्रम चलाए जाने चाहिए। इन सिफारिशों को अगर एक सूत्र में पिरोया जाए तो कह सकते है कि समिति ने प्राथमिक शिक्षा के पूर्ण सरकारी कारण जो कि कम से कम सरकारी स्कूलों में पहले से ही है। और उच्चशिक्षा के पूर्ण निजीकरण की पेशकश की है। यानी समिति की सर्वप्रमुख सिफरिश उच्च शिक्षा के निजीकरण की है ताकि शिक्षा के क्षेत्र में बाजार का विकास हो सके रपट में की गई इस सिफारिश से उत्साहित होकर सरकार ने उच्च शिक्षा के क्षेत्र में बढ़ते खर्च का राग और जोर से अलापना शुरू कर दिया है जनवरी 2001 में हुई भारतीय विज्ञान कांग्रेस में प्रधानमंत्री ने अपने भाषण में उच्च शिक्षा पर बढते खर्च पर गंभीर चिंता जताई। उनके भाषण का स्वर स्पष्ट था कि देश में उच्च शिक्षा का निजीकरण होना चाहिए यानी रपट तैयार करने का आर्दश देने से पहले ही बन चुकी थी। समिति ने कहने को सुधार शब्द का प्रयोग किया है। लेकिन उस की सिफारिशें क्रांतिकारी है। यह क्रांति बाजारी ताकतों के हक में की गई है। समिति की परेशानी का सबसे बड़ा बायस यह है कि भारतीय शिक्षा व्यवस्था बाजरोन्मुख नही है। यानी यह बाजारोन्मुख शिक्षा को ही असली शिक्षा मानती है। और इसे सीधे बाजार के हवाले कर देने की पुरजोर सिफारिश करती है। भारत में नहीं दुनिया में शिक्षा का जो अभी तक अर्थ लिया जाता रहा है। उसे यह समिति उलट देती हे कहना न होगा कि यह क्रांतिकारी कवायद आने वाले समय में यथास्थिति गरीब और कमजोर तबके अपनी गरीबी और कामजोरी में जीवन-यापन करें और अमीर और ताकतवर लोग अपनी अमीर ताकत को बढ़ाते जाएं को बनाए और सम्हाले रखने की दूरदृष्टि से की गई है।

धीरूभाई अंबानी 'इस्टीट्यूट आफ इनफारमेशन एंड कम्युनिकेशन टेक्नोलॉजी' नाम से एक निजी विश्वविद्यालय पर सरकारी मुहर लगवाने के लिए एक ड्राफ्ट बिल गुजरात सरकार के विचाराधीन है। जिसे जल्दी ही विधानसभा की स्वीकृति मिल जाने की खबर है। इसके अलावा रिलायंस समूह धीरूभाई अंबानी फाउंडेशन नाम से एक और निजी विश्वविद्यालय गुजरात के ही जाम नगर शहर में खोलने की योजना पर काम कर रहा है। ये विश्वविद्यालय अमरीका के इस क्षेत्र के अग्रणी विश्वविद्यालयों के साथ सहयोग में संचालित होगे। अंबानियों ने शिक्षा के क्षेत्र में मुनाफा कमाने की नीयत को बड़े ही व्यवस्थित ढंग से अंजाम दिया है। पहले उन्होंने व्यापार एवं उद्योग पर प्रधानमंत्री की सहालकार परिषद में अपनी घुसपैठ बनाई। फिर शिक्षा में सुधारों की सिफारिश करने वाली दो सदस्यीय समिति में एक सदस्य की जगह हथिया ली फिर शिक्षा सुधारों के नाम पर प्राथमिक और माध्यमिक शिक्षा को राज्य या सरकार में मत्थे डालकर उच्चशिक्षा यानी सूचना और संचार तकनीक की शिक्षा को प्रत्यक्ष विदेशी निवेश सहित निजी निवेश के लिए खोलने की सिफारिश कर डाली।

वैश्विक अर्थव्यवस्था

भूमंडलीकरण का उद्देश्य मानव जीवन और समाज के सभी पक्षों व आयामों को बहुराष्ट्रीय कंपनियों की मुनाफाखोरी की गिरफ्त में लाना है। अंबानी बिड़ला समिति की रपट उसी उद्देश्य की पूर्ति करती है। समाज के वंचित और कमजोर तबको से मुनाफा नहीं खींचा जा सकता है इसलिए उनकी कोई परवाह इस भूमंडलीकृत अर्थव्यवस्था में नही की जाती उनकी शिक्षा की भी नही। उच्च शिक्षा की तो कतई नहीं। तभी रपट के मुताबिक 2015 में जाकर केवल 2.2 करोड़ यानी देश के सिर्फ छः प्रतिशत बच्चे ही उच्च शिक्षा का अर्थ शास्त्र प्रस्तावित किया गया है उसके मुताबिक वैसी शिक्षा प्रास करने वाले छात्रों को सालाना करीब एक लाख रुपये फीस की मद में देने होंगे। किताब कापी उपकरण कपड़ा लता देन दिन खर्च और अगर छात्रावास में रहना पड़े तो उसका खर्च अलग से होगा। यह सारा खर्च अभिभावकों को ही उठाना होगा। पूंजीपति उनसे यह खर्च वसूलेंगे। कहने की जरूरत नहीं कि छः प्रतिशत की संख्या में सरकारी स्कूलों में पढ़नेवाले गरीबों के बच्चे की तो दोडिए दुट भैए पब्लिक स्कूली में पढ़नेवाले मध्यवर्ग के बच्चे भी शामिल नहीं होंगे। इनमें शामिल होगे केवल अत्याधिक महंगे पब्लिक स्कूलों में पढ़ने वाले अमीरों के बच्चे अंगरेजी और अंगरेजिसयत जिनकी घुट्टी में होगी। रपट में इस उच्च शिक्षा के भाषिक माध्यम की कोई चर्चा नही है। वह सीधे अंगरेजी ही

मानकर चला गया है। अगर मध्यवर्ग के बच्चों को उच्च शिक्षा को दौड़ने शामिल रहना है। तो समिति ने उनके लिए कर्ज लेकर उच्च शिक्षा हासिल करने की सिफारिश का मकसद यही है। कि प्रस्तावित उच्च शिक्षा का आर्थिक भार वहन कर पाने में असमर्थ किन्तु कुशाग्र बुद्धि के छात्रों का लाभ भी बाजार और पूंजीपतियों को मिल सके। यानी समाज में जो भी कुशाग्र बुद्धि उपलब्ध है। वह अनिवार्यत बाजार की भेंट चढ़नी चाहिए। कर्ज लेकर पढने वाले छात्रों से जहां एक तरफ ऋण उठाएंगे उसी की सेवा में उन्हें उपना जीवन समर्पित कर देना होगा। यह भी ध्यान देने की बात है कि बाजारोन्मुख उच्चशिक्षा में दक्षता हासिल करने वाले इन छात्र नागरिकों के जीवन में सूचना तकनीक के बाहर के विषयों मसलन प्राकृतिक विज्ञान इतिहास, दर्शन साहित्य संस्कृति आदि की जानकारी की कोई जरूरत या अहमियत नही समझी गई है। आदिवासियों दलितो, स्त्रियों, पिछड़े अल्पसंख्यकों और अगड़ी जातियों के गरीबों के जीवन से जुड़ी समस्याओं से वे बेखबर होगे। वे बाजार के भीतर बाजार के लिए ही जिएंगे और मरेंगे। अलगाव की जो पीड़ा समाज के कमजोर समूह झेलते है वह तो और तीव्र होगी ही उच्च शिक्षा प्राप्त नागरिकों का जीवन भी अलगावग्रस्त होगा। इसके सामाजिक सांस्कृतिक दुष्परिणामों की चिंता अगर की जाए तो काफी भयावह स्थिति बनती है।

भारत की विज्ञान एवं प्रौद्योगिकीय नीति (Science and Technology Policy of India)

1947 में भारत के आजाद होने पश्चात् विज्ञान एवं प्रौद्योगिकी के राष्ट्रव्यापी विस्तार के लिए जो नीतियां अपनाई गईं, उनकी पृष्ठभूमि स्वतंत्रता पूर्व ही बनाई जा चुकी थी— कांग्रेस द्वारा 1939 में 'राष्ट्रीय योजना समिति' 1942 में व वैज्ञानिक तथा औद्योगिक अनुसंधान परिषद, की स्थापना की गयी। भारत विश्व के गिने-चुने राष्ट्रों में से है जिन्होंने वैज्ञानिक अनुसंधानों के संगठन एवं निर्देशन हेतु वैज्ञानिक अनुसंधान एवं प्राकृतिक संसाधनों से सम्बन्धित मन्त्रालय की स्थापना 1951 में ही कर दी थी। विज्ञान एवं प्रौद्योगिकी के विकास की दिशा में '1958 की विज्ञान नीति' तथा '1883 की प्रौद्योगिकीय नीति' का अपना महत्व है।

राष्ट्रीय विज्ञान नीति 1958 स्वतंत्रता पश्चात भारत में वैज्ञानिक सुविधाओं के विस्तार तथा आधुनिकीकरण के लिए व्यापक प्रयत्न किए गए। इसके लिए पूरे भारत में प्रयोगशालाओं, विश्वविद्यालयों एवं उच्च तकनीकी शिक्षण संस्थाओं की स्थापना की गयी। संसद ने 4 मार्च 1958 को राष्ट्रीय विज्ञान नीति का संकल्प पारित किया। इस विज्ञान नीति में निम्न घोषणाएं की गईं :

1. राष्ट्र की समृद्धि वर्तमान युग में मुख्यतया कच्चा माल, पूंजी एवं प्रौद्योगिकी के बीच सम्बन्ध में ही निहित हो। इसमें प्रौद्योगिकी सर्वाधिक महत्वपूर्ण है।

2. विज्ञान का तीव्रगति से विकास और इसका राष्ट्रहित में उपयोग बहुत जरुरी है।

3. मानव समुदाय के प्रत्येक व्यक्ति की मूलभूत आवश्यकताओं तथा सांस्कृत आवश्यकताओं की पूर्ति वैज्ञानिक ज्ञान, वैज्ञानिक दृष्टिकोण तथा विधियों के उपयोग द्वारा ही सम्भव है।

4. राष्ट्र की सम्पन्नता और समृद्धि औद्योगिकीकरण के द्वारा अपने देशवासियों और आर्थिक संसाधनों के प्रभावी उपयोग पर निर्भर है। मानवशक्ति का अधिकाधिक उपयोग तभी सम्भव है, जब विज्ञान तथा प्रौद्योगिकी को प्रशिक्षण की सुविधा उपलब्ध कराई जाए।

5. विज्ञान तथा प्रौद्योगिकी के द्वारा देश में कच्चे-माल का अभाव दूर किया जा सकता है।

6. विश्व में विज्ञान ने लगातार उन्नति की है लेकिन विज्ञान की वजह से विकसित व पिछड़े देशों के बीच खाई अधिक गहरी हो गयी है। अत: विज्ञान का विकास करके इस खाई को दूर किया जा सकता है। अत: भारत सरकार ने विज्ञान नीति के निम्न उद्देश्य तय किए हैं।

1. विज्ञान के संवर्धन और इसके सभी पहलुओं—सैद्धान्तिक, व्यवहारिक और शैक्षिक में अनुसंधान को समुचित तरीके से तीव्र करना, विकसित करना और उन्हें स्थायित्व प्रदान करना।

2. देश के अन्दर उच्चतम गुणवत्ता वाले अनुसंधान वैज्ञानिकों को बढ़ावा देना और राष्ट्र की शक्ति के रूप में उनके कार्यों को मान्यता देना।

3. वैज्ञानिक एवं प्रौद्योगिक कर्मचारियों के प्रशिक्षण को प्रोत्साहित करना ताकि विज्ञान, शिक्षा, कृषि, उद्योग तथा प्रतिरक्षा के मामले में देश की आवश्यकता की पूर्ति कर सकें।

4. वैज्ञानिक गतिविधियों में पुरुषों और महिलाओं की प्रतिभा को प्रोत्साहन देना है।

5. शैक्षणिक स्वतंत्रता के वातावरण में नवीनतम ज्ञान की खोज के लिए ज्ञान की प्राप्ति एवं उसके प्रसार के व्यक्तिगत प्रयास को प्रोत्साहित करना।

6. वैज्ञानिक ज्ञान के अर्जन एवं उसके समुचित प्रयोग से जो भी लाभ हो सकते हैं उन्हें देश की जनता के लिए सुरक्षित करना।

राष्ट्रीय विज्ञान नीति में यह भी घोषणा की गयी है कि भारत सरकार ने यह तय किया है कि वैज्ञानिकों को समुचित सेवाएं एवं सुविधाएं उपलब्ध कराकर और उसी अनुरूप उन्हें सुविधाजनक

स्थान देकर नीतियों के निर्धारण में वैज्ञानिकों को सम्मिलित कर समय-समय पर आवश्यकतानुसार उद्देश्यों की पूर्ति की जाएगी।

राष्ट्रीय प्रौद्योगिकीय नीति

स्वतंत्रता के पश्चात भारत में विज्ञान का धीरे-धीरे विकास हुआ और इसके विकास को बढ़ावा देने के लिए 1958 में 'विज्ञान नीति'४ की घोषणा की गयी साथ ही विदेशी अनुसंधान एवं उपलब्धियों का लाभ उठाने एवं स्वदेशी प्रौद्योगिकीय विकास के लिए श्रीमती इन्दिरा गांधी ने 3 जनवरी 1983 को प्रौद्योगिकीय नीति की घोषणा की। और इस नीति के उद्देश्यों पर जोर दिया गया जो निम्नलिखित हैं।

1. प्रौद्योगिक दक्षता और आत्मनिर्भरता प्राप्त करना विशेषतया सुरक्षा की दृष्टि से तथा अन्य महत्वपूर्ण संवेदनशील क्षेत्रों में सुभेधता तथा स्वदेशी संसाधनों का अधिकतम उपयोग करना।

2. समाज के सभी वर्गों के लोगों, स्त्रियों एवं कमजोर वर्गों को अधिकतम मात्रा में लाभदायक एवं संतोषप्रद रोजगार उपलब्ध कराना है।

3. परम्परागत दस्त कार्यों और हस्तशिल्प का उपयोग करना ताकि व्यवसायिक रूप से लाभदायक बन सके।

4. उन तकनीकों की खोज करना जो अलाभप्रद स्थिति में हैं या काम नहीं आने की अवस्था में है। जो वर्तमान समय के अनुसार उपयोगी नहीं हो।

5. समयानुसार नये उपकरणों तथा प्रौद्योगिकी दोनों आधुनिकीकरण की व्यवस्था करना।

6. तकनीकों व प्रौद्योगिकी का विकास करना जो कि समयानुसार लाभदायक हो तथा जो निर्यात के क्षेत्र में देश को लाभ दिला सके।

7. उन प्रौद्योगिकियों का निर्माण करना जिनके निर्यात की अधिक सम्भावनाएं हों।

8. वर्तमान क्षमताओं का ज्यादा से ज्यादा उपभोग करके उत्पादन की गुणवत्ता तथा विश्वसनीयता को बढ़ावा देना।

9. पर्यावरण का संरक्षण करना पारिस्थितिक संतुलन बनाए रखना तथा प्राकृतिक स्थलों की गुणवत्ता में सुधार लाना।

10. बेकार पदार्थों व बेकार सामग्री को वापस उत्पादन के लिए उपयोग में लाना।

11. परम्परागत ऊर्जा की मांग को कम करना और ऊर्जा के गैर-पारम्परिक सूत्रों का विकास करना।

12. न्यूनतम पूंजी से अधिकतम लाभ प्राप्त करना।

13. अधिक उत्पादन हेतु प्रौद्योगिकी तथा जनता की उत्पादन प्रौद्योगिकी के बीच समन्वय स्थापित करना।

14. राष्ट्र की एकता व अखण्डता के लिए प्रौद्योगिकी के इस्तेमाल पर विशेष बल देना।

भारत सरकार ने प्रौद्योगिकीय नीति की घोषणा के बाद जून 1983 में प्रौद्योगिकी नीति क्रियान्वयन समिति (T.P.I.C.) की स्थापना भी की। 1987 में इस समिति का कार्यकाल सम्पन्न हुआ। तब समिति को एक स्वायतशासी संस्था (टेक्नॉलाजी इन्फॉरमेशन फोर कास्टिंग एण्ड एसेसमेंट काउंसिल)(T.I.F.A.C.) के रूप में परिवर्तित कर दिया गया। इस संस्था ने देश और विदेश में उपयोग की जाने वाली प्रौद्योगिकी अनुसंधान की सूचनाएं एकत्रित कर इन सूचनाओं को सम्बन्धित विभागों को उपलब्ध कराया। (T.I.F.A.C.)ने आंकड़ों एवं सूचनाओं के वितरण के लिए कम्प्यूटर नेटवर्क की स्थापना की है।

बहुविकल्पीय प्रश्न

1. लोक नगरीय अतं:सबंधों के प्रक्रम में उच्च संस्कृतिनिष्ठ कुछ तत्व किसी एक या किसी अन्य लघु परंपरा का अंग बनने के लिए नीचे तक छनकर किसी स्थानीय संदर्भ में जुड़ जाते हैं। इस प्रक्रिया को क्या कहते हैं

A. सांस्कृतिकरण B. विकेन्द्रीकरण
C. स्थानीयकरण D. सार्वभौमीकरण

2. परिवार तथा नातेदारी का क्षेत्रीय अध्ययन किसने किया है?

A. आई.पी.देसाई B. के.एम.कपाड़िया
C. ए.एम.शाह D. इरावती कर्वे

3. 'मेहर' का भुतान किसे करना पड़ता है?

A. वर के पिता द्वारा वधू के माता-पिता को
B. वधू के पिता द्वारा वर के माता-पिता को
C. पति द्वारा पत्नी को
D. पत्नी द्वारा पति को

4. यह मत किसका है कि औद्योगिक समाजों में कृषक समाजों की अपेक्षा कम असमानताएं पाई जाती हैं?

A. श्रीनिवास B. मार्क्स
C. वेबर D. बेल

5. इस मत की किसने आलोचना की है कि व्यक्ति भूमिका अपेक्षाओं का स्वचालित रूप से प्रत्युत्तर देता है?

A. लिंटन B. पारसंस
C. गारफिंकल D. मर्टन

6. सिमेल के समूह के वर्गीकरण का आधार है—
A. सामाजिक संबंध B. संबंधों की प्रकृति
C. सदस्यता की प्रकृति D. आकार

7. निम्नलिखित में से कौन विचारकों का समूह सामाजिक परिवर्तन के रेखीय दृष्टिकोण से संबंधित है?
A. काम्ट, पैरोटो, मार्क्स B. काम्ट, स्पेंसर, मार्क्स
C. काम्ट, सोरोकिन, मार्क्स D. इनमें से कोई नहीं

8. समाजशास्त्र निम्नलिखित का व्यवस्थित अध्ययन करता है—
A. सामाजिक संबंध B. मानव समूह
C. सामाजिक संस्थाएं D. सभी तीनों का

9. निम्नलिखित में से कौन सा कथन सही है?
A. समाजशास्त्र विशिष्ट सामाजिक समस्याओं का अध्ययन करता है
B. समाजशास्त्र विशिष्ट ढंग से सामाजिक समस्याओं का अध्ययन करता है
C. समाजशास्त्र विशिष्ट दृष्टिकोण से सामाजिक समस्याओं का अध्ययन करता है
D. समाजशास्त्र नैतिकता द्वारा सामाजिक समस्याओं का अध्ययन करता है

10. निम्नलिखित में से किसका अध्ययन समाजशास्त्र के द्वारा किया जा सकता है?
A. सेना B. सिनेमा
C. समाचार पत्रों D. सभी तीनों

11. आगस्त काम्ट को समाजशास्त्र का जनक कहा जाता है क्योंकि सर्वप्रथम उन्होंने
A. समाजशास्त्र की परिभाषा दी
B. समाजशास्त्र शब्द की रचना की
C. समाज के अध्ययन का वैज्ञानिक तरीका सुझाया
D. समाजशास्त्र की पुस्तक लिखी

12. हर्बर्ट स्पेंसर किस लिए जाने जाते हैं?
A. विकास के सिद्धांत के लिए
B. समाज के सावयवी सिद्धांत के लिए
C. जनांकिकी के जैविकीय सिद्धांत के लिए
D. सभी तीनों के लिए

13. विश्वविद्यालयों में समाजशास्त्र का अध्ययन प्रारंभ कराने वाले समाजशास्त्री थे—
A. आगस्त काम्ट B. समनर
C. गिंसबर्ग D. मैकाइवर

14. भारत में समाजशास्त्र के संस्थापक थे—
A. पेट्रिक गिडीज B. राधाकमल मुकर्जी
C. एम एन श्रीनिवास D. जी एस धुरिये

15. हम निम्नलिखित में से किसके सदस्य नहीं होते?
A. समाज B. समुदाय
C. संस्था D. समिति

16. निम्नलिखित में से किसका अध्ययन समाजशास्त्र है
A. मानव व्यवहार B. समाज
C. राजनैतिक व्यवस्थाएं D. सामाजिक समस्याएं

17. उत्पादक की प्रक्रिया चार कारकों की अपेक्षा करती है नामभूमि, पूंजी, श्रमिक और उद्यमवृति—
A. मैकाइवर और पेज के अनुसार
B. मार्क्स और एंगल्स के अनुसार
C. पार्सन्स और समेल्सर के अनुसार
D. रोथ्लीजबर्गर और डिक्सन के अनुसार

18. निम्नलिखित पर विचार कीजिए
1. सोपानिकी 2. प्रदत्त प्रस्थिति
3. लक्ष्य 4. अवैयक्तिक संबंध
इनमें से औद्योगिक नौकरशाही के कौन-कौन से विशेष गुण है?
A. 1, 3 और 4 B. 2, 4 और 5
C. 1, 2 और 3 D. 1, 4 और 5

19. सूची I औद्योगिक समाजशास्त्री को सूची I I उनके योगदान से सुमेलित कीजिए तथा सही उत्तर चुनिए:

सूची I	***सूची I I***
(a) वेब्स	1. यूनियन डिमोक्रेसी
(b) लिप्सेर	2. साइन्टिफिक मैनेजमेंट
(c) टेलर	3. ह्यूमन रिलेशन्स
(d) मायो	4. इन्डस्ट्रियल डिमोक्रेसी

	(a)	*(b)*	*(c)*	*(d)*
A.	4	1	3	2
B.	4	1	2	3
C.	1	4	2	3
D.	1	4	3	2

20. 1981-91 की दसवर्षीय जनसंख्या वृद्धि दर पर आधारित अधिकतम तथा न्यूनतम वृद्धि दर वाले राज्य क्रमशः है—
A. अरुणांचल प्रदेश तथा गोवा
B. नागालैण्ड तथा केरल
C. अरुणांचल प्रदेश

D. राजस्थान तथा तमिलनाडु

21. सूची I को सूची I I से सुमेलित कीजिए तथा सही उत्तर चुनिए:

सूची I	***सूची I I***
(a) आर्थिक विकास प्रजनन शक्ति का संवर्धन करता है	1. दुर्खीम
(b) जनांकिकीय परिवर्तनों क प्रति बहुक्षीय प्रत्युत्र का सिद्धांत	2. कैल्डवेल
(c) श्रम विभाजन तथा अत्यधिक जनसंख्या घनत्व	3. माल्थस
(d) माता-पिता से बच्चों को संपत्ति का प्रवाह जनसंख्या में प्रजनन शक्ति की दर को घटाता है	4. किंग्सले डेविस

	(a)	(b)	(c)	(d)
A.	3	4	2	1
B.	4	3	1	2
C.	4	3	2	1
D.	3	4	1	2

22. सूची I को सूची I I से सुमेलित कीजिए तथा सही उत्तर चुनिए:

सूची I (1991 की जनगणना के अनुसार जनांकिकीय लक्षण)	***सूची-II राज्य***
(a) जनसंख्या का सर्वोच्च चरम आकार	1. महाराष्ट्र
(b) जनसंख्या में जैनों की सर्वोच्च चरम संख्या	2. बिहार
(c) निम्नतम महिला साक्षरता दर	3. पश्चिम बंगाल
(d) भारत में तीव्रतम रूप से बढ़ता हुआ नगरीय संकुचन	4. राजस्थान

	(a)	(b)	(c)	(d)
A.	2	3	4	1
B.	4	1	3	2
C.	4	1	2	3
D.	1	2	4	3

23. निम्नलिखित कारणों पर विचार कीजिए

1. विगत सारे 50 वर्षों में जन्मदर में कोई परिवर्तन नहीं हुआ है
2. यद्यपि जन्म दर में गिरावट हुई परंतु मृत्यु दर की गिरावट में और वृद्धि हुई
3. जन्म-दर में गिरावट होती रही है जबकि मृत्यु दर काफी समय से स्थिर हो गई है
4. लगभग आधी शताब्दी से मृत्यु दर में गिरावट जन्म-दर गिरावट का पूर्वगामी है

इनमें से कौन-कौन से भारत में तीव्र जनसंख्या वृद्धि के कारण है ?

A. 2 और 4 B. 1 और 2
C. 1 और 4 D. 3 और 4

24. निम्नलिखित सारणी में प्रस्तुत आंकड़ों पर विचार कीजिए

दर भारत में प्रति 10,000 महिला जनसंख्या

राज्य	*कालेज शिक्षित महिलाएं*	*रोजगार में लगी हुई महिलाएं*	*18 वर्ष की आयु के बाद विवाहित महिलाएं*	*वे महिलाएं जिन्होंने कभी विवाह नही किया है*
I	220.5	310.5	1487.2	3.0
I I	180.8	282.3	1378.3	2.5
III	150.9	260.5	1154.6	1.7
IV	250.3	386.8	1559.3	4.0

उपर्युक्त आंकड़ों के आधार पर प्रांतों के निम्नलिखित युग्मों में से किस एक की न्यूनतम प्रजनन दर होगी ?

A. I और III B. I I और III
C. I और IV D. II और IV

निर्देश: *आगामी प्रश्नांशों में दो वक्तव्य हैं, एक को कथन (A) तथा दूसरे को कारण (R) कहा गया है आपको दोनों वक्तव्यों का सावधानीपूर्वक परीक्षण करना है और निर्णय करना है कि क्या कथन (A) और कारण (R) पृथक-पृथक सही है और ऐसा है तो क्या कारण कथन का सही स्पष्टीकरण है इन प्रश्नों का उत्तर नीचे दिए हुए कूट की सहायता से चुनिए और अपने उत्तर पत्रक में तदनुसार अंकित कीजिए*

A. A और R दोनों सही है और R, A का सही स्पष्टीकरण है
B. A और R दोनों सही है और R, A का सही स्पष्टीकरण नहीं है
C. A सही है परंतु R गलत है
D. A गलत है परंतु R सही है

25. **कथन A:** भारतीय नगरों में जीवन की गुणवत्ता निम्न है।
कारण R: निर्धन लोगों की विशाल संख्या भारतीय नगरों में रहती है

26. **कथन A:** भारतीय में अल्पसंख्यक असुरक्षित और असंबद्ध महसूस करते हैं।
कारण R: अल्पसंख्यक संजाति केंद्रित है।

27. **कथन A:** मुस्लिम वैयक्तिक कानून से विनियमित मुस्लिम विवाह एक सामाजिक संविदा है

कारण R: मुसलमानों की स्वीय विधि शरीयत में सांस्कारिक विशेषता का अभाव है

28. **कथन A:** संस्कृति का संप्रत्यय परिबद्धता सजातीयता संबद्धता और स्थिरता की ओर संकेत करता है

कारण R: परिवर्तनशीलता, असंगतियां और व्यक्तिगत अभिकरण सामाजिक यथार्थ की विशेषताएं हैं।

29. **कथन A:** एक जाति व्यवस्था में जिसमें समायोजन एक लंबे अवधि तक कायम रहता है स्तरित समूहों के सदस्यों की मनोवृतियां व्यवस्था से अनुकूलन कर लेती है

कारण R: समायोजन शुद्ध रूप से एक बाह्य संबंध से अधिक है और व्यक्तियों की सामाजिक मनोवृत्तियां को स्वरूप देने में एक अनुकूलन की शक्ति बन गया है।

30. **कथन A:** मध्ययुगीन नगरों के विकास के लिए प्रमुख कारण व्यापारिक क्रांति थी।

कारण R: उपनिवेशन तथा विजयों ने पूरब के लिए पश्चिमी बाजार का द्वार खेल दिया है

31. **कथन A:** जनसमूह संस्कृति के प्रभाव के अंतर्गत लोग स्वयं के हित के विरूद्ध विद्यमान प्रभुत्व व्यवस्था का समर्थन करते हैं।

कारण R: जनसमूह संस्कृति उदासीनता, समर्पण और वस्तुओं की यथा रूप में स्वीकृति को बढ़ावा देती है।

32. **कथन A:** समाज एक समस्या पर विजय प्राप्त करने के लिए हमेशा एक समाधान के आने का प्रयास करता है।

कारण R: कोई भी समाज एक समस्या को बने रहने नही दे सकता क्योंकि ऐसा न हो कि इसकी एकता और उत्तजीविता खतरे में पड़ जाए।

33. प्राथमिक समूह की अवधारणा किसने दी?

A. चार्ल्स कूले B. के. डेविस

C. आगबर्न एवं निमकाफ D. राबर्ट बीरस्टीड

34. निम्नलिखित में से कौन सी संस्था की विशेषता नहीं है?

A. सुपरिभाषित लक्ष्य

B. स्थायित्व

C. सामाजिक व्यक्तियों का समूह

D. सांस्कृतिक उपकरण

35. भारत में समाजशास्त्र के पिता कौन हैं?

A. एस.सी.दूबे B. एम.एन.श्रीनिवास

C. राधाकमल मुखर्जी D. एम.एस.गोरे

36. निम्नलिखित में से कौन भूमिका के अध्ययन से संबंध नही है?

A. मर्टन B. राल्फ लिंटन

C. बीरस्टीड D. सोरोकिन

37. किसने कहा ''सभ्यता का उदभव विकास एवं अवनति जलवायु पर आधारित है?''

A. सोरोकिन B. हंठिग्टन

C. लोवी D. मैकाइवर

38. निम्नलिखित में से कौन प्रदत्त प्रस्थिति का आधार नहीं है?

A. लिंग भेद B. नातेदारी

C. संपत्ति का संचय D. जन्म की वैधता

39. मूल्य की परिभाषा किसने दी?

A. राधाकमल मुखर्जी B. दुर्खीम

C. एच एम जानसन D. बगल

40. 'चेतनात्मक' एवं 'आदर्शात्मक' संस्कृति की अवधारणा किसने दी?

A. ऑगबर्न B. वेबलेन

C. मूर D. सोरोकिन

41. सहयोगी प्रक्रियाएं है—

A. सहयोग प्रतिस्पर्धा एवं सात्मीकरण

B. सहयोग समायोजन एवं संघर्ष

C. सहयोग प्रतिस्पर्धा एवं समायोजन

D. सहयोग समायोजन एवं सात्मीकरण

42. आधुनिकीकरण है एक

A. सांस्कृतिक अवधारणा

B. संरचनात्मक अवधारणा

C. धार्मिक अवधारणा

D. प्रणातीय अवधारणा

43. 'पश्चिमीकरण' की अवधारणा किसने दी?

A. पारसंस B. धुरिये

C. एस.एन.श्रीनिवासन D. राबर्ट रेडफील्ड

44. 'वर्ण' का प्रारंभिक उल्लेख मिलता है—

A. वेद में B. उपनिषद

C. महाभारत में D. रामायण में

45. मार्क्स के सामाजिक परिवर्तन संबंधी सिद्धांत में किस अवधारणा का प्रयोग हुआ?

A. सामाजिक सुरक्षा B. उत्पादन की शक्तियां

C. प्रौद्योगिकीय प्रविधि D. सामाजिक सेवा

46. जाति का व्यावसायिक सिद्धांत किसने दिया?

A. नेसफील्ड B. धुर्ये

C. कपाड़िया D. रजनी कोठारी

47. जाति का प्रजातीय सिद्धांत किसने दिया?

A. डयूमा B. रिजले

C. नर्मदेश्वर प्रसाद D. एल पी विद्यार्थी

48. 'ह्यूमन सोसाइटी' नामक पुस्तक की रचना किसने की ?

A. टाफलर B. मर्टन

C. डी.पी.मुकर्जी D. किंग्सले डेविस

49. ग्यारहवीं पंचवर्षीय योजना काल है।

A. 1947-1952 B. 2007-2012

C. 1953-1958 D. 1955-1960

50. निम्नलिखित में से कौन जाति की अनिवार्य विशेषता नहीं है ?

A. पवित्रता एवं अपवित्रता B. श्रेणीक्रम

C. लम्बवत गतिशीलता D. पेशों का वर्गीकरण

उत्तरमाला

1	2	3	4	5	6	7	8	9	10
C	D	C	D	A	A	B	D	C	D
11	**12**	**13**	**14**	**15**	**16**	**17**	**18**	**19**	**20**
B	B	B	A	C	B	C	A	B	D
21	**22**	**23**	**24**	**25**	**26**	**27**	**28**	**29**	**30**
D	C	A	C	B	A	A	B	A	B
31	**32**	**33**	**34**	**35**	**36**	**37**	**38**	**39**	**40**
A	A	A	C	C	D	B	C	A	D
41	**42**	**43**	**44**	**45**	**46**	**47**	**48**	**49**	**50**
D	A	C	A	B	A	B	D	B	C

UNIT–5

अध्याय 27

ग्रामीण समाजशास्त्र (Rural Sociology)

भारत में इतिहास और अर्थशास्त्र का विश्वस्तरीय विकास हुआ है। इन दोनों विषयों में अनेक विश्व प्रसिद्ध विद्वान हैं। कहने को तो यहां तक कहा जाता है कि भारतीय इतिहासकारों और अर्थशास्त्रियों ने विश्व को इन विधाओं में कई उपागम प्रदान किए हैं लेकिन समाजशास्त्र यहां के लिए अपेक्षाकृत नया विषय है। इसमें कुछ गिने-चुने नाम ही मिलते हैं। फिर भी यहां जिस गति से समाजशास्त्र का विकास हुआ है वह अद्‌भुत है। समाजशास्त्रीय विकास की विशिष्टता इसी तथ्य से स्पष्ट हो जाती है कि बहुत अल्प समय में ही इसके अंतर्गत विशिष्ट क्षेत्रों का विकास होने लगा है। ग्रामीण समाजशास्त्र इन्हीं विशिष्ट क्षेत्रों में से एक है जो ग्रामीण पर्यावरण में निवास करने वाले समस्त मानव समूहों के वैज्ञानिक अध्ययन से सम्बद्ध है। विश्व की संपूर्ण जनसंख्या का एक बहुत बड़ा भाग ग्रामीण पर्यावरण में निवास करता है। यह ग्रामीण पर्यावरण एक पृथक संस्कृति का ही बोध नहीं करता बल्कि प्रत्येक समाजशास्त्रियों के लिए यह आवश्यक था कि ग्रामीण पर्यावरण से सम्बद्ध विभिन्न मानव समूहों का समुचित अध्ययन करके सामाजिक ज्ञान को पूर्णत: प्रदान की जाती। इसी के फलस्वरूप एक स्वतंत्र विषय के रूप में ग्रामीण समाजशास्त्र का प्रादुर्भाव हुआ। अनेक विद्वानों की यह धारणा है कि ग्रामीण समाजशास्त्र सामाजिक ज्ञान की एक नवीन शाखा नहीं है। उनके अनुसार प्राचीन काल में भी तत्कालीन विद्वानों ने ग्रामीण समाज के विभिन्न पक्षों की विस्तार में विवेचना की थी। इसके पश्चात भी वास्तविकता यह है कि ग्रामीण समाज की परंपरागत व्याख्याएं वैज्ञानिक दृष्टिकोण पर आधारित न होकर दर्शन से अधिक सम्बद्ध थीं, इसलिए उन विवेचनाओं को ग्रामीण समाजशास्त्र के रूप में मान्यता नहीं दी जा सकती।

शाब्दिक रूप से 'ग्रामीण समाज़शास्त्र' का संबंध तीन प्रमुख शब्दों के योग से है, ग्रामीण + समाज + शास्त्र। समाज का तात्पर्य व्यक्तियों के बीच पारस्परिक संबंधों की व्यवस्था से है। जब यह संबंध ग्रामीण पर्यावरण तथा ग्रामीण मान्यताओं से प्रभावित होते हैं तब ऐसे समाज को 'ग्रामीण समाज' कहते हैं। शास्त्र अथवा विज्ञान का अर्थ एक व्यवस्थित और क्रमबद्ध ज्ञान से है।

एक सामान्य निष्कर्ष दिया जा सकता है कि ग्रामीण पर्यावरण में व्यक्तियों तथा समूहों के बीच पाए जाने वाले पारस्परिक संबंधों के व्यवस्थित एवं क्रमबद्ध अध्ययनों को ही हम ग्रामीण समाजशास्त्र कहते हैं।

ग्रामीण समाजशास्त्र की परिभाषा (Definition of Rural Sociology)

विद्वानों ने ग्रामीण समाजशास्त्र की अनेक परिभाषा की है। इन परिभाषाओं तथा उनकी सामान्य विवेचना के द्वारा ग्रामीण समाजशास्त्र के अर्थ तथा इसकी सामान्य प्रकृति को निम्नांकित रूप से स्पष्ट किया जा सकता है :

सैण्डरसन (Sanderson) के अनुसार, ''ग्रामीण समाजशास्त्र ग्रामीण पर्यावरण में पाए जाने वाले जीवन का समाजशास्त्र है।'' अर्थात सामाजिक संबंधों का कोई भी वह वैज्ञानिक अध्ययन जो ग्रामीण पर्यावरण से प्रभावित है, ग्रामीण समाजशास्त्र कहा जा सकता है।

स्टुअर्ट चेपिन (Stuart Chapin) का मानना है कि ''ग्रामीण जीवन का समाजशास्त्र ग्रामीण जनसंख्या, ग्रामीण समाजिक संगठन एवं ग्रामीण समाज में कार्यरत सामाजिक प्रक्रियाओं का अध्ययन है।'' **चैपिन** ने ग्रामीण समाजशास्त्र की अध्ययन वस्तु पर भी प्रकाश डालने का प्रयत्न किया है।

लॉरी नेल्सन (Lowry Nelson) ने इसमें कुछ संशोधन करते हुए यह स्पष्ट किया है कि ''ग्रामीण समाजशास्त्र की विषय-वस्तु ग्रामीण पर्यावरण में पाए जाने वाले विभिन्न प्रकार के समूहों का विवेचन एवं विश्लेषण है।''

डा.ए.आर. देसाई (A.R Desai) ने ग्रामीण समाजशास्त्र की कोई निश्चित परिभाषा न देते हुए इसके उद्देश्यों के आधार पर ग्रामीण समाजशास्त्र की प्रकृति को स्पष्ट किया है। आपके अनुसार ''ग्रामीण समाजशास्त्र का प्रमुख उद्देश्य ग्रामीण सामाजिक संगठन, उसकी सरंचना, प्रकार्यों तथा विकास की प्रवृत्तियों का वैज्ञानिक,

व्यवस्थित तथा विस्तृत अध्ययन करना है तथा क्रमबद्ध अध्ययन के आधार पर इसके विकास से सम्बद्ध नियमों को ज्ञात करना है।''

जे.बी. चिताम्बर (J.B. Chitamber) अपनी पुस्तक ''एन इण्ट्रोडक्टरी रूरल सोशियोलॉजी'' (An Introductory Rural Sociology) में ग्रामीण समाजशास्त्र को परिभाषित करते हुए कहते हैं कि ''ग्रामीण समाजशास्त्र को एक ऐसे वैज्ञानिक अध्ययन के रूप में परिभाषित किया जा सकता है जो ग्रामीण मानव का उन समूहों के संदर्भ में अध्ययन करता है। जिन समूहों के बीच ग्रामीण-मानव अंतर्क्रिया करता है।'' इसका तात्पर्य है कि ग्रामीण समाजशास्त्र परस्पर क्रिया करते हुए विभिन्न ग्रामीण समूहों एवं ग्रामीण मान्यताओं से प्रभावित व्यक्तियों का अध्ययन है। संभवत: इसी आधार पर **लीन स्मिथ (Lynn Smith)** ने यह निष्कर्ष दिया है कि ग्रामीण `संबंधों के अध्ययन अथवा व्यवस्थित ज्ञान को ही ग्रामीण जीवन का समाजशास्त्र कहा जा सकता है।'' उपरोक्त परिभाषाओं से यह तथ्य स्पष्ट होता है कि ग्रामीण समाजशास्त्र की कोई अलग परिभाषा नहीं है बल्कि हमसे संबंधित सभी परिभाषाएं मौलिक रूप से समाजशास्त्र की परिभाषाओं से ही प्रभावित है। सामान्य रूप से मानव जीवन दो प्रकार के पर्यावरण में ही व्यतीत होता है—ग्रामीण पर्यावरण तथा नगरीय पर्यावरण। ग्रामीण समाजशास्त्र वह महत्वपूर्ण शाखा है जो ग्रामीण पर्यावरण में मानव संबंधों का अध्ययन करती है।

उत्पत्ति एवं विकास (Origin and Development)

ग्रामीण समाजशास्त्र का व्यवस्थित एवं वैज्ञानिक स्वरूप सर्वप्रथम 19वीं शताब्दी के मध्य से स्पष्ट होना आरंभ हुआ। पूंजीवादी व्यवस्था का उदय होने से औद्योगीकरण एवं नगरीकरण में तेजी से वृद्धि होने लगी तथा पुरानी आर्थिक एवं समाजिक व्यवस्था टूटने लगी। औद्योगीकरण तथा नगरीय मान्यताओं ने केवल नगरों की संरचना को ही प्रभावित नहीं किया बल्कि 19वीं शताब्दी में ग्रामीण समाज में भी परिवर्तन की प्रक्रिया आरंभ हुई जिसके फलस्वरूप अनेक नवीन ग्रामीण समस्याओं का प्रादुर्भाव हुआ धीरे-धीरे विभिन्न विद्वानों का ध्यान ग्रामीण समुदाय की ओर आकर्षित होना आरंभ हुआ तथा व्यापक स्तर पर ग्रामीण जीवन के विभिन्न पक्षों का व्यवस्थित अध्ययन किया जाने लगा **ओलूफसेन (Olufsen) मोरर (Maurer), मेन (Maine), एल्टन (Elton), स्टेमन (Stemann), लेवले (Lavele), बेडन पावेल (Baden Powell) पॉलक (Pollock) मैटलैण्ड (Maitland) तथा लेविंस्की (Lewinski)** आदि प्रमुख विद्वान ने इस समय ग्रामीण समस्याओं एवं ग्रामीण जीवन का व्यापक अध्ययन किया।

अमेरीका में ग्रामीण समाजशास्त्र (Rural Sociology in America)—अमेरिका में ग्रामीण समाजशास्त्र का प्रारंभ 19वीं शताब्दी में हुआ। अमेरिका में सन 1890 से 1920 तक संकट समय था। कुछ विद्वान इसे 'शोषण युग' के नाम से भी संबोधित करते हैं। इस काल में अमेरिकी ग्रामीण समाज में अनेक गंभीर समस्याएं उत्पन्न हो गई थीं। औद्योगीकरण के प्रभाव से ग्रामीण समाज में धर्म का प्रभाव घट रहा था। भूमि पर कुछ विशेष वर्गों का आधिपत्य हो गया था तथा बहुत बड़ी संख्या में ग्रामीणों को भूमिहीन श्रमिकों के रूप में कार्य करना पड़ रहा था। कृषि उत्पादन में अत्यधिक कमी हो जाने के कारण खाद्यानों का मूल्य तेजी से बढ़ रहा था। जिसके फलस्वरूप ग्रामीण जनसंख्या रोजगार प्राप्त करने के लिए नगरों की ओर बढ़ रही थी। इसका परिणाम यह हुआ कि एक ओर गांव उजड़ रहे थे तो दूसरी ओर नगरों में जनसंख्या-वृद्धि से उत्पन्न समस्याएं बढ़ रही थी। **सिम्स (Sims)** के अनुसार अमरीका के इतिहास में यह काल ग्रामीण समाज के पतन का काल था। यह वे परिस्थितियाँ थीं जिनके फलस्वरूप समाजशास्त्रियों का ध्यान इन ग्रामीण समस्याओं की ओर आकर्षित होना आरंभ हुआ तथा शिकांगो, मिशीगन, कोरा, कोलम्बिया तथा अनेक दूसरे विश्वविद्यालयों में ग्रामीण समाज एवं उसकी समस्याओं का व्यापक अध्ययन आरंभ कर दिया गया।

सन 1908 में अमेरीका में तत्कालीन राष्ट्रपति **रूजवेल्ट** ने **डीन बेले (Dean Bailey)** की अध्यक्षता में एक ग्रामीण जीवन आयोग (Country Life Commission) की नियुक्ति की। इस आयोग ने ग्रामीण जीवन की विभिन्न समस्याओं का अध्ययन करने के लिए कृषकों एवं गामीण नेताओं के बीच एक प्रश्नावली की पांच लाख प्रतियां वितरित की जिनमें से लगभग एक लाख प्रश्नावलियां उत्तर सहित इस आयोग को प्राप्त हो गई। बाद में इस प्रश्नावली से प्राप्त तथ्यों के आधार पर इस आयोग ने ग्रामीण जीवन पर जो व्यवस्थित प्रतिवेदन प्रस्तुत किया, उसी को समाजशास्त्र के वैज्ञानिक स्वरूप का प्रारंभ माना जा सकता है। **स्मिथ (Smith)** का कथन है कि ''इस प्रतिवेदन ने ग्रामीण समाजशास्त्र को एक नवीन विज्ञान के रूप में प्रतिष्ठित करने में अत्यधिक योगदान दिया।''

सन 1906 से 1912 के बीच कोलम्बिया विश्वविद्यालय ने अनेक महत्वपूर्ण शोध लेख प्रकाशित किए। ये लेख क्षेत्रीय साक्षात्कार पद्धति पर आधारित होने के साथ ही प्रमाणिक सांख्यिकी से परिपूर्ण थे। **जे.एम. विलियम्स (J.M. Williams)** ने 'एन अमेरिकन टाउन' (An Americon Town) **डब्ल्यू.एच. विल्सन (W.H. Wilson)** ने **'क्वेकर हिल' (Quaker Hill)** तथा **एन.एल. सिम्स (N.L. Sims)** के 'ए होजियर विलेज' (A

Hoosier Village) जैसी महत्वपूर्ण रचनाएं प्रकाशित की सन 1915 में **चार्ल्स जे. गालपिन (Charles J. Galpin)** ने 'द सोशल एनाटॉमी ऑफ एन एग्रीकल्चरल क्म्युनिटी' (The Social Anatomy of an Agricultural Community) नामक पुस्तक प्रकाशित की जो ग्रामीण समाजशास्त्र के भावी विकास के लिए अत्यधिक महत्वपूर्ण सिद्ध हुई। 'रूरल सोशियोलॉजी' (Rural Sociology) नाम से सर्वप्रथम पुस्तक **जॉन एम. गिलेटी (John M. Gillettee)** द्वारा लिखी गई जिसके द्वारा ग्रामीण समाजशास्त्र को समाजशास्त्र की एक प्रमुख शाखा की प्रतिष्ठा प्राप्त हो गई।

1930 में अमेरीका में 'ए' सिस्टेमेटिक सोर्स बुक इन रूरल सोशियोलॉजी (A Systematic Source Book in Rural Sociology) नामक पुस्तक प्रकाशित हुई जिससे इस विषय को महत्व मिलने लगा। इसी से प्रेरित होकर सन, 1935 में 'रूरल सोशियोलॉजी' (Rural Sociology) नामक त्रैमासिक पत्रिका का प्रकाशन आरंभ हुआ। सन, 1937 में यहां 'रूरल सोशियोलॉजीकल सोसायटी ' (Rural Sociological Society) की स्थापना हुई जिसने न केवल ग्रामीण समाजशास्त्र के विकास में योगदान किया बल्कि इस विषय में रुचि लेने वाले विद्वानों को भी संगठित होकर कार्य करने का अवसर प्रदान किया।

द्वितीय विश्व युद्ध समाप्त होने के पश्चात अमेरीका एवं संसार के अनेक दूसरे देशों में निर्धनता और भुखमरी को समाप्त करने के लिए ग्रामीण पुनर्निमाण को विशेष महत्व दिया जाने लगा। इस समय ग्रामों की सबसे बड़ी समस्या अधिक जनसंख्या एवं सामाजिक असंतुलन की थी। इन समस्याओं के समाधान के लिए अनेक समाजशास्त्रियों ने अमेरिका तथा यूरोप के अन्य देशों में जाकर महत्वपूर्ण अध्ययन आरंभ कर दिए।

भारत में ग्रामीण समाजशास्त्र (Rural Sociology in India)—भारत गांवों का देश रहा है। यहां की दो तिहाई जनसंख्या गांवों में निवास करती है। एक विज्ञान के रूप में ग्रामीण समस्याओं का अध्ययन भले ही बाद की घटना हो, लेकिन भारत की संपूर्ण संस्कृति, सामाजिक व्यवस्था एवं सामाजिक मूल्यों में बहुत प्राचीनकाल से ही ग्रामीण चिंतन का स्पष्ट प्रभाव झलकता है। ऋग्वेद, महाभारत, स्मृतियों एवं विभिन्न संहिताओं में ग्रामीण जीवन का विशद विवेचन किया गया है। इसके पश्चात भी जैसा कि पहले स्पष्ट किया जा चुका है, भारत में ग्रामीण समाजशास्त्र अध्ययन के एक विशिष्ट क्षेत्र के रूप में बहुत बाद में विकसित हो सका।

भारत में स्वतंत्रता से पूर्व ब्रिटिश शासन के अंतर्गत ग्रामीण जीवन के कुछ पक्षों का अध्ययन 19वीं शताब्दी से आरंभ हुआ। ऐतिहासिक रूप से व्यवस्थित ग्रामीण अध्ययन के रूप में **विलियम टेनेण्ट** की पुस्तक 'इण्डियन रिक्रएशन' (Indian Recreation) सन, 1803 में प्रकाशित हुई जिसमें भारतीय गांवों के पारिवारिक जीवन एवं आर्थिक व्यवस्था पर प्रकाश डाला गया था। एक प्रारंभिक प्रयास के रूप में यह रचना अवश्य महत्वपूर्ण थी लेकिन वैज्ञानिक दृष्टि से इसे अधिक महत्वपूर्ण नहीं कहा जा सकता। सन, 1861 में **हेनरीमेन** (H. Maine) की एक अन्य पुस्तक 'एन्सिएण्ट लॉ' (Ancient Law) प्रकाशित हुई जिसमें ग्रामीण भूमि-व्यवस्था तथा इससे संबंद्ध कुछ सामाजिक तथा अर्थिक समस्याओं का उल्लेख था। इस रचना का दृष्टिकोण मूल रूप से आर्थिक एवं वैधानिक था, समाजशास्त्रीय नहीं।

भारत में ग्रामीण अध्ययनों का व्यवस्थित विकास 19वीं शताब्दी के अन्तिम वर्षों से आरंभ हुआ। इस समय एक ओर सन 1871 में **एच.एस. मेन** (H.S. Main) द्वारा अनेक महत्वपूर्ण ग्रामीण अध्ययन किए गए, तो दूसरी ओर **कार्ल मार्क्स (Karl Marx)** ने साम्यवाद की अवधारणा के संदर्भ में भारतीय ग्रामीण समुदाय के जीवन से संबंधित अनेक महत्वपूर्ण प्रमाण प्रस्तुत किए। इसके फलस्वपरूप सभी प्रकार की विचारधाराओं में विश्वास करने वाले विद्वान ग्रामीण जीवन को अपने अध्ययन का केंद्र बिंदु मानने लगे। लाल बिहारी '$\frac{1}{3}$' प्रथम भारतीय थे जिन्होंने इसके पश्चात 'बंगाल पीजेण्ट लाइफ़' (Bengal Peasant Life) नामक पुस्तक लिखी। इसमें आपने पश्चिम बंगाल के एक गांव के सांस्कृतिक एवं धार्मिक क्रिया-कलापों, जमीदारों के शोषण तथा कृषकों एवं महाजनों के संबंधों का वैज्ञानिक विश्लेषण प्रस्तुत किया। इसके कुछ समय बाद ही **जार्ज ग्रियर्सन (George Grierson)** ने बिहार के कृषकों के जीवन से संबंधित सांख्यिकी एकत्रित करके विद्वानों का ध्यान इस महत्वपूर्ण विषय की ओर आकर्षित किया। इन रचनाओं से प्रभावित होकर एक ब्रिटिश प्रशासकीय अधिकारी **बेडेन पावेल (Baden Powell)** ने भारत के उत्तर पश्चिमी राज्यों, केंद्रीय राज्यों, पंजाब, मद्रास, बम्बई, असम, बिहार ब्रिटिश कालोनी बर्मा एवं अण्डमान द्वीप समूहों में व्यवस्थाओं का विस्तृत अध्ययन किया। बाद में यह संपूर्ण विवरण सन, 1899 में 'ओरिजन एण्ड ग्रोथ ऑफ विलेज स्टडीज इन इण्डिया' (Origin and Growth of Village Studies in India) नामक पुस्तक के रूप में प्रकाशित हुआ।

20वीं शताब्दी के आरंभ से ही भारत में ग्रामीण अध्ययनों के प्रति रुचि दिखाई जाने लगी। इसी समय **जे.सी. जेक (J.C. Jack)** ने क्षेत्रीय तथा राज्य स्तर पर एक सर्वेक्षण विधि से ग्रामीण अध्ययन आरंभ किया। यह सन, 1916 में उनकी पुस्तक 'इकॉनामिक

लाइफ ऑफ बंगाल डिस्ट्रिक्ट' (Economic Life of Bengal District) में प्रकाशित हुआ। इसी समय **एम.एल. डावलिंग** (M.L. Dawling) की पुस्तक 'पंजाब पीजेण्ट इन प्रोस्पेरिटी' (Punjab Peasant in prosperity) प्रकाशित हुई। सन 1916 में ही **डॉ. राधा कमल मुखर्जी** की पुस्तक 'फाउण्डेशन ऑफ इकनॉमिक डेमोक्रेसी ऑफ दि ईस्ट' (Foundation of Economic Democracy of the Est) प्रकाशित हुई। यह पुस्तक यद्यपि अर्थशास्त्रीय पद्धति पर आधारित थी लेकिन एक व्यवस्थित ग्रामीण अध्ययन के रूप में इसकी अवहेलना नहीं की जा सकती। प्रश्नावली पद्धति के आधार पर सर्वप्रथम सन 1918 में **गिलबर्ट स्लेटर** ने भारत के बारह गांवों का अध्ययन करके 'सम साउथ इण्डियन विलेजेज' (Some South Indian Villages) नाम से अपनी रचना प्रकाशित की। इस पुस्तक में अनेक दूसरे विषयों के अतिरिक्त ग्रामीण—आर्थिक संरचना, स्वच्छता, शिक्षा व्यवस्था एवं ग्रामीण प्रशासन का अनुभव सिद्ध विश्लेषण किया गया। इसी से मिलता जुलता एक अन्य अध्ययन **ए. अय्यर** द्वारा किया गया जो 'इकॉनॉमिक लाइफ ऑफ ए मालाबार विलेज' (Economic Life of a Malabar Village) नामक पुस्तक के रूप में प्रकाशित हुआ। यह पुस्तक इस दृष्टिकोण से दोषपूर्ण थी कि इसमें ग्रामीण जीवन के सामाजिक पक्ष की पूर्णतया अवहेलना कर दी गई थी। सन 1919 में **डॉ. लूकस** (Dr. Lucas) की पुस्तक 'इकॉनॉमिक लाइफ ऑफ ए पंजाब विलेज' (Economic Life of Punjab Village) प्रकाशित हुई लेकिन अन्य अध्ययनों के समान इसमें भी ग्रामीण जीवन के सामाजिक पक्ष की तुलना में आर्थिक पक्ष को ही अधिक महत्व दिया गया था। इन सभी अध्ययनों से स्पष्ट होता है कि भारत में 20वीं शताब्दी के आरंभिक वर्षों में ग्रामीण जीवन से संबंधित जितने भी अनुभव सिद्ध अथवा सैद्धांतिक अध्ययन किए गए, वे अर्थशास्त्रियों के प्रयासों के ही परिणाम थे। इस दृष्टिकोण से ग्रामीण समाजशास्त्र के विकास में इन अध्ययनों का ऐतिहासिक महत्व होते हुए भी इन्हें ग्रामीण समाजशास्त्र के विकास का वास्तविक आधार नहीं कहा जा सकता। स्वतंत्रता के पश्चात ग्रामीण अध्ययन को एक नई दिशा प्राप्त हुई। स्वतंत्रता के कुछ वर्ष पहले **महात्मा गांधी** ने 'गांव को वापस चलो' (Go Back to Villages) का जो नारा दिया था उसे साकार करने के लिए भारत सरकार ने ग्रामीण विकास के प्रति अपना ध्यान केंद्रित किया। इस प्रयास के अंतर्गत ग्रामीण जीवन का अध्ययन करने के लिए न केवल विशेष शोध समितियां गठित की गईं बल्कि ग्रामों के चतुर्दिक विकास को अपना प्राथमिक लक्ष्य मानते हुए सामुदायिक विकास कार्यक्रम को भी व्यापक स्तर पर लागू किया जाने लगा। योजना आयोग का गठन होने के पश्चात इसी आयोग से संबंध एक कार्यक्रम मूल्यांकन संगठन की स्थापना की गई जिसका उद्देश्य भारत जैसे आर्थिक, भौगोलिक और सांस्कृतिक विविधता से युक्त देश के लिए प्रत्येक क्षेत्र की जानकारी प्राप्त करना तथा विभिन्न विकास योजनाओं को प्रभावशाली ढंग से लागू करना था। डॉ. **देसाई** के शब्दों में ''स्वतंत्रता प्राप्ति के पश्चात ग्रामीण सामाजिक संगठन, उसकी संरचना, प्रकार्य एवं विकास का एक व्यवस्थित अध्ययन केवल आवश्यक ही नहीं था अपितु यह अनिवार्य भी हो गया था। इस संदर्भ में ग्रामीण विकास से संबंधित सरकार के सभी प्रयत्नों से भारत में ग्रामीण समाजशास्त्र के विकास को अत्यधिक प्रोत्साहन मिला।''

भारतीय अध्येताओं ने भी अनेक मौलिक ग्रंथों तथा शोध प्रबंधो द्वारा ग्रामीण समाजशास्त्र के विकास में प्रमुख योगदान योगदान दिया है। इन विद्वानों की अधिकांश रचनाएं अंग्रजी में प्रकाशित हुई हैं लेकिन सुविधा के दृष्टिकोण से उनकी रचनाओं के हिंदी अनुवादों को इस प्रकार स्पष्ट किया जा सकता है—

1. **श्यामाचरण दुबे** 'भारतीय ग्राम' (Indian Village) 'भारत के परिवर्तनशील ग्राम' (Indian's Changing Villages)
2. **एम.एन. श्रीनिवास** 'भारत के ग्राम' (India's Villages) मैसूर के एक गांव की सामाजिक व्यवस्था (Social system of a Mysor's Village) 'एक स्मृति ग्राम' (Remembered Village)
3. **डी.एन. मजूमदार** (सम्पादित), ग्रामीण पार्श्वचित्र (Rural Profiles), एक भारतीय ग्राम में जाति तथा संचार (Cast and Communication in an Indian Village),
4. **राधा कमल मुखर्जी** 'ग्रामीण समाज की गत्यात्मकता' (The Dynamics of a Rural Society), 'बंगाल के छ: गांव' (Six Village of Bengal),
5. **मैकम मैरियट** (सम्पादित) 'ग्रामीण भारत' (Village Indian)
6. **एच.डी. मालवीय** 'भारत में गांव पंचायतें' (Villages Panchayats in Indian)
7. **ए.आर. देसाई** (सम्पादित) 'भारत में ग्रामीण समाजशास्त्र' (Rural Sociology in Indian)
8. **बी.आर. चौहान** 'एक राजस्थानी गांव' (A Rajsthan Village)
9. **प्रदीप्त रॉय** 'ग्रामीण विकास में संचार का प्रभाव' (The Impact of Communication on Rural Development) 'भारतीय कृषकों में कृषि संबंधी नवीन प्रवर्तन' (Agricultural Innovation Among Indian Farmers)
10. **एल.के. सेन** 'भारत में मंत्रणा नेतृत्व' (Opinion Leadership in Indian)

11. **वाई.पी. सिंह** 'कृषक नवाचारों के प्रमुख संवाहक' (Key Communicators of Agricultural Innovation)

12. **सच्चिदानंद** 'हरिजन अभिजन वर्ग' (The Harijan Elit) अनेक पाक्षिक, मासिक, त्रैमासिक तथा अन्य पत्रिकाओं से भी भारत में ग्रामीण समाजशास्त्र के विकास को पर्याप्त प्रोत्साहन मिला है। इन पत्र-पत्रिकाओं में 'रूरल इण्डिया' (Rural India) योजना, कुरूक्षेत्र, आर्थिक समीक्षा, ग्राम सेवक, 'रूरल सोशियोलॉजी' (Rural Sociology) 'इण्डियन जनरल ऑफ एक्सटेन्सन एजुकेशन' (Indian Journal of Extention Education) तथा 'जनरल ऑफ रूरल डेवलपमेण्ट' (Journal of Rural Development), आदि महत्वपूर्ण हैं। वास्तव में वर्तमान युग में ग्रामीण अध्ययनों की सूची इतनी लंबी हो चुकी है कि सभी का उल्लेख करना संभव नहीं है।

ग्रामीण समाज के अध्ययन की पद्धतियां (Approaches to the Study of Rural Society)

केवल अध्येताओं की संख्या में होने वाली वृद्धि ही उस विषय के विकास का मापदंड स्वतंत्रता के पश्चात ग्रामीण पर्यावरण से संबंधित विभिन्न मानव समूहों का अध्ययन अनेक भारतीय एवं विदेशी विद्वानों द्वारा किया गया है। इन विद्वानों ने अपने अध्ययन में विभिन्न उपागमों का प्रयोग करके ग्रामीण समाजशास्त्र में परिपक्वता लाने के प्रयत्न किए हैं। इस दृष्टिकोण ये यह आवश्यक हो जाता है कि उन सभी उपागमों का संक्षेप में उल्लेख किया जाए जिनका ग्रामीण समाजशास्त्र के अध्ययन एवं विकास में विशेष महत्व है। यह उपागम निम्न प्रकार से है।

(क) ऐतिहासिक उपागम (Historical Approach)—ग्रामीण समाजशास्त्र के क्षेत्र में होने वाले प्रमुख प्रारंभिक अध्ययन ऐतिहासिक उपागम पर ही आधारित थे। इसके द्वारा अधिकांश ग्रामीण सामाजिक संस्थाओं, ग्रामीण संस्कृति, कृषक समाज का ऐतिहासिक विवेचन, ग्रामीण परिवर्तन, ग्रामीण एवं नगरीय समितियों के अंतर्संबंधों की प्रकृति, ग्रामीण अर्थव्यवस्था, भू-स्वामित्व एवं राजनैतिक चेतना जैसे अनेक महत्वपूर्ण विषयों का अध्ययन किया गया। भारत में इस उपागम के आधार पर अध्ययन करने वाले विद्वानों में प्रो. घुरिए का योगदान अत्यधिक महत्वपूर्ण है। स्वतंत्रता से पूर्व जब अन्य उपागम अधिक विकसित नहीं हो सके थे तब अधिकांश ग्रामीण अध्ययनों के लिए ऐतिहासिक उपागम को ही महत्वपूर्ण समझा जाता था।

(ख) संरचनात्मक प्रकार्यात्मक उपागम (Structural Functional Approach)—ग्रामीण समाजशास्त्र के अतंर्गत स्वतंत्रता से पहले तक इस उपागम का महत्व नगण्य था। स्वतंत्रता के पश्चात ही उसे व्यापक रूप से मान्यता दी जाने लगी तथा बाद में इसी की सहायता से ग्रामीण-अध्ययनों को अत्यधिक व्यवस्थित और विकसित रूप दिया जा सका संरचनात्मक-प्रकार्यात्मक उपागम इस मानयता पर आधारित है कि एक विशेष ग्रामीण संरचना तथा उससे संबंधित प्रकार्यों को समझ लेने के बाद ही विभिन्न ग्रामीण समस्याओं अथवा ग्रामीण प्रतिमानों को समझा जा सकता है। इस दिशा में प्रारंभिक कार्य विदेशी समाजशास्त्रियों एवं मानवशास्त्रियों द्वारा किया गया विशेष रूप से इन विद्वानों ने ग्रामीण समुदायों, उनकी आर्थिक संरचनाओं, ग्रामीण शक्ति संरचना, परिवर्तनशील प्रक्रियाओं, ग्रामीण नेतृत्व तथा संचार आदि विषयों के अध्ययन में इस उपागम का व्यापक प्रयोग किया।

(ग) तुलनात्मक उपागम (Comparative Method)—ग्रामीण समाजशास्त्र के अंतर्गत यह उपागम प्रयोगात्मक पद्धति का विकल्प है जिसमें दो या दो से अधिक गावों को अध्ययन का आधार मानते हुए उनकी एक-दूसरे से तुलना की जाती है एवं तुलना के दौरान समान तथा असमान विशेषताओं के आधार पर सामान्य निष्कर्ष प्रस्तुत किया जाता है। कुछ व्यक्तियों की धारणा है कि भारत में इस उपागम का प्रयोग स्वतंत्रता के पश्चात ही हुआ लेकिन यह धरणा पूर्णतया सही नहीं है। यहां ब्रिटिश काल में ही जब गांव के स्थानीय स्तर से हटकर एक बड़े क्षेत्र अथवा राज्य स्तर पर ग्रामीण अध्ययन प्रारंभ किए गए तब से इस उपागम का प्रयोग होने लगा था। सन, 1918 में **गिलबर्ट स्लेटर (Gilbert Slater)** ने दक्षिण भारत के बारह गांवों का अध्ययन तुलनात्मक उपागम के आधार पर करके अपनी बहुचर्चित पुस्तक 'सम साउथ इण्डियन विलेजेज' प्रकाशित की थी। अनेक अध्ययनों में **प्रो. एस.सी. दुबे** तथा **प्रो. दामले** ने भी तुलनात्मक उपागम के द्वारा ग्रामीण अध्ययनों के लिए एक विशेष दिशा प्रदान की।

(घ) अंतर-अनुशासनिक उपागम (Inter-Disciplinary)—ग्रामीण समाजशास्त्र ज्ञान की एक नवीन शाखा है, इसलिए इसे अपने विकास के आरंभ से ही अनेक दूसरे विषयों की सहायता लेनी पड़ी है। उदाहरण के लिए, ग्रामीण जीवन के आर्थिक पक्ष का अध्ययन करने के लिए अर्थशास्त्रियों, राजनैतिक पक्ष के लिए राजनीति शास्त्रीयों तथा ग्रामीण मनोवृत्तियों के अध्ययन के लिए मनौवैज्ञानिकों का सहयोग लेना आवश्यक समझा जाता रहा है। इस प्रकार विभिन्न विषयों के विद्वानों के सहयोग से ग्रामीण समाजशास्त्र से संबंधित जो अध्ययन किए गए उनसे एक नवीन उपागम का जन्म हुआ जिसे हम अंतर-अनुशासनिक उपागम

कहते हैं। कुछ व्यक्ति इस उपागम को तुलनात्मक उपागम का ही दूसरा रूप मानते हैं

(च) मिश्रित सांस्कृतिक उपागम (Cross Cultural Approach)—इस उपागम को मिश्रित राष्ट्रीय उपागम (Cross National Approach) भी कहा जाता है। जब कभी भी दो या दो से अधिक देशों के ग्रामीण जीवन का तुलनात्मक अध्ययन करके एक सामान्य प्रतिमान (Common Model) को विकसित किया जाता है तो इस प्रकार के अध्ययन मिश्रित सांस्कृतिक उपागम के अंतर्गत आते हैं। इस उपागम को भी तुलनात्मक उपागम का ही दूसरा रूप माना जा सकता है लेकिन इसे पृथक उपागम के रूप में इसलिए मान्यता दी गई है कि यह दो विभिन्न संस्कृतियों वाले क्षेत्रों के बीच कुछ सामान्य सांस्कृतिक तत्व ज्ञात करने का प्रयत्न करता है। इस उपागम का महत्व उन देशों के लिए बहुत अधिक है जिनमें ग्रामीण अध्ययन अभी अपनी प्रारंभिक अवस्था में है। द्वितीय महायुद्ध के पश्चात अमेरीका एवं अन्य दूसरे देशों में ग्रामीण समाजशास्त्रियों द्वारा इस उपागम के आधार पर ग्रामीण अध्ययनों को विशेष महत्व दिया गया। अभी हाल में **शूमेकर (Shoemaker)** ने इसी उपागम के आधार पर ब्राजील, नाइजीरिया एवं भारत के गांवों का अध्ययन करके सन 1969 में 'कम्युनिकेशन ऑफ इन्नोवेशन्स ए क्रास कल्चरल एप्रोच' नामक पुस्तक प्रकाशित की।

कृषक संबंधी अध्ययन (Peasant Studies)

कृषक समाज कोई ऐसा समाज नहीं है जिसकी चारित्रिक विशेषता सारी दुनिया में एक जैसी रही हो। इतिहास और भूगोल के साथ इसके स्वरूप में भिन्नता और विविधता देखने को मिलती है। समाजशास्त्र के विद्वानों ने इस पर विशेष ध्यान दिया है तथा अपने अपने ढंग से इसकी अवधारणा को विकसित करने की कोशिश की है। एक अवधारणा के रूप में कृषक समुदाय की संकल्पना को विकसित करने का श्रेय मुख्य रूप से **रॉबर्ट रेडफील्ड** को है, यद्यपि आज अनेक दूसरे समाजशास्त्रियों तथा मानवशास्त्रियों ने भी इस अवधारणा को अधिक व्यवहारिक बनाने में अपना योगदान दिया है। भारतीय कृषक समुदाय पिछड़ा हुआ और रूढ़िवादी है इस कारण इनकी दशा में सुधार करने के लिए अब अनेक विकास कार्यक्रमों को आवश्यक समझा जाने लगा है। इन परिस्थितियों में कृषक समुदाय को परिभाषित करने तथा कृषक समाज के निर्धारण के लिए विभिन्न मापदंडों को विकसित करना अवश्यक समझा जाने लगा। कृषक समाज एक विशेष समूह है, अत: सर्वप्रथम मानवशास्त्रियों ने ही कृषक समाज तथा इसकी विशेषताओं का अध्ययन प्रारंभ किया। संपूर्ण ग्रामीण समुदाय कृषक समुदाय अथवा कृषक समाज नहीं कहे जा सकते। संरचनात्मक दृष्टिकोण से भारतीय गांवों में एक व्यापक भिन्नता देखने को मिलती है। **आन्द्रे बेताई** (Andre Beteille) ने यह स्पष्ट किया है कि यदि हम भारत के सभी गांवों के लिए कृषक समाज शब्द का प्रयोग करते हैं तो उसमें अनेक कठिनाइयां आ सकती हैं।'' हमारी संपूर्ण कृषि संरचना अनेक प्रकार के समूहों तथा उनके बीच पाए जाने वाले विभिन्न प्रकार के संबंधों द्वारा निर्मित हुई है। इस दृष्टिकोण से विभिन्न समाजशास्त्रियों तथा मानवशास्त्रियों की यह धारणा है कि ग्रामीण भारत कृषक समाज का केवल भौतिक केंद्र है। ऐसा केवल भारतीय ग्रामीण अध्ययनकर्ता ही नहीं बल्कि **रेडफील्ड** और संसार में उनके अनुयायियों ने भी किया है। **आन्द्रे** ने स्पष्ट किया है कि यद्यपि कुछ ग्रामीण समाजों को कृषक कहना लाभप्रद हो सकता है लेकिन भारत में जिस परंपरागत आधार पर एक ओर जातीय संस्तरण है और दूसरी जटिल कृषि संबंधी संस्तरण पाया जाता है, उसके आधार पर संपूर्ण ग्रामीण समाज को कृषक समाज कहना उचित प्रतीत नहीं होता। **आंद्रे बेताई** का विचार है—''यदि कोई व्यक्ति कृषक समाज और जनजातीय समाज जैसे शब्दों से ही ग्रामीण भारत की कृषक संरचना को समझना चाहता है तो वह भी किसी भी प्रकार इसे नहीं समझ सकता।'' इस जटिलता के बीच सर्वप्रथम कृषक समाज की मानवशास्त्रीय एवं समाजशास्त्रीय अवधारणा को समझना आवश्यक है।

कृषक समाज परिभाषा—कृषक समाज बहुत जटिल समाज है कृषक वर्ग (Peasantry), कृषक समुदाय (Peasant Community) तथा कृषक समाज (Peasant Society) के अर्थ को लेकर समाजशास्त्रियों और सामाजिक मानवशास्त्रियों के बीच अनेक भिन्नताएं पाई जाती है। मानवशास्त्री कभी-कभी कृषक समाज का अर्थ एक अवशिष्ट श्रेणी (Residual Category)लगा लेते हैं इसका तात्पर्य है कि कृषक समाज के अंतर्गत उन सभी समाजों को सम्मिलित किया जाता है जो स्पष्ट रूप से न तो जनजातीय हैं और न ही औद्योगिक। लेकिन कृषक समाज के संदर्भ में यह धारणा त्रुटिपूर्ण है। इसका मुख्य कारण यह है कि संसार के विभिन्न भागों में कृषक समाज की अपनी अलग-अलग विशेषताएं हैं जो एक-दूसरे के बीच के अंतर को स्पष्ट करती हैं। लगभग इसी धारणा के अनुरूप एक अन्य मानवशास्त्री **क्रोबर (Kroeber)** ने लिखा है कि ''कृषक समाज मध्यवर्ती स्थिति में है; इसके एक ओर जनजातीय समाज है तो दूसरी ओर नगरीय समाज है।'' इस कथन से भी यह स्पष्ट होता है कि भारत में एक छोर पर जनजातीय समाज है और दूसरे छोर पर नगरीय समाज,

इन दोनों के बीच में आने वाले समाज को हम कृषक समाज कह सकते हैं। इन दोनों विचारधाराओं से भिन्न परिभाषा देते हुए **नॉर्बेक (Norbeck)** का कथन है कि ''कृषक समाज एक बड़े स्तरीकृत समाज का वह उप-समाज है जो या तो पूर्व औद्योगिक अथवा अंशत: औद्योगिक है।'' इन सभी विचारधाराओं से अनेक भ्रम उत्पन्न हो सकते हैं। अध्ययन की सरलता के लिए आवश्यक है कि हम **रॉबर्ट रेडफील्ड**, **शेनिन** तथा **आन्द्रे बेताई** के कथनों के संदर्भ में कृषक समुदाय की अवधारणा को समझने का प्रयत्न करें।

(1) रॉबर्ट रेडफील्ड (Robert Redfield) पहले मानवशास्त्रीय थे जिन्होंने अपने महत्त्वपूर्ण अध्ययन 'टेपोजलान' (Tepoztlon) में आधुनिक मानवशास्त्रीय प्रविधि के आधार पर कृषक समुदाय की अवधारणा को प्रस्तुत किया। इस अध्ययन से उनका उद्देश्य कृषक समाज की अवधारणा तथा विशेषताओं को स्पष्ट करके कृषक समाज की आंतरिक तथा बाह्य संरचना को स्पष्ट करना था। इसे एक ऐसा महत्त्वपूर्ण अध्ययन कहा जा सकता है जिसके द्वारा समाजशास्त्र एवं सामाजिक मानवशास्त्र के क्षेत्रों में अध्ययन के नवीन प्रतिमानों का प्रारंभ हुआ। बाद में इसी प्रतिमान के आधार पर भारत तथा संसार के अन्य देशों में विभिन्न कृषक समाजों का अध्ययन किया जाने लगा। इस अध्ययन में कृषक समाज को परिभाषित करते हुए **रेडफिल्ड** ने लिखा है कि ''कृषक समाज का तात्पर्य उन ग्रामीणों से है जो जीवन निर्वाह के लिए भूमि पर नियन्त्रण बनाए रखते हैं तथा उसे जोतते हैं। कृषि जिनके जीवन का एक ढंग है। जो ग्रामीण उन नगरीय लोगों की ओर देखते उनसे प्रभावित होते हैं जिनके जीवन का ढंग उन्हीं के समान होते हुए भी उनसे कुछ अधिक सभ्य होता है।''

कृषक समाज को परिभाषित करते हुए **रॉबर्ट रेडफील्ड** ने दो महत्त्वपूर्ण तत्वों को स्पष्ट किया है—प्रथम, ग्रामीणलोगों के जीवन-निर्वाह का ढंग तथा दूसरा, अन्य स्तर के लोगों के साथ उनके संबंधों की प्रकृति। इसका तात्पर्य है कि कृषक समाज के अंतर्गत भूमि को जोतने वाले वे सभी ग्रामीण सम्मिलित हैं जिनके जीवन-निर्वाह का यह सामान्य ढंग होता है तथा अन्य व्यवसायों अथवा आर्थिक स्थिति से संबंध व्यक्तियों के साथ उनका संबंध एक भिन्नता लिए हुए होता है। 'कृषक' शब्द के अर्थ को स्पष्ट करते हुए **रेडफील्ड** ने कहा है कि ''कृषक वे छोटे उत्पादनकर्ता हैं जो केवल अपने उपभोग के लिए ही उत्पादन करते हैं।'' इस अर्थ के अंतर्गत वे समूह भी आ जाते हैं जो मछली मारकर अथवा शिकार करके या फल-मूल एकत्रित करके अपना जीवन-निर्वाह करते हैं। इस दोष को दूर करने के लिए **रेडफील्ड** ने यह स्वीकार किया है कि कृषक समाज के अंतर्गत केवल उन्हीं छोटे उत्पादन-कर्ताओं को सम्मिलित किया जा सकता है जो अपनी आजीविका एवं जीवनयापन भूमि जोतकर ही नियंत्रित करते हैं। बल्कि स्वयं गांवों के भीतर ही पाए जाने वाले विभेद को स्पष्ट करता है। इस विवेचन के आधार पर स्पष्ट होता है कि **रॉबर्ट रेडफील्ड** के अनुसार कृषक समाज कोई भी वह समाज है, जिसमें आधारभूत रूप से पांच विशेषताएं पाई जाती है—(क) सर्वप्रथम, कृषक समाज तुलनात्मक रूप से एक समरूप समाज है, (ख) इस समाज के सदस्यों की आजीविका का मुख्य साधन भूमि पर नियंत्रण रखना तथा भूमि को जोतना है, (ग) कृषक समाज एक अविभेदीकृत और अस्तरीकृत समुदाय है, (घ) कृषक समाज नगरों अथवा कस्बों के कुलीन वर्ग से भिन्न है यद्यपि यह उनसे अनेक क्षेत्रों में प्रभावित होता है, तथा (च) कृषक समाज को आर्थिक आधार पर अन्य समाजों से स्पष्टत: पृथककिया जा सकता है।

(2) शेनिन (T. Shanin)—दूसरे समाजशास्त्री हैं जिन्होंने कृषक समाज की अवधारणा को चार प्रमुख विशेषताओं के आधार पर स्पष्ट किया है—सर्वप्रथम, कृषक-परिवार का खेत बहुआयामी सामाजिक संगठन की मौलिक इकाई है एक कृषक-परिवार उपभोग एवं उत्पादन की इकाई के रूप में कार्य करता है। कृषक परिवार श्रम करता है और खेत उपभोग की आवश्यकताओं को पूरा करता है। इसकी आर्थिक क्रियाएं तथा पारिवारिक संबंध परस्पर निर्भर होते हैं तथा कभी-कभी इसके अंतर्गत लाभ की प्रवृत्ति भी स्पष्ट होने लगती है। एक कृषक का खेत ही उसकी संपत्ति, समाजीकरण, मित्रता तथा कल्याण-कार्य की मौलिक इकाई होती है। दूसरी विशेषता यह है कि कृषक समाज में भूमि ही जीवन-निर्वाह का प्रमुख साधन है जो एक कृषक की उपभोग की जरूरतों को पूरा करती हैं। दूसरे शब्दों में भूमि से पृथक रहकर कृषक का अपना कोई स्वतंत्र अस्तित्व नहीं होता। तीसरी विशेषता कृषक समुदाय की अपनी एक विशेष परंपरागत संस्कृति का होना है जो लघु समुदाय की जीवन विधि से बहुत कुछ मिलती-जुलती है। यह संस्कृति एक पीढ़ी से दूसरी पीढ़ी को हस्तांतरित होती रहती है तथा इसमें परिवर्तन को कोई प्रोत्साहन नहीं दिया जाता। कृषक समाज की चौथी विशेषता है कि इसकी आर्थिक स्थिति निम्न होती है तथा इस पर बाह्य समूहों का एक स्पष्ट प्रभाव होता है। **शेनिन** के समान **नॉरबेक (Norbeck)** ने भी कृषक समाज की अवधारणा को अनेक विशेषताओं के आधार पर स्पष्ट किया है। इनके अनुसार कृषक समुदाय लघु उत्पादकों का वह समुदाय है जो केवल अपने उपभोग के लिए ही उत्पादन करता है। कृषि समुदाय में इस विशेषता के कारण बचत की सीमा बहुत कम होती है तथा मुद्रा का प्रयोग

भी बहुत सीमित रूप में पाया जाता है। कृषक एक ऐसा वर्ग है जिसमें व्यावयायिक विशेषीकरण का स्तर बहुत निम्न होता है। **नॉरबेक** ने ये सभी विशेषताएं आर्थिक आधार पर स्पष्ट की हैं, अत: वर्तमान समाजशास्त्रीय चिंतन में इस विवेचन को अधिक उपयोगी नहीं समझा जाता।

(3) आन्द्रे बेताई—का मानना है कि भारतीय परिस्थितियों में **रेडफील्ड** तथा **शेनिन** के विचारों के आधार पर कृषक समाज की अवधारणा को स्पष्ट नहीं किया जा सकता। भारतीय ग्रामों की परिस्थितियां न केवल यूरोप के गांवों से भिन्न हैं बल्कि यहां कृषक समाज की संरचना तथा कृषकों की प्रेरणाएं भी एक भिन्न रूप में देखने को मिलती हैं। ऐसी स्थिति में केवल आर्थिक आधार को ही महत्त्वपूर्ण न मानते हुए कृषक समाज की विवेचना में सामाजिक और सांस्कृतिक आधार को महत्त्व देना भी आवश्यक है। इस दृष्टिकोण में **आन्द्रे बेताई** ने तीन विशेषताओं के आधार पर कृषक समाज की अवधारणा को स्पष्ट किया है। सर्वप्रथम, कृषक भूमि से जुड़ा होता है। **बेताई** का कथन है कि एक कृषक भूमि को ही अपने श्रम का आधार मानता है। कृषक के लिए भूमि का स्वामी होना आवश्यक नहीं है। एक व्यक्ति चाहे भूमि का स्वामी हो, किराए पर भूमि को जोतता हो अथवा केवल एक श्रमिक के रूप में भूमि पर श्रम करता हो, वह एक कृषक हो सकता है। उन्होंने उसकी दूसरी विशेषता का उल्लेख करते हुए कहा है कि साधारणतया संपूर्ण समाज में कृषक की स्थिति निम्न होती है। जो व्यक्ति कृषकों के परिश्रम, सादे जीवन तथा मितव्ययिता की प्रशंसा करते हैं वे भी यह स्वीकार करते हैं कि अन्य समूहों की तुलना में कृषकों की वास्तविक स्थिति उच्च नहीं होती। साधारणतया यह मान लिया जाता है कि उनकी विशेषताएं ग्रामीण कुलीन वर्ग के विपरीत होती हैं। कुलीन वर्ग का अर्थ स्पष्ट करते हुए वे बताते हैं कि कुलीन वर्ग एक ऐसा वर्ग है जो अपनी आजीविका के लिए भूमि पर निर्भर होता है लेकिन फिर भी भूमि पर किसी प्रकार का श्रम नहीं करता। इसके विपरीत, एक कृषक यदि भूमि का स्वामी भी हो तो उसकी कृषि भूमि का आकार अक्सर इतना छोटा होता है कि वह अपनी भूमि को स्वयं जोतता है और इससे प्राप्त कम आय के कारण अपने परिवार के भरण-पोषण में आर्थिक कठिनाई अनुभव करता है।

भारत में कृषक समाज की अवधारणा (Concept of Peasant Society in India)—कृषक समाज के बारे में **रॉबर्ट रेडफील्ड, शेनिन** तथा **आन्द्रे बेताई** द्वारा प्रस्तुत अवधारणाओं को समझने के पश्चात एक महत्त्वपूर्ण प्रश्न यह उत्पन्न होता है कि कृषक समाज की अवधारणा भारत के कृषक समाज के लिए कहां तक उपयुक्त है। इन विद्वानों में से किसी ने विस्तृत आधार पर कृषक समाज को स्पष्ट किया है जबकि कुछ विद्वानों का दृष्टिकोण तुलनात्मक रूप से संकुचित है। ऐसी स्थिति में यह आवश्यक है कि हम मुख्य रूप से **रॉवर्ट रेडफोल्ड** तथा **आन्द्रे बेताई** के विचारों के संदर्भ में भारतीय कृषक समाज की अवधारणा का मूल्यांकन करें।

रॉबर्ट रेडफील्ड के विचारों के आधार पर कृषक समाज की अवधारणा को भारत में लागू अत्यंत संदिग्ध है। इस सबंध में **आन्द्रे बेताई** ने दो तथ्यों के आधार पर रेडफील्ड के विचारों का मूल्यांकन किया है—**रेडफील्ड** ने कृषक समाज को एक 'अवशिष्ट श्रेणी' के रूप में स्पष्ट किया है जबकि वास्तविकता यह है कि भारतीय परिस्थितियों में कृषक समाज को एक अवशिष्ट श्रेणी नहीं कहा जा सकता। दूसरा तथ्य यह है कि भारत के गैर-जनजातीय ग्राम इतने अधिक स्तरीकृत हैं कि उन्हें **रेडफील्ड** की मान्यता के अनुसार कृषक समाज नहीं माना जा सकता। इसके अतिरिक्त यहां अनेक जनजातीय गांवों की प्रकृति कृषक समुदाय जैसी है। यदि हम कुछ छोटी, भ्रमणशील, शिकारी और फल-मूल एकत्रित करने वाली जनजातियों को छोड़ दें तो यह ज्ञात होगा कि बहुत सी जनजातियां भी एक स्थान पर रहकर खेती करती है ऐसे समुदाय है, जिन्हें स्पष्ट रूप से ग्रामीण समाज कहा जा सकता है। अनेक दूसरे आधारों पर भी भारतीय परिस्थितियों में **रेडफील्ड** की अवधारणा उपयुक्त प्रतीत नहीं होती है। इसे निम्नांकित मान्यताओं के मूल्यांकन से समझा जा सकता है :

(क) **रेडफील्ड** ने कृषक समाज को एक समरूप समुदाय के रूप में चिह्नित किया है। भारत में कृषक समाज को एक समरूप समुदाय नहीं कहा जा सकता। यहां एक ही गांव में विभिन्न धर्मों, जातियों तथा मान्यताओं के व्यक्ति साथ-साथ रहते हैं। अनेक व्यक्ति खेती करते हैं जबकि कुछ व्यक्ति भूमि के स्वामी होते हुए भी स्वयं भूमि नहीं जोतते। कुछ व्यक्ति भूमिहीन श्रमिकों के रूप में कार्य करते हैं जबकि अनेक दूसरे व्यक्ति दस्तकारी अथवा छोटे उद्योगों में लगे हुए हैं। सांस्कृतिक आधार पर भी भारतीय ग्रामीण समुदाय में समरूपता नहीं पाई जाती।

(ख) **रेडफील्ड** की यह मान्यता है कि जो व्यक्ति कृषक नहीं हैं वे कुलीन वर्ग के अंतर्गत आते हैं तथा उनका निवास-स्थान गांव न होकर कस्बा अथवा नगर होता है। यह धारणा इसलिए उचित नहीं है कि भारतीय ग्रामों में कृषक और अकृषक (जो कभी-कभी कुलीन वर्ग के समान होते हैं) एक ही गांव में साथ-साथ रहते हैं। इस प्रकार स्थानीय पृथकता के आधार पर भी कृषक समाज की अवधारणा भारतीय परिस्थितियों में अधिक उपयुक्त नहीं है।

(ग) कृषक समाज को **रेडफील्ड** ने एक अविभेदीकृत और अस्तरीकृत समुदाय स्वीकार किया है। यह मान्यता भी भारतीय कृषक समाज पर लागू नहीं होती। भारत में एक गांव के अंतर्गत अत्यधिक विविधता और जटिलता देखने को मिलती है। **आन्द्रे बेताई** ने तमिलनाडु में अग्रहारम् (Agraharam) गांव का श्रीपुरम् गांव के नाम से अध्ययन करके **रेडफील्ड** की मान्यताओं की अनुपयुक्तता को स्पष्ट किया। इस गांव में 349 परिवार रहते हैं। इनमें से 92 परिवार ब्राह्मणों के हैं जो दूसरी जातियों से पृथक एक अलग क्षेत्र में रहते हैं। इन ब्राह्मण-परिवारों को किसी प्रकार भी कृषक नहीं कहा जा सकता। यह लोग गांवों के कृषकों से वेश-भूषा, रहन-सहन तथा व्यवसाय के क्षेत्र में अत्यधिक भिन्न हैं। गांव की परंपरागत मान्यताएं इन्हें भूमि जोतने की अनुमति नहीं देतीं। साधारणतया यह लोग अपनी कृषि-भूमि दूसरों को जोतने के लिए देकर स्वयं अपना परंपरागत व्यवसाय करते हैं। गांव में ब्राह्मणों के अतिरिक्त राजपूत जाति के लोग भी रहते हैं। इन्हें भी अपनी वंश-परम्परा के आधार पर खेत जोतने की अनुमति नहीं मिलती बल्कि यह लोग निम्न जाति के लोगों से अपनी भूमि पर कृषि करवाते हैं। श्रीपुरम गांव में प्रत्यक्ष रूप से कृषि करने वाली जातियां तीन समूहों—वैलालास, कल्लास एवं पाडयाचिस में विभाजित हैं। यहां सम्पूर्ण कृषक वर्ग भी भूमि का स्वामी न होकर साधारणतया किराये पर भूमि को जोतने वाला काश्तकार वर्ग है। इसके पश्चात भी यह लोग स्वयं कृषि करने के अतिरिक्त कृषि कार्य में अनेक भूमिहीन श्रमिकों की भी सहायता लेते हैं। ऐसी स्थिति में इस गांव को कृषक गांव अथवा यहां के निवासियों को कृषक समाज नहीं कहा जा सकता बल्कि गांव के एक वर्ग को ही कृषक समाज माना जा सकता है।

(घ) **रेडफील्ड** ने कृषक समाज को मुख्य रूप से दो भागों में विभाजित किया है—कृषक वर्ग तथा अभिजात वर्ग। यदि भारतीय ग्रामों के सन्दर्भ में विचार किया जाये तो स्पष्ट होता है कि यहां के गांवों में अनेक समूह ऐसे है जो इन दोनों वर्गों में से किसी के भी अन्तर्गत नहीं आते। उदाहरण के लिए, मिट्टी के बर्तन बनाने वाले अभिजात वर्ग के सदस्य। इस आधार पर **रेडफील्ड** द्वारा प्रस्तुत कृषक समाज की अवधारणा को सर्वव्यापी नहीं कहा जा सकता, बल्कि इसके आधार पर केवल यूरोप के ही कुछ ग्रामों की प्रकृति को समझा जा सकता है।

(च) कृषक समाज की अवधारणा से ऐसा प्रतीत होता है कि **रेडफील्ड** ने आर्थिक आधार को ही विशेष महत्व दिया है। वास्तविकता यह है कि भारत में कृषक वर्ग से संबंधित कोई भी अवधारणा तब तक उपयुक्त नहीं हो सकती जब तक आर्थिक आधार के अतिरिक्त सामाजिक तथा धार्मिक आधार को भी महत्व न दिया जाये। यही कारण है कि यदि हम **रेडफील्ड** की अवधारणा के आधार पर भारतीय ग्रामों का अध्ययन करना चाहें तो कृषक वर्ग के जीवन का हम सही अन्वेषण नहीं कर सकते।

आन्द्रे बेताई की अवधारणा **रेडफील्ड** की अवधारणा से कुछ अधिक स्पष्ट तथा व्यावहारिक है लेकिन इसके पश्चात भी यह अवधारणा पूर्णतया दोषमुक्त नहीं है। **बेताई** ने यह स्पष्ट किया है कि भारतीय ग्रामीण संरचना में कृषक समुदाय का निर्धारण करने के लिए जाति के स्थान पर परिवार को आधार मानना चाहिए। **बेताई** के शब्दों में "सही अर्थों में कृषक परिवार उसी परिवार को कहा जा सकता है जिसके सभी सक्रिय सदस्य,चाहे वे स्त्री हों या पुरुष, खेत पर काम करते हो।" इस परिभाषा से कृषक समुदाय के बारे में यह भ्रम पैदा हो जाता है कि यदि कृषक परिवार में स्त्रियां परम्परागत मान्यताओं अथवा सामाजिक मूल्यों के कारण घर से बाहर निकलकर कृषि कार्य नही करती तो ऐसे परिवार को कृषक परिवार नहीं माना जा सकता। **बेताई** द्वारा प्रस्तुत अवधारणा में भी कुछ संकीर्णता है। जैसा कि स्पष्ट किया जा चुका है, की मान्यता के अनुसार यदि कोई परम्परागत मूल्यों के कारण स्वयं हल नहीं चलाता तो वह कृषक कहलाने का अधिकारी नहीं है। इस मान्यता के आधार पर गांवों में भूमिहीन श्रमिक जो मजदूरी लेकर कृषि का कार्य करते हैं वे कृषक हो सकते हैं लेकिन वह व्यक्ति जो मजदूरी देकर हल चलवाता है और खेत में कार्य न करने के बाद भी कृषि से प्राप्त आय द्वारा आजीविका का निर्वाह करता है उसे कृषक नहीं कहा जा सकता। वर्तमान परिस्थितियों में आज अनेक कृषक परिवारों की आर्थिक स्थिति में सुधार होने के कारण खेत में काम करने वाली स्त्रियों की संख्या में कमी होती जा रही है। गांवों की उच्च जातियों में यह प्रवृत्ति कहीं अधिक स्पष्ट रूप से देखी जा सकती है। इसके विपरीत निम्न जातियों की स्त्रियां आज भी खेत में सक्रिय रूप से कार्य करती हैं। इसका तात्पर्य है कि **आन्द्रे बेताई** के विचारों के संदर्भ में निम्न जातियों के परिवार विशुद्ध रूप से कृषक है जबकि उच्च जातियों के परिवार या तो कृषक नहीं हैं अथवा अर्द्ध-कृषक हैं।

कृषक समाज की अवधारणा को स्पष्ट करने के लिए अनेक विदेशी विद्वानों ने जो विचार प्रस्तुत किये है वे भारतीय संदर्भ में अधिक उपयुक्त प्रतीत नहीं होते। भारतीय ग्रामों की परिस्थितियां यूरोपीय ग्रामों से अत्यधिक भिन्न है। ऐसी स्थिति में यह आवश्यक है कि कृषक समाज को स्पष्ट करने के लिए विदेशी और भारतीय विद्वानों द्वारा जो विचार प्रस्तुत किये गये हैं उनमें समन्वय करते हुए एक ऐसी अवधारणा को प्रस्तुत किया जाये जो भारतीय कृषक

समाज की व्यावसायिक तथा धार्मिक विशेषताओं का सही प्रतिनिधित्व कर सके। इसके पश्चात ही कृषक समाज के बारे में एक व्यावहारिक दृष्टिकोण अपनाया जा सकेगा।

कृषक समाज तथा लघु समुदाय में तुलना:- लघु समुदाय तथा कृषक समाज की विशेषताओं को स्पष्ट करने से यह भ्रम उत्पन्न हो सकता है कि इन दोनो अवधारणाओं में काफी समानता है। वास्तव में एक अवधारणा के रूप में लघु समुदाय तथा कृषक समाज के बीच अनेक भिन्नताएं विद्यमान हैं जिन्हें इन दोनों समुदायों की पारस्परिक तुलना करके सरलता से स्पष्ट किया जा सकता है:

(क) सर्वप्रथम लघु समुदाय एक ऐसा समुदाय है जो आकार में अत्यधिक छोटा होता है तथा जिसके सदस्यों में प्राथमिक संबंध होने के कारण एक दृढ़ सामुदायिक भावना पाई जाती है। दूसरी ओर, कृषक समाज लघु समुदाय के समान आकार में उतना छोटा नहीं होता। भूमि की सीमा तथा आर्थिक स्थिति में भिन्नता होने के कारण एक ही कृषक समाज के अन्दर एक स्पष्ट स्तरीकरण विद्यमान होता है। इसके फलस्वरूप एक कृषक समाज के सभी सदस्यों में सामुदायिक भावना का होना सदैव आवश्यक नहीं होता।

(ख) लघु समुदाय अनेक आधारों पर एक विशिष्ट समुदाय है। इसके निवास की सीमा, व्यवहार प्रतिमान तथा प्रत्येक कार्य का स्थान पूर्णतया निश्चित होता है। इसके फलस्वरूप एक लघु समुदाय के सभी सदस्यों का एक विशेष व्यक्तित्व पाया जाता है। कृषक समाज में इस प्रकार की कोई विशिष्टता नहीं होती। इसके अन्तर्गत विभिन्न व्यक्तियों के व्यक्तित्व में एक स्पष्ट अंतर होता है तथा सांस्कृतिक और सामाजिक आधार पर उनके बीच अनेक भिन्नताएं दृष्टिगत होती हैं।

(ग) लघु समुदाय एक समरूप समुदाय है। इसके सदस्यों के खान-पान, वेश-भूषा, विचारों, विश्वासों, भाषा, परम्परा, धर्म और संस्कृति में समरूपता पाई जाती है। दूसरी ओर कृषक समाज को एक समरूप समाज नहीं कहा जा सकता। **आन्द्रे बेताई** ने श्रीपुरम गांव के अध्ययन द्वारा यह स्पष्ट किया है कि यह गांव कृषक समाज का प्रतिनिधि होने के पश्चात अत्यधिक स्तरीकृत तथा विभेदीकृत है। वास्तव में भारतीय परिस्थितियों में किसी भी कृषक समाज के अन्तर्गत पूर्व समरूपता नहीं पाई जाती।

(घ) लघु समुदाय की एक प्रमुख विशेषता इसका आत्मनिर्भर होना है। एक लघु समुदाय के सभी सदस्यों की अधिकांश आवश्यकताओं की पूर्ति उसी के अन्दर हो जाती है। इसके विपरीत कृषक समाज अपनी आवश्यकताओं की पूर्ति के लिए अनेक दूसरे वर्गों तथा स्थानों पर निर्भर होता है। अपनी आवश्यकताओं की पूर्ति के लिए यह एक बड़ी सीमा तक कस्बे और नगर के अभिजात वर्ग पर आश्रित रहता है।

(च) ऐतिहासिक दृष्टिकोण से लघु समुदाय कृषक समुदाय की तुलना में अधिक प्राचीन है। **रेडफील्ड** ने यह स्पष्ट किया है कि मानवता के सम्पूर्ण इतिहास में इतिहास में लघु समुदाय ही मानवीय निवास के सबसे मौलिक स्वरूप को स्पष्ट करता है।

(छ) लघु समुदाय एक ऐसा समुदाय है जो परम्पराओं से सदैव बंधा रहता है तथा अपने जीवन में साधारणतया किसी परिवर्तन को उचित नहीं मानता। दूसरी ओर कृषि की नवीन प्रविधियों तथा संचार और परिवहन के साधनों में अत्यधिक प्रगति हो जाने के कारण कृषक समाज आज परिवर्तनशील समाज का रूप ग्रहण कर रहा है।

(ज) लघु समुदाय स्वयं में एक प्रतिमान है जो संसार के सभी भागों में किसी न किसी रूप में विद्यमान है। इसके विपरीत कृषक समाज जीवन की एक विधि है जो विभिन्न देशों में एक दूसरे से अत्यधिक भिन्न देखने को मिलती है। इस दृष्टिकोण से लघु समुदाय की अवधारणा सर्वव्यापी है जबकि विभिन्न समाजों में कृषकों की स्थिति भिन्न-भिन्न होने के कारण कृषक समाज को एक तुलनात्मक अवधारणा के रूप में ही स्पष्ट किया जा सकता है।

ग्रामीण नगरीयवाद

अनेक विद्वानों ने 'ग्राम' शब्द को अनेक प्रकार से स्पष्ट किया है। ग्रामीण शब्द के विवेचन में भी भिन्ता देखने को मिलती है। ग्रामीण शब्द को व्याख्यायित करने में सबसे प्रमुख समस्या यह उत्पन्न होती है कि ऐसी कोई निश्चित सीमा-रेखा नहीं है जो ग्राम को नगर से पृथक करती हो। इस संदर्भ में **मैकाइवर** का कथन है कि "नगर और गांव के बीच विभाजन की ऐसी कोई स्पष्ट सीमा रेखा नहीं है जिसके आधार पर यह बताया जा सके कि कहां पर ग्राम समाप्त होता है और कहां से नगर का प्रारंभ होता है। कुछ विद्वान ग्रामीण शब्द को स्पष्ट करने के लिए सामाजिक एवं आर्थिक पिछड़ेपन को आधार मानते हैं जबकि अनेक विद्वान कृषि व्यवसाय के आधार पर ग्रामीण शब्द की विवेचना करते हैं। अनेक विद्वानों ने जनसंख्या के आधार पर ग्रामीण एवं नगरीय विभेद को स्पष्ट किया है जबकि अनेक विद्वान केवल उन समुदायों को ग्रामीण समुदाय कहते हैं जिनकी विशेषताएं नगरीय विशेषताओं के विपरीत होती है।

ग्रामीण शब्द में उन अनेक तत्वों का समावेश है जिन्हें (Landis) किसी एक परिभाषा के द्वारा स्पष्ट नहीं किया जा सकता। **लैण्डिस** ने ग्रामीण शब्द की विवेचना के लिए तीन तत्वों को विशेष महत्व दिया है अर्थात केवल उसी समूह को ग्रामीण कहा

जा सकता है जो (क)प्रकृति पर प्रत्यक्ष रूप से निर्भर हो, (ख) जिसका आकार सीमित हो तथा (ग)जिसमें सदस्यों के बीच घनिष्ठ और प्राथमिक संबंध पाये जाते हैं। **लैण्डिस** के ये विचार ग्रामीण शब्द को स्पष्ट करने के अत्यधिक सहायक है। इस दृष्टिकोण से यह निष्कर्ष दिया जा सकता है कि ग्रामीण शब्द एक ऐसी विशेषता का बोध कराता है जिसमें प्रकृति पर निर्भरता, संबंधों मे घनिष्ठता एवं छोटा आकार जैसे तत्वों का समावेश हो।

ग्रामीण समुदाय (Rural Community) ग्रामीण समुदाय ग्रामीण पर्यावरण में स्थित व्यक्तियों का कोई भी छोटा अथवा बड़ा समूह है जो प्रत्यक्ष रूप से प्रकृति पर निर्भर होता है प्रकृति की सहायता से आजीविका उपार्जित करता है प्राथमिक संबंधों को अपने लिए आवश्यक मानता है एवं साधारणतया एक दृढ़ सामुदायिकता की भावना के द्वारा बंधा रहता है। **मेरिल** तथा **एलरिज** (Merill & Elridge) ने ग्रामीण समुदाय को परिभाषित करते हुए लिखा है कि ग्रामीण समुदाय के अन्तर्गत संस्थाओं एवं ऐसे व्यक्तियों का समावेश होता है जो एक छोटे से केन्द्र के चारों ओर संगठित होते है तथा सामान्य और प्राथमिक हितों द्वारा आपस में बंधे रहते हैं।

सिम्स ने समुदाय के सीमित आकार को ग्रामीण समुदाय का प्रमुख आधार न मानते हुए कहा है कि "जिन वृहत क्षेत्रों में एक समूह के लगभग सभी महत्वपूर्ण हितों की संतुष्टि हो जाती है उनको ग्रामीण समुदाय मान लेने के लिए समाजशास्त्रियों की प्रतिबद्धता बढ़ती जा रही है।" वर्तमान परिस्थितियों को देखते हुए भी ग्रामीण समुदाय के अन्तर्गत सीमित भू-भाग अथवा समूह के सीमित आकार को अधिक महत्व देना उचित प्रतीत नहीं होता। आज परिवहन एवं संचार के साधनों में वृद्धि होने के कारण ग्रामीण क्षेत्रों में भी अंतरसंबंधों एवं पारस्परिक क्रियाओं का क्षेत्र बढ़ रहा है। इसके फलस्वरूप यदि वृहत समुदायों में भी ग्रामीण विशेषताएं विद्यमान हों तो उन्हें ग्रामीण समुदाय ही माना जायेगा। ग्रामीण समुदाय का तात्पर्य एक निश्चिम भू-भाग पर रहने वाले किसी भी ऐसे छोटे अथवा बड़े समूह से है जिसमें जनसंख्या की समरूपता, सामाजिक एवं सांस्कृतिक समानता, प्रकृति से संबद्धता सरलता एवं सामुदायिक भावना की प्रधानता होती है।

ग्रामीण समुदाय का उदविकास (Evolution of Village Community) उदविकास की एक लम्बी प्रक्रिया से गुजरते हुए ही ग्रामीण समुदाय वर्तमान स्वरूप ग्रहण कर सके हैं। **आगर्बन** तथा **निमकाफ** (Ogburn and Nimkoff) ने ग्रामीण समुदाय के उद्विकास के निम्नलिखित तीन अंतर स्पष्ट किये हैं—

1. आखेटक स्तर (Hunting Stage)—ग्रामीण समुदाय का यह सबसे पहला स्तर था जिसमें व्यक्ति छोटे-छोटे समूहों में रहकर सदैव स्थान परिवर्तन करते रहते थे। उनका लक्ष्य केवल भोजन सामग्री एकत्रित करना तथा जंगली पशुओं का शिकार करना था। इस स्तर पर मानव न केवल पूर्ण तथा असभ्य था बल्कि उसका आवास भी अस्थायी था। इस समय एक व्यक्ति कृषि के द्वारा आजीविका उपार्जित करने की कला से परिचित नहीं था जिसके फलस्वरूप समुदाय का स्वरूप पूर्ण तथा असंगठित एवं अस्थायी था।

2. पशु-पालन स्तर (Pastoral Stage)—पशुपालन स्तर मानव विकास का दूसरा स्तर था जिसमें पशुओं को मारने के स्थान पर उन्हें पालकर विभिन्न प्रकार के लाभ प्राप्त किये जाने लगे। इसके परिणामस्वरूप स्थान परिवर्तन में कमी हो गई तथा अनेक मानव समूहों ने साथ-साथ मिलकर रहना आरंभ कर दिया । इसी स्तर से सामुदायिकता की भावना भी कुछ-कुछ स्पष्ट होने लगी। इसके पश्चात भी इस स्तर पर कोई ऐसा समुदाय विकसित नहीं हो सका जिसे हम वास्तविक अर्थों में ग्रामीण समुदाय कह सकें।

3. कृषि स्तर (Agricutural Stage)—यह स्तर उदविकासीय क्रम में एक ऐसी अवस्था को स्पष्ट करता है जिसमें मनुष्य ने सबसे पहले कृषि कला का ज्ञान प्राप्त करके एक स्थान पर स्थायी रूप से रहना प्रारंभ कर दिया। इसके परिणामस्वरूप आवास केन्द्रों की स्थापना हुई उन्हीं को प्रारंभिक गांव माना जाता है। इतना अवश्य है कि इस स्तर पर ग्रामीण समुदाय पूर्णतया आदिम स्तर का था जिसमें नियमों एवं व्यक्तिगत सम्पत्ति की व्यवस्था का पूर्ण अभाव था। इसके पश्चात भी इस समय सामुदायिक भावना तथा सामूहिक प्रयत्नों में वृद्धि होने के कारण इस स्तर से ग्रामों का विकास होना आरम्भ हो गया है। कुछ समय पश्चात जब सम्पति का रूप व्यक्तिगत होने लगा और कृषि व्यवसाय में जटिलता आने लगी तब ग्रामीण जीवन में भी एक सुदृढ़ व्यवस्था की आवश्यकता अनुभव की जाने लगी। इस स्तर के गांवों को हम मध्यकालीन गांव कहते हैं। आधुनिक ग्रामों की नींव तब पड़ी जब कृषि में श्रम विभाजन द्वारा विशेषीकरण की विशेषता उत्पन्न हो गई। यह स्तर ग्रामीण समुदाय के वर्तमान स्वरूप से संबंधित है जिसमें व्यक्तिगत सम्पति की भावना कृषि का व्यापारीकरण अधिक जनसंख्या, पारस्परिक प्रतिस्पर्द्धा, सामुदायिक भावना में कमी और गतिशीलता आदि कुछ प्रमुख विशेषताएं हैं। इन्हीं विशेषताओं के परिणामस्वरूप कुछ समय पूर्व के आदिम गांव अब औद्योगिक ग्रामों का रूप भी ग्रहण करते जा रहे हैं।

भारत में ग्रामीण समुदाय (Rural Community of India)—भारतीय ग्रामीण समुदाय अपनी विशेषताओं के कारण

संसार के अन्य ग्रामीण समुदायों के समान है लेकिन भारत में एक विशेष सामाजिक सांस्कृतिक संरचना के कारण यहां के ग्रामीण जीवन में कुछ ऐसी भी विशेषताएं विद्यमान हैं जिन्हें भारतीय ग्रामीण समुदाय की मौलिक विशेषताएं कहा जा सकता है। भारत में आर्थिक व्यवस्था से संबंधित परिवर्तनों के कारण विभिन्न युगों में ग्रामीण समुदाय की विशेषताओं में भी परिवर्तन होते रहे हैं लेकिन इसके पश्चात् भी परिवर्तन की विभिन्न प्रक्रियाएं यहा के ग्रामीण जीवन को अन्य समुदायों की तुलना में बहुत कम प्रभावित कर सकीं।

(क) छोटा आकार (Small Size)—अन्य समुदायों की तुलना में ग्रामीण समुदाय का आकार प्राय: सभी देशों में छोटा होता है लेकिन भारत में ग्रामीण समुदाय के छोटे आकार का अनुमान इसी तथ्य से लगाया जा सकता है कि इस समय भारत के कुल 5,57,137 गांवों में से चार लाख सात हजार गांव ऐसे हैं जिनकी जनसंख्या एक हजार से भी कम है। ग्रामीण समुदाय का भूमि एवं कृषि से प्रत्यक्ष संबंध है। इस कारण जब कभी भी एक गांव की जनसंख्या में वृद्धि होती है तो वह अक्सर दो छोटे-छोटे गांव के रूप में विभाजित हो जाता है। ग्रामीण समुदाय की यह विशेषता इतनी महत्वपूर्ण है कि इसी के आधार पर **राबर्ट रेडफील्ड** (Robert Redfield) ने ग्रामीण समुदाय को लघु समुदाय के रूप में स्पष्ट किया है **स्मिथ** (Smith) ने यहां तक निष्कर्ष दिया है कि ग्रामीण समुदाय की सबसे मुख्य विशेषता उसका छोटा आकार होना है क्योकि इसी संदर्भ में ग्रामीण समुदाय एक दूसरे के पर्यायवाची है।

(ख) कृषि पर निर्भरता (Dependence on Agriculture)—ग्रामीण समुदाय की मुख्य विशेषता इनकी जनसंख्या का प्रत्यक्ष या अप्रत्यक्ष रूप से कृषि व्यवसाय पर निर्भर होना है। भारत की जनसंख्या का 70 प्रतिशत भाग आज प्रत्यक्ष रूप से कृषि पर निर्भर है। इसका तात्पर्य यह नहीं है कि ग्रामीण समुदाय में अन्य व्यवसाय होते ही नहीं है बल्कि इसका अभिप्राय केवल यह है कि ग्रामीण समुदाय कृषि को ही अपना मुख्य एवं प्राथमिक व्यवसाय समझते हैं! संसार के अन्य देशों की तुलना में भारतीय ग्रामीण समुदाय की विशेषता यह है कि अन्य देशों में जहां औद्योगीकरण के फलस्वरूप ग्रामीण जनसंख्या की कृषि पर निर्भरता में कमी हुई है वहां भारत में ग्रमीण समुदाय की कृषि पर निर्भरता बढ़ती जा रही है। ग्रामों में अनेक जातियां जो कुटीर उद्योग अथवा दस्तकारी के द्वारा आजीविका उपार्जित करती हैं वे भी किसी न किसी रूप में अपने लिए कृषि व्यवसाय को महत्वपूर्ण समझती हैं।

(ग) परिवारात्मकता (Familism)—ग्रामीण समुदाय में परिवार सबसे महत्वपूर्ण इकाई है। यहां परिवार समुदाय की केवल एक पृथक इकाई ही नही बल्कि जीवन के उन सभी क्षेत्रों को प्रभावित करने वाली एक सुदृढ़ व्यवस्था का अंग है। यही कारण है कि गांवों में व्यक्ति की प्रतिष्ठा उसके परिवार के संबधं में निर्धारित होती है। सामाजिक तथा धर्मिक समारोहों के समय किसी परिवार का सम्मानित अथवा असम्मानित होना ही उसके सदस्यों की सामाजिक स्थिति को निर्धारित करता है। **सच्चिदानंद** का कथन है कि भारत के कृषक समाज के व्यक्ति की पहचान उसके विस्तृत परिवार के संदर्भ में ही होती है। वैवाहिक संबंधों की स्थापना तथा सामाजिक नियंत्रण को प्रभावपूर्ण बनाने में गांवों में परिवार सबसे महत्वपूर्ण संस्था है।

(घ) धर्म का महत्व (Importance of Religion)—ग्रामीण समुदाय धर्म के पारम्परिक रूप से इतने प्रभावित होता है कि समुदाय का कोई भी सदस्य धार्मिक नियमों पारम्परिक विश्वासों तथा धर्म से प्रभावित प्रथाओं की अनदेखी नहीं कर सकता। यही कारण है कि सामान्यत: समुदाय के किसी भी व्यक्ति को ऐच्छिक रूप से व्यवहार के नये ढंगों को ग्रहण करने की अनुमति नहीं दी जाती। गांवों में धर्म सभी सामाजिक, आर्थिक तथा पारिवारिक क्रियाओं का आधार है। जो व्यक्ति जितनी धार्मिक चर्चा कर सकता है उसे उतना ही बड़ा ज्ञानी एवं सिद्ध पुरुष समझा जाता है।

(च) प्राथमिक संबंधों की महत्ता (Importance of Primary Relation)—ग्रामीण समुदाय का आकार छोटा होने तथा जनसंख्या का घनत्व कम होने के कारण व्यक्तियों को एक दूसरे के घनिष्ठ संपर्क में आने का अवसर मिलता है। **कूले** ने आमने-सामने के घनिष्ठ संबंधों को ही प्राथमिक संबंध कहा है। एक गांव के सभी व्यक्ति स्वयं को एक बड़े परिवार का सदस्य मानकर अन्त:क्रिया करते हैं तथा प्रत्येक अवसर पर अन्य व्यक्तियों की सहायता करना अपना नैतिक दायित्व समझते हैं। ग्रामीण समुदाय में सबंध इस अर्थ में भी प्राथमिक होते हैं कि कोई व्यक्ति दूसरे व्यक्ति से उसके पद अथवा संपति को ध्यान में रखते हुए संबंध स्थापित नहीं करता बल्कि केवल एक व्यक्ति के रूप में दूसरे से संबंधों की स्थापना करता है।

(छ) स्थिर जीवन (Stable Life)—अन्य समुदायों की तुलना में ग्रामीण समुदाय का जीवन आज भी बहुत कुछ स्थिर देखने को मिलता है। अन्य समुदाय के रूप में परिवर्तन के प्रवाह में जहां पूरी तरह बदल चुका है वहीं ग्रामीण समुदाय में आज भी पारंपरिक जीवन पद्धति को आवश्यक समझा जाता है। भारतीय ग्रामीण समुदाय में आज भी परंपराओं प्रथाओं, धर्म, विश्वासों और आदर्श नियमों का प्रभाव इतना अधिक है कि ग्रामीण जीवन आज भी बहुत कुछ उसी रूप में देखने को मिलता है जैसा कि वह

सैकड़ों वर्ष पूर्व था। यह सच है कि ग्रामीण जीवन में भी परिवर्तन की नवीन प्रक्रियाएं उत्पंन हुई है लेकिन अन्य समुदायों की तुलना में उनके प्रभाव की सीमा बहुत कम है।

(ज) श्रम के विशेषीकरण का अभाव (Lack of Specialization of Labour)—ग्रामीण समुदाय में व्यक्ति किसी भी कार्य में विशेष रूप से प्रशिक्षित नहीं होते। उनको अपने जीवन से संबंधित लगभग सभी कार्यों का सामान्य ज्ञान अवश्य होता है। उदाहरण के लिये ग्रामीण समुदाय में एक व्यक्ति फसल बोना, हल चलाना, सिंचाई करना, फसल को बाजार में बेचना,खाद बनाना, हल और बैलगाड़ी की मरम्मत करना इत्यदि सभी कार्य स्वयं ही कर लेता है। स्त्रियां अपने बच्चों का पालन पोषण एवं परिवार को व्यवस्थित रखने के अतिरिक्त कृषि कार्य में भी सहयोग देती है। नगरीकरण के प्रभाव से आज गांवों में भी श्रम विभाजन और विशेषीकरण की प्रवृत्ति बढ़ रही है लेकिन भारतीय गांवों में श्रम के विशेषीकरण का आज भी काफी अभाव है।

(झ) साधारण जीवन (Simple Living)—ग्रामीण जीवन की यह एक सामान्य किन्तु महत्वपूर्ण विशेषता है। सभी विद्वान यह स्वीकार करते है कि कृषि किसी भी देश की संपूर्ण अर्थ व्यवस्था का आधार है लेकिन इस वास्तविकता के पश्चात भी ग्रामीणों में अभी मार्क्स के अतिरिक्त मूल्य के सिद्धांत से प्रभावित किसी विचारधारा का विकास नहीं हुआ है। कठिन परिश्रम के पश्चात भी अभावग्रस्त एवं साधारण जीवन व्यतीत करना ग्रामीण समुदाय की महत्वपूर्ण विशेषता है। कृत्रिमता की कमी तथा साधारण जीवन के कारण नगरीय प्रवृतियों से प्रभावित व्यक्ति ग्रामीण समुदाय को अक्सर पिछड़ा हुआ मान लेते हैं लेकिन यह विशेषता ग्रामीण समुदाय का पिछड़ापन न होकर उनकी सामाजिक एवं सांस्कृतिक विरासत का अंग है।

(ट) सामाजिक जीवन में समरूपता (Homogeneity in Social Life)—ग्रामीण समुदाय विभिन्नता युक्त समाज नहीं है बल्कि ग्रामीणों के जीवन में सामाजिक समरूपता का दर्शन होता है। इसका तात्पर्य है कि एक गांव में भले ही अनेक धर्मों एवं जातियों के व्यक्ति साथ-साथ रहते हों लेकिन उनकी प्रथाओं, उत्सवों, मनोवृत्तियों एवं कार्य के ढंगों में कोई भिन्नता देखने को नहीं मिलती। समरूपता की यह स्थिति ग्रामीणों में दृढ़ सामुदायिकता की भावना को विकसित करती है तथा इसी विशेषता के आधार पर हम ग्रामीण समुदाय को जीवन की एक सामान्य विधि के रूप में स्पष्ट करते हैं।

(ठ) गतिशीलता का अभाव (Lack of Mobility)—ग्रामीण समुदाय में स्थानीय एवं सामाजिक गतिशीलता का आज भी अभाव है। अपने गांव से दूर जाकर अधिक लाभ होने की आशा के बाद भी ग्रामीण साधारणतया अपने गांवों को छोड़ना नहीं चाहते। सामाजिक क्षेत्र में वे परिवर्तनों के प्रति शंकालु ही नहीं होते बल्कि परिवर्तन को अक्सर धर्म विरोधी भी मानते हैं। परंपरा को व्यवहारों का आधार मानना ग्रामीण मनोवृत्ति का महत्वपूर्ण अंग है। गांवों में विभिन्न समूहों की स्थिति में भी साधारणतया इसीलिए कुछ परिवर्तन नहीं होता कि सामाजिक गतिशीलता को ग्रामों में कोई महत्व नहीं दिया जाता।

(ड) जाति-प्रथा की निरंतरता (Continuity of Caste System)—भारतीय ग्रामीण समुदाय में आज भी सामाजिक संस्तरण तथा सामाजिक संपर्क का आधार मुख्य रूप से जातिप्रथा है। गांवों में आज भी जाति के आधार पर विवाह का निर्धारण होता है, खान-पान के संबंध प्रभावित होते हैं, व्यवसाय के रूप को निर्धारित किया जाता है तथा जाति के नियमों की अवहेलना करने पर व्यक्तियों को दण्ड दिया जाता है। एक औपचारिक संगठन के रूप में आज जाति पंचायतों की संरचना टूट रही है लेकिन अनौपचारिक रूप से जाति पंचायतें आज भी विद्यमान हैं तथा यह पंचायतें जाति के नियमों का उल्लंघन करने पर सदस्यों को सामाजिक बहिष्कार, जाति भोज अथवा प्रायश्चित आदि के रूप में दण्ड देती है। जाति प्रथा के प्रभाव के कारण ही बहुत से गांवों में आज भी अस्पृश्यता बनी हुई है और अस्पृश्य जातियों की स्थिति में वांछित सुधार नहीं हो सका है।

(ढ) जजमानी प्रथा का प्रचलन (Observance of Jajmani System) —ग्रामों में विभिन्न जातियों के बीच पारस्परिक संबंधों का निर्धारण करने में जजमानी प्रथा का महत्वपूर्ण योगदान है। विवाह, जन्म, मृत्यु तथा अनेक अन्य उत्सवों एवं त्यौहारों के अवसर पर ब्राह्मण, नाई, धोबी, माली, तेली, जुलाहा आदि जातियों की सेवाओं का समन्वित रूप गांवों में आज भी देखने को मिलता है। विभिन्न जातियों को अपनी परंपरागत सेवाओं के बदले मुद्रा के स्थान पर खाद्यान्न, भोजन और वस्त्र देने की प्रथा आज भी प्रचलित है। यद्यपि कुछ व्यक्ति समकालीन ग्रामीण समुदाय में जजमानी प्रथा को अनुपयुक्त समझते हैं लेकिन भारत जैसे निर्धन ग्रामीण समुदाय के लिए आज भी यह प्रथा उपयोगी बनी हुई है।

(त) जनमत की प्रधानता (Effectiveness of Public Opinion)—ग्रामीण समुदाय में व्यक्तिगत विचारों की अपेक्षा समूह के विचारों का महत्व कहीं अधिक है। व्यक्ति के व्यवहारों का निर्धारण अपनी इच्छा से न होकर संपूर्ण ग्रामीण समुदाय की इच्छा एवं अकांक्षाओं से प्रभावित होता है। व्यक्ति के लिये इस

तथ्य का महत्व कहीं अधिक है कि उसके बारे में गांव के अन्य व्यक्ति कैसा सोचते हैं और उनसे किन कार्यों के करने की आशा रखते हैं। पंच परमेश्वर की धारणा अप्रत्यक्ष रूप से आज भी महत्वपूर्ण बनी हुई है। गांवों में जनमत एक ऐसी शक्ति है जिसके द्वारा व्यक्ति की प्रतिष्ठा का निर्धारण होता है तथा प्रत्येक व्यक्ति के व्यवहारों पर अनौपचारिक रूप से नियंत्रण रखा जाता है। यह स्थिति ग्रामीण समुदाय को नगरीय जीवन से पूर्णतया पृथक कर देती है।

(थ) अशिक्षा तथा भाग्यवादिता (Illiteracy and Fatalism)—गांवों की अधिकतर जनता आज भी अशिक्षित है। वास्तव में ग्रामीण समुदाय में कृषि व्यवसाय की प्रकृति स्वयं इस प्रकार की है कि यहां शिक्षा को न तो अनिवार्य समझा जाता है और न ही सभी के पास शिक्षा प्राप्त करने के समुचित साधन हैं। इसके परिणामस्वरूप ग्रामीण व्यवहारों एवं सोच पर भाग्यवाद का स्पष्ट प्रभाव देखने को मिलता है। यहां बच्चों के जन्म, फसल की स्थिति बीमारियों तथा आकस्मिक आपदाओं का कारण व्यक्ति का भाग्य समझा जाता है। यह सच है कि भारत में सभी वर्गों को कर्म की धारणा ने किसी न किसी रूप में अवश्य प्रभावित किया है लेकिन ग्रामीण समुदाय में कर्म फल की धारणा, स्वर्ग और नरक तथा ईश्वरीय न्याय की धारणाएं जितनी अधिक प्रबल है वैसी अन्य किसी समुदाय में देखने को नहीं मिलती। यही कारण है कि किसी भी ग्रामीण समस्या के निवारण के लिए प्रयत्नों और संघर्ष की अपेक्षा आत्मसमर्पण को अधिक महत्व दिया जाता है।

नगरीय समुदाय : अर्थ तथा प्रकृति (Urban Community: Meaning and Nature)

ग्रामीण समुदाय का तुलनात्मक आधार पर अध्ययन करने के लिए यह जरूरी है कि नगरीय समुदाय की प्रकृति को भी स्पष्ट किया जाये जिससे समाजिक जीवन के दोनों महत्वपूर्ण पक्षों को समझकर उनकी पारस्परिक तुलना की जा सके।

नगर का अर्थ (Meaning of City)—सामान्यत: नगर का तात्पर्य एक ऐसे विस्तृत तथा औपचारिक समुदाय से है जिसका निर्धारण एक विशेष क्षेत्र में रहने वाले व्यक्तियों के जीवन स्तर तथा उनकी नगरीय मनोवृत्ति के आधार पर होता है। अनेक विद्वानों ने जनसंख्या के आधार पर ही नगर की प्रकृति को स्पष्ट किया है। **विलकॉक्स** (Willcox) ने नगर को परिभाषित करते हुए लिखा है कि नगर का तात्पर्य उन सभी क्षेत्रों से है जहां प्रति वर्ग मील में जनसंख्या का घनत्व एक हजार व्यक्तियों से अधिक हो तथा वहां व्यावहारिक रूप से कृषि न की जाती हो। **किंग्सले डेविस** (Kingsley Davis) का कथन है कि नगर के निर्धारण में जनसंख्या के घनत्व को एकमात्र महत्वपूर्ण तत्व नहीं माना जा सकता क्योंकि नगर कुछ विशेष प्रकार के सामाजिक तत्वों से बनता है। किसी स्थान पर जनसंख्या का घनत्व चाहे हजार से अधिक हो अथवा कम यदि वहां पर नगरीय दशाएं अथवा नगरीय मनोवृत्तियां विद्यमान हों तो उस स्थान को नगर कहा जायेगा। **डेविस** ने भारत का उदाहरण देते हुए बताया है कि यहां बहुत से गांवों में जनसंख्या का घनत्व इतना अधिक है कि यह अनेक नगरों के घनत्व से भी अधिक है लेकिन फिर भी इन गांवों को नगर नहीं कहा जा सकता। इस प्रकार यह स्पष्ट होता है कि केवल जनसंख्या का आधार ही नगर के निर्धारण में महत्वपूर्ण नहीं है। वास्तविकता यह है कि नगर जीवन की एक विशेष विधि है जिसमें औपचारिकता तथा व्यक्तिवादिता का प्रमुख महत्व होता है।

वास्तव में नगर जैसे जटिल और परिवर्तनशील समुदाय को किसी एक परिभाषा के द्वारा स्पष्ट नही किया जा सकता। अध्ययन की सरलता के लिए यह कहा जा सकता है कि नगर सामाजिक आर्थिक और राजनैतिक विभिन्नताओं से युक्त वह वृहत समुदाय है जहाँ कृत्रिमता, व्यक्तिवादिता, प्रतिस्पर्द्धा और घनी जनसंख्या के कारण नियंत्रण के औपचारिक साधनों के द्वारा सामाजिक संगठन की स्थापना की जाती है। इस प्रकार स्पष्ट होता है कि नगर एक भिन्न पर्यावरण से प्रभावित जीवन निर्वाह का विशेष ढंग है।

नगरीय जीवन की विशेषताएं (Characteristics of Urban Life)—अनेक विद्वानों ने सामाजिक संरचना, आर्थिक क्रियाओं की प्रकृति तथा सामाजिक प्रक्रियाओं के आधार पर नगरीय जीवन की अनेक विशेषताओं का उल्लेख किया है।

(क) जनसंख्या की अधिकता (Large Population)—नगरीय समुदाय की प्रमुख विशेषता इनका बड़ा आकार और घनी जनसंख्या का होना है। भारत में कोलकाता, मुम्बई, दिल्ली, चेन्नई, बंगलूर, हैदराबाद, अहमदाबाद, कानपुर, पूना, नागपुर, लखनऊ तथा जयपुर ऐसे नगर हैं जिनमें से प्रत्येक की जनसंख्या 10 लाख से अधिक है। इन 12 नगरों में भारत की कुल नगरीय जनसंख्या का 44.56 प्रतिशत भाग निवास करता है। इससे नगरों के बड़े आकार एवं जनसंख्या की अधिकता का अनुमान लगाया जा सकता है।

(ख) जनसंख्या की विविधता (Heterogeneity of Population)—नगर केवल आकार में ही बड़े नहीं होते बल्कि उनकी जनसंख्या में विभिन्न धर्मों, जातियों, मनोवृत्तियों, व्यवसायों और विभिन्न जीवन स्तर के व्यक्ति साथ-साथ रहते है। उनकी वेश-भूषा, संस्कृति तथा सामाजिक मूल्यों में अत्यधिक भिन्नता

होती है। इसके फलस्वरूप नगर न केवल एक भिन्नतायुक्त समाज है बल्कि इसमें सभी व्यक्तियों को अपनी रुचि के अनुकूल पर्यावरण प्राप्त होने की संभावना बनी रहती है।

(ग) अर्थव्यवस्था के केन्द्र (Centre of Economy)—नगरों का विकास मूल रूप से आर्थिक जीवन की सफलता के आधार पर हुआ है और आज भी नगरीय समुदाय आर्थिक क्रियाओं के केन्द्र बने हुए हैं। बड़ी मात्रा में उत्पादन , श्रम विभाजन एवं विशेषीकरण इन आर्थिक क्रियाओं के मुख्य आधार है।

(घ) आर्थिक वर्ग विभाजन (Division in Economic Classess)—नगरीय समुदाय में यद्यपि व्यक्ति की जाति, धर्म, मनोवृत्ति अथवा व्यवसाय को कोई महत्व नहीं दिया जाता लेकिन आर्थिक आधार पर संपूर्ण जनसंख्या एक दूसरे से भिन्न अनेक आर्थिक वर्गों में विभाजित होती है। यहां केवल पूंजीपति और श्रमिक वर्ग के बीच ही व्यापक आर्थिक भिन्नता नहीं होती बल्कि मध्यम वर्ग सबसे अधिक विषम परिस्थितियों में जीवन यापन कर रहा होता है। इन सभी आर्थिक वर्गों के बीच अक्सर निहित अथवा प्रकट संघर्ष बना रहता है जिससे नगरों की प्रकृति पूर्णतया औपचारिक बन गई है।

(च) स्थानीय पृथक्करण (Spatial Separazation)—नगरीय समुदाय में श्रम विभाजन, विशेषीकरण तथा विभिन्न आर्थिक वर्गों के कारण स्थानीय पृथक्करण की प्रक्रिया एक अनिवार्य विशेषता बन चुकी है। इस पृथक्करण को देखते हुए समाजशास्त्र में एक क्षेत्रीय संप्रदाय का भी विकास हुआ है जिसके द्वारा यह स्पष्ट रूप से ज्ञात किया जा सकता है कि नगर के किस भाग में कारखाने, कार्यालय, व्यापारिक संस्थान अथवा मनोरंजन के स्थान होंगे तथा किन क्षेत्रों में किस वर्ग के व्यक्ति निवास करेंगे। इसका तात्पर्य है कि क्षेत्रीय आधार पर भी नगर एक विशेषीकृत समुदाय है।

(छ) द्वितीयक संबंधों की प्रधानता (Dominance of Secondary Relationship)—नगर में जनसंख्या की विभिन्नता तथा औपचारिक संबंधों के परिणामस्वरूप सभी व्यक्ति दूसरे व्यक्तियों से द्वितीयक संबंधों से बंधे होते हैं। अधिकांश व्यक्ति अपना स्वार्थ पूरा करने और लाभ की भावना से ही दूसरे व्यक्तियों से संबंध स्थापित करते हैं। इसके परिणामस्वरूप नगरों में नियंत्रण के द्वैतीयक साधनों, जैसे कानून, पुलिस तथा न्यायालय के द्वारा औपचारिक नियंत्रण स्थापित किया जाता है।

(ज) व्यक्तिवादिता तथा प्रतिस्पर्धा (Individualism and Competition)—**डेविस** का कथन है कि नगरीय समुदाय में व्यक्तिवादिता एक प्रमुख तत्व है। नगरों में व्यक्तिवादिता इस सीमा तक पायी जाती है कि व्यक्ति प्रत्येक क्षेत्र में साधन संपन्नता और धन के संग्रह को ही जीवन का अंतिम लक्ष्य मानता है। इस मनोवृत्ति के फलस्वरूप प्रतिस्पर्धा नगरीय समुदाय की स्थाई विशेषता बन गई है। यह व्यक्तिवादिता एवं प्रतिस्पर्द्धा आर्थिक और राजनैतिक क्षेत्र तक सीमित न रहकर सांस्कृतिक एवं पारिवारिक जीवन में भी व्याप्त हो गई है।

(झ) सामाजिक गतिशीलता (Social Mobility)—नगरीय समुदायों में स्थानीय गतिशीलता का ही आधिक्य नहीं होता बल्कि सामाजिक गतिशीलता भी अपनी चरम सीमा पर होता है। इसका तात्पर्य है कि व्यक्ति की योग्यता कुशलता एवं संपन्नता के आधार पर उसके जीवन में ही अनेक बार समाज में उसकी स्थिति ऊची अथवा नीची होती रहती है। यह स्थिति अक्सर व्यक्ति के सामजिक जीवन को अत्यधिक असुरक्षित बना देती है।

(ट) हित प्रधान सहनशील (Interest Oriented Tolerance)—**डेविस** ने नगरीय समुदाय की विशेषताओं के अंतर्गत वैयक्तिक हितों से प्रभावित सहनशीलता को एक महत्वपूर्ण तत्व माना है। वास्तव में, नगरवासियों में सहनशीलता एक आंतरिक गुण नहीं होता बल्कि अपने हितों की पूर्ति के लिए इच्छा न होते हुए भी उनको ऐसा प्रदर्शित करना पड़ता है। नगर के निवासियों में ऐसी प्रत्येक स्थिति तथा व्यवहारों को सहन करने की क्षमता होती है जो अरुचिकर तो होती है लेकिन जिससे उनके हितों के पूरा होने की संभावना रहती है। यही कारण है कि यहा प्रत्येक व्यक्ति बाह्य रूप से स्वयं को अत्यधिक नम्र, मृदुभाषी और सज्जन दिखाने का प्रयत्न करता है, भले ही यह गुण उसके व्यक्तित्व के वास्तविक अंग न हों।

(ठ) तर्क प्रधान जीवन (Rationalistic Attitude)—नगर शिक्षा के केन्द्र है। शिक्षा के प्रभाव से यहां अंधविश्वासों और रूढ़ियो का प्रभाव न्यूनतम होता है। तर्क प्रधान क्रियाएं अथवा विवेक नगरीय जीवन विधी के महत्वपूर्ण अंग है। इसका तात्पर्य है कि साधारणतया व्यक्ति ऐसे किसी भी तथ्य पर विश्वास नहीं करता जिसे तर्क के द्वारा प्रमाणित न किया जा सकता हो। परंपराओं के प्रति उदासीनता और नवीनता के प्रति प्रेम नगर की स्थायी विशेषता है।

(ड) सामाजिक समस्याओं के केन्द्र (Centres of Social Problems)—आज विभिन्न समाज जिन प्रमुख समस्याओं का सामना कर रहे हैं नगर उन सभी समस्याओं के केन्द्र स्थान है। विशेष रूप से अपराध,श्वेतवसन अपराध,भ्रष्टाचार वर्ग संघर्ष मद्यपान, भिक्षावृति, वेश्यावृत्ति, युवातनाव, बेकारी, बीमारी, निर्धनता, नैतिकता का पतन तथा पारिवारिक विघटन आदि इसी प्रकार की समस्याएं हैं। आज नगरीय समुदायों के आकार तथा जनसंख्या की विभिन्नता में जैसे-जैसे वृद्धि हो रही है ये समस्याएं पहले की अपेक्षा और अधिक गंभीर होती जा रही है।

ग्रामीण एवं नगरीय जीवन में अंतर (Differences between Urban and Rural Life)

प्रो. ए.आर. देसाई ने ग्रामीण जीवन एवं नगरीय जीवन का भेद करते हुए लिखा है, ''देहात अथवा गांव में सामाजिक जीवन ग्रामीण पर्यावरण में उसी प्रकार प्रवाहित तथा विकसित होता है जिस प्रकार नगरीय क्षेत्र में सामाजिक जीवन नगरीय पर्यावरण में प्रवाहित तथा विकसित होता है । उनके विशिष्ट पर्यावरण ही ग्रामीण तथा नगरीय सामाजिक जीवन को बहुत कुछ निर्धारित करते हैं।

अत: ग्रामीण सामाजिक जीवन के विशिष्ट लक्षणों को समुचित रूप से समझने के लिए यह आवश्यक है कि ग्रामीण संरचना की प्रमुख बातों को सही तरीके से समझ लिया जाये। ऐसा अध्ययन करना ग्रामीण समाजशास्त्री का प्रथम कार्य है और इस कार्य की पूर्ति ग्रामीण तथा नगरीय पर्यावरण के विशिष्ट लक्षणों के तुलनात्मक अध्ययन से ही हो सकती है। ग्रामीण तथा नगरीय पर्यावरण की प्रमुख बातों की तुलना की संक्षिप्त रूप रेखा यह बतलाती है कि किस प्रकार ग्रामीण तथा नगरीय समाजों की विभिन्न संरचना तथा जीवन प्रक्रिया अधिकांशत:उनके विभिन्न पर्यावरण का परिणाम है।''

ग्रामीण और नगरीय जीवन के अन्तर के मानकों को स्पष्ट करते हुए **प्रो. देसाई** लिखते हैं कि ''ग्रामीण तथा नगरीय सामाजिक जगत के मध्य भेद प्रदर्शन के लिए प्रख्यात समाजशास्त्रियों ने अनेक प्रमुख मानक निर्धारित किये हैं जैसे जनसमूह की सामाजिक रचना, सांस्कृतिक विरासत, भौतिक संपत्ति की विशालता, जन समूह का सामाजिक स्तरीकरण, सामाजिक संरचना तथा सामाजिक जीवन की जटिलता की मात्रा, सामाजिक संपर्क की गहनता एवं विविधता आदि। उन्होंने अन्तिम रूप में ग्रामीण तथा नगरीय दोनों प्रकार के सामाजिक स्वरूपों के प्रमुख भेदों तथा विषमताओं का पता उनके पर्यावरण के मौलिक भेदों के आधार पर ढूंढने का प्रयत्न किया है।

ग्रामीण सामाजिक जगत का नगरीय सामाजिक जगत से भेद प्रदर्शन करने के लिये निम्नलिखित अत्यंत महत्वपूर्ण मानक है:-

1. व्यवसाय संबंधी भेद
2. पर्यावरण संबंधी भेद
3. समुदायों के आकार संबंधी भेद
4. जनसंख्या के घनत्व संबंधी भेद
5. जनसंख्या की सजातीयता तथा विजातीयता संबंधी भेद
6. सामाजिक गतिशीलता संबंधी भेद
7. प्रव्रजन संबंधी भेद
8. सामाजिक विभेदीकरण तथा स्तरीकरण संबंधी भेद
9. सामाजिक अंत:क्रिया की पद्धति में भेद

प्रो.पी.ए.सोरोकिन तथा **सी.सी.जिमरमेन** के 'ग्रामीण एवं नगरीय समाजशास्त्र के सिद्धांत' नामक सुप्रसिद्ध ग्रन्थ (पृ.सं. 56-57) से उद्धत निम्न-तालिका द्वारा ग्रामीण एवं नगरीय जगत के मध्य जो सुनिश्चित भेद है वह पूर्णतया स्पष्ट हो जाता है—

(क) सामाजिक आधार पर भेद (Contrast in Social Life)—सामाजिक जीवन का निर्माण मुख्य रूप से सामाजिक स्तरीकरण गतिशीलता, सामाजिक संगठन, सामाजिक संबधों के स्वरूप तथा सामुदायिकता की भावना के आधार पर होता है। इन सभी विशेषताओं के आधार पर ग्रामीण तथा नगरीय समुदायों के बीच एक स्पष्ट भेद किया जा सकता है।

सामाजिक स्तरीकरण (Social Classification)—इसके द्वारा समुदाय के सदस्यों को एक दूसरे से भिन्न सामाजिक स्थिति प्राप्त होती है। ग्रामीण समुदाय में आर्थिक आधार पर सामाजिक दूरी अथवा ऊंच नीच की भावना अधिक विकसित नहीं होती जबकि नगरीय समुदाय में सामाजिक स्तरीकरण का प्रमुख आधार ही व्यक्ति की आर्थिक स्थिति है। **चितांबर** का कथन है कि ''नगरों में धनी एवं निर्धन तथा महलों और गन्दी बस्तियों के बीच व्यापक दूरी पाई जाती है। इसके विपरीत ग्रामीण समुदाय में धनी और निर्धन के बीच दूरी बहुत कम स्पष्ट होती है।'' **बोगार्डस** ने भी स्पष्ट किया है कि अत्यधिक व्यापक वर्ग असमानताएं नगरों का ही लक्षण है।

सामाजिक गतिशीलता (Social Mobility) का रूप नगरीय और ग्रामीण समुदायों में एक दूसरे से अत्यधिक भिन्न है। ग्रामीण जीवन बहुत स्थिर है जबकि नगरीय जीवन गतिशीलता प्रधान होता है। इस संदर्भ में **सोरोकिन** तथा **जिमरमैन** का कथन है कि ''ग्रामीण समुदाय एक घड़े में भरे हुए शान्त जल के समान है जबकि नगरीय समुदाय केतली में उबलते हुए पानी की तरह है एक का विशेष लक्षण स्थायित्व है जबकि दूसरे की विशेषता गतिशीलता।'' इसका कारण यह है कि नगरीय जीवन में व्यवसायिक अवसरों की अधिकता होने के कारण व्यक्ति शीघ्रता से स्थान परिवर्तन करता रहता है।

(ख) विशेषज्ञता के आधार पर भेद (Contrast on the basis of Specialisation)—ग्रामीण समुदाय में जीवन का कोई भी क्षेत्र विशेषीकृत नहीं होता। एक व्यक्ति अपने जीवन से सम्बन्धित सभी आवश्यकताओं के बारे में थोड़ा-बहुत ज्ञान अवश्य रखता है। इस दृष्टिकोण से ग्रामीण समुदाय का जीवन एक सामान्य जीवन है। नगरीय समुदाय में विशेषीकरण अपनी चरम सीमा पर होता है। आर्थिक क्षेत्र में जैसे-जैसे प्रतिस्पर्धा बढ़ती जाती है प्रत्येक व्यक्ति

उपरोक्त सभी आधार बहुत महत्वपूर्ण हैं। इनके अतिरिक्त कुछ विशेष आधार भी हैं जिनसे ग्रामीण और नगरीय जीवन को और अधिक स्पष्ट रूप से समझा जा सकता है।

मानक	*ग्रामीण जगत*	*नगरीय जगत*
1. व्यवसाय	कृषकों तथा उनके परिवारों की संपूर्णता। इस समुदाय में प्राय: कृषि के अतिरिक्त अन्य बहुत से पेशों के भी कुछ प्रतिनिधि होते हैं।	मुख्य रूप से उत्पादन, यांत्रिक कार्यों, वाणिज्य, व्यापार, व्यवसाय तथा कृषि के अतिरिक्त अन्य कार्यों में लगे हुए लोगों की संपूर्णता।
2. पर्यावरण	मानवीय एवं सामाजिक पर्यावरण पर प्रकृति का प्रभावाधिक्य प्रकृति से प्रत्यक्ष संबंध	प्रकृति से अधिकाधिक पृथक मानव निर्मित पर्यावरण का प्राकृतिक पर्यावरण पर प्रभुत्व अपर्याप्त सहायता पत्थर व लोहा
3. समुदाय का आकार	खुले खेत अथवा लप्पु समुदाय। 'कृषिवाद' तथा समुदाय के आकार में नकारात्मक पारस्परिक संबंध का होना।	नियमानुसार एक ही देश और काल में नगरीय समुदाय के आकार का ग्रामीण समुदाय से विस्तृत होना। दूसरे शब्दों में 'नगरीयता' तथा समुदाय के आकार में सकारात्मक पारस्परिक संबंध का होना।
4. जनसंख्या का घनत्व	एक ही देश वक काल में नगरीय समुदाय की अपेक्षा जनसंख्या का कम घनत्व। सामान्यत: जनसंख्या के घनत्व तथा 'ग्रामीणता' में नकारात्मक सहसंबंध होता है।	ग्रामीण समुदाय की अपेक्षा जनसंख्या का अधिक घनत्व, नगरीयता तथा जनसंख्या के घनत्व में सकारात्मक सहसंबंध होता है।
5. जनसंख्या की सजातियता तथा विजातीयता	नगरीय जनता की अपेक्षा ग्रामीण समुदाय में प्रजातिगत तथा मनोवैज्ञानिक सजातीयता अधिक होती है (विजातीयता से नकारात्मक पारस्परिक संबंध)।	एक ही देश व काल में ग्रामीण समुदाय की अपेक्षा अत्यधिक विजातीयता का होना, नगरीयता तथा विजातीयता से सकारात्मक पारस्परिक सहसंबंध।
6. सामाजिक विभेदीकरण तथा स्तरीकरण	नगरीय समुदाय की अपेक्षा ग्रामीण समुदाय में कम विभेदीकरण तथा स्तरीकरण का होना।	विभेदीकरण तथा स्तरीकरण का 'नगरीयता' से सकारातमक परस्पर संबंध का प्रकट होना।
7. गतिशीलता व प्रवजन	ग्रामीण समुदाय में प्रादेशिक व्यवसाय संबंधी तथा अन्य प्रकार की सामाजिक गतिशीलता नगरीय समुदाय की अपेक्षा कम तीव्र होती है। साधारणतया प्रवजनधारा ग्राम से नगर की ओर होती है।	नगरीय समुदाय में अत्यधिक तीव्र गतिशीलता नगरीयता तथा गतिशीलता में सकारात्मक परस्पर संबंध का होना, केवल सामजिक विपत्ति के समय ग्राम से नगर की अपेक्षा नगर से ग्राम की ओर प्रवजन अधिक होता है।
8. सामाजिक अन्त:क्रिया पद्धति	ग्रामीण समुदाय में नगरीय समुदाय की अपेक्षा प्रति व्यक्ति अत्यल्प संख्यक संपर्क। सदस्यों तथा समष्टि समस्त समुदाय की अंत:क्रिया पद्धति का अत्यधिक संकुचित क्षेत्र प्रमुख माग प्राथमिक संपर्क द्वारा परस्पर संबंध। व्यक्तिगत तथा अपेक्षाकृत स्थायी संबंधो का प्रभुत्व संबंधों में सोपेक्षिक सरलता तथा निष्कपटता का भाव। ''मनुष्य से मानव प्राणी के रूप में अंत:क्रिया का होना''।	नगरीय समुदाय में प्रति व्यक्ति बहुसंख्यक संपर्क। प्रति-व्यक्ति तथा समष्टि की अंत:क्रिया व्यवस्था का अत्यधिक विस्तृत क्षेत्र, द्वैतीयक संपर्कों का प्रभुत्व संयोगजनित अव्यक्तिगत तथा अस्थायी संबंधों का आधिक्य संबंधों में अधिकाधिक जटिलता, बहुलता, छिछलापन तथा प्रमाणीकृत औपचारिकता। ''मनुष्य से संख्यात्मक तथा संदेशात्मक रूप में अंत:क्रिया का होना।''

एक विशेष क्षेत्र में विशेष कुशलता अर्जित करने का प्रयत्न करता है। केवल आर्थिक क्षेत्र में ही नहीं नगरीय समुदाय की भौतिक संरचना में भी एक विशेषीकरण होता है। इसका तात्पर्य है कि यहां विभिन्न व्यवसायों तथा विभिन्न स्थिति समूहों के स्थानीय क्षेत्र भी एक दूसरे से पृथक है। यह विशेषीकरण का चरम रूप है जिसे अनेक समाजशास्त्रियों ने ''क्षेत्रीय सिद्धांत'' के रूप में स्पष्ट किया है। नगरों के केन्द्र भाग में फुटकर व्यापारिक संस्थान होते हैं तथा अन्य दिशाओं में थोक विक्रय केन्द्र होते हैं। यहां तक कि निम्न वर्ग तथा उच्च वर्ग के व्याक्तियों के निवास क्षेत्र भी एक दूसरे से पृथक होते हैं।

(ग) प्रवृत्ति के आधार पर भेद (Contrast on the Basis of Attitude)—अनेक विद्वानों ने सामाजिक प्रवृत्तियों को आधार मानते हुए नगरीय तथा ग्रामीण समुदाय के भेद को स्पष्ट किया है। ग्रामीण समुदाय में सामूहिकता की भावना अत्यधिक प्रबल होती है। यहां व्यक्ति प्रथाओं और परंपराओं में दृढ़ आस्था रखता है। धर्म और संस्कार उनके सामान्य जीवन के प्रमुख अंग है तथा सहनशीलाता, पारस्परिक सहायता और जातीयता उनकी प्रमुख मानसिक विशेषताएं हैं। ग्रामीण समुदाय में जीवन के प्रति व्यक्तियों का दृष्टिकोण कम संदेहपूर्ण और कम आलोचनात्मक होता है। तर्क एवं बुद्धि के स्थान पर अधिकांश व्यवहारों की व्याख्या भाग्य के संदर्भ में की जाती है तथा प्रत्येक व्यक्ति अपने गांव को एक प्राथमिक समूह के रूप में देखता है। इन विशेषताओं के विपरीत नगरीय समुदाय में व्यक्ति की प्रवृत्तियों पर व्यक्तिवादिता का सर्वाधिक प्रभाव देखने को मिलता है। नगरों में धर्म, परंपरा तथा प्रथा को रूढ़िवादिता माना जाता है तथा परिवर्तन को प्रगति के रूप में मान्यता दी जाती है। यहां व्यक्ति की मनोवृतियां साधारणतया शंकालु एवं आलोचनात्मक होती है। प्रतियोगिता के कारण उद्वेगपूर्ण, बनावटी और संघर्षयुक्त संबंधों को प्रोत्साहन मिलता है।

(घ) आर्थिक आधार पर भेद (Contrast on Economic Basis)—ग्रामीण तथा नगरीय समुदाय में विभिन्न पेशों, जीवन स्तर, उपभोग की प्रकृति तथा वर्ग संरचना के दृष्टिकोण से भी एक स्पष्ट भिन्नता मौजूद है। ग्रामीण समुदाय में कृषि और कुटीर उद्योग ही आजीविका के स्रोत्र हैं जबकि नगरीय समुदाय में हजारों व्यवसायों में से किसी भी व्यवसाय के द्वारा व्यक्ति आजीविका उपार्जित कर सकता है। ग्रामीण जीवन स्तर सरल है जिसमें कोई निश्चित आर्थिक संस्तरण देखने को नहीं मिलता है। दूसरी ओर नगरों में जीवन स्तर से संबंधित व्यापक असमानता देखने को मिलती है। एक ओर पूंजीपतियों का पाखण्डपूर्ण और सम्पन्न जीवन है तो दूसरी ओर यहां ऐसे व्यक्ति भी निवास करते हैं जिन्हें एक समय भरपेट भोजन नहीं मिलता ग्रामीण समुदाय में उत्पादन केवल उतना ही होता है जो उपभोग के लिए पर्याप्त हो सके जबकि नगरीय समुदाय में संपत्ति का संचय करना व्यक्ति का सर्वोच्च लक्ष्य होता है।

नगरीय और ग्रामीण समुदाय का समाजशास्त्रीय महत्व: (Sociological Importance of Rural & Urban Communities)—नगरीय और ग्रामीण समुदाय की पारस्परिक निर्भरता इस बात से और स्पष्ट हो जाती है कि यह दोनों अपने अपने क्षेत्र में समान रूप से महत्वपूर्ण है। **मैकाइवर** ने उचित ही कहा है ''यदि अपनी जनसंख्या के लिये नगर गांव पर आधारित है तो यह भी सच नहीं है कि नगर से प्राप्त आर्थिक अवसरों के बिना गांव न तो अपनी उत्पादनशीलता बनाये रख सकते हैं और न ही आर्थिक साधनों के अभाव को दूर कर सकते हैं।'' वर्तमान विवेचन में हम नगरीय व ग्रामीण समुदाय के पृथक-पृथक महत्व को स्पष्ट करके इनकी पारस्परिक निर्भरता को स्पष्ट करेंगे।

ग्रामीण समुदाय का महत्व (Importance of Rural Community)—वर्तमान जीवन में ग्रामीण समुदाय की स्थिति कितनी भी शोचनीय क्यों न हो गई हो लेकिन हमें यह सदैव ध्यान रखना होगा कि हम अतीत अथवा वर्तमान के समाज को तब तक नहीं समझ सकते, जब तक की संपूर्ण मानव इतिहास में ग्रामीण जीवन के योग को न समझ लें। इस दृष्टिकोण से निम्नांकित क्षेत्रों में ग्रामीण समुदाय के आधारभूत महत्व को स्पष्ट किया जा सकता है:-

(क) अधिकतर देशों में आबादी का बड़ा भाग गांवों में ही निवास करता है इसलिए ग्रामीण समुदाय का जीवन स्तर ही उस देश का जीवन स्तर होता है और वहां की प्रगतिवादिता ही संपूर्ण राष्ट्र की प्रगति बन जाती है। भारत में जहां जनसंख्या का 78 प्रतिशत भाग गांवों मे निवास करता है इस स्थिति को अच्छी तरह समझा जा सकता है।

(ख) सभी आर्थिक क्रियाएं प्राथमिक रूप से कच्चे माल के उत्पादन पर ही निर्भर हैं। यदि कपास, जूट, गन्ना और तिलहन जैसी व्यापारिक फसलों का उत्पादन गांवों में रुक जाए तो नगरीय आर्थिक संरचना अपने आप टूट जायेगी। ऐश्वर्य में रहने वाले नगरवासी इसलिए सारी सुविधाएं प्रास कर लेते हैं कि उनके लिये करोड़ों व्यक्ति धूप और वर्षा में हल चलाते रहते हैं। ग्रामीण जीवन वास्तव में श्रम की सच्ची अभिव्यक्ति है।

(ग) किसी भी समाज की संस्कृति ग्रामीण समुदाय में परिपक्व होती है और गांव के निवासियों द्वारा ही उसे स्थिरता प्रास होती है। ग्रामीण अपनी परंपराओं, प्रथाओं और लोकाचारों में विश्वास करते

हैं और आगे आने वाली पीढ़ियों को ये सांस्कृतिक विशेषताएं बिल्कुल विशुद्ध रूप में हस्तांतरित कर देते हैं। उनके यहां परिवार और धर्म का रूप सैकड़ों वर्षों तक परिवर्तित नहीं होता। सांस्कृतिक आदर्शों की अवहेलना सबसे बड़ा अपराध समझा जाता है। इससे सांस्कृतिक विशेषताएं सदैव स्थायी रहती हैं। नगर का व्यक्ति दूसरे समाज में जाकर अपनी मौलिक आवश्यकताओं को भूल सकता है लेकिन एक ग्रामीण नये स्थान पर जाकर बसने के बाद भी एक लंबे समय तक अपनी संस्कृति को ही प्राथमिकता देता है। भारत की हजारों वर्ष प्राचीन संस्कृति की स्थिरता का सबसे महत्वपूर्ण कारण यह है कि भारत मुख्यत: एक ग्रामीण समुदाय रहा है।

(घ) ग्रामीण समुदाय अपेक्षाकृत कहीं अधिक संगठित और कहीं अधिक व्यवस्थित होते हैं। एक गांव के सभी व्यक्ति प्राथमिक संबंधों द्वारा बंधे रहते हैं और नियंत्रण के औपचारिक साधनों द्वारा प्रभावित होता है। इसमें व्यक्तिवादिता और सामाजिक संघर्षों की मात्रा अत्यधिक कम हो जाती है। गांवों मे देश की जनसंख्या का बड़ा भाग निवास करता है, इसलिए ग्रामीण संगठन ही समाज का संगठन है और गांव में उत्पन्न होने वाले विघटनकारी तत्व ही संपूर्ण समाज को विघटित कर देते हैं।

(च) समाज की एक प्रमुख आवश्यकता कम से कम परिवर्तनशील जीवन का होना है। यद्यपि परिवर्तन होने से समाज प्रगति भी कर सकता है लेकिन परिवर्तन से अनुकूलन न कर सकने की स्थिति में समाज के विघटित होने की भी आशंका रहती है। इसलिए प्रत्येक समाज का उद्देश्य परिवर्तन को कम से कम प्रोत्साहन देना होता है। ग्रामीण समुदाय इस उद्देश्य की पूर्ति करते हैं। वे परिवर्तन के प्रति शंकालु नहीं होते बल्कि अपनी संपूर्ण शक्ति से परिवर्तन का विरोध भी करते हैं। इससे सामाजिक जीवन में स्थायित्व आता है।

(छ) समाज की विभिन्न आवश्यकताओं और साधनों के बीच संतुलन बनाये रखने में ग्रामीण समुदाय का योगदान सबसे अधिक है। यह देश की संपूर्ण जनवंख्या की आवश्यकताओं में वृद्धि हो जाये और सभी व्यक्ति महत्वाकांक्षी हो जाए तो निश्चय ही समाज उनकी आवश्यकताओं को पूरा नहीं कर सकेगा और इस प्रकार समाज का विघटन हो जायेगा। गाँवों में उत्पादन अधिक होता है जबकि उपयोग बहुत कम। वे मेहनत अधिक करते हैं लेकिन आशाएं बिल्कुल नहीं रखते। इस सरल और प्राकृतिक जीवन से समाज संगठित और संतुलित रहता है।

नगरीय समुदाय का महत्व (Importance of Urban Community)—नगर सदैव कृत्रिम ही नहीं होते। वास्तव में नगरों को समाजशास्त्रीय रूप से ऐसा समुदाय कहना चाहिए जो नवीनता की जोखिम उठाकर समाज को समृद्ध बनाते हैं और बदलती हुई परिस्थितियों से हमें अनुकूलन करना सिखाते है। इस प्रकार नगरीय समुदाय का महत्व निम्नांकित रूप से समझा जा सकता है—

(क) नगरों में शिक्षा संस्थाओं और बहुत सी अन्य समितियों द्वारा व्यक्तियों का बौद्धिक स्तर ऊंचा किया जाता है। बौद्धिक जीवन सभ्यता के विकास के लिए उतना ही आवश्यक है जितना जीवन के लिये हवा और पानी। सभ्यता का इतिहास नगरों के विकास का ही इतिहास है जिसका आधार ज्ञान का संग्रह हो। नगर इस कार्य में अन्य समुदायों को अपनी अमूल्य सेवाएं प्रदान करते रहते हैं।

(ख) नगरीय समुदाय में वे समस्त सुविधाएं पायी जाती हैं जो व्यक्तित्व के विकास के लिये आवश्यक है। व्यक्तित्व एक जटिल व्यवस्था है जिसका निर्माण सामाजिक सीख, शिक्षा पर्यावरण और सांस्कृतिक नियमों द्वारा होता है। नगरों में ये सभी तत्व विकसित अवस्था में पाए जाते हैं। व्यक्ति अपनी योग्यता और रुचि के अनुसार इनमें से कोई भी विशेषताएं ग्रहण करके एक सफल व्यक्ति का निर्माण कर सकता है। यही कारण है नगरों के वातावरण में महान और निम्न से निम्न कोटि तक के व्यक्ति एक साथ रहते हैं।

(ग) नगर सभी व्यक्तियों के लिये आजीविका के केन्द्र हैं। औद्योगीकरण के माध्यम से नगरीय समुदाय ने प्रत्येक व्यक्ति के लिए आर्थिक अवसर प्रदान किये हैं। नगरीय समुदाय व्यक्ति की जाति, धर्म अथवा रंग को महत्व देकर एक ऐसे पर्यावरण का निर्माण करता है जिसमें सभी समुदायों के व्यक्ति अपने अनुरूप स्थिति प्राप्त कर सकें। यदि व्यक्ति में परिश्रम और ईमानदारी की भावना हो तो नगर का पर्यावरण उसे एक निर्धन श्रमिक से एक महान उद्योगपति बनने के अवसर प्रदान करता है।

(घ) नगर किसी भी समाज की समृद्धता का आधार है। यद्यपि गांव आर्थिक क्रियाओं के मौलिक केन्द्र हैं लेकिन नगरों में गांव से प्राप्त कच्चे माल की सहायता से बड़ी मात्रा का उत्पादन किया जाता है। यहीं पर नवीन वस्तुओं का आविष्कार होता है और इस प्रकार आंतरिक व विदेशी व्यापार से देश की आर्थिक स्थिति को सुदृढ़ किया जाता है। वास्तविकता यह है कि नगरों के उत्पादन द्वारा ही ग्रामीण जीवन के रहन-सहन का स्तर उन्नत बन सका है। यदि जूट का सामान बनाने के कारखाने ही न हो तो जूट का उत्पादन करने वाले कृषक पिछड़े हुए ही रहेंगे।

(च) नगरीय समुदाय राजनीति और राजनीतिज्ञों के केन्द्र स्थान होते हैं। समाज के विकास में जहां अनेक कारण महत्वपूर्ण

हैं वहीं स्वस्थ नीतियों, प्रशासन और अंतर्राष्ट्रीय संबंधों का भी महत्व कम नहीं होता। नगर का पर्यावरण राजनीतिक शिक्षा देकर व्यक्ति को एक सफल नागरिक बनाता है और उसमें कर्तव्य भावना का विकास करता है।

कृषि और कृषक अन्तर्संबंध और उत्पादन के तरीके (Agriculture and Peasent Inter-relationship)

चूंकि आर्थिक उत्पादन किसी भी मानव समूह का मौलिक क्रिया कलाप माना जाता है इसलिए उत्पादन का ढंग उत्पादन शक्तियां और उत्पादन का सामाजिक संबंध इस मानव समूह की सामाजिक संरचना, मनोवैज्ञानिक प्रवृति तथा विचारधारा के निर्माण में एक निर्णायक भूमिका अदा करता है। ग्रामीण समाज मुख्य रूप से कृषि पर आधारित है। ग्रामीण कृषि नगरीय कृषि उद्योग से इस बात में बिल्कुल ही अलग है कि इसमें समूची कार्य पद्धति प्रकृति से मनुष्य द्वारा सीधे रूप से अनन्त सम्पत्ति प्राप्त करने पर आधारित है। ग्रामीण क्षेत्रों में कृषि भूमि उत्पादन का मौलिक साधन है। भूमि प्रकृति का एक भाग है। मानव श्रम के द्वारा ही वह कृषि करने योग्य बनाई जाती है। कृषिभूमि से ही ग्रामीण जब अपनी प्रविधि अथवा तकनीक तथा श्रमशक्ति द्वारा विभिन्न प्रकार के कृषि पदार्थ पैदा करते हैं—अन्न, कपास,जूट,चाय,काफी,तम्बाकू तथा अन्य पदार्थ खेती के जरिए पैदा किए जाते हैं। जबकि नगरीय उद्योग कृषि द्वारा उत्पन्न इन सभी पदार्थों को औद्योगिक पदार्थों में परिवर्तित कर देता है। नगर की फैक्टरियों तथा मिलों में कपास, जूट तथा ईख जैसे कृषि पदार्थों को रुई तथा जूट के कपड़ों तथा शक्कर में क्रमशः परिवर्तित कर दिया जाता है। कृषि तथा उद्योग का यह मौलिक भेद सामाजिक संस्थाओं तथा ग्रामीण एवं नगरीय जनता को मनोवैज्ञानिक प्रवृत्ति तथा विचारधारा के निर्माण में एक महत्वपूर्ण भूमिका अदा करता है। इसके अलावा उत्पादन का स्तर तथा वह तरीका जिससे उत्पादित पदार्थों का वितरण समाज की श्रेणियों में होता है सारे समाज की भौतिक समृद्धि के स्तर को तथा विभिन्न प्रकार के सामाजिक आर्थिक समूहों को तय करता है। इसके साथ ही साथ ये चीजे बहुत हद तक समाज की सांस्कृतिक संरचना और जनता के सांस्कृतिक जीवन को ढालती है।

कृषि उत्पादन पद्धति

कृषि के इतिहास से यह पता चलता है कि ग्रामीण समुदायों के द्वारा अनेक प्रकार के औजार उपयोग में लाये गये। सामान्य कथन के रूप में हम ग्रामीण तकनीकी संस्कृतियों को निम्नलिखित तीनों रूपों में बांट सकते हैं।

1. खुरपी-कुदाली संस्कृति (Hoe Culture)—मानव जाति के जीवन की इस अवस्था में हल का भी अविष्कार नहीं हो पाया था। यह कृषि की प्रारम्भिक अवस्था थी जबकि वह मनुष्य के हाथ द्वारा ही खुरपी-कुदाली के माध्यम से सम्पादित की जाती थी।

2. हलीय संस्कृति (Plough Culture)—दूसरे ऐतिहासिक चरण में मनुष्य ने हल का अविष्कार किया। तकनीकी दृष्टि से खुरपी कुदाली से उच्चतर होने के कारण हल ने कृषि समुदाय को उतनी ही मानव श्रम शक्ति से अधिक उत्पादन करने के योग्य बना दिया। हलीय कृषि का अर्थ था पशुओं का कृषिकर्म में उपयोग करना। यद्यपि हमारे देश ने सदियों पूर्व ही खुरपी कुदाली की कृषि से आगे उन्नति कर ली थी तथापि कुछ कृषि क्षेत्रों में वर्तमान हलीय कृषि के साथ ही साथ खुरपी कुदाली का उपयोग भी चलता रहा।

3. ट्रैक्टर तथा उर्वरक (Fertiliser) का उच्चतर तकनीकी सांस्कृतिक यंत्र—आधुनिक समय में शक्ति संचालित यंत्रों के आविष्कार के परिणामस्वरूप ट्रैक्टर तथा उर्वरक जैसे आश्चर्यजनक श्रम की बचत करने वाले कृषि यंत्रों का विकास हुआ। यद्यपि वर्तमान समय में अनेक उन्नतिशील देशों में नई तकनीक बड़े पैमाने पर उपयोग में लाई जाती है फिर भी हमारे देश में इसने अभी तक हल का काफी हद तक हटाने में सफलता नहीं प्राप्त की है। जिस अनुपात में कृषि की तकनीक में उन्नति हुई है उसी अनुपात में कृषक के श्रम की उत्पादकता तथा कृषि पदार्थों के उत्पादन में भी वृद्धि हुई है। इसलिए यह कहा जा सकता है कि ग्रामीण समाज की भौतिक समृद्धि मुख्य रूप से कृषि की तकनीक पर निर्भर है। इसके संबंध में यह भी ध्यान में रखना चाहिए कि इतिहास में कृषि की शक्ति के आधार में भी परिवर्तन हो गया है। जैसे कि पहले बतलाया गया है कि खुरपी कुदाली संस्कृति में भार ढोने वाले पशुओं अथवा किसी प्रकार की शक्ति के उपयोग की गुंजाइश नहीं होती है। हल का उपयोग भार ढोने वाले पशुओं की जरूरत भी नही रहती है और वह तेल की शक्ति से संचालित होता है। उत्पादन की तकनीक ही उत्पादन की प्रक्रिया में लगे हुए समाज के सदस्यों के श्रम विभाजन को निर्धारित करती है। इसके द्वारा उत्पादन प्रक्रिया में निश्चित संख्या के कार्यो का आविर्भाव होता है। इस प्रकार जहां उत्पादन में उच्चतर तकनीक का उपयोग किया जाता है वहां श्रम का अधिकाधिक विभाजन होता है। तदनुसार हमारे यहां अधिकाधिक श्रमिकों के समूह बन जाते हैं। जहां कृषि हल पर आधारित होती है वहां श्रम विभाजन सीमित होता है। कृषि

उत्पादन की समस्त प्रक्रिया अपनी विभिन्न अवस्थाओं में कृषक परिवार द्वारा ही संचालित होती है और श्रम विभाजन उसके सदस्यों तक ही सीमित रहता है। इसके विपरीत जहां कृषिकर्म ट्रैक्टर तथा उर्वरक द्वारा संचालित होता है वहां न केवल कृषि भूमि की इकाई ही बहुत बड़ी होती है बल्कि तकनीक की दृष्टि से अधिकाधिक श्रम विभाजन होता है। तब हमारे यहां इन्जीनियर, बिजली मिस्तरी, रसायनवेत्ता, ट्रैक्टर चालक तथा अन्य श्रमिकों के समूह होते हैं।

भूमि सम्बन्ध और स्वामित्व

ग्रामीण समाज के आर्थिक जीवन के अध्ययन के सम्बन्ध में यह अत्यन्त जरूरी है कि भूमि अथवा उन साम्पत्तिक संबंधों को जिनके क्षेत्र में कृषि उत्पादन होता है भली भांति समझ लिया जाये। यद्यपि तकनीक निश्चित रूप से प्रौद्योगिक आर्थिक श्रम विभाजन और उसके परिणामस्वरूप विशिष्ट श्रमिक समूहों को निर्धारित करती है तथापि इतिहास यह बतलाता है कि यह सर्वदा एक से ही साम्पतिक संबंध नहीं उत्पन्न करती है। उदाहरण के लिए हम देखते हैं कि दास तथा सामन्ती समाजों में मौजूद विभिन्न प्रकार के भूमि संबंधों के ढांचे में संचालित कृषि का तकनीक आधार हल ही था। आधुनिक युग में भी भारत,बर्मा, हिन्द चीन आदि देशों की अर्थ विकसित पूंजीवादी समाजों में यही कृषि का तकनीकी आधार चल आता है। इस प्रकार जब क्रियात्मक श्रम विभाजन के आधार पर प्रौद्योगिक आर्थिक संबंध कृषि की तकनीक के अनुरूप होते हैं भूमि संबंध अथवा उत्पादन के सामाजिक आर्थिक संबंध किसी एक प्रतिमान के रूप में उस तकनीक के अनुरूप नहीं रहते हैं। इसलिए हम देखते हैं कि जिस समय कृषि उसी हल के द्वारा की जाती रही, कृषिदास और भू-श्रमिक, जमींदार और जोता भूस्वामी, भू-श्रमिक तथा ऐसे ही अन्य विभिन्न प्रकार की सामाजिक आर्थिक समूह बनते गए। इसके अलावा ट्रैक्टर तथा अन्य प्रकार की आधुनिक यंत्रों द्वारा संचालित होती है तो भी हम ऐसे विभिन्न समूह देखते हैं जैसे वेतन भोगी श्रमिक, पूंजीवादी भूस्वामी, तथा वे कृषक जो राजकीय सामूहिक फार्मों के सदस्य हैं।

(क) भूमि सम्बन्धों का स्वरूप कृषि में लगे हुए विभिन्न सामाजिक आर्थिक समूहों का सम्पूर्ण कृषि धन में भाग निर्धारित करता है उदाहरण के लिए जमींदारी क्षेत्रों में कृषि करने वाले जोता की अपेक्षा जमींदार कृषि की आय का एक बहुत ही बड़ा भाग ले लेता है। जमींदार की भारी आय तथा कृषि करने वाले जोता की अत्यन्त ही क्षुद्र आय के मध्य जो भयंकर विषमता है वह मौलिक रूप से जमींदारी के भूमि सम्बन्धों के कारण है। इसके अतिरिक्त विशिष्ट प्रकार के भूमि सम्बन्धों के आधार पर निर्मित कृषि अर्थव्यवस्था के पीछे अपना विशेष तर्क तथा विकास का नियम होता है। इस तरह जमींदारी क्षेत्र में कृषि प्रधान आर्थिक विकास की साधारण प्रकृति होती है, कि उस आर्थिक वैषम्य को अधिकाधिक रूप से बढ़ाने। अनेक प्रकार के सुधार लगातार होने पर भी कृषिक जोता की निधर्नता बढ़ती ही चली जा रही है।

(ख) कुछ बतलाया गया है उसके परिणामस्वरूप भूमि संबंध कृषि में लगे हुए विभिन्न श्रमिक समूहों की उत्पादन की प्रक्रिया में रुचि तथा उत्साह का परिणाम निश्चित करते हैं। उदाहरण के लिए जमींदारी क्षेत्र में कृषि करने वाले जोता को कार्य करने का बहुत ही कम प्रोत्साहन रहता है क्योंकि उसे फसल का बहुत बड़ा भाग जो उसके श्रम का फल होता वह जमींदार तथा उसके प्रतिनिधि को सौंप देना पड़ता है। यह रैयतवाड़ी क्षेत्र में भूस्वामी कृषक की स्थिति के बिलकुल विपरीत है क्योंकि भूस्वामी कृषक को प्राप्त प्रोत्साहन रहता है। इसका कारण यह है कि वह अपने श्रम का पूरा उत्पादन अपने पास रख सकता है। फिर भी उसके माामले में यदि वह भूमिकर तथा ऋण के भार को बहुत भारी अनुभव करता है तो उसका उत्साह कृषि कर्म के प्रयत्न में कम हो जायेगा।

(ग) भूमि संबंध ग्रामीण जनता में समानता तथा असमानता को परिमाण निश्चित करने में निर्णायक भूमिका अदा करते हैं। जमींदारी क्षेत्र में ग्रामीण समाज मुख्य रूप से ऐसे समूहों में विभाजित होता है जैसे जमींदार, कृषि में भाग नही लेने वाले जोता, उनके अधीन ऐसे ही छोटे जोता तथा उनत में कृषि कार्य करने वाले जोता रैयतवाड़ी क्षेत्र में विभिन्न स्तर के भूस्वामी कृषक तथा भूमि विहीन कृषक श्रमिक होते हैं। बडे पैमाने पर पूंजीवादी कृषि में ऐसे समूह होते हैं जैसे कृषि पूंजीपति,फार्म मैनेजर,यांत्रिक,वेतनभोगी श्रमिक तथा अन्य।

(घ) भूमि सबंधों का वह स्वरूप जो कृषि में लगे हुए विभिन्न भागों का भैतिक सम्पति में अंश निर्धारित करता है इन्हीं का ग्रामीण समाज के सामाजिक राजनैतिक तथा सांस्कृतिक जीवन में क्रमशः महत्व भी निर्धारित करता है। धनी जमींदारों अथवा पूंजीपति भूस्वामियों की श्रेणी अपने धन के कारण अवकाश तथा उन भौतिक साधनों को प्राप्त कर लेती है जो ग्रामीण समाज के जीवन के सभी क्षेत्रों में उसे अधिकार प्रदान करती है। कृषि करने वाले निर्धन जोता अथवा भूमि विहीन श्रमिकों का इसके निर्माण में कुछ भी हाथ नही रहता।

(च) भूमि सम्बन्धों का स्वरूप कृषि क्षेत्रों में सामाजिक स्थायित्व तथा सामंजस्य का परिमाण भी निश्चित करता है। उदाहरण स्वरूप जमीदारी क्षेत्र में जमींदार के धन तथा कृषि करने वाले जोता की अत्यन्त निर्धनता के मध्यवर्गीय वैषम्य होने के कारण दोनों श्रेणियों में कटु संघर्ष की स्थायी दशा विद्यमान रहेगी। यदि

निर्धनता असहनीय हो जाए तो वह संघर्ष ऐसा रूप भी ग्रहण कर लेगा कि जो वर्तमान ग्रामीण समाज की स्थिरता को ही नष्ट भ्रष्ट कर देगा। वास्तव में इस समय का भारत द्रुत गति से ऐसे ही संघर्ष का रंगमंच बनता जा रहा है यदि हम भूतकालीन तथा वर्तमान काल के इतिहास का सर्वेक्षण करे तो हमें पता चलेगा कि ग्रामीण समाज अनेक प्रकार के संघर्षों का क्षेत्र रहा है जिनका मूल कारण आज के भूमि संबंधों में निहित है।

जीवन स्थितियां

किसी भी ग्रामीण समुदाय तथा उसके विभिन्न भागों का जीवन स्तर ही यह प्रकट करता है कि कितना धन उसके पास है और किस प्रकार उसके विभिन्न भागों में वह बंटा हुआ है। ग्रामीण समाज के धन का परिमाण मुख्य रूप से कृषि पर और अन्तिम विश्लेषण में उस तकनीक पर निर्भर है जो उसमें प्रयुक्त होती है क्योंकि जितनी ऊंची तकनीक होगी उतना ही अधिक कृषि का उत्पादन होगा। भूमि संबंध जैसा कि हमने ऊपर देखा है ग्रामीण समाज के विभिन्न समूहों का सम्पूर्ण कृषि धन में अंश निर्धारित करते हैं। इतना होने पर भी उन मामलों में, जहां वे इन समूहों में धन की तीव्र विषमता उत्पन्न करते हैं। नीचे से नीचे समूह का अंश भी उच्च स्तर पर पहुंच जाएगा यदि ग्राम समूह का सम्पूर्ण धन कृषि उत्पादन की उन्नत तकनीक के कारण पर्याप्त रूप में हो। उदाहरण स्वरूप संयुक्त राज्य अमेरिका में, जहां कृषि यान्त्रित हो गई है और इसलिए बहुत कृषि धन उत्पन्न करती है इस तथ्य के विद्यमान रहते हुए भी कि कृषि क पूंजीपति लाखों कमाते हैं। वेतन भोगी भू-श्रमिकों की आय का स्तर भारत के कृषक की अपेक्षा बहुत अधिक ऊंचा है। ग्रामीण जनता के जीवन स्तर की समस्या का **सोरोकिन, जिमरमेन, सिम्स, किरपेट्रिक** आदि प्रख्यात समाजशास्त्रियों ने तीक्ष्ण अध्ययन किया है। उन लोगों ने ऐसे अध्ययन के लिए जो मानदण्ड तथा तरीके निर्धारित किये हैं वे भारत में ग्रामीण समाज के अध्यताओं के लिए उपयोगी पथ प्रदर्शन का कार्य कर सकते हैं। इन विचारकों के अनुसार ग्रामीण लोगों का जीवन स्तर नगरीय व्यक्तियों की अपेक्षा औसत रूप से निम्नतर होता है। इसका कारण यह है कि ग्रामीण लोगों की औसत आय नगरीय व्यक्तियों की अपेक्षा कम होती है। इसके अतिरिक्त ग्रामीण जनता तथा उसके विभिन्न समूहों (भू-स्वामी, जोता फसल उत्पादक तथा श्रमिक) के जीवन स्तर नगरीय श्रेणियों की अपेक्षा अधिक समान होता है। यह भी देखा गया है कि कृषकों का जीवन स्तर नगरीय जनता के निम्न स्तर के अधिक निकट रहता है। वैसे तो किसी सामाजिक समूह के जीवन स्तर निर्धारित करने में आय ही मुख्य कारक है फिर भी कुछ अन्य कारक भी है जो उसे प्रभावित करते हैं। निश्चय ही श्रेणियों के अस्तित्व के लिए मुख्य रूप से आय ही उत्तरदायी होती है परन्तु भौतिक सम्पत्ति से बिल्कुल पृथक कुछ ऐसे वर्ग आदर्श तथा मूल्य हैं जो परम्परा द्वारा प्रेरित है।

पारस्परिक अन्त:क्रिया और उसके परिणामस्वरूप पारस्परिक सम्पर्क बढ़ने से ग्रामीण लोग धीमे-धीमे किन्तु निश्चित रूप से नगरीय लोगों द्वारा प्रभावित होते हैं। उनमें ऐसी सुख सुविधाओं के लिए अभिरुचि तथा आकांक्षा विकसित होना आरम्भ हो जाता है। उनमें नगरीय जनता के खान-पान तथा वेश-भूषा की आदतों को अपनाने की प्रकृति भी उत्पन्न हो जाती है। साइकिल,आधुनिक ढंग के जूते, क्रिकेट फुटबाल जैसे खेल, स्कूल, पुस्तकालय, सिनेमा तथा नगरीय जीवन से संबंधित अन्य चीजें ग्राम में भी प्रविष्ट होने लग गई है। इसके परिणामस्वरूप धीरे-धीरे ग्रामीण लोगों के जीवन का ढंग भी परिवर्तित हो रहा है। ग्रामीण समाजशास्त्री को ग्रामीण लोगों आर्थिक जीवन के अध्ययन के संबंध में यह भी अनुसंधान करना चाहिए कि ग्रामीण समाज पर नगरीय जीवन के अत्यधिक प्रबल प्रभावों का संधात किस प्रकार पड़ता है और इससे ग्रामीण लोगों का जीवन स्तर कैसे प्रभावित होता है। इसके अतिरिक्त उसे उनके जीवन स्तर का गतिहीन दृष्टिकोण नहीं अपनाना चाहिए। मानवीय आवश्यकताएं एक अपरिवर्तनीय इकाई नहीं है। वे एक अवस्था से दूसरी अवस्था की और बढ़ती चली जाती है। सभी देशों में ग्रामीण जनता का एक बहुत बड़ा भाग दरिद्रता के विभिन्न स्तरों से गुजर रहा है। संयुक्त राज्य अमेरिका जैसे आधुनिक संसार के सबसे अधिक समृद्धिशाली देशों में भी गामीण समाज के एक बड़े भाग की दरिद्रता एक ध्यान देने योग्य समस्या बन गई है। जैसा कि सिम्स का कथन है यद्यपि ग्रामीण परिस्थितियों के अध्येता बहुत समय से जानते हैं कि ग्रामों में गन्दी बस्तियां तथा शोषित और अभावग्रस्त श्रेणियां जैसा दक्षिण संयुक्त राज्य अमेरिका के भागानुसार लगान देने वाले मौजूद है। फिर भी इस बात को कोई भी पूर्णतया अनुभव नहीं कर पाया कि ग्रामीण जनता के एक बड़े भाग का जीवन कितना संकटपूर्ण है और किस द्रुत गति से लाखों मनुष्य दरिद्रता की दशा में निमग्न हो जाते यदि औद्योगिक मंदी वास्तविक स्थिति को प्रकट नहीं करती और इसके अतिरिक्त सब कुछ देखते हुए ऐसा अनुमान किया जाता है कि राष्ट्र के ग्रामीण परिवारों के एक तिहाई से अधिक लोग निर्धनता के कष्ट भोग चुके है। एक बड़ा भाग जबकि संयुक्त राज्य अमेरिका जैसे आर्थिक दृष्टि से उन्नत देश के लोगों का जैसा कि उपरोक्त कथन से विदित होता है दरिद्रता के कष्ट भोगता है तो फिर इसमें कोई आश्चर्य की बात नहीं कि भारत जैसे आर्थिक दृष्टि से अत्यंत ही अल्प विकसित देश की कृषक जनता में दीर्घ व्यापी दरिद्रता का बोलबाला हो। भारतीय

कृषक की अत्यधिक दरिद्रता तो एक कहावत सी बन गई है और राष्ट्रीय आर्थिक पुनर्निर्माण के कार्यक्रम की मौलिक समस्या को समुपस्थित करती है।

जजमानी व्यवस्था

जजमानी व्यवस्था भारत की ग्रामीण सामाजिक संरचना की एक प्रमुख विशेषता है जिसका उद्देश्य भारत में उस परम्परागत सामाजिक जीवन तथा दर्शन का स्थायित्व प्रदान करना है। जिसमें धर्म सामूहिकता, अनुवांशिक व्यवसाय और जाति संस्तरण को आवश्यक समझा जाता रहा है। भारत में जाति व्यवस्था के अंतर्गत प्रत्येक जाति को व्यवसाय और पारस्परिक कर्तव्य परम्परा के द्वारा ही निर्धारित है। तथा किसी भी जाति समूह को अपने व्यवसाय और सामाजिक स्थिति में परिवर्तन करने की अनुमति नही दी जाती । ऐसी स्थिति में यह आवश्यक समझा गया होगा कि एक ऐसी व्यवस्था को विकसित किया जाए। जिसकी सहायता से भिन्न-भिन्न व्यवसायों द्वारा आजीविका उपार्जित करने वाली जातियों को भी कार्यात्मक रूप से एक दूसरे का सहयोगी बनाया जा सके। दूसरा तथ्य यह है कि भारतीय ग्रामों की अर्थव्यवस्था सदैव से ही पिछड़ी हुई है। जीवन कि परम्परागत प्रणाली के कारण यहां ना तो मुद्रा का अधिक प्रचलन रहा और न ही ग्रामीणों के पास इतने साधन थे कि वे मुद्रा के द्वारा अपनी सभी आवश्यकताओं की पूरा कर सकें। इसके फलस्वरूप बहुत आरंभिक काल से ही भारत की ग्रामीण अर्थ व्यवस्था में वस्तु विनियम के द्वारा आवश्यकताओं की प्रर्ति का प्रचलन रहा है धीरे-धीरे वस्तु विनियम के साथ ही ग्रामों में सेवाओं का विनियम होना भी आरम्भ हो गया है। इसका तात्पर्य है कि धोबी ने कुम्हार, बढ़ई, नाई, धोबी तथा अन्य छोटी जातियों के व्यक्तियों ने किसान को अपनी सेवाएं प्रदान की जबकि किसान ने फसल कटते ही उनकी सेवाओं के आधार पर उन्हें एक निश्चित मात्रा में अन्न दे दिया। इस प्रकार बहुत प्राचीनकाल से ही भारतीय ग्रामों में सेवा के विनियम के आधार पर व्यक्तिगत आश्यकताओं की पूर्ति की जाने लगी थी। धीरे-धीरे यह अनुभव किया जाने लगा कि सेवाओं के विनियम द्वारा विभिन्न आवश्यकताओं को पूरा करना उपयोगी परम्परा बन सकती है। क्योंकि इनका लाभ धनी और निर्धन सभी व्यक्तियों के लिए है। इसके फलस्वरूप धार्मिक क्षेत्र में भी सेवाओं का विनियम आरम्भ हो गया। भारत में स्मृतिकाल से ही धर्म के अन्दर तरह-तरह के कर्मकाण्डों का समावेश होने लगा था यह धार्मिक कर्मकाण्ड इतने जटिल थे कि इन्हें पूरा करने के लिये अनेक व्यक्तियों की सेवाओं की आवश्यकता होती थी। इन सेवाओं में भी कुछ सेवाएं दूसरी सेवाओं की तुलना में अधिक महत्वपूर्ण समझी जाती थी इसलिये विभिन्न सेवाओं के बदले में मिलने वाली पुरस्कार की मात्रा भी भिन्न-भिन्न निर्धारित कर दी गई है। तात्पर्य यह है कि ग्रामीण सामाजिक और आर्थिक व्यवस्था के अन्तर्गत सेवाओं के पारस्परिक आदान-प्रदान तथा उनके कार्यात्मक महत्वपूर्ण की सभी जातियों ने स्वीकार कर लिया। इसी व्यवस्था को संक्षेप में हम जजमानी व्यवस्था कहते हैं। भारत के विभिन्न भागों में जजमानी व्यवस्था अथवा जजमानी प्रथा को विभिन्न नामों से सम्बोधित किया जाता है। उदाहरण के लिए महाराष्ट्र में इसे बाडाबलूटे मद्रास में मिरासी और मैसूर में उद्दे कहा जाता है। **आस्कर लेविस** का कथन कि, ''जजमानी प्रथा एक ऐसी व्यवस्था है जिसमें गांव के प्रत्येक जाति समूह से अन्य जातियों के परिवारी के लिए कुछ विशेष सेवाओं की आशा की जाती है'' दूसरे शब्दों में यह व्यवस्था विभिन्न जातियों के बीच सेवाओं की अन्तर स्पष्टता को स्पष्ट करती है जजमानी व्यवस्था की प्रकृति को समझने से पूर्व सर्वप्रथम जजमान के अर्थ को स्पष्ट करना आवश्यक है मूल रूप से जजमान शब्द संस्कृत के शब्द जजमान से लिया गया है इसका तात्पर्य एक ऐसे व्यकित से है जो किसी ब्राह्मण को दक्षिणा देकर धार्मिक कार्यपूर्ण करवाता था। इस दृष्टिकोण से जजमान एक प्रकार का संरक्षक समझा जाता था। ग्रामीण जीवन में जजमानी व्यवस्था से संबंधित यह अर्थ न केवल परम्परागत है बल्कि बहुत सीमित है इस शब्द की व्यापकता को स्पष्ट करते हुए **वाइबर** का कथन कि, ''जजमान शब्द का प्रयोग उन सभी व्यक्तियों के लिए किया जाता है जो नियुक्तिकर्ता का सम्बन्ध रखते हैं।''

जजमानी व्यवस्था की संरचना तथा कार्य प्रणाली—जजमानी व्यवस्था ग्रामीण सामाजिक व्यवस्था का एक व्यवसायिक स्वरूप है। जिसके द्वारा प्रत्येक जाति से एक विशेष व्यवसाय करने तथा उसके द्वारा अन्य जातियों की सेवा करने की आशा की जाती है। यह व्यवस्था प्रत्येक जाति एक दूसरे से भिन्न व्यवसाथिक अधिकार और कर्तव्य को सौंपती है जिनसे साधारणतया इनमें किसी भी प्रकार के परिवर्तन को मान्यता प्रदान नही की जाती है निम्नांकित आधारों पर इस व्यवस्था की संरचना कार्यप्रणाली को सरलतापूर्वक समझा जा सकता है।

(1) व्यावसायिक स्वरूप—जजमानी व्यवस्था ग्रामीण अर्थ व्यवस्था का एक व्यावसायिक स्वरूप है जिसके द्वारा प्रत्येक जाति को एक विशेष व्यवसाय करने का अधिकार दिया जाता है। प्रत्येक व्यक्ति से यह आशा की जाती है कि वह आवश्यकता होने पर अपने जजमान की सभी प्रकार से सेवा करेगा तथा उसके पुरस्कार के रूप में कुछ वस्तुएं अथवा मुद्रा प्राप्त करेगा। इसके पश्चात भी

इस व्यवस्था के अंतर्गत जमीन और जजमान के बीच सेवा के पुरस्कार की कोई निश्चित राशि नहीं होती बल्कि इसका निर्धारण जजमान की इच्छा पर निर्भर होता है। जजमानी व्यवस्था का यह व्यवसायिक स्वरूप समूहवादी होने के साथ ही वाहयता मूलक है। इसका तात्पर्य है कि कोई जजमान सेवा देने वाले व्यक्ति को काम से तब तक नहीं हटा सकता जब तक कि काम करने वाला व्यक्ति भी इसके लिये तैयार न हो। इसी प्रकार कोई कमीन अपने जजमान की सेवा तब तक बंद नहीं कर सकता जब तक वह उस सेवा के लिये अपने स्थान पर किसी अन्य कमीन की नियुक्ति न करा दे। यदि जजमान बिना किसी कारण के जमीन को काम से पृथक करता है तो उसे सेवा से सम्बद्ध कोई भी दूसरा व्यक्ति वही सेवा नही दे सकता क्योंकि काम करने वाली जातियों के संगठन उसे ऐसा करने से रोक देते हैं। यदि काम करने वाली जाति का कोई सदस्य किसी अन्य गांव में जाकर बस जाता है तो भी जजमान से उससे सम्बन्ध समाप्त हो जाना सदैव आवश्यक नही होता।

(2) पैतृकता का आधार—जजमानी व्यवस्था के अन्तर्गत व्यक्ति की व्यवसायिक स्थिति उसके जन्म पर आधारित है इसके तात्पर्य है कि काम करने वाली जातियों को जजमानी हक उत्तराधिकार के रूप में पीढ़ी दर पीढ़ी निरन्तर प्राप्त होता रहता है। उदाहरण के लिये यदि एक गांव में कोई धोबी दस किसानों के कपड़े धोता है। तो उतने परिवार के कपड़े धोना उसका जजमानी हक बन जाता है। यह हम पैतृक सम्पत्ति के रूप में पिता से उसके पुत्र अथवा पुत्रों को प्राप्त होता रहता है **आस्कर लेविस** ने लिखा है, 'किसी व्यक्ति को अनेक परिवारों पर मिलने वाला जजमानी अधिकर एक सम्पति के समान है जो पिता से उसके पुत्र को हस्तांतरित हो जाता है।'

(3) सेवाओं में अन्तर सम्बद्धता—जजमानी व्यवस्था के द्वारा एक गांव अथवा समूह की सभी जातियां एक दूसरे की जजमान होती हैं। अथवा विभिन्न अवसरों पर एक दूसरे को अपनी सेवाएं प्रदान करती है। इस प्रकार सभी जाति समूहों के बीच सेवाओं के आधार पर एक स्पष्ट अन्तर सम्बद्धता देखने को मिलती है। उदाहरण के लिये, पुरोहित अपने जजमानों के यहां विभिन्न संस्कारों को पूरा करता है बढ़ई उसके हलों की मरम्मत करता है। माली फूलों आदि का प्रबंध करता है। धोबी कपड़े धोता है। मेहतर सफाई करता है। तेली,धानुक इत्यादि अपनी-अपनी सेवाएं प्रदान करते हैं। एक समय में धोबी नाई के कपड़े धोता है। तो धोबी काम करने वाला हुआ और नाई उसका जजमान लेकिन दूसरे समय में जब नाई धोबी की सेवा करता है तो धोबी जजमान बन जाता है। जबकि नाई काम करने वाला होता है सेवाओं की यह असम्बद्धता इसलिये स्थायी बनी रहती है क्योंकि सभी जातियों को एक दूसरे की सेवाओं की आवश्यकता होती है।

(4) जजमानी पारितोषिक तथा अधिकार—जजमानी व्यवस्था की एक प्रमुख संरचात्मक विशेषता यह है कि काम करने वाले व्यक्ति को जजमान द्वारा दिया जाने वाला पुरस्कार अथवा मेहनताना पूर्व निर्धारित नही होता बल्कि यह जजमान की इच्छा पर निर्भर होता है।

(क) पारितोषिक अथावा मेहनताना देने वाला पहला तरीका यह है कि जजमान द्वारा कमीज की सेवाओं का नकद भुगतान न किया जाये बल्कि दोनों एक दूसरे को अपनी सेवाएं देते रहें।

(ख) काम करने वाली जातियों को दूसरा पुरस्कार मिलने का तरीका यह है कि वे जजमान से विभिन्न अवसरों जैसे जन्म, विद्यारम्भ, विवाह, मृत्यु, होली दीपावली, दशहरा इत्यादि पर पुरस्कार प्राप्त करते रहें। जजमान अपने साधनों के अनुसार ब्राह्मण, माली, बढ़ई, नाई, मनिहार, दर्जी, कुम्हार, तेली, धोबी तथा लौहार को प्रथागत रूप से पारितोषिक प्रदान करता है।

(ग) जजमानी पारितोषिक का तीसरा स्वरूप कुछ विशेष प्रकार की सुविधाओं के रूप में भी देखने को मिलता है। यह सुविधाएं साधारणतया तब दी जाती है। जब किसी काम करने वाली जाति को दूसरे गांव से बुलाकर अपने गांव में रखा जाता है। इसी स्थिति में जजमान अपने जमीन अथवा काम करने वाले लोगों को रहने के लिये स्थान, परिवार के लिए भोजन उनके जानवरों के लिए चारा बिना व्याज का ऋण पुराने कपड़े तथा नियमित रूप से काम प्राप्त करने के लिए खेतों में कुछ काम देने की व्यवस्था रखता है।

(5) जजमानी अधिकारों का स्थायित्व—भारतीय गांवों मे जजमानी व्यवस्था से संबंध पारितोषिक और अधिकारों में अत्यधिक स्थायित्व पाया जाता है। **डा. बाइसर** ने अपने मध्यम के आधार पर यह स्पष्ट किया है। कि इस स्थायित्व का कारण गांव के प्रथागत विश्वास, गांव में बड़े बूढ़ों की प्रधानता,हिन्दुओं के पवित्र धर्म-ग्रन्थ तथा राजकीय कानून आदि है। जजमानी व्यवस्था की उपयुक्त संरचना तथा कार्यप्रणाली से स्पष्ट होता है। कि भारत में जजमानी व्यवस्था यहां के जातिगत संस्तरण को स्थायी बनाये रखने वाला एक महत्वपूर्ण प्रतिमान है। इस व्यवस्था का प्रमुख उद्देश्य मुद्रा विनियम के अभाव की पूर्ति करना रहा है। वास्तव में जजमानी व्यवस्था समाजवादी व्यवस्था का एक उपसंकुल है। जिसका उद्देश्य धन के संग्रह को हतोत्साहित करके पारस्परिक सेवा के महत्व को स्पष्ट करना है ।

जजमानी व्यवस्था के लाभ अथवा महत्व—भारतीय ग्रामीण जीवन में जजमानी व्यवस्था आज भी एक महत्वपूर्ण संस्था

है। वर्तमान युग में जजमानी व्यवस्था की संरचना तथा प्रकार्यों में अनेक परिवर्तन उत्पन्न हो जाने के पश्चात भी गांवों में इस व्यवस्था को एक उपयोगी संस्था के रूप में देखा जाता है।

(1) आर्थिक सुरक्षा—जजमानी व्यवस्था ने सभी जातियों के व्यक्तियों को आर्थिक सुरक्षा प्रदान की है। अपने पैतृक स्वरूप के कारण इस व्यवस्था के अन्तर्गत किसी भी व्यक्ति को आजीविका की खोज में इधर-उधर जाना नहीं पड़ता। सभी जातियों को अपने जजमानों से दैनिक आवश्यकताओं की पूर्ति के समुचित साधन गांव में ही प्राप्त हो जाते हैं।

(2) मानसिक सुरक्षा—इस व्यवस्था में गावों में सभी व्यक्तियों तथा सभी जातियों को मानसिक सुरक्षा प्रदान करने में महत्वपूर्ण कार्य किया है। वर्तमान युग में व्यक्ति के मानसिक संघर्षों का सर्वप्रमुख कारण रोजगार की खोज, बेराजगारी की स्थिति, आकस्मिक विपत्तियों तथा फसल का खराब होना है।

(3) सामाजिक बीमा—जजमानी व्यवस्था ग्रामीण जीवन में सामाजिक बीमा के सभी गुणों से युक्त है। गांव में जन्म-मृत्यु, विवाह, बीमारी तथा दुर्घटना जैसी स्थितियों में जजमान सेवा करने वाली जातियों की भरसक सहायता करता है।

(4) ग्रामीण समुदाय में एकता—जजमानी व्यवस्था के अन्तर्गत विभिन्न जातियों के बीच सेवाओं की अन्तर-सम्बद्धता होने के कारण ग्रामीण समुदाय के लोगों में सामूहिक इच्छा और संगठन की भावना विकासित होती है।

(5) सामाजिक नियंत्रण की स्थापना—जजमानी व्यवस्था ग्रामीण जीवन में नियंत्रण की स्थापना करने के क्षेत्र में भी अत्यधिक महत्वपूर्ण है। इसका कारण यह है कि इस व्यवस्था के अन्तर्गत प्रत्येक कार्य व्यक्तिगत हित को ध्यान में न रखकर सामूहिक कल्याण की भावना से किया जाता है। जजमानी व्यवस्था द्वारा आर्थिक आवश्यकताओं को पूरा करने के लिये सभी जातियां एक दूसरे पर निर्भर करती हैं।

(6) राजनैतिक सुदृढ़ता में सहायक—डा. राधाकमल मुखर्जी ने लिखा है कि 'पूर्व के देशों की राजनीति प्रभुसत्ता की अपेक्षा सामाजिक एकता पर अधिक निर्भर है। यहां के विधान राज्य की स्वेच्छाचारी आज्ञा पर आधारित न होकर प्रथाओं और परम्पराओं पर अधिक आधारित है।'

जजमानी व्यवस्था के दोष—जजमानी व्यवस्था ने भारत की सामाजिक संरचना को अनेक प्रकार से संगठित बनाने का प्रयास किया है। लेकिन इस व्यवस्था में अनेक ऐसे दोष भी हैं। जिनके कारण इससे व्यक्तिगत, जातिगत तथा सामाजिक जीवन में अनेक समस्याएं उत्पन्न कर दी हैं। यही दोष आज जजमानी व्यवस्था में विघटन की स्थिति उत्पन्न कर रहे हैं। इन दोषों के आधार पर जजमानी व्यवस्था में विघटन की प्रवृत्ति को निम्नांकित रूप से समझा जा सकता है—

(1) व्यक्तिगत जीवन में हानियां—(क) जजमानी व्यवस्था पैतृक होती है अत: काम करने वाली जातियों की नई पीढ़ी के युवक अपनी इच्छा और कार्य कुशलता के अनुकूल व्यवसाय चुनने के लिये स्वतंत्र नहीं होते।

(ख) जजमान भी एक अयोग्य और अकुशल व्यक्ति को सेवाएं देने से पृथक नहीं कर सकता क्योंकि काम करने वाली जातियों का अधिकार जजमान पर पीढ़ी दर पीढ़ी बना रहता है।

(ग) इस व्यवस्था का महत्वपूर्ण दोष यह है कि सेवाओं का रूप अत्यधिक परम्परागत होने के कारण कोई भी व्यक्ति नवीन प्रविधियों के द्वारा अपनी सेवाओं में सुधार करने का प्रयत्न नहीं करता। प्रत्येक व्यक्ति जानता है कि सेवाओं में सुधार करने के बदले में उसे कोई अतिरिक्त लाभ प्राप्त नहीं हो सकता।

(घ) यह व्यवस्था एक विभेदकारी नीति पर आधारित है। जिसमें प्रत्येक काम करने वाले व्यक्ति को मिलने वाला पारितोषिक उसके श्रम के अनुसार न होकर उसकी जाति के अनुसार होता है।

(2) जातिगत हानियां—भारत में जजमानी व्यवस्था जाति प्रथा की असमानताकारी एवं शोषणकारी प्रवृत्ति को बनाये रखने में अत्यधिक योगदान दिया है। इस व्यवस्था के अन्तर्गत भी निम्न जातियों का शोषण निहित है। उच्च जातियों के जजमान अपनी इच्छानुसार कभी भी निम्न जातियों के कमीजों की सेवाओं से वंचित कर देते हैं। लेकिन निम्न जातियां व्यावहारिक रूप से जजमान को अपनी सेवाएं देने से इंकार नहीं कर पातीं।

(3) सामाजिक हानियां—जजमानी व्यवस्था ने एक ऐसी प्रक्रिया को जन्म दिया है। जिसमें ग्रामीण,वैमनस्य,संघर्ष तथा शोषण को प्रोत्साहन मिला है। जब कोई जजमान अपनी सामाजिक श्रेष्ठता अथवा आर्थिक शक्ति के कारण सेवा करने वाली जातियों का शोषण करता है। और उन्हें निर्धारित एवं पारितोषिक अथवा अधिकार से वंचित करता है तो एक विशेष काम करने वाली जाति के सामने आर्थिक संकट की स्थिति में उत्पन्न हो जाती है।

(4) राष्ट्रगत हानियां—जजमानी व्यवस्था के कारण गांव के लोग अपने ग्रामीण समुदाय को एक स्वतंत्र और आत्मनिर्भर सामाजिक इकाई के रूप में देखने लगते हैं जिसके कारण केन्द्रीय राजनैतिक सत्ता के प्रभाव में ह्रास होने लगता है। **सैण्डरसन** ने लिखा है कि "भारत में ग्रामीण समुदाय के अन्तर्गत राष्ट्रीयता की भावना का अत्यधिक अभाव है।"

जजमानी व्यवस्था के विघटन के कारण—जजमानी

व्यवस्था से संबंध उपयुक्त दोषों के कारण आज यह व्यवस्था तेजी से विघटित हो रही है इसका कारण केवल गांवों को सामाजिक, आर्थिक तथा राजनैतिक संरचना मे ही परिवर्तन होना नहीं है बल्कि नियोजित क ार्यक्रमों के फलस्वरूप भी गांवों की परम्परागत सामाजिक संस्थाओं में विघटन के तत्व स्पष्ट हो रहे हैं। वर्तमान युग ने जजमानी व्यवस्था में उत्पन्न परिवर्तनों तथा विघटन के प्रति उत्तरदायी कारकों को संक्षेप में निम्नांकित रूप से स्पष्ट किया जा सकता है।

(1) **ग्रामीण जनसंख्या में वृद्धि**—गत वर्षों में भारत की कुल जनसंख्या ने ग्रामीण जनसंख्या का प्रतिशत कम हुआ है। लेकिन ग्रामों की कुल जनसंख्या पिछले 40 वर्षों में तिगुनी से भी अधिक हो गई है।

(2) **नगरीकरण तथा औद्योगीकरण**—नगरीकरण की प्रक्रिया के प्रभाव से अब गांवों की काम करने वाली निम्न जातियां समानता और स्वतंत्रता के अधिकारों का दावा करने लगी है। औद्योगीकरण के फलस्वरूप उन्हें नवीन व्यवसायों द्वारा आजीविका उपार्जित करने के अवसर प्राप्त होने लगे हैं।

(3) **द्रव्यीकरण का प्रभाव**—विस्तृत जगत के द्वैतीयक सम्बन्धों ने अब गांवों में व्यक्तिगतवादिता तथा धन के संचय को प्रोत्साहन मिलता है। इसके प्रभाव से गांवों में काम करने वाली अधिकांश जातियां अपनी सेवाओं के बदले में अब नकद भुगतान प्राप्त करना चाहती हैं।

(4) **प्रौद्योगीकरण विकास**—प्रौद्योगिकी के विकास के फलस्वरूप आज दैनिक आवश्यकताओं को पूरा करने से सम्बन्धित अनेक ऐसे नवीन उपकरणों का विकास हो गया है। जिनके फलस्वरूप कम करने वाली जातियों की सेवाओं का महत्व बहुत कम रह गया है।

(5) **शिक्षा का विस्तार**—गांव में आधुनिक शिक्षा का प्रसार होने से भी जजमानी व्यवस्था से संबंधित युवक अपने पैतृक व्यवसाय को करना अपमान की बात समझते हैं। जातीय नियमों का प्रभाव घटने तथा स्थानीय गतिशीलता में वृद्धि होने के कारण किसी भी नगर से जाकर साधारण नौकरी करना इन जातियों के द्वारा अधिक सम्मानजनक समझा जाता है।

(6) **निम्न जातियों की स्थिति में सुधार**—जजमानी व्यवस्था के विघटन का एक अत्यधिक महत्वपूर्ण कारण स्वयं निम्न जातियों की सामाजिक आर्थिक दशा में सुधार हो जाना है। स्वतंत्रता के पश्चात सरकार द्वारा कार्यान्वित विकास योजनाओं से निम्न जातियों को सबसे अधिक लाभ हुआ है। जो जातियों एक बार अपनी स्थिति में सुधार कर लेती हैं, वे अपने पराम्परागत व्यवसाय को छोड़कर ऊंची जातियों के समान अपनी जीवन पद्धति को इस प्रकार बदलने लगती हैं।

(7) **पराम्परागत मूल्यों के प्रति उदासीनता**—ग्रामीण समुदाय में भी लौकिकीकरण का प्रभाव तीव्रता से बढ़ता जा रहा है। इसके फलस्वरूप अब धार्मिक विश्वास का रूप बदलने लगा है। तथा जातिगत नियमों की व्याख्या समताकारी मूल्यों के आधार पर की जाने लगी है। स्वयं धर्म का प्रभाव कम हो जाने के कारण अब तो जजमानी व्यवस्था से संबंधित सेवाओं को आवश्यक नहीं समझा जाता है।

(8) **समतावादी मूल्य**—वर्तमान भारत एक धर्म निरपेक्ष और समतावादी देश है। जिसमें धर्म,जाति और लिंग के आधार पर किसी भी विभेद को बनाये रख सकना सम्भव नहीं है। ऐसी स्थिति में न तो जाति पंचायत किसी व्यक्ति को एक विशेष सेवा देने के लिये बाध्य कर सकती है और न ही जाति के आधार पर किसी व्यक्ति से बेगार ली जा सकती है।

कृषि में वर्ग व्यवस्था (Agrarian Class Structure)

भारत के गांवों में सामाजिक स्तरीकरण की विवेचना केवल जाति को आधार मानकर ही नहीं की जा सकती। भारत के गांवों में स्पष्ट वर्ग व्यवस्था विद्यमान है जिसे सामाजिक स्तरीकरण में जाति विभाजन से कम महत्वपूर्ण नहीं का जा सकता। वर्ग की धारणा मुख्य रूप से पाश्चात्य विद्वानों द्वारा विकसित की गई है। लेकिन भारतीय ग्रामीण समाज में स्तरीकरण के वर्गगत आधार पश्चिमी समाजों की तुलना में अत्यधिक भिन्न है।

इसके फलस्वरूप ग्रामीण स्तरीकरण के सर्वमान्य स्वरूप को स्पष्ट नहीं किया जा सकता। **प्रो. रामकृष्ण मुकर्जी** ने अपने अध्ययन के आधार पर ग्रामीण भारत में पाये जाने वाले तीन प्रमुख वर्गों का उल्लेख किया है जिनके आधार पर सामाजिक स्तरीकरण की प्रकृति को निम्नांकित रूप से समझा जा सकता है।

(क) **जमींदार तथा व्यापारी वर्ग**—ग्रामीण समाज में पाये जाने वाले स्तरीकरण में यह वर्ग सबसे ऊंची स्थिति में है। भारत में जमींदारी उन्मूलन हो जाने के पश्चात भी यह वर्ग सबसे अधिक भूमि का स्वामी है। इसी कारण ग्रामीण जीवन से संबंधित निर्णयों में इनके विचारों और भूमिका को सबसे अधिक भूमि का स्वामी होने के बाद भी उस वर्ग के अधिकांश सदस्य स्वयं खेती न करके अपनी भूमि पर दूसरे व्यक्तियों से खेती करवाते हैं। अंग्रेजी शासन काल में यह वर्ग एक लम्बे समय तक परोपजीवी वर्ग के रूप में किसानों का शोषण करता रहा है जबकि स्वतंत्रता के पश्चात

आज यह वर्ग अपने आर्थिक और राजनैतिक प्रभुत्व की सहायता से अधिकतम लाभ प्राप्त कर रहा है।

(ख) **कृषक वर्ग**—ग्रामीण स्तरीकरण में इस वर्ग की भूमिका मध्यम स्तर की होती है। यह वर्ग जमींदारों और व्यापारी वर्ग से निम्न स्तर का लेकिन भूमिहीन श्रमिकों से ऊंची स्थिति में होता है। इस वर्ग में सम्पन्न और विपन्न दोनों ही स्थितियों वाले कृषक आ जाते हैं। सम्पन्न किसानों के पास भूमि इतनी मात्रा में होती है जिससे वे अपने परिवार के भरण-पोषण के बाद कुछ बचत भी कर लेते हैं। साधारणतया यह वर्ग अपनी भूमि पर स्वयं कृषि करता है। लेकिन साधन और अच्छी खेती के लिए श्रमिकों से भी कार्य लेता है। इस वर्ग की अधिकांश विशेषताएं मध्यम वर्ग से मिलती-जुलती होती हैं। विपन्न किसानों में वे लोग हैं जिनके पास भूमि इतनी कम होती है कि उसकी उपज से आजीविका चला पाना साधारणतया कठिन होता है। इसके फलस्वरूप यह वर्ग न केवल अपनी भूमि पर खेती करता है बल्कि कुछ भूमि बड़े-बड़े भू-स्वामियों से किराये पर लेकर भी कृषि करता है। इस दृष्टिकोण से यह वर्ग सीमान्त कृषक वर्ग है।

(ग) भूमिहीन श्रमिक वर्ग—ग्रामीण सामाजिक स्तरीकरण में इस वर्ग की स्थिति सबसे निम्न है। गांवों में इस वर्ग की सदस्य संख्या सबसे अधिक होती है लेकिन इसके पास श्रम के अतिरिक्त कोई अन्य पूंजी नहीं होती। यह वर्ग बड़े अथवा मध्यम स्तर के किसानों की भूमि पर मजदूरी करके अपनी आजीविका चलाता है। कृषि कार्य में इस वर्ग का योगदान सबसे अधिक होता है। लेकिन यह वर्ग सबसे अधिक शोषित है। भारत के विभिन्न भागों में इस वर्ग की जीवन पद्धति और समस्याएं भी पृथक हैं। नगरों के समीप स्थित गांवों में यह वर्ग कृषि के अतिरिक्त समय में अनेक दूसरे कार्यों द्वारा भी अपनी आजीविका उपार्जित कर लेता है।

भारतीय कृषि की अपनी कुछ प्रमुख विशेषताएं हैं, जिन्हें संक्षेप में निम्नांकित रूप से स्पष्ट किया जा सकता है—

(1) सर्वप्रथम ग्रामीण वर्ग व्यवस्था में आर्थिक आधार अधिक महत्वपूर्ण नहीं है। आर्थिक आधार केवल इसी दृष्टिकोण से महत्वपूर्ण है कि जिन व्यक्तियों के पास अपनी भूमि और पशु नहीं होते उनको उच्च वर्ग की सदस्यता प्राप्त नहीं हो पाती।

(2) ग्रामीण वर्ग व्यवस्था की दूसरी विशेषता विभिन्न वर्गों के बीच एक आत्मनिर्भरता का होना है। इसका तात्पर्य है कि जमींदार और बड़े भू स्वामी अपनी भूमि पर कृषि करवाने के लिए श्रामिक वर्ग पर निर्भर होते हैं। जबकि श्रमिक वर्ग अपने अस्तित्व के लिए बड़े कृषकों पर निर्भर रहता है।

(3) ग्रामीण वर्ग व्यवस्था में पूंजी अथवा मुद्रा का महत्वपूर्ण स्थान नहीं है लेकिन वर्तमान युग में कुटीर उद्योगों में वृद्धि होने के कारण पूंजी का महत्व बढ़ता जा रहा है । इसके फलस्वरूप गांवों की वर्गीय संरचना में आज पहले की अपेक्षा अधिक विस्तार हो गया है।

(4) सैद्धान्तिक रूप से ग्रामीण वर्ग संरचना में भी खुलापन पाया जाता है। इसका तात्पर्य हे कि व्यक्ति अपनी योग्यता और कुशलता में वृद्धि करके उच्च वर्ग का सदस्य बन सकता है परन्तु इसके पश्चात भी व्यावहारिक रूप से ग्रामीण वर्ग संगठन इस दृष्टिकोण से अपरिवर्तनशील है कि यहाँ किसी भी वर्ग का सदस्य अपनी स्थिति में साधारणतया परिवर्तन करने का साहस नहीं कर पाता भारत में ग्रामीण स्तरीकरण की विवेचना न तो पूर्णतया जातिगत संस्तरण को आधार मानकर की जा सकती है और न ही केवल वर्ग व्यवस्था को आधार मानकर।

गफ ने तंजोर में किये गये अध्ययन के आधार पर यह स्पष्ट किया है सामाजिक स्तरीकरण के रूप में यहां की वर्गीय संरचना जाति व्यवस्था से पृथक नहीं है। तंजौर में अधिकांश कृषक भूमिहीन श्रमिकों के रूप में हैं तथा सामाजिक स्तरीकारण में उनकी स्थिति सबसे निम्न है। यद्यपि इनकी निम्न सामाजिक और आर्थिक स्थिति को जातिगत निर्योग्यताओं से जोड़ दिया जाता है। लेकिन वास्तविकता यह है कि भूमिहीन श्रमिकों की आर्थिक कठिनाइयों का कारण जाति व्यवस्था से संबद्ध नियम न होकर यहां कृषि से सम्बन्धित विभिन्न अधिनियम हैं। यहां भूमि से संबंधित विद्वानों ने बहुत से छोटे किसानों को उनकी भूमि से बेदखल कर दिया। इसके परिणामस्वरूप भू-स्वामियों काश्तकारों तथा भूमिहीन श्रमिकों के बीच संघर्ष की स्थिति उत्पन्न हो गयी। इसकी प्रतिक्रिया के रूप में विभिन्न जातियों के भू स्वामियों ने संगठित होकर किसानों और भूमिहीन श्रमिकों का विरोध आरम्भ कर दिया। निम्न जातियों के किसानों तथा भूमिहीन श्रमिकों में उत्पन्न असंतोष और विद्रोह की वर्तमान प्रवृति इसी दशा का परिणाम है इससे स्पष्ट होता है कि ग्रामीण सामाजिक स्तरीकरण को केवल जाति अथवा वर्ग के आधार पर ही नहीं समझा जा सकता बल्कि यह स्थिति इन दोनों दशाओं का संयुक्त परिणाम है।

पंचायती राज व्यवस्था (Panchayati Raj System)

पृष्ठभूमि : भारत ने वैदिक-काल से लेकर आज तक पंचायतों का अस्तित्व किसी न किसी रूप में सदैव बन रहा है। महाभारत काल में पंचायतों की शक्ति इतनी अधिक थी कि राजा को भी इनके कार्यों में हस्तक्षेप करने का अधिकार नहीं था। (उस समय

पंचायतों को 'गण' या सभा के नाम से संबोधित किया जाता था। इस ग्राम सभा को अपने सदस्यों को दंड देने के साथ ही आर्थिक व्यवस्था के संचालन का भी अधिकार मिला हुआ था। प्राचीन भारत में भी गांव पंचायतों के सदस्य जनता द्वारा निर्वाचित होते थे, पंचायतों का सम्मान सर्वोपरि था, भूमि के वितरण, करों की वसूली, सार्वजनिक निमार्ण-कार्य तथा न्याय व्यवस्था के क्षेत्र में पंचायतों का अधिकार सर्वोच्च था। 10वीं शताब्दी के बाद मुसलमानों के प्रभाव में वृद्धि होने से पंचायतों के परंपरागत स्वरूप में भी परिवर्तन होने लगा। नवीन शासन व्यवस्था का पंचायतों पर अधिक दूषित प्रभाव नहीं पड़ सका। तुगलक ने अपने कर्मचारियों को निर्देश दे रखा था कि वे न तो पंचायत के कार्य में किसी प्रकार का हस्तक्षेप करें और न ही उन्हें हानि पहुचाएं। 18वीं शताब्दी से भारत में ब्रिटिश शासन का आरंभ होने से पंचायतों की शक्ति पर सबसे अधिक प्रतिकूल प्रभाव पड़ा। इस समय अनेक ऐसी परिस्थितियां उत्पन्न हुईं जिनके फलस्वरूप पंचायतों की उपयोगिता समाप्त होने लगी। इन परिस्थितियों में—(क) जमींदारी प्रथा (ख) नगरों में न्यायालयों की स्थापना (ग) पुलिस विभाग का ग्रामीण जीवन में हस्तक्षेप (घ) पश्चिमीकरण से उत्पन्न व्यक्तिवाद, (ङ) औद्योगीकरण, तथा (च) नवीन भूमि व्यवस्था इत्यादि प्रमुख दशाएं थीं। जमींदारी प्रथा के कारण पंचायतों के परंपरागत अधिकार जमींदारों के हाथों में केंद्रित हो गए और नवीन शासन व्यवस्था के फलस्वरूप पंचायतों द्वारा दिए गए निर्णयों की अवहेलना की जाने लगी। पुलिस विभाग के हस्तक्षेप के कारण पंचायतों के कार्यपालिका संबंधी अधिकार समाप्त हो गए जबकि औद्योगीकरण ने स्थानीय गतिशीलता में इतनी वृद्धि कर दी कि पंचायत का व्यक्ति के जीवन पर अधिक प्रभाव नहीं रह गया इसी समय दीवानी और फौजदारी के क्षेत्र के भी पंचायतों के अधिकार बहुत सीमित कर दिए। इस प्रकार सैद्धांतिक रूप से पंचायतें का प्रचलन बने रहने के पश्चात भी ग्रामीण जीवन में उनका कोई व्यावहारिक महत्व नहीं रह गया।

इस स्थिति को स्पष्ट करते हुए **डॉ. मथाई** ने लिखा है कि ब्रिटिश काल में अनेक अधिकारी अपने भाषणों में स्वायत्त शासन की बातें करते थे। परंतु उनकी कथनी और करनी में बहुत अंतर था। साइमन कमीशन तथा सन, 1909 में 'विकेंद्रीकरण के लिए नियुक्त शाही आयोग' ने जिला परिषदों की असफलता पर प्रकाश डालते हुए ग्रामीण स्वायत्त शासन की स्थापना के लिए गांवों में पंचायतों के पुनर्गठन पर बल दिया। इन कमीशनों के सुझाव को मानते हुए सरकार ने सन, 1915 में यह प्रस्ताव पास किया कि गांवों में पंचायतों के पुनर्गठन के लिए आवश्यक कदम उठाए जाएं। इसी प्रस्ताव के अंतर्गत प्रांतीय सरकारों को यह निर्देश दिए गए कि वे अपने-अपने प्रांत में पंचायतों के पुनर्गठन के लिए आवश्यक कार्यवाही करें इसके पश्चात देश के विभिन्न प्रांतों में पंचायतों के पुनर्गठन के लिए ग्राम पंचायम अधिनियम पारित किए जाने लगे। सर्वप्रथम सन, 1919 में 'बंगाल ग्राम पंचायत अधिनियम' पारित हुआ तथा इसके पश्चात अनेक दूसरे प्रांतों की सरकारों ने गांव पंचायतों के लिए अधिनियम पारित किए। सन, 1920 में 'कलकत्ता कांग्रेस अधिवेशन' में **गांधी जी** ने ग्राम पंचायतों की आवश्यकता पर बल देते हुए सभी वकीलों से विदेशी न्यायालयों का बहिष्कार करने का अनुरोध किया। आपका विचार था कि गांव के परस्परिक विवादों का समाधान गांव पंचायतों के माध्यम से ही किया जाना चाहिए। इसी वर्ष **डॉ. राजेन्द्रप्रसाद** ने 'यंग इंडिया' में एक लेख प्रकाशित किया जिसमें उन्होंनें न्यायालयों के स्थान पर ग्राम पंचायतों को महत्व देने का सुझाव दिया। सन, 1922 में देशबंधु **चितरंजन दास** ने भी अपने भाषणों में ग्राम पंचायतों की आवश्यकता पर बल देते हुए ऐसे अनेक सुझाव प्रस्तुत किए जिनके आधार पर गांव पंचायतों को ग्रामीण जीवन की एक सशक्त इकाई बनाया जा सकता था। सन, 1931 की 'गोलमेज कॉन्फ्रेंस' में महात्मा गांधी ने गांव पंचायतों के पुनर्गठन की पुनः मांग की और इसके पश्चात उन्होंने गांव पंचायतों के माध्यम से ग्रामीण स्वराज की मांग करना आरंभ कर दी सन, 1947 में भारत के स्वतंत्र होने पर गांव पंचायतों के पुनर्गठन को सर्वोच्च प्राथमिकता के रूप में स्वीकार किया जाने लगा। **डॉ. अम्बेडकर** की अध्यक्षता में बने रहे नवीन भारतीय संविधान में ग्राम पंचायतों के लिए संवैधानिक व्यवस्था करने की मांग की गई। अन्ततः संविधान के भाग 4, अनुच्छेद 40 में राज्यों के नीति निर्देशक तत्वों में यह घोषणा की गई की प्रत्येक राज्य पंचायतों के पुनर्गठन के लिए प्रयत्न करेगा तथा उन्हें ऐसी शक्तियां और अधिकार प्रदान करेगा जिससे पंचायतें स्वायत्त शासन की इकाई के रूप में कार्य कर सकें। इसके पश्चात लगभग प्रत्येक राज्य में इसी नीति निर्देशक तत्व के आधार पर पंचायतों के पुनर्गठन के लिए प्रयास किए जाने लगे। स्वतंत्र भारत में नवीन संविधान लागू होने के पूर्व ही उत्तर प्रदेश ने सर्वप्रथम पंचायतों का पुनर्गठन करना आरंभ कर दिया। पंचायतों के समुचित विकास के लिए सन, 1947 में ही एक अधिनियम पारित किया गया तथा इसी अधिनियम के अंतर्गत सन, 1948 में ग्राम पंचायतों का पहला निर्वाचन हुआ। 'उत्तर प्रदेश पंचायत राज अधिनियम 1947 ' अन्य राज्यों के लिए भी पथ-प्रदर्शक का कार्य करने लगा गांव पंचायतों को कानूनी मान्यता देने के 6 वर्षों के अंदर ही उत्तर प्रदेश को अभूतपूर्व सफलता मिली तथा भारत के लगभग 50% गांवों में गांव पंचायतों का गठन हो

गया। सन, 1954 में ग्राम पंचायत व्यवस्था का समुचित अध्ययन करने तथा इस व्यवस्था को अधिक शक्तिशाली बनाने के लिए 'कांग्रेस ग्राम पंचायत समिति' की एक बैठक हुई जिसमें अनेक महत्त्वपूर्ण सुझाव दिए गए। भारत में ग्राम पंचायतों के पुनर्गठन के लिए प्रारंभिक 10 वर्षों में जो भी प्रयास हुए वे अनेक उद्देश्यों को ध्यान में रखते हुए किए गए थे।

(क) ब्रिटिश शासन काल से गांवों की आत्म-निर्भरता समाप्त होने के कारण उनका सामाजिक और आर्थिक स्तर इतना गिर गया था कि स्वायत्तशासी संस्था के रूप में ग्राम पंचायतों की स्थापना के बिना इस स्थिति में सुधार संभव नहीं था। इस दृष्टिकोण से पंचायतों को विकास का सर्वोत्तम साधन समझा गया, क्योंकि पंचायतों द्वारा ही स्थानीय समस्याओं को समझकर उनका व्यवहारिक हल ढूंढ़ा जा सकता है।

(ख) ग्राम पंचायतों के पुनर्गठन का एक महत्त्वपूर्ण उद्देश्य सत्ता का विकेंद्रीकरण करना था, जिससे प्रत्येक स्तर पर शासन का भार जनता के प्रतिनिधियों पर छोड़कर उन्हें विकास के समुचित अवसर प्रदान किए जा सकें।

(ग) पंचायत राज व्यवस्था का आधारभूत उद्देश्य प्रत्येक वर्ग के व्यक्तियों को इस योग्य बनाता है कि वे संपूर्ण जनता के हित में व्यापक और अनवरत विकास के लक्ष्य को प्राप्त कर सकें। पंचायती राज एक ऐसा साधन है जिसके द्वारा प्रजातांत्रिक संस्थाओं तथा विस्तार सेवाओं को व्यावहारिक रूप दिया जा सकता है।

(घ) प्रत्येक स्तर पर शासन के लिए सहयोग प्रदान करने वाली स्वायत्तशासी संस्थाओं के विकास के लिए भी गांव पंचायतों का विकास होना आवश्यक है।

(च) आर्थिक विकास के दृष्टिकोण से भारत अभी भी बहुत पिछड़ा हुआ है तथा विकास के लिए किए जाने वाले प्रयत्न अभी अपने आरंभिक स्तर पर ही है। इस दृष्टिकोण से पंचायती राज व्यवस्था का उद्देश्य प्रत्येक क्षेत्र में व्यक्तियों द्वारा अपने साधनों का अधिकतम उपयोग करने की संभावना को देखना और उनका वास्तविक उपयोग करना है।

(छ) गांव पंचायतों का एक महत्वपूर्ण उद्देश्य जनता में राजनीतिक जागरुकता उत्पन्न करना तथा उन्हें अपने अधिकारों का उचित उपयोग करने का प्रशिक्षण प्रदान करना है। यह अनुभव किया गया है कि ग्रामीण क्षेत्रों में गांव पंचायतों द्वारा ही उचित नेतृत्व का विकास किया जा सकता है।

(ज) अर्थिक और सामाजिक विकास का क्षेत्र इतना व्यापक है कि शासन की स्थानीय इकाई के बिना ग्रामीण जनता में प्रचलित अंधविश्वासों, कुरीतियों, साधनों के अपव्यय तथा कृषि की पुरानी पद्धतियों के प्रभाव को समाप्त नहीं किया जा सकता। केवल गांव पंचायतों को विस्तृत अधिकार देकर ही इस स्थिति में सुधार किया जा सकता है।

(झ) अंत में, गांव पंचायतों के पुनर्गठन का एक आधारभूत उद्देश्य सभी ग्रामीणों के प्रति अपनत्व की भावना का विकास करना और आत्म-निर्भरता की ऐसी क्षमता का विकास करना है, जिसकी सहायता से वे अपनी समस्याओं का समाधान स्वयं ही कर सकें।

73वें संशोधन से पूर्व (Before 73rd Amendment)

स्वतंत्र भारत में ग्रामीण समुदाय के सर्वांगीण विकास के लिए सन् 1952 में 'सामुदायिक विकास कार्यक्रम' एवं सन, 1953 में 'राष्ट्रीय प्रसार सेवा योजना' आरंभ की गई। इन कार्यक्रमों का मुख्य उद्देश्य ग्रामीणों में आत्मनिर्भरता तथा जन-सहभागिता की वृद्धि करना था। सन, 1955 में 'केंद्रीय मूल्यांकन समिति' ने यह स्पष्ट किया कि सामुदायिक विकास योजना द्वारा ग्रामीण जीवन से संबंधित कुछ भौतिक लक्ष्यों को अवश्य प्राप्त कर लिया गया है लेकिन यह जन-साधारण का कार्यक्रम बनाने में असफल रहा है। इस कार्यक्रम को जनता का कार्यक्रम बनाने एवं इसमें ग्रामीणों का सक्रिय सहयोग प्राप्त करने के लिए सन् 1957 में **बलवन्त राय मेहता** अध्ययन समिति, ने अपने प्रतिवेदन में यह सुझाव दिया कि ग्राम विकास से संबंधित योजना बनाने और इन्हें क्रियान्वित करने के लिए प्रशासनिक कार्यों का विकेंद्रीकरण किया जाय तथा स्वशासन के अधिकार जन-प्रतिनिधियों को सौंप दिए जाएं। इस समिति के प्रतिवेदन की सबसे महत्त्वपूर्ण विशेषता यह थी कि इसमें पंचायती राज व्यवस्था की स्थापना के लिए लोकतांत्रिक विकेंद्रीकरण की प्रक्रिया को अनिवार्य माना गया। इस प्रकार पंचायत राज व्यवस्था की स्थापना के लिए **बलवन्त राय मेहता** समिति ने जिस योजना को प्रस्तुत किया था उसी को 'लोकतांत्रिक विकेंद्रीकरण' के नाम से जानते हैं। सन, 1957 में प्रस्तुत इस योजना को कार्य रूप देने के लिए लिए 12 जनवरी, 1958 में राष्ट्रीय विकास समिति द्वारा इसे स्वीकार कर लिया गया। मेहता समिति ने सामुदायिक विकास कार्यक्रम को एक लक्ष्य मानते हुए पंचायती राज व्यवस्था को इस लक्ष्य प्राप्ति के साधन के रूप में स्पष्ट किया था। **बलवन्त राय मेहता** समिति का विचार था कि लोकतंत्र का तात्पर्य जन-साधारण द्वारा मत देकर सरकार का चुनना और फिर 5 वर्ष तक तटस्थ रूप से सरकार और विरोधी दलों की गतिविधियां देखना मात्र नहीं है। वास्तव में लोकतंत्र का सही अर्थ निर्णय लेने और विकास की प्रक्रिया को प्रत्येक स्तर पर जनता की सक्रिय सहभागिता में वृद्धि करना है। इस दृष्टिकोण से पंचायत राज

व्यवस्था के रूप में लोकतांत्रिक विकेंद्रीकरण को एक माध्यम मानते हुए मेहता समिति ने एक त्रि-स्तरीय व्यवस्था की स्थापना करने का सुझाव दिया। इस त्रि-स्तरीय व्यवस्था के अंतर्गत ग्रामीण स्तर पर ग्राम पंचायत, खण्ड स्तर पर पंचायत समिति और जिला स्तर पर जिला परिषद की स्थापना का सुझाव दिया गया। पंचायती राज व्यवस्था के नवीन स्वरूप को राष्ट्रीय विकास समिति द्वारा मान्यता मिल जाने के पश्चात सर्वप्रथम 2 अक्टूबर, 1959 को राजस्थान सरकार द्वारा इसे अपने प्रदेश में लागू किया गया। इसके पश्चात उत्तर प्रदेश, गुजरात, महाराष्ट्र, पंजाब तथा आन्ध्र प्रदेश में भी इस व्यवस्था को लागू कर दिया गया। इस प्रकार पंचायती राज व्यवस्था को लोकतांत्रिक विकेंद्रीकरण का सशक्त साधन मानते हुए, इसके द्वारा ग्रामीण जन-सहभाग में वृद्धि करने का अथक प्रयास करने के प्रयत्न किए गए। आरंभ में मेहता समिति द्वारा प्रतिवेदित लोकतांत्रिक विकेंद्रीकरण की प्रक्रिया में सत्ता के विकेंद्रीकरण के प्रश्न को लेकर विभिन्न विद्वानों में मतभेद था।

राव समिति के सुझाव (Recommandation of G.V.K. Rao Committee)—अशोक मेहता समिति के प्रतिवेदन के अस्वीकार हो जाने के पश्चात सन् 1985 में भारत के कृषि मंत्रालय द्वारा जी.वी.के. राव की अध्यक्षता में एक अन्य समिति का गठन किया गया। इस समिति का कार्य ग्रामीण विकास के लिए विद्यमान प्रशासनिक व्यवस्थाओं की समीक्षा करना, पंचायत राज व्यवस्था की कमियों पर प्रकाश डालना तथा ग्रामीण विकास कार्यक्रमों को प्रभावशाली ढंग से लागू करने में पंचायती राज की भूमिका को स्पष्अ करना था। इस समिति ने पंचायत राज व्यवस्था की निष्क्रय भूमिका को अनेक कारणों के आधार पर स्पष्ट किया जिनमें कुछ प्रमुख कारण इस प्रकार थे :

1. सामुदायिक विकास कार्यक्रमों को जारी करने के लिए जो स्वायत्तया अपेक्षित है, उसका वर्तमान व्यवस्था में अभाव है।

2. जो कार्यक्रम ग्रामीण विकास के लिए आवश्यक थे, उनमें से अनेक कार्यक्रम पंचायत राज संस्थाओं के कार्य-क्षेत्र से निकाल लिए गए और किसी न किसी बहाने उन पर राज्य सरकारों द्वारा कार्यान्वयन किया जाने लगा।

3. पंचायत राज संस्थाओं के पास वित्तीय साधनों का अभाव है। इन संस्थाओं द्वारा वसूल की गई कुल राशि राज्य के सम्पूर्ण राजस्व का केवल 0-1 प्रतिशत है।

4. पंचायत राज के प्रति संसद सदस्यों तथा विधान सभा सदस्यों का उत्साह अपेक्षाकृत कम होने के कारण भी ये संस्थाएं समुचित रूप से कार्य नहीं कर पा रही हैं।

5. पंचायती राज संस्थाओं के चुनाव नियमित रूप से न होने के कारण भी ग्रामीण विकास भूमिका बहुत निष्क्रिय रही।

राव समिति ने पंचायती राज व्यवस्था को प्रभावशाली बनाने के लिए चार स्तरों वाली एक प्रणाली की स्वीकृति की, जिसमें पहले स्तर पर राज्य विकास परिषद दूसरे स्तर पर जिला परिषद, तीसरे स्तर पर पंचायत समिति तथा चौथे स्तर पर मंडल पंचायत तथा ग्राम सभा को गठित करने का सुझाव दिया गया। यह संस्तुति की गई कि राज्य विकास परिषत के अध्यक्ष मुख्य मंत्री होंगे तथा अन्य सभी मंत्री एवं सभी जिला परिषदों के अध्यक्ष इसके सदस्य होंगे। जिला स्तर पर जिला परिषद के अधिकारों का इस तरह विकेंद्रीकरण किया जाए जिससे ग्रामीण विकास में इसका सक्रिय योगदान हो सके। खंड स्तर पर प्रत्यक्ष रूप से निर्वाचित सदस्यों की एक पंचायत समिति होनी चाहिए जो जिला परिषद के निर्देशन में विकास कार्यक्रमों की योजना बनाने तथा उन्हें कार्यान्वित करने के लिए उत्तरदायी हो। वर्तमान ग्राम पंचायतों के स्थान पर मंडल पंचायत का गठन इस तरह किया जाए जिससे 15000 से 20000 तक ही जनसंख्या के गांवों के समूह पर एक-एक मंडल पंचायत कार्य कर सकें। प्रत्येक गांव में एक ग्राम सभी होनी चाहिए जिसमें उस गांव के सभी निवासी मतदाता हों।

73वां संशोधन (73rd Amendment)

भारत सरकार ने सन, 1989 में संविधान में संशोधन करने के लिए एक विधेयक लोक सभा में प्रस्तुत किया। इस विधेयक को लोकसभा द्वारा 22 दिसंबर, 1992 को '73वां संशोधन अधिनियम,1992' के रूप में पारित किया गया। राज्य सभा ने भी 23 दिसंबर, 1992 को इस अधिनियम को अपनी स्वीकृति दे दी। इसके पश्चात जब 17 राज्यों ने इस अधिनियम को अपने-अपने राज्यों को स्वीकार करने से संबंधित सूचना केंद्र सरकार को भेज दी, तब इसे राष्ट्रपति की स्वीकृति के लिए भेज दिया गया। इस प्रकार, 24 अप्रैल, 1993 से संविधान के 73वें संशोधन के रूप में यह 'संविधान अधिनियम 1992' संपूर्ण देश में लागू हो गया। इस अधिनियम का उद्देश्य संपूर्ण देश में एक-समान पंचायती राज व्यवस्था लागू करना तथा पंचायती राज संस्थाओं को ग्रामीण विकास में सक्रिय भूमिका निभाने के योग्य बनाना है। इसी संविधान अधिनियम 1992 को हम 'केंद्रीय पंचायती राज अधिनियम 1992' भी कहते हैं।'पंचायत राज संशोधन अधिनियम, 1992 के प्रमुख उद्देश्यों तथा इसकी प्रमुख विशेषताओं को निम्नलिखित रूप से समझा जा सकता है।

उद्देश्य :

(क) ग्राम सभा को पुनर्जीवित करके ग्राम तथा दूसरे स्तरों पर पंचायती राज संस्थाओं की संपूर्ण देश में स्थापना करना।

(ख) ग्रामीण तथा अन्य स्तरों पर पंचायतों के प्रत्येक पद के लिए प्रत्यक्ष चुनाव की नीति को अपनाना।

(ग) पंचायत राज की सभी संस्थाओं में अनुसूचित जातियों, अनुसूचित जनजातियों तथा पिछड़े वर्गों के लिए स्थान सुरक्षित करना।

(घ) पंचायत राज की संस्थाओं में एक-तिहाई पद स्त्रियों के लिए सुरक्षित करना।

(च) पंचायतों का कार्यकाल 5 वर्ष निर्धारित करना तथा यदि किसी कारण पंचायत को भंग किया जाए तो 6 माह की अवधि के अंदर चुनाव करवाना।

(छ) आर्थिक विकास तथा सामाजिक न्याय से संबंधित योजनाएं बनाने का कार्य पंचायती राज संस्थाओं को प्रदान करना।

(ज) पंचायत राज संस्थाओं के आर्थिक स्रोतों में वृद्धि करना तथा राज्य स्तर पर एक ऐसे वित्त आयोग (Finance Commission) की स्थापना करना जो समय-समय पर पंचायती राज संस्थाओं की आर्थिक स्थिति का मूल्यांकन कर सकें।

(झ) पंचायतों को अधिक अधिकार देकर उनके कार्यों का विस्तार करना।

प्रमुख विशेषताएं

(क) नए अधिनियम के अनुसार गांव सभा एक ऐसी संस्था होगी जिसमें पंचायत क्षेत्र के अंतर्गत आने वाले सभी वयस्क व्यक्ति इसमें सहभाग करेंगे।

(ख) नई पंचायती राज व्यवस्था तीन स्तरों वाली होगी-ग्राम स्तर, मध्यवर्गी स्तर तथा जिला स्तर। जिन राज्यों की जनसंख्या 20 लाख से कम है, उनके लिए मध्यवर्ती स्तर को गठित करना अनिवार्य नहीं होगा।

(ग) तीनों स्तरों पर पंचायती राज संस्थाओं के पद प्रत्यक्ष चुनाव से भर जाएंगे। ग्राम पंचायतों के प्रमुख मध्यवर्ती स्तर की पंचायत के सदस्य बन सकेंगे। इस प्रकार मध्यवर्ती पंचायतों के कुछ सदस्यों का जिला स्तर की पंचायत में प्रतिनिधित्व होगा।

(घ) सभी स्तर की पंचायतों में अनुसूचित जनजातियों तथा अनुसूचित जातियों के लिए उनकी जनसंख्या के अनुपात में स्थान आरक्षित होंगे। तीनों स्तरों की पंचायतों के अध्यक्षों के एक तिहाई पद महिलाओं के लिए आरक्षित रहेंगे।

(च) राज्यों के विधान मंडल पंचायती राज संस्थाओं की तीनों स्तरों पर अध्यक्ष पदों तथा सदस्यों के लिए पिछड़े वर्गों में से आरक्षण की व्यवस्था कर सकते हैं।

(छ) ऐसा व्यक्ति जिसे कानून के अंतर्गत राज्य विधान मंडल के चुनाव के अयोग्य घोषित किया जा चुका है, पंचायत का सदस्य भी नहीं बन सकेगा।

(ज) पंचायतों के लिए मतदाता सूचियां बनाने, चुनाव की प्रक्रिया की देख-रेख करने तथा आवश्यक दिशा-निर्देशन देने के लिए एक स्वतंत्र निर्वाचन आयोग गठित किया जाएगा।

(झ) संविधान की ग्यारहवीं अनुसूची में उल्लिखित कार्यों के अंतर्गत आर्थिक विकास और सामाजिक न्याय की योजनाएं बनाने में पंचायतों को विशेष महत्त्व दिया जाएगा तथा विकास योजनाओं को लागू करना पंचायतों का मुख्य कार्य होगा।

(ट) पंचायत राज संस्थाओं द्वारा विकास योजनाएं लागू करने के लिए राज्य सरकारें उन्हें पर्याप्त साधन उपलब्ध कराएंगी। इसके अतिरिक्त, राज्य सरकारें कुछ करों से प्राप्त राजस्व पंचायतों के लिए निर्धारित करेंगी। कुछ मामलों में पंचायतों को कर लगाने व प्राप्त धनराशि का उपयोग करने की भी अनुमति होगी।

(ठ) प्रत्येक राज्य में एक वित्त आयोग का गठन किया जाएगा जिसका कार्यकाल 5 वर्ष का होगा। यह आयोग पंचायतों के आर्थिक क्रिया-कलापों की जांच करेगा तथा पंचायतों को पर्याप्त वित्तीय साधन उपलब्ध कराने के लिए सुझाव देगा।

ग्यारहवीं अनुसूची में उल्लिखित पंचायतों के कार्य (Functions of Panchayats laid down in Eleventh Schedule)

'पंचायती राज संशोधन अधिनियम 1992' से संबंध संविधान में एक पृथक ग्यारहवीं अनुसूची को जोड़ा गया जिसके द्वारा पंचायत राज व्यवस्था के कार्य स्पष्ट किए गए। यह कार्य इस प्रकार है :

1. कृषि, जिसमें कृषि प्रसार भी सम्मिलित है।
2. भूमि सुधार, भूमि सुधारों का क्रियांवयन, भूमि की चकबंदी तथा भूमि संरक्षण।
3. लघु सिंचाई, जल प्रबंध तथा जल-आच्छादन विकास।
4. पशुपालन, दुग्ध उद्योग तथा कुक्कुट पालन।
5. मत्स्य पालन।
6. सामाजिक वानिकी तथा कृषि वानिकी
7. लघु वन उत्पादन।
8. लघु उद्योग जिसके अंतर्गत खाद्य अनुरक्षण उद्योग सम्मिलित है।
9. खादी, ग्राम तथा कुटीर उद्योग।
10. ग्रामीण आवास।
11. पेयजल।
12. ईंधन और चारा।
13. सड़कों, पुलियों, पुलों, घाटों तथा संचार के साधनों की व्यवस्था।
14. ग्रामीण विद्युतीकरण जिसके अंतर्गत विद्युत का वितरण भी है।

15. गैर-पारंपरिक ऊर्जा के स्त्रोत।

16. गरीबी निराकरण कार्यक्रम।

17. शिक्षा जिसमें प्राथमिक और माध्यमिक विद्यालय सम्मिलित हैं।

18. तकनीकी प्रशिक्षण तथा व्यवसायिक शिक्षा।

19. प्रौढ़ तथा अनौपचारिक शिक्षा।

20. पुस्तकालय।

21. सांस्कृतिक क्रिया-कलाप।

22. बाजार और मेले।

23. स्वास्थ्य तथा स्वच्छता जिसमें अस्पताल, प्राथमिक स्वास्थ्य केंद्र तथा औषधालय सम्मिलित हैं।

24. परिवार कल्याण कार्यक्रम।

25. महिला एवं बाल विकास।

26. समाज कल्याण, जिसके अंतर्गत विकलांगों और मानसिक रूप से अविकसित व्यक्तियों का कल्याण सम्मिलित है।

27. जनता के कमजोर वर्गों का कल्याण तथा मुख्य रूप से अनुसूचित जातियों तथा अनुसूचित जनजातियों का कल्याण।

28. सार्वजनिक वितरण प्रणाली।

29. सामुदायिक संपत्तियों का रख-रखाव।

ग्रामीण पुनर्निर्माण में पंचायतों का महत्त्व (Importance of Panchayats in Rural Reconstruction)

इकाइयों के महत्त्व की तुलना की जाए तो स्पष्ट होता है कि इन सभी इकाइयों में ग्राम पंचायत का महत्त्व सबसे अधिक है। ग्राम पंचायत न केवल गांव में स्वस्थ नेतृत्व का विकास करने का प्रयत्न करती है बल्कि इसी के माध्यम से एक ऐसी लोकतांत्रिक व्यवस्था संभव हो पाती है जिसमें शासन का प्रवाह नीचे से ऊपर की और होता है। ग्राम पंचायतें ही वे माध्यम हैं जिनके द्वारा स्थानीय जरूरतों के अनुसार योजनाओं के निर्माण के लिए सुझाव दिए जाते हैं तथा उन योजनाओं के कार्यान्वयन को प्रभावपूर्ण बनाया जाता है। भारत गांवों का देश है, अत: जब तक विभिन्न विकास कार्यक्रमों में ग्रामीणों का सहयोग प्राप्त नहीं होता तब तक योजनाओं की सफलता की संभावना नहीं की जा सकती। संभवत: इसी दृष्टिकोण से **गांधी जी** ने कहा था, ''यदि भारत की जनता के लिए स्वराज्य का कोई अर्थ है तो एक प्रारंभिक संस्था के रूप में ग्राम पंचायतों के विकास को सबसे अधिक महत्त्व देना होगा।'' इस संदर्भ ने **श्री ढेबर** ने यह स्पष्ट किया है कि, ''पंचायतें केवल ग्रामीण विकास की ही नहीं बल्कि संपूर्ण भारत के विकास की धुरी हैं।'' भारत में ग्राम पंचायतों का महत्व इसी तथ्य से स्पष्ट हो जाता है कि ग्राम पंचायतें छोटे से छोटे प्रत्येक स्थान पर ग्रामीणों को जनतंत्र की शिक्षा देने तथा उन्हें अपना विकास स्वयं करने का प्रशिक्षण देने वाली सबसे प्रभावपूर्ण माध्यम हैं।

सार्वजनिक कल्याण

ग्रामीण क्षेत्रों में सार्वजनिक कल्याण-कार्य की बहुत कमी है। प्रत्येक स्थान पर स्वास्थ्य का स्तर बहुत निम्न है। ग्रामों में गंदगी, संक्रामक रोगों, पीने के स्वच्छ पानी की कमी, स्वस्थ मनोरंजन का अभाव तथा परिवहन की असुविधा आदि विशेष समस्याएं हैं। पंचायतें सार्वजनिक क्षेत्र में अनेक महत्वपूर्ण कार्य करके ग्रामीण पुनर्निर्माण में सहायक सिद्ध हुई हैं—

(क) स्वास्थ्य के स्तर को गिराने वाली सभी समस्याओं को पंचायत की सहायता से ही सुलझाया जा सकता है। इसके द्वारा ग्रामीण जीवन की आवश्यक जानकारी रखी जाती है और स्वास्थ्य के क्षेत्र में व्यक्तियों के लिए आवश्यक सुविधाएं जुटाई जाती हैं।

(ख) यह कार्य ग्राम पंचायतों द्वारा अधिक सरलता से किया जा सकता है। अधिकतर बीमारियां संक्रामक होती हैं। उनके फैलते ही तत्काल कार्यवाही करना आवश्यक है। स्थानीय संगठन होने के कारण यह कार्य ग्राम पंचायतों द्वारा शीघ्र ही किया जा सकता है।

(ग) अधिकांश ग्रामीणों के शिक्षित न होने के कारण वे साधारणतया स्वच्छता के प्रति अधिक जागरूक नहीं होते। इसके फलस्वरूप उनके स्वास्थ्य का स्तर निम्न ही रहता है। ग्राम पंचायतें ग्रामीणों से केवल स्वच्छता की अपील ही नहीं करतीं बल्कि उन्हें नालियां बनाने और ढके हुए खाद के गड्ढे बनाने का प्रशिक्षण भी देती हैं। सभी ग्रामीणों से गांव पंचायतों का प्रत्यक्ष संबंध होने के कारण यह कार्य भी सरलतापूर्वक हो जाता है।

(घ) ग्रामीण जीवन का पिछड़े होने का एक मुख्य कारण यातायात के साधनों में कमी होना है। ग्राम पंचायतें सड़कों की मरम्मत करवाकर, रोशनी का प्रबंध करके और नई सड़कें बनवाकर इस कमी को पूरा करती हैं। राजस्थान सरकार ने 'काम के बदले अनाज कार्यक्रम' के अंतर्गत गांवों में स्थाई सामुदायिक संपत्ति का निर्माण करने के लिए ग्राम पंचायतों को अधिक प्राथमिकता दी थी।

(च) गांव में अधिकतर बीमारियां गंदा पानी पीने के फलस्वरूप उत्पन्न होती हैं। पंचायतें गांव के कुओं में लाल दवा डलवाकर तालाबों को स्वच्छ रखकर तथा जल-प्रपातों को सुरक्षित रखकर पीने के पानी की व्यवस्था करती हैं। इससे ग्रामीण अनेक बीमारियों से बच जाते हैं।

(छ) ग्रामीण जीवन में मनोरंजन का अत्यधिक महत्व है। कठिन परिश्रम के बाद थोड़े से मनोरंजन से ही ग्रामीणों में नए

उत्साह और शक्ति का संचार हो सकता है। ग्राम पंचायतें मेलों, प्रदर्शनियों, आकाशवाणी के कार्यक्रमों तथा खेलकूद की व्यवस्था करके और कभी-कभी कल्याण अधिकारी के सहायता से चल-चित्रों का आयोजन करके ग्रामीणों को मनोरंजन की स्वस्थ सुविधाएं प्रदान करती हैं।

(ज) ग्रामीणों के जीवन में अकाल बाढ़, सूखा, और महामारियों की आशंका सदैव बनी रहती है। अपने सीमित साधनों के कारण ग्रामीण इनका सामना अकेले नहीं कर पाते। ग्राम पंचायतें प्राकृतिक विपत्तियों के समय ग्रामीणों की आर्थिक सहायता करती हैं और उनका मनोबल ऊंचा रखने के लिए उन्हें विभिन्न प्रकार से प्रोत्साहित करती हैं।

पंचायती राज व्यवस्था का प्रभाव (Impact of Panchayat Raj System)

पंचायती राज व्यवस्था आज देश के सभी भागों में कार्यान्वित हो चुकी है तथा इसकी विभिन्न इकाइयों द्वारा एक समन्वित विकास कार्यक्रम को व्यवहारिक रूप दिया जा रहा है। इस व्यवसथा के अनुसार प्रजातांत्रिक विकेंद्रीकरण से संबंधित सभी कार्यक्रमों को ग्रामीण स्तर पर लागू करने के लिए पंचायत सहकारिता तथा विद्यालय तीन महत्वपूर्ण संस्थाएं हैं। कार्यक्रमों को लागू करने का दायित्व निर्वाचित सदस्यों वाली पंचायत का है जबकि आर्थिक विकास का कार्य सहकारी समितियों के माध्यम से पूरा किया जाता है। ग्रामीण विद्यालय एक ऐसा सामाजिक केंद्र बन गया है। जिसके द्वारा ग्रामीणों की शिक्षात्मक, मनोरंजनात्मक तथा सांस्कृतिक आवश्यकताओं को पूरा किया जाता है। विभिन्न सहयोगी संगठनों जैसे महिला एवं युवा मंडलों, कृषक तथा कारीगर समितियों आदि को अपने-अपने क्षेत्र की पंचायतों के विकास कार्यक्रमों से इस प्रकार मिला दिया गया है। जिससे पंचायती राज व्यवस्था अधिक से अधिक प्रभावपूर्ण रूप से अपना कार्य कर सके। इन संपूर्ण प्रयत्नों के फलस्वरूप आज पंचायती राज व्यवस्था ने ग्रामीण जीवन को व्यापक रूप से प्रभावित किया है। विभिन्न अध्ययनों के आधार पर पंचायती राज व्यवस्था के प्रमुख प्रभावों को निम्नांकित ग्रामीण क्षेत्रों में स्पष्ट किया जा सकता है :

(क) पंचायती राज व्यवस्था के प्रभाव से ग्रामीण की परंपरागत जाति सरंचना में महत्त्वपूर्ण परिवर्तन हुए हैं। जिन गांवों में कुछ समय पूर्व तक सभी जातियां एक-दूसरे से पृथक समुदाय के रूप में अपना अस्तित्व बनाए हुए थीं, उनमें अब सामाजिक दूरी कम होने के साथ ही सात्मीकरण की प्रक्रिया भी प्रभावपूर्ण हो गई है। **एवेलेन बुड** ने यह स्पष्ट किया है कि पंचायती राज व्यवस्था के फलस्वरूप ग्रामीणों को मतदान का अधिकार मिला जिससे जाति संरचना में केवल ध्रुवीकरण की प्रक्रिया ही आरंभ नहीं हुई, बल्कि विभिन्न जातियों को एक दूसरे के निकट संपर्क में आने के अवसर भी प्राप्त हुए हैं। **डॉ. श्री निवास** ने अपने अध्ययन के आधार पर यह बताया है कि पंचायती राज की स्थापना से निम्न जातियां, विशेषकर, हरिजन जातियों में आत्मसम्मान की भावना बढ़ने के साथ ही शक्ति की एक नवीन अनुभूति का संचार हुआ है इससे स्पष्ट होता है कि पंचायत राज व्यवस्था ने परंपरागत शक्ति संरचना में परिवर्तन उत्पन्न करके जातिगत निर्योग्यताओं तथा जातिगत निषेधों के प्रभाव को कम कर दिया है।

(ख) ग्रामों की राजनीतिक संरचना भी आज नवीन परिवेश ग्रहण कर रही है। ग्रामों की शक्ति संरचना अब आनुवंशिक मुखिया अथवा वृद्ध व्यक्तियों के हाथों में केंद्रित नहीं है। बल्कि इसमें जन-साधारण की सहभागिता बढ़ती जा रही है। ग्रामीण नेतृत्व अब मुख्य रूप से उन व्यक्तियों के हाथों में केंद्रित होने लगा है जो मध्यवर्ग के सदस्य हैं अथवा जिनके परिवार का परंपरागत शक्ति संरचना में कोई प्रत्यक्ष योगदान नहीं था। **जी.आर. रेड्डी** ने अपने अध्ययन के द्वारा यह ज्ञात किया कि पंचायती राज की त्रि-स्तरीय व्यवस्था में जिला परिषदों और पंचायत समितियों के विभिन्न पदों पर आज भी वे ही व्यक्ति आसीन हैं। जो आर्थिक रूप से संपन्न हैं, परंतु ग्रामीण पंचायतों पर अब 60 से 68 प्रतिशत पिछड़ी और अनुसूचित जातियों के सदस्यों का प्रतिनिर्धित्व हो चुका है तथा इनमें से 72 प्रतिशत व्यक्ति ऐसे हैं जिनकी वार्षिक आय 2500 रुपए से भी कम है। इसके अतिरिक्त गांवों के अधिक उत्साही तथा प्रगतिशील दृष्टिकोण वाले व्यक्तियों में नेतृत्व की नई क्षमताओं का विकास हुआ है। **रेड्डी** के अनुसार ग्रामीण नेतृत्व में युवा सदस्यों का प्रभाव बढ़ा है तथा राजनीतिक आकांक्षाओं ने जाति, धर्म और नातेदारी के परंपरागत आधारों को दुर्बल बना दिया है। **पर्वथम्मा** ने मैसूर के गांवों का अध्ययन करके इसी प्रकार के निष्कर्ष प्रस्तुत किए हैं।

(ग) पंचायती राज व्यवस्था से संबंध विभिन्न विकास कार्यक्रमों के फलस्वरूप ग्रामीणों के जीवन स्तर तथा प्रति व्यक्ति जीवन में व्याप्त अन्ध-विश्वासों तथा कुरीतियों का प्रभाव पहले की तुलना में बहुत कम हो चुका है। इसके फलस्वरूप आज ग्रामीण समुदाय में हीनता और निराशा की भावना उतने स्पष्ट रूप से नहीं दिखाई देती जैसी कि कुछ वर्षों पूर्व तक अनुभव की जाती थी।

(घ) पंचायती राज के प्रभाव से आज ग्रामीण गतिशीलता में वृद्धि हुई है। यह गतिशीलता सामाजिक तथा आर्थिक सभी क्षेत्रों में विद्यमान है। नए बाजारों के ज्ञान तथ परिवहन की सुविधाओं की

सहायता से ग्रामीण अपनी उपज का अब अधिक मूल्य प्राप्त करने लगे हैं। ग्रामीण महाजन, बंजारे तथा स्थानीय व्यापारी सहकारी समितियों के कारण ग्रामीणों का अधिक शोषण नहीं कर पाते। ग्रामीणों द्वारा अब औद्योगिक श्रमिक के रूप में कार्य करने के लिए नगरों की ओर जाना अनुचित नहीं समझा जाता। इसके फलस्वरूप विभिन्न क्षेत्रों में श्रम की मांग और पूर्ति का असंतुलन कम हुआ है। सामाजिक क्षेत्र में पंचायत राज व्यवस्था ने एक ऐसे वातावरण का निर्माण किया है जिसमें व्यक्ति अपने व्यवसाय अथवा सांस्कृतिक प्रतिमानों को हीन दृष्टि से नहीं देखता।

(च) गांव में शिक्षा का प्रसार होने तथा स्वास्थ्य सुविधाओं में वृद्धि होने से संक्रामक रोगों की समस्या पहले से काफी कम हो गई है। पीने के पानी की व्यवस्था, स्वच्छता के नियमों के प्रति जागरूकता तथा स्वास्थ्यकारी आवास व्यवस्था के फलस्वरूप ग्रामीण स्वास्थ्य के स्तर में भी सुधार हुआ है।

(छ) न्याय के क्षेत्र में भी पंचायती राज व्यवस्था से सुधार हुआ है क्योंकि न्याय पंचायतें सस्ता और शीघ्र न्याय देने के प्रयत्न करती हैं। यह सोच है कि न्याय पंचायतें ग्रामीण जीवन में अधिक परिवर्तन लाने में सफल नहीं हो सकती है तथा ग्रामीण विवादों और संघर्षों की संख्या में भी पहले की अपेक्षा वृद्धि हुई है, लेकिन ग्रामीणों के बीच पारस्परिक समझौते के द्वारा विवादों का समाधान करने में न्याय पंचायतों का योगदान निश्चय ही महत्वपूर्ण है।

पंचायती राज व्यवस्था का ग्रामीण पर एक स्पष्ट प्रभाव जाति पंचायतों के प्रभाव में होने वाले ह्रास के रूप में देखने को मिलता है। भारत के पिछले सैंकड़ों वर्षों के इतिहास से ज्ञात होता है कि जाति पंचायतें आर्थिक रूप से दुर्बल तथा सामाजिक रूप से पिछड़े हुए समूह का शोषण करने वाला प्रमुख आधार थीं। गांव में अंधविश्वासों, भाग्यवादिता तथा आर्थिक असमानता में वृद्धि करने के लिए भी जाति पंचायतें एक बड़ी सीमा तक उत्तरदायी थीं पंचायती राज व्यवस्था के कारण अब जाति पंचायतों का प्रभाव इतना कम हो गया है कि अधिकांश गांवों में जाति पंचयातों का अस्तित्व ही देखने को नहीं मिलता इसके फलस्वरूप ग्रामीणों का जीवन अधिक स्वतंत्र, उदार और समतावादी बन गया है।

(झ) अनेक लाभकारी प्रभावों के बाद भी पंचायती राज व्यवस्था ने ग्रामीण जीवन में कुछ विघटनकारी प्रवृत्तियों को भी जन्म दिया है जिनमें गुटबंदी, बढ़ते हुए संघर्ष और व्यक्तिवादिता आदि प्रमुख समस्याएं हैं। विगत वर्षों में अनेक अध्ययनों द्वारा यह निष्कर्ष सामने आया है कि पंचायतों की निर्वाचन प्रणाली तथा मताधिकार के फलस्वरूप गांवों में पेशेवर नेताओं का प्रभाव बढ़ने लगा है। चुनाव के समय एक बार उत्पन्न हो जाने वाले मतभेद स्थायी संघर्ष, गुटबंदी और विवाद का कारण बन जाते हैं। **पी.एन. रस्तोगी** ने भी अपने अध्ययन के आधार पर यह स्पष्ट किया है कि पंचायती राज व्यवस्था के फलस्वरूप ही ग्रामीण क्षेत्रों में पारस्परिक सहयोग के स्थान पर गुटवाद को प्रोत्साहन मिला है।

मूल्यांकन (Evaluation)

अशोक मेहता समिति ने अपने प्रतिवेदन में पंयायती राज व्यवस्था का मूल्यांकन इसके विकास की तीन अवस्थाओं (Phasis) के आधार पर किया है—प्रथम, प्रभुत्व की व्यवस्था (Phase of Ascendency) जो सन 1959 से 1964 तक विद्यमान रही; द्वितीय निष्क्रियता या स्थिरता की अवस्था (Phase of stagnation) जो सन, 1965 से 1967 तक पाई गई; तृतीय अवनति की व्यवस्था (Phase of Decline) जो 1959 से 1977 तक अध्ययन करने से यह स्पष्ट होता है कि सन् 1959 से 1977 तक का पंचायती राज व्यवस्था का इतिहास चढ़ाव और उतार का इतिहास रहा है। प्रारंभिक अवस्था में पंचायती राज का कार्य अत्यधिक संतोषजनक था, दूसरे सार पर यह निष्क्रिय संस्था बन गई जबकि तीसरी अवस्था में इसकी अवनति होने लगी। इस प्रकार वर्तमान समय में पंचायती राज के सैद्धांतिक पक्ष से सहमत होते हुए भी इसके व्यावहारिक स्वरूप में कुछ परिवर्तन अवश्य आया है जिनके आधार पर इस व्यवस्था को ग्रामीण विकास का एक प्रभावपूर्ण माध्यम बनाया जा सके। आज पंचायतों की आय में वृद्धि करके ही इन्हें जन-सामान्य के लिए उपयोगी बनाया जा सकता है। आर्थिक स्थिति में सुधार करने के लिए आवश्यक है कि पंचायतों के अधिकारों में वृद्धि की जाय तथा अनुदान के रूप में उन्हें दी जाने वाली आर्थिक सहायता की राशि में वृद्धि की जाए। इसके अतिरिक्त सरकार को विभिन्न ग्रामीण क्षेत्रों और वहां की समस्याओं का वास्तविक ज्ञान तभी प्राप्त हो सकेगा। पंचायती राज व्यवस्था के विभिन्न स्तरों पर निर्वाचित व्यक्ति एक सीमा तक शिक्षित अवश्य हों। कम से कम ग्राम पंचायत, क्षेत्र पंचायत तथा जिला पंचायत के प्रधान और उप-प्रधान पद के प्रत्याशियों के लिए एक न्यूनतम शैक्षणिक योग्यता का निर्धारण होना आवश्यक है। इसके अतिरिक्त निम्नांकित सुझावों के आधार पर भी पंचायती राज व्यवस्था को अधिक अपयोगी बनाया जा सकता है :

(क) ग्राम पंचायतों के विकास को प्रोत्साहन अवश्य मिलना चाहिए लेकिन साथ ही ग्रामीणों में पंचायत की कार्य-पद्धति को समझने के प्रति रुचि उत्पन्न करना भी आवश्यक है। यह कार्य प्रशिक्षण शिविर लगाकर पूर्ण किया जा सकता है।

(ख) पंचायती राज व्यवस्था की विभिन्न इकाइयां केवल शासन की इकाई के रूप में ही कार्य न करें बल्कि उन्हें मुख्य रूप से सामाजिक और अर्थिक विकास से संबंधित होना।

(ग) यह आवश्यक प्रतीत होता है कि पंचायत राज संस्थाओं को अपनी आर्थिक स्थिति में सुधार करने के लिए अधिक से अधिक अधिकार प्रदान किए जाएं लेकिन साथ ही यह भी आवश्यक है कि इन संस्थाओं के साधनों का उपयोग केवल कृषि के विकास एवं उत्पादक कार्यों के लिए ही किया जाए।

(घ) पंचायती राज व्यवस्था को राजनीतिक दलबंदी से पूर्णतया पृथक रखना आवश्यक है। इसके लिए आवश्यक है कि त्रि-स्तरीय व्यवस्था के किसी भी स्तर पर कोई प्रत्याशी किसी राजनीतिक दल के रूप में चुनाव न लड़े यह और भी अधिक लाभप्रद होगा यदि चुनाव की प्रक्रिया को समाप्त करके क्षेत्रों के सांसदों तथा विधायकों के द्वारा गांव के अनुभवी और सम्मानित व्यक्तियों के नाम राज्य सरकार के पास मनोनयन के लिए भेजे जाएं।

(च) यदि चुनाव की व्यवस्था प्रजातांत्रिक आधार पर आवश्यक समझी ही जाए तो यह आवश्यक है कि चुनाव में भाग लेने वाला प्रत्याशी उस गांव का कम से कम पिछले 10 वर्षों से स्थायी निवासी अवश्य हो पंचायती राज व्यवस्था के विभिन्न स्तरों पर चुनाव लड़ने वाले प्रत्याशी के लिए न्यूनतम शैक्षणिक योग्यता अवश्य निर्धारित होनी चाहिए जिससे निर्वाचित हो जाने के बाद वह अपने पद से संबंधित दायित्वों का भली भांति निर्वाह कर सके।

(छ) पंचायती राज व्यवस्था के पदाधिकारियों के कार्यों को देखभाल के लिए एक पृथक मूल्यांकन दल अथवा अध्ययन दल नियुक्त किया जाना चाहिए तथा उसी को संस्तुति के आधार विभिन्न स्तरों की पंचायत संस्थाओं को अनुदान दिया जाना चाहिए।

(ज) अन्त में पंचायती राज व्यवस्था की सफलता के लिए यह आवश्यक है कि छोटी-छोटी पंचायतों को समुचित निर्देश देने के लिए दस या पंद्रह पंचायतों के ऊपर एक क्षेत्रीय पंचायत की स्थापना की जाए। क्षेत्रीय पंचायत में आधे सदस्य विभिन्न पंचायतों से मनोनीत होने चाहिए तथा आधे सदस्य पदेन सरकारी अधिकारी हो सकते हैं।

अशोक मेहता समिति के सुझाव (Recommendations of Ashok Mehta Committee)—पंचायती राज व्यवस्था का मूल्यांकन करने तथा इसे अधिक प्रभावपूर्ण बनाने से सम्बधित सुझाव देने के लिए 12 दिसम्बर 1977 को भारत सरकार ने अशोक मेहता की अध्यक्षता में एक समिति का गठन किया। इस समिति के समक्ष विभिन्न वर्गों तथा क्षेत्रों से दो प्रकार के विचार प्राप्त हुए एक विचारधारा के अन्तर्गत वे व्यक्ति थे जो पंचायती राज व्यवस्था के वर्तमान रूप में किसी प्रकार के परिवर्तन के पक्ष में नहीं थे। दूसरी श्रेणी में वे लोग आते थे जिनके मतानुसार छोटी-छोटी ग्राम पंचायतों की वर्तमान प्रणाली उपयुक्त नहीं है। अत: 15000 से 20000 एकड़ क्षेत्र में एक वृहद पंचायत की स्थापना होनी चाहिए। इसके अतिरिक्त समिति को अनेक अन्य सुझाव भी प्राप्त हुए जिनके आधार पर अशोक मेहता समिति ने अगस्त 1978 में सरकार के समक्ष अपना प्रतिवेदन प्रस्तुत किया। कुछ प्रमुख सुझाव इस प्रकार है:

(1) सर्वप्रथम इस समिति ने पंचायती राज व्यवस्था के लिए वर्तमान में प्रचलित त्रिस्तरीय व्यवस्था के स्थान पर द्विस्तरीय व्यवस्था में प्रथम पर जिला परिषद होना चाहिए जो राज्य के बाद शासन के विकेन्द्रीकरण का दूसरा मुख्य बिंदु होगा। दूसरे शब्दों में जिले को एक लघु राज्य के रूप में मान्यता दी जानी चाहिए। इसे वे सभी अधिकार प्राप्त होने चाहिए जिनकी मांग आज राज्य सरकारें केन्द्र सरकार से करती हैं। पंचायती राज व्यवस्था का दूसरा स्तरमण्डल पंचायत के रूप में होना चाहिए जिसका निर्माण कुछ गांव समूहों को मिलाकर किया जाय इस संस्कृति की पृष्ठभूमि में अशोक मेहता समिति की मान्यता यह है कि छोटी पंचायतें आर्थिक रूप से निर्बल होनेके कारण ग्रामीण विकास में समुचित योगदान नहीं कर पाती। इस दृष्टिकोण से पंचायतों की कार्य पद्धति वर्तमान व्यवस्था के लगभग समान होने के पश्चात भी इनका कार्य क्षेत्र अधिक व्यापक होना चाहिए।

(2) वर्तमान में यद्यपि 1000 या इससे अधिक की जनसंख्या पर भी एक गांव पंचायत की स्थापना की जाती है लेकिन मण्डल पंचायत के रूप में एक पंचायत की स्थापना 15000 से 20000 की जनसंख्या के ऊपर की जानी चाहिए। पर्वतीय क्षेत्रों के लिए जनसंख्या की इस सीमा को कम किया जा सकता है।

(3) विभिन्न गांवों में नागरिक सुविधा प्रदान करने के लिए समिति ने प्रत्येक गांव के लिए एक ग्राम स्तरीय समिति की स्थापना का सुझाव दिया। यह समिति अपनी संस्तुतियों को मण्डल पंचायत को भेज सकती है।

(4) समिति ने जिला परिषद के अध्यक्ष पद के लिए चुनाव की एक अप्रत्यक्ष प्रक्रिया का सुझाव दिया है। जहां तक मण्डल पंचायत के निर्वाचन की प्रक्रिया का सम्बन्ध है इसे राज्य सरकारों पर छोड़ दिया जाना चाहिए।

(5) क्षेत्र के सभी विधायक तथा संसद जिला परिषद के सदस्य होने चाहिए।

(6) समिति ने यह विचार व्यक्त किया कि न्याय पंचायत का वर्तमान स्वरूप बनाये रखा जाना चाहिए लेकिन सरपंच के पद पर किसी न्यायाधीश की नियुक्ति होनी आवश्यक है। इसके अतिरिक्त निर्वाचित पंच केवल उन्हीं मामलों में न्याय प्रदान करें जो उनके क्षेत्र से भिन्न हो।

(7) एक जिले से संबंधित विकास कार्यक्रमों को जिला परिषद द्वारा सम्पन्न किया जाना चाहिए। समिति ने अपने प्रतिवेदन में जिला परिषद के अधिकारों का विकेन्द्रीकरण करने का भी सुझाव दिया। इसका तात्पर्य है कि वृहद सिंचाई परियोजनाओं और सड़क परियोजनाओं तक अन्य विभागीय महत्व की परियोजनाओं को जिला परिषद के कार्य क्षेत्र से पृथक रखा जाय।

(8) मण्डल पंचायतों को प्रकाश, जल पूर्ति, स्वच्छता, कृषि विकास, गृह तथा भूखण्ड वितरण, प्रौढ़ शिक्षा के संचालन तथा जन सम्पर्क विभागों के निर्माण का कार्य सौंपने की संस्तुति की गई।

(9) जिले के शांति और व्यवस्था से सम्बन्धित कार्यों को जिला परिषद के कार्य क्षेत्र से बाहर रखकर इसे पूर्णतया जिला धिकारों के अधीन रखना आवश्यक है।

(10) समिति ने यह संस्तुति की है कि पंचायती राज संस्थाओं को पर्याप्त कर लगाने के अधिकार प्राप्त होना चाहिए जिसमें भवन कर, व्यवसाय कर, मनोरंजन कर आदि प्रमुख हैं।

(11) समिति के अनुसार पंचायती राज पदाधिकारियों तथा विकास कार्यक्रमों के कार्यकर्ताओं को समुचित प्रशिक्षण दिया जाना आवश्यक है।

(12) पंचायती राज संस्थाओं में महिलाओं अनुसूचित जातियों तथा युवक मण्डल के सदस्यों को समुचित प्रतिनिधित्व दिया जाना चाहिए।

(13) यह सुझाव दिया गया कि प्रत्येक मण्डल पंचायत में 15 निर्वाचित सदस्य हों। कृषि सेवा समितियों के प्रतिनिधि इसके सदस्य हों तथा दो महिलाओं का जिन्होंने मण्डल पंचायत के चुनाव में सबसे अधिक मत प्राप्त किये हों, मनोनयन किया जाना चाहिए।

(14) इस समिति की महत्वपूर्ण संस्तुति यह थी कि पंचायत राज व्यवस्था के प्रत्येक स्तर पर राजनीतिक दलों को खुलकर भाग लेने की छूट होनी चाहिए। इस संस्तुति के पीछे समिति की यह मान्यता रही कि राजनीतिक दलों के आधार पर चुनाव होने से केवल ग्रामीणों में राजनीतिक चेतना का प्रसार होगा बल्कि वर्तमान में जो चुनाव जाति और धर्म के आधार पर होते हैं उन्हें वैचारिक आधार पर लड़ा जा सकेगा।

अशोक मेहता समिति द्वारा अगस्त 1978 में प्रस्तुत प्रतिवेदन पर 20 मई 1979 को मुख्यमंत्री सम्मेलन में विस्तृत रूप से विचार विमर्श किया गया। इस सम्मेलन में अशोक मेहता समिति के द्विस्तरीय पंचायती राज व्यवस्था से सम्बन्धित सुझावों का व्यापक विरोध किया गया। अधिकांश मुख्यमंत्रियों ने समिति के इस सुझाव को पूर्णतया अव्यावहारिक माना कि राजनीतिक दलों को पंचायत के चुनावों में स्वतंत्र रूप से भाग लेना चाहिए। समिति ने मण्डलीय स्तर पर जिन पंचायतों के गठन पर बल दिया था, उसकी रूपरेखा स्वयं में इतनी अस्पष्ट है कि इसके आधार पर ग्रामीण स्तर पर ग्राम पंचायतों के गठन का उद्देश्य ही समाप्त हो जाता है। अशोक मेहता समिति ने जिला परिषद को सत्ता के विकेन्द्रीकरण का प्रमुख केन्द्र माना और इसके समर्थन में यह तर्क दिया कि भारतीय संस्कृति में जिला अनेक शताब्दियों से स्थानीय प्रशासन का आधार रहा है। इस दृष्टिकोण से जनपद स्तर पर विकास कार्यों के नियोजन और नीचे की इकाइयों के मार्गदर्शन का दायित्व जिला परिषद का ही होना चाहिए। यदि इस सुझाव को मान लिया जाए तो इसका तात्पर्य यह होगा कि कालान्तर में जिला परिषदें मण्डल पंचायतों पर अपना प्रभुत्व स्थापित करने लगेंगी और इस प्रकार ग्रामीण विकास का कार्य अवरुद्ध हो जायेगा। अशोक मेहता समिति की संस्तुतियों से केवल पश्चिमी बंगाल एवं केरल राज्य की साम्यवादी सरकारें ही सहमत थी। उन्होंने इस संस्तुति को इस दृष्टिकोण से महत्वपूर्ण माना कि इससे गांवों में राजनीतिक जागरूकता में वृद्धि हो सकेगी।

राजनीतिक दलों के प्रवेश से जातिवाद जैसी समस्या का निराकरण नहीं हो सका है बल्कि जातिवाद का और भी अधिक बोलबाला हो गया है। इसके परिणामस्वरूप प्रतिष्ठित सार्वजनिक नेताओं को केवल जातिगत मतों के बल पर चुनाव लड़ने वाले लोगों के सम्मुख पराजय का सामना करना पड़ा था। इस प्रकार भारत की वर्तमान ग्रामीण परिस्थितियों में ये दोनों तर्क उपयुक्त प्रतीत नहीं होते। जनता सरकार द्वारा गठित अशोक मेहता समिति के प्रतिवेदन को जब जनता सरकार ने ही अस्वीकार कर दिया तो इस समिति के गठन को समय एवं धन के अपव्यय के अतिरिक्त और कुछ नहीं कहा जा सकता।

ग्रामीण नेतृत्व (Rural Leadership)

ग्रामीण शक्ति संरचना में नेतृत्व का महत्वपूर्ण स्थान है। वर्तमान जटिल समाज में हमारी सम्पूर्ण सामाजिक व्यवस्था प्रत्यक्ष अथवा अप्रत्यक्ष रूप से नेतृत्व पर ही आधारित है। इसका कारण यह है कि समाज में ऐसे व्यक्तियों की संख्या बहुत कम होती है जिनमें किसी विषय पर स्वयं निर्णय लेने की अथवा परिस्थितियों का पूर्वानुमान करने की क्षमता है। प्रत्येक समुदाय में अधिकांश व्यक्ति उन थोड़े से व्यक्तियों का अनुसरण मात्र करते हैं जिनमें नेतृत्व की क्षमता विद्यमान होती है। **चिताम्बर** का कथन है, ''प्रत्येक समाज की शक्ति संरचना के अन्तर्गत कुछ व्यक्ति इतने शक्तिशाली तथा सूझ बूझ वाले होते हैं जो दूसरों का प्रोत्साहन प्रेरणा तथा मार्गदर्शन

देकर उनकी क्रियाओं को प्रभावित करते हैं। इसी विशेषता को हम नेतृत्व कहते हैं जब कि ऐसे व्यक्तियों को नेता, शक्ति, धारक, शक्तिसम्पन्न मानव, शक्ति केन्द्र अथवा शक्ति अभिजन कह सकते हैं।''

नेतृत्व की अवधारणा (Concept of Leadership)—विभिन्न विद्वानों ने नेतृत्व की अवधारणा को अनेक प्रकार से स्पष्ट किया है। शाब्दिक रूप से नेता का तात्पर्य किसी भी ऐसे व्यक्ति से समझा जाता है जो मार्गदर्शक,मुखिया, किसी विषय में कुशल, आज्ञा देने वाला अथवा व्यवहार कुशल हो। लोकतांत्रिक दृष्टिकोण से नेतृत्व का अर्थ ऐसी स्थिति से समझा जाता है जिसमें कुछ व्यक्ति स्वेच्छा से किसी दूसरे व्यक्ति के आदेशों का पालन कर रहे हों। यदि किसी व्यक्ति में शक्ति के आधार पर अन्य व्यक्तियों से इच्छित व्यवहार करा लेने की क्षमता है तो इसे भी नेतृत्व की अवधारणा के अन्तर्गत सम्मिलित कर लिया जाता है। वास्तव में ये सभी अर्थ अत्यधिक संकुचित हैं। व्यावहारिक रूप से नेतृत्व व्यवहार का वह ढंग है जिसमें एक व्यक्ति दूसरों के व्यवहार से प्रभावित होने की अपेक्षा अपने व्यवहार से दूसरे व्यक्तियों को अधिक प्रभावित करता है। यह कार्य चाहे दबाव के द्वारा किया गया हो अथवा व्यक्तित्व सम्बंधी गुणों को प्रदर्शित करके।

पिगर ने नेतृत्व को पारिभाषित करते हुए कहा है, ''नेतृत्व व्यक्तित्व और पर्यावरण के संबंधों को स्पष्ट कराने वाली एक धारणा है। यह उसी स्थिति की विवेचना करती है जिसमें एक व्यक्ति ने एक विशेष पर्यावरण के अन्तर्गत इस प्रकार स्थान ग्रहण कर लिया हो कि उसकी इच्छा, भावना और अन्तर्दृष्टि किसी सामान्य लक्ष्य को पाने के लिए दूसरे व्यक्तियों को अनुशासित करती है तथा उन पर नियंत्रण रखती है।'' इस परिभाषा के आधार पर समीकरण के रूप में कहा जा सकता है कि:

विशिष्ट पर्यावरण + व्यक्ति की स्थिति × निर्देश = नेतृत्व।

इसका तात्पर्य है कि व्यक्ति एक विशेष पर्यावरण में (यह आर्थिक,धार्मिक, राजनीतिक, शिक्षा सम्बंधी अथवा मनोरंजन आदि कोई भी क्षेत्र हो सकता है) जब एक विशेष स्थान प्राप्त कर लेता है तो वह अपने गुणों अथवा क्षमता के द्वारा दूसरे व्यक्तियों के व्यवहारों को प्रभावित करने लगता है। यही स्थिति नेतृत्व की स्थिति कहलाती है।

ग्रामीण नेतृत्व के परम्परागत आधार (Traditional Bases of Rural Leadership)—भारत में ग्रामीण नेतृत्व की परम्परागत प्रकृति तथा नेतृत्व के वर्तमान स्वरूप का तुलनात्मक आधार पर अध्ययन करने के लिए आवश्यक है कि सर्वप्रथम ग्रामीण नेतृत्व के उन परम्परागत आधारों की विवेचना की जाय जो लम्बी अवधि एक ग्रामीण नेतृत्व का अभिन्न अंग बने रहे। इन विशेषताओं की तुलना में ही नेतृत्व के वर्तमान स्वरूप को समझा जा सकता है।

(क) भारत की ग्रामीण संरचना में जातिगत स्तरीकरण का प्रारम्भ सबसे अधिक स्पष्ट रहा है। परम्परागत रूप से गांव में केवल उच्च जातियों के प्रभावशाली व्यक्तियों का ही नेतृत्व करने का अधिकार प्राप्त होता था। एक निम्न जाति में कोई व्यक्ति चाहे कितना ही शक्तिशाली साधन-सम्पन्न अथवा प्रतिभाशाली क्यों न हो उसे गांव में नेता अथवा मुखिया मान सकना अत्यधिक कठिन था।

(ख) परिवार का आकार तथा परिवार की प्रतिष्ठा ग्रामीण संरचना में वह महत्वपूर्ण आधार रहा है जिसके अनुसार ग्रामीण नेतृत्व में व्यक्ति को एक विशेष प्रस्थिति प्राप्त होती रही है। परिवार का आकार बड़ा होने से उसके सदस्यों को न केवल नेतृत्व के लिए अतिरिक्त समय प्राप्त हो जाता है बल्कि प्रत्येक स्थित में अधिक व्यक्तियों का समर्थन प्राप्त करने के अवसर भी बढ़ जाते हैं। दूसरी और व्यक्ति एक प्रतिष्ठित परिवार का सदस्य होता है तो गांव के अन्य व्यक्ति सामान्य रूप से उसकी प्रभुत्ता को स्वीकार कर लेते हैं। गांव में यह विश्वास किया जाता है कि प्रतिष्ठित परिवार के सदस्य अधिक प्रतिभावान, सदाचारी तथा व्यवहार कुशल होते हैं।

(ग) बहुत आरम्भिक काल से ही आयु ग्रामीण नेतृत्व का एक प्रमुख आधार रही है। अनेक अध्ययन इस बात की पुष्टि करते है कि परम्परागत ग्रामीण नेतृत्व ऊंची आयु समूहों के हाथ में ही था। गांव में अधिक आयु के व्यक्ति को न केवल अनुभवी एवं सम्मानित समझा जाता है बल्कि किसी भी निर्णय में उसके विचारों को जानना भी आवश्यक समझा जाता है। जन सामान्य की धारणा है कि वयोवृद्ध व्यक्ति परम्पराओं के रक्षक होते हैं इसलिए उनके द्वारा दिया गया नेतृत्व अधिक उपयोगी एवं सार्थक होता है।

(घ) ग्रामीण नेतृत्व के निर्धारण में व्यक्ति की आर्थिक स्थिति का भी विशेष महत्व रहा है। ग्रामीण जीवन एक अभावग्रस्त जीवन है। यहां जो व्यक्ति भी जनसामान्य की आर्थिक आवश्यकताओं को पूरा करने अथवा समय-समय पर उन्हें आर्थिक सहायता देने में सहायक होता है, उसका जल्दी भी सामान्य ग्रामीणों पर अधिपत्य स्थापित हो जाता है। सम्भवत: यही कारण है कि परम्परागत ग्रामीण नेतृत्व साधारणतया बड़े भू-स्वामियों तथा साहूकारों तक ही सीमित रहा। यदि कोई व्यक्ति आर्थिक रूप से सम्पनन व्यक्तियों के नेतृत्व को चुनौती देता है तो उसे बहुधा कठिन आर्थिक समस्याओं का सामना करना पड़ता है।

(च) गांव में अशिक्षित व्यक्तियों की संख्या अधिक होने के

कारण उन व्यक्तियों को बहुत सम्मान की दृष्टि से देखा जाता है जो ग्रामीण परम्पराओं से परिचित होते हैं तथा उनकी कुशलतापूर्वक व्याख्या करने में प्रवीण होते हैं। वर्तमान युग में भी आधुनिकता तथा प्रतिभा सम्पन्न व्यक्ति को ग्रामीण जीवन के लिए उतना महत्वपूर्ण नहीं समझा जाता जितना की परंपरागत ढंग से व्यवहार करने वाले व्यक्ति को। यही कारण है कि गांव में नवीन शिक्षा ग्रहण करके रहने वाले व्यक्ति भी तब तक ग्रामीण नेतृत्व ग्रहण नहीं कर पाते जब तक कि वे अपने जीवन प्रतिमानों को परम्पराओं के अनुसार न ढाल लें।

(छ) बाह्य दुनिया से सम्पर्क (Contact with Wider World) अधिकांश ग्रामीणों का जीवन आज भी सरल, अशिक्षित तथा बाहर दुनिया के सर्म्पक से पृथक है। ऐसी स्थिति में सामान्य ग्रामीण अपनी सामाजिक आर्थिक तथा शैक्षणिक आवश्यकताओं की पूर्ति के लिए उन व्यक्तियों पर निर्भर होता है जो अपने बाहरी सम्पर्क की सहायता से ग्रामीणों की विभिन्न आवश्कताओं को पूरा करने में सहायक होते हैं। साधारणतया यदि किसी व्यक्ति का गांव के पटवारी, पुलिस अधिकारी अथवा नगर के अन्य अधिकारियों से कोई सम्बन्ध होता है तो वह समय समय पर ग्रामीणों को सहायता करके तथा उन्हें नवीन जानकारी देकर उनका नेतृत्व ग्रहण कर लेता है। ग्रामों में भूमि, सम्पत्ति तथा अन्य आधारों को लेकर अक्सर झगड़े और विवाद चलते रहते हैं। ग्रामीणों को न्यायिक प्रक्रिया का समुचित ज्ञान होने के कारण जो व्यक्ति उन्हें न्यायिक प्रक्रिया में सहायता देते हैं उन्हें भी सरलता से ग्रमीण नेतृत्व प्राप्त हो जाता है।

(ज) बहुमुखी व्यक्तित्व (Manifold Personality)—ग्रामीण नेतृत्व के निर्धारण में किसी व्यक्ति की वैयक्तिक विशेषताओं का भी महत्वपूर्ण योगदान होता है। एक ऐसा व्यक्ति जो गांव के सार्वजनिक जीवन में भाग लेते रहता हो तथा जिसमें किसी विवाद के समय मध्यस्थता करने की अधिक क्षमता होती है उसे नेता बनने के अधिक अवसर प्राप्त हो जाते हैं। इसी प्रकार किसी विपत्ति के समय ग्रामीणों की सहायता करना, गांव में कुएं अथवा तालाबों की व्यवस्था कराना, ग्रामीणों के साथ नम्रतापूर्वक तथा मृदु व्यवहार करना एवं गांव के बड़े-बूढ़ों का आदर करना आदि ऐसे गुण हैं जिन्हें परम्परागत ग्रामीण नेतृत्व के लिए आवश्यक समझा जाता रहा है।

ग्रामीण नेतृत्व की विशेषताएं (Characteristics of Rural Leadership)—वर्तमान युग में ग्रामीण नेतृत्व की विशेषताओं में अत्यधिक परिवर्तन हो चुके हैं फिर भी ग्रामीण नेतृत्व का परिवर्तित स्वरूप अपने परम्परागत स्वरूप से अधिक दूर नहीं हट सका है। इस स्थिति में यह आवश्यक है कि हम सर्वप्रथम परम्परागत ग्रामीण नेतृत्व की विशेषताओं की विवेचना करें जिससे उन्हीं के संदर्भ में हम परिवर्तन की वर्तमान प्रक्रियाओं को समझ सकें।

(क) परम्परागत रूप से ग्रामीण नेतृत्व के अन्तर्गत रक्त समूहों की स्थिरता तथा उनकी प्रधानता स्पष्ट रूप से देखने को मिलता है। यह सच है कि प्रत्येक गांव का एक मुखिया अथवा पंच अवश्य होता है लेकिन व्यक्तियों के व्यवहार उस नेता से सबसे अधिक प्रभावित होते हैं जो उन्हीं के वंश अथवा स्वजन समूह का प्रतिनिधित्व करता हो। व्यावहारिक रूप से प्रत्येक ग्रामीण तथा जन जातीय क्षेत्र में सभी रक्त समूहों का अपना अपना पृथक मुखिया होता है तथा उसका कार्य अपने समूहों के सभी सदस्यों के विवादों का निपटारा करना और उनका मार्ग निर्देशन करना होता है। इसके फलस्वरूप नेतृत्व के आधार पर ग्रामीण जीवन अनेक गुटों में अवश्य विभाजित हो जाता है लेकिन समूह के सदस्यों पर नियंत्रण रखने के लिए यह विभाजित नेतृत्व अधिक सफल भी प्रमाणित हुआ है।

(ख) ग्रामीण नेतृत्व सदैव ही अपनी प्रकृति से आनुवंशिक रहा है। इसका तात्पर्य है कि किसी समूह अथवा सम्पूर्ण गांव में जिस व्यक्ति को एक बार नेता अथवा मुखिया का पद प्राप्त हो जाता है वह साधारणतया उसी की आगामी पीढ़ियों को हस्तानान्तरित होता रहता है। नेतृत्व में परिवर्तन केवल तभी होता है जब कोई नेता या तो ग्रामीणों की आकांक्षाओं को पूर्ण न कर सके अथवा उसमें ऐसे चरित्रगत दोष उत्पन्न हो जाये कि उसे नेता के रूप में मान्यता देना हानिकारक समझा जाने लगे।

(ग) परम्परागत रूप से भारत के ग्रामों में जाति पंचायत का अत्यधिक प्रभाव होने के कारण प्रत्येक जाति का अपना-अपना पृथक नेता होता था जिसका कार्य अपनी जाति के सभी सदस्यों के व्यवहारों पर नियंत्रण रखना तथा आवश्यकतांनुसार उन्हें दण्ड अथवा पुरस्कार देना था। इस दृष्टिकोण से एक जाति के नेता का दूसरी जातियों के लिए कोई महत्व नहीं था यद्यपि अनेक अवसरों पर विभिन्न जातियों के नेता मिलकर गांव में सार्वजनिक जीवन से सम्बन्धित निर्णय लिया करते थे। सम्पूर्ण गांव के नेता का पद भी जाति व्यवस्था के ही आधार पर किसी उच्च जाति के व्यक्ति को प्राप्त होता था।

(घ) अनौपचारिक नियंत्रण परम्परागत ग्रामीण नेतृत्व की एक प्रमुख विशेषता है। नियंत्रण को स्थापित करने के लिए हास्य, व्यंग्य, आलोचना, तिरस्कार तथा सामाजिक बहिष्कार आदि ऐसे साधन रहे हैं जिनका प्रयोग ग्रामीण नेता के द्वारा व्यापक उपयोग

किया जाता था। कुछ विशेष अवसरों पर गांव के नेता को यह भी अधिकार था कि वह ग्रामीणों को शारीरिक दण्ड दे सके लेकिन यह कार्य साधारणतया जमींदारों की प्रभुता से ही संबंध था।

(च) भारत में एक लम्बे समय तक ग्रामीण जीवन मूल रूप से सामाजिक सांस्कृतिक जीवन था आर्थिक राजनैतिक नहीं। इस दृष्टिकोण से ग्रामीण नेतृत्व के अन्तर्गत उन्हीं कार्यों का विशेष महत्व था जिसका सम्बन्ध प्रथाओं कर्मकाण्डों सामाजिक व्यवहारों तथा समाज के आदर्श नियमों के पालन से था। इस दृष्टिकोण से गाव के नेता की प्रतिष्ठा का मूल्यांकन उसकी राजनैतिक शक्ति के आधार पर नहीं बल्कि सामाजिक सांस्कृतिक प्रवीणता के आधार किया जाता था।

(छ) **ब्राउन** में यह स्पष्ट किया है कि भारत के ग्रामीण नेतृत्व में पारस्परिकता एक प्रमुख तत्व रहा है। इसका तात्पर्य है कि गांवों में नेता का अपने अनुयायियों पर प्रभाव एक पक्षीय नहीं होता बल्कि सामान्य ग्रामीणों के विचार तथा भावनाए नेता के व्यवहार को भी बहुत बड़ी सीमा तक प्रभावित करती है। इसका तात्पर्य है कि गांव में नेता तथा अनुयायी एक समन्वित इकाई है। दूसरे शब्दों में अनुयायियों को निकाल कर नेता तथा नेतृत्व की कल्पना नहीं की जा सकती है।

(ज) परम्परागत ग्रामीण नेतृत्व में प्रतिष्ठा का तत्व अत्यधिक महत्वपूर्ण रहा है। इस प्रतिष्ठा के निर्धारण में व्यक्ति की नैतिकता, कार्य कुशलता, दूरदर्शिता तथा सेवा की भावना का विशेष महत्व रहा है। अपनी इसी नैतिक शक्ति के आधार पर नेता सामान्य ग्रामीणों को किसी विशेष प्रकार के आचरण करने को बाध्य करता है। ग्रामीण नेता अपनी प्रतिष्ठा को बनाये रखना सबसे अधिक अनिवार्य समझता है और इस दृष्टिकोण से वह कोई भी ऐसा कार्य नहीं करना चाहता जो सार्वजनिक आकांक्षाओं के प्रतिकूल हो।

(झ) ग्रामीण नेतृत्व का स्वरूप नगरों के सम्मान विशेषीकृत नही होता। यहां नेता अपने गांव के लिए वे सभी कार्य करता है जिनकी ग्रामीणों को आवश्यकता होती है। उदाहरण के लिए विभिन्न योजनाएं बनाना, नीतियों का निर्धारण करना, विवाह तथा उत्सवों के समय आवश्यक प्रबन्ध करना, विशेषज्ञ के रूप में कार्य करना, सदस्यों के व्यवहारों पर नियंत्रण लगाना, पंच एवं मध्यस्थ के रूप में कार्य करने तथा किसी विशेष अवसर पर सम्पूर्ण गांव का प्रतिनिधित्व करना नेता के विभिन्न कार्य हैं। यही कारण है कि ग्रामीण जीवन में नेता एक सत्ताधिकारी नहीं होता बल्कि समूह का आदर्श होता है।

गुटबंदी (Factionism)

गांवों के सामान्य जीवन से यह स्पष्ट हो जाता है कि आज केवल जाति और धर्म के आधार पर ही गुटों का निर्माण नहीं होता बल्कि राजनैतिक दलों की गतिविधियां तथा वैचारिक मतभेद भी गुट निर्माण की प्रक्रिया में वृद्धि करते हैं। विभिन्न गुटों के बीच केवल वैचारिक आधार पर ही मतभेद नहीं होते बल्कि उसकी अभिव्यक्ति पारस्परिक द्वेष, घृणा, दबाव, तनाव और संघर्षों के रूप में भी देखने को मिलते हैं। आज व्यक्ति जितने ग्रामीण गुट का निर्माण करने में सफल हो जाता है साधारणतया वह ग्रामीण शक्ति संरचना में भी उतना ही महत्वपूर्ण स्थान ग्रहण कर लेता है। सामन्तवादी युग की समाप्ति होने के साथ ही जहां जमींदारों और राजकीय अधिकारियों के प्रभाव में कमी हो रही है वहीं विभिन्न ग्रामीण गुटों के नेताओं द्वारा किये जाने वाले शोषण ने सामान्य ग्रामीणों के लिए एक विषम समस्या उत्पन्न कर दी है।

गुटबन्दी के कारण (Causes of Factions)

वर्तमान युग में ग्रामीण समुदाय के सदस्यों को छोटे-छोटे गुटों में विभक्त करने के लिए अनेक कारक उत्तरदायी हैं। साधारणतया आम चुनाव, खेतों से बेदखली, मेड़बन्दी, जातिवाद, की उग्रता, निजी स्वार्थ तथा वैयक्तिक प्रतिशोध आदि ग्रामीण गुटबंदी के प्रमुख कारण हैं, लेकिन केवल इन्हीं कारणों के आधार पर ग्रामीण गुटबंदी की वास्तविक समस्या को नही समझा जा सकता।

(क) जातिवाद (Casteism)—परम्परागत ग्रामीण समुदाय में जातिगत संस्तरण के होने के पश्चात भी जजमानी व्यवस्था के आधार पर विभिन्न जातियों के बीच प्रकार्यात्मक संबंध विद्यमान थे। जजमानी व्यवस्था के अन्तर्गत जजमान और काम करने वाली जातियों के संबंध अभिभावक और संरक्षक के होते थे। विभिन्न जातियों के बीच सेवाओं के आदान-प्रदान के कारण ग्रामीण जीवन में एक स्पष्ट सम्बद्धता पारस्परिक निर्भरता की स्थिति विद्यमान थी। आज न केवल जजमानी व्यवस्था का विघटन हो गया है बल्कि विभिन्न जातियों को एक दूसरे से संबंध बनाये रखने वाले कोई अन्य आधार भी शेष नहीं रहे। इस स्थिति के फलस्वरूप अब प्रत्येक जाति समूह केवल अपने स्वार्थों को ही सर्वोच्च स्थान देता है तथा संघर्षपूर्ण उपायों के द्वारा अन्य जातियों की तुलना में अपनी जाति की स्थिति को सुदृढ़ करने का प्रयत्न करता है। इसके फलस्वरूप गांवों में विभिन्न जातियों एक गुटों के रूप में संगठित होकर विभिन्न प्रकार के तनावों को जन्म देती है। ग्रामीण सामाजिक परिवर्तन के परिणामस्वरूप ऊंची जातियां भी अपनी परम्परागत स्थिति को बनाये रखने के लिए गुटों का इसलिए निर्माण करती हैं जिससे वे निम्न जातियों अथवा लघु समूहों का शोषण करके अधिकतम लाभ प्राप्त कर सकें। इसके विपरीत

निम्न जातियां आज न तो परम्परागत शोषण को सहन करने के लिए तैयार हैं और न ही जाति के आधार पर वे अपने अधिकारों को छोड़ना उचित समझती है। इसके फलस्वरूप लगभग प्रत्येक गांव उच्च और निम्न जातियों के दो मुख्य गुटों में विभाजित हो गया है। उच्च और निम्न जातियों द्वारा बनने वाले गुटों के बीच तनाव किस सीमा तक बढ़ सकता है इसका अनुमान इसी तथ्य से लगाया जा सकता है कि केवल सन 1988-89 के एक वर्ष में ही भारत के विभिन्न राज्यों में अनुसूचित जातियों और सवर्णों के बीच 3628 से भी अधिक संघर्ष की घटनाएं हुई। जिन क्षेत्रों में संख्यात्मक आधार पर निम्न जातियों के लोगों की संख्या अधिक है। वहां गुटबंदी की समस्या और भी अधिक गम्भीर हो गई है। गुट केवल संघर्षपूर्ण मनोवृत्तियां ही नहीं पनपाते बल्कि शक्ति प्रदर्शन के द्वारा तथा बदले और प्रतिशोध की भावना को भी संतुष्ट करने का प्रयत्न करते हैं। ऐसे भी उदाहरण देखने को मिले हैं कि एक गांव में विभिन्न जातियों के गुटों के बीच होने वाले संघर्ष केवल उसी गांव तक सीमित नही रहते बल्कि प्रत्येक गुटों की समीपवर्ती गांवों के जातीय गुटों का भी संरक्षण और सहयोग मिल जाता है। उसके फलस्वरूप आज ग्रामीण जीवन में गुटबंदी की समस्या निरन्तर गम्भीर होती जा रही है।

(ख) आर्थिक कारण (Economic Factors)— परम्परागत ग्रामीण समुदाय आर्थिक रूप से आत्मनिर्भर और परस्पर सहयोगी समुदाय के रूप में थे विभिन्न जातियों के बीच सामाजिक दूरी होने के पश्चात भी उनके बीच स्पष्ट आर्थिक निर्भरता विद्यमान थी यद्यपि यह निर्भरता न्यायसंगत न होकर दबाव पर आधारित थी। भारत में स्वतंत्रता के पश्चात गांव भी सही उच्च और निम्नजातियों को आर्थिक क्षेत्रों में विकास के समान अवसर प्राप्त हुए तथा निम्न जातियों को विभिन्न प्रकार के संरक्षण दिये जाने लगे। इसके फलस्वरूप गांवों में बेगार प्रथा को समाप्त करने कृषि मजदूरी बढ़ाने काम के घण्टों में कमी करने और दबाव के द्वारा अपवित्र कार्य कराने के विरोध के प्रति निम्न और पिछड़ी जातियों में जागरूकता बढ़ने लगी। अनेक गांवों में भूमिहीन कृषि श्रमिकों तथा पिछड़े वर्गों ने अपने स्थानीय संगठन बनाना आरम्भ कर दिया। गांव के समृद्ध और साधन सम्पन्न व्यक्ति आज भी मानसिक रूप से इस स्थिति के लिए तैयार नहीं है। अपनी कानूनी शाक्ति में ह्रास हो जाने के बाद अब वे आर्थिक और शारीरिक शक्ति के द्वारा निर्धन ग्रामीणों को अपनी इच्छानुसार कार्य करने के लिए बाध्य करने का प्रयत्न करते हैं। जो व्यक्ति इस स्थिति का विरोध क्रते हैं उन्हें शक्ति प्रदर्शन के द्वारा दबा दिया जाता है। बिहार में जमींदारी अधिग्रहण 1951 से ही लागू है। इसके बावजूद पांच-पांच हजार एकड़ जमीन पर कब्जा रखने वाले भू स्वामी अभी भी मौजूद है। एक ओर भू स्वामी वर्ग छोटे कृषकों एवं खेतीहर मजदूरों से भूमि हड़पने के लिए सूदखोरी और जमीन गिरवी रखने के विभिन्न तरीकों को अपना रहे हैं तो दूसरी ओर सशस्त गुट तैयार करके उनकी मदद से गरीब किसानों को जमीन पर कब्जा कर लिया जाता है। ऐसे मामलों में लगभग 700 उदाहरण केवल पश्चिमी चंपारण में ही दिये गये।

(ग) राजनीतिक कारक (Political Factors)— परम्परागत ग्रामीण नेतृत्व आनुवंशिकता आर्थिक स्थिति और जातिगत सदस्यता के द्वारा निर्धारित होता था परन्तु गांवों में वर्तमान नेतृत्व का प्रमुख आधार अब किसी समूह की संख्या शक्ति है। गांव में व्यक्ति के जितने अधिक समर्थक होते हैं। वह ग्रामीण शक्ति संरचना में उतना ही महत्वपूर्ण स्थान प्राप्त कर लेता है। वर्तमान समय में चुनाव पद्धति के कारण प्रत्येक साधन सम्पन्न व्यक्ति अपने लिए एक पृथक गुट का निर्माण करके शक्ति संरचना में महत्वपूर्ण स्थान प्राप्त करने का प्रयत्न करता है। यह मनोवृत्ति केवल उच्च जातियों तक ही सीमित नहीं है बल्कि पिछड़ी हुई और अनुसूचित जातियां भी अपने अपने गुटों का निर्माण करके ग्रामीण नेतृत्व पर अधिकार करना चाहती है। आज जैसे-जैसे ग्रामीण क्षेत्रों में विभिन्न राजनीतिक दलों का प्रवेश बढ़ता जा रहा है गुट निर्माण की प्रक्रिया में भी तेजी आती जा रही है। चुनाव प्रक्रिया के कारण यह दल गांवों में उसी गुट को अपना समर्थन देना का प्रयत्न करते है जिसकी संख्या सबसे अधिक होती है। ये राजनीतिक दल केवल समर्थन ही नहीं देते बल्कि समय समय पर जातिवाद के आधार पर नये गुटों के निर्माण को भी प्रोत्साहन देते हैं। उत्तर भारत में कुछ नेताओं द्वारा बनाये गये जातीय गुटों को इसलिए अजगर शब्द से सम्बोधित किया जाता है। कि इसमें अहीर,जाट,गूजर और राजपूत जातियों ने अनेक राज्यों के बड़े ग्रामीण क्षेत्र पर शारीरिक शक्ति के द्वारा अपना प्रभुत्व सथापित करने का प्रयत्न किया है। ये गुट चुनाव के समय शक्ति प्रदर्शन के द्वारा बहुमत प्राप्त करके अपनी श्रेष्ठता को बनाये रखने का प्रयत्न कर रहे है जिससे अनेक प्रकार के विवादों, तनावों और संघर्षों को प्रोत्साहन मिला है।

गुटबन्दी के दुष्परिणाम (Evils of Factionism)— गांवों में गुटबंदी की समस्या ने आज ग्रामीण एकता को समाप्त करके तनावपूर्ण ग्रामीण जीवन को प्रोत्साहन दिया है। आरम्भ में इसका परिणाम पारस्परिक विवादों, ईर्ष्यो और संघर्षो के रूप में देखने को मिलता है लेकिन बाद में इनसे उत्पन्न मुकदमेबाजी के कारण वैयक्तिक तथा आर्थिक जीवन की समस्याएं और अधिक बढ़ जाती है। कुछ समय पूर्व तक जो घटनाएं वैयक्तिक स्तर पर

होती थी वे आज घरों को जलाने जमीन पर कब्जा करने और हताहत करने की सामूहिक घटनाओं में परिवर्तित होती जा रही है। अधिकांश ग्रामीण गुटों का अस्तित्व प्राय दमनकारी शक्तियों पर भी निर्भर होता है। इसके फलस्वरूप गांवों में जन सामान्य का जीवन निरन्तर असुरक्षित बनता जा रहा है। यदि कोई व्यक्ति किसी गुट से संबंध नहीं रखना चाहता है तो उसे किसी प्रकार एक विशेष गुट में सम्मिलित होने के लिए बाध्य किया जाता है। इसका स्वाभाविक परिणाम ग्रामीण समाज में शान्ति और व्यवस्था में होती हुई कमी के रूप में देखने को मिलता है। वास्तविकता तो यह है कि गुटबंदी के कारण आज ग्रामीण विकास कार्यक्रमों का लाभ प्राप्त करने से वंचित रह गए हैं। ग्रामीण जीवन के प्रत्येक स्तर पर होने वाले चुनावों के पश्चात हारने वाला गुट विजयी गुट का विरोध करने में अपनी सम्पूर्ण शक्ति का उपयोग करता है। आम चुनावों के द्वारा विभिन्न पदों को प्राप्त करने वाले व्यक्ति अपने ही गुट के लोगों को ऋण प्रदान करने, कृषि सुविधाएं देने तथा अन्य प्रकार के लाभ देने का प्रयत्न करते हैं जबकि विरोधी गुट के व्यक्ति उन्हें कोई भी ऐसा कार्य नहीं करने देते जो कुछ सीमा तक सार्वजनिक कल्याण के पक्ष में हों। गुटबंदी के कारण अधिकारी वर्ग भी कभी-कभी निष्पक्ष रूप से अपना कार्य करने में असमर्थता अनुभव करता है। यह सच है कि आज सभी नेता और अधिकारी ग्रामीण गुटबंदी के विरुद्ध जनमत का निर्माण करने और निष्पक्ष रूप से सभी ग्रमीणों को विकास योजनाओं का लाभ देने की बात करते है लेकिन व्यावहारिक रूप से राजनैतिक और प्रशासनिक स्तर पर प्रत्येक पक्ष किसी न किसी रूप में ग्रामीण गुटबंदी से प्रभावित है। इससे स्पष्ट होता है कि जब तक गुटबंदी की इस गम्भीर समस्या का निराकरण नहीं हो जाता ग्रामीण जीवन में विघटन की प्रक्रिया को रोक सकना अत्यधिक कठिन है।

बंधुआ और प्रवासी मज़दूर (Bounded and Migrant Labourers)

बंधुआ मज़दूर का तात्पर्य एक ऐसी जकड़न में रहकर श्रम करना है जहां मजदूर को कोई अधिकार नहीं होता। बंधुआ प्रथा का जन्म सस्ते श्रम की इच्छा से हुआ है। इसके बारे में अनेक समाज वैज्ञानिकों ने अनेक तरह की व्याख्याएं दी है।

अपने व्यक्तिगत स्वार्थों की पूर्ति के लिए दूसरे व्यक्ति को सदैव अपने बंधन में रखने वाला व्यक्ति स्पष्ट रूप से मनुष्य के प्रति मनुष्य द्वारा की जाने वाले निर्दयतापूर्ण व्यवहार का द्योतक है।

जमींदारी के उन्मूलन, भूमि सुधारों, भूदान आंदोलन, कानून का लागू होना, पंचायती राज्य की स्थापना, सामाजिक कार्य समूहों की इसमें रुचि का प्रदर्शन, उत्साही व्यक्तियों के उत्साह, और यहां तक कि उच्चतम न्यायालय के आदेशों के बावजूद इन बुराइयों का समाज से उन्मूलन नहीं किया जा सकता है। लाखों की संख्या में बंधुआ मज़दूरों का अब भी शोषण हो रहा है। वे कष्ट और कुंठा से भरे हुए आज भी उपेक्षा का बोझ लादे हुए हैं। वास्तव में भारतीय समाज में प्रचलित बंधुआ मजदूरी प्रथा समाज के सामंतवादी अधिश्रेणित समाज का अवशेष हैं। गत दो तीन दशकों से सामाजिक कार्यकर्ताओं, समाज वैज्ञानिकों समाज का अवशेष हैं। गत दो तीन दशकों से सामाजिक कार्यकर्ताओं, समाज वैज्ञानिकों और सरकार द्वारा बंधुआ मज़दूरों में काफी रुचि दर्शाई जा रही है, क्योंकि यह प्रथा हमारे समाज के समानतावाद और मानव अधिकारों के आदर्शों के प्रतिकूल समझी जा रही है। बंधुआ मज़दूरी में लाखों की संख्या में स्त्री, पुरुष व बच्चे सम्मिलित हैं।

बंधुआ की अवधारणा (The Concept of Bounded)

बंधुआ के बारे में जानने के लिए दो शब्दों को समझना जरूरी है : 'बंधुआ मज़दूरी प्रथा' और 'बंधुआ मज़दूर'। 'बंधुआ मज़दूरी प्रथा' ऋण दाता और ऋण प्राप्तकर्ता के बीच के संबंधों को बताता है जो अपने दैनिक की आर्थिक जरूरतों को पूरा करने के लिए कर्ज लेता है और महाजन द्वारा प्रस्तुत शर्तों को स्वीकार कर लेता है। समझौते की प्रमुख शर्त यह होती है कि ऋण लेने वाला अपनी सेवाओं या अन्य किसी की सेवाओं या अपने परिवार के सभी सदस्यों की सेवाओं को निश्चित या अनिश्चित समय के लिए 'बंधक' या गिरवी रखने को सहमत हो जाता है। इस प्रकार के समझौते के आधार पर बना संबंध इतनी असमान शर्तों पर होता है कि जब अन्य प्रकार के श्रम के बदले में बाज़ार में उसके श्रम के बराबर का मज़दूरी होनी चाहिए,'बंधुआ मज़दूरी प्रथा' अंतर्गत ही सेवा कर्ज चुकाने के लिए या फिर कर्ज पर देय ब्याज की राशि चुकाने के लिए की जाती है। कर्ज़दार या तो स्वतंत्रता से काम करता है या फिर पारिश्रमिक न्यूनतम मज़दूरी अधिनियम में उल्लिखित न्यूनतम मज़दूरी अथवा बाज़ार में चल रहे पारिश्रमिक से कम होता है।

यह पूरी प्रक्रिया बहुत जटिल है इसलिए इसकी परिभाषाएं तथा अवधारणाएं भी भिन्न-भिन्न हैं। सन, 1976 के बंधुआ मज़दूरी उन्मूलन अधिनियम में बंधुआ मज़दूरी प्रथा को इस प्रकार परिभाषित किया गया है : बाध्य मज़दूरी की वह प्रथा जिसके अंतर्गत एक कर्ज लेने वाला महाजन को अपनी सेवाएं या परिवार के किसी अन्य सदस्य की सेवाएं या अन्य किसी व्यक्ति की सेवाएं, जो उसका आश्रित हो, अर्पित करता है। यह सेवा निश्चित या अनिश्चित समय के लिए होगी तथा उसके बदले में वह या तो पारिश्रमिक नहीं लेगा या मामूली

पारिश्रमिक लेगा, जो कर्ज या अन्य किसी प्रकार के आर्थिक आभार के रूप में प्राप्ति के बदले में होगा, या जो उसके द्वारा या उसके किसी पूर्वज द्वारा लिया गया हो या फिर किसी सामाजिक दायित्व के रूप में किया जाना हो या उत्तराधिकार के रूप में प्राप्त दायित्व निर्वाह करने के लिए किया जाना हो। इस समझौते के अन्य परिणाम भी होते हैं, जैसे, कर्ज लेने वाले को रोजगार करने की स्वतंत्रता से, देश के किसी भाग में आने जाने की स्वतंत्रता से वंचित रहना, और अपनी संपत्ति के किसी भाग को या अपने श्रम उत्पाद को बाजार मूल्य पर बेजने के अधिकार से वंचित रहना।

''श्रम राष्ट्रीय आयोग'' 'बंधुआ मज़दूर' शब्द की परिभाषा द्वारा इस प्रकार दी गई : ''वह मज़दूर जो कर्ज लेने के कारण किसी निश्चित समय के लिए बंधक रहता है''। अनुसूचित जाति और अनुसूचित जनजाति के आयुक्त ने अपनी 24वीं रिपोर्ट में बंधुआ मज़दूर की व्याख्या इस प्रकार की है : वे व्यक्ति जो कर्ज लेने के कारण अपने ऋणदाताओं के लिए या तो बिना पारिश्रमिक लिए या फिर मामूली पारिश्रमिक लेकर काम करने के लिए बाध्य हों।

'बंधुआ मज़दूर' उन 'संविदा मज़दूर' से भिन्न होते हैं जो उद्योगों, खानों, बागानों और गोदी में कार्य करते हैं। 'संविदा मज़दूर' में वे कामगार शामिल होते हैं जो संस्थान द्वारा प्रत्यक्ष रूप से भर्ती नहीं किए जाते हैं, जिनके नाम पारिश्रमिक देयक में अंकित नहीं होते हैं, और जिन्हें मालिक द्वारा प्रत्यक्ष भुगतान नहीं किया जाता। सिद्धांत में, संविदा मज़दूर 1948 के फैक्ट्री अधिनियम, 1952 के खदान अधिनियम, 1951 के बागान श्रमिक अधिनियम, और 1948 के गोदी मज़दूर अधिनियम की परिधि में आते हैं ताकि उन्हें भी वे ही लाभ दिए जा सकें जो सीधे काम पर लगे मज़दूरों को दिए जाते हैं। बंधुआ मज़दूरों और संविदा मज़दूरों को काम पर लगाने के लाभ लगभग एक समान ही है : (1) मज़दूर कम कीमत पर काम पर लगाए जाते हैं; (2) सेवायोजक श्रमिकों को कोई अतिरिक्त लाभ नहीं देते; और (3) सेवायोजक विभिन्न अधिनियमों के अंतर्गत प्रदत्त कल्याण और सुरक्षा उपायों को अपने श्रमिकों को देने के बोझ से नहीं दबे होते। हमारे देश में संविदा मज़दूर व्यवस्था एक अधिनियम के अंतर्गत सितंबर, 1970 में समाप्त कर दी गई थी।

बंधुआ मज़दूर की दो मूल विशेषताएं होती हैं : ऋणग्रस्तता और बलात् मज़दूरी। बलात् मज़दूरी पिता से पुत्र को, या पीढ़ी वंशानुक्रम में प्राप्त हो सकती है। बंधक अवधि में कर्जदार अन्यत्र कहीं रोज़गार से नहीं लग सकता। आर्थिक संदर्भ में इसका अर्थ हुआ कि ''वह बाजार में, बाजार मूल्य पर अपना श्रम नहीं बेच सकता''। बंधुआ मज़दूरी प्रथा अधिकतर गांवों में खेतिहर मज़दूरों में पाई जाती है, यद्यपि आजकल इसका विस्तार खदानों, बीड़ी फैक्ट्रियों, कांच के कारखानों, तथा कपड़े धोने की वस्तुओं के उद्योगों में, कालीन, रत्नों और कई अन्य कारखानों में भी हो गया है।

बंधुआ मज़दूर भारत में विभिन्न नामों से जाने जाते हैं। उदाहरण के लिए, आन्ध्र प्रदेश और कर्नाटक में उन्हें 'जीथम' कहा जाता है, गुजरात और मध्य प्रदेश में 'हाली', मध्यप्रदेश के बस्तर जिले में 'कस्बाडी', हैदराबाद में 'बघेला', राजस्थान में 'सागरी', बिहार में 'कमियां' या 'कम्योती', उड़ीसा में 'गोठी', तमिलनाडु में 'पाण्डियाल', केरल में 'अदिया', 'पनिया' और 'कटुनेकेन', और उत्तरप्रदेश में 'कोल्टा' कहा जाता है।

कारण और पृष्ठभूमि (Causes and Background)

भारतीय सामाजिक स्तरीकरण में बंधुआ मजदूरी के अनेक आधार तत्व दिए हुए हैं। चातुवर्ण्य तथा जाति व्यवस्था को अनेक विद्वान बंधुओं प्रथा से जोड़ते हैं। लेकिन इस पर सार्वभौमिक स्वीकृति अभी तक नहीं बन पाई है। इधर अनेक विद्वानों ने इसे आर्थिक व्यवस्था कहना प्रारंभ कर दिया है। यद्यपि बंधुआ मज़दूरी व्यवस्था के उदय, विकास और फलने फूलने के कारण आर्थिक ही हैं लेकिन सामाजिक और आर्थिक कारक भी इस प्रथा को समर्थन देते हैं। आर्थिक कारणों में अत्यधिक निर्धनता, रोजी-रोटी चलाने के लिए काम प्राप्त करने में असमर्थता, परिवार के भरण-पोषण के लिए भूमि का छोटा आकार, बाढ़, प्लेग व अन्य बीमारियों जिनसे मनुष्यों और पशुओं की मृत्यु होती है, वर्षा की कमी, कुंओं का सूखना, वन उत्पादों से न्यून आय, मुद्रा स्फीति और निरंतर कीमतों का ऊंचा होना है। सामाजिक कारकों में विवाह, मृत्यु, दावत, बच्चे के जन्म आदि अवसरों पर अत्यधिक व्यय, जिससे कर्जा अधिक बढ़ जाता है। कभी-कभी गांव के कुछ लोगों द्वारा किए जाने वाले शोषण से तंग आकर लोगों को दूसरे स्थानों पर जाने को तथा न केवल सेवायोजक की शर्तों पर काम करने को तैयार होना पड़ता है बल्कि प्रभावशाली लोगों की शरण में अपना बचाव करने के लिए भी बाध्य होना पड़ता है। धार्मिक तर्कों का प्रयोग निम्न जाति के लोगों को आश्वस्त करने के लिए करना पड़ता है कि धर्म के अनुसार उन्हें उच्च वर्ण के लोगों की सेवा करनी ही है। अशिक्षा, अज्ञान, अपरिपक्वता और दक्षता की कमी तथा व्यावसायिक प्रशिक्षण ऐसे विश्वासों को दृढ़ बनाते हैं। विस्तृत रूप से कहा जा सकता है कि बंधकता मुख्यत: आर्थिक और सामाजिक दबावों के कारण उत्पन्न होती है।

बंधुआ मजदूरी का विधान (The Legislation of Bounded Labour)

बंधुआ मज़दूरी तथा घातक और आवश्यकता से अधिक

आकर्षक है जो भारत के कई राज्यों में मौजूद थी। स्वतंत्रता के पश्चात इस प्रथा को राष्ट्रीय जीवन को नारकीय बनाने की अनुमति नहीं दी गई। अत: 1950 में जब भारत का संविधान बनाया गया, इसमें धारा 23 को स्थापित किया गया जिसमें मानव व्यापार, बेगार और इसी प्रकार के बलात श्रम का निषेध कर दिया गया। परंतु इस धारा को प्रभावी बनाने का कोई गंभीर प्रयत्न नहीं किया गया तथा बंधुआ मज़दूरी प्रथा को उखाड़ फेंकने का रास्ता नहीं बन पाया। 1919 में अंतर्राष्ट्रीय श्रम संगठन द्वारा ग्रहीत बलात श्रम (उन्मूलन) गोष्ठी का समर्थन नवम्बर, 1954 में भारत द्वारा भी किया गया। भारत की कुछ राज्यों में भी बंधुआ मज़दूरी के उन्मूलन के लिए कुछ कानून बनाए गए। इनमें से अधिकतर कानूनों में विशेष रूप से यह उल्लेख किया गया था कि नियम लागू होने के बाद से ऋणदाता और ऋण प्राप्तकर्ता के बीच का समझौता पूर्ण रूपेण निरस्त समझा जाए यदि (क) समझौते की सभी शर्तें लिखित में नहीं हैं और संबंधित अधिकारी के पास इसकी एक प्रतिलिपि फाइलें नहीं की गई हैं, (ख) श्रम का लिखित समय या समझा जाने वाला समय एक वर्ष से अधिक हो गया हो, (ग) ऋण पर ब्याज एक वर्ष से अधिक साधारण ब्याज न लिखा हो, और (घ) ब्याज की दर 6.25% प्रतिवर्ष से अधिक हो। लेकिन जुलाई 1975 में 20 सूत्री कार्यक्रम की घोषणा के पश्चात राष्ट्रीय स्तर पर काफी मात्रा में गंभीरता से और अत्यधिक आवश्यक मानकर लागू करना शुरू किया गया। अक्टूबर 1975 में अध्यादेश जारी किया गया जिसको फरवरी 1976 में एक अधिनियम पारित करके स्थानापन्न किया गया जिसे बंधुआ मज़दूरी व्यवस्था अधिनियम कहा गया। 1976 में केंद्रीय सरकार द्वारा इस कानून को बनाए जाने के बाद से सभी राज्यों के तत्संबंधित कानून निष्प्रभावी हो गए।

इस (1976) अधिनियम के अंतर्गत: (1) बंधुआ मज़दूरों का पता लगाया जाना, (2) बंधुआ मज़दूरी की मुक्ति; (3) अपराधियों के विरुद्ध कार्यवाही जैसे उन ऋणदाताओं के विरुद्ध जिन्होंने कर्जा लेने वालों को समझौते के लिए बाध्य किया; (4) जिला और तहसील स्तरों पर सर्तकता समितियों की बैठकें; (5) निर्धारित पंजिकाओं का रखना; और मजिस्ट्रेटों को न्यायिक अधिकार दिया जाना, आदि शामिल है। यह अधिनियम बंधुआ मज़दूरों के पुनर्वास का भी उल्लेख करता है जिन्हें महाजनों से मुक्ति मिल गई हो। 1976 अधिनियम को 1985 में संशोधित किया गया जिसमें स्पष्ट किया गया था कि संविदा मजदूर या अन्तर्राज्यीय आव्रजक मजदूर ही बंधुआ मजदूर समझे जाएंगे यदि वे बंधुआ मज़दूरी व्यवस्था अधिनियम, 1976 की शर्तों को पूरा करते हों।

नौवें दशक में उच्चतम न्यायालय के मुख्य न्यायाधीश ने बंधुआ मज़दूरी को परा-जीवधारी सभ्यता से बनवासी पशुओं से भी खराब जीवन जीने वाले अर्थात् मानवेतर प्राणी कहा है। झपट सकते हैं, लेकिन समाज से बहिष्कृत ये लोग बंधन में रखे जाते हैं और उनकी आजादी भी छीन ली जाती है। उन्हें या तो गंदे स्थानों में या फिर खुले आकाश के नीचे रहना और जो कुछ मिल जाए उसी को खाकर संतुष्ट रहना पड़ता है, भले ही यह भोजन उनके भूखे पेट को पूरी तरह न भर पाए। कोई दूसरा विकल्प न होने के कारण वे बंधन के ऐसे अंधकारपूर्ण ग़रीबी और भूख के गड्ढे में धकेल दिए जाते हैं जहां से उस निर्दयी शोषक समाज में उन्हें बचाए जाने की कोई आशा नहीं रहती।

अनुमान किया जाता है कि भारत में लगभग 32 लाख बंधुआ मज़दूर हैं। इनमें से 98% ऋणग्रस्तता के कारण बंधुआ बने और 2% पारंपरिक या सामाजिक दायित्व के रूप में। सर्वाधिक संख्या आन्ध्र प्रदेश, कर्नाटक, और तमिलनाडु तीन राज्यों में है और फिर उड़ीसा, उत्तर प्रदेश, बिहार और मध्य प्रदेश में। यह भी कहा गया है कि अधिकतर बंधुआ मज़दूर गांवों में कृषि मज़दूर के रूप में कार्य करते हैं और या तो अनुसूचित जाति या जनजातीय समुदायों के होते हैं। ग्रामीण क्षेत्रों में कार्यरत कुल श्रमिक में से लगभग 33% गैर-कृषि कार्यों में लगे हैं, 42% किसानों की तरह काम करते हैं और 25% कृषि श्रमिकों की तरह। कृषि श्रमिकों की तरह काम करने वालों में से 48% अनुसूचित जातियों के हैं और 33% अनुसूचित जनजातियों के। अकुशल और असंगठित होने के कारण कृषि मज़दूरों के पास अपने व्यक्तिगत श्रम के अतिरिक्त अपनी आजीविका चलाने के लिए कुछ भी नहीं होता। बंधुआ कृषि मज़दूर ग्रामीण समाज में सबसे निचले स्तर के होते हैं। गांव का सामाजिक और अर्थिक स्तरीकरण भूमि और जाति से जुड़ा होता है जो कि लोगों के सामाजिक और आर्थिक स्तर पर नियंत्रण करता है। उसे 12 से 14 घंटे प्रतिदिन काम लिया जाता है और गाय-भैंसों के तबेले में रहने को बाध्य होना पड़ता है। बीमार पड़ने पर अपने सेवायोजक की दया होने पर स्थानीय हकीम से दवाई मिल जाती है।

बंधुआ मज़दूर किन नारकीय परिस्थितियों में जीने के लिए बाध्य होते हैं इसकी एक तस्वीर 1984 में श्रीलंका से आए कोड़ाइकेनाल में विस्थापित बंधुआ मज़दूरों की दया का उदाहरण देकर पेश की जा सकती है। 1964 के **श्रीमाओ शास्त्री** समझौते तथा 1975 के **सिरीमाओ इन्दिरा गांधी** समझौते के अंतर्गत, जो कि श्रीलंका से भारतीय मूल के लोगों को भारत भेजने से संबंधित था, 1984 के मध्य तक 1.11 लाख परिवार, जिनमें 4.5 लोग थे, भारत वापस भेजे गए थे। इनमें से 1.07 लाख परिवार तमिलनाडु में ही बस गए। यह अधिकतर श्रीलंका में बागान मज़दूर थे, अत:

अकुशल थे। वे तमिलनाडु में काम की तलाश में बेघर भटकते रहे। वे राजनैतिक रूप से असंगठित, आर्थिक रूप से आश्रित, सांस्कृतिक रूप से अपने अधिकारों से अनभिज्ञ, नेतृत्व विहीन और आगे बढ़ने में अक्षम थे। उनका कोई संगठन नहीं था जो उनके अधिकारों के लिए संघर्ष करता। कोडाईकेनाल श्रमिक कैम्पों में ठहरे आठ हजार विस्थापितों में से अधिकतर को सड़कों व भवनों के निर्माण कार्य में लगा दिया गया था खदानों में श्रमिक या भूमिहीन कृषि मज़दूरों की तरह काम करने में लगा दिया गया। लगभग दो या ढाई हजार विस्थापित दो कम्पनियों में मज़दूरी पर लगा दिए गए जो सिंथेटिक फाइबर बनाती थीं। जल्दी ही अपनी कंगाली के कारण ये मज़दूर ठेकेदारों और महाजनों के शिकार हो गए और बंधुआ मज़दूर हो गए। वे झोपड़ियों में अमानवीय वातावरण में रहने लगे। निश्चित दुकानों से प्रति सप्ताह उन्हें राशन आदि उपलब्ध करा दिया जाता था। उनके स्वास्थ्य की देखभाल को कोई प्रबंध नहीं था। पानी की इतनी कमी थी कि बच्चे शायद ही कभी नहाते थे, अत: गंदे ही रहते थे। कार्य दशाएं कठिन थीं और उन्हें 10 से 14 घंटे प्रतिदिन कार्य करना पड़ता था। उस समय किए गए कुछ सर्वेक्षण दर्शाते हैं कि इन दो कम्पनियों में काम करने वाले मज़दूरों की औसत मज़दूरी 240 और 290 रुपए के बीच प्रति व्यक्ति थी। प्रारंभिक यात्रा पेशगी, रोज के खर्चे के लिए नकद पेशगी, ठेकेदार से कर्ज के तौर पर लिए गए धन की अदायगी, कम्बलों का दिया जाना जो काम छोड़ने पर वापस करने पड़ते थे, और कोरे कागजों पर जबरन हस्ताक्षर करवाने के रूप में, जिनका प्रयोग ठेकेदार अपनी मर्जी से करते थे, आदि अनेक रूपों में बंधन मौजूद थे। जो मज़दूर सहयोग नहीं करते थे उन्हें ठेकेदारों के गुंडों द्वारा ठीक कर दिया जाता था। **स्वामी अग्निवेश** के नेतृत्व में बंधुआ मुक्तिमोर्चा के निवेदन पर उच्चतम न्यायालय ने अप्रैल, 1986 में कोडाईकेनाल के कैंप मज़दूरों की दशा की जांच करने के लिए एक तीन सदस्यों का आयोग नियुक्त किया। आयोग ने कार्य एवं जीवन दशाएं इतनी भयंकर पाईं कि उच्चतम न्यायालय ने तमिलनाडु सरकार को निर्देश दिए कि ठेकादारी प्रथा को समाप्त किया जाए जो मज़दूरों के शोषण के लिए जिम्मेदार थे और 1951 के बागान श्रमिक अधिनियम को सख्ती से लागू किया जाए और बंधुआ मज़दूरों मुक्त और पुनर्वासित नहीं कर दिए जाते। इस प्रकार तमिलनाडु सरकार पुनर्वास योजना बनाने के लिए बाध्य हुई।

मार्च, 1989 तक कुल बंधुआ मज़दूरों की संख्या जिनका पता लगाया गया और जिन्हें मुक्त कर दिया गया था, 2.42 लाख थी, जिनमें से 2.18 लाख को पुनर्स्थापित कर दिया गया था। इस प्रकार मुश्किल से 8% बंधुआ मज़दूरों की पहचान भारत में अब तक हो पाई है, जो बंधुआ मज़दूरों की समस्या में राज्य सरकारों की उदासीनता का द्योतक है।

1979 और 1983 के बीच भारत सरकार को सौंपी गई कम से कम चार रिपोर्टों में यह दर्शाया गया है कि भारत में किस प्रकार यह घृणित और दयनीय बंधुआ मज़दूर प्रथा अस्तित्व में थी और देश के आर्थिक और सामाजिक जीवन को विकृत करती रही। यह रिपोर्टें इस प्रकार थीं : (क) बिहार के मुंगेर ज़िले में 'बंधुआ मज़दूरों की पुनर्वास' पर भारत सरकार के श्रम मंत्रालय से संबद्ध ग्रामीण विकास केंद्र की रिपोर्ट, (ख) उतर प्रदेश के टिहरी गढ़वाल में 'बंधुआ मज़दूरों की पुनर्वास योजना के मूल्यांकन का अध्ययन' पर श्रम मंत्रालय के भारतीय लोक प्रशासन संस्थान की रिपोर्ट, (ग) उतर प्रदेश, मध्य प्रदेश, आन्ध्र प्रदेश, कर्नाटक, उड़ीसा, बिहार, राजस्थान, तमिलनाडु, और केरल में मुक्त बंधुआ मज़दूरों के पुनर्वास, मुक्ति और पहचान से संबंध स्थल अध्ययन पर आधारित श्रम मंत्रालय, भारत सरकार के महानिदेशक **एल.डी. मिश्रा** और (घ) 7 से 9 फरवरी 1983 तक 'बंधुआ मज़दूरों की पहचान और पुनर्वास' पर आयोजित राष्ट्रीय संगोष्ठी की रिपोर्ट।

मार्च, 1989 तक चिन्हित और कुछ मुक्त किए गए बंधुआ मज़दूरों की 2.42 लाख संख्या में से 26% कर्नाटक में, 20% उड़ीसा में, 16% तमिलनाडु में, 14% आन्ध्र प्रदेश में, 11% उत्तर प्रदेश में, 5% बिहार में, 4% मध्य प्रदेश में, 3% राजस्थान में, 0.5% महाराष्ट्र, 0.3% केरल में और 0.2% हरियाणा में मुक्त हुए।

राज्य स्तरीय पुनर्वास (State Level Rehabilitation)

बंधुआ मज़दूरों की पहचान और मुक्ति केवल राज्य सरकारों का वैधानिक दायित्व था लेकिन नवम्बर, 1987 के बाद से स्वैच्छिक संगठनों को भी पहचान और पुनर्वास का काम दिया गया। मार्च, 1989 तक 2.18 लाख पुनर्वासित बंधुआ मज़दूरों में से तीन चौथाई (76.3%) तो चार राज्यों में ही थे, [उड़ीसा में (23.8%), कर्नाटक में (23.3%), तमिलनाडु में, (17.1%), और उत्तर प्रदेश में (12.1%) थे] 20% तीन राज्यों [आन्ध्रप्रदेश (11.1%), बिहार (5.2%) और मध्य प्रदेश में (3.5%) थे], और शेष 4% तीन राज्यों में [राजस्थान में (3.2%), महाराष्ट्र में (0.4%) और केरल में (0.4%)] थे। 1986 क 20 सूत्रीय कार्यक्रम में भी बंधुआ मज़दूरों की पहचान और पुनर्वास का प्राविधान है। इस कार्यक्रम का छठा बिंदु बंधुआ मज़दूरों से संबंधित है। इस कार्यक्रम के अंतर्गत भारत सरकार ने अगस्त 1986 में सभी राज्यों के सभी उपमहानिदेशकों को अनुगामी कार्यवाही करने के निर्देश जारी किए। तब से केंद्रीय श्रम मंत्रालय, भारत सरकार, समय समय पर बंधुआ मज़दूरों की

पहचान, मुक्ति और पुनर्वास के कार्यक्रम का संचालन और मूल्यांकन करता चला आ रहा है।

पुनर्वास भौतिक और मनोवैज्ञानिक, दोनों प्रकार का होता है। भौतिक पुनर्वास आवश्यक रूप से आर्थिक होता है जबकि मनोवैज्ञानिक पुनर्वास आश्वासन की प्रक्रिया के माध्यम से करना पड़ता है। दोनों साथ साथ चलने चाहिए। मनोवैज्ञानिक पुनर्वास की प्रारंभिक आवश्यकता यह है कि मुक्त बंधुआ मज़दूरों को उनके पुराने आवास से निकाला जाए और उन्हें ऐसे स्थान पर पुनर्स्थापित किया जाए जहां वे बंधुआ मज़दूर रखने वाले मालिकों के विनाशकारी चंगुल से पूर्ण रूप से मुक्त हों। जब तक उन्हें यह आश्वासन न दिया जाए कि बंधन से मुक्ति के बाद ऋण उनके भाग्य चक्र को नहीं चलाएगा, तब तक यह संभावना बनी रहेगी कि वे पुन: अपने महाजनों की गुलामों में चले जाएं।

मूलरूप से पुनर्वास के तीन चरण होते हैं : (1) मुक्ति के तुरंत बाद भौतिक सहायता, (2) मुक्त मज़दूरों को नया जीवन प्रारंभ करने के लिए अल्पकालिक सहायता; जैसे, मकान के लिए स्थान का आवंटन, मकान बनाने के लिए सहायता, कृषि भूमि के भूखंड का आवंटन, बैलों की जोड़ी और आवश्यक यंत्र आदि की आपूर्ति करना, रोज़गार के अवसर प्रदान करना, आदि और (3) दीर्घकाल उपाय कुशलताओं में प्रशिक्षण दिलाना, मौजूदा कुशलताओं को विकसित करना, पारिश्रमिक मूल्य समर्थन उपलब्ध करना, वयस्क सदस्यों को अनौपचारिक तथा बच्चों को औपचारिक शिक्षा को सुनिश्चित करना, चिकित्सा प्रबंध करना, नागरिक अधिकारों की रक्षा सुनिश्चित करना, आदि। इस प्रकार पुनर्वास ही मुक्त बंधुआ मज़दूरों को ऐसा सामाजिक स्तर प्रदान करेगा ताकि वे अपने को सभ्य समाज की मुख्य धारा में चिन्हित कर सकेंगे और मानव अस्तित्व के योग्य सम्मान का अनुभव कर सकेंगे।

प्रभावी पुनर्वास में खामियां
(Lacunae in Effective Rehabilitation)

विभिन्न राज्यों में बंधुआ मज़दूरों के पुनर्वास कार्यक्रमों को गुणात्मक रूप से देखने से हमें पता चलता है कि कुछ राज्य, जैसे उड़ीसा, उत्तर प्रदेश, केरल, और आन्ध्र प्रदेश में पुनर्वास और पहचान के कार्यक्रम स्वागत योग्य रहे हैं लेकिन कुछ में नवीन परिवर्तनों को शुरू करने की आवश्यकता है। कार्यक्रमों के क्रियान्वयन में निम्नलिखित स्पष्ट खामियों को फौरन दूर किए जाने की आवश्यकता है:

बंधुआ मज़दूर बने लोगों के लाभ के लिए सामाजिक व्यवस्था और संरचना को बदलना आसान नहीं है। इस संबंध में दो उदाहरण लिए जा सकते हैं। एक जनजातीय व्यक्ति को अपने विवाह या अपने पुत्र के विवाह में वधू-मूल्य देने के लिए धन चाहिए। वह अपनी सेवाओं को गिरवी रखकर कर्ज प्राप्त करता है और इस प्रकार बंधुआ मज़दूर बन जाता है। इसी प्रकार मान लें कि एक व्यक्ति को अवैध शराब बनाने के अपराध में अर्थदंड दिया जाता है। उसके पास क्योंकि जुर्माना देने के लिए धन नहीं है तब वह एक प्रभावशाली व्यक्ति से अपनी सेवाएं गिरवी रखकर कर्ज लेता है और बंधुआ मज़दूर बन जाता है। अब, क्या वधू-मूल्य प्रथा समाप्त किया जाना संभव है? क्या किसी अपराध के लिए न्यायालय द्वारा अर्थदंड दिया जाना गलत कार्य है? गरीबों की अनेक आर्थिक जरूरत कर्ज लिए बिना पूर्ण नहीं हो सकती है। ऐसे मामलों में कर्ज लेने के लिए समझौते की शर्तों का सावधानी से जांचा जाना आवश्यक है ताकि श्रम को बंधक बनाए जाने से रोका जा सके और बंधुआ मज़दूरी प्रथा को नियंत्रित किया जा सके।

विकास के लिए सामूहिक दृष्टिकोण निश्चय ही बंधुआ मज़दूरों को एक सूत्र में बांधेगा, उनके साधनों को एक जुट करेगा, विभिन्न एजंसियों, बैंकों और विभागों से सहायता मिलेगी और उन्हें एक उद्देश्य और स्थाई पुनर्वास के लिए एक जुट में लाएगा। ऐसा ''सामूहिक प्रयास'' भूमि आधारित, शिल्प आधारित, या सफलता के लिए संपत्ति आधारित हो सकता है। इसके लिए उचित लाभार्थियों के चयन, जहां उन्हें बसाया जाए उस स्थान का चयन, उन्हें सिखाए जाने वाली कुशलताओं का चयन, और लाभार्थियों में निर्माण चेतना और अपने पुनर्वास, प्रगति और उन्नति के लिए संयुक्त उपक्रम करने के लिए इच्छा शक्ति जागृत करना आवश्यक है।

अनेक नियमों और प्रावधानों के बावजूद सबसे महत्वपूर्ण समस्या यह है कि यह मुक्त बंधुआ मज़दूर पुनर्वासित नहीं किए जाते हैं तो उनके कष्ट बढ़ेंगे। उनके सामने प्रश्न यह होगा: वे भूख या गुलामी, स्वतंत्रता और सुरक्षा, कठिन परिश्रम या दासता, परिवार के पोषण के लिए अपराध और फलत: कारावास का भय, में से क्या चुनें? दो दशक पूर्व जब पुनर्वास कार्य की प्रगति अति मंद है। राज्य सरकारी अधिकारियों में आगे बढ़ने के उत्साह की कमी है, या वे पहचान करने और पुनर्वास के कार्यक्रमों के प्रति उदासीन हैं। सामाजिक कार्यकर्ताओं को भी अपने काम में अनेक बाधाओं का सामना करना पड़ता है। आधा की जाती है कि केंद्र सहायता और स्वैच्छिक संगठनों के शामिल हो जाने से बंधुआ मज़दूरों की पहचान करने और उनके पुनर्वास का काम प्रभावी हो जाएगा।

1982 में उच्चतम न्यायालय ने भी 'बाध्य श्रम' को ऐसे मज़दूरों के मौलिक अधिकारों का हनन घोषित कर दिया था और 1983 में ''निर्धारित न्यूनतम मज़दूरी से कम श्रम को'' 'बाध्य श्रम' घोषित किया था। 1984 में उच्चतम न्यायालय ने पुन: राज्य

सरकारों द्वारा बंधुआ मज़दूरी अधिनियम 1974 के प्राविधानों को लागू करने की असफलता की दशा में इसको संविधान का उल्लंघन कहा। इसने मुक्ति के बाद पुनर्वास को राज्य सरकारों का दायित्व कहा ताकी मुक्त मज़दूरों को फिर से निर्धनता, असहायता और निराशा के कारण दासत्व स्वीकार न करना पड़े। इस प्रकार के न्यायिक समाधानों से आशा की जाती है कि राज्य सरकारों और स्वैच्छिक संगठनों के बंधुआ मज़दूरों की उनके सेवायोजकों के चंगुल से मुक्ति के प्रयासों को बल मिलेगा।

गैर किसानीकरण और दरिद्रीकरण (Despeasantization and Pauperisment)

भारत के अपर्याप्त औद्योगिक विकास का अवश्यंभावी परिणाम यह हुआ कि कृषि पर अत्यधिक दबाव पड़ा। कृषि का विकास धीमी गति से हो पा रहा था। जबकि जनसंख्या प्रति वर्ष बढ़ती जा रही थी और लाखों देशी शिल्पकार आधुनिक उद्योगों के कारण बर्बाद हो रहे थे, भारतीय उद्योग तेजी से बढ़ती हुई जनसंख्या तथा विनष्ट शिल्पकारों के समूह को खपा नहीं पा रहे थे। इसका परिणाम इसके अतिरिक्त और कुछ भी नहीं होने को था कि या तो वे भिखारी बन जाते अथवा अपने अस्तित्व के लिए कृषि पर निर्भर रहने वालों की संख्या बढ़ाते।

ब्रिटिश-भारत (British-India)

ब्रिटिश पूंजीवादी भारत में प्रविष्ट हुआ तो किस प्रकार उसका परिणाम भारतीय जनता की बढ़ती हुई निर्धनता में निकला जिसका लक्षण ग्रामीण ऋणग्रस्तता में प्रकट हुआ। इसका संक्षेप में वर्णन करना जरूरी है।

ब्रिटिश पूर्व काल में भारतीय समाज का जो आर्थिक ढांचा था वह उससे बिल्कुल भिन्न था जिसका ब्रिटिश लोगों ने भारत की विजय के पश्चात अपना अधिपत्य स्थापित करके यहां निर्माण किया।

भारतीय अर्थ-व्यवस्था में मौलिक स्तंभ कृषि तथा शिल्प उद्योग (Handicraft) थे। ग्राम एक आत्मनिर्भर आर्थिक इकाई था। विनियम के संबंध बहुत कम विकसित हो पाये थे और स्थानीय उत्पादन उसी स्थान पर खप जाता था। केवल थोड़ा सा अंश ही शासन कराने वाली शक्ति अथवा परोपजीवी भू-सामन्तीय मध्यस्थता द्वारा नकदी अथवा माल के रूप में छीन लिया जाता था। चूंकि स्थानीय उत्पादन स्थानीय उपयोग के लिए होता था चूंकि स्थानीय उत्पादन स्थानीय उपयोग के लिए होता था, इसलिए उसका उपभोग वहीं हो जाता था। अर्थ-व्यवस्था की इन दो शाखाओं अर्थात कृषि तथा शिल्प के आनुपातिक विकास के मध्य सर्वदा संतुलन रहता था।

मार्क्स ने पूंजी के प्रथम भाग में ब्रिटिश पूर्व-काल के भारतीय ग्रामीण समुदायों का वर्णन इन शब्दों में किया है:

''ये लघु तथा अत्यन्त ही प्राचीन समुदाय जिनमें से कुछ अब भी चले आ रहे है भूमि के सम्मिलित आधिपत्य कृषि एवं शिल्प के मिश्रण तथा परिवर्तनीय श्रम विभाजन पर आधारित है। ये समुदाय जब कभी नवीन समुदाय का आंरभ होता है तब तैयार योजना के रूप में कार्य करते हैं। इन समुदायों में से प्रत्येक एक समष्टि के रूप में एक सौ एकड़ से कई हजार एकड़ तक भूमि अपने आधिपत्य में रखते हुए अपनी आवश्यकतानुसार सब कुछ उत्पादन करता है। उत्पन्न पदार्थों का मुख्य भाग स्वयं समुदाय के अपने सीधे उपयोग के लिये होता है और वह व्यापार की वस्तु का रूप नहीं धारण करता है इसलिए यहां उत्पादन उस श्रम विभाजन से बिल्कुल स्वतंत्र है जो संपूर्ण भारतीय समाज में वस्तुओं के विनियम से उत्पंन होता है। एक केवल बचा हुआ भाग ही है जो व्यापार की वस्तु बनता है और उसका भी कुछ भाग तब तक इस प्रकार से नहीं परिवर्तित होता है जब तक कि राज्य के हाथ में भूमिकर के रूप में नहीं पहुंच जाता जैसा कि अत्यंत प्राचीन काल से होता आया है। भारत के विभिन्न भागों में इन समुदायों का गठन भिन्न-भिन्न रूप में हुआ है। साधारणत: भूमि सम्मिलित रूप से बोई तथा जोती जाती है। और उत्पादन सदस्यों में विभक्त हो जाता है। साथ ही कटाई और बुनाई प्रत्येक परिवार में सहायक उद्योग के रूप में होती है। इस सामान्य जन समूहों के साथ जो इस प्रकार एक से ही कार्य में लगे हुए है हम एक मुख्य निवासी को भी यहां देखते हैं जो अकेला ही न्यायकर्त्ता, पुलिस तथा भूमिकर संग्राहक है। इसके अतिरिक्त बही खाता रखने वाला मुनीम भी होता है जो जुताई का हिसाब रखता है और तत्सम्बन्धित सभी बातें दर्ज करता है। एक दूसरा अधिकारी और होता है जो अपराधियों को दंड देता है तथा यात्रा करने वाले विदेशियों की रक्षा करता और उन्हें दूसरे ग्राम सुरक्षित पहुंचाता है। एक सीमा अधिकारी होता है जो पड़ोस के समुदायों से सीमा की रक्षा करता है। एक जल पर्यवेक्षक होता है जो सिंचाई के लिए सम्मिलित तालाब से जल का वितरण करता है। एक ब्राह्मण होता है जो अनेक धार्मिक सेवाएं करता है। एक स्कूल का अध्यापक होता है जो मिट्टी पर बालकों को लिखना और पढ़ना सिखाता है। एक जंत्री ब्राह्मण अथवा ज्योतिषी होता है जो बोने, फसल काटने तथा अन्य प्रत्येक कृषि कार्य के लिए शुभ तथा अशुभ दिनों को बतलाता है। एक लोहार तथा खाती होता है जो सभी कृषि संबंधी औजारों का निर्माण तथा उनकी मरम्मत करता है। एक कुम्हार होता है जो ग्राम के लिए मिट्टी के बर्तन आदि बनाता है। एक नाई तथा कपड़े धोने के लिए धोबी और

सुनार होता है। कहीं-कहीं कवि भी होता है जो कुछ समुदायों के सुनार का तथा अन्य समुदायों में स्कूल के अध्यापक का कार्य करता है। इस प्रकार एक दर्जन व्यक्ति ऐसे होते हैं जिनका निर्वाह समस्त समुदाय द्वारा होता है। यदि जनसंख्या में वृद्धि हो जाती है तो एक नवीन समुदाय की स्थापना अनाधिकृत भूमि पर पुराने प्रतिमान के आधार पर हो जाती है। इन आत्मनिर्भर समुदायों में उत्पादन के संगठन में बड़ी सादगी होती है तथा अकस्मात् नष्ट होने पर उसी स्थान पर उसी नाम तथा रूप में लगातार इनकी पुनर्रचना हो जाती है। यह सादगी एशिया के समाजों की अपरिवर्तनीयता की कुंजी प्रदान करती है। यह अपरिवर्तनीयता एशिया के राज्यों के लगातार विलयन तथा पुन: स्थापना एवं राजवंशों के सदा होते रहने वाले पविर्तनों के बिल्कुल विपरीत है। राजनैतिक क्षितिज के तूफानी बादलों से समाज के आर्थिक तत्वों की संरचना अप्रभावित ही रहती है।''

ब्रिटेन के तेजी से औद्योगिक विकास के द्वारा भारत में ब्रिटिश उद्योगों द्वारा उत्पादित पदार्थो का प्रवाह तीव्र हो गया और भारत धीरे-धीरे ब्रिटिश उत्पादन के बाजार के रूप में परिवर्तित हो गया। ब्रिटिश पूंजीवाद ने कड़ाई से भारत को अपने सर्वाधिकार पूर्ण बाजार में परिवर्तित करने की नीति का अनुसरण किया। इससे ब्रिटिश उद्योगों के हितों तथा भारतीय शिल्प उद्योग के हितों के बीच संघर्ष होने लगा। अब तक भारतीय शिल्प उद्योग ही अधिकतर ग्रामों में रहने वाली भारतीय जनता की कपड़े की जरूरत पूरी करती थी। कुछ समय तक ग्रामों का शिल्प उद्योग स्थानीय सुविधाओं तथा ब्रिटिश उद्योगों के विकास का निम्नस्तर तथा यातायात के अपर्याप्त साधन होने के कारण यंत्रोत्पादित पदार्थों के साथ सफलता पूर्वक प्रतिस्पर्धा में टिक सका। ब्रिटिश पूंजीवादी अत्यधिक कठोर था और उसने सभी प्रकार के शारीरिक तथा राजनैतिक उत्पीड़न का उपयोग इस प्रतिस्पर्धा को रोकने में किया। ढाका के निपुण शिल्पियों के अंगूठे को काट देने का उदाहरण केवल इस बात का द्योतक है किस सीमा तक ब्रिटेन का उदीयमान औद्योगिक पूंजीवाद बाजार पर अधिपत्य के लिए नृशंस हो गया । लेकिन शीघ्र ही औद्योगिक तकनीक का विकास हुआ तथा रेलवे एवं भाप इंजन के चलन से परिवहन व्यय कम हो गया और कच्चे माल के मूल्य में कमी हो गई। इस प्रकार ब्रिटिश उद्योग के यंत्रोत्पादित पदार्थ भारतीय बाजार में शिल्प उद्योग के पदार्थों की अपेक्षा सस्ते बिकने लगे। वह भारतीय शिल्प उद्योग जो सदियों से चले आने के कारण सदा ही विद्यमान रहने वाला प्रतीत होता था, आधुनिक यांत्रिक उद्योग की प्रतिस्पर्धा सहन करने में असमर्थ होकर समाप्त हो गया।

यंत्रोत्पादित पदार्थों के ग्राम के बाजार में आ जाने से कृषि तथा उद्योग की यह एकता समाप्त हो गई। लगातार शिल्प उद्योग की ग्राम में गिरावट आ गई और कृषि यंत्रोत्पादित पदार्थों पर आश्रित हो गई जो केवल रुपये से ही खरीदे जा सकते थे। एक ओर तो राज्य की कठोर तथा अत्यधिक मांगों ने जो भूमि कर के समय अलग पर होने वाले संशोधन से बढ़ती ही जाती थी और जिन्हें कृषक को सरकार को अदा करना ही पड़ता था, कृषक की आय लगातार गिरती ही चली गई। दूसरी ओर यंत्रोत्पादित पदार्थों के ग्राम पर दुर्दम्य आक्रमण से ग्राम शिल्प उद्योग की बर्बादी हो जाने के कारण कृषक को रुपये पैसे की जरूरत होने लगी क्योंकि उससे वह अपने लिए कपड़ा तथा आवश्यक पदार्थ खरीद सकता था जो पहले उसे स्थानीय शिल्पकारों से उसके कृषि संबंधी पदार्थों के विनियम में प्राप्त हो जाते थे।

कृषकों के लिए यह और भी जरूरी हो गया कि वे उसी साहूकार से बार-बार तथा बाद में स्थायी रूप से ऋण ले जिससे ऋण-दान के लूट-खसोट करने वाले कार्यों के थुथने कठोर परिश्रमी ग्रामीण जनता को चारों ओर से घेरते जा रहे थे।

जहां तक हो हमने उस कृषक समूह की दशाओं का विश्लेषण किया जो भूमि के छोटे-छोटे स्वामी थे ओर वे स्वयं अपनी भूमि को जोतते-बोते थे तथा सरकार को सीधे ही भूमिकर अदा करते थे। ये वे कठोर परिश्रमी व्यक्ति थे जो अपने उत्पादन के साधन यानी भूमि के स्वामी थे परंतु जो ऊपर वर्णित कारणों से भयंकर निर्धनता की स्थिति में है। ये कृषक रैयतवारी प्रणाली के अन्तर्गत होते है। इस प्रणाली से अभिप्राय उस भूमिकर प्रणाली से है जिसमें कृषक सरकार से सीधा व्यवहार रखता है।

जमींदारी प्रणाली के अन्तर्गत; जो ब्रिटिश भारत के एक तिहाई भाग में प्रचलित थी, कृषक का सीधा संबंध राज्य से नहीं होता था। कृषक जमींदार का जोता मात्र होता था और जमींदार भूमि का स्वामी होता था।

भूमि सुधार कार्यक्रम

सरकार ने गिरती हुई भूमि अर्थव्यवस्था को उठाने तथा ग्रामीण ऋणग्रस्तता की समस्या को हल करने के लिए जो अनेक कानून बनाये और कृषि संबंधी बहुत से कार्यक्रम अपनाने के प्रयत्न किये वे सब असफल ही रहे।

कृषि के संबंध में जो राजकीय आयोग गावों की दया की छानबीन करने के लिए नियुक्त किया गया उसने ऋणग्रस्तता को रोकने के लिए किये गये कानून निर्माण संबंधी प्रयत्नों का मूल्यांकन निम्नलिखित शब्दों में किया:-

''बहुत कुछ सीमा तक भारत में किसान न तो लाभ के लिए न कुछ प्राप्ति के लिए बल्कि केवल भरण-पोषण के लिए परिश्रम

करता है। भूमि से जीवन यापन करने वालों की अत्यधिक संख्या आजीविका प्राप्त करने के लिए दूसरे साधनों का अभाव, बचाव के लिए कोई भी मार्ग ढूंढने में कठिनाई और छोटी आयु में ही परिवार का भार ये सब बातें मिलकर किसान को इसके लिए बाध्य करती है कि वह जहां कही भी भूमि मिले चाहे वह किन्हीं भी शर्तों पर क्यों न हो, वहां अन्न उपजाये। जब उसकी भूमि उसके साहूकार के अधिकार में चली जाती है तो कोई भी कानून उसकी आवश्यकता की पूर्ति नहीं कर सकता और कोई भी भू-धारण कानून उसकी रक्षा नहीं कर सकता। भूमि के लिए उसको साहुकार के सामने प्रार्थना करनी पड़ती है जिसका ऋण उसकी समस्त पूंजी से भी प्राय: अधिक ही होता है। साहूकार अधिकतर भिन्न श्रेणी का भू-स्वामी होता है जिसका उसकी भू-संपति से कोई स्वाभाविक अथवा ऐतिहासिक संबंध नहीं होता और जो केवल उपने अधिकार में आई हुई संपति के तात्कालिक शोषण में ही दिलचस्पी रखता है।''

किस प्रकार से लगातार बढ़ती हुई ऋणग्रस्तता ऐसे स्तर पर पहुच जाती है कि वह किसान को भूस्वामी साहुकार का वास्तविक दास ही बना देती है। इसका वर्णन प्रतिवेदन में इस प्रकार किया गया है:-

''किस सीमा तक आर्थिक दासता पहुंच सकती है और कितना कठोर साहुकार का चंगुल हो सकता है। इसके दो उदाहरण दिये जा सकते है। हमें बतलाया गया है कि बिहार और उड़ीसा में एक प्रथा 'कामियाटी' के नाम से प्रसिद्ध है जो हजारीबाग जिले के उत्तर में तथा छोटा नागपुर के पलामू जिले और बिहार के कुछ भागों में प्रचलित है और जो एक प्रकार से दासों द्वारा की गई कृषि ही है।'''कामिया' अपने स्वामियों के बंधे हुए अनुचर है। ऋण के बदले में वे अपने आपकों किसी भी निम्न श्रेणी की सेवा जो उनके स्वामी ऋण के व्याज को वसूल करने के लिए मांगे करने के लिए बांध लेते है। वे भू-स्वामी, जिनकी अपनी निजी भूमि पर कृषि करने के लिए श्रमिकों की आवश्यकता होता है। श्रमिकों पर इस प्रकार का बंधन रखना अधिक पसंद करते हैं। और इसीलिए यह प्रथा चल पड़ी कि जिसमें श्रमिकों को पहले रकम ऋण के रूप में दी जाती है और बाकी दिनों में जब उनकी ऋणग्रस्तता को आवश्यकता न हो वे कहीं भी किसी अन्य व्यक्ति के लिए कार्य कर सकते है। व्यावहारिक रूप से यह प्रथा कामिया लोगों का पूर्णरूप से पतन कर देती है। सबसे पहले बात तो यह है कि कामिया अपने वेतन के लिए सौदेबाजी नहीं कर सकता। उसको वही वेतन स्वीकार करना पड़ता है जो भू-स्वामी इस प्रकार के श्रमिक वर्ग को प्रचलित प्रथा के अनुसार देता है। यह वेतन स्वतंत्र श्रमिक के वेतन का केवल एक तिहाई भाग होता है। उदाहरण के लिए हम उस वेतन को ले सकते हैं जो ठेकेदार सड़क की मरम्मत के काम के लिए देते है। यदि कामिया की पत्नी भी अपने स्वामी के लिए कार्य करती है तो उसे उससे कुछ कम ही पारिश्रमिक दिया जाता है और दोनों का सम्मिलित वेतन उनके तथा उनके परिवार की संतान के भरण पोषण के लिए पर्याप्त नहीं होता है। 'कामिया' को रुपये पैसे देखने को भी कभी नहीं मिलते, केवल कभी-कभी कुछ पैसे उसके हाथ में उस कार्य से पाते है जो वह अवकाश के समय करता है। इसका परिणाम यह होता है कि उसको अपने ऋण की मूल रकम पीछा चुकने का भी कभी अवसर नहीं प्राप्त होता जिससे कि वह पीछा स्वतंत्र व्यक्ति बन सकें। इसलिए कामियाटी ऋण पत्र एक प्रकार से जन्म कैद हो जाती है।

''यह दशा पैतृक हो जाती है। यद्यपि पुत्र अपने पिता के ऋण के लिए उसकी मृत्यु के उपरांत उत्तरदायी नहीं होता है किन्तु पुत्र की ओर से उसके विवाह के अवसर पर नवीन ऋण का अनुबंध करना पड़ता है जिससे वह जीवन भर के लिए कामिया बन जाता है। स्वामी की ओर से दैनिक कार्य का कोई आश्वासन उसे नहीं दिया जाता और जब कोई कार्य करने को नहीं होता तो उसे खाने के लिए अन्न भी नहीं दिया जाता। इसका परिणाम यह होता है कि स्वामी कामिया से वर्ष के अधिक भाग में खतशोषक वेतन पर कार्य कराता है। परन्तु जिस समय कृषि कार्य करने को नहीं होता और कामिया को दैनिक वेतन पर कार्य करने का अन्यत्र कहीं भी अवसर नहीं मिलता तो कामिया को उसके भाग्य पर छोड़ दिया जाता है। उसको जहां कहीं भी कार्य मिले जाने की स्वतंत्रता होती है परंतु वह कार्य की खोज में अपने ग्राम को नहीं छोड़ सकता क्योंकि यह भय बना रहता है कि वह कहीं भाग न जाए। वास्तव में उसकी स्थिति इतनी खराब हो जाती है कि उसे ईंधन और घास इकट्ठा करके उसकी बिक्री से अपनी आजीविका चलानी पड़ती है। उसके आवागमन पर प्रतिबंध होने से कामिया की स्थिति एक दास से अच्छी नहीं होती। भागे हुए 'कामिया' को उस क्षेत्र के किसी भाग में आश्रय भी नहीं मिलता जहां यह प्रथा प्रचलित होती है। जिले के उत्तर पश्चिम के 'कामिया' लोगों की क्रय-विक्रय की प्रथा भी अप्रचलित नहीं है। 'कामिया' के ऋण की रकम ही उसका मूल्य होता है।

''आर्थिक गुलामी का दूसरा उदाहरण उन छोटे-छोटे उद्योग धंधों से लिया जाता है जहां कारीगर ऋणदाता पूंजीपतियों के लिए आजीवन काम करते हैं। पूंजीपति कच्चा माल देता है, भरण-पोषण के लिए रुपया उधार देता है और तैयार माल बिक्री के लिए प्राप्त करता है। ऋण प्राय: चुकाया नहीं जाता और कारीगर का एक पूंजीपति से दूसरे पूंजीपति के पास हस्तांतरण इस प्रकार से हो

जाता है कि जो व्यावहारिक रूप से क्रय और विक्रय का रूप ही धारण कर लेता है। उसको इस प्रकार अपनी कार्य कुशलता अथवा प्रभावोत्पादकता बढ़ाने का भी प्रोत्साहन नहीं प्राप्त होता क्योंकि जो कुछ भी वह अधिक कमाता है वह उसके ऋण के बदले समझ ली जाती है।

जो उदाहरण हमने दिये है वे रुपये पैसे की अनियंत्रित शक्ति के सबसे बुरे प्रभाव का दिग्दर्शन कराते हैं। दोनों उदाहरणों में जो सबसे अधिक गंभीर बात है वह है इसका पैतृक तत्व और परिणामस्वरूप असहायावस्था, जो इन निर्धन वर्गों को भोगनी पड़ती है जबकि वे अपनी चुकाने की शक्ति से बाहर ऋण के भार से दबे हुए होते है।''

ग्रामीण दिवालियापन को मानते हुए प्रतिवेदन निम्नलिखित सुझाव प्रस्तुत करती है—

''अब भविष्य की ओर अग्रसर होते हुए हमें हमारा यह विश्वास प्रकट करने में कुछ भी हिचकिचाहट नहीं है कि ग्रामीण जनता को ऋण के कुचलने वाले भार से मुक्ति प्राप्त करने की सबसे बड़ी आशा ऐसे स्वस्थ और सुगठित सहकारिता आंदोलन की वृद्धि तथा विकास पर निर्भर है जो ग्रामीणों की अपनी सतर्कतापूर्ण और सुव्यवस्थित शिक्षा पर आधारित हो। इस सहकारिता के संबंध में आगे विस्तृत रूप से वर्णन किया जायेगा, परंतु यहां पर हमें अपनी सम्मति प्रकट कर देनी चाहिए, वह यह है कि ऋण के प्रश्न से बिल्कुल ही अलग सहकारी उधार ही कृषि को सही मार्ग पर पूंजी की सहायता देने का एकमात्र संतोषजनक मार्ग है। प्रत्येक न्यायसम्मत तरीके से मितव्ययी को प्रोत्साहन दिया जाना चाहिए, क्योंकि मितव्ययिता से कृषि जीवियों को जो बचत होगी वह उनकी आवश्यक पूंजी का सर्वोत्तम आधार होगा। यदि ग्रामीण समुदाय को संतोषी, सुखी और समृद्ध बनाना हो तो स्थानीय सरकारों को सहकारिता आंदोलन को सब प्रकार के ऐसे प्रोत्साहन के योग्य मानना चाहिए जिसे प्रदान करना उनकी सामर्थ्य में हो।''

वे लोग जिन्होंने सहकारिता आंदोलन की प्रगति का देश के विभिन्न भागों में अध्ययन किया है, इस बात को भली-भांति जानते है कि वह बुरी तरह से असफल रहा है।

जबकि ग्रामीण क्षेत्र में यह विपत्ति बुरी तरह फैल रही है, जबकि ऋण की रकम की पूर्ण संख्या असीमित अंकों तक पहुंच गई है, जबकि भूमि संबंधी संकट इस सीमा तक आ गया है कि किसान की थोड़ी सी आय और भी निम्न-स्तर पर चली गई है, जबकि किसान के दिवालिया हो जाने की गति इतनी बढ़ गई है कि भू-स्वामी किसान भूमिहीन श्रमिक अथवा दरिद्र हो गये हैं और जबकि कृषक जनता की आर्थिक बर्बादी का वह भयंकर प्रवाह इतनी घातक तीव्रता से उठ रहा है, तब सहकारिता आंदोलन का दुर्बल बांध किस प्रकार प्रभावकारी सिद्ध हो सकता है?

सहकारिता आंदोलन इस समस्या को एक किनारे से भी नहीं छू सकता है और वह इस भूमि संबंधी विशाल संकट के एक अंश मात्र को भी हल नहीं कर सकता है।

किसान की आय अनेक कारणों से लगातार घटती जा रही है जिनका उल्लेख पहले किया जा चुका है, जैसे संसार के बाजार में पदार्थों के मूल्य में घटोत्तरी, भूमि संबंधी संकट के कारण लगान तथा भूमि में बढ़ोत्तरी, अच्छी खुराक के अभाव में बैलों की थकावट से तथा यंत्रों में समय-समय पर परिवर्तन न होने से भूमि के उत्पादन में लगातार होने वाली गिरावट, भूमि पर अधिक दबाव पड़ने से भू स्वामित्व में बराबर होने वाली कमी।

इतनी ही नहीं कि किसान साहूकार को अपनी ऋण अथवा अत्यधिक व्याज चुकाने में असमर्थ है बल्कि आर्थिक दृष्टि से उसके लिए सहकारी बैंकों द्वारा निश्चित सीमित ब्याज की दर भी चुकाना अंसभव है।

वास्तव में अपने दावों को कठोरतापूर्वक क्रियान्वित करने के कारण जहां कहीं भी सहकारी समितियों के किसानों से लेन-देन थे वे उनके उद्धारक होने के स्थान पर जैसी कि रिपोर्ट में आशा प्रकट की गई अलोकप्रिय सिद्ध हुई है।

दावों को वसूल करने का तरीका कठोर होने के कारण ये— सहकारी समितियां घृणित साहुकार से भी अधिक घृणा की दृष्टि से ग्रामीण जनता द्वारा देखी जाती है।

जमींदार क्षेत्रों में लाखों जोताओं के परोपजीवी शोषक जमींदारों को सरकार ने अपनी-अपनी जमींदारी में अधिकाधिक सक्रिय रुचि लेने, जोताओं के भार को कम करने तथा कृषि के तरीकों को आधुनिक बनाने की सलाह दी जिसमें कृषि के यांत्रिक तरीके मूसल तथा फसल काटने के यंत्र सम्मिलित हैं।

ग्रामीण जनता की निर्धनता तथा ऋणग्रस्तता की तथा गिरती हुई कृषि की समस्या को हल करने के लिए सरकार के अन्य कार्यक्रम भी जैसे सिंचाई की योजनाएं भूमिकर में आंशिक कमी और अन्य भूमि संबंधी सहायता के कार्य जो कांग्रेसी तथा गैर-कांग्रेसी प्रान्तों में क्रियान्वित किये गये व्यर्थ सिद्ध हुए। इतने विशाल संकट को दूर करने के लिए जो सहायता दी गई वह अत्यन्त तुच्छ है।

ऋण का परिणाम अत्यन्त विशाल है और उसके लिए उसकी समाप्ति कर देना ही आवश्यक है। सहकारी आंदोलन अथवा भूमि संबंधी छोटी-मोटी सहायता इस समस्या का हल नहीं कर सकती।

किसान की निर्धनता से उत्पन्न हुई उसकी ऋणग्रस्तता उसकी

निर्धनता को अत्यंत तीव्र बनाने वाले कारणों में मुख्य है। अपने ऋण की रकम तथा उसके केवल ब्याज को भी चुकाने में असमर्थ किसान ने केवल अपनी फसल ही साहुकार को दे देने के लिए बाध्य होता है बल्कि अपनी भूमि को भी द्रुत गति से खोते हुए दरिद्र अथवा भू-श्रमिक बनता जा रहा है। इस वस्तुस्थिति का दूसरा लक्षण यह है कि यदि सरकार अथवा किन्हीं परोपकारी लोगों का कोई कार्य किसान की आर्थिक उन्नति कर भी पाता है तो जिस स्थिति में वह है उसमें वह उसका लाभ नहीं उठा सकता। साहुकार अथवा भू-स्वामी अपने दावों की वसूली के बदले जिन्हें वह कभी भी पूरा नहीं कर सकता, उस लाभ पर अपना धावा बोल देता है और उसे हस्तगत कर लेता है। इस प्रकार यह थोड़ा सा सुधार भी जो उसकी स्थिति में किया जाता है इसका लाभ भू-स्वामी अथवा साहूकार को प्राप्त होता है जिसका किसान बंन्धक दास होता है।

उपाय (Solution)

ग्रामीण क्षेत्र में हुए इस विध्वंस का कोई सुधारवादी हल संभव नहीं है। भूमि संबंधी उत्पादक शक्तियों की ओर अधिक गिरावट रोकने तथा शक्तिशाली समृद्ध कृषि एवं सामान्य ग्रामीण अर्थ व्यवस्था का निर्माण करने और ग्रामीण जनता की निर्धनता दुख तथा ऋणग्रस्तता को समाप्त करने की समस्या का हल उन सामाजिक आर्थिक संबंधों के ढांचे के भीतर नहीं निकल सकता जो आज के समस्त भारतीय समाज का आर्थिक ढाचा बना हुआ है।

यह आर्थिक संबंधों की संपूर्णता न्यायालयी भाषा में सांपत्तिक संबंधों का रूप है। भूमि संबंधी समस्या को ग्रामीण क्षेत्र में सांपत्तिक संबंधों के वर्तमान स्वरूप को नष्ट किये बिना हल नही किया जा सकता है।

यह प्रश्न इतना मौलिक अथवा आधारभूत नहीं है कि यह भूमि संबंधी क्रान्ति राज्य द्वारा ऊपर से थोपी जाय, या जनता द्वारा नीचे से उठाई जाय जितना यह कि भूमि संबंधी स्थिति का हल जमींदारी तथा सूदखोर साहुकारी की समूची प्रथा को उलट-पलट किये बिना संभव नही है।

समस्त सामंतों तथा भू-स्वामियों की संपत्ति और सूदखोरी पूंजी को साफ कर देने की आवश्यकता है। प्रगतिशील तथा समृद्ध ग्रामीण क्षेत्र का निर्माण करने के लिए इन बातों को पूरा करना अत्यंत आवश्यक है।

दूसरी ओर से नकारात्मक कार्य यह है कि ग्रामीण क्षेत्र के समूचे सामाजिक जीवन को उच्चतर सामग्री के साथ तथा सांस्कृतिक स्तर पर पुनः संगठित किया जाये। यह कार्य ग्रामीण जनता को सूदखोर पूंजी भू-स्वामित्ववाद आदि शृंखला से मुक्त करने में निहित है।

समस्त ऋणों को समाप्त कर देना चाहिए। जमींदारी हटा दी जानी चाहिए। राज्य का भूमिकर का जो दावा हे उसे पर्याप्त सीमा तक कम कर देना चाहिए।

उचित घटोत्तरी करने के बाद कृषक को अपने उन सब पदार्थों को अपने पास रख देना चाहिए जिन्हें वे खून का पसीना करके उत्पन्न करता है। समस्त बंधक पत्र तथा भू-विक्रय-पत्र, कृषि नहीं करने वाले कृषकों के समस्त भूमि संबंधी साम्पत्तिक अधिकार तथा समस्त ऋण संबंधी दावे रद्द कर दिये जाने चाहिए।

ग्रामीण क्षेत्र के समूचे जीवन को पुनःसंगठित करने के लिए एक नवीन अध्याय आरंभ करना चाहिए जिसमें न कोई ऋणी हो न जमींदार हो और न भूमिकर का भारी बोझ हो। परंतु इतना भी पर्याप्त नही है। यह तो केवल सफलतापूर्वक ग्रामों में सुखी, आनन्दमय तथा सांस्कृतिक जीवन को निर्माण करने के सकारात्मक कार्य का एक नकारात्मक पूर्वाधार उत्पन्न करेगा।

सकारात्मक कार्य तो इस बात से निहित है कि ग्रामीण क्षेत्र में उत्पादक शक्तियों को विकसित किया जाये तथा कृषि में मानवश्रम की उत्पादकता को ऊंचा उठाया जावे और कृषि पर जो वर्तमान काल में अत्यधिक दबाव पड़ रहा है उसे कम किया जाये।

ग्रामीण जनता के अतिरिक्त भाग को धंधे में लगाने के लिए भारतीय उद्योग का द्रुत गति से विस्तार होना अत्यावश्यक है। यह ब्रिटिश उद्योगों के हितों के विरुद्ध था। जब तक भारतीय जनता ने राजनैतिक स्वतंत्रता नहीं प्राप्त की तब तक भारत के उद्योग का वास्तविक और विस्तृत विकास की कोई संभावना नहीं थी। क्योंकि भारत में ब्रिटिश पूंजीवाद इस दिशा में किये गये किसी भी प्रकार के विकास को अवरुद्ध करता चला जा रहा था।

राजनैतिक स्वतंत्रता के बिना इस पैमाने पर भारत का औद्योगिक विकास संभव नहीं था जिससे कि कृषि पर पड़ने वाले अत्यधिक दबाव की समस्या को सुलझाया जा सके। इस मौलिक समस्या का हल हुए बिना कृषि का पुनरुद्धार करके शक्तिशाली बनाना संभव नहीं था। इस प्रकार भारतीय कृषि तथा सामान्य ग्रामीण अर्थ व्यवस्था आर्थिक स्तर से राजनैतिक स्तर पर उठ गई। इसने राजनैतिक शक्ति के प्रश्न को उठा दिया।

कृषि को पुनः अपने स्थान पर लाने सामान्य जनता की वर्तमान निर्धनता को दूर करने के लिए न केवल सामान्य जनता को जमींदारों तथा सूदखोर साहूकारों के भार से मुक्त करना, बल्कि कृषकों की वर्तमान छोटी-छोटी जोतों को हटाना आवश्यक हो गया। भूमि के खंडीकरण की वर्तमान प्रक्रिया से व्यक्तिगत कृषक की भूमि का विस्तार प्रगतिशील गति से कम होता चला गया। इसका समाप्त होना भी आवश्यक हो गया। यह तभी संभव था जबकि अपने

निर्वाह के लिए भूमि पर आश्रित रहने वाले लाखों व्यक्तियों के लिए जीविकोपार्जन औद्योगिक साधन उपलब्ध किये जाएं।

विशाल एवं शक्तिशाली अंतर्राष्ट्रीय पूंजीवादी कृषि उद्योग मंडल के साथ प्रतिस्पर्धा में खड़े होने योग्य बनने के लिए कृषक को जो अब भू-स्वामी तथा सूदखोर साहूकार ने दम घोंटने वाले दबाव से मुक्त हो गया था। कृषि प्रक्रिया का उच्चतर तकनीकी आधार पर पुनर्निर्माण करना आवश्यक हो गया। उत्पादन का लागत मूल्य भी घटाना आवश्यक था।

परंतु जब चालक शक्ति तथा उत्पादक शक्तियों भूमि, कच्चा माल, औद्योगिक आधार, परिवहन आदि,जनता के हाथ में हो जैसा कि स्वतंत्र भारत में है तथा साम्राज्यवादियों अथवा कतिपय पूंजीपतियों एवं भू-स्वामियों के हाथ में नहीं हों तब देश के भावी औद्योगिक विकास की अपेक्षाएं पूरी हो जाती है। तब न केवल शोषकों द्वारा श्रमशील कृषकों का शोषण समाप्त हो जाता है बल्कि औद्योगिक क्षेत्र में कैसे आगे कदम बढ़ाया जाय जिससे कि वर्तमान उत्पादन शक्तियों का उपयोग हो सके यह चीज अल्पसंख्यक शोषकों के हाथ से निकलकर श्रमशील जनता के हाथ में आ जाती है। तब न केवल जनता अपनी भूमि पर उत्पन्न पदार्थों को अपने पास रख सकते हैं बल्कि उत्पादक शक्तियों को पुनः संगठित तथा विकसित करने की स्वतंत्रता अब जनता ने प्राप्त कर ली है।

ब्रिटिश साम्राज्यवाद जमींदारों का उन्मूलन करके कृषकों को मुक्त नहीं कर सकता। सबसे पहले तो इसका राजनैतिक कारण है। जमींदार भारत में ब्रिटिश शासन के स्तंभ थे। दूसरा इसका आर्थिक कारण है। जमींदारों का पतन आर्थिक दृष्टि से ब्रिटिश पूंजी पर विपरीत प्रभाव डालता क्योंकि जमींदारों तथा ब्रिटिश बैंकों के मध्य प्रबल आर्थिक बंधन थे।

इस संबंध में हुए मुख्य अध्ययन-अनुसंधान

ऋण ग्रस्तता की समस्या या निर्णय निकालने के लिए हमें इस विषय पर किये गये अध्ययन-अनुसंधानों का पर्यालोचन करेंगे। ये चार अध्ययन अनुसंधान निम्न हैं :

(क) ग्रामीण साख सर्वेक्षण प्रतिवेदन 1951 के निर्णय

(ख) ग्रामीण साख पुन: सर्वेक्षण प्रतिवेदन 1960 जिसमें 1956-57 की आधार सामग्री का विश्लेषण किया गया।

(ग) उन परिवर्तनों का मूल्यांकन जो ग्रामीण क्षेत्रों के कृषक वर्ग की दशा में हुए और जिनको कृषि संबंधी श्रमिक जांच समिति की 1951 तथा 1959 की प्रतिवेदनों में प्रकट किया गया तथा अंत में;

(घ) साहूकार तथा अन्य तत्संबंधी कानूनों का ग्रामीण जनता की ऋणग्रस्तता की समस्या पर जो प्रभाव पड़ा उसका पर्यालोचन।

आधारभूत मानक (Basic)

इन मुख्य अध्ययन अनुसंधानों के निर्णयों का परीक्षण निम्न दृष्टिकोण से किया जा सकता है:-

(क) वे परिस्थितियां जो कृषकों को ऋण लेने के लिए बाध्य करती है।

(ख) ऋण का स्वरूप तथा विभिन्न स्तर के कृषकों पर उसका प्रभाव,

(ग) कृषकों को ऋण देने वाले वर्तमान निजी संस्थानों की लूट-खसोट की रोकथाम के लिए सरकार द्वारा जो कार्य किये गये है उनका प्रभाव।

ऋणग्रस्तता की समस्या का सही विश्लेषण हमें इस समस्या के भविष्य के विषय में कुछ निर्णयों पर पहुचने में सहायक होगा। उन वास्तविक उपकरणों के बाबत भी वह कुछ धारणा प्रदान करेगा जो इस समस्या को सतत अस्तित्व में रखते चले आ रहे हैं। जैसा कि कुछ विद्वानों ने बतलाया है कि ग्रामीण ऋणग्रस्तता का वास्तविक खतरा ऋणग्रस्तता की मात्रा से नहीं है अपितु उन दशाओं तथा उद्देश्यों से है जिनके कारण कृषकों को ऋण लेने के लिए बाध्य होना पड़ता है और ऋण लेने की इन दशाओं तथा उद्देश्यों से है। जिनका सामाजिक प्रभाव कृषक समाज में आर्थिक दृष्टि से कुछ विशिष्ट स्तरों तथा श्रेणियों को दूसरे स्तरों तथा श्रेणियों के मत्थे शक्तिशाली बनाने में पड़ता है।

ग्रामीण साख सर्वेक्षण रिपोर्ट द्वारा मान्य

ग्रामीण साख सर्वेक्षण रिपोर्ट में दिखाये गये ऋणग्रस्तता के मुख्य लक्षणों की खोज से ही हम हमारा पर्यालोचन आरम्भ करेंगे। सर्वेक्षण द्वारा प्रकाश में लाये गये मुख्य लक्ष्ण निम्नलिखित है:-

(1) सांस्थिक माध्यमों द्वारा ग्रामीण पूंजी की व्यवस्था करने में असफलता ऋण की चुकती रकम का सरकार 3.4 प्रतिशत तथा सहयोग समितियां 3 प्रतिशत और व्यवसायिक अधिकोष एक प्रतिशत प्रदान करते हैं। निजी व्यक्तिगत रूप से ऋण देने वाले माध्यम जैसे साहूकार व्यापारी, सम्बन्धी भू-स्वामी ऋण की चुकती रकम का लगभग 93 प्रतिशत प्रदान करते हैं केवल साहूकार ऋण ली गई चूकती रकम का 70 प्रतिशत देते हैं। पूंजी की व्यवस्था के इस लक्षण का बड़ा गंभीर सामाजिक प्रभाव पड़ता है।

(क) इससे यह प्रकट होता है कि निजी ऋणदाताओं और विशेषत: साहूकार तथा व्यापारी की ग्रामीण लोगों के जीवन पर बड़ी जबरदस्त पकड़ है। जब इस चीज का अध्ययन ऋणदाता साहूकार तथा ऋणकर्ता कृषक की जाति, राष्ट्रीयता तथा धर्म की पृष्ठभूमि में किया जाता है तो इसकों नवीन सामाजिक महत्व प्राप्त हो जाता है। इससे यह प्रकट होता है कि आर्थिक एकाधिकार तथा

उसके परिणामस्वरूप सामाजिक तथा अन्यशक्ति कुछ विशिष्ट जातियों एवं समुदायों के हाथ में है।

(ख) इससे यह समस्या भी प्रकट होती है कि इनकी शक्ति को दबाने के लिए जो उपाय कार्यान्वित होगें उनका भविष्य में सामना करने के लिए ऋणदाता वर्ग कैसी-कैसी चालबाजी से भरी तकनीकी प्रयोग में लायेगा।

(ग) यह हमें उन सामाजिक, राजनैतिक तथा सांस्कृतिक साधनों का बोध करायेगा जो यह समूह तथा उसके विभिन्न अंग इनकी शक्ति नष्ट करने वाले प्रतिबंदी ऋणदाता सस्थानों तथा उनके शिकंजे से मुक्ति पाने वाले इनके ऋण कर्ताओं के समस्त प्रयत्नों की रोकथाम करने में प्रयोग करेंगे।

(घ) यह सहकारी समितियों की कृषक वर्ग की ऋण व्यवस्था करने के वैकल्पिक तंत्र के रूप में पूर्ण असफलता प्रकट करती हैं। सहयोग तथा सहयोग समितियों के कतिपय लाभदायक कार्यों की जो भूरि-भूरि प्रसंशा की जाती है उसको जब ठोस वास्तविकता के संदर्भ में देखा जाये तो वह अधिकाधिक मिथ्यावाद के रूप में हमारे सामने उपस्थित होगा जो मुख्य मुद्दों तथा समस्या के वास्तविक हल को छिपा देता है।

(च) इससे यह भी प्रकट होता है कि ऋणदाता संस्थाओं को बहुत जबरदस्त कदम उठाना पड़ेगा तब कहीं वे कृषकों से पूंजी व्यवस्थापक के रूप में साहूकार तथा व्यापारी का प्रभावशाली विकल्प बन सकते हैं। क्या वह सरकार जो मिश्रित अर्थ व्यवस्था लाभोन्मुख बाजार के लिए उत्पादन के सिद्धांतों को मानती है तथा उसी सामाजिक आर्थिक संरचना तथा व्यूह में कार्य करती हुई सहकारी समितियों तथा व्यावसायिक अधिकोषों का संचालन करती है; साहूकार तथा व्यापारी की इस चुनौती को स्वीकार कर सकती है? क्या वह ऐसा वैकल्पिक पूंजी प्रदायक तंत्र स्थापित कर सकती है जो कृषकों की विभिन्न श्रेणियों की छोटी तथा बड़ी अवधि के कार्यों के लिए रकम की व्यवस्था कर सके?

इसके अतिरिक्त ग्रामीण साख सर्वेक्षण प्रतिवेदन यह भी प्रदर्शित करती है कि उत्पादन त्रण का बहुत बड़ा भाग बड़े कृषकों द्वारा लिया जाता है जबकि मध्य तथा छोटे कृषकों द्वारा ऋण का अत्यधिक भाग उपभोग से संबंध रखने वाले उद्देश्यों के लिए लिया जाता है।

इन अध्ययनों के प्रभाव

इन अध्ययनों के प्रभाव निम्नलिखित है:-

(क) उत्पादन के संदर्भ में जो लाभ द्वारा निर्धारित प्रतिस्पर्धा मूलक बाजार की अर्थ व्यवस्था के आंचल से बंधा हुआ है। बड़े कृषकों का छोटा सा समूह ही अपनी स्पर्धा शक्ति को छोटे तथा निर्बल कृषकों के सिर पर बढ़ाता जा रहा है।

(ख) छोटे-छाटे कृषकों को, जो समस्त कृषक समूह के लगभग 70 प्रतिशत हैं, अपने उपभोग अर्थात अनुत्पादक उद्देश्यों के लिए ऋण लेने के लिए बाध्य होना पड़ता है। यह ऋण इसी प्रकार का होता है कि इसे उत्पादन में पूंजी लगाना नही कहा जा सकता। इसके अतिरिक्त इससे ऋण की मात्रा तेजी से बढ़ती जाती है क्योंकि ऋणकर्त्ता अपने घाटे के उत्पादन में से इसे चुकाने की स्थिति में नहीं होता। उपभोग के लिए माध्यम तथा छोटे कृषकों द्वारा ऋण लेना हमारी कृषि अर्थव्यवस्था की दूसरे चौंका देनेवाले लक्षण की ओर संकेत करता है। बहुसंख्यक कृषकों के लिए कृषि-कर्म ऋणोत्पादक, अलाभकर तथा डुबाने वाला कार्य रह गया है। मध्यम तथा छोटे कृषकों का बड़ा भाग इस धंधे से इसलिए चिपका हुआ है कि उनके पास कोई वैकल्पिक धंधा नहीं है। समय के व्यतीत होने के साथ ही साथ वे प्रतिस्पर्धा में ठहराने के अयोग्य हो जाएंगे ऋण के गड्ढे में अधिकाधिक गहरे चले जायेंगे और या तो कृषि श्रमिक अथवा पिछवाड़े से ऋणदाताओं के दास अथवा साधनहीन कंगाल हो जायेंगे जो केवल जीवित रहने के लिए सभी प्रकार के अपराधों को करने के लिए तैयार हो जायेंगे।

(ग) ग्रामीण साख सर्वेक्षण प्रतिवेदना यह बतलाती है कि जिनका सर्वेक्षण हुआ उनमें से लगभग 50 प्रतिशत कृषक परिवार अपने ऋणों की रकम के पेटे अपनी अचल सम्पत्ति की जमानत देने को तैयार थे और जो बाकी बचे उनमें 25 प्रतिशत अपनी व्यक्तिगत जमानत देने को तैयार थे और जो बाकी बचे वे किसी प्रकार की जमानत देने की स्थिति में नहीं थे। इस प्रकार 50 प्रतिशत कृषकों के पास कोई जमानत देने का साधन नहीं था। प्रतिस्पर्धा मूलक लाभ निर्धारित सामाजिक व्यवस्था में साधनहीन व्यक्ति की व्यक्तिगत जमानत का मूल्य नगण्य सा ही है। इस प्रकार बड़े और विशाल कृषकों को छोड़कर 70 प्रतिशत छोटे-छोटे कृषकों की न केवल कोई साख ही रह गई है बल्कि वे लाभकारी जीवन के दायरे से ही बाहर हो गये हैं और उनके पास न तो कोई साधन है और न कोई उनकी सहायता का आश्वासन ही देता है।

(घ) ग्रामीण साख सर्वेक्षण द्वारा ग्रामीण ऋणग्रस्तता का जो पांचवां लक्षण बतलाया गया है वह यह है कि ग्राम के चढ़े हुए ऋण का औसत प्रति परिवार 29 रुपये से 1200 रुपये तक जाता है। 1951-52 में लिया हुआ एक कृषक परिवार का औसत ऋण 210 रुपये था।

ग्रामीण साख पुनः सर्वेक्षण प्रतिवेदना के निर्णय

पहले सर्वेक्षण होने के पश्चात पिछली शताब्दी में क्या परिवर्तन हुए? इस सम्बन्ध में हम 'ग्रामीण साख पुनः सर्वेक्षण' के निर्णयों

का पर्यालोचन करेंगे जो सन 1556-57 में हुआ और जिसकी रिपोर्ट 1960 में प्रकाशित हुई। हम उसके निर्णयों को अत्यंत बड़े,बड़े मध्यम तथा छोटे कृषकों के ऋण की स्थिति के सम्बन्ध में देगें। विभिन्न स्तरों के अनुसार ग्रामीण ऋणग्रस्तता के संबंध में उसके निर्णय निम्नलिखित है:-

(क) अत्यन्त बड़े तथा बड़े कृषक चढ़े हुए ऋण की अपेक्षा कृषि के उपयोग में लाए गये जोत का क्षेत्रफल अधिक अनुपात में रखते थे।

(ख) अधिकतर जिलों में प्रति एकड़ जोत पर ऋण की मात्रा अत्यंत बड़े तथा बड़े कृषकों की अपेक्षा मध्यम तथा छोटे कृषकों में बहुत ही अधिक थी।

(ग) यह आधार सामग्री बतलाती है कि जोत के आकार की गिरावट के साथ ही साथ अंकित सम्पत्ति का मूल्य भी गिर गया। इसके द्वारा बड़े कृषकों की प्रमुख स्थिति भली प्रकार प्रकट हो जाती है। सम्पति का औसत मूल्य उनमें अत्यन्त बड़े कृषकों की अपेक्षा भी बहुत अधिक ऊंचा था। ऋण के भार के माप जिन पर इस अध्याय में विचार किया गया है यह प्रकट करते हैं कि मध्यम तथा छोटे कृषकों की दशा बड़े तथा अत्यन्त बड़े कृषकों से खराब थी। स्पष्ट रूप से ऋण का भार छोटे कृषकों पर अधिक भारी था। फिर भी यह ध्यान में रखना उपयोगी होगा कि आधार सामग्री द्वारा मध्यम तथा छोटे कृषकों की स्थिति को जो भिन्नता चढ़े हुए ऋण तथा भू-स्वामित्व के संबंध की भिन्नता की अपेक्षा कम है। यह अपने ढंग से छोटे कृषकों की जीविका के स्रोत के रूप में भूमिका कम महत्व प्रकट करता है।

(घ) सामान्यतय: कृषि संबंधी कार्यो के लिए लिये गये ऋण का अनुपात मध्यम तथा छोटे कृषकों की अपेक्षा बढ़े तथा अत्यन्त बड़े कृषकों का अधिक है। अधिकांश जिलों में मध्यम तथा विशेषत: छोटे कृषकों का उपयोग के लिए लिये गये ऋण का अनुपात बड़े तथा अधिक बड़े कृषकों की अपेक्षा अधिक है। ऋण के वर्गीकरण की आधार सामग्री के अनुसार विशेष अभिप्राय की अवधि से महत्वपूर्ण लक्षण प्रकट होते हैं।

(1) वे यह बतलाते हैं कि बहुत कम मुद्रा में परिवर्तित भरण-पोषणात्मक प्रकार की अर्थ व्यवस्थाओं में प्रत्येक श्रेणी के कृषकों में समस्त चढ़े हुए ऋण का अधिकांश भाग उपभोग संबंधी कार्यों के लिए लिया गया अपेक्षाकृत रूप से विकसित व्यवस्था वाले जिलों में बड़े तथा अत्यंत बडे कृषकों की स्थिति इसके बहुत विपरीत थी। अपेक्षाकृत उन्नत जिलों में मध्यम और छोटे कृषकों के चढ़े हुए ऋण का अधिक अनुपात उपयोग के कार्यों के वास्ते लिया गया है।

(2) इस आधार सामग्री द्वारा प्रदर्शित दूसरा लक्षण कृषि में प्रयुक्त जोत के आकार की कमी के साथ उपभोग के कार्यों के महत्व में बढ़ोत्तरी हो जाना है यह लक्षण विशेष रूप से अपेक्षाकृत उन्नत जिलों में प्रकट हुआ।

(च) कृषकों की निम्न श्रेणियों में ऊंची सूद की दर वाले ऋण का अनुपात नीची सूद की दर वाले अथवा बिना सूद ऋण की अपेक्षा अधिक ऊंचा था।

(छ) प्राप्त होने योग्य रकमों के आंकड़े बतलाने वाली आधार सामग्री से यह प्रकट होता है कि प्रत्येक जिले में कृषि कर्म करने वाले समुदाय का एक भाग ऐसा था जो पर्याप्त मात्रा में रकम दूसरों को और सामान्यत: कृषक समुदाय के सदस्यों की ऋण के रूप में देता था। प्राप्त होने योग्य रकम की रिपोर्ट देने वाले परिवार और ऐसे प्रत्येक परिवार की रकम की मात्रा दोनों का अनुपात बड़े तथा अधिक बड़े कृषकों में दूसरे कृषकों की अपेक्षा अधिक था। यदि इस प्राप्त होने वाली रकम को आधार सामग्री में दिये गये ऋण की रकम में बांट दी जाये तो बड़े और अधिक बड़े कृषकों के ऋण का भार धारा 127 में दर्शायी गई रकम से बहुत थोड़ा होगा।

(ज) केवल बड़े और अधिक बड़े कृषकों में ही अधिक मात्रा में रकम धंधे में लगाई गई। मध्यम तथा छोटे कृषकों ने सामान्यत: कोई रकम धंधे में नहीं लगाई।

(झ) लगभग सभी चुने हुए जिलों में ऋण की चुकती रकम को देखते हुए बड़े कृषकों के मामलों में सरकार से लिए गये ऋण का अनुपात दूसरे लोगों के लिए गये ऋण की अपेक्षा अधिक था।

पुन: सर्वेक्षण की प्रतिवेदन के उपरोक्त निर्णय केवल यही सिद्ध करते हैं कि ग्रामीण ऋणग्रस्तता की मुख्य प्रवृत्तियां और उनके सामाजिक परिणाम अब भी विद्यमान है।

अध्ययनों का निर्णायक महत्व

हमने विस्तृत रूप से इन प्रमुख प्रतिवेदनों को उद्धृत किया है क्योंकि ये ऋणग्रस्तता की समस्या के अध्ययन हेतु प्रामाणिक तथा व्यापक संकलित सूचनाएं समझी जाती हैं। कृषकों की ऋणग्रस्तता की समस्या ने एक अत्यंत विवादग्रस्त रूप धारण कर लिया है। हमने ऋणग्रस्तता की समस्या का विश्लेषण करने हेतु अधिकाधिक इन प्रतिवेदनों पर ही केवल विश्वास किया है। इन संकलित सूचनाओं की खोजों से हम क्या निष्कर्ष निकाल सकते हैं?

(क) वे आधारभूत शक्तियां, जो कि ऋणग्रस्तता को उत्पन्न करती है, अधिकांशत: बहुसंख्यक सीमान्त तथा समसीमान्त कृषकों के हेतु उसी रूप में कार्य करती है जैसा कि ये बीस वर्ष पूर्व किया करती थी। युद्धकाल तथा युद्धोत्तर योजनाकाल में हुए विकास ने सामाजिक संरचना में कोई गुणात्मक परिवर्तन नहीं किया।

ऋणग्रस्तता को उत्पन्न करने वाली शक्तियां उत्तरोत्तर तीव्र होती गईं।

(ख) यही नहीं अपितु कृषक उपजों के अधिकाधिक व्यवसायीकरण तथा मुद्रीकरण होने के कारण और वह भी लाभोन्मुख प्रतियोगी बाजार व्यवस्था के हेतु बड़े कृषक सीमान्त तथा सम सीमान्त कृषकों के जीवन की कीमत पर अधिकाधिक बलशाली होते जा रहे हैं। कृषि श्रमिकों की दशा का उत्तरोत्तर हर प्रकार से पतन होता जा रहा है।

(ग) महाजन का चुंगल निर्धन कृषकों पर अधिकाधिक मजबूत होता जा रहा है। बड़े कृषकों के एक वर्ग ने इन लघु तक मध्यम कृषकों को उधार देना प्रारम्भ कर दिया है और सदैव के लिये इन्हें ऋणदासों के रूप में परिवर्तित करते जा रहे हैं। अथवा उन्हें अपने भू श्रमिकों के रूप बनाते जा रहे हैं। इस प्रकार यह आकर्षणकारी प्रक्रिया क्रियाशील है जो समृद्ध कृषकों की ओर अमीर तथा सम सीमान्त कृषक को भू श्रमिकों की स्थिति में परिवर्तित करती जा रही है।

(घ) राज्य तथा संगठित उधार समितियां जैसे सहकारी संस्थाओं द्वारा प्राप्त ऋण का लाभ अधिकांशत: बड़े तथा समृद्ध कृषकों को होता है।

(च) वर्तमान बाजार व्यवस्था छोटे कृषकों के लिये एक संडासी के रूप में कार्य करती है जिसमें कृषकों का एक वृहत भाग विक्रेताओं के रूप में दबा दिया गया है तथा उन्हें क्रेताओं के रूप में भी सहन करना पड़ता है।

निष्कर्ष

पिछली दो दशाब्दियों में ग्रामीण ऋणग्रस्तता की जो प्रकृति रही उसका सर्वेक्षण अब हमने समाप्त कर लिया है। हमने कृषक समाज के विभिन्न स्तरों पर इसकी प्रतिक्रिया का विश्लेषण भी किया है। इस सर्वेक्षण से कौन-कौन से महत्वपूर्ण तथ्य निकलते हैं और ये तथ्य हमें किस निष्कर्ष पर पहुँचने को बाध्य करते हैं यह देखना बाकी रह गया है।

(1) वे मुख्य तथ्य जो कृषकों को ऋण लेने के लिए उतरदायी हैं वे अब भी उतनी तीव्रता से अपना कार्य करते हैं। इसमें यदि कुछ अपवाद है तो वह है कुछ बड़े कृषकों का वर्ग? किन्तु बात इतनी ही नहीं है। प्रतिस्पर्धापूर्ण आर्थिक यंत्र के दायरे में लाभ की मात्रा तथा अर्धमात्रा पर कार्य करने वाले कृषकों पर बड़ा विपरीत प्रभाव डालते हैं और इस प्रकार वे उनका विघटन छोटे तथा मध्यवर्गीय कृषकों के रूप में करने की प्रक्रिया आरम्भ कर देते हैं। इसका परिणाम कृषक जनता की विभिन्नता तथा अभिमुखता उत्पन्न करना होता है। यह प्रक्रिया छोटे और मध्यवर्गीय कृषकों के विशाल समूह का हनन करके उनके स्थान पर बड़े कृषकों का एक छोटा सा वर्ग उत्पन्न करने में सहायक होती है। भारतीय सरकार की आर्थिक तथा सामाजिक नीतियां, जिनका दिग्दर्शन योजनाओं तथा कल्याणकारी कार्यों में हुआ है मौलिक रूप से कृषि संबंधी उत्पादन प्रणाली की एक विशाल प्रतिस्पर्धी अराजकता पूर्ण प्रदेश की भांति रखती है जहां साहूकार तथा ऋणियों एक धनी तथा निर्धन प्रतिस्पर्धियों में मध्य गला काट संघर्ष अत्यंत भंयकर रूप में चलता रहता है। कृषकों में अधिकतर लोग कृषि का कार्य छोटे-छोटे खेतों पर चलाते हैं जिनसे बुद्धिमान एवं चतुर कृषक भी निर्वाह मात्र से अधिक नहीं उत्पन्न कर सकते। ऐसे घाटे के क्षेत्रों पर कार्य करने वाले कृषकों को ऋण का भार भी वहन करना पड़ता है। जबकि समूचे ढांचे में एकदम उथल-पुथल नहीं की जावे और जब तक कि स्वतंत्र बाजार रूपी अराजक प्रदेश का स्थान भली प्रकार से आयोजित ऐसी परिवर्तित ढांचा नहीं ले लेते जिसका उद्देश्य बरबादी के मुख्य कारण को दूर करना और उसके परिणामस्वरूप लाभ की मात्रा तथा अर्धमात्रा पर कार्य करने वाले कृषकों की ऋणग्रस्तता को हटाना हो, तब तक कृषक इस ऋण भार से मुक्त नहीं हो सकता। इसका अर्थ यह होता है कि उत्पादन की समस्त प्रक्रिया को मूल्यों के चढ़ते उतरते भंवर जाल से मुक्त करना होगा जो कि लाभ से प्रभावित बाजार यंत्र से बंधा हुआ है तथा सुनियोजित सम्पूर्ण सामाजिक व्यवस्था के एक अंग के रूप में उसे परिवर्तित करना होगा।

(2) कानूनी तथा अन्य उपाय न केवल प्रभावहीन ही सिद्ध हो रहे हैं बल्कि ये ऐसा प्रभाव उत्पन्न कर रहे हैं जो धनी वर्ग की शक्ति बढ़ा रहे हैं और उनको अधिकाधिक अनैतिक बना रहे हैं तथा कानूनों को बिना किसी हिचकिचाहट के तोड़ने में प्रोत्साहित कर रहे हैं। ग्रामीण प्रदेशों में एक नया शक्तिशाली ढांचा प्रकट हो रहा है जो साहूकार तथा व्यापारी बड़ा कृषक तथा शासक वर्ग सब कुछ है और जो प्रमुख रूप से उच्च वर्ग का ही होता है। यह शक्तिशाली वर्ग प्रत्येक वस्तु को छोटे-छोटे लाभ की मात्रा तथा अर्धमात्रा पर कार्य करने वाले कृषकों एवं कृषि श्रमिकों के हितों का हनन करते हुए उन्हें अपने लाभ में परिवर्तित कर देता है। वर्तमान शासन कृषकों की पर्याप्त मात्रा में ऋण देने की व्यवस्था करने में असमर्थ सिद्ध हुआ है।

(3) ''ग्रामीण विकास के कार्यक्रम में कृषि के लिए पर्याप्त मात्रा में पूंजी जुटाना एक अत्यंत दुष्कर कार्य समझा जाता है क्योंकि निजी उद्योग के आधार पर संगठित अर्थ व्यवस्था में यह माना गया है कि निजी औद्योगिक संस्थानों को उनकी प्रभावोत्पादकता में सुधार करने में लिए आवश्यक साधन प्राप्त

करने योग्य बनाया जाने और आज देश की घाटे की कृषि अर्थ व्यवस्था में इसी लिए ऐसी ऋणदान प्रणाली की आवश्यकता है जो विभिन्न उत्पादक कार्यों के लिए विशेष रूप से उपयुक्त सिद्ध हो।''

कृषि संबंधी ऋणग्रस्तता की समस्या भारत सरकार द्वारा विकसित किये गये सामाजिक आर्थिक संरचना से जुडी हुई ही नहीं है बल्कि उसके कार्य का बाह्य प्रतीक बनी हुई है। भारतीय संघ की सरकार द्वारा प्रस्तुत योजनाएं स्वंय ही कृषक समाज के उच्च स्तर को सुदृढ़ बना रही हैं।

पुराने ऋणों की समाप्ति,कृषि क्षेत्र में सम्पत्ति के ढांचे का आमूल पुनर्गठन वास्तव में कृषि कर्म करने वाले कृषकों एवं श्रमिकों की समितियों की नियुक्ति सहकारिता के आधार पर कृषि तथा तत्संबंधी अन्य सहायक उत्पादन प्रक्रियाओं का पुनर्गठन तो वे प्रारम्भिक शर्तें हैं जिनको छोटे कृषकों को बिना नष्ट किये प्रारम्भ करना उनके वास्तविक सुधार के लिये आवश्यक है।

निष्कर्ष यह निकलता है कि जैसा कि यू.एन.ओ. के भूमि-सुधार सम्बन्धी प्रकाशन में बतलाया गया है। ''कृषि-संरचना की बुराइयां ही आर्थिक विकास में बाधक हैं।'' ऋणग्रस्तता के कारणों की सामाजिक-आर्थिक संरचना में ही ढूंढा जा सकता है। ''वे कृषक की आय की उपभोग की प्रकृतियों के बढ़ जाने से निहित है। केवल ऋण दान के यंत्र को सुधारने से ऋण की समस्या हल नहीं की जा सकती है और सहकारिता के सिद्धान्त के आधार पर छोटे-छोटे कृषकों को उधार लेने की सुविधाओं का विस्तार तभी सफल हो सकता है, जबकि इसे कृषि सम्बन्धी पुनर्गठन के सामान्य कार्यक्रम के एक अंग के रूप में लागू किया जाए।'' क्या मिश्रित अर्थ-व्यवस्था के सिद्धान्तों पर आधारित योजनाएं कृषि के ढांचे का ऐसा मौलिक पुनर्गठन करने में सफल हो सकती हैं?

कृषक असंतोष और आन्दोलन (Peasant Unrest and Movement)

यूं तो ग्रामीण जीवन में समस्याओं का अंबार है लेकिन इनमें कृषक असंतोष आज की सबसे गंभीर समस्या है। यह थोड़ी अथवा ज्यादा मात्रा में देश के सभी क्षेत्रों और अधिकांश ग्रामीण जनजीवन से संबद्ध हो गई है। वास्तव में ग्रामीण जीवन की अन्य समस्याएं कृषक असंतोष का आधार है लेकिन यह समस्या स्वंय में एक ऐसी स्वतंत्र समस्या के रूप में विकसित हो चुकी है कि इसकी पृष्ठभूमि कारण तथा निवारण के तरीकों को समझना जरूरी हो गया है।

आंद्रे बेताई का कथन है कि कृषक असंतोष यद्यपि ग्रामीण जीवन की सर्वप्रमुख समस्या है लेकिन अब तक इस समस्या का अध्ययन करने के लिए बहुत सीमित प्रयास हुए है। यह स्थिति वास्तव में इस समस्या के प्रति समाजशास्त्रियों और मानवशास्त्रियों की उदासीनता को स्पष्ट करती है। यदि हम परम्परागत कृषि व्यवस्था का ऐतिहासिक आधार पर विश्लेषण करें तो स्पष्ट होता है कि उस समय की कृषि व्यवस्था अत्यधिक सरल थी। गांव में जमींदार अथवा भू स्वामी गांव की सम्पूर्ण भूमि पर अपना अधिकार रखता था और कृषकों को अपनी शर्तों के अनुसार जुताई के लिए भूमि प्रदान करता था। गांव की परम्परावादी जनता इस व्यवस्था के प्रति असंतुष्ट अवश्य थी लेकिन इस स्थिति का विरोध करने की क्षमता और साहस का उनमें पूर्ण अभाव था । इसका सर्वप्रमुख कारण यह था कि भारतीय ग्रामीण जीवन का निर्धारण परम्परागत प्रतिमानों के द्वारा होता था। एक ग्रामीण भाग्यवादी होने के साथ ही निराशावादी भी तथा किसी भी शोषण और असमानता के लिए सामाजिक व्यवस्था को नहीं बल्कि स्वंय के भाग्य को उत्तरदायी मानता था। यही कारण था कि एक लम्बे समय तक शोषित ग्रामीणों द्वारा कभी अपनी स्थिति में सुधार के लिए न तो कोई आवाज उठाई गई और न ही गांव में कृषक असंतोष जैसी किसी समस्या का अनुभव किया गया। ब्रिटिश शासनकाल के अंतिम समय में भारतीय नेताओं के संरक्षण में कुछ कृषकों ने संगठित होकर अपने सामान्य असंतोष को व्यक्त करना आरम्भ कर दिया था परन्तु तब तक इसका स्वरूप समस्यामूलक नहीं था।

स्वतंत्रता के बाद भारत में जमींदारी प्रथा समाप्त हो गई तथा भूमि अधिकारों का विकेन्द्रीकरण किया जाने लगा। स्वतंत्रता से पूर्व तक गावों में केवल जमींदार और भूमिहीन कृषक जैसे केवल दो ही वर्ग थे परन्तु स्वतंत्रता के पश्चात् भू-स्वामित्व के आधार पर अनेक वर्गों का निर्माण होने लगा। इस समय नवीन राजनीतिक व्यवस्था के अन्तर्गत ग्रामीणों में अपने अधिकारों के प्रति जागरूकता उत्पन्न हुई और पहली बार उन्हें यह अनुभव हुआ कि वर्तमान असमानताओं के लिए उनका भाग्य नहीं बल्कि समाज और राज्य की नीतियां ही उत्तरदायी हैं। कानूनी आधार पर जमींदारी प्रथा अवश्य समाप्त हो गयी परन्तु व्यावहारिक रूप से आज भी गांवों में एक छोटा वर्ग बहुत बड़े भू-भाग पर अपना स्वामित्व बनाए हुए है। इसके परिणामस्वरूप गांव में छोटे कृषक सीमान्त कृषक, किराये पर भूमि जोतने वाले किसान साझेदारी में खेती करने वाले और भूमिहीन श्रमिक आज भी बहुत बड़ी सीमा तक विभिन्न प्रकार की सुविधाओं से वंचित है तथा अपनी अनिवार्य आवश्यकताओं की पूर्ति के लिए उन्हें बड़े भू-स्वामियों की दया पर आश्रित रहना पड़ता है। इन सभी व्यवस्था के अन्तर्गत विभिन्न राजनीतिक दलों ने भी आज छोटे कृषकों को अपने अधिकारों के प्रति संचेत किया है। अनेक दल छोटे कृषको की आर्थिक समस्याओं

का अनुचित लाभ उठाने तथा अपने राजनीतिक उद्देश्यों को पूरा करने के लिए भी कृषकों में असंतोष बढ़ाने का प्रयत्न करते हैं। इसी मनोवृत्ति के अंतर्गत बंगाल में छोटे और भूमिहीन श्रमिको को संगठित करके 'तेभागा आंदोलन' आरम्भ किया गया। तेभागाचाइ (हम दो तिहाई काश्त चाहते हैं) के नारे के अन्तर्गत यह मांग की गई कि अब तब मिलने वाले आधे हिस्से के स्थान पर पैदावार में जमींदार का हिस्सा 1/3 और कृषकों का हिस्सा 2/3 होना चाहिए। इस प्रकार 3 मार्च 1967 को दार्जिलिंग जिले के नक्सलवादी थाने के अंतर्गत चाय बगान मजदूरों और छोटे कृषकों ने मार्क्सवादी कम्युनिष्ट पार्टी के कार्यकत्ताओं के नेतृत्व में भूमि हथियाओं आंदोलन आरम्भ कर दिया। इसके अलावा तेलंगाना आंदोलन एवं नक्सलवादी आंदोलन आदि ऐसे आरम्भिक प्रयास थे जो संगठित कृषक असंतोष को अभिव्यक्त करते हैं। कृषक असंतोष का मुख्य संबंध छोटे किसानों की दयनीय आर्थिक दशाओं से है। जैसे-जैसे छोटे कृषकों और भूमिहीन श्रमिकों की आर्थिक दशा में सुधार होता जाता है कृषक असंतोष की सीमा भी कम होती जाती है भारत के सभी ग्रामों और सभी ग्रामीण क्षेत्रों में कृषक असंतोष की प्रकृति अलग-अलग है। हरित क्रान्ति के परिणामस्वरूप सामान्य ग्रामीणों की आर्थिक दशा में कुछ सुधार अवश्य हुआ है। अत: कृषि संबंधी संरचना में होने वाले परिवर्तन की प्रक्रिया न तो कमजोर वर्गों की आर्थिक दशा में अधिक सुधार ला सकी और न ही उनके असंतोष को कम कर सकी। कृषक असंतोष का संबंध विभिन्न क्षेत्रों में उगाई जाने वाली फसलों से भी है। जनसंख्यात्मक आकड़ों से स्पष्ट होता है कि गेहूं के उत्पादन में कम श्रमिकों की आवश्यकता होती है। पंजाब और हरियाणा में लगभग पंद्रह एकड़ भूमि पर गेहूं की खेती एक कृषक अपने परिवार के सदस्यों की सहायता से ही कर लेता है जबकि धान उत्पादक क्षेत्रों में पांच एकड़ भूमि पर धान की उपज करने के लिए बाहर के श्रमिकों की आवश्यकता होती है। धान उत्पादक क्षेत्रों की एक अन्य विशेषता यह है कि वहां जनसंख्या का घनत्व भी अधिक है। यही कारण है कि भारत में साम्यवादी दलों ने अपने आंदोलन का क्षेत्र उन्हीं स्थानों को बनाया जहां पर श्रमिकों की संख्या अधिक थी तथा उनमें पहले ही असंतोष के लक्षण प्रस्फुटित हो रहे थे। आज भी धान उत्पादक क्षेत्र ही कृषक असंतोष के सर्वप्रमुख केन्द्र हैं।

कृषक असंतोष के कारण (Causes of Peasant Unrest)

कृषक असंतोष के संदर्भ में अनेक समाजशास्त्रियों के विचार हैं कि भारत में कृषक असंतोष जैसी कोई समस्या मौजूद नहीं है इसलिए इसका पृथक रूप से अध्ययन करना उपयोगी प्रतीत नहीं होता। इन लोगों का विचार है कि भारत में कृषकों ने कभी भी नियोजित रूप से अपने असंतोष को अभिव्यक्त नहीं किया। वास्तव में ऐसा निष्कर्ष अत्यधिक भ्रमपूर्ण है। भारत के ग्रामीण क्षेत्रों में कृषक असंतोष संगठित रूप से अभिव्यक्ति न होने का अर्थ यह नहीं है कि हमारे देश में वास्तव में कृषक असंतोष जैसी कोई समस्या नहीं रही। असंतोष की अभिव्यक्ति न किये जाने के अनेक दूसरे कारण थे—सर्वप्रथम भारतीय कृषकों का दृष्टिकोण सदैव से रूढ़िवादी रहा है तथा उनमें यह साहस कभी नहीं रहा जो औद्योगिक श्रमिकों में देखने को मिलता है। दूसरे वैयक्तिक उत्पादन के कारण कृषकों की मनोवृत्ति पृथकतावादी होती है जिसके फलस्वरूप किसी स्थिति के प्रति संगठित होकर विरोध करना उनके लिए कठिन हो जाता है। तीसरे, गांवों में कृषक बहुत बड़े क्षेत्र में बिखरे हुए होते हैं जिनके परिणामस्वरूप उनके लिए संगठित रूप से असंतोष अभिव्यक्ति करना बहुत कम संभव हो पाता है। चौथे, गांवों में बहुत लम्बे समय तक किसी ऐसे संगठन का अभाव रहा जो शोषित किसानों को संगठित करके अपनी आवाज उठाने के लिए उन्हें प्रेरित कर सकें इसके अलावा ग्रामीण ऐसे क्षेत्रों में रहते है जिन्हें सांस्कृतिक और आर्थिक दृष्टिकोण से पिछड़ा हुआ क्षेत्र समझा जाता है। ग्रामीणों का जीवन सामान्य गति से चलने वाला होता है तथा शिक्षा का अभाव होने के कारण उनमें गतिशीलता की प्रवृत्ति कम होतीं है। यही वे परिस्थितयां हैं जिनके कारण कुछ समय पहले तक कृषक असंतोष स्पष्ट रूप से मुखरित नहीं हो सका।

वर्तमान परिस्थितियों में यह आवश्यक है कि उन प्रमुख कारणों को ज्ञात किया जाए जो गांवों में कृषक असंतोष के प्रति उत्तरदायी हैं। ऐसे कारणों की कोई निश्चित सूची नहीं बनायी जा सकती परन्तु सुविधा के लिए इन कारणों को निम्नांकित पांच भागों में विभाजित करके स्पष्ट किया जा सकता है:—

(क) **असमान भूमि वितरण:**- भारत में जमींदारी उन्मूलन के पश्चात भूमि के असमान वितरण को समाप्त करने के लिए अनेक अधिनियम पारित किये गये लेकिन उनसे कृषकों को कोई उल्लेखनीय लाभ प्राप्त नहीं हो सका। गांव में आज ऐसे भी बहुत से भू स्वामी हैं जिनके पास सैकड़ों एकड़ भूमि है जबकि अधिकांश कृषक ऐसे हैं जो या तो बहुत छोटी भूमि के स्वामी हैं अथवा जो पूर्णतया भूमिहीन कृषकों के रूप में हैं। इस प्रकार एक ओर बड़े भू-स्वामियों की स्थिति दिन प्रतिदिन सुदृढ़ बनती जा रही है, जबकि सीमान्त और छोटे किसानों की स्थिति पहले से भी अधिक दयनीय हो गयी है। यह सच है कि सीमान्त कृषक भूमि के स्वामी अवश्य है लेकिन अनार्थिक जोत के कारण वे अपनी भूमि से ही आजीविका उपार्जित करने की स्थिति में नहीं है इसलिए उन्हें बड़े

भूस्वामियों की भूमि पर श्रम करने के लिए बाध्य होना पड़ता है। भूमिहीन कृषक सबसे अधिक श्रम करने के पश्चात भी गांव में सबसे अधिक शोषित जीवन व्यतीत कर रहे हैं। इस वर्ग के कुछ कृषक किराये अथवा अर्ध बटाई पर भी खेती करते हैं लेकिन व्यावहारिक रूप से उन्हें भू स्वामियों की दया पर आश्रित रहना पड़ता है। **आंद्रे बेताई** ने अपने अध्ययन के द्वारा यह ज्ञात किया कि तंजौर जिले में एक ओर भू-स्वामियों के पास सैकड़ों एकड़ भूमि है जबकि अधिकांश ग्रामीण आज भी भूमिहीन कृषकों के रूप में कार्य कर रहे हैं। ऐसे किसानों को अपनी उपज का 70 प्रतिशत से 75 प्रतिशत तक भाग जागीरदारों को देना पड़ता है। इस स्थिति से गांवों में छोटे कृषकों के शोषण तथा उनके तनावों का अनुमान सहज ही लगाया जा सकता है। वास्तव में यही स्थिति भारत में कृषक असंतोष का सर्वप्रमुख कारण है।

(ख) **जागरूकता :** परम्परागत भारतीय कृषक अत्यधिक रूढ़िवादी अन्ध विश्वासी भाग्यवादी और अपनी स्थिति के प्रति निराशावादी थे। उनकी यह धारणा थी कि उनकी सामाजिक आर्थिक स्थिति स्वयं उनके भाग्य का परिणाम है जिसमें वे अपने प्रयासों से कोई परिवर्तन नही कर सकते। आज शिक्षा के प्रसार नगरीयता तथा पाश्चात्य संस्कृति के प्रभाव से इस धारणा में व्यापक परिवर्तन हुए हैं। भारत में सामान्य कृषक भी अपने अधिकारों के प्रति अब कही अधिक सजग हो गया है। कृषकों में जैसे-जैसे जागरूकता बढ़ती जाती है उनमें आर्थिक विषमताओं तथा अपनी स्थिति के प्रति असंतोष भी बढ़ता जाता है। आज कृषकों में जागरूकता उत्पन्न होने का ही परिणाम है कि सम्पूर्ण भारत के कृषक संगठित होकर निरन्तर असंतोष व्यक्त कर रहे हैं। विभिन्न राज्यों में कृषकों को संगठित करने के लिए संघों का निर्माण भी किया जा चुका है। जैसे पंजाब में पंजाब खेती बाड़ी यूनियन, हरियाणा में किसान संघर्ष समिति, तमिलनाडु में तमिल खेतिहर संघ तथा गुजरात में खेदुत समाज इत्यादि।

(ग) **कृषक बेकारी तथा अर्द्ध बेकारी में वृद्धिः-** भारत में तीव्रगति से बढ़ती हुई जनसंख्या के कारण पिछले तीन दशकों में भूमि पर जनसंख्या का दबाव बहुत अधिक बढ़ गया। कृषि श्रमिकों को पहले भी पूरे वर्ष भर काम मिलने में कठिनाई होती थी परन्तु हरित क्रान्ति के फलस्वरूप जब कृषि में यंत्रीकरण का उपयोग बढ़ा तो इससे कृषि श्रमिकों के सामने बेरोजगारी की समस्या और अधिक गम्भीर हो गयी। कृषि में यंत्रीकरण को प्रोत्साहन मिलने से बड़े किसान स्वयं कृषि करने लगे जिसके परिणामस्वरूप बटाई पर कृषि करने वाले लाखों कृषक बेरोजगार हो गए। इनमें से बहुत से कृषक व्यवसाय के लिए नगरीय क्षेत्रों की ओर जाने लगे। देश में जब लाखों करोड़ों कृषक इन दशाओं में अपनी न्यूनतम आवश्यकताओं को पूरा करने में असफल रह जाते हैं तो स्वाभाविक रूप से उनका असंतोष अपनी चरम सीमा पर पहुंच जाता है।

(4) **हरित क्रान्ति से उत्पन्न असमानताः-** भारत में जब हरित क्रान्ति को एक आन्दोलन के रूप में आरम्भ किया गया तभी डा. वी.के.आर.वी.राव ने यह सम्भावना व्यक्त की थी कि कृषि को नवीन नीति से कृषकों में असमानताएं उत्पन्न होंगी जिसके फलस्वरूप बहुत बड़ी संख्या में कृषक परिवारों में असंतोष व्याप्त हो जायेगा। साथ ही यह परिवर्तन समाजवादी विचारधारा के भी विपरीत होगा। यह सम्भावना बहुत कुछ सत्य प्रमाणित हुई। हरित क्रांति के अंतर्गत अधिक उपजाऊ और सम्पन्न क्षेत्रों पर अधिक ध्यान दिया गया। जबकि देश की आवश्यकता यह थी कि पिछड़े हुए और अकालग्रस्त क्षेत्रों के विकास पर अधिक ध्यान दिया जाता। यही वह स्थिति है जिसके फलस्वरूप ग्रामीण असमानताओं में पहले की अपेक्षा और अधिक वृद्धि हो गई तथा बहुत बड़े ग्रामीण क्षेत्र में अनेक प्रकार के सामाजिक, आर्थिक तथा राजनैतिक तनाव बढ़ने लगे। बाढ़ में यह तनाव कृषक असंतोष के लिए उत्तरदायी सिद्ध हुए। एक अध्ययन के अनुसार आरम्भ में हरित क्रांति का लुभावना पाश कृषकों को अधिक रुचिकर था परन्तु अब इसकी आर्थिक पोल सामने आने लगी है। हरित क्रांति के सबसे चहेते राज्य पंजाब और हरियाणा में उभरा कृषक असंतोष इसकी पहली झलक है।

(5) **राजनीतिक कारकः-** हमारे देश में कृषकों का बहुत बड़े क्षेत्र में बिखरा होना राजनीतिक कार्यकर्त्ताओं के लिए सदैव एक समस्या रही है। सम्भवतः यही कारण है कि अधिकांश दल सामान्य कृषक वर्ग की स्थिति को समझाने तथा उनके निकट में आने में अधिक रुचि नहीं ले पाते। इसके पश्चात भी कृषक वर्ग का 85 प्रतिशत भाग जो अनेक समस्याओं से ग्रस्त था कुछ विशेष राजनीतिक दलों की गतिविधियों का केन्द्र बिन्दु बन गया। दो वर्षों के जनता शासन को छोड़कर भारत में कांग्रेस ही सदैव सत्ता में रही इसलिए उसकी ओर से कृषक असंतोष को प्रोत्साहन दिये जाने का कोई प्रश्न ही नहीं उठता। कुछ अन्य बड़े दल जिन्हें गांव के बड़े कृषकों का संरक्षण मिला हुआ था उन्होंने भी सामान्य कृषकों की दशा में परिवर्तन लाने के प्रति कोई रुचि नहीं ली। ऐसी स्थिति में केवल साम्यवादी दल ने ही कृषकों की समस्याओं को लेकर विभिन्न प्रकार के आंदोलन चलाये गये पशिचमी बंगाल, बिहार, आंध्र प्रदेश एवं केरल में जो भी कृषक आन्दोलन चलाये गए उनमें प्रत्यक्ष रूप से साम्यवादी दलों का भी सहयोग रहा है। बंगाल में कृषक आंदोलन के अध्ययनकर्त्ता **पी.एन.मुकर्जी** उत्तर प्रदेश में

कृषक आंदोलन के अध्ययनकर्त्ता **राजेन्द्रसिंह** एवं तेलंगाना कृषक आंदोलन के अध्ययनकर्ता **रंगाराव** ने अपने अध्ययनों के आधार पर यह निष्कर्ष दिया कि भारत में कृषक आंदोलनों के लिए साम्यवादी दल ही उत्तरदायी रहे हैं। वर्तमान समय में तमिलनाडु और आंध्र प्रदेश में चल रहे पृथक आंदोलनों के लिए भी दोनों कम्युनिष्ट पार्टियों का समर्थन प्राप्त है। जिस प्रकार से नक्सलवादी आंदोलन ने और कुछ किया हो या न किया हो सबसे बड़ा काम यह किया कि देश का ध्यान भूमि समस्या की और खींचा और उसके आधार पर हो रहे शोषण को उजागर किया। उसी प्रकार साम्यवादी दलों ने किसान के साथ हो रहे अन्याय को समाज के सामने लाकर कृषक आंदोलन के रूप में देश का वातावरण गर्म कर दिया है। वास्तव में ये राजनीतिक दल कृषकों की समस्याओं में रुचि अवश्य लेते हैं लेकिन साथ ही इस रुचि को अपने राजनीतिक उद्देश्यों की पूर्ति के साधन के रूप में भी देखते है। अप्रैल 1980 में त्रिपुरा में हुए हिंसक आंदोलन से भी कृषक असंतोष की पुष्टि होती हैं। यह आंदोलन भूमिहीन कृषकों के द्वारा बड़े भू स्वामियों की भूमि पर बलपूर्वक अधिकर करने के लिए आरम्भ हुआ था और इस आन्दोलन को मार्क्सवादी दल द्वारा ही प्रेरणा दी गई।

कृषक असंतोष के हलः- बुनियादी रूप से भारत में कृषक असंतोष आर्थिक समस्याओं से जुड़ा है, इसलिए इसका निराकरण आर्थिक समस्याओं के समाधान से ही सम्भव है। स्वतंत्र भारत में कृषकों की आर्थिक स्थिति को सुधारने के लिए अनेक प्रयत्न किये गये लेकिन अब तक किये गये सभी अध्ययनों से इस तथ्य की पुष्टि होती है कि इन प्रयत्नों का लाभ गांवों में केवल उन बड़ें कृषकों को ही प्राप्त हुआ जो 3 या 4 प्रतिशत से अधिक नहीं है। इसके फलस्वरूप गांवों में आर्थिक असमानता पहले की अपेक्षा और अधिक बढ़ गई है। आरम्भ में लोगों की यह धारणा थी कि भारत में यदि हरित क्रांति सफल नहीं हुई तो यहां रक्त क्रांति हो जायेगी। आज सभी व्यक्ति यह स्वीकार करते हैं कि हरित क्रांति के फलस्वरूप कृषकों में पारस्परिक एवं अंतर्क्षेत्रीय असमानता बढ़ी है जिनके कारण असंतोष में वृद्धि हुई है। कृषक असंतोष को दूर करने के लिए कोई भी सुझाव देने से पूर्व यह ध्यान रखना आवश्यक है कि भारतीय कृषकों की मुख्य समस्या सीमान्त कृषकों बटाईदार कृषकों और भूमिहीन कृषि श्रमिकों से सम्बद्ध है तथा यही स्थिति कृषक असंतोष का वास्तविक आधार है। इस दृष्टिकोण से केवल उन्हीं आर्थिक कार्यक्रमों के द्वारा कृषक असंतोष को दूर किया जा सकता है जिनका लाभ सीमान्त कृषकों और भूमिहीन श्रमिकों को प्रास हो सके। भारत में सन 1970-71 से छोटे किसानों को विशेष सहायता देने के लिए लघु कृषक विकास एजेंसी तथा सीमान्त कृषकों और भूमिहीन श्रमिकों के लिए सीमान्त कृषक और खेतिहर मजदूर विकास एजेंसी की स्थापना की गई थी। अब इन दोनों एजेन्सियों को मिलाकर एक संयुक्त एजेन्सी बना दी गई है। ये प्रयत्न अपने आप में महत्वपूर्ण अवश्य है लेकिन समुचित क्रियान्वयन के अभाव में कृषक असंतोष को कम नहीं किया जा सका है।

कृषक असंतोष को समाप्त करने के लिए आवश्यक है कि ग्रामों में रहने वाले कमजोर वर्गों के लिए पृथक विकास कार्यक्रम बनाये जाये और उन्हें प्रभावशाली ढंग से लागू किया जाए।

(9) अधिकतम कृषि भूमि सीमा कानून बन जाने के बाद भी इसका कोई व्यावहारिक परिणाम नहीं मिल सका है। आवश्यकता इस बात की है कि भूमि के आधार पर व्याप्त असमानता को समाप्त करने के लिए अधिकतम कृषि भूमि सीमा कानून को प्रभावपूर्ण ढंग से लागू किया जाए। ऐसा देखा गया है कि गांवों में छोटे और सीमान्त कृषक जो अपनी भूमि से आजीविका उपार्जित नहीं कर पाते। उन्हें बाध्य होना पड़ता है। इस स्थिति में आवश्यक है कि भूमिधर अधिकारों में इस प्रकार संशोधन किया जाए कि एक निश्चित सीमा के बाद किसी भी कृषक को अपनी भूमि को बेचने तथा अन्य व्यक्तियों द्वारा इस भूमि की खरीदने का अधिकार न रहे। सरकारी प्रयासों से यदि कोई किसान भूमि का एक छोटा सा भाग प्राप्त करने में सफल भी हो जाता है तो उसके पास स्वयं इतने साधन नहीं होते कि वह उस भूमि को उपजाऊ बना सके और उस पर लाभप्रद रूप से खेती कर सके। ऐसे किसान अपनी विभिन्न आवश्यकताओं को पूरा करने के लिए महाजनों से ऋण लेते हैं और इस तरह उनकी भूमि हाथ से निकल जाने की सम्भावना पुन: बढ़ जाती है। **जी.पी. मिश्र** ने अपने अध्ययन के आधार पर भी यह तथ्य प्रस्तुत किया है कि गांव के छोटे और सीमान्त कृषक धीरे-धीरे भूमिहीन श्रमिकों के रूप में परिवर्तित होते जा रहे हैं। इसके लिए आवश्यक है कि कृषकों को सहकारी संस्थाओं के माध्यम से उदार शर्तों पर ऋण दिया जाय।

छोटे एवं सीमान्त कृषकों तथा भूमिहीन श्रमिकों की संख्या कुछ ग्रामीण जनसंख्या का आज भी 85 प्रतिशत भाग है। इस विशाल समुदाय की आर्थिक स्थिति में सुधार करने के लिए भूमि का समान वितरण करना एक सरल कार्य नहीं है। भारत में यदि सम्पूर्ण भूमि का समान वितरण कर भी दिया जाए तो इससे ग्रामीण विभेदीकरण में अवश्य कमी होगी परन्तु कुल राष्ट्रीय कृषि उत्पादन अत्यधिक कम हो जाने की सम्भावना उत्पन्न हो जायेगी। ऐसी स्थिति में यह आवश्यक है कि गांवों में कृषि के अतिरिक्त रोजगार के अन्य साधनों में वृद्धि की जाय जिससे छोटे किसानों और कृषि श्रमिकों को गांव में ही आजीविका उपार्जित करने के लिए पर्याप्त

साधन उपलब्ध हो सकें। अनेक कुटीर उद्योग ऐसे है जिन्हें गांवों के लिए सुरक्षित किया जा सकता है। उदाहरण के लिए दुग्ध उत्पादन, चमड़े का उद्योग,तेल उद्योग, साबुन, दिया सलाई हथकरघा उद्योग, मछली पालन, मुर्गी पालन, कागज की लुगदी इत्यादि कुटीर उद्योग इसके अन्तर्गत लिए जा सकते हैं। एक संतुलित ग्रामीण विकास के लिए गांवों में उन लघु और कुटीर उद्योगों को भी प्रोत्साहन दिया जाना आवश्यक है जिनके लिए स्थानीय स्तर पर साधन उपलब्ध हो। ग्रामीण असंतोष को दूर करने की दिशा में अन्त्योदय तथा काम के बदले अनाज योजना महत्वपूर्ण अवश्य थी लेकिन सार्वजनिक भ्रष्टाचार के कारण ग्रामीणों को इनका वास्तविक लाभ प्राप्त नहीं हो सका। आवश्यकता इस बात की है कि सूखे महामारी अथवा दूसरी प्राकृतिक विपत्तियों के समय ऐसे कार्यक्रमों का विस्तार किया जाये और सरकारी तंत्र की अपेक्षा सामाजिक कार्यकर्त्ताओं के माध्यम से उन्हें प्रभाव पूर्ण बनाया जाय। हमें यह अवश्य ध्यान रखना होगा कि कृषक असंतोष का सम्बंध भारत की कुल जनसंख्या के 70 प्रतिशत भाग से है। ऐसी स्थिति में यदि शीघ्र ही व्यावहारिक प्रयत्नों के द्वारा इस असंतोष का निवारण नहीं किया गया तो हमारी सम्पूर्ण आर्थिक एवं राजनीतिक व्यवस्था विघटित हो सकती है।

ग्रामीण समाज में परिवर्तन की दिशाएं

आज गांवों में अनेक प्रकार के परिवर्तन परिलक्षित होने लगे हैं। इन परिवर्तनों की पृष्ठभूमि में समय का एक लंबा सिलसिला रहा हैं। इसमें मनुष्य की आवश्यकताओं, औद्योगीकरण, शहरीकरण के बढ़ते दवाब तथा आजीविका की अनिश्चितता ने न केवल, ग्रामीण सोच को बल्कि व्यवहार को भी काफी हद तक बदल दिया है। वास्तव में ग्रामीण समुदाय आज संक्रमण की एक ऐसी स्थिति है जिसमें एक ओर ग्रामीण क्षेत्रों में नए सामाजिक मूल्यों तथा मानदंडों को ग्रहण करना आवश्यक समझा जाने लगा है जबकि दूसरी और ग्रामीण अनेक परिस्थितियों के प्रभाव से अपनी पारंपरिक विशेषताओं को पूर्णतया नहीं छोड़ सके हैं। इस दृष्टिकोण से ग्रामीण समाज में परंपरा तथा आधुनिकता के बीच सातत्य की स्थिति विद्यमान है।

रोजर्स ने ग्रामीण समुदाय में सामाजिक परिवर्तन की प्रक्रिया को स्पष्ट करने के लिए इसे तीन चरणों में विभक्त किया है आविष्कार, प्रसार एवं परिणाम। आविष्कार एक प्रक्रिया है जिसमें नवीन विचार विकसित होते हैं। इस प्रकार आविष्कार का तात्पर्य मूल रूप से भौतिक आविष्कार से न होकर विचारों के आविष्कार अथवा नवाचारों से है। प्रसार वह प्रक्रिया है जिसके द्वारा नवीन विचार एक विशेष समूह अथवा वर्ग में प्रेषित किये जाते हैं। परिवर्तन इस प्रक्रिया का परिणाम है। नवाचारों को ग्रामीणों द्वारा चाहे स्वीकार किया जाए तथा उन्हें अस्वीकार कर दिया जाए, दोनों ही परिस्थितियां ग्रामीण सामाजिक जीवन में परिवर्तन उत्पन्न करती हैं। सामाजिक परिवर्तन से संबंधित नए विचार जन सामाजिक व्यवस्था को प्रभावित करना आरंभ करते हैं तो स्वाभविक रूप से समाज की संरचना एवं विशेषताओं में बदलाव होने लगते हैं। व्यवहार के नए ढंग समूह के अनेक व्यक्तियों को वैचारिक स्तर पर प्रभावित करना आरंभ करते हैं। विचारों के परिवर्तन से जैसी स्थिति पैदा होती है। उसे हम अंतर्भूत परिवर्तन कहते हैं। ये परिवर्तन सामान्यतः बाह्य दशाओं से प्रभावित नहीं होते। अब सामाजिक व्यवस्था के बाहर रह कर होती हैं लेकिन उस व्यवस्था का नए विचारों से बंधें हुए समूहों से संपर्क होने के कारण परिवर्तन स्पष्ट होने लगता है तो ऐसे परिवर्तन को संपर्क परिवर्तन कहा जाता है। ग्रामीण जीवन के संदर्भ में यह ध्यान रखना जरूरी है कि ग्रामीणों को आज जो नवीन आविष्कार तथा विचार प्रभावित कर रहे हैं उनकी उत्पत्ति स्वयं ग्रामीण समाज में ही नहीं बल्कि किन्हीं बाह्य समूहों में होती है लेकिन धीरे-धीरे यह संपूर्ण ग्रामीण जीवन को प्रभावित करने लगते हैं।

ग्रामीण जीवन में परिवर्तन की यह प्रक्रिया कैसे चलती है? इस मुख्य रूप से दो आधारों पर किया जा सकता हैं। प्रथम, ग्रामीण समुदाय में जब कभी भी कोई सदस्य नवाचारों का ज्ञान प्राप्त करके उसे स्वीकार कर लेता है तो धीरे-धीरे अन्य ग्रामीण भी व्यवहार के नए ढंग का ज्ञान प्राप्त करने के लिए उससे संपर्क स्थापित करते हैं। इस प्रकार अकेला एक व्यक्ति ही व्यवहार के ढंगों के प्रसार के लिए मुख्य संप्रेक्षक का कार्य करने लगता है। इस प्रक्रिया को चयनित संपर्क से उत्पन्न परिवर्तन कहा जाता है। दूसरी स्थिति वह है जिसमें किसी सरकारी अधिकारी अथवा नियोजन कर्त्ता द्वारा गांव के व्यक्तियों से संपर्क स्थापित करके उन्हें व्यवहार के नए प्रकारों को ग्रहण करने का प्रोत्साहन दिया जाता है। इस स्थिति से उत्पन्न परिवर्तन को हम प्रत्यक्ष संपर्क से उत्पन्न परिवर्तन कहते हैं। ग्रामीण जीवन में आज ये दोनों ही प्रक्रियाएं क्रियाशील हैं जिन्होंने ग्रामीण जीवन के सभी क्षेत्रों में व्यापक परिवर्तन उत्पन्न किए हैं। इसका तात्पर्य है कि औद्योगीकरण, नगरीकरण, शिक्षा, राजनैतिक आंदोलन तथा सामाजिक अधिनियम आदि परिवर्तन उत्पन्न करने वाली वे दशाएं हैं; जिन्हें प्रथम वर्ग से संबंध माना जा सकता है; जबकि गांव-पंचायत, साक्षरता, सामुदायिक विकास कार्यक्रम तथा इसी प्रकार की दूसरी विकास योजनाएं ग्रामीण परिवर्तन से संबंध दूसरे वर्ग में सम्मिलित की जा सकती है। इन सभी दशाओं के प्रभाव से आज ग्रामीण समुदाय में जो प्रमुख परिवर्तन उत्पन्न हुए हैं उन्हें संक्षेप में निम्नांकित रूप से स्पष्ट किया जा सकता है।

(क) सामाजिक जीवन में परिवर्तन

1. परिवार व्यवस्था में परिवर्तन— भारतीय ग्रामीण परिवार अत्यधिक प्राचीनकाल से ही संयुक्त परिवार के रूप में प्रतिष्ठित रहे हैं परन्तु वर्तमान दशाओं के प्रभाव से ग्रामीण संयुक्त परिवारों की संरचना तथा कार्यों में व्यापक परिवर्तन उत्पन्न हो गए हैं। बाह्य रूप से ग्रामीण समुदाय में परिवार का रूप आज भी संयुक्त ही हैं परंतु इसका आंतरिक स्वरूप नया परिवेश ग्रहण कर रहा है। अनेक अध्ययन इस तथ्य की पुष्टि करते हैं कि अधिकांश ग्रामीण अब संयुक्त परिवार को अपने लिए असुविधाजनक समझने लगे हैं और इसलिए इन परिवारों में वृद्ध पुरुषों तथा स्त्रियों की जो पारंपरिक प्रस्थिति प्राप्त थी, उसमें स्पष्ट रूप से परिवर्तन उत्पन्न हो गए हैं। परिवार के अंदर सदस्यों के शक्ति संस्तरण तथा अन्तर्वैयक्तिक संबंधों में परिवर्तन होने के फलस्वरूप ही गांव में परिवार अब नियंत्रण स्थापित करने वाली सर्वप्रमुख संस्था नहीं रह गई है। ग्रामीण संयुक्त परिवार अब अपने सदस्यों को सभी आवश्यकताओं की पूर्ण नहीं कर पाते जिसके परिणामस्वरूप परिवार के अनेक सदस्य गांव छोड़कर आजीविका के लिए नगरों में जाकर बस जाते हैं जिसके परिणामस्वरूप ग्रामीण संयुक्त परिवार की संरचना मे परिवर्तन होने लगा है। ग्रामीण एक बार जब एकाकी परिवार के दाम्पत्य संबंधों तथा स्वतंत्रता के वातावरण का अनुभव कर लेता है तो फिर वह अपने संयुक्त परिवार के नियंत्रण में रहना पसंद नहीं करता। नगरीय मनोवृत्तियों से प्रभावित स्त्रियां भी अब संयुक्त परिवार से अपना समायोजन करने में कठिनाई अनुभव करती हैं।

2. ग्रामीण विवाह में परिवर्तन— भारतीय ग्रामीण समुदाय में विवाह वह सबसे महत्तवपूर्ण संस्था है जो अनेक परिवर्तनों के पश्चात भी बहुत बड़ी सीमा तक अपने परंपरागत रूप में ही विद्यमान है। ग्रामीण विवाह के अंतर्गत परिवर्तन की प्रक्रिया किसी नवीन स्वरूप से संबंधित न होकर परंपराओं में अल्प संशोधन से ही संबंध है। ग्रामीण समुदाय में विवाह कि परंपरागत प्रणाली तथा इससे संबंध मान्यताओं को आज भी सर्वोत्तम समझा जाता है लेकिन इसके बाह्य स्वरूप में अनेक परिवर्तन उत्पन्न हो रहे हैं। विवाह से संबंधित यह परिवर्तन मुख्य रूप से वाल-विवाह, बेमेल-विवाह, विधवा पुनर्विवाह, अंतर्जातीय विवाह तथा दहेज प्रथा के क्षेत्र में देखने को मिलते हैं।

बाल-विवाह के प्रति ग्रामीणों के दृष्टिकोण में अब व्यापक परिवर्तन देखने को मिलता है। नगरीय समुदायों की तुलना में ग्रामीण समुदाय के अंतर्गत विवाह की औसत आयु आज भी बहुत कम है लेकिन आधुनिक शिक्षा, औद्योगिकरण तथा नगरीय संस्कृति के प्रभाव से पहले की तुलना में विवाह की आयु काफी सीमा तक बढ़ गई है। विवाह की आयु में होने वाली वृद्धि के औचित्य को पहले उच्च जातियों के द्वारा स्वीकार किया गया और बाद में पिछड़ी हुई तथा अनुसूचित जातियों ने उच्च जातियों को अपना संदर्भ समूह मानते हुए विवाह की आयु में वृद्धि करना आरंभ कर दी। विधवा पुनर्विवाह के प्रति निम्न और अनुसूचित जातियों का दृष्टिकोण पहले से ही उदार था लेकिन उच्च जातियों में विधवा पुनर्विवाह की घटनाएं ग्रामीण सामाजिक परिवर्तन का एक स्पष्ट संकेत है।

3. जाति संरचना में परिवर्तन— जाति संरचना में होने वाले परिवर्तन ग्रामीण समुदाय की अपेक्षा नगरीय समुदाय में अधिक व्यापक एवं स्पष्ट हैं लेकिन वर्तमान युग में ग्रामीण सामाजिक संरचना के अंतर्गत भी जाति का परंपरागत प्रभाव कम होने लगा है। कुछ व्यक्ति यह मानते हैं कि भारत में स्वतंत्रता के पश्चात सभी जातियों को वैधानिक समानता प्राप्त होने तथा कानून के द्वारा अस्पृश्यता का उन्मूलन कर दिए जाने के कारण गांवों में जातिगत आधार पर सामाजिक दूरी कुछ कम अवश्य हो गई है लेकिन व्यावहारिक रूप से किसी न किसी रूप में छुआछूत का प्रचलन आज भी बना हुआ है। ग्रामीण समाज में विभिन्न जातियों के बीच खान-पान संबंधी प्रतिबंधों के आधार पर एक स्पष्ट विभाजन मौजूद था लेकिन आज ऐसे प्रतिबंध निरंतर शिथिल पड़ते जा रहे हैं। गांवों में आधुनिक शिक्षा, नगरीय संस्कृति तथा औद्योगिक पर्यावरण से प्रभावित एक ऐसा युवा वर्ग उभर रहा है जो जाति-व्यवस्था से संबंध प्रतिबंधों को केवल रूढ़ियों के रूप में देखता है। यह वर्ग छुआछूत की पारंपरिक अवधारणा तथा खान-पान के प्रतिबंधों पर अधिक विश्वास नहीं करता। गांवों में व्यवसाय से संबंधित जातिगत नियम भी अब शिथिल पड़ रहे हैं। यदि कोई व्यक्ति स्वेच्छा से अपने जातिगत व्यवसाय को परिवर्तित करना चाहता है तो उस पर कोई भी पारंपरिक प्रतिबंध लागू नहीं होता।

4. मूल्यों तथा मान्यताओं में परिवर्तन— ग्रामीण समाज में प्रत्येक व्यक्ति की मनोवृत्तियों तथा सामाजिक मूल्यों पर परंपराओं का स्पष्ट प्रभाव था। भाग्यवादी एवं निराशावादी जीवन के कारण कोई व्यक्ति यह कल्पना नहीं कर सकता था कि वह अपने प्रयत्नों के द्वारा अपनी सामाजिक स्थिति में परिवर्तन कर सकता है। आज आधुनिक शिक्षा, लौकिकीकरण तथा प्रजातांत्रिक मूल्यों के प्रभाव से इस प्रवृत्ति में व्यापक परिवर्तन हुआ है। आज सभी वर्गों के ग्रामीण अपनी सामाजिक, आर्थिक, राजनैतिक एवं सांस्कृतिक स्थिति में सुधार के प्रति पहले की अपेक्षा कहीं अधिक जागरूक हैं।

(ख) आर्थिक जीवन में परिवर्तन

भारतीय ग्रामीण आर्थिक जीवन पूर्णतया कृषि पर निर्भर था

और कृषि का स्वरूप मुख्यतया उपभोग से ही संबंधित या। भारत में स्वतंत्रता के पश्चात ग्रामीण पुर्ननिर्माण की जब अनेक विकास योजनाएं कार्यान्वित की गई तो इसके परिणाम स्वरूप ग्रामीण आर्थिक संरचना में व्यापक परिवर्तन होने लगे। कृषि के क्षेत्र में सभी ग्रामीण अपने साधनों के अनुसार आधुनिक प्रौद्योगिकी को ग्रहण कर रहे हैं। इसके प्रभाव से न केवल कृषि उत्पादन में वृद्धि हुई हैं बल्कि व्यक्ति का जीवन अपने गांव तक ही सीमित न रहकर एक बड़े क्षेत्र से संबंध हो गया है। नवीन प्रौद्योगिकी के प्रभाव से आज कृषि उत्पादन का उद्देश्य केवल उपभोग की आवश्यकताओं को पूरा करना ही नहीं है, बल्कि कृषि-उपज के द्वारा अधिकाधिक आर्थिक लाभ प्राप्त करना है। कृषि के इस व्यापारीकरण ने ग्रामीण आर्थिक जीवन में महान् परिवर्तन उत्पन्न किए हैं।

(ग) राजनीतिक जीवन में परिवर्तन

भारतीय ग्रामीण राजनैतिक जीवन भी आज बहुत तेजी से बदल रहा है। कुछ समय पूर्व तक ग्रामीण नेतृत्व पूर्णतया आनुवंशिक या जिसमें गांवों के पंच, मुखिया अथवा लंबरदार की स्थिति का निर्धारण वंश-परंपरा के द्वारा होता था। इसके विपरीत वर्तमान ग्रामीण नेतृत्व का स्वरूप अर्जित हो गया है जिसका निर्धारण वयस्क मताधिकार के आधार पर होता है। ग्रामीण नेतृत्व में अब आयु एवं जातीय स्थिति का कोई विशेष महत्व नहीं है। युवकों तथा निम्न जातियों के व्यक्तियों को भी नेतृत्व में भाग लेने के समान अवसर प्राप्त हुए हैं। पंचायती राज व्यवस्था के अंतर्गत अनुसूचित जातियों एंव महिलाओं के लिए भी स्थान सुरक्षित कर दिए जाने के कारण ग्रामीण नेतृत्व में सभी वर्गों का सहभाग बढ़ गया है। इसके फलस्वरूप ग्रामीण क्षेत्र में शक्ति-संरचना तथा राजनीतिक सहभाग में महत्वपूर्ण परिवर्तन हुआ है।

(घ) धार्मिक जीवन में परिवर्तन

पारम्परिक ग्रामीण समुदाय में धर्म का महत्व सर्वोपरि था तथा वैयक्तिक एवं सामूहिक स्तर पर सभी कार्यों का संचालन धार्मिक विश्वासों के आधार पर ही होता था। प्रकृति पर पूर्ण निर्भरता होने के कारण धर्म ही वैयक्तिक तथा सामाजिक नियंत्रण का सर्व प्रमुख अभिकर्ता था । आज ग्रामीण जीवन में नई प्रौद्योगिकी तथा शिक्षा के प्रसार के कारण धर्म के परंपरागत स्वरूप में महत्त्वपूर्ण परिवर्तन होने लगे हैं। गांवों में धार्मिक नियम अब उतनी कठोरता से लागू नहीं होते क्योंकि धर्म से संबंधित मान्यताओं एवं नियमों के अर्थ में ही परिवर्तन हो चुका है। कुछ समय पहले तक ग्रामीण समुदाय में धार्मिक कर्मकांड अत्यधिक जटिल और व्यापक थे लेकिन आज न केवल कर्मकांडों के प्रति उदासीनता बढ़ रही है बल्कि उनका संक्षिप्तीकरण भी होने लगा है। गांव में जो पुरोहित वर्ग धर्म के कर्मकांडीय स्वरूप को स्थायी बनाने के लिए सदैव प्रयत्नशील रहता था, उसी वर्ग के परिवारों के शिक्षित युवक अब परंपरागत धार्मिक विश्वासों को अपने लिए अनुपयोगी समझने लगे है। इससे न केवल धार्मिक विश्वासों का प्रभाव कम हुआ है बल्कि धर्म निरपेक्षता की प्रक्रिया को भी प्रोत्साहन मिला है। कृषि की नई प्रविधियों के कारण ग्रामीण अब जादू-टोने और प्राकृतिक प्रकोप से संबंधित गाथाओं पर आंखबंद करके विश्वास नहीं करते बल्कि अपनी सफलता और असफलता को मूल्यांकन तर्क के आधार पर करने लगे हैं। इसका तात्पर्य यह नहीं हैं कि गांवों में धर्म का प्रभाव बिल्कुल समाप्त हो गया है अथवा ग्रामीण जीवन पूर्णतया आधुनिक बन गया है।

परिवर्तन के कारक

डॉ. ए.आर. देसाई ने ग्रामीण परिवर्तन के कारकों को दो प्रमुख भागों में विभाजित किया है—चेतन तथा अचेतन। अचेतन कारक वे हैं जो बहुत बड़ी सीमा तक एक स्वाभाविक नियम के रूप में ग्रामीण जीवन को प्रभावित करते हैं तथा जिनका मानव प्रयत्नों से प्रत्यक्ष संबंध नहीं होता। उदाहरण के लिए, विभिन्न प्रकार की प्राकृतिक दशाएं, मन्त्रीकरण से उत्पन्न विभिन्न परिस्थितियां तथा सांस्कृतिक तत्व आदि अचेतन कारक हैं जो एक प्रक्रिया के रूप में परिवर्तन की स्थिति उत्पन्न करते हैं। चेतन कारकों के अंतर्गत **डॉ. देसाई** ने अनेक ऐसी पद्धतियों का उल्लेख किया है जिनके द्वारा नियोजन रूप से परिवर्तन उत्पन्न हुए हैं। इनमें छः पद्धतियां महत्त्वपूर्ण हैं—1. आग्रह अथवा अनुनय पद्धति 2. प्रदर्शन पद्धति 3. अनिवार्य पद्धति 4. सामाजिक दवाब की पद्धति 5. शिक्षण पद्धति तथा 6. संपर्क पद्धति। यह सभी पद्धतियां ऐसे प्रयासों कों स्पष्ट करती हैं जिनके द्वारा एक विधि से ग्रामीणों को अपने जीवन में परिवर्तन लाने तथा नवीन प्रकार के विचारों एवं व्यवहारों को ग्रहण करने का प्रशिक्षण दिया जाता है। यदि हम इन सभी चेतन तथा अचेतन कारकों के संबंधित आधार पर ग्रामीण-परिवर्तनों का विश्लेषण करना चाहें तो इन्हें मुख्य रूप से निम्नांकित कारकों के संदर्भ में समझा जा सकता है।

(क) विकास योजनाएं—भारत में स्वतंत्रता के पश्चात कार्यान्वित की गई विभिन्न विकास योजनाएं ग्रामीण सामाजिक परिवर्तन का सबसे महत्त्वपूर्ण एवं आधारभूत कारक है। गांवों में जब पंचायती राज, सहकारिता तथा समुदायिक विकास कार्यक्रमों का प्रसार किया गया तो सभी ग्रामीणों को अपने सामाजिक आर्थिक जीवन को नए सिरे से परिवर्तित करने का अवसर प्राप्त हुआ। इन योजनाओं के परिणाम न केवल गांवों के पारंपरिक मुखिया, साहूकारों

तथा जमींदारों की शक्ति का ह्रास हुआ बल्कि छोटे और सीमांत किसानों को अपनी स्थिति में सुधार करने के विशेष अवसर प्राप्त हुए। स्वाभाविक मूल्यों में परिवर्तन हो जाता।

(ख) नगरीकरण—वर्तमान युग में नगरीकरण की प्रक्रिया ने ग्रामीण जीवन में व्यापक परिवर्तन उत्पन्न किए हैं। नगरीकरण की प्रक्रिया से आज न केवल ग्रामों तथा नगरों के बीच संपर्क बढ़ा है बल्कि नगरीय विशेषताओं का गांवों में तेजी से प्रसार हो रहा है। नगरों के समीपवर्ती गांवों में नगरीय व्यवहार ग्रामीणों के लिए संदर्भ व्यवहार होते हैं; जिन का अनुकरण करना वे अपनी स्थिति को सुदृढ़ करने के लिए आवश्यक समझते हैं। नगरीय उद्योगों में लाखों ग्रामीणों द्वारा श्रमिकों के रूप में कार्य के पश्चात अपने-अपने गांवों में लौटने पर उन विशेषताओं की प्रसार किया जाता है जो मूलरूप से नगरीय जीवन पद्धतियों की विशेषताएं होती है।

(ग) संचार के नवीन साधन—परंपरागत ग्रामीणों की आवश्यकताएं अपने गांव के अंदर ही पूर्ण ही जाती थी। ग्रामीण समुदाय आत्म-निर्भर और सरल थे। अन्य समुदायों से संपर्क के अभाव में ग्रामीण अपने जीवन पद्धति और मान्यताओं को ही सर्वोत्तम समझते थे। भारत में स्वतंत्रता के पश्चात सभी प्रमुख गांवों तथा नगरों को जोड़ने के लिए व्यापक रूप से सड़कों का निर्माण हुआ तथा संचार के साधनों में अत्यधिक वृद्धि हो जाने के कारण ग्रामीण नवीनतम सूचनाओं तथा विकास कार्यक्रमों से परिचित होते हैं। बाह्य समूहों के साथ स्थापित होने वाले संपर्क के फलस्वरूप ग्रामों में नए विचार, व्यवहार, आदतें और मनोवृत्तियां प्रवेश करती जा रही हैं। इसके फलस्वरूप गांव की आत्म-निर्भरता अवश्य कम हुई है लेकिन अब ग्रामीणों का दृष्टिकोण कहीं अधिक उदार तथा विवेकपूर्ण बन गया है।

(घ) आधुनिक शिक्षा—आधुनिक शिक्षा पद्धति ने भी ग्रामीण जीवन में अनेक महत्त्वपूर्ण परिवर्तन उत्पन्न किए हैं। एक ओर नगरों में शिक्षा प्राप्त करके जो युवक गांव में लौटते हैं वे अपने प्रगतिशील विचारों और व्यवहारों के कारण ग्रामीणों के लिए शीघ्र ही आकर्षण बन जाते हैं। स्वयं गांवों में भी बहुत सी शिक्षण संस्थाओं की स्थापना होने से नई पीढ़ी के विचारों और विश्वासों में परिवर्तन होने लगा है। इस स्थिति के फलस्वरूप गांवों में सामाजिक, सांस्कृतिक एवं राजनैतिक परिवर्तनों की एक ऐसी प्रक्रिया आरंभ हुई है जिसकी कुछ समय पहले तक कल्पना भी नहीं की जा सकती थी।

(च) प्रजातांत्रिक नेतृत्व—ग्रामीण सामाजिक परिवर्तन का एक महत्त्वपूर्ण कारक वर्तमान प्रजातांत्रिक नेतृत्व है। गांव में आज वही व्यक्ति नेतृत्व ग्रहण कर पाता है जो संपूर्ण ग्रामीण समुदाय के कल्याण के लिए अधिक से अधिक प्रयत्नशील रहता है। सामूहिक कल्याण की यह अवधारणा परंपरागत मूल्यों के पालन से उतनी संबद्ध नहीं हैं जितनी कि धर्म-निरपेक्ष मूल्यों के संतनन से। स्थानीय नेतृत्व के अतिरिक्त राष्ट्रीय स्तर के राजनैतिक दल भी अपनी गतिविधियों के द्वारा ग्रामीण जीवन में परिवर्तन लाने का प्रयत्न करते हैं। यह दल ग्रामीणों को बाहरी दुनिया को परिवर्तन करने की प्रेरणा देते हैं। इस प्रकार गांवों में जैसे-जैसे प्रजातांत्रिक नेतृत्व का प्रभाव बढ़ता जा रहा है; सामाजिक परिवर्तन की प्रक्रिया भी तेज होती जा रही है।

(छ) भूमि-सुधार—भारत में नवीन भूमि-सुधारों का ग्रामीण जीवन पर व्यापक प्रभाव पड़ा है। यहां जमींदारी उन्मूलन होने के पश्चात ग्रामीणों को जब भू-स्वामित्व के स्वतंत्र अधिकार हो गए तो स्वाभाविक रूप से उनकी आर्थिक स्थिति में तेजी से सुधार होने लगा। आर्थिक स्थिति में सुधार होने से ग्रामीणों का जीवन उन परंपराओं, अंधविश्वासों तथा कर्मकांडों से मुक्त होने लगा जिन्हें कुछ समय पहले तक वे अपने असहाय जीवन का एकमात्र आधार समझते थे।

(ज) कृषि की नवीन विधियां—प्रौद्योगिकी के विकास के साथ आज कृषि की नवीन प्रविधियों के द्वारा गांव में अधिक से अधिक उत्पादन करने का प्रयत्न किया जा रहा है। गांव में ट्रेक्टर, नवीन उर्वरक, उन्नत बीज, कीटनाशक औषधियां, फसल बोने तथा काटने की मशीनें, ट्यूबवेल तथा अन्य आधुनिक उपकरण आदि ऐसे माध्यम हैं जिनकी सहायता से कम भूमि पर भी अधिक उत्पादन किया जा सकता है। इसके फलस्वरूप आज कृषि उत्पादन का उद्देश्य केवल उपभोग ही न रहकर अधिक से अधिक लाभ प्राप्त करना हो गया है। यद्यपि ये परिवर्तन बाह्य रूप से सामान्य प्रतीत होते हैं लेकिन आंतरिक रूप से इन्होंने ग्रामीण मनोवृत्तियों, पारस्परिक संबंधों की प्रकृति, जीवन के प्रति दृष्टिकोण तथा समाजिक मानदंडों में व्यापक परिवर्तन उत्पन्न किए हैं। संभवतः यही कारण है कि ग्रामीण जीवन भी आज एक औपचारिक जीवन बनता जा रहा है।

(झ) सामाजिक अधिनियम—भारत में स्वतंत्रता के पश्चात् बनने वाले सामाजिक अधिनियों ने भी ग्रामीण जीवन में अनेक परिवर्तन उत्पन्न किए हैं। ऐसे अधिनियमों में हिंदू विवाह अधिनियम, अस्पृश्यता अपराध अधिनियम, दहेज निरोधक अधिनियम तथा हिंदू उत्तराधिकार अधिनियम आदि ने ग्रामीण जीवन में व्यापक परिवर्तन उत्पन्न किए हैं। इन अधिनियमों के प्रभाव से आज गांवों में भी वाल-विवाह के स्थान पर बिलंब विवाह को अच्छा समझा जाने लगा है, बहुपत्नी प्रथा तथा पूर्णतया उन्मूलन

हो चुका है, अनुसूचित जातियों की स्थिति में सुधार हुआ है तथा स्त्रियों को परिवार एवं समुदाय में पहले की अपेक्षा सम्मान प्राप्त होने लगा है।

औद्योगीकरण तथा नगरीकरण की भूमिका

जीवन में प्राथमिक संबंधों की स्थिरता, कृषि और कुटीर उद्योग धंधों को जीवन की एकमात्र स्वीकृत विधि के रूप में देखा जाता रहा। यह स्थिति 19वीं शताब्दी के पूर्वार्द्ध तक विद्यमान रही। 19वीं शताब्दी के उत्तरार्द्ध में सर्वप्रथम वहां सूती कपड़े, चीनी और जूट की कुछ बड़ी-बड़ी फैक्टरियों तथा मिलों की स्थापना हुई जिससे देश में उपलब्ध कच्चे माल का अधिक से अधिक उपयोग किया जा सके। 20वीं शताब्दी के आरंभ से औद्योगिकरण में तेजी से वृद्धि होने लगी। इस समय जिन स्थानों पर कच्चे माल, परिवहन के साधनों, श्रमिकों की पूर्ति तथा अन्य सुविधाएं उपलब्ध थीं, वहां पर बड़े-बड़े कारखानों की स्थापना होने लगी। इन उद्योगों के लिए कच्चे माल की पूर्ति के लिए जहां कृषि का व्यापारीकरण होने लगा वहीं नए-नए स्थानों पर बड़े-बड़े नगरों का भी निर्माण होने लगा। बड़ी मात्रा में उत्पादन से प्रतियोगिता न कर सकने के कारण गांवों के कुटीर उद्योग नष्ट हो गए। इन धंधों में लगे हुए लाखों ग्रामीण कारीगर और श्रमिक आजीविका के लिए नगरों में स्थापित कारखानों में मजदूरी करने के लिए बाध्य हो गए।

औद्योगीकरण

सामान्यत: माना जाता है कि औद्योगीकरण का तात्पर्य मशीनीकरण से है। इस दृष्टिकोण से अक्सर प्रौद्योगिकी तथा औद्योगीकरण का प्रयोग समान अर्थों में ही किया जाता है, पर बड़ी मात्रा में मशीनों द्वारा उत्पादन करना है। इस दृष्टिकोण से औद्योगीकरण के अंतर्गत पांच प्रमुख विशेषताओं का समावेश है—(क) सर्वप्रथम, औद्योगीकरण वह प्रक्रिया है जिसमें उत्पादन के लिए बड़ी बंख्या में श्रमिकों की आवश्यकता होती है, लेकिन श्रम को उत्पादन मशीनों के द्वारा और बड़ी मात्रा में किया जाता है, (ख) संपूर्ण उत्पादन कार्य में श्रम-विभाजन तथा विशेषीकरण को विशेष महत्व दिया जाता है, (ग) मशीनों के संचालन तथा बड़ी मात्रा में उत्पादन का बहुत गौण साधन माना जाता है, (घ) श्रमिकों को मिलने वाला पुरस्कार मज़दूरी अथवा वेतन के रूप में होता है, लाभ के अंश के रूप में नहीं तथा (च) उत्पादन का उद्देश्य अधिक से अधिक लाभ प्राप्त करना होता है, व्यक्तियों की सामान्य आवश्यकताओं को पूरा करना नहीं। यह सच है कि उत्पादन की एक विशेष विधि के रूप में औद्योगीकरण का विषय समाजशास्त्र से उतना संबंधित नहीं है जितना कि अर्थशास्त्र से, लेकिन औद्योगीकरण की इस प्रक्रिया ने आज व्यक्ति के संबंधों, समूह की रचना, सामाजिक संस्थाओं तथा संपूर्ण ग्रामीण जीवन को जितने व्यापक रूप से प्रभावित किया है, उसे देखते हुए ग्रामीण सामाजिक परिवर्तन के किसी भी विवेचन में इस महत्त्वपूर्ण प्रक्रिया के प्रभाव की अवहेलना नहीं की जा सकती।

नगरीकरण

बर्गेल ने कहा है कि, ''ग्रामीण क्षेत्रों के नगरीय क्षेत्रों में परिवर्तित होने की प्रक्रिया का नाम ही नगरीकरण है।'' जब औद्योगीकरण अथवा किसी दूसरे कारण से ग्रामीण क्षेत्र नगरों के रूप में परिवर्तित होने लगते हैं तब इस प्रक्रिया को हम नगरीकरण कहते हैं। यदि अधिक सुक्ष्म रूप से देखा जाए तो स्पष्ट होता है कि नगरीकरण मुख्य रूप से नगरीयता से संबंध है। नगरीयता का तात्पर्य एक ऐसी जीवन पद्धति से है जिसमें व्यक्तिवादिता, संबंधों में औपचारिकता, अस्थायित्व, परिवर्तनशीलता तथा अज्ञात स्थिति जैसी विशेषताओं का समावेश होता है। इसका तात्पर्य है कि नगरीकरण एक दोहरी प्रक्रिया है। इसमें गांव का नगर के रूप में बदलना तथा नगरीयता की स्थिति में वृद्धि होना जैसी दोनों विशेषताओं का समावेश है। इसी आधार पर **एण्डरसन** का कथन है कि नगरीकरण का तात्पर्य केवल गांवों से जनसंख्या का शहरों की ओर बढ़ना अथवा कृषि को छोड़कर व्यापार या नौकरी करना ही नहीं है बल्कि इस प्रक्रिया में व्यक्तियों के विचारों, व्यवहारों, मनोवृत्तियों और मूल्यों में होने वाले परिवर्तन भी सम्मिलित हैं।

औद्योगीकरण तथा नगरीकरण से उत्पन्न परिवर्तन

भारत में औद्योगीकरण तथा नगरीकरण में होने वाली तीव्र वृद्धि ने यहां की परंपरागत ग्रामीण सामाजिक संरचना, सांस्कृतिक जीवन, सामाजिक संस्थाओं तथा व्यक्तिगत व्यवहार प्रतिमानों को व्यापक रूप से प्रभावित किया है। यह प्रभाव जहां अनेक क्षेत्रों में रचनात्मक है, वहीं इसके परिणामस्वरूप अनेक जटिल समस्याओं का भी प्रादुर्भाव हुआ है। इस तथ्य को अस्वीकार नहीं किया जा सकता कि औद्योगीकरण तथा नगरीकरण ने व्यक्तिवाद, लाभ की भावना, अनावश्यक प्रतियोगिता, धनी स्त्रियों, औपचारिक संबंधों तथा भौतिकवाद के प्रति आकर्षण में वृद्धि करके ग्रामीण समाज में अनेक जटिल समस्याओं को भी जन्म दिया है।

(क) संयुक्त परिवारों का विघटन—औद्योगीकरण तथा नगरीकरण ने गांवों की संयुक्त परिवार प्रणाली को विघटित करके इसके स्थान पर एकाकी परिवारों की संख्या में वृद्धि की है। औद्योगीकरण ने प्रत्येक व्यक्ति को स्वतंत्र रूप में आजीविका उपार्जित करने के अवसर प्रदान किए जिसके फलस्वरूप परंपरागत संयुक्त परिवरों के युवा सदस्य अपने गांव को छोड़कर नगरों में एकांकी परिवारों की स्थापना करने लगे। नगरीय मनोवृत्तियों के

प्रभाव से पारिवारिक संरचना में उसी सदस्य को सर्वाधिक अधिकार प्राप्त होने लगे जो आजीविका के सबसे अधिक साधन जुटाने में समर्थ होता है। औद्योगीकरण तथा नगरीकरण के प्रभाव से स्थान परिवर्तन की प्रवृत्ति जिस तेजी से बढ़ रही है वह ग्रामीण सामुदायिक जीवन की स्थिरता तथा अनौपचारिक संबंधों के पूर्णतया प्रतिकूल है। आज गांव में भी छोटे आकार के परिवार अच्छे समझे जाते हैं तथा पति-पत्नी और उनकी संतानों के पारस्परिक संबंधों में स्पष्ट परिवर्तन दिखाई देने लगा है। इसके विपरीत **देसाई, गोरे** तथा **सिंगर** जैसे विद्वानों का विचार है कि औद्योगीकरण और नगरीकरण के फलस्वरूप गांवों में संयुक्त परिवारों का पूर्णतया विघटन नहीं हुआ है। **गोरे** ने अपनी पुस्तक ''अर्बनाइजेशन एण्ड फैमिली चेन्ज'' में लिखा है कि नगरीकरण के प्रभाव से परिवार में रहन-सहन के स्तर, सदस्यों की संख्या तथा सदस्यों की स्थिति में परिवर्तन हुए हैं लेकिन सांस्कृतिक रूप से ग्रामीण परिवार आज भी संयुक्त परिवार व्यवस्था से जुड़े हुए हैं।

(ख) विवाह तथा नातेदारी पर प्रभाव—परंपरागत ग्रामीण समुदाय में वैवाहिक संबंध संरक्षक द्वारा निर्धारित होते थे तथा विवाह को दो व्यक्तियों का संबंध न मानकर दो परिवारों का संबंध माना जाता था। औद्योगीकरण ने वैयक्तिक कुशलता को सबसे अधिक महत्व दिया है। इसके फलस्वरूप गांव में भी व्यक्ति तब तक विवाह करना पसंद नहीं करता जब तक वह स्वंय ही आजीविका उपार्जित करने के योग्य न बन जाये। इसके फलस्वरूप गांवों में बाल-विवाह के स्थान पर विलंब विवाह को प्रोत्साहन मिला है। अधिक आयु में विवाह करने के कारण विवाह अब परिवार का दायित्व न रहकर व्यक्तिगत स्वतंत्रता और व्यक्तिगत रुचि का विषय बन गया है। नगरीकरण ने जिन आधुनिक तथा परिवर्तनशील मनोवृत्तियों को जन्म दिया है, इनके प्रभाव से अब विवाह का उद्देश्य धर्म-कार्यों की पूर्ति करना अथवा परिवार की निरंतरता को बनाए रखना नहीं बल्कि इसके द्वारा लौकिक सुख प्राप्त करना हो गया है।

(ग) जाति संरचना में परिवर्तन—भारतीय गांवों में जाति-प्रथा को परंपरागत संरचना विभिन्न जातियों के बीच ऊंच-नीच के स्पष्ट विभाजन, अंतर्विवाह की नीति, खान-पान के प्रतिबंधों तथा व्यावसायिक विभाजन पर आधारित थी। औद्योगीकरण के प्रभाव से आज जाति-प्रथा के यह सभी आधार परिवर्तन होने लगे हैं। आज एक ही कारखाने में गांवों से आए हुए विभिन्न जातियों के हजारों लाग साथ-साथ रहकर काम करते हैं। इन कारखानों में व्यक्ति की स्थिति का निर्धारण उसकी उच्च या निम्न जाति के आधार पर नहीं होता बल्कि व्यक्ति की कुशलता के आधार पर होता है। इन व्यक्तियों द्वारा जाति निरपेक्ष तथा नगरीय मूल्यों का प्रसार करने के कारण खान-पान तथा व्यावसायिक विभाजन के प्रतिबंधों में भी व्यापक परिवर्तन दिखाई देने लगे हैं। गांवों में अब निम्न जातियों के प्रति सामाजिक दूरी की भावना उतनी स्पष्ट नहीं रह गई है जितनी की कुछ समय पूर्व तक थी। **नर्मदेश्वर प्रसाद** के अनुसार गांवों में आज खान-पान के नियंत्रणों, जाति पंचायत के के संगठन तथा जाति के आधार पर सामाजिक स्थिति के निर्धारण मे यद्यपि शिथिलता आई है लेकिन अपनी ही जाति में विवाह करने तथा जातीय आधार पर संगठित रहने की प्रवृत्ति में कोई विशेष परिवर्तन नहीं हुआ है।

(घ) धर्म पर प्रभाव—औद्योगीकरण तथा नगरीकरण के प्रभाव से आज ग्रामीण जीवन में परिवर्तन की जो प्रक्रियाएं उत्पन्न हुई हैं उन्हें धर्म- निरपेक्ष तथा लौकिकीकरण के रूप में समझा जा सकता है। नगरीकरण की प्रक्रिया से गांवों में इस विचार धारा को प्रोत्साहन मिला है कि शिक्षा, सामाजिक नियंत्रण, नैतिकता तथा व्यक्ति की सामाजिक स्थिति का स्वरूप धर्म से पूर्णतया स्वतंत्र होना चाहिए। जिसके फलस्वरूप अब ग्रामीण जीवन में धार्मिक कट्टरता के स्थान पर धार्मिक सहिष्णुता की भावना को प्रोत्साहन मिलने लगा है। गांव में लौकिकीकरण की प्रक्रिया मुख्यत: तीन रूपों में देखने को मिलती है। सर्वप्रथम, जिन कार्यों अथवा व्यवहारों को पहले धार्मिक माना जाता था उनकी व्याख्या आज लौकिक आधार पर होने लगी है, दूसरे, परंपरागत अंधविश्वासों के स्थान पर तर्क और बुद्धिवाद को महत्व दिया जाने लगा है, तथा दूसरे, तीसरे, धार्मिक व्यवहारों का विश्लेषण मानवतावादी मूल्यों को ध्यान में रखते हुए किया जाने लगा है। नगरीकरण की प्रक्रिया से प्रभावित धर्म में परिवर्तन की जो प्रक्रिया उत्पन्न हुई है उसके अंतर्गत आज शद्धचरणवाद, पाप पुण्य तथा पवित्रता और अपवित्रता का अर्थ बदल रहा है।

(च) शिक्षा का प्रभाव—परंपरागत ग्रामीण समुदाय में शिक्षा का स्वरूप पूर्णतया सामाजिक-सांस्कृतिक था। यह शिक्षा प्रत्येक छोटे व्यक्ति को बड़े व्यक्तियों द्वारा इस रूप में दी जाती थी जिससे व्यक्ति अपने परिवार, गांव तथा सांस्कृतिक मूल्यों से समायोजन स्थापित करके अपने व्यक्तित्व का विकास कर सके।

आज एक और औद्योगीकरण ने श्रम-विभाजन तथा विशेषीकरण को महत्व दिया है जबकि दूसरी ओर नगरीकरण ने व्यक्तिवादिता में वृद्धि करके एक ऐसी शिक्षा प्रणाली के प्रति आकर्षण उत्पन्न किया है जो समूह-कल्याण की अपेक्षा वैयक्तिक विकास को अधिक महत्व देती है। इसके फलस्वरूप गांवों में ऐसी शिक्षा संस्थाओं की स्थापना होने लगी जिसमें सैद्धांतिक ज्ञान तथा

विशेषीकृत शिक्षा को अधिक महत्व दिया जाता है। इस शिक्षा व्यवस्था ने व्यक्ति में अपने परिवार तथा गांव के प्रति उदासीनता उत्पन्न करके उसे एक स्व-हित प्रधान व्यक्ति बनाने में योगदान दिया है।

(छ) मनोरंजन का व्यापीकरण—मनोरंजन का संस्कृति से घनिष्ठ संबंध हैं तथा मनोरंजन के स्वरूप में होने वाला कोई भी परिवर्तन सांस्कृतिक जीवन में भी परिवर्तन उत्पन्न करता है। औद्योगीकरण तथा नगरीकरण ने ग्रामीण जीवन में व्यक्तिवादी विचारों तथा धन के संचय की प्रवृत्ति को आवश्यकता से अधिक महत्त्व देकर मनोरंजन को पूर्ण रूप से व्यापारीकरण कर दिया है। कृषि में नवीनतम प्रविधियों के उपयोग तथा अधिक से अधिक उत्पादन की होड़ ने ग्रामीणों के जीवन को इतना व्यस्त बना दिया है कि उन्हें परंपरागत ढंग से मनोरंजन प्राप्त करने के लिए पर्याप्त समय भी नहीं मिल पाता। ग्रामीण भी अब उत्तेजना, रोमांस और रोचकता से भरपूर ऐसे मनोरंजनों में रुचि लेने लगे हैं जो कम से कम उन्हें अधिकतम संतुष्टि प्रदान कर सके। नगरीकरण से प्रभावित इस नए मनोरंजन ने परंपरागत ग्रामीण संस्कृति तथा नैतिकता को बहुत प्रतिकूल रूप से प्रभावित किया है।

(ज) राजनीतिक संरचना पर प्रभाव—गांवों के राजनीतिक जीवन का नगरीकरण का प्रभाव एक नवीन राजनीतिक सरंचना के प्रादुर्भाव के रूप में देखने को मिल रहा है। भारत में औद्योगीकरण तथा नगरीकरण का तेजी से विकास होने के पूर्व प्रत्येक गांव स्वयं में एक राजनीतिक इकाई था। गांव में मुखिया, पंचायत अथवा आनुवंशिकता से निर्धारित पंच की सत्ता इतनी प्रबल थी कि कोई व्यक्ति उसकी अवहेलना करने का साहस नहीं कर सकता था। औद्योगीकरण तथा नगरीकरण की आवश्यकताओं को पूरा करने के लिए राजनीतिक शक्ति का विकेंद्रीकरण होना आरंभ हुआ तथा बढ़ती हुई समस्याओं को रोकने के लिए राज्य के अधिकार क्षेत्र में तेजी से वृद्धि होने लगी। इसके फलस्वरूप गांवों में भी जनतांत्रिक आधार पर मताधिकार के द्वारा होने लगी। इसके फलस्वरूप गांवों में भी जनतांत्रिक आधार पर मताधिकार के द्वारा पंचायतों की स्थापना होने लगी तथा बड़े-बड़े राजनीतिक दलों ने गांवों में अपनी गतिविधियों में तेजी लाना आरंभ कर दिया।

(झ) व्यवहारों तथा मनोवृत्तियों पर प्रभाव—नगरीकरण तथा औद्योगीकरण की प्रक्रिया ने ग्रामीण मनोवृत्तियों तथा व्यवहार प्रतिमानों में भी व्यापक परिवर्तन उत्पन्न किया है। इस परिवर्तन को यदि हम एक अवधारणा के रूप में स्पष्ट करना चाहें तो **प्रो.श्री. निवास** के शब्दों में इसे आधुनिकीकरण की प्रक्रिया कहा जा सकता है। आधुनिकीकरण एक विशेष प्रक्रिया है जिसमें व्यक्ति प्रौद्यौगिकी, विभिन्न संस्थाओं, विचारों और सामाजिक मूल्यों के स्तर में होने वाले सभी परिवर्तनों को ग्रहण करने के लिए सदैव तैयार रहता है। इसी प्रक्रिया का परिणाम में कि आज गांव में सांप्रदायिकता, जातिगत दूरी, क्षेत्रवाद तथा परंपरागत व्यवहारों का अधिक महत्त्व नहीं रहा।

(ट) आर्थिक जीवन पर प्रभाव—औद्योगीकरण का मूल उद्देश्य समाज में सभी वर्गों की आर्थिक स्थिति में सुधार करना तथा व्यक्ति को अधिकतम सुविधाएं प्रदान करना है। यदि निष्पक्ष रूप से देखा जाए तो ज्ञात होता है कि औद्योगीकरण के फलस्वरूप ग्रामीणों के सामान्य जीवन स्तर में काफी सुधार हुआ है, लेकिन इसके साथ ही अनेक ऐसी आर्थिक समस्याओं का प्रादुर्भाव हुआ है जिनका पहले अनुमान नहीं लगाया गया था। परंपरागत ग्रामीण अर्थव्यवस्था में ग्रामीण जनसंख्या का एक बहुत बड़ा भाग कुटीर उद्योगों पर निर्भर था परंतु बड़ी मात्रा में उत्पादन से प्रतिस्पर्द्धा न कर पाने के कारण ग्रामीण कुटीर उद्योग-धंधे नष्ट हो गए जिसके फलस्वरूप गांवों में भी अब बेरोजगारी की समस्या विषम रूप ग्रहण करने लगी है।

(ठ) जीवन की असुरक्षाओं में वृद्धि—औद्योगीकरण तथा नगरीकरण की प्रक्रिया ने भारतीय ग्रामीण जीवन को जिन विभिन्न क्षेत्रों में प्रभावित किया है उसका एक स्पष्ट रूप अनेक समस्याओं में देखने को मिलता है जो ग्रामीण जीवन में विघटन तथा असुरक्षा की दशाएं उत्पन्न कर रही है। यह सभी समस्याएं उन मनोवृत्तियों का परिणाम हैं जिनका प्रादुर्भाव औद्योगीकरण तथा नगरीकरण के द्वारा हुआ है। इनमें सर्वप्रथम असुरक्षा गांवों में वृद्धावस्था की समस्या है। कुछ समय पहले तक गांवों में वृद्ध व्यक्तियों को सभी प्रकार का सम्मान, सुरक्षा तथा अधिकार प्राप्त थे लेकिन नगरीकरण से उत्पन्न व्यक्तिवाद की भावना के कारण वृद्धावस्था आज पूर्णतया असह्य, उपेक्षित और असुरक्षित है। नगरीय जीवन से प्रभावित व्यक्ति आज गांव में भी अपराधी व्यवहार को प्रोत्साहन दे रहे हैं जिसके फलस्वरूप ग्रामीण जीवन की सामुदायिकता के लिए खतरा उत्पन्न हो गया है।

के.एम. कापड़िया ने लिखा है कि नगरीकरण के प्रभाव से ग्रामों को आत्मनिर्भरता नष्ट हो गई तथा गांवों की परंपरागत संस्कृति में नगरों की नई संस्कृति का प्रभाव स्पष्ट होने लगा। जो सुविधाएं अब तक केवल नगरों में ही उपलब्ध थीं वे अब गांवों में भी पहुंच गई हैं। नगरीय संपर्क से गांवों में रहन-सहन, वेश-भूषा तथा घर की सजावट के तरीके प्रभावित हुए हैं तथा शिक्षा के प्रसार और मोटर यातायात के आरंभ होने से इस प्रक्रिया में और अधिक तीव्रता आ गई है। **डॉ. राव** ने अपनी पुस्तक ''अर्बेनाइजेशन एण्ड सोशल

चेन्ज'' में ग्रामीण समुदाय में नगरीकरण के प्रभाव की विस्तृत विवेचना की है। आपके अनुसार नगरों के संपर्क नें आने से ग्रामीण समुदाय में द्रव्यीकरण का विकास हुआ तथा खेती में व्यापारीकरण की प्रक्रिया स्पष्ट होने लगी। जो व्यक्ति कुछ समय पहले तक गांव में कपड़े धोने, जूता बनाने, बाल काटने, लोहारगिरी करने अथवा पुरोहिताई करने में लगे हुए थे वे नई सेवाओं के आकर्षण से नगरों में प्रवेश कर रहे हैं। इससे न केवल आनुवांशिक व्यवसाय की परंपरा समाप्त होने लगी बल्कि ग्रामीण समुदाय में जजमानी व्यवस्था का भी विघटन हो गया। आर्थिक सुधार तथा सामाजिक जागरूकता के अभाव से आज नगरों की शिक्षा संसथाओं में ग्रामीण युवकों का प्रतिशत तेजी से बढ़ता जा रहा है। इन सभी परिवर्तनों के कारण आज ग्रामीणों को रुचियों, मनोवृत्तियों, आकांक्षाओं और भूमिका में भी व्यापक परिवर्तन उत्पन्न हो गए हैं। नगरीयता की प्रवृत्ति ग्रामीण समुदाय को अपनी परंपराओं से दूर ले जा रही है। इसके प्रभाव से अब न तो जाति-पंचायतों को आवश्यक समझा जाता है और न ही ग्रामीणों द्वारा जाति पंचायतों के निर्णयों को ही महत्त्व दिया जाता है। नगरों के समान अवैयक्तिक तथा औपचारिक संबंध ग्रामीण जीवन की भी विशेषताएं बनती जा रही हैं।

बहुविकल्पीय प्रश्न

1. ग्रामीण समाजशास्त्र की शुरुआत किस देश में सबसे पहले हुई?

A. फ्रांस B. इग्लैंड
C. अमेरिका D. भारत

2. ग्रामीण जीवन का अध्ययन समाजशास्त्र की किस शाखा में किया जाता है?

A. ग्रामीण समाजशास्त्र
B. राजनीतिक समाजशास्त्र
C. नगरीय समाजशास्त्र
D. सामाजिक समाजशास्त्र

3. भारत में ग्रामीण समाज का मुख्य लक्षण क्या है?

A. कृषि B. विजातीयता
C. एकरूपता D. जनसंख्या का घनत्व

4. 'ग्रामीण समाजशास्त्र का मूल कार्य ग्रामीण समाज के विकास के नियमों को खोज निकालना है।' यह परिभाषा किस विद्वान ने दी है?

A. ए.आर. देसाई B. बर्गल
C. जे.बी. चिदाम्बर D. एम.एन. श्रीनिवास

5. निम्नलिखित में से ग्रामीण समाज की प्रमुख विशेषता है?

A. परिवारवाद B. गतिशीलता
C. ऋणग्रस्तता D. मुकदमेबाजी

6. नगरीयवाद का क्या अर्थ है?

A. नगरीय जनसंख्या वृद्धि B. नगरीय जीवन पद्धति
C. नगरों का भौतिक विकास D. ग्रामीण नगरीय प्रवजन

7. सामाजिक परिवर्तन की व्याख्या उतार-चढ़ाव के रूप में करते हुए सीमाओं का सिद्धांत किसने दिया?

A. टी. पारसंस B. किंग्सले डेविस
C. हर्बर्ट-स्पेन्सर D. पित्रिम सोरोकिन

8. जाति और वर्ग में प्रमुख अंतर क्या है?

A. लंबवत विभाजन B. पैतृक व्यवसाय
C. असमानता D. उप सांस्कृतिक अंतर

9. निम्नलिखित वक्तव्यों में से कौन सा जाति व्यवस्था में सामाजिक गतिशीलता को अच्छी तरह परिभाषित करता है?

A. जाति व्यवस्था में गतिशीलता संभव नहीं है
B. धन संग्रह करके और प्रतिष्ठा प्राप्ति के पश्चात एक व्यक्ति के लिए जाति परिवर्तन करना संभव है।
C. जाति समूहों के लिए जाति पद सोपानक्रम में उदग्र गतिशीलता संभव है।
D. स्त्रियां सदैव उत्पीड़ित समूह में रहेंगी।

10. किसने कहा था कि जाति एक विस्तृत स्वजन समूह है?

A. इरावती कर्वे B. जी.एस. घुरिए
C. एच. रिजले D. जे.एच. हट्टन

11. 'प्रबल जाति अथवा प्रभु जाति' के बारे में निम्नलिखित में से कौन सा कथन सत्य है?

1. एम.एन. श्रीनिवास ने मैसूर के गांव के अपने अध्ययन में प्रभु जाति की अवधारणा का पहली बार उल्लेख किया।
2. भूमि का स्वामित्व, संख्या की अधिकता तथा राजनीतिक पैबंद जाति की एक समुदाय में प्रभुता स्थापित करने में मदद करते हैं।
3. प्रबल जाति एक क्षेत्र विशेष में सदैव एक उच्च अनुष्ठानिक प्रस्थिति प्राप्त करती है।
4. प्रबल जाति एक क्षेत्र विशेष की एक अन्य निम्न जातियों

के लिए सदैव एक संदर्भ समूह के रूप में हो सकती है।

A. 1 और 2 B. 1, 2 और 3

C. 1, 2 और 4 D. 3 और 4

12. नीचे दो वक्तव्य दिए गए हैं जिनमें से एक को कथन (A) तथा दूसरे को कथन (R) कहा गया है:

कथन (A) : वर्तमान समय में सार्वजनिक जीवन में जाति संबंधी भेदभाव नहीं बरते जाते हैं।

कथन (R) : स्पृश्य जातियों ने जातिगत भेदभाव बरतना बंद कर दिया है।

उपर्युक्त दोनों वक्तव्यों के संदर्भ में निम्नलिखित में से कौन सा वक्तव्य सही है?

A. A तथा R दोनों सही है तथा R, A की सही व्याख्या है।

B. A तथा R दोनों सही है किंतु R, A की सही व्याख्या नहीं है।

C. A सही है किंतु R गलत है

D. A गलत है किंतु R सही है

13. **कथन (A) :** ग्रामीण भारत का सामाजिक राजनीतिक प्राधान्य अधिक युदुत्मु तथा अधिक जनसंख्या वाली लेकिन अनुष्ठानिक दृष्टि से नीची जातियों के हाथ में चला गया है।

कथन (R) : ग्रामीण भारत में भूमि सुधार लागू होने के फलस्वरूप जातिगत प्राधान्य में परिवर्तन संभव हुआ है।

ऊपर के दोनों वक्तव्यों में से निम्नलिखित में से कौन सा वक्तव्य सही है?

A. A तथा R दोनों सही है तथा R, A की सही व्याख्या है।

B. A तथा R दोनों सही है किंतु R, A की सही व्याख्या नहीं है।

C. A सही है किंतु R गलत है

D. A गलत है किंतु R सही है

14. छिटपुट ग्रामीण बस्तियां निम्नलिखित में से किस राज्य में पाई जाती हैं?

A. आंध्र प्रदेश B. कर्नाटक

C. केरल D. तमिलनाडु

15. **एडवाईस** ने बिना ग्राम्य केंद्र वाले एक ग्रामीण समुदाय का उल्लेख किया है इस रूप में—

A. लाइन गांव B. ओपन कंट्री समुदाय

C. डाउन कंट्री समुदाय D. क्लोज़्ड समुदाय

16. निम्नलिखित में से नगरीय समुदाय की विशेषताएं कौन सी हैं?

A. वृद्ध आकार

B. स्वयंसेवी संस्थाओं की अधिकता

C. अज्ञानता

D. सम्मति का संकेंद्रण

17. जिस स्थान की दो तिहाई जरसंख्या कृषि कार्य करती है तथा एक तिहाई जनसंख्या द्वैतीयक व्यवसायों में लगी होती है, उसे कहा जाता है?

A. कस्बा B. नगर

C. ग्रामीण कस्बा D. ग्रामीण बाजार

18. निम्नलिखित में से किन प्रक्रियाओं के साथ नगरीय विकास आवश्यक रूप से संबंध है?

1. ग्रामीण क्षेत्रों में अधिवेशन खाद्य उत्पादन
2. ग्रामीण क्षेत्रों में अधिवेशन जनसंख्या
3. अधिशेष अकृष्य भूमि

A. 1, 2 और 3 B. 1 और 2

C. 2 और 3 D. 1 और 3

19. निम्नलिखित को सुमेलित कीजिए

(क) नगर रूप (1) आस्कर लेविस

(ख) लोक नागरिक सातत्य (2) एल बर्थ

(ग) लघु परंपरा तथा वृद्ध परंपरा (3) राबर्ट रेडफ़ील्ड

(घ) गरीबी की संस्कृति (4) मिल्टन सिंगर

	(क)	(ख)	(ग)	(घ)
A.	4	3	2	1
B.	2	3	4	1
C.	3	1	4	2
D.	2	4	1	3

20. निम्नलिखित में से कौन वर्ण है?

A. यादव B. शर्मा

C. क्षत्रिय D. साहू

21. ग्रामीण समुदाय को नगरीय समुदाय से भिन्न करने के लिए निम्नलिखित में से कौन सा आचार सही है?

A. वर्ग पृथककरण

B. जाति पृथककरण

C. श्रम विभाजन

D. सामाजिक संबंधों के प्रकार

22. जनजातीय समाज एक असाक्षर समाज होता है जिसकी प्रमुख विशेषता है—

A. जजमानी व्यवस्था B. सरल यांत्रिकी

C. सांस्कृतिक विविधता D. छोटी जनसंख्या

23. ग्रामीण समाज का आर्थिक जीवन आधारित होता है—

A. सत्ता संबंध पर

B. उत्साह
C. जनसंख्या की विविधता पर
D. प्रकार्यात्मक श्रम विभाजन पर

24. निम्नलिखित में से कौन सी देन हेगेल की है ?
A. धार्मिक तात्विक प्रत्यक्ष
B. ग्रामीण नगरीय औद्योगिक
C. नगरीय औद्योगिक उद्योगोत्तर
D. वाद प्रतिवाद संवाद

25. सरल समाजों में कृषि है—
A. विकास का प्रथम सोपान
B. विकास का द्वितीय सोपान
C. विकास का तृतीय सोपान
D. विकास का चतुर्थ सोपान

26. कृषि समाजों तथा जनजातीय समाजों की सामाजिक संरचना की तुलना प्राय: निम्नलिखित में से दो के आधार पर की गई है—
A. जनसंख्या आकार B. भौगोलिक पृथककरण
C. स्तरीकरण D. नातेदारी व्यवस्था

27. नीचे के वक्तव्यों के संदर्भ में कौन सही तथा कौन गलत कथन है ?
कथन (A): भारतीय कृषि समुदाय काफी स्तरबद्ध हैं।
कथन (R): स्तरीकरण व्यवस्था और कार्य विभाजन के बीच एक रहता है।
A. A तथा R दोनों सही है तथा R, A की सही व्याख्या है।
B. A तथा R दोनों सही है किंतु R, A की सही व्याख्या नहीं है।
C. A सही है किंतु R गलत है
D. A गलत है किंतु R सही है

28. भारत में उसे किसान के रूप में पहचाना जाता है जो—
A. भूमि का स्वामी है तथा मज़दूरों की सहायता से खेती करता है
B. भूमि का स्वामी है तथा पारिवारिक मज़दूरों की सहायता से खेती करता है
C. खेती के पारंपरिक तरीके अपनाता है
D. भाग्यवादी दृष्टिकोण रखता है

29. मार्क्स के अनुसार कृषक वर्ग क्रांतिकारी वर्ग नहीं हो सकता क्योंकि—
A. वह संपत्ति का स्वामी है
B. वह गरीब है
C. वह भौगोलिक दृष्टि से बिखरा है
D. उसका दृष्टिकोण पारंपरिक है

30. जब देशी प्रथाएं, देवी देवता तथा अनुष्ठान एक स्थानीय ग्रामीण परिवेश से बड़े सामाजिक स्तर तक फैलते हैं तो परिवर्तन की इस प्रक्रिया को मैकिम मेरियर ने कहा है—
A. संकीर्णतावाद B. संस्कृतिकरण
C. वितरण D. सार्विकरण

31. शिकागो का उदाहरण देते हुए अर्नेस्ट बर्गेस ने वृद्धि प्रतिमान का इस अर्थ में उल्लेख किया है—
A. क्षेत्रक मॉडल B. बहुकेंद्रक मॉडल
C. संकेंद्री क्षेत्र मॉडल D. एकल केंद्रक मॉडल

32. किसी समाज में एक वर्ग का सर्वाधिक मूलभूत विभाजन मिलता है—
A. धनी और निर्धन के बीच
B. जनसाधारण तथा शासकों के बीच
C. कृषक तथा उद्योगपति के बीच
D. ईश्वरवादी तथा अनीश्वरवादी के बीच

33. जाति और वर्ग में मुख्य भेद है—
A. जाति वर्गहीन समाज में परिचालित होती है तथा वर्ग जाति विहीन समाज में परिचालित होता है।
B. जाति सदैव संवृत होती है जबकि वर्ग सदैव विवृत होता है
C. जाति के मामले में व्यक्ति की प्रस्थिति आरोपित होती है जबकि वर्ग में अर्जित होती है।
D. जाति के मामले में व्यक्ति को सर्वाधिक हानि उठानी पड़ती है जबकि वर्ग में ऐसा नहीं होता।

34. निम्नलिखित को सुमेलित कीजिए—
(क) कदार (1) भ्रात्रीय बहुपति विवाह
(ख) कोरणा (2) कुला
(ग) होडा (3) वर्ग चेतना
(घ) ट्रोबियंड (4) मंगोलाभ विशेषक
(5) नोगोसय विशेषक

	(क)	(ख)	(ग)	(घ)
A.	5	3	2	4
B.	5	4	1	2
C.	3	2	4	1
D.	4	3	2	1

35. प्रकार्यात्मक स्तरीकरण के रूप में ईधन संगठन किनमें प्रचलित है ?
A. जातियों में B. वर्गों में

C. एथलाक्स में D. जनजातियों में

36. समुदाय का वर्गीकरण आदिम, पूर्व औद्योगिक और महानगरीय समुदाय के रूप में किसने किया ?

A. सी.एच. कूले B. किंग्सले डेविस

C. बोगार्डस D. कर्टिस और कोलमैन

37. जन्म के आधार पर प्राप्त प्रस्थिति को क्या कहते हैं ?

A. अर्जित B. प्रदत्त

C. उत्पन्न की हुई D. स्वघोषित

38. रेडफील्ड और सिंगर के विचार में प्राथमिक नगरीकरण की प्रक्रिया को किसके विकास में विशेषीकृत किया जाता है ?

A. लोक परंपरा B. अभिजात परंपरा

C. वृहद परंपरा D. लघु परंपरा

39. निम्नलिखित को सुमेलित कीजिए—

(क) भूमि (1) लाभ

(ख) श्रम (2) ब्याज

(ग) पूंजी (3) मज़दूरी

(घ) संगठन (4) लगान

	(क)	(ख)	(ग)	(घ)
A.	3	4	1	2
B.	4	2	3	1
C.	3	1	2	4
D.	4	3	2	1

40. डैनियल लर्नर ने गैर आर्थिक चरों और किसके बीच सख्त अंत:संबंध नापा है ?

A. नगरीकरण B. औद्योगीकरण

C. ग्राम नगरीकरण D. पाचियीकरण

41. निम्नलिखित को सुमेलित कीजीए—

(क) हेनरी मेन (1) युयुत्मु-औद्योगिक

(ख) एल.एच. मार्गन (2) लोक-नागरिक

(ग) हर्बर्ट स्पेंसर (3) प्रास्थिति संविदा

(घ) रॉबर्ट रेडफील्ड (4) धर्म रूढ़-धर्म निरपेक्ष

(5) गैमिनशाक्ट, गेजिल शाक्ट

	(क)	(ख)	(ग)	(घ)
A.	1	2	3	5
B.	2	3	4	1
C.	3	4	1	2
D.	4	1	2	5

42. निम्नलिखित में से किस एक के कारण नदी घाटी सभ्यता के काल में नगरों की संवृद्धि हुई ?

A. हस्तशिल्प संवृद्धि B. जनसंख्या वृद्धि

C. कृषि अधिशेष D. धातुकार्य कला

दिए गए अवतरण को पढ़िए तथा समझकर आगे दिए गए प्रश्न 43-46 के उत्तर दीजिये।

मध्यम-वर्ग अभी भी राजनैतिक रूप से सक्रिय है और न केवल सत्ताधारी पार्टी में नेतृत्व प्रदान करते हैं परन्तु दक्षिणपंथी पार्टियों में और वाम पक्षवादी विचारधारा के विभिन्न स्तरों में भी नेतृत्व प्रदान करता है। कुछ भी हो, कुल मिलाकर, मध्यम वर्ग ने यह सोच कर अपने को शान्त कर लिया है कि स्वतंत्रता प्राप्ति के साथ उसके विभिन्न सामाजिक, आर्थिक और राजनैतिक लक्ष्यों को प्राप्त कर लिया गया है और जो कुछ करना बाकी है वह सामान्य वैधानिक प्रक्रियाओं के जरिये किया जा सकता है। उदारतावाद, जो विकासशील देशों में भी मध्यम वर्गों की विचारधारा बनी हुई है, प्राप्तियों के झूठे बोध द्वारा कुण्ठित हो गई है। जब कि, उदारतावाद के राजनैतिक उद्देश्य की प्राप्ति हो गई है, यद्यपि औपचारिक अर्थ में, उसके आर्थिक उद्देश्य, जैसा कि कल्याणकारी राज्य की अवधारणा में, या प्रजातान्त्रिक समाजवादी राज्य की नव-उदारता अवधारणा में प्रतिबिम्बित होते हैं, प्राप्त होने से अभी दूर है। अब यह स्पष्ट हो गया है कि, वैधानिक प्रक्रिया अपने आप, प्राथमिक रूप से अनपढ़ और राजनैतिक रूप से अंन-जागरूक समाज में उद्देश्यों को नहीं प्राप्त कर सकती हैं। विधान के लाभ उन समूहों को मुड़ जाते हैं जिनके लिये अभिप्रेत नहीं होते थे। अतः मध्यम-वर्ग के लिये अभी भी अधूरा कार्य पड़ा है, वह यह सुनिश्चित करने के लिये कि प्रजातान्त्रिक राज्य व्यवस्था की अभिक्रियाएं, शिक्षा, संगठन और प्रजातान्त्रिक सामाजिक क्रिया के जरिये निर्धनों के हितों के लिये कार्य करने के वास्ते समर्थित, मार्गदर्शित और उस ओर लगी, निष्पादन करने में उदार है। इस कार्य में, नम्र आचार के सुधारक, वैरागी स्वःत्यागी कार्मिक और आक्रमणशील उग्रवादी संयोजक, सभी का कुछ न कुछ योगदान है।

कुछ विद्वानों का मानना है कि मध्यम वर्ग, जिसने अपने को उद्योगपतियों, व्यापारी और बड़े किसानों के साथ जोड़ लिया है, से यह अपेक्षा मुकिल से ही की जा सकती है कि वह उन गतिविधियों को प्रौन्नत करेगा या उनमें भागीदारी करेगा जिन पर उसके मालिक त्यौरी चढ़ा सकता है। इस कथन में कुछ सच्चाई है। फिर भी यह वही मध्यम वर्ग है, जहां से वामपंथी व क्रान्तिकारी पार्टियां संगठनात्मक कार्य करने के लिये नये रंगरूटों को ढूंढती है। अर्द्ध-विकसित देशों में, अक्सर और कोई वर्ग नहीं होता है जो किसी प्रकार के परिवर्तन, चाहे सुधारवादी या क्रान्तिकारी रूप

का, के लिये उत्प्रेरक प्रदान कर सके। कभी-कभी मध्यम वर्ग के कुछ व्यथित और असन्तुष्ट व्यक्ति निर्धनों के कष्ट को अपने लिये सुविधा बना सकते हैं और अपनी खुद के सामाजिक या व्यक्तिगत उद्देश्यों को प्राप्त करने के लिये उनके उद्देश्य को इस्तेमाल कर सकते हैं। दूसरे समय पर, ऐसा हो सकता है कि कुछ सामाजिक रूप से जागरूक व्यक्ति जिन्होंने दूसरों की अपेक्षा अपनी संस्कृति के परोपकारी मूल्यों को ज्यादा गम्भीरता से लिया है, इन मूल्यों के घोर उल्लंघन पर विरोध जताने के लिये शक्तिशाली रूप से उत्साहित महसूस करते हैं। ऐसा भी हो सकता है कि एक वर्ग के रूप में मध्यम वर्ग, निर्धनों के आर्थिक और सामाजिक अभावों में किसी अन्य वर्ग की तुलना में ज्यादा हिस्सेदार होता है और श्रमिक वर्ग और निर्धन के हितों के समर्थन में अपने हितों के संतुष्ट होने का अवसर देखते हैं। जो कुछ भी कारण हो, इतिहास ने बार-बार दर्शाया है कि, मध्यम वर्गों ने सामाजिक परिवर्तन के आन्दोलन प्रारम्भ करने में महत्वपूर्ण भूमिका अदा की है—कम से कम तब तक जब तक कि सुविधा से वंचित समूहों ने अपनी खुद की लड़ाई लड़ने के लिये साहस और ताकत को संगठित न कर लिया हो।

43. इनमें से किस दल का नेतृत्व मध्यम वर्ग करता है—

A. सत्ताधारी दल B. दक्षिण पंथी
C. वाम पंथी D. उपर्युक्त सभी

44. विकासशील देशों में मध्यम वर्ग द्वारा वैधानिक प्रक्रिया द्वारा इनमें से कौन-सा प्राप्त नहीं किया जा सकता?

A. राजनीतिक लक्ष्य B. आर्थिक लक्ष्य
C. शैक्षणिक लक्ष्य D. उपर्युक्त सभी

45. ऐतिहासिक दृष्टि से सामाजिक परिवर्तन की प्रक्रिया को सूत्रपात करने में किस वर्ग की महत्वपूर्ण भूमिका होती है?

A. मध्यम वर्ग B. निम्न वर्ग
C. उच्च वर्ग D. इनमें से कोई नहीं

46. मध्यम वर्ग के लोगों को, निर्धन वर्ग के लोगों के हितों के लिए अधूरा कार्य पूरा करने के लिए किन लोगों को प्रेरित एवं संगठित करना होगा?

A. नरम मार्ग सुधारक
B. साधु-आत्म-त्यागी श्रमिक
C. उग्रवादी व्यवस्थापक
D. उपर्युक्त सभी

47. **सूची-I** को **सूची-II** से जोड़े और निम्नांकित कूट के अनुसार सही उत्तर दें—

सूची-I	*सूची-II*
(a) सी.एच. कूले	1. अभिनय शास्त्र
(b) जी.एच. मीड	2. प्रतीकात्मक अन्तःक्रियावाद
(c) एच. ब्लूमर	3. मन, स्व और समाज
(d) ई. गाफमैन	4. मानव प्रकृति और सामाजिक व्यवस्था
	5. लोक-पद्धति विज्ञान

कूटः

	(a)	*(b)*	*(c)*	*(d)*
A.	1	2	5	3
B.	2	4	1	5
C	4	3	2	1
D.	2	4	1	3

उत्तरमाला

1	**2**	**3**	**4**	**5**	**6**	**7**	**8**	**9**	**10**
C	A	A	A	A	B	D	C	A	A
11	**12**	**13**	**14**	**15**	**16**	**17**	**18**	**19**	**20**
B	C	A	C	B	C	C	B	B	C
21	**22**	**23**	**24**	**25**	**26**	**27**	**28**	**29**	**30**
C	B	A	D	D	B	A	B	D	D
31	**32**	**33**	**34**	**35**	**36**	**37**	**38**	**39**	**40**
C	A	C	B	A	B	B	A	D	D
41	**42**	**43**	**44**	**45**	**46**	**47**			
B	C	D	C	A	B	C			

अध्याय 28

उद्योग और समाज

(Industry and Society)

औद्योगिक संबंध

औद्योगिक संबंधों की अवधारणा का अर्थ बहुत व्यापक है ''औद्योगिक संबंधों'' का शाब्दिक अर्थ है ऐसे संबंध जो श्रमिकों तथा प्रबंधकों के बीच रोजमर्रा के काम काज तथा साथ रहने से विकसित होते हैं। किन्तु इसके व्यापक अर्थों में ''किसी उद्योग को चलाने में मालिक और कर्मचारी के बीच संबंध'' शामिल है।

और व्यापक अर्थ में इस शब्दावली पर विचार किया जाए तो ये है ''ऐतिहासिक, आर्थिक, सामाजिक, मानसिक, तकनीकी, व्यावसायिक, राजनीतिक एवं कानूनी चरों पर आधारित कामकाज संबंधी परस्पर निर्भरता।''

1938 में औद्योगिक असंतोष पर काबू पाने के उद्देश्य से मुंबई सरकार ने मुंबई औद्योगिक संबंध कानून लागू किया। तब पहली बार विवाद निपटाने के लिए औद्योगिक अदालत नाम से एक अलग तंत्र की स्थापना की गई। इसके स्थान पर मुंबई औद्योगिक संबंध कानून, 1946 बनाया गया जिसे 1948,1949,1953 तथा 1956 में संशोधित किया गया।

स्वतंत्रता के पश्चात औद्योगिक संबंधों के क्षेत्र में उठाए गए महत्वपूर्ण कदमों में से एक था औद्योगिक विवाद कानून, 1947 इस कानून में न केवल औद्योगिक विवाद निपटाने के लिए स्थायी तंत्र की स्थापना करने का प्रावधान था बल्कि उसके फैसलों को अनिवार्य तथा कानूनी रूप से लागू करने योग्य बना दिया गया।

इसके बाद अनेक राजनीतिक एवं अंतर्राष्ट्रीय घटनाओं ने भी औद्योगिक संबंधों की प्रक्रिया को प्रभावित किया। 1962 से 1971 तक भारत को तीन युद्ध एक चीन के साथ और दो पाकिस्तान के साथ लड़ने पड़े। इसके अलावा, आर्थिक स्थिति भी खराब हुई। कीमतों में काफी वृद्धि हो गई। 1966 में सरकार ने श्रमिक समस्याओं का अध्ययन करने तथा सिफारिशें देने के लिए राष्ट्रीय श्रम आयोग का गठन किया। इसने अपनी रिपोर्ट 1969 में प्रस्तुत की।

राष्ट्रीय श्रम आयोग की कुछ महत्वपूर्ण सिफारिशों पर 1970 में भारतीय श्रम सम्मेलन एवं स्थायी श्रम समिति ने गहराई से विचार किया तथा कई नीतिगत निर्णय किए गए। इनमें से कुछ सिफारिशें श्रमिकों के हितों के बारे में बातचीत करने के लिए किसी एक मजदूर संगठन को उसकी सदस्य संख्या के आधार पर प्रतिनिधि एजेंट के रूप में मान्यता देने तथा वर्तमान अदालतों के स्थान पर राज्यों और केन्द्र में औद्योगिक संबंध आयामों की स्थापना के बारे में थी। किंतु इन सिफारिशों पर आज तक अमल नहीं हो पाया यद्यपि इनमें से कुछ पर कार्यान्वयन की प्रक्रिया विभिन्न चरणों में है।

1970 के दशक के प्रारंभिक वर्षों में व्यापक श्रमिक असंतोष रहा तथा पहले से कहीं अधिक कार्य दिवसों की क्षति हुई। जून 1975 में आपात स्थिति की घोषणा के बाद सरकार के 20 सूत्री कार्यक्रम की व्यवस्थाओं के अनुरूप त्रि-पक्षीय भारतीय श्रम सम्मेलन के स्थान पर राष्ट्रीय शीर्ष संस्था (National Apex Body) की स्थापना की गई। राष्ट्रीय शीर्ष संस्था तथा कुछ राज्य स्तर की शीर्ष संस्थाएं द्विपक्षीय थी। परंतु ये संस्थाएं अधिक समय तक काम नहीं कर पाई और जनता सरकार बनने पर मई 1977 में इन्हें भंग करके फिर से भारतीय श्रम सम्मेलन की रचना की गई। आपात स्थिति के दौरान औद्योगिक तथा सामान्य वातावरण में अनुशासन काफी कड़ा कर दिया गया। किंतु राजनीतिक नेतृत्व में परिवर्तन होने पर बातचीत और समझौते का दौर फिर शुरू हुआ और मजदूर संघ की गतिविधियां फिर से चलने लगी। जनता सरकार ने औद्योगिक संबंधों की प्रक्रियाओं पर विचार करने के लिए अनेक समितियां बनाईं। उदाहरण के लिए श्रमिकों की भागीदारी तथा औद्योगिक संबंध विधेयक 1978 का मसौदा तैयार करने के लिए एक त्रि-पक्षीय समिति का गठन किया गया। इस विधेयक में औद्योगिक संबंधों की कुछ समस्याओं को हल करने का प्रावधान था। इस समय संयंत्र स्तर पर औद्योगिक संबंधों के बारे में काफी कायदे कानून बन चुके हैं। कई प्रकार के कानूनों का पालन करना जरूरी हो गया है और इसलिए भारतीय औद्योगिक संबंध काफी

हद तक कानूनों द्वारा संचालित होते हैं। इनमें से कई कानून सरकार की समाजवादी सोच के अनुरूप है। दूसरी ओर प्रबंधकों तथा मजदूर संगठनों के प्रयासों के साथ-साथ कई मामलों में सरकार ने भी द्विपक्षीय सामूहिक सौदेबाजी की स्थिति को बढ़ावा देने के प्रयत्न किए। ऐसी कई कंपनियों के उदाहरण हैं। जहां बहुत अच्छे द्विपक्षीय संबंध बने हुए हैं।

1970 के दशक के अंतिम वर्षों तक 1980 के दशक के प्रारंभिक वर्षों में औद्योगिक संबंधों में तनाव का दौर रहा। इस स्थिति से निपटने के लिए 26 जुलाई 1981 को सरकार ने हड़तालों पर पाबंदी लगाने का अध्यादेश जारी किया। आवश्यक सेवा अधिनियम नाम का नया कानून भी बनाया गया। इससे सरकार को औद्योगिक संबंधों में हस्तक्षेप करने के व्यापक अधिकार मिल गए हैं। किंतु इस कानून से मजदूर संगठन बहुत उत्तेजित हो गए हैं।

आवश्यक सेवा अधिनियम के अंतर्गत सरकार के यह अधिकार है कि वह जब औद्योगिक गतिविधियों को आवश्यक सेवाएं समझें उनमें हड़तालों और तालाबंदियों पर प्रतिबंध लगा सकती है। इसमें सरकार को यह भी अधिकार है कि वह आवश्यक सेवा अधिनियम के अंतर्गत गैर कानूनी समझी जाने वाली हड़ताल में भाग लेने अथवा उसे भड़काने वाले व्यक्ति को दण्ड दे सकती है। किंतु यह कानून औद्योगिक लोकतंत्र की आवश्यकताओं के अनुरूप नहीं है जिसमें कामगारों की उचित मांगों पर ध्यान दिया जाता है और उन्हें उत्पादन प्रणाली में अपनी पूरी क्षमता के साथ शामिल होने का अवसर दिया जाता है।

भारत में मजदूर संघ की गतिविधियां

भारतीय मजदूर संघ आंदोलन की एक मुख्य समस्या यह है कि यह विभाजन का शिकार है। विभिन्न राजनीतिक दलों से संबंध अनेक मजदूर संगठन इस क्षेत्र में कूद पड़े हैं। केवल एक ही क्षेत्र अथवा उद्योग में, बल्कि एक ही कारखाने अथवा प्रतिष्ठान में कांग्रेस की, कम्युनिस्टों की, समाजवादियों की और यहां तक कि भारतीय जनता पार्टी की यूनियन काम कर रही है।

मजदूर संगठनों की मान्यता के संबंध में कानूनी व्यवस्थाओं (मुंबई इंडस्ट्रियल रिलेशन्स एक्ट और महाराष्ट्र रेकग्निशन आफ ट्रेड युनियन एण्ड प्रिवेंशन आफ अनफेयर लेबर प्रैक्टिसिस एक्ट को छोड़कर) के न होने के कारण मजदूर संगठन विभाजित है और उनकी आपसी प्रतिद्वंद्विता बनी रहती है। और फिर भारतीय कानूनों के अंतर्गत यूनियनों को बहुत कम सदस्य संख्या होने पर भी आसानी से मान्यता देने की व्यवस्था के कारण इन संगठनों के बनने पर कोई रोक-टोक नहीं है।

इस बहु-श्रमिक संगठनों कि स्थिति से भारत में औद्योगिक शांति के लिए गंभीर खतरा पैदा हो गया है। इस समस्या से निपटने के लिए अपने प्रयासों के सिलसिलें में सरकार ने अनुशासन संहिता तैयार की है जिसमें यह प्रावधान है कि वही मजदूर संगठन मान्यता का दावा कर सकता है जिसकी सदस्यता उद्योग के कुल श्रमिकों के 25 प्रतिशत कामगारों ने ग्रहण कर ली हो। परंतु विवाद इस बात को लेकर है कि प्रतिद्वंद्वी यूनियनों की सदस्य संख्या परख कैसे की जाए। इसके लिए गुप्त मतदान कराया जाए या सदस्यता की जांच का तरीका अपनाया जाए। इस समस्या का एक हल यह हो सकता है कि सबसे अधिक सदस्य संख्या वाली यूनियन को मान्यता दी जाए। राष्ट्रीय श्रम आयोग ने भी एक प्रतिनिधि मजदूर संघ का कानूनी मान्यता देने के बारे में कुछ सिफरिशें की है। किंतु उन्हें अभी तक कार्यान्वित नहीं किया गया है। इस दिशा में एक ही राज्य महाराष्ट्र ने कुछ प्रगति की है। 1971 में वहां अनुचित श्रम प्रक्रियाओं की रोकथाम और मजदूर संगठनों की अनिवार्य मान्यता का कानून बनाया गया। मुंबई औद्योगिक संबंध अधिनियम में भी जो सीमित आधार पर लागू किया जा सकता है संबंधित अधिकारियों को किसी संयंत्र। उद्योग में एक प्रतिनिधि मजदूर संगठन को मान्यता देने का अधिकार प्रदान किया गया है। 1978 के औद्योगिक संबंध बिल में एक संयत्र में बातचीत आदि के लिए एकमात्र एजेंट की व्यवस्था करने का प्रावधान था।

श्रम के बदलते परिदृश्य

आधुनिक औद्योगिक पूंजीवाद या कारखाने की व्यवस्था के उद्भव के साथ ही मजदूरों के एक ऐसे वर्ग का भी उदय होता है जो उत्पादन के सभी साधनों से विहीन होता है। इसका अर्थ है कि उसके पास निर्वाह के कोई साधन नहीं होते। इन मजदूरों को जिंदा रहने के लिए अपनी श्रम शक्ति बेचनी पड़ती है। दूसरे शब्दों में उन्हें कारखाने-दारों के यहां काम करने को मजबूर होना पड़ता है। वे कौन सी जगह और किस वस्तु या सेवा के उत्पादन में अपने को लगाए यह तय करने की उन्हें पूरी आजादी होती है।

19 वीं सदी के उत्तरार्ध में जब भारत में आधुनिक कारखाना उत्पादन ने जन्म लिया तब एक औद्योगिक श्रमिक शक्ति का उदय किसानों, दस्तकारों और हस्तशिल्पियों के परीद्रीकरण के परिणाम स्वरूप हुआ। बार-बार अकाल पड़ने से इन लोगों की हालत खराब होती गई और वे कस्बों और नगरों में जहां कारखाने लग रहे थे, वे वहां उन्हें रोजगार के अवसर पाने की उम्मीद थी। रेल मार्गों और सड़कों के विकास ने उनकी गतिशीलता बढ़ा दी। ऐसा नहीं लगता कि संयुक्त परिवार, जाति और ग्रामव्यवस्था श्रम की गतिशीलता के रास्ते में आड़े आई, हालांकि औद्योगिकरण ने सामाजिक बंधनों को शायद ढीला किया।

आकार और स्वरूप

कुल श्रमजीवी जनसंख्या में विनिर्माण का अनुपात 1901 के 10.63 प्रतिशत से घटकर 1951 में 9.09 प्रतिशत पर आ गया। यदि हम पूरे औद्योगिक क्षेत्र का अनुपात देखें तो वह 1901 में 11.68% था जो घट कर 1951 में 10.57% पर आ गया। इसका कतई यह अर्थ नहीं है कि भारत में औद्योगिकरण नहीं हुआ। हुआ यह है कि नव-संस्थापित कारखानों में रोजगार के अवसर तो पैदा हुए परंतु दूसरी ओर परंपरागत हस्त शिल्प क्षेत्र में रोजगार के अवसर घटे। नव-संस्थापित औद्योगिक इकाइयों में रोजगार के अवसर इतने नहीं बढ़े कि अन्यत्र हुई गिरावट की भरपाई हो सके।

श्रमजीवी जनसंख्या में विनिर्माण क्षेत्र अथवा औद्योगिक क्षेत्र का अनुपात कोई खास बड़ा नहीं था। 'आधुनिक कारखाने की गतिविधि की एक सदी की संवृद्धि के बाद भी पंजीकृत कारखानों में औसत दैनिक रोजगार' 1900-01और 1946-47 के बीच 5,39,000 से 26,54,000 होने यानी पांच गुना बढ़ने के बावजूद वर्ष 1946-47 में भारतीय श्रमिक 2% से भी कम रहा।

रोजगार के अवसरों की दृष्टि से विनिर्माण उद्योगों में सूती कपड़े का स्थान पहला और जूट का दूसरा रहा। 1923-24 तक ये दोनों विनिर्माण उद्योगों में सूती कपड़े का स्थान पहला और जूट का दूसरा रहा। 1923-24 तक ये दोनों विनिर्माण क्षेत्र के 50% से अधिक रोजगार के अवसर उपलब्ध कराने के लिए जिम्मेदार थे। कई अन्य उद्योगों के उदय के बाद भी उनका हिस्सा 30% से अधिक ही रहा।

एक अन्य महत्वपूर्ण बात यह है कि 1892 और 1946 के बीच कारखाना क्षेत्र में उपलब्ध रोजगार के कुछ अवसरों में पुरुषों का हिस्सा न केवल 78% था बल्कि वह बढ़ रहा था। आजादी के समय वह 87% से अधिक रहा। दूसरे शब्दों में औरतों और बच्चों को कोई विशेष बड़े पैमाने पर काम में नहीं लगाया गया था। उनका कुल हिस्सा कभी 22% से अधिक नहीं रहा। बच्चों का हिस्सा 1892 और 1913 के बीच 6% था जो 1928 में 3.4% पर आ गया। आजादी मिलने के समय यह अनुपात मात्र 0.4% पा आ गया था। 1931 से रात्रि पाली लागू करने तथा 7 बजे शाम के बाद महिलाओं के काम करने पर पाबंदी लगाने के कारण हुई होगी। महिलाओं को मुख्यातया कुंडलन और चरखी विभागों में रोजगार मिलते थे: उन्हें सफाई कर्मचारियों का रूप में भी नियुक्त किया जाता था। चरखी पर लपेटने वालों की आवश्यकता तब कम हो गई जब मिलों ने अपने धागे का इस्तेमाल कपड़े के उत्पादन में करना शुरू किया।

दो अन्य कारण भी थे जिनसे मिल मालिकों ने महिलाओं को काम पर लगाना बंद कर दिया। पहले महिलाएं घर का काम काज भी करती थी इसलिए वे समयानुसार काम पर नहीं जा पाती थी। महिलाएं पुरुषों की अपेक्षा अधिक गैरहाजिर होती थी। दूसरा उनकी शादी बहुत जल्द हो जाती थी जिससे वे काम छोड़ देती थी।

औद्योगिक इकाइयों में सारे देश से मजदूर आते थे परंतु बहुसंख्यक मजदूर पड़ोसी इलाकों के होते थे। उदाहरण के लिए मुंबई की सूती मिलों में सबसे अधिक मजदूर महाराष्ट्र के थे यद्यपि यू.पी. के मजदूरों की संख्या भी काफी बड़ी थी। सूती कपड़ा मिलों के कुल मजदूरों की संख्या में महाराष्ट्र के मजदूरों का अनुपात 1911में 3.05% थे जो 1931 में 11.82% पर पहुँच गया। बंगाल के औद्योगिक केन्द्रों में बंगाल के बाद अधिकतर मजदूर बिहार, उड़ीसा और उत्तर प्रदेश से आते थे।

दक्ष मजदूर

देश में अकुशल मजदूरों का कभी अभाव नहीं रहा किंतु दक्ष मजदूरों की हमेशा कमी रही। 1885 के फैक्ट्री कमीशन ने मजदूरों के प्रशिक्षण की आवश्यकता को रेखांकित किया परंतु इस दिशा में कोई ठोस कदम नहीं उठाए गए। चूंकि दक्ष मजदूरों की भारी कमी रही इसलिए उन्हें तरह-तरह के लालच देकर अपनी और आकर्षित करने के लिए उद्योगपतियों ने जोरदार कोशिशें कीं। वे एक दूसरे के दक्ष और अप्रशिक्षित श्रमिकों को प्रलोभनों द्वारा फोड़ने के प्रयास करते देखे गये। अनेक वर्षों तक मुंबई की सूती मिलों और टिस्कों में यूरोपीय तकनीकी विशेषज्ञों और प्रबंधकों से काम लिया जाता रहा। नेता सूती मिलों और न ही सरकार ने इस और कोई ध्यान दिया। सरकार तकनीकी शिक्षा के प्रसार की दिशा में कोई विशेष कदम नहीं उठाए।

19 वीं सदी के उत्तरार्ध में देश में केवल तीन ही इंजीनियरिंग कालेज (रुढ़की, शिवपुर और पूना में) थे। अन्य कालेजों की स्थापना 20 वीं सदी के दौरान हुई। जैसा कि हम पहले कह चुके हैं इंजीनियरी की केवल कुछ शाखाओं की ही शिक्षा दी जाती थी। टिस्कों को भी विदेशी तकनीकी कर्मियों पर निर्भर रहना पड़ा। टिस्कों में यूरोपीय और अमरीकी विशेषज्ञों और तकनीकी कर्मियों पर निर्भर रहना पड़ा। टिस्कों में यूरोपीय और अमरीकी विशेषज्ञों और तकनीकी कर्मियों की संख्या 400 थी। खुली भट्टी विभाग में केवल तीन भारतीय थे जबकि यूरोपीय लोग 40 थे। चूंकि विदेशी विशेषज्ञों और तकनीकी कर्मियों के वेतन और भत्ते काफी थे इसलिए टाटा ने 1921 में एक तकनीकी संस्थान और 1927 में एक अप्रेंटसशिप स्कूल की स्थपना की। इन दो संस्थानों के योगदान से ही टिस्कों अपने तकनीकी और देखरेख विभागों के उच्चतर स्तरों पर भारतीयों को ला पाई।

इनके अलावा जमालपुर रेलवे वर्कशाप ने दक्ष मजदूर तैयार करने में बड़ी भूमिका अदा की। इसकी स्थापना 1862 में हुई थी। 1929 तक अधिकतर रेलवे वर्कशापों ने अप्रेंटिसों को भर्ती करना शुरू कर दिया था। उस साल इन वर्कशापों में कार्यरत मजदूरों की संख्या 1,35,982 थी।

एक उल्लेखनीय बात यह है कि दस्तकारों की फौज को दक्ष श्रम के भंडार के रूप में देखा जा सकता है। मुंबई की सूती मिलों में उत्तर भारत और बंगाल के जुलाहें बड़ी संख्या में काम कर रहे थे। अहमदाबाद की मिलों के बुनाई विभागों में कार्यरत मजदूर अधिकांशतः पहले हथकरघा बुनकर थे : अहमदाबाद की मिलों की 65% श्रमिक शक्ति अहमदाबाद जिले या बड़ौदा की थी। बंगाल में दक्ष मजदूर जुलाहे, तांती, कुम्हार, लोहार, कैबर्त्त, चमार, मोची और शेख थे। यह मार्क की बात है जूट मिलों के दक्ष मजदूरों में जुलाहों और शेखों का अनुपात 41% था। लोहे के ढलाईखानों में दक्ष मजदूरों में 25% मुसलमान थे: इंजीनियरी कर्मशालाओं में कार्यरत श्रमिकों में मुसलमानों और चासी केवतों का बहुत बड़ा अनुपात था। बिहार के लोहा और इस्पात उद्योग में 21 प्रतिशत पक्ष-श्रमिक मुसलमान थे।

श्रम आवर्त और अनुपस्थिति-प्रवृत्ति

संगठित क्षेत्र में मजदूरों का बहुत दिनों तक एक ही इकाई में नहीं टिक पाने की बात और उनकी अनुपस्थिति प्रवृत्ति देखी गई। इसे अपने औद्योगिक रोजगार के प्रति वचनबद्धता के रूप में देखा गया। देश में कारखाना उद्योग के जन्म के 50 साल बाद भी पाया गया कि जूट मिलों में केवल 60% मजदूर ही एक साल से अधिक समय से काम पर रहे हैं। खानों और जूट और सूती मिलों के अधिकतर मजदूरों की जड़े गांवों में थी और जब भी खेती बड़ी में उनकी जरूरी होती ये अपनी औद्योगिक रोजगार छोड़ कर चले जाते थे। रायल कमीशन आन लेबर (1931) के अनुसार मुंबई की सूती मिलों में श्रम आवर्त का प्रतिशत काफी ऊंचा था : शहर के पड़ोसी जिलों से आने वाले मजदूर जिनके पास अपनी जमीन है अथवा उनके परिवार ने लगान पर जमीन ले रखी है,मानसून आरंभ होने के पहले हर साल गांव चले जाते है और बारिस खत्म होने के तुरंत बाद लौट आते हैं।

1920 के दशक में टिस्कों का अनुभव भी बहुत कुछ ऐसा ही रहा। 1922 में पाया गया कि केवल 17% मजदूरों ने ही लगातार $3\frac{1}{2}$ वर्षों से अधिक काम किया था। लगभग 76% को नियमित रूप से काम करते $2\frac{1}{2}$ वर्ष से कम हुए थे।

श्रम आवर्त (लेबर टर्न-ओवर) का असर अकुशल मजदूरों में दक्ष मजदूरों और शारीरिक श्रम करने वालों में दिमागी श्रम करने वालों की अपेक्षा अधिक था। ऐसा प्रतीत होता है कि आवर्त कारखाने की व्यवस्था के प्रति किसानों और दस्तकारों के अपने को अनुकूल बनाने के मार्ग में आने वाली कठिनाइयों के प्रतिबिंबित करता था आवर्त खानों और कारखानों में काम करने की स्थितियों से भी संबंध था।

मौरिस डी. मौरिस ने श्रम आवर्त से संबद्ध आंकड़ों की सत्यता पर संदेह प्रकट किया है। उनके अनुसार आंकड़े त्रुटिपूर्ण हैं क्योंकि उनमें मालिक द्वारा उकसाई गई जबरी छुट्टियां और बर्खास्तगियां भी शामिल हैं। यदि आंकड़ों में इस प्रकार का समायोजन किया जाए कि वे केवल कर्मचारियों की इच्छा को व्यक्त करें तो हम पायेंगे कि औसत आवर्त और अनुपस्थिति प्रवृति की दर बहुत निमन थी और पश्चिमी देशों के स्तर के समान ही थी। 1928,1929 और 1934 में हड़तालों का तांता लग गया और काफी संख्या में मजदूरों को काम पर से हटा दिया गया। इतना ही नहीं बल्कि जब भी महामारियां फैलती थी तब मजदूर अपने अपने गांव भाग जाते थे। यदि इन आंकड़ों को अलग कर दिया जाए तो अनुपस्थिति प्रवृति का असर कम हो जाएगा। 1940 के दशक में पाया गया कि मुंबई के 38.7% मजदूरों को अपने गांव गए एक साल से अधिक हो गया था। दूरदराज जगहों पर काम करने वाले मजदूरों के लिए थोड़े-थोड़े दिनों पर अपने गांव जाना संभव नहीं था। केवल महाराष्ट्र के पड़ोसी जिलों के मजदूर ही कृषि कार्यों के लिए अपने गांव जाते थे।

कालक्रम में श्रम आवर्त (लेबर टर्न-ओवर)कम हो गया। 1940 के दशक के दौरान 28% ऐसे मजदूर थे जिनको काम करते पांच और दस साल के बीच हो गए थे और 135% का सेवाकाल 10 वर्षों से ऊपर था। अनेक उद्योगों में स्थायी और अस्थायी, दोनों प्रकार के मजदूर रखे थे। ऐसा इसलिए था कि श्रम की मांग बढ़ती घटती रहती थी। उदाहरण के लिए चीनी उद्योग को लें, जहां अधिकतर मजदूर मौसमी होते थे। उन्हें गन्ना पेराई के मौसम में ही काम के लिए बुलाया जाता था। रेलवे और इस्पात के विपरीत सूती और जूट मिलों में बड़ी संख्या में दक्ष मजदूरों की आवश्यकता नहीं होती थी। इतना ही नहीं बल्कि अपेक्षित दक्षता काफी आसान किस्म की थी और उसे बिना किसी कठिनाई के हासिल किया जा सकता था। अतः रेलवे और इस्पात और इंजीनियरी के विपरीत वे अपने से जुड़े हुए मजदूरों की बहुत बड़ी संख्या नहीं बनाए रखते थे। चीनी मिलों में भी मौसमी मजदूरों को प्रतिधारण भुगतान की व्यवस्था स्वतंत्रता के बाद ही शुरू हुई। जूट,सूती चीनी

मिलें आदि अपनी आवश्यकताओं के अनुसार मजदूर स्थानीय बाजार से लेती थी और जब जरूरत कम हो जाती थी तब उन्हें निकाल देती थी। इस प्रकार उन्होंने अपने माल की मांग के अनुसार मजदूरों को काम पर रखने के सिलसिले में लचीलापन बनाए रखा था और वे अपनी श्रम लागत को भी कम से कम करने में सक्षम थे।

बदलते श्रम-प्रबंध संबंध

जहां कहीं भी स्थायी मजदूरों का अनुपात काफी बड़ा होता था। वहां कंपनी प्रबंधन श्रम की भर्ती और प्रशासन के लिए कार्मिक विभाग रखता था। जहां बड़ी संख्या में अस्थायी और अकुशल अथवा अर्ध दक्ष मजदूरों की जरूरत होती थी और अगर वे पड़ोसी जिलों और प्रांतों में उपलब्ध होते थे तो मालिक ऐसे मजदूरों के लिए भुगतान नहीं करना चाहता था जिनकी तत्काल आवश्यकता न हो। न ही वह मजदूरों की नियुक्ति, अनुशासन और बर्खास्तगी के लिए आंतरिक निर्णय करने की प्रणाली पर खर्च करना चाहता था। ऐसी स्थितियों में दो प्रकार की व्यवस्थाओं का उदय हुआ। जिन्होंने मालिक की प्रत्यक्ष जिम्मेदारी को कम किया। एक व्यवस्था ने श्रम ठेकेदार का इस्तेमाल किया तो दूसरी मकद्दम (जाबर) पर निर्भर रही।

ठेकेदार पर निर्भरता दो में से किसी एक तरह है। सकती थी। चाय बागानों जैसे कुछ कार्यों में ठेकेदार मजदूरी देता था जो मालिक के तहत उसके अनुशासन और देखरेख में कम करते थे। दूसरा तरीका यह था कि किसी कार्य विशेष के निष्पादन के लिए किसी ठेकेदार को जिम्मा दिया जाए जो मजदूरों को लाए और अपने निर्देशन में काम कराए। रायल कमीशन आन लेबर और लखनऊ विश्वविद्यालय के प्रोफेसर राधा कमल मुखर्जी दोनों के अनुसार सामान्य औद्योगिक कार्यों के निष्पादन के लिए बड़े पैमाने के उद्योग भी श्रम ठेकेदार पर निर्भर थे।

मुकद्दम का कार्य भिन्न था। वह आमतौर से ओवरसियर अथवा फोरमैन होता था जिसे अपनी इकाई में उत्पादन का एक खास स्तर बनाए रखना होता था। इसी दृष्टि से वह उचित किस्म के मजदूर पर्याप्त संख्या में लाता था जो उसके मातहत उसके अनुशासन में काम करते थे। मिल मालिक प्रति मशीन मजदूरों की संख्या भुगतान की दरें और उत्पादन का स्तर निर्धारित करता था। मुकद्दम आमतौर से भ्रष्टाचार में लिप्त पाये जाते थे क्योंकि नौकरी तलाश करने वालें की संख्या रोजगार के उपलब्ध अवसरों से कहीं अधिक होती थी। इसलिए वह रोजगार पाने वालों से रिश्वत लेता था और भुगतान के समय उनकी मजदूरी का एक भाग हड़प लेता था। मुकद्दम की व्यवस्था के जरिए मिल मालिक देखरेख और श्रम प्रशासन में काफी बचत कर लेते थे।

औद्योगिक मजदूरों की दशाएं

स्वतंत्रतापूर्व के दौर में अनुपस्थिति-प्रवृत्ति की उच्च दर के लिए बहुत हद तक काम करने की तत्कालीन परिस्थितियां जिम्मेदार थीं। **जुर्गेन कुच्जिंस्की** के शब्दों में, ''सिर्फ घर की परिस्थितियां ही मजदूरों को बाहर जाने के लिए मजबूर नहीं करतीं कि वे अपने को किसी न किसी प्रकार जिंदा रख पाए। बहुधा उन्हें कारखानों से भी अलग रहना पड़ता है क्योंकि उनके लिए वहां की परिस्थितियों को बहुत दिनों तक बर्दाश्त कर पाना कठिन होता है।''

मजदूरों की किस्मत में थकान, बीमारी और दुर्घटना ही लिखी थी। स्वच्छ पेयजल के अभाव के कारण अनेक बीमारियां हो जाती थी। झरीया की कोयला खानों में 90% मजदूर अंकुश-कृमि से परेशान थे। औद्योगिक क्षेत्रों में मलेरिया काफी फैला रहता था। एक आकलन के अनुसार औद्योगिक शहरों और केन्द्रों में दस करोड़ लोग मलेरिया के चंगुल में थे जिनमें मजदूर और गैर मजदूर दोनों शामिल थे। यक्ष्मा (T.B.) से काफी बड़ी संख्या में औद्योगिक मजदूर पीड़ित थे। अंतराष्ट्रीय श्रम संगठन की एक रिपोर्ट के अनुसार:

''भारतीय खानों की सबसे बड़ी गड़बड़ी है पर्याप्त सफाई का अभाव। यह बात अंकुश-कृमि की मौजूदगी से स्पष्ट है। सूती जूट और ऊनी मिलों तथा कपास की ओटाई, चातल की कुटाई और चाय पकाई के कारखानों में जहां विनिर्माण प्रक्रियाओं के दौरान बड़ी मात्रा में धूल पैदा होती है और जिससे फेफड़े की बीमारी पैदा हो सकती है वहां धूल के निराकरण के अपर्याप्त इंतजाम हैं।''

आवास की स्थिति काफी खराब थी। एक ही कमरे या थोड़ी सी जगह में आवश्यकता से अधिक लोगों के रहने के कारण काफी भीड़-भाड़ का माहौल बना रहता था। शौचालय, स्नानाघर, रसोईघर और स्वच्छ जल की नितांत कमी थी। मुंबई में मजदूरों के 70% घरों में एक ही कमरा था जिसका उपयोग रसोई, भंडार और शयन कक्ष के रूप में होता था। अहमदाबाद में स्थिति और भी बदतर थी। वहा 92% घरों में केवल एक ही कमरा था। रायल कमीशन आफ लेबर के अनुसार मद्रास के एक कमरे वाले 25,000 घरों में डेढ़ लाख लोग रहते थे। सैकड़ों मजदूर जो इतने भी भाग्यशाली नहीं थे फुटपाथों पर सोते थे। कानपुर में 90 हजार से कम लोग ऐसी बस्तियों में नही रहते थे जो मानव आवास के कतई उपयुक्त नहीं थी। 'रायल कमीशन' की रिपोर्ट के पेश होने के छः पर्ष बाद भी मुंबई में शायद ही कोई सुधार हुआ। यहां तक कि 1939 में अधिकतर जूट मजदूर झोपड़ियों अथवा खंडहरनुमा मकानों में रहते थे जिनमें बुनियादी न्यूनतम सुविधाएं भी नहीं थी।

दीर्घकाल तक कार्य दिवस को विनियमित नहीं किया गया।

इस सदी के आरंभ तक सूती मिल के मजदूर को हर दिन 13-14 घंटे और हफ्ते में 6 दिन काम करने पड़ते थे। यह स्थिति 1911 तक बरकरार रही उसके बाद एक कानून द्वारा काम के घंटों की अधिकतम संख्या 12 तय की गई और बीच में आधे घंटे की छुट्टी का प्रावधान किया गया। बिजली आने के बाद रात की पाली भी शुरू हो गई, परंतु रात में काम के लिए अतिरिक्त भुगतान की कोई व्यवस्था नहीं थी। 1937 तक सूती मिलों में सवैतनिक अवकाश का कोई प्रावधान नहीं था और न ही कोई कैंटीन होता था जहां कंपनी की सहायता से सस्ते भोजन उपलब्ध हों। जूट मिलों में भी स्थिति कोई भिन्न नहीं थी।

20 वीं सदी के आरंभिक वर्षों के दौरान आए दिन दुर्घटनाएं होती रहती थी। दुर्घटनाओं की दर 1919-23 के दौरान पांच प्रति हजार थी हो गई। इस प्रकार दुर्घटनाओं की दर में 170 प्रतिशत की वृद्धि हुई। दुर्घटना की दर में ऐसी तेज वृद्धि का एक भाग बेहतर सूचना के कारण हो सकता है किंतु इसी तरह यह कहना भी सही है कि दुर्घटनाओं से बचाव के उपायों को लागू करने से इस दिशा में कुछ निश्चित प्रगति हुई थी। इसके बावजूद दुनिया के किसी भी अन्य देश में इस दौरान दुर्घटनाओं में उतनी वृद्धि नहीं हुई जितनी भारत में।

दुर्घटनाओं में वृद्धि के कारणों में शामिल थी: मशीनरी की जटिलता में वृद्धि और उत्पादन की बढ़ती रफ्तार जिनके साथ एक और मजदूरों की अनुकूलनशीलता और कार्यकुशलता नहीं बढ़ी तो दूसरी ओर मालिकों ने संरक्षात्मक उपाय अपनाने में कोई दिलचस्पी नहीं ली और जहां तक खदानों का सवाल था खनन कार्य की गहराई में बढ़ोत्तरी।

मशीनों के संचालन और सुरक्षात्मक उपायों के इस्तेमाल की दृष्टि से मजदूरों को पर्याप्त प्रशिक्षण नहीं दिया गया। 1923 तक दुर्घटना बीमा का कोई प्रावधान नहीं था, किंतु इसके बाद भी लंबी कानूनी प्रक्रिया के कारण बीमा की रकम प्राप्त करना आसान नहीं था।

यह कहना गलत होगा कि सारे मालिक एक समान थे। उदाहरण के लिए टिस्कों का रेकार्ड काफी अच्छा था। टाटा ने जमशेदपुर का विकास एक नियोजित और साफ सुथरे शहर के रूप में किया जहां चौड़ी सड़कें पार्क और आवासीय समूह थे। यहां उल्लेखनीय है कि सिडनी वेब्ब इसके नियोजन कार्य से संबंध थे। टिस्कों में 1912 में ही आठ घंटे का कार्य दिवस लागू कर दिया गया और 1920 के दशक में सभी स्थायी कर्मचारियों को एक महीने की वेतन सहित छुटटी देने का प्रावधान किया गया। फिर भी स्थिति पूर्णतया संतोषप्रद नहीं थी क्योंकि 1920 के दशक के अंत तक प्रसूति संबंधित फायदों का प्रावधान नहीं था और न ही अकुशल और अनियमित श्रमिकों की आवासीय स्थिति संतोषप्रद थी।

1930 के दशक के अंत तक अधिकतर औद्योगिक मजदूर निरक्षर थे। अकुशल मजदूरों को तो छोड़िए अनेक दक्ष मजदूर भी पढ़ना लिखना नहीं जानते थे। मुंबई और अहमदाबाद में कुछ को छोड़कर शेष मिल मालिकों ने मजदूरों और उनके बच्चों को प्राथमिक शिक्षा देने में भी कोई रूचि नहीं ली। किंतु टिस्कों का रेकार्ड इस सिलसिले में अच्छा रहा। दुर्भाग्य की बात यह है कि ट्रेड यूनियनों ने भी इस दिशा में अपनी जिम्मेदारी नहीं निभाई।

मजदूरी

औद्योगिक क्षेत्र के लगभग सब कार्यों में मौद्रिक मजदूरी की प्रवृति ऊर्ध्वगामी थी। यह सिलसिला प्रथम विश्वयुद्ध के अंत तक चलता रहा। प्रथम विश्व युद्ध समाप्त होने के बाद भी ऊर्ध्वगामी प्रवृति सूती कपड़ा उद्योग और रेलवे में जारी रही हालांकि कपड़ा उद्योग में मौद्रिक मजदूरी थोड़ी घटी जबकि रेलवे में बढ़ी जूट उद्योग खनन, धातु बागान और इमारती कार्य तथा निर्माण में 1920 के दशक के अंतिम वर्षों से लेकर 1938 तक मौद्रिक मजदूरी में तेज गिरावट आई।

मौद्रिक मजदूरी बढ़ने के बावजूद मजदूरों की जीवन यापन की स्थितियों में कोई खास सुधार नहीं हुआ क्योंकि निर्वाह व्यय भी तेजी से बढ़ा। निम्न तालिका से यह बात बिल्कुल स्पष्ट हो जाती है।

तालिका: मौद्रिक मजदूरी निर्वाह व्यय और वास्तविक मजदूरी 1880-1938(1900=100)

वर्ष	*मौद्रिक मजदूरी*	*निर्वाह व्यय*	*वास्तविक मजदूरी*
1880-89	87	69	127
1890-99	94	85	112
1900-09	107	97	111
1910-19	135	143	98
1920-29	2100	207	103
1930-38	184	143	129

स्त्रोत्र: जुर्गेन कुच्जिंस्की का लेख कंडीशन आफ वर्कस (1880-1950) बी.बी.सिंह इकानमिक हिस्ट्री आफ इण्डिया, 1857-1956, पृ. 611.

द्वितीय विश्व युद्ध के काल में वास्तविक मजदूरी अपने युद्ध पूर्व के स्तर से नीचे थी। यदि हम 1939=100 मानें तो वास्तविक मजदूरी का सूचकांक 1940 में 96,1941 में 90,1943 में 73 रहा और फिर बढ़ता हुआ वह 1946 में 83 और 1947 में 86 हो गया। औद्योगिक केन्द्रों में सबसे अधिक मुंबई और सबसे कम कानपुर में था।

श्रमिकों का हिस्सा

ब्रह्मनंद द्वारा प्रस्तुत अनुमानों के अनुसार लगता है वेतन का तुलनात्मक हिस्सा कुल मिलाकर अर्थव्यवस्था के लिए स्थिर रहा है। 1950-51 तथा 1980-81 में मुनाफे का तुलनात्मक हिस्सा बढ़ा है तथा लगान का तुलनात्मक हिस्सा कम हुआ है। उन्होंने आगे कहा है कि इस अवधि में क्योंकि पूंजी उत्पाद अनुपात में वृद्धि हुई और लाभ की औसत दर वही बनी रही इसलिए लगान को घटाकर उत्पादन का हिसाब लगाने पर निवल उत्पादन में मजदूरी के तुलनात्मक हिस्से में कमी आई। लगान देने के बाद निवल उत्पादन में वेतन का तुलनात्मक भाग कम हो जोने से कुछ बड़े क्षेत्रों में वास्तविक वेतन की वृद्धि की दर लगभग स्थिर रहने का स्पष्टीकारण इस प्रकार दिया भारतीय अर्थव्यवस्था ने कृषि तथा गैर पंजीकृत निर्माण क्षेत्र में वास्तविक आय में वृद्धि दर को कम रखकर तथा संगठित औद्योगिक क्षेत्र में इसे बढ़ने देकर बढ़ते हुए पूंजी उत्पाद अनुपात के संदर्भ में लाभ की स्थिर दर और लगभग स्थिर वृद्धि दर बनाए रखी।

इन प्रवृतियों के परिणाम इस प्रकार हैं : यदि पूंजी उत्पाद अनुपात इस हद तक बढ़ता जाए कि विभोदक लगान कम रहें या और नीचे गिर जाएं तो ऐसा समय आ जाएगा जब वृद्धि की स्थिर दर बनाए रखने का बोझ वेतन के हिस्से पर आ पड़ेगा। कृषि में वास्तविक वेतन में कमी और संगठित औद्योगिक क्षेत्र में इसकी वृद्धि की मौजूदा प्रवृत्ति के चलते संगठित श्रमिकों और असंगठित क्षेत्र के श्रमिकों के हितों में टकराव की संभावनाए पक्की हो जायेगी।

वास्तविक मजदूरी

किंतु भारत में औद्योगिक श्रमिकों के वास्तविक वेतन में वृद्धि के इस दोष के कोई अन्य स्वतंत्र अध्ययनों में चुनौती दी गई है। राष्ट्रीय श्रम आयोग(1969) ने भी यही निष्कर्ष निकाला कि उनके अध्ययन की अवधि में औद्योगिक श्रमिकों के वास्तविक मजदूरी में वृद्धि की प्रवृति दिखाई नही दी। अब हम कुछ महत्वपूर्ण अध्ययनों के परिणामों पर विचार करेंगे, जिनमें इस मसले पर मत भिन्नता प्रकट होती है। इनमें से पहला बी के मदान के अध्ययन है जो 1977 में प्रकाशित हुआ। इस अध्ययन में मदान ने 1950-70 वर्षों के लिए देश में उद्योग के निर्माण क्षेत्र के श्रमिकों तथा गैर श्रमिक कर्मचारियों की मुद्रा के रूप में आय तथा वास्तविक आय की समय शृंखलाएं प्रस्तुत की। इसी अवधि के बारे में सभी उद्योगों तथा कुछ चुने हुए उद्योगों में निर्माण द्वारा मूल्य वृद्धि में श्रमिकों की आय के हिस्से के बारे में इसी प्रकार की समय शृंखलाएं प्रस्तुत की गईं। इसके अतिरिक्त इसी अवधि में मजदूरी की प्रवृतियां तथा उत्पादकता की प्रवृतियां के परस्पर संबंधों की समीक्षा की गई।

मदान ने इस निष्कर्ष को गलत सिद्ध करने का दावा किया कि संगठित श्रमिकों का वास्तविक मजदूरी स्थिर रही हैं या उसमें कमी आई। उनके अनुसार, राष्ट्रीय श्रम आयोग ने भी उनके तथ्य की पुष्टि की क्योंकि उसने अपने निष्कर्ष वेतन भुगतान कानून के अंतर्गत पेश की गई।

विवरणों के आधार पर तैयार किए मदान का निष्कर्ष था कि योजना काल के पहले 19 वर्षों में श्रमिकों की वास्तविक आय में 35 प्रतिशत से कुछ अधिक वृद्धि हुई। निर्माण क्षेत्र में श्रमिकों की वास्तविक आय की वार्षिक दर 1.6% थी जो प्रति व्यक्ति राष्ट्रीय वास्तविक आय में वार्षिक वृद्धि दर 1.5% से थोड़ी-सी अधिक थी। **मदान** का यह भी मत था कि इसी अवधि के दौरान निर्माण में मूल्य वृद्धि में श्रमिकों की आय के हिस्से में निरंतर गिरावट आई। **मदान** के अनुसार इस गिरावट का कारण था उद्योगों में बढ़ती हुई पूंजी सघनता तथा "समान रूप से महत्वपूर्ण" यह तथ्य कि वेतन भोगियों यानि श्रमिकों से इतर कर्मचारियों की संख्या में इस अवधि में श्रमिकों की संख्या के मुकाबले ज्यादा तेजी से वृद्धि हुई।

इससे जुड़ा हुआ एक और निष्कर्ष यह निकाला गया कि आलोच्य अवधि में प्रगति व्यक्ति उत्पादकता में वास्तविक आय की तुलना में अधिक गति से वृद्धि हुई। **मदान** के अनुसार यह स्थिति कई पहलुओं के परिणाम स्वरूप हुई जिसमें संभवत: एक पहलू था श्रमिकों की मेहनत, अनुशासन एवं कार्य कुशलता में बढ़ोत्तरी दूसरी ओर तुलपुले (1979) ने मदान के कुछ निष्कर्षों पर आपत्ति की है। तुलपुले ने वेतन तथा निर्माण में मूल्यों के अनुसार श्रृंखला का आंकलन 1975 तक किया। उनका यह कहना था कि **मदान** की शृंखलाओं का प्रारंभिक वर्ष 1951 की बजाय 1952 लिया जाता अथवा अंतिम वर्ष 1970 के स्थान पर 1969 लिया जाता इसी प्रकार तुलपुले ने यह राय व्यक्त की कि **मदान** के निष्कर्ष वास्तविक प्रवृत्तियों को व्यक्त नहीं करते।

मदान की शृंखलाओं के प्रारंभ तथा अंत दोनों के तीन वर्षों के औसत का हिसाब लगाने पर ज्ञात हुआ कि वास्तविक आय का औसत सूचकांक 1951-53 में (1951-100) 105 था जबकि 1968-70 में यह 129.3 था। 17 वर्षों में 105 अंकों पर 24.3% अंकों की इस वृद्धि की वार्षिक औसत दर 1.3 प्रतिशत बैठती है। राष्ट्रीय प्रति व्यक्ति आय का तीन वर्षीय औसत सूचकांक इसी आधार पर 1951-53 के लिए 102.8 और 1968-69 के लिए 129.9 था। इस प्रकार 17 वर्षों के लिए प्रति व्यक्ति वास्तविक आय में 102.8 अंकों पर 27.1% प्रतिशत अंकों की वृद्धि हुई। इसकी वार्षिक वृद्धि दर 1.4% बैठती है। इस तरह अंक से अंक की तुलना करने की बजाय तीन वर्षीय औसत के आधार पर गणना

की जाए तो मदान का यह निष्कर्ष गलत सिद्ध होता है कि निर्माण क्षेत्र में वास्तविक वेतन में प्रति व्यक्ति वास्तविक आय की तुलना में कुछ अधिक गति से वृद्धि हुई।

इसके बाद 1988 में तुलपुले और आर.सी पन्त ने यह जानने का प्रयास किया कि मदान की श्रृंखलाओं को 1983 तक बढ़ाने के क्या परिणाम निकलते हैं। **मदान** द्वारा दिए गए आंकड़ों में से 1960 से 1966 के आंकड़े लिए गए तथा 1967 से 1983 तक के आंकड़े उद्योगों के वार्षिक सर्वेक्षण से लिए गए।

1960 से 1983 के बीच वास्तविक वेतन सूचकांक की अंक से अंक की तुलना के अनुसार 23 वर्षों में 51प्रतिशत अर्थात 1.8 प्रतिशत वार्षिक औसत दर से वृद्धि हुई। श्रृंखला के प्रारंभ तथा अत: दोनों की तीन वर्षीय औसत के आधार पर 21 वर्षों में 37.5% अर्थात 1.50% प्रतिशत वार्षिकवृद्धि हुई। इसके विपरीत 1960 के मूल्यों के आधार पर प्रति व्यक्ति राष्ट्रीय आय के सूचकांक में अंक के आधार पर 23 वर्षो में 36.5 प्रतिशत तथा तीन वर्षीय औसत के आधार पर 21 वर्षों में 30.8% वृद्धि आंकी गई। वार्षिक औसत वृद्धि दर क्रमश: 1.36% तथा 1.28% रही।

श्रम संबंधी कानून

भारत में श्रम संबंधी कानून ट्रेड यूनियनों के उदय के पहले ही बने दिलचस्पी की बात यह है कि श्रम संबंधी कानून पहले पहल ब्रिटिश सूती कपड़ा विनिर्माताओं के दबाव के परिणाम स्वरूप बने। उनको इस बात की चिंता थी कि उनके प्रतिस्पर्धी मुंबई के विनिर्माता बाल श्रमिकों और काम के घंटों पर कोई पाबंदी न होने के कारण अनुचित फायदे उठा रहे हैं। उन्होंने भारत मंत्री को बार बार ज्ञापन देकर इस संबंध में कारवाई की मांग की। इसी दबाव के फलस्वरूप सरकार ने 1875 में मजदूरों की स्थिति की जांच के लिए कारखाना आयोग की नियुक्ति की। आयोग की रपट के आधार पर कोई कारवाई नहीं की गई क्योंकि उसके सदस्यों के बीच कोई मतैक्य नहीं था। बहुसंख्यक सदस्य कुछ भी करने के खिलाफ थे। फिर भी ब्रिटिश विनिर्माताओं ने अपना आंदोलन जारी रखा और उनका साथ मुंबई के कुछ सामाजिक कार्यकर्ताओं ने दिया जो बच्चों के शोषण के विरुद्ध थे। अन्तत: भारत सरकार को कारवाई करनी पड़ी और 1881 का फैक्टरीज एक्ट बना।

देश के औद्योगिक श्रमिकों को सीधे प्रभावित करने वाला यह पहला कानून था। यह उन सब विनिर्माता संगठनों पर लागू हो गया, जा विद्युत शक्ति परिचालित मशीनरी का इस्तेमाल करते थे,जहां 100 या उससे अधिक मजदूर काम करते थे और जहां साल में 120 दिनों से अधिक काम होता था। इस कानून के अनुसार 7 वर्ष से कम आयु के बच्चों को किसी कारखाने में नहीं लगाया जा सकता था और 12 वर्ष से कम के व्यक्ति से हर रोज 9 घंटे से अधिक काम लेना जुर्म करार दिया गया। हर रोज एक घंटे विश्राम और महीने में 4 छुट्टियों का प्रावधान किया गया। खतरनाक मशीनों के चारों और बड़ा बनाना अनिवार्य कर दिया गया जिससे दुर्घटनाओं में कमी की जा सके।

इस कानून से न तो ब्रिटिश विनिर्माता और न ही भारतीय सामाजिक कार्यकर्ता संतुष्ट हुए। मुंबई सूती मिलों की स्थितियों के संबंध में एक नई जांच की गई जांच की गई और 5,000 से अधिक लोगों द्वारा हस्ताक्षरित एक ज्ञापन एन.एम.लोखड़े की ओर से दिया गया। 1887 में एक अंग्रेज कारखाना निरीक्षक ने भारतीय कारखानों का दौरा कर एक रिपोर्ट पेश की। 1890 में बर्लिन में एक अंतर्राष्ट्रीय श्रम सम्मेलन हुआ जिसमें प्रस्ताव पारित कर सदस्य देशों में महिलाओं और बच्चों के कार्य दिवस को विनियमित करने की मांग की गई। उसी वर्ष भारतीय कारखानों की स्थितियों के संबंध में एक और जांच हुई। परिणामत: एक नया कानून फैक्टरीज ऐक्ट, 1891 पारित हुआ। इसे उन औद्योगिक इकाइयों पर लागू किया गया जो विद्युतशक्ति का इस्तेमाल करते थे और 50 या अधिक लोगों की मदद से उत्पादन करते थे। साथ ही यह प्रावधान किया गया कि यदि प्रांतीय सरकार चाहे तो इसे 20 व्यक्तियों की सहायता से काम करने वाली इकाइयों पर भी लागू कर सकती है। इसने बाल श्रमिकों की आयु बढ़ा कर 9 साल कर दी और 14 साल से कम उम्र के बच्चों के लिए काम के घंटे 7 प्रति दिन कर दिए। महिला श्रमिकों के सिलसिले में कार्य दिवस 11घंटों का कर दिया गया जिसमें डेढ़ घंटे के अवकाश का प्रावधान भी रखा गया। बच्चों और महिलाओं के 8 बजे सायंकाल से लेकर 7 बजे सुबह के दौरान काम करने पर पाबंदी लगा दी गई। हफ्ते में एक दिन के विश्राम और प्रति दिन आधे घंटे के भोजन अवकाश का प्रावधान किया गया। इस कानून ने प्रबंधन को स्वच्छ पेय जल तथा वायुसंचार ओर सफाई की व्यवस्था के लिए जिम्मेदार ठहराया।

फ्रेरे स्मिथ की अध्यक्षता में गठित कारखाना आयोग की सिफरिशों के परिणामस्वरूप 1911 का फैक्टरीज ऐक्ट बना। इसने अपने दायरे में उन कारखानों को भी लिया जो साल में 120 दिनों से भी कम समय काम करते थे। बच्चों के लिए काम के घंटे घटाकर 6 प्रति दिन कर दिए गए। बच्चों और महिलाओं से 7 बजे शाम से लेकर 5.30 बजे सुबह के बीची काम लेने पर पाबंदी लगा दी गई। कपड़े के कारखानों में वयस्क पुरुष श्रमिकों के लिए काम के घंटे प्रति दिन 12 रखे गए और बीच में आधे घंटे के अवकाश की भी व्यवस्था की गई।

प्रथम विश्व युद्ध के बाद अंतर्राष्ट्रीय श्रम संगठन की स्थापना

और ट्रेड यूनियनों के गठन के प्रभाव के कारण 1922 का फैक्टरीज ऐक्ट पारित किया गया। उसने बच्चों से 12 साल की उम्र तक काम लेने की मनाही कर दी।

1923 में वर्कमेंस कंपेनसेशन ऐक्ट लाया गया जिसके तहत मजदूरों के अपने काम के दौरान दुर्घटनाग्रस्त होने पर क्षतिपूर्ति के लिए मालिकों को जिम्मेदार बनाया गया। क्षतिपूर्ति का पैमाना मजदूरों की मजदूरी तथा अशक्तता की किस्म पर निर्भर था।

1920 के दशक के दौरान आल इंडिया ट्रेड यूनियन कांग्रेस के जन्म के बाद मजदूरों को अपनी शिकायतें रखने तथा उनको दूर करवाने का एक शक्तिशाली माध्यम मिल गया। भारत सरकार ने जे एच व्हिटले की अध्यक्षता में रायल कमीशन आन लेबर का गठन किया जिसे औद्योगिक मजदूरों की दशाओं की जांच-पड़ताल करने तथा उनमें सुधार के लिए कदम सुझाने को कहा गया। सरकार का खयाल था कि सुधारों के जरिए ही श्रम असंतोष की लहर को शांत किया जा सकता है। कमीशन की रिपोर्ट 1931 में आई जिसके बाद 1930 के दशक में ही अनेक कानून बने। रेलवेज ऐक्ट 1890 में संशोधन किया गया तथा गोदी और जहाज घाट पर कार्यरत मजदूरों की स्थिति में सुधार लाने के लिए इंडियन रडाक लेबरर्स ऐक्ट 1934 पारित किया गया। अनेक प्रांतों में प्रसूति सुविधाओं से संबंधित कानून बने।

कमीशन ने सरकार का ध्यान समय पर पूरी मजदूरी का भुगतान नहीं करने तथा उसमें मनमानी कटौतियों करने की समस्या की ओर दिलाया था। फलत: पेमेंट आफ वेजेज ऐक्ट, 1936 बना।

ट्रेड डिस्पुटस एक्ट-1929 एक्ट में संशोधन किया गया और प्रांतीय सरकारों को पूर्णकालिक समझौता अधिकारियों का एक स्थायी समूह बनाने का अधिकार दिया गया। ट्रेड डिस्प्युट्स ऐक्ट ने ऐसे राजनीतिक और अन्य उददेश्यों के लिए हड़ताल करने पर रोक लगा दी जिनका औद्योगिक विवादों से कोई लेना देना नहीं था। इसी प्रकार सार्वजनिक उपयोग की सेवाओं में भी हड़ताल पर पाबंदी लगा दी गई। 1939 में मुंबई इंडस्ट्रियल डिस्प्युटस ऐक्ट लाया गया जिसने अनिवार्य समझौते और स्वैच्छिक मध्यस्थता और उनके आधार की व्यवस्था की। श्रम संबंधी विवादों में अंतिम फैसला देने वाली अदालत के रूप में एक औद्योगिक न्यायालय गठित किया गया।

प्रांतों में कांग्रेसी मंत्रिमंडलों के कार्यकाल के दौरान औद्योगिक श्रम की दशाओं की छानबीन कर उपयुक्त विधाई कदम सुझाने के लिए बिहार, कानपुर और मुंबई में जांच समितियां गठित की गई। दुर्भाग्यवश, उनकी सिफारिशों को अमली जामा पहनाने के पहले की प्रांतीय सरकारों ने त्यागपत्र दिए। द्वितीय विश्व युद्ध के दौरान भारत सरकार ने डिफेंस आफ इंडिया ऐक्ट के तहत सभी प्रकार की हड़तालों और तालोंबंदी पर रोक लगा दी। किंतु मजदूरों को प्रसन्न रखने के लिए जिसे युद्ध प्रयासों में बाधा न पहुंचे उसने वीकली होलीडेज ऐक्ट 1942 पारित किया जिसके तहत साल में 10 दिनों के सार्वजनिक अवकाश का वयस्क मजदूरों को और 14 दिनों के सवैतनिक अवकाश का बाल श्रमिकों के लिए प्रावधान किया गया। रायल कमीशन आन लेबर की सिफारिशों के परिणामस्वरूप सेंट्रल मेटरनिटी बेनिफिट ऐक्ट, 1941माइका माइंस लेबर वेलफेयर फंड एंड बोनस स्कीम्स ऐक्ट,1947 और कोल माइंस प्राविडेंट फंड एंड बोनस स्कीम्स ऐक्ट,1943 बने।

सितंबर 1943 के त्रिपक्षीय श्रम सम्मेलन की सिफारिश पर 1944 में भारत सरकार डी.आर. रेगे, आई.सी.एस. की अध्यक्षता में लेबर इनवेस्टिगेशन कमिटी का गठन किया। उसकी सिफारिशों के आधार पर ही 1940 के दशक के उत्तरार्ध में अनेक श्रम कानून बने।

फैक्टरीज ऐक्ट 1934 बना। उसने मौसमी और बारहमासी कारखानों में फर्क किया। मौसमी कारखानों में काम के घंटे 11 प्रतिदिन और 60 प्रति सप्ताह नियत किए गए। बारहमासी कारखानों में वे 10 प्रति दिन और 54 प्रति सप्ताह तय किए गए। बच्चों से प्रति दिन पांच घंटे से अधिक काम लेना गैरकानूनी करार दिया गया। ओवर टाइम कार्य को विनियमित किया गया। उसके लिए अधिक भुगतान निर्धारित किए गए। किसी भी स्थिति में किसी वयस्क मजदूर से 13 घंटे और किसी बच्चे से लगातार साढ़े सात घंटे से अधिक काम नहीं लिया जा सकता। मालिकों को आदेश दिए गए कि वे प्राथमिक उपचार तथा महिला मजदूरों के बच्चों के लिए शिशुगृहों की उपयुक्त व्यवस्था करें। वायुसंचार और सफाई की सुविधाओं में सुधार लाने तथा सुरक्षा विनियमों को सख्त बनाने की भी बात की गई। कारखाना निरीक्षकों के अधिकारों और शक्तियों को बढ़ा दिया गया।

इन सिफारिशों के परिणामस्वरूप सरकार ने दि डिस्ट्रिक्टस एमिग्रेंट ऐक्ट 1932 पारित किया। इंडियन माइंस ऐक्ट 1935 भी कमीशन की सिफारिशों का ही परिमाण था। इस ऐक्ट ने 15 साल के कम के बच्चों को काम पर लगाने पर पाबंदी लगा दी। साथ ही प्रति सप्ताह काम के घंटों की अधिकतम संख्या 54 कर दी। स्वास्थ्य और सुरक्षा संबंधी प्रावधानों को अधिक सख्त बना दिया गया। इंडियन ट्रेड यूनियन आंदोलन कहा जाता है कि मजदूरों की पहली हड़ताल1877 में टाटा की नागपुर स्थित एंप्रेस मिल्स में हुई। हड़ताल का मुद्दा मजदूरी की दरों से जुड़ा विवाद था। रजनी पाम दत्त के अनुसार 1882 और 1890 के बीच मुंबई और मद्रास प्रेसिडेंसियों में 25 हड़तालें दर्ज की गई।

आम तौर से भारतीय मजदूर आंदोलन का परंपरागत इतिहास एन एन लोखंडे के प्रयास से आयोजित 1884 की मुंबई सूती मिल मजदूरों की उस बैठक से शूरू किया जाता है जिसके बाद उन्होंन अपनी समस्याओं के विषय में सरकार को अनेक ज्ञापन दिए। किंतु रजनी पाम दत्त इसे भ्रामक मानते हैं। उनके अनुसार मुंबई मिलहैंड्स एसोसिएशन किसी भी अर्थ में एक श्रम संगठन नही था क्योंकि उसकी न तो कोई सदस्यता थी और न ही कोष और नियम थे। लोखंडे एक दरियादिल आदमी थे जो दिल सै मजदूरों की भलाई के प्रति समर्पित थे। शायद ऐसा इसलिए था कि उनका जन्म मिल मजदूरों के परिवार से हुआ था।

इस तथ्य के बावजूद कि 1880-1908 के दौरान औपचारिक अर्थ में कोई श्रम संघ नहीं था मजदूरों ने अपने कारखानों में अपनी शिकायतें दूर करवाने के लिए एक होकर संघर्ष किए। 1905-08 के दौरान बंबई सूती मिलों ईस्टर्न बंगाल स्टेट रेलवेज और गवर्नमेंट प्रेस में मजदूरों की आर्थिक मांगों को लेकर अनेक हड़तालें हुई। पहली बार 1908 में मुंबई की मिलों में लोकमान्य तिलक को छह साल की जेल की सजा सुनाए जाने के खिलाफ छह दिनों की आम हड़ताल हुई।

1810 में मुंबई में कामगार हितबर्धक सभा की स्थापना हुई जिसका उद्देश्य सरकार को याचिकाएं देकर मजदूरों की शिकायतों और समस्याओं को उजागर करना तथा उनसे छुटकारा दिलवाने के लिए उसके हस्तक्षेप की मांग करना था।

सामान्य अर्थ में 1914 के पहले रम संघवाद के दायरे में रेलकर्मियों और सरकारी कर्मचारियों के उच्चतर स्तर आते थे, इसलिए 1897 में आमलगमेटेड सोसाइटी आफ रेलवे सर्वेंट्स की स्थापना हुई और उसका कंपनीज ऐक्ट के तहत पंजीकरण करवाया गया। उसके कार्य मूलत: मैत्रीपूर्ण फायदों से संबद्ध थे और यद्यपि वह आधुनिक काल में भी (अपना नाम 1928 में बदल कर नेशनल यूनियन आफ रेलवेमेन) बना रहा है उसने भारतीय श्रम आंदोलन में कोई भूमिका अदा नहीं की है।

प्रथम विश्व युद्ध के अंतिम दिनों में कुछ ऐसे परिवर्तन हुए जिन्होंने मजदूरों को श्रम संगठन बनाने के लिए प्रेरित किया। इनमें 1917 की रूसी क्रांति की सफलता प्रमुख थी। जर्मनी, हंगरी, चेकोस्लोवाकिया, युगोस्लाविया आदि यूरोपीय देशों में मजदूरों की बड़ी-बड़ी हड़तालें हुईं। अक्टूबर 1917 की रूसी क्रांति ने भारतीय जनमानस और विशेषकर श्रमजीवी वर्ग पर अपनी राष्ट्रीय क्रांतिकारी और वर्ग विमुक्ति भूमिका और विचार धारा के जरिए प्रभाव डाला। यह ऐटक के पहले अधिवेशन में ही स्पष्ट हो गया।

द्वितीयत: मजदूर संघों की स्थापना में देश की आर्थिक और राजनीतिक स्थितियों की भूमिका कोई कम महत्वपूर्ण नहीं रही। कीमतों में शतप्रतिशत वृद्धि के बावजूद मजदूरी में कोई तुलनीय बढ़ोत्तरी नहीं हुई। अत: मजदूरों के जीवन स्तर में गिरावट आई। युद्ध के दौरान कारखानेदारों ने भारतीय बाजार पर अपना एकछत्र राज्य होने से भारी मुनाफे कमाए। राजनीतिक मोर्चे पर तुरंत स्वराज की मांग की गई और 1920 के दशक के दौरान भारतीय राजनीति और राष्ट्रीय आंदोलन को महात्मा गांधी ने एक निर्णायक मोड़ दिया।

1918-20 के दौरान हड़तालों की लहर आ गई। उनसे लगभग सारे औद्योगिक केन्द्र प्रभावित हुए। वे काफी प्रभावकारी रहीं। 1918 के अंत में मुंबई सूती मिलों में पहली बड़ी हड़ताल हुई। इससे पूरा उद्योग प्रभावित हुआ। जनवरी 1919 तक सब जिलों के कुल मिलाकर 1,25,000 मजदूर हड़ताल पर रहे। 1919 के अतं से लेकर 1920 के पूर्वार्ध तक हड़तालें शिखर पर पहुंच गई।

1920 के पहले छह महीनों के दौरान सारे देश में कुल मिलाकर 200 हड़तालें हुई जिनमें 15 लाख मजदूरों ने भाग लिया। जमालपुर, कलकत्ता, मुंबई, शेलापुर, जमशेदपु, मद्रास और अहमदाबाद जैसे लगभग सभी केंद्र प्रभावित हुए। इस अवधि में बीसियों मजदूर संघ बने। उनमें से अनेक मूलत: हड़ताल समितियों के रूप में थे जिनका जन्म तात्कालिक संघर्ष की परिस्थितयों से हुआ और उनमें कोई स्थायित्व नहीं था। यद्यपि मजदूर संघर्ष के लिए तैयार थे लेकिन दफ्तर का संगठन अवश्यंभावी रूप से अन्य लोगों के हाथों में रहा।

भारत में पहला मजदूर संघ स्थापित करने का प्रयास श्रीमती ऐनीबेसेंट के एक सहयोगी बी.पी.वाडिया ने किया। उन्होंने 1918 में मद्रास लेबर यूनियन की स्थापना की। इसकी नियमित सदस्यता थी और अपना कोष था। अधिकतर मजदूर इसके कार्यों में सहभागी थे।

लगभग इसी समय महात्मा गांधाी ने एक मजदूर संघ का गठन किया और उन्होंने अहमदाबाद में एक हड़ताल का नेतृत्व किया। उनका मजदूर संघ अहिंसा और ट्रस्टीशिप पर आधारित था।

मजदूरों का पहला राष्ट्रीय संगठन 31 अक्टूबर 1920 में मुंबई में स्थापित हुआ। लाला लाजपत राय अध्यक्ष और जोसेफ बैप्टिस्टा उपाध्यक्ष बने। कुल मिलाकर 800 प्रतिनिधियों ने प्रथम सम्मेलन में भाग लिया। मोतीलाल नेहरू, मुहम्मद अली जिन्ना, विट्ठलभाई पटेल और ऐनी बेसेंट उपस्थित थीं। 1927 तक 57 यूनियनें इसके साथ संबद्ध हो गई। इन यूनियनों की कुल सदस्य संख्या डेढ़ लाख से अधिक थी। राष्ट्रीय आंदोलन के अनेक बड़े नेता उससे जुड़े थे। उनमें चित्तरंजन दास, जवाहरलाल नेहरू, सुभाषचंद्र बोस, सी.एफ. एडरूज और वी.वी.गिरी प्रमुख थी। इस प्रसंग में डांगे ने लिखा है:

ऐटक का मार्गदर्शन प्रधानतया कांग्रेसी नेताओं ने किया तिलक स्वागत समिति के उपाध्यक्षों में थे। वे मुंबई के मजदूर वर्ग की प्रेरक शक्ति थे। मुंबई के मजदूर वर्ग ने मुंबई में ऐटक का अधिवेशन करने को पुरजोर समर्थन दिया। किंतु तिलक का एक अगस्त को निधन हो गया। इसलिए 22 अगस्त को होने वाला अधिवेशन अक्टूबर तक के लिए स्थगित कर दिया गया।

भारत में ट्रेड यूनियन आंदोलन तेजी से बढ़ा। पंजीकृत मजदूर संघों की संख्या 1927-28 और 1947-48 के बीच 29 से बढ़कर 2,766 हो गई। प्रांतों में कांग्रेसी मंत्रिमंडलों की स्थापना के बाद पंजीकृत मजदूर संघों की संख्या में भारी वृद्धि हुई। पंजीकृत मजदूर संघों की संख्या 1936-37 में 271 थी जो 1937-38 में 420 हो गई और उसके बाद वह तेजी से बढ़ती रही। मजदूर संघों की कुल सदस्यता 1927-28 में एक लाख से थोड़ी अधिक थी जो 1947-48 में 16 लाख 62 हजार पर पहुंच गई। उनका कोष संग्रह 1927-28 में 1,63,581 रुपए था जो 1947-48 में 58,83,662 रुपए हो गया।

1921 और 1947 के बीच मुख्य विवाद मजदूरी, बोनस और काम की दशाओं सें संबद्ध थे। केवल इन तीन मुद्दों को लेकर अधिकतर काम बंदी हुई। महामंदी के दौरान काम में काफी व्यवधान आए और श्रम और पूंजी के संबंध अत्यंत कटु हो गए। श्रम का दमन करने के उद्देश्य से अधिकतर महत्वपूर्ण ट्रेड यूनियन और कम्युनिस्ट नेताओं को 1929 में गिरफ्तार कर लिया गया और उन पर 1930 में मेरठ में मुकदमा चला। आरोपियों में भारतीय और अंग्रेज दोनों ही थे। उनका मुकदमा श्रमजीवी वर्ग की अंतर्राष्ट्रीय एकजुटता का प्रतीक बन गया। सारा राष्ट्रीय नेतृत्व आरोपियों के बचाव के लिए उठ खड़ा हुआ। विदेश से आइंस्टाईन, एच.जी.वेल्स, रोम्यां रोलां, आर.एच.टानी और हैरोल्ड लास्की जैसे लोगों ने मुकदमें की भर्त्सना करते हुए आरोपियों की रिहाई की मांग की।

आरंभ से ही ऐटक ऐसे वैचारिक और राजनीतिक टकरावों और विवादों से ग्रस्त रहा, जिनका मजदूरों की समस्याओं से कोई सीधे लेना देना नहीं था। रेडट्रेड यूनियन कांग्रेस की स्थापना और उसका अधिवेशन कम्युनिस्टों के एक समूह की वैचारकि संकीर्णता का परिणाम था।

ऐटक और उससे संबद्ध यूनियनों ने मजदूरों की आर्थिक मांगों के लिए जमकर संघर्ष किए और अनेक बार उन्हें भारत की आजादी के संघर्ष से जुड़े राजनीतिक मुद्दों को लेकर भी सक्रिय किया, परंतु, उन्होंने निरक्षरता तथा अंधविश्वास और जाति, भाषा, क्षेत्र और धर्म पर आधारित संकीर्णता को दूर करने के लिए कुछ भी नहीं किया। यही कारण था कि मजदूरों की एकता का दायरा आर्थिक और कतिपय राष्ट्रीय राजनीतिक मुद्दों से आगे नहीं जा सका।

गुणवत्ता केन्द्र

व्यावहारिक अध्ययनों से यह पता चला है कि उत्पादन के क्षेत्र में जो बढ़ोत्तरी हुई है उसमें एक कारक तो पूंजी श्रम तथा प्राकृतिक संसाधनों के भौतिक परिणामों में हुई वृद्धि है परन्तु उस बढ़ोतरी के पीछे जो और कारक है वे इन अध्ययनों से स्पष्ट नहीं होते। इन अस्पष्ट कारकों में से एक बड़ा कारक तकनीक के क्षेत्र में प्रगति है जो आंशिक रूप से देश के मानव संसाधन अर्थात् मानवीय पूंजी को गुणवता में निहित होती है। भारत जैसे देश में जहां काफी व्यापक जनसंख्या आधार मौजूद है आर्थिक और सामाजिक विकास अधिकांशत: इस बात पर निर्भर करेगा कि उसके मानव संसाधनों अर्थात् उसकी श्रम शक्ति की गुणवत्ता को स्वास्थ्य पोषण शिक्षा तथा कौशल की दृष्टि से किस सीमा तक विकसित किया गया है। अत: पुन: उत्पादनीय पूंजी तो केवल श्रमिक ही पैदा कर सकता है। इसलिए किसी भी विकास योजना में इन तत्वों को महत्वपूर्ण भूमिका प्रदान की जानी चाहिए।

शिक्षा देश के लोगों में बुनियादी कौशलों तथा योग्ताओं का विकास करती है और इसलिए उसे राष्ट्रीय विकास लक्ष्यों के लिए उपयोगी और समर्थनकारी मूल्य पद्धति का पोषण करना चाहिए। आज जबकि ज्ञान का तीव्र गति और व्यापक रूप से विस्तार हो रहा है शिक्षाविदों का यह दायित्व हो जाता है कि एक ओर तो वे ज्ञान का प्रसार करें तो दूसरी और भारतीय सांस्कृतिक का संवर्धन और परिरक्षण भी करें। भारत के सामाजिक तथा आर्थिक विकास में शिक्षा के महत्व को देश की स्वतंत्रता के पहले के समय में भी महसूस किया जाता था। शिक्षा और विशेष रूप में स्त्री शिक्षा हमारे राष्ट्रीय जागरण का एक महत्वपूर्ण हिस्सा था। स्वतंत्रता के पश्चात् विभिन्न स्तरों पर शिक्षा के विकास के लिए संगठित और सतत प्रयास किए गए है। हमारे राष्ट्रीय आंदोलन का यह एक लक्ष्य यह भी था कि शिक्षा को काम के साथ जोड़ दिया जाए। इस इकाई में इस सदी के पचास के दशक के आरम्भ से साक्षरता के विकास के प्रतिरूप तथा शिक्षा के प्रसार की रूपरेखा पुरुष तथा स्त्रियों के प्रवेशांकन की संवृद्धि आदि को प्रस्तुत किया गया है।

मानव जीवन तथा श्रमिक की गुणवता उसके स्वास्थ्य पर भी निर्भर होती है। भारत में पहली पंचवर्षीय योजना काल से ही स्वास्थ्य सुविधाओं के विकास पर विशेष बल दिया जाता रहा है और इस दिशा में प्राथमिक स्वास्थ्य केन्द्र खोले गए जिला तथा तहसील मुख्यालयों में स्थित अस्पतालों को उन्नत किया गया और डाक्टरों नर्सो, सहायक नर्सें, दाइयों आदि के लिए प्रशिक्षण सुविधाओं

में काफी विस्तार किया गया। हाल के वर्षों में जच्चा-बच्चा स्वास्थ्य सेवाओं तथा बच्चों गर्भवंती महिलाओं की सलाह देने पर विशेष जोर दिया जा रहा है। इसी प्रकार शुरू से ही संक्रामक रोगों की रोकथाम के लिए प्रयास किए गए और आज भी किए जा रहे हैं। सातवीं योजना में सबको प्रतिरक्षण टीके लगाने का विशेष कार्यक्रम शुरू किया गया है।

यदि अत्यधिक लोगों का स्वास्थ्य खराब होगा तो उससे उत्पादन की हानि होगी और इसीलिए प्रत्येक सरकार का यह अनिवार्य कर्तव्य हो जाता है कि वह बच्चों एवं युवाओं में अस्वस्थता और मृत्यु के कारण होने वाली इस हानि को कम से कम करने का प्रयत्न करें। इसलिए इस इकाई में भारतीय जनता को उपलब्ध होने वाली स्वास्थ्य सुविधाओं की स्थिति की भी जांच की गई है। आर्थिक और सामाजिक विकास का साधन और साध्य अंतत: मानव ही होता है और इसलिए किसी भी देश में रहने वाले लोगों के जीवन में शिक्षा तथा स्वास्थ्य की सर्वाधिक आवश्यकता महसूस की जाती है। लोकोपयोगी सेवा के रूप में गिनी जाने वाली शिक्षा तथा स्वास्थ्य अर्थशास्त्र की कुछ विशिष्ट समस्याएं होती है। लेकिन इन पर इस इकाई की सीमा के अंदर विचार नहीं किया जा सकता क्योंकि इस इकाई का प्रयोजन देश में शिक्षा तथा स्वास्थ्य की आय स्थिति की रूप रेखा ही प्रस्तुत करना है।

शैक्षिक विकास

शिक्षा मात्र एक बुनियादी आवश्यकता या मानवीय अधिकार ही नहीं है अपितु अन्य आवश्यकताओं की पूर्ति करने का एक साधन भी होती है क्योंकि शिक्षा में बुनियादी कौशलों तथा क्षमताओं का विकास होता है। उपयुक्त ढंग से प्रशिक्षित तथा शिक्षित मानवशक्ति अर्थात् संवृद्धि में गति लाने और वांचित दिशा में सामाजिक परिवर्तन सुनिश्चित करने के लिए कए प्रमुख निवेश का काम करता है। विशेष रूप से स्त्रियों में साक्षरता तथा शिक्षा के प्रसार से न केवल मानव संसाधन विकास के विभिन्न पहलुओं का संवर्धन होता है अपितु इसकी वजह से (1) प्राथमिक शिक्षा में बच्चों की सहभागिता में अधिकाधिक वृद्धि होती है। (2) शिशु मृत्यु दर में कमी आती है। (3) बच्चों की बेहतर देखभाल तथा बच्चों मे प्रतिरक्षी टीके लगवाने की प्रबल इच्छा जाग्रत होती है। (4) जन्म दर में कमी आती है तथा (5) आत्मविश्वास और अपनी छवि बनाने की लालसा उत्पन्न होती है।

भारतीय संविधान के नीति निर्देशक तत्त्वों में चौदह वर्ष तक आयु के बच्चों के लिए मुफ्त तथा अनिवार्य प्रारंभिक शिक्षा की व्यवस्था करने का प्रावधान किया गया है। इस लक्ष्य को संविधान लागू होने के दस वर्ष के अंदर प्राप्त किया जाना था किन्तु लगता है इस निर्देशक सिद्धांत की व्यवस्था करने वालों को इस लक्ष्य की प्राप्ति में निहित जनांकिकी आयाम करें आओ कार्य पद्धति के स्वरूप के बारे में जानकारी नहीं दी गई थी। लेकिन इस दिशा से जिस प्रकार के नौकरशाही प्रयास किए जा रहे हैं उसकी वजह से सर्वव्यापीकरण के लक्ष्य को प्राप्त करने की समयावधि दुर्भाग्य से कई बार बदली जा चुकी है। राष्ट्रीय शिक्षा नीति 1986 में इस लक्ष्य की प्राप्ति का समय 1995 तय किया गया है।

शिक्षा विषयक एक अन्य प्रमुख राष्ट्रीय लक्ष्य निरक्षरता का उन्मूलन है। इस दिशा में किए गए प्रयासों के बावजूद आज भी देश के आधे से अधिक लोग निरक्षर है। यही नहीं देश में निरक्षरों की निरपेक्ष संख्या एक दशक से दूसरे दशक में निरंतर बढ़ रही है इसका आशय यह है कि साक्षरता से संवृद्धि उतनी भी नही है कि कुल जनसंख्या में हुई निवल वृद्धि को भी साक्षर बनाया जा सका हो।

शिक्षा सुविधाओं का विकास: पिछले पांच दशकों के दौरान स्कूल की सुविधाओं में तीन गुना वृद्धि हुई है। कालेजों की संवृद्धि दर 5.1 प्रतिशत प्रतिवर्ष और व्यावसायिक शिक्षा तथा विश्वविद्यालयों की संवृद्धि दर 4.5 प्रतिशत प्रतिवर्ष रही है। अवधि के दौरान शिक्षा के विभिन्न स्तरों पर शिक्षकों की संख्या में भी कार्फी वृद्धि हुई है। प्राथमिक स्कूल स्तर पर शिक्षकों की संख्या पांच लाख से बढ़कर लगभग 15 लाख तक पहुंच गई है।

ग्रामीण क्षेत्रों में वहां की लगभग 95 प्रतिशत जनसंख्या को यह सुविधा प्राप्त हो गई है कि उसके निवास के लगभग एक किलोमीटर के दायरे में प्राथमिक शिक्षा की सुविधा उपलब्ध है। लगभग 80 प्रतिशत जनसंख्या को अपनी बस्ती में ही एक प्राथमिक विद्यालय उपलब्ध है। इसी प्रकार 85 प्रतिशत ग्रामीण जनसंख्या को अपने तीन किलोमीटर के दायरे के अंदर मिडिल स्कूल को सुविधा प्राप्त है। लेकिन स्कूल की सुविधा सभी राज्यों में एक समान उपलब्ध नहीं है। शिक्षा की दृष्टि से कुछ राज्य समुन्नत है और जहां जम्मू तथा कश्मीर हिमाचल प्रदेश, मध्य प्रदेश तथा उत्तर प्रदेश जैसे देर से विकास करने वाले राज्यों की तुलना में बेहतर शिक्षा सुविधाएं उपलब्ध है। शिक्षा सुविधाओं में विस्तार के साथ-साथ शिक्षा पर होने वाले (व्यय योजना और गैर योजना दोनों प्रकार) राशि में भी धीरे धीरे वृद्धि हो रही है। यह राशि 1950-51 के 114 करोड़ रुपये से बढ़कर 1979-80 में 3,500 करोड़ रुपये और फिर 1984-85 में 6000 करोड़ रुपये से कुछ अधिक हो गई। लेकिन सकल राष्ट्रीय उत्पाद के अनुपात के रूप में यह वृद्धि 1.2 प्रतिशत से बढ़कर लगभग 4.0 प्रतिशत तक ही पहुंची।

व्यय-राशि में यह वृद्धि भी शिक्षा के विभिन्न स्तरों और विभिन्न

राज्यों के बीच समान रूप से खर्च नहीं की गई है। कुछ राज्य तो अपने बजट का केवल 13 प्रतिशत भाग ही शिक्षा पर खर्च करते हैं जबकि कुछ राज्य अपने बजट का 45 प्रतिशत भाग शिक्षा पर खर्च करते हैं।

प्रवेश अनुपात में बढ़ोत्तरी: शिक्षा के सभी स्तरों में नाम दर्ज कराने वाले विद्यार्थियों की संख्या में काफी वृद्धि हुई है। प्रारम्भिक स्तर पर दाखिला लेने वालों की संख्या 1950-51 के 1 करोड़ 92 लाख के मुकाबले 2003-04 में बढ़कर 12 करोड़ 83 लाख हो गई। मिडिल तथा माध्यमिक स्तर पर यह बढ़ोत्तरी क्रमश: 31 लाख से बढ़कर 4 करोड़ 87 लाख तक पहुंच गई। उच्च शिक्षा स्तर (स्नातक तथा स्नातकोत्तर) पर दाखिला लेने वालों की संख्या एक लाख से बढ़कर 50 लाख तक पहुंच गई।

प्राथमिक तथा मिडिल स्तरों पर सकल प्रवेशांकन अनुपातों में उल्लेखनीय प्रगति हुई है (तालिका) जैसे कि 2006-07 में लड़के लड़कियों के 6-11 आयु वर्ग के 111 प्रतिशत बच्चों ने प्राथमिक कक्षाओं में नाम दर्ज कराए इनमें से लड़कों का प्रवेशांकन 114 प्रतिशत तथा लड़कियों का लगभग 108 प्रतिशत था। इन संख्याओं में 27 प्रतिशत ऐसे बच्चों की संख्या भी शामिल है जो अधिक आयु या न्यून आयु वाले थे अर्थात् जो या तो 6 वर्ष से कम आयु के थे या 11 वर्ष की उम्र पूरी कर चुके थे किन्तु प्राथमिक कक्षाओं में पढ़ रहे थे।

मिडिल स्तर पर प्रवेशांकन अनुपातों में 1950-51 के 13 प्रतिशत के मुकाबले 2006-07 में 73 प्रतिशत के रूप में वृद्धि हो गई। प्राथमिक कक्षाओं में मिडिल स्तर पर जाने वाले बच्चों का अनुपात 1950-51 के 16.3 प्रतिशत से बढ़कर 1982-83 में 28.8 प्रतिशत हो गया। किन्तु प्राथमिक स्तर से मिडिल स्तर में परिवर्तन दर से वृद्धि हो जाने के बाबजूद प्राथमिक स्तर के बाद पढ़ाई छोड़ देने वालों की निरोक्ष संख्या मिडिल स्तर पर दाखिला लेने वालों की संख्या से बहुत ज्यादा थी।

प्रवेश संबंधी असमानताएं

प्रत्येक राज्य तथा पूरे देश में लड़के तथा लड़कियों के बीच ग्रामीण और शहरी क्षेत्रों के बीच, सामान्य जनसंख्या और अनुसूचित जाति/जनजाति की जनसंख्या के बीच प्रवेशांकन अनुपातों में व्यापक असमानता दिखाई देती है।

लिंग तथा वर्ग संबंधी असमानताएं

तालिका में लड़कों तथा लड़कियों और अनुसूचित जाति/जनजातियों तथा कुल जनसंख्या के बीच असमानताओं को दर्शाया गया है। 1980-81 में अनुसूचित जनजाति के लड़कों को छोड़कर सभी तीनों वर्गों में लड़कों का प्रवेशांकन अनुपात 100 से अधिक है। लड़कियों का प्रवेशांकन अनुपात लगातार काफी नीचा चल रहा है। यहां तक कि 1985-86 में भी लड़कियों का प्रवेशांकन 82 प्रतिशत था कि जबकि लड़कों का प्रवेशांकन 113 प्रतिशत था। लड़कों का प्रवेशांकन 100 से अधिक इसलिए हे कि उसमें अधिक उम्र के लड़के भी कक्षाओं में पढ़ रहे थे। अनुसूचित जनजाति की लड़कियों का प्रवेशांकन अनुपात सबसे कम था।

तालिका : भारत में 1950-51 से 2006-07 तक शिक्षा के प्राथमिक तथा मिडिल स्तरों पर सफल

वर्ष	*प्राथमिक*			*मिडिल*		
	लड़के	*लड़कियां*	*योग*	*लड़के*	*लड़कियां*	*योग*
1950-51	60.6	24.8	43.1	20.6	4.6	12.9
1955-56	68.2	31.0	50.0	24.6	4.6	15.9
1960-61	82.6	41.4	62.4	33.2	11.3	22.5
1965-66	96.3	56.5	76.7	44.2	17.0	30.8
1970-71	92.6	59.1	76.4	46.5	20.8	34.2
1975-76	95.6	62.0	79.3	47.0	23.8	35.6
1980-81	95.8	64.1	8.5	54.3	28.6	41.9
1981-82	98.9	66.2	83.1	56.0	29.7	43.3
1982-83	104.0	69.1	87.2	56.3	30.6	43.9
1983-84	110.3	75.5	93.4	62.7	37.4	48.9
1984-85	110.7	76.7	94.1	64.0	36.3	50.6
1985-86	108.8	77.1	93.4	65.0	38.1	52.0
2006-07	114.42	107.84	111.24	77.41	69.51	73.63

प्राथमिक स्तर पर सकल प्रवेशांकन अनुपात

$$\frac{\text{कक्षा 1 से 5 में बच्चों का प्रवेशांकन}}{\text{6-11 आयु वर्ग में कुल जनसंख्या}} \times 100$$

मिडिल स्तर पर सकल प्रवेशांकन अनुपात

$$\frac{\text{कक्षा 6 से 7 में बच्चों का प्रवेशांकन}}{\text{11-14 आयु वर्ग में कुल जनसंख्या}} \times 100$$

दिखाने योग्य बात यह है कि अनुसूचित जाति के लड़कों का सकल प्रवेशांकन अनुपात सामान्य जनसंख्या के लड़कों के प्रवेशांकन से हमेशा अधिक रहा है। ऐसा इसलिए हो गया कि अनुसूचित जाति के सभी लड़कों के नाम अधिक आयु वाले बच्चों समेत स्कूल रजिस्टरों में दर्ज थे फिर चाहे वे स्कूल में आते थे या नही। यह बात अनुसूचित जनजाति के बच्चों के साथ नहीं थी।

मानव संसाधन विकास की दृष्टि से शिक्षा के क्षेत्र में इन असमानताओं को और विशेष रूप से समाज के सभी वर्गों के लड़कियों के बारे में असमानताओं को दूर करने की आवश्यकता

तालिका: भारत में 1981-82 में 1985-86 के बीच कुल जनसंख्या तथा अनुसूचित जाति/जनजाति के प्राथमिक शिक्षा स्तर पर सकल प्रवेशांकन अनुपात

जनसंख्या समूह	*वर्ष*	*लड़के*	*लड़कियां*	*योग*
सामान्य जनसंख्या	1981-82	99.4	66.9	83.7
	1982-83	104.0	69.4	87.2
	1983-84	110.3	65.5	93.4
	1984-85	110.7	76.7	94.1
	1985-86	14.8.8	77.1	93.4
अनुसूचित जाति	1981-82	109.2	61.4	86.0
	1982-83	114.5	66.0	91.0
	1983-84	115.9	68.8	93.4
	1984-85	115.3	72.0	94.5
	1985-86	116.6	73.2	95.5
अनुसूचित जनजाति	1981-82	95.8	50.2	73.7
	1982-83	102.5	54.9	79.4
	1983-84	104.4	58.0	81.9
	1984-85	103.5	60.3	82.6
	1985-86	113.2	68.8	91.6

स्रोत: भारत की जनगणना 1981 सामान्य जनसंख्या के लिए प्राथमिक जनगणना सारांश, अनुसूचित जाति/जनजाति जनसंख्या के लिए प्राथमिक जनगणना सारांश।

है। विभिन्न वर्गों के बीच शिक्षा में असमानता मानव संसाधन विकास के एक पहलू को उजागर करती है तो क्षेत्रीय विभिन्नता या राज्यों के बीच भिन्नताएं मानव संसाधन के विकास की नीति अपनाने की दृष्टि से काफी महत्वपूर्ण है।

अन्तर्राष्ट्रीय असमानताएं

तालिका में 1960-61 तथा 1987-88 के लिए प्राथमिक शिक्षा तथा मिडिल स्तर की शिक्षा में लड़कों में तथा लड़कियों के राज्यवाद प्रवेशांकन अनुपात दिखाए गए हैं। इस तालिका से स्पष्ट है कि कुछ राज्यों में तो पर्याप्त संख्या में लड़के तथा लड़कियों शिक्षा ग्रहण कर रही हैं परन्तु बहुत से ऐसे राज्य भी है जहां ये काफी कम है। यह भी देखा जा सकता है कि जो राज्य प्रारम्भ में अच्छी स्थिति में नहीं थे वे अभी भी इस क्षेत्र में पिछड़े हुए हैं। इस अंतर को पूरा करने के लिए विशेष प्रयास किए जाने जरूरी हैं।

विभिन्न राज्यों में निष्पादन में जो अंतर दिखाई देता है उसका एक कारण तो यह हे कुछ राज्य सापेक्षिक रूप से इतनी आर्थिक प्रगति कर चुके हैं कि वे शिक्षा की दृष्टि से पिछड़े राज्यों की तुलना में अपने यहां मानव संसाधन विकास पर ज्यादा निवेश करने में सक्षम है। पंजाब, हरियाणा, महाराष्ट्र तथा गुजरात जैसे प्रति व्यक्ति अधिक आय वाले राज्य शिक्षा की दृष्टि से भी पिछड़े हुए हैं। हालांकि, सभी निर्धन राज्य शिक्षा की दृष्टि से पिछड़े हुए नहीं हैं जैसे केरल,तमिलनाडु,हिमाचल प्रदेश तथा कर्नाटक जहां यद्यपि प्रति व्यक्ति आय कम तो है परन्तु वे शिक्षा की दृष्टि से पिछड़े हुए नहीं कहे जा सकते।

साक्षरता दर

साक्षरता मानव संसाधन विकास का एक अपरिहार्य तत्व है। यह संप्रेषण तथा सीखने और ज्ञान तथा सूचना हासिल करने और संप्रेषित करने का एक अनिवार्य साधन है और व्यक्ति के विकास तथा प्रगति और राष्ट्रीय विकास की एक अपेक्षा है। दूसरी ओर निरक्षरता को सर्वत्र नुकसान तथा सामाजिक-आर्थिक अल्प-विकास के साथ जोड़ा जाता है।

सर्वाधिक साक्षरता दर वाले केरल राज्य में निम्नतम शिशु मृत्यु दर, निम्न मृत्यु दर, 15-19 आयु वर्ग में विवाहित स्त्रियों का कम हिस्सा और बहुत से राज्यों की तुलना में प्रति हेक्टयर ज्यादा कृषि उत्पादिता है। वहां उत्प्रवासन की दर भी ज्यादा है और वहां के लोग बेहतर उपार्जन के लिए भारत में तथा देश से बाहर काम की खोज करते रहते हैं तथा वहां से काफी धनराशि कमाकर अपने घर भेजते रहते हैं।

स्वतंत्रता मिलने के बाद में एक ओर तो स्कूल की आधारित संरचना के विस्तार की और दूसरी ओर प्रौढ़ शिक्षा की व्यवस्था करने के प्रयत्न किए जा रहे हैं और इस क्षेत्र में काफी प्रगति है

तालिका भारत में 1981 में साक्षरता दर

जनसंख्या का भाग	*कुल जनसंख्या*	*अनुसूचित जाति*	*अनुसूचित जनजाति*
योग	36.2	21.4	16.4
पुरुष	46.9	31.1	24.5
स्त्री	24.8	10.9	8.0
ग्रामीण	29.7	18.5	14.9
पुरुष	40.8	27.9	22.9
स्त्री	18.0	8.5	6.8
शहरी	57.4	36.6	37.9
पुरुष	65.8	47.5	47.6
स्त्री	47.8	24.3	27.3
पुरुष	46.9	31.1	24.5

स्रोत: भारत की जनगणना 1981 सामान्य जनसंख्या के लिए प्राथमिक जनगणना सारांश अनुसूचित जाति

तालिका: लिंग के आधार पर विभिन्न राज्यों तथा संघ शासित राज्यों में 1960-61 तथा 2006-07 में प्राथमिक तथा मिडिल स्तर पर प्रवेशांकन अनुपात

	प्राथमिक				मिडिल			
	लड़के		लड़कियां		लड़के		लड़कियां	
	1960-61	2006-07	1960-61	2006-07	1960-61	2006-07	1960-61	2006-07
आंध्रप्रदेश	84	96	52	96	26	76	8	74
असम	85	97	50	99	36	67	15	63
बिहार	76	106	24	82	29	45	4	31
गुजरात	90	127	53	111	37	82	15	67
हरियाणा	—	86	—	90	—	79	—	81
हिमांचल प्रदेश	80	113	21	113	37	109	8	106
जम्मू और कश्मीर	71	105	21	100	38	71	10	58
कर्नाटक	92	108	55	105	32	90	14	86
केरल	99	93	99	93	68	100	49	96
मध्य प्रदेश	75	153	22	146	26	101	5	89
महाराष्ट्र	95	116	58	110	39	100	15	102
मणिपुर	99	166	75	160	65	106	20	99
मेघालय	99	183	75	180	65	98	20	105
नागालैंड	99	90	68	89	33	59	16	61
उड़ीसा	89	116	39	111	16	79	2	70
पंजाब	75	78	35	85	44	68	13	70
राजस्थान	64	123	16	116	24	89	4	63
सिक्किम	64	143	16	144	0	67	0	79
तमिलनाडु	99	117	66	117	44	110	19	108
त्रिपुरा	72	146	38	139	29	86	12	86
उत्तर प्रदेश	69	117	20	109	27	59	5	46
पश्चिमी बंगाल	84	102	46	103	31	70	12	71
अंडमानद्वीपसमूह	76	105	52	106	19	104	8	101
अरुणांचल प्रदेश	*	143	*	129	*	91	*	78

1951 को 16.7 प्रतिशत से बढ़कर यह 1981 से 36.2 प्रतिशत हो गई। जनसंख्या के विभिन्न वर्गों के बीच असमानताएं काफी हैं जिन्हें तालिका में देखा जा सकता है।

जनजाति जनसंख्या के लिए प्राथमिक जनगणना सारांश स्त्री साक्षरता दरें पुरुषों के मुकाबले केवल आधी है। इसी प्रकार ग्रामीण क्षेत्रों की साक्षरता दर शहरी क्षेत्री की तुलना में काफी कम है। अनुसूचित जाति/जनजाति की साक्षरता दरें सभी तरह से काफी कम है।

पिछले समय की साक्षरता दरों में हुई वृद्धि पर विचार करते समय एक अति महत्वपूर्ण प्रश्न पिछले चार दशकों के दौरान निरक्षरों की निरपेक्ष संख्या में हुई वृद्धि के संबंध में उठता है। निरक्षरों की संख्या 1951 के 30 करोड़ से बढ़कर 1981 में 43.7 करोड़ हो गई। यहां तक कि 15-35 आयु वर्ग में निरक्षर लोगों की संख्या 1951 के 9.1 से बढ़कर 1981 में 11.0 करोड़ हो गई। इसका अर्थ यह है कि 1951 से 1981 तक के तीस वर्षों के दौरान कुल जनसंख्या में जो निवल वृद्धि हुई उसको भी हम साक्षर न बना सके।

विभिन्न राज्यों में साक्षरता दर के बारे में एक ओर सरल राज्य

तालिकाः लिंग, ग्रामीण, शहरी निवास तथा राज्य/संघशासित क्षेत्र के आधार पर 1981 की साक्षरता दरें

राज्य	कुल जनसंख्या			ग्रामीण जनसंख्या			शहरी जनसंख्या		
	व्यक्ति	पु.	स्त्री	व्यक्ति	पु.	स्त्री	व्यक्ति.	पु.	स्त्री
भारत	**36.23**	**46.89**	**24.82**	**29.65**	**40.79**	**17.96**	**57.40**	**65.86**	**47.82**
राज्य									
आंध्र प्रदेश	29.94	39.26	20.39	23.24	32.25	14.08	51.99	61.89	41.55
बिहार	26.20	38.11	13.62	22.50	34.38	10.17	52.18	62.47	39.81
गुजरात	43.70	54.44	32.30	36.20	47.85	24.06	60.31	68.62	51.13
हरियाणा	36.14	48.20	22.27	30.33	43.44	15.37	56.86	64.95	47.35
हिमांचल	42.48	53.19	31.46	4042	51.36	27.36	67.34	73.32	60.06
जम्मू और कश्मीर	26.67	36.29	15.88	21.63	31.64	10.47	45.66	53.55	36.44
कर्नाटक	38.46	48.81	27.71	31.05	42.06	19.77	56.71	64.78	47.78
केरल	70.42	75.26	65.73	69.11	74.13	64.25	76.11	80.10	72.20
मध्य प्रदेश	27.87	39.49	15.53	21.22	32.91	8.99	54.02	64.41	42.26
महाराष्ट्र	47.18	58.79	34.79	38.15	51.25	24.88	63.92	71.80	54.65
मणिपुर	41.35	53.29	29.06	37.37	49.33	25.06	52.44	64.30	40.20
मेघालय	34.08	37.89	30.08	27.45	30.83	23.96	64.12	68.90	58.82
नागालैंड	42.57	50.06	33.89	38.59	46.09	30.25	46.23	69.26	56.01
उड़ीसा	34.23	47.10	21.12	31.49	44.51	18.45	54.77	65.13	42.78
पंजाब	40.86	47.16	33.69	35.21	41.914	27.63	55.63	60.73	49.72
राजस्थान	24.38	36.30	11.42	17.99	29.65	5046	48.35	60.55	34.45
सिक्किम	34.05	43.95	22.20	30.05	40.25	18.24	54.86	61.44	45.42
तमिलनाडु	46.76	58.26	34.99	38.56	51.16	25.80	63.45	72.50	53.99
त्रिपुरा	42.12	51.70	32.00	38.23	48.24	27.64	73.66	78.95	67.09
उत्तर प्रदेश	27.16	38.76	14.04	23.06	35.18	9.49	45.88	54.73	35.42
प.बंगाल	40.94	50.67	30.25	33.12	43.55	22.06	62.66	69.08	54.82
केन्द्रीय शासित प्रदेश									
अंडमान द्वीप समूह	51.56	58.72	42.14	46.58	53.94	37.07	65.54	71.69	56.98
अरूणांचल प्रदेश	20.79	28.94	11.32	18.51	26.36	9.60	53.22	60.80	41.18
चंडीगढ़	64.79	69.00	59.31	44.73	52.29	33.74	66.15	70.19	60.94
दादरा	26.67	36.32	16.78	24.71	34.32	14.91	54.17	62.91	44.28
दिल्ली	61.54	68.40	53.07	47.56	60.11	32.08	62.64	69.05	54.71
गोवा, दमन और दीप	56.66	65.59	47.56	52.68	62.39	43.08	64.99	71.96	57.38
लक्षद्वीप	55.07	65.24	44.55	51.98	62.25	41.57	58.65	68.66	48.25
मिजोरम	59.88	64.46	54.91	55.27	60.19	40.92	74.06	77.26	70.47
पांडिचेरी	55.85	65.84	45.71	47.98	59.36	36.30	60.04	70.77	53.23

टिप्पणीः इसमें असम शामिल नहीं है क्योंकि वहां 1981 की जनगणना नहीं हो सकी। भारत की जनगणना 1981 सामान्य जनसंख्या, प्राथमिक जनगणना सारांश।

है जहां 1981 में साक्षरता की दर 70.4 प्रतिशत थी तो दूसरे छोर पर बिहार, जम्मू और कश्मीर ,मध्यप्रदेश, राजस्थान तथा उत्तर प्रदेश जैसे राज्य है जहां साक्षरता की दर 30 प्रतिशत से भी कम है। इन राज्यों में देश की 60 प्रतिशत से अधिक जनसंख्या बसती है। इन राज्यों में शैक्षिक पिछड़ापन इस बात का द्योतक है कि वहां मानव संसाधन विकास का स्तर नीचा है। लिंग तथा ग्रामीण शहरी आधार पर भी अत्यधिक असमानताएं मौजूद हैं।

शिक्षा का व्यवसायीकरण तथा उच्च शिक्षा

उसका मुख्य कारण यह है कि समाज में प्रारम्भिक शिक्षा की एक समान व्यवस्था कर पाने में ही कम असफल रहे हैं क्योंकि इस प्रकार की शिक्षा स्त्री-पुरुषों, सभी जातियों, धर्मों तथा सामाजिक आर्थिक वर्गों के लोगों को समान रूप से उपलब्ध नहीं हो पाती और यदि बीच में स्कूल छोड़ देने वालों की संख्या को मद्देनजर रखा जाए तो इन स्कूल छोड़ देने वालों की कुल संख्या वास्तव में स्कूल में उपस्थिति होने वालों की संख्या से अधिक हो जाएगी।

शिक्षा को काम के साथ जोड़ने की आवश्यकता बहुत पहले से ही महसूस की जा रही है। इसके पीछे शिक्षाशास्त्रीय कारण भी है और यह कारण भी है कि बच्चे को ऐसा कार्यनुभव प्रदान किया जाए जिससे भविष्य में उसे रोजगार मिल सकें। परन्तु विभिन्न शिक्षा आयोगों की अधिकारिक सिफारिशों के बावजूद माध्यमिक शिक्षा की लगातर इस तरह से संरचना की जा रही है कि उससे विद्यार्थियो को उच्च शिक्षा के लिए तैयार किया जा सकें।

व्यावयसायिक शिक्षा

भारत में एक लम्बे समय में व्यावसायिक प्रशिक्षण बहुत से औद्योगिक प्रशिक्षण तथा शिल्प संस्थानों में ही दिया जाता था। कोठारी आयोग (1964-66) की सिफारिश पर दस जमा दो स्तर पर शिक्षा के व्यवसायीकरण को एक राष्ट्रीय कार्यक्रम के रूप में स्वीकार किया गया। आयोग ने यह सुझाव दिया था कि उच्चतर माध्यमिक स्तर पर दाखिला लेने वाले पचास प्रतिशत छात्रों को 1985 (2 वर्ष की अवधि में) तक व्यवसायिक धारा की ओर मोड़ दिया जाए। उसके बाद से शिक्षा के व्यवसायीकरण की दिशा में काफी प्रगति हुई है। हालांकि यह प्रगति उतनी मात्रा में नहीं हुई है जितनी की व्यावयायिक शिक्षा के विकास की कल्पना की गई थी। यद्यपि विभिन्न राज्यों में स्थित विभिन्न संस्थाओं द्वारा व्यवसायिक पाठ्यक्रम चलाए जा रहे हैं परंतु इस दिशा में वास्तविक प्रगति कुछ ही राज्यों में हुई है। तमिलनाडु तथा महाराष्ट्र ऐसे दो राज्य है जहां लगभग तीन चौथाई छात्रों के लिए यह पाठ्यक्रम है। ध्यान देने योग्य बात यह है कि व्यवसायिक शिक्षा का स्तर बड़ा घटिया तथा अप्रभावी है। इस कार्यक्रम के ठीक तरह से न चल पाने के बहुत से कारण हैं। कुछ सीमा तक एक कारण तो यह है कि शिक्षा तथा उद्योग और शिक्षा तथा स्व-रोजगार के बीच कोई खास संबंध स्थापित नहीं हो पाया है। दूसरे छात्रों को जो प्रशिक्षण दिया जाता है वह अच्छी किस्म का नहीं है क्योंकि शिक्षक घटिया किस्म के होते हैं, शिक्षा उपस्कारों का अभाव होता है तथा इन पाठ्यक्रमों में भाग लेने वाले छात्र भी घटिया श्रेणी के होते हैं जो इस देश के शिक्षित समुदाय में दूसरी क्षेत्री के नागरिक बनने लायक ही होते हैं।

तालिकाः उच्चतर माध्यमिक शिक्षा का व्यवसायीकरण कार्यक्रम चलाने वाले राज्यः जमा-स्तर (10+2) पर संस्थाएं तथा दाखिलाः 1986

राज्य	*व्यवसायिक पाठ्यक्रम चलाने वाली संस्थाओं की संख्या*	*व्यवसायिक पाठ्यक्रमों की संख्या*	*प्रवेशांकन कक्षा 11*	*कक्षा 12*
गुजरात	43	14	6028	6000
हरियाणा	41	19	1898	1927
कर्नाटक	105	29	4558	3361
केरल	53	11	1512	1330
म.प्रदेश	11	18	1041	41
महाराष्ट्र	91	46	7950	6145
उड़ीसा	2	3	415	329
पंजाब	13	10	304	0
राजस्थान	10	11	370	2338
तमिलनाडु	144	26	40261	332325
उत्तर प्रदेश	41	1	1025	675
प.बंगाल	90	4	839	783
दिल्ली	52	21	1478	994
अखिल भारत	1706	21	68180	58391

स्त्रोतः पांचवा सर्वेक्षण, राष्ट्रीय शैक्षिक अनुसंधान तथा प्रशिक्षण परिषद्।

इस सबके बावजूद, माध्यमिक शिक्षा का व्यवसायीकरण और विशेषीकृत संस्थाओं के माध्यम से प्रशिक्षण प्रदान करना। इसलिए अनिवार्य है कि इससे आर्थिक संवृद्धि के लिए आवश्यक मानवशक्ति प्राप्त होगी और विशेष रूप से मध्यवर्ती स्तर का तकनीकी मानवशक्ति मिलेगी। आवश्यकता इस बात की है कि प्रशिक्षण को अपने आसपास के पर्यावरण तथा समाज की आवश्यकताओं के साथ एकीकृत करने के मुख्य प्रयास किए जाएं।

उच्च शिक्षा

उच्च शिक्षा का आमतौर पर यह दायित्व होता है कि वह

अर्थव्यवस्था के विभिन्न क्षेत्रों की आवश्यकता पूर्ति के लिए आवश्यक उच्च स्तर का कुशल मानवशक्ति जिसमें प्रारम्भिक तथा माध्यमिक स्कूलों के लिए शिक्षक भी शामिल हैं तैयार करें। उच्च स्तर के मानवशक्ति की पूर्ति के लिए उच्च शिक्षा पर निर्भरता उत्तरोत्तर बढ़ती जा रही है विशेष रूप से इसका एक कारण उत्पादन प्रक्रियाओं में प्रयुक्त होने वाली प्रौद्योगिकी का बदलता स्वरूप भी है। इसकी वजह से श्रमिकों को प्रशिक्षण देना ही नही बल्कि पुन: प्रशिक्षण देना भी जरूरी हो गया है।

एक ओर तो उच्च शिक्षा की मानव संसाधन के विकास में महत्वपूर्ण भूमिका और दूसरी ओर इस प्रकार की शिक्षा में लगने वाली अधिक लागत को मद्दे नजर रखते हुए ऐसे प्रयास किए जा रहे हैं कि विभिन्न स्तरों की शिक्षा तथा व्यावसायिक कुशलता के अनुसार मांग का पूर्वानुमान लगा लिया जाए ताकि उसकी पूर्ति के लिए पर्याप्त व्यवस्था की जा सके। लेकिन एक ओर लंबी उत्पादनविधि तथा विकास की अनिश्चितता और दूसरी ओर सामान्य शिक्षा प्रदान करने वाले विश्वविद्यालयों और कालेजों की अव्यवस्थित संवृद्धि की वजह से अर्थव्यस्थित संवृद्धि की वजह से अर्थव्यवस्था की जरूरतों के अनुसार उच्च स्तर की मानवशक्ति को पैदा करवाना संभव नहीं हो पाया है। एक ओर तो सामान्य शिक्षा के स्नातक और स्नातकोत्तर तथा कानून की शिक्षा प्राप्त किए विद्यार्थियों की भीड़ लगी है तो दूसरी ओर डाक्टरों इंजीनियरों तथा अन्य व्यावसायिक लोगों की देश में कमी है। इसी तरह व्यवसायीकरण के असफल हो जाने के कारण डक्टरों का पैरा-मैडिको लोगों में या स्नातक इंजीनियरों का मिस्त्रियों तथा कुशल प्रशिक्षित श्रमिकों से अनुपात भी विकृत हो गया है और उसे एक ऐसी विरोधाभासी स्थिति पैदा हो गई कि यदि डाक्टर है फार्मासिस्ट लैब, असिस्टेंट प्रशिक्षित नर्से आदि नहीं हैं और यदि इंजीनियर है तो प्रशिक्षित ओवरसीयर, राजमिस्त्री तथा फोरमैन नही है। स्वतंत्रता के तत्काल बाद उच्च शिक्षा के पुनर्गठन के काम को उच्च प्राथमिकता दी गई। 1949 में विश्वविद्यालय शिक्षा आयोग का गठन किया गया। योजनाएं बनाते समय इस आयोग की सिफारिशों को मद्दे नजर रखा गया।

पिछले चार दशकों में उच्च शिक्षा का काफी विस्तार हुआ है। जैसा पहले संकेत दिया जा चुका है उच्च शिक्षा के लिए दाखिला लेने वालों की संख्या 1951 के एक लाख से बढ़कर 1986-87 में 35 लाख तक पहुंच गई। अन्य स्तरों की तुलना में इस स्तर पर हुई संवृद्धि दर ज्यादा थी। भारत में उच्च शिक्षा के क्षेत्र में जो संकट है वह संरचनात्मक विरूपता तथा शिक्षा के निरंतर गिरते स्तर की वजह से है। तालिका 22.7 में संकाय के अनुसार दाखिलों की संख्या दिखाई गई है: इससे स्पष्ट हो जाता है कि कला संकाय में आज भी सबसे ज्यादा छात्र प्रवेश लेते हैं कुछ राज्यों में तो यह काफी अधिक है।

विज्ञान संकाय में प्रवेश लेने वालों की संख्या में पहले तो बढ़ोत्तरी हुई परंतु सत्तर के दशक में इसमें गिरावट आ गई। वाणिज्य संकाय की हिस्सेदारी में काफी बढ़ोत्तरी हुई और यह अंश लगभग दस प्रतिशत से बढ़कर बीस प्रतिशत से अधिक हो गयी। वाणिज्य में ज्यादा प्रवेश लेने का कारण प्रति इकाई लागत का कम होना और तृतीयक क्षेत्रक के विकास की वजह से रोजगार मिलने की ज्यादा संभावित होना है। तकनीकी और व्यावसायिक पाठयक्रमों में दाखिले की स्थिति वास्तव में असंतोषजनक है। वास्तव में इन विषयों में प्रवेश लेने की सीधा संबंध उत्पादन क्षेत्र से होता है। इन विधाओं में 1981-82 में कुल प्रवेशांकनों में से केवल 10.7 प्रतिशत ने ही प्रवेश लिया। पिछले तीस वर्षों इसमें लगातार गिरावट हो रही है। 1950-51में यह 18 प्रतिशत थी जो 1981-82 में आकर मात्र 10.7 प्रतिशत ही रह गया जबकि सकल राष्ट्रीय उत्पाद में विनिर्माण बिजली, परिवहन तथा निर्माण उद्योगों की हिस्सेदारी आमतौर पर लगातार बढ़ रही है और इसके लिए ज्यादा से ज्यादा योग्य तकनीकी कर्मियों की जरूरत पड़ेगी।

मानव संसाधनों के विकास की दृष्टि से शिक्षा की मांग तथा पूर्ति के बीच असंतुलन को बनाए रखने की जरूरत है। इस संदर्भ में ऐसे पाठ्यक्रमों पर ज्यादा जोर दिए जाने की जरूरत है जो मानव जाति के सामाजिक तथा भौतिक कल्याण में सीधे योगदान करके या उत्पादन प्रक्रियाओं को बेहतर बनाकर उत्पादक मानव संसाधनों के विकास में सहायता कर सके। इस स्तर पर शिक्षा के स्तर में काफी सुधार करने की जरूरत होगी। इसके अतिरिक्त, प्रौद्योगिक में तेजी से आ रहे बदलाव को देखते हुए इस स्तर पर अधिकाधिक अल्पकालीन पाठयक्रम चालू करने की जरूरत है। हाल में उच्च शिक्षा के निजीकरण की वांछनीयता पर भी कुछ विवाद खड़ा खड़ा हो गया है इसके मिथकों का मत है कि चूंकि इससे व्यक्ति को अपेक्षाकृत अधिक पहुंचता है अत: इस व्यक्ति के परिवार वालों को इस प्रकार शिक्षा पर होने वाले व्यय को वहन करना चाहिए। उनके अनुसार इससे सरकारी संसाधनों के खर्च से प्राप्त होने वाले लाभों का अधिक समानता से वितरण संभव हो पाएगा।

स्वास्थ्य

विकास के साधन और साध्य दोनों ही के लिए एक शिक्षित श्रमशक्ति के साथ-साथ देश को एक स्वस्थ श्रमिक बल की भी जरूरत होती है। खराब स्वास्थ्य श्रमिक की कम उत्पादिता तथा अधिक अनुपस्थिति का एक बहुत बड़ा कारण होता है इस बात

तालिका: 1950-51 से 1981-82 तक स्नातक तथा स्नातकोत्तर छात्रों का संकाय के अनुसार प्रवेशांकन
(यहां पर प्रतिशत कुल)

वर्ष	कला	विज्ञान	वाणिज्य	शिक्षा	इंजिनियरी टैक्नोलाजी	मेडिसीन
1950-51	38.98	20.80	10.30	2.38	6.96	8.78
1955-56	42.52	19.82	10.32	3.86	6.74	7.26
1960-61	39.69	24.03	9.87	3.41	7.62	5.79
1965-66	40.52	25.86	10.45	3.14	7.34	5.90
1970-71	43.10	26.26	13.03	2.91	4.46	4.58
1975-76	44.50	19.10	17.10	3.20	4.00	4.30
1980-81	44.50	19.40	20.40	2.60	4.50	4.00
1981-82	40.30	19.60	21.30	2.40	4.40	3.90

स्रोत: विश्वविद्यालय अनुदान आयोग की वार्षिक रिपोर्ट।

के भी साक्ष्य मौजूद हैं कि अनेक आर्थिक दुर्बलताएं जैसे जनजाति तथा जाति, शिक्षा का स्तर और स्वास्थ्य के बीच आपसी संबंध होता है। स्वास्थ्य तथा लोगों के विकास के मूल में माता तथा बच्चे का स्वास्थ्य होता है। मूल इकाई के रूप में, मां और बच्चा परिवार का मूल आधार होते हैं तथा गर्भाधन के दौरान उनके बीच जो संबंध स्थापित होता है वह बाद में सामाजिक संबंध के रूप में प्रकट होता है। स्त्री साक्षरता मां और बच्चे का स्वास्थ्य तथा नीची जन्म दर ये तीनों एक दूसरे से गुंथे हुए हैं। इनमें व्याप्त असमानताएं परस्पर प्रभाव डालती है और ये निर्धनता के दुष्चक्र को जन्म देती है। विभिन्न क्षेत्रकों में असमानताओं के ढांचे में यदि अड़चनों को दूर कर दिया जाए तो वह सहायक भी बन सकता है। इसलिए प्राथमिक स्वास्थ्य की योजनाओं में मां तथा बच्चे की स्वास्थ्य सेवाओं का अग्रणी स्थान होता है।

नीति के रूप में विशेष रूप में सबके लिए स्वास्थ्य के संदर्भ में देश ने सार्वजनिक प्राथमिक स्वास्थ्य देखभाल को अपना आदर्श बनाया है जिसका आशय यह है कि स्वास्थ्य के लिए अंतर-क्षेत्रकीय समन्वित कारवाई की जाएगी, उपचारात्मक निरोधक, संवर्धनात्मक तथा पुनर्वासीय सेवाओं के बीच एकीकरण स्थापित किया जाएगा तथा स्वास्थ्य के क्षेत्र में जनता का अधिकाधिक सहयोग लिया जाएगा।

संरचनात्मक सुविधाओं में प्रगति

भारत में स्वतंत्रता प्राप्ति के बाद से स्वास्थ्य से संबंधित कई दिशाओं में काफी प्रगति की गई है। उदाहरणत: पिछले चालीस वर्षों के दौरान भारत में मृत्यु दर 27 प्रति हजार से घटकर प्रति हजार रह गई है। जन्म पर जीवन संभाविता 1941-51 के 31-32 वर्ष से बढ़कर 1985-86 में अनुमानत: 54.7 वर्ष हो गई। जीवित जन्म से शिशु मृत्यु दर भी 160 प्रति हजार घटकर 1988 में 94 रह गई। चेचक का उन्मूलन किया जा चुका है तथा मलेरिया एवं अन्य संक्रामक रोगों से होने वाली मौतों पर भी काफी हद तक नियंत्रण कर लिया गया है। राज्य द्वारा स्वास्थ्य पर प्रति व्यक्ति खर्च 1955-56 के रु. 1.50 से बढ़कर 1981-82 में रु. 27.86 हो गया हालांकि सकल राष्ट्रीय उत्पाद में उसका अंश 2 प्रतिशत से अधिक नहीं है। देश में स्वास्थ्य रक्षा प्रणाली की सीमित उपलब्धता तथा ग्रामीण क्षेत्रों में इसके लगभग अभाव को देखते हुए भारत सरकार ने प्रत्येक सामुदायिक विकास खण्ड में जल्दी ही एक प्राथमिक स्वास्थ्य केन्द्र स्थापित करने का कदम उठाया है। दूसरी पंचवर्षीय योजना की समाप्ति पर देश में 5000 से अधिक प्राथमिक स्वास्थ्य केंद्र स्थापित किए जा चुके थे। विश्व स्वास्थ्य संगठन की आत्मा एटा घोषणा (1978) पर भारत ने भी हस्ताक्षर किए थे जिसके अनुसार वह 2000 ई. तक सबके लिए स्वास्थ्य के प्रति वचनबद्ध हो गया है। इसके अनुसरण में भारत सरकार ने 1982 में संसद में एक राष्ट्रीय स्वास्थ्य नीति की घोषणा की। जिसके अनुसार सरकार ने बुनियादी स्वास्थ्य तथा परिवार कल्याण के क्षेत्र में निम्नलिखित लक्ष्य प्राप्त करने का निश्चय किया है।

सातवीं योजना स्वास्थ्य रक्षा कार्यक्रम

आत्मा एटा लक्ष्यों के अनुसार प्राथमिक स्वास्थ्य रक्षा को सातवीं योजना में और भी ज्यादा बढ़ावा दिया गया। समूचे स्वास्थ्य विकास कार्यक्रम के अन्तर्गत निरोधात्मक तथा संवर्धनात्मक पहुलओं पर तथा स्वरूप में विस्तृत, आसानी से और सदैव उपलब्ध हो जानेवाली नि:शुल्क, पहुंच के अंदर और लोगों द्वारा आमतौर पर वहन की जाने वाली प्रभावी तथा दक्ष स्वास्थ्य सेवाएं संगठित करने पर विशेष बल दिया गया। इन उद्देश्यों को प्राप्त करने के लिए सातवीं योजनाओं में निम्नलिखित क्षेत्रों पर विशेष बल दिया गया।

तालिकाः स्वास्थ्य नीति बुनियादी स्वास्थ्य तथा परिवार कल्याण सेवाओं के लिए निर्धारित लक्ष्य

क्र.स.	लक्ष्य	1990-2000 ई.
1. गर्भवती महिलाओं की प्रसव पूर्व देखभाल (%)	60-75	100
2. प्रशिक्षित परिचरों द्वारा प्रसव करना (%)	80	100
3. प्रतिरक्षण स्थिति (%) गर्भवती महिलाओं को टी.टी.और जाने वाले बच्चों को टी.टी.	100	100
10 वर्ष की आयु	100	100
16 वर्ष की आयु	100	100
डी.पी.टी.(तीन वर्ष से कम आयु के बच्चे)	85	85
पोलियो (शिशु)	70	85
बी.सी.जी.(शिशु)	80	85
डी.टी.(स्कूल में आने वाले 5-6 वर्ष के नए छात्र)	85	85
टाइफायड (स्कूल में आने वाले 5-6 वर्ष के नए छात्र)	85	85
4. कुष्ठ रोग (पता लगाए गए लोगों में से कितने प्रतिशत में रोग नियंत्रण)	60	80
5. क्षयरोग (टी.बी.) (पता लगाए गए लोगों में से मिले प्रतिशत में रोग नियंत्रण)	75	90
6. अंधापन (%)	0.7	0.3

स्रोतः राष्ट्रीय स्वास्थ्य नीति 1982.

(क) प्राथमिक स्वास्थ्य उपायों के संवर्धन के लिए न्यूनतम आवश्यकता कार्यक्रम एक प्रधान आधार के रूप में कार्य करता रहेगा, इस बात पर विशेष जोर दिया जाएगा कि दी जा रही सेवा की गुणवत्ता और उसकी पहुंच में और सुधार किया जाए।

(ख) विभिन्न क्षेत्रों के बीच समन्वय और सहयोग अच्छा न होने की वजह से स्वास्थ्य कार्यक्रमों को काफी नुकसान पहुंचता है। स्वास्थ्य तथा स्वास्थ्य संबंधी सेवाओं तथा कार्यकलाप के बीच प्रभावी समन्वय तथा संयोजन स्थापित करने के गंभीर प्रसास किए जाएगे जैसे पोषण पीने के साफ पानी की अपूर्ति तथा सफाई, आवास-निर्माण, शिक्षा, सूचना तथा संचार और समाज कल्याण उस पैकेज का एक हिस्सा होंगे जो 2000 ई. तक सबके लिए स्वास्थ्य के लक्ष्य को प्राप्त करने के लिए बनाया जाएगा।

(ग) किसी भी कार्यक्रम में समाज के लोगों की सहभागिता बहुत जरूरी होती है। इसलिए स्वैच्छिक संगठनों के सक्रिय सहयोग वाले कार्यक्रमों तथा बड़े पैमाने पर स्वास्थ्य शिक्षा आंदोलन चलाने को प्राथमिकता दी जाएगी।

(घ) स्वास्थ्य तथा परिवार नियोजन सेवाओं के गुणात्मक सुधार किए जाएंगे। अधिकाधिक निरोधात्मक शिक्षा तथा प्रशिक्षण कार्यक्रमों के लिए आवश्यक साज सामान को और अधिक आवश्यकता आधारित तथा समुदाय प्रधान बनाया जाएगा। आवश्यक दवाइयों टीकों तथा सीरप की पर्याप्त व्यवस्था की जाएगी जिसके लिए उत्पादन सुनिश्चित करने, उनकी कीमत निर्धारित करने तथा वितरण करने और सर्वत्र तथा सार्वजनिक उपलब्धता पर विशेष ध्यान दिया जाएगा तथा यह भी सुनिश्चित किया जाएगा कि वे सभी की पहुंच के अंदर हो।

(च) व्यापकता सुनिश्चित करने के लिए शहरी स्वास्थ्य सेवाओं स्कूल स्वास्थ्य सेवाओं तथा मानसिक और स्वास्थ्य सेवाओं पर भी विशेष ध्यान दिया जाएगा।

(छ) संक्रामक रोगों की रोकथाम और उनके उन्मूलन के लिए सभी स्तरों पर कार्यक्रम लागू करने के तंत्र को सबल बनाने की जरूरत है और यह भी जरूरी है कि कार्यक्रम पर होने वाले खर्च को सभी राज्य सरकारें भी उठाएं और इस बात को कड़ाई से लागू किया जाए।

(ज) डाक्टरों तथा पराचिकित्सकीय कार्मिकों की शिक्षा तथा प्रशिक्षण में आमूल परिवर्तन करने की आवश्यकता है। अध्यापन तथा पढ़ाई को लोगों की स्वास्थ्य समस्याओं के साथ जोड़ा जाना चाहिए। चिकित्सा प्रशिक्षण आवश्यकता आधारित, समस्या केंद्रित तथा समुदायमुखी होना चाहिए। स्वास्थ्य अर्थात् मानवशक्ति का विकास अभी तक उपेक्षित क्षेत्र रहा है इस पर तत्काल ध्यान देने और कारवाई करने की आवश्यकता है।

(झ) चिकित्सा के क्षेत्र में ऐसे अनुसंधानों को चालू रखा जाएगा जो लोगों की आम स्वास्थ्य समस्याओं के लिए विशेष रूप से प्रासंगिक है। नई आने वाली तकनीकी और प्रौद्योगिकी के मूल्यांकन को ज्यादा महत्व और प्राथमिकता दी जाएगी। आधुनिक जैविकी तथा जैव प्रौद्योगिकी पर विशेष ध्यान दिया जाएगा जिससे बहुत सी स्थानीय बीमारियों से लड़ने के लिए अधिक प्रभावी तथा स्वीकार्य साधन खोजा जा सके।

(ट) भारतीय चिकित्सा प्रणालियों का बेहतर मानकीकरण,एकीकरण तथा व्यापक अनुप्रयोग और विशेष रूप से उनका राष्ट्रीय स्वास्थ्य कार्यक्रम में उपयोग किया जाएगा। भारतीय चिकित्सा प्रणालियों के विकास के लिए उनके अध्यापन प्रशिक्षण अनुसंधान तथा सेवा कार्यकलापों को सखी से लागू करने की जरूरत है। इस क्षेत्र में विस्तार आयोजना बहुत जरूरी है।

न्यूनतम आवश्यकता कार्यक्रम के अन्तर्गत सामुदायिक स्वास्थ्य केंद्रों (एक 30 बिस्तरों वाला अस्पताल जिसमें स्त्री रोग तथा बाल रोग विशेषज्ञ समेत चार बुनियादी विशेष चिकित्सा प्रबंधक हो) प्राथमिक स्वास्थ्य केन्द्रों तथा उप केन्द्रों की स्थापना के लिए जनसंख्या के मानदंड बदले गए थे। इन मानदंड़ों के अनुसार प्रत्येक 5000 की जनसंख्या के लिए एक उप-केन्द्र प्रत्येक 30,000 जनसंख्या के लिए एक प्राथमिक स्वास्थ्य केन्द्र और प्रत्येक 1,00,000 की जनसंख्या के लिए एक सामुदायिक स्वास्थ्य केन्द्र होना चाहिए। फलस्वरूप देश में मार्च 1988 के अंत में 1,02,16 उपकेन्द्र 14,409 प्राथमिक स्वास्थ्य केन्द्र तथा 1,293 सामुदायिक स्वास्थ्य केंद्र स्थापित हो गए थे। आधारित स्तर पर 5,59,000 प्रतिशत दाइयां 3,92,000 ग्राम स्वास्थ्य गाइड तथा 85,000 पुरुश और 1,08,000 स्त्री बहुद्देश्यीय स्वास्थ्य कार्यकर्ता थे जिनका काम बुनियादी स्वास्थ्य सेवाओं को लोगों के घर तक पहुंचाना था।

देश में चिकित्सा कार्य करने वालों की कुल संख्या छः लाख से अधिक है इनमें से आधे से ज्यादा एलोपैथी चिकित्सा करते हैं। इसके अतिरिक्त 1,50,000 से अधिक नर्सें हैं जिसमें से अधिकांश सार्वजनिक स्वास्थ्य सेवा में काम करती है। लेकिन डाक्टर और जनसंख्या के बीच के अनुपात में काफी भिन्नता है यह चंडीगढ़ संघ शासित क्षेत्र में 1,632 है तो राजस्थान में 1,11,195 है।

संक्रामक रोगों का नियंत्रण

सातवीं पचंवर्षीय योजना में संक्रामक रोगों के नियंत्रण पर विशेष जोर दिया गया। संक्रामक रोग यद्यपि देश में व्यापक रूप में फैले हुए हैं परंतु इनकी प्रकृति तथा प्रभाव की सीमा के बारे में समग्र तथा अधुनातन रूप से कोई निश्चित अनुमान लगाना संभव नही है। संक्रामक रोगों की रोकथाम और उनके उन्मूलन के लिए पिछले कई दशकों से राष्ट्रीय तथा राज्य स्तर पर कई कार्यक्रम चलाए गए है और उनके अच्छे परिणाम भी निकले हैं।

अतिसार (दस्त की बीमारियां)

भारत में और विशेष रूप से पांच वर्ष से कम आयु के बच्चों में दस्त की बीमारियां एक प्रमुख स्वास्थ्य समस्या है। हालांकि विद्यमान स्वास्थ्य सुविधाओं के अंतर्गत इस बीमारी के इलाज के लिए चिकित्सा सहायता प्राप्त करने के मामले तो आते हैं परंतु ऐसे मामलों की कुल संख्या और उनके कारण होने वाली मौतों के बारे में कोई सूचना उपलब्ध नहीं है। परिणामस्वरूप दस्त संबंधी बीमारियों से ग्रस्त रोगियों तथा उनके कारण होने वाली मौतों के बारे में राज्य सरकारों तथा संघ शसित राज्य जो आंकड़े भेजते हैं। वे अपूर्ण और अविश्वसनीय है। जहां तक इसके गुणात्मक पहलू का संबंध है हैजा पेचिस तथा आंत्रशोध के उपशीर्षकों के अंतर्गत हो अलग अलग आंकड़े दिए जाते हैं उनमें अन्य अतिसार बीमारियों से पैदा होने वाली समस्या की कोई सूचना नहीं होती।

मलेरिया

राष्ट्रीय मलेरिया नियंत्रण कार्यक्रम के अंतर्गत साठ के दशक के मध्य तक देश में मलेरिया पर काफी कुछ नियंत्रण पा लिया गया था। सतर के दशक में इसने जब फिर से सिर उठाया तो 1971 में मलेरिया के रोगियों की संख्या 7.5 करोड़ थी किंतु छठी योजना के समाप्त होते-होते यह संख्या घटकर 20 लाख ही रह गई। इस अवधि मे मलेरिया के कारण होने वाली मृत्यु संख्या में भी भारी कमी आ गई। किन्तु कुछ राज्यों में और मुख्य रूप से उड़ीसा, गुजरात तथा तमिलनाडु में मलेरिया के रोगियों में कुछ नए क्षेत्रों में ज्यादा जोर दिखाई दिया है। इस बीमारी के पुनः फैल जाने के पीछे जो कारण हैं उनमें से कुछ इस प्रकार हैं वैज्ञानिक तरीके से ठीक समय पर दवाई न छिड़कना, प्रबंध की असफलता, रोगवाहकों एवं परजीवियों, पर दवाई का असर न होना तथा पर्याप्त धनराशि की व्यवस्था न हो पाना।

कुष्ठ रोग

राष्ट्रीय कुष्ठ नियंत्रण कार्यक्रम को और अधिक सबल किया गया है और अब इसे राष्ट्रीय कुष्ठ निर्वारण कार्यक्रम के रूप में परिवर्तित कर दिया गया है। देश के ऐसे क्षेत्रों में रहने वाले 35 करोड़ लोगों को इस कार्यक्रम के अतंर्गत लाया गया, जहां कुष्ठ रोग अधिक है।

क्षयरोग (टी.बी.)

क्षयरोग अभी भी एक प्रमुख स्वास्थ्य समस्या बना हुआ है। टी.बी.रोधी दवाओं तथा उपचारों की जरूरी मात्रा उपलब्ध करवाकर और उसकी क्वालिटी में सुधार करके इस रोग पर नियंत्रण करने के प्रयासों में काफी वृद्धि हो गई। प्राथमिक स्वासथ्य केंद्रों में लक्ष्य निर्धारण के आधार पर थूक की जांच की जा रही है। इसके अलावा पूरे देश में 358 जिला टी.बी.केन्द्र 300 टी.बी.क्लिनिक तथा 45,000 टी.बी. बिस्तरों की व्यवस्था है।

अन्य बीमारियां

अंधेपन पर नियंत्रण : राष्ट्रीय अंधापन नियंत्रण तथा दृष्टि रोग निरोध कार्यक्रम के अंतर्गत विभिन्न स्तरों पर नेत्र स्वास्थ्य सुविधाओं में वृद्धि की गई है। इसके अंतर्गत यह लक्ष्य रखा गया था कि अंधेपन की 1980-81 की 14 प्रति हजार की दर को घटाकर1984-85 में 10 प्रति हजार किया जाएगा। हालांकि इस संबंध में आंकड़े उपलब्ध नहीं हैं।

अतिपाती खसन संक्रमण (Acule Respiratory Infiction)

श्वांस नली या उससे संबंधित रचना के किसी भी हिस्से में संक्रमण हो जाने के फलस्वरूप जो तीव्र रोग लक्षण या चिहन दिखाई देते हैं, उन्हें एक्यूट रेस्पिरेटरी इन्फैक्शन कहा जाता है। इससे कई प्रकार के जटिल तथा विविध प्रकार की बीमारियां हो जाती है किंतु उनमें तीन बातें मौजूद रहती है श्वांसनली शोथ (बोंकाइटिस) तीव्र कंठशोथ (लेरिंजाइटिस) तथा निमोनिया। वर्ष 1983-84 के दौरान चौदह राज्यों तथा राज्यों तथा संघ शासित राज्यों के अस्पतालों और डिस्पेंसरियों में इन रोगों से ग्रस्त 96.3 लाख रोगियों को बाह्य रोगियों के रूप में देखा गया। 1969 में जनसंख्या पर आधारित अध्ययनों, जिनके अनुसार प्रत्येक पाक्षिक अथवा महीने के बीच घर-घर जाकर रोगियों को देखा जाता था से संकेत मिलता है कि एक शहरी बच्चे को अपनी पांच वर्ष की आयु तक के दौरान प्रतिवर्ष औसतन पांच से लेकर आठ तक ए.आर. आइ. के दौरे झेलने पड़ते हैं। जबकि ग्रामीण बच्चे को प्रतिवर्ष एक से तीन दौरे झेलने पड़ते हैं। इससे स्पष्ट होता है कि शहरों मे बहुत अधिक वायु प्रदूषण है।

प्रतिरक्षण कार्यक्रम सहित जच्चा-बच्चा स्वास्थ्य सेवाएं

ग्रामीण तथा शहरी क्षेत्रों में समाज की कुल स्वास्थ्य रक्षा के एक हिस्से के रूप में थे जच्चा-बच्चा स्वास्थ्य सेवाएं विद्यमान स्वास्थ्य आधारिक संरचना के माध्यम से प्रदान की जाती है। भारत सरकार ने सार्वजनिक प्रतिरक्षण कार्यक्रम के अतंर्गत शिशुओं तथा बच्चों में टीकों द्वारा छह सामान्य बीमारियों की रोकथाम तथा गर्भवती महिलाओं में टिटनेस की रोकथाम के लिए टीका लगाने की एक प्रतिरक्षण योजना चलाई है। इस योजना के अंतर्गत 85 प्रतिशत शिशुओं और 100 प्रतिशत गर्भवती महिलाओं को 1990 तक टीका लगा देने का लक्ष्य रखा गया था। प्रतिरक्षण का यह कार्यक्रम 1978 में शुरू किया गया जिसके अंतर्गत बच्चों तथा गर्भवती महिलाओं को टीका लगाने की सेवा शुरू की गई। प्रतिरक्षण गतिविधियों में तेजी लाने के लिए 1985-86 में सार्वजनिक प्रतिरक्षण कार्यक्रम शुरू किया गया।

समग्र स्वास्थ्य योजनाओं में सार्वजनिक प्रतिरक्षण कार्यक्रम के अत्यधिक महत्व को स्वीकार करते हुए अति संवेदनशील जनसंख्या विशेष रूप से बच्चों के लिए भारत सरकार के टीकाकरण तथा प्रतिरक्षण पर एक "टैक्नोलॉजी मिशन" गठित किया जिसका उद्देश्य शिशुओं तथा बच्चों में अस्वस्थता तथा मृत्यु दर में कमी करना और टीकों के उत्पादन में आत्म निर्भरता प्राप्त करना था। वर्तमान प्रतिरक्षण कार्यक्रम के क्षेत्र के विस्तार और उसके लिए तर्काधार बनाने के साथ-साथ मिशन का उद्देश्य एक निगरानी प्रणाली विकसित करना समुदाय की सहभागिता बढ़ाना तथा नए टीकों का विकास और अनुसंधान को प्रोत्साहित करना भी था।

सार्वजनिक प्रतिरक्षण कार्यक्रम सभी स्वास्थ्य कार्यक्रमों में सबसे अधिक प्रभावी सिद्ध हुआ है और 2000 ई तक सबके लक्ष्य की प्राप्ति करने के लिए बहुत महत्वपूर्ण कार्यक्रम है।

प्रसव के समय माता को मिलने वाली चिकित्सा सुविधा शिशु मृत्यु दर और प्रसूति मृत्यु दर को नियंत्रित करने का एक महत्वपूर्ण कारक बन सकती है। प्रशिक्षित व्यक्तियों द्वारा प्रसव कराए जाने का प्रतिशत ग्रामीण क्षेत्रों में 1981 के 26.3 से बढ़कर 1985 में 30.5 और शहरी क्षेत्रों में 65.8 से बढ़कर 72.3 प्रतिशत हो गया। ग्रामीण क्षेत्रों में शिशु मृत्यु दर 1971 के 138 से घटकर 1988 में 102 रह गई। हालांकि प्रसूति मृत्यु (स्त्रियों की कुल मृत्युओं में से प्रसव के कारण हुई मृत्यु) 1981 से ग्रामीण क्षेत्रों में एक प्रतिशत के आसपास चल रही है।

माता का न्यून-पोषण, कम अंतराल में गर्भधाण अत्यधिक रक्ताल्पता, छोटी उम्र में गर्भधारणा, प्रसवपूर्व संक्रमण तथा मां का रक्तचाप बढ़ जाना ऐसे कुछ अन्य कारण है जो गर्भाधान के दौरान मॉ तथा बच्चे दोनों का प्रभाव डालते हैं।

विशिष्ट स्वास्थ्य योजनाएं

लोगों को बेहतर स्वास्थ्य सुरक्षा प्रदान करने के विभिन्न लक्ष्यों को हासिल करने के उद्देश्य से सातवीं पंचवर्षीय योजनावधि के दौरान पांच मुख्य सेवाओं को अधिक व्यवस्थित रूप से संगठित किया गया। ये सेवाएं थी चिकित्सा सेवा, प्रतिरक्षण तथा पुनर्जलीकरण, पोषण, परिवार-कल्याण तथा स्वास्थ्य शिक्षा।

ग्रामीण स्वास्थ्य

जहां तक ग्रामीण क्षेत्रों में स्वास्थ्य सेवाओं का संबंध है वहां न्यूनतम आवश्यकता कार्यक्रम के अंतर्गत उपकेन्द्र प्राथमिक स्वास्थ्य केन्द्र तथा सामुदायिक स्वास्थ्य केन्द्र की तीन स्तरीय प्रणाली को और मजबूत किया गया और विद्यमान मातृ तथा शिशु स्वास्थ्य केन्द्रों तथा ग्रामीण डिस्पेंसरियों को प्राथमिक स्वास्थ्य केन्द्रों में तथा उपजिला अस्पताओं को सामुदायिक स्वास्थ्य केंद्रों के रूप में परिवर्तित कर दिया गया और आवश्यकता अनुसार नई कार्यात्मक इकाईयां स्थापित कर दी गई। इनके पृष्ठपोषण के लिए आधारित संरचनात्मक सुविधाओं को भी मजबूत बनाया गया ओर कुछ सीमा तक सही प्रशिक्षित क्रमिकों की कमी को भी पूरा कर लिया गया। बहुद्देश्यीय कार्यकर्ता स्कीम का भी विस्तार किया गया और उनमें अभिवृति मूलक परिवर्तन सुनिश्चित करने और उनमें आवश्यक कुशलता विकसित करने के लिए प्रशिक्षण देने पर बल दिया गया।

सरकारी स्वास्थ्य व्यवस्थ्या के अतिरिक्त बड़ी संख्या में निजी स्वामित्व वाले अस्पताल, स्वास्थ्य केंद्र तथा डिस्पेंसरियां भी विद्यमान

है। इनमें से कुछ संस्थाएं आर्थिक रूप से कमजोर वर्गों को रियायती दर पर स्वास्थ्य सेवाएं प्रदान करती हैं। इनसे अधिक महत्वपूर्ण सामुदायिक स्वास्थ्य संबंधी परियोजनाएं भी है जो निम्नलिखित से संबंधित है।

(क) पारस्परिक दाइयों का प्रशिक्षण देना तथा उन्हें साजसमान देना, (ख) सामुदायिक स्वास्थ्य कार्यकर्ताओं को गम्भीर रूप से अस्वस्थ माताओं का पता लगाने और बच्चे की सुरक्षा के लिए प्रशिक्षण देना, (ग) दस्त होने की स्थिति में उनका घर पर ही इलाज करने के लिए स्वास्थ्य कार्यकर्ताओं को प्रशिक्षण देना, (घ) प्रसव तथा शिशु देखभाल विशेष रूप से प्रतिरक्षण के मामले में स्वास्थ्य कार्यकर्ता को प्रशिक्षण देना तथा (च) स्वास्थ्य और पोषण में शिक्षा।

शहरी क्षेत्र

शहरी क्षेत्र में विद्यमान स्वास्थ्य सेवाएं काफी दबाव के अंदर काम कर रही हैं गंदी बस्तियों में ये सेवाएं बड़ी दोष और अपर्याप्त है। शहरों की गंदी बस्तियों में सफाई की जो खराब हालत है उससे न केवल उन बस्तियों के लोगों में ही अपितु पूरी शहरी आबादी में बीमारियां फैलती हैं और वह उनके स्वास्थ्य के लिए खतरे की घंटी बनी हुई है।

राष्ट्रीय स्वास्थ्य नीति में निर्धारित मार्गदर्शकों के अनुसार सातवीं योजना में शहरी क्षेत्रों में चिकित्सा तथा स्वास्थ्य रक्षा सुविधाओं में बढ़ोत्तरी की गई।

शहरी स्वास्थ्य सेवा संगठन द्वारा शहरी जनसंख्या को प्राथमिक स्वास्थ्य सेवाएं तो प्रदान करनी ही पड़ती है साथ-साथ ग्रामीण स्वास्थ्य संगठन को सहायक प्रणाली द्वारा तथा विभिन्न शाखाओं में विशेषज्ञ सेवाएं उपलब्ध कराके उन्हें भी सहायता प्रदान करनी होती है। इसलिए प्रत्येक जिला अस्पताल में विकिरण चिकित्सा विज्ञान (Radiology) रोगविज्ञान (Pathology) में विशेषज्ञ डाक्टर होने चाहिए। इसके अतिरिक्त जनसंख्या के सर्वाधिक संवेदनशील वर्ग की आवश्यकता को पूरा करने के लिए 40 प्रतिशत बिस्तर बच्चों तथा माताओं के लिए सुरक्षित करने के प्रयास किए जाने जरूरी हैं।

प्रतिरक्षण तथा मौखिक पुनर्जलीकरण

सभी शिशुओं और बच्चों को 100 प्रतिशत प्रतिरक्षण कार्यक्रम के अंदर लाने के लिए जो उपाय अपनाए जाने है उनके बारे में इस भाग में पहले ही संकेत दिया जा चुका है। जन माध्यमों पर चलाए जा रहे अभियानों तथा पेरो मैडिकल कर्मचारियों के प्रशिक्षण के जरिए होना तथा आंत्रशोध जैसी बीमारियों के कारण होने वाली मौतों को कम करने का प्रयास किये जा रहे हैं।

बीमारी की संभावना से मुकाबला करने के लिए लोगों को स्वास्थ्य संबंधी सकारात्मक उपाय अपनाने के लिए उद्यत किया जा रहा है। उपयुक्त पोषक आहार तथा पीने के साफ पानी की व्यवस्था इस दिशा में महत्वपूर्ण कदम है।

पोषण

पहली तीन पंचवर्षीय योजनाओं के अंतर्गत पोषण स्वास्थ्य क्षेत्रक का एक घटक था। चौथी योजना में पोषण सुधार के लिए एक एकीकृत दृष्टिकोण अपनाने पर जोर दिया गया और बुनियादी तौर पर खाद्यान्न उत्पादनों में वृद्धि करने के जरिए इसे सुधारने का प्रयत्न किया गया। पांचवी योजना में पोषण का एक व्यापक कार्यक्रम तैयार किया गया और उसमें कमजोर वर्गो की ओर विशेष ध्यान दिया गया। 1978 में कुछ चुने हुए खंडों में एकीकृत बाल विकास सेवायोजना शुरू की गई जिसके अंतर्गत शिशुओं बच्चों तथा दूध पिलाने वाली माताओं को अनुपूरक पोषण प्रदान करने की व्यवस्था की गई थी। छठी योजना इस स्कीम का और विस्तार किया गया। सातवीं पंचवर्षीय योजना में एक पोषण नीति तैयार करने पर ज्यादा जोर दिया गया है। आठवीं योजना के अंतर्गत प्रत्यक्ष पोषण प्रदाय स्कीम के तहत बच्चों गर्भवती स्त्रियों तथा बच्चे पालने वाली स्त्रियों के पोषण पर विशेष ध्यान देना पोषण-शिक्षा पर बल, पोषण-सामग्री के उत्पादन तथा प्रक्रमण स्कीमों, सर्वेक्षण अनुसंधान तथा मूल्यांकन का विस्तार आदि करना शामिल है। इन कार्यक्रमों की योजना बनाने तथा उन्हें लागू कराने के काम में बहुत से सरकारी विभागों और स्वैच्छिक संस्थाओं को भागीदार बनाया गया है।

सुरक्षित जल-आपूर्ति प्राप्त करना

सातवीं योजना में संशोधित न्यूनतम आवश्यकता कार्यक्रम के अंतर्गत सुरक्षित पेय जल की व्यवस्था को भी शामिल किया गया है। ग्रामीण जनता को पर्याप्त तथा सुरक्षित पेय जल सुविधाएं उपलब्ध कराने के लिए त्वरित ग्रामीण जल आपूर्ति कार्यक्रम चलाया गया है। सातवीं योजना के दौरान संपूर्ण ग्रामीण जनता को सुरक्षित जल की आपूर्ति कराने के उद्देश्य से सबसे पहले अत्यधिक समस्याग्रस्त गांवों को प्राथमिकता दी गई अर्थात् उसमें ऐसे गांव शामिल किय गए: (क) जिनमें 1.6 किमी के ईर्दगिर्द या 15 मीटर की गहराई तक (पहाड़ी क्षेत्र) कोई निश्चित जल-स्रोत नहीं है, (ख) जिनमें उपलब्ध जल में तादाद से ज्यादा नमक, लोहा, फ्लोराइड या अन्य विषैले तत्व है तथा (ग) जहां हैजा, गिनी वार्म आदि जैसी बीमारियां काफी फैली हुई है।

समस्याग्रस्त गांवों के बाद अन्य गांवों को इस कार्यक्रम के अंतर्गत लाया जाएगा और आंशिक रूप से सप्लाई वाले गांवों में जल की सप्लाई में सुधार किया जाएगा।

सातवीं योजना में ऐसे कस्बों में जल-आपूर्ति कार्यक्रम को उच्च प्राथमिकता दी गई जो अभी तक इसके अंतर्गत नहीं आए थे। शहरों की ऐसी जल आपूर्ति की व्यवस्थाओं को फिर से विकसित करने पर गंभीरता के साथ विचार किया जा रहा है जो या तो पुरानी हो जोने या अत्यधिक प्रयोग के कारण बुरी तरह से खराब हो गई है। शहरों की बाहरी सीमाओं के शहरी क्षेत्रों में जहां आमतौर पर आर्थिक रूप से पिछड़ी आबादी रहती है, उपयुक्त स्थानों पर नल लगाए गए है। हालांकि इनका ठीक तरह से रखरखाव न होने के कारण इन पर किया गया सरकारी खर्च बेकार ही चला जाता है।

शिक्षा तथा स्वास्थ्य निवेश

स्वतंत्रता प्राप्ति के पश्चात हमारी शिक्षा तथा स्वास्थ्य व्यवस्था पर हुए अत्यधिक सरकारी खर्चों के प्रभावों का मूल्यांकन करने के प्रयास किए गए हैं। यद्यपि शिक्षा तथा स्वास्थ्य निवेशों के योगदान का आर्थिक मूल्यांकन करने के विषय में किए गए अध्ययन अभी अपर्याप्त है परंतु फिर भी इस संबंध में निम्नलिखित बातें ध्यान देने योग्य हैं :

(क) प्राथमिक तथा बुनियादी शिक्षा और प्राथमिक स्वास्थ्य सुरक्षा में जो निवेश किया गया है वह सामाजिक दृष्टि से सर्वाधिक लागत प्रभावी है हालांकि देश में उच्च शिक्षा तथा तृतीयक स्वास्थ्य सेवाओं पर जो अधिक निजी प्रतिफल देती है अभी भी अनुपात से अधिक खर्च किया जा रहा है। उच्च शिक्षा तथा शहरी अत्याधुनिक स्वास्थ्य सेवाओं पर किए गए निवेश से अक्सर कोई ज्यादा सामाजिक लाभ नहीं पहुंचता तथा उनसे असमानताएं भी बढ़ती है।

(ख) अर्थव्यवस्था की रोजगार आवश्यकताओं तथा प्रशिक्षित मानव शक्ति की पूर्ति के बीच जो असंतुलन है उसकी वजह से शिक्षित बेरोजगारों की संख्या में वृद्धि हुई है और विशेष रूप से सामान्य कला विषयों की डिग्री वाले बेरोजगारों की संख्या बढ़ी है। दूसरी ओर सर्वश्रेष्ठ वैज्ञानिक तथा व्यावसायिक मानवशक्ति का उन्नत देशों की ओर प्रयाण अर्थात् प्रतिभा का पलायन अभी भी जारी है। यह विकसित देशों को हमारी ओर से सहायता ही है। देश से बाहर जाने वालों में डाक्टर भी है और इंजीनियर भी है। इससे इस तर्क को बल मिलता है कि उच्च शिक्षा का निजीकरण किया जाए और सार्वजनिक सहायता को वापिस ले लिया जाए। एक तर्क दिया जाता है कि ऐसे आर्थिक सहायता सामाजिक आर्थिक असमानता को बढ़ाने की ओर प्रवृत्त होती है। यही तर्क निजी, खर्चीली तथा उच्च तकनीकी चिकित्सा सेवाओं के पक्ष में भी दिया जाता है ये शहरों तथा गांवों में आय के असमान वितरण के कारण पैदा हुई और ये उन असमानतओं को बढ़ाती भी है। चिकित्सा सुविधा तथा शिक्षा पर निजी उपभोक्ता खर्च प्रति व्यक्ति उपभोक्ता खर्च की तुलना में काफी तेजी से बढ़ा है।

(ग) सामान्य उच्च शिक्षा का दोषपूर्ण विस्तार तथा प्राथमिक शिक्षा, व्यावसायिक शिक्षा और प्रौढ़ शिक्षा में वांछित प्रगति न होने की वजह से शिक्षा में सार्वजनिक निवेश से वे प्रभाव हासिल नहीं हो पा रहे जो बिजली, सिंचाई या उर्वरकों के किए गए निवेश से प्राप्त हो रहे हैं।

(घ) मानव संसाधन विकास के विभिन्न घटकों के बीच ऊंची कोटि की पूरकता भी होती है जैसे शिक्षा तथा स्वास्थ्य निवेशों आवास निर्माण तथा पर्याप्त पोषक आहार प्राप्त करना आदि के बीच जिसे सामान्यत: नीति आयोजना की अवस्था में भुला दिया जाता है और इसीलिए इन क्षेत्र में सरकारी खर्च की दक्षता घट जाती है।

(च) **गेलेन्सन तथा प्याट** (Galenson and Pyatt) ने इस विषय में जो अध्ययन प्रस्तुत किया है उसके अनुसार अंतराष्ट्रीय अनुभव यह रहा है कि मानव पूंजी अर्थात् शिक्षा तथा स्वास्थ्य में किये गये निवेश से तभी सर्वोत्तम लाभ प्राप्त किए जाते हैं जब उसे निवेश का वास्तविक पूंजी निवेश के साथ उपयुक्त संतुलन कर दिया जाए। लेकिन सार्वजनिक नितेश योग्य संसाधनों के एक दिए स्तर पर दोनों की मांगे परस्पर प्रतिस्पर्धी होती है और इसीलिए इन दोनों के सही संयोजन को ठीक तरह से चुनना बहुत जरूरी है।

(छ) शहरी क्षेत्रों में सार्वजनिक स्वास्थ्य सुविधाओं का और विशेष रूप से बाह्य रोगी सेवाओं का फिर चाहे वे कितनी ही अपर्याप्त और खराब क्यों न हो गरीब लोग ज्यादा लाभ उठाते हैं, जबकि ग्रामीण क्षेत्रों में इन सेवाओं तक गरीब ग्रामीणों की कम पहुंच हो पाती है और गांव के संपन्न लोग इनका ज्यादा लाभ उठाते हैं। अस्पताल के अंदर भर्ती होने की सुविधाएं शहरी और ग्रामीण दोनों ही क्षेत्रों में गरीबों को कम मिल पाती है। सार्वजनिक स्वास्थ्य सेवाओं की खराब स्थिति और हमारे समाज में व्याप्त असमानताओं की वजह से स्वास्थ्य सेवाओं में अत्यधिक खर्चीली निजी क्षेत्र की सेवाएं खूब फलफूल रही है और इस प्रकार देश के दुर्लभ संसाधनों का उपभोग करती जा रही है।

औद्योगिक समाज में वगई तथा वर्ग संघर्ष

वर्गों की उत्पति के साथ ही वर्ष संघर्ष भी शुरू हो गया। इतिहास दिखलाता है कि सभी बैर भाव पूर्ण समाजों में वर्ग संघर्ष हुए हैं। **मार्क्स** और **एंजिलस** ने कम्युनिट में नोफेस्टों में लिखा है:

अब तक आविर्भूत सभी बैर-भाव पूर्ण समाजों का इतिहास वर्ग संघर्ष का इतिहास रहा है। स्वतंत्र मनुष्य और दास पेट्रीशियन और प्लेवियन, सामंत और भू-दास, शिल्प संघ का उस्ताद और कारीगर और मजदूर तथा कारीगर संक्षेप में शोषक ओर शोषित

बराबर एक दूसरे का विरोध करते आये हैं। कभी छिपकर और कभी प्रकट रूप से लगातार एक दूसरे से लड़ते रहे हैं, इस लड़ाई का अंत हर बार या तो पूरे समाज के क्रांतिकारी पुर्नगठन में या संघर्षरत दोनों ही वर्गों की बर्बादी में हुआ है।

तात्विक रूप से वर्ग संघर्ष का स्रोत वर्ग हितों का प्रतिरोध है। जो एक वर्ग का हेतु है वह दूसरे वर्ग का प्रतिरोध है। पूंजीपति समाज में मजदूर और पूंजीपति के हित एक दूसरे के विपरीत होते हैं। एक वर्ग के रूप में बुर्जुआ वर्ग शोषण बढ़ाने पूंजीवादी प्रणाली को बनाए रखने और अपने आर्थिक तथा राजनैतिक प्रभुत्व सुदृढ़ करने में दिलचस्पी रखता है। दूसरी ओर मजदूर वर्ग पूंजीवादी व्यवस्था में अपनी वस्तुगत स्थिति के कारण शोषण का उनमूलन करने निजी स्वामित्व और उस पर आधारित समाजिक उत्पीड़न का खात्मा करने तथा शोषक राज्य को नष्ट करने में दिलचस्पी रखता है।

मार्क्स और **एंजिल्स** ने सिद्ध किया कि वर्ग संघर्ष बैर भावपूर्ण संरचनाओं में सामाजिक विकास की प्रेरक शक्ति है। सामाजिक विकास की एक निश्चित अवस्था में वर्ग संघर्ष अनिवार्य रूप से सामाजिक क्रांति की ओर ले जाता है। वर्ग संघर्ष की चरम अभिव्यक्ति स्वयं क्रांति है। जब क्रांतिकारी वर्ग राजनीतिक सत्ता अपने हाथों में लेता है तब उसका प्रयास सामाजिक संबंधों में आमूल चूल है। जिसकी सहायता से सामाजिक विकास के तात्कालिक कार्य पूरे किये जाते हैं।

पूंजीवाद समाज गहन तम सामाजिक गैर-बराबरी और प्रतिरोध का समाज है। पूंजीवादों के विकास के साथ में बुर्जुआ और सर्वहारा वर्गों में अधिकाधिक ध्रुवीकरण होता है। पूर्ववर्ती संरचनाओं में वर्ग संघर्ष की तुलना में सर्वहारा वर्ग का संघर्ष अधिक संगठित और विकसित हो जाता है। ऐतिहासिक रूप से वर्ग संघर्ष का पहला रूप सर्वहारा वर्ग के आर्थिक हितों की रक्षा करना है। सामान्य रूप से सर्वहारा के आर्थिक हित दिहाड़ी में वृद्धि काम की अनुकूल दशाएं छटनी, बेरोजगारी के विरुद्ध संघर्ष आदि में निहित है। इसी संघर्ष के दौरान श्रमिक संगठन पैदा होता है। आर्थिक संघर्ष अपना अनिवार्य महत्व रखता है। उसके सकारात्मक परिणाम असंदिग्ध होते है। फिर भी वह मूल प्रश्नों को हल नही कर सकता। वह मजदूर वर्ग को एक समष्टि में संगठन नहीं करता। इस संघर्ष के दौरान न तो राजनीतिक दल बनते हैं न ही वर्ग चेतना में क्रमी आती है।

वर्ग संघर्ष राजनैतिक संघर्ष को बढ़ावा देता है। मजदूर वर्ग अपने राजनैतिक हितों की रक्षा के लिए राजनैतिक सत्ता में हिस्सा लेने और अंततः सत्ता के लिए राजनैतिक संबंधों की प्रणाली में मजदूर वर्ग के प्रभुत्व की स्थापना करने के लिए संघर्ष करता है। समाजवादी भावना के प्रति चेतना लाने के लिए राजनैतिक संघर्ष वास्तव में एक विचारधारात्मक संघर्ष है।

सामाजिक वर्ग क्या है

मोटे रूप में उत्पादन साधनों पर निजी स्वामित्व पर आधारित उत्पादन संबंधों वाली संरचनाओं में वर्ग और वर्ग संबंध सामाजिक संरचना के मुख्य तत्व होते हैं। **लेनिन** ने अपनी कृति महान सूत्रपात में वर्ग को निम्न परिभाषा दी है:

वर्ग लोगों के बड़े-बड़े ग्रुपों को कहते हैं, जो सामाजिक उत्पादन को इतिहास द्वारा निर्धारित पद्धति में अपने स्थान की दृष्टि से उत्पादन साधनों के प्रति अपने संबंधों के श्रम के सामाजिक सम्पदा के उस भाग की जो उनके पास रहता है, प्राप्ति की विधि तथा आकार की दृष्टि से एक दूसरे से भिन्न होते हैं।

वस्तुतः वर्ग की मुख्य विशेषता आर्थिक है। लेकिन वर्ग भेद राजनीति दैनिक जीवन विचारधारा आदि क्षेत्रों में भी देखने को मिलता है। प्रत्येक वर्ग अपनी राजनीतिक चेतना नैतिकता आदि रखता है लेकिन अंतिम विश्लेषण में वर्ग की विशेषताएं आर्थिक तथ्यों द्वारा निर्धारित होती है जो सबसे महत्वपूर्ण है। अतः उत्पादन साधनों के प्रति लोगों का संबंध अपने आप में प्रधान वर्ग विशिष्टता है और यह सब दूसरी विशेषताओं की निर्धारित करता है। इस बात को सभी **मार्क्सवादी** मानते हैं कि वर्गों के भेद सर्वप्रथम साधनों के प्रति संबंधों में भिन्नता के कारण होता है।

आर्थिक साधनों के मालिकाना अधिकार के कारण ही वर्ग दास स्वामित्व बनते हैं। उदाहरण के लिए दास स्वामित्व वाले समाज में दारू और दारू स्वामी, सामंतवाद में किसान और सामंत तथा पूंजीवाद में सर्वहारा वर्ग और बुर्जुआ वर्ग प्रतिरोधी वर्ग है। इन वर्गों के अतिरिक्त कुछ और मुख्य वर्ग भी होते हैं। जैसे स्वतंत्र दस्तकार, किसान, बुद्धिजीवी लोग, पुरोहित आदि। बुर्जुआ वर्ग में टटपूंजिया वर्ग और इजारेदार वर्ग आदि आते हैं।

स्वयं **मार्क्स** ने वर्ग पर अपनी कृतियों में थोड़ा बहुत अवश्य लिखा है। वर्ग पर उनका एक परिच्छेद कैपिटल के अंतिम पृष्ठ पर मिलता है जिससे सभी मार्क्सवादी परिचित हैं। कैपिटल मार्क्स की एक सम्मानित और बहुचर्तित वैज्ञानिक कृति है। इसमें दी गयी वर्ग की परिभाषा को हम यहां देते हैं :-

जब लाखों परिवार ऐसी आर्थिक दशा में जीवन यापन करते हैं तो उन्हें उनकी जीवन पद्धति उनके हेतुओं और उनकी संस्कृति से अन्य वर्गों से विमुख कर देती है और उन्हें शत्रुतापूर्ण विरोधी खेमें में खड़ा कर देती है वर्ग कहलाती है।

मार्क्स की वर्ग संबंधी यह अवधारणा निषेधात्मक है। वर्ग

की इस परिभाषा में प्रतिरोध आवश्यक है। अपनी अन्य पुस्तक दी पावर्टी आफ फिलोसोफी (1844) में भी **मार्क्स** ने सामाजिक वर्ग को परिभाषित किया है :–

पहला तो यह कि आर्थिक दशाएं आम जनता को कामगारों की श्रेणी में रख देती है। दूसरा इस वर्ग के लिए पूंजीपति अपने प्रभुत्व के कारण काम करने की एक जैसी स्थितियां और हेतु उत्पन्न कर देते हैं। इस तरह यह गरीब गुरवों का समूह जहां तक पूंजीपतियों के प्रति उनके संबंधों का सवाल है पृथक वर्ग बन जाता है।

मार्क्स और **एंजिलस** ने जर्मन आइडियोलोजी में भी एक स्थान पर वर्ग की व्याख्या की है। उनकी यह निश्चित धारणा है कि पूंजीवादी समाज में बहुत बड़ी विशेषता वर्ग है। यहां **मार्क्स** ने वर्ग का विस्तृत खुलासा दिया है। एक ही धंधे को करने वाले लोग जिनकी आर्थिक अवस्था और काम की दशाएं और इसी तरह शोषण के तरीके समान होते हैं वर्ग नहीं बनाते। वर्ग के लिए बहुत बड़ी अनिवार्यता वर्ग चेतना और वर्ग संगठन है। काम की दशाएं कितनी ही अमानवीय हों मजदूर का जीवन कितना ही नारकीय हो लेकिन जब तक उसमें यह चेतना नहीं आती कि इस त्रासदी में वह अकेला ही नहीं है, उसके गांव और कस्बे के लोग ही नहीं हैं, प्रान्त और देश के अन्य कामगार ही नहीं है वरन् सारी दुनिया के मजदूरों, की चाहे वे किसी भी देश के ही यही हालत है तब तक वे वर्ग नही बनते। अत: वर्ग चेतना और वर्ग संगठन दो ऐसे खम्भे हैं जिन पर वर्ग का ढांचा खड़ा हुआ है।

इसी पुस्तक में **मार्क्स** और **एंजिलस** ने दो नयी अवधारणाएं रखी है अपने आप को वर्ग क्लास इनइट सेतफ और अपने किये वर्ग क्लास फर इट सेल्फ। जब एक धंधे में काम करने वाले लोग संगठित हो जाते हैं और उनमें यह चेतना आ जाती है कि हम एक ही पेरों में है तो इस तरह का समूह अपने आप में वर्ग है क्लास इन इट सेल्फ। दूसरी ओर धंधों में फेर-फार हो सकता है लेकिन उनमें काम करने वाले व्यक्तियों की हैसियत सामान्य कारीगर की होती है और वे इस सामान्यता के आधार पर चेतना और संगठन बना लेते है तो यह अपने लिये वर्ग है क्लास फार इट सेल्फ।

मार्क्स ने वर्ग के इन आधारभूत तत्वों की वर्ग चेतना और वर्ग संगठन की अनिवार्य भूमिका पर यह टिप्पणी रखी है:

आम जनता का एक समूह जहां तक उसके पूंजीवादी सम्बधों का सरोकार है एक पृथक वर्ग है। लेकिन यह अब भी अपने आप में वर्ग नहीं है। जब यह वर्ग संगठित हो जाता है इसमें पारस्परिकता आ जाती है जब यह अपने आप में वर्ग बन जाता है। इससे आगे एक दूसरी ओर एक ऐसी अवस्था आती है जब वर्ग अपने वर्ग के सभी लोगों के लिये संगठित हो जाता है बन जाता है। इसका अर्थ होता है। दुनिया भर के मजदूर भाई-भाई।

उत्तरवर्ती मार्क्सवादियों ने **मार्क्स** की अपने आय में वर्ग तथा वर्ग के लिए वर्ग की अवधारणाओं के स्वीकार नहीं किया है। इनका आग्रह यह है कि किसी भी वर्ग के बनने के लिए वर्ग चेतना का होना आवश्यक है। इस अस्वीकृति के होते हुए भी वर्ग के संबंध में कुछ बात बहुत स्पष्ट है (क) वर्ग का संबंध उत्पादन साधनों उनके संबंधों और शक्तियों से जुड़ा हुआ है,(ख) किसी भी वर्ग के लिए यह वर्ग चेतना आवश्यक है कि हमारे काम की दशाएं दिहाड़ी या पगार और शोषण एक समान है। (ग)वर्ग तभी बनता है जब वह दूसरे वर्गों को अपना दुश्मन समझता है। वर्ग निर्माण का आधार ही प्रतिरोध है, (घ) वर्गों की व्याख्या हर तरह के इतिहास की विभिन्न अवस्थाओं से जुड़ी हुई है।

वर्ग चेतना का अर्थ

हीगेल ने सामाजिक चेतना की चर्चा की है। उनका तर्क है कि आदमी में चेतना उसकी वैचारिकी के अनुसार आती है। **मार्क्स** ने इसे नकारा है। इनकी थीसिस है कि आदमी की चेतना उसकी भौतिक वस्तुओं यानी उत्पादन पद्धतियों और उत्पादन शक्तियों के संबंधों के अनुसार होती है। दोनों में अंतर यह है कि **हीगेल** चेतना का आधार वैचारिकों को मानते हैं और **मार्क्स** चेतना का आधार उत्पादन पद्धतियों से जोड़ते हैं।

मार्क्स कहते हैं कि सामान्यतया सत्तारूढ़ वर्ग की चेतना सामान्य जन की चेतना भी हो जाती है। होता यह है कि सत्तारूढ़ जिस दृष्टि से समाज की वास्तविकता को देखता है, इस वास्तविकता में पैदा हुई चेतना को अपने हित के लिये अन्य वर्गों के सदस्य भी अपना लेते हैं। इस तरह की चेतना वास्तविक चेतना नहीं है, **मार्क्स** की व्याख्या में यह थोपी हुई और एक तरह की झूठी चेतना है। कालान्तर में कामगार वर्ग यह समझने लगते है कि सत्तारूढ़ वर्ग ने वास्तविकता के प्रति जो चेतना पैदा की है वह उनके वर्ग के हितों के लिये नहीं है और फिर झूठी चेतना का स्थान सही वर्ग चेतना को मिल जाता है।

मार्क्स ने सबसे पहली बार वर्ग चेतना का उदय राजनैतिक संघर्ष में देखा। उस जमाने में फ्रांस में छोटी जोत के किसानों ने सरकार के विरोध में संगठित आंदोलन किया। तब उन्होंने पाया कि यहां एक ओर किसानों में वर्ग चेतना का उदय हुआ वही राजवंशों में भी किसानों को दबाने के लिये संगठित होने की चेतना आयी। धीरे-धीरे राजनैतिक लड़ाई से उत्पंन हुई यह चेतना अन्य लड़ाइयों के लिए भी सर्वहारा में आयी। अब बड़े-बड़े कारखानों में और उद्यमों में मजदूर संगठित होकर मालिक के विरूद्ध लड़ने

लगे। मालिक और कामगारों की इस लड़ाई ने कामगारों में यह चेतना पैदा की कि उनका हित मालिकों के खिलाफ लड़ने में ही है। इस भांति अपने सामान्य हितों को पूरा करते हेतु मजदूर वर्ग में जो चेतना आयी वही वर्ग चेतना है। यह भी कहना चाहिये कि वर्ग प्रक्रिया बराबर वर्ग संगठन से जुड़ी है। सर्वहारा जितने अधिक संगठित होंगे, जितनी अधिक उनमें एकता होगी उतनी ही तीव्र उनमें सामाजिक चेतना भी होगी।

मार्क्स ने अपने रचना काल के प्रारम्भ से ही सामाजिक चेतना को वस्तुगत स्थिति के साथ जोड़ा है। वर्ग चेतना ऐसी कोई चेतना नहीं है जो रातों-रात पैदा हो जाती है। इसके आविर्भाव की भी एक लम्बी प्रक्रिया है। कामगार वस्तुगत स्थिति में अपने सम्पूर्ण जीवन को गुजारता है। वह मिल की पत्तियों में कभी राज तो कभी दिन में रखता है। उसके लिये जीवन यापन दूभर हो जाता है। काम की दशाएं भी उसे संतोषजनक नही लगती। कभी यह मशीन खराब तो कभी वह मशीन। बंद्धित उत्पादन न होने पर मालिक का बराबर दबाव यह सम्पूर्ण स्थिति वस्तुगत स्थिति है। इस स्थिति में उसकी समझ बढ़ती है, सोच विकसित होता है कि कारखाने का मालिक अपने उत्पादन की बढ़ोत्तरी और मुनाफे को ही देखता है और उसे भेड़ियों के बीच में छोड़ दिया है। अब उसमें व्यक्तिगत चेतना आती है। ऐसी ही दशा में काम करते वाले उसके साथी कामगारों में भी यह व्यक्तिगत चेतना आती है। थोड़ी अवधि गुजर जाने के बाद यह व्यक्तिगत चेतना सामूहिक चेतना में बदल जाती है। इस तरह वस्तुगत चेतना, व्यक्तिगत चेतना में बदलती है। और यह व्यक्तिगत चेतना वर्ग चेतना का रूप लेती है।

जब तक सामाजिक चेतना का घेरा एक निश्चित वर्ग और स्थानीयता तक ही सीमित होता है यह अपने आप में वर्ग की स्थिति है। लेकिन जब यह वर्ग विशेष की चेतना अन्य समान वर्गों तक पहुंचती है तो यह वर्ग के लिए वर्ग की चेतना है। वास्तविकता यह है कि उत्पादन प्रक्रिया में व्यक्ति का जो स्थान या दर्जा होता है फोरमैन, कुशल-अकुशल मजदूर इसी दर्जे से उसकी वर्ग चेतना पैदा होती है।

यह कहना अनुचित होगा कि सामाजिक चेतना वर्ग के सभी व्यक्तियों की औसत या सम्पूर्ण चेतना है। सामाजिक वास्तविकता समाज के श्रम विभाजन में देखने को मिलती है। इस वास्तविकता को वर्ग विशेष का व्यक्ति अपने निजी दृष्टिकोण से देखता है। इस तरह के निजी दृष्टिकोण जो वर्ग के सदस्यों में होते हैं व्यक्तियों की औसत वर्ग चेतना को नहीं बनाते। **मार्क्स** ने और कालान्तर में **लेनिन** ने यह आग्रहपूर्वक कहा है कि सामाजिक चेतना की रचना ऐतिहासिक होती है। जब एक अवधि तक वर्ग के सदस्य दूसरे वर्ग को अपना दुश्मन समझते हैं तो लम्बे समय में जाकर उत्पादन संबंधों के बारे में एक निश्चित धारणा बन जाती है। अतः व्यक्तियों की सामाजिक चेतना जो उनके बारे में है, निजी चेतना नहीं है। न ही यह सभी चेतनाओं का सामूहिक स्वस्थ है। वर्ग की चेतना ही व्यक्ति की चेतना बन जाती है।

मार्क्स ने वर्ग चेतना और जागीर चेतना में एक बुनियादी अंतर किया है। पिछली शताब्दी में जब यूरोप में सामंतवाद था तब रियासत के लोगों में वर्ग चेतना जैसी कोई बात नहीं थी। इसके दृष्टांत **मार्क्स** ने फ्रांस में पाये। पूंजीवादी व्यवस्था में किसी वर्ग में व्यक्ति का जो स्थान है यानी वह बुर्जुआ वर्ग का है या सर्वहारा का वंशानुगत नहीं है। यह सामान्य बात है कि मध्यम वर्ग का व्यक्ति उच्च वर्ग का सदस्य बन सकता है और कल उच्च वर्ग का व्यक्ति धंधे में भारी घाटा आने पर दिवालियेपन के कगार पर आ सकता है। अतः वस्तुस्थिति यह है कि व्यक्ति जिस वर्ग का सदस्य है उस वर्ग की उत्पादन पद्धतियां अर्थात् वर्गों में काम करने की दशाएं वेतन आदि उसकी सामजिक चेतना को बनाते हैं।

वर्गवादी समाज में कामगार से लेकर पूंजीपति तक की सामाजिक चेतना हर स्थिति में अपने वर्ग की चेतना होती है। जिसे हम सामाजिक चेतना कहते हैं, वस्तुतः वह वर्ग चेतना है। जब किसी वर्ग का व्यक्ति समाज की अधिरचना साहित्य, कला, धर्म, परम्परा आदि को देखता है तो उसकी प्रतिक्रिया उत्पादन संबंधों पर निर्धारित होती है। आज जब टेलीविजन या संचार माध्यमों में उपभोग की वस्तुओं का विज्ञापन होता है तो इन वस्तुओं के प्रति दर्शकों कि जो प्रतिक्रिया होती है वह वर्गजनित होती है, उदाहरण के लिए मध्यम वर्ग का व्यक्ति रंगीन टी वी या रसोई घर के प्रसाधनों के प्रति आकर्षण होता है जबकि मिल का कामगार इन वस्तुओं को केवल पूंजीपति वर्ग के चोंचले मानते हैं। वर्ग चेतना इस तरह समाज की भौतिक और अधिरचना को अपने वर्ग के संदर्भ में ही देखता है।

मार्क्स का कथन है कि वर्ग चेतना के साथ ज्ञान मीमांसा जुड़ी हुई है। व्यक्ति का जो कुछ ज्ञान है वह उसकी उत्पति उसके किसी वर्ग में अस्तित्व के कारण है। दिलचस्प बात यह है कि जब एक वर्ग के सदस्य का दूसरे वर्ग में परिवर्तन होती है तो उसका ज्ञान भी वर्ग जनित हो जाता है। वर्ग के विश्लेषण में ज्ञान मीमांसा की कई आलेचनाएं हुई हैं। फिर भी ज्ञान मीसांसा के बौद्धिके क्षेत्र में कार्ल मार्क्स का स्थान अविस्मरणीय है।

(ख) अलगाव

पूंजीवादी व्यवस्था में चाहे वह दुनिया के किसी भी कोने में हो कामगार की स्थिति किसी भी भवन में लगाये जाने वाले पत्थर

के उन चौखटों की है जिसे कारीगर चाहे तो उसे फर्श पर लगा दें और चाहे तो कंगूरे पर जोड़ दें। पत्थर की ये चौखटें बेजान हैं उन्हें तो बढ़ा और तराशा ही इसलिये है कि कारीगर अपनी मनमर्जी से उन्हें वहीं भी लगा दें।

मार्क्स ने **केपिटल** की पहली जिल्द में अलगाववादी श्रमिकों की चर्चा विस्तार से की है। **इरविंग जैटलिन** जैसे सिद्धांतवेताओं का तो कहना है कि **मार्क्स** ने **केपिटल** पुस्तक का शीर्षक अलगाव भी रखा होता तो अनुचित नहीं था। इसलिये कि केपिटल में **मार्क्स** ने यह विस्तारपूर्वक बताया है कि पूंजीवादी बराबर विकसित होती है और इसका कारण बढ़ती हुई उत्पादन शक्तियों और बुनियादी उत्पादन सम्बन्ध है। इस संदर्भ में केपिटल में **मार्क्स** ने यह स्थापित किया है कि पूंजीवाद के विकास के साथ जीवन की दशाओं में बहुत तेज़ी से पविर्तन आया है। ज्यों-ज्यों पूंजीवाद के पंख फैले हैं त्यों-त्यों कारखानों और मिलों में काम करनेवाले श्रमिकों में अलगाव आया है मिलों के धुएं के गुब्बार के नीचे कामगार बराबर सोचता है इस सम्पूर्ण व्यवस्था में तो बराबर घूमने वाला दाता हूं जिसका होना न होना बराबर है। मै तो एक मात्र चना हूं जो भाड़ नहीं फोड़ सकता। कामगार की इस विवशता को **मार्क्स** ने श्रमिकों के अलगाव के अंतर्गत रखा है। अलगाव की समस्या इस भांति वर्ग व्यवस्था से जुड़ी हुई है और इसलिये इसका विवेचन वर्ग के अंतर्गत किया जाता है।

दार्शनिकों ने अलगाव के प्रयोग की उत्पति यूनानी प्लेटों के विचारों में भी खोजी है। **रूसों** ने भी इसका प्रयोग किया था। **हीगेल** केबाद **मार्क्स** ने पहली बार व्यवस्थित रूप से इस पद को वैज्ञानिक स्तर पर रखने का प्रयास किया। **हीगेल** के बाद **फारबेच** ने इस अवधारणा को काम में लिया है। इन्होंने धर्म से विमुख होने वालों के लिये इस पद का प्रयोग किया है।

अलगाव की अवधारणा में बराबर विविधता रही है। इस विविधता के होते हुए भी किसी भी अंतिम विश्लेषण में अलगाव वह अवस्था है जिसमें व्यक्ति स्वयं से ही विमुख हो जाती है। मनुष्य का जो सार या उसकी प्रवृत्ति है उससे जब वह अलग हो जाता है तो यह अलगाव की अवस्था है। दूसरे शब्दों में जब व्यक्ति स्वयं अलगाव की अवस्था में होता है तब वह निम्न प्रकार की गतिविधि करता है। यह गतिविधि ही उसका अलगाव है:

(क) ऐसे व्यक्ति अपनी मानवीय प्रकृति से दूर हो जाते हैं।

(ख) ये व्यक्ति अपने स्वयं से अपनी कार्य प्रणाली से अपनी जीवन की गतिविधि से दूर हो जाते हैं। जीवित रहते हुए भी ये व्यक्ति अपने सामाजिक आर्थिक जीवन से बेखबर रहते हैं।

(ग) यह बेखबरी इस हद तक पहुंच जाती है कि वे अपनी शरीर से भी अपने आय को जोड़ते नहीं एक तरह से उनका सम्पूर्ण मानस ही सुन हो जाता है।

(घ) अलगाव ऐसी विनाशकारी स्थिति है जिसमें एक व्यक्ति दूसरे व्यक्ति और व्यक्तियों से एकदम दूर हो जाता है उसके इर्द-गिर्द क्या होता है उसे पता नहीं। उसके स्वयं के शरीर का जोड़-जोड़ और अंग-अंग टूटने लगता है तब भी वह इससे सरोकार नहीं रखता। पूंजीवादी अवस्था में कामगार कभी भी अपने आप को उत्पादन और उससे होने वाले लाभ के साथ जोड़ता नहीं है। लाभ और उत्पादन से उसका कोई मतलब नहीं है। उसे तो केवल अपनी दिहाड़ी या वेतन ही मिलना है।

(च) अलगाव व्यक्ति का अमानवीकरण है। अलगाव के कई स्वरूपों में मूल स्वरूप की व्याख्या **मार्क्स** ने की है मार्क्स के अनुसार अलगाव वह अवस्था है जिसमें कामगार उसके स्वयं के श्रम से उपार्जित वस्तुओं से अपने आप को अलग रखता है। वह अपने आप को गुलाम समझता है शक्तिहीन मानता है और स्वयं से बेखबर होकर उत्पादन प्रक्रिया में जुटा रहता है।

मार्क्स की अवधारणा के अनुसार अलगाव भी विकास कई अवस्थाओं में होता है। पहली अवस्था तो तब होती है जब वह सामान्य रूप से कारखाने के उत्पादन में अपना सहयोग देता है। इस अवस्था में अलगाव की भावना नहीं है। धीरे-धीरे उसे लगता है कि मालिक का मुनाफा तो बराबर बढ़ता जाता है और स्वयं उसकी स्थिति दिनों-दिन खस्ता होती जाती है। उसके जीवित रहने की दशा बेहतर हो जाती है। इस अवस्था में आकर उसमें स्वयं के लिये स्वयं से अलगाव हो जाता है। यह अलगाव आत्म अलगाव है। तीसरी अवस्था तब आती है जब उसके जैसे कई कामगार स्वयं का अलगाव महसूस करने लगते हैं। अब कामगार का अलगाव एक व्यक्ति का अलगाव नही रहता स्वयं कामगारों का अलगाव बन जाता है। एक चौथी स्थिति भी आती है जब समस्त मजदूरों में श्रम से अलगाव की भावना तीव्रतर हो जाती है। इस अवस्था में एक क्रांतिकारी परिवर्तन की अपील होती है। कामगार संगठित होता है और एक ऐसा वातावरण बनता है जब यह निश्चित होने लगता है कि पूंजीवाद के उनमूलन के लिए क्रांति ही एक मात्र विकल्प है। इस अवस्था में आकर व्यक्ति में एक नयी शक्ति आ जाती है अब वह शक्तिहीन नही है क्योंकि उसमें पूंजीवाद को नष्ट करने की ताकत है। अब अलगाव उस सीमा तक पहुंच जाता है जिसे **मार्क्स** अलगाव की अवस्था कहते हैं। अलगाव की सम्पूर्ण अवधारणा को इसकी विभिन्न अवस्थाओं में देखा जाना चाहिये।

अलगाव की विशेषताएं

(1) पूंजीवादी समाज व्यवस्था में उत्पादन प्रक्रिया इतनी जटिल

हो जाती है कि इससे कामगार का अमानवीकरण हो जाता है। उत्पादन वस्तु के साथ व्यक्ति की भावनाओं और संवेगों का कोई जुड़ाव नहीं होती। जब परिवार में मां अपने बच्चे के पहनने के लिये गरम स्वेटर बनाती है तो हर सुई में ऊन के हर रंग में उसका प्रेम और स्नेह जुड़ा रहता है। पहनने वाला भी इस स्वेटर के माध्यम से अपने आपको स्वेटर बनाने वाले के साथ तादात्मय कर लेता है। यही स्त्री जब कारखाने में करघे पर काम करती है तो यह एक भौतिक श्रम मात्र है और उत्पादन के साथ न तो उसके संवेग जुड़े होते हैं और न कोई भावनाएं। यह सम्पूर्ण प्रक्रिया कामगार के लिये तो यांत्रिक मात्र है। अत: अलगाव की स्थिति में व्यक्ति में अमानवीयता आ जाती है।

(2) कुछ गैर-मार्क्सवादियों ने अलगाव की स्थिति को एनोमिक कहा है। यह वह स्थिति है जिसमें कामगार न तो अपने समूह और समाज के नियम उपनियमों को स्वीकार करता है और न ही वह अपनी व्यवस्था के लक्षणों की प्राप्ति के प्रति जागरूक होता है। **ऐनोमिक** की अवधारणा को **दुर्खीम** ने रखा था। बाद में इसे **राबर्ट मर्टन** ने पूरी तरह से विकसित हुआ। यदि हम अवधारणात्मक संदर्भ से देखें तो इन विचारकों के अनुसार लगाव एक प्रकार से वैयक्तिक विघटन है।

(3) कुछ लेखकों के अनुसार अलगाव सर्वहारा वर्ग की वह स्थिति है जिसमें कामगार अपने आपको अपने समूह के साथ अनुकूलन नहीं कर सकता वह तो ऐसी अवस्था में पहुंच जाता है जब उस पर समाज का कोई अंकुश ही नहीं रहता। वह तो अपने काम को किसी यंत्र की तरह करता रहता है न तो प्रतिबद्धता और न संवेग।

(4) **जोसेफसन** और **जोसेफन** का कहना कि अलगाव में मस्तिष्क की ऐसी दशा हो जाती है कि व्यक्ति अपने आप को स्वयं से अपने इर्द-गिर्द के लोगों से और एक तरह से सारे संसार से पृथक कर लेता है। इस लेखकों के अनुसार अलगाव एक व्यक्तिगत समस्या है।

(5) अलगाव की व्याख्या में यह भी कहा जाता है कि वह व्यक्ति की केवल भावना और अनुभूति ही नहीं है जो उसे पूरी तरह तोड़ देती है। यह तो एक वस्तुगत तथ्य है जीवन यापन की एक पद्धति है जो उसे पूरी तरह न केवल कारखाने वरन समाज से विमुख कर देती है।

(6) दर्शनशास्त्र के सोवियत शब्द कोष में ओर्गुसोव ने अलगाव की व्याख्या करते हुए कहा है कि यह वह कोटि है जिसमें आदमी की गतिविधियों का वस्तुगत परिवर्तन होता है जिसके परिणाम स्वरूप आदमी के सभी क्रियाकलाप केवल गौण हो जाते हैं और उत्पादन की प्रक्रिया उस पर हावी हो जाती है।

जब हम अलगाव की प्रक्रिया को उसके लम्बे ऐतिहासिक दौर में देखते हैं तो स्पष्ट हो जाता है कि यह केवल अपने स्वरूप में आर्थिक और भौतिक ही नहीं है दार्शनिक और ऐतिहासिक भी है। यहां यह भी कहना चाहिये कि **मार्क्स** ने इस अवधारणा को दो संदर्भों में देखा है: (1) ऐतिहासिक और (2) उत्पादन प्रक्रिया की भूमिका में यह सत्य है कि प्रारम्भ में इस अवधारणा का मूल **हीगेल** का दर्शनवाद था। जब **मार्क्स** ने केपिटल में इसे पहली बार रखा तो इसकी व्याख्या उत्पादन प्रक्रिया और ऐतिहासिक संदर्भ में की। यह बात दूसरी है कि गैर-मार्क्सवादी लेखक इस प्रक्रिया का विश्लेषण मनोवैज्ञानिक और दार्शनिक स्तर पर भी करते हैं।

अलगाव के रूप

अलगाव के सिद्धांत को विकसित करने में **मार्क्स** के अतिरिक्त कई अन्य दर्शन शास्त्रियों और समाजशास्त्रियों का भी योगदान है। इन लेखकों ने अपने अपने संदर्भ में अलगाव के विभिन्न स्वरूप प्रस्तुत किये हैं। यहां हम कुछ प्रमुख स्वरूपों का उल्लेख करेगें—

(1) **एडम स्वाफ का वर्गीकरण—एडम स्वाफ** ने अलगाव को एक सामाजिक प्रघटना के रूप में लिया है। उनके अनुसार अलगाव के दो प्रकार हैं : वस्तुगत या सामान्य अलगाव और व्यक्तिगत या आत्म अलगाव।

(2) **रिचार्ड स्वाट का वर्गीकरण**—ई.1970 में इन्होंने अपनी पुस्तक अलगाव में इसके प्रकारों का उल्लेख किया है:

(अ) आदमी का प्रकृति से अलगाव

(ब) आदमी का अपने इष्ट मित्रों से अलगाव

(स) आदमी का अपने काम तथा स्वयं मस्तिष्क से अलगाव

(द) आदमी का स्वयं से अलगाव।

(3) **एम. सीमन का वर्गीकरण**—इन्होंने अलगाव की स्थिति को चार कोटियों में रखा है:

(1) शक्तिहीनता

(2) अर्थहीनता

(3) नियमहीनता

(4) आत्म उदासीनता।

औद्योगिक योजना : औद्योगिक नीति (Industrial Policy)

किसी भी देश के आर्थिक ढांचे का स्वरूप उसकी औद्योगिकरण नीति के द्वारा प्रभावित होता है। इस उपखण्ड में हम औद्योगिक नीति का अध्ययन भारत के संदर्भ में करेंगे कि भारतीय सरकार का

स्वतंत्रता प्राप्ति के उपरान्त उद्योगों के प्रति क्या दृष्टिकोण रहा है। निजी और सार्वजनिक क्षेत्रों के विकास में सरकार की क्या नीति रही है। भारत में कालान्तर सरकारों के बदलने पर उद्योगों के प्रति विभिन्न दृष्टिकोण आए हैं किन्तु सभी सरकारों ने इसे 1956 की औद्योगिक नीति को आधार माना है राजनैतिक क्षेत्रों के विभिन्न लक्ष्यों की पूर्ति में औद्योगिक नीति किस रूप में सहायक होती है।

औद्योगिक नीति के उद्देश्य—किसी भी देश की औद्योगिक नीति की आवश्यकता उसके उद्देश्यों के द्वारा प्रेरित होती है। मुख्यत: औद्योगिक नीति में निम्नलिखित गुण आवश्यक होने चाहिए:

(क) औद्योगिक उत्पादन में तीव्र विकास होना चाहिए।

(ख) उत्पादन की आधुनिकतम एवं नवीन वैज्ञानिक पद्धतियों को प्रोत्साहन मिलना चाहिए।

(ग) देश में संतुलित वातावरण का आधार बनाना चाहिए।

(घ) आधारभूत उद्योगों एवं उपभोग उद्योगों में सामंजस्य एवं सहयोग बढ़ाना चाहिए।

(च) उद्योगों में सौहार्दपूर्ण वातावरण होना चाहिए।

(छ) लघु उद्योगों एवं वृहत उद्योगों में समन्वय एवं सहयोग होना चाहिए।

(ज) निजी और सार्वजनिक क्षेत्र दोनों एक दूसरे के पूरक होने चाहिए तथा इनमें उचित तालमेल होना चाहिए।

(झ) विदेशों से प्राप्त पूंजी एवं साहस का राष्ट्र के हित में प्रयोग होना चाहिए।

(ट) देश में दीर्घकालीन औद्योगिक विकास की नीति के अनुकूल औद्योगिक नीति का स्वरूप होना चाहिए तथा

(ठ) अर्थव्यवस्था के सभी क्षेत्रों का संतुलित, औद्योगिक तथा आर्थिक विकास के वांछनीय रूप में विकास होना चाहिए।

स्वतंत्रता प्राप्ति के उपरांत देश में तीव्र औद्योगिक विकास एवं आधारभूत उद्योगों के सुदृढ़ आधार को तैयार करने के उद्देश्य से 6 अप्रैल 1948 को भारत सरकार के तत्कालीन उद्योग मंत्री स्वर्गीय डा. श्यामा प्रसाद मुखर्जी ने मिश्रित अर्थ व्यवस्था पर आधारित प्रथम औद्योगिक नीति की घोषणा की जिसकी मुख्य विशेषताएं निम्नानुसार है—

1. **उद्देश्य**—(क) सबके लिए न्याय एवं अवसरों की समानता वाली सामाजिक व्यवस्था स्थापित करना, (ख) देश के संसाधनों के सदुपयोग द्वारा उत्पादन में वृद्धि करके भारतीयों के जीवन-स्तर को ऊंचा उठाना, (ग) सभी को समाज की सेवा के समान अवसर उपलब्ध कराना।

2. **औद्योगिक वर्गीकरण**—इस औद्योगिक नीति में उद्योगों के मुख्य चार भागों में वर्गीकृत किया गया है:- (क) राज्य अधिकृत उद्योग इस श्रेणी में तीन उद्योग रखे गए: अस्त्र-शस्त्र निर्माण, अणुशक्ति उत्पादन एवं नियंत्रण तथा रेलवे यातायात। इन तीनों का विस्तार विकास एवं नये निर्माण का सरकारी क्षेत्र का ही एकमात्र एकाधिकर होगा।

(ख) राज्य नियंत्रित उद्योग— इस श्रेणी में 6 उद्योग रखे गए: कोयला, फोन तथा वायरलैस उपक्रमों का निर्माण इन उद्योगों के प्रति तीन महत्वपूर्ण बातें कही गयी- (क) इस श्रेणी के उद्योगों की नई इकाइयों की स्थापना केन्द्रीय, राजकीय, तथा सार्वजनिक संस्थाओं के द्वारा की जायेगी, (ख) वर्तमान इकाइयों को दस वर्ष तक विकसित होने का पूर्ण अवसर दिया जायेगा। इसके उपरान्त सरकार इन्हें राष्ट्रीयकरण करने का विचार करेगी। (ग) सैद्धान्तिक रूप में सरकारी उपक्रम राज्य के नियंत्रण ने सार्वजनिक निगमों के रूप में चलाये जायेंगे।

3. **राज्य के नियंत्रण तथा नियमन के अर्न्तगत उद्योग**— इस श्रेणी में 15 आधारभूत महत्व के उद्योग सरकार के नियंत्रण और निर्देशन में रखे गए जैसे नमक, मोटरवाहन, ट्रैक्टर, इलेक्ट्रिक, इंजीनियरिंग, भारी रसायन, भारी मशीन, अल्कोहल, सूती तथा ऊनी कपड़ा, सीमेंट, चीनी, कागज, जल और वायु वातावरण आदि से उद्योग निजी क्षेत्र में रहेंगे और इन पर राष्ट्रीयकरण का भय नहीं किन्तु भविष्य में इनकी इकाइयां सरकार के द्वारा ही स्थापित होगी।

4. **अन्य उद्योग**—इस क्षेत्र में बाकी उद्योग जोकि निजी क्षेत्र में रहेंगे किन्तु इन पर सरकार का सामान्य रूप से नियंत्रण रहेगा।

5. **लघु और कुटीर उद्योगों का महत्व**—इस औद्योगिक नीति में लघु एवं कुटीर उद्योगों को प्रोत्साहन देने के लिए बड़े उद्योगों के साथ समन्वय स्थापित किया गया ताकि ये दोनों एक दूसरे के प्रतियोगी न होकर सहयोगी एवं पूरक रहें।

6. **श्रम नीति**—मधुर औद्योगिक संबधों के लिए औद्योगिक नीति में औद्योगिक विवादों को निपटाने के लिए उपयुक्त मशीनरी श्रम कल्याण कार्यों तथा उचित मजदूरी भुगतान की व्यवस्था की गई थी। उद्योगों के संचालन में श्रमिकों को भागीदार बनाने का प्रयत्न किया गया।

7. **प्रशुल्क एवं कर नीति**—सरकार की प्रशुल्क नीति इस बात पर आधारित होगी कि उपभोक्ताओं पर अनावश्यक दबाव न डाला जाए देश के समस्त साधनों का उपभोग किया जाए तथा अनावश्यक विदेशी प्रतिस्पर्धा को रोका जा सके। कर प्रणाली में आवश्यक सुधार किया जायेगा ताकि पूंजीगत नियोजन व बचत में वृद्धि हो सके और आर्थिक संपति का कुछ हाथों में सकेंन्द्रण न हो सके।

8. **विदेशी पूंजी व साहस को मान्यता**—इस नीति में विदेशी पूंजी को भारतीय पूंजी के समान ही दर्जा दिया जायेगा। यदि राष्ट्रीय हितों में इनका राष्ट्रीयकरण भी किया जाता है तो उन्हें उचित मुआवजा दिया जायेगा।

1948 की औद्योगिक नीति की आलोचनात्मक समीक्षा (Critical Appraisal of 1948 Industrial Policy Resolution)

इस औद्योगिक नीति में मिश्रित अर्थव्यवस्था के आवरण में तीव्र औद्योगिकरण की व्यवस्था थी। पहली बार औद्योगिक विकास में सार्वजनिक श्रेत्र के महत्व को स्वीकार किया गया तथा सार्वजनिक और निजी क्षेत्र के पारस्परिक सहयोग की व्यवस्था की गई। आधारभूत एवं सार्वजनिक महत्व के उद्योगों के विकास का दायित्व राज्य पर डाला गया। विदेशी पूंजी एवं साहस को भी भारत के औद्योगिकरण विकास के लिए क्रांतिकारी कदम तथा लोकतंत्र की आधार शिला की संज्ञा दी। प्रो. **मीन मसानी** के अनुसार, ''इस नीति के द्वारा प्रजातंत्रात्मक समाजवाद की नींव डाली गयी।'' प्रो. **रंगा** के अनुसार, ''यह नीति गांधीवादी समाजवाद की विजय थी।'' इसके विपरीत कुछ प्रमुख पूंजीपतियों ने इसको एक पक्षीय और निजी क्षेत्र के प्रति पक्षपात कहकर इसकी निन्दा की। प्रो. **वैंकटसुबैया** ने इसे तथ्यहीन नीति बतलाया। प्रो. **के.टी.शाह** के अनुसार, ''यह वह नीति नहीं थी जिसे एक प्रगतिशील एवं उन्नति की आधार रखने वाले देश को अपनाना चाहिए।'' प्रो. **वी.के.आर.वी. राव** ने इस नीति को ढुलमुल बताया। संक्षेप में इस नीति की मुख्य आलोचनाएं निम्नलिखित हैं— (1) इसके कारण देशी और विदेशी पूंजीपतियों में राष्ट्रीयकरण का भय व्याप्त हो गया। (2) मिश्रित अर्थव्यव्वस्था में तीव्र औद्योगिकरण करना संभव न था। (3) यह नीति अस्पष्ट एवं अनिश्चित थी क्योंकि इसमें बाम पंथी और दक्षिण पंथी दोनों नीतियों का समावेश करने से अनिश्चितता का वातावरण हो गया। (4) विदेशी पूंजीपतियों में अविश्वास जागृत हो गया तथा विदेशों से आने वाली पूंजी पर रोक लग गयी। (5) इस नीति में उत्पादन वृद्धि को महत्व दिया गया जबकि वितरण व्यवस्था की उपेक्षा की गई। (6) औद्योगिक विकास की सुनिश्चित योजना का अभाव था। (7) संतुलित क्षेत्रीय विकास पर ध्यान नहीं दिया गया।

उद्योगों का नियमन (Regulation of Industries)

औद्योगिक नीति प्रस्ताव के बाद 1951 में उद्योग (विकास एवं नियमन) अधिनियम पारित किया गया जो 8 मई 1952 से क्रियाशील हुआ। इस अधिनियम के अंतर्गत वर्तमान सभी उद्योगों का सरकार के अधीन पंजीकरण करवाना आवश्यक है। सरकार से लाइसेंस लिये बिना कोई नवीन औद्योगिक उपक्रम स्थापित नहीं किया जायेगा और न ही वर्तमान उद्योग में किसी प्रकार का विस्तार किया जायेगा। यदि किसी उद्योग में अनुचित रूप से उत्पादन की मात्रा में कमी आती है तो सरकार उस उद्योग की जांच का आदेश कर सकेगी। उपभोक्ता के हितों को ठेस पहुंचाने वाले उपक्रमों की जांच की जायेगी तथा उसके निर्णयों को स्वीकार न करने पर सरकार उसे अपने हाथों में ले लेगी।

भारत में राजनैतिक परिवर्तनों के दौरान देश की औद्योगिक नीति के स्वरूप में भी परिवर्तन आये हैं किंतु सभी सरकारों एवं उद्योगमंत्रियों का यह मंतव्य रहा है कि वे 1956 की औद्योगिक नीति का पूर्ण रूप से पालन कर रहे हैं। उदाहरण के रूप में 1977 में भारत जनता सरकार बनी जिसकी औद्योगिक नीति की घोषणा **जार्ज फर्नान्डिस** ने की तथा उसके उपरांत पुनः कांग्रेस सरकार के आने पर प्रो. **चरणजीत चानना** ने जुलाई 1980 में पुनः औद्योगिक नीति की घोषणा की। इन दोनों उद्योग मंत्रियों ने 1956 की औद्योगिक नीति को ही स्वीकार किया है। अब हम यह अध्ययन करेंगे कि 1956 की औद्योगिक नीति जो कि भारत के आर्थिक जीवन में एक विशेष महत्व रखती है किस आधार पर बनाई गई है? 1948 की औद्योगिक नीति की घोषणा स्वतंत्रता प्राप्ति के शीघ्र ही बाद कर दी गई थी। जबकि इसके बाद आर्थिक सामाजिक एवं राजनैतिक जीवन में अनेक परिवर्तन आए जिसके परिणामस्वरूप एक उचित नीति की घोषणा करना अनिवार्य हो गया तथा 1948 की औद्योगिक नीति अभीष्ट फल न दे सकी। नई औद्योगिक नीति को लाने के प्रमुख कारण इस प्रकार थे- (1) भारत में नये संविधान को लागु किया जा चुका था जिसमें जनता को कुछ मौलिक अधिकारों का आश्वासन दिया गया था और राज्य के नीति-निर्देशक तत्वों (Directive Principles of Stale Policy) का उल्लेख किया था। जिसके आधार औद्योगिक नीति में सार्वजनिक क्षेत्र के व्यापक विस्तार एवं उत्पति के समान वितरण को महत्वपूर्ण स्थान देना था। (2) दिसंबर 1953 में भारतीय संसद ने देश में समाजवादी ढांचे की सामाजिक व्यवस्था का निर्माण के लिए आर्थिक नीति को स्वीकार किया था जिसके कारण सार्वजनिक कार्य क्षेत्र को बढ़ाना अनिवार्य था। (3) द्वितीय पंचवर्षीय योजना जो कि प्रथम अप्रैल 1956 को लागू की गई थी इसमें उद्योगों को विशेष महत्व दिया गया था। इन सभी कारणों से बाध्य होकर 30 अप्रैल 1956 को तत्कालीन प्रधानमंत्री **पंडित जवाहरलाल नेहरू** ने औद्योगिक नीति की घोषणा की। यह नीति समाजवादी प्रगतिशील स्पष्ट एवं सुनिश्चित थी। इसके उद्देश्य भी अधिक व्यापक और विकासशील थे। इस नीति की मुख्य विशेषताएं इस प्रकार हैं:-

1. **उद्देश्य**—इस नीति के उद्देश्य बड़े व्यापक थे जैसे (i) आर्थिक विकास की गति को तीव्र करना, (ii) सार्वजनिक क्षेत्र का विस्तार एवं विकास करना। (iii) आधारभूत एवं भारी उद्योगों का सुदृढ़ आधार तैयार करना, (iv) एकाधिकारी एवं केन्द्रीयकरण की प्रवृत्तियों पर रोक लगाना, (v) विकासोनमुखी सरकारी क्षेत्र का उत्तरोत्तर समय में विकास करना, (vi) आय ओर संपति के वितरण की असमानताओं को कम करना, (vii) तीव्र औद्योगिकीकरण के द्वारा समाजवादी समाज की स्थापना करना आदि अनेक उल्लेखनीय उद्देश्य थे।

2. **उद्योगों का वर्गीकरण**—इस नीति में बड़े उद्योगों को मुख्यत: तीन लोचपूर्ण श्रेणियों में विभाजित किया गया है। (i) अनुसूची में सामरिक महत्व, सार्वजनिक उपयोगी, आधारभूत, परिवहन तथा खनिज उद्योगों में 17 उद्योगों का समावेश किया गया था जिनके विकास व नई इकाइयों की स्थापना पूर्णरूप से सरकार का दायित्व रखा गया। इसमें अस्त्र-शस्त्र निर्माण, अणुशक्ति, लोहा-इस्पात उद्योग, भारी मशीन तथा बिजली के यंत्र, कोयला, खनिज तेल, सोना, मैंगनीज, लोहा, हीरे, आदि खनिज पदार्थ तथा रेल, जहाज एवं वायु परिवहन, टेलीफोन तार तथा बेतार का सामान इत्यादि सम्मिलित थे। (ii) दूसरी श्रेणी में केवल 12 उद्योगों का समावेश किया गया जिन पर धीरे-धीरे सरकार का स्वामित्व हो जाएगा तथा इस श्रेणी में नये उद्योग स्थापित करने में सरकार का दायित्व अधिक होगा। यद्यपि निजी क्षेत्र भी साथ-साथ कार्य करता रहेगा और इस श्रेणी में निजी साहसियों को भी विकास करने का अवसर दिया जायेगा चाहे वह व्यक्तिगत हो या सरकार की साझेदारी में। इस श्रेणी के प्रमुख उद्योग एल्युमिनियम एवं अन्य अलौह धातुएं, मशीनरी औजार लोहा मिश्रित धातुओं एवं औजारी इस्पात, रसायन उद्योग, उर्वरक, कृत्रिम रबर, कोयले की कार्बोनीकरण, रसायनिक घोल, सड़क परिवहन और समुद्री परिवहन आदि। (iii) तीसरे वर्ग में उन सभी उद्योगों को रखा गया है जिनका विकास एवं स्थापना का काम निजी क्षेत्र को सौंप दिपा गया।

औद्योगिक नीति द्वारा घोषित उपर्युक्त वर्गीकरण जटिल नहीं है वरन् व्यवहारिक और लोचदार है। अलग-अलग सूचियों में होने पर भी विभिन्न उद्योगों में परस्पर अंतनिर्भरता के कारण सार्वजनिक और निजी क्षेत्र में गहरे समन्वय का प्रावधान है। आवश्यकता पड़ने पर सरकार तृतीय श्रेणी के उद्योग में कूद सकती है और यह भी संभव है कि सरकार पहली श्रेणी के उद्योग में निजी साहसियों को आमंत्रित कर सकती है।

3. **लघु और कुटीर उद्योग**—इस नीति में पुन: लघु और कुटीर उद्योगों के विकास पर बल दिया गया क्योंकि यह बेरोजगारी को दूर करने स्थानीय साधनों का पूर्ण उपयोग करने तथा राष्ट्रीय उत्पादन के समान वितरण के लिए अत्यंत महत्वपूर्ण है। लघु उद्योगों की कठिनाईयों के निवारण, उत्पादन तकनीकि में सुधार, औद्योगिक बस्तियों और ग्रामीण सामूहिक वर्कशापों की स्थापना हेतु सरकार अनेक कदम उठायेगी जिसमें बिजली की सुविधाओं का विस्तार और सस्ती दर पर बिजली प्रदान करना वित्तीय और विक्रय सुविधाएं उपलब्ध करना तथा औद्योगिक सरकारी समितियों का गठन आदि सम्मिलित है।

4. **क्षेत्रीय विषमताओं का निवारण**—इस नीति में यह भी घोषणा की गई कि सरकार पिछड़े हुए क्षेत्र के औद्योगिक विकास पर विशेष ध्यान देगी ताकि देश में औद्योगिक विकास की दृष्टि से क्षेत्रीय विषमताएं दूर हो जायेंगी। इस उद्देश्य की पूर्ति के लिए सरकार उन क्षेत्रों में बिजली पानी तथा परिवहन की सुविधाओं में वृद्धि करेगी जिससे कि रोजगार की मात्रा में वृद्धि हो सके।

5. **सहकारी सिद्धांत**—इस नीति में निजी क्षेत्र में अधिक से अधिक कार्यों को सहकारी ढंग से विकसित करने के प्रयासों पर अधिक बल दिया है।

6. **श्रम नीति**—इस नीति में औद्योगिक शांति की स्थापना के लिए श्रमिकों और उद्योगपतियों के बीच संबंधों को सुधारा जाएगा और इस बात का पूर्ण प्रयत्न किया जाएगा कि दोनों पक्ष अपने-अपने दायित्व को पूरी तरह समझें। तकनीकी और प्रबंध संबंधित कुशलता को बढाने के सभी संभव प्रयास किये जायेंगे। शिक्षा व प्रशिक्षण की सुविधाओं का विकास किया जायेगा।

इस औद्योगिक नीति की घोषणा करते समय **पं. जवाहरलाल नेहरू** ने कहा था कि, ''भारत सरकार यह विश्वास करती है कि नवीन औद्योगिक नीति सभी वर्गों का समर्थन प्राप्त करेगी और भारत के शीघ्र औद्योगिकरण में सहायक सिद्ध होगी'' किंतु इस नीति की कटु आलोचना की गई है। कुछ लोगों ने तो इसे पूर्णतया काल्पनिक ही बताया। फेडरेशन ऑफ इण्डियन चैम्बर ऑफ कॉमर्स की समिति ने इस प्रकार अपनी प्रतिक्रिया व्यक्त की थी, ''यह नीति निजी क्षेत्र के साहस को मदद कर देगी। इसकी अपेक्षा एक लचीली नीति की आवश्यकता थी जिससे निजी सार्वजनिक क्षेत्र दोनों अपना-अपना योगदान औद्योगीकरण में प्रदान कर सकते हो।'' इसी प्रकार की विचारधारा श्री **सी.एच.भाभा** ने भी व्यक्त की है उनके अनुसार, ''यह नीति देश में राजकीय पूंजीवाद की आरंभ और निजी उद्योगियों की समाप्ति की शुरूआत है।'' विश्व बैंक के तत्कालीन अध्यक्ष श्री **युजीन ब्लैक** के अनुसार, ''इस नीति में निजी क्षेत्र के विकास के लिए पर्याप्त अवसर नहीं दिया गया। सरकार का काम अधिकाधिक बढ़ता रहे। अत: निजी क्षेत्रों

को अपना भविष्य निराशाजनक प्रतीत होता है।'' इस प्रकार अनेक विद्वानों ने इस नीतिं की आलोचना की है जिनमें कि मुख्य इस प्रकार है - (i) सरकारी क्षेत्र पर अत्यधिक बल दिया गया है जो कि अन्यायपूर्ण है। (ii) इसमें मूल और भारी उद्योगों पर अधिक बल दिया गया है जो कि गांधीवादी विचारधारा के प्रतिकूल है। (iii) इस नीति के द्वारा सहकारिता के नाम पर राजकीय पूंजीवाद को बढ़ावा मिला है, (iv) यह नीति विदेशी पूंजी के संबंध में किसी प्रकार का बोध नहीं कराती। (v) इसमें व्यवहारिक दृष्टिकोण की उपेक्षा की गई है। (vi) इस नीति में राष्ट्रीयकरण का भय निरंतर बना रहा यद्यपि सरकार ने राष्ट्रीयकरण का प्रत्यक्ष उल्लेख नहीं किया किंतु औद्योगिक नीति का यह वाक्य ''सरकार का किसी औद्योगिक नीति की घोषणा की। इस नीति का आधार भी 1956 की औद्योगिक उपक्रम को अपने हाथों में लेने का अधिकार सदा बना रहेगा।'' इन सभी आलोचनाओं के बावजूद यह नीति दोषपूर्ण नही है। किंतु यह नीति इतनी लचीली है कि इसे किसी भी और आवश्यकतानुसार प्रयोग किया जा सकता है इसमें वामपंथी और दक्षिण पंथी दृष्टिकोणों के प्रति कोई निर्धारित निर्देशात्मक रवैया नहीं है। राजनीतिज्ञ इसे आवश्यकतानुसार प्रयोग कर सकते हैं। तत्कालीन उद्योगमंत्री **जार्ज फर्नांडीज** ने 23 दिसंबर 1977 को विधिवत रूप में कई औद्योगिक नीति थी। किंतु इस नीति में कालांतर में कुछ विकृतियां उत्पंन हो गयी जिनका वर्णन उद्योगमंत्री ने इस कथन से व्यक्त किया, ''बेरोजगारी में वृद्धि हुई है, गांव और शहर में असमानता की खाई में वृद्धि हुई है और वास्तविक निवेश की दर में रुकावट आई है। औद्योगिक उत्पादन की दर औसत तीन-चार प्रतिशत प्रति वर्ष से अधिक नहीं हो पाई। औद्योगिक रूपता में अपार विस्तार हुआ है और कुछ मुख्य उद्योगों पर बहुत ही बुरा असर पड़ा है। औद्योगिक लागतों एवं कीमतों के ढांचे में भी विकृति आई है तथा बड़े नगरों से दूर औद्योगिक प्रक्रिया का प्रसार बहुत ही धीमा है।'' इन विकृतियों को यथेष्ट दूर करने के लिए उन्होंने एक नयी औद्योगिकरण नीति की घोषणा की जिससे देश की औद्योगिक विकास की मंद गति को दूर करने लोगों के जीवन स्तर में सुधार लाने की बात पर जोर दिया गया। देश में रोजगार के अवसरों में वृद्धि, आय और धन की विषमताओं को कम करने तथा ग्रामीण क्षेत्र के विकास के लिए बड़े घरानों की वृद्धि में कमी लाने तथा कुटीर और लघु उद्योग के विकास पर विशेष बल दिया गया। इस नीति की मुख्य विशेषताएं निम्न हैं:-

1. उद्देश्य—इस औद्योगिक नीति के उद्देश्य बड़े व्यापक एवं समयानुकूल थे जैसे-(i) देश की मानवीय एवं भौतिक साधनों का सर्वोत्तम उपयोग करना। (ii) आवश्यक उपभोक्ता वस्तुओं के उत्पादन में तीव्र गति से वृद्धि करना। (iii) रोजगार प्रधान लघु एवं कुटीर ग्रामीण एवं कृषि उद्योगों का तीव्र गति से विकास एवं विस्तार करना, (iv) आर्थिक सत्ता का विकेन्द्रीकरण करना तथा एकाधिकर प्रवृतियों का रोग लगाना, (v) औद्योगिकरण के वर्तमान स्वरूप की व्यवहारिक विकृतियों एवं कमियों को न्यूनतम करके तीव्र औद्योगिक विकास को बढ़ाना। (vi) उद्योगों को समाज की आशाओं के अनुरूप ढालना। (vii) अनुसंधान और विकास के क्षेत्र में नयी तकनीकों का राष्ट्र के हित में प्रयोग करना।

2. **लघु और कुटीर उद्योगों का विकास**—लघु और कुटीर उद्योगों के विकास को सर्वोत्तम प्राथमिकता दी गई। जैसा कि औद्योगिक नीति के वक्तव्य से भी स्पष्ट होता है कि, ''अभी एक औद्योगिक नीति से मुख्यत: बल बड़े उद्योगों के विकास को दिया जाता रहा है, कुटीर उद्योगों की पूर्णतया उपेक्षा की गई है और छोटे उद्योगों का कार्य भाग मामूली रहा है। नई औद्योगिक नीति का मुख्य बल लघु और कुटीर उद्योगों छोटे कस्बों तक फैल जाए। सरकार की यह नीति है कि जो कुछ भी लघु और कुटीर उद्योगों द्वारा उत्पंन हो सकता है निश्चय ही उनके द्वारा बनाया जाना चाहिए।''

इस नीति में छोटे उद्योगों को मुख्य तीन भागों में विभाजित किया गया—(क) कुटीर और घरेलू उद्योग जो कि बड़े पैमाने पर लोगों के स्वरोजगार उपलब्ध कराते हैं। इन उद्योगों के लिए कानून बनाये जाने का आश्वासन भी इस नीति में दिया। जिसके अंतर्गत स्वरोजगार योजना के लागू करने का प्रावधान होगा तथा इस योजना के तेजी से लागू करने को प्रोत्साहित किया जायेगा। (ख) बहुत छोटे उद्योग ऐसे उद्योग जिनमें मशीनरी और अन्य साज-समान पर कुल मिलाकर एक लाख रुपये से कम निवेश किया गया हो तथा वे 1971 की जनगणना के अनुसार 50,000 से कम आबादी वाले कस्बों में स्थित हो। इनके विकास के लिए सरकार विशेष सुविधाएं जैसे वित्तीय सहायता तकनीकी सलाह आदि सभी यथेष्ट रूप से उपलब्ध करायेगी।

(ग) लघु उद्योग ऐसी औद्योगिक इकाइयां जिनमें दस लाख रुपये तक का निवेश हुआ हो और सहायक इकाइयों जिनका निवेश पन्द्रह लाख रुपये तक का हो। इन उद्योगों के विकास के लिए जिला उद्योग केन्द्र खोले जायेंगे जिनका काम कच्चे माल, एवं मशीनरी की पूर्ति तथा साख सुविधाओं को उपलब्ध कराना, उत्पादन के विपणन में सहायता देना तथा किस्म नियंत्रण कार्यों को करना होगा।

लघु और कुटीर उद्योगों को बड़े उद्योगों की प्रतिस्पर्धा से बचाने के लिए आरक्षित उद्योगों की संख्या 180 से बढ़ाकर 504

कर दी गई तथा आश्वासन दिया गया कि इनकी संख्या में समीक्षा के उपरांत और भी वृद्धि की जा सकती है।

3. **खादी और ग्रामोद्योगों के कार्यों में विस्तार**—इस नीति में खादी ग्रामोद्योग की भूमिका को समुचित महत्व दिया गया। इसके अधीन 22 उद्योग आते हैं। जनता सरकार इनके विकास के लिए आधुनिक तकनीकों का प्रयोग बढ़ाने तथा आधुनिक प्रबंध व्यवस्था विकसित करने के लिए योजनाएं बनाएंगी। जूतों और साबुन के उद्योगों को इसमें सम्मिलित किया जाएगा। नयी खादी में पालीयेस्टर धागे का उपयोग करने पोलिस्टर खादी को बनाया गया। जनता सरकार कपड़े की आवश्यकता की पूर्ति हैण्डलूम क्षेत्र में बढ़ायी जायेगी। मिलक्षेत्र एवं शक्ति संचालित कर्घों के विस्तार की अनुमति नहीं दी जायेगी।

4. **बड़े पैमाने के उद्योगों के लिए क्षेत्र**—नयी औद्योगिक नीति में संगठित बड़े उद्योगों के बारे में पूर्णत: व्यावहारिक दृष्टिकोण अपनाया गया। अब वे प्रदर्शनात्मक दृष्टि से बहुत बड़े तथा अनावश्यक विदेशी तकनीकी के वशीभूत नहीं होंगे। उन्हें छोटे एवं कुटीर उद्योगों के लिए बाधक भी नहीं बनने दिया जाएगा। बड़े उद्योगों को जनसंख्या की मूल न्यूनतम आवश्यकताओं के कार्यक्रम के साथ जोड़ा जाएगा ताकि वे लघु और ग्राम उद्योगों के विस्तृत फैलाव को बढ़ावा दे सकें और कृषि क्षेत्र को मजबूत बना सकें।

5. **बड़े औद्योगिक घरानों पर प्रभावी नियंत्रण**—1956 की औद्योगिक नीति से बड़े औद्योगिक घरानों की अनुपात से भी अधिक वृद्धि हुई है। इसे नियंत्रण में लाने में वांछित सफलता प्राप्त नहीं हुई। यही कारण है कि इस नीति में साफ कहा गया है कि "बड़े घरानों का विकास उनके द्वारा आंतरिक रूप में जनति संसाधनों की तुलना में कहीं अधिक हुआ है और उनका मुख्य कारण सार्वजनिक संस्थाओं एवं बैंकों से लिया गया उधार है। इस प्रवृति को उलटना होगा।"

इसलिए नीति में बड़े घरानों के विस्तार के लिए निम्न मार्गदर्शी सिद्धांतों के अनुसार किया जाएगा-(i) वर्तमान उपक्रमों का विस्तार एवं नये उपक्रमों की स्थापना दोनों एकाधिकार तथा प्रतिबंधात्मक व्यापार अधिनियम के उपबंधों के अनुसार कर सकेगा। (ii) बड़े घरानों को अपने आर्थिक साधनों को स्वयं जुटाना पड़ेगा। परंतु विशिष्ट स्थितियों में ऋण भी दिया जा सकेगा। (iii) वर्तमान औद्योगिक इकाइयों का नवीनतम ढंग से विकास करने के लिए सरकार से अनुमति लेनी पड़ेगी। (iv) बड़े औद्योगिक घरानों के कार्य-कलापों को देश के आर्थिक सामाजिक उद्देश्यों के अनुरूप लाने के लिए सरकार अपनी लाइसेंस नीति को विनियमित करेगी। (v) लघु क्षेत्रों के आरक्षित उद्योगों में सरकार नहीं कूदेगी।

6. **सार्वजनिक क्षेत्र की महत्वपूर्ण भूमिका**—नयी औद्योगिकरण नीति में सार्वजनिक क्षेत्र न केवल महत्वपूर्ण और मूल दृष्टि से सामाजिक महत्व की वस्तुओं की पूर्ति को स्थायी बनाये रखने में भी प्रयोग किया जायेगा। यह क्षेत्र अब एक सफेद हाथी के रूप में न रहकर कार्यकुशल, लागत में कमी तथा उत्पादन के क्षेत्र में निजी क्षेत्र में मुकाबला करने की स्थिति में होगा। सरकारी क्षेत्र में प्रबंधकों का एक व्यावसायिक संवर्ग बनाने को उच्च प्राथमिकता दी जाएगी।

7. **विदेशी विनियोजन एवं सहयोग के प्रति दृष्टिकोण**—नयी औद्योगिक नीति में विदेशी निवेश और सहयोग एवं सहभागिता को राष्ट्रीय हितों के अनुरूप बनाया जायेगा। ऐसे उद्योगों में जहां विदेशी तकनीक की जरूरत नहीं है वर्तमान सहयोगी फर्मों को नवीकृत नहीं किया जायेगा और इन क्षेत्रों में काम कर रही फर्मों को विदेशी मुद्रा विनियम कानून के अंतर्गत अपने क्रियाओं को राष्ट्रीय प्राथमिकताओं के अनुसार ढालना होगा। पूर्ण स्वामित्व रखने की इच्छुक विदेशी कंपनियों का अब भारत में कोई स्थान नही है जैसे कोकाकोला तथा आई.बी.एम.आदि। किंतु शत-प्रतिशत निर्यात प्रेरित कंपनियों के संदर्भ में सरकार एक पूर्ण विदेशी स्वामित्व वाली कंपनी के बारे में भी विचार कर सकती है।

8. **औद्योगिक आत्मनिर्भरता**—नयी औद्योगिक नीति का सर्वोच्च उद्देश्य आत्मनिर्भरता की प्राप्ति है। इसके लिए नई नीति में सुदृढ़ एवं विविधपूर्ण औद्योगिक आधार तैयार करने की व्यवस्था है जहां भारतीय तकनीक पर्याप्त रूप में विकसित नहीं है विदेशी सहायता से अंत:प्रवाह को जरूरी मानती है। ऐसी दशा में सरकार सर्वोत्तम तकनीक को सीधा खरीदने पर बल देगी।

9. **संकटग्रस्त बीमार मिलें**—औद्योगिक क्षेत्र में संकट ग्रस्तता की बढ़ती हुई प्रवृति को देखकर नयी औद्योगिक नीति में यह भी प्रावधान किया गया है कि काफी जांच पड़ताल के बाद ही संकटग्रस्त इकाइयों को सरकार को कपड़ा, पटसन तथा चीनी मिलों की कुछ इकाइयों को अपने स्वामित्व में लेना पड़ा। किंतु यह प्रक्रिया अनिश्चित काल तक नहीं चलेगी। ऐसे प्रबंधकों या मालिकों को जो कि इन इकाइयों की संकटग्रस्तता के जिम्मेदार हैं इनको प्रबंध एवं संचालन में भाग लेने की इजाजत नहीं दी जाएगी।

इस प्रकार उपर्युक्त विवरण से स्पष्ट होता है कि जनता सरकार की नई औद्योगिक नीति बड़ी ही सार्माथक एवं व्यावहारिक दृष्टिकोण पर आधारित है। देश में उत्पादन वृद्धि उद्योगों के विकेन्द्रीकरण एवं रोजगार के अवसरों में पर्याप्त वृद्धि हेतु लघु और कुटीर उद्योगों के विकास और विस्तार पर विशेष जोर दिया गया। बड़े पैमाने के उद्योगों में स्वदेशी तकनीक पर जोर दिया गया है तथा बड़े औद्योगिक

घरानों के प्रभावी नियंत्रण की व्यवस्था है। सार्वजनिक क्षेत्र पर महत्वपूर्ण भूमिका निभाने की व्यवस्था है जिससे कि देश का तीव्र औद्योगिक विकास हो सके।

जनता सरकार की औद्योगिक नीति की आलोचना (Criticism of Industrial Policy of Janta Government)

जनता सरकार की औद्योगिक नीति एक ओर तो बड़े पैमाने के उद्योगों जिन पर व्यापारिक एवं औद्योगिक घरानों अथवा बहुराष्ट्रीय निगमों का अधिकार था, उनके विरुद्ध तथा लघु कुटीर और ग्रामोद्योगों के विकास के प्रोत्साहन देने वाली थी। इसके दूसरी ओर आर्थिक शक्ति के सकेन्द्रण के विरुद्ध या रोजगार के अवसरों के विस्तार के पक्ष में थी किंतु यह नीति भी आलोचनाओं से न बच सकी। इसकी मुख्य आलोचनाएं इस प्रकार हैं- (क) लघु उद्योगों की व्याख्या एवं वर्गीकरण अस्पष्ट किया गया है, (ख) लघु उद्योगों की अन्य व्यावहारिक कठिनाइयों की ओर ध्यान नहीं दिया गया। (ग) लघु और कुटीर उद्योगों की श्रमनीति में परिवर्तनों का औद्योगिक नीति पर क्या प्रावधान होगा इसका उल्लेख नहीं किया गया। (घ) बड़े उद्योगों और आधुनिक विधियों द्वारा संचालित उद्योगों की उपेक्षा की गई। (च) विदेशी निवेशकर्ताओं एवं कंपनियों को इस नीति से निराशाजनक स्थिति का सामना करना पड़ा।

जनता सरकार का राजनीतिक जीवनकाल कुछ समय ही चला। अगस्त 1979 में एक आंतरिक सरकार का गठन किया गया। इसने जनता सरकार की औद्योगिक नीतियों के विरोध में काम करना प्रारंभ कर दिया। आर्थिक अस्थिरता नीतियों के विरोध में काम करना प्रारंभ कर दिया। आर्थिक अस्थिरता फैलने के कारण पुन: राजनीतिक अस्थिरता में वृद्धि हो गई। 1980 के प्रारंभ में भारत में पुन: कांग्रेस सरकार आई जिसने कि एक नयी औद्योगिक नीति की घोषणा की।

किसी भी अर्थव्यवस्था के औद्योगिक विकास में सरकार की उद्योगों से संबंधित नीति बहुत महत्वपूर्ण होती है। औद्योगिक नीति का मूल उद्देश्य यह बताना होता है कि विद्यमान सत्तारूढ़ सरकार का उद्योगों के प्रति क्या रवैया होगा? औद्योगिक नीति का महत्व मिश्रित अर्थव्यवस्था में और भी बढ़ जाता है क्योंकि यहां पर उद्योगों पर सरकार और निजी पूंजीपतियों का सामूहिक रूप से आधिपत्य होता है। दोनों ही औद्योगिक क्षेत्र में हस्तक्षेप करती है किंतु उनका कार्यक्षेत्र क्या होगा इसका निर्धारण औद्योगिक नीति के द्वारा निर्धारित होता है। औद्योगिक नीति के अभाव के कारण अनावश्यक रूप से एक दूसरे के क्षेत्र में काम किया जायेगा जिससे कि दोनों क्षेत्रों का समुचित विकास न हो सकेगा। कुछ क्षेत्रों में आवश्यकता से अधिक उत्पादन होगा जब कि कुछ क्षेत्रों में उत्पादन करना प्रारंभ भी नहीं हो सकेगा। यह समस्या समाजवादी देशों और पूंजीवादी देशों में उत्पन्न नहीं होती क्योंकि यहां पर औद्योगिक विकास का दायित्व क्रमश: सरकार और पूंजीपति पर होता है।

15 अगस्त 1947 को स्वतंत्रता प्राप्ति के उपरांत भारतीय नेता समाजवाद और राष्ट्रीयकरण की घोषणा कर रहे थे। इस प्रकार निजी निवेशकों के सामने उनके उद्योगों का भविष्य अंधकारमय दिखने लगा। यही कारण है कि स्वदेशी और विदेशी नियोजकों ने भारत सरकार को उद्योगों के प्रति अपनाई जाने वाली नीति के बारे में घोषणा करने की और प्रेरित किया क्योंकि यदि निजी नियोजक पूंजी का उद्योगों में निवेश करते रहते हैं और बाद में सरकार उनका राष्ट्रीयकरण कर लेती है तो ऐसी दशा में निजी नियोजकों की आर्थिक स्थिति हमेशा-हमेशा के लिए समाप्त हो जाती है। इसी प्रकार की स्थिति विदेशी नियोजकों की भी थी। अत: बाध्य होकर भारत सरकार ने 6 अप्रैल 1948 को औद्योगिक नीति की घोषणा की। इस औद्योगिक नीति में सरकार की भूमिका को अत्यधिक महत्व दिया गया और निजी क्षेत्र को भारत के औद्योगिक विकास में बहुत निम्न भूमिका निभाने को कहा गया। बात यहां तक ही सीमित न थी सरकार ने कुछ उद्योगों को 10 वर्ष की अवधि के बाद राष्ट्रीयकरण करने की घोषणा की। इस घोषणा से निजी नियोजक वर्ग अत्यंत भयभीत हो गए थे। प्रो.दलाल ने इस स्थिति पर प्रतिक्रिया व्यक्त करते हुए कहा, ''राष्ट्रीयकरघा लाभांश की सीमा लाभ में हिस्सा लिए जाने तथा दस वर्ष की अवधि के उपरांत पूंजी के विघटन के भय से नियोजक भयभीत हो गए था।'' इस कठोर औद्योगिक नीति जिसमें कि सरकार ने मूलभूत उद्योगों के राष्ट्रीयकरण की घोषणा की इसका भारतीय अर्थव्यवस्था पर प्रतिकूल प्रभाव पड़ा। निजी निवेश बढ़ नहीं पाया जबकि विदेशों से आने वाली पूंजी में भी रूकावट आ गई। इस स्थिति का प्रभाव जब भारतीय अर्थव्यवस्था पर पड़ा तो भारत सरकार को अपनी गलती का अहसास हुआ। तब **पं. जवाहरलाल नेहरू** ने संविधान सभा में यह घोषणा की कि नियोजकों को राष्ट्रीयकरण से भयभीत न होने की सलाह दी और इस संबंध में एक आश्वासन भी दिया कि फिलहाल भारत सरकार किसी भी उद्योग का राष्ट्रीयकरण नहीं करेगी। यदि किसी कारणवश राष्ट्रीयकरण करना भी पड़ा तो उसे उचित एवं न्यायपूर्वक मुआवजा दिया जाएगा किंतु फिर भी यह भय दूर न हो सका और इस प्रकार राष्ट्रीयकरण के भय से उद्योगपतियों ने औद्योगिकरण की दिशा में कोई सक्रिय कदम नहीं उठाया। अतएव इस दूषित औद्योगिक नीति के कारण भारत की औद्योगिक प्रगति में बाधा पड़ी। इस अवधि में आर्थिक कार्यों के मध्य उचित समन्वय के अभाव के कारण भारत की अनेक राज्य सरकारों ने

बिजली आदि के उद्योग का राष्ट्रीयकरण कर लिया जिसके परिणामस्वरूप आर्थिक क्षेत्र में गिरावट आई। अत: इस औद्योगिक नीति में सरकार का पक्ष सार्वजनिक क्षेत्र के प्रति अधिक था जबकि निजी क्षेत्र के प्रति कोई सम्मानजनक रवैया न था।

प्रथम औद्योगिक नीति की घोषणा के उपरान्त भारत में अनेक सामाजिक राजनैतिक और आर्थिक परिवर्तन आ चुके थे। भारतीय संविधान के लागू होने के कारण राजनीतिक दृष्टि में भारत एक सुदृढ़ राज्य के रूप में स्थापित हो चुका था। इसके उपरान्त भारत सरकार ने समाजवादी सरकार की स्थापना की घोषणा की। जिसके फलस्वरूप देश को सामाजिक क्रांति के अनुरूप फलीभूत करना था। सभी को रोजगार के अवसर उपलब्ध कराना सरकार का दायित्व बन गया था। इस दौरान आर्थिक आयोजन को अपनाया जा चुका था। दूसरी पंचवर्षीय योजना की शुरूआत की जा चुकी थी जिसमें कि औद्योगिक क्षेत्र को सर्वाधिक महत्व दिया जा चुका था। सरकार निजी क्षेत्र के प्रति सहयोग का रवैया नहीं रखती है। इस संबंध में भारत के तत्कालीन वित्त-मंत्री ने एक बार कहा भी था कि ''लगभग 80 प्रतिशत उद्योग-धंधों जिनमें मेरा संपर्क रहा है उनमें निजी क्षेत्र की बढ़ती हुई मांग की पूर्ति करने में असफल रहा है। वास्तविकता तो यह भी है कि उसने वृद्धि की ओर कोई ध्यान नही दिया।'' इस सभी कारणों बाध्य होकर 30 अप्रैल 1956 को भारत सरकार ने एक नई औद्योगिक नीति 1956 की घोषणा की। जिसमें कि निजी और सार्वजनिक क्षेत्र को सम्मानजनक स्थान मिला तथा प्रत्येक का कार्यक्षेत्र स्पष्ट रूप से विभाजित कर दिया गया। उद्योगों को तीन मुख्य वर्गों में विभाजित किया। पहले वर्ग में केवल सार्वजनिक क्षेत्र ही काम कर सकता है। दूसरे क्षेत्र में सरकार और पूंजीपति को कार्य करने की सुविधा होगी। इस प्रकार यह पहली औद्योगिक नीति थी जिसने की स्पष्ट रूप से मिश्रित अर्थव्यवस्था की नींव रखी। किंतु सरकार का यह कहना कि यह वर्गीकरण कठोर वर्गीकरण नहीं। यदि आवश्यकता पड़ती है तो निजी क्षेत्र को प्रथम श्रेणी के उद्योगों में भी आमंत्रित किया जा सकता है। तथा आवश्यकता पड़ने पर सरकार भी तृतीय श्रेणी के उद्योगों में कूद सकती है। यह आवश्यकता पड़ने पर शब्द बहुत विस्तृत है। इसका प्रयोग किसी भी स्थिति में किया जा सकता है। व्यावहारिक दृष्टि से यह देखा गया है कि सरकार ही मुख्यत: तृतीय श्रेणी के उद्योगों में कूदी है। इस प्रकार निजी क्षेत्र की कार्य सीमा पर कभी भी सरकार का अधिकार बढ़ सकता है और बढ़ता आ रहा है। इस लोचशील शब्दावली का प्रयोग प्रत्येक सरकार ने अपने हितों और उद्देश्यो के अनुकूल किया है। आश्चर्य की बात यह है कि प्रत्येक सरकार अपनी औद्योगिक नीति को 1956 की औद्योगिक नीति से संबंधित करती है और अभीष्ट लक्ष्यों की प्राप्ति में किसी प्रकार की कमी नहीं आने देती। दिसंबर 1977 की जनता पार्टी सरकार की औद्योगिक नीति निजी क्षेत्र के अधिक पक्ष में थी और कम मात्रा में सार्वजनिक क्षेत्र के अधिक पक्ष में। इस नीति में सरकार के सार्वजनिक क्षेत्र के दृष्टिकोण को पुनर्विचार करने की ओर संकेत करती थी। जिन वस्तुओं के उत्पादन में सार्वजनिक क्षेत्र असफल रहा है उसे निजी क्षेत्र में लाने में कोई संकोच न होगा। जबकि जुलाई 1980 की औद्योगिक नीति पुन: सार्वजनिक क्षेत्र के पक्ष में घोषित की गई।

इस प्रकार हमने यह अध्ययन किया कि विभिन्न औद्योगिक नीतियों में सार्वजनिक और निजी क्षेत्रों को भिन्न-भिन्न भूमिका निभाने को कहा है। किंतु यह बात अभी भी स्पष्ट है कि प्रत्येक औद्योगिक नीति में सार्वजनिक क्षेत्र को अधिक महत्व दिया गया है जबकि निजी क्षेत्र के प्रति अस्पष्ट और विभेदात्मक नीति है।

प्रतिष्ठानों में सुधार के प्रयासों को ध्यान में रखकर भारतीय सरकार ने इन्हें भी अपने हाथों में लिया। विश्व व्यापार को उचित दिशा प्राप्त कराने के लिए सरकार ने सार्वजनिक क्षेत्र में राजकीय व्यापार निगम, खनिज तथा धातु व्यापार निगम आदि अनेक व्यापारिक प्रतिष्ठानों की स्थापना सार्वजनिक क्षेत्र में की गई। यही नहीं वित्तीय क्षेत्र नियमन और नियंत्रण को बनाये रखने के लिए जीवन बीमा निगम, यूनिट ट्रस्ट आफ इण्डिया, देश के प्रमुख 20 वाणिज्य बैंकों तथा सर्वाधिक वित्त उपलब्ध कराने वाली संस्थाओं पर सरकार का स्वामित्व है। भारत में सार्वजनिक क्षेत्र में संस्थान "Bureau of Public Enterprises" ने भारतीय अर्थव्यवस्था में सार्वजनिक क्षेत्र के निम्नलिखित उद्देश्य बतलाए हैं—

(क) भारतीय अर्थव्यवस्था के महत्वपूर्ण भागों पर सार्वजनिक नियंत्रण नियमन और स्वामित्व स्थापित करना।

(ख) देश के तीव्र औद्योगिक विकास में सहभागी बनकर विकास के भार को वहन करना।

(ग) देश में रोजगार के अतिरिक्त अवसरों को सुलभ बनाना ताकि श्रमशक्ति का पूर्ण प्रयोग किया जा सके।

(घ) देश में संतुलित क्षेत्रीय विकास की प्रक्रिया को अधिक प्रोत्साहन दिया जाए।

(च) निवेश को उचित एवं अपेक्षित दिशा प्रदान की जा सके तथा

(छ) देश में सहायक एवं छोटे पैमाने में उद्योगों का विकास किया जा सके।

इन उद्देश्यों की प्राप्ति के लिए सार्वजनिक क्षेत्र निरंतर प्रयासशील है। सभी पंचवर्षीय योजनाओं में इस विस्तार के प्रयास

किए गए हैं। प्रथम पंचवर्षीय योजना के प्रारंभ से लेकर छठी पंचवर्षीय योजना के आरंभ तक केंद्रीय सरकार के सार्वजनिक संस्थानों की संख्या और उनमें कुल निवेश के आंकड़े निम्नलिखित हैं—

योजना काल का प्रारंभ	I	II	III	तीन एक वर्षीय योजनाएं	IV	V	VI
उद्यमों की संख्या	5	21	48	74	85	122	186
कुल निवेश (रु.करोड़ में)	29	81	953	2,415	3,902	6,237	18,225

उपर्युक्त आंकड़ों के आधार पर यह निष्कर्ष निकाल पाना अत्यंत सरल होगा कि प्रत्येक योजना में उद्योगों की संख्या और निवेश की मात्रा में निरंतर वृद्धि हुई है। जो कि इस क्षेत्र के विकास का परिचायक है। यदि हम सार्वजनिक क्षेत्र के निवेश के वितरण को देखें तो ज्ञात होगा कि सार्वजनिक निवेश का 82 प्रतिशत भाग वस्तु उत्पादक और वस्तुओं के विक्रय में लगा हुआ है जबकि केवल 18% सेवामूलक उद्यमों में लगा है। सेवामूलक उद्यमों रेलवे, वायु यातायात, जहाजरानी कंपनियों तथा सड़क निर्माण सेवाओं का विशेष योगदान है।

सार्वजनिक क्षेत्र की महत्ता (Importance of Public Sector)

आधुनिक समय में सार्वजनिक क्षेत्र का बढ़ता हुआ विस्तार ही इसकी सबसे बड़ी महत्ता है। किंतु भारत जैसे देश में जहां पर कि निजी क्षेत्र की जड़ें गहरी और प्रभावशाली बन गई हैं वहां पर सार्वजनिक क्षेत्र का विस्तार अत्यंत महत्वपूर्ण आवश्यकता है। क्षेत्रीय विषमताएं व्यापक रूप से विद्यमान हैं। आर्थिक विकास का लाभ कुछ गिने-चुने व्यक्तियों के हाथों में केंद्रित है। सामाजिक अभिसंरचना पर अधिक मात्रा में निवेश की आवश्यकता है ऐसे में सार्वजनिक क्षेत्र का विकास ही एकमात्र सहारा बन सकता है। सार्वजनिक क्षेत्र की भूमिका का हम निम्न क्षेत्रों में अध्ययन करेंगे।

(क) आर्थिक विकास को गतिमान देना (Accelerating Economic Development) : सार्वजनिक क्षेत्र का प्रथम और प्रधान कार्य भारत में चिरस्थायी अल्पविकसितपन को दूर करके आर्थिक विकास की इस प्रक्रिया को तीव्र गति से प्रवाहित करने के लिए भारी और आधारभूत उद्योगों की स्थापना में प्राथमिकता देना होता है। ऐसी दशा में निजी क्षेत्र के साथ पूरकता के संबंध को निभाना होगा न कि प्रतियोगिता की नीति को अपनाना होगा। जिन क्षेत्रों में निजी क्षेत्र की कार्यकुशलता देश की आवश्यकता से कम है उन क्षेत्रों में सार्वजनिक निवेश के द्वारा यह कमी पूरी की जाती है।

(ख) आधारित संरचना की व्यवस्था (Fromation of Infra-structure) : सभी प्रकार के उद्योगों का तीव्र गति से विकास के लिए यह अनिवार्य होता है कि उसे देश में समुचित आधारित संरचना की व्यवस्था कर ली जाए। पूंजीवादी देशों में इनकी संरचना स्वयं पूंजीपति करते हैं किंतु अल्पविकसित देशों में इनकी निजी क्षेत्र की दया पर छोड़ा नहीं जा सकता। यही कारण है कि भारत जैसे अल्पविकसित देश में इनकी व्यवस्था स्वयं सरकार को ही करनी पड़ती है। ऐसी स्थिति में सार्वजनिक क्षेत्र का विस्तार अनिवार्य होगा।

(ग) निजी एकाधिकार पर नियंत्रण (Control Over Private Monopolies) : भारतीय अर्थव्यवस्था निर्धारित लक्ष्यों की और उचित रूप से बढ़ती रहे इसके लिए आवश्यक है कि अर्थव्यवस्था के सभी अंगों पर सरकार का नियंत्रण बना रहे। इसके लिए यद्यपि सरकार मौद्रिक और राजकोषीय तथा प्रशासनिक नीतियों का आश्रय लेती है। जिसके फलस्वरूप अनेक प्रशासनिक समस्याएं उत्पंन होती हैं तथा निजी क्षेत्र के कार्य-कलापों को बाजार-तंत्र पर भी नहीं छोड़ा जा सकता। ऐसी दशा में निजी एकाधिकारी प्रवृत्तियां जन्म लेती हैं। इन स्थितियों पर नियंत्रण पाने के लिए सार्वजनिक क्षेत्र का विकास अनिवार्य है।

(घ) साधनों की समायोजना (Resources Allocation): पूंजीपति निजी क्षेत्र में केवल उन वस्तुओं के उत्पादन को सर्वाधिक प्राथमिकता देगा जिनमें कि उसे अधिकतम लाभ प्राप्त होता है। इस प्रकार पूंजीगत वस्तुओं के उत्पादन क्षेत्र में पूंजीपति नहीं कूदते हैं क्योंकि इनमें अधिकमात्रा में पूंजी की आवश्यकता होती है। इन क्षेत्रों में यद्यपि सार्वजनिक क्षेत्र भी अधिक क्षम्य नहीं होता किंतु विदेशी सरकारों तथा विश्व बैंक की संबंध संस्थाओं से ऋण प्राप्त करके देश में संसाधनों को उचित रूप से समायोजित किया जा सकता है। अत: सार्वजनिक क्षेत्र के विकास से विनियोजन को उचित दिशा प्रदान की जा सकती है और साधनों का आदर्शतम प्रयोग भी किया जा सकता है।

(च) सामाजिक परिवर्तनों को लाने में सहायक (Helpful in Social Transformation): सार्वजनिक क्षेत्र देश में सामाजिक परिवर्तनों को लाने में भी सहायक होता है। इनके द्वारा निजी एकाधिकर और सत्ता का सकेंद्रण रोका जा सकता है। जिन उद्योगों में निजी क्षेत्र का कार्य करना संभव नहीं होता और उन देशों में सामाजिक परिवर्तनों को लाने में सहायक हो सकते हैं। ऐसे

कार्य-क्षेत्रों में सार्वजनिक क्षेत्र का योगदान सामाजिक दृष्टि से उचित होता है।

(छ) अन्य (Miscelleneous): सार्वजनिक क्षेत्र की निष्पादनता के मूल्यांकन के अनेक गुणात्मक पहलू भी हैं जैसे निजी क्षेत्र की कपड़ा मिलें जो कि काफी समय से उचित रूप में कार्य नहीं कर रही थीं। सरकार ने श्रम और मिल मालिकों से संपर्क करके उन्हें अपने हाथों में लिया जिसके आधार पर "National Textile Corporation" की स्थापना हुई है।

बहुविकल्पीय प्रश्न

1. निम्नलिखित को सुमेलित कीजिए—

क. सेन्ट साइमन	1. सैनिक तथा औद्योगिक
ख. स्पेंसर	2. समाज तथा नगर
ग. टोनीज	3. सैनिक, कानूनी तथा औद्योगिकी
घ. मार्गल	4. गेमिनशाफ्ट तथा गेमिलशाफ्ट
	5. औद्योगिक तथा उद्योगोत्तर

	क	ख	ग	घ
A.	2	1	3	4
B.	5	2	4	1
C.	3	1	4	2
D.	3	4	2	5

2. निम्नलिखित को सुमोलित कीजिए—

क. मैक्स वेबर	1. बुर्जुआ
ख. ए.डब्ल्यू.गोल्डनर	2. एक तार्किक प्रक्रिया के रूप में नौकरशाही
ग. जे.एच.गोल्डथौर्प	3. नौकरशाही की अनौपचारिक संरचना
घ. पीटर ब्लाऊ	4. नौकरशाह बनाने का डिग्री
	5. युक्तिकरण

	क	ख	ग	घ
A.	1	2	3	5
B.	2	4	1	3
C.	5	4	2	3
D.	2	3	1	4

3. 'घेट्टो' की व्याख्या के सर्वाधिक निकट निम्नलिखित में से कौन है?

A. पश्चिमी समाजों में पाई जाने वाली गंदी बस्तियों

B. यह नगर का यह परिव्यक्त खण्ड है

C. यह एक गंदी बस्ती है जिसमें संजाति समूह के लोग निवास करते हैं तथा जो शेष नगर के जीवन से कटी हुई है।

D. यह गंदी बस्ती में रहने के एक प्रतिमान की ओर संकेत करता है जो वर्तमान में अस्तित्व में नहीं है।

4. निम्नलिखित को सुमेलित कीजिए—

क. उदग्र गतिशीलता	1. प्रस्थिति में नहीं अपितु भूमिका में परिवर्तन
ख. समस्तरीय गतिशीलता	2. पुत्र का व्यवसायिक प्रस्थिति से पिता से भिन्न होना
ग. अनपीढ़ी गतिशीलता	3. किसी व्यक्ति के दूसरे व्यवसाय का प्रथम व्यवस्था से नियम होना
घ. अंत:पीढ़ी गतिशीलता	4. अपनी प्रस्थिति में सुधार करती हुई एक क्रांति
	5. गांव में नगर की ओर गमन

	क	ख	ग	घ
A.	3	5	2	1
B.	2	1	4	3
C.	4	3	1	2
D.	4	1	2	3

5. फैलते हुए उद्योगों और भवनों के कारण नगरों का जो प्रसारण होता है उससे बनने वाले नगरीय क्षेत्रों को कहा जाता है—

A. मेट्रोपोलिस B. मेगालोपोलिस

C. कनुर्वेशन D. सवर्विय

6. एक मेगालोपोलिस—

A. नगरों के आपस में मिल जाने के फल स्वरूप निर्मित एक प्राइमेर नगर है।

B. एक करोड़ की आबादी वाला नगर है।

C. दो या दो से अधिक मेट्रोपोलिटन क्षेत्रों के मिल जाने के फलस्वरूप फैलता हुआ एक वृहद नगरीकृत क्षेत्र है।

D. महामार्ग के किनारे की एक श्रृंखला है।

7. ममफोर्ड द्वारा प्रदत्त नगर के विकास की अवस्थाओं का सही क्रम क्या है।

1. पोलिस 2. इयापोलिस 3. मेट्रोपोलिस

A. 1, 2, 3 B. 1, 3, 2

C. 2, 1, 3 D. 3, 1, 2

8. निम्नलिखित कथनों पर विचार कीजिए—

कथन (A) : विचलन प्रतिमानहीनता से प्रत्यक्ष रूप से जुड़ा हुआ है।

कारण (R) : औद्योगिक नगरीय समुदाय अहंवाद को बढ़ावा देते हैं।

दोनों में से कौन सही है

A. A तथा R दोनों सही है तथा R, A की सही व्याख्या है
B. A तथा R दोनों सही है किंतु R, A की सही व्याख्या नही है
C. A सही है किंतु R गलत है
D. A गलत है किंतु Rसही है

9. निम्नलिखित में से किस प्रकार के नगर में हम अभिजन वर्ग को नगर के केन्द्र में माने जाते हैं?

A. औद्योगिक पूर्व B. आधुनिक
C. ऐतिहासिक D. वाणिज्यिक

10. निम्नलिखित में से कौन-सा कथन सही नहीं है?

A. एक क्षेत्र की औपचारिक सीमाएं होनी चाहिए
B. एक क्षेत्र की एक विशिष्ट भौगोलिक विशेषता नहीं होनी चाहिए
C. एक क्षेत्र आमतौर पर ग्रामीण तथा नगरीय समुदायों को मिलाकर एक कर देता है।
D. एक क्षेत्र अनेक प्रकार के हितों तथा क्रिया कलापों को अपने में निहित करता है।

11. शहरी और ग्रामीण बस्तियों के उस बड़े जमावड़े को जिसकी सारी बस्तियों उस क्षेत्र के प्रमुख महानगर के संबंधों से परस्पर जुड़ी है उन्हें कहा जाता है—

A. सिटी प्रोपर B. सिटी एरिया
C. मेट्रोपोलिटन एरिया D. मेट्रोपोलिटन रीजन

12. एक ब्रिटिश औद्योगिक कामगार के पास मकान गाड़ी है तथा जो कंजरवेंटिव पार्टी को मत देता है। यह एक ऐसी स्थिति है जिसे सर्वोत्मक रूप से निम्न अवधारणा से व्यक्त किया जाता है—

A. संस्कृतिकरण B. संदर्भ समूह व्यवहार
C. बुर्जुआपन D. प्रदर्शनात्मक उपभोग

13. औद्योगीकरण के प्रति सर्वाधिक प्रमुख परिपक्व नारी भूमिका के अविर्भाव के लिए निम्नलिखित में से किसको श्रेय दिया जाता है?

A. वयोला कलैन B. ऐन ओकली
C. अर्न्सटीन D. थियोडोर केप्ला

14. नीचे के वक्तव्यों पर विचार कीजिए—

कथन (A) : उद्योगोत्तर समाज में सेवा अर्थव्यवस्था तथा बौद्धिक प्रौद्योगिकी की विशेषताएं होती हैं।

कारण (R) : उद्योगोत्तर समाज में मूल बल उत्पादन के अधिकतमीकरण पर दिया जाता है।

दोनों में से कौन सही है

A. A तथा R दोनों सही है तथा R, A की सही व्याख्या है
B. A तथा R दोनों सही है किंतु R, A की सही व्याख्या नहीं हैं
C. A सही है किंतु R गलत है
D. A गलत है किंतु R सही है

15. द्वंद्वात्मक भौतिकवाद के प्रणेता कौन हैं?

A. के थोजर B. कार्ल मार्क्स
C. हेगेल D. राल्फ डेहरेन्डार्फ

16. मार्क्स पूंजीवाद का आधार मानते हैं—

A. धन एवं साख B. व्यक्तिगत सम्पति
C. वृहद स्तर उत्पादन D. लाभार्जन में लिपृता

17. ट्राबियांड द्वारा समूह में प्रचलित विनियम का निम्नलिखित प्रणाली है जिसमें अंतर्गत सामान्य विशुद्ध उपयोगी वस्तुओं के आदान-प्रदान में धार्मिक अनुष्ठानों का भी महत्व है—

A. टोटम B. जादुगा
C. कुवाद D. कुला

18. 'मिताक्षरा' नाम पुस्तक किसने लिखा है?

A. जीमूत वाहन B. विज्ञानेश्वर
C. कौटिल्य D. विश्वरूप

19. दायाभाग का चलन मूलतः भारत के किस राज्य में है?

A. उड़ीसा B. पश्चिम बंगाल
C. मध्य प्रदेश D. महाराष्ट्र

20. दायभाग के रचयिता कौन हैं?

A. अपरार्क B. विज्ञानेश्वर
C. जीमूत वाहन D. धुष्टिराज

21. सरल जनजातीय समाजों के आर्थिक पिछड़ेपन का निम्नलिखित में से कौन प्रमुख कारण हैं?

A. आदिम प्रौद्योगिकी
B. गरीबी और अज्ञानता
C. नातेदारीऔर संगठन
D. सामाजिक तथा सांस्कृतिक परम्पराएं

22. किस विद्वान का कहना है कि व्यक्तियों की संस्कृति का मात्र निर्धारक उत्पादन प्रणाली है—

A. मैकाइवर B. मैक्स वेबर

C. कार्ल मार्क्स D. लुण्ड वर्ग

23. मध्यकालीन शिल्पियों का व्यापार माध्यम था—

A. बाजार B. समुदाय
C. श्रेणी D. वाणिज्य समूह

24. अर्थशास्त्र की विषय वस्तु क्या है ?

A. राजनीति B. अर्थव्यवस्था
C. विधि D. भूगोल

25. कौन व्यक्ति श्रमिक आंदोलन से संबंध नहीं है ?

A. बी.वी.गिरी B. एस.ए.डांगे
C. विनोवा भावे D. बी.वी.वाउफ

26. श्रमिक संघ आंदोलन के अग्रणी नेता कौन थे ?

A. अमृत श्रीपाद डामे B. महात्मा गांधी
C. बी.वी. गिरी D. बी.पी.बादिया

27. बेदी मूल्य का सिद्धांत किसने रचा ?

A. कार्ल मार्क्स B. कीन्सू
C. एडम स्मिथ D. पीगू

28. किससे ग्रामीण अर्थव्यवस्था में मदद नहीं मिलती ?

A. पशुपालन उद्योग में B. निजी भूमि उद्योग में
C. कृषि उद्योग से D. कुटीर उद्योग से

29. नगरों और कस्बों के आस्तित्व में आने का क्या कारण है ?

A. व्यापार का विकास B. कृषि का विकास
C. जनसंख्या का संचालन D. औद्योगीकरण

30. 'अर्थशास्त्र' के लेखक कौन हैं ?

A. विज्ञानेश्वर B. कौटिल्य
C. ब्रह्मगुप्त D. आर्यभट्ट

31. अर्थशास्त्र किस भाषा में लिखी गई पुस्तक है ?

A. संस्कृत B. हिन्दी
C. प्राकृत D. पालि

32. मार्क्स के अन्य मित्र और सहयोगी का नाम बताईं ?

A. हेगेल B. एंगेलन
C. रिकार्डो D. कोजर

33. निम्नलिखित में औद्योगिक समाज की विशेषता क्या है ?

A. मानव सुख शांति B. क्रांति
C. आर्थिक प्रतिस्पर्द्धा D. आमने सामने के संबंध

34. The Coming of Post Industrial Society के लेखक कौन हैं ?

A. मिल्टन सिंगर B. डेनियल बेल
C. हर्बर्ट ब्लूमर D. एलन टाडरेन

35. सामाजिक संहति के आधार पर उद्योग पूर्व और उद्योगोन्तर में अन्तर करने वाले विद्वान के नाम बताइए ?

A. लेनिन B. दुर्खीम
C. मार्क्स D. मैक्स वेबर

36. मानवीय आवश्यकताअें की संतुष्टि के लिए संगठित एवं स्थापित प्रणालियों को निम्न में से क्या कहते हैं ?

A. संस्था B. समिति
C. समुदाय D. समान

37. निम्नलिखित में से किसका संबंध अर्थव्यवस्था से नहीं है ?

A. अलौकिक शक्ति B. पूंजी
C. श्रम D. भूमि

38. किस समाज में वर्ग संघर्ष सबसे तीव्र होता है ?

A. पूंजीवादी B. समाजवादी समाज
C. सामंती समाज D. आदिम समाज

39. किस विद्वान ने आर्थिक अर्थव्यवस्था को समाज की नींव माना था ?

A. मार्क्स B. वेबर
C. दुर्खीम D. स्पेंसर

40. कार्यों के विभाजन को क्या कहते है ?

A. श्रम विभाजन B. सम्पति
C. समाजवाद D. पूंजीवाद

41. 'श्रम विभाजन' पुस्तक के लेखक कौन हैं ?

A. स्पेंसर B. कॉम्ट
C. टानीज D. दुर्खीम

42. आदिम समाजों में प्रचलित उपहार की प्रथा को क्या कहा जाता है ?

A. कुला प्रथा B. नगर भेंट देने की प्रथा
C. नृत्यप्रथा D. अतिथि सत्कार

43. कुला प्रथा में प्रयुक्त शंख के हार को क्या कहा जाता है ?

A. इवाली B. सोलवां
C. याम D. गिभवाली

44. कुला प्रथा में एक व्यक्ति के दूसरे व्यक्ति के सम्पर्क का क्या साधन होता है ?

A. धर्म B. जादू
C. शंख के आभूषण D. उपरोक्त सभी

45. निम्नलिखित में से किसका नाम विनियम से संबंधित नहीं है ?

A. होमंस B. कोन्न
C. ब्लाऊ D. मॉस

46. निजी सम्पत्ति के अस्तित्व का निम्न में से कौन-सा कारण है ?

A. असमानता

B. मानव मूल्यों की बर्बादी
C. भौतिकवाद
D. निजी सम्पति की अपनी विशेषताएं भी हैं।

47. पूंजीवाद की कौन सी विशेषता है ?
A. शोषण B. एकाधिकर
C. बड़ी मात्रा में उत्पादन D. उपरोक्त सभी

48. किस अर्थव्यवस्था में बड़े पैमाने पर उत्पादन उपयोग पाया जाता है ?
A. आदिम जातियों में B. पूंजीवादी समाज में
C. सामंतवादी समाज में D. आधुनिक समाज में

49. जटिल समाज में वह कौन सा मूर्त संगठन है जिसका संबंध प्रत्यक्ष रूप से समग्र समाज के लक्ष्यों से होता है ?
A. व्यक्ति B. राजनैतिक संस्थाएं
C. संस्थाएं D. सरकार

50. कार्ल मार्क्स द्वारा युग विभाजन में शामिल है—
A. अधुतानतन साम्यवादी युग
B. आर्थिक युग
C. पूंजीवादी
D. दास युग

51. सूची-I (लेखक) को सूची-II (उनकी पुस्तकें) के साथ सुमेलित करें—

सूची-I	*सूची-II*
(a) मैकाइवर	1. इन्विटेशन टू सोशियोलॉजी
(b) डेविस	2. सोसाइटी
(c) बर्जर	3. दी सोशल ऑर्डर
(d) बियरस्टेड	4. ह्यूमन सोसाइटी

कूट :

	(a)	*(b)*	*(c)*	*(d)*
A.	2	3	4	1
B.	1	2	4	3
C	2	1	3	4
D.	2	4	1	3

52. मध्यम वर्ग सिद्धान्त को मार्क्सवादी रूपरेखा के अंतर्गत निम्नांकित में से किसने प्रतिपादित किया है?
A. कॉलिन्स B. कोज़र
C. डेहरनडॉर्फ D. एंजिल्स

53. सूची-I को सूची-II के साथ सुमेलित कीजिये और नीचे दिये कूट की सहायता से सही उत्तर का चयन करें—

सूची-I (पुस्तक)	*सूची-II (लेखक)*
(a) रूल्स ऑफ सोशियोलॉजिकल मैथड्स	1. गुडे एवं हाट
(b) स्टैटिस्टिकल रिज़निंग इन सोशियोलॉजी	2. मैक्स वेबर
(c) मेथेडॉलॉजी ऑफ सोशल साइन्सिस	3. शुसलर एवं मूलर
(d) मेथड्स इन सोशल रिसर्च	4. इमाइल दुर्खीम

कूट :

	(a)	*(b)*	*(c)*	*(d)*
A.	1	2	3	4
B.	2	3	4	1
C	3	4	2	1
D.	4	3	2	1

54. निम्नलिखित में से कौन पूँजीवाद की विशेषता नहीं है?
A. मुक्त बाजार कारोबार
B. लाभ का अधिकात्मीकरण
C. मुक्त श्रम
D. निजी क्षेत्रों पर सार्वजनिक क्षेत्रों का प्रभुत्व

55. श्रमिक-संघों को हम कैसे सम्बोधित करेंगे?
A. एक व्यावसायिक समूह के रूप में।
B. एक दबाव समूह के रूप में।
C. एक सहकारी समूह के रूप में।
D. एक पारिवारिक समूह के रूप में।

56. कार्ल मार्क्स के विचार अनुसार पूँजीवाद में लाभ के दर कम होने की आशंका रहती है क्योंकि—
A. वस्तुओं की मांग में कमी आती है।
B. वस्तुओं के उत्पादन में कमी आती है।
C. वस्तुओं के उत्पादन में वृद्धि होती है।
D. पूँजीपति और कामगार के मध्य संघर्ष होता है।

57. वेबर के विचारों के अनुसार पश्चिम में ऐसा कौन-सा पूर्व से भिन्न था जिसके कारण वहाँ पूँजीवाद का विकास हुआ?
A. धार्मिक नैतिकता B. तकनीक
C. तर्कशीलता D. विज्ञान

58. 'हिन्दू सोशल आर्गेनाइजेशन' नामक पुस्तक लिखी गई है—
A. एम.एन. श्रीनिवास द्वारा
B. एस.एस. गोरे द्वारा

C. के. डेविस द्वारा
D. पी.एन. प्रभु द्वारा

59. "सामाजिक संघर्ष हमेशा विनाशकारी नहीं होता बल्कि यह समन्वयी भूमिका भी निभाता है।" निम्नलिखित में से किस विचारक ने यह विचार दिया है।

A. राल्फ डेहरेनडार्फ
B. लुई कोज़र
C. कार्ल मार्क्स
D. मैक्स वेबर

60. निम्न में से अभिकथन (A) व तर्क (R) का सही मेल बताएँ–

अभिकथन (A): मार्क्स के विचार में पूंजीवाद में श्रमिक अलगाव से ग्रसित होते हैं।

तर्क (R): पूंजीवाद श्रमिकों की मेहनत को उनके जीवन जीने का केवल साधन मात्र बना देता है।

प्रदत्त कूट से सही उत्तर का चयन कीजिए–

A. **(A)** और **(R)** दोनों सही हैं और **(A)** का **(R)** सही स्पष्टीकरण है।
B. **(A)** और **(R)** दोनों सही हैं मगर **(A)** का **(R)** सही स्पष्टीकरण नहीं है।
C. **(A)** सही है मगर **(R)** गलत है।
D. **(A)** गलत है मगर **(R)** सही है।

61. श्रम के विभाजन के सम्बन्ध में यांत्रिक सामाजिक एकता को दुर्खीम ने एक विशेष रूपक मानते हुए पहचान दी है। निम्न में से कौन-सा वह रूपक नही है?

A. सामूहिक चेतना का फैला हुआ क्षेत्र
B. दमनकारी कानून
C. संरचनात्मक विभेदीकरण
D. सादृश्य

उत्तरमाला

1	2	3	4	5	6	7	8	9	10
B	B	C	D	C	C	C	B	A	A
11	**12**	**13**	**14**	**15**	**16**	**17**	**18**	**19**	**20**
D	B	B	A	B	C	D	B	B	C
21	**22**	**23**	**24**	**25**	**26**	**27**	**28**	**29**	**30**
A	C	A	A	C	C	B	B	D	B
31	**32**	**33**	**34**	**35**	**36**	**37**	**38**	**39**	**40**
A	B	C	B	B	A	A	A	C	A
41	**42**	**43**	**44**	**45**	**46**	**47**	**48**	**49**	**50**
D	A	B	C	B	D	D	A	D	D
51	**52**	**53**	**54**	**55**	**56**	**57**	**58**	**59**	**60**
D	C	D	D	B	C	A	D	B	A
61									
C									

अध्याय 29

विकास का समाजशास्त्र (Sociology of Development)

आर्थिक विकास (Economic Growth)

आर्थिक विकास का विषय एक आधुनिक युग की विचारधारा है। आर्थिक विकास की समस्या सभी आर्थिक प्रणालियों के लिए समान महत्व रखती है। 1930 की विश्वव्यापी मंदी के उपरांत प्रो. केंज ने अपनी पुस्तक में यह बतलाने की चेष्टा की कि उन्नत देशों में मंदी के कारण एक ओर तो चक्रीय बेरोजगारी की स्थिति उत्पन्न होती है तथा आर्थिक विकास की चरम सीमा पर पहुंचने के उपरांत सुदीर्घकालीन जड़ता की स्थिति उत्पन्न होती है। जबकि दूसरी ओर विश्व के दो तिहाई लोग आर्थिक पिछड़ेपन से पीड़ित हैं। इन देशों में फैली व्यापक निर्धनता इनके आर्थिक विकास में बाधक ही नहीं वरन् समस्त विश्व के आर्थिक विकास में भी बाधक है क्योंकि यह कहा जाता है कि, किसी स्थान की निर्धनता सभी स्थानों की सम्पन्नता के लिए खतरा होती है। **प्रो. मायर** और **बाल्डविन** ने अपनी पुस्तक में लिखा है कि, ''राष्ट्रों के धन के अध्ययन की अपेक्षा राष्ट्रों के दरिद्रता के अध्ययन की अधिक आवश्यकता है।''

यही कारण है कि आज विश्व के सभी देशों में आर्थिक विकास के प्रति जागरूकता पैदा हो गई है।

आर्थिक विकास के आशय—आर्थिक विकास शब्द दो शब्दों से मिलकर बना है—आर्थिक तथा 'विकास'। आर्थिक शब्द का अर्थ है धन संबंधी। किंतु यहां पर धन शब्द का प्रयोग विस्तृत रूप से किया गया है। धन में वे सभी मानवीय, प्राकृतिक, पूंजीगत तथा तकनीकी संसाधन सम्मिलित किए गए हैं। जिनके आधार पर उत्पादकता और आय का सृजन किया जा सकता है। 'विकास' शब्द का अर्थ है—वृद्धि करना या विस्तार करना। इस प्रकार आर्थिक विकास का सामूहिक अर्थ है कि देश के सभी प्रकार के संसाधनों में विस्तार एवं वृद्धि करना, जिसके परिणाम स्वरूप देश की कुल उत्पादकता और राष्ट्रीय आय में वृद्धि की जा सकें। अत: आर्थिक विकास एक सतत् प्रक्रिया है। जिससे कि देश की कुल उत्पादकता और आय के स्तर में निरंतर वृद्धि होती रहती है। यदि यह प्रक्रिया किसी भी देश में किसी समय विशेष पर विद्यमान है तो इसका अर्थ है कि उस देश का आर्थिक विकास हो रहा है।

आर्थिक विकास की परिभाषा—आर्थिक विकास की सुनिश्चित और सर्वमान्य परिभाषा देना अत्यंत कठिन कार्य है क्योंकि विभिन्न अर्थशास्त्रियों ने इसे विभिन्न आधारों पर परिभाषित किया है। कुछ विद्वानों ने कुल राष्ट्रीय आय में वृद्धि को ही आर्थिक विकास माना है। इस विचारधारा का प्रतिनिधित्व **प्रो. कुज्नेट्स मायर** और **वाल्डसिन, ऐ.जे. यंगसन** आदि विद्धानों ने किया है। जबकि कुछ विद्वानों ने प्रति व्यक्ति वास्तविक आय में वृद्धि को आर्थिक विकास कहा है। इस विचारधारा का प्रतिनिधित्व **प्रो. वैजामिन हिगिन्ज, हार्वे लिवैस्टीन् आर्थर लूइस, जैकेबलाइनर, विलियमसन** और **वद्रिक** आदि ने किया है। आधुनिक युग के कुछ विद्वानों ने आर्थिक विकास की विचारधारा को सर्वांगीण विकास के रूप में परिभाषित किया है। जिससे भारतीय अर्थशास्त्री **डी. ब्राइट सिंह** तथा संयुक्त राष्ट्र संघ के मत व्यक्त है अब हम इन तीनों आधारों पर व्यक्त आर्थिक विकास की परिभाषाओं का अध्ययन करेंगे।

कुल राष्ट्रीय आय के आधार—कुल राष्ट्रीय आय के आधार मानकर **प्रो. साइमन कुज्नेट्स** ने आर्थिक विकास की परिभाषा इस प्रकार दी है, आर्थिक विकास को मापने के लिए हम उसे या तो संपूर्ण राष्ट्रीय आय में वृद्धि के रूप में या स्थिर कीमतों पर समस्त जनसंख्या के उत्पादन के रूप में अथवा प्रति व्यक्ति उत्पादन के रूप में परिभाषित कर सकते हैं। **प्रो. साइमन कुज्नेट्स** की इस परिभाषा में आर्थिक विकास का मूल्यांकन समस्त राष्ट्रीय आय की वृद्धि के द्वारा किया जाता है। इस संदर्भ में उन्होंने उत्पादित वस्तुओं का स्थिर मूल्यों पर कुल उत्पादकता और प्रति व्यक्ति उत्पादकता में वृद्धि होती है तो यह आर्थिक विकास का घोतक है। किंतु राष्ट्रीय आय का एक समय पर विशेष पर बढ़ना आर्थिक विकास का उचित रूप नहीं है। अत: यह परिभाषा संपूर्ण व उचित परिभाषा प्रतीत नहीं होती। इसकी दूसरी और **प्रो. मायर** और **वाल्डविन** द्वारा दी गई परिभाषा एक उचित प्रतीत होती है। उनके

अनुसार, ''आर्थिक विकास एक प्रक्रिया है जिसके द्वारा किसी अर्थव्यवस्था की वास्तविक राष्ट्रीय आय में दीर्घकालीन वृद्धि होती है।'' **प्रो. मायर** और **वाल्डविन** की इस परिभाषा में आर्थिक विकास से संबंधित तीन मुख्य तत्वों का उल्लेख किया गया है।

(1) **प्रक्रिया (Process)**—जब अर्थव्यवस्था में मूल आर्थिक कार्य कलापों को अपनाया जाता है। तो उनसे प्रभावित होकर अन्य आर्थिक क्रियाओं में भी गतिशीलता उत्पन्न हो जाती है। जिसके परिणामस्वरूप अर्थव्यवस्था के सभी अंगों में एक आर्थिक प्रक्रिया आरंभ हो जाती है। फलत: राष्ट्रीय आय का सृजन होता है। राष्ट्रीय आय में हुए इन परिवर्तनों के कारणों को दो रूपों में विभाजित किया जा सकता है (क) मांग के रूप में परिवर्तन—राष्ट्रीय आय में वृद्धि के परिणाम के स्वरूप वस्तु की मांग में भी परिवर्तन आते हैं। जैसे—आय के स्तर तथा आय के वितरण के स्वरूप में परिवर्तन उपभोक्ताओं की रुचि एवं स्वभाव में परिवर्तन, जनसंख्या के आकार में परिवर्तन तथा अर्थव्यवस्था के अन्य संस्थागत और संगठनात्मक धाराणाओं में परिवर्तन। (ख) साधनों की पूर्ति में परिवर्तन—आर्थिक विकास के फलस्वरूप साधनों की पूर्ति में भी परिवर्तित हो जाते हैं। जैसे—जनसंख्या में वृद्धि के कारण श्रमशक्ति में वृद्धि, पूंजी में भी वृद्धि अतिरिक्त साधनों की खोज, उत्पादन की नई विधियों का प्रयोग, कार्य कुशलता में सुधार, संस्थागत और व्यवस्थागत तत्वों में परिवर्तन। इस प्रकार आर्थिक विकास के परिणामस्वरूप आर्थिक प्रक्रियाओं में गतिशीलता प्रारंभ हो जाती है।

(ii) **वास्तविक राष्ट्रीय आय**—विकास का संबंध राष्ट्रीय आय से नहीं वरन् समस्त वास्तविक राष्ट्रीय आय में वृद्धि से है। वास्तविक राष्ट्रीय आय का अभिप्राय मूल्यस्तर में हुए परिवर्तनों के लिए समायोजित शुद्ध राष्ट्रीय उत्पादन से है। मूल्यस्तर में हुई वृद्धि के परिणामस्वरूप राष्ट्रीय आय में तीव्र गति से वृद्धि हो जाती है । किंतु उस वृद्धि को आर्थिक विकास का नाम देना उचित न होगा। वास्तविक राष्ट्रीय आय के मूल्यांकन में स्थिर मूल्यों पर तथा पूंजीगत पदार्थों में हुए मूल्य उल्हास को निकाल देने से ज्ञात किया जा सकता है। यदि किसी देश में वास्तविक राष्ट्रीय आय में वृद्धि होती है। तो यह उसके आर्थिक विकास का प्रतीक है।

(iii) **दीर्घकालीन प्रवृत्ति**—वास्तविक राष्ट्रीय आय में किसी वर्ष में वृद्धि भी आर्थिक विकास का पूर्ण घोतक नहीं बन सकती जब तक कि यह परिवर्तन निरंतर और दीर्घकालीन न हो। क्योंकि आर्थिक जगत में व्यापार चक्र भी आते रहते हैं, जिनके कारण मूल्य स्तरों पर परिवर्तनों से राष्ट्रीय आय में वृद्धि हो जाती है। इस वृद्धि को आर्थिक विकास का घोतक नहीं मानना चाहिए। यदि स्थिर मूल्यों पर शुद्ध राष्ट्रीय आय में एक लंबे समय तक वृद्धि होती है तो उसे आर्थिक विकास की प्रवृत्ति मान लेना चाहिए। द्वितीय पंचवर्षीय योजना के ड्राफ्ट्र को बनाते समय पंडित जवाहर लाल नेहरू ने भी एक स्थान पर कहा था कि 'आर्थिक विकास एक निरंतर बढ़ने वाली प्रक्रिया है।' अत: यदि 15-20 वर्षों तक शुद्ध राष्ट्रीय आय में निरंतर वृद्धि होती है तो इसे आर्थिक विकास का स्वरूप मान लेना चाहिए।

प्रति व्यक्ति आय के आधार—आर्थिक विकास की प्रति व्यक्ति आय के आधार पर परिभाषित करने में अनेक विद्वानों ने अपने-अपने मत व्यक्त किए हैं। राष्ट्रीय आय में वृद्धि आर्थिक विकास का प्रतिबिम्ब नहीं मानना चाहिए क्योंकि यह एक निरपेक्ष माप है। इसे सापेक्षित रूप में व्यक्त करने के लिए प्रति व्यक्ति आय के आधार को प्रयोग करना होगा। यदि जनसंख्या में वृद्धि की दर शुद्ध राष्ट्रीय आय (उत्पादन) की वृद्धि की दर से अधिक है तो प्रति व्यक्ति आय में गिरावट आएगी। ऐसी दशा में देश का अर्थिक विकास नहीं कहलाएगा क्योंकि प्रति व्यक्ति आय के गिरने से जीवन स्तर में गिरावट आती है। यही कारण है कि अनेक विद्वानों ने आर्थिक विकास को प्रति व्यक्ति आय के दर आधार पर परिभाषित किया है। **प्रो. आर्थर लूइस** के अनुसार, ''आर्थिक विकास का अर्थ प्रति व्यक्ति उत्पादन में वृद्धि होती है।'' **विलियमसम** और **वैट्रिक** के अनुसार, ''आर्थिक विकास या वृद्धि से हमारा आशय उस प्रक्रिया से है जिसके द्वारा किसी देश या क्षेत्र के लिए उपयोग करते हैं।'' इस प्रकार की एक अन्य परिभाषा **प्रो. बुकनैन** और **ऐलिस** ने दी है। उनके अनुसार, ''विकास का अर्थ पूंजी के विनियोग द्वारा अल्पविकसित क्षेत्रों की वास्तविक आय संभावनाओं का विकास करने के लिए ऐसे परिवर्तन लाना एवं ऐसे उत्पादक स्रोतों को बढ़ाना है जिनसे प्रति व्यक्ति आय के बढ़ने की संभावना प्रकट की जा सके।'' इन सभी परिभाषाओं के अध्ययन से स्पष्ट होता है कि आर्थिक विकास का मूल उद्देश्य जनसाधारण के जीवन स्तर को उन्नत करना है। इस तथ्य को ध्यान में रखकर हम यह कह सकते हैं। कि आर्थिक विकास वह प्रक्रिया है। जिसके द्वारा एक अर्थव्यवस्था की प्रति व्यक्ति आय और उत्पादकता एक सुदीर्घकाल तक निरंतर बढ़ती है।

मानवीय विकास

आर्थिक विकास का मूल लक्ष्य, यद्यपि, वास्तविक राष्ट्रीय आय या प्रति व्यक्ति आय में सुदीर्घकालीन वृद्धि लाना है। किंतु यह एकमात्र लक्ष्य नहीं। आर्थिक विकास का अर्थ है कि राष्ट्रीय आय में वृद्धि के साथ-साथ आर्थिक संरचना में परिवर्तन, लोगों को उच्च जीवन स्तर उपलब्ध कराना, उनकी मान्यताओं एवं दृष्टिकोण में परिवर्तन

लाना, देश की उत्पादन क्षमता में वृद्धि करना तथा मानव का सर्वांगीण विकास करना है इस संदर्भ में आर्थिक विकास की परिभाषा भारतीय अर्थशास्त्री **प्रो. डी. ब्राइट सिंह** ने इस प्रकार दी है, ''आर्थिक विकास बहुमुखी प्रवृत्ति का घोतक है जिसमें केवल मौद्रिक आय में वृद्धि ही सम्मिलित नहीं होती वरन् सामाजिक आदतें, शिक्षा जनस्वास्थ्य, अधिक आराम और वस्तुत: उन समस्त सामाजिक एवं आर्थिक परिस्थितियों में वृद्धि सम्मिलित होती है। जो एक पूर्ण एवं सुखी जीवन का निर्माण करती है।'' इसी प्रकार की एक अन्य परिभाषा संयुक्त राष्ट्र संघ की एक रिर्पोट में भी दी गई। जो कि इस प्रकार है ''विकास मानव को केवल भौतिक आवश्यकताओं से नहीं वरन् उनके जीवन की सामाजिक दशाओं की समुन्नति से भी संबंधित होता है।'' अत: विकास का अर्थ केवल आर्थिक वृद्धि ही नहीं वरन् आर्थिक संवृद्धि के साथ-साथ सामाजिक, सांस्कृतिक संस्थागत परिवर्तन का योग भी है। इन दोनों परिभाषाओं के आधार पर हम यह निष्कर्ष प्राप्त करते हैं। कि आर्थिक विकास का आशय राष्ट्रीय तथा प्रति व्यक्ति आय में वृद्धि, नागरिकों के जीवन स्तर में सुधार, अर्थव्यवस्था की संरचना में परिवर्तन देश की उत्पादन क्षमता में वृद्धि, देशवासियों की मान्यताओं एंव दृष्टिकोण में परिवर्तन तथा मानव के सर्वांगीण विकास से है। इस प्रकार आर्थिक विकास में परिणात्मक एवं गुणात्मक, आर्थिक सामाजिक तथा संरचनात्मक सभी पक्षों को सम्मिलित किया गया है।

आर्थिक संवृद्धि (Economic Growth)

आर्थिक विकास, आर्थिक संवृद्धि तथा आर्थिक प्रगति को पर्यावाची शब्द के रूप में प्रयोग किया जाता है। किंतु इन धाराणाओं में अंतर व्यक्त करने का श्रेय **प्रो. शुम्पीटर** को 1911 में (Theory of Economic Development) नामक ग्रंथ के आधार पर दिया जाता है। आधुनिक समय में **श्रीमति उर्सल्ला हिक्स, किण्डल वरजर, मायर** और **बाल्डीवन, डी. ब्राइट सिंह** आदि अनेक अर्थशास्त्रियों ने आर्थिक विकास और आर्थिक संवृद्धि में भेद किया है। **प्रो. शुम्पीटर** के विचार में आर्थिक विकास स्थिर संतुलन में होने वाला वह निरंतर और स्वाभाविक परिवर्तन है जो वर्तमान संतुलन की अवस्था को सदा के लिए परिवर्तित और विस्थापित कर देता है। जबकि आर्थिक संवृद्धि दीर्घ काल में होने वाला क्रमिक और स्थिर परिवर्तन है जो बचतों और जनसंख्या की दर में सामान्य वृद्धि के द्वारा आता है। प्रो. शुम्पीटर ने इस प्रकार को स्पष्ट करने के लिए एक उदाहरण दिया है—यदि एक छोटी फुटकर दुकान धीरे-धीरे एक बड़े स्टोर में परिवर्तित हो जाती है तो यह संवृद्धि होगी जबकि विकास तो केवल क्रांतिकारी और निरंतर परिवर्तनों के द्वारा होता है। **श्रीमती उर्सुल्ला हिक्स** के विचार में आर्थिक संवृद्धि शब्द आर्थिक दृष्टि से विकसित एवं उन्नत देशों में लागू होता है। जहां अधिकांश साधन पहले से ही ज्ञात और विकसित होते हैं। जबकि आर्थिक विकास का संबंध पिछड़े हुए देशों से है। जहां पर बेकार व उपयुक्त साधनों के विकास और प्रयोग की संभावना होती है। इसी प्रकार की विचारधारा भारतीय अर्थशास्त्री **डी. ब्राइट सिंह** ने भी व्यक्त की है। उनके अनुसार, ''क्योंकि उच्च आय वाले पूंजी देशों में आर्थिक संवृद्धि प्राय: प्राकृतिक और स्वचालित होता है। परंतु आर्थिक विकास वाह्य प्रेरणा और सरकार के निर्देश की आवश्यकता होती है।'' हम संवृद्धि शब्द विकसित अर्थव्यवस्थाओं के संबंधों तथा विकास का अल्पविकसित अर्थव्यवस्थाओं के संबंध में विचार कर सकते हैं। आर्थिक विकास और आर्थिक संवृद्धि में अंतर को स्पष्ट करने में प्रति व्यक्ति वास्तविक आय में वृद्धि से है। जबकि आर्थिक संवृद्धि जनसंख्या और कुछ वास्तविक आय दोनों की वृद्धि का सूचक हो आर्थिक प्रगति बिना संवृद्धि में संभव हो सकती है। यदि जनसंख्या के कम होने से प्रतिव्यक्ति आय में वृद्धि होती है। तो इसे आर्थिक प्रगति कहेंगे। किंतु आर्थिक संवृद्धि तब तक नहीं कही जा सकती जब तक कि जनसंख्या के साथ-साथ प्रति व्यक्ति आय में वृद्धि न हो। इस प्रकार **प्रो. वरेरी** के अनुसार आर्थिक संवृद्धि के तीन रूप हैं। (i) प्रगतिशील संवृद्धि—जबकि देश की जनसंख्या में वृद्धि की अपेक्षा कुल आय में अधिक वृद्धि हो। (ii) अद्योगामी संवृद्धि—जबकि देश में जनसंख्या में वृद्धि की अपेक्षा कुल आय में कम वृद्धि हो तथा (ii) स्थिर संवृद्धि—जब देश में जनसंख्या और कुल आय में वृद्धि एक ही दर में बढ़ती हों।

आर्थिक विकास और आर्थिक संवृद्धि में अंतर (Differences between Economic Development & Economic Growth)—आर्थिक विकास और आर्थिक संवृद्धि पर विभिन्न विद्वानों के मतों का अध्ययन करने के उपरांत यह ज्ञान प्राप्त होता है कि आर्थिक संवृद्धि की अपेक्षा आर्थिक विकास का प्रयोग अधिक विस्तृत अर्थ में लिया जाता है। आर्थिक संवृद्धि एक क्रमिक तथा दीर्घकाल में स्थिर, स्वत: प्रक्रिया है। जबकि आर्थिक विकास आकस्मिक तथा रूक-रूककर होने वाला परिवर्तन है जिसके लिए विशेष प्रयत्नों का किया जाना आवश्यक है। आर्थिक संवृद्धि विकसित देशों की प्रगति का सूचक है। जबकि आर्थिक विकास अल्पविकसित देशों की प्रगति को बतलाता है। इन दोनों तथ्यों में अग्रलिखित अंतर है—

आर्थिक संवृद्धि (Economic Growth)	आर्थिक विकास (Economic Development)
1. यह क्रमिक और दीर्घकाल में स्थिर रहता है।	1. इनमें आकस्मिक और एक-एक करके परिवर्तन आते रहते हैं।
2. यह आर्थिक तथा संस्थागत कारकों में बदलने पर स्वत: ही होती रहती है।	2. इसमें उन्नति और परिवर्तनों के लिए विशेष प्रयत्न करना अनिवार्य होता है।
3. इसमें किसी नवीनता का सृजन नहीं होता।	3. इसमें प्रचलित तत्वों में सुधार लाया जाता है तथा नई शक्तियों के द्वारा नये मूल्यों का निर्माण किया जाता है।
4. यह परंपरागत तथा नियमित घटनाओं का परिणाम है।	4. यह उन्नति की प्रबल इच्छा व सृजनात्मक शक्तियों का प्रतिफल है।
5. यह स्थैतिक संतुलन की स्थिति है जिसमें देश उन्नति तो करता है किंतु उन्नति की गति अत्यंत धीमी होती है।	5. यह गतिशील संतुलन की स्थिति है जिससे देश तीव्र-गति से उन्नति की और अग्रसर होता है।
6. इसका अर्थ केवल उत्पादकता में वृद्धि मात्र से होता है।	6. इसका अर्थ उत्पादकता के साथ-साथ प्रावधिक और संस्थागत परिवर्तनों से लगाया जाता है।
7. यह विकसित देशों के विकास से संबंधित है।	7. यह अल्पविकसित देशों के विकास से संबंधित है।
8. इसके अंतर्गत साधनों का आदर्शतम प्रयोग करने की पद्धतियों का उपयोग किया जाता है।	8. इसके अंतर्गत पूंजीगत और प्राकृतिक साधनों के उपयोग तथा विकास करने की गुंजाइश होती है।

आर्थिक विकास आर्थिक प्रगति तथा आर्थिक संवृद्धियों में भेद का अध्ययन करने के बावजूद भी यह भेद शुम्पीटर प्रणाली तक ही सीमित है किंतु अधिकांश अर्थशास्त्री इसे पर्यायवाची शब्दों के रूप में प्रयुक्त करते हैं। इस संदर्भ में **प्रो. आर्थर लुईस** एक स्थान पर लिखते हैं कि, ''प्राय: संवृद्धि का परंतु कभी-कभी विविधता के लिए प्रगति कार्यं विकास का उल्लेख करते हैं।'' यही कारण है कि आज व्यवहार में ये दोनों शब्द प्राय: एक ही अर्थ में प्रयुक्त होते है। इस पुस्तक में भी हमने दोनों शब्दों में समानार्थी माना है।

आर्थिक विकास के निर्धारक तत्व—आर्थिक विकास एक सापेक्षिक धारणा है। जिसका सम्बन्ध एक समय विशेष से न होकर दीर्घकालीन परिवर्तनों से होता है। अन्य भौतिक पदार्थो की भांति नहीं मापा जा सकता है। इस संदर्भ में अनेक मत हमारे सामने आए हैं। प्राचीन अर्थशास्त्री आर्थिक विकास में वस्तुओं और सेवाओं के उत्पादन में वृद्धि होने से आर्थिक विकास संभव हो सकता है जबकि **कार्लमार्क्स** के अनुसार केवल समाजवाद के आधार पर ही देश में लोक कल्याण लाया जा सकता है। इसी प्रकार के अनेक विचार आर्थिक विकास के संदर्भ में प्रेषित किये गये हैं। आधुनिक युग के अर्थशास्त्रियों में भी आर्थिक विकास के प्रति मतभेद है। कुछ विद्वान राष्ट्रीय आय में वृद्धि को अर्थिक विकास का माप मानते हैं। जबकि कुछ विद्वान उत्पादक शक्तियों में वृद्धि प्रति व्यक्ति आय, जीवन स्तर तथा आय का उचित वितरण आदि को आर्थिक विकास का मापदंड मानते हैं। इन सभी मापदंडों का निम्न रूप से विश्लेषण किया जाएगा।

(क) राष्ट्रीय आय में वृद्धि—प्रो. मायर और **वाल्डविन, मीड, साईमन कुज्नेटस, ए.जे. यंगसन** आदि अनेक विद्वानों ने किसी देश की वास्तविक राष्ट्रीय आय में होने वाली वृद्धि को उस देश के आर्थिक विकास का सूचक माना है। उनके अनुसार यदि किसी देश की वास्तविक राष्ट्रीय आय में वृद्धि हो रही हो तो वह वृद्धि उस देश के आर्थिक विकास की एक कसौटी मानी जाएगी वशर्ते कि यह वृद्धि निरंतर और स्थायी हो। यहां राष्ट्रीय आय की व्याख्या करना उचित होगा। राष्ट्रीय आय की गणना प्राय: स्थिर पर और पूंजीगत संसाधनों में हुए मूल्य-उल्हास को घटाने के बाद की जानी चाहिएं। शुद्ध राष्ट्रीय आय, स्थिर मूल्य पर, सदैव आर्थिक विकास का उचित प्रतिनिधित्व करती है।

2. **प्रति व्यक्ति आय में वृद्धि**—आधुनिक अर्थशास्त्री, **प्रो. किण्डलवर्जर, लूईस, हिगिन्ज, विलियमसम** तथा **वाइनर** आदि प्रति व्यक्ति आय को आर्थिक विकास का प्रतिनिधित्व मानते हैं **प्रो. किण्डलवर्जर** के अनुसार प्रति आय का परिवर्तन ही आर्थिक विकास को प्रभावित करता है अत: आर्थिक विकास वह प्रक्रिया है। जिसके द्वारा एक अर्थव्यवस्था की प्रति व्यक्ति शुद्ध आय दीर्घकाल में बढ़ती है। शुद्ध राष्ट्रीय आय में वृद्धि और प्रति व्यक्ति आय में वृद्धि में से कौन सी धारणा आर्थिक विकास का उचित मूल्यांकन या मापदण्ड होंगे। यह विषय विवादास्पद हैं कुछ विद्वान राष्ट्रीय आय को आर्थिक विकास का उचित मापदंड मानते हैं। जबकि अन्य विद्वान प्रति व्यक्ति आय को आर्थिक विकास का उचित प्रतिनिधित्व मानते हैं इन दोनों का व्यक्तिगत रूप में अध्ययन करेंगे और निष्कर्ष के रूप में इनमें से किसी एक की औचित्यता का वर्णन करेंगे।

कुछ विद्वान, जोकि राष्ट्रीय आय में वृद्धि को आर्थिक विकास का उचित मापदंड मानते हैं। उनका यह कहना है कि प्रतिव्यक्ति आय का मापदंड अपेक्षाकृत भ्रमात्मक है। उससे आर्थिक विकास की वास्तविक स्थिति का मूल्यांकन नहीं किया जा सकता ।

(ग) जीवन स्तर में वृद्धि (Increase in the Standard of Living)—सामाजवादी विचारधारा के अर्थशास्त्री जीवन स्तर को आर्थिक विकास की कसौटी मानते हैं। उनके विचार में यह आवश्यक नहीं कि राष्ट्रीय आय या प्रति व्यक्ति आय में वृद्धि होने से आर्थिकविकास हो वरन् जीवन स्तर में वृद्धि आर्थिक विकास का उचित मापदंड है क्योंकि जीवन स्तर का संबंध लोगों के उपभोक्ता से प्रत्यक्षरूप से संबंधित है। जीवन स्तर में वृद्धि होना आर्थिक विकास के सभी कार्यक्रमों के अन्तिम चरण को व्यक्त करता है जीवन स्तर में कमी आर्थिक अवनति का सूचक है। इस संदर्भ में प्रो. ओकन और रिचर्डसन का मत है कि, ''आर्थिक विकास भौतिक समृद्धि में ऐसा अनवरत् दीर्घकालीन सुधार है। जोकि वस्तुओं और सेवाओं के बढ़ते हुए प्रवाह में प्रतिबिम्बित समझा जा सकता है।'' विकसित देशों का मूल्यांकन उनके द्वारा देशवासिगों को उपलब्ध कराई गई वस्तुओं और सेवाओं की प्रचुरता है। इस प्रकार से अर्थिक विकास और रहन-सहन के स्तर में प्रत्यक्ष धनात्मक सह संबंध है।

जीवन स्तर में वृद्धि आर्थिक विकास को मापने का दोषपूर्ण और अव्यावहारिक ढंग है क्योंकि प्रत्येक स्थिति में उपभोग स्तर में वृद्धि आर्थिक निवास का सूचक नहीं हो सकता प्राय: यह देखा गया है कि अल्पविकसित देशो में सरकार उपभोग की प्रवृति में कमी लाकर बचत और निवेश को बढ़ाने को प्रोत्साहित करती है। जबकि राष्ट्रीय आय और प्रति व्यक्ति आय में वृद्धि हो रही है। दूसरा आर्थिक विकास में उत्पादन की संरचना की भी उपेक्षा नही की जा सकती। यदि देश में पूंजीगत वस्तुओं का अधिक उत्पादन किया जा रहा है। और वस्तुओं का उपभोग कम होता है तो इस दशा में आर्थिक विकास में वृद्धि हो रही है जबकि उपभोग स्तर में गिरावट आ रही है तीसरा जीवन स्तर तथा उपभोग स्तर ऐसे भ्रामक शब्द हैं जिनका अध्ययन निरपेक्ष रूप में नहीं किया जा सकता।

(घ) आर्थिक कल्याण में वृद्धि (Increase in Economic Welfere) कुछ विद्वानों का यह मत है कि राष्ट्रीय आय तथा प्रति व्यक्ति आय में वृद्धि का आर्थिक विकास के लिये कोई औचित्य नही यदि लोगों की आर्थिक व सामाजिक कल्याण में वृद्धि नहीं होती। इस संदर्भ में प्रो.**पीगू** का कथन है कि सामान्यत: राष्ट्रीय आय में वृद्धि से आर्थिक कल्याण में वृद्धि होती है। परन्तु यह सदैव सत्य नहीं। आर्थिक कल्याण के दृष्टिकोण से हमें केवल यह नहीं देखना कि कितना उत्पादन होता है। बल्कि यह भी देखना होता है कि उसका उत्पादन किस प्रकार हो रहा है और उसका वितरण किस प्रकार हो रहा है। अत: यदि आर्थिक कल्याण में वृद्धि हो रही है। तो आर्थिक विकास भी बढ़ रहा है।

आर्थिक कल्याण भी आर्थिक विकास को मापने का उचित मापदण्ड नही है। क्योकि कल्याण स्वयं एक निराकार अस्पष्ट और मूल्य प्रधान विचार है। विभिन्न व्यक्तियों के लिये इसकी विभिन्न परिभाषाएं है। दूसरा आर्थिक कल्याण को मापते समय हमें कुल उत्पादन की संरचना मूल्य स्तर आदि अनेक आर्थिक और अनार्थिक तत्वों का अध्ययन करना होता है। किन्तु इनका पूर्ण ज्ञान ही कठिन समस्या है। तीसरा, कल्याण के लिए वास्तविक लागतों पीडा और त्याग अनुमान लगाना पड़ता है। जिसे हम मुद्रा के रूप में व्यक्त नहीं कर सकते। अत: यह एक अनुभूति है जिसका माप कठिन है।

(च) जीवन अवधि (Expectation of Life) कुछ विद्वानों का यह मत है कि अर्थव्यवस्था की प्रगति का मूल्यांकन जनसंख्या में वृद्धि तथा जीवन प्रत्याशा के द्वारा भी लगाया जा सकता है। यदि किसी देश में जीवनाविधि निरंतर बढती जा रही है। तो इसमें सुख और कल्याण निहित हो प्राय: विकसित देशों में जीवनविधि अधिक होती है। जबकि अल्पविकसित देशों में कम होती है।

जीवनाविधि को आर्थिक विकास का कारक मानना भी दोषरहित नही है क्योंकि प्रथम लोगों की जीवनविधि का अनुमान लगाना अत्यंत कठिन है। दूसरा यह सामान्य प्रगति को तो बतलाता है। किन्तु आर्थिक प्रगति के बारे में शान्त है तीसरा जीवानविधि आर्थिक विकास पर निर्भर करती है न कि आर्थिक विकास को प्रभावित करती है। अत: यह मापदण्ड भी उचित नहीं है।

अधोविकास के सिद्धांत

अल्पविकसित अर्थव्यवस्था अर्थ और परिभाषा (Underdeveloped Economy Meaning & Definition)

अल्पविकसित अर्थव्यवस्था एक तुलनात्मक तथा सापेक्षिक विचार है इसकी निरपेक्ष रूप से व्याख्या करना तथा इसका कोई लक्षण विशेष निश्चित करना संभव नही है। आज विश्व में सभी देशों में आर्थिक विकास का स्तर न तो समान है और न ही एक समान किया जा सकता है। प्रत्येक देश की विकास संबंधी समस्याएं भिन्न-भिन्न हैं। तथा उनमें विकास के साधन और अवसर भी समान रूप से उपलब्ध नहीं है। उनमें सामान्य लक्षणों का अभाव है। यही कारण है कि अल्पविकसित देशों की परिभाषाएं भी अनेक रूपों में उपलब्ध हुई है।

प्रति व्यक्ति आय आधार पर (On the Basis of Per-Capita income)—संयुक्त राष्ट्र संघ तथा प्रो.**पी.टी. वावर** ने अल्पविकसित देशों को प्रति व्यक्ति आय के आधार पर परिभाषित किया है। संयुक्त राष्ट्र संघ के अनुसार अल्पविकसित देश वह है। जिसकी प्रति व्यक्ति वास्तविक आय संयुक्त राज्य अमेरिका, कनाडा, आस्ट्रेलिया और पश्चिमी यूरोपीय देशों के प्रति व्यक्ति वास्तविक आय की तुलना में कम हो। इसी प्रकार एक अन्य परिभाषा प्रो. **वावर** तथा **यामे** ने भी दी है। उनके अनुसार ''अल्पविकसित देश शब्द बहुधा मोटे रूपों से उन देशों या प्रदेशों की ओर संकेत करते हैं। जिनकी वास्तविक आय एवं प्रति व्यक्ति पूंजी का स्तर उत्तरी अमेरिका, पश्चिमी यूरोप और आस्ट्रेलिया के स्तर से नीचा होता है।'' नोबेल पुरस्कार विजेता तथा सुप्रसिद्ध अमरीकी अर्थशास्त्री **प्रो. सेम्यूलसन** के अनुसार ''एक अल्पविकसित अर्थव्यवस्था वह देश है जिसमें प्रतिव्यक्ति वास्तविक आय कनाडा, अमेरिका, ग्रेट ब्रिटेन तथा सामान्यत: पश्चिमी यूरोप के देशों की वर्तमान प्रति व्यक्ति आय की तुलना में कम है। आशावादी रूप में यह समझा जा सकता है कि अल्पविकसित देश में अपनी आय के स्तर में पर्याप्त सुधार कर पाने की क्षमता विद्यमान है।''

प्रति व्यक्ति आय के आधार पर दी गई सभी परिभाषाएं अल्पविकसित देशों को संकीर्ण रूप में व्यक्त करती है। निम्न प्रति व्यक्ति वास्तविक आय यद्यपि अल्पविकसित अर्थव्यवस्था का एक मुख्य लक्षण है किंतु इसको सम्पूर्ण आधार मानना अनुचित है। कुछ देश ऐसे भी हैं। जहां पर प्रति व्यक्ति वास्तविक आय अधिक होते हुये भी वे अल्पविकसित हैं। दूसरा, अल्पविकसित देशों में अमौद्रिक क्षेत्र की व्यापकता तथा वस्तु विनियम प्रणाली की प्रधानता होने के कारण मौद्रिक आय में वृद्धि का अनुमान नहीं लगाया जा सकता। अत: केवल प्रति व्यक्ति वास्तविक आय के कम होने पर एक अर्थव्यवस्था को अल्पविकसित अर्थव्यवस्था की परिभाषा देना अपूर्ण होगा।

जीवन स्तर तथा उपभोग स्तर के आधार पर (On the Basis of Standard of Living of Consumption Pattern)— कुछ विद्वानों ने अल्पविकसित देशो का जीवन स्तर और भावी सम्भावनाओं के आधार पर परिभाषित किया है। **प्रो.जैकेब बाइनर** के अनुसार ''एक अल्पविकसित देश वह है जहां अधिक पूंजी अथवा अधिक श्रम शक्ति अथवा उपलब्ध प्राकृतिक साधनों अथवा इन सभी के प्रयोग करने की पर्याप्त सम्भावनाएं है जिससे वर्तमान जनसंख्या के रहन-सहन के स्तर को ऊँचा किया जा सके। और यदि प्रति व्यक्ति आय पहले से ही काफी अधिक है तो रहन-सहन के स्तर को बिना कम किए अधिक जनसंख्या का जीवन निर्वाह किया जा सके।'' इसी प्रकार की एक अन्य परिभाषा नोबेल पुरस्कार विजेता **प्रो. गुन्नर मिर्डाल** ने दी है। उनके अनुसार ''अल्पविकसित अर्थव्यवस्था वह अर्थव्यवस्था है जिसमें काम करने और जीवित रहने की बहुत सारी अवांछनीय दशाओं का दुष्चक्र है। इन अर्थव्यवस्थाओं में रहन-सहन का स्तर नीचा है। उत्पादन के निम्न तरीके हैं। लोगों की विचारधाराएं तथा व्यवहार दोषपूर्ण है तथा संस्थाएं विकास के लिए प्रतिकूल है। इन सब दशाओं के कार्य परिणाम का संबंध पाया जाता है।''

उपयुक्त परिभाषाओं में अल्पविकसित देशों की व्याख्या जीवन स्तर के आधार पर की गई है।

अल्पविकसित अर्थव्यवस्थाएं विभिन्न प्रकारों के देशों का समूह है इन सभी अर्थव्यवस्थाओं में विभिन्न प्रकार पाए जाते हैं। इन सभी अन्तरों के बावजूद भी अल्प विकसित देशों में कुछ समानताएं है किसी एक देश विशेष को इनका प्रतिनिधि नहीं कहा जा सकता किंतु फिर भी कुछ ऐसे सामान्य लक्षणों को बताना सम्भव है जोकि प्राय: माना सभी अल्पविकसित अर्थव्यवस्थाओं में पाए जाते है ये सभी लक्षण सभी अल्पविकसित देशों में समान मात्रा में नहीं पाए जाते किन्तु ये सभी मिलकर अल्पविकसित अर्थव्यवस्था बनने में सहायक होते हैं इन लक्षणों को हम मुख्यत: पांच भागों में बांट सकते हैं। आर्थिक जनसंख्या, संबंधी सामाजिक तकनीकी तथा राजनीतिक व अन्य।

आर्थिक लक्षण (Economic Characteristics)

निम्न प्रति-व्यक्ति आय:-(Low per-capita Income) अल्पविकसित देशों में निर्धनता और उत्पादन के स्तर के निम्न होने के कारण प्रति-व्यक्ति आय भी कम होती है प्रो. **कुरीहार** के अनुसार ''एक अल्पविकसित अर्थव्यवस्था का एक महत्वपूर्ण सूचक प्रति व्यक्ति आय का निम्न होना है।'' आय के दृष्टिकोण से विकसित और अल्पविकसित देशों में जमीन आसमान का अंतर पाया जाता है। विश्व बैंक द्वारा प्रकाशित World Development Report 1983 के अनुसार अल्पविकसित देशों की औसत प्रति व्यक्ति आय 70 डालर है जबकि औद्योगिक विकसित देशों की आय 6.980 डालर है।

कृषि पर निर्भरता (Predominance of Agriculture)— अल्पविकसित देशो की कार्यशील जनसंख्या का अधिकांश भाग कृषि पर निर्भर होता है जो कि विकसित देशो की कार्यशील जनसंख्या की तुलना में चार पांच गुना अधिक होती है। सामान्य: 65% से 85% तक लोग अपनी रोजी को कृषि तथा उससे संबंधित उद्योगों से प्राप्त करते हैं। इन देशों में राष्ट्रीय आय का लगभग आधा और उससे अधिक भाग कृषि कार्यों से प्राप्त होता है। कृषि उत्पादन में

जनसंख्या का अधिकांश भाग लगा होता है तथा प्रछन्न बेरोजगारी पाई जाती है। इसके अतिरिक्त भूमि के पट्टे, उपविभाजन उपखण्डन, अनार्थिक जोत, भूमिहीन ग्रामीण किसान आदि की अनेक समस्याएं उत्पन्न होती है कृषि पुराने तथा अवैज्ञानिक ढंग से की जाती है प्राय: श्रम प्रधान खेती होती है। और पूंजी का अभाव होता है प्रकृति पर निर्भरता अधिक होने के कारण उपज की सुनिश्चिता बनी रहती है तथा प्रति व्यक्ति कृषि उत्पादन निम्न होता है।

पूंजी निर्माण में कमी (Lack of Capital Formation)—अल्पविकसित देशों में एक ओर पूंजी की कमी रहती है दूसरी ओर पूंजी निर्माण की दर भी निम्न होती है यही कारण है कि कुछ विद्वान इन्हें पूंजी निर्धन देश भी कहते हैं। इन देशों में पूंजी की कमी की उत्पादकता में निम्न स्तर का कारण एवं प्रभाव दोनों ही होती है। पूंजी की कमी के कारण उत्पादन ईकाइयों में छोटे आकार व प्रति व्यक्ति पूंजी की कम मात्रा की समस्या बनी रहती है जिसके परिणामस्वरूप ये देश निर्धनता के दुष्चक्र में फंसे रहते हैं इन देशों में पूंजी निर्माण की दर भी बहुत निम्न होती है। प्रो. **आर्थर लुइस** का मत है कि देश के आर्थिक विकास के लिए सामान्यत: 12 से 16 प्रतिशत के बीच पूंजी निर्माण दर होनी चाहिए। जबकि अल्पविकसित देशों में पांच से दस प्रतिशत के बीच पाई जाती है। तथा विकसित देशों में पन्द्रह से बीस प्रतिशत के बीच होती है। अत: पूंजी निर्माण की निम्न दर ही इन्हें निर्धनता के दुष्चक्र में घेरे रहती है।

आय और सम्पत्ति का असमान वितरण (Unequal Distribution of Wealth and Income)—अल्पविकसित देशों की राष्ट्रीय आय का बहुत बड़ा भाग देश की जनसंख्या के बहुत थोड़े व्यक्तियों के हाथों में केन्द्रित रहती है जबकि देश की अधिकांश जनसंख्या निर्धनता में जीवन व्यतीत करती है **प्रो.यूजीन स्टैलों** ने अपनी पुस्तक 'The Futurl of Underdeveloped Countries' में विश्व की आय वितरण की असमानताओं का ब्यौरा इस प्रकार दिया है कि विश्व की 70 प्रतिशत जनसंख्या अल्पविकसित देशों में निवास करती है जबकि विश्व आय का केवल 20 प्रतिशत भाग प्राप्त होती है । इसी प्रकार का एक निष्कर्ष **प्रो. साइमन कुज्नेटस** ने भी दिया है उनके अनुसार अमेरिका, इंग्लैण्ड, भारत तथा श्री लंका के 20 प्रतिशत धनीवर्ग के पास क्रमश: उस देश की राष्ट्रीय आय का 44, 45, 55 तथा 60 प्रतात भाग है जबकि निर्धन 60 प्रतिशत जनसंख्या के पास 34, 35, 38 तथ 30 प्रतिशत भाग है। आय और सम्पत्ति की ये विषमताएं आर्थिक दृष्टि से विकास के लिए बाधक होती है।

(च) अशोषित तथा अर्दशोषित प्राकृतिक साधन (Unexploited and Underexploited Natural Resourcess)—अल्पविकसित देशों में प्राकृतिक संसाधन अधिक मात्रा में पाये जाते हैं। परन्तु उनका उपयोग नहीं हो पाता अधिकांश संसाधन अशोषित एवं अर्दशोषित दशा में पाये जाते हैं। जिन संसाधनों का शोषण भी किया गया है। वह भी आर्थिक विकास की दृष्टि से अपर्याप्त तथा आवश्यकता से कम है। इस संदर्भ में **प्रो. बौर** और **थामी** का कथन है कि, ''यह कहना कि प्राकृतिक साधनों की दृष्टि से अल्पविकसित देशों के साथ कोई पक्षपात किया गया है और इन देशों में प्राकृतिक उपहार न्यून मात्रा में उपलब्ध होते हैं, सर्वथा अनुचित होगा। विधाता ने समस्त विश्व को विकसित तथा अल्पविकसित दो भागों में नहीं बांटा, वास्तव में सभी विकसित देश अपने सतत प्रयत्नों के आधार पर निकटवर्ती वर्षों में ही विकसित हो सकें।'' अल्पविकसित देशों की निर्धनता का मूल कारण इन संसाधनों का अपूर्ण विदोहन है जिसके मुख्य कई कारण है जैसे पूंजी का अभाव अज्ञानता, तकनीकी ज्ञान की कमी, बाजार का निम्न आकार दोषपूर्ण सामाजिक संगठन है।

(छ) बेरोजगारी और प्रछन्न बेरोजगारी (Unemployment and Disguised Unemployment)—अल्पविकसित देशों में बेरोजगारी और प्रछन्न बेरोजगारी एक मुख्य विशेषता है **प्रो.गुन्नर मिडल** ने तो यहा तक भी कहा है, ''बेरोजगारी और प्रच्छन्न बेरोजगारी अल्पविकसित देशों का मुख्य आभूषण है'' यह बेरोजगारी देश के आर्थिक विकास के लिए घातक है प्रच्छन्न बेराजगारी के कारण लोगों की कृषि कार्यों पर आवश्यकता से अधिक निर्भरता होती है प्रो.**रागनर नक** से अनुसार अल्पविकसित देशों में सामान्यत: बीस प्रतिशत जनसंख्या प्रच्छन्न बेरोजगार है।

(ज) औद्योगीकरण का प्रभाव (Lack of Industrialization)—अल्पविकसित देशों में पूंजीगत उद्योगों का अभाव बना रहता है प्राथमिक उद्योगों के विकास अवश्य होता है किंतु उसके निर्माण के लिए पूंजीगत पदार्थों एवं मशीनों के लिए विदेशों पर निर्भर रहना पड़ता है जिसके फलस्वरूप अर्थव्यवस्था की संरचना एवं विकास असंतुलित हो जाता है। प्रतिव्यक्ति आय और उत्पादकता में कमी आती है। प्राय: यह देखा गया है कि अल्पविकसित देशों की राष्ट्रीय आय में उद्योगों योगदान बीस प्रतिशत देखा गया है कि अल्पविकसित देशों में यह योगदान पचास प्रतिशत से भी अधिक होता है।

(झ) निर्यात पर निर्भरता (Dependence on Exports)—अल्पविकसित देश मुख्यत: निर्यात दर निर्यात पर निर्भर होते हैं। जिससे कि राष्ट्रीय आय का बहुत बड़ा भाग निर्यात के द्वारा प्राप्त

करते हैं। यद्यपि विकसित देश भी अपनी राष्ट्रीय आय का अधिकांश भाग निर्यात के द्वारा ही प्राप्त करते हैं। किंतु इन दोनों देशों ने निर्यात नीति तथा निर्यात की मदों में विशेष अंतर होता है। विकसित देश प्राय: निर्मित पदार्थों, मशीनों तथा उपभोक्ता वस्तुओं का निर्यात करते हैं। जबकि अल्पविकसित देश मुख्यत: कच्चे माल का निर्यात करते हैं। इस प्रकार अन्तर्राष्ट्रीय बाजारों में कच्चे माल की कीमतों में अत्यधिक उतार चढाव आने के कारण अल्पविकसित देशों की विदेशों से प्राप्त आय अस्थिर बनी रहती है। जिससे ये अर्थ व्यवस्थाएं आर्थिक संकट में फंसी रहती है। व्यापार की शर्तें भी प्राय: विकसित देशों के पक्ष में तथा अल्पविकसित देशों के विपक्ष में होती है। इससे देश का ऐच्छिक रूप से विकास नहीं हो पाता।

(ट) बाजार की अपूर्णताएं (Market Imperfection)—प्रो. **मायर** और **बाल्डविन** के अनुसार अल्पविकसित देशों में उत्पादन साधनों में गतिहीनता, मूल्यों में बेलोचता, अज्ञानता, सामाजिक और धार्मिक रुढ़िवादिता, विशिष्टीकरण का आभाव, परम्परागत ओर बेरोजगार आर्थिक ढांचा, असंख्य मात्रा में छोटे छोटे उत्पादकों का विद्यमान होने के कारण बाजार में अनेक अपूर्णताएं पाई जाती है जिनके कारण विकास प्रक्रिया में रूकावट बनी रहती है।

(ठ) उचित राजकोषीय और मौद्रिक संगठन का अभाव (Jack of Proper Fiscal and Monetary Organisation)—अल्पविकसित देशों में संतुलित एवं प्रगतिशील कर नीति और उचित मौद्रिक नीति का अभाव होता है अप्रत्यक्षकरों की प्रधानता होती है जो कि प्रतिगामी अनुपात के होते हैं कर वचन के कारण सरकार की आय के स्रोत सीमित होते हैं मुद्राबाजार के असंगठित होने के कारण केन्द्रीय बैंक की मौद्रिक नीतियां अप्रभावशाली होती है तथा देश में पूंजीनिर्माण और विनियोजकों नयी दिशा प्रदान नही की जा सकती।

(ड) निर्धनता के दुष्चक्रों की दशा (Predominance of Uicious Circles of Poverty)—अल्पविकसित देश निर्धनता के दुष्चक्रों में फंसे रहते हैं। पूंजी की मांग और पूर्ति पक्ष दोनों के निम्न होने के कारण आर्थिक विकास की क्रिया में बाधा पड़ती है। दुष्चक्र के कारण एक दूसरे पर इस प्रकार घात-परिघात करते हैं कि एक निर्धन देश निर्धनता के दुष्चक्र में फंसा रहता है यही कारण है कि प्रो.**राग्नर नर्कसे** ने कहा है कि ''एक देश गरीब है क्योंकि वह गरीब है ''

द्वैतीय अर्थव्यवस्था (A Dualistic Economy)—अल्पविकसित देशों की अधिकांश अर्थव्यवस्थाएं दो प्रकार के संयोगों के लिये होती है एक और तो अधिकांश लोग जीवन निर्वाह के लिये उत्पादन करते हैं और दूसरी ओर कुछ साहसी आवश्यकता से अधिक उत्पादन बाजार अतिरेक के लिए करते हैं इस प्रकार इस आर्थिक प्रणाली में एक और तो अविकसित ग्रामीण क्षेत्र होता है और दूसरी ओर आधुनिक नगर होता है यही नहीं कुछ अल्पविकसति देशों में विदेशी साहसियों द्वारा संचालित एक क्षेत्र भी विद्यमान होता है ये लोग अपने लाभ को आर्थिक करने के लिए संसाधनों का इस प्रकार प्रयोग करते हैं जो कि देश के आर्थिक विकास के लिए बाधक होता है।

जनसंख्या संबंधी विशेषताएं (Demographic Features)—अल्पविकसित देशों में जनसंख्या संबंधी विशेषताएं भी बड़ी रोधक होती है। इन देशों में जनाधिक्य की समस्या होती है। जनसंख्या का धनत्व भी अधिक होता है। जन्मदर और मृत्युदर दोनों ही अधिक होते हैं स्वास्थ्य एवं चिकित्सा की सुविधाओं में वृद्धि के कारण जनसंख्या में वृद्धि तीव्र गति से होती है। इन देशों में जीवनविधि भी निम्न होती है। श्रमशक्ति का गुणात्मक पक्ष भी निम्न होता है। जनसंख्या में आश्रमी की संख्या अधिक होती है अधिकांश लोागों में गांवों में निवास करने के कारण रुढ़िवादिता और अज्ञानता अधिक होती है असंतुलित भोजन अस्वच्छ वातावरण तथा अन्य सुविधाओं के अभाव के कारण इन देशों में जनसंख्या का प्रति व्यक्ति उत्पादकता का स्तर निम्न होती है।

प्रावधिक विशेषताएं (Technological Feature)—अल्पविकसित देशों प्रावधिक विशेषताएं भी विचित्र होती हैं लोगों की तकनीकी प्रति रूचि में कमी होती है। इन देशों में तकनीकी शिक्षा और अनुसंधान की कमी होती है। श्रम की प्रचुरता और पूंजी की कमी के कारण श्रम सधान तकनीकों की प्राथमिकता दी जाती है रूढ़िवादी और परम्परागत उत्पादन की तकनीकों का प्रयोग किया जाता है। उत्पादन संबंधी आंकड़ों का आभाव होता है परिवहन एवं संचार की सुविधाओं की न्यूनता के कारण उन्नत तकनीकों के प्रसार से कठिनाई होती है।

सामाजिक एवं राजनीतिक विशेषताएं (Social and Political Features)—अल्पविकसित देशों में सामाजिक जड़ता एवं धार्मिक रूढ़िवादिता के कारण लोग अंधविश्वासी, भाग्यवादी एवं अकर्मण्य होते हैं। अज्ञानता एवं अशिक्षा के कारण लोगों का दृष्टिकोण संकुचित तथा उज्जवल भविष्य के प्रति उदासीन होती है। आय का अधिकांश भाग सामाजिक कुप्रथाओं जैसे मृत्युभोज, विवाह, उत्सवों तथा प्रदर्शनकारी कार्यों पर व्यय किया जाता है। देश की कार्यशील जनसंख्या में औरतों का स्थान नहीं होता इन देशों में राजनीतिक जागरूकता का भी अभाव होता है योग्य एवं साहसी नेतृत्व उपलब्ध नहीं होता तथा राजनीतिक अस्थिरता पाई

जाती है। जिससे विकास कार्यों में बाधा पड़ती है ये सभी कारण अल्पविकसित देशों के आर्थिक विकास में इस प्रकार कार्य और कारण की भूमिका निभाते हैं कि एक देश निर्धनता के दुष्चक्र में फंसा रहता है।

स्वतंत्रत भारत में औद्योगिक विकास और क्षेत्र—सार्वजनिक क्षेत्र में भारी पूंजी निवेश करके देश में नियोजित आर्थिक विकास का कार्यक्रम लागू किया गया। और निजी क्षेत्र में नियंत्रण की प्रणाली लागू की गयी। पचास के दशक में विनिर्माण के क्षेत्र में प्रतिवर्ष जोड़े जाने वाले सकल मूल्यों की औसत विकास दर लगभग छः प्रतिशत उत्पादन लागत और स्थिर मूल्यों पर सकल राष्ट्रीय उत्पादन के विकास दर अपेक्षा यह उल्लेखनीय रूप से अधिक थी। यह लगभग 3.5 प्रतिशत थी। साठ के दशक के आंरम्भ में विनिर्माण क्षेत्र के विकास दर में वृद्धि हुई थी जो प्रतिवर्ष आठ प्रतिशत से अधिक थी। लेकिन 1985-66 में विकास दर में लगभग एक प्रतिशत की कमी आ गई और अगले वर्ष विनिर्माण क्षेत्र में मिलाए मूल्य में काफी गिरावट आ गई। साठ के दशक के आंरभ तक या पचास के दशक के स्तर तक पहुंचने के लिए भी बाद के वर्षों में विकास दर में वृद्धि नहीं हुई। फिर भी अस्सी के दशक में औद्योगिक क्षेत्र और सम्पूर्ण अर्थव्यवस्था के विकास दर में धीरे-धीरे सुधार होने के लक्षण दिखाई देने लगे।

साठ के दशक में औद्योगिक क्षेत्र को जो झटका लगा था और जिसके कारण भारतीय अर्थव्यवस्था में मंदी का दौर आरम्भ हुआ उसी के परिणामस्वरूप उद्योगों के क्षेत्रीय विस्तार में संवृद्धि प्रश्न उभर कर सामने आए।

भारत में विकासात्मक नियोजन के पहले दशक में औद्योगिक विकास के स्तर में अंतरराज्यीय असमानता में उल्लेखनीय वृद्धि हुई है। पचास का दशक सहायक अर्थात् औद्योगिक क्षेत्र में प्रति व्यक्ति आय में क्षेत्रीय असंतुलन में वृद्धि का दौर रहा। नेशनल काउंसिल आफ अप्लायड इकोनोमिक रिसर्च द्वारा संकलित 1960-61 में 58 प्रतिशत तक पहुंच गया था। फिर भी इस अध्ययन से यह निष्कर्ष निकाला गया है कि इस प्रारंभिक चरण के बाद राज्यों की औद्योगिक असमानता में निरंतर ह्रास होता रहा है।

विभिन्न राज्यों के सांख्यिकीय ब्यूरो द्वारा प्रकाशित शृंखलाएं नेशनल काउंसिल आफ अप्लाइड इकोनॉमिक रिसर्च के अनुमानों के समतुल्य समायोजन करके दर्शाया गया है कि समानता का सूचकांक 1960-61 में 58 प्रतिशत हो गया था।

आवास और शहरी विकास के बारे में योजना आयोग द्वारा गठित कार्यदल 1983 ने यह दिखाया है कि 1961-81 के दौरान स्थिर कीमतों पर कारखाना क्षेत्र द्वारा अनुपूरित प्रति व्यक्ति मूल्य के मामले में अंतर राज्य असमानता में ह्रास हुआ है। 1960-61 का परिवर्तनशील गुणांक 12 प्रतिशत था। जो 1976-71 में घटकर 67 प्रतिशत हो गया था। केवल 1980-81 में यह 62 प्रतिशत रह गया था। प्रतिव्यक्ति औद्योगिक उत्पादन राज्य के घरेलू उत्पाद में विनिर्माण क्षेत्र का हिस्सा, गैर घरेलू औद्योगिक कार्यों में लगे कामगारों का अनुपात विनिर्माण इकाइयां या उनमें प्रति हजार रोजगार आदि जैसे संकेत पर आधारित विश्लेशषण से पता चलता है कि अंतर राज्यीय असमानता जो 1951-61 के दौरान बढ़ गई थी स्थिर हो गई या बाद के दर्शकों में उनमें मामूली गिरावट आ गई।

फिर भी उद्योगों के वार्षिक सर्वेक्षण में उनकी स्थानीय और क्षेत्रीय संरचना के बारे में बताया गया है। एक अध्ययन के अनुसार हाल के वर्षों के दौरान अंतर-राज्यीय असमानता में हुए हास को स्पष्ट रूप से सिद्ध नहीं किया जा सका है। इससे यह भी ज्ञात होता है कि अनेक उद्योगों में इकाइयों की संख्या उत्पादन और नियतकालीन जमाराशि के मामले में चोटी के तीन राज्यों का संयुक्त भाग घट गया है। जबकि चोटी के नौ राज्यों के भाग में मामूली रूप से वृद्धि हुई है। अभी हाल में उद्योगों के वार्षिक सर्वेक्षण के आंकड़ों के विश्लेषण से भी उद्योगों के क्षेत्रीय विखराव की धारणा पुष्ट नहीं होती। एक मात्र उल्लेखनीय परिवर्तन महाराष्ट्र और पश्चिमी बंगाल की सापेक्षिक स्थिति में गिरावट है। दूसरे शब्दों में इसे इस प्रकार स्पष्ट कर सकते हैं कि एकत्रीकरण की विकृत अर्थ व्यवस्था कही जाने वाली भीड़-भाड़ की गंभीर मानवीय समस्या और अनेक त्रुटियों के कारण मुंबई कलकत्ता में औद्योगिक केन्द्रीयकरण की प्रक्रिया धीमी पड़ गई। यह भी कहा जा सकता है कि साठ के दशक और सत्तर के दशक के आरंभ में पश्चिम बंगाल में उल्लेखनीय रूप से उद्योगों का विकेन्द्रीयकरण हुआ ऐसा अंशत: श्रम और तत्संबंधी कारणों जैसे बिजली की कमी से हुआ है। यह सरकार की उद्योग वितरण की नीति के कारण हुआ ऐसा नहीं कहा जा सकता।

उपर्युक्त अंतर-राज्यीय असमानता में कमी का श्रेय उस शहरी औद्योगिक विकास नीति को दिया जा सकता है जिसका अनुसरण स्वतंत्रता के बाद प्रत्येक राज्य ने किया था। राज्य सरकारों में अधिकांश ने अपने राज्यों की राजधानियों और कुछ अन्य केन्द्रों में उच्च स्तर की आर्थिक बुनियादी और शहरी सुविधाएं प्रदान की है। उच्च कोटि की इन सस्ती सुविधाओं ने अपेक्षाकृत सम्पन्न वर्ग को इन केन्द्रों की ओर आकर्षित किया है। जिनमें वरिष्ठ प्रशासक, व्यवसायी, उधमी और उच्च कोटि के कुशल कारीगर शामिल थे। सरकार ने या तो सीधे अपने विभागों के माध्यम से या निगम, बोर्ड आदि की स्थापना करके ये सुविधायें प्रदान करने का दायित्व

निभाया था। दोनों ही मामलों में सरकारी खजाने से उपेक्षित धन खर्च किया गया था। सामान्यत इन केन्द्रों में नगरपालिका के पास कर एवं गैर-कर राजस्व की अच्छी सुविधाएं होती है और वे अन्य छोटे कस्बों की तुलना में बुनियादी नागरिक सुवधियें प्रदान करने के लिये अधिक धन खर्च कर सकती है। इस प्रकार ये केन्द्र सहायता प्राप्त बुनियादी ढांचे और जन-उपयोगी सेवाओं का लाभ उठाते हैं। जो पिछड़े इलाकों में प्रदान की गई पूंजी में सहायता और उन प्रोत्साहनों की तुलना में कहीं अधिक होते हैं। इसलिये उद्योगपति ईकाइयां या तो नगरों में स्थापित करना अच्छा समझते हैं। या उनकी परिधि में। इससे उन्हें इन केन्द्रों में स्थापित अनेक सरकारी निकायों, वित्तीय संस्थानों आदि के साथ सम्पर्क स्थापित करने में सहायता मिलती है अंत में वे अपने प्रतिष्ठानों के लिये कुशल कारीगर, प्रशासक आदि प्राप्त करने में समर्थ होते हैं। जो स्वयं भी इन नगरों के हिस्सों में इन सुविधाओं के जरिए मुहैया कराए गये उच्च कोटि के आवासीय पर्यावरण की ओर आकर्षित होते हैं।

विकास दर और क्षेत्रीय विकास—ऊपर वर्णित क्षेत्रीय परीपेक्षित के अतिरिक्त क्षेत्रीय असंतुलन के बदलते हुये ढांचे का विश्लेषण प्रत्येक राज्य के घरेलू उत्पाद या अन्य समग्र उपायों के माध्यम के विकास के समग्र स्तरों के संदर्भ में किया जा सकता है। अंतर्राष्ट्रीय प्रयोग के एक भाग के रूप में पचास के दशक के दौरान भारत में अन्तराज्यीय असमानता की पद्धति का अध्ययन किया गया और निष्कर्ष निकाला गया कि विकास की प्रक्रिया के पहले चरण में असंतुलन के लक्षण विद्यमान थे उनमें यह धारणा बन गई थी। राष्ट्रीय विकास और क्षेत्रीय असमानता विपरीत दिशा से एक दूसरे के साथ जुड़े हुए हैं इसका अर्थ यह होगा कि इस प्रारम्भिक चरण के बाद भारत में विकास के साथ-साथ क्षेत्रीय असंतुलन में कमी आयेगी।

इन निष्कर्षों को उन कुछ विद्वानों ने चुनौती दी जिन्होंने प्रमाणित किया था कि पचास के दशक के दौरान अंतर-राज्यीय असमानताओं में कमी आई है। महत्वपूर्ण बात यह है कि सभी विद्वान अपने इस निष्कर्ष में प्राय: एक मत थे कि असमानता में हास की प्रवृति दिखाई देने के बजाय बाद के दशकों में यह असमानता में वृद्धि हुई थी। योजना आयोग द्वारा गठित कार्यदल ने आवास और शहरी विकास से संबंधित अपनी रिपोर्ट में यह दर्शाया था कि राज्य में प्रति व्यक्ति घरेलू उत्पाद में अंतर का गुणांक 1961 में 23 प्रतिशत से बढ़कर 1971 से 26 प्रतिशत हो गया था। जो 1981 में आगे और बढ़कर 23 प्रतिशत हो गया।

संपूर्ण विकास के मानदंड के रूप में प्रति व्यक्ति आय को सीमा मानकर विद्वानों ने विकास की इस प्रकार की संपूर्ण प्रक्रिया की विशेषता दर्शाने के लिए बड़ी संख्या में सामाजिक आंकड़ों से भी यही पता चलता है कि साठ के दशक से अंतर-राज्यीय असमानता में कमी नहीं आई। यह एक रोचक बात है कि बुनियादी आर्थिक ढांचे के निदेश को और प्रति हजार की आबादी के पीछे बिजलीकृत गांवों, साक्षरता की दर शिक्षा बैंकिंग चिकित्सा आदि जैसी सामाजिक सुविधाओं के अंतर-राज्यीय वितरण की असमानता में मामूली कमी होना दर्शाते हैं संपूर्ण विकास में अंसतुलन की यह विशेषता या राज्य का प्रति व्यक्ति घरेलू उत्पाद, आंशिक रूप से कृषि विकास में वृद्धि होने के कारण है पहले यह देखा गया था कि साठ और सत्तर के दशक के दौरान साधन सिंचाई सिंचित एवं वाणिज्यक फसलों के अंतर्गत आने वाली भूमि का अनुपात और प्रति हेक्टेयर उर्वरक टैक्ट्रर आदि के प्रयोग में स्थानीय आधार पर असमानता थी। इसके परिणाम स्वरूप कृषि क्षेत्र में श्रम उत्पादकता में स्पष्ट रूप से विभेदीकरण हो गया अत: एक तर्क दिया जा सकता है कि राज्यों में उद्योगों के कम असंतुलित विकास बुनियादी, आर्थिक ढांचे और जन सुविधाएं मुहैया कराये जाने के बावजूद विकास के समग्र स्तरों की असमानता में ह्रास नहीं हुआ है। ऐसा मुख्य रूप से कृषि क्षेत्र में उस असंतुलित विकास के कारण है जिसमें अभी भी कुल देश की कार्यशक्ति लगभग सत्तर प्रतिशत को रोजगार मिला हुआ है।

औद्योगिक विकास बुनियादी आर्थिक ढांचे आदि की स्थानिक पद्धति के बारे में यह कहा जा सकता है कि अंतर-राज्यीय असमानता एक आंशिक तस्वीर ही प्रस्तुत करती है। ऊपर यह कहा गया है कि कुछ बड़े नगरों में बुनियादी सुविधाएं और सामाजिक सुख-साधन इकट्ठे हो गए हैं। जिसके कारण इन केन्द्रों में उद्योगों का केन्द्रीयकरण हो गया है। इससे राज्य की सीमाओं के अंदर अंसतुलन बढ गया है। जिनसे गांव तथा शहर के बीच खाई पैदा कर दी है। इसलिये पिछड़े इलाकों में उद्योग लगाने और बुनियादी सुख-सुविधाओं की मुहैया कराने की नीति आंशिक रूप से ही सफल हो सकी है।

संतुलित क्षेत्रीय विकास के साधन—देश में संतुलित क्षेत्रीय विकास की प्रगति का सबसे महत्वपूर्ण कारण सार्वजनिक क्षेत्र के उपक्रमों के जरिए केन्द्र सरकार द्वारा सीधे निवेश किया जाता। वास्तव में यह सच है कि पचास और साठ के दशकों के दौरान गरीब राज्यों को प्रति व्यक्ति अधिक निवेश प्राप्त हुआ था। ऐसा मुख्यत: इस राज्यों में कच्चा कोयला चूना पत्थर आदि अनपयुक्त कच्चा माल उपलब्ध होने का कारण था। साठ के दशक के दौरान केवल इस्पात सयंत्रों में ही कुल केन्द्रीय निवेश का एक तिहाई भाग बिहार में, दो-तिहाई भाग मध्यप्रदेश और नब्बे प्रतिशत भाग उड़ीसा

में खर्च किया गया था। फिर भी 1979 की अंतिम अवधि तक के आंकड़ों के आधार पर यह कहा जा सकता है कि केन्द्र सरकार के निवेशों में गरीब राज्यों के प्रति अपनाया गया रूख ज्यादा पक्षपातपूर्ण नहीं था। पचास के दशक और साठ के दशक के दौरान गैर योजना कार्यों के लिए अनेक वित्त आयोगों के माध्यम से संसाधनों के हस्तांतरण से भी पिछड़े राज्यों के प्रति कोई स्पष्ट रूख नहीं बन पाया था। साठ के दशक के अंत में और सत्तर के दशक के दौरान मध्य आयवर्ग वाले कुछ राज्य कुल गैर योजना संसाधनों से अपेक्षाकृत अधिक भाग प्राप्त करने में सफल हो गये थे।

राज्यों को विभिन्न योजनाओं के लिए योजना आयोग के माध्यम से संसाधनों का जो हस्तांतरण किया जाता था। उसका मकसद संतुलित क्षेत्रीय विकास था। 1951-81 की अवधि के दौरान उत्तर प्रदेश, बिहार, मध्यप्रदेश जैसे पिछड़े राज्यों को प्रति व्यक्ति राशि प्राप्त हुई थी। यद्यपि महाराष्ट्र और पश्चिमी बंगाल जैसे कुछ विकासिल राज्यों को भी प्रति व्यक्ति के हिसाब से अधिक योजना निधि प्रदान की गई।

औद्योगिक लाइसेंस स्वीकार किये जाने की पद्धति से पता चलता है कि विनियम के माध्यम के निजी औद्योगिक इकाइयां लगाए जाने के मामले में सरकार द्वारा लगाया गया नियंत्रण पूरी तरह प्रभावी नहीं रहा। 1969-66 की अवधि के दौरान हजारी समिति ने लाइसेंस नीति की कार्यप्रणाली की समीक्षा की थी। इसकी स्थापना औद्योगिक विकास एवं विनियम अधिनियम 1951 के द्वारा की गई थी। उसने यह महसूस किया कि इससे देश को क्षेत्रीय विकास को बढ़ावा नहीं मिल सकता। यह एक महत्वपूर्ण बात है कि जैसा कि हजारों रिपोर्ट में कहा गया है राज्य के घरेलू उत्पाद के भाग के साथ-साथ विभिन्न राज्यों के लिए गये कुल विनियोग के प्रति लाइसेंस के अनुपात की संबंध (यह संबंधों का गुणांक) रचनात्मक और महत्वपूर्ण माना गया । इससे यह पता चलता है कि पहले से ही अच्छे औद्योगिककरण वाले राज्य औद्योगिक लाइसेंस प्राप्त करने में अग्रणी रहे हैं इसका कारण यह था कि ये राज्य अपने औद्योगिक विकास निगमों के माध्यम से अधिक कारगर रूप से प्रभावित करने की स्थिति में थे और इस बात को सुनिश्चित करने में अक्सर समर्थ होते रहे हैं कि उनके क्षेत्र में लाइसेंस का विनियोग सफल होगा।

1953-85 के दौरान जारी लिए गये लाइसेंसों का अनुमोदन किये जाने में स्थानीय पद्धति का विश्लेषण किये जाने से लाइसेंसी प्रणाली का एक रोचक पक्ष सामने आता है इस अवधि के दौरान स्वीकार किए गये कुल लाइसेंसों में कुछ औद्योगिक दृष्टि से सम्पंन कुछ राज्यों का भाग कम हो गया। लेकिन इससे औद्योगिक विकास की दृष्टि से निम्न स्तर के राज्यों को लाभ नहीं हुआ। पश्चिमी बंगाल, और महाराष्ट्र जैसे उच्च आय वाले राज्य ओद्योगिक मानचित्र पर उभर कर सामने आ गये। उदाहरण के लिए इस अवधि में केरल ओर बिहार द्वारा प्राप्त किए गये लाइसेंसों सन पचास के दशक के निचले स्तर पर स्थिर रही। यहां तक कि अस्सी के दशक के मध्य में तीन राज्यों महाराष्ट्र, गुजरात ओर तमिलनाडु ने देश में जारी किए गये कुछ लाइसेंसों का एक तिहाई प्राप्त किया था। पर ये पिछले वर्ष के औसत आंकड़ों की तुलना में काफी कम थे।

कृषि विकास और औद्योगिक लाइसेंसों के जारी किए जाने में असंतुलन ही संस्थागत ऋणों के वितरण में असमानता के लिए अंशत: उत्तरदायी है। पूर्वोत्तर राज्यों और संघशासित श्रेत्रों में भारतीय औद्योगिक विकास बैंक जीवन बीमा निगम, राज्य वित्त निगम आदि जैसी विकास एवं वित्तीय संस्थाओं द्वारा वितरित की गई अनुमानित राशि प्रति व्यक्ति मात्र 20 रुपये है। जबकि राष्ट्रीय औसत 116 रुपये है। बिहार, मध्यप्रदेश, उत्तर प्रदेश, हिमाचल प्रदेश, और राजस्थान जैसे गरीब राज्यों को भी कम संस्थागत ऋण प्राप्त हुये थे। अग्रिम राशि मंजूर किये जाने के मामले में वाणिज्यिक बैंक औद्योगिक रूप से विकसित राज्यों के प्रति पक्षपात करते हैं। सौभाग्य से विशेष रूप में सत्तर के दशक के मध्य से देश में ऋण देने वाली सबसे बडी संस्था भारतीय औद्योगिक विकास बैंक की ऋण वितरित करने की नीति में परिवर्तन किया बैंक ने अपने कुल ऋण का एक बहुत बडा भाग घोषित किये गये पिछड़े जिलों में आवंटित किया।

नियोजित विकास, क्षेत्रीय विशेषज्ञता और एक क्षेत्र का दूसरे क्षेत्र पर निर्भर रहना—विरासत में गतिहीन कृर्षि क्षेत्र और कमजोर एवं विकृत औद्योगिक आधार प्राप्त होने के कारण स्वतंत्रता भारत को अपने विकास की गति बढाने और अर्थव्यवस्था के क्षेत्रीय ढांचे में औपनिवेशिक विकृतियों को ठीक करने के लिए गंभीर चुनौतियों का समाना करना पड़ा था। सरकार ने उपलब्ध संसाधनों को कुछ चुने हुये क्षेत्रों में केंद्रित करके बुनियादी उद्योगों में व्यापाक क्षेत्रों के रूप से पूंजी निवेश का कार्यक्रम बनाया। साथ ही कृषि को स्थिर करने और औद्योगिक तथा सेवा क्षेत्रों के विकास को बढ़ावा देने के लिए प्रत्येक राज्य में धनवितरित किया। इसके परिणामस्वरूप भारत के औद्यागिक मानचित्र पर दो भिन्न पद्धतियां उभरकर सामने आई। पहले को संचयन पद्धति कह सकते है। जो पूंजी निवेश और कुछ बड़े नगरों और उसके आसपास के इलाकों में बड़ी विनिर्माण इकाइयों पर आधारित है दूसरी और विकार्ण पद्धति कह सकते हैं। जिसे पूंजी निवेश कम लिया गया है। और जो छोटे-छोटे कस्बों और ग्रामीण इलाकों में फैली हुई है।

औद्योगिक करण और अर्थव्यवस्था विकास की इन दो विशिष्ट पद्धतियों का विश्लेषण करने पर यह ज्ञात होता है कि भारत के मानचित्र पर संचयन पद्धति के विकास के प्रमुख आठ केंद्रों का प्रभुत्व है। इनमें से पांच कलकत्ता, मुंबई, मद्रास, बंगलौर और जमशेदपुर के नगरों के चारों ओर विकसित हो गये हैं और ये निम्न स्तर वाले बिखरे हुये औद्योगिक क्षेत्रों से घिरे हुये हैं। इनमें से पहले तीन में औपनिवेशिक काल से ही विकास आरंभ हुआ था मगर स्वतंत्रता प्राप्ति के बाद से उनकी उच्च विकास दर का कारण मुख्य रूप में सरकारी सहायता है यहां भी क्षेत्रीय अर्थव्यवस्था पर एकत्रीकरण पद्धति के औद्योगीकरण का प्रभाव कमजोर रहा है। प्राय: इस क्रिया का कृषि उत्पादन पर नकारात्मक प्रभाव रहा है। और परिणाम स्वरूप कम औद्योगीकरण हुआ। अर्थात् छोटे कस्बों और आस-पास के ग्रामीण इलाकों में परम्परागत उद्योगों और शिल्पी का ह्रास हुआ। दिल्ली, अहमदाबाद अेर लुधियाना, जांलधर के चारों ओर पनप रहे संचयन पद्धति के विकास के अन्य तीन केन्द्रों के साथ विकीर्ण औद्योगिक विकास की प्रक्रिया जुड़ी हुई है। इस प्रक्रिया का विस्तार दक्षिण में केरल, आंध्र प्रदेश के कुछ भाग और कर्नाटक, उत्तर में दिल्ली, हरियाणा और पंजाब तथा मध्य में गुजरात, महाराष्ट्र के कुछ भाग और मध्यप्रदेश तक है। केरल औद्योगीकरण के आधार पर विकसित गांवों और छोटे-छोटे कस्बों का एक सुन्दर उदाहरण है और यह प्रवृत्ति दक्षिण के कुछ अन्य क्षेत्रों में भी उभर रही है। बंगलौर को छोड़कर इन क्षेत्रों में से अनेक में संचयन पद्धति के औद्योगीकरण का आभाव होने के कारण इनके संपूर्ण विकास की गति धीमी पड़ गई है। गुजरात, पंजाब और हरियाणा ने संचयन औद्योगीकरण के साथ क्रियोकरण पद्धति का तालमेल बैठाने में कुछ सफलता प्राप्त की है इन क्षेत्रों में भी कृषि विकास से कम सहायता नहीं मिली है।

यह कहा जा सकता है कि विरासत में मिले औपनिवेशिक ढांचे को भविष्य में विकास का आधार मानने से कृषि विकास के क्षेत्र में अनेक विकृतियां उत्पन्न हो गई है। इस स्थानीय संसाधनों का इस्तेमाल करके प्रौद्योगिकी से संवृद्धि गतिविधियों वाले श्रेत्रीय औद्योगिक परिसरों का केवल सीमित विस्तार हो गया। संसाधनों की दृष्टि से सम्पन्न नगर आर्थिक दृष्टि से कम विकसित क्षेत्रों में सुदृढ़ अंतर श्रेत्रीय संपर्क नहीं हो पाया। इस्पात मिले तो पिछड़े राज्यों में लगाई गई लेकिन इनके साथ सुदृढ प्रौद्योगिकी संपर्को के जरिए इंजीनियरिंग उद्योग कुछ बड़े शहरों और उसके आस-पास के इलाकों में फलते-फूलते रहे। इस प्रकार उत्पादन परिसर को उत्पादन प्रणाली के परिष्कृत एवं लाभकारी संघटनों के साथ पिछड़े श्रेत्रों से हटाकर शहर के औद्योगिक केन्द्रों में अलग-अलग स्थापित कर दिया। यह दोहरी नीति सार्वजनिक क्षेत्र के भारी पूंजी निवेश के मामले में भी अपनाई गई थी। इन शहरों में से अधिकांश में से कोई भी व्यक्ति अत्यंत आधुनिक लौह धातु या भारी विद्युत उपकरण के केंद्र से 20 या 30 किलोमीटर की दूरी पर स्थित नबप्रस्तर के भीतरी प्रदेश में जा सकता है।

दूसरी ओर स्थान और आबादी के भिन्न-भिन्न वर्गों को इस बिखरे हुये औद्योगीकरण का अच्छा लाभ प्राप्त हुआ। औद्योगीकरण की इस प्रक्रिया का दुर्भाग्यपूर्ण पक्ष यह है कि संचयन पद्धति इसके माध्यम से राष्ट्रीय बाजार के साथ इसकों मिलाए बिना इसके दूरगामी परिणाम नहीं निकल सकते थे यह प्रक्रिया दीर्घकाल तक नहीं चल सकती। पिछड़े क्षेत्र के विकास के लिए राष्ट्रीय समिति श्रीनिवासन समिति ने संचायित औद्योगिक विकास के ऐसे एक सौ केन्द्रों की स्थापना करने की सिफारिश की थी। जो उत्पादन और बाजार संपर्क की प्रणाली की क्षेत्रीय अर्थव्यवस्था से जुड़े हुये हैं। सुचयन और विकीर्ण पद्धति के बीच सामंजस्य न रहने से घटिया किस्म की प्रौद्योगिकी के प्रयोग और अकुशलता बढ़ाने का खतरा उत्पन्न होता है। इसलिये क्षेत्रीय अर्थव्यवस्था में दो भिन्न भिन्न औद्योगिक प्रक्रियाओं और कृषि विकास को परस्पर मिलाना महत्वपूर्ण है किसी भी क्षेत्र में ऐसी उत्पादन प्रणाली का विकास किया जाना चाहिये। जो उपलब्ध स्थानीय संसाधनों पर आधारित हों। यह तभी संभव है। जब राष्ट्र और राज्य दोनों स्तरों पर क्षेत्रीय परिप्रेक्ष्य में योजनाएं तैयार की जाए। इससे निकट भविष्य में भारत में संतुलित क्षेत्रीय विकास का लक्ष्य प्राप्त करने के लिये योजना और सरकारी हस्तक्षेप की भूमिका का महत्व उजागर होता है। भारत में क्षेत्रों का संतुलित आर्थिक विकास हमारे देश की राष्ट्रीय एकता की एक आधारशिला है।

भारत उपमहाद्वीप के आधार का एक देश है। जिसकी जलवायु, खनिज, भूमि, जंगल, पानी आदि प्राकृतिक संपदा के साथ-साथ भाषा, जनसंख्या और सामाजिक आर्थिक विशिष्टता में व्यापक विविधता एक विशेषता है। आर्थिक शक्तियां एक तरफ इन क्षेत्रीय विविधताओं का अच्छे से अच्छा उपयोग करके क्षेत्रों का समान रूप से विकास भी कर सकती हैं। और दूसरी तरफ अंतर क्षेत्रीय समानता को बढ़ा भी सकती है औपनिवेशिक भारत में आर्थिक शक्तियों ने क्षेत्रों में विकास की विकृत पद्धति अपनाई थी जो कलकत्ता, मुंबई तथा मद्रास जैसे बंदरगाह नगरों और रेलवे केन्द्रों के संचयन की संकीर्ण विकास पद्धति आधारित थी। इसी तरह जो भी औद्योगिक और कृषि विकास हुआ उसका आधार भी संकीर्ण एवं क्षेत्रीय था। स्वतंत्रता प्राप्ति के बाद औद्योगिक और कृषि क्षेत्र में व्यापक रूप से विकास हुआ है। लेकिन उपनिवेशिक काल की त्रुटियों

को पूरी तरह दूर नहीं किया जा सका है। इसके अतिरिक्त कुछ समय पहले कृषि क्षेत्र में हरित क्रांति के रूप में नई प्रौद्योगिकी के प्रयोग से क्षेत्रीय असमानता बढ़ी है। हालांकि भारतीय राज्यों में पहले की अपेक्षा औद्योगिक विकास की असमानता में कमी आई है। फिर भी ऐसे प्रमाण विद्यमान है। जिनसे यह ज्ञात होता है कि अंतर-राज्य और ग्रामीण शहरी क्षेत्रों में प्रति व्यक्ति आय की असमानता में वृद्धि हुई है। क्षेत्रीय संसाधनों पर आधारित उत्पादन परिसरों के अंतर क्षेत्रीय संपर्कों के माध्यम से संतुलित क्षेत्रीय विकास और विशेषज्ञता का सावधानी से समन्वय करना होगा।

शब्दावली परिचय पत्र—अंकगणितीय मध्यमान: यह परिवर्तनशीलता के मूल्यों का औसत है। उनकी संस्था द्वारा मूल्यों के योग में भाग देकर प्राप्त किया जाता है।

परिवर्तनशीलता का गुणांक—यह आंकड़ों के विखराव का परिवर्तनशीलता का सापेक्षिक है जो अंकगणितीय मध्यमान के प्रतिशत के रूप में मान्क अंतर को व्यक्त करता है।

सहसंबंध—जब दो परिवर्तनशील वस्तुएं एक दूसरे के साथ मिला दी जाती हैं। तो उन्हें सहसंबंधी कहते हैं। उदाहरण के लिये हमारे क्षेत्र में वर्षा की मात्रा और खाद्यान्न की उपज सार्थक रूप से सह संबंधित है। अर्थात् दोनों की गति एक ही दिशा में होती है। ये दोनों परिवर्तनशील है। जब इनकी गति विपरित दिशा में होती है। तब इनका परस्पर का संबध नकारात्मक होता है।

स्थिर पूंजी—इस शब्द का प्रयोग उत्पादन के स्थायी साधनों का ज्ञान कराने के लिये किया जाता है। अर्थात् औजार यंत्र उपकरण और भवन आदि उत्पादन प्रक्रिया के प्रयोग में आने वाली वे वस्तुएं है जो एक बार के उत्पादन में समाप्त नहीं हो जाती।

उत्पादन लागत और स्थिर मूल्यों पर सकल राष्ट्रीय उत्पादन—सकल राष्ट्रीय उत्पादन की प्रक्रिया में प्रयुक्त समान का मूल्य घटकर राष्ट्रीय उत्पाद का कुल मूल्य होता है उपादान लागत पर सकल राष्ट्रीय उत्पादन के विभिन्न घटकों भूमि श्रम पूंजी और अद्यमकर्ता की आय जोड़कर प्राप्त किया जाता है। इसमें से अप्रत्यक्ष कर घटा दिये जाते हैं और सरकार द्वारा दी गई सहायता जोड़ दी जाती है। यह उपादान लागत पर सकल राष्ट्रीय उत्पाद होता है। चूंकि मूल्य में परिवर्तन होने के साथ-साथ रुपये के मूल्यों में भी परिवर्तन होता रहता है। इसलिये किसी वर्ग विशेष में भी प्रचालित मूल्यों और उन्हें स्थिर रखने के संदर्भ में भी सकल राष्ट्रीय उत्पादन का मान निकाला जाता है। यह सकल राष्ट्रीय उत्पाद स्थिर मूल्यों पर आधारित होता है।

कुल बोया गया क्षेत्र—यदि इसका संबंध किसी एक वर्ष से है तो उस वर्ष के दौरान ऋतु की फसल के अतिरिक्त उस खेत में चाहे जितनी बार फसल बोई साफ उसका हिसाब नहीं रखा जाता। किसी खेत पर एक बार से अधिक बोई गई फसल को एक बार गिना जाता है।

गैर योजना संसाधन—सामान्यत: संसाधनों को भौतिक संसाधन और वित्तीय संसाधन के रूप में विभाजित किया जाता है। योजना के संदर्भ में संसाधनों का इस प्रकार वर्गीकरण किया जाता है योजना संसाधन और गैर योजना संसाधन गैर योजना संसाधन से होते है। जिनकी आवश्यकता सरकारी व्यय की गैर योजना मदों का वित्त पोषण करने के लिये होती है। वे सभी मद जो चालू योजना में शामिल नहीं किए जाते उन्हें गैर योजना मद कहते हैं। गैर योजना के सरकारी व्यय के कुछ महत्वपूर्ण मद को रखा, कानून व्यवस्था प्रशासन आदि। प्रशासनिक सुवधि के लिये योजना आयोग योजनाओं के लिए संसाधनों की और वित्त आयोग गैरयोजना संसाधनों की व्यवस्था करता है।

स्थायी बंदोबस्त—पट्टे पर भूमि देने की प्रणाली औपनिवेशिक काल में अग्रेंजों द्वारा चालू की गई थी। जिसमें किसी व्यक्ति को उस क्षेत्र विशेष से भूमि का लगान वसूल करने का स्थायी अधिकार मिल जाता था। उसके बदले में वह ब्रिटिश सरकार को वर्ष में एक बार निश्चित धनराशि की अदायगी करता था।

भू आकृति घटक—ये किसी देश या देशों के किसी क्षेत्र की भौतिक और प्राकृतिक विशेषताएं हैं जैसे जलवायु अर्थात् तापमान और वर्षा का प्रभाव भूमि की विशेषता और उसकी विविधता गुण एवं संरचना, वनस्पति, प्राकृतिक संसाधन आदि।

उत्पादकता—अर्थव्यवस्था की किसी स्थानीय क्षेत्रीय इकाई को क्षेत्र कहते हैं। इसकी परिभाषा की परिधि के अंतर्गत प्राकृतिक एवं भौतिक विशेषताएं संसाधन, जनसंख्या एवं सामाजिक आर्थिक विशेषताएं आती हैं। जिनके संदर्भ में किसी क्षेत्र को एक सजातीय इकाई माना जाता है। किसी क्षेत्र को परिभाषित करने के लिये विशेषताओं का चयन विश्लेषण का प्रयोजन और नीति पर निर्भर करता है।

स्थानीय परंपरा—सामाजिक आर्थिक विकास के दौरान राष्ट्रीय अर्थव्यवस्था की स्थानीय ईकाइयां एक दूसरे पर निर्भर होती है। जिसमें संसाधन और परिवहन और संचार, ऊर्जा की आपूर्ति, शिक्षा और स्वास्थ्य सुविधाएं आदि के क्षेत्र में कुछ क्षेत्रों में कुछ क्षेत्रों का बहुत अच्छा विकास हो जाता है। और अन्य क्षेत्र कार्य की दृष्टि से उस पर निर्भर करने लगते हैं स्थानीय अर्थव्यवस्था की इस पद्धति को स्थानिक परंम्परा कहते हैं।

मानक अंतर—यह अंकगणितीय मध्यमान के चारों ओर परिवर्तनशीलता के बिखराव का माप होता है।

राज्य के घरेलू उत्पाद—राज्य के बाहर रहने वाले लोगों द्वारा किसी वस्तु के किसी भाग का उत्पादन किये जाने के बावजूद उस वस्तु के उत्पादन में प्रयुक्त की गई सामग्री का मूल्य घटाने के बाद भारत में किसी राज्य के अंदर उत्पादित सभी समान और सेवाओं का कुल मूल्य होता है राज्य का घरेलू उत्पाद।

राज्य की प्रति व्यक्ति आय—राज्य के घरेलू उत्पाद में से राज्य के बाहर रहने वाले लोगों का दावा घटा दिया जाता है। और राज्य के बाहर रहने वालों की आय उसमें जोड़ दी जाती है। इस प्रकार जो योग बनता है, उसमें राज्य की आबादी की संख्या से भाग देने से राज्य की प्रति व्यक्ति आय प्राप्त होती है।

क्षेत्र में जोड़ा गया मूल्य—यह उत्पाद में राष्ट्रीय अर्थव्यवस्था के किसी क्षेत्र का अंशदान माना जाता है। जो उसकी उपज का मूल्य जोड़कर और उसके उत्पादन में प्रयुक्त सामग्री की कीमत घटकर प्राप्त किया जा सकता है। इसमें अन्य क्षेत्रों से की गई खरीद शामिल होती है। यह उत्पादन श्रम पूंजी और उद्यमकर्ता को की गई अदायगी का योग भी होता है।

विकास के मार्ग

गांधीवादी (Gandhian)

मानव जीवन के सर्वांगीण विकास पर महात्मा गांधी का अपना मौलिक दृष्टिकोण है। उन्होंने अर्थ तथा उद्योग के क्षेत्र में भी अपने आदर्शों को स्थापित करने का सतत् प्रयास किया है। गांधी के लिए अर्थशास्त्र एक नैतिक विज्ञान है। ''पाश्चात्य विचारकों ने धन को केन्द्र माना और गांधी जी ने धन की अपेक्षा मनुष्य को केन्द्र माना। उनके लिए मनुष्य स्वयं धन है सोना या चांदी नहीं।'' महात्मा गांधी भारत को आत्मनिर्भर देखना चाहते थे। भारत के प्रत्येक ग्राम को स्वाशासी संस्था बनाना चाहते थे। जनहित में किया गया प्रत्येक अविष्कार महात्मा गांधी को प्रिय लगता था इसलिए कुछ बड़े उद्योगों को आवश्यक मानते थे।

औद्योगीकरण का सम्बन्ध मानवीय सभ्यता से ही नहीं है बल्कि मनुष्य के शरीर तथा उसकी मानसिक स्थिति है। औद्योगीकरण का विचार मनुष्य की चेतना में स्वाभाविक तरीके से समाया हुआ है। उद्योगीकरण की व्याख्या करते हुए कहा गया है कि बड़े पैमाने के उद्योग का विकास और सबसे पहले उसकी उन शाखाओं का विकास जहां उत्पादन के साधनों का उत्पादन होता है। समाजवादी उद्योगीकरण का लक्ष्य होता है देश की आर्थिक स्वतंत्रता प्राप्त करना, जनता का मंगलकल्याण समुंनत करना और देश की प्रतिरक्षा क्षमता को सुदृढ़ करना। ....आर्थिक संरचनाओं की बहुलता को धीरे-धीरे समाप्ति में और अपने बुनियादी उद्योगों के निर्माण में मदद मिलती है। मानव-जाति को श्रम तथा यंत्र मशीनों का निर्माण करने का प्राकृतिक अधिकार प्राप्त है। मनुष्य जाति के हाथ के पंजे की बनावट से ही यह बात स्पष्ट हो जाती है कि यंत्र निर्माण करने की अनोखी-शक्ति उसकी उंगलियों को प्राप्त है। ''अंगूठा सारी उंगलियों को छू सकता है। इसमें हुनर और कारीगरी है। यह हुनर और कारीगरी मनुष्य की उंगलियों में है। अन्य किसी भी प्राणी का अंगूठा उसकी उंगलियों को नहीं छू सकता, वनमानुष का भी नहीं। इससे मनुष्य टूल-मेकिंग ऐनीमल हुआ।'' श्री **लेस्ली पाल** ने भी उद्योग मानव स्वभाव में विद्यमान माना है। अत: औद्योगीकरण की भावना मानवीय-स्वभाव का एक आवश्यक अंग है। इस भावना के बिना न तो कभी भी मनुष्य रहा है और न तो रह सकता है। मानवीय सभ्यता का विकास मूलत: उद्योगों के इतिहास का इतिहास है।

मानव समाज की प्रगति उसके अनवरत विकास का परिणाम है। इस सभ्यता तक पहुंचने के लिए मनुष्य को लाखों वर्षों का समय लगा है। **अर्ल टयानबी** के अनुसार इसी बीच में 21 सभ्यताओं का विकास हुआ। इनसाईक्लोपीडिया आफ सोशल साइन्सेज के प्रारम्भ में ही यूनान, रोम, अखिल ईसाईवाद, स्वतंतोदय, पुनर्जागरण एवं सुधार, उदारवाद का उदय, क्रांतियां, व्यक्तिवाद एवं पूंजीवाद राष्ट्रवाद, व्यापार एवं अन्तर्राष्ट्रीयता, युद्ध एवं पुनर्गठन आदि के रूप में मानवीय सभ्यता के मील-पत्थरों का संकेत किया गया। मानव सभ्यता का विकास औद्योगिक विकास के साथ जुड़ा हुआ है। **चार्ल्स सिंगर** द्वारा पांच खण्डों में उद्योग का इतिहास के आधार पर **एफ.एच. हैनिमैन** ने औद्योगिक विकास की छ: अवस्थाएं बतलाई हैं—नवपाषाण सभ्यता (10,000 वर्ष ईसा पूर्व) नगर सभ्यता (3500 वर्ष पूर्व) प्राचीन साम्राज्यों की सभ्यता (2000 वर्ष ईसा पूर्व) धातु एवं मुद्रण सभ्यता प्राचीन साम्राज्यों के विघटन काल की सभ्यता (1500 वर्ष ईसा पूर्व)। नये-नये मंत्रों तथा मशीनों आदि से मानव जीवन प्रभावित होता आया है। वैज्ञानिक समाजवादी विचारक **कार्ल मार्क्स** के अनुसार यंत्र से मनुष्य के केवल सामर्थ्य का ही पता नहीं चलता बल्कि उसकी सामाजिक अवस्थाओं का भी पता चलता है। वास्तव में टेक्नालॉजी मनुष्य के स्वभाव में व्याप्त है। इसी तरह **फ्रेंकलिन** ने भी मनुष्य को 'यंत्र-निर्माता जीव' बताया है।

औद्योगीकरण की प्रवृति मानव-स्वभाव का विकासमान स्वरूप है, उससे अलग करके उसकी सभ्यता का मूल्यांकन नहीं किया जा सकता है। **ओसवर्न** का कथन है कि, ''मनुष्य सर आर्थरकीथ एवं अन्य वैज्ञानिकों के बताए हुए समय 20 लाख वर्ष से 10 लाख वर्ष पुराना है। मनुष्य बन्दरों की शाखा से एक करोड़ 50 लाख वर्ष पहले अलग हुआ। बारह लाख 50 हजार वर्ष तो मनुष्य को हाथी

तथा अन्य स्तन पोषितों के शिकार कर व्यतीत हो गये।" वास्तव में उद्योगों का समाज के सभी क्षेत्रों पर व्यापक प्रभाव पड़ता है। औद्योगीकरण ने समाज व्यवस्था रीति-रिवाज तथा प्रथाएं, शिक्षा तथा राजनीति, नैतिकता तथा धर्म आदि सभी को प्रभावित किया है। श्री **आर. मन. साहा** के अनुसार भी सभ्यता के चार स्तम्भों उद्योग, व्यापार, कृषि एवं बौद्धिक श्रम में तीन तो उद्योग के ही रूपान्तर है। औद्योगीकरण की प्रवृति ने ही मानव समाज को पूंजीवादी समाज घेरेबंदी में लाकर खड़ा कर दिया। "मशीन के आविष्कार के बाद उत्पादन का साधन पूंजी बन जाती है क्योंकि तेजी के साथ ज्यादा समान बनाने वाली मशीन से सस्ते समान के सामने धीमे चलने वाले कारीगर के हाथ से बहुत कम मात्रा में बनने वाला मंहगा सामान बिक नहीं पाता। बाजार में टिक नहीं पाता। अत: दस्तकारी नष्ट हो जाती है, कारीगर तबाह हो जाते हैं और पेट की आग बुझाने के लिए वे अपने औजारों को फेंककर कारखाने में काम करने के लिए विवश हो जाते हैं।"

औद्योगीकरण के कारण ही समाज में शोषण की भावना का विकास हुआ है। इसका यह तात्पर्य नहीं है कि इस प्रवृति को ही समाप्त कर दिया जाय। बल्कि औद्योगीकरण प्रवृति को अधिक नैतिक और कारगर बनाकर समुन्नत समाज का निर्माण किया जाय तभी मानव जाति का कल्याण सम्भव है। महात्मा गांधी ने औद्योगीकरण की प्रवृति को मानवता के धरातल पर लाकर एक ऐसा समाज बनाना चाहते हैं जिसमें "एक शोषण मुक्त समाज की स्थापना होगी जिसमें आदिम अवस्था की तरह सभी मिलकर पैदा करेंगे और सभी मिलजुलकर उसका उपभोग करेंगे। ऐसे समाज में समानता भी होगी असुरक्षा और बहशीपन नहीं होगा एक वैज्ञानिक सभ्य और सुसंस्कृत समाज में मानवीय संबंध होंगे, श्रेष्ठ जीवन होगा, सुसंस्कृत मानव होगा।" गांधी ने औद्योगिक समाज को सत्य- अहिंसा तथा नैतिकता के धरातल पर स्थापित कर शोषण प्रवृति को समाप्त करने का प्रयास किया।

ट्रस्टी शिप का सिद्धांत

महात्मा गांधी पूंजीवादी औद्योगिक व्यवस्था को पूरी तरह से समाप्त कर देना चाहते थे ताकि शोषण एवं सुरक्षा के समान फैलती बेकारी को रोका जा सके। इसलिए गांधी दो महत्वपूर्ण बातों को करना आवश्यक समझते थे:- प्रथम इस इजारेदारी पूंजीवादी व्यवस्था को किस तरह समाप्त किया जाय? इसके लिए महात्मा गांधी ने ट्रस्टीशिप का सुझाव दिया था। गांधी जी पूंजीवादी औद्योगिक व्यवस्था को समाप्त कर शोषण पर आधारित नौकरशाही को लाने के पक्ष में नहीं है। औद्योगिक क्षेत्र में महात्मा गांधी न तो पूंजीवादी नियंत्रण के पक्ष में है और न तो राज्य नियंत्रण के बहाने नौकरशाही के क्योंकि दोनों का आधार शोषण तथा हिंसा है। इसलिए महात्मा गांधी ने कहा था कि, "अगर लोग ट्रस्टी की तरह व्यवहार करने लगें तो मुझे बहुत खुशी होगी लेकिन अगर वे ऐसा नहीं करते, तब मैं सोचता हूँ कि हमें राज्य के माध्यम से हिंसा का कम से कम इस्तेमाल करते हुए इन लोगों से संपत्ति को छीन लेना होगा" अगर औद्योगिक पूंजीपति ट्रस्टीशिप सिद्धांत को ही मानने से इनकार दें तो महात्मा गांधी कहते हैं कि सरकारी कानून के माध्यम से पूंजीपति के हिंसात्मक शोषण पर नियंत्रण लगाया जाय। कानून का नियंत्रण भी पूंजीपति बरदाश्त नहीं करता तो अंत में श्रमिक वर्ग को सत्याग्रह करने की सलाह देते हैं। "तब सविनय अवज्ञा और असहयोग ही इन लोगों के पास एक मात्र सर्वोच्च रास्ता रह जाता है।" महात्मा गांधी औद्योगिक पूंजीशाही व्यवस्था के अनतर्गत श्रम और पूंजी के संघर्ष को स्वीकार करते थे। वह वर्ग संघर्ष को बचाना चाहते थे। इसका यह मतलब नहीं कि गांधी औद्योगिक पूंजीवाद में तर्क सहयोग के समर्थक थे। **कार्ल मार्क्स** के समान ही महात्मा गांधी जी पूंजीपतियों तथा मजदूरों के बीच के संघर्ष को मिटा देने के सवाल पर अधिक संवेदनशील थे। ट्रस्टीशिप का सिद्धांत दोनों संघर्ष को हल करने का एक अहिंसात्मक साधन है। ट्रस्टीशिप केवल उद्योगों के ऊपर नियंत्रण के लिए लागू की जायेगी बल्कि सम्पूर्ण अर्थव्यवस्था के लिए लागू किया जायेगा। ट्रस्टीशिप पर राज्य का नियंत्रण बना रहेगा। यहां पर महात्मा गांधी स्पष्टत: कहते हैं कि "हां लेकिन आपको याद रखना चाहिए कि मै ट्रस्टीशिप की पद्धति का समर्थक हँ जो राज्य के द्वारा नियंत्रित होगी।" पूंजीवादी सम्पति को समाजवादी व्यवस्था में हस्तांतरित कर देने की कोई सरल या सीधी प्रक्रिया नहीं है बल्कि व्यापक जन-आंदोलन का प्रमुख अंग है। यह आंदोलन शोषण अन्याय तथा अत्याचार के खिलाफ चलाना होगा। महात्मा गांधी ने जो भी आर्थिक सामाजिक सुझाव दिये वे आंदोलन स्वरूप थे राज्य की कार्यवाही स्वरूप नहीं। इसलिए गांधी को एक सुधारवादी विचारक कहना उनके समाजवादी चिन्तन के साथ अन्याय है। महात्मा गांधी एक क्रांतिकारी के समान घोषणा करते हैं कि "...लेकिन आखिरकार अन्याय या शोषण को रोकने की असली ताकत कागजी कानून में नहीं रहती।"

महात्मा गांधी का ट्रस्टीशिप सिद्धांत सत्ता, सम्पत्ति तथा एकाधिकार के खिलाफ एक प्रकार के जनवादी आंदोलन का प्रतीक है। ट्रस्टीशिप की अवधारणा न तो पूंजी पर आधारित है और न तो श्रम पर। गांधी के ट्रस्टीशिप की अवधारणा को संक्षेप में छ: सूत्रों में रखा जा सकता है:-

(1) ट्रस्टीशिप समाज के मौजूदा पूंजीवादी व्यवस्था को पूर्णरूप समानतावादी समाज व्यवस्था में बदलने के साधन प्रदान करती है।

उसमें पूंजीवाद को कोई स्थान नहीं है। परंतु वह मौजूदा पूंजीपति वर्ग को सुधरने का मौका देती है। उसका आधार निष्ठा तथा विश्वास है कि मानव स्वभाव कभी सुधार और उद्धार से परे नहीं है।

(2) समाज अपने कल्याण के लिए जितनी इजाजत दे उसे छोड़ कर वह निजी मिल्कियत के किसी अधिकार को नहीं मानती।

(3) वह धन के उपभोग और उसकी मालिकी के कानूनी नियंत्रण का विरोध नहीं करता।

(4) इस तरह राज्य-नियंत्रित ट्रस्टीशिप में कोई व्यक्ति अपनी स्वार्थसिद्धि के लिए या समाज कल्याण के हित के खिलाफ सम्पति पर अधिकार रखने या उसका उपभोग करने के लिए स्वतंत्र नहीं रहेगा।

(5) जिस तरह न्यूनतम जीवन-निर्वाह योग्य-वेतन तय करने की बात कही गयी है। उसी तरह समाज के किसी व्यक्ति के लिए अधिकतम आमदनी की सीमा भी तय की जानी चाहिए। ऐसी कम से कम और ज्यादा से ज्यादा आमदनी के बीच का फर्क उचित न्यायसंगत और समय-समय पर इस प्रकार बदल सकने वाला होना चाहिए कि उसका झुकाव इस फर्क को मिटाने की तरफ हो।

(6) गांधीवादी अर्थव्यवस्था में उत्पादन का तरीका व परिणाम सामाजिक जरूरतों के आधार पर तरय होगा न कि व्यक्तिगत सनक या लोभ के आधार पर।

सामाजिक संरचना एवं विकास

अंग्रेज अर्थशास्त्री **विरस्टीड** ने एक बार कहा था कि जब तक व्यक्ति के पास कुछ खाने को न हो तब तक कोई भी व्यक्ति न तो संत, न कवि और न प्रेमी हो सकता है। किसी भी देश के विषय में भी यही कहा जा सकता है कि राजनैतिक विकास, सांस्कृतिक उपलब्धियां एवं परिवर्तन और सामाजिक प्रगति केवल न्यूनतम जीवन स्तर प्राप्त करने से ही सम्भव है इस सबका नियमन और नियोजन करने वाली व्यवस्था अर्थव्यवस्था कहलाती है या हम यह भी कह सकते हैं कि सामाजिक प्रगति आर्थिक विकास पर ही संम्भाव्य है। सवाल यह है कि आर्थिक विकास क्या है ? आर्थिक विकास की पूर्वाकांक्षाएं क्या है या कौन से तत्व उसके वृद्धि में योगदान करते हैं? भारत सहित विश्व के अविकसित क्षेत्रों में आर्थिक उन्नति में क्या बाधाएं हैं ? समाजशास्त्रियों पक्षों एवं आर्थिक विकास की समाजिक समस्याओं को समझने से पूर्व हमें उपरोक्त कुछ महत्वपूर्ण प्रश्नों को समझना आवश्यक है।

आर्थिक विकास की अवधारणा

यदि व्यापक संदर्भ में आर्थिक विकास की अवधारणा को समझा जाए तो कहा जा सकता है कि आर्थिक विकास वास्तविक आय में प्रति व्यक्ति वृद्धि है जो भले ही किसी भी साधन से हो। **बाच** ने इसको इस प्रकार बताया है: अर्थव्यवस्था में वस्तुओं के पूर्ण उत्पादन व सेवाओं में वृद्धि **डेविड नोवाक** ने आर्थिक वृद्धि की एक पुरानी परिभाषा की चर्चा की है जिसके अनुसार ''यह वस्तुओं एवं सेवाओं के प्रति व्यक्ति उपभोग में निरंतर एवं अत्यधिक वृद्धि है।'' आर्थिक वस्तुओं का अत्यधिक उपभोग तभी सम्भव है जबकि आर्थिक वस्तुओं का उत्पादन भी अत्यधिक हो। आजकल उत्पादन नई तकनीकी के प्रयोग पर निर्भर है। **रावर्ट फोरिस** के शब्दों में संकीर्ण अर्थों में कहा जा सकता है कि आर्थिक विकास, आर्थिक वस्तुओं के उत्पादन व वितरण में जड़ या निर्जीव शक्ति और अन्य तकनीकों का विस्तृत प्रयोग है। इन अर्थों में आर्थिक विकास व्यावहारिक रूप में औद्योगीकरण का पर्याप्त कहा जा सकता है लेकिन यह कहना ठीक नहीं है कि आर्थिक विकास केवल औद्योगीकरण है क्योंकि उत्पादन में शक्ति और तकनीकी के प्रयोग के अतिरिक्त श्रम गतिशीलता विस्तृत शिक्षा व्यवस्था आदि भी सम्मिलित है।

जेफ और **स्टेवर्ट** जिन्होंने आर्थिक विकास को आर्थिक उत्पादन का तर्क संगतिकरण कहा है उन्होंने प्रति व्यक्ति व्यक्ति आय तथा उन्य कारकों जैसे उच्च साक्षारता जन्म के अवसर पर जीवन की ऊंची सम्भावनाएं निम्न प्रसव दर कृषि में संलग्न श्रम शक्ति का निम्न अनुपात तथा प्रति व्यक्ति बिजली किलोवाट का उच्च उत्पादन आदि के आधार पर विकसित और अविकसित देशों का द्वि-भाजन प्रस्तुत किया है। इनके अतिरिक्त इस वर्गीकरण में एक तृतीय श्रेणी भी जोड़ी जा सकती है वे देश जो विकसित और अविकसित देशों के बीच है अर्थात् विकासशील देश प्रति व्यक्ति आय के अर्थ में अमेरिका, कनाडा, आस्ट्रेलिया, पश्चिमी यूरोप विकसित देश माने जाते हैं। दूसरी ओर दक्षिण अफ्रीका मैक्सिकों और अधिकतर दक्षिणी और पूर्वी यूरोपीय देश विकासशील देश माने जाते हैं। प्रति व्यक्ति आयकी दृष्टि से भारत अभी भी अविकसित देश है।

जेफ और **स्टेवर्ट** का कहना है कि उपरोक्त विशेषताओं को प्राप्त करने के लिए आर्थिक विकास प्रत्येक वस्तु में शीघ्र परिवर्तन समावेश करता है। लेकिन **राबर्ट फेरिस** का विश्वास है कि यह निष्कर्ष न्यायसंगत नहीं है। उनका विचार है कि यद्यपि इसका अनुमानित माप प्रति व्यक्ति आय में वास्तविक वृद्धि माना जायेगा लेकिन अन्य सभी परिवर्तन आवश्यकता के स्तर पर निर्भर होंगे।

आर्थिक विकास की पूर्वापेक्षाएं एवं बाधाएं

किसी भी समाज के आर्थिक विकास में योगदान करने वाले कारक सामन्यत: इस प्रकार समझे जाते हैं प्राकृतिक संसाधन, धन संचय, प्रौद्योगिकी, शक्ति के स्रोत, जनशक्ति, श्रमिक, जनसंख्या की विशेषताएं और उसका आर्थिक संगठन तथा सामाजिक पर्यावरण

पूर्वापेक्षाओं के विषय में **राबर्ट फैरिस** ने कहा है कि आर्थिक विकास की पूर्वापेक्षाएं ये हैं

(क) मूल्य या विचारधारा (ख) संस्थाएं या आदर्शात्मक ग्रन्थियां अर्थात् व्यवहार के नियमों की अथवा व्यवहार सम्बंधी सामान्यत: स्वीकृत आदेशों की सर्व सम्मत स्वीकृति तथा उनका पालन (ग) संगठन अर्थात् क्या सरकार निजी क्षेत्र को प्रोत्साहन देना चाहती है या सरकारी क्षेत्र को या दोनों को ही (घ) लाभ सम्मान से सम्बन्धित प्रेरणाएं/प्रोत्साहन।

नोवाक की मान्यता है कि कम विकास के प्रमुख आधार ये है धन का अभाव निम्न औद्योगिक जनसंख्या तथा प्राकृतिक संसाधनों की कमी। दूसरी ओर आर्थिक विकास की पूर्वपेक्षाओं में पूंजी तकनीकी के गुण और प्राकृतिक संसाधन सम्मिलित है। उन्होंने माना है कि अविकसित क्षेत्रों में आर्थिक विकास में जो कारक बाधा डालते हैं वे है: (क) पर्याप्त मात्रा में नवीन खोज में कमी, (ख) समतावादी कृषि सुधारों में कमी (ग) कार्य अनुशासन में कमी (घ) जनसंख्या वृद्धि और (च) विदेशी विनियम में कमी।

यूरोप में प्रोटेस्टेन्ट सुधारों ने पूंजीवाद के उदय एवं विकास के लिए समाज का दृष्टिकोण एवं संस्थाओं में परिवर्तन द्वारा रास्ता खोल दिया था। इसी आधार पर प्रोटेस्टेन्ट नैतिकता का विकास हुआ जो आर्थिक विकास के लिए हितकर था। इस यूरोपीय घटना के विषय में लिखते हुए **मैक्स बेवर** ने पूंजीवादी समाज की उन संस्थाओं पर बल दिया है जो पश्चिमी में तेजी से आर्थिक विकास (1) निजी स्वामित्व और उत्पादन के साधनों पर नियंत्रण (2) बाधाएं और सरकारी मूल्य निर्धारण (3) गणना संबंधी नियमों का शासन जिससे लोगों को पहले ही पता चल जाता है कि किन नियमों के अंतर्गत उन्हें आर्थिक जीवन चलाता है।

(4) मजदूरी के लिए व्यक्तियों को काम करने की स्वतंत्रता (5) मजदूरों व कीमतों की बाजार व्यवस्था के द्वारा आर्थिक जीवन का वाणिज्यीकरण जिसमें उत्पादन के साधनों को संचालित व आवंटन किया जा सके। (6) सट्टेबाजी व जोखिम उठाने की प्रवृति परंतु कुछ विद्वानों ने इस धारणाएं में कमियां बताई है।

भारत में आर्थिक विकास में सामाजिक बाधाएं

उपरोक्त उल्लिखित कारक भारत में आर्थिक विकास के रास्ते में बाधक तत्वों को समझने में सहायक हो सकता है। **थामस** के अनुसार भारत में चार महत्वपूर्ण बाधाएं हैं: जाति, भूमि पट्टे का स्वरूप, जनसंख्या वृद्धि और सम्पत्ति कानून।

ए.आर. देसाई ने जो मूल बाधाएं बताई हैं, वे हैं (क) अतीत से वंशानुक्रम में प्राप्त सामाजिक एवं संस्थात्मक रचना एवं मूल्य और (ख) पिछड़ी हुई निष्ठा के लिए लगाव।

जाति व्यवस्था भारत के संविधान के द्वारा सैद्धांतिक और न्यायिक दृष्टि से समाप्त कर दी गई है लेकिन वास्तविक जीवन में इसका महत्व आर्थिक विकास पर इसका असर सम्पति संबंधों के स्वरूप व उपभोग के स्वरूप पर इसका प्रभाव और आर्थिक, राजनैतिक, सामाजिक एवं सांस्कृतिक क्षेत्रों में शक्ति संरचना के स्वरूप पर इसके प्रभाव को अभी तक ठीक से नहीं समझा गया है। इसलिए इसका गम्भीर रूप से कम अनुमान लगाया गया है। जाति लोगों की गतिशीलता रोकती है जो कि गतिवान आर्थिक विकास के लिए बहुत आवश्यक है। यह कुछ समूहों को कुछ व्यवसाय करने से रोकती है तथा कुछ आर्थिक व्यवहार के स्वरूपों को व उपभोग के कुछ स्वरूपों को रोकती है। यह देखा गया है कि अर्थव्यवस्था प्रशासन और सांस्कृतिक कामकाज में नियंत्रण के बहुत से पद भारत में कुछ ही जातियों के एकाधिकार में है। वास्तव में कुछ ही जातियां भारत के लोगों के भाग्य को नियंत्रित करती है जिससे क्षेत्रीय व जातीय तनाव व सामाजिक अशांति उत्पन्न होती है। यही अशांति विशेषाधिकार प्राप्त समूहों में स्वयं के बीच तथा उनके और अल्प विशेषाधिकृत समूहों में स्वयं के बीच तथा उनके और अल्प विशेषाधिकृत समूहों की बीच कटुस्पर्धात्मक संघर्ष को जीवित रखती है तथा इसका कारण भी है। स्वस्थ राष्ट्रीय अर्थव्यवस्था पर इसका प्रतिकूल प्रभाव पड़ता है।

एक दूसरा समाजशास्त्रीय प्रभाव यह भी है कि पिछड़ी हुई निष्ठाएं समाज में जमी रहती है जिनके फलस्वरूप गुटवाद तथा भारतीय जन तुच्छ अंह वाले छोटे-छोटे समूहों में विभाजन होता है जो कि विकसित राष्ट्रीय चेतना के लिए हानिकारक है। कुछ प्रकार की निष्ठाएं जो भारत में सदैव बनी रहती है नातेदारी निष्ठा क्षेत्रीय पहचान तथा धार्मिक लगाव इस प्रकार के विभाजन समाज में एकता की भावना को और समाज के संदस्यों के बीच की पहचान में रोक लगाते हैं। ऐसे पर्यावरण में पाया जाने वाला आदर्शात्मक दवाब व्यक्ति के व्यवहार तथा संबंधों पर भी प्रतिकूल प्रभाव डालता है।

देसाई का मानना है कि यह संकीर्ण स्थानीय मानसिकता पुराने प्रकार की संस्था के साथ कई प्रकार से आर्थिक विकास में बाधा उत्पन्न करती है (क) यह भाई-भतीजावाद को प्रोत्साहन देती है (ख) यह अनुत्पादक निवेश तथा गलत उपभोग के स्वरूपों जैसी हानिकारक प्रथाओं को पैदा करती है (ग) इससे कार्य कुशलता, व्यवसाय तथा साधनों के आवंटन के प्रति दृष्टिकोण में विकृति उत्पन्न होती है (घ) यह उन मान्यताओं एवं लोक रीतियों के विकास में बाधा उत्पन्न करती है जो कि आधुनिक समय की आर्थिक विकास की मूल आवश्यकताएं हैं जैसे कानून पर आधारित

लोकरीतियां व अनुशस्तियां व्यक्ति के लिए आदर तथा समान नागरिकता का विचार।

योगेन्द्र सिंह ने भारत में आर्थिक विकास में बाधाएं इस प्रकार बताई है: (क) अनुभवार्ताता

(ख) पूर्णता (ग) संस्तरण (घ) निरंतरता

आर्थिक विकास की अवस्थाएं

रोस्टोव ने आर्थिक विकास की पांच अवस्थाएं बताई हैं: (क) परम्परात्मक समाज, (ख) उत्थान की पूर्व दशाएं, (ग) उत्थान (प्रारम्भ), (घ)तकनीकी परिपक्वता की प्रवृत्ति, (च) उच्च जन-उपभोग।

परम्परात्मक समाज मूल रूप में कृषि प्रधान होता है। इसके सदस्य भाग्यवादी, अंधविश्वासी तथा बाहरी संसार के प्रति अनभिज्ञ होते हैं। ऐसे समाज में परिवार,जाति,गांव या नृजाति समूह की निष्ठा की इकाई होते हैं। परम्परात्मक समुदाय आत्मनिर्भर नही होते बल्कि बाजार के लिए धर्म के लिए दर्शन के लिए तथा सरकार के लिए भी कस्बों या शहरों पर निर्भर रहते हैं। क्योंकि इन समुदायों में नेतृत्व का विकास कम ही होता है। कृषकों के लिए निर्णय बाहर से किये जाते हैं। बहुधा वे यह ज्ञान भी नहीं पाते हैं कि ये निर्णय किस प्रकार एवं उनके लिए क्यों लिए गये हैं। यद्यपि वे बहुत प्रयत्न करते भी हैं किंतु वे निर्णय में हुए प्रभाव से कुक्त नहीं हो सकते हैं। इससे न केवल जीवन के प्रति भाग्यवादी दृष्टिकोण का जन्म होता है बल्कि बाहरी लोगों के प्रति संदेह तथा नये विचारों के प्रति सतर्कता भी पैदा होती है बाहरी संसार के प्रति अवश्विास उन्हें उनके पड़ोसियों से जोड़ने नहीं देता। विस्तृत परिवार स्वंय को अपने पड़ोसियों की बेईमानी से बचाने में लगा रहता है। परम्परात्मक समाज के अंदर एकता का यह एक खण्ड है। इस समाज में साधनों के सीमित होने विशेष रूप से भूमि के सीमित होने के कारण उत्पादन भी सीमित ही होता है।

तत्पश्चात् धीरे-धीरे परिवर्तन की प्रक्रिया प्रारम्भ होती है । इस अवस्था में उत्थान की पूर्व दशाओं का विकास किया जाता है। प्राय: ये पूर्व दशाएं विकसित समाज द्वारा बाहर से घुसपैठ के कारण उत्पन्न होती है। ये घुसपैठ नवीन विचारों और भावनाओं को प्रेरित करते हैं और लोग विश्वास करने लगते हैं कि आर्थिक प्रगति अच्छी भी है और सम्भव भी। कुछ लोग शिक्षा प्राप्त करना प्रारम्भ करते हैं तो कुछ नेताओं का उदय होता है और निवेश के नये क्षेत्र व्यापार और वाणिज्य के रूप में प्रकट होते हैं यह सब कुछ धीरे-धीरे होता है क्योंकि स्थापित मूल्यों एवं परम्पराओं में परिवर्तन कठिनाई से होता है। संस्थाओं और मूल्यों में परिवर्तन प्रारम्भ होने से पूर्व कुछ सामाजिक परिवर्तन और आर्थिक विकास की पूर्वपेक्षाओं का होना आवश्यक है। ये है: उद्देश्य के प्रगति जागृति भविष्य के प्रति दृष्टि अविलम्बिता की भावना भूमिकाओं और अवसरों की विविधता की आवश्यकता आत्मारोपित कार्यभार व त्याग का बौद्धिक समालोचन एवं उसके लिए भावात्मक तैयारी तथा गतिशील नेतृत्व का उदय।

प्रारम्भिक अवस्था में विकास के मार्ग में आने वाले प्रतिरोधों को दूर किया जाता है और विकास एक सामान्य दशा बन जाती है। पूंजी का एकवीकरण शुरू हो जाता है कृषि और उद्योगों में तकनीकी विकास पाया जाता है तथा राजनैतिक समूह का उदय होता है जो अर्थ व्यवस्था के आधुनिकीकरण को गम्भीरता से लेता है। नये उद्योगों का तेजी से विस्तार होता है तथा अधिक विस्तार के उद्देश्य से लाभ का पुनर्निवेष किया जाता है। काम करने वाले श्रमिकों की संख्या में वृद्धि के साथ-साथ उनके पारिश्रमिक में भी वृद्धि होती है।

प्रारम्भिक अवस्था के बाद ठोस वृद्धि का अंतराल आता है। इस अंतराल में आर्थिक प्रक्रिया द्वारा नवीन तकनीक के विस्तार के लिए प्रेरक अपना कार्य प्रारम्भ कर देते हैं। नये उद्योग अपने विस्तार व उत्पादन कार्य में तेजी प्रारम्भ कर देते हैं। परिपक्वता के रूझान का एक महत्वपूर्ण पहलू यह है कि जो वस्तुएं पहले आयात की जाती थीं अब उनका उत्पादन देश में ही किया जाता है। प्रारम्भिक अवस्था के चालीस वर्षों बाद कही परिपक्वता प्राप्त होती है।

बड़े पैमाने पर उपभोग के युग में टिकाऊ उपभोक्ता सेवाओं तथा वस्तुओं की ओर झुकाव हो जाता है। अमेरिका इस अवस्था से निकल चुका है जब कि यूरोप और जापान इसके सुख का लाभ उठाना प्रारम्भ कर रहे हैं। क्योंकि इस अवस्था से ऊपर अभी कोई देश नहीं पहुंचा है यह कहना असम्भव होगा कि अगली अवस्था क्या होगी।

सामाजिक परिवर्तन आर्थिक विकास से पूर्व या पश्चात्

एक विचार यह है कि आर्थिक विकास के बिना सामाजिक व्यवस्था में परिवर्तन सम्भव नहीं है जब कि दूसरा विचार है कि समाज में कार्यरत संस्थाओं में परिवर्तन के कारण आर्थिक विकास सम्भव होता है। **फ्रेन्कल** के अनुसार आर्थिक विकास और सामाजिक परिवर्तन दोनों परस्पर निर्भर होते हैं अर्थात् प्रत्येक एक दूसरे का कारण व परिणाम दोनों ही होता है।

यदि तकनीकी परिवर्तन के प्रभावों की बात कही जाये तो हमें सोचने की एक सामान्य गलती करने से सावधान रहना चाहिए कि किसी कार्य को करने के ज्ञान में ''परिवर्तनों को उस कार्य को वास्तव'' में करने में परिवर्तनों से अलग किया जा सकता है। यह विचार कि तकनीकी परिवर्तन एक बाह्य शक्ति है जो समाज के सुस्थापित दैनिक कार्यकलापों को परिवर्तित करती है इसी गलत

प्रकार से सोचने और बोलने के कारण पैदा होता है। भ्रामक विश्वास यह है कि सामाजिक क्रियाएं दो पृथक भागों में होती है: पहले में जानने की प्रक्रिया होती है और दूसरे में इस ज्ञान के प्रयोग की प्रक्रिया निहित होती है। इसी प्रकार की बात सामाजिक परिवर्तन व आर्थिक विकास के विषय में कहीं जा सकती है: अर्थात् क्या पहले से दूसरी प्रक्रिया पैदा होती है या दूसरी से पहली प्रक्रिया। जैसा कि ऊपर संकेत किया गया है सामाजिक परिवर्तन न तो आर्थिक विकास से पहले होता है न बाद में। दोनों ही एक दूसरे से अन्त: सम्बद्ध हैं। उदाहरणार्थ जब कृषि से उद्योग में परिवर्तन होता है तो अभिरूचियों और कार्य की आदतों से विकास भी होता है। यदि हम किसी उद्योग के प्रारम्भ को शुद्ध मशीनी प्रक्रिया मान लें जिसके कुछ सामाजिक परिणाम होगें तो हम यह देखने में असफल रहेंगे कि इस प्रक्रिया का जो भी प्रतिफल या परिणाम है वह परिवर्तन की सतत प्रक्रिया है। इस प्रकार यदि उद्योग में कार्यरत लोग स्वत्रंत घर में रहते हों या कुपोषण के शिकार हों शिक्षा के अभाव में हो या मनोरंजन के साधनों से वंचित हो तो यह उद्योग की ओर झुकाव संबंधी परिवर्तन का परिणाम नहीं होगा। बल्कि इस प्रक्रिया की पूर्णता के असफल होने का परिणाम होगा। उत्पादन में वृद्धि की प्रत्यक्ष प्रक्रिया में भी अधिकतम कुशलता नहीं प्राप्त की जा सकती जब तक कि तत्संबंधी सभी आर्थिक व सामाजिक क्रियाएं विकसित नहीं की गई है। वास्तव में कोई भी उद्योग प्रारम्भ भी नहीं किया जा सकता। जब तक कि पूर्व दृष्टिकोणों आदतों तथा सामाजिक संगठन के स्वरूप में कुछ परिवर्तन न हो चुका हो।

एक और उदाहरण लिया जाये जिसे केवल तकनीकी परिवर्तन माना जाये। यह माने कि एक ऐसे भूमि और पशु धन स्वामित्व वाले समुदाय की उत्पादकता में वृद्धि करती है जो अपने स्वयं के उपभोग या ब्रिकी के लिए दूध, मक्खन आदि का उत्पादन कभी नहीं करते। यह आशा की जाती है कि यह समुदाय न केवल इन वस्तुओं के उत्पादन का स्वयं उपभोग करेगा बल्कि कुछ अतिरिक्त व बची हुई वस्तुओं की मार्किट में बेचकर अपनी आय बढ़ाने के लिए भी प्रयास करेगा। प्रारम्भ में तो ऐसा लगेगा कि इस में केवल उत्पादन के नये तरीकों को आरम्भ करने तथा औजारों और मशीनों के प्रयोग की समस्या आयेगी, किन्तु वास्तव में इसमें सामाजिक विश्वासों और प्रथाओं में भारी परिवर्तन की बात निहित है। यहां मान ले कि हम केवल यह विचार करें कि इस प्रकार के तकनीकी परिवर्तन को कार्यन्वित करने के लिए कौन से दूरगामी सामाजिक परिवर्तन लाने होंगे। आय के साधन के रूप में पशुओं का उपभोग समुदाय की सामाजिक व आर्थिक संरचना में मौलिक परिवर्तन की पूर्व कल्पना करता है। समुदाय के सदस्यों के परम्परागत मूल्यों में भी पुर्नविचार जरूरी है। अत: परम्परागत विश्वासों में इस परिवर्तन की पूर्व कल्पना करना आवश्यक है कि जिसके द्वारा व कैसे भूमि पर कृषि की जाये अर्थात् स्त्रियों या पुरुषों द्वारा और स्वयं के लिए कार्य कर रहे व्यक्तियों द्वारा या दूसरों के द्वारा। इससे व्यवहार के नये स्वरूपों व दृष्टिकोणों के पैदा होने का पूर्वानुमान किया जा सकता है जो समुदाय के परस्पर व सामाजिक संबंधों को नियमित करेंगे। इन्ही के साथ ऐसे समूहों के उदय होने की भी पूर्वधारणा है जो न सिर्फ डेरी उत्पादन में रुचि लेंगे परन्तु नवीन उत्पादकों के लिए यातायात वितरण वित्त प्रबंधन व मार्केट से खरीदने व बेचने संबधी कार्यों में भी सहायक होंगे। इसके लिए राजनैतिक संरचना, स्थानीय, प्रान्तीय व राष्ट्रीय की भी स्थापना की भी आवश्यकता होगी जो कि सम्पूरक आर्थिक क्रियाओं की स्थापना के लिए उपयुक्त होगी। इसके अलावा इस बात की भी पूर्वधारणा जरूरी होगी कि समुदाय उन वैधानिक राजनैतिक व प्रशासनिक संस्थाओं के विकास की अनुमति देगा जो उन व्यक्तियों के अधिकारों व कर्तव्यों में तालमेल करने के लिए आवश्यक होगी जो नयी परस्पराश्रित अर्थव्यवस्था से ग्रस्त है।

सामाजिक समायोजन की इस लम्बी सूची का उद्देश्य यह दर्शाना है कि जिस परिवर्तन को हम तकनीकी परिवर्तन कहें वह समूचे सामाजिक ढांचे के अनेक मोर्चों पर परस्पर निर्धारित व निर्धारक विकास की प्रक्रियाओं का केवल एक पहलू है। इस संदर्भ में यह सुनिश्चित करने का प्रयत्न निरर्थक होगी कि कौन सा परिवर्तन नवीन व कारण है और कौन सा प्रभाव है। **फ्रेंकेल** ने कहा कि जब हम एक परिवर्तन की कारण और दूसरे को प्रभाव के रूप में लेते हैं तब हम परिवर्तन की प्रक्रिया को केवल विविध बिन्दुओं से देखते हैं।

आर्थिक विकास की समाजशास्त्रीय समस्याएं

संरचनात्मक परिवर्तन के बिना आर्थिक विकास सम्भव नहीं है। **सिंगर** जैसे विद्वानों ने माना है कि अविकसित देशों में आर्थिक विकास के लिए औद्योगीकरण अत्यंत आवश्यक है। गरीब अविकसित देशों में 60 % से 80% जनसंख्या कृषि में संलग्न रहती है। उन देशों की राष्ट्रीय आय व प्रति व्यक्ति आय अत्यंत निम्न होती है। अत: ऐसे देशों के आर्थिक विकास के लिए दो ही विकल्प रह जाते हैं: (क) वर्तमान कृषि प्रधान ढांचे में सुधार करके और (ख) समूचे ढांचे को बदलकर अर्थात् कृषि से हटकर औद्योगिक विकास के लिए लग जाना। निश्चय यह करना है कि कौन सा विकल्प चुनौतीपूर्ण है। सही विधि यह है कि दोनों पर ही बल दिया जाये।

दो प्रश्न हैं (क) कृषि सुधार किस प्रकार सस्ते में व सरलता

से लाया जा सकता है? (ख) मौजूदा उद्योगों में किस प्रकार सुधारा जा सकता है? कृषि में सुधार भूमि पट्टेदारी व्यवस्था में सुधार करके तथा सिंचाई सुविधाओं को अधिक उपलब्ध कराकर ही सम्भव है। औद्योगिक सुधार विस्तृत पैमाने पर उपकरणों को जुटा कर या नये स्थान निर्धारण करके सम्भव है। **सिंगर** ने आगे और भी कहा है कि कृषि से उद्योग में परिवर्तन में औद्योगीकरण के मूल्य को तीन प्रकार से कम किया जा सकता है:

(क) नगरीकरण को हतोत्साहित करके अर्थात् उद्योगों को गांवों में स्थापित करके जिससे कि जल व यातायात संसाधनों आदि की मांग कम हो। इससे नगरों की ओर पलायन भी कम होगा।

(ख) ऐसे उद्योगों पर केन्द्रित करके जिसमें कम पूंजी की आवश्यकता होती है।

(ग) ऐसी तकनीकी का प्रयोग करके जिसमें अधिक श्रम व कम लागत लगती हो। यह दर्शाता है कि वर्तमान ढांचे में सुधार तथा ढांचे में परिवर्तन का प्रयत्न सम्भव है।

विल्वर्ट मूर ने उद्योगों के सामाजिक व आर्थिक ढ़ांचे पर प्रभाव को इस प्रकार दर्शाया है:

(1) कृषि से निर्माण व सेवाओं की ओर प्रतिगमन (2) व्यावसायिक विशिष्टीकरण (3) श्रम विभाजन (4) विशिष्ट क्रियाओं के बीच तालमेल (5) श्रम गतिशीलता (6) बैंकों की रचना, (7) बाजार विस्तार (8) उपभोग में परिवर्तन और (9) सामाजिक संबंधों के जाल में परिवर्तन।

ए.आर. देसाई ने भारत में आर्थिक विकास की चार समाजशास्त्रीय समस्याओं की ओर ध्यान आकर्षित किया है (1) पुराने सामाजिक संगठन को बदल कर और नये संबंधों के जाल को विकसित कर, (2) पुरानी संस्थाओं में परिवर्तन लाकर या उनका त्याग करके तथा नये प्रकार की सामाजिक संस्थाओं का विकास करके (3) पुराने प्रकार के सामाजिक नियंत्रण के तरीकों को समाप्त करके या उनमें बदलाव लाकर तथा सामाजिक अधिकार की नयी विधियों और उपायों का विकास करके (4) सामाजिक परिवर्तन की पुरानी एजेन्सियों का पुनर्विचार करके तथा सामाजिक परिवर्तन के नये कारकों साधनों का विकास करके।

अंग्रेजों ने भारत को अविकसित ही रखा उनके समय में जो कुछ भी औद्योगिक विकास हुआ वह प्रमुखत: ब्रिटिश पूंजीवाद की आवश्यकता के अनुरूप ही हुआ। भारी उद्योगों को पनपने की अनुमति नहीं दी गई। जहां ब्रिटिश लोगों ने भारत की अर्थ व्यवस्था को विकसित होने से रोका वहीं उन्होंने सामाजिक संगठन, संस्थाओं तथा भारतीयों के सामाजिक दृष्टिकोणों पर भी आघात किया। परम्परागत आत्म निर्भर ग्रामीण समुदाय जो कि पंचायतों जाति संयुक्त परिवार के माध्यम से कार्यशील था और रीति-रिवाजों से शासित होता था को बुरी तरह ध्वस्त कर दिया। यहीं नहीं इसके स्थान पर नयी सामाजिक कार्य प्रणाली नये दृष्टिकोण या नयी संस्थाओं का विकास नहीं किया गया। इन सभी के अभाव में नये कानूनों के लागू होने से तत्कालीन सामाजिक संबंधों में विघटन होने लगा। सहयोग व समन्वय के पुराने सिद्धांतों के स्थान पर प्रतियोगिता का सिद्धांत आ गया जिसने सामाजिक संरचना में भंवर जैसी गतिशीलता पैदाकर दी।

स्वतंत्रता के पश्चात् सरकार ने पंचवर्षीय योजनाओं के माध्यम से अर्थ-व्यवस्था के पुर्ननिर्माण का कार्य प्रारम्भ किया। आर्थिक विकास ने एक ओर तो समाजशास्त्रीय समस्याओं को जन्म दिया जो कि नकारात्मक स्वभाव की थी और दूसरी ओर सरकारात्मक प्रकार की समस्याओं को भी। नकारात्मक समाजशास्त्रीय समस्याएं पुरानी सामाजिक संस्थाओं की स्थिरता का परिणाम है। जैसे निरंकुश संयुक्त परिवार और परम्परात्मक धार्मिक संस्थाएं आदि। सामाजिक नियंत्रण के पुराने स्वरूपों जैसे अप्राकृतिक मान्यताएं निरंकुश मानदण्ड तथा परिवार, जाति जनजाति, धार्मिक व अन्य प्रचलित मान्यताओं के कारण भी समस्याएं उत्पन्न हुई है। इसके अतिरिक्त ये समस्याएं उस पुराने दृष्टिकोण के कारण भी पैदा हुई है जो मूलत: धार्मिक भाग्यवादी व लोकतंत्र विरोधी है। अंतत: इनका उदय अशिक्षा बेकारी भष्टाचार जातिवाद और गरीबी के कारण भी हुआ है। सकारात्मक प्रकार की समस्याओं का उदय इन नीतियों के कारण हुआ। सकारात्मक प्रकार की समस्याओं का उदय इन नीतियों के कारण हुआ: (क) औद्योगीकरण (ख) व्यवसायीकरण (ग) द्रव्यीकरण।

औद्योगीकरण ने पुरानी श्रम-विभाजन व्यवस्था को उखाड़ फेंका हैं तथा नये प्रकार के अनुशासन व नयी जीवन प्रणाली की मांग करते हुए नये व्यवसायिक स्वरूपों को जन्म दिया है। आधुनिकीकरण ने फिर चाहें वह कृषि में हो या उद्योग में व्यक्ति को उसकी सामाजिक इकाईयों के परम्परात्मक प्रक्रियाओं व प्रविधियों से पृथक कर दिया है और व्यक्ति अपनी परिवार की कुशलता और विशिष्ठता से वंचित रह गया है। इससे शक्ति सत्ता में परिवर्तन आया है। कृषकों और उत्पादकों के स्थान पर भू-स्वामी एवं उद्योगपति एवं प्रशासक शासक समूह हो गए हैं। गांवों में राजनैतिक शक्ति का केन्द्र बुजुर्गो के स्थान पर साहूकार व्यापारी, जमींदार तथा अधिकारियों के हाथों में हो गया है। द्रव्यीकरण ने भी अनेक समस्याओं को जन्म दिया है। इसने भूमि के मूल्यों में भारी उतार चढ़ाव पैदा कर दिया है तथा गैर खाद्य पदार्थों पर अधिक अनुपात में व्यय को प्रोत्साहन दिया है। इन खतरों के अतिरिक्त द्रव्यीकरण

भी अर्थ व्यवस्था के प्रवेश के साथ व्यक्ति परिवार के भीतर भी अधिक एकांकी होता जा रहा है और परिवार संबंधों का विनाश हो रहा है। इस प्रकार इन तीनों प्रक्रियाओं ने असंख्य समाजशास्त्रीय समस्याओं को जनम दिया है।

भारत में आर्थिक विकास और सामाजिक परिवर्तन

यदि हम ब्रिटिश काल के भारत के आर्थिक विकास की तुलना नेहरू युग इन्दिरा राजीव युग और गत छः वर्षों की तुलना करें तो हम कह सकते हैं कि स्वतंत्रता के पश्चात् का आर्थिक विकास एक क्रांतिकारी परिवर्तन है। ब्रिटिश औपनिवेशिक् शासन काल के दो सौ वर्षों में आर्थिक विकास प्रतिशत से भी कम रहा। यह इतना दयनीय था कि इसने भारत को मात्र कच्चेमाल की पूर्ति करने वाला ही बनाकर रख दिया और भारत पश्चिम के लिए निर्यात बाजार ही बन कर रह गया। औद्योगिक क्षेत्र ब्रिटिश पूंजी के अधीन हो गया तथा जो औद्योगिक क्षेत्र का भाग भारतवासियों के हाथ में था वह भी ब्रिटिश ऐजेन्सियों द्वारा प्रबंध किया जाता था। कृषि अर्थव्यवस्था में बेचारा कृषक जमींदारों व साहूकारों के चंगुल में फंस गया। बचत और निवेश बहुत कम था। प्रौद्योगिकी निम्नस्तर की थी। पिछड़े क्षेत्रों के विकास द्वारा प्रादेशिक संतुलन रखने की कोई विचारधारा नहीं थी। भारत के निर्माण कार्यों के लिए विदेशी पूंजी उपलब्ध नहीं थी। निम्न आय से बचत भी न्यून ही होती है। जिससे निम्न निवेश, निम्न विकास क्रम और निम्न आय होती है। निर्धनता के कुचक्र का सिद्धांत और निराशा की कमी समाप्त न होने वाला चक्र औपनिवेशिक काल की अर्थ व्यवस्था के उपयुक्त ही था।

स्वतंत्रता के पश्चात् नई सरकार के समक्ष दो प्रकार के कार्य थे: औपनिवेशिक अर्थव्यवस्था का विनाश और उसके स्थान पर आधुनिक स्वतंत्र और आत्मनिर्भर अर्थव्यवस्था के निर्माण के लिए आधार तैयार करना। देश की नवीन अर्थ व्यवस्था एवं राष्ट्रवाद का दस्तावेज समाज की समाजवादी स्वरूप 1955 के कांग्रेस के अबाड़ी अधिवेशन द्वारा और 1969 के बंगलौर अधिवेशन द्वारा उपलब्ध कराया गया। इस तथ्य से इन्कार नहीं किया जा सकता कि नेहरू माडल के समाजवाद ने हमारी अर्थव्यवस्था को चार दशाब्दियों 1950, 1960 1970 और 1980 में काफी सुधार दिया, यद्यपि एक ऐसी विचारधारा भी है जो इसका खण्डन करते हुए कहती है कि इस अर्थव्यवस्था का प्रदर्शन ताइवान, थाइलैण्ड, हांग-कांग, सिंगापुर, दक्षिण कोरिया आदि की अर्थव्यवस्था की तुलना में नगण्य रहा। अब हमारे पास लाखों की संख्या में उद्योगों के आधुनिक उपक्रम हैं जो पहले केवल मुट्ठी भर ही थे, अब हमारे पास उद्योग संबंधी व तकनीकी कुशलताओं का अच्छा भण्डार है, हमारे पास भिलाई, राउलकेला जैसी बड़ी जन योजनाएं है हीराकुण्ड जैसे बड़े बांध हैं, विकासशील संसार में हमारे पास सर्वोच्च बचत दर है, 1990-91 में हमारी विकास दर 5% प्रतिवर्ष थी, हमने निर्यात की दर को डालर में 17% प्रति वर्ष बनाए रखा है, अवासीय भारतवासियों द्वारा जमा किये धन में बीस गुणा वृद्धि की है, अंर्तराष्टीय मुद्रा बाजार में असामान्य विश्वसनीयता प्राप्त की है तथा गरीबी की रेखा के नीचे रहने वाली जनसंख्या में कमी भी अर्जित की है। इस विकास के बावजूद भी यह भी एक तथ्य है कि हमारे सामने मुद्रास्फीति तथा उच्च ऋण की समस्याएं भी है। 30,000 लाख डालर से भी ऊपर व्यापार घाटे का शेष हे तथा बजट घाटा तो अरबों में है।

प्रमुख अर्थशास्त्रियों के अनुसार **वी.पी.सिंह** तथा **चन्द्रशेखर** सरकारों की नीतियों ने सन 1988 से 1991 तक की अवधि में देश की अर्थव्यवस्था को नकारात्मक रूप से प्रभावित किया था। नरसिंह राव ने 1992 प्रारम्भ में समाजवादी व्यवस्था को त्याग कर एक नये माडल की अर्थ नीति प्रारम्भ की जो उदारीकरण बाजारीकरण व निजीकरण के दर्शन पर आधारित थी (जिसे अब नेहरूवादी पूंजीवाद कहा जाता है)। कांग्रेस सरकार का दावा है कि इस नई नीति का मूल तत्व यह है कि यह सरकार व निजी दोनों ही उद्यमों में विश्वास पैदा करेगी और मिश्रित अर्थव्यवस्था तथा बहु जनतंत्र में विश्वास बढ़ाएगी।

अप्रैल 1992 के तिरुपति अधिवेशन में कांग्रेस ने एक नया आदर्श विचारात्मक प्रस्ताव पारित किया जो कि केन्द्र से बाएं से केन्द्र से दाएं को स्थानान्तरण का था। नेहरू के नाम पर नेहरू को त्यागने की यह तरकीब थी।

यह नया माडल विभिन्न क्षेत्रों में दी गई आर्थिक सहायता को काटना, परमिट लाइसेन्स समाप्त करना इग्जिस्ट नीति लागू करना देश को बहुराष्ट्रीय कार्पेरिशन के लिए खोलना आयात नियंत्रण हटाना आदि बिन्दुओं पर ध्यान केन्द्रित करता है। इस प्रकार उनके कथन ऊपरी तौर पर समाजवादी बने रहे जब कि नीतियों के मूल में पूंजीवादी भावना का उदय हो गया है।

ऐसे विद्वान भी हैं जो यह विश्वास नहीं करते हैं कि वर्तमान सरकार की आर्थिक नीति वास्तव में भारतीय अर्थव्यवस्था को पुर्नजीवित करेगी। उनकी मान्यता है कि हमारी अर्थ व्यवस्था फिर से पनप सकती है, यदि आयात पर रोक लगा दी जाये निर्यात को प्रोत्साहन दिया जाये, टैक्स व्यवस्था को विस्तृत किया जाये, काले धन को निकाला जाये रक्षा व्यय में कटौती की जाये प्राकृतिक साधनों के दोहन पर अधिक ध्यान दिया जाये वस्तुओं के लिए बड़ा बाजार बनाया जाये भूमि सुधारों में परिवर्तन लाया जाये आदि। ये विद्वान यह भी विश्वास करते हैं कि देश को आंतरिक साधनों पर

निर्भर रहना चाहिए न कि बाह्य साधनों पर।

समाजशास्त्रीय दृष्टिकोण से यह कहा जा सकता है कि आर्थिक विकास नेहरू व उदार मंडल दोनों ने हमारी सामाजिक संरचनाओं को हमारी इच्छा के अनुसार प्रभावित किया है। हम अपने समाज के मूल्यांकन के लिए किसी भी समाजशास्त्रियां माडल का प्रयोग करें- विकासवादी, संघर्षवादी , प्रकार्यात्मक आदि इससे यह स्पष्ट होगा कि समाजिक संबंधों संस्थाओं, सामाजिक व्यवस्थाओं सामाजिक संरचनाओं सामाजिक मानदण्डों आदि में परिवर्तन हो गया है। आज भारत के लोग उतने रूढ़िवादी नहीं है जितने एक शताब्दी पूर्व थे। भूतकाल से जो नैतिक मूल्य और मानदण्ड समाज में प्रचलित थे उनके प्रति वे कट्टरवादी नहीं है। आज लोग व्यक्तिगत स्वतंत्रता की ओर व्यक्तिगत रूप से संघर्ष करते हैं और सामूहिक सुरक्षा का प्राप्त करने का प्रयत्न करते हैं। उनके दृष्टिकोण व विचारों में भी परिवर्तन आया है। वे अनुभवों की कामना करते हैं। वे अन्य समाजों से न केवल तकनीकी ज्ञान बल्कि सांस्कृतिक तत्व भी लेने का प्रयत्न करते हैं। उनमें नवीनता के लिए रचनात्मक इच्छा है। वे सामाजिक परिवर्तन के परिणामों से चिंतित नहीं हैं। वे राजनैतिक अभिजन के विरुद्ध गरीबी उन्मूलन अभियान की असफलता तथा बेकारी भष्ट्राचार मुद्रास्फीति भाई भतीजावाद आतंकवाद, जातिवाद और क्षेत्रवाद आदि को समाप्त करने के कारण आंदोलन कर सकते हैं। फिर भी वे जानते हैं कि भारत की सामाजिक व्यवस्था में असंतुलन कभी नहीं आ सकता।

बहुविकल्पीय प्रश्न

1. निम्नलिखित को सुमेलित कीजिए—

क. स्पेंसर	1. प्रकार्यवाद
ख. रेडक्लिफ ब्राउन	2. भौतिकवाद
ग. कॉम्ट	3. व्यक्तिवाद
घ. मार्क्स	4. प्रत्यक्षवाद

	क	ख	ग	घ
A.	1	3	2	4
B.	3	1	4	2
C.	3	4	1	2
D.	1	2	3	4

2. निम्नलिखित को सुमेलित कीजिए—

क. सांस्कृतिक सम्पर्क	1. नवीन सांस्कृति प्रतिमानों को अपनाना
ख. सांस्कृतिक सार्वभौम	2. संस्कृतियों के मध्य प्रभाव-शाली एक रूपता
ग. सांस्कृतिक सापेक्षवाद	3. संस्कृतियों के मूल्यांकन हेतु किसी सार्वभौमिक मानक का प्रयोग नहीं किया जा सकता।
घ. सांस्कृतिक बहुवाद	4. बिना एक दूसरे का मूल्यांकन

	क	ख	ग	घ
A.	2	1	3	4
B.	3	2	4	1
C.	1	3	4	2
D.	1	2	3	4

3. सामाजिक परिवर्तन में आर्थिक निर्धारणवाद की अवधारणा किस विचारक के साथ जुड़ी हुई है ?

A. एडम स्मिथ B. मार्शल
C. गुन्नार मिर्डल D. मार्क्स

4. फुर्सतीवर्ग के लिए सुप्रकट उपभोग की अवधारणा का प्रतिपादन किसने किया ?

A. मार्शल B. गुन्नार मिर्डल
C. वेब्लिन D. स्पेल्सर

5. कौन सा एक सही ढंग से सुमेलित नहीं है ?

A. ज्ञान तथा विश्वास	चिंतन प्रतिमानों में परिवर्तन
B. आदतें एवं प्रविधियां	कार्य प्रतिमानों में परिवर्तन
C. प्रस्थिति एवं भूमिका	संबंध प्रतिमानों में परिवर्तन
D. कला एवं साहित्य	सौदर्यबोध प्रतिमानों में परिवर्तन

6. निम्नलिखित को सुमेलित कीजिए—

क. विरोधात्मक वर्ग स्थिति	1. हैरी ब्रेवमैन
ख. संक्रमणशील वर्ग	2. एडविन एच.सदरलैंड
ग. सफेद पोश अपराध	3. कार्लमार्क्स
घ. जीवन मात्रा संस्थाएं	4. एरिक ओलिन राइट
	5. आरनाड वोन गेनप

	क	ख	ग	घ
A.	4	5	1	3
B.	4	3	2	5
C.	1	3	2	4
D.	1	4	2	5

7. पुरुष पूर्णतः समाज की उपज है जबकि स्त्री काफी हद तक संस्कृति का उपज है। यह किसका कथन है ?

A. टाल्कर थासंस B. दुर्खीम

C. जार्ज पीटर मर्डोक D. राबिन फाक्स

8. 'ऐलीमेण्टस आफ रूरल सोशियोलॉजी' नामक पुस्तक के लेखक निम्न में से कौन हैं ?

A. बरट्राण्ड B. सिरस
C. मैकाइवर एवं पेज D. रॉस

9. 1991 की जनगणना के अनुसार भारत में नगरीय जनसंख्या का प्रतिशत निम्न में से क्या है ?

A. 20.1 B. 23.7
C. 25.7 D. उपर्युक्त में से कोई नहीं

10. निम्न में से 1981 की जनगणना रिपोर्ट के अनुसार भारत में नगरों की संख्या कितनी है ?

A. 4,949 B. 3,549
C. 3,400 D. 5,222

11. किस विद्वान ने नगरों के वर्गीकरण का आधार प्रमुख क्रियाकलाप बताया है ?

A. ई ई मुनतज B. लुई ममफोर्ड
C. बोगार्डस D. स्पेंगलर

12. कस्बा निम्न में से किस तरह का क्षेत्र होता है ?

A. गांव से बड़ा होता है
B. गांव से छोटा होता है
C. नगर से बड़ा होता है
D. गांव एवं नगर के बीच का होता है

13. निम्न से 'मैट्रोपोलिस' कौन सा है ?

A. कानपुर B. शिमला
C. गाजियाबाद D. मुम्बई

14. निम्न परिभाषा किसने दी है "नगर एक ऐसी संस्था है जहां के अधिकतर निवासी कृषि कार्य के अतिरिक्त अन्य उद्योगों में व्यस्त हों।"

A. डेविस ने B. मैकाइवर ने
C. विलकाक्स ने D. बर्गेल ने

15. निम्न में से प्रतीकात्मक नगर है—

A. नई दिल्ली B. पटना
C. रोम D. मुम्बई

16. "नगरों का विकास वहीं होता है जहां समाज अथवा उसके अन्तर्गत कोई समूह मात्र जीवन निर्वाह के लिए आवश्यक साधनों की अपेक्षा अतिरिक्त साधनों पर नियंत्रण प्राप्त कर लेता है।" उपर्युक्त कथन किससे संबंधित है ?

A. मैकाइवर B. मैकस वेबर
C. आंगबर्न तथा निमकाफ D. बर्गेल

17. निम्न में से कौन-सा राजनैतिक 'मैट्रोपोलिस' है ?

A. शिकागो B. मास्को
C. मुम्बई D. कोलकाता

18. निम्नलिखित में से समिति कौन-सी है ?

A. जनता B. संविधान
C. परीक्षा D. उपर्युक्त कोई नहीं

19. निम्न में से कौन-सा मन्दिरों का नगर नहीं है ?

A. गया B. तिरुपति
C. श्रीरंगपटनम D. पुरी

20. निम्नांकित में से कौन-सी नगर की विशेषता नहीं है ?

A. कृत्रिपता
B. प्रकृति से घनिष्ठ सम्बन्ध
C. व्यक्तिवादिता
D. जनसंख्या की विविधता

21. निम्न में से कौन-सा सांस्कृतिक केन्द्र नहीं है ?

A. चंडीगढ़ B. मक्का
C. तिरूपति D. वाराणसी

22. बर्थ के अनुसार नगरीयता की निम्न में से कौन-सी विशेषता है ?

A. परजीवी B. विषमता
C. दिखावापन D. उपर्युक्त सभी

23. नगरवासियों की नाजुकता नगरीय समुदाय का एक लक्षण है इसका क्या अर्थ है ?

A. चमक-दमक का रहन-सहन
B. सरल रहन-सहन
C. नम्रता के ढंग का दिखावा
D. इनमें से कोई नहीं

24. प्राचीन राजनैतिक नगरों का निम्न में से कौन व्यष्टि निर्माण करता था ?

A. वास्तुकार जो हथियारों को देते थे
B. राज्य तथा उनके कर्मचारियों का समूह
C. व्यापारी जो दैनिक आवश्यकताओं की वस्तुएं देते थे
D. आपस के आसपास के रहने वाले लोग

25. एक नगर में सामाजिक दूरी का कारण निम्न में से क्या हो सकता है ?

A. किसी व्यक्ति के आवास व कार्य के स्थान की दूरी
B. नगर का आकार
C. नगर में आवागमन की समस्या
D. सामाजिक विभिन्नता

26. निम्नलिखित कथन किसका है ''ग्रामीण जीवन सुझाव देते हैं बचाओ, नागरिक जीवन सुझाता है खर्च करो।''

A. बर्गेल का B. लुईस बर्थ का
C. ममफोर्ड का D. रॉस का

27. निम्न में से कौन नगरीय जीवन के भविष्य के बारे में आशावादी है ?

A. लुई ममफोर्ड B. हेनरी एस चर्चिल
C. ओसवाल्ड स्पेंलर D. उपर्युक्त सभी

28. निम्न में से कौन-सा बिल्कुल अलग से विश्वविद्यालयी नगर था ?

A. नालंदा B. काशी
C. पाटलिपुत्र D. तक्षशिला

29. 'अरबन सोशियोलाजी' नामक पुस्तक के लेखक कौन है ?

A. ममफोर्ड B. डेविस
C. गिलिन एवं गिलिन D. ई.बी.बर्गेल

30. 'दी कल्चर एण्ड सिटीज' नामक पुस्तक के लेखक निम्न में से कौन है ?

A. सिम्स B. बीरस्ट्रीड
C. ममफोर्ड D. थियोडोरसन

31. निम्न में से कौन-सा मुगलों का साम्राज्यवादी नगर नहीं था ?

A. आगरा B. फतेहपुर सीकरी
C. देलही D. शाहजहांनाबाद

32. निम्नांकित में से राजनैतिक नगर कौन-सा नहीं था ?

A. काशी B. मास्को
C. वाशिंगटन D. टोकियो

33. निम्न में से सही कथन कौन सा है ?

A. नगर बहुसंख्य कार्यों की इकाई है जहां कम से कम कार्यों का एक समूह सामान्य रूप से महत्वपूर्ण है
B. नगर एक एकतत्वीय स्थान है
C. नगर में अनेक कार्यों वाली इकाई है और इसका एक कार्यपूर्ण रूप से विकसित है
D. नगर संपूर्ण देश में एकरूपता का प्रदर्शन करते है।

34. निम्नलिखित कथन किसका है ''प्रत्येक व्यक्ति यह जानता है कि नगर क्या है किंतु किसी ने भी संतोषजनक परिभाषा नहीं दी है।''

A. डेविस का B. सिम्स का
C. लम्ले का D. बर्गेल का

35. निम्नलिखित परिभाषा किसने दी है ? ''जहां मुख्य व्यवसाय कृषि है उसे गांव तथा जहां कृषि के अतिरिक्त अन्य व्यवसाय प्रचलित है उसे नगर कहेंगे।''

A. एण्डरसन B. बर्गेल
C. ईश्वरन D. विलफाक्स

36. नेरल एण्डरसन ने नगरीय समुदायों की विशेषताओं में निम्नांकित में से किसे सम्मिलित नहीं किया ?

A. सांस्कृतिक आविष्कार B. लिखित उल्लेख
C. व्यक्तिवादिता D. मुद्रा अर्थव्यवस्था

37. निम्नलिखित कथन किसका है ? ''नगर जगत मित्र होता है जबकि गांव राष्ट्रवादी और स्वदेशाभिमानी होता है।''

A. मैकाइवर का B. डेविकस का
C. रॉस का D. गिलिन एवं गिलिन का

38. निम्नलिखित कथन किसका है ? ''एक राजवंश के बाद दूसरा राजवंश खत्म होता गया, क्रांति के बाद क्रांति होती गयी परंतु ग्रामीण समुदाय वैसे के वैसे ही हैं।''

A. डा. दुबे का B. एस.आर. देसाई का
C. रॉस का D. नजमुल करीम का

39. निम्नलिखित कथन किस विद्वान का है ? ''गांव एवं नगर दोनों एक समाज हैं इनमें से तो कोई एक दूसरे से अधिक प्राकृतिक है और न ही कृत्रिम।''

A. प्रो डेविस B. बोगार्डस
C. मैकाइवर एवं पेज D. ऑगबर्न

40. औद्योगिक विकास ने शहरी विकास की दृष्टि में बहुत योगदान दिया है। निम्न में से कौन इस बात की पुष्टि करता है ?

A. जनसंख्या का केन्द्रीकरण
B. कामों का विशेषीकरण
C. कृषि विहीन व्यवसायों की बड़ी संख्या
D. उपर्युक्त सभी

41. जिन नगरों में अकाल, बीमारी व युद्ध का बोलबाला होता है और नागरिक जीवन खतरे में होता है उसे ममफोर्ड निम्न में से क्या कहते हैं ?

A. मैगलोपोलिस B. टायरेनोपोलिस
C. नेक्रोपोलिस D. इओपोलिस

42. शहरी लोगों की शिष्टता शहरी समाज की विशेषता है इसका अर्थ निम्न में से क्या है ?

A. सादा जीवन
B. चमक-दमक वाली जिन्दगी
C. विनम्रता के ऊपरी तौर-तरीके
D. उपर्युक्त कोई नहीं

43. निम्न में से मध्ययुग में शहरीकरण का प्रभाव किसके माध्यम से हुआ ?

A. कस्बों में दस्तकारी द्वारा
B. सेना के कारण
C. सामंती सरदारों और जागीरदारों द्वारा
D. सामान्य सरकारी अधिकारियों द्वारा

44. 'माडर्न सोसायटी' नामक पुस्तक के लेखक निम्न में से कौन हैं ?

A. सोरोकिन B. बोगार्डस
C. बीसेंज एवं बीसेंज D. मजमुल करीम

45. भू-दान आन्दोलन निम्न में से किसने चलाया था ?

A. महात्मा गांधी B. विनोबा भावे
C. सुन्दरलाल बहुगुणा D. महेन्द्र सिंह टिकैत

46. यदि किसी कानून या नियम के विरोध में नागरिक अशांति में लग जायें तो यह अभिव्यक्ति है—

A. सापेक्ष वंचन की
B. सामाजिक असमानता की
C. सामाजिक गतिशीलता की
D. गुटबंदी की

47. निम्नलिखित में से समाज की कौन-कौन सी विशेषताएं हैं ?

1. क्षेत्र 2. राज्य
3. व्यक्ति 4. अंत: संबंधों की व्यवस्था
5. सांझी संस्कृति

नीचे दिये हुये कूट का प्रयोग कर सही उत्तर चुनिए

A. 1, 2 और 3 B. 3, 4 और 5
C. 2, 3, 4 और 5 D. 1, 4 और 5

48. निम्नलिखित में से सामाजिक संबंध की कौन सी एक न्यूनतम पूर्व आवश्यकता है ?

A. शारीरिक संपर्क
B. आमने-सामने का सम्पर्क
C. पारस्परिक जागरूकता
D. सरसता

49. निम्नलिखित में से आधुनिक नगरीय समाज की कौन-कौन सी विशेषताएं हैं ?

1. आंगिक संहति 2. यांत्रिक संहति
3. प्रबल सामूहिक चेतना 4. मंद सामूहिक चेतना

नीचे दिये हुये कूट का प्रयोग कर सही उत्तर चुनिए

A. 2 और 3 B. 2 और 4
C. 1 और 3 D. 1 और 4

50. परसंस्कृतिग्रहण क्या सूचित करता है ?

A. बढ़ने के साथ-साथ अपने समाज के मूल्यों तथ मानकों आभ्यंतरीकरा करना
B. किसी सांस्कृतिक तत्व का उत्पति के केन्द्र से अन्य समाजों में प्रसार
C. समाजों के बीच संस्कृति के तत्वों की अदला-बदली
D. अन्य संस्कृति के किसी तत्व का इसकी पहचान बनाए रखते हुए समावेशन

51. **अभिकथन (A):** समाजशास्त्री सामाजिक गतिशीलता का अध्ययन करने में रूचि नहीं रखते हैं।

कारण (R): सामाजिक गतिशीलता की दर का वर्ग-निर्माण पर महत्वपूर्ण प्रभाव पड़ सकता है।

कूटः

A. दोनों (A) तथा (R) सही हैं।
B. दोनों (A) तथा (R) सही हैं, परन्तु (R) सही व्याख्या नहीं है।
C. (A) सही है, परन्तु (R) गलत है।
D. (A) गलत है, परन्तु (R) सही है।

52. सूची-I के मदों को सूची-II के मदों से मिलाइए—

सूची-I (संकल्पना)	*सूची-II (लक्षण)*
(a) यांत्रिक एकात्मकता	1. प्रत्यक्ष संबंध
(b) प्राथमिक समूह	2. सामाजिक समानता
(c) लघु समुदाय	3. पराश्रिता
(d) कुला	4. उपहार विनिमय
	5. समानता

कूटः

	(a)	*(b)*	*(c)*	*(d)*
A.	2	1	5	4
B.	2	3	1	5
C	1	2	5	3
D.	5	1	2	4

53. सूची-I के मदों को सूची-II के मदों से मिलाइए—

सूची-I (संकल्पना)

(a) सत्ता अभिजन (पॉवर अलीट)
(b) क्रियात्मक योजना (एक्शन स्कीम)
(c) सामाजिक क्रिया
(d) प्रकार्यात्मक विकल्प

सूची-II (समाजशास्त्री)

1. पारेतो
2. सी. राइट मिल्स
3. मैक्स वेबर
4. टी. पारसंस
5. आर.के. मार्टन

कूटः

	(a)	(b)	(c)	(d)
A.	3	4	1	5
B.	2	1	4	3
C	2	4	3	5
D.	1	3	4	5

54. सूची-I के मदों को सूची-II के मदों से मिलाइए–

सूची-I (संकल्पना/धारणा)

(a) यथार्थता का सामाजिक निर्माण
(b) दर्शन की कंगाली
(c) संघर्ष तथा क्रान्ति का 'अयथार्थ' पक्ष
(d) प्रतीकात्मक अन्तःक्रिया

सूची-II (वैज्ञानिक)

1. कार्ल मार्क्स
2. लुईस कोजर
3. हर्बर्ट ब्लमबर
4. पीटर बर्गर तथा टी. लुज्कमेन
5. अल्फ्रेड शुट्ज

कूटः

	(a)	(b)	(c)	(d)
A.	5	1	2	3
B.	4	1	2	3
C	4	3	1	5
D.	3	2	1	4

55. सूची-I के मदों को सूची-II के मदों से मिलाइए–

सूची-I (संकल्पना)	*सूची-II (विद्वान)*
(a) उत्पादन के बल	1. हर्बर्ट स्पेंसर
(b) जैव सादृश्य	2. कार्ल मार्क्स
(c) धार्मिक सदाचार	3. ऑगबर्न
(d) सांस्कृतिक विलम्बना	4. मैक्स वेबर
	5. ई. दुर्खीम

कूटः

	(a)	(b)	(c)	(d)
A.	2	3	4	1
B.	2	1	4	3
C	1	2	5	4
D.	4	3	2	5

56. सूची-I के मदों को सूची-II के मदों से मिलाइए–

सूची-I (संकल्पना)	*सूची-II (विद्वान)*
(a) लूकिंग ग्लास सैल्फ	1. ई. गॉफमैन
(b) अभिनयशास्त्रीय सावधानियाँ (ड्रामाटरजिकल सरकम्पेक्शन)	2. चार्ल्स कूले
(c) सामूहिक चेतना	3. सिगमंड फ्रायड
(d) इदम्, अहम् तथा पराहम्	4. कार्ल मार्क्स
	5. ई. दुर्खीम

कूटः

	(a)	(b)	(c)	(d)
A.	1	2	3	4
B.	2	1	5	3
C	1	4	5	3
D.	2	1	4	5

उत्तरमाला

1	2	3	4	5	6	7	8	9	10
B	D	D	C	D	B	D	B	C	B
11	**12**	**13**	**14**	**15**	**16**	**17**	**18**	**19**	**20**
A	D	D	D	C	A	A	D	C	B
21	**22**	**23**	**24**	**25**	**26**	**27**	**28**	**29**	**30**
A	D	C	B	D	D	D	A	D	C
31	**32**	**33**	**34**	**35**	**36**	**37**	**38**	**39**	**40**
C	A	A	D	D	C	C	D	C	D
41	**42**	**43**	**44**	**45**	**46**	**47**	**48**	**49**	**50**
C	C	C	C	B	D	A	D	D	D
51	**52**	**53**	**54**	**55**	**56**				
D	A	A	B	B	B				

अध्याय 30

जनसंख्या एवं समाज

(Population and Society)

जनसंख्या वृद्धि के सिद्धांत

किसी देश की जनसंख्या वृद्धि तथा उसके आर्थिक विकास उसके रहन-सहन के स्तर के साथ परस्पर गहरा संबंध होता है। आपने इस बात पर ध्यान दिया होगा कि हमारे देश में, खासकर शहरी इलाकों में, गरीब परिवार की तुलना में समृद्ध परिवार छोटे होते हैं। लेकिन ग्रामीण इलाकों में आमतौर पर पर्याप्त भू-संपत्ति वाले परिवारों की तुलना में भूमिहीन मज़दूरों के परिवार छोटे होते हैं साथ ही प्रारंभिक अवस्था में आर्थिक वृद्धि से जनसंख्या वृद्धि में तेजी आ सकती है। जनसंख्या के तेजी से बढ़ने, संसाधनों के सीमीत होने के कारण से आर्थिक विकास की गति पर प्रतिकूल प्रभाव पड़ सकता है। भारत में यही हो रहा है। ऐसी हालत में जब तक और अधिक भूमि तथा अन्य संसाधन उपलब्ध नहीं होते, तीव्र जनसंख्या वृद्धि के विनाशकारी परिणाम हो सकते हैं। और अधिक संसाधन जुटाने की संभावना नहीं है। आज भारत की स्थिति यह है कि जितनी तेजी से जनसंख्या बढ़ेगी जीवित बचे रहने के लिए हमारी लड़ाई उतनी ही अधिक कठिन होती जाएगी। जनसंख्या विषयक अध्ययन के संबंध में मोटे तौर पर दो विचार सामने आते हैं: (i) जनसंख्या और उपलब्ध संसाधनों के बीच संबंध, और (ii) अनियंत्रित जनसंख्या वृद्धि की समस्या हमारे मौजूदा रहन सहन के सारे स्तर को ऊंचा उठाने के प्रयत्नों में रूकावट डालती है जबकि ऊंचा रहन-सहन अंततः जनसंख्या के बढ़ने की दर को कम करेगा।

पश्चिम के विकसित राष्ट्रों ने भी अपने आर्थिक विकास के प्रारंभ में इस समस्या का सामना किया था। लेकिन अठाहरवीं शताब्दी के अंत तथा उन्नीसवीं शताब्दी के प्रारंभ में औद्योगिक क्रांति से संबद्ध आर्थिक तथा सामाजिक परिवर्तनों के कारण पश्चिम के राष्ट्र जनसंख्या वृद्धि तथा रहन-सहन के स्तर के बीच तनाव पर काबू पाने में सफल हो सके। विकसित देशों में उत्पादकता इतनी अधिक थी कि वे जनसंख्या में यूरोप से नई दुनियां अर्थात् दोनों अमेरिका और आस्ट्रेलिया में जाकर बसना पड़ा। तथापि आर्थिक विकास के साथ-साथ रहन-सहन का स्तर जब एक निश्चित सीमा से ऊपर उठ.गया तो पश्चिमी देशों में जनसंख्या वृद्धि की दर भी कम हो गई।

इसीलिए जनसंख्या और अर्थव्यवस्था के बीच गतिशील संबंध की प्रकृति को समझना जरूरी है। जनसंख्या और विकास के बीच का संबंध बीसवीं शताब्दी के छठे दशक से एक विश्वव्यापी बहस का विषय बन गया है। भारत ने सन् 1951 में विकास योजना प्रारंभ की और शीघ्र ही उसे जनसंख्या के तेजी से बढ़ने से उत्पन्न समस्याओं का सामना करना पड़ा। यह भी साफ हो गया कि हम जनसंख्या की समस्या को ध्यान में रखे बिना अपनी विकास योजनाओं में अधिक प्रगति नहीं ला सकेंगे। सन् 1974 में बुखरेस्ट में हुई संयुक्त राष्ट्र संघ की विश्व जनसंख्या सम्मेलन (वर्ल्ड पॉपुलेशन कान्फ्रेंस) ने इस संबंध में एक कार्य योजना अपनाई। इसने इस तथ्य पर जोर दिया कि जनसंख्या संबंधी चार, विकास चरों को प्रभावित करता है। इसके लिए जनसंख्या योजना को विकास योजना के साथ मिलाना जरूरी हो जाता है। ऐसा तभी संभव है जब जनसंख्या और विकास के आपसी संबंधों के स्वरूप को भली-भांति समझ लिया जाए।

जनसंख्या तथा विकास अंतःसंबंध

जनसंख्या तथा विकास के बीच के संबंधों को तीन अलग-अलग दृष्टिकोण से देखा जा सकता है :

(i) विकास जनसंख्या पर आश्रित हैं, अर्थात् जनसंख्या स्वतंत्र चर है और विकास आश्रित चर है,

(ii) जनसंख्या विकास पर आश्रित हैं, अर्थात विकास स्वतंत्र चर है : और जनसंख्या आश्रित चर है तथा

(iii) जनसंख्या और विकास दोनों ही एक दूसरे को प्रभावित करते हैं और इस तरह उनमें आपस में कार्य-कारण संबंध है।

परंतु यह याद रखना चाहिए कि इन दोनों का आपसी संबंध बड़ा जटिल है। इस जटिलता को बिना समझें बिना हम इन दोनों के आपसी संबंधों के वास्तविक स्वरूप को नहीं समझ सकेंगे।

जनसंख्या एक स्वतंत्र चर

जो लोग जनसंख्या को एक स्वतंत्र चर मानते हैं, उनका यह विचार है कि मौजूदा आर्थिक स्थिति के अनुरूप जनसंख्या में हेर-फेर किया जाना चाहिए। इसके लिए जनसंख्या की आवश्यकताओं को पूरा करने के लिए अर्थव्यवस्था का विकास करने की आवश्यकता होती है। इससे यह निष्कर्ष निकलता है कि यदि विकास की गति इतनी तेज नहीं कि वह जनसंख्या की आवश्यकताओं को पूरा कर सके तो इसका परिणाम जरूरत से ज्यादा आबादी और गरीबी। इस विचारों से कुछ लोगों ने यह निष्कर्ष निकाला कि उच्च जन्म दर के फलस्वरूप ज्यादा और तेजी से बढ़ती हुई जनसंख्या ही गरीबी का कारण है इसका यह अर्थ है कि गरीब लोग और विकासशील देश तब तक आर्थिक प्रगति नहीं कर सकेंगे जब तक कि वे पहले अपने यहां उच्च जन्मदर अर्थात् उच्च प्रजनन दर को पूरी तरह से नियंत्रित नहीं कर लेते।

माल्थसवादी

जो लोग गरीबों को जनसंख्या के आधिक्य का परिणाम मानते हैं वे प्राय: अपनी दलील के समर्थन में **टॉमस राबर्ट माल्थस** के सिद्धांत का हवाला देते हैं। लगभग 200 साल पहले, सन् 1798 में एक अंग्रेजी पादरी **माल्थस** ने जनसंख्या से संबंधित अपने विचारों को एक अनामक पुस्तक में प्रस्तुत किया जिसे 'एन ऐसे ऑन द प्रिंसिपल ऑफ पापुलेशन एज़ इट अफेक्ट्स द फयुचर इम्प्रूवमेंट ऑफ सोसायटी' कहा जाता है। इस पुस्तक के बाद के संस्करण **माल्थस** के नाम के साथ प्रकाशित किए गए जिसमें उसने अपने जनसंख्या सिद्धांत को सुधरे हुए रूप में प्रस्तुत किया।

माल्थस ने खाद्य पदार्थों की पूर्ति और जनसंख्या में वृद्धि की गति की तुलना की और इस संबंध में दो मुख्य विचार प्रस्तुत किए:

(i) जनसंख्या को यदि नियंत्रित न किया जाए तो उसमें गुणोत्तर वृद्धि होती हैं, अर्थात् प्रारंभिक वर्ष की जनसंख्या के आधार पर ही नहीं, बल्कि उसमें आज जुड़ गई संख्या के गुणज में जनसंख्या बढ़ती है। लेकिन जीवन निर्वाह (अर्थात् साधनों की पूर्ति) के साधनों में वृद्धि समांतर श्रेणी में ही होती हैं, जैसे एक धनराशि जिस पर साधारण ब्याज मिल रहा हो और जो प्रति वर्ष मूलधन में जोड़ दिया जाए। इसका अर्थ यह हुआ खद्यानों की पूर्ति की तुलना में जनसंख्या अधिक तेजी से बढ़ती हैं। उदाहरण के लिए जनसंख्या यदि 2 की गुणात्मक श्रेणी में बढ़ेगी जैसे—

1, 2, 4, 8, 16, 32, 64, 128, 256, 512, 1024 तो बारहवें वर्ष में 2048 हो जाएगी जबकि खाद्यान की पूर्ति यदि 2 की समांतर श्रेणी में बढ़ेगी जैसे—1, 3, 5, 7, 9, 11, 13, 15, 17, 19, 21 और बारहवें वर्ष 23 हो जाएगी। इससे यह निष्कर्ष निकलता है कि एक समय ऐसा आएगा कि जनसंख्या की तुलना में खाद्यानों की पूर्ति कम हो जाएगी और इस खाद्यान की कमी के कारण उल्टे जनसंख्या वृद्धि में कमी हो जाएगी तथा,

(ii) यदि लोगों ने "विरोधात्मक" उपायों जैसे नैतिक अनुशासन या अधिक आयु में आदि को अपनाकर जन्मदर को कम नहीं किया तो "प्राकृतिक" उपाय जैसे महामारी, युद्ध, संक्रामक रोग, प्लेग, अकाल आदि अबश्य ही अपना प्रभाव दिखाऐंगे और उसमें मृत्यु दर बढ़ जाऐगी जिसके फलस्वरूप जनसंख्या में कमी आ जाएगी।

लगभग 50 वर्ष तक यूरोपीय विचारधारा पर **माल्थस** के सिद्धांत का बहुत ही प्रभाव रहा और उसने निराशावादी दृष्टिकोण को बढ़ावा दिया। बढ़ती हुई जनसंख्या के लिए बढ़ती हुई मात्रा में खाद्यान्न की पूर्ति की आवश्यकता होगी लेकिन प्राकृतिक संसाधन सीमित हैं और खाद्यान्न की पूर्ति में वृद्धि धीमी गति से होती है। इस तरह जनसंख्या वृद्धि की दर और खाद्यान्न की दर में एक असंतुलन की प्रवृत्ति होती है। एक ही वृद्धि दर, जैसे 2 के गुणक से जनसंख्या बढ़े तो **माल्थस** ने गणना करके बताया कि यदि जनसंख्या के बढ़ने को नियंत्रित नहीं किया गया तो, तीन सौ वर्ष में जनसंख्या 4096 गुनी बढ़ जाएगी जबकि खाद्यान उत्पादन 13 गुने से ज्यादा नहीं बढ़ेंगे। यही विचार उसके तर्कों का केंद्र बिंदु है। यह विचार उसके तर्कों का केंद्र बिंदु है। यह विचार यह मानकर चलता है कि जनसंख्या एक स्वतंत्र चर है।

माल्थसवाद की आलोचना

बाद के अध्ययनों तथा घटनाओं ने यह दिखा दिया है **माल्थस** ने अर्थव्यवस्था पर जनसंख्या के दबाव को बहुत बढ़ा चढ़ाकर प्रस्तुत किया है। उसके सिद्धांत की आलोचना के कुछ महत्वपूर्ण मुद्दे इस प्रकार हैं:

(क) माल्थस ने इस तथ्य कों अनदेखा कर दिया था कि तकनीकि सुधार करके खाद्यान की पूर्ति में अधिक तेजी से वृद्धि की जा सकती है।

(ख) मानव जाति में जनसंख्या नियंत्रित करने की अपार क्षमता है। वास्तव में रहन-सहन के स्तर में सुधार के साथ ही जनसंख्या में कमी होने लगती है।

(ग) ऐतिहासिक तथ्य माल्थस के सिद्धांत का समर्थन नहीं करते।

निम्न तीन कारक माल्थस के पूर्वानुमानों के विपरीत रहें (क) खाद्यान उत्पादन में महत्वपूर्ण आविष्कार तथा क्रांतिकारी सुधारों के फलस्वरूप आशातीत तेजी आई (ख) परिवार नियोजन

के कृत्रिम, सुरक्षित तथा बेहतर तरीकों का उपयोग होने लगा तथा (ग) उच्च रहन-सहन के स्तर ने स्वयं ही जन्मदर को कम कर दिया।

इसके अतिरिक्त, एक स्वतंत्र चर के रूप में भी जनसंख्या वृद्धि विशेष परिस्थितियों के अंतर्गत एक विकसित अर्थव्यवस्था के आर्थिक विकास में सहायक हो सकती हैं। आर्थिक जनसंख्या का मतलब है, ज्यादा खपत, ज्यादा रोजगार, बड़ा बाज़ार और आर्थिक उत्पादन और ये सब आर्थिक विकास में सहायक हो सकते हैं। अध्ययनों से यह मालूम पड़ता है कि प्राकृतिक और भौतिक संसाधनों की अपेक्षा मानव संसाधन दीर्घकालीन वृद्धि में, अधिक योगदान दे सकते हैं, क्योंकि उत्पादन-वृद्धि में वैज्ञानिक ज्ञान और तकनीकी कौशल का महत्त्व बढ़ता जा रहा है। पहले स्थिति यह नहीं थी। तेजी से बढ़ती आबादी में युवा वर्ग को पुरानी पीढ़ी की तुलना में अधिक कुशल और दक्ष बनाया जा सकता है और उन्हें बेहतर मानव पूंजी के रूप में प्रशिक्षित किया जा सकता है। माल्थस का सिद्धांत एक विशिष्ठ अनुभव पर आधारित है, अकारण और जल्दबाजी में किया गए सामान्यीकरण का परिणाम था और इसलिए तार्किक दृष्टि से यह अमान्य है। लेकिन यदि उत्पादन के तरीकों में सुधार न किए जाए तो एक स्थिति के बाद जनसंख्या के बढ़ने के कारण, आय वृद्धि की दर ही नहीं, बल्कि औसत आय भी कम हो जाती है।

असमानता और गरीबी

जहां तक असमानता और गरीबी का संबंध है, वे जनसंख्या-आधिक्य के परिणाम से कहीं अधिक सामाजिक संरचना के लक्षण हैं। इसलिए इस बात पर जोर दिया जाना चाहिए कि न तो अकेले जनसंख्या नियंत्रण और न ही अकेले आर्थिक विकास, असमानता और गरीबी की समस्या का हल कर सकेंगे। इसके लिए हमें जनसंख्या नियोजन की नीति और आर्थिक विकास के साथ-साथ सामाजिक रूपांतरण की एक उपयुक्त नीति भी अपनानी होगी। इस तथ्य को ध्यान में रखकर कुछ विद्वानों का यह कहना है कि कुल मिलाकर लोग इसलिए गरीब नहीं हैं कि उनके परिवार बड़े हैं बल्कि गरीब लोगों के परिवार गरीबी के कारण बड़े हैं, यद्यपि यह बात भी हमेशा सच नहीं होती।

जनसंख्या : आश्रित चर

आर्थिक विकास से स्वयं ऐसी शक्तियों उत्पन्न होंगी जो जनसंख्या के बढ़ने की दर में कमी करने की प्रेरणा देगी। इस धारणा से यह संदेश मिलता है कि किसी विकासशील राष्ट्र में जनसंख्या नियंत्रण की कोई भी स्वतंत्र नीति अनावश्यक और फिजूल खर्च वाली होगी। लेकिन ऊपर के दृष्टिकोण में सबसे बड़ी कमी यह है कि उसमें यह मानकर चला जाता है कि किसी विकासशील राष्ट्र की तेजी से बढ़ती हुई जनसंख्या को पूरी तरह प्रशिक्षित करके उसका पूर्ण उपयोग किया जाएगा। फिर भी यदि हम किसी विकासशील राष्ट्र की वास्तविक मौजूदा स्थिति को देखें तो पाएंगे कि थोड़े समय में इस प्रकार की संभावना को सफल बना पाना या उसे साकार रूप दे पाना बहुत कठिन हैं। आर्थिक विकास काफी समय लेता है और कोई विकासशील राष्ट्र ऐसी दूरगामी संभावना के भरोसे बैठा नहीं रह सकता है।

परिवार का आकार तथा भू-संपत्ति

भारत में यह देखा गया है कि गांवों में बड़ी जोतों वाले परिवारों का आकार भी बड़ा होता है। ऐसा इसलिए है क्योंकि भारत में संयुक्त परिवार की परंपरा अब भी कायम हैं। इसका कारण यह भी है कि जब अपेक्षाकृत बड़ी जोते होती हैं तथा उन पर खेती स्वयं परिवार के सदस्यों द्वारा की जाती हैं तब उनमें अधिक श्रम की आवश्यकता होती है। आमतौर पर वे परिवार की भू-संपत्ति का बंटवारा नहीं करना चाहते क्योंकि अधिक भू-संपत्ति से उन्हें गांव में ऊंचा दर्जा और हैसियत मिलती है। अत: परिवार के खेतों में खेती करने के लिए ऐसे बढ़े परिवार में विश्वास रखते हैं। इससे उन्हें वह जनशक्ति प्राप्त होती है जो उन्हें गांव की वर्तमान सामाजिक और आर्थिक व्यवस्था में भी सहायक होती हैं।

जनसंख्या तथा विकास के बीच दुतरफा संबंध

जनसंख्या और अर्थिक विकास के परस्पर संबंध को बिल्कुल साफ-साफ बता पाना बहुत कठिन है। फिर भी यह सत्य है कि दोनों एक-दूसरे को प्रभावित करते हैं। आर्थिक विकास का जनसंख्या वृद्धि पर प्रभाव पड़ता है और जनसंख्या वृद्धि का आर्थिक विकास पर। इस तरह इन दोनों के बीच पारस्परिक या दुतरफा संबंध हैं। यह दृष्टिकोण वास्तविकता के अधिक निकट है। विश्व जनसंख्या कार्य योजना से भी इस मत का समर्थन हुआ है।

इस दृष्टिकोण के अन्तर्गत जनसंख्या नियोजन तथा विकास नियोजन के एकीकरण की आवश्यकता पर बल दिया जाता है। इसका अर्थ यह हुआ कि जनसंख्या और विकास परस्पर एक दूसरे के साथ अनुकूल स्थिति में हो। इस दृष्टि कोण से जनसंख्या वृद्धि विकास में सहायक होती हैं या अवरोधी, यह कई कारणों पर निर्भर करता है।

निश्चित संख्यात्मक संबंध नहीं

जनसंख्या और आर्थिक विकास का परस्पर घनिष्ठ संबंध है। वे एक दूसरे पर गहरा प्रभाव डालते हैं। उनके बीच का संबंध निश्चित संख्यात्मक प्रकार का नहीं है। उनका एक दूसरे पर प्रभाव अलग-अलग देशों में कम या ज्यादा होता है। यह अंशत:

सांस्कृतिक, धार्मिक कारकों पर भी निर्भर करता है, जैसे कहीं-कहीं परिवार नियोजन वर्जित है। जनसंख्या और आर्थिक विकास का यह दुतरफा संबंध पश्चिमी देशों के आर्थिक विकास में जनसंख्या संबंधी उनके अनुभवों से स्पष्ट होता है।

जनांकिकीय परिवर्तन

जनांकिकीय संक्रमण से जनसंख्या तथा आर्थिक विकास का संबंध स्पष्ट होता है। इसका स्पष्टीकरण आर्थिक विकास के दौरान होता है। आज के पश्चिमी देश उस स्थिति को पारकर आए हैं जब जन्म और मृत्यु दर दोनों ही अधिक थीं और जिसके फलस्वरूप जनसंख्या वृद्धि दर कम रहती थी। अब वे ऐसी स्थिति में आ गए हैं जिसमें जन्म और मृत्यु दर दोनों ही कम है और इसके कारण जनसंख्या वृद्धि की दर कम है। जनसंख्या संबंधी इस परिवर्तन को जनांकिकीय संक्रमण कहते हैं। दूसरे शब्दों में जनांकिकीय संक्रमण वह मार्ग बताता है जिस पर चलकर आज के विकसित देश उच्च जन्मदर व उच्च मृत्यु से निम्न दर तथा निम्न मृत्यु दर तक पहुंच पाए हैं। यह उन राष्ट्रों का अनुभव हैं जो आर्थिक और सामाजिक विकास के क्षेत्र में आधुनिकीकरण की प्रक्रिया से गुजर चुके हैं।

फिर भी यह बात ध्यान में रखनी चाहिए कि इस परिवर्तन के कारण बहुत अनिश्चित है। आर्थिक विकास और जन्म दर तथा मृत्यु दर में कमी के बीच कोई सरल, सतत और संख्यात्मक संबंध नहीं है। यह बात ध्यान देने योग्य है कि जनसंख्या की दीर्घकालीन ऐतिहासिक प्रवृति जनसंख्या वृद्धि को धीमी बनाएं रखने की होती हैं जो जन्म और मृत्यु दर के बीच संतुलन द्वारा प्राप्त किए जाता है। इसी प्रकार कुल मिलाकर किसी राष्ट्र में जनसंख्या का तेजी से बढ़ना एक अस्थाई घटना होगी।

जनांकिकीय परिवर्तन की अवस्थाएं

जनांकिकीय संक्रमण एक ऐतिहासिक प्रक्रिया है। जनसंख्या और अर्थिक विकास का परस्पर संबंध तीन अवस्थाओं में बांटा जा सकता है:

(क) पहली अवस्था की विशेषता लगभग स्थिर जनसंख्या की है जिसमें जन्मदर और मृत्यु दर दोनों ही अधिक हो। ऐसे समाज की अर्थ व्यवस्था कृषि प्रधान होती हैं, उसका संगठन परंपरागत होता है और उसमें औद्योगीकरण नहीं हुआ होता है। ऐसे समाज में चिरकालिक कुपोषण, अकाल तथा महामारी, चिकत्सा और स्वास्थ्य सेवाओं का निम्नस्तर तथा निम्न जीवन स्तर के कारण मृत्यु दर ज्यादा होती है। और उच्च जन्म दर की वजह सामाजिक सांस्कृतिक व्यवस्थाएं हैं (अर्थात निरक्षरता, बाल-विवाह, परंपरागत मूल्य, धार्मिक मान्यताएं, पारिवारिक श्रम की आवश्यकता आदि) उच्च जन्मदर और उच्च मृत्युदर में अंतर बहुत कम होता है जिसके फलस्वरूप जनसंख्या की वार्षिक वृद्धि दर एक प्रतिशत या उससे भी कम होती है। कभी-कभी यह किसी खास स्तर पर बिल्कुल ठहर सी जाती है। जनांकिकीय संक्रमण की पहली अवस्था में देश आर्थिक दृष्टि से पिछड़ा हुआ होता है और उसकी प्रति व्यक्ति आय बहुत कम होती है। आर्थिक पिछड़ेपन के कारण जनसंख्या का एक बड़ा भाग जीवन-निर्वाह की न्यूनतम आवश्यक वस्तुएं भी प्राप्त नहीं कर पाता है। इसलिए ऐसे देशों में व्यापक स्तर पर गरीबी होती है।

(ख) जनांकिकीय की दूसरी अवस्था में आर्थिक विकास की प्रक्रिया शुरू हो जाने से और बेहतर पोषण और बेहतर जीवन दशा के कारण मृत्यु दर में कमी आने लगती है, जबकि जन्म दर ऊंची ही बनी रहती है। फलस्वरूप, वास्तविक जनसंख्या के बढ़ने की दर बढ़ती है जिससे जनसंख्या में तीव्र वृद्धि होती है। आज भारत इसी अवस्था से गुजर रहा है।

(ग) तीसरी अवस्था में जबकि देश की अर्थव्यवस्था पर्याप्त रूप से विकसित हो जाती है, पहले से ही निम्न मृत्यु दर में नाममात्र की और कमी होती है। जबकि उसकी तुलना में जन्म दर में काफी तेजी से कमी आती है। तथापि जन्म दर, मृत्यु दर से थोड़ी ऊंची बनी रहती है। निम्न जन्म दर निम्न मृत्यु दर में अब स्थिरीकरण आ चुका होता है। जिसके फलस्वरूप जनंसख्या के बढ़ने की दर कम हो जाती है। इस प्रकार, आर्थिक विकास की निरंतर प्रक्रिया और प्रति व्यक्ति आय में वृद्धि के साथ-साथ जनसंख्या वृद्धि की दर धीमी पड़ जाती है।

विकासशील देशों की जनांकिकीय विशेषताएं

मौजूदा उच्च जनसंख्या वृद्धि दर विकास के मार्ग में एक बड़ी बाधा है। यहां विकास के संबंध में जनसंख्या का स्वतंत्र स्वरूप बड़ा महत्वपूर्ण हो जाता है। आज के विकासशील राष्ट्रों की जनसंख्या वृद्धि से संबंधित निम्नलिखित दो विशेषताएं हैं:

(क) जनसंख्या के बढ़ने की उच्चदर और

(ख) जन शक्ति के उपयोग के अपर्याप्त अवसर।

उच्च जनसंख्या वृद्धि दर का कारण उच्च जन्म दर है तथा तेजी से गिरती हुई मृत्यु का कारण बेहतर स्वास्थ्य रक्षा और चिकित्सा सुविधाएं हैं। आज के विकासशील देशों को यह लाभ है कि स्वास्थय संबंधी ज्ञान के क्षेत्रों में जो बढ़ोत्तरी हुई है उसकी सुविधा उन्हें उपलब्ध है। दूसरी ओर लगातार बढ़ती हुई जनशक्ति की तुलना में उन्हें काम में लगने की क्षमता बहुत कम है। इसके अलावा आधुनिक प्रौद्योगिक परिस्थितियों में आर्थिक विकास की प्रवृत्ति पूंजी प्रधान होने की ओर अधिक होती है। इसलिए इसमें रोजगार

के अवसर पैदा करने की क्षमता कम होती है। विकास कार्य शुरू करने के समय से ही जनसंख्या काफी ज्यादा होती है, इसलिए जनांकिकीय संक्रमण की ओर अग्रसर होना आवश्यक हो जाता है।(उच्च जन्मदर से निम्न जन्म दर ताकि जनसंख्या में वृद्धि हों)।

भारत की जनगणना-2011

केन्द्रीय गृह सचिव जी. के. पिल्लई ने 31 मार्च, 2011 को भारत को जनगणना-2011 के शुरूआती आंकड़े जारी किए। इस अवसर पर उनके साथ देश के महापंजीयक व जनगणना आयुक्त सी. चंद्रमौली भी उपस्थित थे। भारत की जनगणना-2011 वर्ष 1872 के बाद से इस अबाध श्रृंखला में पंद्रहवीं और स्वतंत्रता प्राप्ति के पश्चात् सातवीं जनगणना थी। इस अति महत्वपूर्ण राष्ट्रीय अभियान पर लगभग 2200 करोड़ रुपए खर्च हुए। दो चरणों में पूर्ण हुई इस जनगणना का पहला चरण अप्रैल से सितम्बर, 2010 के बीच, जबकि दूसरा चरण 9 से 28 फरवरी, 2011 के बीच पूरा हुआ। भारत की जनगणना-2011 का शुभंकर (Mascot) एक 'प्रगणक शिक्षिका' को बनाया गया था। इस जनगणना का स्लोगन था– **'हमारी जनसंख्या हमारा भविष्य'**। जनगणना के शुरूआती आंकड़ों के अनुसार भारत की कुल जनसंख्या 1 मार्च, 2011 को 1,21,01,93,422 है, जो अमेरिका, इंडोनेशिया, ब्राजील, पाकिस्तान, बांग्लादेश और जापान की कुल सम्मिलित जनसंख्या के बराबर है। यह विश्व की कुल जनसंख्या का 17.5 प्रतिशत है। जनगणना-2011 के शुरूआती आंकड़ों का सबसे उल्लेखनीय पक्ष यह है कि इसमें पिछले दशक (1991-2001) के मुकाबले जनसंख्या की वृद्धि में गिरावट दर्ज की गई है। जहाँ 1991-2001 के दौरान भारत की जनसंख्या में 21.15 प्रतिशत की वृद्धि हुई थी, वहाँ 2001-11 के दौरान यह दशकीय वृद्धि मात्र 17.64 प्रतिशत रह गई है। 2001-11 के दौरान भारत की जनसंख्या में ब्राजील की जनसंख्या के बराबर वृद्धि हुई है। भारत की जनसंख्या - 2011 के शुरूआती आंकड़ों की कुछ अन्य प्रमुख बातें निम्नलिखित हैं–

- दुनिया के सबसे ज्यादा आबादी वाले देश चीन और भारत के बीच का फासला भी घटा है। 2001 में 23.8 करोड़ था जो 2011 में 13 करोड़ हो गया।
- देश में महिलाओं की कुल आबादी 58 करोड़ 65 है।
- पुरुषों की कुल आबादी 62 करोड़ 37 लाख है।
- बीते दस वर्षों में भारत की जनसंख्या में 17.64 प्रतिशत बढ़ोतरी हुई।
- 2001-2011 के दौरान कुल जनसंख्या में 18 करोड़ का इजाफा हुआ है।
- पुरुषों की आबादी में 17 प्रतिशत और महिलाओं की आबादी में 18 प्रतिशत की बढ़ोतरी हुई है।
- 6 साल तक के बच्चों की संख्या घटी है।
- पुरुषों के मुकाबले महिलाओं की साक्षरता दर बढ़ने का भी संकेत है।
- 15वीं जनसंख्या के प्रारंभिक आंकड़ों के मुताबिक पिछले दस वर्षों में भारत का कुल लिंगानुपात 933 से बढ़कर 940 हो गया, जो वर्ष 1961 के बाद सर्वाधिक है। लेकिन बच्चों का लिंगानुपात 927 से घटकर 914 हो गया है। ये अनुपात आजाद भारत का सबसे निचला स्तर है।
- 28 राज्यों और 7 केन्द्र शासित प्रदेशों में लिंगानुपात सुधरा है, लेकिन बिहार, गुजरात और जम्मू-कश्मीर में इसमें गिरावट आई है।
- भारत की जन्म दर में गिरावट आई है। कुल जनसंख्या के मुकाबले बच्चों की जनसंख्या (0-6 वर्ष की आयु) का अनुपात 2001 में 15.9 प्रतिशत से गिरकर 2011 में 13.1 प्रतिशत हो गया है, जो भारत में घटती उर्वरता (Fertility) का सूचक है।
- नगालैंड देश का एकमात्र राज्य है, जिसकी जनसंख्या में कमी आई है।
- मुंबई के नजदीक का ठाणे सबसे अधिक आबादी वाला जिला उभरकर सामने आया है।
- हरियाणा और चंडीगढ़ में कम से कम 110 वर्षों में सबसे बेहतर महिला अनुपात दर्ज किया गया है, जो क्रमश: 877 और 818 पर है। लेकिन यह अब भी देश में सबसे बदतर है, जो इस बात का संकेत है कि भ्रूण हत्याएं अब भी जारी हैं।
- दमन और दीव में बच्चियों के जन्म में भारी कमी दर्ज की गई है, जो 1991 में 969 से गिरकर 2011 में 18 महिलाएं प्रति हजार हो गई है।
- पहली जनगणना में कुल 14 सवाल पूछे गए थे। वर्ष 2011 की जनगणना में 29 सवाल पूछे गए।
- इस बार की जनगणना में 7 हजार शहर और 6 लाख गांवों में लोगों की गिनती की गई।
- 2011 की जनगणना में कुछ नए सवाल जोड़े गए। मसलन-कम्प्यूटर/लैपटॉप की उपलब्धता और इंटरनेट

सुविधा। खाना बनाने के लिए ईंधन के रूप में एलपीजी (LPG) को शामिल किया गया।

- पहली बार किन्नरों को अन्य श्रेणी में शामिल किया गया। उन्हें न तो महिला ओर न ही पुरुष श्रेणी में रखा गया।
- सेक्स वर्करों को पहली बार जनगणना में भिखारी की बजाय एक वर्ग नाम दिया गया।
- देश के कुछ जनजातियों की जनगणना रात में की जाती है क्योंकि दिन में उनका एक ठिकाना नहीं होता।
- अंडमान निकोबार द्वीप समूह जैसे इलाकों में कुछ ऐसी जनजाति है जो इंसानों से मेलजोल नहीं रखती और उनसे सम्पर्क भी प्रतिबंधित है। इनकी जनगणना के लिए द्वीपों के चारो तरफ नाव के जरिए कमल और नारियल जैसे सामान भेजे जाते हैं। उनसे आकर्षित होकर जब वे पानी की तरफ आते हैं तभी जनगणना होती है।
- साल 2030 में भारत की आबादी 1 अरब 40 करोड़ के पार होगी व भारत चीन से आगे होगा।

जनसंख्या का राज्यवार वितरण

क्र. सं.	*भारत/राज्य/केन्द्र शासित क्षेत्र*	*जनसंख्या 2011*	*दशक में प्रतिशत वृद्धि (2001-2011)*
	भारत*	**1,210,193,422**	**17.64**
1.	जम्मू कश्मीर	12,548,926	23.71
2.	हिमाचल प्रदेश	6,856,509	12.81
3.	पंजाब	27,704,236	13.73
4.	चंडीगढ़	1,054,686	17.10
5.	उत्तराखंड	10,116,752	19.17
6.	हरियाणा	25,353,081	19.90
7.	दिल्ली	16,753,235	20.96
8.	राजस्थान	68,621,012	21.44
9.	उत्तर प्रदेश	199,581,477	20.09
10.	बिहार	103,804,637	25.07
11.	सिक्किम	607,688	12.36
12.	अरुणाचल प्रदेश	1,382,611	25.92
13.	नगालैंड	1,980,602	–0.47
14.	मणिपुर	2,721,756	18.65
15.	मिजोरम	1,091,014	22.78
16.	त्रिपुरा	3,671,032	14.75
17.	मेघालय	2,964,007	27.82
18.	असम	31,169,272	16.93
19.	प.बंगाल	91,347,736	13.93
20.	झारखंड	32,966,238	22.34
21.	उड़ीसा	41,947,358	13.97
22.	छत्तीसगढ़	25,540,196	22.59
23.	मध्य प्रदेश	72,597,565	20.30
24.	गुजरात	60,383,628	19.17
25.	दमन और दीव	242,911	53.54
26.	दादरा एवं नगर हवेली	342,853	55.50
27.	महाराष्ट्र	112,372,972	15.99
28.	आंध्र प्रदेश	84,665,533	11.10
29.	कर्नाटक	61,130,704	15.67
30.	गोवा	1,457,723	8.17
31.	लक्षद्वीप	64,429	6.23
32.	केरल	33,387,677	4.86
33.	तमिलनाडु	72,138,958	15.60
34.	पुडुचेरी	1,244,464	27.72
35.	अंडमान एवं निकोबार द्वीप समूह	379,944	6.68

स्रोत: जनगणना रिपोर्ट : 2011

राज्यों और केंद्रशासित प्रदेशों की सघनता

भारत/राज्य/केन्द्र शासित क्षेत्र	सघनता (प्रति वर्ग कि.मी) 2011
दिल्ली	11,297
चंडीगढ़	9,252
पुडुचेरी	2,598
लक्षद्वीप	2,013
दमन और दीव	2,169
पश्चिम बंगाल	1,029
बिहार	1,102
केरल	859
उत्तर प्रदेश	828

पंजाब	550
तमिलनाडु	555
हरियाणा	573
दादरा और नगर हवेली	698
गोवा	394
असम	397
झारखंड	414
महाराष्ट्र	365
त्रिपुरा	350
आंध्र प्रदेश	308
कर्नाटक	319
गुजरात	308
उड़ीसा	269
मध्य प्रदेश	236
राजस्थान	201
उत्तराखंड	189
छत्तीसगढ़	189
नगालैंड	119
हिमाचल प्रदेश	123
मणिपुर	122
मेघालय	132
जम्मू और कश्मीर	124
सिक्किम	86
अंडमान और निकोबार द्वीप समूह	46
मिजोरम	52
अरुणाचल प्रदेश	17

जन्म दर अधिक होने के कारण

(1) प्राकृतिक कारण—भारत की जन्म दर अधिक होने का एक मुख्य कारण यह है कि भारत की जलवायु ऊष्ण है। गर्म जलवायु से स्त्रियां कम आयु में ही तरूणावस्था को प्राप्त कर लेती हैं। वे 14 से 15 वर्ष की आयु में ही मां बनने के योग्य हो जाती हैं। इस कारण भारत में एक स्त्री औसत 6 या 7 बच्चों को जन्म देती है जबकि जापान में 5 तथा अमेरिका में 3 बच्चों को जन्म देती है। हालांकि अब भारत में भी जनसंख्या नियंत्रण की प्रवृत्ति में तेजी आई है।

(2) कृषि व्यवस्था—भारत का मुख्य व्यवसाय कृषि है। कृषि क्षेत्र में बच्चों को भी कोई न कोई काम मिल जाता है। अत: वे अपना परिवार पर भार सिद्ध नहीं होते। अत: भारतीय किसान बड़े किसान बड़े परिवार को भी बुरा नहीं मानते। इसके विपरीत उद्योगों में एक तो बच्चों को काम कम मिलता है। दूसरे औद्योगिक स्थानों पर श्रमिकों को मकान आदि की समस्या रहती है। अत: औद्योगिक श्रमिक अपने परिवार को छोटा रखने के पक्ष में होते हैं।

(3) ग्रामों की प्रधानता—भारत की लगभग 68.84 प्रतिशत जनसंख्या गांवों में तथा 31.16 प्रतिशत शहरों में रहती है। इसके विपरीत इंग्लैंड की जनसंख्या का 80 प्रतिशत तथा फ्रांस की जनसंख्या का 52 प्रतिशत भाग शहरों में रहता है। शहरों में मकानों की समस्या, बच्चों के महंगे पालन-पोषण तथा संयुक्त परिवार के टूटने के कारण जन्म दर कम होती है। इसके विपरीत गांवों में बच्चों का पालन-पोषण अधिक मंहगा न होने के कारण जन्म दर अधिक होती है।

(4) प्रति व्यक्ति आय में प्रारंभिक वृद्धि—हार्वे लेविस्टाइन के अनुसार जब किसी अल्पविकसित देश ने आर्थिक विकास की प्रारंभिक दशा में प्रति व्यक्ति आय में वृद्धि होती है तो लोग अपने जीवन स्तर में सुधार की अपेक्षा परिवार में वृद्धि करने लगते हैं। यही कारण है कि आर्थिक विकास की प्रारंभिक अवस्था में भारत की मृत्यु दर तो कम हो रही है परंतु जन्म दर में कमी नहीं हो पा रही है।

(5) विवाह की व्यापकता—भारत में विवाह एक सामाजिक कर्तव्य समझा जाता है। अविवाहित व्यक्ति को संदेह की दृष्टि से देखा जाता है। इसलिए प्रत्येक व्यक्ति विवाह करना चाहता है। अत: जन्म दर अधिक हो जाती है।

(6) बाल विवाह—भारत में विवाह जल्दी कर दिए जाते हैं। बहुत सी लड़कियों की शादी 15 से 20 वर्ष तक की आयु में ही कर दी जाती है। इसलिए स्त्रियों की बच्चे उत्पन्न करने की अवधि लंबी हो जाती है। यद्यपि अब इस स्थिति में गिरावट आई है। यूरोप तथा अमेरिका के देशों में 30 वर्ष की अविवाहित स्त्रियां क्रमश: 41 प्रतिशत तथा 23 प्रतिशत है।

(7) धार्मिक विचार—भारत में प्रचलित धार्मिक विचार अधिक संतान उत्पन्न करने को प्रोत्साहन देते हैं। हिंदुओं में पुत्र होना आवश्यक माना जाता है। जिससे उनका वंश चल सके तथा मृत्यु के बाद उन्हें पिंड दान दिया जा सके, वे स्वर्ग में जा सकें। अत: कई लड़कियां होने के बाद भी पुत्र प्राप्ति की आशा से लोग संतान उत्पन्न करते जाते हैं।

(8) सामाजिक विचार—भारत में सामाजिक विचारधारा भी संतानोत्पत्ति को प्रोत्साहन देती है जिस स्त्री के संतान नहीं होती उसे तुच्छ दृष्टि से देखा जाता है। ऐसी स्त्रियों के पति दूसरा विवाह कर लेते हैं, इसलिए स्त्रियां संतान प्राप्ति के लिए इच्छुक तथा प्रत्यनशील रहती है।

(9) निरक्षरता—देश की लगभग 25 प्रतिशत जनसंख्या अशिक्षित है। लोगों को परिवार नियोजन के महत्त्व पता नहीं होता। वे संतान पैदा करना एक स्वाभाविक कार्य मानते हैं। उनमें ऊंचे जीवन स्तर की कोई इच्छा नहीं होती। इसलिए वे परिवार को छोटा रखने की आवश्यकता को महसूस ही नहीं करते।

(10) भाग्यवाद—भारत में अधिकतर लोग भाग्यवादी हैं। वे बच्चों को भगवान की देन मानते हैं तथा संतान निरोधक उपायों में विश्वास नहीं करते।

(11) निर्धनता—निर्धनता भी जन्म दर बढ़ाने में सहायक सिद्ध होती है। निर्धनों को एक तो बच्चों के पालन-पोषण पर बहुत कम खर्च करना पड़ता है तथा दूसरे उनके बच्चे अल्पायु में भी छोटा-मोटा काम करके कुछ न कुछ कमाने लगते हैं। इसलिए वे अधिक बच्चों के जन्म को बुरा नहीं मानते। **गुन्नार मिर्डल** के अनुसार निर्धन समाज के बच्चे परिवार विशेष पर अधिक भार नहीं होते। इसके विपरीत वे परिवार के सामाजिक सुरक्षा का एकमात्र साधन होते हैं।

(12) सयुंक्त परिवार प्रणाली—भारत में प्रचलित सयुंक्त परिवार प्रणाली भी जन्म दर के अधिक होने का कारण है। इसमें संतान उत्पन्न करने से पहले यह नहीं सोचा जाता है कि उसका पालन-पोषण कैसे होगा क्योंकि संयुक्त परिवार के साधन उसके पालन-पोषण के लिए मिल जाते हैं।

(13) मनोरंजन सुविधाओं की कमी—भारत में लोगों के निर्धन होने के कारण उन्हें मनोरंजन की सुविधाएं बहुत कम मिलती। अधिकतर लोगों के लिए मनोरंजन का साधन यौन संबंध ही होता है। इसके फलस्वरूप जन्म दर बढ़ती है।

(14) ऊंची मृत्यु दर—भारत में शिशु मृत्यु दर बहुत ऊंची है। यहां के लोगों को इस बात पर विश्वास नहीं होता कि अंत तक बच्चे जीवित रहेंगे। इसलिए वह मृत्यु के जोखिम के विरुद्ध एक प्रकार का बीमा करने के लिए अधिक बच्चे उत्पन्न करते हैं।

(15) आंशिक परिवार नियोजन—भारत के अधिकतर लोग निर्धन तथा अज्ञानता के कारण पश्चिमी देशों के लोगों की भांति संतान निरोधक का प्रयोग करके परिवार नियोजन नहीं करते। इस कारण भी जन्म दर बढ़ती है।

(16) विधवा विवाह—भारत में भी आजकल हिंदुओं में भी विधवा विवाह अधिक होने लगे हैं। इनमें भी जन्म दर बढ़ी है।

(17) स्त्रियों की निम्न सामाजिक स्थिति—भारत में स्त्रियों की स्थिति काफी निम्न है। उन्हें केवल संतान पैदा करने का साधन समझा जाता है। स्त्रियों की इज्जत उनके बच्चों की संख्या से होती है। वे स्वतंत्र भी नहीं होती तथा पति को प्रसन्न करना ही उनका धर्म समझा जाता है। इससे भी जन्म दर बढ़ती है।

(18) साम्प्रदायिक विचार—भारत में साम्प्रदायिकता बहुत अधिक है। बहुत सी जातियां यह चाहती हैं कि उनकी संख्या बढ़े। ऐसा करने के लिए जन्म दर बढ़ाने को प्रोत्साहन देती है। इस कारण भी जन्म दर बढ़ती है।

(19) कुल प्रजनन दर—इसका अर्थ है कि एक स्त्री अपने जीवन में औसतन कितने बच्चों को जन्म देती है। स्वतंत्रता के बाद कुछ दशक तक प्रजनन दर अधिक थी लेकिन अब इसमें गिरावट आई है।

(20) औसत आयु में वृद्धि—स्वास्थ्य सुविधाओं के विस्तार से भारत में लोगों के औसत जीवन काल में वृद्धि हुई है।

डॉ. चन्द्रशेखर का कहना है कि ऊंची जन्म दर हमारी संस्कृति का अंग है। जब स्वेच्छा से अथवा परिस्थितियों के दबाव से समाज की भौतिक भावना बदलेगी तभी भारत में जन्म दर घटेगी।

मृत्यु दर में पहले से कमी होने के कारण

भारत में मृत्यु में निम्नलिखित कारणों से काफी कमी हो गई है—

(1) महामारी में कमी—भारत में हैजा, प्लेग, चेचक, मलेरिया आदि महामारियों के उन्मूलन को बहुत अधिक महत्व दिया गया। इन बीमारियों के उन्मूलन से मृत्यु दर काफी कम हो गई।

(2) जनसंख्या का नगरों में बसना—जनसंख्या नगरों में अधिक रहने लगी है। 1911में केवल 10.3 प्रतिशत जनसंख्या शहरों में रहती थी, 1991 में 26 प्रतिशत जनसंख्या शहरों रहने लगी। 2011 में लगभग 32 प्रतिशत जनसंख्या शहरों में रह रही है। शहरों में चिकित्सा, सफाई का प्रबंध गांवों से अधिक होता है, इसलिए मृत्यु दर कम होने लगी है।

(3) देरी से विवाह—भारत में कानून बनने तथा शिक्षा प्रसार के कारण विवाह देर से किए जाने लगे हैं। इससे बच्चों तथा स्त्रियों की मृत्यु दर कम हो गई है। भारत में पुरुषों की शादी के लिए औसत आयु 21 वर्ष तथा स्त्रियों के लिए 18 वर्ष है।

(4) चिकित्सा सुविधाओं में वृद्धि—भारत में चिकित्सा की सुविधाएं भी पहले से काफी बढ़ गई हैं। स्वतंत्रता के बाद स्वास्थ्य सेवाओं का तेजी से विस्तार हुआ है। नए-नए खोज एवं

अनुसंधान से भी स्वास्थ्य सेवाओं में गुणात्मक सुधार हुआ है। निशुल्क चिकित्सा की काफी सुविधाएं प्रदान की जा रही है। पैन्सलीन, स्ट्रेप्टोमाईसन आदि दवाओं के अविष्कार के कारण भी रोगों से बचने में बड़ी सहायता मिली है।

(5) प्रसूति सुविधाएं—देश में प्रसूति-गृहों की सुविधाएं भी बढ़ गई हैं, प्रशिक्षित दाइयों तथा नर्सो की संख्या भी काफी बढ़ गई है। इसके अतिरिक्त नौकरी करने वाली स्त्रियों को अधिक छुट्टियां मिलने लगी है जिससे गर्भावस्था में अधिक काम नहीं करना पड़ता।

(6) अकालों पर नियंत्रण—स्वतंत्रता के बाद कृषि क्षेत्र के लिए सिंचाई के साधनों का तेजी से विस्तार हुआ है। फलत: आनाज उत्पादन में वृद्धि हुई है। अत: अकाल के कारण होने वाली मृत्यु दर कम हो गई है।

(7) सामाजिक कुरीतियां—भारत में शिक्षा का प्रचार बढ़ने से कई सामाजिक कुरीतियों जैसे पर्दा प्रथा, बच्चों को अफीम खिलाना, जादू टोना का प्रचार कम हो गया। इसके फलस्वरूप भी मृत्यु दर कम हो गई है।

(8) शिक्षा का प्रचार—भारत में स्त्रियों में शिक्षा का प्रसार पहले काफी अधिक हो गया है। शिक्षित स्त्रियां अपने बच्चों का पालन-पोषण अधिक वैज्ञानिक तथा स्वास्थ्यप्रद ढंग से करती है। इससे मृत्यु दर कम होने में काफी सहायता मिली है। स्त्रियों को रोजगार मिलने से उनका आर्थिक स्तर विकसित हो गया है। वे अपने स्वास्थ्य का भी ध्यान करने लगी हैं।

(9) संतुलित भोजन—अब लोगों को अधिक पौष्टिक तथा संतुलित भोजन प्राप्त होने लगा है। सरकार इस ओर विशेष ध्यान देती रही है। इससे मृत्यु दर कम होने काफी सहायता मिलती है।

(10) आदतों में परिवर्तन—लोगों की आदतों में काफी परिवर्तन होने लगा है। वे सफाई तथा स्वास्थ्य पर पहले से अधिक ध्यान देने लगे हैं। इन सब कारणों से मृत्यु दर कम हो गई है।

संक्षेप में, भारत में मृत्यु दर में होने वाली कमी जन्म दर में होने वाली कमी की अपेक्षा काफी अधिक हुई थीं। 2001 में जनसंख्या की वार्षिक वृद्धि दर 1.97 प्रतिशत थी जो 2011 में 1.64 हो गई। इस तरह जनसंख्या वृद्धि दर में कमी तो आई है लेकिन अभी भी बहुत कुछ करना वाकी है।

जनसंख्या और विकास

जनसंख्या वृद्धि संबंधित आशावादी दृष्टिकोण विकसित देशों में अवश्य लागू किया जा सकता है। किंतु अल्पविकसित देशों में जनसंख्या वृद्धि का निराशावादी तथा नकारात्मक दृष्टिकोण अपनाया जाता है। इस दृष्टिकोण को व्यक्त करने का प्रयास **प्रो.एच.डब्ल्यू. सिंगार** तथा **प्रो. विल्लार्ड** आदि प्रमुख विद्वानों ने किया है। इनका मत है कि जनसंख्या वृद्धि वर्तमान समय में आर्थिक विकास में सबसे बड़ी बाधा है। **प्रो. सिंगार** के अनुसार, ''आर्थिक विकास की दर पर जनसंख्या वृद्धि नकारात्मक अथवा ऋणात्मक प्रभाव डालती है।'' उन्होंने आर्थिक विकास की दर को शुद्ध बचतों की दर तथा नए निवेशों की उत्पादकता की वृद्धि दरों पर जनसंख्या वृद्धि की दर के ऋणात्मक प्रभावों को निम्न सूत्र द्वारा समझाया जा सकता है।

$$D = SP - r$$

जहां D = आर्थिक विकास की दर, S = बचत आय अनुपात, P = नए निवेशों की उत्पादकता तथा r = जनसंख्या में रुकावट की दर इस सूत्र में r ऋणात्मक तत्व के रूप में आर्थिक विकास में रूकावट पैदा करता है।

प्रो. विल्लार्ड का मत है कि अल्पविकसित देशों की मूल परिस्थितियों का अवलोकन किए बिना कोई निष्कर्ष निकालना उचित न होगा। जैसा कि **प्रो. लुईस** ने भी अनुभव किया है कि, ''यह संभव है कि उत्पादन बढ़ रहा हो और जनता गरीब हो जाए।'' इसका मूल कारण यह है कि जनसंख्या और अप्रत्यशित वृद्धि होना। **प्रो. विल्लार्ड** का मत है कि जो अर्थशास्त्री जनसंख्या वृद्धि को आर्थिक विकास **के साधक के रूप** में मानते हैं उन्होंने अल्प विकसित देशों की परिस्थितियों का उचित मूल्यांकन नहीं किया।

जनसंख्या वृद्धि आर्थिक विकास में तभी सहायक हो सकती है जबकि सामाजिक अभिरुचियां तथा मानव मूल्यों आर्थिक विकास के अनुकूल हो अल्पविकसित देशों में एक ओर तो साधनों की न्यूनता है और दूसरी ओर सामाजिक दिशाएं प्रतिकूल। प्राय: यह देखा गया है कि यदि अल्पविकसित देशों में यदि जनसंख्या वृद्धि दर गिर जाए तो कुल आय वृद्धि दर तीव्र हो जाएगी। अत: अल्पविकसित देशों में जनसंख्या वृद्धि और आर्थिक विकास का मूल्यांकन सापेक्षित रूप में किया जाना चाहिए।

(1) जनसंख्या वृद्धि और उत्पादन—जनसंख्या आर्थिक विकास का साधन भी और साध्य भी है, यहि कारण है कि इसके बिना आर्थिक वस्तुओं का निर्माण जनसंख्या के प्रयासों के बिना नहीं किया जा सकता। जनसंख्या का आकार, वितरण और वृद्धि की दर आदि उत्पादन के स्तर को निर्धारित करते हैं। अर्थशास्त्र के जन्मदाता **एडम स्मिथ** ने इस संदर्भ में सत्य ही कहा है कि,

''वस्तुओं में मानवीय प्रत्यन्न एवं योग्यता अंततः सभी आर्थिक वस्तुओं एवं सेवाओं के वास्तविक स्रोत हैं।'' राष्ट्रीय उत्पादन को अधिकतम करने के लिए श्रम शक्ति भी पर्याप्त मात्रा में होनी चाहिए। देश में जनसंख्या वृद्धि राष्ट्रीय उत्पादन में तीन मुख्य रूपों से प्रभावित करती है—(क) उत्पादन के लिए पर्याप्त मात्रा में श्रम को उपलब्ध कराना। (ख) उत्पादित वस्तुओं की मांग में वृद्धि और बाजार के आकार में वृद्धि लाना (ग) परोक्ष रूप से अर्थव्यवस्था में पूंजी निर्माण को करना। परंतु स्मरण रहें कि उत्पादन वृद्धि के साथ-साथ यदि जनसंख्या में तीव्र गति से वृद्धि होती है। तो उत्पादन वृद्धि बढ़ते हुए उत्पादन को ढक लेगी और प्रति व्यक्ति राष्ट्रीय उत्पाद पर कम प्रभाव पड़ेगा।

(2) जनसंख्या वृद्धि और श्रमशक्ति नहीं होती—समस्त श्रम शक्ति जनसंख्या होती है परन्तु समस्त जनसंख्या श्रम शक्ति नहीं होती है। श्रम शक्ति कुल जनसंख्या से कार्यशील का अनुपात होती है। इसमें वस्तुतः उन लोगों को लिया जाता है जिनकी आयु 15 से 60 वर्ष के बीच में स्थिति होती है। यदि कुल जनसंख्या का अधिक प्रतिशत 15 वर्ष तक के निम्न आयु वर्ग में होती है तो श्रम शक्ति का बहुत थोड़ा सा भाग होगा । ऐसी स्थिति में उत्पादन कार्यों में भाग लेने वाले लोग अपेक्षाकृत कम होगें। यदि अल्पकाल की अवधि में जन्मदर गिरनी प्रारंभ हो जाए तो उत्पादक कार्यों के लिए उपलब्ध श्रमशक्ति की संख्या भले ही उतनी रहेगी किंतु बच्चों की संख्या कम हो जाने से राष्ट्रीय आय में वृद्धि आएगी। अल्पविकसित देशों में जन्म दर के अधिक होने और मृत्यु दर के कम होने की दशा में एक कालांतर श्रम शक्ति में वृद्धि होगी। अतः अल्पविकसित देशों के प्रारंभिक चरणों में। श्रम शक्ति में वृद्धि नहीं होती है।

(3) जनसंख्या वृद्धि और कृषि विकास—जनसंख्या में वृद्धि देश के कृषि विकास को बढ़ाने में सहायक नहीं होती है क्योंकि अल्पविकसित देशों में अधिकांश जनसंख्या कृषि कार्यों पर निर्भर होती है। भूमि की पूर्ति के पूर्णतया बेलोचदार होने के कारण भूमि-व्यक्ति अनुपात गिर जाता है तथा भूमि पर जनसंख्या का दबाव बढ़ जाता है परिणामस्वरूप प्रच्छन्न बेरोजगारी में वृद्धि होती है और प्रति व्यक्ति आय में गिरावट आती है। कम प्रति व्यक्ति आय, बचत और निवेश की प्रवृत्ति में गिरावट लाती है जिसके कारण भूमि सुधार और कृषि में यंत्रीकरण का प्रयोग नहीं किया जा सकता। कृषि अर्थव्यवस्था केवल जीवन निर्वाह के स्तर तक ही कार्य कर पाती है उधर जनसंख्या में तीव्र वृद्धि दूसरी ओर कृषि उत्पादन में कमी के फलस्वरूप देश के सामने खाद्य समस्या बनी रहती है। खाद्यानों का आयात करने के कारण भुगतान शेष की समस्या उत्पन्न होती है। इस प्रकार जनसंख्या वृद्धि कृषि विकास में बाधक नहीं वरन् अनेक कठिनाइयों को भी उत्पन्न करती हैं।

(4) जनसंख्या वृद्धि और रोजगार—जनसंख्या वृद्धि और रोजगार के संबंध में दो प्रकार के मत पाए जाते हैं। कुछ विद्वानों का मत है कि यदि जनसंख्या में वृद्धि के साथ-साथ अन्य साधनों में भी वृद्धि होती है तो देश में प्रभावपूर्ण मांग में वृद्धि होती है। प्राकृतिक संसाधनों के उचित रूप से विवोहन के लिए औद्योगिक विकास को प्रोत्साहन मिलता है और अतिरिक्त रोजगार के अवसर बढ़ते हैं। इस प्रकार जनसंख्या वृद्धि रोजगार में वृद्धि लाती है। कुछ विद्वान इस विचारधारा की कटु आलोचना करते हुए कहते हैं कि यह स्थिति काल्पनिक है। उनके अल्पविकसित देशों में जनसंख्या की मात्रा अधिक होने के कारण श्रम शक्ति को रोजगार दिला पाना कठिन होता है इस कारण अर्थव्यवस्था में खुली बेरोजगारी, अर्द्धबेरोजगारी, दुर्रोजगार तथा प्रच्छन्न बेरोजगारी की समस्याएं पाई जाती है। इस प्रकार देशों, में जनसंख्या में वृद्धि के साथ-साथ बेरोजगारी भी बढ़ती है।

(5) जनसंख्या में वृद्धि और पूंजी-निर्माण—जनसंख्या वृद्धि और पूंजी निर्माण में विपरीत संबंध पाया जाता है। जनसंख्या के तीव्र गति से बढ़ने के कारण प्रति व्यक्ति आय और उत्पादकता में कमी आती है और बचत की दर में भी गिरावट आने के कारण पूंजी निर्माण हतोत्साहित होता है। ऐसी स्थिति में व्यक्तियों की आय स्थिर रहने पर आश्रितों का भार बढ़ जाता है तथा उपभोग पर किए जाने वाला व्यय बढ़ जाता है परिणामस्वरूप बचत और निवेश में गिरावट आती है। इस तथ्य की पुष्टि प्रो.जी.एम. मायन ने भी की है। उनके अनुसार आश्रितों की अधिकता अर्थव्यवस्था के साधनों के बहुत बड़े भाग की, जो पूंजी निर्माण में गया होता है, उन आश्रितों के ऊंचे प्रतिशत के पालन पोषण के लिए आधार भूत सामाजिक सुवधिाओं की आवश्यकता को जन्म देती है जिससे बढ़ी हुई जनसंख्या के लिए शिक्षा, चिकित्सा तथा आवास-प्रवास आदि सामाजिक परिव्यय पूंजी का निर्माण उत्पादक क्रियाओं में पूंजी निवेश को हतोत्साहित करता है।

(6) जनसंख्या वृद्धि और भुगतान शेष—जनसंख्या वृद्धि के कारण घरेलू वस्तुओं की मांग में वृद्धि हो जाती है जिसके परिणाम स्वरूप निर्यात घट जाता है तथा साथ ही सरकार को बढ़ी हुई जनसंख्या के लिए खाद्य पदार्थों की बड़ी मात्रा में आयात करना पड़ता है। इस प्रकार एक और तो निर्यातों में कमी और आयातों में वृद्धि के फलस्वरूप भुगतान संतुलन की समस्या उत्पन्न हो जाती है और दूसरी ओर खाद्य पदार्थों के आयात के कारण अन्य आवश्यक पूंजीगत मशीनों तथा उपकरणों के आयात में

कमी आ जाती है जिसमें देश में नई तकनीकी का आयात नहीं किया जा सकता और देश निर्धनता के दुष्चक्र में फंसा रहता है।

(7) जनसंख्या वृद्धि और निर्धनता का दुष्चक्र— अल्पविकसित देशों में जनसंख्या वृद्धि निर्धनता के दुष्चक्र को बनाए रखने में सहायक होती है। जनसंख्या में वृद्धि के कारण समाज अपने संसाधनों का बहुत बड़ा भाग बच्चों के पालन-पोषण पर व्यय करता है जिसमें बचत एवं पूंजी निर्माण की दर निम्न होती है। पूंजी की कमी के कारण तकनीकी विकास की दर को बनाए रखना कठिन होता है। जिससे पुन: उत्पादन और आप में गिरावट आती है और लोगों के रहन-सहन का स्तर गिर जाता है फलत: उनकी उत्पादन क्षमता में गिरावट आती है। इस प्रकार एक देश निर्धनता के दुष्चक्र में घिरा रहता है

(8) जनसंख्या वृद्धि और सामाजिक समस्याएं— जनसंख्या की वृद्धि अनेक सामाजिक समस्याओं को जन्म देती है। बढ़ती हुए जनसंख्या के लिए अधिक स्कूल, अस्पताल, डाकघर, आवासीय मकान, मोटर परिवहन तथा संचार आदि की सुविधाओं को उपलब्ध कराना होता है। इन सुविधाओं पर लिए गए जनांकिकीय निवेश को बढ़ावा मिलता है जबकि आर्थिक कनवेश में कमी आती है। यही नहीं जनसंख्या वृद्धि सामाजिक मूल्यों तथा परंपराओं में परिवर्तन के प्रति लोगों में उदासीनता को जन्म देती है।

(9) जनसंख्या वृद्धि और संतुलित विकास— जनसंख्या में वृद्धि के कारण अल्पविकसित देशों का विकास संतुलित ढंग से नहीं हो पाता क्योंकि इन देशों की जनसंख्या का अधिकांश भाग कृषि क्षेत्र में लगा होता है। पूंजीगत संसाधनों के अभाव के कारण इस बढ़ती हुई जनसंख्या को निर्माणकारी अद्योगों में रोजगार दिलाना संभव नहीं होता जिसके फलस्वरूप कृषि पर बढ़ता हुआ भार कृषि उत्पादकता में कमी लाता है और देश का संतुलित विकास नहीं हो पाता। प्राय: यह देखा गया है कि अल्पविकसित देशों की समस्त आय का 50 प्रतिशत से अधिक भाग कृषि क्षेत्र में प्राप्त होता है जो कि एक अर्थव्यवस्था के असंतुलित विकास का सूचक है। उपर्युक्त अध्ययन से यह स्पष्ट होता है कि विकसित, पूंजीवादी संपन्न औद्योगिक देशों में जनसंख्या में वृद्धि से चाहे अच्छे परिणाम मिलें हो परंतु अल्पविकसित देश में ये बाधा के रूप में प्रस्तुत होते हैं तथा बढ़ती हुई जनसंख्या ने विस्फोटक रूप धारण कर लिया है। इन देशों को सरकारों द्वारा उठाए गए आर्थिक विकास संबंधी कदम जनसंख्या में वृद्धि के कारण अप्रभावित सिद्ध होते हैं जिनके कारण सामाजिक नैराश्य तथा मनोवैज्ञानिक समस्याओं को जन्म मिलता है।

जनसंख्या संक्रमण सिद्धांत जनसंख्या में होने वाली वृद्धि का अध्ययन आर्थिक विकास के संदर्भ में करता है। इस सिद्धांत के अनुसार आर्थिक विकास के कारण जन्मदर व मृत्यु दर में हुए परिवर्तन के संबंधों की जनसंख्या वृद्धि के विभिन्न चरणों में होकर गुजरना पड़ता है। आर्थिक विकास का प्रभाव मृत्यु दरों में कमी भी लाता है। **प्रो.डब्ल्यू.एस. थामसन** तथा **एफ.डब्लयू. नोटेस्टीन** ने इस सिद्धांत के मुख्य तीन चरण बतलाए जिनसे जनसंख्या वृद्धि होती है। **प्रो.डब्लयू. रोस्टोव** ने इस विवेचन ऐतिहासिक दृष्टिकोण से समझाया तथा ये तीन चरण अर्थ व्यवस्था के विभिन्न स्वरूप ही है। पहला चरण अविकसित अर्थव्यवस्था, दूसरा चरण विकासोन्मुख अर्थव्यवस्था तथा तीसरा चरण विकसित अर्थव्यवस्था की प्रकृति को बतलाता है।

भारत में जनसंख्या : आकार और वृद्धि दर

किसी भी देश की जनसंख्या का आकार निम्न सूत्र के द्वारा व्यक्त किया जा सकता है—

$$P_n = P_o + (B - D) + (X - M)$$

जहां P_n = n समय पर जनसंख्या, P_o = आधार समय पर जनसंख्या, B = जन्म,

D = मृत्यु, X = प्रवास तथा M = आवास

प्राय: अब यह अनुभव किया जा रहा है कि आवास तथा प्रवास जनसंख्या को बहुत कम मात्रा में प्रभावित करते हैं। यही कारण है कि जनसंख्या को अधिक मात्रा में प्रभावित करने में जन्म और मृत्यु तथा उनकी दरों का अधिक महत्त्व होता है।

जनसंख्या नियंत्रण

स्वामीनाथन समिति

जनसंख्या नियंत्रण से संबद्ध इस समिति द्वारा निम्न उपाय सुझाए गए थे :

(1) 2010 ई तक 2.1 कुल प्रजनन क्षमता दर के लक्ष्य को प्राप्त करके जनसंख्या को स्थिर करना।

(2) तीव्र और न्यूनतम आवश्यकताओं को पूरा करने संबंधी कार्यक्रम लागू करना।

(3) पंचायतों, नगर पालिकाओं और राज्यों को विधायिकाओं के माध्यम से वर्तमान उर्ध्वाकार संरचित परिवार कल्याण कार्यक्रम के स्थान पर विकेंद्रिकृत लोक तांत्रिक नियोजन लागू करना।

(4) प्रजनन क्षमता दर के राष्ट्रीय औसत उपलब्धि के लक्ष्य को छोड़कर केंद्रिय व राज्य सरकारों द्वारा विशेष गर्भ निरोधक विधियों के प्रयोग के लिए लक्ष्य निश्चित करने का विचार त्यागना।

(5) गर्भ निरोध विधि प्रयोग कर्त्ताओं और उनके प्रेरकों को नकद या वस्तु के रूप में दिया जाने वाला प्रोत्साहन समाप्त कर दिया जाए।

(6) इस समय परिवार नियोजन केवल महिलाओं की जिम्मेदारी बन कर रह गई है; स्पष्ट रूप से आवश्यकता इस बात की है कि परिवार सीमित करने की संपूर्ण जिम्मेदारी को स्त्रियों पर रखने की प्रवृत्ति को रोका जाए।

अनेक विशेषज्ञों ने इस समिति की सिफारिशों की आलोचना की थी सुझाव दिए कि इन्हें अस्वीकार किया जाना चाहिए। उस समय उनके तर्क इस प्रकार थे : (क) रिपोर्ट में गहन विश्लेषण व औचित्य का अभाव है। सुझाया गया दृष्टिकोण विशुद्ध रूप से प्रबंधात्मक हैं और सुझाए गए कदम पूर्व के असफल सूत्रों की पुनरावृत्ति मात्र है कि विकास सबसे अच्छा गर्भ-निरोध है। (ख) न्यूनतम आवश्यकताओं और जनसंख्या नियंत्रण का कोई संबंध नहीं है। वे सभी लक्ष्य जो तमाम राजनैतिक वायदों के साथ विभिन्न आम चुनावों और पंचवर्षीय योजनाओं के बावजूद गत दशकों में प्राप्त न किए जा सके, 2000 तथा आगे भी किस प्रकार पूर्ण हो सकेंगे जबकि हमारी जनसंख्या ने 90 करोड़ का चिन्ह पहले ही पार कर लिया है जिसमें से लगभग 35 करोड़ लोग गरीबी की रेखा से नीचे जीने के लिए मजबूर है (ग) राजनीति से प्रेरित जनसंख्या आयोग अप्रभावी रहेगा। (घ) समिति ने उन लोगों के लिए कोई हतोत्साहन नहीं रखा जिन्होंने परिवार नियोजन प्रतिमानों का उल्लंघन किया। (च) रिर्पोट यह स्पष्ट नहीं करती कि हम तेज गति बढ़ने वाली जनसंख्या को क्यों रोक नहीं सके यद्यपि 1951 से ही कार्यक्रम चल रहे हैं। क्या यह असफलता प्रशासनिक व्यवस्था में कमी के कारण हुई या गलत नीतियों के कारण या दोष पूर्ण क्रियांवयन के कारण? यह मौलिक प्रश्न है जिसकी रिर्पोट में उपेक्षा की गई है। (छ) भारत में जनसंख्या नियंत्रण की राह में सबसे बड़ी बाधा राजनैतिक उदासीनता है परंतु समिति ने इस पक्ष को कोई महत्त्व नहीं दिया।

राष्ट्रीय जनसंख्या नीति 2000

(1) आर्थिक और सामाजिक विकास का उद्देश्य लोगों के जीवन स्तर को उठाना, उनके लिए कल्याण संबंधी कार्यक्रम बढ़ाना और उन्हें समाज में उत्पादी परिसंपत्ति बनने के लिए अवसर उपलब्ध कराना है। अवलम्बनीय विकास के लिए जनसंख्या को स्थिर करना आवश्यक है। ऐसे विकास के लिए जरूरी है : सभी व्यक्तियों के लिए जननीय स्वास्थ्य देखभाल सुलभ करवाना, प्राथमिक और माध्यमिक शिक्षा के अवसर बढ़ाना, सफाई, साफ पीने का पानी व मकान जैसी मूल सुविधाएं देना, महिलाओं का सशक्तिकरण करना एवं उन्हें काम करने के अवसर प्रदान करना, तथा यातायात व संचार के साधन उपलब्ध करवाना।

(2) भारत में जनसंख्या में वृद्धि के मूल कारण है : जननीय आयु-समूह में जनसंख्या का बड़ा आकार, उच्च प्रजनन क्षमता तथा लड़कियों का कम आयु में विवाह आदि। अत: राष्ट्रीय जनसंख्या नीति के लघुकालीन प्रमुख ध्येय होंगे; गर्भरोध, स्वास्थ्य अत: संरचना, स्वास्थ्य कार्मिक तथा जननीय स्वास्थ्य देखभाल के लिए एकीकृत सेवा पर अधिक ध्यान देना। इसका दीर्घ कालीन लक्ष्य होगा 2045 तक जनसंख्या को उस स्तर पर स्थिर करना जो अबलम्वनीय आर्थिक व सामाजिक विकास के लिए उचित है।

(3) उपर्युक्त लक्ष्यों की प्राप्ति के लिए 14 राष्ट्रीय सामाजिक जनसंख्याकीय लक्ष्य निर्धारित किए गए हैं। ये लक्ष्य हैं—

(1) मूल जननीय और बाल स्वास्थ्य सेवाएं और अध: संरचना संबंधी आवश्यकताएं पूरी करना।

(2) 14 की आयु तक शिक्षा को मुफ्त व आवश्यक बनाना।

(3) शिशु मृत्यु दर को प्रति 1000 पर 30 से कम कर ग।

(4) मातृ मृत्युदर को एक लाख पर 100 से कम करना।

(5) बच्चों को रोकने योग्य बीमारियों के लिए टीकों द्वारा उन्मुक्त करवाना।

(6) लड़कियों का विवाह 20 के बाद करने को प्रोत्साहित करना।

(7) प्रसव 80% संस्थात्मक तरीकों से और 100% प्रशिक्षित व्यक्तियों द्वारा करवाने पर बल देना।

(8) गर्भपात के बारे में पूरी जानकारी उपलब्ध करवाना।

(9) एड्स के बारे में जानकारी देना।

(10) प्रेरणशील बीमारियों पर नियंत्रण करना।

(11) जननीय और बाल स्वास्थ्य देखभाल में चिकित्सा की व्यवस्था पर बल देना।

(12) कुल प्रजनन क्षमता (TFR) स्तर के लिए छोटे परिवार के विचार को प्रोत्साहित करना।

इन लक्ष्यों की प्राप्ति के लिए निम्न प्रोग्राम को लागू करने पर बल दिया गया है; योजना का विकेंद्रीकरण ग्राम स्तर पर सेवाओं की उपलब्धि महिलाओं का सशक्तिकरण, नगरों में गंदी बस्तियों, गांवों में जनजातिय समुदायों व किशोरों पर अधिक ध्यान देना, गैर-सरकारी संगठनों का सहयोग आदि।

जनसंख्या नियंत्रण का कार्य क्योंकि राज्य सरकारों का है इसलिए मानीटर करने के लिए एक राष्ट्रीय आयोग की स्थापना की जाएगी।

छोटे परिवार के विचारों को बढ़ावा देने के लिए निम्न अभिप्रेरणा संबंधी उपायों का सुझाव दिया गया है।

(1) अनुकरणीय कार्य के लिए ग्राम पंचायतों व जिला परिषदों कोई पुरस्कार देना।

(2) दो बच्चों तक लड़की के लिए महिला और शिशु विकास विभाग द्वारा 500 रुपए नगद प्रोत्साहन देना।

(3) गांवों में पहली संतान 19 वर्ष के उपरांत जन्म देने के लिए 500 रुपए का पुरस्कार।

(4) गरीबी रेखा से नीचे दम्पत्तियों के लिए दो बच्चों बाद विसंक्रमण के लिए 5000 रुपए तक के लिए स्वास्थ्य बीमा लागू करना।

(5) गांवों में बाल ग्रहों तथा बाल सतर्कता केंद्र स्थापित करना, इसके अलावा कुछ और उपाय निम्न अपनाए जाएंगे:

(क) सुरक्षित गर्भपात के लिए सुविधाओं को सशक्त करना।

(ख) रोगी वाहन सेवाओं के लिए कर्ज देना।

(ग) लड़कियों के व्यावसायिक प्रशिक्षण के लिए समर्थन देना,

(घ) 1976 के बाल-विवाह प्रतिबंध अधिनियम को सख्ती से लागू करना।

(ङ) 2026 तक लोकसभा के लिए सदस्य संख्या न बढ़ाना।

बहुविकल्पीय प्रश्न

1. 'जनसंख्या सिद्धांत पर निबंध' नामक लेख सर्वप्रथम किसका और कब प्रकाशित हुआ था ?

A. माल्थस, 1798 B. सान्डर्स, 1796

C. एडम स्मिथ, 1902 D. एडविन केनन, 1802

2. जनसंख्या घनत्व को प्रभावित न करने वाला कारक निम्नलिखित में से कौन-सा है ?

A. प्रदूषण B. जलवायु

C. भूमि की उर्वरता D. स्थल की सतह

3. जनसंख्या में वृद्धि कितनी अवधि में दूनी हो जाएगी ?

A. 25 वर्ष B. 10 वर्ष

C. 5 वर्ष D. 15 वर्ष

4. जनसंख्या में वृद्धि के स्वेच्छावादी सिद्धांत का प्रतिपादन किसने किया ?

A. फ्रेंक फेटर B. ड्यूमा

C. माल्थस D. राधाकमल मुखर्जी

5. अनुकूलन जनसंख्या सिद्धांत का समर्थक कौन है ?

A. आसर्ने ड्यूमा B. कार सान्डर्स

C. एडविन केनन D. टानीज

6. सूची-I में दिए गए मदों को सूची-II के मदों से मिलाइए।

सूची-I (पुस्तक)

(a) कास्ट इन मॉडर्न इंडिया

(b) कास्ट, क्लास, पॉवर

(c) होमो हायरआर्किस

(d) फोक कलचर एण्ड पीजैण्ट सोसाइटीस इन इंडिया

सूची-II (वैज्ञानिक)

1. ए. बितेली
2. एल. ड्यूमॉन्ट
3. इन्द्र देव
4. एम.एन. श्रीनिवास
5. जे.एच. हट्टन

कूटः

	(a)	(b)	(c)	(d)
A.	4	1	2	3
B.	3	2	1	5
C	1	2	4	3
D.	5	2	3	1

7. माल्थस द्वारा प्रस्तुत प्राकृतिक अवरोध में निम्नलिखित में से कौन शामिल नहीं है ?

A. संक्रामक महामारी और प्लेग

B. दरिद्रता

C. दुर्घटना और युद्ध

D. संयमित वैवाहिक जीवन

8. प्रतिबंधात्मक अवरोधों में से निम्नलिखित में से कौन शामिल नहीं है ?

A. विवाह न करना

B. विवाह दर में करना

C. संयमित वैवाहिक जीवन

D. दुर्घटना

9. किस विद्वान ने कहा है कि जनसंख्या वृद्धि के साथ उत्पादन में भी वृद्धि होती है ?

A. डाल्टन B. राबिन्सन

C. एडवर्ड वेस्ट D. एडविन केनन

10. प्रोटीन उपभोग का सिद्धांत निम्नलिखित में से किस विद्वान ने प्रतिपादित किया है ?
A. केस्ट्रो B. गिनी
C. सेडलर D. स्पेंसर

11. प्रजननता का सिद्धांत किसने दिया है ?
A. केस्ट्रो B. गिनी
C. हर्बर्ट स्पेंसर D. सेडलर

12. जैविक अवस्था सिद्धांत किस समाजशास्त्री ने प्रतिपादित किया है ?
A. गिनी B. केस्ट्रो
C. हर्बर्ट स्पेंसर D. सेडलर

13. घनत्व सिद्धांत का प्रतिपादन किसने किया ?
A. केस्ट्रो B. सेडलर
C. गिनी D. हर्बर्ट स्पेंसर

14. जनांकिकी के क्षेत्र में निम्नलिखित शब्दों का प्रयोग करते हैं ?
A. जनांकिकी समाष्टि भाव B. जनांकिकी व्यष्टि भाव
C. उपरोक्त दोनों D. दोनों में से कोई नहीं

15. जनांकिकी शब्द का सर्वप्रथम प्रयोग कब हुआ था ?
A. 1856 में B. 1855 में
C. 1869 में D. 1872 में

16. जनसंख्या वृद्धि का सिद्धांत किसका है ?
A. माल्थस का B. सोरोकिन का
C. अबे डुबाय का D. मैलिनोवस्की का

17. जनसंख्या वृद्धि निम्नलिखित में से किस पर निर्भर है ?
A. जन्मदर B. मृत्युदर
C. दोनों पर D. सहवास पर

18. निम्न में से किसे जनांकिकी का पिता कहा जाता है ?
A. माल्थस B. निमकाफ
C. गोल्डन D. क्रोबर

19. 1855 में किसने सबसे पहले जनांकिकी शब्द का प्रयोग किया था ?
A. गुइलाई ने B. डी जे बूज ने
C. जानग्रांट ने D. गिलिन ने

20. जनांकिकी का अध्ययन विधिवत रूप से कब प्रारंभ हुआ ?
A. 1960 से B. 1860 से
C. 1862 से D. 1939 से

21. जन्मदर का संबंध किससे है ?
A. मृत्युदर से B. पारिवारिक संयोजन से
C. सहवास से D. सामाजिक सपर्क से

22. 1860 में जनांकिकी के अध्ययन का प्रारंभ एक व्यवस्था के रूप में किसने किया ?
A. जानग्रांट ने B. ग्रीन
C. गुइलाई D. बर्कले ने

23. भारत में अधिक जन्मदर होने का क्या कारण है ?
A. गर्म जलवायु
B. बालविवाह का प्रचलन
C. मनोरंजन के साधनों का अभाव
D. उपरोक्त सभी

24. प्रति किलोमीटर व्यक्तियों के निवास का क्या तात्पर्य है ?
A. जनघनत्व B. जनसंख्या का
C. जन्मदर का D. प्रवास दर का

25. जनसंख्या सामाजिक व्यक्तियों का समूह होती है जबकि समाज का निर्माण होता है—
A. जनसंख्या से B. जनघनत्व से
C. परिवार से D. जन्म मरण से

26. जनसंख्या में वृद्धि रेखा गणितीय अनुपात में होती है जबकि उत्पादन में अंकगणितीय अनुपात में वृद्धि होती है। यह किसने कहा था ?
A. सान्डर्स B. एडविन केनन
C. डयूसा D. माल्थस

27. जनसंख्या की बनावट में परिवर्तन होने पर युवा मध्य आयु तथा वृद्धि लोगों की मान्यताओं में पाए जोने वाले भेदों का अध्ययन किया जाता है ?
A. सामाजिक पर्यावरण में
B. सामाजिक जनांकिकी में
C. समाज में
D. पारिवारिक बजट में

28. सामाजिक जनांकिकी में कौन सा अध्ययन नहीं किया जाता ?
A. किस प्रकार के बच्चे पैदा हों
B. जनसंख्या का आकार
C. घनत्व वितरण
D. विवाह दर

29. किसी भी समाज में जन्मदर और मृत्युदर को प्रभावित करने वाले को कहते हैं—
A. सामाजिक B. आर्थिक
C. दोनों उपरोक्त D. शारीरिक

30. सभ्य या कम सभ्य समाज में किस प्रकार से जनसंख्या में गुणात्मक एवं संख्यात्मक वृद्धि होती है। इसका अध्ययन किसमें किया जाता है ?

A. सामाजिक जनांकिकी में
B. राजनैतिक जनांकिकी में
C. सामूहिक जनांकिकी में
D. इनमें से किसी ने नहीं

31. किस विद्वान ने जनांकिकी को आदर्शात्मक विज्ञान तथा व्यावहारिक तकनीक दोनों ही माना है ?
A. गार्नर B. फुले
C. लुण्डबर्ग D. ग्रेनयेन

32. भारत में अधिक मृत्युदर के लिए कौन सा कारक उत्तरदायी नहीं है ?
A. उचित आवास का अभाव
B. संक्रामक रोग
C. योग्य चिकित्सकों की कमी
D. चिकित्सा सुविधाओं की कमी

33. जन्मदर को प्रभावित करने वाली स्थितियां हैं—
A. समाज की संस्कृति B. नैतिक स्तर
C. परम्पराएं D. उपरोक्त सभी

34. किसी देश में जन्मदर कम होने तथा मृत्युदर अधिक होने से—
A. जनसंख्या घटेगी
B. जनसंख्या बढ़ेगी
C. कोई अंतर नहीं पड़ेगा
D. अत्यधिक जनसंख्या बढ़ेगी

35. सामाजिक व्यवस्था द्वारा निर्धारित नियम किस तरह जन्मदर को प्रभावित करते है ? इसका अध्ययन किस में किया जाता है—
A. सामाजिक जनांकिकी में B. जनांकिकी में
C. सांस्कृतिक जनांकिकी में D. मानवीय जनांकिकी मैं

36. 'पोजीशन आफ ट्राइबल पापुलेशन इन माडर्न इंडिया 1967' के लेखक कौन है ?
A. बान हेमेडार्फ B. एम एन श्रीनिवास
C. रूथ बेनडिक्ट D. मार्गरेट मीद

37. जनसंख्या वृद्धि को प्रभावित करने वाले केवल जैविकीय कारण ही है सामाजिक नहीं—यह कथन
A. पूर्णतया सत्य है B. पूर्णतया असत्य है
C. आंशिक सत्य है D. आंशिक असत्य है

38. सांस्कृतिक इकाई या तत्व का चिार किनका है ?
A. हेरिंगटन B. विसतर
C. बेन डिपटर D. दुर्खीम

39. सूची-I में दिए गए मदों को सूची-II में दिए गए मदों से मिलाइए।

सूची-I (लेखक)
(a) लुइसविर्थ (b) एलटन मायो
(c) रॉबर्ट रैडफील्ड (d) फ्रैडरिक टेलर

सूची-II (संकल्पनाएं)
1. लोक-नगरीय नैरन्तर्य (फोक-अर्बन कनटीन्यूअम)
2. वैज्ञानिक प्रबंधन (साइंटिफिक मैनेजमैंट)
3. शहरीकरण जीवन का एक तरीका (अर्बनिज़्म एज़् ए वे ऑफ लाइफ)
4. मानव संबंध (ह्यूमन रिलेशन)

कूटः

	(a)	(b)	(c)	(d)
A.	3	4	2	1
B.	3	4	1	2
C	4	3	1	2
D.	4	3	2	1

40. जनसंख्या में मात्रात्मक पहलुओं का वैज्ञानिक अध्ययन करने वाले शास्त्र या विज्ञान को कहा जाता है—
A. जनांकिकी
B. जनगणनिकी या जनघनता शास्त्र
C. सुजीवनिकी
D. इनमें से कोई नहीं

41. एक कैलेण्डर वर्ष में क वर्ष से कम आयु के मृत्यु शिशुओं की संख्या का 1000 से गुणा करके गुणनफल को एक कैलेण्डर वर्ष में जन्में कुल जीवित शिशुओं की संख्या से भाग देने पर निम्नलिखित में किस दर की प्रसिद्ध होगी ?
A. शिशु मृत्युदर B. आयुविशेष मृत्यु
C. सकल मृत्युदर D. अनुमानित मृत्युदर

42. जनांकिकी सांख्यिकीय विधि से मानव पीढ़ी के विकास ह्रास और मृत्यु अधिक का व्यवाथित अध्ययन करता है। यह परिभाषा किसने दी है—
A. जी.सी.ह्वीचल B. डी.जे.बोग
C. बर्कले D. लेपियर और फ्रेंक

43. भौतिक जगत में जो महत्व गुरुत्वाकर्षण के नियम का है वही सामाजिक जगत में उन्नत की चाह का है। यह विचार किसका है ?
A. लुई ड्यूमा B. गिनी
C. केस्ट्रो D. हर्बर्ट स्पेंसर

44. जन्मदर को अवरोधित जन्मदर क्यों कहा जाता है ?

A. सभी आयुवर्ग के व्यक्तियों को सम्मिलित करने के कारण

B. केवल प्रजनन क्षमता वाले व्यक्तियों को सम्मिलित करने के कारण

C. अधिक वर्ष के व्यक्तियों को सम्मिलित करने के कारण

D. उपरोक्त में से कोई भी नहीं

45. जनांकिकी में जनसंख्या के आकार उसके घटक उसके क्षेत्रीय वितरण, जन्मदर, मृत्युदर, विवाहदर, प्रगतिशीलता तथा प्रसव संबंधी गणितीय जानकारी का अध्ययन करते हैं यह परिभाषा किसकी है ?

A. चाइल्ड B. मैकाइवर

C. डी.जे.बूज D. लुण्डबर्ग

46. जनांकिकी में जनसंख्या के आकार उसकी संरचना घनत्व वितरण समयानुसार परिवर्तन एवं उनके कारणों को अध्ययन किया जाता है यह विचार किसका है ?

A. ह्यूम B. बर्कले

C. लॉक D. एडम स्मिथ

47. किसने कहा था कि जनांकिकी जनसंख्या के आकार भौगोलिक वितरण, गठन, परिवर्तन तथा जन्मदर, मृत्युदर, प्रादेशिक गमन एवं सामाजिक गतिशीलता के रूप में जाने जाने वाले कारकों का अध्ययन करता है ?

A. हाडजर और डंकन B. मैकाइवर

C. मर्टन D. लिण्टन

48. किसी देश में शिशुओं और वृद्धों की तुलना में युवाओं का अनुपात अधिक हो तो वहां—

A. जन्मदर अधिक होगी B. मृत्युदर कम होगी

C. मृत्युदर अधिक होगी D. A और B सही है

49. सूची-I में दिए गए मदों को सूची-II में दिए गए मदों से मिलाइए।

सूची-I (रचना)

(a) सोशल थ्योरी एण्ड सोशल स्ट्रैक्चर

(b) कनफ्लिक्ट सोशयोलॉजी

(c) दी फंक्शंस ऑफ सोशल कनफ्लिक्ट

(d) क्लास एण्ड क्लास कनफ्लिक्ट इन इण्डस्ट्रीयल सोसाइटी

सूची-II (लेखक)

1. कार्ल मार्क्स 2. डाहरेनडोर्फ

3. कोज़र 4. कॉलिन्स

5. मर्टन

कूटः

	(a)	(b)	(c)	(d)
A.	2	3	4	5
B.	5	4	3	2
C	1	3	5	4
D.	3	4	5	1

50. किसी देश में जन्मदर कम और मृत्युदर अधिक होने पर—

A. जनसंख्या घटेगी

B. कोई अंतर नहीं पड़ेगी

C. जनसंख्या बढ़ेगी

D. अत्यधिक जनसंख्या बढ़ेगी

51. जनसंख्या की बनावट में परिवर्तन होने पर किन लोगों की मान्यताओं में पाए जाने वाले मतभेदों का समाजिक जनांकिकी से अध्ययन किया जाता है।

A. युवा B. वृद्ध

C. अधेड़ D. उपरोक्त सभी

52. भारत में अधिक जन्मदर के लिए निम्नलिखित में से कौन उत्तरदायी नहीं है ?

A. विवाह की स्वच्छन्दता

B. भाग्यवादिता

C. संयुक्त परिवार प्रणाली

D. चिकित्सा सुविधाओं का अभाव

53. किसी विशेष वर्ग में क्षेत्र की कुल जनसंख्या उस क्षेत्र का क्षेत्रफल व्यक्ति प्रतिवर्ग किमी. है। यह सूत्र किससे संबंधित है ?

A. जनसंख्या घनत्व B. प्रजनन दर

C. निर्भरता अनुपात D. लिंग अनुपात

54. निम्नलिखित कथनों पर विचार कीजिए—

कथन A : भारत में परिवार नियोजन कार्यक्रम ठीक ढंग से लागू नहीं किए गए हैं।

कारण R : जनसंख्या दिनोंदिन बढ़ती जा रही है

A. A और R दोनों सही है तथा R, A की सही व्याख्या है।

B. A और R दोनों सही है तथा R, A की सही व्याख्या नहीं है।

C. A सही है R गलत है।

D. R सही है तथा A गलत है।

55. प्राकृतिक वृद्धि दर बराबर होती है—

A. अवरोधित जन्मदर—अवरोधित मृत्युदर के

B. जन्मदर—मृत्युदर के

C. कुल प्रवास—कुल जनसंख्या के

D. स्त्रियों की कुल संख्या—पुरुषों की कुल संख्या के

56. 'प्रिंसीपल आफ पापुलेशन (1798)' के लेखक कौन हैं ?
A. माल्थस
B. मिल्टन सिंगर एवं ए.सी.राय
C. हावेल
D. लिथसेट

57. पापुलेशन प्राबलम्स इन इंडिया एवं पाकिस्तान 1949 के लेखक कौन हैं ?
A. डेविड जी.मेंडलबार्म B. इरावती कर्वे
C. किंग्सले डेविस D. श्यामाचरण दुबे

58. भारत में अत्यधिक मृत्युदर के लिए कौन जिम्मेदार है ?
A. गरीबी B. प्राकृतिक आपदा
C. संक्रामक रोग D. उपरोक्त सभी

59. माल्थस ने जनसंख्या वृद्धि पर सकारात्मक नियंत्रण के लिए किनकी पहचान की है ?
1. तंगहाली 2. महामारी
3. ब्रह्मचर्य 4. हिंसा
A. 1, 2 और 3 B. 2, 3, और 4
C. 1, 2 और 4 D. 1, 2 3 और 4

60. निम्नलिखित पर विचार कीजिए—
1. निम्न जन्मदर तथा निम्न मृत्युदर
2. उच्च जन्मदर तथा उच्च मृत्युदर
3. उच्च जन्मदर तथा निम्न मृत्युदर
जनांकिकी संक्रमण के सिद्धांत द्वारा घोषित जनसंख्या में हुए परिवर्तनों का क्रम विन्यास क्या है ? निम्नलिखित कूट में से सही उत्तर का चयन कीजिए—
A. 1, 2 3 B. 2, 3, 1
C. 1, 3 2 D. 2, 1, 3

61. निम्नलिखित में से कौन से कारक हैं जिन पर जनसंख्या वृद्धि निर्भर करती है ?
1. जन्मदर, मृत्युदर, प्रवास
2. जन्मदर, मृत्युदर, अंत:प्रवास
3. निर्धनता, उच्च प्रजनन, बहि:प्रवास
4. उच्च प्रजनन, अंत प्रवास, संगति नियमन का अभाव
A. 1 तथा 4 B. 2 तथा 3
C. केवल 1 D. केवल 4

62. निम्नलिखित में कौन-सा एक जनसंख्या की भावी प्रवृति को सर्वोत्तम रूप से इंगित करता है ?
A. शिक्षा, महिला अनुपात B. सथल जनन दर
C. निवल जनन दर D. मानंकित जन्मदर

63. निम्नलिखित कथनों पर विचार कीजिए—
कथन A : महिलाएं प्राय: कम दूरी वाले स्थानों पर प्रभाव करती है।
कारण R : महिलाओं का प्रवास प्रधानता: विवाह से संबंध होता है।
A. A और R दोनों सही है तथा R, A की सही व्याख्या है।
B. A और R दोनों सही है तथा R, A की सही व्याख्या नहीं है।
C. A सही है R गलत है।
D. A गलत है तथा R सही है।

64. निम्नलिखित कथनों पर विचार कीजिए—
कथन A : जनसंख्या का औसत वार्षिक वृद्धि दर सामान्यत: चर घातांकी वृद्धि दर से कम होती है!
कारण R : जनसंख्या लोगों की सतत वृद्धि होने से नहीं बढ़ती।
A. A और R दोनों सही है तथा R, A की सही व्याख्या है।
B. A और R दोनों सही है तथा R, A की सही व्याख्या नहीं है।
C. A सही है R गलत है।
D. A गलत है तथा R सही है।

65. निम्नलिखित को सुमेलित कीजिए—
क. जनसंख्या का उच्चतम घनत्व 1. उत्तर प्रदेश
ख. स्त्रियों की उच्चतम संख्या/हजार पुरुष 2. केरल
ग. जनसंख्या का वृहत्तम आकार 3. दिल्ली
घ. सर्वाधिकार क्षेत्र वाला राज्य 4. राजस्थान

	क	ख	ग	घ
A.	3	2	4	1
B.	3	2	1	4
C.	2	3	4	1
D.	2	3	1	4

66. सूची-I में दिए गए मदों को सूची-II के मदों से मिलाइए।
सूची-I (संकल्पना)
(a) सामाजिक स्थैतिकी तथा सामाजिक गतिकी
(b) एकात्मता
(c) दफ्तरशाही (नौकरशाही)
(d) अवशिष्ट तथा भ्रांत तर्क

सूची-II (लेखक)

1. ईमाइल दुर्खीम
2. ऑगस्त कॉमटे
3. मैक्स वेबर
4. मैक्यावली
5. विलफ्रेदो पारेतो

कूटः

	(a)	(b)	(c)	(d)
A.	2	5	3	4
B.	3	2	4	1
C	5	1	3	2
D.	2	1	3	5

67. सूची-I के मदों को सूची-II के मदों से मिलाइए–

सूची-I (सिद्धान्त)	*सूची-II (लेखक)*
(a) चक्रीय	1. वीको
(b) रेखीय	2. सोरोकिन
(c) उतार-चढ़ाव	3. स्पैंगलर
(d) सर्पिल	4. स्पैंसर
	5. मूरे

कूटः

	(a)	(b)	(c)	(d)
A.	3	4	2	1
B.	3	5	1	4
C	2	4	5	1
D.	2	3	4	1

68. औद्योगिक क्रान्ति से पूर्व पाश्चात्य अर्थव्यवस्था का क्रम बताइए। नीचे दिए गए कूट का प्रयोग करते हुए उत्तर दीजिए।

A. पुटिंग – आउट सिस्टम, मैनोरियल सिस्टम, गिल्ड सिस्टम

B. गिल्ड सिस्टम, पुटिंग – आउट सिस्टम, मैनोरियल सिस्टम

C. मैनोरियल सिस्टम, गिल्ड सिस्टम, पुटिंग – आउट सिस्टम

D. मैनोरियल सिस्टम, पुटिंग – आउट सिस्टम, गिल्ड सिस्टम

69. साधारण समाज में अवस्थित अर्थव्यवस्थाओं के लिए भौतिक पदार्थों के उत्पादन के तरीकों के आधार पर चार प्रकार के वर्ग बनाए जा सकते हैं। दिए गए कूट से इन अर्थव्यवस्थाओं का सही क्रम बताइए।

A. विस्थापित कृषि, पशुपालन, शिकार तथा एकत्रीकरण, स्थायी कृषि

B. शिकार तथा एकत्रीकरण, पशुपालन, विस्थापित कृषि, स्थायी कृषि

C. विस्थापित कृषि, स्थायी कृषि, पशुपालन, शिकार तथा एकत्रीकरण

D. पशुपालन, स्थानीय कृषि, शिकार तथा एकत्रीकरण, विस्थापित कृषि

उत्तरमाला

1	2	3	4	5	6	7	8	9	10
D	A	A	A	C	A	B	D	C	A
11	**12**	**13**	**14**	**15**	**16**	**17**	**18**	**19**	**20**
C	B	B	C	B	A	C	A	A	C
21	**22**	**23**	**24**	**25**	**26**	**27**	**28**	**29**	**30**
C	A	D	A	A	D	B	A	C	A
31	**32**	**33**	**34**	**35**	**36**	**37**	**38**	**39**	**40**
D	C	D	A	A	A	B	B	B	B
41	**42**	**43**	**44**	**45**	**46**	**47**	**48**	**49**	**50**
A	A	A	A	C	B	A	D	B	A
51	**52**	**53**	**54**	**55**	**56**	**57**	**58**	**59**	**60**
D	A	A	A	A	A	A	D	B	B
61	**62**	**63**	**64**	**65**	**66**	**67**	**68**	**69**	
A	D	A	C	B	D	A	C	B	

अध्याय 31

लिंग और समाज (Gender and Society)

सामाजिक स्तरीकरण के प्रमुख तत्वों में जाति, वर्ग, जजमानी इत्यादि के साथ ही लिंग भी एक बड़ा कारक है। विभिन्न लिंगियों के बीच संबंधों के सामाजिक पक्ष के संदर्भ में 'लिंग' एक ऐसी अवधारणा है जो जैविकीय यौन भेद से अलग की जाती है। विगत अनेक वर्षों में सामाजिक विज्ञानों में लिंग के सामाजिक पक्ष को उसके जैविकीय पक्ष से अलग एक जेंडर के रूप में उसे समझने और अध्ययन करने की एक नई शुरुआत हुई है।

लिंग की सामाजिक अवधारणा

सन 1970 के आसपास लिंग भेद के अध्ययन में समाजशास्त्रीय एवं मनोवैज्ञानिक रुझान पैदा हुआ। अभी तक लिंग-भेद को मात्र स्त्री और पुरुष में जैविकीय भिन्नता के रूप में ही देखा जाता था तथा पुरुषत्व और स्त्रीत्व के बारे में महत्वपूर्ण सांस्कृतिक विचार रुढ़िबद्धता से ग्रस्त थे जिनकी यथार्थता से बहुत दूरी थी। बाद में होने वाले अध्ययनों में यह प्रदर्शित करने का प्रयास किया गया कि लिंग-भेद तथा स्त्रियों एवं पुरुषों की भूमिका संबंधी विचारों में भिन्न संस्कृति के कारण भारी अंतर है। संरचनात्मक स्तर पर घरेलू श्रम-विभाजन संबंधी अध्ययनों ने भी स्त्री और पुरुष के बीच काम के वितरण में बड़ी असमानता प्रदर्शित की है।

समाजशास्त्र में 'सेक्स' शब्द को महत्व प्रदान करने का श्रेय अन्न ओकले को जाता है। 1972 में प्रकाशित उनकी पुस्तक 'सेक्स, जेण्डर एंड सोसायटी' के अनुसार 'सेक्स' का तात्पर्य पुरुषों और स्त्रियों के जैविकीय विभाजन से है। 'जेंडर' का अर्थ स्त्रीत्व एवं पुरुषत्व के रूप में समानान्तर और सामाज़िक रूप से असमान विभाजन से है। अत: जेंडर की अवधारणा स्त्रियों और पुरुषों के बीच सामाजिक रूप से निर्मित भिन्नता के पहलुओं पर ध्यान आकर्षित करती है। किंतु वर्तमान समय में लिंग का प्रयोग व्यक्तिगत पहचान और व्यक्तित्व को इंगित करने के लिए ही नहीं किया जाता बल्कि इससे बढ़कर प्रतीकात्मक स्तर पर इसका प्रयोग सांस्कृतिक आदर्शों तथा पुरुषत्व एवं स्त्रीत्व संबंधी रुढ़िबद्ध धारणाओं तथा संरचनात्मक अर्थों में, संस्थाओं और संगठनों में लैंगिक श्रम विभाजन के रूप में भी किया जाता है।

विभिन्न समाजों में लैंगिक संबंधों के भिन्न रूप-स्वरूप हैं—ऐतिहासिक काल, प्रजातीय और जातीय समूहों, सामाजिक वर्ग और पीढ़ियों में फिर भी पुरुषों और स्त्रियों के बीच अंतर के मामले में सभी समाजों में समानता है, यद्यपि यह अंतर की प्रकृति में काफी सामाजिक भिन्नताएं हैं। लिंग-भेद से संबंधित एक सर्वाधिक समान विशेषता हमें लिंग-असमानता में देखने को मिलती है और यह विशेषता लगभग एक सार्वभौमिक विशेषता है। सामाजिक जीवन के कई क्षेत्रों में लिंग-भेद की रचना और अभिव्यक्ति की जाती है। यह संस्कृति, विचारधारा और तार्किक धारणाओं तक सीमित नहीं है। घर में लैंगिक श्रम विभाजन से लेकर श्रम बाजार तक, राज्य की व्यवस्था में, काम (मैथुन) भावना में, हिंसा की रचना में और सामाजिक संगठन के कई पक्षों में लैंगिक संबंधों की रचना होती है।

लिंग-आधारित सामाजीकरण के प्रारूप

भारत में महिलाओं और बालिकाओं की सामाजिक स्थिति के बारे में कई अध्ययन किए गए हैं और आंकड़े इकट्ठा किए गए हैं। महिलाओं के कई संगठनों ने भी विभिन्न क्षेत्रों और प्रान्तों में महिलाओं और बालिकाओं के साथ हो रहे व्यवहार पर अपनी अध्ययन-रिपोर्ट प्रकाशित की है। सरकार ने भी जनगणना के आंकड़ों के आधार पर अध्ययन कराए हैं और उनसे बालिकाओं और महिलाओं की स्थिति के बारे में काफी जानकारी प्राप्त हुई है। 2011 की जनगणना के अनुसार भारत में प्रति एक हजार पुरुषों पर केवल 940 औरतें हैं यानी प्रति हजार पुरुषों पर 60 औरतें कम हैं। जनगणना के आंकड़े बताते हैं कि 1901 में प्रति हजार पुरुषों पर 972 औरतें थीं। 1951 में औरतों की संख्या प्रति हजार 946 हो गई और 1981 तक आते-आते सिर्फ 934 रह गई। 1991 में यह 927 हुई और सन् 2001 में जनगणना की रिपोर्टों के अनुसार

यह 933 हो गई एवं 2011 में 940 हो गई। 2011 के जनगणना के अनुसार यदि महिलाओं की स्थिति देखें तो केरल में प्रति हजार पुरुषों पर 1084 औरतें हैं। तमिलनाडु में 995, आंध्र प्रदेश में 992, छत्तीसगढ़ में 991 और मणिपुर में 987 प्रति हजार पुरुषों पर हैं। जिन राज्यों में स्त्री-पुरुष अनुपात बहुत कम है, वे हैं—हरियाणा (877), जम्मू-कश्मीर (883), सिक्किम (889), पंजाब (893) एवं उत्तर प्रदेश (908)।

पुरुषवादी मिथक और स्त्री उपेक्षा—भारत में महिलाओं की संख्या में इस अंतर का कारण वे सामाजिक-आर्थिक परिस्थितियां हैं जिनमें महिलाएं और बालिकाएं जीने के लिए मजबूर हैं। हमारे समाज में जन्म से ही बालिका-शिशु को बोझ समझने के कारण उसे पारिवारिक अधिकारों से वंचित कर दिया जाता है। बालिका-शिशु का आरंभ से ही इस तरह समाजीकरण किया जाता है कि वह पुरुषसत्तात्मकता को आरंभ से ही स्वीकार करके चलती है। वह यह मानकर चलती है कि परिवार में बेटों की तुलना में उसे सब-कुछ कम मिलना है या बिल्कुल नहीं मिलना है। इस तरह बालिका यह स्वीकार करने के लिए विवश कर दी जाती है कि चूंकि तुम लड़की हो इसलिए तुम्हें 'सहनशील' बनना है, जुल्म-अत्याचार सहकर भी मुंह नहीं खोलना है, और मन में दूसरों के लिए समर्पण और सेवा का भाव लेकर रहना है। घर में जो मिले उसे ही स्वीकार करना है, इससे अधिक पाने या मांगने का अधिकार तुम्हें नहीं है। इस तरह के सामाजिक व्यवहार में पलने वाली लड़की को न भरपेट खाना मिलता है, न उसका स्वास्थ्य ठीक रह पाता है। बहुत-से गांवों और शहरों में किए गए अध्ययनों से पता चलता है कि परिवार में पुरुषों और पुत्रों को ज़्यादा पौष्टिक और अच्छा भोजन दिया जाता है, जबकि लड़कियों और महिलाओं को साधारण और बचे हुए भोजन पर ही निर्भर करना पड़ता है। लड़कियों को अच्छा भोजन और भरपेट भोजन न देने के पीछे यह मान्यता भी है कि अच्छा खाने से वह जल्दी बड़ी होगी और हमें जल्दी शादी करनी पड़ेगी। यह भी कहते हैं कि ज़्यादा खाएगी तो मोटी हो जाएगी। इस तरह बेटी को कम से कम खाकर जीने का अभ्यास कराया जाता है।

परिवार के जिन अधिकारों से लड़कियों को वंचित किया जाता है, उनमें लड़कियों का इलाज न कराना भी शामिल है। लड़का बीमार होता है तो तुरन्त भागकर डॉक्टर को दिखाते हैं। लड़की के बीमार होने पर पहले तो दो-चार दिन घरेलू इलाज चलाते हैं—इसके बाद ही उसे किसी अस्पताल में या डॉक्टर को दिखाते हैं। आशय यह है कि लड़कियों के इलाज की प्रायः उपेक्षा की जाती है और समय पर उन्हें उचित इलाज उपलब्ध नहीं कराया जाता। यह देखने में आया है कि गांवों में जब टीकाकरण कार्यक्रम चलता है तो प्रायः लड़कियों को कम टीके लगवाए जाते हैं। यह भी देखा गया है कि लड़कों पर इलाज के लिए ज़्यादा खर्च किया जाता है और लड़कियों पर कम। यदि किसी परिवार में कई बेटियां हैं तो सबसे छोटी बेटियों की देखभाल में प्रायः उपेक्षा बरती जाती है।

तेरह प्रतिशत मौतें प्रसव और बच्चे के जन्म के समय होती हैं। लड़कियों के प्रति व्यवहार को उन सामाजिक मान्यताओं में देखने पर इसकी जड़ में कई बातें मिलती हैं। प्राचीन और मध्यकालीन समाजों में लड़की का जन्म पिता के सम्मान में हानि मानी जाती थी। इसलिए कन्या की उपेक्षा की जाती थी। आज भी भारत में कई समुदाय ऐसे भी हैं जिनमें बेटी के जन्म लेते ही उसे चुपचाप मार दिया जाता है। राजस्थान में एक गांव है जहां कहते हैं कि पिछले पचास साल से कोई बारात नहीं आई। इस गांव के लोग बेटी का बाप बनने से अच्छा यह समझते हैं कि बेटी की हत्या कर दी जाए। बेटी के जन्म को अनचाहा मानने की प्रवृत्ति शहरों में और पढ़े-लिखे समाजों में भी देखने को मिलती है। आजकल लोग भ्रूण-परीक्षण कराकर जान लेते हैं कि गर्भस्थ शिशु का लिंग क्या है। इस प्रक्रिया में कई महिलाओं की मौत हुई है। साथ ही इस तरह बालिका की भ्रूण-हत्या करके, उसे इस संसार में आने से रोकना बालिका या स्त्री के अधिकार की सीधी-सीधी हत्या ही है।

बालिका-शिशु और महिलाओं के प्रति भेदभाव के विचारों के पोषण में कई तत्व ऐसे हैं जिन्होंने इसे बहुत सहायता पहुंचाई है। हमारे यहां काम के बंटवारे में प्रायः यह भेदभाव स्पष्ट रूप से किया जाता रहा है। साहस, मेहनत और हिम्मत के काम केवल पुरुषों को ही दिए जाते रहे हैं और लड़कियों को कमज़ोर कहकर हल्के-फुल्के काम जैसे मवेशी चराना, गोबर उठाना, पानी भरना, छोटे भाई-बहनों की देखभाल करना आदि। यदि कभी किसी लड़की ने पहल की भी तो—'अरे तू क्या करेगी ? तू तो लड़की है। लड़कियों को भला ये काम करना शोभा देता है' कहकर उसे हतोत्साहित किया जाता है। स्त्री-पुरुष में भेदभाव के परिणाम हमारे समाज में कहां-कहां और किन-किन रूपों में दिखाई पड़ सकते हैं, समाज में व्याप्त भेदभाव की इस विचारधारा ने स्त्री-समाज को उसके अधिकारों से न केवल वंचित कराया, बल्कि उसे कमजोर भी बनाया है।

भारतीय साहित्य में स्त्री को सहायक पात्र के रूप में ही चित्रित किया गया है। उसे पुरुष के समान अधिकार नहीं दिया गया। उसे 'अबला', 'सौन्दर्य', 'भोग-विलास', 'सेविका', 'सम्पत्ति' आदि विविध रूपों में चित्रित किया गया है; उसे पुरुष-जैसा कुछ करने का अधिकार नहीं दिया गया। यहां तक कि आधुनिक साहित्य में भी पुरुषवादी कथानकों को ही सदा महत्व दिया गया।

एक प्रसिद्ध नारीवादी कवियित्री अनामिका की कविता में कहा गया है कि राम पाठशाला जा। सीता बर्तन मांज, झाड़ू लगा। इस तरह के कथन प्राथमिक कक्षाओं की पाठ्य-पुस्तकों में आमतौर पर पाए जाते हैं। ये कथन बालकों की महत्ता और बालिकाओं की उपेक्षा की ओर इंगित करते हैं। पाठ्यपुस्तकों के एक अध्ययन से पता लगा कि उनमें अधिकाधिक पाठ पुरुषवादी थे। साहस के सारे काम लड़के करते हैं, खेलकूद में लड़के आगे रहते हैं, पढ़ाई या दूसरे अच्छे काम लड़के ही करते हैं। पाठ्यपुस्तकों में लड़कियों को कमज़ोर और असहाय दिखाया गया है। शेर से केवल बालक ही भिड़ सकता है, बालिका नहीं। पहाड़ पर केवल लड़के चढ़ सकते हैं, लड़कियां नहीं। बंदूक केवल लड़के चला सकते हैं, लड़कियां नहीं। गणित तक की किताबों में यह भेदभाव मिलता है। कामकाज के सवालों में कहा जाता है—'एक काम को दो पुरुष 2 घंटों में और चार स्त्रियां कितने घंटों में करती हैं तो बताइए उसी काम को चार पुरुष और आठ स्त्रियां कितने घंटों में करेंगी?' यानी स्त्री पुरुष से कमज़ोर है, इसलिए वह उसी काम को ज़्यादा समय में करेंगी, जबकि यह बात ग़लत है। इस तरह ही बातें हमारी पाठ्यपुस्तकों में कई दशकों से पढ़ाई जा रही हैं और समाज में व्याप्त स्त्री की छवि सुधारने का कोई प्रयास नहीं किया गया। स्पष्ट रूप से इसका यह परिणाम हुआ कि कानून और संविधान ने भले ही स्त्री को समानता का अधिकार दे दिया हो, पर व्यावहारिक रूप से उसे आज भी वे अधिकार नहीं मिलते। उसकी बजाय शोषण, बलात्कार और अन्याय ही उन्हें मिलता है, और बालिका के रूप में उपेक्षा। जबकि उपेक्षा यह की जा रही है कि समाज में बालिका और स्त्री को उसका अधिकार दिलाने के लिए आवश्यक है कि उसकी परंपरागत छवि के स्थान पर उसे आत्मविश्वासी, साहसी और कर्मठ रूप में चित्रित किया जाए। बालिका और स्त्री के चित्रांकन में भी उसे केवल श्रृंगार का प्रतीक बनाकर न प्रस्तुत किया जाए।

श्रम विभाजन और महत्वपूर्ण परिस्थिति तथा उपेक्षित स्थिति के साथ-साथ भारतीय परिवारों में बालिकाओं को अभी तक वह स्वतंत्रता नहीं मिली जिससे वे अपने स्वतंत्र व्यक्तित्व का निर्माण कर सकें। यदि कोई लड़की चित्रकार या नृत्यांगना बनना चाहती है तो उसके रास्ते में इतने अवरोधक खड़े किए जाते हैं कि शायद एक प्रतिशत बालिकाओं को ही अपनी इच्छा के अनुरूप बन पाने का अवसर मिलता है। खेलकूद, हॉकी, फुटबाल, एन.सी.सी. आदि में भाग लेनेवाली लड़कियों का प्रतिशत बहुत कम है। इसका कारण मुख्य रूप से मध्यम वर्गीय समाज की संकीर्ण सोच रही है जो लड़कियों को ब्याह की चिन्ता को लेकर बचपन से उनके विकास को अवरुद्ध करती रही है।

भारतीय समाज-व्यवस्था में लड़के-लड़की के भेदभाव के परिणामस्वरूप दोनों के पहनावे के अलावा खेलों, खिलौनों, भोजन तक में अन्तर रखने की प्रवृत्ति विद्यमान रही है। खेलों, खिलौनों आदि के द्वारा भी बालिका को यह अहसास कराया जाता है कि वह 'लड़की' है, उसकी सीमाएं हैं, वह लड़कों-जैसे अधिकार नहीं भोग सकती। बालकों के जहां इंजन, मोटर आदि जैसे खिलौने दिए जाते हैं वही बालिकाओं को 'किचेन के बर्तन', गुड़िया आदि खिलौने दिए जाते हैं। लड़कियों से अपेक्षा की जाती है कि वे घर के काम में मां का हाथ बंटाएं, जबकि लड़के उस समय खेलने या मौज-मस्ती करने जाते हैं। कई परिवारों में तो लड़कियों का ऊंची आवाज़ में बोलना या हंसना तक मना रहता है, जबकि लड़के कितना ही ऊधम और शोर करें कोई नोटिस नहीं लेता। ऊपर से यह कि शैतान बच्चा घर की शान तक माना जाता है। यह आम जातीय परिवारों का दृश्य है।

शोधों और सर्वेक्षणों से पता चला है कि लड़कियों के साथ जहां भ्रूण में ही क्रूरतापूर्ण व्यवहार की शुरुआत हो जाती है, वहीं उनके साथ बचपन से ही अमानवीय व्यवहार शुरू हो जाता है। इधर कुछ वर्षों में छोटी-छोटी बच्चियों के साथ होने वाली बलात्कार की घटनाओं ने प्रश्नचिह्न खड़ा कर दिया है कि बालिकाओं के प्रति समाज में यह वहशीपन की प्रवृत्ति क्यों उभर रही है और इसका निदान क्या है? कई मामले ऐसे भी आए हैं जिनमें बालिकाओं ने अपने पिता पर आरोप लगाया है कि वह उनका यौन-शोषण करता है। समाज में उभर रही यह घृणित प्रवृत्ति आज सबकी चिन्ता का विषय बन गयी है। स्कूल-कॉलेज जानेवाली लड़कियों की सुरक्षा का सवाल भी माता-पिता के लिए चिन्ता का कारण बनता जा रहा है। बढ़ती गुंडागर्दी, अपराध और हिंसा ने समाज में आज असुरक्षा का माहौल बना दिया है। बालिकाएं और महिलाएं आज सबसे ज्यादा असुरक्षित है। यदि समय रहते इस दिशा में कारगर कदम न उठाए गए तो समाज में बालिकाओं और महिलाओं

की स्थिति निश्चित ही बिगड़ सकती है। तब क्या पुरुष-समाज इसकी नैतिक जिम्मेदारी लेगा?

कुल मिलाकर बालिकाओं के जीवन का परिदृश्य सकारात्मक नहीं है। बाहरी चमक-दमक के पीछे छिपी विडम्बनाएं अत्यधिक हृदय विदारक हैं। बालिकाओं की आज भारतीय समाज में जो स्थिति है, उसे यदि उपर्युक्त विवेचन के संदर्भ में देखें तो वह कुछ बहुत सुखद नहीं है। वास्तव में बालिकाओं को जो अधिकार समाज द्वारा मिलने चाहिए, वे नहीं मिल रहे हैं। दूसरे शब्दों में पुरुषवादी-समाज का महिलाओं के प्रति जो नज़रिया है, उसमें पहले की तुलना में इधर के वर्षों में और अधिक गिरावट आई है। इसका एक ज्वलंत उदाहरण 'महिला आरक्षण विधेयक' है, जो अभी तक कानून का रूप नहीं ले सका है। आज हमारे समाज की सोच राजनीति से अधिक प्रभावित हो गई है। राजनीति में आज अपराधीकरण, हिंसा और भ्रष्टाचार का बोलबाला है। असामाजिक तत्वों, अपराधियों और भ्रष्ट अफसरों को राजनीतिज्ञों की शरण प्राप्त है। ऐसे में वे मनमाने काम कर रहे हैं और इसका सबसे ज़्यादा असर पड़ रहा है महिलाओं और बालिकाओं पर। महिलाओं पर हर प्रान्त में, हर समाज में तरह-तरह के जुल्म हो रहे हैं—कहीं उनके साथ सामूहिक बलात्कार हो रहा है, कहीं उन्हें नंगा करके उनका जुलूस निकाला जा रहा है, कहीं उन्हें ध्वजारोहरण से रोककर उनसे अभद्र व्यवहार किया जा रहा है और इसकी कहीं कोई सुनवाई नहीं है। राह-चलती लड़कियों से छेड़छाड़, कॉलेज-स्कूल की बस रुकवाकर कुछ लड़कों द्वारा छेड़छाड़, राह चलती लड़कियों का अपहरण और उनसे सामूहिक बलात्कार जैसी घटनाओं को पढ़-सुनकर क्या धारणा बनती है? इससे स्पष्ट हो रहा है कि पुरुषवादी समाज, अब सारे नैतिक, सामाजिक और मानवीय मूल्यों को भूलकर अराजकता की ओर अग्रसर हो रहा है, और किसी भी अराजकतावादी समाज में मानवाधिकारों तथा मानवीय मूल्यों की आशा करना व्यर्थ होता है। तब हम अपने देश के समाज और उसमें मानवाधिकारों की सुरक्षा के बारे में क्या आशा करें, इस प्रश्न का उत्तर हमें खोजना ही होगा।

सांस्कृतिक प्रतीकवाद एवं सामान्य भूमिका

भारत में आमतौर पर यह सुनने को मिलता है कि नारी 'देवी' या शक्ति है। उसका आदर किया जाना चाहिए, उसकी पूजा होनी चाहिए और कभी-कभी उससे डरकर रहना चाहिए। मनु ने कहा था कि 'जहां नारी का सम्मान किया जाता है वहां देवता बसते हैं।' मंदिरों में देखने पर दृष्टिगोचर होता है कि प्रत्येक देवता पत्नी सहित पूजा जाता है—शिव पार्वती के साथ, राम सीता के साथ, विष्णु लक्ष्मी के साथ और कृष्ण राधा के साथ इत्यादि। इसी प्रकार और भी अनेक देवियां हैं जो स्वयं अपने अधिकारों के कारण पूजी जाती हैं जैसे लक्ष्मी, सरस्वती, मारी (महामारी) शक्ति या मूलतत्व इन्हीं देवी-देवताओं द्वारा प्रकट किया जाता है।

प्रायः मां और बेटे के बीच के आत्मीय संबंधों के बारे में भी सुनते हैं। मातृत्व की कोमल भावनाओं और पालन-पोषण की भावनाओं को आदर्श रूप दे दिया गया है। वस्तुतः भारतीय पुरुष को मां के द्वारा शासित होना चाहिए, क्योंकि वही उसे कर्म के लिए प्रेरित करती है।

नारी की इन न दिखने वाली शक्तियों को अधिकार के मिथक के साथ ही एक अन्य मिथक है जो उसे विनीत, कमजोर और घर से ही बंधा रहने वाला प्राणी समझता है। उसे वासना के उस प्रतीक के रूप में देखा जाता है, जो अपनी नारीजन्य मोहकता का प्रयोग पुरुषों की शांति भंग करने के लिए करती हैं।

लेकिन ये सांस्कृतिक प्रतीक क्या स्त्री की वास्तविकता प्रकट करते हैं? नहीं! तो वास्तविकता क्या है? यदि विभिन्न लोकोक्तियों, किंवदंतियों या जाने-माने विचारकों के लेखों को देखा जाय तो 'शक्ति देवी' के मिथक के पीछे की विडंबना प्रकट हो जाती है। तुलसीदास ने लिखा है—'ढोल, गंवार, शूद्र, पशु, नारी। ये सब ताड़न के अधिकारी।' मनु ने एक तरफ नारी को 'देवी' का स्थान दिया है तो दूसरी तरफ यह भी कहा है कि उसे पिता, पति व पुत्र की सुरक्षा में रहना चाहिए। जरा बीज और खेत के प्रतीक पर ध्यान दीजिए। बीज पुनरुत्पादन में पिता के योगदान का प्रतीक है और खेत मां के एक अंश का प्रतिनिधित्व करता है। पुरुष बीज का सत्व बच्चे के लिंग या परिचय का निर्धारण करता है। वास्तविकता जबकि यह है कि पुनरुत्पादन की प्रक्रिया में स्त्री और पुरुष दोनों की भूमिका समान रूप से महत्वपूर्ण है लेकिन यह प्रतीक रच दिया गया है कि पुरुष ही अधिक महत्वपूर्ण निर्धारक-तत्व है।

जहां तक औरत के कमजोर या दुर्बल होने के प्रतीक की बात है तो उसे ध्यान से देखने पर बहुत हृदय विदारक सच्चाई सामने आती है। क्या हम उस औरत को जो घुटने तक पानी में डूबे हुए धान के खेत में दस-दस घंटे तक काम करती है, कमजोर कह सकते हैं? क्या उस औरत को नाजुक कहा जा सकता है जो सिर पर लकड़ी का भारी गट्ठर उठाती है या मीलों पैदल चलकर पानी लाने में छह से आठ घंटे समय बिताती है? एक औरत जो दिन के दस-बारह घंटे कूड़ा बीनती है?

एक दूसरे प्रतीक के मुताबिक औरत सिर्फ घर में काम करती है और मर्द रोजी-रोटी कमाने वाला है। यह भी वास्तविकता से एकदम विपरीत है। सर्वेक्षणों में यह रिकॉर्ड किया गया है कि हमारे देश में दस-प्रतिशत घरों की मुखिया महिलाएं ही हैं। घरों और परिवार के रखरखाव की प्रमुख जिम्मेवारी इन औरतों की ही होती है। पति के घर में होने के बावजूद यह सच्चाई है।

महिलाओं की स्थिति आर्थिक विकास, राजनीतिक हिस्सेदारी और सैद्धांतिक विचारधाराओं से प्रभावित है। साथ ही यह महिलाओं के आचरण के लिए समाज द्वारा बनाए गए आदर्शों और मूल्यों से भी निर्मित होती है। जैसे हमारे यहां अनेक प्रकार के नियम और प्रतिबंध हैं जो प्रत्यक्ष और परोक्ष रूप से महिलाओं के आचरण का निर्धारण करते हैं। एक लड़की से अपेक्षा की जाती है कि वह आज्ञाकारी, शर्मीली व विनीत हो। युवावस्था तक पहुंचने पर प्राय: उनका लड़कों से मिलना-जुलना पसन्द नहीं किया जाता। उनके लिए निर्देश होता है कि उन्हें धीरे चलना चाहिए, उनकी शादी जल्दी होनी चाहिए, लड़कियों के लिए विवाह आवश्यक ही है। और इस प्रकार के अनेकों 'ऐसा करना चाहिए' और 'ऐसा नहीं करना चाहिए' हैं जिनसे सभी परिचित हैं।

अनेकों बार लड़कियों पर छेड़छाड़ या बलात्कार के लिए प्रेरित करने जैसे आरोप लगाये जाते हैं। ऐसा माना जाता है कि भड़काने वाले कपड़े पहने हुए थीं या उनका चाल-चलन ठीक नहीं था। जब सात वर्षीया लड़की के साथ बलात्कार की घटना, या साठ साल की बूढ़ी औरत से छेड़छाड़ की घटना, या जब हवालात में बलात्कार होने की घटना हमारे सामने आतीं है तब हम यह कैसे कह सकते हैं कि इस प्रकार के शोषण की जिम्मेदार स्वयं महिलाएं ही हैं? दहेज के लिए होने वाली मौतें समाज में महिलाओं की तथाकथित 'ऊंची' कहलायी जाने वाली स्थिति का एक और प्रमाण है।

अत: इस तरह जो विषमता देखी जा रही है उसके बारे में हम निरंतर बात कर सकते हैं। एक तरफ तो ये मिथक स्त्रियों को महिमामन्डित करते हैं या फिर उनका अवमूल्यन करते हैं जबकि वास्तविकता इससे भिन्न दृश्य प्रस्तुत करती है।

बालक एवं बालिकाओं की अधिकारिता : मिथक और यथार्थ—सरकारी योजनाओं के माध्यम से पुरुषों और स्त्रियों की समानता पर बहुत बल दिया गया है। भारत के संविधान में राज्य के नीति-निदेशक सिद्धांतों में तथा मौलिक अधिकारों के एक भाग के रूप में यह कहा गया है कि राष्ट्र ऐसी नीति बनाएगा जिससे पुरुषों और महिलाओं को स्वास्थ्य और शक्ति प्राप्त हो और छोटी आयु के बच्चों का शोषण न हो, और आर्थिक आवश्यकता के कारण नागरिक ऐसा व्यवसाय करने के लिए बाध्य न हों जो उनकी आयु तथा शक्ति के अनुपयुक्त हो, तथा विशेषकर बच्चों को स्वास्थ्यकर वातावरण एवं स्वतंत्रता और गरिमा में विकसित होने के अवसर और सुविधाएं दी जाएं, बच्चों और युवाओं को शोषण से बचाया जाए और उनका नैतिक तथा भौतिक शोषण न हो।

संविधान में बच्चों के अधिकारों की एक प्रभावशाली सूची दी गई है। इनमें से कुछ अधिकार तो वयस्कों को भी उपलब्ध नहीं है। हालांकि कानून के समक्ष समानता और कानूनों की समान सुरक्षा का अधिकार बच्चों-सहित सभी को उपलब्ध है, किन्तु अनुच्छेद 15(3)राष्ट्र को बच्चों के लिए विशेष कानून बनाने का अधिकार प्रदान करता है और इस प्रकार की प्रथाओं को कानून के अंतर्गत दण्डनीय माना गया है। संविधान के अनुच्छेद 24 के अंतर्गत 14 वर्ष से कम आयु के बच्चों की किसी कारखाने, खान अथवा किसी संकटापन्न गतिविधि में नियोजन निषिद्ध है। इसके अतिरिक्त संविधान के छह मौलिक अधिकार उसी प्रकार बच्चों को उपलब्ध हैं, जिस प्रकार वयस्क नागरिकों को हैं। संविधान में राष्ट्र के नीति-निदेशक सिद्धांतों में बाल-अधिकारों के संवर्द्धन के लिए जो विशेष उपबन्ध उल्लिखित हैं, वे हैं :

अनुच्छेद 39 : राष्ट्र विशेष रूप से निम्नलिखित के लिए नीति बनाएगा : (3) पुरुष और महिला कर्मियों, को स्वास्थ्य और शक्ति प्राप्त हो और छोटी आयु के बच्चों का शोषण न हो और आर्थिक आवश्यकता के कारण नागरिक ऐसा व्यवसाय करने के लिए बाध्य न हों जो उनकी आयु तथा शक्ति के अनुपयुक्त हों।

(च) बच्चों को स्वास्थ्यकर वातावरण तथा स्वतंत्रता और गरिमा के साथ विकसित होने के अवसर और सुविधाएं दी जाएं तथा बच्चों और युवाओं को शोषण से बचाया जाय और उनका नैतिक तथा भौतिक शोषण न हो।

अनुच्छेद 42 : राष्ट्र, कार्य की न्यायोचित और मानवीय परिस्थितियां उपलब्ध कराने और प्रसूति-राहत उपलब्ध कराने का प्रावधान करेगा।

अनुच्छेद 45 : राष्ट्र इस संविधान के लागू होने के दस वर्षों के भीतर 14 वर्ष की आयु पूरी होने तक सभी बच्चों को नि:शुल्क और अनिवार्य शिक्षा प्रदान करने का प्रयास करेगा।

अनुच्छेद 47 : राष्ट्र, संतुलित आहार के स्तर और लोगों के जीवन-स्तर तथा सार्वजनिक स्वास्थ्य में सुधार को अपना मूल दायित्व समझेगा और विशेषकर राष्ट्र स्वास्थ्य के लिए हानिकारक

नशीले पेय और दवाओं की खपत को बन्द करने के प्रयास करेगा।

इस प्रकार देश में 14 वर्ष तक के बच्चों को, बिना किसी भेदभाव के, संविधान द्वारा विकास के अधिकार दिए गए हैं। इसके साथ ही बच्चों के साथ होने वाले अन्याय, शोषण तथा लिंग के आधार पर होने वाले भेदभाव को रोकने के लिए, बच्चों के स्वास्थ्य, शिक्षा, विकास और उनके जन्म आदि में बाधा डालने वाली समस्याओं को जड़ से समाप्त करने के लिए, तथा समाज में बच्चों के प्रति लोगों का दृष्टिकोण बदलने के लिए कई कानून बनाए गए हैं, जो इस प्रकार हैं:

1. प्रशिक्षु अधिनियम, 1961
2. संरक्षक और प्रतिपाल्य अधिनियम, 1890
3. सुधार विद्यालय अधिनियम, 1897
4. बालविवाह अवरोध अधिनियम, 1929
5. बालक (श्रम-गिरवीकरण) अधिनियम, 1993
6. अनैतिक व्यापार निवारण अधिनियम, 1956
7. हिन्दू अल्पवयता और संरक्षकता अधिनियम, 1956
8. हिन्दू दत्तक और भरण-पोषण अधिनियम, 1956
9. स्त्री और बालक संस्था (अनुज्ञापन) अधिनियम, 1956
10. अपराधी परिवीक्षा अधिनियम, 1958
11. अनाथाश्रम और अन्य धर्मार्थ-गृह (पर्यवेक्षण एवं नियन्त्रण) अधिनियम, 1960
12. अल्पवयस्क व्यक्ति (हानिकर प्रकाशन) अधिनियम, 1993
13. किशोर अपराध न्याय अधिनियम, 1986
14. शिशु दुग्ध विकल्प, फीडिंग-बोतल और शिशु आहार (उत्पादन, आपूर्ति और वितरण विनियमन) अधिनियम, 1992
15. प्रसवपूर्व परीक्षण तकनीक (निवारण, दुरुपयोग और विनियमन) अधिनियम, 1994
16. अपंग व्यक्ति (समान अवसर, अधिकार, सुरक्षा और पूर्ण भागीदारी) अधिनियम, 1995

इसके अलावा अनेक कल्याणकारी और आपराधिक कानून हैं, जिनमें बच्चों की देखभाल और सुरक्षा के प्रावधान हैं। ऐसे अनेक सांविधिक कानून हैं जिन्हें अधिकांश राज्यों ने कुछ स्थानीय परिशाधनों के साथ पारित किया है।

बच्चों के कल्याण तथा विकास की दिशा में, स्वतंत्रता-प्राप्ति के बाद जो कार्य किए गए, वे न केवल अपर्याप्त सिद्ध हुए, बल्कि यह आवश्यकता अनुभव की गई कि इस दिशा में एक स्पष्ट नीति बनाई जाए और समन्वित रूप से कार्यक्रम चलाए जाएं। इसलिए सन् 1974 में भारत सरकार ने 'राष्ट्रीय बाल-नीति' बनाई। इस 'राष्ट्रीय बाल-नीति' में हमारे बच्चों के पोषण का दायित्व सरकार का माना गया है। नीति में बच्चों के प्रति हमारे संवैधानिक दायित्व को दोहराया गया है तथा बच्चों की जन्म से पूर्व और जन्म के पश्चात् ही अलग-अलग आवश्यकताओं को समग्र रूप में पूरा करने की भी व्यवस्था है।

संयुक्त राष्ट्र संघ ने सन् 1959 में 20 नवम्बर को एक प्रस्ताव पारित करके 'बाल-अधिकार घोषणा-पत्र' जारी किया था। इसमें 10 सिद्धांत तय किए थे। इनमें कहा गया था कि बच्चों के रंग, धर्म, लिंग आदि का भेदभाव किए बिना, सभी अधिकारों को उन्हें दिया जाना चाहिए। साथ ही यह कहा गया है कि दुनियाभर के बच्चों को शारीरिक, मानसिक, नैतिक और सामाजिक स्तर पर, स्वस्थ एवं सामान्य ढंग से स्वतंत्रता और गरिमा के साथ विकास करने की कानूनी तथा अन्य रूप में सुविधाएं व अवसर उपलब्ध कराए जाने चाहिएं। इसमें यह भी कहा गया कि बच्चों को सामाजिक सुरक्षा, प्यार, सहानुभूति, निःशुल्क प्राथमिक शिक्षा, क्रूरता एवं शोषण से मुक्ति तथा बच्चों के प्रति भेदभाव को बढ़ावा देनेवाले रीति-रिवाजों व परम्पराओं से रक्षा की दिशा में सभी देशों को उपाय करना चाहिए। यह घोषणा पत्र अनेक देशों से संबंधित नीतियों को निर्धारित करने में मार्गदर्शक सिद्ध हुआ, क्योंकि इनमें उन सभी तत्वों की चर्चा है जो बच्चे को स्वस्थ एवं विवेकशील नागरिक बनाने के लिए आवश्यक है।

इसके बाद 20 नवम्बर, 1989 को संयुक्त राष्ट्र संघ द्वारा विश्व के राष्ट्रों का एक शिखर सम्मेलन आयोजित हुआ। इसमें पहली बार अंतर्राष्ट्रीय स्तर पर बच्चों के अधिकारों को सन्धि-पत्र के रूप में स्वीकार किया गया।

इसमें कहा गया :

अनुच्छेद 1: इस सम्मेलन-सभा के अनुसार बालक का अर्थ 18 वर्ष की आयु से कम प्रत्येक मानव-प्राणी से है, या जब तक कि वह अपने यहां के कानून के अन्तर्गत वयस्क न हो जाए।

अनुच्छेद 2 : इस सम्मेलन-सभा द्वारा बच्चे को दिए गए अधिकारों को लागू करने की जिम्मेदारी राज्य द्वारा बिना किसी भेदभाव के पूरी की जाएगी।

अनुच्छेद 6 : 1. राज्य प्रत्येक बच्चे के जीने के नैसर्गिक अधिकार को स्वीकार करता है।

2. राज्य प्रत्येक बच्चे के जीवित रहने एवं विकास को यथासंभव सुनिश्चित करेगा।

अनुच्छेद 7 : 1. बच्चे के जन्म के तुरन्त बाद उसका पंजीकरण किया जाएगा, उसे जन्म के साथ ही एक नाम प्राप्त करने का अधिकार होगा, एक राष्ट्रीयता प्राप्त करने का अधिकार होगा और यथासंभव उसे अपने माता-पिता को जानने तथा उनके द्वारा देखभाल किये जाने का अधिकार होगा।

2. राज्य अपने देश के राष्ट्रीय कानून और इस विषय में उपलब्ध अंतर्राष्ट्रीय कानूनों को ध्यान में रखकर इन अधिकारों को दिये जाने की व्यवस्था करेगा अन्यथा वह बालक राज्य-विहीन हो जाएगा।

अनुच्छेद 8 : 1. राज्य, बच्चे की कानून द्वारा स्वीकृत राष्ट्रीयता, नाम एवं पारिवारिक सम्बन्धों सहित उसकी पहचान को सुरक्षा और सम्मान देगा और इसमें कोई कानूनी हस्तक्षेप नहीं होने देगा।

2. यदि बच्चा, गैर-कानूनी ढंग से अपनी पहचान के कुछ या सभी तत्वों को खो देता है तो राज्य शीघ्रता से उसकी पहचान पुन: स्थापित करने में उचित सहायता एवं संरक्षण प्रदान करेगा।

30 सितम्बर, 1990 को यह बाल-अधिकार घोषणा-पत्र विश्व के सभी देशों के लिए जारी किया गया। भारत ने दो वर्ष पश्चात् दिसम्बर 1992 में इसकी पुष्टि की और इसकी भावना तथा कार्रवाई के अनुरूप बच्चों के प्रति अपनी प्रतिबद्धता व्यक्त की। संयुक्त राष्ट्र बाल-अधिकार घोषणा-पत्र में कहा गया है कि बच्चों को अनिवार्य और जरूरी संसाधनों के आवंटन में सर्वोच्च प्राथमिकता दी जानी चाहिए। राज्य को यह दायित्व भी सौंपा गयाङ्क वह यह सुनिश्चित करें कि बच्चों के प्रति समाज में अच्छा और समान व्यवहार हो, तथा सभी लोगों और सरकारी तथा गैर-सरकारी, स्थानीय, राष्ट्रीय, क्षेत्रीय और अन्तर्राष्ट्रीय अभिकरणों द्वारा एक ऐसा वातावरण बनाने के लिए ठोस कारवाई की जाय, जिसमें सभी बच्चे सुरक्षित महसूस कर सकें और अपनी पूरी क्षमता हासिल कर सकें। इस भावना के अनुरूप भारत ने अपनी 'राष्ट्रीय बाल-नीति' में अपनी प्रतिबद्धता व्यक्त की है।

संयुक्त राष्ट्र 'बाल अधिकार घोषणा-पत्र' के अनुरूप भारत सरकार ने बच्चों के अधिकार और स्थिति पर फरवरी 1997 में 'राष्ट्रीय रिपोर्ट' प्रकाशित की है। इसमें जनगणना-विभाग के अनुसार चौदह साल से कम आयु के लोगों को 'बच्चा' माना गया है। इसके साथ ही यह भी स्पष्ट किया गया है कि देश के विभिन्न कानूनों में 'बच्चे' की परिभाषा अलग-अलग मामलों में किस तरह की गई है:

1. भारतीय दंड संहिता : अपराध कानून : सात साल से कम उम्र के बच्चे द्वारा किया गया कोई कृत्य अपराध नहीं माना जाता। अपराध की जिम्मेदारी स्थिर करने के लिए बच्चे की उम्र 12 साल कर दी गई है। किसी बालिका के लिए, अपनी यौन-सहमति देने के लिए, सोलह वर्ष की आयु प्राप्त करना आवश्यक है। यदि वह विवाहित है तो यह उम्र पन्द्रह वर्ष की आयु से कम नहीं होनी चाहिए।

2. किशोर-कानून : किशोर-न्याय अधिनियम, 1960 : जिस किशोर बालक की आयु 18 वर्ष नहीं है, या जिस किशोर बालिका की आयु 16 वर्ष नहीं है, वे बच्चे ही माने जाएंगे। किशोर-अपराधी को जेल की सजा नहीं दी जा सकती। किशोर अपराधियों को इस अधिनियम के अंतर्गत पुलिस स्टेशन या जेल में बंद नहीं रखा जा सकता।

3. परिवार कानून : बाल-विवाह निरोधक अधिनियम, 1926 : यहां 'बच्चे' से अर्थ उस व्यक्ति से है, यदि वह पुरुष है, जिसने 21 वर्ष की आयु नहीं प्राप्त की है और यदि वह स्त्री है तो 18 वर्ष की उम्र नहीं प्राप्त की है।

4. श्रम-कानून : प्रशिक्षु-अधिनियम, 1961: प्रशिक्षु बनने के लिए आवश्यक है कि उस व्यक्ति (लड़का या लड़की) की आयु 14 वर्ष से अधिक हो, साथ ही जैसी आवश्यकता हो उसके अनुरूप उसमें शैक्षिक योग्यता और शारीरिक दक्षता हो।

5. फैक्ट्री ऐक्ट, 1948: किसी फैक्ट्री में 14 साल से कम उम्र के बच्चे (लड़का या लड़की) को काम करने की अनुमति नहीं है। कोई किशोर या किशोरी, जिसकी उम्र 15 से 18 साल के बीच है, फैक्ट्री में तभी नौकरी कर सकता है, जब वह किसी प्राधिकृत चिकित्सक से अपनी शारीरिक दक्षता का प्रमाणपत्र प्रस्तुत करे। 14 से 18 साल के उम्र का बालक साढ़े चार घंटे से अधिक समय तक काम करने के लिए नहीं रखा जा सकता।

6. खान संशोधन अधिनियम : किसी भी खान या उसके किसी भी हिस्से में, 18 साल से कम आयु का कोई भी व्यक्ति काम नहीं कर सकता।

7. बाल-श्रमिक (निरोधक एवं विनियमन) अधिनियम, 1966 : इस अधिनियम में 'बच्चे' का अर्थ है ऐसा व्यक्ति (लड़का या लड़की) जिसकी चौदह साल आयु नहीं है।

8. सेना मुख्यालय विनियमन : सेना में भर्ती की उम्र 16 से 25 वर्ष है। जो लोग 16 वर्ष की आयु में भर्ती किए जाते हैं उन्हें बुनियादी सैनिक प्रशिक्षण, ढाई साल में प्राप्त करना अनिवार्य होता है, इसके बाद वे सेना की नियमित सेवा में लिये जाते हैं।

9. भारतीय अनुबंध अधिनियम, 1870 : कोई भी व्यक्ति जिसकी आयु 18 वर्ष से कम है, अनुबंध करने का अधिकारी नहीं है।

2011 की जनगणना के अनुसार भारत में लगभग 16 करोड़ बच्चे हैं जो भारत की जनसंख्या का 13.12 प्रतिशत हैं। ये बच्चे 6 वर्ष से कम आयु के हैं। इनमें से बहुत-से बच्चों का शारीरिक और मानसिक विकास अवरुद्ध होता है। इन परिस्थितियों में निर्धनता, पर्यावरणीय अस्वच्छता, बीमारी, संक्रमण, अपर्याप्त प्राथमिक देखभाल, अनुपयुक्त बाल-देखभाल और पोषण-प्रथाएं शामिल हैं।

देश में बच्चों को उनके अधिकार देने और उनके पालन-पोषण में मदद करने तथा उनको विकास की सुविधाएं देने के लिए सरकार, राष्ट्रीय बालनीति के अनुसार प्रतिबद्ध है। इसके लिए सरकार ने बच्चों के लिए, बिना किसी लिंग-भेद के, 'समेकित बाल विकास सेवा योजना' शुरू की हुई है। देश के बच्चों को उनके अधिकार देने की दिशा में यह एक महत्वपूर्ण योजना है। इस योजना की पृष्ठभूमि में भारतीय संविधान के अनुच्छेद 39 में, राज्य के नीति-निदेशक सिद्धांत में कही गई बाते हैं :

(क) कि कामगारों, पुरुषों और महिलाओं तथा कम आयु के बच्चों के स्वास्थ्य और ताकत का दुरुपयोग न किया जाय और यह कि देशवासी आर्थिक आवश्यकताओं से बाध्य होकर ऐसे पेशे न अपनाएं जो उनकी आयु अथवा ताकत के अनुरूप नहीं है।

(ख) कि बच्चों को स्वास्थ्यकर ढंग से स्वतंत्रता और सम्मान की परिस्थितियों में विकसित होने की सुविधाएं और अवसर मिलें तथा यह कि बच्चों और युवाओं को शोषण तथा नैतिक और भौतिक परित्याग से सुरक्षित रखा जाय।

एकीकृत बाल विकास सेवा (ICDS) योजना

एकीकृत बाल विकास सेवा योजना वर्ष 1975 में केंद्र प्रायाजित योजना के तौर पर शुरू की गई। इस योजना के मुख्य उद्देश्य हैं–

(क) छह वर्ष से कम उम्र के बच्चों और गर्भवती व स्तनपान करानेवाली माताओं के पौष्टिक आहार तथा स्वास्थ्य स्तर में सुधार।

(ख) बच्चों के समुचित मनोवैज्ञानिक, शारीरिक और सामाजिक विकास की नींव डालना।

(ग) बाल मृत्यु दर, कुपोषण और स्कूली शिक्षा अधूरी छोड़ने वाले बच्चों की दर में कमी लाना।

(घ) बाल विकास को बढ़ावा देने के लिए विभिन्न विभागों के बीच नीति तथा कार्यान्वयन में कारगर तालमेल स्थापित करना।

(ङ) स्वास्थ्य तथा पोषाहार, शिक्षा की समुचित व्यवस्था करके, माताओं तथा बच्चों की स्वास्थ्य वह पोषाहार संबंधी जरूरतों की देखरेख की क्षमता बढ़ाना।

एकीकृत बाल विकास सेवा योजना छह साल से कम उम्र के बच्चों, गर्भवती और स्तनपान कराने वाली माताओं को निम्नलिखित सेवाएं प्रदान करती है–

1. अनुपूरक पोषण।
2. प्रतिरक्षण।
3. स्वास्थ्य जाँच।
4. पोषण व स्वास्थ्य संबंधी शिक्षा।
5. संदर्भ सेवाएं।
6. स्कूली शिक्षा से पूर्व गैर-औपचारिक शिक्षा।

एकीकृत बाल विकास योजना के अंतर्गत संशोधित वित्तीय और पोषक स्तर इस प्रकार है–

श्रेणी	संशोधित दर (प्रति लाभार्थी प्रतिदिन)	कैलोरी	प्रोटीन
बच्चे (6 से 72 माह)	4.00 रु.	500	12–15
अत्यंत कम वजन वाले बच्चे (6 से 72 माह)	6.00 रु.	800	20–25
गर्भवती महिलाएं और दुग्धपान कराती माताएं	5.00 रु.	60	18–20

स्रोत: भारत-2012

सामाजिक संरचना एवं लिंग असमानता

नारीवादी आंदोलन जैसे-जैसे जोर पकड़ते गए वैसे-वैसे महिलाओं की प्रस्थिति, भूमिका और उनके साथ होने वाले व्यवहारों के बारे में जानकारियां सामने आती गईं। पूरी दुनिया में उनके साथ होने वाले उत्पीड़न और क्रूरतापूर्ण व्यवहार लिखित रूप में समाज के समक्ष आए हैं। भारतीय समाज में लिंग-भेद के कारण महिलाओं को सामाजिक और आर्थिक रूप से दूसरे दर्जे का समझा जाता रहा है। यही कारण है कि भारत के लगभग सभी प्रान्तों में लड़की का जन्म कभी भी अच्छा नहीं समझा गया। अगर वे जीवित रह जाती हैं तो उनकी जीवन-यात्रा एक तरह से नरक से कम नहीं होती है। यह भी कितनी बड़ी विडम्बना है कि बालिका-शिशु के भेदभाव की यह नीति परिवारों से ही आरंभ होती है। तमिलनाडु के मदुराई जिले में, कालार जाति में अगर कोई महिला बालिका-शिशु-हत्या का विरोध करती है तो उसका पति उसे त्याग भी देता है। इस भय से महिलाएं विरोध नहीं करतीं। 'राष्ट्रीय पोषण निगरानी ब्यूरो' के एक सर्वेक्षण के अनुसार लड़के और लड़कियों को दिये जानेवाले पौष्टिक भोजन में भी अंतर पाया गया। दस से पन्द्रह वर्ष के

लड़कों को 31 ग्राम पौष्टिक भोजन एक दिन में दिया जाता है, जबकि इसी आयु की लड़कियों को 25 ग्राम पौष्टिक भोजन एक दिन में मिलता है। लड़कों को ज़्यादा हरी सब्जी, फल और ज़्यादा कैल्शियम-युक्त भोजन दिया जाता है। जैसे ही बच्चे बड़े होते हैं और घरेलू या बाहर के कामों में हिस्सा लेने लगते हैं, लड़कियों की तुलना में लड़कों को मिलने वाले पौष्टिक आहार की प्रतिशत मात्रा में और अधिक अंतर आ जाता है। घरेलू काम करने वाली महिला को चार सौ तीन ग्राम अनाज खाने को मिलता है, जबकि वही काम करने वाले पुरुष को चार सौ पचहत्तर ग्राम।

उपरोक्त बुनियादी आवश्यकता में कमी के साथ ही जीवन के दूसरे सोपानों पर विच्छिन्नता का यह अन्तर बढ़ता दिखाई पड़ता है। शिक्षा के रूप में इस अन्तर को बखूबी देखा जा सकता है। भारत में स्त्रियों की शिक्षा, पुरुषों के मुकाबले में आधी भी नहीं है। बालिकाओं की शिक्षा के बारे में उनके माता-पिता की यह सोच है कि उन्हें शिक्षित करके आर्थिक रूप से भला क्या लाभ होगा? जो लड़कियां अपने आत्मविश्वास से शिक्षित होने में सफल हो जाती हैं और पुरुषों के समकक्ष अपना विकास करना चाहती हैं उन्हें पुरुष समाज में बहुत दिक्कतों का सामना करना पड़ता है। यह स्थिति पुरुष और महिला साक्षरता में भी देखने को मिलती है। सन् 2001 की जनगणना के अनुसार शिक्षित पुरुषों की संख्या 76 प्रतिशत थी तो महिलाओं की 54 प्रतिशत। 2011 की जनगणना के अनुसार पुरुष साक्षरता 78.26 प्रतिशत एवं महिला साक्षरता 58.01 प्रतिशत है।

स्वास्थ्य-संबंधी मामलों में भी कुछ ऐसी ही विडम्बना है। भारतीय समाज में लड़के और लड़की के स्वास्थ्य के बारे में चिंता के दो मानक रहे हैं। इसके अनेक उदाहरण यत्र तत्र मिल जाते हैं। लड़के जब बीमार होते हैं तो उन्हें चिकित्सा की सारी सुविधाएं मिल सके ऐसा प्रयत्न माता-पिता का होता है, जबकि लड़कियों की चिकित्सा के बारे में माता-पिता विशेष ध्यान नहीं देते और न ही उन्हें अस्पताल में भर्ती कराते हैं। यह स्थिति तब है जबकि सरकारी अस्पतालों में नि:शुल्क चिकित्सा-सुविधा है। दिल्ली के ऑल इंडिया इंस्टीट्यूट ऑफ मेडिकल साइंसेज में बच्चों और शिशुओं की शल्य-चिकित्सा होती है, उसमें 70 प्रतिशत लड़कों की होती है और मात्र 30 प्रतिशत लड़कियों की होती है।

यह विडम्बना ही है कि पुरुषसत्तात्मक समाज में विपरीत लिंग के प्रति कुछ और ही दृष्टिकोण है। प्रकृति में जीव-विज्ञान की दृष्टि से मादा प्रजातियां पुरुषों की तुलना में श्रेष्ठ होती हैं। गर्भधारण के दौरान नरभ्रूणों का गर्भपात अचानक ही हो जाता है। बहुत सारे समाजों में मादा-शिशुओं की तुलना में नर-शिशुओं की मृत्युदर अधिक है। प्रकृति-चक्र इस बात को सुनिश्चित करता रहता है कि नर-भ्रूणों का गर्भधारण प्रचुरता से हो ताकि जन्म के समय यह अनुपात 105 नर प्रति सौ मादा शिशुओं की तुलना में हो। गर्भपात की प्रथा सदियों से रही है। दुनिया भर में पाए जाने वाले अनेक समाजों में गर्भपात किसी न किसी रूप में प्रचलित है और इन्हें ऐतिहासिक तथा धार्मिक मान्यताओं के आधार पर कानूनी स्वीकृति भी दे दी गई है। सन् 1307 से 1803 तक ब्रिटेन के समाज में गर्भपात कोई नैतिक समस्या नहीं थी। पाश्चात्य देशों में गर्भपात रोकने के लिए जो कानून बनाए गए हैं, उनमें 'अमेरिकन मेडिकल एसोसिएशन' द्वारा 1859 में किया गया वह संकल्प बहुत महत्वपूर्ण है जिसमें गर्भपात की निन्दा की गईङ्कउस प्रस्ताव के अनुसार गर्भपात की स्वीकृति केवल उसी अवस्था में दी गई जबकि शिशु की मां की जान बचाने के लिए वह आवश्यक हो। लेकिन इन सब के बावजूद अलग-अलग कानूनों के नाम पर गर्भपात को स्वीकृति मिलती रही।

भारत में 1971 में गर्भपात को चिकित्सकीय और सामाजिक आधार पर कानूनी स्वीकृति दी गई। उस समय तक 46 सौ चिकित्सा-केन्द्र और पन्द्रह हजार डॉक्टर इस कार्य के लिए सरकारी स्वीकृति प्राप्त कर चुके थे! अभी भी 40 से 60 लाख गर्भपात प्रतिवर्ष भारत में कराए जा रहे हैं। यह स्थिति तब है जबकि गर्भपात को कानूनी स्वीकृति प्राप्त होने के बावजूद बहुत बड़ी संख्या में महिलाओं को सुरक्षित गर्भपात मना कर दिया जाता है। सुरक्षित गर्भपात के संबंध में किए गए एक सर्वेक्षण के अनुसार गर्भपात के लिए देश में उपलब्ध सम्पूर्ण सुविधाओं के बावजूद केवल दस प्रतिशत सुविधाओं का ही प्रयोग किया जाता है। गर्भपात कराने का प्रशिक्षण भी अपर्याप्त और अप्रभावी सिद्ध हुआ है। प्रशिक्षण-सामग्री भी पुरानी पड़ चुकी है। वह भी अनेक प्रशिक्षण-केन्द्रों पर उपलब्ध नहीं होती है। यहां तक कि प्रशिक्षण देनेवाले लोग स्वयं सक्षम नहीं होते।

मातृसत्तात्मक एवं पितृसत्तात्मक

भारत में यद्यपि पितृसत्तात्मक व मातृसत्तात्मक दोनों तरह के परिवार हैं किंतु ठेठ भारतीय परिवार पितृसत्तात्मक संयुक्त परिवार है। विख्यात मानवशास्त्री इरावती कर्वे संयुक्त परिवार की परिभाषा इस प्रकार देती है—व्यक्तियों का एक समूह जो एक ही छत के नीचे रहता है, जो एक ही रसोई में पका हुआ भोजन करता है तथा जो

सामूहिक रूप से सम्पत्ति का मालिक है, परिवार की पूजा-पाठ में सामूहिक रूप से हिस्सा लेता है तथा जो एक दूसरे से किसी विशेष प्रकार की सगोत्रता के संबंध से जुड़ा है। परिवार का यह रूप पूरे देश में पाया जाता है। संयुक्त परिवार ऊंची जातियों व व्यापारिक समूहों में अत्यधिक है। बढ़ते हुए शहरीकरण और औद्योगीकरण के साथ संयुक्त परिवार वास्तव में साथ रहने की बजाय विचारों की दृढ़ता में ज्यादा विश्वास रखते हैं।

मातृसत्तात्मक परिवार में विवाहित दम्पत्ति वधू के माता-पिता के साथ रहते हैं। ऐसे परिवारों में घर की मुखिया मां होती है तथा वंश गणना मां की ओर से की जाती है। भारत में जनजातीय समाजों में ऐसे परिवार पाए जाते हैं। यद्यपि पितृसत्तात्मक परिवारों में भी स्त्रियों की भूमिका केंद्रीय स्थान रखती है तथापि आर्थिक अधिकार और निर्गम पुरुष केंद्रित होते हैं।

पितृसत्तात्मक परिवार, जहां लड़की शादी के बाद अपने पति के घर रहने जाती है, लिंग समानता के प्रेरक नहीं पाए गए। बहुत से लोकगीतों व कहानियों में संयुक्त परिवार वाले घरों में ब्याही गई लड़कियों की दशा को जहां उसे पूरी तरह सास व ननद इत्यादि के अधिकार में रहना पड़ता है के बिडम्बना को दर्शाया गया है। संयुक्त परिवार की उपयोगिता के बारे में एक अस्पष्ट-सा विचार है, खासकर कामकाजी महिलाओं के लिए जिन्हें पारिवारिक जिम्मेदारियों के बारे में संभवत: कम चिंता करनी पड़ती है। गहराई से खोज करने पर पता चलता है कि इन व्यक्तियों के लिए संयुक्त परिवार की धारणा तीन पीढ़ियों के एक साथ रहने की नहीं है, बल्कि एक शादी-शुदा जोड़े की अपने माता-पिता के साथ रहने की है।

श्रम विभाजन, उत्पादन एवं पुनरुत्पादन

औरत चाहे किसी भी वर्ग से क्यों न आती हो, घर का काम उसी की जिम्मेदारी है। परिवार में लिंग के आधार पर काम का बंटवारा बहुत स्पष्ट और सुनिश्चित है। इस तरह दोहरे बोझ के कारण कामकाजी औरत की जिंदगी थकावट और तनाव से भरी रहती है। हाल ही में अनौपचारिक क्षेत्र या असंगठित क्षेत्र के विकास की ओर काफी ध्यान दिया गया है। बहुत-सी औरतें गैर-कृषि क्षेत्रों में, छोटे-मोटे धंधों में स्वरोजगार के रूप में काम करती हैं—जैसे खाना प्रोसेस करना, या कपड़ा बनाना, बीड़ी बनाना, चूड़ी बनाना जैसी संस्थाओं में, या भवन-निर्माण स्थलों पर काम के साथ-साथ पुर्जे जोड़ना, पैकिंग करना, थैले तैयार करना इत्यादि।

शहरी मध्यम वर्ग के बीच दृश्य-विधान ही दूसरा है। शहरी इलाकों में चमकीले और प्रत्यक्ष दृश्यों में से एक बाबूगिरी करने वाली महिला कर्मचारियों का है। शहरी इलाकों में रहन-सहन के स्तर में वृद्धि, उच्च वर्गों की महिलाओं में मौजूद वर्जित मान्यताओं, जिनसे वह पहले प्रभावित थी, को हटा दिया है तथा उनमें से कुछ को तीसरे क्षेत्र के नए देशों व कार्यों, जो उनके लिए पहले वर्जित थे, में प्रविष्ट होने में समर्थ कर दिया है। सार्वजनिक व निजी क्षेत्र में प्रशासनिक नौकरियों की वृद्धि ने शिक्षित व्यक्तियों की मांग को बढ़ाया है। विकासगत गतिविधियों व कल्याण-कार्यों ने भी वैज्ञानिक, तकनीकी, चिकित्सा तथा 'पैरा-मेडिकल' व्यक्तियों के लिए एक शुरुआत की है। काफी समय से अध्यापक की नौकरी प्रतिष्ठा वाली मानी जाती थी, यदि वह महिला कालेज में है, तो वह और भी बेहतर माना जाता था। इस नौकरी का अर्थ है शारीरिक गतिशीलता का कम होना, कार्य-स्थल पर पुरुषों के साथ मेल-मिलाप कम होना, गर्मी की छुट्टियां मिलना। इसलिए यह कार्य औरतों के बच्चों की देखभाल करने वाले पारंपरिक काम का ही विस्तार रूप है। कई अध्ययनों से यह जाहिर होता है कि मध्यम वर्ग की महिलाओं ने नौकरी करनी शुरू कर दी है। किन्तु कुछ ऐसे क्षेत्र हैं जहां वे बेहिचक काम कर सकती है और कुछ ऐसे क्षेत्र हैं जो उनके लिए निषिद्ध है। यहां आशा की जाती है कि शायद आने वाले दशक में काम करने वाली महिलाओं पर हुए नये अध्ययन रोज़गार विकल्प में ज्यादा लचीलापन दर्शायें।

इससे पहले कि हम असंगठित क्षेत्रों में महिलाओं के कार्यरत होने के आशय की चर्चा करें, मध्यम वर्गीय शिक्षित कार्यरत महिलाओं के संदर्भ में एक महत्वपूर्ण अवलोकन को स्पष्ट करने की आवश्यकता है। विवाहित और कामकाजी होने के बावजूद ये महिलाएं पितृसत्तात्मक पुरुष प्रधान पारिवारिक ढांचे के भीतर ही रहती हैं। अत: नौकरी, चाहे वह कितनी ही प्रतिष्ठापूर्ण या लाभप्रद क्यों न हो, इन महिलाओं को उनकी पारिवारिक भूमिका से छुटकारा नहीं दिलाती। जोशी और लिडिल द्वारा हाल ही में किए गए एक अध्ययन के दौरान एक महिला कल्पना ने वस्तुस्थिति का सार देते हुए कहा ''मेरा काम कभी भी गंभीरता से नहीं लिया जाता और मैं कभी भी इसको नियंत्रण में नहीं रख सकती। मैं अपने पति के पेशे से बंधी हूं। यदि मेरे पति का तबादला होता है तो मुझे छुट्टी लेनी पड़ती है...... मैं महत्वाकांक्षी नहीं हूं, किन्तु मैं इन दिनों जो काम कर रही हूं, इसमें बेहद रुचि रखती हूं।'' इस तरह के अनेक तरीके अपनाये जाते हैं। क्योंकि समाज अभी भी महिला की प्राथमिक भूमिका घर बनाने वाली के रूप में समझता है।

लिंग और विकास
(Gender and Development)

लिंग संबंध और विकास नीतियों का प्रभाव

कुल जनसंख्या का लगभग आधा हिस्सा होने के कारण महिला और विकास का अंतरंग संबंध है। कोई भी समाज तब तक विकास नहीं कर सकता जब तक उसका आधा भाग दलित, शोषित अथवा अविकसित है। दूसरे शब्दों में महिलाओं की क्षमता का पूर्ण विकास किए बिना किसी भी आर्थिक व्यवस्था का विकास संभव नहीं है और कोई भी राष्ट्रीय विकास तब तक अपूर्ण है जब तक उसमें महिलाओं का विकास और विकास का लाभ महिलाओं तक पहुंचाने की व्यवस्था सम्मिलित नहीं है। साधारण शब्दों में विकास से तात्पर्य गरीबी का अंत, उत्पादकता में वृद्धि और परिणामत: सामाजिक व व्यक्तिगत जीवन की गुणवत्ता में सुधार है। विकास के मानकों में अच्छी शिक्षा, स्वास्थ्य और पोषण की व्यवस्था के साथ-साथ जनता की आर्थिक स्थिति में सुधार, क्रय-शक्ति का विकास और कल्याणकारी सामाजिक सेवाओं तक उनकी पहुंच इत्यादि कहे जा सकते हैं। स्पष्टत: अधिक उत्पादकता के अलावा विकास का अर्थ वितरणात्मक न्याय भी है, जैसे भारत में उद्योगीकरण, आधुनिकीकरण और विज्ञान तथा प्रौद्योगिकी के विकास से उपभोक्ता वस्तुओं का उत्पादन बढ़ा है, कृषि की उत्पादकता और गुणवत्ता में सुधार आया है परंतु ये केवल समाज के कुछ वर्गों को ही उपलब्ध हैं, क्योंकि अन्य की या तो उन तक पहुंच नहीं है अथवा वे उनकी क्रय-शक्ति से बाहर हैं। ऐसा बेरोजगारी, अर्धरोजगारी अथवा आर्थिक निर्भरता के कारण है। इस प्रकार की प्रक्रिया का प्रभाव समाज के सभी वर्गों पर एक-सा नहीं होता। महिला और पुरुष के मामले में भी यह भिन्नता देखी जा सकती है। औपनिवेशिक शासन के परिणामस्वरूप तृतीय विश्व के देशों की कमजोर आर्थिक स्थिति और विश्व-अर्थव्यवस्था में उनकी स्तरीय अवस्थिति महिला के प्रति भेदभाव को और भी बढ़ा देती है। पूंजीवादी की पैठ और परंपरागत अर्थव्यवस्था का आधुनिकीकरण तथा पुनर्निर्माण अधिकांशत: महिलाओं की बाधाओं में वृद्धि करता है क्योंकि नयी तकनीकें एक तरफ तो उनकी (महिलाओं की) आर्थिक क्रियाओं को हस्तगत कर लेती हैं, जैसे खाद्य-संभरण, वस्त्र-निर्माण इत्यादि और दूसरी तरफ अधिकांश नए और अच्छी कमाई वाले व्यवसाय पुरुषों को मिलते हैं क्योंकि अपनी शिक्षा और सामाजिक स्थिति के कारण वे ही उनके योग्य पाए जाते हैं।

परिणामस्वरूप महिलाओं की आर्थिक निर्भरता भी बढ़ती जाती है और कार्य-भार भी। कृषि के आधुनिकीकरण के परिणामस्वरूप वे एक तरफ तो कृषि-कार्यों से वंचित हो जाती हैं वहीं नयी तकनीकी भी उनकी पहुंच के बाहर रहती है, पुरुष की गतिशीलता के कारण अधिकांश पारिवारिक व बच्चों के पोषण संबंधित कार्यभार महिलाओं को ही संभालने पड़ते हैं। तृतीय विश्व की महिला तिहरे कार्यभार को संभालती है—गृहकार्य, शिशु-पालन और खाद्य तथापि उनकी आर्थिक स्थिति निरंतर निम्न होती जाती है।

1948 में संयुक्त राष्ट्र की मानवाधिकार घोषणा में महिला-पुरुष के समान अधिकारों में विश्वास की पुन: अभिव्यक्ति की गई थी। इसी समय के आसपास भारतीय संविधान-निर्माताओं ने भी स्त्री-पुरुष की समानता को—सांविधानिक जामा पहना दिया था। परंतु यह स्पष्ट है कि विश्व में और भारत में भी महिलाओं की प्रगति उतनी नहीं हो सकी जितनी कि आशा थी। महिलाओं की स्थिति विभिन्न राष्ट्रों, वर्गों और समाजों में भिन्न-भिन्न है। 1975 में संयुक्त राष्ट्र द्वारा ही तृतीय विकास दशक को 'महिला दशक' घोषित किया गया है। परिणामस्वरूप लगभग सभी राष्ट्रों में सम्मेलन हुए, सभाएं हुईं, विशेष योजनाएं बनाई गई और कार्यक्रम लागू किए गए तथापि महिलाओं की स्थिति और उनके प्रति सामाजिक अभिवृत्तियों में बहुत कम परिवर्तन आ सका। इस दशक की सबसे बड़ी उपलब्धि यह रही है कि विकास की योजनाओं में महिलाओं की भूमिका और स्थिति के प्रति एक नयी जागरुकता पैदा की जा सकी।

इस प्रकार जहां 1970–75 से पहले तक यह माना जाता था कि विकास की प्रक्रिया महिला और पुरुष दोनों को एक समान रूप से प्रभावित करते हैं, उत्पादकता का तात्पर्य नकदरी की अर्थव्यवस्था में इस प्रकार लगाया जाता था कि महिला के कार्यों की सदैव अवहेलना की जाती थी। यह भी समझा जाता था कि महिलाओं को लाभकारी विकास प्रक्रियाओं में बिना किसी बड़े ढांचागत परिवर्तन के शामिल किया जा सकता है और परिणाम यह हुआ कि आर्थिक विकास तो हुआ परन्तु सामाजिक और राष्ट्रीय विकास नहीं हो सका। तब यह अनुभव किया जाने लगा कि व्यावहारिक विकास तभी सफल हो सकता है जब विकास का लाभ जनसंख्या के सभी वर्गों को समान रूप से मिले। वहीं से 'महिलाओं के लिए विकास' और 'महिलाओं के साथ विकास' की अवधारणाओं का विकास हुआ। महिला और विकास के बीच अतरंग संबंध को विकास की अधुनातन रणनीति में केन्द्रीय माना गया है जिसके अनुसार महिला केवल विकास से प्रभावित ही नहीं होती अपितु उसे प्रभावित करने की अद्भुत क्षमता भी रखती हैं। महिलाएं विकास की प्रक्रिया का सक्रिय सहभागी बन सकें और

समाज के उत्पादक सदस्य के रूप में स्थापित हो सके इसके लिए यह आवश्यक है कि महिला और विशेषतौर कामकाजी ग्रामीण महिला की घरेलू थकान को कम किया जाय। ग्रामीण महिला को पर्याप्त चिकित्सा, शिक्षा, पोषक आहार और नवीन प्रौद्योगिकी, जैसे धुआं रहित चूल्हा और सौर-कुकर इत्यादि की सुविधा दी जाय और उसके उत्पादक परंतु असंगठित कार्यों को आय का साधन बनाया जाय ताकि वह गरीबी और निर्भरता के कुचक्र से बाहर निकल सके। शहरी और ग्रामीण दोनों प्रकार की कामकाजी महिलाओं के लिए मातृत्व-सुविधा, बाल-संरक्षण गृह भविष्य-निधि और उचित कार्य-दशाओं की सुविधाएं उपलब्ध करायी जाए महिलाओं को वैयक्तिक रूप से आर्थिक और अन्य मानवीय अधिकारों जैसे सुरक्षित आवास और भ्रमण के अधिकारों की प्राप्ति को मान्यता दी जाय। महिलाओं की स्थिति में सुधार से आधी जनसंख्या की स्थिति स्वत: सुधर जाएगी और शेष आधी जनसंख्या के बेहतर भविष्य और समुचित विकास का मार्ग तैयार हो सकेगा। यह कार्य बहुत सरल अथवा तुरन्त होने वाला नहीं है तथापि करने योग्य और विकास की दृष्टि से अपरिहार्य है। स्त्री-शक्ति के समुचित और पर्याप्त विकास और पोषण से अवसरों और संसाधनों के बेहतर उपयोग का आधार तैयार होगा। जो देश के नव-निर्माण और अनिवार्य आर्थिक विकास की नींव मजबूत कर सकेगा। भारत में महिलाओं की स्थिति को बेहतर बनाने के स्वयंसेवी संगठनों द्वारा जो प्रयास किए गए हैं, उनको सुविधानुसार दो भागों में बांटा जा सकता है—

'अ' स्वतंत्रता से पूर्व—अपने देश भारत में स्त्रियों की गिरी हुई दशा को सुधारने का प्रयास 19वीं शताब्दी से प्रारंभ होता है। इस दिशा में अनेक समाज सुधारकों जैसे राजा-राममोहन राय (1774–1833), ईश्वर चन्द्र विद्यासागर (1820–1871), स्वामी दयानन्द सरस्वती (1827–1883), केशव चन्द्र सेन (1838–1884), स्वामी विवेकानन्द (1868–1902), महात्मा गांधी (1869–1948), आदि ने कुछ कारगर कार्य किए। इन महापुरुषों के क्रांतिकारी विचारों ने सामान्य भारतीय जनता को महिलाओं की स्थिति में सुधार लाने के लिए पर्याप्त जागरुक बनाया और सामान्य जनता यह अनुभव करने लगी कि बिना नारी की उन्नति के राष्ट्र प्रगति की बात अधूरी होगी। यही कारण है कि आज के भारत में नारी की स्थिति मध्यकाल की तुलना में कहीं अधिक सम्मानित है। जीवन के विभिन्न क्षेत्रों में आज नारी पुरुषों के साथ कंधे से कंधा मिलाकर कार्य कर रही है।

स्त्रियों की इस उन्नति में अनेक स्वयंसेवी महिला संगठनों का योगदान प्रशंसनीय रहा है और इनके द्वारा भारतीय स्त्रियों की आर्थिक व सामाजिक दशा को सुधारने के व्यावहारिक प्रयास हुए हैं। इन प्रयासों को निम्नलिखित आधारों पर सरलता से समझा जा सकता है—

(क) बंगाल में नारी उत्थान— बंगाल प्रांत में नारी उत्थान का कार्य 1878 में बंगाल महिला समाज की स्थापना से हुआ। सन् 1886 में टैगोर परिवार की महिला स्वर्णकुमारी देवी ने कलकत्ता में 'सखी समिति' की स्थापना की; इतना ही नहीं कुछ समय बाद टैगोर परिवार की ही एक अन्य महिला सरलादेवी ने 'भारत स्त्री महामंडल' का संगठन किया। इन सभी संगठनों में महिलाएं अपनी समस्याओं पर विचार-विमर्श करती थीं, उस युग में महिलाओं के बारे में ऐसा विचार-विमर्श भी एक अभूतपूर्व घटना मानी जाती थी। इन विचार-विमर्शों के मुख्य विषय होते थे—'बदलते सामाजिक परिवेश में महिलाएं समाज की उपयोगी अंग किस प्रकार बन सकती हैं?' 'महिला स्वातंत्र्य' पुरुष तथा महिला में कौन श्रेष्ठ है? आदि।

(ख) महाराष्ट्र में नारी उत्थान—महाराष्ट्र प्रांत में नारी उत्थान का बहुत कुछ श्रेय पंडिता रामाबाई (1858–1922) को है। उनका जीवन व कार्य करने का ढंग प्रेरणादायक रहा है। उन्हीं के प्रयास से सन् 1922 में पूना में 'आर्य महिला समाज' की स्थापना संभव हो सकी। उन्होंने स्वयं उदाहरण प्रस्तुत करते हुए अंतर्प्रान्तीय अंतरजातीय विवाह किया, महिलाओं को मेडिकल शिक्षा दिए जाने के लिए विशेष प्रयास किए और 1892 में मुंबई में 'शारदा सदन' की स्थापना की। इतना ही नहीं, उन्होंने महिलाओं की व्यावसायिक शिक्षा के लिए 'मुक्ति सदन' नामक संस्थान को सुचारू रूप से चलाया; इस सदन में महिलाओं के शिक्षण-प्रशिक्षण की भी व्यवस्था की गई थी। अनेक सामाजिक विरोधों व संघर्षों से विचलित न होते हुए उन्होंने हजारों महिलाओं को शिक्षित किया, उनमें आत्म विश्वास की भावना को जागृत किया और उन्हें अंतिम तौर पर अपने पैरों पर खड़ा कर दिया। 'हन्टर कमीशन' के समक्ष बयान देते हुए कहा था कि उनके संगठन में 300 महिलाओं को शिक्षित किया जा रहा है।

1884 में न्यायाधीश गोविन्द रानाडे की पत्नी श्रीमती रामाबाई रानाडे (1862–1922), ने अपने घर पर नारी उत्थान की दृष्टि से 'हिन्दू महिला क्लब' की स्थापना की; 1909 में पूना सेवा सदन की शुरुआत की जहां अनपढ़ व विधवा स्त्रियों को शिक्षित किया जाता था और 'नर्सिंग मेडिकल एसोसिएशन' की स्थापना के द्वारा स्त्रियों को नर्सिंग-प्रशिक्षण की सुविधा उपलब्ध थी।

(ग) 20वीं शताब्दी के प्रथम दशक में नारी उत्थान—नारियों की दशा सुधारने हेतु इस दशक के दो महत्वपूर्ण स्वयंसेवी

संगठनों में 'गुजरात नारी महामण्डल' (1908), 'भगिनी समाज' (1908) का उल्लेख किया जा सकता है। इन संगठनों ने स्त्रियों को समाज में उचित स्थान दिलाने के लिए सतत संघर्ष किया। इतना ही नहीं, श्रीमती सरोज नलिनी दत्त ने जिलों, नगरों व कहीं-कहीं ग्रामों में भी 'महिला समितियों' का गठन किया। इन समितियों का कार्य स्त्रियों को सामान्य शिक्षा देने के साथ-साथ उन्हें स्वस्थता व स्वच्छता संबंधी नियमों के बारे में जानकारी भी उपलब्ध करानी थी। सरकार जनजातियों के विकास के लिए अनेक कार्यक्रम चला रही है तथा इनकी समस्याओं के समाधान के लिए दृढ़ संकल्प है। सच तो यह है कि महिला समितियों ने महिलाओं के मताधिकार एवं शासन में समान अधिकार के लिए सफलतापूर्वक संघर्ष किया है।

(घ) 20वीं शताब्दी के दूसरे दशक में नारी उत्थान—1917 का वर्ष भारतीय नारियों की प्रगति की दृष्टि से अत्यंत महत्वपूर्ण है। इस वर्ष श्रीमती सरोजिनी नायडू के नेतृत्व में भारत-सचिव मिस्टर मांटेग्यू को ज्ञापन दिया गया और महिलाओं के लिए मताधिकार तथा स्वास्थ्य संबंधी सुविधाओं की मांग की गई। मद्रास प्रांत में 'भारतीय महिला सभा' का गठन होना और श्रीमती ऐनी बेसेंट को अखिल भारतीय कांग्रेस के कलकत्ता अधिवेशन का सभापति चुना जाना भी इसी वर्ष की महत्वपूर्ण घटनाएं हैं। इस अधिवेशन में स्त्रियों के मताधिकार तथा शासन के विभिन्न पदों पर चुने जाने संबंधी अधिकारों की महत्वपूर्ण घोषणाएं की गई।

(ङ) नारी उत्थान और विदेशी महिलाएं—इस दिशा में तीन विदेशी महिलाओं—ऐनी बेसेंट (1847–1933), सिस्टर निवेदिता (1867–1911) तथा मार्गरेट कंजिस (1878–1954) का विशेष योगदान रहा है। श्रीमती मार्गरेट कंजिस ने 'स्त्री धर्म' नामक पत्र द्वारा जनमत जागृत करने का सफल प्रयास किया। उन्होंने 1926 में विभिन्न स्थानों पर स्त्रियों के राज्य स्तर के अधिवेशन सम्पन्न कराए। इन्हीं प्रयासों के फलस्वरूप 1927 के जनवरी माह में 'अखिल भारतीय महिला सभा' का प्रथम अधिवेशन पूना में संभव हो सका।

(च) अखिल भारतीय महिला सभा— अखिल भारतीय महिला सभा के प्रथम अधिवेशन में स्त्री-शिक्षा की प्रणाली में सुधार का निर्णय लिया गया; दूसरे अधिवेशन में बाल-विवाह के विरोध में 'शारदा बिल' का समर्थन किया गया और तीसरे अधिवेशन में समाज सुधार का कार्यक्रम स्वीकार किया गया। 1932–33 के गोलमेज सम्मेलन को महिला सभा की ओर से जो ज्ञापन दिया गया, उसमे सम्मिलित मुख्य मांगें निम्न थीं—

(1) बिना लिंग, धर्म, जाति आदि के भेद-भाव के समान अधिकार व कर्तव्यों का निर्धारण।

(2) प्रत्येक वयस्क को मताधिकार

(3) पुरुष के समान स्त्री को निर्वाचित होने का अधिकार।

इस प्रकार स्वतंत्रता प्राप्ति तक इस संगठन ने महिलाओं के हितों व अधिकारों के लिए रचनात्मक कार्यक्रमों व आंदोलनों के हितों व अधिकारों के लिए रचनात्मक कार्यक्रमों व आंदोलनों का सफल आयोजन किया।

(छ) स्वयंसेवी संगठनों का योगदान—महिलाओं की दशा में सुधार लाने की दृष्टि से कुछ अन्य स्वयंसेवी संगठनों का प्रयास सराहनीय रहा है। इन संगठनों में कस्तूरबा गांधी स्मारक निधि, भारतीय रेडक्रास सोसाइटी, यंग वोमेन क्रिस्चियन एसोसिएशन (Y.W.C.A.), नारी निकेतन दिल्ली, मातृ शिशु कल्याण संस्था मुम्बई आदि के नाम उल्लेखनीय हैं। इन संगठनों ने महिलाओं की शिक्षा, कल्याण, रोजगार आदि क्षेत्रों में कार्य किया है।

(ज) मुस्लिम महिलाएं और शिक्षा—मुसलमानों में महिलाओं की शिक्षा के लिए कुछ व्यवस्थित प्रयास देश में किए गए। अलीगढ़ विश्वविद्यालय का महिला कॉलेज, लखनऊ का करामात हुसैन गर्ल्स कॉलेज आदि इस दिशा में विशेष प्रयत्नशील रहे हैं। ये संस्थाएं इस्लामी समाज के सिद्धांतों की सीमाओं में रहकर मुस्लिम महिलाओं तक आधुनिक शिक्षा का लाभ सफलतापूर्वक पहुंचाती रही हैं; परिणामस्वरूप अनेक मुस्लिम महिलाएं अनेक क्षेत्रों में पुरुषों की भांति कार्य कर रही हैं।

'ब' स्वतंत्रता के बाद—स्वतंत्रता के बाद अपने देश भारत में स्त्रियों की स्थिति में सुधार लाने के लिए स्वयंसेवी संगठनों का अभाव रहा है। पिछले दशक में इस दिशा में कुछ महिला संगठन क्रियाशील हुए हैं जो असहाय स्त्रियों को विभिन्न मामलों में कानूनी व सामाजिक सहायता प्रदान कर रहे हैं। इस प्रकार देश में स्वयंसेवी महिला संगठनों के आंदोलन का यह प्रारम्भिक चरण है और इस आंदोलन को जागृत महिलाओं से काफी बल मिल रहा है। इस समय देश की राजधानी में जो स्वयंसेवी संगठन कार्य कर रहे हैं वे निम्न हैं—

(1) महिला दक्षता समिति

(2) मानुषी-1978

(3) कार्मिका-1979

(4) जनवादी महिला समिति

(5) सहेली

ये संगठन आमतौर पर दहेज, बलात्कार, आत्महत्या, आपसी तनाव और पारिवारिक संबंध आदि मामलों में महिलाओं और

संरक्षकों को कानूनी तौर पर उचित मदद दिलाने में सहायता करते हैं। उदाहरण के तौर पर उत्पीड़ित महिलाओं को न्यायालय से तलाक दिलाने, निर्वाह भत्ता दिलाने आदि में मदद करते हैं। सब प्रकार के मामलों के अध्ययन से पता चलता है कि उत्पीड़ित महिलाएं जीवन के प्रत्येक क्षेत्र से संबंधित होती हैं। अधिकांश विवाहित होती हैं और उनकी प्रमुख समस्याएं पति के घर वालों से संबंधित होती है। कुछ भी हो, ये स्वयंसेवी संगठन पीड़ित महिलाओं के मामले संर्बंधित पुलिस अधिकारी, मजिस्ट्रेट, न्यायाधीश आदि तक ले जाने में पर्याप्त सहायता करते हैं क्योंकि आमतौर पर पीड़ित महिलाएं यहां तक नहीं पहुंच पातीं। ये सभी स्वयंसेवी संगठन महिलाओं में अपने उत्पीड़न के लिए चेतना जागृत कर रही हैं, परिणामस्वरूप दोषी व्यक्तियों का मनोबल धीरे-धीरे टूट रहा है। लेकिन इतना कुछ होने के बावजूद यही कहा जा सकता है कि महिलाओं की स्थिति में सुधार लाने में स्वयंसेवी संगठनों की भूमिका सीमित है। आशा है कि भविष्य में स्वयंसेवी संगठन और सरकारी अधिकारियों के क्रियात्मक सहयोग से महिलाओं की स्थिति में वांछित सुधार हो सकेगा।

लिंग और विकास के परिप्रेक्ष्य

भारतीय समाज में महिलाओं की स्थिति राजनीतिक, सामाजिक व आर्थिक संरचना में परिवर्तनों के साथ बदलती रही है। प्रत्येक समाज के ढांचे के अन्तर्गत अन्य संबंधों की तरह स्त्री-पुरुष के पुरुष के आपसी संबंध का भी एक निश्चित स्वरूप होता है। इसी से स्त्री वर्ग के अधिकारों और दायित्वों का निर्धारण होता है। सामाजिक मूल्यों के आधार पर ही समाज की स्थिरता और विकास के लिए स्त्रियों के योगदान की सीमा निश्चित की जाती है। उपर्युक्त सभी कारकों और समाज की आर्थिक सामाजिक परिस्थिति के अनुरूप ही नारी का स्थान निश्चित होता है।

जन्म या जन्म से पूर्व ही स्त्री की निम्न अवस्थिति स्थापित हो जाती है। दहेज और विवाह की चिंता व अनिवार्यता कन्या जन्म को ही आर्थिक भार में बदल देती है। परिणामस्वरूप कन्या वध की प्रथा जो पहले राजस्थान जैसे कुछ राज्यों में ही प्रचलित थी, अब बढ़ती महंगाई और छोटे परिवार की चाह के कारण सम्पूर्ण राष्ट्र में फैल रही है और जन्म से पूर्व ही लिंग-निर्धारण परीक्षण और अल्ट्रासाउंड परीक्षण से कन्याओं के गर्भपात में परिवर्तित हो रही है। विभिन्न जनांकिकीय आंकड़े इस तथ्य की पुष्टि करते हैं। भारत में स्त्री-पुरुष अनुपात में स्त्रियों की संख्या में निरंतर कमी आई है। 1901 में जहां यह संख्या प्रति 1000 पुरुष पर 972 थी वहीं यह घटकर 2011 में 940 रह गई। शिशुओं के कुपोषण स्तर में भी यही अंतर दर्शनीय है। स्त्रियों के विवाह की औसत आयु भी 18.3 वर्ष है जबकि पुरुषों की 21 वर्ष है।

शिक्षा, जो विकास का एक महत्वपूर्ण मापदण्ड है से संबंधित आंकड़े भी महिलाओं की पिछड़ी स्थिति के द्योतक हैं। लगभग 40 प्रतिशत महिलाएं निरक्षर हैं। महिलाओं की साक्षरता दर ग्रामीण इलाकों में 58.75 प्रतिशत और शहरी क्षेत्रों में 79.92 प्रतिशत है।

कल्याणकारी कदम

1976 में समाज कल्याण मंत्रालय के अंतर्गत 'महिला कल्याण' और विकास बोर्ड; की स्थापना की गई जिसको महिलाओं के कल्याण एवं विकास के कार्यक्रमों के समन्वय का उत्तरदायित्व सौंपा गया। इसी वर्ष एक राष्ट्रीय-कार्य योजना आरम्भ की गई जो महिला कल्याण और विकास की नीतियों व कार्यक्रमों के लिए दिशा निर्देश देती है। इन कार्यक्रमों पर निगरानी रखने के लिए राष्ट्रीय समिति भी गठित की गई। इस कार्य योजना के अंतर्गत नौकरी पेशा महिलाओं के लिए होस्टल, पीड़ित महिलाओं के लिए पुनर्वास केन्द्र तथा रोजगार के अवसर, प्रौढ़ महिलाओं के लिए शिक्षा, महाविद्यालयों में महिला विकास केन्द्र तथा राज्यों में महिला विकास निगमों की स्थापना की गई। 1975-85 के अंतर्राष्ट्रीय महिला विकास दशक के पश्चात से महिलाओं और बच्चों के समग्र विकास को मानव संसाधन विकास का प्रमुख अंग और उद्देश्य माना गया है। अत: इन दो वर्गों के लिए सामान्य विकास कार्यक्रमों के अतिरिक्त कुछ विशेष कार्यक्रम भी चलाए गए। सितंबर 1985 में पृथक महिला तथा बाल विकास विभाग की स्थापना की गई जो पहले समाज और महिला कल्याण मंत्रालय का हिस्सा था। इस नए विभाग की स्थापना नवगठित मानव संसाधन विकास मंत्रालय द्वारा की गई। महिला और बाल कल्याण तथा विकास कार्यक्रमों का उत्तरदायित्व केन्द्र और राज्य सरकारें मिल जुलकर पूरा करती हैं। केन्द्र पर कल्याण संबंधी नीतियां और कार्यक्रम तैयार करने के अलावा केंद्रीय मंत्रालयों, राज्य सरकारों और स्वयंसेवी संगठनों द्वारा चलाये जा रहे विभिन्न कार्यक्रमों में समन्वय स्थापित करने, मार्ग निर्देश देने तथा उनके क्रियान्वयन को प्रोत्साहन देने की जिम्मेदारी है।

महिला तथा बाल विकास विभाग के कार्यक्रमों का उद्देश्य समेकित कार्यक्रम के जरिए महिलाओं और बच्चों (विशेषतौर पर गरीब वर्ग) की भलाई सुनिश्चित करना है। इस विभाग के दो उपविभाग (1) पोषाहार तथा बाल विकास ब्यूरो और (2) महिला विकास ब्यूरो है। इनमें महिला विकास ब्यूरो देश में महिला कल्याण और विकास के कार्यक्रमों में समन्वय स्थापित करने का काम करता है।

महिला और बाल विकास विभाग के अंतर्गत दो स्वायत्त संगठन — राष्ट्रीय सार्वजनिक सहकारिता तथा बाल विकास संस्थान (1860) और केन्द्रीय समाज कल्याण बोर्ड (1953) भी है। सहकारिता संस्थान महिला व बाल विकास विभाग की तकनीकी शाखा के रूप में कार्य करता है। इसका उद्देश्य बाल विकास के साथ-साथ सामाजिक विकास में स्वैच्छिक कार्यों को प्रोत्साहन देना और सरकारी तथा शैक्षिक प्रयासों के जरिए बाल तथा महिला विकास के लिए ढांचा तथा परिप्रेक्ष्य तैयार करना है।

इसी प्रकार केन्द्रीय समाज कल्याण बोर्ड बच्चों और विकलांगों के साथ-साथ महिलाओं के कल्याण के लिए कार्यरत है। बोर्ड स्वैच्छिक संगठनों को विभिन्न कल्याण तथा विकास कार्यक्रमों के लिए वित्तीय सहायता उपलब्ध कराता है। इस क्षेत्र में बोर्ड देश भर में एक लाख से अधिक स्वयंसेवी रहा है। बोर्ड द्वारा क्रियान्वित प्रमुख कार्यक्रम निम्नलिखित है :

(1) महिलाओं के लिए शिक्षा तथा व्यावसायिक प्रशिक्षण,

(2) सामाजिक आर्थिक कार्यक्रम,

(3) महिला मंडल कार्यक्रम,

(4) परिवार परामर्श केन्द्र,

(5) सामान्य अनुदान सहायता कार्यक्रम तथा

(6) ग्रामीण और गरीब महिलाओं में चेतना जागृत करने संबंधी योजनाएं।

उपर्युक्त ढांचे के अतिरिक्त स्वरोजगार प्राप्त महिलाओं तथा अनौपचारिक क्षेत्र में कार्यरत महिलाओं पर राष्ट्रीय आयोग, 29 सदस्यीय राष्ट्रीय महिला समीति, उद्योग मंत्रालय में महिला उद्यमियों से संबंध समिति, महिला बंदियों के विषय में राष्ट्रीय विशेषज्ञ समिति, 25 विश्वविद्यालयों में महिला अध्ययन केन्द्र इत्यादि भी महिलाओं के कल्याण और विकास में संबंधित नीति निर्माण में महत्वपूर्ण योगदान करते हैं।

राज्य में महिला विकास निगम स्थापित करने की नई योजना प्रारम्भ की गई है। निगमों का कार्य समूहों अथवा व्यक्तिगत रूप से महिलाओं के लिए सक्षम योजनाएं तैयार करने तथा उन्हें प्रशिक्षण, ऋण और विपणन आदि की सुविधाएं उपलब्ध करवाना है। महिला विकास निगम तमिलनाडु, केरल, कर्नाटक, आंध्र प्रदेश, महाराष्ट्र, गुजरात, पंजाब, चंडीगढ़, मध्यप्रदेश, उत्तर प्रदेश और मणिपुर में कायम किए गए हैं।

वित्त प्रबंध—यद्यपि महिला और बाल विकास का उत्तरदायित्व केंद्र और राज्य सरकारों दोनों पर है परंतु प्रमुख वित्त विनियोग एजेंसी के रूप में केंद्र सरकार वित्त आयोजन करने वाली प्रमुख एजेंसी है जो नियोजन के आधार पर इन संस्थाओं को वित्त का आवंटन करती है।

उपर्युक्त सांविधानिक और प्रशासनिक ढांचे के अंतर्गत महिलाओं की स्थिति में सुधार लाने और उन्हें विकास प्रक्रिया में सम्मिलित करने के लिए अनेक प्रयत्न किए गए हैं जिनमें विधि-निर्माण परिवार कल्याण तथा आर्थिक सुविधाएं प्रदान करना प्रमुख है। एक तरफ वैधानिक उपायों के माध्यम से महिलाओं की समानता से उन्हें आत्म निर्भर, स्वायत्त तथा अपने अधिकारों और समस्याओं के प्रति जागरुक बनाने का भी प्रयास किया जा रहा है। इस क्षेत्र में कुछ प्रमुख उपलब्धियां निम्नलिखित हैं :

वैधानिक उपाय : पुराने अधिनियम में संशोधन और नए अधिनियम पारित कर महिलाओं की स्थितियों में सुधार लाने से सकारात्मक परिवर्तन स्वतंत्रता के पश्चात् से जारी है जिनमें पिछले दो दशकों में उल्लेखनीय तेजी आई है जैसे :

हिन्दू विवाह अधिनियम, 1955 और विशेष विवाह अधिनियम, 1954 में विवाह विधि संशोधन अधिनियम, 1976 द्वारा संशोधन करके किसी लड़की को, जिसका बाल्यावस्था में विवाह हो गया हो, यह अधिकार दिया गया है कि वह उस के वयस्क होने से पहले हुए विवाह को निरस्त कर सकती है। पारस्परिक सहमति के आधार पर विवाह-विच्छेद का सिद्धांत स्वीकार कर लिया गया है तथा क्रूरता और परित्याग को विवाह-विच्छेद के आधारों में सम्मिलित कर लिया गया है।

कारखाना (संशोधन) अधिनियम, 1976 में इस बात की व्यवस्था की गई कि जिस स्थान पर 30 महिलाएं (इनमें दिहाड़ी और ठेके पर काम करने वाली श्रमिक महिलाएं भी शामिल हैं) काम कर रही हों वहां बाल वाड़ियां खोली जाएं। प्रसूति सुविधा अधिनियम, 1961में संशोधन करके उसमें उन महिलाओं को शामिल कर लिया गया जो कर्मचारी राज्य बीमा अधिनियम 1948 की परिधि में नहीं आतीं। समान वेतन अधिनियम, 1976 में महिलाओं और पुरुषों को एक जैसे काम के लिए समान भुगतान की व्यवस्था की गई। 1987 में इस अधिनियम को भर्ती के समय और उसे बाद महिलाओं के खिलाफ भेदभाव को रोकने के लिए संशोधित करते हुए इसका कार्यक्षेत्र व्यापक कर दिया गया।

बाल विवाह अवरोधक (संशोधन) अधिनियम, 1978 द्वारा विवाह की आयु लड़कियों के लिए 15 से बढ़कर 18 वर्ष तथा लड़कों के लिए 18 से 21 वर्ष कर दी गई। अनैतिकता निवारक अधिनियम, 1986 के माध्यम से वेश्यावृत्ति संबंधी कानून को कड़ा और प्रभावी बनाया गया ताकि इसमें स्त्री या पुरुष ऐसे सभी

व्यक्तियों को शामिल किया जा सके जो अनैतिक कार्यों के लिए महिलाओं तथा लड़कियों का शोषण करते हैं।

1961 के दहेज-निषेध अधिनियम में 1984 और फिर 1986 में संशोधन करके जुर्माने और सजा को बढ़ाया गया तथा कानून को अधिक कारगर बनाने के लिए अधिनियम की व्यवस्था को और व्यापक बना दिया गया। 1986 में महिलाओं के अभद्र प्रदर्शन निवारक अधिनियम के माध्यम से यह प्रावधान किया गया कि विज्ञापनों और पुस्तकों आदि के द्वारा महिलाओं का अश्लील प्रदर्शन न किया जाए।

सती प्रथा का निषेध करने के लिए सती निवारक अधिनियम 1987 पास किया गया जिसके अंतर्गत सती प्रथा को गौरवान्वित करने वालों के लिए भी 1 से 7 वर्ष तक की सजा और 5,000 से 30,000 रुपये तक का जुर्माने का प्रावधान रखा गया।

विवाह और परिवार के मामलों और उनसे संबंधित अन्य मामलों के विवादों का जल्दी समाधान संभव करने और बातचीत की प्रक्रिया को प्रोत्साहन देने के लिए परिवार अदालत अधिनियम, 1984 पास किया गया।

फौजदारी कानूनों जैसे भारतीय गवाही कानून, भारतीय दण्ड संहिता और आपराधिक प्रक्रिया संहिता में संशोधन किए गए जिनके अंतर्गत महिलाओं के साथ छेड़खानी, बलात्कार, पति अथवा अन्य सगे संबंधियों द्वारा उनके प्रति क्रूरता और दहेज-अपराधों को दंडनीय अपराध बनाकर दंड के प्रावधानों को और कठोर किया गया।

विकासात्मक सबलीकरण

इन विधायी उपायों के अतिरिक्त इनके ईमानदार क्रियान्वयन, महिलाओं को इनकी जानकारी तथा विकास प्रक्रिया में इनकी अधिकाधिक सहभागिता संभव बनाने के लिए निम्नलिखित प्रयास किए जा रहे हैं—

महिलाओं पर होने वाले अत्याचारों को रोकने के लिए एक शैक्षिक योजना शैक्षिक संगठनों के माध्यम से चलाई जा रही है जिसमें सरकारी कार्यकत्ताओं सहित अन्य सामाजिक कार्यकर्त्ताओं के लिए प्रशिक्षण शिविर चलाना, कानूनी साक्षरता तथा महिलाओं के विरुद्ध हिंसा के विषय में जागरुकता उत्पन्न करना, आदि बातें सम्मिलित हैं। योजना के लिए 90 प्रतिशत सहायता केन्द्रीय सरकार उपलब्ध कराती है।

महिलाओं के विरुद्ध अपराधों, हिंसा और भेदभाव के मामलों की सुनवाई के लिए महिला पुलिसकर्मियों और महिला अधिकारियों की नियुक्ति के प्रावधान किए गए हैं ताकि दहेज के कारण मौतों, ससुराल की प्रताड़ना, यौन अपराध अथवा रोजगार में भेदभाव के मामलों पर शीघ्र और सहानुभूतिपूर्वक कार्यवाही की जा सके।

महिलाओं की नीति निर्माण और शासन प्रक्रिया में सम्मिलित करने के लिए 64वें संविधान संशोधन अधिनियम, पंचायती राज अधिनियम (1993) के माध्यम से पंचायती राज संस्थाओं के लिए कम से कम 33 प्रतिशत स्थान आरक्षित करने का प्रावधान किया गया।

1988 में महिलाओं के लिए राष्ट्रीय परिप्रेक्ष्य योजना 1988–2000 तैयार की गई जिसके अंतर्गत 1975 के बाद पहली बार महिलाओं और उनके विकास के संबंध में व्यापक रिपोर्ट पेश की गई। सरकार ने इनमें से कुछ सिफारिशों को अमल करने के लिए स्वीकार किया, कुछ लागू कर दी गई और कुछ अभी विचाराधीन हैं।

महिलाओं के विकास के लिए प्रशिक्षण में समन्वय रखने और आंकड़ों की आवश्यकताओं को पूरा करने के लिए महिलाओं के लिए राष्ट्रीय संसाधन केंद्र की स्थापना की गई जो आंकड़ों के बैंक के रूप में कार्य करेगा, सूचनाएं एकत्रित करेगा तथा अनुसंधान से संबंधित नीति तथा कार्यक्रमों की जानकारी उपलब्ध कराएगा। इससे नीति निर्माताओं, प्रशासकों और निम्नतम स्तर की गैर सरकारी महिलाओं को अपने कार्यों में सुविधा होगी।

महिलाओं की अवस्थिति विधियों और नीतियों की कुशलता और परिणामों का अध्ययन करने व उनकी बेहतरी के लिए सुझाव देने हेतु एक राष्ट्रीय महिला आयोग की स्थापना 31 जनवरी, 1992 में की गई।

महिलाओं के लिए चलाये गई लाभकारी योजनाओं के विषय में जानकारी प्राप्त करने के लिए निगरानी इकाई कायम की गई। इस इकाई ने इन जानकारियों को एक विशेष प्रकाशन भारत में महिलाएं-सांख्यिकी रूपरेखा-1988 में प्रकाशित किया गया।

नई शिक्षा नीति की भूमिका

1986 की नई शिक्षा नीति में शिक्षा को महिलाओं के स्तर में बुनियादी परिवर्तन लाने के उपाय के रूप में इस्तेमाल करने की व्यवस्था है। इसके अंतर्गत यह लक्ष्य रखे गए हैं :

(1) महिलाओं को अधिकार देने की दिशा में सकारात्मक हस्तक्षेप करने के लिए संपूर्ण शिक्षा प्रणाली को सक्रिय बनाया जाए।

(2) विभिन्न पाठ्यक्रमों में महिलाओं के अध्ययन को बढ़ावा दिया जाए तथा पाठ्यपुस्तकों को नया रूप दे कर नए मूल्यों की स्थापना की जाए।

(3) महिलाओं के विकास के लिए सक्रिय कार्यक्रम लागू करने हेतु शैक्षणिक संस्थाओं को प्रोत्साहित किया जाए।

(4) व्यावसायिक तथा तकनीकी शिक्षा के कार्यक्रमों में महिलाओं की सहभागिता बढ़ाई जाए तथा

(5) निर्धारित लक्ष्यों की प्राप्ति के लिए गतिशील प्रबंधकीय ढांचा तैयार किया जाए।

1972 में कम आय वर्ग की कामकाजी महिलाओं को सस्ता तथा सुरक्षित आवास उपलब्ध कराने के लिए होस्टलों के निर्माण तथा विस्तार की योजना आरम्भ की गई थीं जिसमें 1980 में संशोधन कर होस्टलों के साथ कामकाजी महिलाओं के बच्चों के लिए अनुरक्षण केन्द्र उपलब्ध कराना भी शामिल कर दिया गया।

1977 में विपदाग्रस्त महिलाओं के पुनर्वास और प्रशिक्षण हेतु एक योजना बनाई गई जिसमें पुनर्वास केन्द्रों की स्थापना और 18 से 50 वर्ष की आयु वर्ग की बेसहारा महिलाओं को इस प्रकार प्रशिक्षित करने का कार्य आरम्भ किया गया ताकि वे बाजार में बिक्री योग्य वस्तुएं तैयार कर सकें और आत्मनिर्भर बन सकें। प्रशिक्षण आवश्यकतानुसार आवासीय और गैर-आवासीय आधार पर दिया जाता है। यह कार्यक्रम स्वैच्छिक संस्थाओं जैसे न्यासों, धर्मार्थ संस्थाओं, ग्रामीण विकास एजेंसियों इत्यादि से चलाया जाता है जिन्हें 90 प्रतिशत तक सहायता सरकारों (केंन्द्र तथा राज्य) द्वारा दी जाती है।

महिलाओं और लड़कियों के अल्पकालिक प्रशिक्षण की भी व्यवस्था की गई है जिसका उद्देश्य ऐसी महिलाओं को सामाजिक और नैतिक सुरक्षा प्रदान करना है जिन्हें पारिवारिक अथवा सामाजिक कारणों से तनाव, परेशानी अथवा शोषण का सामना करना पड़ रहा है। योजनाओं के अंतर्गत महिलाओं को निम्न सुविधाएं/सेवाएं उपलब्ध कराई जाती हैं :

(1) चिकित्सा सुविधा

(2) मनोवैज्ञानिक उपचार

(3) कार्य सेवा

(4) व्यावसायिक-सलाह

(5) सामंजस्य की सामाजिक सुविधाएं और

(6) शैक्षिक, व्यावसायिक तथा मनोरंजन गतिविधियां

उपर्युक्त सुविधाओं से युक्त केंद्र स्थापित करने के लिए सरकार स्वयंसेवी संगठनों को अनुदान सहायता देती है। इस समय ऐसे अनेक केन्द्र चलाए जा रहे हैं जिनमें औसतन 30 महिलाओं के लिए सुविधाएं उपलब्ध कराई जाती हैं।

परिवार कल्याण के माध्यम से सुनियोजित और सुरक्षित मातृत्व, मां और शिशु की देखभाल, रोग निरोधक टीके, पोषण संबंधी शिक्षा इत्यादि की सुविधा और जानकारी अधिकाधिक महिलाओं तक पहुंचाने के लिए प्रयत्न किए जा रहे हैं। ये कार्यक्रम, राष्ट्रीय, राज्य और जिला स्तर पर लगभग सभी चिकित्सा संस्थानों और उपप्रभागीय केन्द्रों पर लागू है। ग्रामीण विकास योजनाओं जैसे राष्ट्रीय ग्रामीण रोजगार कार्यक्रम (NREP), ग्रामीण भूमिहीन रोजगार गारंटी कार्यक्रम (RLEGP), न्यूनतम आवश्यकता कार्यक्रम (MNP), रेगिस्तान विकास कार्यक्रम (DDP) एवं समन्वित ग्रामीण विकास कार्यक्रम (IRDP) जैसे रोजगार कार्यक्रम इत्यादि के अंतर्गत अधिकाधिक महिलाओं पर ध्यान दिए गए हैं। इसके साथ-साथ उनके लिए विशेष तौर पर 'ग्रामीण क्षेत्र में महिला एवं बाल विकास कार्यक्रम' (DWCRA) आरंभ किया गया है। जिसका उद्देश्य जिला स्तर पर आय बढ़ाने वाले कार्यों के अवसर पैदा करते हुए ग्रामीण महिलाओं की आर्थिक दशा सुधारना है। इसके लिए नीची साक्षरता दर और ऊंची शिशु मृत्युदर के आधार पर जिलों का चयन किया जाता है। और वहां पर 15–20 ग्रामीण महिलाओं के समूह बनाए जाते हैं जो आय बढ़ाने वाले गतिविधियां में भाग लेती हैं।

समन्वित बाल विकास कार्यक्रम के अंतर्गत भी लगभग 2,00.000 महिलाओं को रोजगार दिया जाता है क्योंकि आंगनवाड़ी कर्मियों के पद पूरी तरह से स्थानीय अथवा ग्रामीण लड़कियों के लिए आरक्षित हैं।

नारी विकास की विशिष्ट योजनाएं एवं रणनीतियां

भारत सरकार के महिला और शिशु विकास विभाग को यह दायित्व दिया गया है कि वह महिलाओं के कल्याण और विकास के कार्यक्रमों को क्रियान्वित तथा समन्वित करे। यह केन्द्रीय और प्रांतीय स्तर पर महिला विकास और कल्याण कार्यक्रमों में लगे विभिन्न मंत्रालयों को सक्रिय करता है। महिलाओं के विकास के क्षेत्र में स्वैच्छिक प्रयासों को बढ़ावा देने में लगे हुए तरीकों को गतिशीलता प्रदान करता है। यह विभाग अपनी भूमिका निभाने के साथ महिलाओं के कल्याण और विकास के लिए निम्नलिखित योजनाओं को भी क्रियान्वित करता है :

(क) कामकाजी महिलाओं के लिए आवासीय व्यवस्था—देश की आर्थिक संरचना में प्रगतिशील परिवर्तन के साथ अधिक से अधिक महिलाएं घरों से बाहर नौकरी की तलाश में निकलती हैं। इन महिलाओं को कई प्रकार की कठिनाईयां उठानी पड़ती हैं जिनमें आवास की कठिनाई सर्वोपरि है। इसको ध्यान में रखते हुए ही 1972 में कामकाजी महिलाओं के लिए आवासगृहों के निर्माण के लिए सहायता की केंद्रीय योजना शुरू हुई। योजना का क्षेत्र 1982 में बढ़ा दिया गया और उसमें शिशुओं के लिए दिन में देख-रेख के लिए प्रावधान शामिल किया गया। स्वैच्छिक संगठनों को भूमि मूल्य का 50% और निर्माण कार्य

75% वित्तीय सहायता के रूप में दिया जाता है। होस्टल शुरू करने के लिए भूमि खरीदने के लिए इसी ढंग से सहायता दी जाती है।

इस योजना के अंतर्गत जो भी संगठन वित्तीय सहायता चाहते हैं उन्हें एक आवेदन पत्र प्रांतीय सरकार को भेजना होता है तथा उस आवेदन की एक अग्रसारित प्रति महिला और शिशु विकास विभाग को देनी होती है।

आवास गृहों और शिशु देख-रेख केंद्रों के लिए 10 लाख की जनसंख्या वाले शहर को चुना गया था जिसका तब आवास केवल बड़े शहरों तक ही था। बाद में दो लाख की आबादी वाले शहरों को भी इस योजना में शामिल कर लिया गया। निश्चय किया गया कि 5% सीटें उन विधवाओं तथा अन्य पीड़ित महिलाओं के लिए रखी जाएं जो अन्यथा होस्टल में आवास के लिए योग्य है।

(ख) रोजगार व अन्य उत्पादन कार्यक्रम—यह कार्यक्रम 1982–83 में शुरू किया गया था ताकि समाज के कमजोर वर्गों से संबंधित महिलाओं को प्रशिक्षित किया जा सके तथा उन्हें पक्के तौर पर रोजगार प्रदान किया जाए। इसका क्रियान्वयन सार्वजनिक क्षेत्र/निगमों/स्वायत्त समितियों/स्वैच्छिक संगठनों के माध्यम से किया जाता है। कार्यक्रम के लिए सहायता अन्तर्राष्ट्रीय विकास के लिए नार्वे की एजेंसी से प्राप्त होती है।

(ग) आपदाग्रस्त महिलाओं के लिए प्रशिक्षण केंद्र—आर्थिक, सामाजिक, मनोवैज्ञानिक और पर्यावरणीय स्थितियों से पैदा होने वाली जीवन की विपदाएं महिलाओं को सर्वाधिक प्रभावित करती है। युवतियां और प्रौढ़ विधवाएं, अविवाहित माताएं और अपहरण के शिकार वर्ग सर्वाधिक प्रभावित होते हैं। रोटी कमाने वाले व्यक्ति की लंबी बीमारी या किसी अपराधवश जेल चले जाना या पति द्वारा परित्याग इत्यादि मामलों में निराश्रित और पीड़ित महिलाओं और उनके शिशुओं को पुनर्वासित करने के उद्देश्य से 1977 में एक योजना बनी थी जिसके अंतर्गत व्यावसायिक प्रशिक्षण, रोजगार तथा आवासीय व्यवस्था का प्रावधान था कि ये महिलाएं आर्थिक दृष्टि से सम्पन्न हो सकें। इस योजना के अंतर्गत थोड़े समय का प्रशिक्षण शामिल था जिसकी अवधि एक वर्ष से अधिक न बढ़े। यह योजना केन्द्र द्वारा प्रायोजित है। खर्च का विभाजन केंद्रीय सरकार, प्रांतीय सरकार और क्रियान्वयन संस्थाओं में 45:45:10 के अनुपात में किया गया था। केंद्र शासित प्रदेशों के मामलों में खर्च केंद्र सरकार तथा क्रियान्वयनकर्ता संगठन के बीच 90:10 के अनुपात में निश्चित किया गया। स्वैच्छिक एजेंसियों, सभाओं/ट्रस्टों, जिला ग्रामीण विकास एजेंसियों, पंचायतों तथा अन्य स्थानीय समितियों के रूप में पंजीकृत हैं, इस सहायता के योग्य है।

(घ) अल्पावधि आवास गृह—विभाग स्वैच्छिक संस्थाओं और संगठनों को सहायक अनुदान राशि देता है ताकि अल्पावधि निवास गृहों को स्थापित कर सकें और उन्हें चला सकें और वहां उन महिलाओं और लड़कियों को सुरक्षा दी जाए तथा पुनर्वासित किया जाए जो पारिवारिक समस्याओं, मानसिक तनाव, सामाजिक बहिष्कार, शोषण या अन्य कारणों से सामाजिक और नैतिक भय का सामना कर रही है। इस योजना के अंतर्गत निम्न चीजें प्रदान की जाती हैं– डाक्टरी देखभाल की सेवाएं/सुविधाएं; वातावरण के अनुसार ढालने की सामाजिक सुविधाएं; और शिक्षा, व्यवसायिक तथा मनोरंजनात्मक क्रियाएं प्रत्येक होम में एक समय पर तीस निवासी रहते हैं। कम से कम और ज्यादा से ज्यादा 40 वाशिंदों की सुविधाएं रहती हैं। प्रत्येक अल्पावधि निवास को वार्षिक अनुदान राशि दी जाती है।

(ङ) परिवार जीवन संस्था—भारत में सामाजिक स्वास्थ्य संघ दिल्ली में पारिवारिक जीवन संस्था चलाता है। इस संस्था के मुख्य कार्य उनके लिए परामर्श सेवाएं और परिवार जीवन शिक्षा देना है। इस परियोजना के अंतर्गत वित्तीय सहायता भारत में सामाजिक स्वास्थ्य संगठन को दी जाती है जिसे पाकर वह अनैतिकता और सामाजिक पतन के विरुद्ध जनमत तैयार कर सकें।

(च) अत्याचारों की रोकथाम के लिए शिक्षा कार्य—महिलाओं के सामाजिक, आर्थिक और यौन उत्पीड़न तथा अन्य प्रकार के अत्याचारों को रोकने के लिए सरकार ने यह योजना बनाई है। इस योजना के अंतर्गत महिलाओं के साथ कार्यशील संगठनों को सहायता दी जाती है ताकि वे महिलाओं का सामाजिक उत्थान कर सकें; उन्हें अच्छा बना सकें और उनके खिलाफ जुल्मों को रोकने के लिए शिक्षा कार्य कर सकें। प्रत्येक मामले में सहायता की मात्रा योग्यता के आधार पर निर्धारित की जाती है।

(छ) महिलाओं के प्रशिक्षण और रोजगार कार्यक्रम को सहायता—यह योजना सातवीं योजना के आरम्भ में बनाई गई। इसका उद्देश्य महिलाओं को रोजगार देने में मदद करना है। यह मदद निम्नलिखित प्रखंडों में हो सकती है—कृषि, डेरी फार्मिंग, लघु पशु चिकित्सा, मछली पालन, खादी और ग्राम उद्योग, हथकरघा, दस्तकारी और रेशम उत्पादन जहां महिलाएं विशेष रूप से काम में लगी है। योजना का केन्द्र बिन्दु सबसे निर्धन, किसी तरह की भी सम्पत्ति से रहित स्त्रियां जिनमें मजदूरी करने वाली भी थी, परिवार में बिना वेतन के काम करने वाली औरतें, जलवासी तथा ऐसे ही अन्य वर्ग थे। इस योजना को लागू करने के

लिए विभाग ने कुछ व्यापक रूपरेखाएं और आयाम बनाये हैं जिनके अंतर्गत अनेक एजेंसियों, संगठनों; महिला सहकारिता समितियों आदि से सुझाव वित्तीय सहायता के लिए तय किये जाते हैं।

(ज) लाभकारी योजनाओं का संचालन—महिला और शिशु कल्याण विभाग को, महिलाओं के कल्याण और विकास के लिए नोडल विभाग होने के नाते यह उत्तरदायित्व दिया गया है कि वह प्रधानमंत्री के कार्यालय द्वारा तय किए गए कार्यक्रमों का संचालन करे। क्योंकि चुने हुए कार्यक्रम अनेक केन्द्रीय मंत्रालयों/विभागों/ प्रान्तीय सरकारों के द्वारा क्रियान्वयन की प्रगति की छः मास के अंतराल में समीक्षा कर ली जाती है और प्रगति प्रतिवेदनों से प्रधानमंत्री के कार्यालय को नियमित रूप से वित्तीय तथा अन्य उपलब्धियों की सूचना दे दी जाती है।

(झ) महिला राष्ट्रीय समिति—5 जनवरी, 1987 को महिला और शिशु विकास विभाग के अंतर्गत **श्रीमती एल.आर. भट्ट** की अध्यक्षता में स्वरोजगारी महिलाओं पर राष्ट्रीय समिति स्थापित हुई। इसमें इन बातों पर विचार करना, आवश्यक समझा गया : रोजगार, सेहत, शिक्षा और सामाजिक स्तर के विशेष संदर्भ स्वरोजगार प्रखण्ड में महिलाओं के वर्तमान स्तर का परीक्षण करना, मेटार्निटी लाभों और सेहत बीमा आदि के सम्बन्ध में विशेषरूप से स्वरोजगार प्राप्त महिलाओं से संबंधित अनेक श्रमविधेयकों को प्रभाव का मूल्यांकन, स्वरोजगार प्राप्त महिलाओं की उत्पादकता वृद्धि पर पड़ने वाले दबावों को पहचानना, प्रशिक्षण, दक्षता की पदोन्नति, मार्केटिंग इत्यादि में अंतरालों को बढ़ाना; उत्पादन संबंधों सहित रोजगार की प्रणालियों का सर्वेक्षण करना तथा स्वरोजगारी महिलाओं की उत्पादक तथा पुनरुत्पादक भूमिकाओं के बीच सम्बन्ध को समझना जो उनके स्वास्थ्य के स्तर से विशेष रूप से संबंधित हो; सभी खण्डों से संबंधित उन अवरोधों को हटाने के लिए अपनाए जाने वाले तरीके सुझाना जो अवरोध राष्ट्रीय विकास प्रक्रिया में स्वरोजगार महिलाओं की एकता को कुप्रभावित करते हैं।

समिति द्वारा निर्धारित ये विषय देश में असुरक्षित महिला श्रमिकों का भी ख्याल करते हैं और अनौपचारिक खण्ड में महिलाओं को सहायता प्रदान करते हैं। इसी अनुक्रम में 11 फरवरी, 1988 को प्रधानमंत्री की अध्यक्षता में महिलाओं पर राष्ट्र समिति की स्थापना की गई ताकि नीति विषयक और वैधानिक मामलों में सलाह दी जा सके तथा महिलाओं से संबंधित कार्यक्रमों और प्रशासनिक स्तरों पर परामर्श दिया जाए।

महिलाओं के अनेक संगठन दलबन्दी से ऊपर उठकर उनके अधिकारों की रक्षा के लिए किसी वैधानिक संस्था की स्थापना की मांग करते रहे हैं। महिलाओं के लिए राष्ट्रीय कमीशन की मांग 1976 में की गई थी जब महिलाओं के भारत में स्तर पर एक विस्तृत प्रतिवेदन प्रकाशित हुआ था। इस विषय में विस्तृत प्रतिवेदन प्रकाशित हुआ था। इस विषय में विस्तृत सहमति थी कि समाज में महिलाओं को उनका उचित स्थान देने के लिए सकारात्मक कदम उठाए जाने चाहिए। इसी काल में दुल्हन जलाने, दहेज मौतें, बालिका शिशु हत्या और सती जैसी घिनौनी प्रथाओं के उत्थान के प्रयास हुए जिससे महिलाओं की समस्या के समाधान को नई प्रगति प्राप्त हुई।

(ञ) इन्दिरा महिला योजना—19 नवम्बर, 1989 को स्वर्गीय प्रधानमंत्री **श्रीमती इन्दिरा गांधी** के जन्मदिन पर महिलाओं के लिए एक विशेष योजना-इन्दिरा महिला योजना घोषित की गई ताकि महिलाओं में उनके समान अधिकारों और सुविधाओं की जागृति पैदा की जाए कि वे समाज में तथा राष्ट्र के निर्माण में समानता का दर्जा रखती हैं। इस समय सरकार के सहयोग से अनेक योजनाएं महिला योजना के अधीन कार्यशील हैं।

वर्तमान समय में महिलाओं पर बनाई गई योजनाओं पर खर्च की जाने वाली धन-राशि का दो तिहाई वेतन और कार्यालय संभाल पर खर्च हो जाता है और महिलाओं के कल्याण पर 30% ही खर्च होता है। इसमें दूसरा बड़ा दोष यह है कि यद्यपि अनेक कार्यक्रम एक वर्ग के लिए लक्ष्य भूत थे तो भी अपेक्षित धनराशि के विषय में समझबूझ न थी। तीसरे, लाभ प्राप्तकर्ता इन योजनाओं के नियोजन और क्रियान्वयन में स्वयं भागीदार न थे। इन्दिरा महिला योजनाएं सभी क्षेत्रों से ली गई महिला सभाओं के द्वारा गांवों और मुहल्लों में लागू की जाती हैं। ग्रामीण क्षेत्रों तथा शहरी क्षेत्रों की नगरपालिकाओं के द्वारा ये अधिशासित होती है।

(ट) महिला विकास निगम— इस निगम के स्थापना का मुख्य उद्देश्य सभी प्रान्तों और केन्द्र शासित प्रदेशों में अधिक अच्छे रोजगार के साधन प्रदान करना है ताकि वे आर्थिक दृष्टि से स्वतन्त्र और आत्मनिर्भर बन सकें। इसके अलावा यह योजना महिला रोजगार सैक्टर में मुख्य बाधाओं को दूर करने में सहायता करती है। वास्तव में, महिला निगमों से यह आशा की जाती है कि वे महिलाओं के आय बढ़ाने के कार्यों में सहायक के रूप में काम करें। ये निगम एकल महिलाओं को वरीयता प्रदान करते हुए समाज के कमजोर पक्षों से सम्बद्ध महिलाओं और महिला वर्गों के लिए योजनाएं बनाकर उन्हें आगे क्रियाशील करेंगे। अनुमोदित निगमों के कार्यों में ये बातें शामिल होंगी—रोजगार के

सशक्त क्षेत्रों की पहचान करना, प्रोजैक्ट निर्माण के लिए सहायता और अपेक्षित वित्तों को बढ़ावा देना, अनेक काम धन्धों में लगी कामकाजी महिलाओं के लिए कच्चे माल का प्रबन्ध करना और उत्पादनों के मण्डीकरण के लिए प्रशिक्षण सुविधाओं और आधारभूत संरचना को प्रदान करना।

(ठ) स्वयंसेवी संगठन एवं नारी विकास: महिलाओं के एक संगठन, जैसे बंग महिला समाज व महिला थियोसोफिकल सोसायटी, स्त्रियों के लिए आधुनिक आदर्शों के लिए स्थानीय स्तर पर कार्य कर रहे थे। किन्तु अग्रणी कार्य उन संगठनों द्वारा किया गया जो राष्ट्रीय स्तर पर कार्य कर रहे थे। इनमें से पांच प्रमुख संगठन थे : भारत महिला परिषद्, भारत स्त्री महामण्डल, महिला भारतीय संघ, भारतीय महिला राष्ट्रीय परिषद, (1925 में लेडी एवरडन तथा लेडी टाटा द्वारा प्रारम्भ किया गया) तथा आल इण्डिया वूमेन्स कान्फरेंस। कस्तूरबा गांधी की मृत्यु के उपरांत कस्तूरबा गांधी राष्ट्रीय स्मारक ट्रस्ट प्रारम्भ किया गया। इन सब संगठनों ने स्त्रियों की शिक्षा, पर्दा व बाल विवाह जैसी बुराइयों का उन्मूलन, हिन्दू अधिनियमों में सुधार, स्त्रियों की नैतिक व भौतिक प्रगति, अधिकारों व अवसरों की समानता और स्त्रियों के मताधिकार जैसे मामलों को उठाया। कहा जा सकता है कि भारतीय स्त्रियों के आन्दोलनों ने दो लक्ष्यों की प्राप्ति के लिए कार्य किया : (क) स्त्रियों के उत्थान के लिए, अर्थात् सामाजिक रीतियों में सुधार कर स्त्रियों को समाज में रचनात्मक भूमिका के लिए योग्य बनाना, (ख) महिलाओं को पुरुषों के बराबर व समान अधिकार दिलाना अर्थात् पुरुषों को मिले हुए राजनैतिक, आर्थिक व नागरिक अधिकारों को स्त्रियों को भी उपलब्ध कराना। पहले लक्ष्य को 'सामूहिक नारीवादी लक्ष्य' तथा दूसरे को 'उदार नारीवादी लक्ष्य' कहा जा सकता है। इन महिला संगठनों ने जिन रणनीतियों को अपनाया वे हैं : जन सभाओं में मांगे रखकर, सरकारी अधिकारियों के समक्ष विचार रखकर, समस्याओं के आंकलन के लिए समितियां बनाकर तथा स्त्रियों को आन्दोलन करने के लिए सभाओं का आयोजन करके।

भारतीय महिला आन्दोलनों को प्रेरित करने वाले कारक हैं : स्त्रियों की सहायक भूमिका की विचारधारा पर पश्चिमी शिक्षा का प्रभाव, शिक्षित व कुलीन स्त्रियों द्वारा कुशल नेतृत्व प्रदान किया जाना, धर्म द्वारा मान्यता प्राप्त सामाजिक प्रथाओं में परिवर्तन के लिए पुरुष समाज सुधारकों द्वारा रुचि लेना, सामाजिक, धार्मिक एवं दार्शनिक, दृष्टिकोणों में परिवर्तन, स्वयंसेवी संगठनों का पुरुषों द्वारा विरोध न करना, तथा राष्ट्रीय राजनैतिक नेताओं का इन आन्दोलनों का समर्थन करना आदि। 1953 में भारत सरकार द्वारा स्थापित केन्द्रीय समाज कल्याण बोर्ड भी स्त्रियों के कल्याण के लिए ऐच्छिक प्रयत्नों को बल प्रदान करता है तथा प्रोत्साहन देता है। भारत सरकार का कल्याण मंत्रालय भी नगरों में कामकाजी महिलाओं के आवास गृह निर्माण व विस्तार हेतु स्वैच्छिक संगठनों को अनुदान देता है। राज्य सरकारें भी अपनी योजनाओं के माध्यम से धन प्रदान करती हैं ताकि जन सहयोग से महिला मण्डल, गृह कल्याण केन्द्र; साक्षरता केन्द्र; ग्रामीण महिलाओं के लिए ट्रेनिंग कैम्पों का आयोजन तथा केवल महिला सदस्यों के सहयोग से सहकारी समितियों का संचालन किया जा सके।

(ड) सामाजिक विधानों का पारित किया जाना: स्त्रियों से संबंधित कुछ विधानों का पारित किया जाना तीन तत्वों से संबंधित है : (क) विवाह (ख) सम्पत्ति (ग) रोजगार। विवाह संबंधी विधान विशेष रूप से विवाह की आयु, पुनर्विवाह, विवाह विच्छेद, विवाह का स्वरूप तथा जीवन साथी के चुनाव की स्वतंत्रता से सम्बद्ध है। पारित किए गए प्रमुख विधान इस प्रकार हैं : 1929 का बाल विवाह प्रतिबन्ध अधिनियम, 1955 का हिन्दू विवाह अधिनियम तथा 1954 का विशेष विवाह अधिनियम। सम्पत्ति विषयक विधान है : 1929 का हिन्दू उत्तराधिकार विधान, 1939 का हिन्दू स्त्रियों का सम्पत्ति अधिकार अधिनियम, तथा 1956 का हिन्दू उत्तराधिकार अधिनियम। रोजगार विषयक विधान है : 1948 का फैक्ट्री अधिनियम, 1948 का कर्मचारी राज्य बीमा अधिनियम तथा प्रसूति लाभ अधिनियम। 1948 का फैक्ट्री अधिनियम कार्य अवधि समान वेतन, ले जाने वाले बोझ की सीमा, सफाई सुविधाएं, शिशु गृह तथा बातों को नियमित करता है। कर्मचारी राज्य बीमा अधिनियम पांच लाभ देता है : बीमारी, प्रसूति, अयोग्यता, आश्रित तथा चिकित्सा लाभ।

यद्यपि इन विधानों ने स्त्रियों की दशा में बड़ी सीमा तक सुधार किया है किन्तु उसकी कुछ कमियां है– (क) विधान अपर्याप्त हैं और समस्या को बाहरी सीमा तक ही स्पर्श करते हैं : (ख) ये विधान असन्तुलित हैं अर्थात् कुछ नियम अन्य नियमों से कम या अधिक सूक्ष्म व निश्चित हैं; (ग) कुछ विधानों को लागू करने वाले साधन महंगे, अकुशल व जटिल हैं।

यह कहा जा सकता है कि वैधानिक उपाय स्त्रियों की समस्याओं को दूर करने में प्रभावी सिद्ध नहीं हुए हैं। सैद्धान्तिक रूप से स्त्रियों की अधिक स्वतंत्रता दी जा सकती थी, लेकिन व्यावहारिक सत्य यह है कि वे अभी अमानती तथा अनुचित व्यवहार भोग रही हैं जो उन्हें अपमान व शर्म के अलावा कुछ भी नहीं दे रहा है।

उपरोक्त विश्लेषण से यह संकेत मिलता है कि स्त्रियों को निरन्तर निकृष्ट, आश्रित तथा शोषण के चंगुल से बचाने के प्रयत्नों

में परिवर्तन आ रहा है, तथापि यह परिवर्तन मन्द तथा योजनाबद्ध नहीं हुआ है।

स्वाधीनता के बाद

भारत में 1940 तक स्त्रियों की निम्न दशा के प्रमुख कारण अशिक्षा, आर्थिक निर्भरता, धार्मिक निषेध, जाति बंधन, स्त्री नेतृत्व का अभाव, तथा पुरुषों का उनके प्रति अनुचित दृष्टिकोण आदि थे। मेटसन ने हमारी संस्कृति में स्त्रियों की एकान्तता तथा उनके निम्न स्तर के लिए पांच कारकों को उत्तरदायी ठहराया है। यह है: हिन्दू धर्म, जाति व्यवस्था, संयुक्त परिवार, इस्लामी शासन तथा ब्रिटिश उपनिवेशवादी। हिन्दूवाद के आदर्शों के अनुसार पुरुष स्त्रियों से श्रेष्ठ होते हैं और स्त्रियों व पुरुषों को भिन्न-भिन्न भूमिकाएं निभानी चाहिए। स्त्रियों से माता व गृहणी की भूमिकाओं की और पुरुषों से राजनीतिक व आर्थिक भूमिकाओं की आशा की जाती थी। हिन्दू धर्म ग्रन्थों में स्त्रियों के लिए समाज जीवन पर्यन्त आश्रित रूप में माना गया है। जाति व्यवस्था ने भी जन कार्यों व सार्वजनिक मामलों में स्त्रियों की भागीदारी पर प्रतिबन्ध लगाए। लड़कियों के लिए जल्दी विवाह का प्रावधान किया गया दूसरी ओर विधवा विवाह का निषेध तथा सती प्रथा चलायी गयी। पितृ वंशीय संयुक्त परिवार ने स्त्रियों की स्वतंत्रता कम कर दी और आयु, लिंग व नातेदारी के आधार पर परिवार में उनकी स्थिति निम्न होती गई। मुस्लिम युग में स्त्रियों की दशा में और भी पतन हुआ। इस्लामिक शासन में सामाजिक-राजनैतिक प्रभाव में हिन्दुओं ने स्त्रियों की एकांतता व पर्दे की प्रथा को मुसलमानों की तरह अपना लिया जिसके कारण लिंग के आधार पर श्रम का भी एक पूरक विभाजन हो गया। मुस्लिम नबावों तथा जागीरदारों की कुदृष्टि से बचाने के उद्देश्य से बाल-विवाह सामान्य रूप से होने लगे। यद्यपि ब्रिटिश शासकों ने हिन्दुओं के सामाजिक विधानों में बाधा पैदा करने का प्रयत्न नहीं किया लेकिन उन्नीसवीं शताब्दी के अंतिम दशकों तथा बीसवीं शताब्दी के प्रारम्भ पच्चीस वर्षों में जब कुछ पुरुष समाज सुधारकों ने स्त्रियों की दशा सुधरने की बात की तथा उनके प्रयत्नों से महिला आन्दोलनों को बल मिला, तब ब्रिटिश सरकार कुछ वैधानिक कदम उठाने तथा कुछ सामाजिक प्रथाओं को समाप्त करने या उनमें परिवर्तन करने के लिए सहमत हो गई।

आज भारत में स्त्रियों की क्या स्थिति है? उनकी स्थिति में परिवर्तन का विश्लेषण कैसे करते हैं? स्त्रियों की स्थिति के मूल्यांकन में निम्न पांच विधियों का प्रमुख रूप से प्रयोग किया गया है :

(1) ऐतिहासिक विधि—यह विधि प्राचीन समाज में तथा उसके मध्यकाल व वर्तमान काल में चिरस्थायित्व पर केन्द्रित करती है। समाज वैज्ञानिक महिलाओं की स्थिति के बारे में मुख्य निष्कर्ष प्रमुख इतिहासकारों और दार्शनिकों जैसे, अल्टेकर, इन्द्रा, दास और कर्वे आदि के लेखों में निकालते हैं। कुछ विद्वानों का विश्वास है कि धर्म ग्रन्थों तथा अतीत के उपबन्ध अभिलेखों से केवल उदाहरण प्रस्तुत करना ही ऐतिहासिक विश्लेषण नहीं है। अतः इससे मिथ्या निष्कर्ष या फिर अतिश्योक्तियां निकाल सकते हैं। वे समाजशास्त्री जिन्हें परिकल्पना-निगमन विधि द्वारा अवव्याख्यावादी विधियों में दक्षता प्राप्त है, वे भी ऐतिहासिक सामग्री के आधार पर स्त्रियों की स्थिति का अध्ययन करना यदि असम्भव नहीं तो कठिन अवश्य मानते हैं।

(2) आनुभविक वैयक्तिक विधि—इस विधि में स्त्रियों की स्थिति का विश्लेषण पितृ सत्तात्मक सामाजिक व्यवस्था के संदर्भ में किया जाता है, या फिर यौन असमानता और स्त्रियों की स्थिति के बीच सम्बन्ध के आधार पर। स्त्रियों के निम्न स्तर की व्याख्या का आधार पुरुषों के ऊपर प्रभुत्व रहा है जो इतिहास सिद्ध भी है तथा सांस्कृतिक दृष्टि से भी मान्य है।

(3) अन्तः व्यक्तिगत आनुभविक विधि—यह विधि स्त्रियों पर पुरुषों के प्रभुत्व का अध्ययन करती है, किन्तु उस पितृसत्तात्मक व्यवस्था से पृथक जिसका कि यह एक भाग है। इस विधि की मान्यता है कि समस्या स्त्रियों पर प्रभुत्व की है और इसका समाधान इसके विरुद्ध संघर्ष में निहित है। इस अनुसंधान ने सामाजिक स्तर पर संरचनात्मक असमानता पर ध्यान केंद्रित नहीं किया है बल्कि परिवार के भीतर भी असमानता एवं शक्ति संतुलन पर किया है। इस विधि में स्त्रियों की उच्च स्थिति का सम्बन्ध समतावादी निर्णय करने से है तथा निम्न स्थिति का सम्बन्ध गैर समतावादी निर्णय से। आनुभविक अध्ययन से विविध समुदायों, वर्गों एवं श्रेणियों की उन स्त्रियों के साथ गहन साक्षात्कार सम्मिलित है, जिन को अपने पतियों तथा ससुराल वालों के विविध व्यवहारों का अनुभव है। यद्यपि यह आनुभविक अनुसंधान विधि स्त्रियों की स्थिति तथा पतियों के प्रभुत्व के बीच के सम्बन्धों पर मूल्यवान साक्ष्य प्रस्तुत करती है, परन्तु इसका केन्द्र बिन्दु बहुत सीमित है तथा यह समाज में स्त्रियों की सामान्य स्थिति का वास्तविक चित्र प्रस्तुत नहीं करती। वह पितृ सत्तात्मक, सामाजिक व सांस्कृतिक संदर्भ जिनमें परिवार फंसा रहता है तथा जिनमें वैवाहिक सम्बन्धों की भूमिका चलती रहती है, की अनदेखी की गई है।

(4) नारीवादी विधि—इस आनुभविक विधि में स्त्रियों की तुलना पुरुष की स्थिति से महत्वपूर्ण आयामों में की गई है। केस्टीं इलो के अनुसार इस प्रकार के आयाम आर्थिक, शैक्षिक, राजनैतिक तथा वैधानिक भी हो सकते हैं। अलग-अलग मद सूची में प्रत्येक

चारों अध्ययनों के लिए तथा सम्पूर्ण सूची के लिए मिश्रित कर दिए जाते हैं। ये सूचियां सर्वाधिक से न्यूनतम समानता के लिए पदक्रम प्रदान करती है।

(5) आनुभविक मात्रामूलक और गुणात्मक विधि—इस विधि में परिवार से बाहर तथा भीतर अन्र्तव्यक्तिगत सम्बन्धों तथा उत्तरदाता से व्यवहार तथा विशेषाधिकार विषयक चुने हुए मदों पर प्रश्न पूछे जाते हैं। गुणात्मक विश्लेषण के लिए मात्रामूलक आंकड़ों का प्रयोग किया जाता है। यह उपागम अवधारणाओं, परिकल्पनाओं तथा सिद्धांतों की खोज में प्रतिबन्ध नहीं लगाता।

उपर्युक्त विधियों के अतिरिक्त स्त्रियों की वर्तमान की स्थिति के मूल्यांकन के तीन सैद्धांतिक प्रस्तावों का प्रयोग भी किया जाता है। यह है : उदारवादी नारीवाद, मार्क्सवादी नारीवाद तथा आमूल परिवर्तनवादी नारीवाद। उदारवादी नारीवाद लिंग समानता अर्थात् स्त्री-पुरुषों के समान अधिकार में विश्वास रखता है। यह एक लिंग का दूसरे के अधीन मानने की धारणा को अस्वीकार करता है अथवा स्त्रियों को मानव मानने के स्थान पर यौन वस्तु नहीं मानता। फिर भी यह विचार लिंग के आधार पर श्रम-विभाजन को चुनौती नहीं देता। इस विचार के अनुसार स्त्री घरेलू कामकाज तथा पुरुष बाहरी कामकाज के लिए ही सर्वथा उपयुक्त है।

मार्क्सवादी नारीवाद उस पूर्व विचारधारा से संस्थान को संकेत करता है जो नारीवाद को बुर्जुआ मानने से इंकार कर देता है। सर्वहारा वर्ग की मार्क्स की परिभाषा में निश्चित रूप से स्त्रियों में रुचि सीमांतरीय है। एंजिल द्वारा स्त्रियों के दमन को सम्पत्ति का विश्व ऐतिहासिक प्रभाव मान कर व्याख्या को परिष्कृत कर लिया गया है।

एंजिल की मान्यता थी कि स्त्री पराधीनता निजी सम्पत्ति के उदय तथा उत्पादन के साधनों के स्वामित्व का प्रतिफल है। पुरुष के समान स्त्री का कार्य उपयोग मूल्य तो रखता है, लेकिन उसका 'आदान-प्रदान' मूल्य नहीं होता। इसलिए पुरुष स्त्री की अपेक्षा अधिक शक्ति का स्वामी होता है या फिर इस प्रकार कहा जा सकता है कि स्त्री का दमन उसके मुफ्त में किए गए गृहकार्य के कारण किया जाता है। आमूल परिवर्तन नारीवादी यद्यपि यौन समानता में विश्वास रखता है तथापि यह श्रम के परम्परागत विभाजन को अस्वीकार करता है। इसकी मान्यता है कि लिंग भूमिका न केवल जैविक कारकों का फल है, बल्कि यह संस्कृति का भी फल है। यह विचारधारा मुक्त यौन एवं माता-पिता द्वारा बच्चों की संयुक्त देखभाल में विश्वास रखती है। इस प्रकार उन्नीसवीं शताब्दी में मार्क्सवादियों ने स्त्रियों के प्रश्न पर वाद-विवाद को निश्चित मोड़ प्रदान किया। अब वे अधिक मानवतावादी दृष्टिकोण से व्याख्या प्रस्तुत कर रहे हैं। इसके अतिरिक्त समकालीन नारीवाद का उदय नव वामपंथ तथा 1960 के दशक के छात्र आन्दोलन का प्रतिफल है। कहा जा सकता है कि भारत में स्त्रियों की स्थिति में 1950 के बाद से पर्याप्त सुधार हुआ है। संरचनात्मक तथा सांस्कृतिक दोनों ही प्रकार के परिवर्तनों ने स्त्रियों को न केवल शिक्षा, रोजगार तथा राजनैतिक भागीदारी में समान अवसर प्रदान किए हैं बल्कि स्त्रियों के शोषण को भी कम किया है तथा उन्हें अपने संगठन बनाने के अवसर प्रदान किये हैं, जिनसे वे अपनी समस्याओं में अधिक रुचि ले सकें। इसके अतिरिक्त इस बात को भी अधिक अनुभव किया जा रहा है कि अनुसंधान, राष्ट्रीय नीति एवं स्त्रीपरक कार्यक्रमों के बीच एक सामंजस्य होना चाहिए। स्त्रियों के निम्न स्तर के कारणों के अध्ययन एवं प्रत्येक क्षेत्र में उनके अधिकारों की रक्षा करने के उद्देश्य से केन्द्रीय एवं राज्य सरकारों ने विविध कमीशनों की नियुक्ति की है। केन्द्रीय सरकार ने दो ऐसे महत्वपूर्ण कमीशन 1971 व 1992 में नियुक्त किए थे। 31 जनवरी, 1992 को महिलाओं के लिए राष्ट्रीय कमीशन का गठन किया गया जिसका उद्देश्य था, महिलाओं से संबंधित मामलों को देखना, स्त्रियों के स्तर की जांच करना, विविध विधानों का अध्ययन करना तथा उनमें कमजोर बिन्दुओं और खामियों की ओर संकेत करना, महिलाओं के प्रति किये गए भेदभाव व हिंसा के कारणों का पता लगाना तथा संभावित उपायों का विश्लेषण करना।

स्त्रियों को अधिकारों से वंचित रखने के लिए वैयक्तिक, आर्थिक व जनसंख्या संबंधी कारक हो सकते हैं। वैयक्तिक कारकों का संबंध उन पुरुषों के व्यक्तित्व की विशेषताओं से है जो निम्न बौद्धिक योग्यता (I.Q.) रखते हैं, जो अपरिपक्वता, कुण्ठा तथा वैराग्य से पीड़ित होते हैं और जो स्त्रियों से अयथार्थवादी उच्च आशाएं रखते हैं तथा आशा करते हैं कि वे निष्क्रिय एवं दब्बू बनी रहें। जहां तक आर्थिक कारकों का संबंध है, न कमाने वाली महिलाओं को कमाने वाली महिलाओं की अपेक्षा अधिकारों से वंचित रखा जाता है; निम्न व मध्यम आय वर्गीय महिलाओं को उच्च आय वर्गीय महिलाओं की अपेक्षा अधिकारों से वंचित रखा जाता है; और नौकरियों में निम्न स्तर की नौकरियों में लगी महिलाओं को उच्च पद वाली नौकरियों में लगी महिलाओं की अपेक्षा कम अधिकार होते हैं। अन्त में, जहां तक जनसंख्यात्मक कारकों का संबंध है, उच्च जातियों की महिलाओं को निम्न एवं मध्यम जाति की महिलाओं की अपेक्षा अधिकारों से कम वंचित किया जाता है, बड़ी आयु के पुरुष स्त्रियों को अधिकारों से अधिक वंचित किया

जाता है, अपेक्षाकृत पुरुषों द्वारा महिलाओं को। यह हमें उन पुरुषों को पहचानने में सहायता करता है जो स्त्रियों को अधिकार देने से इंकार करते हैं। यह वे पुरुष होते हैं जो हीन भावना के शिकार होते हैं, नैराश्य से भरे होते हैं; बुद्धि व योग्यता कम रखते हैं या फिर समाज विकृति और मनोविकृति से पीड़ित होते हैं अर्थात् उनका व्यक्तित्व अव्यवस्थित होता है, स्वभाव में संदेह करने वाले होते हैं, अपने बचपन में हिंसा का शिकार हुए होते हैं, और परिवार में तनावपूर्ण स्थितियों का सामना करते रहते हैं। उन स्त्रियों को भी अलग से पहचाना जा सकता है जिन्हें अधिकारों से वंचित रखा जाता है, वे स्त्रियां स्वयं को असहाय अनुभव करती हैं, हीन भावना से ग्रसित होती हैं; स्वयं के विषय में हीन धारणाएं रखती हैं सामाजिक परिपक्वता में कमी अनुभव करती हैं तथा आर्थिक रूप से आश्रित होती है।

हम छः प्रकार के अधिकारों से वंचनाओं को भी अलग से पहचान सकते हैं, धन परक, आनन्द परक, शक्ति परक, पीड़ित स्त्री परक, इंकार करने वाले की विकृति के फलस्वरूप तथा परिवार की तनावपूर्ण स्थितियों के फलस्वरूप।

स्त्रियां और रोजगार

श्रम के बाजार में स्त्रियों को हानि ही उठानी पड़ती है। यह हानि उनकी अशिक्षा, दक्षता की कमी, समाज व्यवस्था में हीन स्थिति तथा निर्णय करने तथा शक्ति की संरचना से उन्हें बाहर रखने जैसी स्थितियों का ही प्रतिफल है। हालांकि उदारीकारण के दौर में स्थिति में कुछ बदलाव आया है।

दोहरी भूमिका

कितनी स्त्रियां अपनी दोहरी भूमिका से संतुष्ट रहती हैं ? यदि धन अर्जन करने वाली महिला मां और पत्नी की भूमिका में विलीन करने में सफल होती है तो वह महिला अपनी दोहरी भूमिका से संतुष्ट मानी जायेगी। 'उच्च' संतोष काम करने और घर बनाने वाली भूमिका प्रसन्नतापूर्वक निभाने में निहित है; 'मध्यम' संतोष का अर्थ है दोनों भूमिका में सीमान्त असन्तुलन तथा निम्न संतोष एक या दोनों भूमिका में असंतोष में निहित है। एक के अध्ययन में 53% महिलाएं अपनी दोहरी भूमिकाओं से उच्च संतुष्ट, 18% मध्यम संतुष्ट व 29% असंतुष्ट पायी गयीं।

दोहरी भूमिकाओं के साथ संतोष/असंतोष कामकाजी महिलाओं के आत्म प्रतिबिम्ब अथवा स्वयं के विषय में की गई कल्पनाओं को प्रभावित करता है। स्वयं के विषय में ऊंचे प्रतिबिम्ब बनाने का अर्थ है कि महिला यह अनुभव करती! है कि काम करने के कारण उसके व्यक्तित्व में सुधार हुआ है; जबकि निम्न प्रतिबिम्ब का अर्थ है कि महिला यह अनुभव करें कि काम/नौकरी ने उसके व्यक्तित्व पर अच्छा प्रभाव नहीं डाला।

निम्न स्व-प्रतिबिम्ब और दोहरी भूमिकाएं, कामकाजी महिलाओं के लिए भूमिका संघर्ष जैसी समाज शास्त्रीय समस्या पैदा कर देती हैं, जिसका प्रभाव, पारिवारिक संबंधों, बच्चों की देखभाल तथा सक्रिय व निष्क्रिय रूप से भूमिकाओं के निर्वाह करने पर पड़ता है। लज्जाशील व नम्र स्वभाव की स्त्रियों को प्रभावशाली व्यक्तित्व वाली स्त्रियों की अपेक्षा दोहरी भूमिका निर्वाह में अधिक समस्याओं का सामना करना पड़ता है। एक अध्ययन में देखा गया कि 21.8% स्त्रियां उच्च कोटि की भूमिका संघर्ष की स्थिति में थीं; 44.4% निम्न कोटि के तथा 33.8% किसी भी प्रकार की भूमिका संघर्ष की स्थिति में नहीं थीं। काम करने के प्रेरणात्मक स्तर, पत्नी के रोजगार के प्रति पति का दृष्टिकोण, कार्य के स्थान पर अर्न्तव्यक्तिगत संबंध और महिलाओं के व्यक्तित्व के प्रकार आदि विविधताओं तथा भूमिका संघर्ष के बीच महत्वपूर्ण, मध्यम तथा कमजोर संबंध पाये गए।

भूमिका, संघर्ष और प्रेरणा स्तर तथा पति के दृष्टिकोण के बीच संबंध महत्वपूर्ण है; काम करने की स्थान पर अर्न्तव्यक्तिगत संबंध के साथ संबंध कमजोर है, तथा बच्चों की उपस्थिति की दशा के साथ संबंध 'मध्यम' है।

भूमिका समायोजन

कामकाजी महिलाओं को अपने परिवार तथा कार्य के स्थान के बीच अपने को समायोजित करना पड़ता है। समायोजन का अर्थ है एक एक प्रस्थिति से दूसरी प्रस्थिति पर चले जाना, भूमिकाओं का दूसरों परिप्रेक्ष्य से अवलोकन तथा विविध भूमिकाओं को कुशलता तथा संतोषप्रद ढंग से निर्वाह करना होता है। सरल शब्दों में 'भूमिका समायोजन' भूमिका की मांग तथा व्यक्ति की भूमिका को करने पर निर्भर करता है।

एक कामकाजी महिला को असंख्य समस्याओं का सामना करना पड़ता है। घर के जीवन का समायोजन दफ्तर की दिनचर्या से करना होता है। घर के कामकाज को परम्परागत चर्या से भिन्न बिन्दुओं पर व्यवस्थित करना होता है। लार्जान्स के अनुसार समायोजन दर्शाने वाले चार प्रमुख 'सूचक है : भूमिकाओं का कुशल व बुद्धिमतापूर्ण निर्वाह, मनोवैज्ञानिक सुख की सीमा, तनाव लक्षणों का अभाव तथा व्यवहार की सामाजिक स्वीकृति।

समायोजन का एक आयामी नैरन्तर्य पर माप किया जाता है। नैरन्तर्य में व्यक्ति की स्थिति उच्चतम बिन्दु से निम्नतम बिन्दु तक स्थित की जाती है। निम्न समायोजन को कुसमायोजन से पृथक कर लिया जाता है क्योंकि दोनों ही गुणों के आधार पर **एक दूसरे से**

भिन्न होते हैं। कुसमायोजन में व्याधिकीय अनुक्रिया निहित है, जबकि निम्न समायोजन परिस्थिति में पूर्ण रूप से विलीन होने की स्थिति दर्शाता है।

'घर का समायोजन' तथा 'नौकरी समायोजन' में मूल्यांकन में भिन्न आधार सम्मिलित हैं। कामकाजी महिलाओं के विषय में सामान्यत: यह देखा गया है कि नौकरी समायोजन, घर समायोजन की अपेक्षा कहीं उच्च कोटि का होता है।

एक अनुसंधान से पता चलता है कि अध्ययन की गई 225 महिलाओं में से 38% का 'घर का समायोजन' 'उच्च कोटि' का 43% का मध्यम तथा 19% का निम्न कोटि का था। 'नौकरी समायोजन' में 44% ने उच्च, 30% ने मध्यम तथा 26% ने निम्न कोटि का समायोजन दर्शाया। नौकरी समायोजन का स्तर नौकरी की प्रकृति, सेवा अवधि तथा भावी योजनाओं के साथ ही विविध पाया गया। दूसरी ओर 'घर का समायोजन' परिवार संरचना, आकार, पति तथा ससुराल वालों से सहयोग तथा स्व मूल्यांकन पर निर्भर करता है। दोनों स्थितियों को एक साथ रखकर कहा जा सकता है कि कामकाजी महिलाएं सामान्यतया घर की जिम्मेदारियों तथा अपनी आकांक्षाओं को पूरा करने के लिए इस प्रकार योजना बना लेती है कि समायोजन करने में कठिनाई नहीं आती। यद्यपि महिलायें अपनी आय अधिकतर जीवन स्तर ऊंचा उठाने में खर्च करती है तथा उन पर घमण्डी, लापरवाह, आत्म केन्द्रित होने का आरोप लगाया जाता है, फिर भी वे घर की चार दीवारी से बाहर निकल कर तथा राष्ट्र व मानवता के वृहत् दायरे में अपनी भागीदारी का निर्वाह कर रही है।

पारिस्थितिकी नारीवाद

ऐसे समाज में जहां कुल जनसंख्या की आधी तथा तीन पंचमांश भाग अशिक्षित महिलाएं हैं, ऐसे रुढ़िवादी परम्पराओं एवं विश्वासों तथा प्रथाओं में जकड़े हुए समाज को रातोंरात नहीं बदला जा सकता। न ही इनके विरुद्ध प्रबल जनमत तैयार करना सरल है। विधानों का कुछ प्रभाव होता है लेकिन इन्हें बड़ी सावधानी से चरणों में लागू करना होता है। विधान की पुस्तकों में महिलाओं से संबंधित कितने विधान है ? हिन्दू समाज को इन विधानों ने किस सीमा तक आन्दोलित किया है ? किस सीमा तक उन विधानों से सामाजिक परिवर्तन आया है ? इन विधानों के माध्यम से प्राप्त महिला अधिकारों का विवेचन हम यहां संक्षेप में करेंगे।

पुरुषों के समान स्त्रियों को भी भारतीय संविधान द्वारा प्रमुख अधिकार इस प्रकार है :

(क) समानता का अधिकार, अर्थात् अवसरों की समानता, कानून के समक्ष समानता, कानूनों का समान संरक्षण तथा नौकरियों आदि में लिंग के आधार या भेदभाव का निषेध।

(ख) स्वतंत्रता का अधिकार, अर्थात् भाषण की स्वतंत्रता, निवास की स्वतंत्रता एवं व्यवसाय व गतिशीलता की स्वतंत्रता।

(ग) शोषण के विरुद्ध स्वतंत्रता, अर्थात् 'बेगार' के विरुद्ध।

(घ) धर्म की स्वतंत्रता का अधिकार, अर्थात उपदेश तथा धर्म का स्वतंत्रता पूर्वक अनुपालन।

(ङ) सम्पत्ति का अधिकार, अर्थात् सम्पत्ति प्राप्त करने, रखने तथा बेचने का अधिकार।

(च) सांस्कृतिक एवं शैक्षिक अधिकार, अर्थात् संस्कृति का संरक्षण तथा शैक्षिक संस्थाओं में प्रवेश प्राप्त करने का अधिकार।

(छ) संवैधानिक उपचार का अधिकार, अर्थात् मौलिक अधिकारों को लागू करने के लिए न्यायालय की शरण में जाने का अधिकार।

इन मूल अधिकारों के आश्वासन के अतिरिक्त राज्य सरकारों को भी यह अधिकार दिये गए हैं कि वे समय-समय पर ऐसे विधान लागू करें जो स्त्रियों के हितों की रक्षा करते हों तथा स्त्रियों के साथ व्यवहार में उन्हें वरीयता दी जाए। इस आधार पर सरकार समय-समय पर ऐसे वैधानिक उपाय करती रही है जिनसे सामाजिक व्यवस्था एवं न्याय बना रहे।

सामाजिक कानून

महिलाओं से संबंधित तथा सामाजिक कानूनों से संबंधित चार प्रमुख मामलें हैं : विवाह, गोद लेना, संरक्षकता एवं गर्भपात। विवाह से संबंधित प्रमुख समस्याएं हैं : (1) जीवन साथी का चुनाव (2) विवाह की आयु (3) बहुपत्नी विवाह (4) निर्योग्य विवाह (5) निष्प्रभावी विवाह (6) विवाह विच्छेद (7) दाम्पत्य अधिकारों का प्रत्यास्थापन (8) गुजारा भत्ता (9) बच्चे का संरक्षण (10) दहेज (11) पुनर्विवाह। पूर्व उल्लिखित कुछ लागू हो चुके विधान इस प्रकार हैं : 1955 का हिन्दु विवाह अधिनियम, 1954 का विशेष विवाह अधिनियम तथा 1851 का पुनर्विवाह अधिनियम।

बच्चों को गोद लेने से संबंधित अधिनियम 1956 में पारित किया गया जिसे हिन्दू दत्तक ग्रहण एवं भरण पोषण अधिनियम नाम दिया गया। न केवल विवाहित स्त्रियों को बल्कि अविवाहित स्त्री, विधवा स्त्री तथा तलाकशुदा स्त्री को भी बच्चों को दत्तक अधिग्रहण का अधिकार दिया गया है। केवल अविवाहित तथा 15 वर्ष से कम आयु के बच्चों को ही दत्तक ग्रहण किया जा सकता है।

1970 तक गर्भपात को वैधानिक दृष्टि से अपराध माना जाता है। 1971 में चिकित्सा गर्भ समापन अधिनियम पारित किया

गया जिसके माध्यम से गर्भवती महिला व गर्भपात शल्यक दोनों को ही गर्भपात की अनुमति प्रदान कर दी गई। यह अधिनियम अप्रैल 1972 से लागू किया गया तथा यह केवल इन परिस्थितियों में ही समाप्त करने की अनुमति दी गई है; यदि गर्भवती महिला के जीवन को जोखिम हो, उसके शारीरिक व मानसिक स्वास्थ्य को गंभीर हानि की आकांक्षा हो या फिर इस बात का भय हो कि जन्म लेने वाला बच्चा अपंग या शारीरिक व मानसिक असमानताओं के साथ जन्म लेगा। गर्भपात ऐसे मामलों में भी स्वीकृत होता है; जहां गर्भ का कारण बलात्कार या गर्भ निरोधक विधियों की असफलता रहा हो।

आर्थिक कानून

आर्थिक विधानों से संबंधित विषय है : सम्पत्ति का आधार, समान पारिश्रमिक कार्य करने की दशाएं, प्रसूति लाभ तथा कार्य सुरक्षा। एक महिला के सम्पत्ति अधिकार का अर्थ है, उसका पत्नी, पुत्री, विधवा तथा मां के रूप में सम्पत्ति का अधिकार। हिन्दू उत्तराधिकार अधिनियम, 1956 के अनुसार न केवल पुत्री को ही उसके भाई के बराबर का भाग पिता की सम्पत्ति में मिलता है, बल्कि एक विधवा को भी अपने मृत पति की सम्पत्ति में बराबर का भाग मिलता है। इस विधान ने 'स्त्रीधन' एवं गैर स्त्रीधन के बीच भेद भी समाप्त कर दिया है।

जहां तक पारिश्रमिक का सम्बन्ध है, समान पारिश्रमिक अधिनियम, 1976 महिला तथा पुरुष कर्मियों के पारिश्रमिक में भेद करने की अनुमति नहीं देता। जो मालिक इन विधानों का पालन नहीं करते उनके लिए दण्ड का प्रावधान है।

कार्य अवधि में कार्य दशाओं का नियंत्रण, फैक्ट्री अधिनियम, 1948 से होता है। फिर कार्य, घण्टे, साप्ताहिक विश्राम, सफाई के स्तर, प्रकाश व्यवस्था, तापमान, मशीनों की सीमा बन्दी, प्राथमिक उपचार की सुविधा, विश्राम गृह आदि प्रावधानों के अतिरिक्त इस विधान में बच्चों के शिशु गृह स्थापित करने की तथा महिलाओं के लिए पृथक से प्रसाधन स्थापित करने वाला प्रावधान है। महिलाओं के लिए एक दिन में अधिकतम नौ घण्टे तथा रात्रि 10 बजे से प्रात: 5 बजे के बीच कोई भी कार्य न करने देने का प्रावधान भी इस कानून में है।

राजनैतिक अधिकार

भारतीय संविधान के द्वारा प्रदत्त महिलाओं को दो प्रमुख अधिकार हैं : महिलाओं को मताधिकार और विधान मण्डल के लिए योग्यता। महिला मताधिकार की मांगें सर्वप्रथम 1917 में की गई थी, किन्तु साउथ बरो फ्रेन्चाइज कमेटी ने 1918 में इस मांग को अस्वीकार कर दिया। 1919 में सरकार ने राज्य सरकारों को अधिकार दे दिया कि वे स्त्री मताधिकार के संबंध में अपने अलग विधान लागू करें। इस प्रकार के विधान राजकोट में 1926 में तथा बिहार और उड़ीसा में 1929 में पारित किए गए। मताधिकार प्रदान किया गया। फलस्वरूप 1937 में 56 महिलाओं ने चुनाव के माध्यम से विधान मण्डलों में प्रवेश किया।

अधिकार चेतना

यद्यपि भारत में महिलाओं को अन्य देशों की महिलाओं की अपेक्षा अधिक अधिकार प्राप्त हैं; किन्तु क्या हमारे देश की महिलाओं में अपने अधिकार के प्रति चेतना है? इस बात को जानने के लिए कुछ वर्ष पूर्व राजस्थान के एक जिले के एक गांव की 18 से 50 वर्ष की आयु की 753 स्त्रियों का अध्ययन किया गया था। अध्ययन का प्रमुख उद्देश्य स्त्रियों में अधिकारों के लिए चेतना का मूल्यांकन तथा संविधान तथा विधानों द्वारा प्रदत्त अधिकारों के प्रति संतुष्टि के स्तर को नापना था। इस अनुसंधान का सैद्धान्तिक मॉडल यह था कि किसी विशेष क्षेत्र में, स्त्री के व्यक्तित्व पृष्ठभूमि, उसकी सामाजिक परिस्थितियां, उसका अपना दृष्टिकोण तथा उसका आर्थिक आधार। हमारे विश्लेषण में विभिन्न प्रकार के अधिकारों के प्रति चेतना, तथा अधिकारों के उपयोग के संतुष्टि स्तर से संबंधित निम्नलिखित तथ्य सामने आए :

सामाजिक अधिकारों की चेतना

(क) महिलाओं को विवाह संबंधी कानूनों की जानकारी बहुत कम है। हमारे सर्वेक्षण में केवल दस में से एक महिला को ही अपने जीवन साथी के चुनाव के अधिकार की जानकारी थी, लगभग 50 में से एक को विवाह की सही आयु की जानकारी थी, पांच में से एक से भी कम को तलाक के अधिकार का ज्ञान था, दस में से एक से कम को विधवा पुर्नविवाह अधिकार का और पांच में से एक से भी कम को दहेज कानून का ज्ञान था। इन सभी पक्षों को एक रखने पर हम कह सकते हैं कि दस में से एक महिला को ही विवाह कानूनों की जानकारी थी।

(ख) परिवार में निर्णय लेने के विषय में महिलाओं की भूमिका किनारे की होती है। पत्नी के साथ पति महत्वहीन विषयों में से सलाह करते हैं।

(ग) पति-पत्नी के बीच दाम्पत्य संबंधों का कोई महत्वपूर्ण स्थान नहीं हो सका है।

(घ) महिलाओं की परिवार में स्थिति कुण्ठाग्रस्त न होकर जीवन अनुभवों के बीच संतोष की होती है।

(ङ) लगभग दो तिहाई महिलाएं अपने वैवाहिक तथा पारिवारिक जीवन से संतुष्ट होती है।

(च) घर के काम से संतुष्टि का स्तर आयु, शिक्षा तथा आयु के साथ बदलता रहता है।

आर्थिक अधिकारों की चेतना

(क) यद्यपि बहुत कम महिलाओं को अपने पिता की सम्पत्ति में से भाग लेने का अधिकार का ज्ञान है, किन्तु अपने पति की सम्पत्ति में से अपने भाग के अधिकार का ज्ञान अधिक संख्या में स्त्रियों को है।

(ख) थोड़ी संख्या में महिलाओं को अपने पति की सम्पत्ति में से उत्तराधिकार प्राप्त होता है किन्तु पिता की सम्पत्ति से भाग प्राप्त करने वाली महिलाओं की संख्या नगण्य (0.5%) है।

(ग) गांवों में दस में से केवल एक महिला ही कामकाजी है तथा आर्थिक दृष्टि से स्वतंत्र है।

(घ) कामकाजी महिलाएं भी गृहकार्य में गृहस्थी निर्माता के रूप में अपनी भूमिका का मूल्यांकन उतनी ही सपेक्षता से करती हैं जितनी कि घरेलू महिलाएं।

(ङ) कामकाजी महिलाओं में दस में से नौ अपनी आमदनी से असंतुष्ट होती हैं। यह असंतोष कार्य के विचार से उतना नहीं होता जितना कि कार्य दशाओं पारिश्रमिक से।

(च) जो महिलाएं अपने परिवार की अर्थव्यवस्था में योगदान करती हैं वे अपनी आय को अपनी इच्छा से व्यय करने के लिए स्वतंत्र नहीं होती।

राजनैतिक अधिकारों की चेतना

(क) बहुत कम संख्या में महिलाओं को अपने राजनैतिक अधिकारों का ज्ञान है।

(ख) मताधिकार प्राप्त महिलाओं में से लगभग तीन चौथाई ही उसका प्रयोग करती है। रोचक बात यह है कि ये महिलाएं राजनीति से प्रेरित होकर वोट देने नहीं जातीं, बल्कि घूमने के उद्देश्य से जाती हैं।

(ग) महिलाओं का मत देने का व्यवहार न तो राजनैतिक गतिशीलता से और न ही राजनैतिक समाजीकरण से जुड़ा होता है। बल्कि अपने पति के राजनैतिक विश्वास और अभिरुचि से जुड़ा होता है।

(घ) चुनाव का उदार सिद्धान्त जो मतदाता के वोट को उसके तर्कयुक्त पसन्द या उम्मीदवार या पार्टी के लिए अभिरुचि से जोड़ता है, वह महिलाओं के मत डालने के व्यवहार के लिए तर्कसिद्ध नहीं है।

(ङ) आमतौर पर महिलाएं किसी भी राजनैतिक दल की सक्रिय सदस्य नहीं होती है; कुछ महिलाएं किसी राजनैतिक दल की समर्थक अवश्य होती हैं।

उपरोक्त तथ्यों के आधार पर निष्कर्ष रूप में कहा जा सकता है कि अधिकार चेतना अपने आप स्त्रियों के स्तर को ऊंचा नहीं उठाती और न ही चेतना हीनता या अज्ञानता उनकी संतोष (प्रस्थिति से) की भावना कम करती है। अधिकार चेतना में प्रमुख बाधाएं इस प्रकार है : अशिक्षा, गृहकार्य में अधिक व्यस्तता, घरेलू बंधन तथा पुरुषों पर आर्थिक निर्भरता।

कार्य योजना

यदि परिवार में पुरुष महिलाओं को उनके देय अधिकार प्रदान न करें तो पुरुषों के महिलाओं के प्रति अन्याय के इस दुष्चक्र को कैसे समाप्त किया जाये, भले ही वे यह मानते हैं कि यह सांस्कृतिक मान्यता प्राप्त है; या फिर क्योंकि उन्हें दण्ड नहीं मिलता या क्योंकि महिलाएं इस प्रकार के अन्याय को चुपचाप सहन करती हैं और इसके विरुद्ध आवाज नहीं उठातीं या क्योंकि अधिकारों की वंचना से जो लाभ पुरुष को मिलते हैं उनका मूल्य कहीं अधिक होता है, आदि ? महिलाओं के हितों की रक्षा किस प्रकार की जाए ? कौन सी नीतियां तथा कार्यक्रम पुरुष को न्यायी व उदार बना सकते हैं ? उपचार सामाजिक, वैधानिक व आर्थिक हो सकते हैं।

वैधानिक उपचार

महिलाओं के प्रति न्याय के लिए जन समर्थन चाहिए ताकि मानव सेवा में लगे व्यावसायिक जन उचित कार्यवाही कर सकें। स्वतंत्रता के बाद के प्रथम दशक में लिंग समानता को एक महत्वपूर्ण समस्या माना गया और इस ओर किए गए प्रयत्नों का अधिकार भाग यह विश्वास दिलाने में लगाया गया कि महिलाओं के शोषण के मामलों को पहचाना जायेगा और उचित कार्यवाही की जायेगी। 1952 तथा 1962 के बीच अनेक कानून स्त्रियों के लिए समानता लाने के लिए बनाए गए। इन कानूनों के लागू करने से पहले व्यावसायिक तथा राजनैतिज्ञों में इस प्रकार की समस्याओं का पता लगाने तथा उनको पहचानने में कोई रुचि नहीं थी। लेकिन भारत के गणतंत्र हो जाने के पश्चात् हमारे नये शक्तिशाली नेताओं को विश्वास होने लगा कि स्त्रियों की समानता का प्रश्न पारिवारिक न होकर सामाजिक है। अत: स्त्रियों को पुरुषों के समान व्यवहार देने के संबंध में कई राज्यों में विधान लागू किये गए। लेकिन जैसी कि अपेक्षा थी, सामाजिक कानूनों को ठीक से लागू नहीं किया गया। न्यायालय सामाजिक विधानों का अभी भी परम्परागत अर्थ ही प्रयोग करते हैं। अपराधिक न्याय व्यवस्था में स्त्रियों के शोषण को समाज-शास्त्रीय परिप्रेक्ष्य में देखना पड़ेगा। कुछ विधानों को सुधारना होगा ताकि पुलिस को महिलाओं के विरुद्ध अपराध करने वालों को पकड़ने में अनावश्यक प्रक्रिया की प्रतीक्षा न करनी पड़े। कई

पुलिस अधिकारी अनेक उदाहरण देते हैं जिनमें मुकदमों की अवधि में स्त्रियां आरोपों को बीच में ही समाप्त करना अच्छा समझती है या वे आरोपों को सिद्ध करने में असफल रहती है। फलत: कानूनविद्, वकील तथा पुलिस पीड़ित स्त्रियों को अपने भाइयों के विरुद्ध कानूनी कार्यवाही करने की सलाह नहीं देते जो उन्हें पैतृक सम्पत्ति से उनका भाग देने से इंकार कर देते हैं या उन पिताओं के विरुद्ध जो उनकी इच्छा के विरुद्ध उनका विवाह कर देते हैं या उन पतियों के विरुद्ध जो उन्हें गर्भपात के लिए बाध्य करते हैं। महिलाओं का सहयोग अत्यन्त आवश्यक है। महिलाओं के संगठित समूह आगे आकर सहायता कर सकते हैं।

सामाजिक उपाय

सामाजिक उपायों में महिला कल्याण सेवाएं, ऐच्छिक संगठनों की स्थापना को प्रोत्साहन तथा जन संचार माध्यमों द्वारा महिलाओं का कानूनी प्रशिक्षण आदि सम्मिलित है। ऐच्छिक संगठनों को ऐसी महिलाओं का पता लगाने का कार्य करना है जिन्हें इस प्रकार की सेवाओं की आवश्यकता है। पड़ोसियों को चाहिए कि वे महिलाओं पर अत्याचार के मामलों को ऐच्छिक संगठनों तथा सेवा संस्थाओं को सूचना देकर सहयोग करें। जन शिक्षा एक जागृति कार्यक्रम स्त्रियों की सहायता अन्याय के विरुद्ध खड़े होने के उद्देश्य से कर सकते हैं तथा सेवा संस्थाओं का सहयोग उनके अधिकारों के दिलाने के लिए लिया जा सकता है।

महिला कल्याण संस्थाओं के लिए अनुकूलतम स्थिति यह है कि वे महिलाओं के प्रति किए गए अन्याय की समस्याओं को शीघ्र प्रभावी ढंग से निवारण करने का प्रयत्न प्रारम्भ कर दें और समस्याओं के कारणों को लक्षण मात्र न समझें। पुरुषों को भी यह अनुभव कराना है कि बदलते परिवेश में उनकी भूमिका क्या है तथा परिवार के जीवन तथा घर के काम में उनके योगदान की आवश्यकता है।

बहुविकल्पीय प्रश्न

1. निम्नलिखित तथ्यों पर विचार कीजिए—

1. तादात्मीकृत लक्ष्य   2. प्रदत्त भूमिकाएं
3. आजीवन सदस्यता   4. ऐच्छिक सदस्यता
5. सत्ता संरचना   6. नियमों का एक विन्यास

उपरोक्त में जटिल संगठन के कौन-कौन तत्व हैं ?

A. 1, 2, 3 और 4   B. 3, 4, 5 और 6
C. 1, 3, 5 और 6   D. 1, 4, 5 और 6

2. लघु समुदाय की अवधारणा किस संदर्भ में अधिक प्रासंगिक है ?

A. ग्रामीण समुदाय   B. कृषक समुदाय
C. मुस्लिम समुदाय   D. इसाई समुदाय

3. भारत में किस प्रकार के समुदाय में जजमानी प्रथा अधिक प्रचलित थी ?

A. ग्रामीण   B. नगरीय
C. जनजातीय   D. (A) और (B) दोनों

4. कौन सा विवाह सामाजिक नियंत्रण में मेल नहीं खाता है ?

A. मंदिर में धार्मिक   B. अपनी जाति में विवाह
C. हड़ताल करना   D. आयकर चुकाना

5. सामाजिक नियंत्रण का मुख्य लक्ष्य है ?

A. सही समय पर चुनाव करवाना
B. सामाजिक विकास तेज करना
C. आदर्श नियमों एवं मूल्यों का पालन करना
D. (A) और (B) दोनों

6. सामाजिक नियंत्रण के कौन से साधन जनरीतियों एवं प्रथाओं की श्रेणी में आते हैं ?

A. अर्न्तजातीय विवाह नियम
B. पर्दा प्रथा
C. दहेज विरोधी कानून
D. पूजा स्थल पर जूते उतार कर दर्शन

7. अपनी संस्कृति के मूल्यों का प्रयोग किए बगैर दूसरों का निर्णय करने का दृष्टिकोण कहलाता है—

A. व्यक्तिवाद   B. नृजाति केंद्रीयता
C. वस्तुनिष्ठता की संस्कृति   D. सांस्कृति सापेक्षवाद

8. प्रसूति समर्थनवाद (Pronetelism) निर्दिष्ट करता है—

A. इस दृष्टिकोण को कि किसी व्यक्ति को जितने संभव हों उतने बच्चों को जन्म नहीं देना चाहिए।
B. इस दृष्टिकोण को कि सिर्फ बच्चे ही परिवार को जीविका और मोक्ष प्रदान कर सकते हैं।
C. किसी समाज में बच्चों के जन्म विषयक सशक्त सकारात्मक मूल्य हो।
D. इस दृष्टिकोण को कि बच्चे की शक्तिशाली शारीरिकी पर परिवार की जीवन्तता निर्भर करती है।

9. निम्नलिखित में से कौन-सा भूमिका विन्यास का उदाहरण है ?

A. एक अध्यापक का उसके शिष्यों, सहयोगियों, प्राचार्य तथा माता-पिता के साथ संबंध

B. एक अध्यापक पति, पिता, खिलाड़ी तथा सामाजिक सक्रियतावादी बनता है

C. एक अध्यापक जो कालांतर में विभागाध्यक्ष, प्राचार्य तथा पंजीयक बनता है

D. एक छात्र जो समय के साथ पति, पिता और बाबा/नाना बनता है

10. जब किन्हीं लोगों की अन्तर्निहित श्रेष्ठता जैविकीय विशेषताओं के रूप में दूसरों पर वैध हो जाती है तो इसे कहते हैं—

A. प्रजातिवाद B. नृजातीयता

C. समाज D. सांस्कृतिक दर्प

11. मातृवंश परम्परा किस नातेदारी संगठन में विद्यमान है ?

A. रोज नातेदारी B. खासी नातेदारी

C. भील नातेदारी D. मुल्लुकुरुम्बा नातेदारी

12. निम्नलिखित को सुमेलित कीजिए—

क. संस्कृतिकरण (1) एम.एन. श्रीनिवास

ख. लघु एवं वृहद परम्परा (2) मैकिम मेरियट

ग. ब्राह्मणीकरण (3) अयप्पन

घ. संकीर्णीकरण (4) एफ.जी. बैले

	क	ख	ग	घ
A.	2	3	4	1
B.	1	3	4	2
C.	1	2	3	4
D.	4	1	2	3

13. प्रस्थिति शृंखला का उदाहरण कौन-सा है ?

A. व्यक्ति अपने परिवार में पिता, पति, देवर, भाभी आदि की भूमिकाएं करता है

B. एक छात्र पहले दसवीं, फिर बारहवीं तथा बाद में बी ए पास करके अपनी प्रस्थिति में सुधार लाता है

C. एक व्यक्ति दफ्तर में बाबू, घर में पिता तथा क्लब में मंत्री होता है

D. उपर्युक्त (A) तथा (B) दोनों

14. वधू-मूल्य का भुगतान विवाह के समय किसमें अनिवार्य है ?

A. हिन्दू B. मुस्लिम

C. आदिवासी D. इनमें से कोई नहीं

15. भ्राता भगिनी संतति विवाह का एक रूप 'दूध लौटाना' प्रचलित है ?

A. मध्य प्रदेश के नोंडो में

B. उड़ीसा के संथालों में

C. छोटा नागपुर के मुंगओं में

D. राजस्थान के भीलों में

16. प्रतिस्पर्धा के विषय में निम्नांकित में से क्या सही है ?

A. लक्ष्य की बाह्यता B. अचेतन प्रक्रिया

C. अवैयक्तिक प्रक्रिया D. ये सभी

17. निम्नांकित में से कौन सा संघर्ष का उदाहरण है ?

A. युद्ध B. गुटीय कलह

C. मुकदमेबाजी D. ये सभी

18. किस लेखक ने समाजशास्त्र की विषय-वस्तु और क्षेत्र को प्रस्तुत कने में तीन पथों यथा—ऐतिहासिक, आनुभाविक एवं विश्लेषणात्मक का उल्लेख किया है ?

A. बोटोमोर B. जोनसन

C. इन्केल्स D. डेविस

19. समाजशास्त्र को सामाजिक विज्ञान बनाने में निम्न विशेषताएं आवश्यक हैं ?

A. सैद्धांतिक एवं संचित ज्ञान

B. ऐतिहासिक एवं तुलनात्मक

C. आनुभाविकता एवं गैर-नैतिकता

D. (A) और (B) दोनों

20. समाजशास्त्र निम्नलिखित का व्यवस्थित अध्ययन करता है ?

A. सामाजिक संबंध

B. मानव समूह एवं उपसमूह

C. सामाजिक संस्थाएं

D. उपर्युक्त सभी

21. मैक्स वेबर ने समाजशास्त्र की निम्न प्रकृति दर्शाई है ?

A. व्याख्यात्मक समाजशास्त्र

B. वैज्ञानिक समाजशास्त्र

C. ऐतिहासिक समाजशास्त्र

D. स्वरूपात्मक समाजशास्त्र

22. समाजशास्त्र विषय के प्रादुर्भाव के लिए विश्व की मुख्य घटनाएं जिम्मेदार हैं ?

A. प्रथम विश्वयुद्ध B. फ्रांसीसी क्रांति

C. औद्योगिक क्रांति D. (B) और (C) दोनों

48. निम्नलिखित को सुमेलित कीजिए—

क.	प्रस्थिति एवं संविदा	(1) रॉल्फ लिंटन
ख.	प्रस्थिति एवं भूमिका	(2) हर्बर्ट मीड
ग.	समुदाय तथा समिति	(3) हेनरी मैन
घ.	'मैं' तथा 'मुझे'	(4) फडीनांड रॉनीज

	क	ख	ग	घ
A.	3	1	4	2
B.	1	3	4	2
C.	3	1	2	4
D.	1	3	2	4

49. निम्नलिखित में से कौन-सा कथन सही है—

A. एक व्यक्ति का समग्र व्यक्तित्व प्राथमिक समूह की अपेक्षा द्वितीय समूह में अधिक महत्वपूर्ण होता है

B. औपचारिक संबंध द्वितीयक समूह की विशेषता है

C. द्वितीयक समूह संबंधों से निर्देशित होते हैं

D. प्राथमिक समूह अवैयक्तिक होते हैं

50. निम्नांकित में कौन सी विशेषता प्राथमिक समूह के लिए लागू होती है—

A. संबंध विशिष्ट और सीमित होते हैं

B. स्व-हित पर आधारित होते हैं

C. वस्तुत: औपचारिक होते हैं

D. भावनाओं पर आधारित होते हैं

51. हमारे समाज में निम्नांकित में से कौन-सा द्वितीयक समूह है—

A. एक परिवार

B. बच्चों का खेल कूद का समूह

C. एक श्रमिक संगठन

D. इनमें से कोई नहीं

52. किसी बड़े प्रतिष्ठान में सर्वोच्च अधिकारी और कर्मचारियों के बीच संबंध का स्वरूप किस प्रकार के संबंध का उदाहरण है—

A. प्राथमिक संबंध B. द्वितीयक संबंध

C. घनिष्ठ संबंध D. इनमें से कोई नहीं

53. भीड़ के विषय में निम्नांकित में से क्या सही है—

A. अनुमान से परे B. असंगठित

C. अतार्किक D. ये सभी

54. निम्नांकित में से कौन-से भीड़ व्यवहार के उदाहरण हैं—

A. एक समाज की संस्थाएं

B. एक समाज की रूढ़ियां

C. शोर मचा रहे एवं पत्थर फेंक रहे लोगों का समूह

D. उपर्युक्त में से (A) और (B) दोनों

55. निम्नांकित में से कौन भीड़ व्यवहार का निर्धारक है—

A. वंचित रहने का भय

B. परंपरा

C. अपेक्षित परिणाम प्राप्त होने की संभावना का प्रसार

D. उपर्युक्त में से (A) और (C) दोनों

उत्तरमाला

1	2	3	4	5	6	7	8	9	10
D	A	A	D	C	B	D	B	A	A
11	**12**	**13**	**14**	**15**	**16**	**17**	**18**	**19**	**20**
B	D	B	D	A	D	D	C	C	D
21	**22**	**23**	**24**	**25**	**26**	**27**	**28**	**29**	**30**
A	D	C	A	A	B	B	A	B	C
31	**32**	**33**	**34**	**35**	**36**	**37**	**38**	**39**	**40**
A	D	D	C	B	D	A	C	A	D
41	**42**	**43**	**44**	**45**	**46**	**47**	**48**	**49**	**50**
A	D	D	B	C	C	D	A	B	D
51	**52**	**53**	**54**	**55**					
C	B	B	C	D					

संदर्भ ग्रंथ सूची

बरी, जे.बी., *दि आइडिया आफ प्रोग्रेस* (लंदन, मैकमिलन, 1920).

इतिहास दर्शन का एक उत्कृष्ट संक्षिप्त विवरण और सत्रहवीं सदी से कांत और स्पेंसर के समाजशास्त्रीय सिद्धातों तक प्रगति के सिद्धातों का सार संक्षेप।

दुर्खीम, ई., 'ला कांत्रिव्यशयों द मांटेस्क्यू आ ला कांस्तीच्यूशिया ' द ला सियांस सोशियाल, ए क्यूवियियेर द्वारा ई. दुर्खीम, *मांटेस्क्यू ए रूसों: प्रेकरसर द ला सोशियोलॉजी* (पेरिस, रिवियेर, 1958) में पुनर्प्रकाशित, पृ. 15-193.

मांटेस्क्यू के सामाजिक प्रतिदर्शो और सामाजिक नियामों की धारणा, तथा तुलनात्क पद्धति को उसके प्रयोग की जांच परख।

ब्रेजन, ग्लेडिस, *मैन एंड सोसाइटी : दि स्काटिश इंक्रायरी आफ दि एटींथ सेंचुरी* (प्रिसंटन, प्रिसंटन यूनिवर्सिटी प्रेस, 1945)।

स्काटलैंड के इहिासकारों और दार्शनिकों की कृतियों में समाजशास्त्रीय विचारों के विकास का एक प्रशंसनीय अध्ययन।

ब्रैमसन, एल *दि पोलिटिकल कंटेक्स्ट आफ सोशियोलोजी* (प्रिसंटन, 1961)।

मैक्केलान, डेविड, *दि यंग हेगेलियंस एंड कार्ल मार्क्स* (लंदन, 1969).

जर्मन दर्शन और सामाजिक सिद्धांत में मार्क्स के चिंतन के एक स्रोत का उत्कृष्ट विवरण। और देखें, मूल पाठ में उद्धत आरों और निजबेट द्वारा लिखे गए समाजशास्त्रीय चिंतन के सामान्य इतिहास।

समाजशास्त्रीय सिद्धांत और पद्धतियां

सामान्य

समाजस्त्रीय तर्क संबंधी कुछेक बड़ी समस्याओं के बारे में निम्नलिखित सामग्री उपयोगी होगी।

मिल, जान स्टुअर्ट, *ए सिस्टम आफ लाजिक* (दसवां संस्करण, लंदनप, लांगमैलन ग्रीन एंड कंपनी, 1979, 2 खंड) बुक VI, आन दि लाजिक आफ दि मौरल साइंसेज।

नाडेल, एस.एफ., *दि फाउंडेशंन आफ सोशल एंथ्रोपोलोजी* (लंदन, का हेन एंड वेस्त, 1951)।

पापर, के.आर. *दि पावर्टी आफ हिस्टारिसिज्म* (लंदन, रटलेज एंड केगन पाल, 1957)।

हाजेस, एच.ए., *विल्हेल्म दिल्थो : ऐन इंट्रोडक्षन* (लंदन, रटलेज एंड केगन पाल, 1949)।

हा एक, एफ. ए., *दि काउंटर रेवाल्यूशन आफ साइंस* (लंदन, 1952)।

मानव गतिविधि का अर्थ समझने की पद्धति (पद्धति वैज्ञानिक व्यक्तिवाद के बतौर फिर से पुकारा गया) का वर्णन और उन्नीसवीं सदी के समाजशास्त्रियों, खासकर कांत और मार्क्स का आलोचना।

लाउश, ए. आर., *एक्सप्लेनेशन एंड ह्यमन ऐक्शन* (आक्सफोर्ड 1966)।

प्रत्यक्षवाद-विरोधी दृष्टिकोण का सर्वोत्तम हाजिला बया गिब्सन, क्वेंटीन, *दि लाजिक आफ सोशल इंक्वायरी* (लंदन, रटलेज एंड केगन पाल, 1960)।

ब्राउन, रावर्ट, *एक्सप्लेनेशन इन सोशल साइंस* (लंदन 1963)।

विभिन्न तरह की व्याख्याओं का अनेक सामाजिक विज्ञानों के जरिए समझाया गया एक अच्छा वर्णन।

ब्रेबुक, डेविड (संपा.) *फिलोसोफिकल प्रावब्लम्स आफ दि सोशल साइंसेज* (न्यूयार्क 1965) ! एक उपयोगी संक्षिप्त भूमिका।

नेटनसन, एम (संपा.) *फिलोसोफी आफ दि सोशल साइंसेज* (न्यूयार्क 1963)।

ऐतिहासिक समाजशास्त्र कार, ई. एच., *ह्वाट इज हिस्ट्री ?* (पेंरिवन बुक्स, 1961)।

हाफसटाआर, रिचर्ड, *सोशल डार्विनिज्म इन अमेरिकन थाट* (संशोधित संस्करण, बोस्टन 1955)।

गिंसवर्ग, एम., आन दि कांसेप्ट आफ इवोल्यूशन इन सोशियोलोजी, *एसेज इन सोशियोलोजी एंड सोशल फिलोसफी,* खंड I(लंदन, हेनीमैन 1957)।

यह किताब कुछ बड़ी आलोचनाओं के सम्मुख विकासवादी दृष्टिकोण की रक्षा करती है।

बरो, जे. डब्ल्यू. *इवोल्यूशन एंड सोसाइटी : ए स्टडी इन विक्टोरियन सोशल थियरी* (लंदन 1966)।

आरों, रेमों, *इंट्रोदयूकशियों आ ला फिलोसोफी द लिस्तवार* (पेरिस, गालीमार 1937 अंग्रेजी अनुवाद लंदन 1961)। भाग III में ऐतिहासिक और समाजशास्त्रीय कारणपरकता के विचारों की परीक्षा की गई है। *और देखें,* मैक्स वेबर की पद्धति पर बहस, जूलिएन फ्राएंड, *दि सोशियोलोजी आफ मैक्स वेबर* (लंदन 1968)।

तुलनात्मक पद्धति

दुर्खीम, ई., *दिरूल्स आफ सोशियोलोजिकल मैथड* (अंग्रेजी अनुवाद, ग्लेनको, दि फ्रा प्रेस, 1938) अध्याय VI गिंसवर्ग, एम. 'दि

प्राब्लम्स एंड मैथड आफ सोशियोलोजी' *रोजन एंड अनरीजन इन सोसाइटी* (लंदन, लांगमैन, ग्रीन एंड कंपनी 1949)। पृ. 39-41 पर तुलनात्मक पद्धति पर संक्षेप में विचार किया गया है।

इतिहास और समाजशास्त्र में तुलनात्मक पद्धति के बारे में सबसे भरपूर और उपयोगी विवेचन मार्क ब्लाख की टुवर्ड ए कंपेरेटिव हिस्ट्री आफ यूरोपियन सोसाइटीज में है, अंग्रेजी अनुवाद एफ.सी. लेन और जे.सी. रिमेरजमा (संपा.) *इंटरप्राइज एंड सेकुलरचेंज* (लंदन 1953) पृ. 494-521. मूलतः *रव्यू द सिंथेज इस्तेरिक* (1928) में प्रकाशित।

प्रकार्यवाद

रेडक्लफ-ब्राउन, ए.आर., आन दि कांसेप्ट आफ फंकशन इन सोशल साइंस, *स्ट्रक्चर एंड फंक्शन इन प्रीमिटिव सोसाइटी* (लंदन, को हेन एंड वेस्ट 1952) में पृ. 178-187.

मालिनोव्स्की, बी., *ए साइंटिफिक थियरी आफ कलचर एंड अदर एसेज* (चैपेल हिल, यूनिवर्सिटी आफ नार्थ केरोलिना प्रेस 1944)।

पुस्तक के शीर्षक लेख में और 'दि फंक्शनल थियरी' शीर्षक एक अलग लेख में उसके प्रकार्यवादी दृष्टिकोण की रूपरेखा प्रस्तुत की गई है।

मर्टन, आर. के., *सोशल थियरी एंड सोशल स्ट्रक्चर* (दूसरा संशोधित संस्करण, ग्लेनको, दि फ्री प्रेस 1957) अध्याय I, मेनिफेस्ट एंड लैटेंट फंक्शंस।

फर्थ, रेमंड, फंक्शन, *दि ईयर बुक आफ एंथ्रोपोलोजी,*1956.

डेमेराथर, एन.जे.ओर पीटर्सन,आर.ए. *सिस्टम चेंज एंड कानफिलक्ट* (न्यूयार्क, 1967)।

प्रकार्यवाद के बारे में कुछेक सर्वाधिक महत्वपूर्ण लेखों का संग्रह।

सामाजिक विज्ञान, इतिहास और दर्शन

अर्थशास्त्र

लोव, ए., *इकनामिक्स एंड सोशियोलोजी* (लंदन, एलेन एंड उनविन 1935)।

आर्थिक सिद्धांत की समाजशास्त्रीय पूर्व मान्यताओं का पथ प्रदर्शक विश्लेषण।

शैत्र, लीले डब्ल्यू., सोशल फैक्टर्स इन इकनामिक ग्रोथ, *करेंट सोशियोलोजी* VI 1957.

इसमें प्रवृति के बारे में एक रिपोर्ट और पुस्तक सूची है जो अध्ययन के एक महत्वपूर्ण क्षेत्रों में आर्थिक और समाजशास्त्रीय गवेषणा का सम्मिलन दिखाते हैं।

जोन राविबंसन, *इकनामिक फिलोसोफी* (लंदन बाटस, 1962)। सामान्य सामाजिक चिंतन के प्रसंग के आर्थिक विचारों की आलोचनात्मक समीक्षा।

फ्रांस्वा परू, *एकोनोमी ए सोशियेते* (पेरिस पी. यू. एफ., 1960)।

सामाजिक व्यवस्था के अंग के बतौर आर्थिक संबंधों का अच्छा संक्षिप्त विश्लेषण।

राजनीतिशास्त्र

बेडिक्स, आर. और लिपसेट, एस. एम. *पालिटिकल सोशियोलोजी* VI (2) (1957).

विआट्र जे. पालिटिकील सोशियोलोजी इन ईस्टर्न यूरोप *करेंट सोशियोलोजी,* XIII (2) (1964).

प्रवृति के बारे में दो रिपोर्टें और पुस्तक सूचियां जो राजनीतिक समाजशास्त्र में परवर्ती 1950 के दशक तक की रचनाओं का सर्वेक्षण करती है।

बालांदिये, जार्ज, *एंथ्रोपोलोजी पोलितिक* (पेरिस 1967)।

बटमोर, टी.बी. *एलीटस एंड सोसाइटी* (लंदन 1964)।

लिपसेट, एस. एम. *पालिटिकल मैन* (लंदन 1960)।

लिपसेट, एस. एम. (संपा.) *पालिटिक्स एंड दि सोशल साइंसेज* (न्यूयार्क 1969)।

मनोविज्ञान

गिंसबर्ग, एम. *दि साइकोलोजी आफ सोसाइटी* (लंदन मैथुएन 1931)।

बेकर, एच. *फार ए साइंस आफ सोशल मैन : कंवर्जेन्सेज इन एंथ्रोपोलोजी, साइकोलोजी एंड सोशियोलोजी* (न्यूयार्क, मैकमिलन 1954)।

फ्राम, एरिक *दि फीयर आफ फ्रीडम* (लंदन 1942)।

मीड, जी. एच. *माइंड सैल्फ एंड सोसाइटी* (शिकागो, यूनिवर्सिटी आफा शिकागो प्रेस 1934)।

वालास, ग्राहम, *ह्यूमन नेचर इन पालिटिक्स* (तीसरा संस्क्रण लंदन कांस्टेबल 1921)।

बास्तिद, रोजे, *सोशियोलोजी ए सीकानालीज* (पेरिस प्रेस यूनिवरसिटेर द फ्रांस 1950)।

समाजशास्त्र और फायडीय मनोविज्ञान के बीच संबंधो का अत्यंत गंभीर विवेचन।

इतिहास

गाडीनर पी. *दि नेचर आफ हिस्टारिकल एक्सप्लेनेशन* (लंदन 1955)।

बार्थ पी. *डी फिलोजाफी डेर गेशीहते आल्ज जोतसियोलोगी* (दूसरा संस्करण, लीपनिपत्सग 1915)।

गिंसबर्ग, एम. हिस्ट्री एंड सोशियोलोजी *स्सैज इन सोशियोलोजी एंड सोशल फिलासफी* (ऊपर उद्धत) I में पृ. 163-179.

लिपसेट एस.एम. *रेवोल्यूशन एंड काउंटर रेवोल्यूशन* (न्यूयार्क, 1968) अध्ययन I 'हिस्ट्री एंड सोशियोलोजी : सम मेथडोलाजिकल कंसीडरेशंस'

पाठक को दिल्थी पर एच.ए. हाजेस की किताब (मूल पाठ में उद्धत) के.आर. पापर की *दि पावर्टी आफ हिस्टारिसिज्म* (ऊपर उद्धत) और इतिहास की मार्क्सवादी धारणा पर कुछ साहित्य (खासकर कार्ल मार्क्स प्री कैपिटलिस्ट इकनामिक फार्मेशेस [लंदन 1964] की एरिक हा बसबाम की भूमिका) देख लेनी चाहिए। मार्क्सवादी सिद्धांत की उत्तेजक आलोचना बी.क्रांचे, *हिस्टारिकल मैटीरियलिज्म एंड दि इकनामिक्स आफ कार्ल मार्क्स* (अंग्रेजी अनुवाद लंदन 1913) में है।

दर्शन

दुर्खीम ई., *सोशियोलोजी एंड फिलासफी* (अंग्रेजी अनुवाद लंदन को हेन एंड वेस्ट 1953)।

गिंसबर्ग एम., दुर्खीम एथिकल थियरी *एसेज आन सोशियोलाजी एंड सोशल फिलासफी* (ऊपर उद्धत)में।

मेनहाइम, कार्ल *आइडियोलोजी एंड यूटापिया* (लंदन 1940)।

मिर्डल, गुन्नर *वैल्यू इीन सोशल थियरी* (लंदन, रटलेज एंड केगनपाल 1941) और मूल पाठ में उद्धत की गई रचाओं में समाजशास्त्र की कुछ दार्शनिक आलोचनाएँ।

सामान्य

कार सांडर्स, ए.एम., *वर्ल्ड पापुलेशन* (आक्सफोर्ड, क्लेयरेंडन प्रेस 1936)।

विश्व जनसंख्या में वृद्धि का एक शुरूआती अध्ययन।

पेनरोज, ई. एफ., *पापुलेशन थियरीज एंड देयर अप्लीकेशंस* (स्टेनफोर्ड, सटेनफोर्ड यूनिवर्सिटी प्रेस 1934)।

जनसंख्या के प्रमुख सिद्धातों की समीक्षा करती है और जनसंख्या तथा संसाधनों के बीच संबंध पर विचार करती है।

मिर्डल, अल्वा, *नेशन एंड फेमिली* (लंदन, रटलेज एंड कैगन पाल 1945)।

आधुनिक परिवार और स्वीडन की जनसंख्या नीति पर मार्ग दर्शक अध्ययन।

पालिटिकल एंड इकनामिक प्लानिंग *वर्ल्ड पापुलेन एंड रिसोर्सेज* (लंदन, एलेन एंड उनविन 1955)।

जनांकिकीय विशिष्टताओं के अनुसार समूहबद्ध उन्नीस देशों के विस्तृत अध्ययन सहित समस्याओं का व्यापक सर्वेक्षण, जनसंख्या नीतियों पर भी विचार किया गया है।

यूनाइटेड नेशंस, *दि डिटर्मिनांटस एंड कंसीक्वेसैज आफ पापुलेशन ट्रेंडस* (न्यूयार्क पापुलेशन डिवीजन डिपार्अमेंट आफ सोशल अफेयर्स यूनाइटेड नेशंस 1954)।

संयुक्त राष्ट्र संघ द्वारा किए गए अनेक अध्ययनों का सार संक्षेप जिसमें सामाजिक सांस्कृतिक और आर्थिक कारकों के संदर्भ में जनसंख्या संबंधी उपलब्ध सूचना भी संक्षेप में प्रस्तुत की गई है।

सीवी, ए. *थयोरी जेनेराल द ला पापुलाश्यों* (2खंड पेरिस प्रेस यूनिवरसिटेर द फ्रांस 1952 और 1954)।

पहला खंड जनसंख्या और अर्थतंत्र के बीच संबंधों पर विस्तार से विचार करता है।

थांपसन, डब्ल्यू. एस. और लेविस डी.टी., *पापुलेशन प्राब्लम्स* (पांचवां संस्करण न्यूयार्क, मैकग्रा-हिल 1965)। स्तरीय पाठय पुस्तक।

रांग, डेनिस एच. *पापुलेशन एंड सोसाइटी* (तीसरा संस्करण न्यूयार्क, रैंडम हाउस 1967)।

संक्षिप्त उपयोगी भूमिका

विकासशील देशों में जनसंख्या की समस्याएं

डेविस किंग्सले *दि पापुलेशन आफ इंडिया एंड पाकिस्तान* (प्रिंसटन प्रिंसटन यूनिवर्सिटी प्रेस 1951)।

जनसंख्या से पहले पूर्ण।

डेविस किंग्सले, 'दि वर्ल्डस पापुलेशन क्राइसिस' आर. के. मर्टन और आर.ए.निजबेट (संपा.) *कंटेम्पोरेरी सोशल प्राबल्लम्स* (दूसरा संस्करण न्यूयार्क 1966)में।

विकासशील देशों पर विशेष रूप से जोर देते हुए विश्व स्थिति पर विचार किया गया है।

घोष, डी. *प्रेशर्स आफ पापुलेशन एंड इकनामिक एफिशिएंसी इन इंडिया* (आक्सफोर्ड यूनिवर्सिटी प्रेस 1946)।

जन्म और मृत्यु की ऊंची दरों की आर्थिक कीमत का अध्ययन।

कोल ए.जे. और वूवर इै. एम. *पापुलेशन ग्रोथ एंड इकनामिक डेवलपमेंट इन लो इनकम कंट्रीज* (प्रिसंटन 1958)।

शहरीकरण

सामान्य

जीम्मल जी., 'दि मेट्रोपोलिस एंड मेंटल लाइफ' शहरी जीवनके सांस्कृतिक प्रभावों का संवेदनशील अध्ययन।

विर्थ एल. 'अर्बनिज्म ऐज ए वे आफ लाइफ'

सुप्रसिद्ध लेख जो शहरीकरण की समाजशास्त्रीय समस्याओं की रूपरेखा प्रस्तुत करने और शहरों का प्रारूप वर्गीकरण विकसित करने की कोशिश करता है।

ये दोनों लेख पी. के.हट्ट और ए.जे. रीस की *सिटीज एंड सोसाइटी* (ग्लेनकों दि फ्री प्रेस 1957) नामक सुबोध शहरी समाजशास्त्र में दोबारा छापे गए।

लिंड आर.ए. और एच.एम. *मिडिलआउन* (न्यूयार्क हरकोर्ट 1929) और *मिडिलटाउन इन ट्रांजीशन* (न्यूयार्क, हरकोर्ट 1937)।

एक अमरीकी शहर के दो मार्गदर्शक अध्ययन। पचास के दशक के मध्य तक के फ्रांस, ग्रेट ब्रिटेन और स्केंडेनेवियाई देशों के शहरी अध्ययनों की समीक्षा करेंट सोशियोलोजी IV(1) 1955 में पी. शांबार द लोब (फ्रांस) ने और IV (4) 1955 में रूथ ग्लास और जे. वेस्टरगार्ड (ग्रेट ब्रिटेन और स्कैंडेनेविया) ने की है।

पिरेन एच. *मेडविल सिटीज* (अंग्रेजी अनुवाद प्रिंसटन, प्रिंसटन यूनिवर्सिटी प्रेस 1925 डब्लडे एंकर बुक्स न्यूयार्क 1957 में दोबारा प्रकाशित)।

एक समाजशास्त्रीय प्रवृति वाले इतिहासकार द्वारा सामंती यूरोप में शहरों का उदय उनका विकास और उनकी भूमिका का शास्त्रीय अध्ययन।

फुस्तेद द फूलांज एन.डी., *दि एनशिएंट सिटी* (पहला अंग्रेजी अनुवाद 1873 डबलडे एंकर बुक्स न्यूयार्क 1956 में दोबारा प्रकाशित)।

धर्म की भूमिका पर जोर देते हुए ग्रीक और रोमन शहरों की संस्थाओं के बारे में मार्गदर्शक अध्ययन।

विकासशील देशों में शहरीकरण

बोपगैमेज ए. *देलही : ए स्टडी इन अर्बन सोशियोलोजी* (बंबई यूनिवर्सिटी आफ बंबई 1957)।

इसमें पास पड़ोस, संचार और पेशों के बारे में आंकड़े शामिल हैं।

टर्नर, राय (संपा.) *इंडियाज अर्बन फयूचर* (बर्कले ओर लास एंजेल्स 1962)।

यूनेस्कों *दि सोशल इंप्लिकेशंस आफ इंडस्ट्रियलाइजेशन एंड अर्बनाइजेशन* (कलकत्ता यूनेस्कों रिसर्च सेंटर आन दि सोशल इंप्लिकेशंस आफ इंडस्ट्रियलाइजेशन इन सदर्न एशिया 1956)।

इसमें बैंकाक ढाका और जकार्ता पर अध्ययन तथा भारत पर दो अध्ययन शामिल हैं।

यूनेस्कों, सोशल इंप्लिकेशंस आफ इंडस्ट्रियलाइजेशन एंड अर्बनाइजेशन ***इन अफ्रीका साउथ आफ सहारा* (पेरिस 1956)।**

सामाजिक समूह

सामान्य

देखें खासकर निम्नलिखित किताबें जिनका मूल पाठ में जिक्र किया गया है।

होमंस, जी.सी., *दि ह्यूमन ग्रुप* (न्यूयार्क, हरकोर्ट ब्रेस 1950)।

रेडफील्ड आर., *दि लिटिल कम्युनिटी* (शिकागों यूनिवर्सिटी आफ शिकागों, स्टाकहोम, अल्मक्विस्ट एंड विकसेल 1955)।

आरगाइल, एम. *दि सांइंटिफिक स्टडी आफ बिहैवियर* (लंदन मैथुएन 1957)। पार्ट II अध्याय V पृ. 118-160. 'स्माल सोशल ग्रुप्स।'

विशेष प्राथमिक समूहों के अध्ययन के लिए निम्नलिखित कृतियां देखें जो इस किस्म के शोध के बेहतरीन उदाहरण हैं।

थ्रेशर, एफ.एम. *दि गेंग* (शिकागों यूनिवर्सिटी आफ शिकागों प्रेस 1936)।

हवाइट डब्ल्यू. एफ. *स्ट्रीट कोर्नर सोसाइटी* (शिकागों यूनिवर्सिटी आफ शिकागों प्रेस 1943)।

भारतीय गांवों के अध्ययन

शुरूआती शास्त्रीय अध्ययन है:

बोडन-पावेल, बी.एच. *दि इंडियन विलेज कम्युनिटी* (लंदन लांगमेंस ग्रीन 1896)।

बाडेन-पावेल बी.एच. *दि ओरिजिन एंड ग्रोथ आफ विलेज कम्युनिटीज इन इंडिया* (लंदन, ज्वान ज्वानेनशाहन 1899)।

मेन, एच. एस. *विलेज कम्युनिटीज इन दि ईस्ट एंड वेस्ट* (लंदन जान मरे 1872)।

हाल के अध्ययन हैं:

दुबे, एस.सी. *इंडियन विलेज* (लंदन रटलेज एंड केगन पाल 1955)। शमीरपेट हैदराबाद का विस्तृत नृतत्वशास्त्रीय अध्ययन।

मैरियाट, मैककिम (संपा.) *विलेज इंडिया : स्टडीज इन दि लिटिल कम्युनिटी* (शिकागों यूनिवर्सिटी आफ शिकागों प्रेस 1955)।

गांवों और ग्रामीण समूहों के अन्य अध्ययन

मिर्डल, जान *रिपोर्ट फ्राम ए चाइनीज विलेज* (न्यूयार्क, पैंथियन 1965)।

वाल्फ, एरिक, पीजेंटस (इंगलबुड क्लिफस, प्रेंटिस हाल 1966)।

सामाजिक संरचना

सामाजिक संरचना की धारणा

लेवी-स्त्रास सी., *स्ट्रक्चरल एंथ्रोपोलोजी* (न्यूयार्क 1963)।

नाडेल एस. एफ. *दि थियरी आफ सोशल स्ट्रक्चर* (लंदन को हेन एंड वेस्ट 1957)।

सामाजिक संरचना की धारणा को स्पष्ट करने का सबसे गंभीर और व्यवस्थित प्रयास।

रेडक्लिफ-ब्राउन ए.आर. 'आन सोशल स्ट्रक्चर' *स्ट्रक्चर एंड फंक्शन इन प्रीमिटिव सोसाइटी* (लंदन को हेन एंड वेस्ट 1952) में पृ. 188-204.

बुदों, रेमां, *आ क्वा सैर ला नोशियों द 'स्त्रक्च्यूर'?* (पेरिस 1968)।

समाज की किस्में

शुरूआती समाजशास्त्रियों की रचनाओं में समाजों के वर्गीकरण का महत्वपूर्ण स्थान है, और अध्येताओं को स्पेंसर, मार्क्स, दुर्खीम, टोनीज, मैन और हाबहा उसके वर्गीकरणों से परिचित होना चाहिए जिनका जिक्र मूल पाठ में किया गया है। हाल की कृतियों में रूप विज्ञान की समस्याओं के प्रति कम ही रुचि देखी गई है, लेकिन कुछेक महत्वपूर्ण योगदानों की चर्चा मूल पाठ में की गई है। समाजों के वर्गीकरण की कोशिशों की सामान्य समीक्षा के लिए पाठक को देखना चाहिए:

रूमनी, जे. *हरबर्ट स्पेंसर्स सोशियोलोजी* (लंदन 1934)अध्याय III'टाइप्स आफ सोसाइटी।'

स्तैंमे एस.आर.,'क्लासिफिकाशियों दे तीप सोशियो ए कातालोग दे पप्ल' *लाने सोशियोलोजिक* III(1898-1899) पृ. 43-147.

वर्गीकरण के प्रयोगों और सिद्धातों के बारे में आलोचनात्मक विवेचन के साथ उस समय तक प्रस्तावित वर्गीकरण की रूपरेखाओं का अत्यंत गंभीर और व्यापक सर्वेक्षण।

व्यापक तौर पर समाजशास्त्रीय दृष्टिकोण से समाज की विशेष किस्मों के अध्ययन के उदाहरण के बतौर पाठक देख सकते हैं।

हाबहाउस, एल.टी.,हवीलर, जी.सी., और गिंसबर्ग एम. दि मैटीरियलक्कलचर एंड सोशल इंस्टीच्यूशंस आफ दि सिंपलर *पीपुल्स* (लंदन 1915)।

फोर्ड, सी.डी., हैबिटाट, *इकोनमी एंड सोसाइटी* (लंदन 1934)।

फुस्ते द क्रूलांज , एन.डी., *दि एनशिएंट सिटी* (नया अंग्रेजी संस्करण न्यूयार्क डब्लडे 1961)।

टिफोगेल, के. ए. *औरिएंटल डिस्पोटिज्म* (न्यू हेवन 1957)।

सोम्बार्ट, डब्ल्यू., 'कैपिटलिज्म' *एनसाइक्लोपीडिया आफ दि सोशल साइंसेज में।*

भारतीय सामाजिक संरचना का मजेदार प्राथमिक विश्लेषण ए.के.नजमुल करीम, *चेंजिंग सोसाइटी इन इंडिया एंड पाकिस्तान* (ढाका, आक्सफोर्ड यूनिवर्सिटी प्रेस 1956)पार्ट एक में मिल जाएगा।

सामाजिक संरचना के कुछ विशेष गुण धर्मों की परीक्षा के.ए.विटफोगेल, *और रिएंगल डिस्पोटिज्म में की गई है। आधुनिक भारतीय समाज का उपयोगी सर्वेक्षण एल.एस.एस. ओमाले,माडर्न इंडिया एंड दि वेस्ट* (लंदन, आक्सफोर्ड यूनिवर्सिटी प्रेस 1941) खासकर अध्ययन X 'दि सोशल सिस्टम' और अध्याय XVI 'जेनरल सर्वे' में किया गया है।

संस्कृति और सभ्यता

संस्कृति की धारणा पर विचार के लिए देखें:

क्रोबर, ए.एल.और क्लुकहान,सी., *कलचर* (पेपर्स आफ दि पीबाडी म्यूजियम आफ हारवर्ड, XLVII (1) 1952)।

मालिनोवस्की, बी., 'कल्चर' *एनसाइक्लोपीडिया आफ दि सोशल साइंसेज* में।

धारणा का प्रयोग ऐसी रचनाओं में दिखाया गया है:

बनेडिक्ट, रूथ, *पेटर्न्स आफ कलचन* (लंदन 1913)।

सभ्यता की धारणा पर देखें:

दुर्खीम, ई. और मास, एम., 'नोत स्यूर ला नोशियो सिविलजाशियों' *लाने सोशियोलोजिक* XII. 1935.

सांत्र एंतरनाशियोनाल द सीन्थेज, *सिविलिजारिशयां : ल मो ऐ लीदे* (पेरसि 1930)

टायनबी, आर्नोल्ड जे., *ए स्टडी आफ हिस्ट्री, खंड* I (लंदन आक्सफोर्डयूनिवर्सिटी प्रेस 1934)भूमिका सी. 'दि कंपेरेटिव स्टडी आफ सिविलाइजेशंस।'

आर्थिक संस्थाएं

सामान्य रचनाएं

वेबर मैक्स, *विर्टशाफ एंउ गेशेलशाफट* (टयूविंगेन 1921-22)एक हिस्से का अंग्रेजी अनुवाद टालकट पारसंस की भूमिका के साथ *दि थियरी आफ साशल एंड इकनामिक आर्गेनाइजेशन* (लंदन 1939)।

हरकाविटस, एम. जे. *इकनामिक एंथ्रोपोलोजी* (न्यूयार्क 1952)।

ये दोनों किताबें आदिम समाजों में आर्थिक संस्थाओं का बेहतरीन सामान्य विवरण प्रस्तुत करती है, इनमें आर्थिक और समाजशास्त्रीय/नृतत्वशास्त्रीय विश्लेषण के बीच संबंध पर भी संक्षेप में विचार किया गया है। समाजशास्त्रीय दृष्टिकोण से पूंजीवादी आर्थिक व्यवस्थाओं के अध्ययन के लिए देखें:

शूम्पीटन, जे.ए., कैपिटलिज्म, सोशलिज्म एंड डेमाक्रेसी (लंदन एलेन एंड उनविन 1943)पार्ट II.

बेब्ले, थोरास्टेन, *दि थियरी आफ बिजनेस इंटरप्राइज* (न्यूयार्क 1904)।

स्ट्रेची, जान *कंटेम्पोरेरी कैपिटलिज्म* (लंदन गोलांज 1956)।

गालब्रेथ जे.के., *अमेरिकन कैपिटलिज्म* (लंदन, हेमिश हैमिल्टन 1952)।

औद्योगिक समाजों के बारे में मूल पाठ में उद्धत आरों, दारेनदार्फ और अन्य लोगों की रचनाएं देखें:

श्रम विभाजन

दुर्खीम ई. *दि डिवीजन आफ लेबर इन सोसाइटी* (अंग्रेजी अनुवाद, ग्लेनकों, दि फ्री प्रेस 1947)।

फ्रिदमैन, जार्ज, *इंडस्ट्रियल सोसाइटी* (अंग्रेजी अनुवाद ग्लेनकों दि फ्री प्रेस 1955)।

आधुनिक काम की समस्याओं का सामान्य अध्ययन।

फ्रिदमैन, जार्ज *दि एनाटमी आफ वर्क* (अंग्रेजी अनुवाद लंदन, हेनीमैन 1961)।

आधुनिक औद्योगिक समाजों में श्रम विभाजन का ज्यादा विस्तृत अध्ययन। अध्याय में हाल की प्रवृत्तियों की रोशनी में दुर्खीम के सिद्धांत की परीक्षा की गई है। लंबा सांख्यिकीय परिशिष्ट अनेक विकसित औद्योगिक समाजों में श्रम विभाजन के बारे में आंकड़े प्रस्तुत करता है।

कैपलों, थियोडोर, *दि सोशियोलोजी आफ वर्क* (मीनियापोलिस यूनिवर्सिटी आफ मीनियापोलिस प्रेस 1954)।

श्रम विभाजन, पेशों और तकनीक के समाजशास्त्रीय अध्ययन के बारे में बेहतरीन भूमिका।

संपत्ति

संपत्ति के बारे में सामान्य दृष्टि और संपत्ति के सिद्धांत इनमें देखे जा सकते हैं।

गौर, चार्ल्स (बिशप आफ आक्सफोर्ड) (संपा.), *प्रापर्टी इटस डयूटीज एंड राइटस* (लंदन मैकमिलन 1913)।

लोवी, आर. एच. *सोशल आर्गेनाइजेशन* (लंदन, रटलेज एंड केगनपाल, 1950), अध्याय छ: 'प्रापर्टी।'

आधुनिक औद्योगिक समाजों में संपत्ति के बंटवारे पर उदाहरण के लिए देखें:

टानी, आर.एच., *इक्वलिटी* (चौथा संशोधित संस्करण, लंदन, एलैन एंड उनविन 1952)।

मिल्स, सी. राइट, *दि पावर एलीट* (न्यूयार्क, आक्सफोर्ड यूनविर्सिटी प्रेस 1956)।

कोल्को, गैविब्रएल, *वेल्थ एंउ पावर इन अमेरिका* (न्यूयार्क 1962)।

पोलार्ड, सिडनी और क्रासली, डेविड डब्ल्यू., *दि वेल्थ आफ ब्रिटेन* (लंदन बैटसफोर्ड 1968)।

पूंजीवादी समाजों में औद्योगिक संपत्ति के बारे में बहुतेरा अध्ययन हुआ है। शास्त्रीय मार्क्सवादी अध्ययन कार्ल रेनेर का *दि इंस्टीच्यूशंस आफ प्राइवेट ला एंड देयर सोशल फंक्शंस* (अंग्रेजी अनुवाद रटलेज एंड केगन पाल 1949)। अंग्रेजी अनुवाद में औ. कानफ्रायंड की मूल्यवान भूमिका और टिप्पणियां हैं जो रेनेर की किताब पहली बार प्रकाशित होने (1904 संशोधित 1928) के बाद से संपत्ति और संपत्ति संबंधों कानूनों में हुए परिवर्तनों पर विचार करता है। आधुनिक औद्योगिक निगम का मार्गदर्शक अध्ययन

ए.ए. बर्ले और जी.सी. मींस का *दि माडर्न कारपोरेशन एंड प्राइवेट प्रापर्टी* (न्यूयार्क 1933) है। उद्योग के स्वामित्व और नियंत्रण का हाल का अध्ययन पी. सारजां फलोरांस *दि लाजिक आफ ब्रिटिश एंड अमेकिरन इंडस्ट्री* (लंदन 1953) में मिल जाएगा।

औद्योगिक उद्यम और औद्योगिक संबंध

शुरूआती, प्रभावशाली अध्ययन एल्टन मैयो का *दि ह्यमन प्राब्लम्स आफ ऐन इंडस्ट्रियल सिविलाइजेशन* (न्यूयार्क, 1933) है।

मूर, बिल्वर्ट ई. *इंडस्ट्रियल रिलेशंस एंड दि सोशल आर्डर* (संशोधित संस्करण, न्यूयार्क, मैकमिलन 1951)।

औद्योगिक उद्यमों के सामाजिक संगठन और औद्योगिक संबंधों पर व्यापक अर्थ में विचार करने वाला बेहतरीन सामान्य अध्ययन।

फलैंडर्स, ए. और क्लेग, एच.(संपा.), *दि सिस्टम आफ इंडस्ट्रियल रिलेशंस इन ग्रेट ब्रिटेन : इटस हिस्ट्री ला एंड स्टीच्यूशंस* (आक्सफोर्ड ब्लेकवेल 1954)।

लेखों का संग्रह जो ब्रिटेन में औद्योगिक संबंधों के बारे में सामान्य दृष्टि प्रदान करता है।

औद्योगिक संबंधों के वैकल्पिक रूपों के वर्णन के लिए देखे:

पाल ब्लुमबर्ग, *इंडस्ट्रियल डेमोक्रेसी : दि सोशियोलाजी आफ पार्टीसिपेशन* (लंदन कांस्टेबल 1968)। ई. मांडेल (संपा.), *कांत्रोल उव्रिएर, ओतोजेस्तियों* (पेरिस, मास्पेरों 1970), और मूल पाठ में उद्धत रचनाएं: (3) राजनीतिक संस्थाएं, (4) राजनीतिक व्यवस्था की किस्में दुर्भाग्यवश, राजनीतिक व्यवस्थाओं के बहुत कम समाजशास्त्रीय अध्ययन हुए हैं। आदिम समाजों के बारे में पाठक आई शेपेरा की *गवर्नमेंट एंड पालिटिक्स इन ट्राइबल सोसाइटीज* (लंदन, वाटस, 1956) देख सकते हैं। और देखे जार्ज बालांदिये, *पालिटिकल संथ्रोपोलाजी* (न्यूयार्क 1970)।

यूरोपीय राजनीतिक व्यवस्थाओं का बेहतरीन सामान्य विवरण एच. सिडग्विचक *दिडेवलपमेंट आफ यूरोपिनय पालिटी* (लंदन, मैकमिलन 1913) में मिल जाएगा। आर.एम. मैकाइवर, *दि माडर्न स्टेट* (लंदन, आक्फोर्ड यूनिवर्सिटी प्रेस 1926) भी बहुत हद तक यूरोपीय राज्यों से जुड़ी हुई है। ग्रीक नगर राज्य का समाजशास्त्रीय दृष्टिकोण से अध्ययन जी. ग्लोत्स, *दि ग्रीक सिटी* (अंग्रेजी अनुवाद लंदन 1929) है। सामंती राज्य के बारे में देखें मार्क ब्लाख *फयूडल सोसाइटी* (अंग्रेजी अनुवाद लंदन 1961) पार्ट II.एशियाई समाजों की राजनीतिक संरचना की अनेक विशेषताओं पर के.ए. विटफोगेल, *औरिएंटल डिस्पोटिज्म* में विचार किया गया है। आधुनिक लोकतंत्रों पर प्रचुर साहित्य उपलब्ध है। समाजशास्त्री के लिए संभवत: सबसे उपयोगी रचनाएं ए. द तोकविय, *डेमोक्रेसी इन अमेरिका* (अंग्रेजी अनुवाद लंदन,1935), जेम्स ब्राइस, *माडर्न डेमोक्रेसीज* (दो खंड लंदन,1921), ए.डी. लिंडसे, *दि माडर्न डेमोक्रेटिक स्टेट* (दो खंड लंदन,1943)है। और हाल की रचनाओं में देखें रेमो आरों *डेमोक्रेसी एंड टोटेलिटेरियनिज्म* (लंदन,1968)और सी.बी. मैकफर्सन, *दि रीयल वर्ल्ड आफ डेमोक्रेसी* (टोरंटो,1965)।

सोवियत समाज के बारे में देखें, ए. कासोफ (संपा.), *प्रास्पेक्टस फार सोवियत सोसाइटी* (लंदन 1968), और लेखों का संग्रह पाल हालैंडर (संपा.) *अमेरिकन एंड सोवियत सोसाइटी* (इंगलवुड क्लिफस, न्यूजर्सी, प्रेंटिस हाल 1969)।

सर्वसत्तावादी समाज के उत्कृष्ट अध्ययन के लिए देखें फ्रांस न्यूमन... (आक्सफोर्ड यूनिवर्सिटी प्रेस 1942)

राज्य के सिद्धांत

राज्य के विकास और उसकी भूमिका का मार्क्सवादी सिद्धांत संक्षेप में मार्क्स और एंगेल्स, *दि जर्मन आइडियोलाजी* (पार्ट I ओर II का अंग्रेजी अनुवाद लंदन, 1938)और एंगेल्स, *दि औरिजिन आफ दि फेमिली, प्राइवेट प्रापर्टी एंड दि स्टेट* (अंग्रेजी अनुवाद, लंदन,1940) में प्रस्तुत किया गया है। राज्य का एक समाजशास्त्रीय सिद्धांत जो मार्क्सवाद से बहुत कुछ लेता है, उसे एफ. ओपनहाइम *दि स्टेट* (अंग्रेजी अनुवाद न्यूयार्क,1926)में प्रस्तुत किया गया है। खासकर आधुनिक पूंजीवादी राज्य के बारे में एकदम हाल में विचार-विमर्श के लिए देखें, निकी पुलांजा, *पुआर पोलीतिक ए क्लास सोशियल* (पेरिस, मास्पेरों 1968), और राल्फ मिलिबै *दि स्टेट इन कैपिटलिस्ट सोसाइटी* (लंदन, वाइडेनफेल्ड एंड निकोल्सन 1969)।

राज्य के विकास संबंधी विभिन्न विवरण आर. एच. लोवी, *दि ओरिजिन आफ दि स्टेट* (न्यमयार्क 1927) और एल.टी. हाबहाउस, *मोरल्स इन इवोल्यूशन* (लंदन 1905), अध्याय III 'ला एंड जस्टिस' में दिए गए हैं।

राजनीतिक पार्टियां और दबाव समूह

राजनीतिक पार्टियों के बारे में दो शास्त्रीय अध्ययन हैं:

माइकेल्स, आर., *पालिटिकल पार्टीज* (ग्लेनको, दि फ्री प्रेस, 1949)(*त्सुर जोत्सियोलोगी डेस पारटाइवेजेन्स इन डेर माडर्नेन डेमोक्राटी* का अंग्रेजी अनुवाद, दूसरा संस्करण, लीपत्सिग ,1925)।

आस्त्रोगोर्स्की, एम. *डेमोक्रेसी एंड दि आर्गेनाइजेशन आफ पालिटिकल पार्टीज* (अंग्रेजी अनुवाद दो खंड, लंदन मैकमिलन,1908)।

हाल के सामान्य अध्ययनों में से देखें खासकर:

ढयुवैर्जे, एम., *पालिटिकल पार्टीज* (अंग्रेजी अनुवाद, लंदन, 1954)।

की.,वी.ओ., *पालिटिक्स, पार्टीज एंड प्रेशर ग्रुप्स* (दूसरा संस्करण, न्यूयार्क, 1950)।

अबेर्ले, आर., *सोशल मूवमेंटस : ऐन इंट्रोडक्षन टु पालिटिकल सोशियोलोजी* (न्यूयार्क एपलटन सेंचुरी क्राफटस, 1951)।

यह किताब राजनीतिक समूहों की उन विचारधाराओं, संरचना, और प्रकार्यों पर विचार करती है जिनका उद्देश्य सामाजिक व्यवस्था में बुनियादी परिवर्तन करना है। यह चुनावी अध्ययनों की मुख्य समस्याओं पर भी विचार करती है, और शेष प्रविधियां और तकनीकों की परीक्षा करती है।

ब्रिटेन के बारे में देखें आर.टी. मेकेंजी, *ब्रिटिश पालिटिकल पार्टीज* (दूसरा संस्करण लंदन,1963)।

भारत में पार्टियों के बारे में एक परिचयात्मक अध्ययन एम. वाइनर, पार्टी पालिटिक्स इन इंडिया : दि डेवलपमैंट आफ ए मल्टी पार्टी सिस्टम (प्रिंसटन, 1957)में मिल जाएगा। और देखें, डब्ल्यू. एच. मोरिस जोस *दि गवर्नमेंट एंड पालिटिक्स आफ इंडिया* (लंदन, 1964)।

दबाव समूहों के बारे में अध्ययन ने अधिकाधिक ध्यान आकर्षित किया है। सामान्य सर्वेक्षण के लिए देखें वी. ओ. की (ऊपर उद्धत)। ब्रिटेन में दो हाल के अध्ययन है, एस. ई. फाइनर, *एनानिमस एंपायर* (लंदन, 1948) और जे.डी. स्टीवर्ट, *ब्रिटिया प्रेशर ग्रुप्स* (लंदन आक्सफोर्ड यूनविर्सिटी प्रेस, 1958)।

राजनीतिक व्यवहार

चुनावी व्यवहार के बारे में अब पर्याप्त साहित्य उपलब्ध है। 1954 तक के सामान्य सर्वेक्षण और पुस्तक सूची के लिए देखें......(4), 1954-55. और देखें आर. अबेर्ले (ऊपर उद्धत), डी. ई. बटलर, *दि स्टडी आफ पालिटिकल बिहवियर* (लंदन,1958) और एस. एम. लिपसैट तथा एस् रोक्कन (संपा.), *पार्टी सिस्टम एंड बोटर एलाइनमेंट* (न्यूयार्क, फ्री प्रेस, 1967)। ब्रिटिश चुनाव के अध्ययन पर आधारित सामान्य विवेचन के लिए देखें, एम. बेनी, ए.पी.ग्रे और आर. एच. पीयर, *हाऊ पीपुल बोट* (लंदन रटलेज एंड केगन पाल,1956)।

अनेक देशों में अलग-अलग चुनावों के भी असंख्य अध्ययन हुए हैं (मसलन, ब्रिटिश आम चुनावों के अध्ययन की न्यूफील्ड कालेज श्रृंखला), और विशेष सामाजिक कोटियों (मसलन औरतें) तथा सामाजिक तबकों (खासकर मध्यम वर्गों) के चुनावी व्यवहार के भी अध्ययन हुए हैं। इन पर विस्तृत जानकारी के लिए देखें दयूपो (ऊपर उद्धत)। 1951-52 के भारतीय आम चुनावों का बहुत हद तक वर्णनात्मक अध्ययन एस. वी. कोजेकर और आर.एल. पार्क (संपा.) *रिपोटर्स आन दि इंडियन जेनरल एलेक्शंस,* 1951-52 (मुंबई पापुलर बुक डिपों, 1956) है।

विस्तृत चुनावी अध्ययनों के प्रचुर मात्राा में उत्पंन होने के साथ-साथ राजनीतिक व्यवहार के ज्यादा सामान्य समाजशास्त्रीय और मनोवैज्ञानिक अध्ययन कुछ-कुछ कम हो गए हैं। अब भी एक बेहतरीन परिचय ग्राहम वालास, *ह्यमन नेचर इन पालिटिक्स* (तीसरा संस्करण, लंदन, कांस्टेबल, 1931)से मिलता है। *और देखें,* वी.ओ.की, आर. अबेर्ले, डी.ई. बटलर की ऊपर उद्धत रचनाएं और मूल पाठ में सामाजिक आंदोलनों के अध्ययन के संदर्भ।

राजनीतिक विचारधाराएं

विचारधारा की समाजशास्त्रीय धारणा को सबसे पहले मार्क्स ने स्पष्ट रूप से सूत्रबद्ध किया था, ओर परवर्ती मार्क्सवादी सिद्धांत में इसकी महत्वपूर्ण जगह है। मार्क्स के विवेचन के लिए देखें, के. मार्क्स और एफ. एंगेल्स *दि जर्मन आइडियोलोजी।* इस धारणा की आलोचनात्मक तरीके से बाद में फिर से परीक्षा कार्ल मैनहाइम, *आइडियोलोजी एंड यूटोपिया* (लंदन, केगन पाल, 1936)में की गई है, जिसमें समस्या का सर्वोत्तम सामान्य सर्वेक्षण उपलब्ध है।

राजनीतिक विचारधाराओं के दो विशिष्ट समाजशास्त्रीय अध्ययन है मैनहाइम की 'कंजर्वेटिव थाट' (कार्ल मैनहाइम, *एसेज आन सोशियोलाजी एंड सोशल साइकोलोजी* में अनुदित, लंदन, रटलेज एंड केगन पाल, 1953)और सी. बुग्ले, *ल इदे ऐगालितेर* (पेरिस एलकां, 1899)।

आधुनिक राजनीतिक सिद्धांतों के अनेक विवेचन और आलोचनात्मक अध्ययन तो हैं लेकिन इस विषय पर हाल में बहुत कम समाजशास्त्रीय लेखन हुआ है। राजनीतिक विचारधाओं, खासकर वर्ग सदस्यता और राजनीतिक विश्वास के बीच संबंध, के बारे में आर. अबेर्ले और एम. बेनी, इत्यादि (ऊपर देखें)की रचनाओं में विचार किया गया है। राजनीति में बुद्धिजीवियों की भूमिका की जांचपरख रेमों आरों, *दि ओपयिम आफ दि इंटेलेक्चुअल्स* (अंग्रेजी अनुवाद लंदन, 1957) में, और एकदम भिन्न दृष्टिकोण से नामचोम्स्की, *अमेरिकन पावर एंड दि न्यू मंडारिन्स* (न्यूयार्क, 1969) में की गई है।

आधुनिक राष्ट्रवाद ने भी कुछ ध्यान खींचा है: उदाहरण के लिए एफ. स्नानिएकी, *माडर्न नेशनालिटीज : ए सोशियोलाजिकल स्टडी* (अरबाना 1952)। भारतीय राष्ट्रवाद का समाजशास्त्रीय विवरण ए. आर. देसाई, *सोशल बैकग्राउंड आफ इंडियन नेशललिज्म* (दूसरा संस्करण, मुंबई, 1954)में है। संबंधित साहित्य की हालिया समीक्षा के लिए देखें, एन. बीर्नबाम, 'दि सोशियोलोजिकल स्टडी आफ आइडियोलाजी (1940-60),' *करेंट सोशियोलोजी* IX (2), 1960.

नौकरशाही

नौकरशाही संबंध आधुनिक अध्ययनों का स्रोत मैक्स वेबर की रचना है, नौकरशाही पर लेख देखें, एच.एच. गर्थ और सी. राइट मिल्स (संपा.),फ्राम मैक्स वेबर (न्यूयार्क, आक्सफोर्ड यूनविर्सिटी प्रेस, 1946) में। पीटर एम. ब्लाड, *ब्यूरोक्रेसी इन माडर्न सोसाइटी* (न्यूयाक्र, रैंडम हाउस, 1956) इस विषय परस्पष्ट और वर्गीकृत पुस्तक सूची के लिए देखें, एस.एन. आइसैंसटैट, 'ब्यूरोक्रेसी एंड ब्यूरोक्रेटाइजेशन,' *करेंट सोशियोलोजी* VII (2) , 1958. *और देखें,* मूल पाठ में उद्धत अलब्रो और मुजेलिस की रचनाएं।

परिवार और नातेदारी

नातेदारी

मरडोक, जी.पी., *सोशल स्ट्रक्चर* (न्यूयार्क, मैकमिलन, 1949)।

येल क्रास-कलचरल सर्वे की फाइलों पर आधारित तुलनात्मक अध्ययन,जो नातेदारी के विश्लेषण की मुख्य समस्याओं पर विचार

करता है। इसमें परिवार की किस्मों और यौन व्यवहार के सामाजिक नियमन पर भी अध्याय है।

फाक्स, रोबिन, *किनशिप एंड मैरेज* (लदंन 1967)।

रैडक्लिफ-ब्राउन, ए.आ., ए.आर. रैडक्लिफ-ब्राउन और डेरिल फोर्ड की *अफ्रीका सिस्टम्स आफ किनशिप एंड मैरेज* (लंदन, आक्सफोर्ड यूनविर्सिटी प्रेस, 1950) की 'भूमिका' पृ. 1-85.

नातेदारी और विवाह का विशिष्ट संक्षिप्त सर्वेक्षण। भूमिका के अतिरिक्त बाकी किताब में प्रमुख सामाजिक नृतत्वशास्त्रियों द्वारा विशेष अफ्रीकी जनजातियों में नातेदारी की व्यवस्था और वैवाहिक रिवाजों का मूल्यवाद अध्ययन संकलित है। *और देखें,* आर.एच.लोवी, सोशल आर्गेनाइजेशन में अध्याय चार, 'किनशिप', उत्कृष्ट संक्षिप्त विश्लेषण के लिए। भारत में नातेदारी पर सबसे उपयोगी सामान्य कृत्ति के.एम.कपाड़िया, हिंदू किनशिप (मुंबई, 1947) है।

विवाह और परिवार

विवाह और परिवार के इतिहास पर देखें:

गुडसेल, डब्ल्यू., *ए हिस्ट्री आफ मैरेज एंड दि फेमिली* (लंदन, 1934)।

वेस्टरमार्क, ई., *शार्ट हिस्ट्री आफ मैरेज* (लंदन, 1926)।

ये दोनों किताबें विभिन्न किस्म की पारिवारिक संरचनाओं का कुछ विवरण प्रस्तुत करती है। इस विषय पर और देखें जी.पी.मरडाक, *सोशल स्ट्रक्चर,* अध्याय I और II और आर.एच.लोवी, *सोशल आर्गेनाइजेशन,* अध्याय पांच और दस। विशेष किस्म की पारिवारिक संरचनाओं पर प्रचुर साहित्य उपलब्ध है। सामान्य दृष्टि के लिए निम्नलिखित किताबों और लेखों को देखा जा सकता है।

दि एन शिएंट वर्ल्ड, एन.डी.फुस्ते द मूलांज, *दि एनशिएंट सिटी* (अंग्रेजी अनुवाद, न्यूयार्क, डबलडे, 1956), बुक II.

चीन, ओल्गा लेंग, *चाइनीज फेमिली एंड सोसाइटी* (न्यू हेवन, येल यूनिवर्सिटी प्रेस, 1958)।

ए.बी.कीथ, 'मैरेज हिंदू', हेस्टिंग्स, *एनसाइक्लोपीडिया आफ रिलीजन एंड एथिक्स* में।

माडर्न यूरोपियन एंड अमेरिकन फेमिली, ई.डब्ल्यू.बर्गेस और एच.जे.लाक, *दिफेमिली : फ्राम इंस्टीच्यूशन टु कंपेनियनशिप* (न्यूयार्क, अमेरिकन बुक, 1953)

एम.सारे (संपा.), *सोशियोलोजी कांपारे द ला फामि कांतोमपोरेन* (पेरसि, 1955)।

मुख्यत: फ्रांसीसी परिवार पर लेखों का संग्रह, लेकिन अन्य यूरोपीय देशों के बारे में भी लेख शामिल किए गए हैं।

डब्ल्यू.एफ.ओगबर्न और एम.एफ.निमकाफ, *टेकनालाजी एंड दि चेंजिंग फेमिली* (बोस्टन, हाउटन हिफिन, 1955)।

विवाह और परिवार के बारे में एकदम हालिया समाजशास्त्रीय अध्ययन विशेष आधुनिक समस्याओं से जुड़ रहे हैं, मसलन विवाह की स्थिरता और तलाक, बच्चों का विकास, 'समस्या परिवार' इत्यादि। इन मसलों के बारे में प्रभूत साहित्य है, जिसमें से कुछ का सर्वेक्षण रयूबेन हिल ने 'सोशियोलोजी आफ मैरेज एंड फैमिली बिहैवियर 1945-56,' *करेंट सोशियोलोजी* VII (1), 1958 में किया है।

सामाजिक स्तरीकरण

सामान्य

विभिन्न दृष्टिकोण प्रस्तुत करने वाले तीन संक्षिप्त परिचयात्मक अध्ययन है:

बटमोर, टी.बी., *क्लासेज इन माडर्न सोसाइटी* (लंदन, एलैन एंड उनविन, 1965)।

इसमें मार्क्स के वर्ग सिद्धांत पर विचार किया गया है और ब्रिटेन, अमरीका तथा सोवियत संघ में सामाजिक स्तरीकरण का संक्षिप्त विवरण भी प्रस्तुत किया गया है।

माएर, कुर्ट बी. और बकले, बालटर, *क्लास एंड सोसाइटी* (तीसरा संस्करण, न्यूयार्क रैंडम हाउस, 1969)।

इसमें सामाजिक स्तरीकरण के मुख्य प्रकारों की जांच-परख की गई है और फिर कुछ विस्तार से अमरीका में सामाजिक स्तरीकरण के विभिन्न पहलुओं का अध्ययन किया गया है।

त्यूमिन, मेल्विन एम. *सोशल स्ट्रेटिफिकेशन : दि फार्म एंड फंक्शंस आफ इनइक्वलिटी* (इंगलबुड विलफस, न्यू जर्सी, प्रेंटिस-हाल, 1967)।

सामाजिक श्रेणीकरण में मूल्यांकन और इनामों का खास तौर पर बेहतरीन विवरण।

सामाजिक स्तरीकरण के प्रकारों का मजेदार सामान्य अध्ययन ओ.सी.कावस, *कास्ट, क्लास एंड रेस* (न्यूयार्क, 1948) है। आर.बेंडिक्स ओर एस.एम. लिपसेट, *क्लास स्टेटस एंड पावन* (दूसरा संस्करण, न्यूयार्क,फ्री प्रेस, 1966) में तमाम अध्ययनों का उपयोगी संग्रह है। आधुनिक समाजों पर केंद्रित 1952 तक के साहित्य का व्यापक सर्वेक्षण डी.जी.मैक्रे, 'सोशल स्ट्रेटिलिफकेशन,' *करेंट सोशियोलोजी* II (1), 1953-54 में मिल जाएगा, हाल के शोधों की सामग्री दूसरे और तीसरे वर्ल्ड कांग्रेस आफ सोशियोलोजी में प्रस्तुत परचों में मिल जाएगी: देखें, *ट्रांजैक्शंस आफ दि सेकंड वर्ल्ड कांग्रेस आफ सोशियोलाजी* (लंदन, आई. एस.ए., खंड III, सामाजिक स्तरीकरण, सामाजिक गतिशीलता और वर्ग संरचना में परिवर्तन, सामाजिक वर्ग का गतिविज्ञान) चार्ल्स एच.पेज, *क्लास एंड अमेरिकन सोशियोलोजी* (न्यूयार्क शोकेन बुक्स, 1969) के नए संस्करण की लंबी भूमिका में हाल के उध्ययनों की उत्कृष्ट समीक्षा है: मूल पाठ शुरूआती अमरीकी समाजशास्त्रियों की विचारों की बेहतरीन व्याख्या करता है।

सामाजिक स्तरीकरण के बारे में अधिकांश सैद्धांतिक लेखन निराशाजनक है। सामाजिक वर्ग और प्रस्थिति संबंधी लेखन ही इसका अपवाद है (नीचे देखें)।

मार्क्सवादी सिद्धांत को कहीं भी सुसंगत या संतोषजनक ढंग से प्रस्तुत नहीं किया गया है। मार्क्स और एंगेल्स, *दि जर्मन आइडियोलोजी*

(अंग्रेजी अनुवाद, लंदन, 1939) और *कम्युनिस्ट मेनिफेस्टों* (यह याद रखिए कि यह घोषणापत्र है, कोई वैज्ञानिक निबंध नहीं) ही पढ़ना सबसे अच्छा होगा। मार्क्स के सिद्धांत पर उपयोगी टीकाओं में जे.ए. शूमपीटर, *कैपिटलिज्म, सोशलिज्म एंड डेमोक्रेसी,* अध्याय II; आर.श्लेजिंगर, मार्क्स: *हिज टाइम एंड आवर्स* (लंदन, रटलेज एंड केगन पाल, 1950), अध्याय X और XI तथा एस. ओसोव्स्की, *क्लास स्ट्रक्चर इन दि सोशल कांशसनेस* (लंदन, रटलेज एंड केगन पाल, 1963) है।

हाल के वर्षों में सामाजिक स्तरीकरण का प्रकार्यवादी सिद्धांत विकसित करने की कोशिशें हुई हैं, हालांकि स्वयं प्रकार्यवाद पर आलोचनात्मक आक्रमण हुए हैं (देखें, अध्याय दो)। खासकर देखें, के.डेविस और डब्ल्यू. ई. मूर, 'सम प्रिंसिपल्स आफ स्ट्रेटिफिकेशन,' *अमेरिकन सोशियोलोजिकल रिव्यू* X (2), अप्रैल 1945 [एल. विल्सन और डब्ल्यू.एल. कोल्ब, *सोशियोलोजिकल एनालिसिस : ऐन इंट्रोडक्अरी केस बुक* (न्यूयार्क, 1949) में दोबारा प्रकाशित] और बी. बारबर, *सोशल स्ट्रेटिफिकेशन* (न्यूयार्क, 1957)।

गुलामी

एनसाइक्लोपीडिया आफ दि सोशल साइंसेज में 'स्लेवरी' पर लेख।

नीबर, एच.जे., *स्लेवरी ऐज ऐन इंडस्ट्रियल सिस्टम* (दि हैग, निजाफ, 1900)।

पुरानी दुनिया में गुलामी के बारे में जानकारी देने वाले हाल के लेखों को सुविधाजनक ढंग से एम.एल. फिनले द्वारा संपादित *स्लेवरी इन क्लासिकल एंटीक्विटी* (केंब्रिज, हेफर एंड संस, 1960) नामक लेख संग्रह में इकट्ठा कर दिया गया है।

सामंती जागीरें

खासकर देखें, मार्क ब्लाख, *ला सोशियेते फेउदाल,* खंड II, '*ले क्लास ए ल गूबरनमां दे नाम*' (अंग्रेजी अनुवाद, *फयूडल सोसाइटी* 1961)। और उसका लेख 'फयूडलिज्म,' *एनसाइक्लोपीछिया आफ दि सोशल साइंसैज* में। ब्रिटेन की स्थिति पर विचार करने वाला ज्यादा विशेषीकृत अध्ययन ए.लेन पूल, *आब्लिगेशंस आफ सोसाइटी इन दि टवेल्व्थ एंड थर्टीन्थ सेंचुरीज* (आक्सफोर्ड, 1946) है।

जाति

जाति व्यवस्था के अनेक सामान्य अध्ययन उपलब्ध हैं और खास हलकों या संदर्भों में जाति के अनेक अध्ययन भी हुए हैं। सामान्य अध्ययनों में निम्नलिखित सबसे अधिक उपयोगी है:

हट्टन, जे.एच., *कास्ट इन इंडिया* (दूसरा संस्करण, मुंबई, आक्सफोर्ड यूनिवर्सिटी प्रेस, 1951)।

जाति व्यवस्था का सर्वाधिक व्यवस्थित विवरण: पार्ट III में जाति की उत्पत्ति के सिद्धांतों के बारे में बहुत उपयोगी विचार-विमर्श है। बेहतरीन पुस्तक सूची भी है।

सेनार, ई.एम., *कास्ट इन इंडिया* (अंग्रेजी अनुवाद, लंदन, मेथुएन, 1930)।

बहुत ही रूचिकर अध्ययन, 1896 में पहली बार प्रकाशित, मूल आर्य वर्गों और जागीरों के बीच समानताओं पर जोर देती है।

श्रीनिवास, एम.एन., *इत्यादि,* 'कास्ट', *करेंट सोशियोलोजी,* जाति के बारे में हाल के अध्ययनों की उत्कृष्ट समीक्षा और मूल्यांकन, जिसमें भाष्यपरक पुस्तक-सूची भी शामिल है। भूमिका में जाति व्यवस्था की जटिलता को बहुत स्पष्ट ढंग से उजागर किया गया है।

श्रीनिवास, एम.एन., *कास्ट इन माडर्न इंडिया, एंड अदर एसेज* (मुंबई, 1965)।

उड़ीसा के एक गांव में जाति व्यवस्था में रहने वाले परिवर्तनों में विस्तृत अध्ययन के लिए देखें, एफ.जी. बेली, *कास्ट एंड दि इकनामिक फ्रंटियर* (मानचेस्टर, मानचेस्टर यूनिवर्सिटी प्रेस, 1957)।

वर्ग और प्रस्थिति

सामाजिक वर्ग और सामाजिक प्रस्थिति के बारे में प्रचुर साहित्य उपलब्ध है।

सामान्य अध्ययनों में से निम्नलिखित उपयोगी होंगे:

दारेनदार्फ, राल्फ, *क्लास एंड क्लास कानफिलक्ट इन ऐन इंडस्ट्रियल सोसाइटी* (लंदन, रटलेज एंड केगन पाल, 1959)।

मार्शल, टी. एच., *सिटिजैनशिप एंड सोशल क्लास एंड अदर एसेज* (कैंब्रिज, कैंब्रिज यूनिवर्सिटी प्रेस, 1950)।

मार्शल, टी.एच.,(संपा.), *क्लास कानफिलक्ट एंड सोशल स्ट्रेटिफिकेशन* (लंदन, ल प्ले हाउस, 1938)।

शूमपीटर, जे.ए., 'सोशल क्लासेज इन ऐन एथनिकली होमोजी नियस एनवाइरनमेंट,' *इंपीरियलिज्म एंड सोशल क्लासेज* (आक्सफोर्ड, बासिल ब्लैकवेल, 1951)।

वेव्लेन, थोरास्टेन, *दि थियरी आफ दि लेजर क्लास* (1899: नया संस्करण, न्यूयार्क, मेंटर बुक्स, 1953)।

वेबर, मैक्स, 'क्लास, स्टेअस, पार्टी,' एच.एच.गर्थ और सी.डब्ल्यू.मिल्स (संपा.), *फ्राम मैक्स वेबर : एसेज इन सोशियोलोजी* (लंदन, केगन पाल, 1947) में।

विशेष समाजों में स्तरीकरण के अध्ययनों में देखें:

कोल, जी.डी.एच., *स्टडीज इन क्लास स्ट्रक्चर* (लंदन, रटलेज एंड केगन पाल,1955)।

मिल्स, सी.राइट, *दि पावर एलीट* (न्यूयार्क, आक्सफोर्ड यूनिवर्सिटी प्रेस, 1956)।

पोर्टर, जान, *दि वर्टिकल मोजैक : ऐन एनालिसिस आफ सोशल क्लास एंड पावर इन कनाडा* (टोरंटों, यूनिवर्सिटी आफ टोरंटो प्रेस, 1965)।

ऊपर उद्धत *ट्रांजैक्शंस आफ दि सैकंड एंड थर्ड वर्ल्ड कांग्रेसेज आपु सोशियोलोजी* में भी कुछ उपयोगी संक्षिप्त अध्ययन है।

आधुनिक समाजों के विशेष वर्गों और पेशागत समूहों के बारे में अनेक अध्ययन हुए हैं, खासकर मध्यम वर्गों और पेशवर समूहों के

बारे में। मजदूर वर्ग के बारे में एक शास्त्रीय अध्ययन जी.ब्रीफस, दि प्रोलेतेरिएत (न्यूयार्क, मैकग्रा हिल, 1938) है। मध्यम वर्गों के बारे में देखें, ऐंवांतेर III क्लास म्वायेन (पेरसि, अलकां 1939)। जी.डी.एच.कोल, *स्टडीन इन क्लास स्ट्रक्चर,* अध्याय III और IV। आर.लेविस और ए.माड, *दि इंगलिश मिडिल क्लासेज* (लंदन, पेंग्विन बुक्स, 1953)। सी. राइट मिल्स, *हवाइट कालर : दि अमेरिकन मिडिल क्लासेज* (न्यूयार्क, आक्सफोर्ड यूनिवर्सिटी प्रेस, 1951)। और डी.लाकवुड, *दि ब्लैककोटेड वर्कर* (लंदन एलेन एंड उनविन, 1958)।

सामाजिक वर्ग के मनोवैज्ञानिक पहलुओं पर ऐतिहासिक और समकालीन आंकड़ों का प्रयोग करते हुए बोधगम्य रूप से विचार किया गया है एम.हाल्बवाश, *दि साइकोलोजी आफ सोशल क्लासेज* (लंदन, हेनीमैन, 1958, मूलत: फेंच में 1938 में प्रकाशित) में।

कुलीनों के बारे में देखें, वी.परेटों, *दि माइंड एंड सोसाइटी* (लंदन, जोनाथन केप, 1935) के प्रासंगिक हिस्से: जो.मोस्की, *दि रूलिंग क्लास* (न्यूयार्क, मैकग्रा हिल, 1939)। जेम्स एच.मीजेल, *दि मिथ आफ दि रूलिंग क्लास : गैतानों मोस्का एंड दि एलीट* (एन आरबर, यूनिवर्सिटी आफ मिशिगन प्रेस, 1958)। सी. राइट मिल्स, *दि पावर एलीट* (न्यूयार्क, आक्सफोर्ड यूनिवर्सिटी प्रेस 1956)। टी.बी.बटमोर, *एलीटस एंड सोसाइटी* (लंदन, सी.ए.वाटस, 1964)।

सामाजिक गतिशीलता

मार्गदर्शक अध्ययन हैं, पी.ए.सोरोकिन, *सोशल मोबिलिटी* (न्यूयार्क, हार्पर्स, 1927), जो उस समय उपलब्ध आंकड़ों के आधार पर अत्यंत व्यापक सर्वेक्षण प्रस्तुत करता है।

एकदम हाल के आंकड़ों का उपयोग तुलनात्मक उद्देश्यों के लिए एस.एम. लिपसेट और आर.बेंडिक्स, *सोशिल मोबिलिटी इन इंडस्ट्रियल सोसाइटी* (ग्लेनकों, दि फ्री प्रेस, 1959)। ओर एस. एम. मिलर, कंपेरेटिव सोशल मोबिलिटो, *करेंट सोशियोलोजी,* IX (1) 1960 ने किया है।

एक विशेष समाज में मार्गदर्शक अनुभव आधारित अध्ययन है, डी.वी. ग्लास (संपा.), *सोशल मोबिलिटी इन ब्रिटेन* (लंदन, रटलेज एंड केगन पाल, 1954)। और देखें, आलैंगिरा, *ला रेउसिते सोशियाल अंफ्रांस* (पेरिस,पी.यू. एफ., 1961)। और पीटर एम. ब्लाउ तथा ओटिस डी. डंकन, *दि अमेरिकन आकुपेशनल स्ट्रक्चर* (न्यूयार्क, विली, 1967)।

ऊपर उद्धत *ट्रांजैक्शंस आफ दि थर्ड बर्ल्ड कांग्रेस आफ सोशियोलोजी* खंड III में प्रस्तुत अध्ययनों को भी देखें:

युद्ध

मूल पाठ में उद्धत निम्नलिखित सामान्य अध्ययनों को खासकर देखें:

आरों, रेमोकं, *पीस एंड वाद : ए थियरी आफ इंटरनेशनल रिलेशंस* (न्यूयार्क, डब्लडे, 1966)।

ब्रैमसन, लियोन ओर गोयथल्ज, जार्ज डब्ल्यू. (संपा.), *वार : स्टडीज फ्राम साइकोलोजी, सोशियोलोजी, एंथ्रोपोलीजी* (न्यूयार्क, बेसिक बुक्स, 1964)।

बुखान,अलेस्टेयर, *वार इन माडर्न सोसाइटी : ऐन इंट्रोंडक्शन* (लंदन, बाटस, 1966)।

रिचर्डसन, एल.एफ., *स्टैटिस्टिक्स आफ डेडली क्वारेल्स* (पटसबर्ग, बाक्सवुड प्रेस, 1960)।

राइट, क्विंसी, *ए स्टडी आफ बार* (दूसरा संस्करण, शिकागों, यूनिवर्सिटी आफ शिकागों प्रेस, 1965)।

आदिम और आधुनिक समाजों में आक्रमण और युद्ध के विकल्पों के साथ युद्ध पर विचार करने वाले प्रपत्रों का एक उपयोगी संग्रह मोर्टन फ्रीड, मार्विन हैरिस, ओर राबर्ट मर्फी (संपा.), *वार : दि एंथ्रोपोलाजी आफ आर्म्ड कानफिलक्ट* (न्यूयार्क, डबलडे, 1968) में है।

युद्ध संबंधी अध्ययनों के अतिरिक्त समाज में सेना की भूमिका पर कुछ रूचिकर और प्रासंगिक रचनाएं भी है: उदाहरण के लिए देखें, एस.आंद्रेस्की, *मिलिटरी आर्गेनाइजेशन एंड सोसाइटी* (संशोधित संस्करण, लंदन, रटलेज एंड केगन पाल, 1968)। एस. ई. फाइनर, *दि मैन आन हार्सबैक : दि रोल आफ दि मिटिलरी इन पालिटिक्स* (लंदन, पाल माल प्रेस, 1962)।

क्रांति और प्रतिक्रांति

निम्नलिखित सामान्य अध्ययन इस विषय पर विविध पहलुओं से विचार करते है।

अरेंट, हान्ना, *आन रेवोल्यूशन* (न्यूयार्क, वाइक्रिंग प्रेस, 1965)।

एक्शटाइन, हैरी (संपा.), *इंटर्नल वार* (न्यूयार्क, फ्री प्रेस, 1964)।

फ्रेडरिक, कार्ल जे. (संपा.), *रेवोल्यूशन* (न्यूयार्क, अर्थटन प्रेस, 1966)।

ब्रिंटन, क्रेन, *दि एनाटमी आफ रेवोल्यूशन* (संशोधित संस्करण, न्यूयार्क, 1957)।

मीजेल, जेम्स एच., *काउंटर-रेवोल्यूशन – हाऊ रेवोल्यूशंस डाइ* (न्यूयार्क, अथर्टन प्रेस, 1966)।

म्यूजेल, अल्फ्रेड, 'रेवोल्यूशन एंड काउंटर रेवोल्यूशन,' *एनसाइक्लोपीडिया आफ दि सोशल साइंसेज* (न्यूयार्क, मैकग्रा-हिल, 1934), खंड XIII.

वोल्फ, एरिक आर., *पीजेंट वार्स आफ दि टवेंटीएथ सेंचरी* (न्यूयार्क, हार्पर एंड रा, 1970)।

विशेष-विशेष क्रांतियों, विद्रोहों और प्रतिक्रांतियों के संबंध में प्रभूत साहित्य उपलब्ध है: इन परिघटनाओं के विभिन्न पहलुओं पर निम्नलिखित रचनाएं प्रकाश डालती है।

कार, ई.एच., *दि बोल्शेविक रेवोल्यूशन,1917-1923* (लंदन, मैकमिलन, 1950),खंड I.

लक्जेमबर्ग, रोजा, *दि रशियन रेवोल्यूशन* (एन आरबर, यूनिवर्सिटी आफ मिशिगन प्रेस, 1940)।

रीड, जान, *टेन डेज देट शुक दि वर्ल्ड* (नया संस्करण, हार्मडसवर्थ, पेंग्विन बुक्स, 1966)।

ट्राट्स्की, लियोन, दि हिस्ट्री आफ दि रशियन रेवोल्यूशन (एन आरबर, यूनिवर्सिटी आफ मिशिगन प्रेस, 1957)।

लफेब्र, जार्ज, दि कमिंग आफ दि फ्रेंच रेवोल्यूशन (प्रिसंटन, प्रिसंटन यूनिवर्सिटी प्रेस, 1947)।

रूदे, जार्ज, *दि क्राउड इन दि फ्रेंच रेवोल्यूशन* (आक्सफोड्र, आक्सफोर्ड यूनिवर्सिटी प्रेस, 1949)।

ग्वेरा, चे, गुरिल्ला बरफेयर (न्यूयार्क, मंथली रिव्यू प्रेस, 1961)।

सामाजिक नियंत्रण

एक मार्गदर्शक अध्ययन, जिसने इस पदावली को सामान्य प्रचलन में ला दिया, ई.ए.रास, *सोशल कंट्रोल* (न्यूयार्क, 1901) है। अन्य शुरूआती अध्ययनों में सबसे उपयोगी और रुचिकर हैं, डब्ल्यू.जी. समनर, *फोकवेज : ए स्टडी आफ दि सोशियोलोजिकल इंपाटेंस आफ यूसैज, मैनर्स, कस्टम्स एंड मोरल्स* (बोस्टन, 1906), और *सोशल आर्गेनाइजेशन* (1909) तथा *सोशल प्रोसेस* (1918) में कूली द्वारा टुकड़ों में किया गया विवेचन।

जी.गुरविच, 'सोशल कंट्रोल, 'जी.गुरविच और डब्ल्यू.ई.मूर (संपा.), *ट्वेंटीएथ सेंचुरी सोशियोलाजी* में। इसमें इस क्षेत्र में किए गए अध्ययनों की संक्षिप्त समीक्षा और प्रमुख समस्याओं का विश्लेषण भी उपलब्ध है। हाल का एक और मूल्यवान विवेचन रसिकों पाउंड, *सोशल कंट्रोल थ्रूला* (1942) है। इस विषय पर आदिम समाजों के विशेष संदर्भ में एक बेहतरीन परिणात्मक किताब *आर फर्थ ह्यूमन फंक्शन इन प्रीमिटिव सोसाइटी* में।

सुधरे हुए प्रकार्यवादी दृष्टिकोण का उत्कृष्ट संक्षिप्त अभिकथन।

धर्म के शास्त्रीय अध्ययनों में से देखें:

फ्रेजर, सर जे.जी., *दि गोल्डेन बाउ* (लंदन, 1890) खासकर अध्याय I-V. इन अध्यायों का एक संक्षिप्त संस्करण *मैजिक एंड रिलीजन* (लंदन, 1945) शीर्षक के तहत छापा गया है ओर यह फ्रेजर के विचारों का उपयोगी संक्षिप्त विवरण है।

टायलर, ई.बी., *प्रीमिटिव कलचन* (लंदन, 1971)। टायलर द्वारा धर्म के विकासवादी विवरण की आलोचना एंड्रयू लैंग ने की है। देखें, *मैजिक एंड रिलीजन* (लंदन, 1901) और *दि मैकिंग आफ रिलीजन* (तीसरा संस्करण, 1909)।

स्पेंसर, एच., *प्रिंसिपल्य आफ सोशियोलोजी,* खंड तृतीय (लंदन, 1896)। अध्याय I-XVI.

वेबर, मैक्स, *गेजामेल्टे आउफजात्से त्सुर रेलिजियनजोत्सियालोगी* (3 खंड, ट्यूबिंगेन, 1923)।

इनमें से अधिकांश अब अंग्रेजी में निम्नलिखित नामों से उपलब्ध है: *दि प्रोटेस्टैंट एथिक एंड दि स्पिरिट आफ कैपिटलिज्म* (लंदन एलेन एंड उनविन, 1930)।

दि रिलीजन आफ चाइना : कंफयूशियनिज्म एंड ताओइज्म (लंदन, एलेन एंड उनविन, 1952)।

एनशिएंट जूडाइज्म (लंदन एलेन एंड उनविन, 1953)।

दि दिलीजन आफ इंडिया : दि सोशियोलोजी आफ हिंदूइज्म एंड बुद्धिज्म (लंदन, एलेन एंड उनविन, 1958)।

ट्राल्श, ई., *दि सोशल टीचिंग आफ दि क्रिश्चियन चर्चेज* (अंग्रेजी अनुवाद लंदन, एलेन एंड उनविन, 1931)।

टानी, आर.एच., *रिलीजन एंड दि राइज आफ कैपिटलिज्म,* दूसरा *टाइप्स,* अध्याय V, 'दि रेगुलेशन आफ कंडक्ट' है।

बी. मालिनोव्स्की के लेखन में सामाजिक नियंत्रण के अध्ययन के क्षेत्र में कुछ विशिष्ट योगदान पाए जा सकते है: खासकर देखें, उसकी किताब *क्राइम एंड कस्टम इन सेवेज सोसाइटी* (लंदन, 1926) ओर एच.आई.हागबिम की किताब *ला एंड आर्डर इन पालिनेजिया* (लंदन, 1934) के लिए लिखी गई उसकी भूमिका (पृ. XVII-LXXII)।

रिवाजें, जनमत

रिवाजें के बारे में बी.मालिनोव्स्की और डब्ल्यू.जी. समनर की ऊपर उद्धत रचनाओं को देखें।

सामाजिक मनोविज्ञान की अधिकांश पाठ्य पुस्तकों में जनमत पर विचार किया गया है। उदाहरण के लिए, किमबाल यंग, *हैंडबुक आफ सोशल साइकोलाजी* (संशोधित संस्करण, लंदन, 1957), अध्याय 14. इस विषय के संक्षिप्त परिचय के लिए देखें, अ.सोवी, *लोपिनियाां प्यूबलिक* (पेरिस, 1856)। और विस्तार से विवेचन किया गया है डी. काटव, *पब्लिक ओपीनियन* (न्यूयार्क, 1922) ओर एम.गिंसबर्ग, *साइकोलोजी आफ सोसाइटी* (लंदन, 1921)।

मूल पाठ में उद्धत कुछ विशेष अध्ययनों को भी पाठकों को देखना चाहिए।

धर्म

वाख, योआखिम, *सोशियोलाजी आफ रिलीजन* (शिकागों, 1944)। एक सामान्य सर्वेक्षण।

बीर्नबान, नार्मन और लेंत्सेर, जेरटूड (संपा.), *सोशियोलोजी एंड रिलीजन* (इंगलबुड विलफस, प्रेंटिस-हाल, 1969)।

भाक्य और पुस्तक-सूचीर के साथ तमाम अध्ययनों का मूल्यवान।

रैडक्लिफ-ब्राउन, ए.आर., 'रिलीजन एंड सोसाइटी,' *स्ट्रक्चर ए* (संस्करण, लंदन, 1937)

प्रोटेस्टेंट धर्म और पूंजीवाद के बीच संबंधों के मैक्स वेबर के वर्णन की पूरकता प्रदान करती है और आलोचना भी करती है। इस विषय पर अतिरिक्त साहित्य के संदर्भों के लिए देखें, अध्याय 8, याद टिप्पणी 29.

दुर्खीम, ई., *एलीमेंटरी फार्म्स आफ दि रिलीजियस लाइफ* (अंग्रेजी अनुवाद, चौथाई छपाई, लंदन, एलेनएंड उनविन, 1960)।

दुर्खीम के सिद्धांत के अनेक आलोचनात्मक अध्ययन हुए हैं। खासकर देखें, एम. गिसंबर्ग, 'दुर्खीम थियरी आफ रिलीजन,' *एसैज इन*

सोशियोलोजी एंड सोशल फिलासफी, खंड I में।

रेडक्लिफ-ब्राउन, ए.आर., *दि अंडमान आइलैंडस* (कैंब्रिज, 1922)। एक आदिम धर्म का विशिष्ट प्रकार्यवादी अध्ययन।

मालिनोव्स्की, बी., *साइंस, मैजिक एंड रिलीजन एंड अदर एसेज* (आर. रेडफील्ड द्वारा संकलित और भूमिका सहित, ग्लेनकों, 1948)।

लोवी, आर.एच. *प्रीमिटिव रिलीजन* (लंदन, 1936)।

इसमें चार प्रकार के आदिम धर्मों का तुलनात्मक विश्लेषण, धर्म संबंधी शुरूआती सिद्धांतों की बेहतरीन आलोचना, धर्म के सामाजिक प्रभाव का सामान्य विवेचन शामिल है।

जेम्स, डब्ल्यू., *दि बेराइटीज आफ रिलीजियस एक्सपीरिएंस* धर्म के मनोवैज्ञानिक पहलुओं का शास्त्रीय अध्ययन।

दि अमेरिकन जर्नल आफ सोशियोलोजी, मई 1955. साठवां वार्षिक अंक, पार्ट II.

इसमें जर्नल के शुरूआती अंकों से धर्म पर छः प्रपत्र शामिल है, जिसमें जीम्मल, समनर, और अल्बिओन स्माल के प्रपत्र है, ओर एवरेट सी.ह्यू द्वारा लिखित धर्म के समाजशास्त्रीय अध्ययन पर भूमिका भी है।

हाल फिलहाल धर्म के बारे में बहुत कम बड़े अध्ययन हुए हैं। एक विशिष्ट नेतृत्वशास्त्रीय अध्ययन ई. इवांस-प्रिचार्ड, *नूअर रिलीजन* (आक्सफोर्ड, 1956)है। समाजशास्त्र में अनेक छोटे स्तर के चर्च की सदस्यता और धार्मिक भागीदारी से संबंधित समाजलेखीय अध्ययन हुए है। ऐसे अध्ययनों का उपयोगी सर्वेक्षण और सांख्यिकीय आंकड़ों की प्रस्तुति एम.आरगाइल, *रिलीजियस बिहैवियर* (लंदन, 1958) में की गई है। *और देखें, करेंट सोशियोलोजी* ,V (1) (1956), 'सोशियोलोजी आफ रिलीजंस' और विभिन्न देशों में धर्म के समाजशास्त्रीय अध्ययनों पर रिपोर्ट *आरिकव द सोशियोलाजी द रलिजियां* (पेरिस), खंड I (1957) में। आधुनिक पश्चिमी धर्मों की समाजशास्त्रीय व्याख्याओं के लिए खासकर देखें, जी.ल ब्रा, *एत्यूद द सोशियोलोजी रलिजियज* (दो खंड , पेरिस, 1955 और 1958), ओर डब्ल्यू. हरबर्ग, *प्रोटेस्टेंट,कैथोलिक, ज्यू* (न्यूयार्क, 1955)।

फ्रायड के योगदान और शुरूआती मनोविश्लेषणात्मक विवेचनों के बाद धर्म का वैज्ञानिक अध्ययन खत्म हो गया प्रतीत होता है, देखें, एस.फ्रायड, *टोटेम एंड टेबू* (लंदन, 1950), *मोजेस एंड मोनोथीज्म* (लंदन, 1939) और *दि फयूचर आफ ऐन इल्यूजन* (लंदन, 1934)। सामाजिक मनोविज्ञान की अधिकांश पाठय पुस्तकों में धर्म के बारे में शायद ही जिक्र रहता हो और धार्मिक विश्वास तथा धर्मांतरण के मनोविज्ञान पर बहुत छोटे अध्ययन हुए है। धर्म के मनोवैज्ञानिक पहलुओं के बारे में बहुत मजेदार बहस-मुबाहिसा आर.बास्तिद की इन दो किताबों, *सोशियोलोजी ए सिकानालिज* (पेरिस 1950) खासकर पृ. 46-56, और *एलेमां द सोशियोलोजी रलिजियज* (दूसरा संस्करण, पेरिस, 1949)में मिलता है।

भारत में धर्म पर देखें:

वेबर, मैक्स, *दि रिलीजन आफ इंडिया* (ऊपर उद्धत)।

इलियट, सर चार्ल्स, *हिंदुइज्म एंड बुद्धिज्म* (3 खंड, लंदन, 1931)।

एक समाजशास्त्रीय अध्ययन जो बहुत हद तक सिद्धांतों और इतिहास पर विचार करता है, लेकिन बहुत ही पथप्रदर्शक समाज-शास्त्रीय विवेचन भी इसमें किया गया है।

राधाकृष्णन, एस. *रिलीजन एंड सोसाइटी* (लंदन, एलेन एंड उनविन, 1935)।

श्रीनिवास, एव.एन, *रिलीजन एंड सोसाइटी एमांग दि कुर्ग्स आफ साउथ इंडिया* (आक्सफोर्ड, आक्सफोर्ड यूनिवर्सिटी प्रेस, 1952)।

हिंदुओं के एक समुदाय के धार्मिक विश्वास और संस्कार का उत्कृष्ट नृतत्वशास्त्रीय अध्ययन। इसके एक अध्याय में हिंदूवाद की सामान्य समाजशास्त्रीय विशेषताओं का भी विवेचन किया गया है।

नैतिकता

नैतिक नियमों के बारे में कई तुलनात्मक अध्ययन हुए हैं। विकासवादी दृष्टिकोण के लिए देखें, एल.टी.हाबहाउस, *मोरल्स इन इवोल्यूशन* (सातवां संस्करण, लंदन, 1951. एम.गिंसबर्ग लिखित एक नई भूमिका के साथ) ओर ई.वेस्टरमार्क, *दि ओरिजिन एंड डेवलपमेंट आफ मोरल आइडियाज* (लंदन, 1906)। धर्म पर मैक्स वेबर का लेखन (ऊपर उद्धत)बहुत हद तक विश्व धर्मों के नैतिक नियमों से संबंधित है। हाल के तुलनात्मक अध्ययनों में खासकर देखें, एम.गिंसबर्ग, 'आन दि डाइवर्सिटी आफ मोरल्स', *एसेज इन सोशियोलोजी एंड सोशल फिलोसफी,* खंड I में, और ए.मैकबीथ, *एक्सपेरिमेंटस इन लिविंग* (लंदन, 1952)।

जी.गुरविच, *मोराल थियोरिक ए सियांश दे मोर* (दूसरा संस्करण, पेरिस, 1948) में नैतिक विज्ञान और नैतिक दर्शन के बीच संबंध की बेहतरीन विवेचना और 'वैज्ञानिक नैतिकता' विकसित करने के कुछ प्रयासों की समीक्षा है।

सामाजिक मनोविज्ञान के क्षेत्र में दृष्टिकोणों और मतों के संबंध में कई अध्ययन और विवेचन हैं, लेकिन नैतिक विश्वासों के कुछ ही मूल्यवान अध्ययन हुए है। एच.बर्गसां, *ले द सूर्स द ला मोराल ए ला रलिजियां* (पेरिस, 1933) में धर्म और नैतिकता के बारे में पर्याप्त समाजशास्त्रीय और मनोवैज्ञानिक रुचि है। वी. परेटो, *दि माइंड एंड सोसाइटी* (अंग्रेजी अनुवाद, 4 खंड, लंदन, 1935) में नैतिकता के मनोविज्ञान पर विस्तार से चर्चा की गई है।

फलूजे, जे.सी., *मैन, मोरल्स एंड सोसाइटी* (लंदन, 1945) मनोवैज्ञानिक दृष्टिकोण से एक रूचिकर अध्ययन है। *और देखें,* एम. गिंसबर्ग, *साइकोलोजी आफ सोसाइटी* (लंदन, 1921)।

कानून

कानून के समाजशास्त्र पर सर्वाधिक उपयोगी सामान्य कृतियां हैं:

एरलिख, ई., *फंडामेंटल प्रिंसिपल्स आफ दि सोशियोलोजी आफ ला* (न्यूयार्क, 1942).

रैन्सटाइन, एम., *मैक्स वेबर आन ला इन इकोनमी एंड सोसाइटी।*

रोसको पाउंड का 'सोशियोलोजी आफ ला,' जो जी.गुरविच और डब्ल्यू.ई.मूर संपादित *टवेंटीएथ सैंचुरी सोशियोलोजी* में संग्रहित है, में महत्वपूर्ण योगदानों का उत्कृष्ट संक्षिप्त सर्वेक्षण और समस्याओं का बेहतरीन विश्लेषण किया गया है।

फ्रिदमैन, डब्ल्यू.जी., *लीगल थियरी* (लंदन, 1957) में व्यापक स्तर पर बहुत ही उत्तेजन विचार-विमर्श किया गया है, और इसके अनेक अध्याय कानून.के अध्ययन संबंधी समाजशास्त्रीय योगदानों को समर्पित है। *और देखें,* डब्ल्यू.जी.फ्रिदमैन, *'सोशियोलाजी आफ ला,' करेंट सोशियोलाजी आफ ला,* X / XI (1), 1961-62, और विल्हेल्म ओबेर्ट (संपा.), *सोशियोलोजी आफ ला* (हारमंड्सवर्थ, पेंग्विन बुक्स, 1969)।

एस.पी.सिंपसन ओर जे.स्टोन, *ला एंड सोसाइटी* (3 खंड, सेंट पाल, मिनेसोटा, 1948-50) ऐसी मूल्यवान संदर्भ योग्य रचना है जिसमें विभिन्न अध्ययन और मामलात भी शामिल है। आदिम कानून पर देखें, मालिनोव्स्की (ऊपर उद्धत रचनाएं), ई.ए.ओबेल, *दि ला आफ प्रीमिटिव मैन* (कैंब्रिज, मासाचुसैटस, 1954), और मूल पाठ में उद्धत विशेष अध्ययन।

कानून और सामाजिक परिवर्तन पर, कानून के विकास संबंधी सामान्य अध्ययनों के लिए देखें, एच.एस.मेन, *एनशिएंट ला* (लंदन, 1861), और पी. विनोग्रादोफ, *हिस्टारिकल ज्यूरिसपूडेंस* (आक्सफोर्ड, 1930)। सामाजिक संरचना और सामाजिक सिद्धांतों के प्रसंग में आधुनिक कानूनी व्यवस्था में परिवत्तन संबंधी सर्वोत्तम अध्ययन है, ए.सी.डाइसी, *ला एंड ओपीनियन इन इंगलैंड इन दि नाइनटींथ सेंचुरी* (दूसरा संस्करण, लंदन, 1926), और डब्ल्यू.जी.फ्रिदमैन, *ला एंड सोशल चेंज इन कंटेम्पोरेरी ब्रिटेन* (लंदन, 1950)।

हिंदू कानून पर बहुत कम समाजशास्त्रीय लेखन हुआ है। इसके अपवाद में और मैक्स वेबर के शुरूआती तुलनात्मक अध्ययन (मूल पाठ में उद्धत) ही है। हिंदू कानून के बारे में एक मानक रचना जे.डी.मेन, *ए ट्रीटाइज आन हिंदू ला एंड यूसेज* (ग्यारहवां संस्करण, एन.वी.अय्यर द्वारा संपादित, मद्रास, 1950) है। एस.वी.गुप्ते, *हिंदू ला इन ब्रिटिश इंडिया* (1947) ब्रिटिश शासन में प्रभावों का बेहतरीन विवरण प्रस्तुत करता है। *और देखें* हाल की किताब, जे.डंनएम.डेरेट, *रिलीजन, ला एंड दि स्टेट इन इंडिया* (लंदन, फेबर एंड फेबर, 1968)।

शिक्षा के समाजशास्त्र पर अब भी बड़ी कृति दुर्खीम की *एदयूकाशियों ए सोशियोलोजी* (पेरिस, 1922, अंग्रेजी अनुवाद, 1956)है। एन.हांस, *कंपेरेटिव एजुकेशन* (संशोधित संस्करण, लंदन, रटलेज एंड केगन पाल, 1958) विभिन्न किस्म की शिक्षा व्यवस्थाओं का उपयोगी अध्ययन है। शिक्षा और समाज के बीच संबंधों के विभिन्न पहलुओं की तुलनात्मक आधार पर जांच-परख की गई है ए.एच.हालजी, जे.फालाउड और सी.ए.एंडरसन (संपा.), *एजुकेशन, इकोनमी एंड सोसाइटी* (लंदन 1961)में परवर्ती 1950 के दशक तक के लेखन के सामान्य सर्वेक्षण के लिए देखें, ज्यां फलाउड और ए.एच.हालजी, 'सोशियोलाजी आफ एजुकेशन,' *करेंट सोशियोलोजी,* VIII (3), 1958.

शिक्षा व्यवस्था का अधिकांश समाजशास्त्रीय अध्ययन सामाजिक स्तरीकरण और सामाजिक गतिशीलता के साथ इसके संबंधों को समर्पित है। ब्रिटेन के संबंध में सबसे व्यापक अध्ययन ज्यां फलाउड, ए.एच.हालजी और एफ.एम.मार्टिन, *सोशल क्लास एंड एजुकेशनल अपार्चुनिटी* (लंदन, हेनीमैन, 1956) है। समस्या के विशेष पहलुओं पर देखें, ब्रायन जैकसन और डेनिस मार्सडेन, *एजुकेशन एंड दि वर्किंग क्लास* (लंदन, रटलेज एंड केगन पाल, 1963), और *दि होम एंड दि स्कूल* (लंदन, मैकगिबन एंड की, 1964) तथा *अल्ल आवर फ्यूचर* (लंदन, मैकगिबन एंड की, 1969) में उद्धत जे.डब्ल्यू.बी.डगलस का अध्ययन. अमरीका के बारे में कुछ आंकड़े एवरेट सी.हयू, 'एजुकेशनल सेलेक्शन इन दि यूनाइटेड स्टेटस आफ अमेरिका' (अनुलिपि, 1958) और हैरोल्ड होवे, *इक्वलिटी आफ एजुकेशनल अपार्चुनिटी* (वाशिंगटन डी.सी., 1966) में दिए गए है। फ्रांस में शैक्षिक चुनाव के कुछ पहलुओं की जांच-परख पी. नावि (संपा.), *एकोल ए सोशियेते* (पेरिस, 1959), ओर एकदम हाल में पी.बूरदिउ और जे.सी.पासरों, *ले जेरितियेर* (पेरिस, एदिशियों द मिन्यू, 1964) में की गई है।

दुर्खीम के अध्ययन के बाद अपेक्षाकृत कम समाजशास्त्रीय अध्ययन हुए हैं जिनमें शिक्षा के प्रकारों, सामाजिक नियंत्रण में शिक्षा की भूमिका, शैक्षिक संस्थाओं की संरचना, या अध्यापकों की सामाजिक भूमिका पर विचार किया गया हो। बहरहाल, इनमें से अंतिम विषय पर देखें, थोरास्टेन वेब्लेन, *दि हायर लर्निंग इन अमेरिका* (न्यूयार्क, 1918), और एफ. स्नानिएकी की उत्तेजक किताब *दि सोशलराल आफ दि मैन आफ नालेज* (न्यूयार्क, 1940)। जैसा कि मैंने मूल पाठ में कहा है खासकर विश्वविद्यालयों की संरचना में लोगों की रूचि फिर से जागी है, और हाल का कुछ साहित्य अध्याय 16 की याद टिप्पणी 18 में उद्धत है। वैज्ञानिक ज्ञान के सामाजिक प्रभावों पर अनेक लेखकों ने विचार किया है। मार्क्सवादी दृष्टिकोण से जे.जी.बर्नाल, *दि सोशल फंकशन आफ साइंस* (लंदन, 1939), संक्षेप में लेकिन जीवंत ढंग से बट्रंडि रसेल, *दि इंपैक्ट आफ सांइस आन सोसाइटी* (लंदन, एलेन एंड उनविन, 1952)। *और देखें,* वी गार्डन चाइल्ड, सोसाइटी एंड नालेज (लंदन, एलेन एंड उनविन, 1956)। समाज में बुद्धिजीवियों की भूमिका में सामान्यत: अधिक रूचि विकसित हुई है। उदाहरण के लिए देखें, लेविस ए.कोजर, *मैन आफ आइडियाज* (न्यूयार्क, 1965)।

प्रगति की धारणा

बेकर, कार्ल, प्रोग्रेस, *एनसाइक्लोपीडिया आफ दि सोशल साइंसेज।*

बरी, जे.बी., *दि आइडिया आफ प्रोग्रेस* (लंदन, 1920)।

गिंसबर्ग, मोरिस, *दि आइडिया आफ प्रोग्रेस : ए रिवैल्यूएशन* (लंदन, 1953)।

सामाजिक उद्‌विकास और विकास

मानव समाज में जिस रूप में उद्‌विकास और विकास की धारणाएं लागू होती हैं उनकी जितनी व्यवस्थित जांच-परख होनी चाहिए उतनी हुई नहीं है। अधिकांश विचार-विमर्श अब भी 'अनुमान आधारित इतिहास' की प्रकार्यवादी आलोचना (मालिनोवस्की द्वारा अपने चरम रूप में प्रस्तुत) के स्तर पर ही है। गुरविच और मूल संपादित *टवेंटीएथ सेंचुरी सोशियोलोजी* में संग्रहित पी.ए. सोरोकिन, 'सोशियोकलचरल डायनामिक्स एंड इवोल्यूशनिपज्म' में विकासवादी सिद्धांतों का आलोचनात्मक सर्वेक्षण किया गया है। अनेक लेखकों द्वारा 'सामाजिक डार्विनवाद' पर विचार किया गया है, या उसका ऐतिहासिक सर्वेक्षण किया गया है, खासकर देखें:

रिशी, डी.जी., *डार्विनिज्म एंड पालिटिक्स* (लंदन, 1885)।

हाफसटाअर, आर., *सोशल डार्विनिज्म इन अमेरिकन थाट* (फिलाडेल्फिया, 1945)।

गिंसबर्ग, एम., 'दि कांसेप्ट आफ इवोल्यूशन इन सोशियोलाजी,' *एसेज इन सोशियोलाजी एंड सोशल फिलासफी,* खंड I.

महत्वपूर्ण समस्याओं की जांच-परख करती है। वी.गेर्डन चाइल्ड, *मैन मेक्स हिमसेल्फ,* अध्याय I और II में उत्तेजक विवेचन भी देखें,।

मैकाइवर, आर.एम., *सोशल कालेशन* (बोस्टन, 1942)।

सामाजिक परिवर्तन में जिस तरह कारण की धारणा को लागू किया जाता है उसका बेहतरीन विश्लेषण प्रस्तुत करती है।

पापर, के.आर., *दि पावर्टी आफ हिस्टारिसिज्म* (लंदन, 1957)।

तर्क और पद्धति के आधार पर विकासवादी सिद्धांतों की एक बड़ी आलोचना।

विकासशील देशों के प्रसंग में हाल की बहसों में विकास की धारणा का जिस तरह प्रयोग किया गया है उसे निम्नलिखित लोगों ने विभिन्न दृष्टिकोणों में प्रस्तुत किया है।

आरों, रेमों, *दि इंडस्ट्रियल सोसाइटी* (लंदन, बाइडैन फेल्ड एंड निकोल्सन, 1967), अध्याय I और II ।

गेलनर, एर्न्स्ट, *थाट एंड चेंज* (लंदन, वाइडेनफेल्ड एंड निकोल्सन, 1964)।

इसमें सामान्य विकासवादी सिद्धांतों का बेहतरीन आलोचनात्मक परीक्षण किया गया है।

होरोविटज, इरविंग एल., *थ्री वर्ल्डस आफ डेवलपमेंट* (न्यूयार्क, आक्सफोर्ड यूनवर्सिटी प्रेस, 1966)।

आर्थिक विकास के बारे में अब प्रचुर साहित्य उपलब्ध है, लेकिन निम्नलिखित पुस्तकें मुख्य मुद्दों का परिचय करा देती है:

लेविस, डब्ल्यू.आर्थर, *दि थियरी आफ इकनामिक ग्रोथ* (लंदन, एलेन एंड उनविन, 1955)।

मिर्डल, गुन्न, *इकनामिक थियरी एंड अंडर-डेवलप्ड रीजंस* (लंदन, डकवर्थ, 1957)।

भगवती, जगदीश, दि इकनामिक्स आफ अंडरडेवलप्ड कंट्रीज (लंदन, वाइडैनफेल्ड एंड निकोलसन, 1966)।

अग्रवाल, ए.एन. और सिंह, एस.पी.(संपा.), *दि इकनामिक्स आफ अंडरडेवलपमेंट* (न्यूयार्क, आक्सफोर्ड यूनिवर्सिटी प्रेस, 1963)।

सामाजिक परिवर्तन

आगबर्न, डब्ल्यू.एफ., *सोशल चेंज* (न्यूयार्क, 1922)। मूल पाठ में किया गया विवेचन देखें,।

मूल पाठ में उद्धत परेटो, टायनबी और सोरोकिन की रचनाओं का संदर्भ ग्रहण करें। इसके अतिरिक्त एफ.आर.कावेल, *हिस्ट्री, सिविलाइजेशन एंड कलचर* (लंदन, 1952) में सोरोकिन की सामाजिक और सांस्कृतिक परिवर्तन संबंधी धारणा का उपयोगी संक्षिप्त विवरण पेश किया गया है।

मार्क्सवादी सिद्धांत के बारे में देखें, मार्क्स और एंगेल्स, *दि जर्मन* आइडियोलाजी, एन.बुखारिन, *हिस्टारिकल मैटीरियलिज्म,* और एडमंड विल्सन, *टु दि फिनलैंड स्टेशन* (लंदन, 1940)।

आदिम समाजों में सामाजिक परिवर्तन के बारे में कई नृतत्वशास्त्रीय अध्ययन हुए हैं, खासकर निम्नलिखित को देखें, जिनमें सामाजिक परिवत्न को विश्लेषित करने की कुछ सामान्य समस्याओं पर भी विचार किया गया है:

मालिनोव्स्की, बी., *डायनामिक्स आफ कलचर चेंज* (येल, 1945)।

विल्सन, जी. और एम., *दि एनालिसिस आफ सोशल चेंज* (कैंब्रिज, मीड, एम., *दि चेंजिंग कलचर आफ ऐन अमेरिकन ट्राइब* (न्यूयार्क, 1932)।

क्रोबर, ए.एल., *एंथ्रोपोलाजी* (न्यूयार्क, 1948), अध्याय 10-12.

फर्थ, रेमों, *सोशल चेंज इन टिकोपियों* (लंदन, एलेन एंड उनविन, 1959)।

तीसरी दुनिया के विशेष इलाकों और देशों में सामाजिक परिवर्तन के बारे में निम्नलिखित रचनाओं को देखें,

करीम, ए.के.नजमुल, *चेंजिंग सोसाइटी इन इंडिया एंड पाकिस्तान* (ढाका, 1956)।

लायड, पी.सी., *अफ्रीका इन सोशल चेंज* (हारमंउसवर्थ, पेंग्विन बुक्स, 1967)।

मिर्डल, गुन्नर, *एशियन ड्रामा* (न्यूयार्क, पैंथियन बुक्स, 1968)।

शूरमन, फ्रांत्स, *आइडियोलोजी एंड आर्गेनाइजेशन इन कम्यूनिस्ट चाइना* (संशोधित संस्करण, बर्कले, यूनिवर्सिटी आफ कैलीफोर्निया प्रेस, 1970)।

फ्रैंक, ए. गुंदर, *कैपिटलिज्म एंड अंडर डेवलपमेंट इन लैटिन अमेरिका* (न्यूयार्क, मंथली रिव्यू प्रेस, 1967)।

हालांकि व्यावहारिक समाजशास्त्र के बारे में प्रचुर साहित्य अब भी उपलब्ध नहीं है लेकिन पिछले दशक में आलोचना और विरोध के नए सामाजिक आंदोलनों के विकास के साथ-साथ यह साहित्य काफी कुछ बढ़ा है। देखें:

डगलए, जैक डी.(संपा.), *दि इंपैक्ट आफ सोशियोलोजी* (न्यूयार्क, एपलटन-सैंचुरी-क्राफटस, 1970)।

इसमें संकलित निबंध समाजशास्त्र के सामाजिक व्यवहार से संबंध की विभिन्न तरीकों से जांच-पड़ताल करते हैं।

लिंड, राबर्ट एस., *नालेजफार हवाट ?* (प्रिसंटन, प्रिंसटन यूनिवर्सिटी प्रेस, 1939)।

एक शुरूआती किताब जो सामाजिक विज्ञानों के सदुपयोग और दुरुपयोग के बारे में उत्कृष्ट ढंग से मार्गनिर्देशन करती है।

कई किताबें और पत्रिकाएं अनेक तरह की सामाजिक समस्याओं से जुड़ी हुई हैं:

राब, ई. और सेल्जनिक, जी.जे., *मेजर सोशल प्रावब्लम्स* (दूसरा संस्करण, न्यूयाक्र, हार्पर एंड रो, 1964)।

हालांकि यह किताब पाठ्य पुस्तक के रूप में प्रस्तुत की गई है, लेकिन कुछ महत्वपूर्ण समस्याओं पर गहराई से विचार करती है और इसका एक हिस्सा विश्व सामाजिक समस्याओं पर केंद्रित है।

मर्टन, राबर्ट के. और निजबेट, राबर्ट ए. (संपा.), *कंटेम्पोरेरी सोशल प्राब्लम्स* (दूसरा संस्करण, न्यूयार्क, हरकोर्ट, ब्रेस एंड वर्ल्ड, 1966)।

एक महत्वपूर्ण मामले में आगे बढ़ा हुआ कदम है, इस अर्थ में कि इसमें सामाजिमक समस्या के रूप में युद्ध पर एक अध्याय है।

और देखें, आर.एम.टिटमुस, *एसैज आन दि 'वेलेफेयर स्टेट'* (लंदन, एलेन एंड उनविन, 1958), *ट्रांजैक्शंस आफ दि फार्थ वर्ल्ड कांग्रेस आफ सोशियोलोजी* (लंदन, इंटरनेशनल सोशियोलाजिकल एसोसिएशन, 1959), खंड II; और मूल पाठ में उद्धत *सोशल प्राब्लम्स* और *ट्रांसऐक्शन* नामक पत्रिकाएं:

व्यावहारिक सामाजिक शोध का सबसे उपयोगी सर्वेक्षण बारबरा वूटन, *सोशल साइंस एंडसोशल पैथोलोजी* (लंदन, एलेन एंड उनविन, 1959)।